YIXING
沂星电动汽车
新能源汽车（集团）有限公司
绿色动力
创造未来
营造“绿色交通”
共享绿色文明
——专一、专业、专注于纯电动汽车
沂星纯电动汽车
SDL6830EVG型纯电动城市客车
机场摆渡车
城市客车
旅游客车
双层客车
商务客车
物流车
环卫车
SDL6830EVG型纯电动城市客车
沂星——城际星通
主要结构特点
沂星公司
核心技术
全承载铝合金轻量化车身
全承载电动底盘
整车系统集成
整车控制策略
能源系统集成
驱动控制系统
能耗低，一次充电续驶里程可达200km，充电时间短仅需3～4小时。
铝合金全承载轻量化车身，自重轻，防腐蚀能力强，载客多。
性能稳定，起步平顺，无级变速，操作方便。
外观时尚靓丽，内饰清新明快。
超大风挡、侧窗设计，乘客视野开阔。
冷暖空调系统为乘客提供适宜舒适的乘坐环境。
山东沂星电动汽车有限公司
SHANDONG YIXING ELECTRIC AUTO CO., LTD.
邮箱：sales@yixingev.com 网址：www.yixingev.com
地址：山东省临沂市高新技术产业开发区湖西路102号
销售电话：0539-7979577
服务电话：0539-7979588

核心科技

轮边电机驱动桥

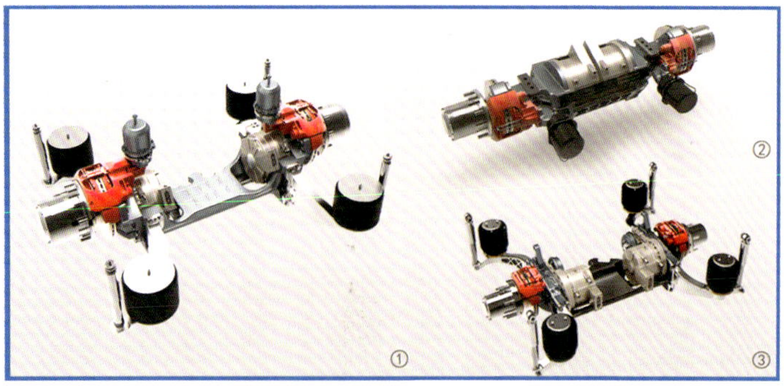

① 13吨轮边电机驱动桥
② 8~10吨轮边电机驱动桥
③ 5吨轮边电机驱动桥

动力电池及BMS系统

④ 乘用车动力电池组
⑤ 单体电池
⑥ 商用车动力电池组
⑦ BMS电池管理系统

长江EV·独树e帜

⑥
⑦

电控系统

⑧ 10.4吋智能终端触控屏
⑨ 整车控制器
⑩ DC/DC

⑧

⑨

⑩

上汽集团
SAIC MOTOR

上海汽车集团股份有限公司

上海汽车集团股份有限公司作为国内领先的汽车企业之一，上海汽车集团股份有限公司积极响应国家能源战略和节能减排的要求，从企业发展整体战略出发，重点探索发展新能源汽车。截至2014年12月，上汽已有74款新能源汽车车型进入推荐目录，其中乘用车14款、商用车60款。

2014年，在国家科技部指导以及上海有关部门支持下，上汽集团牵头组织了“创新征程——2014新能源汽车万里行”活动。上汽新能源巡游车队9月初从上海出发，途经15个省、市、自治区，行驶总里程超过1万公里。这是一次时间最长、距离最长、车型种类最多的大型新能源汽车巡游活动，在不同路况、气候、海拔等工况条件下，上汽新能源巡游车队最终以零故障顺利完成南线段路程，顺利收官。

2014年11月11日，在成都举行的第十二届必比登挑战赛上，上汽集团旗下的荣威E50纯电动车、550 plug-in混合动力轿车和750燃料电池车在操控、动力、加速、制动、经济性各方面均表现优异，最终在纯电动组、混合动力组、燃料电池组中分获小组第一的好成绩，成为必比登挑战赛开赛以来率先包揽“大满贯”的车企。

2014年，上汽新能源汽车销售实现了突破性增长，截至2014年12月，上汽新能源汽车累计销量超过4000辆，其中插电式混合动力汽车约3200辆。

新能源汽车的产业化不仅仅是整车的开发，还要依托电池、电机、电力电子等相关零部件产业链的协同发展。目前，我们国内上述零部件体系尚不成熟，工程化能力弱，与国际水平比较存在不少差距。为此，上汽按照“自主创新、内外结合，两条腿走路”的原则，在国家和上海市有关部门的积极支持下，重点推进电池系统、电机、电力电子、电动转向和电动空调等新能源关键零部件的产业链建设工作。

上汽将继续推进整车（纯电动、插电强混、燃料电池）、“大三电”（电池管理系统、电控、电机）、“小三电”（电空调、电转向、电制动）产业链建设，在发展新能源汽车的同时，将结合轻量化、智能化和节能技术来迎接汽车工业未来发展之路的挑战。

程序化交易：策略开发与应用

深圳开拓者科技有限公司◎编

深圳开拓者科技有限公司简介

深圳开拓者科技有限公司专注于为金融机构及各类投资者提供交易工具软件产品，是国内金融市场最主流、影响力最大的程序化交易平台软件服务商。

软件产品“交易开拓者TradeBlazer”（简称“TB”）集中了实时行情、技术分析、手动快捷交易及程序化自动交易的功能。通过使用TB软件，用户可以简单、便捷地将自己的交易思想编写为计算机代码，通过计算机实现程序化自动交易。

目前采用TB软件作为常用软件的期货公司共有130多家，大多数程序化交易者都在使用TB软件进行实盘交易，TB软件事实上已成为国内最大的期货程序化交易平台软件。

程序化交易：策略开发与应用
深圳开拓者科技有限公司◎编

HIGER
海格客车
智·赢未来
安全 看得见
电池
电机
电控
电池安全
电控安全
电机安全
HIGER
纯电动大巴
Electric
海格客车

中国中车
电驱动领航者
THE PILOT OF ELECTRIC DRIVE TECHNOLOGY
零排放推动者
THE DRIVER OF ZERO EMISSION
增程插电式城市客车
双源双充纯电动城市客车
8米纯电动
中国中车

e控
ANKAI
安凯客车

智能行 轻松GO
江淮iEV5 纯电动
江淮iEV5
江淮新能源汽车手机客户端

知豆 | ZD
D2
知豆D2
知豆，
城市微行者
山东新大洋电动车有限公司
电话：400-050-2888
官网：www.evcar.com
地址：山东省沂南县澳柯玛大道
知豆官微

YOGOMO

河北御捷车业有限公司

H ebei Yogomo Motors Co., Ltd.

河北御捷车业有限公司成立于2009年5月，现已拥有河北清河、山东齐河、重庆永川三大生产基地，具备年产32万台产能，累计投资18.7亿元人民币。公司主要产品：小微型电动汽车、电机电控系统、插电式和增程式混合动力模块。

河北御捷在2014年取得了其他乘用车和新能源汽车整车生产资质，2015年年底御捷将通过发展改委在6月4日颁布的《新建纯电动乘用车企业管理规定》。御捷拥有电机、电控系统研发、制造能力。御捷的企业目标：致力于做全球小微型新能源汽车优秀制造商，2020年目标是实现100万台的产能，电机电控50万台套、增程式和插电式混合动力系统50万台产能，实现销售260亿元人民币，利税25亿元人民币，努力成为全球小微型新能源电动汽车优秀企业。

地址：河北省邢台市清河县漓江街36号　网址：www.yogomo.org　全国统一热线：400-696-4666(4766)

重庆凯瑞电动汽车系统有限公司

中国汽研

中国汽车工程研究院股份有限公司（简称“中国汽研”）始建于1965年3月，系国家一类科研院所，经过40多年的发展，成为国内汽车行业主要的独立研究机构，拥有较强汽车技术研发能力、一流试验设备和较高行业知名度。中国汽研是中央企业电动车技术创新联盟的成员单位和联盟标准工作牵头单位，同时也是国家电动汽车产业技术创新战略联盟、商用车与工程机械新能源动力系统产业技术创新联盟、电动汽车电驱动系统全产业链技术创新联盟、中美清洁能源联合研究中心清洁汽车联盟的成员单位。作为国家“十一五”“十二五”期间的“节能与新能源汽车”重大专项总体专家组单位，中国汽研多次参与国家电动汽车科技规划和产业政策的研究和起草工作，并组织或参加了多项国家和行业电动汽车技术标准和规范的制定工作。

2014年8月，根据“产业兴院”的总体部署，中国汽研投资1亿元，以原有电动汽车工程技术研发中心为主体设立了重庆凯瑞电动汽车系统有限公司（简称”凯瑞电动”），以产品为导向开展电动汽车动力系统及控制系统的开发、生产和销售服务工作。凯瑞电动是国内功能齐全、设备完善、技术领先的汽车电动汽车研发和产业基地，产品覆盖纯电动及混合动力轿车、物流车、环卫车和客车的动力系统。

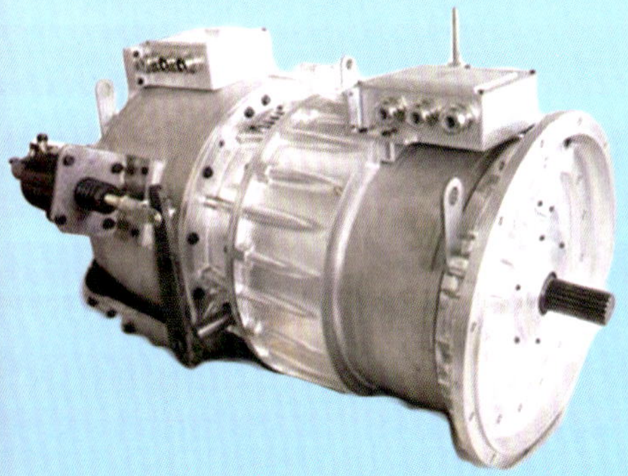

地址：重庆市北部新区金渝大道9号　　邮编：401122

网站：www.caeri.com.cn　　电话：023-68662112　　传真：023-68662112

上海电驱动股份有限公司
SHANGHAI EDRIVE CO., LT

上海电驱动股份有限公司专业从事新能源汽车电机驱动系统的研发、制造与服务，是上海车电驱动工程技术研究中心的依托单位。公司研发内容覆盖新能源汽车电机驱动系统的各个域，多次承担国家重大项目、上海市重大科技及产业化项目，取得多项核心专利。同时,主持参与了多项国家和行业标准的制定、修订工作。

公司建立了适用于混合动力与插电式客车、燃料电池与纯电动轿车、混合动力与插电式车、小型纯电动轿车等产品研发平台，形成了系列化产品，产品覆盖了3kW～200kW功率围，为国内外整车企业配套开发电机驱动系统200多项。

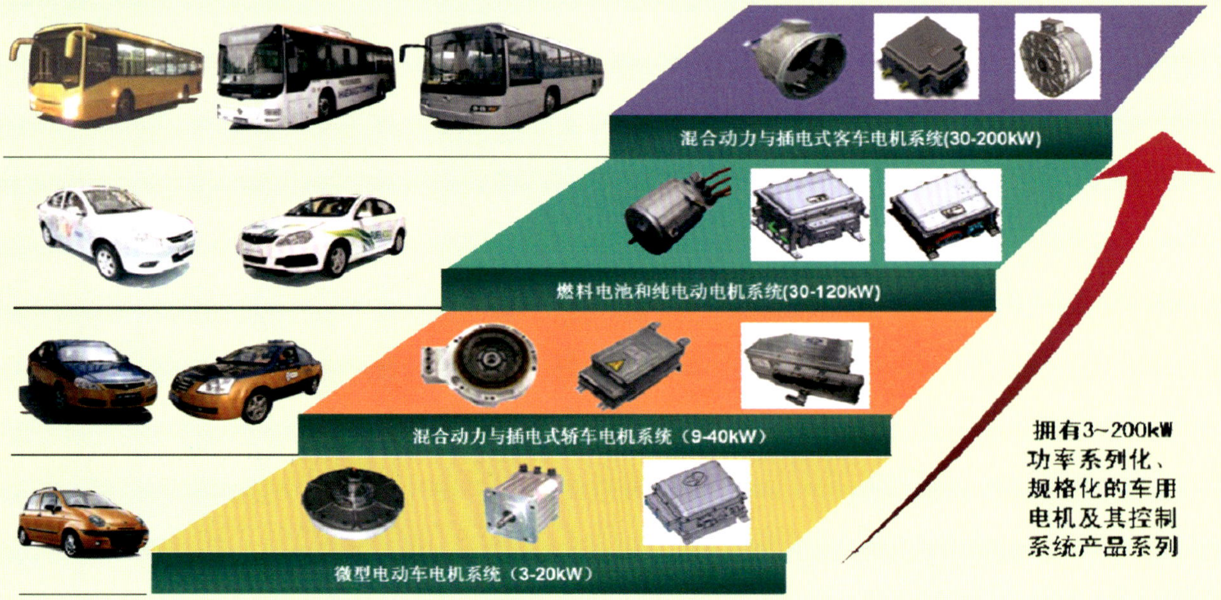

公司产品在一汽、奇瑞、长安、华晨、上汽、东风、江淮、吉利、广汽、台湾中华、依柯、五菱、福田、宇通、中通、恒通、金龙、申沃、万象大宇、百路佳、申龙、亚星、北汽、铃等知名整车企业中得到广泛应用。公司拥有系列新能源汽车电机驱动系统研发和测试平台，司已拥有多条柔性生产线，年产能力18万台/套。

引领行业　驱动未来

LEADING FIELD　DRIVING FUTURE

司作为我国电动汽车电驱动全产业链技术创新联盟理事长单位，推动了上游产业链快速发展。

新能源汽车产业正面临前所未有的发展机遇，“乘风破浪会有时，直挂云帆济沧海”，公司人为本，为员工、客户、供应商、股东创造价值，打造新能源汽车关键零部件的中国品牌和世品牌。

地址：上海市嘉定区恒裕路300号　　邮编：201806
电话：021-31615888　　传真：021-31615800
网址：www.chinaedrive.com

潍柴西港新能源动力有限公司

潍柴西港新能源动力有限公司是潍柴在清洁能源发动机板块的专业研发制造企业，由潍柴控股集团、西港创新（香港）有限公司、香港培新天然气设备有限公司三方合资共同组建，股比分别为40%、35%和25%。

公司创建于1999年6月，厂房建筑面积5万余平方米，年生产能力15万台。现设6个部门：综合管理部、财务部、制造部、销售部、技术部、质量部，拥有员工近500人。

公司拥有先进的专业装配线和亚洲最先进的燃气发动机实验装备，产品包括WP5NG、WP6NG、WP7NG、WP10NG、WP12NG、WP13NG等，功率覆盖120~353千瓦，达到国IV、国V排放标准，广泛应用于城市公交、公路客车、重型卡车、工程机械、船舶动力、发电设备等多个领域。其中，燃气重卡市场在国内已占据“龙头”主导地位，公交客车市场呈现高速发展的趋势。

公司先后承担过国家“九五”“十五”和国家863等多项科技攻关项目，现正在推广的WP12HPDI缸内直喷LNG发动机，性能达世界领先水平。

今后，公司将继续实施科技领先战略，不断提升核心竞争力，致力于将潍柴西港打造成为国内最大、世界领先的新能源发动机制造基地。

绿色动力　国际潍柴

机型	排放	排量L	单缸气门数	额定功率/转速 kW/rpm	最大扭矩/转速 N·m/rpm	技术路线
WP7NG210E51	国V	7.47	4	155/2100	850/1300~1500	单点喷射+催化氧化
WP7NG240E51				177/2100	900/1300~1500	
WP7NG260E51				191/2100	1000/1300~1500	
WP7NG270E51				199/2100	1050/1300~1500	
WP7NG280E51				206/2100	1050/1300~1500	

技术优势

更节能： 气耗较同类产品低10%以上。

更可靠： 使用寿命较同类产品高30%以上。

更安全： 安全系数达到国际领先水平。

更环保： 排放可达国IV、国V排放标准。

更智能： 具有CAN通信、排气制动、共轨行等智能化功能。

专业定制电池管理系统

EVTD

公司简介

公司名称　EVTD Inc.
成立日期　2008 年 5 月 8 日
总部及研发中心所在地　东京都文京区本乡 7-3-1
东京大学 Entrepreneur Plaza 202

子公司

中国
上海翼飞天地电控科技有限公司
【地址】上海市长宁区长宁路 969 号 3305 室
【功能】售后服务中心、中国国内营销中心、BMS 周边配件的采购

技术优势

持久

§ 通过对电池 / 模组的控制最大限度的发挥电池的性能
优势一：有效阻止电池衰减，控制衰减的进度。
优势二：增加电池成组后的充放电次数，实现电池应用寿命长达 10 年以上。

经济

§ 通过使用已批量生产的锂电池以降低电池的购买成本
优势一：能够对应各类已经批量化生产，低价的锂电池并最大限度的发挥其性能。
优势二：与各类电池配套可以减少中间环节从而降低成本。

安全

§ 通过实时监测电池的状态提高使用的安全性
优势一：实时监测电池状态，电池报警功能可以防范电池因衰减导致突然死机或爆炸并提早发现电池的异常，及时防患于未然。
优势二：获取准确的电池数据，并根据稳定的电池评估、分析数据准确地检测电池的衰减情况。

发展历程

2010.7
BMS 研发获得日本新能源产业技术综合开发机构 5000 万日元奖励

2011.4
第一套电池组产品 BP001 正式完成（工程车）

2011.8
第二套电池组完成（自主品牌 αEV）

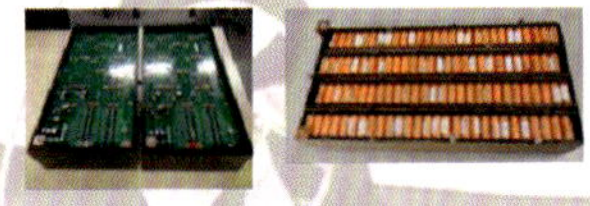

2011.9
升级版 BMS 研发获得日本新能源产业技术综合开发机构 800 万日元奖励

2012.3
第一套 BMS EBM001 完成（日本交通信号）

2012.7
参展 IEVE China2012

2012.11
成立上海翼飞天地电控科技有限公司

2012.12
第二套 BMS LEBM-20 完成（微型电动车）

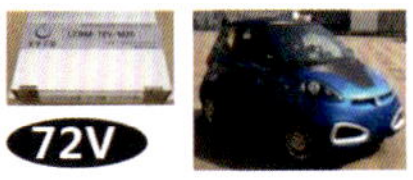

2013.3
第二代 BMS 样品试制成功

2013.3
参加东京国际电池展

国際 二次電池展

业务领域

电池管理系统（BMS）

结合客户需求、整车信息以及电池参数，设计匹配的BMS，保证电池安全、稳定、可靠，延长电池使用寿命。

电池系统应用技术

配合电池管理系统（BMS），开发相关技术与设备，使电池容量和电压均衡稳定，全面延长电池寿命。

锂电池主动均衡芯片

采用自主研发的专利技术，实现单个电池能源在整个电池组中进行高效多向转移。

电动汽车技术咨询服务

资深专家和完善成熟的运作体制，协助客户稳健快速发展，在激烈竞争中占据优势。

安全评估测试

适用规格	评估内容	适用规格	评估内容
RoHS 指令（2002/95/EC）	RoHS	EN ISO 13849	MTTF
ISO11452-4	BCI 测试	EN 50581-1:2012	CE 认证
IEC60068-2-27	冲击测试	EN 61000-6-1:2007	CE 认证
IEC60068-2-13	抗减压测试	EN 61000-6-3:2007 ＋ A1:2011	CE 认证
ISO7637-2/3	过渡电压测试	GB-T 18384.1—18384.3-2001	绝缘检测
EN61000-4-2	静电放电测试	ISO11452-2	汽车电子辐射抗干扰测试
IEC60068-2-14	温度冲击测试	QC/T 897-2011	电动汽车用电池管理系统技术条件
ISO16750-2	脉冲干扰测试	CISPR24	信息技术设备抗扰度限值和测量方法
IEC60068-2-6	正弦波振动测试	CISPR22	信息技术设备的无线电骚扰限值和测量方法
EN61000-4-3	辐射干扰度测试	ISO10605	道路车辆静电放电引起的电干扰的试验方法
EN61000-4-6	传导干扰度测试	AEC-Q100 (Grade 1)	内部所有关键性元器件均符合汽车使用标准
UN3090-Class9	38.3.4.3 抗振动测试	AEC-Q101 (Grade 1)	内部所有关键性元器件均符合汽车使用标准
EN55025	电磁干扰波测定测试 (Class4)	AEC-Q200 (Grade 1)	内部所有关键性元器件均符合汽车使用标准
EN55022	电磁干扰波测定测试 (ClassB)	CISPR25	车辆、船和内燃机无线电骚扰特性用于保护车载接收机的限值和测量方法
EN61000-4-4	电快速瞬变脉冲群抗扰性测试		

2013.5
EBM-20 应用于观光车项目

2013.7
第四套 BMS MEBM-300V 应用于 SUV 电动车

2013.9
日本家用储能系统正式完成

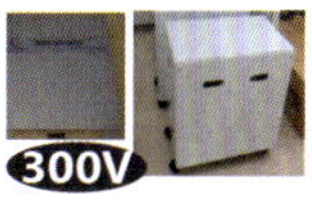

2013.10
OEM 移动电源正式完成　中国家用储能系统研制成功

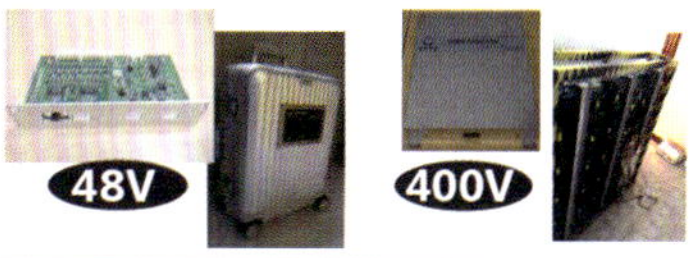

2014.2
搭载主动均衡的 BMS 获得日本新技术开发财团的 1500 万日元的奖励

2014.12
主动均衡芯片开发获得日本新能源产业技术综合开发机构 5000 万日元奖励

2013.6
第三套 BMS MEBM-48 完成应用于通信基站

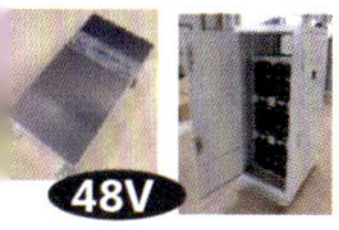

2013.8
600V 高压主从控制 BMS 正式完成（煤矿备用电源）

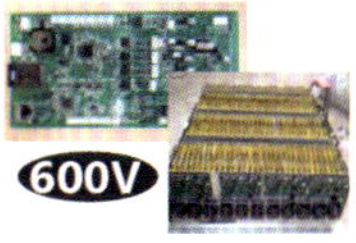

2013.9
第五套 BMS LEBM-48V/L8 完成（出口欧洲）

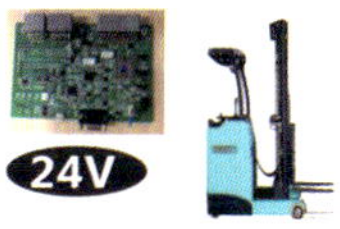

2013.12
高精度主动均衡芯片试制成功

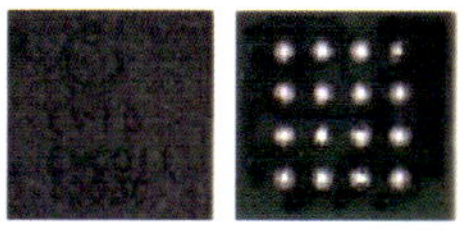

2014.4
2014 年北京车展推出最新款主动均衡 IC

EVTD Inc.
地址：上海市长宁区长宁路 969 号 3305 室　TEL：021-69726013　E-mail：info@evtd.co.jp　http://www.evtd.com.cn

股票代码：HK.00951
中国企业500强
倡导绿色能源 完美人类生活
超威
CHILWEE
电动汽车电池
20年
32位科学家
1046项专利
8万个服务点
10万公里算什么?
心若强，行必远！
【电动汽车之心——超威电池】
超威集团，立志于成为全球新能源行业伟大的公司；用“和合”文化，构建培养企业家的梦想平台。超威可提供锂离子电池、超级电容器、铅酸蓄电池、铅碳电池等多系列产品，并能够针对电动汽车产品提供系统整体解决方案。
400-8573-788
www.cnchaowei.com

/// 动力铅酸蓄电池产品型号及参数

表 1　蓄电池基本参数对照表

型号	额定电压（V）	参考重量（kg）	参考尺寸（mm）				额定容量（A·h）			
			长	宽	高	总高	10hr	5hr	3hr	2hr
3-EVF-150	6	27	260	180	246	251	175	166	150	133
3-EVF-180	6	35	260	180	270	273	210	200	180	160
3-EVF-200A	6	36	260	180	270	273	230	220	200	180
3-EVF-200B	6	38	332	176	214	218	230	220	200	180
4-EVF-135	8	35	260	180	280	280	170	145	135	112
4-EVF-150	8	36	260	180	280	280	185	160	150	130
6-EVF-70B	12	26	330	167	165	168	81	77	70	62
6-EVF-100A	12	36	332	176	214	218	115	110	100	88
6-EVF-100B	12	36	332	176	214	218	115	110	100	88
6-EVF-110B	12	40	512	167	166	169	130	121	110	96
6-EVF-120	12	43	407	174	210	216	140	133	120	106
6-EVF-150A	12	52	485	170	241	241	175	166	150	133
6-EVF-150B	12	52	485	170	241	241	175	166	150	133

表 2　充电参数表

蓄电池型号	预充电阶段			恒流充电阶段			恒压限流充电阶段			涓流充电阶段			浮充电阶段	
	电压范围(V)	预充电流(A)	充电时间(h)	电压范围(V)	预充电流(A)	充电时间(h)	电压范围(V)	预充电流(A)	充电时间(h)	电压范围(V)	预充电流(A)	充电时间(h)	电压范围(V)	充电时间(h)
3-EVF-150	3.0~5.6	2.5~3.0	≤4	5.6~7.2	20~40	≤1.0C/12	7.33~7.38	2.5~3.0	≤4.5	8.00	2.2	1.5	6.9	≤3
3-EVF-180	3.0~5.6	3.1~3.6		5.6~7.2	20~40		7.33~7.38	3.1~3.6		8.00	3.6		6.9	
3-EVF-200A	3.0~5.6	3.4~3.9		5.6~7.2	20~40		7.33~7.38	3.4~3.9		8.00	3.9		6.9	
3-EVF-200B	3.0~5.6	3.4~3.9		5.6~7.2	20~40		7.33~7.38	3.4~3.9		8.00	3.9		6.9	
4-EVF-135	4.0~7.4	2.2~2.7		7.4~9.6	15~25		9.75~9.85	2.2~2.7		10.67	2.7		9.2	
4-EVF-150	4.0~7.4	2.5~3.0		7.4~9.6	20~40		9.75~9.85	2.5~3.0		10.67	3.0		9.2	
6-EVF-70B	6.0~11.1	1.2~1.4		11.1~14.4	10~17		14.65~14.75	1.2~1.4		16.00	1.4		13.8	
6-EVF-100A	6.0~11.1	1.6~2.0		11.1~14.4	15~25		14.65~14.75	1.6~2.0		16.00	2.0		13.8	

注：以上参数仅作为指导，不对客户做承诺之用，对客户的承诺以技术协议为准。如特殊承保期对于充电器和控制器以及电机等有特殊要求，双方另外签订合同。

Potevio
中国普天

立体车库充电一体化解决方案

针对停车位日趋紧张，而电动汽车充电需求日益增加的现状，中国普天创新将充电设施与立体停车库进行一体化设计，有效提升空间利用率，实现即停即充。通过科学布线，实现车库移动的持续充电。通过创新充电设备建设模式，实现交、直流充电设备搭配服务，为用户提供多种选择。通过智能管理平台，实现全程全网监控，对车辆充电状态进行监测，安全充电。通过“互联网+桩联网”运营模式，实现不同充电设施的互联互通，用户可以轻松通过普天充电助手手机App扫描二维码进行充电，同时可获得充电设施运行信息查询、充电实时信息查询、地图查询以及充电预约等服务，有效提升用户体验。

目前，中国普天已在北京、上海、广州、深圳、合肥、盐城、青岛等多个城市建设运营充电设施网络，已建成充电站74座、充电桩3000多个，服务于公交车、出租车、公务车等多种类型车辆5000余辆，各种车辆累计运营10.2亿公里，节约燃油约1.3亿升，相当于植树500多万棵。

利用立体车库充电，
解决“停车难+充电难”

直流快充、交流慢充

可实现北京市内政府机关充电网点互联互通，已覆盖28个部委

充电卡、二维码扫描均可支付

智能管理，全程全网监控

普天新能源有限责任公司

地址：北京市海淀北二街6号中国普天大厦1002
电话：010-62418060　　传真：010-62683209
网址：http://www.ptne.cn

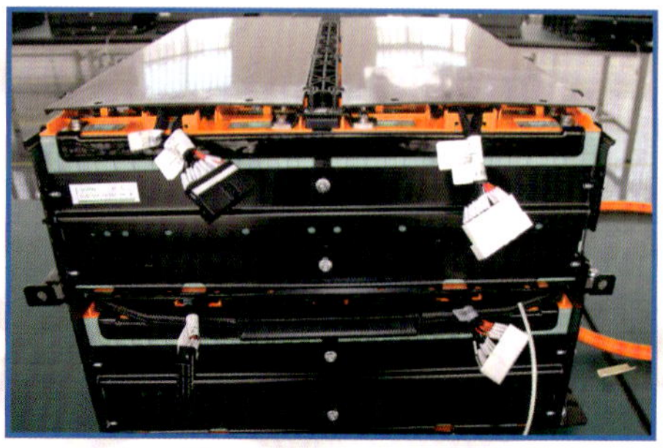

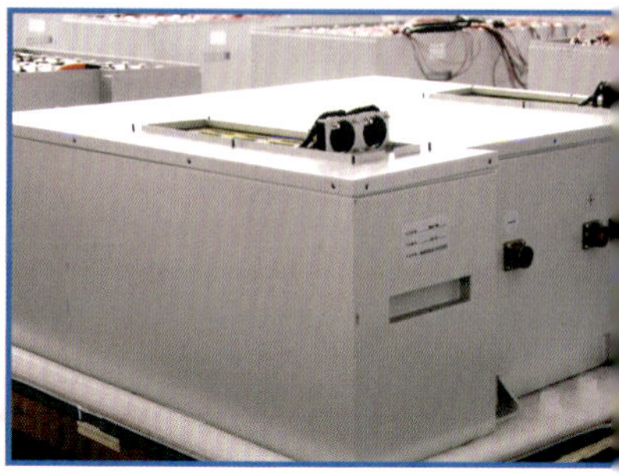

中聚电池生产的锂离子动力电池，广泛应用于纯电动轿车、纯电动中巴车、纯电动商务车、纯电动客车、纯电动物流车、增程式客车、混合动力车等环保新能源汽车。

多氟多(焦作)新能源科技有限公司

Do-Fluoride (Jiao Zuo)New Energy Technology Co.,Ltd.

——让锂电池走进千家万户

电池与电池组

产品特点：

多氟多新能源专注于动力锂离子电池及电池包的研发及生产，所生产的产品具有电压平台高、能量密度高、体积小、内阻小、循环寿命长等特点；同时电芯结构设计采用独特的制袋叠片技术，更有效的解决电池的安全性问题，并提升电池的动力性能。同时，围绕着新能源汽车发展战略，多氟多新能源自行研发与电池相匹配的BMS管理系统、直流电机、整车控制器、充电机等项目。

型号	体系	标称电压(V)	标称容量(Ah)	应用领域
1665132	锰系	3.7	10	电动汽车、电动自行车等
95120211			20	电动汽车等
1265132	纯三元	3.6	10	电动汽车、电动自行车等
1065132			9	电动汽车、电动自行车等
8559156			9	设备后备电源、电动自行车等
PFP12180135	磷酸铁锂	3.2	20	通信后备电源、储能

产能扩建：

多氟多（焦作）新能源科技有限公司现有实际产能3.5亿安时，同时新的3亿安时项目已经启动，预计在2016年下半年完成建设并达产，届时总产能将达到6.5亿安时/年。

多氟多（焦作）新能源科技有限公司

销售热线：0391-2956003
售后电话：0391-8764858
邮　　箱：service@dfdxny.com
网　　址：www.dfdxny.com
地　　址：河南省焦作市中站区西部工业集聚区（新园路北侧，多氟多立交向西100米）
邮　　编：454150

2015
节能与新能源汽车年鉴

中国汽车技术研究中心
北京国能赢创能源信息技术有限公司　　编
《节能与新能源汽车年鉴》编制办公室

中国经济出版社
CHINA ECONOMIC PUBLISHING HOUSE
北 京

图书在版编目（CIP）数据

节能与新能源汽车年鉴.2015／中国汽车技术研究中心，北京国能赢创能源信息技术有限公司，《节能与新能源汽车年鉴》编制办公室编.
北京：中国经济出版社，2015.12
ISBN 978－7－5136－4077－0
Ⅰ.①节… Ⅱ.①中… ②北… ③节… Ⅲ.①节能—新能源—汽车—中国—2015—年鉴 Ⅳ.①U469.7－54
中国版本图书馆CIP数据核字（2015）第280794号

责任编辑　张玲玲
责任审读　贺　静
责任印制　巢新强
封面设计　华子图文

出版发行　中国经济出版社
印 刷 者　北京力信诚印刷有限公司
经 销 者　各地新华书店
开　　本　889mm×1194mm　1/16
印　　张　74.5
字　　数　2452千字
版　　次　2015年12月第1版
印　　次　2015年12月第1次
定　　价　980.00元

中国经济出版社　**网址**　www.economyph.com　**社址**　北京市西城区百万庄北街3号　**邮编**　100037
本版图书如存在印装质量问题，请与本社发行中心联系调换（联系电话：010－68319116）

2015年《节能与新能源汽车年鉴》编审委员会

黄学杰　中科院物理研究所

甄子健　科技部电动汽车重大项目管理办公室

委　　员:(以姓氏笔划为序)

1. 各省、自治区、直辖市、计划单列市

文广轩　郑州市科学技术局

王爱华　合肥巢湖经济开发区管理委员会

石　磊　山西省新能源汽车领导组办公室

冉红斌　西安市发展和改革委员会

毕绍刚　昆明市发展和改革委员会

刘建华　上海市新能源汽车推进办公室

齐　鹏　天津市科学技术委员会

闫　石　吉林省工业和信息化厅

许心超　北京市科学技术委员会

杜　毅　黑龙江省工业和信息化委员会

李中军　金华市经济和信息化委员会

李厚林　扬州市经济和信息化委员会

李　莉　新乡市工业和信息化委员会

李维宾　大连市经济和信息化委员会

杨云贵　南通市交通运输局

岑军波　重庆市科学技术委员会

余　伟　广州市发展和改革委员会

张震宇　河南省工业和信息化委员会

陈明义　合肥市科学技术局

陈百民　湖州市经济和信息化委员会

陈传芳　福建省经济和信息化委员会

陈　军　芜湖市科技局

陈贵如　北京市新能源汽车发展促进中心

陈洪基　湖北省襄阳市汽车工业办公室

幸红星　江西省科学技术厅

尚朝秋　云南省科学技术院

周永清　四川省经济和信息化委员会

郑大治　沈阳市发展和改革委员会、

段润保　河北省工业和信息化厅

施跃华　成都市经济和信息化委员会

胥亮亮　盐城经济技术开发区管理委员会

贾　晨　南京市溧水经济开发区管理委员会

党　钢　南昌市科技局

徐　伟　海口市科学技术工业信息化局

徐　进　贵州省经济和信息化委员会

殷林波　湖南省经济和信息化委员会

郭玉宁　南京市经济和信息化委员会

曹爱军　南京市经济和信息化委员会

董晓佳　江苏省经济和信息化委员会

蒋如国　宁波市科学技术局

程乐学　武汉市科学技术局

程振革　合肥市科学技术局

蔡　羽　深圳市发展和改革委员会
魏兆宏　杭州市经济和信息化委员会

2. 企事业单位

Anil Yadav　大陆汽车投资(上海)有限公司
马　军　哈尔滨鑫业电动车技术开发有限公司
王千华　安徽安凯汽车股份有限公司
王凤仁　广东易事特电源股份有限公司
王文涛　普天新能源有限责任公司
王克坚　北京长城华冠汽车科技有限公司
王　林　成都客车股份有限公司
王国斌　北京维艾迪汽车科技有限公司
王　京　上海卡耐新能源有限公司
王胜勇　中冶南方(武汉)自动化有限公司
王艳杰　凯迈嘉华(洛阳)新能源有限公司
王新亮　金龙联合汽车工业(苏州)有限公司
尤家润　佛山市顺德区创格电子实业有限公司
牛铭奎　舍弗勒大中华区
毛卫民　上海追日电气有限公司
毛俊刚　四川野马汽车股份有限公司
仇宗伟　斯凯孚(中国)中国销售有限公司
方昕宇　合肥国轩高科动力能源有限公司
尹国军　东方电气集团东风电机有限公司
尹家彤　苏州智绿智绿环保科技有限公司
孔昭松　天津市松正电动汽车技术股份有限公司
邓　旭　多氟多(焦作)新能源科技有限公司
邓泽官　北京国网普瑞特高压输电技术有限公司
石振懿　EVTD Inc.
叶定志　温州凯业电器有限公司
叶展宏　比亚迪汽车工业有限公司
申宇翔　湖南南车时代电动汽车股份有限公司
史广奎　万丰卡达克新动力有限公司
史国军　意昂神州(北京)科技有限公司
白永杰　沈阳二一三控制电器制造有限公司
仝建峰　中航复合材料有限责任公司
乐渭清　奥地利德维创有限公司北京代表处
冯江辉　北京华特时代电动汽车技术有限公司
冯炜沾　中山市威浦电器有限公司
宁国宝　天津市松正电动汽车技术股份有限公司
毕荣华　大洋电机新动力科技有限公司
曲家琪　上海赢双电机有限公司
先　越　北京埃梅森信息技术有限公司
乔荔军　保定长安客车制造有限公司
任　翔　河南蓝海新能电动汽车有限公司
刘文洲　武汉合康动力技术有限公司
刘成东　烟台海德专用汽车有限公司
刘孝伟　超威电源有限公司

刘明辉　中国第一汽车集团公司技术中心
刘晓静　深圳市陆地方舟新能源电动车集团有限公司
刘跃进　威泊(上海)新能源科技有限公司
刘　斌　深圳市科陆电子科技股份有限公司
刘焱鑫　中利科技集团股份有限公司
刘路明　博世工程技术中国区
安宏伟　恒信大友(北京)科技有限公司
许善全　南京能瑞电力科技有限公司
孙晓楠　艾尔维汽车工程技术(上海)有限公司
严　刚　安徽江淮汽车股份有限公司
李文甫　石家庄通合电子科技股份有限公司
李占江　南京越博汽车电子有限公司
李宁一　深圳市五洲龙汽车有限公司
李宁川　杭州富特科技有限公司
李宏民　江苏吉泰科电气股份有限公司
李宏运　中航复合材料有限责任公司
李武峰　北京国网普瑞特高压输电技术有限公司
李国勇　黑龙江特通电气有限公司
李录明　山西皇城相府宇航汽车制造有限公司
李政通　北京长城华冠汽车科技股份有限公司
李高鹏　郑州宇通客车股份有限公司
杨志勇　东风南充汽车有限公司
杨爱喜　浙江宝骐汽车有限公司
杨　涛　河南锂动电源有限公司
杨　颖　南车株洲电力机车有限公司
肖　勇　浙江南车电车有限公司
吴　恺　天津力神电池股份有限公司
吴晓光　郑州宇通客车股份有限公司
邱文渊　深圳市蓝海华腾技术股份有限公司
何有奇　深圳市沃特玛电池有限公司
何志刚　山东新大洋电动车有限公司
佀　海　北京汽车新能源汽车有限公司
余景开　广州汽车集团乘用车有限公司
邹　懿　深圳市欣旺达电动汽车电池有限公司
应金永　长沙众泰汽车工业有限公司
闵　聃　海马轿车有限公司
汪先锋　南京金龙客车制造有限公司
汪　辉　珠海泰坦科技股份有限公司
沈　玲　上海汽车集团股份有限公司
宋　寒　微宏动力系统(湖州)有限公司
宋　强　东昌电机(深圳)有限公司
张小平　欧科佳(上海)汽车电子设备有限公司
张立平　河北御捷车业有限公司
张舟云　上海电驱动股份有限公司
张国庆　广东万锦科技股份有限公司
张　学　江苏清之华电力电子科技有限公司

张　嵘　南京特种汽车制配厂有限公司
张鹏岗　大唐恩智浦半导体有限公司
张　溪　中信国安盟固利动力科技有限公司
张福成　江西凯马百路佳客车有限公司
陈大崑　福建省长汀金龙稀土有限公司
陈万应　重庆鼎辉汽车燃气系统有限公司
陈存友　南京协众汽车空调集团有限公司
陈言平　杭州长江汽车有限公司
陈　良　苏州科宝光电科技有限公司
陈波瀚　中利科技集团股份有限公司
陈胜军　集盛星泰(北京)科技有限公司
陈　超　四川帝威能源技术有限公司
邵思东　潍柴西港新能源动力有限公司
苗振国　中聚电池有限公司
范宗武　山东沂星电动汽车有限公司
林国军　深圳巴斯巴科技发展有限公司
林　程　北京理工华创电动车技术有限公司
欧阳卫民　广州精益汽车空调有限公司
卓　斌　广西玉柴机器股份有限公司
罗　斌　长沙众泰汽车工业有限公司
金一峰　东南(福建)汽车工业有限公司
周　军　河北御捷车业有限公司
赵子亮　中国第一汽车集团公司技术中心
赵　羽　天津清源电动车辆有限责任公司
赵建和　北京天和陆通传动技术有限公司
赵善麒　江苏宏微科技股份有限公司
荣及峰　沈阳金阳光电气有限公司
胡淳义　实联长宜淮安科技有限公司
祝天龙　上海燃料电池汽车动力系统有限公司
袁　征　郑州比克新能源汽车有限公司
贾雪峰　深圳市聚电网络科技有限公司
夏建中　上海鼎充新能源电子有限公司
夏顺礼　安徽江淮汽车股份有限公司
顾建党　菲尼克斯(中国)投资有限公司
倪　峰　国电南瑞科技股份有限公司
徐卫东　湘电莱特电气有限公司
徐性怡　上海大郡动力控制技术有限公司
徐春江　江西博能上饶客车有限公司
徐　辉　英飞凌科技(中国)有限公司
高立新　奇瑞新能源汽车技术有限公司
高晓杰　苏州力久新能源科技有限公司
郭　亮　武汉电动汽车示范运营有限公司
唐　骏　南京东宇汽车集团有限公司
黄世霖　宁德时代新能源科技有限公司
黄志明　上海挚达科技发展有限公司
黄国强　上海加冷松芝汽车空调股份有限公司

曹宏斌　普天新能源有限责任公司
曹　忠　五龙电动车(集团)有限公司
龚银强　重庆盛时达汽车有限公司
梁伟雄　广州力柏能源科技有限公司
彭　华　捷星新能源科技(苏州)有限公司
蒋　亮　北京世佳博科技发展有限公司
覃奕垚　昆山国力真空电器有限公司
程　迪　河南科隆集团有限公司
傅立秦　阳光电源股份有限公司
傅冠生　宁波南车新能源科技有限公司
焦玉华　江苏绿城信息技术有限公司
鲁清平　大洋电机新动力科技有限公司
童志胜　横琴国际融资租赁有限公司
裘新铭　深圳市大地和电气股份有限公司
雷洪钧　东风扬子江汽车(武汉)有限责任公司
谭小川　中国重汽集团成都王牌商用车有限公司
熊晓飞　武汉电动汽车技术开发有限公司
潘晓东　株洲齿轮有限责任公司
潘　雷　扬州亚星客车股份有限公司
戴建侠　苏州工业园区多思达科技有限公司

3. 科研院所

万仁君　中国汽车技术研究中心
方茂东　国家轿车质量监督检验中心
王子冬　中国北方车辆研究所
王贺武　清华大学
王震坡　北京理工大学机械与车辆学院电动车辆国家工程实验室
白小波　广州中国科学院工业技术研究院
任瑞铭　大连交通大学
刘昌仁　重庆车辆检测研究院有限公司
吴伯荣　北京理工大学
李　君　吉林大学汽车工程学院
李　亮　清华大学
杨晓松　国家汽车质量监督检验中心(襄阳)
侯　明　中国科学院大连化学物理研究所
姚　勇　中机车辆技术服务中心
曹　飞　重庆车辆检测研究院有限公司
章　桐　同济大学——国家燃料电池汽车及动力系统工程技术研究中心
龚进峰　中国汽车技术研究中心汽车工程研究院
彭永伦　国家汽车质量监督检验中心(北京)
谢　飞　中国汽车工程研究院股份有限公司
谢　辉　天津大学内燃机燃烧学国家重点实验室
颜文胜　昆明理工大学交通工程学院
潘　牧　武汉理工大学

2015年《节能与新能源汽车年鉴》特约编辑

（以姓氏笔划为序）

1. 各省、自治区、直辖市、计划单列市

马天毅　湖南省经济和信息化委员会

马春燕　大连市节能技术服务中心

邓光智　海口市科学技术工业信息化局

田应军　河南省工业和信息化委员会

朱永军　郑州市科学技术局

朱　健　南通市运输管理处

庄国仕　南京市经济和信息化委员会

刘　洋　重庆市新能源汽车推广应用发展促进中心

孙　乐　北京市新能源汽车发展促进中心

孙　丽　黑龙江省工业和信息化委员会

苏超然　广西壮族自治区工业和信息化委员会

杜小乔　扬州市经济和信息化委员会

李　晨　四川省经济和信息化委员会

吴承峰　广州市发展和改革委员会

张培书　贵州省经济和信息化委员会

陆象桢　深圳市发展和改革委员会

陈　健　武汉市科学技术局

陈善福　宁波市科学技术局

陈　楚　北京市新能源汽车发展促进中心

杨　静　合肥巢湖经济开发区经贸发展局

罗西临　成都市经济和信息化委员会

郑　祥　金华市经济和信息化委员会

胡丕国　湖州市经济和信息化委员会

洪京武　湖北省襄阳市汽车工业办公室

徐大海　天津市科学技术信息研究所

郭广强　西安市发展和改革委员会

黄宏成　上海市新能源汽车推进办公室

黄建明　福建省经济和信息化委员会

盛会隆　南昌市科技局

阎宁亚　河北省工业和信息化厅

熊晓强　江西省科学技术厅

薛　雷　沈阳市发展和改革委员会

戴　兵　合肥市科学技术局

2. 企事业单位

丁征宇　上海挚达科技发展有限公司
丁桂香　深圳市欣旺达电动汽车电池有限公司
马　军　株洲齿轮有限责任公司
丰林波　扬州亚星客车股份有限公司
王大为　上海追日电气有限公司
王方龙　安徽江淮汽车股份有限公司
王心宏　江西凯马百路佳客车有限公司
王若飞　奇瑞新能源汽车技术有限公司
王忠莹　山东新大洋电动车有限公司
王　波　深圳市大地和电气股份有限公司
王建东　苏州工业园区多思达科技有限公司
王建光　河北御捷车业有限公司
王胜斌　黑龙江特通电气有限公司
王菁迅　集盛星泰(北京)科技有限公司
王　萍　安徽安凯汽车股份有限公司
王淑莹　微宏动力系统(湖州)有限公司
王　谦　北京汽车新能源汽车有限公司
王　静　中冶南方(武汉)自动化有限公司
邓先泉　深圳市五洲龙汽车有限公司
占斯亮　广东易事特电源股份有限公司
叶　宁　恒信大友(北京)科技有限公司
田伟琦　奥地利德维创有限公司北京代表处
田晓川　中国第一汽车集团公司技术中心
白永超　石家庄通合电子科技股份有限公司
乐春莹　中利科技集团股份有限公司
朱光海　郑州宇通客车股份有限公司
朱迎卉　天津力神电池股份有限公司
朱　翔　江苏绿城信息技术有限公司
刘扬扬　天津清源电动车辆有限责任公司
刘华超　哈尔滨鑫业电动车技术开发有限公司
刘全文　四川帝威能源技术有限公司
刘志伟　威泊(上海)新能源科技有限公司
刘志红　长沙众泰汽车工业有限公司
刘金峰　广州汽车集团乘用车有限公司
刘格非　广州精益汽车空调有限公司
刘景璋　欧科佳(上海)汽车电子设备有限公司
汤旻洁　斯凯孚(中国)中国销售有限公司
许　江　横琴国际融资租赁有限公司
许宏莉　南京协众汽车空调集团有限公司
许越帅　保定长安客车制造有限公司
许　婷　上海燃料电池汽车动力系统有限公司
阮殿波　宁波南车新能源科技有限公司

孙长钰　四川野马汽车股份有限公司
孙占国　北京世佳博科技发展有限公司
杜文件　合肥国轩高科动力能源有限公司
李玉英　意昂神州(北京)科技有限公司
李冬海　上海鼎充新能源电子有限公司
李永生　深圳巴斯巴科技发展有限公司
李　乔　天津市松正电动汽车技术股份有限公司
李　丽　上海卡耐新能源有限公司
李　晨　阳光电源股份有限公司
李清华　昆山国力真空电器有限公司
李群波　湖南南车时代电动汽车股份有限公司
杨小春　江苏宏微科技股份有限公司
杨法根　超威电源有限公司
杨　敏　普天新能源有限责任公司
吴中友　北京华特时代电动汽车技术有限公司
邱建华　苏州科宝光电科技有限公司
余　江　重庆盛时达汽车有限公司
余　岚　舍弗勒大中华区
邹云南　南京能瑞电力科技有限公司
冷薛威　金龙联合汽车工业(苏州)有限公司
辛立刚　烟台海德专用汽车有限公司
沙　莉　大陆汽车投资(上海)有限公司
宋二虎　河南科隆集团有限公司
宋业静　江苏吉泰科电气股份有限公司
宋治根　佛山市顺德区创格电子实业有限公司
张　可　山西皇城相府宇航汽车制造有限公司
张　尧　杭州富特科技有限公司
张光明　北京长城华冠汽车科技有限公司
张江云　广东万锦科技股份有限公司
张　良　沈阳金阳光电气有限公司
张　浩　重庆凯瑞电动汽车系统有限公司
张　蕾　成都埃梅森信息技术有限公司
张　巍　浙江南车电车有限公司
陈美如　苏州智绿智绿环保科技有限公司
陈　凌　菲尼克斯(中国)投资有限公司
陈　焕　艾尔维汽车工程技术(上海)有限公司
陈锦华　广州力柏能源科技有限公司
范凌翔　宁德时代新能源科技有限公司
林　晖　福建省长汀金龙稀土有限公司
欧　力　北京理工华创电动车技术有限公司
周丽娟　武汉电动汽车示范运营有限公司
周承东　中信国安盟固利动力科技有限公司
周　琼　大唐恩智浦半导体有限公司

郑玮玮　实联长宜淮安科技有限公司
郑　亮　东风扬子江汽车(武汉)有限责任公司
赵启军　中航复合材料有限责任公司
赵倩倩　多氟多(焦作)新能源科技有限公司
赵海兰　北京天和陆通传动技术有限公司
赵淑淑　武汉合康动力技术有限公司
赵　毅　上海大郡动力控制技术有限公司
胡文洲　温州凯业电器有限公司
胡　剑　东方电气集团东风电机有限公司
查念东　简式国际汽车设计(北京)有限公司
段术林　南京金龙客车制造有限公司
俞婷婷　万丰卡达克新动力有限公司
姜　辛　苏州力久新能源科技有限公司
胥大洲　中国重汽集团成都王牌商用车有限公司
秦贵锁　深圳市科陆电子科技股份有限公司
秦　俭　国电南瑞科技股份有限公司
袁　召　凯迈嘉华(洛阳)新能源有限公司
耿莉莉　EVTD Inc.
索　坤　江苏清之华电力电子科技有限公司
贾爱萍　上海电驱动股份有限公司
夏学芬　潍柴西港新能源动力有限公司
夏建华　海马轿车有限公司
候海燕　上海赢双电机有限公司
徐卫东　中聚电池有限公司
徐学海　深圳市蓝海华腾技术股份有限公司
徐　晶　英飞凌科技(中国)有限公司
高金文　大洋电机新动力科技有限公司
高　超　南京越博汽车电子有限公司
郭　华　河南锂动电源有限公司
郭迎春　捷星新能源科技(苏州)有限公司
黄　俊　四川帝威能源技术有限公司
曹文宇　沈阳二一三控制电器制造有限公司
常　青　郑州宇通客车股份有限公司
梁仕稿　东昌电机(深圳)有限公司
葛晓滢　上海汽车集团股份有限公司
蒋志强　江西博能上饶客车有限公司
覃　峰　上海加冷松芝汽车空调股份有限公司
傅　昆　郑州比克新能源汽车有限公司
曾　丹　深圳市沃特玛电池有限公司
谢正良　广西玉柴机器股份有限公司
谢俊淋　东南(福建)汽车工业有限公司
靳雅静　北京国网普瑞特高压输电技术有限公司
管远华　浙江宝骐汽车有限公司

潘　红　成都客车股份有限公司
潘景宜　珠海泰坦科技股份有限公司
潘　斌　武汉电动汽车技术开发有限公司
潘　磊　前途汽车(苏州)有限责任公司
霍默静　深圳市聚电网络科技有限公司
魏姗姗　山东沂星电动汽车有限公司

3. 科研院所名单

王　旭　中国汽车技术研究中心汽车工程研究院
王　芳　国家轿车质量监督检验中心
王　辉　国家汽车质量监督检验中心(襄阳)
左曙光　国家燃料电池汽车及动力系统工程技术研究中心
李晓争　北京交通大学
何　泳　北京理工大学机械与车辆学院电动车辆国家工程实验室
张建兴　中聚电池研究院
张静一　清华大学
陈　芬　中国北方车辆研究所
胡芳芳　国家汽车质量监督检验中心(北京)
凌　泽　重庆车辆检测研究院有限公司
高　莹　吉林大学汽车工程学院
郭　敏　广州中国科学院工业技术研究院
温　泉　中国汽车技术研究中心
谢志勇　中南大学粉末冶金研究院
詹志刚　武汉理工大学

2015 年《节能与新能源汽车年鉴》编辑委员会

2015年《节能与新能源汽车年鉴》支持单位

（按企业名称笔划顺序排序）

ABB中国电动汽车充电业务
EVTD
LG化学
一汽客车有限公司
大陆汽车投资（上海）有限公司
大唐恩智浦半导体有限公司
万丰卡达克新动力有限公司
上海大郡动力控制技术有限公司
上海本安仪表系统有限公司
上海卡耐新能源有限公司
上海电驱动股份有限公司
上海加冷松芝汽车空调股份有限公司
上海汽车集团股份有限公司
上海昭和高分子有限公司
上海追日电气有限公司
上海挚达科技发展有限公司
上海鼎充新能源技术有限公司
上海燃料电池汽车动力系统有限公司
上海赢双电机有限公司
山东沂星电动汽车有限公司
山东泰高新能源汽车装备制造有限公司
山东新大洋电动车有限公司
山西皇城相府宇航汽车制造有限公司
广东万锦科技股份有限公司
广东戈兰玛汽车系统有限公司
广东易事特电源股份有限公司
广西三立科技发展有限公司
广州力柏能源科技有限公司
广州中国科学院工业技术研究院
广州市威浦机电有限公司
广州汽车集团乘用车有限公司
广州精益汽车空调有限公司
天津力神电池股份有限公司
天津大学内燃机燃烧学国家重点实验室
天津中聚新能源科技有限公司
天津市捷威动力工业有限公司
天津清源电动车辆有限责任公司
比亚迪汽车工业有限公司
中利科技集团股份有限公司
中冶南方（武汉）自动化有限公司
中国汽车技术研究中心
中国汽车技术研究中心北京工作部
中国重汽集团成都王牌商用车有限公司
中信国安盟固利动力科技有限公司
中航复合材料有限责任公司
长沙众泰汽车工业有限公司
节能与新能源汽车网
石家庄通合电子科技股份有限公司
东风扬子江汽车（武汉）有限责任公司
东方电气集团东风电机有限公司
东昌电机（深圳）有限公司
东南（福建）汽车工业有限公司
北汽福田汽车股份有限公司北京欧辉客车分公司
北京天和陆通传动技术有限公司
北京长城华冠汽车科技有限公司
北京世佳博科技发展有限公司
北京电动车辆协同创新中心
北京电庄科技有限公司
北京市产品质量监督检验院
北京华特时代电动汽车技术有限公司
北京国网普瑞特高压输电技术有限公司
北京昂华伟业科技有限公司
北京理工华创电动车技术有限公司
北京维艾迪汽车科技有限公司
四川汽车工业股份有限公司
四川省和越气压减震器有限责任公司
四川帝威能源技术有限公司
宁波南车新能源科技有限公司
宁德新能源科技有限公司
台湾泰荣动力科技股份有限公司
扬州亚星客车股份有限公司
西门子（中国）有限公司工业业务领域驱动技术集团

成都客车股份有限公司
合肥国轩高科动力能源有限公司
多氟多(焦作)新能源科技有限公司
江西凯马百路佳客车有限公司
江西博能上饶客车有限公司
江苏吉泰科电气股份有限公司
江苏亨通电子线缆科技有限公司
江苏宏微科技股份有限公司
江苏清之华电力电子科技有限公司
江苏绿城信息技术有限公司
安徽江淮汽车股份有限公司
安徽安凯汽车股份有限公司
阳光电源股份有限公司
苏州科宝光电科技有限公司
苏州智绿环保科技有限公司
佛山市顺德区创格电子实业有限公司
沈阳二一三控制电器制造有限公司
沈阳金阳光电气有限公司
武汉电动汽车示范运营有限公司
武汉电动汽车技术开发有限公司
武汉合康动力技术有限公司
英飞凌科技(中国)有限公司
杭州长江汽车有限公司
杭州长江汽车有限公司
杭州富特科技有限公司
奇瑞新能源汽车技术有限公司
昆山国力真空电器有限公司
国电南瑞科技股份有限公司
国家轿车质量监督检验中心(天津)
国家燃料电池汽车及动力系统工程技术研究中心
舍弗勒贸易(上海)有限公司
金龙联合汽车工业(苏州)有限公司
郑州比克新能源汽车有限公司
郑州宇通客车股份有限公司
河北御捷车业有限公司
河南锂动电源有限公司
河南蓝海新能电动汽车有限公司
实联长宜淮安科技有限公司
南京协众汽车空调集团有限公司
南京金龙客车制造有限公司
南京特种汽车制配厂有限公司
南京能瑞电力科技有限公司
南京菲尼克斯电气有限公司
威泊(上海)新能源科技有限公司
哈尔滨鑫业电动车技术开发有限公司
重庆市盛时达汽车有限公司
重庆凯瑞电动汽车系统有限公司
重庆科鑫三佳车辆技术有限公司
保定长安客车制造有限公司
恒信大友(北京)科技有限公司
珠海泰坦科技股份有限公司
株洲齿轮有限责任公司
健和兴科技(苏州)有限公司
烟台海德专用汽车有限公司
浙江宝骐汽车有限公司
浙江南车电车有限公司
浙江超威动力能源有限公司
海马轿车有限公司
通用电气(中国)有限公司
捷星新能源科技(苏州)有限公司
清华大学汽车安全与节能国家重点实验室
深圳比亚迪戴姆勒新技术有限公司
深圳市大地和电气股份有限公司
深圳市五洲龙汽车有限公司
深圳市沃特玛电池有限公司
深圳市陆地方舟新能源电动车集团有限公司
深圳市欣旺达电动汽车电池有限公司
深圳市欣锐特科技有限公司
深圳市科陆电子科技股份有限公司
深圳市盛弘电气有限公司
深圳市蓝海华腾技术股份有限公司
深圳市聚电网络科技有限公司
超威电源有限公司
斯太尔动力(常州)发动机有限公司
黑龙江特通电气有限公司
集盛星泰(北京)科技有限公司
奥地利 AVL 李斯特公司北京联络处
普天新能源有限责任公司
湖南南车时代电动汽车股份有限公司
湘电莱特电气有限公司
温州凯业电器有限公司
微宏动力系统(湖州)有限公司
意昂神州(北京)科技有限公司
福建省长汀金龙稀土有限公司
潍柴西港新能源动力有限公司
横琴国际融资租赁有限公司
德维创中国有限公司

编制说明

《节能与新能源汽车年鉴》(以下简称《年鉴》)为年度出版物,每年跟踪上年度我国节能与新能源汽车行业各方面发展情况,是全面反映我国节能与新能源汽车行业的连续性、综合性、权威性大型工具书,为我国节能与新能源汽车行业的规划、科研、生产、销售及新产品开发等提供支持与服务。《年鉴》由中国汽车技术研究中心组织编制,自 2010 年创刊以来,得到了国家科技部、国家工信部、国家发改委等主管部门的关怀指导,以及相关企业、科研院所的大力支持,受到了广大读者的关注和欢迎。

2015 年《年鉴》涵盖了我国在节能与新能源汽车产业方面相关的政策法规、研发进展、产业发展、推广应用、产量统计、关键零部件配套量统计等行业综合信息,还收集各省市和重点企事业单位节能与新能源汽车产业发展情况,以及年度重点车型技术参数等,内容涉及节能汽车、新能源汽车、天然气汽车三大部分,全面展现我国节能与新能源汽车在 2014 年所取得的技术和产业发展成果。

2015 年《年鉴》邀请了相关行业专家,针对我国节能与新能源汽车各领域,如混合动力乘用车、纯电动专用车、纯电动乘用车、纯电动客车、燃料电池汽车、天然气汽车、车用动力电池、车用燃料电池技术进展、动力电池关键原材料、驱动电机、天然气发动机、电动汽车标准,就国内进展、国际趋势、国内外差距等问题进行分析,盘点我国节能与新能源汽车在 2014 年的成绩与不足,提出下一步发展建议。

2014 年《年鉴》共收集了百余家主要节能与新能源汽车产学研单位的发展概以及生产经营、产能建设及技术研发能力进展、合资合作等进展情况。2015 年《年鉴》共统计了我国 40 多个重点地区和城市推广节能与新能源汽车的数据以及车型。附录重点收集了我国在 2014 年发布的节能与新能源汽车领域的相关标准、公告车型目录等。

2015 年《年鉴》(英文版)同期出版,集中收录中文版的主要内容,包括国家和地方政策目录、分领域发展综述、各省市发展情况、产销及示范推广数据统计等,供国内外同行查阅。

2015 年《年鉴》在征集资料及编辑过程中,得到了国家有关部门各省、自治区、直辖市、计划单列市节能与新能源汽车行业主管部门,各节能与新能源汽车推广应用城市领导小组燃气汽车示范推广城市领导小组,各汽车工业集团(公司),各生产企业科研院所等有关部门的大力支持和协助,在此表示诚挚的谢意。《年鉴》将以更翔实权威的数据、更全面客观的内容为追求,回报编委单位和广大读者的厚爱。

由于时间仓促和水平有限,书中不足之处在所难免,恳请读者批评指正。希望今后能够继续到有关方面及广大读者的大力支持,欢迎对本书的改进提出建设性意见和建议,编制办公室同人将不胜荣幸与感谢。

中国汽车技术研究中心

《节能与新能源汽车年鉴》编制办公室

2015 年 10 月

目　录 |CONTENTS|

第一篇　分领域发展综述

第二篇　政策与规划

第三篇 地区概况

第四篇 新能源汽车领域重点企业发展情况

第六篇　关键零部件配套数量统计

第七篇　推广应用数量统计

企业形象专版目录

封　　面

超威电源有限公司

封　　底

舍弗勒贸易(上海)有限公司

封　　二

杭州长江汽车有限公司

封　　三

万丰卡达克新动力有限公司

封二对页

山东沂星电动汽车有限公司

封三对页

宁波南车新能源科技有限公司

扉插

杭州长江汽车有限公司
上海汽车集团股份有限公司
金龙联合汽车工业(苏州)有限公司
一汽客车有限公司
北汽福田汽车股份有限公司欧辉客车分公司
东风扬子江汽车(武汉)有限责任公司
深圳市五洲龙汽车有限公司
浙江南车电车有限公司
湖南南车时代电动汽车股份有限公司
扬州亚星客车股份有限公司
安徽安凯汽车股份有限公司
南京金龙客车制造有限公司
江西凯马百路佳客车有限公司
郑州宇通客车股份有限公司
深圳市陆地方舟新能源电动车集团有限公司
比亚迪汽车工业有限公司
安徽江淮汽车股份有限公司
山东新大洋电动车有限公司
河北御捷车业有限公司
重庆凯瑞电动汽车系统有限公司
上海大郡动力控制技术有限公司
上海电驱动股份有限公司
GE 中国
大陆汽车投资(上海)有限公司
西门子(中国)有限公司工业业务领域驱动技术集团
江苏吉泰科电气股份有限公司
广西三立科技发展有限公司
潍柴西港新能源动力有限公司
EVTD
超威电源有限公司
深圳市聚电网络科技有限公司
上海鼎充新能源技术有限公司
普天新能源有限责任公司
英飞凌科技(中国)有限公司
天津中聚新能源科技有限公司
多氟多(焦作)新能源科技有限公司
天津市捷威动力工业有限公司

前插页

深圳市欣旺达电动汽车电池有限公司
宁德新能源科技有限公司
广州力柏能源科技有限公司
河南锂动电源有限公司
捷星新能源科技(苏州)有限公司
天津力神电池股份有限公司
北京天和陆通传动技术有限公司
广东万锦科技股份有限公司
深圳市沃特玛电池有限公司
深圳市欣锐特科技有限公司
杭州富特科技有限公司
广东易事特电源股份有限公司
健和兴科技(苏州)有限公司
南京菲尼克斯电气有限公司
ABB 中国电动汽车充电业务
深圳市科陆电子科技股份有限公司
国电南瑞科技股份有限公司
石家庄通合电子科技股份有限公司
上海追日电气有限公司
南京能瑞电力科技有限公司
深圳市盛弘电气有限公司
苏州智绿环保科技有限公司

威泊(上海)新能源科技有限公司
北京电庄科技有限公司
中利科技集团股份有限公司
江苏亨通电子线缆科技有限公司
苏州科宝光电科技有限公司
北京国网普瑞特高压输电技术有限公司
武汉电动汽车示范运营有限公司
武汉电动汽车技术开发有限公司
昆山国力真空电器有限公司
深圳市蓝海华腾技术股份有限公司
北京理工华创电动车技术有限公司
武汉合康动力技术有限公司
上海燃料电池汽车动力系统有限公司
深圳市大地和电气股份有限公司
东方电气集团东风电机有限公司
湘电莱特电气有限公司
东昌电机(深圳)有限公司
斯太尔动力(常州)发动机有限公司
奥地利 AVL 李斯特公司北京联络处
德维创中国有限公司
恒信大友(北京)科技有限公司
国家汽车质量监督检验中心(北京)
国家轿车质量监督检验中心(天津)
大唐恩智浦半导体有限公司
上海加冷松芝汽车空调股份有限公司
广州精益汽车空调有限公司
南京协众汽车空调集团有限公司
横琴国际融资租赁有限公司
天津清源电动车辆有限责任公司
浙江宝骐汽车有限公司
南京特种汽车制配厂有限公司
烟台海德专用汽车有限公司
中国重汽集团成都王牌商用车有限公司
重庆市盛时达汽车有限公司
保定长安客车制造有限公司
山东泰高新能源汽车装备制造有限公司
郑州比克新能源汽车有限公司
河南蓝海新能电动汽车有限公司
江西博能上饶客车有限公司
成都客车股份有限公司
山西皇城相府宇航汽车制造有限公司
四川汽车工业股份有限公司
深圳比亚迪戴姆勒新技术有限公司
奇瑞新能源汽车技术有限公司
广州汽车集团乘用车有限公司
东南(福建)汽车工业有限公司
长沙众泰汽车工业有限公司
海马轿车有限公司

后插页

四川帝威能源技术有限公司
珠海泰坦科技股份有限公司
江苏绿城信息技术有限公司
上海挚达科技发展有限公司
江苏清之华电力电子科技有限公司
沈阳金阳光电气有限公司
北京昂华伟业科技有限公司
沈阳二一三控制电器制造有限公司
温州凯业电器有限公司
广州市威浦机电有限公司
佛山市顺德区创格电子实业有限公司
阳光电源股份有限公司
中冶南方(武汉)自动化有限公司
台湾泰荣动力科技股份有限公司
广东戈兰玛汽车系统有限公司
北京维艾迪汽车科技有限公司
株洲齿轮有限责任公司
四川省和越气压减震器有限责任公司
意昂神州(北京)科技有限公司
重庆科鑫三佳车辆技术有限公司
上海本安仪表系统有限公司
江苏宏微科技股份有限公司
中国汽车技术研究中心
清华大学汽车安全与节能国家重点实验室
国家燃料电池汽车及动力系统工程技术研究中心
北京电动车辆协同创新中心
天津大学内燃机燃烧学国家重点实验室
中国汽车技术研究中心北京工作部
节能与新能源汽车网
中航复合材料有限责任公司
北京世佳博科技发展有限公司
上海赢双电机有限公司
福建省长汀金龙稀土有限公司
黑龙江特通电气有限公司
广州中国科学院工业技术研究院
北京长城华冠汽车科技有限公司
北京华特时代电动汽车技术有限公司
上海昭和高分子有限公司
上海卡耐新能源有限公司
LG 化学
合肥国轩高科动力能源有限公司
中信国安盟固利动力科技有限公司
微宏动力系统(湖州)有限公司
实联长宜淮安科技有限公司
集盛星泰(北京)科技有限公司

锂电驱动未来
Green Batt
Green Batt
Add:河南省新乡市牧野区化学与物理电源产业园
Tel:0373-5862922
Fax:0373-5862926
Web:www.greenbatt.cn
更多信息请关注官方微信

健和兴科技(苏州)有限公司
苏州市相城经济开发区澄云路88号
电话：0512-65785885
传真：0512-65787880

健和兴科技(苏州)有限公司广州分公司
广州市番禺区大石街石北工业大道丰晟工业园L栋5
电话：020-87397198 / 87397629
传真：020-87399367

科陆电子是一家国家级高科技上市公司,为国内最早从事新能源汽车充电站建设的厂家之一。其在电力电子、新能源等领域具有备的产品线,并凭借着强大的技术实力和完善服务,为新能源电动汽车充电提供高效安全的整体解决方案。

至今,科陆电子陆续参与了深圳大运会充电站、深圳机场充电站、中山乐群公交充电站、南昌公交充电站、上海电力学院光储充一充电站、长春一汽汽车充电站、神华集团充电站等整体解决方案设计,并提供全套的充电设备。

充电桩

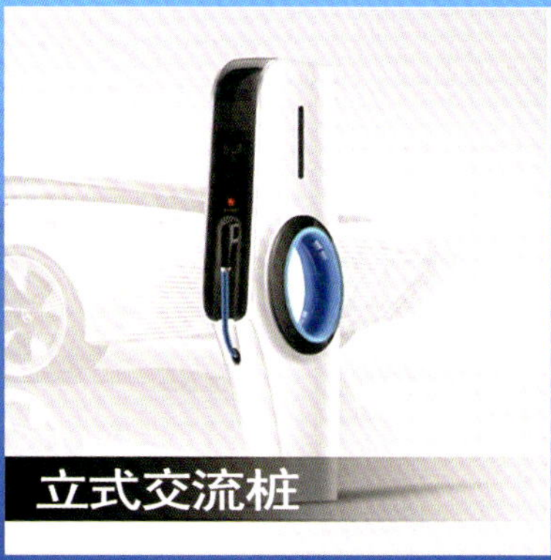

适用于包括地下停车库、高速公路休息区、商业地产公共充电场所、公交车站等各种安装场景,安装方式包括落地式、壁挂式、悬挂式、托举式等,很好地满足了客户的不同充电需求。

充电站

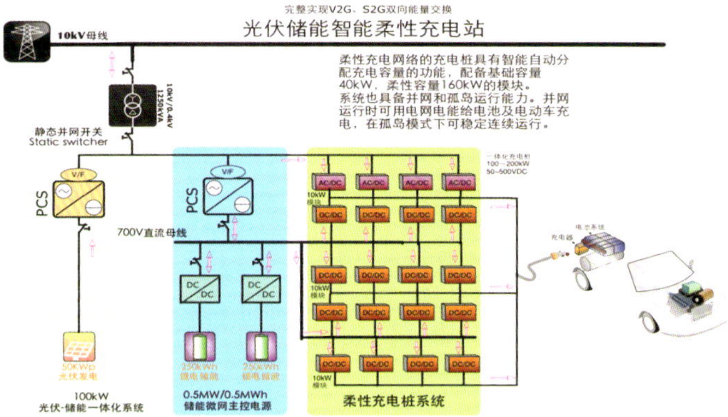

科陆电子是业界首个将可再生能源与电动汽车充电站完美结合的厂家,其利用在新能源领域的技术优势,创新性的融合光伏发电、储能系统,提出了光储充一体化充电站解决方案。

充电站主站

充电站主站系统集成计量和计费功能，完善的遥调、遥控、遥信、遥测功能，为充电站现代化综合管理提供了保障。

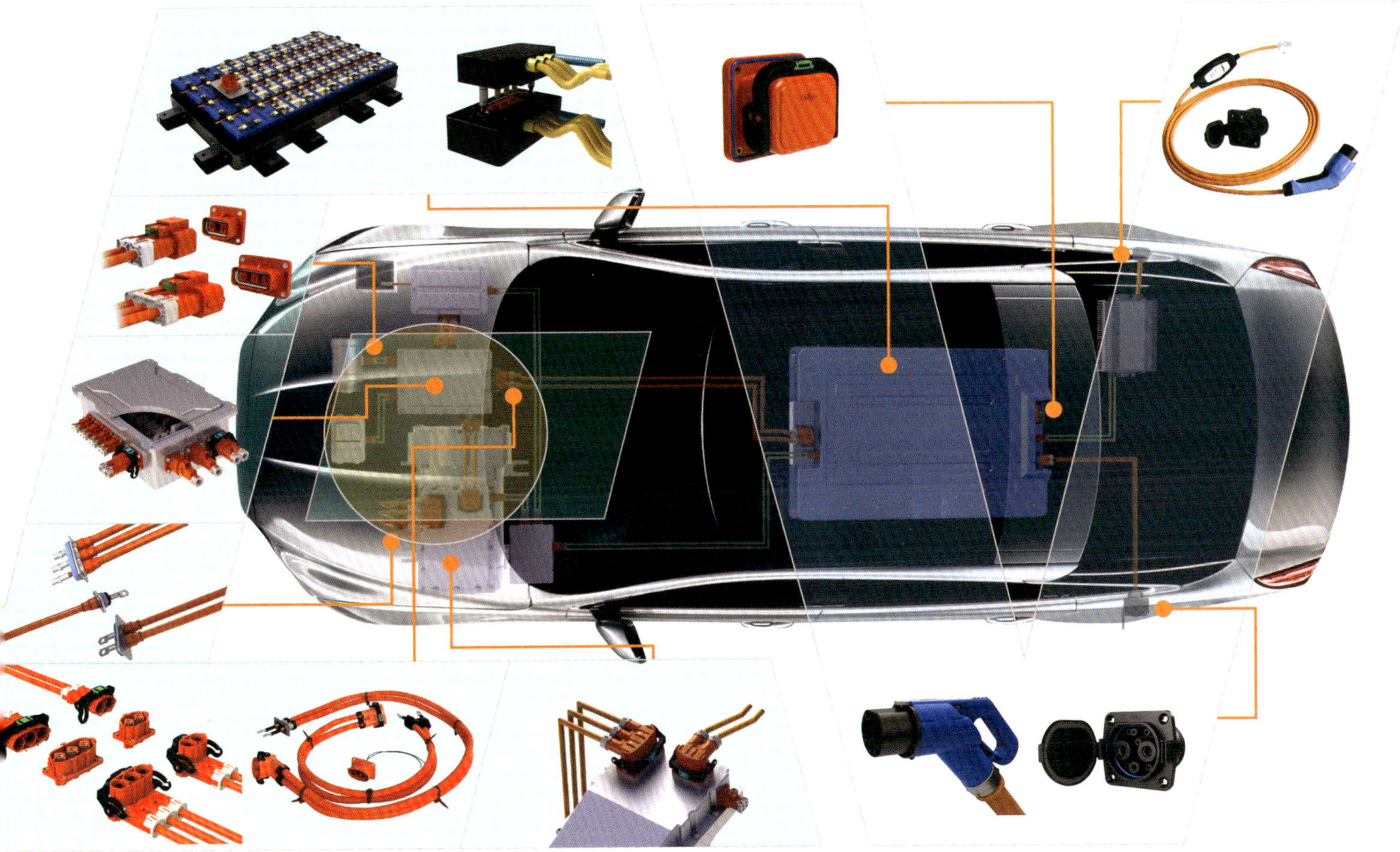

武汉电动汽车技术开发有限公司

能源车辆安全监控系统

完全自主知识产权，融合6项国家专利和12项软件著作权,符合国家及方相关要求，通过定制可适应各种车辆及各地方标准。

新能源车辆安全监控系统拥有工况数据查询、统计分析、安全预警三大功能模块，通过完整的沟通、实施跟踪服务体系，为新能源车辆整车企业、运营管理单位提供稳定、便捷、智能的安全监控系统服务。

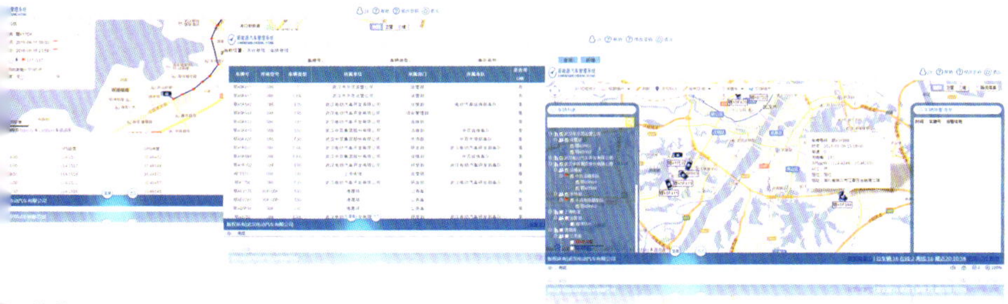

统界面……

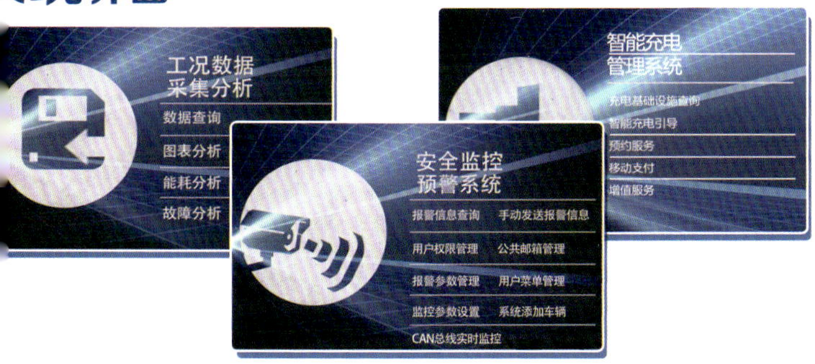

系统具备工况数据查询分析、安全监控预警、智能充电功能模块。通过车载终端，接收卫星信号、采集CAN总线信息，发送至后台，实现用户交互和安全预警。在大规模安全监控背景下，工况数据异常时，实时发送给管理人员及用户的手机APP上，提高安全运营管理效率。

智能充电系统

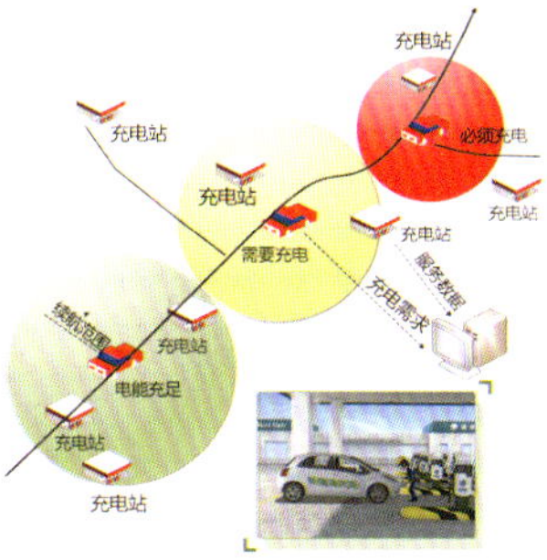

充电车辆监控：
通过车载终端对充电中的车辆进行实时监控，发现异常情况系统会立即对终端或充电设施下发指令，终止充电

充电设备监控：
充电设施通过终端或互联网受系统的监控，系统可以实时掌握充电设施的状态，若发现异常系统可以通过指令终止充电。

充电站监控：
某一站点充电设备总量、空闲数量、充电等待时长、能为什么类型的车辆充电、站点地理位置、站点周边交通状况等信息都可以通过互联网与主站系统建立联系，为将来的智能充电引导做准备。

系统以个人移动终端作为载体，建立新能源车辆充电需求和充电设施的信息交互，利用互联网大数据分析，实现充电资源的最佳配置，从而提高车辆充电、供电效率。

地址：武汉东湖新技术开发区流芳大道12号　电话：(86-27) 87172725　网址：www.whevt.com
服务热线：(86-27)87172725#8002　传真：(86-27) 87172725转8000

公司简介

Company Introduction

昆山国力真空电器有限公司位于著名大都市上海与吴越古都苏州之间的昆山经济技术开发区，毗邻沪宁高速公路，距上海虹桥机场60公里，交通十分便利。

公司是经国有企业改制的高科技民营股份制企业，是具有60年电真空器件生产历史的真空器件及真空电器的专业生产厂家，积累了丰富的电真空制造工艺的生产管理经验。

公司主要研制、生产、经营陶瓷真空继电器、高压交流/直流接触器、陶瓷真空电容器、陶瓷真空灭弧室和真空开关、真空接触器、真空负荷开关、真空断路器、氢闸流管、高功率脉冲磁控管、触发管、电子枪等电真空器件，公司建有高压真空继电器贯军标生产线，是总装合同办定点军用电子元器件新品研制单位之一，多次承担研制和重点工程配套用的高压真空继电器和真空电容器。多品种、多型号的产品广泛应用在电子、船舶、兵器、航空等领域。

企业通过了ISO 9001-2000 质量管理体系和GJB 9001B-2009军工产品质量体系及TS 16949质量管理体系认证；通过了国防科工委的三级保密资格认证和武器装备科研生产许可证认证。公司先后被评为昆山市、苏州市、江苏省的高新技术企业、年度"诚信企业"；多项产品被评为市级、省级高新技术产品；公司技术中心分别评为省级技术中心和省级工程研究中心，并设立了省级高功率闸流管院士工作站。

公司以立"百年国力"为目标，遵循"以人为本、以市场为导向、以客户为中心、以竞争为手段"的经营思想，依托于科技，立足于创新，以先进、科学、严谨、务实的管理为基础，以规范化、标准化、合理化、效率化为原则，努力建造现代企业制度，力求早日跻身世界先进科技企业的行列。

高压直流接触器介绍

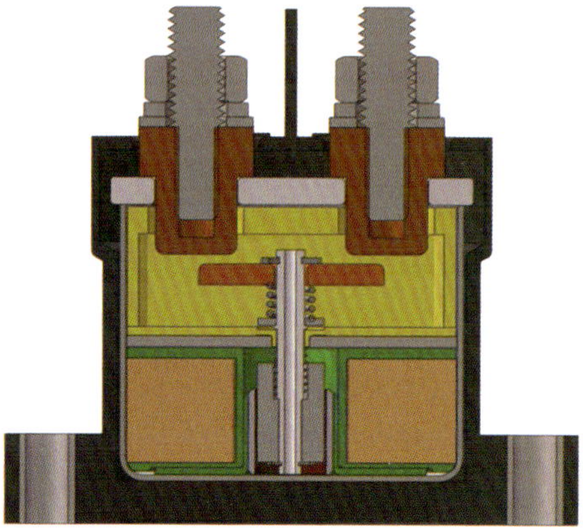

昆山国力是国内最早进行密封高压直流接触器开发的公司。依托美国GIGAVAC公司的技术支持，结合公司高可靠的陶瓷密封技术与真空封装工艺，开发了覆盖绝大部分高压直流接触器应用领域的多个产品系列，是中国及欧美市场直流接触器的重要供应商。

国力真空采用了与宇航级直流接触器相同的密封技术，其典型的结构如右图所示：

由于采用了先进的设计理念，高可靠的密封灭弧技术和独特的封装工艺，国力的高压直流接触器具有以下优点：

- 优良的耐温性能，可以在-55℃～+85℃甚至+125℃的环境下工作。
- 在极小的体积条件下，能够承载并开关大电流。工作电流可达1000A，电压高达1500VDC。
- 完全密封，没有电弧泄露及失火的风险。
- 高可靠的辅助触点设计，监控主触点的状态，提前规避风险。
- 密封的气氛有效地防止触点氧化烧损，接触电阻低而且稳定。
- 能够在任何环境中使用，包括浸没，压力和暴露。
- 对安装方向不敏感，可以任意方向安装。

高压直流接触器典型应用

新能源汽车

新能源汽车是直流接触器的主要应用领域之一，包括纯电动汽车、混合动力汽车、燃料电池汽车等。主要应用模块包括：电池管理系统（BMS），用来保护电池，避免电池损坏、电池主开关，用来控制电池输出、充电开关、附件开关、预充电开关等。

太阳能光伏发电

光伏发电系统将太阳能转化为电能，产生的电能通过蓄电池储存起来，再通过直流输出到用电设备或逆变成交流并入电网系统。主要应用模块包括：太阳能面板倾斜校正、汇流箱、储能电池开关、预充电开关、逆变器等。

储能电站

储能电站可以作为调节用电峰谷，平衡用电，也可以在停电时作为备用电源使用。主要将直流接触器用于电池与电网接通或断开。

充电桩

直流接触器可用于直流充电桩，作为保护开关使用，确保直流电源与充电插头断开。

GL 昆山国力真空电器有限公司
Kunshan GuoLi Vacuum Electric Co.,Ltd.
地 址：江苏省昆山市西湖路28号 邮 编：215333 网 址：www.glvac.cn
电 话：+86(512) 3687 2112 传 真：+86(512) 3687 2122 电 邮：sales@glvac.cn

蓝海华腾

新能源汽车电机控制器

- 20000多台新能源汽车主驱动电机控制器，被多家主流客车厂配套使用，连续多年在40多个城市运行。
- 荣获中国电工技术学会电动车辆专业委员会和中国汽车工程学会电动汽车分会联合颁发的“2012电动汽车技术卓越奖”。

应用：纯电动大巴

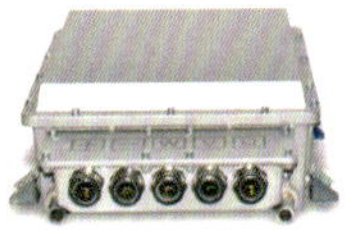

应用：中巴车、考斯特、物流车

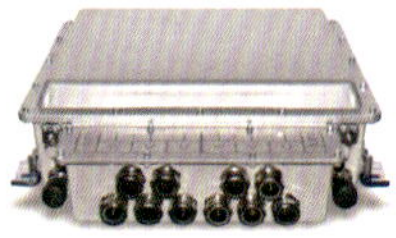

应用：混合动力客车

应用：乘用车、小型物流车

应用：纯电动大巴
(四合一方案)

应用：中巴车、考斯特、物流车
(三合一方案)

应用：大巴车、中巴车、
考斯特、物流车

应用：物流车、
考斯特一体化解决方案

深圳市蓝海华腾技术股份有限公司是一家拥有完全自主知识产权，专业致力于变频器、伺服驱动器、电动汽车电机控制器等电力电子产品的研发、制造、销售和服务的“国家高新技术企业”和“双软企业”。

蓝海华腾纯电动/混合动力汽车电机控制器拥有完整的系列，功率范围涵盖3kW~280kW，产品有混合动力/纯电动、主驱动电机/发电电机/辅助系统电机、水冷/风冷、多合一集成电机控制器等几十种产品。主驱动2万多台电机控制器及2万多台发电及辅助电机控制器应用的新能源汽车多年来在杭州、南京、苏州、南通、无锡、昆山、青岛、萧山、厦门、海口、昆明、天津、扬州，张家港，深圳、内蒙古、大连等城市运行，受到客户一致好评。

深圳市蓝海华腾技术股份有限公司

总部地址：深圳市南山区西丽阳光工业区新锋大楼B栋　工厂地址：深圳市宝安区石岩街道塘头大道西和工业区

E-mail:lhht@v-t.net.cn　公司电话：26580810，13809889045

服务热线：400 0518 000

http://www.v-t.net.cn

理工华创
BIT HUACHUANG

北京理工华创电动车技术有限公司是一家依托北京理工大学电动车辆国家工程实验室而成立的高新技术企业，是北京理工大学电动汽车技术的成果转化与产业化单位。公司致力于为整车企业提供先进的电动汽车整车控制系统、电驱动与传动系统以及相关的高性价比、高可靠性的其他关键零部件产品。

核心产品

整车控制器：硬件接口丰富，可满足90%以上的纯电驱动车型需求，配合本公司特有的信息融合算法、驱动控制算法、再生制动控制算法和高压安全控制算法，可使整车具有更好的驾驶平顺性、更优的能耗经济性和主动安全性。

电驱动与传动系统：产品形成系列化，适用于各种纯电动商用车和乘用车，相比直驱系统，使车辆具有更好的整车经济性和动力性。

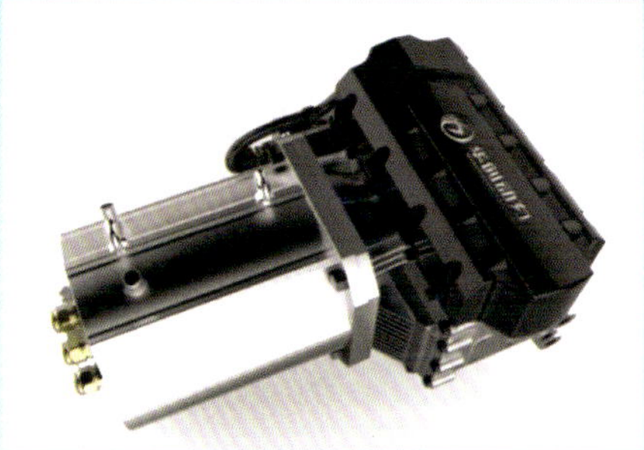

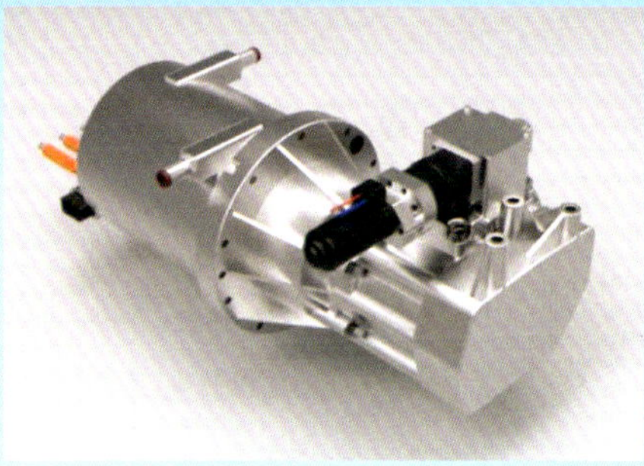

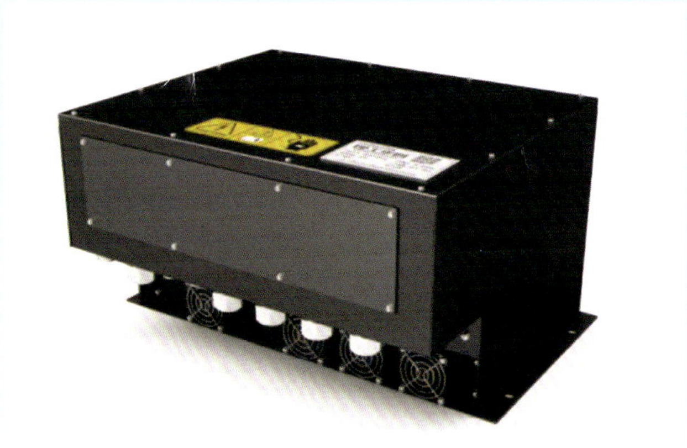

功率转换集成控制器：通过集成驱动电机控制器、油泵电机控制器、气泵电机控制器、DC/DC、充电控制器及高压配电柜，形成系列化的多合一集成控制器产品，可满足各种纯电驱动车辆的使用需求。

地址：北京市海淀区中关村南大街9号理工科技大厦702室　　网址：www.huachuangev.com
营销中心：010-68910955-8036　　邮箱：zhouhui@huachuangev.com

XEMC
湘电莱特

公司简介 COMPANY PROFILE

湘电莱特电气有限公司是一家拥有世界领先的电机电控成套技术的中美合资企业。是研发、生产、销售电动车辆关键零部件、新型高效电机及其控制系统的高新技术企业。公司拥有发明专利30余项，参与多项国家“863”计划、省及市级重大项目研制。公司产品在东风、力帆、长丰、南车、玖发等整车企业上得以应用。

我们竭诚为您提供电机电控、驱动设备及零部件，电动车辆电动、发电机及控制系统、高效增程器系统等，适用于各式商用、乘用、市政维护、城际物流等车型。

高效驱动电机

额定功率	10-100KW
额定转速	1350-4500 rpm
额定扭矩	76 -355 Nm
额定电流	64-220 A
效率	94-96%
冷却方式	水冷
绝缘等级	H

1、体积轻巧、灵活全面，适用于各式各式商用乘用、市政维护、城际物流车型

2、拥有非凡的功率密度和效率，和卓越的控制性能和可靠性

3、可以实现力矩控制模式与速度控制模式的快速切换

4、同时兼备CAN-BUS和RS485通讯

5、可以实现电动模式和发电模式的快速转换

ISO9001：2008 ISO 14001：2004 OHSAS 18001：2007 TS16949-2009

东昌电机(深圳)有限公司

DONG CHANG ELECTRIC MOTOR(SHEN ZHEN) CO., LTD

东昌电机（深圳）有限公司是集电机技术研发、销售、生产于一体的港资企业。2012年由国家科技部认定为国家级高新技术企业。

公司专业制造直流伺服电机、直流无刷电机、直流永磁电机、串激电机、感应电机等系列电机，广泛应用于办公自动化设备、家用电器、健身器材、新能源电动汽车等领域。

规模引进自动化生产设备和高端检测仪器仪表设施，全面导入精益生产模式，技术的专业化、产品的多元化、品质的一体化是企业持续经营的创新精神。

东昌人以忠诚、团结、实事求是为指导原则，以客户为先，构建目标管理、精益生产的运作系统，不断提高生产效率，持续技术创新，以产业贡献社会。

企业奉行“客户满意是我们的责任，持续改进是我们的追求”的品质方针。

企业通过ISO 9001、ISO 14001、CCC、TS 16949体系认证。

产品名称：直驱式外转子轮毂电机
产品型号：TM01
峰值功率：10 kW
额定功率：6 kW
峰值转矩：212 N·m
额定转矩：58 N·m
峰值转速：1200 rpm
额定转速：985 rpm
直流母线电压等级：72 V
工作电压范围：60～84 V
控制方式（转矩控制/转速控制）：直接转矩控制的空间矢量（SVPWN0控制转矩/转速控制精度：±5%
通信方式：高扩展性系统界面，同时具备CAN-BUS，RS232通讯功能
电机及其控制系统峰值效率：电机:93%　控制系统峰值效率：97%
电机及其控制线系统高效区（效率≥80%的高效区占整个运行区域）：＞90 %
电机冷却方式（液冷时注明冷却液流量、入口水温）：风冷
控制器冷却方式（液冷时注明冷却液流量、入口水温）：风冷
电机工作环境温度：-15℃～50℃
控制工作环境温度：-20℃～60℃
电机外形（ØD×L）：Φ335mm×113 mm
控制器外形（L×W ×H）：210mm×120mm×65 mm

产品名称：直驱式外转子轮毂电机
产品型号：TM02
峰值功率：60 kW
额定功率：18 kW
峰值转矩：650 N·m
额定转矩：140 N·m
峰值转速：2000 rpm
额定转速：1250 rpm
直流母线电压等级：300 V
工作电压范围：250～350 V
控制方式（转矩控制/转速控制）：直接转矩控制的空间矢量（SVPWN0控制转矩/转速控制精度：±5%
通信方式：高扩展性系统界面，同时具备CAN-BUS，RS232通信功能
电机及其控制系统峰值效率：电机:95%　控制系统峰值效率：97%
电机及其控制线系统高效区（效率≥80%的高效区占整个运行区域）：＞90 %
电机冷却方式（液冷时注明冷却液流量、入口水温）：风冷
控制器冷却方式（液冷时注明冷却液流量、入口水温）：水冷
电机工作环境温度：-15℃～50℃
控制工作环境温度：-20℃～60℃
电机外形（ØD×L）：Φ335 mm×175.6 mm
控制器外形（L×W ×H）：350mm×286mm×130mm

东昌电机(深圳)有限公司
DONG CHANG ELECTRIC MOTOR(SHEN ZHEN) CO., LTD

地址：深圳市宝安区沙井镇洪田村金源工业区
ADD：JinYuan Ind.Area,HongTian Village,ShaJing Town,BaoAn District,Shenzhen Guangdong,China.
电话（TEL）：0755-29547666 0755-29547888 传真（FAX）：0755-29547698 邮政编码（POST）：518125
E-mail：song@dongchangmotor.com.cn　Homepage：http://www.dongchangmotor.com.cn

STEYRMOTORS
INNOVATION WITH LIGHTNESS

斯太尔M14四缸发动机

斯太尔M16六缸混合动力发动机

斯太尔M12两缸APU

斯太尔动力股份有限公司，原名湖北博盈投资股份有限公司，成立于1978年9月，于1997年6月在深圳证券交易所上市（股票代码：000760）。2013年年末，公司成功收购身地利斯太尔，将其在高品质柴油发动机研发制造领域深厚的技术沉淀和研发实力纳入上市公司体系，初步形成以提供动力系统解决方案为主的产业格局。

截至目前，公司柴油发动机领域业务涵盖发动机及零部件的设计、研发、生产、销售及售后服务，主打产品斯太尔M1系列，采用Monoblock技术（即连体机身结构），斯太尔柴油发动机技术源于上世纪的斯太尔-戴姆勒-普赫集团，公司不断推陈出新，20世纪70年代又独家研制出带两级喷射的高压泵喷嘴系统与双涡轮增压系统，喷油压力高达2,000 bar，斯太尔发动机具有外形紧凑、质量轻，震动低、噪声小、功率密度高、油耗低，可适应包括柴油、煤油、生物油在内的多种燃油等特点。

公司发动机业务项下主要产品为M12两缸发动机、M14 四缸发动机、M16 六缸发动机，可应用于军车、乘用车、新能源、船只等领域。

斯太尔动力（常州）发动机有限公司

地址：江苏省常州市武进区高新区武宜南路377号
电话：0519-81595687
邮箱：sales@steyr-motors.cn
网址： www.steyr-motors.cn

国家轿车质量监督检验中心（天津汽车检测中心）

新能源汽车试验室

新能源汽车试验室主要从事新能源汽车关键部件的测试评价及论证工作，测试对象主要包括动力电池、电机、电控、充电部件等，覆盖国内外主要标准，综合测试能力国内第一。同时，中心承担新能源领域主要测试标准的制定、修订工作，以及多项重大科研项目。

主要工作

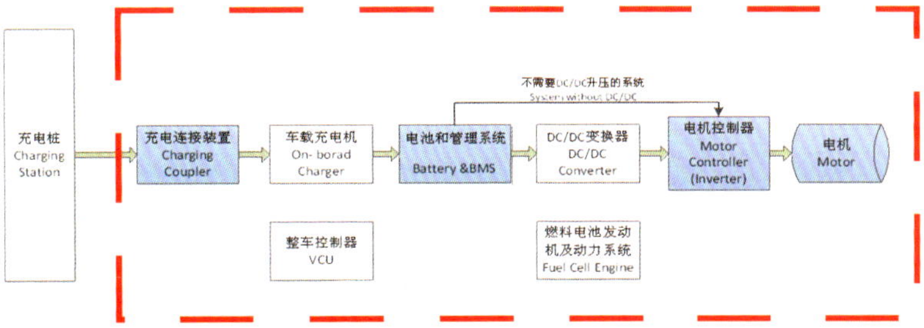

电动汽车关键部件测试评价

1. 动力电池：

动力电池试验室主要进行电池单体、模块、电池包及管理系统的测试评价，包括电性能测试、循环寿命测试和安全性测试，测试能力覆盖范围最广。

测试依据行业标准：QC/T 743-2006电动汽车用锂离子蓄电池

QC/T 741-2006,QC/T 742-2006 ,QC/T 744-2006, QC/T 897-2011

国家标准：GB/T 18332.1-2009、GB/T 18332.2-2001、GB/Z 18333.1-2001

国外标准：UL2580 Standards for batteries of use in EV

ISO12405 Electrically propelled road vehicles — Test specification for lithium-Ion traction battery packs and

UL1624、UL810A,UL2594、SAE J2929、SAE J2646等

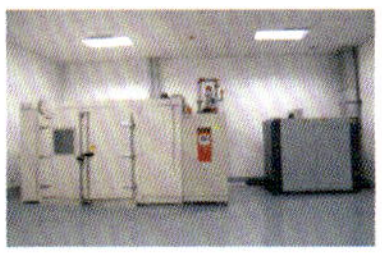

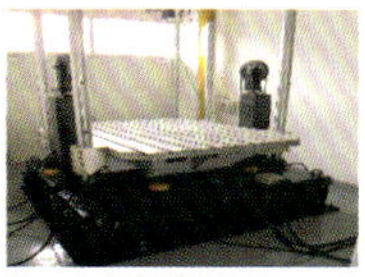

2. 动力电机：

测试能力：

☒3套进口电力测功机

☒测功机功率

☒电池模拟器功率

☒扭矩

☒转速

依据标准：

☒GB/T 18488.1-2006 电动汽车用电机及其控制器 第1部分：技术条件

☒GB/T 18488.2-2006 电动汽车用电机及其控制器 第2部分：试验方法

☒GB/T 24347-2009 电动汽车用DC-DC变换器

☒ECE R85 30min 最大功率测量

3. 接插件：

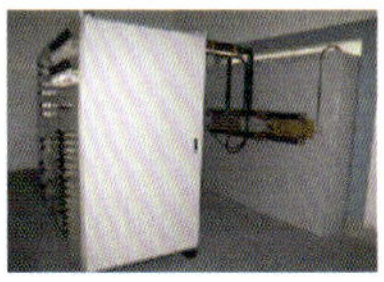
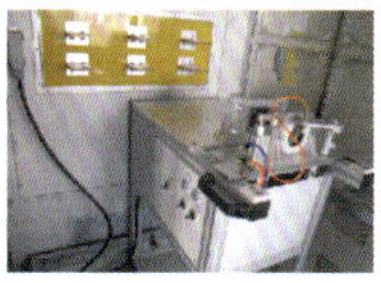

测试能力：

充电部件实验室主要进行充电接口、车载充电机等产品的性能和安全测试，率先具备新国标充电接口的测试能力和资质。

依据标准：

GB/T 18487.1-2001 电动车辆传导充电系统 第一部分：一般要求

GB/T 20234.1-2011 电动汽车传导充电用连接装置 第1部分：通用要求

GB/T 20234.2-2011 电动汽车传导充电用连接装置 第2部分：交流充电接口

GB/T 20234.3-2011 电动汽车传导充电用连接装置 第3部分：直流充电接口

GB/T 27930-2011 电动汽车非车载传导式充电机与电池管理系统之间的通信协议

QC/T 895-2011 电动汽车用传导式车载充电机

4. 环境适应性：

环境适应性测试实验室拥有全面的相关零部件的环境可靠性评价能力，可以完成温湿度、温度冲击、三综合振动、机械冲击、盐雾、防水防尘、海水浸泡等试验。

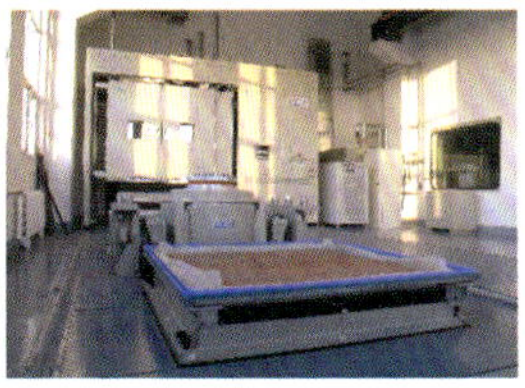
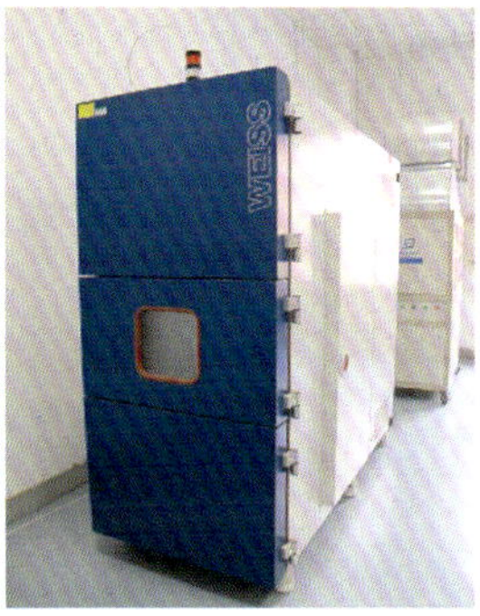

科研及标准：

（1）十一五863燃料电池电动汽车安全性测试评价课题；

（2）承担十二五863电动汽车测试评价国家课题；

（3）起草“电动汽车用锂离子蓄电池”新标准；

（4）参与“电动汽车用电驱动系统”等相关标准制修订；

（5）与国家电网合作“电动汽车动力电池梯次利用技术研究与示范”。

地址：天津市东丽区先锋东路68号 邮编300300

张振鼎 022-84379690 zhangzhending@catarc.ac.cn

王芳 022-84379666转6974 fangwster@gmail.com

黄炘 022-84379666转6973 huangxin@catarc.ac.cn

传真：022-84379663

门驱动芯片
电池管理芯片
车灯调节器芯片
中国领先的
汽车半导体公司

品动世界
27
1988-2015
年精益求精
THE PROUD SON OF HEAVEN
精益集团
JINGYI JINGYI GROUP
精益生活 · 精彩世界
精益新能源空调研发历程
为适应中国新能源客车发展的需要，精益早在2002年即启动了新能源客车空调机组的研究，先后推出了CNG独立式空调机组，第一代、第二代、第三代电动客车空调机组，第四代电动客车空调机组也即将推出。其中，CNG独立式空调机组推向市场9年来在国内市场一直拥有80%以上的占有率。精益第二代和精益第三代电动空调机组，同全国数十家电动客车制造商配套，在国内三十余个市场都有大规模的应用，并取得了巨大成功。
JYAC
KRBPH-3
KRBPB
KRBPD1
www.cnjingyigroup.com
广州精益实业集团有限公司
JINGYI GUANGZHOU JINGYI INDUSTRIAL GROUP CO., LTD.
JYAC 精益汽车空调 JINGYI AUTOMOBILE AIR CONDITIONER
JYAC 精益运输制冷 JINGYI TRANSPORT REFRIGERATION
精博 精博制冷设备 KINGBO REFRIGERATION EQUIPMENT
精博 KINGBO 精博汽车部件
地址：广州市花都区花山镇平山民营工业园7号 营销公司：020-86789068 86789016
总机：020-86789018 传真：020-86789023 国际营销部：020-86789036 86788631

南京协众汽车空调集团有限公司
Nanjing Xiezhong Auto-airconditioner (group) co.,ltd.

南京协众汽车空调集团有限公司，是
这、生产、销售汽车空调、散热器等产
的专业企业。始建于1994年，位于江
南京江宁高新园，占地面积达67000平
长。注册资本为6.56亿元人民币。公司
及资达12亿元人民币，固定资产总额达
乙元人民币。目前发展布局为：南京江
总部，北京协众分公司、沈阳辽宁晨友
公司、株洲分公司，现已具备年产200
套汽车空调的生产能力，销售额10亿元
民币。目前主要配套车型：新能源汽车、
E、SUV、面包车、卡车、微型车、工
E、客车等。主要客户有北汽、一汽、吉
神龙汽车、东风集团、广汽、华晨、长
丹东曙光等国内知名汽车企业。2012
月18日，公司在香港主板上市，股票代
03663。

“聚众人之智慧，以质量求生存，以创
求效益，以服务创品牌”是协众的企业
化，“追求卓越品质，创造国际品牌”
协众的企业理念，“创造一流品牌，提
最佳服务”是协众的质量方针。“致力
打造最具环保汽车空调”是公司宗旨。
本协众人将始终牢记与秉承协众的企业
化、理念与质量方针、公司宗旨，以不
提升的强大研发能力、市场营销能力、
牌影响力、产品品质，践行协众冲出亚
冲向世界成为世界一流的汽车空调系
供应商的目标。

北汽集团董事长徐和谊莅临南京协众集团合影留念

2012年6月18日主要股东在香港联交所合影

协众国际与北汽海纳川、北汽新能源深化战略合作合影留念

协众与韩国lg合作开发新能源汽车空调合作签约仪式

地址：江苏省南京市江宁区科学园科宁路389号
邮编：211100
电话：86 25 66608666
传真：86 25 52161988
Email: njxz@njxiezhong.comm
网址：http://www.njxiezhong.com

横琴国际融资租赁有限公司

Hengqin International leasing Co.,LTD

横琴国际融资租赁有限公司成立于2013年10月25日，由渤海租赁（股票代码000415）、澳门南通信托投资有限公司和珠海大横琴投资有限公司共同发起，股东背景强大。在政府股东的关心与支持下，公司直接以“横琴”作为公司名称，寓意与横琴新区共谋发展。

目前，公司实缴注册资本3000万美元。借助于股东方强有力的支持，公司既可以最大限度地利用横琴新区金融创新“先行先试”和跨境示范政策，又可以依托上市公司、中银集团的运营经验和资金渠道。

借助于股东方的正向协同优势，公司发展迅速，目前资产已逾10亿元人民币，租赁资产范围包括工业厂房、医疗设备、风电设备、火电设备、新能源汽车及充电设施等，承租人包括珠海本地优质国企、民企以及异地省份的龙头国企、民企。

公司未来发展定位于成为专业的新能源汽车产业链租赁公司，主打新能源汽车及充电设施的资产租赁及证券化工作。为强化战略目标的落地，公司将进行股权调整，引入产业链上下游的战略投资者，包括专注于新能源领域的银行和基金、新能源汽车厂商、新能源充电站建设厂商等。股权调整的同时，公司将于2015年底增资扩股至1亿美元。同时，公司筹划登陆资本市场，预计2017年完成新三板上市。

请登录官方网站 www.qyev.com
直降5000元！
现在包牌价仅售
1.98万
清源小旋风
GIVE YOU ALL
环保
零排放 零污染
多功能
方便
220V
民用220V充电
无需专用充电设施
舒适
轻量化
整车设计
快捷
新能源汽车
无需摇号不限牌限行
服务
电池 电机 控制器
关键零部件质保五年
经济
¥
相对于传统汽车
使用成本节省2/3
政策
中央与地方财政
双重补贴
纯电动厢式运输车
24/7
清源电动汽车
科 技 完 美 生 活
咨询
热线
4008 323080
天津市河东区天山南路
武警医院学院西门对面
24 HOUR 小时
售后保障服务

宝骐汽车
BOIDGE
智骐汽车
智骐 互联网新能源物流车
全铝车身轻量化设计，整车质量1.02吨，最大载重量410KG
电池容量19.2kW·h，百公里仅耗电12度
220V民用电，续航150公里，最高时速75公里
劲创未来
Creating the future
骐达四
Drive around the w
劲骐汽车
最高时速80km
续航里程>170
3.5m³大容量
600kg高载重
浙江宝骐汽车有限公司是华立集团新能源汽车板块一级子公司，依托于原华立集团新能源汽车事业部建立，经过
的快速发展，高度整合华立集团优质资源，公司生产制造水平、科技研发技术已十分成熟，公司以华立新能源汽车产
块内优秀的整车制造平台、动力系统研发平台、互联网平台、战略发展平台为基础，充分利用移动互联网、大数据、
算技术，于2014年推出“互联网新能源物流车”产品，致力于为物流“最后一公里”难题提供完美解决方案。
宝骐汽车
BOIDGE
www.boidge.com 服务热线：400-016-52

盛時達 SHINSTAR

重庆盛时达汽车有限公司

纯电动厢式城市物流车

纯电动厢式城市物流车 DAT5021XXYEVC 技术参数

外形尺寸（mm）	4332×1620×2146	电池类型	三元锂
轴距（mm）	2760	电池组能量（kW·h）	38
额定载质量（kg）	750	最高车速（km/h）	82
总质量（kg）	2200	续航里程（km）	230
电机额定功率（kW）/峰值功率（kW）	10/20	变速形式	4 挡手动
电机最大转数（rpm）/扭矩（N·m）	6000/80	充电时间（220v）	11 小时

重庆盛时达汽车有限公司创立于2014年2月18日，注册资本金5000万元，是工业和信息化部公告内汽车制造企业。公司占地403亩，拥有各种新能源汽车和专用汽车（环卫车、半挂车、自卸车）生产场地80000平方米，拥有先进的汽车四大工艺生产流水线，确保各种新能源汽车年产6万辆、专用汽车（环卫车、半挂车、自卸车）年产2万辆的生产能力。工程设计人员及质量管理人员大部分来自于行业内一流大型企业，与中国汽车工程研究院有限公司是合作单位。企业通过了ISO 9001质量管理体系认证、ISO 14001环境管理体系认证和中国质量认证中心（CQC）的CCC产品质量认证。公司建立了一支快速反应、高效处理、服务优良的售后服务团队。

地址：重庆市涪陵区新城区龙兴路8号
ADD: NO.8 LONGXING RD.,FULING NEW TOWN DISTRICT, CHONGQING,CHINA
电话：023-61030109　　传真：023-61030766
邮箱：shinstarhr@126.com　　http://www.chinashinstar.com

纯电动厢式货车 DAT5020XXYEVC 技术参数

外形尺寸（mm）	4510×1515×2280	电池类型	三元锂
轴距（mm）	2760	电池组能量（kW·h）	38
额定载质量（kg）	750	最高车速（km/h）	82
总质量（kg）	2200	续航里程（km）	230
电机额定功率（kW）/峰值功率（kW）	10/20	变速形式	4 挡手动
电机最大转数（rpm）/扭矩（N·m）	6000/80	充电时间（220v）	11 小时

纯电动车厢可卸式垃圾车 DAT5021ZXXEVC 技术参数

外形尺寸（mm）	3720×148×1850	电池类型	三元锂
轴距（mm）	2760	电池组能量（kW·h）	30
额定载质量（kg）	750	最高车速（km/h）	82
总质量（kg）	2200	续航里程（km）	175
电机额定功率（kW）/峰值功率（kW）	10/20	变速形式	4 挡手动
电机最大转数（rpm）/扭矩（N·m）	6000/80	充电时间（220v）	9 小时

保定长安客车

长安汽车拥有153年军工基因、32年造车经积累，是中国汽车四大集团阵营企业，也是中最大的自主品牌汽车企业，更是唯一一家自主牌汽车产销累计突破1000万辆的车企，成为中汽车品牌领导者。

长安汽车在重庆、上海、北京、意大利都、日本横滨、英国诺丁汉、美国底特律建立起球研发格局。拥有全球12个生产基地，32个整及发动机工厂。拥有长安乘用、长安商用、陆三大自主品牌，携手福特、PSA、马自达、铃等建立合资企业。

保定长安客车制造有限公司（以下简称公）是长安汽车全资子公司，为解决长安汽车缺少轻，完善产品谱系，同时结合长安客车战略展要求，2011年正式进入轻型车领域，明确了略定位和产品方向："聚焦轻客、兼顾轻卡、试皮卡、发展新能源和专用车"，已经开发出足市场需求的轻卡、轻客等系列全新车型。

公司依托长安汽车研究总院，利用社会优资源，与多家各类专业设计公司合作，结合我自身研发能力，已形成近300人的研发团队，保持每年至少1–2款的速度推出新品，连续两年销量持续增长，已成为轻型车中发展最快的企业一。

公司得到了河北省市政府、中国兵器装备集团、长安汽车等各方的关注与大力支持，被河省列为重点扶持的"央企入冀"项目，到2015形成轻型车年产能15万辆。

"打造世界一流汽车企业"是长安汽车的愿景。未来，长安汽车将继续遵循"客户为尊、工为本、诚信敬业、持续改善"的价值观，努为客户提供高品质的产品和服务，为员工创造好的环境和发展空间，为社会承担更多的责任，不断提高人们的生活品质，创造更和谐、幸福生活。

造有限公司

车卫环

车卫环

elctric Van
zero emission
changane-m80
changane-m80

环卫车

车卫环

BAK 郑州比克新能源汽车有限公司
ZHENGZHOU BAK NEW EVERGY VEHICLE CO.,LTD

郑州比克新能源汽车有限公司，是深圳市比克电池有限公司的子公司，主要从事电动汽车整车的正向研发、制造及销售。公司致力于电动汽车的自主研发及技术创新，拥有动力电池包的研发及制造能力。深圳比克18650电芯及电池包已为各大汽车厂商提供动力支持，累计装车15000辆。郑州比克新能源汽车公司成立一年多来，在团队的努力下，已成功掌握动力电池包、电控和整车匹配技术。

目前，公司业务主营为传统车电动化改装及完全自主产权的新能源汽车开发，依托深圳比克高品质8650电芯及其电池包系统，汽车续航里程再创新高。公司正在改装的某知名厂商A0级车，采用35kw·h量，续航里程为60km/h工况下330km、NEDC工况下260km。公司正向研发的B级纯电动高速轿车，用大量轻量化设计和特殊制造工艺，采用80kW·h电量，续航里程为60km/h工况下630km、NEDC工下440km。以上产品完全成熟之后将与大众见面。

河南省郑州市中牟县汽车产业集聚区比克工业园
电话：0371-89996696　　　　邮箱：ev@bak.com.cn

EV5 菱致
启腾 EV
底盘换电

上饶客车
SHANGRAO COACH

江西博能上饶客车有限公司

江西博能上饶客车有限公司，前身为江西鑫新实业股份有限公司上饶客车厂，始建于1969年，拥有悠久的客车制造传统，为原国家机械工业部客车生产定点企业、骨干企业，曾以首创客车汽油发动机后置技术、率先引进全承载车身技术、成功承制国庆50周年、60周年江西省游行彩车而著称。

2007年，公司在德国客车专家指导下，在上饶市经济技术开发区设计建造成占地面积365亩、建筑面积6万余平方米的新工厂。公司专业设计、生产大中型客车，单班具备年产4000辆客车整车产能，产品涵盖6～12米大中轻型客车，包括校车、团体、公交、旅游客运、新能源和专用车六大系列40多个品种，销售及售后服务网络遍布全国各大城市和海外地区。目前，公司总人数700余人，专业技术人员占总人数30%以上，且公司技术中心为江西省唯一一家省级客车技术研发中心。公司已通过ISO 9001:2008质量体系认证，所有产品全部通过国家认监委的“3C”强制认证；相关配套企业也全部通过ISO 9001:2008质量体系认证，关键零部件全部通过“3C”强制认证。

2009年，在不断扩大传统客车和海外市场份额的基础上，公司全力进军新能源汽车领域。2010年，公司引进战略投资者——中国科学院和江西出版集团，与中国科学院在资金、技术、品牌上进行全方位合作，开展自主研发和技术创新，建设新能源汽车研发和产业化基地，力争将上饶客车打造成全国新能源汽车第一品牌。

与中科院签约战略合作协议

SR6700HBEV纯电动客车

SR6700SHEV增程式电动客车

SR6110CHEV混合动力城市客车

SR6106PHEVG/PHEVNG混合动力城市客车

SR6116PHEVNG插电式混合动力城市客车

公司地址：江西省上饶市经济技术开发区凤凰西大道18号　邮编：334100
电话：（0793）8469522　传真：（0793）8469567　网址：http://www.srkc.com.cn

蜀都客车
SHUDU
绿色科技 共创未来
虚拟轨道
18米双源无轨智能纯电动铰接客车
双源纯电动
6米纯电动社区巴士
6米纯电动公务通勤车
9米纯电动公路旅游客车
12米气电混合动力客车
12米纯电动客车
成都客车股份有限公司
网 址：www.shudubus.com
邮 编：611730
联系电话：86-28-87987888 87987333

山西皇城相府宇航汽车制造有限公司 简介

ShanXi House Of The HuangChengChancellor YuHang Automobile Manufacturing Co.,Ltd.

皇城相府集团实业有限公司（以下简称皇城相府集团）成立于2003年，是一个集旅游开发、制药、新能源汽车、高性能动力电池、汽车电力驱动控制技术、生态农业和煤炭开采于一体的现代化企业集团，总资产85亿元，员工6000余人。

山西皇城相府宇航汽车制造有限公司是皇城相府集团的全资子公司，是皇城相府集团2012年兼并重组山西宇星客车有限公司更名后的公司，是山西唯一一家具有新能源汽车生产资质的客车生产企业。现搬迁至太原经济技术开发区新厂区。新厂区规划用地500余亩，公司预计总投资17亿，目前已投资4亿，设计产能5000辆，2016年可正式投产。届时宇航汽车将成为全国最具竞争力的新能源汽车生产企业之一。

自2012年宇航汽车重组以来，皇城相府集团投入了巨资和大量人力物力进行技术研发和生产，在新能源客车整车研发生产方面取得了重大进展。截止2015年6月，宇航公司已经研发19款新能源及传统客车产品并全部在工信部《车辆生产企业与产品》公告目录中公告。产品系列及性能完全覆盖山西省的市场需求。其中，由我公司自主研发并生产的SXK6127BEVB1　12米低地板三开门纯电动城市客车在深圳举办的“2013中国首届公共汽车节能大赛”中荣获金奖，并在北京举办的“中国道路运输杯”上荣获“2013年度最佳新能源客车奖”。两项大奖的获得充分展示我公司在新能源汽车研发和制造水平上已经达到国内领先水平。

2014年我公司自主设计生产的20辆SXK6107GBEV　10.5米纯电动城市公交车在晋城市投入示范运行，至今运行状况良好，取得了很好的示范运行效果，得到了社会各界的广泛好评。2015年8月，我公司自主设计生产的14辆SXK6800TBEV纯电动客车已在晋城至皇城相府城乡公交专线上正式投入运行。

皇城相府集团已经形成了自上而下，四位一体，相互配合，相互补充的新能源汽车产业全产业链的战略布局。皇城相府宇航汽车在省委、省政府的关怀下，一定会进一步加快新能源汽车产品的研发、生产和销售，为我省的新能源汽车产业发展做出应有的贡献。

纯电动 客车

外形尺寸(长×宽×高)(mm)	10720×2500×3110/3340
轴距(mm)	5200
前轮距(mm)	2060
后轮距(mm)	1860
最高车速(km/h)	69
额定载客数(含驾驶员)(人)	75/19-41

官方微信 了解更多

四川野马汽车股份有限公司 24小时服务热线：400-628-5999 800-829-8008

YEMA 野马汽车 · 良心质造

E70EV

1流驾驶舒适性
1小时快充
3大节能科技
4重安全保障
500强供应商品质保障

整车	外形尺寸(长×宽×高)(mm)	4555×1835×1688
	整备质量(kg)	1775
	总质量(kg)	2150
	轮距(前/后)(mm)	1560
	轴距(mm)	2665
性能指标	续航里程(km)	240
	最高车速(km/h)	150
	最大爬坡度(%)	27
	0~80km/h加速时间(s)	7.65
	充电时间(h·电量)	快充1小时80%,慢充8小时100%

官方微信 了解更多

野马汽车·良心质造

四川野马汽车股份有限公司 24小时服务热线：400-628-5999 800-829-8008

腾势

广汽传祺
中国梦·世界车
传祺新能源
绿色馨生活
Range Extended EV
GA5 REV
享受国家3.15万元
新能源车购置补贴
享受广州3.5万元地方
补贴(各地方略有差异)
国家免征购置税
(车价的10%)
直接免费发放新能源
专用牌照,无需摇号
增程纯电传祺轿车是广汽集团自主开发并拥有完全知识产权的一款中高级新能源轿车，该车汇集和搭载了世界先进的锂电池技术、永磁同步电机技术和广汽自主研发的高智能控制技术，不仅拥有超低能耗，比传统型汽油机车节油 50% 以上，还拥有超强动力表现，0~50km 加速仅需 4.6 秒；继承了传祺 GA5 完备的主动和被动安全系统，综合性能可媲美国际品牌的新能源汽车。
增程纯电动传祺避免了纯电动车续航里程短和充电设施不足对使用造成的影响，在能源利用效率、使用成本和便利性等方面均具有综合优势，代表当今中国新能源汽车自主创新的最高水平。

東南汽車

新能源 新起点
新格局 新未来

东南汽车新能源车型倡导绿色行生活

V5 EV 电动车

激情动力更出色 宽式空间大不同

V5纯电动车加速响应快，效率高达95%；充电0.5h可提升至80%电量；A+级轿车的驾乘大空间，乐享极致驾驭体验。

V3 EV 充换电式电动车

经济环保 性价比之王

V3纯电动车可达180km的超长续航里程，行驶无后顾之忧。百公里耗电仅需15.5度的超低使用成本，3分钟即可轻松完成电池更换，经济快捷环保。

得利卡 DELICA 电动车

超大灵活空间 载客、运货样样行

得利卡纯电动车采用高品质ATL三元电池，充放电可达2500次以上，普通电源即可充电。百公里耗电20度，每公里仅需0.15元。超大灵活空间满足载人、载货等多元化使用需求。

第二部车 第-
国民智能纯电动汽车
■150km~200km超长续航里程 ■80km/h以上最高时速 可视化电视管理系
■EPS电动助力转向系统 ■7寸高清电容屏 ■GPS远程安防系统
云100

众泰云100
梦高远 云飞扬
选择
云100
长沙众泰汽车工业有限公司
地址：湖南省长沙市经济技术开发区漓湘东路19号
邮编：410201
免费咨询热线：400-887-5858

海马汽车
上班族的伴侣
家轿级的品质
电动汽车
ELECTRIC

第一篇

分领域发展综述

一、技术进展和推广应用

1. 新能源汽车的内涵

从 1999 年开始实施"空气净化工程—清洁汽车行动"以来，中国新能源汽车的概念和内涵经历了一系列变化和调整。2012 年，国务院颁布《节能与新能源汽车产业发展规划（2012—2020 年）》（以下简称《规划》），从国家层面明确和统一了新能源汽车的概念。新能源汽车是指采用新型动力系统，完全或主要依靠新型能源驱动的汽车。目前，新能源汽车主要包括纯电动汽车、插电式混合动力汽车及燃料电池汽车，从当前行业的共识来讲，并不包含以铅酸类电池作为动力的汽车。

2. 新能源汽车产业发展总体情况

"十二五"期间是中国新能源汽车实现规模化的关键阶段。国家高度重视新能源汽车产业发展，国家领导人多次专程调研新能源汽车产业发展情况，推动形成利于产业发展的政策环境。2014 年，国务院副总理马凯先后四次专程调研。同年 4 月，习近平主席在上汽调研时指出：发展新能源汽车是我国从汽车大国迈向汽车强国的必由之路。国家领导人的关心和支持，给予产业发展极大的鼓舞和信心，促进产业发展取得突飞猛进的积极成效。

（1）产业规模和发展速度世界领先。2014 年，中国新增各类新能源汽车车型 688 个（不含铅酸类）。其中，纯电动 483 个（不含铅酸类），插电式混合动力 204 个，燃料电池 1 个。新增车型总数占历史累计车型的 47.3%；累计生产各类新能源汽车 8.55 万辆，同比增长近 5 倍，占历史累计产量的 72%。其中，插电式混合动力 3.07 万辆，纯电动 5.48 万辆，燃料电池 8 辆。基本形成了以纯电动汽车为主导的新能源汽车市场格局。从世界范围来看，2004 年，中国已超过日本成为全球范围内仅次于美国的第二大新能源汽车市场。

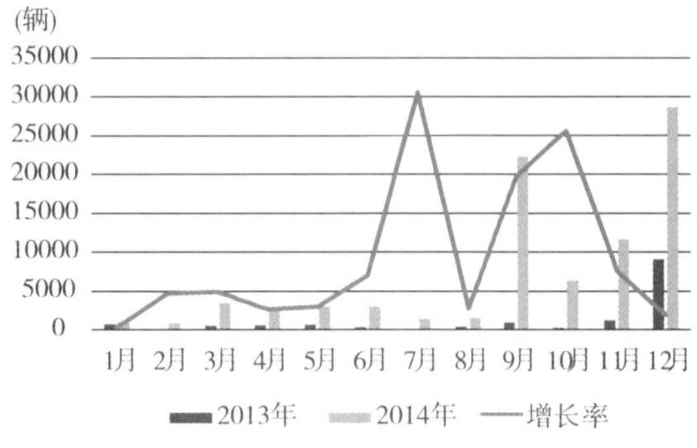

图 1-1-1　2014 年中国新能源汽车产量情况

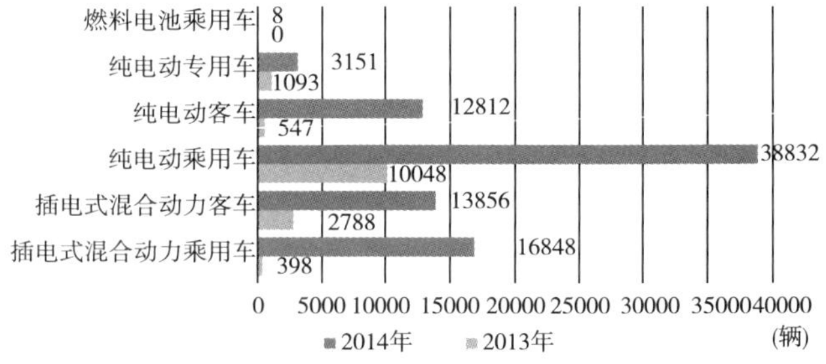

图 1-1-2　2014 年中国分类别新能源汽车产量情况

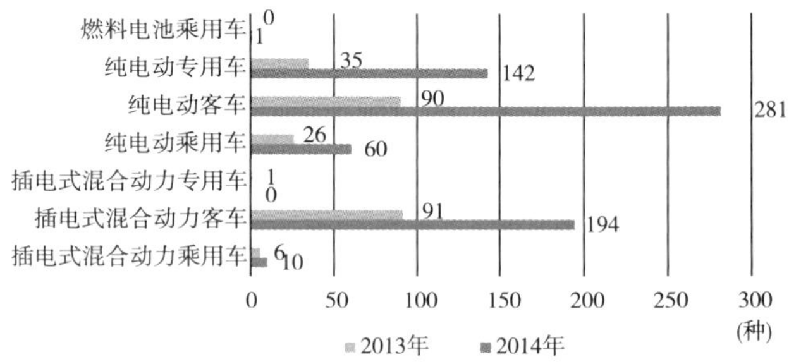

图 1-1-3　2014 年中国新增新能源车型情况

从新能源市场占有情况来看，2014 年比亚迪汽车、浙江吉利、湖南江南位居前三，合计产量占市场总量的 43%，累计产量前十位企业占到了市场产量的 76.8%，体现了较好的市场集中度。与 2013 年相比，前 3 位企业发生了一些微妙的变化，比亚迪汽车从第二位晋级为第一位，湖南江南超越北京汽车挤进前三。前三位合计产量市场占比相比 2013 年提升了 11%，前十位相比提升 5.6%。

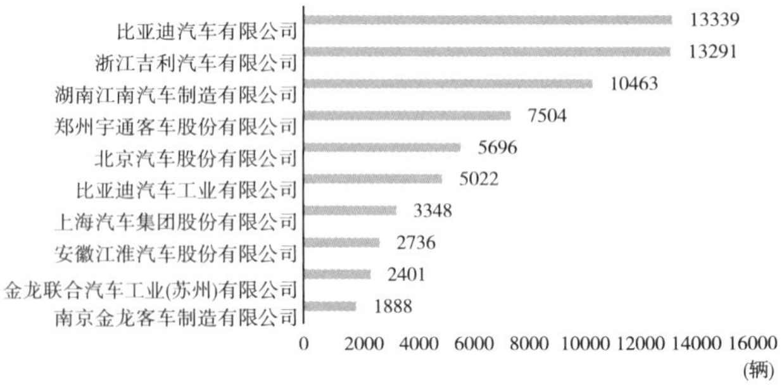

图 1-1-4　2014 年中国新能源汽车生产前十企业情况

在纯电动汽车方面，产量排名前十位企业产量占比达到纯电动汽车产量总量的 79%，其中乘用车占据前 4 名，四者合计占乘用车领域 82.3% 的份额。在插电式混合动力汽车方面，排名前十企业占比近 90%，乘用车领域主要以比亚迪、上汽和一汽为主，三者合计占乘用车市场份额的 98.4%；客车领域主要以郑州宇通、中通、苏州金龙、南车时代为主，四者合计占客车市场份额的 66.5%。燃料电池汽车仍然处于少量示范阶段，实际生产的仅有上汽集团，共生产 8 辆轿车。

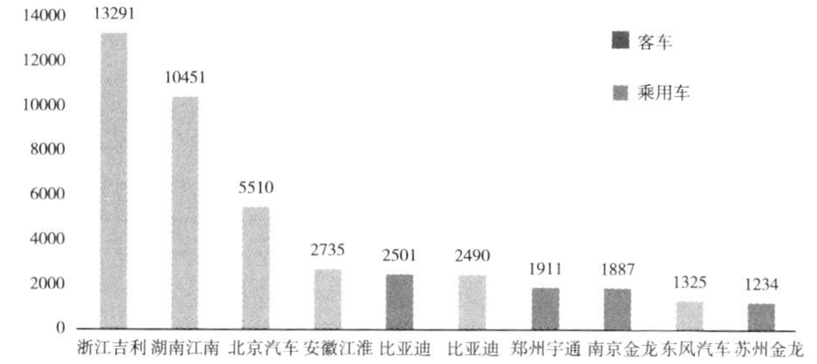

图 1－1－5　2014 年纯电动汽车生产前十企业

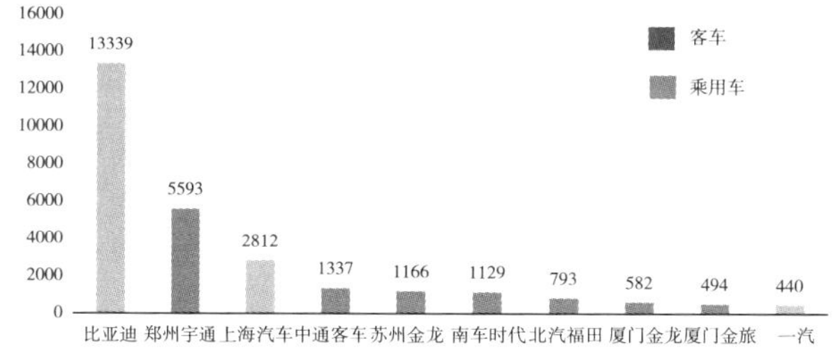

图 1－1－6　2014 年插电式混合动力汽车生产前十企业

（2）新能源汽车产业链基本完善。通过国家项目支持和政策引导，我国已经形成了从原材料供应、动力电池、整车控制器等关键零部件研发生产，到整车设计制造，以及充电基础设施的配套建设等完整的产业链。目前我国在产业链各个环节均已涌现出代表性企业，部分企业已成功进入新能源汽车国际配套体系。截至 2014 年，中国累计有 148 家各类新能源汽车企业（包括改装类）参与新能源汽车产品的研发与生产，有配套动力电池生产企业（单体）200 家、驱动电机生产企业 198 家、电控系统（整车控制器）生产企业 251 家，国内车型配套企业（非产量配套）占比达到 90% 左右，形成了较为完善的产业配套体系。

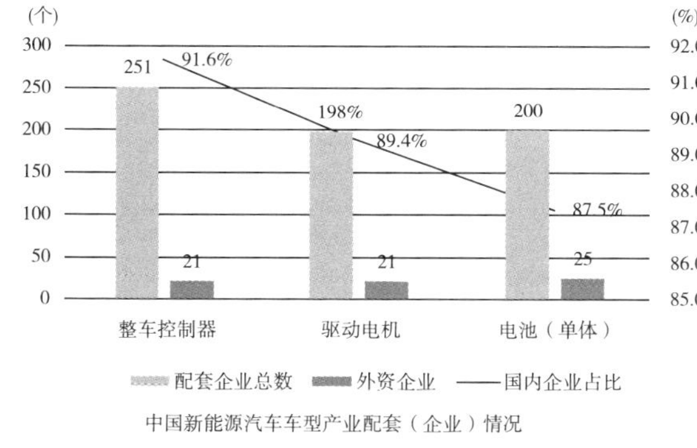

图 1－1－7　中国新能源汽车车型产业配套（企业）情况

据统计，2014 年我国有近百家动力蓄电池企业参与新能源汽车动力蓄电池配套，其中比亚迪以 22% 的市场份额遥遥领先其他企业，前十名企业配套量之和占总配套量的近 71%，形成了较好的行业集中度。

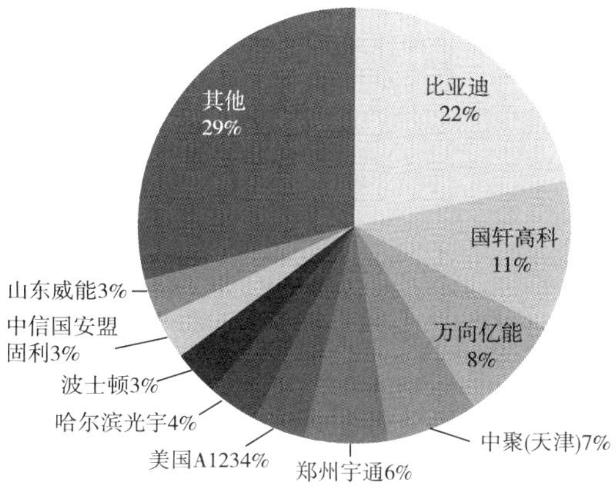

图 1－1－8　新能源汽车动力电池配套情况

（3）整车和关键部件技术水平得到一定的提升。在我国政府的大力支持下，我国新能源汽车相关企业不断加大研发投入，整车性能不断提升，动力电池、驱动电机等关键零部件技术水平得到较大提高，部分指标已经达到国际先进水平，加快了我国新能源汽车整车及关键部件性能提升的步伐。

整车产品行业整体水平取得一定进步，典型产品性能提升明显。“十二五”前期，新能源汽车主要以传统汽车改装为主，后期开始从改装向开发的转变，而且重点突出了电子控制技术和轻量化技术，产品技术水平有了一定提升。以纯电动乘用车为例，2014 年新增车型 60 个，与 2013 年新增车型（共 26 个）相比，在续驶里程平均增加 5.1% 的情况下，实现了整备质量降低 18.3%。此外，在工况续驶里程、动力电池系统能力密度等方面均有所提升。

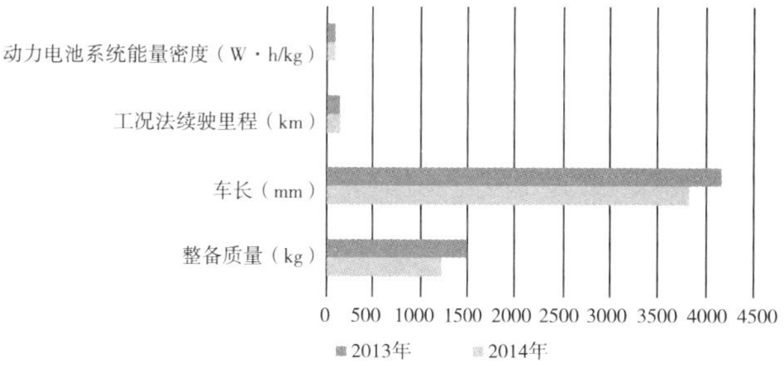

图 1－1－9　2014 年新增纯电动乘用车车型技术进步情况

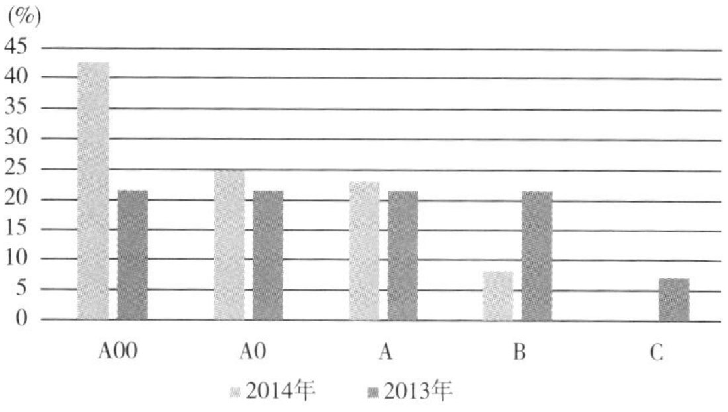

图 1－1－10　2014 年新增纯电动乘用车车型占比情况

在行业典型产品方面，比亚迪推出的全新正向开发的插电式混合动力产品“秦”，通过技术升级和优化配置，相比第一代产品，最高车速提高20%以上，百公里加速时间缩短42%，综合工况下燃油经济性提升近40%。在纯电动方面，2014年上市的北汽EV200，相比EV150，在整备质量降低5%的情况下，实现续驶里程增加30%，30分钟最高车速提升13%。

表1－1－1　典型新能源汽车产品技术进步情况

企业	北汽新能源 EV		比亚迪 PHEV	
产品	EV150	EV200	F3DM	秦
最大续驶里程（km） PHEV为纯电续驶里程（km）	150	200	80	70
电池类型	磷酸铁锂	三元材料	磷酸铁锂	磷酸铁锂
电池组能量（kW·h）	25.6	30	16	13
30分钟最高车速（km/h） PHEV百公里加速时间（s）	110	125	10.5	5.9
百公里耗电量（kW·h） PHEV对应为油耗（L）	16	14.5	2.6（综合工况）	1.6（综合工况）
整备质量（kg）	1370	1295	1560	1720

动力电池技术和产业化水平有较大提升，在系统集成方面取得较大进展。动力电池四大关键材料性能指标有了明显提升，掌握了动力电池的配方设计、结构设计和制造工艺技术，生产线逐步从半自动中试向全自动大规模制造过渡，单体动力电池生产制造水平和产品水平，以及系统集成技术和能力均取得较大进展和突破。研发的50A·h能量型磷酸铁锂动力电池（负极为石墨，和硬碳混合）能量密度达到了136W·h/kg，高镍三元材料能量型动力电池能量密度超过180W·h/kg。在动力电池系统方面，磷酸铁锂能量密度达到90W·h/kg，循环寿命超过5年/10万公里质保要求，三元材料能量密度达到110W·h/kg。

驱动电机相关技术取得突破。目前，我国企业已突破IGBT等关键技术，实现了产品系列化发展，各类电机系统的主要性能指标达到相同功率等级的国际先进水平。乘用车驱动电机逐步向大功率、高转速方向发展，在2014年新增新能源乘用车车型中，有20%的车型驱动电机最高转速为10000～12000rpm；商用车驱动电机逐步向高功率、大转矩方向发展。

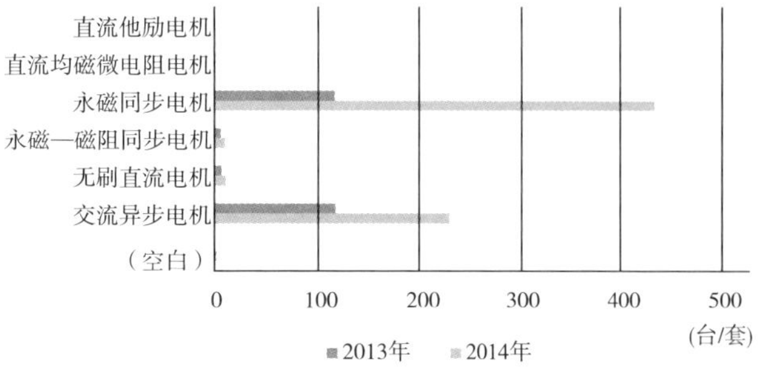

图1－1－11　2014年新增新能源车型驱动电机配备情况

（4）推广应用推动私人领域市场的形成，并带动基础设施建设。2009—2012年第一阶段示范应用工程，25个城市累计推广节能与新能源汽车2.74万辆，其中私人领域4400辆。2013年，启动新能源汽车推广应用工作，计划在39个城市或区域推广各类新能源汽车33万辆。截至2014年底，39个示范区域累计推广79550辆，已达第一阶段的3倍。其中，私人领域推广28456辆，占推广总量的35.8%。私人领域市场开始升温，并逐步成为推广应用的重点领域。

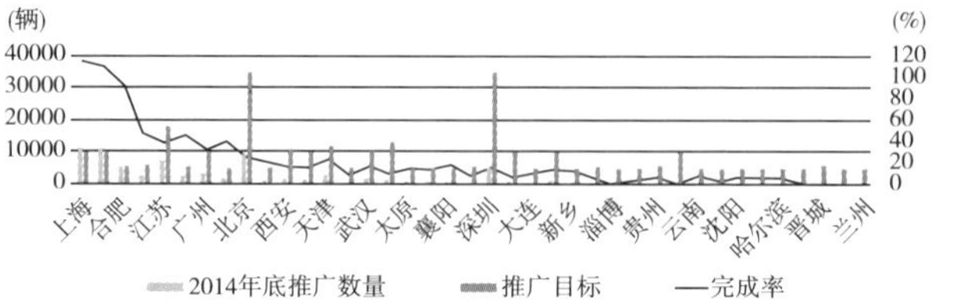

图1－1－12　推广应用城市2014年底完成情况

随着市场进一步向深度发展，以及贴近需求的国家政策的发布和落实，充电基础设施建设数量和充电服务保障体系得到迅速发展。目前，已基本形成了以住宅、办公场所等自用充电桩为主，停车场、公共充电站等公用充电桩为辅，以高速公路服务区快充为补充的充电模式，并基本达成行业共识。截至2014年底，全国已建成充/换电站835座，交/直流充电桩3万个，较好地支撑了新能源汽车推广应用工作的开展。

推广应用工作的大规模开展，为我国新能源汽车产品开发及应用提供了更大的检验平台，也进一步促进了产业链条的完善发展，并带动和加速新能源汽车产业化进程，为实现《规划》提出的2015年、2020年产业发展目标奠定基础。

3. 2014年中国新能源汽车产业发展存在的问题

尽管在国家政策和资金的双重支持下，中国新能源汽车的研发取得了很大突破，技术取得了快速发展，应用推广也取得一定的成效，但新能源汽车的产业化发展还面临着许多问题。

（1）产业发展与发展目标存在巨大差距。《规划》提出，到2015年，纯电动汽车和插电式混合动力汽车累计产销量力争达到50万辆。但是，截至2014年，新能源汽车的累计产量仅为有12万辆，距离50万辆的发展目标存在巨大差距。在推广应用方面，39个城市（区域）计划2015年底累计推广33万辆，而截至2014年底，目标完成率仅为23.7%，距离完成推广目标同样存在巨大差距。

（2）充电基础设施难以满足新能源汽车的发展需要。虽然国家从用电价格、建设奖励等方面出台了相关支持政策，以加快基础设施建设和使用，但总体来讲，相比新能源汽车市场规模的增加，基础设施建设仍显滞后，难以满足车辆的日常需求，并且仍然是制约新能源汽车推广应用的“瓶颈”之一。为此，需要国家层面的基础设施建设发展规划，从用地、价格、技术、建设、运营等方面给予发展方向的指导。

（3）企业发展新能源汽车缺少内生动力。截至2014年底（公告267批），我国有新能源汽车1399款，实际投放市场的产品为666款，综合车型投产率仅为47.6%。总体来讲，我国新能源汽车相关车型众多，但车型投产率总体较低，正向开发车型较少，并缺少明星车型，产品在可靠性、品牌溢价能力等方面依然存在不小的差距。并且，我国民营企业在产品投放、市场推广方面比国有企业更加积极，充分说明现行机制体制存在一定问题。如何调动具有更大财力和实力的企业充分发挥资源和优势，形成新能源汽车发展的内生动力，是“十三五”新能源汽车产品和市场取得突破性进展的关键。

（4）地方保护制约了新能源汽车推广应用工作的整体推进。尽管国家发布多个政策文件明确要求不得对外地新能源汽车产品设置门槛，但从实际推广情况来看，个别地方政府倾向推广本地新能源汽车产品，外地产品往往受到各种限制。如规定了与国家相关要求不同的申请、检测程序，限制本地推广销售车辆类型，一些省市甚至要求企业必须到本地投资设厂，采供本地生产的零部件产品，严重阻碍了新能源汽车市场的发展，也变相增加了企业的负担。

（中国汽车技术研究中心 陈万吉 朱成）

二、纯电动乘用车

1. 2014年纯电动乘用车技术发展特点

2014年纯电动乘用车产量3.89万辆，销量3.72万辆。品种呈现多元化，其中微型电动轿车（A0级别以下车型）累计推广数量2.4万辆，最高车速集中在80km/h，代表车型有康迪、众泰知豆E20和云100、奇瑞eQ；A0级别及以上车型最高车速集中在110～140km/h，代表车型有北汽EV200、江淮iEV4、东风日产启辰晨风、腾势等。纯电动乘用车售价：A00级及以下，＜15万元；A0级，15万～23万元；A级，20万～30万元；B级及以上，＞28万元。

（1）2014年纯电动乘用车技术发展特点

2014年纯电动乘用车技术发展主要体现在以下几个方面：①整车动力性能提升；②续驶里程延长；③经济性能改善；④与“轻量化、智能化、互联化”三化技术融合加速；⑤电机、电池等关键核心零部件性能指标进一步提升，电机向高功率密度、电驱动总成向集成化发展；⑥磷酸铁锂电池一家独大的局面开始改变，三元体系动力锂电池市场份额快速上升。

以康迪为代表的微型电动轿车生产商通过与正规汽车厂家合资取得合法资质，例如，康迪与吉利合资组建浙江康迪电动汽车有限公司，新大洋与众泰“合资”生产知豆E20。微型纯电动轿车主要来自低速电动车的升级，其整车性能指标主要以满足国家法规和财政补贴的基本要求为主，如康迪、众泰知豆E20和云100等电动轿车最高车速均为80km/h，刚好达到政府补贴标准最高车速门槛值。在NEDC续驶里程方面，不同微型车差异较大。众泰E20和云100超过155公里；风神E30L、康迪、奇瑞eQ等车型为100～155公里。荣威E50作为上汽首款基于全新整车平台开发的纯电动轿车，其NEDC续驶里程为100～130公里，动力性能和整车技术水平明显优于国内其他微型电动汽车，最高车速为130km/h，0～50km/h加速时间为5.5秒。

在2014年上市的A0级车型中，代表车型有北汽EV200、江淮iEV4、众泰5008EV、一汽欧朗EV。其中，EV200和iEV4分别是北汽和江淮推出的年度升级车型，两车型与上一代车型主要参数对照见下表。这两款车型在续驶里程、加速性能提升的同时，整车整备质量分别下降了80kg和60kg，说明轻量化技术水平有进一步提升。

表1-2-1 4款车型主要参数对比

	E150EV	EV200	江淮 iEV3	江淮 iEV4
长×宽×高（mm）	4025×1720×1503	4190×1650×1445	—	—
整备质量（kg）	1370	1290	1260	1200

续表

	E150EV	EV200	江淮 iEV3	江淮 iEV4
电池类型	磷酸铁锂	三元 NCM	磷酸铁锂	磷酸铁锂
电池能量（kW·h）	25.6	30.4	19	19.2
NEDC 续驶里程（km）	150	200	140	160
0～50km 加速时间（s）	6.6	4.7	7	6
最高车速（km/h）	125	125	100	105

启晨晨风和腾势是 2014 年上市的 A 级及以上纯电动车的代表车型。晨风是基于日产 LEAF 聆风纯电动车进行国产化开发的，其配置与性能与 LEAF 基本一致，动力性能突出，采用锰酸锂电池，匹配峰值为 80kW 的永磁电机，最高车速达 145km/h，0～50km/h 加速时间为 4.4s。腾势是比亚迪与戴姆勒合资共同打造的纯电动汽车品牌，续驶里程超过 260 公里，提供多种充电解决方案，搭载比亚迪 48kW·h 磷酸铁锂电池。

“轻量化、智能化、互联化”等技术在纯电动汽车上的应用加速，北汽 EV200、上汽 E50 等车型不同程度地采用了轻量化材料、结构及工艺，但与宝马 i3 相比，轻量化比例和水平还偏低；EV200 实现了远程充电、制动能量回收可调、防溜坡等纯电动汽车特色功能，增强了用户体验；腾势量身定制的一系列充电解决方案，覆盖家庭、公共场所和工作地点，通过多种途径提升用户充电便利性；通过液晶仪表以及中控台升级开发应用，整车人机功能进一步增强；远程信息服务和故障预警等互联技术的应用进一步保障了电动车应用的安全性。

电机系统向更高功率密度、更高转速发展。成本相对较低的感应电机主要应用于微型纯电动汽车，具有更高功率密度和效率的永磁电机的应用比例在上升，电驱动总成向一体化、系列化方向发展。在电池系统方面，从以磷酸铁锂电池占主导到向三元电池加速应用发展，三元电池相比磷酸铁锂电池，电池系统能量密度有 20%～35% 的提升。

(2)2014 年纯电动乘用车实现的主要技术突破点

2014 年是纯电动乘用车快速发展的一年，整车及关键零部件技术水平也得到显著提升，主要体现在以下几个方面：第一，电机功率密度和电池模组能量密度基本达到国家“十二五”电动汽车技术指标 2.4kW/kg 和 150Wh/kg 的要求；2014 年开始应用的三元电池相比磷酸铁锂电池，单体性能提升近 50%，系统性能提升近 30%；动力电池循环寿命也显著改善。质保由 3 年或 8 万公里提升到 5 年或 10 万公里。第二，磷酸铁锂低温性能改善。力神通过纳米材料的应用开发出在 -40℃ 可以达到常温容量 90% 的产品。第三，纯电动乘用车续驶里程普遍提升，EV200 等续驶里程超过 200km 的纯电动汽车能满足用户基本出行需求。第四，系统集成技术进一步提高，如电动机与变速器集成设计，充电机与 DC/DC 等高压系统集成，充电机与逆变器集成开发等。

(3)目前亟须解决的技术难点及解决方案

目前，纯电动乘用车大规模推广应用的技术难点集中在动力电池上，具体表现为动力电池能量密度偏低和充电时间偏长。我国大部分纯电动乘用车采用的是磷酸铁锂电池，磷酸铁锂材料理论容量为 170mA·h/g，采用碳材料作为负极时电池能量密度为 100～120Wh/kg，它的优势包括安全性高、寿命长(>4000 次)，但其主要问题是电池低温性能差、比能量偏低。若要充分满足市场对电动汽车的需求，需要开发新一代锂离子电池和新体系电池。新一代锂离子电池将采用高比容量（高电压）正极材料和高比容量负极材料，以提高电池比能量、降低电池成本为主要目标。截至 2020 年，预计新一代锂离子动力电池比能量有望达到 350W·h/kg，电池系统比能量达到 250W·h/kg，成本下降至 1.5 元/W·h。在 2020 年以后，以金属空气电池、锂硫电池、固态电池为代表的新体系电池将具有更高的比能量，每瓦时成本可能比新一代锂离子电池更低，预计 2025 年后电池比能量将达到 400W·h/kg 以上。为达到以上这些目标，需要在电池新材料方面加强研究，同时还要研发快速充电或便利充电技术。

2. 2014 年重点车型技术特点分析

(1)众泰云 100

众泰云 100 于 2014 年 10 月 24 日在长沙生产基地正式上市。众泰云 100 外形设计小巧可爱，线条流畅、圆润，前低后高的俯冲造型动感十足，简约而不失时尚。前脸采用极具力量感的八边形单幅进气格栅设计，增强车头部分的整体性和视觉冲击力，在发动机盖两端微微上翘的同时与头灯的配合更加和谐，也更具力量感。而一体式前大灯，楔形的车身侧面线条，平滑的车顶弧线，以及梯形的尾窗设计，为云 100 增添了几分灵动。

众泰云 100 的内饰采用双色设计，中控台造型非常简洁，并配备了“安云系统”，该系统可实现远程安防、手机与多媒体互动等功能。另外，新车还配备了包括 7 英寸彩屏、导航系统、可视化 BMS 电池管理系统、倒车影像、蓝牙 WIFI 等在内的科技配置。

在动力系统方面，众泰云 100 搭载了一台交流异步电机，其最大输出功率为 24 马力，峰值扭矩为 120N·m。在传动系统方面，与电动机匹配的是 1 挡双级减速器。众泰云 100 的最高时速为 85km/h，满电状态下的最大续航里程为 150km，未来还将推出最大续航里程为 300km 的车型。新车采用 220V 交流电压充电时，需要 6～8 小时充满，如果使用 380V 高压快充时，可用 1 小时充满 80% 的电量。在悬架系统方面，新车采用前麦弗逊式独立悬架，后拖拽臂式带横向稳定杆的非独立悬架。

(2) 北汽新能源 EV200

EV200 虽然整车构架基本沿用了 E150EV 的技术，但是在装配工艺和细节表现上高出了几个层次。超过 200km 的续驶里程和小于 7 小时的充电时间，也使 EV200 的实用性大大提高。从外观上看，EV200 的前保险杠和前格栅雾灯框架都与 E150EV 有着较大的变化。大嘴风格的前保险杠格栅看似凶猛，前保险杠下缘增加了空气套件似的结构。

从内饰的材质和配置丰富程度来研判，EV200 或许可以被看作一台全新的电动车了。三幅面多功能方向盘在材质与手感上中规中矩，虽然不是真皮包裹，但是手感不错。6.2 寸多功能显示屏，与两侧组合仪表构成了 EV200 驾驶员用信息显示系统。总体上，EV200 的做工较 E150EV 上了一个档次。EV200 电动机仍然是大洋电机提供，电池组件的供应商已经由普莱德新能源，更换为韩国 SK 与北汽新能源的合资公司，电池容量为 30.4 度，材质为三元锂电池，可以在 7 小时内为 EV200 充满电。

(3) 启辰晨风

说到启辰晨风，不得不提及其姐妹车型日产聆风。聆风是当前全球最畅销纯电动汽车，占全球纯电动汽车总保有量的近 50%。东风日产综合了中国的道路情况、消费者习惯和纯电动汽车政策法规等因素，在日产这一专属电动汽车平台基础上再度开发，推出了启辰晨风。

晨风的外观整体轮廓与聆风极其相似，电池组位于底部中央，重心比较低，利于车辆行驶的稳定性。

相对于外观，晨风的内饰没有那种另类的设计感。整个中控区为典型的日产风格，最抢眼的莫过于驾驶区的双液晶仪表盘了。车速、时间、车外温度等常用信息显示在上方扁平的仪表盘内，下面的仪表盘则显示电量、车辆工作状态等信息。

晨风搭载的电动机的功率为 109 马力，最大扭矩为 254N·m。由于电动机的工作原理跟传统内燃机不同，启辰晨风低速时突然急加速的力度足以媲美 3.5L 排量的自然吸气发动机车型，适合在走走停停的市区工况下行驶。启辰晨风的最高车速可达 145km/h。

充电口位于车头的徽标内，左右分别是快充、慢充接口。在快充模式下，30 分钟即可充入 80% 的电量。着急的话，充电 5 分钟也可行驶 60 公里。在慢充模式下，使用家用 220V 电源，为晨风充满电需要 8 个小时。相比快充，经常使用慢充可以延缓电池衰减。

(4) DENZA 腾势

DENZA 腾势的主设计师来自奔驰，车身尺寸为 4642mm×1850mm×1642mm，2880mm 的轴距保证了宽敞的内部乘坐空间。460L 后备厢空间也颇为实用，与其既适合个人又适合企业客户的定位十分切合。外形及内饰做工都传承了豪车品牌奔驰的工艺。在一些细节的处理上不难发现 DENZA 腾势的独具匠心。

该车的前脸具有戴姆勒集团家族式中网设计与日间行车灯设计风格，由大量镀铬和金属质感材料组成，显得大气、简练，具有科技感。智能氙气大灯系统、菱形点状设计的日间行车灯等集成在大灯组里，非常独特。带有镀铬装饰条的 LED 条形雾灯与大灯上下呼应，其间点缀前部驻车雷达，提升了整体层次感。该车采用马牌轮胎，规格为 215/55R18。底盘高强度铝合金包裹的电池包提升了整车刚性，配合德系悬挂调校带来更好的操控性。

内饰做工用料上乘。大面积采用软质的仪表板上护板，手感精良。以米色为主的内饰，配搭深色中控台，视觉上十分温馨。空调出风口镀铬处理凸显内饰的整体档次。真皮座椅的设计显得精致舒适。后排镀铬处理的空调出风口，便捷的 12V 电源，加上平整的地板和簇绒地毯，充分体现了人性化的设计。

动力方面，DENZA 腾势电动汽车使用了最大功率为 117 马力的永磁电动机，百公里加速 14 秒，车辆最高时速可达 150 公里/小时，最大扭矩可达 290N·m。这款强调安全、可靠的电动汽车，其动力可以充分满足消费者需要。

该车搭载的 47.5kW·h 磷酸铁锂电池可实现 260 公里的续航里程，相比市面上大多数同级别电动汽车的续航里程为 120～200 公里，DENZA 腾势则更加实用。

3. 未来几年纯电动乘用车技术发展趋势

(1) 动力电池技术

我国将磷酸铁锂电池作为前期新能源汽车产品电池系统开发重点，基本完成示范应用，已进入大规模商业推广阶段。我国绝大部分城市的示范运行电动汽车采用该类电池。总体来看，今后 3～5 年磷酸铁锂电池在商用车领域（如城市公交车、城市物流车等）将继续占据主导地位，需要进一步改善其低温性能、提高电池一致性。由于磷酸铁锂电池比能量偏低，很难达到《节能与新能源汽车产业发展规划（2012—2020）》提出的目标。目前我国正在推进以三元材料为正极的电池的产业化，各车企在乘用车领域也将三元材料电池作为未来商业化车型的主要方向。

（2）电驱动技术

集成化、一体化趋势

目前国内外纯电动汽车的技术发展日新月异，纯电动汽车的核心技术正在逐步取得突破。集成电机与变速器的一体化电驱动系统是电动汽车的核心部件，它在结构、功能、成本上具有巨大的应用优势，是电动汽车核心零部件技术发展的必然趋势。搭载一体化电驱动系统的整车重量降低，机舱布局合理，整车成本降低。

福特 RANGER 电动车采用了集成电机及减速器的设计，并应用于美国邮政运输等领域。西门子公司与 Volvo 联合开发了一体化电驱动系统，日本 Honda 公司也开发了一体化电驱动系统。德国采埃孚将电机、减速器、差动齿轮机构合为一体的纯电动汽车用驱动机构“Electric Axle Drive”安装在铃木“Splash”上，将其改装成纯电动汽车。

高速电机

当前国内外电机技术的高速化研发趋势明显，国外 i3 电机 11400rpm、Tesla 电机 15000rpm，国内精进可大于 10000rpm。高速化可使电机设计得比较小，国内电机普遍小于 10000rpm，涉及轴承、电机本体设计等技术问题。

通过提高电机的工作转速，减小电机的体积和质量，进而拓宽回馈制动的范围，采用适当的变速系统及控制策略，可以使回馈制动的允许范围拓宽而适应更多工况，使整车节能更加有效，延长行车里程。

（3）驱动控制系统集成技术

驱动控制系统作为电动车三大电核心技术之一，产品的精益、高效显得尤为重要，驱动与高压控制系统集成成为不二选择，开发 PEU/PDU 类产品为当前前沿的产品方案。驱动控制系统主要指电机控制技术，由于高压路径与控制上的接近，充电机、DC/DC、高压配电、快充配电、PTC 控制等功能均能成为高压控制集成单元的一部分，促使整车高压系统简化，提升安全性，有效降低成本及整机性能，同时电动车多高压源造成了 EMC 复杂并难以控制，在集中化后将便于处理并大幅度提升该性能。

驱动控制及高压系统集成化，可多器件共用冷却系统及壳体，大幅降低重量和体积，减少高低压接插件应用，产品精益与高效，使前仓布置更加便捷与美观，最终可达到降低成本、提升效率的成果。

（4）智能化

麦肯锡全球研究所预测，在未来 12 项可能改变生活、企业与全球经济的颠覆性科技中，“自动或半自动导航与驾驶的交通工具”位列第六，排在下一代基因组学和 3D 打印之前。他们认为，这项科技到 2025 年可以产生 2000 亿 ~ 1.9 万亿美元的产值。

目前奔驰、宝马、奥迪、沃尔沃这四大汽车公司在无人驾驶技术上领先于其他汽车公司，谷歌以及博世也有出色的表现。国内以清华大学、国防科技大学、军事交通学院为首的科研机构在无人驾驶技术上也有很好的发展。

智能汽车的发展将经历两个阶段：一是初级阶段，即辅助驾驶；二是终极阶段，即完全替代人的无人驾驶。

① 具有特殊功能的智能化。该层次汽车具有一个或多个特殊自动控制功能，通过警告防范车祸于未然，可称之为“辅助驾驶阶段”，比如车道偏离警告系统（LDW）、前方碰撞预警系统（FCW）。

② 具有多项功能的智能化。该层次汽车具有将至少两个原始控制功能融合在一起实现的系统，完全不需要驾驶员对这些功能进行控制，可称之为“半自动驾驶阶段”。这个阶段的汽车会智能地判断司机是否对警告的危险状况做出响应，如果没有，则替司机采取行动，比如紧急自动刹车系统（AEB）。

③ 具有限制条件的无人驾驶。该层次汽车能够在某个特定的驾驶环境下让驾驶员完全不用控制汽车，而且汽车可以自动检测环境的变化，以判断是否返回驾驶员驾驶模式，可称之为“高度自动驾驶阶段”。目前，谷歌无人驾驶汽车基本处于这个层次。

④ 全工况无人驾驶。该层次汽车完全自动控制车辆，全程检测交通环境，能够实现所有的驾驶目标，驾驶员只需提供目的地或者输入导航信息，在任何时候都不需要对车辆进行操控，可称之为“无人驾驶阶段”。

（5）互联化

移动互联网的快速发展，对汽车互联化有着巨大的影响。国内车联网渗透率从 2010 年的 4% 增长到 2013 年的 6%，2014 年进一步增长到 7.5%。据预测，2015 年中国车联网用户的渗透率有望突破 10% 的临界值；到 2022 年，所有汽车都会纳入车联网。2014 年 7 月，历时三年半的欧洲车联网项目 Drive C2X（“Car to X”，车连万物）宣告成功，根据欧盟的目标，选择了车联网的三大维度分别是安全、交通效率、信息娱乐及商业模式。2014 年 7 月 16 日，DriveC2X 在柏林公布了其实验结果，数据显示，如果这一体系的渗透率达到了 100%。IVS 系统可减少 23% 的死亡率和 13% 的受伤率，WW 系统则可带来 6% 的死亡率降低和 5% 的受伤率降低。同时，这些功能也显著提升了环境和交通效率。2014 年 10 月，巴黎车展上展出的情况显示，目前俄罗斯、中国、西欧和北美等国家和地区 70% 以上的新组装车辆都已配备互联网接口。有机构预测，未来互联网汽车可以使人们在车载网络系统上电子购物、下载音乐、获取资讯；车与车之间、车与基础设施之间将能够通信或相互感知。

（北京汽车集团　詹文章　魏跃远）

三、快充型纯电动客车

1. 快充型纯电动客车发展概况

作为我国汽车工业重要组成部分的城市客车，主要在城区范围或固定线路运行，其运行特点和使用工况非常适合采用纯电驱动动力系统，是新能源汽车市场化比较现实的切入点。我国从 20 世纪 90 年代初开始进行纯电动客车研发，经过两个五年计划的重点支持，我国纯电动客车技术取得巨大的技术进步，基本形成纯电动客车关键技术体系，支撑“十二五”期间纯电动客车大规模示范运行。与国际新能源汽车技术和产业化水平相比，我国新能源客车产业化规模居世界第一位，涵盖了慢充、快充、电池更换、在线充电、双源快充等能源补给方式。

在纯电动客车的发展过程中，目前主要存在整车慢充、电池快换和整车快充三种技术路线。由于磷酸铁锂等类型的锂离子动力电池系统存在能量密度低和充电时间长等缺点，采取整车慢充方式的车辆因每天高于 250 公里的运营里程要求而不得不装备过量的动力电池，从而降低了车辆的有效载质量，并且成本较高，每次运营后需充电 3 小时以上，限制了车辆运营的灵活性。整车快充是当前国际电动汽车产业的共识和努力的方向。多年来，国内许多电动汽车公司在纯电动客车能量快速补充技术方面做出了不懈的努力，目前可实现纯电动客车 8 ~ 15 分钟内整车快充，部分车企的快充型纯电动客车已经实现了批量生产和规模化运行，并产生了巨大的经济效益和社会效益。

2. 快充型纯电动客车技术突破和创新

纯电驱动是我国新能源汽车发展的主要战略取向。城市客车的使用特点和运行工况适合采用纯电驱动方案，而目前采用的慢充和快换方式的系统解决方案在推广过程中受到了限制。自 2009 年以来，随着恒通客车的快速充电客车的面市和投入运营，国内车企和研究研所纷纷开展合作开发快充型纯电动客车技术，目前恒通客车、厦门金龙和福田欧辉已经在快充型纯电动客车领域处于国内领先水平。恒通 6 米 CKZ6621BEV 和 8 米 CKZ6812HBEV 快充型纯电动客车单次续航里程均为 80 ~ 100km，即运营过程需快速补电 15 分钟方可满足全天运营；厦门金龙 XMQ6641GBEV 快充型纯电动客车，在快充模式下 15 分钟可充满电量，单次续驶里程为 80 ~ 100km；福田欧辉 BJ6650 快充型纯电动客车在快充模式下 8 ~ 15 分钟即可充满电量，单次续驶里程同为 80 ~ 100km。经过多年的研究，在国家和地方政府的支持下，制约快充型纯电动客车产业化和商业化的一系列关键技术取得了突破性进展。

（1）针对快充型纯电动客车的关键部件——动力电池，业内提出了应用快充型钛酸锂电池和多元复合锂电池，并开展面向产业化和商业化的快充型电动客车关键技术攻关。多元复合锂电池是新一代的快充型电池，具备较好的快充特性、较高的能量密度和循环寿命，成本适中，已成为国内外快充型电池的发展方向。

（2）提出并实践了快充型纯电动客车动力系统平台构型，研发了基于双路国标充电接口、双路标准化电池的双路充放电系统，实现了单枪及双枪充电的智能识别，并设计了双电源冗余高压系统方案，实现了电池组的自动切换。基于该构型开发了系列化快充型纯电动客车，实现了核心部件的模块化与通用化，整车轻量化设计使整车整备质量降低约 5%，实现了批量生产和规模化运行。研发的基于多元复合锂快充电池的纯电动客车最大持续充电电流可达 500A（最高为 4C），整车运营每次充电时间 8 ~ 15 分钟（30% ≤ SOC ≤ 90%），最大工况续驶里程逾 150km，包含电池系统的车辆寿命可达 8 ~ 10 年。

（3）开发了快充型纯电动客车高效整车控制策略。提出并应用了基于驾驶习惯优化的智能驾驶解析控制方法和基于快充型动力电池的高效制动能量回收控制策略，在兼顾车辆驾驶感受的前提下，整车电能利用效率提高 5% 以上。

（4）提出面向快充动力电池的热电集成理论与管理方法。开发了基于数据—模型融合的多算法冗余 SOC 估计方法，SOC 估计误差在 2% 以内。设计了快充动力电池组均衡系统，可将 60mV 以上的电压误差快速、动态地校准到 10mV 以内。发明了基于冷却介质液气相变机理的动力电池组热管理系统，提高了动力电池组的热稳定性和安全性，相比传统的风冷和液冷方案，动力电池温度波动范围从 15℃降至 2℃，状态估计误差从 8% 降至 2%，循环寿命提高 2 倍以上。

（5）实现了快充动力电池组系统的模块化设计及自动化组装，制定了快充纯电动客车整车生产工艺和专用检测流程。

（6）提出了快充型纯电动公交客车全天候运营解决方案，并在快速充电站的直流母线增加了电网调频储能系统，避免了快充时的大电流对电网的冲击。

3. 快充型纯电动客车前景展望

快速充电是国际上电动汽车的发展方向，特别是出租车、公交车这样的运营强度较大的纯电动客车，商业潜力较大。快充纯电动客车的大规模生产，能够有力促进我国动力电池、驱动电机、整车电控等电动汽车核心部件及电动化辅助部件的技术进步与产业发展，对培育和发展我国新能源汽车战略性新兴产业具有重要的促进作用，加快推进实施“中国制造 2025”的宏伟目标。同时快充型纯电动客车作为最具商业价值的高科技载体，大规模生产还可以带动新能源、物联网、新材料、电力电子、信息技术、先进制造等相关产业的发展，对培育新兴产业和新经济增长点，提升我国综合实力具有重要的意义。

未来的快充型纯电动客车应采用多元复合锂电池，与钛酸锂型快充客车相比，其在整车能耗和续驶里程等方面具有明显优势；与慢充型纯电动客车相比，在充电时间、整车能耗、电池寿命、环境适应性等方面具有显著优势；与快换型纯电动客车相比，在基础设施建设方面具有显著优势。综合比较，多元复合锂的快充型纯电动客车在整车能耗、充电时间、成本、基础设施等方面具有综合优势，是目前最适合公交应用的车型，是未来纯电客车特别是公交客车的发展趋势。

（北京理工大学电动车辆国家工程实验室　王文伟、于全庆）

四、插电式混合动力乘用车

1. 2014 年插电式混合动力乘用车整车产业与技术总体情况

在国家新能源政策的支持下，经过多年对新能源汽车的技术探索和市场验证，目前我国新能源汽车行业的发展呈现百花齐放的局面。面对日益严苛的油耗及排放法规要求，结合细分市场的需求，各大车企纷纷布局并推出各自的新能源车型。这都得益于从原材料供给、关键零部件（电机、电池、电控）研发、整车集成开发和测试，再到新能源汽车的推广都具备一定的基础并趋于成熟。插电式混合动力乘用车是新能源汽车的重要组成部分，不论是中国品牌如比亚迪和上汽荣威，还是跨国企业如宝马、大众、戴姆勒，以及凯迪拉克、沃尔沃，均对外发布了最新的插电式混合动力车型，奇瑞艾瑞泽 7 插电式混合动力等车型也已经发布。

2. 2014 年插电式混合动力乘用车技术发展特点

（1）2014 年插电式混合动力乘用车技术发展特点

从 2014 年已经上市和发布的多款车型来看，2014 年国内插电式混合动力乘用车的技术呈现多样化发展的特点。

首先，动力总成系统再次进行技术升级。前驱动力系统采用涡轮增压或排量更大一些的发动机，保证发动机大部分时间都运转在高效转速区间，提升整车的动力性和效能，并且匹配湿式双离合变速器，可以传递更大的发动机扭矩。更高转速、更大扭矩、更高效能、更轻重量的高性能前驱动电机和后驱动电机的研发，根据动力性和经济性的匹配需求，前后电机采用大小速比，不仅极大地提升了整车的动力性和操控性，同时降低了油耗和排放，也提高了纯电动模式的续驶里程。

其次，电控系统的集成、轻量化及多元化。插电式混合动力乘用车的电控系统相比燃油汽车或纯电动汽车都要复杂，多采用集成式设计，以期最大限度地降低电控系统硬件的质量和体积，缩减电控系统的成本，也使整车在设计时更加灵活。前驱动电机控制器具备整车控制功能，对整车动力分配实现精准管控，同时实现对前驱动电机的控制和保护。

最后，混合动力四驱车型开始萌芽发展。并联式和混联式插电混合动力四驱车型都在逐步从初步研发投放至市场，并逐步萌芽发展。与前些年各车企一直专心研究的并联、串联和混联的两驱车型不同，现在都逐步进行全新的混合动力四驱车型研究。

（2）2014 年插电式混合动力乘用车的主要技术突破点

在电四驱方面，国内车企通过增加紧凑的前后驱动电机控制器，实时对前后电机进行调节。在保证动力性的情况下，通过路面实时反馈对前后轴扭矩进行合理分配，响应速度 20m/s，是传统机械四驱的 10 倍，保证整车平稳安全通过，其主要优势如下：

动力强劲——采用三引擎模式，即搭载涡轮增压缸内直喷发动机和前后电机，加上 6 挡双离合变速器的完美配合，在 EV 和 HEV 模式下，都能够发挥强劲动力。

高效节能——动力电机的功率密度比提升了 2.4 倍，整车能量利用率高达 90% 以上，是传动燃油车能量利用率（能量利用率 30%）的 3 倍。

极速响应——对于传统机械四驱来说，当车辆主动或者被动开启四驱模式时，通过分动箱、传动轴将发动机的驱动力传送至每一个车轮。而全时电四驱则不同，分别驱动前后轮的动力电机直接与传动轴连接，随时待命，大大加快了极限工况下整车的响应速度。

在动力电池方面，2014 年国内新开发的插电式混合动力乘用车所搭载的动力电池在体积能量密度、质量能量密度、最大放电能力、低温充放电能力方面都有一定提升，动力电池性能指标逐步接近国际先进水平。这不仅对整车轻量化有重要影响，同时也能有效改善纯电动模式行驶的能耗水平和里程。

（3）目前亟须解决的技术难点及解决方案

①动力系统方面

当前混合动力系统使用的发动机，在排放、油耗、动力性方面与国外相比还有很大差距。提高升功率和热效率，开发针对混合动力系统的阿特金森循环发动机为主要方向。

变速箱作为最重要的机电耦合系统，在制造工艺、结构优化和创新设计方面相对落后，不能发挥混合动力系统的最优效果，在可靠性和耐久性方面也有待验证。

多挡电机在电动车往更高效、更强调动力性的发展方向中有着重要的作用，是日后混合动力和纯电动汽车发展的一项重要技术。但是，当前量产的多挡电机方案也仅有宝马 i8 有两挡功能，还无法在电机单独驱动时实现。其他厂商如特斯拉采用双电机不同速比方案来解决。

当前使用的铁电池在能量密度上与其他类型的锂电池有较大的差距，在纯电动续驶里程需求日益增长的前提下，会给整车质量、整车布置带来困难，同时增加整车的能耗和油耗。

②控制系统方面

电机与发动机的响应能力差别，导致在功率分配和驱动切换时的平顺性问题成为技术难点，同时发动机与电机的运行区间的分配和效率的提高仍需进一步深入研究。

整车和零部件工程化不足，产品处于产业化初期，成本较高。从已上市的车型来看，插电式混合动力车型的售价都比较高，扣除国家和地方政府补贴后，售价勉强可接受。后续补贴逐渐降低甚至取消后，这些车型的成本及售价若降不下来，将无法真正实现市场化。因此，国内车企需加快插电式混合动力乘用车及核心零部件的产业化步伐，通过提高整车及零部件的产销量来逐步降低成本，使整车及零部件企业能够持续发展。

3. 2014 年重点车型技术特点分析

根据变速箱结构、发动机特性和电机特性的不同，世界各厂商根据自身的混合动力理念，制造不同类型的混合动力四驱车型。

（1）宝马 i8

该车前置两挡电机，最大功率 96kW，峰值功率 250N·m，后置 1.5TI 双涡轮增压三缸发动机，最大功率 170kW，峰值扭矩 320N·m，纯电续驶里程 35km，最高车速 250km/h，百公里加速 4.9 秒。该动力总成完全把发动机和电机分离，主要优点：一是免去了传统变速箱的串联、并联或者混联的复杂结构，成本低；二是通过对前置电机和后置发动机精确控制便能进行四驱驱动，其控制原理简单，启动和动力分配相对简单；三是整车平顺性会更好，由于免去了复杂的变速箱结构，驱动路径变短，齿轮啮合总间隙也缩短，从而在加减速方面整车平顺性有所提高。主要缺点：一是后置发动机占用大部分空间，影响整车舒适性、实用性；二是在不影响最高车速的前提下，前置电机采用两挡配置，相应增加了同步器和齿轮等机构，尽管在低速提高了动力性，但是为了不常用的高速而增加相应机构，既加大了换挡控制难度，也增加了研发成本。

（2）比亚迪唐

比亚迪唐搭载的是强混类型的混联式混合动力系统。这类插电混合动力车内有两套驱动系统，在传统燃油车的基础上增加电动机、电池、电控而成，电动机与发动机共同驱动车轮。车内搭载了最大功率 110kW、峰值扭矩 250N·m的前电机 + 最大功率 151kW、最大扭矩 320·Nm 的 2.0TI 发动机和最大功率 110kW、峰值扭矩 250N·m 的后电机，并配置了 6 速双离合变速箱。该动力总成的主要优势在于：一是动力强劲，在短时间内发动机和电机瞬间达到峰值扭矩，轮端基本接近上万牛·米的扭矩，百公里加速只需要 4.9 秒；二是驱动车轮的时候前后电机都充当电动机，松油门或者制动时，两电机充当发电机，通过车轮拖到电机进行发电，给动力电池充电，既缩短了制动距离，又回收了能量，提高了整车经济性；三是，整车脱困能力强，整车匹配了雪地、沙地和泥地模式，而且后驱动桥配备了伊顿差速锁，对于 10% 和 20% 坡度滚轮、单轮高附和驼峰桥都能轻松快速通过；四是，电机能力强，调节发动机运行区间广，可以大大降低发动机运行负荷，提高整车经济性。缺点是动力源多，总成结构较为复杂，油电和前后轴动力分配匹配难度较大、周期长，整车平顺性需要更深入细化的调整匹配。

随着现阶段对动力的需求，无论是像比亚迪唐这样的并联前置发动机和电机加后置单挡后电机，还是宝马前置两挡电机加后置发动机，这两种类型的四驱车型都会在很长一段时间内发展，并走向成熟，最终迈向轮边驱动。

4. 插电式混合动力乘用车技术发展趋势

由于有效地平衡了“节能减排”“行使成本”和“里

程焦虑”三大问题，插电式混合动力汽车逐渐受到了市场的认可和青睐。同时，随着能源问题的日益凸显，全球各大汽车厂商也纷纷研发储备混合动力技术，为车辆转型做充分的准备。

然而，通过对全球已公布的混合动力车型的信息参数统计可以看出，作为集成了两套动力系统的车型，各大车企对混合动力汽车的动力性设计要求相对更为严格。但是，大功率的发动机和驱动电机在体积和重量上，势必对整车的动力系统的布置、匹配和整车轻量化产生严重的影响。因此，高比功率、结构紧凑和可靠性强的混合动力总成的研发，将会成为全球各大车企未来几年的重点研究项目。

同时，提高纯电续驶里程也是混合动力车型未来重点研究的一个课题。一方面是降低整车行驶电耗，另一方面是研发更高容量的动力电池，这两点对于后起之秀的自主品牌汽车制造商而言是一个不小的挑战。

为了长期保持我国在新能源汽车制造领域的先进性，自主品牌企业需要在现有基础上建立和发展具有中国特色与优势的混合动力汽车技术路线和标准。

5. 其他

我国的新能源汽车产业处于初期阶段。近几年，政府从节能减排政策、购车补贴、政府公共用车等方面对新能源汽车发展给予了大力支持，使得该产业在技术和市场方面都取得了一定的成果。但是，综观国际市场，国外跨国车企纷纷发布新能源汽车发展战略，某些车型也相继推入市场，在资源整合、技术储备、品牌效应上都有一定优势。在这种背景下，国内车企更应该强强联合，结合各自优势取长补短，进一步加快新能源车型整车集成能力的提升。在这难得的发展机遇里，打造一批消费者信赖的新能源汽车品牌，占得先机。

另外，目前我国配套基础充电设施建设成本等原因尚未大规模普及，导致新能源汽车销量难以更进一步提升。极大地影响了消费者购买新能源汽车的意愿。但是我国新能源汽车在公交、出租车等公共服务领域逐步推广，得到了一定的发展，也极大地推进了充电设施的发展。若能将新能源产业扩展至个人领域，将会是爆发式的发展，也是迈向大规模市场化、全球化的关键。但是，实际和理想的差距还很大，希望在不久的将来，个人新能源汽车配套的充电设备简单、方便、快捷。

综前所述，从以下三方面进行革新优化是打开新能源汽车进入私人领域的重要前提条件：第一，提高整车综合性能，不仅需要强劲动力而又能经济驱动等多元模式运行；第二，降低整车研发成本，特别是电池能量密度提高是对整车推广最有利的帮助；第三，加大力度进行充电设施建设，建立全国完善的充电设施网络。目前，距离新能源汽车真正进入大规模市场化仍有相当长的一段路要走。现阶段发展插电式混合动力是我国从燃油汽车向纯电动汽车发展的必经之路。

（比亚迪汽车工业有限公司　李桂忠）

五、插电式混合动力客车

插电式客车

随着我国环境污染的加剧，能耗危机凸显，大力发展新能源汽车的呼声越来越高，并引起了国家的高度重视，2014 年密集出台多项对新能源汽车的扶持政策，涵盖了新能源汽车推广应用、财政补助、规范标准、运营管理、商业模式、基础设施、准入管理、充电价格等各个层面。习近平主席提出：“发展新能源汽车是我国从汽车大国走向汽车强国的必由之路。”国家政策动向显示了国家大力发展新能源汽车产业的决心，我国新能源汽车产业和市场迎来了前所未有的发展机遇。

1. 2014 年插电式混合动力客车整车产业与技术总体情况

插电式混合动力车既能实现相对长距离的纯电动行驶，又可以不受电池电量和充电桩的限制，以极低的油耗实现混合动力行驶。在充电基础设施尚不普及、电动车电池技术仍不完善的背景下，插电式混合动力技术是最具实际意义的减排选择。

在全球范围内，沃尔沃、丰田、通用等巨头已经将新能源汽车的开发重点放在插电式混合动力上面。在 2014 年北京国际车展上，自主品牌也有一批插电式混合动力概念车面世。在新能源客车方面，宇通、金龙等客车企业已投入大量的人力、物力、财力，实现了插电式混合动力客车的产业化及规模化示范运行。按上牌照数据统计，2014 年，全国共推广插电式混合动力客车 12545 辆。由于气电插电式混合动力客车具有更高的燃油经济性、更低的排放，并且静音效果良好，在整个插电式客车中气电比例达到 69%。在 12545 辆插电式客车中，宇通推广 5175 辆，占总数的 41.25%，其中气电插电式客车 4596 辆，占行业气电插电式客车总数的 53.07%，苏金、申沃、中通等车企紧随其后。

2. 2014 年插电式混合动力客车技术发展特点

(1)2014 年插电式混合动力客车技术发展特点

从培育战略性新兴产业角度来看，发展电气化程度比较高的“纯电驱动”电动汽车是我国新能源汽车技术的发展方向和重中之重。

为此，国内的新能源客车厂家及动力系统供应商在插电式混合动力客车上所采取的技术路线为：依托现有的混合动力系统，通过增加动力电池容量及充电接口，形成插电式混合动力客车产品，这其中的典型代表为宇通客车。

基于公交工况分析，宇通客车提出了经济适用的双电机混联式动力系统构型，采用简洁的直驱传动方案，具有动力传递高效、再生能量回收比例高、经济适用的优点。通过模式离合器实现了串联电－电混合驱动力、并联机电混合驱动两种工作模式，很好地适应了城市运行工况的特点。通过车载电源系统的模块化配置，电功率比可以覆盖 51%～100%，实现从节能型混合动力客车到新能源客车的平稳过渡。

(2)2014 年插电式混合动力客车的主要技术突破点

在开发插电式混合动力客车的过程中，充分利用前期开发节能型混合动力客车所形成的技术积累，针对电驱动系统、车载能源系统及电动附件系统等技术进行研发。目前，国内已形成具备完全自主知识产权的电机、电池、电控技术。

在电驱动系统方面，宇通联合供应商，进行了高压控制器集成化设计，实现了 ISG 控制器、主驱动电机控制器、电动助力转向控制器、DC/DC、高压配电器集成化设计，高压节点由 27 个减少到 11 个，体积减小 63%。在车载能源方面，针对插电式混合动力的使用需求，提出了能量功率兼顾型的复合电源构型，有利于动力电池的主动能量管理。

(3)目前亟须解决的技术难点及解决方案

在插电式混合动力客车的推广过程中，仍有亟须解决的技术难题。在车载能源方面，目前国内的三元锂离子动力电池的安全性及寿命有待进一步提升，应加大研发力度，借助国外的先进技术成果，提升三元锂离子动力电池的安全性，延长使用寿命，实现大批量应用。在电驱动系统方面，目前国内的电驱动系统效率及可靠性有待进一步提升，应从新材料/新结构/自传感电机、IGBT 芯片封装和驱动系统混合集成、新型传动结构等方面着手，开发高效率、高材料利用率、高密度和适应极限环境条件的电力电子、电机与传动技术，满足电动汽车可持续发展需求。在电控技术方面，故障诊断、故障处理等存在欠缺，应重点开发先进的纯电驱动汽车分布式、高容错和强实时控制系统，高效、智能和低噪声的电动化总成控制系统，车载信息、智能充电及其远程监控技术，满足纯电动汽车大规模示范需要。在充电设施的建设方案及实施方面，我国当前充电设施欠缺，充电方式不合理，导致多数运行的插电式混合动力客车无法及时充电，影响了示范运行效果，应从国家层面进行统筹规划，合理地分配土地、资金等，建立全网络的充电设施，保障插电式混合动力客车的有效运营。

3. 产品开发及 2014 年重点车型技术特点分析

宇通非常重视节能与新能源汽车前沿技术的研发，2014 年共承担包括国家 863、国家科技支撑和新能源汽车产业技术创新工程在内的 10 个国家级科研项目和 6 个省市区级科研项目。其中，宇通承担的国家 863 项目一期“宇通插电式混合动力城市客车产业化技术攻关”于 2014 年 8 月 7 日通过了验收，并得到专家组及科技部主管部门的一致认可。宇通与清华大学、北京理工大学、吉林大学、中国汽车技术研究中心、中国汽车工程研究院等国内知名高校和科研院所建立了产学研合作关系，集成优势科技资源，提升研发水平和创新能力。2014 年获得河南省科技进步一等奖 1 项、郑州市科技进步一等奖 1 项、科技成果鉴定 4 项、河南省工业节能产品认定 10 项。2014 年，宇通实现插电式客车销售 5175 辆，覆盖 10～18 米产品，销量居全国第一。宇通插电式混合动力客车实际线路节油/气率达 40%～50%，较常规混合动力客车提升 10%～30%，整车的安全性、可靠性、经济性均处于行业领先地位。

(1)10 米插电式混合动力客车产品

品牌		宇通牌
型号		ZK6105CHEVNPG4 型混合动力城市客车（10 米气电插电）
整车尺寸（长×宽×高）(mm)	10500×2500×3050/3200/3360	
总质量（kg）	16500	
整备质量（kg）	11100/11500/11900	
轴距（mm）	5200/5100	
最高车速（km/h）	69	

(2)12 米插电式混合动力客车产品

品牌		宇通牌
型号		ZK6125CHEVNPG4 型混合动力城市客车（12 米气电插电）
整车尺寸（长×宽×高）(mm)	12000×2550×3050/3200/3360	
总质量（kg）	18000	
整备质量（kg）	11900/12400/12900	
轴距（mm）	6100/5875	
最高车速（km/h）	69	

上述车型采用永磁同步电机、集成式水冷五合一控制器、复合电源、宇通 Plug－in DCVT 系统及交直流充电系统方案。

其技术优点如下：

（1）车载能源采用能量型锂电池，充放电寿命长。

（2）节气率高：每天充电两次可达 48%，每天充电一次可达 40%。

（3）水冷电机，防护等级 IP56。采用气路、高压线、低压线等隔离设计，高压部件三级绝缘，绝缘电阻实时监测等措施，保证车辆安全。

（4）可实现交流充电功能，充电灵活，充电设施成本低。

（5）集成式控制器，高压接口少，方便检修。

4. 未来几年插电式混合动力客车技术发展趋势

插电式混合动力汽车技术可有效减少汽车燃料消耗量，满足城市续驶里程要求，对促进汽车工业技术升级转型有着极其重要的意义。新一轮新能源汽车补贴政策正式出台，对电动汽车、插电式混合动力汽车和燃料电池汽车继续给予补助，插电式混合动力客车得到各汽车厂商的重视，推广应用迅速，技术进步明显。目前，插电式混合动力客车的整体发展趋势：继续加大电功率，加大电驱动在混合动力中的比例，同时关键零部件逐步电动化。具体技术发展趋势：（1）永磁化、数字化、集成化的车用电机技术；（2）高能量密度、高安全性能、低成本的车载能源技术；（3）集成化、智能化、网络化的电控技术；（4）快速化、智能化、集成化、电能转换高效化的充电技术，包括使用方便的无线充电技术；（5）插电式混合动力系统技术平台工程化集成设计，进行结构优化和效率优化，提升整车平台可靠性和耐久性；（6）插电式混合动力汽车相关技术规范及标准法规的制定与完善。

5. 面临的挑战

从我国现阶段的经济社会发展的角度来看，插电式混合动力汽车普及推广在节能环保、缓解城市拥堵和促进新能源汽车产业发展等方面具有重要的经济价值和社会价值。同时，经过多年发展，新能源汽车运营时机已成熟，尤其是在城市普及发展节能与新能源公交已是大势所趋，而插电式混合动力汽车技术已基本成熟，是现阶段电动汽车推广普及的重点。在国家和省市各种利好政策的推动下，虽然国内插电式混合动力汽车产品应用和市场份额得到迅速提升，但仍存在基础设施跟不上等制约产业发展和推广效果的不利因素，和国际领先水平相比，我们存在诸多不足。

（郑州宇通客车股份有限公司 程相）

六、混合动力乘用车

1. 2014 年混合动力乘用车整车产业与技术总体情况

2014 年是我国混合动力汽车发展的元年，累计销售 4.9 万辆，比 2013 年增长近 2 倍。由于其在动力、续航里程、使用便捷性等方面的优势已得到公众的认可和接受，同时弥补了电动车续航里程短、充电设施缺乏、充电时间长等困扰，其发展速度不容小觑。在 2014 年混合动力汽车的发展势头中，可以看到以下三个理念：

第一，从行业角度来看，全球几乎所有的汽车巨头都涉足混合动力汽车领域，例如丰田、大众、奔驰、宝马等。这些混合动力汽车的陆续上市与推广有力地说明了现阶段节能减排的最佳途径还是混合动力车。仅 2014 年丰田在华销量就突破百万辆，正式进入新的发展阶段。

第二，从技术角度来看，混合动力汽车更侧重在传统汽车的基础上，寻找便捷高效的节能模式，可有效减少汽车燃料消耗量，对促进汽车工业技术升级转型有着极其重要的意义。因此，在发展新能源汽车的同时，应重视混合动力汽车的快速发展。

第三，从国家层面分析，中国汽车工业正处于升级转型关键阶段，为实现 2020 年乘用车 5.0L 油耗目标，需要多种技术路线应用，而混合动力汽车技术较为成熟，是现阶段推广普及的重点，对乘用车节能具有积极意义。因此，混合动力汽车是当前最合适的技术路线。

2. 2014 年，混合动力乘用车技术发展特点

(1)2014 年混合动力乘用车技术发展特点

2014 年，混合动力乘用车市场表现出色的是插电式混合动力汽车，这是由于该车型结合了纯电动汽车和混合动力汽车的优点，既能实现市区短距离零排放，又能实现长距离行驶，综合能量消耗率明显降低。2014 年重点推出的产品有丰田 PRIUS 插电、通用雪弗兰 VOLT、本田雅阁、宝马 i8、比亚迪秦等。

同时，各大汽车企业根据自有技术水平，选取了不同的插电式构型方案。即使是相同的构型方案，其物理结构和工作策略也略有差异。如：比亚迪秦采用电驱动变速箱系统，大众高尔夫采用 P2 系统，雷克萨斯采用分轴四驱，丰田 PRIUS、雪弗兰 VOLT 采用动力分流系统等。对插电式混合动力车型分析如下：

动力系统类型		特点	典型车型	综合评价
动力分流系统	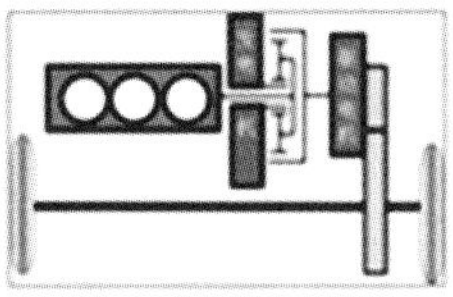	由双电机与行星齿轮系组成，效率高，结构紧凑；但控制复杂，存在技术专利壁垒，高速行星齿轮系统无可用成熟资源	丰田 PRUIS 插电、通用 VOLT、福特 fashion 插电式	★★★★
P2 系统	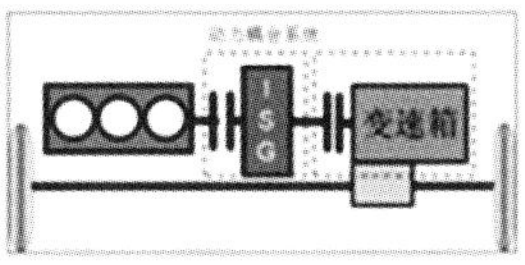	在传统动力总成的基础上，增加机电耦合系统；效率高，结构简单，无专利壁垒；但控制复杂，尺寸难以控制	大众高尔夫插电、宝马 i8	★★★★★
电驱动变速箱系统	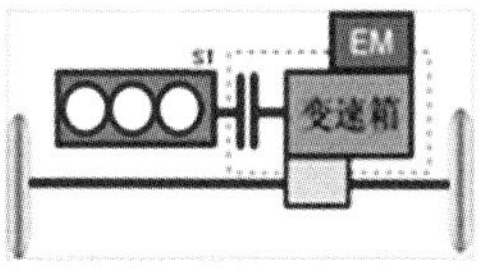	将电机与传统变速器集成；结构简单、紧凑，控制简单；但系统效率低	比亚迪秦	★★★☆
分轴四驱系统	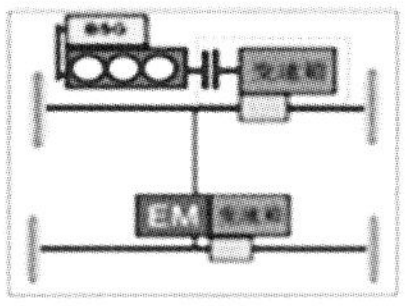	在前驱动力系统的基础上，增加电驱动后桥；系统组合灵活，动力性好，适于 SUV 和高端车型；但系统成本高、控制复杂	PSA、DS、三菱欧蓝德	★★★★☆
双电机混联系统	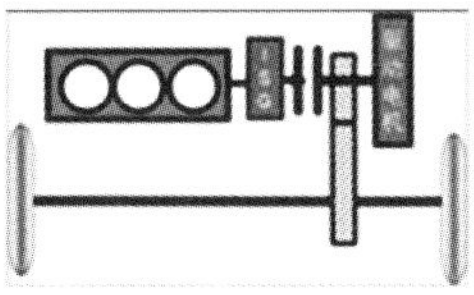	由双电机和耦合离合器组成，系统结构简单、紧凑，控制简单；但系统效率低	本田雅阁插电、上汽荣威 550	★★★

通过对目前主流的 5 种插电式系统解决方案进行分析，可以看出，P2 系统和分轴四驱系统具有相对优势，原因体现在两个方面。一是，虽然目前插电式以动力分流系统为主流，但其技术壁垒过高，主要集中在丰田、通用和福特等车企，其他企业很难介入。相对而言，P2 系统技术壁垒较低，具有效率高、结构简单等优点，未来行业推广潜力较大。二是，分轴四驱系统由于其动力性优异，将成为插电式 SUV 和高端车型的必然选择。

(2)2014 年混合动力乘用车的主要技术突破点

2014 年，在混合动力汽车产品上的技术突破点主要有：第一，基于混合动力特点的小型化专用发动机以及混合动力总成的一体化集成。2014 年，为了解决混合动力及插电式混合动力总成的性能提升与整车布置空间的矛盾，以大众为代表的整车企业深入研究混合动力发动机附件电气化及动力传动系统一体化集成技术，同步使发动机及动力总成小型化，在有限布置空间内，以及插电式混合动力拥有较优节能效果的前提下，动力性进一步提升。

第二，先进轻量化技术的应用。以宝马 i8 为代表，车体采用碳塑纤维材料，动力总成采用镁铝合金，动力电池外壳采用铝合金，整车重量在增加动力电池的基础上，达到了传统车型水平。整车轻量化技术的提升，直接带来了插电式混合动力纯电续航里程的提升，以及混动模式油耗

的降低。

第三，多电机与发动机协调控制技术。从丰田 PRIUS 插电、通用 VOLT 的双电机混合动力系统，发展到本田讴歌插电、三菱欧蓝德插电的三电机四驱插电，整车动力性进一步提升，运行模式进一步复杂化，多电机与发动机协调工作的智能化控制难度进一步升级。随着搭载多电机混合动力系统车型的推出，多电机与发动机协调控制技术在 2014 年实现产业化突破。

(3) 目前亟须解决的技术难点及解决方案

我国混合动力汽车在发展过程中，呈现的技术难点主要表现在：

第一，核心技术“空心化”。我国混合动力汽车产业同传统汽车一样，缺失核心技术。跨国大型汽车企业如丰田、本田、大众等强势进入争夺国内市场份额，抑制了我国本土汽车及核心关键零部件企业的生存发展机会，从而导致我国与国际先进企业的技术差距逐步拉大。

第二，扶持政策缺失。与国外相比，我国混合动力汽车尚未形成市场规模，目前能支持的国家政策也只有《关于节约能源使用新能源车船车船税政策的通知》《关于开展 1.6 升及以下节能环保汽车推广工作的通知》，因此，混合动力汽车产业一直处于被“边缘化”的状态，在缺少国家扶持政策的背景下，企业很难对整车开发和核心零部件持续进行研发投入。

第三，企业先天性不足。目前我国研发混合动力的车企不少，而坚持以产业化为目标的只有长安。而且，国内混合动力汽车关键零部件制造企业较少，且多为民营企业，拥有自主知识产权与创新能力的企业更少。

为缓解企业在市场开拓引导期的成本压力和资金压力，在混合动力汽车的发展上，我们建议：

第一，国家建立节能汽车制度。国家主管部门应对成熟的混合动力乘用车产业化及持续优化项目进行定点支持。即由整车企业牵头，联合动力总成、关键零部件（如电池、电机等）企业和科研院所，带动产业链建设，按产业化要求组建混合动力乘用车大规模产业化制度。

第二，市场化原则。国家财政按照节油率不同，对成熟的混合动力乘用车产业化项目进行支持。节油率大于 30%，按每辆 3 万元补贴；节油率为 25% ~30%，按每辆 2 万元补贴。

3. 2014 年重点车型技术特点分析

2014 年，在市场上表现比较出色的混合动力汽车主要有比亚迪秦、丰田凯美瑞、上汽荣威 550。具体技术分析如下：

(1) 比亚迪秦（插电式强混）

该车是在 F3DM 的基础上研发的第二款混合动力汽车，搭载了行业领先的纯电动和混合动力两套驱动模式。纯电动模式下续航里程可达 70 公里，节能环保效果显著。

该车整车尺寸为 4740mm × 1770mm × 1480mm，轴距为 2670mm，配备了 1.5TI 涡轮增压发动机和 110kW 的电动机，百公里加速时间仅为 5.9 秒。同时，秦的操纵灵活性较大，驾驶员可以根据自身操纵需求以及路况来选择不同的驾驶模式。

(2) 上汽荣威 550（插电式强混）

该车型不仅是中国首款量产的插电式混合动力轿车，而且在电池安全、车身安全等方面更是通过了国内外各项严苛的检测。凭借产品的优势、亲民的价格以及对基础设施的低依赖度，荣威 550 插电式混合动力轿车将开启中国新能源轿车全面市场化、产业化的新时代。

该车最引人注目的领先技术是搭载了由 1.5L VTI 高效汽油发动机、Integrated Starter Generator 启动发电一体机和 Traction motor 牵引电机组成的 Green - motion 高效能三核混动引擎组，可输出 160kW 的峰值功率及 587N·m 的峰值扭矩，而百公里油耗仅为 2.3L，同时可靠性更高，属国内首创。

(3) 丰田凯美瑞（强混）

与汽油版凯美瑞相比，该车油耗降低了约 32%，综合工况油耗仅为 5.3L/100km，相当于 1.5L 车型。该车动力则比同排量车型更加强劲，2.5L 排量的动力相当于 3.0L 车型的动力，最大综合功率达到 151kW。

因为凯美瑞双擎在启动和低速时使用电力，因此可以明显减少污染物排放，与汽油版的凯美瑞相比能减少 40% 以上的二氧化碳排放，可大大降低使用汽车的环保负担。

4. 未来几年混合动力乘用车技术发展趋势

毋庸置疑，纯电动汽车是未来中国汽车行业的发展方向，但就目前来说，推广纯电动车还存在不少障碍，其中最大的问题在于充电设施的缺位，而这种缺位使得纯电动汽车的普及只能停留在“美好的愿望”阶段。

相比之下，越来越多的政府和行业认为，混合动力车最符合当前的实际情况。首先，混合动力车有成熟的商品化车型。其次，混合动力不用充电，使用与一般的汽油车无异，既不需要配套的外部设施支持，也不需要消费者改变使用习惯。

因此，混合动力是中国节能与新能源汽车发展的必经之路，是未来几年新能源汽车最合适的路线选择。

（重庆长安新能源汽车有限公司　周安健）

七、燃料电池乘用车

1. 2014 年燃料电池乘用车产技术发展总体情况

随着环境问题和能源问题日益突出，新能源汽车成为世界各大汽车厂商及研发机构的研究热点，其中燃料电池汽车（FCV）以其高效率和近乎零排放被普遍认为具有广阔的发展前景。近年来，政策对于燃料电池汽车的支持力度也在加大。日前，财政部、科技部、工业和信息化部、国家发展改革委发布了《关于 2016—2020 年新能源汽车推广应用财政支持政策的通知》，对纯电动汽车、插电式混合动力汽车的补助标准实施退坡机制，但氢燃料电池乘用车 20 万的补贴金额将延续到 2020 年，并且还增加了燃料电池轻型大中型客车、中重型货车等，补贴金额为 30 万 ~ 50 万元。

受国家大力发展燃料电池汽车技术的影响，2014 年，我国在燃料电池汽车涉及的整车设计、加氢站建设、车载储氢系统、燃料电池等方面的技术都得到一定发展。已形成了燃料电池发动机、动力电池、DC/DC 变换器、驱动电机、储氢与供氢系统等关键零部件配套研发体系，燃料电池整车、系统和电堆等都取得了很大进步，成本也在逐渐下降，并形成了高校牵头的研发体系，整车厂商、科研院所、零部件厂商开始有了互动合作、共同发展的意识。示范项目在北京、上海、深圳等一线城市也进行得如火如荼，有效地提升了公众的认知度。

但是，总体而言，中国燃料电池汽车产业发展进程较国外缓慢，技术相对滞后，主要体现在燃料电池系统成本、寿命、耐久性、高压储氢技术等方面。我国的技术突破大多集中在非核心技术领域，且重复建设和资源浪费现象严重。另外，由于我国燃料电池产业化程度不高，燃料电池汽车核心零部件企业利润较低，因此相关零部件企业数量较少，如隔膜、催化剂等燃料电池关键材料，以及 DC/DC 变换器、空气压缩机、氢循环泵等核心零部件的供应商稀缺，基本依赖进口，导致核心技术研发进展缓慢，成本难以降低。

2. 2014 年燃料电池乘用车技术发展特点

(1)2014 年燃料电池乘用车国内外技术发展情况对比

①国外燃料电池汽车技术发展情况

从 2014 年国外燃料电池汽车技术的发展情况来看，各大整车厂的研发进程正在加快，纷纷明确量产计划，一些量产车型已经上市。

2013 年 2 月，现代汽车集团首次量产独立研发的氢燃料电池版 ix35（ix35 FCEV），成为率先量产氢燃料电池汽车的制造商。现代汽车集团计划 2015 年前销售 1000 辆氢燃料电池汽车，计划于 2015 年推出下一代样，车并将销量提升至 10000 辆。

2014 年 11 月，丰田发布了氢燃料电池汽车 Mirai，12 月在日本上市销售。作为丰田第一款量产的燃料电池汽车，Mirai 上市首月订单已达 1500 份，远超预期，其中政府采购占总销售渠道的 60%。据悉，2015 年底前，该车型将在美国及其他欧洲城市上市。

继丰田 Mirai 量产之后，本田也宣布了其氢燃料电池汽车的量产计划，将在 2020 年前大规模量产燃料电池车。本田表示，FCV 概念车量产后的续航有望达到近 500 公里，补充一次燃料仅需 3 分钟。

宝马也计划在 2020 年前推出一款量产燃料电池汽车，或隶属于旗下“i”新能源车系列。

奔驰官方表示，该公司已经在打造下一代燃料汽车，并计划于 2017 年实现量产化，而车型则锁定为跨界车或 SUV。

值得一提的是，丰田宣布，该公司约 5680 件氢燃料电池专利技术将免费开放给同行使用，旨在推动并主导氢燃料电池汽车产业的发展。所涉及专利包括约 1970 件氢燃料电池组相关专利、290 件高压氢气罐相关专利、3350 件燃料电池系统软件控制专利和 70 件氢气生产和供应专利。其中，与燃料电池汽车相关专利将免费开放至 2020 年，氢气生产和供应专利永久免费。有意使用丰田专利的公司需要与其签订合同。

不难看出，国外对于氢燃料电池汽车技术正逐渐成熟，一些整车厂已经具有量产化技术，中国也需紧跟步伐，加快氢燃料电池汽车的量产化进程。

②国内燃料电池汽车技术发展情况

就目前我国氢燃料电池汽车技术的发展情况而言，虽然我国燃料电池汽车技术近年取得了长足的发展，但距离量产化还有一定的距离，与国外的技术也存在着一定的差距。

在中国，上汽集团的燃料电池汽车技术处于领先地位，我们在此就以上汽集团和已经量产的丰田 Mirai 进行对比，从而找出我国燃料电池汽车从概念车步入量产化的距离。

从燃料电池汽车的整车性能参数来看，上汽已基于荣威 950 平台，自主研发除了第四代燃料电池汽车（荣威 950 FCV），该车型在性能上明显优于上一代（荣威 750 FCV），但与目前量产的丰田 Mirai 相比，整车除了在续驶里程和冷启动温度性能指标上与国际水平存在差距外，还在耐久性、经济性以及加氢量、加氢时间等指标上存在较大差距。具体参数比较如下：

技术参数	上汽荣威 750 FCV	上汽荣威 950 FCV	丰田 Miral
整车尺寸（mm × mm × mm）	4846 × 1764 × 1433	4995 × 1858 × 1506	4890 × 1815 × 1535
轴距（mm）	2849	2837	2780
氢瓶压力（bar）/储氢量（kg）	350/3. 58	700/4. 43	700/5
续驶里程（km）	300[a]	400[b]	480b/650[c]
冷起动温度（℃）	-10	-20	-30
其他功能	/	快捷电源	移动发电站

注 a：NEDC 工况下的数据；b：丰田新闻发布会数据；c：JC08工况下数据。

从整车上来看，Mirai 整车平台围绕燃料电池系统全新开发，整车性能超过传统燃油车，同步打造了移动发电站的概念；上汽荣威 750 FCV 和上汽荣威 950 FCV 基于传统车平台开发，整车性能接近传统燃油车，初步开发车载电源系统。

在燃料电池系统架构方面，Mirai 与上汽荣威 750 FCV 以及上汽荣威 950 FCV 都采用了间接式燃料电池动力系统架构，但 Mirai 为重度混合，以燃料电池为主，而上汽荣威 750 FCV 以及上汽荣威 950 FCV 为中度混合。

在燃料电池系统方面，系统成本、寿命、功率密度等存在较大差距。

在核心零部件方面，Mirai 的动力电池、双向 DC/DC、电机及减速箱协同了量产的混合动力汽车，燃料电池用 DC/DC 变换器为全新开发；上汽荣威 750 FCV 以及上汽荣威 950 FCV 核心零部件都为全新开发，但燃料电池用 DC/DC 变换器供应商资源稀缺，产品技术水平较低。

除了上汽集团，国内其他整车厂对于氢燃料电池汽车的研发情况如下：

北汽福田	北汽福田氢燃料电池客车 BJ6123C6 N4D	续航能力达到 240km，最高车速达 80km/h，0～50km/h，加速时间仅 21.7s，车辆最大爬坡度可达 20% 以上，加速行使车外噪声仅 73.2 dB（A）
东风汽车公司	楚天一号	最高车速超过 100km/h
长安	志翔燃料电池汽车	锂电池，电—电混合，百公里耗氢 1.2kg，最高车速为 150km，最大续航里程可达 350km
一汽奔腾	奔腾燃料电池轿车	锂离子电池系统，基于奔腾 B70 轿车平台
奇瑞	超越三号——东方之子燃料电池	锂电池，续驶里程为 273km，最高车速为 122km，氢燃料储量为 4.2kg，百公里时速加速时间 18s

(2)2014 燃料电池乘用车实现的主要技术突破点

上汽在燃料电池汽车领域处于国内领先地位。2014 年，项目总体按进度发展，上汽在燃料电池整车、系统和电堆等方面都取得了很大进步，如功率密度、可靠性、耐久性都有很大提高，成本也在逐渐下降。

由上汽主导开发的第四代氢燃料电池汽车（上汽荣威 950 FCV）整车匀速续驶里程可达到 400 公里，比上一代增加了 100 公里，最快时速达 160km/h，可在 -20℃ 环境下启动（第三代为 -10℃）。

在高压储氢方面，上汽荣威 950 FCV 的氢瓶压力已从上一代的 350bar 上升至 700bar。

值得一提的是，上汽荣威 950 FCV 还拥有外置电源发电功能，通过插电转换器，即可实现对其他电器包括电动轿车的充电功能。

在具体技术进展中，国内研制成功了高导电性及优化孔结构的碳纸、增强型复合质子交换膜、高稳定性/高活性 Pt-Pd复合电催化剂及薄型全金属双极板等。经过膜电极技术的优化，电催化剂利用率得到大幅提高，流场优化提高电流密度下水管理能力，使额定工作点由 0.66V@0.5A·cm^2 提升至 0.66V@1.0A·cm^2，在同样功率输出的情况下，体积和质量分别减小了一半。

(3)目前亟须解决的技术难点及解决方案

从燃料电池汽车的发展趋势来看，目前亟须开发适合燃料电池汽车动力系统技术平台的全新结构整车平台。另外，燃料电池整车续航里程、低温冷启动、可靠性、耐久性等指标，以及成本都与国外存在巨大的差距，也是目前亟须解决的技术难点。

①开发适合燃料电池汽车的整车平台

国外已经由基于传统车辆平台改造而成燃料电池汽车模式转向为燃料电池汽车打造全新整车平台阶段；在国内，以上汽股份、上海大众、一汽、长安、奇瑞等公司为代表开发的燃料电池轿车均基于传统内燃机车辆进行改制，尚未掌握燃料电池汽车专用车身开发、底盘开发、底盘动力学主动控制等关键技术。

因此，要开发燃料电池汽车动力系统平台柔性模块化技术及其关键零部件，借鉴国外同类型燃料电池汽车柔性适配技术等，开展全新结构整车下的动力系统平台模块化、一体化、智能化集成设计技术的研发。

②关注燃料电池汽车散热问题

燃料电池电堆常用的散热方式有两种：空冷和水冷。一般车用级的电堆由于功率较大，空气散热往往无法满足需求，必须通过冷却液进行强制对流换热。燃料电池散热与传统内燃机的散热不一样，燃料电池电堆的热量几乎全部通过冷却系统散失，而传统内燃机相当大的一部分热量是通过尾气散失的，而且内燃机与环境之间的温差比燃料电池大，所以PEMFC电堆散热比内燃机散热更困难。一般而言，燃料电池实现100kW的有效功率要散发掉100kW的热。为了保证燃料电池电推的热散发，燃料电池发动机水热管理系统是目前亟须研发的课题之一。

同时，在保证电堆热量完全散失的情况下，还要保证进出电堆的反应物质和冷却液的温差尽量小，从而提高电堆性能，延长使用寿命，这也是技术难点。另外，能否将低熵值的热量回收利用，也是目前亟须研发的课题。

③提高续航里程

在车辆续驶里程方面，上汽第四代燃料电池汽车续航里程达到了400km，而国际上一些车企研发出的燃料电池汽车续航里程最高已经达到650km。

提高氢瓶压力，是提高续航里程的坚决方案之一。到目前为止，上汽已将氢瓶压力提高至70MPa，有效地提高了续航里程。由于我国只开发出样机，关键部件实现了国产化，因此可靠性和安全性有待进一步验证。

④优化低温冷启动

上汽第四代燃料电池汽车虽然实现了国内首次无外热源－20℃整车冷启动，但与国际水平相比还存在一定差距：本田、丰田已实现－30℃整车冷启动；现代、戴姆勒已实现－25℃整车冷启动。相比之下，我国燃料电池汽车整车冷启动性能还有待进一步提高。

通过以下技术措施，有可能进一步改善燃料电池发动机冷启动性能：增加阴极气体通道内的气体流速，因为这可以减少通道内水蒸气的积聚，从而减少阴极催化剂层结冰量；使用干燥度大的膜，它可以吸收更多的水，减少冰的形成，从而改善冷启动过程；降低燃料电池的工作电流密度，或者提高电池的电压，可以减少水的生成，从而改善冷启动过程。实际中为了实现在冰点下的快速启动，工作电流和电压必须达到最优值，才能在期望的启动时间内产生最多的余热；增加启动时电池的温度可以大大减少冰的形成，但却会延长冷启动过程。因此，在质子交换膜燃料电池冷启动过程中，可以使用不同的内、外部加热法来改善冷启动性能。

⑤提升可靠性和耐久性

目前，整车除了在续航里程、冷启动温度等性能指标上与国际水平存在差距外，还在可靠性和耐久性等指标上存在较大差距。

为了提高整车的可靠性，可进一步改进关键零部件的可靠性，如电堆电池和DCF。另外，可通过更好的工程设计（如线束设计），以及优化控制策略和算法，也可提高整车的可靠性。

对于整车的耐久性，主要是靠提高电推的寿命来提高整车的耐久性。优化电堆设计（如优化密封设计、流道设计）、优化系统设计（如优化热管理，以利于均匀温度分布）、优化整车及系统控制策略（如减少燃料电池功率波动）等解决方案均可提高整车的耐久性。

另外，MEA、双极板以及密封材料的耐受性是影响电堆寿命的关键因素。其中，高耐久性MEA的开发得到最多关注，其技术难点在于：a. 性能指标的提升使得质子交换膜变薄成为趋势，从而加大寿命提高的难度；b. 成本指标的降低要求铂族金属（PGM）担量进一步降低，这同样与提高寿命的要求相矛盾。由此，在兼顾性能与成本基础上，进行高耐久性MEA的开发是提高燃料电池电堆寿命指标的必需。同时，金属双极板的应用对电堆比功率指标的提升至关重要，相比碳板，其寿命问题得到更多的关注，推动表面改性技术的开发、提高其耐腐蚀能力是避免金属双极板成为电堆寿命制约因素的关键。

⑥降低成本

氢燃料电池汽车成本过高是全球车企需要共同面对的问题，中国在相关方面也被拉开较大差距。目前，上汽研发的第四代燃料电池汽车，其材料成本已小于50万元/辆。而在国际上，丰田计划2015年将燃料电池汽车材料成本降低至5万美元/辆。

燃料电池成本主要受限于燃料电池动力系统和氢气存储系统成本。

在燃料电池动力系统方面，DOE数据显示，目前交通运输用燃料电池系统成本为51美元/千瓦（年产500000万台前提下），其中燃料电池电堆成本为24美元/千瓦。在燃料电池电堆成本构成中，核心部件 MEA 以 17 美元/千瓦（商业化目标 14 美元/千瓦）的成本占据绝大部分比重，另一关键部件双极板成本则为 4 美元/千瓦（商业化目标 3 美元/千瓦）。

首先，MEA 中贵金属铂的采用，是决定成本的关键因素，提高催化剂活性，减少贵金属铂用量，或者研发其他替代材料，将有效降低成本。因此，更新催化剂及 MEA 制备技术以降低铂担量并提高工作点是控制电堆成本的研究方向之一。其次，开发更为廉价的金属材料以及简化表面改性涂层技术是降低双极板成本的主要研究方向。此外，电堆关键材料及零部件的批量化生产、加工技术、电堆的批量化组装技术以及快速质量检测技术的同步升级，是实现电堆批量化成本控制的基础。

值得关注的是，目前燃料电池汽车采用的空气压缩机、氢循环泵基本依赖进口，导致成本居高不下。若能实现空气压缩机和氢循环泵的国产化，将大大降低成本。国内供应商应加快对于空气压缩机和氢循环泵的国产化的研究。

3. 2014 年重点车型技术特点分析

（1）荣威 950

2014 年北京车展上展出的上汽荣威 950 氢动力，是上汽自主开发的国内第四代燃料电池电动轿车，该车采用荣威 950 车型平台、集成中等容量动力蓄电池和小型加压燃料电池系统，并配备可插电技术。整车续驶里程以燃料电池为主，并利用蓄电池能量。该系统还配备了 On - board 蓄电池充电器，可以利用市网给动力蓄电池充电。

为确保车辆的续驶里程，氢系统在整车上布置了两个 70MPa 氢瓶，使储氢量达到 4. 34kg，整车续驶里程可超过 400km。为确保氢系统能够满足各种环境和路况对车辆的要求，氢系统优化了安装和固定结构、管路走向和调整系统架构，完成了各种可靠和耐久试验，确保整车氢系统安全。根据氢瓶数量的增加和整车氢安全的需求，优化了氢管理策略。

（2）丰田 Mirai

丰田 Mirai 是由丰田燃料电池概念车 FCV 发展而来的。Mirai 搭载了 2 个高压储氢罐，可以承受 70MPa 压力，并分别置于后轴的前后。燃料电池堆栈位于车身中部地板之下。在前轴处则是动力控制单元和一台最大功率为 114kW（155Ps）的交流电机，可使 Mirai 在 10 秒内由静止加速到 100km/h。在 JC08 工况下，Mirai 的氢储量可以支持约 700km 的续航里程，在一般工况下，也可续航 482km，而重新补满燃料仅需 3 分钟。

（3）现代 ix35 FuelCell

现代 ix35 FuelCell 是世界上首款投入量产的燃料电池车，比丰田的 Mirai 早了将近两年。

ix35 FuelCell 搭载了一套输出功率为 100kW 的燃料电池系统，并配备了两个 70MPa 的储氢罐，一共可以装载 5. 63kg 的压缩氢气。这套燃料电池系统驱动一台最大功率为 134Ps（98kW）、最大扭矩为 221N·m 的电动机，可以实现 160km/h 的最高时速和 594km 的续航里程。ix35 FCEV 可在 -20℃ 下启动。

（4）大众高尔夫 Variant Hymotion

高尔夫 Variant Hymotion 就是在高尔夫旅行版的车体内装上了一套燃料电池动力系统。同时，这套动力系统也可以更换为纯电动模块或者是插电混动模块。

高尔夫 Variant Hymotion 搭载氢燃料电池动力系统最大功率为 99kW（135Ps），其 0 ~ 100km/h 加速时间为 10 秒。充满氢燃料后，高尔夫 Variant Hymotion 拥有 500km 的续航里程。当氢燃料用尽时，仅需要 3 分钟便可充满。

（5）奔驰 F 015 Luxury in Motion

奔驰 F 015 Luxury in Motion 采用插电式氢燃料电池动力系统，总续航里程可以达到 1100km。在后轴处有两台电动机，综合输出最大功率为 196kW（268Ps），峰值扭矩为 398N·m，0 ~ 100km/h 加速时间为 6. 7 秒，电子限速情况下的极速可以达到 200km/h。

奔驰 F015 同时配备了动力电池和燃料电池。动力电池采用的是锂离子电池，并配有无线充电装置，纯电动模式下的续航里程约为 200km。长途驾驶则使用燃料电池提供动力，F015 的储氢罐可以存储 5. 4kg 的压缩氢气，百公里仅需消耗 0. 6kg，单靠氢能源驱动可以续航约 900km。

4. 未来几年燃料电池汽车技术发展趋势

（1）燃料电池汽车全新结构整车平台开发。燃料电池汽车动力系统技术平台，由于结构复杂、分布式智能控制、系统电压高、氢气存储压力高、碰撞性能要求高等特点，对整车碰撞安全性、空气动力学、整车热管理、底盘主动控制、舒适性、驱动系统拓扑结构提出了新要求，采用传统车辆改制燃料电池汽车已经无法满足燃料电池汽车整车发展趋势。因此，未来国家科技计划中应进一步聚焦全新结构燃料电池汽车尤其是中高级燃料电池汽车全新结构整车平台的开发。

（2）结合“工业 4. 0”，实现燃料电池汽车的智能制造。在世界汽车强国——德国推进“工业 4. 0”的同时，对于燃料电池汽车而言，也必须紧抓这个机遇。在燃料电池汽车制造过程中，如何实现研发及生产的高度数字化、网络化、机器自组织，达到智能制造，是未来的发展趋势，也是如今值得研究的课题。

（3）燃料电池电动汽车动力系统混合化。在目前的燃料电池汽车动力系统中，已经不再采用最初的动力方案，而是采用燃料电池系统与动力蓄电池混合驱动的方式，这种混合动力驱动方案最早被我国科技人员采用，用于提高燃料电池的寿命、降低车辆成本，目前正被国际车企广泛采纳。

（4）车载能源载体氢气化，制取多样化。经过对各种能源载体的比较和考核，基本摈弃了基于车载各种化石燃料重整制氢的技术途径，更多地采用了车辆直接储存氢气的方案，储存方式以高压气态为主，氢气制取在制氢站完成，采取了基于本地资源特点的多种制氢途径。

（5）气态高压储氢技术的国内外发展差距及趋势。国外已经具备量产的能力，而我国刚刚开发出样机，其关键部件部分实现国产化，可靠性和安全性有待进一步验证。因此，在70MPa车载供氢技术方面，我国与国际先进技术还有一定的差距。

（6）燃料电池模块化、系列化。为了有利于提高可靠性和寿命，降低成本，燃料电池出现模块化趋势。单个燃料电池模块的功率被界定在一定的范围之内，通过模块的组装，实现不同车辆对燃料电池功率等级的要求。

（7）低铂、非铂燃料电池电堆研发。重点研究高稳定性、抗毒、低铂催化剂与抗氧化、长寿命的催化剂载体；高耐久性、低成本、高质子传导性的复合膜和烃类高温质子交换膜；高性能、高导电性炭纸；解决模压金属双极板应力释放问题，提高双极板的平整度和耐温性能；完善表面耐腐蚀导电涂层技术，提高耐久性与稳定性；构建质子、水、电与气体的有效传递通道，研究有序结构的薄层膜电极组件。

（8）空气压缩机、氢循环泵国产化开发。降低成本是目前燃料电池研发的主要趋势之一，而目前我国燃料电池汽车采用的空气压缩机、氢循环泵基本依赖进口，导致成本居高不下。因此，未来要实现空气压缩机、氢循环泵国产化开发。

（9）进一步开展示范燃料的技术考核。主要是通过各种示范运行，考核不同的氢气制取途径技术，开展综合评估研究，考核燃料电池汽车技术对环境的适应性和在实际运行中可能出现的技术问题，并通过示范开展氢能燃料电池技术的公众宣传和知识普及。

（上海汽车集团股份有限公司　阮希琼）

八、车用动力电池

1. 国内外动力电池技术发展概况

动力电池作为电动汽车最为核心的零部件，越来越受到重视，尤其是高性能的动力电池更成为各主要动力电池生产国的重点竞争领域，目前锂离子动力电池的生产也主要集中于中国、日本、韩国三国。从动力电池的发展趋势来看，中国、日本、韩国积极开展车用高性能电池的开发和批量规模应用；美国和德国建立了先进的锂离子动力电池及基础材料研发条件，积极开展相关技术的研发，两国均拥有先进的锂离子动力电池集成及应用技术，开展了车用锂离子电池及系统集成的开发和应用。

我国动力电池行业在2014年也取得了相当的技术进步。

高功率动力电池领域

正极采用尖晶石锰酸锂和镍钴锰三元材料混合材料，负极采用人造石墨材料，研发的6A·h锂离子动力电池能量密度达到了81W·h/kg，可实现三十C充放电，50% SOC条件下输入输出功率密度大于4000W/kg，5000次以上的循环寿命（70%剩余容量），－20℃低温条件下充放电性能优越，充放容量大于83%。

纯电驱动汽车用动力电池领域

• 正极为高电压富锂层状锰酸锂和镍钴锰三元材料混合材料，负极为人造石墨材料，研发的25A·h能量型电池能量密度达到159.6W·h/kg，功率密度达到1101 W/kg，常温循环800周时容量保持率为91%；研发的25A·h能量功率兼顾型电池能量密度达到153.3W·h/kg，功率密度达到1498 W/kg，常温循环770周时容量保持率为93%。

• 正极采用磷酸铁锂材料，负极采用天然石墨和硬碳混合材料，研发的50A·h能量型电池能量密度达到136.6W·h/kg，功率密度达到1101W/kg，常温循环800周时容量保持率为91%；研发的20A·h能量功率兼顾型电池能量密度达到106.5W·h/kg，功率密度达到1119W/kg。

• 正极采用尖晶石锰酸锂和镍钴锰三元材料混合材料，负极采用人造石墨材料，研发的25A·h软包装能量型电池能量密度达到162W·h/kg；研发的35A·h能量功率兼顾型电池能量密度达到135W·h/kg。

• 正极采用高镍三元材料（如532、622、811及NCA等），负极采用天然石墨/人造石墨/中间相碳微球等材料，开发的5A·h、10A·h、15A·h、20A·h、28A·h、30A·h、45A·h的能量型电池能量密度大于180W·h/kg。

国内动力电池技术发展及产业化情况

形成了包括关键原材料（正极、负极、隔膜、电解液等）、动力电池、系统集成、示范应用、回收利用、生产装备、基础研发等在内的完善的锂离子动力电池产业链体系，掌握了动力电池的配方设计、结构设计和制造工艺技术，生产线逐步从半自动中试向全自动大规模制造技术过渡。规模化生产的 20A·h 能量型磷酸铁锂动力电池能量密度达到了 127W·h/kg，规模化生产的 200A·h 能量型磷酸铁锂动力电池能量密度达到了 108W·h/kg，规模化生产的35A·h能量功率兼顾型动力电池的能量密度达到了 135W·h/kg，规模化生产的 6A·h 功率型锰酸锂动力电池的能量密度达到了 81W·h/kg，规模化生产的 2.6A·h 能量型三元材料 18650 动力电池的能量密度均超过了180W·h/kg。

在系统集成技术和能力方面取得了较大进展和突破，采用磷酸铁锂材料的动力电池系统的能量密度达到了 90W·h/kg左右，循环寿命超过了 5 年/10 万公里的质保要求；采用三元材料的动力电池系统的能量密度达到了 110W·h/kg。

锂离子动力电池的产业化技术水平已具备支撑电动汽车大规模生产和商业化运行的技术和产业条件。

目前，中国形成了珠三角、长三角、中原地区和京津区域为主的四大动力电池产业化聚集区域。据统计，有近 100 家动力电池企业开展动力电池的研发及产业化工作，有近 100 亿元产业资金投入，形成近 200 亿瓦时年产能，技术研发和产业化进展情况较几年前有了翻天覆地的变化，有力地支撑了国内电动汽车产业的快速发展。

国内主流动力蓄电池企业产能统计如下：

编号	企业	2014 年产能		2015 年可达产能（亿 W·h）
		容量（亿 A·h）	能量（亿 W·h）	
1	比亚迪	12.5	40	100
2	力神	3	10	16.8
3	威能	3	10	16
4	中航锂电	2.5	8	15
5	国轩	2.5	8	15
6	万向	2	7	7
7	光宇	2	7	8.5
8	宁德时代	4.28	13.7	17.3
9	盟固利	1	3.6	3.6
10	捷威	0.6	1	2
11	沃特玛	8	25	50

注：数据来自企业宣称的数据。

2. 下一代动力电池研发概况

(1)新型锂离子电池

提高电池的能量密度已经成为锂离子电池升级换代竞争的热点，要实现锂离子电池在能量密度和功率密度上的突破，新型电极材料的应用将发挥决定性的作用。

在高比容量正极材料方面，高镍三元材料，如 622 型、811 型以及镍钴铝等正极材料具有较高的比容量（ >180 mA·h/g），已成为目前国内研发和产业化的热点。

富锂锰基复合氧化物层状正极材料目前已有较多研究，该类材料具有较高的比容量（200～300 mA·h/g）。美国能源部所属的阿贡国家实验室开发的锰基富锂复合氧化物，容量达到 250 mA·h/g，组装的 20A·h 电池能量密度达到 250W·h/kg。

同时，在 5V 高电压尖晶石锰酸锂材料方面也开展了相关研究工作，其比容量较低（130mA·h/g）。

在高比容量负极材料方面，硅由于具有理论比容量高（4200mA·h/g）、资源丰富等特点受到了广泛关注。硅负极在充放电过程中体积会发生急剧变化，提高硅材料的循环性成为研究的热点。

锡负极材料因具有较高的理论容量（994mA·h/g）和嵌锂电位低的特点而备受青睐。但是，锡负极材料在反复充放电循环过程中存在严重的体积膨胀效应，造成材料结构的破坏和粉化，最后导致活性材料间以及活性材料与集流体之间的脱离，进而失去电接触，导致容量迅速衰减。因此提高锡负极材料的循环性能是该类材料研究的热点。

在新型负极材料方面，日本、美国对高容量锡基合金、硅基合金负极材料开展了大量的前期研究，开发出比容量大于 800mA·h/g 的材料样品，同时多家材料公司已开始提供样品供电池企业进行评估和实验。我国目前对高容量锡基合金、硅基合金负极材料的实验室研究也取得重要进展，小批量供货的硅碳复合材料的比容量达到了 450mA·h/g。

针对高比能电池的安全性，国外开展了大量的研究工作。日本松下公司开发了以 Al_2O_3 为热阻涂层的技术，并在动力电池中得到应用；三菱公司开发了高耐热性无纺布隔膜，正在推广应用于锂离子动力电池中；美国杜邦公司正在致力于发展耐温达250℃的高安全性聚酰亚胺隔膜。国外在阻燃或不燃电解液（如氟代碳酸脂溶剂、离子液体等）方面进行了大量的研究；我国在安全性技术方面亦开展了大量的研究。

国内重点围绕高容量锡基负极材料、高容量硅基负极材料、高容量富锂锰基正极材料、正温度系数电极材料、具有热保护机制的温度敏感电极及具有热关闭功能的电解液添加剂等开展了技术研究，开展了高镍三元－人造石墨体系电极结构对电池性能影响的研究；面向250W·h/kg锂离子电池，开展了新材料（包括富锂层状锰酸锂固溶体材料和硅碳材料）在电池中的应用探索研究，采用富锂锰基正极材料和硅碳负极材料配对研发的19.7A·h电池样品，能量密度达到了301W·h/kg。

因此，高镍三元材料和富锂层状锰基化合物正极材料，硅基、锡基及其复合负极材料可能在未来2～5年内实现产业化。基于这些材料的应用和高安全性技术的集成，新型锂离子电池的能量密度将超过300W·h/kg，并实现规模应用。

（2）新体系电池

新体系电池包括锂硫电池、全固态锂电池、锂空气电池等。

①锂硫电池

在现有的二次电池体系中，以金属锂为负极、单质硫为正极的锂硫电池的理论能量密度高达2600W·h/kg（其中，锂和硫的理论容量分别为3860mA·h/g和1675mA·h/g），且单质硫具有资源丰富、价格低廉、与环境友好等特性，具有规模应用的开发前景。因此，基于可充硫电极的锂硫二次电池体系成为当前化学电源和能源科学领域研究的热点。日本在《NEDO下一代汽车用蓄电池技术开发路线图》中将锂硫二次电池列入其中；美国能源部也大力支持锂硫电池的研发。可见，锂硫电池已作为跨越式提高二次电池能量密度的一个重点研究内容和方向。美国的Sion Power公司、Polyplus公司和韩国的Samsung公司都在积极开发此类电池体系研究。

由于硫在反应过程中存在严重的溶解流失问题，导致锂硫电极的循环稳定差，制约了锂硫电池的开发进程，需要在硫电极材料选择与构建、电解液组成优化、锂负极表面修饰等方面开展深入的研究。

国内的南开大学、武汉大学、北京航空航天大学及防化院第一研究所等科研单位在锂硫电池方面开展了研究工作，针对锂硫电池，重点围绕着碳材料的制备、硫－碳复合材料制备及电化学性能、电解液体系优化、电池安全性技术及电池工艺展开了技术研究；面向300W·h/kg的技术目标，开展了软包装锂硫电池的研究，开发的5A·h锂硫电池能量密度达到了313.6W·h/kg，在倍率放电和循环寿命等方面还需要深入研究。

高能量密度、高安全性和优良循环稳定性是锂硫电池研发的重点内容。要实现实用化目标，锂硫电池的能量密度要大于300W·h/kg，循环寿命要大于1000次，同时在短路、针刺或挤压、过充电、过放电、高温等滥用条件下不发生安全问题。

②锂空气电池

近几年，日美联合研发锂空气电池，日本旭化成和Central硝子与美国IBM Almaden研究中心合作，旭化成负责开发膜部件，Central硝子负责开发新型电解液和高性能添加剂，计划到2020年实现锂空气电池的生产和应用。美国麻省理工学院（MIT）在小型锂空气电池研究方面取得重要进展，在锂－空气电池中使用金或铂金电极作为催化剂，具有比单一碳电极高的反应活性和效率。美国西北太平洋国家实验室的研究小组制备了具有高比能量的一次有机体系锂空气电池，在湿度为20%的大气环境下工作33天，能量密度达到362W·h/kg。具有良好设计的有机系锂空气电池可以提供500～1000 W·h/kg的能量密度。国内复旦大学、中国电子科技集团公司第十八研究所等研究单位开展了锂空气电池的研究工作，并取得了一些进展。

锂空气电池研发获得实用价值，需要在电解质、空气电极材料和结构、催化剂和氧气选择性膜等方面开展深入的研发工作。

锂空气电池目前处于基础研究阶段，要研制出实用化的电池还需时日。

③全固态锂电池

对于大容量全固态锂电池的研究，国外近年取得了不小的进展，电池性能得到了很大提升。据报道，美国Ever－ready电池公司用$Li_4P_2S_7$或$Li_3PO_4-P_2S_5$玻璃作为电解质，TiS_2为正极，金属锂和LiI为负极，充放电循环次数超过了1000次。日本出光兴产在2010年实现试产层压型全固体锂离子二次电池，采用全固态硫化物固体电解质材料，输出电压为14～16V，能量密度达到200W·h/kg。丰田公司推出了原型固态锂离子电池，正极、负极和固体电解质层分别采用钴酸锂、石墨和硫化物类电解质，开发的电池组平均电压为14.4V，充电后输出电压高达16.26V。日本三星横滨研究院与三星电子开发的固态锂电池，已实现接近实用水准的输出特性，并超过了现有锂离子电池的充放电循环寿命。

国内在全固态锂二次电池领域的研究近几年开始起步，目前主要集中在微型器件使用的薄膜固态锂电池方面。近年来，中科院宁波材料技术与工程研究所在大容量全固态锂电池用正极材料、纳米负极材料以及电极/电解质界面改性研究等方面取得了不错的结果。

以固体电解质替代有机液体电解液的全固态锂电池，在解决传统锂离子电池容量偏低和使用寿命偏短这一关键问题的同时，有望解决电池的安全性问题，符合未来大容量新型化学电池技术发展的方向。高安全性、长寿命、高比能量全固态锂电池循能量密度需要达到 300 W·h/kg 以上，环寿命达到 1000 次以上。

3. 对当前动力电池几个热点的看法

(1) 石墨烯材料

石墨烯是一种拥有独特结构及优异性能的新型材料，为单原子层二维蜂窝片状结构，具有高导电性、高导热性、高比表面积、高强度和刚度等优良特性，在锂离子电池及超级电容器领域具有广泛的应用前景。石墨烯为锂离子电池性能的大幅提升提供了可能，如高容量、高功率和长寿命等方面。因此，国内外均开展了石墨烯材料应用于锂离子动力电池及超级电容器的研究。

多层石墨烯（石墨烯微片）具有一定的储锂空间，同时锂离子的扩散路径比较短，但首次充放电效率低、循环性能差、容量衰降严重，并且充放电曲线滞后严重，很难作为负极材料单独使用。因此，石墨烯材料通常可作为基础材料添加到现有的各类锂离子电池材料中，对各类锂离子电池材料的性能进行改进和提升。应用于锂离子电池领域主要集中在两个方面：一是正负极复合材料，二是导电添加剂。因此，开发高比容量、高比功率和长循环寿命的石墨烯复合材料，应用于锂离子电池及超级电容器等领域，是今后研究的重点和努力的方向。

(2) 铝空气电池

铝空气电池以铝合金电极为负极，空气电极为正极，中性或碱性水溶液为电解液，电池在放电过程中通过消耗铝合金负极和空气中的氧气对外输出电能。铝空气电池在放电过程中可通过补充消耗的铝合金负极材料来维持电池持续运行，故也称为金属燃料电池。电池充电时，采用机械充电方式置换铝板并添加或更换电解液。因此，铝空气电池也称为“机械式可充电电池”。铝空气电池的理论能量密度为 8178W·h/kg，目前研发的电池在小电流放电密度的情况下，其能量密度可达 300～400 W·h/kg；在比功率方面，由于氧电极的交换电流密度很小，电池放电时极化很大，因此功率密度小。

铝电池没有实现产业化的原因有以下几点：①铝容易形成致密的氧化膜，从而产生钝化，使铝电极电位迅速下降；②铝较活泼且是两性元素，容易与介质发生严重的析氢反应；③在碱性介质中，铝阳极成流反应和腐蚀反应的产物均为 $Al(OH)_3$，不但降低了电解质电导率，而且增加了铝阳极极化，使得铝电池性能恶化，生成的胶状 $Al(OH)_3$ 在无催化剂条件下很难转化为可溶于水的 $Al(OH)^{4-}$；④空气电极多使用铂、银等催化剂，价格昂贵，且容易“中毒”失效；⑤空气电极疏水性能低，大功率电池放电过程常出现“冒汗”漏液现象。铝空气燃料电池由于存在铝电极腐蚀析氢、表面氧化钝化、昂贵的电催化剂等问题，以及氢气的排除、三水铝石凝胶或铝酸盐影响的消除、不同应用场合的供氧系统以及热交换系统等问题，严重制约着其走向市场。

考虑到电动汽车是面向大众的产品，使用工况和使用环境复杂，同时铝空气电池本体及辅助系统的重量，铝空气电池系统的能量密度并不高，无法与锂离子电池相比，因此铝空气电池难以实现在电动汽车领域的规模化应用。

（中国电子科技集团公司第十八研究所　肖成、伟丁飞）

九、锂离子电池材料

1. 技术和产业现状

在整车需求的带动下，我国电动汽车用动力电池产量增长明显，2014 年下半年产量为 0.8GW·h，远高于 2013 年全年的 0.36GW·h。初步形成了较为完整的锂离子电池产业链，形成了以珠江三角洲、长江三角洲、京津冀地区和中原地区为主的四大动力电池产业化聚集区域。国内磷酸铁锂电池产业化技术支撑了我国现阶段新能源汽车产业的发展，但电池产品能量密度较低。我国电子产品用小电池能量密度最高已达到 260W·h/kg。采用锰酸锂混合三元正极材料的电池，但是其循环寿命、安全性与国际同类产品尚有差距。

正极材料不仅作为电极材料参与电池的化学反应，并且是锂离子的主要来源，对提高电池的能量密度和成本结构影响最大。2014 年，钴酸锂、三元材料（镍钴锰酸锂 NCM 和掺铝的钴镍酸锂 NCA）、尖晶石锰酸锂，磷酸铁锂正极材料产量均有 10% 以上的增长，全球正极材料产量达到 11 万吨，其中钴酸锂 4.5 万吨、NCM2.5 万吨、NCA0.9 万吨、锰酸锂 2 万吨、磷酸铁锂 1.1 万吨。2014 年，中国正极材料产量 5.2 万吨，其中钴酸锂约占 2.6 万吨。国内五大锂离子电池正极材料产商目前以生产钴酸锂为主，主要用于生产智能手机和平板电脑电池。三元材料产量接近1万吨，锰酸锂产量1万吨，磷酸铁锂年产量接近8000吨。2014年，我国正极材料单价降幅接近10%。

随着掺杂和表面改进技术的发展，以及电解液技术的进步，钴酸锂/石墨体系的充电电压提升至4.40V，材料比容量可提升至200～210 mA·h/g，加之其材料真密度和极片压实密度均是现有正极材料中最高的，可满足智能手机和平板电脑对高体积能量密度软包电池的需求。NCM三元层状正极材料主要用于动力型电池，除镍、钴、锰各占1/3的LiNi1/3Co1/3Mn1/3O2较为成熟外，较高容量的LiNi0.5Co0.2Mn0.3O2也已经进入批量应用，更高容量的富镍三元材料也在开发中。NCM和锰酸锂混合应用于电动车辆电池，以NCM为主要正极活性材料的单体电池的比能量可提升至180～200W·h/kg，NCA以前主要用于笔记本电脑电池，其能量密度接近高电压钴酸锂电池，少数电动汽车厂商如美国的特斯拉将这种电脑电池用于驱动电动汽车，该材料也可以与锰酸锂混合用于制造车用动力电池。国内NCA前驱体已形成稳定产能，少数企业已完成NCA正极材料开发，处于产品推广阶段。国际上，锰酸锂的高温循环性能好，主要用于车用动力电池中与三元材料混合制造正极，有利于提升电池的安全和倍率性能。国内锰酸锂材料因行业竞争价格下降明显，主要满足移动电源、电动工具和电动自行车市场的需求，有向低端发展的趋势，高温循环性能有待进一步提升。当前中国是主要的磷酸铁锂材料生产地和使用地，2014年纳米化的功率型材料和高密度的能量型材料的稳定性均得到较快的发展，逐步满足了国内市场需求。磷酸铁锂电池安全性高、寿命长，满足了我国新能源汽车示范项目对动力电池的需求，特别是客车和专用车辆应用方面，也应用于电力储能和通信后备电源领域。高能量型和高功率型材料的性能趋于稳定，成本进一步降低。高电压尖晶石镍锰酸锂和高电压高比容量富锂锰基正极材料仍在研发中。

全球负极材料产量2014年达到6万吨，其中天然石墨4万吨、人造石墨1.5万吨、MCMB 0.1万吨、硬软碳材料2500吨、钛酸锂500吨，其他高容量复合负极材料1000吨。负极材料供应呈现两大发展趋势，即区域集中和企业集中趋势。中国是国际上天然石墨主要供应国，负极主要生产商有深圳贝特瑞和杉杉科技等，行业集中度较高。石墨作为负极材料容量可达到360mA·h/g，已至极限，中间相碳微球的充电倍率性能优于天然石墨，但成本偏高，无定形硬碳或软碳可满足电池在较高倍率和低温应用的需求，开始走向应用，但主要是与石墨混合应用。钛酸锂负极材料具有最优的倍率性能和循环性能，特别是适合大电流充电应用。近年来，通过表面改性和电解液匹配技术已基本解决电池胀气问题，可以用于需要快速充电的电池，缺点是生产的电池比能量较低、成本较高。通过掺入少量硅材料来提升碳负极材料容量的工作是当前的研发热点，可逆容量达到450mA·h/g的添加少量纳米硅或硅氧化物的负极材料已进入小批量应用阶段。

电解液正在向高电压和提升电池高低温性能的方向发展。国内电解液产品主要技术指标可达到国际先进水平，部分企业已成为国际主力电池厂供应商。电解液锂盐六氟磷酸锂（LiPF6）的技术已经成熟，产业化推进迅速，带动了电解液成本的大幅度下降。同时，我国已成为电解液添加剂的主要生产国，2014年中国电解液产量达4.2万吨。六氟磷酸锂国产化进程加速，电解液价格进一步下降，下降幅度超过20%。

聚烯烃微孔膜具有优良的力学性能、良好的电化学稳定性以及相对廉价的特点，是目前锂离子电池隔膜市场的主要商品，包括聚乙烯（PE）单层膜、聚丙烯（PP）单层膜及PP－PE－PP三层复合微孔膜。国内采用干法工艺生产的厂家较多，湿法工艺PE隔膜也已经有多家企业可以量产。隔膜陶瓷涂层技术得到了推广，部分厂家的产品开始出口，耐高温和高电压的隔膜是未来的发展方向。2014年，国产隔膜性能稳步提升，逐渐得到国内电池企业认可，因此国产化率稳步提升并开始出口。如星源材质通过LG认证后，2014年开始批量供货。2014年，中国锂电池隔膜产量达4.2亿平方米，同比增长60%，产值同比增长18%，价格下降幅度较大。

2. 下一步研发工作

车用动力电池的安全性、寿命、低温特性、成本是产业技术发展方向。基于新材料和结构的高比能动力电池技术已经成为各国竞争的焦点，我们需要围绕动力电池新材料与新体系、高性能电池、电池系统、先进制造技术等方面开展研究，构筑从基础研究到产品共性核心技术开发的协同发展模式，材料的进步是基础。

（1）针对乘用车应用需加强高比能量电池研究，提升性能、寿命、安全性，降低成本。研发高镍三元正极材料、高压镍锰尖晶石正极材料、富锂锰基正极材料，以及碳/合金等高容量负极材料，研发陶瓷涂层隔膜等高安全性隔膜、阻燃电解液，研发耐高压隔膜和电解液。研发基于三元/高压/富锂正极材料和高容量碳/合金负极材料的高能量密度单体电池，发展基于模型的极片/电池设计技术，提高电池功率和环境适应性；开发高安全性隔膜、电解质和高稳定低电阻电极/电解质界面技术。

（2）针对双源和插电式电动车辆等应用需要发展快充型长寿命电池，高功率负极材料研发和应用是重点。需研究新型高功率碳负极材料、钛酸锂负极材料、高容量有机/无机复合负极材料等，研究高功率负极设计和制造技术，发展基于模型的极片/电池设计技术，提高电池功率和环境适应性，研究高功率电池技术，包括新型超级电容器技术。

（3）为进一步提高电池比能量，需研究金属锂二次电池，重点开发金属锂/硫和全固态锂电池。其中，在锂/硫电池方面，研发硫碳高比能量正极材料、新型液体电解质、长寿命锂金属负极材料和锂硫电池技术；在全固态电池方面，开发聚合物固体电解质、无机硫化物固体电解质，研发固体电极和固体电解质技术，研究固体电解质/电解界面层构筑技术，研发聚合物电解质和无机电解质电池设计和制造技术。

（4）加强基础研究，探索电池新材料新体系，研究高容量正负极材料的热稳定性、低温性能及其影响因素；研究高性能电极材料的表、界面结构；研究电极/电解质界面结构以及各种应用环境下的演化机制；探索新型高比能量和高比功率电极材料，研究其电化学储能反应机制和应用技术；开展金属/空气电池和钠离子电池等下一代电池技术的研究。

（中国科学院物理研究所　黄学杰）

十、电池管理系统

能源与环境问题促进了新能源汽车的发展。总体来说，2014 年电动汽车取得了不错的成绩，尤其是下半年，全球电动汽车取得爆发式发展，美国、欧洲以及日本等国家进一步出台新的政策，鼓励电动汽车产业发展，全年销量超过 30 万辆。日产、三菱与特斯拉分别占市场销售量前三位，日产凌风、宝马 i3、特斯拉 Model S 等主要车型销量保持良好势头。我国电动汽车的销量也达到 7.5 万辆，较 2013 年增长逾 3 倍。但是，价格高、充电时间长、行驶距离短、电池维护困难、配套设施不健全等问题成为限制新能源汽车发展的因素。

1. 电池管理系统发展情况

随着电动汽车的推广，BMS 需求量逐步放大，产品化要求的特性增强是 2014 年的重要发展方向，系统可靠性提升和降低综合成本成为工作重心。BMS 自动化产线水平和产能提升、品质管控能力提高、故障出现频次下降、系统潜在失效风险分析和管控、标准的诊断标定导入、车厂和供应商之间的深入平台化开发和验证、维护转移车厂等都推进 BMS 配套企业快速走向产品化和市场化，实现产品优化升级和性价比快速下降。

(1) 专利申报情况

2014 年在电池管理方面申请专利的厂家及基本情况：

申请厂家	专利数量	发明专利	实用新型
惠州市亿能电子有限公司	59	39	20
比亚迪股份有限公司	13	8	5
吉利汽车集团	9	8	1
奇瑞汽车股份有限公司	12	9	3
长安汽车股份有限公司	7	7	0
北京海博思创科技有限公司	12	8	4
东莞钜威新能源有限公司	7	2	5

通过专利检索可以发现，2014 年关于电池管理的研究主要集中在热管理、寿命、均衡和充电等方面。其中，热管理主要研究内容是电池温度检测和散热解决方案；寿命预测方面主要是通过电池内阻、容量等方法对电池的 SOH 进行估算；均衡方面主要集中在采用多种均衡策略实现电池在线维护和均衡，关注的重点从均衡电路的实现转为高效均衡控制策略的研究；充电方面主要集中在充电系统设计、充电控制和充电方法研究。

(2) 国内主要电池管理系统厂家及产品应用情况

目前，BMS 行业初具产业化规模。国内以电子厂商生产 BMS 为主，如惠州市亿能电子有限公司、哈尔滨冠拓电源设备有限公司、安徽力高新能源技术有限公司、深圳市派司德科技有限公司、新能源科技有限公司（ATL）、东莞钜威新能源有限公司、宁波拜特测控技术有限公司、北京海博思创科技有限公司、合肥国轩高科动力能源股份公司、欣旺达电子股份有限公司等。同时，整车制造商也在研制 BMS，如比亚迪、北汽集团、长安、奇瑞、吉利、众泰、江淮等。还有电池厂商涉足研制 BMS 产品，如中航锂电（洛阳）、天津力神、ATL、万向集团、比克等。

惠州市亿能电子有限公司　第五代电池管理系统经过两年的开发、测试和量产配套后，2014 年启动了该平台的市场推广应用工作，该平台在汽车级元件选型、供电电压范围、EMC 性能、均衡容量、耐压等级、系统安全、故障自检、系统执行效率、兼容性、UDS 诊断标定、Vflash 等方面的性能都得到大幅提升，实现 14900 套 BMS 配套。在电池在系统方面，完成了基于 PHEV VDA2 电池结构的液冷电池模块设计、开发和验证以及自动化产线设计，电池系统工作温度有效控制到 40℃ 以内，电池系统温差小于 4℃，有效地保障了高能量密度的三元体系电池的循环寿命。2014 年为北汽、江淮、广汽、长安、东风日产、福田、宇通、三星、LG和东芝等客户合作进行BMS及电池系统开发和配套。

哈尔滨冠拓电源设备有限公司　电动汽车的电池管理系统主要表现为高电压、大电流的电池组管理，产品有GTBMS 005H系列、GTBMS 005F系列、GTBMS 005W系列等。GTBMS 005H系列产品适用混合动力/纯电动汽车（乘用车、大巴车）等电池系统的管理及控制。公司先后与北京普莱德、国轩高科、山东沂星、山东新大洋等电动汽车或动力电池厂商签署战略合作协议，提供BMS产品。除此之外，公司产品还在长春一汽、北京现代、北汽福田、申沃客车、安凯客车、郑州日产、南京金龙、五洲龙电动车、天津力神、比克电池、中航锂电和众泰汽车等中得到应用。

安徽力高新能源技术有限公司　专业从事电池管理系统技术研究，电池管理系统采用模块化设计，主要分为主控模块、数据采集模块、显示模块等。力高车用电池管理系统产品有B3系列和B5系列等。力高B3系列BMS系统广泛用于国内外成熟量产轻型车、微型车、场地车；大中型车用B5系列BMS产品服务于全球46个国家的300多个客户。

深圳市派司德科技有限公司　集研发、生产、销售和服务于一体的高科技企业，是电池和备用电源维护测试和管理方案及相关产品的专业供应商。公司更多地参与到整车厂电动汽车的同步开发，帮助整车厂更好地完成电动汽车电池系统的匹配。从事电动汽车专用BMS及相关的执行单元的研制与开发，参与了北汽及江淮电动汽车BMS的开发，产品性能指标已经达到电动汽车的保准要求。

北京海博思创科技有限公司　主要提供新能源行业电动汽车电池管理系统和动力电池系统总成，采用国际先进的技术理念，开发出拥有自主知识产权的电池管理系统。具有大电流主动均衡功能，剩余电量（SOC）和健康状态（SOH）估算精度高，可提高电池组在电动汽车应用中的安全可靠性，延长电池组的循环使用寿命。

2. BMS产业面临的问题

我国电动汽车经过10多年的发展，取得了长足的进步，但是在从研发走向产业化这个阶段没有实现突破，BMS产业也没能实现营收平衡的突破，与国外同行业相比，在某些方面还有一些差距。国外BMS研发生产较早，已形成成熟的技术和生产模式。如：Bosch、Delphi、Hella、preh等传统电子厂商为整车厂研发生产BMS；A123电池企业为自己的产品配套生产BMS；也有整车厂为自己的车型设计专门的BMS，如普锐斯与松下成立合资公司共同研发生产，后续将为通用、日产研发所需的BMS，特斯拉Roadster、日产leaf以及通用volt都研发了自己所需的BMS。随着电子集成技术的发展，飞思卡尔、O2科技等IC供应商为BMS企业提供了运算与控制芯片，Linear、ADI、TI等公司提供专用采集芯片，Maxim、Semitec、GE等提供传感器芯片，Maxim、ADI、TI等提供A/D转换芯片，专用芯片的应用提高了系统的集成度和可靠性。

在生产技术方面我国与国外相比主要差距表现为：

（1）国外整车设计制造水平高，使得BMS功能相对简单，运行稳定可靠。国内整车及电池系统集成整体实力较薄弱，对BMS提出了更高的要求和挑战。

（2）目前我国BMS电压、电流及温度采集精度已达到国际水平，但所用核心器件对国外的依存程度高，尤其是核心芯片，成本控制空间有限。软件算法及控制策略研究与国外持平，但是科研成果产业化滞后，许多仍停留在实验室阶段。

（3）与国外相比，由于参数因素考虑不全面，某些条件或环境下电池的荷电状态（SOC）的估算精度较低。由于目前国内电池制造与成组技术不成熟的原因，小模块电池测试结果和成组后的结果差异很大，主要表现在单体电池符合安全和性能标准，而一旦成组，在安全、寿命、放电能力等方面就难以保证合格。

（4）目前国外盛行的BMS产品已采用非能耗式均衡，技术含量较高，属于未来发展趋势。国内基本采用能耗式均衡和不带均衡功能的BMS产品，功能简单，能耗大。

BMS产品要实现持续升级需要解决研发摊销、技术沉淀等问题，而当前国内相对混乱的环境给相关企业带来了相当的压力，企业面临的主要问题有：

（1）平台投入大。电池管理系统产品持续优化和升级需要一支至少数十人的技术团队，需要技术、品质、测试和生产多个部门匹配才能保证产品品质，需要大量的研发设备、测试设备、生产设备及人员支持，电池管理系统企业平台前期投入大，几千万完成一个好的电池管理系统平台开发并非易事。

（2）项目周期长。按照上述开发流程，单一车型BMS产品的定型需要两年以上持续跟进，标准的项目开发开支需要超百万（不含诊断标定购置费用），基于平台的项目开发费用也会达到数十万。

（3）价值量低。与以上两点相对的，电池管理系统在电池系统中的价值量低，对于乘用车而言，批量后电池管理系统的价值量为电池系统的10%～15%，商用车更是低于10%。

（4）BMS盲目进入者多。随着集成芯片的出现，BMS的实现难度大幅下降，最近数年一批批企业进入BMS产业。但是，随着工作的逐步深入和项目的推进，投入大，验证周期长，功能和性能要求高于预期，市场规模上升速度低于预期，相关人才欠缺，回报率低等导致企业入不敷出而纷纷倒下。国内的BMS企业超过5年的屈指可数，重复投资和资源浪费严重，倒闭的企业失去继续服务能力，给整车厂带来巨大损失。

3. BMS发展趋势

BMS发展至今，已经从监控系统逐渐向管理系统转变，BMS产品已广泛应用于混合动力汽车、电动汽车。今后的BMS产业发展趋势有以下特点：

（1）研发环节规范化。BMS开发向整车开发和规范靠拢。软件开发采用系统建模—快速原型—ECU软硬件实现—ECU测试—实车匹配标定这样的V形（validation）开发方案，层层验证，使系统级的设计错误能够在早期发现，不断优化，通过自动代码生成，便于移植；电池管理系统采用整车开发流程，能够提升整车参数在线标定、整车测试等相关工作的融合度。

（2）生产环节要产品集成化、功能标准化。为了减少电池管理系统体积、降低成本，提升电池管理系统的性能，电池管理系统的集成化已经成为发展趋势；随着生产工艺的成熟和产业规模增大，电池管理系统高低压接口、CAN总线、电磁兼容及控制策略等逐渐规范。

（3）分工合作成为主要商业模式。目前，国内的BMS基本由电池厂及第三方电子厂进行研发、生产，整车厂参与度很小。电动汽车作为一个整体，必须考虑BMS各项指标的匹配性、稳定性。产业的发展趋势是：电池企业提供电池性能参数，参与电池成组、保护及控制等相关产品的研发。整车厂综合考量整车控制的需求，参与电池算法及控制产品研发。电子厂商在电池企业和整车厂的技术参数和需求的基础上，研发制造BMS产品，发挥自身优势，提高电子产品的性能和品质。分工合作成为未来发展趋势。

（4）检测体系逐步完善。国家或行业建立统一的强制性检测标准，BMS投放市场前，需要经过严格的各项性能的测试，企业在做BMS研发、开发过程中，会将所有的测试项目都做检测认证。

4. 产业建议

作为动力和储能电池组中不可或缺的重要部件，电池管理系统的市场规模正随着电动汽车同步迅速增长，根据世界银行发布的《中国新能源汽车行动计划——挑战与机遇》，预计到2025年全球电动汽车的销量将占年度新汽车销量的10%，保守估计年产量将超过1000万辆。国内市场，预计2020年纯电动与混合动力汽车产量为200万辆，累计产销量超过500万辆；2025年纯电动与混合动力汽车产量预计达400万辆，需要配套的电池管理系统需求量也随之增大。可以预计，随着电动汽车产业规模的增大，电池管理系统使用数量逐渐增多，应用领域逐步扩大，市场对BMS性能的要求也逐渐提高，价格逐渐降低。

为促进BMS产业的发展，我们建议：

（1）加快动力电池管理关键技术研究，BMS的研究从最初的独立监控系统到与整车和充电设备进行数据交互和管理，再到与整车系统的优化匹配和规范开发流程，BMS的内涵和外延都得到了大幅的拓展。其中，核心器件尤其是核心芯片的研发制造、可靠性与冗余技术、电池状态的估算、电池组优化控制以及电池安全管理等关键技术有待进一步提高。

（2）生产环节形成成熟完善的生产工艺，提升生产制造能力，掌握核心器件制造技术；建设电池管理检测体系和技术保障体系，使研发、设计到生产各环节都有严格的检测体系做保障；BMS生产研发单位与整个电动汽车产业合作，制定BMS行业标准。经过电动汽车与BMS产业的发展，各个零部件包括电池管理系统的性能都有了长足进步，随着BMS产业规模的增大，最终实现标准化，降低研发生产周期和成本。

（3）政府部门应当在政策、产业发展路线、资金投入、制定法律法规以及能源战略等方面给予支持和帮助，这对促进BMS产业发展具有重要意义。

（北京理工大学　姜久春、王占国）

十一、动力电池测试

1. 2014年动力电池测试技术发展总体情况

动力电池既是发展新能源汽车的核心部件，更是电气技术与汽车技术的关键结合点。应用在新能源汽车上的储能技术主要是电化学储能技术，即铅酸、镍氢、锂离子等电池储能技术。大量研究表明，动力电池成为制约新能源汽车大规模产业化的主要因素。如何提高电池的各项性能，成为各国能源、交通、电力等部门的共同关注点。近年来，电池的各项性能得到了逐步提高，并在锂离子电池技术方面取得了突破性进展。

测试既是掌握电池性能的基本手段，同时也是动力电池投入使用前必不可少的环节。国内外电池测试机构、电池生产企业、电池集成企业、整车应用企业、电池测试设备生产企业均在动力电池产品测试评价方面开展了深入的研究工作，并取得了丰硕的成果，主要表现在各项测试评价标准法规更新、各个测试评价机构能力提升、电池测试联盟成立运行、动力电池测试设备种类和水平提高等方面。

2.2014 年技术发展特点

(1)2014 年动力电池测试技术总体进展及特点

目前，动力电池测试评价技术已经在动力电池单体/模块测试评价的基础上，开始考虑从整车匹配集成应用出发，对动力电池进行综合测评，为电池系统集成服务。性能良好的电池通过集成技术的叠加，进一步提升其安全性和综合性能，必将是近年测试技术进步的重要领域。

(2)2014 年国内动力电池测试技术实现的主要技术突破点

①动力电池单体、模块测试评价

动力电池单体是系统构成的基本单元，单体的性能是系统性能的基础。相比电池系统的测试，国内对动力电池单体和模块的测试起步较早，相对系统化，成熟化。

2014 年，经过国内相关企业专家的共同努力，联合制定了锂离子动力电池系列国家标准，并于 2015 年 5 月颁布实施，具体包括 GB/T 31486－2015《电动汽车用动力蓄电池电性能要求及试验方法》、GB/T 31485－2015《电动汽车用动力蓄电池安全要求及试验方法》和 GB/T 31484－2015《电动汽车用动力蓄电池循环寿命要求及试验方法》。

以上 3 个标准由全国汽车标准化技术委员会（以下简称“全国汽标委电动车辆分标委”）电动车辆分技术委员会主持起草制定，规定了电动汽车用动力蓄电池电性能、安全、循环寿命等方面的技术要求、试验方法和检验规则，测试对象覆盖了电池单体、电池模块等各个层级，对于规范国家电动汽车用动力蓄电池的发展起到了很好的监督管理作用，并将作为《新能源汽车生产企业及产品准入管理规则》的最新引用标准，在加强政府管理、规范产品发展、保证产品安全方面发挥重要作用。

表 1－11－1 3 个标准的应用说明简单列举

序号	测试项目		对应标准
1	蓄电池单体	外观	GB/T 31486－2015
2		极性	
3		外形尺寸和重量	
4		室温放电容量	
5		循环寿命※	GB/T 31484－2015
6		安全性	GB/T 31485－2015

续表

序号	测试项目		对应标准
7	蓄电池模块	外观	GB/T 31486－2015
8		极性	
9		外形尺寸和重量	
10		室温放电容量	
11		室温倍率放电容量	
12		室温倍率充电性能	
13		低温放电容量	
14		高温放电容量	
15		荷电保持能力及容量恢复能力	
16		储存	
17		耐振动	
18		循环寿命※	GB/T 31484－2015
19		安全性	GB/T 31485－2015

注：新标准中循环寿命项目测试对象为单体或模块，为可选项。

②动力电池系统测试评价

动力电池在实车中应用的最终表现形式为电池包或系统，其性能表现如何，直接决定了电动汽车的性能及安全可靠性。因此，有必要从整车应用角度出发，对动力蓄电池的电性能、循环性能以及安全性能进行综合测试评价，从而推动电动汽车健康、稳定、快速发展。

基于以上考虑，全国汽标委电动车辆分标委主持制定了 GB/T 31467.1－2015《电动汽车用锂离子动力蓄电池包和系统第 1 部分：高功率应用测试规程》、GB/T 31467.2－2015《电动汽车用锂离子动力蓄电池包和系统第 2 部分：高能量应用测试规程》和 GB/T 31467.3－2015《电动汽车用锂离子动力蓄电池包和系统第 3 部分：安全性要求与测试方法》这 3 个系列的国家标准，用于规范电动汽车用锂离子动力蓄电池包和系统的电性能测试方法、循环性能测试方法、安全性要求和测试方法。

在 3 个系列标准中，GB/T 31467.1－2015 主要规定了电动汽车用高功率锂离子动力蓄电池包和系统电性能的测试方法，适用于装载在电动汽车上，主要是以高功率应用为目的的锂离子动力蓄电池包和蓄电池系统、以高功率应用为目的的镍氢动力蓄电池包和系统等参照执行；GB/T 31467.2－2015 主要规定了电动汽车用高能量锂离子动力蓄电池包和系统电性能的测试方法，适用于装载在电动汽车上，主要是以高能量应用为目的的锂离子动力蓄电池包和蓄电池系统、以高能量应用为目的的镍氢动力蓄电池包和系统等参照执行；GB/T 31467.3－2015 主要规定了电动汽车用锂离子动力蓄电池包和系统安全性的要求和测试方法，适用于装载在电动汽车上的锂离子动力蓄电池包和系统、镍氢动力蓄电池包和系统等参照执行。

综上所述，这 3 个系列标准的应用说明见表 1-11-2。

表 1-11-2　蓄电池系统测试评价项目

序号	测试项目		对应标准
1	高功率动力蓄电池包和系统	容量和能量测试	GB/T 31467.1-2015
2		功率内阻测试	
3		无负载容量损失	
4		存储容量损失	
5		高低温启动功率测试	
6		能量效率测试	
7		工况循环试验	GB/T 31484-2015
8		安全性测试	GB/T 31467.3-2015
9	高能量动力蓄电池包和系统	容量和能量测试	GB/T 31467.2-2015
10		功率内阻测试	
11		无负载容量损失	
12		存储容量损失	
13		能量效率测试	
14		工况循环试验	GB/T 31484-2015
15		安全性测试	GB/T 31467.3-2015

③动力电池热电化学耦合特性测评

电动汽车作为一种节能环保的交通工具，日益成为世界各国政府的战略性规划产业，锂离子电池体系因其作为储能系统特有的优势成为电动汽车行业关注的焦点，但锂离子电池目前存在的巨大的挑战——安全问题，归根结底又是电池的热控制问题。研究锂离子电池的热行为对设计安全的动力电池系统是非常必要的，具有极大的理论研究价值和实际应用意义。

通过对锂离子电池热电化学耦合性能的测试评价，一方面，研究分析不同种类锂离子电池热-电化学特性测试参数，包括比热容、不同充放电倍率下的产热、内阻等，得到相关参数变化规律和性能判定标准，建立产品开发试验数据库，为生产企业进行新产品的匹配、工程研发测试和产品验证等提供数据支持；另一方面，研究分析不同种类锂离子电池热稳定性边界条件，包括实际充放电循环、过充电、过放电、短路、高温等测试评价项目，分析锂电池热安全性，为锂离子电池安全性设计及分析提供测试评价的技术手段，同时为动力电池系统热管理设计提供技术参考。另外，通过该测评，可以研究分析锂离子电池安全性——寿命耦合评价机制，分析电池实际使用寿命和安全性的对应关系，以及相关热-电表征特性参数。

对于电池热-电化学性能耦合测试评价，目前已经初步建立了测试评价体系。具体测试内容见表 1-11-3。

表 1-11-3　电池热特性测试项目

测试类型	试验项目
一般性能测试	外形尺寸
	质量
	满电后交流内阻
	3 次 1C 放电容量测试
	功率内阻测试
热电化学耦合测试	比热容测试
	绝热模式的单个步骤充放电测试
	恒温模式下单个步骤充放电测试
	恒温模式下连续充放电测试
	常温下红外热像仪测试连续充放电
热稳定性边界条件测试	不同 SOC 热稳定性测试
	绝热模式的连续充放电测试（至热失控）
	电池模块热扩展测试
寿命耦合测试	不同生命周期电池热稳定性测试

（3）目前亟须解决的技术难点及解决方案

目前，动力电池的测评仍然存在一些问题，包括：

①测试成本高，即测试费用和电池成本；

②测试周期长，即测试所用的时间长，特别是循环工况，测试资源有限且受到地域等条件限制；

③测试标准多，国家、行业、地方、企业以及国际各不相同，有的测试标准缺乏针对性。由于不同类型电动汽车对电池有不同的要求，使得动力电池呈现多样性，但是测试标准在多数性能上还没有明确区分。

动力电池的测试评价技术在不断进步，测试评价体系也在逐步完善，但是仍有许多需要探索和改进的测试方法。

3. 2014 年典型电池的测试情况介绍

基于以上动力电池测试评价的内容和方法，近年来，国内外相关试验室开展了大量的测试评价工作，得到了丰富的数据和结果。

（1）动力电池单体/模块测评

通过动力电池单体/模块测评结果，反映出不同材料体系锂离子电池，其性能表现也呈现不同的规律，电池应用企业需要根据具体的测评结果，选取与自己系统性能相匹配的产品。

另外，当单体组成模块以后，其一致性对模块性能有很大的影响，尤其在低温时，由于单体的一致性问题，某一个单体率先达到放电截止电压，从而会影响模块的整体放电性能。

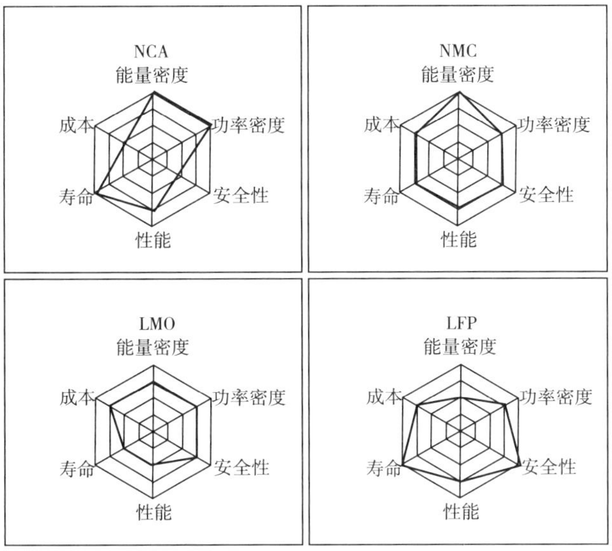

图 1－11－1　不同体型电池性能比较雷达

(2)动力电池包或系统测评

电池包的性能是电动汽车整车动力性能的基础，有效、准确地测量电池包的性能能够为整车匹配提供数据支撑和参考。对电池包性能的测试也可以从零部件的层面快速准确地测试电动汽车整车的性能，简化测试流程，降低测试难度，加快测试进度。

然而，通过具体的测评工作，我们发现，动力电池包或系统在电池均衡、电池热管理、电池安全保护等方面，还存在不足，在电池系统的循环寿命测试、环境可靠性测试、安全滥用测试、机械强度测试等方面，会发生损坏、着火现象。因此，需要在测评的基础上，不断提升产品的性能。

(3)动力电池管理系统测评

电池管理系统的测试评价主要依据 QC/T 897－2011《电动汽车用电池管理系统技术条件》进行，主要分为四个部分：状态参数测量精度、SOC 估算精度、故障诊断功能及可靠性测试。其中，在 SOC 估算精度、故障诊断功能、低温环境运行等方面，多家动力电池管理系统生产企业的产品存在一定的问题。

图 1－11－2 目前国内主流动力电池管理系统生产厂家产品在可扩展故障诊断功能测试方面的汇总表。可以看出，目前动力电池管理系统产品的故障诊断功能并不十分全面，影响了动力电池系统的安全风险等级。

(4)动力电池安全性测评

目前，动力电池安全风险系数较高的测试项目主要包括过充电、短路、挤压、针刺等安全性试验，通过率大概在 80% 以下，这就需要不断地提升技术，以保障电动汽车安全发展。

诊断项目	A	B	C	D	E	F	G	H
绝缘薄弱	√		√					
SOC 高	√	√		√	√			√
SOC 低	√	√	√	√	√			√
总电压低	√	√	√	√			√	√
总电压高	√	√	√	√	√		√	√
外部通信接口故障						√		√
内部通信接口故障		√	√			√		√
电池系统温差大			√	√	√			
内部通信网络故障								√
电池连接松动								

图 1－11－2　动力电池管理系统测评结果

另外，通过动力电池热电化学耦合特性测试方法，可以得到电池的热失控边界条件，从而为电池热安全预防提供基础数据，如图 1－11－3 所示。可以看出，电池发生热失控的温度一般在 200℃ 左右，同时热蔓延速率在 1 分钟以内。所以，为了保障人员安全，需要根据该类数据合理设计使用动力电池。

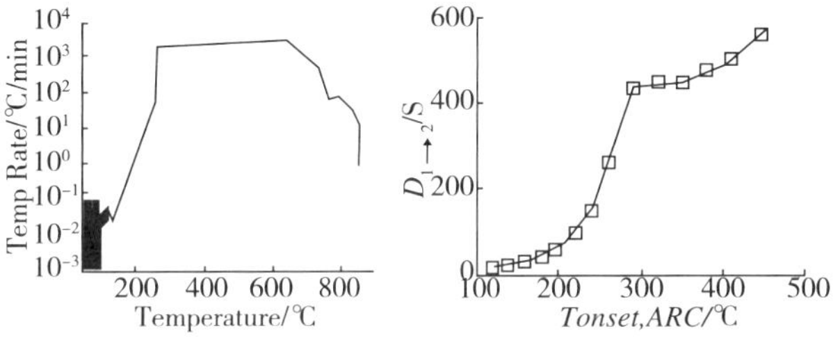

图 1－11－3　锂离子动力电池热稳定边界条件和热扩散模型

4. 未来几年动力电池测试技术的发展趋势

随着动力电池在新能源汽车行业的逐步推广，针对动力电池的测试技术也将取得长足发展。未来几年，行业会更加重视从整车的实际应用出发，对动力电池进行综合全面的测试评价。例如，在动力电池质保方面，需要研究制定一套动力电池寿命快速评价方法，以期在最短的时间内加速评价一款新鲜电池的使用寿命；在动力电池集成应用方面，需要研究开发动力总成系统测试评价技术平台，从系统层面分析特性表征参数、能量使用效率、优化控制策略等内容；在整车使用层面，需要综合考虑动力电池在充电过程中的安全性，特别是与电网、充电桩之间的互联互通与充电安全等问题。

在此基础上，通过对动力电池的综合测试评价，找出并解决应用中的关键问题，才能保证动力电池在新能源汽车上得到最优化的应用，进而促进新能源汽车持续、稳定、快速、健康地发展。

(中国汽车技术研究中心　王芳、樊彬)

十二、车用驱动电机

1. 车用驱动电机系统产业发展情况

在车用驱动电机产品研发方面，以上海电驱动、上海大郡、精进电动、南车株洲所、大洋电机为代表的我国主要驱动电机企业，推出了覆盖各类新能源汽车应用的全系列、规格化的驱动电机及其控制系统产品，并重点突出具有量产规模的产品研发和供应量体系建设，形成了适用于纯电动与插电式电动客车、燃料电池与纯电动轿车、混合动力与插电式轿车、小型纯电动轿车四大类产品研发平台，系列化产品覆盖了 40～200kW 功率范围，为我国主要新能源乘用车和商用车生产企业配套。

上海电驱动在乘用车方面推出了功率范围涵盖 42～90kW 的系列化驱动电机及其控制器产品，为奇瑞、长安、江淮、华晨、一汽等纯电动和插电式轿车配套。在商用车应用方面，上海电驱动推出了基于 AMT 同轴并联动力总成系统，该系统具有产品可靠性高（出勤率 99% 以上）、节油率稳定（10.5 米公交车节油率 50%，12 米公交车百公里油耗 22 升）、工况适应性强（采用 AMT 变速实现大转矩起步，适用于山区工况）等优势，在混合动力和插电式公交客车领域获得了广泛应用。

上海大郡先后推出了适用增程式电动轿车和增程式电动客车的双电机动力总成系统，分别在广汽传祺 REV 和上海申沃客车获得应用。在纯电动轿车领域，上海大郡驱动电机系统产品为东风纯电动 E30L、北汽 E150EV 及 EV200 等乘用车批量供货。

精进电动在乘用车方面推出了 60～120kW 高速驱动电机，电机转速达到 12000rpm，并同步开发了基于 AutoSAR 架构的控制软件的驱动电机控制器。在商用车方面，精进电动推出了同轴混联直驱双电机系统，双电机驱动转矩达到 3100N·m，功率达到 300kW，可提升整车动力性 30%。此外，精进电动开发了 150kW/650N·m 轮边驱动电机样机，通过与轮边减速器匹配，有利于减小悬下质量，提高悬架系统抗震性。

南车株洲所推出的峰值功率 75～180kW 的系列化驱动电机及其控制系统，应用车型涵盖 6 米纯电动客车、物流车、插电式混合动力客车等。其中，180kW 驱动电机系统通过功率提升，可用于 18 米无轨电车。

大洋电机推出了峰值功率 53～85kW 系列化乘用车驱动电机系统和峰值功率 120～170kW、峰值转矩 2100～3200N·m 系列化商用车驱动电机系统；同时，大洋电机进行了电机控制系统技术升级，推出了全新的 MCU 控制平台，实现了 6.5～12 米纯电动客车驱动系统产品的平台化。

天津松正在第Ⅲ代深度混联动力系统的基础上，推出了松正第Ⅳ代插电式混合动力系统。与第Ⅲ代混联动力系统不同，松正第Ⅳ代系统采用双动力结构，即驱动电机可连接动力电池和超级电容器两种电能，采用独立供电方式驱动。同时，松正还开发了适用于插电式深度混合动力系统的电动液压助力转向系统和低压无刷风扇系统产品，并投入市场应用。

在产能建设方面，自 2014 年以来，我国主要电机企业纷纷增加投资，加快厂房及生产线建设，不断提升供货能力。上海电驱动嘉定区新能源汽车产业基地一期工程于 2014 年 10 月竣工，建设年产 10 万台/套生产能力；同时启动了二期工程建设，到 2015 年 12 月将形成 18 万套的生产能力。上海大郡 2014 年产能提升到年产 2 万套，并启动了新生产基地的建设，建成可突破年产 10 万套的规模。精进电动在上海建成年产能达 20 万台的驱动电机生产基地，配备了具有自主知识产权的生产线，生产过程实施从供应链开发、生产制造、质量保障到物流管理的全面质量管理。大洋电机引入一套自动化嵌线机系统，2014 年实现全自动化的电机组装、控制器组装和测试，乘用车电机可实现年产 3 万台的产能；建成采用嵌线滚筒生产线机传送带的电机组装线，年生产能力达到 12000 台。在电机控制器方面，大洋电机拥有 5 条 SMT 生产线、3 条 DIP 线以及多条控制器组装线，产能达到 10 万台/套。南车株洲所收购了襄樊牵引电机有限公司，成立了襄阳南车电机技术有限公司，商用车电机系统生产能力不断提升。天津松正围绕松正第Ⅳ代插电式深度混合动力系统，建成年产 2 万套的公交车驱动电机生产能力。

2. 车用驱动电机系统的技术发展特点

（1）主要技术指标进展及特点

从车用驱动电机系统技术发展来看，由于不同车辆对驱动电机系统的需求存在差异，对应的驱动电机系统产品技术特点也有所差异。

①乘用车用驱动电机发展逐步向着大功率、高转速方向发展。驱动电机最高转速需求达到 10000～12000rpm 及以上；驱动电机峰值功率逐步加大，A0 级纯电动轿车峰值功率需求普遍达到 80～90kW 及以上。在转矩需求方面，随着用户对电动汽车驾驶乐趣需求的不断凸显，低速区域峰值转矩需求不断增加，A0 级纯电动轿车峰值转矩需求达到 240～280N·m。

②商用车驱动电机逐步向高功率大转矩方向发展。在功率需求方面，为进一步提升整车节油水平，插电式混合

动力客车的驱动电机功率不断增加，同轴并联构型的驱动电机峰值功率达到 80 ~ 100kW 及以上；双电机混联构型的驱动电机峰值功率达到 120 ~ 150kW 及以上。在转矩需求方面，受制于自动变速器的产品成熟度和传动系统总成本，多数企业采用直接驱动电机而省去了变速器或者减速器，对于驱动电机的转矩需求不断提升，深度混合动力系统和纯电动驱动系统的驱动电机转矩达到 2800 ~ 3200N·m 及以上。

在驱动电机控制器方面，我国驱动电机控制器总体上体积和重量在不断减小，产品的集成度不断提升。乘用车和商用车控制器的发展也存在一定差异。

①乘用车电机控制器集成化发展需求迫切。由于整车布置空间和重量的限制，驱动电机控制器与 DCDC 集成为电力电子控制单元，总成系统功率密度得到提升，可达到 7 ~ 8kVA/L,但与国外先进产品相比，仍存在 50% 左右的差距。

②商用车电机控制器通用化发展趋势明显。为进一步减少产品种类，降低成本，商用车用电机控制器往往采用通用化、规格化产品，即一个规格电机控制器可以覆盖多种规格的驱动电机。另外，也出现了将发电机控制器、驱动电机控制器、车载 DCDC 变换器、高压水泵控制器以及高压配电单元等集成的五合一控制器，进一步节省了布置空间。

(2) 主要技术突破

我国驱动电机系统产品特别是在电机技术方面进步明显。我国大力研究和推广应用稀土永磁电机开发及应用，尤其是近年来高耐热性、高磁性能钕铁硼永磁体的成功开发，以及电力电子器件的进一步发展，稀土永磁同步电机的研发正向高速、高转矩、大功率、高功能化方向发展。在产品方面，我国多个企业已经形成了功率系列、规格齐全、适用各类新能源汽车的电机及其控制系统产品，且具有较高的性价比和可靠性，特别是在商用车应用领域得到充分的验证，部分指标已经达到国际水平。高功率永磁驱动电机功率密度达到 2.8kW/kg 以上，是 2007 年的两倍。产品功率覆盖 200kW 以下范围，已有多家驱动电机企业产能达到万套级以上，其中部分电机产品已经批量出口欧美。

在电机功率密度提升方面，上海电驱动开发出应用于新能源乘用车高速高密度驱动电机及其控制器产品（如图 1 - 12 - 1 所示），为长安逸动纯电动轿车配套。该电机最大转矩 280N·m，最大功率 90kW，最高转速 10000rpm，采用内嵌式转子磁钢结构，电机功率密度达到 3.0kW/kg（有效重量）和 1.8kW/kg（总重量）。

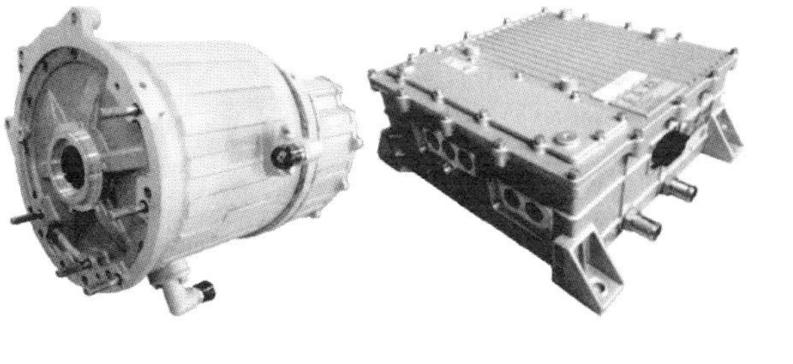

图 1 - 12 - 1　上海电驱动高速驱动电机系统

在电驱动总成产品方面，上海大郡研制的适用于增程式电动轿车双电机动力总成系统（如图 1 - 12 - 2 所示），批量应用于广汽传祺增程式电动轿车。其中，增程器总成输出额定功率达到 38kW，可满足车辆高速工况巡航功率需求；驱动电机峰值功率 105kW，最大转矩达到 230N·m，最高转速达到 12000rpm；控制器整合了发电机控制器、驱动电机控制器和 DCDC 变换器，具有较高集成度。

（a）增程器总成　（b）驱动电机　（c）集成控制器

图 1 - 12 - 2　上海大郡增程式双电机系统

同时，在新能源客车电驱动桥方面，精进电动开发了 150kW/650N·m 轮边驱动电机样机（如图 1 - 12 - 3 所示），通过驱动电机与轮边减速器匹配进行分布式布置，有利于减小悬下质量，提高悬架系统抗震性。

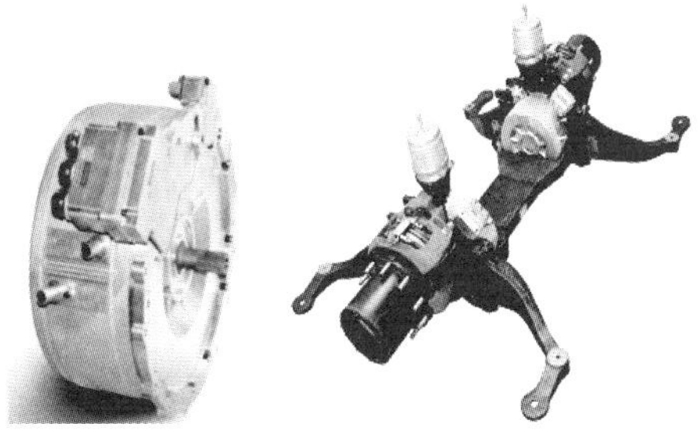

（a）轮边驱动电机　（b）轮边电驱动桥总成

图 1 - 12 - 3　精进电动驱动电机及总成

(3) 亟须解决的技术难点

在驱动电机方面，经过多年的持续发展，我国自主开发的永磁同步电机、交流异步电机和开关磁阻电机已经实现了与整车产业化技术配套，电机重量比功率达到 2.8 ~ 3.0kW/kg，电机系统最高效率达到 94% 以上，系列化产品的功率范围覆盖了 200kW 以下新能源汽车用电机动力需求。在关键技术指标方面，我国驱动电机的功率密度、效率等电机技术水平与国际水平基本相当。但从更高发展水平看，上以通用沃蓝达、本田雅阁插电式乘用车为代表的国际主流主机厂采用的电机峰值功率密度（在等效 300 VDC）可达到 3.8kW/kg、连续功率密度可达 2.8kW/kg，而我国的电机峰值功率密度大多为 2.8kW/kg、连续功率密度为 1.2～1.6kW/kg。从电机转速来看，国内可以达到 12000rpm，与国际上的 14000～16000rpm 仍有一定差异。

在高性能创新结构电机的开发上，例如矩形导体、分段导体、定子铁芯嵌入和定转子铁芯分段等电机技术，我国只有少数电机供应商在进行样件开发探索，国际上已经开始批量生产并进入市场。在冷却技术方面，例如绕组塑封、油冷技术，我国相关产品尚处于起步阶段。高端试验和关键生产设备、检验仪器仪表相对落后，基本依赖进口。在大规模产业化过程中，未完全实现系统的中试和工艺认证，自动化产线等方面短板明显。高集成度小型系统的发热冷却设计、动态控制、系统寿命预测等技术问题也有待解决。我国驱动电机产业链还不够完善，部分关键材料和零部件（如耐油绝缘材料、高速轴承等）研发投入不够，核心部件（如铁芯和永磁体等）材料利用率较低，导致成本较高。

在驱动电机控制器方面，我国已自主开发了满足各类电动汽车需求的驱动电机系统产品，但目前的电机系统技术水平与国际先进水平差距明显，尤其是电力电子集成控制器方面，单从电力电子集成控制器功率密度和体积密度比较，仍存在 50%～60% 的差距，在芯片集成设计、热设计、产品化设计等核心能力方面差距更大。我国电力电子集成控制器在系统集成度、前沿技术突破等方面与国外先进电机驱动系统技术水平的差距较大。在系统集成度方面，目前我国规模化生产的电机驱动控制器功率密度为 5～8kW/L,低于 12～17kW/L 的国际先进水平。主要原因是，直接影响国内控制器功率密度的核心——大功率 IGBT 开关器件 100% 为国外货架标准产品，而国外控制器基本采用不对我国市场销售的更高功率密度的定制型大功率 IGBT 器件；同时，我国电机驱动控制器、车载充电机和 DC/DC 等车载电力电子变换器大多采用独立封装形式，集成度低、重量大且存在电磁兼容不易处理等问题，而国外多功能集成功率控制器 PCU 已规模化市场应用。

在下一代功率器件发展方面，第三代宽禁带功率半导体材料、器件和宽禁带功率半导体控制器的基础理论和技术开发在我国也基本处于起步状态，与跨国汽车企业全 SiC 电机驱动控制器的装车试运行状态差距更大。SiC 材料可以工作在 200℃以上，开关频率可以达到 MHz 以上，特别适合高温场合应用，这也迫切需要高温电力电子基础理论支撑，国内在这方面研究基础极其薄弱。

3. 车用驱动电机系统的发展趋势

车用电机驱动系统向着集成化的方向发展有利于减小整个系统的重量和体积，并可以有效地降低系统的制造成本。其一，机电集成，即电机与发动机集成或电机与变速箱的集成，其技术特点是，通过高效/高速电机，以及与高效传动的集成，提升驱动系统效率、功率密度并降低成本，如本田的 ISG 系统、丰田的 THS 系统。其二，电力电子集成，主要包括：基于 IGBT 及电容等有源/无源器件集成技术和高效散热技术的高功率密度电力电子集成技术，以实现车载电力电子系统的功率密度倍增，提升产品模块化程度，降低成本；以数字控制为基础、功能安全设计为目标、电磁兼容为约束的高可靠性、多拓扑组合的车载电力电子集成技术，以满足 ISO 26262 的汽车工业产品安全设计、整车部件集成度要求。

近年来，随着以 SiC 为代表的第三代宽禁带材料技术及产品的快速发展，国外企业（特别是日本企业）不断推出全 SiC 电力电子集成控制器样机，全 SiC 控制器功率密度比 Si 控制器提升 2 倍以上，国外某些全 SiC 控制器产品样机已处于装车试运行阶段。SiC 击穿场强为 Si 的 10 倍，SiC 电子饱和速度为 Si 的 2 倍以上，热传导率约为 Si 的 3 倍，相比于 Si 特别适合制作大功率、高温、高压、抗辐照电子器件，适合电动/混合动力汽车的频变工况，有望为车用电力电子装置带来革命性变化。

（上海电驱动股份有限公司　贡俊）

十三、车用电机测试

1. 2014 年车用电机测试技术发展总体情况

2014 年，受电动汽车行业快速发展的国际环境影响，以及国家利好政策的出台，电动汽车整车和零部件企业自主开发积极性大幅提高，车用驱动电机系统的产业化水平获得了快速发展。相应地，车用电机测试技术的发展和应用也随之增强，同时也提出了一些新的需求。

基于 IGBT 四象限工作的动态交流电力测功机测试台架在电机测试中得到普及，汽车企业、电机企业、高等院校和研究院所建设和开发了大量的基于 IGBT 驱动的交流电力测功机的电机测试平台，台架系统网络化、控制过程数字化、测试过程自动化趋势明显。除了综合多种接口技术（如 CAN 总线、GPIB 接口、串/并口、网络接口等）的台架测试网络外，利用互联网测试技术的测试台架也开始出现。在测试方法上，传统的利用人工控制被测电机系统工作点的测试方法仍旧占据主流，但是集成了自动数据采集、数据实时分析、测点自动控制和测点状态自动监测等功能的自动测试系统得到了开发和初步应用。台架系统在继承被测电机稳态性能和动态性能测试功能的同时，开始注重开发和集成基于台架的硬件在环半实物仿真技术，这有利于降低整车和电机系统的开发成本，缩短开发时间，提高开发效率。

电动汽车用驱动电机系统技术条件和试验方法等国家标准已经起草完成，处于审核待发布阶段，专注于交流异步电机和永磁同步电机技术条件和试验方法的行业标准也几近完成，这些标准对电机系统的快速响应特性、电气安全特性、可靠性、环境适应性等方面的测试要求有所增强，电磁兼容和抗干扰特性、振动噪声特性等方面的测试方法也将得到更多的关注。针对即将发布、实施的新的电机测试标准，国内车用电机系统的性能测试和实验认证机构开始准备提高相应的测试试验能力。

随着车用电机企业产业化规模的扩大，电机系统整机及零部件在生产线上的在线检测控制和出厂检测需求增大，电机系统在生产制造过程中的在线快速检测技术和检测设备缺乏成为电机产业化生产的一个“瓶颈”。在电机系统应用层面，随着电机动力传动一体化水平的提高，电机 + 变速箱、发动机 + 电机等动力传动总成的指标体系和测试方法成为关注的重点之一；在关键材料和关键器件层面，电机绝缘材料、硅钢材料、永磁材料、IGBT、位置传感器、膜电容、接插件的指标体系和测试方法等仍旧处于探索和研究之中，正在形成技术规范和标准体系。

国外汽车和零部件企业也正在探索车用电机系统的性能测试方法和标准体系，国际知名的实验认证机构专门跟踪和分析了中国的电机测试体系，在国内着手开展了车用电机产品测试认证体系的推广；国外供应商提供的高动态交流电力测功机、电池模拟器、电功率分析仪等仪器设备仍旧占据国内高端试验测试设备的主流。

2. 2014 年技术发展特点

(1)2014 年国内车用电机测试技术总体进展及特点

电力测功机系统继续趋向于工作高速化和结构性能集成化，现阶段使用的交流电力测功机的最高工作转速一般保持在 20000r/min 以上，电力测功机、电池模拟器、功率分析仪、相应的测控仪器、试验工装等设备和工具的集成度增强，通过各种机械的和电气的接口或总线技术，形成一个集成测试网络系统；高频电压电流等电参数和电机转速转矩等机械参数的高速同步采样技术和数据实时分析处理技术得到了广泛认可和应用；计算机仿真软件、试验台架和被试电机相结合的程度越来越大，利用软件技术拓展了电机测试台架的功能，尤其是电机测试台架的硬件在环技术获得了广泛的肯定，依托车用电机系统的动力性试验台架，完成整车动力性、经济性的开发，大大缩短了开发周期，提高了产品性能；自动测试技术开始出现，将逐步取代现阶段占有主流地位的人工操作确定工作点后再进行测试的常用方法；互联网技术和自动测试技术的结合，将推动测试过程自动化的进一步发展；国内从事车用电机系统测试台架开发和集成的企业，对测试方法和市场需求的理解更为完善，在台架功能设计和综合控制方面有较大提高。但是，不容忽视的现实是，台架关键核心部件的技术开发和自主知识产权还非常欠缺，尤其是系统动态试验仿真功能和硬件在环技术，滞后国际先进水平较多。

针对现有的两个国家标准《GB/T 18488.1 - 2006 电动汽车用驱动电机系统第 1 部分：技术条件》和《GB/T 18488.2 - 2006 电动汽车用驱动电机系统第 2 部分：试验方法》的更新和修订工作已经完成，新的标准在电机系统的快速响应特性、电气安全特性、可靠性、环境适应性等方面加强了试验测试要求，北京理工大学电动车辆工程技术中心、国家轿车质量监督检验中心（天津）等单位相应的检测能力已经开始提升，建设了带有电力测功机负载的高低温及湿度实验舱、电磁兼容实验室等设施，国内的其他测试认证机构［包括国家机动车产品质量监督检验中心（上海）、国家汽车质量监督检验中心（长春）、国家汽车质量监督检验中心（襄樊）、国家机动车质量监督检验中心（重庆）和国家客车质量监督检验中心（重庆）］，以及整车和车用电机制造企业，也非常关注新标准的修订情况，并开始加强测试和认证能力的建设。

2014 年，整车和电机生产企业继续与国内外先进电驱动系统进行技术测试和性能对标，在满足性能要求的前提下，电机系统的安全性、可靠性、耐久性、环境适应性、电磁兼容性、振动噪声等成为测试和对比的热点。国家轿车质量监督检验中心（天津）等单位提供了专门用于电机系统带载试验的大型电磁兼容实验室；长安汽车、上海电驱动股份有限公司、国家轿车质量监督检验中心（天津）等单位也单独或者联合国内外企业在车载电机系统的工作噪声和振动特性等方面进行实车和台架测试。

为了确保电机产品的质量，提高生产效率，基于车用电机系统大批量生产的在线检测和出厂快速检测技术逐步应用，精进电动、大洋电机等企业引进了较为完善的检测设备，并在电机系统的生产中得到应用。

（2）2014 年国内车用电机测试技术实现的主要技术突破点

截至 2014 年，电机系统的试验测试体系粗具雏形，在前期先后实施了《QC/T 893－2011 电动汽车用驱动电机系统故障分类及判断》和《QC/T 896－2011 电动汽车用驱动电机系统接口》两个行业标准，以及《GB/T 29307－2012 电动汽车用驱动电机系统可靠性试验方法》一个国家标准基础上，修订完成了《GB/T 18488.1－2015 电动汽车用驱动电机系统第 1 部分：技术条件》和《GB/T 18488.2－2015 电动汽车用驱动电机系统第 2 部分：试验方法》即将公布实施，业内在电机系统的电气安全测试方法、可靠性测试方法、环境适应性测试方法和耐振动测试方法等方面达成共识；在永磁同步电机、异步电机等的特性测试及电机系统的振动噪声、电磁兼容性能测试等方面正在形成指标体系和相应的测试方法。2014 年，基本建立了车用电机系统指标体系和测试技术的标准框架。

以电力测功机为主体的电机测试台架的数字化控制和网络化集成更为普及，成为测功机供应商的标准配置，不仅实现了测功机、传感器、电池模拟器、功率分析仪等设备在结构和功能上的网络化集成，也将被测电机系统通过通信接口和快速机械连接装置与测功机系统相连接，完成被测电机的快速拆装和测试过程的自动控制。进而，通过软硬件设计和在测试系统中的参数设定，实现了被测电机的负载模拟功能；在电机测试台架用电池模拟器的研制方面，我国已经自行开发出多种大功率等级的电池模拟器，具有电压电流的快速响应特性和能量回馈性能，正处于市场推广和小规模试用阶段，近期有望在大功率动态直流电源的电池性能模拟和设备研制方面获得突破。面向电机动力传动一体化系统测试的三轴交流电力测功机获得了开发，能够更好地测试电传动系统的驱动－负载特性。

电机系统关键材料和关键器件的指标体系、测试方法获得重视，武钢、宝钢、宁波韵升、上海大学等单位在无取向硅钢材料和高性能永磁材料研制和试验测试方法方面取得进展，南车、斯达等单位在车用 IGBT、膜电容、电流传感器等关键器件方面开展了技术指标体系和测试方法的研究，形成了测试规范，在此基础上，若干相关的国家标准、行业标准和地方标准草案已经提出。

（3）目前亟须解决的技术难点及解决方案

目前我国缺乏对电机测试专用的高性能仪器设备的开发，高端主流台架试验设备全部来自海外供应商。对于电机测试的硬件在环半实物仿真和整车性能模拟技术，更是缺乏相应的系统性研究，形成了重车用电机系统开发，轻试验设备和测试工具开发的不利局面。在车用电机系统产业化和规模化生产方面，我国相应缺乏在线快速检测和出厂快速检测技术工艺和相关设备，这成为制约车用电机性能提高的“瓶颈”。

车用电机系统的电磁兼容和抗干扰性、振动噪声特性等方面的试验检测已经获得行业的普遍重视，但是其测试指标体系、测试方法和参数限值还存在严重缺失，成为制约电机系统产业化发展的技术“瓶颈”之一。对此，国内开始了相关的技术研究和标准建设工作，但是还不足以支撑形成相应的行业规范或标准，仍旧需要大量试验数据的支持。

车用电机系统的性能评价也需要重点关注。国内外至今还有没有完善的评价体系，对评价指标的定义千差万别，甚至产生了对同一个指标定义的理解存在较大差异的现象，造成市场的混乱和决策的失误。

面对以上问题，需要我国在更加深入研究和开发高性价比车用电机系统的同时，进一步完善和明确技术指标及评价体系，研发高端高附加值的试验测试设备，实现电机测试过程中软件和硬件协同工作，加强测试过程自动化技术研究，为车用电机和整车系统的开发提供高效的测试和研发环境。

3. 2014 年典型类别电机的测试情况介绍

2014 年，车用电机系统性能检测认证机构、高等院校、研究院所、整车企业和车用电机制造企业继续对各种类型的车用电机系统进行试验验证和技术对标工作，测试分析的电机类型主要涉及永磁同步电机、异步电机、永磁无刷直流电机和开关磁阻电机，采用的方法包括台架试验测试和车载试验测试。其中，国家测试认证机构主要根据相应的国家标准（GB/T 18488.1－2006、GB/T 18488.2－2006）完成各种类型车用电机系统的性能测试和技术认证，配合完成电动汽车整车公告工作；科研机构和高等院校积极探索新型试验测试技术，接受整车企业和电机企业的委托，进行车用电机系统的可靠性测试、性能分析和技术改进等开发工作，部分机构与本田、宝马等公司合作，通过车载和台架试验，展开车用电机系统振动测试和台架试验方法研究；整车企业和电机制造企业则面向产业化发展，在车用电机系统的电气安全性、可靠性、耐久性、环境适应性、电磁兼容性、振动噪声等方面加强技术对标分析和测试方法研究，从而生产具有更佳动力性、可靠性、经济性和舒适性的电动汽车产品。

4. 未来几年车用电机测试技术的发展趋势

可以预计，在未来几年，基于高性能交流电力测功机系统的电机测试平台的数字化控制、自动化测试和网络化集成将会更加普遍；基于交流电力测功机系统的面向整车性能设计的车用电机硬件在环半实物仿真技术将更为成熟；

结合国内外技术标准体系的自动试验测试技术将逐步完善；与测功机台架相配套的电池模拟器技术不断完善，国产高性能电池模拟器开始普及应用；针对电机动力传动一体化系统的多轴电力测功机平台将会获得开发和应用。在台架试验技术不断完善的同时，面向电机生产的生产线在线快速检测技术将会更加成熟，相关的试验测试设备开发和应用将会普及。

车用电机系统的电气安全性、可靠性、耐久性、环境适应性、电磁兼容性、振动噪声等方面的指标体系、测试方法和评价方法将会更加受到重视，将建立和完善相关的标准体系、试验规范和评价体系；随着电机动力传动集成化程度的提高，相应的试验测试方法将得到关注；电机系统关键材料和关键器件性能的指标体系及测试方法将更为完备；电机系统测试的标准体系依旧是国内外关注的重点，有可能提出相关的国际标准。

（北京理工大学　宋强）

十四、天然气汽车

1. 2014 年天然气汽车产业与技术总体概况

（1）产业发展情况

目前，国内燃气汽车生产企业已超过 60 家，天然气汽车正成为中国汽车产业发展创新的重要方向。OEM 原产车约 30 万辆。其中，轿车、微面、微卡等汽油/天然气两用燃料车 20 万辆，客车和重卡等单燃料车 10 万辆。配套产业链已形成完整规模，气瓶的设计与生产制造技术已完全成熟，年产量超过 200 万只。加气站设备也全部实现国产化，自主开发生产的减压器、电控单元 ECU、燃气喷嘴等专用装置已批量投放市场。天然气汽车总保有量超过 400 万辆。其中，CNG 公交车 18 万辆，出租车 100 万辆，私家车 240 万辆，其他车辆 30 万辆，运营 LNG 重卡 13 万余辆，LNG 公交车辆 5 万余辆，CNG 加气站 4000 座，LNG 加气站 2000 座。

（2）技术总体情况

面对日趋严格的排放规定和激烈的市场竞争，天然气汽车产业借助“清洁汽车产业化关键技术研究与示范”“节能与新能源汽车”等科研成果，持续推进产品转型升级，在技术的创新开发、产品的合理布局、重点产品的升级与优化、行业的多元化细分以及研发支持能力的提升等方面取得了重大突破。在电控技术、新型燃烧控制技术、增压及增压中冷技术、废气再循环（EGR）技术、排气后处理技术等高新技术领域有较明显的提高，并在产品的推广应用中卓有成效。天然气整车集成开发技术和关键零部件设计制造能力持续提升，产品综合指标——成本、技术、品质——满足市场个性化和多样化需求，获得了阶段性快速发展，产业化效益初步显现。先进技术不断研发，掌握了电控技术和燃烧技术等关键技术及关键部件设计，奠定了自主集成产业的技术基础，达到了规模替代石油燃料的技术水平；自主开发了重型天然气发动机电控系统，技术接近国际先进水平，乘用车排放水平提高到国Ⅳ，商用车提高到国Ⅴ，实现了欧Ⅵ排放技术储备。

2. 2014 年天然气汽车技术发展特点

（1）天然气汽车技术发展特点

①汽油/天然气两用燃料汽车电控系统技术

由于 OEM 生产企业的严格要求，燃气系统配置不断升级，产品持续改进效果显著，可靠性指标显著提升，故障率下降达 30%。整车结构继续改进，性能得到优化，动力性、经济性、安全性和舒适性都得到大幅度的改善。市场上的油、气两用燃料控制系统方案分为两种：外挂式（主从式两个 ECU 控制）和集成式（油气两用燃料一个 ECU 控制）。这些车的发动机基本保持原汽油机的结构，除强化天然气供系统和控制系统外，发动机本身的变化很小。

外挂式方案的技术“瓶颈”：点火提前角控制滞后，易造成点火延迟；有缺陷的 OBD，易造成故障误报，主从式控制系统协调性差。集成式电控系统方案，以优异的技术性能成为汽油/天然气两用燃料汽车发展未来，其技术特点：通过采用集成式 ECU 实现燃油燃气精细标定，自带起停功能、油气智能切换，其经济性比外挂式低 10% ~15%，动力性提高 15%，排放达到国Ⅴ标准；无缺陷的 OBD，对燃油和燃气都可以进行 OBD 监控。

②天然气单一燃料电控系统技术

单一燃料电控系统主要用于由大中型车辆的柴油机机体或大排量汽油机机体改造而来的天然气发动机。其特点：顺序喷射、顺序点火、宽域氧传感器闭环控制、爆震控制、空调控制、冷却系统控制、电子节气门控制、满足欧Ⅴ排放法规要求、满足 EOBD 法规要求、通信形式为 CAN&KW2000 等。该机可安装于发动机机舱，ECU 经过震动试验、跌落试验、冲击试验及高温、低温等性能试验，在不同环境条件下均工作可靠。

③柴油－天然气掺烧技术

柴油－天然气混合燃烧电控系统（即掺烧系统），是在原柴油机上增加燃气供气系统、燃气 ECU，当发动机达到

ECU所设定的掺烧条件时，发动机从柴油机模式进入CNG掺烧模式，柴油替代率可达60%～85%。该技术继承了原机本体设计，可使用纯柴油，不影响原柴油机喷射模式，较单一燃料续驶里程长。柴油引燃天然气均质稀薄燃烧可以实现超低排放，能够实现美国EPA2010排放标准，而且热效率高达50%以上。

掺烧技术的应用使得天然气发动机由点燃到压燃成为可能，2014年，柴油-天然气双燃料发动机产品开发被列入国家科技支撑计划第二批支持项目。其最大的优点是，当燃气不足或燃气供给系统发生故障时，能自动切换成柴油模式，只烧柴油。这也就意味着，在CNG供应不足的地区可以只烧柴油，在CNG供应充足的地区可以让更清洁更经济的CNG燃料与柴油混烧，具有经济性和环保性。

(2)天然气汽车主要技术突破点

基于排放的科技创新技术，气体机排放全面升级。如，采用"高压喷射+稀薄燃烧+尾气催化器技术+OBD"系统，或者"高压喷射+增压当量比燃烧（或精确控制）+EGR+尾气催化器技术+OBD"系统，达到国Ⅴ排放要求；又如采用"高压喷射+增压部分当量比部分稀薄燃烧+SCR技术+尾气催化器技术+OBD"系统，达到京Ⅴ排放要求。

研发技术接近国际领先水平，如采用"高压喷射+增压当量比燃烧+EGR+三元催化器技术+OBD"系统，通过欧洲VCA欧Ⅵ排放认证。

天然气汽车专用关键零部件技术升级，提高了产品的稳定性、可靠性和使用周期。智能点火线圈：自带驱动，取消了点火模块，点火能量提升30%，提高了点火可靠性，降低了使用成本。专用火花塞：双铱金中心电极体积增加92%，中心电极和侧电极采用激光焊接技术，整个寿命周期不脱落，火花塞寿命提升至10万公里。

对增压器结构和控制策略进行改进，减小阀片旋转角度，采用耐高温阀杆材料，通过控制策略改善，降低放气阀落座速度，减少对阀座的冲击，解决增压器放气阀易损问题；通过对气门座圈材料和结构的改进，气门座圈的耐磨程度接近柴油机水平。

(3)目前亟须解决的技术难点及解决方案

①国Ⅴ公告产品排放性能的可靠性

国Ⅴ公告的天然气发动机产品，绝大多数采用稀薄燃烧加氧化催化技术实现国Ⅴ排放。但是，由于转化甲烷的后处理器的水蒸气老化和硫中毒问题，催化器的耐久性能面临很大的挑战。催化器制造公司在改进催化器涂层（增大贵金属含量）、发动机控制策略方面采取措施，使发动机定期出现催化剂还原环境，提高了催化器的使用寿命。

②外挂式ECU控制系统与集成式ECU控制系统

油-气两用燃料控制系统采用外挂式，虽然目前普遍适用于主机厂现在的生产模式，但却阻碍了集成式（一个ECU控制）控制系统的推广应用。国内主机厂对天然气汽车的研发投入不够，发动机基本保持原汽油机的结构，除增加了天然气供给和控制系统外，没有其他变化，与市场上在用的机动车"油改气"燃气专用装置和技术区别不大，严重影响了其技术水平的提升。

③"油改气"车辆的安全性

汽油或柴油发动机车辆改装后重量增加了3%～40%，容积效率降低10%～15%，功率损失为5%～20%，燃料多元化反而导致天然气汽车性能不稳定，天然气汽车应有的优越性不能充分发挥；改装企业能力参差不齐，由于在用机动车"油改气"车辆的燃气专用装置缺少有效的质量保障及检定、检测标准等原因，无法保证在用机动车"油改气"车辆的安全性能及合法使用。

国家已出台相应的监管措施，加强行业管理，加强联合监管力度，打击非法改装，严禁非法改装车上市、上路。完善车辆年审制度：将管路泄漏等安全性项目纳入检查范围，以控制安全事故的发生。未来，天然气汽车将由原装生产的两用燃料系统或单一天然气系统车彻底取代"油改气"车。

④天然气单一燃料电控系统

天然气单一燃料电控系统经历了Woodward OH2.0到Woodward OH6.0到BOSCH，再到自主开发国产系统的大升级过程，目前Woodward系统、京滨、德尔福、博世等燃气控制系统仍然是主流。博世燃气控制系统技术特点：ECU直接安装在发动机上，布置更方便，ECU在耐热、抗震、防电磁干扰等方面有40多项专利，技术路线为电控喷射，支持稀燃，支持当量空燃比、国Ⅵ排放控制策略、大流量喷嘴、高能点火线圈、爆震监控、失火监控且可靠性高，OBD故障诊断设备通用，售后服务更方便。总之，在该领域仍然是进口产品和国外技术垄断市场，技术难点在于对产品的核心技术攻关，实现消化吸收，自主开发，以提升产品性能的可靠性、稳定性和使用寿命。

3. 2014年重点产品技术特点分析

采用国际先进的单点喷射燃气控制系统，通过稀薄燃烧控制技术和氧化催化后处理技术，动力性、可靠性、经济性、低温启动性能良好，排放达到国Ⅴ要求。如，潍柴推出的自主开发的WP10 NG336天然气发动机，完成了台架性能标定试验、整车验证试验、三高试验等。潍柴西港新能源动力有限公司推出的WP12HPDI缸内直喷LNG发动机，其技术及性能达到世界领先水平。WP12NG四气门燃气机，重新设计了缸盖、活塞、气门、进气管等气体机专用件，采用智能点火线圈、燃气温控模块、活塞式稳压器等配置件，并优化性能标定和电控数据，是一款全新高端气体机。优势：四气门结构使发动机吸入空气更充分，燃烧效率更高，全面提升了发动机的动力性和经济性；同时，发动机标定转速优化为1900r/min，满足了标载高速应用，提高了整车经济性。

又如，玉柴研发的13升YC6KN燃气发动机，排量为12.939升，功率范围覆盖380～440马力，最大扭矩1880N·m。由于排量上的优势，解决了天然气重卡扭矩不够、爬坡加速性能不佳的问题。面对各个细分市场，YC6MK大马力发动机实现批量销售，YC4S、YC4EG新品批量投放市场；玉柴储备了欧Ⅵ排放YC6L，以及YC6MK、YC4S、YC4EG国Ⅴ排放等多款新品。

4. 未来几年天然气汽车技术发展趋势

当前，石油供应日益紧张，环境问题日趋严峻，天然气作为21世纪能源主力，在世界清洁能源多元化的过程中扮演着重要角色，未来5～15年，天然气仍将继续保持世界汽车第一位清洁能源的地位，天然气汽车开发将成为汽车行业发展的重要方向。

(1)提升天然气汽车的制造水平和质量可靠性

发动机动力系统与燃气系统技术的不断升级是天然气汽车发展的根本，天然气汽车技术的进步，意味着汽车动力性、经济性、排放水平和舒适性的创新和提升；产品质量的改善和提高，实质上是产品设计和制造工艺水平的提高。优化和提高产品的技术性能，有利于改善产品的可靠性和稳定性；结构设计优化要依据产品技术功能的要求，在解决技术方案中力求标准化、模块化、集成化及橇装化，以更优异的性能、更精致的外观品质、更高的资源利用率、更低成本的能耗、更简单的安装维护操作，实现更高的产品性价比，为市场提供更好的服务。

(2)提升天然气汽车动力性能和燃气系统技术性能

加速天然气汽车专用化开发，实现天然气汽车动力性和可靠性俱佳，达到与原柴油汽车性能相同的水平。新一代燃气系统技术则是全新的缸内直喷技术，全新HPDI发动机（大功率缸内直喷式天然气发动机）能够保持与原柴油机相同的大功率和高扭矩值，动力性能完全达到柴油机相同水平，天然气汽车动力系统与燃气系统特性将发生质的飞跃。

(3)加速汽车节能减排技术的研发和产业化

以降低能源消耗、减少污染物质的排放为目标，是促进环境改良的重要举措，是中国的千秋大业。提高汽车排放水平，加速汽车节能减排技术的研发，促进研发成果产业化，势在必行，是顺应国家治霾环保规划的要求，也是未来几年我国天然气汽车总体技术发展趋势。

（国家燃气汽车工程技术研究中心　陈万应）

十五、电动汽车标准

我国已经成为世界汽车大国，年产量已经超过2000万辆．同时我们也要看到，汽车产业的发展带来的能源安全、环境安全问题。电动汽车以其环保节能的优势，已经被公认为继内燃机后汽车领域的又一次历史性革命，是全球汽车未来的发展方向。可以说，谁能把握住电动汽车的发展机遇，谁就占领了未来汽车产业竞争的制高点。全球汽车业乃至社会各界，都在为电动汽车的发展、推广、普及而努力。发展电动汽车也是我国从汽车大国发展成为汽车强国的必由之路。

2014—2015年也是中国电动汽车标准化工作成果丰硕的一年。我们开展了标准技术路线图的制定，分析我国现阶段电动汽车标准的状况、需求以及时间节点。同时，本年度中国电动汽车标准又上了一个新的台阶。

1. 技术路线图的编制

标准化工作在电动汽车发展的过程中具有不可替代的作用，中国政府对电动汽车标准化工作十分重视。2010年4月，国家标准化管理委员会（以下简称“国标委”）发布《关于开展节能与新能源汽车标准体系研究工作的通知》（国标委办工〔2010〕118号），确定由全国汽车标准化技术委员会牵头，开展“全国节能与新能源汽车标准化工作十二五规划”的研究；2010年7月，国家能源局批准成立能源行业电动汽车充电设施标准化技术委员会，开展充电基础设施标准化工作；2011年8月，工信部召集电动汽车相关行业和企业，由全国汽车标准化技术委员会（SAC/TC114）牵头，开展电动汽车综合标准化工作研究，并于2012年10月发布《关于印发电动汽车综合标准化技术体系的通知》（工信厅科〔2012〕147号），正式下达了电动汽车综合标准技术体系规划；2013年10月，为贯彻落实《国务院关于加快培育和发展战略性新兴产业的决定》《“十二五”国家战略性新兴产业发展规划》和《标准化事业发展“十二五”规划》的部署及要求，促进战略性新兴产业的快速、健康和可持续发展，国标委责成全国汽车标准化技术委员会编写《战略性新兴产业标准化发展规划（2013—2015年）》中的电动汽车部分，该规划已经正式发布；在中国电动汽车发展纲领性文件《节能与新能源汽车产业发展规划（2012—2020年）》中，强调“形成比较完善的技术标准和管理规范体系”。为了保证不同政府部门关于电动汽车标准化规划与计划的全面落实和无缝队接，开展电动汽车标准化工作路线图的研究，科学、系统、全面地统筹安排电动汽车标准化工作已经成为政府相关部门、汽车工业和研究机构的共识，为此，工信部和国标委下拨经费资助全国汽车标准化技术委员会开展路线图的研究工作，从 2011 年 10 月开始，全国汽车标准化技术委员会电动车辆分技术委员会（SAC/TC114/SC27）召集电动汽车及相关行业的企业、科研机构启动了路线图的研究。经过 3 年多的努力，在包括汽车行业、电力行业、电工行业和消防行业专家的共同努力下，已经形成路线图的草案。

目前，全国汽车标准化技术委员会正在对路线图进行修改完善，在工信部和国标委的指导下，拟邀请相关部委和机构对路线图草案进行研讨和修改，形成《中国电动汽车标准化工作路线图》（第二版）（以下简称“路线图”），指导今后电动汽车标准化工作。

本版路线图是中国电动汽车标准化工作的具体目标和工作计划的说明性文件，该文件用简单易懂和形象化的方式让中国电动汽车标准化工作的参与者和利益相关方能更好地理解和参与中国的电动汽车标准化工作。

本版路线图的起止阶段为 2015—2025 年，以“全国节能与新能源汽车标准化工作十二五规划”“中国电动汽车综合标准化技术体系” “战略性新兴产业标准化发展规划（2013—2015 年）”电动汽车部分等工作计划和规划为基础，通过对 2015 年至 2025 年电动汽车及其相关产业的技术发展、产业化和市场化发展的判断和预测，制定 2015—2025 年中国电动汽车标准化工作的具体目标和工作计划。在对国内外电动汽车标准和法规进行总结和归纳的基础上，着重分析和研究未来的 10 年中国电动汽车及其相关产业的技术发展、产业化和市场化发展的标准需求，以此作为中国电动汽车快速健康发展的主要技术支撑。路线图将成为指导从 2015 年至 2025 年中国电动汽车标准化工作的纲领性文件。

技术路线图涵盖的内容如图 1－15－1 所示。

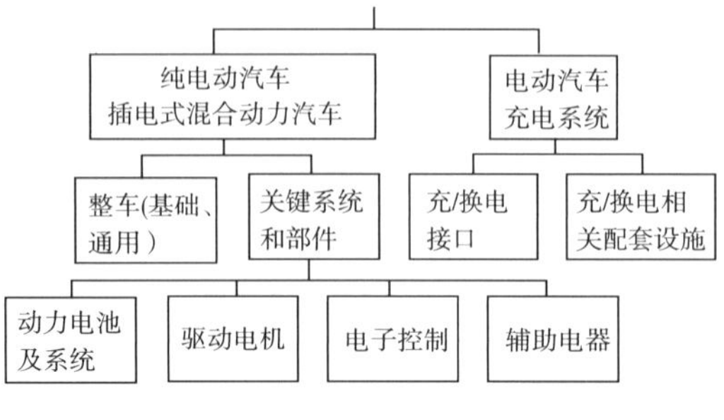

图 1－15－1　电动汽车标准化技术路线图

1. 标准化工作进展

2014 年 6 月—2015 年 7 月，全国汽车标准化技术委员会完成了一系列的修订/制定工作，发布新标准 18 项，其中涉及电动汽车可充电储能系统 10 项、基础通用 5 项、驱动电机系统 2 项、能量消耗量试验方法 1 项。可以说，这一年来是电动汽车标准化工作的“丰收年”，成果丰硕，极大地完善了电动汽车标准体系，促进了电动汽车产业发展。一年来，我们在动力电池、基础设施等领域加大标准的制定力度，出台多项行业亟须的标准，为电动汽车的产业化步伐铺好道路。

（1）可充电储能系统标准化工作

可充电储能系统性能与安全的提升是新能源汽车推广应用的基石，而相应标准的制定与完善是动力蓄电池系统发展的重要依据和有力推手，为此国家标准化管理委员会、科学技术部、工业和信息化部等相关部委高度重视可充电储能系统标准化。在相关部委的高度关注和大力支持下，2014 年下半年至 2015 年上半年，可充电储能系统标准化工作取得了重要的阶段性进展，一年内共发布相关标准 10 项。其中，国家标准 7 项，汽车行业标准 3 项；8 项为新制定，2 项为修订（见表 1－15－1）。主要涉及锂离子蓄电池包和系统的测试规程和安全性要求，动力蓄电池箱通用要求、循环寿命要求、电性能要求、安全要求、试验方法，超级电容器；规范了与动力蓄电池和车用超级电容器相关的术语和定义、符号、要求、试验方法、检验规则、标志、包装、运输、贮存，以及动力蓄电池包和系统的电性能、安全性的测试方法及其循环寿命要求、试验方法、检验规则，还规定了动力蓄电池箱的通用要求。进一步修订了以前相应版本标准中安全性、通用要求，对以前版本不适合的地方进行了适当的增删，内容更加完善与完整，在保证了企业发展竞争需要的同时，更加严格地保证了安全性要求，弥补了国家、行业相关标准的缺失。

至此，动力电池的标准体系已趋于完整，下一步的重点放在回收利用、互换性标准方面。如图 1－15－2 所示。

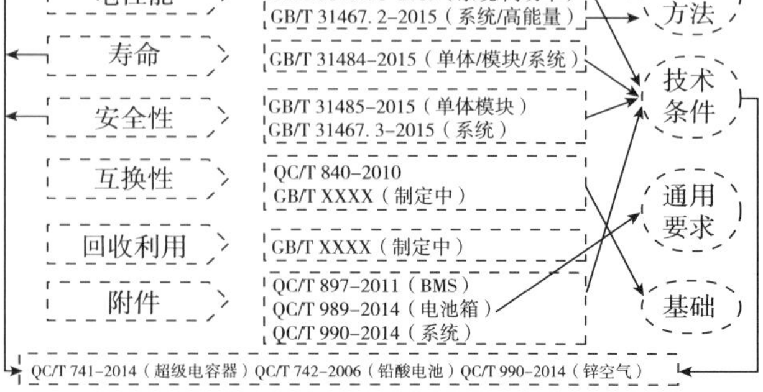

图 1－15－2　动力电池标准体系

表 1－15－1　已发布的可充电储能系统标准

编号	标准性质	标准名称	修订/制定
1	GB/T 18333.2	电动道路车辆用锌空气蓄电池	修订
2	GB/T 31467.1	电动汽车用锂离子动力蓄电池包和系统　第 1 部分：高功率应用测试规程	制定
3	GB/T 31467.2	电动汽车用锂离子动力蓄电池包和系统　第 2 部分：高能量应用测试规程	制定
4	GB/T 31467.3	电动汽车用锂离子动力蓄电池包和系统　第 3 部分：安全性要求与测试方法	制定
5	GB/T 31484	电动汽车用动力蓄电池循环寿命要求及试验方法	制定
6	GB/T 31485	电动汽车用动力蓄电池安全要求及试验方法	制定
7	GB/T 31486	电动汽车用动力蓄电池电性能要求及试验方法	制定
8	QC/T 741	车用超级电容器	修订
9	QC/T 989	电动汽车用动力蓄电池箱通用要求	制定
10	QC/T 990	电动汽车用锌空气电池	制定

(2)基础通用设施标准化工作

基础通用设施是电动汽车发展的重要基础，自 2013 年相应标准报批以来，各相关部门、企业和行业积极投入到标准制定工作中来，共制定/修订国家标准 5 项（见表 1－15－2)，规定了包括车载可充电储能系统、操作安全和故障防护、电力驱动系统和传导连接辅助系统在内的相关系统和装置的安全和要求，直流电压等级，以及电动汽车碰撞后安全要求。在基础通用安全要求方面，GB/T 18384《电动汽车　安全要求》三项国家标准的修订稿修改了标准的适用范围，删除了 CB/T 19596 中已经界定的术语和定义，增加了部分术语的定义、车辆标识、紧急响应、防水等安全性要求。同时，作为补充，GB/T 20234《电动汽车传导充电用连接装置》三项国家标准已经完成报批。多数企业已自觉依据标准开始相关产品的研发和生产，有效地促进了电动汽车基础通用标准的实施，积极地推动了电动汽车行业的发展。

表 1－15－2　已发布的基础通用设施标准

编号	标准性质	标准名称	修订/制定
1	GB/T 18384.1	电动汽车　安全要求　第 1 部分：车载可充电储能系统（REESS)	修订
2	GB/T 18384.2	电动汽车　安全要求　第 2 部分：操作安全和故障防护	修订
3	GB/T 18384.3	电动汽车　安全要求　第 3 部分：人员触电防护	修订
4	GB/T 31466	电动汽车高压系统电压等级	制定
5	GB/T 31498	电动汽车碰撞后安全要求	制定

(3)驱动电机系统标准化工作

在驱动电机方面，GB/T 18488《电动汽车用电机及其控制器》两项国家标准已经修订发布（见表 1－15－3)，对以前对应版本的标准进行了修订，对包括技术条件和试验方法的部分规定进行了重点修改与增删，使相应规定更加明确清晰。

表 1－15－3　已发布的驱动电机系统标准

标准编号	标准名称
GB/T 18488.1－2015	电动汽车用电机及其控制器　第 1 部分：技术条件
GB/T 18488.2－2015	电动汽车用电机及其控制器　第 2 部分：试验方法

(4)电动汽车整车标准

经过多年的积累，电动汽车整车标准已经完善，目前该项工作主要集中在标准的适应性研究方面。在混合动力电动汽车相关标准中，CB/T 19754－2015《重型混合动力电动汽车能量消耗试验方法》做了重大修改：电量消耗和燃料消耗的转换方法、NEC 的计算方法、试验程序和结果评价方面都有重要变化，增加了对不可外接充电式混合动力电动汽车能量消耗量的测量和评价方法。

表 1－15－4　已发布的混合动力电动汽车标准

标准编号	标准名称
GB/T 19754－2015	重型混合动力电动汽车能量消耗量试验方法

3. 2014—2015 新发布标准清单

现将归口单位为全国汽车标准化技术委员会的新发布标准做一归纳，见表 1－15－5。

表 1－15－5　2015 年新发布的电动汽车标准

序号	标准号	标准名称	标准英文名称	规范范围	代替标准	发布日期	实施日期
1	GB/T 18333.2－2015	电动道路车辆用锌空气蓄电池	Zinc－air batteries for electric road vehicle	规定:电动汽车用锌空气电池的术语和定义、符号、要求、试验方法、检验规则、标志、包装、运输、贮存 适用:以机械更换式作为能量补充方式的电动车用锌空气电池 修改:试验对象与对应的试验项目,单体电池重点考核安全性,蓄电池模块电性能及安全性考核 增加:I_5检测容量,I_3检测功率特性,高低温放电容量、荷电保持与更换负极与电解液后电池的重复性;单体电池安全性要求及试验方法;蓄电池模块、外观、极性、外形尺寸质量、倾倒性、放电性能、安全性、耐振性要求试验方法	GB/Z 18333.2—2001	2015－02－04	2015－09－11
2	GB/T 18384.1－2015	电动汽车安全要求第 1 部分:车载可充电储能系统(REESS)	Electrically propelled road vehicles－Safety specifications－Part 1: On－board rechargeable energy storage system(REESS)	规定了:电动汽车 B 级电压驱动电路系统的车载可充电储能系统(REESS)的要求,从而确保车辆内部、外部人员以及车辆环境的安全 适用:车载驱动系统的最大工作电压是 B 级电压的电动汽车。电动摩托车和电动轻便摩托车可参照执行 不适用:非道路车辆,例如物料搬运车和叉车;指导电动汽车的装配、维护和修理。机电飞轮(车辆)不在本部分范围内 修改:REESS 绝缘电阻测量的试验条件;计算方法。REESS 绝缘电阻值的要求	GB/T 18384.1—2001	2015－05－15	2015－10－01
3	GB/T 18384.2－2015	电动汽车安全要求第 2 部分:操作安全和故障防护	Electrically propelled road vehicles－Safety specifications－Part 2: Vehicle operational safety means and protection against failures	规定:针对电动汽车所特有的危险的操作安全和故障防护的要求,以保护车辆内外人员的安全 适用:车载驱动系统的最大工作电压是 B 级电压的电动汽车。电动摩托车和电动轻便摩托车可参照执行 不适用:非道路车辆,例如物料搬运车和叉车;混合动力电动汽车的内燃机系统;指导电动汽车的装配、维护和修理 修改:电池兼容、失效防护、紧急响应、车辆标识的要求	GB/T 18384.2—2001	2015－05－15	2015－10－01
4	GB/T 18384.3－2015	电动汽车安全要求第 3 部分:人员触电防护	Electrically propelled road vehicles－Safety specifications－Part 3: Protection of person against electric shock	规定:电动汽车电力驱动系统和传导连接的辅助系统(如果有)防止车内和车外人员触电的要求 适用:车载驱动系统的最大工作电压是 B 级电压的电动汽车。电动摩托车和电动轻便摩托车可参照执行 不适用:非道路车辆,例如物料搬运车和叉车;指导电动汽车的装配、维护和修理 修改:基本防护失效情况下的防护;绝缘电阻、电容耦合的要求;绝缘电阻的测量方法;耐电压性、电位均衡的试验方法	GB/T 18384.3—2001	2015－05－15	2015－10－01

续表

序号	标准号	标准名称	标准英文名称	规范范围	代替标准	发布日期	实施日期
5	GB/T 18488.1-2015	电动汽车用电机及其控制器　第1部分：技术条件	Drive motor system for electric vehicles - Part 1：Specification	规定：电动汽车用驱动电机系统的工作制、电压等级、型号命名、要求、检验规则以及标志与标识等 适用：电动汽车用驱动电机系统、驱动电机、驱动电机控制器。对仅具有发电功能的车用电机及其控制器，可参照本部分执行 修改："电压等级"的规定，在原电压等级的基础上增加了60V、72V、80V、650V、700V、750V六个等级 增加了"驱动电机控制器支撑电容放电时间"的规定	GB/T 18488.1—2006	2015-02-04	2015-09-01
6	GB/T 18488.2-2015	电动汽车用电机及其控制器　第2部分：试验方法	Drive motor system for electric vehicles - Part 2：Test methods	规定：电动汽车用驱动电机系统试验用的仪器仪表、试验准备及各项试验方法 适用：电动汽车用驱动电机系统、驱动电机、驱动电机控制器。对仅具有发电功能的车用电机及其控制器，可参照本部分执行 修改：液冷系统冷却回路密封性能的试验方法；绝缘电阻试验方法；耐电压试验；温升试验方法；温升试验方法；最高工作转速试验方法；电磁兼容性试验方法 增加：驱动电机定子绕组对温度传感器的绝缘电阻和驱动电机控制器绝缘电阻的测量方法；驱动电机励磁绕组和有刷直流电机电枢绕组的匝间冲击耐电压；转速-转矩特性及效率试验过程中测试点和测量参数的选择方法	GB/T 18488.2—2006	2015-02-04	2015-09-01
7	GB/T 19754-2015	重型混合动力电动汽车能量消耗量试验方法	Test methods for energy consumption of heavy duty hybrid electric vehicles	规定：重型混合动力电动汽车在底盘测功机或道路上进行能量消耗量试验的试验方法 适用：最大总质量超过3500kg的混合动力电动汽车 增加：对不可外接充电式混合动力电动汽车能量消耗量的测量和评价方法	GB/T 19754—2005	2015-05-15	2015-10-01
8	GB/T 31466-2015	电动汽车高压系统电压等级	Voltage ratings of electric vehicles high voltage electricity system	规定：电动汽车高压系统的直流电压等级要求 适用：纯电动汽车和混合动力电动汽车		2015-05-15	2015-12-01
9	GB/T 31467.1-2015	电动汽车用锂离子动力蓄电池包和系统　第1部分：高功率应用测试规程	Lithium - ion traction battery pack and system for electric vehicles - Part 1：Specification for high power applications	规定：电动汽车用高功率锂离子动力蓄电池包和系统电性能的测试方法 适用：装载在电动汽车上，主要以高功率应用为目的的锂离子动力蓄电池包和蓄电池系统，以高功率应用为目的的镍氢动力蓄电池包和系统等可参照执行		2015-05-15	2015-05-15
10	GB/T 31467.2-2015	电动汽车用锂离子动力蓄电池包和系统　第2部分：高能量应用测试规程	Lithium - ion traction battery pack and system for electric vehicles - Part 2：Specification for high energy applications	规定：电动汽车用高能量锂离子动力蓄电池包和系统电性能的测试方法 适用：装载在电动汽车上，主要以高能量应用为目的的锂离子动力蓄电池包和蓄电池系统，以高能量应用为目的的镍氢动力蓄电池包和系统等可参照执行		2015-05-15	2015-05-15

续表

序号	标准号	标准名称	标准英文名称	规范范围	代替标准	发布日期	实施日期
11	GB/T 31467.3 - 2015	电动汽车用锂离子动力蓄电池包和系统 第3部分：安全性要求与测试方法	Lithium - ion traction battery pack and system for electric vehicles - Part 3: Safety requirements and test methods	规定：电动汽车用锂离子动力蓄电池包和系统安全性的要求和测试方法 适用：装载在电动汽车上的锂离子动力蓄电池包和系统，镍氢动力蓄电池包和系统等可参照执行		2015 - 05 - 15	2015 - 05 - 15
12	GB/T 31484 - 2015	电动汽车用动力蓄电池循环寿命要求及试验方法	Cycle life requirements and test methods for traction battery of electric vehicle	规定：电动汽车用动力蓄电池的标准循环寿命的要求、试验方法、检验规则和工况循环寿命的试验方法和检验规则 适用：装载在电动汽车上的动力蓄电池（以下简称“蓄电池”）		2015 - 05 - 15	2015 - 05 - 15
13	GB/T 31485 - 2015	电动汽车用动力蓄电池安全要求及试验方法	Safety requirements and test methods for traction battery of electric vehicle	规定：电动汽车用动力蓄电池（以下简称“蓄电池”）的安全要求、试验方法和检验规则 适用：装载在电动汽车上的锂离子蓄电池和金属氢化物镍蓄电池单体和模块。其他类型蓄电池参照执行		2015 - 05 - 15	2015 - 05 - 15
14	GB/T 31486 - 2015	电动汽车用动力蓄电池电性能要求及试验方法	Electrical performance requirements and test methods for traction battery of electric vehicle	规定：电动汽车用动力蓄电池（以下简称“蓄电池”）的电性能要求、试验方法和检验规则 适用：装载在电动汽车上的锂离子蓄电池和金属氢化物镍蓄电池单体和模块。其他类型蓄电池参照执行		2015 - 05 - 15	2015 - 05 - 15
15	GB/T 31498 - 2015	电动汽车碰撞后安全要求	The safety requirement of electric vehicle post crash	规定：带有B级电压电路的纯电动汽车、混合动力汽车正面碰撞、侧面碰撞后的特殊安全要求和试验方法 适用：符合GB 11551和GB 20071适用范围规定的带有B级电压电路的纯电动汽车、混合动力汽车		2015 - 05 - 15	2015 - 10 - 01
16	QC/T 741 - 2014	车用超级电容器	Ultra - capacitor for electric vehicles	规定：电动道路车辆用超级电容器（电化学电容器）的要求、试验方法、检验规则、标志、包装、运输和储存 适用：电动道路车辆用超级电容器（以下简称“电容器”）单体和模块 修改：出厂检验时单体静电容量和内阻的抽样规则改为100%检验，同时将储存能量改为型式检验的检验内容 增加：对于超级电容器模块的要求、试验方法、检验规则	QC/T 741—2006	2014 - 10 - 14	2015 - 04 - 01
17	QC/T 989 - 2014	电动汽车用动力蓄电池箱通用要求	General requirement of traction battery enclosure for electric vehicles	规定：电动汽车用动力蓄电池系统中蓄电池箱的一般要求、安全要求、机械强度、外观与尺寸、耐环境要求、组装要求、试验方法、标识与标志、运输储存与包装 适用：车载充电的蓄电池箱和快换方式的蓄电池箱		2014 - 10 - 14	2015 - 04 - 01
18	QC/T 990 - 2014	电动汽车用锌空气电池	Zinc - air batteries for electric road vehicle	规定：电动汽车用锌空气电池（以下简称“电池”）的术语和定义，符号及释义，要求，试验方法，检验规则，标志、包装、运输、储存 适用：以机械更换式作为能量补充方式的电动汽车用锌空气电池		2014 - 07 - 09	2014 - 11 - 01

1. 全国汽车标准化技术委员会归口标准清单

截至目前，我们已发布电动汽车标准，共计 63 项（不含电动摩托车），如表 1－15－6 所示。

表 1－15－6　全国汽车标准化技术委员会归口标准清单

序号	标准号	标准名称	参考标准	标准级别	标准类型
1	GB 24155—2009	电动摩托车和电动轻便摩托车安全要求		国家标准	基础通用
2	GB/T 4094.2—2005	电动汽车操纵件、指示器及信号装置的标志	NEQ，ISO 2575：2000	国家标准	基础通用
3	GB/T 18384.1—2001	电动汽车　安全要求　第 1 部分：车载储能装置	MOD ISO 6469－1：2009	国家标准	基础通用
4	GB/T 18384.2—2001	电动汽车　安全要求　第 2 部分：功能安全和故障防护	MOD ISO 6469－2：2009	国家标准	基础通用
5	GB/T 18384.3—2001	电动汽车　安全要求　第 3 部分：人员触电防护	MOD ISO 6469－3：2011	国家标准	基础通用
6	GB/T 18385—2005	电动汽车 动力性能 试验方法	MOD ISO 8715：2001	国家标准	方法标准
7	GB/T 18386—2005	电动汽车 能量消耗率和续驶里程 试验方法	MOD ISO 8714：2002	国家标准	方法标准
8	GB/T 18387—2008	电动车辆的电磁场发射强度的限值和测量方法，宽带，9kHz～30MHz	MOD SAEJ 551－5 JAN2004	国家标准	方法标准
9	GB/T 18388—2005	电动汽车　定型试验规程		国家标准	方法标准
10	GB/T 18487.1—2001	电动车辆传导充电系统　一般要求	EQV IEC 61851－1：2001	国家标准	产品标准
11	GB/T 18487.2—2001	电动车辆传导充电系统　电动车辆与交流/直流电源的连接要求	IDT IEC 61851－2－1：1999	国家标准	产品标准
12	GB/T 18487.3—2001	电动车辆传导充电系统　电动车辆交流/直流充电机（站）	EQV IEC 61851－2－2～61851－2－3：1999	国家标准	产品标准
13	GB/T 18488.1—2015	电动汽车用电机及其控制器　第 1 部分：技术条件		国家标准	产品标准
14	GB/T 18488.2—2015	电动汽车用电机及其控制器　第 2 部分：试验方法		国家标准	方法标准
15	GB/T 19596—2004	电动汽车术语	NEQ，ISO 8713：2002	国家标准	基础通用
16	GB/T 19750—2005	混合动力电动汽车 定型试验规程		国家标准	方法标准
17	GB/T 19751—2005	混合动力电动汽车安全要求	MOD ECE R100	国家标准	产品标准
18	GB/T 19752—2005	混合动力电动汽车 动力性能 试验方法	MOD EN 1821－2、EPA TP002	国家标准	方法标准
19	GB/T 19753—2005	轻型混合动力电动汽车能量消耗量试验方法	MOD ECE R101.01	国家标准	方法标准
20	GB/T 19754—2005	重型混合动力电动汽车　能量消耗量　试验方法	MOD SAE J2711、ECE R101.01	国家标准	方法标准
21	GB/T 19755—2005	轻型混合动力电动汽车 污染物排放测量方法	MOD ECE R83	国家标准	方法标准
22	GB/T 19836—2005	电动汽车用仪表	NEQ IEC 784：1984	国家标准	产品标准
23	GB/T 20234.1—2011	电动汽车传导充电用连接装置　第 1 部分：通用要求		国家标准	产品标准
24	GB/T 20234.2—2011	电动汽车传导充电用连接装置　第 2 部分：交流充电接口		国家标准	产品标准
25	GB/T 20234.3—2011	电动汽车传导充电用连接装置　第 3 部分：直流充电接口		国家标准	产品标准

续表

序号	标准号	标准名称	参考标准	标准级别	标准类型
26	GB/T 24156—2009	电动摩托车和电动轻便摩托车 动力性能 试验方法		国家标准	方法标准
27	GB/T 24157—2009	电动摩托车和电动轻便摩托车能量消耗率和续驶里程试验方法		国家标准	方法标准
28	GB/T 24158—2009	电动摩托车和电动轻便摩托车通用技术条件		国家标准	产品标准
29	GB/T 24347—2009	电动汽车 DC/DC 变换器		国家标准	产品标准
30	GB/T 24548—2009	燃料电池电动汽车 术语		国家标准	基础通用
31	GB/T 24549—2009	燃料电池电动汽车 安全要求		国家标准	产品标准
32	GB/T 24552—2009	电动汽车风窗玻璃除霜除雾系统的性能要求及试验方法		国家标准	产品标准
33	GB/T 24554—2009	燃料电池发动机性能试验方法		国家标准	方法标准
34	GB/T 26779—2011	燃料电池电动汽车 加氢口		国家标准	产品标准
35	GB/T 26990—2011	燃料电池电动汽车 车载氢系统 技术条件		国家标准	产品标准
36	GB/T 26991—2011	燃料电池电动汽车 最高车速试验方法	MOD ISO/TR 11954:2008	国家标准	方法标准
37	GB/T 28382—2012	纯电动乘用车 技术条件		国家标准	产品标准
38	GB/T 29123—2012	示范运行氢燃料电池电动汽车技术规范		国家标准	产品标准
39	GB/T 29124—2012	氢燃料电池电动汽车示范运行配套设施规范		国家标准	管理标准
40	GB/T 29126—2012	燃料电池电动汽车 车载氢系统 试验方法		国家标准	方法标准
41	GB/T 29307—2012	电动汽车用驱动电机系统可靠性试验方法		国家标准	方法标准
42	GB/Z 18333. 1—2001	电动道路车辆用锂离子蓄电池		国家标准	产品标准
43	GB/Z 18333. 2—2015	电动道路车辆用锌空气蓄电池		国家标准	产品标准
44	QC/T 741—2014	车用超级电容器		行业标准	产品标准
45	QC/T 742—2006	电动汽车用铅酸蓄电池		行业标准	产品标准
46	QC/T 743—2006	电动汽车用锂离子蓄电池		行业标准	产品标准
47	QC/T 744—2006	电动汽车用金属氢化物镍蓄电池		行业标准	产品标准
48	QC/T 791—2007	电动摩托车和电动轻便摩托车定型试验规程		行业标准	方法标准
49	QC/T 792—2007	电动摩托车和电动轻便摩托车用电机及控制器技术条件		行业标准	产品标准
50	QC/T 816—2009	加氢车技术条件		行业标准	产品标准
51	QC/T 837—2010	混合动力电动汽车类型		行业标准	基础通用
52	QC/T 838—2010	超级电容电动城市客车		行业标准	产品标准
53	QC/T 839—2010	超级电容电动城市客车供电系统		行业标准	产品标准

续表

序号	标准号	标准名称	参考标准	标准级别	标准类型
54	QC/T 840—2010	电动汽车用动力蓄电池产品规格尺寸		行业标准	基础通用
55	QC/T 893—2011	电动汽车用驱动电机系统故障分类及判断		行业标准	基础通用
56	QC/T 894—2011	重型混合动力电动汽车污染物排放车载测量方法		行业标准	方法标准
57	QC/T 895—2011	电动汽车用传导式车载充电机		行业标准	产品标准
58	QC/T 896—2011	电动汽车用驱动电机系统接口		行业标准	产品标准
59	QC/T 897—2011	电动汽车用电池管理系统技术条件		行业标准	产品标准
60	QC/T 925—2013	超级电容电动城市客车 定型试验规程		行业标准	方法标准
61	QC/T 926—2013	轻型混合动力电动汽车（ISG 型）用动力单元可靠性试验方法		行业标准	方法标准
62	QC/T 989—2014	电动汽车用动力蓄电池箱通用要求		行业标准	产品标准
63	QC/T 990—2014	电动汽车用锌空气电池		行业标准	产品标准

（中国汽车技术研究中心　孟祥峰 何云堂）

第二篇

政策与规划

一、国家主要扶持政策与规划

关于支持沈阳长春等城市或区域开展新能源汽车推广应用工作的通知

有关省、自治区财政厅（局）、科技厅（局、科委）、工业和信息化主管部门、发展改革委：

根据《财政部科技部工业和信息化部发展改革委关于继续开展新能源汽车推广应用工作的通知》（财建〔2013〕551号），经专家审核，支持沈阳、长春等12个城市或区域（具体名单见附件）开展新能源汽车推广应用工作。有关城市或区域及所在省（区、市）财政、科技、工业和信息化、发展改革委等部门要按照上报的实施方案及有关文件规定，认真组织实施，扎实推进工作。

各城市或区域应创造良好的新能源汽车应用环境，加快建设符合国家标准要求的基础设施，尽快明确并落实地方性鼓励政策；不得设置或变相设置障碍限制采购外地品牌新能源汽车，如设置地方性标准、地方性车型目录等，对已经施行的应尽快整改。

各城市或区域相关主管部门于每季度末前，逐级向四部委报送本季度新能源汽车推广应用实施情况报告，详细说明推广进展、基础设施建设、体制机制创新等情况。

附件 **第二批新能源汽车推广应用城市名单**

序号	省份	城市/区域
1	内蒙古自治区	城市群（呼和浩特市、包头市）
2	辽宁省	沈阳市
3	吉林省	长春市
4	黑龙江省	哈尔滨市
5	江苏省	城市群（南京市、常州市、苏州市、南通市、盐城市、扬州市）
6	山东省	淄博市
7		临沂市
8		潍坊市
9		聊城市
10	四川省	泸州市
11	贵州省	城市群（贵阳市、遵义市、毕节市、安顺市、六盘水市、黔东南州）
12	云南省	城市群（昆明市、丽江市、玉溪市、大理市）

财政部
科技部
工业和信息化部
发展改革委
2014年1月27日

关于进一步做好新能源汽车推广应用工作的通知

财建〔2014〕11号

各省、自治区、直辖市、计划单列市财政厅（局）、科技厅（局、科委）、工业和信息化主管部门、发展改革委：

为加快新能源汽车产业发展，推进节能减排，促进大气污染治理，经国务院批准，2013年，财政部、科技部、工业和信息化部、发展改革委启动了新能源汽车推广应用工作。从实施情况看，各项工作进展顺利，推广数量快速增加，市场规模不断拓展，政策效果已逐步显现。为进一步做好相关工作，现将有关事项通知如下：

一、按照《财政部科技部工业和信息化部发展改革委关于继续开展新能源汽车推广应用工作的通知》（财建〔2013〕551号，以下简称《通知》）的规定，纯电动乘用车、插电式混合动力（含增程式）乘用车、纯电动专用车、燃料电池汽车2014年度和2015年度的补助标准将在2013年标准基础上下降10%和20%。现将上述车型的补贴标准调整为：2014年在2013年标准基础上下降5%，2015年在2013年标准基础上下降10%，从2014年1月1日起开始执行。

二、按照相关文件规定，现行补贴推广政策已明确执行到2015年12月31日。为保持政策连续性，加大支持力度，上述补贴推广政策到期后，中央财政将继续实施补贴政策。具体办法另行公布。

三、按现行办法规定，补助资金按季预拨、年度清算。请各生产企业于每年4月底、7月底和10月底前将上一季度的新能源汽车销售情况及相关证明材料，通过注册所在地财政、科技部门，逐级上报至财政部、科技部，财政部、科技部将根据企业销售情况预拨补助资金。每年1月底前，按上述程序提交上年度的清算报告及产品销售、运营情况，包括销售发票、产品技术参数和牌照信息等，财政部等四部委组织专家审核清算。各级财政等部门要做好中央财政预拨付资金申请及年度清算工作，并按照财政国库管理制度规定及时拨付补助资金。

财政部
科技部
工业和信息化部
发展改革委
2014年1月28日

天然气基础设施建设与运营管理办法

第一章 总则

第一条 为加强天然气基础设施建设与运营管理，建立和完善全国天然气管网，提高天然气基础设施利用效率，保障天然气安全稳定供应，维护天然气基础设施运营企业和用户的合法权益，明确相关责任和义务，促进天然气行业持续有序健康发展，制定本办法。

第二条 中华人民共和国领域和管辖的其他海域天然气基础设施规划和建设、天然气基础设施运营和服务，天然气运行调节和应急保障及相关管理活动，适用本办法。

本办法所称天然气基础设施包括天然气输送管道、储气设施、液化天然气接收站、天然气液化设施、天然气压缩设施及相关附属设施等。

城镇燃气设施执行相关法律法规规定。

第三条 本办法所称天然气包括天然气、煤层气、页岩气和煤制气等。

第四条 天然气基础设施建设和运营管理工作应当坚持统筹规划、分级管理、明确责任、确保供应、规范服务、加强监管的原则，培育和形成平等参与、公平竞争、有序发展的天然气市场。

第五条 国家发展改革委、国家能源局负责全国的天然气基础设施建设和运营的管理工作。

县级以上地方人民政府天然气主管部门负责本行政区域的天然气基础设施建设和运营的行业管理工作。

第六条 国家鼓励、支持各类资本参与投资建设纳入统一规划的天然气基础设施。

国家能源局和县级以上地方人民政府天然气主管部门应当加强对天然气销售企业、天然气基础设施运营企业和天然气用户履行本办法规定义务情况的监督管理。

第七条 国家鼓励、支持天然气基础设施先进技术和装备的研发，经验证符合要求的优先推广应用。

第二章 天然气基础设施规划和建设

第八条 国家对天然气基础设施建设实行统筹规划。天然气基础设施发展规划应当遵循因地制宜、安全、环保、节约用地和经济合理的原则。

第九条 国家发展改革委、国家能源局根据国民经济和社会发展总体规划、全国主体功能区规划要求，结合全国天然气资源供应和市场需求情况，组织编制全国天然气基础设施发展规划。

省、自治区、直辖市人民政府天然气主管部门依据全国天然气基础设施发展规划并结合本行政区域实际情况，组织编制本行政区域天然气基础设施发展规划，并抄报国家发展改革委和国家能源局。

天然气基础设施发展规划实施过程中，规划编制部门要加强跟踪监测，开展中期评估，确有必要调整的，应当履行原规划编制审批程序。

第十条 天然气基础设施发展规划应当包括天然气气源、供应方式及其规模，天然气消费现状、需求预测，天然气输送管道、储气设施等基础设施建设现状、发展目标、项目布局、用地、用海和用岛需求、码头布局与港口岸线利用、建设投资和保障措施等内容。

第十一条 天然气基础设施项目建设应当按照有关规定履行审批、核准或者备案手续。申请审批、核准或者备案的天然气基础设施项目应当符合本办法第九条所述规划。对未列入规划但又急需建设的项目，应当严格规范审查程序，经由规划编制部门委托评估论证确有必要的，方可履行审批、核准或者备案手续。未履行审批、核准或者备案手续的天然气基础设施项目不得开工建设。

由省、自治区、直辖市人民政府审批或者核准的天然气基础设施项目的批复文件，应当抄报国家发展改革委。

第十二条 天然气基础设施建设应当遵守有关工程建设管理的法律法规的规定，符合国家有关工程建设标准。

经审批、核准或者备案的天然气基础设施项目建设期间，原审批、核准或者备案部门可以自行组织或者以委托方式对审批、核准或者备案事项进行核查。

第十三条 经审批的天然气基础设施项目建成后，原审批部门应当按照国家有关规定进行竣工验收。

经核准、备案的天然气基础设施项目建成后，原核准、备案部门可以自行组织或者以委托方式对核准、备案事项进行核查，对不符合要求的书面通知整改。项目单位应当按照国家有关规定组织竣工验收，并自竣工验收合格之日起三十日内，将竣工验收情况报原核准、备案部门备案。

第十四条 国家鼓励、支持天然气基础设施相互连接。

相互连接应当坚持符合天然气基础设施发展规划、保证天然气基础设施运营安全、保障现有用户权益、提高天然气管道网络化水平和企业协商确定为主的原则。必要时，国家发展改革委、国家能源局和省、自治区、直辖市人民政府天然气主管部门给予协调。

第十五条 天然气基础设施发展规划在编制过程中应当考虑天然气基础设施之间的相互连接。

互连管道可以作为单独项目进行投资建设，或者纳入相互连接的天然气基础设施项目。互连管道的投资分担、输供气和维护等事宜由相关企业协商确定，并应当互为对方提供必要的便利。

天然气基础设施项目审批、核准的批复文件中应对连接方案提出明确要求。

第三章 天然气基础设施运营和服务

第十六条 天然气基础设施运营企业同时经营其他天

然气业务的，应当建立健全财务制度，对天然气基础设施的运营业务实行独立核算，确保管道运输、储气、气化、液化、压缩等成本和收入的真实准确。

第十七条　国家能源局及其派出机构负责天然气基础设施公平开放监管工作。天然气基础设施运营企业应当按照规定公布提供服务的条件、获得服务的程序和剩余服务能力等信息，公平、公正地为所有用户提供管道运输、储气、气化、液化和压缩等服务。

天然气基础设施运营企业不得利用对基础设施的控制排挤其他天然气经营企业；在服务能力具备的情况下，不得拒绝为符合条件的用户提供服务或者提出不合理的要求。现有用户优先获得天然气基础设施服务。

国家建立天然气基础设施服务交易平台。

第十八条　天然气基础设施运营企业应当遵守价格主管部门有关管道运输、储气、气化等基础设施服务价格的规定，并与用户签订天然气基础设施服务合同。

第十九条　通过天然气基础设施销售的天然气应当符合国家规定的天然气质量标准，并符合天然气基础设施运营企业的安全和技术要求。

天然气基础设施运营企业应当建立健全天然气质量检测制度。不符合前款规定的，天然气基础设施运营企业可以拒绝提供运输、储存、气化、液化和压缩等服务。

全国主干管网的国家天然气热值标准另行制定。

第二十条　天然气基础设施需要永久性停止运营的，运营企业应当提前一年告知原审批、核准或者备案部门、供气区域县级以上地方人民政府天然气主管部门，并通知天然气销售企业和天然气用户，不得擅自停止运营。

天然气基础设施停止运营、封存、报废的，运营企业应当按照国家有关规定处理，组织拆除或者采取必要的安全防护措施。

第二十一条　天然气销售企业、天然气基础设施运营企业和天然气用户应当按照规定报告真实准确的统计信息。

有关部门应当对企业报送的涉及商业秘密的统计信息采取保密措施。

第四章　天然气运行调节和应急保障

第二十二条　县级以上地方人民政府天然气运行调节部门应当会同同级天然气主管部门、燃气管理部门等，实施天然气运行调节和应急保障。

天然气销售企业、天然气基础设施运营企业和城镇天然气经营企业应当共同负责做好安全供气保障工作，减少事故性供应中断对用户造成的影响。

第二十三条　县级以上地方人民政府天然气运行调节部门应当会同同级天然气主管部门、燃气管理部门等，加强天然气需求侧管理。

国家鼓励具有燃料或者原料替代能力的天然气用户签订可中断购气合同。

第二十四条　通过天然气基础设施进行天然气交易的双方，应当遵守价格主管部门有关天然气价格管理规定。

天然气可实行居民用气阶梯价格、季节性差价、可中断气价等差别性价格政策。

第二十五条　天然气销售企业应当建立天然气储备，到2020年拥有不低于其年合同销售量10%的工作气量，以满足所供应市场的季节（月）调峰以及发生天然气供应中断等应急状况时的用气要求。城镇天然气经营企业应当承担所供应市场的小时调峰供气责任。由天然气销售企业和城镇天然气经营企业具体协商确定所承担的供应市场日调峰供气责任，并在天然气购销合同中予以约定。

天然气销售企业之间因天然气贸易产生的天然气储备义务转移承担问题，由当事双方协商确定并在天然气购销合同中予以约定。

天然气销售企业和天然气用户之间对各自所承担的调峰、应急供用气等具体责任，应当依据本条规定，由当事双方协商确定并在天然气购销合同中予以约定。

县级以上地方人民政府应当建立健全燃气应急储备制度，组织编制燃气应急预案，采取综合措施提高燃气应急保障能力，至少形成不低于保障本行政区域平均3天需求量的应急储气能力，在发生天然气输送管道事故等应急状况时必须保证与居民生活密切相关的民生用气供应安全可靠。

第二十六条　可中断用户的用气量不计入计算天然气储备规模的基数。

承担天然气储备义务的企业可以单独或者共同建设储气设施储备天然气，也可以委托代为储备。

国家采取措施鼓励、支持企业建立天然气储备，并对天然气储备能力达到一定规模的企业，在政府服务等方面给予重点优先支持。

第二十七条　天然气基础设施运营企业应当依据天然气运输、储存、气化、液化和压缩等服务合同的约定和调峰、应急的要求，在保证安全的前提下确保天然气基础设施的正常运行。

第二十八条　县级以上地方人民政府天然气运行调节部门、天然气主管部门、燃气管理部门应当会同有关部门和企业制定本行政区域天然气供应应急预案。

天然气销售企业应当会同天然气基础设施运营企业、天然气用户编制天然气供应应急预案，并报送所供气区域县级以上地方人民政府天然气运行调节部门、天然气主管部门和燃气管理部门备案。

第二十九条　天然气销售企业需要大幅增加或者减少

供气（包括临时中断供气）的，应当提前72小时通知天然气基础设施运营企业、天然气用户，并向供气区域县级以上地方人民政府天然气运行调节部门、天然气主管部门和燃气管理部门报告，同时报送针对大幅减少供气（包括临时中断供气）情形的措施方案，及时做出合理安排，保障天然气稳定供应。

天然气用户暂时停止或者大幅减少提货的，应当提前48小时通知天然气销售企业、天然气基础设施运营企业，并向供气区域县级以上地方人民政府天然气运行调节部门、天然气主管部门和燃气管理部门报告。

天然气基础设施运营企业需要临时停止或者大幅减少服务的，应当提前半个月通知天然气销售企业、天然气用户，并向供气区域县级以上地方人民政府天然气运行调节部门、天然气主管部门和燃气管理部门报送措施方案，及时做出合理安排，保障天然气稳定供应。

因突发事件影响天然气基础设施提供服务的，天然气基础设施运营企业应当及时向供气区域县级以上地方人民政府天然气运行调节部门、天然气主管部门和燃气管理部门报告，采取紧急措施并及时通知天然气销售企业、天然气用户。

第三十条　县级以上地方人民政府天然气运行调节部门、天然气主管部门和燃气管理部门应当会同有关部门和企业对天然气供求状况实施监测、预测和预警。天然气供应应急状况即将发生或者发生的可能性增大时，应当提请同级人民政府及时发布应急预警。

天然气基础设施运营企业、天然气销售企业及天然气用户应当向天然气运行调节部门、天然气主管部门报送生产运营信息及第二十九条规定的突发情形。有关部门应对企业报送的涉及商业秘密的信息采取保密措施。

第三十一条　发生天然气资源锐减或者中断、基础设施事故及自然灾害等造成天然气供应紧张状况时，天然气运行调节部门可以会同同级天然气主管部门采取统筹资源调配、协调天然气基础设施利用、施行有序用气等紧急处置措施，保障天然气稳定供应。省、自治区、直辖市天然气应急处理工作应当服从国家发展改革委的统一安排。

天然气销售企业、天然气基础设施运营企业和天然气用户应当服从应急调度，承担相关义务。

第五章　法律责任

第三十二条　对不符合本办法第九条所述规划开工建设的天然气基础设施项目，由项目核准、审批部门通知有关部门和机构，在职责范围内依法采取措施，予以制止。

第三十三条　违反本办法第十六条规定，未对天然气基础设施运营业务实行独立核算的，由国家能源局及其派出机构给予警告，责令限期改正。

第三十四条　违反本办法第十七条规定，拒绝为符合条件的用户提供服务或者提出不合理要求的，由国家能源局及其派出机构责令改正。违反《反垄断法》的，由反垄断执法机构依据《反垄断法》追究法律责任。

第三十五条　违反本办法第十八条规定的，由价格主管部门依据《价格法》《价格违法行为行政处罚规定》等法律法规予以处罚。

第三十六条　违反本办法第二十条规定，擅自停止天然气基础设施运营的，由天然气主管部门给予警告，责令其尽快恢复运营；造成损失的，依法承担赔偿责任。

第三十七条　违反本办法第二十五条规定，未履行天然气储备义务的，由天然气主管部门给予警告，责令改正；造成损失的，依法承担赔偿责任。

第三十八条　违反本办法第二十九条规定的，由天然气运行调节部门给予警告，责令改正；造成损失的，依法承担赔偿责任。

第三十九条　相关主管部门未按照本办法规定履行职责的，对直接负责的主管人员和其他直接责任人员依法进行问责和责任追究。

第六章　附则

第四十条　本办法中下列用语的含义是：

（一）天然气输送管道：是指提供公共运输服务的输气管道及附属设施，不包括油气田、液化天然气接收站、储气设施、天然气液化设施、天然气压缩设施、天然气电厂等生产作业区内和城镇燃气设施内的管道。

（二）液化天然气接收站：是指接收进口或者国产液化天然气（LNG），经气化后通过天然气输送管道或者未经气化进行销售或者转运的设施，包括液化天然气装卸、存储、气化及附属设施。

（三）储气设施：是指利用废弃的矿井、枯竭的油气藏、地下盐穴、含水构造等地质条件建设的地下储气空间和建造的储气容器及附属设施，通过与天然气输送管道相连接实现储气功能。

（四）天然气液化设施：是指通过低温工艺或者压差将气态天然气转化为液态天然气的设施，包括液化、储存及附属设施。

（五）天然气压缩设施：是指通过增压设施提高天然气储存压力的设施，包括压缩机组、储存设备及附属设施。

（六）天然气销售企业：是指拥有稳定且可供的天然气资源，通过天然气基础设施销售天然气的企业。

（七）天然气基础设施运营企业：是指利用天然气基础设施提供天然气运输、储存、气化、液化和压缩等服务的企业。

（八）城镇天然气经营企业：是指依法取得燃气经营许

可，通过城镇天然气供气设施向终端用户输送、销售天然气的企业。

（九）天然气用户：是指通过天然气基础设施向天然气销售企业购买天然气的单位，包括城镇天然气经营企业和以天然气为工业生产原料使用的用户等，但不包括城镇天然气经营企业供应的终端用户。

（十）调峰：是指为解决天然气基础设施均匀供气与天然气用户不均匀用气的矛盾，采取的既保证用户的用气需求，又保证天然气基础设施安全平稳经济运行的供用气调度管理措施。

（十一）应急：是指应对处置突然发生的天然气中断或者严重失衡等事态的经济行动及措施。如发生进口天然气供应中断或者大幅度减少，国内天然气产量锐减，天然气基础设施事故，异常低温天气，以及其他自然灾害、事故灾难等造成天然气供应异常时采取的紧急处置行动。

（十二）可中断用户：是指根据供气合同的约定，在用气高峰时段或者发生应急状况时，经过必要的通知程序，可以对其减少供气或者暂时停止供气的天然气用户。

第四十一条　本办法由国家发展改革委负责解释。各省、自治区、直辖市可在本办法规定范围内结合本地实际制定相关实施细则。

第四十二条　本办法自 2014 年 4 月 1 日起实施。

中华人民共和国国家发展和改革委员会令

主任徐绍史

2014 年 2 月 28 日

政府机关及公共机构购买新能源汽车实施方案

为了贯彻落实《国务院关于加快发展节能环保产业的意见》（国发〔2013〕30 号）和《国务院关于印发大气污染防治行动计划的通知》（国发〔2013〕37 号），推进政府机关及公共机构购买新能源汽车工作，制定本方案。

一、指导思想

深入贯彻落实党的十八大和十八届三中全会精神，按照统一部署、因地制宜、分类推进、逐步推广的原则，在各级政府机关及公共机构推广和应用新能源汽车，并逐步完善相关政策和配套设施，不断扩大应用规模，促进新能源汽车产业技术进步和优化升级，推动节能环保产业发展，防治大气污染，加强生态文明建设

二、总体目标

（一）新能源汽车购买规模逐年扩大。

2014—2016 年，中央国家机关以及纳入财政部、科技部、工业和信息化部、发展改革委备案范围的新能源汽车推广应用城市的政府机关及公共机构购买的新能源汽车占当年配备更新总量的比例不低于 30%，以后逐年提高。除上述政府机关及公共机构外，各省（区、市）其他政府机关及公共机构，2014 年购买的新能源汽车占当年配备更新总量的比例不低于 10%（其中京津冀、长三角、珠三角细微颗粒物治理任务较重区域的政府机关及公共机构购买比例不低于 15%）；2015 年不低于 20%；2016 年不低于 30%，以后逐年提高。

（二）配套基础设施逐步完备。

按照“企业投资为主、政府鼓励引导、形成工作合力、积极稳妥推进”的原则，充分调动社会各方面积极性，加强新能源汽车充电设施建设，保障充电需求，建成与使用规模相适应、满足新能源汽车运行需要的充电设施及服务体系。充电接口与新能源汽车数量比例不低于 1∶1。

（三）运行保障制度逐步完善。

公共机构节能管理部门应当制定新能源汽车配备更新、日常使用、处置等配套管理制度，会同有关部门建立责任明确、保障到位的工作机制。

三、实施范围

（一）机构范围。

本方案所称政府机关及公共机构包括：全部或部分使用财政资金的国家机关、事业单位和团体组织。政府机关中以中央国家机关、省级政府机关为重点；其他公共机构中以教育、科技、文化、卫生、体育等系统为重点。

（二）车型范围。

本方案所称新能源汽车，是指纯电动、插电式混合动力（含增程式）和燃料电池汽车。以城区内行驶为主、运行路线相对固定的公务用车，应当选用纯电动汽车。高寒地区可选用插电式混合动力（含增程式）汽车。

（三）应用范围。

政府机关及公共机构购买机动车辆应当优先选用新能源汽车。其中，用于机要通信、相对固定路线执法执勤、通勤等车辆配备更新时应当使用新能源汽车。鼓励在环卫、邮政、旅游、公交等更多领域和更广泛用途购买使用新能源汽车。

四、主要措施

（一）规范新能源汽车采购管理。

1. 新能源汽车管理要严格执行现行公务用车编制管理有关规定，不得超过核定的编制数量。

2. 政府机关及公共机构编报年度公务用车配备更新计划时，应当明确购买新能源汽车的数量、比例等，公共机构节能管理部门根据新能源汽车购买比例下限要求严格审核并统筹安排。

3. 政府机关及公共机构使用财政性资金购买新能源汽车应当执行政府采购有关规定，从工业和信息化部定期发布的《节能与新能源汽车示范推广应用工程推荐车型目录》中选择采购车辆。省级以上人民政府应当将新能源汽车纳入政府集中采购目录并优先采购。

4. 政府机关及公共机构购买新能源汽车享受财政补贴，具体补贴标准按照中央和地方财政补贴政策执行。其中，轿车（含机要通信用车）采购价格扣除财政补贴后不得超过18万元。

5. 政府机关及公共机构购买的新能源汽车应当享受本地品牌同等补贴政策。不得设置或变相设置障碍限制购买外地品牌新能源汽车。

6. 政府机关及公共机构购买使用新能源汽车，除“整车购买”方式外，各地区可根据实际情况，探索租赁等方式使用新能源汽车。

7. 2014年底前，中央国家机关完成淘汰报废黄标车工作。地方政府按照黄标车淘汰行动计划，加快政府机关及公共机构黄标车淘汰报废进度。更新黄标车时，应当优先选用新能源汽车。

（二）建立市场化充电设施服务体系

8. 地方政府应当按照适度超前、保障使用的原则，把新能源汽车充电设施作为城市公共基础设施，纳入城市建设发展总体规划中，整合社会资源，出台相关政策，鼓励具有资质的企业充分竞争，参与升级改造传统加油（气）站、新建充电设施等基础设施建设以及运营维护。

9. 政府机关及公共机构新增或改造的停车场，应当结合新能源汽车配备更新计划，充分考虑新能源汽车充电需求，设置新能源汽车专用停车位并配建充电桩。随着新能源汽车购买比例的增加，在现有停车场中逐步增设充电桩。

10. 充电设施运营维护企业，由公共机构节能管理部门通过政府采购方式确定。

（三）优化新能源汽车使用环境

11. 各级财政部门会同公共机构节能管理部门，制定新能源汽车充电、维护等运行费用定额标准，核定运行费用，列入部门预算。新能源汽车使用单位按照规定标准向运营企业支付费用。

12. 地方政府在制定和执行机动车限号行驶、牌照额度拍卖、购车配额指标、道路优先通行等制度方面，应当对新能源汽车适当给予政策优惠，鼓励购买和使用新能源汽车。

13. 供电企业应当积极做好新能源汽车充电设施的供电保障服务工作，采取分时电价机制引导用车单位合理安排充电时间，提高电能利用率。

14. 充电设施运营维护企业应当建立新能源汽车和基础设施信息化管理服务平台，对车辆、动力电池和充电设施进行实时管理，提高车辆故障和事故的应急处理能力，保障新能源汽车安全、高效运行。

五、工作要求

（一）国家机关事务管理局会同财政部、科技部、工业和信息化部、发展改革委统筹协调全国政府机关及公共机构购买新能源汽车的政策指导、监督考核工作。各省（区、市）政府机关及公共机构购买新能源汽车工作由公共机构节能管理部门组织实施。

（二）自2015年开始，各省（区、市）公共机构节能管理部门应当按年度统计汇总上一年度本省（区、市）新能源汽车配备情况、累计行驶里程、能耗、费用等情况，于3月31日前报送国家机关事务管理局。

（三）各级公共机构节能管理部门应当加强对新能源汽车购买情况的监督检查，将执行情况纳入公共机构节约能源资源和公务用车管理绩效评价考核范围。对工作进展缓慢、未达到购买比例要求的，予以通报；对弄虚作假、造成不良影响的，责令整改，并追究有关领导责任。

（四）即将实行公务用车制度改革的政府机关及公共机构购买新能源汽车，应当统筹考虑公务用车制度改革进程，在核定保留车辆范围内实施；各省（区、市）将新能源汽车各年度购买比例逐级分解细化，明确责任，提出具体落实措施。

（五）深入开展宣传教育活动，提高政府机关及公共机构工作人员对推广使用新能源汽车节能环保、改善环境重要意义的认识，充分发挥政府机关及公共机构示范引导作用，形成有利于新能源汽车大规模使用的社会舆论氛围，促进新能源汽车产业发展，建设资源节约型、环境友好型社会。

国管局
财政部
科技部
工业和信息化部
发展改革委
2014年6月11日

国务院办公厅关于加快新能源汽车推广应用的指导意见

各省、自治区、直辖市人民政府，国务院各部委、各直属机构：

为全面贯彻落实《国务院关于印发节能与新能源汽车产业发展规划（2012—2020年）的通知》（国发〔2012〕22号），加快新能源汽车的推广应用，有效缓解能源和环境压力，促进汽车产业转型升级，经国务院批准，现提出以下指导意见：

一、总体要求

（一）指导思想

贯彻落实发展新能源汽车的国家战略，以纯电驱动为新能源汽车发展的主要战略取向，重点发展纯电动汽车、插电式（含增程式）混合动力汽车和燃料电池汽车，以市场主导和政府扶持相结合，建立长期稳定的新能源汽车发展政策体系，创造良好发展环境，加快培育市场，促进新能源汽车产业健康快速发展。

（二）基本原则

创新驱动，产学研用结合。新能源汽车生产企业和充电设施生产建设运营企业要着力突破关键核心技术，加强商业模式创新和品牌建设，不断提高产品质量，降低生产成本，保障产品安全和性能，为消费者提供优质服务。

政府引导，市场竞争拉动。地方政府要相应制定新能源汽车推广应用规划，促进形成统一、竞争、有序的市场环境。建立和规范市场准入标准，鼓励社会资本参与新能源汽车生产和充电运营服务。

双管齐下，公共服务带动。把公共服务领域用车作为新能源汽车推广应用的突破口，扩大公共机构采购新能源汽车的规模，通过示范使用增强社会信心，降低购买使用成本，引导个人消费，形成良性循环。

因地制宜，明确责任主体。地方政府承担新能源汽车推广应用主体责任，要结合地方经济社会发展实际，制订具体实施方案和工作计划，明确工作要求和时间进度，确保完成各项目标任务。

二、加快充电设施建设

（三）制定充电设施发展规划和技术标准。完善充电设施标准体系建设，制定实施新能源汽车充电设施发展规划，鼓励社会资本进入充电设施建设领域，积极利用城市中现有的场地和设施，推进充电设施项目建设，完善充电设施布局。电网企业要做好相关电力基础网络建设和充电设施报装增容服务等工作。

（四）完善城市规划和相应标准。将充电设施建设和配套电网建设与改造纳入城市规划，完善相关工程建设标准，明确建筑物配建停车场、城市公共停车场预留充电设施建设条件的要求和比例。加快形成以使用者居住地、驻地停车位（基本车位）配建充电设施为主体，以城市公共停车位、路内临时停车位配建充电设施为辅助，以城市充电站、换电站为补充的，数量适度超前、布局合理的充电设施服务体系。研究在高速公路服务区配建充电设施，积极构建高速公路城际快充网络。

（五）完善充电设施用地政策。鼓励在现有停车场（位）等现有建设用地上设立他项权利建设充电设施。通过设立他项权利建设充电设施的，可保持现有建设用地已设立的土地使用权及用途不变。在符合规划的前提下，利用现有建设用地新建充电站的，可采用协议方式办理相关用地手续。政府供应独立新建的充电站用地，其用途按城市规划确定的用途管理，应采取招标拍卖挂牌方式出让或租赁方式供应土地，可将建设要求列入供地条件，底价确定可考虑政府支持的要求。供应其他建设用地需配建充电设施的，可将配建要求纳入土地供应条件，依法妥善处理充电设施使用土地的产权关系。严格充电站的规划布局和建设标准管理。严格充电站用地改变用途管理，确需改变用途的，应依法办理规划和用地手续。

（六）完善用电价格政策。充电设施经营企业可向电动汽车用户收取电费和充电服务费。2020 年前，对电动汽车充电服务费实行政府指导价管理。对向电网经营企业直接报装接电的经营性集中式充电设施用电，执行大工业用电价格；对居民家庭住宅、居民住宅小区等非经营性分散充电桩按其所在场所执行分类目录电价；对党政机关、企事业单位和社会公共停车场中设置的充电设施用电执行一般工商业及其他类用电价格。电动汽车充电设施用电执行峰谷分时电价政策。将电动汽车充电设施配套电网改造成本纳入电网企业输配电价。

（七）推进充电设施关键技术攻关。依托国家科技计划加强对新型充电设施及装备技术、前瞻性技术的研发，对关键技术的检测认证方法、充电设施消防安全规范以及充电网络监控和运营安全等方面给予科技支撑。支持企业探索发展适应行业特征的充电模式，实现更安全、更方便的充电。

（八）鼓励公共单位加快内部停车场充电设施建设。具备条件的政府机关、公共机构及企事业等单位新建或改造停车场，应当结合新能源汽车配备更新计划，充分考虑职工购买新能源汽车的需要，按照适度超前的原则，规划设置新能源汽车专用停车位、配建充电桩。

（九）落实充电设施建设责任。地方政府要把充电设施及配套电网建设与改造纳入城市建设规划，因地制宜制定充电设施专项建设规划，在用地等方面给予政策支持，对建设运营给予必要补贴。电网企业要配合政府做好充电设施建设规划。

三、积极引导企业创新商业模式

（十）加快售后服务体系建设。进一步放宽市场准入，鼓励和支持社会资本进入新能源汽车充电设施建设和运营、整车租赁、电池租赁和回收等服务领域。新能源汽车生产企业要积极提高售后服务水平，加快品牌培育。地方政府可通过给予特许经营权等方式保护投资主体初期利益，商业场所可将充电费、服务费与停车收费相结合给予优惠，个人拥有的充电设施也可对外提供充电服务，地方政府负责制定相应的服务标准。研究制定动力电池回收利用政策，探索利用基金、押金、强制回收等方式促进废旧动力电池回收，建立健全废旧动力电池循环利用体系。

（十一）积极鼓励投融资创新。在公共服务领域探索公交车、出租车、公务用车的新能源汽车融资租赁运营模式，在个人使用领域探索分时租赁、车辆共享、整车租赁以及按揭购买新能源汽车等模式，及时总结推广科学有效的做法。

（十二）发挥信息技术的积极作用。不断提高现代信息技术在新能源汽车商业运营模式创新中的应用水平，鼓励互联网企业参与新能源汽车技术研发和运营服务，加快智能电网、移动互联网、物联网、大数据等新技术应用，为新能源汽车推广应用带来更多便利和实惠。

四、推动公共服务领域率先推广应用

（十三）扩大公共服务领域新能源汽车应用规模。各地区、各有关部门要在公交车、出租车等城市客运以及环卫、物流、机场通勤、公安巡逻等领域加大新能源汽车推广应用力度，制订机动车更新计划，不断提高新能源汽车运营比重。新能源汽车推广应用城市新增或更新车辆中的新能源汽车比例不低于 30%。

（十四）推进党政机关和公共机构、企事业单位使用新能源汽车。2014—2016 年，中央国家机关以及新能源汽车推广应用城市的政府机关及公共机构购买的新能源汽车占当年配备更新车辆总量的比例不低于 30%，以后逐年扩大应用规模。企事业单位应积极采取租赁和完善充电设施等措施，鼓励本单位职工购买使用新能源汽车，发挥对社会的示范引领作用。

五、进一步完善政策体系

（十五）完善新能源汽车推广补贴政策。对消费者购买符合要求的纯电动汽车、插电式（含增程式）混合动力汽车、燃料电池汽车给予补贴。中央财政安排资金对新能源汽车推广应用规模较大和配套基础设施建设较好的城市或企业给予奖励，奖励资金用于充电设施建设等方面。有关方面要抓紧研究确定 2016—2020 年新能源汽车推广应用的财政支持政策，争取于 2014 年底前向社会公布，及早稳定企业和市场预期。

（十六）改革完善城市公交车成品油价格补贴政策。城市公交车行业是新能源汽车推广的优先领域，通过逐步减少对城市公交车燃油补贴和增加对新能源公交车运营补贴，将补贴额度与新能源公交车推广目标完成情况相挂钩，形成鼓励新能源公交车应用、限制燃油公交车增长的机制，加快新能源公交车替代燃油公交车步伐，促进城市公交行业健康发展。

（十七）给予新能源汽车税收优惠。2014 年 9 月 1 日至 2017 年 12 月 31 日，对纯电动汽车、插电式（含增程式）混合动力汽车和燃料电池汽车免征车辆购置税。进一步落实《中华人民共和国车船税法》及其实施条例，研究完善节约能源和新能源汽车车船税优惠政策，并做好车船税减免工作。继续落实好汽车消费税政策，发挥税收政策鼓励新能源汽车消费的作用。

（十八）多渠道筹集支持新能源汽车发展的资金。建立长期稳定的发展新能源汽车的资金来源，重点支持新能源汽车技术研发、检验测试和推广应用。

（十九）完善新能源汽车金融服务体系。鼓励银行业金融机构基于商业可持续原则，建立适应新能源汽车行业特点的信贷管理和贷款评审制度，创新金融产品，满足新能源汽车生产、经营、消费等各环节的融资需求。支持符合条件的企业通过上市、发行债券等方式，拓宽企业融资渠道。鼓励汽车金融公司发行金融债券，开展信贷资产证券化，增加其支持个人购买新能源汽车的资金来源。

（二十）制定新能源汽车企业准入政策。研究出台公开透明、操作性强的新建新能源汽车生产企业投资项目准入条件，支持社会资本和具有技术创新能力的企业参与新能源汽车科研生产。

（二十一）建立企业平均燃料消耗量管理制度。制定实施基于汽车企业平均燃料消耗量的积分交易和奖惩办法，在考核企业平均燃料消耗量时对新能源汽车给予优惠，鼓励新能源汽车的研发生产和销售使用。

（二十二）实行差异化的新能源汽车交通管理政策。有关地区为缓解交通拥堵采取机动车限购、限行措施时，应当对新能源汽车给予优惠和便利。实行新能源汽车独立分类注册登记，便于新能源汽车的税收和保险分类管理。在机动车行驶证上标注新能源汽车类型，便于执法管理中有效识别区分。改进道路交通技术监控系统，通过号牌自动识别系统对新能源汽车的通行给予便利。

六、坚决破除地方保护

（二十三）统一标准和目录。各地区要严格执行全国统一的新能源汽车和充电设施国家标准和行业标准，不得自行制定、出台地方性的新能源汽车和充电设施标准。各地区要执行国家统一的新能源汽车推广目录，不得采取制定地方推广目录、对新能源汽车进行重复检测检验、要求汽车生产企业在本地设厂、要求整车企业采购本地生产的电池、电机等零部件等违规措施，阻碍外地生产的新能源汽车进入本地市场，以及限制或变相限制消费者购买外地及某一类新能源汽车。

（二十四）规范市场秩序。有关部门要加强对新能源汽车市场的监管，推进建设统一开放、有序竞争的新能源汽车市场。坚决清理取消各地区不利于新能源汽车市场发展的违规政策措施。

七、加强技术创新和产品质量监管

（二十五）加大科技攻关支持力度。通过国家科技计划，对新能源汽车储能系统、燃料电池、驱动系统、整车控制和信息系统、充电加注、试验检测等共性关键技术以及整车集成技术集中力量攻关，不断完善科技创新体系建设。

（二十六）组织实施产业技术创新工程。加快研究和开发适应市场需求、有竞争力的新能源汽车技术和产品，加大研发和检测能力投入，通过联合开发，加快突破重大关键技术，不断提高产品质量和服务能力，降低能源消耗，加快建立新能源汽车产业技术创新体系。

（二十七）完善新能源汽车产品质量保障体系。新能源汽车产品质量的责任主体是生产企业，生产企业要建立质量安全责任制，确保新能源汽车安全运行。支持建立行业性新能源汽车技术支撑平台，提高新能源汽车技术服务和测试检验水平。建立新能源汽车产品抽检制度，通过市场抽样和性能检测，加强对产品的质量监管和一致性监管。研究建立车用动力电池准入管理制度。

八、进一步加强组织领导

（二十八）加强地方政府的组织推动作用。各有关地方政府要切实加强组织领导，建立由主要负责同志牵头、各职能部门参加的新能源汽车工作联席会议制度，结合本地实际制定细化支持政策和配套措施，形成多方合力。要加强指标考核，建立以实际运营车辆和便利使用环境为主要指标的考核体系，明确工作要求和时间进度，确保按时保质完成各项目标任务。

（二十九）加强部门间的统筹协调。节能与新能源汽车产业发展部际联席会议及其办公室要及时协调解决新能源汽车推广应用中的重大问题，部门间要加强协同配合，提高工作效率。要加强对各地区的督促考核，定期在媒体公开各地区任务完成情况。财政奖励资金要与推广目标完成情况、基础设施网络配套及社会使用环境建设等挂钩，建立新能源汽车推广城市退出机制。要及时总结成功经验，在全国组织推广交流活动，促进各地相互学习借鉴、共同提高。

（三十）加强宣传引导和舆论监督。各有关部门和新闻媒体要通过多种形式大力宣传新能源汽车对降低能源消耗、减少污染物排放的重大作用，组织业内专家解读新能源汽车的综合成本优势。要通过媒体宣传，提高全社会对新能源汽车的认知度和接受度，同时对损害消费者权益、弄虚作假等行为给予曝光，形成有利于新能源汽车消费的氛围。

国务院办公厅

2014 年 7 月 14 日

国家发展改革委关于电动汽车用电价格政策有关问题的通知

发改价格〔2014〕1668 号

各省、自治区、直辖市发展改革委、物价局，国家电网公司、南方电网公司：

为贯彻落实国务院办公厅《关于加快新能源汽车推广应用的指导意见》（国办发〔2014〕35 号）精神，利用价格杠杆促进电动汽车推广应用，现将有关事项通知如下：

一、对电动汽车充换电设施用电实行扶持性电价政策

（一）对向电网经营企业直接报装接电的经营性集中式充换电设施用电，执行大工业用电价格。2020 年前，暂免收基本电费。

（二）其他充电设施按其所在场所执行分类目录电价。其中，居民家庭住宅、居民住宅小区、执行居民电价的非居民用户中设置的充电设施用电，执行居民用电价格中的合表用户电价；党政机关、企事业单位和社会公共停车场中设置的充电设施用电执行“一般工商业及其他”类用电价格。

（三）电动汽车充换电设施用电执行峰谷分时电价政策。鼓励电动汽车在电力系统用电低谷时段充电，提高电力系统利用效率，降低充电成本。

二、对电动汽车充换电服务费实行政府指导价管理

（一）充换电设施经营企业可向电动汽车用户收取电费及充换电服务费两项费用。其中，电费执行国家规定的电价政策，充换电服务费用于弥补充换电设施运营成本。

（二）2020 年前，对电动汽车充换电服务费实行政府指导价管理。充换电服务费标准上限由省级人民政府价格主管部门或其授权的单位制定并调整。

（三）制定充换电服务费标准应遵循“有倾斜、有优惠”的原则，在国家及地方政府通过财政补贴、无偿划拨充换电设施建设场所等方式降低充换电设施建设运营成本的基础上，确保电动汽车使用成本显著低于燃油（或低于燃气）汽车使用成本，增强电动汽车在终端市场的竞争力。

（四）当电动车发展达到一定规模并在交通运输市场具有一定竞争力后，结合充换电设施服务市场发展情况，逐步放开充换电服务费，通过市场竞争形成。

三、将电动汽车充换电设施配套电网改造成本纳入电网企业输配电价

电网企业要做好电动汽车充换电配套电网建设改造工作，电动汽车充换电设施产权分界点至电网的配套接网工程，由电网企业负责建设和运行维护，不得收取接网费用，相应成本纳入电网输配电成本统一核算。

国家发展改革委

2014 年 7 月 22 日

关于免征新能源汽车车辆购置税的公告

中华人民共和国财政部国家税务总局中华人民共和国工业和信息化部

公告 2014 年第 53 号

为促进我国交通能源战略转型、推进生态文明建设、支持新能源汽车产业发展，经国务院批准，现将免征新能源汽车车辆购置税有关事项公告如下：

一、自2014年9月1日至2017年12月31日，对购置的新能源汽车免征车辆购置税。

二、对免征车辆购置税的新能源汽车，由工业和信息化部、国家税务总局通过发布《免征车辆购置税的新能源汽车车型目录》（以下简称《目录》）实施管理。

（一）列入《目录》的新能源汽车须同时符合以下条件：

1. 获得许可在中国境内销售的纯电动汽车、插电式（含增程式）混合动力汽车、燃料电池汽车。

2. 使用的动力电池不包括铅酸电池。

3. 纯电动续驶里程须符合附件1要求。

4. 插电式混合动力乘用车综合燃料消耗量（不含电能转化的燃料消耗量）与现行的常规燃料消耗量国家标准中对应目标值相比小于60%；插电式混合动力商用车综合燃料消耗量（不含电能转化的燃料消耗量）与现行的常规燃料消耗量国家标准中对应限值相比小于60%。

5. 通过新能源汽车专项检测，符合新能源汽车标准要求。具体要求见附件2。

（二）汽车生产企业或进口汽车经销商（以下简称企业）向工业和信息化部提交《目录》申请报告。具体要求见附件3。

提出申请的企业须同时符合以下条件：

1. 生产或进口符合列入《目录》条件的新能源汽车。

2. 对新能源汽车动力电池、电机、电控等关键零部件提供不低于5年或10万公里（以先到者为准）质保。

3. 有较强的售后服务保障能力。

（三）工业和信息化部会同国家税务总局等部门，对企业提交的申请材料进行审查；通过审查的车型列入《目录》，由工业和信息化部、国家税务总局发布。

自《目录》发布之日起，购置列入《目录》的新能源汽车免征车辆购置税；购置时间为机动车销售统一发票（或有效凭证）上注明的日期。

（四）财政部、国家税务总局、工业和信息化部等部门将适时组织开展《目录》车型专项检查。企业对申报材料的真实性和产品质量负责。对产品与申报材料不符，产品性能指标未达到要求，或者提供其他虚假信息骗取列入《目录》车型资格的企业，取消该申报车型享受免征车辆购置税政策资格，并依照相关规定予以处理。

（五）财政部、国家税务总局、工业和信息化部将根据我国新能源汽车标准体系发展、技术进步和车型变化，适时修订、调整列入《目录》车型的条件。

三、工业和信息化部根据《目录》确定免征车辆购置税的车辆，税务机关据此办理免税手续。

（一）标注免税标识。

1. 工业和信息化部在机动车合格证电子信息中增加“是否列入《免征车辆购置税的新能源汽车车型目录》”字段。

2. 对列入《目录》的新能源汽车，企业上传机动车整车出厂合格证信息时，在“是否列入《免征车辆购置税的新能源汽车车型目录》”字段标注“是”，即免税标识。

3. 工业和信息化部对企业上传的机动车整车出厂合格证信息中的免税标识进行审核，并将通过审核的信息传送给国家税务总局。

（二）税务机关依据工业和信息化部传送的车辆合格证电子信息中的免税标识，办理免税手续。

附件

1. 新能源汽车纯电动续驶里程要求

2. 新能源汽车产品专项检验标准目录

3.《免征车辆购置税的新能源汽车车型目录》申请报告

附件1

新能源汽车纯电动续驶里程要求

单位：km

类别	乘用车	客车	货车	专用车	测试方法
纯电动	≥80	≥150	≥80	≥80	M1、N1类采用工况法，其他暂采用40km/h等速法
插电式（含增程式）混合动力	≥50（工况法） ≥70（等速法）	≥50	≥50	≥50	M1、N1类采用工况法或60km/h等速法，其他暂采用40km/h等速法
燃料电池	≥150	≥150	≥200	≥200	M1、N1类采用工况法，其他暂采用40km/h等速法

注：1. 超级电容、钛酸锂快充纯电动客车无纯电动续驶里程要求。

2. M1类是指包括驾驶员座位在内，座位数不超过九座的载客车辆。

3. N1类是指最大设计总质量不超过3500kg的载货车辆。

附件 2

新能源汽车产品专项检验标准目录

序号	标准编号	标准名称
1	GB/T 4094.2 – 2005	电动汽车操纵件、指示器及信号装置的标志
2	GB/T 18384.1 – 2001	电动汽车安全要求 第 1 部分：车载储能装置
3	GB/T 18384.2 – 2001	电动汽车安全要求 第 2 部分：功能安全和故障防护
4	GB/T 18384.3 – 2001	电动汽车安全要求 第 3 部分：人员触电防护
5	GB/T 18385 – 2005	电动汽车动力性能试验方法
6	GB/T 18386 – 2005	电动汽车能量消耗率和续驶里程试验方法
7	GB/T 18387 – 2008	电动车辆的电磁场辐射强度的限值和测量方法宽带 9kHz – 30MHz
8	GB/T 18388 – 2005	电动汽车定型试验规程
9	GB/T 18488.1 – 2006	电动汽车用电机及其控制器 第 1 部分：技术条件
10	GB/T 18488.2 – 2006	电动汽车用电机及其控制器 第 2 部分：试验方法
11	GB/T 19750 – 2005	混合动力电动汽车定型试验规程
12	GB/T 19751 – 2005	混合动力电动汽车安全要求
13	GB/T 19752 – 2005	混合动力电动汽车动力性能试验方法
14	GB/T 19753 – 2013	轻型混合动力电动汽车能量消耗量试验方法
15	GB/T 19754 – 2005	重型混合动力电动汽车能量消耗量试验方法
16	GB/T 19755 – 2005	轻型混合动力电动汽车污染物排放测量方法
17	GB/T 19836 – 2005	电动汽车用仪表
18	GB/T 20234.1 – 2011	电动汽车传导充电用连接装置 第 1 部分：通用要求
19	GB/T 20234.2 – 2011	电动汽车传导充电用连接装置 第 2 部分：交流充电接口
20	GB/T 20234.3 – 2011	电动汽车传导充电用连接装置 第 3 部分：直流充电接口
21 *	GB/T 24347 – 2009	电动汽车 DC/DC 变换器
22 *	GB/T 24549 – 2009	燃料电池电动汽车安全要求
23	GB/T 24552 – 2009	电动汽车风窗玻璃除霜除雾系统的性能要求及试验方法
24 *	GB/T 24554 – 2009	燃料电池发动机性能试验方法
25 *	GB/T 26779 – 2011	燃料电池电动汽车加氢口
26 *	GB/T 26990 – 2011	燃料电池电动汽车车载氢系统 技术条件
27 *	GB/T 26991 – 2011	燃料电池电动汽车 最高车速 试验方法
28	GB/T 27930 – 2011	电动汽车非车载传导式充电机与电池管理系统之间的通信协议
29	GB/T 28382 – 2012	纯电动乘用车技术条件
30 *	GB/T 29126 – 2012	燃料电池电动汽车车载氢系统 试验方法
31 *	GB/T 29307 – 2012	电动汽车用驱动电机系统可靠性试验方法
32	GB/Z 18333.2 – 2001	电动道路车辆用锌空气蓄电池
33	QC/T 741 – 2006	车用超级电容器
34	QC/T 743 – 2006	电动汽车用锂离子蓄电池
35	QC/T 744 – 2006	电动汽车用金属氢化物镍蓄电池
36 *	QC/T 838 – 2010	超级电容电动城市客车
37 *	QC/T 895 – 2011	电动汽车用传导式车载充电机
38 *	QC/T 925 – 2013	超级电容电动城市客车 定型试验规程

注：1. 序号中加“ * ”标准实施时间以工业和信息化部《车辆生产企业及产品公告》要求的实施时间为准。

2. 本目录将根据新能源汽车标准变化情况进行调整。

附件 3　《免征车辆购置税的新能源汽车车型目录》申请报告（略）

财政部

国家税务总局

工业和信息化部

2014 年 8 月 1 日

京津冀公交等公共服务领域新能源汽车推广工作方案

（2014—2015 年）

为落实国务院《大气污染防治行动计划》及相关部署，大力推动京津冀公交等公共服务领域新能源汽车应用，积极创建绿色公共交通服务体系，有效促进京津冀大气污染防治工作，努力实现京津冀大气污染防治目标，针对北京、天津、河北城市群［石家庄（含辛集）、唐山、秦皇岛、邯郸、保定（含定州）、邢台、廊坊、衡水、沧州、承德、张家口］在公交等公共服务领域新能源汽车的推广，根据京津冀三省市依据《财政部科技部工业和信息化部发展改革委关于继续开展新能源汽车推广应用工作的通知》（财建〔2013〕551 号），报送财政部等部门的 2013—2015 年《新能源汽车推广应用实施方案》，编制本工作方案。

一、公交等公共服务领域车辆及污染物排放基本情况

公交、出租等公共交通领域机动车基本情况。截至 2013 年底，京津冀地区公交及出租等公共交通领域机动车为 22.28 万辆，其中公交车 5.39 万辆，出租车 16.89 万辆。北京市公交车 2.2 万辆，出租车 6.8 万辆；天津市市内公交车为 1 万辆，出租车 3.19 万辆；河北省内公交车共 2.19 万辆，出租车 6.9 万辆。

机动车排放污染及控制情况。京津冀地区近年来细颗粒物污染严重，雾霾天气频发，虽然京津冀地区陆续通过机动车总量调控及交通限行等方式加大了对机动车污染物排放量的控制，但由于机动车保有量基数大、增量高，机动车排放在大气细颗粒物污染占比居高不下，2014 年，京津冀地区 20% ~35% 细颗粒物来自机动车尾气排放。公交等公共服务领域车辆具有日均行驶里程长、单车污染物排放量高等特点，单车污染物年排放总量远高于私家车，在公交等公共服务领域大力推广新能源汽车，将有助于有效降低大气污染物含量，改善空气质量。

二、工作基础

（一）组织机制

我国从 2009 年起实施国家“十城千辆”节能与新能源汽车示范推广工作，在此基础上，京津冀地区均已设立了新能源汽车推广应用的组织机构，由直辖市/省主管领导作为总负责人，涉及部门涵盖了新能源汽车技术创新、购买使用、运营维护、充电设施建设等各个方面，通过建立联席会议制度或领导小组/办公室的组织形式通报工作进展、协调重大事项、议定重要决议，并设立常设办公机构处理日常工作，还通过专家委员会等方式对新能源汽车推广应用工作进行技术指导与效果评估，基本保障了新能源汽车推广应用工作健康、有序进行。

（二）配套政策

京津冀地区结合各自城市（地区）特点，在公共服务领域新能源汽车购买、使用及充电设施建设等方面陆续出台了一系列支持政策。北京市 2011 年底发布了《北京市纯电动汽车示范推广市级补助暂行办法》（有效期至 2016 年 12 月 31 日），对纯电动汽车市场补助标准、电池租赁费用及充电服务费用等予以明确；此外，北京市发展改革委对公共服务领域基础设施建设、公共场所私人用基础设施建设提供总项目投资 30% 的补贴资金。天津市市区两级财政共同出资，市级财政补贴适用全市，各区县和功能区财政补贴主要用于本区域内新能源车推广应用。出台新能源汽车不参加摇号，直接进行牌照办理优惠政策，放宽电动专用车辆上路运营限制。河北省构建了中央、省级、市级三级财政补贴政策；建立了购车、用车、能源补给多层次的补贴体系；各示范推广城市政府部门优先采购新能源汽车，新增或更新的公务、物流、环卫车辆中新能源汽车比例不低于 30%，并按照一定比例逐年提高新能源汽车的占有量。推行运营的新能源汽车免征车牌费、省内高速、停车费减免等税费优惠政策。

（三）车辆推广

2009—2013 年，北京市、天津市、唐山市被列入国家“十城千辆”节能与新能源汽车示范推广试点城市，截至 2013 年底，三个城市在公交等公共服务领域共推广新能源汽车共计 5755 辆，分别为：北京市 5375 辆、天津市 353 辆、唐山市 93 辆。应用领域包括公交、出租、租赁、环卫、邮政、物流等。经过几年运行，京津冀地区累计减排二氧化碳近 10 万吨，节约燃油超过 3 万吨，节能减排取得一定成效。

表 1　截至 2013 年底京津冀新能源汽车推广应用情况

单位：辆

类别	北京	天津	唐山	合计
公交	1306	137	90	1481
出租车（含租赁车辆）	1944	120	0	2071
专用车（邮政、环卫、物流等）	1909	82	3	1987
公务车	216	14	0	216
车辆合计	5375	353	93	5755

（四）基础设施

截至 2013 年底，京津冀地区共建设充换电站 18 座，充电桩 3454 个，基本满足公交等公共服务领域新能源汽车运行。其中，北京市已建成 5 座大中型充换电站，2 座公交直充站，并充分利用桥下空间、P+R停车场等建成2883个充电桩；天津市已建成充换电站9座、交流充电桩471个并投入运营；河北省投入建设充电站3个，建设充电桩100个。

（五）运营保障

为保障新能源汽车运行安全，京津冀地区均投入建设了新能源汽车公共交通运营保障平台，其中北京市搭建了万辆级电动汽车运营保障平台，实现电动车辆在线监控和故障实时处理，累计完成了4000余人次的人员培训工作，平台能实现充电预约、充电导引、车辆信息查询及充电站信息查询等客户服务业务。天津市通过建设新能源汽车运行监控平台，实时掌握车辆运行数据信息，保障车辆安全运行。河北省唐山市已建立了电动汽车运行智能监测平台，开发出了电动汽车智能通讯管理系统，实现了对电动汽车动态数据采集功能，实现了车辆实时监控，包括车辆运行位置、电池参数、故障代码等。

（六）商业模式

北京市、唐山市已形成整车销售、电池租赁等相结合的新能源汽车商业运营模式，以及慢充、快充、换电等相结合的能源供给方式。其中北京市区域电动出租车示范运营实现续驶里程、运营模式、基础设施三者的有机融合，有效治理黑车、切实改善郊区居民出行、增强新能源汽车体验，目前已在通州等9个区县投入运营1600辆，基本实现郊区县全覆盖，成为国内规模最大的电动出租车示范运营。2013年5月，北京市启动电动北京伙伴计划，采用短租、长租、分时租赁等多种模式，通过市场化机制整合停车位、基础设施、电动汽车等各方资源，重点在科技园区、高校院所和大型社区等开展共享租赁，增强消费者体验，推动基础设施建设，加快新能源汽车商业化发展。

天津市换电式纯电动公交车运营效果良好。2012年2月启动了“天津市纯电动公交车运行示范工程”，截至目前，首批换电式纯电动公交车已经充换电超过5.5万次，运行超过330万公里，搭载乘客近780万人次，在电池租赁换电模式等方面积累了成功经验。

三、总体思路与工作目标

（一）总体思路

紧密围绕国务院《大气污染防治行动计划》及相关部署，坚持政府引导与市场驱动相结合、市场开放与技术创新相结合、效果评估与政策研究相结合、新能源汽车推广与城市规划和重大项目建设相结合的原则，在推广基础好、污染物排放控制效果显著的公共服务领域大力推广新能源汽车，以公交、出租、租赁领域为重点，全面辐射市政、物流等公共服务领域。

积极探索京津冀跨区域的新能源汽车联合推广机制，初步试点京津冀城际间新能源汽车客运、货运新模式；在车辆招标采购、充电网络规划与充电设施建设等方面加强京津冀区域协作；加强区域间推广经验交流，探索建立区域间联合工作机制。适度超前规划建设京津冀公共服务充电网络，大力推动新能源汽车在京津冀地区公交等公共服务领域的推广应用。

（二）工作目标

1. 车辆推广规模

2014—2015年，在京津冀地区公共交通服务领域共推广20222辆新能源汽车。其中，北京市8507辆，天津市6000辆，河北省5715辆。到2015年底，京津冀地区公交车中新能源汽车比例不低于16%，京、津出租车中新能源汽车比例不低于5%，河北省继续做好示范城市新能源汽车的推广应用工作，新能源汽车在公交及公共服务领域的应用水平国内领先。

2. 充电设施建设

2014—2015年，京津冀地区共新建充/换电站94座，充电桩新增1.62万个。其中，北京市新增充/换电站3座、燃料电池车辆用加氢站1～2座、新增各类充电桩6748个，天津市新增公交车充换电站6座、公交车充电站49座，各类充电桩4000个，河北省新增充电站83座、各类充电桩5455个。到2015年底，京津冀地区充换电站总数将达到112座，充电桩总数将达到19657个，基本建成以保障运行为前提，建设规模适度超前的充电设施网络。

3. 污染物减排

通过在公交等公共服务领域推广新能源汽车，初步建立公交等公共交通服务领域新能源汽车推广应用格局，逐步构建绿色公共交通体系，推进环境空气质量持续改善，到2015年底，实现当年节油13万吨，降低二氧化碳排放18.5万吨，从公共交通领域改善京津冀地区空气质量。

表2　京津冀2014—2015年公交等公共服务领域新能源汽车推广目标　　单位：辆

推广应用领域	北京市	天津市	河北省	合计
公交车	1597	2000	3775	7372
出租车	2200	500	0	2700
租赁车	3000	0	0	3000
城市物流等专用车	470	3380		
环卫车等市政用车	1230	120	1940	7150
其他（燃料电池商用车）	10	0		
车辆合计	8507	6000	5715	20222
充换电站	充换电站3个，燃料电池车辆用加氢站1～2座	6	83	94
充电站		49		49
充电桩	6748	4000	5455	16203

四、具体工作与任务分解

（一）北京市

北京市计划到2015年底在公共领域推广应用新能源汽车8507辆，重点在公交、出租、租赁、货运物流、环卫等领域推广应用，在有条件的地区，推广机场内部、大型场站内部等领域使用新能源汽车。其中，推广电动公交车1597辆、电动出租车2200辆、电动租赁车3000辆、电动物流车470辆、电动环卫车1230辆、燃料电池商用车10辆。建设充换电站3座，充电桩6748个。其中5900个交流充电桩、848个直流充电桩。

表3 北京市2014—2015年公交等公共服务领域新能源汽车推广应用计划

单位：辆

推广应用领域	2014年	2015年	合计
公交车	900	697	1597
出租车	1600	600	2200
租赁车	1500	1500	3000
城市物流等专用车	110	360	470
环卫车等市政用车	1100	130	1230
其他（燃料电池商用车）	5	5	10
车辆合计	5215	3292	8507
充换电站（个）	3个充换电站，1～2座燃料电池车辆用加氢站		
充电桩（个）	3310个直流桩；570个快充桩	2590个直流桩；278个快充桩	5900个直流桩；848个快充桩

公交车：一是持续推进长安街沿线等重点线路电动化；二是积极推进BRT线路电动化；三是推进新城城区主要公交线路采用电动公交车；四是在轨道交通接驳微循环线路推广应用新能源汽车；五是充分利用现有资源推广应用双源无轨电动公交车；六是在市郊线路等推广应用增程式电动公交车；七是推动机场运营车辆电动化。到2015年推广电动公交车1597辆。

电动出租车：一是在市区出租车积极开展新能源汽车示范运营；二是进一步加快发展区域电动出租车，实现郊区县全覆盖，实行运营规模化、可持续，建设安全、绿色、便捷的交通网络。到2015年推广应用电动出租车2200辆。

电动汽车分时租赁：积极开展电动汽车分时租赁，建设电动汽车分时租赁网络，到2015年推广应用电动租赁车3000辆。

电动物流车：聚焦末端物流配送最后一公里，在邮政快递、电子商务末端物流等领域推广应用电动物流车470辆。

电动环卫车：进一步优化电动环卫车示范运营，在城市核心区逐步实现环卫车辆纯电动化，功能扩展区发展纯电动环卫车辆，推广电动环卫车1230辆。

燃料电池商用车：支持开展燃料电池客车研制及示范运营，重点针对燃料电池电堆、关键零部件、整车系统集成及研发等方面开展工作；探索燃料电池车辆配套基础设施模式，探索燃料电池车辆用加氢站规划及运营模式。到2015年，燃料电池商用车推广应用10辆。

充电设施：到2015年，建设充换电站3座，充电桩6748个，配套完成1～2座燃料电池车辆用加氢站的建设和示范应用，公用充电桩采用“政府主导、统筹建设、专业运营”的方式，公共场合规划建设不低于10%的充电设施，在五环内初步建成5公里半径快速充电网络，并建设充电桩运营管理市场机制。

（二）天津市

天津市计划到2015年底重点在公交车、出租车、邮政快递车、环卫车等领域分三年累计推广应用新能源汽车6000辆。其中，公交车2000辆，出租车500辆，邮政快递车3380辆、环卫车120辆。

表4 天津市2014—2015年公交等公共服务领域新能源汽车推广应用计划

单位：辆

推广应用领域	2014年	2015年	合计
公交车	600	1400	2000
出租车	100	400	500
租赁车	0	0	0
邮政快递车	1400	1980	3380
环卫车	30	90	120
其他	0	0	0
车辆合计	2130	3870	6000
充换电站	3	3	6
充电站	15	34	49
充电桩	1530	2470	4000

公交车：先期开展直充式公交车试验运行，同时开展插电式混合动力公交车试验运行，逐步扩大纯电动和插电式混合动力公交车投入力度，加快充换电站规划和建设，到2015年新能源公交车推广应用规模达到2000辆。其中，市区投入1500辆，滨海新区500辆。建设公交充换电站6座。

出租车：针对天津市出租车行业特性，以扩大新能源出租车推广应用规模为目标，试验运行新能源出租车，确保成功，摸索数据，加强宣传，引导全市出租车司机采用新能源车辆，力争到2015年达到500辆新能源出租车的规模。配套建设500个充电桩。

邮政快递车：加大政策支持力度，完善充电设施建设，到2014年底推广应用纯电动邮政快递车1400辆，形成示范效应，带动全市纯电动邮政快递车的逐步采用，力争2015年达到3380辆。配套建设3380个充电桩或充电接口。

环卫车：针对天津市环卫车使用现状，先行开展小规模试验运行，确定适用车型及技术参数后，组织各区县集中购置适用车型，分年度推广应用。到2015年，按照新能源车占新增和更新环卫车比例30%的原则，推广应用数量达到120辆。配套建设120个充电桩。

充电设施：到2015年底，建设公交车充换电站6座、公交车充电站49座，各类充电桩约4000个。公交车示范运行，主要建设公交车充换电站和充电站；出租车、邮政快递车、环卫车、基本按照一车一桩的原则，配套建设与其功率相匹配的充电桩，实际数量按照满足使用要求的基本条件布局建设。

（三）河北省

到2015年底，河北省包括石家庄在内的10个城市在公共交通服务领域共推广各类新能源汽车5715辆。其中主要标志性交通干线进行纯电动和插电式混合动力公交车示范运营，并逐渐向城市周边风景区、旅游线路、县市（区）扩展，共计划推广新能源公交车3775辆，改造新能源汽车公交线路196条；鼓励示范城市成立纯电动出租公司，开展出租车业务，为大面积推广探索经验，在公务、物流、环卫车辆中推广新能源汽车1940辆。

表5 河北省2014—2015年公交等公共服务领域新能源汽车推广应用计划 单位：辆

推广应用领域	2014年	2015年	合计
公交车	1395	2380	3775
出租车	0	0	0
其他公共服务领域	733	1207	1940
车辆合计	2128	3587	5715
充换电站	44	39	83
充电桩	2250	3205	5455

公交车、城际班线及厂企大巴：各示范推广城市在主要标志性交通干线进行纯电动和插电式混合动力公交车示范运营，并逐渐向城市周边风景区、旅游线路、县市（区）推广。计划从2014年至2015年推广新能源汽车3775辆，改造新能源汽车公交线路196条。

出租车：鼓励示范城市成立纯电动出租公司，开展约租车业务。

电力、邮政、环卫、物流等：大力推动新能源汽车在公务、公共机构等领域的推广应用。从2014年至2015年，完成新能源乘用车及专用车推广1940辆。

充电设施：到2015年底，河北省12个城市计划共建设83座大型标准化充电站、5455个充电桩，对于新能源公交车配套基础设施，纳入公交车场站建设规划；同时，在今后的城市居住建筑及大型公共建筑设计和建设过程中，充分考虑新能源汽车的充电需求，预留充电接口。

五、保障措施

（一）进一步加强组织领导进一步加强新能源汽车推广应用工作的组织领导，充分发挥财政部、科技部、工业和信息化部、发展改革委四部委新能源汽车推广应用工作机制的作用，建立京津冀三省市间畅通有效的协调机制；直辖市/省、市/区、县建立多级联动机制，充分发挥政府在公交等公共交通服务领域的主导作用，加强顶层设计，加快完善配套政策体系，明确职责，形成合力，有效推动方案实施。

（二）加快充电设施建设适度超前、合理布局，将充电站建设和充电桩群建设与城市规划（尤其是新城及开发区规划）相结合，做好落地规划和选址工作，为新能源汽车创造安全、便捷的充（换）电基础设施支撑。探索市场化的运作模式，鼓励引导社会力量投资充电基础设施，建立高效安全的充换电服务体系，完善新能源汽车信息服务平台，建立数据采集和处理、远程监控、考核评价信息等智能信息服务系统。

（三）创新商业模式突出统筹各环节资源，创新公共服务交通领域新能源汽车推广的新型商业模式，鼓励开展新能源汽车租赁，包括电池租赁、整车租赁和全链条租赁；积极开展电动汽车分时租赁；支持开展油电差价共享机制；鼓励社会力量积极参与基础设施建设，形成建设、运营、管理的市场化机制；引入特许经营等市场化模式进行部分领域的市场化运营模式探索。

（四）加大地方财政支持力度京津冀地区地方政府可根据自身财力情况，安排资金对新能源汽车研发、购置、配套设施建设等相关支出给予适当补助。

（五）进一步完善政策体系继续推行和完善相关扶持政策，进一步明确基于行业运行特征的综合车辆更新、电池购买更换（或租赁）费用补贴、行业车辆运营费用、基础设施建设一体化的扶持政策方案及实施细则，并尽快落实配套资金补贴。重点解决管理体制、投融资体制、技术和商业模式创新机制等问题，从交通管理政策、车辆运营政策、用电政策、金融财政政策、行政政策及环保政策等方面，进一步制定有利于新能源汽车应用推广的优惠政策。营造新能源汽车产业化发展和商业化推广应用的有利政策环境条件，破解制约新能源汽车商业化推广进程的政策“瓶颈”，力推新能源汽车商业化推广应用步入“快车道”。同时加强推广应用效果及政策实施效果评估，为京津冀新能源汽车推广长期规划积累政策制定依据。

（六）推动京津冀新能源汽车联合采购坚持开放原则，

公开招标采购符合环保达标公告要求的新能源汽车，试点京津冀公交等公共服务领域新能源车辆集中采购模式，以市场驱动引导企业技术提升，降低采购成本，加速新能源汽车市场化进程，带动新能源汽车产业发展。

（七）加强市场上新能源汽车监督新能源汽车生产企业要高度重视产品质量，为用户提供性能可靠的产品，做好产品质量自检工作。在此基础上，政府有关部门加大新能源汽车产品质量抽检力度，对检测不合格的产品，不得纳入政府财政补贴范围。

（八）营造良好的舆论环境，充分利用新闻媒体、互联网络、公交广告、各类展会等活动，普及新能源汽车的相关知识，宣传新能源汽车节能减排的重要意义、优惠政策、相关知识，宣传京津冀地区新能源汽车应用推广的工作目标，突出典型和推广成效，大力提高公众对新能源汽车的认知度和接受度，形成有利于新能源汽车推广应用的舆论氛围。

工业和信息化部
国家发展和改革委员会
科技部
财政部
环境保护部
住房城乡建设部
国家能源局
2014 年 9 月 24 日

加强“车、油、路”统筹，加快推进机动车污染综合防治方案

为贯彻落实《大气污染防治行动计划》，强化机动车污染综合防治、尽快改善空气环境质量，特制定本方案。

一、总体要求

（一）指导思想。

全面深入贯彻落实党的十八大和十八届二中、三中全会精神，认真贯彻落实《大气污染防治行动计划》，按照“标本兼治、综合施策、落实责任、限期完成”的原则，加强改革创新，建立强有力的工作协调和推进机制，统筹推进“车、油、路”各项工作，显著降低机动车尾气污染。

（二）主要目标。

加快淘汰黄标车和老旧车。2014 年底前，全国范围内淘汰黄标车和老旧车 600 万辆；2015 年底前，京津冀、长三角、珠三角等区域内基本淘汰黄标车；2017 年底前，全国范围内基本淘汰黄标车。

大力推广新能源汽车。2015 年起，在公交车、出租车等城市客运以及环卫、物流、机场通勤、公安巡逻等领域加大新能源汽车推广应用力度，新能源汽车推广应用城市公共服务领域新增或更新车辆中的新能源汽车比例不低于30%；2014—2016 年，中央国家机关以及新能源汽车推广应用城市的政府机关及公共机构购买的新能源汽车占当年配备更新汽车总量的比例不低于 30%，以后逐年扩大规模。

加快油品质量升级。2015 年底前，京津冀、长三角、珠三角等区域内重点城市全面供应符合国家第五阶段标准的车用汽、柴油，停止销售第四阶段标准的车用汽、柴油；2017 年底前，全国供应符合国家第五阶段标准的车用汽、柴油，停止销售第四阶段标准的车用汽、柴油。

加强城市交通管理。到 2015 年，北京、上海中心城区公共交通机动化出行分担率达到 60% 以上；到 2017 年，京津冀、长三角、珠三角等区域人均公共交通设施拥有水平比 2012 年提高 30 个百分点，市区人口超过 100 万的城市公共交通机动化出行分担率达到 60% 左右；特大城市和大城市步行、自行车出行分担率提高 5 个百分点左右，中小城市步行、自行车出行分担率提高 10 个百分点左右。

二、加强机动车环保管理

（三）严格新生产车辆管理。

提高机动车排放标准要求。2016 年起京津冀、长三角、珠三角等区域内重点城市全面实施第五阶段汽、柴油车排放标准。2017 年起新生产的低速货车实施第三阶段轻型载货柴油车排放标准。（环境保护部、工业和信息化部、质检总局）

完善机动车准入许可和强制认证制度。2015 年底前质检、工业和信息化、环境保护、交通运输、工商等部门建立一体化的生产一致性检查的联合管理机制，适时将尾气处理的关键部件“三元催化器”等列入强制性产品认证（3C）范围，未达到国家机动车排放标准的车辆不得生产、销售、进口。（质检总局、工业和信息化部、环境保护部、交通运输部、工商总局）

强化机动车生产、销售等环节监督检查。2015 年底前建立由环境保护、质检、工商、工业和信息化等部门组成的机动车环保达标联合监督检查制度，加强生产、进口、销售、注册登记、检验等环节的监督管理，采用从销售环节直接抽取车辆进行监督检查的方式，提高抽查比例，对生产、进口、销售排放不达标车辆的企业依法予以处罚，结果向社会公告。（环境保护部、质检总局、工业和信息化部、工商总局、财政部）

实施机动车环保召回制度。2016 年底前完善机动车召回制度，强化环保方面的要求，对因设计和制造缺陷导致在同一批次、型号或者类别的机动车中普遍存在不符合国家相关排放标准的，视情由生产企业实施召回。（质检总局、环境保护部、工业和信息化部、交通运输部）

实施汽车维修技术信息公开制度。自 2015 年起，汽车生产企业（包括从中国境外进口汽车产品到境内销售的企

业）要在新车上市时，以可用的信息形式、便利的信息途径、合理的信息价格，公开汽车维修技术资料。2015年12月31日前，汽车生产企业要公开全部车型的汽车维修技术资料。未能有效公开车型维修技术信息的，撤销该车型CCC认证证书。（交通运输部、工业和信息化部、环境保护部、商务部、质检总局）

（四）强化在用车监管。

加快黄标车和老旧车淘汰进度。地方财政可根据实际情况进一步安排提前淘汰奖励补贴；鼓励车企和金融机构为淘汰黄标车购置新车的用户进行让利，提供降价或低息贷款等优惠措施。实施黄标车区域禁行，京津冀、长三角、珠三角等区域地级及以上城市及时出台主城区黄标车禁行区域管理政策，完成禁行区域划定工作，城市核心区实施黄标车禁行；2015年6月底前，所有地级及以上城市实施黄标车禁行。（环境保护部、发展改革委、公安部、财政部、交通运输部、商务部）

完善环保检验制度。健全OBD（车载诊断系统）管理制度，将排放记录作为年检的重要内容，对排放不达标车辆不得发放环保合格标志。积极运用物联网技术建立机动车环保标志管理系统，实现环保标志电子化、智能化管理。2015年起开展环保检验机构专项整治工作，对所有检验机构进行全面核查，对弄虚作假、玩忽职守的机动车尾气检测机构，依法依规予以处罚，纳入“黑名单”管理，并向社会公布。（环境保护部、交通运输部）

加强道路行驶车辆环保达标监督检查。对规模化运营并且使用频次高的货运车、出租车、公交车和黄标车进行重点检查，环保部门对排放不达标车辆予以处罚。2015年起，京津冀、长三角、珠三角等区域的地级及以上城市推行遥感检测法，将排放不达标车辆信息通过政府公共信息平台提供查询服务。同时，建立环保、公安等部门信息定期交换机制，环保部门通过短信等方式及时通知车主，要求其尽快通过维修等方式确保车辆排放达标，并于2个月内进行环保检验，对3次被检测到不合格而未参加环保检验的以及连续3次不能通过环保检验的车辆不予核发环保合格标志。（环境保护部、公安部、交通运输部）

（五）大力推广新能源汽车。

加快推广新能源汽车。落实并不断完善鼓励新能源汽车使用的财税政策，逐步减少对城市公交车燃油补贴和增加对新能源公交车运营补贴，实施限购、限行的地区要对新能源汽车给予优惠和便利，研究制定减免过路过桥费、免费停车等政策。严格执行全国统一的新能源汽车推广目录，地方政府不得设置或变相设置障碍限制外地品牌车辆。发挥政府采购的导向作用，要在公交车、出租车等城市客运以及环卫、物流、机场通勤、公安巡逻等领域加大新能源汽车推广应用力度，制定机动车更新计划，不断提高新能源汽车运营比重。加强新能源汽车产品质量的监督检查。加快推进车用动力电池回收利用处理体系建设。（工业和信息化部、财政部、科技部、发展改革委、交通运输部等）

加快新能源汽车基础设施建设。完善城市规划和相关工程建设标准，明确建筑物配建停车场、城市公共停车场预留充电设施建设条件的要求和比例，所有新建、改建和扩建停车场必须配套建设充电设施，现有停车场及高速公路收费节点和客货运交通枢纽周边有序推进充电设施建设。制定全国统一的充电设施国家标准和行业标准，完善充电设施用地政策，抓好电动汽车充电设施用电扶持性电价政策实施。制定实施新能源汽车充电设施发展规划，按照适度超前的原则加快充电设施建设。（发展改革委、工业和信息化部、财政部、住房城乡建设部、交通运输部、质检总局、能源局等）

三、加快提升燃油品质

（六）加快油品质量升级。

贯彻实施《大气污染防治成品油质量升级行动计划》，大力推进国内炼油企业升级改造，加快推动普通柴油升级，确保按期供应合格油品。大力推广可再生清洁燃油，支持燃料乙醇、生物柴油等生物燃料的生产和推广，进一步配套完善长期稳定的扶持政策。（能源局、质检总局）

（七）加强成品油质量监督检查。

加强对成品油生产流通领域质量监督检查，严厉打击非法生产、添加、进口、销售不合格油品行为。京津冀、长三角、珠三角等区域要开展专项工作，加大对生产企业和加油站的抽查力度。加大违法行为处罚力度，建立违法企业黑名单制度，并将处罚情况向社会公布。（质检总局、工商总局、商务部、环境保护部、财政部）

四、加强城市交通管理

（八）优化城市功能和布局规划。

科学制定城市群规划和城市总体规划，加快北京、上海等大城市周边卫星城建设，疏导主城区功能，形成合理的交通和物流需求。完善城市综合交通体系，减少重型载货车辆过境穿行主城区。大力推进城市绿色货运配送，组织开展示范行动。加强步行、自行车等慢行交通系统建设，改善居民步行、自行车出行条件。（住房城乡建设部、发展改革委、交通运输部）

（九）大力发展城市公共交通。

实施公交优先战略，构建以城市公共交通为主的城市机动化出行系统，建立有效衔接的城市综合交通管理体系，提高公共交通出行比例。加快推进轨道交通设施建设，逐步完善特大城市以轨道交通为核心的公共交通出行体系。具备条件的地区积极推广无轨电车。大力推广社区巴士、自行车租赁、“P+R”（驻车换乘）等，解决交通出行“最后一公里”问题。（交通运输部、住房城乡建设部、发展改革委）

（十）改善交通管理。

推广城市智能交通系统，推行错峰上下班、潮汐车道等缓解交通拥堵措施，完善标志标线、交通信号等道路交通设施，强化道路交通安全执法管理，提高机动车通行效率。（交通运输部、公安部、住房城乡建设部）

五、建立有效的工作推进机制

（十一）完善法规标准。

加快完善道路车辆法律法规，以车辆“安全、环保、节能”三位一体管理为核心，明确车辆设计、生产、认证、销售、使用、维修、报废等各个环节的管理要求，规范政府管理的方式、范围和行为，明确车辆管理各相关部门的责任和职能。完善油品质量、替代能源和汽车节能、环保的国家强制性标准体系，2014年底前完成现有标准的梳理，对需制定和修订的尽快制修订。（发展改革委、工业和信息化部、交通运输部、环境保护部、商务部、质检总局、能源局等）

（十二）建立强有力的部门协调机制。

各有关部门要按照方案确定的分工，分阶段明确工作重点，逐项扎实推进；对涉及多个部门的工作，牵头部门要加强协调，部门间要密切协作，形成各司其职、责权分明、齐抓共管、协调有序的管理格局。发展改革委做好统筹协调、跟踪分析、监督检查等工作，牵头建立重大问题部门会商机制，提出综合运用各种经济手段和政策推进工作的建议，及时将工作进展情况和政策建议报国务院。（发展改革委会同有关部门）

（十三）明确地方政府责任。

地方各级人民政府要制定本地区的实施方案，确定重点工作任务，落实工作责任，完善政策措施，强化目标考核，制定年度推进计划，并向社会公布。

国家发展改革委
环境保护部
科技部
工业和信息化部
公安部
财政部
住房和城乡建设部
交通运输部
商务部
工商总局
质检总局
能源局
2014年10月24日

关于新能源汽车充电设施建设奖励的通知

财建〔2014〕692号

各省、自治区、直辖市、计划单列市财政厅（局）、科技厅（局、科委）、工业和信息化主管部门、发展改革委：

为加快新能源汽车充电设施建设，推进新能源汽车产业稳步发展，按照《国务院办公厅关于加快新能源汽车推广应用的指导意见》（国办发〔2014〕35号）等文件精神，中央财政拟安排资金对新能源汽车推广城市或城市群给予充电设施建设奖励。现将有关事项通知如下：

一、奖励对象是经财政部、科技部、工业和信息化部、发展改革委（以下简称“四部委”）批复备案的、成效突出且不存在地方保护的新能源汽车推广城市或城市群；其他尚未备案但推广效果较好的城市或城市群，可按程序报经四部委备案后，比照本通知执行。

二、京津冀、长三角和珠三角地区等大气污染治理重点区域中的城市或城市群，2013年度新能源汽车推广数量不低于2500辆（标准车，下同），2014年度不低于5000辆，2015年度不低于10000辆；其他地区的城市或城市群，2013年度推广数量不低于1500辆，2014年度不低于3000辆，2015年度不低于5000辆。推广数量以纯电动乘用车为标准进行计算，其他类型新能源汽车按照相应比例进行折算。不同类型新能源汽车折算系数见附件1。

三、中央财政对符合上述条件的城市或城市群，根据新能源汽车推广数量分年度安排充电设施奖励资金，具体奖励标准见附件2；对符合国家技术标准且日加氢能力不少于200公斤的新建燃料电池汽车加氢站每个站奖励400万元；对服务于钛酸锂纯电动等建设成本较高的快速充电设施，适当提高补助标准。

四、奖励资金与各城市新能源汽车年度推广考核结果挂钩。四部委每年组织对新能源汽车推广城市或城市群进行综合考核，考核结果为优秀的，适当上浮奖励资金，考核结果较差的，相应扣减奖励资金。

五、奖励资金由地方政府统筹用于充电设施建设运营、改造升级、充换电服务网络运营监控系统建设等领域，不得用于新能源汽车购置补贴等。纳入奖励范围的充电设施应符合相应国家和行业标准，具体要求见附件3。

六、地方政府要加大支持力度，将中央财政奖励资金与地方投入统筹使用，结合本地新能源汽车推广应用情况研究制定具体落实办法；对快速充电等建设成本较高的设施适当加大奖励力度；鼓励创新投入方式，采取公私合营（PPP）等建设运营新能源汽车充电设施。

七、符合条件的城市或城市群，由当地财政、科技、工业和信息化、发展改革等部门，按照本通知要求对推广的新能源汽车进行统计折算，编制奖励资金申请报告，提交上年度新能源汽车车辆推广信息，经省级财政、科技、工业和信息化、发展改革部门审核后，联合上报四部委。四部委对各城市或城市群资金申请报告进行审核后按程序拨付奖励资金。

八、地方财政、科技、工业和信息化、发展改革委等部门须对本地申报材料的真实性、准确性负责，并加强资金使用的监督管理。对弄虚作假、违规使用资金的城市或城市群，将追缴扣回奖励资金，取消该城市或城市群新能源汽车推广应用资格。

九、本政策执行期限为 2013—2015 年；2016 年以后，财政部等四部委将根据新能源汽车推广应用规模和充电设施建设运营成本等情况，对奖励政策进行适当调整。

附件 1　**各种类型新能源汽车折算关系表**

车型		与纯电动乘用车折算比例
插电式混合动力乘用车		1:1
纯电动客车		12:1
钛酸锂等纯电动快充客车		20:1
插电式混合动力客车		5:1
纯电动专用车	最大设计总质量≥3500kg	3:1
	最大设计总质量＜3500kg	1.5:1

附件 2　**新能源汽车充电设施奖励标准（2013—2015 年）**　单位：辆，万元

地区	2013 年		2014 年		2015 年	
	推广数量（Q）	奖励标准	推广数量（Q）	奖励标准	推广数量（Q）	奖励标准
京津冀、长三角、珠三角地区城市或城市群	2500≤Q＜5000	2000	5000≤Q＜7000	2700	10000≤Q＜15000	5000
	5000≤Q＜7000	3000	7000≤Q＜10000	3800	15000≤Q＜20000	7000
	7000≤Q＜10000	4500	10000≤Q＜15000	5500	20000≤Q＜25000	9000
	Q≥10000	7500	Q≥15000	9000	Q≥25000	12000
其他地区城市或城市群	1500≤Q＜2500	1000	3000≤Q＜5000	1800	5000≤Q＜7000	2400
	2500≤Q＜5000	2000	5000≤Q＜7000	2700	7000≤Q＜10000	3400
	5000≤Q＜7000	3000	7000≤Q＜10000	3800	10000≤Q＜15000	5000
	Q≥7000	5000	Q≥10000	6700	Q≥15000	8000

注：1. 推广的车辆必须纳入工业和信息化部发布的《节能与新能源汽车示范推广应用工程推荐车型目录》。

2. 各年度推广车辆是指已实际销售并当年在交管部门完成注册登记的新能源汽车。

附件 3　**充电设施标准目录**

序号	标准号	标准名称
基础设施		
1	GB/T 29316－2012	电动汽车充换电设施电能质量技术要求
2	NB/T 33001－2010	电动汽车非车载传导式充电机技术条件
3	NB/T 33002－2010	电动汽车交流充电桩技术条件
4	NB/T 33008.1－2013	电动汽车充电设备检验试验规范第 1 部分：非车载充电机
5	NB/T 33008.2－2013	电动汽车充电设备检验试验规范第 2 部分：交流充电桩
6	GB/T 29781－2013	电动汽车充电站通用要求
7	GB 50996－2014	电动汽车充电站设计规范
8	GB/T 29772－2013	电动汽车电池更换站通用技术要求
9	NB/T 33004－2013	电动汽车充换电设施工程施工和竣工验收规范
10	GB/T 29318－2012	电动汽车非车载充电机电能计量
11	GB/T 28569－2012	电动汽车交流充电桩电能计量
接口与界面		
12	GB/T 20234.1－2011	电动汽车传导充电用连接装置第 1 部分：通用要求
13	GB/T 20234.2－2011	电动汽车传导充电用连接装置第 2 部分：交流充电接口

续表

序号	标准号	标准名称
14	GB/T 20234.3－2011	电动汽车传导充电用连接装置第3部分：直流充电接口
15	GB/T 27930－2011	电动汽车非车载传导式充电机与电池管理系统之间的通信协议

注：本目录将根据充电基础设施标准变化情况进行调整。

财政部

科技部

工业和信息化部

发展改革委

2014年11月18日

二、地方政府扶持政策与规划

北京市示范应用新能源小客车管理办法

第一章 总则

第一条 为落实《北京市2013—2017年清洁空气行动计划》，改善首都空气质量，大力培育战略性新兴产业，加快新能源汽车推广示范应用，制定本办法。

第二条 本办法所称示范应用新能源小客车（以下简称新能源小客车）是指纳入《北京市示范应用新能源小客车生产企业和产品目录》的小型、微型纯电驱动载客汽车，包括纯电动汽车及燃料电池汽车。

第三条 本市支持单位和个人购买和使用新能源小客车，并鼓励各类机构组织员工集体购买和使用新能源小客车。

第四条 单位和个人按照《北京市小客车数量调控暂行规定》及实施细则相关规定取得和使用专用新能源小客车配置指标确认通知书。

第五条 按照本办法要求购买新能源小客车，可获得本市财政补助。

第二章 生产企业及新能源小客车条件

第六条 新能源小客车生产企业应当具备以下条件：

（一）应当纳入工业和信息化部《车辆生产企业及产品公告》；

（二）具备完善的销售服务体系；

（三）具备一定的产品研发、试验验证、生产等能力，并承诺对动力电池进行回收处理；

（四）对所售车辆的动力电池、电机及其他安全系统的日常运行状态进行实时监测，确保车辆安全运行；

（五）执行国家《缺陷汽车产品召回管理条例》等规定。

第七条 新能源小客车应当具备以下条件：

（一）应当为符合本办法第六条规定条件的生产企业生产的产品，且纳入国家《节能与新能源汽车示范推广应用工程推荐车型目录》；

（二）符合《GB/T28382－2012纯电动乘用车技术条件》和《GB/T29123－2012示范运行氢燃料电池电动汽车技术规范》的规定；

（三）符合《GB/T20234－2011电动汽车传导充电用连接装置》的规定；

（四）符合国家及本市其他现行有关标准和规定，如上述标准或规定出现调整，按新要求执行。

第八条 新能源小客车生产企业向北京市经济和信息化委员会提交本办法第六条、第七条要求的各项材料，北京市经济和信息化委员会负责对新能源小客车生产企业及产品进行审核、备案，并分批发布《北京市示范应用新能源小客车生产企业和产品目录》。

第三章 充电设施

第九条 本办法所称充电设施是指充电桩及其接入上级电源的相关设施。充电设施应符合国家和行业及本市地方相关标准，充电设施建设企业应具备完善的安全保障及服务体系，并具有良好的信誉。

第十条 新能源小客车生产企业或其委托的机构负责组织单位和个人的充电条件确认、自用充电设施建设，并纳入其售后服务体系。

第十一条 北京市发展和改革委员会结合城市建设发展规划和配电网规划，统一安排、合理布局、统筹组织建设公用充电设施，逐步完善新能源小客车充电设施网络体系。

第四章 补助申领

第十二条 本市财政补助对象是消费者，消费者按照销售价格扣减补助后支付。生产企业按扣减补助后的价格销售新能源小客车。在完成本市车辆注册登记后，由生产企业据实申请财政补助资金。

第十三条 本市财政补助参照财政部、科技部、工业和信息化部、发展改革委颁布的《关于继续开展新能源汽车推广应用工作的通知》（财建〔2013〕551 号）相关内容，按照国家和本市 1∶1 的比例确定补助标准。国家和本市财政补助总额最高不超过车辆销售价格的 60%。

2016 年和 2017 年补助标准按照 2015 年标准执行。如国家政策调整，本市财政补助标准参照国家政策另行制定。

第十四条　北京市财政局负责补助资金的安排和拨付。

第十五条　新能源小客车生产企业申请补助资金，应当提交以下相关材料：

（一）《北京市示范应用新能源小客车财政补助资金申请书》；

（二）生产企业组织机构代码证、营业执照、法定代表人身份证明；

（三）国家质量监督检验检疫总局认可的检测机构出具的检验报告；

（四）销售给单位的还应提供：法定代表人身份证明、组织机构代码证、营业执照、车辆买卖合同、车辆销售发票、购置税完税凭证、交强险保单、机动车登记证和行驶证；

销售给个人的应提供：个人身份证明、车辆买卖合同、车辆销售发票、购置税完税凭证、交强险保单、机动车登记证和行驶证。

第五章　监督管理

第十六条　单位和个人对所提供材料的真实性负责。对于提供虚假信息、材料或者伪造、涂改北京市示范应用新能源小客车指标通知书的单位和个人，依照《北京市小客车数量调控暂行规定》及实施细则相关规定进行处理。

第十七条　新能源小客车汽车生产企业应对提供材料的真实性负责，凡新能源小客车产品与申报材料不符、性能指标未达到要求，提供虚假信息、骗取补助资金的，将及时追回资金。补助资金必须专款专用，任何单位不得以任何理由和形式截留、挪用。对违反规定的，将依照《财政违法行为处罚处分条例》（国务院令第 427 号）等有关规定，由有关部门依法追究有关单位和人员的责任。

第十八条　生产及配套服务企业应对其提供的产品及服务负责。对于产品质量、售后保障等未达到要求并造成严重后果的，将依照相关法律法规追究其责任。

第六章　职责分工

第十九条　北京市科学技术委员会负责推动新能源小客车技术进步，并协调相关委办局共同推进新能源小客车示范应用；北京市发展和改革委员会负责推进充电设施建设；北京市经济和信息化委员会负责对参与示范应用的新能源小客车生产企业及产品进行审核、备案；北京市财政局负责财政补助资金的安排和监管；北京市交通委员会负责新能源小客车指标申请受理、组织审核；北京市公安交通管理局负责新能源小客车牌照核发；北京市质量技术监督局负责产品符合性检验和不定期抽检。

第七章　附则

第二十条　本办法自 2014 年 1 月 1 日起实施，有效期至 2017 年 12 月 31 日。若国家补助政策出现调整，则对本办法进行修订。

北京市科学技术委员会
北京市发展和改革委员会
北京市经济和信息化委员会
北京市财政局
北京市交通委员会
2014 年 1 月 23 日

北京市示范应用新能源小客车生产企业及产品审核备案管理细则

第一章　总则

第一条　为贯彻落实国务院《节能与新能源汽车产业发展规划（2012—2020 年）》（国发〔2012〕22 号）的相关要求，保障本市新能源小客车示范应用安全、有序开展，依据《新能源汽车生产企业及产品准入管理规则》（工产业〔2009〕第 44 号）、《关于继续开展新能源汽车推广应用工作的通知》（财建〔2013〕551 号）以及《北京市示范应用新能源小客车管理办法》（京科发〔2014〕46 号），制定本细则。

第二条　本细则适用于参与本市示范应用的新能源小客车生产企业及产品。

第二章　企业条件

第三条　生产企业是示范应用新能源小客车产品及服务质量和安全的第一责任人。参与本市示范应用新能源小客车的生产企业须符合以下条件：

（一）具备独立法人资格，列入国家工信部《车辆生产企业及产品公告》，并满足国家关于新能源汽车推广应用补贴车型和企业的相关要求。

（二）具备单班年产 10000 辆以上的新能源小客车生产线及产品独立研发、试验验证、生产一致性保障等能力。

（三）具备完善的销售和售后服务体系。

1. 履行《家用汽车产品修理、更换、退货责任规定》规定的法定义务并承担相应责任；

2. 非在京注册的新能源小客车生产企业需在本市辖区工商注册登记或委托一家在京具有独立法人资格的汽车销售机构；

3. 在本市设有 5 家（含）以上授权合格的新能源小客

车维修服务中心，布置在合理的服务区域；销售和维修服务中心须配备一定数量的专业技术人员，具备一定数量的充电设施，以快速充电为主，并承诺对社会开放；承诺提供24小时不间断救援服务，示范应用的新能源汽车出现故障或事故时，应在30分钟内迅速反应，启动处置预案，及时进行解决；

4. 承担或委托相关机构组织单位和个人的充电条件确认、建设自用充电设施，并纳入其售后服务体系；承诺提供安全使用指导和培训等服务；

5. 对车辆提供不低于3年或6万公里（以先到者为准）的质保，对动力电池等关键零部件提供不低于5年或10万公里（以先到者为准）的质保；

（四）具备远程监测能力。具有对整车、动力电池、驱动电机等进行实时监测的设施和能力，企业数据保存时间须不少于3年；监测数据应实时发送至北京市示范应用新能源小客车综合服务与管理平台。

（五）履行《缺陷汽车产品召回管理条例》等规定。具备缺陷汽车产品召回管理制度和缺陷调查能力，对可能存在缺陷的产品依法组织调查分析，履行召回义务；承诺对动力电池按照要求进行回收处理等。

（六）生产企业的各项承诺须在其销售、维修和服务等机构和场所向社会进行明示。

第三章　产品条件

第四条　本市示范应用新能源小客车产品须符合以下条件：

（一）为参与示范应用的新能源小客车生产企业生产的产品，取得强制性产品认证证书；

（二）纳入到国家《节能与新能源汽车示范推广应用工程推荐车型目录》，满足国家关于新能源汽车推广应用补贴车型的相关要求；

（三）符合GB/T28382－2012《纯电动乘用车技术条件》、GB/T29123－2012《示范运行氢燃料电池电动汽车技术规范》、GB/T20234－2011《电动汽车传导充电用连接装置》、GB/T 27930－2011《电动汽车非车载传导式充电机与电池管理系统之间的通信协议》、DB11/Z 753－2010《电动汽车电能供给与保障技术规范车载充电机》、DB11/Z 801－2011《电动汽车电能供给与保障技术规范动力蓄电池包编码》、DB11/T 862－2012《电动汽车识别标志》等国家及本市现行有关标准和规定；

（四）产品应明示续驶里程、最高车速、30分钟最高车速、0～50km/h加速性能、50～80km/h加速性能、能量消耗率、动力蓄电池包容量等参数指标和产品质量担保承诺，并满足在本市运行所需的产品安全性能要求（验证方案见附件1）；

（五）具备满足远程监测所需的车载终端并能够实现数据交换，满足DB11/Z 993－2013《电动汽车远程服务与管理系统技术规范》要求；

（六）具备必要的安全及救援信息标识等。

第四章　目录管理

第五条　北京市经济和信息化委员会对参与本市示范应用的新能源小客车生产企业及产品实施目录管理。

（一）北京市经济和信息化委员会委托北京市信息化项目评审中心（联系电话：88011373，地址：西城区槐柏树街2号市府大楼3号楼248室）承担本市示范应用新能源小客车生产企业及产品审核备案的预审工作（流程见附件2）。

（二）首次申报的新能源小客车生产企业向北京市信息化项目评审中心提交本办法第三条、第四条规定的各项证明材料（见附件3、附件4）。新增产品的申报提供第四条规定的证明材料。其中，第四条第（四）要求的证明材料须由北京市质量技术监督局认可的检验机构出具。

（三）北京市经济和信息化委员会将预审通过的生产企业及产品报北京市新能源汽车联席会议审议，通过后由北京市经济和信息化委员会进行审核备案，并在其门户网站（www.bjeit.gov.cn）分批发布《北京市示范应用新能源小客车生产企业和产品目录》（以下简称《目录》）。

（四）纳入到《目录》内的新能源小客车生产企业每月5日前向北京市信息化项目评审中心提交上月《月度销售情况表》（见附件5）。

第五章　监督管理

第六条　北京市经济和信息化委员会、北京市质量技术监督局将对纳入《目录》的企业和产品进行评估，建立企业和产品的退出机制。

（一）建立产品退出机制。示范应用的新能源小客车产品如发现有以下情形之一的，将取消其《目录》：

1. 产品已停产；

2. 实际产品与申报材料或目录不一致；

3. 存在重大安全隐患或质量问题（爆炸、起火、漏电等）；

4. 单一车型累计总销量500辆以下在正常运行过程中累计发生2起非人为安全事故（爆炸、起火、漏电等）或单一车型累计总销量500辆（含）以上有超过1%（含）产品发生非人为安全事故（爆炸、起火、漏电等）等。

（二）建立企业退出机制。纳入《目录》的生产企业单一年度在京新能源小客车销售量低于一定规模[2014年为500辆（含），2015年起为1000辆（含）]，下一年度退出《目录》。生产企业应诚信守法，对申报材料的真实性、产品的一致性及安全性、售后保障服务等负责，有以下情形之一的，将视情节轻重给予通报批评，并责令限期整改。若拒不整改或整改不合格，将取消其《目录》。造成严重后果的，将依照相关法律法规追究其责任。

1. 企业的上报材料或申请中存在虚假信息的；

2. 销售或售后服务不规范、未履行相关承诺的；

3. 发生过重大安全或质量事故（爆炸、起火、漏电等）等，并造成人员伤亡或恶劣社会影响的；

4. 其他违反相关法律、法规和管理要求的。

（三）退出《目录》的生产企业和产品整改合格后，须按照本细则第三条、第四条要求重新申请审核备案。

第六章　附则

第七条　本细则所称新能源小客车的定义与《北京市示范应用新能源小客车管理办法》一致。

第八条　本细则第四条引用的标准或规定发生变更或调整，按新要求执行。

第九条　本细则为《北京市示范应用新能源小客车管理办法》的组成部分，与之同步实施，由北京市经济和信息化委员会、北京市质量技术监督局负责解释，并适时根据国家和本市相关规定进行修订。

附件：

1.《北京市示范应用新能源小客车符合性验证实施方案（2014 年版）》

2. 新能源小客车生产企业及产品审核备案流程图

3. 新能源小客车生产企业审核备案材料（略）

4. 新能源小客车产品审核备案材料（略）

5. 新能源小客车月度销售情况汇报材料（略）

附件 1：《北京市示范应用新能源小客车符合性验证实施方案（2014 年版）》

1. 适用范围

本方案适用于北京市示范应用新能源小客车产品符合性验证检验，包括纯电动小客车、燃料电池小客车。

2. 申请提交资料

申请生产企业应向检验机构提交申报产品相关技术资料，企业应对其提交资料真实性负全部责任。应提交资料包括：

2.1　国家工信部《车辆生产企业及产品公告》产品公告批号及证明材料；

2.2　产品的公告参数备案表和技术参数相关资料；

2.3　产品公告检验方案及全部公告检测试验报告；

2.4　产品使用说明书、产品合格证；

2.5　产品三包凭证及相关资料；

2.6　产品远程服务与管理系统车载终端配置参数及相关资料；

2.7　企业应明示产品续驶里程、最高车速、30 分钟最高车速、0 ~ 50km/h 加速性能、50 ~ 80km/h 加速性能、能量消耗率、动力蓄电池包容量等参数，并提交相关文件。

以上资料均应提供原件及复印件（加盖公章），原件审核后返还。

3. 抽样

企业提交第 2 章所规定材料后，由检验机构抽样人员会同企业到企业生产场所或经营场所对经检验合格的产品进行抽样，样品由企业运送到指定的检验地点，样品检验完毕后由企业取回。抽样数量及抽样基数详见下表：

样品形式	样品基数	抽样数量	备注
整车	≥5 辆	2 辆	
动力蓄电池包	≥5 套	2 套	

4. 一般性检查

4.1　车型信息确认

由检验机构负责对样车进行确认，核实样车的车辆类型、品牌、型号、驱动电机与控制器型号和功率、动力电池规格型号、工作电压和容量等信息与《车辆生产企业及产品公告》和《节能与新能源汽车示范推广应用工程推荐车型目录》上公布信息是否一致。

4.2　交流充电接口

检查交流充电接口的结构尺寸和通信协议是否符合 GB/T 20234.2 – 2011《电动汽车传导充电用连接装置第 2 部分：交流充电接口》的相关要求，企业应提供证明材料。

4.3　直流充电接口

若电动汽车设有直流充电接口，检查直流充电接口的结构尺寸和通信协议是否符合 GB/T 20234.3 – 2011《电动汽车传导充电用连接装置第 3 部分：直流充电接口》、GB/T 27930 – 2011《电动汽车非车载传导式充电机与电池管理系统之间的通信协议》和 DB11/Z 752 – 2010《电动汽车电能供给与保障技术规范非车载充电机》的相关要求，企业应提供证明材料。

4.4　电动汽车识别标志

检查电动汽车是否按照 DB11/T 862 – 2012《电动汽车识别标志》的相关要求，在车体后视面张贴或喷涂了电动汽车识别标志。

4.5　动力蓄电池包编码

检查动力蓄电池包是否按照 DB11/Z 801 – 2011《电动汽车电能供给与保障技术规范动力蓄电池包编码》的相关要求，在便于识读的位置固定有动力蓄电池包编码。

4.6　车载充电机

检查车载充电机是否符合 DB11/Z 753－2010《电动汽车电能供给与保障技术规范车载充电机》的要求，企业应提供证明材料。

4.7　电动汽车远程服务与管理系统车载终端

检查电动汽车远程服务与管理系统车载终端是否符合 DB11/Z 993－2013《电动汽车远程服务与管理系统技术规范》的相关要求，企业应提供证明材料。

4.8　过充保护功能

按照车辆允许的充电模式（快充、慢充或两种模式），对车辆进行完全充电，验证车辆动力电池系统荷电容量（SOC）达到100%后，电池管理系统（BMS）是否具备过充安全保护功能。

4.9　安全及救援信息标识

车辆应配备安全及求援救援信息标识，并能实现安全救援识别功能。

4.10　企业应提供电磁兼容（EMC）性能合格的承诺或证明材料。

5. 检验项目及要求

5.1　安全性

5.1.1　模拟涉水

模拟电动汽车经过积水较深的街道或水洼地时安全通过性。

涉水水深（cm）	试验车速（km/h）	涉水时间（min）	涉水距离（m）
20	20±2	≤10	500
30	5±1	≤10	100

注：涉水时间指车辆在水中行驶的累计时间。

在试验后（车辆仍是湿的），车辆应按 GB/T 18384.1－2001《电动汽车安全要求第1部分：车载储能装置》中 6.1.1 规定测量绝缘电阻，但保持动力设备和动力电池相连（主开关闭合），要求绝缘电阻至少为 100Ω/V（按动力电路的标称电压计算）。

另外，车辆在避雨放置24小时后，再按 GB/T 18384.1－2001《电动汽车安全要求第1部分：车载储能装置》中的 6.1.1 规定测量绝缘电阻。此时动力设备仍与动力电池相连，要求绝缘电阻至少为 100Ω/V（按动力电路的标称电压计算）。

5.1.2　动力蓄电池包一致性检验

在高温 50℃满电存放7天，测量动力蓄电池包基本单元电压差增加量不高于 40mV。

5.2　明示参数验证

5.2.1　续驶里程

电动汽车续驶里程（工况法）应达到企业明示参数且不低于 80km。

5.2.2　最高车速

电动汽车最高车速应达到企业明示参数且不低于 100km/h。

5.2.3　30分钟最高车速

电动汽车30分钟最高车速应达到企业明示参数且不低于 90km/h。

5.2.4　0～50km/h 加速性能

加速时间应达到企业明示参数且不大于6秒。

5.2.5　50～80km/h 加速性能

加速时间应达到企业明示参数且不大于6秒。

5.2.6　能量消耗率

电动汽车能量消耗率应满足企业明示参数。

5.2.7　动力蓄电池包容量

在 25℃±2℃环境下，按企业所提供充电模式充放电，动力蓄电池包容量应达到企业明示参数。

5.3　耐候性

5.3.1　－15℃环境下充电性能及续驶里程

在－15℃环境条件下，电动汽车应能正常充电，且满电静置8小时后，续驶里程（工况法）应不低于常温续驶里程的 80%。

5.3.2　低温冷起动

在－20℃±2℃的试验环境温度下，浸车8小时后，应能正常起动、行驶。

5.3.3　50℃环境下动力蓄电池包自放电性能

在高温50℃满电存放7天，动力蓄电池包荷电容量保持不低于实际容量 85%。

5.4　电动汽车远程服务与管理系统车载终端联网检查

电动汽车远程服务与管理系统车载终端，应能实现与北京市示范应用新能源小客车综合服务与管理平台进行数据交换。

6. 试验方法

各检验项目试验方法详见附件1.1。

7. 检验流程

检验流程详见附件1.2。

8. 检验周期

企业申请检验的样品送达检验地点并接收后，在试验一次性通过的前提下，不超过15个工作日。

9. 符合性判定

当样品不满足第4章所规定的要求时，允许限期整改，整改期为15天，整改合格后方可进入第5章要求的检验阶段；整改期不计入检验周期内。

当样品通过第5章规定的所有要求时，做出“符合”判定；当样品不能满足第5章任一测试项目时，做出“不符合”判定。

判定结果将作为结论写入检验报告中。

10. 检验费用

由申请生产企业承担。

11. 本方案根据产品标准和有关规定进行调整。

附件 1－1

试验方法

试验方式	序号	检验项目	试验方法	备注
安全性	1	模拟涉水	本试验是模拟电动汽车经过发大水的街道或水洼的情况。 试验 1：在 20cm 深的水池中，以 20km/h ± 2km/h 速度行驶 500m，时间大约 10min； 试验 2：在 30cm 深的水池中，以 5km/h ± 1km/h 速度行驶 100m，时间大约 10min； 如果水池长度小于 500m，需要进行几次，总的时间（包括在水池外的时间）应少于 10min。 涉水后，车辆仍然是湿的时以及避雨放置 24h 后，分别测量绝缘电阻	
	2	动力蓄电池包一致性检验	测量动力蓄电池包基本单元最大电压差 U_1；在高温 50℃满电存放 7 天后，测量基本单元电压 U_2。 计算电压差增加量 $\angle U = U_2 - U_1$	
明示参数验证	1	续驶里程	按照 GB/T 18386－2005《电动汽车能量消耗率和续驶里程试验方法》中 4.4.5 中工况法进行试验	工况法
	2	最高车速	按照 GB/T 18385－2005《电动汽车动力性能试验方法》中 7.3 试验	
	3	30 分钟最高车速	按照 GB/T 18385－2005《电动汽车动力性能试验方法》中 7.1 试验	
	4	（0～50）km/h 加速性能	按照 GB/T 18385－2005《电动汽车动力性能试验方法》中 7.5.1.1 试验	
	5	（50～80）km/h 加速性能	按照 GB/T 18385－2005《电动汽车动力性能试验方法》中 7.5.1.1 试验	
	6	能量消耗率	按照 GB/T 18386－2005《电动汽车能量消耗率和续驶里程试验方法》中 4.4.5 中工况法进行试验后，按 4.4.6 规定进行充电并测量充电能量。按 4.4.7 进行计算	
	7	动力蓄电池包容量	动力蓄电池包在 25℃ ±2℃环境下，静置 16h 后，按企业所提供的技术要求放电直至放电截至条件； 静置 30min，按企业所提供的技术要求充电直至充电截至条件； 静置 30min，按企业所提供的技术要求，使用动力蓄电池充放电性能测试系统，按 1C 电流放电直至放电截至条件，测量此放电容量 Q。 测量值 Q 作为动力蓄电池包容量	
耐候性	1	－15℃环境下充电性能及续驶里程	充电性能：在－15℃环境下，对车辆进行充电，考核车辆是否能够正常充电； 续驶里程：按照 GB/T 18386－2005《电动汽车能量消耗率和续驶里程试验方法》中 4.4.5 中工况法进行试验，测量常温下实际续驶里程，试验后在－15℃的环境下对样车充满电，充电后静置 8 小时，并在－15℃环境条件下测量其续驶里程	工况法
	2	低温冷起动	按照 GB/T 28382－2012《纯电动乘用车技术条件》中 4.6 试验	
	3	50℃环境下动力蓄电池包自放电性能	动力蓄电池包高温 50℃环境下，满电存放 7 天（持续 168h），加速静置存放后，测量动力蓄电池包的总容量； 计算动力蓄电池包自放电后容量与原总容量之比	
电动汽车远程服务与管理系统车载终端	1	联网检查	将样车联网接入北京市示范应用新能源小客车综合服务与管理平台上，验证实时数据上传能力，并提供截图作为证明资料	

附件 1－2　　检验流程

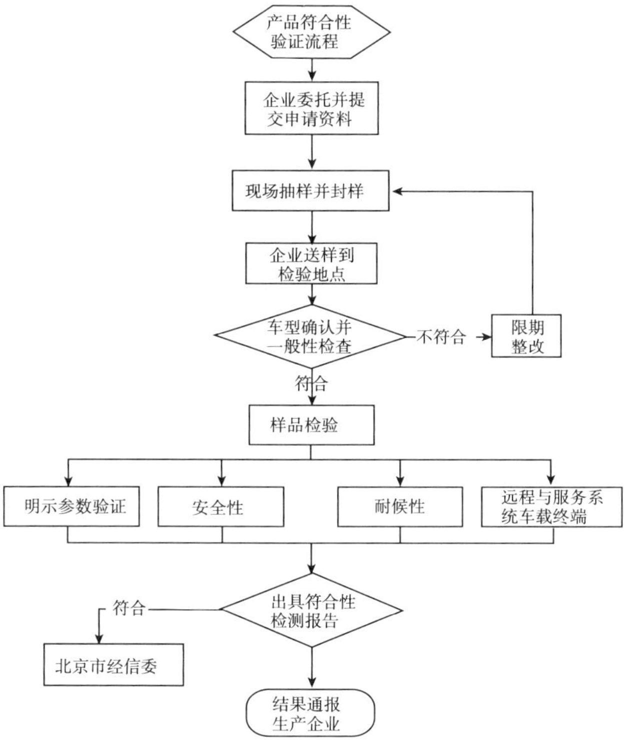

附件 2　新能源小客车生产企业及产品审核备案流程

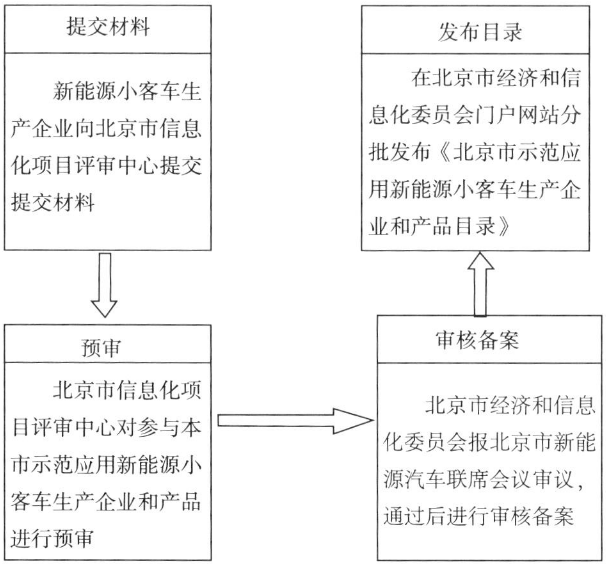

附件 3　新能源小客车生产企业审核备案材料（略）

附件 4　新能源小客车产品审核备案材料（略）

附件 5　新能源小客车月度销售情况汇报材料（略）

北京市经济和信息化委员会

北京市发展和改革委员会

北京市科学技术委员会

北京市质量技术监督局

2014 年 2 月 11 日

北京市示范应用新能源小客车财政补助资金管理细则

第一章　总则

第一条　为落实财政部、科技部、工业和信息化部、发展改革委《关于继续开展新能源汽车推广应用工作的通知》（财建〔2013〕551 号）和《北京市示范应用新能源小客车管理办法》（京科发〔2014〕46 号）等相关政策，做好新能源小客车财政补助资金发放工作，加强财政资金管理，特制定本细则。

第二条　符合《北京市示范应用新能源小客车管理办法》规定，并纳入《北京市示范应用新能源小客车生产企业及产品目录》的新能源小客车及其生产企业，可依照本细则申请本市财政补助。

第三条　北京市财政局委托北京环境交易所（以下简称环交所）负责受理和审核新能源小客车财政补助资金申请材料。

第二章　补助对象和补助方式

第四条　本市财政补助的对象是消费者，消费者按销售价格扣减补助后支付。汽车生产企业按扣减补助后的价格销售新能源小客车。车辆在本市完成注册登记后，汽车生产企业据实申请财政补助资金。

第五条　本市注册的汽车生产企业申领本市财政补助资金，财政部门将补助资金兑付到汽车生产企业。

第六条　非本市注册的汽车生产企业申领本市财政补助资金，须授权委托一家在京注册登记的具有独立法人资格的汽车销售机构统一申领，财政部门将补助资金兑付到该汽车销售机构。

第三章　补助标准

第七条　符合本市财政补助政策的新能源小客车，本市财政补助标准如下：

车辆类型	续驶里程 R（工况法、公里）	补贴标准（万元/辆）	
		2014 年	2015 年
纯电动小客车	80≤R＜150	3.325	3.15
	150≤R＜250	4.75	4.5
	R≥250	5.7	5.4
燃料电池小客车		19	18

2016 年和 2017 年补助标准按照 2015 年标准执行，如国家政策调整，本市财政补助标准参照国家政策另行制定。

第八条　汽车生产企业享受中央和本市财政补助总额

最高不超过车辆销售价格的 60%。如补助总额高于车辆销售价格的 60%，按车辆销售价格 60% 扣除中央补助后计算本市财政补助额。

第九条 实行公务用车编制管理的单位购买新能源小客车，不享受本市财政补助。

第四章 补助申请及审核

第十条 汽车生产企业申领财政补助资金，须向环交所递交以下材料：

（一）汽车生产企业备案材料

1. 汽车生产企业申领补助资金，提供汽车生产企业组织机构代码证、营业执照、法定代表人身份证明复印件。

2. 汽车销售机构申请补助资金，提供汽车销售机构组织机构代码证、营业执照、法定代表人身份证明复印件，以及汽车生产企业出具的申领财政补助资金授权委托书原件。

（二）申领补助资金申请材料

1. 财政补助资金书面申请书（见附件 2：《申领新能源汽车财政补助资金申领工作流程》）。

2. 销售给个人用户的车辆需提供：个人身份证明、车辆买卖合同、车辆销售发票、购置税完税凭证、交强险保单、机动车登记证和行驶证复印件；销售给单位用户的车辆需提供：法人代表人身份证明、组织机构代码证、营业执照、车辆买卖合同、车辆销售发票、购置税完税凭证、交强险保单、机动车登记证和行驶证复印件。

3. 国家质量监督检验检疫总局认可的检测机构出具的检测报告和北京市质量技术监督局认可的检验机构出具的符合性验证报告复印件（其中，包含纯电续驶时里程、车辆动力电池组能量、电池电机类型等内容）。

上述所有材料均加盖汽车企业公章。

第十一条 环交所负责受理财政补助申请资料，按《申领新能源汽车财政补助资金工作流程》对资料的真实性、完整性、合规性进行审核。每年 1 月、3 月、5 月、7 月、9 月、11 月的月初 10 个工作日内向北京市财政局提交审核结果和补助资金书面申请报告。

第十二条 北京市财政局对审核结果进行复审后，将补助资金兑付到汽车企业。

第五章 资金监督管理

第十三条 依照《北京市示范应用新能源小客车生产企业及产品审核备案管理细则》企业和产品退出机制，企业和产品一旦退出《北京市示范应用新能源小客车生产企业及产品目录》，自退出之日起销售的车辆，不再享受本市财政补助。

第十四条 汽车企业对提供材料的真实性负责，凡新能源小客车产品与申报材料不符、性能指标未达到要求，提供虚假信息、骗取补助资金等情形的，将扣回补助资金，并取消企业申请补贴资格。

第十五条 补助资金必须专款专用，任何单位不得以任何理由、任何形式截留、挪用。对违反规定的，将依照《财政违法行为处罚处分条例》（国务院令第 427 号）等有关规定，依法追究有关单位和人员的责任。

第六章 附则

第十六条 本市注册汽车生产企业申请中央财政补助资金，按照《关于继续开展新能源汽车推广应用工作的通知》（财建〔2013〕551 号）和《关于进一步做好新能源汽车推广应用工作的通知》（财建〔2014〕11 号）政策规定，依照本细则第四章规定的流程进行申报，市财政局按中央要求及时申报并将补助资金兑付到相关汽车企业。

第十七条 本细则自 2014 年 1 月 1 日起施行，有效期至 2017 年 12 月 31 日。

第十八条 本细则由北京市财政局负责解释。

附件：

1.《申领新能源汽车财政补助资金申领工作流程》（略）

2.《关于继续开展新能源汽车推广应用工作的通知》（财建〔2013〕551 号）（略）

3.《关于进一步做好新能源汽车推广应用工作的通知》（财建〔2014〕11 号）（略）

北京市财政局
北京市科学技术委员会
北京市经济和信息化委员会
2014 年 3 月 15 日

北京技术创新行动计划（2014—2017 年）（节能与新能源汽车节选）

为坚持和强化北京作为全国政治中心、文化中心、国际交往中心、科技创新中心的城市战略定位，进一步加快本市技术创新体系建设和产业发展，在成功实施“科技北京，行动计划（2009—2012 年）——促进自主创新行动”基础上，结合实际，制订本行动计划。

一、指导思想和主要目标

（一）指导思想

（二）主要目标

二、创新重大专项组织管理方式

（一）明确重大专项设置原则

（二）健全三级组织管理体系

（三）完善重大专项全过程管理

（四）强化重大专项项目分类管理

三、完善政策保障措施

（一）完善投融资政策

（二）强化市场拉动

（三）创新人才机制

（四）优化空间布局

（五）营造有利于创新的生态环境

四、组织实施重大专项

专项一：首都蓝天行动

重点组织实施大气污染成因与预警预报研究、能源清洁高效利用、推广应用新能源和清洁能源汽车、重点污染源防治技术研究与示范等任务。到2015年，大气污染成因与传输规律研究取得阶段性成果，推广应用7万辆新能源和清洁能源汽车，生物燃气形成约6000万立方米生产能力。到2017年，建立动态高分辨率的污染源排放清单，提高重污染天气预测预警准确率，推广应用20万辆新能源和清洁能源汽车，生物燃气形成约2亿立方米生产能力，全市工业重点行业挥发性有机物排放比2012年累计减少50%左右，燃气工业锅炉氮氧化物排放大幅降低，促进环保产业快速发展。

重点任务分解：

1. 大气污染成因与预警预报研究。市环保局牵头组织开展以下重点工作：一是开展细颗粒物（PM2.5）的污染成因、传输规律、源解析、源排放清单研究，大气中氨排放现状及来源分析，以及细颗粒物对人群健康影响的研究。二是开展大气重污染监控及预警技术体系研究，开发监测仪器设备，提高重污染预报预警能力和水平。三是协助建立区域大气污染联防联控技术体系。

2. 能源清洁高效利用。市发展改革委、市农业局牵头组织开展以下重点工作：一是梳理并推广应用煤炭清洁利用、半导体照明、余热回收利用、建筑节能、住宅产业化、热泵等先进适用的节能技术和产品。二是推广应用分布式能源技术。在典型应用领域建设高效燃气分布式能源系统，推进太阳能等可再生能源的综合利用。三是实施生物燃气产业科技示范工程。开展生物燃气综合利用关键技术和产品研发，促进生物燃气规模化生产。建设生物燃气科技产业化基地。

3. 推广应用新能源和清洁能源汽车。市科委、市交通委牵头组织开展以下重点工作：一是开展整车优化研究，采用高效电机提高整车驱动效率。优化整合零部件供应体系，提升关键零配件性能，提高整车性价比。提高车辆智能化、信息化水平，提高纯电动汽车使用价值。二是研究制定鼓励个人购买和使用新能源汽车的相关政策。在财政资金补助和购车指标确认上给予政策支持，并在公交、环卫、邮政、物流、租赁、出租等公共服务领域加大示范应用力度。完善充电桩等配套设施建设。三是完善公共领域运营保障平台、智能充换电服务平台和检验检测服务平台建设，保障新能源汽车安全运行。四是推进新能源汽车产业化。

4. 重点污染源防治技术研究与示范。市环保局、市经济信息化委牵头组织开展以下重点工作：一是严格规范环保标准。加快修订重点行业大气污染物排放标准，加严污染物排放限值。初步建成大气污染物排放标准体系。二是推进清洁生产。组织和引导企业开展清洁生产技术改造，推进工业开发区开展生态化建设。三是控制重点污染物排放。开展挥发性有机物、氨、餐饮油烟和道路扬尘治理。推动燃气锅炉低氮燃烧技术改造。

专项二：首都生态环境建设与环保产业发展

专项三：城市精细化管理与应急保障

专项四：首都食品质量安全保障

专项五：重大疾病科技攻关与管理

专项六：新一代移动通信技术突破及产业发展

专项七：数字化制造技术创新及产业培育

专项八：生物医药产业跨越发展

专项九：轨道交通产业发展

专项十：面向未来的能源结构技术创新与辐射带动

专项十一：先导与优势材料创新发展

专项十二：现代服务业创新发展

北京市人民政府

2014年4月14日

北京市示范应用新能源小客车自用充电设施建设管理细则

第一条　本细则适用于按照《北京市示范应用新能源小客车管理办法》购买新能源小客车的单位和个人自用充电设施（以下简称充电设施）的充电条件确认、用电报装和设施建设。

第二条　本细则所称的充电设施是指购买和使用新能源小客车的单位和个人，在其拥有所有权或使用权的固定停车位上建设的交流充电桩及其接入上级电源的相关设施。本细则所称的新能源小客车生产企业包含生产企业授权经营的整车销售机构（4S店）。

第三条　新能源小客车生产企业负责组织单位和个人的充电条件确认、充电设施建设，并纳入售后服务体系。

第四条　充电设施建设：

（一）充电设施建设应符合国家和本市充电设施建设标准和设计规范。充电设施产品符合《NB/T33002－2010 电动汽车交流充电桩技术条件》等国家和地方相关产品及安全标准；

（二）充电设施用电应单独计量，符合《GB/T28569－2012 电动汽车交流充电桩电能计量》要求；

（三）小区物业、业委会对充电设施建设应给予支持和配合。

第五条　充电价格按照充电设施属地用电性质收取。其中，居民住宅小区内自用充电设施按照本市居民电价标准（执行居民电价的非居民用户）收取，不执行阶梯电价；其他充电设施按照本市一般工商业电价标准（非工业峰谷电价）收取。国家相关电价政策出台后，按照国家政策执行。

第六条　充电设施建设应按有关规定到供电公司办理低压业扩报装手续。

第七条　充电设施建设包括电源条件确认、施工可行性确认、用电报装、方案编制、工程建设、工程竣工验收、供用电合同签订、计量装置安装和接电等环节。

第八条　需建设充电设施的单位和个人，签订购车意向协议后，到新能源小客车生产企业办理购车充电条件确认手续。

（一）购车充电条件确认需提供的材料包括：

1. 购车意向协议；

2. 申请人身份证明；

3. 固定车位产权或使用权证明；

4. 关于在停车位安装电动汽车充电设备的申请（物业盖章同意）；

5. 停车位（库）平面图（或现场环境照片）。

（二）受理用户申请后，新能源小客车生产企业对用户资料的真实性和完整性核实无误后，会同供电公司按照约定勘查时间到现场进行用电、施工可行性勘查。供电公司负责对用户电源条件进行确认，完成《自用充电设施用电初步可行性方案》编制。新能源小客车生产企业负责对充电设施建设的施工可行性进行确认，会同供电公司于 7 个工作日内出具《新能源小客车购车充电条件确认书》。

第九条　单位和个人正式签订购车合同后，可自行或委托新能源小客车生产企业向所在区域供电公司营销部（客户服务中心）提出用电报装申请。供电公司营销部（客户服务中心）在 7 个工作日内正式答复供电方案。单位和个人应在有效期内到供电公司营销部（客户服务中心）办理确认手续。

第十条　单位和个人正式取得供电方案确认后，由新能源小客车生产企业组织开展充电设施工程建设。不含土建工程的充电设施施工应在 3 个工作日内完成。

充电设施建设企业应具备相关资质，设备选型应符合国家相关要求。

第十一条　充电设施建设完成后，单位和个人向所在区域供电公司营销部（客户服务中心）提出验收申请。工程检验合格并办结相关手续（供用电合同签署）后，供电公司于 5 个工作日内完成装表接电工作。

第十二条　新能源小客车生产企业应在用户签署充电设施供用电合同后，正式将车辆交付用户。

第十三条　本细则为《北京市示范应用新能源小客车管理办法》的组成部分，与之同步实施，由北京市发展和改革委员会、北京市科学技术委员会负责解释。

附录

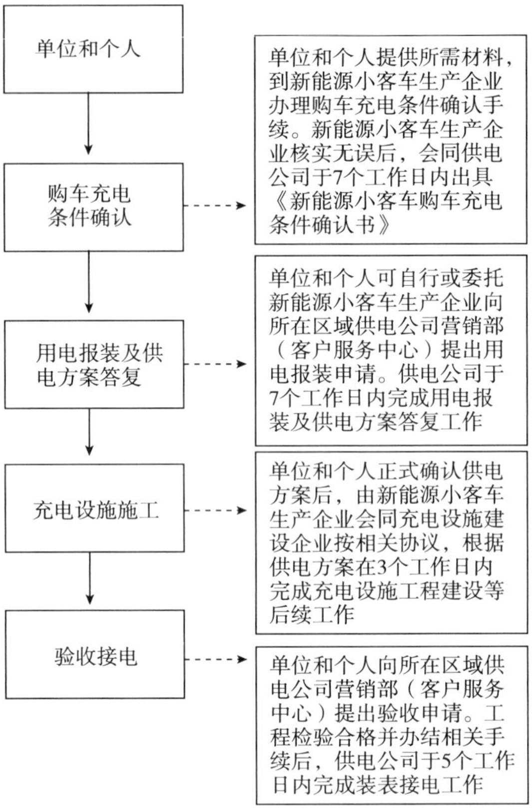

北京市发展和改革委员会

北京市科学技术委员会

北京市经济和信息化委员会

2014 年 5 月 15 日

北京市电动汽车推广应用行动计划（2014—2017 年）

为深入贯彻落实国家《大气污染防治行动计划》和《北京市 2013—2017 年清洁空气行动计划》，切实做好电动汽车推广应用工作，努力实现北京市大气污染防治目标，特制订本计划。

一、总体要求

紧紧围绕首都城市战略定位，坚持市场导向和政府推动相结合，以政策服务创新为牵引，以重点应用示范为突破，以市场全面开放为动力，以基础设施建设为支撑，在公共领域率先示范，兼顾有序培育私家电动汽车市场，营造全社会共同关注创新、共同支持减排的良好氛围，努力将北京建设成为电动汽车全国示范应用的新标杆、应用规模全球领先的新高地。

一是着力推进政策服务创新。将推广应用电动汽车的政策从购车环节向用车环节延伸，覆盖购车、用车、基础设施建设及运营、服务保障等全链条。鼓励各类金融机构开发金融产品，全面参与电动汽车推广应用。

二是着力推进重点应用示范。聚焦示范效应突出、节能减排效果明显、应用模式相对成熟的细分市场，大领域以点带面，小行业集中突破，加大在公交、出租、公务车领域的推广力度，引导和带动单位及个人购买使用电动汽车。

三是着力推进市场全面开放。立足纯电驱动，坚持以市场为导向，在产品准入、基础设施建设及运营等全面开放，突出质量与服务并重，强化企业主体责任。

四是着力基础设施建设。坚持公用充电桩以快充补电为主、自用充电桩以慢充为主的原则，适度超前布局，充分发挥政府规划引导作用，吸引社会力量全面参与，推动形成市场化的建设、运营、管理机制，建成较为完善的充电设施服务网络。

二、重点任务及责任分工

（一）坚定不移推进公交电动化

将电驱动公交车的推广应用与交通体系深化改革相结合，使技术创新与商业模式创新相协调，因线制宜，实现换电、场站集中充电、在线充电、停靠站分散补电等多种供电模式的有机协同和车辆、供电、营运之间的有效匹配。以公交电动化为突破口，聚焦主要线路和重点区域，大力推进公交电动化。2014 年，投运电驱动公交车不低于 900 辆。到 2017 年，投运电驱动公交车不低于 4500 辆。

1. 推进重点公交线路电动化。长安街沿线、三环路环线等重点公交线路全部采用电驱动公交车。2014 年在重点公交线路上投运电驱动公交车 700 辆。

牵头单位：市交通委

责任单位：市发展改革委、市规划委、北京市电力公司

2. 实现全部城市快速公交线路（BRT）电动化。将现有 4 条城市快速公交线路全部更新为电驱动公交车。2014 年重点启动南中轴快速公交线路首批 40 辆电驱动公交车的更新工作。

牵头单位：市交通委

责任单位：市发展改革委、市规划委

3. 实现全部轨道交通接驳微循环线路电动化。现有及新增轨道交通接驳微循环线路全部采用电驱动公交车。2014 年重点在 6 条以上微循环线路投运电驱动公交车不低于 100 辆。

牵头单位：市交通委

责任单位：市发展改革委、市规划委、北京市电力公司

4. 推动新城城区主要公交线路电动化。新城城区内主要公交线路全部采用电驱动公交车。2014 年重点在怀柔亚太经济合作组织会议会址、亦庄新城、昌平未来科技城等的主要公交线路投运电驱动公交车 60 辆。

牵头单位：市交通委

责任单位：北京市电力公司、门头沟区政府、房山区政府、通州区政府、顺义区政府、昌平区政府、大兴区政府、平谷区政府、怀柔区政府、密云县政府、延庆县政府、北京经济技术开发区管委会

5. 推动机场运营车辆电动化。首都机场更新或新增各类运营车辆、摆渡等旅客保障车辆全部采用纯电动汽车。2014 年完成首批电动汽车示范运行，规划建设配套充电站。

牵头单位：首都机场集团公司

责任单位：市经济信息化委、市环保局、北京市电力公司

（二）大力推进电动汽车在出租行业的应用

6. 加大市区出租车采用电动汽车力度。市区内新增出租车全部采用电动汽车；加快研究出台出租车辆更新为电动出租车的鼓励政策，推动存量出租车辆有序更新为电动汽车。

牵头单位：市交通委

责任单位：市发展改革委、市规划委、北京市电力公司

7. 10 个郊区县区域出租车全部采用电动汽车。各区县要加快充电站选址建设，完善快速充电网络。

牵头单位：市交通委

责任单位：北京市电力公司、门头沟区政府、房山区政府、通州区政府、顺义区政府、昌平区政府、大兴区政府、平谷区政府、怀柔区政府、密云县政府、延庆县政府

（三）加快推进电动汽车分时租赁示范应用

8. 开展电动汽车分时租赁示范运行。建设电动汽车分时租赁网络，使其成为城市多层次交通体系的组成部分。

牵头单位：市交通委

责任单位：市科委、市发展改革委、市规划委、北京市电力公司

（四）全力推进末端物流电动化

9. 打造绿色末端物流配送体系。适应电子商务快速发展需要，聚焦末端物流配送，在邮政快递、电子商务末端物流等领域推广应用电动物流车。

牵头单位：市商务委、市交通委、市邮政管理局

（五）坚决推进公务车示范应用

10. 推动公务用车率先采用电动汽车。新增的公务车、

具备更新条件的公务车、党政机关机要通讯车原则上均采用电动汽车。参照《北京市居住公共服务设施规划设计指标》要求，在本市党政机关和企事业单位现有公共停车位建设一定比例的充电桩，专门用于电动汽车的充电和停车。

牵头单位：市财政局

责任单位：市发展改革委

（六）持续推进电动环卫车示范运行

11. 推进环卫车电动化进程。确保已投运的环卫车满负荷运营。全力推进已采购的电动环卫车投入运营。新增环卫车中电动环卫车比例要超过 50%。

牵头单位：市政市容委

责任单位：各区县政府

（七）有序推进单位及个人购买使用电动汽车

12. 鼓励单位及个人购买使用电动汽车。在基础设施不断完善、市场能够支撑的情况下，提供 17 万辆电动小客车指标。2014 年完成 2 万辆电动小客车指标配置，争取出台有关政策鼓励老旧机动车更新为电动汽车。

牵头单位：市科委

责任单位：市经济信息化委、市交通委、市财政局、市环保局

（八）统筹推进基础设施建设

13. 加大公共领域充换电站建设力度。在公交领域，建设大型充换电站 3 座；对直充式电驱动公交车、增程式公交车分别按照不低于 2∶1、10∶1 的车桩比建设快速充电桩。在出租领域，对市区电动出租车按照不低于 3∶1 的车桩比建设快速充电桩；对区域电动出租车分别按照不低于 1∶1、5∶1的车桩比建设交流充电桩、快速充电桩；同时在出租企业建设慢充桩。2014 年力争完成小营公交车充换电站建设，启动通州土桥和昌平未来科技城公交车充换电站建设，推进电动出租车充电设施建设。

牵头单位：市发展改革委

责任单位：市交通委、市规划委、各区县政府、北京市电力公司

14. 全面建成较为完善的公用充电服务网络。在社会公共停车场、交通枢纽停车场（含 P+R）、大型商超停车场、高速公路服务区、电动汽车专业销售（4S）店、具备条件的加油站等建设 10000 个快速充电桩。全面调动社会力量参与基础设施建设的积极性，加快推动形成基础设施建设、运营、管理的市场化机制。研究推进建设京津冀一体化充电服务网络。2014 年重点研究制定在首都机场、南苑机场、北京站、北京南站、北京西站等大型交通枢纽，以及公共停车场、高速公路服务区等公共场所充电设施配建规范，完成 1000 个快速充电桩建设，在五环内初步建成 5 公里半径快速充电网络。

牵头单位：市发展改革委

责任单位：市交通委、市规划委、市商务委、北京市电力公司

15. 推进单位及个人自用充电桩建设。2014 年，市发展改革委发布实施《北京市示范应用新能源小客车自用充电设施建设管理细则》，做到流程清晰、标准明确、方便快捷、规范有序；市规划委发布实施《北京市居住公共服务设施规划设计指标》，明确新建及改建建筑要按照不低于 18% 的停车位比例配建充电设施，并将此作为规划审批条件；市住房城乡建设委发布《关于推进既有居住区新能源小客车自用充电设施安装的通知》，明确既有居住区内用户、物业、充电设施建设单位等各方的权利和义务，要求协调配合推进充电设施建设。

牵头单位：市发展改革委、市规划委、市住房城乡建设委

责任单位：市科委、北京市电力公司

（九）统筹政策形成合力。

16. 发挥政策叠加效应。在发布实施《北京市示范应用新能源小客车管理办法》及相关细则、《北京市纯电动汽车示范推广市级补助暂行办法》的基础上，将政策从购车环节向用车环节延伸，在购车、用车、基础设施建设及运营、服务保障等环节实现全覆盖。

在购车环节，邮政、物流等企业购买的纯电动专用车，按照国家标准 1∶1 比例给予市级财政补贴，并支持电动客车在单位班车、旅游客车等方面开展示范运行。在用车环节，积极研究差异化停车费、电动物流车优先配置货车通行证等政策。在基础设施方面，研究制定加快充电设施建设和有效运营的相关政策。同时，积极争取国家相关政策支持，申请在本市开展先行先试政策试点。

牵头单位：市发展改革委、市财政局、市公安局交通管理局

责任单位：市科委、北京市电力公司

三、保障措施

（一）完善工作协调机制。充分发挥新能源汽车联席会议制度的作用。新能源汽车联席会议负责计划制定、政策及资金统筹、重大事项协调等工作，牵头单位负责制定具体工作方案并组织推进，责任单位按部门职能分工及属地管理原则认真落实。市科委负责组织协调、及时汇报工作进展，并适时提请联席会议协调解决重大事项；市发展改革委牵头成立专项工作小组，统筹推进基础设施建设；市环保局加强对重点应用领域机动车排放情况的检查监督；市质监局加强对车辆安全运营监管。

（二）加强资金和用地保障。在资金保障方面，全面

落实市级购车财政补贴和基础设施建设财政补贴，积极争取国家财政补贴。在用地保障方面，盘活存量，用好增量，保障充换电站建设的用地需求。研究设立新能源汽车碳交易基金，推动在本市运行的电动汽车整体参加碳交易。

（三）加大科技创新支撑。持续加大科技创新及产业化力度，引导产学研用紧密合作，重点提升动力电池、驱动电机、整车电控等关键核心技术水平，支持新型动力电池开发，加强共性技术平台的建设。积极发展车联网技术，将电动汽车打造成移动智能终端，实现车人、车车、车路、车网等交互，推动电动汽车和大数据平台有机融合，实现车辆智能化、交通智慧化和信息动态化。

（四）鼓励商业模式创新。通过融资租赁等方式，加快在公交、出租等领域大规模应用电动汽车。在完善贷款贴息、电池租赁政策的基础上，积极探索公私合营（PPP）等模式，通过共享油电差价等机制，鼓励社会资本参与充电设施建设与运营、车辆购买与维护。引导设立电动汽车发展基金，鼓励充换电设施建设运营单位实行有偿服务，推动形成车位所有者、基础设施建设者和运营管理者等多方共赢的运营模式。

四、全社会共同参与

（一）强化企业主体责任

1. 整车企业全面保障产品质量和服务。整车产品须满足低温运行等地域性特征要求。整车企业负责对废旧动力电池回收处理；建立车辆运行保障体系，重点对车辆安全运营信息进行监控，并实现实时故障预警；建设一定规模的充电设施并承诺对社会开放。

2. 电力部门全面推进基础设施建设。开辟绿色通道，进一步优化报装验收流程；完善智能充换电服务管理平台，满足公众预约、查询、结算等使用需求；加快在社会停车场、交通枢纽建设快充服务网络。

3. 物业管理单位全面参与充电桩建设运营。小区物业管理单位、业主委员会等应支持具备条件的单位或个人开展自用充电桩建设；具备条件的社会停车场应建设一定比例的充电桩向社会开放，并按照相关规定收取服务费用。

4. 公用企事业单位全面开展电动汽车示范运行。全市范围内的公交、出租、环卫、邮政物流等公用企事业单位，应成为推广电动汽车应用的重要示范载体，率先推广应用电动汽车，积极探索创新运营机制和商业模式。

（二）倡导公众全面参与

公务人员率先使用电动汽车，自觉成为电动汽车推广应用的推动者。倡导电动汽车行业从业人员身体力行，自觉成为电动汽车理念的传播者。倡导广大市民积极参与电动汽车推广应用活动，成为电动汽车推广的践行者。

（三）加大宣传监督力度

新闻媒体进行全方位、多层次、宽视角的科普宣传，切实增进社会公众认知程度，营造易于接受、乐于使用电动汽车的良好环境。重点加大政策宣传力度，通过专家解读、专题报道、典型案例等形式进行宣传报道，使公众清晰、消费者明晰、执行者熟悉。强化舆论监督作用，重点关注产品质量、服务保障、设施建设等关键环节，共同维护电动汽车良好的发展态势和局面。

北京市人民政府办公厅

2014 年 6 月 16 日

北京市关于推进物业管理区域新能源小客车自用充电设施安装的通知

京建发〔2014〕238 号

各相关单位：

为贯彻落实《北京市大气污染防治条例》和《北京市示范应用新能源小客车管理办法》，推动本市新能源小客车发展，现就推进新能源小客车自用充电设施安装有关事项通知如下：

一、本市物业服务企业应当积极支持和配合新能源小客车自用充电设施的安装。

二、安装自用充电设施的单位应当具有机电安装资质或电力总承包资质。

三、安装单位应当妥善保护小区内共用部位和共用设施，造成破损的应当及时修复。

四、物业服务企业应当配合做好下列工作，不得借机收取费用：

（一）指定专人配合新能源小客车生产企业和属地供电公司勘查现场；

（二）提供相关图纸或指认停车区域内电源位置及暗埋管线的走向；

（三）配合安装单位现场施工；

（四）配合办理用电变更手续。

五、自用充电设施由所有权人负责后期维护。租赁车位到期或不再使用充电设施的，所有权人应当负责拆除。

六、物业服务企业不配合安装自用充电设施，或向购车人和安装单位收取额外费用的，由各区县住房城乡建设委、房屋管理局责令改正，并可依照《北京市物业服务企业信用信息管理办法》（京建发〔2010〕658 号）规定，对物业服务企业和项目负责人分别记 1 分。情节严重的，将予以公开曝光。市住房城乡建设委投诉受理邮箱：bjwyjb@163.com。

七、安装新能源小客车自用充电设施应不破坏人民防空地下室战时防护功能。在人民防空地下室安装新能源小客车自用充电设施，应由人民防空地下室管理使用单位报告属地区县民防主管部门。

八、本通知自 2014 年 8 月 1 日之日起实施。

北京市住房和城乡建设委员会

北京市发展和改革委员会

北京市科学技术委员会

北京市民防局

2014 年 7 月 1 日

上海市关于推广应用节能和新能源等环保型公交车的实施意见

为贯彻落实《上海市清洁空气行动计划（2013—2017）》（沪府发〔2013〕83 号）和国家财政部、科技部、工业和信息化部、发展改革委四部门《关于继续开展新能源汽车推广应用工作的通知》（财建〔2013〕551 号）精神，积极推进公交都市的创建工作，支持和鼓励本市推广应用节能和新能源等环保型公交车，促进城市大气环境改善，特制定本实施意见。

一、总体思路

（一）立足试点、远近结合，积极探索适合城市公交发展的合理技术路径。鉴于目前全国新能源公交车生产和应用尚处于试点示范阶段，相关技术仍在不断改进发展中，根据汽车产业发展水平和本市公交运营的实际情况，兼顾节能和新能源等环保型汽车发展趋势，合理选择发展技术路径，为今后本市新能源公交车发展积累运营经验和探索应用推广模式，推动汽车产业的发展和进步。

（二）创新模式、政策扶持，合理分摊运营新增成本。鉴于公交行业的非营利性和公益性，节能和新能源等环保型公交车的推广原则上不增加公交企业的负担，不影响公交正常运营。积极引导由第三方提供配套设施建设运营、电池租赁、车辆维护保养等服务的商业模式，最大限度地分摊节能和新能源等环保型公交车的运营成本。明确鼓励政策，由财政合理承担节能和新能源等环保型公交车的购置、运营等方面的新增成本，积极探索建立推广长效机制。

（三）市区合力、协同推进，积极发挥国有公交企业主体作用。市和区（县）两级政府形成政策合力，共同推进全市公交车辆环保升级。市政府统筹全市节能和新能源等环保型公交车发展工作，侧重中心城区发展的引导和推进。区（县）政府根据区域定位，因地制宜地在辖区内推广应用节能和新能源等环保型公交车。积极鼓励企业承担社会责任，发挥其主观能动性，以国有公交企业为重点，推进节能和新能源等环保型公交车应用，积极鼓励社会公交企业参与。

二、技术路径和发展目标

（一）技术路径

现阶段，市中心区以油电混合车型为主、电电混合等新能源车型为重要组成、其他环保车型为补充。各区（县）根据区域实际情况，加大纯电动车和天然气车的应用规模。今后，根据国家政策和车辆技术进步情况适时调整。

（二）发展目标

从 2014 年起，本市每年新增或更新的公交车中，节能和新能源等环保型公交车的比例应达到 60% 以上，其中新能源公交车应不低于更新或新增总量的 30%。力争到 2015 年，本市节能和新能源等环保型公交车的使用规模达到 3000 辆；到 2017 年，争取节能和新能源等环保型公交车的比例达到 30%。

三、保障措施和配套政策

（一）组织保障

本市建立市节能和新能源公交车推进联席会议，领导、协调推进本市节能和新能源公交车的推广应用。联席会议由分管市领导担任召集人。联席会议成员单位由市交通委、市发展改革委、市财政局、市规划国土资源局、市经济信息化委、市科委、市建设管理委、市质量技监局、市公安局、市消防局、市安全监管局等部门以及上汽集团、国家电网、中石油、中石化等相关企业组成。联席会议下设办公室，办公室设在市交通委。

各相关区（县）可参照市联席会议制度成立区级推进机构。

（二）监督管理

公交企业发展节能和新能源等环保型公交车任务与申请享受购车补贴挂钩，年度车辆更新计划中须优先安排并落实节能和新能源等环保型公交车的投放任务，完成年度发展任务的企业可优先申请公交专项资金的补贴。

各相关区（县）应根据市节能和新能源公交车推进联席会议确定的年度发展任务，及时下达辖区内公交企业的年度目标，并对区域内公交企业完成情况进行监督。

有关主管部门应加强对辖区内公交企业落实情况的跟踪和核查，将公交企业落实节能和新能源等环保型公交车发展任务的情况纳入企业负责人绩效考核内容，及时采取相应的措施，确保年度发展目标顺利完成。

（三）补贴政策

市、区（县）财政安排专门资金，对节能和新能源等环保型公交车的推广应用进行支持。具体如下：

1. 购置补贴。在购置环节按照车型给予一次性定额补贴。其中，对于纯电动（含电电混合）公交车、超级电容公交车、插电式混合动力（含增程式）公交车，按照国家财政补贴标准，本市财政给予相应标准的配套补贴。对于油电混合公交车、双源无轨公交车、LNG 公交车，按照其与同类传统汽车的基础差价确定补贴标准。具体补贴标准见表 1。

表 1 购置成本补贴标准 单位：万元/辆

车辆类型	单车补贴标准		
	6m≤车长＜8m	8m≤车长＜10m	车长≥10m
纯电动（含电电混合）公交车	21	28	35
插电式混合动力（含增程式）公交车	—		25
超级电容公交车	15		
油电混合公交车	50		
双源无轨公交车	55		
LNG 公交车	30		

2. 运营补贴。对于使用节能和新能源等环保型公交车新增的运营成本，按照 8 年运营周期给予相应的补贴。补贴标准按年核定，每年发放。首次运营补贴在购置时支付。第二年开始，根据车辆上一年度的使用情况支付运营补贴：上一年度单车年平均行驶里程在 5 万公里以上（LNG 公交车的单车年平均行驶里程在 6 万公里以上）的，全额支付当年运营补贴；上一年度单车年平均行驶里程低于前述公里数的，当年运营补贴予以同比例扣减。具体补贴标准见表 2。

表 2 运营成本补贴标准 单位：万元/辆/年

车辆类型	补贴标准
纯电动（含电电混合）公交车	16.5
插电式混合动力（含增程式）公交车	7
超级电容公交车	5
油电混合公交车	3
双源无轨公交车	5
LNG 公交车	6.5

3. 补贴资金渠道。相关补贴由市、区（县）两级财政共担。其中，购置补贴统一由市级财政安排。运营补贴按照属地化原则分担，在二级管理区（县）注册的企业（市属控股企业除外）的运营补贴，按企业注册地，由所在区（县）财政承担，其他其他企业的运营补贴由市级财政承担。市级财政承担的资金统一在公交行业扶持资金中安排。

4. 政策期限。本补贴政策先试行三年，即从 2013 年到 2015 年，三年后根据实际情况，做进一步调整完善。政策有效期内，如遇国家补贴政策调整，由市发展改革委、市财政局、市交通委、市建设管理委共同研究，对本市补贴政策作相应调整。

四、工作要求

（一）制订年度发展计划

各公交企业作为节能和新能源等环保型公交车发展的责任主体，应将发展任务作为年度重点工作纳入工作计划，并于每年第四季度制订下一年度本公司公交车的报废、更新计划，以及节能和新能源等环保型公交车发展计划和配套基础设施建设需求，上报相应的主管部门。各主管部门审核后，应在每年 1 月底前将辖区内公交企业车辆报废更新和发展计划报送市节能和新能源公交车推进联席会议办公室。

市节能和新能源公交车推进联席会议办公室根据全市公交车报废更新计划情况，提出年度节能和新能源等环保型公交车发展计划和任务分解建议，提请市节能和新能源公交车推进联席会议审议后，向有关单位下达年度发展任务。

（二）推进情况跟踪

各公交企业应根据年度任务下达情况，及时组织节能和新能源等环保型公交车的采购、投放工作，每季度向相应主管部门报送进展情况。各主管部门应在下季度首月的 15 日前将上一季度进展情况报送市节能和新能源公交车推进联席会议办公室，年度总结报告结合下一年度报废更新和发展计划，一并于次年的 1 月底前报送。

（三）强化管理措施

各公交企业应根据节能和新能源等环保型公交车的技术特点，科学、合理地安排公交线路，提高运营效率。加强对从业人员的培训和管理，建立和完善节能和新能源等环保型公交车的运营考核机制，充分调动有关人员的积极性。同时，要建立车辆定期检查、维护制度，建立和完善事故预警机制和紧急处置预案，实时跟踪掌握车辆运行状态，确保节能和新能源等环保型公交车安全运营，发挥出应有的环保效益。

各配套设施建设营运单位应加强对节能和新能源等环保型公交车配套场站的运营、维护的日常管理，不断建立和完善有关制度规范。电池服务供应单位要加强对动力电池工作状态的监控，确保车辆运行安全、可靠。

各整车制造企业要严格按照国家相关产品管理要求和技术标准，提供安全、可靠的产品，保证产品一致性。要积极配合公交企业做好车辆的维护保障，以及产品技术改进，加强售后服务。

市、区（县）有关部门应加强对节能和新能源等环保型公交车推广应用的指导和运营情况的跟踪，引导制定和完善相关的技术标准和管理规范，适时对有关车型运营使用情况进行总结和评估，探索建立节能和新能源等环保型公交车推进的长效机制。

五、任务分工

市发展改革委负责节能和新能源等环保型公交车专项扶持政策的综合协调，并负责综合协调和推进本市充换电设施、加气设施建设等工作。

市财政局负责落实本市支持节能和新能源等环保型公交车的专项扶持政策，协调、监督区（县）配套资金的到位。

市科委负责加强对节能和新能源等环保型公交车的技术支撑和研发，负责与科技部、财政部协调沟通，争取并落实国家对本市节能和新能源等环保型公交车的有关扶持政策。

市公安局负责在节能和新能源等环保型公交车上牌、年审等方面给予指导、支持。

市经济和信息化委负责协调本市节能和新能源等环保型公交车的制造生产，指导产业升级和技术提升。

市技术监督局负责制定有关节能和新能源等环保型公交车及配套基础设施相关的地方标准，组织开展相关国家、行业、地方标准的宣贯和实施，加强对车辆的质量监督工作。

市建设管理委负责指导全市节能和新能源等环保型公交车加气设施的布局和建设工作。

市规划国土资源局负责加强对节能和新能源等环保型公交车配套基础设施用地的规划、审批和用地的指导、协调工作。

市安全监管局、市消防局负责支持并指导节能和新能源等环保型公交车配套基础设施的建设，加强对配套基础设施和车辆的运营安全监管。

市交通委负责制订全市节能和新能源等环保型公交车推进计划并组织实施，统筹全市节能和新能源等环保型公交车的推进工作，跟踪车辆运营情况，协调解决推进过程中出现的问题。

各区（县）负责推进辖区内节能和新能源等环保型公交车发展工作，制定扶持政策，落实补贴资金，推进配套基础设施建设。

各有关企业应不断提高车辆质量和完善售后服务体系，确保车辆安全可靠；加快推进充换电站、加气站等配套基础设施建设并加强运营管理，保障市场供应。

上海市交通委
上海市发展改革委
上海市财政局
上海市建设管理委
2014 年 3 月 13 日

上海市鼓励购买和使用新能源汽车暂行办法

第一条（目的和依据）

为贯彻国务院印发的《节能与新能源汽车产业发展规划（2012—2020 年）》（国发〔2012〕22 号）和财政部、科技部、工业和信息化部、国家发展改革委《关于继续开展新能源汽车推广应用工作的通知》（财建〔2013〕551 号），鼓励本市消费者购买和使用新能源汽车，扩大新能源汽车推广和应用，制定本暂行办法。

第二条（适用消费者）

本暂行办法所称消费者，包括个人用户和法人用户。

个人用户是指本市户籍居民，以及在本市拥有合法工作和稳定住所的外省市居民和外籍人士。

法人用户是指在本市注册登记管理部门登记注册的法人组织，包括党政机关、企事业单位、人民团体和社会组织。

第三条（适用车型）

本暂行办法所称新能源汽车，是指在本市销售的，纳入国家《节能与新能源汽车示范推广应用工程推荐车型目录》或其他相关推荐车型目录，符合本市确定的安全性、动力性、维护保障等要求，且列入本市新能源汽车登记车型目录的纯电动汽车、插电式混合动力（含增程式）汽车和燃料电池汽车。

本市公交汽车领域使用新能源汽车，不适用本暂行办法，有关政策另行制定。

第四条（财政补助）

对消费者购买新能源汽车，在中央财政补助的基础上，根据本市新能源汽车登记车型目录有关信息和本市确定的补助标准（详见附件），本市再给予财政补助。由新能源汽车生产厂商按照扣除中央和本市财政补助后的价格，将新能源汽车销售给消费者。

对直接或组织员工一次性购买新能源汽车超过 10 辆的法人单位，本市再给予 2000 元/辆的财政补助。补助资金必须用于协调落实在本单位建设充电设施、进行维护管理及营造良好的新能源汽车使用条件、环境等。

对汽车生产厂商，每回收一套新能源汽车动力电池，本市给予 1000 元的补助。

第五条（专用牌照额度）

消费者购买新能源汽车用于非营运的，本市免费发放专用牌照额度。

对使用专用牌照额度的新能源汽车，实行一车一牌制度，不予办理退牌业务，且办理辖区外转移登记、注销登记、失窃手续的，不予发放额度更新凭证。

第六条（专用营运额度）

消费者购买新能源汽车用于营运，涉及行业许可管理的，市有关行业管理部门在现有管理规定框架下，优先发放相关专用营运额度，并指导营运企业做好相关申领手续。

第七条（通行便利）

市有关部门在日常动态交通、静态交通现有管理规定和框架下，对新能源汽车给予通行便利，优先发放相关证照，并指导消费者办好相关申领手续。

第八条（厂商申请）

新能源汽车生产厂商应具备一定的产能规模和完善的售后服务及应急保障体系。销售的新能源汽车产品应符合国家强制性产品认证管理规定，符合本市城市道路通行条件和相关行业规定，符合本市消费者在车辆性能方面的基本要求，并具备远程监控能力，相关数据应接入本市确定的新能源汽车公共数据采集平台。

汽车生产厂商生产新能源汽车，应按照有关要求和程序，向市经济信息化委提出申请。市经济信息化委对汽车生产厂商和产品进行认定，符合条件的，列入本市新能源汽车登记车型目录，并及时向社会公布。

第九条（确认凭证）

汽车生产厂商必须确保销售的新能源汽车与国家《节能与新能源汽车示范推广应用工程推荐车型目录》或其他相关推荐车型目录一致，其产品主要参数应由具有相关资质的检测机构出具证明文件。产品销售前，应按照有关要求和程序，向市经济信息化委申领确认凭证。确认凭证每车一张。

第十条（专用牌照额度申请）

消费者购买新能源汽车，可以凭购车发票、确认凭证等材料，按照有关规定和程序，向市交通委在本市车辆购置税征收点的机动车额度审查部门申请专用牌照额度。

第十一条（注册登记）

消费者在本市购买新能源汽车，缴纳车辆购置税，在取得购车发票后6个月内，按照有关规定和程序，在市公安局交警总队车辆管理所完成注册登记。

第十二条（专用牌照核发）

市公安局交警总队车辆管理所在确认本市机动车额度审查部门同意消费者使用专用牌照额度信息且完成注册登记后，对消费者购买的新能源汽车核发专段号码号牌。

第十三条（专用营运额度申请）

消费者购买新能源汽车用于营运的，可以按照有关规定和程序，向市交通委等行业主管部门申领专用营运额度。

第十四条（补助资金申请）

新能源汽车完成注册登记后，汽车生产厂商凭新能源汽车购车发票、车辆购置税完税凭证、机动车登记证书和行驶证等有关材料，按照有关要求和程序，向市科委申请中央财政补助资金，向市经济信息化委申请本市财政补助资金。

新能源汽车动力电池回收补助，由汽车生产厂商凭回收凭证及有关证明，按照有关要求和程序，向市经济信息化委申请本市财政补助资金。

第十五条（职责分工）

市发展改革委、市财政局、市经济信息化委、市科委、市交通委、市公安局按照职责分工，落实本暂行办法关于鼓励本市消费者购买和使用新能源汽车的资金补助、专用牌照额度、专用营运额度等支持政策，并制定相关操作性文件，及时向社会公开，同时负责解释。

市发展改革委负责本暂行办法的施行总体协调和完善，从节能减排专项资金中安排本市财政补助资金，并对本暂行办法实施效果进行评估。

市经济信息化委负责本市新能源汽车推广应用总体推进和协调；受理新能源汽车生产厂商有关申请，公布本市新能源汽车登记车型目录，出具新能源汽车产品确认凭证；受理本市财政补助资金等相关申请。

市财政局、市科委负责受理、审核、上报本市新能源汽车生产厂商中央补助资金预拨和清算申请。市财政局负责本市财政补助资金的实际拨付和使用监管。

市交通委负责制定并发布新能源汽车专用牌照额度、专用营运额度等支持方案和办理程序，发放相关额度并进行监督。

市公安局负责制定并发布新能源汽车交通便利支持方案和办理程序；办理新能源汽车注册登记，核发专段号码号牌；向受理财政补助资金申请的相关部门提供新能源汽车在本市注册登记的相关信息。

第十六条（监督管理）

市发展改革委、市财政局、市经济信息化委、市科委、市交通委、市公安局等部门应在各自职责范围内，加强对新能源汽车购置、财政补助资金发放、实际销售价格制定、新能源汽车专用牌照额度和专用营运额度发放等的跟踪检查和监督管理。

消费者对提供的申请材料的真实性负责，汽车生产厂商对销售产品一致性和提供申请材料的真实性负责。凡提供虚假信息、骗取补助资金、专用牌照额度和专用营运额度的，一经查实，将给予追缴补助资金、注销专用牌照额度和专用营运额度等处理。

第十七条（有效期）

本暂行办法自印发之日起施行，有效期至2015年12月31日。2014年1月1日以后购买新能源汽车的，适用本暂行办法。

附件 上海市新能源汽车推广应用补助标准

一、纯电动乘用车、插电式混合动力（含增程式）乘用车补助标准（单位：万元/辆）

车辆类型	补助标准
纯电动乘用车	4
插电式混合动力乘用车（含增程式）	3

二、纯电动客车、插电式混合动力（含增程式）客车

补助标准（单位：万元/辆）

车长 L（米） 车辆类型	补贴标准		
	6≤L<8	8≤L<10	L≥10
纯电动客车	30	40	50
插电式混合动力客车（含增程式）	—		25
超级电容、钛酸锂快充纯电动客车	15		

三、纯电动专用车（主要是邮政、物流、环卫等用车）推广应用补助标准：按照电池容量每千瓦时补助 2000 元，每辆车补助总额不超过 15 万元。

四、燃料电池车推广应用补助标准（单位：万元/辆）

车辆类型	补助标准
燃料电池乘用车	20
燃料电池商用车	50

上海市发展和改革委员会
上海市经济和信息化委员会
上海市财政局
上海市科学技术委员会
上海市交通委员会
上海市公安局
2014 年 5 月 4 日

上海市新能源汽车推广应用实施方案（2013—2015 年）

为加快推进新能源汽车产业发展，推进节能减排，促进大气污染治理，根据 2013 年 9 月 17 日财政部、科技部、工业和信息化部、发展改革委《关于继续开展新能源汽车推广应用工作的通知》要求，结合本市实际，制定本方案。

一、指导思想和主要目标

（一）指导思想

服务国家节能减排战略、大气污染治理战略和新能源汽车发展战略，贯彻落实国务院发布的《节能与新能源汽车产业发展规划（2012—2020 年）》，深化新能源汽车推广应用，促进城市环境改善及汽车产业升级，形成完善的新能源汽车应用服务体系，带动全产业链发展。

（二）主要目标

通过推广应用万辆新能源汽车，进一步深化鼓励支持政策，完善新能源汽车产业链，突破基础设施建设“瓶颈”，为后续进一步扩大应用规模奠定基础。

1. 到 2015 年，推广应用 13000 辆新能源汽车。其中，外地品牌车辆不低于 30%；本市新增或更新的公交、公务、环卫、物流车辆中，新能源汽车比例不低于 30%。

2. 环境改善取得明显成效。到 2015 年，累计节约 7.5 万吨汽柴油，减少颗粒物排放约 100 吨、温室气体（二氧化碳）排放约 20 万吨。

3. 进一步完善基础设施建设，实现网络化、便利化。到 2015 年，新建各类充电桩 6000 个左右、加氢站 1 座。

4. 进一步完善鼓励支持政策，优化新能源汽车使用环境。制定新能源汽车考核激励机制，调动推广应用新能源汽车积极性。

5. 进一步完善产业技术自主创新体系、产业链协同配套体系和社会化系统支持体系。继续保持国内领先优势，争取本地品牌新能源汽车产销量占国内新能源汽车市场 20% 左右。

二、工作计划

（一）车辆推广应用

根据到 2015 年，上海市计划推广应用新能源汽车 13000 辆的目标，2013 年推广应用 400 辆左右、2014 年推广应用 3600 辆左右、2015 年推广应用 9000 辆左右；按照车型计，乘用车 9500 辆、客车 1400 辆、专用车 2100 辆左右；按照行业领域计，公共服务领域（公交车、公务车、环卫车、物流车）合计 4700 辆，其他应用领域（租赁车、出租车、私家车）合计 8300 辆。

（二）基础设施建设

按照满足 13000 辆新能源汽车运行的要求，新建交直流充电桩 6000 个左右、加氢站 1 座。其中，2013 年建设交直流充电桩 300 个，2014 年建设 1500 个，2015 年建设 4200 个及加氢站 1 座。

（三）推广策略

1. 公共服务用车以区域推广为主（如嘉定区、浦东新区、闵行区、松江区、青浦区、崇明县），以综合交通枢纽为依托，逐步辐射全市，对新增或更新的公共服务用车 30% 以上使用新能源汽车。

2. 营造优良的新能源汽车购买和使用环境，并通过建立汽车共享模式、租赁等方式，推广应用新能源汽车。同时，在基础设施建设、车辆使用等方面进一步完善政策，鼓励使用新能源汽车。

3. 对接外地新能源汽车生产企业，了解整车技术参数、产品价格、市场销售等情况，宣传上海新能源汽车推广应用政策，吸引外地产车辆进入上海，保障外地品牌车辆应用不低于 30%。

4. 针对城市物流车数量多、替代需求大等特点，研究制定可行的推广政策，推进物流业使用新能源汽车。

5. 探索创新商业模式，拓展新能源汽车应用范围，鼓励租赁业务进入公交、公务、物流、环卫等行业，倡导在城市交通的“最后一公里”使用新能源汽车。

6. 鼓励企业等履行节能减排的社会责任，支持企业、员工团购新能源汽车。

三、重点任务

从公共服务领域、大型企事业单位、区域性园区、私人私企领域等多个方面，创新政策措施，落实配套充电设施，落实资金保障和鼓励政策等，并明确实施主体到相关部门和单位。

（一）公共服务领域，一是大力推进新能源公交车示范运营；二是充分发挥政府公务用车在新能源汽车应用中的带动作用；三是通过应用新能源汽车，提升市容环卫水平；四是取得新能源邮政车、物流车应用的突破。

（二）大型企事业单位方面，发挥上汽集团等国有企业及交通大学、同济大学等在新能源汽车推广中的主力军作用。

（三）区域性园区方面，加快推进国际汽车城、临港新城、自贸试验区、国际旅游度假区、张江高科技园区、紫竹科学园区等重点区域的新能源汽车推广计划，主要包括嘉定区、浦东新区、闵行区等。

（四）私人私企方面，积极开拓租赁和出租领域新能源汽车的示范应用，全方位多渠道推动私人私企使用新能源汽车。

四、推进措施

（一）组织保障

成立由分管副市长为组长，市政府分管副秘书长为副组长，市财政局、市科委、市经济信息化委、市发展改革委、市交通委、市公安局等部门负责人组成的市新能源汽车推进领导小组（以下简称“领导小组”），负责总体工作指导以及与国家四部委对接。领导小组下设办公室，设在市经济信息化委，负责制订推进方案、组织协调、节点评审以及最终验收等。成立专家指导委员会，负责制定总体应用规划制定、技术方案认定和应用单位指导等。

（二）研发支持

1. 鼓励和支持本市新能源汽车制造、研发企业申报国家重大专项、创新工程、863 计划、科技支撑计划等项目。对获得上述国家支持的项目，按照国家及本市的有关规定，给予配套资金支持。

2. 鼓励和支持本市新能源汽车研发企业申报战略性新兴产业、技术改造、引进消化吸收创新、产学研攻关、小巨人计划、人才计划等项目，重点支持插电式混合动力汽车、纯电动汽车和燃料电池汽车的整车集成和关键零部件技术等领域。对符合条件的，按照本市的有关规定，给予一定的资金资助。

（三）政策保障

1. 对推广应用期内由本市消费者在本市购买符合国家政策要求的新能源乘用车，免费发放新能源乘用车专用牌照额度。

2. 对生产销售、组织购买符合有关安全性等标准的新能源乘用车，由地方财政给予补贴。

3. 对本市公交企业购买并在本市运营的符合国家要求的新能源公交车，综合考虑车辆的购置、运营和维修保养成本，对超出柴油公交车的新增成本，在国家补贴的基础上，由地方财政给予补贴。

4. 鼓励电力等企业发挥技术、管理、资金、服务网络等方面的优势，组建专业的充换电设施建设运营公司。对充换电设施建设运营公司投资建设符合扶持条件的充换电设施，由地方财政给予不超过 30% 的资金支持。

5. 研究支持商业模式创新，鼓励各类新能源汽车使用和服务机构采用灵活、新兴的商业模式，鼓励金融机构开展各类有利于新能源汽车推广的金融创新。拓宽新能源汽车应用领域，鼓励在出租车、分时租赁等领域使用新能源汽车，进一步提升节能减排效果。

6. 研究进一步鼓励新能源汽车通行、使用方面的优惠政策。鼓励区县制定新能源汽车相关支持政策，进一步优化新能源汽车使用环境。

（四）基础设施

1. 公用基础设施：根据市中心城区公共充电桩规划，在大型商场、P + R 停车场、医院、学校等开展公共充电桩设施建设，鼓励单位自建，适度超前布局，加快推进建设步伐。

2. 私用基础设施：根据电动汽车车主需求，对落实固定停车位的车主，按照 1 车 1 桩的标准，推进充电桩设施建设。选择嘉定区、浦东新区、闵行区、松江区、青浦区、崇明县等区县，实现新小区电缆入位、旧小区部分改造目标，为今后私用充电设施建设打好基础。

与此同时，按照统一标准，进行充电基础设施建设及运营服务。在市辖区域内布局加氢站，与安亭加氢站形成加氢互补，逐渐形成加氢网络。

（五）标准制定

为配合新能源汽车示范推广应用，积极开展新能源汽车及应用技术标准体系研究。开展《电动汽车充电桩道路交通指引标志设置规范》《电动汽车安全技术检验操作规范》《电动汽车动力蓄电池梯级利用和回收处理》《加油站内置电动汽车充电桩设置规范》制定以及《加油站内加氢站建设规范》研究等。

（六）宣传教育

1. 不定期举行学术专题会议、专家讲座、经验交流等，及时了解国际新能源汽车技术发展动态，广泛听取各方意见。

2. 在嘉定区、浦东新区、闵行区、松江区、青浦区、崇明县等区县广泛开展试乘试驾活动，让更多消费者亲身体验新能源汽车。

3. 有计划、有组织地通过广播、电视、网络等媒体加大新能源汽车宣传力度，普及新能源汽车相关知识，创建有利于新能源汽车商业化推广的市场环境。

（七）安全保障

建立全市统一、开放、独立的新能源汽车公共服务平台“新能源汽车公共数据采集与监测研究中心”，全面采集运行车辆的动态数据，监控车辆的运行状态，保障车辆安全运行。规划到2015年，形成2万辆监控能力。同时，要求推广应用的新能源汽车全部安装车载监控系统，车辆生产企业制定较为完善的安全预案。

五、任务分工

（一）协调推进全市新能源汽车工作，负责向国家四部委和市领导汇报进展情况。（牵头部门：市经济信息化委、市科委、市财政局、市发展改革委。配合部门、单位：市交通委、市建设管理委、市规划国土资源局、市机管局、市公安局、市国资委、市商务委、市绿化市容局、市邮政管理局、相关区县政府）

（二）出台鼓励购买和使用新能源汽车相关支持政策。（牵头部门：市发展改革委。配合部门：市经济信息化委、市财政局、市科委、市交通委、市公安局、市国资委、市商务委、市建设管理委、市绿化市容局、市邮政管理局）

（三）制定并实施新能源公交车应用方案，包括车型、运营单位、基础设施、政策需求、资金投入等。（牵头部门：市交通委、市规划国土资源局。配合部门、单位：市发展改革委、市建设管理委、市经济信息化委、市财政局、市科委、相关区县政府、市电力公司）

（四）制定并实施新能源公务车应用方案，包括车型、使用单位、基础设施、政策需求、资金投入等。（牵头部门：市机管局、市财政局。配合部门、单位：市公安局、市检察院、市高法、市司法局、市质量技监局、市食品药品监管局、市地税局、市工商局、相关区县政府）

（五）制定并实施新能源物流车（包括邮政车）应用方案，包括车型、运营单位、基础设施、政策需求、资金投入等。（牵头部门：市商务委、市邮政管理局。配合部门：市交通委、市发展改革委、市公安局、市建设管理委、市经济信息化委、市国资委、市科委、普天新能源公司）

（六）制订并实施新能源环卫车应用方案，包括车型、运营单位、基础设施、政策需求、资金投入等。（牵头部门：市绿化市容局。配合部门、单位：市建设管理委、市交通委、市公安局、市发展改革委、市经济信息化委、市财政局、市科委、相关区县政府）

（七）制订并实施国有企业新能源乘用车推广方案，包括车型、使用单位、控购支持、牌照优惠、基础设施、资金投入等。（牵头部门：市国资委。配合部门、单位：市财政局、市发展改革委、市经济信息化委、市科委、相关区县政府、上汽集团）

（八）制定并实施新能源租赁车、出租车额度扶持实施办法，包括申请条件、申报流程、额度优先和管理要求等。（牵头部门：市交通委。配合部门、单位：市经济信息化委、市财政局、市发展改革委、市科委、市商务委、相关区县政府）

（九）制定并实施与13000辆新能源汽车配套的充电等设施建设方案，包括数量、地理位置、政策需求、资金投入等。研究进一步鼓励新能源汽车使用的通行和停放等优惠政策。（牵头部门：市发展改革委、市建设管理委、市交通委、市规划国土资源局。配合部门、单位：市经济信息化委、市科委、市公安局、市安全监管局、市质量技监局、市电力公司）

（十）制定并实施电动汽车二手车市场流通方案，包括车辆残值估计、过户许可、办理流程和报废渠道等。（牵头部门：市商务委、市公安局。配合部门：市交通委、市发展改革委、市财政局、市经济信息化委、市科委）

（十一）制定国内新能源汽车市场20%左右份额的产销方案并完成8000辆以上新能源汽车在本市的销售目标。（牵头单位：上汽集团。配合部门、单位：市财政局、市科委、市经济信息化委、市发展改革委、市交通委、市建设管理委、市规划国土资源局、市机管局、市公安局、市国资委、市商务委、各区县政府）

（十二）制订以国际汽车城为中心的新能源汽车推广实施方案。（牵头单位：嘉定区政府、上海国际汽车城集团。配合部门、单位：市财政局、市科委、市经济信息化委、市发展改革委、市交通委、市建设管理委、市规划国土资源局、市公安局、市国资委、市商务委、市绿化市容局、同济大学、上汽集团、市电力公司、普天新能源公司）

（十三）制订新能源汽车区域性推广应用的实施方案。（牵头单位：浦东新区政府、闵行区政府。配合部门、单位：市财政局、市科委、市经济信息化委、市发展改革委、市交通委、市建设管理委、市规划国土资源局、市公安局、市国资委、市商务委、市绿化市容局、临港集团、交通大学、上汽集团、市电力公司、普天新能源公司）

以上各相关方案和政策在2014年上半年完成制定，其余工作与新能源汽车的推进保持协同。相关部门和单位要按照职责分工，根据实际情况，创造性地开展工作，根据时间节点，分解工作任务。领导小组办公室对各有关部门、单位工作任务的完成情况进行收集并通报。

上海市经济和信息化委员会

上海市发展和改革委员会

上海市财政局
上海市科学技术委员会
上海市交通委员会
上海市公安局
2014 年 6 月 5 日

上海市浦东新区鼓励购买新能源汽车暂行办法

为进一步扩大新能源推广和应用，根据《浦东新区关于加快促进新能源汽车推广应用的实施意见（2014—2015年）》（浦府办〔2014〕40 号），结合浦东新区推进实际，制订本暂行办法。

一、补贴对象

1. 拥有浦东新区户籍或目前在浦东新区辖区内法人组织（党政机关、事业单位、人民团体、社会组织和注册地且税收户管在浦东新区的企业）工作并交纳社保 1 年以上的个人。

2. 注册地且税收户管在浦东新区从事环卫、物流和出租等行业的企业。

二、补贴车型及要求

1. 本办法所称新能源汽车，是指在上海市销售的，纳入国家《节能与新能源汽车示范推广应用工程推荐车型目录》或其他相关推荐车型目录，且列入上海市新能源汽车登记车型目录的纯电动汽车、插电式混合动力（含增程式）汽车和燃料电池汽车。

2. 须在注册地且税收户管均在浦东新区的汽车销售公司购买。

3. 售价不高于新能源汽车生产企业向社会公布的市场指导价。

三、补贴标准

对满足补贴对象和车型要求的个人或企业，购买新能源汽车一次性补贴 2 万元/辆。

四、补贴申请、审核与发放流程

1. 个人或企业购买新能源汽车申请补贴资金的，申请材料由购车所在新能源汽车销售公司统一收集、整理、初审，并每月报送至浦东新区经信委或其委托单位统一审核。申请材料清单如下：

（1）申请表（一式四份）；

（2）新能源汽车购买发票原件验证及复印件；

（3）机动车登记证书和行驶证原件验证及复印件；

（4）户口本原件验证及复印件、户籍证明原件或 1 年以上社保交纳证明、身份证原件验证及复印件、在浦东新区辖区内法人组织出具身份证明或企业营业执照复印件、税务登记证复印件；

（5）其他相关材料。

2. 浦东新区经信委或其委托单位负责审核材料，审核通过后，在一个月内将补贴资金拨付到购车所在新能源汽车销售公司并由该销售公司在两周内将补贴资金发放到购车人或企业提供的有效银行卡账户。

3. 在本办法发布前已完成购买新能源汽车且符合申报条件的个人或企业按本条款中第一条要求进行申报，审核通过后，按本办条款中第二条要求将补贴资金发放到购车人或企业提供的有效银行卡账户。

五、资金来源

在浦东新区节能降耗专项资金中统筹安排新能源汽车推广应用购买补贴资金。

六、监督管理

1. 新能源汽车推广应用补贴资金按照科学合理、公正透明的原则申报、审核和发放，并接受社会各方面监督。

2. 对在补贴资金申报中弄虚作假以及截留、挪用补贴资金等违反规定的行为，由新区经信委会同相关部门收回已拨付的补贴资金，同时取消其申报资格。

七、附则

1. 本办法自印发之日起施行，有效期至 2015 年 6 月 30 日。2014 年 1 月 1 日以后购买新能源汽车的，适用本办法。

2. 本办法由浦东新区经济和信息化委员会、浦东新区发展和改革委员会、浦东新区财政局负责解释。

上海市浦东新区人民政府
2014 年 10 月 8 日

天津市新能源汽车财政补贴管理办法

第一章　总则

第一条　为认真贯彻落实市政府《天津市新能源汽车推广应用实施方案（2013—2015 年）》，加快本市新能源汽车推广应用，确保任务目标顺利实现，制定本办法。

第二条　本办法所称新能源汽车，是指纳入国家《节能与新能源汽车示范推广应用工程推荐车型目录》，符合《天津市新能源汽车推广应用实施方案（2013—2015 年）》相关条件和要求，在津销售的纯电动乘用车、插电式混合动力（含增程式）乘用车以及纯电动专用车，新能源客车不适用本办法。

第三条　本办法所称新能源汽车财政补贴，是指由中央财政和地方财政按照 1∶1 的比例对推广新能源汽车给予的补贴。

第四条　市财政局、市科委按照国家及我市有关政策规定，做好新能源汽车财政补贴管理工作。

市财政局负责新能源汽车中央财政补贴资金和地方财政补贴资金的拨付；区县财政应负担的补贴资金由市财政先行垫付，待市与区县办理年终结算时统一扣回。

市科委负责新能源汽车生产企业和销售机构财政补贴

申请的受理及审核。

第五条　新能源汽车财政补贴资金的发放及管理遵照“公开、公正、公平”的原则，并接受社会各方面的监督。

第二章　条件和标准

第六条　邮政快递、环卫、出租等领域新能源专用汽车申请地方财政补贴，必须事前获得行业主管部门出具的《天津市新能源车辆购置证明》和行业标识。

第七条　中央和地方财政对新能源汽车的补贴资金，直接拨付汽车生产企业，消费者按销售价格扣减补贴后支付。非本市注册的汽车生产企业申领地方财政补贴，须授权委托一家在津注册登记的具有独立法人资格的汽车销售机构统一申请，财政部门将补贴资金拨付到汽车销售机构。（2013—2015 年各类新能源汽车补贴标准见附表）。

第三章　补贴资金的申请和发放

第八条　申请新能源汽车财政补贴的生产企业或销售机构应提交以下材料：

（一）备案材料

1. 汽车生产企业申请财政补贴，提供本企业组织机构代码证、营业执照、法定代表人身份证明复印件；

2. 汽车销售机构申请财政补贴，提供本机构组织机构代码证、营业执照、法定代表人身份证明复印件，以及汽车生产企业出具的申领财政补贴资金授权委托书原件。

（二）补贴资金申领材料

1. 新能源汽车补贴资金书面申请书（一式三份）；

2. 车辆买卖合同、车辆销售发票、车辆购置税完税凭证、机动车登记证和行驶证复印件（一式三份）；

3. 汽车生产企业或销售机构银行账户信息。

第九条　新能源汽车补贴资金按季度集中申报。汽车生产企业或销售机构在产品销售到最终用户后，于每年 1 月、4 月、7 月和 10 月的最后五个工作日内，将上季度销售的新能源汽车相关证明材料提交至市科委。市科委审核通过后，市财政局根据市科委审核结果将补贴资金直接拨付至汽车生产企业或销售机构。对未通过审核的企业或机构，市科委以书面形式告知。

第四章　监督管理

第十条　新能源汽车生产企业和销售机构对提供申请材料的真实性负责。凡新能源汽车产品与申报材料不符、提供虚假信息、骗取财政补贴资金等情形的，一经查实，将依照《财政违法行为处罚处分条例》（国务院令第 427 号）等有关规定进行处理。

第十一条　市财政局会同市科委，定期或不定期对申请新能源汽车财政补贴的生产企业和销售机构销售新能源汽车情况进行跟踪检查，确保资金使用安全、合理。

第五章　附则

第十二条　本办法由市财政局、市科委负责解释。

第十三条　本办法自发布之日起执行，车辆补贴有效期为 2013 年 1 月 1 日至 2015 年 12 月 31 日。

天津市新能源汽车推广应用补贴标准　　单位：万元

车辆类型	年份	纯电续驶里程 R（工况法、公里）			
		80≤R＜150	150≤R＜250	R≥250	R≥50
纯电动乘用车	2013	3.5	5	6	—
	2014	3.325	4.75	5.7	—
	2015	3.15	4.5	5.4	—
插电式混合动力乘用车（含增程式）	2013	—	—	—	3.5
	2014	—	—	—	3.325
	2015	—	—	—	3.15
纯电动专用车	年份	按电池容量每千瓦时补贴			
	2013	0.20			
	2014	0.19			
	2015	0.18			

天津市财政局

天津市科委

2014 年 7 月 8 日

天津市关于促进新能源汽车推广应用若干政策

为贯彻落实《国务院办公厅关于加快新能源汽车推广应用的指导意见》（国办发〔2014〕35 号）、《财政部科技部工业和信息化部发展改革委关于支持北京天津等城市或区域开展新能源汽车推广应用工作的通知》（财建〔2013〕805 号）和我市新能源汽车推广应用工作安排，促进我市新能源汽车产业快速发展，特制定如下政策。

一、按照国家和我市新能源汽车推广应用工作有关规定，鼓励支持单位和个人购买和使用新能源汽车。公交领域购置新能源汽车所需资金除中央财政定额补贴外，市和相关区县财政统筹安排资金支持；其他领域购置新能源汽车由市和相关区县财政按照与中央财政补贴 1∶1 的比例给予补贴，并与国家政策同步实行退坡机制。各领域新能源汽车推广车型及数量根据实际情况实行动态调整。

二、加强新能源汽车充电设施的统一规划和建设。新能源汽车充电设施建设用地要符合我市土地利用总体规划，并纳入年度用地计划给予保障。供地方式和运营按照《国务院办公厅关于加快新能源汽车推广应用的指导意见》有关规定执行。

三、市市场监管委支持机动车安全技术检验机构加快建立符合新能源汽车技术特性的专业化检测线。

四、加大金融支持力度，鼓励金融机构对以融资方式购置新能源汽车的单位和个人给予贷款支持和利率优惠。

五、换电式公交车运营成本超出同等燃油车运营成本部分，由市财政据实补贴。

六、按照法定程序，研究确定符合车辆性能和配置水平的新能源出租车收费标准。

七、按照国家相关规定，调整完善我市环卫车管理办法。新增和更新的环卫车辆，新能源汽车比例不低于30%。

八、开展新能源汽车区域运营的区县，在国家补贴的基础上，由本区县财政按照与中央财政补贴1:1的比例对本区域购置新能源汽车的运营企业予以配套补贴。

九、各区县建立健全区域运营新能源车辆管理制度。规范运营收费标准，划定运营范围，强化运营监管。

十、依据国家有关规定，政府机关更新车辆优先购置新能源汽车或面向社会租赁新能源汽车，购置或租赁的新能源汽车所占比例不低于30%。

十一、住宅小区物业管理单位允许住户在所属停车位（库）申请安装充电桩。

十二、充分利用现有科技创新、科技型中小企业等专项资金，加大对新能源汽车领域的支持力度。重点支持新能源汽车动力模块、整车技术等的研发，加快突破电池、电机、电控领域关键技术“瓶颈”，推动新能源汽车及关键零部件产业化。支持我市新能源汽车监控平台技术开发和建设，保障新能源汽车安全运行。

十三、支持新能源汽车改扩建项目、引进技术和装备项目、收购兼并境外拥有核心技术企业和研发机构且获得相对控股权的项目。

十四、符合条件的新能源汽车企业及相关企业可优先申报认定国家高新技术企业、技术先进型服务企业，并按照国家规定享受有关税收优惠政策。

十五、鼓励国内外企业来津投资新建新能源汽车核心零部件配套企业，并优先给予政策支持。

上述政策自发布之日起执行，有效期5年。国家相关政策出台或调整后，我市政策进行相应调整。

天津市科学技术委员会

2014年10月3日

天津市新能源汽车推广应用实施方案（2013—2015年）

2013年11月，我市被财政部、科技部、工业和信息化部、国家发展改革委批准为新一轮新能源汽车推广应用试点城市。为进一步推动我市新能源汽车推广应用工作，按照四部委要求，制定本实施方案。

一、基本情况

自新一轮新能源汽车推广应用工作启动以来，我市围绕节能减排、治理大气污染、产业结构调整，不断推进新能源汽车技术研发、产业化及示范运行，制定下发了《天津市人民政府办公厅转发市科委关于促进我市新能源汽车推广应用若干政策的通知》（津政办发〔2014〕82号），进一步加大组织推动和财政投入力度，2013年至2014年12月，累计推广新能源汽车2825辆，初步形成了整车、动力总成、电池系统、专用零部件、标准检测等较为完整的产业体系，新能源汽车电池、动力系统等关键技术达到国际或国内领先水平。基础设施建设进一步加强，已建成各类充、换电站21座，充电桩500余个，服务能力大幅提升。

二、指导思想、原则及目标

（一）指导思想。

认真落实国家新能源汽车推广应用工作总体部署，建立健全全市统一的组织领导和推广应用长效机制，充分发挥政府引导、企业主体和市场决定作用，放大财政资金引导和市场撬动效应，加快配套基础设施建设，大力组织实施新能源汽车推广应用，推进节能减排，促进我市新能源汽车产业加快发展，支撑“美丽天津”建设。

（二）推广应用原则。

1. 市场开放，创新模式。我市推广应用的新能源汽车中外地新能源汽车产品所占比例不低于30%，培育带动我市新能源汽车产业发展。政府采购车辆中新能源汽车比例达到30%以上，社会用车领域建立市场化运营模式。

2. 纯电为主，充换结合。结合实际需求，重点推广纯电动汽车。选择合理的充、换电模式，加快基础设施建设，为新能源汽车推广应用提供保障。

3. 加强管理，促进发展。在市人民政府统一领导下，相关部门、单位分工负责，制定具体措施，不断完善我市新能源汽车推广应用配套政策。

4. 加强预防，确保安全。建立新能源汽车安全隐患预防体系和安全管理规范，实现公共交通中新能源汽车实时监控，确保安全运行。

（三）总体目标。

重点在公交车、邮政快递车、出租车、环卫车、公务用车、企业和私人用车6个领域组织推广应用新能源汽车，2015年达到1.2万辆。建立健全充、换电设施规划体系和政策支持体系，建立多元化基础设施建设运营体系，加快完善以自用充电设施为主、公共快速充电设施为补充的覆盖全市的新能源汽车充电网络，基本实现城区充电便利化、网络化。坚持政府引导、市场化运作、企业化运行的原则，推广整车租赁、电池租赁等新模式。提升技术水平和产业规模，通过推广应用，有效带动我市新能源汽车产业发展，实现我市新能源汽车整车生产零的突破，电池产业达到国际领先水平。推进城市交通领域能源消费结构调整，全市年节约燃油8万吨以上，进一步减少汽车尾气排放。

三、重点任务

（一）重点领域全面推广新能源汽车。

1. 公交车。推广应用2000辆新能源汽车，选用直充式纯电动公交车、换电式纯电动公交车和插电式混合动力公交车3种车型。其中，市区推广应用1500辆，滨海新区推广应用500辆。结合新能源公交车线路和站点布局，在全市配套建设满足车辆充、换电需求的充、换电站。（市科委负责，市交通运输委、公交集团、市电力公司、滨海新区人民政府及有关单位配合）

2. 邮政快递车。推广应用3380辆新能源汽车，主要选用微型纯电动邮政快递车。根据我市邮政快递企业配送点和车辆停放场地布局，在全市分散建设充电桩或充电接口，同时考虑我市快递业务量高速增长，做好基础设施统筹布局，预留发展空间。（市邮政局负责，市发展改革委、市交通运输委、市商务委、市电力公司、滨海新区人民政府配合）

3. 出租车。推广应用500辆新能源汽车，主要选用纯电动乘用车。在不增加出租车司机运营成本的前提下，通过招标方式确定试验运行车辆厂家，先行开展小规模试运行，逐步在全市扩大推广应用。根据我市出租车运营区域和车辆停放场地布局，集约用地，配套建设充电设施。（市交通运输委负责，市工业和信息化委配合）结合区域特点，在宝坻区、武清区、蓟县、静海县、宁河县推广应用3300辆新能源汽车。市客运交通管理部门负责具体研究指导。相关区县人民政府根据车辆运营规律，统一规划充、换电设施建设用地。相关区县组建国有或国有控股运营公司，制订推广应用方案。（宝坻区人民政府、武清区人民政府、蓟县人民政府、静海县人民政府、宁河县人民政府负责）

4. 环卫车。按照新能源汽车占新增和更新环卫车比例30%的原则，推广应用120辆纯电动专用车。先行采购20辆开展试验，逐步摸索经验，确定适用车型及技术参数后，组织各区县集中购置。（市市容园林委负责，各区县人民政府配合）

5. 政府机关等公共机构公务用车。结合全市公务用车改革，推广应用规模暂定为600辆，确保新增或更新公务用车的30%为新能源汽车。结合国家和我市公务用车改革相关举措，合理采取租赁方式应用新能源汽车，待全市公务用车改革方案确定后，结合实际情况进行动态调整。（市机关事务管理局负责，市财政局、各区县人民政府配合）

6. 企业和私人用车。通过购车补贴、不限购、降低使用环节成本等政策引导，加大宣传力度，采取市场化方式推广应用2100辆新能源汽车，包括企业日常办公车辆、通勤班车和私家车等。（市商务委负责推广应用数量汇总统计，市公安交管局、市交通运输委配合）

（二）统筹部署基础设施建设。

按照合理规划、分散布局、节约用地、随需而建的原则，编制天津市新能源汽车公共充换电设施规划，并纳入城市规划。公交车、出租车、邮政快递车、环卫车等公共服务领域由公交集团、市客管办、市邮政局、市市容园林委等单位提出充、换电设施选址建议。研究制定自用充电设施建设管理办法，加快推动住宅小区物业管理单位允许和配合新能源汽车用户安装自用充电设施。研究制定我市新建建筑物配建停车场、公共停车场预留新能源汽车充电设施建设条件的相关政策，并适时纳入我市新建建筑物设计标准。研究制定我市新能源汽车公共充电设施建设管理办法、建设用地政策和充电服务费指导价格，加快商业化模式创新，鼓励社会资本参与我市新能源汽车公共充电服务体系建设。（市科委牵头，市规划局、市电力公司、市发展改革委、市建委、市国土房管局、市工业和信息化委、市财政局及各行业主管部门、相关单位配合）

（三）加快新能源汽车整车开发。

在客车方面，推进新能源大客车项目尽快投产，为纯电动公交车推广应用提供支撑。在乘用车方面，加大支持和服务力度，加快新能源汽车整车生产资质和产品公告的申报，实现推广应用。在专用车方面，进一步扩大微型纯电动货车产能，推动新能源专用车整车生产企业与电机、电控系统、电池等关键零部件企业的合作及产品开发，推动重点企业整车生产资质申报，加快环卫、物流等新能源特种车辆开发。积极引进海内外优势资源，壮大产业规模。

（四）加强关键技术研发。

组织实施我市新能源汽车重大科技专项，聚集高校、科研机构和企业优势力量，围绕配套设施、整车、电池、电机、电控系统等关键环节开展联合技术攻关。充分利用现有科技创新、科技型中小企业等专项资金，加大对新能源汽车领域的支持力度，加快突破关键技术“瓶颈”。依托国家新能源汽车技术创新工程，进一步突破电池高安全、低成本、高性能关键技术。

四、保障措施

（一）加强组织领导。充分发挥我市新能源汽车推广应用组织协调机构作用，做好重大事项协调推动。各牵头部门和单位主要负责同志亲自挂帅，制定细化工作方案，加快推动落实。相关单位按照本实施方案部署，积极参与，加快落实相关政策和工作任务。

（二）完善政策支持体系。做好《国务院办公厅关于加快新能源汽车推广应用的指导意见》（国办发〔2014〕35号）的政策落地，在城市规划、充电设施用地和补贴、用电价格、售后服务体系、投融资创新、差异化交通管理等方面，加快出台配套政策，确保我市新能源汽车推广应用工作形成长效机制。

（三）推动新能源汽车运营模式创新。总结我市电池租赁模式经验，完善车辆运营企业与电池企业风险共担机制，在公交车等领域加大推广力度。在私人用车、出租车、校园通行等领域探索分时租赁、整车租赁等商业模式，并及时总结推广。

（四）市、区联动共同推进。在全市统筹协调下，充分发挥区县作用，落实区县补贴资金和相关政策。各区县人民政府依照有关规定，明确本区县负责新能源出租车运营管理的职能部门，并建立管理制度，规范运营收费标准。

（五）加大宣传力度。加快推进新能源汽车体验中心建设，打造我市新能源汽车科普和宣传基地。通过媒体宣传、试乘试驾、交流座谈等方式，加大对新能源汽车知识普及和购置、使用政策的宣传力度，提高社会认知程度，引导社会各界逐步参与新能源汽车的推广应用工作。

天津市人民政府办公厅

2014 年 12 月 31 日

重庆市新能源汽车推广应用工作方案（2013—2015 年）

根据《国务院办公厅关于加快新能源汽车推广应用的指导意见》（国办发〔2014〕35 号），财政部、科技部、工业和信息化部、国家发展改革委《关于继续开展新能源汽车推广应用工作的通知》（财建〔2013〕551 号）和《关于进一步做好新能源汽车推广应用工作的通知》（财建〔2014〕11 号），国管局等五部委《政府机关及公共机构购买新能源汽车实施方案》（国管节能〔2014〕293 号），以及《关于免征新能源汽车车辆购置税的公告》（财政部、税务总局、工业和信息化部公告 2014 年第 53 号）精神，按照 2013 年 10 月 17 日市政府第 26 次常务会议要求，结合我市实际，制定本方案。

一、工作原则

全市新能源汽车推广应用工作坚持“市场主导、政府扶持、商业化运作”的原则。

二、工作机制

建立由市政府分管领导牵头、各职能部门参加的新能源汽车推广应用工作联席会议制度，下设办公室在市科委，实行工作例会制度。

三、推广目标

2013—2015 年，全市推广应用新能源汽车 3000 辆；在有限补贴资金情况下，尽量增加推广数量。

四、新能源汽车支持方式

在我市上牌运行且符合国家相关规定的纯电动汽车、插电式（含增程式）混合动力汽车和燃料电池汽车，可享受地方财政补贴和优惠政策；在我市上牌运行，但未进入国家公告目录的进口新能源汽车，经认定后可享受优惠政策。

（一）地方财政补贴

对认定的 3000 辆新能源汽车，市级财政给予新能源客车补贴 16 万元/辆，其他新能源汽车按照国家补助标准 1∶1 给予补贴，总计 2.67 亿元。由市财政局负责牵头制定相应的补贴实施细则并落实财政补贴，每季度清算一次。

（二）优惠政策。

序号	优惠政策	内容
1	免征车辆购置税	符合《关于免征新能源汽车车辆购置税的公告》（财政部、税务总局、工业和信息化部公告 2014 年第 53 号）规定的新能源汽车免征车辆购置税
2	减免增值税	重庆市新能源汽车及其关键零部件企业提供技术转让、技术开发和与之相关的技术咨询、技术服务免征增值税
3	减征企业所得税	重庆市新能源汽车及其关键零部件企业经认定取得高新技术企业资格的，可减按 15% 的税率征收企业所得税
4	优先发放货车通行证	依据载货汽车限行管理规定，对从事邮政、快递运输行业的新能源车辆优先核发相应货车通行证

五、充换电基础设施支持方式

2013—2015 年，全市计划建设综合充电站 5 座、快速充电站（桩）11 座、慢充充电桩 275 个，鼓励社会资本进入充换电设施建设领域。市财政对在我市建成并经认定的充换电基础设施，给予市级财政补贴总计 1500 万元，分 2014 年、2015 年两年拨付。由市财政局负责牵头制定补贴实施细则并落实市级财政补贴，每季度清算一次。

六、责任分工

对重庆市新能源汽车推广应用有关单位进行责任分工并纳入考核。

附件：重庆市新能源汽车推广应用责任分工表（略）

重庆市人民政府办公厅

2014 年 11 月 21 日

河北省关于电动汽车充换电服务费用有关问题的通知

冀价管〔2014〕122 号

各设区市、定州市、辛集市、扩权县（市）物价局，国网河北省电力公司、国网冀北电力有限公司：

根据国家发展改革委《关于电动汽车用电价格政策有关问题的通知》（发改价格〔2014〕1668 号）精神，现将我省电动汽车充换电服务费用有关事项通知如下：

一、充换电服务收费管理形式。电动汽车充换电服务费标准实行政府指导价，并实行分类定价。类别暂划分为纯电动公交车、七座及以下纯电动乘用车、纯电动环卫车。充换电服务费标准上限暂由省物价局制定，具体标准授权各设区市、扩权县（市）价格主管部门按照“有倾斜、有优惠”，确保电动汽车使用成本显著低于燃油（或燃气）汽车使用成本原则确定，并报省物价局备案。非经营性充换电设施，不得收取充换电服务费。

二、充换电服务费标准。电动汽车充电服务费按充电电度收取，上限标准每千瓦时暂定为：纯电动公交车 0.6 元、七座及以下纯电动乘用车和纯电动环卫车 1.6 元。

电动汽车换电服务费按行驶里程收取，上限标准每公里暂定为：纯电动公交车 1.8 元、七座及以下纯电动乘用车和纯电动环卫车 0.5 元。

三、各地要按照国家和省确定的定价原则，结合当地实际情况进行认真调研和测算，抓紧制定当地电动汽车充换电服务费用具体标准，切实利用价格杠杆，促进当地电动汽车的推广应用，增强电动汽车在终端市场的竞争力。

河北省物价局

2014 年 11 月 5 日

山西省加快推进新能源汽车产业发展和推广应用的若干政策措施

为贯彻落实《国务院办公厅关于加快新能源汽车推广应用的指导意见》（国办发〔2014〕35 号）、《山西省新能源汽车产业重大项目布局推进意见》，有效转化我省能源资源优势，缓解能源和环境压力，加快电动汽车、甲醇汽车、燃气汽车等新能源汽车产业发展和推广应用，提升装备制造业水平，推进工业经济转型升级，提出以下政策措施：

一、公共服务领域推广应用

2014—2016 年，太原、晋城市属地范围内的党政机关和公共机构，以及公交车、出租车等城市客运与环卫、物流、机场通勤、公安巡逻等公共服务领域新增或更新的车辆中，新能源汽车比例不低于 40%（其中电动汽车比例不低于 30%）。大同、晋中、长治、运城市上述比例不低于 30%。其他市上述比例 2014 年不低于 10%，2015 年不低于 20%，2016 年不低于 30%。

省属国有及国有控股企业集团本部购买的新能源汽车占当年配备更新车辆总量的比例不低于 20%，2017 年以后逐年提高新能源汽车推广应用比例。

二、纳入政府采购目录

将我省列入国家《车辆生产企业与产品》公告目录的新能源汽车产品纳入省、市政府采购目录，鼓励各级行政事业单位、公共服务机构优先采购新能源汽车。

三、推进配套设施建设

（一）建设充电设施和充换电服务网络。制定电动汽车充电设施总体发展规划，鼓励社会资本进入充电设施建设领域。明确建筑物配建停车场、城市公共停车场预留充电设施建设条件的要求和比例，落实用地政策，建设覆盖全省、布局合理、标准统一的智能充换电服务网络。

（二）布局建设甲醇加注站和燃气加气站。改造与新建相结合，优先在现有加油站布局甲醇加注设施；统筹加油站与甲醇加注站建设规划，适度超前推进加注站建设。制定燃气加气站专项建设规划，加大建设力度，形成布局合理、满足需求的供应体系。

（三）加强安全监管。按照国家质量、安全标准及技术规范要求，加强对充电设施、甲醇加注站、燃气加气站的日常监管，为消费者提供可靠、安全的能源供应环境。

四、加大招商引资力度

推出一批符合国家产业政策的新能源汽车投资项目，重点引进国内外知名品牌电动汽车生产企业落户我省，配套完善电池、电机、电控等协作产业链。省有关部门、有关市政府要制定奖励政策，在土地供应、项目审批、税费减免等方面优先支持新能源汽车项目。

五、给予生产企业营销补助

2015 年 1 月 1 日至 2017 年 12 月 31 日，对我省列入国家《车辆生产企业与产品》公告目录的电动汽车、甲醇汽车、燃气汽车的生产企业，根据产品实现销售量情况，给予营销补助，降低消费者购车成本。

2015 年补助标准：电动客车 50000 元/辆，电动轿车 20000 元/辆，电动专用车 10000 元/辆；甲醇客车 10000 元/辆，甲醇重卡 10000 元/辆，甲醇轿车 5000 元/辆，甲醇多用途乘用车 2000 元/辆；燃气重卡 10000 元/辆，燃气轻（微）卡 2000 元/辆。2016—2017 年，补助标准减半。

市级财政设立专项资金，对新能源汽车产业发展和推广应用给予配套支持。太原、晋城市要重点支持电动汽车的推广应用。

六、发挥产业发展基金作用

充分发挥我省战略性新兴产业发展投资基金的作用，积极引导、带动社会资本参与新能源汽车产业发展和推广应用。鼓励金融机构建立适应新能源汽车行业特点的信贷管理和贷款评审制度，创新金融产品，探索新能源汽车融资租赁模式，满足新能源汽车生产、经营、消费等各个环节的融资需求。积极利用多层次资本市场，支持新能源汽车生产企业上市融资，用足用好公司债、企业债、私募债等融资工具。

七、落实国家税收优惠政策

2014 年 9 月 1 日至 2017 年 12 月 31 日，对购置国家《免征车辆购置税的新能源汽车车型目录》内的电动汽车，免征车辆购置税。

积极争取国家批准我省甲醇汽车、燃气汽车执行与电动汽车相同的税收优惠政策。

八、电动汽车用电价格政策

（一）向电网经营企业直接报装接电的经营性集中式充

电设施用电，执行大工业用电价格，2020 年前，暂免收基本电费。

（二）居民家庭住宅、居民住宅小区、执行居民电价的非居民用户中设置的充电设施用电，执行居民用电价格中的合表用户电价。

（三）党政机关、企事业单位和社会公共停车场中设置的充电设施用电执行“一般工商业及其他类”用电价格。

（四）电动汽车充电设施用电执行峰谷分时电价政策。

（五）将电动汽车充电设施配套电网改造成本纳入电网企业输配电成本，电网企业不得收取接网费用。

（六）按照“有倾斜、有优惠”的原则，制定出台我省电动汽车充换电服务费指导价格，确保电动汽车使用成本显著低于燃油（或燃气）汽车使用成本。

九、差异化的交通管理政策

（一）实行新能源汽车独立分类注册登记，便于新能源汽车的税收和保险分类管理。在机动车行驶证上标注新能源汽车类型，便于执法管理中有效识别区分。改进道路交通技术监控系统，通过号牌自动识别系统对新能源汽车的通行给予便利。

（二）免收新能源汽车新车上牌费用。

（三）政府投资或利用国有资源设立的公共停车场、占用市政道路在市政道路两旁设立的停车场免收新能源汽车停车费。

（四）2015 年 1 月 1 日至 2017 年 12 月 31 日，对标注的燃气重卡和甲醇重卡汽车，在山西省境内减半征收高速公路通行费。

十、创新保障服务体系

建立健全新能源汽车融资、保险、租赁、物流、售后服务、二手车交易等服务体系。探索公交车、出租车、公务用车的新能源汽车租赁运营模式。推进融资租赁、充换电服务等多种电动汽车商业模式创新，完善动力电池梯级利用与回收再利用等配套服务体系。

十一、加快标准体系建设

加强新能源汽车技术、安全、能耗、排放等相关标准的研究与制定。鼓励新能源汽车企业将具有自主知识产权的技术创新成果、企业标准，转化、提升为地方标准、行业标准、国家标准、国际标准。

十二、加大科技攻关力度

充分发挥科技研发资金的作用，建立产业公共研发平台，实施山西省新能源汽车产业创新链重点科技攻关项目。鼓励企业与国内外拥有新能源汽车核心技术的企业、研发机构合资合作，加大对关键核心技术的研发创新力度。组建产业技术创新联盟，实现技术创新与产业创新互动。

十三、培养产业发展人才

加强新能源汽车及关键零部件领域学科建设，培养科研人才。通过职业教育和岗位技能提升培训，培养专业技能人才。依托重大人才工程，引进、培养高层次专门人才。

十四、加强宣传引导

充分发挥新闻媒体普及新能源汽车知识，大力宣传相关政策措施，推广先进运营模式，增进全社会认知度，形成有利于新能源汽车消费的良好氛围。

各地、各有关部门要抓紧制订落实方案，强化考核检查，加强协调配合，形成工作合力，加快推进我省新能源汽车产业发展和推广应用。

附件：落实政策措施任务分工表（略）

山西省人民政府办公厅

2014 年 10 月 28 日

江苏省关于明确电动汽车充换电设施用电价格和服务价格的通知

各市、县物价局（发改委、发改局）：

为落实国家节能减排战略，服务我省生态文明建设，促进新能源汽车发展，根据《省政府关于印发江苏省新能源汽车推广应用指导意见的通知》（苏政发〔2012〕26 号，以下简称《指导意见》）精神，结合我省实际，现将电动汽车充换电设施用电和服务价格政策明确如下。

一、充换电设施用电价格

充换电设施用电价格是指电网经营企业对电动汽车充换电设施用户销售电能的价格。

1. 为鼓励新能源汽车发展，经营性充换电设施用电价格暂按江苏省电网销售电价表中大工业用电相应电压等级的电度电价执行，即电压等级为 1 ~ 10 千伏的执行 0.667 元/千瓦时，电压等级为 35 千伏以下的执行 0.661 元/千瓦时，不执行峰谷分时电价。

2. 非经营性充换电设施（如社区、单位、私家车库等）的用电价格按所在充换电场所的现行分类电价执行。

二、充换电设施服务价格

充换电设施服务价格是指充换电设施建设运营单位向电动汽车用户提供服务，所收取的服务费用。按照《指导意见》中“充换电收费可采取收取不高于用油成本费用、电池租赁等多种形式”的原则确定其标准，有关单位不得再另行收取电费。鼓励充换电设施建设运营单位对充换电服务价格给予优惠。

1. 对纯电动汽车换电模式，换电服务价格按车辆行驶里程收取。

纯电动汽车换电服务价格（单价）（元/公里）= 同车型燃油汽车每公里平均油耗（升/公里）×上一季度燃油平均单价（元/升）×90%。

2. 对纯电动汽车充电模式，充电服务价格按充电电度收取。

纯电动汽车充电服务价格（单价）（元/千瓦时）=同车型燃油汽车每公里平均油耗（升/公里）×上一季度燃油平均单价（元/升）/纯电动汽车每公里耗电量（千瓦时/公里）×折扣率。

折扣率：7 座以下客车暂定为 60%，其他类型按 85% 计算。

上述两项公式中，上一季度燃油平均单价是指江苏省物价局官方网站公布的燃油变动价格以执行天数为权重进行加权平均计算得到。

3. 充换电设施服务价格的具体价格水平由当地价格主管部门会同有关部门定期测算、公布最高执行价格。

三、其他说明

电动汽车充换电设施用电价格和服务价格为暂行价格。请各地价格主管部门加强价格政策宣传、政策执行情况跟踪、评估和价格监督检查，确保政策落实到位。我局将根据全省电动汽车产业及充换电设施的发展变化情况，适时调整电动汽车充换电设施用电和服务价格政策。国家出台统一政策后，按照国家政策执行。

四、执行时间

以上规定自发文之日起执行。各地在政策执行过程中如遇到问题及情况，请及时向我局反映。

江苏省物价局

2014 年 3 月 10 日

江苏省新能源汽车产业发展行动计划（2014 年）

为贯彻落实《节能与新能源汽车产业发展规划（2012—2020）》《江苏省“十二五”新能源汽车产业推进方案》，落实《江苏省新能源汽车推广应用实施方案》，加快新能源汽车推广应用，促进新能源汽车技术及产品研发创新和产业化进程，特制订 2014 年度新能源汽车产业发展行动计划。

一、年度目标

加快新能源汽车整车研发，列入国家汽车产品公告和推荐车型目录的新能源汽车产品车型数量新增 30 个左右。重点突破电池、电机、电控及整车匹配等新能源汽车关键核心技术，加大对新能源汽车产业链关键环节的支持力度，培育 3～5 家新能源汽车关键零部件骨干企业，培育 1～2 个省级新能源汽车产业基地。着力提升产业规模，力争全省新能源汽车及相关配套产业销售收入增长 50% 以上。

以推广应用促进产业发展，积极实施新一轮国家新能源汽车推广应用工作，扩大推广应用城市范围，增加推广应用数量。2014 年在南京、常州、苏州、南通、盐城和扬州等城市，推广应用新能源汽车超过 5000 辆。在此基础上，积极争取进一步将推广应用范围扩大到全省。

二、工作重点

（一）加快关键核心技术研发。对新能源汽车产业进行行业诊断分析，针对产业发展技术“瓶颈”，加大支持力度，促进成果转化，鼓励新能源汽车的整车研发和电池、电机、电控等关键技术取得突破。支持南汽集团、苏州金龙、扬州亚星、江苏常隆、江苏奥新、南京金龙、江苏陆地方舟等重点整车企业开展新能源汽车整车集成与匹配技术、电子控制技术的研发创新；支持波士顿电池、南京嘉远、常州裕成富通、春兰清洁能源、微特利电机、罡阳转向系统等企业关键零部件的研发。

（二）打造产学研和检测平台。支持东南大学、江苏大学等高校与新能源汽车企业加强合作，共同建设一批产学研平台；支持南汽研究院、江苏汽车产品质量监督检测所等有条件的科研院所和行业骨干企业，建设面向行业的新能源汽车整车及关键零部件的实验室和认证、检测平台。

（三）提升新能源汽车产业规模。以新能源汽车推广应用为契机，组织新能源汽车推广应用城市与有关企业开展供需对接、产品推介。定期开展公共领域推广应用车辆的集中采购。通过大规模推广应用我省新能源汽车产品，提高新能源汽车产业规模，增强新能源汽车产业整体竞争力。

（四）加大新能源汽车推广应用工作力度。按照国家批复的新能源汽车推广应用实施方案，研究制定鼓励政策和措施，提高公共服务领域和私人消费者购买和使用新能源汽车的意愿，确保完成年度推广目标。按照“规划长远、节约用地、方便使用、确保安全”的原则，依据新能源汽车推广应用数量和品种，加快新能源汽车充换电站和充电桩等基础设施建设，适应新能源汽车推广应用的需要。

三、推进措施

（一）强化组织协调。按照推广应用实施方案，加强规划指导和统筹协调，有序推进新能源汽车推广应用工作。推进行业协助，鼓励省内相关企业加强合作、协同攻关，促进产业链上下游企业加强配套、同步开发。

（二）落实推广应用鼓励政策。研究制定新能源汽车推广应用省级财政补贴政策，进一步降低新能源汽车购置成本。研究制定新能源汽车充换电服务指导价格，降低新能源汽车运营成本。

（三）对产业链重点项目进行跟踪服务。加强调查研究，确定一批事关新能源汽车产业转型升级的关键环节、重点项目，进行跟踪服务。对新能源汽车产业亟待突破的技术“瓶颈”项目，给予重点扶持。

（四）组织供需对接和产品推介。按照新能源汽车推广应用实施方案，适时组织有关企业、推广城市双方进行供需对接，向推广应用城市推介我省性能优越、价格实惠的新能源汽车产品。

附：2014 年重点跟踪服务的新能源汽车产业项目

2014 年重点跟踪服务的新能源汽车产业项目

序号	项目名称	项目实施主体	项目内容	项目投资（万元）	项目水平	项目时间	所属地区
1	电池 PACK 生产基地建设项目	南京普斯迪尔电子科技有限公司	新建研发大楼、电池系统生产车间、试验及检测中心等	20000	授权实用新型专利 15 项、申报发明专利 2 项、授权发明专利 1 项，处行业领先水平	2014—2017 年	南京
2	新能源汽车动力总成产业化项目	南京越博汽车电子有限公司	纯电动客车动力总成、混合动力客车动力总成及电控机械式自动变速器（AMT）生产基地建设	28000	纯电动客车动力总成，采用永磁同步电机 + 四速自动变速器技术，效率高、能耗低、爬坡新能好，技术国内领先，获专利 3 项；混合动力客车动力总成，采用单轴并联式混合动力技术方案（永磁同步电机 + 6 速 AMT 自动变速器），效率高、爬坡性能好，性能接近国外伊顿等公司产品，国内领先，获专利 3 项；电控机械式自动变速器（AMT），集合近十年研发及产业化经验，性能技术部分指标优于 ZF、伊顿等国外产品，国内领先，可直接替代进口，获得专利 4 项	2014—2016 年	南京
3	节能与新能源汽车扩建项目	江苏常隆客车有限公司	购置各类设备、工装 2235 台套，建成年产一万台技术装备达到国际先进的新能源客车生产线	179116	新能源汽车产品获得了 43 项专利（发明、实用新型、外观设计等），2012 年产品在全国首家通过了欧盟认证，技术达到世界先进水平，综合性价比高，领先国内同类产品	2013—2015 年	无锡
4	锂电池隔膜生产基地建设项目	江苏安瑞达新材料有限公司	一期形成年产 1000 万平方米的生产能力，并在此基础上分阶段开发新品及拓展市场，分两期将年生产能力扩大至4800 万平方米和8500 万平方米	8500（美元）	本项目产品提高了聚乙烯基材锂离子电池隔膜闭孔温度与热收缩破坏温度之间的温度差，从而使电池获得优异的安全性能；提高了聚乙烯基材锂离子电池隔膜的表面亲水性，从而提高电解液对隔膜材料的润湿程度，降低隔膜的电阻。在此基础上结合该团对已经掌握的干法 PP 隔膜先进制备技术，开发三层 PP/PE/PP 复合中高端电池隔膜，一是增加隔膜的机械强度，二是利用复合隔膜中间层（PE）的低熔点获得低闭合温度，三是利用 PP 的高熔点获得高热收缩破坏温度，彻底打破国外对我国的技术封锁，很好地满足中高端锂离子电池对隔膜材料的要求	2014—2015 年	常州
5	年产 5000 台电动汽车增程式主辅电机纯电驱动系统自动生产线技术改造项目	常州昊康新能源科技有限公司	主要购置测功机、水冷放电负载箱等国产先进设备 30 台，对年产 5000 台电动汽车增程式主辅电机纯电驱动系统自动生产线进行技术改造	3960	增程式主辅驱动纯电动汽车技术在汽车行业中已达到国际领先水平	2013—2014 年	常州
6	低压（48 ~ 96V）交流驱动系统建设项目	常州市武起常乐电机有限公司	低压（48 ~ 96V）交流电机生产线建设	1000	研发低电压、高效率的交流异步电机，达到效率 92% 以上，研发永磁同步磁阻电机效率达 95% 以上；研发低压交流异步电机和永磁变磁通控制器硬件和软件开发，控制器效率在 98% 以上	2013—2015 年	常州

续表

序号	项目名称	项目实施主体	项目内容	项目投资（万元）	项目水平	项目时间	所属地区
7	电动汽车高性能驱动电机及控制系统建设项目	常州市裕成富通电机有限公司	高性能驱动电机及控制系统生产线建设	4000	突破掌握高功率密度、高调速范围、高效率电机的电磁设计方法，大功率电机定子拼接设计技术及工艺技术、交流变频电机的转子铸铜制造工艺技术，实现驱动控制器高功率密度、高通用性、高智能等多项具有国内先进水平的关键技术；提升电机功率密度、缩小功率单元体积、提高可靠性，克服功率变换器关键零部件依赖进口的技术“瓶颈”；项目已获得国家授权专利5项，实用新型21项	2014—2016年	常州
8	电动汽车高性能驱动电机及控制系统建设项目	常州市裕成富通电机有限公司	高性能驱动电机及控制系统生产线建设	4001	突破掌握高功率密度、高调速范围、高效率电机的电磁设计方法，大功率电机定子拼接设计技术及工艺技术、交流变频电机的转子铸铜制造工艺技术，实现驱动控制器高功率密度、高通用性、高智能等多项具有国内先进水平的关键技术；提升电机功率密度、缩小功率单元体积、提高可靠性，克服功率变换器关键零部件依赖进口的技术“瓶颈”；项目已获得国家授权专利5项，实用新型22项	2014—2017年	常州
9	电动车用锂离子动力电池系统的开发和产业化	中天储能科技有限公司	进行电动车用锂离子动力电池系统的开发与产业化的研究	3000	1. 由于采用鲜明特色的工艺技术与过程控制技术，本项目技术产品的均一性好，产品合格率高，从而显著降低了动力电池生产成本，提高了本项目产品的市场竞争力。 2. 本项目拥有自主知识产权，技术达到国际先进、国内领先水平	2014—2015年	南通
10	新能源专用车开发及产业化	江苏陆地方舟新能源电动汽车有限公司	厂房改装，新建2000台新能源专用车底盘改装线、整车生产线、试验及检测中心、板材处理线，购置各种设备工装；开发新能源专用车（环卫车、物流车等）专用底盘	3000	申请发明、实用新型等专利17项，针对国内新能源专用车市场需求，开发属于行业领先水平的新能源专用车产品，满足示范运营需求	2014—2015年	南通
11	轻量化电动汽车生产线建设项目	江苏奥新新能源汽车有限公司	2万台2+2轻量化电动汽车生产线建设	7000	轻量化底盘：采用铝合金桁架结构，目前已申报两项专利，处于国内先进水平；碳纤维车身：采用分层碳纤维技术，目前已申报三项专利，整体减重65%，经检索，处于国内先进水平	2014—2016年	盐城
12	纯电动客车整车控制技术研究、混合动力整车控制技术研究项目	扬州亚星客车股份有限公司	新能源客车技术研究	1600	纯电动客车重点突破制动能量回收技术，整车储能系统热管理技术，双储能系统最优控制技术，自动驻坡技术，巡航技术等核心控制技术，将使亚星整车控制技术达到国内整车行业领先水平；混合动力客车重点突破柴油机与电动机驱动控制最优设计，储能系统充放电最优设计，混合驱动模式下精确驱动控制策略，以及混合制动模式下的能量回收技术	2014—2015年	扬州

续表

序号	项目名称	项目实施主体	项目内容	项目投资（万元）	项目水平	项目时间	所属地区
13	大容量动力型锂离子电池技术研究与生产线改造项目	江苏春兰清洁能源研究院有限公司	进行大容量动力型锂离子电池技术研究，形成批量生产能力	3500	累计申请专利90多项，现拥有核心产品发明专利7项，实用新型专利20多项，软件著作权8项	2014—2015年	泰州
14	新能源汽车驱动用感应电机产业化项目	江苏微特利电机制造有限公司	建立了有限元仿真设计平台，采用电、磁、热、机一体化设计技术，从设计和控制多方面进行研提高系统集成度与总成配套能力	8100	新能源汽车用系列电机产品已配套国内16家厂商，技术水平在同行业中处于领先地位；WTGSDJ5.5－30A系列电机正在研发中，分别配套南汽2.5T跃进电动卡车；唐骏低速电动汽车；东南启腾电动物流车；吉利帝豪EC7电动公务车。正在申请发明专利4项，实用新型专利9项	2013—2014年	泰州
15	年产25万套汽车电动转向系统技术改造项目	江苏罡阳转向系统有限公司	年产各类汽车电动转向系统25万套，实现年销售收入29720万元，年利润总额为4916.0万元	17900	已授权和申请的7项EPS发明专利和实用新型专利，汽车电动助力转向器制造工艺装备和产品质量达到国内同行业领先水平	2014—2015年	泰州

江苏省经济和信息化委员会

2014年3月14日

江苏省关于加快新能源汽车推广应用的意见

南京、常州、苏州、南通、盐城、扬州市人民政府，省有关部门和单位：

加快新能源汽车推广应用，对于缓解能源压力、防治大气污染、推动汽车产业升级都具有重要意义。近年来，我省认真贯彻国家工作部署，新能源汽车推广应用取得初步成效，全省在线运行的新能源汽车已超过800辆。2013年年底，南京、常州、苏州、南通、盐城、扬州6个市被国家纳入新一轮新能源汽车推广应用城市范围，标志着我省已进入更大力度、更广范围推广应用新能源汽车的新阶段。各推广城市和省有关部门要认真贯彻《国务院关于印发节能与新能源汽车产业发展规划（2012—2020年）的通知》（国发〔2012〕22号）、《省政府关于印发江苏省新能源汽车推广应用指导意见的通知》（苏政发〔2012〕26号）要求，对照目标、倒排进度，落实措施、健全机制，加快新能源汽车推广应用。为此，提出如下意见。

一、明确全省新能源汽车推广应用的目标要求

（一）推广应用目标。经财政部、科技部、工业和信息化部、国家发展改革委批复同意，我省南京、常州、苏州、南通、盐城、扬州6个市（以下简称“各推广城市”）列入国家2013—2015年新能源汽车推广应用城市范围。2014年计划推广新能源汽车5321辆。其中，南京市2530辆，常州市365辆，苏州市800辆，南通市367辆，盐城市1009辆，扬州市250辆。

（二）推广应用原则。一是坚持政府推动与市场运作相结合。初期重点在公共服务领域推广新能源汽车，把新增公交客车、公务车辆作为突破口，同时鼓励私人消费者自愿购置。待条件成熟时，再逐步过渡到以市场运作为主。二是坚持阶段推广与全面推进相结合。以推广城市和示范行业为切入点，逐步推广应用新能源汽车，进而实现在更广区域和更多领域的规模应用。三是坚持示范应用与产业发展相结合。按照以示范带动市场、以市场促进产业的思路，通过新能源汽车示范运营培育和扩大市场需求，努力实现新能源汽车生产的规模效益，推动产业转型升级。

二、加快新能源汽车充换电设施规划和建设

（一）科学规划充换电设施布局。各推广城市要根据推广应用新能源汽车的种类和数量等，结合市政设施建设，对新能源汽车充换电设施统筹规划、统一布局。依据城市规划编制本地新能源汽车充换电设施建设规划，注意与土地利用规划相衔接，并兼顾新能源汽车未来应用对充换电设施建设的需求。今后，新建居住小区和公共停车场均要预留一定比例的新能源汽车充电停车位。

（二）明确充换电设施建设责任。各推广城市可在省电力公司或其他有实力、有经验、有意愿的运营商中自主确

定新能源汽车充换电服务运营商。服务运营商根据统一规划和车辆运营需求，建设新能源汽车充换电服务网络并负责维护。有自建自用需求的用户，在符合统一规划的前提下，经批准可自建充换电设施并负责维护。供电部门配合做好业扩、增容等服务。

（三）保障充换电设施建设用地。为电动公交客车和出租汽车服务的充电设施尽量结合现有公交场站、公共停车场建设。对电动公交客车充换电站用地，可按划拨方式供应。

三、加大新能源汽车推广应用财政补贴力度

（一）对购置车辆进行补贴。推广应用并享受财政补贴的新能源汽车，是指列入国家《节能与新能源汽车示范推广应用工程推荐车型目录》的纯电动汽车、插电式混合动力汽车和燃料电池汽车，包括在公交、出租、公务、环卫、物流、电力等公共服务领域以及私人领域推广应用的新能源汽车。财政补贴对象为：公共服务领域消费者以及私人消费者。2014 年省财政按照中央财政补贴标准的 40% 对购置新能源汽车进行补贴，标准为：纯电动乘用车 2.5 万元/辆，纯电动客车 20 万元/辆，插电式混合动力（含增程式）客车 10 万元/辆，超级电容、钛酸锂快充纯电动客车 6 万元/辆，纯电动专用车按电池容量每千瓦时 800 元、最高 6 万元/辆，燃料电池乘用车 8 万元/辆，燃料电池商用车 20 万元/辆。各市财政按照不低于中央财政补贴标准的 60% 对购置新能源汽车进行补贴。裸车、电池分离销售的，按车辆、电池成本比例享受财政补贴。省、市财政补贴按季结算，于季度结束后 30 个工作日内拨付。省财政对 2014 年新购清洁能源汽车（LNG 客车、货车）补贴 2 万元/辆。2015 年省财政根据中央财政补贴标准，结合我省推广实际再行确定补贴标准。同时，按照国家规定，更新新能源公交客车的，免征车辆购置税。

（二）对充换电设施进行补贴。对充换电服务运营商建设的充换电设施费用给予财政补贴。其中，省财政补贴 15%，各推广城市财政补贴不低于 15%。省、市财政补贴资金在充换电设施建设完成、通过验收并正式投入运营后 30 个工作日内予以拨付。中央财政对充换电设施给予的奖励资金，全额拨付给各推广城市，用于充换电设施建设。

四、给予新能源汽车充换电设施用电价格支持

（一）充换电设施用电价格。经营性充换电设施的用电价格暂按大工业用电相应电压等级的电度电价执行（不执行峰谷分时电价）。非经营性充电设施（如社区、单位、私家车库等）的用电价格按所在充换电场所的现行分类电价执行。

（二）充换电设施服务价格。纯电动汽车换电模式，按车辆行驶里程收取，按不高于同车型燃油汽车燃油成本的 90% 执行。纯电动汽车充电模式，按充电电度收取，7 座以下客车按不高于同车型燃油汽车燃油成本的 60% 执行，其他类型按不高于同车型燃油汽车燃油成本的 85% 执行。

五、探索新能源汽车运营模式

（一）分类健全新能源汽车运营模式。各推广城市要按照政府扶持监管、企业融资运营、技术创新规范的思路，因地制宜地探索完善新能源汽车运营模式。有条件的推广城市，可通过招投标或特许经营等方式确定 1 名总承包商，由其统一负责新能源汽车运营的各类配套服务。每个推广城市至少指定 1 家规模较大、管理较先进的公交公司推广应用新能源汽车，并选定 1～2 条公交线路开展示范运营。选择线路时，应满足首末站场地较宽裕、可进行充换电设施改造、公交客车运行周期与纯电动公交客车续航里程相吻合等条件。有电动出租汽车推广应用计划的推广城市，应采取公司化运行模式进行运营管理。环卫、邮政、电力、物流等领域电动专用车运营模式，由相关市政府明确行业主管部门组织实施。

（二）鼓励新能源汽车应用领域的民间投资和金融创新。进一步放宽市场准入，支持社会资本进入新能源汽车充换电设施建设运营、汽车租赁、电池租赁和回收等服务领域。鼓励金融创新，在公共服务领域探索公交客车、出租汽车、公务车融资租赁运营模式，在社会领域探索整车租赁、按揭等运营模式，降低新能源汽车当期购买支出，实现可持续商业化运营。

（三）加快新能源汽车应用领域新技术应用。充分发挥移动互联网、物联网、大数据等现代信息技术在新能源汽车运营模式创新中的应用，鼓励互联网企业参与新能源汽车的研发和运营服务。

六、完善新能源汽车运行监测和服务保障体系

（一）加强新能源汽车运行监测。推广城市要建立新能源汽车运行监控中心，健全新能源汽车事故预警信息系统及紧急处置机制，加强新能源汽车运行的实时跟踪、数据采集、统计分析及故障诊断，建立新能源汽车运行效果评估体系。新能源公交客车、出租汽车、环卫车、物流车等车辆要全部安装车辆运行技术状态实时监控装置，进行可靠有效的监控管理，私人用车根据个人意愿安装实时监控装置。加强新能源汽车从业人员专业技术培训，推广应用新能源汽车的单位要明确安全责任人，确保运行车辆安全可靠。

（二）强化新能源汽车运行服务保障。新能源汽车生产企业应在每个推广城市设立 1 个固定售后服务点，负责新能源汽车产品的保养维护。定期对在线运行的新能源汽车进行安全检查和性能测试，确保车辆运行安全可靠。汽车生产企业对报废电池自行或指定专门单位进行回收处理和再利用，避免造成环境污染和安全隐患。建立新能源汽车应急充换电保障体系，确保车辆在特殊状态下的安全稳定运营。

七、提高新能源汽车研发生产水平

（一）增强新能源汽车生产企业竞争力。我省新能源汽车生产企业要主动研判市场需求，不断提高产品质量和技术性能，促进技术进步，争取在电池能量密度、安全、寿命、质量、价格等方面取得突破，增强企业核心竞争力。同时，要通过技术改造和优化管理，努力降低车辆生产成本，合理确定销售价格，坚决杜绝价格联盟，让广大消费者真正买得起新能源汽车。

（二）充分发挥政府在新能源汽车产业发展中的引导作用。各推广城市和省有关部门要抢抓国家和省加快新能源汽车推广应用的契机，切实发挥示范应用与产业发展相互促进的作用。结合产业基础和特色优势，制定新能源汽车及关键部件发展规划，支持重点项目和研发平台建设。推进整车产品规模化、重要部件本地化、关键技术自主化、产品应用多样化，建立以骨干企业为主体、品牌产品为支撑的研发、制造、售后服务体系，初步形成部分类别重点整车和重要部件的国内领先优势。梳理新能源汽车产业在充电、电池、电机、电控、服务体系等环节存在的薄弱环节，采取有效措施整合提升。依法取缔和打击违规生产销售的非公告新能源汽车产品。

八、健全新能源汽车推广应用工作机制

（一）加强组织领导。省委、省政府已将新能源汽车推广应用工作列入2014年省委工作要点和省政府十件民生实事范围。各推广城市是新能源汽车推广应用的责任主体，要把思想和行动迅速统一到省委、省政府部署要求上来，健全机构、明确责任，落实措施、加快推进，确保新能源汽车推广应用既定目标如期实现。要鼓励、引导、发动各级政府机关、企事业单位特别是公交出租企业积极推广应用新能源汽车。党政机关公务用车更新时，要带头购置新能源汽车。省新能源汽车推广应用协调小组要加强组织领导，制定鼓励政策，及时研究解决推广工作中的问题。省新能源汽车推广应用协调小组各成员单位要按照责任分工协作配合，加强对各推广城市的服务指导，形成齐抓共管的工作格局。

（二）完善政策体系。各推广城市要在自身权限内，在车辆上牌、车辆路面管理、停车、过桥过路费、保险费、社会资本进入、纯电动汽车整车厂生产等方面制定鼓励和引导政策，并确保政策相互衔接、形成整体合力。省有关部门和单位要抓紧制定相关政策措施。其中，省级新能源汽车推广应用专项补贴资金使用管理办法由省财政厅负责制定，充换电设施用电价格和服务价格政策由省物价局负责制定，充换电设施建设用地供应政策由省国土资源厅负责制定。

（三）扩大宣传教育。全省各级政府、有关部门和新闻媒体要大力宣传新能源汽车推广应用的意义和产品性能优势，使广大消费者了解新能源汽车，增强环保意识，帮助算好使用新能源汽车的社会效益和经济效益账，努力提高公众对新能源汽车的认知度和接受度。

（四）强化监督检查。省新能源汽车推广应用协调小组办公室（省经济和信息化委）要加强日常检查督促，按月向各推广城市通报新能源汽车推广应用的数量、种类、充换电设施建设、财政补贴资金拨付等情况。未完成2013年任务的推广城市，要将未完成的任务纳入2014年一并完成。2014年11月30日前，省新能源汽车推广应用协调小组根据当年预计完成情况，向各推广城市分解下达2015年新能源汽车推广应用指标。同时，根据国家有关要求，加强工作考核，实行与考核目标挂钩的奖励办法和退出机制。

附件

1. 全省2014年新能源汽车推广应用计划分解表

2. 新能源汽车推广应用工作省级部门责任分工

附件1

全省2014年新能源汽车推广应用计划分解表

单位：辆

城市	1. 客车	公交	通勤车等（客车）		2. 纯电动乘用车	出租	私人	其他	3. 专用车	环卫、邮政、电力等	物流	合计
		纯电动	插电式混合动力									
南京	875	825	—	50	1400	400	200	800	255	255	—	2530
常州	30	30	—	—	180	30	100	50	155	105	50	365
苏州	600	500	—	100	50	50	—	—	150	150	—	800
南通	105	105	—	—	20	—	—	20	242	242	—	367
盐城	15	15	—	—	159	15	60	84	835	235	600	1009
扬州	160	40	120	—	60	—	—	—	30	—	—	250
合计	1785	1515	120	150	1869	495	360	954	1667	987	650	5321

附件 2

新能源汽车推广应用工作省级部门责任分工

责任单位	职责分工
省经济和信息化委（省新能源汽车推广应用协调小组办公室）	会同有关部门制定推动新能源汽车推广应用的政策措施；组织有关部门对各推广城市新能源汽车推广应用进行督促考核；协调省内新能源汽车产品生产，满足推广应用需要；向各推广城市推介我省性能优越、价格实惠的新能源汽车产品，适时组织各推广城市开展推广车辆集中采购
省发展改革委	制定新能源汽车产业发展规划，会同有关部门制定新能源汽车推广应用设施发展规划；协调指导重点项目推进
省科技厅	制定新能源汽车科技计划申报、产学研等方面政策措施，加强行业共性技术平台建设；支持科研院所、重点企业开展新能源汽车及关键零部件研发和技术攻关，加快高新技术及产品成果转化；支持推广城市及相关运营商开展新能源汽车运行的实时跟踪、数据收集与分析、故障诊断等研究
省公安厅	严格执行国家消防安全达标标准，加强新能源汽车推广应用消防安全管理；依法对新能源汽车核发牌证，并实施相应管理工作
省财政厅	安排省级专项补贴资金，制定省级新能源汽车推广应用专项补贴资金使用管理办法；督促推广城市落实财政补贴资金；指导推广城市新能源汽车及相关设备的政府采购管理
省国土资源厅	保障充换电站、充电桩及相关辅助设施建设用地，办理相关建设项目用地预审、土地征收、新增建设用地审批；指导各推广城市做好项目建设用地报批和供地工作
省环保厅	组织对新能源汽车充换电站、充电桩及相关辅助设施建设项目，以及新能源汽车产业化发展重点项目的环评审批；对新能源汽车废旧电池处理进行监督管理
省住房城乡建设厅	指导推广城市把新能源汽车发展要求纳入城乡规划，并对新能源汽车相关设施实施规划、建设和管理
省交通运输厅	指导推广城市开展新能源城市公交和出租车领域推广应用工作。科学规划编制新能源公交车推广应用线路方案。加强新能源公交、出租汽车运营管理，及时分析运营数据，抓好公交、出租驾驶员、维修人员、运营调度人员专业培训。对新能源出租汽车推行公司化经营
省质监局	开展新能源汽车标准化示范、技术质量检验检测以及充换电设施计量检定工作；支持建立新能源汽车及关键零部件产品质量监测中心，加强对新能源汽车产品的质量跟踪和监测
省安监局	协调制定新能源汽车推广应用相关安全标准、安全监督管理制度
省物价局	制定新能源汽车充换电价格政策、鼓励新能源汽车使用收费和价格政策；对新能源汽车生产成本进行调查
省电力公司	会同有关推广城市就新能源汽车充换电站、充电桩及相关辅助设施建设运营制定技术方案，加快设施建设并保障安全运营；配合有关部门做好新能源汽车运行的实时跟踪、数据收集和分析及故障诊断

江苏省人民政府

2014 年 4 月 25 日

江苏省新能源汽车推广应用省级财政补贴实施细则

根据财政部、科技部、工业和信息化部、发展改革委四部委《关于继续开展新能源汽车推广应用工作的通知》（财建〔2013〕551 号）和省政府《关于加快新能源汽车推广应用的意见》（苏政发〔2014〕51 号）精神，省财政对纳入全国新一轮新能源汽车推广应用范围的南京、常州、苏州、南通、盐城、扬州 6 市（以下简称推广应用城市），2013—2015 年推广应用新能源汽车以及充换电设施建设费用给予补贴。为及时兑付补贴资金，特制定本细则。

一、省级财政补贴资金的对象为推广应用城市公共服务领域消费者（包括公交、出租、公务、环卫、物流、电力、企业通勤等）、私人消费者；承建充换电设施的服务运营单位。

二、省级财政补贴标准

（一）2013 年、2014 年购车补贴标准

省财政对公共服务领域及私人应用领域购置列入国家《节能与新能源汽车示范推广应用工程推荐车型目录》的新能源汽车按以下标准核定补贴资金。

纯电动乘用车 2.5 万元/辆；

插电式混合动力乘用车（含增程式）1.5 万元/辆；

纯电动客车 20 万元/辆；

插电式混合动力（含增程式）客车 10 万元/辆；

超级电容、钛酸锂快充纯电动客车 6 万元/辆；

纯电动专用车按电池容量每千瓦时 800 元，最高 6 万元/辆；

燃料电池乘用车 8 万元/辆；

燃料电池商用车 20 万元/辆。

此外，清洁能源汽车（LNG 客车、货车）2 万元/辆。

裸车、电池分离销售的，按车辆、电池成本比例享受财政补贴。

2015 年省财政补贴标准根据中央财政补贴标准，结合本省推广实际再行确定。

（二）充换电设施补贴标准

对充换电服务运营单位承建的充换电设施费用，省财政给予 15% 补贴。

三、省级财政补贴资金实行按季拨付，于每季度结束后 30 个工作日内将资金拨付给推广应用城市财政部门。各推广应用城市财政局和新能源汽车推广应用牵头部门，于季度结束后 15 个工作日内，向省财政厅和省经济和信息化委提交本地区申请拨付资金报告、新能源汽车推广应用省级财政补贴资金汇总表（见附件 1）、相关申请材料以及市级财政补贴资金安排方案。

充换电站设施建设省级财政补贴申请报告于充换电设施建设完成、通过验收并正式投入运营后 15 个工作日内提出。

四、公共服务领域消费者购买和使用新能源汽车，省级补贴资金由推广应用城市财政部门拨付给相关公共服务领域消费者；

私人购买和使用新能源汽车，省级补贴资金由推广应用城市财政部门拨付给汽车销售机构。汽车销售机构以扣除财政补贴资金后的价格将新能源汽车销售给私人消费者；

充换电设施补贴资金由推广应用城市财政部门拨付给承建服务运营单位。

五、申请车辆购置财政补贴资金的公共服务领域消费者，需提交新能源汽车推广应用省级财政补贴资金申请表（见附件 2），并提供以下材料：

1. 车辆购销合同、购销发票等凭证；

2. 推广应用城市公安部门核发的机动车登记证书和行驶证复印件；

3. 由汽车销售机构提供的其车型列入国家《节能与新能源汽车示范推广应用工程推荐车型目录》批次凭证；

4. 其他需要提供的材料。

六、申请私人消费领域车辆购置财政补贴资金的，由新能源汽车销售机构提交新能源汽车推广应用省级财政补贴资金申请表（见附件 3），有关材料与公共服务领域相同，同时还需提供由消费者、销售机构双方签字的新能源汽车私人领域购车补贴确认表（见附件 4）。

七、申请充换电设施建设财政补贴资金的承建运营单位，需提交新能源汽车推广应用省级财政补贴资金申请表（见附件 5），并提供以下材料：

1. 交通、环保、规划、用地等有关部门的建设许可批复文件复印件；

2. 项目建设和运营规划书；

3. 建设成本预算，有关设备的购置合同、发票，工程建设委托合同等；

4. 经会计师事务所审计的项目竣工决算报告及充换电设施投资清单（主要包括形成固定资产的配电、充电、换电、监控、通信等设施、设备投入，不含土地等投入）；

5. 市新能源汽车推广应用牵头部门组织的项目验收合格证明；

6. 其他需要提供的材料。

八、各申请省级财政补贴资金的单位，对提交申请材料的真实性负责；各推广应用城市新能源汽车推广应用牵头部门、财政部门承担对申请材料的审核责任。对提供虚假信息、骗取省级财政补贴资金的，将追缴补贴资金、取消补贴资格，并按照《财政违法行为处罚处分条例》《江苏省财政监督办法》予以处罚。

九、推广应用城市要根据省政府《关于加快新能源汽车推广应用的意见》（苏政发〔2014〕51 号）精神，制定市级财政补贴实施细则并报省财政厅和省经济和信息化委备案。

十、本实施细则由省财政厅、省经济和信息化委员会负责解释。

附件

1. 新能源汽车推广应用省级财政补贴资金汇总表（略）

2. 新能源汽车推广应用省级财政补贴资金申请表（公共领域）（略）

3. 新能源汽车推广应用省级财政补贴资金申请表（私人领域）（略）

4. 新能源汽车私人领域购车补贴确认表（略）

5. 新能源汽车推广应用省级财政补贴资金申请表（充换电设施）（略）

江苏省财政厅

江苏省经济和信息化委员会

2014 年 6 月 9 日

江苏省 2014 年纯电动客车及乘用车推广应用省级财政补贴标准的补充通知

苏财工贸〔2014〕153 号

各新能源汽车推广应用城市财政局、新能源汽车推广应用牵头部门：

省财政厅、省经济和信息化委制定的《江苏省新能源汽车推广应用省级财政补贴实施细则》（苏财工贸〔2014〕64号）印发后，部分推广应用城市及部分用户和企业要求进一步明确不同规格纯电动客车和乘用车的省级财政补贴标准。

鉴于财政部等四部委《关于继续开展新能源汽车推广应用工作的通知》（财建〔2013〕551号）对不同车长的纯电动客车和不同续驶里程的纯电动乘用车分档设定补贴标准，现结合我省新能源汽车推广应用实际情况，对2014年推广应用的纯电动客车和乘用车省级财政补贴标准补充通知如下：

纯电动客车（按车长L）：

L≥10米，每辆补贴20万元；

10米>L≥8米，每辆补贴16万元；

8米>L≥6米，每辆补贴12万元。

纯电动乘用车（按续驶里程R）：

R≥250公里，每辆补贴2.5万元；

250公里>R≥150公里，每辆补贴2万元；

150公里>R≥80公里，每辆补贴1.5万元。

各新能源汽车推广应用城市对2014年推广应用的纯电动客车和乘用车财政补贴标准，可根据本地区实际情况具体确定。

江苏省财政厅

江苏省经济和信息化委

2014年9月22日

江苏省关于进一步支持新能源汽车推广应用的若干意见

为贯彻落实《国务院办公厅关于加快新能源汽车推广应用的指导意见》（国办发〔2014〕35号），进一步做好我省新能源汽车推广应用工作，现提出如下意见。

一、加大重点领域推广应用力度

（一）政府机关及公共机构领域。2015—2016年，南京、常州、苏州、南通、盐城、扬州等新能源汽车推广应用城市的政府机关及公共机构购买的新能源汽车占当年配备更新总量的比例不低于30%，以后逐年提高；其他城市政府机关及公共机构购买的新能源汽车占当年配备更新总量的比例，2015年不低于20%，2016年不低于30%，以后逐年提高。省级机关要按照规定的比例率先推广应用新能源汽车。省财政厅将符合条件的新能源汽车产品列入政府采购目录。

（二）公共服务领域。继续在公交、出租汽车等领域推广应用新能源汽车的同时，扩大在物流、环卫、机场、公安巡逻、企业通勤、旅游等领域推广应用新能源汽车的规模。新能源汽车与现有运营车辆享受同等待遇，进入营运领域，鼓励在城市物流配送特别是社区物流配送领域推广应用新能源汽车。城市限制物流车辆进入的区域，允许纯电动物流车进入。

二、完善财政支持政策

（三）明确2015年补贴标准。对购置国家《节能与新能源汽车示范推广应用工程推荐车型目录》的新能源汽车产品给予补贴。具体标准为：10米以上纯电动客车每辆补贴20万元；6~10米纯电动客车按电池容量每千瓦时补贴1200元（最高不超过国家补贴标准的40%，对应用于城乡公交领域的，可按补贴标准上限执行）；10米以上插电式混合动力客车每辆补贴10万元，纯电动专用车按电池容量每千瓦时补贴800元（最高不超过6万元）；纯电动乘用车轴距小于2.2米每辆补贴1万元、轴距小于2.45米每辆1.8万元、轴距大于2.45米每辆2.4万元；插电式混合动力乘用车（纯电模式下续驶里程大于50公里）每辆补贴1.4万元；燃料电池汽车按照国家补贴的40%给予补贴；对充电设施建设按照充电桩充电功率给予补贴，具体为每千瓦800~1200元。

（四）扩大补贴范围。省级财政资金对车辆购置、充电基础设施的补贴范围由目前新能源汽车推广应用城市扩大到全省范围。

（五）延长补贴期限。2016—2020年省财政继续对新能源汽车购车和充电实施建设给予补贴，具体补贴标准在2015年补贴标准的基础上，根据市场变化和技术进步情况作适当调整。

（六）奖励产品研发。我省新能源汽车生产企业研发的新产品进入国家《节能与新能源汽车示范推广应用工程推荐车型目录》的，每款车型省财政给予50万~80万元的一次性奖励。

（七）各市落实补贴资金。各市对购置新能源汽车按省级补贴的1.5倍落实财政补贴资金；充电设施建设按照省级补贴同比例进行补贴。

省财政对新能源汽车购置、充电设施建设、新产品研发补贴的实施细则由省财政厅会同省经济和信息化委研究制定。

（八）积极争取国家对纯电动公交车的运营补贴。省交通运输厅、省财政厅落实国家对城市公交车成品油价格补贴的政策，对纯电动公交车按照燃油车辆类型争取国家燃油补贴。

三、加快充电设施建设

（九）加强充电基础设施建设规划和有关标准建设。由省经济和信息化委牵头，会同省有关部门编制全省新能源汽车充电基础设施发展规划，制定完善充电设施有关技术标准和规范，明确建筑物配建停车场、城市公共停车场预留充电设施建设条件的要求和比例，确保公共领域充电设施符合国家标准且安全可靠。各市根据全省充电基础设施发展规划制定本地区充电设施建设规划，将充电设施建设和配套电网建设改造纳入城市规划，所有新改扩建停车场必须配套建设充电设施。各市交通国有投资公司应积极参与充电基础设施建设，省交通运输厅做好推进落实和以奖代补工作。省电力公司等有实力的单位积极构建省内高速公路服务区快速充电网络，有序推进充电设施建设，并做好运营服务。

（十）鼓励社会资本参与充电设施建设。放宽准入条件，鼓励社会资本进入充电设施建设和运营服务领域。支持具备条件的政府机关、公共机构及企事业单位自建充电设施，新建或改造停车场时，结合新能源汽车配备更新计划，充分考虑职工购买新能源汽车的需要，按照适度超前的原则，规划设置新能源汽车专用停车位、配建充电桩。

（十一）简化充电设施建设立项及项目竣工验收手续。按照安全第一、便捷高效、减少审批的原则，由省经济和信息化委牵头，会同有关部门研究制定充电设施建设项目备案管理办法、项目竣工验收办法，以及环评、安评办法，规范和推动充电设施建设。

（十二）制定充电设施用地政策。鼓励在现有停车场、路边停车位、城市零碎土地、有电动汽车使用需求的厂区、机关院落等公共建设用地上设立他项权利建设充电设施。对有明确土地使用权人的土地，使用权人同意建设充电设施的，可保持现有建设用地使用权及用途不变。同意设定他项权利的，可根据协议约定设定他项权利。为电动公交客车和出租汽车服务的充电设施尽量在现有公交场站、公共停车场进行建设。对电动公交客车、公益性纯电动出租汽车充换电站用地，可按划拨方式供应。在符合规划的前提下，利用现有建设用地新建充电设施的，可采用协议方式办理相关用地手续。其他新增充电设施用地，应以招标拍卖挂牌方式供应。供应建设用地需配建充电设施的，可将配建要求纳入土地供应条件。充电设施用地不得随意改变用途，确需改变用途的，应依法办理相关手续。

（十三）明确充电设施用电价格和充电服务价格。省电力公司做好电动汽车充换电配套网络建设改造工作。电动汽车充换电设施产权分界点至电网的配套接网工程由省电力公司负责建设和运行维护，不收取接网费用。对向电网经营企业直接报装接电的经营性集中式充电设施用电，执行大工业用电价格，2020 年前暂免收基本电费；其他充电设施按其所在场所执行分类目录电价。研究并适时实施峰谷分时电价政策。2020 年前充换电服务费实行政府指导价管理，标准上限按不高于用油成本费用的原则，具体由各市价格主管部门会同有关部门制定。

四、加强新能源汽车运行监督管理

（十四）强化公共领域新能源汽车安全运行管理。加强对公共领域推广新能源汽车的安全运行管理，确保新能源汽车安全高效运行。车辆生产企业在销售新能源汽车时，需确保购车单位具有保证新能源汽车安全运行的能力，同时能够及时提供售后服务。省科技厅会同省经济和信息化委制定新能源汽车及充电设施数据采集技术规范，各市要按照全省统一的技术规范，建立新能源汽车及充电设施安全监控平台，实时掌握车辆、充电设施运行情况，有关数据可在全省范围互联互通。

（十五）对新能源汽车实行独立分类注册登记。按照国家对新能源汽车注册和交通管理的有关规定，省公安厅做好新能源汽车独立分类注册登记工作，改进道路交通技术监控系统，通过号牌自动识别系统对新能源汽车通行给予便利。

（十六）制定差异化的新能源汽车交通管理政策。为缓解交通拥堵、改善大气环境而采取机动车限行等措施时，新能源汽车不受限制。

（十七）加强车用动力电池回收管理。省发展改革委会同有关部门制定车用动力电池回收利用处置规定。以车辆企业为主体，建立健全车用动力电池回收利用机制，促进废旧动力电池回收和循环利用。

（十八）强化对各城市推广应用新能源汽车的考核。根据国家新能源汽车推广应用考核的要求，制定我省新能源汽车推广应用工作考核办法，对各市新能源汽车推广应用任务完成情况、运行情况、充电设施建设情况、地方补贴政策落实情况等进行考核。对新能源汽车推广应用成绩突出、充电设施建设较好的城市给予奖励。

江苏省人民政府

2014 年 12 月 23 日

福建省人民政府关于加快新能源汽车推广应用八条措施的通知

闽政〔2014〕50 号

各市、县（区）人民政府，平潭综合实验区管委会，省人民政府各部门、各直属机构，各大企业，各高等院校：

为贯彻落实《国务院办公厅关于加快新能源汽车推广应用的指导意见》（国办发〔2014〕35 号），加快我省新能源汽车（含纯电动汽车、插电式混合动力汽车和燃料电池汽车）推广应用，有效缓解能源和环境压力，促进汽车产业转型升级，完成全省 2014—2015 年推广应用新能源汽车 10000 辆（其中，2014 年推广应用 3500 辆、2015 年推广应用 6500 辆）的目标，通知如下：

一、加大财税支持力度。2014—2015 年，省、市（平潭综合实验区）按照国家同期补贴标准 1∶1 对新能源汽车推广应用予以配套补助。新能源非公交汽车在福州、漳州、泉州市辖区上牌的，配套补助资金由设区市承担 40%；在三明、莆田、南平、龙岩、宁德市和平潭综合实验区辖区上牌的，配套补助资金由设区市（平潭综合实验区）承担 30%；其余配套补助资金由省财政统筹安排，具体管理办法由省财政厅和省经信委制定。新能源公交车配套补助资金由省交通运输厅从城市公交车辆省级补助资金盘子中统筹安排并制定具体管理办法。厦门市新能源汽车配套补助资金由厦门市政府落实并制定具体管理办法。各级税务部门要认真落实新能源汽车免征车辆购置税及其他税收优惠政策。（责任单位：各设区市人民政府、平潭综合实验区管委会，省经信委、财政厅、交通运输厅、科技厅、发改委、地税局，省国税局）

二、加大公共领域推广力度。2014—2016 年，各级政府机关及公共机构新增或更新机要通信、公安巡逻（城区）、城管执法等车辆中新能源汽车每年占比应不低于 30%，以后逐年扩大应用规模。自本措施发布之日起至 2015 年底，全省公交车、出租车等领域新增或更新车辆应全部选用新能源汽车；环卫、物流、机场通勤等领域新增或更新车辆中新能源汽车占比不低于 30%。企事业单位应鼓励本单位职工购买使用新能源汽车。（责任单位：各设区市人民政府、平潭综合实验区管委会，省交通运输厅、住建厅、公安厅、机关管理局）

三、加快推进充换电设施建设。各级政府要制定新能源汽车充换电设施专项建设规划，充分利用现有的停车场、路灯灯杆、咪表、加油站、加气站等场地建设充换电设施；城市新建小区和公用停车场按不低于 20% 的比例规划和配置充换电设施；在有条件的高速公路服务区配建充换电设施，积极构建高速公路城际快充网络。各级政府要组织落实国家规定的充换电设施用地各项政策，保障充换电设施建设用地需求。电网企业要做好配套电网建设、改造和报装增容等工作，充电设施配套电网建设和改造成本纳入电网企业输配电价。省直相关单位要积极争取中央财政奖励，所获资金用于充换电设施建设。（责任单位：各设区市人民政府、平潭综合实验区管委会，省国土厅、住建厅、交通运输厅，省电力公司，省投资集团）

四、加大充换电设施用电支持。充换电服务实行政府指导价。直接报装接电的经营性集中式充换电设施用电执行大工业用电价格和峰谷分时电价政策，并延长谷时段 3 小时（由每日 23：00 至次日 7：00 调整为每日 21：00 至次日 8：00），相应缩短用电平时段时长，峰时段保持不变，且在 2020 年以前免收基本电费；居民家庭住宅、居民住宅小区等非经营性分散充电桩按其所在场所执行分类目录电价；党政机关、企事业单位和社会公共停车场中设置的充换电设施用电执行一般工商业及其他类用电价格。（责任单位：省物价局，省电力公司）

五、鼓励创新商业模式。鼓励投融资创新，支持社会资本进入新能源汽车充换电设施建设运营、整车租赁、电池租赁和回收等服务领域；鼓励金融创新，通过融资租赁、整车租赁、分时租赁、车辆共享、按揭购买等方式，开拓新能源汽车市场；鼓励银行业金融机构创新金融产品，满足新能源汽车生产、经营、消费等各环节的融资需求；鼓励汽车金融公司创新金融产品，增加其支持个人购买新能源汽车的资金来源；鼓励在新能源汽车商业运营模式中运用现代信息技术，加快智能电网、移动互联网、物联网、车联网、大数据等新技术应用。（责任单位：各设区市人民政府、平潭综合实验区管委会，省发改委、经信委、科技厅、交通运输厅、机关管理局、金融办，人行福州中心支行、福建银监局，省电力公司，省投资集团、汽车集团）

六、加快新能源汽车产业发展。将新能源汽车整车、动力电池、电机、电控、新能源材料以及充换电装备等作为重点战略性新兴产业予以扶持，在研发、产业化及项目建设等方面予以优先扶持。2014—2018 年，对新引进实际到位注册资本金达到 5000 万元以上、年度入库税收（不含海关税收）达到 500 万元以上、具有先进核心技术的新能源汽车企业给予总部经济政策扶持，其建设项目参照省重点项目管理，并给予项目前期费用补助；对新建的研发平台，经评估认定后享受企业科技创新平台优惠政策；对新能源汽车关键共性技术开发项目，按我省战略性新兴产业扶持政策倾斜支持；对企业技术改造项目，列入省重点技改项目，在已有补助政策基础上，按其设备投资额的 5% 增加补助（单个项目最高不超过 1000 万元）；整合省级相关专项资金、龙头产业发展基金，并引导创投基金、私募基金等共同参与设立新能源汽车产业发展基金，重点培育发展一批初创期和成长期企业；对新引进总部企业的高层次管理和技术领军人才，经相关部门认定，可按其当年在本地缴纳的个人所得税地方留成部分的 50%，给予住房和生活补助。（责任单位：省发改委、经信委、科技厅、财政厅、地税局、金融办，各设区市人民政府、平潭综合实验区管委会）

七、加快建立运行监测和服务保障体系。省经信委牵头建立省级新能源汽车运行监控体系。各推广应用城市应建立新能源汽车运行的区域监控中心，并制定完善新能源汽车事故应急处置预案。公共领域使用的新能源汽车应安装车辆运行状态实时监控装置。新能源汽车使用单位应建立安全责任制度，落实安全措施，确保车辆运行安全。新能源汽车生产企业要在各推广应用城市至少设立 1 个固定售后服务点，负责新能源汽车产品的保养维护，确保车辆运行安全可靠。新能源汽车生产企业应加强对报废电池的回收和再利用管理，避免造成环境污染和安全隐患。（责任单位：省经信委，各设区市人民政府、平潭综合实验区管委会，省电力公司，省电子信息集团）

八、加强组织保障。省经信委会同省直相关部门建立新能源汽车推广应用工作厅际联席会议制度，明确工作分工，加强指导协调服务。联席会议办公室设在省经信委，负责具体指导和督促各地推广应用工作，按月通报各地新能源汽车推广应用情况。各设区市人民政府、平潭综合实验区管委会为所辖地区新能源汽车推广应用的责任主体，负责建立健全工作机制，落实国家、省相关政策，制定配套政策措施，加强宣传引导，大力协调推进，确保完成新能源汽车推广应用目标任务。（责任单位：各设区市人民政府、平潭综合实验区管委会，省委宣传部，省经信委、发改委、科技厅、财政厅、交通运输厅、国土厅、环保厅、住建厅、机关管理局、物价局，省电力公司，省投资集团、汽车集团、电子信息集团）

附件

福建省新能源汽车推广应用任务分解表

单位：辆

类别	年度	福州	厦门	漳州	泉州	三明	莆田	南平	龙岩	宁德	平潭	合计
公交车	2014	320	256	95	170	42	86	42	42	76	21	1150
	2015	430	344	125	230	58	114	58	58	104	29	1550
乘用车（含公务、出租、私人等）	2014	500	470	175	255	60	115	50	60	120	85	1890
	2015	1070	1040	380	600	95	240	85	95	235	150	3990
专用车（含物流、环卫等）	2014	79	79	23	27	17	17	17	24	17	20	320
	2015	171	171	47	63	38	38	38	51	38	45	700
其他客车（含旅游、租赁、通勤等）	2014	41	41	17	19	3	—	10	3	2	4	140
	2015	79	79	33	36	7	—	10	7	3	6	260
2014 年小计		940	846	310	471	122	218	119	129	215	130	3500
2015 年小计		1750	1634	585	929	198	392	191	211	380	230	6500
合计		2690	2480	895	1400	320	610	310	340	595	360	10000

注：（1）上述任务分解可根据实际推进情况，在各设区市、平潭综合实验区之间调剂。

（2）各推广应用城市未完成的 2014 年任务数，将并入 2015 年完成。

福建省人民政府

2014 年 9 月 9 日

江西城市群新能源汽车推广应用管理办法

第一章　总则

第一条　为落实《财政部、科技部、工业和信息化部、发展改革委关于支持北京、天津等城市或区域开展新能源汽车推广应用工作的通知》（财建〔2013〕805 号）要求，根据《江西城市群新能源汽车推广应用实施方案》，大力培育战略性新兴产业，加快新能源汽车推广应用，制定本办法。

第二条　本办法所称推广应用新能源汽车是指纳入国家《节能与新能源汽车示范推广应用工程推荐车型目录》的纯电动汽车、插电式混合动力（含增程式）及燃料电池汽车。

第三条　按照本办法要求推广应用新能源汽车，汽车生产企业可获得财政补贴。

第四条　本办法所称城市群是由南昌市、宜春市、上饶市、抚州市、九江市、赣州市、萍乡市等七城市组成。

第二章　实施组织机构

第五条　根据《关于成立江西省新能源汽车推广应用工作协调小组的通知》（赣科发高字〔2014〕25 号），工作协调组由省科技厅、省财政厅、省工信委、省发改委、省公安厅、省国土资源厅、省住建厅、省交通厅、省电力公司，及南昌、宜春、上饶、抚州、九江、赣州、萍乡等十六个成员单位构成。

第六条　协调小组各成员单位职责

省发改委职责：协调推进新能源汽车推广应用相关重大建设项目，制定新能源汽车产业发展规划，支持充、换电站运行享受电价优惠政策，负责指导各城市建立电力基础服务网络。

省工信委职责：提出全省汽车产业发展的对策、措施，促进我省汽车产业结构调整和产业升级；协助我省汽车企业申报国家新能源汽车公告及推荐目录；协助新能源汽车推广应用工作协调小组办公室提出全省推广新能源汽车相关车型的技术标准、产品方案及咨询等。

省财政厅职责：协助编制新能源汽车推广应用实施方案，落实新能源汽车相关补贴及平台建设资金。

省科技厅职责：统筹协调全省推广应用工作，推进我省新能源汽车整车和关键部件的自主研发，负责新能源汽车质量评价、安全管理；向国家相关部委报送城市群新能源汽车推广应用实施情况。

省公安厅职责：大力支持鼓励使用新能源汽车，制定新能源汽车通行时间、范围和登记上牌的便利措施。

省国土资源厅职责：执行充、换电设施建设用地政策，优先安排充、换电设施建设用地。

省住建厅职责：指导各城市将新能源汽车相关设施纳入城市规划，按规划用途给予用地保障。督导各城市环卫、园林等部门完成采购新能源汽车任务。

省交通厅职责：督促各城市完成新能源公交车、出租车采购任务；制定运营单位使用新能源汽车的优惠政策。提出新能源汽车路桥通行费用减免的方案。

省电力公司职责：积极参与充（换）电站、充电桩等相关设施配套建设及运营管理。

七城市职责：各城市须成立相应的组织机构，根据《江西城市群新能源汽车推广应用实施方案》具体组织实施。

第三章　生产企业及新能源汽车条件

第七条　新能源汽车生产企业应具备以下条件：

（一）具备独立法人资格，已纳入工业和信息化部《车辆生产企业及产品公告》，具备新能源汽车底盘、整车的生产资质；

（二）具备相应的产品研发、试验验证、生产等能力；

（三）在本城市群有推广试用单位，具备一定的新能源汽车应用数量和完善的销售服务体系；

（四）执行国家《缺陷汽车产品召回管理条例》等规定，具备缺陷汽车产品召回管理制度和缺陷调查能力，对可能存在缺陷的产品依法组织调查分析，履行召回义务；承诺对动力电池按照要求进行回收处理等。

（五）汽车生产企业注册地不在本次推广应用城市群范围的，需在新能源汽车销售所在区域县级以上工商行政管理部门登记注册销售机构，并在相应的销售区域设立2家（含）以上新能源汽车维修服务中心。

（六）维修服务中心须配备一定数量的新能源汽车专业技术人员和维修设备，提供24小时不间断救援服务，能及时解决新能源汽车运行中出现的故障。

第八条　新能源汽车应具备以下条件：

（一）符合本办法第七条规定条件的生产企业生产的纯电动汽车、插电式混合动力（含增程式）及燃料电池汽车，且纳入国家《节能与新能源汽车示范推广应用工程推荐车型目录》；

（二）符合国家及行业现行有关标准和规定；

（三）新能源汽车产品必须按附表提供的数据要求，预留接口，接入“江西城市群新能源汽车安全运营信息监控平台”，实现与平台数据中心通讯和数据传输。监控的信息参数见附表。

第四章　配套设施建设

第九条　本办法所称电力配套设施是指交（直）流充电桩、电池配送站、综合型电池更换站及整车充电站等相关设施。电力配套设施应符合国家和行业相关标准，电力配套设施建设企业应具备完善的安全保障及服务体系，并具有良好的信誉。

第十条　省电力公司根据省发改委的规划，积极参与建设电力配套设施，逐步完善新能源汽车电力配套设施网络体系。

第十一条　为了保证新能源汽车的安全运营，我省将建设统一的“新能源车安全运营信息监控平台”，实时采集监控所有新能源汽车的工作状态、地理位置、电池组状态等技术参数，并归类、分级，按规定完成预警和报警。

第五章　补助申领

第十二条　补助对象：财政补助对象是消费者，消费者按照销售价格扣减补助后支付。

第十三条　国家补助按照财政部、科技部、工业和信息化部、发展改革委颁布的《关于继续开展新能源汽车推广应用工作的通知》（财建〔2013〕551号）及《关于进一步做好新能源汽车推广应用工作的通知》（财建〔2014〕11号）相关内容，在完成车辆注册登记后，由生产企业向企业注册地财政、科技部门申请财政补助资金，经财政、科技部门审核后，逐级上报至财政部经济建设司和科技部高新技术司。

第十四条　省级财政补助按照《江西城市群新能源汽车推广应用实施方案（修订版）》执行。

第十五条　新能源汽车生产企业申请补助资金，按《财政部、科技部、工业和信息化部、发展改革委关于支持北京、天津等城市或区域开展新能源汽车推广应用工作的通知》（财建〔2013〕805号）要求，提交销售发票复印件，机动车行驶证复印件等相关证明材料。

第十六条　市级财政补助办法由七城市自行制定。

第六章　监督管理

第十七条　新能源汽车生产企业应对所提供材料的真实性负责，凡新能源汽车产品与申报材料不符、性能指标未达到要求，提供虚假信息、骗取补助资金的，将及时追回资金。补助资金必须专款专用，任何单位及个人不得以任何理由和形式截留、挪用。对违反规定的，将由有关部门依法追究有关单位和人员的责任。

第十八条 生产及配套服务企业应对其提供的产品及服务负责。对于产品质量、售后保障等未达到要求并造成严重后果的，将依照相关法律法规追究其责任。

第十九条 为了规范管理新能源汽车推广应用工作，城市群新能源汽车采购方案及计划须报省新能源汽车推广应用工作协调小组办公室备案，备案后方可进行采购。

第七章 附则

本办法自 2014 年 1 月 1 日起实施，有效期至 2015 年 12 月 31 日。若国家补助政策出现调整，则对本办法进行修订。

附表

新能源车安全运营信息监控信息参数表

新能源车辆厂家提供	车辆基本信息	纯电动车辆	提供车型、电机型号、电池型号、厂家、座位数、车重、电池总容量、数量、电池模块数量和模块内电池数量等关键部件的基本信息汇总、CAN 总线接口位置及接口类型和定义、电源接口位置及接口类型和定义
		混合动力车辆	提供车型、发动机型号、电机型号、电池（电容）型号、燃油品种、厂家、座位数、车重、电池（电容）总容量、数量、电池（电容）模块数量和模块内电池（电容）数量等关键部件的基本信息汇总、CAN 总线接口位置及接口类型和定义、电源接口位置及接口类型和定义
	CAN 总线通信数据信息	纯电动车辆	1. 整车动力性：瞬时车速、里程
			2. 电池系统：电池总电压、电池模块电压、各电池单体电压、电池总充放电电流、外部充放电电压电流、电池模块充放电流、电池剩余总电量、电池模块 SOC、单体电池 SOC、电池总温度、电池模块温度、单体电池温度
			3. 电驱动系统：直流母线电压电流（电机电压电流）、电机转速、电机扭矩．辅助系统电压电流、电机温度
			4. 可靠性：电池电压电流及温度异常、车辆控制器报告的电机控制器故障、电机过热等各关键部件故障及报警等信息
		混合动力车辆	1. 整车动力性：瞬时车速、里程
			2. 电池（电容）系统：电池总电压、电池模块电压、各电池单体电压、电池总充放电电流、外部充放电电压电流、电池模块充放电流、电池剩余总电量、电池模块 SOC、单体电池 SOC、电池总温度、电池模块温度、单体电池温度
			3. 电驱动系统：直流母线电压电流（电机电压电流）、电机转速、电机扭矩、辅助系统电压电流、电机温度
			4. 可靠性：电池电压电流及温度异常、车辆控制器报告的电机控制器故障、电机过热等各关键部件故障及报警等信息
			5. 动力系统：瞬时喷油量或油箱实时油位、发动机转速、发动机扭矩

江西省科技厅

2014 年 6 月 6 日

江西省关于加快新能源汽车推广应用的实施意见

一、总体要求

（一）指导思想

贯彻落实发展新能源汽车的国家战略，重点发展纯电动汽车、插电式（含增程式）混合动力汽车和燃料电池汽车。坚持市场为主导和政府扶持相结合，建立健全全省新能源汽车推广应用政策体系，加快市场培育，建设良好环境，促进全省锂电及电动汽车产业健康较快发展和新能源汽车推广应用。

（二）基本原则

自主创新，产学研用联动。鼓励新能源汽车生产企业积极同省内外高校与科研院所紧密合作，着力突破新能源汽车、动力电池和充电设施关键核心技术，不断提高产品质量，为消费者提供优质服务。

明确责任，稳步有序推动。要根据国家和全省加快新能源汽车推广应用要求，制订本地实施方案和工作计划，明确工作要求和时间进度，确保完成各项目标任务。

扩大应用，公共服务拉动。以公共服务领域用车作为新能源汽车推广应用的突破口，扩大公共机构（公交、出租、环卫、物流等）采购新能源汽车规模。引导个人消费，形成良性循环。鼓励社会资本参与新能源汽车推广应用。

二、加快推进充电设施建设

（三）落实充电设施建设责任。地方政府要完善城市规划和相关工程建设标准，把充电设施及配套电网建设与改造纳入城市建设规划，因地制宜制定充电设施专项建设规划，在用地等方面给予政策支持，对建设运营给予必要补贴。此项工作在 2014 年 11 月底前完成，并将相关规划报省新能源汽车推广应用协调工作小组备案。电网企业要配合政府做好充电设施建设规划，完善充电设施布局，做好相关电力基础网络建设和充电设施报装增容服务等工作。

（四）完善充电服务体系。完善相关工程建设标准，明确建筑物配建停车场、城市公共停车场预留充电设施建设条件的要求和比例。加快形成以使用者居住地、驻地停车位（基本车位）配建充电设施为主体，以城市公共停车位、路内临时停车位配建充电设施为辅助，以城市充电站、换电站为补充的，数量适度超前、布局合理的充电设施服务体系。研究在高速公路服务区配建充电设施，积极构建高速公路城际快充网络。

（五）明确用电价格标准。做好服务收费标准核定工作，由省发改部门牵头，按照《国家发展改革委关于电动汽车用电价格政策有关问题的通知》（发改价格〔2014〕1668 号）规定，明确我省电动汽车充换电用电价格标准。对经营集中式充换电服务场所，由省发改部门依据相关部门或企业提供相关材料和参照省外情况，单独核定服务费标准。此项工作在 2014 年 11 月底前完成。

（六）推进充电设施技术攻关。由省科技部门牵头，会同省工信等部门，依托国家和省级科技计划，加强对新型充电设施及装备技术、前瞻性技术的研发，对关键技术的检测认证、充电设施消防安全规范以及充电网络监控和运营安全等方面，给予科技支撑。

三、积极引导企业创新商业模式

（七）加快售后服务体系建设。由省发改部门牵头，会同省商务等部门，按照《国务院关于印发节能与新能源汽车产业发展规划（2012—2020 年）的通知》（国发〔2012〕22 号）文件规定，制定鼓励支持社会资本进入新能源汽车充电设施建设和运营、整车租赁、电池租赁和回收服务领域的相关规定。此项工作在 2014 年底前完成。

（八）发挥信息技术的积极作用。由省工信部门牵头，会同省发改、通信管理、电力等部门，加快物联网、移动互联网、智能电网等新技术应用，鼓励互联网企业参与新能源汽车研发和运营服务。

四、推动公共服务领域率先推广应用

（九）扩大新能源汽车在公共服务领域、政府机关和企事业单位的使用规模。由省政府机关事务管理部门牵头，会同省财政、科技、工信、发改等部门，制定政府机关等公共机构购买新能源汽车实施方案。南昌、九江等 7 个新能源汽车推广应用的设区市，在公共服务的公交车、出租车等城市客运以及环卫、物流、机场通勤、公安巡逻等领域的机动车更新时，新增或更新车辆中，新能源汽车比例不得低于 30%，以后逐步扩大应用规模。

五、进一步完善政策体系

（十）完善新能源汽车推广补贴政策。继续执行国家对消费者购买符合要求的纯电动汽车、插电式（含增程式）混合动力汽车、燃料电池汽车给予补贴的政策。国家出台 2016—2020 年新能源汽车推广应用的财政支持政策后，省财政、科技、工信、发改等部门要抓紧研究制定我省配套措施，及时向社会公布，及早稳定企业和市场预期。

（十一）落实新能源汽车税收优惠政策。落实好国家自 2014 年 9 月 1 日至 2017 年 12 月 31 日对纯电动汽车、插电式（含增程式）混合动力汽车和燃料电池汽车免征车辆购置税的政策。落实今后财政部、国家税务总局制定下发的新能源汽车车船税优惠政策，并做好车船税减免工作。继续落实好汽车消费税政策，发挥税收政策鼓励新能源汽车消费的作用。

（十二）加强新能源汽车相关政策体系的调查研究论证。按照国发〔2012〕22 号文件要求，围绕建立多渠道筹集支持新能源汽车发展资金、完善新能源汽车金融服务体系、建立企业平均燃料消耗量管理制度、建立差异化的新能源汽车交通管理政策等，加强调查研究，开展研讨论证，及时研究制定出台我省相关实施方案和政策规定。

六、维护市场正常秩序

（十三）统一标准和目录，规范市场秩序。各地要严格执行全国统一的新能源汽车和充电设施国家标准和行业标准，不得自行制定、出台地方性的新能源汽车和充电设施标准。要执行国家统一的新能源汽车推广目录，不得制定地方推广目录。有关部门要加强对新能源汽车市场的监管，推进建设统一开放、有序竞争的新能源汽车市场。坚决清理取消不利于新能源汽车市场发展的违规政策措施。

七、加强技术创新和产品质量监管

（十四）组织实施新能源汽车产业技术创新工程。由省科技部门牵头，会同省工信等部门，针对我省锂电及电动汽车产业亟须解决的关键核心共性技术，组织产学研力量，集中进行科研攻关，争取取得一批重要创新成果。

（十五）完善新能源汽车产品质量保障体系。新能源汽车产品质量的责任主体是生产企业，生产企业要建立质量安全责任制，确保新能源汽车安全运行。由省工信部门牵头，加强对新能源汽车生产一致性监管。由省科技部门牵头，建立新能源汽车监控平台，提高新能源汽车技术服务和测试检测水平。

八、切实加强组织领导

（十六）加强地方政府的组织推动作用。各有关地方政府要切实加强组织领导，建立由主要负责同志牵头、各职能部门参加的新能源汽车工作联席会议制度，结合本地实际，制定细化支持政策和配套措施。要加强指标考核，建立以实际运营车辆和便利使用环境为主要指标的考核体系，明确工作要求和时间进度，确保按时保质完成各项目标任务。

（十七）加强部门间的统筹协调。省新能源汽车推广应用工作协调小组成员单位，要及时协调解决新能源汽车推广应用中的重大问题，部门间要加强协同配合，提高工作效率。要加强对各地的督促考核，定期公开各地任务完成情况。财政奖励资金要与推广目标完成情况、基础设施网络配套及社会使用环境建设等挂钩。及时总结成功经验，组织推广交流活动，促进各地相互学习借鉴，共同提高。

（十八）加强宣传引导和舆论监督。各有关部门和新闻媒体要通过多种形式大力宣传新能源汽车对降低能源消耗、减少污染物排放的重大作用。要通过宣传，提高全社会对新能源汽车的认知度和接受度，形成有利于新能源汽车消费的社会氛围。

江西省人民政府办公厅

2014 年 10 月 27 日

江西省关于电动汽车充换电服务费有关问题的通知

赣发改商价〔2014〕1309 号

各设区市、省直管县（市）发展改革委、物价局，国网江西省电力公司：

根据《国家发展改革委关于电动汽车用电价格政策有关问题的通知》（发改价格〔2014〕1668 号）精神，现将我省电动汽车充换电服务费用有关问题通知如下：

一、充换电设施经营企业可向电动汽车用户收取电费及充换电服务费。电费按《江西省发展改革委转发国家发展改革委关于电动汽车用电价格政策有关问题的通知》（赣发改商价〔2014〕786 号）规定执行；充换电服务费标准实行政府指导价管理。

二、为便于充换电服务费计收和管理，提供充电服务模式的，按充电电度收取费用，包括电费和服务费用；提供换电服务模式的，按车辆行驶里程收取费用，包括电费、电池租赁和服务费用。

三、经营性集中式充换电设施服务费，由我委制定上限收费标准，具体由设区市和省直管县（市）价格主管部门制定。鼓励充换电设施建设运营单位对充换电服务费给予优惠。

四、经营性集中式充换电设施充电服务费，上限标准暂定为每千瓦时 2.36 元（含电费）。其中，电动公交车（客车）上限标准暂定为每千瓦时 1.36 元（含电费）。换电服务费另行制定。在换电服务费标准制定前运营的，服务费由供需双方协商。

五、各设区市和省直管县（市）价格主管部门在制定充换电服务费具体标准时，应遵循“有倾斜、有优惠”的原则，在国家及地方政府通过财政补贴、无偿划拨充换电设施建设场所等方式，降低充换电设施建设运营成本的基础上，确保电动汽车使用成本显著低于燃油（或低于燃气）汽车使用成本，增强电动汽车在终端市场的竞争力。各地制定的充换电服务收费标准报我委备案。

六、对向电网经营企业直接报装接电的经营性集中式充换电设施用电，执行大工业用电价格，2020 年前，暂免收基本电费。

江西省发展改革委

2014 年 12 月 5 日

江西省新能源汽车省级财政补助申报流程规定

根据财政部、科技部、工业和信息化部、发展改革委《关于继续开展新能源汽车推广应用工作的通知》（财建〔2013〕551 号）、《关于进一步做好新能源汽车推广应用工作的通知》（财建〔2014〕11 号）、《江西省城市群新能源汽车推广应用实施方案》和《江西城市群新能源汽车推广应用管理办法》，我省设立了江西省城市群新能源汽车推广应用购车补贴专项资金（以下简称“专项资金”），用于支持我省城市群（指南昌、九江、宜春、上饶、赣州、萍乡、抚州七个设区市）新能源汽车的推广应用工作。为加强管理，提高资金使用效益，特制定本规定。

一、补助范围

本规定所称的新能源汽车是指纳入国家《节能与新能源汽车示范推广应用工程推荐车型目录》的纯电动汽车、插电式混合动力（含增程式）汽车，不含过户的新能源汽车。

二、补助对象

补助对象是指购买的新能源汽车在城市群登记注册的消费者，包括个人用户和法人用户，消费者按销售价格扣减补贴后支付。

三、补助标准

补助标准依据《江西省城市群新能源汽车推广应用实施方案》执行（见附表）。

四、申报程序

（一）专项资金补助由销售新能源汽车的生产企业或销售机构提出申请。对于未在城市群注册的新能源汽车生产企业，其销售机构必须符合《江西城市群新能源汽车推广应用管理办法》中的规定，“需在新能源汽车销售所在区域县级以上工商行政管理部门登记注册销售机构，并在相应的销售区域设立 2 家（含）以上新能源汽车维修服务中心。

（二）汽车生产企业或委托销售机构在车辆销售，获得中央财政补贴后将财政部下达节能专项资金的通知复印件、向中央财政申报补贴的所有材料复印件递交给销售所在城市群各设区市新能源汽车推广办。城市群各设区市新能源汽车推广办审查合格后，由所在市科技局、财政局于每季度末联合向省新能源汽车推广应用工作协调小组办公室报送上述申报材料各两份（附电子版）。

（三）对于未在城市群注册的新能源汽车生产企业，其销售机构在第一次申报省级财政补贴时还需提交与生产企业的销售协议（或委托书）、营业执照、组织机构代码证、税务登记证以及法人代表身份证复印件各两份。

五、资金的监督和管理

（一）城市群各设区市新能源汽车推广办承担对申请材料的审核责任。负责对申请新能源汽车财政补贴的生产企业、销售机构进行跟踪检查和监督管理，确保资金使用安全。

（二）资金申请单位对申报材料的真实性和产品一致性负责。对弄虚作假、骗取财政补助资金的单位，将追回补助资金，取消申请单位的申请资格并追究法律责任。

（三）专项资金必须专款专用，任何单位不得以任何理由、形式截留、挪用。对违反规定的，将依照《财政违法行为处罚处分条例》（国务院令第427号）等有关规定，依法追究有关单位和人员的责任。

（四）新能源汽车生产企业、销售机构应对提供的产品与服务负责。对于产品质量、售后保障等未达到要求并造成严重后果的，将依照有关法律法规追究其责任。

六、本规定最终解释权归江西省新能源汽车推广应用工作协调小组办公室。若国家或省级相关政策出现调整，则对本规定进行修订。

江西省新能源汽车推广应用协调小组办公室

2014 年 12 月 28 日

山东省关于贯彻国办发〔2014〕35 号文件加快新能源汽车推广应用的实施意见

鲁政办发〔2014〕41 号

各市人民政府，各县（市、区）人民政府，省政府各部门、各直属机构，各大企业，各高等院校：

为贯彻落实《国务院办公厅关于加快新能源汽车推广应用的指导意见》（国办发〔2014〕35 号）和《山东省人民政府关于贯彻国发〔2012〕22 号文件加快发展节能与新能源汽车产业的实施意见》（鲁政发〔2012〕33 号），经省政府同意，现就加快全省新能源汽车推广应用提出以下实施意见：

一、明确推广应用的总体要求和责任主体

1. 总体要求。国家确定以纯电驱动为新能源汽车发展的主要战略取向，重点发展和推广应用列入国家《节能与新能源汽车示范推广应用工程推荐车型目录》的纯电动汽车、插电式（含增程式）混合动力汽车和燃料电池汽车。各地不得采取制定地方推广目录，对新能源汽车进行重复检测检验，要求汽车生产企业在本地设厂以及要求整车企业采购本地生产的电池、电机等零部件等违规措施，阻碍外地生产的新能源汽车进入本地市场，不得限制或变相限制消费者购买外地及某一类新能源汽车。各地要严格执行全国统一的新能源汽车和充电设施国家标准和行业标准，不得自行制定、出台地方性的新能源汽车和充电设施标准。有关部门要清理取消不利于新能源汽车市场发展的政策措施，加强对新能源汽车市场的监管，推进建设统一开放、有序竞争的新能源汽车市场。

2. 责任主体。各级政府承担新能源汽车推广应用的主体责任，要分级负责，统筹规划，合力推进，切实抓好落实。省直有关部门要按照工作分工，认真做好规划制定、政策落实、综合协调、工作督导以及本部门（系统）推广应用等工作，确保完成各项目标任务。

二、抓好重点领域推广应用

3. 扩大公共服务领域新能源汽车应用规模。各级、各有关部门要以公交车、出租车等城市客运以及环卫、物流、机场通勤、公安巡逻等领域为重点，加大新能源汽车推广应用力度，制订机动车更新计划，今后新增或更新车辆都要有一定比重的新能源汽车，并逐年提高比重。青岛、淄博、潍坊、聊城、临沂等列入国家新能源汽车推广应用示范城市名单的市，新增或更新车辆中的新能源汽车比例不低于 30%。各地要结合实际，科学选择新能源汽车车型，在符合国家有关标准的前提下优先选择续驶技术性能好、价格低、维修服务保障到位的车型；新能源公交车应满足《公共汽车类型划分及等级评定》（JT/T888－2014），纯电动出租汽车应满足《纯电动乘用车技术条件》（GB/T28382－2012）。（省交通运输厅牵头，省财政厅、省科技厅、省住房城乡建设厅、省公安厅配合）

4. 推进党政机关和公共机构、企事业单位使用新能源汽车。各级党政机关及公共机构购买机动车辆应当优先选用新能源汽车，用于机要通信、相对固定路线执法执勤、通勤等车辆配备更新时应当使用新能源汽车，黄标车报废更新时应当优先选用新能源汽车。2014—2016 年，青岛等新能源汽车推广应用示范城市的政府机关及公共机构购买的新能源汽车占当年配备更新车辆总量的比例不低于 30%，以后逐年提高。省级和其他市级党政机关及公共机构，2014 年购买的新能源汽车占当年配备更新总量的比例不低于 10%，2015 年不低于 20%，2016 年不低于 30%，以后逐年提高。企事业单位应积极采取租赁和完善充电设施等措施，鼓励本单位职工购买使用新能源汽车，发挥对社会的示范引领作用。（省机关事务局牵头，省财政厅、省科技厅、省经济和信息化委、省发展改革委配合）

三、加快充电设施建设

5. 制定充电设施发展规划。各级政府要因地制宜制定充电设施专项建设规划，在用地等方面给予政策支持，对建设运营给予必要补贴。鼓励社会资本进入充电设施建设领域，积极利用城市中现有的场地和设施，推进充电设施项目建设，完善充电设施布局。电网企业要做好相关电力基础网络建设和充电设施报装增容服务等工作的实施。（省发展改革委牵头，省交通运输厅、省住房城乡建设厅、国网山东省电力公司配合）

6. 完善城市规划和相应标准。各级政府要将充电设施建设和配套电网建设与改造纳入城市规划，完善相关工程建设标准，明确建筑物配建停车场、城市公共停车场预留充电设施建设条件的要求和比例；结合旧城改造、新城规划建设，加快配套建设必要的城市公交、出租汽车、城市物流配送车辆充换电设施，在规划建设城市综合客运枢纽、公交枢纽、出租汽车运营站、城市配送中心时，要根据需求配建快速充换电设施；在规划建设城市公交停车场、保养厂、维修厂、出租汽车停车场时，要考虑配建慢速充电设施；在规划新建小区及公共场所时，要同步设计建设充电设施。加快形成以使用者居住地、驻地停车位（基本车位）配建充电设施为主体，以城市公共停车位、路内临时停车位配建充电设施为辅助，以城市充电站、换电站为补充的，数量适度超前、布局合理的充电设施服务体系。研究在高速公路服务区配建充电设施，积极构建高速公路城际快充网络。（省住房城乡建设厅牵头，省交通运输厅、国网山东省电力公司配合）

7. 落实充电设施用地政策。鼓励在现有停车场（位）等现有建设用地上设立他项权利建设充电设施。通过设立他项权利建设充电设施的，可保持现有建设用地已设立的土地使用权及用途不变。在符合规划的前提下，利用现有建设用地新建充电站的，可采用协议方式办理相关用地手续。政府供应独立新建的充电站用地，其用途按城市规划确定的用途管理，应采取招标拍卖挂牌方式出让或租赁方式供应土地，可将建设要求列入供地条件，底价确定可考虑政府支持的要求。供应其他建设用地需配建充电设施的，可将配建要求纳入土地供应条件，依法妥善处理充电设施使用土地的产权关系。严格充电站的规划布局和建设标准管理。严格充电站用地改变用途管理，确需改变用途的，应依法办理规划和用地手续。（省国土资源厅负责）

8. 落实用电价格政策。落实《国家发展改革委关于电动汽车用电价格政策有关问题的通知》（发改价格〔2014〕1668号），允许充换电设施经营企业向电动汽车用户收取电费和充换电服务费。2020年前，对电动汽车充换电服务费实行政府指导价管理，充换电服务费标准上限由省物价局或其授权的单位制定或调整。对向电网经营企业直接报装接电的经营性集中式充电设施用电，执行大工业用电价格，2020年前暂免收基本电费；对居民家庭住宅、居民住宅小区、执行居民电价的非居民用户中设置的充电设施用电，执行居民用电价格中的合表用户电价；对党政机关、企事业单位和社会公共停车场中设置的充电设施用电执行“一般工商业及其他”类用电价格。电动汽车充电设施用电执行峰谷分时电价政策。将电动汽车充电设施配套电网改造成本纳入电网企业输配电价。（省物价局牵头，国网山东省电力公司配合）

9. 鼓励公共单位加快内部停车场充电设施建设。具备条件的政府机关、公共机构及企事业等单位新建或改造停车场，应当结合新能源汽车配备更新计划，充分考虑职工购买新能源汽车的需要，按照适度超前的原则，规划设置新能源汽车专用停车位、配建充电桩。（省住房城乡建设厅牵头，省发展改革委配合）

四、优化新能源汽车推广应用环境

10. 加快售后服务体系建设。进一步放宽市场准入，鼓励和支持社会资本进入新能源汽车充电设施建设和运营、整车租赁、电池租赁和回收等服务领域。地方政府可通过给予特许经营权等方式保护投资主体初期利益，商业场所可将充电费、服务费与停车收费相结合并给予优惠，个人拥有的充电设施也可对外提供充电服务，地方政府负责制定相应的服务标准。引导新能源汽车生产企业提高售后服务水平，建立完善售后服务体系。落实动力电池回收利用政策，鼓励利用基金、押金、强制回收等方式促进废旧动力电池回收，建立健全废旧动力电池循环利用体系。（省发展改革委牵头，省物价局、省经济和信息化委配合）

11. 鼓励投融资创新。鼓励在公共服务领域试行公交车、出租车、公务用车的新能源汽车融资租赁运营模式，在个人使用领域试行分时租赁、车辆共享、整车租赁以及按揭购买新能源汽车等模式，及时总结经验，推广科学有效的做法。（山东银监局、人民银行济南分行负责）

12. 积极应用现代信息技术。鼓励互联网企业参与新能源汽车技术研发和运营服务，加快智能电网、移动互联网、物联网、大数据等新技术应用，不断提高现代信息技术在新能源汽车商业运营中的应用水平，促进新能源汽车推广应用。（省经济和信息化委负责）

五、落实鼓励推广应用的相关政策

13. 完善新能源汽车推广补贴政策。落实国家推广新能源汽车财政补贴政策，对消费者购买的符合要求的纯电动汽车、插电式（含增程式）混合动力汽车、燃料电池汽车给予补贴（由汽车生产企业按扣减财政补贴后的价格销售）。积极争取中央财政奖励政策，加快我省充电设施建设。进一步加大对设区市购置新能源城市公交车的补贴力度，在享受国家财政补贴的基础上，再适当给予省财政补贴。各市要结合本地实际研究制定新能源汽车推广应用的财政支持政策，合力促进新能源汽车推广应用。（省财政厅牵头，省科技厅、省交通运输厅、省经济和信息化委、省发展改革委配合）

14. 改革完善城市公交车成品油价格补贴政策。落实国家对城市公交车成品油价格补贴的政策，逐步减少对城市公交车燃油补贴，增加对新能源公交车运营补贴，将补贴额度与新能源公交车推广目标完成情况挂钩，形成鼓励新能源公交车应用、限制燃油公交车增长的机制，加快新能源公交车替代燃油公交车步伐，促进新能源汽车在城市公交行业加快推广应用。（省财政厅牵头，省交通运输厅配合）

15. 落实新能源汽车税收优惠政策。落实财政部、国家税务总局、工业和信息化部2014年第53号公告，2014年9月1日至2017年12月31日，对纯电动汽车、插电式（含增程式）混合动力汽车和燃料电池汽车免征车辆购置税。进一步落实《中华人民共和国车船税法》及其实施条例，做好车船税减免工作。认真落实汽车消费税政策，发挥税收政策鼓励新能源汽车消费的作用。（省财政厅牵头，省国税局、省地税局配合）

16. 完善新能源汽车金融服务体系。鼓励银行业金融机构基于商业可持续原则，建立适应新能源汽车行业特点的信贷管理和贷款评审制度，创新金融产品，满足新能源汽车生产、经营、消费等各环节的融资需求。支持符合条件的企业通过上市、发行债券等方式，拓宽融资渠道。支持符合条件的企业发起设立汽车金融公司，并通过发行金融债券、开展信贷资产证券化等方式，增加其支持消费者购买新能源汽车的服务能力。（山东银监局牵头，人民银行济南分行、省金融办、省发展改革委配合）

17. 落实新能源汽车企业准入政策。落实国家关于新建新能源汽车生产企业投资项目准入政策，积极支持社会资本和具有技术创新能力的企业参与新能源汽车科研生产。（省发展改革委、省经济和信息化委负责）

18. 实行差异化的新能源汽车交通管理政策。按照公安部关于新能源汽车注册和交通管理有关规定，做好新能源汽车独立分类注册登记工作，改进道路交通技术监控系统，完善号牌自动识别系统，对新能源汽车管理和通行给予便利。有关地区为缓解交通拥堵采取机动车限行等措施时，对新能源汽车要给予便利。（省公安厅负责）

六、促进新能源汽车产业技术进步

19. 鼓励充电设施关键技术研发。将充电设施关键技术开发纳入省科技创新支持范围，积极争取国家科技计划专项，支持科研院所及企业加强对新型充电设施及装备技术、前瞻性技术的研发，鼓励开展对关键技术的检测认证方法、充电设施消防安全规范以及充电网络监控和运营安全等方面研究工作。支持企业探索发展适应行业特征的充电模式，实现更安全、更方便的充电。（省科技厅负责）

20. 加强新能源汽车科技创新能力建设。支持省科学院自动化研究所（省汽车电子技术重点实验室）进一步加强创新能力建设，加快建成山东省新能源汽车行业技术中心，联合省内整车和零部件骨干企业，对新能源汽车储能系统、驱动系统、整车控制和信息系统、充电加注、燃料电池、试验检测等共性关键技术以及整车集成技术进行攻关，为新能源汽车产业发展提供有力的技术支撑。（省科技厅牵头，省经济和信息化委配合）

21. 抓好产业技术创新工程建设。积极支持企业申报国家产业技术创新工程，组织企业加快研究和开发适应市场需求、有竞争力的新能源汽车技术和产品，加大研发和检测能力投入，加快突破重大关键技术，不断提高产品质量和服务能力。（省财政厅牵头，省经济和信息化委配合）

22. 加强新能源汽车产品质量监管。督促新能源汽车生产企业建立质量安全责任制，完善产品质量保障体系。建立运营使用的新能源汽车产品质量事故报告制度，发现产品运行中的问题，及时向国家有关部门和生产企业反映。加强产品质量和一致性监管，确保新能源汽车安全运行。按照国家动力电池准入管理制度要求，抓好我省动力电池生产准入管理。（省经济和信息化委牵头，省质监局配合）

七、进一步加强组织领导

23. 建立新能源汽车推广应用工作协调机制。由省级机关事务管理局牵头，联合省财政厅、省科技厅、省经济和信息化委、省发展改革委、省政府节能办建立全省党政机关与公共机构新能源汽车推广应用工作协调机制，统筹协调全省党政机关及公共机构购买新能源汽车的政策指导和督促落实，推进党政机关及公共机构购买使用新能源汽车。由省交通运输厅牵头，联合省财政厅、省科技厅、省住房城乡建设厅、省发展改革委、国网山东省电力公司建立全省公共服务领域新能源汽车推广应用工作协调机制，研究制定全省公共服务领域新能源汽车推广应用规划和工作措施，协调解决推广应用中的重大问题，推进公共服务领域新能源汽车推广应用。由省发展改革委牵头，联合省财政厅、省国土资源厅、省住房城乡建设厅、省交通运输厅、国网山东省电力公司建立全省新能源汽车充电设施建设工作协调机制，研究制定全省充电设施建设规划和工作措施，协调解决充电设施建设中的重大问题，推进全省充电设施建设。由省经济和信息化委牵头，联合省财政厅、省科技厅、省发展改革委建立全省新能源汽车产业发展工作协调机制，研究制定全省新能源汽车产业发展规划和促进产业发展的政策措施，协调解决产业发展中的重大问题，推进新能源汽车产业加快发展。各部门要积极配合，紧密协作，认真负责，切实抓好各项工作落实。

24. 加强各级政府对推广应用的组织领导。各级政府要加强组织领导，建立由主要负责同志牵头、各职能部门参加的新能源汽车推广应用工作领导机制，结合本地经济社会发展实际，制订新能源汽车推广应用规划、具体实施方案和工作计划，细化支持政策和配套措施，明确工作要求和时间进度，切实抓好落实。

25. 抓好推广应用工作督促落实。由全省党政机关与公共机构新能源汽车推广应用工作协调机制、全省公共服务领域新能源汽车推广应用工作协调机制、全省新能源汽车充电设施建设工作协调机制、全省新能源汽车产业发展工作协调机制相关部门分头负责，研究建立推广应用相关工作统计调度机制，以实际运营车辆、充电设施建设和便利使用环境为主要统计指标，督导各地按时保质完成各项目标任务，加快推动新能源汽车推广应用。

26. 做好宣传引导和舆论监督。各级、各有关部门和新闻媒体要通过多种形式大力宣传新能源汽车对降低能源消耗、减少污染物排放的重大作用，组织业内专家解读新能源汽车的综合成本优势。要通过媒体宣传，提高全社会对新能源汽车的认知度和接受度，同时对损害消费者权益、弄虚作假等行为给予曝光，形成有利于新能源汽车消费的氛围。

山东省人民政府办公厅

2014 年 11 月 3 日

海南省节能减排综合示范试点实施方案（节能与新能源汽车节选）

为进一步加强节能减排工作，努力探索绿色、循环、低碳的发展路径，根据我省“十二五”节能减排形势，以突出亮点、彰显特色为原则，制定本方案。

一、总体思路和主要目标

（一）总体思路

以邓小平理论和“三个代表”重要思想为指导，深入贯彻落实科学发展观，牢固树立生态文明理念，立足国际旅游岛建设及国家南海资源开发和服务基地的战略定位，围绕“减存量、控增量、调结构”，以突出亮点、彰显特色为原则，选择并实施在全国具有示范意义的节能减排试点工程，以点带面推进全省重点领域的节能减排。通过挖掘照明、供冷、建筑、交通、重点工业园区存量节能减排潜力，大力发展特色低碳产业和清洁可再生能源，以增量优化促进结构调整和综合能耗下降，形成节约资源和保护环境的产业结构、能源结构、生产方式和生活方式，全面系统地推进全省绿色发展、循环发展、低碳发展。

（二）主要目标

未来 5 年时间内，通过节能减排综合示范试点工程的推进，实现全省节能减排三个“示范”、四个“率先”，增强可持续发展能力，继续保持全国一流的生态环境质量，力争成为全国节能减排和生态文明建设示范省。

三个“示范”：在全省范围内全面淘汰白炽灯，成为全国绿色照明示范省；蓄能型集中供冷实现供冷建筑面积近 1000 万平方米，成为全国蓄能型集中供冷推广示范省；清洁能源占一次能源消费总量的比例达到 1/3 以上，成为全国清洁能源利用示范省。

四个“率先”：全面推进城乡建筑绿色发展，率先实现政府投资建筑、保障性住房以及大型公共建筑执行绿色建筑标准；全面推进昌江、洋浦、东方和老城等重点工业园区循环化改造，率先启动全省重工业园区的整体转型升级；新能源与清洁能源汽车推广取得新突破，率先实现全省主要城市公共运营车辆的清洁化；“信息智能岛”建设加速推进，信息产业等低碳产业增速高于 GDP 增速，传统产业的信息化水平显著提升，率先实现全岛旅游数字化联动服务和全省重点工业企业能耗污染物在线监控。

二、推进七大示范工程建设

（一）绿色照明推广示范工程。

（二）蓄能型集中供冷应用示范工程。

（三）绿色建筑推广示范工程。

（四）重点工业园区循环化改造示范工程。

（五）新能源与清洁能源汽车推广示范工程。

1. 主要目标和内容。

在全省范围内推广新能源与清洁能源汽车，建设并完善相关配套基础设施，率先成为新能源与清洁能源汽车推广应用示范省。到 2015 年，全省新能源与清洁能源汽车占城市公共运营车辆（出租车、公交车）比例达 65% 以上；海口市新能源与清洁能源出租车达到 100%，公交车占比达到 85% 以上。到 2020 年，全省新能源与清洁能源汽车占城市公共运营车辆（出租车、公交车）比例达到 80%，占全部运营车辆比例达到 30%；海口、三亚等主要城市节能与清洁能源出租车和公交车占比达到 100%。促进全省 PM2.5 年均浓度控制在 $30\mu g/m^3$ 以下，空气质量继续保持全国领先，确保三亚、海口优良天气率分别在亚洲和全国省会城市中居于领先水平。

有序发展新能源与清洁能源汽车制造，新建、扩建海马、众泰和瑞华企业的汽车制造设施。到 2015 年，海马具备5000辆纯电动、插电式混合动力（含增程式）汽车的生产能力，众泰具备5000辆纯电动车的生产能力。到2020年，海马具备10000辆纯电动、插电式混合动力（含增程式）及沼气汽车的生产能力，众泰具备10000辆纯电动车的生产能力，瑞华具备500辆纯电动大巴和1000辆CNG和LNG大巴的生产能力。新能源汽车推广应用。以基础设施较为齐全的海口市、三亚市和高速公路沿线市县为示范点，重点在公交、出租等城市公共运营领域推广应用纯电动或插电式混合动力（含增程式）汽车，鼓励公务用车优先采购使用纯电动或插电式混合动力（含增程式）汽车，鼓励有条件的景区示范运营纯电动或插电式混合动力（含增程式）乘用车，逐步引导个人消费者购买纯电动或插电式混合动力（含增程式）私家车。试点探索车电分离、裸车销售、电池租赁、整车租赁、充换电服务等多种市场推广模式。到2020年，全省运营电动出租车3000辆、公交车1720辆，社会租赁和私人用电动车8000辆。

节能汽车更新与推广。在城市公共交通领域推广节能汽车，城区内运营的出租车和公交车更新为CNG汽车，长途客运、旅游载客汽车更新为LNG汽车，探索基于沼气、乙醇汽油、生物柴油等替代化石燃料汽车的推广应用。到2015年，海南省累计推广天然气出租车3789辆，天然气公交车1165辆。到2020年，海南省累计推广天然气出租车12345辆，天然气公交车4635辆；在海口、三亚及主要农业市县，累计推广沼气公交车30辆，沼气出租车1310辆。

配套基础设施建设。在现有加气站的基础上，根据交通流量，沿城市主干道、放射线以及重要的交通节点选址建设加气站和充换电站。到2015年，全省建成加气站52个。到2020年，全省建成大型充换电站（每天换100辆）32个，移动式充换电站35个，天然气加气站117个，沼气加气站17个。

2. 责任分工。

省工业和信息化厅负责新能源与清洁能源汽车推广的综合协调，规划指导新能源与清洁能源汽车制造产业布局；会同省财政厅制定新能源与清洁能源汽车制造企业地方补贴标准，对配套基础设施建设需要财政投入的资金需求进行平衡。

省科技厅负责新能源与清洁能源汽车示范运营科技攻关项目的规划和立项，加大对新能源与清洁能源汽车企业研发中心和公共技术服务中心建设的支持。

省交通运输厅负责规划公交车运力的发展规模，各市县政府负责规划出租车运力的发展规模，制定相应的新能源与清洁能源汽车推进计划，参与制定相关政策。

省住房城乡建设厅负责制定加气站、充电站（桩）等相关基础设施建设规划。

省财政厅负责研究新能源与清洁能源汽车示范推广及产业发展中的财政支持政策，积极筹措省级配套资金并对财政资金的使用进行监督检查。

省国税局、省地税局负责落实新能源与清洁能源汽车购置税优惠等扶持政策。

海南电网公司负责落实充电站建设和制定“错峰”充电的具体实施办法。

3. 政策措施。

（1）统筹布局新能源与清洁能源汽车配套设施建设与交通基础设施等相关规划，优先安排配套基础设施建设用地。

（2）制定新能源与清洁能源汽车上牌优先政策和行政事业性收费减免政策。

（3）将新能源与清洁能源汽车纳入政府采购范围，鼓励各级行政事业单位、公共服务机构、国有企业优先采购、使用节能和新能源汽车。

（六）“信息智能岛”建设示范工程。

（七）可再生能源利用示范工程。

三、保障措施

（一）明确目标，落实责任。

（二）加强领导，强化监督。

（三）完善政策，加大投入。

（四）加强宣传，全民参与。

市县（区）	海南省2015年出租车、公交车规划数量						
	出租车	公交车	天然气出租车		天然气公交车		加气站
	规划控制数量（辆）	规划控制数量（辆）	数量（辆）	占比（%）	数量（辆）	占比（%）	数量（座）
海口市	2800	1664	2240	80	1165	70	20
三亚市	1500	600	975	65	300	50	10
儋州市	262	190	84	32	95	50	1
文昌市	298	148	98	33	74	50	3
琼海市	327	160	137	42	80	50	5

续表

市县（区）	海南省2015年出租车、公交车规划数量						
	出租车	公交车	天然气出租车		天然气公交车		加气站
	规划控制数量（辆）	规划控制数量（辆）	数量（辆）	占比（%）	数量（辆）	占比（%）	数量（座）
万宁市	171	86	58	34	43	50	1
五指山市	40	40	12	31	20	50	1
东方市	80	66	26	33	33	50	1
定安县	60	63	18	30	19	30	1
屯昌县	40	51	12	31	15	30	1
澄迈县	90	87	27	30	26	30	1
临高县	70	89	21	30	27	30	1
昌江县	70	80	21	30	24	30	1
乐东县	40	60	12	30	18	30	1
陵水县	60	35	18	30	11	30	1
白沙县	40	42	12	30	13	30	1
保亭县	40	40	12	30	12	30	1
琼中县	20	37	6	31	11	30	1
洋浦	50	70	30	60	10	14	—
合计	6058	3608	3819	63	1996	52	52

市县（区）	海南省2020年出租车、公交车规划数量											
	电动车、插电式混合动力（含增程式）				天然气车		沼气车		配套设施建设			
	出租车（辆）	公交车（辆）	其他租赁车（辆）	私家车（辆）	出租车（辆）	公交车（辆）	出租车（辆）	公交车（辆）	大型充换电站（座）	移动式充换电站（座）	天然气加气站（座）	沼气加气站（座）
海口市	2000	1500	2000	4000	4725	2231	1000	20	6	20	40	4
三亚市	500	60	1000	1000	2160	400	200	10	4	15	22	2
儋州市	10～50	5～10	—	—	792	289	5～10	—	2	—	12	1
文昌市	10～50	5～10	—	—	1002	244	5～10	—	2	—	7	1
琼海市	10～50	5～10	—	—	960	233	5～10	—	2	—	10	1
万宁市	10～50	5～10	—	—	621	226	—	—	2	—	4	—
五指山市	—	5～10	—	—	70	39	—	—	1	—	2	—
东方市	10～50	5～10	—	—	603	220	—	—	1	—	4	—
定安县	10～50	5～10	—	—	153	82	5～10	—	1	—	2	1
屯昌县	—	5～10	—	—	99	53	5～10	—	1	—	1	1
澄迈县	10～50	5～10	—	—	300	160	—	—	2	—	3	—
临高县	10～50	5～10	—	—	210	112	5～10	—	1	—	2	1
昌江县	10～50	5～10	—	—	128	68	—	—	1	—	1	—
乐东县	—	5～10	—	—	176	94	5～10	—	1	—	2	1
陵水县	10～50	5～10	—	—	90	48	5～10	—	2	—	2	1
白沙县	—	5～10	—	—	77	41	5～10	—	1	—	1	1
保亭县	—	5～10	—	—	113	60	5～10	—	1	—	1	1
琼中县	—	5～10	—	—	66	35	5～10	—	1	—	1	1

续表

市县（区）	海南省2020年出租车、公交车规划数量											
	电动车、插电式混合动力（含增程式）				天然气车		沼气车		配套设施建设			
	出租车（辆）	公交车（辆）	其他租赁车（辆）	私家车（辆）	出租车（辆）	公交车（辆）	出租车（辆）	公交车（辆）	大型充换电站（座）	移动式充换电站（座）	天然气加气站（座）	沼气加气站（座）
洋浦	—	—	—	—	—	—	—	—	—	—	—	—
合计	3000	1720	3000	5000	12345	4635	1310	30	32	35	117	17

海南省人民政府办公厅

2014年4月21日

湖南省新能源汽车推广应用的实施意见

各市州、县市区人民政府，省政府各厅委、各直属机构：

为促进我省新能源汽车产业发展，推进节能减排和两型社会建设，根据财政部等部委《关于继续开展新能源汽车推广应用工作的通知》（财建〔2013〕551号）等文件精神，现就我省新能源汽车推广应用提出如下实施意见：

一、推广应用总体思路

坚持“政府引导、市场运作、突出重点”的原则，鼓励和支持有条件的城市重点在公交车、公用车、公务车等公共服务领域推广应用新能源汽车。

1. 突出重点地区。长株潭城市群是国家批复的新能源汽车推广应用示范区域，我省新能源汽车推广应用重点地区为长沙市、株洲市、湘潭市，鼓励其他城市积极推广应用新能源汽车。

2. 突出重点领域。新能源汽车推广应用的重点领域为公交车、公用车（出租车、环卫车、巡逻车、邮政车等）、公务车等公共服务领域，积极引导社会车辆推广应用。

3. 突出城市主体。新能源汽车推广应用的实施主体是各城市人民政府。长沙市、株洲市、湘潭市以及其他开展新能源汽车推广应用的城市人民政府是我省新能源汽车推广应用的实施主体。

二、全面完成推广应用的目标和任务

1. 国家明确的目标任务。2013—2015年，长株潭城市群新能源汽车推广应用的目标任务为6100辆。其中，公交车1500辆，专用车650辆，出租车、私人用车和公务车等乘用车3950辆。

2. 长株潭三市的分解目标任务。长沙市4500辆，其中公交客车1100辆；株洲市1035辆，其中公交客车300辆；湘潭市565辆，其中公交客车100辆。推广应用的车辆中外地品牌数量不得低于30%，新增或更新的公交、公务、公用车辆中新能源汽车比例不低于30%。

3. 2014年和2015年的分解目标任务。2014年2000辆，其中长沙市1580辆、株洲市255辆、湘潭市165辆；2015年4040辆，其中长沙市2860辆、株洲市780辆、湘潭市400辆。

4. 鼓励长株潭城市群示范区域之外的城市推广应用新能源汽车和混合动力公交汽车。力争到2015年，长株潭城市群示范区域之外的其他11个市州推广应用新能源汽车总量达到550辆，其中新能源公交车150辆，其他新能源车辆400辆；继续支持推广应用混合动力公交客车。具体数量由各市州人民政府确定。

三、落实财政补贴政策

1. 明确补贴范围。对符合国家新能源汽车补贴条件和国家政策确定的车型，给予相应财政补贴，补贴区域包括全省所有开展新能源汽车推广应用的城市。对推广应用混合动力公交客车实行定额补贴、区域限长株潭城市群示范区域之外的其他11个市州。

2. 明确补贴标准。新能源汽车推广应用补贴按照“省市共担、以市为主”的原则，省内补贴按照国家补助标准1∶1给予补贴（公务车除外），其中省本级承担补贴金额的30%，市、州承担补贴金额的70%。公务车实行同级采购财政补贴的政策，具体补贴标准由各级人民政府确定，其中省本级公务车按照国家补助标准1∶1给予补贴，中央财政和省市财政补贴总额不超过车辆销售价格的60%。混合动力公交客车由省财政按每辆5万元给予补贴。

3. 明确补贴期限。根据国家补贴推广政策，本轮新能源汽车补贴标准执行到2015年12月31日。中央财政继续实施补贴政策后，我省将根据国家调整后的补贴推广政策相应进行调整。混合动力公交客车补贴政策从2013年1月1日起开始执行，截至2015年12月31日。

四、加强基础设施规划建设

1. 加强配套设施规划。各市州政府作为新能源汽车推广应用的实施主体，要将充换电站、充电桩等配套基础设施建设纳入本地区总体规划，预留空间，统一布局。长沙市、株洲市、湘潭市人民政府要根据本市新能源汽车推广应用实施方案，尽快规划建设充换电站、充电桩及其他配套设施，并明确公共交通领域新能源汽车运营线路和充换电站设置点。

2. 加快基础设施建设。开展推广应用工作的各市州人

民政府要加快配套基础设施改造和建设。对新建、在建的配套基础设施，严格执行国家（行业）技术标准，满足各类新能源汽车的充电要求。现有的配套基础设施与国家（行业）技术标准不符的，2014 年底前应改造到位。充分调动国家电网公司的技术管理优势，鼓励社会力量参与新能源汽车基础设施建设。

五、加强政策要素保障

1. 加强要素保障。各级各有关部门要大力支持新能源汽车的推广应用，努力营造良好氛围。在推广初期，各市州可根据实际情况，对新能源汽车运营商、充电设施建设和运营商给予一定的政策扶持。新能源汽车配套设施建设所需土地应坚持集约节约的原则，由各级人民政府保障。具体的用地支持措施，由具有供地管理权限的各市州人民政府根据本地实际情况决定。

2. 落实国家支持电动汽车发展的有关价格政策。电网经营企业对经营性专业充电设施运营商的销售电价按大工业用电价格的电度电价执行，免收基本电费，同步执行峰谷分时电价政策；对非经营性充电设施用电按所在场所现行分类电价执行，其中居民小区和个人车库执行居民合表用房用电价格。不执行居民阶梯电价政策；充电服务费由省物价局按照电动汽车充电成本较燃油、燃气车有明显经济优势的原则核定，鼓励电动汽车享受燃油燃气车辆补贴政策等相关措施对充电服务费进行减免。鼓励相关商业保险企业研究制度针对新能源汽车的商业保险优惠政策。长株潭三市人民政府要制定新能源出租车经营权有偿使用费减免优惠政策。

六、创新推广应用模式

积极引导和支持新能源汽车推广应用商业模式创新，鼓励社会资本进入充电设施建设和运营、电池租赁和回收、汽车租赁等服务领域。鼓励支持通过租赁、特许经营等方式，采取合同能源管理（EPC）、公私合营（PPP）、融资租赁、分时租赁、换电模式、经营性租赁、买方信贷等模式，缓解出租车、公交公司一次性购买新能源汽车的资金压力，加快新能源汽车的推广应用。

七、大力促进新能源汽车产业发展

1. 大力扶持龙头企业。加大对省内新能源汽车生产企业扶持力度，重点支持企业开发具有自主知识产权的纯电动、插电式混合动力（含增程式）、超级电容、钛酸锂快充纯电动客车、乘用车、混合动力客车系列产品和关键零部件产品；加快具有自主知识产权的邮政、物流、环卫等新能源专用汽车系列产品的研发。

2. 加快突破关键共性技术。推动省内新能源汽车重点企业加大技术创新和研发投入力度。重点支持对电池、电机、电控等核心部件联合攻关，突破关键总成等核心技术，切实降低车辆生产成本。优先安排专项科研资金支持新产品研发，促进新能源汽车的技术进度。

3. 完善新能源汽车产业链。加快引进相关配套企业，提高省产新能源汽车配套率。在同等条件下，省内新能源汽车企业优先采用省内生产的电池、电机、电控、空调等总成部件产品。支持与新能源汽车产业配套的各类服务行业发展，加快培育工业设计、金融债券、合同能源管理、租赁服务、售后服务、专业检测和维修保养等专业机构，完善新能源汽车产业链。

八、切实加强组织领导

1. 建立联席会议制度。建立湖南省新能源汽车推广应用工作联席会议制度，统筹协调全省新能源汽车推广应用工作的重大事项。联席会议由省政府分管领导任召集人，省发改委、省经信委、省科技厅、省财政厅、省两型办、省公安厅、省环保厅、省国土资源厅、省住房城乡建设厅、省交通运输厅、省地税局、省质监局、省物价局、省国税局、省电力公司、长沙市人民政府、郴州市人民政府、湘潭市人民政府等单位负责人为成员，办公室设省经信委。长沙市、株洲市、湘潭市人民政府要建立领导机制，统筹协调本地区能源汽车推广应用工作。

2. 明确工作职责。联席会议各成员单位要结合各自职能，加强协调配合，共同推进新能源汽车推广应用工作。省发改委负责组织推动新能源汽车产业发展的重大项目建设，积极争取国家对新能源汽车推广应用的政策支持。省经信委负责省新能源汽车推广应用工作联席会议办公室的日常工作，督办落实联席会议的议定事项和交办事项；组织制订湖南省新能源汽车产业发展规划和政策措施。省财政厅负责制订并组织实施湖南省新能源汽车推广应用财政资金补贴方案；争取中央财政补贴资金和落实省财政补贴资金并加强监管；与省经信委、省科技厅共同复核企业提交的新能源汽车推广应用补助资金申请并上报财政部。省科技厅负责组织推动新能源汽车推广应用及产业发展中的技术创新工作；组织指导省内新能源汽车生产企业申请新能源汽车推广应用中央补助资金，会同省财政厅共同审核后上报至国家电动汽车重大项目管理办公室。长沙市、株洲市、湘潭市人民政府负责全面完成本市新能源汽车推广应用任务（包括配套基础设施建设）和分年度目标；制定本市新能源汽车推广应用、产业发展规划以及相关政策措施；负责落实市级财政补助资金。

3. 加强督察考核。省政府督察室要将新能源汽车推广应用工作纳入督察计划，对各地新能源汽车推广应用工作进度、补助资金落实情况及制定新能源汽车推广应用政策措施等情况开展专项督察并予以通报。

湖南省人民政府办公厅

2014 年 7 月 8 日

湖南省新能源汽车推广应用补贴方案

一、制定依据

1. 财政部、科技部、工信部、发改委《关于继续开展新能源汽车推广应用工作的通知》(财建〔2013〕551 号);

2. 财政部、科技部、工信部、发改委《关于支持北京天津等城市或区域开展新能源汽车推广应用工作的通知》(财建〔2013〕805 号);

3. 财政部《关于预拨 2014 年节能减排财政政策综合示范奖励资金的通知》(财建〔2013〕921 号);

4. 财政部、发改委《关于调整节能减排财政政策综合示范奖励资金分配和绩效评价办法的通知》(财建〔2013〕926 号);

5. 财政部、科技部、工信部、发改委《关于进一步做好新能源汽车推广应用工作的通知》(财建〔2014〕11 号);

6. 湖南省人民政府办公厅《关于我省新能源汽车推广应用的实施意见》(湘政办发〔2014〕50 号)。

二、主要原则

1. 与中央政策配套。补贴政策首要对接财政部等四部委有关政策,特别是与中央节能减排综合示范奖励政策配套,推动完成国家推广数量要求。

2. 考虑政策连续性。综合考虑 2009—2012 年我省新能源汽车推广应用情况,在一定程度上确保政策的连续性。

3. 合理划分事权。厘清省政府和市政府事权责任,省本级侧重对购买新能源公交车的支持引导,市政府作为推广应用主体,承担主要推广补贴责任,包括制订实施方案,建设基础设施,出台本地各类车型的补贴政策等。

三、补贴范围和条件

1. 地域范围:湖南省 14 个市州。

2. 对象范围:对符合国家新能源汽车补贴条件和国家政策确定的车型,给予相应财政补贴。补贴区域包括全省所有开展新能源汽车推广应用的城市。对推广应用混合动力公交客车实行定额补贴,区域限长株潭城市群之外的其他 11 个市州。

3. 补贴标准:新能源汽车推广应用补贴按照“省市共担、以市为主”的原则,省内补贴按照国家补助标准 1:1 给予补贴(公务车除外)。其中,省本级承担补贴金额的 30%,市、州承担补贴金额的 70%。公务车实行同级采购同级财政补贴的政策,具体补贴标准由各级人民政府确定,其中省本级公务车按照国家补助标准 1:1 给予补贴。中央财政和省市财政补贴总额不得超过购车市场价格的 60%。混合动力公交客车省本级按每辆 5 万元给予定额补贴。

4. 补贴时限:根据国家补贴推广政策,本轮新能源汽车和混合动力公交客车补贴政策期限为 2013 年 1 月 1 日到 2015 年 12 月 31 日。中央财政继续实施补贴政策后,我省将根据国家调整后的补贴推广政策相应进行调整。

四、补贴环节

省内补贴对象是消费使用单位,消费使用单位按销售价格扣减补贴后支付购车款。省外生产企业在省内无独立法人机构的,补贴资金拨付到省内消费使用单位,消费使用单位按销售价格支付购车款。省本级不补贴运营、不补贴生产企业、不补贴基础设施建设。

五、补贴资金申请与拨付

补贴资金按季预拨,年度清算。

1. 资金预拨。各省内生产企业、省外企业在省内的独立法人机构或消费使用单位(仅限于采购省外生产的新能源汽车,生产企业在省内无独立法人机构的情形,下同)于每年 4 月底、7 月底和 10 月底前将上一季度符合政策补助条件的新能源汽车和混合动力客车销售情况及相关证明材料(包括销售合同、发票等),通过注册所在市州经信、财政部门按程序上报至省经信委、省财政厅,省经信委会同省财政厅审核后,由省财政厅将省本级应承担的补贴资金直接预拨到省内生产企业、省外企业在省内的独立法人机构或消费使用单位所在地财政部门。

2. 资金清算。每年 1 月底前,按上述程序提交上年度清算报告及产品销售、运营情况,包括销售发票、产品技术参数和牌照信息等,省财政厅会同省经信委、省科技厅、省发改委组织专家审核清算。按照多退少补的原则,清算上年度补贴资金。

3. 市、州补贴。市、州承担的补贴资金可参照省级补贴资金拨付方式执行。

六、其他事项

1. 根据有关文件精神,推广应用的新能源车辆中外地品牌数量原则上不得低于 30%,各地在按照有关规定组织政府采购或招投标时必须明确省外企业生产车辆不得少于 30%,各地不得设置或变相设置障碍限制采购外地品牌车辆。国家如有新的规定,按新的规定执行。

2. 政府机关、公共机构要带头示范,车辆采购要向新能源汽车倾斜,新增或更新的公交、公务、公用车辆中新能源汽车比例不低于 30%。

3. 新能源公交车运营、配套设施建设等方面的具体政策措施由各地根据国家政策制定。

湖南省财政厅

湖南省经济和信息化委员会

2014 年 9 月 17 日

海南省大气污染防治行动计划实施细则(节能与新能源汽车节选)

为贯彻落实国务院《大气污染防治行动计划》,加强海南大气污染综合治理，改善环境空气质量，结合我省实际，本着统筹兼顾、突出重点、标本兼治、综合治理、注重实效的原则，制定本实施细则。

一、指导思想

二、工作目标

三、重点工作

（一）加大工业企业治理力度，减少污染物排放。

（二）深化面源污染治理，严格控制扬尘污染。

（三）强化移动源污染防治，减少机动车污染排放。

1. 加强城市交通管理。优化城市功能和布局规划，推广城市智能交通管理，缓解城市交通拥堵。实施公交优先战略，提高公共交通出行比例，加强步行、自行车交通系统建设。优化城际综合交通体系，推进区域性公路网、铁路网建设，合理调配人流、物流及其运输方式。根据城市发展规划和城市环境空气质量，海口市和三亚市要合理控制机动车保有量。通过鼓励绿色出行等措施，降低机动车使用强度。

5. 大力推广使用新能源汽车。公交、环卫等行业和政府机关率先推广使用纯电动等新能源汽车。采取直接上牌、财政补贴等综合措施鼓励个人购买新能源汽车。加快加气站、充电站（桩）等配套设施建设，加大液化天然气供应，满足新能源和清洁能源汽车发展需求。

（四）加快淘汰落后产能，推动产业转型升级。

（五）加快调整能源结构，强化清洁能源供应。

（六）严格节能环保准入，优化产业空间布局。

（七）加快企业技术改造，提高科技创新能力。

1. 强化科技研发和推广，加快发展节能环保产业。整合省级科研技术力量，扶持建立重点企业科研平台，加快推进我省细颗粒物、臭氧的形成机理、来源解析、迁移规律和监测预警研究，开展人工控制雾霾天气的试验及研究，开展城市森林、城郊湿地大气污染净化能力等关键技术研究。围绕大气污染治理重点工作需求，加强脱硫、脱硝、高效除尘、挥发性有机物控制、柴油机（车）排放净化、环境监测，以及新能源汽车、智能电网等方面的技术研发，推进技术成果转化应用。加强大气污染治理先进技术、管理经验等方面的国际交流与合作。

大力推广先进节能环保装备和产品，扩大节能新能源汽车、光伏发电、地源热泵和新能源装备的国内消费市场，积极培育节能环保产业新业态、新模式，有效推动节能环保、新能源等战略性新兴产业发展。鼓励外商投资节能环保产业。

（八）建立监测预警预报应急体系，妥善应对重污染天气。

四、保障措施

（一）加强组织领导。

（二）明确责任分工。

（三）完善法规政策。

（四）切实完善有利于改善大气环境的经济政策。

（五）提升环境监管能力。

（六）加大环境执法力度。

（七）加强环境信息公开。

（八）严格考核奖惩。

（九）鼓励公众参与。

海南省人民政府

2014 年 2 月 17 日

四川省政府机关及公共机构购置新能源汽车实施方案

为贯彻落实国家机关事务管理局、财政部、科技部、工业和信息化部、国家发展改革委《关于印发政府机关及公共机构购买新能源汽车实施方案的通知》（国管节能〔2014〕293 号），推进我省政府机关及公共机构购置新能源汽车工作，制定此方案。

一、指导思想

深入贯彻落实党的十八大和十八届三中全会精神，按照统一部署、因地制宜、分类推进、逐步推广的原则，在各级政府机关及公共机构推广和应用新能源汽车，并逐步完善相关政策和配套设施，不断扩大应用规模，促进新能源汽车产业技术进步和优化升级，推动节能环保产业发展，防治大气污染，加强生态文明建设。

二、总体目标

（一）新能源汽车购置比例逐年提高。

2014—2016 年，成都市、泸州市 2 个纳入财政部、科技部、工业和信息化部、国家发展改革委备案范围的新能源汽车推广应用城市，当年购置的新能源汽车，占配备更新总量的比例不低于 30%，以后逐年提高。

自贡市、德阳市、绵阳市、广元市、遂宁市、内江市、乐山市、眉山市、南充市、宜宾市、广安市、达州市、雅安市、巴中市、资阳市、攀枝花市，2014 年购置的新能源汽车，占当年配备更新总量的比例不低于 10%；2015 年不低于 25%；2016 年不低于 30%，以后逐年提高。

甘孜州、阿坝州、凉山州，2014 年购置的新能源汽车，占当年配备更新总量的比例不低于 10%；2015 年不低于 20%；2016 年不低于 30%，以后逐年提高。

省直机关及教育、科技、文化、卫生、体育系统，2014 年购置的新能源汽车，占当年配备更新总量的比例不低于 10%；2015 年不低于 25%；2016 年不低于 30%，以后逐年提高。

（二）配套基础设施逐步完备。

按照“企业投资为主、政府鼓励引导、形成工作合力、积极稳妥推进”的原则，充分调动社会各方面积极性，加强新能源汽车充电设施建设，保障充电需求，建成与使用规模相适应、满足新能源汽车运行需要的充电设施及服务体系。充电接口与新能源汽车数量比例不低于1:1，有条件的地区可适当增加配套比例。

（三）运行保障制度逐步完善。

各级公务用车管理部门为购置新能源汽车实施工作的主管部门，应当制定新能源汽车配备更新、日常使用、处置等配套管理制度，会同有关部门建立责任明确、保障到位的工作机制。

三、实施范围

（一）机构范围。

本方案所称政府机关及公共机构，包括全部或部分使用财政资金的行政机关、事业单位和团体组织。政府机关中，以省直机关、市（州）机关为重点；其他公共机构中，以教育、科技、文化、卫生、体育等系统为重点。

（二）车型范围。

新能源汽车，指纯电动、插电式混合动力（含增程式）、燃料电池汽车。以城区内行驶为主、运行路线相对固定的公务用车，可选用纯电动汽车或其他类型新能源汽车。其他地区可根据实际条件，选用插电式混合动力（含增程式）汽车、LNG汽车或油气双燃料汽车。

（三）应用范围。

政府机关及公共机构购置机动车辆，应当优先选用新能源汽车。其中，用于机要通信、相对固定路线执法执勤、通勤等车辆配备更新时，应当使用新能源汽车。鼓励在环卫、邮政、旅游、公交等更多领域广泛购置使用新能源汽车。

四、主要措施

（一）规范新能源汽车采购管理。

1. 新能源汽车购置配备，严格执行现行公务用车编制管理有关规定，不得超过核定的编制数量。

2. 自2014年9月起，我省各级政府机关及公共机构配备更新公务用车，除因特殊地理环境和工作性质外，严格按比例选用新能源汽车。

3. 财政全额保障经费的机关及公共机构公务用车配备更新经费，纳入财政综合预算，其他主体自行负担。政府机关及公共机构编报年度公务用车配备更新计划时，应当明确购置新能源汽车的数量，严格执行规定的各年度新能源汽车购置比例。公务用车主管部门根据新能源汽车购置比例下限要求，严格审核并统筹安排。

4. 政府机关及公共机构配备或更新公务用车（包括新能源汽车），由一般公务用车主管部门出具编制配备或更新批文；购置执法执勤用车（包括新能源汽车），由财政部门审批并出具批文。批文中应明确购车资金来源、拟购车辆的厂牌型号、价格、排气量等信息。

5. 政府机关及公共机构购置新能源汽车的专项经费，要专款专用，不得购置其他类型的汽车。

6. 政府机关及公共机构使用财政性资金购置新能源汽车，应当执行政府采购有关规定，从工业和信息化部定期发布的《节能与新能源汽车示范推广应用工程推荐车型目录》中选择采购车辆。各级人民政府应当将新能源汽车纳入政府集中采购目录并优先采购。

7. 政府机关及公共机构购置新能源汽车，享受财政补贴，具体补贴标准按照中央和地方财政补贴政策执行。其中，轿车（含机要通信用车）采购价格扣除财政补贴后，不得超过18万元。越野车、商务车、面包车等采购价格扣除财政补贴后，不得超过当地党政机关公务用车配备使用标准。

8. 政府机关及公共机构购置的新能源汽车，享受本地品牌同等补贴政策。不得设置或变相设置障碍限制购买外地品牌新能源汽车。

9. 政府机关及公共机构购置使用新能源汽车，除“整车购买”方式外，各地区可根据实际情况，探索租赁等方式使用新能源汽车。

10. 按照黄标车淘汰行动计划，加快政府机关及公共机构黄标车淘汰报废进度，及时更新报废黄标车（汽油车未达到国标Ⅰ、柴油车未达到国标Ⅲ）。更新黄标车时，应当优先选用新能源汽车。

（二）建立市场化充电设施服务体系。

1. 各市（州）政府应当按照适度超前、保障使用的原则，把新能源汽车充电设施作为城市公共基础设施，纳入城市建设发展总体规划，整合社会资源，出台相关政策，鼓励具有资质的企业充分竞争，参与传统加油（气）站充电设施等基础设施建设、升级改造及运营维护。

2. 政府机关及公共机构新增或改造的停车场，应当结合新能源汽车配备更新计划，充分考虑新能源汽车充电需求，设置新能源汽车专用停车位并配建充电桩。随着新能源汽车购买比例增加，在现有停车场中逐步增设充电桩。

（三）优化新能源汽车使用环境。

1. 各级财政部门会同公务用车管理部门，制定新能源汽车充电、维护等运行费用定额标准，核定运行费用，列入部门预算。新能源汽车使用单位，按照规定标准向运营企业支付费用。

2. 市（州）政府在制定和执行机动车限号行驶、牌照额度拍卖、购车配额指标、道路优先通行等制度方面，应当对新能源汽车适当给予政策优惠，鼓励购置和使用新能源汽车。

3. 供电企业应当积极做好新能源汽车充电设施的供电保障服务工作，采取分时电价机制，引导用车单位合理安排充电时间，提高电能利用率。

4. 充电设施运营维护企业，应当建立新能源汽车和基础设施信息化管理服务平台，对车辆、动力电池和充电设施进行实时管理，提高车辆故障和事故的应急处理能力，保障新能源汽车安全、高效运行。

五、工作要求

（一）省机关事务管理局会同省财政厅、省科技厅、省经济和信息化委、省发展改革委统筹协调全省政府机关及公共机构购置新能源汽车的政策指导、监督考核工作。各市（州）政府机关及公共机构购置新能源汽车工作，由同级公务用车主管部门会同公共机构节能主管部门组织实施。

（二）自2015年开始，省公务用车主管部门和各市（州）公务用车主管部门，应当按年度分别统计汇总上一年度省直各部门、本市（州）新能源汽车配备情况、累计行驶里程、能耗、费用等情况（统计表附后），于2月底前报省机关事务管理局。

（三）各级公务用车主管部门应当会同公共机构节能管理部门，加强对新能源汽车购置情况的监督检查，将执行情况纳入公共机构节约能源资源绩效评价考核范围。对工作进展缓慢、未达到购置比例要求的，予以通报；对弄虚作假、造成不良影响的，责令整改，并追究有关领导责任。

（四）即将实行公务用车制度改革的政府机关及公共机构购置新能源汽车，应当统筹考虑公务用车制度改革进程。各级公务用车主管部门应将新能源汽车按年度购置比例逐级分解细化，明确责任，提出具体落实措施。

（五）深入开展宣传教育活动，提高政府机关及公共机构工作人员对推广使用新能源汽车节能环保、改善环境重要意义的认识，充分发挥政府机关及公共机构的示范引导作用，形成有利于新能源汽车大规模使用的社会舆论氛围，促进新能源汽车产业发展，建设资源节约型、环境友好型社会。

附件　新能源汽车配备使用情况统计表（略）

四川省机关事务管理局
四川省财政厅
四川省科学技术厅
四川省经济和信息化委员会
四川省发展和改革委员会
2014年9月29日

贵州省2014年甲醇燃料推广应用工作方案

为认真贯彻落实省政府对全省甲醇燃料推广应用工作的有关部署和要求，进一步加快我省甲醇燃料推广应用，优化和改善省内能源供给结构，延长我省煤化工产业链，进一步扩大甲醇燃料推广应用范围，制定2014年甲醇燃料推广应用工作方案。

一、工作目标和任务

（一）工作思路

深入贯彻落实全省第二次工业发展大会和全省经济工作会议精神，按照“传统产业生态化”的要求，结合贵阳市甲醇汽车项目建设和发展需要，进一步扩大甲醇燃料推广应用试点范围，加快建设甲醇燃料和供应网点，完善配套技术服务和应急保障措施。积极支持甲醇制汽油项目的研发和产业化项目建设，促进我省煤化工产业转型升级。

（二）工作目标

2014年，全省力争完成甲醇燃料推广用量10万吨，其中，高比例甲醇燃料9万吨，M15甲醇汽油1万吨。全省布点甲醇燃料加注站150个以上。

（三）工作任务

一是全面启动甲醇燃料加工供应网点建设，优化布局，提高覆盖面。进一步加大贵阳市、六盘水市、黔西南州等甲醇燃料试点工作力度，总结经验，扩大推广范围。推动毕节市、遵义市、铜仁市尽快制订工作方案，推进甲醇燃料供应网点的建设。

二是抓好重点项目建设。重点积极支持贵阳市年产10万辆甲醇汽车生产项目配套甲醇燃料设施建设、黔西南州恒力新能源公司年产10万吨高比例甲醇燃料调配库、瓮福集团1万吨甲醇制汽油等重点项目建设。

三是加快技术服务体系和应急保障机制建设。督促指导企业严格执行有关技术标准，健全完善监督管理制度，强化在生产、存储、运输、加注等环节的安全管理，针对运行中可能发生的各种突发事件，编制应急预案，建立完善有效的应急反应处置机制，制订相应的服务保障方案。

二、工作措施

（一）以发展甲醇汽车为契机，加快甲醇燃料加工供应网点布局建设。

加快推进全省甲醇燃料加注站点、布点建设等前期工作，进一步完善全省推广使用甲醇汽车配套设施。贵阳市要做好10万辆/年甲醇汽车项目建设有关前期工作，力争项目早日开工。继续以贵阳市公交公司为主体开展高比例甲醇汽油推广应用工作。充分发挥天鼎新能源公司、黔西南州恒力新能源公司、黔晟新能源公司等技术、研发等方面的作用，加快贵阳市、黔西南州、六盘水市甲醇燃料加注站点建设。力争2014年贵阳市新增加注站30个，黔西南州建设加注站50个，六盘水市建设加注站20个。指导毕节市、遵义市、铜仁市尽快制定工作方案，建设甲醇燃料加注点10～15个。支持中石化贵州分公司、中石油贵州分公司与有关企业建立利益共享协作机制，增设甲醇燃料加注站点，采取有效措施，鼓励和促进消费。

（二）抓好配套技术服务机构建设。

各地市、州要做好甲醇燃料推广应用相关操作人员培训工作和甲醇燃料推广应用咨询服务工作，会同有关部门制定甲醇燃料安全使用手册，编制甲醇燃料推广应用工作应急预案，建立风险保障机制。对首次使用甲醇燃料的汽车，必须开展可靠性、安全性、环保性和经济性的综合评价，委托有相应资质的第三方开展相关技术检验。积极探索和推动保险服务体系建设。甲醇燃料生产加工企业要严格按照有关国家标准、地方标准以及由省质监局备案的企业标准进行加工生产，以满足甲醇燃料的供应。工业甲醇生产企业要积极与甲醇燃料生产企业开展合作，均衡生产，提高甲醇质量，为甲醇燃料供应提供可靠保障。

（三）协调有关部门做好相关配套政策的落实工作。

商请省商务厅对已编制试点工作方案及政府应急预案并获得批复的市、州在办理加注站点手续方面给予支持。商请省物价局、省质监局尽快研究高比例甲醇燃料的价格政策以及高比例甲醇燃料在使用与生产标准方面的问题。

（四）积极争取国家政策支持。

贵阳市按照工信部有关要求，尽快启动贵州省作为甲醇汽车试点省份的申报准备工作，争取为贵阳市甲醇汽车生产项目创造支持条件。

（五）学习和借鉴其他省份的先进经验。

甲醇燃料推广应用工作在我省处于起步阶段，要组织各地各部门以及有关企业到山西、陕西等推广工作开展较好的省份学习先进经验，指导甲醇燃料推广工作。对我省开展试点工作较好的黔西南州、贵阳市公交公司等，也可组织到现场调研，召开现场交流会。

（六）进一步加强宣传工作。

要积极运用各种宣传方式，通过举办培训班、宣介会等，多形式、多渠道的宣传甲醇燃料在使用过程中的可靠性、安全性、经济性等方面的知识。提高消费者对甲醇燃料的认知和认可程度，增强消费愿望。

贵州省经济和信息化委员会

2014 年 3 月 18 日

甘肃省加快新能源汽车推广应用实施方案

为贯彻落实《国务院办公厅关于加快新能源汽车推广应用的指导意见》（国办发〔2014〕35 号），加快新能源汽车推广应用，促进汽车产业发展，现提出以下实施方案。

一、总体要求

（一）指导思想。

贯彻落实国家新能源汽车发展战略，坚持市场主导与政府扶持相结合、推广应用与产业发展相结合、加大公共机构采购示范与鼓励个人消费相结合的原则，建立长期稳定的新能源汽车推广应用政策体系，统筹推进充电基础设施规划建设，积极培育新能源汽车消费市场，加快纯电动汽车、插电式（含增程式）混合动力汽车、燃料电池汽车的推广应用。

（二）主要任务。

到 2016 年，全省推广应用新能源汽车达到 5500 辆，公交、出租、租赁、公务、环卫、物流等公共服务领域当年新增或更新车辆中，新能源汽车配备比例不低于 30%；到 2020 年，达到 7700 辆，公共服务领域新能源汽车应用规模进一步扩大。加快充电基础设施规划建设，努力形成布局科学合理、数量适度超前的充电设施服务体系。

加快推动汽车产业发展，重点推动吉利汽车兰州新能源汽车生产基地、武威新能源汽车产业园、兰州金川科技园新能源动力电池等项目建设。到 2020 年，基本形成“新能源汽车、零部件、原材料研发—整车制造—售后服务”产业链、“镍钴材料—电池材料—新型二次电池—二次电池集成与应用—回收利用”产业链，初步建立自主创新体系、产业链协同配套体系、社会化系统性支撑体系，全省新能源汽车产业主营业务收入超百亿元。

二、加快充电基础设施规划建设和运营管理

（一）切实做好规划建设。各市州政府要按照布局科学合理、数量适度超前的原则，尽快制定城市、城镇、国省道沿线、旅游景区充电基础设施建设规划，明确建设条件和数量比例，努力形成网络化、便利化的充电站、换电站布局。依据国家相关标准要求，充分利用现有场地和设施，在城市中心商务区、行政办公区、宾馆饭店、大型超市、公共服务区、旅游景点、居民小区、公共停车场、路内临时停车位、建筑物配建停车场、4S 店等节点，建设若干插卡式快速充电桩（站）。鼓励公共单位加快内部停车场充电设施建设，具备条件的政府机关、公共机构及企事业单位新建或改造停车场，应充分考虑职工购买新能源汽车的需要，超前规划建设新能源汽车充电车位。省交通运输厅要抓紧组织编制高速公路服务区充电设施建设规划。电网企业要积极配合做好报装增容服务和相关电力基础网络建设。（各市州政府、省交通运输厅、省旅游局、省电力公司负责）

（二）规范项目建设管理。各市州政府要结合实际，研究制定充电基础设施项目审批、建设、验收、运营等管理办法，严格按照国家统一标准组织建设、规范运营。鼓励支持社会力量投资参与建设，并给予必要的补贴支持。（各市州政府、省交通运输厅、省旅游局负责）

（三）专项资金扶持。将新能源汽车充电基础设施建设项目纳入省级预算工业发展专项资金支持范围，原则上按项目设备投资的 5% 左右给予补助。（省发展改革委、省工

信委负责）

（四）保障建设用地供应。在现有停车场（位）等建设用地上设立他项权利建设充电设施的，可保持现有建设用地已设立的土地使用权及用途不变。在符合规划前提下，利用现有建设用地新建充电站的，可采用协议方式办理相关用地手续。独立新建的充电站用地，应采取招标、拍卖、挂牌方式出让或租赁方式供应土地。供应其他建设用地需配建充电设施的，应将配建要求纳入土地供应条件。充电站用地确需改变用途的，应依法办理规划和用地手续。（各市州政府、省国土资源厅负责）

（五）完善电价政策。按照国家有关规定，落实电动汽车充换电设施用电扶持性电价政策。充电设施经营企业、经营户依法向电动汽车用户收取电费和充电服务费，充电服务费实行政府指导价管理，各市州要结合实际，制定相应的服务及收费标准。对向电网经营企业直接报装接电的经营性集中式充电设施用电，执行大工业用电价格，2020年前免收基本电费。其他充电设施按所在场所执行分类目录电价，居民家庭住宅、居民居住小区、执行居民电价的非居民用户中设置的充电设施用电，执行居民用电价格中的合表用户电价。党政机关、企事业单位和社会公共停车场中设置的充电设施用电，执行“一般工商业”类用电价格。电动汽车充电设施用电执行峰谷分时电价政策。电动汽车充换电设施配套电网改造成本纳入电网企业输配电价。（省发展改革委、省电力公司负责）

三、新能源汽车推广应用扶持措施

（一）鼓励购买使用新能源汽车。

1. 财政补贴政策。对消费者购买纯电动汽车、插电式（含增程式）混合动力汽车、燃料电池汽车的，在国家财政补贴基础上，由省财政厅牵头制定省、市、县财政补贴办法，对我省购买符合条件新能源汽车的消费者给予适当补贴。国家和省、市、县财政补贴总额最高不超过车辆销售价格的50%。（省财政厅负责）

2. 税收优惠政策。根据国家有关规定，自2014年9月1日起至2017年12月31日，对符合条件的纯电动汽车、插电式（含增程式）混合动力汽车和燃料电池汽车免征车辆购置税。对使用新能源的车船，免征车船税。对节约能源的车船，减半征收车船税。继续落实好汽车消费税政策，对电动汽车不征收消费税。（省国税局、省地税局负责）

3. 完善金融服务体系。鼓励银行业金融机构创新新能源汽车信贷管理和贷款评审制度，创新金融产品，满足新能源汽车生产、经营、消费等环节融资需求，支持个人购买新能源汽车。（人民银行兰州中心支行、省政府金融办负责）

4. 实行差别化的交通管理措施。对新能源汽车不实行机动车限号、限行措施。新能源汽车可共用城市公交专用车道等通行便利。对新能源汽车独立分类注册登记，保险分类管理并给予优惠和便利。凡是在我省注册登记的新能源汽车，在省内享受停车费减半优惠。（省公安厅、甘肃保监局、各市州政府负责）

（二）推动公共服务领域率先推广应用。

1. 在城市公交车行业率先推广应用。大力推动新能源公交车示范运营，按照国家出台的有关政策要求，配套改革城市公交车成品油价格补贴政策，加快新能源公交车替代燃油公交车步伐。（各市州政府、省建设厅、省发展改革委、省交通运输厅、省财政厅负责）

2. 加大党政机关和公共机构、企事业单位推广使用力度。党政机关、公共机构更新车辆时，当年购买配备新能源汽车数量不低于年度更新车辆总量的30%，并逐年提高比例。在推行公车改革中，积极倡导公职人员购买使用纯电动汽车。（省财政厅、省直各单位、各市州政府负责）

3. 推动新能源汽车在旅游景区的示范运营。采取逐步控制传统燃料汽车通行、加快换乘设施建设、加大旅游景区外围交通疏导工程建设等措施，积极推动纯电动公交车、电动乘用车在有条件的旅游景区示范运营，优化景区空气环境。（省旅游局、各市州政府负责）

4. 扩大其他公共服务领域推广应用规模。各市州、各有关部门要在出租车等城市客运以及环卫、物流、机场通勤、公安巡逻、固定区域执勤执法、驾校培训考试等领域，加大新能源汽车推广应用力度，当年新增或更新配备车辆中，新能源汽车比例不低于30%。（各市州政府、省公安厅、省交通运输厅、省财政厅负责）

（三）积极引导企业创新商业模式。

1. 创新商业租赁模式。鼓励企业采用分时租赁与分期租赁相结合、电池更换与充电相结合等方式，开展纯电动汽车商业租赁服务，大力推广纯电动汽车自驾租赁服务等城市微公交模式。（各市州政府负责）

2. 积极鼓励投融资创新。探索公交、出租、公务新能源汽车的融资租赁运营模式，探索分时租赁、车辆共享、整车租赁、按揭购买新能源汽车等融资模式，并及时总结推广。（省工信委、省商务厅、甘肃银监局、省政府金融办负责）

3. 提高现代信息技术在新能源汽车商业运营模式创新中的应用水平。鼓励互联网企业参与新能源汽车技术研发和运营服务，加快智能电网、移动互联网、物联网、大数据、北斗卫星导航等新技术在新能源汽车研发、生产、运营等环节的推广应用。加快车联网建设，建成覆盖所有新能源汽车、充换电基础设施和服务设备、全省联网的统一服务网络，实现数据实时采集和信息交互。（省工信委、各

市州政府负责）

四、加快推动新能源汽车产业发展

（一）加快重点项目建设。积极盘活省内现有客车、专用车生产资质，引进2~3个较大规模汽车整车生产项目、20~30户汽车零部件生产企业，实现集约化、规模化发展，到2020年，将我省建成西北地区重要的节能与新能源汽车研发、生产、销售和出口基地。加快改造提升吉利汽车兰州生产基地现有生产工艺条件，形成年产5万辆电动汽车整车制造、零部件配套能力，建成兰州节能与新能源汽车生产基地。积极引进实力雄厚、技术先进的大型汽车生产企业集团，在武威规划建设新能源汽车产业园，重点生产纯电动公交大巴车、纯电动物流车等。在武威等地配套建设核心电池封装厂，加快建设兰州金川科技园电池材料及动力电池项目。（省工信委、兰州市政府、武威市政府负责）

（二）推动重大关键技术创新。加快研发适应市场需求、有竞争力的新能源汽车技术和产品，加大研发和检测能力建设投入，加快开发新能源汽车储能系统、燃料电池、驱动系统、整车控制和信息系统及充电、试验检测等共性关键技术和整车集成技术。加快锂电池隔膜、正负极材料、电解质等关键材料的研发及产业化，在磷酸铁锂、镍钴锰酸锂动力电池控制系统、电池电容及电池系统安全性等方面实现技术突破。（省科技厅、兰州市政府、武威市政府负责）

（三）多渠道筹集汽车产业发展资金。每年统筹一定比例省级工业和信息化发展专项资金，重点用于支持新能源汽车技术研发、检验测试。积极引入社会资本和技术创新能力强的企业参与我省新能源汽车研发、生产。支持符合条件的企业通过上市、发行债券、融资租赁等方式，拓宽企业融资渠道。（省财政厅、省工信委、省发展改革委、省政府金融办负责）

五、加强组织领导

（一）强化统筹协调。省汽车产业发展领导小组要统筹协调推进全省新能源汽车推广应用及产业发展，补充省科技厅、省建设厅、省环保厅、省政府金融办、省安监局、省电力公司为领导小组成员单位。领导小组办公室要进一步明确各市州、各有关部门推广应用新能源汽车的目标任务和时间进度，以实际运营车辆和充电基础设施建设进度为主要指标，加强督察考核。（省工信委负责）

（二）强化市州政府的组织推动作用。各市州政府要承担新能源汽车推广应用主体责任，建立由主要负责同志牵头、各职能部门参加的新能源汽车推广应用工作联席会议制度。要在2014年10月底前编制完成并组织实施新能源汽车充电基础设施建设规划、新能源汽车推广应用实施方案，细化支持政策和配套措施，分解落实工作任务，明确时限要求，有序有力推进新能源汽车推广应用。（各市州政府负责）

（三）强化政策宣传引导。各市州政府、各有关部门要充分利用各类媒体，通过多种形式，大力宣传推广应用新能源汽车对降低能源消耗、治理大气污染的重大作用，组织业内专家解读新能源汽车的综合成本优势，提高全社会对新能源汽车的认知度和接受度。要积极组织推广应用交流活动，及时总结成功经验，促进各地相互学习借鉴、共同提高。对损害消费者权益、弄虚作假等行为要进行曝光，形成有利于新能源汽车消费的良好氛围。（省工信委、各市州政府负责）

甘肃省人民政府办公厅

2014年9月19日

大连市关于进一步推动新能源汽车应用的意见

大政办发〔2014〕68号

各区、市、县人民政府，各先导区管委会，市政府各有关部门，各有关单位：

为贯彻落实《国务院关于印发节能与新能源汽车产业发展规划（2012—2020年）的通知》（国发〔2012〕22号）、《国务院办公厅关于加快新能源汽车推广应用的指导意见》（国办发〔2014〕35号）和财政部、科技部、工业和信息化部、发展改革委《关于继续开展新能源汽车推广应用工作的通知》（财建〔2013〕551号）精神，进一步推动我市公交、公务、邮政、环卫、出租车等公共领域及个人购买使用新能源汽车（包括纯电动汽车、插电式混合动力汽车和燃料电池汽车），经市政府同意，现提出如下意见：

一、指导思想

认真贯彻落实发展新能源汽车的国家战略，紧紧围绕打造生态化城市目标，以新能源汽车推广应用为牵动，努力提升城市交通设施水平，改善公共交通能源结构，减少交通污染，全力推动城市节能减排和相关产业发展，为我市生态文明建设做出积极贡献。

二、工作目标

2013—2015年，全市推广应用新能源汽车5000辆，其中公交、公务、邮政、环卫和出租车等公共领域推广数量不低于3600辆；配套建设2座换电站、2座充电站和4000个充电桩；健全新能源汽车推广应用组织管理体系。

三、鼓励政策

市政府从政策引导和资金扶持方面支持新能源汽车的推广应用，主要包括：

（一）车辆不受限行限制。

（二）对符合中央财政补贴范围的新能源汽车消费者

(使用财政性资金购买的除外),地方财政按与中央财政0.8:1的比例给予一次性配套补贴。补贴实行按季申报和拨付,购车人于购车当季度末向市节能与新能源汽车示范项目领导小组办公室提交补贴申请材料(具体要求另行规定),领导小组办公室审核后由市财政局审批拨付。

四、推进措施

(一)提高新能源汽车作为公务用车的比例。采用财政资金购买的公务车辆中,新增或更新的新能源汽车的比例应达到30%;自筹资金购买车辆的公共机构、企事业单位参照执行。(责任单位:市财政局)

(二)推动城市公交系统大力应用新能源汽车。公交车的年度更新和新增计划中,新能源汽车的比例不得低于50%。(责任单位:市交通局、市发展改革委、市财政局、大连公交集团)

(三)支持新能源汽车在出租车领域的应用。将新能源汽车列入出租车备选车型;年度新增或更新车辆中,新能源汽车的比例不得低于50%。(责任单位:市交通局)

(四)加大邮政、环卫等领域及全市各大景区使用新能源汽车的力度。新增或更新物流和环卫车辆时,小型车必须使用新能源汽车,大型车尽可能选用新能源汽车;各景区的旅游租赁车和观光车必须选用纯电动车。(责任单位:市邮政管理局、市城建局、市旅游局)

(五)鼓励居民购买使用新能源汽车。各住宅小区物业服务企业对业主提出的在其车库、停车位安装慢充充电桩的要求给予协助,所需费用由业主承担;今后凡新建住宅小区、新建社会公共停车场的充电停车位按停车位的5%进行基本配置,现有社会公共停车场也要按5%配置;今明两年在全市规划建设100个快速充电桩。(责任单位:市建委、市公安局交警支队、市国土房屋局、市规划局、大连供电公司、市经信委)

(六)加快建设充换电服务网络。将充换电设施纳入城市综合交通运输体系规划,科学规划建设地址和规模,并在用地指标、土地征用、土地供应等方面给予保障。其中,以划拨方式为公交集团提供纯电动公交车充换电站用地。中央财政给予示范城市的综合奖励,全部作为充换电设施建设投资补贴,补贴标准根据中央财政奖励办法另行制定。(责任单位:市经信委、市规划局、市国土房屋局、市建委、市城建局)

(七)建立新能源汽车运营服务体系。支持供电部门建设新能源汽车运行配套服务体系,包括建成覆盖所有电动汽车、充换电站、服务设备的统一服务网络,通过对车辆及电池性能的实时监测和预警加强安全防范等工作。(责任单位:市经信委、大连供电公司)

(八)协调车辆行业主管部门和相关运营单位,制定和完善适应新能源汽车检测的地方标准。(责任单位:市经信委、市公安局交警支队)

大连市人民政府办公厅

2014年8月1日

南京市关于核定电动汽车充换电设施服务价格等有关问题的通知

宁价工〔2014〕87号

各区物价局、南京化工园区经发局、南京高新区社会事业局,各充换电设施建设运营单位:

根据《省物价局关于明确电动汽车充换电设施用电价格和服务价格的通知》(苏价工〔2014〕69号)要求,结合南京实际,现就我市电动汽车充换电设施服务价格有关问题通知如下:

一、电动汽车换电服务价格。

对纯电动汽车换电服务价格按车辆行驶里程收取。其中:纯电动客车(12m)换电服务最高价格2.26元/公里,纯电动汽车(七座以下)换电服务最高价格0.76元/公里,其他车型纯电动汽车换电服务最高价格待投入运营后另行核定公布。

二、电动汽车充电服务价格。

对纯电动汽车充电服务价格按充电电度收取。其中,纯电动客车(12m)充电服务最高价格1.65元/千瓦时,纯电动汽车(七座以下)充电服务最高价格1.81元/千瓦时,其他车型纯电动汽车换电服务最高价格待投入运营后另行核定公布。

三、电动汽车充、换电设施服务价格根据成品油价格变动情况,原则上一个季度调整一次。其中,充、换电设施服务价格变动幅度低于每公里(千瓦时)0.1元时,不作调整,累计变动幅度达到每公里(千瓦时)0.1元时,于第三季度首月10日前调整并公布电动汽车充换电设施服务价格。

四、利用价格杠杆推动新能源汽车的发展,对支持南京青奥会、落实节能减排战略、服务我市生态文明建设具有重要作用,各有关单位要做好价格政策宣传,确保政策落实到位,在政策执行过程中如遇到问题及情况,请及时向我局反映。

五、本通知自4月10日起执行。

南京市物价局

2014年4月9日

南京市新能源汽车推广应用财政补贴实施细则

根据财政部、科技部、工业和信息化部、发展改革委等四部委《关于继续开展新能源汽车推广应用工作的通知》(财建〔2013〕551号)、省政府《关于加快新能源汽车推广应用的意见》(苏政发〔2014〕51号)、省财政厅省经信委《江苏省新能源汽车推广应用省级财政补贴实施细则》（苏财工贸〔2014〕64 号）、《南京市新能源汽车推广应用工作实施意见（2014—2015 年）》（宁政办发〔2014〕48 号）等文件精神，省、市级财政对我市 2013—2015 年推广应用新能源汽车以及充换电设施建设费用给予补贴（市区分担标准见《实施意见》）。为切实加快推进我市新能源汽车推广应用工作，及时申领和兑付省、市级补贴资金，特制定本细则。

一、省、市级财政补贴对象

省、市财政补贴资金的对象为推广应用城市公共服务领域消费者（包括公交、出租、公务、环卫、物流、电力、企业通勤等）、私人消费者；承建充换电设施的服务运营单位。

二、省、市级财政补贴标准

（一）省级财政补贴标准见《江苏省新能源汽车推广应用省级财政补贴实施细则》（见附件）。

（二）市级财政补贴标准

1. 2013 年、2014 年购车补贴标准

市级财政对公共服务领域及私人应用领域购置列入国家《节能与新能源汽车示范推广应用工程推荐车型目录》的新能源汽车按以下标准核定补贴资金：

纯电动乘用车 3.5 万元/辆；

纯电动客车 30 万元/辆；

插电式混合动力（含增程式）乘用车 2 万元/辆；

插电式混合动力（含增程式）客车 15 万元/辆；

超级电容、钛酸锂快充纯电动客车 9 万元/辆；

纯电动专用车按电池容量每千瓦时补贴 1200 元，最高 9 万元/辆；

燃料电池车乘用车 12 万元/辆；

燃料电池商用车 30 万元/辆。

裸车、电池分离销售的，按车辆、电池成本比例享受财政补贴。

2015 年市财政根据省级财政补贴标准，结合我市推广实际再行确定补贴标准。

2. 充换电设施补贴标准

对充换电服务运营单位承建的充换电设施费用，市、区（原五县）按照“市区（开发区）分担”原则，给予 15% 补贴。

三、省、市级财政补贴方式

公共服务领域消费者购买和使用新能源汽车，省、市级补贴资金由财政部门拨付给相关公共服务领域消费者。

私人购买和使用新能源汽车，省、市级补贴资金由财政部门拨付给汽车销售机构。汽车销售机构以扣除财政补贴资金后的价格将新能源汽车销售给私人消费者。

充换电设施补贴资金由财政部门拨付给承建服务运营单位。

四、省、市级财政补贴流程

（一）省级财政补贴资金实行按季申领，省级财政拨付到市级财政后，30 个工作日内拨付到位。新能源汽车公共服务领域消费者为市级机关企事业单位的，省市补贴，由市财政拨付到新能源汽车公共服务领域消费者；新能源汽车公共服务领域消费者为区（含开发区，下同）级机关企事业单位的，省市区补贴和新能源汽车私人消费者的省市区补贴由区财政拨付到位。

（二）省、市级财政拨付实行分级申报制度：

1. 新能源汽车公共服务领域消费者为市级机关企事业单位的，向市新能源汽车推广应用牵头责任部门申请，市新能源汽车推广应用牵头责任部门审核汇总后，向市新能源汽车推广应用工作领导小组办公室申请；新能源汽车公共服务领域消费者为区级机关企事业单位的，向所在区新能源汽车推广应用工作牵头单位申请，区新能源汽车推广应用工作牵头单位审核汇总后报市新能源汽车推广应用工作领导小组办公室。

2. 新能源汽车私人消费者的补贴由新能源汽车销售机构根据新能源汽车私人消费者的户籍或暂住地所在区，向其户籍或暂住地所在区新能源汽车推广应用工作牵头单位申请，区新能源汽车推广应用工作牵头单位审核汇总后报市新能源汽车推广应用工作领导小组办公室。

3. 充换电设施补贴资金由承建服务运营单位向所在区新能源汽车推广应用工作牵头单位申请，区新能源汽车推广应用工作牵头单位审核汇总后报市新能源汽车推广应用工作领导小组办公室。

（三）各区新能源汽车推广应用工作牵头单位于季度结束后 15 个工作日内，向市财政局和市交通运输局提交本地区申请拨付资金报告、新能源汽车推广应用省、市级财政补贴资金汇总表（见附件 1）、相关申请材料以及区级财政补贴资金安排方案。

充换电站设施建设省、市级财政补贴申请报告于充换电设施建设完成、通过验收并正式投入运营后 15 个工作日内提出。

五、省、市级财政补贴申请资料

（一）申请车辆购置财政补贴资金的公共服务领域消费者，需提交新能源汽车推广应用省、市级财政补贴资金申请表（见附件 2），并提供以下材料：

1. 车辆购销合同、购销发票等凭证；

2. 公安部门核发的机动车登记证书和行驶证复印件；

3. 由汽车销售机构提供的其车型列入国家《节能与新能源汽车示范推广应用工程推荐车型目录》批次凭证；

4. 其他需要提供的材料。

（二）申请私人消费领域车辆购置财政补贴资金的，由新能源汽车销售机构提交新能源汽车推广应用省、市级财政补贴资金申请表（见附件3），有关材料与公共服务领域相同，同时还需提供由消费者、销售机构双方签字的新能源汽车私人领域购车补贴确认表及私人消费者户籍或暂住证复印件（见附件4）。

（三）申请充换电设施建设财政补贴资金的承建运营单位，需提交新能源汽车推广应用省、市级财政补贴资金申请表（见附件5），并提供以下材料：

1. 交通、环保、规划、用地等有关部门的建设许可批复文件复印件；

2. 项目建设和运营规划书；

3. 建设成本预算，有关设备的购置合同、发票，工程建设委托合同等；

4. 经会计师事务所审计的项目竣工决算报告及充换电设施投资清单（主要包括形成固定资产的配电、充电、换电、监控、通讯等设施、设备投入，不含土地等投入）；

5. 市新能源汽车推广应用工作领导小组办公室组织的项目验收合格证明；

6. 其他需要提供的材料。

六、工作要求

（一）申请省、市级财政补贴资金的单位和个人，对提交申请材料的真实性负责；各区新能源汽车推广应用工作牵头部门、财政部门承担对申请材料的审核责任。对提供虚假信息、骗取省、市级财政补贴资金的，将追缴补贴资金、取消补贴资格，并按照《财政违法行为处罚处分条例》、《江苏省财政监督办法》予以处罚；构成犯罪的，依法追究刑事责任。

（二）各区要根据《南京市新能源汽车推广应用工作实施意见（2014—2015年）》（宁政办发〔2014〕48号）精神，制定区级财政补贴实施细则并报市财政局和市交通运输局备案。

七、本实施细则由市财政局、市交通运输局负责解释

附件

1. 新能源汽车推广应用省市级财政补贴资金汇总表（略）

2. 新能源汽车推广应用省市级财政补贴资金申请表（公共领域）（略）

3. 新能源汽车推广应用省市级财政补贴资金申请表（私人领域）（略）

4. 新能源汽车私人领域购车补贴确认表（略）

5. 新能源汽车推广应用省市级财政补贴资金申请表（充换电设施）（略）

6. 各区新能源汽车推广应用工作联系表（略）

南京市财政局

南京市交通运输局

2014年7月16日

苏州市加快新能源汽车推广应用实施意见

大力推进新能源汽车推广应用对于我市推进生态文明建设、加快产业转型升级、实现节能减排具有十分重要的意义。我市作为国家“十城千辆”试点城市之一，在节能与新能源汽车推广应用方面取得了一定的成效。2013年底，我市又被国家纳入新一轮新能源汽车推广应用城市范围，标志着我市已进入更大力度、更广范围推广应用新能源汽车的新阶段。各地和市有关部门要认真贯彻《节能与新能源汽车产业发展规划（2012—2020年）》（国发〔2012〕22号）、《省政府关于新能源汽车推广应用的意见》（苏政发〔2014〕51号）精神，健全机制，落实措施，努力推动新能源汽车的推广应用。为此，特提出如下意见：

一、明确全市新能源汽车推广应用的目标要求和基本原则

（一）推广应用目标。按照国家四部委和省政府的文件要求，我市2013—2015年新能源汽车推广应用1500辆以上，其中2014年计划推广新能源汽车800辆以上，2015年计划推广新能源汽车700辆以上。为保证上述目标的实现，现将2014年和2015年目标分解落实到市区和张家港、常熟、太仓、昆山、吴江等地，同时，鼓励各地提前和超额完成当年任务指标。具体目标任务详见下表：

单位：辆

	2014年	2015年	合计
苏州市区	450	400	850
张家港	70	60	130
常熟	70	60	130
太仓	70	60	130
昆山	70	60	130
吴江	70	60	130
合计	800	700	1500

（二）推广应用原则。一是坚持公共服务领域先行突破，大力在公共服务领域推广新能源汽车。把公交车作为重点，2014年，市区将投放50辆纯电动公交。未来两年中，各市、区新增及更换公交车，都要优先选择新能源汽车，同时鼓励消费者自愿购置。二是坚持点面相结合。以示范行业为切入点，逐步扩大推广应用，鼓励和支持社会投资者购置新能源汽车从事通勤（厂包）车规模租赁经营业务。2014年，探索向社会公开投放30台纯电动客运包车，以促进在更广区域和更多领域规模应用。三是坚持示

范应用与产业发展相结合。按照“以示范带动市场、以市场促进产业”的思路，通过新能源汽车示范运营培育和扩大市场需求，努力实现我市新能源汽车生产的规模效益，带动产业转型升级。

二、加快新能源汽车充换电基础设施规划和建设

（一）确定充换电运营服务商。根据苏州市新能源汽车推广应用的实际状况，在推广初期，尤其在公共服务领域推广应用时，确定苏州供电公司作为全市充换电运营服务商；待以后大规模推广时，鼓励其他社会资本进入。对新能源汽车用户自行建设充换电设施的，供电部门要积极予以配合，做好业扩、增容等服务。

（二）科学规划充换电设施布局。各地要根据拟推广应用新能源汽车的种类和数量等，结合市政设施建设，对新能源汽车充换电站等基础设施统筹规划、统一布局。抓紧编制本地新能源汽车充换电基础设施建设规划，注意与城乡规划和土地利用规划相衔接，并兼顾考虑新能源汽车未来应用对基础设施建设的需求。

（三）保障充换电设施建设用地。为电动公交客车和出租车服务的充电设施尽量使用现有公交场站、公共停车场建设，原则上不新占土地。对电动公交客车充换电站用地，可按划拨方式供应。

三、加大新能源汽车推广应用财政补贴力度

国家和省都出台了支持新能源汽车推广使用的财政补助政策（详见附件1）。为确保完成新一轮新能源汽车推广应用目标，现将2014年市级推广应用新能源汽车财政补助明确如下：

（一）对购置车辆进行补贴。

1. 推广应用并享受财政补贴的新能源汽车是指列入国家《节能与新能源汽车示范推广应用工程推荐车型目录》的纯电动汽车、插电式混合动力汽车和燃料电池汽车，包括在公交、出租、公务、环卫、物流、电力、运钞等公共服务领域以及私人领域推广应用的上述新能源汽车。财政补贴对象为：公共服务领域消费者以及私人消费者。

2. 补贴标准。

（1）纯电动乘用车、插电式混合动力（含增程式）乘用车补贴标准。

（单位：万元/辆）

车辆类型	纯电续驶里程 R（工况法、公里）			
	80≤R<150	150≤R<250	R≥250	R≥50
纯电动乘用车	2.1	3	3.6	—
插电式混合动力乘用车（含增程式）	—	—	—	2.1

（2）纯电动客车、插电式混合动力（含增程式）客车补贴标准。

（单位：万元/辆）

车辆类型	车长 L（米）		
	6≤L<8	8≤L<10	L≥10
纯电动客车	18	24	30
插电式混合动力客车（含增程式）	—	—	15

此外，超级电容、钛酸锂快充纯电动客车定额补助9万元。

（3）纯电动专用车补助标准：按电池容量每千瓦时补贴1200元，每车补贴总额不超过9万。

（4）燃料电池车补助标准。

（单位：万元/辆）

车辆类型	补助标准
燃料电池乘用车	12
燃料电池商用车	30

（5）对实行裸车、电池分离销售的，按车辆、电池成本比例享受财政补贴。

（二）对充换电设施进行补贴。对充换电服务运营商建设的充换电设施费用，按15%予以财政补贴。

（三）上述补贴标准按现行财政体制，由市、县（市）、区分级承担。

（四）资金补贴拨付办法另行制定。

（五）2015年市级财政补贴政策将根据国家和省的政策及推广应用实际另行制定。

四、新能源汽车充换电设施用电价格

（一）充换电用电价格。经营性充换电设施用电价格暂按大工业用电相应电压等级的电度电价执行（不执行峰谷分时电价）。非经营性充电设施用电价格按所在充换电场所的现行分类电价执行。

（二）充换电设施服务价格。纯电动汽车换电模式，按同车型燃油汽车燃油成本的90%执行。纯电动汽车充电模式，7座以下客车按照同车型燃油汽车燃油成本的60%执行，其他类型按同车型燃油汽车燃油成本的85%执行。

五、多措并举，确保完成任务

（一）强化领导。市政府已决定成立主要领导担任组长的新能源汽车推广应用工作领导小组，市新能源汽车推广应用工作领导小组办公室设在市经济和信息化委员会。各地和各有关部门及单位要按照各自职责，加强服务指导，深化协作配合。要按照市委、市政府工作部署，明确任务计划，落实推广责任，加快工作推进，确保实现新能源汽车推广应用既定目标。市级部门（单位）责任分工表见附件2。

（二）发挥好新能源汽车示范运营作用。各地在本地区至少指定1家规模较大、管理较先进的公交公司推广应用新能源汽车，并选定1~2条公交线路开展示范运营。选择线路时，应满足首末站场地较宽裕、可进行充换电设施改造、公交车运行周期与新能源公交车续驶里程相吻合等条件，为新能源汽车在其他领域使用积累经验。

（三）强化新能源汽车运行的在线监测。各地要建立新能源汽车运行监控中心，对运行车辆进行实时监控，健全新能源汽车事故预警信息系统及紧急处置机制，加强新能源汽车运行的实时跟踪、数据采集、统计分析及故障诊断，建立新能源汽车运行效果评估体系。加强对新能源汽车从业人员专业技术培训，对车辆驾驶员、车辆维修人员等进行专业安全培训。推广新能源汽车的单位要明确专门的安全责任人，确保运行车辆安全可靠。

（四）强化新能源汽车运行服务保障。新能源汽车生产企业在销售地有固定售后服务点，负责对相关新能源汽车产品进行保养维护。定期对运行的新能源汽车进行安全检查和性能测试，确保车辆运行安全可靠。对报废电池要自行或指定专门单位进行回收处理和再利用，避免对环境造成污染和带来安全隐患。

（五）提高新能源汽车研发生产水平。新能源汽车生产企业要主动研判市场需求，不断提高产品质量和技术性能，促进新能源汽车技术进步，争取在电池能量密度、安全、寿命、质量、价格等方面取得突破。各级和有关部门要推进整车产品规模化、重要部件本地化、关键技术自主化、产品应用多样化，着力建立以骨干企业为主体、品牌产品为支撑的研发、制造、售后服务体系，初步形成部分类别重点整车和重要部件的国内领先优势。认真梳理新能源汽车产业在充电、电池、电机、电控、服务体系等方面存在的薄弱环节，采取有效措施加以整合提升，切实提高企业和产品的核心竞争力。

（六）鼓励新能源汽车应用领域的民间投资和金融创新。进一步放宽市场准入，引导和支持社会资本进入新能源汽车充换电设施建设和运营、汽车租赁、电池租赁和回收等服务领域。鼓励金融创新，在公共服务领域探索公交车、出租车、公务车融资租赁运营模式，在社会领域探索整车租赁、按揭等运营模式。

苏州市人民政府

2014年5月16日

苏州市新能源汽车推广应用市级财政补贴实施细则

根据市政府《关于苏州市加快新能源汽车推广应用实施意见》（苏府〔2014〕77号）精神和《江苏省新能源汽车推广应用省级财政补贴实施细则》（苏财工贸〔2014〕64号）的要求，我市对推广应用新能源汽车以及充换电设施建设费用给予补贴。为及时兑付补贴资金，特制定本细则。

一、市级财政资金的补贴对象为推广应用城市公共服务领域消费者（包括公交、出租、公务、环卫、物流、电力、企业通勤等）、私人消费者；承建充换电设施的服务运营单位。公共服务领域消费者和充换电设施的服务运营单位是指在苏州市区（除吴江区外）工商注册登记的新能源汽车使用和服务单位，私人消费者是指具有苏州市区（除吴江区外）户口的新能源汽车使用个人。

二、市级财政补贴标准

（一）2013年和2014年购车补贴标准。

市财政对公共服务领域及私人应用领域购置列入国家《节能与新能源汽车示范推广应用工程推荐车型目录》的新能源汽车按以下标准核定补贴资金：

1. 纯电动乘用车、插电式混合动力（含增程式）乘用车补贴标准（单位：万元/辆）。

车辆类型	纯电续驶里程R（工况法、公里）			
	80≤R<150	150≤R<250	R≥250	R≥50
纯电动乘用车	2.1	3	3.6	—
插电式混合动力乘用车（含增程式）	—	—	—	2.1

2. 纯电动客车、插电式混合动力（含增程式）客车补贴标准（单位：万元/辆）。

车辆类型	车长L（米）		
	6≤L<8	8≤L<10	L≥10
纯电动客车	18	24	30
插电式混合动力客车（含增程式）	—	—	15

此外，超级电容、钛酸锂快充纯电动客车定额补助9万元。

3. 纯电动专用车补助标准：按电池容量每千瓦时补贴1200元，每车补贴总额不超过9万。

4. 燃料电池车补助标准（单位：万元/辆）。

车辆类型	补助标准
燃料电池乘用车	12
燃料电池商用车	30

5. 对实行裸车、电池分离销售的，按车辆、电池成本比例享受财政补贴。

6. 2015年市级财政补贴政策将根据国家和省的政策及推广应用实际另行制定。

（二）充换电设施补贴标准。

对充换电服务运营单位承建的充换电设施费用，市财政给予 15% 补贴。

三、市级财政补贴资金实行按季拨付，每季度结束后 60 个工作日内拨付资金。各使用单位和汽车销售机构，于季度结束后 30 个工作日内，向所在区经济信息化部门提交申请拨付资金报告、新能源汽车推广应用市级财政补贴资金汇总表（见附件 1）。各区经信、财政部门审核后，将所有材料一式二份正式行文报市经信委和市财政局。

充换电站设施建设市级财政补贴申请报告于充换电设施建设完成、通过验收并正式投入运营后 30 个工作日内提出。

四、公共服务领域消费者购买和使用新能源汽车，市级补贴资金由区级财政部门拨付给相关公共服务领域消费者。

私人购买和使用新能源汽车，市级补贴资金由区级财政部门拨付给汽车销售机构。汽车销售机构以扣除财政补贴资金后的价格将新能源汽车销售给私人消费者。汽车销售机构是指在苏州市区（除吴江区外）工商注册登记的机构。

充换电设施补贴资金由区级财政部门拨付给承建服务运营单位。

五、申请车辆购置财政补贴资金的公共服务领域消费者，需提交新能源汽车推广应用市级财政补贴资金申请表（见附件 2），并提供以下材料：

（一）工商营业执照复印件；

（二）车辆购销合同、购销发票等凭证复印件；

（三）市公安部门核发的机动车登记证书和行驶证复印件；

（四）由汽车销售机构提供的其车型列入国家《节能与新能源汽车示范推广应用工程推荐车型目录》批次凭证；

（五）其他需要提供的材料。

六、申请私人消费领域车辆购置财政补贴资金的，由新能源汽车销售机构提交新能源汽车推广应用市级财政补贴资金申请表（见附件 3），有关材料与公共服务领域相同，同时还需提供由消费者、销售机构双方签字的新能源汽车私人领域购车补贴确认表（见附件 4）、私人消费者户口本复印件。

七、申请充换电设施建设财政补贴资金的承建运营单位，需提交新能源汽车推广应用市级财政补贴资金申请表（见附件 5），并提供以下材料：

（一）交通、环保、规划、用地等有关部门的建设许可批复文件复印件；

（二）项目建设和运营规划书；

（三）建设成本预算，有关设备的购置合同、发票，工程建设委托合同等；

（四）经市财政委托的会计师事务所审计的项目竣工决算报告及充换电设施投资清单（主要包括形成固定资产的配电、充电、换电、监控、通讯、必要的配套土建等设施、设备投入，不含土地等投入）

（五）市新能源汽车推广应用牵头部门组织的项目验收合格证明；

（六）其他需要提供的材料。

八、各申请市级财政补贴资金的单位，对提交申请材料的真实性负责；对提供虚假信息、骗取市级财政补贴资金的，将追缴补贴资金、取消补贴资格，并按照《财政违法行为处罚处分条例》等规定予以处罚。

九、市级新能源汽车推广应用财政补贴资金按照财政体制分担，年终按照各区新能源汽车购置数（公共交通领域、企业法人、私人消费者）由市财政部门与各区进行财力结算。

十、各县（市）、吴江区可参照本规定执行。

十一、本实施细则由市财政局、市经济和信息化委员会（市新能源汽车推广应用工作领导小组办公室）负责解释。

附件

1. 新能源汽车推广应用省级财政补贴资金汇总表（略）

2. 新能源汽车推广应用省级财政补贴资金申请表（公共领域）（略）

3. 新能源汽车推广应用省级财政补贴资金申请表（私人领域）（略）

4. 新能源汽车私人领域购车补贴确认表（略）

5. 新能源汽车推广应用省级财政补贴资金申请表（充换电设施）（略）

苏州市人民政府办公室

2014 年 11 月 10 日

常州市新能源汽车推广应用市级财政补贴实施细则

根据《省政府关于加快新能源汽车推广应用的意见》（苏政发〔2014〕51 号）和市政府办公室关于印发《常州市新能源汽车推广应用实施意见》的通知（常政办发〔2014〕123 号）文件精神，市财政对 2013—2015 年推广应用新能源汽车以及充换电设施建设费用给予补贴。为切实加快推进我市新能源汽车推广应用工作，及时兑付补贴资金，特制定本细则。

一、资金补贴对象

市财政资金补贴对象为本市公共服务领域消费者（包括公交、出租、公务、环卫、物流、电力、企业通勤等）、私人消费者；承建充换电设施的服务运营单位。

二、资金补贴范围和标准

（一）2013 年、2014 年购车补贴范围

市财政对公共服务领域及私人应用领域在本市购置并上牌的列入国家《节能与新能源汽车示范推广应用工程推荐车型目录》的新能源汽车给予资金补贴。

（二）2013 年、2014 年购车补贴标准

1. 纯电动乘用车、插电式混合动力乘用车（含增程式）补贴标准（单位：万元/辆）。

车辆类型	纯电续驶里程 R（工况法、公里）			
	80≤R＜150	150≤R＜250	R≥250	R≥50
纯电动乘用车	2.1	3	3.6	—
插电式混合动力乘用车（含增程式）	—	—	—	2.1

2. 纯电动客车、插电式混合动力（含增程式）客车、超级电容、钛酸锂快充纯电动客车补贴标准（单位：万元/辆）。

车辆类型	车长 L（米）		
	6≤L＜8	8≤L＜10	L≥10
纯电动客车	18	24	30
插电式混合动力（含增程式）客车	—	—	15
超级电容、钛酸锂快充纯电动客车	9	—	—

3. 纯电动专用车按电池容量每千瓦时补贴 1200 元，每辆车补贴总额不超过 9 万元。

4. 燃料电池乘用车补贴 12 万元/辆。

5. 燃料电池商用车补贴 30 万元/辆。

6. 裸车、电池分离销售的，按车辆、电池成本比例享受财政补贴。

2015 年市财政补贴标准，将根据中央财政和省财政补贴标准，结合本市推广实际再行确定。

（三）充换电设施补贴标准

对充换电服务运营单位承建的充换电设施费用，市财政给予 15% 补贴。

三、资金补贴方式

公共服务领域消费者购买和使用新能源汽车，补贴资金由财政部门拨付给相关公共服务领域消费者。

私人购买和使用新能源汽车，补贴资金由财政部门拨付给汽车销售机构。汽车销售机构以扣除财政补贴资金后的价格将新能源汽车销售给私人消费者。

充换电设施补贴资金由财政部门拨付给承建服务运营单位。

四、资金承担机制

中央、省属驻常单位和市级机关企事业单位购置新能源车辆所需财政补贴，由市级财政承担；

各辖区机关事业单位购置新能源车辆所需财政补贴，由同级财政承担；

新北区、天宁区、钟楼区和戚墅堰区的公共服务领域消费者（不含区属机关事业单位）、私人消费者购置新能源车辆所需财政补贴和承建充换电设施的服务运行单位所需财政补贴，均由市级财政承担。

武进区公共服务领域消费者、私人消费者购置新能源车辆和承建充换电设施的服务运行单位所需财政补贴，由武进区财政承担。

五、资金补贴申报流程

（一）市财政补贴申报实行分级申报制度

1. 新能源汽车公共服务领域消费者：中央、省属驻常单位和市级机关企事业单位，直接向市财政局和市经信委提出申请；区属机关企事业单位的，向所在区财政局、经信局（经发局）申请，各区财政局、经信局（经发局）初审汇总后，向市财政局和市经信委提交本地区申请材料。

2. 新能源汽车私人消费者：由新能源汽车销售机构根据新能源汽车私人消费者的户籍或暂住地所在区，向其户籍或暂住地所在区财政局、经信局（经发局）提出申请，各区财政局、经信局（经发局）初审汇总后，向市财政局和市经信委提交本地区申请材料。

3. 充换电设施的承建服务运营单位：中央、省属驻常单位和市属单位的，直接向市财政局和市经信委提出申请；其他单位向所在区财政局、经信局（经发局）提出申请，各区财政局、经信局（经发局）初审汇总后，向市财政局和市经信委提交本地区申请材料。

（二）各区于季度结束后 15 个工作日内，向市财政局和市经信委提交本地区申请拨付资金报告、新能源汽车推广应用市级财政补贴资金汇总表（见附件 1）、相关申请材料。

充换电站设施建设市级财政补贴申请报告于充换电设施建设完成、通过验收并正式投入运营后 15 个工作日内提出。

六、资金补贴申报材料

（一）申请车辆购置财政补贴资金的公共服务领域消费者，需提交以下材料：

1. 新能源汽车推广应用市级财政补贴资金申请表（见附件 2）；

2. 车辆购销合同、购销发票等凭证；

3. 公安部门核发的机动车登记证书和行驶证复印件；

4. 由汽车销售机构提供的其车型列入国家《节能与新

能源汽车示范推广应用工程推荐车型目录》批次凭证；

5. 其他需要提供的材料。

（二）申请私人消费领域车辆购置财政补贴资金的，由新能源汽车销售机构提交以下材料：

1. 新能源汽车推广应用市级财政补贴资金申请表（见附件3）；

2. 车辆购销合同、购销发票等凭证；

3. 公安部门核发的机动车登记证书和行驶证复印件；

4. 由汽车销售机构提供的其车型列入国家《节能与新能源汽车示范推广应用工程推荐车型目录》批次凭证；

5. 由消费者、销售机构双方签字的新能源汽车私人领域购车补贴确认表（见附件4）；

6. 私人消费者户籍或暂住证复印件；

7. 其他需要提供的材料。

（三）申请充换电设施建设财政补贴资金的承建运营单位，需提交以下材料：

1. 新能源汽车推广应用市级财政补贴资金申请表（见附件5）；

2. 交通、环保、规划、用地等有关部门的建设许可批复文件复印件；

3. 项目建设和运营规划书；

4. 建设成本预算，有关设备的购置合同、发票，工程建设委托合同等；

5. 经会计师事务所审计的项目竣工决算报告及充换电设施投资清单（主要包括形成固定资产的配电、充电、换电、监控、通讯等设施、设备投入，不含土地等投入）；

6. 市新能源汽车推广应用工作领导小组办公室组织的项目验收合格证明；

7. 其他需要提供的材料。

七、资金管理与监督

申请财政补贴资金的单位和个人，对提交申请材料的真实性负责；各区财政局、经信局（经发局）承担对申请材料的审核责任。对提供虚假信息、骗取财政补贴资金的，将追缴补贴资金、取消补贴资格，并按照《财政违法行为处罚处分条例》《江苏省财政监督办法》予以处罚；构成犯罪的，依法追究刑事责任。

八、其他

1. 金坛市、溧阳市参照本实施细则，制定本地区的财政补贴实施细则。

2. 本实施细则由市财政局、市经信委负责解释。

3. 省财政补贴按照《江苏省新能源汽车推广应用省级财政补贴实施细则》（苏财工贸［2014］64号）执行。

附件 1. 新能源汽车推广应用市级财政补贴资金申请汇总表（略）

2. 新能源汽车推广应用市级财政补贴资金申请表（公共领域）（略）

3. 新能源汽车推广应用市级财政补贴资金申请表（私人领域）（略）

4. 新能源汽车私人领域购车补贴确认表（略）

5. 新能源汽车推广应用市级财政补贴资金申请表（充换电设施）（略）

常州市财政局
常州市经济和信息化委员会
2014年8月27日

常州市新能源汽车推广应用实施意见

加快新能源汽车推广应用，对于我市推进生态文明建设、缓解能源压力、推动汽车产业升级具有重要意义。今年1月，我市被国家纳入新一轮新能源汽车推广应用城市范围，根据《国务院办公厅关于加快新能源汽车推广应用的指导意见》（国办发〔2014〕35号）和《省政府关于加快新能源汽车推广应用的意见》（苏政发〔2014〕51号）精神，结合我市实际，特提出以下意见：

一、明确全市新能源汽车推广应用的目标要求

（一）推广应用目标。经财政部、科技部、工业和信息化部、国家发展改革委批复同意，我市列入国家2013年至2015年新能源汽车推广应用城市范围，计划3年中累计推广应用新能源汽车1100辆以上，省政府下达我市2014年推广应用365辆新能源汽车任务。为确保完成上述目标任务，由市新能源汽车推广应用工作协调小组将2014年和2015年目标任务分解落实到各辖市、区和各有关单位，鼓励各地和各单位提前和超额完成当年目标任务。

（二）推广应用原则。一是坚持政府推动与市场运作相结合。初期重点在公共服务领域推广新能源汽车，把新增公交客车、出租车作为突破口，同时在物流、环卫、公务等公共服务领域加快推广，鼓励私人消费者自愿购置。待条件成熟时，再逐步过渡到以市场运作为主。二是坚持示范应用与产业发展相结合。按照以示范带动市场、以市场促进产业的思路，通过新能源汽车示范运营培育和扩大市场需求，努力实现新能源汽车生产的规模效益，推动产业转型升级。

二、加快新能源汽车充换电设施规划和建设

（一）科学规划充换电设施布局。根据推广应用新能源汽车的种类和数量等，结合市政设施建设，对新能源汽车充换电设施统筹规划、统一布局。依据城市规划编制我市新能源汽车充换电设施建设规划，注意与土地利用规划相衔接，并兼顾新能源汽车未来应用对充换电设施建设的需求。鼓励在现有停车场（位）和具备条件的公共单位内部停车场建设充电设施。今后，新建居住小区和公共停车场均要根据规划预留相应的新能源汽车充电停车位。加快形成以使用者居住地、驻地停车位（基本车位）配建充电设施为主体，以城市公共停车位、路内临时停车位配建充电设施为辅助，数量适度超前、布局合理的充电设施服务体系。充换电设施的规划编制由市规划部门牵头组织实施。

（二）明确充换电设施建设责任。在有实力、有经验、有意愿的运营商中确定新能源汽车充换电设施建设和服务运营商。服务运营商根据统一规划和车辆运营需求，建设新能源汽车充换电服务网络并负责维护。有自建自用需求的用户，在符合统一规划的前提下，经批准可自建充换电设施并负责维护。供电部门配合做好业扩、增容等服务。充换电设施建设项目审批办法由所在地区发改部门会同供电部门负责制订。

（三）保障充换电设施建设用地。为电动公交车和出租车服务的充换电设施尽量结合现有公交场站、公共停车场建设。充换电设施用地政策按《国务院办公厅关于加快新能源汽车推广应用的指导意见》（国办发〔2014〕35号）执行，由市国土部门负责实施。

三、实施新能源汽车推广应用财政补贴政策

（一）对购置车辆进行补贴。市级财政对在新北区、天宁区、钟楼区和戚墅堰区的公共服务领域及私人应用领域，在本市购置并上牌的列入国家《节能与新能源汽车示范推广应用工程推荐车型目录》的新能源汽车给予资金补贴。2013年、2014年购车补贴标准。

1. 纯电动乘用车、插电式混合动力乘用车（含增程式）补贴标准（单位：万元/辆）：

车辆类型	纯电续驶里程R（工况法、公里）			
	80≤R<150	150≤R<250	R≥250	R≥50
纯电动乘用车	2.1	3	3.6	—
插电式混合动力乘用车（含增程式）	—	—	—	2.1

2. 纯电动客车、插电式混合动力（含增程式）客车、超级电容、钛酸锂快充纯电动客车补贴标准（单位：万元/辆）：

车辆类型	车长L（米）		
	6≤L<8	8≤L<10	L≥10
纯电动客车	18	24	30
插电式混合动力（含增程式）客车	—	—	15
超级电容、钛酸锂快充纯电动客车	9	—	—

3. 纯电动专用车按电池容量每千瓦时补贴1200元，每辆补贴总额不超过9万元。

4. 燃料电池乘用车补贴12万元/辆。

5. 燃料电池商用车补贴30万元/辆。

6. 裸车、电池分离销售的，按车辆、电池成本比例享受财政补贴。

2015年市级财政补贴标准，将根据中央财政和省财政补贴标准，结合本市推广实际再行确定。

（二）对充换电设施进行补贴。对充换电服务运营单位在新北区、天宁区、钟楼区和戚墅堰区承建的充换电设施费用，市级财政给予15%的补贴。

市财政部门负责制定新能源汽车购置和充换电设施建设市级财政补贴实施细则。金坛市、溧阳市和武进区应参照以上标准制定相应的政策。

四、给予新能源汽车充换电设施用电价格支持

充换电设施经营企业可向电动汽车用户收取电费和充电服务费。2020年前，对电动汽车充电服务费实行政府指导价管理。对向电网经营企业直接报装接电的经营性集中式充电设施用电，执行大工业用电价格，2020年前暂免收基本电费。其他充电设施按其所在场所执行分类目录电价。其中，居民家庭住宅、居民住宅小区、执行居民电价的非居民用户中设置的充电设施用电，执行居民用电价格中的合表用户电价；党政机关、企事业单位和社会公共停车场中设置的充电设施用电执行“一般工商业及其他”类用电价格。电动汽车充电设施用电执行峰谷分时电价政策。电动汽车充电设施配套电网改造成本纳入电网企业输配电价。具体由市物价部门按《国家发展改革委关于电动汽车用电价格政策有关问题的通知》（发改价格〔2014〕1668号）和省有关文件精神，制定我市实施细则。

五、积极探索新能源汽车运营模式

（一）分类健全新能源汽车运营模式。按照政府扶持监管、企业融资运营、技术创新规范的思路，因地制宜地探索完善新能源汽车运营模式。通过招投标或特许经营等方式确定总承包商，由其负责新能源汽车运营的各类配套服务。市、辖市（区）公交公司要推广应用新能源汽车，选定1~2条公交线路开展示范运营。选择线路时，应满足首末站场地较宽裕、可进行充换电设施改造、公交车运行周期与纯电动公交车续驶里程相吻合等条件。要在出租汽车领域推广应用新能源汽车，采取公司化运行模式进行运营管理。环卫、邮政、电力、物流等领域电动专用车运营模式，由行业主管部门组织实施。

（二）鼓励新能源汽车应用领域的民间投资和金融创新。进一步放宽市场准入，支持社会资本进入新能源汽车充换电设施建设运营、汽车租赁、电池租赁和回收等服务领域。鼓励金融创新，在公共服务领域探索公交车、出租车、公务车融资租赁运营模式，在社会领域探索整车租赁、按揭等运营模式，降低新能源汽车当期购买支出，实现可持续商业化运营。

（三）加快新能源汽车应用领域新技术应用。充分发挥移动互联网、物联网、大数据等现代信息技术在新能源汽车运营模式创新中的应用，鼓励互联网企业参与新能源汽车的研发和运营服务。

六、完善新能源汽车运行监测和服务保障体系

（一）加强新能源汽车运行监测。建立新能源汽车运行监控中心，健全新能源汽车事故预警信息系统及紧急处置机制，加强新能源汽车运行的实时跟踪、数据采集、统计分析及故障诊断，建立新能源汽车运行效果评估体系。新能源公交车、出租车、环卫车、物流车等车辆要全部安装车辆运行技术状态实时监控装置，进行可靠有效的监控管理，私人用车根据个人意愿安装实时监控装置。加强新能源汽车从业人员专业技术培训，推广应用新能源汽车的单位要明确安全责任人，确保运行车辆安全可靠。

（二）强化新能源汽车运行服务保障。在我市推广应用的新能源汽车生产企业，应在我市设立至少1个固定售后服务点，负责新能源汽车产品的保养维护。定期对在线运行的新能源汽车进行安全检查和性能测试，确保车辆运行安全可靠。汽车生产企业对报废电池自行或指定专门单位进行回收处理和再利用，避免造成环境污染和安全隐患。建立新能源汽车应急充换电保障体系，确保车辆在特殊状态下的安全稳定运营。

（三）开展新能源汽车应用配套服务。保险机构要针对新能源汽车的销售政策，研究制订并落实新能源汽车保险与理赔的有关方案。公安部门研究制定新能源汽车的登记、核发机动车检验合格标志等交通管理办法。消防部门制定新能源汽车使用应急处置办法并添置必要装备。

七、提高新能源汽车研发生产水平

（一）增强新能源汽车生产企业竞争力。新能源汽车关键零部件生产企业要主动研判市场需求，不断提高产品质量和技术性能，促进技术进步，争取在电池能量密度、安全、寿命、质量、价格等方面取得突破，增强企业核心竞争力。

（二）充分发挥政府在新能源汽车产业发展中的引导作用。抢抓国家和省加快新能源汽车推广应用的契机，切实发挥示范应用与产业发展相互促进的作用。结合产业基础和特色优势，支持重点项目和研发平台建设。大力引进新能源汽车整车生产企业，推进关键零部件本地化、关键技术自主化、产品应用多样化，建立以骨干企业为主体、品牌产品为支撑的研发、制造、售后服务体系。梳理新能源汽车产业在充电、电池、电机、电控、服务体系等环节存在的薄弱环节，采取有效措施整合提升。

八、健全新能源汽车推广应用工作机制

（一）加强组织领导。各辖市、区政府和市相关部门是新能源汽车推广应用的责任主体，要把思想和行动迅速统一到市政府部署要求上来，健全机构、明确责任，落实措施、加快推进，确保新能源汽车推广应用既定目标如期实现。要鼓励、引导、发动各级政府机关、企事业单位特别是公交、出租企业积极推广应用新能源汽车。党政机关公务用车更新时，要带头购置新能源汽车。市新能源汽车推广应用协调小组办公室要加强组织领导，督促相关部门加快制定鼓励政策，及时研究解决推广工作中的问题。市新能源汽车推广应用协调小组各成员单位要按照责任分工协作配合，加强服务指导，形成齐抓共管的工作格局。

（二）完善政策体系。各辖市、区政府和市相关部门在自身权限内，在车辆上牌、车辆路面管理、停车、过桥过路费、保险费、社会资本进入、纯电动汽车整车厂生产等方面制订鼓励和引导政策，并确保政策相互衔接、形成整体合力。

（三）扩大宣传教育。要大力宣传新能源汽车推广应用的意义和产品性能优势，使广大消费者了解新能源汽车，增强环保意识，帮助算好使用新能源汽车的社会效益和经济效益账，努力提高公众对新能源汽车的认知度和接受度。

（四）强化监督检查。市新能源汽车推广应用协调小组办公室要加强日常检查督促，定期向协调小组通报新能源汽车推广应用的数量、种类、充换电设施建设、财政补贴资金拨付等情况。

附件

新能源汽车推广应用工作部门责任分工表

责任单位	职责分工
各辖市、区政府	负责本地区新能源汽车推广应用工作，完成市下达的新能源汽车推广数量
市金融办	负责新能源汽车及零部件生产企业上市融资管理，协调运营的新能源汽车保险方面的事宜
市发改委	负责协调指导重点项目布局和建设，充换电设施建设项目审批
市经信委	负责新能源汽车推广应用工作协调小组办公室日常工作，推进新能源汽车产业发展

续表

责任单位	职责分工
市科技局	制定新能源汽车科技计划申报、产学研等方面政策和措施，加强行业共性技术平台建设，支持科研院所、重点企业开展新能源汽车及关键零部件研发和技术攻关，加快高新技术及产品成果转化。配合建设新能源汽车运行的实时跟踪、数据收集与分析及故障诊断系统，组织开展相关的研究
市公安局	负责新能源汽车推广应用消防工作，根据相关法律法规及工信部发布的机动车产品公告办理新能源汽车登记、核发机动车检验合格标志等交通管理工作，实施分管领域新能源公务车的推广应用
市财政局	负责研究制定新能源汽车推广应用财政扶持政策，制定市级专项资金补贴实施细则，安排市级专项补贴资金，指导新能源汽车及相关设备的政府采购管理
市国土资源局	负责充换电站、充电桩及相关辅助设施建设的用地保障和政策，办理相关建设项目的用地预审、土地征收、新增建设用地审批，做好项目建设的用地报批和供地工作
市城乡建设局	负责新能源汽车相关基础设施建设的监督管理，实施分管领域新能源汽车的推广应用
市交通运输局	负责将新能源汽车的推广应用列入市交通总体规划，在公交、出租、物流等领域开展推广应用，专用车驾驶员、维修人员、运营调度人员的专业技术培训和运营安全知识培训工作；做好运营管理有关工作；实施分管领域新能源公务车的推广应用；配合建设新能源汽车运行的实时跟踪、数据收集分析、故障诊断系统
市商务局	负责新能源汽车 4S 店（维修服务站）、体验服务中心建设及管理工作，指导二手新能源汽车交易工作
市环保局	负责充换电站、充电桩及相关辅助设施建设项目，以及新能源汽车产业化发展重点项目的环评审批；对新能源汽车废旧电池处理进行监督管理
市规划局	负责把新能源汽车发展的相关要求纳入城市综合交通规划，研究制定新能源汽车充换电基础设施建设规划，做好充换电站等设施的相关规划许可工作
市房管局	配合做好住宅小区内建设新能源汽车充电设施的建设和管理工作
市城管局	配合全市公共场所新能源汽车充电设施的建设与管理工作，实施分管领域新能源公务车的推广应用
市安监局	协调配合有关部门制定新能源汽车推广应用的相关安全标准、管理制度和规范，负责安全综合监督
市物价局	负责制定鼓励新能源汽车推广应用、充换电设施用电价格和服务价格政策
市机关事务管理局	负责新能源公务车推广应用工作
常州工商局	负责新能源汽车生产、销售服务等领域的注册登记等工作，参与市场培育、市场布局规划，规范市场经营秩序；实施分管领域新能源公务车的推广应用
常州质监局	负责新能源汽车关键零部件的企业标准备案及国家标准、行业标准的推荐协调工作，在新能源汽车领域开展标准化示范和技术质量检验检测工作以及支持建立新能源汽车及关键零部件产品质量检测中心，加强对推广应用新能源汽车产品的质量跟踪和监测
常州市邮政管理局	负责邮政、快递等领域新能源汽车推广应用工作
常州供电公司	做好充换电设施建设用电业务的受理、业扩、增容等服务工作；做好充换电设施用电电价政策的执行工作；做好所负责的充换电站、桩群及辅助设施的建设和运营工作；配合建设新能源汽车运行的实时跟踪、数据收集和分析及故障诊断系统，负责分管领域新能源汽车推广应用工作

常州市人民政府办公室

2014 年 8 月 25 日

南通市新能源汽车产业发展规划纲要（2014—2017）

为贯彻落实国务院《节能与新能源汽车产业发展规划（2012—2020）》《江苏省“十二五”培育和发展战略性新兴产业规划》《江苏省“十二五”新能源汽车产业推进方案》和《江苏省新能源汽车推广应用指导意见》，抓住国内外新能源汽车产业快速发展和南通被列入全国“十城千辆”新能源汽车推广应用城市的机遇，基于南通良好的区位优势和汽车零部件产业的一定基础，实施弯道超越战略，加快推进全市新能源汽车研发及产业化，根据市委、市政府对全市产业发展的总体部署，特制定本规划纲要。

一、产业基础与发展背景

（一）产业发展现状简析

南通的汽车工业起步于 20 世纪 80 年代，目前已基本形成了以整车企业为龙头、一大批零部件生产企业为支撑的汽车产业发展新格局。2013 年，全市 58 家规模以上汽车及零部件配套企业实现工业总产值 305 亿元，比上年增长

10%。综观全市汽车及零部件产业的发展主要有以下特点：

1. 传统车辆生产企业初具规模。目前已有传统车辆生产企业2家，在建项目2个。江苏英田集团是南通现有规模较大的有自主制造销售资质的汽车生产企业，主要产品有载货汽车、自卸汽车、低速载货汽车（农用车）、英田牌柴油机、汽车零部件等。该集团通过ISO9002国际质量体系认证并拥有江苏省著名商标和江苏省名牌产品，可年产各种类型载货汽车10万辆。南通中集交通储运装备制造有限公司是国家公告内专用车生产企业，主要生产压缩天然气、液化石油气、压缩工业气体等承压罐式专用车辆，产能1000台。江苏御马汽车制造有限公司和上海神舟汽车节能环保海安有限公司专用车项目在加快推进之中。

2. 汽车零部件产业领域基础良好。目前南通市规模以上汽车零配件企业50余家，其中年销售亿元以上企业32家。全市汽车零部件企业产品涉及轮胎制造、汽车内饰件系列、车身覆盖件、汽车电器产品系列、汽配锻铸件产品系列、发动机配件及其他部件近百个品种。

3. 部分优势产品具有较强竞争力。双钱轮胎是我国最大的全钢子午线轮胎生产基地，在国内外市场上具有很强的竞争能力。如皋力星钢球有限公司是国内最大的专业化钢球生产基地，汽车类主要产品有高档轿车专用精密轴承钢球、高档轿车轮毂专用钢球等。南通天丰电子新材料有限公司研发的锂离子电池隔膜，产品性能已达到同类进口产品水平，其性能极大地改变了国内动力锂电池隔膜依赖进口的局面。江苏铁锚玻璃股份有限公司是国内生产安全玻璃龙头企业，其工艺水平世界领先。鹰球集团自主开发的“稀土铜包铁含油轴承”和“汽车电喷燃油泵转子”达到国内领先水平，粉末冶金含油轴承产销量同行业全国第一。

4. 产业集聚雏形初步显现。全市汽车及零部件产业主要分布在如皋经济开发区、苏通科技产业园、海门经济开发区、海安的“三区、两园”以及南通高新区等产业集中区内，初步形成以启动新能源汽车项目为重点、力促零部件产业优化升级和配套产业集合成链的新能源汽车产业集聚区。2011年以来，如皋、海门两市分别被命名为江苏省新能源汽车产业基地和江苏省汽车零部件产业基地；如皋经济开发区和苏通科技产业园也分别被南通市政府命名为南通市新能源汽车特色产业基地。海安经济技术开发区建有省商务厅命名的“江苏海安汽车零部件产业园”。南通高新区的汽车精密压铸企业密集，被中国压铸协会命名为“中国压铸产业试点基地”，建有高端铝压铸件工艺技术及新材料公共服务平台。

5. 新能源汽车重大项目加快推进。目前已落户的项目6个，总投资达100亿元。江苏陆地方舟新能源电动汽车项目总投资40亿元，规划用地1200亩，分三期建设；其中一期投资13.72亿元，占地734亩。目前，包含焊装、涂装、总装、检测在内的客车生产线、小批量纯电动乘用车四大工艺生产线安装到位并投入试产，一期规划产能为客车5000辆，其中50%为新能源汽车；关键零部件10万套；已研制生产RQ6100G型柴油和混合动力城市客车、RQ6700X柴油和纯电动小型客车、RQ5060厢式运输车、RQ6930专用小学生校车等多款车型。三期完工达产后预期产值300亿元，利税60亿元。江苏尼欧凯汽车有限公司总投资10亿元，已自主研发生产的10.5米传统柴油公交车、8吨环卫专用车、10.5米插电式混合动力公交车、11.5米纯电动公交车已进入或即将进入国家工信部产品公告，正在研发的纯电动环卫车、纯电动或混合动力轻物流车商务用车等车型也即将面世。苏通科技产业园引进总投资6亿元人民币的天丰动力电池隔膜生产项目进展顺利。此外，南通明诺机械有限公司正在与东风汽车公司合作生产新能源高效路面清扫车和微型急救车。江苏海四达电源股份有限公司、江苏万力电池控股有限公司、中天储能科技有限公司等企业在新能源汽车用电池及其材料的研发上加大投入和积极攻关，并均已取得良好进展。江苏紫琅客车有限公司资产重组激活资质工作在推进之中，南通滨海园区与之合作引进外来战略投资者，拟投资建设国内领先的新能源汽车科技产业园。

（二）面临的机遇与挑战

我国、我省将新能源汽车列为当前重点发展的战略性新兴产业，分别出台了相关规划、规则、推进方案及扶持政策。南通继2010年被批准列入国家节能与新能源汽车试点示范运营城市之后，又于2012年列入全省新能源汽车推广应用城市，分享国家和江苏的双重政策红利，必将有利于南通新能源汽车的推广应用及其重大项目的招商。同时，南通区位优势突出，地处长三角经济网络紧密圈层，具备发展新能源汽车产业的地缘条件；南通及周边地区在电池基础材料、锂电池和机械加工产业基础上有较强的优势，具备发展新能源汽车产业的低成本要求；南通教育事业发达，人力资源相对丰富，具备发展新能源汽车产业的人才保障。所有这些，都为南通新能源汽车的推广应用、重大项目招商及产业化发展创造了难得机遇和良好条件。

当然，南通发展新能源汽车产业也面临着诸多挑战：一是南通新能源汽车产业链中核心环节缺失，汽车用电池投资规模小，且刚刚起步，电机、电控骨干企业尚需引进，产业发展基础亟待强化；二是产业集群发育不足，汽车生产龙头企业带动作用缺乏，相关配套企业群尚未形成气候；三是上海、苏州、南京及盐城等市新能源汽车产业雄厚基础和快速发展对南通形成巨大压力，其极化效应不利于南通吸收外部资源。与先进地区相比，南通新能源汽车产业基础亟待加强。

二、总体要求、基本原则和发展目标

（一）总体要求

根据国家和省关于培育和发展新能源汽车产业的战略部署，紧紧抓住和充分利用南通被列入“新能源汽车推广应用城市”的良好机遇，按照市场主导、创新驱动、重点突破、协调发展的要求，发挥企业主体作用，加大政策扶持力度，营造良好发展环境，集聚资源、高点定位，逐步提高南通新能源汽车企业的创新能力和产业化水平。争取用5年时间建立以骨干企业为核心的新能源汽车产业链，用10年时间将南通建设成为产业规模、创新能力和品牌影响均达到国内前列的新能源汽车产业基地。

（二）基本原则

新能源汽车产业发展遵循以下原则：

1. 坚持立足当前与着眼长远相结合。以推广普及LNG汽车、插电式混合动力汽车、增程式电动汽车和短途纯电动汽车为切入点，以纯电动汽车、插电式混合动力汽车、增程式电动汽车为产业发展重点，逐步推进和实现新能源汽车的全面发展。同时积极谋划发展燃料电池汽车等其他新能源汽车，抢抓未来新能源汽车产业发展制高点。

2. 坚持产业发展与产品应用相结合。同步推进新能源汽车的产业发展和推广应用工作，以应用推广带动产业发展，以产业发展支撑应用推广，探索产业发展与产品应用的新商业模式，达到既节能减排又促进经济发展的双重目标。

3. 坚持政府引导与市场驱动相结合。在产业培育初期，着力加强政府的统筹与指导，发挥规划引导和政策激励作用，培育环境、适当补助、壮大产业、促进消费。同时，充分发挥市场需求对产业发展的拉动作用和配置资源的决定性作用，营造良好市场环境，促进新能源汽车大规模商业化应用。

4. 坚持自主发展与开放合作相结合。坚持以自我发展为主、创新推动，把技术创新作为推动产业发展的主要驱动力，加快形成具有自主知识产权的技术、标准和品牌。同时积极利用全球资源，深层次开展国际技术、产业合作与交流，探索合作新模式。

（三）发展目标

到2015年，新能源汽车综合生产能力达到2万辆，产销量力争达到1万辆；全市汽车及零部件产业销售收入突破400亿元，其中新能源汽车及其零部件产业销售收入超50亿元。初步建立适应电动汽车发展要求的配套设施网络、产业支撑体系和政策环境。产业技术创新能力大幅度提高，整车集成、动力电池、驱动电机等核心技术达到国内先进水平，初步形成采用技术先进、制造和使用成本较低、基本满足市场规模化推广要求的新能源汽车产业链。

到2017年，新能源汽车综合生产能力达到5万辆，产销量达到2万辆；全市新能源汽车及其零部件产业销售收入超100亿元。建成较为完善的配套设施网络和产业支撑体系，电动汽车实现成熟的市场应用，形成具备较强竞争力的新能源汽车产业集群，南通成为产业规模、创新能力和品牌影响均达到国内前列的新能源汽车产业基地。

三、重点任务

（一）加快建立特色明显、资源共享的科技创新体系

着力突破一批关键技术。建立和优化新能源汽车整车开发流程，突破整车设计、动力总成、整车匹配等关键共性技术，推进新一代轻型纯电动汽车的研发及产业化。重点推进动力电池技术创新，重点解决动力电池系统安全性、可靠性和轻量化问题，加强驱动电机及核心材料、电控等关键零部件研发和产业化。支持锂电动力电池技术研发，力争在材料、结构及工艺上取得突破性进展。根据燃料电池技术进展，适时适度开展制氢、储氢、加氢技术与装备的研发。鼓励开展电机、电动空调、电动转向、电动制动等关键产品和机电耦合、能量回收、轻量化等关键技术以及新能源汽车基础设施关键技术的研发。大力开展产学研合作，支持高校和科研机构在基础应用研究和前沿技术领域开展合作研究，鼓励企业和研发机构开展全球研发服务外包。

实施标准与知识产权战略。针对南通新能源汽车产业链的技术发展现状和趋势，积极引导和鼓励支持新能源汽车整车和零部件生产企业采用国际标准和国外先进标准，研究制定企业标准，提高行业准入门槛，促进产业可持续发展。加强新能源汽车知识产权工作的保护和维权工作，构建覆盖全产业链的专利体系，推进企业实施专利和品牌战略，提升企业和地区竞争力。鼓励建立新能源汽车专利信息库，加强知识产权的运用、保护和管理。

实施产业创新能力建设工程。围绕新能源汽车产业发展重点领域建设一批省级工程实验室、技术中心和重点实验室，推进建设国家级、省、市级创新平台，形成配置完整、功能齐全的共性技术研发和推广平台体系。推进新能源汽车检测、试验平台建设，建立动力电池质量监督检验中心、新能源汽车电机、电器质量监督检验中心等省级以上检测、试验平台。着力引进国内外院校、科研机构、大型企业共建（支持市内企业与境内外有实力的企业联合设立）研发机构。

加强人才培养与引进。以新能源汽车研发与产业化重大项目为依托，培养一批领军型复合人才。加强与新能源汽车相关的电化学、新材料、车辆工程、汽车电子、机电

一体化等相关学科建设，培养研发与高素质应用型人才。广泛开展相关技术培训，提高相关从业人员的职业技能。积极引进新能源汽车领域的科技领军人才和科研创新团队。

（二）着力构建配套完整、布局合理的产业体系

促进产业集聚发展。积极围绕整车生产项目发展上游关键零部件配套产业，打造新能源汽车产业链。重点发展以整车设计与制造为龙头，带动产业链关键环节突破，强化产业链建设。充分发挥现有优势，围绕轮胎产业链、车身及附件、汽配锻铸件产品系列、内饰件、车用柴油机等系列加速改造提升，形成具有较强优势的汽车零部件基地。引导零部件企业以产业链为纽带共生集聚、集约发展，支持具有良好基础及发展潜力的地区加快发展，壮大规模，形成产业集群效应。

培育自主品牌龙头企业。重点支持行业骨干企业，推动市内电动汽车整车和关键零部件骨干企业做大做强，加强品牌推广和产品国际认证，积极参与国际市场竞争，争取进入国内整车制造商和国际跨国汽车公司的采购供货体系。到 2017 年，培育形成具有自主品牌、在省内居领先地位的 2～3 家整车生产企业，3 家以上动力电池骨干企业以及若干家动力电池关键材料骨干企业和驱动电机、电控骨干企业。依托龙头骨干企业加快培育发展上下游配套产业链。

加强产业开放与合作。以生产企业为主体、联合国内外科研攻关能力强的大学、科研机构，组建新能源汽车产学研技术创新联盟，承担新能源汽车及零部件关键基础和共性科技重大攻关项目，帮助企业实现新产品新技术新工艺的自主研发和产业化，重点支持建设一批包括公交车、乘用车、特种车和短途纯电动车在内的整车生产项目、核心零部件研发及产业化项目、公共服务平台建设项目。落实规划、国土等相关优惠政策和资金支持，在新能源汽车领域支持建设一批省市级战略性新兴产业基地。

（三）逐步建设功能完备、支撑有力的配套服务体系

创新商业模式。推进融资租赁、车电分离、充换电服务等多种商业模式的探索与创新，探索形成具有商业可行性的电动汽车运营模式。支持建立完善的新能源汽车保险、租赁、物流、售后服务、二手车交易、动力电池梯级利用与回收再利用等配套服务体系。

完善金融支撑体系。鼓励金融机构创新产品，对符合条件的新能源汽车产业发展、示范应用以及基础设施建设等项目提供信贷支持。支持电动汽车整车及关键零部件生产企业发行企业债券和在境内外证券市场上市。积极争取新能源汽车产业投资基金和创业投资基金来通合作。

实施配套基础设施建设工程。滚动完善充电设施建设总体规划，将充电、充气设施建设纳入城市综合交通运输体系规划和城乡建设相关行业规划。制定充电设施相关地方标准，支持各类企业投资建设充电、充气设施。谋划在新建的居民小区和公共停车场配套安装一定数量的充电设施、现有居民小区和公共停车场逐步加建。

（四）积极推广应用新能源汽车

大力实施推广应用示范工程。抢抓国家节能与新能源汽车推广应用试点城市的机遇，积极完成国家下达的试点计划。到 2015 年末，在公共服务领域推广应用新能源汽车 1020 辆。其中，客车 320 辆，新能源公务车、环卫车、电力工程车等特种车辆 700 辆。同时，密切跟踪国家新能源汽车产业政策调整最新动态，加大政策扶持力度，在电动乘用汽车上路、上牌、上保险等方面加强政策研究，出台地方性政策，加大新能源电动乘用汽车推广应用范围。在国家政策允许的前提下，支持如皋市进行经济型纯电动汽车示范推广综合示范区试点探索。积极拓展新能源汽车推广应用领域。以新能源汽车在城市公共服务领域的应用为突破口，引导和带动私人购买新能源汽车，推动企业扩大产业规模、提升技术水平和降低生产成本。本地区更新或新增的公交车要优先采用新能源汽车，市政、邮政等行业大力推广新能源汽车，鼓励城际、机场客运车辆应用新能源汽车。推动各级政府及公共机构逐年加大新能源汽车采购规模。鼓励有条件的县（市）开展私人购买新能源汽车补贴试点工作。

努力营造良好应用氛围。充分利用媒体、网络、会议等多种渠道，展示新能源汽车对节能减排的积极作用及其技术进步、产业发展、推广应用成果，增进社会各界认知程度，形成大众易于接受、乐于使用新能源汽车的良好氛围。

四、对策措施

（一）加强组织领导。由市政府领导牵头，市发改委、经信委、科技局、财政局、公安局、交通运输局、环保局、国土资源局、质监局等部门参加，建立市新能源汽车产业发展协调小组，负责研究相关配套政策，协调集成各方面资源，合力推进新能源汽车发展。同时充分发挥企业、高校、科研机构、行业协会、应用单位、金融机构等的积极性、主动性和创造性，积极组建产业发展联盟。认真贯彻落实《江苏省“十二五”新能源汽车产业推进方案》和《江苏省新能源汽车推广应用指导意见》及相关工作要求，制定切实可行的实施办法，量化目标，明确进度，确保各项政策措施落到实处。

（二）完善政策体系。综合采取财政、价格、政府采购、技术标准等手段，支持新能源汽车技术研发、产品制造及推广应用。加快研究建立新能源汽车购车补助制度，将符合条件的新能源汽车产品纳入政府采购目录，政府采

购在同等条件下优先采购本市合格的新能源汽车产品，并在车辆定编和资金方面予以优先安排。引导各级政府逐年加大公务购车中新能源汽车所占比例，优先采购具有自主品牌的新能源汽车。认真落实国家和省有关新能源汽车推广应用及产业发展的各项补助政策，并结合本地实际研究出台促进新能源汽车推广应用、产业发展的具体措施，以及动力电池以旧换新等补贴政策，为新能源汽车发展营造良好的政策环境。加大龙头企业扶持力度，加快项目建设进度，在项目审批、科技创新、人才引进、要素保障、税费减免、产业链打造等方面给予政策倾斜，同时积极帮助企业争取国家、省相关政策，推动企业做大做强，在全国形成较强影响力，提高龙头企业的示范带动作用。

（三）加大投入力度。用足用好国家、省财政支持新能源汽车发展的专项资金。市级财政对新能源汽车产业的重大项目、研发创新成果给予重点扶持。切实把资金落实到位。要拓宽融资渠道，充分发挥财政资金“四两拨千斤”的带动作用，引导社会资本投入新能源汽车发展领域，加大对新能源汽车公共平台和配套实施建设、示范应用等的投入力度。鼓励和引导金融与创业投资机构建立适应战略性新兴产业特点的信贷管理制度和贷款评审体系，积极推进知识产权融资、产业链融资等金融产品创新。支持符合条件的企业发行企业债券和上市融资。

（四）强化宣传引导。充分利用各类新闻媒体，积极采取论坛、展会等多种形式，加大对本市新能源汽车产业发展的宣传力度，充分展示新能源汽车的发展成果及其优点，广泛宣传力促新能源汽车发展的各项优惠政策，提高社会各界对新能源汽车的认知和接受程度。开展产业招商，借助我国巨大的汽车消费市场优势、江苏汽车产业的集聚优势、南通新能源汽车产业的发展潜力，以良好的投资环境，积极吸引汽车跨国公司、国际汽车零部件生产商、汽车设计研发技术公司投资建厂、积极吸引国内有实力的整车和零部件企业投资建厂。

（五）加快基地建设。根据省政府发布的《江苏省新能源汽车推广应用指导意见》，已经明确在南通培育新能源汽车产业基地。一是夯实基地发展基础，注重加大对基地主体园区基础设施建设和周边环境整治力度。二是根据园区自身的区位特点和产业基础，有所侧重，实现不同集聚区之间的错位竞争。三是主动与国家、省产业规划对接，积极创建新型工业化产业示范基地和新能源汽车产业基地。

附件 1

南通市新能源汽车重点项目

项目名称	投资规模（亿元）	达产目标	发展预期
陆地方舟新能源汽车生产项目	40	年产 5000 台客车（含新能源）、5000 台专用车（含新能源）和 10 万台套电动汽车关键零部件	成为全国一流的新能源客车生产企业。建成全国最有价值的新能源汽车销售网络平台。建成江苏省省级新能源汽车技术中心，江苏省新能源汽车产学研基地。具备客车整车生产资质；建立完善的产业链配套体系，为二期建设开工设打下良好基础。2017 年规划客车、专用车产销 10000 台，产值达到 60 亿元以上
尼欧凯新能源汽车生产项目	10	年产新能源环卫车 3000 辆（其中新能源环卫车 2000 辆、传统环卫车 1000 辆）、改装客车 2000 辆（其中新能源改装客车 1000 辆、传统改装客车 1000 辆）	2014 年成立南通市新能源汽车技术研究所申报江苏省新能源汽车技术工程研究中心。开发纯电动扫路车、洒水车、电动吸粪车、港口用电动物流车，形成批量化生产。2015 年成立国家级的新能源汽车综合研发中心。气电混合客车、纯电动客车、新能源专用车开始大规模化投放市场进入商业运行。2017 年将尼欧凯建成全国独树一帜具有特色的现代化新能源客车研发、生产基地，并实现新能源汽车大规模产业化
江苏御马特种车生产项目	10	年产 5000 辆特种车	2014 年完成厂房建设并进行试生产。2015 年形成批量化生产。2015 年一期完工，建成一条生产线、三种车型的超级平台。2017 年项目全部建成投产后，可年产 5000 台特种车，实现年销售 3 亿元
海安神舟节能型特种车生产项目	10	年产 5000 辆节能汽/客车整车	2014 年建立节能汽车技术研究中心，形成批量化生产。2015 年节能客车、专用车开始大规模化投放市场进入商业运行。2017 年实现年产 5000 台节能汽车整车，预计可实现年产值约 5 亿元
南通明诺新能源清扫车项目	5	年产 1 万辆特种车辆	2014 年计划投资 1500 万元，建设新厂房，购进扫地机配件自动化生产线，完成整体自动化生产。 2015 年计划投资 2000 万元，建设新厂房，购进自动化家用扫地机生产线。2017 年可年产特种车辆 1 万辆，实现年销售 5 亿元

附件 2

南通市汽车及零部件产业布局

主要载体	开发规模	发展目标
如皋经济开发区	已建成 3750 亩核心区，目前已经形成陆地方舟、双钱集团、华尚玻璃为龙头，以荣威塑料、优冠汽车配件、超盾机电等集聚的新能源汽车和汽车零部件产业集群	积极推进新能源汽车整车产品规模化、重要部件本地化、关键技术自主化、产品应用多样化，初步建立以骨干企业为主体、品牌产品为支撑的研发、制造、售后服务体系，建成以新能源汽车整车制造为龙头，汽车零部件产业集群为支撑，辐射长三角汽车零部件物流园为依托的国家级新能源汽车产业基地。2015 年整车销售达 10 亿元；2017 年新能源汽车产业直接经济规模超百亿元，其中新能源汽车整车销售收入力争突破 50 亿元，整车生产能力达 10 万辆。以企业为主体，加快建设各类研发平台，力争至 2015 年，各类新能源汽车研发机构达 10 个（其中国家级和省级研发机构达 5 个）
海安经济开发区	用地约 9000 亩，是以瑞马汽车为整车重点项目、集汽车制造、汽车商贸、4S 销售、二手车交易、配套服务、汽车装配为一体的现代汽车园区	汽车及零部件基地园区规划完成并落实，基地配套市政工程完成并投入使用，基地配套服务体系初步正常运转，实现产能 5 万辆新能源轿车，10 万辆专用车经济环保型汽车生产企业 2 ~4 家，其中经济环保型汽车产值过 20 亿元的企业 2 ~3 家；集成供应型汽车零部件企业 30 家，其中汽车部件产值过 10 亿元的企业 5 家以上，实现汽车整车及其汽车零部件销售收入 100 亿元人民币。2015 年整车销售达 5 亿元；2017 年整车和零部件产业销售超百亿元，其中汽车整车销售收入 10 亿人民币，汽车零部件销售收入 85 亿元人民币，汽车服务 5 亿元。提高汽车生产研发能力，建立集整车研发、核心零部件研发于一体的区域级汽车研发中心，到 2015 年，实现 1 家具有竞争力的国家级企业高新技术（研发）中心，2 ~3 家省级企业高新技术（研发）中心。逐步加大研发投入，主要汽车整车零部件企业短期内争取研发经费占销售收入比例达 3% 以上
海门经济开发区	总规划面积 4500 亩	面向国际市场，做强做大龙头企业，打造知名品牌，增强市场竞争能力。做精做专中小企业，不断提高产品的质量和生产规模，把园区建成苏中地区汽车零部件的生产基地。到 2015 年，园区汽车产业实现销售收入超百亿元；到 2017 年，园区汽车产业实现销售收入 200 亿元，增幅 30% 以上，占全部规模工业的比重达到 40% 以上。培育年销售收入超亿元企业 15 家以上，其中，超 5 亿元企业达到 5 家以上，超 10 亿元企业达到 3 家以上。培育上市企业 2 家。培育上市企业 2 家。建成省级企业技术中心（工程中心）2 家，市级企业技术中心（工程中心）5 家。打造省级以上品牌 3 个（“冠东”“金君”“HTGD”）
正余镇汽车零配件产业园	规划总面积 2000 亩	成为德国宝马、美国通用、上海大众等国际、国内知名汽车企业的部分配套产品总成基地，长三角地区具有较大影响力的高端汽配零部件示范产业集群。到 2015 年，区内汽车产业实现销售收入达 100 亿元，年均增幅 23% 以上。培育年销售收入超亿元企业 4 家以上。到 2017 年，区内汽车产业实现销售收入达 120 亿元，年均增幅 25% 以上。培育年销售收入超亿元企业 6 家以上
苏通科技产业园区	规划用地面积 1000 亩。一期用地 450 亩	汽车及零部件基地园区规划完成并落实，基地配套市政工程完成并投入使用，基地配套服务体系初步正常运转，实现产能 1 万辆新能源汽车，集成供应型汽车零部件企业 30 家，其中汽车部件产值过 10 亿元的企业 5 家以上。到 2015 年，区内整车和零部件产业生产总值达 10 亿元。到 2017 年，力争实现汽车产业生产总值 100 亿元，年均增幅 20% 以上
南通滨海园区	规划总占地面积 5000 亩。其中一期总投资为 80 亿元，占地面积约 2000 亩	新能源汽车产业园规划建设新能源汽车技术研究院、新能源汽车研究院、乘用车生产基地、电驱动总成基地、电力电子制造基地、电源总成基地、国际新能源汽车体验广场、国际新能源汽车博物馆及国际名牌 4S 店、新能源汽车电影院、新能源汽车改装服务、新能源汽车文化风情小区等高端项目集群为引领的大型国际新能源汽车产业文化综合园区

附件 3

未来新能源汽车重点发展的产业链重点环节

新能源汽车产业链上游	**锂离子电池材料**	**正极材料、负极材料、电解液、隔膜及超薄铜箔和铝箔等辅助材料**
	永磁同步电机材料	**永磁材料、硅钢材料**
新能源汽车产业链中游	整车	专用车乘用车和商用车
	电池	铅酸蓄电池、镍氢动力电池以及锂离子动力电池
	电机	交流异步电机和永磁同步电机
	变速器	行星齿轮机构、传统的机械手动/自动变速器（AMT/MT）、液力机械自动变速器（AT）、无级自动变速器（CVT）、双离合器自动变速器（DCT）

续表

新能源汽车产业链上游	**锂离子电池材料**	**正极材料、负极材料、电解液、隔膜及超薄铜箔和铝箔等辅助材料**
	永磁同步电机材料	**永磁材料、硅钢材料**
新能源汽车产业链下游	新能源汽车配套的基础设施建设	充电站（桩）和电池更换站
	新能源汽车配套的服务	整车或电池租赁和其他配套服务

南通市人民政府办公室

2014 年 1 月 27 日

南通市政府关于加快新能源汽车推广应用的意见

各县（市）、区人民政府，市经济技术开发区管委会，市各委、办、局，市各直属单位：

2013 年底，我市被国家纳入新一轮新能源汽车推广应用城市，标志着我市已进入更大力度、更广范围推广应用新能源汽车的新阶段。为加快新能源汽车在我市的推广应用，根据《国务院关于印发节能与新能源汽车产业发展规划（2012—2020 年）的通知》（国发〔2012〕22 号）、《省政府关于印发江苏省新能源汽车推广应用指导意见的通知》（苏政发〔2012〕26 号）、《省政府关于加快新能源汽车推广应用的意见》（苏政发〔2014〕51 号）等文件要求，结合 2013 年市政府常务会议讨论通过的《南通市新能源汽车示范推广实施方案》（通政发〔2013〕58 号）的实际情况，提出如下意见：

一、明确全市新能源汽车推广应用的目标要求

（一）推广应用目标。经财政部、科技部、工信部、发改委批复同意，我市列入国家 2013—2015 年新能源汽车推广应用城市范围。2013—2015 年，我市计划在公共服务领域推广应用新能源汽车 1020 辆。其中，2013—2014 年推广 455 辆，2015 年推广 565 辆。

（二）推广应用原则。一是坚持政府推动与市场运作相结合。初期重点在公共服务领域推广新能源汽车，把新增公交客车、环卫车等特种车辆作为突破口，同时鼓励私人消费者自愿购置。待条件成熟时，再逐步过渡到以市场运作为主。二是坚持示范应用与产业发展相结合。按照以示范带动市场、以市场促进产业的思路，通过新能源汽车示范运营培育和扩大市场需求，努力实现新能源汽车生产的规模效益，推动产业转型升级。

二、加快新能源汽车充换电设施规划和建设

（一）科学规划充换电设施布局。各县（市）、区要根据推广应用新能源汽车的种类和数量等，结合市政设施建设，对新能源汽车充换电设施统筹规划、统一布局。依据城市规划编制本地新能源汽车充换电设施建设规划，注意与土地利用规划相衔接，并兼顾新能源汽车未来应用对充换电设施建设的需求。今后，新建社会停车场、大型商业区停车场、综合交通枢纽、公交场站和新建小区等，按照一定比例配套建设新能源汽车充电桩和专用停车位；鼓励有条件的企事业单位停车场配建新能源汽车充电设施。

（二）加快推进充换电设施建设。市供电公司要按照《南通市新能源汽车示范推广实施方案》确定的充换电站、充电桩及相关辅助设施建设和运营技术方案确定的目标，加快推进实施。对目标以外的充换电设施需求，供电部门要配合做好业扩、增容等服务。各县（市）、区要加快推进充换电站、充电桩建设。

（三）保障充换电设施建设用地。为电动公交客车服务的充电设施要尽量结合现有公交场站、公共停车场建设。对供电公司建设的充换电站用地，按划拨方式供应。对新能源汽车充换电配套设施的规划、立项审批要提供绿色通道。

三、加大新能源汽车推广应用财政补贴力度

（一）对购置车辆进行补贴。推广应用并享受财政补贴的新能源汽车，是指列入国家《节能与新能源汽车示范推广应用工程推荐车型目录》的纯电动汽车、插电式混合动力汽车和燃料电池汽车，包括在公交、公务、环卫、物流、电力等公共服务领域以及私人领域推广应用的新能源汽车。财政补贴对象为：公共服务领域消费者以及私人消费者。2014 年省财政按照中央财政补贴标准的 40% 对购置新能源汽车进行补贴，标准为：纯电动乘用车 2.5 万元/辆，纯电动客车 20 万元/辆，插电式混合动力（含增程式）客车 10 万元/辆，超级电容、钛酸锂快充纯电动客车 6 万元/辆，纯电动专用车按电池容量每千瓦时 800 元、最高 6 万元/辆，燃料电池乘用车 8 万元/辆，燃料电池商用车 20 万元/辆。市财政按照中央财政补贴标准的 60% 对购置新能源汽车进行补贴。裸车、电池分离销售的，按车辆、电池成本比例享受财政补贴。省、市财政补贴按季结算，于季度结束后 30 个工作日内拨付。同时，按照国家规定，更新新能源公交客车的，免征车辆购置税。

（二）对充换电设施进行补贴。对充换电服务运营商建设的充换电设施费用给予财政补贴。其中，省财政补贴 15%，市财政补贴 15%。省、市财政补贴资金在充换电设施建设完成、通过验收并正式投入运营后 30 个工作日内予以拨付。中央财政对充换电设施给予的奖励资金，主要用于充换电设施建设奖励。

四、给予新能源汽车充换电设施用电价格支持

（一）充换电设施用电价格。经营性充换电设施的用电价格暂按工业用电相应电压等级的电度电价执行（不执行峰谷分时电价）。非经营性充电设施（如社区、单位、私家车库等）的用电价格按所在充换电场所的现行分类电价执行。

（二）充换电设施服务价格。纯电动汽车换电模式，按车辆行驶里程收取，按不高于同车型燃油汽车燃油成本的90%执行。纯电动汽车充电模式，按充电电度收取，7座以下客车按不高于同车型燃油汽车燃油成本的60%执行，其他类型按不高于同车型燃油汽车燃油成本的85%执行。

五、完善新能源汽车运行监测和服务保障体系

（一）加强新能源汽车运行监测。各运行单位加强新能源汽车运行的实时跟踪、数据采集、统计分析及故障诊断，建立新能源汽车运行效果评估体系。新能源公交客车要全部安装车辆运行技术状态实时监控装置，进行可靠有效的监控管理，加强新能源汽车从业人员专业技术培训，推广应用新能源汽车的单位要明确安全责任人，确保运行车辆安全可靠。

（二）强化新能源汽车运行服务保障。新能源汽车生产企业应在每个推广县（市）、区设立1个固定售后服务点，负责新能源汽车产品的保养维护。定期对在线运行的新能源汽车进行安全检查和性能测试，确保车辆运行安全可靠。汽车生产企业对报废电池自行或指定专门单位进行回收处理和再利用，避免造成环境污染和安全隐患。建立新能源汽车应急充换电保障体系，确保车辆在特殊状态下的安全稳定运营。

六、加快新能源汽车产业发展

为加快培育新能源汽车产业发展，加大推广力度，市财政安排一定的资金，用于支持自主知识产权的新能源汽车整车设计、集成研发、关键零部件的技术突破和产业化；支持充换电基础设施的建设和运营以及新能源汽车推广应用工作的开展；支持新能源汽车产业的引进及技术攻关等。建立项目合作机制，对有利于我市新能源汽车产业发展、有利于我市新能源汽车推广应用的企业，在政府采购新能源汽车时，同等条件下给予优先考虑。对落户南通的新能源汽车相关产业在土地供应、税费政策等方面给予扶持。

七、健全新能源汽车推广应用工作机制

（一）加强组织领导。市政府已建立了由市长任组长，分管市长任副组长，市监察、发改、经信、公安、科技、财政、国土、环保、交通运输、建设、规划、城管、商务、旅游、机关事务管理、南通大学、供电公司、各县（市、区）政府、南通经济技术开发区、苏通科技产业园区、南通滨海园区、锡通科技产业园管委会等单位负责同志组成的南通市新能源汽车示范推广应用领导小组。各地要强化工作机构的力量，加强工作的推进力度，制定推进应用配套措施，出台应用的财政补贴政策，落实财政专项资金，制定应用分析评价机制，加快推进新能源汽车推广应用和产业发展，确保新能源汽车推广任务既定目标如期实现。

（二）明确职责分工

1. 市发改委负责协调指导重点项目布局和建设，会同有关部门提出新能源汽车推广应用的基础设施建设规划、充换电站建设规划布局。

2. 市经信委负责制定新能源汽车产业发展规划，推进新能源汽车产业发展，指导、协调新能源汽车企业和产品进入国家公告目录，协助审批新能源汽车产品在相应区域的运行，会同有关部门研究并制定新能源汽车推广应用分析评价机制，做好与国家工信部、省经信委的对接工作。

3. 市科技局负责制定新能源汽车科技计划申报、产学研等方面政策和措施，加强行业共性技术平台建设，支持南通大学、重点企业开展新能源汽车及关键零部件研发和技术攻关，支持、督促相关企业建立新能源汽车运行的实时跟踪、数据收集与分析及故障诊断系统，组织开展相关的研究，做好与国家科技部及省科技厅的对接工作。

4. 市公安局负责新能源汽车推广应用消防工作，研究做好本地新能源汽车企业试运行和交通管理等工作。

5. 市财政局负责安排市级专项补贴资金，制定新能源汽车推广应用税收、财政补贴政策、市级专项补贴政策使用管理办法，出台鼓励社会资金参与推广应用的扶持政策，督促各县（市）、区落实财政补贴政策，开展新能源汽车及相关设备的政府采购工作，做好与国家财政部及省财政厅的对接工作。

6. 市交通运输局承担领导小组办公室职责，负责城市公交车驾驶员、维修人员、运营调度人员的专业技术培训和运营安全知识培训，做好运营管理有关工作。

7. 市国土资源局负责充换电站、充电桩及相关辅助设施建设的用地保障，办理相关建设项目的用地预审、土地征收、新建建设用地审批；做好项目建设用地报批和供地工作。

8. 市规划局负责把新能源汽车发展的相关要求纳入相关规划，办理充换电站和充电桩及相关辅助设施等规划许可。

9. 市建设局负责新能源汽车相关基础设施的建设和管理。

10. 市城管局协助实施环卫等特种新能源汽车的推广应用。

11. 市机关事务管理局负责做好新能源公务车的推广应用。

12. 南通供电公司负责制订新能源汽车充换电站、充电桩及相关辅助设施建设和运营技术方案，加快充换电站、充电桩及相关辅助设施建设并保障安全运营，实施推广应用电力工程新能源汽车。配合有关部门做好新能源汽车运行的实时跟踪、数据收集和分析及故障诊断。

13. 南通大学负责开发、完善新能源纯电动汽车安全监控管理系统软件，配合市公交总公司建立新能源公交车安全监控中心，负责安全、维护的技术支撑。

附件：

1. 南通市新能源汽车示范推广应用计划表

2. 南通市充电设施建设计划表

附件 1　**南通市新能源汽车示范推广应用计划表**

责任主体		用途	数量		
			2013—2014 年	2015 年	小计
市区	小计		210	290	510
	机关事务局	公务车	40	30	70
	交通运输局	客车	50	100	150
	崇川区	环卫车等车辆	30	40	70
	港闸区	环卫车等车辆	20	20	40
	市开发区（含苏通园区）	环卫车等车辆	30	40	70
	通州区	环卫车等车辆	30	40	70
	供电公司	电力工程车	20	20	40
海安县		客车	15	5	20
		环卫车等车辆	20	40	60
如皋市		环卫车等车辆	40	60	100
如东县		环卫车等车辆	20	40	60
海门市		环卫车等车辆	20	40	60
启东市		环卫车等车辆	20	40	60
社会资金运作		客车	100	50	150
合计			455	565	1020

附件 2　**南通市充电设施建设计划表**

责任主体	建设区域		数量	
			充换电站（座）	交流充电桩（个）
南通供电公司	市区	小计	4	100
		崇川区	1	25
		港闸区	1	25
		市开发区（含苏通园区）	1	25
		通州区	1	25
	海安县		1	20
	如皋市		1	20
	如东县		0	25
	海门市		0	25
	启东市		0	25
	总计		6	215

南通市人民政府

2014 年 6 月 19

盐城市关于加快新能源汽车推广应用的实施意见

新能源汽车产业是我市重点培育发展的战略性新兴产业，加大新能源汽车产业推进力度，对于缓解能源和环境压力，推动汽车产业转型升级，培育新的经济增长点，具有重大战略意义。近年来，我市认真贯彻国家、省工作部署，新能源汽车推广应用取得初步成效，已列入国家第二批新能源汽车推广应用城市。为认真贯彻落实《省政府关于加快新能源汽车推广应用的意见》（苏政发〔2014〕51 号）要求，迅速建立推广体系，明确目标责任、落实推进措施，加快新能源汽车推广应用，确保完成省下达的目标任务，现提出以下实施意见。

一、总体思路

以科学发展观为指导，按照“政府引导、市场配置、企业运作、实时监控”的要求，鼓励和支持在环卫、邮政、公交、出租、物流、电力、旅游等公共服务领域以及企业事业单位和个人推广应用以电动汽车为重点的新能源汽车。通过加快新能源汽车充换电设施建设、创新推广应用运营模式、提高整车研发生产水平，有计划、分阶段推广应用新能源汽车，以示范带动市场、以市场促进产业，通过推广应用，推进新能源汽车产业持续健康发展，为全省新能源汽车推广应用做出积极的贡献。

二、发展目标

根据省推广应用实施方案中明确的目标任务，2013—2015 年我市要完成 3200 辆新能源汽车推广应用任务，其中 2014 年完成 1182 辆（含 2013 年未完成的），2015 年完成 2018 辆。结合我市实际，2014 年具体推广应用目标为：电动公交车 426 辆、纯电动环卫车 500 辆、纯电动乘用车 40 辆、纯电动箱式运输车（物流车）234 辆，合计 1200 辆。2015 年具体推广应用目标为：电动公交车 20 辆、纯电动环卫车 800 辆、纯电动乘用车 180 辆、纯电动箱式运输车（物流车）1000 辆，合计 2000 辆。

三、重点任务

（一）全力做好年度目标任务分解落实工作。分地区、分部门、分领域、分车型对 2014 年 1200 辆的推广任务进行细化分解：1. 电动公交车 426 辆（210 辆插电式公交车、15 辆纯电动公交车，201 辆纯电动中巴车），由市交通运输局、市开发区负责分解推广，购车资金由同级财政部门承担；2. 纯电动环卫车 500 辆，由市城管局负责分解推广，购车资金由同级财政部门承担；3. 纯电动乘用车 40 辆，市开发区负责购买推广 10 辆、悦达集团负责购买推广 30 辆；4. 纯电动箱式运输车（物流车）234 辆，市开发区、国投集团新组建新能源汽车租赁公司，采取融资租赁的方式，分别购买14辆、220辆箱式运输车，出租给相关物流企业。2015年2000辆推广任务分解：1. 电动公交车20辆，由市交通运输局负责分解推广，购车资金由同级财政部门承担；2. 纯电动环卫车800辆，由市城管局负责分解推广，购车资金由同级财政部门承担；3. 纯电动乘用车180辆，其中国投集团负责购买推广50辆、悦达集团负责购买推广50辆、各县（市、区）负责购买80辆；4. 纯电动箱式运输车（物流车）1000辆，市开发区、国投集团采取融资租赁的方式，分别购买500辆箱式运输车。积极支持中国普天新能源公司在我市开展新能源汽车推广应用工作，推广数量纳入市开发区任务考核。

（二）加快新能源汽车充换电设施建设。编制我市新能源汽车充电设施规划，强化在公共场所和新建小区充电设施建设，研究制定我市充电基础设施新建小区配套建设和老小区改造方案。按照国务院办公厅关于加快新能源汽车推广应用的指导意见（国办发〔2014〕35号）和省政府关于加快新能源汽车推广应用的意见（苏政发〔2014〕51号）要求，支持具备长期投资建设能力并具有大规模充电设施建设运营经验的成熟资本按市场化规则参与我市充换电基础设施建设，具体由市经济信息化委按相关程序负责审核把关。前期已介入我市充电基础设施建设的市供电公司和中国普天新能源公司要按相关合作协议运营推进。东风悦达起亚公司、奥新新能源汽车公司从完善售后服务出发也享有充电设施经营权（移动充电站除外）。加快推进在政府机关及学校、医院、酒店、场馆、景点、大型购物中心等公共停车场所先行建设一批充电设施，其中年底前由市供电公司负责在全市政府机关等单位建成100个地面充电桩：市行政中心办公区域建20个充电桩，市开发区管委会办公区域建20个充电桩，亭湖区、盐都区、城南新区、东台市、大丰市、建湖县、射阳县、阜宁县、滨海县、响水县政府，悦达集团、国投集团办公区域各建5个充电桩。2015年计划由中国普天和市供电公司建设不少于300个充电桩。充电桩布点单位要积极配合和支持充电设施运营单位开展建设安装工作。

（三）强化推广应用安全保障体系建设。建立新能源汽车运行监控中心，健全新能源汽车事故预警信息系统及紧急处置机制，加强新能源汽车运行的实时跟踪、数据采集、统计分析及故障诊断，建立新能源汽车运行效果评估体系。新能源公交客车、乘用出租车、环卫车、物流车等车辆要全部安装车辆运行技术状态实时监控装置，进行可靠有效的监控管理，私人用车根据个人意愿安装实时监控装置。加强新能源汽车从业人员专业技术培训，推广应用新能源汽车的单位要明确安全责任人，确保运行车辆安全可靠。新能源汽车生产企业在我市设立固定售后服务点，负责新能源汽车产品的保养维护，定期对在线运行的新能源汽车进行安全检查和性能测试，确保车辆运行安全可靠。汽车生产企业对报废电池自行或指定专门单位进行回收处理和再利用，避免造成环境污染和安全隐患。建立新能源汽车应急充换电保障体系，确保车辆在特殊状态下的安全稳定运行。

（四）创新新能源汽车推广应用运营模式。着力创新市场推广模式，分类健全新能源汽车运营模式。新能源公交客车推广应用可通过招投标方式成立运营公司，购置运营车辆、独立核算、自负盈亏，接受行业主管部门统一管理；政府提供线路和充电设施，明确经营期限，期满后收回经营权或续签合同。环卫专用车通过加大政府引导和采购力度，明确行业主管部门组织实施，资金来源以财政支付为主。乘用车和物流车采取融资租赁的方式，不用财政支付，以降低政府推广新能源汽车当期购买支出，逐步实现与市场接轨，实现可持续商业化运营，计划先由悦达集团、国投公司购买，组建租赁公司，再出租给相关部门和个人，适时成立新能源汽车出租公司，按招投标程序进入市场运营。同时也鼓励普天、实联等企业在盐开展新能源汽车租赁业务。

（五）提高新能源汽车技术质量和研发水平。注重提高新能源汽车研发生产水平，提供有竞争力的高品质、高性价比产品，让消费者买得起、愿意用、用得方便。新能源汽车整车和零部件生产企业要主动根据市场需求，在产品质量和技术性能上下工夫，争取在电池能量密度、安全、寿命、质量、价格等方面取得突破，努力降低车辆生产成本，增强企业核心竞争力和市场竞争力。市政府设立专项资金重点支持新能源汽车研发平台建设，推进整车产品规模化、重要部件本地化、关键技术自主化。

四、扶持政策

（一）对购置车辆进行补贴。对列入国家《节能与新能源汽车示范推广应用工程推荐车型目录》的纯电动汽车、插电式混合动力汽车和燃料电池汽车，包括在公交、出租、公务、环卫、物流、电力等公共服务领域以及私人领域推广应用的新能源汽车给予财政补贴。国家财政补贴按照《关于继续开展新能源汽车推广应用工作的通知》（财建〔2013〕551号）和关于进一步做好新能源汽车推广应用工作的通知（财建〔2014〕11号）执行；江苏省财政补贴按照省政府《关于加快新能源汽车推广应用的意见》（苏政发〔2014〕51号）执行；地方财政补贴由市、县（市、区）财政部门按照中央财政补贴标准的60%对购置新能源汽车分别进行补贴，其中公交客车、乘用车购车补贴由各地财政进行补贴，环卫车、物流车购车补贴由市、县（市、区）财政各承担一半进行补贴。对裸车、电池分离销售按车辆、电池成本比例享受财政补贴。按照国家规定，更新新能源公交客车免征车辆购置税。相关税费减免政策由市物价局、税务局等部门根据国家、省最新政策，结合地方实际研究制定，主要涉及免收新能源汽车的牌照费、出租车营运有偿使用费“先征后补”等。

（二）对充换电设施进行补贴。对充换电服务运营商建设的充换电设施费用给予财政补贴，其中，省财政补贴15%，市、县（市、区）财政补贴不低于15%，补贴资金在充换电设施建设完成、通过验收并正式投入运营后30个工作日内予以拨付。中央财政对各推广城市充换电设施给予的奖励资金，由市、县（市、区）财政统筹全额用于支持充换电设施建设。

（三）给予新能源汽车充换电设施用电价格支持。经营性充换电设施的用电价格暂按大工业用电相应电压等级的电度电价执行。非经营性充电设施（如社区、单位、私家车库等）的用电价格按所在充换电场所的现行分类电价执行。纯电动汽车换电模式，按车辆行驶里程收取，按不高于同车型燃油汽车燃油成本的90%执行。纯电动汽车充电模式，按充电电度收取，7座以下客车按不高于同车型燃油汽车燃油成本的60%执行，其他类型按不高于同车型燃油汽车燃油成本的85%执行。

五、推进机制

（一）加大组织推进力度。为切实落实推广应用工作，成立盐城市新能源汽车推广应用工作领导小组，领导小组各成员单位按照职责分工，加强对推广应用工作的服务指导，通过协作配合、形成齐抓共管的推进局面。各县（市、区）要参照市里模式，成立相应的领导机构，明确职能部门、落实专人负责，制定推进措施，确保完成各自承担的新能源汽车推广应用目标任务。

（二）完善协同推进体系。新能源汽车推广应用工作是一项系统工程，为进一步加大统筹协调力度，形成工作合力，市新能源汽车推广应用工作领导小组设立六个专项工作小组。1. 综合协调组。由市新能源汽车推广应用工作领导小组办公室牵头，市汽车办、市财政局、市质监局、市工商局、市物价局等部门配合，负责整个推广工作计划和政策的制定、目标分解、重大问题的协调。2. 技术专家组。由市新能源汽车推广应用工作领导小组办公室牵头，组建由生产企业、应用企业、科研机构和高等院校相关领域专家组成的专家小组，负责制定技术标准、运行模式、技术路线和方向，定期对新能源汽车推广应用出现的问题进行分析、评估，提出解决方案。3. 基础设施建设组。由市经济信息化委牵头，市级机关事务管理局、规划局、建设局、城管局、房产局、国土局、供电公司、普天公司配合，负责全市范围的充换电基础设施建设。4. 车辆信息采集组。由市科技局牵头，市经济信息化委、市开发区管委会、东风悦达起亚公司、江苏奥新公司配合，做好新能源汽车运行数据采集、实时显示和两化（智能化、信息化）融合，优先采用创新的保险置换模式解决车载终端、数据流量、软件运行平台，并做好与国家科技部有关推广应用工作的衔接。5. 应急处置组。由市公安局牵头，交通局、安监局、保险公司有关部门配合，负责交通安全等方面应急问题的处置。6. 宣传报道组。由市委宣传部牵头，市文化广电新闻出版局、盐阜报业集团、市新能源汽车推广应用工作领导小组办公室配合，做好新能源汽车推广宣传工作。

（三）强化督查考核工作。围绕完成年度目标任务，市新能源汽车推广应用工作领导小组办公室负责跟踪督查和考核评比工作。对推广工作进行定期督查，及时将各部门、各地新能源汽车推广数量、种类、充换电设施建设、财政补贴资金拨付等情况进行通报。根据国家、省有关要求，研究制定年度目标任务考核办法，加强工作考核，严格兑现奖惩。

本意见实施期限为：2014年1月1日至2015年12月底。

盐城市人民政府

2014年10月20日

盐城市电动汽车充电服务价格的通知

市各有关单位：

根据《省物价局关于明确电动汽车充换电设施服务价格的通知》（苏价工〔2014〕69号）、《盐城市人民政府关于加快新能源汽车推广应用的实施意见》（盐政发〔2014〕126号）的精神，鉴于市区电动汽车充电基础设施建设尚在起步阶段，成本难以核算。为此，参照外市同类型电动汽车充电价格水平，经研究决定，市区电动汽车充电服务价格按电度收取，价格暂定为1.80元/千瓦时。

本通知从2014年12月20日起试行，试行一年。

盐城市物价局

2014年12月18日

扬州市新能源汽车推广应用市级财政补贴实施细则

根据《省政府关于加快新能源汽车推广应用的意见》（苏政发〔2014〕51号）和《市政府办公室关于印发新能源汽车推广应用实施方案的通知》（扬府办发〔2014〕116号）文件精神，市财政对2013—2015年推广应用新能源汽车以及充换电设施建设费用给予补贴。为切实加快推进我市新能源汽车推广应用工作，及时兑付补贴资金，特制定本细则。

一、资金补贴对象

市财政资金补贴对象为本市辖区（暂不含江都区，下同）公共服务领域消费者（包括公交、出租、公务、环卫、物流、电力、企业通勤等）、私人消费者；承建充换电设施的服务运营单位。

二、资金补贴范围和标准

（一）2013年、2014年购车补贴范围

市财政对公共服务领域及私人应用领域在本市购置并上牌的列入国家《节能与新能源汽车示范推广应用工程推荐车型目录》的新能源汽车给予资金补贴。

（二）2013年、2014年购车补贴标准

《省政府关于加快新能源汽车推广应用的意见》明确，2014年，省财政按照中央财政补贴标准的40%，各市财政按照不低于中央财政补贴标准的60%对购置新能源汽车进行补贴。我市2013年、2014年财政购车补贴标准具体为：

1. 纯电动乘用车、插电式混合动力乘用车（含增程式）补贴标准

单位：万元/辆

车辆类型	纯电续驶里程R（工况法、公里）			
	80≤R<150	150≤R<250	R≥250	R≥50
纯电动乘用车	2.1	3	3.6	—
插电式混合动力乘用车（含增程式）	—	—	—	2.1

2. 纯电动客车、插电式混合动力（含增程式）客车、超级电容、钛酸锂快充纯电动客车补贴标准

单位：万元/辆

车辆类型	车长L（米）		
	6≤L<8	8≤L<10	L≥10
纯电动客车	18	24	30
插电式混合动力（含增程式）客车	—	—	15
超级电容、钛酸锂快充纯电动客车	9		

3. 纯电动专用车按电池容量每千瓦时补贴1200元，每辆车补贴总额不超过9万元。

4. 燃料电池乘用车补贴12万元/辆。

5. 燃料电池商用车补贴30万元/辆。

6. 裸车、电池分离销售的，按车辆、电池成本比例享受财政补贴。

2015年市财政补贴范围和标准，将根据中央财政和省财政补贴标准，结合本市推广实际再行确定。

（三）充换电设施补贴标准

对充换电服务运营单位承建的充换电设施费用，地方财政给予15%的补贴。

三、资金补贴方式

公共服务领域消费者购买和使用新能源汽车，补贴资金由财政部门拨付给相关公共服务领域消费者。

私人购买和使用新能源汽车，补贴资金由财政部门拨付给汽车销售机构。汽车销售机构以扣除财政补贴资金后的价格将新能源汽车销售给私人消费者。

充换电设施补贴资金由财政部门拨付给承建服务运营单位。

四、资金承担机制

1. 中央及省属驻常单位、市级机关企事业单位购置新能源车辆所需财政补贴，由市级财政承担；区属机关事业单位购置新能源车辆所需财政补贴，由同级财政承担。

2. 私人消费者购置新能源车辆所需财政补贴均由市级财政承担。

3. 公共服务领域（除区属机关事业单位外）消费者购置新能源车辆本市财政补贴按照属地管理原则由市财政和所在区财政各负担50%。

4. 对充换电服务运营单位承建的充换电设施费用的本市财政补贴均由市级财政承担。

5. 江都区公共服务领域消费者、私人消费者购置新能源车辆和承建充换电设施的服务运行单位所需财政补贴，由江都区财政承担。

五、资金补贴申报流程

（一）市财政补贴实行分级申报制度

1. 新能源汽车公共服务领域消费者：中央及省属驻常单位、市级机关企事业单位直接向市财政局和市经信委提出申请；区属机关企事业单位向所在地的区财政局、经信委申请，各区财政局、经信委初审汇总后，向市财政局和市经信委提交本地区申请材料。

2. 新能源汽车私人消费者：由新能源汽车销售机构根据新能源汽车私人消费者的户籍或暂住地所在地区，向其户籍或暂住地所在地的区财政局、经信委提出申请，各区财政局、经信委初审汇总后，向市财政局和市经信委提交本地区申请材料。

3. 充换电设施的承建服务运营单位：中央及省属驻常单位、市属单位直接向市财政局和市经信委提出申请；其他单位向所在地的区财政局、经信委提出申请，各区财政局、经信委初审汇总后，向市财政局和市经信委提交本地区申请材料。

（二）市财政补贴资金实行按季申报。各区于季度结束后15个工作日内，向市财政局和市经信委提交本地区申请

拨付资金报告、新能源汽车推广应用市级财政补贴资金汇总表（见附件1）、相关申请材料。

充换电站设施建设市级财政补贴申请报告于充换电设施建设完成、通过验收并正式投入运营后15个工作日内提出。

六、资金补贴申报材料

（一）申请车辆购置财政补贴资金的公共服务领域消费者需提交以下材料

1. 新能源汽车推广应用市级财政补贴资金申请表（见附件2）；

2. 车辆购销合同、购销发票等凭证；

3. 公安部门核发的机动车登记证书和行驶证复印件；

4. 由汽车销售机构提供的车型列入国家《节能与新能源汽车示范推广应用工程推荐车型目录》批次凭证；

5. 其他需要提供的材料。

（二）申请私人消费领域车辆购置财政补贴资金的，由新能源汽车销售机构提交以下材料

1. 新能源汽车推广应用市级财政补贴资金申请表（见附件3）；

2. 车辆购销合同、购销发票等凭证；

3. 公安部门核发的机动车登记证书和行驶证复印件；

4. 由汽车销售机构提供的车型列入国家《节能与新能源汽车示范推广应用工程推荐车型目录》批次凭证；

5. 由消费者、销售机构双方签字的新能源汽车私人领域购车补贴确认表（见附件4）；

6. 私人消费者户籍或暂住证复印件；

7. 其他需要提供的材料。

（三）申请充换电设施建设财政补贴资金的承建运营单位需提交以下材料

1. 新能源汽车推广应用市级财政补贴资金申请表（见附件5）；

2. 交通、环保、规划、用地等有关部门的建设许可批复文件复印件；

3. 项目建设和运营规划书；

4. 建设成本预算，有关设备的购置合同、发票，工程建设委托合同等；

5. 经会计师事务所审计的项目竣工决算报告及充换电设施投资清单（主要包括形成固定资产的配电、充电、换电、监控、通信等设施、设备投入，不含土地等投入）；

6. 市新能源汽车推广应用工作协调小组办公室组织的项目验收合格证明；

7. 其他需要提供的材料。

七、资金管理与监督

申请财政补贴资金的单位和个人，对提交申请材料的真实性负责；各区财政局、经信委承担对申请材料的审核责任。对提供虚假信息、骗取财政补贴资金的，将追缴补贴资金、取消补贴资格，并按照《财政违法行为处罚处分条例》《江苏省财政监督办法》等予以处罚；构成犯罪的，依法追究刑事责任。

八、其他

1. 宝应县、高邮市、仪征市参照本实施细则，制订本地区的财政补贴实施细则。

2. 本实施细则由市财政局、市经信委负责解释。

3. 省财政补贴按照《江苏省新能源汽车推广应用省级财政补贴实施细则》（苏财工贸〔2014〕64号）和《关于我省2014年纯电动客车及乘用车推广应用省级财政补贴标准的补充通知》（苏财工贸〔2014〕153号）执行。具体申报流程及材料可参照本文第五、六条款。

附件：1. 新能源汽车推广应用市级财政补贴资金申请汇总表（略）

2. 新能源汽车推广应用市级财政补贴资金申请表（公共领域）（略）

3. 新能源汽车推广应用市级财政补贴资金申请表（私人领域）（略）

4. 新能源汽车私人领域购车补贴确认表（略）

5. 新能源汽车推广应用市级财政补贴资金申请表（充换电设施）（略）

扬州市财政局

扬州市经济和信息化委员会

2014年10月13日

杭州市新能源汽车推广应用财政补助暂行办法

为鼓励本市消费者购买和使用新能源汽车，有效推进我市新一轮新能源汽车推广应用工作，根据国家财政部、科技部、工业和信息化部、发展改革委《关于继续开展新能源汽车推广应用工作的通知》（财建〔2013〕551号）、《关于支持北京天津等城市或区域开展新能源汽车推广应用工作的通知》（财建〔2013〕805号）等文件精神，结合我市实际，特制定新能源汽车推广应用财政补助暂行办法。

一、新能源汽车推广应用范围

符合工业和信息化部《车辆生产企业及产品公告》和《节能与新能源汽车推广应用工程推荐车型目录》要求的国产纯电动汽车、插电式混合动力汽车、燃料电池车，列入本次新能源汽车推广应用范围。

二、推广应用补助申请条件

非在杭注册的新能源汽车生产企业在杭销售新能源汽车，须在本市工商注册登记或委托1家在杭具有独立法人资格的汽车销售机构进行销售。

参与本市推广应用新能源汽车工作的生产企业或销售机构，应向杭州市节能与新能源汽车发展协调小组办公室（设在市经信委）申请备案。备案内容包括：企业的基本情况，产品公告参数，产品售价，维护保养能力，售后服务承诺，质保期，实时监控功能和基础设施建设等。

符合以下条件的购车主体，可享受新能源汽车购置补助政策：

（一）本市户籍人员；

（二）持有效的《浙江省居住证》或《浙江省引进人才居住证》的非本市户籍人员；

（三）持有效的本市《浙江省临时居住证》且近两年（含）连续在本市缴纳（不含补缴）社会保险的非本市户籍人员；

（四）驻杭部队（含武装警察部队）现役军人；

（五）持有效身份证明并在本市连续居住两年以上，且每年累计居住 6 个月以上的港澳台地区居民、华侨和外国人；

（六）在本市拥有合法工作和稳定住所的外省市居民和外籍人士；

（七）在杭注册登记的法人组织，包括党政机关、企事业单位、人民团体和社会组织。

三、推广应用补助标准

（一）购买新能源汽车的，在享受国家补助基础上，可再享受我市的配套财政补助。具体标准：

1. 纯电动客车、插电式混合动力（含增程式）客车、纯电动专用车（主要在邮政、物流、环卫等领域使用）、燃料电池车，按照国家补助标准，给予 1:1 的配套补助；

2. 纯电动乘用车给予 3 万元补助，插电式混合动力（含增程式）乘用车给予 2 万元补助。

3. 微型纯电动汽车补助办法另行制定。

（二）在杭投资建设充换电设施项目的，我市按照充换电设施实际投资额给予最高不超过 20% 的财政补助。

在萧山区、余杭区及五县（市）公共领域推广的新能源汽车和投资建设的充换电设施项目，我市所给予的财政补助资金，按现行财政体制承担。

四、推广应用补助方式

（一）2013 年 1 月 1 日至 2015 年 12 月 31 日期间，在本市购买、上牌、运行特定新能源汽车的购车主体，符合补助申请条件的，可在购车时提供相关证明材料，直接按销售价格扣减国家补助和我市配套财政补助后支付购车款。发文前已购买的车辆，由销售机构负责向市经信委、财政局提出补助申请；销售机构取得补助资金后，应及时支付给消费者。

（二）2013 年 1 月 1 日至 2015 年 12 月 31 日期间，在我市投资建设新能源汽车充换电设施项目的企业，可在竣工验收后申请享受我市财政补助。

五、申请程序和资金拨付

市财政补助资金申请原则上是每季度组织一次，也可视情况定期组织。申请补助的单位应将申请表和材料装订成册，分别报市财政局、市经信委审核确定，由市财政局拨付资金。

（一）新能源汽车的市配套财政补助申请。

由新能源汽车生产企业或销售机构提出补助申请，填写《杭州市购买新能源汽车财政补助资金申请表》，并提供以下材料的复印件：

1. 新能源汽车生产企业或销售机构组织机构代码证、营业执照和税务登记证；

2. 国家质量监督检验检疫总局认可的检测机构出具的已售新能源乘用车车型的检验报告；

3. 购车消费者符合补助条件的资格证明材料（包括单位消费者的组织机构代码证或营业执照，个人消费者的身份证、居住证、军官证等），车辆买卖合同，机动车统一销售发票，电池、电机、电控发票（价格证明），完税证明、车辆所有权登记证书和行驶证；

4. 所售车辆已取得国家补助的相关材料。

（二）充换电设施项目市财政补助申请。

由充换电设施项目投资建设单位提出补助申请，填写《杭州市充换电设施项目财政补助资金申请表》，并提供以下材料的复印件：

1. 项目投资建设单位的营业执照和税务登记证；

2. 项目批准或备案（核准）文件；

3. 会计师事务所出具的项目审计报告及设备投资财务清单；

4. 项目竣工验收报告。

涉及萧山、余杭及五县（市）公共领域推广新能源汽车和充换电设施投入的属地财政配套补助资金，各有关单位可向当地财政部门直接提出申请。

六、监督管理

（一）新能源汽车生产企业及其经销商不得将各级财政补助纳入销售优惠额度，不得因购车者已享受价格优惠而拒不兑付财政补助，不得因购车者已享受财政补助而提高新能源汽车销售价格，确保消费者利益。

（二）在我市上牌并领取市配套财政补助的新能源汽车，经查实在外地实施营运的，收回购车主体已取得的市配套财政补助资金。

（三）申请财政补助的单位要对申报材料的真实性，以及申报材料与产品的一致性负责。对产品与申报材料不符、性能指标未达到要求、提供虚假信息以及在新能源汽车销售、充换电设施项目建设过程中骗取财政补助资金的，除收回已取得的补助资金外，取消其在杭销售新能源汽车备案的资格。

（四）财政补助资金必须专款专用，任何单位不得以任何理由、任何形式截留或挪用补助资金。对违反规定的，将依照《财政违法行为处罚处分条例》（国务院令第427号）和有关规定，依法追究有关单位和人员的责任。

本文件自发布之日起30日后施行，由市财政局牵头组织实施。前发《杭州市人民政府办公厅转发市财政局等四部门关于杭州市私人购买使用新能源汽车试点财政补助资金管理办法（试行）的通知》（杭政办函〔2011〕31号）同时废止。

附件：1. 杭州市购买新能源汽车财政补助资金申请表（略）

2. 杭州市充换电设施项目财政补助资金申请表（略）

杭州市人民政府办公厅

2014年11月28日

宁波市新能源汽车推广应用实施方案

根据国务院《关于节能与新能源汽车产业发展规划（2012—2020年）的通知》（国发〔2012〕22号）、国务院办公厅《关于加快新能源汽车推广应用的指导意见》（国办发〔2014〕35号）和国家财政部、科技部、工信部和发改委《关于支持北京天津等城市或区域开展新能源汽车推广应用工作的通知》（财建〔2013〕805号）要求，为顺利做好我市新能源汽车推广应用工作，进一步改善我市城市空气质量，培育发展新能源汽车产业，特制定本实施方案。

一、指导思想和实施原则

（一）指导思想

坚持科学发展观，贯彻落实国务院《节能与新能源汽车产业发展规划（2012—2020年）》和国务院办公厅《关于加快新能源汽车推广应用的指导意见》，进一步解放思想，以新能源汽车推广应用为契机，通过政府统筹协调、政策扶持、市场推动、科学布局，推进我市节能减排和促进城市空气污染治理，不断改善城市人居环境，带动新能源汽车整车及其关键零部件产业发展。

（二）实施原则

1. 政府引导、市场运作的原则。切实加强政府对新能源汽车推广工作的引导作用，加大推广力度，发挥企业的市场主体作用，培育、引进本土企业和民间资本等多种形式，积极参与新能源汽车的推广应用，按市场化运作模式促进新能源汽车市场的形成。

2. 示范运营、重点突破的原则。紧抓新能源汽车发展的重要战略机遇，以示范推广为重要抓手，在公交、出租、公务、环卫和物流快递等行业率先大力推广使用新能源汽车，引进、完善新型商业运营模式，积极鼓励私人购买新能源汽车。

3. 统筹规划、基础先行的原则。立足于满足新能源汽车产业发展和新能源汽车用户的充电需求，统一规划，坚持基础设施适度先行原则，将新能源汽车配套基础设施建设纳入城市总体规划和供地、供电建设计划，合理布局，形成协调统一的智能充电服务网络。

4. 产业培育、全面推进的原则。充分发挥我市整车和零部件生产企业在推广应用中的带动作用，加大投入力度，优化新能源汽车产业链结构，促进新能源汽车产业良性发展。同时，通过报纸、杂志和电视等渠道广泛开展宣传，为全面推进新能源汽车推广工作营造良好氛围。

二、目标任务

1. 加快由传统能源汽车向新能源汽车方向转变，推进新能源汽车产业健康发展。到2015年，累计推广应用5000辆新能源汽车。其中，外地品牌车辆不低于30%；新增或更新的公交、公务、环卫、物流车辆中，新能源汽车比例不低于30%。

2. 实现基础配套设施的网络化、便利化和智能化。到2015年，累计建设充电站13座，充电架332个，交流充电桩5506个，满足新能源汽车推广应用的运行需要；组建新能源汽车运行监控服务管理平台，为新能源汽车提供安全运行保障。

三、推广工作计划

（一）新能源汽车推广应用计划

1. 公交车500辆。2014年，分别投放20辆纯电动公交（超级电容无轨电车）和86辆插电式混合动力公交。2015年，投放纯电动公交（超级电容无轨电车）、插电式混合动力公交384辆；纯电动公交（超级电容有轨电车）10辆。具体推广工作由市交通委统一负责。

2. 出租车（包括微公交）350辆。至2015年，推广应用纯电动出租车150辆，由市交通委统一负责；推广应用分时自驾租赁（微公交）纯电动汽车200辆。推广和运营模式按照“生产—投资—经营—维保”一体化思路，积极培育具有宁波地方特色的出租汽车生产运营商，探索发展与第三方合作投资经营的商业模式。

3. 公务车131辆。2014年，执法用公务车推广应用48辆插电式混合动力汽车；2015年，执法用公务车和一般公务车分别推广应用48辆和35辆插电式混合动力汽车。其中，一般公务车的推广应用工作由市机关事务管理局统一负责；执法用公务车的推广应用工作由市财政局统一负责。

4. 专用车330辆。2014年，纯电动环卫专用车和纯电动物流快递车分别推广应用30辆和100辆；2015年，纯电动环卫专用车和纯电动物流快递车各推广应用100辆。其中，纯电动环卫专用车推广应用工作由市城管局统一负责；纯电动物流快递车推广应用工作由市邮政管理局统一负责。

5. 私家车3689辆。2014年，推广应用纯电动、插电式混合动力私家车400辆；2015年，推广应用纯电动、插电式混合动力私家车3289辆。

（二）充电设施建设计划

1. 500辆公交充电设施建设。2014年，建设充电架20个；交流充电桩12个。2015年，建设充电架312个；交流充电桩31个；10辆纯电动公交（超级电容有轨电车）共用1条有轨电车专线。

2. 350辆纯电动出租车（包括微公交）充电设施建设。150辆纯电动出租车专用交流充电桩按照1∶1配比、社会公用交流充电桩按照4∶1配比，共建设交流充电桩190个；按照12∶1配比，建设社会公用充电站13座。200辆微公交按照1∶1配比，共建设交流充电桩200个。

3. 131辆插电式混合动力公务车充电设施建设。按照1∶1配比，2014年，建设交流充电桩48个；2015年，建设交流充电桩83个。

4. 330辆纯电动专用车充电设施建设。按照1∶1配比，2014年，建设交流充电桩130个；2015年，建设交流充电桩230个。

5. 3689辆私家车充电设施建设。按照1∶1配比、社会公用交流充电桩按照4∶1配比，2014年，建设交流充电桩500个；2015年，建设交流充电桩4112个。

宁波市各领域新能源汽车年度推广应用计划表详见附件1。

四、保障措施

（一）加强组织领导，确保取得实效

成立宁波市新能源汽车推广应用工作领导小组。由市长担任组长，常务副市长和分管副市长担任副组长，成员单位由市委宣传部、市科技局、市发展改革委、市经信委、市财政局、市交通委、市公安局、市国土局、市规划局、市住建委、市环保局、市城管局、市机关事务管理局、宁波电业局、市邮政管理局、市质监局、市贸易局等部门组成。领导小组负责研究制定宁波市新能源汽车推广应用的重大决策，研究确定重大项目“一事一议”及其扶持政策，统一部署全市新能源汽车推广应用工作。领导小组办公室设在市科技局，负责领导小组日常工作。

各区政府和有新能源汽车产业基础的功能区管委会要成立相应的组织机构，报市领导小组办公室备案，统一部署和组织实施本区域新能源汽车推广应用工作。

（二）加大财政投入，创新推广模式

设立新能源汽车推广应用专项补助资金（新能源汽车推广应用资金补助管理暂行办法另行制定），在示范推广期间，对购买符合国家和宁波相关条件的新能源汽车，按中央财政补贴资金1∶1比例的额度给予补助；对新能源汽车充电设施投入，按实际投资额（不含土地）给予20%的补助。除老三区外，其他县（市）区示范推广新能源汽车补助，可参照实行，补助资金由属地财政承担。创新发展新能源汽车商业租赁模式，鼓励新能源汽车生产企业及运营单位组建新能源汽车租赁公司，采取长期租赁和分时租赁的方式开展新能源汽车推广应用，大力发展以市区短途代步出行为目的的纯电动汽车自驾租赁（微公交）服务模式。

（三）落实工作责任，强化考核评价

市级各相关部门及各区、管委会要进一步明确职责，制订本方案要求的各项政策措施（详见附件2：宁波市新能源汽车推广应用工作领导小组成员单位职责分工），建立新能源汽车推广应用工作的责任机制和落实情况的反馈制度；要认真贯彻《政府机关及公共机构购买新能源汽车实施方案》（国管节能〔2014〕293号）文件精神，新购买的新能源公务用车和环卫专用车占当年配备更新总量的比例不低于30%。各相关运营单位主管部门根据本方案总体要求，抓紧制定各领域新能源汽车推广应用实施方案，精心组织实施，并按规定进度确保顺利完成。领导小组办公室按照新能源汽车推广应用任务计划，要加强对各地、各部门的督促指导，强化考核评价，确保各项工作落到实处。

（四）完善设施配套，加强监控管理

将新能源汽车配套基础设施建设纳入城市总体规划和供地、供电建设计划，科学确定建设规模和选址分布，适度先行建设基础设施。充分利用现有公交场站、停车场等设置充电基础设施，做到合理布局。对于新建办公楼、商场、住宅小区等新能源汽车充电桩按总规划停车位数20%的比例进行配置。规划和国土管理部门要在土地出让条件中明确新建公建类项目、住宅小区和社会公共停车场的充电设施配置要求，保障新能源汽车充电设施建设用地需求。建立新能源汽车运行监控服务管理平台，跟踪新能源汽车运营、安全和服务情况，对车辆维护保养和故障信息进行收集和分析，为新能源汽车提供安全运行保障。

（五）出台优惠政策，优化推广环境

开设新能源汽车办证“绿色通道”，优先办理新能源汽车的注册登记、年检等业务。制定免征新能源汽车车辆购置税、新能源汽车专段号码号牌、单双号不限、全时开放物流车道路使用权、免出租车经营权使用费、专用车免费上牌等优惠政策。出台新能源汽车充电价格优惠政策，制订分时段的新能源汽车充电价格定价机制，引导消费者利用电网谷期时段充电。同时，要加大宣传推广力度，充分利用媒体、杂志、网络等多种渠道，对新能源汽车进行全方位普及推广，提高社会各界认知度，鼓励和引导高校院所、机关企事业单位和社会机构等购买新能源汽车作为单位通勤车辆，调动个人购买新能源汽车人积极性，形成新能源汽车推广应用的良好氛围。

附件：

1. 宁波市各领域新能源汽车年度推广应用计划表

2. 宁波市新能源汽车推广应用工作领导小组成员单位职责分工（略）

附件 1

宁波市各领域新能源汽车年度推广应用计划表

领域	类型	年份	推广数量（辆）	充电架（个）	充电桩（个）	充电站（个）
公交车	纯电动	2014	20	20	—	—
		2015	394	312	—	—
	插电式	2014	86	—	12	—
		2015	0	—	31	—
出租车（包括微公交）	纯电动	2015	350	—	390	13
一般公务车	插电式	2015	35	—	35	—
执法用公务车	插电式	2014	48	—	48	—
		2015	48	—	48	—
环卫专用车	纯电动	2014	30	—	30	—
		2015	100	—	100	—
物流快递车	纯电动	2014	100	—	100	—
		2015	100	—	100	—
私家车	纯电动或插电式	2014	400	—	500	—
		2015	3289	—	4112	—
总计		5000	332	5506	13	

宁波市人民政府办公厅

2014 年 9 月 12 日

湖州市新能源汽车推广应用试点实施方案（2014—2015 年）

根据财政部、科技部、工业和信息化部、发展改革委《关于继续开展新能源汽车及推广应用工作的通知》（财建〔2013〕551 号）要求，为推进我市新能源汽车推广应用和新能源汽车产业的发展，制定本实施方案。

一、指导思想

深入贯彻落实科学发展观，以我市列入国家新能源汽车推广应用试点城市为契机，重点在市中心城区，加快配套设施建设，正确引导市场消费，改善城市环境质量，不断探索创新新能源汽车的应用、商业和产业发展模式，加快推进湖州市生态文明先行示范区建设。

二、工作原则

（一）突出企业主体。坚持“企业主体、市场运作、政府引导”的原则，在国家和地方政策的引导下，采用市场化运作模式，充分发挥社会资金的参与，强化要素保障，不断完善新能源汽车的推广运营模式。

（二）坚持协同推进。坚持新能源汽车配套基础设施统筹规划布局和建设，形成较为完善充电服务网络。广泛吸引社会投资，制定配套设施建设和运营的准入政策。充分发挥国家电网主导作用，加快充电基础设施建设。

（三）明确推广领域。探索新能源汽车运营管理模式，以物流车、公交车、出租车等公共服务领域为重点，形成示范效应，逐步带动单位和家庭购置新能源乘用车。

三、总体目标

（一）推广应用形成一定的规模。到 2015 年，我市新能源汽车推广应用达到省定目标 600 辆，其中新能源物流车 350 辆以上、公交车 50 辆、出租车 100 辆以上、乘用车 100 辆左右。

（二）配套设施建设进一步完善。大力推进新能源汽车配套基础设施建设，以快充为主，兼顾慢充，形成布点均衡、设施完善的充电服务网络。充分利用停车场、公园等场地规划建设充电站和充电桩，到 2015 年底，建设充电站 2 座，充电桩 100 座。

（三）充分带动新能源产业发展。积极推进我市新能源汽车产业发展，突破车用锂电池的技术“瓶颈”，解决动力电池系统安全性、可靠性和轻量化问题，引进新能源汽车整车制造。积极支持微宏动力、康迪汽车、兴海能源等企业产品推广应用，引导其加大科技研发投入，不断增强企业竞争力。

四、工作计划

（一）物流车。针对快递行业的快速增长，解决物流最后“一公里”的问题。加大城市配送网络建设，开展智能物流配送终端工作，推动城市配送车向标准化、绿色化发展。积极推进 EMS、顺风快递等企业推广应用新能源物流车，到 2015 年底累计推广物流车 350 辆以上。

（二）公共交通。鼓励引导公交公司在火车站、公交枢纽、风景区等公交线路上，推广应用新能源公交车，到 2015 年底累计推广公交车 50 辆。根据出租车运力发展规划，新增出租车重点推广纯电动汽车。允许现有出租车服务公司更新和新增出租车时选择新能源汽车，积极引进专业新能源出租车公司，加快推广进度，到 2015 年底累计推广出租车 100 辆以上。

（三）小型乘用车及特种车辆。根据国家新能源汽车补贴政策，制定出台我市补助标准，加大宣传力度和舆论引导，鼓励私人和单位购买使用新能源小型乘用车及特种车辆，到 2015 年底累计推广小型乘用车及特种车辆 100 辆左右。

（四）基础设施。根据我市新能源汽车推广应用重点和领域，完善规划布局，做好充电站、充电桩的布点和选址工作，加快充电站和充电桩建设，到 2015 年，建设充电站 2 座，充电桩 100 座，形成较为完善的充电配套服务设施网络。

湖州市新能源汽车推广应用工作计划表 单位：辆

推广领域	2014 年	2015 年	合计
物流车	50	300	350
公交车	20	30	50
出租车	50	50	100
小型乘用车及特种车辆	50	50	100
合计	170	430	600

五、工作分工

为加快推进我市新能源汽车推广应用试点工作，形成工作合力，圆满完成任务，明确各部门主要职责和任务：

市经信委：作为牵头部门，负责我市新能源汽车推广应用工作的统筹、综合协调和新能源小型乘用车以及巡逻车、环卫车等特种车辆的推广工作，制定实施方案，协调解决推进过程中的有关问题，及时向市政府报告进展情况。做好与国家工信部及省经信委的对接工作。

市发改委：负责市区新能源物流车的推广应用工作，明确实施主体、推广车型和制定详细推进方案，以及新能源汽车配套基础设施及相关整车产业建设项目的报批。做好与国家发改委及省发改委的对接工作。

市财政局：负责制定我市新能源汽车推广应用财政补贴政策、实施细则和政策兑现工作。做好与国家财政部及省财政厅的对接工作。

市科技局：负责引导我市企业开展新能源汽车动力电池及关键零部件研发和技术攻关，支持推广运营企业开展充电设施和车辆智能管理与监控系统开发与建设，指导企业开展专利申报和保护工作。做好与国家科技部及省科技厅对接工作。

市交通运输局：负责市区公共交通领域新能源汽车推广应用的统筹协调工作，协调与新能源汽车配套充电设施的规划布局、建设，督促指导市运管局做好方案落实和工作推进。

市建设局：负责市区新能源汽车充电站、充电桩等配套设施的规划、布局和选址工作，办理充电站和充电桩及相关辅助设施等规划许可。

市国土资源局：负责新能源汽车配套基础设施及相关配套产业建设项目的用地手续办理。

市公安局：负责受理新能源汽车上牌，指导新能源汽车上路行驶及其他车管业务管理，加强对黄标车的限行管理。

市环保局：负责划定中心城区黄标车限行区域，并严格执行限行管理；做好对新能源汽车配套基础设施及相关配套产业建设项目的环评审批。加强对废旧电池回收利用和管理工作。

国网湖州供电公司：负责市区公交新能源汽车快速充电站、充电桩及相关辅助设施建设运营，投资建设因充电设施接入引起的公共电网改造，提供经营性充电设施和非经营性充电设施的用电价格制定建议，配合有关部门做好自身运营充电设施的数据监控收集工作。

市运管局：负责制定新能源公交车和出租车的推广方案，明确推广主体、推广车型、推广模式，具体负责公交车、出租车的推广应用工作。

市邮政管理局：配合市发改委做好物流快递行业的新能源汽车推广工作，并加强行业管理，帮助协调解决有关问题。

六、强化保障

（一）强化组织领导。成立由市政府分管副市长任组长，市政府副秘书长、经信委主任任副组长，市发展改革委、市财政局、市建设局、市交通运输局、市科技局、市公安局、市国土资源局、市环保局、国网湖州供电公司、市运管局、市邮政管理局等单位领导为成员的湖州市新能源汽车推广应用工作领导小组（见附件）。领导小组下设办公室（设在市经信委），具体负责新能源汽车推广应用的综合协调工作。

（二）加快基础设施建设。积极鼓励支持企业投资建设充电设施，逐步实现充电设施建设和管理市场化、社会化。将充电设施建设和配套电网建设与改造纳入城市规划，明确建筑物配建停车场、城市公共停车场预留充电设施建设条件的要求和比例。加快形成以使用者居住地、驻地停车位配建充电设施为主体，以城市公共停车位、路内临时停车位配建充电设施为辅助的充电设施服务体系。

（三）强化资金补贴保障。制定我市财政补贴政策，对购买使用新能源汽车按一定比例给予补助。在国家财政对充电设施建设奖励政策的基础上，制定我市对充电设施建设相关内容的奖励和减免政策。同时，积极争取国家和省政府在试点期间的配套政策。

（四）完善车辆维修服务网络。在我市推广应用新能源汽车的企业，必须建立汽车维修服务站，配备专业检测设备和技术人员，定期对车辆进行维修保养和检测，并及时将相关检测情况报送领导小组办公室，确保汽车运行顺畅安全。建立新能源汽车“绿色通道”，对上牌、注册登记、年检等业务给予优先办理。

（五）健全安全监控措施。建设新能源汽车运行信息管理平台，开展相关数据采集工作，对新能源汽车实施监控管理和数据采集，利用远程智能监控管理系统检测各车辆的实时工况，定期反馈给车辆生产厂家。厂家根据数据处理结果定期对车辆进行改进，强化运行管理和安全保障服务工作。

（六）细化分解推进目标。市级各部门要根据方案的任务分工，制定详细推进计划和工作措施，确保实施方案有序推进。领导小组办公室要强化对部门工作方案的督促和考核，做好统筹协调，确保年度目标有序推进。各县区要做好辖区内新能源汽车及相关产业培育，引导企业加大对新能源汽车关键技术研发和产业化。开展新能源汽车推广应用的县区，应将推广情况上报领导小组办公室，推广数量可纳入全市计划。

（七）加大宣传推广力度。充分利用媒体，宣传新能源汽车的扶持政策及相关技术指标，使公众认识新能源汽车的环保及节能特性，提高市民的环保意识，增强公众对新能源汽车的认知度和接受度，形成有利于推广的社会氛围。

附件：湖州市新能源汽车推广应用工作领导小组成员名单（略）

湖州市人民政府办公室

2014 年 9 月 12 日

绍兴市新能源汽车推广应用实施方案

根据财政部、科技部、工业和信息化部、发展改革委等部门联合印发的《关于支持北京天津等城市或区域开展新能源汽车推广应用工作的通知》（财建〔2013〕805 号），我市作为浙江省城市群成员列入新能源汽车推广应用地区。为加快推进新能源汽车推广应用工作，结合我市实际，特制定本实施方案。

一、指导思想

以科学发展观为统领，切实贯彻国家节能减排有关文件精神，按照财政部、科技部、工业和信息化部、发展改革委《关于继续开展新能源汽车推广应用工作的通知》（财建〔2013〕551 号）的要求，加快配套设施建设，引导市场消费，逐步在全市公共管理、公共服务、私人用车等领域推广应用新能源汽车，积极探索新能源产业政策、应用模式和商业模式，做大做强新能源汽车相关配件产业，努力把我市建设成为长三角地区新能源汽车推广应用示范区和新能源汽车配套产业基地。

二、基本原则

（一）坚持阶段推广与全面推进相结合。采取“以点带线、由线到面”的推广方式，以建设新能源汽车配套基础设施和相关产业为切入点，逐步推广应用新能源汽车，实现规模应用。

（二）坚持政府推动与市场运作相结合。采取加强政府推动、鼓励市场参与的方式，努力培育推广环境，探索运营管理模式，重点在公共服务领域推广新能源汽车，条件成熟时逐步过渡到以市场运作为主的发展模式。

（三）坚持推广应用与产业发展相结合。按照“以推广带动市场、以市场促进产业”的思路，全面推进新能源汽车推广应用，培育和扩大市场需求，在实现节能减排的同时带动相关产业的发展。

三、工作目标

（一）总体目标

1. 推广运营取得明显效果。大力推广新能源公交车、出租车，努力实现公共交通由传统能源汽车向新能源汽车的转变。

2. 配套基础设施建设取得明显进展。加大政府投入，强化市场运作，大力推进新能源汽车配套基础设施建设，形成布点均衡、全面覆盖的充电设施服务网络。

3. 产业发展趋于成熟。坚持自主创新，不断提高技术研发能力，加快发展新能源汽车配套产业及整车制造产业。

4. 节能减排意识不断增强。城市交通领域能源消费结构逐步优化，机动车尾气排放量逐步下降，全社会节能减排意识明显提高。

（二）推广目标

到2015年底推广新能源汽车1500辆，其中2014年推广540辆，2015年推广960辆。

本方案所指的新能源汽车是指符合财建〔2013〕551号要求的纯电动汽车、插电式混合动力汽车和燃料电池汽车。

四、工作计划

（一）车辆推广计划

1. 公交领域。通过升级改造和更新，在途经主要风景区、繁华商业区、火车站和大型公交枢纽站的公交线路上优先推广应用新能源客车，计划到2015年底累计推广600辆，减少景区和城市中心区公交尾气排放，提升城市环保形象。

2. 出租领域。在更新报废出租车或提供整车租赁服务时优先选择新能源汽车，让更多市民了解新能源汽车。

（1）鼓励推广应用新能源出租车。先期提供200个出租车营运指标，引导社会资本组建新能源出租车公司，参与新能源出租车营运工作。鼓励传统出租车服务公司在更新和新增出租车时选择新能源出租车（比例不低于50%），并对使用新能源出租车的公司给予适当的营运指标奖励，调动营运企业购买和使用新能源出租车的积极性。

（2）探索新能源汽车分时租赁模式。扶持民营资本开展新能源汽车租赁业务，积极探索“微公交”形式的新能源汽车租赁业务。前期考虑在车站、旅游景点、学校、政府机关等附近设立10个左右新能源汽车租赁网点（每个网点30辆车），采用按时计费的方式提供汽车租赁服务。根据运营情况后续可逐步增加布点，扩大覆盖范围。

（3）尝试纯电动汽车社区团租模式。鼓励条件适合的社区与纯电动汽车租赁企业开展合作，在社区居民中推广纯电动汽车“团租”，居民每年缴纳一定金额的费用（包括车辆保险费、押金、租费等），可获得纯电动汽车一年的使用权。

3. 公务领域。按照国管局、财政部、科技部、工业和信息化部、发展改革委《关于印发政府机关及公共机构购买新能源汽车实施方案的通知》（国管节能〔2014〕293号）的要求，发挥政府机关和公共机构的表率作用，在公务用车中示范使用新能源汽车，政府机关及公共机构购买的新能源汽车占配备更新总量的比例不低于30%，其中用于机要通信、相对固定路线执法执勤、通勤等车辆配备更新时应当使用新能源汽车。

4. 私人购车。通过逐步完善充电设施建设布局，积极引导个人购买新能源汽车，增强公众对新能源汽车的认知度和接受度。

（二）基础设施建设

1. 利用市场机制，探索新能源汽车配套基础设施投资、运营与管理新模式。把新能源公交车配套基础设施纳入公交车场站建设规划，由政府投资或组织建设并委托各公交企业运营管理；对社会车辆配套基础设施，采取以企业投资为主、政府补贴为辅的方式，引进专业化运营企业参与新能源汽车配套基础设施的投资运营。

2. 充分利用公交停放场站、公交中心站（首末站）、租赁车辆服务区及变电站等设施用地，加快充电站建设，在建设新能源公交中心站（首末站）时予以配套预留。将充电站纳入到城市整体规划，并根据新能源汽车的发展和市场使用情况科学合理配置。

3. 充分利用停车场、居民小区、机关事业单位场地规划建设充电桩。结合电动汽车发展趋势，在新建的城市居住小区和大型公共建筑设计和建设过程中，充分考虑电动汽车的充电需求，预留配电容量和充电接口。

五、保障措施

（一）加强组织领导

成立由市政府分管副市长任组长，市政府分管副秘书长、市经信委主任为副组长，市级有关部门（单位）和各区、县（市）分管领导为成员的绍兴市新能源汽车推广应用工作领导小组，负责全市新能源汽车推广应用工作。领导小组下设办公室，办公室设在市经信委，具体负责全市新能源汽车推广应用的统筹协调和综合管理工作，各成员单位根据各自职能承担相应的工作职责。

（二）加强财政扶持

1. 加大对新能源公交车的补贴力度，对公交企业新购使用的新能源公交车，由当地财政按一定比例予以补贴。

2. 加快基础设施建设，积极协调解决用地、电网布置、专用设施配备等方面的问题。

3. 将新能源汽车纳入政府采购范围，各级政府部门优先采购，在公务领域逐渐推广应用新能源汽车。

（三）加强售后服务

经政府批准成立新能源汽车指定维修服务站，车辆应用及维护保养情况定期上报市新能源汽车推广应用工作领导小组办公室。对车辆生产厂家和关键零部件生产厂家所提供的产品及服务等，按国家汽车产业相关标准进行监督。在我市推广应用新能源汽车的生产厂家，必须在市内设立办事处，车辆发生故障应在2小时内到达现场处理，定期对整车及关键零部件进行检测维护等。

（四）加强数据采集

建设信息管理平台，开展相关数据采集工作，考核新能源汽车的可靠性、安全性、耐久性和环境适应性，对车辆运行状况实施监控管理和数据采集，定期反馈给车辆生产厂家驻绍兴办事处，为生产厂家进行技术改进与革新提供支持。建立推广车辆数据档案库，定期评估运行效果和车辆零部件技术状态。

（五）加强宣传推广

充分利用公交广告、新闻媒体、互联网络、会议培训等渠道，普及新能源汽车相关知识，宣传新能源汽车节能减排的重要意义、扶持政策以及我市新能源汽车推广应用工作的目标、任务和举措，提高公众认知度和接受度，强化社会各界对实施新能源汽车推广重要性的认识，营造促进新能源汽车推广应用的工作氛围。

附件：

1. 绍兴市新能源汽车推广应用计划表

2. 绍兴市新能源汽车推广应用工作领导小组成员名单及责任分工（略）

附件1　绍兴市新能源汽车推广应用计划表　　单位：辆

区域	2014年	2015年	合计	其中公交车	出租车
越城区及市直各开发区	190	420	610	160	70
柯桥区	100	150	250	150	30
上虞区	100	150	250	140	30
诸暨市	50	80	130	50	30
嵊州市	50	80	130	50	20
新昌县	50	80	130	50	20
总计	540	960	1500	600	200

绍兴市人民政府办公室

2014年8月1日

合肥市电动汽车充电设施服务价格的通知

合价商〔2014〕37号

各县（市）区物价局、开发区经贸局，各充换电设施经营企业：

根据《安徽省物价局转发国家发展改革委关于电动汽车用电价格政策有关问题的通知》（皖价商〔2014〕102号）和合肥市第82号专题会议纪要精神，报经市政府同意，现就我市电动车充电设施服务价格及有关事项通知如下：

一、电动汽车充电价格

1. 对向电网经营企业直接报装接电的经营性集中式充换电设施用电，执行大工业用电价格。2020年前，暂免收基本电费。

2. 其他充电设施按其所在场所执行分类目录电价。其中，居民住宅小区、执行居民电价的非居民用户中设置的充电设施用电，执行居民用电价格中的合表用户电价；党政机关、企事业单位和社会公共停车场中设置的充电设施用电执行“一般工商业及其他”类用电价格。

3. 电动汽车充换电设施用电执行峰谷分时电价政策。其中居民住宅小区、执行居民电价的非居民用户中设置的充电设施用电，在居民合表用户电价基础上，每千瓦时平段上浮0.03元，低谷下浮0.25元。鼓励电动汽车在电力系统用电低谷时段充电，提高电力系统利用效率，降低充电成本。

二、电动汽车充电服务费

1. 充换电设施经营企业可向电动汽车用户收取电费及充换电服务费两项费用。充换电服务费用于弥补充换电设施运营成本。2020年前，对电动汽车充换电服务费实行政府指导价管理。

2. 电动汽车充电服务费按充电电度收取。经营性专业充电桩运营商充电服务费按电动汽车使用成本显著低于燃油（或低于燃气）汽车使用成本的原则核定，充电最高服务费为1.70元/千瓦时，鼓励充电设施建设运营单位对充电服务费给予优惠。

为支持电动汽车发展，在非专业和非经营性充电桩充电的，按所在充电场所的现行分类电价执行，暂免充电服务费。

3. 电动公交汽车专用充换电站充电、换电最高服务费另行核定公布，期间，由双方协商确定。

三、降低充电站（桩）投资企业的建设成本

将电动汽车充换电设施配套电网改造成本纳入电网企业输配电价。电动汽车充换电设施产权分界点至电网的配套接网工程，由电网企业负责建设和运行维护，不得收取接网费用，相应成本纳入电网输配电成本统一核算。

四、充换电设施经营企业，应到物价部门办理《服务价格登记证》，在收费场所醒目位置公示，主动接受社会的监督。

五、本通知自2014年8月12日起执行，此前充电电价按规定的目录电价执行，充电服务费按合同约定执行。

燃料类别	耗量（百公里）	设施情况	单价	燃料金额	与汽油比较
93#汽油	10升	加油站	7.60元/升	76.00元	
压缩天然气（CNG）	9.5m^3	加气站	3.98元/m^3	37.81元	49%
充电价格（电费+服务费）	14kW·h	专业经营性充电站（桩）	0.675元（平均）/kW·h+1.70元/kW·h（最高）	33.25元	43%

续表

燃料类别	耗量（百公里）	设施情况	单价	燃料金额	与汽油比较
充电价格	14KW·h	非专业、非经营性充电设施	0.6153 元/kW·h（居民住宅小区平段充电，8～23 时）	8.61 元	11%
			0.3353 元/kW·h（居民小区低谷充电，23/时～次日 8 时）	4.69 元	6%
			0.8788 元（平均）/kW·h（机关、企事业单位和社会公共停车场）	12.30 元	16%

合肥市人民政府

2014 年 8 月 11 日

南昌市新能源汽车推广应用实施方案（2014—2015 年）

一、背景

随着石油资源的逐年消耗及由汽车尾气造成的城市空气污染日趋严重，新能源汽车逐步替代石化燃料汽车将是历史必然。2009—2012 年，国家科技部、财政部、发展改革委和工信部共同开展了节能与新能源汽车示范推广工程。南昌作为全国首批试点城市之一，新能源汽车推广应用工作取得了较好效果，有力推动了南昌汽车工业的发展。2013 年 11 月，四部委《关于支持北京天津等城市或区域开展新能源汽车推广应用工作的通知》再次将南昌列为江西新能源汽车推广应用城市群的主要城市，南昌新能源汽车产业迎来了新的发展机遇。

新能源汽车产业是国家、江西省和南昌市三级政府确定的战略性新兴产业。发展新能源汽车是加快汽车产业转型升级、培育新的经济增长点和国际竞争优势的战略举措，也是有效缓解能源供给压力，改善城市空气质量的重要手段。南昌市较好的汽车及零部件产业基础，不断优化的城市交通环境，丰富的人才、技术资源为新能源汽车产业发展提供了良好的条件。

为深入贯彻国家节能减排的战略要求，认真落实四部委《关于继续开展新能源汽车推广应用工作的通知》（财建〔2013〕551 号）精神，按照省财政厅、省科技厅、省工信委和省发展改革委《江西城市群新能源汽车推广应用实施方案》的工作要求，南昌市政府将继续开展新能源汽车推广应用工程。2013—2015 年，全市将继续推广应用 1300 辆以上新能源汽车。通过进一步完善新能源汽车推广应用管理体系，加快建设城市新能源汽车配套设施建设等措施，积极引导汽车产业结构的调整与优化，推动新能源汽车产业的发展。为统一部署，明确任务分工，特制定本实施方案。

二、基本情况

（一）城市概况

由南昌、九江、抚州、宜春、萍乡、上饶、赣州七市组成的江西省新能源汽车推广应用城市群位于我国长三角经济带、泛珠三角经济区、长江经济带、台海经济区的接合部，区位和交通条件十分优越。南昌作为江西省会城市，地处七个城市群的中心位置，是全省政治、经济、科技和文化的中心，也是全省汽车产业的核心城市。在省委、省政府“支持南昌发展，打造核心增长极”号召及政策支持下，南昌强力推进大投入、大建设、大发展，经济社会实现了持续健康较快发展。全市主要经济指标保持两位数增长，高于全国、全省平均水平。2013 年，全市实现地区生产总值（GDP）3336.03 亿元，比上年增长 10.7%。规模以上工业增加值总量首次突破千亿元大关，达到 1159.48 亿元，比上年增长 12.9%，总量占全省比重达到 20.1%。全市 30 个制造业行业中有 27 个保持同比增长，其中汽车制造业、农副食品加工业和烟草制品业增加值突破百亿元大关。

2013 年南昌市交通事业快速发展。城市道路总长度 1647.23 公里，道路总面积 3458.28 万平方米，增长 8.3%。民用汽车保有量 63.1 万辆，比上年增长 10.7%。新开通公交线路 15 条，总公交线路达到 188 条，公交车数量 3263 辆。拥有出租车公司 28 家，出租车总量 5061 辆。

随着旧城改造和地铁建设工程快速推进，南昌市城乡面貌明显改观，交通环境逐年改善，生态环境保持良好，“鄱湖明珠·中国水都”的城市品牌日益唱响。未来 10～15 年，以南昌为中心的七个设区市将建设成为带动全省发展的功能互补的高新产业聚集区、布局合理的新型城市连绵片、设施完备的现代商贸物流区、生态良好的旅游区、环境优美的综合生态区、社会和谐和人性化宜居区。

（二）前期示范推广情况

南昌市是全国首批节能与新能源汽车示范推广试点城市。在国家科技部和江西省科技厅指导下，我市积极推进节能与新能源汽车示范推广工作，取得了显著成效。

到 2013 年 3 月，全市共示范应用节能与新能源汽车 1025 辆，其中公交车 257 辆（其中纯电动 10 辆）、混合动力出租车660辆、混合动力公务车67辆、纯电动环卫车38辆，纯电动城市物流车1辆、纯电动工程车2辆。已建成充电站1座、充电桩150个、维修服务站6个；搭建了示范运行管理信息平台，对174辆示范运营车辆进行了实时监控，开展了数据采集及分析工作。南昌市认真落实了国家各项政策并出台了本市《关于扶持节能与新能源汽车产业发展的若干政策措施》等四个配套政策。2009—2013年，我市共获中央财政补助资金1.11亿元，累计安排8703万元地方配套资金。

目前，全市节能与新能源汽车运行基本情况总体平稳。到2013年12月，总运行里程16729万公里，（其中公交车辆2854万公里、出租车辆13623万公里、公务车252万公里）。单车平均运行里程16.32万公里。

（三）新能源汽车研发及产业化情况

经过几年的探索与实践，南昌市有效利用节能与新能源汽车示范工程引导了汽车产业的发展创新。2009—2012年，为加快发展新能源汽车产业，出台了《关于扶持节能与新能源汽车产业发展的若干政策措施》等4项政策文件。明确了从产业、示范应用、配套资金和系统管理等方面支持新能源汽车的发展和应用。

我市新能源汽车产业在市政府的大力支持下快速成长，已形成了以现有5家企业技术研发中心为技术核心，以江铃集团、凯马百路佳等主要汽车制造厂为产业基础，以新能源汽车专家组和产业技术创新联盟为纽带的基本格局。2009—2013年，我市自主研发的节能与新能源汽车产品由1个发展到30个。全市新能源汽车销售455辆，总销售收入3.32亿元，创汇607万美元。南昌生产的179辆新能源汽车已成功在本市投放，得到了社会各界的充分肯定。2013年南昌市有138辆新能源汽车外销杭州、南通和贵溪等地，对外销售收入9409万元，同比增长124%。南昌市以示范工程为先导，积极推动本地汽车产业创新发展的做法，取得了较好效果。

目前，江铃汽车集团、南昌大学、福瑞德科技有限公司、江西百路佳客车有限公司等主要汽车生产企业均在积极研发和生产新能源汽车。南昌市已形成一定发展基础，具备推动产业快速做大做强的比较优势和先发优势。

三、指导思想与推广原则

（一）指导思想

以科学发展观为统领，认真贯彻落实国家发展新能源汽车产业和建设节能减排、建设环境友好城市的有关精神，围绕江西省委、省政府关于“支持南昌发展，打造核心增长极”的战略目标，以新一轮新能源汽车推广应用为契机，以建设和谐、秀美南昌为主线，以汽车产业科技创新为动力，以政策引导与市场经济相结合为主要发展方式，积极开展新能源汽车推广应用，促进南昌市节能减排和城市交通污染治理，推动新能源汽车产业发展。

（二）推广原则

1. 坚持政策引导与市场需求相结合

紧密结合城市空气污染治理、交通环境改善和消费需要，合理调配政府在车辆购置、基础设施建设、安全保障等方面的支持力度，通过制定新能源汽车推广应用优惠政策，规划、建设基础设施，完善车辆管理与服务，逐步调动新能源汽车市场需求，促进推广应用工作开展。

2. 坚持以推广应用推动技术进步和产业发展

通过优选推广车型、扩大应用规模，积极为新能源汽车技术进步和产业规模扩大提供有效经验；大力支持汽车生产企业利用推广应用改进技术，提升质量；积极宣传和培育新能源汽车行业知名品牌、优良车型，努力争取省内品牌汽车数量达到70%。

3. 坚持市场开放、公平竞争、优胜劣汰

加强对产品质量、售后服务考核，形成有利于新能源汽车发展的市场环境；加强对车辆选型与采购的管理，严格实施招投标制度；加强对新能源汽车的数据采集、分析工作，积极为消费者提供技术支持。

4. 坚持推广模式多元化发展

研究政策支持方式，联合交通、税务、交管、旅游和电力等部门制定符合市场需求的发展政策；支持社会力量参与推广工作，开展商业运作；切实保障新能源汽车生产、经营单位和消费者合法权益。

四、组织机构及职责分工

为积极配合省政府做好江西城市群新能源汽车推广应用工作，认真完成下达我市的推广任务，按照省政府协调小组机构组成及任务分工，我市调整成立了南昌市新能源汽车推广应用工作领导小组，组长由市长担任，常务副组长由常务副市长担任，副组长由分管科技、交通及工业的副市长担任。成员基本上由各有关单位一把手担任，领导小组下设办公室（市科技局），办公室主任由市科技局局长担任，副主任由市科技局、市财政局、市工信委、市发改委分管领导担任。

领导小组原则上每年年初召开一次全体会议，主要内容为总结上一年度工作，按国家和省政府工作要求部署当年工作任务。各成员单位按年度工作计划完成工作任务。一般事项由办公室负责协调处理，遇重大事项由领导小组组长召集相关成员单位讨论确定。各有关部门职责分工如下：

市科技局负责统筹全市推广应用工作，每季度末向上级部门报送本季度新能源汽车推广应用实施情况；负责推进新能源汽车整车和关键部件的自主研发；负责私人领域新能源汽车推广工作；负责新能源汽车运行数据采集、分析和安全监控；配合落实中央和省级财政补助资金。

市财政局负责落实中央和省级财政补助资金；负责组织本市专项资金并对资金的使用进行监管等。

市工信委负责协助企业申报新能源汽车生产企业及产品公告及《节能与新能源汽车推广应用工程推荐车型目录》，负责配合省级相关部门编制江西城市群新能源汽车推广应用管理办法和相关标准；负责我市汽车产业结构的优化与调整，推进汽车产业的创新发展。

市发展改革委负责组织相关单位编制新能源汽车充电设施建设规划并综合协调充电设施建设工程；支持电动汽车享受电价优惠政策，协调推进新能源汽车推广应用相关的重大建设项目。

市城管委负责新能源环卫车推广应用工作，协助安排新能源汽车配套充电桩选址及建设。

市交通运输局负责全市新能源公交车、出租车和物流车推广应用工作。制定公交、出租和物流领域使用新能源汽车的管理办法和优惠政策。

市规划局、市国土局负责配合供电公司规划全市新能源汽车充电配套设施，将新能源汽车相关电力设施建设纳入城市规划和土地利用总体规划，按规划用途给予用地保障。

市公安局配合制定鼓励社会使用新能源汽车政策，研究出台新能源汽车不受尾号限行限制、年检、上牌、减免停车费等优惠措施。配合开展新能源汽车检测站的建设工作。

市机管局负责市直机关、事业单位等公务领域新能源汽车推广工作，负责制定新能源公务车的管理办法和优惠政策。

市邮政局负责邮政领域新能源汽车应用推广工作，协助安排新能源汽车配套充电桩选址及建设。

市供电公司负责按南昌市实施方案规划全市充电设施并完成全市公共领域充换电站、电池配送站、充电桩等相关设施建设。争取电动汽车充电价格优惠政策，保障新能源汽车供电。

其他行政管理部门和单位按领导小组工作布置及相关职责支持新能源汽车推广应用。

五、工作目标和任务安排

（一）工作目标

按照国家四部委《关于继续开展新能源汽车推广应用工作的通知》（财建〔2013〕551号）要求，进一步完善新能源汽车推广应用组织管理体系；以公交、出租、公务、环卫为基础领域，以租赁、私人和邮电为发展领域开展1300辆以上新能源汽车推广应用；合理规划充电配套设施布局，继续开展高新区和红角洲2座纯电动汽车充电站建设，新建150个公交专用直流充电桩、850个交流充电桩，形成较为完善的配套服务体系；加强数据采集、分析，做好新能源汽车质量评价，强化车辆安全管理和维修服务保障；探索电池租赁、整车租赁等不同类型的新能源汽车推广应用商业模式，为大面积推广提供经验和参考。通过新能源汽车的示范应用推广，逐步改善市场和应用环境，推进新能源汽车整车和关键部件的自主研发和产业化，促进汽车产业结构的优化与调整，实现汽车产业的创新发展。

（二）车辆推广计划及任务安排

到2015年底，全面完成1300辆新能源汽车推广目标。具体组成及任务安排如下：

1. 在公交领域推广应用6～12米新能源公交车300辆，以10米以上插电式混合动力公交客车（270辆）为主，配以部分纯电动公交客车（30辆）。计划在主城区公交线路上投放。年度任务安排：2014年完成100辆，2015年完成200辆。责任部门：市交通局，责任单位：市公交公司。

2. 设立新能源出租车公司，推广应用新能源汽车300辆，其中纯电动出租车280辆，插电式混合动力出租车20辆。年度任务安排：2014年完成50辆，2015年完成250辆。责任部门：市交通局，责任单位：市政控股。

3. 在个人乘用购车领域推广应用新能源汽车350辆，以纯电动和插电式混合动力乘用车为主。根据南昌市民个人消费需要推广，年度任务安排：2014年完成200辆，2015年完成150辆。责任部门：市科技局，责任单位：市工业技术研究院。

4. 在公务用车领域推广应用新能源汽车50辆，以纯电动乘用车为主。年度任务安排：2014年完成20辆，2015年完成30辆。责任部门：市机管局，责任单位：有关市直部门和单位。

5. 在邮政、快递领域推广应用新能源汽车100辆，主要为纯电动邮政车、物流车等专用车。年度任务安排：2014年完成20辆，2015年完成80辆。责任单位：市邮政管理局。

6. 在城市物流领域推广应用新能源汽车80辆，主要为纯电动物流车等专用车。年度任务安排：2014年完成20辆，2015年完成60辆。责任部门：市交通局，责任单位：有关物流企业。

7. 在市政环卫用车领域推广应用新能源汽车90辆，主要以纯电动环卫车为主，根据环卫车更新和扩容的需要推广。年度任务安排：2014年完成20辆，2015年完成70辆。责任部门：市城管委，责任单位：各区、开发区、新区。

8. 在电力、燃气等城市服务行业的便民服务、巡检维修及通勤等领域推广新能源汽车30辆，以纯电动专用车为主。根据工作需要推广，年度任务安排：2014年完成10辆，2015年完成20辆。责任部门：市发展改革委，责任单位：市供电公司、市政控股、机关及企事业单位等。（新能源汽车推广应用任务详见附件1、附件2）

（三）配套设施建设计划及任务安排

1. 充电配套设施建设计划

根据南昌市新能源汽车的推广应用布局，统筹规划、合理建设相关配套设施。包括：编制南昌市2014—2018年新能源汽车充电配套设施建设规划，认真做好2014—2015年南昌市充电设施建设工作，继续开展高新区和红角洲2座纯电动汽车充换电站建设，新建150个公交专用直流充电桩、850个交流充电桩，切实保障全市新能源汽车的使用。年度任务安排：2014年完成40%，2015年底前全部完成。责任部门：市发展改革委，责任单位：市供电公司，配合单位：市交通局、市规划局、市国土局。（充电配套设施建设计划详见附件3）

2. 监控平台建设计划

本次推广应用中，在原南昌市新能源汽车信息化管理平台的基础上，重新开发针对新能源车特别是纯电动汽车安全运营的数据采集终端和相应的数据中心应用软件。计划到2015年12月底，我市增加安装200台以上智能数据采集终端，具体安装原则为：纯电动汽车100%安装，混合动力汽车30%安装。在推广应用中做好新能源汽车特别是纯电动汽车的安全监控，做好数据采集、统计分析及环境效益评价工作，为我市乃至全省的新能源汽车应用推广提供保障。通过定期分析、评估为市政府及应用单位决策及促进新能源汽车产业发展服务。计划进度：2014年6月完成开发，小批量产品上路试运行；2014年10月完成试运行，批量生产安装；2014年11月开始规模运行和数据分析评价。责任部门：市科技局，责任单位：市工业技术研究院，配合单位：市环保局。

六、保障措施

（一）加强组织协调，完善城市管理体系

南昌市作为江西城市群新能源汽车推广应用牵头城市，将进一步健全以领导小组为核心，以相关职能部门、重点企事业单位为骨干的管理体系。通过广泛调研学习，合理调配社会资源，精心部署计划安排，稳步推进新能源汽车的推广应用。进一步建立健全推广应用的协调、考核和督察问责制度。围绕城市群的中心工作和任务，加强与兄弟城市的合作与交流，提高合作层次和水平。充分利用区位优势、产业优势和管理优势，打造新能源汽车的推广应用良好环境。

（二）落实国家政策，拓展地方政策支持

在国家、江西省相关政策的指引下，制定实施符合本地情况、可操作性强的政策，加快推进新能源汽车的产业发展和示范应用推广。2014—2016年南昌市每年至少安排3000万元新能源汽车推广应用专项资金，用于支持计划内新能源汽车的应用推广和配套设施建设的补助；优先在城市公交、物流、环卫、公务等领域推广使用新能源汽车，新增或更新的公交、公务、物流、环卫车辆中新能源汽车比例不低于30%；采取购车财政补贴，政府投入配套设施，出台新能源汽车不受尾号限行限制、年检、上牌、减免停车费等优惠措施鼓励和引导运营企业及社会用户购买使用新能源汽车；鼓励商业银行开辟新能源汽车产业及推广应用贷款专项，推动新能源汽车产业发展和配套服务设施建设；将电动汽车充电站（桩）建设纳入城市规划和土地利用总体规划，给予用地保障；支持电动汽车享受电价优惠政策；支持电动汽车企业研发创新，对申报新能源汽车产业相关专利给予一定的经济补贴；支持电动汽车、锂电等相关企业享受高新技术、环保、新能源、节能和综合利用等方面的扶持政策。

（三）探索商业模式，鼓励社会资本参与

新能源车辆推广应用坚持市场导向，在国家现有补助政策下，按照政策扶持为主，资金扶助为辅原则，积极探索商业运行模式，努力推动新能源汽车自负盈亏经营模式。重点在以下几个方面开展研究：

1. 公交车：探索由国家电网，电池厂及经营机构联合实施整车租赁、电池租赁等商业模式。参照国内较为成功的城市的运营特点，结合城市公交的实际运营需求，组织相关单位开展“车身销售”+“整车或电池租赁”等商业模式。

2. 出租车：设立新能源出租车运营公司，鼓励车辆生产企业、运营机构参股新能源出租车公司，共同做好运营工作。

3. 城市物流车：依靠市场力量，采用整车购买方式及车辆租赁方式并存。

4. 个人乘用车辆：采用个人购买及汽车租赁形式并存，鼓励社会资本成立新能源汽车租赁公司开展面向单位和个人的租赁业务。

（四）加强评价分析，总结推广应用经验

依托南昌市新能源汽车示范运行信息化管理平台，加强对新能源汽车安全及运行监控，着重监控车辆动力电池的温度、电流和电压等涉及新能源汽车安全的技术参数。南昌市平台对本市公共领域纯电动汽车全部实施监控，对公共领域插电式混合动力汽车按30%数量监控；进一步加强新能源汽车示范运营数据分析评价工作，通过对实时监测数据、车辆状况和能耗统计等数据的分析评价积极为推广应用提供有效技术参考；积极与省外推广应用城市沟通学习，做好经验总结工作，提高新能源车安全监控服务水平，保证推广应用安全有序进行。

（五）强化科普宣传，营造良好社会环境

1. 充分利用公交广告、新闻媒体、互联网络、各种会议和培训等渠道，普及新能源汽车的相关知识，宣传新能源汽车节能减排的重要意义、政策精神，宣传新能源汽车推广应用工作的目标、任务和部署，提高公众的环保意识和对新能源汽车的认知度、接受度和参与度。

2. 发挥政府、产、学、研、用的智慧和力量，搭建新能源推广应用的交流、沟通平台，不定期举办相关技术及产品博览会、交易会、学术研讨会、专题会、专家讲座、技术论坛等，丰富示范运营的理论与实践。

七、补助标准及工程预算

2014—2015 年南昌市新能源汽车推广应用工程投入总预算为 6.15 亿元，主要由三部分组成：新能源汽车车辆购置费用预算为 4.74 亿元，配套设施建设费用预算为 1.14 亿元，推广应用实施费用 2740 万元。资金来源有三个方面，中央财政补贴预算为 1.33 亿元，省级财政配套预算为 1940 万元，市级财政预算为 8730 万元，其他为社会投资。

附件：

1. 南昌市 2014—2015 年度新能源汽车车辆推广应用年度计划任务表（略）

2. 南昌市 2014—2015 年度新能源环卫车推广应用年度计划任务表（略）

3. 南昌市 2014—2015 年度新能源汽车配套设施建设年度计划任务表（略）

4. 南昌市 2014—2015 年度新能源汽车购置补助标准（略）

5. 南昌市 2014—2015 年度新能源汽车推广应用工程投资估算表（略）

6. 南昌市 2014—2015 年新能源汽车车辆购置费用投入预算明细表（略）

南昌市人民政府

2014 年 9 月 4 日

南昌市关于私人领域购买新能源汽车的通告

根据《南昌市 2014—2015 年新能源汽车推广应用工作实施方案》，为做好私人领域购买和租赁使用新能源汽车工作，现将有关事项通告如下：

一、推广范围和数量

1. 推广范围：私人购买或面向个人的租赁使用。

2. 推广数量：2014—2015 年推广总数量为 350 辆。

二、补助对象及标准

1. 补助对象：市级财政补助对象是消费者，消费者按照销售价格扣减国家、省级和市级补助后支付。市财政补助资金拨付对象为汽车生产企业或委托销售单位（不向南昌市以外地区拨付资金）。

2. 购车补助标准：见附件 1。充电设施补助办法和标准另行通知。

三、补助条件

1. 汽车生产企业及产品应符合国家和《江西省城市群新能源汽车推广应用管理办法》规定的有关条件。

2. 所购置车辆已纳入南昌市新能源汽车推广应用计划并经市科技局批准、备案。

3. 对新能源汽车动力电池、电机、电控等关键零部件提供不低于 5 年或 10 万公里（以先到者为准）质保期限。

四、补助程序

1. 汽车生产企业或委托销售单位在车辆销售后凭行驶证、发票复印件等材料进行车辆登记。补助申请材料按季度提交。

2. 市科技局将按车辆在南昌市车管所上牌时间顺序对销售的新能源汽车进行审查，对符合条件的新能源汽车补助申请上报市新能源汽车推广应用工作领导小组审批，先到先补，指标用完为止。

五、补助申请材料

汽车生产企业或委托销售单位在车辆销售后，于每季度结束前 5 个工作日内，提交本季度补助申请及相关申报材料（一式三份）：

1. 补助申请报告、补助申请表；

2. 销售合同、发票、行驶证、质保协议、新能源汽车数据采集协议；

3. 汽车生产企业及产品公告及推荐目录文件、整车检验报告；

4. 汽车生产企业或委托销售单位工商营业执照和组织机构代码证；

5. 其他需要提供的材料。

附件：

1. 南昌市 2014—2015 年度新能源汽车购置补助标准（略）

2. 南昌市私人领域新能源汽车推广应用计划备案表（略）

3. 南昌市私人领域新能源汽车推广登记表（略）

南昌市科技局

2014 年 10 月 28 日

南昌市关于鼓励新能源汽车推广应用的若干政策

为加快新能源汽车产业发展，促进能源结构调整，减少城市交通污染，根据《国务院办公厅关于加快新能源汽车推广应用的指导意见》（国办发〔2014〕35 号）和《南昌市人民政府关于印发《南昌市2014—2015年度新能源汽车推广应用实施方案》的通知》（洪府发〔2014〕28号）精神，制定如下政策。

一、支持新能源汽车推广应用

1. 积极引导新能源汽车消费，鼓励单位和个人购买、租赁使用新能源汽车。对在本市推广应用计划内销售的，符合国家、江西省城市群和本市有关规定的新能源车辆按标准给予车辆购置补助。补助对象是消费者，消费者按销售价格扣减补贴后支付。（责任单位：市科技局、市财政局）

2. 扩大公共服务领域新能源汽车应用规模，在公交、出租、城市客运、环卫、物流、机场通勤和公务（含公安、司法）等领域加大新能源汽车推广应用力度。上述领域新增或更新车辆中的新能源汽车比例不低于30%，以后逐年扩大应用规模。（落实单位：各有关行政管理部门）

3. 支持设立新能源汽车运营及充电服务经营企业，开展新能源汽车及充电设施商业运作。鼓励金融创新，通过融资租赁、整车租赁、分时租赁、车辆共享、按揭购买等方式，开拓新能源汽车市场；鼓励运用现代信息技术，加快智能电网、移动互联网、物联网、车联网、大数据等新技术应用。（责任单位：各有关行政管理部门）

4. 新能源汽车在市内行驶时不受尾号限制；减免新能源出租车有偿使用费；对从事城市配送的新能源物流车发放通行证；新能源汽车在道路及公共停车场站减半收取停车费。（责任单位：市交管局、市交通局、市物价局、市政控股等）

5. 认真贯彻落实国家及省发改委关于电动汽车用电价格有关政策，切实执行电动汽车充电设施峰谷分时电价和充电服务费的有关规定。（责任单位：市发展改革委、市物价局、南昌供电公司）

二、加快新能源汽车配套服务体系建设

6. 统一规划全市公共领域新能源汽车充电设施，充电设施及配套电网建设与改造纳入城市建设规划。争取在三年内完成城市新能源汽车充电设施基础框架建设，基本满足新能源汽车充电需求。（责任单位：市发展改革委、南昌供电公司、市规划局）

7. 新能源汽车充电设施建设用地纳入年度用地计划。（责任单位：市国土局）

8. 城市新建的小区和公用大型停车场按照不低于20%的比例规划和预留新能源汽车充电设施。对新建充电设施，按充电设备总价给予20%补助。［责任单位：市规划局，市建委、市发展改革委，市财政局，各区（开发区、新区）政府］

9. 支持在现有企事业单位和住宅小区停车场内建设新能源汽车充电设施，鼓励开展新能源汽车充电服务等商业化运作。（责任单位：市发展改革委、供电公司、市城管委）

10. 加强对新能源汽车安全监控、质量评价和售后服务管理，加快针对新能源汽车的检测机构建设，切实保障消费者合法权益。（责任单位：市科技局、市市场监管局）

三、加大新能源汽车技术及产业发展支持

11. 支持新能源汽车整车和关键零部件新产品的研发。对本市汽车生产企业研发的新能源汽车整车新产品和电池、电机、电控等关键零部件新产品，在纳入国家《节能与新能源汽车示范推广应用工程推荐车型目录》并完成30辆（套）以上的销售后，给予每个基本车型100万元的研发补助，给予每个型号关键零部件产品10万元的研发补助。（责任单位：市工信委、市科技局、市财政局）

12. 对符合条件的销往省外的新能源汽车的整车产品和电池、电机、电控等关键零部件，按销售总额2%给予销售补助。（责任单位：市工信委、市科技局、市财政局）

本政策适用期为文件下发日至2015年12月31日，2016年以后按国家政策进行相应调整。本政策由市新能源汽车推广应用领导小组办公室负责解释。

附件

南昌市2014—2015年度新能源汽车购置补助标准

单位：万元/辆

序号	车辆用途	车辆类型	补助标准
1	公交、客运公务、通勤等	纯电动客车（L≥10）	15.00
2		纯电动客车（10＞L≥8）	11.00
3		纯电动客车（8＞L≥6）	8.50
4		插电式混合动力客车（含增程式，L≥10）	8.00
5	城市出租	纯电动乘用车（R≥250）	2.00
6		纯电动乘用车（250＞R≥150）	1.00
7		纯电动乘用车（150＞R≥80）	1.00
8		插电式混合动力乘用车（含增程式，R≥50）	1.00

续表

序号	车辆用途	车辆类型	补助标准
9	私人、租赁、公务、通勤等	纯电动乘用车（R≥250）	4.40
10		纯电动乘用车（250＞R≥150）	3.60
11		纯电动乘用车（150＞R≥80）	2.50
12		插电式混合动力乘用车（含增程式，R≥50）	2.40
13	邮政、物流、环卫、电力、服务等	纯电动专用车（按30KWh电池容量计算）	4.20
说明	1. 本标准补贴范围为实施方案计划内，经责任部门批准的车辆。 2. 其他用途车辆按车辆类型参照执行。 3. 客车：车长L（米）；乘用车：纯电续驶里程天（工程法、公里）。 4. 纯电动专用车补贴按动力电池容量计算，每1kW·h南昌市补助标准为1400元。		

南昌市人民政府

2014年12月16日

赣州市新能源汽车推广应用实施方案

根据财政部、科技部、工信部、国家发改委等部门联合印发的《关于支持北京天津等城市或区域开展新能源汽车推广应用工作的通知》（财建〔2013〕805号），我市作为江西省城市群成员列入新能源汽车推广应用地区。为加快我市新能源汽车推广应用工作，按照国家、省有关文件精神，结合我市实际，特制定本实施方案。

本方案所指的新能源汽车是指符合《关于继续开展新能源汽车推广应用工作的通知》（财建〔2013〕551号）要求的纯电动汽车、插电式混合动力汽车和燃料电池汽车。

一、指导思想

以党的十八大和十八届三中、四中全会精神为指导，以科学发展观为统领，认真贯彻落实国家关于节能减排、建设环境友好型城市的有关精神，加快配套设施建设，引导市场消费，逐步在全市公共管理、公共服务、私人用车等领域推广应用新能源汽车，促进我市节能减排和城市交通污染治理；通过加强引导，扩大推广应用，加快培育市场，促进我市新能源汽车及相关零部件产业健康快速发展。

二、推广应用原则

（一）坚持阶段性重点推广与逐步全面应用相结合。采取“以点带线、由线到面”的推广路径，以建设优选车型新能源汽车应用配套基础设施和发展相关产业为切入点，逐步推广应用新能源汽车，从而实现规模生产和应用。

（二）坚持政府引导与市场运作相结合。采取加强政府引导推动、鼓励市场参与的方式，努力培育推广应用环境，探索运营管理模式，重点在公共服务领域推广新能源汽车，条件成熟时逐步过渡到以市场运作为主的发展模式。

（三）坚持推广应用与发展产业相结合。按照“以推广应用激活市场需求、以市场需求促进产业发展”的思路，重点推进新能源汽车优选车型的推广应用，培育和扩大市场需求，在实现节能减排的同时带动相关产业的发展。

三、工作目标

（一）总体目标

1. 推广应用取得明显效果。大力推广新能源公交车、环卫专用车、邮政专用车、物流专用车，推进市政公交等公共服务领域用车由传统能源汽车逐步向新能源汽车的转变。

2. 配套基础设施建设取得明显进展。加大政府投入，鼓励社会资本参与，大力推进新能源汽车应用配套基础设施建设，形成与我市推广应用任务相匹配、布局合理且数量适度超前的充电设施服务网络。

3. 产业集群发展初具规模。在支持我市现有新能源汽车生产企业做大做强的同时，充分利用《国务院关于支持赣南等原中央苏区振兴发展的若干意见》中关于“支持国内整车企业在赣州设立分厂”的政策优势和作为“中国汽车零部件产业基地”的良好产业基础，进一步加大招商引资力度，力争在引进汽车整车及零部件生产企业，尤其是新能源汽车整车企业上取得新突破；坚持原始创新与集成创新相结合，不断提高企业技术研发能力，加快发展新能源汽车整车制造及配套产业。

4. 节能减排意识进一步增强。城市交通等领域能源消费结构逐步优化，机动车尾气排放量逐步下降，全社会节能减排意识明显提高。

（二）推广目标

到2015年底，确保完成省下达的400辆新能源汽车推广应用任务，力争推广应用500辆新能源汽车，其中2014年推广120辆，2015年推广380辆。合理规划充电配套设施布局，建设1座综合型充换电站，确保建设400个、力争建设500个充电桩。

四、工作内容及任务分解

（一）推广目标任务分解

1. 新能源公交车推广应用

在城市公交领域确保推广应用新能源汽车150辆，其中纯电动公交客车 50 辆，插电式混合动力公交客车 100 辆，在主城区主要公交线路上投放。其中，2014 年投放插电式混合动力新能源公交客车 50 辆；2015 年投放插电式混合动力客车 50 辆，纯电动公交客车 50 辆。（市公交总公司、市交通运输局、市财政局、市城乡规划建设局、市国土资源局负责。排在第一位的单位为牵头责任单位，下同）

2. 纯电动环卫车推广应用

在中心城区和各县（市、区）市政环卫领域确保推广应用纯电动环卫车 250 辆。其中，2014 年推广应用 70 辆，2015 年推广应用 180 辆。［市城管局、市财政局、各县（市、区）人民政府、赣州经济技术开发区管委会负责］

3. 纯电动邮政专用车推广应用

在 2015 年，按市本级 2 辆、各县（市、区）各 1 辆的布局，力争在全市邮政系统推广应用纯电动邮政专用车 20 辆。［市邮政公司、市邮政局、各县（市、区）人民政府负责］

4. 纯电动物流专用车推广应用

到 2015 年底，面向企业力争推广应用纯电动物流专用车 40 辆。（南康区人民政府负责）

5. 新能源公务乘用车示范应用

按照国管局、财政部、科技部、工信部、发展改革委《关于印发政府机关及公共机构购买新能源汽车实施方案的通知》（国管节能〔2014〕293 号）的要求，发挥政府机关和公共机构的表率作用，在公务用车中示范使用新能源汽车，政府机关及公共机构购买的新能源汽车占配备更新总量的比例不低于 30%，其中用于机要通信、相对固定路线执法执勤、通勤等车辆配备更新时应当使用新能源汽车。在 2015 年，按市本级、各县（市、区）各 1 辆的布局，在公务用车领域推广应用新能源乘用车 20 辆。［市机关事务管理局、各县（市、区）人民政府、赣州经济技术开发区管委会负责］

6. 新能源个人乘用车推广应用

通过逐步完善充电设施建设布局，积极引导个人购买新能源汽车，增强公众对新能源汽车的认知度和接受度。到 2015 年底，面向我市个人消费者力争推广新能源个人乘用车 20 辆。［市科技局、市发改委、市工信委、市财政局、市公安局交警支队、各县（市、区）人民政府、赣州经济技术开发区管委会负责］

（二）基础设施建设任务分解

将充电设施建设和配套电网建设与改造纳入城市规划，建设用地纳入公共设施范围，享受公共设施项目建设的相关政策，在立项、规划、用地等环节给予支持。依据新能源汽车的投放区域、使用对象、运行半径，遵循“充电设施合理规划、节约用地、随需而建、与车辆投放同步建设，规模适度超前”的原则，因地制宜，建设以交流充电桩为主，以在新能源公交车线路首末站、公共服务领域新能源汽车用户单位停车场、个人新能源汽车使用者居住地停车位配建充电桩为主体，以城市公共停车位、路内临时停车位配建充电桩为辅助，以城市充换电站为补充，数量适度超前、布局合理的充电设施服务体系。

1. 新能源公交车充电设施建设。采取与公交车首末站相结合的方式，充分利用公交停车场站、维保场站配置与推广应用车型相匹配的充电桩。（市公交总公司、市交通运输局、市城乡规划建设局、市国土资源局、赣州供电公司负责）

2. 公共服务领域新能源汽车充电设施建设。新能源公务车、环卫车、邮政车在单位内部停车场按照 1:1（车:桩）的比例配置充电桩。［市机关事务管理局、市城管局、各县（市、区）人民政府、赣州经济技术开发区管委会、市邮政公司、市邮政局、赣州供电公司负责］

3. 新能源私家车充电设施建设。以占地少、投资小、充电方便、对电网影响小的交流充电桩为主，充电桩的选址与新能源个人乘用车销售捆绑相结合，桩随车安，按照 1:1（车:桩）的比例配置。［市房产局、各县（市、区）人民政府、赣州经济技术开发区管委会、赣州供电公司负责］

4. 充分利用停车场、居民小区、机关事业单位场地规划建设充电桩。发挥好已建成的 42 个公共充电桩的作用，2014 年底前已完成计划安排的 38 个公共充电桩的建设；结合新能源汽车发展趋势，在新建的办公楼、公共停车场、居住小区和大型商场等公共建筑设计和建设过程中，充分考虑新能源汽车的充电需求，按规划停车位的 10% 比例预留配电容量和充电接口。［市城乡规划建设局、赣州供电公司、市发展改革委、市国土资源局、市房管局、各县（市、区）人民政府、赣州经济技术开发区管委会负责］

5. 随着新能源汽车推广应用规模的扩大，适时对已建成的综合充换电站进行改造完善并充分发挥其作用。（赣州供电公司、市发展改革委、市工信委负责）

五、保障措施

（一）加强组织领导

调整完善市新能源汽车推广应用工作协调小组。由市委常委、常务副市长周光华任组长，市委常委、副市长彭业明，市人大常委会副主任胡绍笋，副市长刘建萍，赣州经济技术开发区管委会主任李明生任副组长，市政府副秘书长杨雍谨、林长茂，市发展改革委、市科技局、市财政局、市工信委主要负责同志，及市直、驻市相关部门（单位）、各县（市、区）人民政府相关负责同志担任成员。协调小组建立例会推进制度，统筹协调全市新能源汽车推广应用工作。

协调小组下设办公室，设在市科技局，日常工作由市科技局、市财政局、市发展改革委、市工信委四部门共同承担。办公室负责研究制订年度工作计划及任务，定期研究、协调、解决推广过程中遇到的问题，对各单位承担的任务进行监督检查，并向协调小组汇报工作进展情况，督促相关部门向各自对口上级部门报告新能源汽车推广应用情况。各成员单位根据各自职能承担相应的工作职责。

（二）加强政策扶持

在充分利用国家、省新能源汽车政策的基础上，结合我市实际，围绕新能源汽车的生产、销售、配套服务、研发及推广应用等，研究制定我市新能源汽车推广应用有关政策。

1. 加快产业发展

制定完善我市新能源汽车产业发展规划、新能源汽车研发生产鼓励政策，调动全社会参与新能源汽车产业发展的积极性，推动我市新能源汽车产业快速发展、壮大。（市工信委、市科技局、市发展改革委、市财政局负责）

2. 加大财政扶持

将新能源汽车纳入政府采购范围，各级政府部门优先采购，在公务领域逐步推广应用新能源汽车。对在赣州市辖区内购买、注册登记并使用新能源汽车的单位和个人，以及验收合格的新能源汽车充电桩，市县配套资金参照省财政补助资金标准按照 1∶1 给予配套补助，配套资金由市财政、推广应用新能源汽车的县（市、区）财政各承担 50%。对符合财政部、国家税务总局、工业和信息化部《节约能源使用新能源车辆减免车船税的车型目录》的新能源汽车，免缴车船税。补助实施细则另行制定。（市财政局、市科技局、市发展改革委、市工信委、市地税局负责）

3. 完善服务体系

规范和维护新能源汽车市场的正常秩序，对新能源汽车生产厂家和关键零部件生产厂家所提供的产品及服务保障等，按国家汽车产业的相关标准进行监督。新能源汽车生产企业必须建立售后服务体系，在我市推广应用新能源汽车的非本市注册的汽车生产企业必须在我市设立分支机构或授权委托一家在赣州注册登记的具有独立法人资格的汽车销售机构负责售后服务事宜，定期对整车及关键零部件进行检测维护等，车辆发生故障应在 3 小时内到达现场处理；车辆应用及维护保养情况定期上报市新能源汽车推广应用工作领导小组办公室。（市科技局、市质监局、市工信委、市工商局、市交通运输局负责）。

设立新能源汽车特殊标志或符号；制订新能源汽车挂牌、年审等服务措施，设置绿色服务通道，简化审批程序，为新能源汽车上路运行提供便利。（市公安局交警支队负责）

（三）加强数据采集

建设信息管理平台，开展相关数据采集工作，考核新能源汽车的可靠性、安全性、耐久性和环境适应性，对车辆运行状况实施监控管理和数据采集，定期反馈给车辆生产厂家或驻赣州分支机构，为生产厂家进行技术改进提供支持。建立推广车辆数据档案库，定期评估运行效果和车辆零部件技术状态。[市科技局、市质监局、市交通局、市城管局、市公交总公司、市邮政公司、市机关事务管理局、各县（市、区）人民政府、赣州经济技术开发区管委会负责]

（四）加强宣传推广

充分利用公交广告、新闻媒体、政府网站、会议培训等渠道，普及新能源汽车相关知识，宣传新能源汽车节能减排的重要意义、扶持政策以及我市新能源汽车推广应用工作的目标、任务和举措，提高公众认知度和接受度，强化社会各界对实施新能源汽车推广重要性的认识，营造促进新能源汽车推广应用的工作氛围。（市新能源汽车推广应用工作协调小组成员单位负责）

附件：

1. 赣州市新能源汽车推广应用年度计划表

2. 赣州市新能源汽车推广应用工作协调小组成员名单及责任分工（略）

附件 1　**赣州市新能源汽车推广应用年度计划表**

单位：辆

区域		推广车型	数量		合计
			2014 年	2015 年	
市本级	市公交公司	纯电动客车（L≥6m）	—	50	50
		插电式混合动力客车（L≥10m）	50	50	100
	市城管局	环卫专用车	6	24	30
	市邮政部门	邮政专用车	—	2	2
	市机关事务管理局	公务车	—	1	1
	协调小组办公室	个人乘用车	1	—	1
章贡区		环卫专用车	6	9	15
		邮政专用车	—	1	1
		公务车	—	1	1
		个人乘用车	—	1	1
赣县		环卫专用车	3	12	15
		邮政专用车	—	1	1
		公务车	—	1	1
		个人乘用车	—	1	1

续表

区域	推广车型	数量		合计
		2014 年	2015 年	
南康区	环卫专用车	5	25	30
	邮政专用车	—	1	1
	物流专用车	—	40	40
	公务车	—	1	1
	个人乘用车	—	1	1
信丰县	环卫专用车	3	10	10
	邮政专用车	—	1	1
	公务车	—	1	1
	个人乘用车	—	1	1
大余县	环卫专用车	3	7	10
	邮政专用车	—	1	1
	公务车	—	1	1
	个人乘用车	—	1	1
上犹县	环卫专用车	3	7	10
	邮政专用车	—	1	1
	公务车	—	1	1
	个人乘用车	—	1	1
崇义县	环卫专用车	3	2	5
	邮政专用车	—	1	
	公务车	—	1	1
	个人乘用车	—	1	1
安远县	环卫专用车	3	2	5
	邮政专用车	—	1	1
	公务车	—	1	1
	个人乘用车	—	1	1
龙南县	环卫专用车	3	12	15
	邮政专用车	—	1	1
	公务车	—	1	1
	个人乘用车	—	1	1
全南县	环卫专用车	3	7	10
	邮政专用车	—	1	1
	公务车	—	1	1
	个人乘用车	—	1	1
定南县	环卫专用车	3	2	5
	邮政专用车	—	1	1
	公务车	—	1	1
	个人乘用车	—	1	1
兴国县	环卫专用车	3	7	10
	邮政专用车	—	1	1
	公务车	—	1	1
	个人乘用车	—	1	1

续表

区域	推广车型	数量		合计
		2014 年	2015 年	
宁都县	环卫专用车	3	9	12
	邮政专用车	—	1	1
	公务车	—	1	1
	个人乘用车	—	1	1
于都县	环卫专用车	3	12	15
	邮政专用车	—	1	1
	公务车	—	1	1
	个人乘用车	—	1	1
瑞金市	环卫专用车	3	12	15
	邮政专用车	—	1	1
	公务车	—	1	1
	个人乘用车	—	1	1
会昌县	环卫专用车	3	7	10
	邮政专用车	—	1	1
	公务车	—	1	1
	个人乘用车	—	1	1
寻乌县	环卫专用车	3	2	5
	邮政专用车	—	1	1
	公务车	—	1	1
	个人乘用车	—	1	1
石城县	环卫专用车	3	2	5
	邮政专用车	—	1	1
	公务车	—	1	1
	个人乘用车	—	1	1
赣州经济技术开发区	环卫专用车	5	10	15
	公务车	—	1	1
	个人乘用车	—	1	1
总计		121	379	500

赣州市人民政府办公厅

2014 年 12 月 21 日

宜春市新能源汽车推广应用实施方案

根据《江西城市群新能源汽车推广应用实施方案》，全面落实我市新能源汽车推广应用任务，促进我市锂电新能源产业加速发展，特制定本实施方案。

一、指导思想

坚持以科学发展观为指导，认真贯彻国家关于节能减排、建设环境友好型社会的有关精神和省委、省政府关于加快发展江西省节能环保产业、促进经济社会持续健康快速发展的新要求，以科技创新为动力，坚持政策引导与市场拉动相结合，大力推动配套设施建设，举全市之力开展新能源汽车推广应用。通过推广应用，加速新能源汽车项目的引进和建设进度，引导现有锂电企业转型升级，主动对接，完善产业链条，推动锂电新能源产业快速发展。

二、推广原则

1. **公共领域优先原则**。优先在公交、出租、公务、市政、邮政等公共领域开展新能源汽车推广，同时积极鼓励个人购买使用新能源汽车。

2. **本地产品优先原则**。在满足用户需求的前提下，优先采购本市、本省生产及本市配套生产的新能源汽车，优先支持本地企业开展充、换电站建设、电池租赁等配套服务，争取更多的本市新能源汽车相关配套产业企业进入推广应用汽车产业链。

3. **市县联动原则**。以中心城区为龙头，各县市区积极参与，全力以赴完成推广应用目标任务。

4. **产业带动原则**。坚持一手抓推广应用，一手抓产业发展。通过推广应用，吸引更多的锂电新能源产业项目落户宜春，促进新能源汽车关键技术的突破和产业的提升。

三、工作目标

到2015年，中心城区和各县市区在公交、出租、公务、市政、邮政等公共领域及私人领域同步开展新能源汽车示范，推广应用1300辆以上新能源汽车。合理规划充电配套设施布局，建设纯电动汽车充换电站、配送站、纯电动汽车充电桩和维修服务网点，形成较为完善的配套服务体系；加强数据采集、分析，做好新能源汽车质量评价、安全管理；通过节能与新能源汽车的示范应用推广，逐步改善新能源汽车的市场和应用环境，推进新能源汽车产业的优化发展。

1. **城市公交车领域**。在城市公交领域推广应用新能源汽车100辆。2014年在中心城区投放20辆；2015年投放80辆，其中中心城区30辆，各县市区50辆。

2. **城市出租车领域**。在城市出租车领域推广应用新能源汽车400辆，以纯电动乘用车为主。在2014年投放100辆，全部投放中心城区，在2015年投放300辆，其中中心城区投放100辆，各县市区共投放200辆。

3. **个人乘用购车领域**。2015年在个人乘用购车领域推广应用新能源汽车100辆，其中中心城区投放50辆，各县市区共投放50辆。

4. **公务用车领域**。在公务用车领域推广应用新能源汽车260辆。2014年投放80辆，其中中心城区40辆，各县市区40辆；2015年投放180辆，其中中心城区40辆，各县市区140辆。

5. **邮政快递及物流领域**。2014年在邮政快递及城市物流领域推广应用新能源汽车80辆，主要为纯电动物流车等纯电动专用车，其中中心城区30辆，各县市区50辆。

6. **市政环卫车领域**。在市政环卫用车领域推广应用新能源汽车260辆。2014年投放100辆，其中中心城区50辆，各县市区50辆；2015年投放160辆，其中中心城区投放60辆，各县市区100辆。

7. **其他类型车领域**。在电力、电信、燃气、水业等城市服务行业的便民服务及巡检维修专用车领域推广应用新能源汽车100辆。2014年在中心城区投放20辆；2015年投放80辆，其中中心城区投放20辆，各县市区共投放60辆。

四、保障措施

（一）加强组织领导

成立由市长蒋斌任组长的宜春市新能源汽车推广应用工作领导小组，领导小组下设办公室和产业发展推进组、示范应用推进组。

1. 办公室

负责与省新能源汽车推广应用工作协调小组办公室的工作对接，负责制定锂电新能源汽车示范推广的优惠政策；安排专项资金的使用；制定锂电新能源汽车市场准入规则；具体负责锂电新能源汽车示范推广日常事务的管理。

2. 产业发展推进组

负责新能源汽车项目的招商、服务，指导新能源汽车及其配套企业的研发、生产，协助企业申报新能源汽车目录。

3. 示范应用推进组

负责制定《关于政府采购锂电新能源汽车的管理办法》；组织实施锂电新能源汽车示范推广计划；负责落实国家补贴资金及省、市配套资金；负责锂电新能源汽车和配套服务设施的政府采购；组织新能源汽车维修服务站、换电站、充电桩等配套设施的建设；建设示范运行管理信息化平台，对全市示范车辆运行状态进行监控与运行数据的采集、处理；建立并实施示范车辆管理制度；提供锂电新能源车购置标准和车型。

（二）设立专项资金

整合各项资金，设立宜春市新能源汽车示范推广专项资金，用于新能源汽车购车补贴。中心城区购车由市财政统一补贴，其他县市区购车由所在地财政进行补贴。

（三）注重评价分析

为了新能源汽车推广应用能取得更好的成果，应注意及时反馈、总结和改进，提高节能与新能源汽车的设计制造水平和安全运行的管理水平。总结推广应用工作经验，通过认真执行国家财政部、科技部、发改委和工信部的部署，在新一轮推广应用过程中，进一步加强新能源汽车运营数据分析评价工作。积极与其他推广应用城市沟通学习，做好经验总结工作，提高新能源车安全监控服务水平，保证推广应用安全有序进行。

（四）抓好科普宣传

充分利用新闻媒体、互联网络、各种会议和培训等渠道，普及锂电新能源汽车的相关知识，宣传推广新能源汽车的重要意义，提高公众认知度和接受度。强化各级领导干部和工作人员对实施锂电新能源汽车示范应用推广重要性的认识，营造促进锂电新能源汽车使用推广工程的建设的氛围。

附：宜春市新能源汽车推广应用计划表（详见附件）

宜春市新能源汽车推广应用工作领导小组办公室

2014 年 7 月 22 日

萍乡市新能源汽车推广应用实施方案

根据国家财政部、科技部、工业和信息化部、发展改革委四部委《关于支持北京、天津等城市或地区开展新能源汽车推广应用工作的通知》（财建〔2013〕805 号）要求，按照省政府新能源汽车推广应用工作总体安排，结合我市实际，特制定我市新能源汽车推广应用工作实施方案。

一、指导思想

以科学发展观为统领，深入贯彻国家能源战略，落实节能减排政策，坚持政府推动和市场运作相结合，坚持产品应用和产业发展相结合，坚持自主创新与开放合作相结合，加快配套设施建设，引导市场消费，以城市中心区为核心，逐步在全市范围内的公共管理、公共服务、私人用车等领域推广应用纯电动和插电式混合动力等新能源汽车，积极探索新能源汽车推广应用示范政策，创新新能源汽车推广应用商业模式，做大做强新能源汽车产业，把萍乡建成为江西城市群新能源汽车推广应用的示范区和重要的新能源客车研发制造产业基地。

二、基本原则

1. 公私兼顾原则。积极鼓励社会和私人购买新能源汽车，加快在城市公交车、出租车、市政环卫车、邮政车等公共领域推广应用。

2. 内外兼顾原则。保障省内外产品采购比例适度，在性能和各项技术参数相同的情况下，优先购买本地生产或本地企业参与生产的新能源汽车。

3. 政府引导原则。充分发挥政策导向作用和公共资源对社会投资的拉动作用，鼓励社会力量、民间资本和个人参与新能源汽车推广应用工作，鼓励新能源汽车生产企业参与示范运营合作。

三、工作目标

到 2015 年，中心城区和各县（区）在公交、出租、公务、市政、物流等公共领域及私人领域同步开展新能源汽车示范，推广应用 300 辆以上纯电动和插电式混合动力新能源汽车，科学规划充电配套设施布局和建设，形成较为完善的配套服务体系，加强新能源汽车质量评价与安全管理，以新能源汽车的示范应用推广，逐步改善新能源汽车的市场和应用环境，推进新能源汽车产业优化发展。具体目标如下：

1. 城市公交领域。在现有城市公交线路中，由市交通运输局选择改造建设一条新能源汽车运营专线，尝试以多元投资方式新增 4 条新能源汽车城市公交运营线路，5 条线路各投放插电式混合动力客车 15 辆，共计 75 辆。其中，2014 年完成老线改造投放 15 辆，2015 年新增线路投放 60 辆。

2. 城市出租车领域。采取以新能源出租汽车逐步替代报废燃油出租汽车的方式，2015 年底完成新能源出租汽车替换 60 辆。

3. 中短途客运领域。面向社会采取公开招投标形式，市交通运输局拿出方案，新增 4 条中短途新能源汽车客运专线，每条线路投放纯电动客车 5 辆（其中，$6M \leq L < 8M$ 车型 4 辆，$8M \leq L < 10M$ 车型 1 辆），共计 20 辆。

4. 个人乘用购车、公务用车及整车租赁领域。根据个人乘用车购车消费发展的需要，制定出台萍乡市鼓励发展新能源私家乘用车的政策，包括适度提高购车费政府补贴标准、车船税减免、城市停车场（位）免停车费等，创建新能源汽车应用示范社区、小区，引导纯电动和插电式混合动力新能源汽车消费。在萍乡经济技术开发区、安源区、湘东区各推广应用新能源汽车 15 辆，其他县（区）各推广应用新能源汽车 10 辆，总计 75 辆。县（区）和萍乡经济技术开发区任务指标由本级政府负责落实到位。引入社会资源参与，形成整车租赁行业，2015 年底完成整车租赁行业车辆投入 60 辆。

5. 市政、物流及其他类型车领域。在市政物流及其他领域推广应用新能源汽车 10 辆，其中，环卫车 1 辆，邮政车 2 辆，烟草专用车 2 辆，通信（维修）车 3 辆（移动、联通、电信各 1 辆），供电（维修）2 辆。

6. 充换电配套设施建设。按照“谁投入谁受益”的原则，以国家电网公司为主，会同规划、国土、城管、能源等有关部门，制订《萍乡市新能源汽车基础配套设施 2014—2018 年实施规划》，科学合理布局充换电基础设施设备。以国家电网公司为主，鼓励社会资金参与投资，拟采取“充电为主、换电为辅”的商业模式，加快建设电动汽车充换电服务网络。2014 年完成规划布局，建成充电柱（柜、桩）20 个；2015 年再建充电柱（柜、桩）80 个，建设综合型充电站 2 座，建成新能源汽车维修服务点 2 家。

7. 新能源汽车产业发展。以新能源汽车推广应用示范为契机，在城市公交和中短途客运领域，适度扩大本地车采购比例，促进新能源汽车领域技术创新和产业发展，到 2015 年，形成年产 3000 ~ 5000 辆新能源汽车综合生产能力。

四、任务分工

1. 示范政策组。由市科技局牵头，会同市财政局、发展改革委、工信委、交通运输局、城管局、旅游局、国税局、地税局、公安局、交警支队等部门组成。负责制定新能源汽车示范推广的优惠政策；安排专项资金的使用；制定新能源汽车市场准入规则；具体负责新能源汽车示范推广日常事务的管理。

2. 推广工作组。由市交通运输局牵头，会同市科技局、财政局、发改委、工信委、国土资源局、规划局、建设局、城管局、邮政管理局、旅游局、萍乡供电公司等部门组成。组织实施新能源汽车示范推广计划；组织实施服务机构及配套设施的建设；建设示范运行管理信息化平台，对全市示范车辆运行状态进行监控与运行数据的采集、处理；建立并实施示范车辆管理制度。

3. 采购工作组。由市财政局牵头，会同市交通运输局、城管局、邮政管理局、旅游局、招投标中心等部门组成。负责制定《关于政策采购新能源汽车的管理办法》；负责落实国家补贴资金及省、市配套资金；负责新能源汽车和配套服务设施的政策采购。

4. 技术评估组。由市科技局牵头，会同市财政局、发展改革委、工信委、质监局、交通运输局等部门和高等院校、科研机构、生产企业、应用企业的相关技术专家组成。负责对新能源汽车选型、示范推广运营模式把关；对新能源汽车在运行中出现的技术问题进行测试、评估、指导；配合市政府职能部门制定新能源汽车发展规划、示范推广计划，对示范推广工作实施过程中提供技术保障，为实施效果评估等各方面提供智力支持。该机构可作为第三方评定机构，负责评价新能源汽车节能减排效率、运营成本等性能指标，并组织专家组对运营后的新能源汽车进行成果鉴定。

5. 其他工作。市交通运输局负责新能源公交车、出租车的示范运行及具体运营模式的研究、示范与推广应用；市机关事务管理局负责新能源公务车的示范运行；市公安局负责新能源巡逻车的示范运行；市城管局负责新能源环卫车的示范运行；市邮政管理局负责新能源邮政车的示范运行；萍乡供电公司负责建设 2 座纯电动汽车电池充电站、100 个以上的纯电动汽车充电柱（柜），负责新能源汽车电池的采购、运营和管理；中标汽车生产厂家负责建设 2 ~ 3 家新能源汽车维修服务站等配套设施。

五、保障措施

1. 加强领导。成立以市委常委、常务副市长为组长，分管副市长为副组长，以财政、科技、工信、发改 4 部门主要负责人和交通、规划、建设等相关部门分管负责人以及各县区分管领导为成员的“萍乡市新能源汽车示范应用推广领导小组”，统筹我市新能源汽车推广应用综合示范和产业发展工作，研究制定新能源汽车示范推广计划、配套政策，筹措并落实专项资金，协调并解决新能源汽车示范推广工作中遇到的问题。下设办公室以及示范政策组、推广工作组、采购工作组、技术评估组和专家指导组。

2. 加大投入。按照国家和省政府提出的补贴标准，按照国家、省、市三级补贴比例，依据全市新能源汽车推广应用数量，由市财政列支专项，积极落实地方配套补贴资金，严格兑现购车补贴，同时，将新能源汽车产业列入我市重点发展的战略性新兴产业，每年安排一定资金，用于支持新能源汽车产业发展及相关应用环境、配套设施项目建设，积极争取国家和省政府重大专项资金对我市新能源汽车推广应用和产业创新发展的支持。

3. 完善政策。根据国家和省政府有关政策，结合我市实际，制定完善包括财政、价格、采购、土地、规划、建设、交通、产业、用电等在内的新能源汽车推广应用政策，将新能源汽车充电设施建设纳入城乡规划（含小区规划）和城市综合交通体系规划范畴，整合政府和社会资源，防止低水平重复建设和资源浪费，为新能源汽车推广应用示范和产业发展提供政策保障。

4. 强化监督。将新能源汽车推广应用示范重点工作纳入问责范围，加强对各单位相关工作的督促检查，认真评估推进新能源汽车发展的阶段性工作成效，着力推进新能源汽车推广应用示范工作，确保到 2015 年全面或超额完成我市新能源汽车推广应用示范任务。

5. 扩大宣传。加强舆论引导，深入开展多层次、多样化的宣传活动，组织举办新能源汽车推广应用展示展览活动，大力宣传新能源汽车的节能环保特性和推广使用对城市大气质量改善、节约能源带来的效果，提高社会各界对新能源汽车的认识，形成广大群众易于接受、乐于使用的良好社会氛围，为新能源汽车的全面普及营造良好氛围。

附件

萍乡市新能源汽车推广应用工程投资估算表

单位：万元

序号	项目		数量	平均单价	投资金额	投资金额组成				
						社会投资	国家补贴	省级配套	市级配套	电力公司及社会投资
1	公交客运	纯电动客车（6M≤L<8M）	16	65	1040	392（24.5/辆）	480（30/辆）	56（3.5/辆）	112（7/辆）	
		纯电动客车（8≤L<10M）	4	95	380	172（43/辆）	160（40/辆）	16（4/辆）	32（8/辆）	
		插电式混合动力客车	75	80	6000	3675（49/辆）	1875（25/辆）	150（2/辆）	300（4/辆）	—
2	城市出租	纯电动乘用车	60	28	1680	1351.5（22.525/辆）	328.5（5.475/辆）	0	0	—
3	个人（公务）乘用、整车租赁	纯电动乘用车（80≤R<150）	135	18	2430	1593.675（11.805/辆）	431.325（3.195/辆）	135（1/辆）	270（2/辆）	—
5	邮政/物流/环卫/服务	纯电动专用车（按35KWH电池容量进行预算）	10	30	300	164（16.4/辆）	73（7.3/辆）	21（2.1/辆）	42（4.2/辆）	—
小计			300	—	11830	7348.175	3347.825	378	756	—
配套设施建设费用										
1	综合型充电站		2	350	700	—	待定	—	—	700
2	交流充电柱（桩、柜）		100	2.5	250	—	待定	—	—	250
3	新能源汽车维修服务点		2	100	200	200	待定	—	—	—
4	土地使用费（火车站充电站需要3亩，田中高铁充电站需要10亩）		13	100	1300	—	待定	—	—	1300
小计			—	—	2450	200	—	—	—	—
推广应用工作费用（含规划编制、标准化体系建设与推广、宣传等费用）										
小计			—	—	160	—		—	160	—
总计			—	—	14440	7548.175	3347.825	378	916	2250

萍乡市人民政府

2014年9月17日

济南市关于电动汽车充电设施服务价格的通知

济价格字〔2015〕9号

各县（市）区物价局：

根据山东省物价局《转发国家发展改革委关于电动汽车用电价格政策有关问题的通知》（鲁价格一发〔2014〕152号）规定，确定我市电动汽车充电设施服务价格如下：

一、纯电动汽车（七座以下）充电服务价格按充电电度收取，每千瓦时充电服务最高价格为1.45元。

二、其他车型纯电动汽车充换电价格待投入运行后另行核定公布。

三、本通知自2015年2月10日起执行，试行期一年。

济南市物价局

2015年2月5日

青岛市新能源汽车推广应用示范财政扶持专项资金管理暂行办法

第一章 总则

第一条 为加快我市新能源汽车推广应用示范，推进节能减排，促进大气污染治理，加强财政扶持专项资金管理，制定本办法。

第二条 本办法所称新能源汽车是指纳入国家《节能与新能源汽车示范推广应用工程推荐车型目录》的纯电动汽车、插电式混合动力（含增程式）汽车和燃料电池汽车。

第三条　本办法所称充电设施是指充电桩及其接入上级电源的相关设施。

第四条　消费者按照本办法要求购买新能源汽车，符合条件且经市新能源汽车推广应用联席会议办公室（以下简称“市联席办”）核准备案的充电设施建设企业建设公共充电桩，可获得本市财政扶持专项资金补助。

第五条　财政扶持专项资金按照科学合理、公正透明的原则安排使用，并接受社会各方面监督。

第二章　补助标准

第六条　2014 年和 2015 年，对购买新能源汽车的消费者，本市财政补助按照财政部科技部工业和信息化部发展改革委《关于继续开展新能源汽车推广应用工作的通知》（财建〔2013〕551 号）规定的 2013 年新能源汽车推广应用中央财政补助标准的一定比例进行配套，且不实行退坡机制。

（一）纯电动客车、插电式混合动力（含增乘式）客车：每辆按中央财政补助标准的 20% 给予本市财政补助。

（二）纯电动乘用车、插电式混合动力（含增乘式）乘用车：每辆按中央财政补助标准 1∶1 给予本市财政补助，且中央财政和本市财政补助总额最高不超过车辆销售价格的 60%。

（三）纯电动专用车（主要是：邮政、物流、环卫等）：按电池容量每千瓦时补助 1000 元，且每辆补助总额不超过中央财政补助最高标准的 20%。

（四）燃料电池车：每辆按中央财政补助标准的 20% 给予本市财政补助。

第七条　充电设施建设企业负责组织实施公共充电桩建设与充电条件确认。充电设施产品必须符合国家和行业相关产品及安全标准，并纳入售后服务体系。对符合条件且经市联席办核准备案的充电设施建设企业，按公共充电桩设备投资额（不含土建工程及其他支出）的 30% 给予本市财政补助。

第八条　本市财政补助实行属地管理原则，由市级和区市财政分级负担。

（一）公交集团、交运集团（仅限市内三区和崂山区、城阳区）购买的纯电动或插电式混合动力（含增乘式）客车，由市财政给予补助；其他区市公交公司购买的客车按照属地管理原则由所在区市财政给予补助。

（二）市直、区市行政事业单位购买的纯电动或插电式混合动力（含增乘式）乘用车，分别由市级和区市财政给予补助。

（三）其他单位（个人）购买的纯电动或插电式混合动力（含增乘式）客车及乘用车、纯电动专用车、燃料电池汽车，本市财政补助按照属地管理原则由市财政和所在区市财政各负担 50%。

（四）公共充电桩建设财政补助按照属地管理原则由市财政和所在区市财政各负担 50%。

第三章　补助申领

第九条　本市财政补助对象是消费者和充电设施建设企业，其中：消费者按销售价格扣减财政补助后支付车辆购置费用；充电设施建设企业按照本办法规定享受财政补助。

新能源汽车生产企业应及时向消费者公布新能源汽车销售的市场指导价，以及该款产品消费者可享受的中央财政和本市财政补助金额。

第十条　市财政局和区市财政局负责补助资金的安排与拨付。按照本办法第八条规定，应由市级和区市财政共同给予补助资金的，市财政局将市级负担部分直接拨付区市财政，由区市财政局连同区市财政负担部分一并拨付给新能源汽车生产企业或充电设施建设企业。

第十一条　新能源汽车生产企业申请本市财政补助资金，应提供以下相关材料：

（一）《青岛市新能源汽车推广应用示范财政补助资金申请表》（附件 1）。

（二）生产企业组织机构代码证、营业执照、法定代表人身份证明。

（三）销售给单位的应提供：单位组织机构代码证、营业执照、法定代表人身份证明、车辆买卖合同、车辆销售发票、机动车登记证书、机动车行驶证的原件及复印件。

销售给个人的应提供：车主居民身份证或暂住证、车辆买卖合同、车辆销售发票、机动车登记证书、机动车行驶证的原件及复印件、《青岛市新能源汽车推广应用示范私人领域购车补贴确认表》（附件 2）。

第十二条　新能源汽车生产企业于每月前 3 个工作日内，将上月度本市财政补助资金申请材料报市联席办审核备案，由市联席办在相关网站对审核备案情况进行 5 个工作日社会公示。公示结束无异议的，市和区市财政局根据市联席办出具的备案登记结果及本市财政补助资金请款计划于 30 个工作日内拨付资金。

第十三条　充电设施建设企业申请本市财政补助资金，须先通过市联席办组织实施的充电设施竣工验收，并提报《青岛市新能源汽车推广应用示范财政补助资金申请表》。市和区市财政局根据市联席办出具的竣工验收证明及本市财政补助资金请款计划于 30 个工作日内拨付资金。充电设施核准备案及竣工验收办法由市联席办另行制定。

第四章　监督管理

第十四条　购买新能源汽车的消费者对所提供材料的真实性负责；新能源汽车生产企业、充电设施建设企业对申报材料的真实性负责。对弄虚作假、骗取财政补助资金的，财政部门将视情节轻重采取追缴补助资金、对社会曝光等方式予以处罚。

第十五条 财政扶持专项资金必须专款专用，任何单位不得以任何理由、形式截留、挪用。对违反规定的，财政部门将依照《财政违法行为处罚处分条例》（国务院令第427号）等有关规定，依法追究有关单位和人员的责任。

第十六条 新能源汽车生产企业、充电设施建设企业应对提供的产品与服务负责。对于产品质量、售后保障等未达到要求并造成严重后果的，将依照有关法律法规追究其责任。

第五章 附则

第十七条 本办法由市财政局、科技局、经济信息化委、发展改革委负责解释。

第十八条 本办法自印发之日起施行，到2015年12月31日止。

附件：

1. 青岛市新能源汽车推广应用示范财政补助资金申请表（略）

2. 青岛市新能源汽车推广应用示范私人领域购车补贴确认表（略）

青岛市财政局
青岛市科技局
青岛市经济信息化委
青岛市发展改革委
2014年8月6日

青岛市新能源汽车推广应用示范车辆购置财政补助资金申领有关工作的通知

各有关单位：

为推进新能源汽车推广应用工作，落实《国务院办公厅关于加快新能源汽车推广应用的指导意见》（国办发〔2014〕35号）、《国家财政部、科技部、工业和信息化部、国家发展改革委关于继续开展新能源汽车推广应用工作的通知》（财建〔2013〕551号）和《青岛市新能源汽车推广应用示范财政扶持专项资金管理暂行办法》（青财建〔2014〕122号）等相关文件，做好新能源汽车车辆购置财政补助资金发放工作，现将有关事项通知如下：

一、补助对象和方式

本市财政补助对象是新能源汽车消费者。消费者购买新能源汽车，按销售价格扣减中央及本市财政补助后支付购车款，汽车生产企业按扣减补助后的价格销售新能源汽车。车辆在本市完成注册登记后，汽车生产企业据实申请财政补助资金。本市注册的汽车生产企业申领本市财政补助资金，财政部门将补助资金兑付到汽车生产企业；非在本市注册的汽车生产企业，需在本市注册或委托具有独立法人资格的汽车销售机构销售新能源汽车，并申领本市财政补助资金，财政部门将补助资金兑付到汽车销售机构。以上所涉及新能源汽车生产企业及销售机构均须到青岛市新能源汽车推广应用联席会议办公室进行备案登记。

汽车生产企业及销售机构须具备的条件：

1. 具备完善的销售和售后服务体系。

（1）履行《家用汽车产品修理、更换、退货责任规定》

（2）在本市设有3家（含）以上授权合格的新能源汽车维修服务中心，布置在合理的服务区域；销售和维修服务中心须配备一定数量的专业技术人员，具备一定数量的充电设施，以快速充电为主，并承诺对社会开放；承诺提供24小时不间断救援服务，推广应用的新能源汽车出现故障或事故时，应在30分钟内迅速反应，启动处置预案，及时进行解决。

（3）承担或委托相关机构，组织单位和个人的充电条件确认、建设自用充电设施，并纳入其售后服务体系；承诺提供安全使用指导和培训等服务。

（4）对所售车辆提供不低于3年或6万公里（以先到者为准）的质保，对动力电池等关键零部件提供不低于5年或10万公里（以先到者为准）的质保。

2. 具备远程监测能力。建立新能源汽车运行实时监控综合服务与管理平台，具有对整车、动力电池、驱动电机等进行实时监测的设施和能力，企业数据保存时间须不少于3年。

3. 履行《缺陷汽车产品召回管理条例》等规定。具备缺陷汽车产品召回管理制度和缺陷调查能力，对可能存在缺陷的产品依法组织调查分析，履行召回义务；承诺对动力电池按照要求进行回收处理等。

4. 生产企业的各项承诺须在其销售、维修、服务等机构和场所向社会进行明示。

二、补助标准

符合本市财政补助政策的新能源汽车，本市财政补助标准如下：

1. 纯电动乘用车、插电式混合动力（含增程式）乘用车推广应用补助标准

单位：万元/辆

车辆类型	纯电续驶里程R（工况法、公里）			
	80≤R＜150	150≤R＜250	R≥250	R≥50
纯电动乘用车	3.5	5	6	—
插电式混合动力乘用车（含增程式）	—	—	—	3.5

新能源乘用车生产企业享受中央和本市财政补助总额

最高不超过车辆售价的 60%。如补助总额高于车辆销售价格 60%，按照车辆售价 60% 扣除中央补助后计算本市财政补助额。

2. 纯电动客车、插电式混合动力（含增程式）客车推广应用补助标准

单位：万元/辆

车辆类型	车长 L（米）		
	6≤L<8	8≤L<10	L≥10
纯电动乘用车	6	8	10
插电式混合动力乘用车（含增程式）	—	5	—

3. 纯电动专用车（主要是：邮政、物流、环卫等）推广应用补助标准：按电池容量每千瓦时补贴 1000 元，每辆车补贴总额不超过 3 万。

4. 燃料电池车推广应用补助标准

单位：万元/辆

车辆类型	补贴标准
燃料电池乘用车	4
燃料电池商用车	10

三、企业备案及补助资金申请材料

（一）企业备案

1. 汽车生产企业备案。需提供汽车生产企业组织机构代码证、营业执照、法定代表人身份证明复印件。

2. 汽车销售机构备案。需提供汽车销售机构组织机构代码证、营业执照、法定代表人身份证明复印件、3 家（含）以上汽车维修服务中心证明材料、汽车生产企业出具的授权委托书原件，以及其他证明材料。

（二）补助资金申请

1. 财政补贴资金书面申请书（附件 1）、青岛市新能源汽车推广应用示范车辆购置财政补助资金申请表（附件 2）青岛市新能源汽车推广应用示范车辆购置财政补助资金申请表细表（附件 3）青岛市信用汽车推广应用示范私人领域购车补贴确认表（附件 4）。

2. 销售给个人用户的车辆需提供：车主居民身份证或暂住证、机动车登记证书、机动车行驶证复印件，以及车辆买卖合同、销售发票原件及复印件。

销售给单位的应提供：法定代表人身份证明、营业执照、组织机构代码证、机动车登记证书、机动车行驶证复印件，以及车辆买卖合同、销售发票原件及复印件。

四、企业备案及补助资金申请流程

（一）企业备案

企业携带备案申请材料至市行政审批服务大厅科技局窗口（香港中路 17 号联系电话：85916246）进行审核备案。

（二）提交补助资金申请材料

企业需于每月 1—3 日将补助资金申请材料（复印件须加盖公章）提交至市行政审批服务大厅科技局窗口（代办人需携带企业委托书及个人身份证原件及复印件）。工作人员现场审核材料，数据核对无误后，代理人需在确认单上签字。

（三）材料审核

由市信用汽车推广应用联席会议办公室同市公安局对申请材料进行审核。

（四）补贴发放

审核结果进行网上公示，公示无异议后，由财政部门进行资金拨付区市财政，由区市财政局连同区市财政负担部分一并拨付给新能源汽车生产企业（销售机构）。

附件：

1. 财政补助资金书面申请书（略）

2. 青岛市信用汽车推广应用示范车辆购置财政补助资金申请表（略）

3. 青岛市新能源汽车推广应用示范车辆购置财政补助资金申请明细表（略）

4. 青岛市新能源汽车推广应用示范私人领域购车补贴明细表（略）

青岛市科学技术局
青岛市财政局
青岛市经济和信息化委员会
青岛市发展和改革委员会
青岛市公安局
2014 年 10 月 28 日

潍坊市关于加快新能源汽车推广应用促进新能源汽车产业发展的意见

为促进生态潍坊建设，推动新能源汽车产业发展，根据国家财政部等四部委《关于继续开展新能源汽车推广应用工作的通知》（财建〔2013〕551 号）、《关于支持沈阳长春等城市或区域开展新能源汽车推广应用工作的通知》（财建〔2014〕10 号）等文件要求，结合我市实际，现就加快新能源汽车推广应用、促进新能源汽车产业发展提出如下意见：

一、重要意义

大力发展新能源汽车是有效缓解能源和环境压力，推动汽车产业可持续发展的重大战略举措。抓住我市获批国家新能源汽车推广应用城市和全球新能源汽车技术不断突破、市场需求快速增长及国家扶持力度不断加大的良好机遇，搞好新能源汽车推广应用，对于改善我市空气环境质量、加快汽车产业转型升级、培育新的经济增长点、实现

经济社会又好又快发展具有重要意义。各级各有关部门、单位要充分认识当前加快新能源汽车推广应用、促进新能源汽车产业发展的重要性和必要性，进一步增强责任感、紧迫感、使命感，切实强化工作机制，扎扎实实地落实好各项工作。

二、总体要求

（一）工作思路。以党的十八大和十八届三中全会精神为指导，以“政府主导、企业运作、基础先行、有序推进”为方向，以纯电动、插电式混合动力、燃料电池新能源汽车为重点，坚持政策扶持和鼓励引导相结合，在我市公交、出租、公务、环卫、邮政、物流、观光以及私家车等领域，有计划、分步骤地推广应用新能源汽车，推动我市新能源汽车产业快速健康发展，把我市建设成为环境美好、生态文明城市和技术领先、链条完整、实力雄厚的新能源汽车研发制造基地。

（二）基本原则。一是坚持阶段推进与全面推广相结合。坚持以点带面的推广原则，以示范行业、领域应用为切入点，进而实现在更广区域和更多领域的规模应用。二是坚持示范应用与产业发展相结合。以示范带动市场、以市场促进产业，通过新能源汽车示范运营，培育扩大市场需求，达到节能减排和带动产业发展双重目的。三是坚持政府推动与市场驱动相结合。加强政府推动，鼓励市场参与，努力培育推广应用环境，积极探索运营管理模式，并逐步过渡到以市场运作为主的推广模式。

（三）工作目标。根据国家新能源汽车推广应用要求，2013 年 10 月至 2015 年底，在全市推广应用新能源汽车 5010 辆，配套建设充换电站 6 座，新能源汽车维护站 5 个，充电桩 5000 个。优先在公交车、出租车、专用车、公务车等公共服务领域及家用领域推广应用新能源乘用车和商用车。本着适度超前、留有余地的原则，大力推进配套充换电设施建设。通过新能源汽车推广应用，促进动力电池、驱动电机、控制系统、充换电设备等关键技术以及整车集成设计、技术测试和规模化生产应用等方面实现突破。

三、工作任务

（一）推广应用新能源汽车。认真贯彻落实国家、省关于新能源汽车推广应用的方针政策，按照国家财政部、科技部、工信部、发展改革委等有关部委对新能源汽车推广应用的部署和要求，在全市范围内推广应用纳入国家工信部《车辆生产企业及产品公告》“节能与新能源汽车示范推广应用工程推荐车型目录”的新能源汽车（纯电动汽车、插电式混合动力汽车和燃料电池汽车）。大力支持对全市新能源汽车产业、生态环境、经济社会贡献较大的新能源汽车及关键零部件、充换电设备的推广应用，推广应用新能源汽车外地品牌数量不低于 30%。重点加大公共服务领域新能源汽车的推广力度，优先推广纯电动汽车。今后，公共领域新增和更新车辆新能源汽车比例不低于 50%，且逐年提高比例。各级党政机关、事业单位、团体组织和国有企业购买或更新公务用车时，在技术、服务等指标满足采购需要的前提下优先采购新能源汽车。市政、环卫等用车原则上采购新能源汽车，采购比例不低于 70%，且逐年提高比例。公交领域新增公交车应采用新能源汽车，更新公交车原则上采用新能源汽车，采购比例不低于 60%，且逐年提高比例。新增出租车必须采购新能源汽车，由专门公司进行运营；现有出租车企业更新出租车原则上采购新能源汽车。加大新能源汽车在城市物流等领域推广应用的力度，鼓励私人购买使用新能源汽车，鼓励采用租赁方式使用新能源汽车。制定潍坊市推广应用新能源汽车管理办法，加强对新能源汽车推广应用的指导和管理。

（二）建设充换电及配套设施。有关部门按照《潍坊市人民政府办公室关于成立潍坊市新能源汽车推广应用工作领导小组的通知》（潍政办发〔2014〕64 号）要求，各负其责，研究制定有关规划、办法和政策，支持各类适用配套技术发展，推进充换电设施建设。在符合城市整体规划的前提下，按照集约化利用土地、标准化施工建设、满足消费者需求的原则，将充电设施纳入城市综合交通运输体系规划和城市建设相关行业规划，科学确定建设规模和选址分布，适度超前建设，留有发展空间。探索建立分时段充电定价机制，积极吸引社会资金参与，因地制宜建设公共充换电站、充电桩等配套设施，逐步实现充电设施建设和运营规范化、市场化、社会化。重点推进超市、商场、车站、社会停车场（库）和高速公路服务区等场所建设公共充电设施。鼓励在小区停车场地有计划地建设符合要求的自用充电设施，支持单位用户在办公场所停车场地以及公交、环卫等特定行业停车场地建设规范的专用充电设施。新建居住小区、公共停车场要在场地、电力等方面满足新能源汽车充换电要求，预留一定比例的新能源汽车充电停车位。经信部门要研究制定新能源汽车充换电管理办法，规范充换电设施建设运营管理，加强充换电站及其他维修保养等配套标准、体系建设；引导和鼓励电池生产企业加强对废旧电池的回收利用，努力建立锂电回收再应用体系。汽车生产企业对报废电池自行或指定专门单位进行回收处理和再利用，避免造成环境污染和安全隐患。设计、安装充换电设施必须满足国家或行业通用性规范标准要求和有关管理规定，符合城市总体规划。鼓励新能源自发电充电等新型模式充电设施建设。鼓励新能源汽车生产和运营企业自主建设充换电设施。

（三）发展新能源汽车产业。通过新能源汽车的推广应用，促进和带动汽车整车及关键零部件、充换电设备等产业发展。突出抓好新能源乘用车、新能源客车和充换电设施的招商工作。积极鼓励和支持已在我市有汽车整车及零部件生产基地的潍柴动力、北汽福田、凯马汽车等有资质企业继续在潍坊设立新能源汽车生产基地。进一步加大对具备乘用车、客车生产资质企业新能源乘用车、客车招商项目的招商力度，采取引进、嫁接、出让、入股等多种合作方式，争取具备新能源汽车生产资质的企业来我市建厂生产新能源汽车。积极支持威能电源、比德文动力、瑞驰汽车等新能源汽车整车及零部件企业争取新能源汽车生产资质，或与具有新能源汽车生产资质的厂家开展合作。积极推动天恩能源公司等企业与国内外具有较强实力的充电设备、配套设施企业加强合作，投资建设研发生产项目。积极发展配套检测服务，引导国内外有实力的高校、科研单位在我市建设研发、检测、服务平台，带动我市新能源汽车产业升级发展。在推动我市已有商用车、专用车资质生产企业加快开发新能源汽车产品、争取列入国家工信部目录投产达效的同时，认真抓好新能源汽车关键零部件及先进充换电技术研发，促进动力电池规模化生产。支持充换电设备和系统本地化生产，加快建设和发展具有先进核心技术和市场应用潜力的充换电设备项目。

（四）做好运行监测和服务保障工作。加强新能源汽车运行监测。交通管理等部门要积极探索车联网体系建设，形成基于物联网的新能源汽车安全运营管理系统，建成覆盖新能源汽车、充换电站等统一规范的智慧化服务网络。加强车辆及电池性能的实时监测和预警，提高安全防范能力。建立新能源汽车运行监控系统，健全新能源汽车事故预警信息系统及紧急处置机制，加强新能源汽车运行的实时跟踪、数据采集、统计分析及故障诊断，建立新能源汽车运行效果评估体系。新能源公交客车、出租汽车、环卫车、物流车等车辆要安装车辆运行技术状态实时监控装置，进行可靠有效的监控管理。私人用车根据个人意愿安装实时监控装置。推广应用新能源汽车的单位要明确安全责任人，确保运行车辆安全可靠。

强化新能源汽车运行服务保障。新能源汽车企业应在每个推广县（市）和中心城区设立符合要求的固定售后服务站（点），负责新能源汽车产品的保养维护，定期对在线运行的新能源汽车进行安全检查和性能测试，确保车辆运行安全可靠。

四、政策措施

（一）汽车购置

1. 认真落实上级新能源汽车示范推广的财政补助政策，支持我市新能源汽车推广应用工作。

2. 市级配套新能源汽车推广应用补助。潍坊市消费者按照《潍坊市推广应用新能源汽车管理办法》和国家、省、市新能源汽车推广应用的有关规定要求购车，购车款按照销售价格扣减国家、省和潍坊市补助后支付。生产企业或当地销售企业在销售车辆完成本市车辆注册登记后，据实申请财政补助资金。潍坊市补助：按照国家和潍坊市 1∶1 的原则，补助总额（国家、省、市补助之和）不超过车辆核定销售价格的最高比例（40% ~60%）确定补助标准。潍坊市补助资金筹集：中心城区补助资金由市、区（含市属开发区）各承担一半，县（市）级补助资金由县（市）级财政自行筹集。对各县（市）超额完成潍坊市新能源汽车推广应用任务的部分，补助资金由市级财政承担一半。

3. 根据国家规定，对购买使用的新能源汽车免征车船税。

4. 专门从事新能源汽车租赁或服务的企业，运营车辆规模在 100 辆以上的，自开业经营之日起，按其租赁收入所缴纳的增值税和企业所得税地方留成部分，5 年内给予等额补助。

5. 享受潍坊市补助的新能源汽车，3 年内不得转移登记到潍坊市以外。

（二）配套设施

1. 对新建公共充换电项目，原则上引入市场化机制，采取股权、债权等方式进行扶持。对充换电服务运营商建设的公共直流充换电设施费用，按照核定充换电设备总额的 30% 给予财政补助。其中中心城区补助资金由市级财政筹集，县（市）级补助资金由县（市）级财政自行筹集。

2. 为电动公交客车和出租汽车服务的充换电设施尽量结合现有公交场站、公共停车场建设。全市电动公交客车充换电站建设用地，由国家电网建设的，与国家电网变电站建设用地同等政策，实行划拨供地；其他企业投资建设的，按照《潍坊市重点产业招商优惠政策》给予优惠支持。

3. 充换电设施用电价格。按国家、省分类用电价格规定执行。

4. 充换电设施服务收费价格。按照充换电设施用电价格加充换电维护费确定，公共充换电服务收费价格由物价主管部门会同市新能源汽车推广应用工作领导小组办公室负责指导和监管。

（三）汽车产业

1. 投资 1 亿元以上，符合国家产业规定，生产新能源汽车及关键零部件、充换电设备项目，以及进行新能源汽车研发项目的，按照《潍坊市重点产业招商优惠政策》，一事一议落实优惠政策。

2. 符合国家规定的新能源汽车及关键零部件、充换电设备生产及研发项目投产运营后，5 年内上缴税收地方留成部分在弥补政府付出的土地成本后，按照《潍坊市重点产业招商优惠政策》的投资标准给予相应补助，其中补助额的 30% 用于奖励法人代表和管理团队。

3. 符合国家规定的新能源汽车及关键零部件、充换电设备生产及研发项目，除环保和水资源收费、城市基础设施配套收费外，按照《潍坊市重点产业招商优惠政策》免缴其他市以下行政事业性收费。

4. 设立新能源汽车产业基金，通过股权、债权等方式，支持新能源汽车产业发展。

5. 我市现有汽车整车资质和专用车资质企业，获得国家新能源汽车整车、新能源专用车公告目录，分别给予 100 万元、50 万元补助；新获得国家新能源汽车整车、新能源专用车生产公告目录资质的企业分别给予 500 万元、100 万元补助。新能源汽车领域获得认定的国家、省级企业研发机构（包括企业技术中心、工业设计中心、工程实验室、国家地方联合工程实验室、技术研究中心、检测中心等），分别给予 100 万元、50 万元补助。

6. 鼓励新能源汽车及关键零部件、充换电设备企业参与国际标准、国家标准、行业标准或地方标准的制订。承担国家、国际标准制定的企业，分别一次性给予 50 万元、100 万元奖励。

7. 符合国家、省、市产业政策规定的新能源汽车及关键零部件、充换电设备生产企业，优先推荐认定为高新技术企业，减按 15% 的税率征收企业所得税。

8. 新能源汽车及关键零部件、充换电设备企业开发新技术、新产品、新工艺产生的研究开发费用，未形成无形资产计入当期损益的，在按照税法规定据实扣除的基础上，按照研究开发费用的 50% 加计扣除；形成无形资产的，按照 150% 摊销。

9. 新能源汽车及关键零部件、充换电设备企业从事技术转让、技术开发业务和与之相关的技术咨询、技术服务业务取得的收入，免征增值税、所得税。

（四）人才引进

鼓励企业与高等院校、科研院所进行人才共建，培养创新型、应用型、复合型、技能型人才。对引进新能源汽车高层次人才的优惠政策，参照潍坊市有关引进人才激励政策执行。

五、保障机制

（一）加强组织领导。市新能源汽车推广应用工作领导小组要充分发挥职能作用，进一步健全工作机制，强化调度协调和督导考核，抽调人员，落实经费，集中办公，及时研究解决推广应用工作中的困难和问题，全面推进工作。市新能源汽车推广应用工作领导小组各成员单位要按照责任分工各负其责，制定有效工作措施，通力协作，全力支持新能源汽车推广应用工作，形成齐抓共管的工作格局。各县市区、市属各开发区是新能源汽车推广应用的责任主体，要健全机构，明确目标，落实责任，强化措施，加快推进，确保新能源汽车推广应用目标任务如期完成。

（二）强化考核监督。加大对新能源汽车推广应用工作的考核督查力度，将推广应用工作作为重要督查事项，纳入市委、市政府对县市区、开发区和市直部门、单位年度考核重要内容。对于在新能源汽车推广应用和产业发展中成绩突出的先进单位和个人给予表彰；对于工作推进慢、完不成任务的给予通报批评。

（三）探索运营模式。充分调动民营资本的积极性，积极探索民营资本与国有资本合作模式，通过租赁、特许经营等方式，加快新能源汽车的推广应用。鼓励采用分时租赁与分期租赁相结合、换电与充电相结合的方式，开展纯电动汽车商业租赁模式创新，大力发展以市区短途代步出行为目的的纯电动汽车自驾租赁服务系统。

（四）优化发展环境。大力发展有利于扩大新能源汽车市场规模的专业服务、增值服务等新业态，建立新能源汽车金融信贷、保险、租赁、物流、二手车交易以及动力电池回收利用等市场营销和售后服务体系，发展新能源汽车及关键零部件质量安全检测服务平台。

（五）加大宣传力度。加强舆论引导，提高社会各界对新能源汽车的认知度和接受程度，形成易于接受、乐于使用新能源汽车的良好氛围。

本意见有关政策由市新能源汽车推广应用工作领导小组办公室负责解释。根据新能源汽车推广应用实际，市新能源汽车推广应用领导小组办公室可按程序和规定对有关政策进行调整。

本意见自 2014 年 1 月 1 日至 2015 年 12 月 31 日有效。有效期满后，经市政府常务会议研究确定后，可适当延长。

潍坊市人民政府

2014 年 7 月 10 日

潍坊市新能源汽车充换电设施建设运营管理实施意见

为加快新能源汽车充换电设施建设，促进新能源汽车推广应用和产业发展，根据国务院办公厅《关于加快新能源汽车推广应用的意见》（国办发〔2014〕35 号）、《关于加快新能源汽车推广应用促进新能源汽车产业发展的意见》（潍政发〔2014〕13 号）等文件精神，结合我市实际，制定本实施意见。

一、总体要求

（一）指导思想

以党的十八大和十八届三中、四中全会精神为指导，进一步加强和规范新能源汽车充换电设施建设运营管理，建立完善公平竞争、标准统一、运营安全的市场秩序，加快新能源汽车充换电设施建设，促进新能源汽车推广应用和产业发展。

（二）工作思路

1. 结合城市总体规划和专项规划，坚持统一标准、合理布局、分步实施、逐步完善的原则，科学确定建设规模和选址分布。鼓励自用自建、支持专用专建、统一公用公建。公用公建部分纳入全市公共资源交易平台管理运行，依法操作，统一规划，市场竞争。

2. 充分发挥市场的决定性作用，因地制宜，鼓励多元化资本投资建设新能源汽车充换电设施，逐步实现新能源汽车充换电设施建设和运营规范化、市场化、社会化。

3. 以新能源公交车、出租车、公务车充换电设施建设为突破口，重点推进超市、商场、车站、社会停车场（库）和高速公路服务区等场所建设公共充换电设施。逐步形成充换电设施服务网络，实现全面辐射，保障新能源汽车充换电需求。条件允许，可与加油站、加气站和停车场等合建新能源汽车充换电设施。

4. 鼓励在小区停车场地有计划地建设符合规定的自用充电设施，支持单位用户在办公场所停车场地以及公交、环卫等特定行业停车场地建设符合规定的专用充电设施（可按规定对外经营）。新建居住小区、公共停车场等要在场地、电力等方面满足新能源汽车充换电的要求，预留一定比例的新能源汽车充换电停车位。

二、建设内容

建设的新能源汽车充换电设施是指新能源汽车充电桩、充换电站及其接入上级电源的相关设施。主要包括：自用充电设施，即专为私人用户提供充电的充电桩设施；专用充换电设施，即专为小区、单位等提供充换电服务的充换电设施，以及专为公交、环卫等特定行业的新能源汽车提供充换电服务的充换电设施；公用充换电设施，即达到一定规模、关系社会公共利益和公众安全的大型公用充换电设施，或国有资金投资、国家融资的公用充换电设施项目。

三、建设运营管理

市新能源汽车推广应用工作领导小组办公室（以下简称市领导小组办公室）统筹负责全市新能源汽车充换电设施建设运营管理工作，各县市区、市属各开发区新能源汽车推广应用工作机构在市领导小组办公室指导下负责对新能源汽车充换电设施建设运营的具体协调和管理。新能源汽车充换电设施建设运营参照加油站、加气站管理实施。

（一）市领导小组办公室按照国家、省关于新能源换汽车推广应用的方针政策和《关于加快新能源汽车推广应用促进新能源汽车产业发展的意见》（潍政发〔2014〕13号）、《关于成立新能源汽车推广应用工作领导小组的通知》（潍政办字〔2014〕64号）、潍坊市电动汽车充电桩（站）布局规划等要求，召集领导小组成员单位对土地供应计划进行协商，科学合理地提出新能源汽车充换电设施年度建设用地计划草案，组织成员单位进行现场查勘、论证后，报市国土部门纳入年度土地供应计划。

（二）充换电设施建设用地供应计划确定后，国土部门按年度供应计划落实充换电设施建设用地的储备、征用工作，涉及农用地的依法办理建设用地农转用和征收手续。

（三）国土部门依法组织充换电设施用地划拨或招标拍卖挂牌出让，确定买受人。买受人交付成交土地价款并按规定签订《国有土地使用权出让合同》。

（四）市领导小组办公室对公用及专用充换电设施建设运营项目进行筛选，并对其标准统一性、技术可行性和施工安装、建设运营单位条件等进行审查，出具意见。

（五）有关部门在征求市领导小组办公室对公用及专用充换电设施建设运营项目的意见，依法办理项目建设相关手续后，方可施工建设。

（六）公用及专用充换电设施建成后，由市领导小组办公室综合市财政、科技、发改、国土、规划、住建、消防、质检、安检、供电等部门和单位意见，组织实地评价或委托县市区、市属开发区新能源汽车推广应用工作机构进行实地评价，出具评价意见。

（七）相关部门、单位在收到市领导小组办公室对充换电设施建设情况评价意见后，按照有关规定落实政策措施。

四、土地供应

（一）充电桩原则上不征用土地。鼓励在现有停车场（位）等现有建设用地上设立他项权利建设充换电设施。通过设立他项权利建设充换电设施的，现有建设用地已设立的土地使用权及用途可保持不变。在符合规划的前提下，利用现有建设用地新建充换电设施的，可依法采取协议方式办理相关用地手续。现有停车场（站）改建、加装充电设施的，不涉及新建建筑物（构筑物）及规划布局调整的，不再办理规划、用地手续。

（二）对技术水平高、示范效应强、产业带动大，经论证确需以政府供地单建方式建设的充换电设施项目，其用途按城市规划确定的用途管理，采取招标拍卖挂牌方式出让或租赁、划拨方式供应土地，可将建设要求列入供地条件，底价确定可考虑政府支持的要求。采取拍卖方式供地的，应择优选择整体、分片、间隔、单体拍卖等模式。供应其他建设用地需配建充换电设施的，将配建要求纳入土地供应条件，依法妥善处理充换电设施使用土地的产权关系。

五、建设施工

（一）充换电设施建设按《潍坊市人民政府关于加快新能源汽车推广应用促进新能源汽车产业发展的意见》、潍坊市区及各县市电动汽车充电桩（站）布局规划和有关规定实施。

（二）对项目规模标准达到法律和国家有关规定的，关系社会公共利益和公众安全大型公用充换电设施项目以及国有资金投资或国家融资公用专用充换电设施项目的建设运营实行招投标。法律和国家规定规模标准以外的项目以及自用充电设施、非国有资金投资或非国家融资的专用充换电设施以及居民小区内充换电设施等项目的建设和运营实行市场化运作。依据有关法律法规，对实行招投标的公用充换电设施项目可实施特许经营，并科学合理地确定经营期限。特许经营期限届满，可采取招投标方式重新确定特许经营者。充换电设施建设运营的招投标工作，由各县市区和市属开发区按照属地原则具体组织实施，并依法对充换电设施项目和经营权招标投标活动实施监督。

（三）充换电设施施工建设应当遵照下列规定：

1. 鼓励符合规定的充电设施建设运营单位在住宅小区为私人用户建设充电设施，私人用户也可通过自建、委托代建等方式建设自用充电桩。私人用户在住宅小区固定停车位进行充电桩建设的，小区物业、业委会应予支持和配合。

2. 鼓励符合规定的充换电设施建设运营单位到新能源汽车用户所在单位建设充换电设施，在停车场地条件允许的情况下，用户所在单位应予支持和配合。

3. 个人在购车时可向新能源汽车生产企业（包括生产企业和其在本市销售企业）办理购车充电条件确认手续，自行或委托新能源汽车生产企业（包括生产企业和其在本市销售企业）向所在区域供电公司营销部（客户服务中心）提出用电报装申请，由新能源汽车生产企业（包括生产企业和其在本市销售企业）或委托符合规定的单位进行自用充电设施工程建设。

4. 供电公司要为新能源汽车充换电提供优质、便捷的配套服务。对按规定建设自用充电设施和取得市领导小组办公室意见的公用、专用充换电设施项目给予电网接入支持，开辟绿色服务窗口，简化办事程序，通过供电公司营业窗口和95598供电服务热线等途径，做好宣传、服务工作，提高服务质量和效率。

5. 单位和个人向所在区域供电公司营销部（客户服务中心）提出充换电用电报装申请后，供电公司营销部（客户服务中心）对低压用户在1个工作日内正式答复供电方案，对高压用户在15个工作日内正式答复供电方案。单位和个人应在规定期限内到供电公司营销部（客户服务中心）办理确认手续。

6. 充换电设施建设包括电源条件确认、施工可行性确认、用电报装、方案编制、工程建设、工程竣工验收、供用电合同签订、计量装置安装和接电等环节。

7. 单位和个人待供电方案确认后，可按规定组织开展充换电设施工程建设。

8. 充换电设施建成后，单位和个人向所在区域供电公司营销部（客户服务中心）提出验收申请。工程检验合格、办结相关手续（签订供用电合同），并在征求市领导小组办公室评价意见后，由供电公司于5个工作日内完成装表接电。市领导小组办公室负责组织市经信委、供电公司等单位对充换电设施建设情况进行监督检查。

9. 市供电公司于每月25日前将充换电设施建设有关信息提报市领导小组办公室。

六、建设施工运营单位条件

（一）充换电设施施工单位应具备以下条件

1. 具备法人资格和完善的组织机构。

2. 具备电力监管部门颁发的五级及以上承装（修、饰）电力设施许可证资质。

3. 持进网作业许可证电工10人以上。

4. 具备与项目建设标准相适应的技术、设备。

5. 近几年有较好的安全记录，没有发生重大质量、安全事故。

6. 其他按规定应当具备的条件。

（二）充换电设施建设运营单位应具备以下条件

1. 具备法人资格，注册资本1000万元以上。

2. 具备同类或相似项目运营经验，并有良好的工作业绩和履约记录。

3. 最近三年没有严重经济违法行为。

4. 近几年有较好的安全记录，没有发生重大质量、安全事故。

5. 其他按规定应当具备的条件。

七、适用标准规范

（一）符合《NB/T 33002—2010 电动汽车交流充电桩技术条件》《GB/T 29781—2013 电动汽车充电站通用要求》《GB 50996 - 2014 电动汽车充电站设计规范》《GB/T 29772—2013 电动汽车电池更换站通用技术要求》以及《NB/T 33004—2013 电动汽车充换电设施工程施工和竣工验收规范》等相关标准。

（二）充电设施充电接口应符合《GB/T 20234—2011 电动汽车传导充电用连接装置》等规定。

（三）充电设施用电单独计量，符合《GB/T28569 - 2012 电动汽车交流充电桩电能计量》等标准，并执行《GB/T 27930—2011 电动汽车非车载传导式充电机与电池管理系统之间的通信协议》等有关标准规定。

（四）具有按规定需要提供的生产许可证、3C认证、高压型式试验报告等。

（五）如上述标准或规定出现调整，按新标准和规定执行。

（六）市领导小组办公室可组织有关部门和专家研究制定符合国家规定和我市实际的市新能源汽车充换电设施统一建设标准和可行性要求。

八、用电费用

（一）用电费用按照充换电设施性质收取。对向电网经营企业直接报装接电的经营性集中式充电设施用电，执行大工业用电价格，2020 年前，暂免收基本电费；其他充电设施按其所在场所执行分类目录电价。其中，居民家庭住宅、居民住宅小区、执行居民电价的非居民用户中设置的充电设施用电，执行居民用电价格中的合表用户电价；党政机关、企事业单位和社会公共停车场中设置的充电设施用电执行一般工商业及其他类用电价格。新能源汽车充电设施用电执行峰谷分时电价政策。

（二）充换电设施经营企业可向新能源汽车用户收取电费及充换电服务费两项费用，充换电服务费用于弥补充换电设施运营成本。2020 年前，对新能源汽车充换电服务费实行政府指导价管理。充换电服务费标准上限由省政府价格主管部门或其授权的单位制定并调整。

（三）供电公司要做好新能源汽车充换电配套电网建设改造工作，新能源汽车充换电设施产权分界点至电网的配套接网工程，由供电公司负责建设和运行维护，不收取接网费用，相应成本纳入电网输配电成本统一核算。

（四）国家、省充换电价格政策如有调整，按照国家、省政策执行。

九、保障措施

（一）加强组织领导。市领导小组办公室要充分发挥职能作用，健全工作机制，承担起新能源汽车充换电设施建设运营管理职责，及时研究解决推广应用过程中遇到的问题，全面推进工作。

（二）落实责任措施。市新能源汽车推广应用工作领导小组各成员单位按照职责分工和目标任务，制定有效工作措施，加强协作配合，形成齐抓共管工作格局，全面推进新能源汽车充换电设施建设运营管理各项工作。各县市区、市属各开发区是新能源汽车充换电设施建设的责任主体，要明确目标，落实责任，强化措施，加快推进，确保新能源汽车充换电设施建设工作稳步推进。

（三）严格规范管理。新能源汽车充换电设施建设运营管理工作涉及的有关部门和单位应严格按照法定程序和权限办理用地、规划、建设、运营等审批事项，不得滥用职权、徇私舞弊、玩忽职守，违者依法依纪追究责任。

本意见自 2014 年 12 月 30 日起施行，有效期至 2019 年 12 月 29 日。

潍坊市人民政府办公室

2014 年 12 月 1 日

临沂市新能源汽车推广应用实施方案（2014—2015 年）

为切实做好新能源汽车推广应用工作，加快新能源汽车产业发展，推进节能减排和大气污染治理，根据国家财政部、科技部、工信部、发展改革委《关于继续开展新能源汽车推广应用工作的通知》（财建〔2014〕551 号）要求，总结 2010 年以来我市纯电动公交车示范运营的成功经验，制定本实施方案。

一、新能源汽车产业发展基础

市委、市政府高度重视新能源汽车产业发展和推广应用工作，2010 年成立了电动汽车示范推广试点工作领导小组，出台了《临沂市人民政府关于加快全市新能源产业发展的实施意见》《新能源汽车示范推广试点实施方案》等文件，加强组织领导，强化政策扶持，培植骨干企业，鼓励技术进步，创新运营模式，有力推动了新能源汽车产业健康发展，探索建立了可持续电动交通发展体系。

（一）产业发展初具规模。临沂是国内新能源汽车产业发展较快的城市。全市已发展山东沂星电动汽车有限公司、新大洋电动车有限公司等多家电动汽车整车生产企业，主要车型有纯电动城市客车、纯电动旅客摆渡车、纯电动微型汽车等。沂星公司是我国较早开展纯电动客车研发及产业化的客车企业之一，具有 50 余年的客车和专用车生产历史，是国家工信部汽车产品公告内企业，主要研发生产纯电动大客车及各类专用车，形成了较为齐全的电动客车产品体系。目前，该公司已开工建设电动汽车产业园项目，总投资 30 亿元，占地 1500 亩，研发生产纯电动客车等新能源汽车，年设计产能 2 万辆，建成后主营业务收入将突破 100 亿元；同时积极引进电池、电机等汽车零部件配套企业，致力于打造国内有影响力的电动汽车产业基地。新大洋公司微型纯电动汽车年设计产能 15 万辆，在国内同行业中率先通过欧洲国家相关认证，出口欧洲多个国家，发展潜力巨大。新能源汽车整车骨干企业发展有力带动了蒙山铝业、银光镁业、海纳电子、龙立电子等配套企业的发展。

（二）自主创新优势明显。山东沂星电动汽车有限公司有 7 款纯电动客车产品列入工信部汽车产品公告和节能与新能源汽车示范推广应用工程推荐车型目录，拥有铝合金全承载轻量化车体、整车控制系统等关键技术。其中铝合金全承载轻量化车体技术获 10 项国家专利，重量较钢骨架降低 20%，有效解决了同行业电动客车车体过重、续驶里程短、载客量少的难题。目前，该企业正牵头承担交通运输部客车标准委员会纯电动城市客车行业标准编制工作。新大洋电动车有限公司先后获得国家专利 28 项，其中发明专利 6 项，同时申报欧盟专利 3 项。

（三）推广应用效果良好。自 2010 年 2 月起，我市先后投运沂星纯电动城市客车145台，在城区多条公交线路示范运行，每天每台运行里程约200公里，累计行驶里程突破1700万公里，位居全国前列，实现了安全平稳运营。在山东青岛、日照、淄博，河南新乡、许昌和浙江余姚等城市运行，取得了良好效果。2012年，沂星纯电动客车顺利通过香港特区政府检测，成为第一辆在香港挂牌投用的纯电动客车。同时，加强电动汽车基础设施建设，山东供电公司在我市建成投运电动汽车充换电站5座，安装直流充电桩65个、交流充电桩85个，建立了电动汽车充换电服务网络集中监控中心，实现了对车辆的实时监控，初步形成了覆盖中心城区、连接城际的充换电服务网络。今年2月，我市成为山东省通过国家四部委认定的5个新能源汽车推广试点市之一。

二、指导思想和目标计划

（一）指导思想。以科学发展观为指导，认真贯彻落实国家新能源汽车推广应用战略部署，围绕构建“电动汽车、城市交通、智能电网”三位一体框架，按照“重点领域先行推广应用，多种商业模式协调发展，加快电动汽车产业升级，营造低碳健康出行环境”推广路径，重点突出公交、出租、物流、公务、环卫、私用六个领域，统筹推进城市交通、车辆产品、基础设施、信息系统四个解决方案，制定出台一揽子配套政策，建立具有临沂特色的“641”可持续电动交通推广模式。

（二）目标计划。2014—2015年，在我市示范推广各类新能源汽车5000辆，其中：纯电动公交车300辆、出租车1000辆、商贸物流配送车1300辆、公务车300辆、私家车2000辆、环卫车100辆。按照安全、开放、节能、环保的原则，面向全国，优选车型。新建电动公交车充换电站6座，公共领域交流充电桩3240个、直流充电桩20个，私人交流充电桩2000个。建立市级可持续电动交通系统车辆安全监控运行服务信息平台。

三、重点领域推广应用方案

（一）公交领域。目前，我市正在运营的城市公交车1066辆，其中纯电动公交车145辆，占总数的13.6%。随着城镇化步伐的加快和城区规模的扩张，未来电动公交车市场需求将持续增长。

电动公交车年度推广应用计划表 单位：辆

类型＼年度	2014年	2015年	合计
城市电动公交车	100	100	200
城乡电动公交车	50	50	100

1. 城市电动公交示范推广方案。结合临沂城区现有4座公交充换电站和5座充换电站建设规划，科学调整、新增电动公交线路，通过新增、更新和提前报废等方式，两年内推广10米以上城市纯电动公交车200辆，其中2014年100辆、2015年100辆。

2. 城乡电动公交示范推广方案。结合城镇化发展战略，确定我市临沭县为城乡电动公交试点县，通过新增和更新的方式，两年内推广应用7米城乡纯电动公交车100辆，其中2014年50辆、2015年50辆。

（二）出租领域。目前，全市共有出租车2750辆，年更新约260辆。针对现有车辆难以满足市民需求的现状，成立新能源汽车出租公司，重点在车站、商场、医院、公交场站等人口密集场所设立停靠点。两年内新增插电式新能源出租车1000辆，其中2014年400辆、2015年600辆。

插电式新能源出租车年度推广应用计划表 单位：辆

类型＼年度	2014年	2015年	合计
插电式新能源出租车	400	600	1000

（三）商贸物流领域。结合临沂商城国际化和国际商贸名城的建设，根据我市商贸物流配送点多面广的现实，规范提升商贸物流配送业和城市快递业，依托快递企业和新成立的商贸物流配送公司，推广应用纯电动物流配送车。两年内新增1300辆，其中2014年500辆、2015年800辆。

商贸物流配送电动车年度推广应用计划表 单位：辆

年度＼类型	2014年	2015年	合计
微型充电配送车	500	800	1300

（四）公务领域。鼓励引导各级党政机关和企事业单位在更新公务车时积极采购新能源汽车。两年内计划推广插电式新能源乘用车300辆，其中2014年100辆、2015年200辆。

电动公务车年度推广应用计划表 单位：辆

年度＼类型	2014年	2015年	合计
插电式新能源乘用车	100	200	300

（五）环卫领域。两年内计划推广电动环卫车100辆，其中2014年50辆、2015年50辆。

电动环卫车年度推广应用计划表 单位：辆

类型＼年度	2014年	2015年	合计
电动环卫车	50	50	100

（六）私用领域。大力宣传新能源汽车推广应用政策，加快公共场所、居民小区充电基础设施建设，引导个人购

买插电式新能源乘用车。计划两年内新增2000辆，其中2014年800辆、2015年1200辆。

电动私家车年度推广应用计划表　　单位：辆

类型 年度	2014年	2015年	合计
插电式新能源乘用车	800	1200	2000

四、可持续电动交通系统运行环境解决方案

（一）可持续电动交通系统解决方案。结合临沂市《城市总体规划》和《综合交通规划》，将可持续电动交通系统有机融入城市建设和综合交通体系，制订具有科学性、前瞻性、针对性的电动交通发展规划，加快构建电动汽车、城市交通、智能电网三位一体发展框架，为加快电动汽车推广应用创造良好条件。

1. 城乡规划充分满足电动汽车推广应用要求。

（1）城市规划。①完善城市建设发展规划，在居民区、商业设施规划中预留电动汽车停车位，铺设地下管线，预留标准充电桩安装接口。按照电动汽车充电要求改造现有居民区停车位。在绿地、公园等场所设置小型电动汽车停车位。②完善旅游景区规划，在旅游景区设置专门电动汽车停车场和充电桩，供游客临时充电。③完善临沂商城商品交易市场、仓储物流园区规划，按照省级城市共同配送试点工作的建设规范要求，在各商品交易市场、仓储物流园区配送端点规划设置专门电动汽车停车场、货物装卸点和充电桩。④制订公共场所充电桩建设规划，在应急避难场所、医院、学校、公园等场所安装充电桩。

（2）城镇规划。在新型城镇化建设中，结合城镇综合规划，根据地域人口及车辆密度，适度发展城乡电动交通，规划以县城为中心、乡镇驻地为节点、行政村为末端的城乡电动公交网络。

2. 交通规划充分满足电动汽车出行需求。加快修订完善《临沂市综合交通规划》，充分考虑新能源汽车发展趋势，把建设可持续电动交通系统作为规划的重要目标。按照《临沂市人民政府关于优先发展城市公共交通的意见》要求，优先推广应用新能源电动汽车，力争到2015年电动公交车总量达到1846台。完善城市公共交通专项规划，统筹规划建设充电站、电动公交线路和场站，加快智能电网建设，形成覆盖城区、连接城镇的充换电服务网络。

（二）车辆产品解决方案。基于我市电动汽车产业发展现状，结合6个重点领域电动汽车运行特征，在车辆产品的续驶里程、充换电方式及信息系统等方面予以规范。

各领域车辆运行特征表

车辆领域	车型	车辆运行特征	日均行驶里程（kM）	续驶里程（kM）	充换电方式	信息系统
公交	城市电动公交车（充电）	固定线路 夜间充电 定点补电	150	≥180	直流	安装刷卡系统、车辆定位监控系统、安装WiFi、公共信息显示系统等
	城乡电动公交车（充电）	固定线路 夜间充电 定点补电	120	≥80	直流	
出租	插电式新能源乘用车	夜间充电 定点补电	150	≥150	交流	车辆定位监控系统、智能人机交互显示终端、安装刷卡系统等
商贸物流	微型充电配送车	运输路程短 载荷量小 夜间充电 定点补电	150	≥120	交流	车辆定位监控系统、智能人机交互显示终端等
公务	插电式新能源乘用车	定点充电 及时补电	200	≥140	交流	车辆定位监控系统、安装WiFi、公共信息显示系统等
环卫	纯电动环卫车	固定线路 定点充电	120	≥90	交流	车辆定位监控系统
私用	插电式混合动力或纯电动乘用车	夜间充电 定点补电	100	≥80	交流	车辆定位监控系统等

我市将利用市级可持续电动交通系统车辆安全监控运行服务信息平台，对6个重点领域车辆运行特征进行跟踪，将数据反馈给车辆生产企业，促进企业提高产品质量。

（三）信息系统解决方案

1. 可持续电动交通系统车辆安全监控运行服务信息平台。根据我市可持续电动交通系统各相关领域信息化的需求，结合交通发展趋势，建设基于SOA体系架构的“临沂市可持续电动交通系统车辆安全监控运行服务信息平台”（以下简称“信息平台”）。

信息平台是市级统一的电动汽车信息服务平台，由市交通运输局负责建设管理运营，各领域采取集中开发、分布应用的方式，建立各自信息平台，平台之间联网运行。信息平台是开放平台，设计规范对外接口，可与外部信息系统进行数据交换和共享。

（1）外部接口信息平台。可与充换电网络公共信息服务平台、电池及关键零部件产品信息平台、车厂车辆产品信息平台、车辆违法处罚信息平台、实时路况监控系统等平台进行连接和数据共享。

（2）基础支撑平台。主要是基础信息接口系统，为信息平台提供基础支撑，与其他外部信息平台进行数据交换，建立数据共享机制，包括地理信息系统和信息融合加工系统。

（3）交通业务支撑系统。包括智能公交运营、出租运营、商贸物流配送运营、环卫监控运营、公务车调度、车辆安全监控、信息统计与决策等系统。

（4）公众服务。根据各业务系统数据，通过运行监管系统分析，为公众提供信息服务。主要有公共信息发布、商业广告信息发布、车辆安全监控、故障预警、紧急救援、电子支付、智能导航、车辆调度监控、车载终端互动、交通信息诱导系统、车辆违法查询和出险处置等。

2. 各领域与商业模式配套的车辆信息系统方案及建设计划。

各领域信息系统组成及年度建设计划表

年度 领域	2014年	2015年
公交	电子站牌（含app虚拟站牌等）市民互动系统	车载多媒体系统、公交优先信号控制系统
出租	车载智能终端	充电管理系统
商贸物流	车载智能终端	充电服务系统
公务	车载智能终端	充电服务系统
环卫	车载智能终端	充电服务系统

（四）电动汽车充换电设施解决方案。为加快建设可持续电动交通系统，立足电动汽车产业发展和用户需求，与加强智能电网发展规划、电动汽车产业发展规划、城乡建设发展规划、交通干线规划等相关规划保持协调统一，统筹考虑配电网、市政建设及电动汽车发展布局等因素，引导电动汽车智能充换电服务向专业化、规范化、标准化方向发展，最终实现电动汽车充换电服务网络与智能电网、智能电动交通系统的紧密结合、良好互动。

1. 交流充电桩建设规划。根据6个重点领域商业模式特点，采取公共区域设置和私家车位设置相结合的方式，按照公交领域车、桩1∶1.2，私用领域车、桩1∶1的比例规划建设交流充电桩。出租领域充电桩设置在机场、车站、宾馆、商城批发市场、公交场站等公共停车场；商贸物流配送领域充电桩主要设置在商城批发市场周边公共停车场；环卫领域充电桩设置在环卫所停车场；公务领域交流充电桩设置在政府机关、企事业单位等停车场；私用领域交流充电桩可设置在单位、小区等停车场，供电部门负责敷设地下管线，预留标准充电桩安装接口，并可计量。

2014年交流充电桩建设计划表

项目 领域	出租	商贸物流	公务	私用	环卫	合计
新增车辆（辆）	400	500	100	800	50	1850
私用充电桩（个）	0	0	0	800	0	800
公共充电桩（个）	480	600	120	0	60	1260

2015年交流充电桩建设计划表

项目 领域	出租	商贸物流	公务	私用	环卫	合计
新增车辆（辆）	600	800	200	1200	50	2850
私用充电桩（个）	0	0	0	1200	0	1200
公共充电桩（个）	720	960	240	0	60	1980

根据我市电动汽车发展情况预测，计划三年共建设公共交流充电桩3240个、私用交流充电桩2000个。

2. 直流充电桩建设规划。直流充电桩设置在商贸中心、政府机关等停车场，满足快速补电需求，计划三年共建设公共直流充电桩20个。

公共直流充电桩建设计划表

类型 年度	2014年	2015年	合计
直流充电桩（个）	10	10	20

3. 直流充电站网络规划。直流充电站主要满足城区、城乡公交车充电需求，具备一定快速充电能力。根据电动公交车发展需要，拟建设充电站6座，其中中心城区5座，临沭县1座。与电动汽车推广应用不同阶段相适应，结合

公交线路特点，与公交停车场、枢纽站点有机结合，配套建设电动汽车充电站。

公交车充电站建设计划表

项目 \ 年度	2014 年	2015 年	合计
公交车数量（辆）	150	150	300
充电站数量（座）	3	3	6

五、相关政策

（一）国家财政补贴政策。国家针对乘用车、客车、纯电动专用车和燃料电池车分别设置了补贴标准，并规定了享受补贴的车型目录（具体见《节能与新能源汽车示范推广应用工程推荐车型目录》）。2013 年补贴标准如下：

1. 纯电动乘用车、插电式混合动力（含增程式）乘用车推广应用补贴标准

单位：万元/辆

车辆类型	纯电续驶里程 R（工况法、公里）			
	80≤R<150	150≤R<250	R≥250	R≥50
纯电动乘用车	3.5	5	6	—
插电式混合动力乘用车（含增程式）	—	—	—	3.5

2. 纯电动客车、插电式混合动力（含增程式）客车推广应用补贴标准

单位：万元/辆

车辆类型	车长 L（米）		
	6≤L<8	8≤L<10	L≥10
纯电动客车	30	40	50
插电式混合动力客车（含增程式）	—	25	

（注：超级电容、钛酸锂快充纯电动客车定额补贴 15 万元）

3. 纯电动专用车（包括邮政、物流、环卫等）推广应用补贴标准：按电池容量每千瓦时补贴 2000 元，每辆车补贴总额不超过 15 万元。

4. 燃料电池车推广应用补贴标准

单位：万元/辆

车辆类型	补助标准
燃料电池乘用车	20
燃料电池商用车	50

国家四部委《关于进一步做好新能源汽车推广应用工作的通知》（财建〔2014〕11 号）要求，除纯电动公交车、插电式混合动力（含增程式）公交车外，其他类型车辆 2014 年、2015 年在 2013 年补贴标准上递减 5%、10%。

（二）我市相关配套政策。根据国家和省新能源汽车产业发展相关要求，结合我市实际，按照国家财政部、科技部、工信部、发展改革委通知要求，制定以下配套政策：

1. 城区电动公交车，扣除中央财政补贴后，其余价款由市财政承担。

2. 城乡电动公交车，扣除中央财政补贴后，由临沭县财政每辆补贴 10 万元，剩余价款由市交运公司承担。

3. 插电式新能源公务用车，扣除中央财政补贴后，其余价款由同级财政承担。

4. 出租、商贸物流、环卫、私用领域新能源汽车，市财政按中央财政补贴额的 60% 予以补贴。

5. 截至 2015 年底，市财政对私人购置交流充电桩按购置费用的 30% 予以补贴，每个补贴不超过 3600 元，每户仅限 1 个。

6. 信息平台建设费用由市财政承担。

7. 中央财政对示范城市的综合奖励资金主要奖给供电公司，用于建设充电站和充电桩。参照焦庄充电站的政策，临沂城区充电站征地，由市财政每亩补贴 5 万元。

8. 将电动汽车整车及配套关键零部件项目列入全市重点项目，享受市重点项目优惠政策，优先供应土地，减免市级及以下收费。

9. 支持电动汽车整车及配套关键零部件生产企业扩大技改投入，设备总投资 1000 万元以上、达到国内先进水平，单台 100 万元以上的，由市财政给予购置款 5% 的补助，其他设备给予 3% 的补助。

10. 对企业拥有自主知识产权，通过省级新产品新技术鉴定验收、达到国内领先水平以上，相关新产品销售收入当年或次年达到 5000 万元以上的，由收益财政一次性给予技术研发投入 10% 的补助。

11. 对主持参与制订修订国际标准、国家标准和行业标准等标准的企业，由受益财政给予 5 万～50 万元的奖励。

同时，制定交通、环保、建设等其他综合配套政策。

六、保障措施

（一）建立组织机构。市政府成立临沂市新能源汽车示范推广应用领导小组，由市长任组长，相关副市长任副组长，市财政、科技、经信、发改等部门和各县区政府（开发区管委会）主要负责同志为成员，负责统筹协调新能源汽车推广应用工作，研究确定重大事项，协调解决重大问题。领导小组办公室设在市科技局，办公室主任由市科技局局长兼任，组成人员从领导小组成员单位抽调。各县区、开发区也要成立相应的工作机构，制定配套措施，加大工作力度，有序推进新能源汽车推广应用，加快新能源电动汽车产业发展。

（二）明确部门分工。市新能源汽车推广应用工作领导小组各成员单位要明确责任分工，坚持各司其职、各负其责，形成推进合力。

1. 市财政局负责安排市级专项补贴资金，制定临沂市新能源汽车推广应用补贴资金管理办法；负责收集、审核各领域新能源企业国家补贴申请材料并报上级财政部门；鼓励社会资金参与新能源汽车产业发展，做好与国家财政部、省财政厅的对接工作。

2. 市科技局承担领导小组办公室职责，负责综合协调、督查调度，牵头研究制定新能源汽车推广应用政策措施；负责收集、审核各领域新能源汽车国家购车补贴申请材料并报上级科技部门；负责收集、审核各领域新能源汽车市级购车补贴申请材料并转送市财政局；负责组织专家提供技术和管理支持；负责制定新能源汽车科技计划申报、产学研等方面政策措施，加强行业共性技术平台建设，支持重点企业开展新能源汽车及关键零部件研发和技术攻关。负责私用领域新能源汽车推广应用工作，制订私用领域新能源汽车推广应用流程和工作计划；做好与国家科技部、省科技厅的对接工作。

3. 市经信委负责指导、协调新能源汽车企业和产品进入国家公告目录；协助审批新能源汽车产品在相应区域的运行；会同有关部门研究制定新能源汽车推广应用分析评价机制；协助有关部门做好基础设施规划建设工作；做好与国家工信部、省经信委的对接工作。

4. 市发改委负责制订新能源汽车产业发展规划，推进新能源汽车产业发展；协调指导重点项目布局和建设，会同有关部门提出新能源汽车推广应用基础设施建设规划、充换电站建设规划；做好与国家发改委、省发改委的对接工作。

5. 市公安局负责新能源汽车推广应用消防工作，研究制定我市新能源汽车交通管理办法，负责新能源汽车交通管理工作。

6. 市交通运输局负责城市公交车驾驶员、维修人员、运营调度人员的专业技术培训和运营安全知识培训，做好运营管理有关工作；负责会同有关部门做好电动汽车优选、采购工作，协调推进运行中的质量与性能检测、运行状况监控、数据统计等工作；负责城市公交、出租领域新能源汽车推广应用工作，制订城市公交、出租领域新能源汽车推广应用流程和工作计划。

7. 市国土资源局负责保障充换电站、充电桩及相关辅助设施建设用地，办理相关建设项目的用地预审、土地征收、新建建设用地审批，做好项目建设用地报批和供地工作。

8. 市规划局负责新能源汽车相关基础设施规划工作，将新能源汽车发展相关要求纳入规划编制，办理充换电站和充电桩及相关辅助设施规划许可。

9. 市国资委负责城乡公交领域新能源汽车推广应用工作，制订城乡公交新能源汽车推广应用流程和工作规划。

10. 市城市管理局负责环卫领域新能源汽车推广应用工作，制订环卫领域新能源汽车推广应用流程和工作计划。

11. 市直机关事务管理局负责公务领域新能源汽车推广应用工作，制订公务领域新能源汽车推广应用流程和工作计划。

12. 市商务局负责商贸物流领域新能源汽车推广应用工作，制订商贸物流领域新能源汽车推广应用流程和工作计划。

13. 临沂供电公司负责新能源汽车充换电站、充电桩及相关辅助设施建设和管理工作；制订基础设施建设和运营技术方案，加快充换电站、充电桩及相关辅助设施建设并保障安全运营；配合有关部门做好新能源汽车运行的实时跟踪、数据收集分析及故障诊断工作。

市直有关部门、单位职责分工表

组别	牵头单位	配合单位	职责
综合协调办公室	市科技局	市财政局、经信委、发展改革委、交通运输局、公安局、规划局、商务局、市直机关事务管理局、城市管理局，临沂供电公司	负责综合协调、督查调度，研究制定有关政策措施
专家顾问组	市科技局	市发展改革委、经信委、财政局、交通运输局	负责组织专家提供技术和管理支持
信息系统项目推进工作组	市交通运输局	市科技局、发展改革委、经信委、财政局、公安局，临沂供电公司	负责协调推进电动汽车运行中的质量与性能检测、运行状况监控、数据统计等工作
基础设施项目推进工作组	市规划局、临沂供电公司	市经信委、国土资源局、住建委、交通运输局、发展改革委、财政局，有关县区政府（开发区管委会），沂星、新大洋等企业	负责充换电站、充电桩等相关基础设施规划编制、建设管理工作
公交领域项目推进工作组	市交通运输局	市公安局、财政局，市公交公司、交运公司，沂星等企业	负责公交领域电动汽车推广应用等工作

续表

组别	牵头单位	配合单位	职责
出租领域项目推进工作组	市交通运输局	市发展改革委、经信委、财政局、公安局，临沂商城管委会，新大洋等企业	负责出租领域电动汽车推广应用等工作
商贸物流领域项目推进工作组	市商务局	市经信委、财政局、交通运输局、公安局，临沂商城管委会	负责商贸物流领域电动汽车推广应用等工作
电动环卫项目推进工作组	市城市管理局	市发展改革委、经信委、财政局	负责环卫领域电动汽车推广应用等工作
私用领域项目推进工作组	市科技局	市发展改革委、经信委、公安局、城市管理局、财政局，新大洋等企业	负责私用领域电动汽车推广应用等工作
公务领域项目推进工作组	市市直机关事务管理局	市发展改革委、经信委、财政局	负责公务领域电动汽车推广应用等工作

（三）制定考核目标。兰山区累计推广量不低于600辆；罗庄区、河东区、临沭县、沂南县、高新区、经济开发区累计推广量不低于350辆（其中，临沭县作为城乡公交新能源汽车示范县，推广任务包括100辆城乡公交新能源汽车的推广应用）；郯城县、兰陵县、沂水县、莒南县、费县、平邑县累计推广量不低于300辆；蒙阴县、临港区累计推广量不低于150辆。推广应用的车辆中外地品牌数量不得低于30%，不得设置或变相设置障碍限制采购外地品牌车辆。各县区政府（开发区管委会）机关、公共机构等领域车辆采购要向新能源汽车倾斜，新增或更新的公交、公务、物流、环卫车辆中新能源汽车比例不低于30%。县区政府（开发区管委会）对新能源汽车车辆购置、公交车运营、配套设施建设等方面出台具体明确的政策措施。相关县区政府（开发区管委会）接受年度考核评估，对完成年度推广目标较好的给予奖励，对未完成年度推广目标的予以通报。

各县区（开发区）年度推广计划表（辆）

县区＼年度	2014年	2015年
市直	100	100
兰山区	300	300
罗庄区	150	200
河东区	150	200
郯城县	120	180
兰陵县	120	180
平邑县	120	180
沂水县	120	180
沂南县	150	200
费县	120	180
临沭县	150	200
莒南县	120	180
蒙阴县	50	100
高新区	150	200
经济开发区	150	200
临港区	50	100
合计	2120	2880

（四）强化安全运行。加强新能源汽车推广应用安全管理和维护保养体系建设，督促推广应用单位严格落实安全主体责任，建立完善车辆运行状态监控及故障预警、运行安全管理、技术培训与持证上岗、车辆定期检查与维保、充换电站安全操作及设备维护等制度。一是落实安全主体责任制。各推广应用单位成立安全管理机构，配足管理人员，制定规章制度，落实安全责任，加大投入力度，认真开展隐患排查治理，完善自查自纠工作流程和机制，提升安全保障能力和管理水平。二是建立车辆运行状态监控及故障预警系统。建立电动汽车运行管理信息化平台及监控系统，对推广应用车辆技术状态进行全程监控，采集动力电池安全技术参数等数据，做好统计分析和数据处理。设置事故预警系统，重点监控车辆动力电池温度、电流参数，对参数异常变化和故障信息及时报警，尽可能降低故障发生率。三是建立推广应用安全管理制度。电动汽车生产企业和推广应用单位从设计、生产、运行、充电、维保等方面不断完善安全管理机制，制定电动汽车安全设计规范、充电桩安全管理、车辆定期检查保养等制度。四是建立技术培训与持证上岗制度。有关部门和推广应用单位深入开展电动汽车相关人员职业技术技能培训、专用部件与设备检测专项培训、维修与故障处理培训等各类培训，提高电

动汽车推广应用安全保障水平。五是建立车辆定期检查维保制度。相关企业编制《纯电动公交车维修保养手册》《智能微型车辆维修保养手册》等，明确驾驶员注意事项，定期对电动汽车进行检查维保。生产厂家、维修部门、使用单位定期开展全面、系统、彻底的安全隐患排查，做好车辆维修保养，保持良好运行状态。六是建立充换电站安全操作规范及设备维护制度。加强电动汽车充换电站安全监管，制定安全操作规范，严格落实充换电站管理、事故预案、消防和充换电操作等安全制度，加强安全培训，确保设备安全稳定运行。加强充电桩安全监管，制定充电桩安全管理办法，严格充电操作规程等，确保充电安全。

（五）完善运营机制。一是建立公平开放的市场竞争机制。坚持“市场开放、竞争公开”原则，向全国电动汽车企业开放市场，为不同品牌和技术路线的电动汽车提供推广应用平台。我市所有推广应用领域车辆，向全国电动汽车生产企业公开招标采购，确保推广应用车辆中外地品牌数量达30%以上。进入我市的外地品牌电动汽车，享受与本地企业生产的电动汽车相同的优惠政策。二是探索创新商业运营模式。结合我市新能源汽车产业发展和推广应用实际，加强政策引导，优化政务服务，降低运营成本，推进企业市场化运作，积极探索商业化推广应用模式。

临沂市人民政府办公室

2014年8月18日

武汉市新能源汽车推广应用示范工作实施方案

市财政局市科技局市经济和信息化委市发展改革委

为进一步发挥我市在新能源汽车领域的综合优势，加快新能源汽车产业发展，推进节能减排，促进大气污染治理，有效推动“两型社会”和国家创新中心建设，打造低碳城市、国家中心城市和国际化大都市，根据《财政部科技部工业和信息化部国家发展改革委关于支持北京天津等城市或区域开展新能源汽车推广应用工作的通知》（财建〔2013〕805号）精神，特制定本实施方案。

一、开展新能源汽车推广应用示范的总体思路和工作目标

（一）总体思路。以科学发展观为统领，切实贯彻国家节能减排有关文件精神，以电驱动为我市汽车工业转型的主要战略取向，合理布局，集中力量，大力发展新能源汽车产业，打造新能源汽车产业链。以新能源汽车大规模推广应用为突破口，探索新能源汽车商业化运营模式，建立健全技术服务及保障体系，形成良好的新能源汽车推广应用环境，改善城市交通能源结构，提升我市低碳城市形象与城市品位，为建设国家中心城市和国际化大都市做出应有贡献。

（二）工作目标。到2015年，健全新能源汽车示范应用推广组织管理体系，在公交、出租、公务、环卫、邮政、物流、通勤等公共服务领域推广应用4300辆新能源汽车，在社会（单位及个人）购车领域推广应用6200辆新能源乘用车，达到10500辆的应用推广规模。

通过新能源汽车的应用推广，推进新能源汽车整车和关键部件的自主研发和产业化，形成年产10万辆新能源汽车的产业规模，优化调整我市汽车产业结构，实现汽车产业的创新发展。

二、新能源汽车推广应用示范工作计划

（一）车辆推广计划

1. 车辆推广规模。到2015年，选择50条公交线路，投放新能源公交车1000辆；在特定城区（以武汉东湖新技术开发区、武汉经济技术开发区和各新城区为主）投放新能源出租车1000辆；政府采购新能源公务车500辆、纯电动环卫车300辆；扩大新能源汽车应用推广领域，投放纯电动通勤车500辆、纯电动物流车1000辆；在社会购车领域推广新能源乘用车6200辆，总体达到10500辆的推广规模。新能源汽车推广计划如下表所示。

2. 车辆推广领域。公交车的新增和更新；出租车的新增和更新；公务车的新增和更新；环卫车的新增和更新；新建新能源通勤车运营公司的车辆；邮政、快递等物流公司的新增和更新车辆；在东风汽车公司、大专院校、机关事业等单位探索政府补贴单位及个人购买模式，推进新能源乘用车的市场化。

武汉市新能源汽车推广目标 单位：辆

序号	推广领域	推广计划安排累计数		
		2014年6月	2015年3月	2015年1~3月
1	公交车	300	600	1000
2	出租车	300	600	1000
3	公务车	150	300	500
4	环卫车	100	200	300
5	物流车	300	600	1000
6	通勤车	150	300	500
7	社会购车	2000	4000	6200
合计		3300	6600	10500

（二）基础设施建设

依据新能源汽车的投放区域、使用对象、运行半径，遵循“充电网络合理规划，充电设施与车辆投放同步建设，规模适度超前”的原则，因地适宜，建设以交流充电桩为主，新能源公交首末站与移动充电网络相结合，公共服务领域新能源汽车用户单位停车场充电桩为补充，特定区域范围内运行的新能源出租车充电设施集中建设为特色的充电网络。

1. 新能源私家车充电设施建设。以占地少、投资小、充电方便、对电网影响小的交流充电桩为主，充电桩的选址与私家车销售捆绑相结合，桩随车安，按照1∶1.2（车∶桩）的比例配置。

2. 新能源公交车充电设施建设。一是采取与公交车首末站相结合的方式为主，充分利用公交停车场站、维保场站配置直流充电桩；二是结合我市“在线充纯电动公交车”的成功应用，充分利用现有无轨电车线网及整流站，进行线网增容、整流站新增或者改造，打造“在线充电补电的移动充电网络”；三是在有条件的区域（武汉东湖新技术开发区、武汉经济技术开发区）新建与新能源公线路同步发展的大型充电站。

3. 公共服务领域新能源汽车充电设施建设。新能源公务车、环卫车、物流车、通勤车在单位内部停车场配置充电桩，按照1∶1（车∶桩）的比例配置。

4. 新能源出租车充电设施建设。新能源出租车集中在特定城区（以武汉东湖新技术开发区、武汉经济技术开发区和各新城区为主）推广，集中建设充电桩和快充集成式充电设备，保证充电设施与车辆的同步跟进。

（三）主要工作任务

1. 2013年，完成我市新能源汽车推广应用示范工作实施方案的起草和报批工作；完善我市鼓励新能源汽车推广应用的激励政策与保障措施；制订我市新能源汽车充电网络建设规划；在个人购车、环卫、物流、通勤领域开展新能源汽车试点；开展部分路段的“在线充纯电动公交车”的试点运行。

2. 2014年，开展社会购车领域新能源汽车的推广；开展新能源汽车在公务车、出租车领域的大规模示范，加大其他领域的推广应用示范力度；依据车辆投放领域与规模，完成相应的充电桩、充电站、移动充电线网、集成充电设备的建设。

3. 2015年，在社会购车领域大面积推广新能源乘用车；深入推进新能源汽车在物流、通勤与环卫领域的推广应用；完善充电桩、充电站、移动充电线网和整流站、集成充电设备网络建设。

推广应用新能源汽车的保障措施

（一）组织保障。调整充实市节能与新能源汽车示范推广工作领导小组组成人员（以下简称领导小组，具体组成人员名单及责任分工表附后），为推广应用工作提供强有力的组织保障。领导小组定期召开协调会，并形成制度，协调解决新能源汽车产业发展和应用工作中遇到的问题。

（二）政策保障。继续执行《市人民政府关于进一步推动我市节能与新能源汽车应用示范和产业化发展的若干意见》（武政规〔2012〕8号）相关政策，并进一步完善新能源汽车购置、车辆运营、配套设施建设等方面的扶持政策。

1. 完善财政补贴政策。安排财政资金重点支持购车补贴、基础设施建设、关键技术研发及产业化、充电补贴、运营补贴及相关推广应用专项工作经费等。

2. 出台新能源汽车进入家庭的激励政策。制定鼓励使用新能源汽车的政策和交通措施，免除新能源汽车的车船税。

3. 完善公共服务领域推广应用新能源汽车的激励政策。将新能源汽车纳入政府采购范围，各级政府部门优先采购，政府采购按照不低于50%的比例选用新能源汽车。出台新能源汽车在公交、出租、环卫、邮政、物流、通勤等公共服务领域应用推广的激励政策。

4. 完善配套设施建设及运营的扶持政策。编制新能源汽车配套设施用地专项规划，将充电网络建设用地纳入公共设施范围内，享受公共设施项目建设的相关政策，在立项、规划、用地等环节给予支持。对充电网络建设、维护保障等给予适当资金补贴。

5. 产业化扶持政策。对新能源汽车整车及关键零部件产业化的重点技术改造项目、核心技术、基础共性技术的研发给予重点扶持。依托国家及省、市人民政府的大力支持，每年筹措专项资金对新能源汽车产业化项目建设给予配套支持。

市节能与新能源汽车示范推广工作领导小组组成人员名单

组长：唐良智市人民政府市长

常务副组长：贾耀斌市委常委、市人民政府常务副市长

副组长：邵为民市人民政府副市长

成员：郭胜伟市人民政府秘书长

刘志辉市人民政府副秘书长

姜铁兵市人民政府副秘书长

程介儒市人民政府副秘书长

吴清市发展改革委主任

余信国市经济和信息化委主任

盛洪涛市国土规划局局长

吴志振市科技局局长

周学云市财政局局长

丁雨市环保局局长

干小明市城管委主任

余世平市交通运输委主任

吴明益市质监局局长

李上玉市安监局局长

刘崇俊市国税局局长

罗涛市地税局局长

夏亚民武汉东湖新技术开发区管委会副主任

杨新年武汉经济技术开发区管委会副主任

李顺年市公安局副局长、市公安局交通管理局局长

周召华市邮政管理局局长

畅刚武汉供电公司总经理

刘卫东东风汽车公司副总经理

马小援武汉经济发展投资（集团）有限公司董事长

余立市公交集团公司总经理

金国发市城投公司总经理

曾春年新能源汽车工业技术研究院院长

黄文芳东风扬子江汽车（武汉）公司董事长

郭亮武汉电动汽车示范营运有限公司总经理

吴森武汉理工通宇新能源动力有限公司副董事长

领导小组下设办公室，在市科技局办公，由吴志振兼任主任。

市节能与新能源汽车示范推广责任分工表

序号	工作内容	责任单位	配合单位
一、出台推广应用新能源汽车政策措施			
1	出台关于开展新能源汽车推广应用示范工作的若干政策	市科技局	市财政局、市经济和信息化委（汽车办）、市发展改革委
2	市新能源汽车充电设施建设规划	市国土规划局	武汉供电分司、市科技局
3	落实车船税减免政策	市地税局	
4	落实相关路桥费减免、停车费减免政策	市城投公司、市城管委	
二、推广应用10500辆新能源汽车，2014年6月推广应用3300辆			
1	制订新能源公交车运营总体规划，明确规模示范运营区域、线路区间、示范线路条数和车辆类型及数量。推广应用1000辆新能源公交，2014年6月推广应用300辆	市交通运输委、市公交集团	东风扬子江汽车（武汉）公司、武汉经济发展投资（集团）有限公司、武汉理工通宇新能源动力有限公司、新能源汽车工业技术研究院、武汉供电公司、武汉电动汽车示范运营公司
2	成立新能源通勤车运营公司，制订新能源通勤车运营规划，确定车辆类型及数量。推广应用500辆新能源通勤车，2014年6月推广应用150辆	武汉经济技术开发区、武汉东湖新技术开发区管委会	市交通运输委、新能源汽车工业技术研究院、武汉理工通宇新能源动力有限公司，武汉供电公司、武汉电动汽车示范运营公司
3	制订新能源环卫车运营规划，明确示范运营区域、车辆类型和数量。推广应用300辆新能源环卫车，2014年6月推广应用100辆	市城管委	东风汽车公司、新能源汽车工业技术研究院、武汉理工通宇新能源动力有限公司、武汉供电公司、武汉电动汽车示范运营公司
4	制订新能源物流车运营规划，明确示范运营区域、车辆类型和数量。推广应用1000辆新能源物流车，2014年6月推广应用300辆	市交通运输委（市物流局）、市邮政管理局	市公安局交通管理局、新能源汽车工业技术研究院、武汉理工通宇新能源动力有限公司、武汉供电公司
5	制订新能源出租车运营规则，明确示范运营区域、车辆类型和数量。推广应用1000辆新能源出租车，2014年6月推广应用300辆	市交通运输委、市客运出租汽车管理处	市公安局交通管理局、武汉供电公司、武汉电动汽车示范运营公司、东风汽车公司
6	制订社会购买新能源汽车运营规划。推广应用6200辆新能源汽车，2014年6月推广应用2000辆	市经济和信息化委	东风汽车公司、武汉经济发展投资（集团）有限公司
7	制订新能源公务车运营规划，明确车辆购置单位、车辆类型及数量。推广应用300辆新能源汽车，2014年6月推广应用100辆	市财政局、市人民政府采购办	市直有关部门、各区人民政府
三、基础设施建设			
1	制订新能源汽车充电网络规划，明确充电规模、类型及规划选址	武汉供电分司、市国土规划局	武汉电动汽车示范运营公司、新能源汽车工业技术研究院、东风汽车公司、市公交集团公司
2	市新能源汽车充电桩建设规定以及个人申请安装充电设施管理办法		
3	充电配套设施建设，管理、维护及运营		

续表

序号	工作内容	责任单位	配合单位
四、专项工作			
1	制订新能源汽车推广应用财政资金安排计划	市财政局	市科技局、市经济和信息化委、市发展改革委、武汉东湖新技术开发区管委会、经济技术开发区管委会、各区人民政府
2	推广车辆外地品牌不低于30%	市经济和信息化委	东风汽车公司、东风气扬子江汽车（武汉）公司、武汉理工通宇新能源动力有限公司、武汉经济发展投资（集团）有限公司
3	新能源汽车安全监控	市科技局	武汉电动汽车示范运营公司、东风汽车公司、东风扬子江汽车（武汉）公司
4	新能源汽车运营评估及运营模式研究	市科技局	领导小组各成员单位
5	每季度向国家四部委上报新能源汽车推广应用实施情况	市科技局	领导小组各成员单位
6	每季度召开新能源汽车推广应用领导小组会议	市科技局	领导小组各成员单位
7	新能源汽车推广应用工作督查	市人民政府督查室	各责任单位、配合单位
8	中央财政补贴资金预算申请和年度清算	市科技局	东风汽车分司、东风扬子江汽车（武汉）公司
9	接受国家四部委年度考核	市科技局	领导小组各成员单位
10	新能源汽车研发产业化及平台建设	市科技局、市经济和信息化委	东风汽车公司、东风扬子江汽车（武汉）公司、新能源汽车工业技术研究院、武汉理工通宇新能源动力有限公司、武汉电动汽车示范运营公司

武汉市人民政府办公厅

2014 年 1 月 21 日

武汉市鼓励新能源汽车推广应用示范若干政策

为加快新能源汽车产业发展，推进节能减排，治理大气污染，确保我市新能源汽车推广应用目标任务的完成，经研究，现将鼓励新能源汽车推广应用的若干政策通知如下：

一、本通知所称新能源汽车，是指符合《财政部科技部工业和信息化部发展改革委关于继续开展新能源汽车推广应用工作的通知》（财建〔2013〕551 号）精神，纳入中央财政补贴范围的新能源汽车车型，包括纯电动汽车、插电式混合动力（含增程式）汽车和燃料电池汽车。

二、新能源汽车纳入政府采购范围，政府公务（含司法部门）、公交、环卫绿化等公共服务部门更新或者新增车辆的 50% 必须采购新能源汽车，采购资金列入当年的财政预算。

三、单位及个人购买使用新能源汽车，按照国家补贴标准 1:1 的比例给予地方配套补贴，国家和地方财政补助总额最高不超过车辆销售价格的 60% 。

四、落实国家新能源汽车免征车船税有关政策；免收新能源汽车城市道路桥梁隧道车辆通行费；新能源汽车免费在指定的公共充电设施场所充电。

五、新能源汽车在市内行驶时不受尾号限制。对从事城市配送的新能源物流车发放通行证，三环线内按照核定线路通行。

六、专门从事新能源汽车运营或者租赁服务的企业，按照其所缴纳的增值税和企业所得税市本级地方留成部分等额标准给予全额补贴。

七、积极引导在固定区域推广应用新能源出租汽车，新城区新增出租车辆全部采用新能源汽车。

八、新能源汽车充电设施建设用地纳入土地利用总体规划和年度用地计划，在用地指标、土地预留、土地征用、土地供应等方面按照电网项目建设用地给予保障和优惠。

九、城市新建的小区和公用大型停车场按照 20% 的比例规划和配置新能源汽车充电设施。

十、社会力量采取公开招标采购，并验收合格的交（直）流充电桩，按照设备投资额的 20% 给予一次性补贴，最高补贴金额不超过300万元。

本通知自印发之日起施行，有效期至2016年6月30日，由市科技局负责解释。

武汉市人民政府

2014年6月6日

武汉市关于物业管理区域新能源小客车自用充电设施安装实施方案

武房发〔2014〕117号

根据《市人民政府关于鼓励新能源汽车推广应用示范若干政策的通知》（武政规〔2014〕9号）的规定，为推动本市新能源小客车推广应用，现就推进物业管理区域新能源小客车自用充电设施安装有关事项制定实施方案如下：

一、本市物业管理区域的业主委员会和物业服务企业应当积极支持和配合新能源小客车自用充电设施的安装。

二、安装自用充电设施的单位应当具有机电安装资质或电力总承包资质。

三、安装单位应当妥善保护小区内共用部位和共用设施，造成破损的应当及时修复。

四、物业服务企业应当配合做好下列工作，不得借机收取费用：

（一）指定专人配合新能源小客车生产企业和属地供电公司勘查现场；

（二）提供相关图纸或指认停车区域内电源位置及暗埋管线的走向；

（三）配合安装单位现场施工；

（四）配合办理用电变更手续。

五、自用充电设施由所有权人负责后期维护。租赁车位到期或不再使用充电设施的，所有权人应当负责拆除。

六、物业服务企业不配合安装自用充电设施，或向购车人和安装单位收取额外费用的，由各区房管局责令改正，并可计入企业诚信档案。情节严重的，将予以公开曝光。

七、安装新能源小客车自用充电设施应不破坏人民防空地下室战时防护功能。在人民防空地下室安装新能源小客车自用充电设施，应由人民防空地下室管理使用单位将施工方案报经所属区人防主管部门批准。

八、本实施方案自2014年9月1日起实施。

武汉市住房保障和房屋管理局

武汉市发展和改革委员会

武汉市科学技术局

武汉市民防办公室

2014年8月22日

武汉市鼓励单位和个人购买使用新能源汽车地方配套补贴实施办法（暂行）

根据《市人民政府关于鼓励新能源汽车推广应用示范的若干政策的通知》（武政规〔2014〕9号）文件精神，为鼓励新能源汽车推广应用示范，并规范补贴资金管理，特制定本实施方案。

一、本实施方案所称新能源汽车，是指符合《财政部、科技部、工业和信息化部、国家发展改革委关于继续开展新能源汽车推广应用工作的通知》文件精神，纳入中央财政补贴范围的新能源汽车车型，包括纯电动汽车、插电式混合动力（含增程式）汽车和燃料电池汽车。

二、新能源汽车产品及其汽车生产、销售企业应符合下列条件：

（一）企业销售的新能源汽车被纳入国家公布的《节能与新能源汽车示范推广应用工程推荐车型目录》。

（二）汽车整车和动力电池等关键零部件生产企业具备一定的产能规模和完善的售后服务体系，对动力电池等关键零部件提供不低于5年或10万公里的质保。

（三）汽车生产企业应对示范运行的新能源汽车安装远程监控装置，对整车、动力电池、电机及其他安全系统的日常运行状态进行监控，采集、统计和分析运行数据。在本市建立维护保养和应急维修网点。

（四）汽车生产企业应向消费者公布新能源汽车市场指导价，以及可申请的中央和地方补贴资金金额。

（五）销售新能源汽车的企业和产品，应向市科技局备案。

三、单位和个人直接向本地汽车生产企业或销售机构（包括销售公司和4S店，下同）购买的非经营性新能源汽车，地方财政对汽车生产企业或销售机构给予补贴，汽车生产企业或销售机构按扣除补贴后的价格销售新能源汽车。单位向本地汽车生产企业或销售机构购买的经营性新能源汽车，地方财政对经营性单位给予补贴。

四、新能源汽车应在本市购买、开具购车发票、按国家规定办理免征车辆购置税手续，取得购车发票后3个月内在本市车辆管理所完成注册登记。

五、在中央财政专项资金补贴的基础上，地方财政（省、市、区）对单位和个人购买新能源汽车，按国家补贴标准的1∶1给予地方配套补贴，国家和地方财政补贴总额最高不超过车辆销售价格的60%。单位购买经营性新能源汽车开展业务，视其持续经营状况，地方购车补贴采取分期拨付方式。

六、新能源汽车完成注册登记后，汽车生产或销售企业凭新能源汽车购车发票、相关车辆购置税免税凭证、机动车登记证书和行驶证、个人用户的身份证明或单位的有关证明（包括组织机构代码证和企业营业执照）复印件等相关材料，按月以书面形式向市科技局申请补贴资金。

七、市科技局收到汽车生产或销售企业提交的申请地方补贴资金相关材料后，会同有关部门对申请材料进行审核。对符合补贴要求且材料齐全的，由市科技局核定补贴资金，并向市财政局提出资金拨付申请报告。市财政局根据资金拨付申请报告，将补贴资金直接拨付到汽车生产或销售企业开设的账户。对不符合补贴要求的，市科技局以书面形式告知汽车生产或销售企业。

八、市节能与新能源汽车示范推广工作领导小组办公室负责跟踪检查和监督管理新能源汽车购置、补贴资金发放、实际销售价格等，确保补贴资金安全、及时发放。

九、汽车生产或销售企业对各自提供的申请材料的真实性负责。凡新能源汽车产品与申报材料不符、性能指标未达到要求，提供虚假信息、骗取补贴资金，以及未按照扣除补贴金额销售新能源汽车产品的，一经查实，视具体情况、情节轻重与责任主体给予追缴补贴资金、通报批评、取消资格等处罚。

十、本实施方案由市科技局、市财政局按职责分工负责解释。

十一、本实施方案自发布之日起施行，有效期至 2016 年 6 月 30 日。

武汉市科学技术局

武汉市财政局

2014 年 10 月 22 日

襄阳市关于加快新能源汽车产业发展的实施意见

各县（市）区人民政府，各开发区管委会，市政府各部门：

为加快推进我市新能源汽车及相关产业发展，促进汽车产业技术进步和优化升级，现提出如下实施意见：

一、明确总体思路和发展目标

（一）总体思路：以纯电动、插电式（含增程式）混合动力商用车、专用车为主攻方向，大力培育具有市场竞争力的整车和关键部件龙头企业，发展多元化、规模化的动力电池、驱动系统和控制系统，形成区域产业竞争优势；加快建设新能源汽车研发、检验、检测等共性技术平台，形成区域性的研发、检验、检测中心；推进多元化的充电设施网络建设，创新商业运营模式，形成区域性的运营服务中心，努力建设全国重要的新能源汽车研发制造基地，推动我市汽车产业转型升级。

（二）发展目标：到 2020 年形成 10 万辆整车生产能力，建成产业化水平高、技术先进、配套设施齐全、服务完善的新能源汽车产业发展体系。

二、明确发展重点和路径

（一）加快建设新能源汽车共性技术平台

按照政府引导、企业主体、政策支持、市场运作的原则，加快建设新能源汽车共性技术平台，完善新能源汽车技术创新体系，提升产业核心竞争力。

1. 成立襄阳新能源汽车工程研究院。依托东风公司等相关企业，联合国内外和本地高等院校、科研机构，成立襄阳新能源汽车工程研究院，引进领军人才和优良资源，打造襄阳市新能源汽车产业的研发、人才培训、技术转移和产业孵化平台，开展新能源汽车关键技术攻关，推进产学研用结合，促进科技成果转化应用。

2. 加强襄阳新能源汽车专家委员会建设。明确专家委员会职责，完善专家委员会运作机制，以专家委员会为平台，指导企业研发、生产活动，服务和引导企业完善标准体系，推动整车、零部件企业、研发检验检测机构融合发展。

3. 加快“湖北省新能源汽车标准创新联盟”建设。由市质监局牵头，市科技局、市汽车（新能源汽车）产业办公室参与，加快在襄阳市成立“湖北省新能源汽车标准创新联盟”，形成跨行业、跨区域的新能源汽车技术创新和标准联盟，指导企业积极参与国际、国家和行业标准的制（修）订，提高产品标准化和市场化程度，抢占“标准制高点”，形成竞争的“软实力”。

4. 加快“襄阳新能源汽车监控中心”建设。由市质监局牵头，市交通局、市城管局、市安监局、市汽车（新能源汽车）产业办公室参与，通过市场化运作方式，加快建设襄阳新能源汽车监控中心，完善襄阳新能源汽车检验检测平台，促进我市新能源汽车企业改进和产品质量提升，提高安全运营能力。

（二）加快做大新能源汽车产业规模

充分利用现有产业基础，加强规划引导，加大政策支持力度，引导资源向优势企业集聚，壮大新能源汽车产业规模，提升产业化水平。

1. 规划建设新能源汽车产业园。在高新区建设新能源汽车产业园，以园区为载体，引导新能源汽车企业集群集聚发展，尽快培育一批国内龙头企业和行业领军企业，打造规模化、有竞争力的整车和动力电池、驱动系统、控制系统产业集群，建立新能源旅行车和特种车基地。

2. 全力支持东风襄阳基地新能源板块做大做强。进一步深化与东风公司战略合作，加大对东风襄阳基地新能源板块的支持力度，支持东风汽车股份有限公司新能源商用车研发，加快东风新能源商用车阵地建设和产能释放。以东风汽车股份有限公司特种车板块为龙头，规划建设特种车产业园，做大做强新能源特种车产业。支持东风公司新能源汽车开拓市场，襄阳市公共服务领域同等条件下优先采购东风襄阳基地生产的新能源汽车。

3. 支持地方整车和关键零部件企业形成规模和竞争力。

支持企业通过兼并重组等方式发展新能源整车，协调解决企业发展中的问题，打造以新能源整车为核心的地方整车龙头企业。引导支持电池、电机、电控等关键总成企业按照国家和行业标准进行技术工艺改造，提高产品质量，增强市场竞争力。支持和服务企业积极开拓市场，扩大襄阳新能源汽车产品知名度和品牌影响力，实现规模的快速扩张。

（三）加大新能源汽车招商引资力度

整合新能源汽车产业招商资源和平台，制定完善产业链招商路线图，创新招商引资方式，引进新能源整车和核心零部件企业。

1. 充分利用国家节能与新能源汽车推广应用示范城市、国家新型工业化（新能源汽车）产业示范基地的比较优势，抓住新能源汽车产业加速发展的政策和市场机遇，加强与国内主要汽车集团的对接，着力引进新能源汽车整车项目。

2. 针对产业链薄弱环节，依托东风公司整车资源，加大对动力电池、电机、电控及其关键部件、材料和新能源汽车运营服务、充电设施建设运营等企业的招商引资力度，着力引进国内外技术先进、实力较强的领军企业落户襄阳，进一步提升襄阳新能源汽车产品技术和运营服务水平，不断壮大新能源汽车产业链。

（四）加快新能源汽车推广应用

坚持产业发展和推广应用并重，加大推广应用力度，加快培育市场，推动新能源汽车产业发展和技术进步。

1. 扎实推进新能源汽车推广应用。坚持开放思维，坚持开放市场。在公交、出租等城市客运以及环卫、物流、机场通勤、公安巡逻等领域加大新能源汽车推广应用力度，积极推进党政机关和公共机构、企事业单位使用新能源汽车，鼓励引导私人购买使用新能源汽车。我市今后新增的公交车和出租车原则上首选新能源汽车。

2. 创新商业运营模式。鼓励支持社会资本投资新能源汽车运营服务，引进和培育具有成熟市场运作经验的新能源汽车运营企业，重点引进汽车租赁公司。在公共服务领域探索公交车、出租车、公务用车的新能源汽车融资租赁运营模式，在个人使用领域探索分时租赁、车辆共享、整车租赁以及按揭购买新能源汽车等模式，加快新能源汽车推广应用。不断提高物联网、车联网、大数据等现代信息技术在新能源汽车商业运营模式创新中的应用水平，鼓励支持互联网企业参与新能源汽车技术研发和运营服务。

（五）加快建设新能源汽车充换电设施

要科学规划，加强技术开发，加大政策支持力度，大力推进充换电设施建设，服务新能源汽车推广应用和产业化发展需要。

1. 制订充换电设施建设规划。新能源汽车充换电设施和配套电网建设与改造纳入城市建设发展总体规划。由市汽车（新能源汽车）产业办公室牵头，市规划局、襄阳供电公司等单位参与，结合城市建设发展总体规划、电力设施建设规划，编制全市新能源汽车充换电设施建设规划。

2. 加快推进充换电设施建设。鼓励支持社会资本投资新能源汽车充换电设施建设和运营，在用地等方面给予政策支持，对建设运营给予必要补贴，重点引进第三方充电设施建设和运营公司。按照适度超前、布局合理的原则，积极利用城市公共停车场、小区停车位、加油站、加气站等现有场地和设施，合理布局，推进充换电设施建设。

3. 推进充换电设施关键技术攻关。支持企业探索发展适应行业特点、多元化的充换电模式。支持无线充电等新型充电设施及装备技术的研发和推广，加快襄阳无线充电商用示范线建设运营，支持企业加快制定无线充电相关技术标准，推动襄阳充电设备产业发展。

（六）加强动力电池循环利用和回收管理

由市发展改革委牵头，市商务局、市环保局、市经信委、市财政局参与，制定动力电池回收利用管理办法，引导支持动力电池生产企业加强对废旧电池的回收利用，鼓励发展专业化的电池回收利用企业，探索利用基金、押金、强制回收等方式促进废旧动力电池回收，建立健全废旧动力电池循环利用体系。

三、完善落实配套支持政策和服务

（一）设立新能源汽车产业发展基金。以政府资金投入为引导，采取市场化运作的办法，充分利用资本市场，多渠道筹集支持新能源汽车产业发展的资金，设立襄阳新能源汽车产业发展基金，支持新能源汽车技术研发、共性技术平台建设、骨干企业发展和推广应用等。市财政局要抓紧研究新能源汽车产业发展基金组建方式、基金规模和运营方式，积极与东风产业发展基金对接。

（二）加大对新能源汽车推广应用的政策支持。落实国家新能源汽车推广补贴政策。由市汽车（新能源汽车）产业办公室、市规划局牵头，制订《襄阳市新能源汽车推广应用实施办法》（2013—2015 年），完善地方推广应用支持政策。根据国家政策，抓紧研究制定襄阳市 2016—2020 年新能源汽车推广应用的支持政策，促进襄阳新能源汽车推广应用工作持续健康发展。

（三）完善新能源汽车金融服务。引导金融机构加大对新能源汽车支持，鼓励支持银行业金融机构建立适应新能源汽车行业特点的信贷管理和贷款评审制度，创新金融产品，满足新能源汽车生产、经营、消费等各环节的融资需求。支持符合条件的新能源汽车企业通过上市、发行债券等方式募集资金，拓宽企业融资渠道。

（四）加强新能源汽车人才保障。支持湖北文理学院、襄阳职业技术学院、襄阳汽车职业技术学院等院校建设新能源汽车及关键零部件领域相关学科。支持通过职业教育和岗位技能提升培训，加大新能源汽车工程技术人员和专业技能人才的培养力度。鼓励企业、高校和科研机构从国内外引进新能源汽车产业一流人才，引进的人才经审核认定，享受《关于实施隆中人才支持计划的若干意见》（襄发〔2009〕6号）相关扶持政策。

四、进一步加强组织领导

成立市新能源汽车产业发展和推广应用工作领导小组，由市政府市长担任市新能源汽车产业发展领导小组组长，分管副市长担任副组长，负责统筹新能源汽车产业发展和推广应用工作；市财政局、市科技局、市经信委、市发展改革委、市汽车办、市交通局、市质监局、市建委、市城管局、市规划局、市国土资源局、市商务局、市环保局、市房管局、市物价局、市安监局、市金融办、市银监局、襄阳供电公司、高新区管委会等单位负责人为成员。领导小组办公室设在市汽车（新能源汽车）产业办公室，由市汽车办（新能源汽车）主任担任办公室主任，具体负责新能源汽车产业发展和推广应用的综合协调、政策制定、环境营造、组织管理、检查督办等。建立联席会议制度，市新能源汽车产业发展领导小组及其办公室定期召开工作会议，及时研究解决产业发展和推广应用中的有关问题，加强检查督办，协调工作进度。各成员单位要根据职能分工，制定本单位落实方案和配套措施，明确专人负责，加强协同配合，切实抓好组织实施，确保取得实效。

襄阳市人民政府办公室

2014年9月26日

襄阳市新能源汽车推广应用实施办法

为鼓励本市消费者购买和使用新能源汽车，推进节能减排，加快新能源汽车产业发展，制定本实施办法。

一、本办法所称新能源汽车，是指符合《财政部、科技部、工业和信息化部、发展改革委关于继续开展新能源汽车推广应用工作的通知》（财建〔2013〕551号）精神，纳入国家《节能与新能源汽车示范推广应用工程推荐车型目录》的新能源汽车车型，包括纯电动汽车、插电式（含增程式）混合动力汽车和燃料电池汽车。

二、本办法所称消费者，包括个人用户和法人用户。个人用户是指本市户籍居民，以及在本市办理了居住证的外省市居民和外籍人士。法人用户是指在本市登记注册的法人组织，包括党政机关、企事业单位、人民团体和社会组织等。

三、新能源汽车纳入政府采购范围，党政机关公务用车、环卫绿化等领域50%的新增或更新车辆必须采购新能源汽车。市区新增或更新的公交车、出租车原则上首选新能源汽车。

四、推广应用的新能源汽车中外地品牌数量不低于30%。

五、对消费者在襄阳购买并办理登记手续的新能源汽车，在中央财政补贴的基础上，给予地方配套补贴，地方配套补贴标准见附表。

六、落实国家新能源汽车免征车辆购置税和车船税有关政策。

七、在襄阳注册专门从事新能源汽车运营和租赁服务的企业，对其缴纳的增值税和企业所得税的地方留成部分给予全额补贴。

八、城市新建小区、公共停车场、建筑物配建停车场应按照不低于配建停车位20%的比例，规划和建设新能源汽车充换电设施。

九、新能源汽车充换电设施建设用地纳入土地利用总体规划和年度用地计划，在用地指标、土地预留、土地征用、土地供应等方面给予保障和优惠。

十、社会力量采取公开招标采购，并验收合格的充换电设备，按照其实际设备投资额的20%给予一次性补贴，个别重大的核心充换电设备可采取“一事一议”，最高补贴金额不超过500万元。

十一、充换电设施运营企业可向用户收取充换电服务费，充换电服务费实行政府指导价管理，具体收费标准由市物价部门核定。

十二、充换电设施运营企业根据国家电网公司《关于做好电动汽车充换电设施用电报装服务的意见》的相关规定，向供电部门申请用电报装。小区物业公司、业主委员会应积极配合住户、供电部门、充换电设施建设运营企业做好充换电设施用电报装和建设工作。

十三、2013年1月1日以后购买新能源汽车的，适用本办法。本办法有效期至2015年12月31日，由市汽车（新能源汽车）产业办公室、市财政局负责解释。

附件：襄阳市新能源汽车推广应用补贴标准

一、纯电动乘用车、插电式混合动力（含增程式）乘用车推广应用补助标准

单位：万元/辆

车辆类型	纯电续驶里程 R（工况法、公里）			
	80≤R＜150	150≤R＜250	R≥250	R≥50
纯电动乘用车	3.5	5	6	—
插电式混合动力乘用车（含增程式）	—	—	—	3.5

二、纯电动客车、插电式混合动力（含增程式）客车推广应用补助标准

单位：万元/辆

车辆类型	车长 L（米）		
	6≤L<8	8≤L<10	L≥10
纯电动客车	12	15	50
插电式混合动力客车（含增程式）	—	25	—

三、纯电动专用车（主要是：邮政、物流、环卫等）推广应用补助标准：按电池容量每千瓦时补贴 2000 元，每辆车补贴总额不超过 15 万元。

四、燃料电池车推广应用补助标准

单位：万元/辆

车辆类型	补助标准
燃料电池乘用车	20
燃料电池商用车	50

注：以上标准为 2013 年补贴标准，2014 年补贴标准在 2013 年标准基础上下降 5%，2015 年补贴标准在 2013 年标准基础上下降 10%。

襄阳市人民政府办公室

2014 年 9 月 29 日

长沙市新能源汽车推广应用的实施意见

长政办发〔2014〕31 号

各区县（市）人民政府，市直机关有关单位：

为促进节能减排，优化能源消费结构，推进城市空气污染治理，不断改善城市人居环境，加快新能源汽车产业发展和两型社会建设，经市人民政府同意，现就新能源汽车推广应用工作提出如下实施意见。

一、总体思路

坚持“政府推动、市场运作、突出重点、引导消费、培育产业”的原则，加速新能源汽车在全市范围内推广应用。

坚持政府推动。坚持示范应用与产业发展相结合，通过新能源汽车示范运营培育和扩大市场需求，实现节能减排和带动产业发展的双重目标；及时跟踪新能源汽车推广应用情况，适时推出新能源汽车推广应用相关政策。

鼓励市场化运作。在充电网络建设、出租车运营、公务用车等方面鼓励社会资本参与，进行市场化运作。

突出重点领域。重点在公交车、专用车（出租车、环卫车、邮政车、物流车等）、公务车等公共服务领域推广新能源汽车，积极引导社会车辆推广应用。

正确引导消费。通过价格杠杆、政策性补贴等方式，引导企业、事业单位和广大消费者购买和使用新能源汽车，引导市场消费，扩大市场规模，推动新能源汽车跨过市场培育期，催熟新能源汽车应用市场。

大力培育产业。通过示范推广工程，同步开展新能源汽车产品技术攻关，提升新能源汽车产品技术和自主创新能力。通过研发推动与市场拉动的双重作用，加快产品系列化、标准化，促进新能源汽车产业发展，形成一批具有自主知识产权和较强市场竞争力的关键零部件与整车骨干企业。

二、工作目标

（一）2014 年力争推广 1580 辆新能源汽车，到 2015 年，力争推广 4500 辆新能源汽车，其中公交客车 1100 辆。

（二）新增或更新的公交、公务、环卫、出租车辆中，新能源汽车比例均不低于 30%。

三、财政补贴政策

（一）补贴范围。对在长沙市售出并在长沙登记上牌的新能源车辆，由符合相关规定的新能源车生产厂家申请，给予相应财政补贴。

（二）补贴标准。按照国家与地方 1∶1 配套的规定，市财政负担地方（省、市）配套金额的 70%，中央财政和省市财政补贴总额不超过购车市场价格的 60%。

（三）补贴期限。根据国家政策，现行补贴政策执行到 2015 年 12 月 31 日。政策到期后，根据国家政策做相应调整。

四、加强配套基础设施规划建设

（一）加强基础设施规划。出台长沙市新能源汽车充电设施专项规划，将推广应用新能源汽车所需的充换电站、充电桩等基础设施建设纳入城市规划，统一布局，预留空间。各县（市）人民政府、工业园区要抓紧规划充换电站（桩）及维修保养等配套基础设施体系。电动公交车充电站在现有长沙市公交线路规划基础上，优先考虑在首末站场组织建设充电设施。各级政府、工业园区优先在办公场所的停车位统一规划建设公务车、专用车等充电桩，带头示范引领。鼓励既有办公楼、商场、酒店、住宅小区、社会公共停车场按照一定比例建设充电设施。新建办公楼、商场、酒店、住宅小区、社会公共停车场要按照不低于总规划停车位 15% 的比例预留充电桩的安装位置和容量；城区公共停车位按充电桩总数的 10% 比例，建设直流一体充电机，用于私家车、出租车、公务车的快速补电。

（二）加快基础设施建设。开展新能源汽车推广应用的各县（市）人民政府、工业园区要加快配套基础设施的改造和建设。新建、在建的基础设施，必须执行国家有关技术标准，满足推广应用各车型产品的充电要求。鼓励多元化资本投资充电设施建设和运营管理。

五、加强相关要素保障

各级各部门在新能源汽车推广应用中要结合自身职

能，在用地、用电、保险等方面出台优惠政策，加强服务，对新能源汽车推广应用的相关要素予以保障，营造良好的推广应用环境。新能源汽车配套基础设施改造和建设所需土地应坚持集约节约原则，所需土地可以采取划拨或工业出让用地的形式予以解决。可以通过建设充电综合服务站、在线充电、立体充电站等形式，缓解充电设施用地需求大、建设进度慢、财政支出大、新能源公交车应用效率低等问题。切实落实国家、省政府支持电动汽车发展的有关价格政策，电网经营企业对经营性专业充电设施运营商的销售电价按大工业用电价格的电度电价执行，免收基本电费，同步执行峰谷分时电价政策；对非经营性充电设施用电按所在场所现行分类电价执行，其中居民小区和个人车库执行居民合表用户用电价格，不执行居民阶梯电价政策；充电服务费由物价部门根据相关规定另行核定。

六、创新推广应用模式

积极引导和支持企业创新商业模式，鼓励社会资本进入汽车租赁、电池租赁和回收等服务领域。鼓励支持通过租赁、特许经营等多种方式，采取合同能源管理（EPC）、公私合营（PPP）、融资租赁、分时租赁、换电模式、经营性租赁、买方信贷等模式，缓解出租车公司、公交公司一次性购买新能源汽车的资金压力，加快新能源汽车的推广应用。

七、加快新能源产业发展

完善现有技术创新支持办法，加大对新能源汽车的资金支持力度，现有创新类资金向新能源汽车及零部件企业倾斜，对相关企业申请的国家项目，按要求优先安排地方配套。推进新能源汽车重大项目建设。建设一批新能源汽车产业化项目，重点支持具有自主知识产权的关键核心技术，实现产业化和汽车企业新能源汽车产品市场化。

八、切实加强组织领导

长沙市节能与新能源汽车示范推广工作领导小组统筹协调全市新能源汽车推广应用工作中的重大事项。市发展改革委、市两型办、市工信委、市科技局、市住房城乡建设委、市财政局、市国土资源局、市交通运输局、市商务局、市公安局、市城管执法局、市规划局、市环保局、市园林局、市物价局、市供电公司、市城建投资集团、市质监局、市邮政管理局、芙蓉区政府、天心区政府、岳麓区政府、开福区政府、雨花区政府、望城区政府、长沙县政府、浏阳市政府、宁乡县政府要结合各自职能，落实工作任务，加大宣传力度，加强协调配合，共同推进新能源汽车推广应用工作。市政府督查室要将新能源汽车推广应用工作纳入督查计划，加强督查考核。

九、本意见自2014年11月16日起实施。

长沙市人民政府办公厅

2014年10月16日

株洲市新能源汽车推广应用实施方案

为贯彻落实《国务院关于印发节能与新能源汽车产业发展规划（2012—2020年）的通知》（国发〔2012〕22号）、《湖南省人民政府办公厅关于我省新能源汽车推广应用的实施意见》（湘政办发〔2014〕50号）文件精神，大力促进我市新能源汽车推广应用及产业发展，加速推进节能减排和两型社会建设，制订本方案。

一、总体思路

坚持“政府引导、市场运作、突出重点”，以株洲市城区为主，鼓励和支持有条件的县市重点在公交车、公用车、公务车等公共服务领域推广新能源汽车。在推广应用中遵循以下原则：

1. 突出重点地区。以天元区、芦淞区、石峰区、荷塘区、云龙示范区为重点推广地区，鼓励各县市积极推广。

2. 突出重点领域。重点在公交车、公用车（出租车、环卫车、邮政车、物流配送车等）、公务车等公共服务领域推广新能源汽车，并积极引导社会车辆的推广应用。

3. 鼓励市场化运作。鼓励社会资本参与新能源汽车推广，在充电网络建设、出租车运营、公务车租赁等方面采取市场化运作。

二、全面完成推广应用目标和任务

4. 总的目标任务。2013—2015年，全市新能源汽车推广应用的目标任务为1035辆，其中公交车不少于300辆、出租车200辆、其他（公务车、公用车、私人购车等）535辆。推广应用的车辆中外地品牌数量不得低于30%，新增或更新的公交、公务、公用车辆中新能源汽车比例不低于30%。

5. 2014年和2015年的目标任务。2014年推广任务为255辆，2015年推广任务为780辆（附件3）。

三、落实财政补贴政策

6. 明确补贴范围。对全市范围内购买符合国家补贴条件和国家政策确定的车型，给予相应财政补贴。

7. 明确补贴标准。按照“省市共担、以市为主”的原则，市级负担补贴金额的70%，省级负担30%，省内补贴按照国家补助1:1给予补贴（公务车除外）。市本级公务车补贴标准为按照国家标准由市本级给予补贴，中央财政和市财政补贴总额不超过购车市场价格的60%。五县市推广使用混合动力公交大巴，可参照省补贴政策由各县市进行补贴。

8. 明确补贴期限。与国家政策保持一致，现行补贴政策明确执行到2015年12月31日。政策到期后，将根据国家政策研究制定新的补贴政策。

四、加强配套基础设施建设

9. 加强基础设施总体规划。加快制定出台《株洲市充电设施布局专项规划》。同时，各县市要将推广应用新能源汽车所需的加油（气）站点、充换电站、充电桩等基础设施建设纳入本地区的总体规划中，统一布局，预留空间；城区电动公交车充电站在现有株洲市公交线路规划的基础上，考虑在首末站场组织改造建设充电设施，新开通线路考虑按新征土地新建充电站；为满足不同阶段电动出租车的充电需求，在城区选址新建箱式充电系统；政府办公场所的停车场统一规划一定比例的停车位建设充电设施，带头引领示范；既有办公楼、商场、酒店、住宅小区、社会公共停车场、道路及园区由建设运营单位与业主协商充电设施建设方式；新建办公楼、商场、酒店、住宅小区、社会公共停车场、道路及园区，按照总规划停车位15%的比例预留交流充电桩的安装位置和容量；城区公共停车位按交流充电桩总数10%的比例，建设直流一体充电机，用于私家车、出租车、公务车的快速补电。

10. 加快基础设施建设步伐。新建、在建的基础设施，必须执行国家（行业）技术标准，满足推广应用各车型产品的充电要求。现有的基础设施与国家（行业）技术标准不符的，2014年底前必须改造到位。在基础设施建设中，应充分发挥国家电网公司的优势，并广泛发动社会力量的参与。加快启动湘江风光带和神农大道充电网络示范工程建设。

11. 加强相关要素保障。各级各部门在新能源汽车推广应用中要结合自身职能，在用地、用电、保险等方面出台优惠政策，加强服务，对新能源汽车推广应用的相关要素予以保障，努力营造良好的推广应用环境。在新能源汽车市场培育推广初期，市政府对新能源汽车运营商以及充电设施建设和运营商出台政策扶持，对充电设施建设给予必要的补贴，确保示范运营所需的充电设施建设到位。市、县两级政府加强对新能源汽车配套基础设施改造和建设所需土地的保障，并坚持集约节约利用原则；所需土地可以采取划拨或工业用地的形式予以解决，报批采用简化程序，适用“绿色通道”。可以通过建设充电综合服务站、在线充电、立体充电站等形式，缓解充电设施用地需求大、建设进度慢、财政支出大、新能源公交车应用效率低等“瓶颈”问题。切实落实国家支持电动汽车发展的有关价格政策，电网经营企业对经营性专业充电设施运营商的销售电价按大工业用电价格的电价标准执行，免收基本电费，同步执行峰谷分时电价政策；对非经营性充电设施用电按所在场所现行分类电价执行，其中居民小区和个人车库执行居民合表用户用电价格，不执行居民阶梯电价政策；充电服务费由市物价局按照电动汽车充电成本较燃油、燃气车有明显经济优势的原则核定。市场培育初期，鼓励电动汽车享受燃油燃气车辆补贴政策等相关措施对充电服务费进行减免。

五、创新推广应用模式

12. 创新运营商业模式。积极引导和支持企业创新商业模式，鼓励社会资本进入充电设施建设和运营、汽车租赁、电池租赁和回收等服务领域。鼓励支持通过租赁、特许经营等多种方式，采取合同能源管理（EPC）、公私合营（PPP）、融资租赁、分时租赁、换电模式、经营性租赁、买方信贷等模式，缓解出租车、公交公司一次性购买新能源汽车的资金压力，加快新能源汽车的推广应用。

六、大力促进新能源汽车产业发展

13. 大力扶持整车龙头企业。加大对南车时代电动、北汽株洲分公司、南车株机、南方宇航电动汽车等市内新能源汽车生产企业的扶持力度，促进其产品质量提高，形成批量生产能力。重点支持南车时代电动开发具有自主知识产权的纯电动、插电式混合动力（含增程式）、超级电容、钛酸锂快充纯电动客车；支持北汽株洲分公司电动乘用车产品规模化生产；支持南车株机超级电容无轨电车在株洲建设规模化生产基地。鼓励新能源汽车生产企业积极申报新能源产品目录，争取上级税收优惠政策。支持南方宇航邮政、巡逻、物流、环卫等新能源特种车辆在县市区推广。

14. 引导中低速电动汽车规范发展。鼓励南方宇航等企业加大工艺装备投资，实现中低速电动乘用车产品规模化生产，积极申报工信部目录。加快制订中低速电动汽车管理办法，在五县市示范推广。

15. 大力扶持本地充电网络设备龙头企业。加大对充电网络设备研发、生产企业扶持力度，打造湖南省充电网络研发中心和充电设备生产配套基地。

16. 完善新能源汽车产业链。加快引进相关配套企业，重点引进国际先进的动力电池企业，鼓励和支持提高市产配套率；新能源汽车产品在满足要求的同等条件下，优先采用市内生产的电池、电机、电控、充电设备等总成部件产品，完善生产环节的产业链条。鼓励支持发展服务新能源汽车产业推广应用的各类服务行业，加快培育相关工业设计、金融债券、合同能源管理、租赁服务、售后服务、专业检测和维修等专业机构，全方位完善新能源汽车产业链。

七、加强技术创新和产业发展支持

17. 加大技术研发支持力度。完善现有技术创新支持办法，加大对新能源汽车的资金支持力度，现有创新类资金向新能源汽车及零部件企业倾斜，对相关企业申请的国家项目，按要求优先安排地方配套。

18. 推进新能源汽车重大项目建设。建设一批新能源汽车产业化项目，重点支持具有自主知识产权的关键核心技术实现产业化，建设好北汽株洲分公司、南车电动、南车株机、南方宇航等电动汽车项目。支持我市汽车企业新能源汽车产品市场化，支持新能源汽车项目（包括整车、关键零配件）落户我市。

八、积极宣传倡导绿色出行

19. 加大新能源汽车推广工作宣传力度，设置新能源汽车推广专项资金；建立新能源汽车体验中心，让市民通过试乘试驾体验新能源汽车；举办新能源汽车展，组织财政、国税、地税、车管、保险等部门实行一站式服务；在株洲日报、株洲晚报设置专栏，每周一期宣传新能源汽车；通过媒体、户外广告、学校教育、主题活动等多种形式，大力宣传我市打造绿色交通决心，切实强化市民绿色出行意识。

九、切实加强组织领导

20. 建立联席会议制度。建立株洲市新能源汽车推广应用工作联席会议制度（附件 1），统筹协调全市新能源汽车推广应用工作的重大事项，由分管工业的副市长担任总召集人，市政府办公室、市经信委、市发展改革委、市科技局、市财政局、市两型办、市公安局、市环保局、市规划局、市国土资源局、市住房城乡建设局、市房产局、市交通运输局、市质监局、市物价局、市城管局、市园林局、国网株洲供电公司等单位为成员。市联席会议办公室设在市经信委，市汽车产业办负责日常工作，工作人员从相关单位抽调。

21. 明确工作职责。联席会议各成员单位要结合各自职能（附件 2），加强协调配合，共同推进新能源汽车推广应用工作。要明确专人负责，对口参与新能源汽车推广应用相关工作。

22. 加强督查考核。市政府督查室要将新能源汽车推广应用工作纳入督查计划，会同联席会议办公室对各地新能源汽车推广应用工作进度、财政补助资金落实情况及制定新能源汽车推广应用政策措施等情况开展专项督查并予以通报。

附件：

1. 株洲市新能源汽车推广应用工作联席会议制度（略）

2. 各成员单位新能源汽车推广应用工作职责（略）

3. 株洲市新能源汽车推广应用工作任务分解表（略）

株洲市人民政府办公室

2014 年 10 月 12 日

广州市新能源汽车推广应用工作方案

为贯彻落实国务院《大气污染防治行动计划》和《财政部科技部工业和信息化部发展改革委关于支持北京天津等城市或区域开展新能源汽车推广应用工作的通知》，充分发挥广州作为国家中心城市的引领作用，确保完成《广州市新能源汽车推广应用实施方案（2013—2015 年）》承诺的新能源汽车推广任务，推动我市新能源汽车产业加快发展，进一步改善我市城市空气质量，特制定本方案。

一、指导思想

坚持科学发展观，贯彻十八届三中全会精神，落实国务院《节能与新能源汽车产业发展规划（2012—2020 年）》和《广东省新能源汽车产业发展规划（2013—2020 年）》有关要求，抓住国家和广东省大力推动新能源汽车产业发展的战略机遇，以完成推广应用任务为核心，以应用环境建设为突破口，立足我市产业基础和区位优势，坚持市场运作和政策引导相结合，充分调动社会各方积极性，如期保质完成试点任务。以新能源汽车推广应用为契机，以培育自主创新能力和自主品牌为核心，以新能源汽车整车为龙头带动产业链发展，不断推进新能源汽车技术创新体系、产业体系和应用配套服务体系建设，逐步把我市建设成技术水平居国内领先、产业链相对完整、产业规模较大的新能源汽车研发和生产制造基地。

二、主要目标

完成新能源汽车推广应用任务，建立配套的基础设施网络等服务体系，完善新能源汽车推广应用政策体系，营造便捷的使用环境，夯实产业发展基础，推动产业加快发展。

（一）完成 1 万辆新能源汽车推广目标

2013—2015 年，我市推广新能源汽车 10000 辆，其中：公交车 2000 辆，出租车 1000 辆，公务用车 2000 辆，环卫、邮政、物流等专用车 1000 辆，私人领域 4000 辆。

（二）构建网络化、智能化综合服务体系

2013—2015 年，建设各类充电站 105 个、各类充电桩（机）9970 个，初步构建网络化的充电服务体系和智能化的综合性服务平台，形成保障基础设施长期运营的体制机制，满足新能源汽车推广应用需要。

（三）营造良好的推广应用政策环境

在新能源汽车车辆购置、公共领域车辆运营、配套设施建设、交通使用环境等方面出台一系列支持政策，建立完善的配套政策体系，形成良好的跨部门合作联动机制，营造良好的政策环境，为我市新能源汽车推广应用提供政策支撑。

（四）推动新能源汽车产业发展

到 2015 年，我市新能源汽车整车和零部件配套产业的研发能力大幅提升，产品性价比明显提高，生产能力初具规模，初步形成产品门类齐全、产业链完整、具有核心竞争力的产业体系，为新能源汽车推广普及奠定产业基础。

三、工作原则

（一）统筹推进与集中解决

市新能源汽车发展工作领导小组（以下简称“领导小组”）统筹协调全市新能源汽车推广应用及产业发展工作。领导小组下设专责工作组。综合性工作和重大问题由领导小组办公室提出方案，报领导小组研究集体决策；各领域相关工作由专责工作组集中解决。

（二）政府与市场定位明确

进一步理清政府、市场在新能源汽车推广工作中的定位，充分发挥财政政策的杠杆作用，带动社会资本积极参与新能源汽车推广应用。继续强化政府在财税政策支持、基础设施规划及建设、应用环境优化等方面的推动和导向作用。在技术研发和产业化、市场销售和服务、配套充电设施运营、商业模式创新、商业投资及运作等领域充分发挥市场对资源配置的决定性作用。

（三）责权利明晰

建立清晰的责、权、利对等工作机制。明确任务分工，各牵头单位根据任务要求组织编制年度工作计划、工作经费及专项预算，经领导小组审议后组织实施。领导小组办公室按季度进行督查。明确新能源汽车运营和维修保障等责任主体，形成合理的利益分享、风险共担机制。

（四）市场开放

遵循国家统一要求，不单独设立地方门槛和目录。在公共服务领域严格实施公开招标，在私人用车领域全面放开市场。鼓励技术成熟、性能可靠的新能源汽车产品及配套基础设施在我市推广应用。鼓励在新能源汽车领域采取合资、合作及新型投融资模式，支持发展混合经济体，加快产业整合，培育核心竞争力。

（五）分步实施

有计划、分步骤、按规律地稳步推进各领域推广应用工作。2014 年的重点工作是营造良好的政策环境和使用环境，上半年，制定出台各领域具体的推广应用工作方案和综合性支持政策，启动公交、出租等领域示范工作；超前部署社会公用配套基础设施建设，适时启动公务车、专用车和私人用车等领域试点推广工作。下半年，在总结经验基础上，逐步扩大各领域推广规模，完成年度推广目标。2015 年进一步完善推广应用环境，拓宽应用范围和领域，完成推广任务。

四、重点工作

（一）推进落实各领域推广应用工作

明确公交、出租、公务、环卫、物流、邮政及私人用车等领域分节点推广工作目标、产品支撑计划、配套设施选址和建设计划、推广商业模式、运营管理及服务保障、经济性分析和保障措施等，确保按计划完成各领域的推广应用工作。

（二）做好基础设施建设和运营服务工作

与城市总体发展规划相衔接，研究制订广州市新能源汽车配套充电设施发展规划。明确配套充电设施投资、建设、运营、管理主体及工作机制。按照适度超前、兼容互通的原则，确定分节点建设目标、规划选址、技术及运营方案、经济性分析、保障措施等，统筹推进网络化配套基础设施及智能化综合性服务平台建设，建立健全新能源汽车充电服务体系。

（三）完善推广应用政策保障体系

研究出台鼓励新能源汽车推广应用的若干政策措施。在资金保障、地方费减免、基础设施建设、交通管理、电价优惠、服务保障和动力电池回收利用等方面制定相应的政策，形成完善的配套政策体系，进一步优化应用环境。

（四）建立健全产业发展支撑体系

加大对新能源汽车研发和产业化项目的资金支持力度，加快新能源汽车研发与产业化步伐。建立新能源汽车公共技术创新、检测试验平台和标准体系，形成功能完备的产业公共服务体系。鼓励企业加快自主知识产权体系和企业标准体系建立，积极开展与国内外知名科研机构、企业的战略与技术合作。通过推广应用逐渐培育壮大新能源汽车整车、关键零部件和配套设施生产企业，打造形成具有竞争力的新能源汽车产业基地。

五、具体工作及分工

（一）组织推进各领域推广应用工作

各应用领域要充分结合车辆运行需求、产品支撑能力、基础设施配套等因素，科学论证，制定切实可行的工作方案，研究提出配套基础设施选址计划，加强组织实施，先行试点，积累经验，逐步扩大推广规模。

1. 组织开展公交领域推广应用工作（市交委牵头，市经贸委等配合）

结合公交车领域用车需求和新能源汽车产品技术特点，分步实施，逐步开展新能源公交车推广应用。

2014 年，以推广插电式（含增程式）混合动力公交车为主，开展纯电动公交车小规模试点，并明确车辆技术方案、推广模式、基础设施选址、运营管理及服务保障等。2014 年推广应用新能源公交车 900 辆。2015 年，通过稳步推广插电式混合动力公交车，加大纯电动公交车推广力度，推广应用新能源公交车 1100 辆。

实现运营线路安排与配套充电设施规划建设有效衔接。对于插电式（含增程式）混合动力公交车，因地制宜，灵活配置运行线路与充电设施；对于纯电动公交车，充分考虑公交路线始末站或公交夜间停车场实际情况，研究通过就地建设、新配套建设用地或企业自筹地块等多种形式，推动纯电动公交车充电站建设，并积极探索多种能源补给模式。

以原则上不增加公交运营单位综合成本为前提，积极探索融资租赁等方式降低公交运营单位初始购置成本，通过制定合理充电价格、捆绑质保要求、给予营运补贴等方式降低运营成本。

2. 组织开展出租领域推广应用工作（市交委牵头，市经贸委、有关区政府等配合）

按照出租车行驶路线不固定、运行时间分散、运行区域较广泛等特点，选取性能可靠的新能源汽车产品，逐步扩大新能源出租车推广应用规模。

在花都、萝岗、番禺、增城等有条件的区域先行开展推广应用，逐步将运营范围扩大到中心城区。通过运力指标安排等方式鼓励新增或更新出租车使用新能源汽车。鼓励组建新能源出租车专业运营公司，支持积极探索创新商业模式，努力实现运营的各方共赢。在 2013 年推广应用新能源出租车 100 辆基础上，2014 年推广应用 300 辆，2015 年推广应用 600 辆。

采取“分散慢充为主、快充为辅、网络布局”的方式，配套建设基础设施。按照 1:1 车桩比分散建设出租车专用交流充电桩，并配套建设一定数量社会公用充电桩和若干小型社会公用充电站作为补充（根据面积布置 2 ~ 5 个直流充电机），尽快形成新能源出租车配套基础设施网络化布局。

3. 组织开展公务用车领域推广应用工作［市发展改革委、市国资委牵头，市财政局、市政府办公厅（小汽车定编办）、广州公共资源交易中心、各区政府等配合］

根据国家公务用车改革相关指导精神，在公务用车领域逐步推广使用新能源汽车。研究将新能源汽车推广应用情况与部门、单位节能目标责任评价考核相衔接，探索新能源汽车使用和管理的长效机制，逐步扩大市区党政机关、国有企事业单位新能源汽车用车比例。

2014 年，率先在国有企业试点开展新能源公务用车推广应用，鼓励组建新能源汽车租赁公司为公务活动提供租车服务。总结新能源公务车推广工作经验，研究通过租赁等模式择机在党政机关及事业单位领域推广。2014 年推广应用新能源公务车 580 辆（其中，党政机关、事业单位用车 380 辆，国有企业用车 200 辆），2015 年推广应用 1420 辆（其中，党政机关、事业单位用车 1120 辆，国有企业用车 300 辆）。

做好公务用车配套充电设施规划建设，保障使用的方便性和安全性。在市区党政机关、国有企事业单位的停车场，按照“一车一桩”的模式建设交流充电桩，并建设一定数量社会交流充电桩和小型社会充电站，满足新能源公务车临时补电需求。

4. 组织开展环卫领域推广应用工作（市城管委牵头，市经贸委等配合）

结合广州环卫工作实际需要，研究具体可行的车型选择（如小型垃圾收运车等）及运营模式，先行在有条件的区域开展试点，再逐步扩大纯电动环卫车应用规模及使用区域。2014 年推广应用纯电动环卫车 25 辆，2015 年推广应用 50 辆。

根据环卫车辆运营需要，合理选择充电设施类型，原则上按照“一车一桩”的比例，科学规划充电设施布局。

积极探索垃圾发电为环卫车提供能源补给等环保理念和模式，推动环卫车辆的清洁化，并研究制定相关推广措施。

5. 组织开展邮政领域推广应用工作（市邮政管理局牵头，市经贸委等配合）

研究提出车辆选型及采购计划，稳步推进邮政用车电动化。以 EMS 和邮件投送等业务车辆需求为突破口，2014 年推广应用纯电动邮政车 20 辆，2015 年推广应用 80 辆。

以保障车辆使用方便性和安全性为前提，选择经济合理的充电方式。原则上按照“一车一桩”的比例，协调推进配套充电设施建设。

鼓励引导在快递用车领域积极推广使用新能源汽车。积极探索“融资租赁”、“整车租赁”、“裸车购买 + 电池租赁”等商业模式。

6. 组织开展物流领域推广应用工作（市交委牵头，市经贸委、市公安局、市邮政管理局等配合）

大力推进城市物流车电动化。2014 年，通过积极探索特许经营等方式和研究制定相关保障措施（如运营资质、市区通行权等），推动纯电动物流车在市区内运营。2014 年推广应用纯电动物流车 225 辆，2015 年推广应用 600 辆。

做好配套基础设施规划建设，注重与社会公共充电设施网络的兼容互通，提高纯电动物流车的充电便捷性，保障车辆正常运行。

7. 组织开展私人领域推广应用工作（市发展改革委牵头，市经贸委、市交委、有关区政府等配合）

全面开放新能源汽车私人购买市场，鼓励技术成熟、性能可靠的新能源汽车产品进入广州市场。鼓励以企业为主体积极探索开展新能源汽车分时租赁、以租代购、定向购买、网络租售等新型商业模式。2014 年，制定购车补贴、路权优先、使用费用减免等支持政策，开展一定数量的社会公用充电桩和小型社会公用充电站建设；先期依托重点车辆生产企业，在特定区域（如大学城、科学城等），以及政府机关、企事业单位、高校和科研机构，以定向购买、分时租赁等模式开展试点，总结经验后再逐步扩大推广范围，力争在2014年底前完成1000辆新能源汽车推广目标。

不断优化政策及使用环境，通过总结试点推广经验，加大宣传力度，提高市民对新能源汽车的认知度，逐步扩大推广应用范围和规模。争取到2015年底，在私人领域推广应用新能源汽车总数达到4000辆。

按照"桩随车走、按需配置"原则，做好私人用车充电设施规划建设。配套建设一定数量社会公用交流充电桩和小型社会公用充电站，保障新能源汽车使用需求。

（二）做好基础设施建设保障工作

1. 与城市发展总体规划相衔接，统筹各领域车辆配套基础设施建设需求，按照"适度超前、兼容互通和保障需求"的原则，规划建设基础设施。制订充（换）电基础设施总体规划，明确基础设施建设总体目标、思路和推进办法，统筹协调各领域新能源汽车配套基础设施的建设和运营。（市经贸委牵头，市发展改革委、市交委、市规划局、市国土房管局、市城乡建设委、市城管委、市邮政管理局、市国资委、广州供电局、各区政府等配合）

2. 建立有利于基础设施长期有效运营的政策保障体系和工作机制。明确充（换）电基础设施建设申报流程和用电报装流程。建立有利于基础设施长期运营的充电收费价格和运营收费机制，引导市场建立投资收益可行的商业模式。研究在住宅区、商业区等配套建设一定比例充电设施的政策措施。（市经贸委牵头，市发展改革委、市物价局、广州供电局等配合）

（三）制定出台系列政策

1. 完善推广应用配套资金管理办法。2014年制定出台广州市新能源汽车推广应用配套资金管理办法，明确资金申报、下达及监督管理等相关事项和工作流程。对改善使用环境、研发和产业化、政策研究等工作给予财政资金支持。（市财政局牵头，市发展改革委配合）

2. 安排地方配套资金，落实与国家、省财政资金的对接及有关税收优惠政策。（市财政局牵头，市发展改革委、市科技和信息化局配合）

3. 引导金融与投资机构积极支持新能源汽车产业的融资需求。支持新能源汽车相关企业发行企业债券和在境内外证券市场上市。（市发展改革委、市金融办牵头）

4. 不断优化新能源汽车使用环境。2014年，在新能源汽车标识、停车通行、充电价格、注册登记、路权优先及资金支持等方面制定一揽子政策措施。不断完善政策体系，保障新能源汽车推广应用工作顺利开展。（市发展改革委牵头，市经贸委、市交委、市公安局、市环保局等配合）

（四）加强运行服务保障体系建设

1. 建立公共交通智能化综合性管理平台。在公共交通（包括公交、出租）领域率先建立运营安全监控管理平台，做好新能源汽车运行安全监控和数据采集。建立全社会新能源汽车充电设施监测管理平台。到2015年底，上路运行的公共交通电动汽车及充（换）电配套设施全部纳入监控范围。强化综合性服务平台能力建设，增加车辆故障求助、路况信息反馈和充电设施使用信息收集等功能。（市交委、广州供电局牵头，市公安局、市科技和信息化局、市经贸委配合）

在此基础上，研究探索通过整合各示范领域、各区、各运营单位的监控及管理资源，建立面向全社会的新能源汽车智能化综合性服务平台。（市发展改革委牵头，各有关单位配合）

2. 完善新能源汽车应急处理机制。2014年底前，在应急处理、故障处理、安全保障等方面研究制定相关配套措施及相关规范，建立层级责任制。做好对故障车辆应急处理，做到及时反应、快速行动、妥善处理，确保各领域推广车辆的运行安全。（市发展改革委、市交委、市国资委、市城管委、市邮政管理局牵头，市公安局等配合）

3. 构建可靠的服务保障体系。2014年，建立保障新能源汽车正常运行的管理制度。针对集中管理的运行车辆，由运营单位、整车生产企业和关键零部件配套企业共同建设完善新能源汽车维护保养体系。针对私人购买的车辆，依托各品牌汽车4S店和维修中心对车辆进行维修和保养。新能源汽车生产企业要提供运营车辆动力总成系统全运营周期的维保方案，建立新能源汽车故障与维修信息数据库。（市发展改革委、市交委、市国资委、市城管委、市邮政管理局牵头，市公安局、广汽集团、东风日产配合）

4. 加强动力电池梯级利用和回收管理。跟踪动力电池使用、衰减及回收利用等情况，研究新能源汽车动力电池回收利用相关流程、标准、补贴等事项。（市经贸委牵头，市财政局、市环保局配合）

（五）加强技术创新和产业发展支持

1. 加大技术研发支持力度。完善现有技术创新支持办法，加大对新能源汽车的资金支持力度，现有创新类资金向新能源汽车及零部件企业倾斜，对相关企业申请的国家项目，按要求优先安排地方配套。（市科技和信息化局牵头，市财政局配合）

组织我市新能源汽车及关键零部件企业、高校、科研

及检测机构等组建新能源汽车技术创新联盟。（市发展改革委牵头，市科技和信息化局、市经贸委、市质监局配合）

积极推动我市新能源汽车产业与国内外知名研究机构、高校、企业的战略与技术合作。充分发挥产业投资、创业投资等基金的杠杆效应，鼓励通过合资、合作等形式建立面向创新商业模式、面向完整产业链的混合所有制企业。（市发展改革委牵头，市经贸委、市外经贸局配合）

2. 推进新能源汽车重大项目建设。建设一批新能源汽车产业化项目，重点支持具有自主知识产权的关键核心技术实现产业化。（市发展改革委牵头，市经贸委、市科技和信息化局配合）

支持具有自主知识产权的核心技术实现产业化，支持我市汽车企业新能源汽车产品市场化，支持新能源汽车项目（包括整车、关键零配件）落户我市。（市发展改革委牵头，市经贸委、市外经贸局配合）

加大研发和产业化力度，加快提升技术成熟、可市场化的新能源汽车产品供应能力；积极研究可规模推广的配套商业模式。（广汽集团、东风日产牵头）

以广汽集团、东风日产为龙头，以建设省、市新能源汽车产业基地为契机，加强国际、国内合作，积极引进先进技术、设备和产品，推动新能源汽车产业链集聚化发展。积极争取建设国家级新能源汽车研发和产业化基地。（市发展改革委牵头，市经贸委、市外经贸局配合）

3. 健全标准及公共检测服务体系。跟踪国家和行业标准最新动态，结合我市新能源汽车产业发展和推广应用实际，进一步加强对新能源汽车整车、关键零部件和基础设施技术标准的研究。不断加强新能源汽车检验检测平台建设，健全检测技术支撑体系。（市质监局牵头，市发展改革委、市经贸委、市交委、市城管委、广州供电局、市邮政管理局等配合）

引导我市检验检测公共服务平台建设单位充分运用国家公共服务平台支持资金，促进我市新能源汽车检验检测能力提升。（市外经贸局牵头）

六、组织实施及保障

进一步优化组织保障体系，充分发挥领导小组在我市新能源汽车推广应用和产业发展方面的组织协调作用。领导小组负责研究确定重大事项，协调解决重大问题，加强统筹管理。领导小组成员单位各司其职，各尽其责，共同开展相关工作。

领导小组下设办公室（设在市发展改革委），负责领导小组日常工作，定期督促、检查各项重大工作；牵头制定并推进实施综合性政策。市财政局牵头制定配套资金管理办法。

在领导小组框架下，结合部门职能和推广任务分工，设立若干专责工作组。其中，公共交通和物流领域专责工作组由市交委负责，公务和私人领域专责工作组由市发展改革委负责，环卫领域专责工作组由市城管委负责，邮政领域专责工作组由市邮政管理局负责，配套基础设施专责工作组由市经贸委负责。

各专责工作组负责落实相关领域推广应用工作，建立权责清晰的工作机制。相关领域的一般性事项由专责工作组统筹研究解决，重大综合性事项由办公室报领导小组集体研究决策。

充分发挥市新能源汽车发展专家咨询委员会的智囊作用，对政策制定、招标评审、管理实施、监督评估等相关工作提供智力支持。

广州市新能源汽车发展工作领导小组办公室（代章）

2014 年 5 月 19 日

广州市新能源汽车推广应用管理暂行办法

第一章　总则

第一条　根据《国务院办公厅关于加快新能源汽车推广应用的指导意见》（国办发〔2014〕35 号）、《关于支持北京天津等城市或区域开展新能源汽车推广应用工作的通知》（财建〔2013〕805 号）和《关于印发〈关于加快推进珠江三角洲地区新能源汽车推广应用的实施意见〉的通知》（粤发改高技术〔2014〕345 号）等规定，为积极推广应用新能源汽车，加快培育和发展新能源汽车产业，进一步改善空气质量，特制定本办法。

第二条　本办法所称新能源汽车是指列入工业和信息化部《节能与新能源汽车示范推广应用工程推荐车型目录》的纯电动汽车、插电式（含增程式）混合动力汽车及燃料电池汽车。

第三条　加快推广应用新能源汽车。鼓励技术成熟、性能可靠的新能源汽车产品在本市推广应用。新能源汽车纳入政府采购范围，政府机关及公共机构购买的新能源汽车占当年配备更新总量的比例不低于 30%。鼓励、引导和支持单位及个人购买使用新能源汽车。支持技术路线和商业模式创新。

第四条　逐步完善配套政策体系，在新能源汽车购置、注册登记、车辆运营、充电设施和交通通行等方面营造良好的政策环境。

第五条　在国家新能源汽车推广应用试点期间（2013—2015 年），按照本办法在本市推广应用的新能源汽车及配套建设充电设施可获得地方财政补贴。

第二章　生产企业和产品条件

第六条　本市对新能源汽车生产企业及其推广应用产品实施企业承诺公示制度。生产企业是新能源汽车产品及服务质量和安全保障的第一责任人。

参与本市推广应用的新能源汽车生产企业须列入工业和信息化部《车辆生产企业及产品公告》，除严格执行国家有关规定外，应做出以下承诺：

（一）在本市合理设立完善的新能源汽车销售和维修服务网络，销售和维修服务网点须配备相应的专业设备和技术人员；提供24小时不间断救援服务，车辆出现故障或事故时，立即启动处置预案。

（二）向消费者提供或推荐合格的充电设施及充电设施安装企业。新能源乘用车生产企业（或其授权的销售机构）负责为消费者提供充电设施安装及服务，并纳入其售后服务体系；新能源客车和专用车生产企业积极配合客车、专用车使用单位或充电设施建设运营单位做好充电设施的现场勘察、安装、调试等工作。

（三）根据国家要求具备远程监控及信息反馈平台，对所售车辆的动力电池、电机及其他安全系统的日常运行状态进行实时监测，确保车辆安全运行。

（四）在本市建立车用动力电池回收渠道，按照相关要求对动力电池进行回收处理。

第七条 参与本市推广应用的新能源汽车生产企业及产品，应公示以下信息：

（一）车辆主要性能指标：纯电续驶里程（工况法）、能量消耗率（工况法）、动力电池类型及总储能量、充电方式及时间等。

（二）产品售后服务及售价相关信息：整车产品质保范围及期限、动力电池质保期限；充电接口标准、充电设施型号、勘察及安装流程、相关费用；销售网点、售后服务网点、救援保障；远程监控及信息反馈平台；产品市场指导价、可申请的中央和地方车辆购置财政补贴资金金额等。

第八条 市经贸部门牵头会同市有关部门核查新能源汽车生产企业按本办法第六条、第七条规定做出的相关承诺及所销售产品信息后，在广州经贸信息网（www.gzii.gov.cn）上公示。

第三章 登记注册

第九条 需要办理新能源中小客车车辆登记的单位和个人，按照《广州市中小客车总量调控管理办法》及相关规定直接申领中小客车指标。

第十条 税务部门按国家发布的《免征车辆购置税的新能源汽车车型目录》，核实相关车型公示信息及中小客车指标证明文件等材料后，办理免征车辆购置税手续。

第十一条 单位及个人持购置税免税证明等材料，到市公安交警部门办理新能源汽车车辆注册登记。

第四章 充电设施

第十二条 按照国家、行业标准，结合城市发展规划、土地利用规划和配电网规划，制订和实施新能源汽车充电设施规划，适度超前建设自用、专用、公用等各类新能源汽车充电设施。涉及城市规划、电网规划及道路交通管理等问题，规划、电网、道路及交通管理部门应积极配合办理相应手续。鼓励在花都区、增城开发区、南沙新区、大学城（包括驻穗高校、科研机构等）、科学城、金融城、中新知识城等区域优先规划建设充电设施。

第十三条 鼓励具备完善安全保障、服务能力和良好信誉的企业在本市投资建设运营充电设施（充电桩/机及其接入上级电源的相关设施）。

第十四条 电网企业作为电力供应商应积极做好充电设施的供电服务保障工作，严格按照有关用电扶持政策执行充电电价，加强输配电网的基础投入、建设和改造，建立充电设施报装及供电绿色通道。

第十五条 自用充电设施主要是指单位、个人为满足其新能源汽车使用需要而建设的充电设施，按照“桩随车走、按需配置”的原则建设。

新能源汽车生产企业须向具备安装充电设施条件的消费者提供或推荐合格的自用充电设施及相应的安装等服务。消费者所在住宅小区（办公场所）物业管理部门须支持和配合充电设施建设。

第十六条 专用充电设施主要是指专门为满足公交、出租、邮政、物流、环卫等特定领域新能源汽车使用需要而规划建设的充电设施，其建设数量、选址、运营管理等由车辆使用单位、车辆生产企业和具备相应条件的充电设施建设运营企业三方根据实际情况协商确定。

鼓励专用领域在满足专用车辆充电服务需求的基础上，向社会开放提供充电服务。

第十七条 公用充电设施主要是指在公共区域为满足社会新能源汽车使用需要而规划建设的充电设施。按照“因地制宜、合建为主”的原则，在购物中心、机场、车站、码头、公园、社会停车场、路边停车位、高速公路服务区、加油站、地下空间等场所规划建设快、慢充结合的配套充电设施。

注重发挥财政资金的杠杆作用，支持社会资本参与充电设施投资、建设、运营、管理，逐步向市场化过渡。允许采用收取“电费+服务费”的模式推进公用充电设施建设、运营。

第十八条 新建建筑要按照不低于18%的停车位比例建设充电设施或预留充电设施接口。

第十九条 充电设施用电增容按照国家《供电营业规则》进行用电申请办理。用电价格及电网公司配套电网改造成本按照《国家发展改革委关于电动汽车用电价格政策有关问题的通知》（发改价格〔2014〕1668号）执行。

第二十条　对充电设施服务费实行政府指导价管理。

第五章　补贴标准和流程

第二十一条　地方财政对车辆购置予以补贴，原则上按照与中央2013年补贴标准1∶1的比例确定最高补贴上限。乘用车的中央和地方财政补贴总额不超过车辆销售价格的60%。

2014年、2015年地方财政补贴不退坡。各类车型分年度的中央和地方车辆购置补贴标准见附件3。

第二十二条　对公用、集中大规模自用和专用领域建设的满足国家通用性标准要求的充电设施，原则上地方财政可按投资额（不含土地费用）30%的标准给予补贴。

第二十三条　对于车辆购置补贴，生产企业注册在本地的，购置补贴直接拨付给车辆生产企业；生产企业注册在外地的，购置补贴拨付给车辆生产企业授权并在本地注册的销售企业或车辆购买单位。生产企业或销售企业按照扣除中央和地方两级补贴后的价格销售给使用单位或个人消费者。充电设施建设补贴对象为充电设施投资方。

第二十四条　对车辆购置、充电设施建设等地方财政补贴资金的具体申领、拨付流程等由市财政部门另行制定。

第二十五条　设立市新能源汽车推广应用配套资金，并积极争取国家、省的资金支持。

第二十六条　2013年1月1日至本办法正式实施期间，单位、个人购买符合国家补贴标准的新能源汽车，由车辆生产、销售或购买单位分别汇总车辆销售信息后按有关规定提出补贴申请。根据审核情况，按季度拨付补贴资金。

第六章　交通配套措施

第二十七条　打造城市绿色末端物流体系，研究制定准许符合条件的纯电动快递物流货车在市区通行的具体措施。

第二十八条　因环境污染需启动《广州市环境空气重污染应急预案（试行）》《广州市环境空气重污染应急预案机动车应急减排工作方案》，实行机动车限行时，新能源汽车不受限行约束。

第二十九条　开设新能源汽车办证、上牌“绿色通道”。对列入工业和信息化部《车辆生产企业及产品公告》及完成信息公示的新能源汽车产品，优先办理牌照等业务，新能源汽车上牌时直接发放机动车环保合格标志。

第七章　监督管理

第三十条　车辆生产、销售企业应诚信守法，对公示材料的真实性、产品的一致性及安全性、售后服务保障等负责，有以下情形之一者将中止其后续产品获得地方购置补贴的资格，并追缴已获得的地方补贴资金。造成严重后果的，将依照相关法律法规追究其责任。

（一）企业的公示材料中存在虚假信息的；

（二）销售或售后服务不规范、未履行相关承诺的；

（三）因车辆质量问题造成重大安全或质量事故（爆炸、起火、漏电等）等，并造成人员伤亡或恶劣社会影响的；

（四）其他违反相关法律、法规和管理要求的。

第三十一条　获得推广应用资金支持的项目承担单位，应按现行财务会计制度规定进行账务处理和会计核算，如实、完整、规范反映推广应用资金使用情况，自觉接受和配合财政监督、绩效评价和审计检查等工作。

第三十二条　社会公众及媒体可通过登录广州经贸信息网（www.gzii.gov.cn）查询新能源汽车企业及产品信息情况，并对其进行监督；通过广州市商事主体信息公示平台（cri.gz.gov.cn）查询新能源汽车企业注册登记情况和信用情况。

第八章　其他

第三十三条　加强组织领导。市新能源汽车发展工作领导小组办公室（设在市发展改革委）负责统筹推进新能源汽车推广应用全面工作。

市交通管理部门负责公交、出租、物流领域推广应用工作。市邮政管理部门负责邮政领域推广应用工作。市城市管理部门负责环卫领域推广应用工作。市发展改革部门负责公务、私人领域推广应用工作，以及项目统筹安排，平衡各领域资金并提出资金计划。市财政部门负责落实资金的安排和拨付，制订出台资金管理办法。市经贸部门负责统筹协调全市充电设施规划和建设工作，制订出台充电设施建设与管理办法。

市规划、国土房管、城乡建设、公安、环保、物价、工商、质监等部门在各自职责范围内，研究制订、落实有关政策措施。

第三十四条　本办法自发布之日起实施，有效期至2016年12月31日。有关政策法律依据变化或者有效期届满，根据实施情况依法评估修订。

附件：

1. 承诺书、企业服务承诺表、企业产品承诺表（略）
2. 新能源汽车产品信息公示表（略）
3. 2013—2015年广州市新能源汽车购车补贴标准

附件 3

2013—2015 年广州市新能源汽车购车补贴标准

单位：万元/辆

乘用车		纯电续驶里程 T（工况法，公里）							
		80≤R＜150		150≤R＜250		R≥250		R≥50	
		中央	地方	中央	地方	中央	地方	中央	地方
纯电动	2013 年	3.5		5		6		3.5	3.5
	2014 年	3.325	3.5	4.75	5	5.7	6	3.325	3.325
	2015 年	3.15		4.5		5.4		3.15	3.15
插电式（含增程式）	2013 年	—	—	—	—	—	—	3.5	
	2014 年	—	—	—	—	—	—	3.325	3.5
	2015 年	—	—	—	—	—	—	3.15	

客车	客车车长 L（米） 单位：万元/辆					
	6≤L＜8		8≤L＜10		L≥10	
	中央	地方	中央	地方	中央	地方
纯电动	30	30	40	40	50	50
插电式（含增程式）	—	—	—	—	25	25

专用车	按电池容量每千瓦时补贴 2000 元，每辆车补贴总额不超过 15 万元，单位：元/千瓦时					
	2013 年		2014 年		2015 年	
	中央	地方	中央	地方	中央	地方
纯电动	2000	2000	1900	2000	1800	2000

燃料电池汽车	单位：万元/辆					
	2013 年		2014 年		2015 年	
	中央	地方	中央	地方	中央	地方
燃料电池乘用车	20	20	19	20	18	20
燃料电池商用车	50	50	47.5	50	45	50

广州市人民政府办公厅

2014 年 11 月 28 日

广州市新能源汽车推广应用财政资金管理办法

第一章 总则

第一条 根据财政部、科技部、工业和信息化部、发展改革委《关于继续开展新能源汽车推广应用工作的通知》（财建〔2013〕551 号）和《广州市新能源汽车推广应用实施方案》（2013—2015 年）精神，为加强新能源汽车推广应用财政资金管理，提高资金使用效益，制定本办法。

第二条 本办法所称新能源汽车推广应用财政资金（以下简称推广应用资金），是指市财政预算安排用于支持我市新能源汽车推广应用车辆购置、充电设施建设等财政资金。新能源公交车运营通过我市公交行业综合补贴予以支持。

中央、省财政安排我市新能源汽车推广应用补贴资金按照中央、省有关规定执行。

第二章 补贴范围和部门职责

第三条 本办法所称新能源汽车是指按照《关于继续开展新能源汽车推广应用工作的通知》（财建〔2013〕551 号）规定，列入工业和信息化部《节能与新能源汽车示范推广应用工程推荐车型目录》的纯电动汽车、插电式（含增程式）混合动力汽车及燃料电池汽车。

第四条 市新能源汽车发展工作领导小组办公室（设在市发展改革委，以下简称“领导小组办公室”）负责统筹推进新能源汽车推广应用各项工作，按照新能源汽车推广应用计划拟定每年的推广应用资金使用计划，会同市财政局监督资金的使用和绩效。

第五条 市发展改革委、经贸委、交委、建委、科技和信息化局、国资委、城管委、公安局、邮政管理局等部门（以下简称“业务主管部门”）根据新能源汽车推广应用职责分工，提出年度推广应用资金使用计划建议，按照批复的资金使用计划组织实施，做好推广应用资金的监督和绩效管理工作。

第六条 市财政局负责落实推广应用资金，审核推广应用资金使用方向，按规定和程序将推广应用资金纳入预算报经审议后及时核拨资金，并配合做好新能源汽车推广项目审核，会同业务主管部门开展推广应用资金使用情况监督和绩效评价。

第七条　市审计局负责对推广应用资金使用绩效等进行审计监督。

第三章　补贴标准

第八条　推广应用的外地品牌新能源汽车按照财建〔2013〕551 号文的规定执行。

第九条　地方财政（含省、市补贴）对新能源汽车车辆购置补贴原则上按照与中央 2013 年补贴标准 1:1 的比例确定最高补贴上限。乘用车的中央和地方财政补贴（包含中小客车竞价收入中安排的 1 万元）总额不超过车辆销售价格的 60%。

公交车、专用车扣除中央、省的补贴后，未高出常规公交车、专用车的价格部分，市财政不再予以补贴。

第十条　实行政府采购的新能源汽车，新能源汽车价格是指新能源汽车中标价格。

第十一条　对除个人投资建设的自用充电桩（机）以外的满足国家通用性标准要求的充电设施（包括充电站地面构筑物、充电桩/机等充电设备及其接入上级电源的相关配套配电设施），原则上按经有财政投资评审资质的第三方审计投资额可给予（不含土地费用）30% 的财政补贴。对于经财政补贴的充电设施必须要保证至少 5 年的正常连续使用，如果在不到 5 年内因拆除等原因不能正常使用的，被补贴方必须退还财政补贴金额。

第四章　资金支出计划编制和下达

第十二条　每年 7 月底前，领导小组办公室组织业务主管部门进行下一年度推广应用资金项目申报和审核，业务主管部门应及时提出下一年度新能源汽车推广应用资金使用计划建议和相关依据报领导小组办公室。

第十三条　领导小组办公室根据我市新能源汽车推广应用计划和各业务主管部门提交的新能源汽车推广应用资金使用计划建议，会同市财政局 8 月底前汇总编制下一年度新能源汽车推广应用资金使用计划草案，按照财政预算编制程序纳入预算审核。

第十四条　每年 9 月底前，领导小组办公室下达下一年度新能源汽车推广应用计划。各业务主管部门按领导小组办公室下达的推广应用计划开展我市新能源汽车推广应用工作。

第十五条　新能源汽车推广应用资金使用计划经市人大审议通过后，业务主管部门根据经批复的推广应用资金使用计划，结合推广任务开展情况，向市财政局申请资金拨付。

推广应用计划执行过程中确需调整的，应报领导小组审批。经审批后的调整推广应用计划抄送市财政局。

第五章　资金拨付

第十六条　推广应用资金安排的新能源汽车应在广州市注册登记。生产企业注册在广州市的，购置补贴直接拨付给车辆生产企业；生产企业注册在外地，但在广州市有注册经销企业的，购置补贴拨付给车辆生产企业授权并在广州市注册的经销企业；生产企业注册在外地且在广州市未注册的经销企业，购置补贴拨付给车辆购置单位。

购置补贴拨付至个人的具体审核工作规则由市发展改革委牵头另行制定。

第十七条　申请新能源汽车车辆购置补贴，需提供车辆列入工业和信息化部《节能与新能源汽车示范推广应用工程推荐车型目录》的有关证明材料、车辆中标通知书（不需招投标的除外）、车辆购销合同（协议）、新能源汽车产品信息公示、购车发票以及车辆行驶证等原始凭证（提供备查）和复印件（复印件应注明“与原件相符”字样并加盖单位公章），制作购置车辆明细表和汇总表，经业务主管部门审核后报市发展改革委，市发展改革委汇总审核后送市财政局审核、拨付资金。

第十八条　市财政局根据下达的推广应用资金使用计划，按财政国库管理制度规定对符合资金拨付条件的在 7 个工作日内拨付资金。

第十九条　充电设施建设采取事后补助，由充电设施建设投资方向市经贸委提出申请，并提供以下申请资料：

1. 项目建设和运营规划书；

2. 建设成本预算，有关设备的购置合同、发票，工程建设委托合同等；

3. 经有财政投资评审资质的第三方审计的项目竣工决算报告及充换电设施投资清单（主要包括形成固定资产的配电、充电、换电、监控、通讯等设施、设备投入，不含土地等投入）；

4. 项目验收合格证明；

5. 其他需要提供的材料。

第二十条　市经贸委、市建委对上述资料进行审核，报市发展改革委汇总审核后，市财政局按充电设施建设工作规则（充电设施建设的具体审核工作规则由市经贸委牵头制定）、各业务主管部门审核情况以及财政国库管理制度规定核拨资金。

第六章　资金监督和绩效

第二十一条　获得推广应用资金支持的项目承担单位，应按现行财务会计制度规定进行账务处理和会计核算，如实、完整、规范反映推广应用资金使用情况，自觉接受和配合财政监督、绩效评价和审计监督等工作。

第二十二条　领导小组办公室建立项目监督与评价制度，组织开展推广应用资金使用绩效评价（自评）工作。

第二十三条　项目完成后，各业务主管部门应根据项目实际情况组织验收，验收情况报告领导小组办公室和市财政局。

第二十四条　项目承担单位根据验收意见对项目推广应用资金进行结算。结算后有余额的，项目承担单位应在10个工作日内书面报告业务主管部门，经业务主管部门审核后报领导小组办公室，领导小组办公室应当在7个工作日内会同市财政局完成审核，并书面通知项目承担单位按原拨款渠道将结余的推广应用资金退回市财政。

第二十五条　项目实施过程中因故终止的，项目承担单位应在10个工作日内书面报告业务主管部门，经业务主管部门审核后报领导小组办公室，并同时提交经有资质的中介机构审核的项目资金结算报告。领导小组办公室应当在7个工作日内会同市财政局完成审核提出处理意见，并提交市新能源汽车发展领导小组审议；市新能源汽车发展领导小组审议通过后7个工作日内报市政府审定。项目承担单位按规定程序将财政资金退回市财政。

第二十六条　领导小组办公室会同业务主管部门、财政、审计等部门加强对推广应用资金使用情况监督检查和审计，组织开展推广应用资金使用绩效评价（自评）以及第三方绩效评价工作，监督检查和绩效评价结果作为下一年度财政资金安排的重要依据。

第二十七条　项目承担单位对申报材料的真实性、合法性负责，取得的推广应用资金必须专款专用，不得以任何理由和形式截留、挪用。如有违反，依照《财政违法行为处罚处分条例》（国务院令第427号）等有关规定全额追缴推广应用资金，依法追究项目单位和人员责任，并在本办法有效期内取消其再次申请推广应用资金的资格。

第二十八条　本办法自印发之日起施行，享受本办法补贴的时间为2013年1月1日至2015年12月31日，有效期至2016年12月31日。《印发广州市节能与新能源汽车示范推广配套资金管理暂行办法的通知》（穗财工〔2012〕236号）同时废止。

广州市财政局

2014年12月30日

珠海市新能源汽车推广应用补助资金管理实施细则（2014—2015年）

为加强和规范对市新能源汽车推广应用补助资金的管理，提高资金使用效益，加快促进我市推广应用新能源汽车，根据《关于加快推进珠江三角洲地区新能源汽车推广应用的实施意见》（粤发改高技术〔2014〕345号）、《广东省省级新能源汽车推广应用专项资金管理办法》（粤财工〔2014〕209号）和《珠海市新能源汽车推广应用实施方案（2014—2015年）》，制定本细则。

一、总则

（一）珠海市新能源汽车推广应用补助资金（下称“市财政补助资金”）由市财政设立，专项用于纳入珠海市2014—2015年新能源汽车推广应用计划的车辆购置补助。

（二）市财政补助资金按照公平公开公正、依法依规、科学合理的原则安排使用，并接受社会各方面监督。

二、补助对象

市财政补助资金的补助对象是2014—2015年购置并在珠海市辖区内登记注册和使用新能源汽车的单位和个人。

本细则所称新能源汽车，是指纳入工业和信息化部《节能与新能源汽车示范推广应用工程推荐车型目录》的纯电动汽车、插电式混合动力（含增程式）汽车和燃料电池汽车。2014—2015年购置，是指2014年1月1日至2015年12月31日期间开具车辆购销发票。

三、补助标准

（一）原则上市财政补助资金不低于省财政补助资金。

（二）国家、省、市三级财政补助资金总额不超过车辆销售价格的65%。如三级财政补助资金总额超过车辆销售价格的65%，则按车辆销售价格的65%依次扣除国家、省两级财政补助资金后计算市财政补助资金。

（三）市财政补助资金补助标准具体如下：

1. 纯电动客车、插电式混合动力（含增程式）客车补助标准

单位：万元/辆

车辆类型	车长L（米）					
	6≤L＜8		8≤L＜10		L≥10	
补助年度	2014	2015	2014	2015	2014	2015
纯电动客车	15	15	20	20	25	25
插电式混合动力（含增程式）客车	—	—	—	—	12.5	12.5

此外，超级电容、钛酸锂快充纯电动客车2014年和2015年均定额补助15万元/辆。

2. 纯电动乘用车、插电式混合动力（含增程式）乘用车补助标准

单位：万元/辆

车辆类型		纯电续驶里程 R（工况法、公里）							
		80≤R＜150		150≤R＜250		R≥250		R≥50	
补助年度		2014	2015	2014	2015	2014	2015	2014	2015
出租车	纯电动	1.6625	1.575	2.375	2.25	2.85	2.7	—	—
	插电式混合动力（含增程式）	—	—	—	—	—	—	1.6625	1.575
公务车等	纯电动	1.33	1.26	1.9	1.8	2.28	2.16	—	—
	插电式混合动力（含增程式）	—	—	—	—	—	—	1.33	1.26
私人乘用车	纯电动	0.665	0.63	0.95	0.9	1.14	1.08	—	—
	插电式混合动力（含增程式）	—	—	—	—	—	—	0.665	0.63

3. 纯电动专用车（主要是：邮政、物流、环卫等）补助标准

车辆类型	补助年度	
	2014 年	2015 年
纯电动专用车	按电池容量每千瓦时补贴 760 元，每辆车补贴总额不超过 5.7 万元	按电池容量每千瓦时补贴 720 元，每辆车补贴总额不超过 5.4 万元

4. 燃料电池车

单位：万元/辆

车辆类型	补助年度	
	2014 年	2015 年
燃料电池乘用车	9.5	9
燃料电池客车	23.75	22.5

（四）采用租赁模式的新能源汽车参照以上原则给予市财政补助资金，其中，采用租赁模式的新能源乘用车参照“出租车”的补助标准给予市财政补助资金。

四、补助方式

（一）单位消费者，市财政补助资金由市财政局拨付该单位。

（二）私人消费者，市财政补助资金由市财政局拨付车辆销售机构。车辆销售机构应以扣除国家、省、市三级财政补助资金后的价格将新能源汽车销售给私人消费者。

（三）通过珠海市辖区外车辆销售机构购置新能源汽车的私人消费者，市财政补助资金由市财政局拨付私人消费者。

（四）采用租赁模式购置新能源汽车的，市财政补助资金由市财政局拨付租赁运营单位。

五、申请程序

（一）市财政补助资金实行按月拨付，申请人应于每月结束后 10 个工作日内，向市发展改革局报送《珠海市新能源汽车推广应用补助资金申请表》（原件，见附件 1），并提供以下资料：

1. 单位消费者：组织机构代码证、营业执照或登记证书、车辆购销发票、由珠海市公安部门出具的机动车行驶证、由车辆销售机构提供的车型列入国家《节能与新能源汽车示范推广应用工程推荐车型目录》批次凭证、纯电动乘用车续驶里程检验报告、申请人账户信息及其他需要提供的资料。

2. 私人消费者：车辆销售机构组织机构代码证和营业执照、私人消费者身份证明、车辆购销发票、由珠海市公安部门出具的机动车行驶证、由车辆销售机构提供的车型列入国家《节能与新能源汽车示范推广应用工程推荐车型目录》批次凭证、纯电动乘用车续驶里程检验报告、由私人消费者和车辆销售机构签署的《珠海市新能源汽车推广应用示范私人领域购车财政补助资金确认表》（原件，见附件 2）、申请人账户信息及其他需要提供的资料。

3. 通过珠海市辖区外车辆销售机构购置新能源汽车私人消费者：车辆销售机构组织机构代码证和营业执照、私人消费者身份证明、车辆购销发票、由珠海市公安部门出具的机动车行驶证、由车辆销售机构提供的车型列入国家《节能与新能源汽车示范推广应用工程推荐车型目录》批次凭证、纯电动乘用车续驶里程检验报告、申请人账户信息及其他需要提供的资料。

申请人应对申请资料的真实性负责。以上资料如无特殊要求，均应提供加盖单位公章（或申请人指模）的复印件一式六份，原件备查，并同时报送电子版本。

（二）市发展改革局对申请材料初审后，下达市财政补助资金月度计划送市财政局。市财政局复核并报市政府审批后，将资金计划在市财政局、市发展改革局网站公示 5 个工作日。公示期无异议的，由市财政局按照资金计划将市财政补助资金拨付申请人账户；公示期有异议的，由市发展改革局对情况进行核实，如反映情况不属实则作为无

异议情况进行处理，如反映情况属实、不符合市财政资金补助要求的则由市发展改革局书面告知申请人。

（三）省财政补助资金应按照以上申请程序和市补助资金同时申请，经市发展改革局、市财政局初审符合省财政补助资金要求的，由市财政局将省财政补助资金拨付申请人。

六、部门职责

（一）市发展改革局负责统筹推进全市新能源汽车推广应用工作，会同市财政局编制和下达市财政补助资金月度计划、组织清算市财政补助资金；负责市财政补助资金信息公开、监督和绩效自评等工作；会同市财政局安排使用省财政补助资金、组织清算省财政补助资金，开展绩效自评等工作。

（二）市财政局负责配合市发展改革局编制和下达市财政补助资金月度计划、组织清算市财政补助资金；负责审核拨付市财政补助资金、组织实施市财政补助资金财政监督检查和重点绩效评价等；负责配合市发展改革局组织清算省财政补助资金，及时按规定拨付省财政补助资金，对省财政补助资金使用情况进行监督检查。

七、监督管理

（一）市发展改革局、市财政局根据实际情况，可采取定期检查、不定期抽查或委托评审机构等方式，对省、市两级财政补助资金的使用和新能源汽车推广应用情况进行督促检查。

（二）获得省、市两级财政补助资金的单位要切实加强对财政补助资金的使用管理，自觉接受财政、审计、监察部门的监督检查，严格执行财务规章制度和会计核算办法。

（三）省、市两级财政补助资金管理实行责任追究机制。对弄虚作假、截留、挪用、挤占专项资金等行为，按《财政违法行为处罚处分条例》（国务院令 427 号）的相关规定进行处理，并依法追究有关单位及其相关人员责任。

八、其他

（一）本细则由市发展改革局、市财政局负责解释。

（二）本细则有效期为 2014 年 1 月 1 日至 2015 年 12 月 31 日。

附件：1. 珠海市新能源汽车推广应用补助资金申请表

2. 珠海市新能源汽车推广应用示范私人领域购车财政补助资金确认表

珠海市发展和改革局

珠海市财政局

2015 年 3 月 19 日

佛山市新能源汽车推广应用市级补助资金管理办法（征求意见稿）

第一章　总则

第一条　为加强和规范对市新能源汽车推广应用补助资金的管理，提高资金使用效益，根据财政部、科技部、工业和信息化部、发展改革委等四部委《关于继续开展新能源汽车推广应用工作的通知》（财建〔2013〕551 号）、省发展改革委、财政厅、经信委、科技厅《关于印发〈关于加快推进珠江三角洲地区新能源汽车推广应用的实施意见〉的通知》（粤发改高技术〔2014〕345 号）、省财政厅、省发展改革委《关于印发〈广东省省级新能源汽车推广应用专项资金管理办法〉的通知》（粤财工〔2014〕209 号）以及《佛山市人民政府办公室关于印发佛山市新能源汽车推广应用工作实施方案（2014—2015 年）的通知》（佛府办函〔2014〕184 号）等规定，结合我市的实际，特制定本办法。

第二条　佛山市新能源汽车推广应用补助资金由省、市、区三级财政资金构成（见附件 1），专项用于佛山市新能源汽车车辆购置补助。

第二章　补助范围和标准

第三条　2014—2015 年在佛山市购买并登记上牌的新能源汽车（车型必须是纳入国家《节能与新能源汽车示范推广应用工程推荐车型目录》的纯电动汽车、插电式混合动力汽车和燃料电池汽车）均可申请车辆购置补助资金。

第四条　各类车型的车辆购置补助标准按照国家规定执行，按照不同车型，分年度确定补助金额（见附件 2）。

第五条　国家和地方（含省、市、区）财政补助资金按 1∶1 配套，各级财政补助资金总额最高不超过车辆销售价格的 60%，如补助总额高于车辆销售价格的 60%，按车辆销售价格 60% 扣除中央和省的补助金额后再按比例计算市、区的财政补助额。

第三章　部门职责

第六条　市财政局负责市级补助资金预算管理；配合市发展改革局编制市级补助资金年度安排总体计划、清算市级补助资金，审核拨付市级补助资金，组织实施市级补助资金财政监督检查。

第七条　市发展改革局负责统筹推进全省新能源汽车推广应用工作，会同市财政局编制和下达市级补助资金年度安排总体计划、组织清算市级补助资金；负责市级补助资金信息公开和监督等工作。

第八条　各区新能源汽车推广工作牵头部门负责推动本区新能源汽车推广应用，会同本区财政（财税）局安排使用和组织清算市级补助资金。

第九条　各区财政（财税）局负责配合本区新能源汽车推广工作牵头部门组织清算市级补助资金，及时按规定拨付市级补助资金，对资金使用情况进行监督。

第四章　资金的拨付和清算

第十条　市级补助资金由市财政先按照推广任务和市

级负担比例预拨到各区，年度终了后据实清算。如市级预拨的补助资金不足各区兑付时，由各区先行垫付，不得以此拒绝兑付、影响新能源汽车推广应用工作。市发展改革局会同市财政局根据各区推广应用计划，提出市级补助资金年度安排总体计划和分配计划，报市政府审批。

第十一条　市级补助资金分配计划经审定后，由市发展改革局会同市财政局下达年度资金安排计划。市财政局按照资金管理规定下达市级补助资金，办理预算下达和资金拨付手续。

第十二条　市级补助资金实行年度清算制度。各区新能源汽车推广工作牵头部门会同区财政（财税）局于次年3月10日前，向市发展改革局提交经区政府审核后的清算材料，主要包括：

（一）本地区新能源汽车推广应用报告，包括上年推广应用数量、车型、运行效果以及当年推广应用计划、财政资金使用情况等，并提出需追加下达或需退回的财政资金额度。

（二）《佛山市新能源汽车推广应用市级财政补助资金清算信息明细表》（见附件3）。

（三）相关材料。

1. 车辆购销发票复印件；

2. 机动车行驶证复印件；

3. 由汽车销售机构提供的其车型列入国家《节能与新能源汽车示范推广应用工程推荐车型目录》批次凭证；

4. 其他需要提供的相关证明材料。

第十三条　市发展改革局会同市财政局按规定进行项目资金清算，并下达项目清算计划。市发展改革局对各区的清算材料进行审核，并将盖章确认的《佛山市新能源汽车推广应用市级财政补助资金清算信息明细表》汇总表送市财政局确认后，会同市财政局报市政府审批。市财政局根据政府审定意见，按资金管理规定办理资金清算手续。

第五章　信息公开

第十四条　佛山市新能源汽车推广应用市级补助资金实行信息公开。市发展改革局、市财政局按规定在部门门户网站公开如下信息：

（一）佛山市新能源汽车推广应用市级补助资金管理办法。

（二）市级补助资金扶持范围、扶持对象等内容。

（三）接受、处理投诉情况，包括投诉事项和原因、投诉处理情况等。

（四）其他按规定应公开的内容。

第六章　监督检查

第十五条　市发展改革局、市财政局根据实际情况，可采取定期检查、不定期抽查等方式，对市级财政补助资金的使用和新能源汽车推广应用情况进行监督检查。各区新能源汽车推广工作牵头部门负责对本区新能源汽车推广应用情况进行管理和监督，各区财政（财税）局负责对市级财政补助资金的使用情况进行管理和监督。

第十六条　获得市级财政补助资金的单位要加强对资金的使用管理，自觉接受财政、审计、监察部门的监督检查，严格执行财务规章制度和会计核算办法。

第十七条　市级财政补助资金实行责任追究机制。对弄虚作假、截留、挪用、挤占市级财政补助资金等行为，按《财政违法行为处罚处分条例》（国务院令427号）的相关规定进行处理，并依法追究有关单位及相关人员责任。

第七章　附则

第十八条　省级专项资金的拨付、清算，监督检查按省有关资金管理办法执行。各区应根据《佛山市人民政府办公室关于印发佛山市新能源汽车推广应用工作实施方案（2014—2015年）的通知》（佛府办函〔2014〕184号）精神、本办法要求以及各自实际，研究制定区级财政补助政策及新能源汽车推广应用补助资金（含各级财政）实施细则，及时上报市财政局和市发展改革局备案，并向社会公布。

第十九条　本办法由市财政局、市发展改革局负责解释。

第二十条　本办法自印发之日起实施。

附件：

1. 佛山市新能源汽车购车地方补助资金构成表

2. 佛山市新能源汽车地方购车补助标准

3. 佛山市新能源汽车推广应用市级补助资金清算信息明细表

附件1：佛山市新能源汽车地方购车补助资金构成表

车型分类	新能源客车（%）	纯电动专用车（%）	新能源乘用车（%）		
			出租车	公务车等	私人乘用车
省级	50	40	50	40	20
市级	10	12	10	12	16
区级	40	48	40	48	64

备注：新能源客车主要包括纯电动客车、插电式混合动力（含增程式）客车以及燃料电池客车等。新能源乘用车主要包括纯电动乘用车、插电式混合动力（含增程式）乘用车以及燃料电池乘用车等。纯电动专用车主要包括纯电动邮政车、物流车、环卫车等。

附件2：佛山市新能源汽车地方购车补助标准

一、纯电动乘用车、插电式混合动力（含增程式）乘用车补助标准

单位：万元/辆

车辆类型	纯电续驶里程 R（工况法、公里）							
	80≤R＜150		150≤R＜250		R≥250		R≥50	
补贴年度（年）	2014	2015	2014	2015	2014	2015	2014	2015
纯电动乘用车	3.33	3.15	4.75	4.5	5.7	5.4	—	—
插电式混合动力乘用车（含增程式）	—	—	—	—	—	—	3.33	3.15

二、纯电动客车、插电式混合动力（含增程式）客车补助标准

单位：万元/辆

车辆类型	车长 L（米）					
	6≤L＜8		8≤L＜10		L≥10	
补贴年度（年）	2014	2015	2014	2015	2014	2015
纯电动客车	30	30	40	40	50	50
插电式混合动力客车（含增程式）	—				25	25

三、超级电容、钛酸锂快充纯电动客车定额补贴 2014 年、2015 年为 15 万元/辆。

四、纯电动专用车（主要是：邮政、物流、环卫等）推广应用补助标准：2014 年按电池容量每千瓦时补贴 1900 元，每辆车补贴总额不超过 14.25 万元；2015 年按电池容量每千瓦时补贴 1800 元，每辆车补贴总额不超过 13.5 万元。

五、燃料电池车推广应用补助标准

单位：万元/辆

车辆类型	补助标准	
补贴年度（年）	2014	2015
燃料电池乘用车	19	18
燃料电池商用车	47.5	45

佛山市财政局

2014 年 10 月 28 日

佛山市南海区新能源汽车推广应用补助资金管理实施细则（试行）

为加强和规范对省、市以及区新能源汽车推广应用补助资金的管理，提高资金使用效益，根据《关于继续开展新能源汽车推广应用工作的通知》（财建〔2013〕551 号）、《关于印发〈关于加快推进珠江三角洲地区新能源汽车推广应用的实施意见〉的通知》（粤发改高技术〔2014〕345 号）、《关于印发〈广东省省级新能源汽车推广应用专项资金管理办法〉的通知》（粤财工〔2014〕209 号）、《佛山市人民政府办公室关于印发佛山市新能源汽车推广应用工作实施方案（2014—2015 年）的通知》（佛府办函〔2014〕184 号）、《佛山市新能源汽车推广应用市级补助资金管理办法》（佛府办函〔2014〕号）以及《佛山市南海区人民政府办公室关于印发佛山市南海区新能源汽车推广应用工作实施方案（2014—2015 年）的通知》（南府办〔2014〕44 号）等规定，结合我区实际，制定本细则。

一、补助资金的构成

佛山市南海区新能源汽车推广应用补助资金（以下简称地方补助资金）由省、市、区三级财政资金构成，专项用于佛山市南海区新能源汽车车辆购置补助。

二、补助对象和方式

本区补助资金的补助对象是 2014 年 1 月 1 日至 2015 年 12 月 31 日在佛山市南海区购买并登记上牌的新能源汽车的消费者。

消费者购买新能源汽车，按销售价格扣减中央及地方补助资金后支付购车款，汽车生产企业按扣减补助后的价格销售新能源汽车。车辆在本区完成注册登记后，汽车生产企业据实申请财政补助资金。本区注册的汽车生产企业申领本区地方补助资金，经区发展改革等部门审核通过后，财政部门将补助资金兑付到汽车生产企业；非在本区注册的汽车生产企业，需在本区注册或委托具有独立法人资格的汽车销售机构销售新能源汽车，并申领本区地方补助资金，经区发改等部门审核通过后，财政部门将补助资金兑付到汽车销售机构。

三、汽车生产企业及销售机构须具备的条件

以上涉及的新能源汽车生产企业及销售机构均须到佛山市南海区新能源汽车推广应用工作领导小组办公室进行备案登记。

汽车生产企业及销售机构须具备以下条件：

（一）具备完善的销售和售后服务体系。

1. 履行《家用汽车产品维修、更换、退货责任规定》的法定义务并承担相应责任。

2. 在本区设有 1 家（含）以上授权合格的新能源汽车维修服务中心，布置在合理的服务区域；销售和维修服务中心必须配备一定数量的专业技术人员，具备一定数量的充电设施，以快速充电为主，并承诺对社会开放。

3. 为消费者建设自用充电设施，并纳入其售后服务体

系；承诺提供安全使用指导和培训等服务。

（二）履行《缺陷汽车产品召回管理条例》等规定。具备缺陷汽车产品召回管理制度和缺陷调查能力，对可能存在缺陷的产品依法组织调查分析，履行召回义务；承诺对动力电池按照要求进行回收处理等。

（三）生产企业的各项承诺须在其销售、维修、服务等机构和场所向社会明示。

四、补助标准

（一）国家和地方补助资金按1∶1比例配套，各级财政补助资金总额最高不超过车辆销售价格的60%。

（二）符合本区财政补贴政策的新能源汽车，本区地方补助资金补助标准如下：

1. 纯电动乘用车、插电式混合动力（含增程式）乘用车补助标准

单位：万元/辆

车辆类型	纯电续驶里程R（工况法、公里）							
	80≤R＜150		150≤R＜250		R≥250		R≥50	
补贴年度（年）	2014	2015	2014	2015	2014	2015	2014	2015
纯电动乘用车	3.325	3.15	4.75	4.5	5.7	5.4	—	—
插电式混合动力乘用车（含增程式）	—	—	—	—	—	—	3.33	3.15

2. 纯电动客车、插电式混合动力（含增程式）客车补助标准

单位：万元/辆

车辆类型	车长L（米）					
	6≤L＜8		8≤L＜10		L≥10	
补贴年度（年）	2014	2015	2014	2015	2014	2015
纯电动客车	30	30	40	40	50	50
插电式混合动力客车（含增程式）	—	25	25	—	—	—

3. 超级电容、钛酸锂快充纯电动客车2014年和2015年均定额补贴为15万元/辆。

4. 纯电动专用车（主要是：邮政、物流、环卫等）补助标准：2014年按电池容量每千瓦时补贴1900元，每辆车补贴总额不超过14.25万元；2015年按电池容量每千瓦时补贴1800元，每辆车补贴总额不超过13.5万元。

5. 燃料电池车推广应用补助标准

单位：万元/辆

车辆类型	补助标准	
补贴年度（年）	2014	2015
燃料电池乘用车	19	18
燃料电池客车	47.5	45

燃料电池专用车参照纯电动车的补助标准。

五、企业备案及补助资金申请材料

（一）企业备案

1. 汽车生产企业备案。需提供汽车生产企业组织机构代码证、营业执照、法定代表人身份证复印件。

2. 汽车销售机构备案。需提供汽车销售机构组织机构代码证、营业执照、法定代表人身份证复印件，1家（含）以上汽车维修服务中心证明材料、汽车生产企业出具的授权委托书原件，以及其他证明材料。

（二）补助资金申请

1. 地方补助资金书面申请书（格式见附件1）、《佛山市南海区新能源汽车推广应用车辆购置地方补助资金申请表》（见附件2）、《佛山市南海区新能源汽车推广应用车辆购置地方补助资金申请明细表》（见附件3）、《佛山市南海区新能源汽车推广应用私家车车辆购置地方补助资金确认表》（见附件4）。

2. 销售给个人用户的车辆需提供：车主居民身份证或居住证、机动车登记证书、机动车行驶证复印件，以及车辆购买合同、销售发票、汽车生产企业或销售机构开户存折原件及复印件。以上材料复印件需车主签名并按手印。

销售给单位的车辆需提供：法定代表人身份证、营业执照、组织机构代码证、机动车登记证书、机动车行驶证复印件，以及车辆购买合同、销售发票、汽车生产企业或销售机构开户存折原件及复印件。以上材料复印件需加盖单位公章。

六、企业备案及补助资金申请流程

（一）企业备案

企业将备案申请材料递交到佛山市南海区行政服务中心发改局窗口（南海区桂城南新三路12号，联系电话：86297637）进行审核备案。

（二）提交补助资金申请材料

企业需于每月1—3日（如遇节假日顺延）将补助资金申请材料递交到佛山市南海区行政服务中心发改局窗口，工作人员现场核对材料无误后进行收件，并发放收件通知。

（三）材料审核

公交车和出租车由佛山市南海区新能源推广应用工作领导小组办公室会同佛山市公安局南海分局交警大队、佛山市南海区交通运输局（交通）对申请材料进行审核；其他车辆由佛山市南海区新能源推广应用工作领导小组办公室会同佛山市公安局南海分局交警大队对申请材料进行审核，10个工作日内出审核结果。

（四）补贴发放

审核结果进行网上公示5个工作日，公示无异议后，由区发展规划和统计局（发改）提交完整的、审核通过的

拨款申请材料，区财政局在7个工作日内通过国库直接支付方式将补助资金拨付给申请单位提交的开户账号。

七、区补助资金实行责任追究机制

申领补助的单位对申报材料的真实性负责。对弄虚作假、骗取财政补助资金的单位，将扣回补助资金，并取消备案资格直至追究相关法律责任。

八、附则

（一）如单位或个人自行购买新能源汽车，可按第六点的补助资金申请流程提交申请资料，补助资金拨付给申请单位或个人提交的开户账号。

（二）本细则自发布之日起施行，至2015年12月31日止。

附件：

1. 关于报送201____年____月佛山市南海区新能源汽车推广应用补助资金的申请（略）

2. 佛山市南海区新能源汽车推广应用车辆购置地方补助资金申请表（略）

3. 佛山市南海区新能源汽车推广应用车辆购置地方补助资金申请明细表（201____年____月）（略）

4. 佛山市南海区新能源汽车推广应用私家车车辆购置地方补助资金确认表（201____年）（略）

南海区新能源汽车推广应用工作领导小组办公室

2014年12月8日

佛山市电动汽车充换电设施服务收费标准试行方案（征求意见稿）

根据省发展改革委《转发国家发展改革委关于电动汽车用电价格政策有关问题的通知》（粤发改价格〔2014〕607号）规定，现结合我市实际，拟订电动汽车充换电设施服务收费标准试行方案如下：

一、经营性集中式充换电设施的认定。供电部门对用电企业能够提供营业执照包含电动汽车充换电服务等相关证明材料，经现场勘察具备充换电条件，且充电设施的充电桩数量不少于3个的，可认定为经营性集中式充换电设施。对其他难以界定的由供电部门报我局审核认定。

二、充换电服务费的价格管理形式。电动汽车充换电服务费实行政府指导价管理，并按类别执行分类收费。现行分类暂按实际行驶车辆划分为电动公交车、七座及以下电动汽车两类。

三、充换电服务费上限标准。

（一）电动汽车充电服务费按充电电度收取，上限标准每千瓦时暂定为：电动公交车0.8元、七座及以下电动车1.2元。其他类型电动汽车的充电服务费标准视实际情况另行制定。

（二）电动汽车换电服务费按行驶里程收取，上限标准每公里暂定为：电动公交车1.8元、七座及以下电动车0.4元。其他类型电动汽车的换电服务费标准视实际情况另行制定。

佛山市发展和改革局

2014年12月16日

惠州市新能源汽车推广应用实施方案

为贯彻落实《国务院办公厅关于加快新能源汽车推广应用的指导意见》《财政部科技部工业和信息化部发展改革委关于支持北京天津等城市或区域开展新能源汽车推广应用工作的通知》《关于印发〈关于加快推进珠江三角洲地区新能源汽车推广应用的实施意见〉的通知》《广东省人民政府办公厅关于促进节能环保产业发展的意见》等上级政策文件要求，确保如期完成省下达我市的新能源汽车推广应用任务，根据市政府工作部署，制定本方案。本方案所称新能源汽车是指列入国家《节能与新能源汽车示范推广应用工程推荐车型目录》内的纯电动汽车、插电式混合动力汽车（含增程式）和燃料电池汽车产品。

一、指导方针和基本原则

深入贯彻落实十八届三中全会精神，抓住国家和省大力发展新能源汽车产业的战略机遇，坚持政策引导和市场运作相结合，以应用环境建设为抓手，营造良好发展环境，充分调动社会各方积极性，如期保质完成新能源汽车推广应用任务。以新能源汽车推广应用为契机，不断推进新能源汽车产业创新体系和配套服务体系建设，带动新能源汽车和关键零部件产业发展，提升我市新能源汽车产业发展水平。

一是坚持政府引导与市场驱动相结合。进一步理清政府、市场在新能源汽车推广应用工作中的定位，充分发挥财政政策的杠杆作用，带动社会资本积极参与新能源汽车推广应用。在财税政策支持、基础设施规划和公用设施建设、应用环境优化等方面继续强化政府的推动和导向作用，在推广初期积极发挥政策的激励作用。在市场销售和服务、配套充电设施运营、商业模式创新、商业投资及运作等方面充分发挥市场对资源配置的决定性作用。

二是坚持统筹推进与集中解决相结合。由市新能源汽车推广应用联席会议（以下简称“联席会议”）统筹协调全市新能源汽车推广应用相关工作，建立清晰明确的责、权、利对等的管理工作机制。牵头部门按照重点工作分工做好综合协调工作，配合部门按照职责要求协助做好相应工作。重大综合性事项由牵头部门报联席会议办公室研究讨论提出方案，由联席会议研究集体决策。联席会议办公室按季度督查各重点工作计划实施情况。

三是坚持市场开放与公平竞争相结合。遵循国家相关统一要求，不单独设立地方门槛、目录和标准。在公共服务领域按规定实行招标采购程序，在私人用车领域全面放开市场。鼓励技术成熟、性能可靠的新能源汽车产品及配套基础设施在我市推广应用。

四是坚持稳步推进与分步实施相结合。各领域推广应用工作按计划、分步骤稳步组织推进。2014 年营造良好的政策环境和使用环境，并在各领域启动推广应用工作。重点任务是研究出台综合性支持政策文件和各领域具体的推广应用工作方案，部署社会公用充电设施建设，启动公交、出租领域的推广工作和公务车专用车和私人用车等领域小规模试点推广工作。2015 年进一步完善推广应用环境，拓宽应用范围和领域，稳步扩大推广规模。

2016 年以后，根据国家政策导向，实现政策延续性，继续实施新能源汽车推广普及应用，逐步实现新能源汽车推广应用市场化。

二、推广应用目标

（一）完成 1500 辆新能源汽车推广目标

我市新能源汽车推广应用的车型以纯电动、插电式混合动大（含增程式）汽车为主，鼓励使用燃料电池汽车。到 2015 年底全市新能源汽车推广总量达到 1500 辆，其中，公交车 420 辆出租车 430 辆，公务用车 180 辆，环卫、邮政等专用车推广总量达到 40 辆，私人领域推广总量达到 430 辆。各县（区）2014 年新增或更新公交车中纯电动公交车比例不得低于 10%，2015 年比例不低于 20%，到 2015 年底，实现新增或更新的公交、公务邮政、环卫车辆中新能源汽车比例不低于 30%。

表 1　2014—2015 年新能源汽车推广计划

应用领域	车型	2014	2015	推广总数（辆）
公交	纯电动	70	200	270
	插电式	50	100	150
	小计	120	300	420
出租	纯电动	200	230	430
	插电式	—	—	0
	小计	200	230	430
公务	纯电动	40	50	90
	插电式	40	50	90
	小计	80	100	180
专用车	纯电动环卫车	5	10	15
	纯电动邮政车	10	15	25
	小计	15	25	40
私人乘用车	纯电动	70	80	150
	插电式	130	150	280
	小计	200	230	430
总计		615	885	1500

（二）打造完善的基础设施保障体系

到 2015 年底，在全市范围内统一规划建设各类纯电动公交车充电站 14 座，纯电动出租车充电站 34 座，社会公用充电站 9 座、大型充电站（塔）1 座，插电式混合动力公交车快速充电机 54 个，各类慢速充电桩 788 个，初步构建网络化的充电服务体系和智能化的综合性服务平台，形成保障基础设施建设和长期运营的体制机制，满足新能源汽车推广应用需要。

表 2　2014—2015 年基础设施建设计划

类型 \ 年份		2014	2015	合计
纯电动公交车充电站（座）		4	10	14
大型充电站（充电塔）（座）		1	0	1
纯电动出租车充电站（座）		17	17	34
社会公用（私家车、公务车）充电站（座）		4	5	9
插电式公交车快速充电机（个）		18	36	54
公务车慢速充电桩（个）		104	128	232
私家车慢速充电桩（个）		240	276	516
专用车（环卫、邮政）慢速充电桩（个）		15	25	40
合计	充电站	26	32	58
	充电桩（机）	377	465	842

注：1. 纯电动公交车充电站为中型充电站，内设 10 个左右快速充电机；

2. 大型充电站（充电塔）为多层建筑，建在惠城区，优先为纯电动出租车服务；

3. 纯电动出租车充电站为小型充电站，内设 3 个左右快速充电机，呈网络化分布；

4. 社会公用充电站主要为公务车、私家车服务，内设 3 个左右快速充电机。

（三）营造良好的推广应用政策环境

结合国家和省新能源汽车推广应用的相关配套政策，研究出台我市在新能源汽车车辆购置、公交车辆运营、配套设施建设、交通使用环境等方面的鼓励政策，建立完善的配套政策体系，形成良好的跨部门合作联动机制，营造良好的政策环境，为我市新能源汽车推广应用提供有力的政策支撑。

三、重点工作及分工

（一）组织推进各领域推广应用工作

各应用领域要充分结合车辆运行需求、产品支撑能力、基础设施配套等因素，科学论证，制定切实可行的工作方案，研究提出配套基础设施选址计划，加强组织实施，先行试点，积累经验，逐步扩大推广规模，确保推广目标顺利完成。其中，邮政、私人用车由市级统筹负责，公交、出租、公务和环卫领域推广应用任务（除市直范围外）由县（区）负责。各县（区）可根据自身实际情况，结合现有商业运营模式特点，探索建立适合本县（区）的技术路线和商业模式。到 2015 年底，惠城区推广应用完成 400 辆、惠阳区 335 辆、惠东县 35 辆、博罗县 55 辆、龙门县 20 辆、大亚湾 90 辆、仲皑区 55 辆。

1. 组织开展公交领域推广应用工作［市交通运输局、各县（区）政府牵头，惠州供电局、相关公交公司等部门配合］结合公交车领域用车需求和新能源汽车产品技术特点，分步实施、稳步推进，逐步开展新能源公交车推广。2014 年，同时开展纯电动公交车和插电式混合动力公交车试点，并明确车辆技术方案、推广模式、基础设施选址、运营管理及服务保障等，在 2014 年底前推广应用新能源公交车 120 辆。2015 年加大推广力度，到 2015 年底累计推广应用 420 辆，其中，惠城区 150 辆、惠阳区 130 辆、大亚湾 30 辆、仲皑区 45 辆、博罗县 30 辆、惠东县 25 辆、龙门县 10 辆。

表 3　2014—2015 年各县（区）新能源公交车推广数量及基础设施建设计划

项目		插电式		纯电动		合计
		2014	2015	2014	2015	
各县（区）任务（辆）	惠城区	38	22	47	43	150
	惠阳区	5	40	10	75	130
	大亚湾	0	5	0	25	30
	仲恺区	3	17	6	19	45
	博罗县	4	6	7	13	30
	惠东县	0	5	0	20	25
	龙门县	0	5	0	5	10
	合计	50	100	70	200	420
基础设施	充电站（座）	—	—	4	10	14
	快速充电机（个）	18	36	—	—	54

综合考虑城市建设布局规划、土地和新能源公交车线路布局等因素，科学布局公交充电设施。对插电式混合动力公交车，不单独建设充电站，根据线路安排原则上按照桩车比 1∶3 布置快速充电机，并以现有公交夜间停车位为主配套建设 54 个快速充电机，服务于 150 辆插电式混合动力公交车。对纯电动公交车，原则上按照 1∶20 的站车比配套建设充电站（每站约含 10 个快速充电机，单机服务 2 辆车），优先在特色公交路线、特色区域或已更换新能源汽车的公交路线首末站配套建设 14 座充电站，服务于 270 辆纯电动公交车。

以原则上不增加公交运营单位综合成本为前提，积极探索融资租赁等方式降低公交运营单位初始购置成本，通过车辆采购时捆绑质保要求等方式来降低公交运营单位的运营成本。

2. 组织开展出租领域推广应用工作［市交通运输局、各县（区）政府牵头，惠州供电局、相关出租车公司等部门配合］通过初期示范应用情况总结和基础数据积累，逐步研究扩大推广新能源出租车规模，稳步推进出租领域电动化。2014 年为试运营阶段，加快已招标的 170 辆纯电动出租车的投放工作，持续跟进已示范运营的纯电动出租车的实际运营情况，并开展对新能源出租车的运营情况和出租车企业、驾驶员的营收情况调研，查找新能源出租车市场化运营存在的问题，提出应对措施，在 2014 年底前力争使推广应用的新能源出租车总量达到 200 辆。2015 年加大推广力度，到 2015 年底使推广应用总数达到 430 辆。其中，惠城区 210 辆、惠阳区 190 辆、大亚湾 20 辆、博罗县 10 辆。

表 4　2014—2015 年各县（区）纯电动出租车推广数量及基础设施建设计划

项目		2014	2015	合计
各县（区）任务（辆）	惠城区	100	110	210
	惠阳区	80	110	190
	大亚湾	20	0	20
	博罗县	0	10	10
	合计	200	230	430
基础设施	小型充电站（座）	17	17	34
	社会公用充电塔（座）	1	0	1

为满足出租车运行较为频繁、行驶时间长、但行驶路线又不固定、运行时间分散、运行区域较广泛的特点，拟采取，网络化小型充电站为支撑，大型充电站（塔）为依托，的方式配套建设纯电动出租车充电设施。在惠城区建设 1 座大型充电站（塔）和 10 座分散式小型充电站。大型充电站（塔）可分期建设，先期安装 100 个快速充电机，后续根据车辆推广情况增加充电机的安装数量。其他县（区）选取合适的停车场地，按照 1∶9（每站约 3 个左右快速充电机，单机服务 3 辆车）的站车比配套建设 24 座小型充电站，满足出租车充电需求。

新能源出租车投放采取招投标的方式，将动力系统质保要求和有偿维保价格纳入招标条件，由中标企业自行采购车辆。同时，可积极探索和引导中标企业采取电池租赁、融资租赁等方式降低企业初始购置成本。研究制定出租车运营补贴政策，保持企业、司机在新能源出租车与普通出租车购车成本、赢利水平上持平。在实际运营过程中，可鼓励新能源出租车采取固定点位候客、电话预约叫车及网上预订优先等运营方式，减少新能源出租车空驶率，以保证充电时间和提高运营效率。

3. 组织开展公务用车领域推广应用工作［市车改办、各县（区）政府牵头，市机关事务管理局、市财政局、市公安局、惠州供电局等部门配合］根据国家公务用车改革精神和国家机关事务管理局、财政部、科技部、工业和信息化部、发展和改革委员会联合印发的《政府机关及公共机构购买新能源汽车实施方案》要求，市、县（区）两级政府机关及公共机构逐步推广使用新能源汽车。前期可采用租赁新能源汽车服务的方式推广，逐步过渡到直接采购整车和采购租赁服务相结合的模式扩大推广新能源公务车。采购的新能源乘用车单车财政补贴后的价格不高于18万元，租赁的新能源乘用车单车租赁价格不高于同级别传统燃油汽车。

到2014年底前，政府机关及公共机构推广应用80辆新能源汽车，到2015年底确保完成180辆推广目标。两年推广期内，惠城区推广应用25辆、惠阳区15辆、大亚湾40辆、仲皑区10辆、博罗县15辆、惠东县10辆、龙门县10辆、市直55辆。

表5　2014—2015年各县（区）新能源公务车推广数量及基础设施建设计划

项目		插电式		纯电动		合计
		2014	2015	2014	2015	
各县/区任务（辆）	惠城区	4	11	3	7	25
	惠阳区	3	2	3	7	15
	大亚湾	11	9	11	9	40
	仲恺区	1	4	2	3	10
	博罗县	3	2	4	6	15
	惠东县	3	2	3	2	10
	龙门县	3	2	3	2	10
	市直	12	18	11	14	55
	合计	40	50	40	50	180
基础设施	慢速充电桩（个）	52	64	52	64	232
	小型充电站（座）	—	—	0	0	0

在市、县（区）党政机关以及使用财政资金的事业单位、团体组织等公共机构的停车场，按照1:1的车桩比配套建设180个自用慢速充电桩，按照5:1的车桩比配建52个公用慢速充电桩（分县（区）建设），共计建设232台慢速充电桩，服务于180辆新能源公务车。另外，纯电动公务车外出快速补电的需求可使用社会公用充电站来满足。

2014年，支持组建新能源汽车租赁公司或现有汽车租赁公司提供新能源汽车租赁服务，鼓励党政机关及公共机构通过购买服务方式租赁使用新能源汽车；2015年，探索直接采购新能源汽车和租赁服务相结合的模式，扩大推广新能源公务车数量。

4. 组织开展环卫领域推广应用工作（市环卫局牵头，市环保局、惠州供电局等部门配合）在充分借鉴国内相关城市纯电动环卫车推广经验基础上，结合我市环卫领域用车需求和纯电动环卫车产品特点，重点在惠城区推广中小型纯电动环卫车，鼓励其他县（区）结合实际推广应用。

2014年，综合考虑用车需求、纯电动环卫车产品支撑、基础设施选址等因素，先行在惠城区推广5辆小型纯电动垃圾车，用于居民区的生活垃圾分类转运以及道路、门店生活垃圾的收集运输。2015年总结2014年的推广经验，结合相关产品技术进步和基础设施建设情况，适当扩大推广范围，到2015年底推广纯电动环卫车总数达15辆。

表6　2014—2015年纯电动环卫车推广数量及基础设施建设计划

项目		纯电动环卫车		合计
		2014	2015	
各县（区）任务（辆）	惠城区	5	10	15
基础设施	慢速充电桩（个）	5	10	15

根据环卫车运行区域固定、有专用停车位、晚间闲置等运行特点，按照“一车一桩”的原则，在环卫车队或垃圾中转站建设慢速充电桩。纯电动环卫车也可共享社会公用充电站进行快速补电。

纯电动环卫车由地方财政拨款实行公开招标采购，将动力系统质保要求和有偿维保价格纳入招标条件，优先选择综合性价比高的纯电动环卫车产品进行推广。

5. 组织开展邮政、快递领域推广应用工作（市邮政管理局牵头，市交通运输局、惠州供电局、省邮政公司惠州分公司、相关快递企业等部门配合）在充分借鉴国内相关城市纯电动邮政车推广经验基础上，深入挖掘邮政、快递领域对新能源汽车的用车需求，加强政策引导和示范宣传，以EMS等快递业务为突破口，加快推进邮政、快递用车电动化。

2014年，调动邮政、快递企业积极性，确定推广车辆运营单位，指导和协助运营单位率先在城区快递领域推广10辆纯电动车辆。2015年，进一步落实纯电动邮政车、快递车相关优建政策，加大推广力度，到2015年底在邮政、快递领域推广纯电动车辆总数达到25辆。

表7　2014—2015年纯电动邮政车、快递车推广数量及基础设施计划

项目		纯电动邮政车、快递车		合计
		2014	2015	
推广数量（辆）		10	15	25
基础设施	慢速充电桩（个）	10	15	25

考虑邮政车、快递车运行区域（路线）相对固定、运行强度不大、晚间闲置等特点，按照“一车一桩”的原则，在车辆夜间停车处集中建设慢速充电桩。2014 年和 2015 年分别建设 10 个和 15 个。

坚持“企业自愿”原则，邮政、快递领域推广纯电动汽车由运营单位根据自身实际情况灵活选用各种采购模式，鼓励探索“整车租赁”“裸车购买、电池租赁”“贷款购买、分期付款”等多种模式。

6. 组织开展私人领域推广应用工作（市发展改革局牵头，市旅游局、惠州供电局等部门配合）全面开放新能源汽车私人购买市场和租赁市场，逐步扩大私人领域新能源汽车推广应用规模。鼓励各类面向普通消费者的新能源汽车地推广、宣传活动。2014 年，私人新能源汽车推广目标为 200 辆。2015 年，进一步加大推广力度，力争到 2015 年底在私人领域累计推广新能源汽车总数达 430 辆。

表 8　2014—2015 年私人领域推广数量及基础设施建设计划

项目		插电式		纯电动		合计
		2014	2015	2014	2015	
车型数量（辆）		130	150	70	80	430
基础设施	慢速充电桩（个）	156	180	84	96	516
	小型充电站（座）	—	—	4	5	9

充电设施建设方面，按照“桩随车走、按需配置”原则，以车桩比 1∶1 的比例配套建设私家车自用慢速充电桩，同时以车桩比 5∶1 的比例配套建设 86 个社会公用慢速充电桩，共计建设 516 个慢速充电桩。

另外，配建 9 座社会公用快速充电站（每站含 3 个左右快速充电机，每机服务 10 辆车），共计服务 240 辆纯电动汽车（150 辆纯电动私家车，90 辆纯电动公务车）。为保障纯电动车辆的及时补电需求，9 座充电站应覆盖全市每一个县（区）。

鼓励企业、机构积极探索团购、分时租赁、以租代购等各种新能源汽车推广的商业模式，积极鼓励私人购买新能源汽车产品。

（二）加快推进新能源汽车配套基础设施建设

加快推进新能源汽车配套基础设施建设，确保形成与推广应用需求相适应的基础设施网络。新能源汽车配套基础设施主要指各类充电站、换电站、充电桩及相关附属设施等。

1. 完善充换电基础设施建设规划和管理［市住房和城乡规划建设局、市经济和信息化局、各县（区）政府牵头，市发展改革局、市国土资源局、市交通运输局、市公用事业管理局、市房管局、惠州供电局等部门配合］

将新能源汽车充换电基础设施纳入城乡建设规划，并明确充换电设施建设用地的规划条件和要求。新建汽车 4S 店和公共停车场要配套安装一定数量的充换电设施，现有汽车 4S 店和公共停车场要逐步加建充换电基础设施，居民小区停车场要根据业主需求安装充电设施。有条件的加油站要安装一定数量的充电设施。利用路灯网络、咪表停车位等电力资源建设充电桩。繁华商业区、大型商场均要逐步开设具备充电装置的新能源汽车专用停车位。研究制订充换电基础设施建设审批管理、报建、验收及运营许可管理的相关办法。

2. 保障充换电基础设施用地需求［市国土资源局、各县（区）政府牵头］

将充换电站建设用地纳入土地利用总体规划，保障充换电站建设用地需求，不符合土地利用总体规划的依规定要求和法定程序尽快调整。

3. 支持电网企业参与基础设施建设［惠州供电局牵头，各县（区）政府、市住房和城乡规划建设局等部门配合］

各县（区）抓紧研究提出本地充换电基础设施建设需求和布局，尽早与市有关部门和惠州供电局做好沟通协调工作。惠州供电局要保障充换电设施的电力供应，充换电站输配电网建设改造费用根据省的规定纳入电价体系平衡。鼓励电网企业参与我市充换电基础设施建设。

4. 鼓励多种社会资源参与（市发展改革局牵头，市经济和信息化局、市住房和城乡规划建设局等部门配合）

鼓励并支持更多的社会力量参与充换电基础设施建设。在安全可靠、标准统一的前提下，鼓励建设不同技术路线的充换电基础设施。

（三）健全财政补贴支持体系（市财政局牵头，市发展改革局等部门配合）

1. 出台推广应用配套资金管理办法。充分利用国家和省级资金补贴，加快建立三级资金补贴机制。编制完成惠州市新能源汽车推广应用配套资金管理办法，明确车辆购置、车辆运营、基础设施建设的资金补贴标准及资金申报、下达及监督管理等相关事项。对改善使用环境、政策研究等工作给予财政资金支持。

2. 安排新能源汽车推广应用补助资金。对车辆购置补助，在省、市、县（区）三级财政按照中央财政 2013 年补助标准 1∶1 比例配套（不退坡）的前提下，除省补助外，市、县（区）财政补助资金负担按比例分担，其中，惠城区、仲恺区由市、区按现行财政分享比例分担，其他县（区）按市 30%∶县（区）70% 比例分担。配套基础设施建设补助待国家和省有关政策出台后研究制定。

（四）优化新能源汽车使用环境（市发展改革局牵头，

市公安局、市环保局、市交通运输局、市公用事业管理局、市国税局、市地税局等部门配合）

落实国家和省相关扶持政策，并在新能源汽车停车通行、充电价格、注册登记、路权优先等方面制定一揽子支持措施。不断完善政策支持体系，保障新能源汽车推广应用工作顺利开展。

1. 提高使用便利性。研究区域内路桥通行费、高速公路通行费、停车费等费用减免的具体措施，落实国家关于新能源汽车有关税费减免等政策，降低新能源汽车使用成本。

2. 落实优惠电价。根据省有关价格政策，对新能源汽车充电设施用电价格给予优惠。

3. 开设绿色通道。开设新能源汽车办证、年检“绿色通道”，优先为新能源汽车办理注册登记、年检等业务。纯电动汽车上牌时直接发放机动车污染物排放环保标志。

4. 给予优先路权。探索在城市公共停车场、市政道路停车场划出一定比例或开设专用停车位，优先用于停放新能源汽车和补电。

（五）加强宣传保障工作（市发展改革局牵头，相关部门配合）

加大新能源汽车推广使用的宣传力度，营造良好的舆论环境。一是深入开展多样化的宣传活动。二是充分利用电视台、网络、报纸杂志等各种媒体对新能源汽车技术进步、政策制订和重大活动进行集中报道。三是通过多种形式，多角度宣传新能源汽车技术优点、经济效益和社会效益。

四、组织实施及保障

进一步优化组织保障体系，充分发挥联席会议在我市新能源汽车推广应用方面的组织协调作用。联席会议负责研究确定重大事项，协调解决重大问题，加强统筹管理。联席会议办公室（设在市发展改革局）负责日常工作，统筹协调、督促落实联席会议确定的各项工作任务，加强对各县（区）推广任务完成情况的督导。推广应用中的一般性事务由牵头单位协调解决，重大综合性事项由联席会议办公室统筹研究并提出方案报联席会议集体决策。联席会议成员单位各司其职，各尽其责，共同开展相关工作。

各县（区）公交电动化工作纳入珠三角规划纲要考核。

建立新能源汽车推广专家咨询委员会，充分发挥专家咨询委员会的智囊作用，对政策制定、招标评审、管理实施、监督评估等相关工作提供智力支持。

附表 1　惠州市新能源汽车推广应用重点工作分工

序号	工作事项	具体内容	完成时间	牵头单位	配合单位
一、组织推进各领域推广应用工作					
1	开展公交领域推广应用工作	2014 年底前推广应用新能源公交车 120 辆。2015 年加大推广力度，到 2015 年底累计推广应用 420 辆，其中，惠城区 150 辆、惠阳区 130 辆、大亚湾 30 辆、仲恺区 45 辆、博罗县 30 辆、惠东县 25 辆、龙门县 10 辆	2014—2015 年	市交通运输局、各县（区）政府	惠州供电局、相关公交公司等
2	开展出租领域推广应用工作	2014 年底前力争使推广应用的新能源出租车总量达到 200 辆。2015 年加大推广力度，到 2015 年底使推广应用总数达到 430 辆。其中，惠城区 210 辆、惠阳区 190 辆、大亚湾 20 辆、博罗县 10 辆	2014—2015 年	市交通运输局、各县（区）政府	惠州供电局、相关公交公司等
3	开展公务用车领域推广应用工作	2014 年底前推广应用 80 辆新能源公务车，到 2015 年底确保完成 180 辆推广目标，其中，惠城区推广应用 25 辆、惠阳区 15 辆、大亚湾 40 辆、仲恺区 10 辆、博罗县 15 辆、惠东县 10 辆、龙门县 10 辆、市直 55 辆	2014—2015 年	市车改办、各县（区）政府	市机关事务管理局、市财政局、市公安局、惠州供电局等
4	开展环卫领域推广应用工作	2014 年，先行在惠城区推广 5 辆小型纯电动垃圾车，到 2015 年底推广纯电动环卫车总数达 15 辆	2014—2015 年	市环卫局	市环保局、供电局等
5	开展邮政、快递领域推广应用工作	2014 年，在邮政、快递领域推广 10 辆纯电动车辆。到 2015 年底推广纯电动车辆总数达到 25 辆	2014—2015 年	市邮政管理局	市交通运输局、惠州供电局、省邮政公司惠州分公司、市相关快递企业等
6	开展私人领域推广应用工作	2014 年，推广 200 辆新能源汽车，到 2015 年底在私人领域累计推广新能源汽车总数达 430 辆	2014—2015 年	市发展发改局	惠州供电局、市旅游局等

续表

序号	工作事项	具体内容	完成时间	牵头单位	配合单位
二、做好基础设施建设保障工作					
7	完善充换电基础设施建设规划和管理	（1）将新能源汽车充换电基础设施纳入城乡建设规划，并明确充换电设施建设用地的规划条件和要求。 （2）研究制订充换电基础设施建设审批管理、报建、验收及运营许可管理的相关办法	2014—2015 年	市住房和城乡规划建设局、市经济和信息化局、各县（区）政府	市国土资源局、市公用事业管理局、市房管局、惠供电局等
8	保障充换电基础设施用地需求	将充换电站建设用地纳入土地利用总体规划，保障充换电站建设用地需求，不符合土地利用总体规划的依规定要求和法定程序尽快调整	2014—2015 年	市国土资源局、各县（区）政府	
9	支持电网企业参与基础设施建设	（1）各县（区）抓紧研究提出本地充换电基础设施建设需求和布局，尽早与市经济和信息化局、惠州供电局做好沟通协调工作。 （2）惠州供电局要保障充换电设施的电力供应，充换电站输配电网建设改造费用应纳入电价体系平衡	2014—2015 年	惠州供电局	各县（区）政府、市住房和城乡规划建设局
10	鼓励多种社会资源参与	（1）鼓励并支持更多的社会力量参与充换电基础设施建设。 （2）在安全可靠、标准统一的前提下，鼓励建设不同技术路线的充换电基础设施	2014—2015 年	市发展改革局	市经济和信息化局、市住房和城乡规划建设局
三、健全财政补贴支持体系					
11	出台推广应用配套资金管理办法	明确资金补贴标准及资金申报、下达及监督管理等相关事项，对改善使用环境、政策研究等工作给予财政资金支持	2014 年	市财政局	市发展改革局等
12	设立推广应用专项资金	对车辆购置补助，在省、市、县（区）三级财政按照中央财政 2013 年补助标准 1∶1 比例配套（不退坡）的前提下，除省补助外，市县（区）财政补助资金负担按比例分担，其中，惠城区、仲恺区由市、区按现行财政分享比例分担，其他县（区）按市 30%∶县（区）70% 分担	2014 年	市财政局	市发展改革局等
四、优化新能源汽车使用环境					
13	提高使用便利性	研究区域内路桥通行费、高速公路通行费、停车费等费用减免的具体措施，落实国家关于新能源汽车有关税费减免等政策，降低新能源汽车使用成本	2014 年	市交通运输局	市国税局、地税局等
14	落实优惠电价	根据省有关价格政策，对新能源汽车充电设施用电价格给予优惠	2014 年	市发展改革局	
15	开设绿色通道	开设新能源汽车办证、年检“绿色通道”、优先办理新能源汽车的注册登记、年检等业务，纯电动汽车上牌时直接发放机动车污染物排放环保标志	2014 年	市公安局、市环保局	
16	给予优先路权	探索在城市公共停车场、市政道路停车场划出一定比例或开设专用停车位，优先用于停放新能源汽车和补电	2014 年	市公用事业管理局	市交通运输局
17	加强宣传保障工作	深入开展多样化的宣传活动；充分利用电视台、网络、报纸杂志等各种媒体对新能源汽车技术进步、政策制定和重大活动进行集中报道；宣传展示新能源汽车技术优点、经济效益和社会效益	2014—2015 年	市发展改革局	相关部门

续表

序号	工作事项	具体内容	完成时间	牵头单位	配合单位
五、进一步优化组织保障体系					
18	设立市新能源汽车推广应用联席会议办公室	成立联席会议制度，并下设联席会议办公室（设在市发展改革局）	2014 年	市发展改革局	市经济和信息化局、市科技局、市财政局、市交通运输局
19	加强监督考核	联席会议办公室负责日常工作，协调、督促落实联席会议确定的各项工作任务，定期督促、检查各项重大工作，加强对各县（区）推广任务完成情况的督导。各县（区）公交电动化工作纳入珠三角规划纲要考核	2014—2015 年	市新能源汽车推广应用联席会议办公室	市纲要办、市交通运输局、市车改办、市财政局、市邮政管理局、市环卫局、市住房和城乡规划建设局
20	建立专家咨询委员会	充分发挥专家咨询委员会的智囊作用，对政策制定、招标评审、管理实施、监督评估等相关工作提供智力支持	2014 年 8 月底	市新能源汽车推广应用联席会议办公室	

附表 2　2014—2015 年各县（区）新能源汽车推广计划

县（区）	领域	车型	2014 年	2015 年	累计
惠城区	公交车	纯电动	47	43	90
		插电式	38	22	60
	出租车	纯电动	100	110	210
		插电式	0	0	0
	公务车	纯电动	3	7	10
		插电式	4	11	15
	环卫车	纯电动	5	10	15
	合计		197	203	400
惠阳区	公交车	纯电动	10	75	85
		插电式	5	40	45
	出租车	纯电动	80	110	190
		插电式	0	0	0
	公务车	纯电动	3	7	10
		插电式	3	2	5
	合计		101	234	335
惠东县	公交车	纯电动	0	20	20
		插电式	0	5	5
	公务车	纯电动	3	2	5
		插电式	3	2	5
	合计		6	29	35
博罗县	公交车	纯电动	7	13	20
		插电式	4	6	10
	出租车	纯电动	0	10	10
		插电式	0	0	0
	公务车	纯电动	4	6	10
		插电式	3	2	5
	合计		18	37	55

续表

县（区）	领域	车型	2014 年	2015 年	累计
龙门县	公交车	纯电动	0	5	5
		插电式	0	5	5
	公务车	纯电动	3	2	5
		插电式	3	2	5
	合计		6	14	20
大亚湾	公交车	纯电动	0	25	25
		插电式	0	5	5
	出租车	纯电动	20	0	20
		插电式	0	0	0
	公务车	纯电动	11	9	20
		插电式	11	9	20
	合计		42	48	90
仲恺区	公交车	纯电动	6	19	25
		插电式	3	17	20
	公务车	纯电动	2	3	5
		插电式	1	4	5
	合计		12	43	55
总计			382	608	990

注：惠城区公交车、出租车、环卫车及仲恺区出租车推广应用任务由市直相关部门负责。

附表 3　2014—2015 年各县（区）充换电基础设施建设计划

区域	类型	年份		累计
		2014	2015	
惠城区	纯电动公交车充电站（座）	2	2	4
	大型充电站（塔）（座）	1	0	1
	纯电动出租车充电站（座）	6	4	10
	插电式公交车快速充电机（个）	13	8	21
	公务车慢速充电桩（个）	9	23	32
	环卫车慢速充电桩（个）	5	10	15
惠阳区	纯电动公交车充电站（座）	1	4	5
	纯电动出租车充电站（座）	9	12	21
	插电式公交车快速充电机（个）	2	14	16
	公务车慢速充电桩（个）	8	12	20
惠东县	纯电动公交车充电站（座）	0	1	1
	插电式公交车快速充电机（个）	0	2	2
	公务车慢速充电桩（个）	8	6	14
博罗县	纯电动公交车充电站（座）	1	0	1
	纯电动出租车充电站（座）	0	1	1
	插电式公交车快速充电机（个）	2	2	4
	公务车慢速充电桩（个）	9	11	20

续表

区域	类型	年份		累计
		2014	2015	
龙门县	纯电动公交车充电站（座）	0	1	1
	插电式公交车快速充电机（个）	0	2	2
	公务车慢速充电桩（个）	8	6	14
大亚湾	纯电动公交车充电站（座）	0	1	1
	纯电动出租车充电站（座）	2	0	2
	插电式公交车快速充电机（个）	0	2	2
	公务车慢速充电桩（个）	28	22	50
仲恺区	纯电动公交车充电站（座）	0	1	1
	插电式公交车快速充电机（个）	1	6	7
	公务车慢速充电桩（个）	5	9	14
市直	社会公用（私家车、公务车）充电站（座）	4	5	9
	公务车慢速充电桩（个）	29	39	68
	邮政、快递车慢速充电桩（个）	10	15	25
	私家车慢速充电桩（个）	240	276	516
合计	纯电动公交车充电站（座）	4	10	14
	大型充电站（塔）（座）	1	0	1
	纯电动出租车充电站（座）	17	17	34
	社会公用（私家车、公务车）充电站（座）	4	5	9
	插电式公交车快速充电机（个）	18	36	54
	公务车慢速充电桩（个）	104	128	232
	私家车慢速充电桩（个）	240	276	516
	专用车（环卫、邮政、快递）慢速充电桩（个）	15	25	40

惠州市发展和改革局
惠州市财政局
惠州市经济和信息化局
惠州市科学技术局
2014 年 9 月 30 日

西安市新能源汽车推广应用实施方案（2014—2015 年）

按照国家财政部、科技部、工信部、发改委《关于支持北京天津等城市或区域开展新能源汽车推广应用工作的通知》（财建〔2013〕805 号）和《国务院关于印发节能与新能源汽车产业发展规划（2012—2020 年）的通知》（国发〔2012〕22 号）要求，为认真做好我市新能源汽车推广应用工作，现制定本方案。

一、指导思想

围绕建设西安国际化大都市目标，贯彻落实国家《节能与新能源汽车产业发展规划》，着眼于加快新能源汽车产业发展，推进节能减排和促进城市空气污染治理，坚持以创新求发展，以应用促发展，积极探索推动新能源汽车在我市推广应用的新路径，不断改善城市人居环境，提升城市品牌形象。

二、工作目标

（一）推广目标

到 2015 年底，新能源汽车推广应用规模达到 11000 辆。其中，新能源公交车不少于 500 辆，出租车不少于 2000 辆，公务车不少于 600 辆，专用车不少于 200 辆，社会车辆力争达到 7700 辆；建设立体充电塔 4 座（1600 个充电车位）、地面充电站 42 座（2100 个充电车位）、分散式充电车位 7000 个，建设 16 家新能源汽车维修服务网点。

（二）产业目标

通过推广应用，推动技术创新和产业规模发展，形成具有市场竞争力的整车生产与关键零部件制造的产业集群，带动电机、电池、汽车电子和汽车服务等相关产业的发展。到2015年，新能源汽车产业规模达到100亿元。

（三）环保目标

通过推广应用，有效促进城市空气污染治理，推进节能减排，提升城市形象。到2015年，全面完成推广应用目标，每年节约燃油约5.1万吨，减少二氧化碳排放约19.2万吨。

三、工作内容及任务分解

（一）推广目标任务分解

1. 新能源公交车推广应用

按照整体规划、分步实施的原则，结合绿色循环低碳交通运输体系建设，从2014年起，公交车新增车辆力争全部使用新能源汽车，更新车辆中新能源汽车的比例不低于60%。到2015年，新能源公交车推广应用数量不低于500辆。开设10条纯电动公交和混合动力公交专线，突出和扩大示范效应（西安城投集团、市交通局、市财政局、市建委、市规划局、市国土局等负责，排在第一位的为牵头责任单位，下同）。

2. 新能源出租车推广应用

不断探索和完善新能源出租车运营模式，逐步扩大新能源汽车在出租汽车行业的应用范围。2014年、2015年新增出租车全部使用新能源汽车，每年新增指标不低于1000辆；在更新车辆中积极推广新能源汽车（市交通局、市财政局、西安城投集团、各区县政府等负责）。

3. 新能源公务车推广应用

在公务车中推广使用新能源汽车，党政机关新增和更新公务车优先使用新能源汽车，公安、质检、工商、城管等执法用车新增和更新时，新能源汽车的比例不低于70%。到2015年，新能源公务车应用数量不低于600辆。同时，积极协调省级单位推广应用新能源公务车，指导各区县、开发区推广应用新能源公务车（市机关事务局、市财政局、各区县政府、各开发区管委会等负责）。

4. 新能源专用车辆推广应用

在财政性资金购买的专用车辆领域，积极推广应用新能源汽车，2014年、2015年每年至少落实应用100辆（市建委、市财政局、市发改委、各区县政府、各开发区管委会等负责）。

5. 新能源社会车辆推广应用

充分发挥各级财政补贴政策的引导作用，加大新能源汽车宣传力度，提高社会各界认知度，鼓励和引导大专院校、科研院所、企事业单位、大型旅游景区和社会机构购买新能源汽车作为单位通勤车辆；研究出台鼓励我市个人购买新能源汽车措施，调动个人购买新能源汽车的积极性。到2015年，力争新能源社会车辆推广数量达到7700辆（市发改委、市财政局、市科技局、市工信委、市公安局、各区县政府、各开发区管委会等负责）。

（二）新能源汽车推广政策

在充分利用新能源汽车政策的基础上，结合我市实际，围绕新能源汽车的研发、生产、销售、配套服务及推广应用等方面，研究制定我市新能源汽车推广综合政策体系。

1. 加快产业发展

制定新能源汽车产业发展规划、新能源汽车研发生产鼓励政策、新能源汽车市场推广备案管理办法，调动全社会参与新能源汽车产业发展的积极性，推动新能源汽车产业快速发展、壮大（市工信委、市科技局、市发改委、市财政局等负责）。

2. 加大财政扶持

对在西安市辖区内购买、注册登记和使用新能源汽车的单位和个人，市财政补贴参照国家财政补助资金标准按照1∶1给予配套补助。对符合财政部、国家税务总局、工业和信息化部《节约能源使用新能源车辆减免车船税的车型目录》的新能源汽车，免缴车船税（市财政局等负责）。

3. 完善服务体系

构建新能源汽车技术标准体系，引导和督促新能源汽车生产企业逐步建立售后服务网络体系，规范和维护新能源汽车市场的正常秩序（市科技局、市质监局、市工信委、市工商局、市交通局等负责）。

设立新能源汽车特殊标志或符号；制定新能源汽车挂牌、年审等服务措施，设置绿色服务通道，简化审批程序，为新能源汽车上路运行提供便利（市公安局等）。

（三）加快配套基础设施建设

将新能源汽车充电设施建设纳入城市综合交通体系规划和城市建设相关行业规划，科学确定建设规模和选址分布，适度超前建设。积极推广公共停车位分散充电模式，逐步完善配套基础设施建设，保障社会车辆充电和维护需求。今后，新建的各类停车场均需建有30%的新能源汽车充电车位。

充分发挥政府的引导和市场的主体作用，鼓励社会资本积极参与充电设施建设，并以专业化运营公司为主体，进行运营和管理；新建各类充电配套设施用地，由规划部门按照市政用地出具指标，国土资源局办理土地供应手续；积极协调省级物价部门，争取公共交通领域按照大工业电价，私人充电按照谷电电价执行；引导、规范新能源汽车生产企业建立专业维修服务机构，完善售后服务网络（市发展改革委、市建委、市规划局、市财政局、市科技局、市工信委、市物价局、市国土局、市交通局、市房管局、市公安消防支队、西安城投集团、国网西安供电公司、省地电西安供电分公司、各区县政府、各开发区管委会等）。

（四）推进运行管理信息化服务平台建设

建立信息监控与考核评价信息平台，全面采集示范车辆运行的各种动态数据，开展规模化的新能源汽车可靠性评估；建立新能源汽车零部件检验检测公共服务平台，保障新能源汽车及关键零部件质量合格、产品安全（市科技局、市质监局、市交通局、市市政局、西安城投集团、各区县政府、各开发区管委会等负责）。

（五）创新商业推广模式

在新能源汽车行业发展过程中，鼓励开展裸车销售、融资性租赁、经营性租赁、买方信贷、整车租赁、混合经营等商业模式试点，试点成功后再进行全面推广（市工信委、市金融办、市商务局、市工商局、市发展改革委、市财政局、市科技局等负责）。

四、保障措施

（一）加强组织领导

调整完善市新能源汽车示范推广领导小组。由岳华峰常务副市长担任组长，李婧副市长担任副组长，钱虎威、贾双社、黄晓华副秘书长，市发展改革委、市科技局、市财政局、市工信委主要负责同志，及市级相关部门、各区县政府、开发区管委会负责同志担任成员。领导小组建立例会推进制度，统筹协调全市新能源汽车推广应用工作。

领导小组下设办公室，办公室设在市发展改革委，日常工作由市发展改革委、市科技局、市财政局、市工信委四部门共同承担。办公室负责研究制定年度工作计划及任务，定期研究、协调、解决推广过程中遇到的问题，对各单位承担的任务进行监督检查，并向领导小组汇报工作进展情况，督促相关部门向各自对口上级报告新能源汽车推广应用情况。

（二）强化资金保障

在认真落实地方财政配套政策的同时，积极争取上级资金支持，推进新能源汽车推广应用、配套基础设施建设、新能源汽车关键技术研发及核心技术创新工作。

（三）深入科普宣传

通过报刊、电视、网络等媒体进行宣传，举办多种形式的交流活动，普及新能源汽车相关知识，增强公众对新能源汽车的认知度和接受度，营造良好的社会舆论氛围。

（四）抓好督促落实

市级相关部门及各区县、开发区要高度重视，充分认识新能源汽车推广的重要性和紧迫性，按照实施方案要求，抓紧制定出台各自承担任务的具体政策、方案和措施（包括年度计划）。领导小组办公室要加强对推广应用工作的统筹安排和综合协调，确保完成推广目标。

附件：

1. 2014—2015 年新能源汽车年度推广目标

2. 西安市新能源汽车推广应用工作任务分解表

附件 1　2014—2015 年新能源汽车年度推广目标

单位：辆

序号	类别	种类	2014 年	2015 年	合计	备注
1	公交车	混动	100	150	500	
		电动	100	150		
2	出租车	电动	1000	1000	2000	
3	公务车	混动	200	250	600	
		电动	50	100		
4	专用车辆	电动	100	100	200	
5	社会车辆	混动	2300	4600	7200	
		电动	100	200		
		电动通勤车电动旅游大巴	200	300	500	
小计			4150	6850	11000	

附件 2　西安市新能源汽车推广应用工作任务分解表

序号	工作内容	完成时间	牵头单位	配合单位
1. 制定新能源汽车相关政策				
1.1	制定西安市新能源汽车发展规划	2014 年 6 月	市工信委	市发展改革委、市科技局、市财政局等
1.2	制定西安市示范应用新能源汽车财政补助资金管理暂行办法	2014 年 6 月	市财政局	市发展改革委、市科技局、市工信委等
1.3	制定新能源汽车生产企业及产品暂行规定	2014 年 6 月	市工信委	市发展改革委、市科技局、市财政局等
1.4	制定充电基础设施建设规划施方案及优惠政策	2014 年 6 月	市发改委	市建委、市规划局、市财政局、市工信委、市科技局、市国土局、市物价局、市房管局、市交通局、国网西安供电公司、省地电西安供电分公司、西安城投集团等

续表

序号	工作内容	完成时间	牵头单位	配合单位
1.5	申请核定新能源汽车充电电价	市物价局	市发展改革委等	
1.6	推进新能源汽车研发生产政策	2014年6月	市工信委	市科技局、市发展改革委、市财政局
1.7	引导企业创新新能源汽车商业推广模式		市工信委	市金融办、市商务局、市工商局、市发展改革委、市财政局、市科技局等
1.8	制定新能源公务用车、专用车采购实施办法	2014年6月	市财政局	市机关事务局、市建委、市发展改革委等
1.9	制定新能源汽车挂牌、年审等服务措施	2014年6月	市公安局	市发展改革委、市工信委等
2. 推广应用工作				
2.1　新能源公交车推广应用				
2.1.1	制订公交车新增和更新车辆推广应用计划	2014年7月	西安城投集团市交通局	市财政局、市建委等
2.1.2	建立10条新能源汽车示范公交车队	2015年12月		市规划局、市国土局等
2.1.3	推广应用新能源公交车（不少于500辆）	2015年12月		市财政局、市公交总公司等
2.2　新能源出租车推广应用				
2.2.1	制订出租车新增和更新车辆推广应用计划	2014年7月	市交通局	市财政局、西安城投集团、各区县政府等
2.2.2	推广应用新能源出租车（不少于2000辆）	2015年12月		
2.3　新能源公务车推广应用				
	推广应用新能源公务车（不少于600辆）	2015年12月	市机关事务局、市财政局	各区县政府、各开发区管委会等
2.4　新能源专用推广应用				
	推广应用新能源专用车（不少于200辆）	2015年12月	市建委、市财政局、市发展改革委	各区县政府、各开发区管委会等
2.5　新能源社会车辆推广应用				
	开展新能源社会车辆示范推广工作（力争7700辆）	2015年12月	市发展改革委、市财政局	市科技局、市工信委、市公安局、各区县政府、各开发区管委会等
3. 配套基础设施建设				
	充电设施建设（充电塔4座，充电站42站，分散式充电车位7000个）	2015年12月	市发展改革委、市建委、市规划局	市财政局、市科技局、市工信委、市物价局、市国土局、市交通局、市房管局、市公安消防支队、西安城投集团、国网西安供电公司、省地电西安供电分公司、名区县政府、各开发区管委会等
4. 管理信息化平台建设				
	运行管理信息化服务平台建设	2015年12月	市科技局	市质监局、市交通局、市市政局、西安城投集团、各区县政府、各开发区管委会等
5. 标准、规范体系建设				
	行业标准和技术规范		市科技局	市质监局、市工信委等
6. 科普宣传				
6.1	报刊、电视、网络等平台，宣传新能源汽车科普知识	每月	市科技局	市委宣传部、市发展改革委、市工信委、市科技局等
6.2	举办多种形式的交流活动	不定期	市科技局	市委宣传部、市发展改革委、市工信委、市科技局等

西安市人民政府办公厅

2014年5月29日

西安市示范应用新能源汽车财政补助资金管理暂行办法

第一条　为大力培育我市新能源汽车产业，加快新能源汽车推广示范应用，规范新能源汽车财政补助资金管理，提高资金使用绩效，根据《财政部科技部工业和信息化部发展改革委关于继续开展新能源汽车推广应用工作的通知》（财建〔2013〕551 号）、《财政部科技部工业和信息化部发展改革委关于支持北京天津等城市或区域开展新能源汽车推广应用工作的通知》（财建〔2013〕805 号）和《财政部科技部工业和信息化部发展改革委关于进一步做好新能源汽车推广应用工作的通知》（财建〔2014〕11 号）精神，制定本办法。

第二条　本办法所称新能源汽车，是指符合国家有关公告要求，且纳入中央财政补助范围的纯电动乘用车、插电式混合动力（含增程式）乘用车、纯电动客车、插电式混合动力（含增程式）客车、纯电动专用车及燃料电池汽车。

第三条　资金补助对象为西安市辖区内购买、登记注册和使用新能源汽车的单位和个人。新能源汽车生产企业按照扣除补助后的价格进行销售，消费者按照新能源汽车的销售价格扣除补助后的价款支付。在完成本市车辆注册登记后，由生产企业据实申请财政补助资金。

第四条　新能源汽车补助资金按照科学合理、公正透明的原则安排使用。

第五条　申请补助资金的新能源汽车生产企业应具备以下条件：

（一）列入工业和信息化部《车辆生产企业及产品公告》；

（二）具备完善的销售服务体系；

（三）具备一定的产品研发、试验验证、生产等能力；

（四）执行国家《缺陷汽车产品召回管理条例》等规定；

（五）已在市工业和信息化委员会备案。

第六条　申请补助资金的新能源汽车应具备以下条件：

（一）为符合本办法第五条规定的生产企业生产的产品；

（二）产品列入工业和信息化部《节能与新能源汽车示范推广应用工程推荐车型目录》，并享受中央财政新能源汽车推广应用资金补助；新能源汽车生产企业保证销售新能源汽车与《节能与新能源汽车示范推广应用工程推荐车型目录》产品一致；

（三）新能源汽车生产企业及时向消费者公布新能源汽车销售的市场指导价，以及该款产品可享受的中央财政和西安市财政补助资金的金额；

（四）在西安市辖区内购买，并于购车发票开具后的三个月内，在市公安局交警支队车辆管理所完成注册登记；

（五）已在市工业和信息化委员会备案。

第七条　对符合本办法第六条规定的新能源汽车，西安市财政在该产品享受中央财政补助基础上，参照中央财政补助标准按 1∶1 给予补助；中央财政和西安市财政补助资金总额最高不超过车辆销售价格的 60%（以上具体执行标准见附件 1）。

第八条　新能源汽车生产企业，按照以下程序申领补助资金：

（一）每季度末，向市工业和信息化委员会报送《201×年×季度新能源汽车补助申请表》（见附件 2、附件 3），并提供以下资料（复印件）：

1. 销售给个人的应提供：购买者个人身份证明、车辆买卖合同、车辆销售发票、购置税完税凭证、交强险保单、机动车登记证和行驶证、中央补助资金文件；

2. 销售给单位的应提供：购买车辆单位法定代表人身份证明、组织机构代码证、营业执照、车辆买卖合同、车辆销售发票、购置税完税凭证、交强险保单、机动车登记证和行驶证、中央补助资金文件。

车辆购置的销售发票、购置税完税凭证、交强险保单等购买凭证须由西安市辖区内相关机构开具。

（二）市工业和信息化委员会收到新能源汽车生产企业提交的补助资金申请材料后，对申请材料进行初审。初审后，由市工业和信息化委员会制定本季度新能源汽车补助资金计划并提交市财政局复核，市财政局复核确认后将补助资金计划在市工业和信息化委员会网站进行 5 个工作日公示，公示结束无异议的由市财政局按照补助资金计划，在 10 个工作日内将补助资金直接拨付至新能源汽车生产企业开设的账户；公示期有异议的由市工业和信息化委员会对情况进行核实，反映情况不属实的，作为无异议情况进行处理，反映情况属实，不符合补助要求的，由市工业和信息化委员会以书面形式告知新能源汽车生产企业。

第九条　市新能源汽车推广领导小组办公室负责组织市发展和改革委员会、市工业和信息化委员会、市科学技术局、市财政局联合对销售情况进行抽查。

第十条　新能源汽车购买单位或个人对所提供材料的真实性负责。对提供虚假信息、骗取补助资金的，将视情节轻重对申请单位或个人给予追缴补助资金、依法处理。

第十一条　新能源汽车生产企业应对提供材料的真实性负责，凡新能源汽车产品与申报材料不符、性能指标未达到要求，提供虚假信息、骗取补助资金的，将及时追回资金，情节严重的取消其享受补助资格。

第十二条　补助资金必须专款专用，任何单位不得以任何理由和形式截留、挪用。对违反规定的，将依照《财政违法行为处罚处分条例》（国务院令第427号）等有关规定，由有关部门依法追究有关单位和人员的责任。

第十三条 本办法自2013年11月21日起实施，有效期至2015年12月31日。

附件：

1. 西安市财政对纳入中央财政补助范围的新能源汽车的配套补助标准

2. 201×年×季度新能源汽车补助申请表（个人购买）（略）

3. 201×年×季度新能源汽车补助申请表（单位购买）（略）

附件1 西安市财政对纳入中央财政补助范围的新能源汽车的配套补助标准

对单位、个人购买使用新能源汽车，按照以下标准进行补助：

一、2013年度推广应用补助标准

（一）纯电动乘用车、插电式混合动力（含增程式）乘用车推广应用补助标准（单位：万元/辆）

车辆类型	纯电续驶里程R（工况法、公里）			
	80≤R＜150	150≤R＜250	R≥250	R≥50
纯电动乘用车	3.5	5	6	—
插电式混合动力乘用车（含增程式）	—			3.5

（二）纯电动客车、插电式混合动力（含增程式）客车推广应用补助标准（单位：万元/辆）

车辆类型	车长L（米）		
	6≤L＜8	8≤L＜10	L≥10
纯电动客车	30	40	50
插电式混合动力客车（含增程式）	—		25

此外，超级电容、钛酸锂快充纯电动客车定额补助15万元。

（三）纯电动专用车（主要是：邮政、物流、环卫等）推广应用补助标准：按电池容量每千瓦时补助2000元，每辆车补助总额不超过15万元。

（四）燃料电池车推广应用补助标准：燃料电池乘用车20万元/辆，燃料电池商用车50万元/辆。

二、补助标准考虑规模效应、技术进步等因素逐年退坡

根据《财政部科技部工业和信息化部发展改革委关于进一步做好新能源汽车推广应用工作的通知》（财建〔2014〕11号）精神，从2014年1月1日起，纯电动乘用车、插电式混合动力（含增程式）乘用车、纯电动专用车、燃料电池汽车在2013年标准基础上下降5%，2015年在2013年标准基础上下降10%，纯电动公交车、插电式混合动力（含增程式）公交车标准维持不变。

西安市人民政府办公厅

2014年6月24日

西安市推广应用新能源汽车暂行规定

第一章 总则

第一条 为贯彻落实国务院《节能与新能源汽车产业发展规划（2012—2020年）》（国发〔2012〕22号）相关要求，保障我市新能源汽车推广应用工作顺利实施，改善城市环境，调节能源结构，依据国家财政部、科技部、工信部、发展改革委员会《关于支持北京天津等城市或区域开展新能源汽车推广应用工作的通知》（财建〔2013〕805号）、《西安市新能源汽车推广应用实施方案（2014—2015年）》（市政办发〔2014〕26号）、《西安市示范应用新能源汽车财政补助资金管理暂行办法》（市政办发〔2014〕31号），制定本规定。

第二条 从事新能源汽车生产的企业（以下简称新能源汽车企业）及其生产的新能源汽车产品，按照本规定经过审核后，可以享受西安市给予的财政补贴政策。

第二章 企业条件

第三条 新能源汽车生产企业是推广应用新能源汽车产品及服务质量和安全的责任主体。参与西安市新能源汽车推广应用工作的汽车生产企业应符合以下条件：

（一）具备独立法人资格，列入国家工信部《车辆生产企业及产品公告》，并符合国家关于新能源汽车推广应用补贴车型和企业的相关要求。

（二）拥有单班年产5000辆以上的新能源汽车生产制造规模，具有产品独立研发、试验验证、生产一致性保障等能力。

（三）具备完善的销售和售后服务体系。

1. 履行《家用汽车产品修理、更换、退货责任规定》及汽车产品其他相关规定的法定义务并承担相应责任。

2. 西安市辖区以外的新能源汽车生产企业需在本市工商注册登记或指定一家具有独立法人资格的汽车销售机构。

3. 在西安市设有授权合格的新能源汽车维修服务中心，并配备相应的专业技术人员；承诺提供24小时不间断救援服务，推广应用的新能源汽车出现故障或事故时，及时启动处置预案进行解决。

4. 对动力电池、电机、电控等关键零部件必须提供一定质保期限，公共服务领域不低于3年或15万公里（以先到者为准）的质保期限；私人领域不低于5年或10万公里

（以先到者为准）的质保期限。

（四）具备远程监测能力。具有对整车、动力电池、驱动电机等进行实时监测的设施和能力，企业数据保存时间须不少于3年；监测数据应能实时发送至西安市新能源汽车综合服务与管理平台及相关管理部门。

（五）履行《缺陷汽车产品召回管理条例》等规定。具有完善的缺陷汽车产品召回管理制度和缺陷调查能力，对可能存在缺陷的产品依法组织调查分析，履行召回义务；承诺对动力电池按照要求进行回收处理等。

（六）生产企业的各项承诺须在其销售、维修和服务等机构和场所向社会进行公示。

（七）生产企业所在地政府须出台新能源汽车补助政策。

第三章　产品条件

第四条　申请新能源汽车推广应用的产品应符合以下条件：

（一）产品经法定检测机构（以下简称检测机构）检测合格，通过国家《强制性产品认证管理规定》认证，取得强制性产品认证证书。

（二）列入国家《节能与新能源汽车示范推广应用工程推荐车型目录》，满足国家关于新能源汽车推广应用补贴车型的相关要求。

（三）符合《电动汽车安全要求》（GB 18384.3—2001）、《纯电动乘用车技术条件》（GB/T 28382—2012）、《电动汽车传导充电用连接装置》（GB/T 20234—2011）、《电动汽车非车载传导式充电机与电池管理系统之间的通信协议》（GB/T 27930—2011）、《电动公共汽车通用技术条件》（CJ/T 350—2010）等国家及地方现行有关标准和规定。

（四）产品应明示在纯电动模式下行驶的汽车30分钟最高车速、插电式混合动力汽车的最高时速、0～50公里/小时加速时间、最大爬坡度、百公里耗电量（工况法）、续驶里程（工况法）、电机类型和功率、动力电池类型及总储电量、充电（快充、慢充）方式和时间、车载充电机的功率和输入电压等。并满足在我市运行所需的产品安全性能要求，保证电动乘用车动力电池组能量不低于15千瓦时（续驶里程不低于80km），插电式混合动力乘用车动力电池组能量不低于10千瓦时（纯电动模式下续驶里程不低于50km）。

（五）公交、出租等公共服务领域的电动汽车，应具备远程监测车载终端并能够实现数据交换条件。

（六）具备必要的安全及救援信息标识等。

第四章　审核程序

第五条　西安市工业和信息化委员会负责参与我市新能源汽车推广应用的汽车生产企业及产品的审核工作（联系电话：029－86788967；地址：西安市凤城八路109号，市政府院内2号楼6楼）。

（一）申报西安市新能源汽车推广应用的新能源汽车生产企业应当向西安市工业和信息化委员会提供以下材料：

1. 新能源汽车生产企业的组织机构代码证、工商营业执照原件及复印件、法定代表人身份证明；

2. 新能源汽车产品主要技术指标及市场销售指导价格；

3. 国家质量监督检验检疫总局认可的检测机构出具的检验报告；

4. 银行开户许可证复印件、生产企业与经销商或机构签订的代理协议原件及复印件。

（二）通过审核要求的新能源汽车生产企业及产品，由西安市工业和信息化委员会在其门户网站（www.xagxw.gov.cn）发布相关信息。

（三）新能源汽车生产企业应每月5日前向市发展和改革委员会、市工业和信息化委员会提供月度销售情况信息。每季度末向市工业和信息化委员会报送新能源汽车补助申请（具体见附件1、附件2、附件3）。

第五章　监督管理

第六条　市发展和改革委员会、市工业和信息化委员会、市质量技术监督局负责对参与我市新能源汽车推广应用工作的企业和产品进行定期评估，形成新能源汽车企业和产品的良性运行机制。

第七条　我市推广应用的新能源汽车产品如发现有以下情形之一的，将取消地方给予的配套政策支持：

（一）产品已停产；

（二）实际产品与申报材料或目录不一致，存在虚假信息的；

（三）存在重大安全隐患或质量问题（爆炸、起火、漏电等）；

（四）销售或售后服务不规范、未履行相关承诺的；

（五）其他违反相关法律、法规和管理要求的。

生产企业和产品整改合格后，须按照本规定第二章、第三章要求重新申请审核。

第六章　附则

第八条　本规定所称新能源汽车的定义与国家工信部《新能源汽车生产企业及产品准入管理规则》一致。

第九条　本规定第三章引用的标准或规定发生变更或调整，按新要求执行。

第十条　本规定自2013年11月21日起施行，有效期至2015年12月31日。

附件：

1. 企业申请新能源汽车生产补助资金需提供资料

（略）

2. 新能源汽车补助申请表（个人购买）（略）

3. 新能源汽车补助申请表（单位购买）（略）

西安市人民政府办公厅

2014 年 9 月 4 日

西安市新能源汽车充电基础设施建设实施方案（2014—2015 年）

为推进新能源汽车充电基础设施建设，加快新能源汽车推广应用，按照国家有关规定及《西安市新能源汽车推广实施方案（2014—2015 年）》要求，制定本实施方案。

一、指导思想

深入贯彻国家能源战略，积极落实节能减排政策，紧密围绕国家《节能与新能源汽车产业发展规划》和国家对新能源汽车推广应用试点城市的工作要求，综合考虑经济社会发展水平和新能源汽车发展趋势，推进全市充电基础设施建设，为新能源汽车产业发展和商业运营提供服务支撑，促进西安低碳经济和循环经济发展。

二、建设原则

（一）依据新能源汽车发展规划，结合城市总体规划和专项规划，坚持合理布局、适度超前、统一标准、分步实施的原则，科学确定建设规模和选址分布。

（二）充分发挥市场的主体作用，鼓励多元化资本投资充电设施建设及运营、管理。在新能源汽车推广应用初期，按照公用快速补电、自用慢充为主导的能源供给模式，政府主导建设布局合理的公用充电服务网络，引导建设规范有序的自用充电设施。

（三）全市新建各类停车场（独立的机械车库和临时平面停车场除外）应设置 30% 的新能源汽车充电车位；新建城市客运站等综合交通枢纽必须配置一定数量的充电设施；现有停车场根据实际需求，改建、加装充电设施；现有加油（气）站，可改建、加装充电设施。

（四）根据新能源汽车技术性能与运营模式要求，按照服务半径 3 公里（平均 10 分钟车程）的原则，充电站与分散式充电桩建设相结合。

（五）以公交车、出租车、公务车、专用车充电设施建设为突破口，加快充电基础设施建设，逐步形成充电设施服务网络，实现全面辐射，保障新能源汽车充电需求。

（六）预留发展空间和扩容能力，适应新能源汽车的发展。

（七）单位和个人自用充电设施按“一车一桩”“桩随车走”的原则，由新能源汽车生产企业或其委托的机构（4S 店）负责“全过程组织管理”，并纳入其售后服务体系。

三、技术标准

充电设施由桩体、电气模块、计量模块三部分组成，须符合国家及本市地方充电设施标准和设计规范。主要标准有：

（一）《电动车辆传导充电系统一般要求》（GB/T 18487.1—2001）；

（二）《电动车辆传导充电系统电动车辆与交流/直流电源的连接要求》（GB/T 18487.2—2001）；

（三）《电动车辆传导充电系统电动车辆交流/直流充电机（站）》（GB/T 18487.3—2001）；

（四）《电动汽车传导充电用连接装置通用要求》（GB/T 20234.1—2011）；

（五）《电动汽车传导充电用连接装置交流充电接口》（GB/T 20234.2—2011）；

（六）《电动汽车传导充电用连接装置直流充电接口》（GB/T 20234.3—2011）。

四、目标任务

到 2015 年底，建设立体充电塔 4 座（共 1600 个充电车位），地面充电站 42 座（共 2100 个充电车位），在公交场站、公共停车场、大型商场（超市）、居民小区、机场、汽车客运站、新能源汽车专业销售 4S 店、具备条件的加油站等场所建设充电桩 7000 个；建设运营管理信息化服务平台。

（一）新建充电站（塔）

2014—2015 年新建充电站 38 座，含充电桩 1900 个，充电塔 4 座，含充电桩 1600 个。

（二）改建加装充电桩

2014—2015 年改建公交车、出租车场站各 2 座，加装充电桩 200 个，改建其他停车位，加装充电桩 7000 个。

（三）运营管理信息化服务平台

建设运营管理信息化服务平台，实时监控车辆在途信息、电池、温度、电量、充电设施工作情况；自动采集信息并分析各类异动数据，确保新能源汽车充电和运营的安全性，提高运营服务质量。专业运营的充电设施应具备上传数据功能，为运营管理信息化服务平台提供数据支撑，并实现全市一卡通（长安通）刷卡充电服务。

2015 年完成全市运营管理信息化服务平台建设。

五、报批程序

（一）项目备案管理

充电设施建设实行属地项目备案管理制度。建设单位向项目所在地发改部门办理备案手续；居民个人自用充电设施建设可直接向供电部门申请报装；现有停车场（站）改建、加装充电设施的，不再办理规划、用地手续。各区县、开发区发改部门于每月 5 日前，将上月的充电设施项目备案数据上报市发改委。

市级各有关部门要积极配合，履行各自职责，开辟绿色通道，简化程序，在承诺办理期限内完成相关手续。

（二）用电报装

居民在住宅小区内自有固定车位加装充电设施用电，由居民向供电部门申请用电报装手续，小区业委会、物业应该支持和配合建设，物业不得借机收取费用；非居民充电设施用电，由产权单位向供电部门申请用电报装手续。

供电部门给予电网接入支持，设置专用服务窗口，简化办事程序，开辟电力扩容等审批服务的绿色通道，利用公司营业窗口和供电服务热线等途径，做好服务、宣传工作。

六、职责分工

（一）各区县、开发区职责

负责本区域内充电设施的选址、建设和管理；负责确定充电设施投资及建设主体；在积极落实国家、省和市出台的相关政策基础上，可在本区域内根据实际情况制定优惠措施；做好新能源汽车推广宣传工作。

（二）其他单位职责

1. 市发展改革委：负责编制全市充电基础设施建设实施方案，统筹、协调建设过程中涉及的问题，编制项目备案管理流程；建立专家咨询服务机制。

2. 市规划局：负责编制新能源汽车充电基础设施城市规划，统筹、协调充电设施选址布点；做好新建、配建停车场设置 30% 充电车位标准和综合交通枢纽设置充电设施的规划审批工作；编制规划审批流程。

3. 市财政局：负责制定新能源汽车充电设施建设的财政政策，并做好财政资金的拨付工作。

4. 市国土局：负责保障充电设施土地供应。

5. 市建委：结合《西安市公共停车场建设规划（2013—2015）》的实施，负责全市公共停车场设置 30% 充电车位的分解落实及相关手续的办理；编制简化审批流程。

6. 市科技局：负责组织完成充电设施管理信息化平台建设及新能源汽车科普宣传工作。

7. 市物价局：负责监督执行国家已出台的相关电价政策，研究制定充电服务费标准。

8. 市质监局：负责充电设施国家标准执行监管；编制西安市新能源汽车充电系统技术规范。

9. 市市政局：负责充电设施建设与市政基础设施配套相关的手续办理，编制简化审批流程。

10. 市房管局：负责协调物业公司配合业主做好加装充电设施工作。

11. 西安城投集团：负责集团系统停车场（站）的充电设施建设。

12. 国网西安供电公司、省地电西安分公司：负责充电设施的电网接入工作。

交通、消防等其他相关部门按各自职能，配合做好新能源汽车充电设施建设相关工作。

七、有关要求

（一）加强组织领导。西安市新能源汽车示范推广领导小组统筹负责全市充电基础设施建设工作，领导小组办公室（市发改委）负责及时协调、解决充电设施建设及运营过程中遇到的问题。

（二）广泛宣传引导。充分利用各种媒体加大充电基础设施建设的宣传力度，提高社会各界的认知度，创造良好的投资建设环境，激发多元化资本建设充电设施的积极性。以公交车、出租车、公务车、专用车充电桩建设为突破口，积极探索充电基础设施建设运营模式，加快实现我市新能源汽车推广应用目标。率先在条件成熟的区域建设一批充电设施，带动全市充电设施建设工作。

（三）严格监督考核。各区县政府、开发区管委会和各有关部门要按照《西安市新能源汽车充电基础设施建设任务分解表》（见附件）中明确的目标任务，结合职责分工，分解任务，明确措施，落实责任，确保各项任务按期推进。各单位每季度末将进展情况报市新能源汽车示范推广领导小组办公室。领导小组办公室要加强督促检查，每季度向市政府书面报告工作进展情况。

附件：西安市新能源汽车充电基础设施建设任务分解表（略）

西安市人民政府办公厅

2014 年 9 月 18 日

西安市加快新能源汽车推广应用优惠政策

为贯彻落实《国务院办公厅关于加快新能源汽车推广应用的指导意见》精神，促进我市新能源汽车产业快速健康发展，加快新能源汽车推广应用，制定优惠政策如下：

一、公用领域采购政策

（一）市本级、区县（含开发区）公交车新增车辆须全部使用新能源汽车，更新车辆中新能源汽车的比例不低于 30%。（责任单位：市交通局、市财政局、市建委、西安城投集团等，各区县、开发区）

（二）市本级、区县出租车新增车辆须全部使用新能源汽车，更新车辆中新能源汽车的比例不低于 30%。（责任单位：市交通局，各区县）

（三）全市各级党政机关、事业单位和社团组织新增或更新车辆中，新能源汽车的比例不低于 30%。（责任单位：市财政局、市机关事务局等，各区县、开发区）

（四）市本级、区县（含开发区）专用车领域（包括物流、环卫、邮政用车，校车、救护车等）新增或更新车辆中新能源汽车的比例不低于 30%。（责任单位：市财政局、市建委等，各区县、开发区）

二、购买优惠

（五）严格执行国家新能源汽车免征车辆购置税的有关政策。（责任单位：市财政局、市国税局、市工信委等）

（六）严格执行国家新能源汽车免征车船税的有关政策。（责任单位：市财政局、市地税局、市工信委等）

（七）对单位和个人购买使用新能源汽车，按照国家补贴标准1∶1的比例给予地方配套补贴，国家和地方补贴总额最高不超过车辆销售价格的60%。（责任单位：市财政局、市工信委）

（八）对新能源汽车免收125元/辆的牌照费。（责任单位：市公安局交警支队、市财政局）

（九）对个人购买新能源汽车的，首次机动车交通事故责任强制保险费用给予全额财政补贴。（责任单位：市财政局）

（十）对个人购买新能源汽车给予10000元/辆财政补贴，用于自用充电设施安装和充电费用。（责任单位：市财政局、市发改委等）

（十一）对于直接或组织员工一次性购买新能源汽车超过10辆的法人单位，给予2000元/辆的财政补贴，专项用于单位自用充电设施建设。（责任单位：市财政局、市发改委、市工信委等）

（十二）对报废“黄标车”“老旧车”的单位和个人，更新购买新能源汽车的，在原享受报废财政补贴（按不同车型2000～6000元/辆）的基础上，再给予3000元/辆的财政补贴。（责任单位：市财政局、市环保局、市商务局、市公安局交警支队等）

三、实行便利化的交通管理与服务

（十三）严格执行国家新能源汽车交通管理政策，实行新能源汽车独立分类注册登记。在机动车行驶证上标注新能源汽车类型。在国家新能源汽车专用号牌标准出台前，发放西安市新能源汽车标识。对新能源汽车可实行挂牌销售，对号牌有特殊需要的，可另行申请号牌。（责任单位：市公安局交警支队等）

（十四）设立新能源汽车服务绿色通道，减少程序，缩短办理时间，提供全方位优质服务。设置注册登记、环保标志核发、年审等专用窗口，设置周末及法定节假日咨询服务电话。（责任单位：市公安局交警支队、市环保局等）

（十五）严格执行国家非营运轿车和其他小型、微型载客汽车（面包车、7座及7座以上车辆除外）6年免检制度。（责任单位：市公安局交警支队）

（十六）允许新能源汽车在市内公交专用道行驶。（责任单位：市公安局交警支队）

（十七）新能源汽车不受限行等交通管制措施的限制。（责任单位：市公安局交警支队等）

四、充电设施建设

（十八）充电设施改造与建设纳入城市总体规划和建设工程规划审批条件。全市新建各类停车场（独立的机械车库和临时平面停车场除外）应设置30%的新能源汽车充电车位；新建城市客运站等综合交通枢纽必须配置一定数量的充电设施；现有停车场根据实际需求，应改建、加装充电设施。（责任单位：市规划局、市建委、市交通局、市发展改革委等，各区县、开发区）

（十九）充电设施建设用地纳入土地利用总体规划和年度用地计划，在用地指标、土地预留、土地征用等方面给予优先保障。（责任单位：市国土局，各区县、开发区）

（二十）鼓励在已建成停车场（位）等现有建设用地上设立他项权利建设充电设施，可保持现有建设用地已设立的土地使用权及用途不变。单独新建的充电站项目用地，可采取招拍挂方式出让或租赁方式供地，也可按照“公用设施用地”采取划拨方式供地，与新建停车场配套的充电设施用地，纳入停车场用地一并供应。利用存量建设用地改建、加装充电设施的，不再办理规划、用地审批手续。（责任单位：市国土局、市规划局等，各区县、开发区）

（二十一）鼓励各类社会资本参与充电设施建设。对充电设施建设投资（不含征地费用）给予30%的财政补贴，在充电设施建设完成、通过验收并正式投用后予以拨付。财政补贴资金由城建维护计划资金、新能源汽车推广资金、预算内基本建设资金、工业发展资金、科技创新资金等统筹安排。（责任单位：市财政局、市发展改革委、市工信委、市科技局、市建委等，各区县、开发区）

（二十二）新征地建设充电站项目涉及城市建设配套费时，按照我市《城市基础设施配套费征收管理实施细则》（市财发〔2013〕140号）执行，90元城市地铁专项配套费、150元/平方米标准中10%城市天然气公网建设资金和12%城市集中供热公网建设资金不在减免范围，其他其他费用予以免缴。（责任单位：市建委、市财政局等）

（二十三）单位和个人自用充电设施按“一车一桩”“桩随车走”的原则，由新能源汽车生产企业或其委托的机构（4S店）全过程负责，并纳入其售后服务体系。（责任单位：市工信委、市发展改革委等）

（二十四）物业服务企业应积极支持新能源汽车自用充电设施建设，指定专人配合并提供相关图纸，不得借机收取费用。（责任单位：市房管局等）

五、充电服务与电价

（二十五）严格执行国家已出台的新能源汽车用电价格政策（发改价格〔2014〕1668号）。对向电网经营企业直接报装接电的经营性集中式充电设施用电，执行大工业用电价格，且2020年前免收基本电费；居民家庭住宅、居民住宅小区、执行居民电价的非居民用户中设置的充电设施用电，执行居民用电价格中的合表用户电价；党政机关、企事业单位和社会公共停车场中设置的充电设施用电执行“一般工商业及其他”类用电价格；新能源汽车充换电设施用电执行峰谷分时电价政策。（责任单位：市物价局、国网西安供电公司、省地电西安供电分公司等）

（二十六）电网企业要积极做好新能源汽车充换电配套电网建设改造工作。新能源充换电设施产权分界点至电网的配套接网工程，由电网企业负责建设和运行维护，不得收取接网费用，相应成本纳入电网输配电成本统一核算。（责任单位：国网西安供电公司、省地电西安供电分公司等）

（二十七）充电设施经营企业可向用户收取电费、充电服务费。其中，电费按照国家规定电价政策执行，充电服务费实行政府指导价管理。充电服务费标准上限遵循“有倾斜、有优惠”的原则，确保电动汽车使用成本显著低于燃油（或燃气）汽车使用成本。（责任单位：市物价局、国网西安供电公司、省地电西安供电分公司等）

六、专业运营优惠

（二十八）鼓励社会资本、国有大型企事业单位投资新能源汽车的旅游、客运等运营线路，以及新能源汽车的社会租赁服务。对购买新能源汽车用于线路营运和租赁服务，涉及行业许可管理的，要优先发放相关专用许可证照。（责任单位：市交通局、市旅游局等）

（二十九）对西安市新能源出租车的经营权有偿使用费实行缓缴。（责任单位：市交通局、市财政局）

（三十）对燃油（气）出租车置换为新能源车辆的出租车运营企业，每置换10辆新能源汽车，再给予1辆新能源出租车的营运指标奖励。（责任单位：市交通局）

七、停车优惠

（三十一）全市公共停车场、临时停车场及商场、旅游景点等必须设置新能源汽车专用停车位。大中型停车场比例不得低于5%，小型停车场比例不得低于10%。（责任单位：市建委、西安城投集团等，各区县、开发区）

（三十二）新能源汽车在全市公共停车场、物业管理区域内停车场，停放2小时以内免费。（责任单位：市物价局、市城管执法局、市公安局交警支队、市建委、市房管局、西安城投集团等，各区县、开发区）

八、组织实施

（三十三）本政策自2013年11月21日起施行，有效期至2015年12月31日。

（三十四）本政策由西安市新能源汽车示范推广领导小组办公室会同市级各相关部门解释，并由市级各相关部门负责制定具体实施细则。

西安市人民政府

2014年9月18日

西安市关于推进物业管理区域新能源汽车自用充电设施安装的通知

（市房发〔2014〕124号）

各区（县）、开发区物业行政主管部门，各物业服务企业：

为贯彻落实《西安市推广应用新能源汽车暂行规定》，推动我市新能源小客车发展，现就推进新能源小客车自用充电设施安装有关事项通知如下：

一、本市物业服务企业（含外埠备案企业）应当积极支持和配合新能源小客车自用充电设施的安装。

二、物业服务企业应当配合做好下列工作，不得借机收取费用：

（一）指定专人配合新能源小客车生产企业和属地供电公司勘查现场；

（二）提供相关图纸或指认停车区域内电源位置及暗埋管线的走向；

（三）配合安装单位现场施工；

（四）配合办理用电变更手续。

三、安装单位应当妥善保护小区内共用部位和共用设施，造成破损的应当及时修复。

四、自用充电设施由所有权人负责后期维护。租赁车位到期或不再使用充电设施的，所有权人应当负责拆除。

五、物业服务企业不配合安装自用充电设施，或向购车人和安装单位收取额外费用的，由各区（县）开发区物业行政主管部门责令改正，并可依照《西安市物业服务企业信用信息管理暂行规定》（市房发〔2013〕66号）规定，对物业服务企业扣1分。

情节严重的，将予以公开曝光。

西安市住房保障和房屋管理局

2014年9月29日

西安市关于执行新能源汽车停车收费优惠政策的通知

（市物发〔2014〕163号）

市城投集团，各相关物业服务企业：

为贯彻落实《西安市人民政府关于印发加快新能源汽车推广应用优惠政策的通知》（市政发〔2014〕32号）精神，现就有关事项通知如下：

一、对交管部门颁发的标注新能源标识的机动车，在市机动车停放服务中心所管辖的公共停车场（点）停放不超过2小时的免收停车费，超过2小时的按实际超过的时间计收停车费。

二、对住宅小区的公共停车位，本小区业主（物业使用人）的新能源汽车停放 2 小时内免费，超过 2 小时的按原标准收费。

本通知即日起执行，有效期至 2015 年 12 月 31 日。

西安市物价局

2014 年 10 月 9 日

西安市关于搞好新能源汽车充电桩建设的有关通知

（市工信发〔2014〕192 号）

各新能源汽车生产企业：

根据西安市人民政府关于《加快新能源汽车推广应用优惠政策》（市政发〔2014〕32 号）第二十三条，“单位和个人自用充电设施将按‘一车一桩’‘桩随车走’的原则，由新能源汽车生产企业或其委托的机构（4S 店）全过程负责，并纳入其售后服务体系”的要求，为了加快新能源汽车充电设施建设，确保我市新能源汽车推广应用工作顺利实施，现将有关事项通知如下：

一、充分认识充电设施建设的重要性。充电设施建设是关系到我市新能源汽车推广应用全局的一项重要工作。没有充电设施的同步建设，新能源汽车推广应用工作就很难推进。因此，新能源汽车生产企业要立足长远，重视充电设施建设，切实搞好相关工作。

二、落实责任分工。个人购买新能源汽车由购买人具体负责充电桩建设，新能源汽车生产企业或其委托的机构（4S 店）提供技术指导，购买人所在物业服务公司配合做好新能源充电设施建设；单位购买新能源汽车由所在单位具体负责充电桩建设，新能源汽车生产企业或其委托的机构（4S 店）提供技术指导。充电桩建设技术要求由新能源汽车生产企业或其委托的机构（4S 店）提供，具体建设选址由所在物业服务公司或单位提供。

三、强化监督管理。充电桩建设所需资金由新能源汽车生产企业或其委托的机构（4S 店）先行垫付，充电桩建设完工后，由新能源汽车生产企业或其委托的机构（4S 店）向市政府主管部门提出申请，经核实后，到市财政局领取相关补助资金。为及时掌握我市充电桩建设情况，新能源汽车生产企业或其委托的机构（4S 店）应定期向市发改委、市工信委上报充电桩建设完成情况，市工信委每季度进行汇总后对外发布我市个人和单位充电桩建设相关信息。

四、加强组织领导。各区县、开发区要认真贯彻落实市政府相关文件精神，重视充电桩建设，加强对充电桩建设的组织协调、监督检查和推进工作，确保按期完成承担的各项任务。

西安市工业和信息化委员会

2014 年 11 月 12 日

西安市加快新能源汽车推广应用财政优惠政策实施细则

为加快新能源汽车推广应用，促进我市新能源汽车产业快速健康发展，规范新能源汽车财政补助资金管理，根据《西安市新能源汽车推广应用实施方案（2014—2015 年）》（市政办发〔2014〕26 号）、《西安市示范应用新能源汽车财政补助资金管理暂行办法》（市政办发〔2014〕31 号）、《加快新能源汽车推广应用优惠政策》（市政发〔2014〕32 号）、《西安市推广应用新能源汽车暂行规定》（市政办发〔2014〕55 号）精神，制定本实施细则。

一、本细则所称新能源汽车，是指符合国家有关公告要求，且纳入中央财政补助范围的纯电动乘用车、插电式混合动力（含增程式）乘用车、纯电动客车、插电式混合动力（含增程式）客车、纯电动专用车及燃料电池汽车。

二、本细则补助对象为西安市辖区内购买、登记注册和使用新能源汽车的单位和个人；承建充电设施的单位。

三、税收优惠政策

（一）购置新能源汽车免征车辆购置税

1. 自 2014 年 9 月 1 日起至 2017 年 12 月 31 日止，对购置的新能源汽车免征车辆购置税；

2. 对免征车辆购置税的新能源汽车，按照财政部、国家税务总局、工业和信息化部发布的《免征车辆购置税的新能源汽车车型目录》实施管理；

3. 税务机关依据工业和信息化部传送的车辆合格证电子信息中的免税标识，办理免征车辆购置税手续。

（二）购置新能源汽车免征车船税

1. 自 2012 年 1 月 1 日起，对使用新能源的汽车，免征车船税。

2. 对于减免车船税的节约能源、使用新能源汽车，按照财政部、国家税务总局、工业和信息化部联合发布的《节约能源使用新能源车辆（船舶）减免车船税的车型（船型）目录》实施管理，对于不属于车船税征收范围的纯电动乘用车、燃料电池乘用车、按照财政部、国家税务总局、工业和信息化部联合发布的《不属于车船税征收范围的纯电动燃料电池乘用车车型目录》实施管理。

3. 税务机关对列入财政部、国家税务总局、工业和信息化部联合发布的《节约能源使用新能源车辆（船舶）减免车船税的车型（船型）目录》或《不属于车船税征收范围的纯电动燃料电池乘用车车型目录》的车型，办理免征车船税手续。

四、财政优惠政策

（一）优惠政策与支持标准

1. 单位及个人购买使用新能源汽车，按照国家补贴标准 1∶1 的比例给予地方配套补贴，国家和我市财政补助总额最高不超过车辆销售价格的 60%，具体按照《西安市示范应用新能源汽车财政补助资金管理暂行办法》（以下简称“地方配套补贴”）执行；

2. 对私人购买新能源汽车的，首次机动车交通事故责任强制保险费用给予全额财政补贴（以下简称“交强险补贴”）；

3. 对私人购买新能源汽车给予 10000 元/辆的财政补贴，用于自用充电设施安装和充电费用（以下简称“充电设施安装和充电费用补贴”）；

4. 对于直接或组织员工一次性购买新能源汽车超过 10 辆的法人单位，给予 2000 元/辆的财政奖励，专项用于单位自用充电设施建设（以下简称“法人单位团购补贴”）；

5. 对报废“黄标车”“老旧车”的单位和个人，更新购买新能源汽车的，在原享受报废财政补贴的基础上，再给予 3000 元/辆的财政补贴（以下简称“黄标车、老旧车更新补贴”）。

（二）补助条件

1. 新能源汽车生产企业应具备以下条件：

（1）列入工业和信息化部《车辆生产企业及产品公告》；

（2）具备完善的销售服务体系；

（3）具备一定的产品研发、试验验证、生产等能力；

（4）执行国家《缺陷汽车产品召回管理条例》等规定；

（5）西安辖区外的新能源汽车生产企业需在本市工商注册登记或指定一家具有独立法人资格的汽车销售机构；

（6）已在市工业和信息化委员会备案。

2. 新能源汽车应具备以下条件

（1）为符合条件 1 的新能源汽车生产企业生产的产品；

（2）产品列入工业和信息化部《节能与新能源汽车示范推广应用工程推荐车型目录》，并享受中央财政新能源汽车推广应用资金补助；新能源汽车生产企业保证销售新能源汽车与《节能与新能源汽车示范推广应用工程推荐车型目录》产品一致；

（3）新能源汽车生产企业及时向消费者公布新能源汽车销售的市场指导价，以及该款产品可享受的中央财政和西安市财政补助资金的金额；

（4）在西安市辖区内购买，并于购车发票开具后的三个月内，在市公安局交警支队车辆管理所完成注册登记；

（5）已在市工业和信息化委员会备案。

3. 申请充电设施安装和充电费用补贴的，须已完成自用充电桩的建设安装。

4. 申请法人单位团购补贴的，新能源车辆必须是法人单位直接或组织员工一次性购买，同时已完成单位自用充电桩的建设安装。

5. 申请黄标车、老旧车更新补贴的，须已经享受报废“黄标车”“老旧车”的财政补贴政策。

（三）申报材料

1. 个人购买新能源汽车的须提供：购买者个人身份证明、车辆买卖合同、车辆销售发票、机动车登记证和行驶证；申请交强险补贴的还须提供交强险保单；申请充电设施安装和充电费用补贴的还须提供自用充电桩建设安装证明材料；申请黄标车、老旧车更新补贴的还须提供淘汰补贴资金审批表；

2. 单位购买新能源汽车的须提供：购买车辆单位法定代表人身份证明、组织机构代码证、营业执照、车辆买卖合同、车辆销售发票、机动车登记证和行驶证；申请法人单位团购补贴中组织员工购买的还须提供购车人与单位签订的劳动合同和自用充电桩建设安装证明材料；申请黄标车、老旧车更新补贴的还须提供淘汰补贴资金审批表；

3. 汽车生产企业须提供以上申请享受财政补助政策汽车的中央补助资金文件。

（四）申领程序

1. 符合补助条件的单位或个人填写《西安市购买新能源汽车相关补贴确认表》（附件 1、附件 2）并提交上述申请资料至在我市备案的新能源汽车生产企业（西安辖区外的新能源汽车生产企业需在本市工商注册登记或指定一家具有独立法人资格的汽车销售机构代为申报），汽车生产企业签章确认后，垫付补助资金。

2. 新能源汽车生产企业垫付补助资金并对申请资料进行汇总后，填写《西安市购买新能源汽车相关补贴汇总表》（附件 3、附件 4），连同申请资料提交市工业和信息化委员会进行初审。

3. 市工业和信息化委员会对申请资料进行审核后，制定本季度新能源汽车补助资金计划并提交市财政局复核。

4. 市财政局复核确认后将补助资金计划在市工业和信息化委员会网站进行 5 个工作日公示。

5. 公示结束无异议的由市财政局按照补助资金计划，将补助资金拨付至新能源汽车生产企业。

6. 以上申请资料一式四份，分别由新能源汽车生产企业、市工信委、市财政局、购车人（单位）留存。

五、充电基础设施建设补贴

（一）政策内容及补贴标准

在充电设施建设完成、通过验收并正式投用后，按照充电设施基础设施建设中除征地费用外的设备购置、电网增容等相关投入额的 30%，对承建充换电设施的服务运营单位进行补贴。

（二）补助条件

1. 充电基础设施承建运营单位应为在西安市辖区范围内登记备案建设充电设施的项目法人单位（主要包括经营性投资主体、单位内部自用投资主体、租赁服务投资主体，个人自建车位充电设施除外）。

2. 申请财政补贴的充电基础设施建设项目必须通过市新能源汽车推广应用领导小组办公室牵头组织验收。

（三）申报材料

申请充电基础设施建设补贴的承建运营单位，需提供以下材料：

1. 交通、环保、规划、用地等有关部门的建设许可批复文件复印件；

2. 项目建设和运营规划书；

3. 建设成本预算，有关设备的购置合同、发票，工程建设委托合同等；

4. 经会计师事务所审计的项目竣工决算报告及充电基础设施投资清单（主要包括形成固定资产的配电、充电、换电、监控、通讯等设施、设备投入，不含土地等投入）；

5. 市新能源汽车推广领导小组办公室牵头组织的项目验收合格证明。

（四）申报程序

1. 符合补助条件的充电基础设施承建运营单位填写充电设施建设投资补贴申请表（附件5），连同以上材料提交至项目所属区（县）发改部门。

2. 项目所属区（县）发改部门收到申请材料后，会同区（县）财政部门对申请材料进行初审，形成初审意见并填写充电设施建设投资情况汇总表（附件6），于次月后5日内报送市发展和改革委员会。

3. 市发展和改革委员会对资料进行复审后，制定本月度新能源汽车补助资金计划并提交市财政局复核。

4. 市财政局复核确认后将补助资金计划在市发展和改革委员会网站进行5个工作日公示。

5. 公示结束无异议的由市财政局按照补助资金计划，将补助资金拨付至充电基础设施承建运营单位。

6. 以上申请资料一式四份，分别由项目所属地发改部门、市发改委、市财政局、充电基础设施承建运营单位留存。

六、新能源汽车生产企业、购买单位或个人、充电基础设施建设运营单位应对所提供材料的真实性负责。对提供虚假信息、骗取补助资金的，将视情节轻重对申请单位或个人给予追缴补助资金、依法处理。补助资金必须专款专用，任何单位不得以任何理由和形式截留、挪用。对违反规定的，将依照《财政违法行为处罚处分条例》（国务院令第427号）等有关规定，依法追究有关单位和人员的责任。

七、新能源汽车生产企业应严格执行细则规定，在认真审核补助资金申请材料并确认其符合细则规定的补助条件后垫付补助资金，因汽车生产企业原因导致补助资金无法拨付的，所产生的损失由汽车生产企业负责。

八、充电设施建设单位应对提供的产品与服务负责。凡充电设施建设与申报材料不符，提供虚假信息、骗取补贴资金的，质量、售后保障等未达到要求并造成严重后果的，将视情节轻重对申请单位给予追缴补贴资金、依法处理。

九、本细则自2013年11月21日起施行，有效期至2015年12月31日止。

附件：

1. 西安市购买新能源汽车相关补贴确认表（私人购买）（略）

2. 西安市购买新能源汽车相关补贴确认表（单位购买）（略）

3. 西安市购买新能源汽车相关补贴汇总表（私人购买）（略）

4. 西安市购买新能源汽车相关补贴汇总表（单位购买）（略）

5. 充电设施建设投资补贴申请表（略）

6. 充电设施建设投资情况汇总表（略）

西安市财政局
西安市发展和改革委员会
西安市工业和信息化委员会
西安市科学技术局
2014年12月10日

新乡市关于加快新能源汽车推广应用的意见（试行）

为加快推动落实《新乡市新能源汽车推广应用实施方案》，促进我市电池及电动汽车产业发展，根据《国务院关于印发节能与新能源汽车产业发展规划（2012—2020年）的通知》（国发〔2012〕22号）、《国务院办公厅关于加快新能源汽车推广应用的指导意见》（国办发〔2014〕35号）和财政部、科技部、工业和信息化部、发展改革委《关于支持北京天津等城市或区域开展新能源汽车推广应用工作的通知》（财建〔2013〕805号）要求，结合我市实际，特提出如下意见：

一、加大新能源汽车推广应用力度

（一）加大新能源汽车政府采购力度。将符合国家标准的新能源汽车纳入政府采购目录，党政机关、企事业单位和社会团体符合规定使用财政性资金进行汽车采购时，优先采购新能源汽车。

（二）加快在公交、出租、公务、环卫、物流、电力等公共服务领域推广应用新能源汽车。对 2014—2015 年新增或更新的公务车，优先选用新能源汽车。2014 年以后新增或更新出租车、公交车、环卫车、物流车、电力车，原则上采用新能源汽车。

（三）加大新能源汽车推广应用财政补贴力度。

新能源汽车推广应用财政补贴的范围：在本市销售的，纳入国家《节能与新能源汽车示范推广应用工程推荐车型目录》，适合本市运营模式且挂本市车辆牌照的纯电动轿车和纯电动专用车（指邮政、物流专用车）；用于城市公共交通客运，纳入国家《节能与新能源汽车示范推广应用工程推荐车型目录》的纯电动公交客车和插电式混合动力公交客车。

财政补贴标准：对购置纯电动轿车和纯电动专用车（指邮政、物流专用车）的企业和个人，市财政和车辆销售所在地财政分别按照不低于中央财政补贴标准的 70%、30% 进行补贴，中央和地方财政补助总额最高不超过车辆销售价格的 60%。如补助总额高于车辆销售价格 60%，市财政和车辆销售所在地财政在补助时直接按车辆销售价格的 60% 扣除中央、省财政补助后同比例调减补助额。对按国家政策规定允许新增或更新的执法执勤、机要通信、应急和特种专业技术用车及按规定配备的其他车辆并列入本市 2013 年上报国家《新乡市新能源汽车推广应用实施方案》中推广应用的纯电动公务车，按照“谁购买，谁承担”的原则，由购车单位所在地财政和购车单位承担扣除上级补贴后的差价车款。对本市 2013 年上报国家《新乡市新能源汽车推广应用实施方案》中推广应用于城市公共交通客运的纯电动公交客车、插电式混合动力公交客车，市财政按扣除中央财政、省财政补贴后的差额予以补助。对列入河南省 2014 年节能与新能源公交客车推广应用计划的新能源城市公交客车，市财政按照中央财政补贴标准 1:1 配套。对上级安排有购车专项资金补助或经费结余较多的市直部门或单位，原则上由各单位自行解决，市财政不再另行安排新能源汽车资金。同时，对新能源汽车按照国家有关规定免征车辆购置税。

（四）鼓励各县（市）、区，高等院校及远离市区的科研机构、企业等单位与市公交总公司联合推广新能源公交客车；市公交总公司在保证公交正常运营的情况下，可积极向各单位提供新能源公交客车班车运营服务。

（五）鼓励新能源汽车产业链相关企业配备一定数量的新能源汽车作为公务用车；鼓励本企业员工购买新能源汽车并给予适当补贴。

二、加快新能源汽车充换电设施建设

（一）科学规划充换电设施布局。要根据推广应用新能源汽车的种类和数量等，结合市政设施建设，依据城市规划和土地利用规划，兼顾新能源汽车未来应用对充换电设施建设的需求，对新能源汽车充换电设施统筹规划、统一布局。今后，新建居住小区和公共停车场均要预留一定比例（10% ~20%）的新能源汽车充电停车位。

（二）保障充换电设施建设用地。为电动公交客车和出租汽车服务的充换电设施尽量结合现有公交场站、公共停车场建设。对电动公交客车充换电站用地，可按划拨方式供应。

（三）鼓励社会力量投资充换电设施建设。对由市统一规划布局、验收合格的大型充换电站，市财政按项目设备投资总额的 20% 给予一次性补贴，单个项目最高补贴金额不超过 200 万元。对由市统一规划布局、验收合格的移动充换电车和充电桩，市财政按单个充换电车或充电桩价值总额的 10% 给予一次性补贴。中央、省财政对充换电设施给予的奖励资金，统筹用于全市充换电设施建设和补助。

各县（市）、区规划布局、投资建设的充换电设施，由各县（市）、区结合本地实际情况，研究制定具体的支持政策。

（四）对新能源汽车推广应用期内充换电设施建设期间一次性发生的各项行政事业性收费，除省级以上部门应收部分外，经市政府批准后一律免收。

三、加强新能源汽车领域创新发展

（一）鼓励新能源汽车应用领域民间投资和金融创新。进一步放宽市场准入，支持社会资本进入新能源汽车充换电设施建设运营、汽车租赁、电池租赁和回收等服务领域。鼓励金融创新，探索公交客车、出租汽车、公务车融资租赁运营模式、整车租赁、按揭等运营模式，降低新能源汽车当期购买支出，实现可持续商业化运营。

（二）加快新能源汽车应用领域新技术应用。充分发挥移动互联网、物联网、大数据等现代信息技术在新能源汽车运营模式创新中的应用，鼓励互联网企业参与新能源汽车的研发和运营服务。

四、健全新能源汽车推广应用管理机制

（一）成立新乡市新能源汽车推广应用工作领导小组，由市政府主要领导任组长，市政府有关部门为成员，统筹协调整合各方面资源，明确责任，落实措施、加快推进，确保新能源汽车推广应用既定目标如期实现。领导小组下设办公室，设在市工信局，负责日常工作协调、信息通报、检查督促等。

（二）加强新能源汽车安全运行监测，健全新能源汽车事故预警信息系统及紧急处置机制，完善新能源汽车运行的实时跟踪、数据采集、统计分析及故障诊断等运行效果评估体系。新能源公交客车、出租汽车、环卫车、物流车等车辆要全部安装车辆运行技术状态实时监控装置，进行可靠有效地监控管理，私人用车根据个人意愿安装实时监控装置。加强新能源汽车从业人员专业技术培训，推广应用新能源汽车的单位要明确安全责任人，确保运行车辆安全可靠。

本意见有效期至2015年12月31日。执行期内，市财政补贴政策将根据预算资金规模采取总量控制、先买先补方式，即在原则上不突破预算规模前提下，根据单位或个人办理车辆牌照并取得机动车行驶证的时间先后进行补贴，先买先补，补完为止。若国家和省出台优于本意见的新政策，按从优原则执行，不重复享受。

以上意见，望遵照执行。

附件：新乡市新能源汽车推广应用补助标准

一、纯电动轿车补助标准（单位：万元/辆）

车辆类型	续驶里程R（工况法、公里）	市补助标准		新乡高新技术开发区财政补助标准	
		2014年	2015年	2014年	2015年
纯电动轿车	80≤R<150	1.995	1.89	1.33	1.26
	150≤R<250	2.85	2.7	1.9	1.8
	R≥250	3.42	3.24	2.28	2.16

二、纯电动公交客车、插电式混合动力公交客车补助标准（单位：万元/辆）

车辆类型车长L（米）	国家补助标准		
	6≤L<8	8≤L<10	L≥10
纯电动公交轿车	30	40	50
插电式混合动力公交客车	—		25

三、纯电动专用车（指邮政、物流专用车）推广应用补助标准：按照电池容量每千瓦时补助2000元，每辆车补贴总额不超过7.2万元。

新乡市人民政府

2014年9月10日

泸州市新能源汽车市级财政补助资金暂行管理办法

第一章　总则

第一条　为促进我市新能源汽车推广应用，依据财政部、科技部《关于开展节能与新能源汽车示范推广试点工作的通知》（财建〔2009〕6号）和财政部、科技部、工业和信息化部、国家发改委《关于继续开展新能源汽车推广应用工作的通知》（财建〔2013〕551号）、《关于进一步做好新能源汽车推广应用工作的通知》（财建〔2014〕11号）的文件精神及《泸州市新能源汽车推广应用实施方案》，结合我市实际，特制定本办法。

第二条　本办法所称新能源汽车主要指纯电动乘用车、插电式混合动力（含增程式）乘用车、纯电动客车、插电式混合动力（含增程式）客车、超级电容、钛酸锂快充纯电动客车、纯电动专用车和燃料电池车。

第三条　补助资金按照科学合理、公开透明的原则安排使用，并接受社会各方面监督。

第二章　补助范围、标准及方式

第四条　凡推广应用期间（即2014年1月27日—2015年12月31日）在我市购买、登记注册并使用属于《国家节能与新能源汽车示范推广应用工程推荐车型目录》和《泸州市推广应用新能源汽车生产企业和产品承诺备案登记》范围（详见http://www.lzsjxw.gov.cn）的新能源汽车，除按规定享受中央财政补助外，符合我市补助条件的，市财政还将给予一次性补助。

第五条　补助对象为符合条件的购置新能源汽车的单位和个人。

第六条　对符合条件的新能源汽车，市财政原则上按照中央财政补助标准给予1:1配套的购车补助（具体详见附表1）。

中央财政按公示的补助标准足额补助后，加上我市补助的总额最高不超过车辆缴纳车辆购置税时计税价的60%。

第七条　市级财政购车补助参照中央财政补助政策采取退坡机制。推广应用期间，我市将参照中央补助标准下调的比例，逐年下调地方补助标准。

第八条　补助方式：生产（销售）企业全额开具销售发票，按扣减补助后的价格销售新能源汽车，购买者按照扣减中央财政补助和市财政补助后的价格支付，在完成本市车辆注册登记后，由生产（销售）企业按照规定程序如实申请财政补助资金。

第九条　政府有偿出让客运出租车经营权的客运新能源出租汽车（以下简称“新能源出租汽车”）除按新能源乘用车的补助标准享受中央财政和市级财政购车补助外，还可以享受以下政策：

（一）新增的新能源出租汽车，从获得经营权之日起，免收5年经营权有偿使用费。

新增免收经营权有偿使用费的新能源出租汽车，由市道路运输管理机构提出计划并报市政府批准后按相关程序予以投放。

（二）现有的出租汽车，在经营权到期后更换为新能源出租汽车的，从重新获得经营权之日起，由市道路运输管理机构采取先收后返的方式，免收5年经营权有偿使用费。

（三）现有的出租汽车，经营权到期前更换为新能源出租汽车的，向市道路运输管理机构申请批准后，从获得批准之日起，由市道路运输管理机构采取先收后返的方式，减收经营权到期前的经营权有偿使用费。

第三章　申请补助的条件

第十条　享受购车补助的单位、个人需符合下述条件：

（一）必须为在本市注册具有独立法人资格的单位；具有本市户籍的个人或在本市居住满3年的个人。

（二）必须为推广应用期间在本市购买，在本市税务部门缴纳车辆购置税，且登记牌照为“川E”的新能源汽车。

第十一条　申请减免客运出租车经营权有偿使用费的新能源出租汽车公司需满足以下条件：

（一）必须为在本市注册的出租车运营公司，或为外地运营公司在泸州注册具有独立法人资格的运营子公司。

（二）与本市行政区域内符合二级以上（含二级）维修资质的维修厂家签订了定点维修协议。

（三）内部管理制度和财务管理制度健全并具有良好会计信用、纳税信用和银行信用。

第四章　补助资金的申报及审批

第十二条　享受购车补助的单位或个人购置新能源汽车时，应及时向新能源汽车生产（销售）企业提交相关材料，由生产（销售）企业统一向市经济和信息化部门及时提交补助申请并附相关资料。

第十三条　申请购车补助的生产（销售）企业提交的材料应包括：

（一）泸州市新能源汽车市级财政购车补助资金申请表（附件2）；生产（销售）企业的组织机构代码证、营业执照、法定代表人身份证明和国家质监总局认可的检测机构出具的车辆检验报告。

（二）单位购置新能源汽车的：法定代表人身份证明、组织机构代码证、营业执照、购车合同、销售发票、购置税完税凭证、交强险保单、机动车登记证书和行驶证。

（三）个人购置新能源汽车的：个人身份证明、购车合同、销售发票、购置税完税凭证、交强险保单、机动车登记证书和行驶证。

第十四条　市经济和信息化部门负责对生产（销售）企业提交的资料进行审核，经审核符合补助条件的，市经济和信息化部门汇总后于每季度结束后10个工作日内向市财政部门提出拨款申请、出具拨款审核意见并附泸州市新能源汽车市级财政购车补助资金汇总表（附件3）。

第十五条　市财政部门依据市经济和信息化部门提供的拨款申请、审核意见及新能源汽车市级财政购车补助资金汇总表，在受理后的10个工作日内进行复核，并向市经济和信息化部门下达补助资金。市经济和信息化部门在收到财政资金后10个工作日内将购车补助一次性拨付给生产（销售）企业。

第十六条　申请减免政府有偿出让的客运出租车经营权有偿使用费的新能源出租车运营单位，应及时将以下资料提交市道路运输管理机构审核备案：

（一）泸州市新能源出租汽车减免经营权有偿使用费申请表（附件4）；

（二）符合申请补助条件的证明资料；

（三）运营资质证明；

（四）上年度财务审计报告及附表。

第十七条　市道路运输管理机构负责对新能源出租车运营单位提交的资料进行审核，经审核符合减免条件的，市道路运输管理机构每月汇总后于次月初10个工作日内向市财政部门提出拨款申请、出具拨款审核意见并附泸州市新能源出租汽车减免经营权有偿使用费汇总表（附件5）。

第十八条　市财政部门依据市道路运输管理机构提供的拨款申请、审核意见及泸州市新能源出租汽车减免经营权有偿使用费汇总表，在受理后的10个工作日内进行复核，并向市道路运输管理机构下达补助资金。市道路运输管理机构在收到财政资金后10个工作日内将经营权有偿使用费返还给新能源出租车运营单位。

第五章　补助资金的监督管理

第十九条　市财政部门负责对补助资金的日常监管，将不定期组织相关部门对该专项资金进行监督检查。

第二十条　生产（销售）企业和新能源出租车运营单位对材料的真实性和车辆的一致性负责。相关部门将对车辆与申报材料不符，性能指标没达到要求，以及提供虚假申报信息、骗取补助资金的，视情节轻重给予追缴补助资金、通报批评、取消资格等处理，涉及刑事犯罪的，将依法追究刑事责任。

第二十一条　已享受市级财政补助的新能源汽车，使用“川E”牌照未满5年的，原则上不得转出市外。确需转出市外的，需将市级财政补助资金全额退还市经济和信息化部门。未全额退还补助资金而转出市外的，由市经济和信息化部门依法追缴，市车管所等机构予以配合。

第二十二条　补助资金必须专款专用，任何单位不得以任何理由、形式截留、挪用。对违反规定的，将依照《财政违法行为处罚处分条例》（国务院令第427号）等有关规定，依法追究有关单位和人员的责任。

第六章　附则

第二十三条　本办法自 2014 年 1 月 27 日起施行，有效期至 2015 年 12 月 31 日。

附件：

1. 泸州市新能源汽车推广应用补助标准

2. 泸州市新能源汽车市级财政购车补助资金申请表（略）

3. 泸州市新能源汽车市级财政购车补助资金汇总表（略）

4. 泸州市新能源出租汽车减免经营权有偿使用费申请表（略）

5. 泸州市新能源出租汽车减免经营权有偿使用费汇总表（略）

附件 1：泸州市新能源汽车推广应用补助标准

1. 纯电动乘用车、插电式混合动力（含增程式）乘用车推广应用补助标准（单位：万元/辆）

补助标准车辆类型	纯电续驶里程 R（工况法、公里）							
	80≤R<150		150≤R<250		R≥250		R≥50	
	中央	泸州市	中央	泸州市	中央	泸州市	中央	泸州市
纯电动乘用车	3.325	3.325	4.75	4.75	5.7	5.7	—	—
插电式混合动力乘用车（含增程式）	—	—	—	—	—	—	3.325	3.325

2. 纯电动客车、插电式混合动力（含增程式）客车推广应用补助标准（单位：万元/辆）

补助标准车辆类型	车长 L（米）					
	6≤L<8		8≤L<10		L≥10	
	中央	泸州市	中央	泸州市	中央	泸州市
纯电动客车	30	30	40	40	50	50
插电式混合动力客车（含增程式）	—	—	—	—	25	25

此外：超级电容、钛酸锂快充纯电动客车中央财政定额补贴 15 万元；泸州市财政定额补贴 15 万元。

3. 纯电动专用车（主要是：邮政、物流、环卫等）推广应用补助标准：中央财政按电池容量每千瓦时补贴 2000 元，每辆车补贴总额不超过 14.25 万元；泸州市财政参照中央财政补助标准予以执行。

4. 燃料电池车推广应用补助标准（单位：万元/辆）

车辆类型	中央补助标准	泸州市地方补助标准
燃料电池乘用车	19	19
燃料电池商用车	47.5	47.5

泸州市人民政府办公室

2014 年 8 月 15 日

泸州市推广应用新能源汽车管理办法（试行）

第一章　总则

第一条　为改善泸州空气质量和生态环境，大力培育战略性新兴产业，加快新能源汽车推广示范应用，保障本市新能源汽车消费者合法权益，制定本办法。

第二条　本办法所称推广应用新能源汽车（以下简称“新能源汽车”）是指符合本办法要求，并进行《泸州市推广应用新能源汽车生产企业承诺备案》的纯电驱动或插电混合动力驱动汽车，包括纯电动汽车（含纯电动乘用车、纯电动客车、纯电动专用车、超级电容、钛酸锂快充纯电动客车）、插电式混合动力汽车（含增程式）及燃料电池汽车。

第三条　本市鼓励单位、个人及各类机构组织员工集体购买和使用新能源汽车。

第四条　参与本市新能源汽车推广的生产、销售企业需符合国家新能源汽车生产、销售相关法律法规及规定，并根据本办法第五章相关规定进行承诺备案。

第五条　享受我市地方财政补贴的新能源汽车，还需符合本办法第二章、第三章相关条件，并按照本办法第六章相关规定申领补助。

第二章　生产企业条件

第六条　生产企业是推广应用新能源汽车产品及服务质量和安全的第一责任人。享受本市财政补贴的新能源汽车的生产企业须符合以下条件：

（一）具备独立法人资格，列入国家工业和信息化部《车辆生产企业及产品公告》，并满足国家关于新能源汽车推广应用补贴车型和企业的相关要求。

（二）具备新能源汽车生产线及产品独立研发、试验验证、生产一致性保障等能力。

（三）在本市独资或合资新建新能源汽车零部件或整车生产线，或者具备带动本市新能源汽车相关产业发展的能力。

（四）具备完善的销售和售后服务体系。

1. 履行《家用汽车产品修理、更换、退货责任规定》规定的法定义务并承担相应责任。

2. 未在本市注册的新能源汽车生产企业需在本市辖区工商注册登记或委托一家在泸州具有独立法人资格的汽车销售机构。

3. 在本市设有1家（含）以上授权合格的新能源汽车维修服务中心，布置在合理的服务区域；销售和维修服务中心须配备一定数量的专业技术人员，具备一定数量的充电设施，以快速充电为主，并承诺对社会开放；承诺提供24小时不间断救援服务，示范应用的新能源汽车出现故障或事故时，应在30分钟内迅速反应，启动处置预案，及时进行解决。

4. 负责单位和个人的充电条件确认、建设自用充电设施，并纳入其售后服务体系；承担客户安全使用指导和培训等服务。

5. 对车辆提供不低于3年或10万公里（以先到者为准）的质保，对动力电池、电控系统等关键零部件提供不低于8年的质保。

（五）具备远程监测能力。对所售整车、动力电池、驱动电机及其他安全系统的日常运行状态进行实时监测，确保车辆安全运行。企业数据保存时间不少于3年，监测数据应实时发送至泸州市推广应用新能源汽车信息综合服务与管理平台。

（六）履行《缺陷汽车产品召回管理条例》等规定。具备缺陷汽车产品召回管理制度和缺陷调查能力，对可能存在缺陷的产品依法组织调查分析，履行召回义务；承诺当动力电池容量衰减至初始容量的80%及以下时，对其按照要求进行回收处理等。其中属危险废物的按照《国家危险废物名录管理》。

（七）生产企业的各项承诺须在其销售、维修和服务等机构和场所向社会进行明示。

第三章　新能源汽车产品条件

第七条　享受本市财政补贴的新能源汽车产品须符合以下条件：

（一）纳入到国家工业和信息化部《节能与新能源汽车示范推广应用工程推荐车型目录》，满足国家关于新能源汽车推广应用补贴车型的相关要求。

（二）产品应明示续驶里程、最高车速、30分钟最高车速、（0～50）km/h加速性能、（50～80）km/h加速性能（公交车除外）、能量消耗率、动力蓄电池包容量等参数指标和产品质量担保承诺，并满足在本市运行所需的产品安全性能要求。

（三）具备满足远程监测所需的车载终端并能够实现数据交换。

（四）具备必要的安全及救援信息标识等。

第四章　充电设施

第八条　本办法所称充电设施是指充电桩及其接入上级电源的相关设施。充电设施应符合国家和行业及本市地方相关标准，充电设施建设企业应具备完善的安全保障及服务体系，并具有良好的信誉。

第九条　供电公司向具备条件的用户提供自用充电设施接入。

第十条　市住房城乡规划建设部门牵头，结合城市建设发展规划和配电网规划，统一安排、合理布局、统筹组织，负责公用充电设施建设的管理，逐步完善新能源汽车充电设施网络体系。

第五章　承诺备案

第十一条　参与本市推广应用的新能源汽车生产企业及产品，须承诺符合条件，并向市经济和信息化部门报送证明材料。

（一）市经济和信息化部门承担本市推广应用新能源汽车生产企业及产品承诺备案的材料审查工作（流程见附件1）。

（二）首次备案的新能源汽车生产企业向市经济和信息化部门提交相关材料。

（三）市经济和信息化部门对符合条件的生产企业及产品进行备案，并在其门户网站（http：//www.lzsjxw.gov.cn）分批发布《泸州市推广应用新能源汽车生产企业和产品备案》（以下简称《备案》）。

（四）拟享受本市财政补贴的新能源汽车生产企业及产品，需提交本办法第六条、第七条规定的各项证明材料（见附件2、3），市经济和信息化部门还须组织有关机构和专家对企业提交的资料进行审查，对企业进行现场技术审查，通过后予以备案。其中，第七条第（二）项要求的证明材料须由泸州质监局认可的检验机构出具。

第六章　补助申领

第十二条　市级财政补助对象是新能源汽车购买者，生产企业在原售价的基础上按扣减补助后的价格销售新能源汽车，购买者按照扣减中央补助和地方补助后的价格支付，在完成本市车辆注册登记后，由生产企业按照规定程序据实申请财政补助资金。

第十三条　根据《泸州市新能源汽车地方财政补助资金暂行管理办法》规定，本市地方财政按照中央财政补助标准给予1:1配套的购车补助。但中央和地方补助总额最高不超过车辆实际销售价格的60%。

第十四条　市财政部门负责补助资金的安排和监管。

第十五条　新能源汽车生产企业申请补助资金，应当严格按照市政府有关新能源汽车市级财政补助资金管理规定执行。

第七章　监督管理

第十六条　市经济和信息化部门、泸州质量技术监管部门对纳入《备案》的企业和产品进行评估，建立企业和产品的退出机制。

（一）建立产品退出机制。推广应用的新能源汽车产品如发现有以下情形之一的，将取消其《登记备案》：

1. 产品已停产；

2. 实际产品与申报材料或目录不一致；

3. 存在重大安全隐患或质量问题（爆炸、起火、漏电等）；

4. 单一车型累计总销量500辆以下在正常运行过程发生非人为安全事故（爆炸、起火、漏电等）或单一车型累计总销量500辆（含）以上有超过0.2%（含）产品发生非人为安全事故（爆炸、起火、漏电等）等。

（二）建立企业退出机制。生产企业应诚信守法，对申报材料的真实性、产品的一致性及安全性、售后保障服务等负责。有以下情形之一的，将视情节轻重给予通报批评，并责令限期整改。若拒不整改或整改不合格，将取消其支持政策。造成严重后果的，将依照相关法律法规追究其责任。

1. 企业的上报材料或申请中存在虚假信息的；

2. 销售或售后服务不规范、未履行相关承诺的；

3. 因质量问题，发生过较大安全事故（爆炸、起火、漏电等）等，造成人员伤亡或恶劣社会影响的；

4. 其他违反相关法律、法规和管理要求的。

（三）退出《备案》的生产企业和产品整改合格后，须按照本办法第六条、第七条要求重新申请登记备案。

第十七条　新能源汽车生产企业应对提供材料的真实性负责，凡新能源汽车产品与相关证明材料不符、性能指标未达到要求。提供虚假信息、骗取补助资金的，将及时追回资金。补助资金必须专款专用，任何单位不得以任何理由和形式截留、挪用。对违反规定的，将依照《财政违法行为处罚处分条例》（国务院令第427号）等有关规定，由有关部门依法追究有关单位和人员的责任。

第十八条　生产及配套服务企业应对其提供的产品及服务负责。对于产品质量、售后保障等未达到要求并造成严重后果的，将依照相关法律法规追究其责任。

第八章　职责分工

第十九条　市发展改革部门负责新能源汽车相关项目的立项工作；市科技部门负责推动新能源汽车技术进步，并协调相关部门共同推进新能源汽车科技推广应用；市住房城乡规划建设部门负责充换电配套基础设施的规划、选址及相关建设管理工作；市经济和信息化部门负责对参与示范应用的新能源汽车生产企业及产品进行审核、备案及信息管理；市财政部门负责财政补助资金的安排和监管；市交通运输部门负责公交车及出租车推广工作；市公安部门负责新能源汽车牌照核发及相关政策落实；泸州质量技术监督部门负责产品符合性检验和不定期抽检；市安全监管部门负责新能源汽车综合安全监管、指导和协调工作，督促相关行业主管部门。

第九章　附则

第二十条　本办法引用的标准或规定发生变更或调整，按新要求执行。

第二十一条　本办法自2014年1月27日起实施，有效期至2015年12月31日。

附件：

1. 新能源汽车生产企业及产品承诺登记备案流程图（略）

2. 新能源汽车生产企业承诺登记备案材料（略）

3. 新能源汽车产品承诺登记备案材料（略）

4. 新能源汽车月度销售情况（略）

泸州市人民政府

2014年8月13日

泸州市加快新能源私人用车推广应用指导意见（试行）

为进一步加快我市新能源汽车推广应用，按照国务院办公厅《关于加快新能源汽车推广应用的指导意见》（国办发〔2014〕35号）精神，结合我市实际，制定新能源私人用车推广应用指导意见。

第一章　总则

一、本意见适用于符合《泸州市新能源汽车市级财政补助资金暂行管理办法》（泸市府办发〔2014〕38号）申请补助条件的非营运车辆。

二、坚持以创新求发展，以应用促发展，贯彻落实国家《节能与新能源汽车产业发展规划》，促进泸州市新能源汽车产业发展，推进节能减排和促进城市空气污染治理，探索推动新能源私人用车在我市推广应用的新路径，不断改善城市环境，提升城市形象。

三、全面开放新能源汽车私人购买市场，鼓励技术成熟、性能可靠的新能源汽车产品进入泸州市场。除开展整车销售外，鼓励以企业为主体积极探索开展新能源汽车分时租赁、整车租赁、电池租赁、定向购买、网络租售等新型商业模式。

四、泸州市新能源私人用车推广应用总体目标：通过创新推广模式、完善基础设施、政策引导，进一步促进新能源汽车私人消费。

第二章　鼓励政策

五、推广应用期间（即2014年1月17日—2015年12月31日）在泸州私人购买使用新能源汽车可以享受优惠政策。

（一）享受国家规定的新能源汽车优惠政策。

（二）享受地方购车补助。私人购买使用新能源汽车，按照《泸州市新能源汽车市级财政补助资金暂行管理办法》的有关规定享受购车补助。

（三）其他政策：

1. 免收牌照办理费用；

2. 发放泸州市新能源汽车标识，实行专门号段管理。使用专门号段的，在非高峰时段（9:00—17:00）可行驶市内公交车专用车道。机动车所有人不愿使用专门号段的，也可在互联网上自助编选小型汽车号牌号码，或在公安交警车辆管理部门发放的非新能源汽车使用的号段内选号。如选择非专门号段，因无法和其他其他社会车辆识别，则视为机动车所有人自愿放弃非高峰时段（9:00—17:00）在市内公交车专用车道上行驶的权利，即如果在非高峰时段（9:00—17:00）在市内公交车专用车道上行驶，公安交通管理部门将依法按道路交通违章予以处理。

3. 自购买之日次月起享受100元/月停车费补助，补助金额在推广期结束后一次性发放给车主。

第三章　基础设施保障

六、按照“企业投资为主，政府鼓励引导，适度超前规划，积极稳妥推进”的原则，充分调动社会各方面积极性，加强新能源汽车充电设施建设，保障充电需求，建成与应用规模相适应、满足新能源汽车运行需要的充电设施及服务体系。车桩（交流桩）比例不低于1:1。

七、全市公共停车场、临时停车场及商场、旅游景点等必须设置配备有充电桩的新能源汽车专用停车位，大中型停车场比例不得低于5%，小型停车场比例不得低于10%。

第四章　安全监管

八、建立节能与新能源汽车运行数据、维修保养和故障检测处理的信息平台系统，并与国家新能源汽车远程监控系统有效对接，实现数据共享。在泸州销售的节能与新能源汽车根据《泸州市推广应用新能源汽车管理办法（试行）》对所售车辆整车、动力电池、驱动电机及其他安全系统的日常运行状态进行实时监测，确保车辆安全运行，并将监测数据实时发送至泸州市推广应用新能源汽车信息综合服务与管理平台。车辆生产厂家要定期组织技术人员及专家进行座谈与总结分析，并将总结与结论性的报告发至泸州市新能源汽车推广应用工作领导小组办公室。

第五章　组织保障

九、市级各相关部门建立有效沟通机制，提高工作效率，确保新能源私人用车推广应用各项措施落实到位。

十、各区、县新能源私人用车主管部门制定新能源汽车配备更新，日常使用、处置等配套管理制度，会同有关部门建立责任明确、保障到位的工作机制；将新能源汽车私人推广按年度购置比例逐级分解细化，明确责任，提出具体落实措施；每季度统计汇总一次辖区内新能源私人用车推广情况，累计行驶里程、能耗等情况，于每季度最后一个月20日前报市新能源汽车推广应用工作领导小组办公室。

十一、相关市级部门、各区县根据新能源汽车私人用车推广应用实施方案，每年安排相应资金，用于支持整车租赁和整车购买、基础设施建设及电池回收处理等。

十二、深入开展宣传教育活动，提高全社会对推广使用新能源汽车节能环保、改善环境重要意义的认识，形成有利于新能源汽车私人大规模使用的社会舆论氛围，促进新能源汽车产业发展，建设资源节约型、环境友好型社会。

第六章　附则

十三、本意见自颁布之日起施行，有效期至2015年12月31日。

泸州市人民政府

2014年1月12日

绵阳市关于加快新能源汽车推广应用促进产业发展的实施意见（试行）

新能源汽车是当今世界汽车工业发展的必然趋势，已成为新一轮国际产业竞争和科技实力比拼的焦点。发展新能源汽车是国家的重大战略。省委、省政府立足四川产业基础和资源禀赋，推动新能源汽车等五大高端成长型产业重点突破、率先发展。认真贯彻国家战略部署和省委、省政府重大决策，主动谋划、积极作为，把新能源汽车产业列为全市重点培育的高端成长型产业，全力打造集研发制造、检验检测、展示体验于一体的中国西部新能源汽车产业基地，是推进绵阳科技城建设的重大举措。为加快新能源汽车推广应用，有效缓解能源和环境压力，促进我市汽车产业转型升级，结合我市实际，提出以下实施意见：

一、目标任务

积极推广应用新能源汽车，加快建设充（换）电配套设施，认真做好新能源汽车运行监测和服务保障，努力壮大全市新能源汽车产业。根据我市新能源汽车产业发展规划，力争2015年，全市新能源汽车产能达1万辆，生产整车2500辆，推广1000辆，建成充（换）电站10座、充电桩200个，实现产值10亿元；2017年，全市新能源汽车产能达12万辆，生产整车5万辆，推广2万辆，实现产值200亿元，基本实现重要交通干道充（换）电网络全覆盖；2020年，全市新能源汽车产能达15万辆，生产整车10万辆，新能源汽车保有量达10万辆，实现产值600亿元，实现充（换）电网络全域覆盖。

二、保障措施

（一）加快形成梯次推广应用体系。优先推进党政机关、公共机构等领域的新能源汽车推广应用，支持旅游景区、城市商业区、学校、医院等公共场所大力推广使用新能源汽车，积极引导城市仓储、物流、机场、码头、车站等固定场所的特种车辆采用新能源汽车，稳步推进新能源汽车在私人消费领域应用。新增或更新的公务、公交、物流、环卫车辆中新能源汽车比例2015年不低于30%，2017年不低于50%，2020年力争实现全覆盖。城区新增及更新公交车、出租车必须采购新能源汽车。

（二）建设全域充电网络。新建住宅小区、公共停车场要在场地、电力等方面满足新能源汽车充（换）电要求，城市规划区内新建住宅小区须配建新能源汽车充（换）电设施，配建比例不少于小区停车位数量的20%，城市规划区内有条件符合改造的已建小区，也须改造配建新能源汽车充（换）电设施，其比例不少于小区停车位数量的5%。对公共充（换）电项目，引入市场化机制，鼓励社会资金进入，对充（换）电服务运营商建设的公共充（换）电设施费用，按照核定充（换）电设备总额的30%给予财政补助。加快主要交通干道的充（换）电网络建设，逐步实现充（换）电网络全域覆盖。

（三）建立智能服务体系。发挥我市信息技术、软件开发方面的科技优势，依托新能源汽车重要控制部件、充（换）电配套设施网络，以智能管理系统、电池监控为重点，通过车载终端与充（换）电设施终端，对入网的新能源汽车动力系统运行状况、车辆在途信息、充（换）电设施工作情况等实现实时全程全网监控，结合“云计算、云存储和云服务”、移动互联、信息发布和智能车联网等信息应用技术，构建新能源汽车智能服务体系。

（四）配套落实购车补助政策。设立绵阳市新能源汽车地方财政补助资金，按照中央财政补助标准给予1∶1配套的购车补助，中央和地方补助总额最高不超过车辆实际售价的60%。地方财政补助对象是新能源汽车购买者，生产企业在原售价基础上按扣减补助后的价格销售新能源汽车，购买者按照扣减中央补助和地方补助后的价格支付。在完成本市车辆注册登记后，由生产企业按照规定程序据实申请财政补助资金。凡享受补助的新能源汽车，3年内不得转移登记到外地。

（五）降低新能源汽车消费运营成本。购买新能源汽车免征购置税，在我市注册使用的新能源汽车免交城市道路桥梁隧道车辆通行费。对我市专门从事新能源汽车租赁或服务的企业，运营车辆规模50辆以上的，2015年其运营收入所缴纳的增值税和企业所得税地方留成部分，由辖区财政列入次年预算给予等额补助。

（六）实施优惠电价政策。充（换）电设施经营企业可向电动汽车用户收取电费和充（换）电服务费。对充（换）电服务费实行政府指导价管理。对经营性集中式充（换）电设施用电，执行大工业用电价格；对非经营性分散充电桩按其所在场所执行分类目录电价；对党政机关、企事业单位和社会公共停车场中设置的充（换）电设施用电执行一般工商业及其他类用电价格。电动汽车充（换）电设施用电执行峰谷分时电价政策。将电动汽车充（换）电设施配套电网改造成本纳入电网企业输配电价。

（七）强化充（换）电设施建设土地要素保障。鼓励在停车场（位）等现有建设用地上建设充（换）电设施。在符合规划的前提下，利用自有建设用地改建充（换）电站的，可采用协议方式办理相关用地手续。政府供应独立新建的充（换）电站用地，按城市规划确定的用途管理，应采取招拍挂的方式出让或租赁方式供应土地，可将建设要求列入供地条件。供应其他建设用地需配建充（换）电设施的，可将配建要求纳入地块规划设计条件。全市电动公交客车充（换）电站建设用地，属非营利性质且符合《划拨用地目录》规定的，可实施划拨供地。严格充（换）电站用地改变用途管理，确需改变用途的，应依法办理规划和用地手续。

（八）积极创新运营模式。鼓励组建跨区域新能源汽车运营企业，积极支持运营企业突破传统的运营方式和商业模式，探索公交车、公务用车融资租赁运营模式，出租车车电分离运营模式、私家车分时租赁、车辆共享、裸车购买、整车租赁和按揭购买等商业运营模式及邮政、环卫、物流等专用车定向销售的运营模式。支持社会资本进入新能源汽车充（换）电基础设施、整车租赁、电池租赁与回收等领域的建设与运营模式。对市场前景好，商业运营模式优，产业带动力强的成长型企业给予一定财政资金支持。

（九）鼓励扶持龙头企业发展壮大。符合国家产业政策，投资1亿元以上的新能源汽车整车及关键零部件、材料、管理系统、充（换）电设备等新建项目，以及新能源汽车关键技术研发项目，按照一事一议落实优惠政策。对新获得国家新能源汽车整车、新能源专用车生产公告目录资质的企业分别给予100万元、50万元补助。支持川汽、华瑞两大整车厂建设，迅速带动零部件企业发展，加快建设新能源汽车零部件产业园。

（十）全力推动自主创新。对注册在本市从事新能源汽车领域获得认定的国家、省级企业研发机构（包括企业技术中心、工业设计中心、工程实验室、国家地方联合工程实验室、技术研究中心、检测中心、云计算平台、产业联盟等），分别给予100万元、50万元补助。鼓励新能源汽车及关键零部件、充（换）电设备企业建立行业标准、国家标准、国际标准，并一次性给予2万元至10万元奖励。

（十一）加快建设国家级西部新能源汽车检测中心。整合资源，在现有的国家电器安全质量监督检验中心的基础上，增加检测项目，建设国家级新能源汽车检测中心，主要涉及整车性能、整车安全、零部件性能、驱动电机系统、动力电池等储能装置、电控系统、充（换）电设施等检测项目，为我市乃至西部地区新能源汽车及零部件生产企业搭建公共检测平台，满足新能源汽车产业发展需求并起到有力的助推作用。

（十二）设立新能源汽车产业发展投资基金。政府引导，多渠道吸引资本，设立我市新能源汽车产业发展投资基金，组建一流的基金管理团队，解决我市新能源汽车企业发展资金瓶颈问题，并为企业在产业发展、战略规划、体系制定、资源配置等方面提供服务。同时鼓励和引导金融机构、创业投资机构支持新能源汽车的推广应用和产业发展。

（十三）加强人才培养。在西南科技大学、四川汽车职业技术学院、绵阳职业技术学院等院校开设新能源汽车关键技术专业课程，培养专业技术人才。将培养新能源汽车产业平台建设、技术创新项目带头人，围绕产业发展重点引进产业领军人才列入市人才发展专项资金使用计划。参照绵阳市引进人才相关激励政策，鼓励和支持重点企业设立“特聘工程师”“特聘研究员”等岗位，吸引国内外专家参与企业自主创新和研发。

（十四）加强协调推进。市新能源汽车产业发展推进小组要切实发挥职能作用，及时研究解决新能源汽车推广应用和产业发展中的各种困难问题，小组各成员单位、支撑单位务必要主动推进、密切配合、形成合力。各县市区、园区及市级有关部门要结合各自实际制定细化支持政策和配套措施。

（十五）明确职责分工。市经信委负责牵头做好国家新能源汽车推广应用示范城市的对上争取工作，负责对参与示范应用的新能源汽车生产企业及产品进行审核、备案及信息管理；市经信、规划、住建等部门负责充（换）电配套设施的规划、选址及相关建设管理工作；市发展改革委负责新能源汽车相关项目的立项工作；市财政局负责财政支持、补助资金的安排和监管；市科技局负责推动新能源汽车技术进步，并协调相关部门共同推进新能源汽车科技推广应用；市国土部门负责做好新能源汽车充（换）电基础设施建设用地指标调配工作；市交通运输部门负责公交车及出租车推广工作；市公安交警部门负责新能源汽车牌照核发及相关政策落实；市质监部门负责产品符合性检验和不定期抽检；市安监部门负责新能源汽车综合安全监管、指导和协调工作。

本意见由市新能源汽车产业发展推进小组负责解释，自印发之日起试行。

绵阳市人民政府

2014年12月27日

第三篇

地区概况

北京市

一、节能与新能源汽车扶持政策与措施

1. 2014 年 1—12 月

2014 年 1 月 23 日，北京市发布《北京市示范应用新能源小客车管理办法》；2 月 11 日发布《北京市示范应用新能源小客车生产企业及产品审核备案管理细则》；3 月 15 日发布《北京市示范应用新能源小客车财政补助资金管理细则》；5 月 15 日发布《北京市示范应用新能源小客车自用充电设施建设管理细则》；6 月 16 日发布《北京市电动汽车推广应用行动计划（2014—2017 年）》；7 月 1 日发布《关于推进物业管理区域新能源小客车自用充电设施安装的通知》；将政策从购车环节向用车环节延伸，在购车、用车、基础设施建设及运营、服务保障等环节实现全覆盖。

2. 2015 年 1—3 月

2015 年 3 月 5 日，北京市发布《北京市居住公共服务设施配置指标》和《北京市居住公共服务设施配置指标实施意见》，明确居住类建筑应将 18% 的配建机动车停车位作为电动车停车位；3 月 30 日发布《关于购买纯电动专用车有关财政政策的通知》；持续加大对新能源汽车推广应用的支持力度，在全社会营造良好应用氛围。

二、节能与新能源汽车推广应用情况

1. 2014 年 1—12 月

北京市积极开展新能源汽车推广应用工作，在公交、物流、环卫、出租、分时租赁、公务和私人（单位）等领域开展示范推广。2014 年，北京市共推广纯电动汽车 8050 辆，同比增长 228.7%。其中，私人纯电动小客车 3654 辆、出租车 1170 辆、租赁车 2019 辆、公交车 905 辆。

在公交领域积极开展纯电动、插电增程、双源无轨等多种模式，6 ~ 18 米全系列车型，长安街沿线、BRT 等重点线路，怀柔新城、社区微循环、大兴微公交等重点区域的示范推广工作。

在电动出租领域，2014 年，4 个郊区县大兴、房山、怀柔、通州新增电动出租车 670 辆，市中心区推广电动出租车 500 辆，有效治理黑车和改善百姓出行，受到消费者的广泛欢迎。

2. 2015 年 1—3 月

2015 年 1—3 月，北京市示范推广纯电动汽车 1559 辆，其中，公交 283 辆、出租 100 辆、物流 34 辆、租赁 530 辆、私人（单位）612 辆。

三、基础设施建设及运行情况

2014 年，北京市按照公用快速补电、自用慢充主导的能源供给模式，超前规划布局充电设施。2014 年，在公用充电设施方面，在商超、写字楼、4S 店、高速公路服务区、电力服务窗口、加油站、科技园区、P + R 停车场、高校、公园等 10 余个不同业态的典型区域累计建设 200 个站点，充电桩近 1500 个，其中，五环路以内超过 60%，日服务能力超过 4 万车次，已形成中心城区服务半径为 5 公里的充电服务网络。在自用充电设施方面，私人充电桩已建、在建共 2000 余个。

截至 2014 年底，在公交、环卫、出租等公共专用领域，已建成充换电场站 234 座（其中含换电场站 5 座），充电桩约 3700 余个，日服务能力超过 1.7 万车次，能够较好满足示范运行电动车辆的用电需求。其中，公交领域，建成四惠等 16 座充电场站（其中含换电场站 2 座），充电桩 111 个，日最大服务能力超过 1000 车次。2014 年建成的小营公交充电场站，能够满足 140 辆纯电动公交车充电需求。

2015 年 1—3 月，北京市完成建设近 600 个充电桩。

四、节能与新能源汽车发展规划

下一步，将积极落实北京市新能源汽车推广计划，到 2017 年底，清洁与新能源汽车应用规模不少于 20 万辆。其中，公共领域推广 3 万辆；私人领域，到 2017 年，共配置纯电动小客车指标 17 万个。

政策方面，推进公共领域充电设施建设指导意见等政策的出台，积极研究新能源汽车减免停车费、过路费、充电服务费补贴等鼓励政策。

充电桩建设方面，到 2017 年，在社会公共停车场、交通枢纽停车场（含 P + R）、大型商超停车场、高速公路服务区、电动汽车专业营销（4S）店、具备条件的加油站等地建设 10000 个快速充电桩。

五、节能与新能源汽车推广应用统计表

电动汽车推广应用数量

（1）2014 电动汽车推广应用数量

单位：辆

车型	大中型客车	轻型客车	载货车	公务车	出租车	租赁用车	私人车	电力工程车	邮政车	环卫车	其他专用车	其他	合计
纯电动汽车	905	0	0	0	1170	2019	3654	0	0	280	20	2	8050
混合动力汽车	0	124	0	0	2	0	1654	0	0	0	0	591	2371
增程式电动汽车	0	0	0	0	0	0	0	0	0	0	0	0	0
燃料电池汽车	0	0	0	0	0	0	0	0	0	0	0	0	0
天然气汽车	2183	0	151	0	0	0	1	0	0	1	0	0	2336
合计	3088	124	151	0	1172	2019	5309	0	0	281	20	593	12757

注：①本市推广的 12757 辆节能与新能源汽车中 8050 辆纯电动汽车中包括 670 辆进口车。

②本表中统计了 2336 辆天然气汽车。

③本表中 2371 辆混合动力汽车包括插电式混合动力汽车和非插电式混合动力汽车。

（2）2014 年电动汽车推广应用车型及数量

车　型	公告批次	目录序号	数量（辆）
北京牌 BJ7000B3D – BEV 型纯电动轿车	233	11	1
北京牌 BJ7000B3D2 – BEV 型纯电动轿车	264	11	820
北京牌 BJ7000C7H1 – BEV 型纯电动轿车	255	11	113
北京牌 BJ7000C7H3 – BEV 型纯电动轿车	261	11	54
北京牌 BJ7000B3D1 – BEV 型纯电动轿车	249	11	3481
北京牌 BJ7001B3D2 – BEV 型纯电动轿车	263	11	26
北京牌 BJ6450L3R – BEV 型纯电动多用途乘用车	263	11	1
比亚迪牌 QCJ7006BEVF 型纯电动轿车（E6）	216	79	453
腾势牌 QCJ7007BEV 型纯电动轿车	255	79	59
江淮牌 HFC7000AEV 型纯电动轿车	219	56	573
之诺牌（ZINORO） BBA7000EV （ZINORO1E） 型纯电动轿车	253	33	69
启辰牌 DFL7000B2BEV 型纯电动轿车	260	3	95
奇瑞牌 SQR7000BEVJ00 型纯电动轿车	259	119	5
瑞麒牌 SQR7000BEVS184 型纯电动轿车	234	119	1
荣威牌 CSA7000BEV 型纯电动轿车	235	122	49
长安牌 SC7005EV 型纯电动轿车	232	96	216
首望牌 BH7000BEVAA 型纯电动轿车	232	11	5
福田牌 BJ6438EV3 – 1 型纯电动多用途乘用车	262	9	150
福田牌 BJ6123EVCA – 17 型纯电动城市客车	259	9	480
福田牌 BJ6127EVCA 型纯电动城市客车	248	9	75
福田牌 BJ6123EVCA – 9 型纯电动城市客车	242	9	80
福田牌 BJ6650EVCA 型纯电动城市客车	263	9	100
福田牌 BJ6123EVCA – 19 型纯电动城市客车	271	9	100
福田牌 BJ6123EVCA – 6 型纯电动城市客车	248	9	40
广通牌 GTQ6123BEVBT 型纯电动城市客车	262	（十九）28	21
安凯牌 HFF6680GEVB 型纯电动城市客车	263	55	1
依维柯牌 NJ6617AEV 型纯电动客车	261	44	2
金龙牌 XMQ6127AGBEV4 型纯电动城市客车	229	123	10

续表

车　型	公告批次	目录序号	数量（辆）
北京牌 BJ5020XXYV3R－BEV 型纯电动厢式运输车	230	11	20
华林牌 HLT5023ZLJEV 型纯电动自卸式垃圾车	232	（一）31	115
天路牌 BTL5071TSLEV 型纯电动吸尘车	249	44	17
华林牌 HLT5031CTYEV 型纯电动桶装垃圾运输车	250	31	40
华林牌 HLT5032CTYEV 型纯电动桶装垃圾运输车	251	31	54
华林牌 HLT5071ZZZEV 型纯电动自装卸式垃圾车	238	31	32
华林牌 HLT5074ZYSEV 型纯电动压缩式垃圾车	238	31	2
华林牌 HLT5076ZYSEV 型纯电动压缩式垃圾车	238	31	20
拓速乐牌 5YJSA3H1 型纯电动轿车	—	—	656
宝马牌 WBY1Z210 型纯电动轿车	—	—	8
奔驰牌 WMEEJ9AA 型纯电动轿车	—	—	6

注：①本表只统计纯电动汽车。

②本表中统计的 656 辆拓速乐牌 5YJSA3H1 型纯电动轿车为进口车。

③本表中统计的 8 辆宝马牌 WBY1Z210 型纯电动轿车为进口车。

④本表中统计的 6 辆奔驰牌 WMEEJ9AA 型纯电动轿车为进口车。

（3）2015 年 1—3 月底电动汽车推广应用数量

单位：辆

车型	大中型客车	轻型客车	载货车	公务车	出租车	租赁用车	私人车	电力工程车	邮政车	环卫车	其他专用车	其他	合计
纯电动汽车	283	0	0	0	100	530	612	0	0	0	34	0	1559
混合动力汽车	2	150	0	0	0	0	428	0	0	0	0	71	651
增程式电动汽车	0	0	0	0	0	0	0	0	0	0	0	0	0
燃料电池汽车	0	0	0	0	0	0	0	0	0	0	0	0	0
天然气汽车	47	0	21	0	0	0	0	0	0	0	0	0	68
合计	332	150	21	0	100	530	1040	0	0	0	34	71	2278

注：①本表中 1559 辆纯电动汽车中包括 136 辆进口车。

②本表中 651 辆混合动力汽车包括插电式混合动力汽车和非插电式混合动力汽车。

③本表统计了 68 辆天然气汽车。

（4）2015 年 1—3 月底电动汽车推广应用车型及数量

车　型	公告批次	目录序号	数量（辆）
北京牌 BJ7000B3D1－BEV 型纯电动轿车	249	11	125
北京牌 BJ7001B3D2－BEV 型纯电动轿车	263	11	394
北京牌 BJ6450L3R－BEV 纯电动多用途乘用车	263	11	5
比亚迪牌 QCJ7006BEVF 型纯电动轿车	216	108	91
腾势牌 QCJ7007BEV 型纯电动轿车	255	79	87
江淮牌 HFC7000AEV 型纯电动轿车	219	56	149
之诺（ZINORO）牌 BBA7000EV（ZINORO1E）型纯电动轿车	253	33	179
启辰牌 DFL7000B2BEV 型纯电动轿车	260	3	29
奇瑞牌 SQR7000BEVJ00 型纯电动轿车	259	119	36
荣威牌 CSA7000BEV 型纯电动轿车	235	122	11
福田牌 BJ6123EVCA－3 型纯电动城市客车	271	9	40

续表

车 型	公告批次	目录序号	数量（辆）
福田牌 BJ6123EVCA－17 型纯电动城市客车	259	9	190
福田牌 BJ6127EVCA－1 型纯电动城市客车	248	9	1
福田牌 BJ6127EVCA 型纯电动城市客车	248	9	1
福田牌 BJ6180EVCA 型纯电动城市客车	258	9	1
大马牌 HKL6600BEV 型纯电动客车	265	60	10
安凯牌 HFF6680GEVB 型纯电动城市客车	263	55	40
北京牌 BJ5021XXYV3R1－BEV 型纯电动厢式运输车	262	11	34
拓速乐牌 5YJSA3H1 型纯电动轿车（进口）	—	—	131
宝马牌 WBY1Z210 型纯电动轿车（进口）	—	—	2
奔驰牌 WMEEJ9AA 型纯电动轿车（进口）	—	—	2
大众牌 ELECTRIC UP 型纯电动轿车（进口）	—	—	1

注：本表只统计了纯电动汽车。

上海市

一、节能与新能源汽车扶持政策与措施

1.《上海市新能源汽车推广应用实施方案（2013—2015）》于 2014 年 3 月 17 日经市政府常务会议审议通过，并于 6 月 11 日以市政府名义向全市发布和实施。

2. 2014 年 3 月，市交通委、发改委、财政局和建管委制定发布了《关于推广应用节能和新能源等环保型公交车的实施意见》。

3. 上海市电力公司制定了《国网上海市电力公司新建住宅区供电配套工程技术导则（2014 版）》和《上海电动汽车自用充电设施用电业务管理细则》。

4. 上海市绿化市容局《上海市新能源环卫车推广应用实施方案》。

5. 上海市国资委制定了《上海国资系统新能源乘用车推广应用方案（2014—2015）》。

6. 嘉定区制定并出台了《嘉定区新能源汽车推广应用实施方案（2014—2015）》和《嘉定区推广新能源汽车专项补贴实施细则》。

7. 浦东新区出台了《浦东新区关于加快促进新能源汽车推广应用的实施意见（2014—2015 年）》和《浦东新区鼓励购买新能源汽车暂行办法》。

8. 闵行区于 2014 年 6 月 19 日通过了《闵行区新能源汽车推广应用实施方案（2013—2015 年）》和《闵行区私人购买新能源汽车资金补贴管理办法》。

二、节能与新能源汽车推广应用情况

2014 年全年共计推广 10644 辆，其中，纯电动汽车 2403 辆（占总数 22.6%），插电式混合动力汽车 8235 辆（占总数 77.4%）；私人用户 7432 辆（占总数 69.8%）。

2015 年 1—3 月，全市推广新能源汽车 4980 辆。

三、基础设施建设及运行情况

2014 年当年建设各类公共、专用充电桩 2155 个，电力公司完成私人报桩装表接电数 1636 个。

2015 年 1—3 月全市建设各类充电桩 2359 个。

四、节能与新能源汽车项目投融资及园区建设情况

根据上海市统计局的数据，本市 2014 年新能源汽车制造业产值 64.7 亿元，同比增长 56%；2014 年新能源汽车服务业产值 108 亿元，同比增长 11.8%。

五、节能与新能源汽车推广应用统计表

电动汽车推广应用数量

（1）2014 电动汽车推广应用数量

单位：辆

车型	大中型客车	轻型客车	载货车	公务车	出租车	租赁用车	私人车	电力工程车	邮政车	环卫车	其他专用车	其他	合计
纯电动汽车	1272	0	43	609	137	0	337	0	0	5	0	0	2403

续表

车型	大中型客车	轻型客车	载货车	公务车	出租车	租赁用车	私人车	电力工程车	邮政车	环卫车	其他专用车	其他	合计
非插电式混合动力汽车	0	0	0	0	0	0	0	0	0	0	0	0	0
插电式混合动力汽车	259	0	0	544	437	0	6995	0	0	0	0	0	8235
增程式电动汽车	0	0	0	0	0	0	0	0	0	0	0	0	0
燃料电池汽车	0	0	0	6	0	0	0	0	0	0	0	0	6
其他	0	0	0	0	0	0	0	0	0	0	0	0	0
合计	1531	0	43	1159	574	0	7332	0	0	5	0	0	10644

（2）2014 年电动汽车推广应用车型及数量

车　型	公告批次	目录序号	数量（辆）
比亚迪牌 BYD7150WTHEV2 型插电式混合动力轿车（秦）	253	79	434
比亚迪牌 BYD7150WTHEV3 型插电式混合动力轿车	269	108	5963
荣威牌 CSA7154TDPHEV 型插电式混合动力轿车	256	122	1499
荣威牌 CSA7150PHEV 型插电式混合动力轿车	240	122	80
荣威牌 CSA7000BEV 型纯电动轿车（E50）	235	122	318
比亚迪牌 QCJ7006BEVF 型纯电动轿车（E6）	216	79	3
北京牌 BJ7000B3D1 – BEV 型纯电动轿车	263	11	40
康迪牌 SMA7000BEV 型纯电动轿车	255	52	361
康迪牌 SMA7001BEV 型纯电动轿车	253	52	105
江淮牌 HFC7000AEV 型纯电动轿车	219	56	123
力帆牌 LF7002CEV 型纯电动轿车	236	93	13
腾势牌 QCJ7007BEV 型纯电动轿车	255	79	6
启辰牌 DFL7000B2BEV 型纯电动轿车	260	3	34
瑞麒牌 SQR7000BEVS184 型纯电动轿车	234	119	5
奇瑞牌 SQR7000BEVJ00 型纯电动轿车	259	119	40
赛欧牌 SGM7001EV 型纯电动轿车	264	6	35
江南牌 JNJ1021EVL 型纯电动载货车	263	84	2
畅达牌 NJ5028XTYEV1 型纯电动密闭式桶装垃圾车	249	44	5
瑞驰牌 CRC5021XXY – LBEV 型纯电动厢式运输车	257	（二十一）14	14
瑞驰牌 CRC5022XXY – LBEV 型纯电动厢式运输车	257	（二十一）14	12
瑞驰牌 CRC5023XXY – LBEV 型纯电动厢式运输车	257	（二十一）14	13
东南牌 DN5020XXYBEV 型纯电动厢式运输车	230	58	2
申龙牌 SLK6121USBEV 型纯电动城市客车	224	129	15
申沃牌 SWB6107EV17 型纯电动城市客车	253	42	15
申沃牌 SWB6117EV4 型纯电动城市客车	229	42	6
象牌 SXC6105GBEV 型纯电动城市客车	236	（九）26	274
宇通牌 ZK6106BEV1 型纯电动城市客车	253	71	1
宇通牌 ZK6701BEVQ3 型纯电动客车	262	71	665
宇通牌 ZK6125BEVG6 型纯电动客车	263	71	2
青年牌 JNP6120BEV1 型纯电动客车	264	7	275

续表

车 型	公告批次	目录序号	数量（辆）
申龙牌 SLK6105USBEV 型纯电动城市客车	241	129	15
金龙牌 XMQ6126YE 型纯电动客车	203	123	4
申沃牌 SWB6127CHEV2 型插电式混合动力城市客车	257	42	50
申沃牌 SWB6127SHEV8 型插电式混合动力城市客车	259	42	150
宇通牌 ZK6120CHEVPG1 型插电式混合动力城市客车	263	71	1
宇通牌 ZK6105CHEVPG4 型插电式混合动力城市客车	259	71	5
申龙牌 SLK6109USCHEV03 型插电式混合动力城市客车	262	129	14
申龙牌 SLK6109USCHEV06 型插电式混合动力城市客车	266	129	20
象牌 SXC6110GSHEV 型插电式混合动力城市客车	259	（九）26	19
荣威牌 CSA7003FCEV 型燃料电池轿车	262	122	6

（3）2015 年 1—3 月底电动汽车推广应用数量

单位：辆

车型	大中型客车	轻型客车	载货车	公务车	出租车	租赁用车	私人车	电力工程车	邮政车	环卫车	其他专用车	其他	合计
纯电动汽车	260	0	38	390	75	0	375	0	0	0	0	0	1138
非插电式混合动力汽车	0	0	0	0	0	0	0	0	0	0	0	0	0
插电式混合动力汽车	0	0	0	633	642	0	2290	0	0	0	0	0	3565
增程式电动汽车	0	0	0	0	0	0	0	0	0	0	0	0	0
燃料电池汽车	0	0	0	0	0	0	0	0	0	0	0	0	0
其他	0	0	0	0	0	0	0	0	0	0	0	0	0
合计	260	0	38	1023	717	0	2665	0	0	0	0	0	4703

天津市

一、节能与新能源汽车扶持政策与措施

1. 2014 年 1—12 月

2014 年，天津市政府颁布出台了《天津市新能源汽车推广应用实施方案（2013—2015 年）》《关于促进我市新能源汽车推广应用的若干政策》，形成天津市推广应用新能源汽车的重要纲领性文件保障，其中，政策涉及新能源汽车财政补贴标准、充电设施规划用地保障、新能源汽车技术检测保障、金融支持、技术研发和产业化支持等，以及针对具体推广应用领域的针对性支持等，如邮政快递物流车上路不受货运车辆禁行限制等，研究确定符合车辆性能和配置水平的新能源出租车收费标准，新增和更新的环卫车辆、政府机关公务用车中，新能源汽车比例不低于 30%，住宅小区物业允许住户在所属停车位/库申请安装充电桩等。

市财政局和市科委联合下发了《天津市新能源汽车财政补贴管理办法》，明确天津市地方财政补贴标准按照中央财政补贴标准的 1∶1 比例予以配套。市电力公司制定了《居民个人新能源小客车充电设施报装绿色通道》等政策措施。此外，天津市在制定出台机动车限号政策中，明确规定新能源汽车可直接申领号牌，对企业和私人购买使用新能源汽车起到助推作用。

2. 2015 年 1—3 月

市国土局会同市科委、市发展改革委、市规划局制定了《天津市加气充电站项目建设有关意见》，明确要求新建 LNG/CNG 加气站项目，要配建新能源汽车充电设施，实现充电功能。市建委修订的《天津市居住区公共服务设施配置标准》中明确提出“居住区应按停车泊位的 15% 的比例预留具备充电功能的停车位”，并于 2015 年 2 月 1 日正式实施。市规划局出台了《天津电动汽车充换电设施近期建设规划》，对全市充换电近期发展进行整体规划和建设部署，提出未来形成以充电为主、换电为辅的供电模式。

为进一步指导产业发展和推广应用，2015 年天津市制

订了《天津市新能源汽车产业发展三年行动计划》，明确指出未来三年本市将在公交、邮政快递、出租、环卫、公务、企业和私人等6个领域推广应用新能源汽车2万辆，政府机关等公共机构新增或更新新能源汽车比例不低于30%。到2017年初步建成布局合理的公共充电网络。并对新能源汽车产业发展和技术创新做出部署。

此外，天津市重点推动相关部门加快出台充电服务费收费标准、公共基础设施建设规划、市内出租车更新车辆办法、区县出租车运营管理办法、建筑物配建充电桩标准等亟待突破的政策和文件，涉及公交、出租、建筑、加油加气站等特定行业，其专业性和实际影响力将不断增强。通过政策文件的研究出台，国家政策不断在津落地实施，推广应用措施不断强化，地方推广应用政策体系逐步形成。

二、节能与新能源汽车推广应用情况

1. 2014年1—12月

2014年，天津市共完成新能源车辆上牌车辆2055辆，累计达到2118辆。2014年完成上牌车辆中，公交领域作为重点推广领域，结合全市公共交通“八大工程”总体部署，加大新增、更新公交车辆中的新能源车辆比例，共投运846辆，占全年新投运公交总数2609辆的32.4%，主要运营在638、862、700、666、641、687等城区主线道。邮政快递领域，结合天津市取缔快递三轮车的时机，以满足快递末端派送为主、中转盘拨为辅，全方位引进全国各地在目录新能源车型，制订了《天津市邮政快递新能源汽车推广应用实施方案2014》，加大车辆投入使用力度，全年新增或更新360辆邮政快递车辆中新能源汽车达到113辆，占比31.4%；此外，除邮政快递外，还推广应用193辆物流车，主要运行于快捷洗染、货运代理、物流服务等企业。出租领域完成18辆纯电动车辆的试运行。公交、邮政快递、物流、出租等公共领域共投运新能源汽车1170辆，占2014年新能源车上牌数的56.9%。企业及私人用车在免摇号、免购置税、财政补贴等支持政策的刺激下，呈现快速发展态势，完成885辆纯电动和混合动力车辆的上牌。

2. 2015年1—3月

2015年第一季度，天津市新能源汽车新增上牌数611辆，其中，公交领域125辆，企业及私人等社会用车411辆，快递专用车55辆，宝坻区区域出租车20辆。至一季度末，天津市累计完成新能源汽车上牌2729辆。

2015年，天津市新能源汽车推广应用工作持续发力。公交领域，继续推进公交发展“八大工程”，加大新增、更新公交车辆中的新能源和清洁能源车辆比例。到2016年，本市新能源和清洁能源车辆比例达到50%。邮政快递领域，制订了《天津市邮政快递新能源推广应用实施方案2015》，明确全年完成目标和各项措施，将采取租用、融资租赁、自购等多种推广使用邮政快递车。近期计划投入300辆纯电动邮政快递车，目前购车方案正在国家总公司进行审批。环卫领域新能源汽车推广应用数量取得新进展，市容园林委对184台新能源小型高压清洗车进行了公开招标，中标车企正在加紧生产，计划于2016年7月投入应用。市市容园林委还将于下半年启动30辆新能源机扫车的招标工作。区县出租方面，宝坻区正在积极总结百泰公司经验，按照公司化、区域化、电动化原则，研究遴选特许经营公司的方式和标准，再确定其他运营公司，区域内全部采用新能源汽车开展区县出租试点。武清、宁河、静海、蓟县均已上报年度计划，正在加快推进。

三、基础设施建设及运行情况

1. 2014年1—12月

2014年，天津市电力公司和公交集团密切配合，新建成公交充、换电站共7座；在市区土地紧张的情况下，市规划局新规划电动公交站用地8块，保障了后续新能源公交车发展需求；启动了全市新能源汽车充电桩建设试点，已选取35个点位开展建设，涉及机关、学校、企业、医院、居民小区、商业设施等，市科委、建委、执法局、财政局已完成建设并投入使用，其他试点单位建设正在陆续展开；市财政局经过大力争取，天津市新能源汽车公共充电设施建设被财政部列为全国唯一的PPP试点项目。

截至2014年底，全市已建成海泰、富力津门湖等换电站以及柴楼、双港新家园等直充电站共13座，其中，换电工位10个，建成各类充电桩881个，全力支撑了全市新能源汽车的正常运行使用。

2. 2015年1—3月

2015年初，天津市在京沪高速天津段沿线建设小型充电站8座，全市累计充换电站数量达到21座，新建各类充电桩58个，累计达到939个。全市新能源汽车基础设施试点加快建设。东丽区区域试点正在加快推进，除政府和小区外，医院、学校、公共停车场正在加快实施；西青区政府也主动谋划，出台了《西青区新能源汽车基础设施试点建设方案》，成为继东丽区之后的又一区域性试点，计划在政府机关、物业小区、医院学校等场所建设充电设施，7月中旬全部投入使用。

天津市先行先试，不设置任何门槛，积极引导社会资本参与建设充电设施。作为首批国家PPP示范项目，在天津市新能源汽车公共充电设施网络项目建设中，天津市充分调动各方积极性和主动性，引进民营充电设施建设企业，通过政府和社会资本合作，加快建设运营新能源汽车公共充电设施网络，增强本地配套服务能力，计划未来三年利用社会资本建设新能源充电桩1100个。目前天津市已形成政府规划统筹、市电力公司、比亚迪、普天新能源、特锐德、圣纳科技等企业积极参与的新能源汽车基础设施建设体系。电力公司负责全市充、换电站建设的电力配电、增容扩容等工作，并为私人车辆安装充电桩。比亚迪投资建设了公交四公司等充换电站，满足金马牌纯电动车的日常运营；普天新能源已与宝坻百泰新能源、顺丰、申通等物流公司进行沟通合作，计划2015年底投入建设100个充电桩；特锐德和圣纳科技两家公司绑定区县，开展充电设施建设和运营。同时，特锐德也与邮政快递物流行业进行沟通，正在接洽为其建设充电设施。此外，天津市借鉴北京经验，与百度、天地图等公司洽谈合作开发本市公共充电设施电子地图，与基础设施运行商的网络平台对接，形成公共充电设施两级服务网络。

四、节能与新能源汽车项目投融资及园区建设情况

1. 2014年1—12月

2014年，天津市不断加大新能源汽车产业发展。市科委、市工信委、市发改委等部门大力推动，比亚迪、清源、扫地王等企业先后获得生产资质或产品公告。比亚迪纯电动整车项目已开工建设；清源公司产品不断完善，2014年共销售纯电动微型物流车257辆。扫地王公司华环牌纯电动自装卸式垃圾车于年底取得公告。

此外，积极推动华泰汽车开发新能源汽车争取生产资质，目前华泰汽车已完成20辆新能源汽车的组装下线，并开始在滨海新区进行示范运营，预计项目达产后可实现每年完成1万辆新能源汽车的产能。动力电池产业爆发式增长，力神2014年实现动力电池销售6亿元，较2013年翻两番，目前已完成2015年订单30亿元，动力电池占比将首次超过3C电池，捷威动力、神鹿等企业也快速发展。动力系统方面，松正公司开发的公交插电混合动力系统经国内权威机构检测，节油率超过45%、电驱70%、颗粒排放物减少90%，达到国际领先水平，2014年全国销售1800多套，产值近5亿元。2015年将推出第五代插电式混合动力系统，其节油特点、电驱时间、排放颗粒物指标将更加优化，企业有望上市。天津市新能源汽车已基本形成整车、电池正极、负极、隔膜、电解液和电池生产完整的产业链条。

2. 2015年1—3月

2015年，天津市新能源整车产业基础进一步夯实。泓峰泰、华夏等两家企业先后获得泓锋泰牌纯电动厢式运输车和天华兴牌纯电动厢式运输车的产品公告。4月，华泰汽车纯电动轿车产品公告获得。目前全市已拥有比亚迪、泓峰泰、京达环卫、扫地王、华夏、华泰等10家整车生产制造企业，获得国家公告产品达到21款，实现津产新能源汽车产品大类全覆盖，包括新能源乘用车、客车、物流车、环卫车等。

下一步，天津市将加快产业融资，组织政府引导基金和民营资本共同成立天津市新能源汽车产业发展专项基金，支持新能源汽车天使和成长期项目以及充电设施建设融资，也为更多争取400亿国家新兴产业创业投资引导基金做好铺垫。同时，在全市银行系统开展新能源汽车产业专题培训，策划成立新能源汽车企业担保联盟，提高银行贷款成功率。此外，在自贸区获批的背景下，加快发展新能源汽车整车、电池等融资租赁业务，逐步培育专业化程度较高的融资租赁公司和中介服务机构。

五、节能与新能源汽车发展规划

2015年，天津市政府发布了《天津市新能源汽车产业发展三年行动计划》，对我市新能源汽车推广应用和产业发展工作做了全面深入的部署：

车辆推广方面。将在公交、邮政快递、出租、环卫、公务、企业和私人等6个领域推广应用新能源汽车2万辆，政府机关等公共机构新增或更新新能源汽车比例不低于30%。充分发挥政府引导在公共服务领域的作用，在公交、邮政快递、出租及环卫等4个领域推广应用新能源汽车，结合区域特点，在宝坻区、武清区、蓟县、静海县、宁河县推广应用新能源汽车，探索模式、积累经验，并逐步推广至其他区域。充分发挥政府机关率先垂范的带动效应，建立健全新能源公务用车管理机制；通过市场化运营手段，在企业日常办公车辆、通勤班车和私家车等领域加大新能源汽车的推广应用。

产业发展方面。今后三年，天津市将推动比亚迪公交车、清源邮政快递车等新能源汽车尽快形成批量生产能力；推动华泰、华夏加快新能源汽车的研发、生产和示范运行，加快形成客车、环卫、邮政、乘用多领域系列车型的生产能力；以整车带配套，培育壮大动力电池、电机、电控行业发展。将围绕新能源汽车整车、电池、电机、电控等核心环节，集成优势资源，联合技术开发，重点突破电池储能、控制系统、驱动系统核心技术和关键技术，开发一批高品质、有竞争力的产品。力争将天津建成我国新能源汽车应用示范区、中国北方新能源汽车产业高地。到2017年，本市新能源汽车全产业链将实现产值200亿元，其中，整车产值达到100亿元，新能源汽车领域核心企业达到50家。

六、节能与新能源汽车推广应用统计表

1. 电动汽车推广应用数量

（1）2014 年电动汽车推广应用数量　　单位：辆

车型	大中型客车	轻型客车	载货车	公务车	出租车	租赁用车	私人车	电力工程车	邮政车	环卫车	其他专用车	其他	合计
纯电动汽车	274	0	0	0	18	0	461	0	306	0	0	0	1059
非插电式混合动力汽车	0	0	0	0	0	0	0	0	0	0	0	0	0
插电式混合动力汽车	572	0	0	0	0	0	424	0	0	0	0	0	996
增程式电动汽车	0	0	0	0	0	0	0	0	0	0	0	0	0
燃料电池汽车	0	0	0	0	0	0	0	0	0	0	0	0	0
其他	0	0	0	0	0	0	0	0	0	0	0	0	0
合计	846	0	0	0	18	0	885	0	306	0	0	0	2055

（2）2014 年电动汽车推广应用车型及数量

车　型	公告批次	目录序号	数量（辆）
金马牌 TJK6122BEV 型纯电动城市客车	242	（二）04	118
金马牌 TJK6123BEV 型纯电动城市客车	256	（二）04	43
宇通牌 ZK6105BEVG1 型纯电动城市客车	266	71	20
宇通牌 ZK6125BEVG1 型纯电动城市客车	235	71	47
安凯牌 HFF6128G03EV 型纯电动城市客车	237	55	20
安凯牌 HFF6123G03EV 型纯电动城市客车	261	55	6
福田牌 BJ6123EVCA－2 型纯电动城市客车	235	9	20
金旅牌 XML6115JHEVA8C 型插电式混合动力城市客车	264	124	52
金龙牌 XMQ6106AGHEV12 型插电式混合动力城市客车	259	123	50
中通牌 LCK6105CHEV 型插电式混合动力城市客车	270	125	44
中通牌 LCK6122PHEVC 型插电式混合动力城市客车	270	125	63
宇通牌 ZK6105CHEVNPG5 型插电式混合动力城市客车	264	71	2
宇通牌 ZK6105CHEVPG5 型插电式混合动力城市客车	263	71	78
宇通牌 ZK6120CHEVPG1 型插电式混合动力城市客车	263	71	20
宇通牌 ZK6120CHEVPG5 型插电式混合动力城市客车	270	71	90
宇通牌 ZK6125CHEVNPG5 型插电式混合动力城市客车	264	71	11
申龙牌 SLK6109USCHEV03 型插电式混合动力城市客车	262	129	82
海格牌 KLQ6109GAHEVE4B 型插电式混合动力城市客车	262	112	80
清源牌 QY5021XXYBEVYL 型纯电动厢式运输车	262	（二）22	247
北京牌 BJ5021XXYV3R1－BEV 型纯电动厢式运输车	262	11	57
瑞驰牌 CRC5024XXY－LBEV 型纯电动厢式运输车	267	（二十一）14	2
江淮牌 HFC7000AEV 型纯电动轿车	219	56	23
众泰牌 JNJ7000EVZ 型纯电动轿车	263	84	68
众泰牌 JNJ7000EVZ4 型纯电动轿车	264	84	104
众泰牌 JNJ7000EVZ5 型纯电动轿车	264	84	96
威志牌 CA7000EV 型纯电动轿车	242	18	10
比亚迪牌 QCJ7006BEVF 型纯电动轿车	216	79	14
北京牌 BJ7000B3D1－BEV 型纯电动轿车	263	11	153
启辰牌 DFL7000B1BEV 型纯电动轿车	250	3	3
力帆牌 LF7002CEV 型纯电动轿车	236	93	2

续表

车 型	公告批次	目录序号	数量（辆）
朗世牌 TV7000GBEV 型纯电动轿车	267	18	5
奇瑞牌 SQR7000BEVJ00 型纯电动轿车	259	119	1
比亚迪牌 BYD7150WTHEV2 型插电式混合动力轿车（秦）	253	79	424

（3）2015 年 1—3 月底电动汽车推广应用数量

单位：辆

车型	大中型客车	轻型客车	载货车	公务车	出租车	租赁用车	私人车	电力工程车	邮政车	环卫车	其他专用车	其他	合计
纯电动汽车	2	0	0	0	20	0	115	0	55	0	0	0	192
非插电式混合动力汽车	0	0	0	0	0	0	0	0	0	0	0	0	0
插电式混合动力汽车	123	0	0	0	0	0	296	0	0	0	0	0	419
增程式电动汽车	0	0	0	0	0	0	0	0	0	0	0	0	0
燃料电池汽车	0	0	0	0	0	0	0	0	0	0	0	0	0
其他	0	0	0	0	0	0	0	0	0	0	0	0	0
合计	125	0	0	0	20	0	411	0	55	0	0	0	611

（4）2015 年 1—3 月底电动汽车推广应用车型及数量

车 型	公告批次	目录序号	数量（辆）
宇通牌 ZK6701BEVQ3 型纯电动客车	262	71	2
中通牌 LCK6105CHEV 型插电式混合动力城市客车	270	125	53
申龙牌 SLK6109USCHEV03 型插电式混合动力城市客车	262	129	25
海格牌 KLQ6109GAHEVE4B 型插电式混合动力城市客车	262	112	10
宇通牌 ZK6120CHEVPG5 型插电式混合动力城市客车	270	71	35
清源牌 QY5021XXYBEVYL 型纯电动厢式运输车	262	（二）22	31
北京牌 BJ5021XXYV3R1－BEV 型纯电动厢式运输车	268	11	24
江淮牌 HFC7000AEV 型纯电动轿车	219	56	3
江淮牌 HFC7001AEV 型纯电动轿车	263	56	6
众泰牌 JNJ7000EVX 型纯电动轿车	264	84	14
众泰牌 JNJ7000EVZ 型纯电动轿车	254	84	1
众泰牌 JNJ7000EVZ4 型纯电动轿车	260	84	37
众泰牌 JNJ7000EVZ5 型纯电动轿车	260	84	2
北京牌 BJ7000B3D1－BEV 型纯电动轿车	249	11	7
北京牌 BJ7000C7H3－BEV 型纯电动轿车	261	11	2
北京牌 BJ7000B3D2－BEV 型纯电动轿车	264	11	4
启辰牌 DFL7000B1BEV 型纯电动轿车	264	3	2
奇瑞牌 SQR7000BEVJ00 型纯电动轿车	259	119	32
东南牌 DN7000MBEV 型纯电动轿车	245	58	20
东风牌 ZN6493H2YBEV 纯电动多用途乘用车	253	72	5
比亚迪牌 BYD7150WTHEV2 型插电式混合动力轿车（秦）	253	79	263
比亚迪牌 BYD7150WTHEV3 型插电式混合动力轿车（秦）	253	79	33

2. 电动汽车充（换）电站（桩）统计表

（1）2014 年底电动汽车充（换）电站（桩）保有量统计表

充电站					充电桩		换电站
城市名称	数量（座）	充电机功率总计（kW）	充电站占地面积（m^2）	投资金额（万元）	慢充（个）	快充（个）	数量（座）
天津市	10	—	—	—	655	226	3

（2）2015 年 1—3 月底电动汽车充（换）电站（桩）统计表

充电站					充电桩		换电站
城市名称	数量（座）	充电机功率总计（kW）	充电站占地面积（m^2）	投资金额（万元）	慢充（个）	快充（个）	数量（座）
天津市	8	—	—	—	46	12	0

重庆市

一、节能与新能源汽车扶持政策与措施

2014 年 11 月 21 日，出台了《重庆市新能源汽车推广应用工作方案（2013—2015 年）》（渝府办发〔2014〕143 号）。

2015 年 1 月 12 日，出台了《重庆市新能源汽车推广应用市级财政补贴实施细则（暂行）》（渝财企〔2014〕3 号）。

二、节能与新能源汽车推广应用情况

2014 年，本市共推广应用新能源汽车共计 640 辆，其中，插电式混合动力客车 401 辆，纯电动（插电式）乘用车 97 辆，纯电动物流车 142 辆。

2015 年第一季度，本市共推广应用新能源汽车 80 辆，其中，插电式混合动力客车 48 辆，纯电动乘用车 28 辆，纯电动物流车 4 辆。

三、基础设施建设及运行情况

2014 年，建成投运综合充电站 4 座、充换电站 1 座、小型充电站 8 座、交流充电桩 200 台和充换电设施运营监控管理系统。

四、节能与新能源汽车项目投融资及园区建设情况

2014 年，通过招才引智，引进中国工程院、中国航空工业集团、清华大学、德国新能源车辆传动系统研发公司等高层次人才团队 10 个；引进美国江森自控公司、北汽集团、华晨鑫源等整车、电池、电机、电控及零部件生产企业 24 家，并建立了新能源汽车关键零部件试验开发平台，极大提升了新能源汽车技术开发和检测服务能力，对新能源汽车产业发展起到有力的推动作用。

在产品创新方面，设立了汽车共性技术创新基金，开展汽车领域前瞻共性技术研究与应用示范。重庆造快速充电纯电动客车在高海拔地区成功运行，成为国内第一辆全程不间断超长时间、超长距离运行，翻越海拔 3600 多米高山到达高原旅游区的纯电动大型客车；重庆五洲龙公司新能源客车成功出口哈萨克斯坦；重庆大学牵头的“重庆自主品牌汽车协同创新中心”获批成为国家级“2011 协同创新中心”，将为重庆市新能源汽车产业培育一批人才。建成中国西部第一座综合汽车试验场并顺利运营；商用车后服务、智能交通车联网、路联网全息交通、车载终端及网络运营等四大产业链正在形成。与此同时，重庆积极探索新能源汽车分时租赁等运营新模式，形成市级部门、区县政府、运营公司、生产企业、电力与金融企业等 60 余个单位协同推进的格局，初步实现从示范运行向推广应用的转变。

2015 年 1 月，德国戴姆勒（奔驰公司）智行交通服务集团旗下 car2go 项目落户两江新区，打造汽车共享分时租赁模式；按照“政府引导、市场运作、科学决策、防范风险”的原则，经市政府同意，重庆渝富集团和市政府产业投资股权引导基金拟发起设立重庆战略性新兴产业股权投资基金。该基金重庆国有母基金约 255 亿元，吸引社会资本约 550 亿元，总体规模约 800 亿元，投资我市新能源汽车等 10 个战略性新兴产业项目，将极大促进新能源汽车及充电设施的研发、生产及推广应用。

五、节能与新能源汽车发展规划

发展思路：坚持“自主创新、分线突破、协同发展”的方针，以整车龙头企业带动产业链发展，支持关键零部件系统形成产业集群，以混合动力汽车作为我市传统汽车节能技术改造升级换代的主要方向，着力推广示范、营造市场，实现混合动力汽车产品市场化；以纯电动汽车作为新能源汽车发展主要战略取向，以动力电池、电机、电控技术为突破

口，着力推进纯电动汽车、插电式电动汽车产业化；建立健全新能源汽车产业体系，着力自主创新，掌握关键核心技术，把新能源汽车产业培育成为我市战略性新兴产业和国民经济新的增长点，实现汽车工业跨越式发展。

总体目标：到2015年，基本形成较完善的新能源汽车产业链，布局合理的产业集群，建立实质运行、对产业发展具有较大促进作用的产业联盟，包括（客车、乘用车、商用车、低速电动车）到关键零部件（电池、电机、电控、电空调、电制动、电助力转向）等，把重庆市建设成为国内节能与新能源汽车研发和制造能力最具竞争力和影响力的城市。

六、节能与新能源汽车推广应用统计表

1. 电动汽车推广应用数量

（1）2014年电动汽车推广应用数量

单位：辆

车型	大中型客车	轻型客车	载货车	公务车	出租车	租赁用车	私人车	电力工程车	邮政车	环卫车	其他专用车	其他	合计
纯电动汽车	0	0	0	0	0	0	95	0	0	0	142	0	237
非插电式混合动力汽车	0	0	0	0	0	0	0	0	0	0	0	0	0
插电式混合动力汽车	401	0	0	0	0	0	2	0	0	0	0	0	403
增程式电动汽车	0	0	0	0	0	0	0	0	0	0	0	0	0
燃料电池汽车	0	0	0	0	0	0	0	0	0	0	0	0	0
其他	0	0	0	0	0	0	0	0	0	0	0	0	0
合计	401	0	0	0	0	0	97	0	0	0	142	0	640

（2）2014年电动汽车推广应用车型及数量

车　型	公告批次	目录序号	数量（辆）
恒通客车牌CKZ6116HNHEVA4型插电式混合动力城市客车	232	127	320
恒通客车牌CKZ6116HNHEV4型插电式混合动力城市客车	264	127	34
海格牌KLQ6129GAHEVC5A型插电式混合动力城市客车	253	112	6
宇通牌ZK6105CHEVPG2型插电式混合动力城市客车	258	71	16
宇通牌ZK6105CHEVPG1型插电式混合动力电动城市客车	243	71	25
比亚迪牌BYD7150WTHEV2型插电式混合动力轿车（秦）	253	79	2
奇瑞牌SQR7000BEVJ00型纯电动轿车	259	119	2
众泰牌JNJ7000EVZ型纯电动轿车	263	84	19
众泰牌JNJ7000EVZ4型纯电动轿车	260	84	15
众泰牌JNJ7000EVZ5型纯电动轿车	260	84	50
力帆牌LF7002CEV型纯电动轿车	236	93	9
瑞驰牌CRC5020XXY－LBEV型纯电动厢式运输车	240	（二十一）14	6
瑞驰牌CRC5021XXY－LBEV型纯电动厢式运输车	257	（二十一）14	83
瑞驰牌CRC5022XXY－LBEV型纯电动厢式运输车	257	（二十一）14	48
瑞驰牌CRC5023XXY－LBEV型纯电动厢式运输车	257	（二十一）14	5

（3）2015年1—3月底电动汽车推广应用数量

单位：辆

车型	大中型客车	轻型客车	载货车	公务车	出租车	租赁用车	私人车	电力工程车	邮政车	环卫车	其他专用车	其他	合计
纯电动汽车	0	0	0	0	0	0	28	0	0	0	4	0	32
非插电式混合动力汽车	0	0	0	0	0	0	0	0	0	0	0	0	0

续表

车型	大中型客车	轻型客车	载货车	公务车	出租车	租赁用车	私人车	电力工程车	邮政车	环卫车	其他专用车	其他	合计
插电式混合动力汽车	48	0	0	0	0	0	0	0	0	0	0	0	48
增程式电动汽车	0	0	0	0	0	0	0	0	0	0	0	0	0
燃料电池汽车	0	0	0	0	0	0	0	0	0	0	0	0	0
其他	0	0	0	0	0	0	0	0	0	0	0	0	0
合计	48	0	0	0	0	0	28	0	0	0	4	0	80

（4）2015 年 1—3 月底电动汽车推广应用车型及数量

车　型	公告批次	目录序号	数量（辆）
恒通客车牌 CKZ6116HNHEVA4 型插电式混合动力城市客车	232	127	40
五洲龙牌 WZL6101PHEVGEG4 型插电式混合动力城市客车	251	（二十一）07	8
瑞驰牌 CRC5021XXY－LBEV 型纯电动厢式运输车	257	（二十一）14	4
长安牌 SC7003AEV 型纯电动轿车	256	96	1
奇瑞牌 SQR7000BEVJ00 型纯电动轿车	259	119	11
众泰牌 JNJ7000EVZ5 型纯电动轿车	260	84	2
众泰牌 JNJ7000EVZ4 型纯电动轿车	260	84	14

2. 2014 年底电动汽车充（换）电站（桩）保有量统计表

城市名称	充电站				充电桩		换电站
	数量（座）	充电机功率总计（kW）	充电站占地面积（m^2）	投资金额（万元）	慢充（个）	快充（个）	数量（座）
重庆市	12	7150	5352	4634	200	29	1

河北省

一、节能与新能源汽车扶持政策与措施

《河北省人民政府关于加快新能源汽车发展和推广应用的实施意见》〔2014〕73 号。

《关于做好新能源汽车充换电站（桩）建设规划及年度施工计划的通知》（冀发改能源〔2014〕177 号）。

《河北省人民政府办公厅关于成立河北省新能源汽车发展和推广应用工作领导小组的通知》（办字〔2014〕46 号）。

二、节能与新能源汽车推广应用情况

2014 年底，全省累计推广应用各类新能源车 1171 辆，签订采购合同 1242 辆。

2015 年 1—5 月，全省累计推广应用各类新能源车 1613 辆。

三、基础设施建设及运行情况

1. 2014 年 1—12 月

建设充换电站 14 座、充电桩 307 个。

2. 2015 年 1—3 月

建设充换电站 34 座、充电桩 136 个。

四、节能与新能源汽车发展规划

到 2020 年，形成 20 万辆纯电动汽车、插电式混合动力汽车生产能力。

五、节能与新能源汽车推广应用统计表

1. 电动汽车推广应用数量

（1）2014 年电动汽车推广应用数量

单位：辆

车型	大中型客车	轻型客车	载货车	公务车	出租车	租赁用车	私人车	电力工程车	邮政车	环卫车	其他专用车	其他	合计
纯电动汽车	175	0	0	8	0	7	128	0	0	0	1	0	319
非插电式混合动力汽车	0	0	0	1	0	0	26	0	0	0	0	0	27
插电式混合动力汽车	695	0	0	110	0	0	20	0	0	0	0	0	825
增程式电动汽车	0	0	0	0	0	0	0	0	0	0	0	0	0
燃料电池汽车	0	0	0	0	0	0	0	0	0	0	0	0	0
其他	0	0	0	0	0	0	0	0	0	0	0	0	0
合计	870	0	0	119	0	7	174	0	0	0	1	0	1171

（2）2014 年电动汽车推广应用车型及数量

应用城市	车型	公告批次	目录序号	数量（辆）
秦皇岛市	宇通牌 ZK6701BEVQ3 型纯电动客车	262	71	10
	中通牌 LCK6660EVG 型纯电动城市客车	257	125	30
	宇通牌 ZK6120CHEVNPG4 型插电式混合动力城市客车	248	71	368
	福田牌 BJ6123PHEVCA－7 型插电式混合动力城市客车	255	9	40
	飞翼牌 SK6107PHEV14 型插电式混合动力城市客车	263	（三）77	40
张家口市	宇通牌 ZK6120CHEVNPG4 型插电式混合动力城市客车	248	71	197
石家庄市	广通牌 GTQ6105BEVB2 型纯电动城市客车	262	（十九）28	2
	荣威牌 CSA7154TDPHEV 型插电式混合动力轿车	256	122	110
保定市	宇通牌 ZK6701BEVQ3 型纯电动客车	262	71	1
	众泰牌 JNJ7000EVZ4 型纯电动轿车	260	84	68
	比亚迪牌 BYD7150WTHEV2 型插电式混合动力轿车（秦）	253	79	18
沧州市	中通牌 LCK6661EVG 型纯电动城市客车	264	125	60
	福田牌 BJ6123PHEVCA－7 型插电式混合动力城市客车	255	9	20
邯郸市	广通牌 GTQ6105BEVB1 型纯电动城市客车	249	（十九）28	20
	福田牌 BJ6123PHEVCA－7 型插电式混合动力城市客车	255	9	5
	广通牌 GTQ6105BEVBT2 型纯电动城市客车	262	（十九）28	20
	东宇牌 NJL6100BEV4 型纯电动城市客车	262	（十）15	20
	中通牌 LCK6108EVG1 型纯电动城市客车	264	125	10
邢台市	江淮牌 HFC7000A1EV 型纯电动轿车	264	56	10
	众泰牌 JNJ7000EVZ4 型纯电动轿车	260	84	18
	众泰牌 JNJ7000EVZ5 型纯电动轿车	260	84	9
	奇瑞牌 SQR7000BEVJ00 型纯电动轿车	259	119	1
	比亚迪牌 BYD7150WTHEV2 型插电式混合动力轿车（秦）	253	79	2
	丰田（TOYOTA）牌 GTM7251HEVE 型混合动力轿车	256	89	2
	丰田（TOYOTA）牌 GTM7251HEVS 型混合动力轿车	236	89	25
廊坊市	金龙牌 XMQ6106AGHEV12 型插电式混合动力城市客车	259		25
	比亚迪牌 QCJ7006BEVF 型纯电动轿车	216	79	2
	清源宝骑牌 QY5020XXYBEVECCB 型纯电动厢式运输车	249		1

续表

应用城市	车型	公告批次	目录序号	数量（辆）
唐山市	众泰牌 JNJ7000EVZ 型纯电动轿车	254	84	31
	北京牌 BJ7000B3D－BEV 型纯电动轿车	233	11	4
	恒通客车牌 CKZ6127HBEVB 型纯电动城市客车	245	127	2

（3）2015 年 1—5 月底电动汽车推广应用数量

单位：辆

车型	大中型客车	轻型客车	载货车	公务车	出租车	租赁用车	私人车	电力工程车	邮政车	环卫车	其他专用车	其他	合计
纯电动汽车	423	0	0	3	0	0	175	0	0	0	0	49	650
非插电式混合动力汽车	0	0	0	0	0	0	0	0	0	0	0	0	0
插电式混合动力汽车	263	0	0	0	540	0	160	0	0	0	0	0	963
增程式电动汽车	0	0	0	0	0	0	0	0	0	0	0	0	0
燃料电池汽车	0	0	0	0	0	0	0	0	0	0	0	0	0
其他	0	0	0	0	0	0	0	0	0	0	0	0	0
合计	686	0	0	3	540	0	335	0	0	0	0	49	1613

2. 电动汽车充（换）电站（桩）统计表

（1）2014 年底电动汽车充（换）电站（桩）保有量统计表

充电站					充电桩		换电站
城市名称	数量（座）	充电机功率总计（kW）	充电站占地面积（m^2）	投资金额（万元）	慢充（个）	快充（个）	数量（座）
石家庄市	1	—	—	3000	3	5	—
唐山市	1	—	—	—	—	—	1
沧州市	1	—	—	—	—	15	—
保定市	6	—	—	—	69	24	—
邯郸市	4	—	—	—	—	40	—

（2）2015 年 1—5 月底电动汽车充（换）电站（桩）统计表

充电站					充电桩		换电站
城市名称	数量（座）	充电机功率总计（kW）	充电站占地面积（m^2）	投资金额（万元）	慢充（个）	快充（个）	数量（座）
石家庄市	3	—	—	—	—	27	—
唐山市	1	—	—	—	—	18	—
承德市	2	—	—	—	—	20	—
保定市	1	—	—	—	67	20	—
衡水市	2	—	—	—	—	—	—
邯郸市	3	—	—	—	—	33	—

山西省

一、2014 年节能与新能源汽车扶持政策与措施

1. 2014 年 6 月山西省政府第 48 次常务会议研究通过《山西省新能源汽车产业重大项目布局推进意见》，明确了山西省新能源汽车产业为电动汽车、甲醇汽车、燃气汽车；2014 年 11 月，山西省人民政府办公厅印发了《山西省加快推进新能源汽车产业发展和推广应用若干政策措施》的通知（晋政办发〔2014〕77 号）文件，为了更好地落实《山西省新能源汽车产业重大项目布局推进意见》，加快推进三大重点汽车基地的发展，提出了 14 项推进政策措施，为新能源汽车产业的发展提供了有利的政策支持。

2. 制定出台了节能与新能源汽车山西省地方标准。完成了涉及有关甲醇燃料的安全作业、燃料生产、加注输配设施建设等 11 项标准。

二、节能与新能源汽车生产经营情况

1. 整车方面。位于太原市经济技术开发区的山西皇城相府宇航汽车制造有限公司，新厂区设计能力为 5000 辆客车，包括传统和新能源客车。截至 2014 年已有 15 种新能源客车上国家《公告》；目前已建成 2 条生产线，厂区内有 24 个充电桩，年生产能力 1000 辆。生产了 20 辆纯电动公交客车，已投入晋城市公交线路，2015 年 1 月 1 日正式运行。

山西大运汽车制造有限公司，位于山西运城市空港经济开发区。拥有国内一流的冲压、焊装、涂装、总装专用车五大工艺生产线，开发了牵引车、自卸车、载货车、专用车和挂车五大系列 1800 余种车型，年生产载重汽车 5 万辆能力，2 万辆纯电动箱式运输车能力，纯电动箱式运输车已上国家汽车《公告》，计划在运城市示范运行。

2. 关键零部件方面。山西华夏动力科技有限公司电机、电控已达到 10 万台套的生产能力，动力电池已达到年生产 5000 万安时能力。生产的电机、电控、电池已上申沃客车公司生产的电动客车的国家《公告》。已与太原市有意向，2015 年供 25 辆纯电动公交客车运行。永济新时速、中道能源、大同齿轮、高平唐一、山西恒昌元、昊荣、天朔公司等企业从事生产电动汽车的磷酸铁锂电池、镍锰锂电池、钇铁锂离子电池及电池管理系统，均磁电机，电控设备，混动变速器等，已有部分电池、电机、电控生产企业生产有一定的规模，初步具备了发展电动汽车的基础。

三、节能与新能源汽车示范推广进展情况

截至 2014 年底，山西省共运行的节能与新能源汽车 1200 辆，其中，纯电动公交客车 45 辆、行业专用车电动车 6 辆、乘用车 630 辆、插电式混合动力公交客车 107 辆、低速电动环卫车 412 辆。

山西省科技厅开展了新能源汽车产业技术创新链课题研究工作，通过课题研究提出扶持新能源汽车创新的科技研发项目，调动企业技术研发的积极性。

甲醇汽车试点情况。2013 年 3 月晋中市启动 150 辆甲醇出租车试点运行项目，2014 年 3 月，从运行满一年的 20 辆车中，抽取了三辆甲醇汽车（运行里程最长一辆、运行里程最短一辆、随机抽取一辆），委托天津中国汽车技术研究中心进行了整车检测。检测项目包括最高车速、次高档 60～100km/h 加速时间、最高档 60～100km/h 加速时间、起步换挡加速到 100km/h 时间、全油门加速通过 400m 时间、爬坡性能、90km/h 等速行驶燃料消耗、120km/h 等速行驶燃料消耗、车外加速噪声等 9 项内容，各项检测结果均符合国家标准。

排放检测。常规排放方面：检测内容包括 HC 排放、CO 排放、NOX 排放、燃料消耗量、CO ⁻P排放。检测报告显示，各项检测结果均符合国Ⅳ标准，其中，部分指标低于国Ⅳ限额值 50% 以上；甲醛排放方面：三辆车的甲醛排放最高为 0.7mg/km，远低于规定限额值 10mg/km。2014 年 5 月启动了长治市甲醇城际公交客车 100 辆的试点运行工作，运行情况良好。一年来，从数据采集报告、车辆检测及整体推进情况看，试点运行平稳正常，取得了阶段性成效。

四、基础设施建设及运行情况

在推进基础设施建设方面，山西省太原市建成了充换电站一座（1 个换点工位，可满足 40 辆车换电），4 个快充桩、10 个慢充桩；市区还建有 116 个慢充桩，24 个快充桩；正在建设的还有 2 个换电站；晋城市 11 个快充桩，12 个慢充桩；晋中市 20 个充电桩。目前可满足使用，根据电动车发展基地建设规划，将逐步增加充电设施建设。

五、节能与新能源汽车基地建设情况

山西省在“十三五”期间将打造太原市、晋中市、晋城市为电动汽车产业基地；晋中市、长治市为甲醇汽车产业基地，太原市、运城市、大同市为燃气汽车基地。

产业基地依托宇航汽车、山西新能源、大运汽车、江铃重汽、成功汽车、大同陕汽等企业以及优势零部件企业，以电动客车、甲醇轿车、燃气重卡、专用车、关键零部件为发展方向，引进国内外优势生产企业，协作突破关键技术。强化推进措施，提升新能源汽车生产制造水平，以产业带市场，以市场促产业，构建创新能力强、产业化水平高的产业基地。

六、节能与新能源汽车发展规划

坚持从实际出发，根据山西省"缺油、相对富气、富煤"的实际情况，抓住国家发展支持新能源汽车战略机遇，立足山西煤、电、气产业优势，以煤—电—车、煤—醇（甲醇）—车、煤—气（煤层气）—车为产业方向，以电动汽车、甲醇汽车、燃气汽车为产业重点，在6个城市布局了新能源汽车发展规划（2015—2020年）。根据各城市的汽车产业、资源优势等条件，明确了太原、晋中、晋城、长治、运城、大同市发展新能源汽车的产业方向，促进山西的产业结构转型发展。在多元化的车用能源开发应用中，经过市场和工程实践的经验，优胜劣汰，积极推动国家倡导的新能源汽车，同时也发展适合自己的新能源汽车。

2015年推进配套设施建设。加快制订电动汽车充换电设施建设规划，将充换电设施规划纳入配电网规划；甲醇燃料加注站改造与新建并举，在已有的基础上，根据车辆运行情况，逐步增加销售网点，结合城市布局，每市选择4~5座条件成熟的汽、柴油加油站布局建设甲醇加注站；加气站在太原、大同、运城市2015年新增燃气加气站不少于5座。

发展目标：到2020年全省汽车产能达到70万辆，其中，新能源汽车产能41万辆，产销量21万辆，实现产值500亿元。电动汽车产能达到1万辆，产销1万辆，建成充换电站50座、充电桩8000个，实现产值150亿；甲醇汽车产能达到30万辆，产销量15万辆，甲醇发动机产能达到20万台；实现产值150亿；燃气汽车产能达到10万辆，产销量5万辆。实现产值200亿元。

七、节能与新能源汽车推广情况统计表

1. 2014年电动汽车推广应用数量

单位：辆

车型	大中型客车	轻型客车	载货车	公务车	出租车	租赁用车	私人车	电力工程车	邮政车	环卫车	其他专用车	其他	合计
纯电动汽车	45	0	0	0	0	0	630	0	0	0	0	0	675
非插电式混合动力汽车	0	0	0	0	0	0	0	0	0	0	0	0	0
插电式混合动力汽车	107	0	0	0	0	0	0	0	0	0	0	0	107
增程式电动汽车	0	0	0	0	0	0	0	0	0	0	0	0	0
燃料电池汽车	0	0	0	0	0	0	0	0	0	0	0	0	0
其他	0	0	0	0	0	0	0	0	0	0	0	0	0
合计	152	0	0	0	0	0	630	0	0	0	0	0	782

2. 2014年电动汽车推广应用车型及数量

应用城市	车型	公告批次	目录序号	数量（辆）
太原市	众泰牌JNJ7000EVZ4型纯电动轿车	260	84	100
	众泰牌JNJ7000EVZ5型纯电动轿车	260	84	530
	申沃牌SWB6121EV13型纯电动城市客车	250	42	15
	申沃牌SWB6121EV7型纯电动城市客车	232	42	10
晋中市	中通牌LCK6101HEV1型插电式混合动力城市客车	231	125	2
	中通牌LCK6106PHENV型插电式混合动力城市客车	252	125	20
	中通牌LCK6122PHEV型插电式混合动力城市客车	254	125	50
	中通牌LCK6123PHEVCN型插电式混合动力城市客车	257	125	30
	中通牌LCK6126PHENV型插电式混合动力城市客车	252	125	5
晋城市	山西牌SXK6107GBEV型纯电动城市客车	267	（四）01	20

吉林省

一、2014 年产业运行情况

截至 2014 年，吉林省从事新能源汽车及关键部件生产与研发企事业单位 14 家，其中，新能源汽车整车企业 4 家（一汽新能源汽车分公司、一汽客车有限公司、长春华奥汽车制造有限公司和长春北车电动汽车有限公司），锂离子电池企业 2 家（吉林中聚新能源有限公司、长春国基电子科技有限公司），电池材料企业 2 家（长春劲能锂电池科技有限公司、辽源鸿图锂电隔膜科技股份有限公司），电机企业 2 家（富奥汽车零部件股份有限公司、辽源汇丰电机制造有限公司），电控企业 2 家（富奥汽车零部件股份有限公司、启明信息技术股份有限公司），其余从事相关研发的单位还有吉林大学汽车学院、一汽技术中心、中国科学院长春应用化学研究所、东北师范大学。

2014 年，吉林省在积极组织推进新能源汽车在长春市以及全省范围内示范推广应用工作的同时，继续加大对新能源整车和关键零部件的技术攻关，加强了新能源汽车产业联盟的建设，以产业联盟促进技术合作，以技术合作促技术突破。全省新能源汽车产业取得了一定进展。

1. 新能源整车研发进程加快

一汽客车完成 12 米插电式气电混合动力客车研发，并与长春公交签订了 130 台订单。搭建了纯电动客车开发平台并开发了一款 12 米纯电动公交客车，已经完成公告申报。一汽新能源公司完成奔腾 B50 纯电动轿车的优化和欧朗纯电动轿车的研发并取得了公国公告。同时，开展了坤程皮卡 EV 的开发试制工作和佳宝 V80 EV 首台功能性样车的开发试制及样车功能调试。吉林高新电动完成了国家新能源汽车整车生产资质审批和 12 米纯电动客车产品公告目录的申报。截至 2014 年，全省新增新能源汽车公告车型 4 款，其中，轿车 2 款，客车 2 款，全省累计新能源公告车型达到 20 款。

2. 新能源汽车推广应用工作得到推进

2014 年 1 月，长春市进入国家新能源汽车推广应用城市后，各方积极组织推动长春市新能源汽车推广应用方案细化和落实工作，将全年目标分解为 11 个部门和领域，落实购车资金，研究充电配套基础设施建设，对企业下达生产任务书，研究制定购买补贴办法。在省市两级政府的共同努力下，新能源汽车推广应用工作得到突破，省内实现推广新能源汽车 116 辆，其中，长春市 66 辆，吉林市 50 辆。全省累计推广新能源汽车达到 403 辆，其中，客车 289 辆，轿车 114 辆。

3. 新能源汽车产业化取得一定成效

在新能源汽车推广应用工作的促进下，2014 年，吉林省共计生产新能源汽车 744 辆。其中，一汽新能源汽车分公司生产奔腾 B50 纯电动和插电式混合动力轿车 682 辆，吉林高新电动汽车有限公司生产 7 米纯电动客车 42 辆，长春华奥汽车制造有限公司生产 12 米新能源客车 20 辆，其中，纯电动客车 9 辆，混合动力客车 11 辆。一汽客车有限公司 130 辆 12 米插电式混合动力公交客车也进入了生产准备阶段。不完全统计，2014 年全省新能源汽车工业实现产值约为 3.2 亿元，其中，整车 2 亿元，关键零部件 1.2 亿元。

4. 动力电池材料关键技术有所突破

2014 年，中国科学院长春应用化学研究所研制的锰基正极材料容量从 200mA·h/g 提高到 250mA·h/g 以上，开展的中试制备技术已经具备了百公斤级生产能力，小批量生产的锰基正极材料已开展了车用动力电池单体的组装和实验。辽源鸿图锂电隔膜科技股份有限公司研制的锂离子电池陶瓷隔膜两种规格产品技术指标已达到国内领先水平，可替代进口产品，并成为天津力神电池股份有限公司的 A 级供应商。

5. 公共实验研发检测平台能力提升

吉林大学汽车工程学院开发了具有系列功能的电机驱动系统硬件在环测试平台，填补了电驱动系统研发流程中的短板，完善了电驱动系统开发流程，并在奔腾 B50 电动轮轿车实验平台的基础上，开展了小单体动力电池成组技术研究和实验。启明信息技术股份有限公司建立了较为完备的新能源电池、电机、各项电子电器检测能力，尤其在电池安全领域，初步具备了国标、德标等检测能力。

二、2014 年开展的主要工作

1. 落实新能源汽车产业相关政策。依据《大气污染防治目标责任书》，制定了《吉林省推广应用新能源汽车工作实施方案》；研究制定了落实《国务院办公厅关于加快新能源汽车推广应用指导意见实施细则》，协调省级各职能部门，明确各项任务分工。

2. 推动新能源汽车产业加快进程。加强对新能源整车和关键零部件协同开发项目的跟踪服务，联合省财政厅开展了对 12 家单位 13 个项目的进度核查工作，对未能按进度完成项目的单位进行了督导，对项目遇到的问题进行协调解决。

3. 支持新能源汽车产业研发项目建设。2014 年省级重点产业发展引导资金 1200 万元，用于支持新能源汽车产业研发和产业化，对 3 个新能源整车和 5 个关键零部件研发项目给予重点支持，拉动企业研发项目投资 7535 万元。

4. 推动新能源汽车推广应用工作。争取长春市进入国家新一轮新能源汽车推广应用城市。推动长春市《新能源汽车推广应用实施方案》出台和组织推进，制定了《关于对省内推广应用新能源汽车财政补贴的意见》，同时，还积极协调辽源、吉林两市开展新能源汽车推广应用工作。

5. 加强新能源汽车产业联盟建设。组织召开省新能源汽车产业联盟工作会议，对全年新能源汽车研发工作进行部署，提出研发目标。组织联盟内单位加强合作，促进辽源汇丰电机制造有限公司与一汽客车有限公司，长春国基电子科技有限公司与吉林大学汽车工程学院、一汽客车有限公司，中国科学院长春应用化学研究所与一汽技术中心之间技术合作。

三、2015 年工作措施

1. 加强新能源汽车产业指导和规划引导。一是研究落实国家出台的新能源汽车发展规划和相关政策，指导企业向 2015 年国家技改专项“节能与新能源汽车产业化”重点专题 7 个方向发展，争取国家项目的支持；二是开展吉林省新能源汽车产业“十三五”专项课题研究，明确发展思路和目标，发展重点和主要任务，争取纳入全省工业十三五规划重点发展，推进全省新能源汽车产业布局，拉伸新能源汽车产业链。

2. 推进新能源汽车产业化进程。一是通过加强项目跟踪服务，加快推进新能源汽车重点项目建设；二是通过协调上下游产业链，重点推进三大关键部件配套和全省推广应用环境的改善；三是加强在专用车领域发展新能源汽车的谋划，积极促进新能源专用车产业的发展。

3. 继续支持新能源汽车研发。2015 年省新能源汽车产业发展引导资金，重点支持符合国家示范推广车型要求的新能源整车研发和能够实现配套的关键部件研发项目，引导省内新能源汽车企业开展联合开发和协作配套，加快技术创新和产品升级，对优势企业和优势项目加大资金扶持力度。

4. 加快推动新能源汽车推广应用工作。一是推动落实国务院办公厅关于加快新能源汽车推广应用指导意见，协调有关部门按照责任分工，落实相关任务；二是继续支持长春市新能源汽车推广应用工作的开展，及时协调解决推广过程中的问题，争取在辽源等其他城市开展新能源汽车推广应用工作，做好省级补贴资金的落实和国家补贴资金的申请；三是帮助企业争取更多新能源汽车产品进入国家《节能与新能源汽车示范推广应用工程推荐车型目录》和《免征车辆购置税的新能源汽车车型目录》；四是建立新能源汽车示范支撑系统。利用省内现有资源，鼓励以企业为主体，建立包括基础设施、运营管理、运营监控、服务保障、安全救援等服务体系。

5. 推进全省新能源汽车产业协同发展。坚持以企业为主体，以市场为导向，整合省内新能源汽车研发资源，加快吉林大学汽车工程学院等科研单位新能源汽车共性技术平台建设，完善现有技术服务平台的服务能力，积极搭建综合性公共服务平台，在产品研发、成果转化、终端应用之间发挥桥梁作用。

6. 推进新能源汽车产业创新发展。推进新能源汽车产业与信息化的融合渗透，建设一批“两化”融合示范企业。通过推进下一代互联网、云计算、大数据等关键技术、设备、软件及业务应用，以及数字化车间建设和智能制造发展，进一步提升全省新能源汽车产业能级水平。

黑龙江省

一、节能与新能源汽车扶持政策与措施

黑龙江龙华汽车有限公司于 2012 年建成投产，目前已经具备年产 3000 辆新能源汽车的产能，为支持企业扩大产品市场，推进黑龙江省新能源汽车产业的发展，2014 年，省政府相关部门采取多种方式帮助企业开展产品推介工作。针对龙华汽车产品市场业绩问题、高寒地区电动汽车示范运行问题，以及部分企业购车资金紧张等问题，实施了对购买省内新能源汽车补贴政策，对鸡西、牡丹江两市购买清洁能源、油电或油气混合、纯电动汽车以更新营运车辆等给予一定资金补贴。根据《国务院办公厅关于加快新能源汽车推广应用的指导意见》要求，黑龙江省政府责成黑龙江省工业和信息化委员会作为全省新能源汽车推广应用牵头部门，由省政府相关部门组成推进工作小组，制定了《黑龙江省新能源汽车推广应用推进工作方案》，根据各自工作职能开展推广应用工作。推进组建立联席工作会制度，定期召开会议研究部署推广应用工作。针对黑龙江省地处高寒地区的实际，组织相关专家对适合我省情况的新能源汽车的技术类型进行了研究论证。

2015 年第一季度，完成《黑龙江省新能源汽车推广应

用实施意见》（征求意见稿），正在征求各地市及相关部门意见。

二、节能与新能源汽车推广应用情况

2014 年，购置小型环卫专用车辆 270 台，其中，垃圾倒运车辆 140 台、多功能保洁车 30 台、电瓶保洁车 100 台，新能源车辆占总购置数量的 37%。

三、基础设施建设及运行情况

2014 年，鼓励和支持发展新能源汽车配套设施。黑龙江昆仑能源有限公司规划投资 3.6 亿元，在省内建成 18 个天然气（LNG、CNG）加气站、特别是在 LNG 加气站网络中，起示范和引导作用。黑龙江龙华汽车公司与港华燃气公司合作，拟在各市地建设加气站，省内研发纯电动车充电系统的企业也在与电力部门、城市规划部门等共同研究充电系统建设问题。

四、新能源汽车项目投融资及园区建设情况

黑龙江龙华汽车有限公司是黑龙江省发展新能源汽车的龙头企业，开发研制的新能源汽车产业化项目主要包括新能源公交车、客车，新能源汽车专用电机，太阳能光伏组件三个部分。目前公司具备了年产 3000 辆新能源汽车的生产能力。包括 7 米系列、8 米系列、10 米系列、12 米系列、清扫车等五大系列产品。

公司新开发的 7 吨级纯电动扫路车，经过实际操作检验，技术指标达到设计要求。节能环保清扫车关键部件产业化项目，计划新建现代化生产线两条和专业化的机加工设备，满足年产 2000 台节能环保清扫车的生产能力。两条现代化生产线中，一条是电动车底盘生产线，配备铆接机、车架翻转机、轮胎拆装机、轮胎拧紧机、轮胎动平衡机、多套定位工装及多台葫芦吊和行吊，计划产能 3000 台；另一条是焊装线，配备合装设备、各扇骨架组焊设备等。

节能环保清扫车关键部件产业化项目建成后将拥有年产 2000 台节能环保清扫车的生产能力。

五、节能与新能源汽车发展规划

以黑龙江龙华汽车为龙头，带动黑龙江省节能与新能源汽车产业发展。鼓励和支持黑龙江龙华汽车、鑫龙江客车、大庆沃尔沃、长安福特哈尔滨公司等汽车企业发展节能与新能源汽车，到 2020 年，节能与新能源汽车产量达到一万辆。以光宇电池为龙头，大力发展新能源电池、控制系统及配套产业，到 2020 年节能与新能源汽车产业年销售收入力争达到 50 亿元。

六、节能与新能源汽车推广应用统计表

1. 电动汽车推广应用数量

（1）2014 年电动汽车推广应用数量

单位：辆

车型	大中型客车	轻型客车	载货车	公务车	出租车	租赁用车	私人车	电力工程车	邮政车	环卫车	其他专用车	其他	合计
纯电动汽车	0	0	0	0	0	0	0	0	0	0	0	0	0
非插电式混合动力汽车	0	0	0	0	0	0	0	0	0	0	0	0	0
插电式混合动力汽车	143	0	0	0	0	0	0	0	0	0	0	0	143
增程式电动汽车	0	0	0	0	0	0	0	0	0	0	0	0	0
燃料电池汽车	0	0	0	0	0	0	0	0	0	0	0	0	0
其他	0	0	0	0	0	0	0	0	0	0	0	0	0
合计	143	0	0	0	0	0	0	0	0	0	0	0	143

（2）2014 年电动汽车推广应用车型及数量

车 型	公告批次	目录序号	数量（辆）
中通牌 LCK6126PHENV 型插电式混合动力城市客车	252	125	33
宇通牌 ZK6105CHEVPG1 型插电式混合动力电动城市客车	243	71	65
宇通牌 ZK6105CHEVNPG4 型插电式混合动力城市客车	249	71	30
宇通牌 ZK6120CHEVNPG4 型插电式混合动力城市客车	248	71	15

2. 燃气汽车推广应用统计

（1）2014 年底燃气汽车应用保有量统计表

单位：辆

车　型		LPG	LNG	CNG	合计
燃气汽车	大中型客车	0	0	4054	4054
	轻型客车	0	0	0	0
	货车	0	0	0	0
	出租车	0	0	0	0
	私人用车	0	0	0	0
	其他	0	0	0	0
	小计	0	0	4054	4054

（2）2015 年 1—3 月燃气汽车应用数量统计表

单位：辆

车　型		LPG	LNG	CNG	合计
燃气汽车	大中型客车	0	0	42	42
	轻型客车	0	0	0	0
	货车	0	0	0	0
	出租车	0	0	0	0
	私人用车	0	0	0	0
	其他	0	0	42	42

3. 2014 年底电动汽车充（换）电站（桩）保有量统计表

充电站					充电桩		换电站
城市名称	数量（座）	充电机功率总计（kW）	充电站占地面积（m^2）	投资金额（万元）	慢充（个）	快充（个）	数量（座）
哈尔滨市	1	300	1500	1800	160	—	—

江苏省

一、2014 年节能与新能源汽车扶持政策与措施

1. 出台一系列扶持政策

出台《关于加快新能源汽车推广应用的意见》《关于进一步支持新能源汽车推广应用的若干意见》《2015 年江苏省新能源汽车推广应用省级财政补贴实施细则》，在产业发展、重点领域推广、充电基础设施建设、运行监督管理等方面明确政策措施，形成了一套新能源汽车推广应用长效管用的政策体系。

2. 规划引导强化设施建设

编制《江苏省新能源汽车充电设施发展规划（2015—2020）》，将其纳入城市建设规划。同时，降低准入门槛，简化项目备案，支持新能源汽车整车、销售、运营、充电设备企业开展充电设施建设营运。全省规划布局内的充电设施建设加快推进，目前全省建有各类充（换）电站、充电桩群 245 个，各类交直流充电桩超过 4000 个。其中，南京沙洲公交停车场建有充电桩 150 根，是世界单体规模最大的新能源公交车充电设施。

3. 重点突破强化公共示范

严格按照公共领域更新和新增车辆的新能源汽车比例不低于 30% 的要求，加大公交车、出租车、公务车推广应用力度，以政府示范引领推动建设绿色低碳交通体系。2014 年全省推广应用新能源公交车超过 3000 辆，新增和更新的公交车 50% 以上采用新能源汽车。充分利用 2014 年南京青奥会契机，在南京市推广纯电动公交车 981 辆、纯电动出租车 928 辆，形成良好的示范效应和社会影响力。

二、地区节能与新能源汽车生产经营情况

2014 年，江苏省新能源汽车产业保持较快增长，运行继续保持良好态势。根据部分新能源汽车企业产销情况分析和判断，2014 年预计全省新能源汽车产业完成销售收入

超过250亿元，同比增长约150%。

2015年1—3月，江苏省新能源汽车产业完成销售收入达到60亿元，同比增长100%左右。

三、节能与新能源汽车示范推广工作进展情况

2014年，南京等7个城市共推广新能源汽车9027辆，推广数量约占全国同期推广数量的8%，其中，纯电动汽车7432辆，插电式混合动力汽车1595辆。

四、基础设施建设及运行情况

2014年，全省建有各类充电站32座、充换电站9座，交流慢充桩（群）140个，直流快充桩（群）75各，建有各类交、直流充电桩3028个

2015年第一季度，全省建设各类充电桩群30多个，交直流充电桩超过1000个。

五、地区主要节能与新能源汽车企业情况

2014年，苏州金龙销售新能源客车2785辆，销售收入25亿元，增长300%以上；南京金龙销售纯电动客车1523辆，销售收入超过15亿元，同比增长500%以上；南京比亚迪建成投产，2014年销售新能源汽车940辆，销售收入近20亿元；江苏奥新销售纯电动专用车940辆，销售额近1.5亿元，同比增长1000%以上。

2015年1—3月，我省共有南京特种汽车制配厂有限公司、南京汽车集团有限公司、南京金龙客车制造有限公司、江苏常隆客车有限公司、苏州吉姆西客车制造有限公司、金龙联合汽车工业（苏州）有限公司、江苏奥新新能源汽车有限公司、江苏九龙汽车制造有限公司、江苏卡威汽车工业集团有限公司等9家公告内新能源汽车生产企业共销售新能源汽车2237辆，实现销售收入超过16亿元，同比增长200%以上。

六、节能与新能源汽车推广情况统计表

电动汽车示范推广数量

（1）2014年电动汽车示范推广数量

单位：辆

车型	大中型客车	轻型客车	载货车	公务车	出租车	租赁用车	私人车	电力工程车	邮政车	环卫车	其他专用车	其他	合计
纯电动汽车	2464	1408	0	135	928	340	926	20	0	576	237	398	7432
非插电式混合动力汽车	0	0	0	0	0	0	0	0	0	0	0	0	0
插电式混合动力汽车	1253	0	0	10	0	0	332	0	0	0	0	0	1595
增程式电动汽车	0	0	0	0	0	0	0	0	0	0	0	0	0
燃料电池汽车	0	0	0	0	0	0	0	0	0	0	0	0	0
其他	0	0	0	0	0	0	0	0	0	0	0	0	0
合计	3717	1408	0	145	928	340	1258	20	0	576	237	398	9027

（2）2014年1月—2015年3月底电动汽车示范推广数量

应用城市	车型	公告批次	目录序号	数量（辆）
南京市	宇通牌ZK6125CHEVNPG4型插电式混合动力城市客车	250	71	100
	海格牌KLQ6109TAEV1型纯电动客车	253	112	210
	康迪牌SMA7000BEV型纯电动轿车	255	52	191
	东宇牌NJL6100BEV2型纯电动城市客车	262	（十）15	38
	东宇牌NJL6118BEV型纯电动客车	243	（十）15	200
	东风牌EQ6640CLBEV1纯电动客车（A08）	263	3	67
	海格牌KLQ6601BEV型纯电动客车	266	112	5
	东宇牌NJL6100BEV3型纯电动城市客车	262	（十）15	20
	宇通牌ZK6701BEVQ3型纯电动客车	262	71	273
	北京牌BJ7000B3D1－BEV型纯电动轿车	263	11	4
	东宇牌NJL6600BEV纯电动客车	255	（十）15	9
	比亚迪牌BYD7150WTHEV2型插电式混合动力轿车（秦）	253	79	296
	大马牌HKL6600BEV型纯电动客车	265	（十）60	46
	金龙牌NJT5020XXYBEV1型纯电动厢式运输车	265	（十）35	50

续表

应用城市	车型	公告批次	目录序号	数量（辆）
南京市	金龙牌 NJT5020XXYBEV2 型纯电动厢式运输车	265	（十）35	30
	荣威牌 CSA7154TDPHEV 型插电式混合动力轿车（550pulg - in）	256	122	1
	北京牌 BJ7001B3D2 - BEV 型纯电动轿车	263	11	2
	依维柯牌 NJ6607CEV1 型纯电动客车	263	44	11
	康迪牌 SMA7001BEV 型纯电动轿车	253	52	149
	江淮牌 HFC7000AEV 型纯电动轿车	219	56	4
	海格牌 KLQ6702EV 型纯电动客车	227	112	33
	东宇牌 NJL6118BEV1 型纯电动客车	262	（十）15	20
	东宇牌 NJL6129BEV 型纯电动城市客车	237	（十）15	60
	东宇牌 NJL6600BEV3 型纯电动客车	261	（十）15	218
	奇瑞牌 SQR7000BEVJ00 型纯电动轿车	259	119	3
	比亚迪牌 QCJ7006BEVF 型纯电动轿车（E6）	216	79	928
	金旅牌 XML6700JEV20 型纯电动客车	264	124	16
	东宇牌 NJL6129BEV4 型纯电动城市客车	261	（十）15	200
	比亚迪牌 CK6120LGEV2 型纯电动城市客车（K9）	238	79	649
	东宇牌 NJL6600BEV6 型纯电动客车	264	（十）15	4
	宇通牌 ZK6115BEV1 型纯电动客车	264	71	50
苏州市	海格牌 KLQ6109GCHEV1A 型插电式混合动力城市客车	236	112	16
	海格牌 KLQ6109GHEV1A 型插电式混合动力城市客车	248	112	6
	海格牌 KLQ6109GCHEV1B 型插电式混合动力城市客车	257	112	133
	海格牌 KLQ6119GAHEVC5 型插电式混合动力城市客车	255	112	192
	海格牌 KLQ6119GCHEV1A 型插电式混合动力城市客车	248	112	2
	海格牌 KLQ6119GHEV1A 型插电式混合动力城市客车	249	112	2
	海格牌 KLQ6129GAHEVC5 型插电式混合动力城市客车	255	112	83
	海格牌 KLQ6129GCHEV1A 型插电式混合动力城市客车	238	112	1
	海格牌 KLQ6129GHEV4A 型插电式混合动力城市客车	248	112	6
	海格牌 KLQ6129GQHEV2 型插电式混合动力城市客车	228	112	2
	安凯牌 HFF6128G03PHEV - 2 型插电式混合动力城市客车	266	55	1
	海格牌 KLQ6109GAHEVE4A 型插电式混合动力城市客车	255	112	1
	海格牌 KLQ6129GQHEV1 型插电式混合动力城市客车	262	112	1
	海格牌 KLQ6119GAHEVC5 型插电式混合动力城市客车	255	112	26
	海格牌 KLQ6119GAHEVC5A 型插电式混合动力城市客车	256	112	1
	海格牌 KLQ6109GCHEV1B 型插电式混合动力城市客车	257	112	1
	比亚迪牌 BYD7150WTHEV2 型插电式混合动力轿车（秦）	253	79	14
	海格牌 KLQ6129GEV 型纯电动城市客车	217	112	6
	海格牌 KLQ6129GEV2 型纯电动城市客车	253	112	3
	海格牌 KLQ6109GAEV1 型纯电动城市客车	255	112	1
	海格牌 KLQ6109TAEV1 型纯电动客车	253	112	275
	海格牌 KLQ6129GEV1 型纯电动城市客车	253	112	62
	海格牌 KLQ6601BEV 型纯电动客车	266	112	298

续表

应用城市	车型	公告批次	目录序号	数量（辆）
苏州市	海格牌 KLQ6702EV 型纯电动客车	247	112	182
	海格牌 KLQ6832GEV1 型纯电动城市客车	264	112	14
	大马牌 HKL6600BEV 型纯电动客车	265	（十）60	2
	东宇牌 NJL6600BEV3 型纯电动城市客车	261	（十）15	16
	宇通牌 ZK6115BEV1 型纯电动客车	264	71	10
	宇通牌 ZK6701BEVQ3 型纯电动客车	262	71	18
	北京牌 BJ7000B3D1－BEV 型纯电动轿车	249	11	3
	众泰牌 JNJ7000EVZ 型纯电动轿车	263	84	23
	众泰牌 JNJ7000EVZ4 型纯电动轿车	260	84	6
	众泰牌 JNJ7000EVZ5 型纯电动轿车	260	84	7
	瑞驰牌 CRC5021XXY－LBEV 型纯电动厢式运输车	257	（二十一）14	4
常州市	安凯牌 HFF6100G03EV－3 型纯电动城市客车	248	55	12
	大马牌 HKL6600BEV 型纯电动客车	265	（十）60	44
	东宇牌 NJL6600BEV3 型纯电动客车	261	（十）15	99
	海格牌 KLQ6109TAEV1 型纯电动客车	253	112	52
	海格牌 KLQ6601BEV 型纯电动客车	266	112	41
	海格牌 KLQ6702EV 型纯电动客车	227	112	23
	宇通牌 ZK6106BEV2 型纯电动客车	254	71	5
	宇通牌 ZK6115BEV1 型纯电动客车	264	71	10
	宇通牌 ZK6701BEVQ3 型纯电动客车	262	71	120
	东风牌 EQ6640CLBEV1 型纯电动客车	263	3	2
	东风牌 ZN5034XGCH2YBEV 型纯电动工程车	255	72	3
	海格牌 KLQ6129GHEV4A 型插电式混合动力城市客车	238	112	5
	海格牌 KLQ6129GAHEVC5A 型插电式混合动力城市客车	253	112	85
	金龙牌 XMQ6127GHEV16 型插电式混合动力城市客车	254	123	50
	北京牌 BJ6450L3R－BEV 型纯电动多用途乘用车	263	11	2
	北京牌 BJ7000B3D1－BEV 型纯电动轿车	249	11	210
	北京牌 BJ7001B3D2－BEV 型纯电动轿车	263	11	1
	康迪牌 SMA7000BEV 型纯电动轿车	255	52	299
	康迪牌 SMA7001BEV 型纯电动轿车	253	52	199
	众泰牌 JNJ7000EVZ 型纯电动轿车	254	84	1
	众泰牌 JNJ7000EVZ4 型纯电动轿车	260	84	9
	众泰牌 JNJ7000EVZ5 型纯电动轿车	260	84	27
	江淮牌 HFC7000AEV 型纯电动轿车	219	56	3
	奇瑞牌 SQR7000EAS11 型纯电动轿车	206	119	1
	比亚迪牌 BYD7150WTHEV2 型插电式混合动力轿车（秦）	253	79	26
盐城市	达福迪牌 JAX5021XXYBEV 型纯电动厢式运输车	239	（十）74	39
	达福迪牌 JAX5020ZXXBEV 型纯电动车厢可卸式垃圾车	237	（十）74	191
	达福迪牌 JAX5022ZXXBEV 型纯电动车厢可卸式垃圾车	260	（十）74	298

续表

应用城市	车型	公告批次	目录序号	数量（辆）
盐城市	东风牌 ZN5034XGCH2YBEV 型纯电动工程车	255	72	2
	东宇牌 NJL6600BEV 纯电动客车	255	（十）15	2
	北京牌 BJ7000B3D1 - BEV 型纯电动轿车	263	11	6
	东宇牌 NJL6600BEV3 型纯电动客车	261	（十）15	2
	宇通牌 ZK6105CHEVPG1 型插电式混合动力电动城市客车	243	71	50
	达福迪牌 JAX5022XXYBEV 型纯电动厢式运输车	261	（十）74	181
	依维柯牌 NJ6607AEV 型纯电动客车	255	44	197
	金龙牌 XMQ6106AGHEV12 型插电式混合动力城市客车	259	123	120
	金龙牌 XMQ6127GHEV19 型插电式混合动力城市客车	259	123	40
	华骐牌 YQZ7001BEV 型纯电动轿车	245	47	30
	比亚迪牌 BYD7150WTHEV2 型插电式混合动力轿车（秦）	253	79	1
南通市	东风牌 EQ5031TSLACBEV 型纯电动扫路车	257	3	48
	东风牌 EQ5020ZZZACBEV 型纯电动自装卸式垃圾车	243	3	17
	东风牌 EQ5020ZLJACBEV 型纯电动自卸式垃圾车	243	3	4
	东风牌 EQ6640CLBEV 型纯电动客车	261	3	2
	东风牌 ZN5034XGCH2YBEV 型纯电动工程车	255	72	7
	康迪牌 SMA7001BEV 型纯电动轿车	253	52	25
	康迪牌 SMA7000BEV 型纯电动轿车	255	52	285
	北京牌 BJ7000B3D1 - BEV 型纯电动轿车	249	11	20
	陆地方舟牌 RQ6120GBEVH0P0 型纯电动城市客车	259	（十）28	124
	陆地方舟牌 RQ6701XBEVH1 型纯电动客车	263	（十）28	14
	陆地方舟牌 RQ5020CTYBEV0 型纯电动桶装垃圾运输车	266	（十）28	12
	比亚迪牌 QCJ7006BEVF 型纯电动轿车（E6）	216	79	109
	中联牌 ZLJ5030TSLZLBEV 型纯电动扫路车	258	（十八）20	1
	中联牌 ZLJ5021ZZZBEV 型纯电动自装卸式垃圾车	240	（十八）20	5
	奇瑞牌 SQR7000BEVJ00 型纯电动轿车	259	119	28
	瑞麒牌 SQR7000BEVS184 型纯电动轿车	234	119	14
	东宇牌 NJL6118BEV 型纯电动客车	243	（十）15	45
	海格牌 KLQ6601BEV 型纯电动客车	266	112	5
	海格牌 KLQ6119GAHEVC5A 型插电式混合动力城市客车	256	112	4
	众泰牌 JNJ7000EVZ 型纯电动轿车	254	84	18
扬州市	众泰牌 JNJ7000EVZ4 型纯电动轿车	260	84	19
	众泰牌 JNJ7000EVZ5 型纯电动轿车	260	84	19
	比亚迪牌 BYD7150WTHEV2 型插电式混合动力轿车（秦）	253	79	4
	大马牌 HKL6600BEV 型纯电动客车	265	（十）60	47
	海格牌 KLQ6601BEV 型纯电动客车	266	112	2
	东宇牌 NJL6600BEV3 型纯电动客车	261	（十）15	10
	申沃牌 SWB6107PHEV8 型插电式混合动力城市客车	266	42	95
	申沃牌 SWB6107PHEV9 型插电式混合动力城市客车	257	42	43

续表

应用城市	车型	公告批次	目录序号	数量（辆）
扬州市	亚星牌 JS6108GHEVC 型插电式混合动力城市客车	259	49	109
	亚星牌 JS6128GHEVC 型插电式混合动力城市客车	259	49	67
	东风牌 ZN5034XGCH2YBEV 型纯电动工程车	255	72	6
	中通牌 LCK6106PHENV 型插电式混合动力城市客车	252	125	11
	瑞驰牌 CRC5021XXY－LBEV 型纯电动厢式运输车	257	（二十一）14	11
无锡市	东风牌 ZN5034XGCH2YBEV 型纯电动工程车	255	72	4

福建省

一、节能与新能源汽车扶持政策与措施

1. 2014 年 1—12 月

（1）《福建省人民政府关于加快新能源汽车推广应用八条措施的通知》（闽政〔2014〕50 号）。

（2）福建省财政厅、福建省经济和信息化委员会关于《福建省新能源汽车推广应用本省配套补助资金管理办法》的通知（闽财企〔2014〕43 号）。

（3）《龙岩市人民政府关于印发龙岩市新能源汽车推广应用实施方案的通知》（龙政综〔2014〕387 号）。

2. 2015 年 1—3 月

（1）《南平市人民政府办公室关于印发南平市新能源汽车推广应用工作方案的通知》（南政办〔2015〕9 号）。

（2）《厦门市人民政府办公厅关于印发新能源汽车推广应用实施方案的通知》（厦府办〔2015〕53 号）。

二、节能与新能源汽车推广应用情况

1. 2014 年 1—12 月

2014 年 1—12 月，全省推广应用新能源汽车辆 448 辆，其中，纯电动客车 97 辆、插电式混合动力客车 90 辆、纯电动乘用车 236 辆、插电式混合动力乘用车 25 辆。

2. 2015 年 1—3 月

2015 年 1—3 月，全省推广应用新能源汽车 890 辆，其中：纯电动客车 577 辆、插电式混合动力客车 124 辆、纯电动乘用车 108 辆、插电式混合动力乘用车 66 辆、纯电动物流车 15 辆。

三、基础设施建设及运行情况

2014 年 1—12 月，全省新建直流快充桩 32 个，交流慢充桩 10 个。

2015 年 1—3 月，全省新建充电站 2 座，直流快充桩 24 个，交流慢充桩 7 个。

四、节能与新能源汽车推广应用统计表

1. 电动汽车推广应用数量

（1）2014 年电动汽车推广应用数量

单位：辆

车型	大中型客车	轻型客车	载货车	公务车	出租车	租赁用车	私人车	电力工程车	邮政车	环卫车	其他专用车	其他	合计
纯电动汽车	97	0	0	3	60	0	173	0	0	0	0	0	333
非插电式混合动力汽车	0	0	0	0	0	0	0	0	0	0	0	0	0
插电式混合动力汽车	90	0	0	0	0	0	25	0	0	0	0	0	115
增程式电动汽车	0	0	0	0	0	0	0	0	0	0	0	0	0
燃料电池汽车	0	0	0	0	0	0	0	0	0	0	0	0	0
其他	0	0	0	0	0	0	0	0	0	0	0	0	0
合计	187	0	0	3	60	0	198	0	0	0	0	0	448

（2）2014 年电动汽车推广应用车型及数量

车　型	公告批次	目录序号	数量（辆）
东南牌 DN7000MBEV 型纯电动轿车	245	58	2
福建牌 FJ6410BEVA1 型纯电动多用途乘用车	264	58	1
众泰牌 JNJ7000EVZ4 型纯电动轿车	260	84	37
众泰牌 JNJ7000EVZ5 型纯电动轿车	260	84	90
众泰牌 JNJ7000EVM1 型纯电动轿车	232	84	5
众泰牌 JNJ7000EVZ 型纯电动轿车	263	84	2
江淮牌 HFC7000AEV 型纯电动轿车	219	56	19
比亚迪牌 QCJ7006BEVF 型纯电动轿车（E6）	216	79	61
比亚迪牌 BYD7150WTHEV2 型插电式混合动力轿车（秦）	253	79	25
奇瑞牌 SQR7000EAS11 型纯电动轿车	206	119	13
奇瑞牌 SQR7000BEVJ00 型纯电动轿车	259	119	6
陆地方舟 RQ6850GEVH0 型纯电动城市客车	263	（十）28	20
宇通牌 ZK6701BEVQ3 型纯电动客车	262	71	1
金旅牌 XML6125JEV60C 型纯电动城市客车	266	124	15
金旅牌 XML6125JEV50C 型纯电动城市客车	266	124	15
金旅牌 XML6115JEV30C 型纯电动城市客车	266	124	9
金旅牌 XML6115JEV20C 型纯电动城市客车	266	124	21
金旅牌 XML6105JHEVC8C 型插电式混合动力城市客车	266	124	40
金龙牌 XMQ6106AGHEV12 型插电式混合动力城市客车	259	123	50
金龙牌 XMQ6110BCBEV 型纯电动客车	259	123	1
金龙牌 XMQ6661AGBEV1 型纯电动城市客车	267	123	15

（3）2015 年 1—3 月底电动汽车推广应用数量

单位：辆

车型	大中型客车	轻型客车	载货车	公务车	出租车	租赁用车	私人车	电力工程车	邮政车	环卫车	其他专用车	其他	合计
纯电动汽车	570	0	0	0	3	0	32	0	0	0	0	0	605
非插电式混合动力汽车	0	0	0	0	0	0	0	0	0	0	0	0	0
插电式混合动力汽车	123	0	0	0	0	0	6	0	0	0	0	0	129
增程式电动汽车	0	0	0	0	0	0	0	0	0	0	0	0	0
燃料电池汽车	0	0	0	0	0	0	0	0	0	0	0	0	0
其他	0	0	0	0	0	0	0	0	0	0	0	0	0
合计	693	0	0	0	3	0	38	0	0	0	0	0	734

2. 电动汽车充（换）电站（桩）统计表

（1）2014 年底电动汽车充（换）电站（桩）保有量统计表

城市名称	充电站				充电桩		换电站
	数量（座）	充电机功率总计（kW）	充电站占地面积（m^2）	投资金额（万元）	慢充（个）	快充（个）	数量（座）
福建省	1	—	—	—	304	36	7

（2）2015 年 1—3 月底电动汽车充（换）电站（桩）统计表

城市名称	充电站				充电桩		换电站
	数量（座）	充电机功率总计（kW）	充电站占地面积（m^2）	投资金额（万元）	慢充（个）	快充（个）	数量（座）
福建省	2	—	—	—	7	14	—

江西省

一、节能与新能源汽车扶持政策与措施

2014 年，本省共发布以下政策与措施：

序号	政策名称	发布时间
1	江西省新能源汽车省级财政补助申报流程规定	2014 年 12 月 28 日
2	关于加快新能源汽车推广应用的实施意见	2014 年 10 月 27 日
3	江西城市群新能源汽车推广应用实施方案	2014 年 7 月 3 日
4	江西省城市群新能源汽车推广应用管理办法	2014 年 6 月 6 日
5	宜春市新能源汽车推广应用实施方案	2014 年 7 月 22 日
6	九江市新能源汽车推广应用市级财政补贴实施细则	2014 年 11 月 30 日
7	九江新能源汽车推广应用管理办法	2014 年 11 月 18 日
8	南昌市新能源汽车充电设施近期建设计划	2014 年 12 月 22 日
9	南昌市新能源汽车推广应用专项资金管理暂行办法	2014 年 12 月 19 日
10	关于鼓励新能源汽车推广应用的若干政策	2014 年 12 月 16 日
11	南昌市 2014—2015 年度新能源汽车推广应用实施方案	2014 年 9 月 4 日
12	赣州市新能源汽车推广应用实施方案	2014 年 12 月 21 日
13	萍乡市新能源汽车推广应用实施方案	2014 年 9 月 17 日

二、节能与新能源汽车推广应用情况

1. 2014 年 1—12 月

2014 年，江西省城市群推广的新能源汽车总数为 771 辆。其中，南昌市 477 辆，宜春市 106 辆，抚州市 42 辆，赣州市 73 辆，上饶市 27 辆，萍乡市 38 辆，九江市 8 辆。在推广车型方面，混合动力公交客车、纯电动环卫车、纯电动租赁乘用车和私人用纯电动乘用车是推广的主要方向，约占据推广总数的 90%。

2. 2015 年 1—3 月

2015 年前 3 月，根据七个设区市上报的统计数据，江西省城市群推广的新能源汽车数量为 101 辆，推广的车型选择较 2014 年无明显变化，依然集中在混合动力公交客车、纯电动环卫车和纯电动乘用车上，其中，混合动力公交客车 38 辆，纯电动环卫车 42 辆，私人用纯电动乘用车 21 辆。

三、基础设施建设及运行情况

1. 2014 年 1—12 月

江西省城市群基础设施建设运行情况如下：

南昌市建设了 1 座换电站、2 座充电站、42 个直流快充桩和 226 个交流慢充桩；赣州市新增 2 个营运服务商和 1 辆应急救援车；上饶市建有 80 个慢充桩。

2. 2015 年 1—3 月

仅抚州和赣州地区建有充电配套设施，其中，抚州市建有 2 个直流快充桩，赣州市建有 13 个交流慢充桩。

四、节能与新能源汽车推广应用统计表

1. 电动汽车推广应用数量

（1）2014年电动汽车推广应用数量

单位：辆

车型	大中型客车	轻型客车	载货车	公务车	出租车	租赁用车	私人车	电力工程车	邮政车	环卫车	其他专用车	其他	合计
纯电动汽车	11	0	0	4	0	0	177	0	0	92	0	193	477
非插电式混合动力汽车	0	0	0	0	0	0	0	0	0	0	0	0	0
插电式混合动力汽车	289	0	0	2	0	0	3	0	0	0	0	0	294
增程式电动汽车	0	0	0	0	0	0	0	0	0	0	0	0	0
燃料电池汽车	0	0	0	0	0	0	0	0	0	0	0	0	0
其他	0	0	0	0	0	0	0	0	0	0	0	0	0
合计	300	0	0	6	0	0	180	0	0	92	0	193	771

（2）2014年电动汽车推广应用车型及数量

车　型	公告批次	目录序号	数量（辆）
江西牌JXK6650BEV型纯电动客车	261	（十四）03	10
江西牌JXK6113CEV型纯电动客车	256	（十四）03	1
金龙牌XMQ6106AGHEV10型插电式混合动力城市客车	254	123	27
上饶牌SR6106PHEVNG型插电式混合动力城市客车	258	（十四）02	38
上饶牌SR6106PHEVG型插电式混合动力城市客车	258	（十四）02	70
江西牌JXK6113BPHEVN型插电式混合动力城市客车	264	（十四）03	100
宇通牌ZK6108CHEVG2型插电式混合动力电动城市客车	235	71	22
比亚迪牌BYD7150WTHEV型插电式混合动力轿车（秦）	247	79	2
比亚迪牌BYD7150WTHEV2型插电式混合动力轿车（秦）	253	79	2
比亚迪牌BYD7150WTHEV3型插电式混合动力轿车（秦）	253	79	1
江淮牌HFC7000AEV型纯电动轿车	219	56	1
众泰牌JNJ7000EVZ2型纯电动轿车	256	84	30
众泰牌JNJ7000EVX型纯电动轿车	264	84	13
众泰牌JNJ7000EVZ5型纯电动轿车	260	84	248
众泰牌JNJ7000EVZ型纯电动轿车	254	84	46
众泰牌JNJ7000EVZ4型纯电动轿车	260	84	36
奇特牌JTZ5020CTYBEV型纯电动桶装垃圾运输车	267	（十四）09	15
奇特牌JTZ5020XXYBEV型纯电动厢式运输车	264	（十四）09	3
奇特牌JTZ5020ZZZBEV型纯电动自装卸式垃圾车	264	（十四）09	26
奇特牌JTZ5020ZXXBEV型纯电动车厢可卸式垃圾车	262	（十四）09	20
奇特牌JTZ5021ZZZBEV型纯电动自装卸式垃圾车	268	（十四）09	13
江铃牌JX5021XXYMSEV型纯电动厢式运输车	268	（十四）15	3
安源牌PK6100CHE型插电式混合动力城市客车	262	（十四）05	32
环球牌GZQ5020ZZZACBEV型纯电动车厢自装式垃圾车	262	（十四）10	6
环球牌GZQ5021ZZZBEV型纯电动自装卸式垃圾车	265	（十四）10	6

2. 电动汽车充（换）电站（桩）统计表

（1）2014 年底电动汽车充（换）电站（桩）保有量统计表

城市名称	充电站				充电桩		换电站
	数量（座）	充电机功率总计（kW）	充电站占地面积（m^2）	投资金额（万元）	慢充（个）	快充（个）	数量（座）
南昌市	2	—	—	—	226	42	1
赣州市	—	—	—	—	80	2	1
上饶市	—	—	—	—	80	—	—
萍乡市	—	—	—	—	40	—	—
九江市	—	—	—	—	70	—	2

（2）2015 年 1—3 月底电动汽车充（换）电站（桩）统计表

城市名称	充电站				充电桩		换电站
	数量（座）	充电机功率总计（kW）	充电站占地面积（m^2）	投资金额（万元）	慢充（个）	快充（个）	数量（座）
赣州	—	—	—	—	—	13	—
抚州	—	—	—	—	—	2	—

山东省

一、新能源汽车的范畴

新能源汽车是指采用新型动力系统，完全或主要依靠新型能源驱动的汽车，按照国务院《节能与新能源汽车产业发展规划（2012—2020 年）》，新能源汽车主要包括纯电动汽车、插电式混合动力汽车及燃料电池汽车。我国新能源汽车国家战略确定，以纯电（铅酸电池除外）驱动为新能源汽车发展的主要战略取向，重点发展纯电动汽车、插电式（含增程式）混合动力汽车和燃料电池汽车。

目前，山东省列入国家公告内属国家规定范围的新能源汽车生产企业只有聊城中通客车、临沂中文沂星汽车两个企业，主要生产插电式混合动力客车和纯电动客车。另外，我省还有大量小型纯电动汽车生产企业，也就是通常所说的电动汽车。小型纯电动汽车是以铅酸电池为动力的小型客车，因这类产品未达到国家《纯电动乘用车技术条件》（GB/T 28382—2012）标准规定，技术水平、安全性能等指标达不到国家规定的乘用车技术标准，不属于国家鼓励发展的新能源汽车范畴。

二、山东省电动汽车基本情况

经过近几年的发展，全省新能源汽车整车生产企业超过 20 家，绝大部分产品属于电动汽车，所占比重达到 99.3%；与之配套的电池、电机、电控等新能源汽车关键零部件生产企业达 70 余家，具有良好的产业发展基础。新能源汽车整车生产企业中国家公告内企业 2 家，分别为中通客车和中文沂星，主要生产混合动力客车和纯电动客车，其他近 20 家企业虽未列入国家汽车整车公告，但大多数企业，如时风、唐骏欧铃、德州富陆等，均拥有载货车、农用车或摩托车等产品的生产资质，其新能源汽车产品涉及小型纯电动汽车、旅游观光车、电动货车、电动环卫车、警用巡逻车、电动扫雪车等十多个品种。据统计，2014 年全省共生产各类新能源汽车 23.1 万辆，同比增长 24%；其中，新能源客车（混合动力客车及纯电动客车）1717 辆，同比增长 32.7%；小型纯电动汽车 21.6 万辆，同比增长 29.1%；新能源专用车 1.4 万辆，同比下降 23.9%。主要呈现以下几个特点：

（一）培育起一批具有较好发展潜力的园区和企业。枣庄和寿光市的锂电池园区、淄博的电机园区初具规模，正在走上规模化、集约化、高端化发展轨道；中通客车已在全国新能源汽车企业中占有较高地位，其开发生产的混合动力新能源客车达到国内领先水平，目前在开发出国家鼓励发展的插电式混合动力汽车方面又率先实现突破。山东时风、山东泰汽、唐骏欧铃等一批小型纯电动车企业相继实现规模化生产。在省和市政府的大力支持下、在整车企业的带动下，锂电池、电机、电控等关键零部件企业迅速成长，产品生产能力、自主开发水平、产品质量都有了明显进步，成为我省发展新能源汽车产业的重要支撑。

（二）示范推广取得明显成效。山东省委、省政府高度重视新能源汽车产业发展和新能源汽车的推广应用，尤其是济南被纳入国家推广节能与新能源汽车的首批13个试点城市以来，山东省及时出台了《山东省新能源城市公交汽车示范推广资金管理暂行办法》，前瞻性地提出了在全省16个设区市（不包括青岛市）对购买使用节能与新能源城市公交车的公交企业和单位给予一次性财政补贴。2013年，我省青岛、淄博、潍坊、临沂和聊城五个市被国家确定为新能源汽车推广示范城市，为推动全省新能源汽车推广应用提供了有利条件。

（三）小型纯电动汽车试点工作快速推进。小型电动汽车，是近年来适应群众需求快速发展起来的新兴产业。山东省政府对小型电动汽车产业发展十分重视。2012年10月，山东省政府关于加快节能与新能源汽车产业发展的若干意见中，把发展低速电动车列为重点，提出2015年产量达到30万辆。为规范小型电动汽车有序发展，省经济和信息化委等有关部门积极加强小型电动汽车管理，坚持从实际出发，正视现实，积极作为，在生产、销售和使用等环节，研究探索加强小型电动汽车管理的有效措施。

山东省小型电动汽车发展的主要特点。一是产业规模扩大。我省将小型电动汽车作为新能源汽车产业化的突破口，坚持以低端切入、走由低到高的发展路线。目前全省纳入统计范围的小型电动汽车整车生产企业20家，与之配套的电池、电机、电控等生产企业70余家，从2010年起，全省累计生产销售小型电动汽车60多万辆。二是技术工艺装备提升。时风、唐骏欧铃、富路、昊宇、瑞驰、蒙德金马、新大洋等企业生产条件基本达到汽车生产四大工艺要求，一批新型产业园区即将完工。三是产品质量改善。2012年全省开展了小型纯电动乘用车“升级年”活动，以山东省新能源汽车产业联盟名义发布了《小型纯电动汽车技术条件》，引导企业提升小型纯电动乘用车质量和标准。多数企业推出了按纯电动动力特性设计开发的新产品，性能大幅度提升。山东省小型电动汽车产品年出口上万辆，行销欧、美、日、韩、东南亚等十几个国家和地区，并通过进口国的汽车质量认证。2013年在工信部组织的短途纯电动乘用车摸底测试中，时风、唐骏欧铃、宝雅三家企业的产品进行了时速60km/h的正、侧面碰撞试验及63个强检项目检测，全部达到了短途纯电动乘用车的摸底检测标准要求。

（四）充换电设施建设积极推进。自2009年以来，山东电力集团公司积极推进电动汽车智能充换电服务网络建设，以国家电网公司重点示范工程——青岛薛家岛智能充换储放一体化示范站和电动汽车运营管理系统建成投运为标志，全省电动汽车智能充换电服务网络建设运营取得积极进展。目前，已建成充换电站23座，在建充换电站13座，覆盖全省11个地市；建成交流充电桩575台，覆盖全省17地市，初步形成了覆盖全省的智能充换电服务骨干网络。

三、山东省电动汽车发展存在的主要问题

（一）自主创新能力有待进一步提高。目前，山东省从事新能源汽车技术研发的专业人才比较欠缺，企业新产品技术开发能力不强。在新能源客车方面，中通客车主要从事混合动力客车开发生产，企业已经掌握比较成熟的油电混合动力技术，还未完全掌握国家倡导发展的插电式混合动力技术；中文沂星主要从事纯电动客车开发生产，产品主要技术性能居国内领先水平，进一步提高续驶里程、电池耐久性、电控系统等关键技术难度较大。在小型纯电动汽车方面，20余家企业工艺技术装备水平参差不齐，研发力量和自主创新能力不足。在关键零部件方面，全省近20家锂电池企业中，多数以购买专利或引进技术的方式生产，能够自主开发并掌握核心技术的企业较少。电机、电控系统等关键零部件，虽有部分企业开发生产，但总体技术水平不高，难以满足高端车辆生产要求。

（二）充换电设施建设推进难度大。目前，山东省充换电设施主要服务对象为新能源公交车，由于新能源公交车一次购车成本高、维护服务跟不上、推广进度缓慢等因素，致使部分地区新能源汽车推广计划经常变更，出现充换电设施使用率不高，甚至“有站无车”或“有车无站”。同时，土地资源紧张，征地手续复杂、办理时间长，部分市补贴政策不落实等，也影响了充换电站建设。

（三）小型纯电动汽车缺乏国家产业政策支持。多年来，国家有关部委一直对小型纯电动汽车持否定态度，虽然我省多次汇报，省政府也向国务院提出小型纯电动汽车试点申请，但至今未得到认可，不能列入国家公告，致使小型纯电动汽车面临产品质量无标准、车辆上路无牌照、运营管理无迹可寻的混乱局面，增加了政策风险，影响了企业投资热情，阻碍了产业发展。

四、建议措施

加快培育和发展新能源汽车产业，对于促进汽车产业转型升级、培育新的经济增长点、建设资源节约型和环境友好型社会具有十分重要意义。为进一步促进新能源汽车产业的发展，特提出以下建议措施：

一是加大对自主创新能力建设的支持。自主创新能力弱、缺乏公共技术服务平台是造成我省新能源汽车技术提升慢的主要原因。为提高我省核心竞争力，实施意见提出以省科学院自动化所（汽车电子实验室）为核心联合高校和企业建立山东省新能源汽车技术中心。目前，山东科学院已做了大量工作，需要给予资金支持。为此，建议省里给予支持，使其尽快建成，为全省发展提供技术支持。同时，为支持企业开展关键技术开发，建议设立新能源汽车

关键技术开发专项资金，集中用于支持企业重大技术开发。为解决新能源汽车产业人才短缺问题，建议省政府研究设立新能源汽车行业创新团队和领军人才引进扶持政策，鼓励支持各市和企业引进省外和海外的创新领军人才，为我省提供高水平智力支持。

二是加大新能源汽车示范推广力度。建议有关省直部门按照鲁政办发〔2014〕41号文件要求，加大新能源客车推广政策扶持力度，鼓励机关、企业、事业单位新增客车时首先购买新能源客车，扩大推广使用范围，推动新能源客车产业快速发展。

三是积极鼓励支持新能源乘用车发展。目前，山东省新能源汽车产品主要为客车和小型纯电动汽车，还没有一家企业生产列入国家公告的新能源轿车产品。新能源轿车发展不起来，就谈不上发展新能源汽车产业。为此，建议省里建立新能源轿车发展鼓励政策，引导国内外汽车企业到我省发展新能源轿车，鼓励与省内小型纯电动汽车企业合资合作发展新能源轿车，彻底解决小型纯电动汽车受准入政策制约发展的问题，尽快将新能源轿车发展为骨干产品，带动山东省新能源汽车及零部件产业发展。

四是积极开展招商引资活动。将新能源汽车及充换电站基础设施等建设项目作为各级政府服务的重点，保证水、电、汽、土地等生产要素的供应。同时，充分利用山东省新能源汽车产业的基础和优势，有针对性地开展招商引资活动，努力吸引国内外大企业到山东省投资新能源汽车高端产品，带动省内新能源汽车及零部件产业加快发展。

五是加强小型纯电动汽车管理。按照国家机动车有关强制性标准（GB 7258—2012《机动车运行安全技术条件》）要求和国家产业政策规范，参照欧洲L6e、L7e（轻型电动汽车、微型电动汽车）标准，制定山东省小型电动汽车产品标准，引导山东省小型电动汽车生产企业积极采用国际标准和国外先进标准，制定符合自身生产实际的企业产品标准。对达到准入条件的企业和产品实行目录管理；对达不到准入条件的企业，依规予以取缔或引导其转产场地（厂内）专用车。对场地（厂内）专用车，按照《特种设备安全法》有关规定，严格标准，加强监管，严禁上道路行驶。

五、节能与新能源汽车推广应用统计表

1. 2014年底电动汽车推广应用数量

单位：辆

车型	大中型客车	轻型客车	载货车	公务车	出租车	租赁用车	私人车	电力工程车	邮政车	环卫车	其他专用车	其他	合计
纯电动汽车	677	0	0	5	0	0	194	0	0	1	0	0	877
非插电式混合动力汽车	0	0	0	0	0	0	0	0	0	0	0	0	0
插电式混合动力汽车	1083	0	0	0	0	0	14	0	0	0	0	0	1097
增程式电动汽车	0	0	0	0	0	0	0	0	0	0	0	0	0
燃料电池汽车	0	0	0	0	0	0	0	0	0	0	0	0	0
其他	0	0	0	0	0	0	0	0	0	0	0	0	0
合计	1760	0	0	5	0	0	208	0	0	1	0	0	1974

注：本表统计的数据均为国家清算数据，比实际推广数量少。

2. 2014年电动汽车推广应用车型及数量

应用城市	车型	公告批次	目录序号	数量（辆）
青岛市	解放牌CA6121URBEV80型纯电动城市客车	247	（十）10	30
	飞燕牌SDL6120EVG4型纯电动城市客车	249	（十五）25	72
	申沃牌SWB6121EV6型纯电动城市客车	232	42	370
	福田牌BJ6123EVCA－15型纯电动城市客车	259	9	50
	金龙牌XMQ6119AGHEV1型插电式混合动力城市客车	262	123	30
	宇通牌ZK6105CHEVNPG4型插电式混合动力城市客车	249	71	38
	比亚迪牌BYD7150WTHEV2型插电式混合动力轿车（秦）	253	79	8
	北京牌BJ7000B3D1－BEV型纯电动轿车	263	11	1
	北京牌BJ7000B3D1－BEV型纯电动轿车	249	11	100

续表

应用城市	车型	公告批次	目录序号	数量（辆）
青岛市	北京牌 BJ7000C7H1－BEV 型纯电动轿车	255	11	2
	奇瑞牌 SQR7000BEVJ00 型纯电动轿车	259	119	2
	启辰牌 DFL7000B1BEV 型纯电动轿车	250	3	3
	江淮牌 HFC7000AEV 型纯电动轿车	219	56	23
潍坊市	中通牌 LCK6126PHENV 型插电式混合动力城市客车	252	125	111
	安凯牌 HFF6127K46EV－6 型纯电动客车	242	55	1
	宇通牌 ZK6125CHEVPG1 型插电式混合动力电动城市客车	253	71	3
	江淮牌 HFC7000AEV 型纯电动轿车	219	56	1
	福田牌 BJ6123PHEVCA－7 型插电式混合动力城市客车	255	9	24
	申沃牌 SWB6107EV42 型纯电动城市客车	257	42	20
	宇通牌 ZK6701BEVQ3 型纯电动客车	262	71	10
	亚星牌 JS6127GHBEV 型纯电动城市客车	247	49	4
	江淮牌 HFC7000AEV 型纯电动轿车	219	56	28
	比亚迪牌 QCJ7006BEVF 型纯电动轿车（E6）	216	79	2
	宇通牌 ZK6105BEVG1 型纯电动城市客车	266	71	18
	安凯牌 HFF6100G03EV－3 型纯电动城市客车	248	55	16
	奇瑞牌 SQR7000BEVJ00 型纯电动轿车	259	119	2
聊城市	中通牌 LCK6106PHENV 型插电式混合动力城市客车	252	125	200
	比亚迪牌 QCJ7006BEVF 型纯电动轿车（E6）	216	79	2
济南市	宇通牌 ZK6125BEVG5 型纯电动城市客车	255	125	20
	启辰牌 DFL7000B1BEV 型纯电动轿车	250	3	2
	中通牌 LCK6121HEV 型插电式混合动力城市客车	232	125	94
	中通牌 LCK6125PHENV 型插电式混合动力城市客车	236	125	80
	北京牌 BJ7000C7H1－BEV 型纯电动轿车	255	11	1
	比亚迪牌 QCJ7006BEVF 型纯电动轿车（E6）	216	79	1
济宁市	中通牌 LCK6105PHENV1 型插电式混合动力城市客车	248	125	10
	中通牌 LCK6106PHENV 型插电式混合动力城市客车	252	125	50
	中通牌 LCK6122PHEV 型插电式混合动力城市客车	254	125	4
	中通牌 LCK6125PHENV1 型插电式混合动力城市客车	248	125	24
	海格牌 KLQ6119GAHEVC5A 型插电式混合动力城市客车	256	112	4
	海格牌 KLQ6109GAHEVE4A 型插电式混合动力城市客车	255	112	10
	比亚迪牌 BYD7150WTHEV2 型插电式混合动力轿车（秦）	253	79	1
	启辰牌 DFL7000B1BEV 型纯电动轿车	250	3	1
	宇通牌 ZK6105CHEVNPG4 型插电式混合动力城市客车	249	71	10
	宇通牌 ZK6105CHEVPG1 型插电式混合动力电动城市客车	243	71	2
菏泽市	中通牌 LCK6106PHENV 型插电式混合动力城市客车	252	125	100
	比亚迪牌 BYD7150WTHEV2 型插电式混合动力轿车（秦）	253	79	1

续表

应用城市	车型	公告批次	目录序号	数量（辆）
东营市	中通牌 LCK6106PHENV 型插电式混合动力城市客车	252	125	40
	中通牌 LCK6126PHENV 型插电式混合动力城市客车	252	125	50
	扬子江牌 WG6124BEVH 型纯电动城市客车	260	（十七）48	1
日照市	江铃全顺牌 JX5041XSWMEV 牌纯电动商务车	237	（十四）15	2
	比亚迪牌 QCJ7006BEVF 型纯电动轿车（E6）	216	79	1
	北京牌 BJ7000C7H1 - BEV 型纯电动轿车	255	11	1
	启辰牌 DFL7000B1BEV 型纯电动轿车	250	3	2
	中通牌 LCK6122EVG3 型纯电动城市客车	263	125	10
	福田牌 BJ6123PHEVCA - 7 型插电式混合动力城市客车	255	9	10
	中通牌 LCK6126PHENV 型插电式混合动力城市客车	252	125	30
	宇通牌 ZK6120CHEVNPG4 型插电式混合动力城市客车	248	71	30
临沂市	江铃全顺牌 JX5041XSWMEV 牌纯电动商务车	237	（十四）15	2
	飞燕牌 SDL6120EVG 型纯电动城市客车	216	（十五）25	45
	东风牌 EQ5031TSLACBEV 型纯电动扫路车	257	3	1
	比亚迪牌 BYD7150WTHEV2 型插电式混合动力轿车（秦）	253	79	1
	比亚迪牌 QCJ7006BEVF 型纯电动轿车（E6）	216	79	2
	北京牌 BJ7000C7H1 - BEV 型纯电动轿车	255	11	2
	启辰牌 DFL7000B1BEV 型纯电动轿车	250	3	1
枣庄市	中通牌 LCK6106PHENV 型插电式混合动力城市客车	252	125	50
威海市	比亚迪牌 BYD7150WTHEV2 型插电式混合动力轿车（秦）	253	79	1
	比亚迪牌 QCJ7006BEVF 型纯电动轿车（E6）	216	79	2
	宇通牌 ZK6125CHEVNPG4 型插电式混合动力城市客车	250	71	14
	中通牌 LCK6106PHENV 型插电式混合动力城市客车	252	125	10
	海格牌 KLQ6129GAHEVC5A 型插电式混合动力城市客车	253	112	6
烟台市	比亚迪牌 BYD7150WTHEV2 型插电式混合动力轿车（秦）	253	79	1
	宇通牌 ZK6105CHEVNPG4 型插电式混合动力城市客车	249	71	6
	启辰牌 DFL7000B1BEV 型纯电动轿车	250	3	1
	中通牌 LCK6106PHENV 型插电式混合动力城市客车	252	125	21
	比亚迪牌 QCJ7006BEVF 型纯电动轿车（E6）	216	79	2
莱芜市	中通牌 LCK6106PHENV 型插电式混合动力城市客车	252	125	20
	比亚迪牌 QCJ7006BEVF 型纯电动轿车（E6）	216	79	2
泰安市	中通牌 LCK6106PHENV 型插电式混合动力城市客车	252	125	2
	中通牌 LCK6661EVG 型纯电动城市客车	264	125	10
	比亚迪牌 QCJ7006BEVF 型纯电动轿车（E6）	216	79	1
淄博市	江铃全顺牌 JX5041XSWMEV 牌纯电动商务车	237	（十四）15	1
	比亚迪牌 QCJ7006BEVF 型纯电动轿车（E6）	216	79	1
	北京牌 BJ7000C7H1 - BEV 型纯电动轿车	255	11	1
	启辰牌 DFL7000B1BEV 型纯电动轿车	250	3	2

续表

应用城市	车型	公告批次	目录序号	数量（辆）
德州市	比亚迪牌 BYD7150WTHEV 型插电式混合动力轿车（秦）	238	79	1
	比亚迪牌 QCJ7006BEVF 型纯电动轿车（E6）	216	79	2

河南省

一、节能与新能源汽车扶持政策与措施

2009 年 11 月 2 日，河南省人民政府印发了《关于加快电动汽车产业发展的意见》（豫政〔2010〕75 号）。一是电动汽车享受高新技术、环保、新能源、节能和综合利用等方面的扶持政策。二是对电动汽车的研发和示范运营，落实国家有关税收优惠政策。三是把电动汽车及关键零部件纳入政府采购范围，鼓励有关单位优先采购省内生产的电动汽车。四是鼓励企事业单位购置电动汽车参与示范运营，对营运单位采购电动汽车给予补助。电动汽车示范运营的具体办法另行研究制定。五是将电动汽车充电站建设用地纳入城市规划，按规划用途给予用地保障；积极利用电价优惠政策，促进电动汽车充电站正常运行。2010 年 11 月 18 日，河南省人民政府印发了《河南省电动汽车产业发展规划（暂行）的通知》（豫政〔2010〕86 号）。一是设立河南省电动汽车产业发展专项资金。省财政每年安排一定数额的资金，主要用于支持电动汽车产业化和市场推广等。二是有关省辖市也应安排专项基金，支持电动汽车整车及电池、电机、电控等关键零部件的产业化发展和应用推广。2015 年 5 月，河南省财政厅、省科技厅、省工业和信息化委员会、省发展和改革委员会联合印发了《关于加快推进我省 2015 年新能源客车推广应用和充换电设施建设工作的通知》（豫财〔2015〕72 号），对新能源客车推广应用和新能源客车充电设施建设进行奖补。

二、河南省新能源汽车产业发展情况

一是节能与新能源汽车整车制造形成一定的产业基础。全省共有 7 家企业具有新能源汽车生产资质，形成了以郑州宇通、郑州日产、河南少林等为核心的整车生产基地，其中，郑州宇通是国内最大的新能源汽车整车生产基地。截至 2015 年 4 月底，全省共有 129 款新能源汽车型号获得国家《车辆生产企业及产品》公告，59 款车型获国家免税公告。今年 1—4 月，我国新能源汽车累计生产 3.44 万辆，同比增长近三倍。我省前 4 个月生产新能源汽车 3210 辆，约占全国新能源汽车产量 9.3%，其中，新能源客车产量约占全国新能源客车产量的 39.2%。

二是具备一定动力电池等关键零部件的生产能力。目前全省有动力电池及其相关材料的企业近 300 家，基本构成了从材料到电池及电池模块比较完整的产业链。着力推动中航锂电（洛阳）公司、河南科隆集团、河南环宇集团、河南金龙集团等骨干企业一批重点动力电池项目实施。据不完全统计，1—5 月份全省动力电池生产 3.2 亿安时，预计全年生产动力锂离子电池将突破 8 亿安时，初步形成了国内重要的动力电源系统生产中心。

三是具备一定的新能源汽车及关键零部件研发和试验检测能力。目前全省省级以上研发机构 79 个，从事新能源汽车及相关产业研发人员逾 3000 人。在动力集成技术、整车管理与控制系统技术、电动转向器、电动汽车空调、电子水泵技术等方面处于国内领先水平。电池成组技术、电源管理技术以及高容量、大动力、长寿命电池及材料领域，获得了一系列技术突破。累计取得科研成果 800 余项，获得发明专利 112 项，为我省电动汽车快速发展奠定了技术基础。

拥有中国一拖研究院、电科集团第二十七所等国家级试验检测机构。在纯电驱动系统、电池兼容测试、新能源汽车整车试验等方面达到国内先进水平。动力电池性能、安全性试验、动力电池试验检测水平位居国内前列。组织制定了数十项电动汽车相关国家标准、行业标准和测试规范，并参与了多项国家节能与新能源汽车产业政策研究与制定工作，试验检测、标准制定资源优势明显。

四是低速电动车产业发展迅速。据省汽车行业协会统计，我省低速电动车生产企业已有 52 家，产能已有 40 万辆，2014 年产销 5.1 万辆，产值约 15.35 亿元，位居全国第四位（山东、河北、江苏、河南）。

尽管河南省在节能与新能源汽车示范推广与产业发展方面取得了明显进步，但仍面临着关键核心技术缺乏、产品成本居高不下、消费环境建设滞后等共性问题，在产业化能力建设、大规模推广应用等方面还存在不足和差距。一是新能源整车发展滞后，无法形成龙头带动作用，制约了产业整体快速发展；二是产业链上下游衔接不紧密，产业关联度不够；三是消费环境有待完善，政策支持力度尚需加强，尚未成为国家新能源汽车私人消费试点城市，市

场推广难度较大。

三、节能与新能源汽车示范运营情况

示范应用推广步伐加快。郑州市已推广应用新能源汽车1428辆。其中，插电式混合动力公交车1263辆、换电式纯电动公交车150辆、充电式纯电动公交车5辆、插电式混合动力警用车10辆，推广数量在全国88个推广应用城市中位居第10。新乡市创新商业化运营模式，初步建立的“车电分离，换电运营”的商业模式，目前有203辆新能源汽车示范运营，其中，纯电动乘用车160辆，运营总里程超1000万公里，起到了良好的示范运营作用。此外，在市政、电力、环卫、邮政、警巡等领域进行专用电动汽车示范运营，在旅游景区、港区、工业园区进行场地专用电动汽车示范运营，在县、乡、村镇地域进行低速车、微型电动汽车示范运营。大量的电动汽车示范运营，不仅对车辆制造技术、电池及电池成组技术、动力管理技术等带来了极大的促进，同时，对商业运营模式、充（换）电方式以及基础配套设施建设都进行了有效的探索和完善。

四、基础设施及运行情况

基础设施稳步推进。郑州市、新乡市作为第一批继续开展新能源汽车推广应用城市，新能源推广应用基础设施建设走在我省的前列。目前全省已建成大型充换电站5座，移动充换电站5座，各类充电桩约2000个，有效保障了各类新能源汽车推广应用。

五、节能与新能源汽车发展规划

通过5—10年的发展，节能与新能源汽车整车和关键零部件核心技术实现突破，推广应用环境实现不断优化，节能与新能源汽车实现较大规模应用，争创节能与新能源汽车推广应用优秀城市，力争成为全国区域性节能与新能源汽车整车及关键零部件研发、生产基地。

（一）推广应用取得重大进展

1. 2015年发展目标。节能与新能源汽车推广应用取得积极进展，各类节能与新能源汽车保有量达到1.5万辆。

重点抓好郑州、新乡新能源汽车推广应用工作，到2015年，两市新增新能源汽车10500辆，其中，新能源公交车3200辆，纯电动公务车3400辆。积极推广使用纯电动出租车，到2015年，全省纯电动出租车达到2000辆，其中，郑州、新乡两市1400辆。鼓励私人购买新能源汽车，到2015年，全省私人购买新能源汽车超过3000辆。此外，在市政、电力、环卫、邮政、旅游景区、港区、工业园区等领域，积极开展新能源专用车示范运营，逐步形成自身特色的全方位的示范运营模式。

不断扩大普通混合动力汽车在公交领域推广应用规模，在警务、班车领域实现一定保有量。到2015年普通混合动力汽车推广数量达到20000辆以上。

2. 2020年发展目标。节能与新能源汽车推广应用取得重要进展，各类节能与新能源汽车保有量达到7.2万辆，在公交车领域推广应用规模位居全国前列。

在私人消费领域实现较大规模应用，形成良好的产业带动效应。

（二）产业发展形成规模优势

节能与新能源汽车整车制造得到快速发展，形成规模优势。到2015年，形成新能源汽车生产能力6万辆以上，培育3至5家具有一定竞争力的纯电动汽车整车和零部件生产骨干企业。到2020年，形成新能源汽车生产能力30万辆以上，产业规模达到1000亿元。

成为全国重要的关键零部件研发、生产基地。到2015年，全省车用动力电池系统产能达到20万台套，驱动电机及控制系统产能达15万台套；到2020年，锂离子动力电池系统产能达70万台套，驱动电机及控制系统产能达50万台套。

（三）技术研发能力大幅提高

新能源汽车、动力电池及关键零部件技术整体上达到国内先进水平，以燃料电池汽车为代表的下一代新能源汽车技术有重要突破。

到2015年，新能源汽车、非插电式混合动力汽车及关键零部件的各项技术指标达到国内先进水平。动力电池模块比能量达到150瓦时/公斤以上，成本降至2元/瓦时以下，循环使用寿命稳定达到2000次或10年以上；电驱动系统功率密度达到2.5千瓦/公斤以上，成本降至200元/千瓦以下。

到2020年，新能源汽车整车、非插电式混合动力汽车及关键零部件的主要技术指标达到国际先进水平。动力电池模块比能量达到300瓦时/公斤以上，成本降至1.5元/瓦时以下。

（四）基础设施建设稳步推进

适度超前、稳步推进基础设施建设，大型（充）换电站、小型（充）换电室、移动（充）换电车协同发展，形成网络化、立体化态势，满足节能与新能源汽车运行需要。

到2015年，新建大型充换电站5座，公交车充电桩1000个，小汽车充电桩5000个，移动充换电站（车）80座。

到2020年，建成电池集中充电站5座，商用车充换电站34座、乘用车充换电站37座、电池配送站50座、交流充电桩2.6万个，形成较为完善的充电设施网络，满足新能源汽车推广应用及城际互联需要。

（五）公共服务能力显著增强

构建完善的公共服务管理规范体系。到 2015 年，初步建立新能源汽车车辆安全监控、维修保养、试验检测、认证和动力电池回收利用管理体系。2020 年，形成完整的安全使用、市场营销、回收利用和售后服务体系

六、节能与新能源汽车推广应用统计表

1. 电动汽车推广应用数量

（1）2014 年电动汽车推广应用数量

单位：辆

车型	大中型客车	轻型客车	载货车	公务车	出租车	租赁用车	私人车	电力工程车	邮政车	环卫车	其他专用车	其他	合计
纯电动汽车	341	0	0	0	139	152	256	0	0	0	105	0	993
非插电式混合动力汽车	0	0	0	0	0	0	0	0	0	0	0	0	0
插电式混合动力汽车	1110	0	0	10	0	0	5	0	0	0	0	0	1125
增程式电动汽车	0	0	0	0	0	0	0	0	0	0	0	0	0
燃料电池汽车	0	0	0	0	0	0	0	0	0	0	0	0	0
其他	0	0	0	0	0	0	0	0	0	0	0	0	0
合计	1451	0	0	10	139	152	261	0	0	0	105	0	2118

（2）2014 年电动汽车推广应用车型及数量

应用城市	车型	公告批次	目录序号	数量（辆）
郑州市	宇通牌 ZK6180CHEVNPG3 型插电式混合动力铰接城市客车	264	71	38
	宇通牌 ZK6125CHEVNPG4 型插电式混合动力城市客车	250	71	310
	宇通牌 ZK6120CHEVNPG4 型插电式混合动力城市客车	248	71	100
	宇通牌 ZK6105CHEVNPG4 型插电式混合动力城市客车	249	71	502
	宇通牌 ZK6141BEV1 型纯电动城市客车	262	71	50
	宇通牌 ZK6115BEV1 型纯电动城市客车	264	71	50
	少林牌 SLG6720EVG 型纯电动城市客车	264	126	200
	比亚迪牌 BYD7150WTHEV2 型插电式混合动力轿车	269	79	12
	比亚迪牌 QCJ7006BEVF 型纯电动轿车	256	79	1
	启辰牌 DFL7000B2BEV 型纯电动轿车	264	3	152
	众泰牌 JNJ7000EVZ4 型纯电动轿车	264	84	125
新乡市	宇通牌 ZK6105CHEVNPG3 型插电式混合动力城市客车	250	71	160
	飞燕牌 SDL6120EVG 型纯电动城市客车	216	（十五）25	21
	飞燕牌 SDL6100EVG2 型纯电动城市客车	259	（十五）25	20
	东南牌 DN7000MBEV 型纯电动轿车	245	58	175
	福建牌 FJ5020XXYBEVA1 型纯电动厢式运输车	264	58	105
	众泰牌 JNJ7000EVZ4 型纯电动轿车	260	84	43
	众泰牌 JNJ7000EVZ5 型纯电动轿车	260	84	51
	比亚迪牌 BYD7150WTHEV2 型插电式混合动力轿车（秦）	253	108	3

（3）2015 年 1—3 月底电动汽车推广应用数量

单位：辆

车型	大中型客车	轻型客车	载货车	公务车	出租车	私人车	电力工程车	邮政车	环卫车	其他专用车	其他	合计
纯电动汽车	0	0	0	0	0	86	0	0	0	27	0	113

续表

车型	大中型客车	轻型客车	载货车	公务车	出租车	私人车	电力工程车	邮政车	环卫车	其他专用车	其他	合计
非插电式混合动力汽车	0	0	0	0	0	0	0	0	0	0	0	0
插电式混合动力汽车	0	0	0	0	0	0	0	0	0	0	0	0
增程式电动汽车	0	0	0	0	0	0	0	0	0	0	0	0
燃料电池汽车	0	0	0	0	0	0	0	0	0	0	0	0
其他	0	0	0	0	0	0	0	0	0	0	0	0
合计	0	0	0	0	0	86	0	0	0	27	0	113

（4）2015 年 1—3 月底电动汽车推广应用车型及数量

应用城市	车型	公告批次	目录序号	数量（辆）
郑州市	众泰牌 JNJ7000EVZ4 纯电动轿车	264	84	81
新乡市	东南牌 DN7000MBEV 型纯电动轿车	245	58	5
	福建牌 FJ5020XXYBEVA1 型纯电动厢式运输车	264	58	27

2. 燃气汽车推广应用统计

（1）2014 年底燃气汽车应用保有量统计表城市（地区）：郑州市

单位：辆

车　型		LPG	LNG	CNG	合计	同期增长（%）
燃气汽车	大中型客车	0	0	2328	2328	91.6
	轻型客车	0	0	0	0	—
	货车	0	0	0	0	—
	出租车	0	0	0	0	—
	私人用车	0	0	0	0	—
	其他	0	0	0	0	—
	小计	0	0	2328	2328	91.6

（2）2015 年 1—3 月燃气汽车应用数量统计表城市（地区）：郑州市

单位：辆

车　型		LPG	LNG	CNG	合计
燃气汽车	大中型客车	0	0	134	134
	轻型客车	0	0	0	0
	货车	0	0	0	0
	出租车	0	0	0	0
	私人用车	0	0	0	0
	其他	0	0	0	0
	小计	0	0	134	134

3. 电动汽车充（换）电站（桩）保有量统计表

（1）2014 年底电动汽车充（换）电站（桩）保有量统计表

充电站					充电桩		换电站
城市名称	数量（座）	充电机功率总计（kW）	充电站占地面积（m^2）	投资金额（万元）	慢充（个）	快充（个）	数量（座）
郑州市	1	120	6000	3174	458	—	2
新乡市	4	1065	6736	2256	5	5	4
	2	480	360	328	—	8	—
	—	182	—	48	26	—	—

（2）2015 年 1—3 月底电动汽车充（换）电站（桩）统计表

充电站					充电桩		换电站
城市名称	数量（座）	充电机功率总计（kW）	充电站占地面积（m^2）	投资金额（万元）	慢充（个）	快充（个）	数量（座）
郑州市	1	840	900	360	395		
新乡市	3	360	9300	205	18	—	—
	—	—	—	—	13	—	—

湖南省

一、新能源汽车扶持政策与措施

湖南省人民政府办公厅《关于我省新能源汽车推广应用的实施意见》（湘政办发〔2014〕50 号）。

湖南省人民政府办公厅关于《建立湖南省新能源汽车推广应用工作联席会议的通知》（湘政办函〔2014〕91 号）。

省发改委省财政厅关于印发《关于运用价费政策促进经济平稳发展较快发展的意见》的通知（湘发改价综〔2014〕901 号）。

湖南省财政厅、湖南省经信委《关于印发〈湖南省新能源汽车推广应用补贴方案〉的通知》（湘财企〔2014〕56 号）。

二、节能与新能源汽车推广应用情况

2014 年全年，长株潭三市共计推广应用新能源汽车 3550 辆，比目标任务 2000 辆超额完成 1550 辆，圆满地完成了全年工作目标任务。其中长沙市新能源汽车推广数量达到了 3286 辆，比全年目标任务超额完成 1706 辆。湘潭市推广总数达到 179 辆，比全年目标任务超额完成 14 辆。株洲市推广应用 85 辆，比全年目标任务少 170 辆。

2015 年 1—3 月长株潭三市共计推广应用新能源汽车 1375 辆。其中，长沙市新能源汽车推广数量达到了 1315 辆，株洲市推广应用 45 辆，湘潭市推广总数达到 15 辆。

三、基础设施建设及运行情况

2014 年全年，长株潭三市共计建成并投入使用新能源汽车充电站 6 座，充电桩 465 个。其中，长沙市已建成充电站 2 座，充电桩 388 个；株洲市已建成充电站 4 座，充电桩 51 个；湘潭市已建成充电桩 26 个。

2015 年 1—3 月，长株潭三市共计建成并投入使用新能源汽车充电站 2 座，充电桩 988 个。其中，长沙市已建成充电站 2 座，充电桩 977 个；株洲市已建成充电桩 3 个；湘潭市已建成充电桩 8 个。

四、新能源汽车推广应用统计表

1. 电动汽车推广应用数量

（1）2014 电动汽车推广应用数量

单位：辆

车型	大中型客车	轻型客车	载货车	公务车	出租车	租赁用车	私人车	电力工程车	邮政车	环卫车	其他专用车	其他	合计	同期增长（%）
纯电动汽车	11	0	0	0	0	0	2549	0	10	0	0	0	2570	2420
非插电式混合动力汽车	0	0	0	0	0	0	0	0	0	0	0	0	0	—

续表

车　型	大中型客车	轻型客车	载货车	公务车	出租车	租赁用车	私人车	电力工程车	邮政车	环卫车	其他专用车	其他	合计	同期增长（%）
插电式混合动力汽车	959	0	0	0	0	0	21	0	0	0	0	0	980	9600
增程式电动汽车	0	0	0	0	0	0	0	0	0	0	0	0	0	—
燃料电池汽车	0	0	0	0	0	0	0	0	0	0	0	0	0	—
其他	0	0	0	0	0	0	0	0	0	0	0	0	0	—
合计	970	0	0	0	0	0	2570	0	10	0	0	0	3550	4946

注：本省推广的 11 辆纯电动大中型客车中有 10 辆车型的储能装置为超级电容。

（2）2014 年电动汽车推广应用车型及数量

车　型	公告批次	目录序号	数量（辆）
南车时代牌 TEG6106EHEV02 型插电式混合动力城市客车	256	（十八）23	299
南车时代牌 TEG6129EHEV02 型插电式混合动力城市客车	256	（十八）23	172
南车时代牌 TEG6106EHEV03 型插电式混合动力城市客车	259	（十八）23	82
南车时代牌 TEG6106EHEV04 型插电式混合动力城市客车	266	（十八）23	78
东宇牌 NJL6600BEV3 型纯电动客车	261	（十）15	1
宇通牌 ZK6105CHEVPG1 型插电式混合动力电动城市客车	243	71	67
宇通牌 ZK6105CHEVNPG4 型插电式混合动力城市客车	249	71	63
福田牌 BJ6105PHEVCA－6 型插电式混合动力城市客车	255	9	60
福田牌 BJ6123PHEVCA－6 型插电式混合动力城市客车	255	9	69
福田牌 BJ6105PHEVCA－7 型插电式混合动力城市客车	255	9	22
中上牌 ZS6121BEV 型纯电动城市客车	231	（十五）44	10
海格牌 KLQ6109GCHEV1B 型插电式混合动力城市客车	243	112	24
金龙牌 XMQ6106AGHEV11 型插电式混合动力城市客车	259	123	26
北京牌 BJ5021XXYV3R1－BEV 型纯电动厢式运输车	262	11	10
比亚迪牌 BYD7150WTHEV2 型插电式混合动力轿车（秦）	253	79	21
众泰牌 JNJ7000EVZ2 型纯电动轿车	256	84	25
众泰牌 JNJ7000EVZ 型纯电动轿车	254	84	27
众泰牌 JNJ7000EVZ4 型纯电动轿车	260	84	49
众泰牌 JNJ7000EVZ5 型纯电动轿车	260	84	94
众泰牌 JNJ7000EVX 型纯电动轿车	264	84	1977
康迪牌 SMA7001BEV 型纯电动轿车	253	52	178
康迪牌 SMA7000BEV 型纯电动轿车	255	52	193
奇瑞牌 SQR7000BEVJ00 型纯电动轿车	259	119	2
北京牌 BJ7000B3D1－BEV 型纯电动轿车	263	11	1

注：本表统计的 10 辆中上牌 ZS6121BEV 型纯电动城市客车的储能装置为超级电容。

（3）2015 年 1—3 月底电动汽车推广应用数量

单位：辆

车　型	大中型客车	轻型客车	载货车	公务车	出租车	租赁用车	私人车	电力工程车	邮政车	环卫车	其他专用车	其他	合计	同期增长（%）
纯电动汽车	10	0	0	0	0	0	1152	0	0	0	0	0	1162	300
非插电式混合动力汽车	0	0	0	0	0	0	0	0	0	0	0	0	0	—

续表

车　型	大中型客车	轻型客车	载货车	公务车	出租车	租赁用车	私人车	电力工程车	邮政车	环卫车	其他专用车	其他	合计	同期增长（%）
插电式混合动力汽车	137	0	0	0	0	0	76	0	0	0	0	0	213	120
增程式电动汽车	0	0	0	0	0	0	0	0	0	0	0	0	0	—
燃料电池汽车	0	0	0	0	0	0	0	0	0	0	0	0	0	—
其他	0	0	0	0	0	0	0	0	0	0	0	0	0	—
合计	147	0	0	0	0	0	1228	0	0	0	0	0	1375	240

2. 电动汽车充（换）电站（桩）统计表

（1）2014 年底电动汽车充（换）电站（桩）保有量统计表

城市名称	充电站				充电桩		换电站
	数量（座）	充电机功率总计（kW）	充电站占地面积（m^2）	投资金额（万元）	慢充（个）	快充（个）	数量（座）
长株潭城市群	6	—	—	—	438（其中 69 个在充电站内）	27（均在充电站内）	—

（2）2015 年 1—3 月底电动汽车充（换）电站（桩）统计表

城市名称	充电站				充电桩		换电站
	数量（座）	充电机功率总计（kW）	充电站占地面积（m^2）	投资金额（万元）	慢充（个）	快充（个）	数量（座）
长株潭城市群	2	—	—	—	984（其中 71 个在充电站内）	4（其中 2 个在充电站内）	—

广东省

一、2014 年新能源汽车扶持政策与措施

根据《财政部科技部工业和信息化部发展改革委关于支持北京天津等城市或区域开展新能源汽车推广应用工作的通知》（财建〔2013〕805 号）精神，广东省城市群包括珠海、佛山、惠州、东莞、中山、江门、肇庆等七个城市。为加快全省新能源汽车推广应用，2014 年，经省政府同意，省发展改革委、财政厅、科技厅、经济和信息化委联合印发《关于加快推进珠江三角洲地区新能源汽车推广应用的实施方案》（粤发改高技术〔2014〕345 号，以下简称《实施意见》），明确了 2013—2015 年广东省新能源汽车推广应用的总体目标、指导思想、基本原则、主要工作、补助标准以及保障措施等。

二、新能源汽车推广应用情况

2014 年，广东省城市群共推广应用各类新能源汽车 7177 辆。广东省高度重视公共领域新能源汽车推广应用。《实施意见》中提出了“以公交电动化为切入点，逐步加大政府机关、公共机构、公交等领域新能源汽车推广力度”的原则。同时，还要求珠三角地区（含广州市、深圳市）“2014 年更新或新增公交车中纯电动公交车比例不得低于 10%，2015 年比例不低于 20%。确保到 2015 年底珠三角地区纯电动公交车数量达到 4000 辆”。从广东城市群推广应用新能源汽车完成情况看，各市积极贯彻落实国家和省的要求，大力在公交、出租等公共领域推广应用新能源汽车。目前公共机构（主要指公交、出租）新增或更新车辆主要是采用新能源汽车。2015 年 5 月，我省发布了公车改革方案，其中要求用于机要通信、相对固定路线执法执勤等车辆配备更新时应选用新能源汽车。各市将结合公车改革方案的要求积极推进公务车采购新能源汽车。

三、充电设施规划及建设情况

1. 充电设施建设数量和目标完成情况

截至 2014 年底，广东省城市群共建成各类充电站 18 座，充电桩 296 个（含站内充电桩），充电设施不完善已成为制约我省进一步大力推广应用新能源汽车的重要因素。

2. 充电设施相关支持政策情况

《实施意见》中将加快推进新能源汽车配套基础设施建

设作为一项重点工作予以明确。要求省各有关部门和各市要加快推进新能源汽车配套基础设施建设，确保形成与推广应用需求相适应的基础设施网络。新能源汽车配套基础设施主要指各类充电站、换电站、充电桩、加氢站及相关附属设施等。主要措施包括：完善充换电基础设施建设规划和管理、保障充换电基础设施用地需求、支持南方电网公司参与基础设施建设、鼓励多种社会资源参与等。

2015 年 4 月，为进一步鼓励各地加快充电设施建设，省发展改革委、省财政厅在下达 2015 年度省级新能源汽车推广应用专项资金计划时一并提出了我省对充电设施建设的补助标准。充换电基础设施补助采取推广应用标准车数量与充电设施服务能力相结合的方式进行奖励和补贴。

（1）按推广应用标准车数量给予奖励。对于广州市和珠三角城市群（包括珠海、佛山、惠州、东莞、中山、江门、肇庆市），省财政按照国家对充电基础设施奖励资金的 40% 进行配套。其中珠三角城市群按照每个城市新能源汽车推广应用实际贡献率（即完成的标准车数量占城市群总体标准车数量的比例）进行分配。标准车折算关系依照国家关于充电设施建设奖励的有关文件确定。

（2）按充电设施充电服务能力（主要参考充电设施额定输出功率）进行补贴。补贴范围为全省范围内（不含深圳），符合相应国家和行业标准，于 2015 年底前竣工验收并投入使用的充电设施，主要包括各类直流充电桩（机）、交流充电桩（机）、无线充电设施、换电设施、加氢站等。

四、市场开放及商业化模式创新

1. 市场开放情况

财建〔2013〕551 号文中提出“推广应用的车辆中外地品牌数量不得低于 30%。不得设置或变相设置障碍限制采购外地品牌车辆”。广东省严格执行国家政策要求，实行全国统一的标准和目录，同时鼓励各方特别是省内外整车制造企业积极参与竞争，鼓励不同技术路线、不同商业模式的探索和发展，促进形成规模效应，不断降低新能源汽车推广应用成本。

从各市 2013—2014 年实际推广应用的新能源汽车来看，只有珠海和佛山市采购了本地品牌的新能源汽车。其中珠海市采购了珠海广通生产的新能源公交车 53 辆，占其推广应用总量的 19%；佛山市采购了佛山飞驰生产的新能源公交车 52 辆，占其推广应用总量的 11.4%。广东省城市群推广应用的新能源汽车中外地品牌数量占比远超 30%，达到 93%。

2. 商业模式创新

广东省政府鼓励各市因地制宜积极创新运营模式。要求各市根据实际情况，在充分研究论证的基础上选择合适的车辆技术和商业模式，推动新能源汽车推广应用由政府大规模补贴向成熟商业化运营过渡。佛山市开展了私人乘用车领域租赁模式探索，佛山市知奔汽车租赁有限公司购买了 89 辆纯电动乘用车向市民提供分时租赁服务。中山市采用大洋电机与公交集团合作组建新能源汽车运营公司，公交集团提供运营线路，大洋电机负责购车、投资建设配套设施，并由大洋电机自主运营、自负盈亏的模式开展新能源公交车推广应用。

五、财政补贴资金及地方配套政策落实情况

1. 中央财政补贴资金拨付及落实情况

2014 年，中央财政累计拨付广东省新能源汽车推广应用补助资金 6380 万元，支持推广 244 辆新能源汽车。其中，拨付珠海广通汽车有限公司 1505 万元，支持推广新能源汽车 49 辆；拨付广州汽车集团客车有限公司 4875 万元，支持推广新能源汽车 195 辆。资金均已拨付到位。

2. 地方配套政策情况（包括购置补贴、充电电价优惠、牌照优惠政策、地方技术创新支持等。需详细列明地方配套政策和分年度地方财政资金投入情况）

（1）设立省级新能源汽车推广应用专项资金。2014 年 6 月，经省政府常务会议同意，2013—2015 年省财政安排全省新能源汽车推广省级补助资金 11.7 亿元，其中 9.2 亿元用于购车综合补助、2.5 亿元用于充换电配套基础设施奖励。2014 年 7 月，省财政厅、省发展改革委印发《广东省省级新能源汽车推广应用专项资金管理办法》（粤财工〔2014〕209 号），就专项资金的支持范围、补助标准、管理方式等方面予以明确。今年 5 月，省财政厅、省发展改革委联合对粤财工〔2014〕209 号文进行了修订，增加了充电设施建设补助等方面的内容。

（2）综合购车补助和充电设施建设补助。根据修订后的粤财工〔2014〕209 号文精神，专项资金主要分为购车综合补助和充换电基础设施补助等。

购车综合补助按照新能源汽车推广应用城市人均财政收入水平将全省分三类地区：广州、珠海、佛山、惠州、东莞、中山市为一类地区；江门、肇庆市为二类地区；粤东西北城市为三类地区。购车综合补助标准按照国家购车补助标准的一定比例确定。

充换电基础设施补助采取推广应用标准车数量与充电设施服务能力相结合的方式进行奖励和补贴。一是按推广应用标准车数量给予奖励。对于广州市和珠三角城市群（包括珠海、佛山、惠州、东莞、中山、江门、肇庆市），省财政按照国家对充电基础设施奖励资金的 40% 进行配套。其中珠三角城市群按照每个城市新能源汽车推广应用实际贡献率（即完成的标准车数量占城市群总体标准车数量的比例）进行分配。标准车折算关系依照国家关于充电设施

建设奖励的有关文件确定。二是按充电设施充电服务能力（主要参考充电设施额定输出功率）进行补贴。补贴范围为全省范围内（不含深圳），符合相应国家和行业标准，于2015年底前竣工验收并投入使用的充电设施，主要包括各类直流充电桩（机）、交流充电桩（机）、无线充电设施、换电设施、加氢站等。

购车综合补助和充换电基础设施补助均拨付到各地级以上市。购车综合补助可用于补贴车辆购置、整车租赁、电池租赁、车辆运营维护等费用。补贴车辆购置时，中央加地方财政补贴额度不得超过车辆价格（即未扣除任何补贴时的价格）的70%，其余资金由各市按照上述用途自行安排。充换电基础设施补助统筹用于充电设施建设、运营、改造升级，以及充换电服务网络运营监控系统建设等领域，不得用于补贴车辆购置等。

根据年初预拨、次年清算的原则，2014年6月省发展改革委、财政厅联合下达了各市2013—2014年度省级新能源汽车推广应用专项资金39300万元。根据2015年一季度的清算结果，省财政需收回6746万元。2015年4月，省发展改革委、财政厅又联合下达了各市2015年度省级新能源汽车推广应用专项资金92386万元。

（3）充电电价优惠。2014年9月，省发展改革委转发了《国家发展改革委关于电动汽车用电价格政策有关问题的通知》，同时授权各地级以上市价格主管部门制定并调整充换电服务费标准上限。目前广东省城市群中已有佛山市出台了充换电服务费标准，其中充电服务费按充电电度收取，最高标准为电动公交车0.7元/千瓦时，七座及以下电动车1.2元/千瓦时；换电服务费按行驶里程收取，最高标准为电动公交车1.7元/公里，七座及以下电动汽车0.4元/公里。

（4）技术创新支持。2010年，我省设立了战略性新兴产业发展专项资金（新能源汽车切块），截至目前已支持了三批新能源汽车产业发展项目，支持领域涵盖了整车开发制造、动力电池研发生产、电池关键材料（正负极、电解液、隔膜）研发生产、驱动电机研发生产、技术开发和检验检测平台、标准体系建设等方面，共计支持财政资金59300万元。在新能源汽车专项资金支持项目的带动下，我省新能源汽车产业快速发展，初步形成了涵盖整车、电池、电机、电控等“三大电”以及关键材料等领域的完整产业体系，产业规模、技术水平和推广应用均位于全国先进水平。整车生产能力迅速提升，纯电动汽车、插电式（含增程式）混合动力汽车等车型均已批量投放市场，出现了一批具有国际竞争力的自主品牌；动力电池产量居全国首位，电池性能可满足不同车型需要，动力电池正负极材料取得重大技术突破，电解液、电池隔膜已实现高端产品进口替代；我省及早提出了“电动汽车标准体系规划与路线图”，在全国均属首创。总体来看，专项资金项目的实施达到了政策设计的效果，为将广东建设成为世界先进的新能源汽车产业基地奠定了良好基础。

六、组织领导和安全监管

1. 组织领导

广东省政府高度重视新能源汽车推广应用。2010年，为加快形成各有关部门各尽其职、密切配合、共同推进新能源汽车发展工作的良好态势，我委报送了《关于上报广东省新能源汽车发展联席会议制度（送审稿）的请示》（粤发改高技术〔2010〕720号），时任常务副省长朱小丹批示“同意”。联席会议召集人为常务副省长，成员单位包括省发展改革委、经济和信息化委、科技厅、公安厅、财政厅等14个部门（单位）。2014年4月，省政府召开全省新能源汽车推广应用工作会议，朱小丹省长出席并作重要讲话。

2014年9月，广东省政府办公厅转发了国务院办公厅关于加快新能源汽车推广应用指导意见的通知，其中明确要求各市要加强组织领导，成立由市政府主要负责同志牵头、各职能部门参与的新能源汽车工作联席会议制度，制定具体实施方案和工作计划，确保完成任务目标。截至目前，佛山市已成立了以市长为组长新能源汽车推广应用工作领导小组。惠州、东莞、中山已建立常务副市长或分管副市长为召集人的联席会议制度，江门、肇庆也明确将要建立分管副市长为组长的领导小组。

2. 地方安全监控管理

下一步，广东省将加强对公共领域推广新能源汽车的安全监控管理，确保新能源策划安全高效运行。

七、节能与新能源汽车推广情况统计表

1. 2014年电动汽车示范推广数量

单位：辆

车型	大中型客车	轻型客车	载货车	公务车	出租车	租赁用车	私人车	电力工程车	邮政车	环卫车	其他专用车	其他	合计
纯电动汽车	286	0	0	249	384	0	1055	0	20	1	11	707	2713
非插电式混合动力汽车	0	0	0	0	0	0	0	0	0	0	0	0	0
插电式混合动力汽车	1147	0	0	97	0	0	3177	0	0	0	0	0	4421

续表

车型	大中型客车	轻型客车	载货车	公务车	出租车	租赁用车	私人车	电力工程车	邮政车	环卫车	其他专用车	其他	合计
增程式电动汽车	0	0	0	2	0	0	38	0	0	0	0	0	40
燃料电池汽车	0	0	0	0	0	0	0	0	0	0	0	0	0
其他	0	0	0	0	0	0	0	0	0	0	0	0	0
合计	5048	0	0	438	940	0	523	15	260	595	113	1646	7177

2. 2014 年电动汽车示范推广数量

应用城市	车型	公告批次	目录序号	数量（辆）
深圳市	比亚迪牌 BYD7150WTHEV2 型插电式混合动力轿车（秦）	253	79	3257
	比亚迪牌 QCJ7100ADM 型插电式混合动力轿车	206	79	4
	比亚迪牌 QCJ7006BEVF 型纯电动轿车（E6）	216	79	250
	启辰牌 DFL7000B1BEV 型纯电动轿车	250	3	2
	启辰牌 DFL7000B2BEV 型纯电动轿车	260	3	4
	奇瑞牌 SQR7000BEVJ00 型纯电动轿车	259	119	5
	北京牌 BJ7000B3D1 – BEV 型纯电动轿车	263	11	1
	腾势牌 QCJ7007BEV 型纯电动轿车	255	79	1
	五洲龙牌 FDG6701EVG1 型纯电动城市客车	247	131	3
	东宇牌 NJL6118BEV1 型纯电动客车	262	（十）15	153
	瑞驰牌 CRC5020XXY – LBEV 型纯电动厢式运输车	240	（二十一）14	1
	瑞驰牌 CRC5022XXY – LBEV 型纯电动厢式运输车	257	（二十一）14	2
	瑞驰牌 CRC5021XXY – LBEV 型纯电动厢式运输车	257	（二十一）14	4
广州市	广汽牌 GZ6113PHEV2 型插电式混合动力城市客车	249	89	125
	广汽牌 GZ6113PHEV5 型插电式混合动力城市客车	256	89	70
	宇通牌 ZK6120CHEVNPG4 型插电式混合动力城市客车	248	71	453
	传祺（TRUMPCHI）牌 GAC7100SHEVB4 型增程式混合动力轿车	262	89	40
	北京牌 BJ7000B3D1 – BEV 型纯电动轿车	249	11	23
	北京牌 BJ5021XXYV3R1 – BEV 型纯电动厢式运输车	262	11	21
	康迪牌 SMA7000BEV 型纯电动轿车	255	52	536
	康迪牌 SMA7001BEV 型纯电动轿车	253	52	150
	众泰牌 JNJ7000EVZ 型纯电动汽车	254	84	36
	众泰牌 JNJ7000EVZ4 型纯电动轿车	260	84	731
	众泰牌 JNJ7000EVZ5 型纯电动轿车	260	84	134
	江淮牌 HFC7000AEV 型纯电动轿车	219	56	1
	启辰牌 DFL7000B2BEV 型纯电动轿车	260	3	176
	金龙牌 XMQ6110BCBEV 型纯电动客车	259	123	5
东莞市	宇通牌 ZK6105CHEVNPG4 型插电式混合动力城市客车	249	71	339
	五洲龙牌 FDG6652EVG 型纯电动城市客车	247	131	5
	五洲龙牌 FDG6601EVG 型纯电动城市客车	243	131	35
	海格牌 KLQ6109GCHEV1B 型插电式混合动力城市客车	243	112	24

续表

应用城市	车型	公告批次	目录序号	数量（辆）
珠海市	广通牌 GTQ6105BEVB2 型纯电动城市客车	262	（十九）28	53
珠海市	宇通牌 ZK6105CHEVNPG4 型插电式混合动力城市客车	249	71	5
珠海市	比亚迪牌 QCJ7006BEVF 型纯电动轿车（E6）	216	79	200
珠海市	比亚迪牌 BYD7150WTHEV2 型插电式混合动力轿车（秦）	253	79	2
佛山市	启辰牌 DFL7000B2BEV 型纯电动轿车	260	3	5
佛山市	东风牌 EQ5031TSLACBEV 型纯电动扫路车	257	3	1
佛山市	比亚迪牌 QCJ7006BEVF 型纯电动轿车（E6）	216	79	24
佛山市	比亚迪牌 BYD7150WTHEV2 型插电式混合动力轿车（秦）	253	79	7
佛山市	海格牌 KLQ6109GCHEV1B 型插电式混合动力城市客车	243	112	78
佛山市	中通牌 LCK6106PHENV 型插电式混合动力城市客车	252	125	3
惠州市	申沃牌 SWB6121EV13 型纯电动城市客车	250	42	30
惠州市	金旅牌 HML6115JHEV75CN 型插电式混合动力城市客车	254	124	25
惠州市	宇通牌 ZK6105CHEVNPG4 型插电式混合动力城市客车	249	71	25
惠州市	瑞驰牌 CRC5021XXY－LBEV 型纯电动厢式运输车	257	（二十一）14	4
惠州市	江淮牌 HFC7000AEV 型纯电动轿车	219	56	3
潮州市	比亚迪牌 CK6120LGEV2 型纯电动城市客车（K9）	238	79	2
潮州市	比亚迪牌 QCJ7006BEVF 型纯电动轿车（E6）	216	79	50
韶关市	比亚迪牌 QCJ7006BEVF 型纯电动轿车（E6）	216	79	50
中山市	众泰牌 JNJ7000EVZ5 型纯电动轿车	260	84	12
中山市	比亚迪牌 BYD7150WTHEV2 型插电式混合动力轿车（秦）	253	79	3
清远市	比亚迪牌 BYD7150WTHEV2 型插电式混合动力轿车（秦）	253	79	1

广西壮族自治区

一、2014 年节能与新能源汽车扶持政策与措施

（一）安排新能源汽车发展专项资金支持重点项目，推动产业加快发展。2014 年，共安排了广西战略性新兴产业（新能源汽车）发展专项资金 150 万元，对广西三立科技发展有限公司纯电驱动技术开发与生产应用项目给予资金支持，推进节能与新能源汽车关键核心部件的研发和产业化。

（二）加强节能与新能源汽车生产准入和标准的指导协调。指导新能源汽车生产企业做好生产准入工作，协调企业节能与新能源汽车产品公告申报的相关问题，帮助企业争取节能与新能源汽车生产资质。2014 年柳州延龙汽车有限公司纯电动厢式货车获得了工业和信息化部《车辆生产企业及产品公告》，成为广西第 4 家拥有新能源汽车生产资质的企业。

（三）积极推进广西区内节能与新能源汽车的示范推广。以公交、出租、公务、环卫等公共服务领域为重点，进行节能和新能源汽车的示范推广。2014 年新增梧州市和崇左市等在公交、出租等领导开展节能和新能源汽车应用示范。

二、节能与新能源汽车推广应用情况

2014 年，南宁市新购置混合动力汽车公交车 100 辆（全部为超级电容车），天然气公交车 754 辆，天然气出租车 900 辆，天然气公交车和出租车保有量为 3174 辆，全市共有 3 个天然气充气站，柳州市销售 20 辆纯电动汽车，梧州市购置 30 辆比亚迪 E6 纯电动出租车上路运营，成为广西首个运营纯电动出租汽车的城市；崇左市购买了北汽福田欧辉客车公司生产的 2 辆纯电动客车和 1 辆插电式混合动力客车在崇左市公交线路运营。

三、基础设施建设及运行情况

目前，广西建成并投入使用的电动汽车充电站有南宁国际会展中心和南宁竹溪立交的两座电动汽车充电站、柳州潭中电动汽车充电站、桂林市机场路桂林福达机器厂区

西侧电动汽车充电站、梧州市莲花山纯电动汽车充电站以及崇左市电动汽车充电站。

四、节能与新能源汽车项目投融资情况

2014 年，广西汽车行业重点企业继续推进节能与新能源汽车及零部件的研发和产业化工作。重点项目主要有总投资 10 亿元的广西卓能新能源科技有限公司 50 亿安时锂离子动力电池及 10 万套新能源车电源系统产业化项目（一期）和总投资 3000 万元的南宁八菱科技股份有限公司新能源客车燃气发动机水冷散热器新产品产业化项目等。

五、节能与新能源汽车发展规划

广西节能与新能源汽车产业发展“十二五”规划目标是：到“十二五”期末，初步实现节能与新能源汽车产业化发展的全面起步，夯实节能与新能源汽车产业发展的技术和产业基础，初步形成有利于节能与新能源汽车产业发展的体制和机制。到 2015 年，节能与新能源汽车生产能力达到 10 万辆，混合动力总成生产能力达到 5 万套，形成多品种、多系列、多领域的节能与新能源汽车产品体系，基本建立节能与新能源汽车关键零部件体系；全区各市在公交、出租、公务、市政、邮政等领域开展推广使用节能与新能源汽车示范运营，全区节能与新能源汽车保有量进一步提高，城市公交客车、出租车等公共服务领域节能与新能源汽车占一定比例；节能与新能源汽车配套设施建设逐步完善。

六、节能与新能源汽车推广情况统计表

1. 电动汽车示范推广数量

（1）2014 年电动汽车推广应用数量

单位：辆

车型	大中型客车	轻型客车	载货车	公务车	出租车	租赁用车	私人车	电力工程车	邮政车	环卫车	其他专用车	其他	合计
纯电动汽车	2	0	20	0	30	0	0	0	0	0	0	0	52
非插电式混合动力汽车	100	0	0	0	0	0	0	0	0	0	0	0	100
插电式混合动力汽车	1	0	0	0	0	0	0	0	0	0	0	0	1
增程式电动汽车	0	0	0	0	0	0	0	0	0	0	0	0	0
燃料电池汽车	0	0	0	0	0	0	0	0	0	0	0	0	0
其他	0	0	0	0	0	0	0	0	0	0	0	0	0
合计	103	0	20	0	30	0	0	0	0	0	0	0	153

注：本地区推广的 100 辆非插电式混合动力客车的储能装置为超级电容。

（2）2014 年电动汽车推广应用车型及数量

车 型	公告批次	目录序号	数量（辆）
福田牌 BJ6650EVCA 型纯电动城市客车	263	9	1
福田牌 BJ6851EVCA 型纯电动城市客车	264	9	1
福田牌 BJ6105PHEVCA 型插电式混合动力城市客车	264	9	1
金旅牌 XML6125JHEV38 型混合动力城市客车	264	124	100
延龙牌 LZL5028XXYBEV 型纯电动厢式运输车	256	（二十）06	20
比亚迪牌 BYD7006BEVH 型纯电动轿车	269	79	30

注：本表中统计的 100 辆金旅牌 XML6125JHEV38 型混合动力城市客车为非插电式混合动力客车，其储能装置为超级电容。

（3）2015 年 1—3 月底电动汽车推广应用数量

单位：辆

车型	大中型客车	轻型客车	载货车	公务车	出租车	租赁用车	私人车	电力工程车	邮政车	环卫车	其他专用车	其他	合计
纯电动汽车	0	0	0	0	0	0	0	0	0	0	0	0	0
非插电式混合动力汽车	0	0	0	0	0	0	0	0	0	0	0	0	0
插电式混合动力汽车	50	0	0	0	0	0	0	0	0	0	0	0	50

续表

车型	大中型客车	轻型客车	载货车	公务车	出租车	租赁用车	私人车	电力工程车	邮政车	环卫车	其他专用车	其他	合计
增程式电动汽车	0	0	0	0	0	0	0	0	0	0	0	0	0
燃料电池汽车	0	0	0	0	0	0	0	0	0	0	0	0	0
其他	0	0	0	0	0	0	0	0	0	0	0	0	0
合计	50	0	0	0	0	0	0	0	0	0	0	0	50

（4）2015 年 1—3 月底电动汽车推广应用车型及数量

车型	公告批次	目录序号	数量（辆）
金旅牌 XML6105JHEVB5C 型插电式混合动力城市客车	267	124	30
申龙牌 SLK6109USCHEV03 型插电式混合动力城市客车	262	129	20

2. 燃气汽车推广应用统计

（1）2014 年底燃气汽车应用保有量统计表

单位：辆

车　型		LPG	LNG	CNG	合计
燃气汽车	大中型客车	0	754	100	854
	轻型客车	0	0	0	0
	货车	0	0	0	0
	出租车	0	0	2320	2320
	私人用车	0	0	0	0
	其他	0	0	0	0
	小计	0	754	2420	3174

（2）2015 年 1—3 月燃气汽车推广应用数量统计表

单位：辆

车　型		LPG	LNG	CNG	合计
燃气汽车	大中型客车	0	0	100	100
	轻型客车	0	0	0	0
	货车	0	0	0	0
	出租车	0	0	0	0
	私人用车	0	0	0	0
	其他	0	0	0	0
	小计	0	0	100	100

3. 2014 年底电动汽车充（换）电站（桩）保有量统计表

城市名称	充电站				充电桩		换电站
	数量（座）	充电机功率总计（kW）	充电站占地面积（m^2）	投资金额（万元）	慢充（个）	快充（个）	数量（座）
南宁市	2	921	2190	1165	—	—	—
柳州市	1	500	600	650	—	—	—
桂林市	1	1000	4000	800	—	—	—
梧州市	1	2400	15300	4400	—	60	—
崇左市	1	200	40	42	2	2	—

四川省

一、节能与新能源汽车扶持政策与措施

1. 2014 年 1—12 月

制定出台《四川省新能源汽车产业发展工作推进方案》,《四川省政府机关及公共机构购置新能源汽车实施方案》。推动泸州市出台《泸州市推广应用新能源汽车管理办法(试行)》《泸州市新能源汽车市级财政补助资金暂行管理办法》《关于进一步加快新能源汽车推广应用促进新能源汽车产业发展的意见(试行)》,绵阳市出台《绵阳市人民政府关于加快新能源汽车推广应用促进产业发展的实施意见(试行)》,制定《绵阳市新能源电动汽车充(换)电设施建设管理暂行办法》

2. 2015 年 1—3 月

加大新能源汽车推广应用和基础设施建设扶持力度,制定财政扶持、交通营运、金融扶持等方面政策,推进产业加快发展。推动成都市加快制定《成都市人民政府关于促进经济稳中求进的若干意见》,落实新能源汽车购车、充电设施建设补贴及新能源汽车不限号等优惠政策;推动泸州市出台《加快新能源私人用车推广应用的指导意见(试行)》《关于电动汽车充电服务收费标准及用电价格的通知》。

二、节能与新能源汽车推广应用情况

2014 年,全省共推广应用新能源汽车 1749 辆,其中,公交、环卫、物流等公共领域 417 辆,租赁及私人领域 1193 辆,总计 1610 辆。全省累计推广新能源汽车 2170 辆。

2015 年第一季度,全省共推广应用新能源汽车 277 辆,其中,公交、环卫、物流等公共领域 206 辆,租赁及私人领域 71 辆。截至 3 月底,示范车辆总数达到 2447 辆。

三、基础设施建设及运行情况

1. 2014 年 1—12 月

全省新投入使用直流充电桩 59 个,交流充电桩 73 个。截至 2014 年底,累计投用 14 座充电站和 843 个交流充电桩。

绵阳市建成新能源汽车体验中心,中心包括 1700 平方米的新能源汽车展厅,400 平方米停车场,1448 米专业试驾跑道。

2. 2015 年 1—3 月

新投入使用充电站 1 座,直流充电桩 2 个,交流充电桩 20 个。截至 3 月底,累计建成 15 座充电站和 865 个交流充电桩。

四、节能与新能源汽车项目投融资及园区建设情况

1. 2014 年 1—12 月

川汽与清华大学、西南交通大学、吉利集团在南充建设商用车研究院加快建设,吉利南充新能源汽车研发生产基地建设、川汽股份 12 万辆新能源汽车生产基地建设项目、绵阳华瑞与中国高新投资公司乘用车合作项目、天津力神与四川长虹新能源汽车电池合资项目等一批重大示范项目正式启动,吉利沃尔沃、川汽野马、成都客车、重汽王牌等传统汽车企业向新能源汽车企业转型升级,一批高性能锂电池、金属—空气电池,直驱电机、整车控制、轮毂电机生产项目正式投产。

2. 2015 年 1—3 月

研发基地建设方面,川汽与清华大学新能源汽车联合研究中心绵阳基地开工建设,吉利集团在南充建设商用车研究院正式注册。

产业项目方面,中嘉沃尔沃 S60L 插电式混合动力轿车项目建成投产、川汽股份 12 万辆新能源汽车生产基地建设项目正式投产、西部控股和天津力神共同投资 20 亿元建设 5 万吨基于碳纳米管的三元正极材料项目已完成初步选址。

产业聚集方面,德阳锂离子电池材料及锂离子电池产业基地正式挂牌,成德绵三市、泸自内宜四市加快构建合作体系和利益协调机制,初步形成成德绵、川南、川东北三大新能源汽车城市群竞相发展的格局。

五、节能与新能源汽车发展规划

即将出台《四川省新能源汽车产业发展规划》(2015—2020 年),配套出台《四川省新能源汽车基础设施规划建设规划》专项规划。

六、节能与新能源汽车推广应用统计表

1. 电动汽车推广应用数量

(1)2014 年电动汽车推广应用数量　　单位:辆

车型	大中型客车	轻型客车	载货车	公务车	出租车	租赁用车	私人车	电力工程车	邮政车	环卫车	其他专用车	其他	合计
纯电动汽车	3	0	0	25	120	0	116	0	0	36	107	1193	1600

续表

车型	大中型客车	轻型客车	载货车	公务车	出租车	租赁用车	私人车	电力工程车	邮政车	环卫车	其他专用车	其他	合计
非插电式混合动力汽车	0	0	0	0	0	0	9	0	0	0	0	0	9
插电式混合动力汽车	59	0	0	10	0	0	71	0	0	0	0	0	140
增程式电动汽车	0	0	0	0	0	0	0	0	0	0	0	0	0
燃料电池汽车	0	0	0	0	0	0	0	0	0	0	0	0	0
其他	0	0	0	0	0	0	0	0	0	0	0	0	0
合计	62	0	0	35	120	0	196	0	0	36	107	1193	1749

（2）2014年电动汽车推广应用车型及数量

应用城市	车型	公告批次	目录序号	数量（辆）
成都市	康迪牌SMA7000BEV型纯电动轿车	255	52	496
	康迪牌SMA7001BEV型纯电动轿车	253	52	524
	众泰牌JNJ7000EVZ型纯电动轿车	254	84	43
	众泰牌JNJ7000EVZ4型纯电动轿车	260	84	97
	众泰牌JNJ7000EVZ5型纯电动轿车	260	84	146
	江淮牌HFC7000AEV型纯电动轿车	219	56	5
	奇瑞牌SQR7000BEVJ00型纯电动轿车	259	119	2
	奇瑞牌SQR7000EAS11型纯电动轿车	206	119	1
	东风牌EQ6640CLBEV型纯电动客车	261	3	1
	王牌牌CDW5030XGCEV型纯电动工程车	240	101	2
	王牌牌CDW5030XGCEV1型纯电动工程车	241	101	3
	王牌牌CDW5060XXYEV型纯电动厢式运输车	258	101	51
	王牌牌CDW5070XXYH1PEV型纯电动厢式运输车	263	101	51
	王牌牌CDW5080ZLJEV型纯电动垃圾车	239	101	1
	王牌牌CDW5160XXYEV型纯电动厢式运输车	247	101	2
	王牌牌CDW5164GSSEV型纯电动洒水车	235	101	27
	远达牌SCZ5160GSSBEV型纯电动洒水车	240	（二十二）01	6
	野马牌SQJ6121B1BEV型纯电动城市客车	231	101	1
	野马牌SQJ6452BEV型纯电动乘用车	242	101	20
	比亚迪牌BYD7150WTHEV2型插电式混合动力轿车（秦）	253	79	36
泸州市	金龙牌XMQ6106AGHEV10型插电式混合动力城市客车	254	123	42
	比亚迪牌QCJ7006BEVF型纯电动轿车（E6）	216	79	100
	蜀都牌CDK6123CEHEV型插电式混合动力城市客车	263	（二十二）10	3
	宇通牌ZK6105PHEVNPG3型插电式混合动力城市客车	261	71	4
	宇通牌ZK6125BEVG7型纯电动城市客车	265	71	1
	比亚迪牌BYD7150WTHEV2型插电式混合动力轿车（秦）	253	79	60
绵阳市	丰田（TOYOTA）牌GTM7251HEVS型混合动力轿车	236	89	9
	比亚迪牌BYD7150WTHEV2型插电式混合动力轿车（秦）	253	79	5
南充市	宇通牌ZK6125CHEVNPG4型插电式混合动力城市客车	250	71	10

(3) 2015年1—3月底电动汽车推广应用数量

单位：辆

车型	大中型客车	轻型客车	载货车	公务车	出租车	租赁用车	私人车	电力工程车	邮政车	环卫车	其他专用车	其他	合计
纯电动汽车	30	0	0	1	150	0	21	0	0	0	25	34	261
非插电式混合动力汽车	0	0	0	0	0	0	3	0	0	0	0	0	3
插电式混合动力汽车	0	0	0	0	0	0	13	0	0	0	0	0	13
增程式电动汽车	0	0	0	0	0	0	0	0	0	0	0	0	0
燃料电池汽车	0	0	0	0	0	0	0	0	0	0	0	0	0
其他	0	0	0	0	0	0	0	0	0	0	0	0	0
合计	30	0	0	1	150	0	37	0	0	0	25	34	277

(4) 2015年1—3月底电动汽车推广应用车型及数量

应用城市	车型	公告批次	目录序号	数量（辆）
成都市	东风牌ZN5033XGCH2C型纯电动工程车	220	72	6
	江淮牌HFC7000AEV型纯电动轿车	219	56	1
	康迪牌SMA7001BEV型纯电动轿车	253	52	26
	康迪牌SMA7000BEV型纯电动轿车	255	52	1
	奇瑞牌SQR7000BEVJ00型纯电动轿车	259	119	2
	王牌牌CDW5070XXYH1PEV型纯电动厢式运输车	263	101	16
	王牌牌CDW5060XXYEV型纯电动厢式运输车	258	101	3
	众泰牌JNJ7000EVZ型纯电动轿车	254	84	3
	众泰牌JNJ7000EVZ4型纯电动轿车	260	84	8
	众泰牌JNJ7000EVZ5型纯电动轿车	260	84	15
	比亚迪牌BYD7150WTHEV2型插电式混合动力轿车（秦）	253	79	2
	荣威牌CSA7180ACHEV型插电式混合动力轿车	220	122	2
泸州市	比亚迪牌QCJ7006BEVF型纯电动轿车（E6）	216	79	150
	比亚迪牌BYD7150WTHEV2型插电式混合动力轿车（秦）	253	79	9
绵阳市	野马牌SQJ6111B2BEV型纯电动城市客车	266	101	30
	丰田（TOYOTA）牌GTM7251HEVS型混合动力轿车	236	89	3

2. 燃气汽车应用数量统计

(1) 2014年12月底燃气汽车应用数量保有量统计表

单位：辆

车　型		LPG	LNG	CNG	合计	同期增长（%）
燃气汽车	大中型客车	0	1508	28408	29916	16.8
	轻型客车	189	393	0	582	19.5
	货车	0	1145	12296	13441	17.2
	出租车	0	0	35616	35616	16.1
	私人用车	0	0	287048	287048	16.1
	其他	0	0	60632	60632	16.1
	小计	180	3046	424000	427226	16.2

（2）2015 年 1—3 月代用燃料汽车应用数量统计表

单位：辆

车　型		LPG	LNG	CNG	合计	同期增长（%）
燃气汽车	大中型客车	0	110	595	705	163
	轻型客车	189	205	0	394	3.1
	货车	0	73	258	331	34.6
	出租车	0	0	746	746	122
	私人用车	0	0	6011	6011	122
	其他	0	0	1269	1269	-53
	小计	189	388	8879	9456	96.5

3. 电动汽车充（换）电站（桩）统计表

（1）2014 年底电动汽车充（换）电站（桩）保有量统计表

充电站					充电桩		换电站
城市名称	数量（座）	充电机功率总计（kW）	充电站占地面积（m^2）	投资金额（万元）	慢充（个）	快充（个）	数量（座）
成都市	14	—	—	30000	760	7	—
泸州市	—	—	—	—	20	52	—
绵阳市	—	112.5	3889	250	4	—	—

（2）2015 年 1—4 月底电动汽车充（换）电站（桩）统计表

充电站					充电桩		换电站
城市名称	数量（座）	充电机功率总计（kW）	充电站占地面积（m^2）	投资金额（万元）	慢充（个）	快充（个）	数量（座）
成都市	1	—	—	2000	19	—	—
泸州市	—	—	—	—	—	2	—
绵阳市	—	6	289	1.2	1	—	—

云南省

一、节能与新能源汽车扶持政策与措施

为贯彻落实国务院关于发展战略性新兴产业和加强节能减排工作的决策部署，根据《国务院办公厅关于加快新能源汽车推广应用的指导意见》（国办发〔2014〕35 号）、科技部等四部委《关于支持沈阳、长春等 12 个城市或区域开展新能源汽车推广应用工作的通知》（财建〔2014〕10 号）和《云南省人民政府关于促进节能与新能源汽车产业发展的意见》（云政发〔2013〕24 号）等文件精神，加快云南省新能源汽车推广应用及产业发展工作，昆明市人民政府出台了《昆明市新能源汽车推广应用及产业发展实施方案》，成立昆明市新能源汽车推广应用及产业发展工作领导小组（以下简称新能源汽车工作领导小组），负责全面统筹领导和协调我市新能源汽车推广应用和产业发展工作。领导小组由李文荣市长担任组长，相关副市长担任副组长，市级相关部门主要负责人为成员。领导小组下设办公室和五个工作组，办公室设在市发展改革委。大理市、玉溪市和丽江市的新能源汽车推广应用工作也在积极推进过程当中。

《昆明市新能源汽车推广应用及产业发展实施方案》中明确了相关鼓励政策：（1）对在昆明市辖区内购买、注册登记和使用新能源汽车的单位和个人，市财政补贴参照国家财政补助资金标准按照 1∶0.5 给予配套补助；（2）新能源汽车充换电设施建设用地执行电网建设项目用地政策，对项目建设立项、规划等行政审批实施“绿色通道”。充换电设施产权分界点至电网的配套结网工程，由电网企业负责建设和运行维护，不得收取结网费用，相应成本纳入电网输配电成本统一核算。鼓励专业运营商投资建设、运营新能源汽车充换电设施网络，对于投资建设新能源汽车充

换电设施和开展充电、电池租赁及回收服务的企业、单位，由市财政统筹资金给予适当补助，具体补助标准及办法待中央财政补贴明确后另行研究制定；（3）新能源汽车在市国有资产管理有限公司管理的临时停车位停车，2小时内免收临时停车费（市国资委牵头负责）；（4）对新增的新能源出租车免收经营权有偿使用费（市交运局牵头负责）；（5）对符合城市配送需求，从事邮政、快递、物流（含城市配送车、搬家运输车等）的新能源汽车直接发放“货车入城通行证”。对符合城市客运需求，从事客车租赁、保障单位通勤的新能源汽车直接发放“入城通行证”（市公安局牵头负责）。

昆明市工信委制定了《昆明市2015年新能源汽车充电设施建设方案》（报批稿），已进入市政府报批程序。

2014年云南省科技厅落实了云南省新能源车重大专项，省科技厅第一期计划安排2650万元用于支持云南五龙汽车有限公司、云南航天神州汽车有限公司等企业新能源汽车研发及产业化，同时关于云南省关于新能源汽车推广应用车辆购置及基础设施建设补贴政策也在积极地制定和论证过程中。

2013年度昆明市推广应用车辆生产企业共获得国家财政清算补助资金3361.4万元。根据《昆明市节能与新能源汽车示范推广财政补助资金管理办法》，按照首轮节能与新能源汽车示范推广明确的新能源公交车按4万元/辆/年和出租车、公务用车按照0.6万元/辆/年给予连续四年的市级补助标准，2014年昆明市地方财政已支出资金1464万元。

政策名称列表：昆明市人民政府《关于印发昆明市新能源汽车推广应用及产业发展实施方案的通知》（昆政发〔2014〕46号）2014年11月6日。

二、节能与新能源汽车推广应用情况

2014年，云南省共完成199辆新能源汽车推广应用，其中插电式混合动力城市客车65辆、纯电动企业通勤客车50辆、纯电动出租车50辆、私人纯电动乘用车8辆、插电式混合动力公务车23辆、私人插电式混合动力乘用车3辆：

（1）昆明市完成192辆新能源汽车推广应用，其中插电式混合动力城市客车65辆、纯电动企业通勤车50辆、纯电动出租车50辆、私人纯电动乘用车2辆、插电式混合动力公务车23辆、私人插电式混合动力乘用车2辆；

（2）玉溪市完成7辆新能源汽车推广应用，其中私人纯电动乘用车6辆、私人插电式混合动力乘用车1辆。

2015年第一季度，全省共推广插电式乘用车12辆。

三、基础设施建设及运行情况

1. 2014年1—12月

2014年度，云南省共完成1座充电站、6个直流快充桩、16个交流慢充桩建设：

（1）2014年1—12月，昆明中北出租汽车公司投资建设完成了16个纯电动出租车交流慢充桩，分别位于白龙路、前兴路公交车站、比亚迪虹山北路4S店和昆明公交公司修理厂，确保纯电动出租车正常示范运营。

（2）2014年12月，云南五龙汽车有限公司完成6个直流快充桩建设，已投入使用。

2. 2015年1—3月

（1）昆明中北出租汽车公司投资建设完成3个纯电动出租车充电桩，云南航天神州汽车公司建成1个直流快充桩，已投入使用。

（2）为保证云南省新能源汽车基础设施建设工作的顺利开展，云南省及昆明市、大理市、玉溪市和丽江市相关职能部门多次召开组织协调会，推进云南省新能源汽车基础设施建设工作。

四、节能与新能源汽车项目投融资及园区建设情况

1. 2014年1—12月

云南省新能源汽车整车、充电设施、电机、电控系统等关键技术及产品研发和产业化工作取得了重大进展。

（1）云南五龙汽车有限公司的6~12米纯电动客车及增程式客车、云南航天神州汽车有限公司的6~12米纯电动客车，在2015年内完全具备批量投放市场的产能。

（2）云南五龙汽车有限公司拟开发轻型客车生产线，投资四大工艺装备（冲压、焊装、涂装、总装）大于2亿元。

（3）昆明云内动力股份有限公司进行了增程式电动公交客车APU系统的模块化、系列化和平台化等产业化技术储备。增程式客车的动力系统采用云内动力的发动机、昆明电机厂的电动机、昆明南车电器公司的电控系统等关键部件，拟在昆明集成增程器并实施本地产业化。

（4）在昆明市政府支持下，昆明云内动力股份有限公司与安徽江淮汽车集团达成产业合作协议，合资成立昆明客车制造有限公司，建厂工程已进入实施阶段。

（5）红河州个旧圣比和实业有限公司在昆明市高新区建立了“云南省动力与储能电池工程技术研究中心”，专业从事新能源材料研究、生产和销售，目前主要产品是锂离子电池正极材料钴酸锂、锰酸锂、镍基三元材料、磷酸铁锂等。公司与中国科学院院士、复旦大学教授赵东元博士共建了云南省赵东元院士工作站。

（6）昆明能讯科技有限责任公司（云南电网下属企

业）开展了交直流一体式充电桩产业技术研发，拟为我省四个示范城市的新能源汽车推广应用提供充电设施建设和运维管理服务。

五、节能与新能源汽车发展规划

云南省昆明市、丽江市、玉溪市、大理市联合申报《昆明 + 3 城市群新能源汽车推广应用总体实施方案（2013—2015 年）》。

2014 年 1 月 27 日，四部委发布《关于支持沈阳长春等城市或区域开展新能源汽车推广应用工作的通知》正式确立昆明市、丽江市、大理市、玉溪市 2013 年和 2015 年继续开展新能源汽车推广应用工作，将在未来 2 年内推广应用新能源汽车 5000 辆，其中昆明市推广应用 3400 辆，丽江市推广应用 800 辆，大理市推广应用 500 辆，玉溪市推广应用 300 辆。

六、节能与新能源汽车推广应用统计表

1. 电动汽车推广应用数量

（1）2014 年电动汽车推广应用数量

单位：辆

车型	大中型客车	轻型客车	载货车	公务车	出租车	租赁用车	私人车	电力工程车	邮政车	环卫车	其他专用车	其他	合计
纯电动汽车	50	0	0	0	50	0	8	0	0	0	0	0	108
非插电式混合动力汽车	0	0	0	0	0	0	0	0	0	0	0	0	0
插电式混合动力汽车	65	0	0	23	0	0	3	0	0	0	0	0	91
增程式电动汽车	0	0	0	0	0	0	0	0	0	0	0	0	0
燃料电池汽车	0	0	0	0	0	0	0	0	0	0	0	0	0
其他	0	0	0	0	0	0	0	0	0	0	0	0	0
合计	115	0	0	23	50	0	11	0	0	0	0	0	199

（2）2014 年电动汽车推广应用车型及数量

车　型	公告批次	目录序号	数量（辆）
海格牌 KLQ6129GHEV4A 型插电式混合动力城市客车	238	112	65
比亚迪牌 QCJ7006BEVF 型纯电动轿车	256	79	53
比亚迪牌 BYD7150WTHEV3 型混合动力轿车	269	108	26
众泰牌 JNJ7000EVX2 型纯电动轿车	271	84	5
大马牌 HKL6600BEV 型纯电动客车	265	（十）60	50

（3）2015 年 1—3 月底电动汽车推广应用数量

单位：辆

车型	大中型客车	轻型客车	载货车	公务车	出租车	租赁用车	私人车	电力工程车	邮政车	环卫车	其他专用车	其他	合计
纯电动汽车	0	0	0	0	0	0	0	0	0	0	0	0	0
非插电式混合动力汽车	0	0	0	0	0	0	0	0	0	0	0	0	0
插电式混合动力汽车	0	0	0	9	0	0	3	0	0	0	0	0	12
增程式电动汽车	0	0	0	0	0	0	0	0	0	0	0	0	0
燃料电池汽车	0	0	0	0	0	0	0	0	0	0	0	0	0
其他	0	0	0	0	0	0	0	0	0	0	0	0	0
合计	0	0	0	9	0	0	3	0	0	0	0	0	12

（4）2015 年 1—3 月底电动汽车推广应用车型及数量

车　型	公告批次	目录序号	数量（辆）
比亚迪牌 BYD7150WTHEV3 型插电式混合动力轿车（秦）	253	108	12

2. 燃气汽车推广应用统计

(1) 2014 年底燃气汽车应用保有量统计表城市：昆明市

单位：辆

车型		LPG	LNG	CNG	合计
燃气汽车	大中型客车	0	170	635	805
	轻型客车	0	0	0	0
	货车	0	0	0	0
	出租车	0	0	1191	1191
	私人用车	0	0	0	0
	其他（环卫）	0	14	0	14
	小计	0	184	1826	2010

(2) 2015 年 1—3 月燃气汽车应用数量统计表城市：昆明市

单位：辆

车型		LPG	LNG	CNG	合计
燃气汽车	大中型客车	0	0	1	1
	轻型客车	0	0	0	0
	货车	0	0	0	0
	出租车	0	0	97	97
	私人用车	0	0	0	0
	其他	0	0	0	0

3. 电动汽车充（换）电站（桩）统计表

(1) 2014 年底电动汽车充（换）电站（桩）保有量统计表

城市名称	充电站				充电桩		换电站
	数量（座）	充电机功率总计（kW）	充电站占地面积（m^2）	投资金额（万元）	慢充（个）	快充（个）	数量（座）
昆明市	1	310	1000	980	170	59	—

(2) 2015 年 1—3 月底电动汽车充（换）电站（桩）统计表

城市名称	充电站				充电桩		换电站
	数量（座）	充电机功率总计（kW）	充电站占地面积（m^2）	投资金额（万元）	慢充（个）	快充（个）	数量（座）
昆明市	—	—	—	—	3	1	—

沈阳市

一、节能与新能源汽车扶持政策与措施

为全面贯彻落实《国务院关于印发节能与新能源汽车产业发展规划（2012—2020 年）的通知》（国发〔2012〕22 号），加快沈阳市新能源汽车推广应用，根据《国务院办公厅关于加快新能源汽车推广应用的指导意见》（国办发〔2014〕35 号），制定了《沈阳市新能源汽车推广应用实施方案（2015—2020 年）》。方案中明确了新能源汽车推广应用地方性政策。

1. 统筹协调的政策。新能源汽车推广应用与创建国家公交都市相结合，与节能减排工作相结合，与实施“蓝天行动”相结合，与智慧城市建设相结合，与汽车产业发展相结合，实现城市绿色发展和全面可持续发展。

2. 示范引领的政策。推动公共服务行业率先推广应用，

新增和更新的公交、出租、物流、环卫车辆中新能源汽车比例不低于30%，更新和新增的公务车及租赁用于公务使用的车辆，除特殊需要外，全部采用新能源汽车。鼓励淘汰报废的黄标车辆更新为新能源汽车。

3. 鼓励创新的政策。积极鼓励企业通过产、学、研、用等多种合作形式实现技术创新，鼓励进行“融资租赁”、“车电分离”和“以租代售”运营示范，加强新能源汽车商业运行模式创新。

4. 市场开放的政策。在新能源汽车推广应用中坚持市场开放、择优使用的原则，形成统一开放、有序竞争的新能源汽车市场，外地产品比例不低于30%。

5. 基础设施适度超前建设的政策。将充电站基础设施纳入城市建设总体规划，以形成数量适度超前、布局合理的充电服务设施体系。

二、节能与新能源汽车推广应用情况

2014年，沈阳市共试验运行新能源汽车244辆。插电式混合动力公交车95辆，分别投入212、127、250、274路公交车上运营。沈阳市新能源客车生产厂不断加大新能源汽车研发生产能力，通过攻克试验运行中遇到的问题，提高整车生产水平，为沈阳市推广新能源公交车提供了产业支撑，截至2015年4月累计633.6万公里，平均节油率为24.2%。公安系统配备了27辆大海狮纯电动商务车和73辆H230型纯电动轿车。目前100辆车累计运行119万公里，其中中华230型纯电动轿车单车最长行驶里程约4.4万公里，金杯大海狮纯电动商务车单车最长行驶里程约为2.3万公里，平均充电电量3162度。车辆主要用于市交通警察支队各大队出警勤务工作，车辆总体运行情况良好。各单位根据各自工作需要不同，新能源汽车行驶里程差异较大通过宣传和组织乘试驾等活动，提高市民对新能源汽车的认知度，2014年推广新能源私家车辆、租赁车辆49辆，其中纯电动车型19辆，插电式混合动力车型30辆。2014年10月份新上线LNG公交车130辆。

2015年1—3月，为在寒冷气候条件进行各种新能源汽车车型的运营试验，沈阳市示范推广了8辆纯电动乘用车进行了运行试验。充满电后，车辆在寒冷冬天的运营里程低于设计的续驶里程约30%。

三、基础设施建设及运行情况

为满足新能源汽车充电需要，并适度超前建设，截至2015年4月，沈阳市共建成4座充电站，391个充电桩，合计充电电量为977028千瓦时。充电站充电电量较大，其中3座公交充电站充电电量为654786千瓦时，1座社会充电站充电电量11722千瓦时。目前，新能源私家车等社会车辆较少，单体充电桩充电电量较小。2015年，沈阳市鼓励社会资本进入充电设施建设领域。将充电基础设施建设纳入新建社会事业、住宅、工业、商业等相关建设项目的规划审批及设计中，其停车场充电桩与车位配套率不低于15%。充分利用现有资源，规划建设适当规模的公共充电设施，在商场、车站（地铁口）、机场等公共场所停车场建设一定数量的充电终端；机关、企业、学校等单位内部停车场所，按照适度超前的原则，规划设置新能源汽车专用停车位、配建充电终端。

四、节能与新能源汽车项目投融资及园区建设情况

《沈阳市“十二五”战略性新兴产业发展规划》确定，以华晨宝马、上汽通用北盛、沈阳五洲龙、华晨汽车、广汽日野（沈阳）等企业为依托，重点发展新型混合动力汽车、纯电动汽车及配套零部件。为落实这一规划，沈阳市推进了新能源汽车项目建设。五洲龙公司已与国内拥有先进混合动力系统生产技术厂家合作，生产气（LNG）电混合动力新能源公交车，节气率可达到40%，电池重量降低50%，寿命延长一倍，电池质保期达到8年。华晨汽车公司投入2亿元进行为期2年多的技术研发和运行试验，开发了新一代H230纯电动汽车，将在2015年6月上市。新产品重新选择了一些主要部件供应商，选择了排名居于国内前列的天津力神作为电池供应商。新一代产品5月13日经过863专家组鉴定和试验测评，新产品续驶里程达200km，最高车速130km/h，可靠性更好。华晨宝马公司完善了合资自主品牌的纯电动乘用车“之诺”和基于全新BMW5系长轴距的插电式混合动力汽车，开始批量生产并投放市场。

沈阳市与武汉东湖集团、深圳比亚迪等汽车厂商洽商了新能源汽车产业项目。目前，沈阳市已形成客车和乘用车大小车型兼备、纯电动和混合动力技术并举、自主品牌与国际名牌共生的新能源汽车产业发展格局。在沈阳市“蓝天行动”方案中，已将插电式气电混合动力汽车产品的应用列入2015年工作计划。

五、节能与新能源汽车发展规划

按照国家相关要求，2014年5月，沈阳市编制了2015—2020年新能源汽车推广应用规划。本着“积极稳妥，量力而行”的原则，将新能源汽车的推广应用与创建国家公交都市相结合，与节能减排工作相结合，与实施“蓝天行动”相结合，与汽车产业发展相结合，以公共服务领域应用为突破口，以城市公交、出租汽车和城市物流配送领域为重点，公交车辆以插电式气电混合动力汽车为主流车型，优先选用本地自主品牌的产品，新增和更新的公交、出租、物流、环卫车辆中新能源汽车比例不低于30%，更新和新增的公务车及租赁用于公务使用的车辆（除特殊

用途需要外）全部采用新能源汽车，到 2020 年推广 10000～20000 辆新能源汽车。

沈阳市以公交车为重点进行新能源汽车推广应用，对新能源公交线路和充电场站进行了统筹规划，完成了《公交充电站布局规划》，规划停车充电场站 34 处，总面积为约 30 万平方米。辽宁省电力公司完成了《电动汽车智能充换电网络服务发展规划（2014—2020 年）》，规划到 2020 年，建成智能充换电站 186 个，充电桩 3.1 万个。

六、节能与新能源汽车推广应用统计表

1. 电动汽车推广应用数量

（1）2014 年电动汽车推广应用数量

单位：辆

车型	大中型客车	轻型客车	载货车	公务车	出租车	租赁用车	私人车	电力工程车	邮政车	环卫车	其他专用车	其他	合计
纯电动汽车	0	0	0	100	0	0	21	0	0	0	0	0	121
非插电式混合动力汽车	0	0	0	0	0	0	0	0	0	0	0	0	0
插电式混合动力汽车	95	0	0	0	0	0	22	0	0	0	0	0	117
增程式电动汽车	0	0	0	0	0	0	0	0	0	0	0	6	6
燃料电池汽车	0	0	0	0	0	0	0	0	0	0	0	0	0
其他	0	0	0	0	0	0	0	0	0	0	0	0	0
合计	95	0	0	100	0	0	43	0	0	0	0	6	244

注：本市推广的 121 辆纯电动汽车中有 11 为进口车。

（2）2014 年电动汽车推广应用车型及数量

车　型	公告批次	目录序号	数量（辆）
五洲龙牌 FDG6115HEVG1 型插电式混合动力城市客车	223	131	95
中华牌 SY7000BEVDAE 型纯电动轿车（A0）	242	33	75
金杯牌 SY6548BEVD3HB 型纯电动轻型客车（金杯海狮）	243	33	27
之诺牌（ZINORO）BBA7000EV（ZINORO1E）型纯电动轿车	253	33	5
宝马（BMW）BMW7201AMHEV 型插电式混合动力轿车（5 系）	264	33	7
比亚迪牌 BYD7150WTHEV2 型插电式混合动力轿车（秦）	253	79	15
比亚迪牌 QCJ7006BEVF 型纯电动轿车（E6）	216	79	3
中华牌 SY7080K1DSBAC 型增程式混合动力轿车	264	33	6
特斯拉（TESLA）5YJSA6H1 型纯电动轿车	—	—	11

注：本表中统计的 11 辆特斯拉（TESLA）5YJSA6H1 型纯电动轿车为进口车。

（3）2015 年 1—3 月电动汽车推广应用数量

单位：辆

车型	大中型客车	轻型客车	载货车	公务车	出租车	租赁用车	私人车	电力工程车	邮政车	环卫车	其他专用车	其他	合计
纯电动汽车	0	0	0	0	0	0	8	0	0	0	0	0	8
非插电式混合动力汽车	0	0	0	0	0	0	0	0	0	0	0	0	0
插电式混合动力汽车	0	0	0	0	0	0	0	0	0	0	0	0	0
增程式电动汽车	0	0	0	0	0	0	0	0	0	0	0	0	0
燃料电池汽车	0	0	0	0	0	0	0	0	0	0	0	0	0
其他	0	0	0	0	0	0	0	0	0	0	0	0	0
合计	0	0	0	0	0	0	8	0	0	0	0	0	8

注：本市推广的 8 辆纯电动汽车为进口车。

（4）2015 年 1—3 月电动汽车推广应用车型及数量

车　型	公告批次	目录序号	数量（辆）
特斯拉（TESLA）5YJSA6H1 型纯电动轿车	—	—	8

注：本表中统计的 8 辆特斯拉（TESLA）5YJSA6H1 型纯电动轿车为进口车。

2. 燃气汽车推广应用统计

（1）2014 年底燃气汽车应用保有量统计表

单位：辆

车　型		LPG	LNG	CNG	合计
燃气汽车	大中型客车	342	1134	529	2005
	轻型客车	0	0	0	0
	货车	60	300	400	760
	出租车	0	0	202000	20200
	私人用车	0	0	1000	1000
	其他	0	0	0	0
	小计	402	1434	22129	23965

（2）2015 年 1—3 月燃气汽车应用数量统计表

单位：辆

车　型		LPG	LNG	CNG	合计
燃气汽车	大中型客车	0	0	0	0
	轻型客车	0	0	0	0
	货车	0	0	0	0
	出租车	0	0	0	0
	私人用车	0	0	0	0
	其他	0	0	500	500

3. 2014 年底电动汽车充（换）电站（桩）保有量统计表

城市名称	充电站				充电桩		换电站
	数量（座）	充电机功率总计（kW）	充电站占地面积（m^2）	投资金额（万元）	慢充（个）	快充（个）	数量（座）
沈阳市	4	500	3800	2858	321	70	—

大连市

一、节能与新能源汽车扶持政策与措施

2014 大连市人民政府办公厅发布《关于进一步推动新能源汽车应用的意见》（大政办发〔2014〕68 号）。

二、节能与新能源汽车推广应用情况

2014 年全年本市共推广应用新能源汽车 354 辆。其中插电式混合动力公交车 40 辆，纯电动客车 66 辆，纯电动乘用车 219 辆，插电式混合动力乘用车 14 辆，纯电动服务车 15 辆。

2015 年第一季度本市共推广新能源汽车 126 辆。其中纯电动客车 108 辆，纯电动乘用车 17 辆，插电式混合动力乘用车 1 辆。

三、基础设施建设及运行情况

2014 年本市共配套建设 220 个纯电动乘用车用普通充电桩。

2015 年第一季度本市共配套建设 4 座公交车充电站、5 个纯电动乘用车用普通充电桩。

四、节能与新能源汽车项目投融资及园区建设情况

2014 年，比亚迪汽车大连分公司、黄海客车大连有限公司、华晨客车大连有限公司及比克电池大连分公司陆续投产。

五、节能与新能源汽车发展规划

至 2015 年，形成百家相关企业集聚，2 万辆电动汽车整车及零部件产业规模，推广应用的新能源汽车数量达到 5000 辆，完成社会共享充换电设施布局规划，探索建立相关服务体系。

六、节能与新能源汽车推广应用统计表

1. 电动汽车推广应用数量

（1）2014 年电动汽车推广应用数量

单位：辆

车　型	大中型客车	轻型客车	载货车	公务车	出租车	租赁用车	私人车	电力工程车	邮政车	环卫车	其他专用车	其他	合　计	同期增长（%）
纯电动汽车	65	1	0	0	0	0	219	0	0	0	15	0	300	1100
非插电式混合动力汽车	0	0	0	0	0	0	0	0	0	0	0	0	0	—
插电式混合动力汽车	40	0	0	0	0	0	14	0	0	0	0	0	54	-10
增程式电动汽车	0	0	0	0	0	0	0	0	0	0	0	0	0	—
燃料电池汽车	0	0	0	0	0	0	0	0	0	0	0	0	0	—
其他	0	0	0	0	0	0	0	0	0	0	0	0	0	—
合计	105	1	0	0	0	0	233	0	0	0	15	0	354	316

（2）2014 年电动汽车推广应用车型及数量

车　型	公告批次	目录序号	数量（辆）
解放牌 CA6127URE31 型纯电动城市客车	247	28	40
比亚迪牌 CK6120LGEV2 型纯电动城市客车（K9）	238	79	20
安凯牌 HFF6101G03EV 型纯电动城市客车	231	55	5
宇通牌 ZK6120CHEVNPG4 型插电式混合动力城市客车	248	71	40
宇通牌 ZK6701BEVQ3 型纯电动客车	262	71	1
启辰牌 DFL7000A1BEV 型纯电动轿车	235	3	211
奇瑞牌 SQR7000BEVJ00 型纯电动轿车	259	119	2
众泰牌 JNJ7000EVZ4 型纯电动轿车	260	84	4
众泰牌 JNJ7000EVZ5 型纯电动轿车	260	84	2
比亚迪牌 BYD7150WTHEV2 型插电式混合动力轿车（秦）	253	79	14
清源牌 QY5020XXYBEVYL 纯电动厢式运输车	233	（二）22	15

（3）2015 年 1—3 月电动汽车推广应用数量

单位：辆

车　型	大中型客车	轻型客车	载货车	公务车	出租车	租赁用车	私人车	电力工程车	邮政车	环卫车	其他专用车	其他	合　计	同期增长（%）
纯电动汽车	15	102	0	0	0	0	18	0	0	0	0	0	135	69
非插电式混合动力汽车	0	0	0	0	0	0	0	0	0	0	0	0	0	—
插电式混合动力汽车	0	0	0	0	0	0	1	0	0	0	0	0	1	—
增程式电动汽车	0	0	0	0	0	0	0	0	0	0	0	0	0	—
燃料电池汽车	0	0	0	0	0	0	0	0	0	0	0	0	0	—
其他	0	0	0	0	0	0	0	0	0	0	0	0	0	—
合计	15	102	0	0	0	0	19	0	0	0	0	0	136	70

（4）2015 年 1—3 月电动汽车推广应用车型及数量

车　型	公告批次	目录序号	数量（辆）
启辰牌 DFL7000A1BEV 型纯电动轿车	235	3	6
东宇牌 NJL6600BEV3 型纯电动客车	261	（十）15	69
东宇牌 NJL6118BEV1 型纯电动客车	262	（十）15	15
宇通牌 ZK6701BEVQ3 型纯电动客车	262	71	13
东风牌 EQ6640CLBEV1 型纯电动客车（A08）	263	3	20
奇瑞牌 SQR7000BEVJ00 型纯电动轿车	259	119	10
众泰牌 JNJ7000EVZ7 型纯电动轿车	264	84	2
比亚迪牌 BYD7150WTHEV2 型插电式混合动力轿车（秦）	253	108	1

2. 电动汽车充（换）电站（桩）统计表

（1）2014 年电动汽车充（换）电站（桩）保有量统计表

城市名称	充电站				充电桩		换电站
	数量（座）	充电机功率总计（kW）	充电站占地面积（m^2）	投资金额（万元）	慢充（个）	快充（个）	数量（座）
大连市	—	—	—	—	220	—	—

（2）2015 年 1—3 月电动汽车充（换）电站（桩）统计表

城市名称	充电站				充电桩		换电站
	数量（座）	充电机功率总计（kW）	充电站占地面积（m^2）	投资金额（万元）	慢充（个）	快充（个）	数量（座）
大连市	4	3600	220	3400	5	—	—

南京市

一、节能与新能源汽车扶持政策与措施

1. 2014 年，本市共发布以下政策与措施：

《南京市新能源汽车推广应用工作实施意见（2014—2015 年）》（宁政办发〔2014〕48 号）。

《南京市新能源汽车推广应用财政补贴实施细则》（宁财企〔2014〕396 号）。

《关于核定我市电动汽车充换电设施服务价格等有关问题的通知》（宁价工〔2014〕87 号）。

2. 2015 年 1—3 月本市共发布以下政策与措施：

《2015 年南京市新能源汽车充换电配套设施建设计划》（宁政办发〔2015〕6 号）。

二、节能与新能源汽车推广应用情况

2014 年，全市共推广各类新能源车 3887 辆，其中公交车 1081 辆（其中纯电动公交车 981 辆，插电式电气混合公交车 100 辆），公务车 15 辆（其中纯电动公务车 5 辆，插电式混合公务车 10 辆），出租车 928 辆，租赁领域用车 340 辆，私人领域 295 辆（其中纯电动乘用车 8 辆，插电式混合动力乘用车 287 辆）、纯电动通勤车 1148 辆，纯电动物流车 80 辆。

三、基础设施建设及运行情况

截至 2014 年底，我市已建成 3 座公交车专用换电站（服务 70 辆换电式公交车）；建成投用沙洲停保场、大桥南路、马群、天润城等 14 个公交车充电站 791 根充电桩，其中沙洲公交停保场内建有 150 根充电桩，是目前世界已知单体规模最大的新能源公交车充电设施，建成投用江南出租汽车公司、绿博园、莲花村等 13 个出租汽车充电站 284 根充电桩，纯电动出租车车桩比达到 1.76∶1；建成市区包车用充电桩 160 根，公务车用充电桩 10 根。

四、节能与新能源汽车项目投融资及园区建设情况

1. 2014 年 1—12 月

溧水经济开发区 2014 年成为江苏省新能源汽车产业基地。目前主要企业包括，南京金龙、南京比亚迪、南京越博、南京西百客汽车空调等企业。2014 年，本市新能源汽车企业共生产纯电动客车 2694 台，已经形成以纯电动客车

整车为龙头的新能源汽车完整的产业链。

2. 2015 年 1—3 月

本市新能源汽车企业共生产纯电动客车 856 台。

四、节能与新能源汽车推广应用统计表

1. 电动汽车推广应用数量

（1）2014 年电动汽车推广应用数量

单位：辆

车型	大中型客车	轻型客车	载货车	公务车	出租车	租赁用车	私人车	电力工程车	邮政车	环卫车	其他专用车	其他	合计
纯电动汽车	981	1148	0	5	928	340	8	0	0	0	0	80	3490
非插电式混合动力汽车	0	0	0	0	0	0	0	0	0	0	0	0	0
插电式混合动力汽车	100	0	0	10	0	0	287	0	0	0	0	0	397
增程式电动汽车	0	0	0	0	0	0	0	0	0	0	0	0	0
燃料电池汽车	0	0	0	0	0	0	0	0	0	0	0	0	0
其他	0	0	0	0	0	0	0	0	0	0	0	0	0
合计	1081	1148	0	15	928	340	295	0	0	0	0	80	3887

（2）2014 年电动汽车推广应用车型及数量

车　型	公告批次	目录序号	数量（辆）
宇通牌 ZK6125CHEVNPG4 型插电式混合动力城市客车	250	71	100
比亚迪牌 BYD7150WTHEV2 型插电式混合动力轿车（秦）	253	79	296
荣威牌 CSA7154TDPHEV 型插电式混合动力轿车（550pulg - in）	256	122	1
北京牌 BJ7000B3D1 - BEV 型纯电动轿车	263	11	4
北京牌 BJ7001B3D2 - BEV 型纯电动轿车	263	11	2
比亚迪牌 QCJ7006BEVF 型纯电动轿车（E6）	216	79	928
江淮牌 HFC7000AEV 型纯电动轿车	219	56	4
康迪牌 SMA7000BEV 型纯电动轿车	255	52	191
康迪牌 SMA7001BEV 型纯电动轿车	253	52	149
奇瑞牌 SQR7000BEVJ00 型纯电动轿车	259	119	3
比亚迪牌 CK6120LGEV2 型纯电动城市客车（K9）	238	79	649
大马牌 HKL6600BEV 型纯电动客车	271	（十）60	46
东风牌 EQ6640CLBEV1 纯电动客车（A08）	263	3	67
东宇牌 NJL6100BEV2 型纯电动城市客车	262	（十）15	38
东宇牌 NJL6100BEV3 型纯电动城市客车	262	（十）15	20
东宇牌 NJL6118BEV1 型纯电动客车	262	（十）15	20
东宇牌 NJL6118BEV 型纯电动客车	243	（十）15	200
东宇牌 NJL6129BEV4 型纯电动城市客车	261	（十）15	200
东宇牌 NJL6129BEV 型纯电动城市客车	237	（十）15	60
东宇牌 NJL6600BEV3 型纯电动客车	261	（十）15	218
东宇牌 NJL6600BEV6 型纯电动客车	264	（十）15	4
东宇牌 NJL6600BEV 纯电动客车	255	（十）15	9
海格牌 KLQ6109TAEV1 型纯电动客车	253	112	210
海格牌 KLQ6601BEV 型纯电动客车	266	112	5
海格牌 KLQ6702EV 型纯电动客车	227	112	33

续表

车 型	公告批次	目录序号	数量（辆）
金旅牌 XML6700JEV20 型纯电动客车	264	124	16
依维柯牌 NJ6607CEV1 型纯电动客车	263	44	11
宇通牌 ZK6115BEV1 型纯电动客车	264	71	50
宇通牌 ZK6701BEVQ3 型纯电动客车	262	71	273
金龙牌 NJT5020XXYBEV1 型纯电动厢式运输车	265	（十）35	50
金龙牌 NJT5020XXYBEV2 型纯电动厢式运输车	265	（十）35	30

苏州市

一、节能与新能源汽车扶持政策与措施

1. 2014 年 1—12 月

（1）《市政府关于印发苏州市加快新能源汽车推广应用实施意见的通知》（苏府〔2014〕197 号）。

（2）《市政府办公室关于转发苏州市新能源汽车推广应用市级财政补贴实施细则的通知》（苏府办〔2014〕197 号）。

2. 2015 年 1—3 月

《关于核定我市纯电动客车（12m）充电实施服务价格的通知》（苏价工字〔2015〕31 号）。

二、节能与新能源汽车推广应用情况

2014 年，苏州市共推广应用新能源汽车 1682 辆，其中纯电动车 998 辆。其中城市公交车 764 辆，企业用车 871 辆、个人用车 47 辆，已全面完成 2013—2015 年推广应用新能源汽车 1500 辆的目标任务。2014 年苏州市更新的城市公交车中，50% 的车辆全部采购了新能源汽车。

三、基础设施建设及运行情况

2014 年，苏州市已有 28 家单位建设直流充电桩 126 个，有 13 家单位建设交流充电桩 111 个。

四、节能与新能源汽车推广应用统计表

1. 电动汽车推广应用数量

（1）2014 年电动汽车推广应用数量

单位：辆

车型	大中型客车	轻型客车	载货车	公务车	出租车	租赁用车	私人车	电力工程车	邮政车	环卫车	其他专用车	其他	合计
纯电动汽车	887	0	0	0	0	0	25	0	0	0	4	14	930
非插电式混合动力汽车	0	0	0	0	0	0	0	0	0	0	0	0	0
插电式混合动力汽车	474	0	0	0	0	0	14	0	0	0	0	0	488
增程式电动汽车	0	0	0	0	0	0	0	0	0	0	0	0	0
燃料电池汽车	0	0	0	0	0	0	0	0	0	0	0	0	0
其他	0	0	0	0	0	0	0	0	0	0	0	0	0
合计	1361	0	0	0	0	0	39	0	0	0	4	14	1418

（2）2014 年电动汽车推广应用车型及数量

车 型	公告批次	目录序号	数量（辆）
海格牌 KLQ6109GCHEV1A 型插电式混合动力城市客车	236	112	16
海格牌 KLQ6109GHEV1A 型插电式混合动力城市客车	248	112	6
海格牌 KLQ6109GCHEV1B 型插电式混合动力城市客车	243	112	134
海格牌 KLQ6119GAHEVC5 型插电式混合动力城市客车	255	112	218
海格牌 KLQ6119GCHEV1A 型插电式混合动力城市客车	248	112	2

续表

车 型	公告批次	目录序号	数量（辆）
海格牌 KLQ6119GHEV1A 型插电式混合动力城市客车	249	112	2
海格牌 KLQ6129GAHEVC5 型插电式混合动力城市客车	255	112	83
海格牌 KLQ6129GCHEV1A 型插电式混合动力城市客车	238	112	1
海格牌 KLQ6129GHEV4A 型插电式混合动力城市客车	248	112	6
海格牌 KLQ6129GQHEV2 型插电式混合动力城市客车	228	112	2
安凯牌 HFF6128G03PHEV－2 型插电式混合动力城市客车	266	55	1
海格牌 KLQ6109GAHEVE4A 型插电式混合动力城市客车	255	112	1
海格牌 KLQ6129GQHEV1 型插电式混合动力城市客车	262	112	1
海格牌 KLQ6119GAHEVC5A 型插电式混合动力城市客车	256	112	1
比亚迪牌 BYD7150WTHEV2 型插电式混合动力轿车（秦）	253	79	14
海格牌 KLQ6129GEV 型纯电动城市客车	217	112	6
海格牌 KLQ6129GEV2 型纯电动城市客车	253	112	3
海格牌 KLQ6109GAEV1 型纯电动城市客车	255	112	1
海格牌 KLQ6109TAEV1 型纯电动客车	253	112	275
海格牌 KLQ6129GEV1 型纯电动城市客车	253	112	62
海格牌 KLQ6601BEV 型纯电动客车	266	112	298
海格牌 KLQ6702EV 型纯电动客车	227	112	182
海格牌 KLQ6832GEV1 型纯电动城市客车	264	112	14
大马牌 HKL6600BEV 型纯电动城市客车	271	（十）60	2
东宇牌 NJL6600BEV3 型纯电动客车	261	（十）15	16
宇通牌 ZK6115BEV1 型纯电动客车	264	71	10
宇通牌 ZK6701BEVQ3 型纯电动客车	262	71	18
北京牌 BJ7000B3D1－BEV 型纯电动轿车	249	11	3
众泰牌 JNJ7000EVZ 型纯电动轿车	263	84	23
众泰牌 JNJ7000EVZ4 型纯电动轿车	260	84	6
众泰牌 JNJ7000EVZ5 型纯电动轿车	260	84	7
瑞驰牌 CRC5021XXY－LBEV 型纯电动厢式运输车	257	（二十一）14	4

2. 2014 年燃气汽车应用保有量统计表

单位：辆

车 型		LPG	LNG	CNG	合计
燃气汽车	大中型客车	0	416	0	416
	轻型客车	0	0	0	0
	货车	0	2	0	2
	出租车	0	0	0	0
	私人用车	0	0	0	0
	其他	0	2	0	2
	小计	0	420	0	420

3. 2014 年电动汽车充（换）电站（桩）保有量统计表

城市名称	充电站				充电桩		换电站
	数量（座）	充电机功率总计（kW）	充电站占地面积（m^2）	投资金额（万元）	慢充（个）	快充（个）	数量（座）
苏州市	—	—	—	—	111	126	—

南通市

一、节能与新能源汽车扶持政策与措施

1. 2014 年 1—12 月

（1）市场完全公平开放

推广应用过程中，南通市严格按照国家、省有关政策精神，坚决执行全国统一的标准和目录，在积极发展本地产业的同时，大力鼓励外地品牌入驻该市，目前已经有包括北汽、江南、九龙、比亚迪、奇瑞等一批汽车品牌在该市设立新能源汽车销售点。新能源汽车推广中，更是完全开放、公平竞争，推广车辆涵盖各种类型，多个一线品牌，全是新能源汽车市场形成良性竞争态势。

（2）创建新型商业模式

在推进过程中，南通市坚持财政资金撬动、社会资本注入，通过融资租赁运营探索民资和国资相结合的推广应用模式，制定出台新能源公交汽车租赁管理暂行办法，两年里，社会资金参与推广纯电动客车 200 辆，其中租赁用于公交客运的 100 辆。同时，坚持“公私并举”和“以公带私”，加大宣传推广力度，带动社会应用逐步规模化，截至 2014 年底，私人消费者购置纯电动乘用车 69 辆。

（3）地方出台配套政策

一是对购置车辆进行补贴。同时，按照国家规定，更新新能源公交客车的，免征车辆购置税。二是对充换电设施进行补贴。三是给予用电价格支持。经营性充换电设施的用电价格暂按工业用电相应电压等级的电度电价执行（不执行峰谷分时电价）。非经营性充电设施（如社区、单位、私家车库等）的用电价格按所在充换电场所的现行分类电价执行。纯电动汽车换电模式，按车辆行驶里程收取。

2. 2015 年 1—3 月

出台《2015 年南通市新能源汽车推广应用市级财政补贴实施细则》（通财综〔2015〕13 号）。

二、节能与新能源汽车推广应用情况

1. 2014 年 1—12 月

2014 年度，南通市公共服务领域各类新能源汽车共上牌 718 辆。其中，用于公交客运和通勤客运的纯电动客车 188 辆；用于公交客运的插电式混合动力客车 4 辆；用于环卫、电力工程等领域的纯电动专用车 94 辆；用于公务及租赁领域的纯电动乘用车 430 辆；用于通勤的纯电动乘用车 2 辆。此外，2014 年私人消费者还购置纯电动乘用车 69 辆。

2. 2015 年 1—3 月

2015 年 1—3 月，南通市公共服务领域共上牌 47 辆各类新能源汽车。其中，用于公交客运和通勤客运的纯电动客车 17 辆；用于公交客运的插电式混合动力客车 6 辆；用于公务及租赁领域的纯电动乘用车 24 辆。

三、基础设施建设及运行情况

1. 2014 年 1—12 月

南通市开发区、外环东路、海安 3 个地方的充换电站正常运行，如皋、通州充换电站主体竣工，共包括 62 套各类充电桩（群）。市公交总公司筹建充电桩 109 个，其中 18 个已经建成投入使用，其他充电桩也进入招标程序。

2. 2015 年 1—3 月

南通公交公司有 82 个直流充电桩投入使用。

四、节能与新能源汽车项目投融资及园区建设情况

1. 2014 年 1—12 月

1 月 10 日，江苏陆地方舟新能源电动汽车有限公司乘用车总装车间、检测返修车间、物流配送中心开工建设，10 月 28 日通过竣工验收；6 月 25 日乘用车涂装车间、冲压焊装车间开工建设，8 月 25 日冲压车间基础工程结束；10 月 20 日厂房钢构吊装结束；12 月 15 日设备基础施工结束。

2. 2015 年 1—3 月

1 月 20 日，江苏陆地方舟新能源电动汽车有限公司付房二次砌筑工程结束；2 月 10 日厂房钢构立柱梁开始吊装，3 月份设备基础工程开始施工；2 月 22 日厂房屋面、墙面板安装结束，3 月份室内水电气工程开始施工。

五、节能与新能源汽车发展规划

到 2015 年，新能源汽车综合生产能力达到 2 万辆，产销量力争达到 1 万辆；全市汽车及零部件产业销售收入突破 400 亿元，其中新能源汽车及其零部件产业销售收入超 50 亿元。初步建立适应电动汽车发展要求的配套设施网络、产业支撑体系和政策环境。产业技术创新能力大幅度提高，

整车集成、动力电池、驱动电机等核心技术达到国内先进水平，初步形成采用技术先进、制造和使用成本较低、基本满足市场规模化推广要求的新能源汽车产业链。

到2017年，新能源汽车综合生产能力达到5万辆，产销量达到2万辆，全市新能源汽车及其零部件产业销售收入超100亿元。建成较为完善的配套设施网络和产业支撑体系，电动汽车实现成熟的市场应用，形成具备较强竞争力的新能源汽车产业集群，南通成为产业规模、创新能力和品牌影响均达到国内前列的新能源汽车产业基地。

六、节能与新能源汽车推广应用统计表

1. 电动汽车推广应用数量

（1）2014年电动汽车推广应用数量

单位：辆

车　型	大中型客车	轻型客车	载货车	公务车	出租车	租赁用车	私人车	电力工程车	邮政车	环卫车	其他专用车	其他	合　计	同期增长（%）
纯电动汽车	188	0	0	128	0	0	69	7	0	87	0	304	783	779.78
非插电式混合动力汽车	0	0	0	0	0	0	0	0	0	0	0	0	0	—
插电式混合动力汽车	4	0	0	0	0	0	0	0	0	0	0	0	4	100
增程式电动汽车	0	0	0	0	0	0	0	0	0	0	0	0	0	—
燃料电池汽车	0	0	0	0	0	0	0	0	0	0	0	0	0	—
其他	0	0	0	0	0	0	0	0	0	0	0	0	0	—
合计	192	0	0	128	0	0	69	7	0	87	0	304	787	784.27

（2）2014年电动汽车推广应用车型及数量

车　型	公告批次	目录序号	数量（辆）
东风牌EQ5031TSLACBEV型纯电动扫路车	257	3	48
东风牌EQ5020ZZZACBEV型纯电动自装卸式垃圾车	243	3	17
东风牌EQ5020ZLJACBEV型纯电动自卸式垃圾车	243	3	4
东风牌EQ6640CLBEV型纯电动客车	261	3	2
东风牌ZN5034XGCH2YBEV型纯电动工程车	255	72	7
康迪牌SMA7001BEV型纯电动轿车	253	52	25
康迪牌SMA7000BEV型纯电动轿车	255	52	285
北京牌BJ7000B3D1－BEV型纯电动轿车	249	11	20
陆地方舟牌RQ6120GBEVH0P0型纯电动城市客车	259	（十）28	124
陆地方舟牌RQ6701XBEVH1型纯电动客车	263	（十）28	14
陆地方舟牌RQ5020CTYBEV0型纯电动桶装垃圾运输车	266	（十）28	12
比亚迪牌QCJ7006BEVF型纯电动轿车（E6）	216	79	109
中联牌ZLJ5030TSLZLBEV型纯电动扫路车	258	（十八）20	1
中联牌ZLJ5021ZZZBEV型纯电动自装卸式垃圾车	240	（十八）20	5
奇瑞牌SQR7000BEVJ00型纯电动轿车	259	119	28
瑞麒牌SQR7000BEVS184型纯电动轿车	234	119	14
东宇牌NJL6118BEV型纯电动客车	243	（十）15	45
海格牌KLQ6601BEV型纯电动客车	266	112	5
海格牌KLQ6119GAHEVC5A型插电式混合动力城市客车	256	112	4
众泰牌JNJ7000EVZ型纯电动轿车	254	84	18

（3）2015 年 1—3 月电动汽车推广应用数量

单位：辆

车　型	大中型客车	轻型客车	载货车	公务车	出租车	租赁用车	私人车	电力工程车	邮政车	环卫车	其他专用车	其他	合　计	同期增长（%）
纯电动汽车	17	0	0	24	0	0	0	0	0	0	0	0	41	20.59
非插电式混合动力汽车	0	0	0	0	0	0	0	0	0	0	0	0	0	—
插电式混合动力汽车	6	0	0	0	0	0	0	0	0	0	0	0	6	200
增程式电动汽车	0	0	0	0	0	0	0	0	0	0	0	0	0	—
燃料电池汽车	0	0	0	0	0	0	0	0	0	0	0	0	0	—
其他	0	0	0	0	0	0	0	0	0	0	0	0	0	—
合计	23	0	0	24	0	0	0	0	0	0	0	0	47	30.56

（4）2015 年 1—3 月电动汽车推广应用车型及数量

车　型	公告批次	目录序号	数量（辆）
奇瑞牌 SQR7000BEVJ00 型纯电动轿车	259	119	24
东宇牌 NJL6100BEV2 型纯电动城市客车	262	（十）15	10
大马牌 HKL6600BEV 纯电动客车	265	（十）60	7
海格牌 KLQ6119GAHEVC5A 型插电式混合动力城市客车	256	112	6

2. 燃气汽车推广应用统计

（1）2014 年燃气汽车应用保有量统计表

单位：辆

车　型		LPG	LNG	CNG	合计	同期增长（%）
燃气汽车	大中型客车	0	224	0	224	124
	轻型客车	0	0	0	0	—
	货车	0	26	0	26	30
	出租车	0	0	0	0	—
	私人用车	0	0	0	0	—
	其他	0	0	0	0	—
	小计	0	250	0	250	—

（2）2015 年 1—3 月燃气汽车应用数量统计表

单位：辆

车　型		LPG	LNG	CNG	合计	同期增长（%）
燃气汽车	大中型客车	0	0	0	0	—
	轻型客车	0	0	0	0	—
	货车	0	4	0	4	33.3
	出租车	0	0	0	0	—
	私人用车	0	0	0	0	—
	其他	0	4	0	0	—

3. 电动汽车充（换）电站（桩）统计表

（1）2014 年电动汽车充（换）电站（桩）保有量统计表

充电站					充电桩		换电站
城市名称	数量（座）	充电机功率总计（kW）	充电站占地面积（m^2）	投资金额（万元）	慢充（个）	快充（个）	数量（座）
南通市	3	7869	23098	10538	20	60	2

（2）2015 年 1—3 月底电动汽车充（换）电站（桩）统计表

充电站					充电桩		换电站
城市名称	数量（座）	充电机功率总计（kW）	充电站占地面积（m^2）	投资金额（万元）	慢充（个）	快充（个）	数量（座）
南通市	—	—	—	—	—	82	—

常州市

一、节能与新能源汽车扶持政策与措施

1. 2014 年 1—12 月

《市政府办公室关于成立常州市新能源汽车推广应用工作协调小组的通知》（市政办发〔2014〕60 号）。

《市政府办公室关于印发〈关于加快新能源汽车推广应用的意见〉的通知》（市政办发〔2014〕123 号）。

市财政和经信委配套出台了《常州市新能源汽车推广应用市级财政补贴实施细则》（常财工贸〔2014〕57 号）。

市物价局配套出台了《关于核定电动汽车充电服务价格等有关问题的通知》（常价管〔2014〕96 号）。

2. 2015 年 1—3 月

《市政府办公室关于进一步做好 2015 年度新能源汽车推广应用工作的意见》（市政办发〔2015〕67 号）。

二、节能与新能源汽车推广应用情况

2014 年，全市共注册登记新能源汽车 1329 辆，按车型分，乘用车 778 辆、客车 548 辆、专用车 3 辆；按燃料类型分，纯电动汽车 1163 辆、插电式混合动力汽车 166 辆，（1）乘用车。①纯电动乘用车 752 辆，其中吉利 498 辆、北汽 213 辆、众泰 37 辆、江淮 3 辆、奇瑞 1 辆。②插电式混合动力乘用车 26 辆，均为比亚迪。（2）客车。①纯电动客车 408 辆，其中宇通 135 辆、苏州金龙海格 116 辆、南京金龙东宇 99 辆、九龙大马 44 辆、安凯 12 辆、东风 2 辆。②插电式混合动力客车 140 辆，其中苏州金龙海格 90 辆、厦门金龙 50 辆。（3）专用车。纯电动电力工程专用车 3 辆，均为郑州日产。

2015 年 1—3 月，新增注册新能源汽车 44 辆，按车型分，乘用车 41 辆，客车 3 辆。按燃料类型分，纯电动汽车 43 辆，混合动力汽车 1 辆。

三、基础设施建设及运行情况

2014 年度，我市共建设新能源汽车充电站 1 座，充电桩 160 个。

2015 年 1—3 月，我市共建设充电桩 1046 个。

四、节能与新能源汽车推广应用统计表

1. 电动汽车推广应用数量

（1）2014 年电动汽车推广应用数量

单位：辆

车型	大中型客车	轻型客车	载货车	公务车	出租车	租赁用车	私人车	电力工程车	邮政车	环卫车	其他专用车	其他	合计
纯电动汽车	408	0	0	0	0	0	752	3	0	0	0	0	1163
非插电式混合动力汽车	0	0	0	0	0	0	0	0	0	0	0	0	0
插电式混合动力汽车	140	0	0	0	0	0	26	0	0	0	0	0	166
增程式电动汽车	0	0	0	0	0	0	0	0	0	0	0	0	0
燃料电池汽车	0	0	0	0	0	0	0	0	0	0	0	0	0
其他	0	0	0	0	0	0	0	0	0	0	0	0	0
合计	548	0	0	0	0	0	778	3	0	0	0	0	1329

（2）2014 年电动汽车推广应用车型及数量

车　型	公告批次	目录序号	数量（辆）
安凯牌 HFF6100G03EV－3 型纯电动城市客车	248	55	12
大马牌 HKL6600BEV 型纯电动客车	265	（十）60	44
东宇牌 NJL6600BEV3 型纯电动客车	261	（十）15	99
海格牌 KLQ6109TAEV1 型纯电动客车	253	112	52
海格牌 KLQ6601BEV 型纯电动客车	266	112	41
海格牌 KLQ6702EV 型纯电动客车	227	112	23
宇通牌 ZK6106BEV2 型纯电动客车	254	71	5
宇通牌 ZK6115BEV1 型纯电动客车	264	71	10
宇通牌 ZK6701BEVQ3 型纯电动客车	262	71	120
东风牌 EQ6640CLBEV1 型纯电动客车	263	3	2
东风牌 ZN5034XGCH2YBEV 型纯电动工程车	255	72	3
海格牌 KLQ6129GHEV4A 型插电式混合动力城市客车	238	112	5
海格牌 KLQ6129GAHEVC5A 型插电式混合动力城市客车	253	112	85
金龙牌 XMQ6127GHEV16 型插电式混合动力城市客车	254	123	50
北京牌 BJ6450L3R－BEV 型纯电动多用途乘用车	263	11	2
北京牌 BJ7000B3D1－BEV 型纯电动轿车	249	11	210
北京牌 BJ7001B3D2－BEV 型纯电动轿车	263	11	1
康迪牌 SMA7000BEV 型纯电动轿车	255	52	299
康迪牌 SMA7001BEV 型纯电动轿车	253	52	199
众泰牌 JNJ7000EVZ 型纯电动轿车	254	84	1
众泰牌 JNJ7000EVZ4 型纯电动轿车	260	84	9
众泰牌 JNJ7000EVZ5 型纯电动轿车	260	84	27
江淮牌 HFC7000AEV 型纯电动轿车	219	56	3
奇瑞牌 SQR7000EAS11 型纯电动轿车	206	119	1
比亚迪牌 BYD7150WTHEV2 型插电式混合动力轿车（秦）	253	79	26

（3）2015 年 1—3 月电动汽车推广应用数量

单位：辆

车型	大中型客车	轻型客车	载货车	公务车	出租车	租赁用车	私人车	电力工程车	邮政车	环卫车	其他专用车	其他	合计
纯电动汽车	3	0	0	0	0	0	40	0	0	0	0	0	43
非插电式混合动力汽车	0	0	0	0	0	0	0	0	0	0	0	0	0
插电式混合动力汽车	0	0	0	0	0	0	1	0	0	0	0	0	1
增程式电动汽车	0	0	0	0	0	0	0	0	0	0	0	0	0
燃料电池汽车	0	0	0	0	0	0	0	0	0	0	0	0	0
其他	0	0	0	0	0	0	0	0	0	0	0	0	0
合计	3	0	0	0	0	0	41	0	0	0	0	0	44

注：本市推广的 1 辆插电式混合动力汽车为进口车。

（4）2015 年 1—3 月电动汽车推广应用车型及数量

车 型	公告批次	目录序号	数量（辆）
北京牌 BJ7000B3D1 - BEV 型纯电动轿车	249	11	21
康迪牌 SMA7000BEV 型纯电动轿车	255	52	6
众泰牌 JNJ7000EVZ5 型纯电动轿车	260	84	13
现代牌插电式混合动力轿车	—	—	1
东宇牌 NJL6600BEV 型纯电动客车	255	（十）15	1
海格牌 KLQ6601BEV 型纯电动客车	266	112	2

注：本表中统计的 1 辆现代牌插电式混合动力轿车为进口车。

2. 电动汽车充（换）电站（桩）统计表

（1）2014 年电动汽车充（换）电站（桩）保有量统计表

城市名称	充电站				充电桩		换电站
	数量（座）	充电机功率总计（kW）	充电站占地面积（m^2）	投资金额（万元）	慢充（个）	快充（个）	数量（座）
常州市	1	160	—	—	107	53	—

（2）2015 年 1—3 月电动汽车充（换）电站（桩）统计表

城市名称	充电站				充电桩		换电站
	数量（座）	充电机功率总计（kW）	充电站占地面积（m^2）	投资金额（万元）	慢充（个）	快充（个）	数量（座）
常州市	—	—	—	—	1021	25	—

盐城市

一、节能与新能源汽车扶持政策与措施

2014 年，盐城市人民政府发布了《关于加快新能源汽车推广应用的实施意见》《关于加快培育和发展新能源汽车产业的实施意见》《关于进一步促进新能源汽车推广应用的若干意见》《盐城市新能源汽车推广应用财政补贴实施细则》。

二、节能与新能源汽车推广应用情况

2014 年，全市实际推广电动客车 411 辆（其中插电式混合动力大巴 210 辆，纯电动中巴 201 辆），纯电动轿车 36 辆，纯电动环卫车 489 辆，电动物流车 220 辆，纯电动工程车 2 辆，插电式混合动力轿车 1 辆全年合计推广新能源汽车 1159 辆，超额完成省定目标任务 150 辆。加上 2013 年全市推广的 18 辆新能源汽车，截至 2014 年底，全市累计推广新能源汽车 1177 辆。

三、基础设施建设及运行情况

2014 年，全市累计建成充（换）电站 3 座，交、直流充电桩 191 个，超市定目标任务 91 个。

四、节能与新能源汽车项目投融资及园区建设情况

2014 年，由国投集团、普天公司等企业出资购买，计划通过融资租赁等市场化方式推广应用的新能源车辆。鼓励各类社会资本在盐实施新能源汽车产业项目基础上，成立融租公司，开展新能源汽车租赁业务。支持国投集团开展融资租赁工作，推动邮政系统扩大电动物流车使用比例，鼓励引导物流企业租赁电动物流车辆。研究制定鼓励个人购买使用地产电动轿车政策，进一步拓展电动轿车使用范围。

2014 年，园区实现开票销售 82 亿元，税收 3.5 亿元；DYK、中大、奥新三家传统整车企业先后通过新能源汽车生产条件验收，全部获得新能源汽车企业生产资质，DYK 专门成立了新能源汽车开发领导小组，中大集团年产 3000 辆纯电动客车项目通过工信部备案。截至 2014 年底，已有 22 款新能源汽车产品进入工信部公告目录，还有 5 款车型正在申报之中，形成了涵盖乘用车、商用车和专用车的全系列多品种的新能源汽车产品开发体系；依托 7 家研发机构 9 个实验室以及部分企业研发团队，开展十多项新能源

汽车关键技术攻关，累计申报专利近百项，授权专利 135 项。建成了实联长宜电池、悦达新材料等中试生产线。

五、节能与新能源汽车推广应用统计表

1. 电动汽车推广应用数量

（1）2014 年电动汽车推广应用数量

单位：辆

车型	大中型客车	轻型客车	载货车	公务车	出租车	租赁用车	私人车	电力工程车	邮政车	环卫车	其他专用车	其他	合计
纯电动汽车	0	201	0	2	0	0	34	0	0	489	222	0	948
非插电式混合动力汽车	0	0	0	0	0	0	0	0	0	0	0	0	0
插电式混合动力汽车	210	0	0	0	0	0	1	0	0	0	0	0	211
增程式电动汽车	0	0	0	0	0	0	0	0	0	0	0	0	0
燃料电池汽车	0	0	0	0	0	0	0	0	0	0	0	0	0
其他	0	0	0	0	0	0	0	0	0	0	0	0	0
合计	210	201	0	2	0	0	35	0	0	489	222	0	1159

（2）2014 年电动汽车推广应用车型及数量

车　型	公告批次	目录序号	数量（辆）
达福迪牌 JAX5021XXYBEV 型纯电动厢式运输车	239	（十）74	39
达福迪牌 JAX5020ZXXBEV 型纯电动车厢可卸式垃圾车	237	（十）74	191
达福迪牌 JAX5022ZXXBEV 型纯电动车厢可卸式垃圾车	260	（十）74	298
东风牌 ZN5034XGCH2YBEV 型纯电动工程车	255	72	2
东宇牌 NJL6600BEV 纯电动客车	255	（十）15	2
北京牌 BJ7000B3D1－BEV 型纯电动轿车	263	11	6
东宇牌 NJL6600BEV3 型纯电动客车	261	（十）15	2
宇通牌 ZK6105CHEVPG1 型插电式混合动力电动城市客车	243	71	50
达福迪牌 JAX5022XXYBEV 型纯电动厢式运输车	261	（十）74	181
依维柯牌 NJ6607AEV 型纯电动客车	255	44	197
金龙牌 XMQ6106AGHEV12 型插电式混合动力城市客车	259	123	120
金龙牌 XMQ6127GHEV19 型插电式混合动力城市客车	259	123	40
华骐牌 YQZ7001BEV 型纯电动轿车	245	47	30
比亚迪牌 BYD7150WTHEV2 型插电式混合动力轿车（秦）	253	79	1

2. 电动汽车充（换）电站（桩）统计表

（1）2014 年底电动汽车充（换）电站（桩）保有量统计表

充电站					充电桩		换电站
城市名称	数量（座）	充电机功率总计（kW）	充电站占地面积（m^2）	投资金额（万元）	慢充（个）	快充（个）	数量（座）
盐城市	1	284	2914	1058	20	100	2

（2）2015 年 1—3 月底电动汽车充（换）电站（桩）统计表

充电站					充电桩		换电站
城市名称	数量（座）	充电机功率总计（kW）	充电站占地面积（m^2）	投资金额（万元）	慢充（个）	快充（个）	数量（座）
盐城市					17	26	

杭州市

一、节能与新能源汽车扶持政策与措施

2014 年 4 月 29 日，《杭州市小客车总量调控管理暂行规定》（杭政办〔2014〕7 号）。

2014 年 11 月 28 日，《杭州市新能源汽车推广应用财政补助资金暂行管理办法》（杭政办函〔2014〕157 号）。

2014 年下半年，又启动了第二轮的新能源汽车基础设施布局规划。

2015 年 2 月 2 日，《关于进一步明确新能源汽车推广应用财政补助办法有关问题的通知》（杭财企〔2015〕5 号）。

二、节能与新能源汽车推广应用情况

2014 年 1—12 月，杭州市推广应用新能源汽车 7436 辆。纯电动客车 4 辆、纯电动出租车 60 辆、插电式混合动力乘用车 101 辆、纯电动乘用车 7269 辆、纯电动专用车 2 辆。

2015 年 1—3 月，杭州市推广应用新能源汽车 512 辆。纯电动公交车 228 辆、插电式混合动力公交车 35 辆、纯电动客车 43 辆、纯电动乘用车 128 辆、插电式混合动力乘用车 77 辆、纯电动专用车 1 辆。

三、基础设施建设及运行情况

2014 年 1—12 月，杭州市国网杭州供电公司建设了公交车充换电站 1 座、配置换电工位 4 个，乘用车充换电站 3 座、换电工位 9 个；西湖电子集团建设了 8 座公交车充电站、配置快充桩 300 个，4 座出租车充电站、配置快充桩 150 个；康迪集团建设了微公交立体车库 4 座、配置充电位 268 个，微公交平面站点 30 个、配置充电位 450 个。

2015 年 1—3 月，杭州市杭州车厘子智能科技公司建设了 120 个慢充桩，分布在写字楼、酒店和居民住宅小区等 33 个点，用于分时租赁业务。

四、节能与新能源汽车项目投融资及园区建设情况

2014 年 4 月 29 日，杭州市人民政府与比亚迪汽车工业有限公司签订《关于共同推进新能源汽车推广应用和产业发展战略合作框架协议》。比亚迪汽车在杭州投资成立比亚迪汽车工业有限公司杭州分公司，生产比亚迪品牌全系列新能源大巴车。项目计划总投资 15 亿元，分两期进行。西湖比亚迪一期项目落户余杭区仁和工业园以来，工厂建设快速推进。2014 年 11 月 6 日，比亚迪汽车杭州分公司纯电动客车项目正式获得了工信部的备案。

2014 年 5 月，北京五龙汽车通过收购杭州长江客车成立杭州长江汽车有限公司，专业生产新能源客车、专用车等。项目落户余杭经济技术开发区，一期项目总投资 25 亿元。

比亚迪项目一期投资 10 亿元，于 2015 年一季度建成包括制件、焊接、底盘、总装等工艺在内的纯电动大客车组装生产线，现已进入试生产，4 月下旬将投产。

杭州长江研发投入已逾 10 亿元人民币，全新正向开发的纯电动中巴客车和商务客车等近 4 个车型的整车开发工作已经完成。现厂房主体工程已完工，正在进行设备安装调试，预计 2015 年 6 月建成投产。

哈尔滨光宇集团（国内电池生产龙头企业之一）收购杭州越西客车，搬迁至大江东产业集聚区。2015 年 3 月底，工信部对越西新能源客车项目进行了现场准入核查工作。

五、节能与新能源汽车推广应用统计表

1. 电动汽车推广应用数量

（1）2014 年电动汽车推广应用数量

单位：辆

车型	大中型客车	轻型客车	载货车	公务车	出租车	租赁用车	私人车	电力工程车	邮政车	环卫车	其他专用车	其他	合计
纯电动汽车	4	0	2	60	60	0	7209	0	0	0	0	0	7335
非插电式混合动力汽车	0	0	0	0	0	0	0	0	0	0	0	0	0
插电式混合动力汽车	0	0	0	0	0	0	101	0	0	0	0	0	101
增程式电动汽车	0	0	0	0	0	0	0	0	0	0	0	0	0
燃料电池汽车	0	0	0	0	0	0	0	0	0	0	0	0	0
其他	0	0	0	0	0	0	0	0	0	0	0	0	0
合计	4	0	2	60	60	0	7310	0	0	0	0	0	7436

（2）2014 电动汽车推广应用车型及数量

车　型	公告批次	目录序号	数量（辆）
东风牌 EQ6640CLBEV1 型纯电动客车（A08）	263	3	2
比亚迪牌 BYD7150WTHEV2 型插电式混合动力轿车（秦）	253	108	101
比亚迪牌 QCJ7006BEVF 型纯电动轿车（e6）	216	108	62
北京牌 BJ7000B3D1－BEV 型纯电动轿车	249	11	80
北京牌 BJ5021XXYV3R1－BEV 型纯电动厢式运输车	262	11	2
东宇牌 NJL6600BEV 型纯电动客车	255	（十）15	2
众泰牌 JNJ7000EVZ 型纯电动轿车	254	84	4
众泰牌 JNJ7000EVZ2 型纯电动轿车	256	84	103
众泰牌 JNJ7000EVZ4 型纯电动轿车	260	84	224
众泰牌 JNJ7000EVZ5 型纯电动轿车	260	84	72
众泰牌 JNJ6401EVL 型纯电动轻型客车	220	84	54
康迪牌 SMA7000BEV 型纯电动轿车	255	52	4597
康迪牌 SMA7001BEV 型纯电动轿车	253	52	2133

（3）2015 年 1—3 月电动汽车推广应用数量

单位：辆

车型	大中型客车	轻型客车	载货车	公务车	出租车	租赁用车	私人车	电力工程车	邮政车	环卫车	其他专用车	其他	合计
纯电动汽车	306	0	1	0	0	0	127	0	0	0	0	0	434
非插电式混合动力汽车	0	0	0	0	0	0	0	0	0	0	0	0	0
插电式混合动力汽车	0	0	0	0	0	0	77	0	0	0	0	0	77
增程式电动汽车	0	0	0	1	0	0	0	0	0	0	0	0	1
燃料电池汽车	0	0	0	0	0	0	0	0	0	0	0	0	0
其他	0	0	0	0	0	0	0	0	0	0	0	0	0
合计	306	0	1	1	0	0	204	0	0	0	0	0	512

（4）2015 年 1—3 月电动汽车推广应用车型及数量

车　型	公告批次	目录序号	数量（辆）
宇通牌 ZK6701BEVQ3 型纯电动客车	262	71	34
宇通牌 ZK6125BEVG10 型纯电动城市客车	267	71	35
东风牌 EQ6640CLBEV1 型纯电动客车（A08）	263	3	7
比亚迪牌 BYD7150WTHEV2 型插电式混合动力轿车（秦）	253	108	77
比亚迪牌 CK6120LGEV2 型纯电动城市客车（K9）	238	79	228
北京牌 BJ7000B3D1－BEV 型纯电动轿车	249	11	7
北京牌 BJ5021XXYV3R1－BEV 型纯电动厢式运输车	262	11	1
东宇牌 NJL6600BEV 型纯电动客车	255	（十）15	2
众泰牌 JNJ7000EVZ2 型纯电动轿车	256	84	1
众泰牌 JNJ7000EVZ4 型纯电动轿车	260	84	4
众泰牌 JNJ7000EVZ5 型纯电动轿车	260	84	22
众泰牌 JNJ7000EVX 型纯电动轿车	264	84	7
传祺（TRUMPCHI）牌 GAC7100SHEVB4 型增程式混合动力轿车	262	89	1
康迪牌 SMA7000BEV 型纯电动轿车	255	52	86

2. 燃气汽车推广应用统计

（1）2014 年燃气汽车应用保有量统计表

单位：辆

车　型		LPG	LNG	CNG	合计
燃气汽车	大中型客车	0	1604	0	1604
	轻型客车	0	0	0	0
	货车	0	0	0	0
	出租车	0	0	2471	2471
	私人用车	0	0	0	0
	其他	0	0	0	0
	小计	0	1604	2471	4075

（2）2015 年 1—3 月燃气汽车应用数量统计表

单位：辆

车　型		LPG	LNG	CNG
燃气汽车	大中型客车	0	0	0
	轻型客车	0	0	0
	货车	0	0	0
	出租车	0	0	195
	私人用车	0	0	0
	其他	0	0	195

3. 电动汽车充（换）电站（桩）统计表

（1）2014 年电动汽车充（换）电站（桩）保有量统计表

城市名称	充电站				充电桩		换电站
	数量（座）	充电机功率总计（kW）	充电站占地面积（m^2）	投资金额（万元）	慢充（个）	快充（个）	数量（座）
杭州市	71	—	—	—	930	450	56

（2）2015 年 1—3 月电动汽车充（换）电站（桩）统计表

城市名称	充电站				充电桩		换电站
	数量（座）	充电机功率总计（kW）	充电站占地面积（m^2）	投资金额（万元）	慢充（个）	快充（个）	数量（座）
杭州市	—	—	—	—	120	—	—

金华市

一、新能源汽车推广工作进展情况

截至 2014 年底，全市已推广新能源汽车 1816 辆（康迪小电跑 1000 辆、众泰 654 辆、青年 34 辆、宇通 13 辆、义乌公交 115 辆），其中 1000 辆康迪小电跑为铅酸电池新能源车。

（一）不断完善配套政策。2011 年 6 月，省政府批准了金华市新能源汽车试点方案，金华市成为首个省级新能源汽车推广应用试点城市，省、市财政各出 3000 万元设立专项补助资金。同年 9 月，市政府出台了《金华市区新能源汽车推广应用实施方案》，对市区居民和单位购买新能源汽车予以补助。2013 年 10 月，市政府对方案作了修改完善。2013 年 11 月，金华市与杭州、绍兴、湖州等地作为共同试点区域成功入选国家新一轮新能源汽车推广应用示范城市。2015 年 4 月，市经信委、财政局、科技局、发改委联合下发了《金华市新能源汽车推广应用工作实施方案》。6 月 5 日，市政府常务会议讨论通过了《金华市区新能源汽车推广应用财政补助暂行办法》，正式文件将于近期印发。

（二）打造物流应用及租赁服务平台。以众泰微型面包车为推广车型，通过私人租赁、物流租赁、公共服务领域租赁，开展租赁示范推广试点。2014 年 6 月，金华雷多克新能源汽车服务有限公司购买众泰 V10EV 乘用车 239 辆（已全部上牌），其中投入运营 200 辆，用于换车服务 39 辆。客户租车用途主要有快递员送货、企业员工上下班接送、个体户送货、个人日常外出用车等。该公司自成立以来，所有车辆运行稳定，并于 2014 年 10 月在市区设立了“雷克新能源租车店”，现在已在各县（市、区）设了 8 个新能源汽车租赁服务网点。另外，2014 年 12 月底，金华雷多克新能源汽车服务有限公司又购进 400 辆众泰 V10EV 新能源汽车（已全部上牌），用于物流租赁和旅游自驾。

（三）鼓励新能源公交车推广应用。为响应国家节能减排的号召，义乌市公交于 2014 年也投放了 115 辆插电式混合动力公交车。另外，市区已建成开通首条 BRT 公交专线，34 台青年纯电动公交车投入运行。

（四）开展新能源汽车与旅游业对接。利用杭长高铁开通的机遇，市经信委同市旅游局首创将新能源汽车租赁服务融入旅游业当中，开创“自驾电动汽车游金华”的新型旅游体验方式，并于 2015 年 1 月 12 日，召开了由市旅游局、市经信委共同主办的“乘高铁新能源自驾游金华”新闻发布会，通过新能源汽车，打造“低碳出行、绿色旅游”的新理念。游客在出行前通过网络预订，到达金华后直接在高铁金华站的旅游咨询服务台提车，旅行途中如出现问题，可拨打服务电话，就近选择换（还）车。目前金华雷多克新能源汽车服务有限公司已投放 60 辆众泰微面开展试运行，已租车近 200 人次。

（五）加快配套设施建设。没有完善的配套设施，新能源汽车将无法运行。截至目前，金华市区已建成充换电设施 17 座，其中充换电站 4 座、换电站 13 座，市区已基本形成 5×5 公里服务网格布局。此外，永康、义乌、兰溪已分别完成 3 座电池配送站的布点建设。永康、兰溪各建成 1 座充换电站，金华市区丹溪路、环城南路配送站也建成投产，全市共建成 31 个充换电站及配送站设施。

二、下步计划

一是以金华雷多克新能源汽车服务有限公司为重点，利用市区、义乌、永康等地发达的快递行业，在物流领域推广新能源汽车。到 2015 年底，全市推广物流新能源汽车 1000 辆以上。二是充分发挥公交在新能源汽车推广中的示范效应，鼓励各县市公交公司优先推广应用新能源汽车。到 2015 年底，全市推广新能源公交车 200 辆以上。三是逐步完善服务网点建设，扩大旅游领域推广新能源汽车的规模。到 2015 年底，全市力争在旅游领域推广新能源汽车 200 辆以上。同时，发挥各级财政补贴政策的引导作用，努力在公务、环卫、邮政、电力、微公交、私人等领域推广应用新能源汽车。到 2015 年底，力争实现新能源汽车示范运营总数达到 2000 辆的目标。

三、新能源汽车推广应用数量

1. 2014 年新能源汽车推广应用数量

单位：辆

车型	大中型客车	轻型客车	载货车	公务车	出租车	租赁用车	私人车	电力工程车	邮政车	环卫车	其他专用车	其他	合计
纯电动汽车	34	0	0	0	0	0	0	0	0	0	0	1050	1084
非插电式混合动力汽车	0	0	0	0	0	0	0	0	0	0	0	0	0
插电式混合动力汽车	115	0	0	0	0	0	0	0	0	0	0	0	115
增程式电动汽车	0	0	0	0	0	0	0	0	0	0	0	0	0
燃料电池汽车	0	0	0	0	0	0	0	0	0	0	0	0	0
其他	0	0	0	0	0	0	0	0	0	0	0	0	0
合计	149	0	0	0	0	0	0	0	0	0	0	1050	1199

注：本市推广的 1050 纯电动汽车中有 411 辆的储能装置为铅酸电池。

2. 2014 年电动汽车推广应用车型及数量

车　型	公告批次	目录序号	数量（辆）
康迪牌 KD5010XXYEV 型纯电动厢式运输车	219	（十一）27	411
众泰牌 JNJ6408EV 型纯电动多用途乘用车	252	84	639

续表

车 型	公告批次	目录序号	数量（辆）
青年牌 JNP6122BEVC 型纯电动城市客车	243	7	2
青年牌 JNP6123BEV 型纯电动城市客车	267	7	32
福田牌 BJ6123PHEVCA－7 型插电式混合动力城市客车	255	9	18
亚星牌 JS6126GHEV5 型插电式混合动力城市客车	251	49	20
亚星牌 JS6126GHEV 型插电式混合动力城市客车	227	49	27
金龙牌 XMQ6127GHEV17 型插电式混合动力城市客车	254	123	40
海格牌 KLQ6129GAHEVE4A 型插电式混合动力城市客车	255	112	10

绍兴市

一、节能与新能源汽车扶持政策与措施

2014 年 8 月 1 日发布《绍兴市新能源汽车推广应用实施方案》。

二、节能与新能源汽车推广应用情况

2014 年，推广混合动力公交车 86 辆，纯电动乘用车 73 辆，总计 159 辆。

2015 年第一季度，推广混合动力公交车 78 辆，纯电动乘用车 13 辆，总计 91 辆。

三、节能与新能源汽车推广应用统计表

1. 电动汽车推广应用数量

（1）2014 年电动汽车推广应用数量

单位：辆

车型	大中型客车	轻型客车	载货车	公务车	出租车	租赁用车	私人车	电力工程车	邮政车	环卫车	其他专用车	其他	合计
纯电动汽车	0	0	0	0	0	0	73	0	0	0	0	0	73
非插电式混合动力汽车	0	0	0	0	0	0	0	0	0	0	0	0	0
插电式混合动力汽车	86	0	0	0	0	0	0	0	0	0	0	0	86
增程式电动汽车	0	0	0	0	0	0	0	0	0	0	0	0	0
燃料电池汽车	0	0	0	0	0	0	0	0	0	0	0	0	0
其他	0	0	0	0	0	0	0	0	0	0	0	0	0
合计	86	0	0	0	0	0	73	0	0	0	0	0	159

（2）2014 年电动汽车推广应用车型及数量

车 型	公告批次	目录序号	数量（辆）
黄海牌 DD6109CHEV1 型插电式混合动力城市客车	236	29	36
金龙牌 XMQ6106AGHEV11 型插电式混合动力城市客车	259	123	20
宇通牌 ZK6125CHEVPG7 型插电式混合动力城市客车	265	71	30
众泰牌 JNJ7000EVZ 型纯电动轿车	254	84	14
众泰牌 JNJ7000EVZ4 型纯电动轿车	260	84	25
众泰牌 JNJ7000EVZ5 型纯电动轿车	260	84	34

（3）2015 年 1—3 月电动汽车推广应用数量

单位：辆

车型	大中型客车	轻型客车	载货车	公务车	出租车	租赁用车	私人车	电力工程车	邮政车	环卫车	其他专用车	其他	合计
纯电动汽车	0	0	0	0	0	0	13	0	0	0	0	0	13
非插电式混合动力汽车	0	0	0	0	0	0	0	0	0	0	0	0	0
插电式混合动力汽车	78	0	0	0	0	0	0	0	0	0	0	0	78
增程式电动汽车	0	0	0	0	0	0	0	0	0	0	0	0	0
燃料电池汽车	0	0	0	0	0	0	0	0	0	0	0	0	0
其他	0	0	0	0	0	0	0	0	0	0	0	0	0
合计	78	0	0	0	0	0	13	0	0	0	0	0	91

（4）2015 年 1—3 月电动汽车推广应用车型及数量

车　型	公告批次	目录序号	数量（辆）
宇通牌 ZK6105CHEVNPG4 型插电式混合动力城市客车	249	71	44
宇通牌 ZK6105CHEVPG1 型插电式混合动力城市客车	243	71	22
黄海牌 DD6109CHEV1 型插电式混合动力城市客车	254	29	12
众泰牌 JNJ7000EVZ4 型纯电动轿车	260	84	8
众泰牌 JNJ7000EVZ5 型纯电动轿车	260	84	5

2. 2014 年电动汽车充（换）电站（桩）保有量统计表

城市名称	充电站				充电桩		换电站
	数量（座）	充电机功率总计（kW）	充电站占地面积（m^2）	投资金额（万元）	慢充（个）	快充（个）	数量（座）
绍兴市	—	—	—	—	—	—	6

湖州市

一、节能与新能源汽车扶持政策与措施

1. 2014 年 1—12 月

一是制定出台《实施方案》。为加快推广应用工作，湖州市制定出台了《湖州市新能源汽车推广应用试点实施方案 2014—2015 年》（湖政办发〔2014〕92 号）文件，明确到 2015 年推广应用新能源汽车 600 辆。

二是加强组织领导。成立由市政府分管副市长任组长，市政府副秘书长、经信委主任任副组长，市发改委、市财政局、市建设局、市交通运输局、市科技局、市公安局、市国土资源局、市环保局、国网湖州供电公司、市运管局、市邮政管理局等单位领导为成员的湖州市新能源汽车推广应用工作领导小组，领导小组下设办公室（设在市经信委），具体负责新能源汽车推广应用的综合协调工作。

三是形成推进合力。加快推进力度，形成工作合力，明确各部门主要职责和任务，市经信委负责湖州市新能源汽车推广应用工作的统筹、综合协调和新能源小型乘用车以及巡逻车、环卫车等特种车辆的推广工作，市发改委负责市区新能源物流车的推广应用工作，市财政局负责制定我市新能源汽车推广应用财政补贴政策、实施细则和政策兑现工作等。

2. 2015 年 1—3 月

一是出台补助政策。制定出台了《湖州市新能源小型乘用车推广应用财政补助暂行办法》（湖政办发〔2015〕29 号），对私人和单位购买使用新能源小型乘用车，按照中央财政补助标准 1∶1 的比例，给予地方配套补助，同时中央和湖州市财政补助总额最高不超过车辆补助前价格的 50%。

二是积极引导居民购买。通过举办《湖州市首届新能源汽车公益车展》、媒体报道和发放折页，加大宣传力度，营造推广氛围，引导鼓励居民购买新能源乘用车。

二、节能与新能源汽车推广应用情况

2014 年，湖州市共推广新能源汽车 40 辆，其中小型乘用车 20 辆、纯电动公交车 20 辆。

2015 年 1—3 月，湖州市共推广新能源汽车 44 辆，其中纯电动出租车 30 辆、纯电动公交车 14 辆。

三、基础设施建设及运行情况

2014 年，加快充电设施建设，按照“着眼长远、统筹布局、逐步完善”的原则，规划完善湖州市配套充电设施网络的建设，率先规划编制了《湖州中心城市公共充电设施布局规划》，目前完成建设直流公交车充电桩 20 个，运行正常。

加大补助力度，对在市区投资建设公共充电设施项目的，按照充电设备的实际投资额给予 20% 的财政补助。

2015 年 1—3 月，完成直流出租车充电桩建设 20 个，快速充电站一座（2 个快充，6 个慢充），目前运行正常。

四、节能与新能源汽车发展规划

立足现有基础，抢抓发展机遇意识，湖州市积极做好新能源汽车产业规划谋划，突出特色、错位发展的原则。长兴县现已制订新能源汽车产业培育发展三年行动计划，要紧紧围绕目标，开展项目招引、示范推广等工作。湖州开发区围绕微宏动力、恩驰汽车等项目，加大项目招引力度，加快电动汽车产业园建设。

五、节能与新能源汽车推广应用统计表

1. 电动汽车推广应用数量

（1）2014 年电动汽车推广应用数量

单位：辆

车型	大中型客车	轻型客车	载货车	公务车	出租车	租赁用车	私人车	电力工程车	邮政车	环卫车	其他专用车	其他	合计
纯电动汽车	20	0	0	0	0	0	19	0	0	0	0	0	39
非插电式混合动力汽车	0	0	0	0	0	0	0	0	0	0	0	0	0
插电式混合动力汽车	0	0	0	0	0	0	1	0	0	0	0	0	1
增程式电动汽车	0	0	0	0	0	0	0	0	0	0	0	0	0
燃料电池汽车	0	0	0	0	0	0	0	0	0	0	0	0	0
其他	0	0	0	0	0	0	0	0	0	0	0	0	0
合计	20	0	0	0	0	0	20	0	0	0	0	0	40

（2）2014 年电动汽车推广应用车型及数量

车　型	公告批次	目录序号	数量（辆）
福田牌 BJ6851EVCA 型纯电动城市客车	264	9	10
金龙牌 XMQ6127AGBEV2 型纯电动城市客车	226	123	10
众泰牌 JNJ7000EVZ 型纯电动轿车	254	84	19
比亚迪牌 BYD7150WTHEV2 型插电式混合动力轿车（秦）	253	79	1

（3）2015 年 1—3 月电动汽车推广应用数量

单位：辆

车型	大中型客车	轻型客车	载货车	公务车	出租车	租赁用车	私人车	电力工程车	邮政车	环卫车	其他专用车	其他	合计
纯电动汽车	0	0	0	0	30	0	14	0	0	0	0	0	44
非插电式混合动力汽车	0	0	0	0	0	0	0	0	0	0	0	0	0
插电式混合动力汽车	0	0	0	0	0	0	0	0	0	0	0	0	0
增程式电动汽车	0	0	0	0	0	0	0	0	0	0	0	0	0
燃料电池汽车	0	0	0	0	0	0	0	0	0	0	0	0	0
其他	0	0	0	0	0	0	0	0	0	0	0	0	0
合计	0	0	0	0	30	0	14	0	0	0	0	0	44

（4）2015 年 1—3 月电动汽车推广应用车型及数量

车　型	公告批次	目录序号	数量（辆）
比亚迪牌 QCJ7006BEVF 型纯电动轿车（E6）	216	79	30
众泰牌 JNJ7000EVZ 型纯电动轿车	254	84	14

2. 电动汽车充（换）电站（桩）统计表

（1）2014 年底电动汽车充（换）电站（桩）保有量统计表

充电站					充电桩		换电站
城市名称	数量（座）	充电机功率总计（kW）	充电站占地面积（m^2）	投资金额（万元）	慢充（个）	快充（个）	数量（座）
湖州市	20	—	800	—	—	20	—

（2）2015 年 1—3 月电动汽车充（换）电站（桩）统计表

充电站					充电桩		换电站
城市名称	数量（座）	充电机功率总计（kW）	充电站占地面积（m^2）	投资金额（万元）	慢充（个）	快充（个）	数量（座）
湖州市	1	280	15000	2500	6	2	—
	1	40	900	380	—	20	—

宁波市

一、新能源汽车扶持政策与措施

2014 年以来，宁波市相继制订出台了《宁波市新能源汽车推广应用实施方案》（甬政办发〔2014〕188 号）、《宁波市城市客运新能源汽车推广应用实施方案》（甬交〔2014〕14 号）、《宁波市新能源汽车产业链发展规划（2014—2020 年）》（甬经信机械〔2015〕67 号）、《宁波市新能源汽车推广应用管理暂行办法》（甬发改工业〔2015〕133 号）、《宁波市新能源汽车推广应用资金补助管理办法》（甬财政发〔2015〕305 号）和《宁波市新能源汽车生产企业及产品审核备案管理细则》（甬新能源汽车办〔2015〕3 号）等一系列配套政策。示范推广期间，宁波市将设立新能源汽车推广应用专项资金，对已纳入《节能与新能源汽车示范推广应用工程推荐车型目录》、在宁波市新能源汽车推广应用工作领导小组办公室备案、并在本市销售的新能源汽车，按中央财政补贴资金 1∶1 比例的额度给予补助，单位（社会团体）团购 5 辆（含）以上新能源汽车的，每辆给予一次性补助 3000 元。同时对新能源汽车充电设施按实际投资额（不含土地）给予 20% 的补助。

二、新能源汽车示范推广工作进展情况

截至 2015 年 5 月底，宁波市共有 215 辆新能源汽车正式上牌。其中 2013 年 1 辆，2014 年 117 辆，2015 年 97 辆。

宁波市率先在公交车领域实现新能源汽车示范运营，2014 年 6 月，向郑州宇通客车股份有限公司购买了 86 辆插电式混合动力客车，并在北仑区域 9 条公交线路先行试点推广；2015 年 3 月，宁波市政府与中国南车电车有限公司签署了 1200 台超级电容现代电车的采购合同，将在 5 年内分批交付。目前，宁波市已建成超级电容现代电车示范线一条，全长 10.2 公里，并已完成所有充电设备、充电终端的调试工作，已有 5 辆超级电容现代电车开始试运营。下半年，将计划实施 7 条超级电容现代电车线路，推广应用 206 辆超级电容现代电车。

三、基础设施建设与运行情况

截至 2014 年底，宁波市已投入了 2500 万元，建立了 1 座标准充换电站，总占地面积 1867 平方米，建筑面积 608.5 平方米，站内配置 200 组电池充换电；在杭甬高速余姚服务区建设换电站 2 座，占地面积 156 平方米/站，站内各配置 40 组电池，实现杭、绍、甬城际互联；建设完成独立交流充电桩 68 个，主要分布海曙、江东、江北、镇海、北仑五区的 26 个地点。2015 年，为配合超级电容现代电车的推广应用，宁波市已先期分别建设直充式充电桩 7 个和储能式充电桩 4 个。2015 年，宁波市将在沈海高速南岸服务区、慈城服务区、奉化服务区、宁海服务区等建设 8 座电动汽电车快充站。届时将与省内沈海高速沿线

的台州、嘉兴，以及上海等城市互联，形成沈海高速全线快充网络，为全市新能源汽车提供安全、可靠、优质的运营服务。同时，针对今年3月宁波市政府订购1200台超级电容现代电车的任务，4月开始，宁波能源集团有限公司、宁波产城投资管理有限公司、宁波南车现代交通建设投资有限公司和宁波欣达（集团）有限公司等单位共同出资成立了“宁波电动汽车充电桩建设运营公司”，注册资本金5000万元，通过公私合营模式引进社会资本组建充电桩运营服务公司，负责市区超级电容现代电车充电设施建设运营。

四、新能源汽车产业发展情况

为提高宁波市新能源整车及其零部件生产企业的技术创新能力，2014年，宁波市组织实施轻量化纯电动公交（超级电容电车）关键技术研发及产业化、新能源汽车专用交流永磁伺服电机研发与应用等4项新能源汽车重大项目，安排财政资金补助总额达2300万元。目前，宁波市新能源汽车产业快速发展，南车轻量化纯电动公交（超级电容电车）、宝成纯电动环卫车、波导新能源物流车、吉利纯电动轿车等一批项目顺利推进，悍霸新能源汽车生产项目、吉利新大洋城市微行纯电动车项目、普天新能源物流车等一批重大产业化项目落户，同时吸引了德国罗斯福集团、意大利菲仕、美国冷王、天津力神锂电池等一批电池，发动机研发生产类的产业紧密型配套企业和汽车质检机构落户，新能源汽车全产业链集聚，示范效应凸显。

五、主要新能源汽车企业情况

序号	项目	名称	主要领域	年产量	区域	备注
1	整车企业	浙江南车电车有限公司	客车	4000台	鄞州区	(1)生产电电混合12米和18米铝合金储能式无轨电车(3000台) (2)研发出第二代NE6120PHEV1型12米级并联式混合动力城市客车（1000台）
2	整车企业	宁波南车城市轨道交通装备有限公司	中运量公交车	正在制订量产计划	鄞州区	36米四模块超级电容低地板有轨电车
3	整车企业	浙江吉利汽车有限公司	轿车	2500台	北仑、杭州湾新区	研发帝豪EV纯电动轿车
4	整车企业	浙江立通新能源汽车有限公司	微型车	3万台	杭州湾新区	研发的E01微型电动汽车，已申请21项国家专利
5	整车企业	宁波波导汽车科技有限公司	专用车	1200台	奉化市	生产纯电动 物流快递车、环卫垃圾车
6	整车企业	浙江宝成机械科技有限公司	专用车	300台	江北区	生产纯电动 环卫垃圾车
7	原材料企业	宁波金和新材料股份有限公司	镍钴锰酸锂三元、钴酸锂材料	2500吨	余姚市	用于制造3c消费品电池
8	原材料企业	宁波艾能科技有限公司	动力型高性能磷酸铁锂/石墨烯复合正极材料	500吨	江北区	应用于新能源汽车、电动摩托车、电动自行车、大型储能电站、通信基站等领域
9	原材料企业	宁波杉杉新材料科技有限公司	天然石墨、人造石墨	5000吨	鄞州区	电池负极材料
10	原材料企业	宁波宏远炭素工业有限公司	人造石墨	1200吨	余姚市	电池负极材料
11	原材料企业	宁波力邦新能源科技有限公司	磷酸铁锂材料、锂离子电池电解液	1000吨	余姚市	应用于新能源汽车、电动摩托车、电动自行车、大型储能电站、通信基站等领域

续表

序号	项目	名称	主要领域	年产量	区域	备注
12	关键核心零部件企业	宁波南车新能源科技有限公司	超级电容	100 万只	鄞州区	拟投资 18 亿元打造亚太地区最大、世界前三的超级电容产业基地
13		宁波卡耐新能源有限公司	三元锂离子动力电池	1000 万安时	鄞州区	拟投资 5 亿元建立电池组装厂
14		中宇锂电能源股份有限公司	磷酸铁锂体系电池	2200 万安时	余姚市	应用于电动汽车、电动摩托车、通信电源、太阳能及风力发电储能系统、智能电网储能系统、UPS/EPS 备用电源等领域
15		浙江佳贝思绿色能源有限公司	磷酸铁锂体系电池	700 万安时	余姚市	应用于电动大巴、电动轿车、电动叉车、电动高尔夫球车、电动摩托车、通信储能、太阳能以及煤矿等领域
16		宁波菲仕运动控制技术有限公司	驱动电机	研发试制阶段	杭州湾新区	拟投资生产高功率密度、高转矩密度、高效率驱动电机
17		宁波海天驱动有限公司	轮毂电机	研发试制阶段	北仑区	海迈克牌电动叉车已经实现量产
18		宁波均胜电子股份有限公司	电控系统	3－5 万套	高新区	组建了均胜新能源汽车研究院，研究开发混合动力和电动车型的电池管理系统
19		宁波世捷新能源科技有限公司	锂离子电池	12 亿安时	慈溪	电动车用动力锂电池组，电源管理模块，动力电池系统、储能系统
20		宁波市锦艺汽车零部件有限公司	电流集成板	720 万套	慈溪	TESLA 纯电动汽车动力系统关键部件

六、宁波市各领域新能源汽车年度推广应用计划表

领域	类型	年份	推广数量（辆）	充电架（个）	充电桩（个）	充电站（个）
公交车	纯电动	2014	20	20	—	—
		2015	394	312	—	—
	插电式	2014	86	—	12	—
		2015	0	—	31	—
出租车（包括微公交）	纯电动	2015	350	—	390	13
一般公务车	插电式	2015	35	—	35	—
执法用公务车	插电式	2014	48	—	48	—
		2015	48	—	48	—
环卫专用车	纯电动	2014	30	—	30	—
		2015	100	—	100	—
物流快递车	纯电动	2014	100	—	100	—
		2015	100	—	100	—

续表

领域	类型	年份	推广数量（辆）	充电架（个）	充电桩（个）	充电站（个）
私家车	纯电动或插电式	2014	400	—	500	—
		2015	3289	—	4112	—
总计	5000	332	5506	13	—	—

七、2014年电动汽车推广应用数量

1. 电动汽车推广应用数量

（1）2014年电动汽车推广应用数量

单位：辆

车型	大中型客车	轻型客车	载货车	公务车	出租车	租赁用车	私人车	电力工程车	邮政车	环卫车	其他专用车	其他	合计
纯电动汽车	0	0	0	0	1	0	30	0	0	0	0	0	31
非插电式混合动力汽车	0	0	0	0	0	0	0	0	0	0	0	0	0
插电式混合动力汽车	86	0	0	0	0	0	0	0	0	0	0	0	86
增程式电动汽车	0	0	0	0	0	0	0	0	0	0	0	0	0
燃料电池汽车	0	0	0	0	0	0	0	0	0	0	0	0	0
其他	0	0	0	0	0	0	0	0	0	0	0	0	0
合计	86	0	0	0	1	0	31	0	0	0	0	0	117

（2）2014年电动汽车推广应用车型及数量

车 型	公告批次	目录序号	数量（辆）
宇通牌ZK6105CHEVNPG4型插电式混合动力城市客车	249	71	86
比亚迪牌QCJ7006BEVF型纯电动轿车（E6）	216	79	1
众泰牌JNJ7000EVZ4型纯电动轿车	260	84	3
众泰牌JNJ7000EVZ5型纯电动轿车	260	84	19
众泰牌JNJ7000EVZ型纯电动轿车	254	84	8

2. 2014年电动汽车充（换）电站（桩）统计表

城市名称	充电站				充电桩		换电站
	数量（座）	充电机功率总计（kW）	充电站占地面积（m^2）	投资金额（万元）	慢充（个）	快充（个）	数量（座）
宁波市	1	—	2179	2500	68	—	2

合肥市

一、节能与新能源汽车扶持政策与措施

1. 2014年1—12月

（1）2014年12月16日，合肥市进一步修订新能源汽车发展政策出台了《合肥市人民政府关于进一步促进新能源汽车推广应用的若干意见》（合政秘〔2014〕179号），2014—2015年新增补助资金2.5亿元（不含购置电动公交资金）。这次政策主要有以下几个方面特点：

①在全国首次提出将公交充电设施纳入市大建设，将公共充电设施作为城市公用设施纳入归口管理；

②在全国率先提出拓宽电动物流车通行范围；

③第一个以市政府文件形式明确将实际运行的新能源汽车及充电设施数量纳入政府年度自主创新目标考核；

④在全国率先提出对提供便利的物业服务企业给予一定财政资金补助；

⑤在全国率先提出制订充电设施工程建设验收标准；

⑥在全国率先提出鼓励电池企业进行电池回收处理。

同时，在鼓励推广应用方面进一步加大支持力度，对个人购买纯电动乘用车予以补助，市财政补助中安排 1 万元/辆用于充电设施安装和充电费用。

（2）2014 年 8 月 11 日，合肥市物价局出台《关于合肥市电动汽车充电设施服务价格的通知》（合价商〔2014〕37 号），通知明确电动汽车充电服务费按充电电度收取。经营性专业充电桩运营商充电服务费按电动汽车使用成本显著低于燃油（或低于燃气）汽车使用成本的原则核定，充电最高服务费为 1.70 元千瓦时。

发布如下政策：

①《合肥市人民政府关于进一步促进新能源汽车推广应用的若干意见》（合政秘〔2014〕179 号）。

②《关于合肥市电动汽车充电设施服务价格的通知》（合价商〔2014〕37 号）。

2. 2015 年 1—3 月

（1）2015 年 3 月 11 日，合肥市物价局调整电动汽车充电服务费，出台《关于电动汽车充电服务价格实行与燃油燃气价格联动机制的通知》（合价商〔2015〕11 号），进一步降低了充电服务费价格，直流快速充电桩充电服务费中准价格为 0.90 元，交流充电桩充电服务费在直流快速充电桩的基础上下浮 30%，即 0.63 元千瓦时，居民住宅小区、执行居民电价的非居民用户中设置的充电设施用电，在居民合表的用户电价基础上，每千瓦时平段上浮 0.03 元，低谷下浮 0.25 元。同时电动汽车充电服务价格按照燃油或者燃气价格变化，每半年调整或公布电动汽车充电服务指导价格。

二、节能与新能源汽车推广应用情况

2014 年，合肥市计划推广新能源汽车 1720 辆，2014 年实际推广新能源汽车 2016 辆，完成率 117%。公共领域推广 481 辆，其中纯电动客车 320 辆，插电混合动力客车 10 辆，钛酸锂电动客车 10 辆，纯电动乘用车 21 辆，私人领域推广纯电动乘用车 1535 辆。

2015 年 1—3 月，合肥市实际推广新能源汽车 533 辆，全部为纯电动汽车，其中大型中客车 313 辆，私人车 220 辆。

三、基础设施建设及运行情况

2014 年，合肥市建成充电站 3 个，建成各类充电桩 4099 个，其中直流快充桩 367 个，交流慢充桩 2179 个，车厂配送简易充电桩 1553 个。

2015 年 1—3 月，建成慢充桩 187 个。

四、节能与新能源汽车项目投融资及园区建设情况

1. 投融资情况

建立重大项目库，总投资 204 亿元，通过调度重大项目的实施推动产业加快发展。

①百亿新能源动力电池项目。项目单位：山东恒宇新能源有限公司。计划投资 30 亿元，用地 350 亩，新建 13 条锂聚合物动力电池生产线、5 条聚合物锂离子动力电池组装生产线。建成达产后有望实现 100 亿元产值。

②功能膜生产设备及新材料研发制造项目。项目单位：苏州东昇机电科技有限公司。建设年产高真空卷绕镀膜设备、数控分切设备、数控锂离子电池隔膜设备等 80 台套，锂离子电池隔膜等新材料 5000 万平方米生产基地。项目达产后可实现年产值 10 亿元。

③全新车型的纯电动车研发及产业化项目。项目单位：安徽江淮汽车股份有限公司。正向开发纯电动乘用车，形成年产 5 万辆整车的产能。2015 年 4 月 20 日江淮第五代电动车正式上市。

④安凯新能源汽车及关键动力总成制造研发项目。项目单位：安徽安凯汽车股份有限公司。占地 374 亩，总建筑面积 17.3 万平方米，规划建设 9 栋生产厂房，1 栋研发中心，形成年产 6000 辆新能源客车，1.2 万套动力总成的产能。

⑤锂离子电池全产业链工艺技术与正负极匹配技术研究项目。项目单位：合肥国轩高科动力能源股份公司。国轩高科 2.0 亿 Ah 锂离子动力电池生产线厂房已建设完成，部分设备处于调试阶段。目前已投产 1 亿 Ah，材料生产线年产 1200 吨。

⑥公交充电站建设项目。项目单位：市公交公司。市政府投资 1.2 亿元建设 17 座公交充电站共 300 个充电桩，计划 2015 年 8 月底全部建成投运。

⑦合肥新能源汽车研究创新平台建设项目。项目单位：合肥工业大学新能源汽车研究院。截至 2014 年 11 月，完成一期建设，现已初步具备电驱动、电池管理技术和整车控制技术的自主研发和成果转化能力。二期建设正在进行中，目前已与江淮签订了 5 个产学研项目，包括深混、经济性两种车型相关的整车控制、电驱动、电池管理等。

⑧安徽新能源汽车产业基地。项目单位：合肥国轩高科动力能源股份公司、安徽广通汽车制造有限公司。该项目由合肥国轩高科动力能源股份公司与安徽广通汽车制造有限公司、合肥工业大学合作建设，打造集研发、生产、销售为一体的新能源汽车产业基地，占地 826 亩，总投资 30 亿元。项目主要分为两大板块：一是

年产 1.7 万辆纯电动汽车项目，二是合肥新能源汽车工程研究院项目。目前，部分厂房已建设完毕，相关设备正处于调试阶段。

建立重大项目库，总投资 204 亿元，通过调度重大项目的实施推动产业加快发展，如德电新能源汽车项目正在有序推进，山东恒宇电池项目、合肥国轩特锐德汽车充电项目正在抓紧推进，江淮 5 代电动车生产线已上市，合工大研制的天瑞纯电动跑车项目进入试制阶段，安凯新能源客车新基地已全面竣工等。

争取中央财政补贴和国家电网建站资金约 13 亿元，合肥市政府支持试点示范资金约 13.3 亿元，有关重点企业上市募集投入资金约 8 亿元，带动合肥市新能源汽车产业链产值 120 亿元以上。合肥市聚集了新能源汽车产业链企业 50 家，建成了年产 10 万辆电动轿车生产线、7000 辆电动客车生产线和 4 亿安时车用锂电池生产线。

2. 园区建设情况

支持合巢经开区获批"安徽省新能源汽车生产基地"，包河区新能源汽车基地荣获商务部第四批"国家科技兴贸创新基地"、工信部"国家新型工业化产业示范基地"。支持新站区新能源汽车产业基地、百亿电池产业园建设。已开工建设年产 6000 辆新能源客车整车和 15 万套客车关键动力总成的新能源客车新基地。

五、节能与新能源汽车发展规划

在 2015—2020 年节能与新能源汽车产业规划期内，用三年左右的时间完善以龙头企业为核心的节能与新能源汽车产业链，建成智能、规范、便捷的新能源汽车充电及服务网络，节能与新能源汽车实现较大规模的应用。到 2017 年，新能源汽车年生产能力达到 5 万辆，整车集成、动力电池、驱动电机等核心技术达到国际先进水平；到 2020 年将合肥建设成为产业规模、创新能力、品牌影响、配套运营等位居国内前列的节能与新能源汽车产业的标杆型城市，电动汽车实现成熟的市场应用，将合肥打造成国际化的新能源汽车产业基地。

六、节能与新能源汽车推广应用统计表

1. 电动汽车推广应用数量

（1）2014 年电动汽车推广应用数量

单位：辆

车型	大中型客车	轻型客车	载货车	公务车	出租车	租赁用车	私人车	电力工程车	邮政车	环卫车	其他专用车	其他	合计
纯电动汽车	330	0	0	21	0	0	1534	0	0	0	0	0	1885
非插电式混合动力汽车	0	0	0	0	0	0	0	0	0	0	0	0	0
插电式混合动力汽车	130	0	0	0	0	0	1	0	0	0	0	0	131
增程式电动汽车	0	0	0	0	0	0	0	0	0	0	0	0	0
燃料电池汽车	0	0	0	0	0	0	0	0	0	0	0	0	0
其他	0	0	0	0	0	0	0	0	0	0	0	0	0
合计	460	0	0	21	0	0	1535	0	0	0	0	0	2016

（2）2014 年电动汽车推广应用车型及数量

车　型	公告批次	目录序号	数量（辆）
安凯牌 HFF6100G03EV－3 型纯电动城市客车	248	55	200
安凯牌 HFF6101K10EV－1 型纯电动客车	248	55	100
安凯牌 HFF6100G03EV－2 型纯电动城市客车	247	55	1
安凯牌 HFF6123G03EV－2 型纯电动城市客车	248	55	10
安凯牌 HFF6127K46EV－6 型纯电动客车	242	55	8
安凯牌 HFF6126G03EV－1 型纯电动城市客车	258	55	10
安凯牌 HFF6124G03SHEV 型插电式混合动力城市客车	243	55	50
安凯牌 HFF6127G03PHEV－1 型插电式混合动力城市客车	255	55	50
星凯龙牌 HFX6600KEV05 型纯电动客车	265	（十二）18	1

续表

车　型	公告批次	目录序号	数量（辆）
中通牌 LCK6101HEV1 型插电式混合动力城市客车	231	125	30
众泰牌 JNJ7000EVZ5 型纯电动轿车	260	84	16
江淮牌 HFC7000AEV 型纯电动轿车	219	56	847
江淮牌 HFC7000A1EV 型纯电动轿车	264	56	460
江淮牌 HFC7001AEV 型纯电动轿车	263	56	232
江淮牌 HFC7100B1HEVF 型插电式混合动力轿车	242	56	1

（3）2015 年 1—3 月电动汽车推广应用数量

单位：辆

车型	大中型客车	轻型客车	载货车	公务车	出租车	租赁用车	私人车	电力工程车	邮政车	环卫车	其他专用车	其他	合计
纯电动汽车	313	0	0	0	0	0	220	0	0	0	0	0	533
非插电式混合动力汽车	0	0	0	0	0	0	0	0	0	0	0	0	0
插电式混合动力汽车	0	0	0	0	0	0	0	0	0	0	0	0	0
增程式电动汽车	0	0	0	0	0	0	0	0	0	0	0	0	0
燃料电池汽车	0	0	0	0	0	0	0	0	0	0	0	0	0
其他	0	0	0	0	0	0	0	0	0	0	0	0	0
合计	313	0	0	0	0	0	220	0	0	0	0	0	533

（4）2015 年 1—3 月电动汽车推广应用车型及数量

车　型	公告批次	目录序号	数量（辆）
江淮牌 HFC7000AEV 型纯电动轿车	219	56	86
江淮牌 HFC7001AEV 型纯电动轿车	263	56	134
安凯牌 HFF6123G03EV－2 型纯电动城市客车	248	55	210
安凯牌 HFF6102G03EV－3 型纯电动城市客车	256	55	100
安凯牌 HFF6702BEV 型纯电动客车	248	55	1
安凯牌 HFF6126G03EV－2 型纯电动城市客车	255	55	2

2. 2014 年燃气汽车推广应用统计

单位：辆

车　型		LPG	LNG	CNG	合计	同期增长（%）
燃气汽车	大中型客车	0	0	1700	1700	24.8
	轻型客车	0	0	0	0	—
	货车	0	0	0	0	—
	出租车	0	0	8395	8395	0
	私人用车	0	0	4000	4000	33.3
	其他	0	0	0	0	—
	小计	0	0	14095	14095	10.5

3. 电动汽车充（换）电站（桩）统计表

（1）2014 年电动汽车充（换）电站（桩）保有量统计表

城市名称	充电站				充电桩		换电站
	数量（座）	充电机功率总计（kW）	充电站占地面积（m^2）	投资金额（万元）	慢充（个）	快充（个）	数量（座）
合肥市	15	15680	83500	29842	6936	717	2

（2）2015 年 1—3 月电动汽车充（换）电站（桩）统计表

城市名称	充电站				充电桩		换电站
	数量（座）	充电机功率总计（kW）	充电站占地面积（m^2）	投资金额（万元）	慢充（个）	快充（个）	数量（座）
合肥市	8	18700	7500	6000	187	0	0

芜湖市

一、节能与新能源汽车扶持政策与措施

2014 年，芜湖市人民政府关于印发《芜湖市新能源汽车推广应用实施方案》（2013—2015 年）的通知、《芜湖市新能源汽车推广应用财政补助资金管理办法（试行）》的通知、《芜湖市新能源汽车充电设施近期建设规划（2014—2015 年）》。

2015 年第一季度，芜湖市人民政府办公室印发《关于促进新能源产业发展和应用的政策规定的通知》。

二、节能与新能源汽车推广应用情况

2013 年，推广奇瑞纯电 M1EV 乘用车 122 辆。

2014 年，推广 355 辆中，奇瑞纯电 M1EV 乘用车 136 辆，奇瑞纯电 eQ 乘用车 197 辆，众泰知豆 301A 纯电乘用车 1 辆，江淮 iev4 纯电乘用车 3 辆，贵州万达插电式气电混合动力客车 15 辆，上海申龙插电和纯电客车各 1 辆，江南纯电小货 1 辆。

2015 年第一季度，推广 487 辆，奇瑞纯电 eQ 乘用车 282 辆，贵州万达插电式气电混合动力客车 185 辆，众泰知豆 301A 纯电乘用车 17 辆，江南纯电小货 9 辆。

三、基础设施建设及运行情况

2013—2014 年，建设完成 320 个充电桩，1 个充电站。

2015 年第一季度，建设完成 208 个充电桩。

累计完成 528 个充电桩。

四、节能与新能源汽车项目投融资及园区建设情况

2013—2014 年，芜湖市结合新能源汽车技术发展需求，围绕纯电动、混合动力、燃料电池等新能源汽车整车设计、系统集成、整车电控、电机驱动、电池管理以及混合动力耦合等关键技术领域，安排专项科研项目支持产品研发，市级安排科技项目 54 项，资助资金 1434 万元。市本级 2013 年自主创新资金研发项目、研发平台、专利等 31 项，补贴 2664 万元。争取国家级、省级科技项目 52 项，争取上级资金 3213 万元。

五、节能与新能源汽车发展规划

到 2020 年，新能源汽车年产能 40 万辆。其中，乘用车 15.2 万辆，专用车 23.5 万辆，客车 0.3 万辆，燃料电池车 1.0 万辆。动力电池、动力总成和电控系统 10 万套的生产能力。新能源汽车产业总产值 600 亿元。

六、节能与新能源汽车推广应用统计表

1. 电动汽车推广应用数量

（1）2014 年电动汽车推广应用数量

单位：辆

车型	大中型客车	轻型客车	载货车	公务车	出租车	租赁用车	私人车	电力工程车	邮政车	环卫车	其他专用车	其他	合计
纯电动汽车	1	0	1	52	0	163	122	0	0	0	0	0	339
非插电式混合动力汽车	0	0	0	0	0	0	0	0	0	0	0	0	0
插电式混合动力汽车	16	0	0	0	0	0	0	0	0	0	0	0	16
增程式电动汽车	0	0	0	0	0	0	0	0	0	0	0	0	0

续表

车型	大中型客车	轻型客车	载货车	公务车	出租车	租赁用车	私人车	电力工程车	邮政车	环卫车	其他专用车	其他	合计
燃料电池汽车	0	0	0	0	0	0	0	0	0	0	0	0	0
其他	0	0	0	0	0	0	0	0	0	0	0	0	0
合计	17	0	1	52	0	163	122	0	0	0	0	0	355

注：本市推广的 168 辆租赁用车为公务租赁；1 辆载货车为物流用车。

（2）2014 年电动汽车推广应用车型及数量

车 型	公告批次	目录序号	数量（辆）
万达牌 WD6112PHEV 型插电式混合动力城市客车	260	（二十三）06	15
申龙牌 SLK6129USBEV 型纯电动城市客车	261	129	1
申龙牌 SLK6119USNHEV03 型插电式混合动力城市客车	263	129	1
奇瑞牌 SQR7000BEVJ00 型纯电动轿车	259	119	197
瑞麒牌 SQR7000BEVS184 型纯电动轿车	234	119	136
江淮牌 HFC7001AEV 型纯电动轿车	263	56	1
江淮牌 HFC7000AEV 型纯电动轿车	219	56	2
众泰牌 JNJ7000EVZ5 型纯电动轿车	260	84	1
江南牌 JNJ1021EVL 型纯电动载货车	242	84	1

（3）2015 年 1—3 月电动汽车推广应用数量

单位：辆

车型	大中型客车	轻型客车	载货车	公务车	出租车	租赁用车	私人车	电力工程车	邮政车	环卫车	其他专用车	其他	合计
纯电动汽车	0	0	0	7	0	168	125	0	0	0	2	0	302
非插电式混合动力汽车	0	0	0	0	0	0	0	0	0	0	0	0	0
插电式混合动力汽车	185	0	0	0	0	0	0	0	0	0	0	0	185
增程式电动汽车	0	0	0	0	0	0	0	0	0	0	0	0	0
燃料电池汽车	0	0	0	0	0	0	0	0	0	0	0	0	0
其他	0	0	0	0	0	0	0	0	0	0	0	0	0
合计	185	0	0	7	0	168	125	0	0	0	2	0	487

注：本市推广的 168 辆租赁用车为分时租赁。

（4）2015 年 1—3 月电动汽车推广应用车型及数量

车 型	公告批次	目录序号	数量（辆）
江淮牌 HFC7000AEV 型纯电动乘用车	219	56	1
奇瑞牌 SQR7000BEVJ00 型纯电动乘用车	259	119	282
奇瑞万达牌 WD6111PHEV 型插电式混合动力城市客车	260	（二十三）06	170
奇瑞万达牌 WD6112PHEV 型插电式混合动力城市客车	260	（二十三）06	15
众泰牌 JNJ7000EVZ4 型纯电动乘用车	260	84	2
众泰牌 JNJ7000EVZ5 型纯电动乘用车	260	84	15
江南牌 JNJ1021EVL 型纯电动载货车	242	84	2

2. 电动汽车充（换）电站（桩）统计表

（1）2014 年电动汽车充（换）电站（桩）保有量统计表

城市名称	充电站				充电桩		换电站
	数量（座）	充电机功率总计（kW）	充电站占地面积（m^2）	投资金额（万元）	慢充（个）	快充（个）	数量（座）
芜湖市	1	—	—	—	320	—	—

（2）2015 年 1—3 月电动汽车充（换）电站（桩）统计表

城市名称	充电站				充电桩		换电站
	数量（座）	充电机功率总计（kW）	充电站占地面积（m^2）	投资金额（万元）	慢充（个）	快充（个）	数量（座）
芜湖市	—	—	—	—	198	10	—

郑州市

一、节能与新能源汽车推广应用情况

2014 年，郑州市推广节能与新能源汽车 1540 辆，其中插电式混合动力公交车 950 辆、纯电动公交车 300 辆、插电式混合动力乘用车 12 辆、纯电动乘用车 278 辆。

2015 年 1—3 月，郑州市推广节能与新能源汽车 48 辆，全部为纯电动乘用车。

二、基础设施建设及运行情况

2014 年郑州市建成大型换电站 2 座，公交车充电桩 80 个，小汽车充电桩 288 个。

三、节能与新能源汽车发展规划

郑州市新能源汽车动力电池及其他关键零部件产业集群发展规划（2014—2020 年）

四、节能与新能源汽车推广应用统计表

1. 电动汽车推广应用数量

（1）2014 年电动汽车推广应用数量

单位：辆

车型	大中型客车	轻型客车	载货车	公务车	出租车	租赁用车	私人车	电力工程车	邮政车	环卫车	其他专用车	其他	合计
纯电动汽车	300	0	0	0	0	152	126	0	0	0	0	0	578
非插电式混合动力汽车	0	0	0	0	0	0	0	0	0	0	0	0	0
插电式混合动力汽车	950	0	0	10	0	0	2	0	0	0	0	0	962
增程式电动汽车	0	0	0	0	0	0	0	0	0	0	0	0	0
燃料电池汽车	0	0	0	0	0	0	0	0	0	0	0	0	0
其他	0	0	0	0	0	0	0	0	0	0	0	0	0
合计	1250	0	0	10	0	152	128	0	0	0	0	0	1540

（2）2014 年电动汽车推广应用车型及数量

车　型	公告批次	目录序号	数量（辆）
宇通牌 ZK6180CHEVNPG3 型插电式混合动力铰接城市客车	264	71	38
宇通牌 ZK6125CHEVNPG4 型插电式混合动力城市客车	250	71	310
宇通牌 ZK6120CHEVNPG4 型插电式混合动力城市客车	248	71	100
宇通牌 ZK6105CHEVNPG4 型插电式混合动力城市客车	249	71	502
宇通牌 ZK6141BEV1 型纯电动城市客车	262	71	50
宇通牌 ZK6115BEV1 型纯电动城市客车	264	71	50

续表

车　型	公告批次	目录序号	数量（辆）
少林牌 SLG6720EVG 型纯电动城市客车	264	126	200
比亚迪牌 BYD7150WTHEV2 型插电式混合动力轿车	269	79	12
比亚迪牌 QCJ7006BEVF 型纯电动轿车	256	79	1
启辰牌 DFL7000B2BEV 型纯电动轿车	260	3	152
众泰牌 JNJ7000EVZ4 型纯电动轿车	264	84	125

（3）2015 年 1—3 月底电动汽车推广应用数量

单位：辆

车型	大中型客车	轻型客车	载货车	公务车	出租车	租赁用车	私人车	电力工程车	邮政车	环卫车	其他专用车	其他	合计
纯电动汽车	0	0	0	0	0	0	81	0	0	0	0	0	81
非插电式混合动力汽车	0	0	0	0	0	0	0	0	0	0	0	0	0
插电式混合动力汽车	0	0	0	0	0	0	0	0	0	0	0	0	0
增程式电动汽车	0	0	0	0	0	0	0	0	0	0	0	0	0
燃料电池汽车	0	0	0	0	0	0	0	0	0	0	0	0	0
其他	0	0	0	0	0	0	0	0	0	0	0	0	0
合计	0	0	0	0	0	0	81	0	0	0	0	0	81

（4）2015 年 1—3 月电动汽车推广应用车型及数量

车　型	公告批次	目录序号	数量（辆）
众泰牌 JNJ7000EVZ4 纯电动轿车	264	84	81

2. 燃气汽车推广应用统计

（1）2014 年底燃气汽车应用保有量统计表城市（地区）：郑州市

单位：辆

车　型		LPG	LNG	CNG	合计	同期增长（%）
燃气汽车	大中型客车	0	0	2328	2328	91.6
	轻型客车	0	0	0	0	—
	货车	0	0	0	0	—
	出租车	0	0	0	0	—
	私人用车	0	0	0	0	—
	其他	0	0	0	0	—
	小计	0	0	2328	2328	91.6

（2）2015 年 1—3 月燃气汽车应用数量统计表城市（地区）：郑州市

单位：辆

车　型		LPG	LNG	CNG	合计	同期增长（%）
燃气汽车	大中型客车	0	0	134	134	—
	轻型客车	0	0	0	0	—
	货车	0	0	0	0	—
	出租车	0	0	0	0	—
	私人用车	0	0	0	0	—
	其他	0	0	0	0	—
	小计	0	0	134	134	—

3. 2014 年电动汽车充（换）电站（桩）保有量统计表

城市名称	充电站				充电桩		换电站
	数量（座）	充电机功率总计（kW）	充电站占地面积（m^2）	投资金额（万元）	慢充（个）	快充（个）	数量（座）
郑州市	1	120	6000	3174	458	—	2

武汉市

一、节能与新能源汽车扶持政策与措施

（1）《武汉市新能源汽车推广应用示范工作实施方案》（武政办〔2014〕14 号）。

（2）《武汉市人民政府关于鼓励新能源汽车推广应用示范若干政策的通知》（武政规〔2014〕9 号）。

（3）《武汉市鼓励单位和个人购买使用新能源汽车地方配套补贴实施办法（暂行）》。

（4）《武汉市收费桥隧免征新能源汽车 ETC 通行费实施方案》（武基办文〔2014〕39）。

（5）《武汉市房管局发改委科技局民防办关于物业管理区域新能源小客车自用充电设施安装实施方案》（武房发〔2014〕117 号）。

（6）《武汉市交管局关于新能源汽车办理免限通行实施方案》。

二、节能与新能源汽车推广应用情况

2014 年，武汉市新能源汽车推广应用数量为 1471 台，投入车型包括纯电动城市客车、纯电动轿车以及增程式混合动力汽车。其中，142 台纯电动城市客车用于公交与通勤车领域，公务领域新能源车辆数量为 90 台，物流领域新能源车辆数量为 4 台，私人购车领域共计推广 1116 台新能源汽车。

2015 年第一季度，武汉市新能源汽车推广应用数量为 749 台，投入车型包括纯电动城市客车、纯电动轿车、插电式混合动力以及增程式混合动力汽车。其中，283 台纯电动城市客车已投入或即将投入公交与通勤车领域，公务领域新能源车辆数量为 28 台，出租车领域新能源车辆数量为 62 台，私人购车领域共计推广 323 台新能源汽车，另外 53 台纯电动轿车已投入武汉市电动汽车租赁市场。

三、基础设施建设及运行情况

2014 年，武汉市建成充电站 17 座，充电站占地面积达到 54400 平方米，投资金额万元；建成并投入使用的充电桩数量达到 277 个，其中交流充电桩 208 个、直流充电桩 69 个。

2015 年第一季度，武汉市建成充电站 1 座，充电站占地面积达到 3200 平方米，投资金额万元；建成并投入使用的充电桩数量达到 120 个，其中交流充电桩 92 个，直流充电桩 28 个。

四、节能与新能源汽车推广应用统计表

1. 电动汽车推广应用数量

（1）2014 年电动汽车推广应用数量

单位：辆

车型	大中型客车	轻型客车	载货车	公务车	出租车	租赁用车	私人车	电力工程车	邮政车	环卫车	其他专用车	其他	合计
纯电动汽车	143	0	0	60	126	0	1116	0	0	0	4	0	1449
非插电式混合动力汽车	0	0	0	0	0	0	0	0	0	0	0	0	0
插电式混合动力汽车	0	0	0	30	0	0	0	0	0	0	0	0	30
增程式电动汽车	0	0	0	0	0	0	0	0	0	0	0	0	0
燃料电池汽车	0	0	0	0	0	0	0	0	0	0	0	0	0
其他	0	0	0	0	0	0	0	0	0	0	0	0	0
合计	143	0	0	90	126	0	1116	0	0	0	4	0	1479

（2）2014 年电动汽车推广应用车型及数量

车　型	公告批次	目录序号	数量（辆）
飞燕牌 SDL6100EVG 型纯电动城市客车	243	（十五）25	10

续表

车　型	公告批次	目录序号	数量（辆）
扬子江牌 WG6121BEVH 型在线充纯电动客车	247	（十七）48	31
东宇牌 NJL6118BEV 型纯电动客车	243	（十）15	100
比亚迪牌 CK6120LGEV2 型纯电动城市客车（K9）	238	79	1
众泰牌 JNJ7000EVX 型纯电动轿车	264	84	64
康迪牌 SMA7000BEV 型纯电动轿车	255	52	612
奇瑞牌 SQR7000BEVJ00 型纯电动轿车	259	119	3
风神牌 DFM7000H2BBEV 型纯电动轿车	248	3	96
众泰牌 JNJ7000EVZ5 型纯电动轿车	260	84	407
众泰牌 JNJ7000EVZ2 型纯电动轿车	256	84	101
瑞驰牌 CRC5021XXY－LBEV 型纯电动厢式运输车	257	（二十一）14	4
传祺（TRUMPCHI）牌 GAC7100SHEVB4 型增程式混合动力轿车	262	89	30
江淮牌 HFC7000AEV 型纯电动轿车	219	56	17
启辰牌 DFL7000B2BEV 型纯电动轿车	260	3	3

（3）2015 年 1—3 月电动汽车推广应用数量

单位：辆

车型	大中型客车	轻型客车	载货车	公务车	出租车	租赁用车	私人车	电力工程车	邮政车	环卫车	其他专用车	其他	合计
纯电动汽车	283	0	0	28	62	0	273	0	0	0	0	53	699
非插电式混合动力汽车	0	0	0	0	0	0	0	0	0	0	0	0	0
插电式混合动力汽车	0	0	0	0	0	0	43	0	0	0	0	0	43
增程式电动汽车	0	0	0	0	0	0	7	0	0	0	0	0	7
燃料电池汽车	0	0	0	0	0	0	0	0	0	0	0	0	0
其他	0	0	0	0	0	0	0	0	0	0	0	0	0
合计	283	0	0	28	62	0	323	0	0	0	0	53	749

（4）2015 年 1—3 月电动汽车推广应用车型及数量

车　型	公告批次	目录序号	数量（辆）
东宇牌 NJL6118BEV8 型纯电动客车	271	（十）15	110
比亚迪牌 CK6120LGEV2 型纯电动城市客车（K9）	269	（十）15	2
扬子江牌 WG6124BEVH 型纯电动城市客车	266	（十七）48	170
比亚迪牌 BYD7150WTHEV2 型混合动力轿车	269	108	45
众泰牌 JNJ7000EVX2 型纯电动轿车	271	84	85
奇瑞牌 SQR7000BEVJ00 型纯电动轿车	270	119	7
风神牌 DFM7000H2DBEV 型纯电动轿车	264	3	67
江淮牌 HFC7000AEV 型纯电动轿车	270	56	32
众泰牌 JNJ7000EVZ4 型纯电动轿车	264	84	223
东风牌 EQ6640CLBEV 型纯电动客车	269	3	1
传祺（TRUMPCHI）牌 GAC7100SHEVB4 型增程式混合动力轿车	262	89	7

2. 电动汽车充（换）电站（桩）统计表

（1）2014 年电动汽车充（换）电站（桩）保有量统计表

城市名称	充电站				充电桩		换电站
	数量（座）	充电机功率总计（kW）	充电站占地面积（m^2）	投资金额（万元）	慢充（个）	快充（个）	数量（座）
武汉市	17	3771	54400	—	208	69	0

（2）2015 年 1—3 月电动汽车充（换）电站（桩）统计表

城市名称	充电站				充电桩		换电站
	数量（座）	充电机功率总计（kW）	充电站占地面积（m^2）	投资金额（万元）	慢充（个）	快充（个）	数量（座）
武汉市	1	405	3200	—	92	28	0

襄阳市

一、节能与新能源汽车扶持政策与措施

（1）襄阳市人民政府印发《关于加快襄阳新能源汽车产业发展的实施意见》（襄政发〔2014〕23 号）。

（2）襄阳市市人民政府办公室关于印发《襄阳市新能源汽车推广应用办法》的通知（襄政办发［2014］68 号

（3）《襄阳市新能源汽车推广应用财政补贴实施细则》（襄汽办发〔2014〕50 号）。

主要补贴政策概括如下：

2015 年 12 月 31 日前，消费者在襄阳购买办理登记手续的新能源汽车，在中央财政补贴基础上，襄阳市地方财政给予配套补贴。消费者购纯电动车最高可能补 11.4 万元。

此次襄阳新能源汽车补贴范围指纳入中央财政补贴范围的新能源汽车车型。补贴的国家标准：2014 年可享受新能源补贴的纯电动车补贴最高为 5.7 万元/辆、插电式混合动力汽车最高 3.325 万/辆，燃料电池车最高 19 万元/辆。

以普通小轿车为例，纯电续驶里程≥250 公里的车型，今年国家确定的最高补贴为 5.7 万元，加上市里再补贴 5.7 万元，消费者购车最多可享受 11.4 万元的补贴。

此外，在襄阳市办理了居住证的外省市居民和外籍人士、在当地注册登记管理部门登记注册的法人组织等在购买新能源汽车时与本地居民、法人组织享受同等政策。

二、节能与新能源汽车推广应用情况

2014 年，完成新能源汽车推广 336 辆。其中，纯电动客车 19 辆，混合动力客车 126 辆，纯电动乘用车 178、混合动力乘用车 1 辆，纯电动专用车 12 辆。

2015 年 1—3 月，完成新能源汽车推广 56 辆，其中，纯电动乘用车 48 辆，混合动力乘用车 8 辆人。

三、基础设施建设及运行情况

襄阳市组建了新能源充电设施服务公司，并引进了郑州迈佳公司、浙江时空电动汽车公司投资新能源汽车示范运营服务，使新能源汽车的使用环境进一步得到改善。

全国首条无线充电公交商用示范线在襄阳启动。经过三年的研发，由中兴通讯公司和东风汽车公司联手打造的中国第一条大功率无线充电公交示范线 2014 年 9 月 17 日正式投入商用。中兴通讯公司与东风汽车公司合作，在襄阳联合建设国内首条新能源汽车无线充电商业示范线，标志着中国新能源汽车无线充电技术产业化的正式问世，标志着襄阳在新能源汽车产业领域再添一个“行业第一”，对提升襄阳新能源汽车产业发展影响力和竞争力，具有重要意义。

四、节能与新能源汽车项目投融资及园区建设情况

2014 年 8 月，东风旗下东风襄阳旅行车有限公司与浙江时空电动汽车有限公司签订了 5000 ~ 10000 辆浙江时空定制的东风御风纯电动客车合同。到 2015 年底，东风襄阳旅行车公司将向浙江时空销售纯电动客车 5000 ~ 10000 辆，并承诺在 2016 年 1 月 1 日至 2017 年 12 月 31 日间完成该定制车型的采购并上牌。

山东宝雅新能源汽车股份有限公司新能源汽车整车项目落户襄阳高新区。2014 年 6 月 28 日，由山东宝雅新能源汽车股份有限公司总投资 65 亿元，年设计生产能力 30 万辆纯电动汽车生产线在襄阳高新区破土动工。

2015 年 1 月 6 日，在杭州市和平会展中心，200 辆东风御风 A08 纯电动轻型客车先期交付浙江时空电动汽车有限公司。此次交车仪式意味着东风跟合作伙伴创造了一种

新能源汽车定制生产销售的全新商务模式，对于双方来说都是迈出了具有历史意义的一大步。

2015 年 4 月 28 日，襄阳市政府与长沙众泰汽车工业有限公司年产 20 万辆新能源汽车基地项目正式签约。此次落户襄阳高新区的年产 20 万辆新能源汽车基地项目，计划总投资 33 亿元。一期项目计划于今年 7 月开工，2016 年 9 月整车下线，届时将具备年产 10 万辆新能源汽车的能力。

五、节能与新能源汽车发展规划

积极推进整车产品规模化、重要部件本地化、关键技术自主化、产品应用多样化；至 2017 年，初步建立以骨干企业为主体、品牌产品为支撑的研发、制造、售后服务体系，初步形成部分类别重点整车和重要部件国内领先优势。

产业初具规模。至 2017 年，新能源汽车产业销售收入力争突破 50 亿元，整车生产规模 1.5 万辆/年，新能源汽车占汽车产量的比重达 2% 左右。

结构比较协调。至 2017 年，新能源汽车整车协同发展，乘用车达 0.5 万辆，客车和专用车达 1 万辆。动力电池、驱动电机、充放电机、电池测试系统、电辅件等关键部件和电解液、隔膜等专用材料加速发展，销售收入达 70 亿元。

创新取得突破。以企业为主体，加快建设各类研发平台，力争至 2017 年，各类新能源汽车研发机构达 30 个（其中国家级和省级研发机构达 10 个），科研人员达 500 人，授予发明专利累计达 100 项。

市场加速拓展。充分利用新能源汽车示范推广政策机遇，既拓展国际市场，又开拓国内特别是湖北内市场，积极引导消费倾向，努力扩大公众消费需求，为产业持续发展创造必备的市场条件。

至 2017 年，初步形成比较完备的新能源汽车研发、制造、应用、服务体系，形成 3 万辆整车生产能力和具有国内一流技术与明显竞争力的关键部件产业体系。

六、节能与新能源汽车推广应用统计表

1. 电动汽车推广应用数量

（1）2014 年电动汽车推广应用数量

单位：辆

车　型	大中型客车	轻型客车	载货车	公务车	出租车	租赁用车	私人车	电力工程车	邮政车	环卫车	其他专用车	其他	合　计	同期增长（%）
纯电动汽车	19	0	0	0	0	0	26	0	0	0	12	152	209	110
非插电式混合动力汽车	0	0	0	0	0	0	0	0	0	0	0	0	0	—
插电式混合动力汽车	126	0	0	0	0	0	1	0	0	0	0	0	127	40
增程式电动汽车	0	0	0	0	0	0	0	0	0	0	0	0	0	—
燃料电池汽车	0	0	0	0	0	0	0	0	0	0	0	0	0	—
其他	0	0	0	0	0	0	0	0	0	0	0	0	0	—
合计	145	0	0	0	0	0	27	0	0	0	12	152	336	-36

（2）2014 年电动汽车推广应用车型及数量

车　型	公告批次	目录序号	数量（辆）
东风牌 EQ6640CLBEV 型纯电动客车	261	3	19
东风牌 EQ6121CLPHEV4 型插电式混合动力城市客车	259	3	126
众泰牌 JNJ7000EVZ4 型纯电动轿车	260	84	178
比亚迪牌 BYD7150WTHEV 型混合动力轿车（秦）	247	79	1
瑞驰牌 CRC5022XSHA-LBEV 型纯电动售货车	271	（二十一）14	12

（3）2015 年 1—3 月电动汽车推广应用数量

单位：辆

车　型	大中型客车	轻型客车	载货车	公务车	出租车	租赁用车	私人车	电力工程车	邮政车	环卫车	其他专用车	其他	合　计	同期增长（%）
纯电动汽车	0	0	0	0	0	0	41	0	0	0	0	0	41	2.5
非插电式混合动力汽车	0	0	0	0	0	0	0	0	0	0	0	0	0	—

续表

车 型	大中型客车	轻型客车	载货车	公务车	出租车	租赁用车	私人车	电力工程车	邮政车	环卫车	其他专用车	其他	合 计	同期增长（%）
插电式混合动力汽车	0	0	0	0	0	0	0	0	0	0	0	0	0	—
增程式电动汽车	0	0	0	0	0	0	0	0	0	0	0	0	0	—
燃料电池汽车	0	0	0	0	0	0	0	0	0	0	0	0	0	—
其他	0	0	0	0	0	0	0	0	0	0	0	0	0	—
合计	0	0	0	0	0	0	41	0	0	0	0	0	41	2.5

（4）2015 年 1—3 月电动汽车推广应用车型及数量

车 型	公告批次	目录序号	数量（辆）
众泰牌 JNJ7000EVZ4 纯电动乘用车	265	84	41

2. 燃气汽车推广应用统计

（1）2014 年燃气汽车应用保有量统计表

单位：辆

车 型		LPG	LNG	CNG	合计	同期增长（%）
燃气汽车	大中型客车	0	5	986	991	11.54
	轻型客车	0	0	0	0	—
	货车	0	7	0	7	20
	出租车	0	0	2150	2150	26.50
	私人用车	0	0	0	0	—
	其他	0	0	0	0	—
	小计	0	12	3136	3148	21.30

（2）2015 年 1—3 月燃气汽车应用数量统计表

单位：辆

车 型		LPG	LNG	CNG	合计	同期增长（%）
燃气汽车	大中型客车	0	5	965	970	5.00
	轻型客车	0	0	0	0	—
	货车	0	7	0	7	0
	出租车	0	0	2150	2150	0
	私人用车	0	0	0	0	—
	其他	0	12	3115	3127	1.50

3. 2014 年电动汽车充（换）电站（桩）保有量统计表

城市名称	充电站				充电桩		换电站
	数量（座）	充电机功率总计（kW）	充电站占地面积（m^2）	投资金额（万元）	慢充（个）	快充（个）	数量（座）
襄阳市	3	2505	16000	5100	24	18	0

广州市

一、新能源汽车推广应用取得新进展

1. 新能源汽车推广应用

2014年，广州市各领域推广应用新能源汽车2501辆，超额完成年度推广应用计划目标，位居全国三十多个试点城市前列。其中，公交领域推广应用653辆；出租领域推广应用100辆；党政机关、事业单位推广应用76辆；快递物流领域推广应用20辆；私人领域推广应用945辆；其他领域707辆。

2. 充电设施建设

2014年，广州市新建320个充电桩（机），包括285个交流慢充桩，35个直流快充机，在建364个充电桩（机），主要分布在公交场站、酒店、商场、公共停车场和企业内停车场、环卫作业站场以及大学城、花都区等。加紧编制了《广州市充电设施工作方案》《广州市新能源汽车充电设施运营试点工作方案》《广州市推进电动汽车充换电设施建设与管理暂行办法》《广州市2014—2020年电动汽车充换电服务设施规划》，电网企业制定了充电设施用电报装绿色通道。

3. 加快推进新能源汽车产业化

依托省、市新能源汽车产业基地，以推广应用促产业发展，加快推进新能源整车、动力电池及其管理系统、电控系统、电动空调等项目建设。东风日产“启辰”纯电动乘用车、广汽集团增程式新能源乘用车已正式上市。广汽集团新推出增程式混合动力公交车、插电式混合动力公交车以及纯电动公交车各2款。广汽比亚迪纯电动客车项目落户广州并已正式动工。

二、积极鼓励商业模式创新

1. 公交领域的等额置换、双锁共赢模式

公交公司以购置和使用传统车等额的成本，来购置和使用纯电动客车。不增加地方政府负担，锁定公交公司成本，锁定充电价格，实现政府、公交公司、车企、充维企业共赢。包括：等额补贴，即地方财政按照与中央财政1:1的比例给予车辆购置补贴。等额购车，即公交企业按照传统公交车的价格向生产企业支付车款。等额使用，即公交企业按相当于传统公交车的燃料使用成本支付充电费用。车辆生产企业负责充电设施建设、电池及充电设施运营、维护及管理。

2. 通勤领域的“互联网+”定制化服务模式

以互联网电子商务平台为媒介，运用大数据挖掘规划乘车线路，以满足乘客个性化需求为目标，通过定制化服务细分传统道路客运群体，发挥定点、定车、定时、定人的优势，实现市场细分的客运服务创新模式，打造“定制生活圈”。

3. 私人领域的分时租赁模式

运用互联网思维，创新营销模式，打造专业的新能源汽车运营服务平台。倡导“按需用车、自助用车、共享汽车、低碳出行”的城市出行方式，以番禺、南沙为主要先行区，积极推进分时租赁等业务。

三、政策措施明确细化

贯彻落实国家和省有关政策文件精神，相继印发了《广州市新能源汽车推广应用工作方案》《广州市2014年新能源汽车推广应用工作计划》《广州市新能源汽车推广应用管理暂行办法》《广州市新能源汽车推广应用财政资金管理办法》《市国土房管局关于配合做好新能源汽车充电设施安装工作的通知》《广州市电动汽车充电设施建设专项资金管理办法》《广州市推进电动汽车充换电设施建设与管理暂行办法》《广州市百家党政机关公共机构及重点企业新能源汽车充电设施建设实施方案》等文件，完善了推广应用工作的政策环境。正在研究制订党政机关及重点企业充电设施建设设施方案及充电服务费、车辆上牌绿色通道等具体措施。

1. 财政支持

（1）广州市将在国家对符合条件的新能源汽车给予补贴的基础上，按照2013年标准不超过与国家1:1的比例给予车辆购置补贴（即不退坡）。

（2）对公用、集中大规模自用和专用领域建设的满足国家通用性标准要求的充电设施，原则上地方财政按投资额（不含土地费用）30%的标准给予补贴。

（3）推广应用期间，市财政连续安排资金支持自主品牌和新能源汽车研发与产业发展。

（4）市财政安排专项经费支持新能源汽车相关技术研发，重点支持开展新能源汽车自动驾驶、电动汽车双转子轮毂电机及控制器、动力电池等关键技术。

2. 市场开放

（1）按照《广州市中小客车总量调控管理办法》，单位和个人需要办理新能源车车辆登记的，可以直接申领其他指标。

（2）全面开放新能源汽车私人购买市场，鼓励技术成熟、性能可靠的新能源汽车产品进入广州市场，使消费者有更多产品选择。

（3）鼓励以企业为主体积极探索开展新能源汽车分时租赁、以租代购、定向购买、网络租售等新型商业模式。

（4）鼓励企业在广州投资建设运营充电设施（充电桩/机及其接入上级电源的相关设施）。允许采用收取“电费+服务费”的模式推进公用充电设施建设、运营。

3. 配套环境

（1）按照“桩随车走、按需配置”原则，做好私人用车充电设施规划建设。配套建设一定数量社会公用交流充电桩和小型社会公用充电站，保障新能源汽车使用需求。

（2）电网企业加强输配电网基础投入、建设和改造，建立充电设施报装及供电绿色通道。

（3）新建建筑按不低于18%的停车位比例建设充电设施或预留充电设施接口。

（4）开设新能源汽车办证、上牌“绿色通道”，新能源汽车上牌时直接发放机动车环保合格标志。

4. 通行便利

（1）打造城市绿色末端物流体系，研究制定准许符合条件的纯电动快递物流货车在市区通行的具体措施。

（2）在环境空气重污染需启动机动车限行时，新能源汽车不受限行约束。

四、加强组织领导与安全监管

1. 组织领导

市委、市政府高度重视新能源汽车工作，成立了以市长为组长，分管副市长为副组长，成员单位包括市发展改革委、财政局、市工信委、市科技创新委等19个部门和单位组成的广州市新能源汽车发展工作领导小组，负责统筹协调广州市新能源汽车发展工作，研究确定重大事项，协调解决重大问题。在领导小组框架下，结合部门职能和推广任务分工，设立若干专责工作组。办公室及各专责小组均设专人负责跟踪、落实相关工作。

2. 安全监管

（1）初步建立起示范车辆运行状态监控系统，基本实现了车载电池和车辆运行状况等信息的实时监控。正在推进建设集信息采集、实时监控、信息反馈、应急服务与数据分析于一体的智能化综合性服务平台。

（2）通过建设新能源汽车维修保养服务站、依托汽车4S店和维修中心，以及鼓励具有一定技术实力、独立的汽车维修商进入服务保障体系等特性化服务保障模式，构建可靠、便捷、多元化的售后服务保障体系。

（3）完善新能源汽车故障应急处理机制。一是修订《节能与新能源公共交通车辆应急处理预案》《节能与新能源公共交通车辆维护保养和故障处理规范》等配套制度和规范，完善车辆故障应急处理制度；二是借助智能监控平台进一步提高对故障车辆应急处理的速度和质量，做到及时反应、快速处置、妥善处理，确保各领域推广车辆的运行安全。

五、节能与新能源汽车推广应用统计表

1. 电动汽车推广应用数量

（1）2014年电动汽车推广应用数量

单位：辆

车型	大中型客车	轻型客车	载货车	公务车	出租车	租赁用车	私人车	电力工程车	邮政车	环卫车	其他专用车	其他	合计
纯电动汽车	5	0	0	74	100	0	907	0	20	0	0	707	1813
非插电式混合动力汽车	0	0	0	0	0	0	0	0	0	0	0	0	0
插电式混合动力汽车	648	0	0	0	0	0	0	0	0	0	0	0	648
增程式电动汽车	0	0	0	2	0	0	38	0	0	0	0	0	40
燃料电池汽车	0	0	0	0	0	0	0	0	0	0	0	0	0
其他	0	0	0	0	0	0	0	0	0	0	0	0	0
合计	653	0	0	76	100	0	945	0	20	0	0	707	2501

（2）2014年电动汽车推广应用车型及数量

车　型	公告批次	目录序号	数量（辆）
广汽牌GZ6113PHEV2型插电式混合动力城市客车	249	89	125
广汽牌GZ6113PHEV5型插电式混合动力城市客车	256	89	70
宇通牌ZK6120CHEVNPG4型插电式混合动力城市客车	248	71	453
传祺（TRUMPCHI）牌GAC7100SHEVB4型增程式混合动力轿车	262	89	40
北京牌BJ7000B3D1-BEV型纯电动轿车	249	11	23
北京牌BJ5021XXYV3R1-BEV型纯电动厢式运输车	262	11	21

续表

车　型	公告批次	目录序号	数量（辆）
康迪牌 SMA7000BEV 型纯电动轿车	255	52	536
康迪牌 SMA7001BEV 型纯电动轿车	253	52	150
众泰牌 JNJ7000EVZ 型纯电动汽车	254	84	36
众泰牌 JNJ7000EVZ4 型纯电动轿车	260	84	731
众泰牌 JNJ7000EVZ5 型纯电动轿车	260	84	134
江淮牌 HFC7000AEV 型纯电动轿车	219	56	1
启辰牌 DFL7000B2BEV 型纯电动轿车	260	3	176
金龙牌 XMQ6110BCBEV 型纯电动客车	259	123	5

（3）2015 年 1—3 月电动汽车推广应用数量

单位：辆

车型	大中型客车	轻型客车	载货车	公务车	出租车	租赁用车	私人车	电力工程车	邮政车	环卫车	其他专用车	其他	合计
纯电动汽车	275	0	0	11	0	0	16	0	0	0	0	4	306
非插电式混合动力汽车	0	0	0	0	0	0	0	0	0	0	0	0	0
插电式混合动力汽车	0	0	0	0	0	0	0	0	0	0	0	0	0
增程式电动汽车	0	0	0	0	125	0	66	0	0	0	0	105	296
燃料电池汽车	0	0	0	0	0	0	0	0	0	0	0	0	0
其他	0	0	0	0	0	0	0	0	0	0	0	0	0
合计	275	0	0	11	125	0	82	0	0	0	0	109	602

（4）2015 年 1—3 月电动汽车推广应用车型及数量

车　型	公告批次	目录序号	数量（辆）
宇通牌 ZK6701BEVQ3 型纯电动客车	262	71	181
宇通牌 ZK6115BEV1 型纯电动客车	264	71	26
海格牌 KLQ6601BEV 型纯电动客车	266	112	8
海格牌 KLQ6119GAHEVC5 型插电式混合动力城市客车	255	112	60
传祺（TRUMPCHI）牌 GAC7100SHEVB4 型增程式混合动力轿车	262	89	296
北京牌 BJ7000B3D1 - BEV 型纯电动轿车	249	11	1
北京牌 BJ7000B3D2 - BEV 型纯电动轿车	264	11	1
康迪牌 SMA7000BEV 型纯电动轿车	255	52	4
奇瑞牌 SQR7000BEVJ00 型纯电动轿车	259	119	14
启辰牌 DFL7000B2BEV 型纯电动轿车	260	3	11

2. 燃气汽车推广应用统计

（1）2014 年燃气汽车应用保有量统计表

单位：辆

车　型		LPG	LNG	CNG	合计
燃气汽车	大中型客车	7044	2604	0	9648
	轻型客车	0	0	0	0
	货车	0	0	0	0
	出租车	0	0	0	0
	私人用车	0	0	0	0
	其他	0	0	0	0
	小计	7044	2604	0	9648

（2）2015 年 1—3 月燃气汽车应用数量统计表

单位：辆

车　型		LPG	LNG	CNG	合计
燃气汽车	大中型客车	6910	2983	0	9893
	轻型客车	0	0	0	0
	货车	0	0	0	0
	出租车	0	0	0	0
	私人用车	0	0	0	0
	其他	6910	2983	0	9893

深圳市

一、节能与新能源汽车扶持政策与措施

《深圳市新能源汽车推广应用若干政策措施》（深府〔2015〕2 号）。

《深圳市新能源汽车发展工作方案》(深府办函〔2015〕6 号)。

二、节能与新能源汽车推广应用情况

2014 年，深圳市推广各类新能源汽车 3687 辆，其中纯电动乘用车 263 辆、插电式混合动力乘用车 3261 辆、纯电动客车 156 辆、纯电动厢式运输车 7 辆。

2015 年第一季度，深圳市推广新能源私家车新增 243 辆。

三、基础设施建设及运行情况

2014 年，深圳市建成 3 座，其中直流快速充电桩 12 个，累计充换电量 532 千瓦时；交流慢速充电桩 18 个，累计充换电量 10000 千瓦时。

四、节能与新能源汽车发展规划

即将出台《深圳市新能源汽车推广应用扶持资金管理暂行办法》《深圳市新能源汽车充电设施运营商备案管理办法》。

到 2015 年底，新能源汽车推广应用总量超过 2.5 万辆（2013—2015 年新增 20000 辆），其中 2013—2015 年新增新能源公交车 1500 辆，新增纯电动出租车 4000 辆，新增纯电动物流、环卫车 3500 辆，新增纯电动通勤旅游客车 2000 辆，个人、社会团体与企业新增购买新能源汽车 9000 辆。

五、节能与新能源汽车推广应用统计表

1. 电动汽车推广应用数量

（1）2014 年电动汽车推广应用数量

单位：辆

车型	大中型客车	轻型客车	载货车	公务车	出租车	租赁用车	私人车	电力工程车	邮政车	环卫车	其他专用车	其他	合计
纯电动汽车	156	0	0	170	60	0	33	0	0	0	7	0	426
非插电式混合动力汽车	0	0	0	0	0	0	0	0	0	0	0	0	0
插电式混合动力汽车	0	0	0	97	0	0	3164	0	0	0	0	0	3261
增程式电动汽车	0	0	0	0	0	0	0	0	0	0	0	0	0
燃料电池汽车	0	0	0	0	0	0	0	0	0	0	0	0	0
其他	0	0	0	0	0	0	0	0	0	0	0	0	0
合计	156	0	0	267	60	0	3197	0	0	0	7	0	3687

（2）2014 年电动汽车推广应用车型及数量

车　型	公告批次	目录序号	数量（辆）
比亚迪牌 BYD7150WTHEV2 型插电式混合动力轿车（秦）	253	79	3257
比亚迪牌 QCJ7100ADM 型插电式混合动力轿车	206	79	4

续表

车　型	公告批次	目录序号	数量（辆）
比亚迪牌 QCJ7006BEVF 型纯电动轿车（E6）	216	79	250
启辰牌 DFL7000B1BEV 型纯电动轿车	250	3	2
启辰牌 DFL7000B2BEV 型纯电动轿车	260	3	4
奇瑞牌 SQR7000BEVJ00 型纯电动轿车	259	119	5
北京牌 BJ7000B3D1－BEV 型纯电动轿车	263	11	1
腾势牌 QCJ7007BEV 型纯电动轿车	255	79	1
五洲龙牌 FDG6701EVG1 型纯电动城市客车	247	131	3
东宇牌 NJL6118BEV1 型纯电动客车	262	（十）15	153
瑞驰牌 CRC5020XXY－LBEV 型纯电动厢式运输车	240	（二十一）14	1
瑞驰牌 CRC5022XXY－LBEV 型纯电动厢式运输车	257	（二十一）14	2
瑞驰牌 CRC5021XXY－LBEV 型纯电动厢式运输车	257	（二十一）14	4

（3）2015 年 1—3 月电动汽车推广应用数量

单位：辆

车型	大中型客车	轻型客车	载货车	公务车	出租车	租赁用车	私人车	电力工程车	邮政车	环卫车	其他专用车	其他	合计
纯电动汽车	0	0	0	9	0	0	7	0	0	0	0	0	16
非插电式混合动力汽车	0	0	0	0	0	0	0	0	0	0	0	0	0
插电式混合动力汽车	0	0	0	0	0	0	227	0	0	0	0	0	227
增程式电动汽车	0	0	0	0	0	0	0	0	0	0	0	0	0
燃料电池汽车	0	0	0	0	0	0	0	0	0	0	0	0	0
其他	0	0	0	0	0	0	0	0	0	0	0	0	0
合计	0	0	0	9	0	0	234	0	0	0	0	0	243

（4）2015 年 1—3 月电动汽车推广应用车型及数量

车　型	公告批次	目录序号	数量（辆）
比亚迪牌 QCJ7006BEVF 型纯电动轿车	216	79	7
腾势牌 QCJ7007BEV 型纯电动轿车	255	79	9
比亚迪牌 BYD7150WTHEV2 型插电式混合动力轿车（秦）	253	79	227

2. 2014 年底电动汽车充（换）电站（桩）保有量统计表

城市名称	充电站				充电桩		换电站
	数量（座）	充电机功率总计（kW）	充电站占地面积（m^2）	投资金额（万元）	慢充（个）	快充（个）	数量（座）
深圳市	81	—	—	—	3000	1100	—

车型	大中型客车	轻型客车	载货车	公务车	出租车	租赁用车	私人车	电力工程车	邮政车	环卫车	其他专用车	其他	合计
纯电动汽车	5	0	0	74	100	0	907	0	20	0	0	707	1813
非插电式混合动力汽车	0	0	0	0	0	0	0	0	0	0	0	0	0
插电式混合动力汽车	648	0	0	0	0	0	0	0	0	0	0	0	648
增程式电动汽车	0	0	0	2	0	0	38	0	0	0	0	0	40

续表

车型	大中型客车	轻型客车	载货车	公务车	出租车	租赁用车	私人车	电力工程车	邮政车	环卫车	其他专用车	其他	合计
燃料电池汽车	0	0	0	0	0	0	0	0	0	0	0	0	0
其他	0	0	0	0	0	0	0	0	0	0	0	0	0
合计	653	0	0	76	100	0	945	0	20	0	0	707	2501

东莞市

一、新能源汽车推广应用情况

1. 推广车辆数量完成情况

2013 年 12 月，国家财政部、科技部、工信部、发展改革委联合下发了《关于支持北京天津等城市或区域开展新能源汽车推广应用工作的通知》（财建〔2013〕805 号），提出同意北京、天津等 28 个城市或区域开展新能源汽车推广应用工作，其中东莞市以广东城市群的组成城市之一位列其中。根据国家、省下发的相关文件，以及东莞市组织申报时上报的工作方案，本轮新能源汽车推广应用工作的具体任务：在 2013—2015 年期间，推广应用新能源汽车 2600 辆。东莞市共拟定以下四种新能源汽车推广运营模式：

（1）通过参与由省发展改革委组织的新能源汽车示范应用工作，由市财政全额出资购买了 40 辆由中山大学研究院研发的纯电动中巴在松山湖开展示范应用。通过总结经验，我们认为，一方面，示范推广确实能够有效促进相关产业的发展；但另一方面，由政府采购，再通过行政指令指定到某一区域应用的模式，不仅大幅增加财政负担，且与实际需求有一定距离。

（2）鉴于东莞市目前还没有自有品牌的整车生产企业，为了能够保障完成任务的同时掌握产业发展的主动，将方案设计成不以直接招标购买车辆的方式开展，而是通过招标第三方机构，引入投资公司为主体进行项目整体运营，由投资方根据市场需求出资购买各型车辆、电池及建设充电设施，再向用户提供整车和电池租售的形式推广应用，以确保在 2015 年底前完成投放任务。该模式的有利之处在于：一是充分引入市场机制，尽量减少了市财政的直接投入；二是推广应用以企业为主体，根据市场需求确定投放领域和数量，尽量减少了行政指令的直接安排；三是减轻了用户购车的压力，尽量提升新能源汽车的接受度和认可度；四是通过招标可选取有经验、有实力的运营企业，确保推广应用任务按计划进行；五是项目可结合东莞新能源汽车的产业化进度，由运营企业在推广应用过程中适度选用东莞生产的整车和零部件，以达到推广应用和产业发展并举的目的。通过公开招标方式，确定了东莞新能源车产业技术联盟作为第一期招标的运营商，并由联盟完成 100 辆新能源汽车的投放及建设相应的充电基础设施。目前，联盟负责的 100 辆新能源汽车已基本到位，预计将于近期实施投放。

（3）围绕以新能源公交车为主的新能源汽车推广模式。这种模式主要是针对国有公交企业新增或更换公交车进行。按照广东省《关于印发〈关于加快推进珠江三角洲地区新能源汽车推广应用的实施意见〉的通知》（粤发改高技术〔2014〕345 号）精神，东莞市按照到 2015 年新增或更新的公交、公务、物流、环卫车辆中新能源汽车比例不低于 30% 的规定开展工作。截至 2014 年底，东莞市共在公交领域投放新能源公交车 363 辆。

（4）围绕以市场主导为主，由东莞市政府制定新能源汽车车辆购置相关补助政策，鼓励购买新能源汽车，以此推广和宣传新能源汽车。

截至 2014 年底，推广应用 403 辆，包括 40 辆 6.5 米纯电动中巴、363 辆 10.5 米插电式混合动力大巴。

2. 公共领域率先使用情况

东莞市以新能源汽车推广应用工作与产业发展相结合的模式开展工作，对于车辆的更新计划，在以新增或更新新能源汽车比例达到 30% 的前提下，实行动态投放。根据市场决定新能源汽车投放的数量、车型、领域。2014 年，东莞市新增新能源汽车 403 辆新能源客车全部投放于公交领域。

二、充电设施规划及建设情况

1. 充电设施建设数量

目前，东莞市配套建设充电终端约 27 个，其中包括约 18 个直流快充桩和约 9 个交流慢冲桩，充电配套设施主要分布在松山湖、石龙、东城的公交站场及相关园区内。

2. 充电设施规划制定情况

目前，东莞市已经启动了《东莞市新能源汽车产业发展规划（2016—2020 年）》的相关工作，其中就包括了充电设施建设规划的内容。经多方征询及筛选，拟委托曾多次参与国家及地方相关产业政策或推广应用计划制定的中国汽车研究院中心编制我市产业规划和后续的推广应用计划。

3. 充电设施相关支持政策

目前，东莞市正抓紧出台新能源汽车补贴政策，政策内容既包括新能源汽车车辆购置补助细则，也包括充电配套设施建设补贴细则，预计将在近期印发实施。另外，对于充电服务费，已经出台了《关于试行电动汽车充电服务费标准的通知》（东发改〔2015〕237 号），对新能源汽车充电电价以及充电服务费收费做出了相关政策规定。

4. 充电设施建设与服务主体落实情况

目前，东莞市充电设施建设主要依靠社会资本投资建设、政府给予配套补助资金的方式进行。政府主要负责制定充电设施建设总体规划以及补贴政策，充电设施由社会资本投入建设以及运营。到目前为止，充电设施的建设主要是为新增的新能源客车服务的，随着纯电动乘用车、纯电动物流车、纯电动环卫车等新能源汽车的投放，将配套建设能与之相适应的配套充电设施。

三、市场开放及商业化模式创新

1. 市场开放情况

按照国家及省的相关规定安排新能源汽车推广应用资金补助，只要是符合国家《节能与新能源汽车示范推广应用工程推荐车型目录》的新能源汽车，都能在东莞市获得与国家相配套的补助资金。另外，为了支持本地整车产业，针对新能源客车部分仅对本地产车给予配套补助。

2. 商业模式创新

东莞市将新能源汽车推广应用工作与支持本市产业发展相结合，鼓励和支持社会资本进入相关领域，将新能源汽车推广应用工作尽量与市场化相结合，市政府主要负责制定相关补贴政策，以此鼓励社会资本的投入。

四、财政补贴及地方配套政策落实情况

1. 地方配套政策

为保障上述计划的实施，我们以加快推广应用和促进产业发展相结合为原则，研究提出了《关于加快推进东莞市新能源汽车推广应用的工作意见》，目前已经完成征求意见工作并报市政府审定。另外，新能源汽车推广应用专项资金管理办法也在制定过程中，预计将在近期印发实施。

2. 充电服务相关收费标准

组织召开了关乎新能源汽车充电服务相关费用的座谈会，并研究新能源汽车充电服务相关费用的问题。根据国家、省相关政策以及我市实际情况，东莞市已出台《关于试行电动汽车充电服务费标准的通知》（东发改〔2015〕237 号），对于电价的规定按粤发改价格〔2014〕607 号文执行；对于充电服务费的规定，试行标准为 0.7 元/千瓦时（不含电价），此规定为最高限价，不设下限。

五、组织领导和安全监管

1. 组织领导

为促进新能源汽车产业发展和保障推广应用工作实施，东莞市于 2014 年 11 月底建立了东莞市新能源汽车工作联席会议制度，由袁宝成市长任召集人、张科常务副市长任副召集人，成员包括市政府分管副秘书长和市委政研室、市发改局、市经信局、市科技局、市财政局、市交通局等 26 个有关单位的负责人，具体协调新能源汽车产业发展和推广应用过程中的重大事项和主要问题，并由各单位按各自职能协同推进相关工作。

2. 安全监管

公交企业须制定企业的安全生产目标，制定符合国家安全的生产方针；设置与企业规模相适应的安全生产管理机构，按规定配备安全管理人员，定期召开安全工作例会。公交企业需要建立公交车辆技术档案，要求一车一档，包含车辆相关证件、相片等资料。同时，要建立并保存公交车辆的检查及运行记录，保证公交车辆在技术状态良好。公交车辆需要配备车载 GPS，企业可通过 GPS 系统对公交车辆进行监督。公交企业需要制定应急演练计划，并按组织开展应预案演练，加强企业的应急能力。

道路运输主管部门不定期对公交企业开展安全检查，督促企业落实各项安全生产工作，保障行业稳定。

六、节能与新能源汽车推广应用统计表

1. 2014 年电动汽车推广应用数量

单位：辆

车型	大中型客车	轻型客车	载货车	公务车	出租车	租赁用车	私人车	电力工程车	邮政车	环卫车	其他专用车	其他	合计
纯电动汽车	40	0	0	0	0	0	0	0	0	0	0	0	40
非插电式混合动力汽车	0	0	0	0	0	0	0	0	0	0	0	0	0
插电式混合动力汽车	363	0	0	0	0	0	0	0	0	0	0	0	363
增程式电动汽车	0	0	0	0	0	0	0	0	0	0	0	0	0
燃料电池汽车	0	0	0	0	0	0	0	0	0	0	0	0	0
其他	0	0	0	0	0	0	0	0	0	0	0	0	0
合计	403	0	0	0	0	0	0	0	0	0	0	0	403

2. 2014 年电动汽车推广应用车型及数量

车 型	公告批次	目录序号	数量（辆）
海格牌 KLQ6109GCHEV1B 型插电式混合动力城市客车	243	112	24
宇通牌 ZK6105CHEVNPG4 型插电式混合动力城市客车	249	71	339
五洲龙牌 FDG6652EVG 型纯电动城市客车	247	131	5
五洲龙牌 FDG6601EVG 型纯电动城市客车	243	131	35

惠州市

一、节能与新能源汽车扶持政策与措施

1. 2014 年 1—12 月

《惠州市新能源汽车推广应用实施方案》。

2. 2015 年 1—3 月

《惠州市新能源汽车推广应用财政补贴实施细则》。

二、节能与新能源汽车推广应用情况

2014 年推广应用车辆 87 辆。

2015 年 1—3 月推广应用车辆 104 辆。

三、基础设施建设及运行情况

2014 年，建设充电站 2 个，其中站内直流快充桩 6 个，站内交流快充桩 15 个。建设交流慢充桩 18 个。

2015 年 1—3 月，建设充电站 2 个，其中站内直流快充桩 24 个。建设交流慢充桩 18 个。

四、节能与新能源汽车推广应用统计表

1. 电动汽车推广应用数量

（1）2014 年电动汽车推广应用数量

单位：辆

车型	大中型客车	轻型客车	载货车	公务车	出租车	租赁用车	私人车	电力工程车	邮政车	环卫车	其他专用车	其他	合计
纯电动汽车	30	0	0	0	0	0	3	0	0	0	4	0	37
非插电式混合动力汽车	0	0	0	0	0	0	0	0	0	0	0	0	0
插电式混合动力汽车	50	0	0	0	0	0	0	0	0	0	0	0	50
增程式电动汽车	0	0	0	0	0	0	0	0	0	0	0	0	0
燃料电池汽车	0	0	0	0	0	0	0	0	0	0	0	0	0
其他	0	0	0	0	0	0	0	0	0	0	0	0	0
合计	80	0	0	0	0	0	3	0	0	0	4	0	87

（2）2014 年电动汽车推广应用车型及数量

车 型	公告批次	目录序号	数量（辆）
申沃牌 SWB6121EV13 型纯电动城市客车	250	42	30
金旅牌 HML6115JHEV75CN 型插电式混合动力城市客车	254	124	25
宇通牌 ZK6105CHEVNPG4 型插电式混合动力城市客车	249	71	25
瑞驰牌 CRC5021XXY－LBEV 型纯电动厢式运输车	257	（二十一）14	4
江淮牌 HFC7000AEV 型纯电动乘用车	219	56	3

（3）2015 年 1—3 月电动汽车推广应用数量

单位：辆

车型	大中型客车	轻型客车	载货车	公务车	出租车	租赁用车	私人车	电力工程车	邮政车	环卫车	其他专用车	其他	合计
纯电动汽车	93	0	0	0	0	0	8	0	0	0	0	0	101

续表

车型	大中型客车	轻型客车	载货车	公务车	出租车	租赁用车	私人车	电力工程车	邮政车	环卫车	其他专用车	其他	合计
非插电式混合动力汽车	0	0	0	0	0	0	0	0	0	0	0	0	0
插电式混合动力汽车	0	0	0	0	0	0	0	0	0	0	0	0	0
增程式电动汽车	3	0	0	0	0	0	0	0	0	0	0	0	3
燃料电池汽车	0	0	0	0	0	0	0	0	0	0	0	0	0
其他	0	0	0	0	0	0	0	0	0	0	0	0	0
合计	96	0	0	0	0	0	8	0	0	0	0	0	104

（4）2015 年 1—3 月电动汽车推广应用车型及数量

车　型	公告批次	目录序号	数量（辆）
宇通牌 ZK6701BEVG3 型纯电动城市客车	262	71	81
东宇牌 NJL6118BEV1 型纯电动客车	262	（十）15	12
众泰牌 JNJ7000EVX 型纯电动客车	264	84	5
江淮牌 HFC7000AEV 型纯电动轿车	219	56	3
广汽牌 GZ6922PHEV 型增程式混合动力城市客车	249	89	3

2. 电动汽车充（换）电站（桩）统计表

（1）2014 年电动汽车充（换）电站（桩）保有量统计表

	充电站				充电桩		换电站
城市名称	数量（座）	充电机功率总计（kW）	充电站占地面积（m^2）	投资金额（万元）	慢充（个）	快充（个）	数量（座）
惠州市	2	—	—	—	18	21	—

（2）2015 年 1—3 月电动汽车充（换）电站（桩）统计表

	充电站				充电桩		换电站
城市名称	数量（座）	充电机功率总计（kW）	充电站占地面积（m^2）	投资金额（万元）	慢充（个）	快充（个）	数量（座）
惠州市	2	—	—	—	14	—	—

海口市

一、节能与新能源汽车扶持政策与措施

2014 年 9 月，海口市出台《海口市新能源汽车推广应用财政补助资金管理暂行办法》（海科工信字〔2014〕172 号）。

2015 年 2 月，海口市出台《海南省公共机构购买新能源汽车实施方案》（琼事管发〔2015〕6 号）。

二、节能与新能源汽车推广应用情况

2014 年，海口市推广新能源汽车 48 辆，其中插电式客车 45 辆（公交车），纯电动客车 2 辆（企业通勤），纯电动轿车 1 辆（企业通勤）。

2015 年 1—3 月，海口市推广新能源汽车 7 辆，其中纯电动客车 5 辆（企业通勤），纯电动轿车 1 辆（企业通勤），纯电动专业车 1 辆（推广展示）。

三、基础设施建设及运行情况

2010—2013 年，海口市建成充电站 1 个，换电站 1 个，充电桩 45 个；建成节能与新能源汽车维修服务网点 6 个，基本满足 2010—2012 年推广的 370 辆新能源汽车运营和保障。2014 年建成充电桩 1 个。

2015 年 1—3 月，建成充电桩 15 个，基本满足 2014 年以来投放的 55 辆新能源汽车充电需求。

四、节能与新能源汽车项目投融资及园区建设情况

海马汽车继续加大投资，推进节能型汽车研发，成功研发出了发动机怠速启停技术，低滚阻轮胎技术，电子助力转向系统，高效空调技术，发动机可变长度进气歧管技术，发动机气门正时和升程技术等，并将这些节能技术应用到新车型产品中，HM474Q－T（1.5T）、HM484Q－ET（1.6T）两款"T"动力发动机实现规模化量产上市、后续将重点对发动机可变流量机油泵、增压化和缸内直喷发动机技术等节能技术进行科研攻关与突破。目前已有M5、福美来三代、丘比特、普力马等汽车产品进入了国家第八批节能惠民车型，后续新的节能技术将逐步推广和普及应用。

当年成立了48V混动车型量产项目（总投资2.5亿，第一阶段计划投资2000万）和新普力马纯电动量产化项目（总投资5000万，第一阶段计划投资2000万）。

五、节能与新能源汽车发展规划

在节能和新能源汽车发展规划方面，从2005年开始进行纯电动车研发，先后开发出第一代和第二代的纯电动汽车，其中第二代纯电动从2011年开始在北京、杭州、山东、海口进行示范推广，总共投放了500余台普力马纯电动，取得良好的社会效益。从2011年起，海马开始投入研究第三代纯电动，并承担了国家863科技项目"纯电动轿车研发与产业化技术攻关"任务。在新能源替代燃料方面，海马加大研究应用面，结合海南的环境优势，承接了国家科技支撑项目"生物燃气净化提纯技术装备集成式公交系统应用研究"课题，进一步加强生物沼气汽车的科研和产业化推广，预计2015年实现SOP。纯电动短期内示范运营采用普力马纯电动车辆进行，纯电动项目技术研发短期内在传统车型新普力马、新福美来、丘比特车型基础上进行相应的技术研发，以满足示范运营的需求，积累相应的技术经验；纯电动长期研发规划，一汽海马汽车有限公司以量产为目标开发一款全新车型的纯电动。2016年实现一款量产化的插电式混合动力SUV车型。2020年实现混合动力技术在MPV、B级轿车、SUV车型上的全覆盖。

六、节能与新能源汽车推广应用统计表

1. 电动汽车推广应用数量

（1）2014年电动汽车推广应用数量

单位：辆

车型	大中型客车	轻型客车	载货车	公务车	出租车	租赁用车	私人车	电力工程车	邮政车	环卫车	其他专用车	其他	合计
纯电动汽车	2	0	0	1	0	0	0	0	0	0	0	0	3
非插电式混合动力汽车	0	0	0	0	0	0	0	0	0	0	0	0	0
插电式混合动力汽车	45	0	0	0	0	0	0	0	0	0	0	0	45
增程式电动汽车	0	0	0	0	0	0	0	0	0	0	0	0	0
燃料电池汽车	0	0	0	0	0	0	0	0	0	0	0	0	0
其他	0	0	0	0	0	0	0	0	0	0	0	0	0
合计	47	0	0	1	0	0	0	0	0	0	0	0	48

（2）2014年电动汽车推广应用车型及数量

车　型	公告批次	目录序号	数量（辆）
金龙牌XMQ6106AGHEV11型插电式混合动力城市客车	259	123	20
南车时代牌TEG6129EHEV02型插电式混合动力城市客车	256	（十八）23	25
宇通牌ZK6701BEVG3型纯电动城市客车	262	71	2
北京牌BJ7000B3D1－BEV型纯电动轿车	249	11	1

（3）2015年1—3月电动汽车推广应用数量

单位：辆

车型	大中型客车	轻型客车	载货车	公务车	出租车	租赁用车	私人车	电力工程车	邮政车	环卫车	其他专用车	其他	合计
纯电动汽车	5	0	0	0	0	0	1	0	0	0	1	0	7
非插电式混合动力汽车	0	0	0	0	0	0	0	0	0	0	0	0	0

续表

车型	大中型客车	轻型客车	载货车	公务车	出租车	租赁用车	私人车	电力工程车	邮政车	环卫车	其他专用车	其他	合计
插电式混合动力汽车	0	0	0	0	0	0	0	0	0	0	0	0	0
增程式电动汽车	0	0	0	0	0	0	0	0	0	0	0	0	0
燃料电池汽车	0	0	0	0	0	0	0	0	0	0	0	0	0
其他	0	0	0	0	0	0	0	0	0	0	0	0	0
合计	5	0	0	0	0	0	1	0	0	0	1	0	7

（4）2015 年 1—3 月电动汽车推广应用车型及数量

车 型	公告批次	目录序号	数量（辆）
海格牌 KLQ6601BEV 型纯电动客车	266	112	2
宇通牌 ZK6701BEVQ3 型纯电动客车	262	71	3
北京牌 BJ7001B3D2 - BEV 型纯电动轿车	263	11	1
北京牌 BJ5021XXYV3R1 - BEV 纯电动厢式运输车	262	11	1

2. 2014 年底燃气汽车应用保有量统计表

单位：辆

车 型		LPG	LNG	CNG	合计
燃气汽车	大中型客车	—	278	352	630
	轻型客车	—	—	—	—
	货车	—	—	—	—
	出租车	—	—	2496	2496
	私人用车	—	—	—	—
	其他	—	—	—	—
	小计	—	278	2848	3126

3. 电动汽车充（换）电站（桩）统计表

（1）2014 年电动汽车充（换）电站（桩）保有量统计表

充电站					充电桩		换电站
城市名称	数量（座）	充电机功率总计（kW）	充电站占地面积（m^2）	投资金额（万元）	慢充（个）	快充（个）	数量（座）
海口市	1	2800	13340	1422	46	—	1

（2）2015 年 1—3 月电动汽车充（换）电站（桩）统计表

充电站					充电桩		换电站
城市名称	数量（座）	充电机功率总计（kW）	充电站占地面积（m^2）	投资金额（万元）	慢充（个）	快充（个）	数量（座）
海口市	—	—	—	—	15	—	—

成都市

一、节能与新能源汽车扶持政策与措施

2015 年 4 月 12 日，出台了《成都市人民政府关于促进经济稳中求进的若干意见》（成办发〔2015〕12 号），其中，提出了新能源汽车购车、充电设施建设补贴及新能源

汽车不限号等政策条款。

二、节能与新能源汽车推广应用情况

2014年，全年推广应用新能源汽车1515辆。其中，公交、环卫、物流等公共领域170辆，租赁及私人领域1345辆。截至2014年底，示范车辆总数达到2400辆。

2015年1—4月，推广应用新能源汽车85辆。其中，公交、环卫、物流等公共领域26辆，租赁及私人领域59辆。截至4月底，示范车辆总数达到2485辆。

三、基础设施建设及运行情况

2014年，编制完成《成都市电动汽车充换电基础设施近期布局规划（2014—2015年）》。新投入使用直流充电桩7个，交流充电桩49个。截至2014年底，累计投用14座充电站和760个交流充电桩。

2015年，新投入使用充电站1座，直流充电桩14个，交流充电桩19个。截至4月底，累计建成15座充电站和779个交流充电桩，具备为800辆大型电动车、1800辆小型电动车提供充电服务的能力，单站连续安全运行1800余天。

四、节能与新能源汽车项目投融资及园区建设情况

2014，四川鑫唐新能源公司动力锂离子电池、成都瑞华特新能源汽车项目加快建设。

2015年1—4月，中嘉沃尔沃S60L插电式混合动力轿车项目建成投产；川汽新能源汽车生产基地项目进行开工前期准备工作。

五、节能与新能源汽车发展规划

起草了2014—2020年《成都市新能源汽车产业发展实施方案》，正在修改完善。

六、节能与新能源汽车推广应用统计表

1. 电动汽车推广应用数量

（1）2014年电动汽车推广应用数量

单位：辆

车型	大中型客车	轻型客车	载货车	公务车	出租车	租赁用车	私人车	电力工程车	邮政车	环卫车	其他专用车	其他	合计
纯电动汽车	2	0	0	5	20	0	116	0	0	36	107	1193	1479
非插电式混合动力汽车	0	0	0	0	0	0	0	0	0	0	0	0	0
插电式混合动力汽车	0	0	0	0	0	0	36	0	0	0	0	0	36
增程式电动汽车	0	0	0	0	0	0	0	0	0	0	0	0	0
燃料电池汽车	0	0	0	0	0	0	0	0	0	0	0	0	0
其他	0	0	0	0	0	0	0	0	0	0	0	0	0
合计	2	0	0	5	20	0	152	0	0	36	107	1193	1515

（2）2014年电动汽车推广应用车型及数量

车 型	公告批次	目录序号	数量（辆）
康迪牌SMA7000BEV型纯电动轿车	255	52	496
康迪牌SMA7001BEV型纯电动轿车	253	52	524
众泰牌JNJ7000EVZ型纯电动轿车	254	84	43
众泰牌JNJ7000EVZ4型纯电动轿车	260	84	97
众泰牌JNJ7000EVZ5型纯电动轿车	260	84	146
江淮牌HFC7000AEV型纯电动轿车	219	56	5
奇瑞牌SQR7000BEVJ00型纯电动轿车	259	119	2
奇瑞牌SQR7000EAS11型纯电动轿车	206	119	1
东风牌EQ6640CLBEV型纯电动客车	261	3	1
王牌牌CDW5030XGCEV型纯电动工程车	240	101	2
王牌牌CDW5030XGCEV1型纯电动工程车	241	101	3
王牌牌CDW5060XXYEV型纯电动厢式运输车	258	101	51

续表

车　型	公告批次	目录序号	数量（辆）
王牌牌 CDW5070XXYH1PEV 型纯电动厢式运输车	263	101	51
王牌牌 CDW5080ZLJEV 型纯电动垃圾车	239	101	1
王牌牌 CDW5160XXYEV 型纯电动厢式运输车	247	101	2
王牌牌 CDW5164GSSEV 型纯电动洒水车	235	101	27
远达牌 SCZ5160GSSBEV 型纯电动洒水车	240	（二十二）01	6
野马牌 SQJ6121B1BEV 型纯电动城市客车	231	101	1
野马牌 SQJ6452BEV 型纯电动乘用车	242	101	20
比亚迪牌 BYD7150WTHEV2 型插电式混合动力轿车（秦）	253	79	36

（3）2015 年 1—4 月电动汽车推广应用数量

单位：辆

车型	大中型客车	轻型客车	载货车	公务车	出租车	租赁用车	私人车	电力工程车	邮政车	环卫车	其他专用车	其他	合计
纯电动汽车	0	0	0	1	0	0	21	0	0	0	25	34	81
非插电式混合动力汽车	0	0	0	0	0	0	0	0	0	0	0	0	0
插电式混合动力汽车	0	0	0	0	0	0	4	0	0	0	0	0	4
增程式电动汽车	0	0	0	0	0	0	0	0	0	0	0	0	0
燃料电池汽车	0	0	0	0	0	0	0	0	0	0	0	0	0
其他	0	0	0	0	0	0	0	0	0	0	0	0	0
合计	0	0	0	1	0	0	25	0	0	0	25	34	85

（4）2015 年 1—4 月电动汽车推广应用车型及数量

车　型	公告批次	目录序号	数量（辆）
东风牌 ZN5033XGCH2C 型纯电动工程车	220	72	6
江淮牌 HFC7000AEV 型纯电动轿车	219	56	1
康迪牌 SMA7001BEV 型纯电动轿车	253	52	26
康迪牌 SMA7000BEV 型纯电动轿车	255	52	1
奇瑞牌 SQR7000BEVJ00 型纯电动轿车	259	119	2
王牌牌 CDW5070XXYH1PEV 型纯电动厢式运输车	263	101	16
王牌牌 CDW5060XXYEV 型纯电动厢式运输车	258	101	3
众泰牌 JNJ7000EVZ 型纯电动轿车	254	84	3
众泰牌 JNJ7000EVZ4 型纯电动轿车	260	84	8
众泰牌 JNJ7000EVZ5 型纯电动轿车	260	84	15
比亚迪牌 BYD7150WTHEV2 型插电式混合动力轿车（秦）	253	79	2
荣威牌 CSA7180ACHEV 型插电式混合动力轿车	220	122	2

2. 电动汽车充（换）电站（桩）统计表

（1）2014 年电动汽车充（换）电站（桩）保有量统计表

充电站					充电桩		换电站
城市名称	数量（座）	充电机功率总计（kW）	充电站占地面积（m^2）	投资金额（万元）	慢充（个）	快充（个）	数量（座）
成都市	14	—	—	30000	760	—	—

（2）2015 年 1—4 月电动汽车充（换）电站（桩）统计表

城市名称	充电站				充电桩		换电站
	数量（座）	充电机功率总计（kW）	充电站占地面积（m^2）	投资金额（万元）	慢充（个）	快充（个）	数量（座）
成都市	15	—	—	32000	779	—	—

西安市

一、节能与新能源汽车扶持政策与措施

2013 年 11 月西安市被列入新一轮国家新能源汽车推广应用试点城市，市领导高度重视新能源汽车推广应用工作，全市各部门通力配合，于 2014 年相继制定了《西安市新能源汽车推广应用实施方案》《西安市示范应用新能源汽车财政补助资金管理暂行办法》《西安市新能源汽车充电基础设施建设实施方案（2014—2015 年）的通知》《加快新能源汽车推广应用优惠政策的通知》等政策，一是加大产业发展，市工信委、市科技局、市发展改革委、市财政局等政府相关部门负责，制定新能源汽车产业发展规划、新能源汽车研发生产鼓励政策、新能源汽车市场推广备案管理办法，调动全社会参与新能源汽车产业发展的积极性，推动新能源汽车产业快速发展、壮大；二是加大财政支持，设立了专项资金，支持节能与新能源汽车研发与产业化，预计 2015 年，新能源汽车产业规模达到 100 亿元。对在西安辖区内购买、注册登记和使用新能源汽车的单位和个人，市财政补贴参照国家财政补助资金标准按照 1∶1 给予配套补助。对符合财政部、国家税务总局、工业和信息化部《节约能源使用新能源车辆减免车船税的车型目录》的新能源汽车，免缴车船税；三是完善服务体系，构建新能源汽车技术标准体系，引导和督促新能源汽车生产企业逐步建立售后服务网络体系，规范和维护新能源汽车市场的正常秩序，设立新能源汽车特殊标志或符号；制定新能源汽车挂牌、年审等服务措施，设置绿色服务通道，简化审批程序，为新能源汽车上路运行提供便利。

上述一系列政策优惠力度大、涉及面广、全方位发力，政策出台后，企事业单位和广大市民的热情都被调动起来，使西安市新能源汽车推广应用提高到一个新台阶，推广数量大幅度增加。

在西安市领导的指示和关注下，西安市 2014 年密集出台多个新能源汽车扶持政策与措施。

1. 西安市新能源汽车推广应用实施方案（2014—2015 年）（市政办发〔2014〕26 号）。

2. 西安市示范应用新能源汽车财政补助资金管理暂行办法（市政办发〔2014〕31 号）。

3. 西安市推广应用新能源汽车暂行规定（市政办发〔2014〕55 号）。

4. 西安市新能源汽车充电基础设施建设实施方案（2014—2015 年）（市政办发〔2014〕59 号）。

5. 加快新能源汽车推广应用优惠政策（市政发〔2014〕32 号）。

6. 关于印发西安市加快新能源汽车推广应用财政优惠政策实施细则的通知（市财发〔2014〕191 号）。

7. 西安市公安局交通管理局关于实施新能源汽车推广应用优惠政策的公告。

8. 西安市工业和信息化委员会关于搞好新能源汽车充电桩建设的有关通知（市工信发〔2014〕192 号）。

9. 西安市住房保障和房屋管理局关于推进物业管理区域新能源汽车自用充电设施安装的通知（市房发〔2014〕124 号）。

10. 西安市物价局关于执行新能源汽车停车收费优惠政策的通知（市物发〔2014〕163 号）。

11. 西安市城市管理综合行政执法局新能源汽车停车服务优惠办法。

12. 西安市机动车停放服务中心关于办理“新能源汽车优惠停车卡”的通告。

13. 西安市规划局关于新能源汽车充电基础设施建设规划行政审批相关工作的通知（市规发〔2014〕88 号）。

14. 西安市环境保护局关于印发《落实新能源汽车推广应用优惠政策的具体措施》的通知（市环发〔2014〕113 号）。

15. 西安市交通运输局关于新能源出租汽车推广应用工作的通知（市交发〔2014〕304 号）。

16. 关于旅游行业贯彻落实《西安市人民政府关于印发加快新能源汽车推广应用优惠政策的通知》的通知（市旅发〔2014〕78 号）。

17. 国网西安供电公司关于进一步加强新能源电动汽车充电站（桩）报装接电工作的通知（西供电营销〔2014〕36 号）。

18. 关于印发《西安供电分公司新能源汽车充电站（桩）

报装接电实施细则》的通知（西地电发〔2014〕291）。

二、节能与新能源汽车推广应用情况

1. 新能源公交车推广应用目标

按照整体规划、分步实施的原则，结合绿色循环低碳交通运输体系建设，从2014年起，公交车新增车辆力争全部使用新能源汽车，更新车辆中新能源汽车的比例不低于60%。到2015年，新能源公交车推广应用数量不低于500辆，开设10条纯电动公交和混合动力公交专线。

2. 新能源出租车推广应用目标

不断探索和完善新能源出租车运营模式，逐步扩大新能源汽车在出租汽车行业的应用范围。2014年、2015年新增出租车全部使用新能源汽车，每年新增指标不低于1000辆；在更新车辆中积极推广新能源汽车。

3. 新能源公务车推广应用目标

在公务车中推广使用新能源汽车，党政机关新增和更新公务车优先使用新能源汽车，公安、质检、工商、城管等执法用车新增和更新时，新能源汽车的比例不低于70%。到2015年，新能源公务车应用数量不低于600辆。同时，积极协调省级单位推广应用新能源公务车，指导各区县、开发区推广应用新能源公务车。

4. 新能源专用车辆推广应用目标

在财政性资金购买的专用车辆领域，积极推广应用新能源汽车，2014年、2015年每年至少落实应用100辆。

5. 新能源社会车辆推广应用目标

充分发挥各级财政补贴政策的引导作用，加大新能源汽车宣传力度，提高社会各界认知度，鼓励和引导大专院校、科研院所、企事业单位、大型旅游景区和社会机构购买新能源汽车作为单位通勤车辆；研究出台鼓励西安市个人购买新能源汽车措施，调动个人购买新能源汽车的积极性。到2015年，力争新能源社会车辆推广数量达到7700辆。

截至2015年3月底，西安市共投放新能源汽车1408辆。其中，纯电动客车56辆，混合动力客车150辆，纯电动乘用车8辆，混合动力乘用车894辆，纯电动出租车300辆。

三、基础设施建设及运行情况

加气站。西安市目前投入运行CNG加气站77座，其中包括母站5座、标准站45座、子站28座。在建CNG加气站22座，主要分布在三环外及郊区县。

加液站。LNG加液站建成1座，位于长安区，在建2座，位于临潼区和阎良区。

充电站。西安市截至2015年3月底，充电设施建设数量合计为1163个，其中个人买新能源汽车自建896个。西安市充电设施建设目标任务为10700个，完成10.9%。另外，西安市2015年1月份已确定投放300辆纯电动出租车，目前正在建设100余个充电设施，供此批车辆充电运营。

四、节能与新能源汽车发展规划

（一）推广目标

到2015年底，新能源汽车推广应用规模达到11000辆。其中，新能源公交车不少于500辆，出租车不少于2000辆，公务车不少于600辆，专用车不少于200辆，社会车辆力争达到7700辆。建设立体充电塔4座（1600个充电车位）、地面充电站42座（2100个充电车位）、分散式充电车位7000个，建设16家新能源汽车维修服务网点。

（二）产业目标

通过推广应用，推动技术创新和产业规模发展，形成具有市场竞争力的整车生产与关键零部件制造的产业集群，带动电机、电池、汽车电子和汽车服务等相关产业的发展。到2015年，新能源汽车产业规模达到100亿元。

（三）环保目标

通过推广应用，有效促进城市空气污染治理，推进节能减排，提升城市形象。到2015年，全面完成推广应用目标，每年节约燃油约5.1万吨，减少二氧化碳排放约19.2万吨。

五、节能与新能源汽车推广应用统计表

1. 电动汽车推广应用数量

（1）2014年电动汽车推广应用数量

单位：辆

车型	大中型客车	轻型客车	载货车	公务车	出租车	租赁用车	私人车	电力工程车	邮政车	环卫车	其他专用车	其他	合计
纯电动汽车	56	0	0	4	0	0	4	0	0	0	0	0	64
非插电式混合动力汽车	150	0	0	0	0	0	0	0	0	0	0	0	150
插电式混合动力汽车	0	0	0	0	0	0	757	0	0	0	0	0	757
增程式电动汽车	0	0	0	0	0	0	0	0	0	0	0	0	0
燃料电池汽车	0	0	0	0	0	0	0	0	0	0	0	0	0

续表

车型	大中型客车	轻型客车	载货车	公务车	出租车	租赁用车	私人车	电力工程车	邮政车	环卫车	其他专用车	其他	合计
其他	0	0	0	0	0	0	0	0	0	0	0	0	0
合计	206	0	0	4	0	0	761	0	0	0	0	0	971

（2）2014 年电动汽车推广应用车型及数量

车　型	公告批次	目录序号	数量（辆）
比亚迪牌 BYD7150WTHEV2 型插电式混合动力轿车（秦）	253	108	757
比亚迪牌 BYD7006BEVH 型纯电动轿车（E6）	269	79	8
比亚迪牌 CK6120LGEV2 型纯电动城市客车（K9）	238	79	56
海格牌 KLQ6129GEV2 型混合动力城市客车	236	112	150

（3）2015 年 1—3 月底电动汽车推广应用数量

单位：辆

车型	大中型客车	轻型客车	载货车	公务车	出租车	租赁用车	私人车	电力工程车	邮政车	环卫车	其他专用车	其他	合计
纯电动汽车	0	0	0	0	300	0	0	0	0	0	0	0	300
非插电式混合动力汽车	0	0	0	0	0	0	0	0	0	0	0	0	0
插电式混合动力汽车	0	0	0	0	0	0	137	0	0	0	0	0	137
增程式电动汽车	0	0	0	0	0	0	0	0	0	0	0	0	0
燃料电池汽车	0	0	0	0	0	0	0	0	0	0	0	0	0
其他	0	0	0	0	0	0	0	0	0	0	0	0	0
合计	0	0	0	0	300	0	137	0	0	0	0	0	437

（4）2015 年 1—3 月底电动汽车推广应用车型及数量

车　型	公告批次	目录序号	数量（辆）
比亚迪牌 BYD7150WTHEV2 型插电式混合动力轿车（秦）	253	108	137
比亚迪牌 BYD7006BEVH 型纯电动轿车（E6）	269	79	300

2. 电动汽车充（换）电站（桩）统计表

（1）2014 年电动汽车充（换）电站（桩）保有量统计表

充电站					充电桩		换电站
城市名称	数量（座）	充电机功率总计（kW）	充电站占地面积（m^2）	投资金额（万元）	慢充（个）	快充（个）	数量（座）
西安市	5	1588.5	13200	—	878	145	—

（2）2015 年 1—3 月电动汽车充（换）电站（桩）统计表

充电站					充电桩		换电站
城市名称	数量（座）	充电机功率总计（kW）	充电站占地面积（m^2）	投资金额（万元）	慢充（个）	快充（个）	数量（座）
西安市	—	—	—	—	137	3	—

保定市

一、节能与新能源汽车扶持政策与措施

《保定市人民政府关于加快新能源汽车推广应用工作的实施意见》。

《保定市新能源汽车推广应用工作省级补助资金兑补办法》。

二、节能与新能源汽车推广应用情况

2014 年，推广纯电动客车 1 辆，纯电动轿车 68 辆，混合动力轿车 18 辆。

2015 年第一季度，推广纯电动客车 70 辆，纯电动轿车 31 辆，混合动力轿车 4 辆。

三、基础设施建设及运行情况

2014 年，建设快速充电站 6 座共 24 个快速充电桩，直流充电桩 1 个，交流充电桩 68 个。

2015 年第一季度，建设直流充电桩 35 个，交流充电桩 31 个。

四、节能与新能源汽车项目投融资及园区建设情况

高碑店市中客华北汽车有限公司与正道集团、中国农机院现代农装科技公司合作，利用正道新能源汽车核心技术并依托黄海客车引进德国客车车身技术，发挥现代农装存量资产作用，在涞水建设总投资 7.7 亿元，年产 2000 辆纯电动客车生产基地，现已完成项目备案，正在进行厂房和设备改造，预计 10 份样车下线。

五、节能与新能源汽车推广应用统计表

1. 电动汽车推广应用数量

（1）2014 年电动汽车推广应用数量

单位：辆

车型	大中型客车	轻型客车	载货车	公务车	出租车	租赁用车	私人车	电力工程车	邮政车	环卫车	其他专用车	其他	合计
纯电动汽车	1	0	0	0	0	0	68	0	0	0	0	0	69
非插电式混合动力汽车	0	0	0	0	0	0	0	0	0	0	0	0	0
插电式混合动力汽车	0	0	0	0	0	0	18	0	0	0	0	0	18
增程式电动汽车	0	0	0	0	0	0	0	0	0	0	0	0	0
合计	1	0	0	0	0	0	86	0	0	0	0	0	87

（2）2014 年电动汽车推广应用车型及数量

车型	公告批次	目录序号	数量（辆）
宇通牌 ZK6701BEVQ3 型纯电动客车	262	71	1
众泰牌 JNJ7000EVZ4 型纯电动轿车	260	84	68
比亚迪牌 BYD7150WTHEV2 型插电式混合动力轿车（秦）	253	79	18

2. 电动汽车充（换）电站（桩）统计表

（1）2014 年电动汽车充（换）电站（桩）保有量统计表

城市名称	充电站				充电桩		换电站
	数量（座）	充电机功率总计（kW）	充电站占地面积（m^2）	投资金额（万元）	慢充（个）	快充（个）	数量（座）
保定市	6	—	—	—	69	24	—

（2）2015 年 1—3 月电动汽车充（换）电站（桩）统计表

城市名称	充电站				充电桩		换电站
	数量（座）	充电机功率总计（kW）	充电站占地面积（m^2）	投资金额（万元）	慢充（个）	快充（个）	数量（座）
保定市	—	—	—	—	67	—	—

第四篇

新能源汽车领域重点企业发展情况

上海汽车集团股份有限公司

一、发展概况

作为国内领先的汽车企业之一，上海汽车集团股份有限公司（以上简称“上汽”）积极响应国家能源战略和节能减排的要求，从企业发展整体战略出发，重点探索发展新能源汽车，截至2014年12月，上汽已有74款新能源汽车车型进入推荐目录，其中乘用车14款、商用车60款。2014年，在国家科技部指导及上海有关部门支持下，上汽集团牵头组织了“创新征程——2014新能源汽车万里行”活动。上汽新能源巡游车队9月初从上海出发，途经15个省市自治区，行驶总里程超过1万公里，这是国内时间最长、距离最长、车型种类最多的大型新能源汽车巡游活动，在不同路况、气候、海拔等条件下，上汽新能源巡游车队最终以零故障顺利完成南线路程的巡游。2014年11月11日，在成都举行的第十二届必比登挑战赛上，上汽集团旗下的荣威E50纯电动车、550 plug－in混合动力轿车和750燃料电池车在操控、动力、加速、制动、经济性等方面均表现优异，最终在纯电动组、混合动力组、燃料电池组中分别获得小组第一，成为必比登挑战赛开赛以来首个包揽“大满贯”的车企。

二、生产经营

2014年，上汽新能源汽车销售实现了突破性增长，截至2014年12月，上汽新能源汽车累计销量超过4000辆，其中插电式混合动力汽车约3200辆。

2015年一季度，上汽新能源汽车销售近1000辆。

三、技术进展及研发能力进展

新能源汽车的产业化不仅仅是整车的开发，还要依托电池、电机、电力电子等相关零部件产业链的协同发展。目前，我国上述零部件体系尚不成熟，工程化能力弱，与国际水平相比存在不小的差距。为此，上汽按照“自主创新，内外结合，两条腿走路”的原则，在国家和上海市有关部门的积极支持下，重点推进电池系统、电机、电力电子、电动转向和电动空调等新能源关键零部件的产业链建设工作。

四、发展规划

上汽将继续推进整车（包括纯电动、插电强混、燃料电池）、“大三电”（即电池管理系统、电控、电机）、“小三电”（即电空调、电转向、电制动）产业链建设，在发展新能源汽车的同时，结合轻量化、智能化和节能技术，迎接汽车工业未来发展之路的挑战。

广州汽车集团乘用车有限公司

一、发展概况

1. 2014年1—12月

广州汽车集团乘用车有限公司（以下简称“广汽”）生产的传祺牌新能源汽车2014年实现了高速增长，全年累计销量11.67万辆，同比增长37.3%，成功实现并超出预期目标，继续保持中国品牌在中高端之路上的强劲势头。

依托传祺品牌的强势增长，新能源汽车领域也取得了较大进展和业绩。广汽乘用车成立了新能源汽车部，并建立对应工作体制，积极推进新能源汽车的产业化。

广汽承担了国家863计划“增程式纯电动轿车研发与产业化技术攻关”重大项目。已有5款新能源轿车通过中国国家公告认证，并上市销售，包括混合动力、插电式混合动力、增程式纯电动等车型。

2. 2015年1—3月

2015年一季度，广汽传祺逆市销售2.8万辆，同比增幅达23.16%，远超市场平均增幅。广汽传祺在一直被合资车所垄断的中高端市场上交出了一份漂亮的成绩单，2015年销量也将延续这一增长趋势，预期突破16万辆。

在新能源车领域，2014北京国际车展广汽传祺展出了WITSTAR智能概念车、E－JET概念车、增程式纯电传祺GA5等新能源车型。研发创新技术集中展示了广汽全球研发网的最新成果，2013—2015年，将持续增强广汽集团的自主研发及创新能力，为消费者带来更多的创新科技体验。

二、生产经营

1. 2014年1—12月

广汽乘用车整合国际国内资源，对标国际先进水准，按产业化的要求加速推进。目前重点推进B级和A级增程式车型，同步开发A0/A00级纯电动车型，已有5款新能源轿车通过国家公告认证并已上市销售，累计投入200辆混合动力、400多辆增程电动传祺GA5 REV参加示范运行。

2. 2015 年 1—3 月

2015 年广汽传祺将紧密结合国家节能与新能源汽车政策导向，重点对珠三角及广州市推广应用，逐步向全国推广销售，加快推进新能源乘用车产品产业化。

其中增程式纯电传祺 GA5 是 2015 年重点推广车型，第一季度生产 370 辆。该车是广汽集团自主开发并拥有完全知识产权的一款中高级新能源轿车，汇集和搭载了世界先进的锂电池技术、永磁同步电机技术和广汽自主研发的高智能控制技术，不仅拥有超低能耗，比传统汽油机车型节油 50% 以上，还拥有超强动力表现，0 ~ 50km 加速仅需 4.6 秒；继承了传祺 GA5 完备的主动和被动安全系统，综合性能完全可媲美国际品牌的新能源汽车，同时避免了纯电动车续航里程短和充电设施不足对使用造成的影响，在能源利用效率、使用成本和便利性等方面均具有综合优势，代表当今中国新能源汽车自主创新的最高水平。

三、产能建设

规划专项投资 20 亿元，形成年产 10 万辆新能源汽车的产能。2015 年建成国家级的电动汽车工程实验室，实现产销节能和新能源汽车 20 万辆，形成电机、电池、控制机三大产品的制造能力。

四、技术进展及研发能力进展

实现增程式纯电动车型量产。掌握整车控制、电机系统集成、电池管理技术、电池系统集成技术及燃料电池技术五大核心技术，形成电机、电池、控制器三大产品制造能力。

五、主要产品

整车			
序号	名称	型号	类别
1	增程电动传祺 GA5 REV	GAC7100SHEVA4 GAC7100SHEVB4 GAC7100SHEVB5 GAC7100SHEVC5	增程式电动车
2	混合动力传祺 GA5	GAC7180CHEVA4 GAC7180PHEVA4	重度混合动力 轻度混合动力
3	插电式混合动力传祺 GA5	GAC7180CHEVB4	插电式混合动力
4	E – jet	—	A 级增程式纯电驱动概念车
5	E – linker	—	小型纯电动多功能概念车

六、合资合作

1. 2014 年 2 月 17 日，广汽集团与中科院合肥物质科学研究院签订“新能源汽车项目自动驾驶技术开发”合同。双方将强强联合，推动自动驾驶技术与新能源技术融合，让汽车行驶更加智能化，有望实现纯电动汽车“无人驾驶”。

“自动驾驶系统是将一种基于自动控制技术的‘仿人驾驶机器人’安装在车辆上，从而实现智能控制车辆自主行驶。”据中科院合肥物质科学研究院先进制造所专家介绍，目前，该所在无人自动驾驶领域拥有丰富的经验和雄厚的技术积累，是国内汽车无人自动驾驶技术的主要研究单位之一。

当前，新能源和自动驾驶是汽车行业发展的重要方向，基于智能技术的汽车自动驾驶系统能够有效地提高汽车行驶安全性，正引起汽车行业的高度关注。此次双方合作的项目将自动驾驶技术与新能源汽车相结合，通过车载传感器感知外部环境，进行自主智能决策，实现新能源汽车的自动驾驶。汽车的自动驾驶集体系结构、智能传感、智能决策、自动控制于一体，对提高车辆驾驶的智能化、安全性、舒适性具有重要意义。

2. 2012 年 11 月 6 日，广汽集团与奇瑞汽车在京宣布建立战略联盟合作关系，双方正式签署了《战略联盟合作框架协议》，将在整车、核心零部件及新能源等技术研发、体系能力建设等多个领域展开深度合作与共享。

3. 2011 年 10 月 26 日，广汽集团与中石化签署战略合作协议，宣布共同开拓新能源业务。双方将共同在新能源应用、节能环保、成品油供应、加油站共建、汽车服务等领域开展合作。

七、发展规划

广汽主要以插电式混合动力为近期工作重点，纯电动车型为主要战略取向，其他新能源车型持续跟进的原则来部署新能源汽车的自主研发，着力突破关键技术与平台技术，掌握和控制三电的研发和生产技术，并实现产能、节能与新能源汽车的产业化，形成核心竞争力，全面提升集团可持续发展能力，到 2015 年建成国家级的电动汽车工程实验室，实现产销节能和新能源汽车 20 万辆，形成电机、电池、控制机三大产品的制造能力，掌握整车控制、电机系统集成、电池管理技术、电池系统集成技术及氢燃料电池技术五大核心技术。

产品方面，重点打造 B/A 级插电式混合动力车型，形成 B/C 级插电式混合动力通用整车平台、B/A 级增程式通用整车平台以及 A/A0 级纯电动通用整车平台，最终实现自主品牌全系产品电动化。

安徽江淮汽车股份有限公司

一、发展概况

安徽江淮汽车股份有限公司是一家有着50年发展历史的国有地方汽车企业，是中国十大汽车集团之一，是国家重点高新技术企业和国家创新型（试点）企业，是国内唯一获得“全国质量奖”的自主品牌汽车企业。公司拥有商用车、乘用车、发动机全系列产品，职工总数17000人，总资产200多亿元，年产能为90万辆整车、80万台发动机。2014年公司营业收入341.95亿元。

2013年公司被授予“亚洲质量卓越奖”。

公司“十二五”战略目标突出“品质JAC”和年产销百万辆规模，产品开发突出“安全、节能、环保、智能”，着力三条核心传动系的能力建设——以高效柴油直喷发动机和高效传动效率为核心的商用车的“黄金传动系”、以6DCT和1.5TGDI小排量长速比为核心的乘用车的“白金传动系”和以新能源纯电驱动为核心的“钻石传动系”。

二、生产经营

1. 2014年1—12月

推广纯电动轿车8000多辆，连续多年创造行业投放纯电动轿车示范运行的最大规模，示范运行累计里程突破1.2亿公里，单车最高行驶里程20万公里。在行业与社会上引起强烈反响，得到财政部、科技部、工信部、发展改革委等国家部委和领导的关注并实地考察。中央电视台《新闻联播》和《焦点访谈》栏目曾多次给予专门报道。

2. 2015年1—3月

新能源汽车推广600余辆。

三、产能建设

在新能源汽车产品研发和产业化方面，公司坚持以市场为导向，以产业化为目标，通过“产学研结合、主机带动、零部件协同”的自主开发，整合社会资源，集中攻关纯电驱动核心技术，建成年产能10万辆的电动车生产线。

四、技术进展及研发能力进展

战略与规划江淮汽车自2002年开始探索新能源汽车，经过技术探索和实践，明确两条技术路线，制定“三步走”战略、“两代车”产品规划和“五代技术”迭代研发战术，建立三个产品平台、开发出纯电动车iEV和增程式电动车iRev两款产品，同步建设“四层次”关键核心技术能力。

研发能力江淮汽车拥有300多人的新能源汽车专业研发队伍，并形成了同国际知名电动汽车技术公司合作的平台和通道，具备电动车产品产业化研发的基本能力。整车系统集成具备从概念到产品的系统集成开发与产业化能力；“三大电”具备正向开发与产业化能力；“六小电”形成技术与产业化协同开发体系；验证试验具备在不同环境、不同工况条件下，开发整车安全性、动力性、经济性、耐久性、NVH、EMC等功能及性能的能力。

重点新产品iEV5产品是国内首款全新平台的五人座纯电动车，产品开发获得国家三部委新能源汽车产业技术创新工程项目支持。最高车速为120km/h，0～50km/h加速时间小于6秒，经济模式续驶里程为200km，适用城市代步。在整车造型、车身电子、整车性能、电机、电池、电控等方面，突破了多项具有独特市场价值、能够解决重大市场问题、不可复制的核心技术。

核心技术亮点：

科技感。造型富有流动感，全触摸式的中控面板和全数字化仪表造型新颖，科技感强。

长里程。创新开发五代车长程模式，NEDC工况续驶里程达200km。

高安全。实现电池失效时“不起火，不爆炸，不伤人”的热失控安全技术。按照国家标准，开展了整车50km/h正碰、尾碰、侧碰试验。碰撞后，整车高压自动切断，动力电池组在专门设计的动力电池舱保护下，完好无损。

长寿命。历时18个月，与天津力神共同攻克电池系统寿命、安全、能量密度三者平衡的核心命题，满足10年或15万公里的寿命要求。

五、主要产品

整　车			
序号	名称	型号	类别
1	江淮第五代纯电动轿车	江淮牌 HFC7001AEV	纯电动
2	江淮第四代纯电动轿车	江淮牌 HFC7000AEV	纯电动

奇瑞新能源汽车技术有限公司

一、发展概况

奇瑞新能源汽车技术有限公司（以下简称“奇瑞公司”）从2012年底开始立项研发S15EV、A16EV以及M16插电式混合动力轿车，其中S15EV已于2014年11月上市销售，A16EV、M16PHEV轿车均处在关键技术研发阶段，A16EV计划在2016年实现小批量示范推广，M16PHEV计划在2015年示范推广。

二、生产经营

2014年，奇瑞公司完成10000辆纯电动汽车的产销大关，截至2014年12月，奇瑞新能源汽车累计销量达20000辆，并实现连续两年盈利，这在国内新能源汽车领域处于领先地位。

2015年1—3月，完成2000辆纯电动汽车销售。超额完成公司第一季度产销目标。

三、产能建设

奇瑞公司将原有的S11，S18，S15，M16共三条传统车生产线进行新能源车型通用化改造，现已达成S11EV年产3万辆，S18EV + S15EV年产3万辆，M16PHEV年产4万辆。最终形成年产10万辆新能源汽车的生产能力。

四、技术进展及研发能力进展

奇瑞公司建立了一整套新能源汽车关键零部件研发、试验、标定以及产业化能力，形成了8大专业研发团队。公司现有人员300多人，其中研发人员220多人。

奇瑞公司在系列化电机及驱动系统、系列化锂离子电池及BMS、整车控制器等零部件方面，技术处于国内领先水平。并掌握了热泵空调技术、高压安全监控技术、电池快换技术、电池热管理技术、增程器等先进技术。

五、主要产品

序号	名称	型号	类别
1	奇瑞QQ电动车	S11EV	纯电动
2	奇瑞M1电动车	S18EV	纯电动
3	奇瑞eQ电动车	S15EV	纯电动
4	奇瑞艾7混合动力	M16PHEV	插电式混合动力

六、合资合作

奇瑞公司研发采用产学研模式，与上海电驱动、天津捷威、浙江万向、合工大、清华大学、江苏大学、安徽工程大学、南航、电工所、重庆研究院等企业、高校院所建立联盟进行技术攻关。

七、发展规划

1. 在已有的S11EV基础上，开发S15EV升级车型，开发客户可接受的小型纯电动汽车，拓展小型电动车市场份额；

2. 持续开展以“电驱动”为主的新能源电动汽车研发，在S18EV为导入车型示范运行基础上，开发A16EV实现在整车和核心系统集成技术新突破，达到国内领先水平并成功示范；

3. 研究开发全新结构纯电动汽车技术，在整车结构平台、新型电池、高效驱动系统等集成应用上取得突破，并达到国际先进水平；

4. 重点开发插电式混合动力汽车的研发，开发有竞争力的混合动力产品平台，实现混合动力汽车大规模产业化。

东南（福建）汽车工业有限公司

一、发展概况

东南（福建）汽车工业有限公司（以下简称“东南汽车”）于1995年成立，是由福建省汽车工业集团公司（现更名为“福建省汽车工业集团有限公司”）与台湾最大的汽车企业裕隆集团所属“中华汽车公司”携手组建的最大的海峡两岸合资汽车企业，并同步引进35家台湾专业汽车零部件厂商紧密环绕于周围，形成一个具有国际先进水准和自主发展能力的专业汽车生产基地。

东南汽车吸取台湾“中华汽车公司”的先进管理经验，以及源自日本三菱汽车领先时代的全球造车科技，引进日本、德国等全自动化尖端技术设备，形成冲压、焊接、涂装、总装、车检线等多位一体的现代化生产流程，同时建立起高标准、严要求的质量管理体系，在国内汽车整车企业中首家通过ISO9001：2000质量体系认证、首批通过国家强制性产品3C认证，通过国家环境保护总局颁布的中国环境标志产品认证，并通过ISO 14001：2004版环境体系认证。放眼未来，在加强与国际汽车大厂合作的同时，东南汽车还将继续发展自主品牌。2006年东南汽车研发中心获得了福建省“省级技术研究中心”的称号，于2008年取得了国家实验室的称号。

关爱地球，保护环境，东南汽车以不懈的环保热情不断加速新能源技术的市场化，通过不断地自主创新，促进技术进步。2011 年 8 月，东南汽车通过工信部专家组现场审核，获得新能源汽车生产资质。东南牌得利卡电动车作为国内首款纯电动轻型客车于 2011 年 10 月取得公告，2013 年 1 月取得改款车型公告；2013 年 2 月，V3 换电式纯电动车成为国内首款取得换电式纯电动轿车整车公告的车型。

二、产能建设

东南汽车引进 35 家台湾专业汽车零部件厂商，形成一个具有国际先进水准和自主发展能力的专业汽车生产基地。东南汽车城模式的产业集群布局，构建了东南汽车紧密而完备的生产配套体系。东南汽车现有配套厂 256 家，其中青口东南汽车城内有配套厂 43 家，省内其他配套厂 23 家，省外配套厂 190 家。伴随着东南汽车的成长，逐步开拓了涵盖国内与国际的更广泛的零配件采购市场，为新能源汽车的推广及产业化奠定了坚实的基础。

三、技术进展及研发能力进展

东南汽车研发中心于 2006 年 6 月建成并投入使用。近年来不断加大自主研发投入，目前研发中心已配备了整车排放实验室、环境实验室、强度实验室、造型室、计算机辅助设计工作室、油模间、三次元室及五元素分析室，具备自主造型设计、车身改造、底盘设计和整车测试等方面的能力。东南汽车技术研发中心于 2006 年获得福建省“省级技术中心”称号；2008 年 5 月，东南汽车试验中心被评定为“国家级试验室”；2011 年，东南汽车与福建省汽车工业集团汽车研究院及台湾“中华汽车公司”签订战略合作协议，三方深化核心资源的互补及合作，建立东南汽车研究院，构筑省内自主研发创新合作平台。

东南汽车响应国家新能源发展战略，积极投身新能源汽车产品的研发，与福建省汽车工业集团汽车研究院展开技术合作，依托其在新能源核心技术上的优势，采取“充电式 + 换电式”的纯电动汽车技术路线，并已启动增程式电动车、混合动力汽车的研发工作。经过多年的研发积累，东南汽车建立了电动汽车整车构型分析、性能控制、控制策略、关键总成、试制、试验以及产品认证等开发流程，并建设完成电子实验室、整车控制器实验室、道路实验室、电机实验室及电池实验室。

四、主要产品

序号	名称	型号	类别
1	得利卡纯电动乘用车	DN6490MBEV	插电式纯电动轻型客车
2	得利卡纯电动厢式运输车	DN5020XXYBEV	插电式纯电动轻型客车
3	得利卡纯电动邮政车	DN5020XYZBEV	插电式纯电动轻型客车
4	V3 菱悦换电式纯电动轿车	DN7000MBEV	换电式纯电动轿车
5	V5 菱致两用燃料轿车	DN7156MQNS	CNG 两用燃料轿车
6	LS 蓝瑟两用燃料轿车	DN7160MQN4B	CNG 两用燃料轿车
7	V5 菱致充电式纯电动轿车	DN7001MBEV	充电式纯电动轿车

深圳比亚迪戴姆勒新技术有限公司

一、发展概况

2014 年 2 月 12 日　DENZA 腾势与 ABB 集团签订战略充电合作伙伴协议，在中国建设世界最大的基础充电设施。

2014 年 4 月 20 日　DENZA 腾势电动汽车在 2014 北京车展上全球首发。

2014 年 9 月 26 日　DENZA 腾势纯电动汽车在浦江之畔率先上市，位于上海市闵行区的利星行东捷店正式开业、迎接消费者店内体验和预订。

2014 年 10 月 31 日 DENZA 腾势在北京上市，位于北京亦庄的庞大信宏店正式开业、迎接消费者店内体验和预订。

2014 年 11 月 28 日 DENZA 腾势在深圳上市，位于深圳龙华新区的中升腾泰店正式开业、迎接消费者店内体验和预定。

二、主要产品

名称	型号	类别
腾势	QCJ7007BEV	纯电动轿车

三、合资合作

深圳比亚迪戴姆勒新技术有限公司是由中国电池与电力驱动技术的领军企业比亚迪与拥有 125 年汽车制造经验的世界豪华车制造巨头德国戴姆勒共同设立的合资企业。

戴姆勒股份公司是世界上最成功的汽车公司之一。旗下包括梅赛德斯 - 奔驰轿车，戴姆勒载重车，梅赛德斯 - 奔驰轻型商用车，戴姆勒客车和戴姆勒金融服务。戴姆勒集团是豪华轿车的最大生产商之一，也是全球范围内最大的商用车制造商。戴姆勒金融服务公司提供融资、租赁、车队管理、保险和创新的移动服务。

该公司的创始人戈特利布•戴姆勒和卡尔•奔驰在1886年发明的汽车创造了历史。今天，作为一个汽车工程的先驱，戴姆勒将继续塑造移动生活的未来：集团的重点在于创新和绿色技术，以及能够迎合和吸引客户的安全和卓越的汽车。

多年来，为了使零排放驾驶这一长期目标成为可能，戴姆勒一直不断投资开发替代驱动系统。而且除了混合动力驱动的车辆，戴姆勒目前拥有最广泛的电池和燃料电池供电的本地零排放新能源汽车。这仅仅是戴姆勒愿意接受挑战，履行其对社会和环境责任的一个例子。

比亚迪汽车是香港上市公司比亚迪股份的直属子公司。2003年比亚迪跻身为全球第二大充电电池生产商，同年组建比亚迪汽车。目前，比亚迪镍电池、手机锂电池、手机按键、手机机构件市场占有率均为世界第一。今天，比亚迪股份有限公司员工总数将近20万人，公司市值超过1300亿，拥有两个上市公司（比亚迪股份1211. HK、比亚迪电子0285. HK）。

目前，比亚迪汽车已建成规模庞大的产业基地，模具、研发、整车制造等飞速发展。其中，比亚迪汽车已经成功研发出F3、F3R、F6、F0、e6、F3DM、G3、M6、G6、S6、L3等车型，在未来几年，将打造出F、S、M、G、DM等全系列产品线，以卓越的品质、稳定的质量和合理的价格占据市场主导地位，在发展传统燃油车的同时，将大力推进双模电动车和纯新能源汽车的商业化步伐，积极引领新能源汽车的发展。

郑州宇通客车股份有限公司

一、发展概况

2014年，郑州宇通客车股份有限公司继续加大在节能与新能源客车研发和产业推广方面的投入，在团队建设、核心技术研发、试验能力、产能建设、产品及市场表现和知识产权都取得了显著的成绩。

1. 团队建设方面

截至2014年底，已形成16名博士、74名硕士为核心的270余人研发团队，涵盖系统匹配与集成技术、整车控制技术、电机及其控制技术、电池及其管理技术、电气技术、充电技术、整车及零部件试验验证等技术方向。

2. 核心技术研发方面

通过多年的自主研发和系统的技术创新，逐步掌握了电控、安全、节能、环保、电子化、智能化等技术，形成相应的领先技术和产品优势。在电动客车领域，形成了多项行业内独有新技术，如发动机智能启停技术、基于功能划分的电动客车分层多网络控制技术、集成式双电机控制器技术、基于模型的动力电池荷电状态在线估计算法、混合动力客车综合节能技术，整车在安全性、可靠性、经济性上处于行业领先地位。建立了国内最专业的电动客车车辆远程监控系统，结合网络技术和信息传输技术，对车辆状态、动力电池、驱动电机、电附件系统等进行远程无线、实时监控，实现故障诊断自动化、运营维护数值化、安全监控自动化。在电动客车动力系统优化及控制、电控及安全技术、平台化、标准化、通用化技术方面取得了大量的研究成果，形成了自主知识产权。

自主研制了节能与新能源客车动力平台，开发了全系列的混合动力、插电式和纯电动客车产品，具有自主知识产权，综合技术处于国际先进水平，其中整车节能与控制技术、高压隔离电源变换技术、高密度电驱动控制技术等方面处于国际领先水平，已批量生产，获重大经济效益和社会效益。

宇通非常重视节能与新能源汽车前沿技术的研发，2014年共承担包括国家863、国家科技支撑和新能源汽车产业技术创新工程在内10个国家级科研项目和6个省市区级科研项目，其中，宇通承担的国家863项目一期《宇通插电式混合动力城市客车产业化技术攻关》于2014年8月7日通过了验收，并得到专家组及科技部主管部门的高度认可。宇通与清华大学、北京理工大学、吉林大学、中国汽车技术研究中心、中国汽车工程研究院等国内知名高校和科研院所建立了产学研合作关系，集成优势科技资源，提升了研发水平和创新能力。2014年获得河南省科技进步一等奖1项，郑州市科技进步一等奖1项、科技成果鉴定4项、河南省工业节能产品认定10项。

3. 试验能力方面

宇通国家级技术中心和试验中心投资3.5亿元，拥有各类先进试验设备200余套，其中电动客车专用试验设备60余套，围绕整车控制、电机驱动、动力电池系统、电动化附件、混合动力专用发动机等核心技术，形成零部件、动力系统、整车三级试验验证体系。

2014年，为提升节能与新能源客车的试验验证能力，新增电动助力转向试验台、安规试验台、车载能源系统环境测试和转鼓试验台等试验设备，升级了车载能源系统试验室和电机性能试验室，重点针对电动客车高电压、高能量的特点，总结分析电动客车事故类型和原因，提高电动客车主被动安全等级，防止触电、着火等安全事故的发生，实现电动客车系列化产品的工程化和产业化，有效提升了节能与新能源客车研发验证能力。

2014 年 9 月科技部批准宇通客车组建国家电动客车电控与安全工程技术研究中心。

4. *产能建设方面*

在 2012 年 10 月已建成投资 38.6 亿元，占地 2000 亩，新增产能 3 万台的宇通节能与新能源客车生产基地的基础上，2014 年 8 月 30 日，宇通客车发布公告，审议通过了设立新能源产业发展基金的议案，将以自有资金 10 亿元成立新能源产业发展基金，促进节能与新能源汽车产业链发展。

5. *产品及市场表现方面*

拥有国内最完备的节能与新能源客车产品型谱，其中包括 6～14 米纯电动客车、10～18 米插电式客车、8～18 米混合动力客车。已累计取得 32 款混合动力客车公告、34 款插电式混合动力客车公告和 36 款纯电动客车公告，其中 65 款入选《节能与新能源汽车示范推广应用工程推荐车型目录》，24 款入选《免征车辆购置税的新能源汽车车型目录》。

截至 2014 年底，已在郑州、广州、天津、抚顺、秦皇岛、杭州等 99 个城市销售 13987 辆，销售额 120.5 亿元，其中国内上牌 12987 辆，市场占有率 26.93%，高居客车行业第一（超过第 2、第 3、4 名的总和）。2014 年节能与新能源客车销售上牌 6823 辆，较 2013 年同比增长 83.9%，市场占有率达到 33.62%。其中插电式混合动力客车（含混合动力客车）市场占有率 41.25%，纯电动客车跃居行业第一，市场占有率 21.76%。

首次形成了过万辆的节能与新能源客车市场规模，累计运行里程超过 10 亿公里。在广州、天津等各大主要城市运营的宇通节能与新能源客车，实际线路混合动力客车节油率 35% 以上、插电式客车节油率 50% 以上、纯电动客车电耗低于 0.8kWh/km。

2014 年 7 月，宇通与北欧经销商签订销售合同，启动丹麦、冰岛等北欧国家的运营推广；2014 年 8 月，宇通与波兰签约，启动纯电动客车在东欧的示范运行项目。

6. *知识产权方面*

宇通在节能与新能源客车方面已形成了多项自主知识产权。截至 2014 年底，已累计申报节能与新能源客车领域专利 273 件，获授权发明专利 20 件，实用新型专利 163 件、软件著作权 14 项，形成企业标准和技术规范 33 项。

2015 年第一季度，宇通共取得纯电动客车公告 8 个，插电式混合动力客车公告 3 个，销售节能与新能源客车 1141 辆。共申请专利 46 件，其中发明 17 件。

二、生产经营

2014 年，公司发布了国内首个“纯电动客车整体解决方案”，该方案从“E 产品、易配套、逸服务、亿金融”四方面提出解决节能与新能源客车商业化推广的系统操作思路，解决了纯电动客车采购方在配套服务、购买资金方面的问题。目前该方案已在天津、南京、郑州等地得到应用。

2014 年宇通销售客车突破 6 万辆，客车销量居世界第一，节能与新能源客车累计推广 13798 辆，成为世界上第一个节能与新能源客车累计销售过万的企业。2014 年节能与新能源客车销售上牌 6823 辆，较 2013 年同比增长 83.9%，市场占有率达到 33.62%。其中插电式混合动力客车（含混合动力客车）市场占有率 41.25%，纯电动客车居行业第一，市场占有率 21.76%。

2015 年第一季度，在北京、上海、天津、广州、杭州、南京、牡丹江、海口、南阳等 31 个城市和地区销售节能与新能源客车 1141 辆。

三、产能建设

在 2012 年 10 月已建成投资 38.6 亿元，占地 2000 亩，新增产能 3 万台的宇通节能与新能源客车生产基地的基础上，2014 年 8 月 30 日，宇通客车发布公告，审议通过了设立新能源产业发展基金的议案，将以自有资金 10 亿元成立新能源产业发展基金，促进节能与新能源汽车产业链发展。

四、技术进展及研发能力进展

宇通重视节能与新能源客车研发和产业推广的投入，投入了巨大的人力、物力和财力，已形成 16 名博士、74 名硕士为核心的 270 余人节能与新能源客车技术研发团队，申请节能与新能源客车技术领域专利 273 件，专利内容涉及动力系统构型、能量管理、功率分配、发动机智能启停等多种技术。自主研制了混合动力、插电式混合动力、纯电动和双源纯电动客车共用的动力系统平台，开发了高可靠、高容错的整车控制器，开发了多动力分配、多模式切换、多能源管理的整车控制策略；开发了高效电动转向、发动机热管理等节能技术；开发了基于高压隔离电源变换技术的高效复合电源系统；整车综合技术处于国际先进水平，其中整车节能与控制技术、高压隔离电源变换技术、高密度电驱动控制技术等方面处于国际领先水平。

2014 年共承担包括国家 863、国家科技支撑和新能源汽车产业技术创新工程在内 10 个国家级科研项目和 6 个省市区级科研项目，依托研发项目，实施汽车产业技术转型战略，提高企业自身研发水平并加快发展“纯电驱动”电动客车产品，推进节能与新能源客车产业化进程。

宇通拥有国内完备的节能与新能源客车产品型谱，其中包括 6～14 米纯电动客车、10～18 米插电式客车、8～18 米混合动力客车，产品覆盖公交、旅游、团体和专用车等各类细分市场。已累计取得 32 款混合动力客车公告、34 款插电式混合动力客车公告和36款纯电动客车公告，其中65款入选《节能与新能源汽车示范推广应用工程推荐车型目录》，24款入选《免征车辆购置税的新能源汽车车型目录》。节能与新能源客车销售上牌6823辆，较2013年同比增长83.9%，市场占有率达到33.62%。实际线路混合动力客车节油率达35%以上、插电式客车节油率达50%以上、纯电动客车电耗低于0.8kWh/km。宇通第二代燃料电池—动力电池电电混合动力客车也已经试制完成，单次加氢续驶里程可以满足公交工况运营需求。

五、主要产品

序号	名称	型号	类别
1	宇通牌ZK6105CHEVNPG4型混合动力城市客车	ZK6105CHEVNPG4	插电式
2	宇通牌ZK6180CHEVNPG3型混合动力铰接城市客车	ZK6180CHEVNPG3	插电式
3	宇通牌ZK6120CHEVNPG4型混合动力城市客车	ZK6120CHEVNPG4	插电式
4	宇通牌ZK6125CHEVNPG4型混合动力城市客车	ZK6125CHEVNPG4	插电式
5	宇通牌ZK6105CHEVNPG3型混合动力城市客车	ZK6105CHEVNPG3	插电式
6	宇通牌ZK6125BEVG5型纯电动城市客车	ZK6125BEVG5	纯电动
7	宇通牌ZK6701BEVQ3型纯电动客车	ZK6701BEVQ3	纯电动
8	宇通牌ZK6701BEVG3型纯电动城市客车	ZK6701BEVG3	纯电动
9	宇通牌ZK6106BEV2型纯电动客车	ZK6106BEV2	纯电动
10	宇通牌ZK6115BEV2型纯电动客车	ZK6115BEV2	纯电动
11	宇通牌ZK6125FCEVG1燃料电池城市客车	ZK6125FCEVG1	燃料电池

六、合资合作

2014年，宇通积极与国内零部件企业和科研院所进行深入合作，共同参研省部级以上科研项目10项，其中包括国家"十二五"863计划项目4项，国家科技支撑计划项目2项，国家重大科技成果转化项目1项，2012年国家重点产业振兴和技术改造专项1项，并与清华大学、北京理工大学、吉林大学、中国汽车技术研究中心、中国汽车工程研究院等国内知名高校和科研院所建立了产学研合作关系。

七、发展规划

宇通将继续加大在节能与新能源客车研发和产业化推广的投入，坚持三横五纵矩阵式发展策略和平台化战略，依托纯电动、插电式和燃料电池三大系统平台，紧紧抓住"系统集成技术、车载能源技术、电驱动系统技术、整车控制技术、电动化附件技术"五大核心技术，以"节能技术、安全技术、可靠性技术、电磁兼容技术和测试评价技术"为基础，推进动力总成模块化及动力系统平台化，实现纯电驱动技术平台"一体化"，打造适应市场、有竞争力的三化产品。

持续完善并提升节能与新能源客车电控、电机及车载能源系统的测试评价体系。掌握电机控制系统关键开发及测试技术；建立动力电池的测试评价体系，深入分析动力电池安全性和使用寿命的影响因素，指导电池选型和整车对电池的应用，延长电池使用寿命，提高安全性。研究并完善基于混合动力系统、纯电动系统和燃料电池系统三大平台的动力性、经济性等关键指标的测试方法，并逐步建立动力系统性能评价能力，有效支撑高效、节能的产品开发。进一步提升电动化附件系统的性能与可靠性评价能力与体系建设，科学客观地评价产品的可靠性。持续开展电磁兼容测试能力建设，重点研究电磁兼容性能测试手段和测试方法。

通过节能与新能源产品实现良性循环，在纯电动和插电式方面实现产品的标准化、模块化、通用化、平台化，通过关键零部件规模化实现成本优势；优化节能与新能源客车产品的生产流程，提升生产效率和产品质量的一致性。

北汽福田汽车股份有限公司北京欧辉客车分公司

一、发展概况

1.2014年1～12月

福田欧辉客车事业部（北汽福田汽车股份有限公司北京欧辉客车分公司）是福田汽车以同步全球领先核心动力科技创造的中高端品质大中客车产品，旨在以先进的全承载、新能源技术致力于为客运、公交、旅游客户提供安全、可靠、环保的客运解决方案。2014年，福田欧辉客车在整车控制集成技术、智能安全技术、节能技术、试制试验技术等领先的新能源核心技术方面继续突破，完成燃料电池、纯电动、插电式混合动力等多项国家863研究项目，并应用于城市客车、城间客车、校车三大产品系列，涵盖了5.9～18米全线产品。在纯电动方面，研发出适用于多种工况的在线充电、快充、快换、直充等技术路线，插电式混合动力方面包含串联、并联、混联三大动力系统。

作为一个具有社会责任感的企业，福田欧辉客车率先在行业内为客户提供了“智蓝”一体化解决方案，通过系统的产品解决方案、一体化运营支持、客车行业首家一站式嵌入服务以及商务金融解决方案，以“新能源客车运营模式专家”的身份，强势驱动城市“绿色公交”全新里程。

2. 2015 年 1～3 月

2015 年，福田欧辉客车以新能源市场快速发展为契机，凭借福田集团技术资源、市场资源、人才资源等得天独厚的资源优势，走自主技术发展道路，通过掌握整车控制集成等新能源的核心技术，来实现产品技术领先与海内外市场并取战略。在产品方面，通过自主创新，全面发展从插电式混合动力、纯电动到燃料电池的不同技术路线的新能源客车产品，发展智能化的新能源客车产品，做新能源技术全球领先者，实现中国汽车技术弯道超车的“汽车梦”；在市场方面，凭借福田集团网络资源的优势，通过分销模式创新，进入欧美一类海外市场，成为世界新能源客车的主流供应商。

二、生产经营

1. 2014 年 1～12 月

2014 年，国内年度最大新能源订单在北京怀柔交付，700 台纯电动客车，震惊业界。截至 2014 年底，福田欧辉新能源客车已累计生产一万余台，成为国内新能源客车行业的“新引擎”。

2. 2015 年 1～3 月

2015 新年伊始，福田汽车与北京公交集团签署 1909 辆清洁型公交订单，并先后与广州、徐州、长沙等公司签订了共计 258 辆欧辉新能源客车销售合同，迎来新年开门红。

结合各地补贴政策的分析，2015 年福田欧辉客车将依托集团规模优势，续写 2014 年传奇，销量目标过万辆。

三、产能建设

福田欧辉客车事业部现有资产总额近 27.1 亿元，占地面积 72.36 万平方米，员工 4000 余人，形成了以北京为中心，南北两个工厂，年产客车 2 万辆的中高端客车生产基地。

目前，已形成了城市客车、城间客车、校车三大类完整的产品系列，产品涵盖 5.9～18 米系列大中型客车、柴油类产品、NG 和新能源城市客车。目前拥有 10 个车身平台，6 个底盘平台和 500 多个产品资源，全部具有独立的知识产权。

四、技术进展及研发能力进展

福田欧辉客车拥有整车控制集成技术、智能安全技术、节能技术、试制试验技术等领先的新能源核心技术，尤其是自主研发的 e－AIR 发动机智能冷却系统、4D 防护车身技术、整车阴极电泳等核心领先技术，确保用户安全可靠驾驶，经济便捷运营。

领先科技成就卓越的产品性能，福田欧辉客车集安全可靠、经济环保、高端品质于一身，在强电安全方面做到了世界第一。

五、主要产品

序号	名称	型号	类别
1	智蓝 F3 纯电动迷你巴士	BJ6650EVCA	纯电动
2	智蓝 F6 弥勒电动巴士	BJ6851EVCA	纯电动
3	智蓝 F9 城市明星纯电动客车	BJ6123EVCA	纯电动
4	都市 e 巴新能源商务班车	BJ6127EVCA	纯电动

六、合资合作

与清华大学、北京理工大学形成了“产学研”专项合作机构，申报多项国家专利技术，成为名副其实的国内新能源技术发展的前沿标兵。

七、发展规划

未来，福田欧辉将逐步从“产品出口”全面走向具有战略意义的国际“深度合作”：2015—2017 年福田欧辉力求实现海外市场从贸易销售向经营市场的转变；2018—2023 年，进入欧洲、北美等一类海外市场，海外销量达到 1.6 万辆。依托福田集团 2020 战略，福田欧辉客车将向着成为世界新能源客车的主流供应商而努力。

湖南南车时代电动汽车股份有限公司

一、发展概况

湖南南车时代电动汽车股份有限公司（以下简称“南车时代电动公司”）是中国第一家获得新能源汽车制造资质的企业，具备很强的电机、电控等关键零部件和动力系统总成以及整车研发和制造能力，是北京奥运会、上海世博会、广州亚运会等国际盛会新能源车辆动力系统总成的最大提供商。

源自高铁，名门血统：共享中车电机技术、变流技术、网络控制技术、车载信息技术等核心技术平台。

原创动力，全球领先：以电机、电控、电池应用三大关键技术引领节能与新能源客车市场，推出了纯电动、插电式混合动力、在线充电、普通混合动力等动力系统平台的节能与新能源系列车型。

缘于863，国研团队：自2001年起先后承担了20多个涉及电机、电控、电源、动力系统集成、电动整车集成、电动整车试验与运营管理等全纵深的技术领域的国家“863”课题。

截至2014年底，已有8000多辆节能与新能源公交车为26多个城市服务，车辆运营总里程达12亿公里，平均出勤率超过98%，实际线路运营节油率超过30%，单台车每年可减少CO_2排放8吨以上，并显著减少PM2.5等颗粒物排放。

2015年，向全国各地销售近3000台增程插电式公交车，300余辆纯电动车，实际运营中，车辆实现了更低的排放和更高的节油率（平均减排率为80%以上，节油率为40%以上），得到了用户的高度认可。并研发出6～12米纯电动城市客车，8～12米增程插电式城市客车。

二、生产经营

2014年1—12月年产值12亿元

三、产能建设

公司目前具备年产整车10000辆，系统及关键零部件20000套的生产能力，是我国节能与新能源汽车的主要研发生产基地。

四、技术进展及研发能力进展

2014年，在公司统筹规划下，以“在节能与新能源客车领域，强化‘四电’基础能力研究，打造纯电驱动全系列化车型，产品关键性能达到行业领先水平，达到行业先进水平”为目标，重点开展了纯电动车、插电式混合动力车、深度混合动力车、全承载车、新型混合动力系统等方面的研究。形成了6～12米纯电动城市客车，8～12米增程插电式城市客车新产品。

五、主要产品

整　车

序号	名称	型号	类别
1	增程插电式城市客车	TEG6129EHEVN05	—

续表

整　车

序号	名称	型号	类别
2	增程插电式城市客车	TEG6106EHEV03	—
3	纯电动城市客车	TEG6129BEV01	—
4	纯电动城市客车	TEG6820BEV	—
5	纯电动城市客车	TEG6600EV01	—

零部件

序号	名称	型号
1	离合器从动盘	JL395BIIAA1
2	离合器压盘	395
3	永磁同步电机	JF231（外）tDriver－MN7（内）
4	直驱异步电机	JD156A（外）tDriver－MB2（内）
5	助力转向总成	HDZXB1416/3

六、合资合作

我公司开始实施“走出去”战略，与国外企业进行合作。公司与巴西运营商、中国台湾运营商及制造企业建立深入的合作关系，共同发展新能源汽车。

七、发展规划

愿景：打造全国节能与新能源客车第一品牌，成为国际知名的节能与新能源汽车全面解决方案服务商。

使命：为社会创造安全环保的交通工具；为股东创造持续增长的投资收益；为员工创造实现自我的事业平台；为顾客创造超越期望的使用价值。

品牌定位：高端、舒适、专业，节能与新能源客车国内第一品牌。

品牌战略：着眼于培育国际品牌，把差异化的理念提升到市场竞争的顶层，探索将国际整车品牌基因植入中车品牌，以国际一流品质铸就品牌，以品牌带领企业长远持续成长。探索结合中车高铁技术，引入高铁动车组及城轨车辆设计元素，打造新能源公交车高端品牌。

金龙联合汽车工业（苏州）有限公司

一、发展概况

2014年全年，累计销售新能源客车2115辆，同比增长110%；销售额19.5亿元，同比增长160%。其中，2014年11—12月纯电动客车销量1000台，销售额超8亿元。

二、生产经营

2014年全年，总销售量25615台，同比增长0.77%；销售额100.53亿元，同比增长9.06%。

2015年第一季度，累计实现销量4905台，同比增长20.07%；累计实现销售额231589.74万元，同比增长79.28%。

三、主要产品

序号	名称	型号	类别
1	纯电动大巴	KLQ6109TAEV1	—
2	纯电 H6V	KLQ6601BEV	—
3	纯电社区巴士	KLQ6832GEV	—
4	中型高端公务车	KLQ6702EV	—

安徽安凯汽车股份有限公司

一、发展概况

2014 年，安徽安凯汽车股份有限公司（以下简称“安凯”）本着“以客为尊”理念，持续加大对新能源汽车的研发投入和市场推广经验的积累，并在电动客车整车集成与匹配、动力系统集成技术、整车控制系统、电机控制技术、远程监控技术等核心技术方面取得突破性进展。

作为国内首条纯电动公交线路的服务商，到 2015 年 1 月 23 日，30 辆安凯牌纯电动公交已正式服务运营 5 年，运行总里程近 700 万公里，平均单车运行超过 22 万公里，最高运行里程达 34 万公里，直接减少城市二氧化碳排放量达 7800 余吨。

截至 2015 年一季度，安凯已有 47 款纯电动客车。31 款混合动力客车获得产品广告，形成了集 6～12 米纯电驱动公交、旅游和通勤客车、10～12 米插电混合动力城市客车、高档商务等新能源客车于一体的全系列产品平台。

二、生产经营

2014 年安凯连续第五年实现客车销量过万辆，1—12 月合计销售客车 10454 辆，其中出口 1604 辆，各项业务共计实现销售收入 48.37 亿元。

2015 年 1—3 月，安凯凭借在新能源领域的良好基础，持续保持新能源市场的稳步增长，顺利实现在北京、上海、广东、天津、大连、山东等主要市场的批量推广，预计全年可落实新能源订单逾 3000 辆。

三、产能建设

2015 年，安凯新能源生产基地正式投产，具备 6000 辆新能源客车整车、1.2 万套客车关键动力总成和 1.5 万套新能源汽车关键核心动力总成的生产能力，新基地的投产也标志着安凯年产 20000 辆客车的制造能力得到实现。

四、技术进展及研发能力进展

安凯自 2003 年开始研发新能源汽车，始终坚持重点发展纯电动和增程式电动客车，同步开发混合动力，跟踪燃料电池技术的技术路线，2014 年，安凯技术中心被认定为国家级企业技术中心，科技部下属的国家级电动客车整车系统集成工程技术研究中心及国家科技支撑计划等国家级项目均按计划实施，公司自主研发的第 3 代三相交流异步电机实现大批量自产。

2014 年 9 月，新一代新能源客车管理系统——安凯新能源“e 控”系统正式发布上市。“e 控”系统首次将传统机械开关和操控模式融合至 12 寸液晶触摸屏中，以“整车控制系统”“电机驱动系统”和“能量管理系统”为基础，9 大功能，全方位多角度解决新能源客车在运营过程中的各种问题，引领中国新能源客车全面进入智能大屏时代。

2014 年 10 月 19 日，拥有“全铝车身”“碰撞安全检查模块”“三元材料动力电池”等多项突破性科技成就的安凯第 5 代纯电动城市客车正式上市。该产品在公交工况下，续驶里程可达到 350 公里以上；在理想工况下，续驶里程将达到 500 公里以上，综合性能指标国内领先。

五、主要产品

整　车

序号	名称	型号	类别
1	7 米纯电动商务中巴	安凯牌 HFF6705BEV	纯电动
2	8 米纯电动旅游/通勤客车	安凯牌 HFF850K10EV	纯电动
3	10 米纯电动旅游/通勤客车	安凯牌 HFF101K10EV	纯电动
4	11 米纯电动旅游/通勤客车	安凯牌 HFF110K10EV	纯电动
5	6 米纯电动社区巴士	安凯牌 HFF680GEVB	纯电动
6	8 米纯电动城市客车	安凯牌 HFF6850G03EV	纯电动
7	10 米纯电动城市客车	安凯牌 HFF100G03EV－3	纯电动
8	12 米纯电动城市客车	安凯牌 HFF123G03EV－2	纯电动
9	12 米纯电动城市客车	安凯牌 HFF129G03EV	纯电动
10	11 米双层纯电动城市客车	安凯牌 HFF110GS03EV	纯电动
11	10 米插电混合动力城市客车	安凯牌 HFF100G03CHEV－2	插电式混合动力
12	11 米插电混合动力城市客车	安凯牌 HFF110G03CHEV－2	插电式混合动力
13	12 米插电混合动力城市客车	安凯牌 HFF120G03CHEV－2	插电式混合动力
14	12 米插电混合动力城市客车	安凯牌 HFF128G03PHEV－2	插电式混合动力

六、发展规划

强化市场导向和技术进步，坚持重点发展纯电动和增程式电动客车，同步开发混合动力客车，及时跟踪燃料电池技术的技术路线，开发“有技术”和“有特色”的新能源汽车产品，形成市场领先地位。

五龙电动车（集团）有限公司

一、发展概况

五龙电动车集团是在香港联交所主板上市的，专门从事新能源电动汽车产业链整合及国际电动汽车市场开发的国际化公司（股票代码00729）。在电动汽车领域默默深耕5年后，于2014年浮出水面，成为业务范围涵盖电动汽车全产业链的企业集团，目前拥有电动汽车整车和动力电池两个一级研发中心、两个锂电池生产工厂、两个国内整车生产基地和一个海外生产基地。

早在2010年，五龙电动车集团就与汽车整车研发实力居国内独立汽车设计公司前三甲的简式国际汽车设计（北京）有限公司进行电动汽车研发方面的合作，2011年底完成简式的重组，作为集团的一级整车研发机构。简式核心研发团队具有30多年研发实践经验，专业技术人员500余人，2010年开始长江电动汽车系列产品的研发，目前全面掌握电池、电机、电控核心技术，拥有电动汽车专利70多项。

五龙电动车集团设立在上海的动力电池及动力电池系统研发机构——中聚电池研究院现有专业技术人员300余人，其技术带头人为科技部863计划动力电池项目的首席科学家，通过与上海交大合作，实现了基础研究与产业化的无缝对接，申请了超过86项的动力电池制造及系统集成专利。

2014年初，五龙电动车集团收购杭州长江客车有限公司，并在其基础上增资扩股组建杭州长江汽车有限公司，在杭州市余杭经济技术开发区征地1200余亩，建设包括冲压、焊装、涂装、电控、总装五大工艺的电动汽车核心工厂，2015年6月初建成。

2014年5月，五龙电动车集团收购原云南美的客车制造有限公司并在其基础上增资进行技术升级和扩能改造，2014年11月初正式投产。

2014年6月，五龙电动车集团与美国史密斯电动车公司签订战略合作协议，并注资成为其单一最大股东，规划从2015年下半年起，以SKD的方式在美国生产纯电动物流专用车。

2014年8月，五龙电动车集团组建了中聚杭州系统公司，开展集团动力电池系统及充电设施建设的延伸业务。

五龙电动车集团坚持正向自主开发原则，旨在打造覆盖面广泛的全新电动汽车系列，并选择了纯电动客车作为首发车型。经过寒区、高温、高湿、高原等系列试验，可靠性试验里程累计超过100万公里。6～8米纯电动及增程型中巴车、6～9米纯电动及增程型商务车、10～12米纯电动低地板公交车均已验证成熟。此外，6～9米微公交车、纯电动小型SUV、纯电动客厢式物流车均已进入试验验证阶段，纯电动平头物流车、纯电动轻卡及专用车也将在2015年内完成产品研发。

在强大的研发能力和产能支持下，长江电动汽车的产品线不断丰富并极具竞争力，它的上市必将引领行业新风，树立产品标杆，改变国内乃至国际电动汽车市场格局。

二、生产经营

五龙电动车集团旗下的生产企业已有20余款车型列入工信部汽车产品公告和《节能与新能源汽车示范推广应用工程推荐车型目录》，并获得了超过3000辆的市场销售订单。云南五龙已于2014年11月8日正式投产，2015年1—5月分别与昆明公交集团、辽源公交公司、东航实业集团等签订了合作框架协议；杭州核心工厂于2015年7月实现批量生产。

三、产能建设

五龙电动车集团分别在杭州和昆明建有整车生产基地。其中，杭州核心工厂位于余杭经济技术开发区，占地1200余亩，除传统的冲压、焊接、涂装、总装等工艺外，还重点建设了电控零部件分厂。作为全新建设的核心工厂，投资高达51亿元，生产纲领为中巴客车及商务客车20000辆，小型SUV 80000辆。云南工厂年产10000辆的生产能力已全面升级改造完成。

五龙电动车集团的锂电池生产工厂总产能已达8亿瓦时/年，包括吉林生产基地的3.84亿瓦时/年和天津生产基地的4.16亿瓦时/年。其中，天津在建的二期动力电池项目设计产能为15.04亿瓦时/年，2015年底建成投产。规划三期动力电池项目设计产能为28.8亿瓦时/年。

四、技术进展及研发能力进展

在优秀的研发团队和充足的资金支持下，核心部件均由集团自主开发和自主生产，通过掌握这些关键部件的知识产权和生产制造控制权，在降低产业化电动汽车生产成本的同时，占领电驱动关键零部件的技术制高点，从而打造电动汽车的核心竞争力。

（1）自主研发了5吨、8吨、10吨、13吨级的轮边电机驱动桥，其5吨级轮边电机桥在中巴车和商务车上的应用属全球首创；

（2）多重保护的动力电池包在高低温控制及主动均衡方面处于国际先进水平，可确保它在高温、高寒的环境下正常运行。

（3）率先完成整车控制器在集成电子差速、操纵稳定性及制动能量回收系统的开发。

（4）电机控制器在可靠性和功率密度比方面实现了优化，达到领先水平。

（5）在首发车型上应用了独立开发的大载量、轻自重的双横臂式前独立悬架，使整车具有卓越的舒适性和操纵稳定性。

（6）利用车联网技术实现了信息交互，配置的10.4英寸智能终端既提供了服务保障也增强了时代感。

（7）整车研发基地的电动汽车试验验证设施已全面建成，建有电池系统、电控、电驱动、整车策略、整车综合性能、车身模态等实验室，设备均为国际最先进水平，2014年新增试验设备投资超过2亿元人民币。

五、主要产品

序号	名称	型号	类别
1	长江牌 FDE6750 纯电动客车	FDE6750TDABEV 01	纯电动客车
2	长江牌 FDE6750 纯电动客车	FDE6750TDABEV 02	纯电动客车
3	长江牌 FDE6810 纯电动客车	FDE6810TBABEV 01	纯电动客车
4	长江牌 FDE6810 纯电动客车	FDE6810TDABEV 01	纯电动客车
5	长江牌 FDE6120 纯电动城市客车	FDE6120PDABEV 01	纯电动城市客车
6	长江牌 FDE6120 纯电动城市客车	FDE6120PBABEV 01	纯电动城市客车
7	长江牌 FDE6810 纯电动客车	FDE6810TDABEV 02	纯电动客车

续表

序号	名称	型号	类别
8	长江牌 FDE6600 纯电动客车	FDE6600TDABEV 01	纯电动客车
9	长江牌 FDE6750 增程式电动客车	FDE6750TDSHEV 01	混合动力客车
10	长江牌 FDE6810 增程式电动客车	FDE6810TDSHEV 01	混合动力客车
11	长江牌 FDE5080XXYABEV01 纯电动厢式运输车	FDE5080XXYABEV 01	纯电动厢式运输车
12	长江牌 FDE5060XXYABEV01 纯电动厢式运输车	FDE5060XXYABEV 01	纯电动厢式运输车

六、合资合作

五龙电动车集团积极推进与国内外知名企业、科研院校的技术合作。其中，与吉林大学、合肥工业大学在电动汽车关键技术、汽车NVH等方面开展合作；与上海交大、西门子集团、大陆集团、博世集团、米拉集团以及奔驰技术集团（M. B－TECH）在汽车造型、电池、电控、整车调较等方面进行广泛、深入的合作。

七、发展规划

五龙电动车集团的战略目标是实现电动汽车的真正产业化，着力打造具有国际竞争力的自主品牌。遵循市场在资源配置中起决定性作用的客观规律在2015年到2020年期间，集团将以安全性、可靠性和舒适性为突破口，使得续驶里程、电池系统寿命基本满足用户日常出行里程需要；2020年以后，主要实现对传统汽车在性能（包括续驶里程）和生产成本上的全面超越，使产品价格实现与同级别、同档次的传统汽车接轨。

为此，五龙电动车集团在保持已有技术优势的基础上，不断壮大研发队伍，提高产能规模，着重实现电池、电控、电机等核心技术的再突破并丰富拓展已有产品线，以多样化的产品满足不同的市场需求。集团还将构建与众不同的新型供应商体系以及营销模式，全方位保障产品竞争力。

能源和环境的严峻形势使得发展新能源汽车上升到了国家战略层面。面对这次产业革命，必须有新生力量来颠覆传统的思维定式，推动新能源电动汽车的健康发展，五龙电动车集团力争成为这样的中坚力量，为我国新能源汽车产业的发展做出更大的贡献。

扬州亚星客车股份有限公司

一、发展概况

1. 2014 年 1—12 月

早在 2001 年，扬州亚星客车股份有限公司（以下简称“亚星”）与江苏大学汽车学院合作，研发了第一部纯电动客车 YZL6701。2014 年，在秉承原有经验的基础上，亚星客车进一步强化对标意识，加大对新能源客车研发经费的投入，大规模引进成熟人才，组建新能源技术团队，攻关核心技术和工艺，强势扭转产品结构，取得了突破性进展，并优化了跨越 10 米、11 米、12 米长度区间的完备的产品系列和谱系。

经过多年孜孜以求的探索和实践，亚星踏出了一条自主研发、掌控核心技术的成功之路，已经形成以全承载车身、动力系统优化、轻量化设计等为主要特点的产品系列。目前，亚星的战略已经非常明确——亚星将以新能源客车为主要发展方向，将新能源客车产业作为驱动亚星发展的强劲动力。

此外，亚星加强新能源市场推广力度，在扬州等重点区域实施新能源运营示范，并根据市场需求和反馈指导产品改进升级。亚星新能源客车不仅在国内颇受用户的认可，已销售到大连、扬州、天津、济南、苏州等地区，而且凭借亚星 12 米锂电池纯电动公交的优异表现，成功出口美国，赢得了美国客户的信赖。

2. 2015 年 1—3 月

2015 年将是新能源爆发性增长的一年。亚星以新能源客车为主要发展方向，提出“绿色动力，星级客车”的宣传主题，并制定 2015 年新能源销量比去年翻一番的销售目标。新能源销量明显增加，批量销往大连等地。

二、生产经营

2014 年 1—12 月共销售 4000 多辆客车（含出口）。

2015 年 1—3 月共销售 900 多辆客车。

三、产能建设

亚星拥有扬州和厦门两个生产基地。厦门基地占地总面积 10 万平方米，主要生产高科技新能源混合动力客车、纯电动客车及欧Ⅴ低排放豪华客车，产品出口到欧洲、美国、澳洲等发达国家。扬州基地，2013 年 8 月扩张投产，产能近 3 万台，拥有国内一流的客车生产线和产品研发试验室。

四、技术进展及研发能力进展

潍柴动力入主亚星后，亚星客车进一步强化对标意识，加大对新能源客车研发经费的投入，组建新能源技术团队、攻关核心技术工艺、强势扭转产品结构，取得突破性进展，形成了完备的产品系列和谱系。

在新能源客车的布局方面，在亚星客车雄厚的整车开发集成实力之外，潍柴动力专门提供新能源动力系统，上千人的研发团队将会在系列化、模块化方面支持亚星。

亚星创出一条自主研发、掌握核心技术的成功之路，在全承载车身、动力系统优化、轻量化设计等方面拥有强大核心竞争力。

目前，亚星插电式混合动力客车搭载潍柴自制的并联混合动力系统或福工 ISG 混联混合动力系统，已完成 10 ~ 12 米的产品延展。

五、主要产品

整 车

序号	名称	型号	类别
1	亚星 JS6128GHEV 型混合动力城市客车	JS6128GHEV	混合动力
2	亚星 JS6128GHEVC 型混合动力城市客车	JS6128GHEVC	混合动力
3	亚星 JS6108GHEV 型混合动力城市客车	JS6108GHEV	混合动力
4	亚星 JS6128GHEVC 型混合动力城市客车	JS6128GHEVC	混合动力
5	亚星 JS6108GHBEV 型纯电动城市客车	JS6108GHBEV	纯电动
6	亚星 JS6128GHBEV 型纯电动城市客车	JS6128GHBEV	纯电动

山东沂星电动汽车有限公司

一、发展概况

2014 年，山东沂星电动汽车有限公司（以下简称“沂星公司”）完成老厂区扩能改造项目，新建生产车间 1.78 万平方米，购置各类设备 130 余台/套，新增产能 1000 台。SDL6120EVG5、SDL6100EVG、SDL6100EVL、SDL6120EVG7 等四款纯电动客车列入工信部汽车产品公告和《节能与新能源汽车示范推广应用工程推荐车型目录》。

2014 年 11 月年沂星公司获批由中共山东省委组织部、山东省科学技术厅、山东省财政厅、山东省人力资源和社会保障厅、山东省科学技术协会联合颁发的“院士工作站”。

2014 年沂星公司承担交通部《纯电动城市客车通用技术条件》标准的编制任务，现已完成报批稿。

2014 年沂星公司有 13 个车型列入新能源汽车免征车辆购置税目录。

截至 2014 年底，已有 600 多辆沂星纯电动客车在山东临沂、青岛、日照、淄博，河南新乡，浙江余姚，广州，武汉，深圳以及香港等地投入示范运行，累计运行总里程已超过 7000 万公里。单车最长运行里程已达 40 万公里，在运行数量和运行里程方面，都走在国内同行业的前列。

2015 年第一季度，沂星公司 SDL6830EVG 研发完成并列入工信部汽车产品公告和《节能与新能源汽车示范推广应用工程推荐车型目录》。

二、生产经营

2014 年，沂星公司生产电动汽车 142 辆，实现销售收入 11899 万元；出口 4 辆，创汇 152.5 万美元。

2015 年第一季度，沂星公司共销售纯电动客车 32 辆，实现销售收入 3473 万元；出口 2 辆，创汇 67.4 万美元。

三、产能建设

2014 年，沂星公司完成老厂区技术改造项目，新增生产厂房 1.78 万平方米，新增各类设备 130 余台（套），新增产能 1000 台。

四、技术进展及研发能力进展

1. 沂星公司研发了 SDL6120EVG7、SDL6830EVG 等新车型。

2. 沂星公司作为主要起草单位，承担交通运输部《纯电动城市客车通用技术条件》编制工作，现已完成报批稿。

3. 沂星公司获批临沂市纯电动汽车轻量化工程技术研究中心、临沂市纯电动客车工程研究中心、山东省院士工作站。

五、主要产品

序号	名称	型号	类别
1	纯电动城市客车	SDL6120EVG	纯电动
2	纯电动城市客车	SDL6120EVG1	纯电动
3	纯电动城市客车	SDL6120EVG2	纯电动
4	纯电动城市客车	SDL6120EVG3	纯电动
5	纯电动城市客车	SDL6120EVG4	纯电动
6	纯电动城市客车	SDL6120EVG5	纯电动
7	纯电动城市客车	SDL6120EVG6	纯电动
8	纯电动城市客车	SDL6120EVG7	纯电动
9	纯电动城市客车	SDL6121EVG	纯电动
10	纯电动城市客车	SDL6100EVG	纯电动
11	纯电动城市客车	SDL6100EVG1	纯电动
12	纯电动城市客车	SDL6100EVG2	纯电动
13	纯电动双层城市客车	SDL6110EVSG	纯电动
14	电动旅客摆渡车	SDL6140EBD	纯电动
15	纯电动旅游客车	SDL6100EVL	纯电动
16	纯电动城市客车	SDL6830EVG	纯电动
17	纯电动客车	SDL6700EV	纯电动
18	纯电动厢式运输车	SDL5020XXYEV	纯电动

六、发展规划

沂星公司将在临沂高新技术产业开发区建设电动汽车产业园，项目占地 1560 亩，一期投资 44.5 亿元，主要进行纯电动客车整车生产，同时引进电池、电机和汽车零配件等新能源汽车相关配套企业，计划利用 3～5 年的时间，达到年产 2 万辆电动客车的生产能力，实现产值 300 亿元，建成产业配套齐全、技术领先、全国规模最大的电动汽车研发生产和出口基地。

深圳市五洲龙汽车有限公司

一、发展概况

深圳市五洲龙汽车有限（集团）公司（以下简称“五洲龙”）总部位于深圳市龙岗区宝龙工业城，是国内最早从事新能源客车生产研发的高新技术企业。集团总占地面积 110 万平方米，员工 7000 余人，技术研发人员 600 多人。五洲龙公司依据“立足深圳，面向全国，走向世界”的企业发展理念，从 2009 年开始，先后在重庆、沈阳、揭阳等地投巨资成立新能源汽车及动力电池子公司，其产品涵盖新能源汽车产业链的所有关键环节，目前已具备整车年生产 30000 辆、钛锰合金动力锂电池 3 亿安时的生产能力。集团以“五洲龙”牌新能源客车为主导产品，即混合动力、纯电动、燃料电池、清洁燃料客车，同时还包括传统柴油客车及公交车系列和专用医疗车辆系列。目前有国家公告目录品种多达 150 多个，车长范围 6～13.7 米。产品不仅畅销国内 20 多个省、市、自治区以及港澳地区，还远销中东、拉美、非洲、亚太等地区的 40 多个国家。海外销售配有专业的国际售后服务团队对客户进行实地售后服务，产品质量及售后服务都得到客户的一致好评。

二、产能建设

为加大公司研发力度，2014 年公司对原有的新能源汽车研发中心进行了扩建，增加了机动车综合性能测试仪、三维设计软件 CATIA 等设备软件，目前已经具备对新能源汽车整车控制器、混合动力系统总成、发动机总成、电机及其控制系统、动力电池及其管理系统检测及性能评价的能力。五洲龙对自主开发的五洲龙新能源汽车云计算信息监控指挥系统进行升级，升级后的监控指挥系统对车辆实施实时监控、管理和数据计算处理；为车辆管理、售后服务的站点、人员进行合理化配置；通过“云”共享与交通运营企业平台、充电运营平台互传数据，提供增值服务；五洲龙新能源汽车云计算信息监控指挥系统监控管理和车辆管理功能，具备车辆运营管理及运营调度管理功能；与充电运营平台连接可以有效调度和合理安排充电。

三、技术进展及研发能力进展

五洲龙从涉足客车产业伊始就明确了发展新能源客车的战略，决心以自主创新为根本，立志成为中国新能源客车第一品牌。经过 11 年的发展，集团现已建成现代化的“新能源汽车研发大楼”，专业研发人员达 300 多名。作为国内唯一承担多项国家 863 项目、多次参与新能源汽车准入标准、国家财政补贴标准、充电标准制定的企业，五洲龙先后承担了国家科技支撑计划，国家发改委、工信部重大项目，五次承担国家 863 新能源汽车研究项目和六次参与国家新能源汽车准入、国家财政补贴标准、市公交充电标准的倡导与制定。同时，五洲龙拥有 40 多项国家发明、实用新型专利技术，是国内拥有专利数量最多的新能源汽车生产企业之一。五洲龙核心自主知识产权混合动力控制系统经过 14 代的发展已经发展成为国内首家同时配置能量智能控制系统、电机控制系统、自动离合器控制系统、电子信息管理系统的一体化智能混合动力控制器。成熟的控制器使五洲龙新能源客车具有智能、平衡、节油、可靠、安全等特点，使整车的可靠性大大提高，同时与传统客车相比节油率高达 25%～30%。

四、主要产品

序号	名称	型号	类别
1	插电式混合动力大巴	FDG6113HEVN5	混合动力
2	插电式混合动力大巴	FDG6115HEVG3	混合动力
3	插电式混合动力大巴	FDG6115HEVG1	混合动力
4	插电式混合动力大巴	FDG6121HEVG	混合动力
5	纯电动城市大巴	FDG6112EV	纯电动
6	纯电动城市大巴	FDG6117EVG1	纯电动
7	纯电动城市中巴	FDG6602EV2	纯电动
8	纯电动厢式运输车	FDG5020XXYEV	纯电动
9	纯电动城市中巴	FDG6603EV	纯电动
10	纯电动城市中巴	FDG6851EVG3	纯电动

五、合资合作

在对外合作上，五洲龙积极推动产学研结合，与同济大学、广东工业大学、中科院深圳先进院、东莞中山大学研究院等国内著名科研院校开展合作，优势互补，将先进的科研成果迅速转化为生产力。

六、发展规划

坚定不移地把五洲龙公司建设成资源节约型，环境友好型的自主创新型企业。未来五年五洲龙将继续以新能源汽车为核心，兼顾传统客车的发展；以深圳为总部，布局全国，走向世界，以新能源客车、控制系统和动力电池等核心技术引领市场，力争在 2017 年实现整车和电池产业产销值突破“双百亿”，成为我国新能源客车主要骨干企业之一，同时随着五洲龙新能源客车产能扩张，以及港澳及东南亚市场的开拓，公司拟建设中筹建五洲龙大型客车维保中心，建成全国最大的五洲龙新能源客车 4S 店为目标，面向华南地区，辐射港澳地区。我们将一如既往地以打造民族汽车品牌为己任，为实现新能源汽车强国梦而不懈奋斗。

东风扬子江汽车（武汉）有限责任公司

一、发展概况

东风扬子江汽车（武汉）有限责任公司（以下简称“扬子江汽车”）源自 1929 年武汉公用汽车修配所，于 1950 年建厂，后更名为武汉市公用客车厂，2004 年改制。扬子江汽车有着 60 余年的城市客车研发、制造的专业技术实力与基础。扬子江汽车主要从事客车、专用车的整车研发、生产、销售和服务以及经营清洁能源供应链等。

2010 年扬子江汽车迁入武汉金银潭工业园新基地。新基地建筑面积 14 万平方米，拥有国内最先进的硅烷磷化防腐处理、陶化处理、步进式电泳线、热张拉蒙皮技术等现代化客车生产设备与工艺，拥有用于新能源试验、检测的电池管理系统测试仪，测功机控制台，整车控制模拟台架等设备及建有完善的纯电动在线充客车专用试验线网和试车跑道、检测设备等。

扬子江汽车是全国大客车和机械行业重点生产厂家，中国城市车辆专家委员会委员单位。扬子江汽车获得了国家新能源汽车整车生产准入资质，通过国家 3C 生产认证及 TS 16949 质量体系认证，被湖北省科技厅授予——湖北省城市客车工程技术研究中心。

扬子江汽车已有 16 年的新能源研发经验和多项成果，2002 年中国第一台混合动力公交车在扬子江汽车诞生，2012 年具有武汉特色、中国首创的纯电动在线充客车下线，开创了中国新能源汽车发展新模式。

2014 年公司与资本实力雄厚的武汉市经发投公司旗下的东湖新能源汽车（集团）有限公司进行了资产重组，通过增资控股，成功实现了企业转型，使扬子江汽车具备了更强大的发展实力。

二、生产经营

扬子江汽车目前已形成了 6 ~ 18 米的柴油、天然气、无轨电车、纯电动、混合动力五大种类 6 个车系 30 多个型号的客车产品，广泛应用于城市公交、团体旅游、公路客运等交通体系。

扬子江汽车产品行销国内 80 多个城市，并出口缅甸、秘鲁、孟加拉、泰国等海外市场。目前，扬子江汽车已在国内 32 个省、直辖市设立了服务站，以高品质的产品和精细的服务赢得广大客户的赞誉。

三、产能建设

扬子江汽车新基地建筑面积 14 万平方米，城市客车年产能达 1 万辆，是我国中部地区规模最大的城市客车生产基地。

四、技术进展及研发能力进展

1. 2011 年 6 月 13 日，获得国家新能源汽车生产准入资质，扬子江纯电动城市客车进入国家《节能与新能源示范推广应用工程推荐车型目录》。

2. 扬子江汽车在新能源产品研发上，运用全新的设计思路和材质来开发轻量化车身，研发微循环公交，研制 TRE 增程式城市客车等都取得了巨大进展。扬子江纯电动垃圾车、物流车、邮政车等新能源产品相继下线，填补了湖北新能源专用车市场空白。

3. 针对新能源汽车推广普遍面临电池、充电、续航“三大梗阻”问题，扬子江汽车结合武汉城市特色，成功研制 10 米、12 米纯电动在线充城市客车，获得国家工信部产品公告，进入国家新能源推荐目录。

4. 扬子江汽车在新能源车领域已获得多项专利技术。

五、主要产品

序号	名称	型号	类别
1	纯电动在线充城市客车	WG6124BEVH	纯电动
2	纯电动在线充城市客车	WG6100BEVH	纯电动
3	纯电动城市客车	WG6129BEVH	纯电动
4	纯电动城市客车	WG6820BEVH	纯电动
5	纯电动城市客车	WG6700BEVHN	纯电动
6	纯电动城市客车	WG6620BEVZ	纯电动
7	纯电动城市客车	WG6610BEVH	纯电动
8	纯电动垃圾车	WG5020ZXXBEV	纯电动
9	纯电动厢式运输车	WG5022XXYBEV	纯电动

六、发展规划

扬子江汽车正按照自己的十年战略规划，昂首阔步向既定目标发展。扬子江汽车将以纯电动在线充城市客车作为核心竞争产品，在现有基础上不断提升和优化，大力发展整车超轻量化技术、轮边驱动技术、能量回馈技术、大数据智慧技术，并逐步应用到新能源汽车产品中。扬子江汽车还将实现电磁感应充电、无人驾驶等技术，使新能源汽车拥有随时充、无线充等充电方式，并能进入未来物联网状态下的智慧行驶系统，让新能源汽车跑得更远、更便捷、更轻松。到 2020 年，我们将努力把扬子江汽车打造成为拥有新能源整车技术、电控技术、驱动技术于一体的新能源汽车领军强企，使扬子江新能源汽车产品全面覆盖城市公交、长途客运、商用公务、通勤租赁、特种专用作业及乘用车等领域。我们将继续致力于促进新能源汽车装备技术的进步的正能量事业，将人类带入超轻节能、零排环保、智能远控的“正能源”时代。

江西凯马百路佳客车有限公司

一、发展概况

1. 2014 年 1—12 月

江西凯马百路佳客车有限公司（原企业名称：江西客车厂，2002 年改制重组为现名），公司位于江西省南昌市昌北经济技术开发区，主要以生产高品质、高端豪华客车为主，已形成 12 大产品系列 100 多个品种，涵盖了 6～27 米的各型号高档旅游客车、城市客车、团体客车、公路客车、特种客车及房车，并具备批量生产混合动力客车、纯电动客车能力，年生产能力达 5000 辆。2010 年 12 月，公司完成与中国恒天集团的重组，注册资本达到 2.1 亿元，成为恒天集团下属唯一专注致力客车研发、生产经营的国有企业。顺应江西打造南昌核心增长极的历史机遇和南昌市培育“千亿”汽车产业集群的宏伟规划。

公司已取得 ISO 9001、3C 等相关行业认证，并具备生产符合美国 DOT 产品认证、澳大利亚 ADR 产品认证和欧盟 ECE 产品认证的豪华旅游客车和城市巴士的生产技术条件，产品远销欧美、澳洲、非洲等多个国家和地区，成为国内唯一向美国和澳大利亚等发达国家批量出口具有自主知识产权和民族品牌的客车制造商，2013 年 18 米铰接车成功进入去澳洲政府采购项目，目前已经批量出口。

新能源方面，公司从 2008 年开始从事新能源客车的研发与生产，截至 2013 年 12 月，恒天百路佳新能源客车已出口澳大利亚、欧洲、美国和中国台湾等多个国家和地区。其中，中国台湾桃园的城市公共交通新能源示范线路均采用百路佳制造的纯电动客车，2013 年台中等其他台湾地区参考桃源模式批量采用百路佳客车。

江西凯马百路佳客车有限公司为国内最早从事新能源客车研发及生产制造的企业之一，自 2007 年以来加大对新能源汽车资金投入，开展对新能源客车的产品研发及试造工作，通过与电池及控制系统供应商的战略性合作，先后投入巨资对新能源客车三大核心技术之一控制器的研发以及控制器生产线、整车检测线的建设工作，同时江西凯马百路佳客车有限公司拥有世界一流的生产加工及检测设备。

江西凯马百路佳客车有限公司一直处于快速发展的态势，尤其是加入恒天集团后，在集团的高度重视和大力支持下，公司发展势头强劲。为此，恒天集团积极以百路佳为核心部署客车产业，并连续三年增资百路佳，为百路佳的可持续发展提供保障。

2014 年，百路佳海外市场继续稳步发展，在海外的主要市场澳大利亚，百路佳客车稳居澳大利亚销售市场前三甲，2014 年 9 月，澳大利亚驻华大使、驻上海总领事还对百路佳公司进行了参观访问。百路佳中标厄瓜多尔长途客运领头羊 CIFA 批量订单。中国第一台 EPA2013 排放客车 JXK6141 已交付恒天北美市场。在中美洲，百路佳客车也实现了大批量销售，首次在哥斯达黎加实现进口客车销量第一。2014 年 10 月，百路佳客车成功服务于参加中国香港友谊赛的阿根廷国家足球队，为香港市场的拓展取得了良好的效果。

2014 年下半年国内新能源客车开始全面启动，百路佳在 2014 年销售的国内产品中，新能源车辆占比达 40.5%，为公司发展新能源车辆打下了坚实的基础。

2014 年进一步完善了公司技术队伍，提升产品研发能力，省级工程研究中心申报通过初审。2 款新产品通过省级新产品鉴定。筹建车辆智能监控系统（动态定位，数据实时传递，数据存储、分析）。启用与世界接轨的全新设计平台（WINDCHILL 系统），2014 年所有设计都在新设计平台完成，大大提高了设计质量和设计效率。年度内基本完成国内市场系列产品公告及海外新市场车型研发工作。为公司后续发展打下了良好基础。

2014 年，百路佳申请专利总数为 12 项，其中 5 项已获得批准，其他 7 项正在审批中。公司还完成新能源车及常规车型技术攻关 10 多项，如电池防撞、电控匹配、气瓶布置等。

2014 年公司在上一年度开始对技术中心信息辅助系统进行全面升级，引入产品生命周期管理（PLM）系统的基础上，陆续完成 PLM 系统在技术图纸分发无纸化办公、PLM 系统与物料需求、采购管控。财务成本控制、生产周期性管理等方面的工作，使研发工作向更高效、更便捷、更省时、更节约的方向发展。

安全管理方面，公司在 2014 年组织召开了二次全公司范围的安全会议，落实宣贯国家相关安全生产法规及集团安全生产要求，同时加强现场 5S 管理，每天有专人对生产现场进行安全巡查，保证了公司全年无安全事故。

2. 2015 年 1—3 月

2015 年公司继续沿着新能源客车和海外市场两条主线，努力完成销售收入。

2015 年将继续加大成本管控力度，提升主力产品的市场竞争力。

2015 年将通过 IT 体系建设、完善绩效考核管理体系、加强预算管理、优化人力资源，提升公司内部管理。

二、生产经营

2014 年，公司以国内市场新能源客车和海外市场为主要战略，坚持在新能源客车产品的研发和海外市场的个性化定制两方面重点投入，2014 年实现主营业务收入较 2013 年增加 8%，

2015 年 1—3 月，百路佳客车共计收到国内外订单 700 余辆，其中国内订单 200 余辆。

1 月，百路佳客车亮相美国新奥尔良汽车展。

3 月，百路佳成功获得东南亚大批量订单。

三、产能建设

2015 年继续加大海外市场拓展，争取更多市场取得批量。与国外客户共同制订销售计划表，争取均衡化生产。国内市场继续跟进新能源支持政策，加强国内重点客户的沟通联系，提前了解需求。生产方面将继续优化管理，稳定产能，提升车间管理水平。

四、技术进展及研发能力进展

2015 年将继续推进技术研发综合楼和新能源客车及扩能综合技改项目建设，确保 6 月底投入使用。

2015 年将重点建设新能源研发能力和测试评价能力。

五、主要产品

续表

序号	名称	型号	类别
1	纯电动客车	JXK6113CEV	M3
2	纯电动城市客车	JXK6113BEV	M3
3	纯电动城市客车	JXK6113BEV1	M3
4	纯电动城市客车	JXK6121BEV	M3
5	纯电动城市客车	JXK6120AG	M3
6	纯电动客车	JXK6601CEV	M2
7	纯电动客车	JXK6602CEV	M2
8	纯电动城市客车	JXK6650BEV	M3
9	纯电动客车	JXK6700CEV	M3
10	纯电动城市客车	JXK6702BEV	M3
11	纯电动城市客车	JXK6820BEV	M3
12	纯电动城市客车	JXK6822BEV	M3
13	纯电动城市客车	JXK6106BEV	M3
14	油电混合动力城市客车	JXK6100BPHEV	M3
15	油电混合动力城市客车	JXK6111BPHEV	M3
16	油电混合动力城市客车	JXK6123BCHEV	M3
17	气电混合动力城市客车	JXK6100BPHEVN	M3
18	气电混合动力城市客车	JXK6105BPHEVN	M3
19	气电混合动力城市客车	JXK6113BPHEVN	M3
20	气电混合动力城市客车	JXK6112BPHEVN	M3
21	气电混合动力城市客车	JXK6115BPHEVN	M3
22	气电混合动力城市客车	JXK6123BCHEVN	M3
23	气电混合动力城市客车	JXK6125BCHEVN	M3
24	油电混合动力城市客车	JXK6108BPHEV	M3
25	气电混合动力城市客车	JXK6103BPHEVN	M3
26	气电混合动力城市客车	JXK6110BPHEVN	M3
27	气电混合动力城市客车	JXK6120BPHEVN	M3

六、发展规划

结合公司中长期规划，以海外市场为主攻方向，国内市场立足江西市场和新能源客车。强化公司内部管理提升，IT 体系建设、完善绩效考核管理体系，确保全年经营目标的顺利完成。

同时对现有产品的性能和成本优化，提升现有产品的市场竞争力。根据前一阶段的技术积累和市场应用，优化新能源产品的技术路线，做好几个拳头产品。新能源核心技术方面加大投入，提升核心竞争力。

深圳市陆地方舟新能源电动车集团有限公司

一、发展概况

深圳市陆地方舟新能源电动车集团有限公司（以下简称“陆地方舟”）作为我国最早专门从事纯电动汽车核心技术研发及生产的国家高新技术企业，自 2001 年起，就秉承“还地球一个蓝色天空”的梦想和“做世界最有价值的电动汽车企业”的愿景，不断进行纯电动汽车核心技术钻研，历经十余年对电动汽车核心技术坚持不懈的自主研发，目前除自主拥有包括电驱动控制系统（第七代）、高效变频电机驱动系统（HIEDS）、新能源汽车整车控制系统三大核心技术和电池管理系统 BMS、车载充电系统、电动助力转向系统、高效节能电子空调制冷系统（能耗≤5%）、PTC 电加热暖气系统（实现恒温控制）、AMT 电动车用自动变速系统、电动真空助力制动系统（实现延时控制）、CAN 人机通信系统八项关键技术，还积累了丰富的产业化技术和经验。截至 2014 年 12 月，公司已授权和在申请的专利共 200 多项，其中国内发明专利 20 多项；美国发明专利 3 项；欧盟专利 14 项。

陆地方舟经过十余年的坚持和探索，从“多品种小批

量之量体裁衣”式生存模式，到持续自主研发核心技术，逐步形成规模化渐进式“稳步发展”模式，并探索出了我国新能源电动汽车这一战略性新兴产业的可行发展之路。

近年来，陆地方舟紧紧围绕国家“新能源汽车发展”的战略部署，全面推进转型发展，在业务上形成了以新能源汽车技术为核心主线，贯穿客车、乘用车、城市物流运输车、旅游观光车、新能源汽车技术研究、汽车销售六大产业板块协调发展的产业格局，在新能源客车、新能源乘用车、新能源专用车和新能源汽车技术研究四大领域拥有非常雄厚的技术和经济实力，获得国家高新科技成果，报备了8项企业标准，参与制订了多项省级行业标准。

通过十余年的潜心发展，陆地方舟已经形成了包括“深圳市陆地方舟专用车制造有限公司”、“广东陆地方舟电动车辆有限公司”、“江苏陆地方舟新能源电动车有限公司”、“广东陆地方舟新能源汽车电驱动系统有限公司”、深圳市陆地方舟电动车销售管理有限公司在内的集团性企业。

为了满足未来国家大力发展战略性新兴产业而产生的巨大市场需要，深圳陆地方舟除了电驱动中心和电动汽车研发中心外，还拥有电动汽车专用生产线，电动汽车专门检测线和电动车专用试车场等。

二、生产经营

2014年公司总体运营稳定，总收入和利润稳步增长。2014年度集团合并累计销售车辆8836辆。集团合并实现营业收入52480万元，比上年度增长16.6%；利润总额10851万元，比上年度增长2.52%；总资产达181252万元，比上年度增长0.63%；归属于母公司所有者权益合计72796万元，比上年度增长15.46%；归属于母公司所有者的净利润8986万元，比上年度增长10.58%。

各车型销售情况：

（1）乘用车及专用车

2014年实际销售8751辆（其中：乘用车7895辆，场地车856辆），销售收入33881万元。截至2014年12月31日，全国共有一级经销商103家，二级经销商120家。主要分布在山东、河南、河北、山西四省。二级经销商的数量120家相比2013年的87家，增加33家，有较大幅度提升。公司渠道下沉、深化、精耕细作的战略得到了较好执行。

（2）客车

2014年是公司涉足客车的真正元年，通过两年来的努力，开始开花结果。2014年6—12月完成129辆批量纯电动客车订单合同，订单合同金额2.046亿元（含税），实现销售85辆，销售收入8605万元，这在行业内是一个了不起的成绩，为客车的进一步市场开拓开了一个好头。

三、产能建设

1. 深圳市基地

深圳陆地方舟（注册资金2亿元人民币），位于深圳市光明新区，项目建筑面积20000多平方米，是陆地方舟最早的基地。有焊装车间、涂装车间、总装车间、检测车间、玻璃钢车间、研发中心、仓库、样板展厅及营销中心等，配套设施有试车跑道、车辆停放场、办公场所等。拥有焊装生产线、涂装生产线、自动检测线、总装生产线（2条）等生产设备。年产能为1万辆。

2. 广东佛山基地

广东陆地方舟注册资金1亿元人民币。位于佛山市高明区明城镇。项目规划用地1800亩，总投资25亿元人民币。其中一期用地600亩，投资10.3亿元，将建设纯电动乘用车冲压车间、焊装车间、涂装车间、总装车间、污水处理和动能车间、关键零部件大楼、研发大楼、职工倒班宿舍等内容。一期规划产能为A级纯电动乘用车5万辆，纯电动SUV 5万辆，电动汽车关键零部件10万套。

3. 江苏如皋基地

江苏陆地方舟位于江苏省如皋市国家级经济技术开发区，注册资金10258万元人民币。项目规划用地1200亩，预留发展用地600亩。分三期建设，其中项目一期占地734亩，投入13.7亿元。建设客车、专用车焊装车间、涂装车间、总装车间、研发中心和试制车间、检测返修车间、动能和污水处理车间、物流中心、试车跑道、展销大厅、经济型纯电动车冲、焊、涂、总四大工艺等设施。一期产能为客车、专用车各5000辆，其中50%为新能源车辆。规划生产经济型纯电动车5万辆。

四、技术进展及研发能力进展

1. 乘用车研发方面

开发J0纯电动乘用车（含4个扩展车型）并通过国家耐久性测试及强检测试。

2. 客车研发方面

2014年完成了RQ6850GEVH0、RQ6850GEVH1、RQ61000GEVH0、RQ6701XBEVH1、RQ6900GNH5P0、考斯特商务车、RQ6700XEVH0仿考纯电动车7个车型的新车研发工作；并导入PLM系统。

3. 专用车研发方面

2014年开发完成5款专用车新车型，包括车厢可卸式垃圾运输车（燃油型）、纯电动桶装垃圾运输车、纯电动车厢可卸式垃圾车、纯电动厢式运输车（单排）、纯电动厢式运输车（双排），纯电动可装卸式垃圾车（侧装式）。

4. 关键零部件研发

完成336V电机控制器的研发。

5. 乘用车整车控制器的研发

已完成乘用车整车控制器的产品研发，完成3台样机试制及J0样车装车测试。

五、主要产品

1. 整　车

序号	名称	型号	类别
1	12米纯电动城市客车	RQ6120GBEVH0P0	纯电动客车
2	8.5米纯电动城市客车	RQ6850GEVH3	纯电动客车
3	7米纯电动客车	RQ6700XEVH0	纯电动客车
4	10米插电式混合动力城市客车	RQ6100GPHEVH4	混合动力客车

续表

1. 整　车

序号	名称	型号	类别
5	10米燃气城市客车	RQ6100GNH5P0	燃气城市客车

2. 零部件

序号	名称	型号
1	驱动电机	GWQ80－282/6TA
2	电机控制器	GW150ME－01
3	整车控制器	GW060VE－S01.02

六、发展规划

陆地方舟深圳基地发展规划是在场地车领域成为国内一流的企业；佛山基地的发展规划是建立中国第一个纯电动汽车谷；江苏基地的发展规划是打造中国最具竞争力的新能源汽车产业基地，成为中国一流的新能源客车、商用车生产企业。

四川野马汽车股份有限公司

一、发展概况

1. 2014年1—12月

四川野马汽车股份有限公司，自2008年以来，一直致力于新能源汽车研发、生产，以发展新能源汽车产业为企业第一战略发展目标。2014年度新建新能源汽车生产基地1200亩，形成年产新能源汽车12万辆规模，新增具有自主知识产权新能源乘用车4款，产品具有跨度区域大、使用功能广、车速高、续航里程长等优点。

2. 2015年1—3月

新能源汽车取得多款产品公告及国家推荐目录，并且在现有产品基础上进行技术更新及核心部件换代升级，取得跨阶段性发展。

二、生产经营

1. 2014年1—12月

2014年取得成都市龙泉驿区新能源汽车推广示范工程项目，20辆自主产权新能源汽车作为新能源出租车服役于该示范项目。

2. 2015年1—3月

新研发的E70EV纯电动乘用车正式投放市场，以发展经销商模式进行渠道销售，并收到首批合同订单55辆，2015年订单逾千辆。

三、产能建设

绵阳新能源基地年产各型新能源汽车12万辆，成都新能源汽车生产基地建成后年产新能源汽车3万辆。

四、技术进展及研发能力进展

成立了野马新能源汽车“研发中心”“检测中心”“运营中心”；以“三大核心部件”和“四大核心技术”为依托，以平台理念倾力打造，整车由国际专家团队合理设计与调校，具有小电机大功率、车身轻量化、NVH性能优越、时速高、续航里程长等优点。

五、主要产品

序号	名称	型号	类别
1	纯电动多功能城市SUV	E70EV	乘用车、SUV
2	C30EV出租车专用版	C30EV	乘用车
3	SA01两厢车	C31EV	乘用车
4	纯电动城市公交客车	9米、11米、12米	公交客车

六、合资合作

按照“新能源汽车＋商业模式＝产业化”的整体思路，打破常规，勇于探索新的、更加有效的研发模式，致力于“政产学研用”紧密合作，整合优势资源，开放合作模式，强强联合，共同打造新能源汽车品牌。

浙江南车电车有限公司

一、发展概况

中国南车股份有限公司（以下简称“中国南车”，英文缩写CSR）是经国务院同意，国务院国有资产监督管理委员会批准，由中国南车集团公司联合北京铁工经贸公司共同发起设立的股份有限公司。现有20家全资及控股子公司，分布在全国11个省市，有员工9万余人。

南车株洲电力机车有限公司是中国南车旗下的核心子企业，始建于1936年，是中国电力机车主要研制生产基地、国家城轨车辆国产化定点企业，享有“中国电力机车之都”的美誉。公司致力于为全球客户量身定制绿色、智能的轨道交通解决方案，已经形成了以电力机车、城轨车辆、城际动车组为主的轨道交通全系列产品平台，同时正以超级电容为代表的产业链延伸方向进军新产业。2014年，公司被李克强总理誉为“中国装备走出去的代表作”。

浙江南车电车有限公司是由南车株洲电力机车有限公司、南车投资公司等四家公司共同投资成立，作为南车新能源汽车最重要的部分，公司建有企业技术中心、院士工作站、检测试验中心、国际一流的生产线，自主掌握新能源汽车整车、电控、电驱、电源四大核心技术，主要业务集中在储能式无轨电车、新能源公交车、重要零部件及维保服务等领域，致力于为客户提供具有国际水准的新能源电车及系统解决方案。

2015年1—3月，浙江南车电车有限公司成功举办了中国南车“创新驱动，绿色未来”在线超快充超级电容储能式现代电车技术研讨会，以及中国南车超级电容储能式现代电车全球发布会暨宁波首用签约仪式，旨在为全球相关客户打造环境友好型、资源节约型、因需定制的公共交通运输平台。

二、生产经营

2014年1—12月，与宁波市签订500辆12米超级电容储能式现代电车采购合同。

2015年1—3月，与宁波市签订新增700辆总计1200辆超级电容储能式现代电车采购合同，计划3年内交车。

三、产能建设

浙江南车储能式电车产业化项目（二期）2014年12月完成可行性研究报告，项目计划在2015年5月开工，预计在2016年5月实现投产。该项目达产后，公司电动公交年生产能力将达到1000辆（折算为12米车型产能）。

四、技术进展及研发能力进展

目前已完成18米超级电容储能式现代电车和12米超级电容储能式现代电车的研发和生产，并开发了5大系列产品体系：C系列为超级电容储能式现代电车；M系列为电－电混合现代电车；H系列为插电式气－电混合动力电车；T系列为传统无轨电车；D系列为双源无轨电车。

五、主要产品

整　车

序号	名称	型号	类别
1	纯电动城市客车	NE6120GSEV1	M3

零部件

序号	名称	型号
1	电动机	YTQ80S
2	电动机控制器	ZJDC120ZS
3	车身	V01

六、发展规划

公司坚持轨道交通技术和欧洲标准，走全承载、轻量化、长寿命、高安全性和可高靠性的技术路线，追求全寿命周期成本低而不是直接销售价格低，追求规模与利润平衡、发展速度与可持续性平衡。全面布局国内外市场，逐步主导细分领域标准、专利，使公司占据行业战略有利地位，并根据市场及产业发展需要考虑在海内外并购重组相关企业或业务，用3～5年将公司打造成为国内外一流的电动公交车专业制造商。

2015年公司新增投资20000万元，在宁波建成年产量1000辆电动公交车的研发、生产、试验基地，作为向国内外客户和政府展示中国南车新能源汽车技术和产品的窗口。依托中国南车股份有限公司海外基地或国外合作伙伴，3～5年在海外形成年产500辆电动公交车的生产基地。计划在2020年左右，以浙江南车电车公司为支撑，利用中国南车股份有限公司在国内投资的城轨基地，在国家放宽电动客车准入条件下，或与本地公交车企业合资合作，在3年内形成年产1500辆左右电动公交车的生产能力，使电动公交年产能达到3000辆（折算为12米车型）以上，销售收入达60亿元以上。

南京金龙客车制造有限公司

一、发展概况

2014 年，在南京基地实现销售收入 67 亿元；纳税 3 亿多元，比 2013 年翻了一番；本地就业人数逐年翻倍递增；在南通成立控股公司——南京金龙绿洲汽车技术有限公司，推动南通市新能源汽车推广应用工程。

2015 年第一季度销售新能源客车 1500 辆。

二、产能建设

公司形成了大客事业部，年产能 5000 辆；轻型车事业部，年产能 8000 辆。

三、技术进展及研发能力进展

公司与上海交大学联合开发新型混合动力客车，具有燃油效率高、动力性能好、排放低等优点；与密西根大学联合开发一款超长续航能力的轻型车；研发自主电机品牌传电动车；研制了国内首辆太阳能电动客车。

四、主要产品

整车			
序号	名称	型号	类别
1	12 米纯电动公交	NJL6129BEV	—
2	11 米纯电动客车	NJL6117BEV、NJL6118BEV	—
3	8 米纯电动公交	NJL6859BEV	—
4	7 米纯电动商务车	NJL6706BEV	—
5	6 米纯电动轻型车	NJL6600BEV	—

五、发展规划

南京金龙客车制造有限公司将力求更多的技术创新和品牌形象的树立，以高质量客车精品服务于大众，利用 5 年的时间“打造中国汽车主流自主品牌，为人类提供舒适、快捷的出行工具”，争取在不远的将来进入“世界 500 强企业”！

江西博能上饶客车有限公司

一、发展概况

1. 2014 年 1—12 月

江西博能上饶客车有限公司（以下简称“上饶客车”）从 2005 年开始研发新能源汽车，相继研发出了天然气客车（出口）、油-汽混合客车（出口）等一系列节能与新能源车型。2009 年，上饶客车联合中国科学院电动车辆研发中心（暨上海中科深江电动车辆有限公司）开发新能源汽车，成立了专门的新能源汽车开发团队，设计开发上饶牌新能源客车。2010—2012 年，上饶客车成功研制了后置后驱 SR6700HBEV 纯电动客车、SR6700SHEV 插电式串联混合动力客车、SR6110CHEV 混联式混合动力城市客车等多款新能源客车，且均实现了批量销售，并出口到海外。2013—2014 年，上饶客车成功开发出了 SR6106PHEVNG、SR6101PHEVG、SR6116PHEVNG、SR6116PHEVG 插电式混合动力城市客车，经过国家机动车质量检测中心的强制性检测和可靠性测试，性能全部达到国家标准，已取得国家工信部产品公告目录及《节能与新能源汽车示范推广应用工程推荐车型目录》，并在江西省新能源汽车推广应用城市群中实现了批量销售，一举拿下江西赣州、江西抚州公交招标采购中全部新能源客车订单。全年的新能源客车订单 108 辆，占江西省新能源订单总数的 45%。

2. 2015 年 1—3 月

2015 年 1—3 月，上饶客车成功研发了 SR6705BEV、SR6707BEV、SR6707BEV1、SR6707BEV2、SR6707BEV3 等系列纯电动客车，已取得国家工信部产品公告目录及《节能与新能源汽车示范推广应用工程推荐车型目录》，并取得了批量意向销售订单。目前，上饶客车同期研发的 12 米纯电动城市客车，正在进行各项试验测试和申报国家工信部产品公告目录。

二、生产经营

1. 2014 年 1—12 月

2014 年，上饶客车从调整产品格局入手，大力发展新能源客车，主要经济指标同比增长近 60%，实现产销新能源客车 100 余辆，新增利润 400 余万元，获得财政、科技等财政补贴 180 余万元，出口及出口研发等项目获得了 150 余万元补贴。

2014 年，上饶客车持续优化 SR6700SHEV 插电式串联混合动力客车、SR6110CHEV 混联式混合动力城市客车、SR6700HBEV 纯电动客车的设计，新开发了 SR6705BEV、SR6707BEV、SR6707BEV1、SR6707BEV2、SR6707BEV3 等系列纯电动客车，其中 SR6700HBEV 纯电动客车、SR6106PHEVNG、SR6101PHEVG 插电式混合动力城市客车在 2014 年实现了海外订单小批量销售。

2. 2015 年 1—3 月

2015 年 1—3 月，上饶客车在江西省九江公交采购中，中标 10.5 米插电式混合动力城市客车 SR6106PHEVNG，该批车正在生产中，将于 4 月底前交付使用。

三、产能建设

2014 年 1—12 月，上饶客车投资 2300 多万元用于新能源汽车车间改造和新能源汽车研发，包括纯电动汽车产品研发、混合动力汽车产品研发、新能源汽车开发专用试验及检测设备购置、与科研机构技术合作、关键技术攻关、技术咨询和人才引进等。

2015 年 1—3 月，上饶客车在原新能源汽车生产规模上，继续投资 700 多万元用于新能源汽车和专用汽车、特种汽车基地建设，包括新能源汽车产品研发、专用车和特种车产品研发、专用试验及检测设备购置、与科研机构的技术合作、关键技术攻关、技术咨询和人才引进等，建设结束后，将形成年产 1 万辆新能源汽车和专用车、特种车的研发、试制、生产能力。

四、技术进展及研发能力进展

2014 年，上饶客车改进了 SR6700SHEV 插电式串联混合动力客车、SR6110CHEV 混联式混合动力城市客车、SR6700HBEV 纯电动客车，新开发了 SR6116PHEVNG、SR6116PHEVG 插电式混合动力城市客车，经过国家机动车质量检测中心的强制性检测和可靠性测试，性能全部达到国家标准，已取得国家工信部产品公告目录及《节能与新能源汽车示范推广应用工程推荐车型目录》。同时，设计优化了具有自主知识产权的整车控制系统及整车相关电控系统，健全了整车动力系统测试实验室，能够独立进行整车匹配计算、过程仿真、产品设计、试制、检测和验证，实现了整车电驱系统的工程化应用。

2015 年 1—3 月，上饶客车成功开发了 SR6705BEV、SR6707BEV、SR6707BEV1、SR6707BEV2、SR6707BEV3 等系列纯电动客车，已取得国家工信部产品公告目录及《节能与新能源汽车示范推广应用工程推荐车型目录》，并取得了批量意向销售订单。目前，上饶客车同期研发的 12 米纯电动城市客车正在进行各项试验测试，以及申报国家工信部产品公告目录。

五、主要产品

整 车

序号	名称	型号	类别
1	纯电动客车	SR6700HBEV	客车
2	纯电动客车	SR6705BEV	客车
3	纯电动客车	SR6707BEV	客车
4	纯电动客车	SR6707BEV1	客车
5	纯电动客车	SR6707BEV2	客车
6	纯电动客车	SR6707BEV3	客车
7	插电式串联混合动力客车	SR6700SHVE	客车
8	混联式油－电混合动力城市客车	SR6110CHEV	城市公交
9	插电式油－电混合动力客车	SR6106PHEVG	城市公交
10	插电式气－电混合动力客车	SR6106PHEVNG	城市公交
11	插电式气－电混合动力客车	SR6116PHEVNG	城市公交
12	插电式气－电混合动力客车	SR6116PHEVG	城市公交
13	天然气城市公交车	SR6890GHN	城市公交
14	天然气城市公交车	SR6106GHN	城市公交
15	天然气城市公交车	SR6116GHN	城市公交

续表

零部件

序号	名称	型号
1	整车控制器	SR－KZQ－001
2	整车控制器	SR－KZQ－002
3	整车控制器	SR－KZQ－003
4	整车控制器	SR－KZQ－004

六、合资合作

2014 年，由江西博能上饶客车有限公司、中宇汽车服务中心和上饶市金星汽车销售有限公司三家公司组建的鹰潭博安巴士运营有限公司，在 2013 年的投资上继续投资 2000 万元人民币，在一期 200 辆专用校车的基础上，规模逐步增加至 300～500 辆包括新能源汽车在内的其他类客车。同时，积极推进与国内外知名企业、高校及科研院所的技术合作，包括中科院电动车辆研发中心、南昌大学、合肥工业大学等，成功开发了 SR6116PHEVNG、SR6116PHEVG 插电式混合动力城市客车，SR6705BEV、SR6707BEV、SR6707BEV1、SR6707BEV2、SR6707BEV3 等系列纯电动客车。

七、发展规划

上饶客车将严密结合国家产业政策，抓住当前汽车发展的机遇，通过不断深入地与中国科学院紧密合作，继续加大投入，加快发展，以发展新能源汽车为核心，兼顾传统客车的发展，形成电机、电控的制造能力，掌握整车控制、电机系统集成、电池管理技术、电池系统集成等新能源核心技术，力争用 3～5 年时间把上饶客车建成客车行业的一流企业，其中新能源汽车位于客车行业前列。

保定长安客车制造有限公司

一、发展概况

2014年，保定长安客车制造有限公司（以下简称“长安客车”）实现销量3.87万辆，同比增长91.52%，轻型车销量突破3.56万辆，同比增长132.44%，增速高于行业104.97个百分点，居于行业第八；纳税超1.2亿元，成为定州市四大支柱产业之一。

2015年1—3月，长安客车实现销量11262辆，同比增长56.5%；其中轻型车销量10559辆，同比增长61.7%。

二、产能建设

2012—2014年综合投资10亿元，其中技改项目投入6亿元，产品投入4亿元，形成轻型车年最大产能10万辆，目前已上市三款产品。

三、技术进展及研发能力进展

依托长安汽车研究总院，利用社会优秀资源，与多家各类专业设计公司合作，结合我司自身研发能力，已形成近300人的研发团队，已初步具备每年1～2款新产品的研发能力。

四、发展规划

1. 计划2015年综合投资2.5亿元，再上市三款新产品，形成轻型车年最大产能15万辆。

2. 根据总体规划，后期再启动新生产线建设，预计2025年最终达到产能40万辆。

山西皇城相府宇航汽车制造有限公司

一、发展概况

1. 2014年1—12月

皇城相府集团是一个拥有煤炭、旅游、药业、新能源、房地产五大产业，25个子公司，60亿元总资产、6000余名员工的现代企业集团。

为企业实现进一步转型跨越、做大做强，皇城相府集团于2012年10月成功兼并重组了山西宇星客车有限公司，并更名为“山西皇城相府宇航汽车制造有限公司”。为打造全国最具竞争力的新能源汽车生产基地，在山西省委、省政府，太原市委、市政府及太原经济技术开发区管委会的大力支持和帮助下，“山西宇星客车有限公司重组更名搬迁改造项目”落户太原经济技术开发区。该项目总用地面积520亩，设计产能为年产5000辆大中型新能源及传统客车，该项目于2013年初正式启动，计划投资17亿元。

2014年10月，新厂区15000平方米生产厂房正式建成并通过工信部准入审核，具备年产1000辆新能源及传统客车的小批量生产能力；同时，公司从原山西宇星客车有限公司旧厂区搬迁至太原经济技术开发区新厂区，并于2015年3月启动生产。第二期52000平方米联合生产厂房已在建设中，将于2015年10月完工，2016年初投入使用。届时，山西皇城相府宇航汽车制造有限公司将具备年产5000辆大中型新能源及传统客车的生产能力。

2014年12月，山西皇城相府宇航汽车制造有限公司的20辆SXK6107GBEV纯电动客车在山西省晋城市投入示范运行，至今运行情况良好，取得了应有的示范运行效果，深受社会各界好评。秉承“科技兴业铸精品，诚信经营创品牌，持续改进永追求，客户需求为目标”的质量方针，“励皇城志，镌山西车”的经营理念，山西皇城相府宇航汽车制造有限公司必将拥有一个更加美好的明天。

2. 2015年1—3月

主要工作是生产前期准备、工装制作及相关物料前期采购，3月底生产正式启动。

二、生产经营

1. 2014年1—12月

2014年12月，20辆纯电动客车在山西省晋城市投入示范运行，销售额3000万元。

2. 2015年1—3月

生产前期准备工作，3月份生产正式启动。

三、产能建设

2014年10月，新厂区15000平方米生产厂房正式投入使用，并通过工信部准入审核。

2015年1月，新厂区52000平方米联合厂房开始施工。

四、技术进展及研发能力进展

2014年共申报2款混合动力城市客车、2款纯电动城市客车。2015年至今，新申报2款纯电动客车。目前，山西皇城相府宇航汽车制造有限公司自主研发各型新能源及传统客车共计 19 款，并全部通过工信部《车辆生产企业及产品》公告。

五、主要产品

整　车			
序号	名称	型号	类别
1	纯电动城市客车	SXK6127	纯电动城市客车
2	纯电动客车	SXK6118	纯电动客车
3	纯电动客车	SXK6601	纯电动客车
4	纯电动城市客车	SXK6107	纯电动城市客车
5	混合动力城市客车	SXK6107	混合动力城市客车

六、合资合作

与北京理工大学开展合作，研发电机电控、电池管理系统及相关新能源整车。

与航天科工委旗下的单位合作，研发新能源汽车三电相关核心技术。

七、发展规划

2015 年，山西皇城相府宇航汽车制造有限公司计划产销各型新能源客车 800 辆，其中城市客车 200 辆，大型团体客车 200 辆，中小型团体客车 400 辆。

另外，在保证生产的同时，保障新厂区联合生产厂房工程进度，保障 2015 年底竣工，2016 年正式投入使用。

成都客车股份有限公司

一、发展概况

成都客车股份有限公司（原成都客车厂）成立于 1952 年，是有着 60 余年历史的专业客车公司，是国内最早研发生产电动客车和 CNG/LNG 客车的厂家，是国家交通部、建设部、四川省和成都市重点支持的客车骨干生产企业和节能与新能源客车研发及产业化基地。是 20 世纪 90 年代初第一家列入《全国汽车产品目录》的燃气汽车生产和改装企业。

二、生产经营

2014 年，实现销售收入近 10 亿元，应纳税额为 5142 万元，出口额为 120 万元。

三、产能建设

成都客车股份有限公司建有国内领先水平的冲压、焊装、涂装、总装客车生产线和整车全自动检测线，具备年产各类中、高级客车 8000 辆的生产能力。

四、技术进展及研发能力进展

从 2005 年起，成都客车股份有限公司相继开发出具有国内领先水平的气 - 电混合动力、纯电动、增程式混合动力、双源无轨电车等多款新能源客车产品。成都客车股份有限公司生产的燃气型 12 米和 18 米大容量城市客车的品质被行业公认为国内一流水平，各项技术指标均处于国内领先水平，已成为国内城市干线的标杆车型。

成都客车股份有限公司一直专注于车辆节能技术的研究与应用，并积极投身于新能源客车的研发与推广。已初步探索出一条高标准、重实用、有特色的新能源客车发展道路：一方面坚持实施过渡战略，深入推进传统客车节能减排技术的研究应用、大力发展燃气客车，巩固企业在 CNG、LNG 客车的行业优势地位；另一方面，积极实施转型战略，探索掌握电动汽车的核心技术，抓好混合动力和纯电动客车的研发和运用。两条路线并行互动，双管齐下，提高汽车的节能减排性能。

成都客车股份有限公司坚持多品种、全覆盖的新能源产品技术路线，以满足不同的市场需求，包括并联式混合动力系统、插电式混合动力系统、增程式动力系统、纯电动动力系统、双电混合纯电动系统、双源无轨动力系统等。

五、主要产品

序号	名称	型号	类别
1	混合动力城市客车	CDK6123CEHEV	客车
2	混合动力城市客车	CDK6113CEHEV	客车
3	纯电动城市客车	CDK6125CBEV/ CDK6123CA1BEV	客车
4	纯电动城市客车	CDK6105CBEV	客车
5	纯电动城市客车	CDK6610CBEV/ CDK6603BEV	客车

六、合资合作

多年来，在“坚持积极自主创新，坚持走产学研结合之路”理念的引导下，成都客车股份有限公司通过“走出去，请进来”等方式主动吸收整合国内外科研机构和高等院校的智力资源。成都客车股份有限公司先后与西南交通大学、四川大学、电子科技大学、上海同济大学、西华大学等建立了战略合作伙伴关系，以高校为技术支撑，以东电、东风、中兴、瑞华特等实力企业为技术合作伙伴，形成了新能源和 CNG/LNG 汽车产业链。成都客车股份有限公司与中植新能源、四川新纪元、力天集团达成战略合作协议，在产品研发、制造、市场推广等方面进行深度合作；

与台湾立凯新能源公司洽谈合作开拓中国台湾、欧洲、南美电动汽车市场计划。

七、发展规划

为加快新能源汽车推广力度与深度，成都客车股份有限公司积极探索拓展新能源客车品种，提升车辆续驶里程，缓解“里程焦虑”；研发多种充电模式；运用轮边驱动等前沿技术，研发新一代电动客车。

长沙众泰汽车工业有限公司

一、发展概况

长沙众泰汽车工业有限公司（以下简称“长沙众泰”）是众泰控股集团和江南机器集团联合重组江南汽车后成立的独立法人公司，企业注册资本 10000 万元。作为联合重组公司，长沙众泰投资的轿车项目是湖南省委、省政府重点扶持的省内唯一轿车项目，旨在打造民族汽车工业自主品牌，构筑拥有完全自主知识产权的轿车发展平台。

长沙众泰位于国家级开发区—长沙经济开发园区内、占地面积近 3000 亩，拥有冲压、焊装、涂装、总装四大整车工艺生产线和整车动态性能检测线。长沙众泰在原有“江南奥拓”“众泰”车型平台基础上，整合全球资源，开发、储备了多款轿车车型。长沙众泰现生产车型有代步小车江南 TT、2013 年上市的时尚微型轿车 Z100 及 2014 年上市的 A00 级纯电动汽车云 100。在新能源领域，众泰汽车以振兴民族工业为己任，大力发展纯电动动汽车和新能源汽车，已获得了六个第一：“第一个挂牌行驶”“第一个批量试运行”“第一个对个人销售”“第一个发明专利”“第一个获得生产许可”“第一个与国有电力运营商合作”，这些第一是国家和社会对众泰汽车的肯定，也是众泰汽车不懈进步的动力，在未来，众泰汽车将推出更多的车型来满足消费者的需要。

二、纯电动轿车云 100 车型简介

众泰云 100 是众泰汽车在 2014 年推出的一款全新 A00 级纯电动汽车，可享受国家和地方双重补贴，最终消费者购买的价格在 5 万 ~ 6 万元，是当今世界上最具性价比的电动汽车之一。

作为众泰汽车七年磨一剑的重量级产品，众泰云 100 独具时尚、舒适、安全、科技与新能源纯电驱动五大行业领先，被誉为首款国民纯电动汽车。

众泰云 100 搭载了一台最大功率为 18kW 的交流异步电机，同时采用三元锂电池，最高时速 85km/h。

外观上，云 100 提供双色车身，铝合金轮毂和熏黑大灯等。安全方面，云 100 配备了坡道智能辅助系统和 1000MPa 核潜艇级侧防撞钢梁。重点值得一提的是，众泰云 100 还配备有 7 英寸彩色电容屏、安云车载系统、蓝牙、车内 WiFi 热点、GPS 远程安保系统等。

在充电方面，使用 220V 普通家用电 6 ~ 8 小时即可完全充满，充一次电可行驶 150 ~ 300km，完全满足日常的使用需求。

另外，众泰云 100 的使用成本非常低。百公里耗电量仅为 10 度，约 1 公里 7 分钱，仅为普通燃油汽车的 1/10，非常划算。

郑州比克新能源汽车有限公司

一、发展概况

郑州比克新能源汽车有限公司（以下简称“比克新能源汽车”），是深圳市比克电池有限公司的子公司，主要从事电动汽车整车的正向研发、制造及销售。公司致力于电动汽车的自主研发及技术创新，拥有动力电池包的研发及制造能力。公司全面推行 ERP 管理，采用 TS16949 标准体系建设。基于深圳比克原有的产品和业务积淀，成立一年多来，在国际一流的比克新能源汽车团队的努力下，公司已成功掌握动力电池包、电控和整车匹配技术。

深圳市比克电池有限公司（以下简称“比克电池”）成立于 2001 年 8 月，注册资本 8260 万美元，是一家集锂离子电池研发、生产、销售为一体的国家高新技术企业，目前电芯日产能 150 万只，位居世界专业锂离子电池制造商前列。公司产品和服务包括圆柱、方型和聚合物电芯，以及电池封装等，主要应用于手机、数码相机、笔记本等日常数码用品以及后备电源，电动工具，电动自行车，电动汽车等。

在动力电池领域，深圳比克主要致力于 18650 三元材料锂电池的研发、生产及动力电池模组封装等业务，与一汽、北汽、东风、宇通等国内外多家知名整车厂商形成了长期的密切合作关系。而除了电芯及模组之外，比克研究院也已将技术创新延伸到了标准化模块以及智能电池管理

系统，与国内多家顶级电池管理系统厂商合作，通过持续的研发投入，为客户交付“电芯到电池包”的完整电池解决方案。目前，公司已跻身全球领先的锂电池及电能源解决方案供应商，车用锂离子动力电池产品已经实现纯电动车/混动车装车15000辆。

本着对新能源汽车行业的看好，以及在动力电池领域深厚的技术实力和业务积淀，深圳市比克电池有限公司成立了郑州比克新能源汽车有限公司，作为其产业链下延的重要一环，也是继动力电池电芯、定制化动力电池模组、端到端新能源汽车动力解决方案是继安源比克电动巴士整车之后的又一重要产业群。

比克新能源现有员工近百人，其中大部分为产品技术人员，学历均为本科及以上，平均工作经验5年，均来自于国内各大主机厂，包括东风日产、郑州日产、奇瑞汽车、长安汽车、上汽通用五菱、一汽轿车、海马轿车、长城汽车等。业务方面，团队熟悉汽车产业链体系；技术方面，团队拥有整车开发各环节要点的把控能力。

二、生产经营

目前，比克新能源汽车的业务主要集中于传统车的电动化改装及完全自主产权的新能源汽车开发。

在改装业务上，公司正与国内某知名汽车厂商合作，实现传统车的纯电动化改装，采用35kW·h电量，整车续航里程为60km/h工况330km，NEDC工况260km。打造A0级电动车续航里程领导者。

在自主研发业务上，公司正在开发一款据电动车特性全新正向研发B级纯电动高速轿车，从理念和实践上完全超越传统车型的“电动改装版”。该车型完全依据电动轿车正向研发，采用轻量化设计和特殊制造工艺，依托深圳比克18650锂电池性能优势，采用80kW·h电量，整车续航里程为60km/h工况630km，NEDC工况440km。此外，车辆配有先进的动力电池包系统、带制动能量回收的ESP系统、完备的电子电器系统，全车LED灯等配置，高端大气。

这两款车型都正在开发及测试中，产品完全成熟之后将与大众见面。

三、产能建设

比克新能源规划有完整的整车生产及测试产线，包括两期厂房、主办公楼及测试跑道，其中一期规划含焊装车间、涂装车间、总装车间等。总装车间规划面积约为2.1万平方米，目前土建工程建设完毕，其他项目待施工。产线设计产能1.5万辆/年（单班），设计节拍8分钟/辆。

四、技术进展及研发能力进展

公司在技术能力上主要领先于动力电池包、电控，整车匹配技术三大核心技术上。

在电芯领域，比克电池近三年研发活动累计总投入约1.4亿元，今后将持续以3%以上的销售收入投入到研发中，主要用于原材料开发、结构开发、工艺开发及安全可靠性技术开发等方面。深圳比克3.1A·h动力电池即将量产，正在研发4.0A·h的动力电池。

公司拥有众多经验丰富的整车及零部件开发的技术人员，已成功开发轻量化车身，成熟底盘系统，整车控制系统、动力电机系统、动力电池系统的系统设计、控制策略设计、试验验证设计、整车功能验证等，掌握各项核心技术，并成功申请多项相关专利。

借助AVL CRUISE模拟软件可以完成电机、电池、整车控制系统的配合协调与仿真分析，拥有世界先进的整车测试设备、电池测试设备、环境、振动试验设备，可满足从单体、模组、PACK的全方位测试。与深圳比克电池密切合作，可以在第一时间得到最先进的电芯，为设计更先进的动力电池系统提供有力支持。

五、主要产品

名称	型号	类别
比克纯电动B级轿车	B823	三厢乘用车

六、发展规划

未来，比克新能源汽车将利用已有的研究基础和技术成果，形成具有自主知识产权的成套产业，在挖掘全新的利润增长点的同时，助力新能源汽车产业的辉煌。

山东新大洋电动车有限公司

一、发展概况

2014年，山东新大洋电动车有限公司（以下简称“新大洋”）在新能源汽车领域的投入已超过3亿多元，未来还将继续投入。目前，新大洋已经攻破了电机、电控“两电”瓶颈，初步建立起国内领先的电机、电控核心技术研发和关键零部件体系，推出了城市微行纯电动车“知豆”，在市场上取得较好反响。2014年，出口销售260辆，国内销售7419辆，实现工业产值5.0449亿元，产量及国内市场占有率为20%，位列纯电动乘用车传统市场销量第一名。

2014 年底，新大洋从以下几个方面进行了提升，极大地提高了社会经济效益。

（1）整车技术水平明显提升，续航里程、充电时间、充电方式、时速、电池等都有质的飞越。

（2）关键零部件技术明显提高，部分关键技术取得突破。在电机、电控方面，“知豆”在整合多方经验技术的基础上，自主研发出了接近国际先进水平的电机、电控装置。动力电池技术明显提高。

（3）国家政策支持力度不断加大。国家将新能源汽车产业定位为战略性新兴产业，给予高度重视。建立了较为完善的支持体系，并加大了财政投入。

（4）市场的前期铺垫初具成效。城市试点、私人购置、团购、租赁、体验等多种商业推广模式为“知豆”的畅销奠定了基础。

（5）基础配套设施不断完善。充电桩、充电站的建设不仅显示了国家对新能源的支持力度，更大大减少了购车者对充电问题的后顾之忧。

二、生产经营

2014 年全年，共出口销售 260 辆，国内销售 7419 辆，实现工业产值 5.0449 亿元，产量及国内市场占有率为 20%，位列纯电动乘用车销量第二名。

2015 年第一季度共生产电动汽车 3004 辆，较去年同期增长 480%；销售 2889 辆，实现销售收入 1.96 亿元、利润 788 万元，还有订单 951 辆未发出；出口 150 辆，较去年增长 1500%。

三、产能建设

2014 年，新工厂建设，老工厂改造，实现 3 万辆生产目标。

2015 年，实现年产 6 万辆目标，推出新的货运产品线平台。

2016 年，实现年产销量 10 万辆的经营规模，持续推出新产品。

四、技术进展及研发能力进展

研发管理体系

1. 项目管理线的定义及调整：逐步形成矩阵式管理的组织结构

目前，新大洋“知豆”的研发工作已形成未来技术和车型预研、现有车型和零部件的开发、已量产车型和零部件的技术质量提升三大板块。由于所处的行业环境的复杂性和不确定性，因此必须形成矩阵式管理的组织机构。为了更有效地避免实施过程中因沟通协调、不到位导致的研发进度、质量不到位，无法有效实现公司战略，三大板块的管理方式有所不同：对于未来技术和车型的预研板块，采用强项目制的方式；现有车型和零部件的开发板块，采用强矩阵式管理方式；已量产车型和零部件的技术质量的提升板块，采用弱矩阵式管理方式。

2. 系统化的部门架构

电气部门的管理模式，由单个零部件重点研发转向系统级重点研发，为建立标准化、通用化、系列化的纯电动汽车平台打好基础。

3. 形成产品先期策划能力：以用户体验为中心，力求快对手半步

• 针对纯电动汽车市场需求，分析各目标市场或消费群特点，以细分市场为基础，对标并找出与竞争对手的差距，合理定位产品技术，提出合理的产品策略建议，形成产品开发的整体思路，迅速启动市场；保持强烈的创牌意识，以形成一定知名度、美誉度，树立用户心目中的知名品牌形象。

• 以用户体验为中心，基于互联网思维策划服务方式，时刻注重服务质量的改善和提高。

• 规范并形成特有的微型纯电动汽车的研发质量保证体系，进行先期质量策划和预防，有效控制产品开发质量，确保产品开发过程的顺利实现，满足客户的需求及期望，并满足法律、法规的要求。杜绝在设计源头上，产品需求的定义不准确、不清晰（如客户需求）、不完整（如可靠性需求、可维护性需求）；在保证质量的过程控制上，流程本身不规范、不科学，执行不力；在质量控制活动上，缺乏完整的、明确的测试计划和技术评审计划，测试方法和手段落后，测试走过场，技术评审流于形式。

• 明确各部门在整车开发项目工作中的分工和职责，加强审核校对评审，有效控制产品开发过程。

4. 形成全方位的工程验证能力

• 提高产品自主开发和集成整合能力，更快实现电动汽车关键技术的突破和产业化目标，按照新能源车辆企业准入和产品准入的要求，建成独具特色、在国内微型纯电动汽车行业居先进水平的工程验证中心，有效地完成包括整车控制器、驱动电机、电机控制器、电池及其管理系统在内的动力系统开发与研制、匹配和改进任务，满足公司延伸产品与纯电动汽车开发的需求。

三大技术平台

1. V 系列（传统车共有的）技术平台

• 继续深入并沉淀轻量化技术。

• 开展内外饰精细化工程。

• 依托电商平台、3D 适时演示平台，企业信息化技术和工业 4.0 技术，实现定制化技术。

• 组建各模块共享和通用的 CAE 平台、NVH 平台、造型平台。

●继续深入并沉淀整车“大经济性”匹配平台，以三电为核心，建立整车动力性、经济性、安全性与关键零部件成本之间的网络关系。

2. E系列电器技术平台

●自主掌控整车控制器（VCU），保证整车性能的一致性（不同厂家同类电机控制器可达到相同的整车控制效果）。

●常规低压电器由BCM统一管控，为后续的智能化、网络化奠定基础。

●整车电气原理、网络架构实现通用化，可移植到后续的新车型中。

●整车电器件模块化，在相同电压等级车型中实现移植。

●整车电器件电气接口标准化。

3. T系列智能化网络技术平台

●借车辆监控及车辆档案、运营数据集成所衍生出的零部件诊断、客服、售后服务市场整合、数据挖掘及大数据应用。

●促进新能源汽车使用的分时租赁、景区租赁业务系统及其衍生的信息服务体系，搭建城市公共充电网络。

●会员及其服务系统，搭建购、租潜在用户及经销商等的互动、服务平台。

●以软硬结合的控制技术及计算机技术配合所产生的汽车智能、主动安全、辅助驾驶、自动泊车等实施应用，包含产品定义、研发及测试直至SOP的工作。

五、主要产品

整　车			
序号	名称	型号	类别
1	纯电动轿车	JNJ7000EVZ	轿车
2	纯电动轿车	JNJ7000EVZ4	轿车
3	纯电动轿车	JNJ7000EVZ5	轿车
4	纯电动轿车	SMA7000BEV01	轿车
5	纯电动轿车	SMA7001BEV10	轿车
6	纯电动轿车	SMA7001BEV11	轿车

续表

零部件		
序号	名称	型号
1	电池系统集成	磷酸铁锂电池锰酸锂 72V150A·H
2	整车控制器	XDY－01－01，XDY－01－03
3	电机	DY－BLDC－72－9A
4	电机控制器	DY－BLDC－72－700A
5	电池系统集成	磷酸铁锂电池锰酸锂　72V150A·H

六、合资合作

在与众泰汽车合作的基础上，今年又与吉利汽车集团、金沙江创业投资公司共同投资设立“知豆电动汽车有限公司”，实行强强联合。金沙江创业投资公司已到位2亿元的战略风险投资，为企业发展注入动力。

七、发展规划

新大洋提倡高效率、低成本、低能耗的交通出行方式，希望未来可以实现电动车智能化、信息化以及与互联网、物联网相结合的汽车创新时代。

通过电动汽车与互联网的结合，发展智能城市，真正实现零排放、高效出行方式。在不久的将来，或可实现：出门前通过手机等移动终端提前预约租车，电动车通过智能城市网络的统一调度以无人驾驶方式提前行驶到预定地址，使用完后也可停进指定专用车位，以插电充电结束租赁，系统自动计时扣款完成交易。

2015年，计划实现兰州基地年产4万辆、山东基地年产5000辆、杭州基地年产1.5万辆电动车的生产目标，山东新厂区初具10万辆生产规模，推出二代纯电动乘用车和快递式电动货车。

2016年，实现年产销量10万辆的经营规模，推出互联网纯电动乘用车和货运产品线平台，筹建山东新基地二期。

2017年，实现年产销量16万辆经营规模，推出智能化纯电动乘用车和电动环卫车。

2018年，二期建设完成，实现年产销量22万辆的经营规模，与国内知名汽车品牌进行技术合作。

2019年，实现年产销量25万辆的经营规模，与国际知名电动汽车品牌进行技术合作。

海马轿车有限公司

一、发展概况

海马轿车有限公司是海马汽车集团股份有限公司全资子公司，始建于2007年，注册资金44亿元，总资产72亿元，占地3000多亩，现有员工5000余人。已形成上海、郑州、开封产业链布局，建成研发中心、技术中心、电动汽车研发生产中心、两个整车工厂、两个零部件工业园、发动机工厂和物流中心等。规划年产整车70万辆，发动机100万台。

整车产品涵盖乘用车和商务车两大系列，发动机产品涵盖 M 和 N 两大系列。几年来，整车和发动机产品相继填补河南省轿车和发动机生产空白。

海马轿车有限公司致力于纯电动及混合动力汽车的研发与商业化应用，已经掌握电池、电机、电控等新能源关键核心部件的自主研发和选型匹配技术，已完成@3、@1、爱尚 EV、海马王子 EV 等车型的开发。2015 年底开始批量投放市场。

1. 2014 年

（1）海马@1：

以海马爱尚车身为基础，在二代 A00 级 EV 的基础上，开发框式副车架、整体式电池箱、智能化仪表，优化整车控制策略，优化制动能量回馈技术，开发较高性能，较低成本、价格合理的第三代纯电动汽车。

（2）海马@3：

以海马@3 为基础，在海马第三代纯电动汽车技术基础上开发而成，充、换兼容。实车道路测试续驶里程 210km。

2. 2015 年

在海马@3 基础上，围绕轻量化、智能化、进一步优化可靠性和性价比。

二、技术进展及研发能力进展

海马轿车电动汽车事业部致力于新能源汽车的研发和商业化运行工作，现有新能源产品研发、试制试验和项目管理等专业人员近百人。掌握了整车控制技术、电池成组技术、电机技术和整车集成技术，建成了混合动力试验室、电机试验室、电池试验室、电器件环境试验室、零部件耐久试验室和整车仿真等新能源汽车系统开发能力，形成新能源汽车相关设计开发流程及试验规范，拥有自主研发电驱动汽车核心技术的能力。

三、主要产品

整车

序号	名称	型号	类别
1	@1 纯电动汽车	HMA7002BEV	轿车
2	@3 纯电动汽车	HMA7004S30BEV	轿车
3	爱尚 EV	HMA7003S10BEV	轿车

零部件

序号	名称	型号
1	@1 纯电动汽车整车控制器	Q06A2108100
2	@3 纯电动汽车整车控制器	MA14－21－410

四、发展规划

在海马汽车集团股份有限公司和海马轿车有限公司的支持下，海马轿车电动汽车事业部已跨越创立初期以研发为主的阶段，逐步迈进以生产、示范运行和商业推广为主的产业化阶段。

天津清源电动车辆有限责任公司

一、2014 年概况

2014 年，天津清源电动车辆有限责任公司对目标市场进行细分，及时掌握市场动态，同时开展有计划、有目标、有针对性的市场工作。进一步明确实施公司发展战略，推动公司从科研型逐步向生产型转变，大力开拓国内市场，以整车、动力总成零部件产品业务为主，产品开发为支撑。动力总成方面，加强与企业的沟通、交流，保证对客户的需求做到及时快速反应，大客户已形成每月批量供货模式，业务取得历史性突破。道路车方面，全新一代纯电动微型城市物流车作为公司重点工作之一，开展了大量工作，完成产品定型、系统优化、公告申请、用户试用、批量生产等。

二、2014 年科研项目及成果

2014 年，公司共承担国家、天津市以及自立项目等各类科研项目 18 项，其中国家 863 计划项目 7 项，天津滨海新区科技攻关项目 1 项，行业服务项目 4 项，自立项目 6 项。

公司承担的“电动汽车通用性整车控制技术与开发”“纯电驱动动力平台电磁兼容分析与测试评价技术”等国家 863 项目按计划进行。承担的国家 863 项目“下一代轮毂电机驱动系统开发”，天津市滨海新区“电动汽车动力电池管理系统及专用芯片的开发”等 6 项已经通过验收。

电池管理系统专项设计阶段已经全部完成，正进入加工、采购阶段，全面掌握了电池成组的开发流程及开发能力。

通过公司的自立项目，完成小型化 48V400A、60V400A 他励控制器技术平台开发及产品导入；微型物流车用他励直流电机控制器开发，并通过小批量配试验证。引进 72V/7.5kW 交流异步电机控制器技术平台，并通过了技术验证。

通过强基工程专项，对行业的最新动态也有了全面和深入的了解，并且与行业内部的整车和关键零部件的厂家建立了联系，有利于公司未来在技术研究和产品研发方面的长远发展。

在技术成果方面，《CATARC 混合动力系统开发与应用》获得中国汽车工业科学技术奖二等奖。电动汽车传导式充电连接装置等 4 项国家标准获得国家质检总局国家标准委 2014 年标准创新贡献二等奖。2014 年累计申请专利 23 项，其中发明专利 12 项。授权专利 12 项，其中发明专利 1 项。

三、2014 年国际合作

2014 年，清源人员继续负责与 Ricardo 合作的“动力电池包及 BMS 研发”的项目研发工作，深入进行了机械设计、CAE、CFD 仿真、BMS 软硬件开发、测试等工作。成功完成了所有的设计工作，目前进入加工制作和整包测试阶段。

四、主要产品

整 车		
序号	名称	型号
1	QY5021XXYBEVYL	纯电动厢式运输车（铅酸）
2	QY5021XXYBEVYC	纯电动厢式运输车（锂电）
3	QY5021ZLJBEVYC	纯电动垃圾车
4	QY5020XYZBEVEL	纯电动邮政车
5	QY5020XFWBEVEC	纯电动服务车

续表

零部件		
序号	型号	名称
1	QYKZL05W30XXA	48V300A 直流电机控制器（A 型）
2	QYKZL05W3004B	1266 控制器总成（48V300A L 板）
3	QYKZL05H3003A	48V300A 转速闭环他励直流电机控制器
4	QYKZL05W40XXB	48V400A 他励直流电机控制器（B 型）
5	QYKZL06W40XXB	60V400A 他励直流电机控制器（B 型）
6	QYKZL07W40XXB	72V400A 他励直流电机控制器（B 型）
7	QYKZL05W40XXD	48V400A 小型化他励直流电机控制器（D 型）
8	QYKZL06W40XXD	60V400A 小型化他励直流电机控制器（D 型）
9	QYKZL07W40XXD	72V400A 小型化他励直流电机控制器（D 型）
10	QYKTZ32X30S01A	20kW 永磁同步电机控制器
11	QY245TZ－XS65A	20kW 永磁同步电机
12	QYVCU1614C1A	整车控制器

河北御捷车业有限公司

一、发展概况

河北御捷车业有限公司（以下简称“御捷”）成立于 2009 年 5 月，自成立以来始终致力于新能源小微型电动汽车及电机、控制器、发动机关键零部件的研发生产和销售。目前建有河北清河一工厂、清河二工厂、山东齐河三工厂，拥有完整的冲压、焊装、涂装、总装四大工艺，具有年产 32 万辆整车生产能力。

2014 年御捷取得了其他乘用车和新能源汽车的整车资质，也是小微型电动汽车行业第一家通过工信部公告目录获得其他乘用车和新能源汽车整车资质的企业。御捷也是河北省第一家列入国家三轮摩托车生产一级目录企业，是全国第一家通过工信部批准的电动三轮摩托车生产企业。

御捷首创轻量化设计理念，打造世界第一款适合大批量生产的经济型四座小微型电动汽车。公司自主研发了电力驱动系统、悬挂系统、NVH 系统等核心系统，公司产品先后取得 DOT、EEC 等多项国际认证，不仅畅销国内还远销欧洲市场。

御捷获得了“中国新能源产业最具影响力企业”“中国最具创造力企业和产品”“河北省战略性新兴产业重点企业”“河北省产业集群龙头企业”“河北省技术创新示范企业”“河北省管理创新示范企业”等一系列荣誉。

二、生产经营

1. 2014 年 1—12 月

2014 年御捷实现销售小微型电动汽车 4.83 万辆。

2. 2015 年 1—3 月

2015 年第一季度，御捷销售 11375 辆小微型电动汽车。

三、产能建设

截至 2014 年底，御捷已建成河北清河一工厂、二工厂、山东齐河三工厂，拥有完整的冲压、焊装、涂装、总装四大工艺生产车间，具备年产 32 万辆新能源小微型电动汽车的整车生产能力。

御捷建有年产 30 万套新能源汽车用电机、控制器生产车间和 5 万套发动机生产车间。

四、技术进展及研发能力进展

公司重视技术研发，明确以技术创新驱动企业发展。

自成立伊始就建立了企业技术研发中心，现已更名为汽车研究院，并已被认定为省级企业技术中心。

公司注重创新设计与研究，注重新工艺、新技术、新材料、新装备的应用与推广，注重结构设计的提升与经验积累。公司整车产品已由单一MA4平台车型发展到现拥有五大产品平台（330、260、6320、MA平台、S1平台）二十几款车型，包括有小微型电动车、厢式货车和多功能厢式货车、皮卡、MPV、SUV等车型；从动力上分有纯电动汽车、插电式和增程式混合动力车型、传统燃油汽车（其他乘用车，包括MPV和SUV）等。

公司现已累计申报专利103项，已授权专利90项，其中外观专利60项，实用新型30项。发明专利已申报并受理7项。

公司非常重视技术研发人才的引进和培养。公司现有大专及以上学历科技人员524人，占员工总数的45.8%；研发人员301人，占员工总数的26.3%，其中中高级专业技术人员8人。

公司具有较为完备的研发、试验试制、生产基地，购买了国内外先进的研发生产设备及配套设施，有用于新能源电动汽车的性能测试台、排放试验台、测功机、三坐标测试仪、四轮定位仪、汽车内饰材料阻燃性能测试仪、微机控制电子万能试验机等。公司除拥有冲压、焊装、涂装、总装四大工艺车间，还建立了发动机实验室、整车实验室和汽车试验场，确保了新产品从研发、检测，以至量产各环节工作的正常开展。

公司自主研发了新能源电动汽车整车以及新能源汽车用核心零部件电机、控制器和发动机。公司现已启动了增程式混合动力汽车、插电式混合动力汽车和纯电动四驱汽车的研发工作。

五、主要产品

序号	名称	型号	类别
1	多用途乘用车	YGM6360A	—
2	多用途乘用车	YGM6360C	—
3	厢式运输车	YGM5020XXY	—
4	纯电动厢式运输车	YGM5010XXYBEV	—
5	纯电动厢式运输车	YGM5010XXYBEVQ	—
6	纯电动厢式运输车	YGM5011XXYBEV	—
7	纯电动厢式运输车	YGM5011XXYBEVQ	—
8	纯电动厢式运输车	YGM5012XXYBEV	—
9	纯电动厢式运输车	YGM5012XXYBEVQ	—
10	纯电动多用途乘用车	YGM6360BEV	—
11	纯电动多用途乘用车	YGM6361BEV	—
12	纯电动厢式运输车	YGM5020XXYBEV	—
13	纯电动厢式运输车	YGM5013XXYBEVQ	—

六、合资合作

公司以自主研发为主并积极开展产学研合作，先后同石家庄铁道大学、重庆大学等展开产学研合作，通过自主创新与合作研发相结合，加强了企业技术研发力量。

公司与石家庄铁道大学合作展开MA平台车身优化设计和制造技术研发。

七、发展规划

2015年4月16日，御捷30万辆新能源汽车项目正式签约落户重庆，将投资50亿元，建设年产值100亿元以上的新能源汽车产业基地，预计2017年建成投产。该基地主要定位于生产新能源汽车及其他乘用车，广泛应用新能源、新技术、新材料，并集时尚化、智能化、网络化于一体，打造精品车型。

到2020年御捷实现年生产整车100万台、电机电控50万台、增程式和插电式混合动力系统50万台的生产能力，实现年销售收入300亿元。

未来御捷将继续秉持“思想改变世界，品质构筑未来”的经营理念，坚持创新驱动发展，御势而行，始终专注小微型、轻量化、差异化、智能化的产品战略，向着“致力于做全球小微型电动汽车细分市场最优秀的制造商”的企业发展目标迈进！

重庆盛时达汽车有限公司

一、发展概况

重庆盛时达汽车有限公司是原重庆东本工业有限公司的全资子公司，创立于2014年2月18日，注册资本金5000万元，公司占地403亩，拥有建筑面积144000平方米，员工500余人，其中各类工程技术、质量管理人员80余人，生产设备257台套、检测设备33台套、研发类设备、设施45套。迁址、更名批准文号为公告第275批。企业拥有国内先进的汽车制造冲压、焊接、涂装、总装四大工艺生产流水线，拥有年产各种新能源汽车和专用汽车8万辆的生产能力。工程设计人员及质量管理人员大部分来自于行业内一流大型企业，与重庆大学、中国汽车工程研究院等科研院所有着广泛的合作。公司拥有完善的质量保证体系，通过了 GB/T 19001－2008、GB/T 24001－2004、CQC－C 1101－2014 管理体系认证；产品覆盖了新能源汽车和专用汽车产品领域，能使产品质量得到保证。企业建立了一支快速反应、高效处理、服务优良的售后服务团队。

二、产能建设

新能源汽车年产 6 万辆，专用汽车（环卫车、半挂车、自卸车）年产 2 万辆的生产能力。

三、技术进展及研发能力进展

盛时达公司通过与中国汽车工程研究院和重庆大学的紧密合作，在很短的时间内开发出了专业的纯电动物流车底盘，并完成了五款成车；今后，公司将对产品轻量化和整车控制器作进一步优化，开发纯电动特种用途车，打造一流小型中短途电动物流车。

四、主要产品

1. 整车

序号	名称	型号	类别
1	纯电动仓栅运输车	DAT5020CCYEVC	N1
2	纯电动厢式运输车（货箱型）	DAT5020XXYEVC	N1
3	纯电动厢式运输车（城市物流型）	DAT5021XXYEVC	N1
4	纯电动车厢可卸式垃圾车	DAT5021ZXXEVC	N1
5	纯电动冷藏车	DAT5020XLCEVC	N1

续表

2. 零部件

序号	名称	型号
1	白车身	DB1020D
2	无动力车身	DAT1020EVCA1

五、发展规划

公司五年规划：

车型		2016 年		2018 年		2020 年	
		产量（辆/套）	产值（万元）	产量（台/套）	产值（万元）	产量（台/套）	产值（万元）
新能源汽车	整车	1000	16000	10000	160000	50000	800000
	无动力套件	10000	45000	20000	90000		
专用车	半挂车	2000	14000	3000	21000	4000	28000
	自卸车	1000	30000	3000	90000	6000	180000
环卫车	传统汽车	150	900	2000	12000	3000	18000
	新能源汽车	1000	18000	2000	32000	3000	54000
总　计		15150	123900	40000	405000	66000	1080000

三年跨入上市公司行业，五年实现智能化管理。

南京特种汽车制配厂有限公司

一、发展概况

南京特种汽车制配厂有限公司（以下简称“南京特汽”）是国有独资企业，注册资金 1 亿元，是南京东宇汽车集团有限公司的全资子公司。坐落于南京市江宁区谷里工业集中区兴谷路 20 号。

南京特汽的前身是南京特种汽车制配厂，始建于 1958 年。2012 年实现了国有全资公司化改制。

南京特汽具有国家发展与改革委员会公告的专业汽车改装厂资质。工厂产品使用“金龙”商标。

工厂通过了 GB/ISO9000 质量管理体系认证和国家强制性产品质量认证并取得了 3C 证书。工厂取得了“安全标准化（三级）”资质。

二、生产经营

南京特汽属于工业机械制造类别。主要生产自卸车、半挂车、厢式车、罐式车等各类新能源改装汽车。2014 年实现产值 2.3 亿元，净利润 8000 万元，实现了连续 10 年以平均增长速度达 40% 的超快发展。2015 年第一季度销售额 8500 万元，与去年同期相比翻了两番。工厂环卫类产品行销国内外，并服务于青奥会、亚青会等大型赛事。

三、产能建设

2010 年 10 月，南京特汽迁址到谷里街道。新厂区投资 1.3 亿元人民币，占地 6.8 万平方米，建筑面积 3.5 万平方米，工程技术人员占正式职工总数的 10%。工厂建有焊装、涂装、总装三大车间，具有年产 4000 辆各类新能源改装汽车的能力。

四、技术进展及研发能力进展

经过数十年的辛勤耕耘和发展，南京特汽拥有一支由享受国务院津贴专家、博士、硕士为技术领头人的近 50 人的技术团队，集中了国内最强的研究、试验队伍和最新的技术成果。

2014 年南京特汽通过了工信部新能源汽车生产准入资质审核。

2014 年 11 月，荣获“南京市企业技术中心”资质。

目前，公司共有27个新能源产品公告，包含纯电动厢式运输车、纯电动扫路车、纯电动路面养护车、纯电动工程车、纯电动邮政车等各种新能源专用车型。

五、主要产品

序号	名称	型号
1	纯电动厢式运输车	NJT5040XXYBEV
2	纯电动扫路车	NJT5030TSLBEV
3	纯电动自装卸式垃圾车	NJT5030ZZZBEV
4	纯电动厢式运输车	NJT5020XXYBEV1
5	纯电动工程车	NJT5044XGCABEV

六、合资合作

南京特汽分别与北京欧鹏巴赫科技有限公司合资成立电池PACK公司、与南京长安汽车集团合作开发纯电动厢式运输车、并与国内其他一流零部件供应商合作研发新能源产品。截至目前，集团公司投资领域已覆盖新能源整车产品及关键零部件。

七、发展规划

展望未来，南京特种汽车制配厂有限公司将力求于更多的技术创新，品牌形象的树立，以高质量新能源汽车精品服务于大众，“打造中国新能源汽车主流自主品牌”，争取在不远的将来成为国内一流纯电动专用车生产企业！

浙江宝骐汽车有限公司

一、发展概况

2014年8月，下属芜湖宝骐汽车制造有限公司年产3万辆新能源物流车厂房在安徽芜湖及广德两地同时建设完成，9月获得专用车生产资质，11月，获得新能源专用汽车生产资质。

2015年1－3月，下属杭州普拉格新能源汽车有限公司“新能源汽车动力及控制系统”实现100套销售，实现销售额500万元；下属芜湖宝骐汽车制造有限公司“互联网纯电动物流车”实现50辆销售，实现销售额400万元。

二、生产经营

1. 2014年1—12月

销售“新能源汽车动力及控制系统”20套，实现销售100万元。

销售“互联网纯电动物流车”20辆，实现销售160万元。

2. 2015年1—3月

销售“新能源汽车动力及控制系统”100套，实现销售500万元。

销售“互联网纯电动物流车”50辆，实现销售400万元。

三、产能建设

公司已在安徽省芜湖市南陵经济开发区建成新能源专用车3万辆/年的产能；在安徽省宣城市广德经济开发区建成新能源专用车3万辆/年的产能。

四、技术进展及研发能力进展

2011—2014年，下属公司杭州普拉格新能源汽车有限公司成功研发纯电动动力系统和基于微型涡轮机技术的外插增程式混合动力系统及控制系统，并实现批量生产；2014－2015年，下属芜湖宝骐汽车制造有限公司研发“互联网纯电动智能物流车”产品，2015年实现批量生产。

五、主要产品

1. 整车

序号	名称	型号	类别
1	“智骐”纯电动智能物流车	WXS5020XXYEV	新能源专用车
2	“智骐”纯电动智能物流车	WXS5021XXYEV	新能源专用车
3	“劲骐”纯电动智能物流车	WXS5023XXYEV	新能源专用车
4	“劲骐”纯电动智能物流车	WXS5024XXYEV	新能源专用车

2. 零部件

序号	名称	型号
1	驱动电机及控制器	PLG DM 96JA10W PLG MC 15A96
2	驱动电机及控制器	PLGDM 144JA16NPLG MC 20A144
3	动力集成控制器	PIU144/16/3/1000
4	动力集成控制器	PIU96/10/3/800
5	整车控制器	—

六、合资合作

公司与安徽中盐红四方股份有限公司、广德鑫盛新能源汽车有限公司、黄岩竣捷模具有限公司合作，共同研制“互联网纯电动智能物流车”；与安徽农业大学工学院、浙江科技学院、浙江工商大学、浙江电子科技大学等高校合作，研制新能源动力系统、整车技术及物联网、车联网技术。

七、发展规划

公司将以新能源专用车及新能源客车整车及核心零部件为主导，力争在5年内做到全国新能源汽车行业前五名，并实现部分上市。

中国重汽集团成都王牌商用车有限公司

一、发展概况

中国重汽集团成都王牌商用车有限公司（以下简称“重汽王牌公司”）重组4年多来，按照成都市实施的“改革创新、转型升级”总体战略和“五大兴市战略”目标，在成都市、青白江区政府的领导、支持下，公司先后投资23亿元左右，进行产品研发的创新升级，生产工艺装备的改造升级，面向国际市场经营模式的转型升级，形成了重、中、轻、微型工程自卸车、商用运输车、特种专用车、新能源纯电动商用车、LNG运输车、低速货车等产品系列，年生产能力达25万辆。

4年来，公司坚持科学发展，不断进行技术创新，狠抓产品质量，努力开拓国际国内市场，夯实管理基础，稳定员工队伍，使公司生产经营从重组前传统产业的低端技术、低档产品、增长徘徊的局面，逐步向高新技术、高端制造、快速增长方向发展，在重组后的4年中，产销保持年平均两位数的递增，连年盈利，税收稳步上升。

4年多来，公司主要抓好以下工作：

1. 坚持技术开发创新，实现产品上档升级

重组以后，公司首先抓好产品的创新升级，按照载货车技术发展趋势，以国内一类企业产品为标杆，先后开发了新型“7”系轻微卡产品、中重卡产品、新能源纯电动车产品、专用车产品以及建筑垃圾运输车产品、右舵轻卡产品，实现了产品的轻量化、智能化、低排放、国际化。公司产品由原来的2大类增加到现在的6大类，形成了重、中、轻、微、特、新的产品结构，使公司的商用车产品线得到极大地丰富，产品公告门类齐全，扩大了满足市场的领域和范围，适应市场的需求面更为广阔，为公司做强做大提供了产品支撑。公司新产品开发达200多个品种，新产品产值占销售产值的60%以上。

2011年开始的新能源纯电动商用车的研发，使重汽王牌公司成为四川最早获得纯电动车包括底盘和整车生产资质，并完成研发生产的企业，产品在国内处于领先地位。2012年以来，新能源纯电动汽车产品已经累计向市场投放500辆左右，获得市场一致好评，目前已经具备5000辆的生产能力。

2011年以来，公司投资开发中重卡高端产品，形成以工程车、平板车、牵引车为主的中重卡系列产品，使成都的商用车行业真正具备了高端重卡的生产能力。在此基础上，公司根据成都建筑市场及市政管理的需要，2014年又开发了智能型建筑垃圾运输车，进一步提升产品的技术含量，增添了有竞争力的创新产品，该产品在国内处于先进水平。

为了适应开拓国际市场的需要，公司根据出口国的法规和标准，先后开发了面向出口的右置方向车型，完成了出口型轻微型卡车车桥、发动机开发等。使产品能很好地适应出口的需要，在东南亚已经具有一定的知名度，远销东南亚、南美、非洲等十多个国家和地区，成为公司新的经济增长点。

产品的创新升级，促进了公司产品在市场下滑的形势下，产品销售逆势增长，成为川内商用车的一道亮点。公司的“7”系创新产品获得了2014年四川省科技进步奖。

2. 坚持工艺装备改造创新，实现制造能力升级

面对日益激烈的市场竞争环境，公司坚持工艺技术和装备的改造升级。先后投资进行轻卡生产线技术改造、中重卡生产线技术改造、新能源汽车生产线以及冲压、焊接、涂装、总装四大工艺装备的技术改造。建成了国内同行业领先的车身自动冲压生产线、机器人焊接生产线、货厢边板滚压生产线、五主机三面冲车架生产线、全封闭涂装生产线、中重卡总装配生产线等先进的生产线；大大提升了生产效率和产品质量，有效地支持了创新产品的产业化。

重组4年来，公司坚持技术工艺创新，对传统产品工艺进行创新开发。通过货厢辊压成型、底面漆一次涂装、车架五主机三面一次冲孔成型、工程车举升机构改进、整车轻量化设计、底盘的优化配置、纯电动车的系统集成等创新技术，使公司的技术研发实力大为增强，产品质量水平大幅提高，彻底颠覆了原农用车的产品档次，产品可与国内一流同类企业相媲美。

公司大力推行新技术、新工艺、新材料的应用，丰富了公司的核心技术和知识产权。4年来，共申报技术专利287项，其中申报发明专利28项、实用新型175项；获得授权232项，其中获得发明专利5项、实用新型174项，大大增强了公司的核心竞争力。

3. 坚持营销模式创新，实现营销转型升级

在商用车销售市场竞争日益激烈的情况下，为了实现产品营销的跨越式发展，公司加强市场研究，创新营销模式，大力开拓市场。

常规轻卡产品实行金融营销模式，与银行合作开展保兑仓营销业务，经销商开通保兑仓业务的达 46 家，保兑仓金额近 3 亿元。实现销售量占到总销售量的 10% 以上，扩大了市场份额。

开发集团式营销，与大型运输营运企业合作，成为新能源车的主要营销模式，使新能源车进入市场化运营，新能源汽车销售不断创出新高 2015 年 1—4 月，已累计实现纯电动车销售近百辆。

探索网络营销模式，扩大产品的受众范围，挖掘潜在的市场用户，目前已开通网上订单系统、微信营销平台等；公司还将开通汽车配件的网上的直销，扩大配件的销售渠道。

大力发展国际市场，实现出口的跨越式发展，每年出口量实现翻番，成为四川商用车出口第一的企业。2015 年 1—3 月，在我国商用车出口整体下降 3.21% 的情况下，重汽王牌公司实现出口 377 辆，比上年同期增长近 8 倍。

营销模式的转型，使公司克服了原有单一的经销商销售模式，拓宽了销售渠道，实现了销售增长，特别是开拓产品出口，改变了原王牌出口几乎为零的局面，出口呈现了较好的增长势头，为公司创新品牌，增加营业收入做出了积极贡献。

4. 坚持经营管理创新，实现管理转型升级

坚持以质量为生命线的管理创新，不断完善质量管理体系，按照卓越绩效的规则，建立多方共赢的质量管理体系，将质量管理的重点从企业内部，延伸到市场用户，建立为用户负责的质量保障体系和指标控制体系。4 年来产品质量不断提升，连续获得四川省名牌产品称号。

推广应用信息化工程和“两化融合”工程，运用信息技术改造升级传统产品研发和经营管理。运用 CAD、CAE、CAM、PDM 进行新产品研发设计，运用 ERP 系统对生产运营进行控制管理。企业销售、物资、财务等业务板块，基本实现信息化管理。公司成为工信部“两化融合”贯标企业，正在实施“两化融合”的标准化体系建设。

推进劳动用工和分配制度改革，健全了企业内部的责任制体系，强化绩效考核，调动员工积极性。在生产经营发展的基础上，员工的工资收入每年递增 10% 以上。不断完善社会保障体系，实现全员足额投保，保障了员工的社会保险及福利待遇。

由于公司重组以来，坚持科学发展，创新驱动，不断推进企业产品升级、工艺装备升级、市场营销转型、企业管理转型，奠定了企业持续发展的基础和保障。2014 年在国内载货车市场销售下降 8.92% 的形势下，公司实现汽车产量 38232 辆，与上年同比增长 8.60%；比重组前的 2010 年增长 88.21%，年平均递增 17.13%。完成销售 35037 辆，与上年同比增长 2.60%；比重组前的 2010 年增长 59.14%，年平均增长 11.86%。2014 年产销量已经赶超川内南骏公司，居于四川本地商用车企业产销量之首。2014 年出口整车近千辆，4 年来的出口量增长 27 倍，创汇收入增长 22 倍。实现上缴税金 4409 万元，比上年同期增长 39%，为地方经济发展做出了积极贡献。

2015 年公司计划产销汽车 5 万辆，力争 6 万辆，可实现产值 32.12 亿元，主营业务收入 30.90 亿元，其中出口创汇 1800 万美元；可实现同口径利润 5000 万元，税金 4730 万元，较同期有较大的增幅。

2015 年 1—4 月，在全国载货车市场下降 22.66% 的情况下，重汽王牌公司 1—4 月，实际完成整车产量 16375 辆，完成工业产值 12.93 亿元；实现销售 14314 辆，销售收入 8.41 亿元，与上年基本持平略有下降；实现利税 2257 万元，比上年增长 24.11%。

在青白江区委、区政府的领导和大力支持下，按照青白江“五区”建设目标（新型工业样板区、物流商贸核心区、文化发展特色区、生态田园示范区、宜人和谐幸福区），在当前经济下行，商用车市场低迷的形势下，公司将通过深化改革，狠抓技术创新，产品升级，推动公司生产经营不断转型升级，坚持以高新产品为基础，以质量为保障，以效益为目标，促进公司健康稳定持续的发展，为青白江经济发展做出我们应有的贡献。

二、生产经营

重汽王牌公司积极贯彻国家产业政策，抢占新能源汽车技术制高点，2010 年组织将新能源纯电动车作为重点新产品投入研究与开发。同年 10 月，重汽王牌公司组建新能源纯电动车开发工作小组，开始进行新能源汽车的市场、技术的考察调研，决定从城市专用车入手，进行纯电动专用车的研发。

为了加快新能源纯电动车的开发进程，加强电动车相关技术的研究，公司联合西华大学、西南交大等大专院校，共同组建成立了产学研联合实验室。实验室主要从事新能源汽车中的电动汽车的车身及底盘设计、电机控制系统、电池管理系统、运行安全系统、整车匹配及控制系统优化等方面的科学研究，进行产品开发试验、产品检测、质量控制等工作。建成后为年产 3000 辆纯电动专用车的生产提供研发、实验和检测等技术支撑。

2011 年初，公司正式成立了新能源汽车研究所，组建新产品试制组，与中航锂电、南车时代等公司合作，推动新能源纯电动车进入实质性技术研究和产品开发阶段。

首先确定电动车新产品开发技术路线，设计系统配置方案；在此基础上，对公司载货车底盘进行改造，开展电池、电机、电控匹配的系统集成，实现纯电动专用车整车

的集成开发。2011 年 7 月完成样车试制，通过各项性能试验，样车达到设计要求，满足城市专用车的作业功能、续驶里程等要求。同年，公司申报了纯电动车生产准入资质和新产品公告。经过国家工信部组织专家对王牌新能源纯电动车生产装备条件、产品技术先进性、产品生产一致性保障等方面，进行了认真的审查评价，公司具备了新能源纯电动车产品研发设计、试制生产、产品一致性保证等能力，于 2012 年 2 月通过国家评审论证，在工信部获准新能源纯电动整车生产资质并获得产品公告，这是公司新能源纯电动车向产业化迈出的关键一步。

为了使新产品研发试制尽快实现产业化，2011 年公司同步进行了新能源汽车生产线的技术改造。投资近亿元，建立了新能源研发实验室、开展新能源汽车的研究开发和试验、购置适应电动车产业化生产的工艺技术装备，建设新能源汽车生产线。

公司目前拥有不少于 50 人的新能源技术团队，熟悉新能源电气系统匹配及整车结构设计，具备完整的电机驱动系统测试能力和整车控制器开发能力，具备整车电气系统集成能力。目前已开发出总质量为 16 吨的纯电动洒水车、12 吨的纯电动平板运输车、纯电动工程车、纯电动厢式运输车。

截至 2015 年 3 月，已开发出新能源汽车 5 个系列 21 个公告车型，获得新能源汽车产品国家公告目录 21 个，全部产品拥有自主知识产权。公司共申请新能源相关专利 21 件，获得授权专利 19 件，其中实用新型专利 14 件、外观专利 5 件。特别是“电动车起停及充电保护系统”“一种纯电动载货汽车动力传递装置”等技术含量较高的专利，提升了产品的核心竞争力，对于王牌纯电动车研发和生产技术水平的提高，推广应用王牌纯电动汽车发展起到了积极作用。目前重汽王牌纯电动汽车在成都市示范运行 586 辆，其中公共领域 271 辆、物流领域 315 辆。

三、产能建设

1. 重组 4 年夯实发展基础

重汽集团 2010 年重组成都王牌公司以后，历经 4 年时间，进行了公司的资源整合和业务调整，通过进行技术改造、新产品开发、整顿产品质量、努力开拓市场、扩大出口贸易、坚持管理创新、稳定员工队伍，使公司产销从处于严重下滑的风险中逐步恢复生机，并在重组的 4 年中，保持在调整中发展，年年实现盈利，踏实稳步上升，逐步奠定了良好的发展基础，公司经营格局实现了从原王牌的逐渐蜕变。

从以下主要数据可以清晰的看到重汽王牌发展的轨迹：

① 大规模投资奠定了雄厚的发展基础

投资 13 亿元建设的轻微卡生产线和中重卡生产线产能达到 25 万辆，其中，自动冲压生产线、机器人焊装生产、全密封涂装流水线、五主机三面冲车架生产线和 500 米中重卡总装生产线，在同行业具有先进水平。只要市场支撑，产能可达到 35 万辆以上。

投资 10 余万元购买王牌的固定资产和增加资本金，改善了公司的财务资金结构，使公司发展资金充足，为公司奠定了发展基础，增加了发展动力。

② 商用车全系列产品格局已经形成

重汽王牌公司重组以后，通过调整产品结构和产品创新升级，使产品系列得到完善，中重卡产品的开发，改变了原王牌缺少重型车的局面；新开发微卡产品，进一步向微型车领域延伸；同时一改自卸车独大的尴尬，平板、自卸同步发展；新能源汽车成为公司的一大亮点，在坚持自主创新基础上，从政府公共领域市场，逐步向市场化商用市场发展，产品品种和制造水平在国内处于先进水平。

公司产品由原来的 2 大类增加到现在的 6 大类，形成了重、中、轻、微、特、新的产品结构，使公司的商用车产品线得到极大的丰富，产品公告门类齐全，扩大了满足市场的领域和范围，适应市场的需求面更为广阔，为公司做强做大提供了产品支撑。

③ 产销量等主要指标逐年增长

自重组以来，载货车市场萎靡不振，并处于逐年下滑的形势，公司通过开拓市场，建设营销网络，实行让利促销，抢占市场份额，实现了销量年年增长。

公司的产销量实现年年增长，2014 年实现汽车产量 38249 台，比重组前的 2010 年增长 68.49%，年平均递增 17.32%；产值 225191 万元，比重组前的 2010 年增长 54.99%，年平均递增 15.73%。销售实现了年平均增长 16.32%；2014 年产销量已经赶超川内第一名南骏公司，居于四川本地商用车企业产销量之首。公司实现了年年盈利，上缴税金每年在 3000 万元以上，2014 年达到了 4400 多万元，增长 39%；为地方经济发展做出了贡献。

公司 2014 年主要经营数据如下表：

2014 年 1—12 月主要指标数据一览表　单位：万元

序号	指标名称	2014 年 1—12 月	2013 年同期	增长率（%）	备注
1	产量	38249	35205	8.65	
2	销量	35037	34149	2.6	
3	销售收入	201718	216419	-6.79	
4	利润	1262	2116	-40.35	
5	税金	4409	3169	39.13	
6	利税	5061	5279	-4.13	

公司 2015 年 1—4 月主要经营数据如下表：

2015 年 1—4 月重汽王牌公司经营指标一览表

序号	指标名称	2015 年 1—4 月	2014 年同期	增长率（%）	备注
1	产量（辆）	16375	15354	6.64	
2	销量（辆）	14314	15333	-6.6	
3	销售收入（万元）	84114	91800	-8.37	
6	利税（万元）	2257	1818.18	24.11	

④ 国际国内相互协调的市场网络基本形成

在国内市场稳步成长的同时，公司大力开拓国际市场，成立专门的国际市场部，经营出口业务，产品热销东南亚、南美、非洲等十几个国家和地区，使公司出口创汇从原王牌的出口几乎为零，到达到四川商用车出口第一名，4 年来的出口量增长幅度达到 2694.44%，创汇收入增幅达 2211.81%。重汽王牌公司成为四川出口一类企业。

⑤ 强化以创新和质量提升为核心的管理机制，构建企业核心竞争力

为提升产品品质，克服产品的同质化现象，公司坚持技术创新，应用新技术、新材料、新工艺，对传统产品技术进行创新开发。通过货厢辊压成型、底面漆一次涂装、车架五主机三面一次冲孔成型、工程车举升机构改进、整车轻量化设计、底盘的优化配置、纯电动车的系统集成等等创新技术，使公司的技术研发实力大为增强，产品质量水平大幅提高，彻底颠覆了原农用车的产品档次，产品可与国内一流同类企业相媲美。公司成为四川省高新技术企业、省级技术中心和设计中心，公司申报获得大量专利技术授权，逐步形成了企业的核心竞争优势。

重组以来，重汽王牌公司共申请专利 356 件，比重组前增长近 9 倍；已经获得授权并应用的 268 件，比重组前增长近 19 倍；其中发明专利 5 件，实用新型 177 件；在 2010 年重组之前，累计申报专利 36 件，授权 14 件，其中，实用新型 8 件，无发明专利。

根据新产品、新项目及时申请了新的产品商标，新增 CDW 王牌、兴沃、旺沃、顺沃、狮子头图形商标 5 个，全部商标共计 23 个，涵盖使用商品类别 7 类 2 个，12 类 19 个，35 类 1 个，37 类 1 个。公司的知识产权基本满足公司发展需要。

⑥ 员工队伍稳定，素质逐年提高

重组以来，公司一方面狠抓人才引进，从全国各地招聘一批技术、销售、管理人才，充实到企业的人才队伍；另一方面加强员工队伍素质培养，特别是基层技术工人的技能培训，使基层的有技术工人队伍得到稳定成长；同时通过非领导职务晋升，拓宽员工的成长道路，调动了员工学技术，求发展的积极性。

根据公司的经营发展，对原王牌公司的分配制度进行了改革，摒弃了计件工资分配模式，代之以结构工资，同时加大员工的福利保障，为公司全员投保五险一金，每年累计增加缴费金额 1000 余万元。并实行全员公积金制度，为 2263 名合同制员工缴纳了住房公积金，覆盖率为 100%；年增加金额 290 余万元，使员工的收入水平有了较大的提升，员工对企业的依存度得到提升，企业凝聚力得到增强。

2. 主要业务板块及其构成

公司现已形成的业务板块，包括了重、中、轻、微、特、新的商用车产品构成。各板块向不同的市场拓宽产品渠道，正在形成覆盖工程建设、公路运输、城市物流、城市环卫、园林绿化、特种用途、城市管理和农村市场的较完整的产品系列，产品面向全国和东南亚为主体的国际国内市场。主要业务构成示意图见附件 1。

3. 和主要的竞争对手具有的比较优势

公司经过重组几年的建设发展，与市场主要竞争对手的竞争优势逐步形成，正在转化为公司的核心竞争力。公司在川内商用车市场的优势地位日益显现。

4. 规划发展目标及投资项目

（1）主要产销目标：公司中期发展目标已经确定，到 2020 年，确保形成 40 万辆主要商用车的生产能力，确保实现 12 万辆的产销规模，力争达到 20 万辆。

（2）产品结构目标：中重卡形成以工程车、平板车、牵引车、特种专用车为主的产品结构；中轻卡主要形成以自卸车、平板轻卡为主的产品结构；微型车主要形成以微卡货车、微卡自卸、微型厢式车为主的产品结构；专用车主要形成以城市园林绿化、环卫清洁、城市管理为主的特种专用车系列；新能源车主要形成新能源车底盘、新能源商用车、新能源专用车为主的产品结构，同时发展 LNG \ CNG 清洁能源载货车。根据市场发展需要，在上述产品系列结构中，不断改进衍生出新产品。

（3）投资发展目标：2020 年期间，公司的投资主要是为实现上述目标，进行工艺装备的升级改造，产能的填平补齐，提升生产的技术水平和智能化水平。

① 主要投资项目有：

中重卡试车跑道项目

零部件扩展项目

3 万辆电动车生产线项目

单班 5 万辆微卡扩能项目

② 引进配套商项目

变速箱项目

重卡车桥项目

车身冲压项目

宏昌天马改装

秦龙灯具等企业

（4）经营发展目标：针对目标市场，不断完善产品构成，提高产品品质；努力开拓市场，提高市场的覆盖率各经销网络的质量；不断扩大国际市场，以东南亚为基础，向南美、非洲、西亚、中东等地区拓展，迅速扩大出口量；加强品牌宣传，塑造品牌形象，扩大品牌的影响力；加强内部改革创新，完善激励机制和人才机制，形成强有力的经营团队。

5. 发展环境及资源条件

在当前激烈的竞争形势下，唯有合理的整合利用社会资源，实现社会化分工合作，建设生产经营的生态系统，形成共赢发展才能是企业稳定发展。

为此，公司对园区建设的希望：一是引进项目要进行产品生产的科学分工，扩大配套服务领域，形成相互补充，协调发展的格局；二是要建成高效、经济的配套服务体系，针对发展做大汽车产业，有针对性引进配套服务，完善汽车产、供、销、服的配套发展；三是要扩展改装市场，利用王牌的底盘资源，引进发展改装业务，实现附加值的提升和经济总量的增加；四是要完善生产要素资源的配套，水电气、道路交通、物流运输、人才培养等的服务体系；五是政府建立服务的沟通交流机制，使政府的政策直通企业，保障企业的问题随时上达政府，抓好政策落地，保障企业正常运行畅通无忧。

四、主要产品

序号	名称	型号
1	纯电动冷藏车	CDW5070XLCH1PEV
2	纯电动翼开启厢式车	CDW5070XYKH1PEV
3	纯电动载货汽车	CDW1070H1PEV
4	纯电动仓栅运输车	CDW5070CCYH1PEV
5	纯电动厢式运输车	CDW5040XXYH1PEV
6	纯电动厢式运输车	CDW5030XXYN3MEV

烟台海德专用汽车有限公司

一、发展概况

烟台海德专用汽车有限公司（以下简称“海德汽车”）创立于1992年，是一家专业从事环卫、市政和公路养护用车辆及设备的研发、制造和销售的股份制企业，是国内最早的专业生产环卫设备企业之一。

公司产品销往全国各地，在全国30个省市设有办事处、售后服务站和配件供应库，拥有完善的销售和售后服务网络，能给客户提供从售前到售后的全方位服务。部分产品出口到中东、东南亚、非洲、美洲、欧洲等国家和地区，出口量占同行业同类产品之首。其中公司自主开发的CHD5021TSL扫路机，以其漂亮外形，优越的性能，低廉的作业成本，深受国内外用户的好评。

公司于2012年引进法国PVI纯电动商用车核心技术。该技术采用整车控制器高度集成方案，更安全、可靠；完善的嵌入式软件和上位机软件，控制更精确，可实现远程数据传输及故障诊断；AMT机械式自动变速器系统，操纵更简易便捷；配备直流快充和车载慢充两种充电方式，不依赖充电桩、充电方便；专用装置采用轻量化设计，续驶里程更长。

2. 2015年1—3月

根据公司《纯电动车辆研发计划》，研发中心结合PVI先进技术全面致力于3.5T～16T纯电动商用车底盘的自主开发工作。开发车型包括环卫、市政、城市物流、机场、冷藏、邮政等城市服务类车辆。

二、产能建设

目前，公司已经成功研发了纯电动扫路机、纯电动扫路车、纯电动餐厨垃圾车等多款纯电动专用车辆。为进一步满足市场需求，公司正在建设一个占地面积2000亩的新能源汽车工业园，打造国内最大的纯电动专用车生产基地。工业园共分三期建设，计划总投资50亿元。一期工程纯电动专用车总装区，装配了先进的总装生产线，现已开工建设，该生产线将达到年产20000台纯电动车辆的生产能力。

三、技术进展及研发能力进展

公司已经取得了新能源汽车生产资质，并同国内商用车巨头东风、五十铃等企业友好合作。公司通过各种渠道广纳贤才，现已形成50余人的研发团队。其中，博士占10%左右，硕士占30%左右，有3年以上工作经验的占50%以上，拥有高级工程师职称5名，高级技师7名。经过近几年的研发积累，海德汽车建立了电动汽车的整车架构分析、性能控制、试制、试验等开发流程；在整车控制器、电池管理、电机控制方面也有了新突破；同时也建立了板卡的台架测试平台、电子实验室、动力系统实验室、淋雨实验室等，全面提升海德汽车节能与新能源专用车的研发能力。

四、主要产品

序号	名称	型号	类别
1	扫路车	CHD5030TSLBEV	N1
2		CHD5060TSLBEV	N2
3		CHD5070TSLBEV	N2
4	路面养护车	CHD5031TYHBEV	N1
5	厢式运输车	CHD5030XXYBEV	N1
6		CHD5040XXYBEV	N2
7		CHD5060XXYBEV	N2
8	自卸式垃圾车	CHD5031ZLJBEV	N1
9	车厢可卸式垃圾车	CHD5030ZXXBEV	N1
10	餐厨垃圾车	CHD5060TCABEV	N2
11		CHD5071TCABEV	N2
12		CHD5100TCABEV	N2
13	洒水车	CHD5100GSSBEV	N2

五、合资合作

现在，海德汽车正和世界上最大的清洁机械生产企业德国凯驰公司合资，拟投资10亿元，在烟台打造世界最大的户外全液压驱动清扫保洁产品生产基地。该系列产品具有夏天能清扫、清洗、割草、修剪，冬天能推雪、扬雪、撒盐、清扫的功能。

六、发展规划

公司将继续以新能源汽车作为战略发展方向，着手东风A08项目进行物流车、VIP车型的研发，切实开展纯电动商用车的研发、生产、销售。在“新技术、新材料、新结构、新工艺、新设备”上加大研发力度，掌握行业核心技术；计划三年内打造国内技术领先的纯电动商用车企业，在车联网和智能化方面取得新突破，夯实“中国商用车特斯拉”的坚实根基。

河南蓝海新能电动汽车有限公司

一、发展概况

1. 2014年1—12月

2013年10月，福汽集团与位于“中国电池工业之都”——新乡市的新能电动汽车有限公司合资成立河南蓝海新能电动汽车有限公司（以下简称“蓝海新能”），成为中国最大电动汽车基地，履行福汽集团所属公司新能源电动汽车产品的研发、生产、销售职能。蓝海新能不断创新，逐步推出各类电动汽车款型，蓝海新能是电动汽车和换电设施的研发及完整运营方案的推广者，其携手东南汽车共同推出中国首款底盘换电式电动汽车菱悦EV3，2011年河南省新乡市投放百辆EV3换电式电动出租车，成功示范运营至今，影响中国，被誉为全新的电动汽车商业创新模式——“新乡模式”。100辆换电式纯电动汽车示范运营以来，车辆运行安全无事故，独创的国内唯一快速换电机构运行可靠，市场反应良好，充分证明了“车电分离，换电运营”的商业化运营模式是成功的并被全国许多城市复制利用，“新乡模式”的核心是汽车厂—电池厂—电池运营商—消费者都能受益的良性循环商业模式，深受各界好评和专家肯定。

不断创新的蓝海新能研发出的EVIS电动汽车信息交互系统成为全国第一。EVIS电动汽车信息交互系统实现了电动汽车动力电池、电机、电控等关键零部件实时信息采集和云端智能分析。搭建了该系统，保障了电动汽车安全信息化运营平台，采集的大量数据对电动汽车的研发提供了重要的数据样本，为电动汽车信息化发展奠定了基础。在EV3成功的基础上，蓝海新能联手东南汽车、福汽新龙马共同推出EV5、启腾M70EV等产品，共同开发公务、私人、物流、快递行业、警务、法务等电动汽车市场，为推动节能减排绿色出行做出应有的贡献。

东南汽车吸取台湾汽车企业的先进管理经验，以及源自日本三菱汽车领先时代的造车科技，引进日本、德国等全自动化尖端技术设备。形成冲压、焊接、涂装、车检线等多位一体的现代化生产流程。同时，建立了高标准、严要求的质量管理体系，在国内汽车整车企业中，首家通过ISO 9001：2000质量体系认证，首批通过国家强制性3C产品认证，通过国家环境保护总局的中国环境标志产品认证，并通过ISO 14001：2004版的环境体系认证。放眼未来，在加强与国际汽车大厂合作的同时，东南汽车还将继续发展自主品牌。2006年东南汽车研发中心获得福建省“省级技术研究中心”的称号，2008年获得了“国家实验室”称号。

二、主要产品

序号	名称	型号	类别
1	得利卡纯电动乘用车	DN6490MBEV	插电式纯电动轻型客车
2	得利卡纯电动厢式运输车	DN5020XXYBEV	插电式纯电动轻型客车

续表

序号	名称	型号	类别
3	得利卡纯电动邮政车	DN5020XXZBEV	插电式纯电动轻型客车
4	V3 菱悦换电式纯电动轿车	DN7000MBEV	换电式纯电动轿车
5	V5 菱致两用燃料轿车	DN7156MQNS	CNG 两用燃料轿车
6	LS 蓝瑟两用燃料轿车	DN7160MQN4B	CNG 两用燃料轿车

三、合资合作

东南汽车、福汽集团、蓝海新能、“台湾中华”、日本三菱、福汽新龙马、德国奔驰是永久的战略联盟单位。

与中国汽车工业集团保持着良好的关系，新能源提案提到 2015 全国两会上受到国家重视，科研项目多次获奖。与清华大学、北京大学、北京理工大学等国内知名高校和科研院所建立了产学研合作关系。先后引进千人计划专家、海外留学归国人才、车企核心骨干等投身新能源汽车产业发展。中石油、中石化、中海油、中国南车、中航万源集团、中国邮政等单位的领导通过互相走访、参观、考察，加深了了解，增强了感情，促使双方合作共赢。

上海电驱动股份有限公司

一、发展概况

1. 2014 年 1—12 月

为了满足新能源汽车用驱动电机系统产业化发展的需要，2014 年 10 月，公司经营地由上海市闵行区搬迁至位于上海市嘉定区的生产基地，占地面积 123 亩地。公司团队得到了迅速壮大，至 2014 年底，公司在职人员达到了 518 人，拥有一支年富力强的技术团队，有研发人员 160 余名，技术覆盖车用电机系统领域各方面，技术团队曾先后获得上海市政府上海市科技创新团队建设项目的资助，团队中有 4 人次技术骨干分别获得上海市青年科技启明星计划（B 类）项目的支持，2 人次获得上海市优秀学科带头人，2 人次被选为上海市后备领军人才培养计划，1 人次为上海市领军人才，1 人次为国家万人计划中青年领军人才。建立了企业博士点。

公司承担了多项科研项目，公司负责承担的 1 项国家 863 计划项目、参与的 22 项国家 863 计划项目均通过了科技部的验收，负责承担的 3 项市科委科技项目也通过了验收。此外，公司承接并完成横向委托任务 100 多项。通过这些项目的开展，公司形成了一系列的科技成果。

2014 年，公司在车用驱动电机系统方面实现了约 6 亿元的销售收入，综合实力和市场占有率均居领军地位，在国内外有较高的行业影响力。公司新申请专利 6 项，其中发明专利 2 项、实用新型 4 项、获授权发明专利 1 项。

公司牵头发起成立的全国电动汽车电驱动系统全产业链技术创新联盟的工作得到了有序的开展，以联盟为平台，围绕车用电驱动上游产业链关键材料、关键器件等广泛开展产学研合作，在车用硅钢、车用永磁磁钢、车用 IGBT 功率模块、车用膜电容器、车用旋转变压器等方面取得了很大进展，对国内车用电驱动上游产业的发展起到了有效的拉动作用，对于推动我国电动汽车产业发展具有巨大的战略意义。

2. 2015 年 1—3 月

根据市场需要，围绕车用驱动电机系统关键技术研究、车用驱动电机系统新规格新产品开发等，公司开始了 40 多个项项目的研究。新获授权实用新型专利 1 项。公司牵头起草的《电动汽车用驱动电机系统第 1 部分：技术条件》2015 年版国家标准正式发布，牵头起草的《电动汽车用永磁同步电机技术条件》行业标准通过了审查。

公司发起成立的全国电动汽车电驱动系统全产业链技术创新联盟，新增了 4 家新的联盟成员单位，联盟成员单位由原先的 16 家增加至 20 家，联盟实力得到了进一步增强。

二、生产经营

1. 2014 年 1—12 月

2014 年公司实现车用电机及其控制系统的销售产值 6 亿元，累计实现销售超过 2 万台套系统。

2. 2015 年 1—3 月

实现车用电机及其控制系统销售近 6000 台套，产值超过 1 亿元。

三、产能建设

为了满足新能源汽车用驱动电机系统产业化发展的需要，公司经营地由上海市闵行区搬迁至位于上海市嘉定区的生产基地，占地面积 123 亩。拥有年产 10 套的产能，正在进行车用驱动电机系统产业基地二期建设，至 2015 年底，预计将形成年产 18 万/套的车用驱动电机系统产业化生产能力。

四、技术进展及研发能力进展

（1）驱动电机功率密度不断提升

在驱动电机设计方面，采用基于机、电、热、磁的永磁同步电机多领域集成优化方法，对高密度永磁电机极限设计和精确分析，开发的产品具有转矩脉动小、效率高、功率密度高的优点，公司典型驱动电机产品功率密度达到3.0kW/kg，电机的峰值效率达到97%以上，超过85%的高效率区达到75%以上。

（2）电机控制器集成度不断提高

在电机控制器设计方面，采用电力电子模块化集成技术，将汽车级功率模块、一体化功率母排与膜电容器及高换热效率的散热器高度集成，电机控制器功率密度不断提升；同时，研发基于管芯封装的新一代电机控制器，以期实现电机控制器更高程度的集成化、小型化及轻量化。采用永磁同步电机多模式矢量控制算法，实现了驱动电机在全速度范围内的转矩精确控制和高速弱磁稳定性控制。上海电驱动典型控制器产品功率密度达到8.0kVA/kg，电机及其控制系统的峰值效率达到94%，超过80%的高效率区达75%以上。

（3）关键工艺技术不断应用

通过对车用驱动电机系统的关键生产工艺进行不断优化与创新，上海电驱动掌握了在拼块定子铁心与高密度绕线技术、定子水冷机座设计与整体铸造技术、多级永磁转子整体充磁技术等方面的专业工艺技术，提升了自动化生产水平，提高了生产效率及产品质量。

五、主要产品

续表

序号	名称	型号
1	中度混合动力轿车用 ISG 电机系统	CAR－HEV－01
2	插电式混合动力轿车用 TM 电机系统	CAR－PHEV－02
3	插电式混合动力轿车用 BSG 电机系统	CAR－PHEV－02
4	增程式混合动力轿车用驱动电机系统	CAR－REV－01
5	增程式混合动力轿车用发电机系统	CAR－REV－01
6	A＋级纯电动车用驱动电机系统	CAR－EV－230－01
7	A0 级纯电动车用驱动电机系统	CAR－EV－200－01
8	A00 级纯电动车用驱动电机系统	CAR－EV－200－02
9	高压纯电动物流车驱动电机系统	CAR－EV－230－02
10	中压纯电动物流车驱动电机系统	CAR－EV－180－01
11	10～12 米级纯电直驱商用车用驱动电机系统	BUS－EV－10
12	8～10 米级纯电直驱商用车用驱动电机系统	BUS－EV－08
13	6～8 米级纯电直驱商用车用驱动电机系统	BUS－EV－06
14	并联插电式商用车用驱动电机系统	BUS－PHEV－01
15	并联插电式商用车用驱动电机系统	BUS－PHEV－02

重庆凯瑞电动汽车系统有限公司

一、发展概况

1.2014 年 1—12 月

中国汽车工程研究院股份有限公司（以下简称“中国汽研”）下设的电动汽车工程技术中心已成为功能齐全、设备完善、国内领先、国际先进的汽车及电动汽车研发和测试基地，面向新能源汽车行业开展专业工程咨询，重点开展先进电动汽车测试分析评价、电控系统匹配及控制策略开发、电动汽车功能安全策略分析开发、电动汽车动力总成开发、电动汽车整车集成应用等工作，为全行业提供了广泛的新产品开发、新技术研究和测试评价工作。

2014 年 8 月，根据中国汽研产业兴院的总体部署，中国汽研投资 1 亿元，以原有电动汽车工程技术研发中心为主题设立了重庆凯瑞电动汽车系统有限公司，以产品为导向开展电动汽车动力系统及控制系统的开发、生产和销售服务工作。重庆凯瑞电动汽车系统有限公司是中央企业电动车技术创新联盟的成员单位和联盟标准工作牵头单位，同时也是国家电动汽车产业技术创新战略联盟、商用车与工程机械新能源动力系统产业技术创新联盟、电动汽车电驱动系统全产业链技术创新联盟、中美清洁能源联合研究中心清洁汽车联盟的成员单位。作为国家“十一五”“十二五”期间的“节能与新能源汽车”重大专项总体专家组单位，重庆凯瑞电动汽车系统有限公司多次参与国家电动汽车科技规划和产业政策的研究和起草工作，并组织或参与了多项国家和行业电动汽车技术标准和规范的制定工作。

2. 2015 年 1—3 月

开发了力帆 LF5028XXYEV、LF5028XXYBEV、LF5028XXYCEV、LF5028XXYDEV、LF1022EV、LV6401EV、LF6401CEV 共 7 个车型，已上工信部公告目录，其中 LF5028XXYBEV 和 LF5028XXYDEV 已进入量产阶段，并成功下线 120 台，未来还将大批量生产。

二、科研项目及成果

1. 2014 年 1—12 月

重庆凯瑞电动汽车系统有限公司是国务院国资委央企电动车联盟的主要成员单位，是联盟秘书处下设的标准化工作部主任单位，负责央企电动车联盟标准化体系的建设工作，并承担了多项联盟共性技术研究工作：《中央企业电动车产业联盟标准化体系建设及标准制定》《电池系统安全性、可靠性和耐久性试验技术研究》《下一代电动车平台定义研究》《电动车振动噪音 NVH 技术》《轮毂电机系统技术》《电动汽车分布式四轮驱动系统研发》。承担了国家科技部 863 重大科技专项课题：《面向多性能目标的电动轿车专用底盘正向设计新技术》《电动汽车电驱动系统全产业链产品应用开发》《下一代纯电动轿车动力系统平台技术开发》《基于车联网的车辆智能化技术研究》《典型电动汽车试验研究与分析》《电动汽车测试评价方法研究》《汽车产品开发数据库》。参加了国家工信部技术创新工程等科技项目：《江淮第五代纯电动轿车平台技术开发》《长安 C206 纯电动汽车开发及产业化》《南车时代新能源客车技术开发》《车联网多传感器信息融合智能终端核心模块开发》等项目。

电动汽车整车开发成果：①高性能纯电动汽车，与长安铃木共同开发天语纯电动轿车；②小型纯电动汽车，与隆鑫共同开发的 2 座小型电动汽车以及四轮驱动电动汽车；③增程式电动汽车，与奇瑞共同开发的 A3 增程式电动汽车，与一汽共同开发的 B50 增程式电动汽车；④纯电动特种车，2 吨纯电动环卫车，6 吨纯电动环卫车。⑤纯电动物流车，与力帆汽车合作开发了 7 款 1.8 吨纯电动物流车。

电动汽车关键零部件开发成果：商用车混合动力系统，完成了双电机总成系统集成、整车控制开发、台架标定、实车标定工作，完成了插电式混合动力客车的测试，较传统燃气客车节气 40% 以上。

整车控制器开发方面，完成 V2.1d 版本整车控制器开发、测试工作，完成了基于 ISO 15765 的诊断软件开发工作，完成兼容纯电动、增程式和双电机串并联混动的整车控制软件开发工作。

完成了 20kW 电机及电机控制器的功能样件样机开发工作。

2. 2015 年 1—3 月

改组设立的重庆凯瑞电动汽车系统有限公司开始深入产、学、研、用的结合。整车控制器硬件以平台化思想进行设计，充分参考 ISO 26262 等可靠性设计标准，采用了双控制芯片的硬件系统构建。

针对商用车的混合动力总成，优化发动机、电机、储能电源、自动离合器及主减速比等参数匹配，开发混合动力控制器、混合动力系统控制策略，完成控制系统软件集成，进行系统集成后完成混合动力系统的台架试验和实车试验。同时，针对城市客车应用，开发双电机同轴混联式混合动力总成，并开展混合动力和插电式混合动力的整车应用，突破动力系统集成与控制、动力系统测试与标定、模式切换离合器及执行机构控制，完成高可靠性、经济适用的混合动力总成和整车研制，预期可以显著提升混合动力总成和插电式混合动力客车的技术水平。

三、科研设施及科研能力建设

1. 2014 年 1—12 月

中国汽研是汽车噪声振动和安全技术国家重点实验室、国家燃气汽车工程技术研究中心。依托中国汽研建立的国家机动车质量监督检验中心（重庆），经国家质量监督检验检疫总局、国家环境保护部、国家工业和信息化部、国家认证认可监督管理委员会等政府主管部门认可和授权的汽车产品检测机构，是中国合格评定国家认可委员会（CNAS）认可的实验室。该中心获得中国合格评定国家认可委员会认可的检测项目计 142 大项，拥有覆盖传统汽车以及电动汽车整车、动力电池、驱动电机、动力总成、电空调、电动真空泵、电动助力转向器等零部件产品的检测能力。

（1）动力总成测试评价

中国汽研拥有奥地利进口的 AVL220kW 及 440kW 多能源动力总成测试设备，可按照国家及行业法规进行驱动电机、ISG 电机等电动汽车电机测试评价，以及电动汽车动力总成开发性测试，并可进行电动真空泵、充电机和 DC/DC、电动助力转向、变频变压器、电空调等核心零部件的测试评价。

（2）电池测试评价

中国汽研拥有全套国外进口的动力电池单体、模块、系统的性能及安全监测设备，能够为企业提供动力电池新产品生产目录监测试验和电池开发试验。

（3）噪声振动测试评价

中国汽研噪声振动试验室主要从事汽车及电动汽车振动、噪声及舒适性的测试和研发工作。拥有国际一流的汽车整车半消声室、整车四通道道路模拟试验室、零部件振动疲劳试验室、零部件异响试验室、全消声室、混响室、模态分析室等。

（4）电磁兼容性能测试评价

中国汽研电磁兼容性试验室可进行电动汽车整车及电

子零部件的电磁兼容测试评价与性能开发与优化。

试验室拥有 10 米法半电波暗室（带 11 米转台及四驱转鼓）、3 米法全/半电波暗室、混响室、多个屏蔽室、高端接收机（40G）、系列 RF 功率放大器（可达 10kW）、E/H 场发生器（整车 200V/m）。相关能力满足以下测试评价标准：ISO 11451 系列、ISO 11452 系列、ISO 7637 系列、ISO 10605；SAEJ551 系列、SAEJ113 系列；ECER10、72/245/EEC、89/336/EEC；CISPR12、CISPR25、CISPR14、CISPR22 等；IEC61000 - 3 系列、IEC61000 - 4 系列、IEC61000 - 6 系列。

（5）安全测试评价

中国汽研拥有先进水平的汽车及电动汽车整车及零部件安全试验室，零部件约束系统匹配及零部件总成的冲击试验。

①试验室轨道全长 300 米，可进行多角度碰撞试验；

②汽车及电动汽车实车不等速偏置对撞、角度碰撞、路肩、斜坡、螺旋翻滚等试验；

③汽车级电动汽车乘员保护、行车保护、车辆兼容性等研究开发；

④电动汽车及电池、电机、高压线束等零部件产品法规检测。

（6）整车测试评价

中国汽研可以提供以下电动汽车整车开发验证试验及新产品公告检测服务。

①电动汽车整车性能和测试技术研究；

②电动汽车整车产品的定型试验，性能及可靠性测试；

③能耗试验，续驶里程试验；

④电动汽车产品委托试验和进出口检验。

2. 2015 年 1—3 月

（1）测试与研发服务

重庆凯瑞电动汽车系统有限公司通过将市场数据、行业对标数据、国家标准法规引入开发设计全过程，为客户提供有竞争力的解决方案，在后期能够持续支持客户性能测试服务、咨询服务，同时提供技术培训服务及新能源汽车准入咨询服务。

重庆凯瑞电动汽车系统有限公司拥有先进的新能源汽车开发工具、仪器、设备。主要分布在仿真分析领域、建模代码生成领域、硬件在环测试领域、软件在环测试领域、电控系统模拟分析领域、通信测试与工具开发领域、电池单体及电池成组领域、电机系统及动力总成测试领域。中国汽研具备高低温试验箱、振动试验台、盐雾试验台、启动耗能一体机、VBOX、功率分析仪、四驱转鼓、扭矩传感器等测试条件。可为客户提供仪器设备的短期、长期使用服务，可为客户提供项目研发必备的硬件条件。

（2）产品应用

重庆凯瑞电动汽车系统有限公司开发的电控系统软件、32 位控制器硬件主要应用在乘用车、商用车领域。已配套多家企业，由样车到小批量阶段，目前订单持续增加，主要车型动力匹配、电控软硬件、测试由中国汽研独立完成。

（3）质量保证

重庆凯瑞电动汽车系统有限公司通过 ISO 9001：2009/TS 16949 体系认真，整车控制器经过严格的国家标准、企业标准验证测试，并在实车验证。双电机混合动力总成经过城市公交道路实车满载测试，以及台架精标、垫江试验场可靠性路试，已为整车厂进行小批量配套。增程器系统经过总成台架寿命测试、实车加载测试、已经顺利为整车厂进行配套。在研发咨询板块，按照新能源汽车标准、法规及对标数据为依托，进行约束设计。

四、主要研究方向

（1）新能源汽车动力系统集成与整车控制开发，包含零部件参数匹配设计、电子电气架构/原理、整车控制硬件、整车控制软件开发。

（2）混合动力/插电式乘用车后桥电驱动总成，包含电驱动技术、电驱动控制技术、传动技术和混合动力整车控制技术。

（3）混合动力/插电式汽车混动总成，包含构型分析、电驱动及其控制技术、传动技术和混合动力整车控制技术。

五、国内外交流

作为国际化科研机构，重庆凯瑞电动汽车系统有限公司在开展电动汽车自主研发的同时，积极开展广泛的国际国内技术交流与合作。

重庆凯瑞电动汽车系统有限公司是行业内多个联盟组织的重要成员单位：中美清洁能源联合研究中心清洁汽车联盟、电动汽车产业技术创新战略联盟、商用车与工程机械新能源动力系统产业技术创新联盟、电动汽车电驱动系统全产业链技术创新联盟。

重庆凯瑞电动汽车系统有限公司与多个国家的科研机构，如美国能源部阿岗国家实验室，美国西南研究院 SWRI、德国 FEV、奥地利 AVL、加拿大滑铁卢大学等，进行了广泛的交流与深入的合作。

重庆凯瑞电动汽车系统有限公司与一汽、东风、上汽、长安、江淮、宇通、恒通、力帆、南车时代等多家国内知名整车零部件企业建立了良好的合作关系，同清华大学、同济大学、北京理工大学、吉林大学、湖南大学、重庆大学等知名高等院校长期保持技术合作研究和学术交流。

六、发展规划

重庆凯瑞电动汽车系统有限公司致力于为新能源汽车

企业提供新能源汽车驱动系统解决方案及关键零部件开发和技术服务，重点开展动力总成开发、控制系统开发、整车集成应用等工作，产品可广泛应用于混合动力汽车、增程式电动汽车、插电式混合动力汽车、纯电动汽车、电动环卫车、电动物流车等。

持续打造核心竞争力，打造适合公司发展的核心经营战略模式，即基于专业化研发、专业化制造、专业化管理、专业化服务的流程植入，创造最适合研发到服务的模式。通过积累行业市场经营经验、扩充技术储备、专业研发、制造队伍，逐步由电动汽车研发企业向电动汽车服务商迈进。

建立人才激励机制，使人能尽其才，使企业和员工树立共同发展目标和愿景，指引企业和员工朝着共同的方向和目标前进。

最终达到的目标是：

（1）坚持质量第一——提供安全、适用、可靠的产品。

（2）坚持信用第一——拥有权威、便捷、有效地体现方式。

（3）坚持服务第一——永远追求比竞争对手更能满足顾客的最大限度需求。

上海大郡动力控制技术有限公司

一、发展概况

1. 2014 年 1—12 月

上海大郡动力控制技术有限公司（以下简称“大郡”）于 2014 年第三季度并购于正海磁材。

2. 2015 年 1—3 月

获得北汽新能源“卓越优秀供应商”称号。

获得广汽乘用车“卓越优秀供应商”称号。

二、生产经营

1. 2014 年 1—12 月

获得北汽、广汽、东风等整车企业大量的订单。

与厦门金龙、金旅、中通、申沃、申龙、少林建立紧密合作。

2. 2015 年 1—3 月

获得北汽、广汽、东风大量的订单。

获得厦门金龙，金旅、中通、申沃、申龙、少林大量的订单。

三、产能建设

为满足更多客户的需求，大郡于 2015 第一季度确认扩大产能，预计于 2015 第二季度实现产能扩张。

四、技术进展及研发能力进展

大郡完成运用于 10 ~ 12 米公交客车增程式系统的研发，并于上海巴士公交进行运营，在运营、服务、质量等方面赢得了客户的良好口碑。

五、主要产品

零部件

序号	名称	型号
1	6 ~ 8 米纯电驱动客车电机控制系统	EA110
2	8 ~ 10 米纯电驱动客车电机控制系统	EA150
3	10 ~ 12 米纯电驱动客车电机控制系统	EA200

六、合资合作

大郡与国内各大整车厂都有合作，乘用车有上汽、广汽、东风、北汽、长安；商用车有申沃、申龙、厦门金龙、厦门金旅、中通、五洲龙等。

深圳市大地和电气股份有限公司

一、发展概况

1. 2014 年 1—12 月

深圳市大地和电气股份有限公司（以下简称“大地和”）是由中国宝安集团（股票代码：000009）控股的致力于新能源汽车用永磁同步电机、交流异步电机及其驱动控制系统的专业服务厂商。大地和从 1996 年开始电机及控制系统的技术研发，是行业内最早进入新能源汽车领域、最早启动新能源汽车驱动系统研究的企业。大地和多次为国家 863 计划电动汽车专项计划提供电机及控制系统的配套产品。公司拥有丰富的研发积累经验，多次与中科院、清华大学、天津大学、武汉理工大学、南车株洲研究院、华南理工大学、北京理工大学等国内外科研院所进行基础及应用技术合作。

2014 年 1 月 9 日，中共中央政治局委员、国务院副总理马凯在广东省委书记胡春华、国家工业和信息化部部长苗圩，深圳市市委副书记、市长许勤的陪同下就新能源汽车产业发展问题调研、考察了大地和公司。

2014年9月12日，大地和正式搬迁至新厂房，经营面积增加至12000平方米，新办公地址为深圳市光明新区公明办事处塘家社区东江科技工业园J栋七楼。

2014年12月，大地和荣获“2014年度十大创新力电机企业”。

2014年，大地和新增2项实用新型专利。截至2014年12月31日，公司共获得实用新型专利13项，外观专利2项，软件著作权3项，一项发明专利正在公示期。

2014年12月8日，公司在全国中小企业股份转让系统挂牌成功，公司股票在全国中小企业股份转让系统核准公开转让，并纳入非上市公众公司监管。

2. 2015年1—3月

2015年3月，公司通过第一届董事会第六次会议决定，在贵州遵义市设立全资子公司，注册资本2000万元。同时，会上决定与台州吉利永欣汽车配件有限公司共同出资设立参股公司。

二、生产经营

1. 2014年1—12月

公司搬迁新工厂后，产能和技术都上了一个新台阶，大地和不断开发市场，抢占市场份额，和大客户进行深度合作，销售额再创新高。主要客户包括东风汽车、长安汽车、安凯客车、申沃客车、苏州金龙、中国重汽、南京金龙等整车企业。

2. 2015年1—3月

公司销售额与2014年同期相比有大幅度的提升，已成为东风汽车、长安汽车、安凯客车、申沃客车、苏州金龙、中国重汽、南京金龙等整车企业电机控制器整体方案服务商。

同时，大地和与深圳公交运营系统开始商务合作。

三、产能建设

2014年1—9月，大地和主要以生产小批量样单为主。

2014年9—12月，大地和再度投资，扩大规模，搬迁至新厂房，经营面积增加至12000平方米，开始批量生产，以满足日益增长的订单需求。

2015年1—3月，大地和开始从设备技术上进行改造升级，产能提升了60%。

2015年，大地和在原来生产规模上继续投资2000万成立了遵义市大地和电气有限公司，厂房占地面积6000平方米，设计产能超过深圳本部，形成年产100000套的生产能力，预计8月份投入生产。

大地和拥有完善的厂房设施，拥有先进的生产工艺、生产设备和测试检测仪器。

四、技术进展及研发能力进展

近年来的主要科研成果：

（1）2006年，为日本迈为公司成功开发了3kW、5kW系列的永磁同步轮毂电机；

（2）2007年，成功推出144V30kW、288V40kW和288V60kW的永磁同步电机及控制器；

（3）2008年，自主开发旋变和霍尔位置传感器，并推出混合动力60kW和80kW的永磁同步电机及其控制器系统，成功推出客户调控软件；

（4）2009年，推出90kW和120kW的永磁同步电机及其控制器系统；

（5）2010年，推出120kW和160kW等纯电动大巴用的永磁同步电机及其控制器系统，并推出含动态参数显示、技术参数自设、系统故障诊断和报警的手持式触摸屏（也可以做成随车标配）；

（6）2011年，成功研发四个新产品，分别是PC3X系列控制器、整车控制器、新型速度传感器和当时国内最大功率的2800N·m永磁同步驱动系统；

（7）2012年，与东风集团合作，为军方特种车量身打造中频电机，并通过了国家专家的评审及检测；

（8）2013年，自主研发低压MOS控制器；

（9）2014年，自主研发轮毂电机。

近年来的主要技术研究进展：

1. 适合电动汽车用异步电机设计与制造技术

传统异步电机的设计与制造技术不完全适合电动汽车等车辆驱动领域用电机，必须在传统电机设计与制造技术基础上探索适合电动汽车用电机的新的设计理论、方法与更为先进的制造技术。

2. 高速异步电机的降噪技术

采用普通的设计方法与制造技术时，当电机转速高于6000rpm时噪声将明显增大。本项目在电机设计上通过理论分析、经验总结、实验等手段选用合理的槽配合，兼顾功率因素、效率等指标，选用合适的气隙、槽形尺寸。制造工艺上采用先进的转子铸铝工艺、定子铁心叠压工艺，保证性能指标达到设计要求。先进的控制算法能减少谐波电流，从而进一步减少谐波转矩。采用以上措施后噪声将明显降低。

3. 低速大转矩强磁驱动技术

低速时通过采用强磁驱动技术转矩可增加约10%。

4. 零速大转矩驱动技术

此技术特别适合车辆的半坡起步，解决了一般意义上交流异步驱动系统低速，特别是零速时转矩不稳或转矩难控制的问题。

5. 适合电动汽车用永磁同步电机设计与制造技术

同步电机由于效率比异步电机更高，转矩更平稳，比功率更大，比较适合对体积、效率要求更高的电动车驱动系统。

6. 适合电动汽车用永磁同步电机磁场分析技术

通过采用有限元分析方法，进一步优化电机磁场。

7. 凸极永磁同步电机转矩、功率控制技术

凸极永磁同步电机比隐极电机转矩更大，但控制难度更大，研究其转矩控制技术具有现实意义。

8. 大功率 MOS 管并联与驱动技术

主要解决 MOS 并联均流问题，同步驱动技术，散热冷却、故障检测技术、焊接工艺及结构布局设计。

9. 电动汽车用交流电机驱动系统控制算法的优化研究

通过系统分析电动汽车的使用工况，进一步优化控制算法。

10. 产品系列化、标准化及各种标准的制定（含设计、生产、检测诸环节）。

五、主要产品

序号	名称	型号
1	永磁同步电机	GLMP250L0、GLMP180L0、GLMP35L0、GLMP20L2 等
2	永磁同步电机控制器	GLCP6032L26、GLCP7028L13、GLCP14045L67 等

续表

序号	名称	型号
3	交流异步电机	GLMI15A4、GLMI10A1、GL-MI15A1、GLMI10A0 等
4	交流异步电机控制器	GLCI6006A2、GLCI7012A15、GLCI7026A5 等

六、合资合作

2015 年 3 月，公司通过第一届董事会第六次会议决定，与台州吉利永欣汽车配件有限公司共同出资设立参股公司，前期工作已就绪。

七、发展规划

大地和是行业内最早开展与整车厂对接的专业企业，也是国内最早进行新能源汽车动力系统批量化的生产商。目前公司在新能源汽车行业积累了较高的应用口碑。大地和将结合国家产业政策，抓住当前汽车发展的机遇，通过不断深入研发，继续加大投入，加快发展，以发展新能源汽车为核心，做成新能源汽车驱动系统的第一品牌，推动新能源汽车行业的发展。

东方电气集团东风电机有限公司

一、发展概况

1. 2014 年 1—12 月

中国东方电气集团有限公司（简称“东方电气集团”）是国务院国资委首批确定的 53 家涉及国家安全和国民经济命脉的重要骨干企业之一；我国最大的发电设备研发、制造和工程总承包企业之一；东方电气集团东风电机有限公司作为东方电气集团的全资子公司，是我国最早涉足电动车领域的厂商之一，主要从事新能源汽车用交流、永磁系列电机、动力系统总成及燃料电池的研发与生产，并于 2010 年随中国东方电气集团有限公司加入“中央企业电动车产业联盟”。

东风电机自 20 世纪 90 年代初成功为美国休斯公司研发出 20kW 交流异步电机驱动系统。经过 20 多年持续研发，公司已成为国家 863 计划电动汽车重大专项主研单位之一，先后参加过多项 863 电动车驱动相关科研项目，已建成高性能电驱动系统实验室以及年产五万台电动车驱动系统的自动化生产线。东风电机电动电驱动产品门类齐全，包括直流、交流异步及永磁同步等电动车驱动系统；产品功率覆盖 3～250kW，涵盖小功率场地车、轿车、中型面包车、大型公交车以及市政专用的环卫、物流等电动车型；产品适用于纯电动、混合动力和燃料电池三类电动汽车。

2. 2015 年 1—3 月

自 2015 年以来，公司与苏州金龙、南京金龙、蜀都客车、川汽、重汽王牌等企业进一步加强了合作，并开发多款车型。其中与苏州金龙合作的 100kW 交流电机及控制器已经批量运行，为 2015 年合同承接打好基础。

二、生产经营

1. 2014 年 1—12 月

公司核心产品为电动车用驱动电机及控制器，其中纯电动驱动系统目前已经实现产品产业化，批量化。公司与苏州金龙、成都客车、川汽等企业签署战略合作协议，已经成为上述企业纯电动系统主要供应商。目前公司开发的全系列纯电动系统集成已经批量运用于整车企业，全年累计签订产品数量 7000 余套，产品货值 10000 余万元，同比增长 100%。

2. 2015 年 1—3 月

2015 年 1—3 月，东风电机在现有基础上新承接纯电动驱动系统 500 余套，累计合同签订货值约 3000 余万元，与去年同期相比增长 40%。

三、产能建设

公司目前已经建成国家级电动车驱动系统实验室，该实验室包括高低温、振动、沙尘、盐雾、噪声、效率等测试项目；同时已经建成年产 5 万台（套）电动汽车驱动电机自动化生产线。

四、技术进展及研发能力进展

东方电气集团东风电机有限公司自 20 世纪 90 年代起一直致力于电动车驱动系统的研发。通过优势技术资源整合，东方电气在东风电机设立了“中国东方电气集团有限公司电动车电驱动系统研发中心”，该中心拥有一支包括 1 名工程院院士、20 余名高工（含 3 名教授级高工）、20 余名博士及 40 多位硕士在内的具有独立研发能力的技术团队。自 2000 年起，先后完成多项国家 863 重大专项的研究，在电动车驱动系统及特种电机领域具有强大的技术优势。目前已经完成包括 3 ~ 250kW 交流电机、60 ~ 250kW 永磁电机、轮毂电机、低温超导电机的研发，并已经批量运用于市场。

公司目前在交流电机电磁方案设计、结构优化减重方面具有独特的优势，在永磁电机损耗、散热分析等方面进行深入研究，同时对永磁电机高温退磁、多倍过载方面进行多次试验，有非常深入的实际运用经验。

五、主要产品

序号	名称	型号
1	10kW 交流电机及控制器	QYF10 - 4/72
2	20kW 交流电机及控制器	QYS20 - 4/180
3	30kW 交流电机及控制器	QYS30 - 4/180
4	80kW 交流电机及控制器	QYS80 - 6/380
5	100kW 交流电机及控制器	QYS100 - 6/400

续表

序号	名称	型号
6	35kW 永磁电机及控制器	QTS35 - 8/220
7	60kW 永磁电机及控制器	QTS60 - 8/271
8	100kW 永磁电机及控制器	QTS100 - 8/380
9	6 米纯电动车用动力系统集成	包括 6 米车用电机及控制器、整车控制器、高压配电箱、DC/DC、气泵及控制器、油泵及控制器等
10	8 米纯电动车用动力系统集成	包括 8 米车用电机及控制器、整车控制器、高压配电箱、DC/DC、气泵及控制器、油泵及控制器等
11	10 ~ 12 米纯电动车用动力系统集成	包括 10 ~ 12 米车用电机及控制器、整车控制器、高压配电箱、DC/DC、气泵及控制器、油泵及控制器等

六、合资合作

公司在 2013 年与中国第一汽车集团公司、金龙联合汽车工业（苏州）有限公司、成都客车股份有限公司等形成战略合作，批量供货。同时与成都客车股份有限公司、中兴新能源汽车有限公司正在洽谈合资电动汽车运营公司。

七、发展规划

东方电气集团东风电机有限公司将电动车电驱动系统作为重点发展方向，致力于成为国内领先的电驱动系统供应商。为此，东风电机将持续投入进行产品技术升级研发、提升试验能力、扩大生产场地，并适时建设 20 万台电驱动系统生产线。

湘电莱特电气有限公司

一、发展概况

2014 年，湘电莱特电气有限公司以 30kW 驱动电机作为主打产品平台，与多家整车厂建立了亲密的合作关系，并且找到共赢共利的最好渠道。

2015 年初，湘电莱特电气有限公司主要是对驱动电机系统平台的性能进行了优化设计，为在市场竞争中占据有利位置，以便更好地适应市场要求。

二、生产经营

2014 年，对多家公司有小批量的供货情况，并取得了客户的一致好评。

2015 年第一季度，立足新能源驱动电机系统改进和创新，为两到三家主机厂客户提供小批量样机，并促成大批量供货。

三、产能建设

在建的年产 1 万台生产线即将开始投产，拟建的年产 4

万台生产线有望在2016年达到6月达到正式生产阶段。

四、技术进展及研发能力进展

对现有20kW、30kW、70kW驱动电机系统平台进行优化升级，从设计和成本角度考虑，加强产品的市场竞争力，提升产品相关质量水平，努力使其达到国内一流驱动电机系统水平。

五、主要产品

序号	名称	型号
1	30 kW 永磁同步驱动电机	TYC30 - 8/180
2	30 kW 永磁同步驱动电机	TZ180XS30A
3	70 kW 永磁同步驱动电机	TZ230XS70B

六、发展规划

公司从低压电机起航，以新能源汽车驱动电机作为核心发展方向，对其倾注大量的资源誓必把它做大做强。现阶段我们已和多家知名企业达成合作关系，从多家产品设计要求出发，整合客户的需求，提供优良的技术方案，为公司技术发展路线铺石奠基，为我们的产品能遍布全国保驾护航。

年产万台不是我们的终点，技术改进服务社会才是我们目标。我们在未来几年必定优化设计、改进生产程序，循序渐进的向客户提供更好的技术服务，向市场提供更多、更好的优质产品。

万丰卡达克新动力有限公司

一、发展概况

1. 2014年—12月

2014年公司产品进入小批量生产阶段，产品质量不断提升，经济性能进一步优化，万丰卡达克混合动力总成技术荣获2104年“中国汽车工业科学技术奖”二等奖。

同年8月，公司顺利开发完成10.5米系列客车混合动力总成系统，并于下半年投入市场。公司混合动力总成产品可以满足10～12米系列客车动力需求。

2. 2015年1—3月

公司标准化厂房交付使用，全新的自动化流水线投入生产，可实现年产能20000台套动力总成。公司立项启动CES8501纯电动总成的研发和小型客车用动力总成开发。

二、生产经营

2014年，年生产混的动力总成及控制系统500多套，满足各种工况需求。

2015年第一季度，完成混合动力200多套动力总成的交付，与多家主机厂完成新公告申报。

三、产能建设

2015年初公司标准化厂房交付使用，一期产能20000台，二期产能50000台，三期总产能达到100000台套动力总成生产能力。

四、技术进展及研发能力进展

万丰卡达克新动力有限公司的科研团队，攻坚克难，先后研发生产了满足12米城市公交客车运行的CHS1201（高电压），CHS1202（低电压）混动总成，满足10.5米城市公交客车运行的CHS8501、CHS8502混动总成，CES8501纯电动总成系统。可以满足10～12米公交客车对于各种复杂路况的需求。

CHS混合动力总成系统以双行星排、双电机驱动、机电耦合及控制技术为关键核心技术，兼备动力耦合、自动变速和自动离合三大功能。在成本、功率密度、电功率比、效率、可靠性等方面取得了重大突破，无级变速，无换挡离合，体积小、重量轻、动力足，节能效率高。CHS系统具有独立自主知识产权，获得国家授权发明专利5项，实用新型9项、外观专利2项，申请中专利11项。

五、主要产品

序号	名称	型号
1	12米城市客车混合动力总成	CHS1201/CHS1201
2	10.5米城市客车混合动力总成	CHS8501/CHS8502
3	SUV混合动力总成	CHS - SUV
4	纯电动总成	CES8501

六、合资合作

万丰卡达克由万丰奥特控股集团与中国汽车技术研究中心联合出资设立，立志于新能源汽车混合动力总成，纯电动总成，燃料汽车等动力系统的研发、生产、销售并提供你相应的技术服务。

依托先进的设计理念和产品系列公司与国内众多主机厂形成联动合作，携手开展新能源混合动力客车的研发生产，推动新能源汽车技术及产业发展。

七、发展规划

万丰卡达克新动力有限公司注册资本3亿元，2015年成功入驻万丰高科精品园区（占地2300亩），计划总投资10亿元人民币，专注于新能源汽车动力总成的研发试制生产销售。

依托现有深度混合动力专利技术，未来公司将不断加强技术设备投资，人才引进与培养，建立万丰混动研究院，力争建成起国家级新能源汽车技术中心和科研中心，大力推动新能源动力技术创新与提升。整合上下游产业，打造集电池技术、动力总成技术、电机技术、电子控制技术为一体的系统集成技术服务商。

“十三五”期间，公司努力实现年 100% 增长，至“十三五”期末年产值达到 30 亿元。至国家 2025 战略，达到产值过百亿目标。

通用电气技术发展有限公司

一、发展概况

通用电气（GE）在混合动力和电动车领域有 30 多年的技术研究和开发经验，包括先进的功率器件和封装，多种能源管理拓扑结构，先进的车载充电和远程监控预测等。

GE 以其国际化的全球研发中心（GRC）和业务部门（如 GE 运输集团），GE 能源管理集团及其他相关业务集团等的电力驱动产品作为依托创造技术价值。通用电气技术发展有限公司与 GE、GRC 一起与部分整车厂和驱动系统供应商建立了各种形式的合作关系。使用 GE 专利技术的产品目前已经上路。

GE 将在节能和新能源车领域持续进行技术研究和开发。GE 期望在中国寻找合适的合作伙伴，改种、合作可以适用灵活多样的业务模式，如联合开发、技术转让和专利许可等。

二、生产经营

GE 不仅有节能与新能源汽车和驱动系统的生产能力，GE 在美国、中国、欧洲、印度和巴西都有全球研发中心布局。GRC 的技术研究人员参与过各种混合动力及电动车项目，具有系统仿真、台架测试和实验室样机能力。

三、产能建设

GE 在节能与新能源车领域有长久持续的技术研究和开发能力。GE 在先进的功率电子领域有几十年的经验，目前正在美国纽约州设立碳化硅功率元器件的生产能力，预计 2017 年初将投产一条年产能为 3 万片晶圆的 6 英寸碳化硅生产线。

四、技术进展及研发能力进展

GE 将在未来的 2 ~ 3 年持续投资弱/微混合动力车辆技术，先进的充电技术，以及下一代系统拓扑结构等的技术研究和开发。

五、合资合作

GE 目前正在和部分整车厂、一级供应商进行技术产品化的沟通。该种技术合作受保密协议约束。

大陆集团

为了应对未来 CO_2 排放量的法规限制，技术创新对于汽车行业而言显得尤为必要。同时环保型汽车的驾乘舒适感和驾驭性能也必须保留。对此大陆集团的应对之道是“量身定制的电气化”解决方案，这是一种具有成本效益的电气化概念，适用于搭载了不同车载电压的各类汽车。从 12V、48V，直至 400V，即从微混到纯电动车，均能配备相应的电气系统。

我们的混合动力系统进入量产已逾十年，并于 2011 年起开始生产用于纯电动车的各种部件。从 12V 车载稳压系统、48V 电机系统、整车控制器等低压系统及控制单元解决方案，到功率电子、高压电机及模块化的新型电力驱动系统等高压解决方案，我们凭借经验和持续创新的能力，在不断改进产品功能与动力性能的同时，致力于减小尺寸和减轻重量。

针对具体的欧盟 2021 年 95 克/公里二氧化碳的排放法规和中国 2020 年 5 升/公里的汽车企业燃油平均油耗法规目标。大陆集团率先推出了 48V 环保驾乘系统，在没有高电压的情况下和以极具竞争力的市场价格支持广泛的轻混功能，是大陆集团在动力混合方面“注重实效”理念的一个成功案例。48V 环保驾乘系统的开发，始于开发 12V 微混的全部潜力的设想，在基础的 12V 电力网络和高压强混之间，新增加了一个电压等级：48V。48V 系统相比 12V 系统具有更多功能，同时拥有灵活的电池尺寸和合适的能源额定值，是高压强混和低压微混之间的完美桥梁。大陆集团通过这种“量身定制的电气化”，帮助汽车制造商能够采取循序渐进的逐步式方案实现电气化。该技术将于 2016 年首先在欧洲进入量产，中国市场和北美市场将紧随其后。

2015 年 6 月，大陆集团宣布推出专为中国市场打造的新型电力驱动系统，其创新概念在于集电机、变速箱和功率电子系统于一体，省去了许多部件。新产品设计紧凑，极具经济性及扩展性，能应用于从 60 ~ 120 kW 的所有性能水平。因此可用于从插电式混合动力车到强劲的电动车在内的广泛车型。根据用途的不同，该驱动系统的电动机有两种变体：异步电动机（ASM）和永磁同步电动机（PSM）。由于其紧凑的设计，新型电力驱动系统不仅重量更轻，而且比同类产品更强劲，使驾驶更富乐趣。凭借成本上的优势，我们相信该电力驱动系统正适合中国市场的需求。

今天的内燃机将逐步演变为未来的零排放电动车，这一进程将鼓励众多新能源系统配置的研发。因此，作为模块化设计的结果，扩展性和灵活性对系统变得至关重要。在适用于混合动力及电动车的所有关键部件方面，大陆集团的模块化系统（从功率电子、电机一直到完整的系统解决方案）已经实现了这个目标。大陆集团在推动电动驱动技术的发展上一直扮演着积极的角色，尤其是在向各种驾乘形式的转变以及新能源驱动系统的发展正方兴未艾的亚洲地区。

江苏吉泰科电气股份有限公司

一、发展概况

江苏吉泰科电气股份有限公司（以下简称“吉泰科”）以自主知识产权的电力电子技术和电机控制技术为基础，以国内最富有经验的驱动器产品研发团队为核心，致力于打造国际一流、国内最好的电力电子技术和电机控制技术平台，以行业内最优秀的产品和系统解决方案服务于国际、国内的中、高端客户。

吉泰科公司专注于电机驱动控制产品及周边产品的研发、生产和销售，尤其专注于新能源领域的产品开发，如新能源汽车电机控制器、工业变频器、伺服驱动器、风力发电变流器、储能双向变流器等。

“以客户为中心，让控制更简单”是吉泰科的核心价值观，吉泰科以追求客户对我们产品的信赖为己任，让客户享受我们的质量与服务，最终实现打破国外品牌的垄断，从国内走向国际的企业使命。公司在经营方面秉承自主创新、精诚团结的企业精神，采用现代化企业经营理念，利用现代化管理工具，使企业的业务流程规范、高效。

吉泰科研发团队推出的上一代电机控制器在 2009 年成功推向市场，累计已给超过 6000 台客车配套使用。2013 年基于吉泰科平台推出下一代电机控制器，已给包括安凯客车、厦门金旅、北车集团、南京金龙、扬子江汽车、厦门金龙、北汽福田等客户持续供货。

吉泰科现已拥有数十项发明应用专利，是国内少有的既适用交流异步电机又适用永磁同步电机的电机控制器生产厂家，这都基于吉泰科掌握完全自主知识产权的控制算法，在驱动电机弱磁区力矩控制、电机参数自动辨识、驻车防溜、舒适性控制等方面都有独到之处，在与东风、卧龙、大连天元等多个品牌的电机匹配测试中，其性能都是国内最好的。同时，吉泰科控制器都经过严格的环境测试、EMC 测试、结构件疲劳测试、破坏性测试等，公司已经获得了 ISO 9001 和 TS 16949 标准的质量体系。

经过不断的积累，吉泰科电机控制器功能不断完善，主要性能特点是：启动平滑、刹车无“点头”现象、宽速度范围内大转矩输出、电机温度升高后（90 ~ 130℃）保持输出功率基本恒定、驻坡防溜功能、异步机系统（电机 + 控制器）效率最高达 94%、永磁同步机系统（电机 + 控制器）效率高达 96%。

2015 年第一季度，在新能源汽车电机控制器产品方面，除了面向混合动力和纯电动大客车持续研发满足不同客户需求的个性化产品外，还面向小型乘用车、大货车、环卫车、特种车等车型推出一系列产品。

二、生产经营

2014 年 12 月吉泰科公司在新能源汽车电机控制器、工业变频器、AFE 能量回馈型变频器、储能双向变流器等核心产品上的销售金额达 1.8 亿人民币。

2015 年第一季度，在上述核心产品上的销售达到 6000 万人民币。

三、产能建设

公司现有厂房面积 5000 ㎡，其中办公区域 1000 ㎡，生产车间 2000 ㎡，元器件及半成品仓库 1000 ㎡，成品仓库 600 ㎡，研发实验室 400 ㎡。拥有变频器生产线 10 条，产能约 3 亿元人民币，试验对拖机组若干（包括 2000kW 机组、220kW 机组、110kW 机组以及若干小功率机组），建设了 EMC 实验室、环境实验室，整机出厂测试台 10 台，单板自动测试工装 30 套。公司已通过 ISO 9001 质量体系认证、ISO 14001 环境体系认证和 TS 16949 认证。

四、技术进展及研发能力进展

吉泰科公司是一个由原华为电气总裁、艾默生副总裁带领的由一群资深管理、研发、生产和营销精英团队组成的公司，团队许多成员有着辉煌的从业背景，其实力非常雄厚，掌握着从软件的算法、通信、功能、行业解决方案，到硬件的热设计、结构设计、电力电子拓扑、弱电设计、PCB 设计，再到生产的精益管理和质量控制等多方面的技能，从变频驱动器产品平台上，不断开发出适用于各行业的专用机型，新能源汽车电机控制器是其中的一种。其核心的技术环节包括以下几点：

1. 实用性及很强转子磁场的定向技术；

2. 改进的自适应增强型电机模型，提高了转矩控制精度；

3. 无速度传感器的速度辨识；

4. 创新的有速度传感器的测速技术；

5. 电机参数在线辨识，可抑制电机温度的上升对输出转矩的影响；

6. 电机弱磁控制技术；

7. 驻坡防溜控制技术；

8. 可靠的免跳闸技术；

9. 独特的控制算法和 PWM 策略；

10. 有挡位自动低速行驶功能；

11. 高舒适性控制策略；

12. 独特的节能控制策略；

13. 计算机热仿真结构辅助设计，保证了产品结构紧凑、重量轻。

吉泰科在诸如参数自适应、准确的磁场定向、快速的速度估算、极低速和弱磁区的控制等方面均处于国内领先地位。

五、主要产品

序号	名称	型号
1	额定功率 200kW 电机控制器（水冷，铸铝外壳）	HB100 – 4Z200W – G
2	额定功率 200kW 电机控制器（风冷）	HB100 – 4Z200
3	额定功率 90kW 电机控制器（风冷）	HB100 – 2Z90

续表

序号	名称	型号
4	额定功率 200kW 双馈型大巴电机控制器	HB100 – 4Z200B
5	额定功率 75kW 电机控制器（水冷）	HB100 – 4Z75W
6	额定功率 45kW 电机控制器（风冷）	HB100 – 2Z45
7	额定功率 45kW 电机控制器（水冷）	HB100 – 2Z45W
8	额定功率 25kW 电机控制器（风冷）	HB100 – 1Z25
9	额定功率 25kW 电机控制器（水冷）	HB100 – 1Z25W
12	转向、打气泵电机控制器（风冷，单体）	HB200 – 2Z3.7B
11	转向、打气泵电机控制器（风冷，二合一）	HB200 – 2Z3.7B – B
12	转向、打气泵电机控制器、DC/DC（风冷，三合一）	HB200 – 2Z3.7B – E

六、发展规划

吉泰科公司除了在工业领域继续发展变频器/驱动器的控制技术，以提高各行业的自动化装备水平和节能降耗之外，依托已经建立的电力电子和电机控制技术平台，在新能源汽车领域加大投入，通过加强与整车厂、电机厂和汽车行业的高校和院所合作，力争在电机控制方面不断缩小与国际最先进水平的差距，在未来三年内达成如下目标：

2015 年电机控制器年产值：1.2 亿元人民币

2016 年电机控制器年产值：2 亿元人民币

2017 年电机控制器年产值：3.5 亿元人民币

阳光电源股份有限公司

一、发展概况

阳光电源股份有限公司（股票代码：300274）是一家专注于新能源汽车、太阳能、风能、储能等新能源电源的研发、生产、销售和服务的国家重点高新技术企业。主要产品有电动车电机控制器、光伏逆变器、风能变流器、储能系统等，并致力于提供全球一流的光伏电站解决方案。

自 1997 年成立以来，公司始终专注于新能源领域，坚持以市场需求为导向、以技术创新作为企业发展的动力源，培育了一支研发经验丰富、自主创新能力较强的专业研发队伍；先后承担了近 20 项国家重大科技计划项目，主持起草了多项国家标准，是行业内为数极少的掌握多项自主核心技术的企业之一。

光伏逆变器市场占有率连续多年在国内名列前茅，并先后通过 TÜV、CE、Enel – GUIDA、AS4777、CEC、CSA、VDE 等多项国际权威的认证测试，已批量销往德国、意大利、法国、比利时、澳大利亚、美国、加拿大等 50 多个国家。全球权威机构 IHS 的研究报告显示，阳光电源逆变器出货量连续三年位居全球第二。截至 2015 年上半年，公司在全球市场已累计实现逆变器装机 1700 万千瓦。

公司先后荣获“国家重点新产品”“中国驰名商标”、中国新能源企业30强、全球新能源企业500强、国家级守合同重信用企业、安徽“最佳雇主”等荣誉，是国家级博士后科研工作站设站企业、国家高技术产业化示范基地、国家认定企业技术中心、“福布斯中国潜力企业榜”上榜企业等，综合实力跻身全球新能源发电行业第一方阵。

公司系列电机控制器产品均经过权威机构认证通过GB/T 18488标准，控制器最高效率达98.5%，系统高效工作区宽，效率高于90%的区域超过50%。硬件采用汽车级电子部件，软件采用模块化设计，各类保护功能和故障处理功能完善，独有的电机去抖动算法，使车辆在不同速度和路况下均能保持平稳、舒适运行。系列产品均具备驻坡启动、定速巡航、最高车速限速、倒车限速、刹车优先、刹车低速处理、过欠压保护、整车通信故障处理等功能，产品先后批量应用于国内多家整车企业，运行于合肥纯电公交项目、大连金石滩纯电公交项目、芜湖纯电物流车及出租车项目。

未来，阳光电源将秉承“致力于清洁高效，让更多人享用绿色电力”的发展使命，立足新能源装备业务，创新拓展新能源发电与电力电子技术紧密结合的新业务，不断贴近客户需求，积极参与全球竞争，努力将公司打造成为受人尊敬的全球一流企业。

二、主要产品

新能源汽车用电机控制器

序号	名称	型号
1	120kW/240kW 纯电动大客电机控制器	DMC6625
2	100kW/250kW 纯电动大客电机控制器	DMC6620
3	60kW/120kW 纯电动轻客电机控制器	DMC6615
4	50kW/100kW 纯电动轻客电机控制器	DMC6415
5	16kW/40kW 纯电动乘用车电机控制器	DMC21440
6	10kW/25kW 纯电动微型车电机控制器	DMC2950
7	车用高压配电柜	PDU－E617

中冶南方（武汉）自动化有限公司

一、发展概况

中冶南方（武汉）自动化有限公司（以下简称“中冶南方自动化”）成立于2004年，注册资本8000万元，是中国冶金科工集团中冶南方工程技术有限公司的全资子公司、国家火炬计划重点高新技术企业，是专业的自动化控制解决方案供应商及工程服务商、专业的自动化产品及电气成套设备制造商，是“湖北省电机变频工程技术研究中心”的承建单位。

中冶南方自动化具有强大的工程设计、电气传动及基础自动化、电气产品研发、系统集成、软件开发、成套制造等能力，依托国家综合甲级设计资质的专业背景，成功参与执行了钢铁有色、轨道交通、市政工程、行车起重、汽车制造等领域的数百个大型重点工程项目，提供项目所需的核心装备、关键组件及工程技术服务，获得了包括“国家科技进步一等奖”在内的诸多荣誉。

中冶南方自动化的E－CONVERT高性能矢量变频器获得“国家重点新产品”认证，在冶金、起重、化工、纺织、汽车等多个行业有成熟的应用推广。面向新能源汽车行业开发的EV5系列电机控制器，关键核心技术均掌握完全自主的知识产权，具有高性能、高精度、高可靠性等特点，匹配交流永磁同步电机，可满足纯电动大巴、中巴、乘用车、物流车、环卫车等多类电动汽车的应用需求。

2012年中冶南方自动化进军新能源汽车行业，开发出第一代电机控制器，先后与扬子江客车、东风商用车、常隆客车等车企开展合作；2013年与香港五龙电动车集团达成战略合作，为其订制开发电机控制器，全程参与了纯电动中巴、商务车、乘用车等多款电动汽车的正向开发，产品严格按照汽车关键零部件开发流程进行了充分验证，并通过了高温、高湿、高寒、高原等耐候性测试；2014年新一代电机控制器实现批量生产；2015年在现有业务稳定增长的基础上进一步完善产品系列化，扩大了跟其他行业客户的合作，部分项目也进入批量采购阶段。

二、生产经营

中冶南方自动化公司位于武汉东湖新技术开发区的中冶南方机电产业园（占地面积500亩），拥有2万平方米的现代化电气产品制造基地，生产制造工业变频器、电机控制器等高品质电气产品；多任务工作平台机制，实现敏捷化协同生产作业；特种定制开发，针对特殊需求快速形成最适合的产品解决方案；通过了ISO9001：2008质量体系认证，并导入TS 16949质量管理体系，满足客户最复杂的设计标准与制造需求。中冶南方自动化的三大核心业务板块：工业自动化技术服务、电气传动产品制造、电气设备成套。年销售额保持在2亿元以上，其中电动汽车产品销售额2014年为

2000万元、2015年为4000万元（预计）。

三、产能建设

为满足电动汽车业务的快速发展，2014年新建成的电机控制器生产线投入使用，当前产能可达2万台/年。该产线在工艺流程中的关键工序集成了机器人自动焊接系统，提高了自动化程度，确保批量生产的品质可控。为确保产品的安全可靠，建立并完善电机控制器相关试验检测体系，具备了台架性能测试、环境适应性测试、安全性测试、出厂老化测试等试验能力。

四、技术进展及研发能力进展

中冶南方自动化员工300余人，产品技术研发人员达到35%以上，其中博士5人、硕士60余人。电机控制器研发团队30余人，核心技术人员在业内均有丰富的电机控制器产品开发经验。产品采用模块化、轻量化设计，结构布局紧凑，功率密度达到12kW/L，防护等级达到IP67。针对电动汽车行业开发的转矩控制与电流控制策略，在宽阔的转速范围内稳定输出峰值功率，充分发挥电机与电池性能，转矩控制性能达到业内主流水平。完善的故障保护策略，故障时进行合理的降额运行或安全停机，确保用户行车和电机系统的安全。自动变载频技术，提高低频段的电机系统效率，降低高频段的谐波含量和噪声污染。UDS诊断和Bootloder功能，非常便于量产电动汽车后期的软件升级。

五、主要产品

序号	名称	型号	典型应用车型
1	驱动电机控制器	EV550－3LXX－150A	A0/A级纯电动乘用车
2	驱动电机控制器	EV550－5L1X－250A	6～8米纯电动中巴
3	驱动电机控制器	EV550－5L2X－250A	8～10米纯电动中巴
4	驱动电机控制器	EV550－5LXX－350A	10～12米纯电动中巴
5	助力转向控制器	EV540－5LXX－006A	6～8米纯电动/混动客车
6	助力转向/空压机控制器	EV540－5LXX－013A	10～12米纯电动/混动客车

六、发展规划

对于电机控制器产品业务的发展规划：2015年实现销售额4000万元、年产能1万台；2016年实现销售额1亿元、年产能2万台，成为国内知名的电机控制器厂商；2020年实现销售额5亿元、年产能10万台，成为国内一流的电驱动系统厂商。

北京长城华冠汽车科技股份有限公司

一、发展概况

北京长城华冠汽车科技股份有限公司（以下简称“长城华冠”）成立于2003年8月，是中国专业的汽车整车设计研发机构，公司员工总数为312人。公司严格遵循PAP产品质量保证体系的汽车开发流程，为国内外众多客户提供产品定位、概念策划、汽车造型、工程设计、CAE分析、试制试验、供应商管理、平台开发、投产服务等全过程的汽车整车设计开发和服务。自2009年开始，公司提供专业的电动汽车整车设计开发服务，包括基于整车轻量化的新材料运用、整车性能开发控制、策略开发与仿真、动力电池pack集成等服务。

长城华冠技术团队，80%的工程设计人员来自整车生产研发中心或合资企业设计中心。70%以上的系统工程师拥有高级工程师职称，并在汽车研发领域具有二十年以上的从业经验。公司建立技术主查制度，各专业主查均由业内资深专家担任。公司配备丰富的外籍顾问资源，可满足不同项目的需求。

二、生产经营

2014年公司完成了以下项目：

2个传统整车开发项目；

4个传统汽车局部改型升级开发项目；

2个全新结构、新结构轻量化电动汽车开发项目；

5个传统汽车电动化改造项目。

三、产能建设

长城华冠位于北京市顺义汽车基地内，办公面积2万平方米，分为传统汽车设计区、电动汽车设计区、试制试验区、样车研究区、产品技术展示区5大部分；公司具备同时开发4个整车项目的能力，每年可承担10～12个开发项目。

四、技术进展及研发能力进展

1. 传统汽车研发技术的成果及亮点

（1）造型研发能力

长城华冠拥有国内外一流的设计师，国际化设计团队，该团队能够敏锐洞悉造型趋势、准确把握市场需求、深刻解析产品定位，把美学、功能和工艺完美结合。在约束中完成创造，为客户提供更贴近目标用户需求的优秀创意作品，引领中国汽车尤其是电动车未来造型趋势。

（2）供应商管理及投产服务

长城华冠整合全球资源为客户提供最优服务，掌握全面的国内外供应商资源，并协助客户对供应商进行管理。整合三方资源和竞争优势，联合开发产品、开拓市场、扩大市场份额及降低产品前期的高额成本，保证产品开发过程的顺利进行；同时完成设计与生产的顺利过渡，达到设计、采购、工装夹具验收、总装等平顺配合，协助解决投产过程中的产品问题，提高生产效率和生产质量，协助客户保证项目投产节点按期进行。

（3）整车试制及试验能力

样车试制试验是用于验证零部件/系统和整车的工程设计、制造工艺是否满足目标的重要手段。长城华冠的工程样车制作团队有着制作数百辆工程样车的经验，样车制造水平达到国际水准，多辆样车提交国外的专业试验场及军方试验场进行性能及可靠性测试，并取得良好的成绩。

2. 新能源汽车研发技术的成果及亮点

（1）整车轻量化

长城华冠对于整车轻量化方面的研究在2014年取得了突破性进展，采用新材料、新工艺、新结构使整车整备重量降低30%，颠覆传统的钢板结构车身，采用铝车身、复合材料、碳纤维的研究并在整车开发项目中运用，并得到验证。

（2）电控技术

长城华冠从2009年开始致力于电动车的整车控制器的研发，已开发出拥有完全自主知识产权的整车控制器及电池箱RESS系统。

3. 整车研发数据库服务

长城华冠为了更好地提升自身的研发能力，建立了大量的对标车数据库系统。以每个月一台车的拆解研究速度，对整车性能、材料、结构、工艺、成本等各方面进行数据采集及对标。截至2015年3月30日，已有近50台国外电动车及国内热销车型的数据库。

五、合资合作

公司与全球知名的设计团队结成战略合作伙伴关系，在碰撞安全分析、操控稳定性、NVH分析等方面进行深入合作。

与中国科学院计算机网络中心合作，在其高性能超级计算机深腾7000平台上给客户提供快速的产品计算验证。

六、发展规划

在未来5年内，公司将进一步加大新能源汽车的研发力度，进一步在车身新材料、新结构、新工艺等上加大研发及试验的力度，掌握核心技术；同时在整车性能及整车控制策略中，继续完善现有的技术体系，为更多的行业内客户提供更前沿，更高质量的技术开发服务。

北京华特时代电动汽车技术有限公司

一、发展概况

北京华特时代电动汽车技术有限公司（以下简称“华特电动”，EVENT TECHNOLOGY CO. LTD.）是一家集电动汽车动力系统及部件研发、生产制造与销售于一体的高新技术企业。公司成立于2014年1月。

公司整合多年的整车及部件专业设计能力，依托北京长城华冠汽车科技股份有限公司强大的产品研发团队、专业的生产及质量控制体系，为国内外众多电动汽车制造商提供标准电池箱、可再充能量存储系统（RESS）、动力系统等高可靠性产品、服务和解决方案。

华特电动团队，从产品设计到制造、销售，60%以上员工都具备硕士以上学位，来自国内外相关领域知名企业，具有丰富的行业经验。团队专业素质高，富有创新能力，乐于奉献并致力于全球环保及新能源事业。

华特电动致力于新能源事业，立足全球环境保护，以“专业”的特质和极大的热情，携手国内外众多客户，共同开创“GreenLife”新时代。

二、生产经营

标准电池箱生产与销售。标准电池箱的设计基于整车性能的考虑，其优点在于：结构和数量进行标准化设计，可根据客户需求进行组装，适用于不同的车型；具有高可靠性及耐久性；采用液态介质冷暖温控系统；对电池一致性进行调配，最大限度的发挥电池性能，提高寿命；满足安全碰撞法规的要求，具有高安全性；达到IP67的防水、防尘等级。

RESS系统生产与销售。RESS系统基于整车性能设计，其主要功能包括：高压安全功能、高压电池管理功能、电池热管理功能。

RESS系统定制服务。可根据客户需求，基于整车性能分析，为客户定制、开发满足国家法规、标准要求的RESS系统，提供从设计、生产安装到调试的一站式服务。

公司生产的RESS系统已成功应用于北京长城华冠电动超级跑车（前途/EVENT）。

三、产能建设

公司厂区位于北京顺义金马工业区北路，占地 12 亩，建筑面积逾 5000 平方米，2014 年 10 月已建成具有年产 5 万个标准电池箱的批量生产能力。生产车间主要特点包括：

1. 现代化无尘车间

恒温——保证生产线产品测试的精准；

恒湿——保护生产线的绝缘等级和生产安全；

防尘防静电——保证 BMS 等电子元器件组装的高可靠性、高安全性。

2. 自动化生产线

保证生产线 RESS 系统组装的高效率、高质量。

3. 实验室

搭建有整车 RESS 系统模拟实验台架、原材料、半成品、成品检测系统，为产品开发和量产提供完备的验证平台。

四、主要产品

序号	名称	型号	类别
1	标准电池箱	200mm×277mm×700mm	—
2	RESS 系统	无	—

五、发展规划

华特电动致力于新能源事业，扎根于电动汽车动力系统，为国内外众多电动汽车制造商提供标准电池箱、可再充能量存储系统（RESS）、动力系统等高可靠性产品、服务和解决方案。

公司在 3 年内，通过产品、服务的持续改进及业务的不断拓展，成为业内知名电动汽车动力系统专家，领跑电动汽车动力系统行业。

深圳市沃特玛电池有限公司

一、发展概况

1. 2014 年 1—12 月

深圳市沃特玛电池有限公司（以下简称“沃特玛”）成立于 2002 年，位于深圳市坪山新区，专注于锂离子动力电池及 BMS 的研发、生产、销售与服务。2014 年公司员工由 1000 人（当年初）发展至 2000 人（当年末），拥有一支 500 余人的技术研发队伍和价值近 2000 万元的研发装备，拥有专利 200 余项，主要技术指标处于国际领先水平。

沃特玛产品主要涵盖动力电源和替代铅酸的储能电源两大类，其中汽车动力电池、移动补电车、汽车启动电源、家庭储能应急电源等是公司的主要产品类型，目前市场主要集中在纯电动大巴、物流车、环卫车、移动补电车等领域。

2014 年，以沃特玛为首的深圳市新能源汽车产业核心技术创新联盟在全国范围内大力推广“融资租赁、双锁共赢、移动补电、充维结合”的创新商业模式，该模式有效地解决了纯电动公交车存在的“双高”（购置成本高、使用成本高）现象以及充电设施用地难以保障的诸多问题，因此得到了广泛认可。同年 8 月，沃特玛创新联盟推行的纯电动公交新模式经中央电视台《新闻联播》和《新闻直播间》播出并开始向全国推广。

沃特玛陆续与厦门金旅、南京金龙、五洲龙、东风特汽、中国重汽豪沃、中国重汽王牌、华晨等国内一流车企展开合作，并成为 2014 年南京青奥会纯电动车动力电池主要供应商之一。目前，已有 8000 多台配备沃特玛磷酸铁锂动力电池系统的新能源交通工具运行于上海、广州、深圳、厦门、杭州、海口、沈阳、呼和浩特、合肥、成都、昆明等城市。

2014 年，沃特玛完成配套 4953 台动力电池组的销量，实现销售收入 60997.24 万元，净利润 6711.49 万元，相比 2013 年分别增长了 146% 和 190%。据高工锂电产业研究所（GBII）调研，在 2014 年中国动力锂电池产值排名中，沃特玛名列第五，并连续两年名列前十。

在未来十年里，沃特玛将始终坚持市场领先、技术领先和成本领先的“三领先”发展路线，确保市场占有率始终在行业中的 25% 以上，技术和成本都领先行业 3 年，并通过在品牌、技术、管理、成本、服务五大方面全面的提升加以保证。

2. 2015 年 1—3 月

沃特玛厂区使用行业先进的工艺和自动化设备，使产品品质和生产效率得到了大幅提升，截至 2015 年 3 月已实现电芯产能由 2014 年的 15 万支/天增至 30 万支/天。为满足新能源市场日益增长需求，公司正规划日产 50 万支电芯的生产规模。

2015 年，沃特玛首次引入精益生产理念，预建立无间断流程，从而快速应变顾客的需要，同时能够实现零库存，提高企业的总体效益。

二、生产经营

1. 2014 年 1—12 月

2014 年，沃特玛销售汽车用电池组 4953 组，销售订单额约92000万元，主要客户有南京金龙、五洲龙、珠海银隆、豪沃、奥新、小金龙、华晨客车、立通、益高、宝雅、长安客车、成都雅骏、合加、苏州金龙、速达、瑞驰、陆舟、恒天、重庆五洲龙等；

2014年，沃特玛销售储能类电池组7554组，销售订单额约970万元。

2. 2015年1—3月

2015年1—3月，沃特玛销售电动汽车用电池组2800组，销售订单额约为55700万元，主要客户有南京金龙、五洲龙、珠海银隆、豪沃、宇通、小金龙、益高、长安客车、成都雅骏陆舟、恒天、重庆五洲龙、九龙、十堰东风等；

2015年1—3月，沃特玛储能、基站用电池组6700组，销售订单额约为185万元。

三、产能建设

沃特玛有高效稳定的生产能力，主要生产设备2000多台，多条生产线，生产范围包括电芯生产、电池管理系统BMS生产、电池组生产。2014年底，实现日生产32650型号电芯15万支，2015年3月增长为每天30万支。目前，沃特玛正规划日产50万支电芯的生产规模。为满足新能源市场日益增长需求，沃特玛决定2015年在陕西渭南建设新厂，规划年产能为10GW·h。

四、技术进展及研发能力进展

沃特玛成立了新能源技术产业化研究院——电池研究院，设有电芯研究所、电子研究所、结构研究所和动力总成研究所，拥有一支500余人的技术研发队伍和价值近2000万元的研发仪器设备，开展单体电池制备技术、电池模块成组技术、动力电池管理系统技术、电动汽车动力总成系统研究及产业化应用。完成国际发明专利4项，国家专利216项（其中发明专利61项、实用新型专利157项、外观设计专利3项）；参与制定国家标准1项，行业标准2项，科技成果鉴定2项。

掌握电芯及电池组核心技术是未来市场竞争、进军全球新能源行业巨头的关键。沃特玛作为国家及行业认可的新能源生产制造领头企业，在电芯技术、电芯成组结构技术、电芯成组管理BMS系统的基础研究和技术创新方面起步较早、投入较大，电芯与电芯组装PACK及电芯BMS管理系统产品的研发处于行业领先水平。

2014年，沃特玛在原有32650－5A·h单体电池基础上，经过材料优选、工艺设计和优化，开发出容量型32650－5.5A·h单体电池，其能力密度达125W·h/kg，1C充放电（100% DOD）循环2000次后，容量不小于额定容量的80%，并新增了特殊的安全结构设计方案。经深圳市科创委组织的专家鉴定，该产品整体性能达到国内领先水平。

沃特玛生产的26650－4.8A·h三元单体电池能量密度达到了180W·h/kg，电池模块能量密度达到了150W·h/kg，循环寿命达到2000次以上，并达到了行业标准QC/T 743－2006《电动汽车用锂离子蓄电池》的要求。

沃特玛的电池组技术基于性能先进的电芯技术和多年专注于结构设计，提出“纵向过流，横向保护”结构并大量应用，申请了国内外专利保护。整车电池管理系统方面，经过多年的开发，成功研发出了适合本企业要求的管理系统，产品各项指标均符合QC/T 897－2011《电动汽车用电池管理系统技术条件》要求，同时还具备了智能主动均衡控制、GPRS远程监控等功能。经深圳市科创委组织的专家鉴定，该电池管理系统整体性能达到国内先进水平。

五、主要产品

序号	名称	型号
1	磷酸铁锂动力电池组（纯电动公交车）	L－540V2－80A·h
2	磷酸铁锂动力电池组（3T纯电动物流车）	L－540V－140A·h
3	磷酸铁锂动力电池组（纯电动商务车）	L－350V－130A·h
4	磷酸铁锂动力电池组（纯电动客车）	L－384V－160A·h
5	磷酸铁锂动力电池组（纯电动公交车）	L－576V－220A·h

六、发展规划

为了适应企业快速发展的需要，加强公司各部门间的协调组织管理，提高经营管理的预见性、计划性、科学性、协调性和严肃性，进一步完善企业决策机制，确保公司科学有序、平衡协调、可持续发展，拟建立统一领导、规划合理、协调高效、优化配置、目标集成的管理体系。

未来几年，公司仍专注于锂离子电池的研发、生产、销售，重点发展纯电动车型之标配电池，始终秉持“联合、改善、突破、完美”的经营理念，以构建人类最佳居住环境为使命。

发展方向　成为动力锂电池国内外市场的引领者，国内行业标准制定的重要参与者；大力推动无污染的锂电全面代替有污染的铅酸二次电池，推动未来新能源汽车替代传统汽车，减少对石油资源的依赖，增强我国应对能源安全、环境污染和气候变化问题的能力。

产品规划　为确保企业可持续发展，公司领导层对产品进行了定位——一品两规，即生产一款产品，分两种规格：中倍率（6C充放电）、大倍率（10C充放电），要求产品具有一致性好、循环寿命长、低温性能佳、成本低的优势。沃特玛将研发 10C 充放电产品，循环寿命达 5 万次以上，保证能源体系得到解决。同时，突破锂离子动力电池的梯次利用技术，将市场退回的汽车动力电池用于储能，通过储能电站转换，摆脱纯电动车对电网供电的依赖。

成本战略 沃特玛的电芯材料、组装原材料、辅助材料等均以国产为主，由公司的电池研究院与上海大学成立的锂离子材料关键材料研发及应用开发实验室，主要针对关键原材料的性能改善，提高技术指标，优化并降低电芯材料成本；优化包装 PACK 成本，以市场上的新材料、复合材料及国产材料为主，并且满足 PACK 技术指标。

增长模式和指标 市场竞争战略为成本领先战略、用“双锁共赢”商业模式实施差异化战略，在部分城市需执行集中差异化战略。带动上游供应商与公司共同提升品质、开发新材料、合理降低成本，保持成本和技术领先优势；联动产业技术联盟企业，以在全国复制推广“双锁共赢”模式，拉大与竞争对手的差距。

宁波南车新能源科技有限公司

一、发展概况

1. 2014 年 1—12 月

宁波南车新能源科技有限公司（以下简称“公司”）成立于 2012 年 2 月，注册资本 18588 万元，专业从事超级电容器单体、储能电源模组、系统集成等的研发、制造和销售，致力于为全球客户提供新型超级电容驱动与能量回馈方案及装备。公司总计划投资 18 亿元，旨在打造“亚太最大、世界前三”的超级电容产业基地和世界超级电容应用技术研究中心。

公司项目一期投资 2.2 亿元，于 2013 年建成两条国际先进水平的大容量超级电容自动化生产线，设计年产能 100 万支，已投入批量生产。

公司于 2013 年通过 ISO 9000 质量体系认证，2014 年通过 TS 16949、IRIS 质量体系认证、ISO 14001 环境体系认证和 OHSAS 18001 职业健康体系认证。

公司 2013 年被评选为宁波市科技型企业，2014 年被评选为国家高新技术企业；2014 年获得第三届中国创新创业大赛宁波赛区第一名。

2. 2015 年 1—3 月

公司二期扩能项目完成前期可研。

二、生产经营

1. 2014 年 1—12 月

2014 年完成产值 9300 余万元，实现销售收入 6238 万元。全年生产 3000F 超级电容 5 万支，7500F、9500F 超级电容 10 万支。

采用公司产品作为主驱动电源的广州海珠线储能式有轨电车在 2014 年底已投入商业运营，淮安储能式有轨电车计划在 2015 年上半年运营；宁波签订 500 台采用超级电容作为主驱动电源的储能式无轨电车合同，公司为实现超快速充电开发了采用超级电容作为储能装置的储能式充电站；公司开发的 750V、1500V 线路储能装置即将投入示范应用；公司产品在风力发电、混合动力大巴、内燃机车启动、重型工程机械等领域得到应用，并受到了客户好评。

2. 2015 年 1—3 月

宁波储能式无轨电车全球发布会在 4 月召开，中国南车与宁波签订的合同将储能式无轨电车采购数量增加到了 1200 台。2015 年前 4 个月达成产值 5475 万元，2015 年预计销售收入 1.2 亿元。

三、产能建设

公司现有两条国际先进的超级电容生产线，主要生产 350F 以上卷绕式和叠片式超级电容，年产能 100 万只，产值约 5 亿元。

公司方型超级电容目前月产 3 万只，产能不能满足市场的需求，公司在对部分瓶颈工序进行自动化改造，以提升产能。

同时，公司的二期扩能已在有条不紊地进行。

四、技术进展及研发能力进展

公司拥有从产品电极制备、单体、标准模组、储能系统研制全套技术，拥有自主知识产权。2014 年申请专利 51 项，获得授权 32 项，到 2014 年底，公司累计完成专利申请 77 项，其中发明专利 23 项，实用新型专利 50 项，外观专利 4 项。

公司有享受国务院特殊津贴的技术带头人，有省外专千人计划的外籍专家，并成立了超级电容研发与应用专家委员会，集聚了日本、韩国、清华大学、北京航空航天大学、天津大学等在超级电容材料、器件、应用系统方面的顶级专家，已连续召开两届超级电容研发与应用专家委员会。2014 年 1 月承办了 2014 年中国动力储能大会、6 月承办了城市公共交通用储能器件院士咨询活动、7 月承办了超级电容行业技术标准和应用研讨会等行业技术大会，2014 年 11 月组织了科技成果鉴定，公司通过结论为“国际领先”的科技成果鉴定，9500F 超级电容获得宁波市重点工业新产品一等奖。

公司设置了两所一中心：超级电容研究所、储能系统研究所、工程技术中心，具有研发技术人员50余人，硕士以上学历人员30余人。超级电容研究所主要进行材料、储能单体的研发；储能系统研究所主要针对客户需求进行标准模组和各种储能应用系统的开发。

目前，公司自主开发了3000F卷绕式超级电容、7500F、9500F叠片式超级电容、16～125V系列标准模组、750V和1500V地铁线路储能装置、储能式充电站、CMS管理系统等产品，9500F超级电容通过新产品鉴定；并通过结论为“国际领先”的科技成果鉴定。与上海铁路局合作的内燃机车启动项目获得铁路系统内部鉴定一等奖。公司的产品通过201所针刺、挤压、火烧、冲击等安全性试验，验证了产品的安全可靠性。

公司围绕以技术创新引领市场的战略定位，开展了30多个科技创新项目，包括国家863项目、宁波市重点研究课题和宁波市石墨烯产业化专项以及针对未来市场应用进行的储能材料和器件的研发。

五、主要产品

序号	名称	型号
1	超级电容器单体	NBCSR－9500C－002R7
2	超级电容器单体	NBCSR－7500C－002R7
3	超级电容器单体	NBCSR－3000C－002R7
4	标准模组	16V、30V、48V、60V、75V、90V、125V
5	非标准模组	根据客户要求设计
6	无轨电车储能系统	根据客户要求设计
7	储能式充电站	根据客户要求设计
8	750V线路储能装置	根据客户要求设计
9	1500V线路储能装置	根据客户要求设计

六、合资合作

公司由中国南车集团株洲电力机车厂与集盛星泰（北京）科技有限公司合资组建。

七、发展规划

公司总体规划投资18亿元，旨在通过分期建设，打造“亚太最大、世界前三”的超级电容产业基地和世界超级电容应用技术研究中心。达到年产能600万只超级电容，产值30亿元的目标。

中信国安盟固利动力科技有限公司

一、发展概况

中信国安盟固利动力科技有限公司（以下简称“盟固利”）成立于2002年5月，是国内最早参与新能源汽车示范运营的锂动力电池生产厂家之一。截至2014年12月31日，公司注册资本为10000万元，期末员工总数为963人，其中管理及科研人员254人，占26%；全国范围内搭载盟固利公司锂动力电源的节能与新能源汽车约9600辆，产品已覆盖全国22个省份63个城市，累计安全行驶里程突破4亿公里，从未发生过任何安全运行事故。

二、生产经营

2014年全年共完成新能源汽车用动力电池系统销售5868套，实现营业收入47631万元。

三、产能建设

2014年，公司实际年产能为1亿安时锂离子动力电池。为满足新能源汽车市场的需求，公司正在加强产能建设，预计2015年产能会有较大增幅。

四、技术进展及研发能力进展

1. 不断加强技术研发工作，取得了一系列重要的技术研发成果

（1）关键材料合成及应用技术开发。针对现有市场上锰酸锂原材料供应不稳定、循环寿命不够高等问题，盟固利公司开发出了具有完全自主知识产权的球型锰酸锂材料合成技术，并已完成原材料的筛选及吨级中试工艺放大验证，这对于锰酸锂体系的动力电池成本控制及未来产品的推广有着积极而深远的意义。

（2）单体电池技术研发。一是高能量密度电池工艺开发。公司结合锂离子电池发展趋势，在北京市科委的支持下，联合高校共同开展了前沿的300W·h/kg电池工艺及体系研究；配套开发了高面密度电极涂覆工艺、高容量正负极材料电极配方的优选工作，最终完成10A·h电池样品的制备，质量能量密度已达到310W·h/kg以上。目前，该电池的循环寿命还有待提升，开发团队正在持续不断的进行改进，后续将根据市场实际情况，加快推动实现此项技术的市场应用转化。二是快速充电电

池产品研发。盟固利紧跟市场应用变化趋势，成功开发出快充型35A·h单体电池产品，并在快充公交系统上成功实现大批量应用。

（3）电池生产工艺优化。在化成工艺方面，深入开展了化成工艺优化工作，在原有的工艺基础上，通过各种措施，大大提升了生产效率，缩短设备的占用时间，提升了现有设备的产能，有效降低了电芯的生产管理成本。

（4）电池管理系统优化。在原有的电池管理策略基础上，结合实际工况，对电池的各项指标管理模式及监控系统进行优化，提升了低温充放性能及循环寿命，提升了产品的性价比。

2. 加快技术转化进度，产品关键性能指标得到显著提升

2014年度，公司技术团队主要在关键材料的国产化、优化生产制造工艺以减少损耗、合并工序等方面持续的降低电池原材料及制造过程成本，同时努力加快了技术转化进程，其动力电池产品在电池寿命、功率密度和能量密度提升等方面取得了显著的进步。

（1）能量功率型动力电池产品方面，35A·h改进型电池产品成功实现量产，其功率能量密度由之前的1800W·h/kg提升到2200W·h/kg，高温循环寿命由之前的800次提升到1200次。

（2）针对乘用车市场，组织开展了VDA标准尺寸电芯的开发，同时全新设计电池生产工艺，在较短的时间内形成了小批量的生产能力，由该电芯组装的电池系统已在某款电动车上成功进行了路试。

（3）继续加大自主创新力度，巩固核心技术成果

2014年新获得授权专利6项，其中发明专利1项。截至2014年12月31日，公司已获得授权专利共计34项，其中发明专利7项，实用新型专利26项，外观设计专利1项。此外，公司全年新增35个整车公告，已拥有整车公告总数为99个，在同行业位居前列。

五、主要产品

序号	名称	型号
1	25安时高比能量型动力电池系统	MDP3591506
2	8安时混合动力汽车用锂离子动力电池系统	MDPP3460162
3	35安时插电式混合动力汽车用锂离子动力电池系统	MDEP3550702
4	8.5安时钛酸锂高功率电池系统	TDPP16608010（钛酸锂）

六、合资合作

2014年，由于公司产品技术领先、性能优异、质量可靠，盟固利的品牌效应正在不断彰显，公司继续加强与国内外众多知名汽车整车及关键零部件生产商之间的合作，与中通、福田、伊顿、绿控等传统客户的合作更加深化，和宇通、苏州金龙等重点客户的合作实现了新的跨越。7月上旬，公司与上汽签署新能源汽车战略合作协议，这也是中信与上汽两大集团签署的一揽子战略合作协议中的一大亮点，对公司未来向新能源汽车领域全面进军和实现战略转型具有重要意义。

七、发展规划

公司将继续积极响应政府产业政策号召，除进一步巩固和拓展在纯电动商用车、PHEV等市场领域的应用之外，还将在电网储能调峰、快充公交以及乘用车领域进行产品应用推广，为加快实现我国新能源汽车产业规划远景目标而不断贡献新力量！

中聚电池有限公司

一、发展概况

中聚电池有限公司（以下简称“中聚电池”）是香港主板上市公司五龙电动车（集团）有限公司的全资子公司（股票代码0729）。中聚电池是专注于锂离子动力电池研发、制造的高科技综合型集团公司。

中聚电池现有职工1200余人，专业技术人员300余人，中聚电池在上海、天津分别设有中聚电池研究院和工程技术中心，其技术带头人为科技部863计划动力电池项目的首席科学家，通过与上海交大合作，实现了基础研究与产业化的无缝对接。目前拥有国际、国内发明专利100余项。中聚电池在天津、吉林分别设有锂离子动力电池生产基地，现有产能8亿瓦时。中聚电池现已通过ISO 9001、ISO 14001、TS 16949、OHSAS 18000等体系认证和PONY、UN38.3、ROHS、CE、UL、QC/T743等产品质量认证。

中聚电池一直致力于绿色能源事业的发展，可配套提供适用于电动小汽车、纯电动中巴、纯电动城市公交大巴的动力总成，产品适用于光伏微网智能储能系统、电动汽车动力系统、便携式家庭储能系统、风光发电系统接入储能系统、燃料电池－锂电池混合动力系统、小型模组等。

二、生产经营

2014年，中聚电池配套供应锂离子动力电池系统近10000套，实现销售收入2.978亿元，同比增长269.5%。

三、产能建设

中聚电池现有锂离子动力电池年产能8亿瓦时，吉林基地3亿瓦时，天津基地5亿瓦时。天津基地规划年产能50亿瓦时，将分三期建成，其中，一期5亿瓦时，二期15亿瓦时，三期30亿瓦时。

2015年初，中聚电池天津二期项目已开工建设，天津二期项目用地306亩，总投资16.49亿元，将新增锂离子动力电池年产能15亿瓦时，建设周期2年。

四、技术进展及研发能力进展

2014年，中聚电池开发的高综合性能/大容量动力锂电池的能量密度达到220W·h/kg以上，高于同类产品。该电池经串并联组合制备的电源系统具有5C倍率放电性能，其工作时间、电流、电压、循环次数和环境适应性满足技术要求。该产品安全性能符合标准要求。已应用于某小型无人机提供动力电源，目前运行情况良好。

中聚电池研究院及其工程技术中心正系统地进行电池材料技术、工艺技术、应用技术等的研发工作，研究的新一代化学物理电源比能量将超过250W·h/kg。

五、主要产品

续表

序号	名称	型号
1	锂离子电池	SP－LFP40AHA
2	锂离子电池	SP－LFP60AHA
4	锂离子电池	SP－LFP66AHA
5	锂离子电池	SP－LFP－100AHA
6	锂离子电池	SP－LFP100AHB
7	锂离子电池	SP－LFP－200AHA

六、合资合作

为确保竞争优势，中聚电池一直积极投入研发，注重技术与工艺的先进性、创新性，依托中聚电池研究院先后与上海交通大学、国防科技大学、浙江大学、中国科学院等科研院所开展技术交流与合作，加强其在新技术、新工艺、新材料、新产品、新体系等方面的研发工作。

七、发展规划

中聚电池作为专业电池制造者，将遵循国家产业政策导向，坚持绿色、节能的发展方向，凭借集团公司雄厚的资金实力、优秀的管理人才、国际顶尖的研发团队、强大的市场影响力，打造锂离子电池的第一品牌，致力于推动新能源行业和世界先进电池产业的发展。将继续秉持“求实、创新、严谨、高效”的企业理念，进一步扩大产品的应用渠道，进一步提升产品的科技含量和附加值，从而实现让地球更清洁、更环保的使命。

宁德时代新能源科技有限公司

宁德时代新能源科技有限公司（CATL）成立于2011年，公司总部位于福建宁德。公司致力于通过先进的电池技术，为全球绿色能源应用，提供高效的能源存储解决方案。公司建立了动力和储能电池领域完整的研发、制造能力，拥有材料、电芯、电池系统、电池回收的全产业链核心技术。

通过近4年的不懈努力，公司分别荣获了“福建省科技型企业”“河南省科技技术进步一等奖”“2014年度十大创新力电池企业”及“2015年度中国储能产业最具影响力企业”；并通过ISO/TS 16949：2009、ISO 14001：2004、OHSAS 18001：2007及ISO 9001：2008体系认证。

公司研发生产电动汽车及储能系统的锂离子电池，电动汽车电池模组，电动汽车电池系统，动力总成，大型电网储能系统，智能电网储能系统，分布式家庭储能系统，及电池管理系统（BMS）。在电动汽车领域，公司已与德国、美国等国际顶级汽车厂商及国内众多知名汽车厂商建立了深度合作关系，为全球客户研发、生产纯电动汽车、混合动力汽车的动力电池系统，同时公司还承担了2012年度国家新能源汽车产业技术创新工程项目。在储能领域，公司承接了部分关键客户的大型储能项目，年项目总量已超过40兆瓦时，公司还将深化与国内可再生能源发电集中地的省区合作关系。

公司已建立起一支涵盖产品研发、工程设计、测试验证、制造等领域强大的研发团队，其中包括1名国家外专千人计划专家3名福建省百人计划专家及众多的博士和海归专家。公司在坚持自主研发的同时，还积极与国际、国内知名公司、高校和科研院所建立科研合作关系，致力于电池行业的先进技术。

微宏动力系统（湖州）有限公司

一、发展概况

微宏动力系统（湖州）有限公司（以下简称“微宏”）成立于2006年12月，注册资金7300万美元，共有员工2070余人，是微宏公司（Microvast，Inc.）的全资子公司。微宏致力于从事新能源及储电技术产品的研发、生产及销售，为不同应用领域提供清洁能源解决方案。

微宏十分重视研发投入，拥有一支实力强劲的研发团队以及先进的检测与分析设备，在锂电池的负极材料、负极材料、隔膜、电解液及电池成组与系统开发等多个领域展开针对性的研发。经过8年努力及超过4亿元的研发投入，已取得了突破性的成果。目前微宏拥有250余项专利及专利申请，其中40%为国际专利，70%为发明专利。

微宏始终坚持快速充电的技术路线，是全球快速充电汽车动力电池第一品牌。旗下已有的两款快速充电电池产品，能够在10～15分钟充满电，在全球范围内处于技术领先地位。截至2015年7月，微宏快充电池系统产品已装备超过6500余辆公交客车，应用涵盖区域从国内到欧洲范围，实现超过1.6亿公里的无事故运营积累。

2014年，微宏已经和苏州金龙、厦门金龙、厦门金旅、中通、福田等国内一流客车厂企业展开了合作。目前在国内，已有6500多台插电式混合动力和纯电动公交大巴配备微宏动力快充电池系统，运行于北京、重庆、广州、厦门、苏州、西安、拉萨、徐州等城市。在国外，采用微宏快充电池组已经遍及全国的包括英国（伦敦）、比利时、德国（明斯特）等国家，交付近1000台/套。

2015年，微宏在产品销售订单量和生产效率得到了大幅提升，2015年微宏的三期项目开始，项目计划总投资30亿人民币，项目达产后预计年产值300亿人民币，实现利税30亿人民币，预计需要用工3500人，可有效带动当地产业和经济发展，具有客观的社会效益和经济效益。

二、生产经营

微宏动力系统（湖州）有限公司2014年销售订单额约3亿元（含出口），主要客户有苏州金龙、厦门金龙、厦门金旅、北汽福田、中通客车、恒通等。

2015年1—3月，微宏动力系统（湖州）有限公司销售订单额约为2.5亿元（含出口），主要客户有苏州金龙、厦门金龙、北汽福田、中通客车、恒通等。

三、产能建设

微宏动力系统（湖州）有限公司有高效、安全、稳定的生产能力，主要生产设备450多台，多条生产线，生产范围包括电芯生产、pack生产；年产能达到280MW·h。

目前，公司正加紧建设三期建设，扩大产能，满足新能源市场日益增长需求。

四、技术进展及研发能力进展

微宏始终将基础材料研发放在第一位以确保技术的领先地位。在鱼龙混杂的行业更新浪潮中，我们秉持“创想未来”这一理念，集中力量在材料开发与电池系统制造环节保证持续的研发与探索以提供给客户最先进和有效的解决方案。

- 依托微宏技术中心不断地开发与探索，微宏在国内及欧美拥有近300项核心材料科学以及电池技术的专利与专利申请，为行业顶尖的技术集中型企业。
- 多年来，我们致力于探寻更好的材料生产方法，以满足当今与未来高性能电池的要求。高性能材料在实际应用中具有不可比拟的优越性能，结合微宏独特的技术以及能够实现80%以上核心材料自主知识产权，并拥有“Inhouse”生产体系的生产及品控优势，确保最终成品的性能可靠。
- 在不断创新的基础上，微宏为客户提供的先进动力解决方案结合了最新的电池技术，以保证电池系统的长循环寿命，快速充放电及安全性能。

五、主要产品

混合动力及插电式混合动力汽车电池组

六、发展规划

自2006年成立以来，微宏创业团队聚焦新能源汽车储能器件材料的研发，瞄准并坚持以快速充电为核心研发方向，展开了针对正负极材料、隔膜及电解液几大电池主要材料的研究，并取得了重大突破。其中，针对快速充电要求设计的隔膜与电解液、解决了胀气难题的改性钛酸锂材料及创新的多孔复合碳材料的成功研发，都是微宏针对快速充电技术方向，也是数年以来四千多万美元研发投入所取得的阶段性成果。目前，微宏围绕快速充电技术的相关专利与专利申请超过250余件，其中25%均已经获得授权，已经形成了较为完整的知识产权体系。

在研发历程中，微宏也曾经面临着行业内外对与快速充电技术的质疑挑战。如今，作为快速充电技术的领导者，已有的两代快充电池产品，包括2009年推出的LpTO钛酸锂以及2013年推出的LpCO多元复合锂电池，实现了10～15分钟快速充电、万次循环寿命及高安全特性。而全球各地数千台的运营车辆实例也为快充技术的可行性埋下了种子，在获得市场逐步认可以后，针对不同应用市场的产品也将逐步推出。

2015年5月，微宏发布了全新一代的Thinpack产品，Thinpack将重点针对纯电动出租车与私家车市场，继续推行快速充电技术。Thinpack可在10~15分钟内充满电，并提供300公里续航，同时实现与车辆的同步寿命，这将为纯电动乘用车带来革命性的进步。在中国，针对私家车应用，受限于国人居住环境，慢充无法大规模在家庭布置，只有快充才能满足人们出行机动性的需求。结合已有的城市公交客车快速充电站，并战略性地布置出租车队快充电站，将逐步实现快充充电网络的形成，从而进一步推动纯电动汽车的大规模推广。

与此同时，微宏从未停止研发的脚步，下一代更高能量密度的快速充电技术也正在孕育中。

南京乐金化学新能源电池有限公司

1. 公司简介

南京乐金化学新能源电池有限公司位于南京经济技术开发区LG产业园，2014年9月，由韩国LG化学株式会社、南京紫金新港和南京新工集团在宁投资成立。与韩国工厂、美国工厂构成了LG化学全球三大生产体系。公司于2015年10月27日竣工，预计一期将达到年产10000万片电芯的产能。

公司主要产品为汽车动力电池，包括HEV（混合动力）、PHEV（插电式混合动力）、EV（纯电动）使用的锂聚合物电池。2015年12月正式量产，具备每年10万辆电动车电池产能，实现“0尾气”和“0 CO_2”。

2. 技术以及研发能力

作为全球领先的动力电池供应商，LG化学（韩国母公司）以先进的高科技技术为基础，引领电动汽车的发展方向。从单电池、模组、电池组制造到技术服务等，在动力电池方面为用户提供综合性产品与服务。LG化学从以电机作为混合动力汽车的补助动力开始到只靠电机驱动的纯电动汽车，通过2011年开始销售到现在共45万辆新能源车辆的实际行驶证明了电池的性能和品质。

自1995年开始，LG化学就开始从事锂离子电池的研发工作，2009年率先研发出第一代聚合物锂电池，并于2011年量产。

LG化学产品的优越性能以及安全保障与其独有的专利技术密不可分。在电芯生产工艺方面，LG化学创新性的使用了Stack& Folding（堆－叠）工艺，其特点是既保证了优秀的电芯一致性，同时兼顾了大规模生产时的高效率。公司独有的SRS（Safety Reinforced Separator）隔膜技术，有效地控制了电芯内部金属杂质的渗透，以及防止高温下内短路造成的安全问题。

NMC聚合物电池在能量密度方面具有得天独厚的优势，可以更好地满足轻量高能量密度的客户及市场需求。

3. 客户情况

自2009年开始，LG化学已经在全球范围内与近20个OEM客户开展了多达50个项目的合作，客户遍布全球，预计到2015年底将有近50万辆新能源汽车搭载LG化学的电池产品。其可靠的质量得到了全球用户的一致好评。截至目前，并没有发生任何一起因电池导致的安全事故。位于江苏省南京市的南京乐金化学新能源电池有限公司主要给国内的商用车、客车客户供货。

4. 未来展望

LG化学作为全球电池行业的领导者，未来将坚定贯彻国家政策法规，扎根中国，服务中国市场，推动中国新能源汽车行业稳定健康的发展。同时积极开发新产品，不断创新，为客户创造价值，为全球的绿色节能事业做出贡献。

广州力柏能源科技有限公司

一、发展概况

（1）75A·h电池通过201所测试，成功应用在众泰知豆电动汽车上。

（2）为客户定向研发13A·h三元电池和电池包，能量密度达168W·h/kg、385W·h/L。

（3）通过泰尔认证，获评广东省高新技术企业。

（4）广州开发区新生产基地23300平方米竣工，完成自动化生产线规划。

二、产能建设

广州力柏能源科技有限公司（以下简称“力柏”）的专有电池技术专注于大规格磷酸铁锂和三元锂离子车用电池。通过先进的设计和严格的全自动生产，该电池具有高能量密度和高一致性。这些优点使得力柏电池具备寿命长、可靠安全、续航里程长和低成本的特点。制造高质量的电池从材料生产开始，到电池单体的设计、生产工艺的控制、化成工序的优化、产品的测量和分类，每一个环节都体现了我们的核心技术价值。

2015 年，第一期建设 200MW·h，第二期扩展至 400MW·h。

2016—2017 年，为三家以上国内主流车厂配套全自动锂动力电池生产线；研制德国标准全自动锂动力电池生产线。

三、技术进展及研发能力进展

75A·h 锂离子动力电池通过国家质量监督检验鉴定试验，并实现规模量产。上述电池成功应用于众泰知豆 E301 车型，获得国家新能源汽车目录公告。

成功开发三元能量型动力电池，并通过国家质量监督检验鉴定试验。该产品的目标是提高电池的比能量到 180W·h/kg，应用在时空可换电电池包中，一次充电续航里程可达 250 公里，能满足广大消费者的需求，正在申报国家目录。

采用高强钢等轻量化技术，电池包比能量从原来的 80W·h/kg 提高到 100W·h/kg，达到国内先进水平。

功率型动力电池 10A·h，应用在广汽混合动力汽车和混合动力客车中。

75A·h 电池继续为储能 UPS 市场提供电池包系统，应用在南方电网 UPS 和中科院风光互补储能系统中。

在 ISO 9001 和 ISO 14001 基础上，建立了 TS 16949 的品质管理体系，确保产品设计、制造和品质管理方面符合汽车客户的最高要求。

四、主要产品

续表

序号	名称	型号
1	10A·h 铝壳单体电池	10A·h
2	三元 13.5A·h 铝壳单体电池	13.5A·h
3	75A·h 铝壳单体电池	75A·h

五、发展规划

战略目标：成为国际一流的动力电池研发及生产技术供应商。

1. 新产品

研发高电位的 NMC 动力电池体系（4.35V），计划于 2015 年试产，能量密度突破 200W·h/kg。

2. 工艺及生产自动化

（1）在建的 N1-3 新厂房第一期年产 200MW·h 的动力电池生产线，采用最先进的锂离子电池生产技术和全自动化设备，配备先进的制造执行系统（MES），实现全生产过程网络数据化管理，确保产品品质，降低生产成本。每年能够为 1200 台纯电动大巴或 20000 台纯电动汽车提供优质的电池组。

（2）公司按 TS 16949 体系进行研发和生产，提高产品质量，满足客户不断提高的需求。

3. 材料

（1）开发安全型电解液，能够极大地提高电池的安全性，彻底解决现在电池短路燃烧的问题。

（2）研发包覆正极的材料和工艺，将电池的比能量提高 7%～10%，达到 130～135W·h/kg 的水平。

（3）开发水性黏结剂，应用在正极和负极，提高电池比能量、低温充放电特性，降低生产成本，停止 NMP 的使用和排放。

（4）研发硅负极材料，可以获得比现在高 4 倍的电池比能量。

多氟多（焦作）新能源科技有限公司

1. 公司概况

多氟多（焦作）新能源科技有限公司（以下简称“多氟多新能源”）是多氟多化工股份有限公司的全资控股子公司，成立于 2010 年 12 月，注册资本 1.1 亿元，坐落于焦作市工业产业集聚区西部园区，占地 200 多亩。公司建成后，积极响应国家《节能与新能源汽车发展规划》及新能源政策的号召，全身心投入动力电池的研发和生产工作中，专注提供清洁能源解决方案。产品广泛应用于电动汽车、太阳能光伏及风力发电储能、智能电网储能、移动通信基站、UPS、便携移动电源等诸多领域。

公司拥有一支以博士、硕士和资深工程师为核心的专业技术研发团队，硕士及以上学历人才达 18 人次，已与北京理工大学、南京航空航天大学和河南理工大学等高校建立长期项目合作关系。公司拥有独立的锂电研究所和标准化动力电池测试中心，申报专利达 10 余项，已通过 ISO 9001 国际质量管理体系、ISO 14001 环境管理体系、TS16949，产品也已经通过 201 所认证及 UL、CE、ROHS 等认证。

多年来，公司始终怀揣着“让锂电池走进千家万户”的决心，坚信“你，就是你想成为的那个人”，以发展循环经济、绿色经济为契机，以加强技术、管理创新为手段，不断巩固和扩大公司在动力电池领域的产业优势，同时积极开发上下游产品，着力构建高效、高质、高产的现代化新能源产业链，以实现公司从专业动力电池生产商向国内一流、国际知名新能源综合方案供应商的转变。

2. 创新点及解决的难点问题。

多氟多新能源专注于动力锂离子电池及电池包的研发及生产，所生产的产品具有电压平台高、能量密度高、体积小、内阻小、循环寿命长等特点；同时电芯结构设计采用独特的制袋叠片技术，更有效的解决电池的安全性问题，并提升电池的动力性能。同时，围绕着新能源汽车发展战略，多氟多新能源自行研发与电池相匹配的 BMS 管理系统、直流电机、整车控制器、充电机等项目。

3. 产能建设

多氟多新能源现有实际产能 3.5 亿安时，同时新的 3 亿安时项目已经启动，预计在 2016 年下半年完成建设并达产，届时总产能将达到 6.5 亿安时/年。

4. 产品及技术优势介绍

锂电池主要由五大部分组成，即正极、负极、隔膜、电解液、外包装，多氟多新能源目前具备正极材料、电解液两大主材的研发及生产制造，相比于行业内大部分企业具备产业链优势，无论从原材料供应量的保证、原材料来料的稳定性和一致性、原材料成本还是对材料特性的理解都具有非常明显的优势，因此电池产品具有很好的性价比及一致性。

多氟多锂电池采用叠片工艺，该工艺也被韩国 LG、ATL、杭州万向等国内外知名锂电池企业所采用，具有非常好的倍率性，电池工作期间温升低，非常适合应用于动力电池；

多氟多电池采用铝塑膜软包装封装工艺，具有更好的安全性；同时，多氟多电池独特的制袋技术，更有效地解决了电池的安全性问题。

轻量化设计是新能源汽车发展的必然方向，在新一轮国家补贴政策中也增加了百公里耗电量的技术指标要求，因此采用具有更高电压平台、更高能量密度的三元材料作为电池正极材料成为行业的发展趋势。相对于其他正极材料，三元材料热稳定较差带来的安全隐患成为各个电池厂要解决的技术问题，但多氟多锂电池基于上述在电池结构设计、工艺设计等方面的优势，已经解决了三元材料的热稳定较差的问题，并从 2014 年开始批量化生产并应用在新能源汽车上，成为目前业内最大的三元动力锂电池生产及销售厂家。

5. 发展规划

随着国家新能源战略发展规划以及在焦作市政府的支持下，多氟多新能源计划未来的 2~3 年在焦作建立一个占地近 2000 亩新能源产业园，将多氟多新能源产业达到每年 10 兆瓦产能，同时引进或建设电池上游原材料、新能源汽车零配件等。

实联长宜淮安科技有限公司

一、发展概况

实联长宜淮安科技有限公司项目一期于 2012 年 11 月开工建设，已完成投资 1.2 亿元人民币，在建实验厂房约 4000 平方米，一号厂房约 40000 平方米，实验厂房设备安装已完成 90%。实验厂房于 2014 年 7 月底试生产，一号厂房第一组生产线于 2014 年第一季度竣工投产。

2015 年第一季度，公司对客户订单进行生产及组装，并供货给依维柯 200 台纯电动汽车电池组。二号厂房开工建设，预计年底竣工。

二、生产经营

2014 年，公司与江西百路佳合作，共同打造 6.5 米长的中巴车。与中国台北创扬科技、河南少林汽车等签订合作协议，下半年出厂电芯达 67000 颗。

2015 年第一季度，公司与南京依维柯战略合作，生产 6.1 米中型纯电动客车。于 2015 年第一季度出货近 74000 颗电芯。

三、产能建设

实验厂房于 2015 年 7 月底试生产，一号厂房第一组生产线于 2014 年第一季度竣工投产，一厂与试验线正式投产后可实现年产能 1.6 亿安时，初期可实现年销售额为 16 亿元人民币，未来二厂及三厂陆续投产后，年产能预估可达 3.6 亿安时，年销售额为 36 亿元。

四、技术进展及研发能力进展

实联长宜淮安科技有限公司系全球唯一电池产业链垂直整合的实联长宜集团投资，从事磷酸铁锂电池研发、生产和销售。实联长宜集团于 2012 年成立并跨入新能源汽车产业，规划垂直整合，包括产业和技术上最核心的电芯（CELL）生产基地、电池控制系统（BMS）、组装（PACK）、电机控制系统（EMS）、整车控制系统（VMS）、直接数步同位（DDS）控制器与集成电路（IC）设计。

产品均为自主研发，目前拥有的各项专利超过 70

个。具有先进的电机、电控研发，设计及制造能力，拥有三电总成专业技术，加上优异的电池管理系统技术，能够为客户提供汽车动力系统及储能系统整体解决方案。

实联长宜集团同时在江苏淮安、盐城及江西吉安开展电芯生产及组装，并投资设立三电总成生产及纯电动车辆制造基地，为电动汽车提供卓越的动力总成产品。目前，实联长宜淮安科技有限公司为该集团电芯及电池组产量最高的厂区，其磷酸铁锂电芯一致性好，安全性佳，能量密度高，循环寿命长。除制造电芯外，实联长宜还具有优异的电池组装技术，其与电池管理系统完美结合，将单体电芯组装成高安全、高性能的动力电池组。

实联长宜集团参与多项国家 863 计划，均为技术承担单位，多项国家新能源产业的标准，由实联长宜集团与国家电网、南方电网及多家高等院校共同参与制订，将对国家新能源产业的长期发展做出巨大贡献。

五、主要产品

序号	产品型号
1	62280 - 70A·h
2	62280 - 60A·h
3	62280 - 60A·h
4	62280 - 60A·h
5	62280 - 60A·h

六、合资合作

已与南汽集团南京依维柯全面深化合作，于 2014 年联合签署新能源汽车战略合作协议，双方合作生产 6.1 米 iveco 中型纯电动客车 200 台。并通过新成立的实联长宜江苏租赁公司，正式开展市场运营。

iveco 纯电动客车在技术上具有安全性高、承载好、技术领先、经济性好、配置完备丰富等性能特点。在安全性方面，产品按国标设计，部分参照欧盟标准进行（ece - r100 标准），并围绕整车控制器及核心部件展开了安全控制策略，所有车辆均配置高压回路过流自保护系统、高压绝缘报警及预处理系统、电池箱密闭及热管理系统等。四轮盘式制动系统的采用，则进一步提高了制动效果，让车辆行驶更加安全。

实联长宜电池总电量可达到 95kW·h，单次充电可实现大于 180km 的续航里程，该项技术在国内处于领先，解决了长期以来困扰公务用车的环保、稳定性、适应性等问题。同时，iveco 专用的前独立悬架结构，进一步满足了客户对车辆舒适性的要求。iveco 纯电动客车不仅技术领先，还有着超高的经济性，百公里只需耗电 40 度，仅为传统车成本的50% ~60%。

七、发展规划

实联长宜集团始终将发展和提供合适的创新型动力电池系统的总成方案作为首要任务，坚信节能减排、保护地球有效资源的唯一方法就是应用新能源技术，且将其进行系统性的整合。实联长宜将此作为事业宗旨，致力朝此方向发展。

实联长宜不断需求策略伙伴，携手促进上游原料的制造开发。同时，向下游纯电动汽车产业延伸，为客户提供全方位的整车解决方案，并以成为海峡两岸和香港最大的专业提供绿色能源技术产品的系统供应及通路商为目标。预计至 2017 年，将有 43 对生产线，12 亿安时的产量，生产规格庞大。

深圳市欣旺达电动汽车电池有限公司

一、发展概况

深圳市欣旺达电动汽车电池有限公司（以下简称“欣旺达电动汽车电池”）成立于 2014 年，是欣旺达电子股份有限公司与深圳市英威腾电气股份有限公司的合资子公司，致力于为新能源整车企业提供安全、稳定、可靠的汽车动力电池系统，已研发了圆柱、软包、方形硬壳三种不同单体的电动汽车锂离子电池系统解决方案，电芯主要以国外品牌如三星、LG 为主，电池包容量为 8 ~ 350kW·h，防尘防水等级可达 IP67，质保 5 年及以上，汽车电池包 BMS 由公司自行研发，该电池包可用于大巴、中巴、物流车、乘用车以及特种车等车型，安全性、稳定性均高于行业平均水平。

二、生产经营

2015 年第一季度，累计销售额达到 6500 万元，顺利出货汽车电池包 200 余台，基本完成公司第一季度产销目标，2015 年全年预计实现销售额 2.6 亿元，2015 年第一季度，公司陆续与北汽新能源汽车、北汽福田汽车、广州汽车、东风汽车、奇瑞新能源汽车、柳州五菱汽车、五洲龙客车、雅俊汽车等客户展开合作，完成技术对接、样品开发等工作，为公司的可持续发展打下坚实的基础。

三、产能建设

规划专项投资 2 亿元，建立 4 条全自动化生产线（包括 2 条 18650、1 条软包、1 条方形硬壳电池全自动装配线)、1 条总装 PACK 线，生产产能达到 40 ~ 100 台/天、1000 ~ 3000 台/月。

四、技术进展及研发能力进展

实现 BMS 4.0 版本设计，并投入批量生产；导入汽车电池包液冷技术、大电流、高效率主动均衡技术，大幅提高产品安全性与稳定性，延长使用寿命；成功建立电芯单体自动保护机制；正在逐步完成 48V 启停系统并将高可靠性的主动均衡技术引入批量生产。

五、主要产品

序号	名称	型号	类别
1	汽车动力电池包	WZL 320kW·h	纯电动大巴车电池包
2	汽车动力电池包	WZL 102kW·h	纯电动中巴车电池包
3	汽车动力电池包	QQE3 22.4kW·h	纯电动乘用车电池包
4	汽车动力电池包	BQ 8T 110kW·h	纯电动物流车电池包
5	汽车动力电池包	DF 22kW·h	纯电动特种车电池包
6	汽车动力电池包	YJ 75kW·h	纯电动轻卡电池包
7	汽车动力电池包	LDFZ 7.68kW·h	纯电动微型车电池包

六、合资合作

1. 与奇瑞汽车股份有限公司合资成立芜湖奇达动力电池系统有限公司。

2. 与北汽新能源汽车、北汽福田汽车、广州汽车、东风汽车、奇瑞新能源汽车、柳州五菱汽车、五洲龙客车、雅俊汽车、长丰汽车等展开合作。

七、发展规划

未来 3 ~5 年，公司将借助现有国内领先的研发技术水平、高端的客户资源、全自动化装配产线以及优异、高效、经验丰富的团队，发展成为国内领先的、极具竞争力的新能源汽车电池系统提供商之一，为国内乃至国际新能源整车厂提供安全性高、稳定性强、循环寿命长的汽车动力电池系统，给予客户最大的效用和价值。

合肥国轩高科动力能源有限公司

一、发展概况

合肥国轩高科动力能源有限公司成立于 2006 年 5 月，位于合肥市瑶海工业园，2015 年 4 月，公司成功借壳上市，为上市公司国轩高科（股票代码：002074）的全资子公司。公司注册资金 24325 万元，现有职工 2300 余人，专职研发队伍近 300 人，其中硕博学历人员占 50% 以上。公司专业从事新型锂离子电池及其材料的研发、生产和经营，拥有核心技术知识产权。主要产品为磷酸铁锂材料、电芯、动力电池组、BMS 系统及储能型电池组。

公司先后在合肥、庐江、南京、苏州等地建设多个生产基地。公司作为国家重点高新技术企业、国家级企业技术中心、三项国家 863 重大课题承担单位，参与了三项新能源汽车创新工程，先后通过 ISO 9000 等“三标一体”认证和 TS16949 质量体系认证，并被评为合肥市知识产权示范试点单位、合肥市最具成长性企业、安徽省环境保护创新试点单位、安徽省“三高”企业、安徽省工程技术研究中心、安徽省企业技术中心和安徽省博士后工作站。公司以新型锂离子电池技术为核心，为我国电气机械和器材制造领域提供解决方案与设备支持，在我国新型电池产业升级过程中发挥了重要作用，国内行业领先地位突出。

二、生产经营

近年来在新能源汽车示范运营和推广运用中，国轩高科以创新的商业模式和健全的售后服务体系，赢得市场的好评。目前，国轩电池已成熟地应用在纯电动乘用车、专用车、纯电动大巴、中巴、插电式混合动力及增程式电动客车等领域。2014 年全年共交付电池组 8595 套，其中乘用车电池 6805 套，各类大巴、中巴车电池 1571 套、专用车电池 273 套。出货量居全国第二位。

2014 年 8 月，搭载国轩电池组 200 辆南京金龙大巴服务于南京青奥会，辐射青奥场馆、运动员驻地、宾馆与机场等多条交通干线，成为本届青奥会赛场外的一大亮点。

2014 年 9 月，首批搭载国轩高科动力电池的 100 辆江淮 IEV 电动车在合肥港举行了出口美国发运仪式，这批电动汽车是江淮汽车进军新能源领域的成熟产品，此举创下国产纯电动轿车出口欧美发达国家的先河。这在提升江淮新能源汽车的销量、扩大国内外品牌影响力的同时，也预示了国轩高科生产的锂电池得到国际认可，国轩高科正走向国际化舞台。

2014 年 10 月，国轩高科获得苏州金龙 400 余套电动客车动力电池订单，占据苏州金龙纯电动客车动力电池 80% 的市场份额，成为苏州金龙新能源客车动力电池首选供应商。

2015 年，在与江淮、安凯、南京金龙、苏州金龙等主流整车厂长期保持着密切的合作关系的同时，2015 年公司先后与厦门金龙、厦门金旅、中通客车（均为行业前 5 名）、扬州亚星等主机厂签订了战略合作协议，并开始或即将批量交付；与上汽商用车、东风汽车、中联重科等展开全面合作，并实现批量交付。

2015 年一季度，国轩高科与上汽集团合作，为大通 V80 纯电动宽体轻客批量提供动力系统，该车型是上汽大通旗下首款纯电动车型，一次充电续驶里程可达 310 公里，充满电只需 2 个多小时。2015 年全年预计销售超 1000 套。

公司与苏州金龙合作，为海格多功能纯电动商用车批量提供电池系统，该车一次充电续驶里程 155 公里，充满电只需 3.5 小时。2015 年全年预计销售超 2000 套。

与中通客车合作，为中通 6.6 米纯电动客车提供动力系统，该车型是中通适应公交都市建设，满足公共交通“最后一公里”的出行要求，研发的新一代纯电动客车车型，在城市公交工况下一次充电续驶里程超过 140 公里；单次充电时间小于 1 小时。

三、产能建设

截至 2015 年 9 月底，公司已实现产能包括合肥生产基地 3.5 亿安时，昆山生产基地 1 亿安时，在建项目包括南京生产基地 3 亿安时。目前正在规划建设合肥生产基地三期项目，未来将根据市场需要适时扩充产能。

四、技术进展及研发能力进展

近年来，公司自主研发、科技创新成果在电池产业化方面的应用，大大提升了企业产能建设水平。承担 863 项目三项，承担国家工信部技改项目 1 项，申请并承担省自主创新项目 3 项；钛酸锂等 6 个新产品申请并被认定为安徽省省级新产品；“电动汽车用磷酸铁锂电池及产业化”项目获安徽省科学技术奖二等奖，与中国科学技术大学合作的“新能源汽车动力锂电池管理关键技术及其系统”项目获安徽省科学技术奖三等奖，“磷酸铁锂动力电池产业化”及“高功率型磷酸铁锂复合材料技术研究及产业化”项目分别获合肥市科学技术奖一等奖、“电动汽车用磷酸铁锂电池一致性技术研究及应用”“循环经济型磷酸铁锂电池技术开发及产业化”项目分别获合肥市科学技术将二、三等奖。

公司在技术创新的同时，注重自主知识产权的开发和保护，重点在下一代电动汽车电池的关键材料方面积极开展国内外专利布局。截至 2015 年 9 月，公司已累计申请专利 545 项，授权专利 256 项，其中发明专利 40 项，含 2 项美国发明专利。

五、主要产品

序号	名称	型号	类别
1	磷酸铁锂动力电池	DK1455（538V/390AH）	纯电动通勤车电池组
2	磷酸铁锂动力电池	DK1469（345.6V/150.5AH）	纯电动中巴电池组
3	磷酸铁锂动力电池	DK1465（538V/279.5AH）	纯电动通勤车电池组
4	磷酸铁锂动力电池	DK1420（332.8V/225AH）	纯电动中巴电池组
5	磷酸铁锂动力电池	DK1537（518.4V/107.5AH）	纯电动中巴电池组
6	磷酸铁锂动力电池	DJ1306（307.2V/65AH）	纯电动轿车电池组

六、合资合作

目前公司与中科院、中科大、合工大、新加坡国立大学、美国阿贡国家实验室等一大批高等学府、科研机构建立了良好的合作关系，在电池材料、电芯设计工艺、电池成组技术和电池管理系统等领域开展研究工作。

公司在与江淮、安凯、南京金龙、苏州金龙等主流整车厂长期保持着密切的合作关系的同时，2015 年公司先后与厦门金龙、厦门金旅、中通客车（均为行业前 5 名）、扬州亚星等主机厂签订了战略合作协议，并开始或即将批量交付；与上汽商用车、东风汽车、中联重科等展开全面合作，并实现批量交付；与北汽联合开发新品计 3 款型，其中 M30、M60 车型实现批量交付；同时与上汽通用五菱进入样车开发阶段，为今后的市场占有率和市场地位夯实了基础。

七、发展规划

公司坚持立足安徽、面向全国，以动力电池材料科学研发为根本，规划未来 5 年内，实现在国内纯电动车动力电池产销量位居领先地位。公司秉承“珍惜、务实、诚信、创新”的理念，坚持以科学发展观为指导，以市场需求为导向，以发展动力电池技术、实现动力电池产业化为己任，持续推动电池技术创新步伐和新能源汽车产业化进程。

捷星新能源科技（苏州）有限公司

一、发展概况

捷星新能源科技（苏州）有限公司于 2015 年 1 月在上海设立子公司“上海捷泰新能源汽车有限公司”是公司接触终端客户，提供新能源汽车运营解决方案的运营服务中心。2015 年第一季度实现收入近 6000 万元，净利润 750 万元，预计全年收入 3 亿元，净利润 3000 万元。

二、生产经营

2014 年全年共生产销售插电式混合动力汽车动力电池组 1000 套。

2015 年第一季度共生产销售纯电动动力电池系统集成 500 套。

三、产能建设

截至 2015 年 3 月底，捷星具备稳定的生产能力，主要以 18650 电芯的焊接组装为主，已经具备年产 5000 万安时锂离子动力电池包的能力。

目前公司在加大投入，旨在提高生产自动化和智能化，以满足日益增长的市场需求。

四、技术进展及研发能力进展

公司聚集了行业顶尖的科研团队，持续的研发投入形成数十项国家级专利及独有组装工艺引领行业科技趋势。公司是行业内最早研发新能源汽车动力电池系统企业之一，拥有世界领先水平的动力电池系统集成技术、完整的新能源汽车电机电控系统技术及整车控制系统技术，并具有独立的知识产权。

五、主要产品

类别	名称	型号
1	动力电池系统总成	FSBP510075
2	动力电池系统总成	FSBP355075BF311Y1
3	动力电池系统总成	FSBP339170BF301JZ
4	动力电池系统总成	FSBP360107BF301JZ
5	动力电池系统总成	KS2L - EV
6	动力电池系统总成	FSBP339170BF301JZ

六、合资合作

捷星生产的锂离子电池系统，广泛用于各型电动车辆，在电动公交车、电动乘用车、混合动力汽车、电动物流车等各类绿色环保型车辆。目前公司生产的三元材料锂离子动力电池系统技术成熟，产品已为一汽、苏州金龙、厦门金龙等整车厂的纯电动汽车和插电式混合动力汽车提供产品配套服务。

七、发展规划

公司今年来业绩持续强劲增长，净利率不断提高。预计 2015 年全年收入 3 亿元，净利 3000 万元，实现利润翻倍；2016 年利润实现再翻倍，实现“再造一个捷星”的增长目标。

广东万锦科技股份有限公司

一、发展概况

广东万锦科技股份有限公司（以下简称“万锦科技”）成立于 2014 年 7 月，位于佛山市顺德区勒流龙眼工业开发区，注册资金 2000 万元。目前公司共有高层 13 人，其中高级职称 7 人、博士 6 人。

万锦科技致力于动力电池热管理系统（Battery Thermal Management System，BTMS）的解决方案，专注设计和提供具有热管理功能的动力电池模组产品，拥有独立的自主知识产权，获授权专利 19 件。自主开发的被动式相变材料（Phase Change Materials，PCM）热管理技术具有良好的控制温度和均衡电池组温度性能，实现电池组的最高温度控制在 45℃以内，最大温差 5℃以内。2014 年接受了广州电视台科教频道《S 计划》栏目就万锦科技的核心技术的采访。2014 年，团队以“高安全、低成本电动汽车动力电池的解决方案”为题参加第三届中国创新创业大赛，团队获得全国第三名。

团队开发的一系列相变材料热管理产品成功进入市场并赢得客户的信赖，凭借强大的客户群体支持，全力整合行业上下游产业链的最佳资源，将万锦科技打造成国内动力电池热管理领域的领航者。

二、产能建设

为满足动力电池模组市场的快速增长需求，万锦科技配备了动力电池组装及测试整套设备、相变材料生产和检测的各项设备，具有中型生产能力，并新增激光焊接设备和超声波焊接设备，锂电池分容设备，电池模组充放电设备等，为实现整体销售目标提供了硬件设备。

三、技术进展及研发能力进展

电动汽车启动、爬坡、加速时电池产生大量热量，最高温度超过100℃，过充接近200℃。温度不均衡导致电芯性能不均衡、电池组过早失效。过热、燃烧、爆炸等安全问题是动力电池安全性的重点。动力电池热管理技术解决电动汽车动力电池模组（包）由于热不均衡引起的安全性和性能衰退问题，解决了EV、HEV、PHEV等发展过程中不可逾越的共性、重大关键技术。相变材料散热技术通过与电池直接全方位接触，快速吸收电池产生的大量热量，缩短了电池处于高温环境的时间，并通过二次散热，将相变材料中的热量散出去，大大提升了动力电池乃至整车的安全性和服役寿命。此技术系统简单、无额外运动部件、不额外消耗能量、成本低。同时开发出一系列的相变材料板和动力电池组产品，并和高校等形成密切的、长期的产学研合作关系。

目前，万锦科技的产品不断更新换代，材料方面开发出熔点从45～80℃的复合相变材料，分别用户方形电池模组的相变材料块和圆柱形电池模组的相变材料模块，材料的导热性能、绝缘和耐压性能、耐化学试剂性能等符合动力电池组的实际应用需求，通过了华测检测和西安国联等检测机构的权威检测，该材料具有很好的控制和均衡电池组的最高温度和最大温差，将电池组控制在最佳运行温度45℃以内，最大温差±2℃。动力电池模组产品包括电动自行车（48V/10.5A·h）、电动汽车48V标准化电池组、电动大巴用锂电池组、机器人用锂电池组、独轮车用锂电池组等。轻混电池包48V/10.5A·h已送往中国电科院进行各项性能的权威检测。

万锦科技的产品和技术拥有独立的自主知识产权，并跟随市场的发展和需求，将开发出更安全、更经济的适应电动汽车用的动力电池模组产品，不断提升产品的市场竞争力。

四、主要产品

序号	名称	型号
1	相变材料板	PCM－WJ01，PCM－WJ02，可根据客户要求加工相应尺寸，用于方形和圆柱形动力电池模组
2	动力电池模组	36V，48V等标准电池模组，可以进行串并联电连接

五、合资合作

2014年，万锦科技成立了广东工业大学——广东伟纶联合研发基地，并与广东工业大学、华南理工大学、中国矿业大学、北京大学等高校建立了产学研合作关系。与国内多家知名电池单位和整车企业联合开发具有相变材料热管理功能的电池组，包括广州力柏能源科技有限公司、深圳沃特玛电池有限公司、国家电网南瑞集团、长城汽车、广东精进能源有限公司、惠州亿纬锂能股份有限公司、深圳五洲龙汽车有限公司、苏州莱赛电车技术有限公司等。完成长城汽车48V轻混电池包产品开发，48V动力电池模组已送中国电科院进行检测。

六、发展规划

未来1～2年，万锦科技将增加设备的投入，用于购买组装测试电池模组，新增设动力电池组装线，实现相变材料产品的半自动化生产，拥有独立的生产线，人员规模要持续不断增加，不断地开发新的客户（动力电池和电动汽车上下游企业）、实现销售收入节节攀高。同时完成电动汽车与互联网的融合、万锦电动汽车孵化器、万锦电动汽车产业园等战略性规划，将万锦科技打造成为国内外动力电池热管理领域的领航者。

EVTD

一、发展概况

EVTD成立于2008年，是一家专注于锂离子电池管理系统（BMS）、主动均衡芯片及电池系统的研发、制造、销售及提供咨询服务的企业。公司拥有一支精通电池、电机、电器、汽车等技术的专家团队，在电池及BMS应用上拥有丰富的知识和经验，目前已获得16项相关技术专利，还有多项专利在申请中。

EVTD的BMS现有4大系列50多种型号，可广泛应用于电动汽车动力电池系统、新能源储能系统及通信基站、银行、写字楼、医院等设施的备用电源系统及其他领域。同时，还可以结合实际情况，设计生产满足客户需求并与电池匹配的BMS，确保电池安全、稳定、可靠，延长电池使用寿命。

EVTD充分发挥全球化人才优势，灵活运用先进的管理理念，在上海和东京成立了研发中心和实验中心，并与全球多家著名院校及大型电子生产商、知名整车制造商、世界知名汽车零部件生产商建立了良好稳定的合作关系，将最尖端的科研成果应用于产品之中。

EVTD以北京、上海、东京为辐射中心，业务网络覆盖中国、日本及欧美，技术水平与产品均受到极大好评。目前正在为多家电动汽车制造商、锂电池生产商、电力系统运营商等提供产品及技术服务。同时，为积极应对国内不断增多的客户，上海子公司的经营规模也在相应扩大。

二、生产经营

EVTD坚持以客户为中心的方针，与知名整车制造商及国内知名电池生产商开展长期合作，根据客户的需求定制了3款符合CE、PSE、RoHS标准的BMS，并逐渐扩大生产规模。同时，公司继续拓展中国国内业务，积极应对新客户的需求，已经与数十家企业签订了保密协议及开发协议。延续2014年的势头，根据客户需求稳步提升产量，并积极为下一阶段的大批量生产做准备。

三、产能建设

EVTD继续与世界知名汽车零部件生产商开展生产合作，发挥各自优势，保持现有的上海松江、日本熊本县的年产100万套BMS和均衡系统专用芯片的全自动化生产规模。

四、技术进展及研发能力进展

截至2014年底，EVTD共投入8000万元用于产品技术研发和创新。研发出的新一代电源技术正在多个国家申请专利。2014年度，在均衡系统专用芯片的研发上取得突破性进展，并荣获了日本新技术财团的技术奖金。

五、主要产品

序号	名称	型号
1	电池管理系统	LEBM、SEBM、BEBM、MEBM

续表

序号	名称	型号
2	家庭备用电源	EBS－5800/8700/11600/17400
3	均衡系统专用芯片	EHC012

六、合资合作

EVTD与国内新能源汽车制造商、锂离子电池生产商以及世界知名汽车零部件生产商开展合作，共同开发了一系列技术领先、安全性高、可靠性强的产品。

同时与国内知名电池生产商共同研发制作的新能源储能系统，在双方紧密配合下，已出口日本，并与日本智能电网并网，深得用户好评。

七、发展规划

EVTD自成立以来以最快的速度实现了量化生产，拥有稳定的客户群。在今后的一年里，仍将不断完善现有产品、开发新产品，同时与大型电动汽车制造商、储能设备运营商、各国电力公司等开展全面合作，预计2016年上半期将实现销售额6000万元。

2018年上半期实现销售额比2016年上半期翻5番，同时创建电池循环利用市场，促进锂电池的高效回收利用，从而降低电池使用成本，为世界环保事业做贡献。

目前公司业务主要集中在中国、日本、欧洲，力争2016年内实现为亚洲、欧美等国家和地区批量供货。

EVTD将一直致力于中国锂离子电池产业的技术发展与创新，伴随着中国技术水平与经济的腾飞，以“芯在中国，赢在世界”为目标，求真务实，为每一位顾客提供高性价比的产品；与时俱进，与中国电池管理产业共同成长，用科技成果回报社会！

北京天和陆通传动技术有限公司

一、公司概况

北京天和陆通传动技术有限公司是一家致力于移动式清洁能源互联互通运营公司，以锂动力电池可移动基本模块为核心，实现家庭储能、户外储能、车载储能、交通储能互联互通，特别是交通储能领域，采用全新的设计思路，先确定锂电池模块，再确定电动车特性，陆续发明研制出了一系列电动车型，拥有这些电动车技术知识产权。

二、产能建设

1. 依据“十三五”规划和市场的实质生产进度，2016年稳定落地万只模块，2020年力争过千万只模块在社会上流通，对应锂电池需求量百亿安时，必须采取相应措施有效解决相关产能问题。

2. 我公司陆续投放市场的主流车型如下：

（1）移动式储能电动物流车；

（2）移动式储能电动环卫车；

（3）移动式储能四轮电动轻便摩托车；

（4）移动式储能电动区间特种车；

（5）移动式储能电动私家车。

上述车型采用的锂动力电池模块标准规格统一，可以通用互换，模块可以便利移动，兼容各种充电方式，模块本身还可以用于家庭储能、户外储能及车载储能，实现能源自由消费。

3. 移动式储能电动私家车可以完全不受充电桩限制，在国家大力度扶持下，有望实现大中城市大规模存量换车，是我国真正普及电动汽车的重要渠道方法，发展前景十分广阔。

三、发展规划

我们力争到2020年，通过千万移动式能源模块互联互通，实现电动汽车社会化有序运营，背靠北控集团、汉能集团及汽车工业集团，通过专业定制、独家销售运营、互联网化，未来达到国家级能源战略储备要求。

集盛星泰（北京）科技有限公司

一、企业简介

集盛星泰（北京）科技有限公司（以下简称“集盛星泰”）是一家国际品质的超级电容器件生产商，更是超级电容系统及应用方案的提供商。公司产品已在新能源汽车、风能和太阳能、智能电网、智能微网、轨道交通、工程机械、工业节能等多个领域得到了广泛应用，旨在为客户提供专业、可靠、高效的一站式服务。

作为一家创新型高新技术企业，集盛星泰不仅拥有高品质超级电容产品，更可以根据客户的不同需求打造最适合使用的方案和配套系统，帮助客户实现低成本、高效能、节能环保，同时又具有高可靠性的储能和输配电方案，最大限度地帮助客户提升产品价值。

二、企业发展

集星科技（SPSCAP）是集盛星泰历经12年成就的超级电容系统及器件品牌。集星科技于2003年由清华大学碳纳米材料研发团队创立，2005年发布第一代SPSCAP© 超级电容产品，2008年完成公司重组，2010年发布第二代SPSCAP© 超级电容产品。经过数轮上亿规模的资金投入，目前公司已建有北京和常州的两个规模化生产基地，拥有400余名员工。

集盛星泰拥有一支高水平研发团队，在超级电容系统开发、碳纳米材料和电化学双电层电容领域拥有13年经验。公司已获得国家技术发明二等奖一次，省部级科技一等奖三次，军队科技进步二等奖一次；是中国储能专业委员会副理事长单位，和中关村储能技术产业联盟副理事长单位。

三、企业市场

1. 主要应用领域

集盛星泰在全球建立销售和服务网络，覆盖德国、印度、韩国、中国台湾等。客户遍布中国、欧洲、北美、东南亚等国家和地区。

集盛星泰的系统和产品的主要应用领域为“四大一小”。其中四大应用领域包括：轨道交通——刹车能量回收和储能轻轨；电力——风力发电和智能微网；新能源汽车——混合动力系统、启停系统及减速能量回收系统；以及军工领域。小应用领域指仪器仪表中的应用，包括智能三表和家用电器等。

轨道交通：随着有轨电车技术的进步，以及城市建设进程的加快，国内外现代有轨电车市场潜力巨大。目前的各种技术方案中，全线脱线运行和部分脱线运行的现代有轨电车都会使用超级电容器电源。脱线运行现代有轨电车应用锂离子超级电容器作为电源，节约了大量的基建费用和运营成本，电源使用寿命长，具有显著的成本和性能优势。

集盛星泰“地铁制动能量回收装置储能用超级电容”被评为2013年度政府采购中关村新技术新产品——首台（套）重大技术装备师范项目。

电力：风电变桨设备需要长寿命高可靠性电源，实践证明超级电容器是最佳的选择。在目前的风电设备中，基于3000F和350F双电层超级电容器的组件已经成为风电变桨系统的标准配备。

智能电网离不开高比功率的超级电容器技术，超级电容器在其中主要发挥三个作用，提供短时间供电；用作能量缓冲装置，进行功率平衡，以及削峰填谷；改善电网的供电质量，解决瞬时停电、电源骤升和骤降等问题。

电力领域市场是集盛星泰的重点市场之一，公司已成功与多家风电企业和电网企业建立商业合作关系。

新能源汽车：超级电容器作为一种高比功率长寿命电源技术，目前已经成为电动汽车动力电源不可或缺的重要组成部分之一。在电动汽车方面，超级电容器可以用于启停式混合动力汽车、深度混合动力大客车，以及纯电动公交车和场地车辆。启停式混合动力汽车多采用超级电容器作为电源，与其他类型的电源相比，超级电容器具有更好的性能和更高的性价比。深度混合动力大客车大部分都采用超级电容器作为电源，基本上形成了标准化的配置。

新能源汽车领域作为集盛星泰最重要的市场发展领域，也将是公司未来重点开发市场之一。公司产品已在该领域稳定应用。

军工：超级电容器是一种典型的军民两用技术，其在军工装备领域中有广泛用途。超级电容器的高比功率和长寿命特性使其非常适合用于大功率伺服机构电源。与原先使用的电池相比，超级电容器电源有效提高了装备技术水平。利用超级电容器优秀的低温特性，作为低温启动电源，有效低温启动问题。

超级电容器在混合动力电源系统、启动电源、发电机组配套电源，以及新概念武器电源方面也都有很好的应用前景。公司已与国内军工企业建立稳定的合作关系。

仪器仪表：小容量电子设备用超级电容器除了广泛应用于各种电子电路中外，还用于智能三表、汽车电子、真空开关、仪器仪表、数码相机、行驶记录仪、手持 GPRS 设备、智能手机、平板电脑等电子设备和消费类电子产品中。与以前使用的电解电容器相比，超级电容器的容量要高出几个数量级，储存电荷的能力大幅度提高，应用于各种电子电路和电子设备中具有更好的效果，能显著提高性能。

随着电子技术的发展，其应用的也越来越广泛。这部分市场占据公司市场的重要份额，保持了稳步增长的势头。

2. 市场发展战略

通过不断发展新材料、新工艺，提高产品的储能密度、降低产品成本，以满足工业、民用的广泛需求。达到国际先进技术水平和研发能力。

通过提高制造水平，加强管控体系和建设精益化生产体系，降低产品成本。达到国际领先制造水平。

通过提高集成、服务能力，满足各行业、领域的个性化需求，促进产品和技术的应用，达到国际领先的服务水平。

四、储能系统定制化开发

集盛星泰为客户提供一站式的定制化储能系统解决方案服务，内容包括单体超级电容选型、系统设计、结构设计、电气设计、CMS 设计、安装和现场保障，同时可以提供包括与上位机/远程控制系统、PCS 系统等接口定制化开发，支持包括 485、CAN - BUS、MODEN - BUS、TCP/IP 在内的各种类型数据通信协议。集盛星泰可以根据客户需求进行配置，以满足客户的全面需求。

完整的超级电容储能系统包括充放电控制单元、超级电容储能单元、智能超级电容管理系统。集盛星泰储能系统定制化开发具有可靠性高、定制化程序高、智能化程序高、交付及时等优势。

针对不同的行业应用需求，集盛星泰提供完善的储能解决方案。基于超级电容的特点，相关的应用解决方案包括以下几个方面：

主电源。太阳能灯，电动工具，玩具。循环寿命长，适应野外工作温度，充电电流低。

辅助电源。混合动力、电动汽车，大规模运输，逆变器，储能站，医疗设备。高功率密度，循环寿命长，适应野外工作温度，无须维护，充电电流高。

备用电源。风力发电机，紧急制动门，智能三表，变频器，通信设备，医疗设备，UPS，家用和办公电子设备。循环寿命长，无须维护，适应野外工作温度，高功率密度，易充电。

五、产值规模

经过 12 年的发展，集盛星泰资产和年产值均已达 2 亿元人民币，拥有领先的叠片和卷绕型电化学双电层电容、模组和储能系统生产制造经验。拥有两个生产基地，超过 1 万平方米的生产场地，约 400 余名生产制造人员、管理人员、科研人员；年生产 1500 万支超级电容单体，10 万套超级电容模组和储能系统。

六、产品介绍

1. 产品类型

公司目前研发和生产的产品包括电化学双电层电容（EDLC）和锂离子电容两类超级电容产品、模组和各类辅助、备用电源系统。同时公司根据客户的需求打造超级电容储能方案和配套系统，为客户提供高效环保、高可靠性的超级电容应用。

2. 产品性能

集盛星泰超级电容器产品为高比能、低内阻新一代超级电容器，其正极使用微纳米活性炭基于双电层电容效应进行储能，负极基于锂离子嵌脱反应进行储能，兼具锂电池和超级电容器二者优点。公司产品具有容量大、功率高、可靠性好、免维护、无污染的特点。

公司目前已实现超级电容器的储能密度、放电功率、循环寿命等指标的显著提高；通过开展新型超级电容器成组技术研究，完善成组设计工艺，突破电源管理技术，实现高压电源产品稳定性、可靠性、安全性等性能的显著改善；使我国新型超级电容器及大功率电源系统整体技术达到国际领先水平，并实现在电动汽车、新能源以及新一代武器装备等多个领域中的成功应用。

3. 超级电容管理系统

iCMS 超级电容器智能管理系统由带触摸屏的监控单元、电压温度监测及电压均衡单元、智能管理软件等构成，系统可同时对超级电容组进行监测、管理和维护，并对电池的各种异常状态报警。超级电容管理系统主要功能包括：实时数据采集功能、实时主动均衡功能、实时报警功能、实时数据传输功能、实时数据存储功能等。

4. 模组产品系列

公司标准模组产品按照电压和容量的不同可以分为不同规格，适用于不同电压体系和功率、能量需求的应用。集盛星泰的标准化模组均按照严格的匹配规则进行单体配组，此外全系列模组中的单体产品之间均采用高可靠的均衡管理，确保模组产品的可靠和稳定。主要应用于后备电源系统、功率脉冲、功率桥连或保持系统、阀门或电磁开关驱动等领域。

5. 单体产品系列

公司产品单体系列 EDLC 超级电容采用 ACP 活性炭涂敷电极和有机电解液体系，具有高容量、低内阻、低漏电、可靠性好的特点。按照容量和外观的差异，分为 SCV、SCE、SCP 和 SPP 四个系列。主要应用于智能三表、风电系统、新能源汽车等领域。

6. 研发和创新平台

公司重视研发和创新，以研发中心和工程中心为主建立了包括材料、产品、工艺、应用在内的创新体系，目前公司拥有研发人员 70 余名，建设研发中心 2 个、工程技术中心 1 个、测试和评价中心 2 个。研发和工程人员占公司总人数的 35%，其中研究生学历以上人员达 30%，其余均为本科以上学历人员。企业与国内知名高校展开横向合作，开展超级电容相关技术的研究，其中与清华大学微米纳米技术研究中心的纳米储能技术实验室展开纳米储能原理及相关材料研究，与北京科技大学展开活性炭材料研究。

自成立以来，公司已获得国家发明二等奖、北京市科学技术二等奖、军队科技进步二等奖、仪器仪表协会科学技术一等奖、教育部科学技术一等奖等多项大奖。公司拥有四个发明专利，20 多个实用新型，目前已建设包括电极、产品结构、生产工艺、关键装备、测试、应用在内的核心技术体系，并以此形成了包括性能、成本、效率在内的核心竞争力。

7. 先进的制造平台

公司分别在北京和常州建有两个生产基地，拥有 8 条生产线，生产包括电极、单体产品和模组产品。两家工厂均通过 ISO9000 质量体系认证，并达到 TS 16949 质量体系标准。公司单体和模组生产按照精益制造进行管理，生产效率高、制成良率高、物料损耗小。

公司制造体系特点包括：人、机、法、测控制体系完善，全过程可追溯；生产环境控制严格，环境稳定性好，对产品影响小；生产调度和物料控制高效、合理，生产效率高、物料损耗低、交付及时。

8. 专业的服务团队

公司拥有专业的服务团队，建立了以北京为中心，1 个服务总站，5 个服务点共计 30 人的服务团队，为客户提供售前、售中和售后服务。公司服务团队已累计为 3000 台新能源客车，1000 台风力发电机以及若干军品使用单位提供快速有效的产品运维服务。

超级电容器在车辆上通常为大电流充放电应用，因此需要定期检查系统内各部件及电气、机械连接、绝缘的状态，发现问题隐患及时更换性能下降的部件，从而提高系统寿命，杜绝事故风险。公司为客户提供的产品运维服务包括远程故障诊断、现场故障维修和返厂维修。公司服务团队为客户提供的储能系统系统运维服务，能够有效了解系统的运行状态并及时发现储能系统危险点、故障点并排除。通过事前控制以提高系统的 MTBF 以及系统使用寿命。

上海燃料电池汽车动力系统有限公司

一、发展概况

2013 年 7 月，中电海康集团有限公司（以下简称“中电海康”）注资上海燃料电池汽车动力系统有限公司（以下简称“上燃动力”），成为最大的股东。中电海康是一家集安全电子领域融生产经营管控、市场营销、科技创新与新产品研发、服务运营于一体的控股企业集团。其重点业务包括数字安防、数字存取、智能监控、汽车智能、物联网应用等技术及各类电子产品，其中数字安防技术及产品目前处于全球领先水平，是国际最大的视频监控厂家，产品市场占有率连续多年居全球第一。

在 2014 年度，上燃动力通过不断优化整合，将整车电子控制技术优势和中电海康数字安防技术优势相结合，产品线由原先的新能源汽车产业向智慧型电动汽车产业延伸，从重点关注行车安全领域着手，发展远程监控平台和三网联合平台，以及包括车道偏离预警（LDW）、前防撞（FCW）、盲区检测（BSD）和并线辅助（LCA）等系统在内的高级驾驶辅助（ADAS）系统。

目前位于嘉松北路 6655 号的研发及产业化基地即将竣工，基地占地面积为 29562 平方米。根据市场需求及生产纲领，基地新建生产车间、检测大楼和综合楼，总建筑面积 34790 平方米，已在 2015 年 4 月底交付使用。

二、生产经营

2014 年，中电海康的主要产品依照国家汽车工业向电动化和智能化发展的战略规划，聚焦于新能源汽车动力系统集成与控制、燃料电池系统，以及汽车信息化、数字化和智能化的研制，产品包括车载信息系统、车载监控系统以及涵盖行车安全系统的高级驾驶辅助系统（ADAS）等。

中电海康产品主要应用的领域：

1. 新能源汽车领域。提供动力系统集成控制与整车适配技术服务、动力系统电子控制模块软硬件的研发与生产制造、燃料电池系统集成与零部件开发、新能源汽车示范运行考核与技术保障服务、新能源汽车安全监控系统等。主要产品：5kW/55kW 车用燃料电池系统、动力系统总成及动力总成控制器、9kW/6kW 集成功率控制单元、机电耦合变速箱（EMT）用驱动/传动控制单元。

2. 智能交通领域。开发车联网平台、车辆安全管理平台和高级驾驶员辅助系统。主要产品有：车载数字记录仪、车载远程监控系统、车道偏离预警系统、前防撞预警系统、盲区检测系统、智能泊车系统等。

2014 年，中电海康承担了政府科技开发项目共计 13 项，其中国家 863 计划课题 4 项、国家科技支撑计划课题 5 项、国家重大仪器设备专项 1 项、上海市科研开发计划课题 2 项、上海市经信委引进吸收专项资金项目 1 项，完成研究工作并结题验收的项目共计 4 项。实现销售收入 2600 万元。

三、技术进展及研发能力进展

1. 车用燃料电池系统 FCE

已完成关键零部件——适合中压、低压燃料电池系统空压机以及回氢引射器的开发。在此基础上，完成 5kW 和 50kW 各 3 套的燃料电池系统总成的集成和测试。其中，5kW 燃料电池系统将用于增程式的电动邮政物流车上，目前已完成 4 辆样车的开发。同时，该燃料电池增程器也可用于叉车等其他工程用车。与上汽集团和上海大众合作开发新一代中温中压燃料电池系统

2. 一体化功率集成单元 PCU

基本实现一体化功率集成单元大功率、小功率的全覆盖。采用风冷技术的小功率 PCU 主要有 6kW 和 9kW 两种，采用水冷技术的大功率 PCU 主要有 20kW 和 40kW。相比上一代 PCU 产品，新一代 PCU 产品具有体积更小、重量更轻、集成度更高、控制算法更先进等特点。与整车汽车达成了同步开发试制的合作意向。

3. 动力总成控制器 ECU

目前，动力总成控制器在基于整车控制器（VMS）的基础上又开发出系列化产品，包括：燃料电池发动机控制器（FCU）、供氢系统控制器（HMS）、热管理系统控制器（TMS）和电池管理系统控制器（BMS）。建立了包括符合汽车电子国际/行业规范、满足匹配标定与离线故障诊断的应用软件支持环境，已在燃料电池汽车、纯电动轿车、混合动力轿车动力总成控制及燃料电池发动机总成控制、车载供氢系统管理等领域应用。

四、主要产品

零部件

序号	名称	型号
1	整车控制器 VCU	—
2	一体化功率集成单元 PCU	9kW、20kW、45kW
3	车载 DCDC 模块	1kW、2kW
4	车载远程监控系统 TCU	—
5	燃料电池系统 FCE	—

五、发展规划

中电海康集团入驻上燃动力，不但为公司带来了巨大的资金支持，同时将其在电子信息化的技术优势与上燃动力在汽车动力系统方面的技术实力相融合，更加明确了公司的发展方向——在汽车产业开辟一条电动化和智能化两条腿走路的新的发展道路。

在汽车电动化方面，通过前期的技术积累，除了给整车企业提供更完善更有效的动力系统解决方案外，还将加快推进 VCU 和 PCU 产品化进程；在汽车智慧化方面，重点关注行车安全领域，利用海康集团在电子技术和信息技术方面的优势力量发展远程监控平台和三网联合平台，以及包括车道偏离预警（LDW）、前防撞（FCW）、盲区检测（BSD）和并线辅助（LCA）等系统在内的高级驾驶辅助（ADAS）系统。

上海鼎充新能源技术有限公司

一、发展概况

上海鼎充新能源技术有限公司（以下简称“鼎充新能源”）是专注于新能源电动汽车充电解决方案的国家级高新技术企业，专业研发、设计、生产、安装新能源电动汽车充电设施。研发、设计、维护运营服务管理系统，包含 APP 手机支付管理网络平台、充电装置后台监控等管理系统。提供电动汽车充/换电站、城市及轨道交通、绿色能源小区、各类停车场等充电整体解决方案。

2014 年，鼎充新能源为申沃客车、亚星客车、南京市市政建设充电桩工程，为上海万科、虹桥商务区核心区、闵行区、闸北区、浦东新区等众多地标建筑提供安全的充电整体解决方案。鼎充新能源的充电设备广泛应用于城市公共停车场、公共交通巴士停车场、各类电动汽车充电站等。

鼎充新能源拥有 21 年充电电源的研发经验，鼎充充电桩经过 CE、国网电科院检测，欧标国标全兼容，可以为国内所有品牌电动汽车充电，并可以为特斯拉电动车充电。

安全是鼎充新能源产品最核心的优势，包括人身安全、车辆充电系统安全、供电系统安全、智能充电信息安全和客户利益安全等。

二、生产经营

鼎充新能源一直专注于新能源电动汽车充电设备的整体解决方案、技术开发、产品研制及场站建设，成功为2010年上海世博会、香港九龙巴士集团、上海崇明城桥公交线、上海滴水湖新能源汽车观光线路等建设充电站项目。20年的高端电源研发生产经验，让鼎充新能源拥有业内最好的充电电源模块技术；10年的电动汽车行业合作经验，让鼎充新能源最了解电动汽车的特点；5年安全零故障，让鼎充新能源成为业内最安全的品牌。

三、产能建设

鼎充新能源目前在江苏扬州拥有15000平方米的充电桩生产基地，具有年产交流桩超过5万台、直流充电系统超过2万套的生产能力。全系列交流桩（慢充）、直流桩（快充）、超级电容车充电站，包括立式、壁挂式、便携式、单充、双充、四充等，符合国际、欧标、美标等充电标准。

四、技术进展及研发能力进展

鼎充新能源拥有6项发明专利、9项软件著作权等自主知识产权。2015年，鼎充新能源的研发重点是直流充电桩和交流充电桩的成套系统，以及基于互联网的后台运营管理系统的应用。投入2000万元做下一代新型充电产品的研发，重点是模块的核心技术和整体技术应用体验。

五、主要产品

电动汽车充电设施

序号	名称	系列
1	标准立式单充（蓝白色）	TN－QCJ01－A02
2	标准立式单充（RAL7035）	TN－QCJ01－A03
3	标准立式双充（蓝白色）	TN－QCJ01－D01
4	标准壁挂式单充	TN－QCJ01－B02
5	标准壁挂式单充（蓝白色）	TN－QCJ01－B03
6	标准壁挂式单充（蓝白色欧标）	TN－QCJ01－B04
7	简易立式单充（RAL7035）	TN－QCJ01－C01
8	简易壁挂单充（RAL7035）	TN－QCJ01－C02
9	简易便携单充	TN－QCJ01－C03
10	标准立式单充	TN－QCJ02－A01
11	一体式立式双充	TN－QCZ02－A02
12	一体式立式双充	TN－QCZ02－A04
13	壁挂式单充	TN－QCZ02－B01
14	壁挂式单充	TN－QCZ02－B02
15	便携式	TN－QCZ02－C01
16	一体式立式4充	TN－QCZ02－D01
17	分体立式双充	TN－QCZ02－E02
18	交流充电桩的管理	
19	直流充电桩的管理	
20	计费计量	
21	刷卡充值	
22	客户管理	
23	充电资源监控	
24	车辆运行监控	
25	电池管理系统	
26	能量管理系统	
27	安防监控系统	
28	客户维护系统	
29	充电运营系统	

六、发展规划

鼎充新能源立志打造新能源充电产业的民族品牌。秉承“一诺九鼎，充畅天下”的企业理念。以客户利益至上，依托电源整体的研发设计能力和互联网技术，向社会和新能源市场提供系统、专业的智能化充电解决方案。将智能充电发展成为智能交通和智能城市的着力点和重点，提升充电效率，优化充电方式，提高充电运营效益，成为社会智能充电网络的优秀构建者。

珠海泰坦科技股份有限公司

一、发展概况

珠海泰坦科技股份有限公司（以下简称“泰坦”）是在香港上市的中国泰坦能源技术集团有限公司（港股代码：2188）的下属全资子公司。泰坦专注于电力电子领域，集研发、制造、营销、工程服务于一体，围绕发电、供电、用电的各类用户，运用先进的电力电子和自动控制技术，解决电能的转换、监测、控制、优化、节能和新能源利用的需求，是为新能源、电力、铁路、交通、通信、石化、冶金、航空航天等行业提供高性能产品和服务的高科技企业。近几年，随着新能源行业的迅速发展，电动汽车充电产品供应、站级建设以及运营平台建设已成为泰坦发展的重要支柱。

2014年，泰坦延续在新能源汽车行业的领先优势，陆续中标辽宁、山东、河北、江苏、广东、上海、北京等省市的“电动汽车充电设备招标项目”；与北汽福田汽车、上海申龙客车、上海汽车集团、山东沂星电动汽车、郑州宇通客车、陕汽集团、浙江众泰、长沙众泰、四川豪特、重庆长安、浙江万向、安徽江淮、安徽奇瑞、厦门金龙、苏州金龙、广东京兰新能源、深圳五洲龙、深圳国电科技、武汉交投、青岛交投、佛山粤运、华夏神龙（国际）等客户达成了合作。

此外，泰坦还获得国家新能源汽车行业的认可，荣幸成为“中国电动汽车百人会”的一员。

2014年，泰坦研发团队研发推出的“数字化电源模块”“壁挂式交流充电桩”“落地式交流充电桩（小规格）”“双口交流充电桩”“直流充电一体机”“双口直流充电机”6个品种的电动汽车充电产品，获得了泰坦客户的广泛认可。此外，泰坦863项目组还成功研发了可以兼容不同标准电动汽车的充电系统——大功率多通道多功能快速充电系统。

二、生产经营

自2005年受美国军工企业委托开发新型电动车充电产品以来，泰坦一直专注于围绕电动汽车充放电设备的技术开发、产品研制及场站建设，是目前国内电动汽车充放电关键设备运作时间最长、运行经验最丰富、产品种类最多的企业。泰坦参与建设了国内所有重点或大型电动汽车充换电站项目，地域覆盖东北、西北、西南、华中、华东、华南及香港等全国大部分区域。作为电动汽车充电实施行业先行者，泰坦产品荣获“国家级重点新产品”，纳入863计划和战略性产业推广计划。

三、产能建设

目前，新能源行业迅猛发展，市场对于充电设备的需求也逐年增加，为适应市场变化，满足客户需求，经过产业化改造，泰坦及其下属控股子公司目前可实现交流桩逾3万台/年、直流充电系统超过1万套/年的产能。

四、技术进展及研发能力进展

在2014年这个新能源汽车发展的元年，泰坦也迎来了新的发展时期。首先，所有的车充电源模块进入了全数字化时代；其次，863项目组研发出了可以兼容不同标准电动汽车的充电系统——大功率多通道多功能快速充电系统；最后，研发团队全新开发出了适合小型车位的壁挂式交流桩、小规格落地式交流桩，为充电站开发出了占地面积小、施工更简易的直流充电一体机，开发出了“一机双充”的交/直流充电设备、“一机四充”的快速充电设备。

五、主要产品

电动汽车充电设施

序号	名称	系列
1	直流户外一体化充电系统	TCZ－Y
2	模块式整车充电系统	TEVC
3	交流充电桩	TCZ－J
4	数字化电源模块	TEV－M
5	双向变流器/逆变器	TPCS
6	后台监控系统及运营平台	TEVC

六、发展规划

泰坦将依托互联网和物联网技术，将充电网络平台化，为运营商提供专业化数据服务，专心做好用户服务，提高充电桩使用率，降低运营单位成本，谋求市场化资源的最优配置。

深圳市科陆电子科技股份有限公司

一、发展概况

深圳市科陆电子科技股份有限公司（以下简称“科陆电子”）是一家国家级高科技上市公司，为国内最早从事新能源汽车充电站建设的厂家之一，在电力电子、新能源等领域具有完善的产品及整体解决方案，并凭借强大的技术实力和完善的服务，可为新能源电动汽车充电提供高效、安全的整体解决方案。

1. 2014年1—12月

2014年12月，科陆电子作为发起者，推动中国城市新能源汽车创新产业联盟成立，联盟成员包括媒体、国内知名汽车品牌、第三方金融机构及专业的新能源汽车运营公司，联盟成立为示范城市提供了新能源汽车的推广和充电设施布局的整体策划。

2014年12月，深圳市科陆新能源技术有限公司总经理、创新联盟专家桂国才先生接受央视财经频道专访，充分展示了科陆电子在充电机领域的高速发展和领先地位。

2014年12月18—20日在上海举办“EV CHINA 新能源车展”，即“第七届中国国际新能源与电动汽车”活动中，科陆电子进入“2014 中国节能与新能源汽车行业创新力企业 50 强”榜单，并获得“2014 年十大创新力充电桩企业”称号。

2. 2015 年 1—3 月

科陆电子生产的充电桩产品在通过中国电科院、开普实验室的检验之后，又于 2015 年 3 月通过中国质量认证中心的 CQC 认证。

二、生产经营

2010 年科陆电子进入电动汽车充电领域，依托科陆电源公司多年来开关电源技术优势积累，在电动汽车充电站、充电机方面做了大量前沿性研究，成功开发出南方电网第一台直流快速充电桩产品，并在深圳机场成功运行。

2011 年科陆电子在中山沙溪镇建设的乐群电动汽车充电站正式运营，运行时间超过 4 年，运行状况良好。

1. 2014 年 1—12 月

2014 年 11 月，由南昌公交公司与科陆电子共同打造南昌市电动汽车充电站群，整体规划 13 个充电站，2014 年底已建成投运 2 个充电站，分别是南昌昌南客运站充电站、红谷滩配套中心充电站。首批投入资金达 4000 万元。南昌市电动汽车充电站群建成后，将规划出一半的容量供社会车辆充电。大大推动了南昌市电动汽车发展步伐。

截至 2014 年底，科陆电子已经成功地为中国一汽、北汽福田、东风、比亚迪、众泰、金龙、五洲龙、江铃集团、恒天集体、普天集团、福瑞特等多家新能源汽车厂、运营机构提供充电机产品及解决方案。

2. 2015 年 1—3 月

2015 年 1 月，科陆电子凭借雄厚的技术实力，整体拿下扬州公交集团直流快速充电桩项目，总金额接近 1500 万元，为新能源汽车的发展贡献了科陆电子最新研发的充电桩产品和最新的产品技术，领先于行业。

2015 年 2 月，南昌公交公司与科陆电子共同打造的南昌市电动汽车充电站群——民营科技园充电站、长陵公交充电站建成并投入使用。

2015 年 2 月，科陆电子在清华大学深圳研究生院建设的小型充电站，供清华大学研究生院电动车充电及相关科研工作使用。

2015 年 3 月，科陆电子陆续启动贵州省凯里市公交站充电站建设、武汉市公交集团公交站充电站建设等，预计 6 月建成并投入使用。

三、产能建设

科陆电子在深圳龙岗拥有自有产权的工业园——宝龙工业园，建筑面积达 11 万平方米，其中仓储面积为 1.5 万多平方米。

所有生产制造岗位的工人上岗前都经过生产培训和质量控制培训，所有制造工人每年进行两次质量方针培训，焊接、测试、维修、巡检、老化等关键岗位的工人采用培训考核制，经过培训考核合格后颁发证书，持证上岗。

拥有完善的厂房设施及世界先进的生产工艺，世界一流的生产设备和世界级的测试检测仪器。

四、技术进展及研发能力进展

科陆电子研发生产的充电机整流模块具备 APFC 功能，可提高电网质量，消除谐波对电网的影响；同时也提高了系统设备的效率；对于小型充电站来说无须增加有源滤波装置，减少了部分设备配置，降低了用户的投入成本。

科陆电子自产的交流、直流电能表、具备自主知识产权，是国家电网公司、南方电网公司电能计量表的首选厂家之一。设备质量稳定、采集精度高，可双向采集电量；科陆电子是国内首家开创生产直流电能表的厂家，填补了国内直流电能表生产的空白。

充电系统中计量、计费子系统均为科陆电子生产，软件、硬件等充分匹配；满足用户对于计量的高精度性、稳定性，可自动查询、抄表、分时计费的要求。

充电站系统可以配置负荷控制系统（简称“负控系统”，科陆电子自主研发生产），使充电系统根据电源管理时间要求控制充电桩起停，或降低充电电量。

科陆电子提供解决方案、成套设备、工程施工及后续所有站点的运行维护。国内首家充电设备完成海南（高温 50℃）和黑河（低温负 40℃）随车测试设备厂家。

为给扬州公交集团提供的充电桩全露天安装，采用 IP55 双重防水防护，为行业内第一家无须雨棚的直流充电桩案例。

五、主要产品

序号	名称	型号	类别
1	直流一体式充电桩	CL6713A0	直流充电桩
2	直流分体式充电桩	CL6713A1	
3	直流双枪一体式充电桩	CL6713B0	
4	直流双枪分体式充电桩	CL6713B1	
5	交流落地式充电桩	CL6733A	交流充电桩
6	交流立柱式充电桩	CL6733B	
7	交流壁挂式充电桩	CL6733C	
8	交直流一机分体式充电桩	CL6718A0	交直流两用充电桩
9	交直流一机一体式充电桩	CL6718A1	
10	整流模块	15KW/CL6713MK	—
11	监控模块	6713MV10	—
12	交流三相电能表	DTSD718B13 - 0.5S	—
13	直流电能表	DJSF719 - NZ11.0	—

六、合资合作

科陆电子于2014年11月7日与南昌市公共交通总公司签署了合作框架协议，成立了南昌公交科陆新能源有限责任公司（以下简称“南昌科陆”）。

科陆电子与南昌市公共交通总公司以技术研发、投资资金的形式为南昌科陆增资，注册资本为2000万元。科陆电子出资比例为70%，南昌市公共交通总公司出资比例为30%。南昌科陆就共同合作经营新能源汽车充电系统及终端网络投资建设、充电配套系统及运维管理，新能源产品的开发、生产、销售及技术咨询、安装服务等，以及根据国家政策及形势发展需要，共同对电动车充电站的建设、投资和日常的进行经营管理。南昌科陆拥有南昌市市政规划内的所有由公交集团承建的新能源汽车充电电站系统、充换电站系统、终端网络投资建设、充电配套系统建设，以及技术咨询、安装、维修服务等运维管理权。

南昌科陆将拥有规划范围内车辆充电设施及配套设施所占用土地面积20年无偿使用权及运维管理权；将第一期投资建设、运营的红谷滩、民营、昌南、长陵、城南和朝阳共计6个新能源汽车充电站。

七、发展规划

科陆电子积极实现全球化战略

目前拥有的子公司：美国、德国、英国、印度尼西亚。

办事处：南非、巴西、尼日利亚、埃及。

建厂（现今）：印度尼西亚、尼日利亚、加纳；建厂（未来）：坦桑尼亚、厄瓜多尔。

用我们的创新与服务，推动全球能源优化利用。

正如20年来我们一直做的那样，地球将更加健康，人们会因此而受益。

科陆，打造世界级能源服务商！

国电南瑞科技股份有限公司

一、发展概况

2014年，国电南瑞科技股份有限公司积极开展电动汽车充换电设施建设工作，全年完成营业额超过2.1亿，其中交流充电设施500余万元，充电站3690余万元，高速公路充电站12500余万元，换电系统4950余万元。

公司累计建设交流充电桩1万余台，各类充换电站70余座，有效地支撑了国家电动汽车产业的发展。

2015年第一季度，公司相关业务营业额接近4000万元，同时积极将充换电设施拓展到港口码头，形成港口岸电系统等。

二、生产经营

2014年全年完成营业额超过2.1亿元，其中交流充电设施500余万元，充电站3690余万元，高速公路充电站12500余万元，换电系统4950余万元。

2015年第一季度，公司相关业务营业额接近4000万元。

三、产能建设

自2009年以来，公司积极开展充换电设施的研发升级工作，先后开发出CEV1100系列交流充电设施4类，CEV1200系列直流充电机3类，CEV2000系列换电设施4类，CEV5000系列运营管理系统2类，并迅速将其推入产业化进程。

公司充换电设施先后销售至32个省（市），累计建设充换电站120余座，交流充电桩11000余台，实现销售收入超过10亿元。

四、技术进展及研发能力进展

截至2014年底，国电南瑞成功申报电动汽车充换电相关科研项目共32项，其中国家863项目6项，国家电网公司项目17项，累计科研经费约1.20亿元；主持和参与了74项电动汽车充换电设施相关国际和国内标准的制修订工作，其中IEC标准4项；累计申报国家专利55项，其中发明专利41项；累计申请软件著作权和软件产品登记15项，发表科研论文62篇；研制了电动汽车电池更换站用充放电机及其集群控制调度系统等一批装置和系统。

五、合资合作

公司先后与东风日产、北汽、万帮、福日电子等企业签订战略合作协议，就区域性充电设施建设达成合作意向。

杭州富特科技有限公司

一、发展概况

杭州富特科技有限公司成立于2011年，是一家专业从事电动汽车车载充电机和车载DC/DC转换器研制、生产及销售的高新技术企业。公司成立以来，一直走专业化的发展道路，心无旁骛，4年耕耘，主要产品已为国内大多数主机厂所选用，公司已成为国内电动汽车核心零部件的主要供应商。

2014 年 2 月，杭州富特科技有限公司成为杭州市专利试点企业，6 月通过 TS 16949 认证，8 月通过国家级高新技术企业认证。

二、生产经营

2014 年全年营业额达 5000 万元。

2015 年第一季度营业额达 2500 万元。

三、技术进展及研发能力进展

公司主要从事车载充电机和车载 DC/DC 转换器产品的研制、生产及销售，是国内该系列产品的主要供应商之一。以梁一桥博士为核心的技术队伍具有扎实的理论基础和丰富的工程经验，并在电气拓扑、散热结构等方面有多项专利。公司 VC 系列、VDC 系列水冷充电机和 DC/DC 转换器，电气上采用 LLC 拓扑，效率高、谐波少；整体结构和磁性元件采用一体式铝压铸，根本上解决了散热、震动和防护问题；产品经过极寒和极热路况长期测试，电气性能优于国外同类产品，目前已被国内主流车厂选用。

四、主要产品

序号	名称	型号
1	充电机	VC03 - A
2	充电机	VC04 - B
3	DC/DC 转换器	VDC01 - A
4	DC/DC 转换器	VDC02 - A
5	DC/DC 转换器	VDC03 - A

五、合资合作

典型客户代表：众泰、吉利（新大洋、康迪）、东风襄旅、东风小康、北汽新能源、郑州日产、中国南车、力帆、南京金龙、上汽通用五菱、上汽商用车、奇瑞客车、北汽、潍柴、郑州海马、江苏九龙、长安商用车等。

上海追日电气有限公司

一、发展概况

1. 2014 年 1—12 月

追日电气的充电机设备及柔性电池 PACK，采用当今国际领先技术，以 DSP 数字信号处理器为核心，通过优化的程序和高频开关整流模块化的结构实现对动力蓄电池的充电控制，产品形成批量和系列化，单机功率涵盖范围为 7.5 ~ 750kW（最大 750V、1000A）。目前设备已在全国新能源汽车整车企业：东风汽车、北汽福田、北汽新能源、北车（吉林高新电动汽车）、安凯客车、二汽新能源、扬州亚新、苏州金龙、厦门金旅、众泰、潍柴等大型客车厂、公交系统（南通、芜湖、襄阳、广州四惠公交、昆明公交、澳门公交、阿布扎比公交等）、电池生产企业（骆驼、京远、中航锂电、比克、青山电池、神州巨电、朝阳立源等），高校科研单位（华中科技大学、武汉理工大学、华北电力大学、上海交通大学、东南大学、河北职业技术学院、杭州旅游学院、合肥工业大学等知名院校）投入使用，2013 年 5 月 75kW 充电机设备成功在阿联酋阿布扎比公交系统投入使用。

2. 2015 年 1—3 月

浙江吉利、上海申龙、上海万象、长安新能源、东风汽车、（吉林高新电动汽车）、北汽新能源、安凯客车、上海交投、襄阳公交系统；汽车租赁：南京邦联、一嗨租车等广泛被采用。

二、产能建设

1. ZECD 系列交直流充电桩：月产能 1000 台套。

2. SCM 系列大功率智能充放电机：月产能 20 台套。

3. ZMCD、ZEVQC 系列电动汽车直流快速充电机：月产能 100 台套。

4. ZEV PACK 系列多功能柔性连接电池箱：月产能 100 台套。

5. ZAPF - C 系列充电机专用并联有源电力滤波模块：月产能 200 台套。

三、技术进展及研发能力进展

伴随新能源电动汽车的飞速发展，新能源电动汽车将迎来一个崭新的局面。电动汽车需要大容量的电池 PACK、充电机、充电桩进行充电，在充电储能方面新的概念与产品需求层出不穷：将逆变器与充电机的概念进行整合，实现车对车、车对电网、电网对车双向充电新的充电模式，打破了原有的单一的交流转直流的充电方式。除电网供电充电外，采用可再生的太阳能发电直接或间接进行充电的产品应运而生，充电机的充电模式与电能利用将更加广泛。

顺应国家新能源事业发展，公司专业致力于光伏逆变器、储能逆变器、电动车充电机（桩）的研究开发与产品推广应用。已建立了针对充电机、逆变器电气性能指标及安规性能指标的检验测试平台，可实现充电机、逆变器、电池 PACK 等待测设备性能的自动检测。

通过持续的开发与推广应用，追日电气已形成新能源电动汽车的动力电池充放电系统解决方案产品包括 ZECD 系列交直流充电桩、ZEVQC、ZMCD 系列电动汽车快速充电机、SCM 系列智能一体化充放电机、ZICB 系列车载单相智能充电机、充电机专用有源滤波装置、ZEV PACK 多功能柔性连接电池箱、光伏智能充电动力系统、光伏储能蓄电池管理系统等。主要推广应用开发产品的技术进展如下：

1. ZECD 系列交直流充电桩。电动汽车充电的辅助设备，包括壁挂式与落地式充电桩，可以实现交流或直流接口，集控制、管理、计量、查询、显示等功能于一体，实现对整个充电过程的智能化控制。已开发形成三个系列的定型产品，广泛适用于公共停车场、居民小区、公园、酒店和零售、高速公路服务及其他专用停车场等各类露天车场与地下停车场。

2. SCM 系列大功率智能充放电机。本产品集智能充电和智能放电于一身的多功能一体化充电机。对动力蓄电池放电能量回馈电网，不仅能对电网调峰填谷，还可以实现分布式独立供电网络。产品直流调压范围广、容量大，50～800V可调，充电电流 5～500A，满足各种电压等级大容量电动汽车充电需求及大容量电池检测与充放电系统，可满足多种场合的使用需求。

3. ZMCD 与 ZEVQC 系列电动汽车直流快速充电机。该机采用 DSP 数字控制，谐振软开关，有源 PFC 技术，并且具有多项专利保护。同时电动汽车快速充电机具有功率密度高，功率因数高，谐波小，效率高，轻便小巧、易于随车配套等特点，具备多模块可并联性能，可满足多种电压需求。用于各类新能源电动汽车车、公交停场、高速公路等配套建设的快速直流充电。

4. ZEV PACK 系列多功能柔性连接电池箱。采用专利技术改变优化了传统电池箱的性能，颠覆了传统导线转接的方式，改善了电池箱的维护方便性，可实现电池箱的标准化批量生产。同时该产品特别设计了散热通道、并设计了车载空调接入通道。为电池的温度控制提供了更加有效的途径。可以延长蓄电池组的使用寿命，使电池长期处于最佳工作状态。

5. SPCS 新能源汽车光伏动力系统。本项目产品采用高效能柔性光伏电池组件技术和智能光伏控制技术，可以很好地解决当前电动汽车普遍存在的续航里程短、充电不便捷、整车电池质量重的问题；同时具有最大功率点跟踪技术，能够发挥光伏组件的最大效率；发电与转换效率高、电能质量好，可满足多种工况环境使用需求。系统的开发将可再生能源利用、充电储能技术、电动汽车技术融合，重点推进新能源汽车与可再生能源结合与推广应用的所有场合与产品升级。

6. 集 DC/AC、AC/DC 等控制功能于一体的车载充电机控制总成。本产品结合新型电池 PACK，集电动汽车车载 DC－DC 转换器、车载 DC－AC 转换器、电池管理系统于一体，是一款能提高电池的利用率，有效保护电池，提高电池的使用寿命，同时大幅提高了电动汽车电机的启动转矩与综合利用效率的产品，已定向开发中。

7. ZAPF－C 系列充电机专用并联有源电力滤波模块。采用当前最先进的模拟逻辑方式消除充电机产生的谐波，是充电机系列产品最理想的滤波产品。采用当前最先进的模拟逻辑方式实时监测充电机产生的电流波形，动态生成反向谐波电流，以补偿充电机产生的谐波，综合提高电能转换过程中的电能质量与效率。

广东易事特电源股份有限公司

一、发展概况

广东易事特电源股份有限公司（以下简称“易事特”）成立于 1989 年，总部位于广东省东莞市松山湖科技产业园区，注册资本为 17890 万元。易事特是国家火炬计划重点高新技术企业、全球电能质量解决方案供应商和绿色能源制造商，长期致力于不间断电源、应急电源、通信电源、数据中心集成系统、光伏逆变器、新能源汽车智能充电系统、智能微电网等高科技产品的研发、制造、销售和服务，优质的电源和新能源产品远销全球 100 多个国家及地区，并于 2014 年在深圳证券交易所上市（股票代码：300376）。

易事特建立起独具特色的庞大的市场网络、完善的客户服务体系，在国内组建起 206 个客户中心、七大区域服务中心，在海外建立起五大营销中心，产品远销全球 100 多个国家及地区。

国家副主席李源潮，国务院副总理刘延东，国务院副总理汪洋，北京市委书记郭金龙，广东省委书记胡春华，前党和国家领导人贾庆林、李长春，全国人大常委会副委员长成思危、陈昌智，全国政协副主席马培华，广东省省长朱小丹，新疆建设兵团党委书记车俊，青海省委书记骆惠宁，江西省委书记强卫，甘肃省委书记王三运等党政领导先后莅临易事特考察和指导，亲切勉励易事特继续发奋践行科学发展观，争创世界知名品牌。

二、生产经营

2014 年 1—12 月，企业主营业务收入 196084 万元，同比增长46%；税收12277万元，同比增长9%；出口总额40242万元；内销总额156667万元。

2015年1—3月，企业主营业务收入38634万元，同比增长12%。；税收1714万元，同比增长-28.85%；出口总额6242万元，内销总额32473万元。

三、产能建设

易事特总装大楼占地近60000平方米，其中大功率总装车间占地17920平方米，拥有一条中功率充电桩生产线（月生产能力2000台）、五条大功率充电桩生产线（月生产能力1000台）。大部分设备为进口设备，其中有全球最先进的SMT & AI生产线和自动化数控机床生产线等，总装车间的硬件资源配置在行业内处于一流水平。

四、技术进展及研发能力进展

易事特坚持“技术创新、自主研发”的企业发展理念，围绕电力电子和新能源产业创新发展路线，组建了行业内首个博士后科研工作站、广东省院士专家企业工作站、广东省现代电能变换与控制工程研究院、广东省省级企业技术中心、教育部光伏系统工程研究中心产业化基地等科学研究及技术开发机构，组建了由全球著名轨道交通电气专家钱清泉院士、全球著名新能源专家张榴晨院士率领的教授、专家、博士、博士后及高级工程师组成的强大科技攻关团队，与清华大学、浙江大学等全国20多所高校建立起长期的战略合作关系，参与起草及制定16项国家及行业技术标准。易事特研发中心占地约8000平方米，拥有约500名研发人员。

五、主要产品

零部件

序号	名称	型号
1	交流充电桩	EAACCP-220V/32A
2	充电终端	ECZD-01
3	直流充电机	EVDC-400V/250A
4	V2G双向充电机	EVDC-700V/80A
5	户外一体式充电机	EVDC-80kW-7YHW

六、合资合作

目前公司牵头成立了广东东莞新能源车产业技术联盟，并当选主席单位，同五洲龙汽车、中山大学研究院等进行战略合作。

七、发展规划

面向未来，易事特将坚定秉承“国家、荣誉、诚信、创新”的企业核心价值观，在优势发展的基础上，紧密围绕IDC数据中心（含UPS电源）、光伏发电站（含逆变器）和新能源车运营（含充电桩）三大战略性产业，立足中国，放眼全球，致力成为电源和新能源系统解决方案品牌领导者。

四川帝威能源技术有限公司

一、发展概况

四川帝威能源技术有限公司（以下简称“四川帝威”）坐落于美丽的中国科技城——绵阳，是依托中国工程物理研究院、重庆大学的国家重点创新型高新技术企业。

公司专业从事GZP-Y1系列智能交直流一体化电源系统、GZGW系列配电变压器中线电流治理补偿系统、GZGW智能交流配电管理系统、GT特种电源、DW新能源汽车充电智能管理系统、PLC控制系统和环保设备系统及其软硬件配套产品的研发、生产、销售、安装和服务，产品广泛应用于国内外。

二、技术进展及研发能力进展

近年来，公司加快新战略新兴产业领域拓展，承担并完成了多项国家及省市科技课题，取得20多项国家专利及软件著作版权和国家重点新产品证书。公司与重庆大学电气工程学院产学研紧密结合，联合研制了DW新能源汽车智能充电、控制管理系统和配电变压器中线电流治理补偿系统及其软硬件配套产品；与国家城市污水与资源化工程技术研究中心联合攻关，开发的节能环保领域（污水处理、生活垃圾焚烧发电与综合处理等）用电气自动化控制与工厂管理系统已在多个工程得到应用。

公司以中物院、重庆大学、西南科技大学为依托，秉承专家引领、产学研一体理念，聚集科技精英。公司专家委员会有教授（研究员）10名，研发团队30余人，其中有博士3名，硕士6名，其余均为大学本科学历人员。

作为中国电源学会会员，公司已通过GJB国军标体系、CCC、ISO质量体系、国家重点新产品及国家高新企业认证，获得了国家产品型号使用证书及国家继电器检测中心型式实验证书，公司产品已通过中国工程物理研究院测试。

江苏绿城信息技术有限公司

一、发展概况

1. 2014 年 1—12 月

江苏绿城信息技术有限公司（以下简称："江苏绿城"）是 2014 年在江苏盐城亭湖开发区新建新的生产基地。项目总投资近 2 亿元，占地面积 70.3 亩，新建厂房研发楼及配套设施 5.5 万千平方米。新生产基地在 2014 年 7 月试生产，9 月正式投产，现可达到年产 10 万台充电设备的产能。

2. 2015 年 1—3 月

江苏绿城在江苏范围内积极参与到新能源汽车充电站的建设中，自主投资建设多个大型电动汽车充电场站。

二、生产经营

1. 2014 年 1—12 月

国内销售台数 8000 多台，销售总额达到 4000 余万元。

国外销售台数 2000 多台，销售总额达到 2000 余万美元。

2. 2015 年 1—3 月

国内销售台数 2000 多台，销售总额达 3000 余万元。

国外销售台数 400 多台，销售总额达 600 余万美元。

三、产能建设

从 2014 年初的年产 1 万台，提升到现可达年产 10 万台交直流充电设备的产能；新生产基地项目总投资近 2 亿元，占地面积 70.3 亩，新建厂房研发楼及配套设施 5.5 万平方米。厂房配备一条车载充电机生产线，一条充电桩生产线及一条大功率直流充电机生产线。公司建立了先进的电磁兼容实验室、高温环境实验室、电性能检测中心，购置各类精密测试设备及生产设备近 200 台套。

四、技术进展及研发能力进展

自主研发各型号交直流充电设备 20 余种，全型号覆盖各种极端条件下充电需求，自主研发手机 APP 客户端，微信客户端，以及电动汽车智能管理系统。

在用户使用安全上进行了以下技术更新：

防雷技术——采用自主研发的防雷器件通过国家安全认证，节约成本；

过流漏电保护技术——采用符合国家标准的漏电过流保护器件，防止用户使用中的意外发生；

过欠压保护技术——采用智能的电压采样技术，通过 MCU 控制，实现实时监控输入电压。

在用户使用便利上的苛刻追求：

智能的人机交互界面——用户可以通过键盘和液晶屏对充电桩进行操作，简单方便的对电动汽车充电；

方便的充电模式选取——创新的一键充电功能和多种充电模式选取功能并用，方便用户选取；

智能的计量计费——选用符合国家标准的电表或采用标准计量模块为用户减少使用成本；

多样的充电桩式样选取——多种充电桩适合不同应用场合；

方便快捷的远程控制——不必现场观看，在办公室也能看到你的充电状态。

远程监控各项技术指标突破性进展，远超国内平均值容量指标。

（1）可监控保护测控装置数量：≥100

（2）可监控充电机数量：≥100

可靠性指标：

（1）模拟量测量综合误差：≤1%

（2）遥信正确率：≥99%

（3）遥控正确率：≥99.99%

（4）平均无故障时间（MTBF）：≥8760 小时

实时性指标：

（1）数据采样扫描周期：1 ~10s

（2）系统控制操作响应时间（从按执行键到充电机执行）：<10s

（3）画面调用时间：<3s

（4）画面实时数据刷新时间：5 S ~30s

（5）实时数据查询响应时间：<3s

（6）历史数据查询响应时间：10s

（7）正常情况下 CPU 负载：≤30%（1 min 平均值）

（8）事故情况下 CPU 负载：≤70%（1 min 平均值）

产品对配电系统的保护与监控也加入了我们的智能充电系统中。

针对充电设施配电系统的监控及保护功能的实现。通过通信管理设备与系统的监控平台实现数据的交换功能。

实时采集 0.4kV 母线的电压、出线开关的信号和负荷电流，同时具备低压进线开关和联络开关的控制功能。

五、主要产品

序号	名称	型号	类别
1	公共型交流充电桩	JSGT – AC – 220 – 1 – 8GL	交流慢充

续表

序号	名称	型号	类别
2	家用交流充电桩	JSGT－AC－220－1－7XB	交流慢充
3	20kW 直流一体充电机	JSGT－DC－700/125－20	直流快充
4	40kW 直流一体充电机	JSGT－DC－700/125－40	直流快充
5	100kW 直流分体充电机	JSGT－DC－700/125－100	直流快充

六、合资合作

江苏绿城由中国国际绿色动力集团有限公司及国内最大的低压电气集团——正泰集团、平安私募基金联合投资。产品通过国家电网电科院实验认证中心检测和国际最权威的德国 TUV 认证，为华晨宝马、北汽新能源、长春一汽、天津一汽丰田、众泰汽车、南京金龙客车等众多车企进行产品配套服务，同时也是保时捷电动汽车在中国大陆区指定售后服务商。

江苏绿城不仅专业从事电动汽车充电技术的研发，对国内外各种类型、各种技术参数和要求的电动汽车都比较熟悉，我们也参与了国内多个城市的试点运营，包括上海嘉定区首批国家充电站建设试点、广州亚运会场站建设和 2015 年的南京青奥会部分场站的建设，产品远销欧美八个国家，目前已经成为国内外最专业的电动汽车充电系统一体化解决方案供应商之一。

七、发展规划

作为一家长期致力于电动汽车绿色交通运营管理的企业，我们从技术上目标做到国内最专业的充电系统一体化系统解决方案供应商。从充电桩为基础，以国内市场为根本，向国际知名充电桩一体化解决方案供应商努力。

南京能瑞电力科技有限公司

一、发展概况

南京能瑞电力科技有限公司（以下简称“南京瑞能”）是国内最早从事电动汽车充电设备研发、制造，充电站整体解决方案，充电设施承建运营服务的国家级高新技术的企业。公司紧随国家新能源汽车产业政策，积极参与新能源汽车行业标准的制定和新能源汽车的示范及推广。

南京瑞能与南京大学、成都电子科大等国内知名高校合作，致力于为新能源汽车制造商、新能源汽车车主、充电设施运营商提供完整的充电设备、充电系统以及充电运营整体解决方案，为客户提供一站式服务。

南京瑞能以市场为导向、以技术为核心、以服务为根本，注重系统整体方案的解决，致力于为用户提供具有优良性能、优惠价格和优质服务的三优产品。

南京瑞能实行规范化管理，营造团结、合作、友好的工作氛围，致力于建设和谐有序的企业文化，设立了高效优化的项目组织结构，笃信“以人为本”的理念，坚持“创新——追求卓越，合作——实现共赢”的精神，向着“做领先产品，创一流企业，获最佳效益，争行业先锋”的目标迈进。

南京瑞能通过了 ISO 9000 质量体系认证、ISO 14000 环境管理体系、ISO 18000 职业健康安全管理体系。产品通过了 CMC 制造计量器具许可认证、3C 认证，中国电力科学研究院全性能试验，国网电科院全性能测试。自公司成立以来，获得或已申请取得电动汽车充电设施软件著作权 25 项、发明专利 4 项，拥有电动机产品全部独立的知识产权。

2014 年，完成北京新能源汽车充/换站建设项目，主要区域为北京市大兴区、平谷区、昌平区和海淀区。

2014 年 4 月 28 日，国家电网公司公布了《电动汽车充换电设备 2014 年第一批中标公告》，其中充电设备共有 11 家单位入围，包 7 为我公司中标。

2014 年 6 月 23 日，国家电网公司公布了《电动汽车充换电设备 2014 年第二批中标公告》，其中充电设备共有 13 家单位入围，包 17、包 22、包 24 为我公司中标。

2014 年 11 月，南京瑞能成为北京 APEC 会议唯一电动汽车充电设施指定供应商，为北京 APEC 会议提供整套充电设施。

至 2015 年 3 月底，南京瑞能于江苏省内、省外启动新能源汽车充换站建设项目，主要建设地点有南京、无锡、南通、武汉、荆州、襄樊、十堰和菏泽等。

2015 年，南京瑞能投资 1.5 亿元新建 2.2 万平方米（用地面积 25 亩）的研发和制造中心，以及综合配套区域，综合技术研发环境和制造能力将再上新台阶。

二、生产经营

2014 年累计生产直流充电桩 108 台、交流充电桩 200 台，实现产值 1200 万元，并形成 1000 万元的销售收入。

2015 年第一季度累计生产直流充电桩 250 个、交流充电桩 400 台，实现产值 2000 万元，并形成 1800 万元的销售收入。

三、产能建设

南京瑞能目前已形成每年可生产直流充电桩3600台、交流充电桩10000台的产能。

四、技术进展及研发能力进展

南京瑞能现有厂房面积1万多平方米，从国外引进全套SMT生产线（全自动丝网印刷机、贴片焊机、热风回流焊机等）、波峰焊生产线。

南京瑞能具有国内一流的仪器仪表校验装置，配置了先进的浪涌、脉冲群、静电、工频耐压、线路板功能测试设备（全自动光学检测设备）、高低温潮湿试验箱等检测设备。

南京能瑞充电桩管理平台包括三大运行平台：

1. 安全平台

（1）确保人、车、桩的安全。

（2）确保用户和运营商信息的安全。

2. 运营平台

（1）方便用户的开户、网络充值、费用查询、充电地址查询、问题咨询、投诉系统。

（2）方便运营商采集数据、监控、查询交易记录系统。

3. 维护平台

对出现故障的充电桩进行有效监测、定位，并及时反馈给运营商，从而及时、高效地提醒运营商派遣专业的维修人员赶至现场，对故障充电桩进行维修。

五、主要产品

充电桩

序号	名称	型号	类别
1	一体式立式交流充电机	NRZS9203	40～80kW
2	壁挂式交流充电桩	NRZS9204	7～15kW
3	一体式非车载直流充电桩	NRZS9300 NRZS9302 NRZS9303 NRZS9304 NRZS9305 NRZS9306 NRZS9307	15～120kW

续表

零部件

序号	名称	型号
1	电源整流模块	EVR700－15000－750V/20A
2	电源整流模块	EVR700－7500－750V/10A
3	充电枪	额定工作电压750V/125A
4	4p断路器	A1C125TMF 125/1250 4P FF
5	BMS辅助电源	MW DR－120－24

六、合资合作

2014年，南京能瑞在浦口区、栖霞区、雨花台区、江宁区、高淳区、六合区等创建了充电桩站点，由点到面地设立了属于南京能瑞的充电桩群。各项目合作的对象包括各区市政府及其相关职能部门、汽车企业和其他相关单位及个人。

2015年6月，南京能瑞与南京金龙客车制造有限公司召开技术交流研讨会，主要讨论议提：①新能源客车的技术需求；②智能充电桩的车桩对接技术；③两家公司的合作方向，即两大新能源企业在此强强联手，共创绿色环保新未来。

2015年6月，南京能瑞与深圳沃特玛电池有限公司签订合作买卖合同，标志着南京能瑞在汽车企业领域的影响进一步扩大。

七、发展规划

作为国家电网多项高新技术和产品合作企业，南京能瑞将充分利用电力配套设施建设经验和科技成果，尤其是在电动车充电配套设施建设上的领先优势，率先服务地方政府以电动汽车为代表的新能源汽车推广规划，全面、科学、系统布局城市电动汽车充电网络，计划在南京市建设200座充电站、3000～4000个充电桩，在江苏省内投放约10000台充电设备，同时向全国辐射，力争建设成为网络优化、设施先进、服务高效、安全保障的全系统充电配套网络，成为国内电动汽车充电网络建设的典范企业。同时公司加强对新能源汽车充电服务管理平台的研发和推广，实现对所有已建充电设备的后台安全监控，对充电状态的远程监督和管理，对充电服务的智能化服务，努力搭建新能源汽车充电服务的网络化管理平台，提升新能源汽车充电服务的整体效率和服务水平。

北京国网普瑞特高压输电技术有限公司

一、发展概况

北京国网普瑞特高压输电技术有限公司（以下简称普瑞特高压）是南瑞集团公司的全资子公司，长期从事电动汽车充换电关键技术研究、设施研发，全面开展电动汽车充换电设施的产业化工作，研发出具有自主知识产权、功能先进、适应性强、符合国家标准、系列化的充电设备、电池更换系统、充换电设施监控、充换电服务网络运营监控、充换电设施检测维护等相关产品，并建成大量电动汽车充换电站。

二、主要产品

（1）充电设备

① EVCPA 系列交流充电桩

EVCPA 系列交流充电桩，采用传导充电方式为电动汽车提供交流电源，具有控制导引、测控保护等功能，适用于具有车载充电机的电动汽车。

② EVCR－ZC 系列整车直流充电机

EVCR－ZC 系列整车直流充电机，采用传导充电方式为电动汽车提供直流电源，具有彩色液晶触摸屏人机操作界面、模块化充电单元、测控保护等功能，适用于电动汽车整车直流充电。

③ EVCR－FX 系列分箱直流充电机

EVCR－FX 系列分箱直流充电机，采用传导充电方式为电动汽车单箱动力电池提供直流电源，具有数显人机操作界面、充电需求定制等功能，适用于电动汽车换电站。

④ EVCPD 直流充电桩

EVCPD 直流充电桩和整车直流充电机配套使用，支持一桩双充，适用于电动汽车充电站。

⑤ EVCR－JZ 交直流一体化充电机

EVCR－JZ 交直流一体化充电机将直流充电机、直流充电桩和交流充电桩集成于一体，适用于纯电动乘用车直流快充和交流慢充。

（2）电池更换系统

① EVBS1100 系列乘用车电池底盘更换系统

EVBS1100 系列乘用车电池底盘更换系统，具有建设选址灵活、建设效率高、移动再建性强、电池应用效率高、系统可靠性高、建设成本低等优点，可在 3 分钟之内完成纯电动乘用车底盘电池的全自动快速更换。

② EVBS1200 系列商用车电池更换系统

EVBS1200 系列商用车电池更换系统，具有站址选择灵活、紧凑型结构、电池环境封闭、建站周期短、建设成本低、系统可靠性高、易于扩展、移动再建性强等优点，可实现纯电动商用车电池全自动快速更换。

（3）充换电设施监控

① EVCS2000 电动汽车充换电站综合监控系统

EVCS2000 电动汽车充换电站综合监控系统，基于统一监控平台，采用层次结构，集成充电监控、换电监控、配电监控等应用子系统于一体，具备监控人机交互界面、实时的数据采集及存储、运行监视和报警、运行记录、操作控制、画面显示和制表打印、通信、自诊断、自恢复等功能，界面友好、功能齐全、扩容方便，高度智能化、标准化，全方位、实时有、效监地控整体运行情况。

② EVCS2100 电动汽车充电桩集中监控与运营管理系统

EVCS2100 电动汽车充电桩集中监控与运营管理系统，具有充电桩状态实时监控、充电桩控制调节、充电运营数据统计分析等功能，可实现充电桩的集中充电管理、安全管理和运营管理。

③ EVCS2400 电动汽车充换电站导引控制系统

EVCS2400 电动汽车充换电站导引控制系统，采用物联网技术实现车辆智能导引和调度管理，有序安排充换电，提高充换电站运行效率。

（4）充换电服务网络运营监控

① EVOSS2000 电动汽车智能充换电服务网络运营监控系统

EVOSS2000 电动汽车智能充换电服务网络运营监控系统，具有客户服务、计量计费、收费账务、清分结算、资产管理、配送管理、检修管理、集中监测、统计分析、用户门户等功能，保障充换电服务网络运行高效、安全，实现电动汽车有序充电，为电动汽车提供智能、方便、快捷的充换电服务，有效提升用户体验。

② iEVT 系列电动汽车车载监控终端

iEVT 系列电动汽车车载监控终端，利用 GPS、RFID、无线通信等技术，结合配电网、智能交通网络、智能充换电服务网络，为电动汽车用户提供动态充电路径规划、智能导航、行驶记录、双向交互等服务。

（5）充换电设施检测维护

① EVITV 系列充电设施移动检测平台

EVITV 系列充电设施移动检测平台，专用于电动汽车充电机、充电桩的现场或定期试验检测，可实现充电机稳压稳流、效率、谐波电流检测，以及充电机、充电桩计量校验、保护、三遥、通信功能测试。

② EVCS1500 系列动力电池检测及维护设备

EVCS1500 系列动力电池检测及维护设备，可按照设定好的工步对动力电池进行循环充放电，测试电池性能。

深圳市盛弘电气有限公司

一、发展概况

深圳市盛弘电气有限公司（以下简称“盛弘电气”）成立于 2007 年，公司总部位于深圳，占地 14500 平方米，在北京，上海，广州，沈阳，西安，成都，武汉等 20 余个主要城市设有办事机构，是一家专注电力电子技术，聚焦电能质量、光伏、电池化成、电动汽车充电机等产品的研发、生产制造、销售服务的高新技术企业。自成立以来不断致力于应用型电力电子技术研究，秉承在尖端领域创造新价值的理念，盛弘电气已经成为细分行业的领导者。

以国际战略的视角，依托强大的电力电子技术平台，盛弘电气有以电动汽车智能充电机为代表的完整的新能源产品线，主要产品包括非车载电动汽车智能充电机产品系列，太阳能光伏逆变器产品系列，储能逆变器产品系列及电池化成产品系列。

客户导向是盛弘电气一直以来坚守并实践的企业价值观，创新的产品设计，国内与国际的产品认证，专业的服务团队以及丰富的案例，使盛弘电气有能力为用户提供完整可靠的系统解决方案。

二、生产经营

截至2014年底，盛弘电气电动汽车充电机产品相关项目累计完成上百个，充电桩设备生产并出售使用3000余套，成功为深圳、北京、合肥、山东等地区的电动汽车充电服务提供了强有力的支撑。2014年全年，盛弘电气电动汽车充电机相关项目销售额达3000万元左右，预计2015年将超过1亿元。

三、产能建设

深圳市盛弘电气共有四条事业线，分别为电能质量事业线、新能源事业线、电池检测与化成事业线及能源管理系统事业线，共用研发及生产平台，致力于能源互联网的建设及发展。在各事业线的相辅相成协助下，预计2015年充电机事业线将超过1亿。

四、技术进展及研发能力进展

盛弘电气共有在职员工340余人，其中研发人员103人，80%为研究生以上学历。凭借领先的技术实力，丰富的研发经验，盛弘电气通过了ISO 9001：2008质量管理体系认证，先后被认定为国家高新技术企业，深圳高新技术企业，软件企业。公司产品被列入深圳市科技资金技术研究发展计划，国家创新基金扶持计划，拥有22项专利，其中13项发明专利，均享有独立自主的知识产权。致力为用户提供创新性整体解决方案，使能源应用更加安全可靠，经济高效。

五、主要产品

SEV室外一体化智能充电机：

30～60kW单枪一体化直流充电机系统

30～60kW双枪一体化直流充电机系统

90～180kW单枪一体化直流充电机系统

90～180kW双枪一体化直流充电机系统

SEV室内分体式智能充电机：

60～120kW双枪分体式直流充电机系统

60～120kW四枪分体式直流充电机系统

90～180kW单枪分体式直流充电机系统

90～180kW双枪分体式直流充电机系统

180～360kW单枪分体式直流充电机系统

180～360kW双枪分体式直流充电机系统

六、合资合作

自2010年至今，盛弘电气一直致力于新能源电动汽车充电解决方案，先后与参与深圳普天、上海合普、合肥普天、安徽天康等国内知名大型充电商客户的数十个大型充电站项目的建设，并为国内一些著名车厂提供充电机配套服务，盛弘电气电动汽车智能充电机产品为符合国标GB的直流充电桩系统，已经先后为多达数十种电动汽车成功充电，能在15～30分钟内为普通家用电动汽车提供行驶100～300公里的电量，拥有丰富的实践运行经验。

2015年初，盛弘电气与国内主流充电站运营商公司签署了战略合作协议，共同致力于打开中国电动汽车充电运营的市场。

盛弘电气拥有60人市场服务团队，为用户提供方案咨询、技术支持、工程交付等服务。为了更好地为全国用户服务，盛弘电气建立了覆盖全国各地的三级服务体系，即公司总部技术服务中心和六大片区技术服务办事处以及授权代理商技术服务点。在公司总部及各大片区技术服务中心均配置了专业的工程师团队以及完备的服务工具和备品，在授权代理商技术服务点配备了认证服务工程师。

在公司总部，盛弘电气成立了专门的用户培训中心，负责针对代理商和用户的技术人员进行产品操作和维护培训。

七、发展规划

盛弘电气充电机产品线是以研发为核心，市场为导向，为客户提供先进完整解决方案的团队，其主要目标是推动中国电动汽车充电业务，其中包括研发、生产、物流及售后等相关工作。盛弘电气充电机研发团队拥有丰富的开发经验，先后开发出了具有行业领先水平的室内、室外、单枪、多枪等多功能充电机产品，掌握了行业领先的轮巡充电、快慢充转换充电、无级调速充电等核心充电技术，盛弘电气将继续推出符合GB国际标准的直流及交流充电系统，并将向国际市场推广。

沈阳金阳光电气有限公司

一、发展概况

2014 年，在各级政府的大力支持下，沈阳金阳光电气有限公司（以下简称“金阳光”）稳步发展，目前已获得 9 项专利。金阳光通过与国家整车制造企业关键零部件制造商等产业链上下游的普及，企业的通力合作，坚信能够通过清洁能源汽车减少环境有害物质的排放。金阳光公司是国内知名的电动汽车、混合动力汽车、无轨电车、有轨电车、轻卡、重卡电控设备生产专业厂家。2005 年通过国际标准化组织的 ISO 9001：2000 质量管理体系认证和国家认证机构的复审。积累了众多客户，例如，重庆恒通、东方扬子江客车厂、北汽福田、江苏陆地方舟、一汽客车厂等。

二、生产经营

自主知识产权及相关专利如下：电动汽车箱式充电站、电动汽车快速充电站、蓄电池充电装置、电子空气断路器、用于电动汽车直流电路的固态开关、直流电机回馈制动装置、电动汽车用暖风除霜器、电动汽车高效永磁电机、快速充电式电动公交车及给其快速充电的公交站点。每年研发投入占企业年销售收入的 15%，公司拥有老中青相结合的研发团队，具有丰富的行业经验和扎实的研发实力；专业涉及软件、电子、电气、机械等多个领域，具备开发机电一体化创新产品的能力。

三、产能建设

我公司占地面积 8000 平方米，建筑面积 3000 平方米。公司拥有完善的电动汽车电控设备专用生产线，动力设备实验室，电磁设备实验室等先进生产开发设备场地，每年可为国内大、中、小型客车厂供应 3000 多辆客车配件。

四、主要产品

序号	名称	型号
1	电除霜器、电暖风机系列	DC280 - 750V　1 ~ 3kW
2	无油静音气泵系列	DC280 - 750V　1.6 ~ 3kW
3	转向助力泵系列	DC280 - 750V　0.75 ~ 3kW
4	车载电源系列	DC280 - 720V　输出 DC14 - 27V　1 ~ 5kW
5	车载充电机系列	DC400 - 720V　AC380V　3 ~ 30kW

五、发展规划

在辽宁省专业车生产基地建立了占地面积 40000 平方米，建筑面积 28000 平方米的生产厂区。计划研发泳池充电机等多种新能源汽车配件产品。

石家庄通合电子科技股份有限公司

一、产能建设

公司过硬的产品质量、领先的研发能力和技术优势为公司赢得了良好口碑，公司拥有超过 600 家客户，其中包括鲁能智能、国电南瑞、国网普瑞特等知名电力设备厂商以及宇通客车、福田汽车等大型整车制造商。公司为“国家电网上海高科充电站”“国家电网湖北襄阳停堡场充电站”“国家电网成都红旗充电站”“国家电网成都槐树店充电站”“国家电网成都龙泉充电站”“国家电网宁夏丰登充换电站”“上海嘉定叶城路换电站”“赣州章江新区换电站”等项目建设提供了充电电源系统及相关产品。“通合电子”已成为行业知名品牌，获得了客户高度认可，为公司进一步发展奠定了坚实的品牌基础。

二、技术进展及研发能力进展

公司系高新技术企业，2010 年被石家庄市科技局认定为企业技术中心，同年获得“年度优秀高新技术企业”荣誉称号，2012 年被石家庄市科技局认定为石家庄市创新型企业，。公司获得多项国家部委及地方政府部门技术创新资金的奖励和支持。公司 2012 年获得科技部国家科技型中小企业技术创新基金支持、国家发改委能源自主创新及重点产业振兴和技术改造资金支持。

公司多年来对技术研发持续高投入，组建了优秀的技术研发团队。截至 2014 年底，公司有技术研发人员 101 人，占员工总人数的 28.37%。公司核心技术人员均拥有多年高频开关电源及相关产品的研发经验，多位核心技术人员为业内的技术专家。截至 2015 年 3 月，公司共取得专利 36 项、软件著作权 24 项。公司首创的“谐振电压控制型功率变换器”技术使谐振式开关电源的全程软开关技术进入了产业化阶段，引领了行业技术潮流。

三、主要产品

序号	名称	型号	类别
1	充电站运维管理平台	V1.0 版	综合管理类软件平台
2	直流充电机	10～340kW	直流充电机整机
3	直流充换电模块	7.5kW 10kW 15kW	充电模块
4	交流充电机	220V 380V	交流充电机整机

上海挚达科技发展有限公司

一、发展概况

上海挚达科技发展有限公司 2010 年成立于杨浦，核心成员来自著名整车企业和 IT 公司，其创始人黄志明博士作为汽车行业高管创业的典型，是国家政治局委员，上海市委书记亲自接见和关注的 24 名上海市优秀青年创业者代表之一，挚达目前在为全国超过 50 个城市 500 个社区为包括特斯拉、保时捷，宝马、沃尔沃、上汽、北汽等 15 家车企提供智能充电产品和运营服务，品牌占有率和用户满意率排名行业第一。

2015 年第一季度，上海挚达科技发展有限公司获得德国大众汽车，奥迪汽车智能充电产品的运营服务资格。

二、生产经营

2014 年，公司开始研发并批量生产充电桩，采用模块化，金属外壳设计，实现充电功能，过流、过压、雷击、漏电保护。

2015 年第一季度，智能充电桩量产，采用集成化，流线型注塑外壳设计。集成了开关电源、电量采集、漏电保护、防雷、充电转换等模块，功能方面实现了刷卡支付、LCD 显示人机界面操作、GPRS 后台通信，同时具有过、欠压、过流、漏电、防雷、急停等 14 项保护。

三、产能建设

公司定位为新能源汽车用充电产品及其控制模块的专业制造商。预计满负荷生产状态下 10 万产能，员工总人数达到 86 人，其中管理人员为 16 人。

四、技术进展及研发能力进展

下一代智能充电桩，采用高性能微处理器 ARM 设计，加载 μC－OS 操作系统，具有 Speaker/Audio Out 语音提示，TCP/IP 以太网通信，CAN 车辆信息交互，USB 数据传递、拓存，LCD（RGB）and Touch 人机交互功能，BlueTooth 数据共享，Zigbee 无线组网通信等功能。加载 Andriod 操作系统，实现手机预约充电、桩端预约充电、桩端消费支付、网络购物、数据下载、系统软件自动升级、汽车电池使用分析等功能。

五、主要产品

序号	名称	型号
1	第一代交流充电桩 16A	ZDAC16A－01
2	第一代交流充电桩 32A	ZDAC32A－01
3	第二代充电桩 16A 基本版/高级版	ZDAC－16A－133B/H
4	第二代充电桩 32A 基本版/高级版	ZDAC－32A－133B/H

六、合资合作

安徽挚达中鼎汽车充电设备有限公司是由上海挚达科技发展有限公司与安徽中鼎控股（集团）股份有限公司的控股子公司安徽中鼎密封件股份有限公司共同出资设立，一期投资 1000 万元；公司按汽车行业建有高标准的 SMT（十万级净化车间）、THT、充电桩装配，检测等车间。

武汉电动汽车技术开发有限公司

一、发展概况

武汉电动汽车技术开发有限公司成立于 2011 年，注册资金 1000 万元。位于武汉东湖新技术开发区。

武汉电动汽车技术开发有限公司始终将新能源车辆用户的需求视为产品研发的基础。2014 年主要专注于为整车企业、政府监管部门、示范运营单位量身定制的新能源车辆安全监控系统平台（含安全预警、车辆工况数据采集分析等核心功能的研发）和智能充电系统平台（充电引导、充电基础设施实时状态查询、充电预约、紧急救援等核心功能研发）等前沿技术相结合的企业提供整体解决方案。

也为用户提供最新国家政策解析、地方标准解析、补贴标准及资格解析；公司拥有包括产品开发及设计、产品销售、产品服务、产品运维全方位生态服务系统。

武汉电动汽车技术开发有限公司在2013年为武汉市新能源汽车安全监控中心提供了系统平台及维护服务，并在2014年获得国家科技部成员单位资格，同年也获得武汉市2015关键技术攻关项目资格；2015年10月，公司将对安全监控系统进行全新升级上线（全新界面升级、功能整合、功能定制开发、容量扩充），可支持单台服务器支持10000台车辆同时接入，可支持单台服务器后台用户同时在线100人以上的接入；同时，为快速响应现在互联网+的概念，公司自主设计开发的智能手机APP客户端也将在2015年10月上线供终端客户使用，整合客户综合需求，全面提升管理人员工作效率，形成快速有限的应急处理机制，为新能源整车企业、政府监管部门、运营单位提供最完善的解决方案。

成功案例：为东风日产启辰、东风E30、东风A60、厦门金龙、扬子江客车、东风雷诺等多家整车企业提供了安全监控系统服务，硬件TCU被定为其前装唯一实时监控终端；系统充分满足新能源车辆生产、运营、使用单位及相关政府主管部门的需求，为车辆的研发、推广、使用积累了丰富的经验数据和完善的运维监控服务。可以在政府管理部门、汽车生产运营服务单位和用户中得到广泛应用。

二、生产经营

武汉电动汽车技术开发有限公司自主研发的安全监控系统和智能充电系统，通过与整车企业、政府监管部门、运营单位的紧密合作，以此为主要销售方向，并与中国电信达成战略合作伙伴，整合资源，共同向全国各大整车企业进行推广。

硬件体系均已达到整车前装体系认证，目前稳定出货给东风日产启辰晨风纯电动汽车、东风电动E30纯电动汽车、东风A60纯电动汽车等多家大型整车企业。

三、技术进展及研发能力进展

1. 武汉电动汽车技术开发有限公司高度注重技术开发实力和研发团队的建设，企业研发人员占比50%以上。拥有与新能源汽车智能与服务系统相关的6项国家专利和12项软件著作权。

2. 新能源车辆监控系统具备工况数据查询分析、安全监控预警、安全联动、便捷化系统设置。

新能源车辆查询分析系统由车载终端和远程管理服务平台组成。车载终端实时获取车辆工况数据，并同时发送到远程管理平台，通过数据分析模型实现各类分析功能。单台服务器可支持10000台车辆并发。针对系统海量数据、高并发性、不间断工作等特点，通过多个数据库、软件服务器的分布式构建，使其各自完成相对独立的差异化数据处理工作，有效避免数据拥塞，易于服务器的集群扩展及负载均衡。在现有服务器、网络配置趋于工作强度饱和时，通过简单的硬件阵列式扩充，即可实现系统容纳能力的扩充，无须修改甚至重构系统结构。符合用户“统一设计、分步建设、分批增车”的基本建设步骤。

工况数据查询分析，为全面满足不同种类新能源车辆车的安全监控需求，针对不同类型车辆的CAN总线协议，可开发与之对应的CAN总线数据解析程序，将解析程序写入CAN总线接口，CAN总线接口将处理完毕的CAN总线数据发送至车载终端。车载终端将CAN总线数据，连同GPS卫星定位信息、工况数据，在车载终端内部完成压缩、存储、发送处理。数据发送至服务端软件进行基础数据处理，存储于系统数据库中。根据相应需求调用数据库中数据，完成各类应用目标。

安全监控预警具备八大功能：新能源车辆电机监控安全预警、新能源车辆温度监控安全预警、新能源车辆控制器监控安全预警、新能源车辆电池监控安全预警、新能源车辆电量监控安全预警、新能源车辆车速监控安全预警、新能源车辆故障监控安全预警、新能源车辆发动机监控安全预警。安全监控预警，根据实时接收到的车辆工况数据与用户设定的阈值进行单一对比或多条件综合判定，通过手机APP、邮件形式，向预设用户发送预警。对于预警数据项对应的阈值设置，可批量关联指定车型，也可挑选指定单台或多台车辆进行单独设置。

智能充电系统，涵盖五大功能：充电基础设施查询、智能充电引导、预约服务、APP在线支付、增值服务（紧急救援、商户联动、社交）。依据用户的出行习惯及新能源车辆的特点，逐步完善各类应用目标，解决用户行驶过程中的各类问题，满足用户需求，保证用户出行安全。

四、主要产品

序号	名称	功能
1	新能源车辆安全监控系统（后台系统+APP）	安全预警 工况数据查询与分析 综合管理（单位、部门、车辆等） GPS定位、轨迹回放、范围绘制 多车图分析（饼状图、动态图、静态图） 故障分析
2	智能充电系统（APP）	充电站查询及引导 充电桩信息及状态查询 地图导航 预约充电 在线支付 增值服务（紧急救援、商户联动、车友互动）

续表

序号	名称	型号
1	实时监控终端	EVT－088A
2	实时监控终端	EVT－088B
3	实时监控终端	EVT－008A
4	实时监控终端	EVT－008B
5	实时监控终端	EVT－028A

五、发展规划

公司未来发展方向将持续专注于新能源安全监控系统、智能充电系统，以及新能源整车相关产品的研发，壮大研发队伍，为整车企业、政府部门、运营单位以及个人用户提供最全面、最智能的产品服务；以客户需求为导向，以行业为主线，整合行业、市场、企业、用户多层面数据和信息资源，帮助用户准确掌握国家政策及行业发展趋势，为新能源整车企业的发展战略和资源整合提供依据和服务。

威泊（上海）新能源科技有限公司

一、发展概况

威泊（上海）新能源科技有限公司（以下简称“威泊公司”）位于上海市普陀高新技术园区，注册资金8000万元，立足于研发、设计、销售电动汽车无线移动充电系统、电动汽车自动驾驶支撑系统和智能交通控制系统与设备，为电动汽车用户和无线充电运营商提供高速行运中智能充电解决方案和服务。威泊公司在电动汽车无线移动充电领域拥有16项国家专利或专利申请，掌握电动汽车在高速行驶中无线移动充电的核心技术，并拥有“路上充”品牌的无线充电桩、无线充电带、无线充电护栏、无线充电带控制器、接收器、电流传导器、无线充电带管理平台系统7大系列具有自主知识产权的产品。

1. 2014年1—12月

2014年是电动汽车无线充电发展的元年，也是威泊公司快速发展的一年，新产品不断推出。

2014年8月18日威泊公司推出WIPO－8100公用停车场无线充电系统产品。WIPO－8100公用停车场无线充电系统可以提供60～6000kW的无线充电功率，可根据需求配置任意数量的公共停车位。提供全自动智能无线充电、六阶段保养充电，当电动汽车停到无线充电停车位后系统自动认证、自动充电，充满后自动停止。智能充电后台系统可以管理50万～500万个用户，支持手机充电充值，手机充电管理，短信提醒，充电卡充值，充电卡销售终端，用户网上自助充值充电管理等。

2014年9月23日威泊公司推出WIPO－8200市区型无线移动充电系统产品。WIPO－8200市区型无线移动充电系统是专为城市市区设计的无线移动充电解决方案。本方案可以灵活的根据市区街道的交通情况铺设不同类型的无线充电带，并且可以根据道路的交通流量调整每一个充电控制器可以控制的无线充电带的长度，100～1000米，以保证整个系统较高的使用效率。系统还可根据需求配置任意数量的公共停车位，使无线充电系统覆盖整个城市，做到随时随地都可以充电。WIPO－8200市区型无线移动充电系统提供全自动智能无线充电、六阶段保养充电，当电动汽车行驶到铺设有无线充电带的道路上或停到无线充电停车位后，系统将自动认证、自动充电，充满后自动停止。智能充电后台系统可以管理50万～500万个用户，支持手机充电充值，手机充电管理，短信提醒，充电卡充值，充电卡销售终端，用户网上自助充值充电管理等。

2014年10月15日威泊公司推出WIPO－8300国道型无线移动充电系统产品。WIPO－8300国道型无线移动充电系统是专为国道设计的无线移动充电解决方案。本方案可以灵活的根据国道的交通情况铺设不同类型的无线充电带，并且可以根据道路的交通流量调整每一个充电控制器可以控制的无线充电带的长度，500～5000米，以保证整个系统较高的使用效率。系统还可根据需求配置任意数量的公共停车位，使无线充电系统覆盖整个国道系统，包括生活服务区，做到随时随地都可以充电。WIPO－8300国道型无线移动充电系统提供全自动智能无线充电、六阶段保养充电，当电动汽车行驶到铺设有无线充电带的道路上或停到无线充电停车位后，系统将自动认证、自动充电，充满后自动停止。智能充电后台系统可以管理50万～500万个用户，支持手机充电充值，手机充电管理，短信提醒，充电卡充值，充电卡销售终端，用户网上自助充值充电管理等。

2014年10月23日威泊公司推出WIPO－8500高速型无线移动充电系统产品。WIPO－8500高速型无线移动充电系统是专为高速公路设计的无线移动充电解决方案。本方案可以灵活的根据高速公路的交通情况铺设不同类型的无线充电带，例如，在高速公路收费站附近和服务区内铺设市区型无线充电带，并且可以根据道路的交通流量调整每一个充电控制器可以控制的无线充电带的长度，500～2000米，以保证整个系统较高的使用效率。系统还可根据需求配置任意数量的公共停车位，使无线充电系统覆盖整个高速公路系统，包括生活服务区，做到随时随地都可以充电。

WIPO－8500 高速型无线移动充电系统提供全自动智能无线充电、六阶段保养充电，当电动汽车行驶到铺设有无线充电带的道路上或停到无线充电停车位后，系统将自动认证、自动充电，充满后自动停止。智能充电后台系统可以管理 50 万～500 万个用户，支持手机充电充值，手机充电管理，短信提醒，充电卡充值，充电卡销售终端，用户网上自助充值充电管理等。

2014 年 11 月 12 日威泊公司推出 WIPO－8000 私人停车场无线充电系统产品。WIPO－8000 私人停车场无线充电系统是专门为私人停车位或停车库设计的私人家庭专用无线充电系统，系统配置包括：WIPO－1015 无线充电带、WIPO－2015 充电带控制器、WIP0－3015 充电带接收器。客户也可以根据需要选配更高端的 WIPO－1060 无线充电带、WIPO－3030 充电带接收器。WIPO－8000 私人停车场无线充电系统提供全自动智能无线充电、六阶段保养充电，当汽车回到私人停车位/库后系统自动认证、自动充电，充满后自动停止。

2. 2015 年 1—3 月

2015 年 3 月 16 日威泊公司发布“路上充”品牌系列护栏型电动汽车无线充电产品。“路上充”品牌包括六大系列护栏型产品，涵盖高速公路护栏型无线充电系统、国道护栏型无线充电系统、市区护栏型无线充电系统和小区型无线充电系统，彻底的突破了电动汽车充电难的瓶颈。威泊公司拥有电动汽车在路上边跑边充电的核心专利技术，在无线充电领域拥有全球专利保护的技术多达 52 项，威泊的“路上充”护栏型无线充电产品施工非常简单方便，不需要对道路进行任何的改造或挖掘，只需要将护栏型无线充电系统安装在道路旁边的道路护栏上即可。

威泊公司的“路上充”——边跑边充，永远有电，比加油还要方便。

二、生产经营

威泊公司紧密跟随国家节能减排以及新能源汽车的政策导向，围绕客户的需求，加快推进无线移动充电产品的产业化。完成了停车场用无线充电系统的小试和中试测试及试生产，为产业化应用推广打下了良好的基础。

三、产能建设

威泊公司规划投资 10 亿元，形成年产 1000 公里无线充电护栏系统的产能，到 2020 年建成国家级电动汽车无线充电安全监测中心，推动电动汽车无线充电的产业化、规范化、标准化以及安全性的建设，实现年产 100 万辆电动汽车无线充电配套系统的生产制造能力。

四、技术进展及研发能力进展

威泊公司在国内外拥有多个研发团队和合作研发中心。威泊公司在电动汽车大功率无线移动充电领域具有领先的研发能力，掌握无线移动充电的核心技术，包括知名的聚集型谐振阵列技术、逆向互感控制聚焦技术等，拥有 16 项国家专利或专利申请，技术处于国内领先水平。

五、主要产品

序号	名称	型号
1	小区型电动汽车无线充电系统	WIPO－8600
2	市区型电动汽车无线充电系统	WIPO－8200
3	高速型电动汽车无线充电系统	WIPO－8500
4	家庭型电动汽车无线充电系统	WIPO－8000
5	家用无线充电系统	WIPO－8800

六、合资合作

威泊公司积极推进与国内外知名大学、研究机构、知名企业的技术合作和战略合作，全年共开展国内外合作项目达 12 项。

七、发展规划

威泊公司将继续大力投入电动汽车无线充电核心技术的研究，积极推进电动汽车无线充电系统的产业化，并积极参与电动汽车无线充电标准的制定。规划投资 10 亿元建设电动汽车无线充电基地，建设无线充电研发中心，使无线充电技术达到国际一流。威泊公司的总体目标是成为我国电动汽车无线充电行业的领军企业。

深圳市聚电网络科技有限公司

一、发展情况

深圳聚电网络科技有限公司（以下简称“聚电”）是电动汽车的综合服务商。作为一家内生“互联网＋”基因的智能硬件企业，聚电从 2014 年起在全国铺设充电动汽车电点和充电站，并依托强大的互联网技术将这些充电点连成全方位立体网络，是为电动车主提供便捷充电服务的专业充电网络建设和服务运营商，也是国内为数不多的能够通过软件 App 实现一站式充电服务的企业。

聚电为国内研发出第一个能够通过手机 App 一站式解决所有充电相关问题的软件管理系统，手机 App 聚电桩可以让车主轻松实现充电桩的监控、查找、预约、充电、断电、付费结算及申请安装和服务求助等服务及即时沟通功能，且兼容微信、支付宝、银联和各个电力运营商的电力卡等多种手机支付方式。借助强大的移动互联网技术改造，聚电重新定义了充电桩这个传统的电力产品，使其成为一个能够实现与人、与手机及其他充电桩和移动服务终端互动的智能硬件。自此，聚电完成了汽车充电领域的革新，使得电动汽车在中国发展的充电瓶颈有了一体化的智能解决捷径。

目前，聚电与合作伙伴共同建设了上海第一座民营光伏充电站，北京 CBD 地区亚洲最大的充电站，充电服务遍布北京、上海、广州、深圳、沈阳、昆明、东莞多地，正在全国所有的城市发起充电桩众筹行动，聚集民间力量共同解决电动汽车充电基础设施不足的瓶颈，让更多的有识之士和合作伙伴参与到新能源汽车的发展中来。

聚电将与各位合作伙伴一道，利用光伏、储能和电动汽车等技术创造零耗能、零污染的绿色生活方式，持续为中国的新能源战略助力，为广大电动汽车车主的绿色出行提供充电基础，打造智慧城市的智慧交通基础设施合作伙伴。

二、生产经营

借助互联网技术与电力自动化技术的融合，聚电率先为广大电动汽车运营商提供了充电运营的一体化解决方案，产品覆盖充电桩后台监控系统、桩主管理软件、聚电桩 App 和适配国标及欧美标准的交直流充电桩，同时还有可以实现道路救援的智能充电车，完美解决车主的旅程焦虑、突发电量不足和旅行增程问题。

三、产能建设

公司总部位于深圳市软件产业基地内，旗下的新能源事业部位于深圳市宝安区石岩街道，占地面积 3000 平方米。电子产品制造配置高净化、防静电环境，拥有多条具有现代先进工艺水平的装配流水线；具备焊接组装、软件固化、调试检验、产品总装、老化试验、产品终检等完整的工艺流程。配置有振动、防尘、淋雨、盐雾等试验设备，以及综合化校验台等先进、完善的检测设备。公司目前的交流桩生产能力已达到 20000 台/年，直流桩生产能力达到 1000 台/年。

四、技术进展及研发能力进展

深圳市聚电网络科技有限公司注重人才团队建设，形成了一支以青年科技人员为主的朝气蓬勃的研发团队，企业研发人员占比在 80% 以上，能高效、快速地满足客户的需求。公司拥有多项授权的发明专利、多项实用新型专利和多项外观设计专利，各项产品均通过 CQC 和 CMA 体系认证。

五、主要产品

1. 手机 App 聚电桩

通过手机 App 聚电桩，可以轻松实现充电桩的监控查找预约、充电断电付费结算及申请安装和服务求助等的即时沟通功能，具有微信、支付宝银联和各电力运营商的电力卡等多种手机支付方式。

2. 运营管理和监控系统软件

运营监控系统对电动汽车充电站和分散充电桩有效的监控和管理，系统设有电桩实景监控、电桩故障跟踪、数据采集、数据按区展示等功能，为整个充电网络提供了重要的数据分析环节。

桩主运营平台提供了电桩管理、电桩监控、收费配置数据统计等功能；能查看实时充电的数据和电桩收益，可通过相应的数据分析和评估，实时了解客户充电存在的问题，形成从电桩到车载电池的大数据。

3. U2 系列充电桩

借助强大的移动互联网技术改造，聚电重新定义了充电桩这个传统的电力产品，U2 系列充电桩不仅具有防雨、防尘、防撞、防盗、漏电保护五大安全防护，也已成为一个能够实现与人、与手机及其他充电桩和移动服务终端互动的智能硬件。

（1）安全可靠

①表面采用阳极氧化铝工艺、具有耐光性、耐热性、耐蚀性及耐磨性。

②充电桩结构设计精密，具有防漏电、防电流电压过载功能，在无遮挡的户外能够防水、防霉、防雷、防尘，遇到问题时自动切断供电，以保护汽车电池。

（2）兼容适配

①适配车型国内所有车型的标准充电接口符合国标并有适配欧美车型的转换插头可选。

②适配充电方式：刷卡、扫码、手机 App。

4. U－Power 移动充电车

（1）道路救援紧急充电。电动汽车在出行中途出现突发电力不足，距离下一个充电站还有一定距离，聚电牵引式移动充电车能够及时赶到现场，在附近没有充电站点的情况下为电动汽车充电上路，完美解决里程焦虑。

（2）停车场临时充电扩容。社区或停车场出现充电车位不足或用电余量不足的问题时，U－Power 可以作为临时充电桩，减少停车场的车辆等候成本，同时可以接入网络方便运营管理。

（3）家用储能。U－Power 可以储电，不仅可用于电动汽车的充电，还可以实现手机、户外野餐等多种场景的供电，让家用和户外用电不再是难题。

（4）让充电更经济。在电价波谷时蓄电，在电价波峰时充电，让充电也能成为一种经济行为。

（5）旅行增程。可以在长途旅行时随车携带，可提供上百公里的车用能源。

六、发展规划

未来两到三年，公司将借助领先的研发技术和软硬件完美兼容的技术优势，在全国范围内铺建数千个聚电的充电网电和电动汽车综合服务站，与政府、车企和物业、房地产公司及停车运营管理方等各个合作伙伴一块，成为智慧城市和智慧交通的最佳合作伙伴，打造电动汽车综合服务的金字招牌。

北京埃梅森信息技术有限公司

一、发展概况

1. 2014 年 1—12 月

北京埃梅森信息技术有限公司，是中国首个电动汽车综合运营服务商，项目旨在利用互联网，打通整个电动汽车产业链聚合，通过“充电 APP + 城市智能充电网络 + 运营系统”的模式，实现电动汽车产业最佳用户使用体验。以第三方的核心优势整合设备厂商、整车厂商、政府、经销商、用户，进而形成强大的服务和分享网络，通过最大的整合力量推动电动汽车的普及与发展。2014 年 11 月 7 日，电桩 APP 正式上线；2014 年 12 月 19 日，新能源专用停车位亮相成都兰桂坊；2014 年 12 月 31 日，与法国 EP tender 达成中国区域战略合作伙伴。

2. 2015 年 1—3 月

2015 年 1 月 5 日，“电桩商城”上线；2015 年 1 月 6 日，首批电桩智能充电桩亮相。

二、生产经营

（1）截至 2015 年 3 月，北京埃梅森信息技术有限公司已在成都、绵阳、自贡、长沙、温州、杭州等城市陆续建设城市智能充电车位超过 250 个车位。

（2）成都、上海、温州等地电动汽车线下体验店及电租分时租赁正在筹建。

三、产能建设

2015 年，北京埃梅森信息技术有限公司拟在成都、上海、温州、杭州、宁波、自贡、绵阳、合肥、贵阳、海南、湖南等全国 15 个省市区落地建设超过 1000 个智能充电车位。

四、技术进展及研发能力进展

（1）电桩 APP 已经更新到 1. 26 版本。

（2）电桩商城（www. ev. tt）于 2015 年 1 月 5 日上线。

（3）电桩首个分时租赁系统电租正在研发中。

五、合资合作

（1）在积极开展国际合作，充分利用国内外资源，北京埃梅森信息技术有限公司自成立以来已与阿里巴巴、汉能集团、乐视、特斯拉、泰坦浩特、上汽集团、北汽集团、比亚迪腾势、新大洋机电集团、法国 EP tender、博罗雷、众泰汽车、无锡金控等国内外知名公司进行合作。

（2）北京埃梅森信息技术有限公司与上海交委、安吉城投成立合资公司，共同推进上海智能充电网络的建设。

（3）电桩与途家战略合作，全面进入途家 189 个度假目的地城市提供汽车充电服务，开启“绿色出行，度假无忧”。

（4）电桩与汉能集团达成全面战略合作。

六、发展规划

（1）在全国 15 个城市建设智能充电网络。

（2）电动汽车线下体验店、分时租赁系统的建设。

中利科技集团股份有限公司

一、发展概况

1. 2014 年 1—12 月

2014 年，公司以创新驱动发展，强化管理团队建设、加快产品升级转型为主线，全力拓展公司业务范围，提升公司对业务与市场的预测与应变能力，完善内部治理，优化业务流程和资源配置，积极打造信息化管理发展平台，着力打造以特种线缆、光伏新能源两大业务为发展主线；以特种电子设备等创新业务为新增长点，建立“技术 + 资本”为核心的盈利模式，将公司转型为以高端制造业 + 新能源的现代化企业。

2. 2015 年 1—3 月

2015 年是“十二五”规划的收官之年，作为国民经济发展基础的线缆行业和国家力推的清洁能源光伏电站行业首当其冲，公司将继续坚持以线缆、光伏业务发展与创新业务拓展齐头并进的格局，创新业务形成基础市场，加快推进；各方面共同产生效应，以实现较好的经济效益。

二、生产经营

2014年，公司实现营业收入92.46亿元，较上年增长14.50%，实现利润总额3.65亿元，较上年同期增长12.09%。

2015年第一季度产品销售同比增长近10%。

三、产能建设

2014年新能源电动汽车电缆的产能为300千米/月，通过2015年初新引进4条生产线，目前的产能可以达到800千米/月。

四、技术进展及研发能力进展

近三年高新技术产品：通信用直流远供电缆、通信用阻燃耐火超柔软电缆、铜芯热塑性弹性体绝缘护套软线、铜芯电源用阻燃铝芯软电缆、超柔软铝导体电动汽车内部用高压连接电缆、光伏电缆、地铁用特种电力电缆、铜芯聚烯烃绝缘全色谱宽带用户电缆；火炬计划产业化示范项目：特种拉远光电复合缆。例：2012—2014年，公司开展对新能源汽车车内用电缆的大力研发与投入，电动汽车充电桩电缆主要用于连接充电桩和充电枪，具有柔软、耐磨、耐油等优良性能。目前成功通过汽车行业全球权威的德国DEKRA（德凯）认证，并获得该机构全球手掌新能源汽车车内用电缆认证证书；并先后获得美国UL、德国TUV、中国CQC等四项权威认证，同时参与起草了充电桩国家标准，打开了国际市场。目前国内客户主要有比亚迪、吉利等著名汽车制造公司。新能源汽车所需电压等级和安全性远远高于传统汽车，用于传输电能的电缆必须要“高科技”。

五、主要产品

序号	名称	型号
1	新能源电动汽车充电电缆	EV，EVJ，EVE，EVJE，EVT，EVJT EV07EE－H，EV07EEC4E－H EV07E2Q－H，EV07E2QC4Q－H EVC07EE－H，EVC07EEC4E－H EVC07EC3E－H，EVC07EEC5E－H EVC07E2Q－H，EVC07E2QC4Q－H EVC07E2C3Q－H，EVC07E2QC5Q－H
2	新能源电动汽车车内连接电缆	EV，EVI

六、合资合作

中利科技集团股份有限公司目前与德凯认证、TUV认证机构和UL认证机构和整车厂合作，共同研发新能源电动汽车充电电缆。

七、发展规划

在新能源电动汽车电缆领域上，2016年预估销售额在5000万元以上，同时每年的销售额以50%的增长，争取做新能源电动汽车充电电缆的领头军。

苏州科宝光电科技有限公司

一、发展概况

苏州科宝光电科技有限公司创办于1996年，是一家专业生产研发特种电线、电缆及线束的国家级高新技术企业。公司先后通过了ISO 9001：2008、ISO/TS 16949：2009质量管理体系，ISO 14001：2004环境管理体系，GB/T 28001－2001职业健康安全管理体系的认证，ISO 13685医疗器械质量管理体系。2006年获得国家质量监督检验检疫总局颁发的首批“符合欧盟ROHS指令原材料及元器件生产企业”绿色供应商称号。为拓展国内外市场，公司产品先后通过了3C认证、美国UL、加拿大CSA、日本PSE、德国VDE、欧盟CE认证、光伏认证、F－MARK认证，并可为出口货品办理普惠制原产地证FORMA等。连续多年被多家世界500强企业评为优秀供应商、最佳供应商、战略合作伙伴、绿色供应商等称号。经过多年的发展，拥有42项专利（新能源车电缆5项），8项发明专利，获得省级高新产品20余项，国家火炬项目1项（新能源车电缆）。2007年公司获得了省高新技术企业，2013年获得国家火炬计划重点高新技术企业。2014年初公司获批“江苏省引进外资研发机构”，2014年8月被认定为“江苏省工业机器人用特种电缆工程技术研究中心”平台。

2015年1月申请了江苏省重点技术创新导向计划项目。

2015年3月获批了1项江苏省高新技术产品。

二、生产经营

公司主导产品之一——新能源汽车电缆类，包括：新能源车（混合动力及纯电动汽车）用高压电缆、新能源车用数据总线、新能源纯电动车用电机引线、新能源电动车用防抱死ABS系统用电缆等。这些产品的研发优化了产品结构，材料方面进行了合理的改进，使产品具有良好的传输性能、耐高温、阻燃、柔软、抗干扰能力强等特点。满足了国内外用户对该产品的需要，而且提升了新能源汽车的发展。从而对新能源汽车用电缆特别是传输过程中的准确性、安全性、操作性等方面做出了巨大贡献。

三、产能建设

2014 年，公司对原有生产线进行了改造提升，投入 300 万元更新 4 台笼绞机、新购 1 台挤出 80mm、1 台挤出 70mm 设备，专用于新能源汽车线导体、绝缘与护套工序的生产；同时完善生产区域，在新厂房内规划单元划区域生产，建立新能源汽车电缆产品单独的生产投入产出理论考核系统，大大降低的生产报废及提高的生产效率，预计 2015 年实现 5 万公里/年的能力。同时在软件配套上，公司自主研发新的 ERP 管理软件系统，使产品从销售到出货整个信息流都能得到有效的监控与管理。同时公司拥有一个检验试验中心，该中心配置有全套国内外先进的特种电线、电缆，主要原辅料检验试验设备、仪器，这批先进的检验、试验设备为新产品的研发和产品质量的持续改进提供了有力保障。

四、技术进展及研发能力进展

苏州科宝光电科技有限公司注重人才队伍的建设，形成了一支老中青结合的研发团队，目前拥有职工总数 270 人，其中科技活动人员 90 人，高级职称人员 8 人，中级职称人员 9 人，大专及以上学历人员 90 人。每年的研发经费列入预算，确保科研经费专款专用。并建立了一套人才激励机制。公司建立了《合理化建议奖励办法》《关于鼓励和促进技术创新奖励办法的实施细则》，极大地调动了技术人员科技创新的积极性。同时拥有相应的组织机构和技术创新运行机制，包括竞争机制、奖励机制、人才培训机制等，形成了完整的企业创新体系。

目前，公司拥有新能源汽车电缆产品有效专利 5 项，优秀专利奖 1 项，高新技术产品 2 项，国家火炬计划 1 项。

五、主要产品

序号	名称	型号
1	新能源车（混合动力及纯电动汽车）用高压电缆	QYJP－125 50mm^2
2	新能源车用数据总线	CAN BUS 1P×0.5mm^2
3	新能源纯电动车用电机引线	PU CABLE PU－992M
4	新能源电动车用防抱死 ABS 系统用电缆	FLR4G－11Y2C×0.5mm^2
5	新能源汽车用充电桩电缆	EVJE 0－6143

六、合资合作

公司已同长春一汽新能源汽车提供配套产品，还有华域汽车、上海电驱动、苏州天姆艾等多家汽车厂商及运营商建立了合作伙伴关系。

七、发展规划

随着国家对新能源发展的重视，新能源车的用量逐年快速递增，开发优质的新能源车用电缆及线束是公司适应市场需求的重大举措之一。苏州科宝光电科技有限公司致力于为新能源汽车企业提供优质的电线电缆服务。通过不断改进和完善本企业现有的产品和工艺技术，继续保持主导产品的技术水平国内领先地位。根据研发技术中心新项目的开发的需要，做好检测仪器、试验设备的添置工作。通过引进先进的经营管理方法，充分发挥引进技术的作用，做到引进技术知识和引进经营管理知识并举。通过技术交流、合作以及学术交流活动、技术展览等，引进新学术思想和科学技术知识。建立专业化研发、专业化制造、专业化管理的流程，创造最适合的研发服务模式，带动新能源车的发展。

温州凯业电器有限公司

一、发展概况

温州凯业电器有限公司成立于 2006 年，坐落于“中国电器之都”浙江省乐清市柳市镇新光工业区。公司现有先进的检测设备和高效标准的生产车间，拥有一批高素质的人才队伍，完善的技术水平和精湛的加工工艺，公司于 2014 年通过 ISO 9001 质量认证。根据市场和本项目产品的销售情况，目前公司正在加大生产设备和人员的投入，提产能和效率，以满足日益增长的市场需求。

公司从环保节能、低碳高效的产品研发意识上勇于创新，建立了一套完善的精益求精的产品生产与品质管控理念；积累了一系列电动产品在充电过程中常会出现的隐患、故障与解决技术难题；并获得了多项国家专利。

二、主要产品

序号	名称	型号
1	国标交流充电插头	KEC－AC（P）－F5（7）
2	国标交流充电插座	KEC－AC（P）－G5（7）
3	国标直流充电插头	KEC－DC（P）－F9
4	国标直流充电插座	KEC－DC（P）－G9
5	便捷式交流充电器	KEC－AC－B100－016

江苏亨通电子线缆科技有限公司

一、发展概况

江苏亨通电子线缆科技有限公司创办于2000年，是一家集研发、生产、销售汽车用低压电线、各类新能源汽车用导线为一体的国家级高新技术企业。公司先后通过了TS 16949质量管理体系认证、ISO 14001：2004环境管理体系，GB/T 28001—2001职业健康安全管理体系的认证。公司产品先后获得了3C认证、美国UL认证，连续多年被国内多家500强企业评为优秀供应商、最佳供应商、战略合作伙伴等称号。经过多年发展，公司拥有43项专利（新能源车电缆6项）、3项发明专利，获得省级高新产品11项，国家重点新产品2项。

二、生产经营

2014年，公司为满足新能源汽车的发展要求，通过整合技术资源，加大创新投入，研发新能源汽车用电缆技术与产品，并根据客户的差异化需求，为新能源汽车电缆提供整体解决方案。目前该方案已陆续推出新能源汽车电池组电力系统和汽车充电口接入系统专用电缆；新能源汽车中对电压、电流、转速等的信号控制和传输网络系统专用电缆；新能源汽车充电桩电力智能系统的电能传送、信号监控、安全预信号反馈专用电缆，公司全年共计销售新能源电缆2500km。

2015年第一季度，公司销售新能源汽车用电缆1000km，并相继推出150℃、1500V、3000V系列新能源汽车用电缆，为新能源汽车的安全行驶再次提供保障，并为业内同行业树立标杆。

三、技术进展及研发能力进展

江苏亨通电子线缆科技有限公司积极引进各类人才，特别注重技术人员的引进及规划，形成以专家为首的“金字塔”形技术人才梯队，公司现有高级工程师5名，工程师13名，工程技术人员5名，技术力量雄厚。公司在加大研发费用投入的同时，也不断规范研发投入的核算管理，提升自我研究开发的组织管理水平。

作为国家高新技术企业，公司积极推动产学研项目，依托高校、科研院所技术力量，实现优势互补，形成了较强的自主创新能力，同时公司拥有新能源电缆自主产权15项、高新技术产品6项、国家重点新产品1项。

四、主要产品

序号	名称	型号
1	新能源汽车用屏蔽与非屏蔽单芯600V高压电缆	EV06C、EVB06C、EV06D、EVB06D
2	新能源汽车用屏蔽与非屏蔽单芯1000V高压电缆	EV10C、EVB10C、EV10D、EVB10D
3	新能源汽车用屏蔽与非屏蔽单芯1500V高压电缆	EV15C、EVB15C、EV15D、EVB15D
4	新能源汽车用屏蔽与非屏蔽多芯1000V高压电缆	EVM10C、EVMB10C、EVM10D、EVMB10D
5	新能源汽车充电桩电缆	EVE07B

五、发展规划

随着国家对新能源汽车扶持力度的加大及社会需求量的递增，公司将继续致力于新能源线的研发、生产。将通过持续深化提升公司治理，努力实现并夯实国内新能源汽车线缆行业领先地位，全力推进运营（技术、制造、营销等）创新。进一步壮大技术队伍，加快新能源汽车线缆产品全系列开发，不断培育核心技术，打造特色化、差异化产品，提高市场认可度和竞争力，在技术创新与技术升级上全面实现国内领先。

全面整合布局内部生产制造，实施精益化、智能化、信息化，创新大生产管理运营模式达到行业领先。将进一步开放与创新营销模式，形成技术前移模式、项目模式、电子商务、细分系统专业市场等多种营销创新模式，达到业内领先。跻身国内汽车线行业前三，成为国际知名新能源汽车电缆产品与技术提供商。

中山市威浦电器有限公司

一、发展概况

中山市威浦电器有限公司（以下简称“威浦电器”）是专业连接器制造厂家，成立于1996年。在能源传送领域，我们坚持生产优质的连接器，一直以来秉承“造最好连接器，创民族品牌”的宗旨。20年来，威浦电器兢兢业业、踏踏实实地一步一脚印发展成为当今中国连接器领域的佼佼者。

威浦电器在核电站配套、汽车新能源系统配套、地铁轨道交通、电厂、机械装备制造业、电信机房安装等领域都享誉国内外。

二、生产经营

1. 2014年1—12月

威浦电器有20年制造连接器的坚实基础，称得上是规格最全，产品最多，应用最广泛的国内第一品牌。

2. 2015年1—3月

捷报频传，尽管在经济低迷、制造业发展缓慢的2015年，威浦电器生产的连接器销售额同比仍保持20%的增长。随着产能和技术的不断进步，威浦电器将继续开发新市场。

三、产能建设

威浦电器现在厂房1万平方米，员工400多人，拥有日产量3万～4万只的生产能力。

四、技术进展及研发能力进展

我们拥有12人的产品开发团队，现代化的生产设备和完善的标准检测实验室，自主品牌多次获得国家专利。

五、主要产品

序号	名称	型号
1	航空连接器	WS \ WF \ WY \ SF \ ST \ SP \ SY \ WP \ WA \ WT 系列
2	工业防水插	TYP 系列

六、发展规划

2016年2月前，威浦电器将正式搬迁至自己建设的新厂房。厂房面积扩大至7万多平方米，拥有现代化标准厂房，和13000平方米的员工宿舍，为威浦电器的产能和技术登上新台阶奠定了坚实基础。

江苏清之华电力电子科技有限公司

一、发展概况

江苏清之华电力电子科技有限公司（以下简称“清之华公司”）是由清华大学下属的深圳力合投资公司、清华科技园——北京启迪投资公司、清华紫光股份公司等联合设立。清之华公司着力发展电力电子变换器产业，推进绿色能源、电动汽车充电及其互联网、智能微电网的建设，为和谐绿色社会的可持续发展服务。

二、主要产品

江苏清之华电力电子科技有限公司生产的TN－QCZ02系列直流充电桩主要用于对电动汽车进行快速充电。该产品安装在户外，防水、防尘设计、防护等级IP54。本产品将充电接口、人机交互界面、通信、计费等部分集成为一个整体，采用模块化设计，具有安装调试方便、运行维护简单等特点，与充电机配合使用，是电动汽车户外直流快充的理想选择。

TN－QCZ02系列直流充电桩主要由监控器、电度计量表、读卡器、人机交互界面、通信模块及充电接口、执行机构和户外柜体等部分组成。

正常使用条件：

海拔不超过2000米；

设备运行环境温度－20～＋50℃；

周围空气的最大相对湿度不超过95%（当周围空气温度为25±5℃时）；

安装地基无剧烈震动和冲击，垂直倾斜度不超过5%；

运行地点无导电或爆炸尘埃，没有腐蚀金属和破坏绝缘的气体或蒸气；

户外运行，设备上方需安装顶棚，以防雨水直接落到设备上。

产品特点：

采用高性能ARM芯片，拥有高稳定性及运算控制能力加上强大的系统资源使本产品更加稳定可靠；

人机交互界面采用高性能ARM芯片和7寸真彩色触摸屏，人性化设计，操作简单方便；

人机交互界面通过CAN总线和电池管理单元（BMS）或车载仪表连接，根据电池巡检（BMS）的给定参数运行，设定不同的充电运行模式，实现快速充电；

设有完善的保护功能，如交流输入/输出过流保护、输出限流/过流保护、过温保护、蓄电池反接保护等；

操作面板采用铸铝铸造一次成型，美观大方，经久耐用；

整机采取防雨、防尘设计，防护等级 IP54，满足户外运行要求。

主要功能：

① 对电动汽车进行快速充电（充电 20～30 分钟可充足额定电量的 80% 以上）及慢速充电；

② 可同时满足 2 辆电动汽车充电，并在充电过程中对充电主机、动力蓄电池进行状态监控。

③ 配套设施齐全，能够同时满足符合国标的所有种类电动车辆充电使用。

④ 直流充电机采用整流设备为电动乘用车辆的蓄电池充电，包含功率单元、控制单元、电气接口和通信接口，由整流柜、直流充电桩、连接电缆和充电连接器等组成。直流充电机功率较大，输出电流、电压变化范围较宽，可满足不同类型电动乘用车辆蓄电池的充电需求。

⑤ 充电桩为智能互联网型，可无线接入后台运营软件平台及手机 App。

三、技术进展及研发能力进展

互联网运营管理软件平台

公司运用互联网＋的思维和模式运营管理充电系统，实现充电站信息查询、预约充电服务、网络支付、远程监控、远程数据传输等功能建立全国电动汽车充电运营服务中心，将全国的充电站设备及其运营数据，统一到互联网平台管理服务，运用大数据的方法，对客户信息资源进行分析，给客户最贴心的服务。

一套智能的充电网络管理平台，可以实现对加电资源（配电，充电机，充电桩）和加电状态电池的全程全网监控，对入网电动车辆的管理和运行过程（位置信息，电池状态）的全程监控，拥有便捷的车辆调度系统和合理的充电计划，有序充电。此外，还需有安全的运行环境，快速反应的客服维护服务，保障充电网络的不间断运行。

卓越的电池性能分析体系，支持对车辆电池线上线下全生命期内进行性能评估和故障排除，保证电动汽车的稳定和安全运行。从而形成具有合理的计量计费及结算方法，规范有效的营业流程，多元化的客户服务和科学的决策支持系统的有机的整体，为企业运营提供综合性的业务处理平台，提高加电站的运营效率，增强企业的竞争力。

智能加电网络监控平台主要包括以下 7 大系统：

（1）充电设备监控系统；

（2）车辆运行（GIS）监控系统；

（3）车辆调度和有序充电系统；

（4）充电站综合管理系统；

（5）电池性能分析系统；

（6）安防视频监控系统；

（7）客服维护系统。

意昂神州（北京）科技有限公司

一、发展概况

意昂神州（北京）科技有限公司（以下简称“意昂神州”）是一家专业的汽车电子电控技术服务提供商。意昂神州成立于 2003 年，总部位于北京中关村，是国家高新技术企业。在底特律和郑州设有技术研发中心，在上海设有分公司，在长春、重庆、武汉、广州设有办事处。意昂神州被认定为“国家高新技术企业”，曾荣获“中关村优秀留学人员企业”“中关村 50 强”“北京市信用企业”“瞪羚企业”等荣誉，同时获得“国家重点新产品”“自主创新产品”等证书。意昂神州与国内外业界同人保持着紧密的联系，目前是国家科技部新能源商用车混合动力产业联盟成员、中国—加拿大新能源汽车联合创新联盟成员、美国 HTUF 新能源商用车联盟成员。

意昂神州立足于汽车电子电控核心技术的动力总成领域，依托欧美优质技术资源，通过二次开发创新与技术服务创新，为国内客户提供完整的动力总成电控系统开发咨询服务以及新能源汽车三电（电池、电机、电控）系统开发与测试解决方案，支持行业伙伴快速实现汽车电控系统开发到产品化（D2P – From Development to Production）和三个建设（团队建设、平台建设、流程建设）。

二、主要产品

意昂神州为国内的汽车厂商提供世界先进的汽车电子控制系统（发动机系统、混合动力系统、纯电动车系统、车身系统等）开发工具、整体解决方案和技术服务。

（1）开发工具。D2P 快速开发平台、Mx – Suite MiL – SiL – HiL 一体化测试管理工具、MMC 基于模型的电机控制器开发平台、D&V 电力动力总成测试系统（台架）、汽车传动系统测试设备、LR 油耗仪/喷油检测仪、失火发生器、氧传感器失效模拟器、ECU 分线箱、ECU 标定系统 CANape/Vision、ECM 分析仪、CSM 模块、Vector 总线测试工具、Vector 汽车诊断开发测试工具。

（2）整体解决方案。LMS Amesim 系统仿真平台、σ –

HiL 整车硬件在环测试系统、σ - HiL 高精度电机仿真测试系统、σ - HiL 电池仿真测试系统、网络总线仿真测试台架、整车电子电器仿真测试台架等。

（3）技术服务。新能源整车控制器开发及产业化咨询服务、大陆 EV/HEV 控制器硬件应用服务、发动机控制器开发咨询服务。

三、合作伙伴

序号	名称	国别	合作产品/领域
1	Woodward/Motortron	美国	基于产品级 ECU 的控制策略快速开发平台
2	德国大陆集团（Continental）	德国	电控开发
3	Vector 公司	德国	总线测试（含 PREEvision、CANoe、CANape 等）
4	西门子/LMS 公司	德国	基于物理元件的整车仿真模型
5	Danlaw Inc.	美国	MIL - SIL - HIL 一体化软件测试平台（Mx - Suite™）

续表

序号	名称	国别	合作产品/领域
6	国家仪器公司（NI）	美国	系统集成与实时仿真测试系统
7	Rinehart Motion Systems	美国	D2P - MMC 基于模型的电机控制开发方案
8	TM4 公司	加拿大	驱动电机及电机控制器
9	D&V Electronics Ltd.	加拿大	EPT 电机台架测试系统
10	CSM GmbH	德国	数据采集系统（含温度、压力、转速、电流数据采集模块）
11	Bloomy 公司	美国	电池仿真
12	精确技术公司（ATI）	美国	No - Hooks 旁路开发平台、Vision 标定系统
13	Engine Control and Monitoring	美国	混合动力与纯电动车辆电力噪声仿真系统 EGR/NOx/Lambda 分析仪

佛山市顺德区创格电子实业有限公司

一、发展概况

佛山市顺德区创格电子实业有限公司成立于 1997 年，是一家集研发、设计、生产、销售及售后服务于一体的大型专业薄膜电容器制造企业，产品产销量历年来在广东省一直居于同行前列。公司自建 30000 平方米高标准厂房，现有员工 400 多人，工程技术人员 50 多人，拥有企业工程技术研究开发中心，技术力量雄厚，研发能力强，拥有电容器领域 44 项专利，其中发明专利 12 项，实用新型专利 25 项，外观设计专利 7 项。

作为国家级高新技术企业、顺德区优质企业成长工程重点扶持企业（龙腾企业），公司获得了 ISO 9001 质量管理体系认证、ISO 14001 环境管理体系认证，产品先后通过了 CQC、UL、VDE、TUV、CB 等产品认证，“能源设备用电力电容器”被评为广东省名牌产品，11 个系列产品先后获得广东省高新技术产品认定。

二、产能建设及主要产品

公司拥有完善的市场网络和较强的市场管理能力，生产规模和产品的市场占有率在金属化膜电容器行业居领先地位。公司注重技术创新，研发费用投入逐年增长，每年研发投入至少占销售收入的 4% 以上，在自主研发的同时积极同国内高校进行产学研合作，先后与华中科技大学、辽宁工业大学、广东工业大学等高校开展了广泛的合作。

公司产品一部（家电 IH 类）主要产品有 MKP - X2、MKPH 系列家用电磁炉专用电容器。优质的产品，满意的服务在家用 IH 行业中拥有非常好的口碑。

公司产品二部（商用、工业类）主要产品有 DC - link 电容器、IGBT 吸收保护电容器、MKPH 高压谐振、耦合电容器以及输入输出滤波电容器。广泛应用于商用电磁炉、感应加热设备、UPS、小功率逆变器、高频开关电源、焊机电源、电镀电源、大功率变频器、电动车，并在风能/太阳能发电、变流/变频设备等其他新能源行业得到广泛的应用。

公司产品三部（消费电子类）主要产品有 CBB61、CBB60 系列交流电动机电容，以及安规电容、分频电容、点火滤波电容、滤波器等系列。在抽油烟机、微波炉、洗衣机、办公设备等行业得到广泛的应用。

奥地利德维创有限公司

一、发展概况

奥地利德维创有限公司（以下简称“德维创公司”）成立于1989年，是世界著名的生产数据采集分析系统的专业厂家，总部位于奥地利格拉茨市。德维创公司的产品质量稳定、精度高、软件卓越，其高度便携车载数据采集分析系统（混合动力和纯电动汽车测试、功率分析、制动性能测试、操纵稳定性测试、车辆主动安全性测试、ACC自适应巡航测试、ISO 26262功能安全性测试、通过噪声测试等）及燃烧分析仪享誉世界。德维创公司的主要产品有车载测试仪器、发动机燃烧分析仪、动态信号分析仪、瞬态信号记录仪、各种数据记录仪等。

德维创公司的产品可测量电压、电流、电荷、压力、力、温度、位移、频率、应变、转速、速度、加速度等物理量，以及GPS、视频等信号。同时，德维创公司也是一家系统集成商，可为客户提供包括传感器在内的各类完整的系统解决方案。

二、主要产品

序号	名称	型号	类别
新能源汽车测试标准产品			
1	电动汽车测试系统	DEWE－2600－E－Mobile－1000	测试类仪器
2	电动汽车测试系统	DEWE－510－E－Mobile－1000	测试类仪器
新能源汽车测试可定制产品			
1	电动汽车测试系统	DEWE－2600	测试类仪器
2	电动汽车测试系统	DEWE－3300	测试类仪器
3	电动汽车测试系统	DEWE－5000	测试类仪器

黑龙江特通电气有限公司

一、发展概况

黑龙江特通电气有限公司（以下简称“特通电气”）成立于1988年，于2013年完成改制。是一家专注于电力电子领域设备的研发、设计、生产、销售的国家级高新技术的民营企业，公司的主营产品包括：动力锂电池组检测设备、TFKC型大功率晶闸管整流器、TJDD型蓝宝石晶体生长电源及控制系统、高低压电能质量治理产品、3D打印及3D扫描等电力电子产品。

特通电气是最早进驻哈尔滨市高科技开发区的民营企业之一，公司成立以来一直致力于科技进步，发展高精产品并成功应用于国防军工、轨道交通、冶金、石化、煤矿、机械、汽车、电力等相关行业领域。

特通电气是哈尔滨首批获得国家级高新技术证书的企业之一。1995年进入军工领域，是哈尔滨最早进入军工领域的民营企业之一。1996年获得黑龙江国家级高新技术企业证书，是黑龙江第一批通过认证的企业，并于2007年通过黑龙江省科技厅认证。公司是国家级高新技术区的高新技术企业、国家AAA级信用企业、电能质量行业十大品牌，多次获得黑龙江省明星企业、哈尔滨市小明珠企业等荣誉称号，拥有电力电子方面技术专利30多项。

公司拥有一批高素质的研发队伍，具有自主研发能力，拥有多项自主知识产权。公司员工中科研人员所占比例高达60%。公司组织机构完备，具有先进的管理模式，通过了ISO9001质量管理体系认证，为企业的良好运行做好了充分的保障。

特通电气视产品质量为企业的生命，不仅注重技术研发以及产品质量，同时更加注重公司的管理。特通电气将多年积累的军工技术、工艺和质量保证体系应用民品生产，严格遵循ISO9001和3C的要求，进行严格生产，严把生产过程中的每一道关，为客户提供军工品质的产品。

特通电气坚持以客户为中心的服务理念，站在客户的角度思考问题。以解决客户问题，满足客户需求为己任。为客户提供的优良的产品，提供系统解决方案，全面解决客户的问题。

二、生产经营

特能电气以强大的研发队伍为支持，以多年积累的军工技术为后盾，立足于电力电子行业，一路走来，取得了卓越的成绩。公司所研发的锂电池的智能充放电设备和检测设备，根据客户提出的要求，一对一定制客户需要的设备，根据用户现场情况，设计最优化的解决方案。设备的种类很多，多数是以新型电池为目标对象，针对电池的充电、放电、养护、检测等方面，最大化地为用户提供服务。

三、产能建设

特通电气在生产、装配方面精益求精，公司设有五个事业部，包括军品事业部、电源事业部、功补事业部、蓝宝石事业部、研发事业部；四个生产车间，有晶闸管生产车间、变压器生产车间、电抗器生产车间、装配车间，以及一个检测车间，两条先进的自动化模块生产线。年产能千余台套

四、技术领先

随着国家对新能源产业关注度的不断提升，公司成立的项目研发小组，根据客户的需求和对当前市场的调研，开展对动力锂电池检测项目向产品的转变，对项目进行分类，做出细化，规划具体产品的研发方向。

从 1996 年成功取代俄罗斯进口的潜艇充放电设备起，特通电气一直怀着科技报国的理想和信念，完成了中国所有基地潜艇的充放电及服务保障任务。

2004 年为哈飞集团研制飞机充电电源，2007 年为二炮研制坦克充电，从而形成了整个军工领域充放电的应用体系。

2010 年开始开发智能锂电池充放电设备，在开发智能电池充放电设备的同时深入研究三元锂电池、磷酸铁锂电池、锰酸锂电池、钴酸锂等动力电池的基本化学原理和特性。以便开发出更为先进的动力锂电池充放电检测产品，在技术上可与德国迪卡龙产品相媲美，并在北京、天津、青海等大型锂电池企业获得广泛应用。

特通电气目前基本形成的产品项目电池智能充放电设备、动力电池检测系统，正在研制的产品还有 BMS 和电池均衡充电模块、储能及放电电源等。

五、主要产品

序号	名称	型号	参数
1	动力锂电池检测系统	TKTS	电压：0 ~ 1000V 电流：0 ~ 500A
2	通用航空充放电系统	SUPER-STAR	电压：0 ~ 50V 电流：0 ~ 50A
3	大功率 X 艇充放电系统	TFKC	电压：0 ~ 640V 电流：0 ~ 9600A

动力电池检测产品描述

鉴于锂电池使用工况较为复杂，导致锂电池组在使用过程中的条件变化较为频繁，因此电池组的检测及工况充放电模拟就显得尤为重要。本设备能够模拟对锂电池组的各种等效工况要求，通过电池组充放电循环进行计算机控制，实现电池性能统计分析。设备通过电池管理器 BMS 的数据采集系统采集各个模块的电压和温度，同时测量电流、电压，存储于数据库中，可以进行分析并出具报表，并可保存和打印性能测试结果（包括测试数据和曲线）。

产品特点

• 移相触发数字化，避免模拟控制的诸多缺点。

• 计算调节数字化，克服了模拟控制不能进行复杂运算和调节的缺点。

• 控制管理数字化，逻辑控制和顺序处理由可编程逻辑控制器完成，精确可靠。

• 操作显示数字化，由上位工控微型计算机和彩色显示器完成，简便清晰。

• 记录打印数字化，内存容量大，可计录历史和现时数据，需要时可以打印出来，作为正式记录，免去操作人员按时记录的繁重劳动。

• 工作状态和故障显示数字化，设备具有自检功能，正常工作状态和故障性质都能自动检测出来，并清楚显示。

• 系统组成数字化，数字化之后，系统组成由程序软件完成，改变系统组成，不必改变硬件设备，只需改变软件程序，灵活方便。

产品优点

1. 元件可靠

• 晶闸管整流的技术成熟可靠。1958 年美国通用电气研制第一个工业用普通晶闸管，经过半个世纪多的发展，晶闸管整流的技术成熟可靠。

• 晶闸管元件过流能力强，抗短时冲击能力强。采用晶闸管方案的设备可以承受 10mm 的 1.3 倍额定电流的过载，高频开关方案只能承受 10 秒左右的过载，所以相较高频方案晶闸管方案可靠性极高。

• 整流及逆变技术为电池维护带来很多益处，经过多年实践检验。

2. 设计可靠

• 产品设计余量充足，额定 1000V 设备工作的空载电压可达 1120V，电源电压下降 10% 工作的空载电压仍然可达 1008V。保证了设备在电网电压在最不利情况下依然能正常使用。

• 产品保护措施完善，具有直流快速空开、直流接触器、快速熔断器等多重硬件保护机制，具备失电保护、过流保护、涌流保护等多种保护能力。

3. 使用方便

• 操作者由工控机的直观的人机界面操作设备并与设备进行信息交互，将复杂的工步设置功能变成简单便捷的操作，也可以实现 CAN 总线通信控制。

• 数据记录功能：每间隔 1 秒将采集、设定的数据存储起来，数据存储最大长度为 40000 条。电池充电时的各种实时数据的记录功能为用户分析电池情况提供很好的

帮助。

• 数据曲线：实时刷新电压、电流数据曲线，直观显示充放电过程，使用户清楚的了解充放电过程情况。

• 故障报警：出现常见的故障均有报警提示，并指示障内容，便于用户排除故障。

4. 性价比高

同一套设备既可以工作在整流状态，为电池充电；也可以工作在逆变状态，为电池组放电并回馈至电网，节约投资，节能增效。

我们动力锂电池性能检测系统已经在多家大型电池厂使用，以高性价比、高可靠性受到用户的广泛好评。

六、发展规划

完善产品系列，与国内知名电池厂商及新能源汽车厂建立广泛的合作关系，做好做精配套产品，同时秉承我们的企业理念让用户获得高性价比的电力电子产品，在行业内建立自己的品牌并在单个细分市场达到国际领先水平。

特通电气秉承“行业领先，和谐发展”的企业愿景，以科技为第一生产力，加大对产品研发的力度，做到技术保持领先，产品质量过硬，服务体系完善为首要任务，为客户做好坚实的后盾。

特通电气一年一个台阶，争取在未来三年，对产品技术开发，市场开发，服务区域实现全网控制，做到 2 小时解决问题，48 小时现场处理。同时加强企业软硬件实力，做到设备供应，技术支持，安装维护一条龙服务，实现电源行业小巨人的宏伟目标。

大唐恩智浦半导体有限公司

一、发展概况

大唐恩智浦半导体有限公司地处南黄海之滨的江苏省南通市如东经济开发区，成立于 2014 年 3 月，是中国首家汽车半导体公司。公司注册资本为 2000 万美元，由大唐电信科技股份有限公司与中国汽车半导体市场最大的供应商荷兰恩智浦半导体有限公司共同出资成立，双方股权各占 51% 和 49% 。公司员工由本地工程师和专家组成，注重半导体解决方案的开发，以支持中国电动车和混合动力车辆市场对于最新汽车能源技术不断增长的需求，全面投产后可实现年产值 10 亿元。公司的正式运营，是中国集成电路产业核心技术环节的重大突破，将推动“智慧产品”在我国物联网、能源管理、智能交通等领域得到更广泛地应用。

2015 年 3 月，首个 Gate Driver 半桥门驱动芯片进入验证阶段。

二、生产经营

2014 年，公司研发投入近 2000 万元，项目产品销售收入近 6000 万元。

三、产能建设

车灯调节器系列产品之车灯水平调节器已经投放市场，并取得很好的销量。

门驱动芯片系列第一个项目已于 2014 年底完成第一版电路设计及版图开发并完成第一次流片；计划于 2016 年一季度完成产品化，推向市场。该系列产品具有超高工作温度，高可靠性，高速，低系统成本，高安全性等优势。

电池管理芯片系列第一个项目已于 2014 年底完成立项，产品计划于 2017 年投放市场。

四、技术进展及研发能力进展

目前的产品主要包括车灯调节器系列产品、门驱动芯片系列产品以及电池管理芯片系列产品。已经申请的发明专利共有 49 项，这些专利技术已经应用于电池管理芯片的研究开发过程中，并且保证了电池管理芯片的技术创新和产品竞争力。

五、主要产品

序号	名称	型号
1	车灯调节器 Light position controller	TDA3629
2	门驱动芯片 Half bridge gate driver	DNG1116AD/ADA
3	电池管理芯片 Battery system	DNB1168AD/ADA

六、合资合作

大唐恩智浦半导体有限公司是大唐电信科技股份有限公司与荷兰恩智浦半导体有限公司联合建立的中国首个汽车半导体设计合资公司。总部设立在南通市如东经济开发区，注册资本 2000 万美元，大唐电信和恩智浦分别出资 51% 和 49% 。

七、发展规划

新公司业务定位于新能源汽车、混合动力汽车电源管理和驱动，以及新能源相关的集成电路设计领域，致力于成为全球领先的汽车电源管理及驱动半导体公司。

目前，公司主要布局三个产品方向：

1. 车灯位置控制器是应用于乘用车的单片集成电路。该装置可调节车头灯光束的高度，司机可以使用仪表盘上的电位器调节车灯状态。该产品具有低定位差，噪声敏感度低，输入电流低，具有热过载保护功能等优势。

2. MOSFET 门驱动芯片系列产品主要用于电机控制和电源转换，是汽车电子领域的必要芯片，主要产品细分为半桥驱动，全桥驱动以及三相驱动。该系列产品具有超高工作温度，高可靠性，高速，低系统成本，高安全性等优势。

3. 电池管理芯片系列产品适用于混合动力汽车、插电式混合动力汽车和纯电动汽车，主要产品有单芯，6 芯及 12 芯 BMS 芯片。该系列产品具有高精度电压检测，高精度温度检测，低功耗，低系统成本等优势。

大唐恩智浦坚持持续改进，提供优质服务，精心设计汽车电子产品，致力于成为全球领先汽车电子设计企业。公司将主要服务于全球汽车市场，聚焦混合动力汽车和电动汽车的新能源技术。

株洲齿轮有限责任公司

一、发展概况

株洲齿轮有限责任公司（以下简称“株齿公司”）是潍柴动力股份有限公司控股子公司，主要从事重型桥齿轮、新能源汽车减速器、乘用车变速器、特种传动等研发、生产和销售。公司为中国齿轮行业重点骨干企业，2008 年入选“中国机械行业 500 强”，连续三年被评为“十佳零部件自主品牌企业”“中国机械行业管理创新示范企业”，并成为中国齿轮行业桥齿轮标准制定企业、国家火炬计划项目单位、湖南省“双百工程”重点企业、株洲市“5115”工程企业、湖南省高新技术企业，先后通过 QS 9000: 1998、ISO 9001: 2000、TS 16949: 2009 三大质量体系认证，拥有完善的计量检测体系认证。

株齿公司有着近 20 年的轿车变速器开发经验，2008 年开始，致力于新能源汽车减速器的开发，经过 7 年多的发展，已经成为国内一流的新能源减速器生产企业。目前开发的产品主要有 1T07 系列、1TR07 系列、1T15 系列、1T25 系列、2T07 系列、4T14M1 系列等，市场口碑好，占有率高，产品已成为许多企业模仿的对象。株齿公司主要合作厂家有上海 BOSCH、奇瑞新能源、郑州日产、东南汽车、北汽新能源、上汽通用五菱、众泰汽车、长丰汽车、御捷车业、陆地方舟、速达车业等国内知名的新能源汽车生产企业。

2015 年是国家新能源汽车产业发展的新纪年，也是株齿公司新能源减速器产业发展的里程碑。株齿公司成立了新能源产品创新办公室，进行了前所未有的资源投入，从开发人员、生产设备、实验设备等方面进行完善和改造，产品也逐渐从纯减速器开发向一体化电驱动总成开发，多管齐下，力争打造成为国内领先、国际一流的新能源减速器研发生产企业。

二、生产经营

2014 年，新能源减速机销量达到 35000 台。配套车型主要有奇瑞 QQ3、奇瑞 M1、奇瑞 EQ、御捷 mini、速达 SD EV、陆地方舟 V5、郑州日产帅客、长丰 CS9 等。

2015 年第一季度，新能源减速机销量 15000 台，全年销量力争突破 60000 台（含集成）。

三、产能建设

株齿公司拥有从美国、瑞士、德国、日本等发达国家引进的国际先进、高效精密的数控加工机床、全自动热处理设备及高精度的计量检测仪器，齿轮加工的铣、刨、滚、插、磨、珩、轧、精锻装备齐全。关键工序采用数控机床、加工中心、组合机床，热处理全部采用计算机控制，能有效保证产品质量，满足用户对各种齿轮加工的需求。公司为国家一级计量先进单位、湖南省质量技术监督局齿轮产品质量监督检验授权站，拥有先进的齿轮检测设备和计量设备。

装配线采用自动化程度高的控制系统，具有强大的防错纠错功能，柔性化生产，具有国内一流水平。新能源减速器年产能 100000 台。

四、技术进展及研发能力进展

株齿公司新能源汽车减速器产品，目前主要适配 6kW 到 50kW 的电机，覆盖 A00 级纯电动到 12 米大巴，产品通过正向设计和对标国外产品两种方式进行，锻炼了队伍，提高了产品质量。

产品以转速高、噪声低等特点在业内知名，一体化电驱动产品适时推出，结构紧凑，性能可靠，技术领先，可满足不同客户的需求。

株齿公司拥有国家级企业技术中心，具有较强的科研力量，有工程技术人员 300 多人，其中硕士 65 人、高级工程师 30 人、工程师 110 人。新能源队伍多为重点高校的硕士生和经验丰富的工程师，涉及材料、机械、电控、电机等方面的人才。

五、主要产品

序号	名称	型号
1	减速机	1T07 系列
2	减速机	1TR07 系列
3	减速机	1T15 系列
4	减速机	1T25 系列
5	AMT 变速器	2T07 系列
6	AMT 变速器	4T14M1 系列

六、合资合作

1. 株齿公司借助潍柴集团倡导的“商用汽车与工程机械新能源动力系统产业技术创新联盟”的力量，与潍柴动力、上海电驱动、广东戈兰玛等企业，北京理工大学、吉林大学等高校建立了良好的合作关系。

2. 株齿公司与国内外知名新能源企业上海 BOSCH、奇瑞新能源、郑州日产、东南汽车、北汽新能源、上汽通用五菱、众泰汽车、长丰汽车、御捷车业、陆地方舟、速达车业等都建立了良好的合作关系。

七、发展规划

1. 产品规划

（1）轮边减速机

（2）两档 DCT 变速器

（3）混合动力总成

（4）一体化电动总成

（5）一体化电动桥

2. 品牌规划

未来 3 年内，每年开发几款新品，立足国内新能源汽车市场，打造国内新能源减速器第一品牌。

未来 5 年内，与国际知名企业合作，打造国内领先，国际一流的新能源减速器品牌。

未来 10 年内，逐渐加大开发力度，增加开发投入，力争成为国内外新能源减速器的引领者。

3. 企业规划

株齿公司在未来 3 ~5 年内技术研发与工艺工程人员扩编至 110 人左右。2015 年，新能源减速器销量突破 70000 台；2018 年，新能源减速器销量突破 90000 台；2020 年，新能源减速器销量突破 150000 台。

株齿公司利用先进的技术、卓越的管理、优秀的团队，不断地开拓与创新，正向成为国内一流的齿轮及传动总成专业供应商的战略目标迈进。

上海本安仪表系统有限公司

一、发展概况

上海本安仪表系统有限公司（以下简称“本安”）是我国商用车安全行驶记录仪（又称“具有行驶记录仪功能的卫星定位装置”）行业的高新技术龙头企业。

本安是国家最新行业标准的制定者之一。本安是《GB/T 19056—2012 汽车行驶记录仪》国家标准修订的主要执笔人之一，该最新国家标准已成为我国商用车强制性安全法规的重要组成部分。同时，本安也是业内唯一经过三部委专家调研确认的承担国家“十一五”科技支撑项目《道路交通安全保障关键技术研究及示范——大型客货车辆安全技术研究》的车载终端产品企业。

本安在行业市场占有率名列前茅。本安记录仪产品不但在全国各省市政府主导的后装项目招标中市场占有率领先，更凭借一系列自主创新的商用车智能安全与能效提升专利产品和解决方案，已成为中国客车、卡车、工程机械等商用车行业内的著名企业，并赢得包括沃尔沃商用车欧洲总部在内的数家 500 强企业的尊重与合作，在各前装厂本安也已获得了市场领先的地位。此外，本安已和国内主要的商用车企业（宇通、金旅、重汽、福田等）建立了长期的配套合作以及联合认证关系。

二、汽车智能节能与环境

截至 2008 年底，全国道路营运车辆的保有量达到 930.61 万辆，占全国机动车保有量的 5.5%，但所消耗的成品油仅占全国成品油消耗总量的 30% 左右；我国道路运输行业能源利用率低，与国外先进水平相比，我国平均油耗要高 10% ~25%，货车百公里油耗更是高出一倍以上。其主要原因包括车辆技术状况差、驾驶员节能驾驶水平低、车辆的潜在故障未能及时发现和排除、管理技术落后，仅驾驶技术的差别往往就可以造成 15% ~30% 的能耗差别。因此，从全生命周期来看，由此可见商用车的使用运营成本远远超过购车成本，商用车能效智能系统的应用价值非常大。

本安定位于服务中国商用车用户，分步实现国际先进的 TELEMATICS 汽车服务模式，本安商用车智能安全与能效提升专利产品和解决方案是针对高油价、高污染时代众多企事业对商用车进行全生命周期精细化管理的迫切需求，集成了传感器与执行器技术、汽车动力与总线技术、无线通信和互联网技术，为全生命周期内车辆的安全、节约、环保、高效运行提供了有效的科技手段。

本安提供的符合法规的商用车 TELEMATICS 产品，其数据既具有安全行车的法定效率，还可为驾驶人员和车队等提供车况能效记录分析、驾驶习惯分析与指导、匹配优化节能等节能服务，同时也向车厂及其利益相关者（车队、维修企业、零部件企业、保险公司、汽车用品企业、信息服务商及公安交警、交通管理、教育财政等政府部门）提供各类差异化的数据增值服务（如安全管理、客户关怀与调查、驾驶习惯分析与指导、能耗采集分析、车况分析与优化、故障隐患预警与远程诊断、应急救援助理、精准维修、位置服务、事故鉴定、优惠购险分析等），可为我国商用车节能减排提供有效的科技手段，顾客价值和核心技术竞争优势明显。

三、物联网与车联网的商用车安全节能仪表系统

本安是专业致力于研发工业与汽车安全智能仪表、传感器与智能装置、基于物联网应用的远程信息服务与管理系统。本安是领先的行业示范研发与生产供应商。本安是经认定的上海市高新技术企业（编号：GF201131001320）、软件企业（编号：沪 R—2005—0236），也是中国公共交通协会科学技术分会常务理事单位、住建部科技委城市车辆专家委员会委员理事单位，上海市科委位置服务产业联盟和上海车联网与车载信息服务产业联盟成员单位，上海市交通电子行业协会会员，上海市科技企业联合会会员。本安拥有一个被认定为浦东新区企业技术开发机构的技术中心［沪浦科 2005（101）号］；本安是上海市科委、市国资委、市总工会、市知识产权局、张江高新区管委会联合认定的上海市创新型企业。本安通过了美国质量认证机构（AQA）的 ISO 9001：2008 国际标准质量体系和 ISO/TS 16949：2009 国际汽车技术规范体系的认证，以及 ISO 14000 环境体系认证。

本安 CAN 总线 GPS 记录仪系列产品数年前即成为行业内唯一获得国家科技部、商务部、质监总局和环保总局联合颁发的“国家重点新产品奖”的符合国家法规的商用车 TELEMATICS 产品。

本安 CAN 总线 TELEMATICS 商用车管理系统，针对目前我国面临的高油价、高油耗、高排放、高污染、高事故的现状，创造性地率先将国家标准规定的汽车行驶记录仪与汽车总线网络、GPS + 北斗卫星定位网络、GPRS/CDMA/3G 无线通信网络及互联网进行无缝整合，提取现代汽车控制网络内的高密度能效数据、故障信息、操作信息进行记录和分析，通过本安“实时提示司机车辆能效状态的方法及装置”等专利技术，在实现安全驾驶的同时，为驾驶人员和车队等提供驾驶习惯分析与指导、匹配优化节能等节能服务；同时，结合实时信息显示系统（HMI）与嵌入式因特网互连，使每辆汽车融入互联服务网，实现数据共享和数据挖掘的价值。本安安全与节能智能系统实现了汽车记录仪的四网合一的技术创新和车辆数据应用价值领域及商业模式创新，将作为汽车服务和通信运营及 IT 服务的载体，为各类用户（车主、车厂、维修企业、零部件企业、车队、保险公司、汽车用品企业、信息服务商及政府部门等）提供 24 小时汽车安全管理服务、油耗和车况分析服务、驾驶习惯指导服务、故障隐患预警与远程诊断服务、应急救援助理服务、精准维修服务、卫星定位服务、实时路况查询与导航服务、事故鉴定服务、优惠购险服务、信息咨询服务以及通信服务等。汽车关联的各种数据资源将在本项目运营体系中得到最大程度的价值体现，各类用户最终可以随时随地享受到由此创新整合后的差异化服务。

本安 CAN 总线 TELEMATICS 商用车管理系统长期积累的核心技术里程碑：

2003 年，VR202 总线汽车记录仪系统被认定为上海市高新技术成果转化项目；

2004 年，国家创新基金项目“集成 CAN 网络的汽车行驶记录仪”；

2005 年，VR202II 汽车记录仪被评为 2005 年上海市重点新产品；

2005 年，获全国客车大赛“中国客车最佳零部件奖”；

2006 年，集成 CAN 网络的行驶记录仪通过国家科技部创新基金管理中心验收；

2006 年，GPS 行驶记录仪被国家科技部、商务部、国家质检总局和国家环保总局联合评为“国家重点新产品”；

2007 年，基于 GPS 行驶记录仪的智能交通综合信息平台通过上海浦东科技发展基金科技专项验收；

2008 年，集成 TELEMATICS 的行驶记录仪产业化列入上海市科委 2008 科研计划；

2008 年，本安 CAN 总线多媒体终端（含倒车后视）荣获“快速公交技术装备产品优秀奖”；

2009 年，本安 CAN 总线车辆管理系统荣获公共交通国际联会“CIBC 客车零部件技术创新奖”；

2010 年，本安发明专利“一种实时提示司机车辆能效状态的方法及装置”获得 PCT 国际专利申请保护；

2011 年，本安 CAN 总线彩屏数字仪表获“CIBC 中国客车零部件最具实力产品奖”；

2012 年，本安参编的《GB19056—2012 汽车行驶记录仪》国标正式颁布、实施。

本安其他竞争优势：

（1）权威的商用车安全记录仪法规数据提供者，并为商用车节能减排提供有效的科技手段，相对目前仅作安全管理用的卫星定位装置或安全记录仪而言，顾客价值和核心技术竞争优势明显。

（2）根据前装车厂不可随意替代的 CCC 强制认证制度要求，本安已和国内主要的商用车企业建立长期的配套合作以及联合认证关系，且签订保密协议。本次新国标的实施，本安是国内唯一 CCC 证书编号不变的企业，为车厂节约了大量公告变更费用。

（3）本安和北理工以及各车厂专家长期合作积累的商

用车节能分析技术及产品的可靠性准确性非一日之功可以模仿达成的，包括动力能效分析技术在内的可靠的商用车安全与节能管理系统具有相当的技术难度。

（4）各地后装客户不能享受到前装的数据服务价值时，本安将利用全国的服务网络开展专家型增值服务业务。由于本安定位于商用车全生命周期的安全与降本增效，市场需求和竞争优势潜力巨大。

上海加冷松芝汽车空调股份有限公司

一、发展概况

2014年，公司注册资本增至40560万元。同年9月，公司被认定为上海市高新技术企业，发展成为集大中型客车空调、乘用车空调、商用车空调、轨道车辆空调、冷藏车制冷机组等综合性汽车空调研发、制造和销售的高新技术企业。同时，公司被认定为上海市守合同重信用企业、二星级诚信创建企业、全国质量检验工作先进企业。公司通过ISO 9001：2008、ISO/TS 16949：2009等质量管理体系认证。同年12月，公司研究院开发的“微通道管材与换热器制造技术及其应用”项目获“国家科技进步二等奖”。

二、生产经营

2014年底，公司资产总计37.46亿元，营业收入25.27亿元，其中销售收入24.85亿元，出口总额598万美元。利润总额3.58亿元。

三、技术进展及研发能力进展

（1）截至2015年3月，公司累计申请国家专利194项，其中发明专利47项；有效授权专利135项，其中发明专利15项。2014年申请专利42项，其中发明专利9项。公司是业内极少数几家同时掌握大中型客车空调、轨道交通车辆空调和乘用车/货车空调研发技术的企业之一。

（2）2014年公司开发的“微通道管材与换热器制造技术及其应用”项目获国家科技进步二等奖。

（3）2014年公司获批成立上海新能源汽车空调工程技术中心。

（4）2015年公司获批建设上海张江国家自主创新示范区人才培养产学研联合实验室。

（5）公司拥有结合乘用车空调的开发经验、三围建模能力、仿真分析能力，并开发了国内领先的电车空调技术。

四、主要产品

序号	名称	型号	类别
1	JLD新能源客车空调系列		客车空调
2	EPP/SZE空调系列		客车空调
3	SZG空调系列		客车空调
4	QPP/SZQ空调系列		客车空调

五、合资合作

①2012年，公司与上海交通大学签订了产学研战略合作框架协议，在新能源汽车空调系统产业化基础研究等项目上进行合作；②公司与华中理工大学进行合作，聘请何国庚教授担任客车空调技术顾问，帮助开展新能源客车空调系统的关键技术研发的指导；③公司与上海同济大学材料所正在洽谈合作事宜，主要和李岩教授等合作开发新型外观材料。

六、发展规划

1. 销售目标

抓住市场机遇，通过稳妥经营，实现销售快速增长。

2. 业绩目标

到2020年销售额达到100亿元，其中客车空调25亿元、小车空调50亿元、轨道车空调15亿元、冷冻冷藏空调5亿元、零部件销售5亿元。

3. 拓展目标

致力于人类生存环境的改善，力争成为世界知名的节能、环保、高效的移动空调供应商，打造移动空调民族第一品牌。

4. 模式目标

建立核心业务领域和核心经营战略模式，根据战略发展需要，公司将持续打造核心竞争力，打造适合发展的“节能、环保、高效的移动空调”。核心经营战略模式，即基于专业化设计研发、服务管理流程植入，创造移动空调新时代，该模式将有效整合企业战略、发展大纲、企业文化、品牌、产品、营销、管理体制、投资发展等核心领域。

南京协众汽车空调集团有限公司

一、发展概况

南京协众汽车空调集团有限公司（以下简称“南京协众”）成立于 1994 年，现注册资本 69600 万元，固定资产总额达 12 亿元，员工总数 870 人。

南京协众总部位于交通便利、经济发达的江苏南京江宁区开发区，占地面积达 67000 平方米；拥有协众南京、协众北京、协众沈阳、协众株洲四个生产基地。协众成都、协众重庆工厂正在筹建中。目前南京协众具备年产 200 万套汽车空调系统的生产能力。

2012 年 6 月 18 日，南京协众在香港主板成功上市，上市公司名字：协众国际控股有限公司；股票代码：03663。

2013 年 8 月投资 2 亿余元的研发大楼落成并投入使用，同年投资 4800 万元的环境模拟实验室投入使用。

2014 年 5 月 18 日，北汽新能源汽车与协众新能源汽车空调战略合作签约。

2014 年 6 月 4 日，南京协众与海纳川香港投资有限公司正式签署合资。

二、经营情况

2014 年底，公司资产总计 12 亿余元，销售收入 10 亿元，纳税总额达到 5000 万余元。

三、主要产品及主要客户

公司现生产的主要产品：汽车空调系统；平行流式蒸发器、层叠式蒸发器；平行流式冷凝器、过冷式冷凝器；暖风；水箱；汽车水箱；中冷器；油冷器；空调管路；空调线束；注塑件、冲压件等。其中，电动汽车空调系统为公司近年来致力研发的新产品，包括热泵空调系统、电池冷却包系统、空气净化器、储能式蒸发器、高效冷凝器、同轴管。

公司主要客户：北京汽车、神龙汽车、东风集团、吉利汽车、三一汽车、广汽、福田汽车、中兴汽车、丹东曙光、华泰汽车、长丰扬子、长安汽车、众泰汽车、华晨汽车等主机厂。

四、技术进展及研发能力进展

2006 年成立“汽车空调工程技术研发中心”后，2011 年协众投资 2 亿余元兴建总建筑面积 15631 平方米的研发大楼和投资 4800 万元兴建的国家级整车环境模拟试验室，于 2013 年建成并投入使用。公司投下巨资引进了：整车空调环境模拟试验室、整车空调系统台架性能试验室、HVAC 性能试验室及噪声试验室、可靠性试验室、三维振动试验台、高温试验箱、整车数据采集测试系统、盐雾试验箱、二次影像测量仪、FLIR 热成像仪等进口设备。公司的设备均从日本、韩国、德国购进，试验技术被授予国家级标准，位居行业前列。

在不断加强自身硬件软件建设的同时，公司也非常重视产学研合作，与浙江大学、上海同济大学、东南大学、南京农业工程学院等知名高校均建立了共同研发的合作关系。在江苏省南京市政府支持下，2013 年协众建立了江苏省博士后工作站分站。

现有研发专业技术人才达一百二十人，其中具有高级职称人员 40 多人，中级职称人员 60 多人。公司研发中心，采用专业化分工合作的组织架构，集项目管理、产品研发、产品试制、工程设计等研发管理功能于一体。经过 21 年的发展和积累，已经成为中国本地空调系统开发能力领先企业，是 BAIC、FOTON、华晨、三一重工等汽车厂同步开发供应商，在整车开发初期为客户提供标杆分析、匹配车型空调系统定义、CAE 分析、同步结构/功能设计、快速件试制和试验认证等全流程研发服务。

在新能源汽车空调领域取得了显著成绩。目前协众自主研发的电动车空调系统，已成功服务于北汽、福田、华晨等多个客户。

通过不断创新，协众也成功研发并取得了热泵空调系统、电池冷却系统关键技术。随着人们对车内空气质量的关注，协众推出车内空气净化器，香水发生器等车内空气质量调节产品。截至目前，协众通过自主研发已获得专利 40 余件。

五、竞争优势

中国的 SUV、皮卡及重型卡车市场的汽车 HVAC 系统的领先地位及强大的品牌知名度

公司主要为 SUV、皮卡及重型卡车提供汽车 HVAC 系统。根据行业报告，按 2014 年在中国的销售量计算，公司是 SUV 及皮卡及重型卡车的领先 HVAC 系统供货商之一。2014 年 12 月，公司产品获得“江苏省名牌产品”称号。2013 年及 2014 年，公司的商标分别通过复审，获得嘉许“南京市著名商标”及“江苏省著名商标”称号。

公司拥有与主要客户的长远而稳定业务关系

公司的主要客户如福田汽车、曙光汽车、华泰汽车等汽车制造商都是超过 10 年以上的合作开发及配套供货的关系。

强大的研发能力及向客户提供订制产品的能力

2008 年公司实验室通过国家级实验室认可；2009 年公司被确立为江苏省高新技术企业；2013 年成立了“协众汽车空调研究院”，完善了组织架构、优化了管理方法，依托

尖端的设计软件、先进的试验设备、优秀的研发水平，公司在 2014 年 8 月获嘉许为江苏省工程技术研究中心。

严格的质量控制

1999 年，公司通过 ISO 9001 质量体系认证；2001 年通过中国汽车产品（CCPA）认证；2002 年通过 SGS 公司 QS 9000 质量管理体系认证；2005 年通过了 ISO/TS 16949 质量体系标准；2010 年通过 ISO 14001 和 ISO 18001 质量体系的运行和认证工作。良好的质量管理体系为产品质量提供了有力的保障。

资深、稳定及敬业的主要管理人员，具备丰富的行业专业知识

公司的高级管理层在集团平均拥有 10 年以上工作经验，具备丰富的汽车空调行业知识及先进的企业管理理念，为公司把握市场机遇、制定及实践业务发展策略提供了强有力的保障。

六、发展规划

始终秉承“追求卓越品质，创造国际品牌”的企业理念，“聚众人之智慧，以质量求生存，以创新求效益，以服务创品牌”的企业文化，公司上下一心，团结一致，共同致力于协众的未来发展：

巩固 SUV、皮卡及重型卡车市场的汽车空调系统的领先地位；

持续加强研发能力提升，同时提升新能源汽车空调系统的开发能力；

扩大现时的生产基地网络和产能布局，提升现代化服务水平；

扩大乘用车及工程机械空调系统市场业务；

全面导入 QSB 以及精益生产管理，提升质量和产品竞争能力。

广州精益汽车空调有限公司

一、发展概况

广州精益汽车空调有限公司（以下简称“精益空调”）员工总数 1050 人，2014 年营业收入 10.97 亿元，制造业板块总投资逾 5 亿元。

精益集团制造业拥有“JINGYI”“KINGBO”两大品牌，以及广州精益汽车空调有限公司、广州精博汽车部件有限公司、广州精博制冷设备有限公司、广州精益运输制冷设备有限公司四个企业。

制造业基地全部布局在空港花都，共有坪山、坪东、梯面等 4 个工厂，总生产经营用地面积达 20 万平方米（近 300 亩）。同时，印度、巴西等海外工厂也在建设或论证中。

二、生产经营

2014 年，精益集团 10.97 亿元。其中，空调 6.95 亿元，23300 套；缓速器冷冻机零部件等其他制造业项目 3.5 亿元；三产 0.52 亿元。

三、产能建设

精益空调是 GB/T21361《汽车用空调器》等一系列国家和行业标准的主要制定单位。精益拥有良好的质量保证体系和质量保证能力。精益是行业第一家通过 ISO 9001：2000 国际国内双认证、行业第一家通过 CCAP 产品认证，行业第一家率先导入并通过 ISO/TS 16949：2002 认证的企业。精益空调获得全国车用制冷行业第一张生产许可证（国家质量检验检疫总局 2008 年 5 月 5 日颁发，证书编号：XK06－015－00101）。

硬件设施及制造装备水平占据业界领先地位，四个工厂总占地近 300 亩，是中国最大的客车空调整机和核心零部件研发制造基地。拥有大中型客车空调整机生产线 9 条（年产能力 50000 台套）；拥有换热器、风机、电器电控、空调壳体等核心零部件生产线 15 条；拥有各种产品检测线 5 条，各类设备 230 余台。

四、技术进展及研发能力进展

2007 年以来，精益空调把电子技术、信息技术、智能控制技术与车用空调技术有机结合，先后在电动汽车调系统及其关键零部件一体化优化设计、电动汽车空调控制策略及效率优化关键技术、系统及零部件的可靠性、电磁安全技术、电动空调系统产业化技术等专项研究领域取得重大进展，成功开发出高效、节能、环保的精益第三代电动客车空调机组，率先实现了冷暖变频、交直流一体等技术在大客车空调上的商业化应用，节能性能优势明，并显取得重大突破，处于国际领先水平。

精益空调电动客车空调产品，从采用直流电动机驱动压缩机的第一代产品，到最新研发中的采用大功率发电机供电驱动的第四代产品，经历了近 10 年四代技术的跨越，在产品研发中共诞生了 15 项专利（其中 3 项发明专利），完成了国内电动空调机组企业标准的制定，在权威专业刊物上和学术会议上发表了多篇学术论文。

精益电动车用空调产业化基地的建成与投入使用，可为国内电动汽车行业的同步发展提供强力支持，目前精益电动客车空调在产品系列化拓展方面取得了重大成就，产品可全面满足 5 米以上大、中、轻型电动客车及特种车等多种车辆的需求，并与包括比亚迪、南车时代、申沃客车、

万象大宇、广通客车等国内30余家新能源客车制造商配套，在包括第一批、第二批新能源汽车示范推广城市在内的数十个市场广泛应用。

五、发展规划

精益空调将持续专注于新能源汽车空调的技术研究和应用推广，在常规汽/柴油等客车上实现具有卓越能效比的电动空调机组的广泛应用。精益空调将长期致力于为国际客车空调技术的突破和变革，为客车节能事业和低碳经济建设做出贡献，并将精益建设成为国际运输制冷领域全球领先的服务型制造商。

上海赢双电机有限公司

一、发展概况

上海赢双电机有限公司是一家专业研发和生产各种型号旋转变压器的上海市高新技术企业。目前公司研发团队技术精湛、生产工艺成熟、测试设备先进、精确，能够快速满足客户的各种定制旋转变压器的需求。

上海赢双电机有限公司通过承担国家863计划重大专项新能源汽车电机系统中的传感器子课题项目，在混合动力汽车、纯电动汽车和燃料电池汽车的电机系统中的磁阻式旋转变压器的设计、生产和制造工艺等方面的研究取得了一系列重大突破，面向国家战略性新兴产业和上海高新技术产业化的发展需求，提供电动汽车（包括高铁、轨道交通、风力发电）电驱动系统所需的高可靠性磁阻式旋变产品。公司自主研发的磁阻式旋转变压器已随着国内重点新能源汽车电机驱动系统企业的产品应用于各大知名汽车企业的整车中。

上海赢双电机有限公司完成的研究项目主要有：

（1）国家863科研计划项目“乘用车电驱动系统全产业链开发”——车用旋转变压器项目；

（2）上海科委科研计划项目“电动汽车电驱动产业链产品技术标准与应用示范”——车用旋转变压器技术标准项目；

（3）经上海市高新技术成果转化项目认定办公室认定，上海赢双电机有限公司磁阻式旋转变压器（52型）、磁阻式旋转变压器（132型）为上海市高新技术成果转化项目；

（4）“用于高转速的旋转变压器”“定子与转子槽13/16配合的小尺寸旋转变压器”“七槽旋转变压器”3项研发专利已获得授权。

二、生产经营

上海赢双电机有限公司共生产数万台磁阻式旋转变压器应用于各大汽车厂家如中通客车、安凯客车、奇瑞汽车、一汽汽车等新能源车中，包括纯电动汽车、混合动力轿车及客车、燃料电池汽车、电动环卫车、电动叉车、电动场馆车及低速电动车等。此外，一部分磁阻式旋变还应用于EPS系统中。为满足国家电动汽车产业化配套需求，公司组建的磁阻式旋转变压器自动化生产线已增加到两条，一些旋变试制品已应用至国外汽车企业的新能源汽车中，并为全球几大新能源汽车零部件配套商如博世联合电子、大陆汽车等进行了样品开发。磁阻式旋转变压器已完成产品系列化开发，目前其外径已开发了φ37～φ225mm的旋变逾30个品种，可满足从微型电动车到混合动力大客车等车型的需求。通过几年来的技术创新，企业产品具有高性能、高可靠性、低成本的特点，能替代同类进口产品，国内市场占有率进一步提升。企业营业收入和盈利能力得到快速增长，步入稳步发展的轨道。

三、产能建设

公司新建了两条具有自主产权的磁阻式旋转变压器自动化生产线，可满足三款特定品种旋变年产150000套的配套需求。为了跟随国外主流新能源汽车电机厂家的电机产业向中国转移的趋势，同时也为了满足数年后的国内电动汽车电机系统中旋变的需求，目前公司旋转变压器的生产能力已达450000套/年，初步计划两年后可达年产60万套配套能力。

四、技术进展及研发能力进展

上海赢双电机有限公司拥有研发实验室，配备了专业研发仪器设备和试验平台。公司还和上海大学共建产学研基地，就车用磁阻式旋变的研发与生产进行联合。公司非常注重人才队伍建设，形成一支以教授专家带队、青年科技工程技术人员为主的研发团队。通过承担国家863计划等重大科研项目的研制任务，锻炼了技术及生产队伍，同时在新能源汽车电机系统中的磁阻式旋转变压器的设计、生产和制造工艺等方面的研究取得了丰富的经验。基于汽车电机实际工作环境恶劣性的考虑，在产品的可靠性上做了大量的研究工作，量产产品绕组采用全密封保护，保证电机在车用环境下稳定可靠地工作。

新产品方面为博世、联合电子、大陆汽车、雷米电机等新能源汽车电机配套商进行了试制样品供货。

五、主要产品

零部件		
序号	名称	型号
1	磁阻式旋转变压器	YSJ52XU9734
2	磁阻式旋转变压器	YSJ132XU9732
3	磁阻式旋转变压器	YSJ132XU9736
4	磁阻式旋转变压器	YS160XU9738
5	磁阻式旋转变压器	YS215XU97312
6	磁阻式旋转变压器	YS225XU9736

六、发展规划

随着我国提高资源利用效率，实现节能减排战略的推进以及新能源汽车的大力发展，旋转变压器的市场需求将迅速提高。公司对未来产品的考虑及发展规划如下：

（1）与上海大学共建产学研基地，实现科研技术产业化转移；

（2）提高专业化生产水平，扩大生产能力，形成旋变制造工艺产业链；

（3）计划两年内形成年产 60 万套旋转变压器的配套能力；

（4）新增生产厂房 8000 平方米，用于后续旋转变压器生产线建设。

武汉合康动力技术有限公司

一、发展概况

武汉合康动力技术有限公司（以下简称“合康动力”）是北京合康亿盛变频科技股份有限公司（证券简称：合康变频证券代码：300048 SZ）的控股子公司，专注于新能源汽车动力系统总成及关键零部件的研发、生产和销售，致力于为国内客车生产企业提供节能与新能源汽车的整体解决方案与服务。公司注册地址为武汉市东湖新技术开发区，注册资金 1000 万元。

合康动力凭借母公司合康变频的品牌领先力和强大的科研实力，配备了国内领先的技术团队和管理团队，拥有节能与新能源汽车领域十余年的实战经验，具备完全自主知识产权的软、硬件能力，拥有车辆控制、交流变频两大横向技术及插电式/混合动力系统、纯电动系统两大纵向技术。

公司主营业务涉及新能源客车关键零部件、节能汽车动力系统总成及新能源汽车动力系统总成三个方面，产品包括 ATMS 热管理系统、AMT 机械式自动变速箱、变流变频器（电机控制器、充电机、DC－DC、DC－AC 等）、纯电动系统、在线充电系统及基于 AMT 的并联式混合动力系统。

目前，合康动力已与国内多家主流客车厂形成配套关系；2014 年 7 月至 12 月，产品累计新能源装车 3100 台/套；据 2014 年 12 月上海车载市场调研公司统计，合康动力新能源产品装车量居国内第四。

“成人成己”，合康动力汇聚四海英才，铸就了强大的研发和创新能力。公司将秉承合康集团对产品质量的严苛要求，始终如一地追求卓越品质，致力于打造新能源汽车最佳用户体验，为客户创造价值的同时成就自我！

武汉合康动力技术有限公司近两年的发展情况如下：

2014 年，合康动力的产品已打入新能源客车市场，2014 年下半年呈爆发式增长，各系列产品都已得到市场的认可。

2015 年 1—3 月，在产品得到市场认可后，武汉合康动力技术有限公司在研发上继续加大投入力度，不断地对产品的硬件、软件、工艺、结构等进行完善，在市场经济环境中，只有不断地创新才能走在市场的前沿。

二、生产经营

2014 年全年共销售 DCDC 1000 台、DCAC 2000 台、车载充电机 1000 台、充电桩 800 台、整车控制器（VCU）3000 台、ATMS 热管理系统 600 台、高压配电柜 500 台、电机驱动器 600 台、散热水箱 200 台、AMT 电控机械式自动变速器（TCU）200 台。

2015 年 1—3 月共销售 DCDC3000 台、DCAC4000 台、车载充电机 200 台、充电桩 350 台、整车控制器（VCU）1200 台、高压配电柜 300 台、电机驱动器 400 台。

三、产能建设

2015 年公司将达到的产能：DCDC、DCAC 年产 1 万台；车载充电机、交/直流充电桩年产 3000 台；电机驱动器年产 3000 台；整车控制器年产 10000 台；ATMS 热管理系统年产 10000 台；高压配电柜年产 5000 台；散热水箱年产 2000 台；AMT 电控机械式自动变速器（TCU）年产 10000 台。

四、技术进展及研发能力进展

1. 技术成果

（1）永磁同步电机驱动技术。

（2）新能源车辆整车控制器技术。

（3）新能源车辆动力系统匹配技术。

（4）新能源车辆辅助动力控制器技术。

（5）插电式混合动力系统匹配及控制技术。

（6）直流充电桩开发及应用技术。

2. 技术优势

（1）行业 10 年研发经验。

（2）匹配车型涵盖 5～18 米商用车及部分乘用车。

（3）拥有全部件的开发、集成能力。

（4）32 位整车控制器，全板隔离技术。

（5）先进的混合编程技术，便于进行逻辑的改进和认证。

（6）拥有 CRUISE 国内认证资质，可进行系统前向、后向研发。

（7）所有部件采用汽车级芯片。

（8）严格按照汽车产品零部件开发流程，多种试验和验证。

（9）有效的保护机制。

3. 技术发展规划

（1）DCDC 与车载充电机领域

①效率提升。整机效率提升到 94% 以上，减小功耗，节约能源。

②结构设计。采用压铸铝合金壳体，提高防护等级，外形美观，减小尺寸，便于安装及维护。

③减小尺寸。提高开关频率，缩小器件体积。全部集成在 PCBA 上，使整车安装维护方便。

④自然散热。效率提升后，加大散热齿片密度，实现自然冷却，提升产品可靠性。

（2）整车控制领域

①从系统层面提高整体效率，完成整车功能，实现整车控制效率最优化基础上的部件效率动态平衡。

②通过无线与整车控制器进行通信，实现更新程序、标定参数、故障检测和数据记录功能。

③结合 GPS 全球定位技术、GPRS 移动通信技术等，实现车辆远程监控管理、远程诊断和跟踪服务记录等功能。

（3）车身仪表和总线控制领域

①智能钥匙交互。

②显示系统状态、部件状态及报警相关信息。

③司机状态识别及安全隐患预警。

④ADAS 汽车辅助驾驶。

⑤行车数据记录及远程监控发送。

⑥全数字仪表盘，全触摸控制。

⑦双液晶仪表控制、显示。

五、主要产品

序号	名称	型号
1	DCDC	HIE150－D538D27－3－0F－HK
2	DCAC	HIE161－D540T380－5.5－1F－HK
3	电机驱动器	HIE100－D538T380－132－1S－HK
4	整车控制器（VCU）	HK－VCU0N1－03
5	ATMS 热管理系统	HK－ATU0N1－01
6	充电桩	HIE110T380D750－80－OF－2－HK
7	车载充电机	HIE130－T380D450－20－OF－HK
8	高压配电柜	HIE140－D380－80－OZ－HK
9	AMT 电控机械式自动变速器	HK－TCU0N1－01
10	散热水箱	HK－RTA1N2－NL01
11	纯电动（直驱）系统	
12	纯电动 AMT 系统	
13	插电式混联 AMT 并联式混合系统	
14	插电式混合动力系统	
15	增程式系统	
16	双源无轨电车	

六、合资合作

合作的企业：中国南车、中通客车、南京金龙、苏州金龙、少林汽车、中国重汽、厦门金龙、扬子江客车、东风特汽、安凯客车、百路佳客车、东方电气、烟台舒驰、中联重科、宇通、珠海银隆、合肥星凯龙。

七、发展规划

武汉合康动力技术有限公司始终专注于节能与新能源汽车领域，致力于为客户提供高效、稳定的节能与新能源汽车解决方案，持续改善能源利用效率，努力成为国内领先的节能与新能源汽车配套商。精益求精的技术设计、稳定可靠的产品品质、独具优势的性价比和先人后己的服务心态是武汉合康动力技术有限公司的经营特色和制胜法宝。

武汉电动汽车示范运营有限公司

一、发展概况

武汉电动汽车示范运营有限公司成立于2003年7月28日，是全国首家新能源汽车商业化运作的示范公司。主要承担国家科技部电动汽车重大专项，开展电动汽车技术服务和租赁业务，不断探索、研究、推广电动汽车的商业模式，努力在政府、整车与零部件企业、整车用户、充电基础设施之间构建桥梁。

二、主要业务概况

1. 自主研发“北斗技术”的第三方安全监控服务

为执行国家四部委《关于新能源汽车运行安全监控要求》，公司于2013年10月建成武汉新能源汽车安全运行监控中心，具有全国范围百万量级新能源汽车的数据管理能力。配合无线传输的车载终端模块，可以实现对新能源汽车运行状态全天候的安全监控预警。该系统集新能源汽车安全监控预警系统、工况数据采集分析、智能充电管理系统三大功能，确保上线车辆的安全运行，全力打造集智能充电、车辆引导、客户在线服务等功能于一体的新能源汽车服务体系。目前，合作品牌有东风风神S30混合动力轿车、E30L、A60纯电动汽车系列，东风日产聆风、启晨系列，扬子江纯电动客车、扬子江即充电客车，东风混合动力客车、插电式混合动力客车、纯电动客车，厦门金龙混合动力客车等。

2. 整车用户体验测试服务

根据不同车型的验证需求，进行全程数据跟踪及运行分析等，帮助整车企业以专业客户的身份发现车辆使用过程中的问题，以便协助整车企业对产品进行改进，推动产品化进程。

3. 充电桩用户体验测试服务

充电桩用户体验测试阵地是国内最早进行充电桩应用验证的基地，从用户使用的角度验证、评价充电桩的功能、性能；形成“充电桩应用验证推荐榜单”，可供投资建设单位选择参考；从用户使用的角度帮助充电桩厂家改进产品，提升使用体验；“补贴先进，淘汰落后”，协助有实力的充电桩厂家进入武汉市场。目前全国已有14家充电桩厂家的14个型号的充电桩参与第一轮的送样测试，其结果应用于政府规划和采购。

4. 新能源汽车共享租赁

汽车共享租赁，是一种“不为所有，但为所用”的汽车使用模式，借助于信息技术，以会员制为基础，通过提前预约方式，在不同时间共同使用一辆或多辆汽车，以分钟或小时为结算单位的自助式短期自驾用车服务，从而提高车辆利用率、降低成本、环保减排、缓解交通拥堵、节省停车用地。

2015年，汽车共享租赁即将有500台新能源汽车投入运营。

横琴国际融资租赁有限公司

一、发展概况

2014年期间，横琴国际融资租赁有限公司按照上市公司和政府、银行股东的要求，不断加强内部管理规范。通过强化董事会机制，完成建章立制、审议项目、批准增资等一系列重大工作，保证了董事会的最高权威，促进了公司与股东间的高效沟通。通过严格执行董事会审议通过的各方面的规章制度，公司逐步完善了财务、风控、人事等制度体系，形成了细化项目操作的风险管理及评估体系，以及针对特定行业的评估管理办法。同时，强化人力资源管理体系建设，加大人员引进的质量和数量，确定了公司的组织框架和人员结构。

2014年8月26日，横琴新区印发《横琴新区促进融资租赁业发展试行办法》，从制度层面对融资租赁所涉及的各环节进行明晰指引，为融资租赁产业的发展提供了制度保障。横琴国际融资租赁有限公司作为国资参股、上市背景的专业融资租赁公司，全面参与了《横琴新区促进融资租赁业发展试行办法》的草案编制和后期修订，并在不动产租赁、财税优惠、人才吸引等方面提出专业化的建议意见。

2014年12月12日，横琴国际融资租赁有限公司董事会的三方股东代表一致同意，将公司注册实缴资本由1000万美元增加至3000万美元。

2015年1月6日，横琴国际融资租赁有限公司完成增资，在珠海市工商局办理并领取了增资后的营业执照。

2015年3月20日，横琴国际融资租赁有限公司承接的珠海纯电动公交项目获得中国民生银行贷款批复。项目租赁本金为4.4875亿元，租赁期限为9.5年。近10年的超长期限融资租赁，很好地匹配了纯电动公交车的生命周期。该项目成功地解决了巴士公司缺乏一次性购置资金、新能源汽车厂商需要一次性销售回笼的矛盾问题，很好地实现产融结合，促进了珠海的公交民生事业与新能源产业的发展。

2015年3月31日，横琴国际融资租赁有限公司与中国银行澳门分行成功操作完成横琴新区首笔跨境直贷、本地用款的融资租赁业务。项目租赁本金为2.2875亿元人民币，租赁期限为6年。租赁资产为风能发电设备，由东电茂霖风能发展有限公司和珠海经济特区电力开发集团有限公司联合承租，由珠海港股份有限公司担保。该项目的成功落地，以新能源产业为抓手，直接打通了珠澳两地间的跨境资金渠道，有力支持了珠海本地实体企业的发展，具有积极的示范和推广意义。

二、发展规划

横琴国际融资租赁有限公司未来发展定位于专业的新能源汽车产业链租赁公司，重点开展新能源汽车及充电设施的资产租赁及证券化工作。为强化战略目标的落地，公司将进行股权调整，引入产业链上下游的战略投资者，包括专注于新能源领域的银行和基金、新能源汽车厂商、新能源充电站建设厂商等。股权调整的同时，公司将于2015年底增资扩股至1亿美元。公司同时筹划登陆资本市场，预计2016年完成新三板上市。

潍柴西港新能源动力有限公司

一、发展概况

2014年，潍柴西港新能源动力有限公司作为国内领先、世界一流的燃气动力研发、生产、销售基地，已连续6年实现翻倍增长。在产能提升方面，公司年15万台产能扩充项目现已基本完成；在新产品研发方面，完成全系列OH6系统燃气发动机的性能验证；完成BOSCH系统部分机型的性能、排放及耐久试验；完成欧Ⅵ发动机性能和排放试验。

2015年第一季度，受国内经济放缓及气油价比过高，潍柴西港新能源动力有限公司各类燃气发动机销量仅4500余台。在新产品研发与推广应用方面，最新一代的WP10四气门BOSCH系统天然气发动机开始小批量验证。为了提升售后服务水平、掌握市场运行第一手资料，深入了解客户需求，与Woodward、Bosch分别在山东、京津、包头等地开展联合服务。

二、生产经营

2014年共销售燃气发动机5万台，销售额近37亿元。

三、产能建设

厂房建筑面积5万余平方米，年生产能力15万台。

四、技术进展及研发能力进展

公司拥有亚洲最先进的燃气发动机试验室和实验装备，具备国Ⅳ、国Ⅴ、国Ⅵ气体发动机燃烧开发及性能标定能力，先后承担过国家“九五”“十五”和国家863计划等多项科技攻关项目，现正在推广的WP12HPDI缸内直喷LNG发动机，性能达到世界领先水平。

五、主要产品

零部件

序号	名称	型号
1	燃气发动机	WP5NG
2	燃气发动机	WP6NG
3	燃气发动机	WP7NG
4	燃气发动机	WP10NG
5	燃气发动机	WP12NG
6	燃气发动机	WP13NG

六、合资合作

潍柴西港新能源动力有限公司的天然气发动机是与天津大学、山东大学、加拿大西港创新公司、博世汽车柴油系统股份有限公司、德尔福（中国）科技研发中心有限公司、大陆汽车电子（长春）有限公司等院校及企业合作开发的，产品具有完全的自主知识产权。

七、发展规划

愿景：成为国内领先、世界一流的燃气装备研发制造基地。

目标：成为燃气动力行业标准的制造者。

未来五年发展规划：到2018年，产销各类燃气发动机15万台，销售收入100亿元。

斯太尔动力股份有限公司

一、发展概况

斯太尔动力股份有限公司，原名湖北博盈投资股份有限公司，成立于1978年9月，于1997年6月在深圳证券交易所上市（股票代码000760）。2013年末，公司完成了非公开发行，成功收购了武汉梧桐硅谷天堂投资有限公司[现已更名为“斯太尔动力（江苏）投资有限公司”]，将奥地利斯太尔及其在高端柴油发动机研发制造领域深厚的技术沉淀和研发实力纳入上市公司体系，初步形成以提供动力系统解决方案为主的产业格局。

截至目前，公司柴油发动机领域业务涵盖发动机及零部件的设计、研发、生产、销售及售后服务，主打产品斯太尔M1系列，采用Monoblock技术（即机身连体结构），由斯太尔－戴姆勒－普赫集团于20世纪20年代投入使用，传承半个世纪，20世纪70年代又独家研制出带两级喷射的高压泵喷嘴系统与双涡轮增压系统，喷油压力高达2000 bar，具有外形紧凑，质量轻，震动低，噪声小，可靠性高，油耗低，可适应包括柴油、煤油、生物油在内多种燃油的特点。

公司发动机业务项下主要产品为M12两缸发动机，M14四缸发动机，M16六缸发动机。可应用于军车、乘用车、新能源、船只等领域。

2014年3月25日，与武进开发区管理委员会签署战略合作协议，成立斯太尔动力常州生产基地。面积共计468915平方米，合计703亩。

2014年5月，公司在武进国家高新技术产业开发区注册设立全资子公司斯太尔动力（常州）发动机有限公司。博盈投资股份有限公司更名为斯太尔动力股份有限公司。

2014年9月27日，斯太尔动力（常州）发动机有限公司一期工程在武进国家高新区奠基。项目总投资70亿元，其中一期投资15亿元，注册资金5亿元。

2014年11月，常州生产基地一期一段标准厂房改造完成，首批国产化样机正式下线并点火成功。

2015年2月，为满足公司未来新能源领域的战略部署，拓宽公司产业链，公司利用1.53亿元对青海恒信融锂业科技有限公司进行增资，并实现了控股（占股51%），开始推进年产1.8万吨碳酸锂项目建设。

2015年5月，经公安县工商行政管理局核准，公司完成了资产重组，成功剥离了传统车桥资产。之后，公司将专注于主营业务，密切关注高性能柴油发动机及新能源领域上下游投资并购机会，致力于将企业打造成为国内领先的动力系统解决方案供应商。

2015年6月，经公司董事会及股东大会审议通过，公司以资本公积向全体股东每10股转增4股。转增完毕后，公司总股本增至771844628股。

二、产能建设

斯太尔动力股份有限公司国产化生产基地为斯太尔动力（常州）发动机有限公司所在地——江苏省常州市武进高新区，国产化产能建设分为两个阶段：一期一段和一期二段。

一期一段

厂房面积：8000平方米

产能：1.5万台/单班，3.0万台/双班

首次点火下线：2014年11月28日

一期二段

厂房面积：23万平方米

产能：11万台/双班

奠基：2014年9月27日

交付使用：2016年底

配套：研发中心、质检中心、联合厂房、物流中心

三、技术进展及研发能力进展

斯太尔研发中心成立于2014年5月，是隶属于斯太尔动力（常州）发动机有限公司的独立研发部门。

优秀的团队：

目前拥有研发人员30名（其中高级工程师5名，中级工程师12名），都来自于同行业的大型优秀企业，有着丰富的发动机产品开发及国产化经验。随着业务发展及人员规划，到2015年底，研发中心的人员将达到85人左右，其中硕士以上学历人员超过30%。

在欧洲，斯太尔有专门的研发机构，即位于奥地利的应用工程中心，已有百年的历史，可以给斯太尔提供强有力的技术支持，保证了斯太尔的产品研发实力。目前，斯太尔研发中心在国内已有着领先的自主研发能力。

独特的核心技术：

- 独有的连体机身结构和气缸模块化组合设计；
- 高压泵喷嘴系统和高度定制化的高压共轨喷油系统；
- 独立的发动机智能管理系统（EMS）和发动机控制单元（ECU）；
- 完整的混动动力总成解决方案。

先进的试验室及设备：

为满足国产化验证及新产品开发需要，近三年，斯太尔将投入3.5亿元人民币进行试验室和试验设备的建设，

如性能试验室、ECU 标定/道路模拟试验室、排放试验室、耐久试验室、冷启动试验室、集装箱测试台、倾斜试验室、冷热冲击试验室等。

成功案例：

斯太尔生产的发动机已成功配套于各种军用车辆，如 M1 系列发动机成功应用于德国的 KMW 豹二坦克、美国的 AM General - HMMWV 装甲车、爱尔兰的 ALVIS 坦克和英国的 Automotive Technik Ltd 特种车辆等，这些车辆均通过了各种恶劣工况的考验，斯太尔发动机也得到了军方的一致好评与肯定。

四、主要产品

序号	名称	型号
1	单缸柴油机	EM11
2	两缸柴油机	M12 - UI，M12 - CR，26 ~ 40kW
3	四缸柴油机	M14 - UI，M14 - CR，36 ~ 110kW
4	六缸柴油机	M16 - UI，M16 - CR，120 ~ 225kW
5	四六缸船用发动机	MO - Series，55 ~ 125kW；SE - Series，88 ~ 215kW

福建省长汀金龙稀土有限公司

一、发展概况

1. 2014 年 1—12 月

福建省长汀金龙稀土有限公司是福建省稀土产业的龙头企业，是中国六大稀土集团之一厦门钨业股份有限公司的全资子公司，主要从事稀土分离、稀土精深加工以及稀土功能材料的研发与应用。公司占地 450 亩，总投资超过 20 亿元。

2. 2015 年 1—3 月

各业务领域业绩持续增长，在风电、新能源汽车驱动磁钢、变频电机领域的重点客户开拓上捷报频传，市场份额成倍数增长。

二、生产经营

1. 2014 年 1—12 月

福建省长汀金龙稀土有限公司连续四年销售收入突破 10 亿元，烧结钕铁硼全年累计实现销售突破 1000 吨大关，其中新能源汽车驱动领域磁材销售突破 20 吨。

2. 2015 年 1—3 月

2015 年第一季度，市场持续上行，新能源汽车驱动领域保持上一年度增长势头，销售烧结钕铁硼磁体突破 10 吨，同比增长超过 300%。

三、产能建设

当前已建成 5000 吨稀土分离、2000 吨稀土金属、2000 吨高纯氧化物、1600 吨三基色荧光粉、首期 3000 吨高性能磁性材料生产线。

2016 年将形成 10000 吨稀土分离、6000 吨稀土金属、2000 吨高纯氧化物、1600 吨三基色荧光粉、6000 吨高性能磁性材料生产能力。

四、主要产品

序号	名称	型号
1	驱动电机用烧结钕铁硼磁材	35SH/38SH/42SH/45SH
2	驱动电机用烧结钕铁硼磁材	35UH/38UH/40UH/42UH/45UH
3	驱动电机用烧结钕铁硼磁材	35EH/38EH/40EH
4	驱动电机用烧结钕铁硼磁材	33AH

五、合资合作

与北京精进、上海电驱动、上海大郡、比亚迪等国内知名电机厂商均开展深入合作。

六、发展规划

公司目标在未来五年内成为全国新能源汽车驱动用磁钢领域排名前三的优秀供应商。

中航复合材料有限责任公司

一、发展概况

中航复合材料有限责任公司（以下简称“公司”）是中国航空工业集团公司所属成员单位，隶属于中航工业基础院，由中航工业和北京市共同出资，战略整合中航工业北京航空材料研究院和北京航空制造工程研究所复合材料专业后组建，于 2010 年 6 月注册，注册资金 7.94 亿元，占地 36.4 万平方米，位于北京市顺义航空产业园区。

公司汇集了国内优秀的复合材料专业技术人才，拥有科研和管理人员450余人，其中中国工程院院士1人，研究员34人、高级工程师126人，具有硕士学位及以上者210余人。

公司拥有先进复合材料国防科技重点实验室和结构性碳纤维国家工程实验室，具有一流的研发、生产和办公设施，是集复合材料研发、生产、销售和服务于一体的专业化高科技公司。

公司继承和发扬了我国航空先进复合材料坚实的技术基础和辉煌成就，在高性能树脂及预浸料技术、高性能复合材料新型结构、树脂基复合材料制造技术、金属基及陶瓷基（含C/C）复合材料成型技术、材料表征与测试技术、先进无损检测技术等方面均处于领先地位。公司正积极推进航空复合材料技术在民用飞机、汽车、轨道交通、石油、电力和新能源等领域的应用和产业化。

公司秉承"航空报国、强军富民"的集团宗旨和"敬业诚信、创新超越"的理念，按照集团"两融、三新、五化、万亿"的发展战略，以"创造轻快的世界"为使命，提出了"引领高端技术研发，促进复合材料应用，创新经营管理模式，实现产业跨越发展"的发展战略，努力朝着"成为世界级先进复合材料技术和产业先锋"的愿景迈进！

二、中航工业复材主要产品及服务

(1)原材料及中间材料

①航空级高性能树脂基体及预浸料

研究领域。高性能树脂基体环氧、双马、聚酰亚胺、酚醛、氰酸酯等树脂基体聚合物及固化体系；热熔法和溶液法预浸料制造技术。

主要产品：各种温度使用的环氧、双马来酰亚胺、聚酰亚胺、酚醛、氰酸酯等树脂体系；各种规格碳纤维、玻璃纤维、石英纤维、芳纶纤维及织物增强高性能预浸料。

② 蜂窝

研究领域：高性能芳纶纸蜂窝制造技术、浸渍工艺技术、变厚度蜂窝制造技术、过拉伸蜂窝与柔性蜂窝制造技术、吸波蜂窝制造技术、异型蜂窝制造技术、植物纤维纸蜂窝芯材、高密度耐久铝蜂窝芯材等。

主要产品：NH－1、NHA－1和NRH型各种孔格、各种密度的正六边形Nomex蜂窝变厚度蜂窝、过拉伸蜂窝、使用温度在－55～175℃的耐久铝蜂窝芯材。

③ 航空级胶黏剂

研究领域：各类环氧结构胶粘剂、灌封料配方及制造技术、胶接工艺金属、复合材料表面处理工艺。

主要产品：航空级胶膜系列及配套底胶、膨胀胶高速列车轨道胶、高速列车轨道胶、铝蜂窝幕墙及高速列车用环氧胶膜、高性能室温及加热、化糊状胶、导电胶、磁粉胶、蜂窝芯条胶、修补胶、灌封料。

(2)非航空工业领域的轻量化应用产品

① 交通运输工业领域

研究领域：主要针对交通运输工业领域轻量化的需求，充分应用复合材料的比强度高，比模量高和耐腐蚀性能好的特点开发汽车主承力结构件和次承力结构件。

主要产品：复合材料板簧、复合材料传动轴、复合材料引擎盖、复合材料轮毂、复合材料电池箱、复合材料油罐产品、电动公交大巴车身。

② 医疗领域

研究领域。充分利用碳纤维复合材料透波性好，允许射线以任何角度照射在床板上而不产生折射，X射线透过电性能良好，小剂量的射线可获得清晰的造影，减少了对病人的伤害和良好的结构强度、刚度，重量比传统医疗部件轻的特点，开发一系列复合材料医疗零部件。

主要产品：公司医疗主要产品有（X光机、CT机等）碳纤维床面板、血管机用床面板、γ刀用床面板、臂托、多种碳纤维面板、探测器面板、碳窗、头颈治疗仪等产品，长期给国内外主要医疗器械公司供货。

中国汽车技术研究中心

一、主要研究领域

中国汽车技术研究中心（以下简称"中汽中心"）在节能与新能源汽车的政策法规、标准制定、测试评价等方面开展研究工作，为国家有关部门和行业制定我国节能与新能源汽车相关政策法规提供技术支撑。

主要研究领域：新能源汽车行业发展规划、城市发展规划、企业发展规划、城市推广方案、行业技术政策、财政补贴政策、税收优惠政策、回收利用政策、低速电动汽车和行业市场咨询等多个领域。专业从事新能源汽车、财税相关政策规划研究和咨询服务，研究领域主要包括：新能源汽车行业发展规划、城市发展规划、企业发展规划、城市推广政策、行业技术政策、财政补贴政策、税收优惠政策、回收利用政策和充电基础设施、低速电动汽车、行业发展、市场、投资等。此外还有对于纯电动、增程式、插电式混合动力整车控制器开发与实现；新能源汽车实时监控管理系统开发与实现；纯电动及插电式混合动力竞品车控制策略、性能、结构对标；电动汽车整车集成设计开发与实现；新能源汽车网络平台测试及诊断系统搭建；电池PACK设计、仿真及台架试验验证；新能源专用非标测试设备的开发与实现；电动汽车CFD仿真分析；新能源电控系统HIL\功能安全\EMC测试；电动汽车碰撞安全整车结构及关键系统安装强度刚度模态设计匹配开发；电动汽车整车NVH性能测试开发；电动汽车底盘设计匹配及调校；电动汽车多约束条件下制动能量回馈开发及制动力分配研究与实现。

二、2014年科研项目及成果

2014年，中汽中心新承担国家及省部级科研课题35项，自立科研课题122项。

本年度从事的重要科研项目包括：科技部国际合作项目“缸内直喷汽油机PM2.5机外净化关键技术的合作研究”，国家863计划课题“锂离子储能电池和燃料电池备用电源安全性设计及性能评价研究”，国家环保部公益项目“车载诊断和油气回收系统在机动车排放监管中的应用研究”，国家质检总局公益性行业科研专项“电动汽车及电力驱动系统接口等4项国际标准研究”，以及中心自立项目“自动变速器性能评价方法研究”“低速微型电动汽车技术解决方案及政策法规体系研究”“高比能量/偏功率型电芯新产品开发”“动力电池热-电化学性能耦合测试评价体系研究”。

电动汽车多约束条件下制动能量回馈开发及制动力分配研究与实现；国家创新工程项目和宇通客车联合开发新能源客车无线诊断系统；国家创新工程项目和长城汽车联合开发新能源汽车实时监控平台。

2014年，由中汽中心牵头制定的“传导式电动汽车直流充电接口标准”，正式成为国际标准，成为由我国制定的第一个与汽车相关的国际标准。

中汽中心起草和研究的新能源汽车标准已批准发布的为3项，分别是QC/T 741—2014《车用超级电容器》、QC/T 989—2014《电动汽车用动力蓄电池箱通用要求》、QC/T 990—2014《电动汽车用锌空气电池》。

完成中心课题《混合动力城市客车能耗标准研究》的全部试验内容，编写混合动力城市客车能耗研究报告和试验标准草案，准备课题验收。

《电动汽车标准技术路线图研究》课题取得重要进展，在汽车、电力、电工等行业内进行了征求意见，进一步补充和完善了相关产业的标准需求、标准化工作目标和工作计划，形成路线图草案第二版。

低速提示音标准起草组共进行了一次工作组会议并与德国宝马和VDA、日本JARI等机构就低速提示音的技术内容、测试方法等方面开展了多次交流，为标准的进一步制定工作打下了坚实基础。

“十二五”国家863计划“电动汽车整车及零部件技术标准研究”“电动汽车充电接口及安全防护技术研究与标准制定”项目在2014年顺利通过科技部组织的项目验收。

2014年，中汽中心获省部级科技奖励4项，其中“中国机动车污染综合防治技术研究与应用”项目被中华人民共和国环境保护部评为环境保护科学技术奖一等奖；“CATARC混合动力系统开发与应用”被评为中国汽车工业科技进步奖二等奖，“车辆电子稳定性控制系统（ESC）测试评价技术的研究及应用”被评为科技进步奖三等奖；“CHS混合动力系统开发”被评为天津市科学技术奖二等奖。

三、2014年国际合作

2014年，中汽中心继续与美国、日本、欧洲等国家和地区开展深入交流与合作，包括：与丰田汽车研发中心（中国）有限公司和丰田汽车研发中心三方围绕车用动力电池回收利用、电机振动试验等领域开展双边合作；在汽车节能领域与能源基金会建立合作关系，开展汽车节能标准及相关政策前期研究和国际交流活动，制修订完成各类车辆燃料消耗量试验方法、限值及标识标准，形成相对完善的汽车节能标准体系；与宝马汽车公司就汽车行人保护、插电式混合动力汽车等相关标准研究项目签订了合作协议；与戴姆勒公司就电动车安全、燃料电池汽车等进行合作。积极参与国际标准法规制定、联合国世界车辆法规协调论坛及相关协调工作，带动国内电动摩托车产业整体进步和技术升级，并承担了“电动摩托车和电动轻便摩托车锂离子电池系统”“电动摩托车和电动轻便摩托车术语”两项ISO标准制定。

具备电动汽车性能开发手段，包含NVH、结构安全、热管理、网络以及电动汽车整车性能测试验证设备手段。此外，还具备电动汽车在专用关键系统的开发手段，包含AVL电力测功机测试系统、Bitrode电池PACK测试系统、ECU快速开发平台、HIL台架、Vector总线开发工具、多种主流mcu工具链以及仿真软件。

2014年3月7日上午，中欧电动汽车和动力蓄电池安全评价研讨会在北京召开。会议由工业和信息化部装备工业司、欧盟企业与工业总司欧盟2020战略和可持续发展司共同主办，中国汽车技术研究中心和中欧世贸项目（二期）承办。来自于中欧双方政府部门、相关研究机构、行业协会和企业界的40余名代表参加了会议。2013年，中欧双方在我部与欧盟企业与工业总司工业领域对话合作框架下开展了电动汽车和动力蓄电池安全标准法规的对比和评价研究。本次会议上，双方邀请专家报告了前期研究的基本情况，包括电动汽车整车、动力蓄电池（含单体、模块和系统）国内外标准，及中欧双方标准法规的对比研究成果。在整车层面，中欧双方主要研究分析了国标 GB/T 18384 系列标准修订版和 ECE R100 第二版的对比情况；在动力电池层面，双方则对国内动力蓄电池单体/模块/系统标准及其制修订草案与国际标准化组织（ISO）、国际电工委员会（IEC）、欧洲经济委员会（ECE）、美国汽车工程师学会（SAE）等机构的电池标准法规进行了详细的对比分析。演讲专家与参会代表就电动汽车防水与低温启动等相关问题进行了深入的交流和讨论。

2014 年 3 月 25 日，中德新能源汽车标准技术路线图和充电系统技术交流会在北京召开。会议由工业和信息化部装备工业司和德国经济与能源部工业政策司共同主办，德国国际合作公司（GIZ）和中国汽车技术研究中心承办。来自中德双方政府部门、相关研究机构、行业协会，以及汽车、电力、充电服务等行业的 60 余名代表参加了会议。在标准技术路线图方面，双方代表分别介绍了中国和德国标准路线图制定的背景、现状和下一步计划，对路线图的范围和实施等问题展开了讨论；在充电系统方面，中方代表介绍了中国充电基础设施的建设、运营和标准化工作的进展和动态，德方代表介绍了组合式充电系统及其应用。双方表示，将在标准化技术路线图和充电系统方面继续开展交流与合作，分析找出差异、共同制定相关标准，加强在汽车产品和充电系统技术标准领域的协调。

2014 年 5 月 13—15 日，在美国华盛顿召开了电动汽车安全全球技术法规非正式小组（EVS - IWG）第五次会议。EVS - IWG 是目前 WP. 29 的 1998 年协定框架下唯一的关于电动汽车安全法规制定的小组，因此自成立以来就受到各缔约国的高度关注。本次会议吸引了来自美国、中国、欧盟、日本、韩国、加拿大、德国、法国、瑞典、英国等国家和地区的 60 余位代表参加。来自于我国工信部装备工业司、中汽中心、一汽集团、上汽集团、中汽院等单位的 8 名中国代表参加了此次会议。中国代表团会前积极准备，会议上充分表达了意见和主张，完成了会前设定的目标。

2014 年 11 月 18—20 日，在韩国首尔召开了电动汽车安全全球技术法规非正式小组（EVS - IWG）第六次会议。会议通报了电动汽车安全全球技术法规（EVS - GTR）各具体任务小组的研究进展，完善了 EVS - GTR 草案；工信部派员并组织国内专家参加了此次会议。中国汽车技术研究中心、一汽集团带领中国区专家组参加会议。由于 2014 年 5 月 EVS 华盛顿会议将任务分解并成立了 8 个专项研究小组，将具体问题以专项小组的形式进行研究和讨论，提高了 EVS - GTR 草案整体的推进进度，保证了本次 EVS 会议的效率。中国代表团在会前积极准备，在会议上充分表达了意见和主张，完成了会前设定的目标。

2014 年 11 月 27—28 日在深圳召开了第六届电动汽车标准法规国际研讨会。会议由中国汽车技术研究中心主办，全国汽车标准化技术委员会和比亚迪汽车工业有限公司承办。会议从标准法规、行业发展、产品研发、测试评价等多个维度出发，展开了全方位的讨论，合力助推电动汽车产业的发展。本次会议的讲演嘉宾有来自于美国国家标准协会、美国通用汽车、日本经济产业省、日本汽车研究所、日本汽车工程学会、德国戴姆勒股份公司、德国菲尼克斯电气公司、中国台湾财团法人车辆测试研究中心在内的多个国家地区的政府官员、行业专家。

2014 年 11 月 26—28 日在日本京都召开了 ISO/TC22/SC38 - WG2 电动摩托车工作组会议。中国汽车技术研究中心、上海机动车检测中心、天津摩托车检验所、江苏淮海集团等中国代表一行 6 人参加了会议。来自中国、意大利、瑞士、德国、韩国、日本、美国、奥地利、泰国等国家的 20 多位代表与会。会议听取了瑞士和日本等国家关于 ISO/IEC 联合工作上次有关会议情况、有关技术标准草案、征求意见及处理情况的报告和有关建议。中国代表在讨论中形成一致意见和立场后统一对外。会议着重讨论了《电动摩托车充电系统要求》等 4 项标准的制定情况。

四、主要产品

整车控制器、新能源实时监控系统、电动汽车用无线诊断系统、电动汽车用售后手持诊断仪、整车控制器入厂测试仪、电动汽车控制策略柔性测试台架、动力系统标定台架、电动汽车下线检测台架、电动汽车能耗测试装置等。

国家汽车质量监督检验中心（北京）

一、发展概况

在国家质量监督检验检疫总局的大力支持下，北京市质量技术监督局以北京市产品质量监督检验所为基础，以汽车技术检测服务需求为导向，充分发挥首都检测资源优势，积极创新技术服务管理模式，筹建国家汽车质量监督检验中心（北京），全面服务政府管理、行业发展、企业研发和消费者利益。中心将开展和汽车行业有关的质量检测、性能研究、标准法规认证等各项工作，将建设成为国内外汽车行业交流的平台。

国家汽车质量监督检验中心（北京）从2013年正式对外服务以来，主要为政府汽车产品质量监管、汽车零部件生产企业产品研发和出口认证提供测试服务与技术支持。中心建有碰撞安全实验室、整车性能实验室、零部件实验室、排放节能实验室、灯光电器实验室、结构与仿真实验室、材料与用品实验室、汽车召回检测实验室，能力覆盖国家强制性检验项目和部分企业研发测试项目，已获得CNAS、CMA＼CAL和CCC检验资质，是CQC和CCAP签约实验室。

二、测试技术及规范研究与制定

近年来国家汽车质量监督检验中心（北京）积极参与国家科技部及北京市科委电动汽车相关课题研究，积极参与了北京市发布的《电动汽车电能供给与保障设施》指导性技术文件中充电站、充电桩、车载充电机、非车载充电机的起草工作。同时，承担国家科技部科技支撑计划项目“城市公共基础设施管理与服务技术标准研究”和北京市科委“电动汽车及充电设施检测标准研究及验证”“国家级电动汽车检测服务平台建设”“新能源小客车全过程风险监测与评估——车辆抽检及评估”等研究课题，开展《电动汽车电能供给与保障技术规范车载充电机》《电动汽车电能供给与保障技术规范非车载充电机》《电动汽车电能供给与保障技术规范交流充电桩》《电动汽车电能供给与保障技术规范计量系统》等相关标准的制修订，以及试验验证工作，为完善电动汽车标准体系提供技术支撑。

三、检测能力建设

电动汽车及其动力电池检测：拥有多套美国bitrode、德国digatron动力电池电性能检测设备和全套动力电池安全性检测设备，拥有多套德国flüke绝缘电阻测试仪、功率分析仪和八位半高精度数字多用表等，建有40m长、最大水深80cm的涉水试验路，涵盖电动汽车整车电安全性能全项试验以及电动汽车用铅酸电池、锂离子电池、镍氢电池等各种类型的单体电芯、模组（Umax = 60V，Imax = 1000A）和电池包（Umax = 750V，Imax = 500A）的安全和功能测试项目，包括：常温充放电性能、低温充放电性能、高温充放电性能、多种环境温度循环寿命、多种充放电模式倍率特性、简单工况模拟、各种条件环境试验、过充、过放、挤压、针刺、跌落、短路、燃烧、振动、冲击等测试项目，基本覆盖电动汽车用动力电池全项检验标准要求。

电动汽车充电设施检测：拥有多功能充电机检测平台，具备了国家标准、行业标准以及北京市地方标准等检测能力，完整地覆盖了充电设施环境试验、电气性能、电安全性能以及电磁兼容性能的检测要求，能够检测车载充电机、非车载充电机、交流充电桩以及DC/DC等电动汽车的充电产品。

四、国内外交流

国家汽车质量监督检验中心（北京）自成立以来，积极与国内外相关监测认证机构进行技术交流和互认工作，目前已经与德国TüV、法国必维、英国VCA等认证机构进行多次合作。

五、发展规划

国家汽车质量监督检验中心（北京）将继续加大在新能源汽车检测领域的投入，持续开展新能源汽车整车、动力电池系统和驱动电机检测试验和方法研究，为新能源汽车生产企业及政府机构提供优质的技术服务。

天津汽车检测中心（国家轿车质量监督检验中心）

一、发展概况

天津汽车检测中心（国家轿车质量监督检验中心）[以下简称“天检中心（轿检中心）”]隶属于中国汽车技术研究中心，在新能源汽车方面重点开展整车及其关键零部件测试评价研究工作。新能源汽车关键零部件测试评价技术平台已经基本完善，主要从事新能源汽车关键零部件的测试评价和论证，对象涉及电池、电机、电控和充电部件等，覆盖当前国内外主要标准，综合测试能力国内领先。同时进行新能源汽车测试评价相关国家课题研究和相关标准的制修订工作。其中，动力电池试验室主要进行电池单体、模块、电池包及管理系统的测试评价，包括电性能测试、循环寿命测试、环境可靠性测试和安全性测试，测试能力覆盖范围最广。电机电控试验室主要进行电机及其控制器、整车控制器、车载充电机、DC/DC变换器等产品的性能、环境适应性和可靠性测试。充电部件试验室主要进行充电接口、车载充电机等产品的性能和安全测试，率先具备新国标充电接口的测试能力和资质。环境试验室进行电动汽车零部件的环境适应性测试评价，包括：温湿度、温度冲击、振动（三综合）、机械冲击、盐雾、防水防尘、翻转、海水浸泡等。

二、2014年科研项目及成果

2014年承担和完成国家863计划、国际合作项目、省部级重大课题共13项，承担的其他科研课题85项。承担的重点科研课题有国家环保部“国家第六阶段机动车尾气细颗粒物的粒数和质量排放限值研究”“车载诊断和油气回收系统在机动车排放监管中的应用研究”、“国际机动车技术法规草案研究与验证协调工作”、国家863计划“锂离子储能电池和燃料电池备用电源安全性设计及性能评价研究”、科技部“新能源汽车整车及动力电池产业化开发技术创新产业群链合”、天津科委“电动汽车及关键零部件测试评价技术研究”等。参与标准编制标准28项，涵盖国际标准1项，国家标准25项，行业标准2项。其中，“关于噪声排放方面批准四轮及四轮以上机动车的统一规定”“重型商用车辆燃料消耗量限值”等标准已发布实施。2014年，试验所共申请专利16项，其中发明专利2项，实用新型专利14项，目前已获授权专利13项。此外，“汽车操纵稳定性集成测试评价平台”申请了软件著作权。共发表论文105篇，其中中文核心期刊79篇、EI检索篇35篇、检索1篇、ISTP检索4篇。

三、测试能力建设

2014年，在汽车零部件检测、新能源能力汽车电磁兼容检测、汽车材料禁限物质、整车性能、车辆操稳、平顺性等多个方面加大科研投入，进一步提升测试能力。完成了测量平台的建设工作，为灯光、视野、尺寸等要求精度较高的项目提供了基础保障，可以完成从小型乘用车到大型客车的测量工作。在主动安全测试方面，增加ADAC台车和自动驾驶机器人，覆盖了目前的全部主动安全测试项目。排放检测方面增加了满足国Ⅵ检测要求的EU6C设备、NMOG采样设备、N2O采样和分析设备、美标PM采样柜、PEMS车载排放测试系统、PZEV－VTSHED等。实车碰撞室开发了滚翻试验设备、气囊误作用等试验设备，对新的碰撞测试项目进行了研究，开发了多种轨道试验能力。模拟碰撞测试方面新增儿童座椅星级评价计算数据用车载摄像机，新增Q系列假人，更换了部分座椅开发试验的夹具、完善了CNG气瓶强度试验能力，对客车座椅强度试验能力进行了完善。重型车排放方面购买并调试了欧Ⅵ试验循环的WHTC、WHSC和WNTE循环，在行业中率先形成欧Ⅵ检测能力。在汽车材料禁用物质方面采购了液氮粉碎机、分光光度计、X射线分析仪、微波萃取仪、气质联用仪、电感耦合等离子体质谱等，并开展了汽车内饰材料挥发性有机物的检测研究。针对“新能源车辆动力系统—电磁兼容分析系统”新增了谐波分析系统、浪涌测试系统以及电快速脉冲群测试系统，满足了电动车在充电过程中和公共民用电网之间的电磁兼容性测试要求。汽车零部件测试方面增加了IST液压伺服作动器设备、导向头型设备、安全玻璃试验设备、车轮和轮胎设备、制动衬片设备、金相分析等检测设备。新能源测试方面，完成了电池包测试设备能力完善，加强了在动力电池单体、模块、包或系统的充放电性能测试、高低温环境适应性测试、温湿度环境适应性测试、循环耐久测试、温湿度盐雾复合、加速量热分析的等方面的能力。完成20kW燃料电池测试台、燃料电池发动机系统测试平台的建设。电机方面对日本神刚测功机和AVL 330kW测功机增加集成了温度仓，充电部件测试方面增加了车载充电机测试系统、充电通信协议测试系统，开发了充电接口弯曲试验台等非标试验装置，完善了充电接口、车载充电机和通信协议的测试能力。灯光检测方面，购置了GOH－1660车灯配光性能测试系统，设计制作了标准灯泡校准用精密夹具，为今后业务发展和科研项目的开展提供了保证。

四、2014年国际合作

2014年与日产、本田、丰田、宝马、联合电子、福特公司、美德维实伟克公司、加州环保局、美国西南研究院、欧洲汽车工业协会、日本汽车工业协会等多家国外企业和机构进行了电磁兼容、第六阶段机动车排放、蒸发排放、混合动力车实证运行、动力电池系统性能测试、安全测试等方面的合作研发与技术交流活动。轿检中心承担着机动车污染防治委员会、中国汽车工程学会汽车环保分会、测试技术分会秘书处工作，2014年组织召开了DPF应用及美国经验专家交流会、第七届先进柴油机排放控制技术及其测试评价研讨会、美国机动车排放标准介绍与交流会、柴油车排放关键零部件外观识别交流会、汽车工程学会年会等，此外还组织了Global－NCAP大会、电动汽车电磁兼容测试评价技术研讨会、怠速启停技术交流会、大城市污染防治技术研讨会等，就标准、测试评价技术等与国内外企业及专家进行了深入探讨和交流。参加了国际、国内汽车行业学术交流会议，如中国国际汽车照明论坛、国际电动汽车及关键部件测评研讨会、汽车安全技术学术会议、国际汽车交通安全学术会议、欧盟委员会工业部噪声限值协调特别会议、能源环境与可持续发展国际学术会议等。

五、主要业务

1. 整车检测。

2. 零部件检测：底盘部件检测、车身检测、车身附件检测、动力总成检测、排气系统检测、电子电器检测、新能源车关键部件检测等。

广州中国科学院工业技术研究院

一、发展概况

2014 年，广州中国科学院工业技术研究院（以下简称“广州工研院”）坚持以“服务协调、特色研发、转移转化”为工作原则，克服前进中的诸多困难，团结奋进，锐意进取，积极探索创新模式，在南沙新区的科技创新中心建设取得了突破性进展。

2014 年，广州工研院产学研合作等产业技术创新活动持续深入，以锂电平台、工程结构仿真分析、城市公共安全、新材料制备为重点，开展特色研发，引进重大项目。科研团队的技术创新能力持续加强，承担政府科技项目（纵向项目）和企业委托项目（横向项目）呈现出快速增长势头，并出现由单个项目开发向行业核心技术引领地位发展态势，全年在研项目共计 56 项，其中纵向项目 24 项（以广州工研院为主承担单位的 16 项，广州工研院作为参与单位的 8 项）、横向项目 27 项、院内立项项目 5 项。

2014 年，广州工研院各类科技人员已超过 170 人，学科带头人 10 人。通过进一步强化高端领军人才的吸引力度，高端人才引进取得突破性进展。2014 年广州工研院共聘用客座教授（研究员）5 人，引进各类管理和研发人员 25 人（不含高级专家和客座研究员，特指中级以下管理和研究人员），其中博士 5 人、硕士 15 人，实习学生 5 人，进一步夯实了核心研发团队，保证了管理处（室）和研究中心工作良性运转。

2014 年知识产权的申请数量为历年最高，总体质量呈上升趋势。截至 2014 年 12 月 15 日，全院共申请各类知识产权 44 项，其中发明专利 26 项，实用新型 18 项。申请数量为 2013 年的 220%，其中发明专利的申请量为 2013 年的 225%。各中心均超额完成年度知识产权申请计划，其中结构测试研究中心申请量为 28 项（发明专利 14 项）。获得各项授权 22 项，其中发明专利 4 项，实用新型 16 项，软件著作权 2 项，为 2013 年的 120%。共获得政府专利资助到账金额 72100 元，为 2013 年的 200%。

二、科研项目及成果

1. 锂电平台

“锂离子动力电池工艺装备技术基础服务平台”稳步推进。在相关部门的协调配合下，该平台在完成实验室基础环境建设的同时，各项研发工作也在有条不紊地进行。

加快信息化建设步伐。结合锂电池生产线的工艺特点，建立基于 NET 的智能化生产与制造执行过程管理基础开发平台。针对数据存储需求，建立实时历史数据库和关系型数据库相结合的数据存储平台，进行锂离子动力电池生产管理信息化系统的数据采集系统的总体方案设计，完成锂离子动力电池 MES 制造执行系统功能模块数据信息需求调研与初步设计。

设备采购与研制进展顺利。平台自行研制的设备有精密挤压式涂布机、激光切片机、方形叠片电池芯包制造系统，通过招投标采购的设备有分切机、热压机，搅拌机，目前这些设备已全部到位，并陆续开始试验。

成功申报 2014 年中科院科技服务网络计划（STS 计划）项目“锂离子动力电池制造工艺装备技术服务平台”，并获得 200 万元经费支持。2015 年，STS 计划项目已申请，目前正处于审批环节。

2. 国家物联网标识管理公共服务平台

国家发展和改革委于 2013 年 5 月正式批复了“国家物联网标识管理公共服务平台（以下简称“物联网平台”）。该平台由中国科学院计算机网络信息中心牵头，工业和信息化部电子科学技术情报研究所、工业和信息化部电信研究院、中国物品编码中心三家单位参与筹建。该平台基于域名系统建立物联网标识统一管理和公共服务，从开展标识解析服务入手，致力于推动我国自主研发的物联网基础资源标识体系、服务体系和技术标准的建设，打造物联网的“信息中心”。

3. 多个项目完成结题验收工作

一是院内项目“腐蚀与防护技术实验室建设（一期）项目”通过验收。二是广州超算专项“结构动力学仿真软件研发与示范应用”一期和二期两个项目通过市科信局组织的验收。三是“冲压 CAE 仿真服务平台”“南沙区院地共建科技创新平台体制机制研究”“基于物联网的智能火灾探测系统研发”4 个南沙区科技计划项目完成结题验收工作。此外，多个横向合同项目也通过验收。上述项目结题验收工作的顺利完成，为后续项目的争取和开展奠定了良好基础。

三、科研设施及科研能力建设

（1）建成“锂离子动力电池工艺装备技术基础服务平台研发和示范中心”，自主研发了精密挤压式涂布机、方形叠片电池芯包制造系统等电池生产过程中的核心设备，初步具备了锂电池前道工序如合浆、涂布、辊压、分条、激光切等工序的试验能力，目前已吸引包括广州力柏、深圳比亚迪等多家电池企业来平台做工艺试验，并取得了电池厂家的认同。

（2）按照“边推进、边协调”的原则，完成了 3.8 亿元投资规模的建筑设计方案报审、初步设计、二期工程的勘察工作和临电招标及图纸设计工作。同时，协调完成了场地平整的结算评审工作。

（3）新材料制备加工技术联合研究中心新一期建设项目。根据建设方案，该中心将在已有的基础上，本着坚持原有研发领域与适当调整研发方向相结合，使中心研发的领域与方向更加符合地方产业布局和广州工研院的战略定位，围绕高分子合成与改性、精细化工材料的合成与应用开展新的一期建设，希望通过建设包含新材料与精细化工平台、涂布技术配套平台、技术评价与测试平台、技术转移服务平台在内的四个平台，开展相应的功能高分子材料合成技术、精细化工技术的研究及应用、服务相关企业，为地方政府的产业政策提供技术支持。目前，该项目各项工作进展顺利。

（4）核电站热安全评估与优化辅助设计软件研发。该项目是城市公共安全技术研究中心在完成中心一期、二期建设的基础上，联合国际知名企业、高校合作开展的研发项目，项目负责人由国际知名专家担任。该项目主要面向国家核电大规模建设工程背景下热安全工程创新发展的需求，针对核电站内火灾安全问题，通过与中国科学技术大学、中广核工程技术有限公司等产、学机构的合作，加强热安全技术创新链与核电工程建设全产业链的结合，通过研发具有自主知识产权的核电热安全分析与评价软件，最终推动核电热安全高新技术成果转化，带动相关高新产业发展。

四、主要研究方向

广州工研院围绕先进制造应用集成技术、高新产业核心技术及社会公共事业关键技术等重点，着力开展创新平台建设，支持广州和珠江三角洲中小企业的产业升级和转型。先后组建了五个平台/研究中心。

（1）锂离子动力电池工艺装备技术基础服务平台：通过平台建设，形成开放式的电池设计、电池生产工艺装备设计、生产过程检测、生产过程控制、生产过程管理信息化、生产技术验证平台，最终具备整条动力电池生产线设计能力。

（2）工程结构分析与测试技术研究中心。工程结构测试、仿真、分析应用技术及数控加工机电部件设计、开发、测试等应用研发。技术专长：结构可靠性分析、金属加工成型分析、流固耦合分析和热分析及噪声分析等。

（3）城市公共安全技术研究中心。城市公共安全评价技术、城市公共安全控制技术、城市公共安全应急特种装备技术。

（4）新材料制备加工技术联合研究中心。腐蚀与防护技术领域开展技术研发、技术应用、技术转移、分析检测、技术咨询与培训等应用研发与服务。

（5）物联网信息中心。基于域名系统建立物联网标识统一管理和公共服务。从开展标识解析服务入手，致力推动我国自主研发的物联网基础资源标识体系、服务体系和技术标准的建设，打造物联网的“信息中心”。

五、国内外交流

2014年，本着“走出去，引进来”的工作思路，积极组织策划对外交流活动，组织院科技人员前往包括中广核工程有限公司、广州番禺得意精密电子工业有限公司、广州珠江电厂、中国散裂中子源在内的10余家企业及科研机构调研，了解上游资源和下游需求，构建交流渠道。对外签订各种合作协议共计16项，其中与企业共建实验室两个：“纳米材料研磨实验室”（与广州派勒机械设备有限公司共建）和“广州工研院迭蓓丝联合实验室（研发中心）”（与佛山市迭蓓丝生物科技有限公司共建）。

2014年12月16日，广州工研院与国家超级计算广州中心、香港科技大学霍英东研究院签订了《粤港共建国家超级计算广州中心南沙分中心合作框架协议书》，共同推进国家超级计算广州中心南沙分中心的建设。在南沙分中心建设中，我院将以自身在工业设计制造研究等领域的优势，面向珠三角及周边地区现有的船舶、汽车整车与零配件、装备制造、电子产品设计开发、大数据分析应用等产业提供科技服务，形成“研究—创新—设计—制造”的完整产业链，在提升企业竞争力的同时促进产业的转型升级，为现有产业转型升级、技术创新提供技术支持，带动珠三角地区计算机辅助工程技术与产业的发展。

2014年重点布局与中国台湾、英国以及俄罗斯的交流与合作，包括中国台湾“清华大学”、英国兰卡斯特大学、英国皇家科学院等。2015年，应广州工研院邀请，刘大佼教授团队三次来该院，双方在涂布技术的发展和应用领域进行了深入的交流，并在涂布技术应用方面达成初步合作意向，广州工研院拟聘请刘大佼教授参与该院的省创新团队项目申报，在锂离子动力电池领域的涂布技术开展前期合作，为今后布局共建涂布技术重点实验室打下坚实基础。同时，广州工研院组织了多场国际学术报告会，包括刘大佼教授的《涂布机关键设备磨具设计研究》、温恕恒博士的《水处理膜研究进展》、杨之光博士的《OLED应用的新哲学理念》、Roger Kemp院士的《英国铁路行业安全进展——安全法规与安全历史进程》《英国铁路行业安全进展——安全设施与安全技术》、Joseph Zarka教授的《复杂系统的智能优化设计》及Jean Michel Monville博士的《智能紧固的螺栓连接》等，取得了预期效果。

六、发展规划

2015年，配合南沙新区“三高地一中心”建设，以打造南沙新区战略性新兴产业和现代服务业为目的，抓住目前良好契机，做好平台建设，加强技术转移转化，大力推动科技产业发展。

（1）做好国家平台建设主要相关工作。

（2）推进重大核心技术工程化、产业化。

（3）推动重大核心技术建立国家、省级工程中心或工程实验室。

（4）继续推进协同创新机制的研究和实践，发起或参与推动产业技术联盟设立。

（5）按国家、省和市的统一部署，做好广州工研院公务用车改革和人员安置及车改后员工车补协调落实等后续工作。

清华大学汽车安全与节能国家重点实验室

一、发展概况

2014 年，实验室共有固定人员 74 人，其中中国工程院院士 1 人、教授及研究员 31 人、副教授及副研究员 25 人、助理研究员 8 人、工程技术人员 10 人。固定人员中，国家千人计划 3 人，国家青年千人计划 1 人，长江学者特聘教授 3 人，长江学者特聘讲席教授 1 人，国家杰出青年基金获得者 2 人，优秀青年科学基金获得者 1 人。

2014 年实验室人才奖项取得进展，张扬军通过长江学者特聘教授选拔，李亮获得“茅以升北京青年科技奖”和国家自然科学基金优秀青年基金；杨殿阁入选科技部中青年科技创新领军人才；郑新前荣获中国内燃机学会“史绍熙人才奖”。

2014 年实验室参与的 2 项“2011 协同创新中心”已入选第二批计划：由北京理工大学牵头的“北京电动车辆协同创新中心”和由同济大学牵头的“智能型新能源汽车协同创新中心”；荣获 2 项国家自然科学基金委机械工程学科“十佳优秀结题项目”（从两年的 1000 多项课题中遴选出）；赵福全教授牵头上书国务院的《强国之路突破口——关于中国汽车产业发展的建议》2014 年 10 月得到李克强总理的亲笔批示，除此之外他还参与中国工程院重大咨询项目“制造强国战略研究”，并担任《汽车制造业强国战略研究报告》的主笔人之一。

二、科研项目及成果

2014 年实验室共承担科研项目 303 项，实到科研经费 8130 万元。其中：牵头 973 课题 3 项，参与 973 课题 4 项；牵头 863 课题 3 项，参与 863 课题 13 项；牵头国家科技支撑计划 1 项，参与国家科技支撑计划 9 项；牵头国家科技重大专项 1 项，参与国家科技重大专项 2 项；参与国家重大科学仪器设备开发专项 1 项；承担国家自然科学基金 39 项、军工专项 18 项、省部级项目 34 项。省部级及以上项目经费合计 3767 万元，占总经费的 46.3%。承担国际合作项目 36 项，经费合计 1213 万元，占总经费的 14.9%。承担企事业单位委托项目 138 项，经费合计 3150 万元，占总经费的 38.8%。

2014 年实验室共发表论文 326 篇，即国际期刊 97 篇、国内期刊 140 篇、国际会议论文 79 篇、国内会议论文 10 篇。其中，SCI 收录 148 篇，EI 收录 255 篇。2014 年 5 月，实验室有 2 篇 SCI 论文入选热点论文（依托单位清华大学共有 33 篇）。授权国家发明专利 37 项、实用新型专利 9 项、计算机软件著作权 8 项。

2014 年，实验室产生一项重大科研成果：季学武、刘亚辉等完成的“基于路感跟踪的高性能电动助力转向系统关键技术及应用”，该成果获得“国家科学技术进步奖”二等奖。

三、科研设施及科研能力建设

2014 年，实验室购置仪器设备 365 台，总经费 1130 万元。其中，30 万元以上设备共 6 台，总计 417 万元，包括汽车电子试验平台、同步热分析仪、便携式燃烧分析仪、燃料电池测试系统、行人冲击试验台和蓄电池模拟器。其中大部分仪器设备都能够共享开放。

四、主要研究方向

实验室的主要研究方向为：汽车主动安全性、汽车被动安全性、先进发动机与排放控制、电动汽车与新型动力、汽车电子控制。

汽车主动安全性包括汽车动力学与控制、汽车振动与噪声控制、驾驶行为识别与安全辅助系统、交通安全与事故再现。

汽车被动安全性包括汽车碰撞力学、汽车安全性设计、乘员保护及人体损伤机理、汽车新型材料与轻量化。

先进发动机与排放控制包括发动机燃料与燃烧、发动机排放控制、发动机热流体学、动力总成与性能优化。

电动汽车与新型动力包括车用动力电池系统、纯电驱动系统、混合动力系统、燃料电池动力系统。

汽车电子控制包括发动机电子控制、底盘电子控制、智能汽车、智能交通。

五、国内外交流

2014 年有 78 人次的国际知名学者到实验室访问交流，国际讲学达到 30 人次。固定人员因公派出（长期）4 人次、短期派出交流79人次。主办或承办了“未来燃料与高效清洁内燃机技术”“大众汽车技术论坛”“中美清洁汽车联盟技术交流会”“第八届中日汽车产业论坛”“第六届流体机械及流体工程”等国际研讨会和学术会议，进一步提升学术交流水平，扩大国内外业界影响力。

2014年，实验室继续打造青年教师沙龙、午餐学术沙龙、教授沙龙的交流平台建设，形成全校品牌，其中午餐学术沙龙是实验室的特色之一，2014年共举办31次，3500人次参与。主讲嘉宾中有院士4人、国外专家学者11人。这使学术沙龙累计达149次，继续保持着对创新性科研工作以及人才培养的重要影响和促进。

由本实验室创办的《汽车安全与节能学报》继续保持良好的发展态势，目前是“中国科技核心期刊”“中国科学引文”两大数据库收录期刊，在2014年CNKI统计的中国交通运输工程类133种期刊中，学报影响因子为0.969，排名第13位。

2014年，实验室网站改版，新网站设计美观、模块简洁、运行稳定、内容更新快，成为实验室对外展示的重要窗口。

2014年，实验室继续开展“实验室开放日活动”，扩大对外影响力。接待参观访问40次，接待学生寒暑假实践共2次，面向社会开放吸引大学生100余人，70余名中学生到实验室参观。

六、发展规划

1. 打造技术载体，整合优势技术成果，提高国际影响力，形成一两项真正在国际上叫得响的成果，使实验室从科技支撑和行业引领提升到国际先进水平。

2. 根据汽车技术创新和行业发展趋势，为国家汽车工业的宏观发展做好战略研究，更好地凝练、融合重点实验室研究方向，注重共性关键技术研究。

3. 进一步强化多方合作交流，包括国际合作、产学研合作，探索多样化的人才培养渠道，努力提拔40岁以下的年轻教授。

国家燃料电池汽车及动力系统工程技术研究中心

一、发展概况

国家燃料电池汽车及动力系统工程技术研究中心（以下简称“中心”）致力于建立燃料电池汽车及动力系统技术研发体系，掌握并创新核心技术——燃料电池汽车及动力系统集成与匹配、动力系统控制、试验、高压氢气供应，构筑燃料电池汽车领域创新人才高地，服务和支撑新能源汽车行业创新发展。

中心现有中央“千人计划”专家2人，“973”首席科学家1人，“青年千人计划”专家1人，正高职称21人，副高职称15人，博士生导师17名，具有博士学位者39人，在站博士后3人，在读博士生62人，硕士生324人。

中心一直与多家单位共建联合机构，并保持良好合作，目前已建成的产学研合作研究机构有：同济大学—常州新能源汽车联合研究中心、同济—上海汇众萨克斯减振器有限公司悬架联合实验室、新能源汽车空气和热管理技术联合实验室、上汽—同济工程中心、大众—同济汽车研究院、吉利—同济汽车工程研究院、长安—同济汽车工程研究中心、标致雪铁龙—同济合作中心、AVL—同济汽车排放测试实验室、EDS—同济汽车虚拟开发中心、飞思卡尔—同济汽车电子实验室、LMS—同济汽车NVH技术联合实验室、SIEMENS—同济汽车动力传动技术实验室、蒂森克虏伯—同济汽车车身技术联合实验室等。

中心通过产学研机构的成立，加大加强服务项目等方法来加快新能源汽车产业的产学研转换步伐。通过技术研发项目把中心的研发成果向新能源汽车行业辐射，通过技术咨询和技术服务项目来规范和评估新能源汽车行业的产业化进程。

二、科研项目及成果

主要科研项目如下：

（1）在传统优势领域方面，中心继续深化研究，典型例子如下：①对燃料电池轿车动力系统平台的研究（863计划项目“燃料电池轿车动力系统技术平台研究与开发”等）；②对氢能相关技术的研究（863计划项目“70MPa加氢站系统集成、示范与安全评价技术”等）；③对新能源汽车及关键零部件的试验技术的研究（横向项目“燃料电池轿车整车NVH分析、整车试验及驱动系统测试分析”等）；

（2）中心致力于相关技术的产业化转化，先后与昆山弗尔赛能源有限公司、上海汽车集团股份有限公司等进行了多项合作（863计划项目“燃料电池备用电源系统可靠性与耐久性关键技术研究”“风电耦合制/储氢燃料电池发电柔性微网系统开发及示范”等）；

（3）中心继续加强新能源汽车的核心技术研究（863计划项目“车用燃料电池系统、电堆模块及膜电极关键技术研究”）。

以上表明，2014年中心在原有基础上继续深化和扩大对新能源汽车技术的研究，并通过多个技术服务、技术开发和技术咨询项目，与行业内多家单位开展燃料电池研发及产业化方面的合作。

主要成果如下：

（1）风电耦合制/储氢燃料电池发电柔性微网系统开发及示范

紧密围绕项目总体目标和主要任务，通过宽功率波动高效电解制氢设备、分布式发电用长寿命高环境适应性燃料电池发电系统和集压缩、储存于一体的紧凑型全自动高密度氢气储供系统的研制，实现关键设备自主开发，使其满足风电耦合氢能系统的应用要求；考察基于风电耦合氢储能系统的规模化风电场弃风利用、风电品质优化及孤岛形风/氢微网供电系统三种模式下的可行性，建立多模式风电耦合氢储能系统微网模型，形成风电输入制氢/储氢模块及燃料电池发电模块的耦合控制策略。通过一个课题实现三种应用模式下的示范运行，为三种不同目的下耦合氢储能系统的推广应用提供可靠的可行性分析评价，为日后规模化推广应用积累工程化经验。

（2）面向产业化的燃料电池轿车关键技术与整车集成开发

主要突破燃料电池轿车整车关键技术和燃料电池系统关键技术，重点开展燃料电池轿车整车集成与匹配技术，整车故障检测、诊断和容错技术，整车可靠性、耐久性、安全性和环境适应性技术，整车测试技术标准与评估体系，整车 NVH 与电磁兼容技术、整车生产制造工艺与质量保证技术研究，同步开展整车成本控制技术初步研究，从而提高燃料电池轿车综合性能，形成小批量的燃料电池轿车自主开发、制造能力，培育面向产业化的关键零部件供应体系，使整车达到国内领先水平。燃料电池系统关键技术主要包括燃料电池系统架构设计、系统控制策略、冷启动技术，燃料电池系统可靠性、耐久性技术，燃料电池系统自检技术和安全保护技术，从而提高燃料电池系统的可靠性、安全性、环境适应性以及燃料电池系统的功率密度和效率，提高燃料电池系统的产品级水平达到国内领先。

（3）全新结构 A0 级小型城市纯电动汽车开发

针对纯电动乘用车的特点，开发全新结构的电动乘用车整车产品动力系统平台，在此基础上开发出适应市场需求的两个小型城市纯电动乘用车整车平台，研究电动汽车底盘与车身设计及轻量化车身技术、整车控制关键技术，研究电动汽车碰撞安全技术、磁流变液制动技术，建立动力系统技术开发平台，形成产业化开发体系与技术规范，实现小批量生产并进行示范运行，为纯电动汽车大规模商业示范提供技术和产品支撑。

三、科研设施及科研能力建设

中心建立了较完备的电动汽车开发平台和测试环境。主要包括用于动力系统管理和控制的半实物仿真惯量试验台与转鼓试验台，燃料电池电堆和燃料电池发动机性能测试和参数匹配试验平台，动力蓄电池单电池、模块和电池组性能测试平台，驱动电机测试平台，水冷系统测试平台，以及轮毂电机测试平台等硬件开发环境。另外，还形成了混合动力系统虚拟设计、虚拟匹配和控制策略开发的离线仿真软件系统，整车动力学分析软件系统和基于 dSPACE 的整车动力学控制策略的软件开发环境。

中心下属的试验试制基地，具备了较完善的试验条件，可提供汽车 NVH 试验、整车道路模拟试验、六自由度道路模拟试验、汽车排放试验、混合动力发动机试验等相关试验服务。

中心依托单位——同济大学——在车辆工程及其相关学科如交通工程等具有学科交叉和学科融合的综合优势。学校在车辆学科已建成我国首座汽车气动 - 声学整车风洞和热环境风洞，其在空气动力和热力学测量精度、地面边界模拟、噪声控制等关键技术指标上均达到世界领先水平；在交通学科已建设我国最大的汽车驾驶模拟器。这些研发环境为中心的研发提供了重要支撑。

四、主要研究方向

中心的主要研究内容包括动力系统集成与控制技术、燃料电池系统技术、燃料电池电堆技术、氢能源技术、电驱/传动技术、控制器与网络通信技术、动力蓄电池技术、NVH 技术、动力系统及关键零部件测试技术等。

五、国内外交流

2014 年 9 月，中心成功组织召开了“2014 中国燃料电池汽车及氢能利用论坛及产业博览会”，此次展会是目前国内规模较大的以燃料电池等新能源为主题的展会之一。展会设有燃料电池汽车及燃料电池关键零部件展区，国内外主流汽车及关键零部件厂商展出了各自最新的燃料电池汽车及关键零部件产品和科技成果。此次论坛，政府主管部门、汽车整车及零部件企业、高校、科研机构、社会团体等共聚一堂，就燃料电池汽车发展进行深入对话与交流。当天，上海汽车举行了燃料电池轿车路演发车仪式，标志着中国自主研发的燃料电池轿车将迈向产业化。

六、发展规划

中心将加强组织结构和管理模式的建设，集中优势资源，围绕燃料电池汽车及动力系统以及相关研究领域形成中心的核心业务。中心将继续保持与上燃动力的密切联系，同时在燃料电池、动力蓄电池方面加强与其他零部件单位的合作，使研究成果尽快推向产业化。另外，中心将加强与依托单位——同济大学——的关系，充分利用学校的资源和智力优势，让学校成为中心的人才库。

以服务国家发展战略需求为目标，以国家 863 计划、上海政府支持项目为依托，建设燃料电池汽车动力系统及关键零部件研发环境，开展相关技术研发。

聚焦中心在前两个五年计划中的研发成果，集中人力资源、试验能力等攻克新能源汽车动力系统及关键零部件核心技术，技术水平在行业处于领先地位。

以市场需求为导向进行技术服务，将研发成果不断向生产企业转移，同时从市场上获取回报，保障中心可持续健康发展。

人力资源建设同时立足于内部培养和外部引进，扩大国际合作交流，加强联合培养模式，打造一支国际化的研发队伍。

北京理工大学机械与车辆学院电动车辆国家工程实验室

一、发展概况

2014 年，北京理工大学机械与车辆学院电动车辆国家工程实验室（以下简称“实验室”）积极承担北京理工大学车辆专业的本科生及研究生的教学任务，在电动汽车相关专业课程建设和试验条件建设等方面都取得了良好进展。科研方面在继续深入开展新能源汽车领域，尤其是专注于纯电动汽车技术研发工作的同时，积极探索政产学研用有机结合途径，建设促进科研成果转化并为区域经济发展提供驱动力的新型创新模式。2014 年 9 月，北京电动车辆协同创新中心获得教育部“2011 计划”认定。北京电动车辆协同创新中心是以电动车辆国家工程实验室作为主要组成部分的“新能源汽车北京实验室”（北京市协同创新中心）为基础，联合北京汽车集团有限公司、北京交通大学、清华大学、国网北京市电力公司、中科院电工研究所、中国北方车辆研究所、北京工业大学、北京信息科技大学、北方工业大学 10 家主要协同单位，组成的面向区域经济发展的协同创新中心。北京电动车辆协同创新中心获得认定，不仅将为我国新能源汽车领域相关专业的人才培养提供最佳的发展机遇，更能够通过加强学科建设、人才培养、国际交流等途径，探索电动汽车领域的产学研协同创新体制机制改革方向，为我国电动汽车产业在技术研发、人才储备、产品技术水平提升等方面取得突破性进展。

二、科研项目及成果

2014 年，实验室继续承担了国家多项重要科技项目的研发任务。完成了科技部 863 重大课题《纯电动商用车（M3/N3 类）动力系统平台技术攻关》项目研制，项目于年内顺利结题。承担了国家 863 计划、工信部、北京市教委、北京市科技计划、总装备部预研项目以及自然基金等课题的研究工作，与北汽福田、北汽新能源、江苏徐州宗申公司等公司合作参与科技部支撑项目及企业技术研发项目。继续作为国家车用驱动电机授权检测基地，为国内相关厂商的驱动电机产品提供检测服务。实验室在 SCI/EI 论文、专利授权数量上继续实现稳步发展，相关项目获得河南省科技进步奖一等奖 1 项、北京市科学进步一等奖 1 项，获得 2013 年度中国百篇最具影响国际学术论文 1 篇。实验室林程教授入选科技部“中青年领军人才创新推进计划”，王震坡教授获批“科技北京科技百名领军人才”。

三、科研设施及科研能力建设

以北京电动车辆协同创新中心为平台，通过整合、共享各协同成员单位的科研设施及试验条件，实验室科研能力建设取得了显著的加强和扩展。中心具有总面积 2 万平方米技术检测实验中心，拥有整车实验室、控制系统实验室、驱动系统实验室、电机系统实验室、电池系统实验室和零部件系统实验室等 6 个新能源汽车实验室和 1 个小型的试车跑道（包含搓板路和涉水跑道）。国家认可委、认监委认证的国家电动汽车电机及其控制器测试基地，是国家 863 电动汽车重大专项电机及其控制器唯一指定检测基地；在此基础上，2014 年针对电动汽车动力电池测试和电磁兼容性测试实现增项，成为具有第三方公证资质的相关项目检测基地。同时还拥有电动汽车充电设施测试基地、多能源混合动力系统研究平台、清洁发动机测试与研发平台、复合传动测试与研发平台、车 - 电 - 网系统耦合研发平台等科研设施条件。协同创新中心汇聚了 20 余家单位的优势创新要素，实现机械、化学、电力电子、管理学等学科交叉与融合。以实验条件布局为基础，汇聚于协同创新中心的国家级、省部级、行业、校级/企业级等主要科研平台数量超过 30 家，协同创新中心形成国家级重点学科 4 个，省部级重点学科 3 个。通过汇集整理，协同创新中心实现了设备共享，目前拥有 100 万元以上大型仪器设备平台 25 件/套，仪器设备总价值人民币 2.3 亿元。

四、主要研究方向

依托协同创新中心平台，按照电动车辆整车、关键部件和运营系统，根据现阶段研究重点和热点划分为车辆动力学与控制、清洁能源与动力、高效驱动与传动、车 - 电 - 网耦合与管理 4 个科研领域。以创新为驱动和市场需求为牵引，开展电动车辆设计理论与动力学控制理论研究。以整车的功能和性能需求为牵引，开展驱动（电机系统）、传动、动力源（动力电池系统、发动机、燃料电池）等关键部件基础理论研究和工程开发工作。同时，以电动车辆的安全、可靠、高效、便捷应用为目标，开展电动车辆系统应用与管理科学研究。整车、关键部件、应用理论互为前提和支撑，以整车功能完善、性能提升、参数优化为目标，开展基础理论研究和工程技术开发工作。主要研究方向为：

1. 车辆动力学与控制

该领域重点解决电动车辆整车层面的关键技术问题，主要包括：

（1）车辆系统动力学

（2）总体设计理论

（3）系统控制理论与方法

2. 高效驱动与传动

（1）电机驱动器件与控制

（2）电机设计与系统集成

（3）机电液复合传动

3. 清洁能源与动力

（1）高效清洁内燃机

（2）新型绿色电池

（3）燃料电池

4. 安全运行与管理

（1）运行保障

（2）车辆智能管理

（3）政策法规

五、国内外交流

以“新能源车辆及应用”学科创新引智基地为平台，引进多名在该领域学术水平居国际领先的海外学术大师和海外学术骨干，形成了“新能源车辆设计理论与技术”“车辆电驱动理论与控制”“新型动力系统及控制”“新能源车辆电源系统理论与应用”“绿色交通行为理论与安全控制技术”五个研究方向。与外方共建了“新型机械动力系统及能源联合实验室”“新能源车辆动态系统与控制联合研究中心”等研究组织。依托实验室技术平台，北京理工大学与波兰 TAURON 集团、华沙理工大学签订中波 e－Bus 项目合作协议。实现电动客车平台技术输出，在波兰建立一个电动公共交通系统，同时双方共同推进其系统在其他欧盟成员国和周边邻国的推广实施。北京理工大学、清华大学、北京交通大学等高校与悉尼科技大学、卧龙岗大学在电传动系统匹配优化、电池管理方面建立了长期的学术联系，每年开展教师的互访和学术交流；与斯文本科技大学（Swinburne University of Technology）开展校长级互访，每年轮流举办科技论坛，就电动汽车及零部件的控制技术、信息处理技术、电池管理技术等方面展开了广泛的合作。在多方技术交流与合作的基础上，国内外相关企业展开了技术联合（国内：北汽集团下属的福田汽车、大洋电机；澳大利亚：皇冠客车等），共同申请了中澳政府间科技合作项目，就先进适用的电动汽车技术展开合作研究。北京理工大学、清华大学、北京交通大学等与加拿大麦克马斯特大学（McMaster University）、滑铁卢大学（University of Waterloo）在混合动力技术、电传动控制、电池车载监控技术等方面开展了全面的研究和合作。2014 年 8 月 31 日，由北京理工大学、中国科学院电工研究所和中国电工技术学会主办的 IEEE 亚太交通电气化大会暨展览会在北京国际会议中心举行。该会议是 IEEE 首次在亚太地区举办以“交通电气化”为主题的国际学术盛会，吸引了来自美国、德国、加拿大、日本、韩国等 21 个国家、96 位知名企业负责人、近千名工业界专家和学术界学者参会。2014 年 11 月 29 日，泰国外交部副部长敦·帕马威奈率领代表团访问了北京理工大学电动车辆国家工程实验室。2014 年 12 月 10 日孙逢春副校长出席了德国驻华大使馆举办的题目为“智慧城市”的科学论坛并发言。

六、发展规划

以北京电动车辆协同创新中心为依托，立足“国家节能与新能源汽车产业发展规划（2012—2020）”以及“北京市 2013—2017 年清洁空气行动计划”对电动车辆制定的总体目标，充分发挥北京电动车辆协同创新技术中心的技术、人才、学科优势，系统解决电动车辆在“车辆动力学与控制、高效驱动与传动、清洁能源与动力、车－电－网耦合与管理”四个领域的瓶颈技术问题，服务首都电动车辆产业经济圈的良性健康发展，推动首都经济发展和交通领域的节能减排。组建以高校为主体的原始理论创新和关键技术攻关创新团队 1 个，并争取成为教育部创新团队。新建国家级科研平台 1 个，省部级科研平台 2～3 个。开发电动乘用车整车新产品 2 种、电动商用车（电动公交客车、电动物流车等）整车产品 5 种。支撑累计在北京市推广应用电动汽车 3.5 万辆，占北京市汽车保有量的 0.5%，实现工业新增产值 200 亿元。实现北京电动车辆协同创新技术中心的高效运转，完成电动车辆大数据系统平台、电动车辆总体设计与系统控制技术平台、高效电驱动技术平台、机电液复合传动技术平台、清洁高效发动机技术平台、动力电池及成组应用技术平台以及电动车辆安全管理与应用技术支撑平台建设，协同创新技术得到充分体现，技术水平和性能指标得到明显提升。协同创新中心未来将形成学科发展、科学研究、人才培养的良性互动与相互促进，形成三位一体的发展能力，中心的整体实力显著增强，总体达到国际一流水平，成为服务北京电动车辆技术发展的创新核心。

第五篇
产量统计

一、节能与新能源汽车累计产量统计

1. 分车型累计产量统计（2009 年至 2015 年 3 月）

车型	2009 年	2010 年	2011 年	2012 年	2013 年	2014 年													2015 年 1～3 月			
	合计（辆）	合计（辆）	合计（辆）	合计（辆）	合计（辆）	1 月	2 月	3 月	4 月	5 月	6 月	7 月	8 月	9 月	10 月	11 月	12 月	合计（辆）	1 月	2 月	3 月	合计（辆）
纯电动客车	78	655	1360	1904	1607	149	39	567	185	298	790	197	89	2507	443	1326	6287	12877	1154	659	1981	3794
纯电动乘用车	37	1141	4759	9699	14478	1362	888	1917	1498	1418	1443	681	608	12664	3432	6622	14194	46727	2394	2201	7417	12832
纯电动专用车	60	167	588	1869	2036	58	21	102	70	124	175	186	236	150	178	527	2206	4033	273	156	457	886
插电式混合动力客车	70	280	197	277	4736	307	85	1036	478	1052	665	681	877	1989	970	1820	3786	13746	871	694	802	2367
插电式混合动力乘用车	37	345	289	262	718	216	302	553	658	715	372	75	96	6043	2181	2526	3111	16848	2281	1661	3315	7257
非插电式混合动力客车	1515	2676	4305	6372	4793	164	1	52	225	422	0	0	0	29	30	112	169	1204	1	0	0	1
非插电式混合动力乘用车	539	2293	1972	8377	7929	752	429	768	450	710	815	859	634	614	632	296	253	7212	800	525	34	1359
燃料电池轿车	0	2	0	0	0	0	0	0	0	0	0	0	6	0	0	2	0	8	0	0	0	0
燃料电池客车	0	46	0	0	0	0	0	0	0	0	0	0	0	0	0	0	0	0	0	0	0	0
合计（辆）	2336	7605	13470	28760	36297	3008	1765	4995	3564	4739	4260	2679	2546	23996	7866	13231	30006	102655	7774	5896	14006	28496

2. 生产企业累计产量统计（2009—2014 年）

企业名称	车辆品牌	纯电动客车			纯电动乘用车			纯电动专用车			插电式混合动力客车			插电式混合动力乘用车			非插电式混合动力客车			非插电式混合动力乘用车			燃料电池客车			燃料电池乘用车			合计（辆）
		2009—2013 年	2014 年	小计	2009—2013 年	2014 年	小计	2009—2013 年	2014 年	小计	2009—2013 年	2014 年	小计	2009—2013 年	2014 年	小计	2009—2013 年	2014 年	小计	2009—2013 年	2014 年	小计	2009—2013 年	2014 年	小计	2009—2013 年	2014 年	小计	
奇瑞汽车股份有限公司	奇瑞牌	0	0	0	11767	8771	20538	0	0	0	0	0	0	0	0	0	0	0	0	22	0	22	0	0	0	2	0	2	21259
	瑞麒牌	0	0	0	559	138	697	0	0	0	0	0	0	0	0	0	0	0	0	0	0	0	0	0	0	0	0	0	
广汽丰田汽车有限公司	丰田牌/TOYOTA	0	0	0	0	0	0	0	0	0	0	0	0	0	0	0	0	0	0	9676	5725	15401	0	0	0	0	0	0	15401
比亚迪汽车有限公司	比亚迪牌	0	0	0	389	0	389	0	0	0	0	0	0	1501	13339	14840	0	0	0	0	0	0	0	0	0	0	0	0	15229
郑州宇通客车股份有限公司	宇通牌	229	1911	2140	0	0	0	0	0	0	995	5593	6588	0	0	0	5179	42	5221	0	0	0	0	0	0	0	0	0	13949
湖南江南汽车制造有限公司	众泰牌	224	65	289	2380	10386	12766	0	0	0	0	0	0	0	0	0	0	0	0	0	0	0	0	0	0	0	0	0	13679
	江南牌	0	0	0	5	0	5	607	12	619	0	0	0	0	0	0	0	0	0	0	0	0	0	0	0	0	0	0	

续表

企业名称	车辆品牌	纯电动客车			纯电动乘用车			纯电动专用车			插电式混合动力客车			插电式混合动力乘用车			非插电式混合动力客车			非插电式混合动力乘用车			燃料电池客车			燃料电池乘用车			合计（辆）
		2009—2013年	2014年	小计	2009—2013年	2014年	小计	2009—2013年	2014年	小计	2009—2013年	2014年	小计	2009—2013年	2014年	小计	2009—2013年	2014年	小计	2009—2013年	2014年	小计	2009—2013年	2014年	小计	2009—2013年	2014年	小计	
浙江吉利汽车有限公司	康迪牌	0	0	0	0	11006	11006	0	0	0	0	0	0	0	0	0	0	0	0	0	0	0	0	0	0	0	0	0	12052
	吉利美日牌	0	0	0	0	0	0	0	0	0	0	0	0	0	0	0	0	0	0	1040	6	1046	0	0	0	0	0	0	
	吉利牌	0	0	0	0	0	0	0	0	0	0	0	0	0	0	0	0	0	0	0	0	0	0	0	0	0	0	0	
安徽江淮汽车股份有限公司	江淮牌	0	0	0	5246	2735	7981	9	0	9	0	0	0	40	1	41	0	0	0	0	0	0	0	0	0	0	0	0	8031
北京汽车股份有限公司	北京牌	0	0	0	2230	5510	7740	52	186	238	0	0	0	0	0	0	0	0	0	0	0	0	0	0	0	0	0	0	7978
比亚迪汽车工业有限公司	比亚迪牌	10	2501	2511	643	2277	2920	0	0	0	0	0	0	0	31	31	0	0	0	0	0	0	0	0	0	0	0	0	5675
	腾势牌	0	0	0	0	213	213	0	0	0	0	0	0	0	0	0	0	0	0	0	0	0	0	0	0	0	0	0	
上海汽车集团股份有限公司	荣威牌	0	0	0	734	528	1262	0	0	0	0	0	0	19	2812	2831	0	0	0	1023	9	1032	0	0	0	0	8	8	5177
	上汽牌	0	0	0	0	0	0	0	0	0	0	0	0	0	0	0	0	0	0	0	0	0	0	0	0	44	0	44	
上海华普汽车有限公司	康迪牌	0	0	0	2511	2285	4796	0	0	0	0	0	0	0	0	0	0	0	0	0	0	0	0	0	0	0	0	0	4796
四川一汽丰田汽车有限公司	丰田牌/TOYOTA	0	0	0	0	0	0	0	0	0	0	0	0	0	0	0	0	0	0	3280	1214	4494	0	0	0	0	0	0	4494
湖南南车时代电动汽车股份有限公司	南车时代牌	0	0	0	0	0	0	0	0	0	67	1129	1196	0	0	0	2748	109	2857	0	0	0	0	0	0	0	0	0	4053
北汽福田汽车股份有限公司	福田牌	170	852	1022	354	152	506	39	0	39	133	793	926	0	0	0	1373	0	1373	0	0	0	0	0	0	0	0	0	3866
中通客车控股股份有限公司	中通牌	3	353	356	0	0	0	0	0	0	994	1337	2331	0	0	0	869	0	869	0	0	0	0	0	0	0	0	0	3556
金龙联合汽车工业（苏州）有限公司	海格牌	18	1234	1252	0	0	0	0	1	1	724	1166	1890	0	0	0	254	41	295	0	0	0	0	0	0	0	0	0	3438
厦门金龙旅行车有限公司	金旅牌	4	133	137	0	0	0	0	0	0	150	494	644	0	0	0	2561	77	2638	0	0	0	0	0	0	0	0	0	3419
华晨汽车集团控股有限公司	中华牌	0	0	0	73	100	173	0	0	0	0	0	0	0	0	0	0	0	0	2976	235	3211	0	0	0	0	0	0	3384
深圳市五洲龙汽车有限公司	五洲龙牌	556	181	737	0	0	0	0	0	0	315	180	495	0	0	0	2111	0	2111	0	0	0	0	0	0	0	0	0	3343
安徽安凯汽车股份有限公司	安凯牌	1215	842	2057	0	0	0	0	0	0	218	52	270	0	0	0	242	0	242	0	0	0	0	0	0	0	0	0	2568
上海申沃客车有限公司	申沃牌	680	542	1222	0	0	0	0	0	0	28	378	406	0	0	0	300	630	930	0	0	0	0	0	0	2	0	2	2561
东风汽车公司	东风牌	129	197	326	0	0	0	454	111	565	501	144	645	0	0	0	1	0	1	0	0	0	0	0	0	0	0	0	2410
	风神牌	0	0	0	8	122	130	0	0	0	0	0	0	0	0	0	0	0	0	734	9	743	0	0	0	0	0	0	
南京金龙客车制造有限公司	东宇牌	43	1887	1930	0	0	0	0	1	1	12	0	12	0	0	0	0	0	0	0	0	0	0	0	0	0	0	0	1943

续表

企业名称	车辆品牌	纯电动客车			纯电动乘用车			纯电动专用车			插电式混合动力客车			插电式混合动力乘用车			非插电式混合动力客车			非插电式混合动力乘用车			燃料电池客车			燃料电池乘用车			合计(辆)
		2009—2013年	2014年	小计	2009—2013年	2014年	小计	2009—2013年	2014年	小计	2009—2013年	2014年	小计	2009—2013年	2014年	小计	2009—2013年	2014年	小计	2009—2013年	2014年	小计	2009—2013年	2014年	小计	2009—2013年	2014年	小计	
厦门金龙联合汽车工业有限公司	金龙牌	33	46	79	0	0	0	0	0	0	283	582	865	0	0	0	915	52	967	0	0	0	0	0	0	0	0	0	1911
深圳市比亚迪汽车有限公司	比亚迪牌	385	0	385	1496	0	1496	0	0	0	0	0	0	0	0	0	0	0	0	0	0	0	0	0	0	0	0	0	1881
广州汽车集团客车有限公司	广汽牌	26	0	26	0	0	0	0	0	0	1	197	198	0	0	0	1652	0	1652	0	0	0	0	0	0	0	0	0	1876
金华市康迪新能源车辆有限公司	康迪牌	0	0	0	0	0	0	1337	319	1656	0	0	0	0	0	0	0	0	0	0	0	0	0	0	0	0	0	0	1656
重庆恒通客车有限公司	恒通客车牌	40	3	43	0	0	0	0	0	0	547	395	942	0	0	0	573	0	573	0	0	0	0	0	0	0	0	0	1558
东风汽车有限公司	启辰牌	0	0	0	214	1325	1539	0	0	0	0	0	0	0	0	0	0	0	0	0	0	0	0	0	0	0	0	0	1539
上海通用汽车有限公司	别克牌/BUICK	0	0	0	0	0	0	0	0	0	0	0	0	0	0	0	0	0	0	1236	0	1236	0	0	0	0	0	0	1416
	赛欧牌/SAIL	0	0	0	80	100	180	0	0	0	0	0	0	0	0	0	0	0	0	0	0	0	0	0	0	0	0	0	
天津清源电动车辆有限责任公司	清源牌	0	0	0	0	0	0	186	573	759	0	0	0	0	0	0	0	0	0	0	0	0	0	0	0	0	0	0	1316
	清源宝骑牌	0	0	0	0	0	0	56	501	557	0	0	0	0	0	0	0	0	0	0	0	0	0	0	0	0	0	0	
重庆长安汽车股份有限公司	长安牌	0	0	0	305	27	332	0	0	0	0	0	0	0	0	0	0	0	0	909	14	923	0	0	0	0	0	0	1255
北京华林特装车有限公司	华林牌	0	0	0	0	0	0	1018	189	1207	0	0	0	0	0	0	1	0	1	0	0	0	0	0	0	0	0	0	1208
江苏奥新新能源汽车有限公司	达福迪牌	0	0	0	0	0	0	39	924	963	0	0	0	0	0	0	0	0	0	0	0	0	0	0	0	0	0	0	963
中国第一汽车集团公司	红旗牌	0	0	0	0	0	0	0	0	0	0	0	0	81	440	521	0	0	0	0	0	0	0	0	0	0	0	0	884
	解放牌	13	0	13	0	0	0	0	0	0	0	0	0	0	0	0	251	0	251	0	0	0	0	0	0	0	0	0	
	一汽牌	0	0	0	0	99	99	0	0	0	0	0	0	0	0	0	0	0	0	0	0	0	0	0	0	0	0	0	
上海万象汽车制造有限公司	象牌	99	249	348	0	0	0	0	0	0	0	390	390	0	0	0	0	0	0	0	0	0	0	0	0	0	0	0	738
金华青年汽车制造有限公司	青年牌	142	185	327	0	0	0	0	0	0	118	20	138	0	0	0	70	1	71	0	0	0	0	0	0	0	0	0	536
长沙市比亚迪客车有限公司	比亚迪牌	520	0	520	0	0	0	0	0	0	0	0	0	0	0	0	0	0	0	0	0	0	0	0	0	0	0	0	520
扬州亚星客车股份有限公司	亚星牌	2	17	19	0	0	0	0	0	0	114	240	354	0	0	0	103	0	103	0	0	0	0	0	0	0	0	0	476
上海申龙客车有限公司	申龙牌	0	31	31	0	0	0	0	0	0	0	153	153	0	0	0	179	104	283	0	0	0	0	0	0	0	0	0	467
一汽海马汽车有限公司	海马牌	0	0	0	461	4	465	0	0	0	0	0	0	0	0	0	0	0	0	0	0	0	0	0	0	0	0	0	465
山东沂星电动汽车有限公司	飞燕牌	312	124	436	0	0	0	0	0	0	0	0	0	0	0	0	0	0	0	0	0	0	0	0	0	0	0	0	436

续表

企业名称	车辆品牌	纯电动客车			纯电动乘用车			纯电动专用车			插电式混合动力客车			插电式混合动力乘用车			非插电式混合动力客车			非插电式混合动力乘用车			燃料电池客车			燃料电池乘用车			合计（辆）
		2009—2013年	2014年	小计	2009—2013年	2014年	小计	2009—2013年	2014年	小计	2009—2013年	2014年	小计	2009—2013年	2014年	小计	2009—2013年	2014年	小计	2009—2013年	2014年	小计	2009—2013年	2014年	小计	2009—2013年	2014年	小计	
一汽客车（大连）有限公司	解放牌	40	80	120	0	0	0	0	0	0	1	50	51	0	0	0	260	0	260	0	0	0	0	0	0	0	0	0	431
重庆瑞驰汽车实业有限公司	瑞驰牌	0	0	0	0	0	0	75	346	421	0	0	0	0	0	0	0	0	0	0	0	0	0	0	0	0	0	0	421
广州汽车集团乘用车有限公司	传祺牌/Trumpchi	0	0	0	0	0	0	0	0	0	0	0	0	10	192	202	0	0	0	206	0	206	0	0	0	0	0	0	408
宁波神马汽车制造有限公司	浙江牌	202	0	202	0	0	0	0	0	0	0	0	0	0	0	0	201	0	201	0	0	0	0	0	0	0	0	0	403
华晨宝马汽车有限公司	之诺牌/ZINORO	0	0	0	11	311	322	0	0	0	0	0	0	0	33	33	0	0	0	0	0	0	0	0	0	0	0	0	355
中国重汽集团成都王牌商用车有限公司	王牌牌	0	0	0	0	0	0	192	141	333	0	0	0	0	0	0	0	0	0	0	0	0	0	0	0	0	0	0	333
东南（福建）汽车工业有限公司	东南牌	0	0	0	1	324	325	0	4	4	0	0	0	0	0	0	0	0	0	0	0	0	0	0	0	0	0	0	329
成都客车股份有限公司	蜀都牌	213	0	213	0	0	0	0	0	0	90	14	104	0	0	0	0	0	0	0	0	0	0	0	0	0	0	0	317
东风扬子江汽车（武汉）有限责任公司	扬子江牌	10	204	214	0	0	0	0	0	0	20	0	20	0	0	0	81	0	81	0	0	0	0	0	0	0	0	0	315
江西凯马百路佳客车有限公司	江西牌	27	13	40	0	0	0	0	0	0	74	101	175	0	0	0	100	0	100	0	0	0	0	0	0	0	0	0	315
南京汽车集团有限公司	依维柯牌	2	216	218	0	0	0	26	0	26	0	0	0	0	0	0	0	0	0	0	0	0	0	0	0	0	0	0	307
	跃进牌	0	0	0	0	0	0	45	1	46	0	0	0	0	0	0	0	0	0	0	0	0	0	0	0	0	0	0	
	畅达牌	0	0	0	0	0	0	1	16	17	0	0	0	0	0	0	0	0	0	0	0	0	0	0	0	0	0	0	
江苏九龙汽车制造有限公司	大马牌	0	271	271	0	0	0	0	0	0	0	0	0	0	0	0	0	0	0	0	0	0	0	0	0	0	0	0	271
四川汽车工业股份有限公司	野马牌	25	1	26	17	200	217	0	0	0	0	0	0	0	0	0	0	0	0	0	0	0	0	0	0	0	0	0	243
丹东黄海汽车有限责任公司	黄海牌	1	0	1	0	0	0	0	0	0	109	43	152	0	0	0	76	0	76	0	0	0	0	0	0	0	0	0	229
河南少林汽车股份有限公司	少林牌	18	200	218	0	0	0	0	0	0	0	0	0	0	0	0	6	0	6	0	0	0	0	0	0	0	0	0	224
浙江豪情汽车制造有限公司	康迪牌	0	0	0	208	0	208	0	0	0	0	0	0	0	0	0	0	0	0	0	0	0	0	0	0	0	0	0	209
	豪情牌	0	0	0	1	0	1	0	0	0	0	0	0	0	0	0	0	0	0	0	0	0	0	0	0	0	0	0	
合肥昌河汽车有限责任公司	昌河牌	0	0	0	201	0	201	2	0	2	0	0	0	0	0	0	0	0	0	0	0	0	0	0	0	0	0	0	203
奇瑞万达贵州客车股份有限公司	万达牌	0	0	0	0	0	0	0	0	0	0	200	200	0	0	0	0	0	0	0	0	0	0	0	0	0	0	0	200

续表

企业名称	车辆品牌	纯电动客车			纯电动乘用车			纯电动专用车			插电式混合动力客车			插电式混合动力乘用车			非插电式混合动力客车			非插电式混合动力乘用车			燃料电池客车			燃料电池乘用车			合计（辆）
		2009—2013年	2014年	小计	2009—2013年	2014年	小计	2009—2013年	2014年	小计	2009—2013年	2014年	小计	2009—2013年	2014年	小计	2009—2013年	2014年	小计	2009—2013年	2014年	小计	2009—2013年	2014年	小计	2009—2013年	2014年	小计	
珠海市广通汽车有限公司	广通牌	46	137	183	0	0	0	0	0	0	0	0	0	0	0	0	3	0	3	0	0	0	0	0	0	0	0	0	186
福建新龙马汽车股份有限公司	福建牌	0	0	0	0	9	9	0	167	167	0	0	0	0	0	0	0	0	0	0	0	0	0	0	0	0	0	0	176
天津客车装配厂	金马牌	0	161	161	0	0	0	0	0	0	0	0	0	0	0	0	0	0	0	0	0	0	0	0	0	0	0	0	161
郑州日产汽车有限公司	东风牌	0	0	0	55	5	60	47	45	92	0	0	0	0	0	0	0	0	0	0	0	0	0	0	0	0	0	0	152
河北长安汽车有限公司	长安牌	0	0	0	0	0	0	0	146	146	0	0	0	0	0	0	0	0	0	0	0	0	0	0	0	0	0	0	146
江西江铃汽车集团改装车有限公司	江铃牌	0	0	0	0	0	0	45	50	95	0	0	0	0	0	0	0	0	0	0	0	0	0	0	0	0	0	0	144
	江铃全顺牌	0	0	0	2	0	2	33	14	47	0	0	0	0	0	0	0	0	0	0	0	0	0	0	0	0	0	0	
中联重科股份有限公司	中联牌	0	0	0	0	0	0	135	6	141	0	0	0	0	0	0	0	0	0	0	0	0	0	0	0	0	0	0	141
北京天路通科技有限责任公司	天路牌	0	0	0	0	0	0	100	18	118	0	0	0	0	0	0	0	0	0	0	0	0	0	0	0	0	0	0	118
南京特种汽车制配厂有限公司	金龙牌	0	0	0	0	0	0	0	114	114	0	0	0	0	0	0	0	0	0	0	0	0	0	0	0	0	0	0	114
一汽（四川）专用汽车有限公司	远达牌	0	0	0	0	0	0	100	0	100	0	0	0	0	0	0	0	0	0	0	0	0	0	0	0	0	0	0	100
重庆力帆乘用车有限公司	力帆牌	0	0	0	44	47	91	0	0	0	0	0	0	0	0	0	0	0	0	0	0	0	0	0	0	0	0	0	91
江西博能上饶客车有限公司	上饶牌	1	0	1	0	0	0	0	0	0	1	89	90	0	0	0	0	0	0	0	0	0	0	0	0	0	0	0	91
沈阳华晨金杯汽车有限公司	金杯牌	1	80	81	0	0	0	0	0	0	0	0	0	0	0	0	0	0	0	0	0	0	0	0	0	0	0	0	81
江苏常隆客车有限公司	常隆牌	48	0	48	0	0	0	0	0	0	0	0	0	0	0	0	0	0	0	0	0	0	0	0	0	0	0	0	78
	马可牌	30	0	30	0	0	0	0	0	0	0	0	0	0	0	0	0	0	0	0	0	0	0	0	0	0	0	0	
山东昊宇车辆有限公司	超雷牌	0	0	0	0	0	0	66	5	71	0	0	0	0	0	0	0	0	0	0	0	0	0	0	0	0	0	0	71
重庆五洲龙新能源汽车有限公司	五洲龙牌	0	0	0	0	0	0	0	0	0	60	4	64	0	0	0	0	0	0	0	0	0	0	0	0	0	0	0	64
一汽客车（无锡）有限公司	解放牌	30	30	60	0	0	0	0	0	0	0	0	0	0	0	0	0	0	0	0	0	0	0	0	0	0	0	0	60
江苏陆地方舟新能源电动汽车有限公司	陆地方舟牌	0	56	56	0	0	0	0	2	2	0	0	0	0	0	0	0	0	0	0	0	0	0	0	0	0	0	0	58
佛山市飞驰汽车制造有限公司	飞驰牌	0	0	0	0	0	0	0	0	0	0	52	52	0	0	0	0	0	0	0	0	0	0	0	0	0	0	0	52

续表

企业名称	车辆品牌	纯电动客车			纯电动乘用车			纯电动专用车			插电式混合动力客车			插电式混合动力乘用车			非插电式混合动力客车			非插电式混合动力乘用车			燃料电池客车			燃料电池乘用车			合计（辆）
		2009—2013年	2014年	小计	2009—2013年	2014年	小计	2009—2013年	2014年	小计	2009—2013年	2014年	小计	2009—2013年	2014年	小计	2009—2013年	2014年	小计	2009—2013年	2014年	小计	2009—2013年	2014年	小计	2009—2013年	2014年	小计	
福建龙马环卫装备股份有限公司	福龙马牌	0	0	0	0	0	0	0	50	50	0	0	0	0	0	0	0	0	0	0	0	0	0	0	0	0	0	0	50
北京现代汽车有限公司	首望牌	0	0	0	47	0	47	0	0	0	0	0	0	0	0	0	0	0	0	0	0	0	0	0	0	0	0	0	47
东风悦达起亚汽车有限公司	华骐牌	0	0	0	10	34	44	0	0	0	0	0	0	0	0	0	0	0	0	0	0	0	0	0	0	0	0	0	46
	典悦牌	0	0	0	2	0	2	0	0	0	0	0	0	0	0	0	0	0	0	0	0	0	0	0	0	0	0	0	
上汽唐山客车有限公司	飞翼牌	0	0	0	0	0	0	0	0	0	0	40	40	0	0	0	0	0	0	0	0	0	0	0	0	0	0	0	40
江铃控股有限公司	江铃牌	0	0	0	33	0	33	0	0	0	0	0	0	0	0	0	0	0	0	0	0	0	0	0	0	0	0	0	33
安源客车制造有限公司	安源牌	0	0	0	0	0	0	0	0	0	0	32	32	0	0	0	0	0	0	0	0	0	0	0	0	0	0	0	32
盐城中威客车有限公司	中大牌	31	0	31	0	0	0	0	0	0	0	0	0	0	0	0	0	0	0	0	0	0	0	0	0	0	0	0	31
柳州五菱汽车工业有限公司	五菱牌	0	0	0	0	0	0	29	1	30	0	0	0	0	0	0	0	0	0	0	0	0	0	0	0	0	0	0	30
吉林省高新电动汽车有限公司	环菱牌	0	28	28	0	0	0	0	0	0	0	0	0	0	0	0	0	0	0	0	0	0	0	0	0	0	0	0	28
长春华奥汽车制造有限公司	金华奥牌	2	0	2	0	0	0	0	0	0	5	0	5	0	0	0	1	20	21	0	0	0	0	0	0	0	0	0	28
柳州延龙汽车有限公司	延龙牌	0	0	0	0	0	0	0	27	27	0	0	0	0	0	0	0	0	0	0	0	0	0	0	0	0	0	0	27
浙江康迪车业有限公司	康迪牌	0	0	0	0	0	0	22	0	22	0	0	0	0	0	0	0	0	0	0	0	0	0	0	0	0	0	0	22
山西皇城相府宇航汽车制造有限公司	山西牌	0	22	22	0	0	0	0	0	0	0	0	0	0	0	0	0	0	0	0	0	0	0	0	0	0	0	0	22
山东唐骏欧铃汽车制造有限公司	欧铃牌	0	0	0	0	0	0	0	20	20	0	0	0	0	0	0	0	0	0	0	0	0	0	0	0	0	0	0	20
上海汽车商用车有限公司	大通牌	0	10	10	0	0	0	0	8	8	0	0	0	0	0	0	0	0	0	0	0	0	0	0	0	0	0	0	18
江西特种汽车有限责任公司	奇特牌	0	0	0	0	0	0	0	18	18	0	0	0	0	0	0	0	0	0	0	0	0	0	0	0	0	0	0	18
哈飞汽车股份有限公司	哈飞牌	0	0	0	16	1	17	0	0	0	0	0	0	0	0	0	0	0	0	0	0	0	0	0	0	0	0	0	17
天津一汽夏利汽车股份有限公司	威志牌	0	0	0	7	7	14	0	0	0	0	0	0	0	0	0	0	0	0	0	0	0	0	0	0	0	0	0	14
桂林客车工业集团有限公司	桂林牌	13	0	13	0	0	0	0	0	0	0	0	0	0	0	0	0	0	0	0	0	0	0	0	0	0	0	0	13
中上汽车有限公司	中上牌	10	0	10	0	0	0	0	0	0	0	0	0	0	0	0	0	0	0	0	0	0	0	0	0	0	0	0	10

续表

企业名称	车辆品牌	纯电动客车			纯电动乘用车			纯电动专用车			插电式混合动力客车			插电式混合动力乘用车			非插电式混合动力客车			非插电式混合动力乘用车			燃料电池客车			燃料电池乘用车			合计（辆）
		2009—2013年	2014年	小计	2009—2013年	2014年	小计	2009—2013年	2014年	小计	2009—2013年	2014年	小计	2009—2013年	2014年	小计	2009—2013年	2014年	小计	2009—2013年	2014年	小计	2009—2013年	2014年	小计	2009—2013年	2014年	小计	
湖南恒润高科股份有限公司	恒润牌	0	0	0	0	0	0	1	7	8	0	0	0	0	0	0	0	0	0	0	0	0	0	0	0	0	0	0	8
云南五龙汽车有限公司	长江牌	0	6	6	0	0	0	0	0	0	0	0	0	0	0	0	0	0	0	0	0	0	0	0	0	0	0	0	6
安徽星凯龙客车有限公司	星凯龙牌	0	6	6	0	0	0	0	0	0	0	0	0	0	0	0	0	0	0	0	0	0	0	0	0	0	0	0	6
浙江飞碟汽车制造有限公司	飞碟牌	0	0	0	1	4	5	0	0	0	0	0	0	0	0	0	0	0	0	0	0	0	0	0	0	0	0	0	5
天津一汽丰田汽车有限公司	朗世牌	0	0	0	0	5	5	0	0	0	0	0	0	0	0	0	0	0	0	0	0	0	0	0	0	0	0	0	5
黑龙江龙华汽车有限公司	黑龙江牌	0	0	0	0	0	0	0	0	0	0	5	5	0	0	0	0	0	0	0	0	0	0	0	0	0	0	0	5
海马轿车有限公司	海马牌	0	0	0	3	2	5	0	0	0	0	0	0	0	0	0	0	0	0	0	0	0	0	0	0	0	0	0	5
武汉九通汽车厂	九通牌	0	0	0	0	0	0	2	2	4	0	0	0	0	0	0	0	0	0	0	0	0	0	0	0	0	0	0	4
赣州汽车改装厂	环球牌	0	0	0	0	0	0	0	4	4	0	0	0	0	0	0	0	0	0	0	0	0	0	0	0	0	0	0	4
北京市京华客车有限责任公司	京华牌	1	0	1	0	0	0	0	0	0	0	0	0	0	0	0	2	0	2	0	0	0	0	0	0	0	0	0	3
中国重汽集团济南豪沃客车有限公司	黄河牌	0	1	1	0	0	0	0	0	0	0	1	1	0	0	0	0	0	0	0	0	0	0	0	0	0	0	0	2
上海浦东一汽青岛专用车厂	速通牌	0	0	0	0	0	0	2	0	2	0	0	0	0	0	0	0	0	0	0	0	0	0	0	0	0	0	0	2
陕西通家汽车股份有限公司	通家福牌	0	0	0	0	0	0	0	2	2	0	0	0	0	0	0	0	0	0	0	0	0	0	0	0	0	0	0	2
江苏卡威汽车工业集团有限公司	春洲牌	0	1	1	0	0	0	0	0	0	0	0	0	0	0	0	0	0	0	0	0	0	0	0	0	0	0	0	1
	卡威牌	0	0	0	0	0	0	0	0	0	0	0	0	0	0	0	0	0	0	0	0	0	0	0	0	0	0	0	
陕西汽车集团有限责任公司	陕汽牌	0	1	1	0	0	0	0	0	0	0	0	0	0	0	0	0	0	0	0	0	0	0	0	0	0	0	0	1
山东凯马汽车制造有限公司	凯马牌	0	0	0	0	0	0	0	1	1	0	0	0	0	0	0	0	0	0	0	0	0	0	0	0	0	0	0	1
上海沪光客车厂	沪光牌	0	0	0	0	0	0	0	1	1	0	0	0	0	0	0	0	0	0	0	0	0	0	0	0	0	0	0	1
重庆长安铃木汽车有限公司	长安牌	0	0	0	0	0	0	0	0	0	0	0	0	0	0	0	0	0	0	0	0	0	0	0	0	0	0	0	0
浙江南车电车有限公司	南车牌	0	0	0	0	0	0	0	0	0	0	0	0	0	0	0	0	0	0	0	0	0	0	0	0	0	0	0	0
芜湖宝骐汽车制造有限公司	智骐牌	0	0	0	0	0	0	0	0	0	0	0	0	0	0	0	0	0	0	0	0	0	0	0	0	0	0	0	0
天津市泓锋泰汽车改装有限公司	泓锋泰牌	0	0	0	0	0	0	0	0	0	0	0	0	0	0	0	0	0	0	0	0	0	0	0	0	0	0	0	0

续表

企业名称	车辆品牌	纯电动客车			纯电动乘用车			纯电动专用车			插电式混合动力客车			插电式混合动力乘用车			非插电式混合动力客车			非插电式混合动力乘用车			燃料电池客车			燃料电池乘用车			合计（辆）
		2009—2013年	2014年	小计	2009—2013年	2014年	小计	2009—2013年	2014年	小计	2009—2013年	2014年	小计	2009—2013年	2014年	小计	2009—2013年	2014年	小计	2009—2013年	2014年	小计	2009—2013年	2014年	小计	2009—2013年	2014年	小计	
苏州吉姆西客车制造有限公司	东吴牌	0	0	0	0	0	0	0	0	0	0	0	0	0	0	0	0	0	0	0	0	0	0	0	0	0	0	0	0
河北御捷车业有限公司	御捷马牌	0	0	0	0	0	0	0	0	0	0	0	0	0	0	0	0	0	0	0	0	0	0	0	0	0	0	0	0
广州市环境卫生机械设备厂	广环牌	0	0	0	0	0	0	0	0	0	0	0	0	0	0	0	0	0	0	0	0	0	0	0	0	0	0	0	0
合计（辆）		5604	12877	18481	30114	46727	76841	4720	4033	8753	5560	13874	19434	1651	16848	18499	20112	1076	21188	21102	7212	28314	0	0	0	0	8	8	191518

二、2014年1月至2015年3月节能与新能源汽车产量统计

1. 纯电动汽车产量统计

（1）大中型客车、轻型客车

企业名称	车辆品牌	车辆名称	车辆型号	底盘型号	燃料种类	轴距（mm）	总质量（kg）	整备质量（kg）	外形尺寸（mm）			电动汽车续驶里程（工况法，km）	电动汽车30分钟最高车速（km/h）	最高车速（km/h）	2014年													2015年				合计（辆）
									长	宽	高				1月	2月	3月	4月	5月	6月	7月	8月	9月	10月	11月	12月	小计（辆）	1月	2月	3月	小计（辆）	
郑州宇通客车股份有限公司	宇通牌	纯电动城市客车	ZK6105BEVG1	承载式车身	纯电动	5000	16500	11500；11800；12200	10495	2500	3250；3100	91	60	69	0	0	0	20	0	0	0	0	12	6	0	0	1911	0	0	0	804	2715
			ZK6125BEVG10	承载式车身	纯电动	6100	18000	12600	12000	2550	3500	—	—	69	0	0	0	0	0	0	0	0	0	0	0	35		0	0	0		
			ZK6125BEVG5	承载式车身	纯电动	6100	18000	11700；12200	12000	2550	3500	—	—	69	20	0	0	0	0	0	0	0	0	0	0	0		0	0	0		
			ZK6125BEVG6	承载式车身	纯电动	6100	18000	12400；13000	12000	2550	3250；3050	320	68	69	0	0	0	0	0	0	0	0	3	1	0	181		16	0	25		
			ZK6125BEVG7	承载式车身	纯电动	6100	18000	11400；12000	12000	2550	3250；3050	180	68	69	0	0	0	0	0	0	0	0	0	0	0	1		0	0	0		
			ZK6701BEVG3	承载式车身	纯电动	4500	6000	4190；4360	7045	2065	2710；2930	160	69	69	0	0	0	0	0	0	0	0	0	0	1	97		1	30	2		
			ZK6845BEVG1	承载式车身	纯电动	4300	12500	7500；7800	8405	2500	2925；3195	180	69	69	0	0	0	0	0	0	0	0	0	0	0	74		0	0	0		
		纯电动客车	ZK6106BEV1	承载式车身	纯电动	5250	16000	12100	10490	2500	3150；3300	245	100	100	0	0	0	0	0	0	0	0	0	0	5	2		0	0	0		
			ZK6106BEV2	承载式车身	纯电动	5250	16000	12000	10490	2500	3150；3300	160	100	100	0	0	0	0	0	0	0	0	0	0	0	15		7	57	80		
			ZK6115BEV1	ZK6106EVC2	纯电动	5250	16500	12350	10690	2500	3200；3430	215	68	90	0	0	0	0	0	0	0	0	0	0	0	173		12	4	0		
			ZK6115BEV2	ZK6106EVC3	纯电动	5250	16500	11600	10690	2500	3200；3430	215	90	90	0	0	0	0	0	0	0	0	0	0	0	0		0	2	117		
			ZK6701BEVQ3	承载式车身	纯电动	4500	6000	4050；4280	7045	2065	2710；2930	160	100	100	0	0	0	0	0	0	0	1	212	104	555	393		147	84	220		

续表

企业名称	车辆品牌	车辆名称	车辆型号	底盘型号	燃料种类	轴距(mm)	总质量(kg)	整备质量(kg)	外形尺寸(mm)			电动汽车续驶里程（工况法，km）	电动汽车30分钟最高车速(km/h)	最高车速(km/h)	2014年													2015年				合计(辆)
									长	宽	高				1月	2月	3月	4月	5月	6月	7月	8月	9月	10月	11月	12月	小计(辆)	1月	2月	3月	小计(辆)	
比亚迪汽车工业有限公司	比亚迪牌	纯电动城市客车	CK6100LGEV	CK6100DGAEV	纯电动	5000	17000	11900	10490	2500	3150	200	69	69	0	0	0	0	0	0	0	2	25	0	0	300	2501	0	0	0	21	2522
			CK6100LGEV1	BYD－TYC90A	纯电动	5000	16700	11100	10490	2500	3150	—	69	69	0	0	0	0	0	0	0	0	0	0	0	0		0	0	10		
			CK6120HGEV	CK6120DGAEV	纯电动	6200	18000	13800	12000	2550	3200	250	69	69	0	0	0	0	0	0	0	1	10	0	0	0		0	0	0		
			CK6120LGEV2	CK6120DGDEV	纯电动	5950	18000	13500	12000	2550	3360	250	69	69	40	0	340	0	2	260	0	0	881	4	0	501		1	0	0		
			CK6700HZEV	CK6700DZAEV	纯电动	3935	8110	6210	7005	2040	2930	200	69	69	0	0	0	0	0	0	0	2	17	0	0	0		0	0	0		
			CK6700HZEV1	CK6700DZAEV	纯电动	3935	8615	6750	7005	2040	2930	340	69	69	0	0	0	0	0	0	0	2	18	0	0	0		0	0	0		
			CK6800LZEV	CK6800DZAEV	纯电动	4140	13000	9000	8060	2400	3190	180	69	69	0	0	0	0	0	0	0	2	19	0	0	0		0	0	0		
			CK6800LZEV1	CK6800DZBEV	纯电动	4140	12800	9000	8060	2420	3220	220	69	69	0	0	0	0	0	0	0	0	0	0	0	0		0	0	10		
		纯电动旅游客车	CK6120LLEV	CK6120DLAEV	纯电动	6000	18000	13870	12000	2500	3550	280	100	100	0	0	0	0	0	0	0	2	20	0	0	0		0	0	0		
			CK6120LLEV1	CK6120DLAEV	纯电动	6000	18000	13550	12000	2500	3550	150	100	100	0	0	0	0	0	0	0	2	19	0	0	0		0	0	0		
			CK6700HLEV	CK6700DLAEV	纯电动	3985	8615	6750	7005	2040	2930	340	125	125	0	0	0	0	0	0	0	2	30	0	0	0		0	0	0		
南京金龙客车制造有限公司	东宇牌	纯电动城市客车	NJL6100BEV1	承载式车身	纯电动	5000	16500	12200；12500	10490	2500	3020；3170	—	68	69	0	0	15	0	0	0	0	0	0	0	0	0	1887	0	0	0	272	2159
			NJL6100BEV2	承载式车身	纯电动	5000	16795	12200；12500	10490	2500	3020；3170	—	70	69	0	0	0	0	0	0	38	0	0	0	0	0		0	10	0		
			NJL6100BEV3	承载式车身	纯电动	5000	16500	12200；12500	10490	2500	3020；3170	—	70	69	0	0	0	0	0	0	20	0	0	0	0	0		0	0	0		
			NJL6100BEV4	承载式车身	纯电动	5000	16500	12200；12500	10490	2500	3020；3170	—	70	69	0	0	0	0	0	0	0	0	20	0	0	0		0	0	0		
			NJL6100BEV5	承载式车身	纯电动	5000	16500	11500；11800	10490	2500	3020；3170	—	70	69	0	0	0	0	0	0	0	0	0	0	0	200		24	0	0		
			NJL6100BEV7	承载式车身	纯电动	5000	16795	11600；11900	10490	2500	3020；3170	—	69	69	0	0	0	0	0	0	0	0	0	0	0	0		0	0	1		
			NJL6660BEV	承载式车身	纯电动	3600	6470	4250；4050	6550	2280	2840	120	69	69	0	0	0	0	0	0	0	0	0	0	0	0		0	0	1		
			NJL6129BEV	承载式车身	纯电动	6000	18000	13110；13450	11990	2550	2935；3135	—	70	69	0	0	20	30	0	0	0	0	0	0	10	0		0	0	0		
			NJL6129BEV2	承载式车身	纯电动	6000	18000	13110；13450	11990	2550	2935；3135	—	69	69	0	0	10	0	0	0	0	0	0	0	0	0		0	0	0		
			NJL6129BEV4	承载式车身	纯电动	6000	18000	13800；14100	11990	2550	2935；3205	—	70	69	0	0	0	0	0	200	0	0	0	0	0	0		0	0	0		
			NJL6129BEV5	承载式车身	纯电动	6000	18000	14490	11990	2550	3200	—	—	69	0	0	0	0	0	0	0	0	0	0	0	10		0	0	0		
			NJL6129BEV6	承载式车身	纯电动	6000	18000	13250	11990	2550	3200	—	69	69	0	0	0	0	0	0	0	0	0	0	0	0		0	6	0		
			NJL6129BEV7	承载式车身	纯电动	6000	18000	13250	11990	2550	3200	—	69	69	0	0	0	0	0	0	0	0	0	0	0	0		0	0	1		
			NJL6129BEV8	承载式车身	纯电动	6000	18000	13250	11990	2550	3200	—	69	69	0	0	0	0	0	0	0	0	0	0	0	0		0	0	1		
			NJL6129BEV9	承载式车身	纯电动	6000	18000	13250	11990	2550	3135	—	69	69	0	0	0	0	0	0	0	0	0	0	0	0		0	0	1		
			NJL6859BEV	承载式车身	纯电动	4050	12200	7900；8200	8490	2460	3035；3120	110	69	69	0	0	0	0	0	0	0	0	0	0	0	0		0	0	1		
			NJL6859BEV1	承载式车身	纯电动	4050	12200	7900；8200	8490	2460	3035；3120	—	69	69	0	0	0	0	0	0	0	0	0	0	0	0		0	0	1		

续表

企业名称	车辆品牌	车辆名称	车辆型号	底盘型号	燃料种类	轴距(mm)	总质量(kg)	整备质量(kg)	外形尺寸(mm)			电动汽车续驶里程（工况法，km）	电动汽车30分钟最高车速(km/h)	最高车速(km/h)	2014年													2015年				合计(辆)
									长	宽	高				1月	2月	3月	4月	5月	6月	7月	8月	9月	10月	11月	12月	小计(辆)	1月	2月	3月	小计(辆)	
南京金龙客车制造有限公司	东宇牌	纯电动客车	NJL6706BEV1	承载式车身	纯电动	3935	6750	4950	7000	2050	2640；2780	190	100	100	0	0	0	0	0	0	0	0	0	0	0	0		0	0	1		
			NJL6117BEV	承载式车身	纯电动	5600	17500	12500	10995	2480	3540	—	80	80	0	0	0	0	0	0	0	0	0	0	0	0		0	0	1		
			NJL6117BEV3	承载式车身	纯电动	5600	17500	12500	10995	2480	3540	—	80	80	0	0	0	0	0	0	0	0	0	0	0	0		0	0	1		
			NJL6117BEV4	承载式车身	纯电动	5600	17500	12500	10995	2480	3540	—	80	80	0	0	0	0	0	0	0	0	0	0	0	0		0	0	1		
			NJL6117BEV5	承载式车身	纯电动	5600	17500	12500	10995	2480	3540	—	80	80	0	0	0	0	0	0	0	0	0	0	0	0		0	0	1		
			NJL6118BEV	承载式车身	纯电动	5600	17000	13300；13700	10960	2480	3470；3550	—	80	80	30	0	98	0	0	0	0	0	165	55	50	100		0	0	0		
			NJL6118BEV1	承载式车身	纯电动	5600	17835	13300；13700	10960	2480	3470；3550	—	80	80	0	0	0	0	0	0	0	0	0	19	6	176		15	0	12		
			NJL6118BEV2	承载式车身	纯电动	5600	17000	13300；13700	10960	2480	3470；3550	—	80	80	0	0	0	0	0	0	0	0	0	0	0	0		2	0	0		
			NJL6118BEV4	承载式车身	纯电动	5600	17000	12500	10960	2480	3550	—	80	80	0	0	0	0	0	0	0	0	0	0	0	0		0	0	20		
			NJL6118BEV5	承载式车身	纯电动	5600	17000	12860	10960	2480	3550	—	80	80	0	0	0	0	0	0	0	0	0	0	0	0		0	5	6		
			NJL6118BEV9	承载式车身	纯电动	5600	17000	12500	10960	2480	3550	—	80	80	0	0	0	0	0	0	0	0	0	0	0	0		0	0	1		
			NJL6600BEV	承载式车身	纯电动	3665	4390	2930；2980	6005	1995	2360；2650	—	100	100	0	0	1	2	0	7	1	1	7	0	0	21		7	0	30		
			NJL6600BEV1	承载式车身	纯电动	3665	4390	2930；2980	6005	1995	2360；2650	—	100	100	0	0	0	0	0	0	0	0	0	0	0	1		0	0	0		
			NJL6600BEV3	承载式车身	纯电动	3665	4390	2930；2980	6005	1995	2360；2650	—	100	100	0	0	0	0	0	0	2	1	46	11	92	411		40	28	49		
			NJL6600BEV5	承载式车身	纯电动	3665	4390	2930；2980	6005	1995	2360；2650	—	100	100	0	0	0	0	0	0	0	0	0	0	1	1		0	0	0		
			NJL6600BEV6	承载式车身	纯电动	3665	4390	2930；2980	6005	1995	2360；2650	—	100	100	0	0	0	0	0	0	0	0	0	0	0	4		0	0	0		
			NJL6600BEV7	承载式车身	纯电动	3665	4390	2930；2980	6005	1995	2360；2650	—	100	100	0	0	0	0	0	0	0	0	0	0	0	0		0	0	1		
			NJL6600BEV8	承载式车身	纯电动	3665	4390	2930；2980	6005	1995	2360；2650	—	100	100	0	0	0	0	0	0	0	0	0	0	0	1		0	0	0		
			NJL6600BEV9	承载式车身	纯电动	3665	4390	2930；2980	6005	1995	2360；2650	—	100	100	0	0	0	0	0	0	0	0	0	0	0	1		0	0	0		
			NJL6600BEV10	承载式车身	纯电动	3665	4390	2930；2980	6005	1995	2360；2650	180	100	100	0	0	0	0	0	0	0	0	0	0	0	1		0	0	0		
			NJL6600BEV11	承载式车身	纯电动	3665	4390	2930；2980	6005	1995	2360；2650	250	100	100	0	0	0	0	0	0	0	0	0	0	0	1		0	0	0		
			NJL6600BEV12	承载式车身	纯电动	3665	4390	2930；2980	6005	1995	2360；2650	120	100	100	0	0	0	0	0	0	0	0	0	0	0	1		0	0	0		
			NJL6600BEV13	承载式车身	纯电动	3665	4390	2930；2980	6005	1995	2360；2650	—	100	100	0	0	0	0	0	0	0	0	0	0	0	0		0	0	1		
			NJL6600BEV14	承载式车身	纯电动	3665	4390	2930；2980	6005	1995	2360；2650	—	100	100	0	0	0	0	0	0	0	0	0	0	0	0		0	0	1		
			NJL6600BEV15	承载式车身	纯电动	3665	4390	2930；2980	6005	1995	2360；2650	—	100	100	0	0	0	0	0	0	0	0	0	0	0	0		0	0	1		
			NJL6601BEV	承载式车身	纯电动	3720	4398	2995	6070	1885	2320	—	100	100	0	0	0	0	0	0	0	0	0	0	0	0		0	0	1		

续表

企业名称	车辆品牌	车辆名称	车辆型号	底盘型号	燃料种类	轴距(mm)	总质量(kg)	整备质量(kg)	外形尺寸(mm)			电动汽车续驶里程(工况法, km)	电动汽车30分钟最高车速(km/h)	最高车速(km/h)	2014年													2015年				合计(辆)
									长	宽	高				1月	2月	3月	4月	5月	6月	7月	8月	9月	10月	11月	12月	小计(辆)	1月	2月	3月	小计(辆)	
金龙联合汽车工业(苏州)有限公司	海格牌	纯电动城市客车	KLQ6109GAEV1	承载式车身	纯电动	5700	16500	12200	10490	2480	2950; 3150	—	69	69	0	0	0	0	0	0	0	0	0	0	0	11	1234	18	0	0	291	1525
			KLQ6129GAEV3	承载式车身	纯电动	5900	18000	13500; 12700; 12200	12000	2550	2950; 3150	—	69	69	0	0	0	0	0	0	0	0	0	0	0	0		2	0	0		
			KLQ6129GEV	承载式车身	纯电动	5900	18000	13800	12000	2550	3000; 3150	—	69	69	0	0	0	0	0	0	0	0	0	0	0	1		0	0	0		
			KLQ6129GEV1	承载式车身	纯电动	5900	18000	13500	12000	2550	3150	—	70	69	0	0	0	0	0	0	0	0	12	14	23	12		0	0	0		
			KLQ6832GEV1	承载式车身	纯电动	5800	12200	7600; 8000	8340	2370	3070; 3260	—	69	69	0	0	0	0	0	0	0	0	0	14	0	4		0	0	0		
		纯电动客车	KLQ6601BEV	承载式车身	纯电动	3670	4430	3180	6005	1993	2540; 2840	—	100	100	0	0	0	0	0	0	0	0	0	0	0	354		4	46	98		
			KLQ6702EV	KLQ6702EV	纯电动	3935	7200	5400; 5100	7020	2040	2790; 2905	—	75	80; 100	0	0	0	0	0	0	0	0	0	0	0	251		0	2	1		
			KLQ6109TAEV1	承载式车身	纯电动	5170	16500	12600; 13100	10490	2500	3590; 3645; 3690	—	70	90	1	0	0	0	0	0	0	0	0	0	253	284		0	0	120		
北汽福田汽车股份有限公司	福田牌	纯电动城市客车	BJ6105EVCA	承载式车身	纯电动	5000	17000	12000; 12500	10500	2500	3050; 3150	—	—	69	0	14	0	0	0	0	0	0	0	0	0	0	852	0	0	0	154	1006
			BJ6123EVCA-11	承载式车身	纯电动	5900	18000	12700	11980	2550	3100; 3200	—	—	69	1	0	0	0	0	0	0	0	0	0	0	0		0	0	0		
			BJ6123EVCA-13	承载式车身	纯电动	5900	17950	12700; 12900	11980	2550	3100; 3200	—	—	69	0	0	0	20	0	0	0	0	0	0	0	0		0	0	0		
			BJ6123EVCA-15	承载式车身	纯电动	5900	17950	12700; 12900	11980	2550	3100; 3200	125	60	69	0	0	0	0	0	0	42	8	0	0	0	0		0	12	16		
			BJ6123EVCA-17	承载式车身	纯电动	5900	17950	12700; 12900	11980	2550	3100; 3200	120	60	69	0	0	0	0	0	0	0	0	0	20	40	40		0	0	0		
			BJ6123EVCA-19	承载式车身	纯电动	5900	18000	12550; 12750	12000	2550	3100; 3200	130	69	69	0	0	0	0	0	0	0	0	0	0	0	100		0	0	0		
			BJ6123EVCA-2	承载式车身	纯电动	5900	17950	13600	11980	2550	3050; 3200	—	—	69	0	0	0	0	1	0	0	0	0	0	0	0		0	0	0		
			BJ6123EVCA-3	承载式车身	纯电动	5900	18000	13000	11980	2550	3100; 3200	100	30	69	0	0	0	0	0	0	0	0	0	0	0	40		0	0	0		
			BJ6123EVCA-6	承载式车身	纯电动	5900	18000	12400	11980	2550	3100; 3200	—	—	69	0	0	0	0	1	0	0	0	0	0	0	0		0	0	0		
			BJ6123EVCA-9	承载式车身	纯电动	5900	18000	12600	11980	2550	3100; 3200	100	60	69	0	0	0	0	0	0	0	0	0	40	40	0		0	0	0		
			BJ6123EVCAT-1	承载式车身	纯电动	5900	17950	12600; 12400	11980	2550	3650	67	69	69	0	0	0	0	0	0	0	0	1	0	0	259		0	0	0		
			BJ6127EVCA	承载式车身	纯电动	6000	18000	13500	11980	2550	3200; 3300	150	60	69	0	0	0	0	1	0	0	0	0	10	0	0		0	0	0		
			BJ6127EVCA-1	承载式车身	纯电动	6000	18000	13500	11980	2550	3200; 3300	—	—	69	0	0	0	0	1	0	0	0	0	0	0	0		0	0	0		
			BJ6127EVCA-2	承载式车身	纯电动	6000	18000	13500	11980	2550	3200; 3300	150	60	69	0	0	0	0	0	0	0	20	0	0	0	0		0	0	0		
			BJ6180EVCA	承载式车身	纯电动	5800; 6100	28000	18300; 19000	17980	2550	3100; 3200	180	60	69	0	0	0	0	0	1	0	0	0	0	0	40		0	0	1		
			BJ6650EVCA	承载式车身	纯电动	3900	8200	5800	6530	2230	2600; 2800	120	69	69	0	0	0	0	0	0	0	0	0	21	40	0		1	0	0		
			BJ6851EVCA	承载式车身	纯电动	4800 4600	12800	9100	8540	2450	3100; 3050	120	69	69	0	0	0	0	0	0	0	0	0	0	20	24		15	0	49		
		纯电动客车	BJ6127EVCA-3	承载式车身	纯电动	6000	18000	13500	11980	2550	3200; 3300	90	60	83	0	0	0	0	0	0	0	0	7	0	0	0		30	0	30		

续表

企业名称	车辆品牌	车辆名称	车辆型号	底盘型号	燃料种类	轴距(mm)	总质量(kg)	整备质量(kg)	外形尺寸(mm)			电动汽车续驶里程（工况法，km）	电动汽车30分钟最高车速(km/h)	最高车速(km/h)	2014年													2015年				合计(辆)
									长	宽	高				1月	2月	3月	4月	5月	6月	7月	8月	9月	10月	11月	12月	小计(辆)	1月	2月	3月	小计(辆)	
安徽安凯汽车股份有限公司	安凯牌	纯电动城市客车	HFF6100G03EV-1	承载式车身	纯电动	5100	17200	12700；13000	10320	2500	2950；3150	180	68	69	0	0	0	0	0	0	0	0	0	0	0	1	842	0	0	0	156	998
			HFF6100G03EV-2	承载式车身	纯电动	5100	17200	12700；13000	10320	2500	2950；3150	—	—	69	0	0	0	0	0	1	0	0	0	0	0	0		0	0	0		
			HFF6100G03EV-3	承载式车身	纯电动	5100	16500	11500；11800	10320	2500	2950；3150	190	68	69	0	0	3	0	0	0	0	0	0	8	8	12		0	0	0		
			HFF6100G03EV-5	承载式车身	纯电动	5100	17200	12700；13000	10320	2500	2950；3150	240	68	69	0	0	0	0	0	0	0	0	0	0	0	0		0	0	1		
			HFF6102G03EV-3	承载式车身	纯电动	5100	17200	12700；13000	10320	2500	2950；3150	—	68	69	0	0	0	0	0	0	0	0	0	0	0	0		0	0	100		
			HFF6123G03EV-2	承载式车身	纯电动	6100	18000	13200；13500	12000	2550	2950；3150	280	68	69	0	0	0	0	0	0	0	0	0	0	0	325		0	0	0		
			HFF6123G03EV-3	承载式车身	纯电动	6100	18000	13800；14200	12000	2550	3050；3250	350	68	69	0	0	0	0	0	0	0	0	0	0	0	0		0	0	1		
			HFF6123G03EV-5	承载式车身	纯电动	6100	18000	13800；14200	12000	2550	3050；3250	250	68	69	0	0	0	0	0	0	0	0	0	0	0	0		0	0	1		
			HFF6124G03EV	承载式车身	纯电动	6100	18000	13500；13800	12000	2550	3100；3300	—	—	69	10	0	0	18	0	0	0	0	0	0	0	0		0	0	0		
			HFF6126G03EV	承载式车身	纯电动	6100	18000	13500；13800	12000	2550	3100；3300	207	68	69	0	0	0	0	0	0	0	0	0	0	0	0		10	0	0		
			HFF6126G03EV-1	承载式车身	纯电动	6100	18000	14000；14300	12000	2550	2950；3150	—	—	69	0	0	0	10	0	0	0	0	0	0	0	0		0	0	0		
			HFF6126G03EV-2	承载式车身	纯电动	6100	18000	14000；14200	12000	2550	2950；3150	280	67	69	0	0	0	2	0	0	0	0	0	0	0	0		0	2	0		
			HFF6127G03EV	承载式车身	纯电动	6000	18000	13500；13800	12000	2550	2950；3200	140	78	69	0	0	1	0	0	0	1	0	0	0	0	0		0	0	0		
			HFF6128G03EV	承载式车身	纯电动	6100	18000	13500；13800	12000	2550	2950；3200	—	—	69	20	0	0	0	0	0	0	0	0	0	0	0		0	0	0		
			HFF6620HKGEV	承载式车身	纯电动	3650	7500	5980	6175	2250	2995	90	67	69	0	0	0	0	0	0	0	0	0	0	0	0		0	2	0		
			HFF6680GEVB	承载式车身	纯电动	4000	9000	6400；6560	6805	2280	2920；3120	60	68	69	0	0	0	0	0	0	0	0	0	0	0	40		0	0	0		
			HFF6850G03EV	承载式车身	纯电动	4200	13600	9500；9900	8510	2500	2950；3150	175	68	69	0	0	0	0	0	0	0	0	0	0	0	13		0	0	0		
		纯电动客车	HFF6127K46EV-6	承载式车身	纯电动	6080	18000	14100	12000	2550；2500	3620；3550；3360	240	78	80	1	1	1	1	0	0	0	0	0	1	0	0		0	0	0		
			HFF6620HKEVX	承载式车身	纯电动	3650	7500	5600	6175	2250	2995	90	88	90	0	0	0	0	0	0	0	0	1	8	0	1		0	0	0		
			HFF6101K10EV	承载式车身	纯电动	4970	16000	11700	10490	2500	3100；3200	240	78	100	0	0	0	0	0	0	0	0	0	0	0	130		0	0	24		
			HFF6101K10EV-1	承载式车身	纯电动	4970	16000	11700	10490	2500	3100；3200	270	78	100	0	0	0	0	0	0	0	0	99	0	1	0		0	1	0		
			HFF6120K46EV-1	承载式车身	纯电动	6080	18000	13500	12000	2550；2500	3620；3550；3360	290	78	100	0	0	0	0	0	0	0	0	0	0	0	35		0	0	0		
			HFF6702BEV	承载式车身	纯电动	3935	7200	5870	7005	2040	2645；2725；2785	140	98	100	0	0	0	0	0	0	0	0	0	0	0	0		1	0	0		
			HFF6705BEV	承载式车身	纯电动	3935	7200	5300	7005	2040	2785	140	98	100	0	0	0	0	0	0	0	0	0	0	10	78		10	0	3		
		纯电动双层城市客车	HFF6110GS03EV	承载式车身	纯电动	4920；1520	23000	17000	11495	2550	3785	—	—	69	1	0	0	0	0	0	0	0	0	0	0	0		0	0	0		

续表

企业名称	车辆品牌	车辆名称	车辆型号	底盘型号	燃料种类	轴距(mm)	总质量(kg)	整备质量(kg)	外形尺寸(mm)			电动汽车续驶里程（工况法，km）	电动汽车30分钟最高车速(km/h)	最高车速(km/h)	2014年													2015年				合计(辆)
									长	宽	高				1月	2月	3月	4月	5月	6月	7月	8月	9月	10月	11月	12月	小计(辆)	1月	2月	3月	小计(辆)	
厦门金龙旅行车有限公司	金旅牌	纯电动城市客车	XML6115JEV20C	承载式车身	纯电动	5700	17500	12290	11380	2540	3335；3150	—	69	69	0	0	0	0	0	0	0	0	0	0	21	1	133	0	0	0	497	630
			XML6115JEV30C	承载式车身	纯电动	6100	17500	12290	11380	2540	3335；3150	—	69	69	0	0	0	0	0	0	0	0	0	0	9	0		0	0	0		
			XML6125JEV50C	承载式车身	纯电动	6430	18000	13700	11980	2540	3300；3150	—	69	69	0	0	0	0	0	0	0	0	0	0	15	0		0	0	0		
			XML6125JEV60C	承载式车身	纯电动	6430	18000	14100	11980	2540	3300；3150	—	69	69	0	0	0	0	0	0	0	0	0	0	15	0		0	0	0		
			XML6805JEV10C	承载式车身	纯电动	3800	12200	8700	8005	2300	2940；3050	—	69	69	0	0	0	0	0	0	0	0	0	0	0	17		0	6	0		
		纯电动客车	XML6700JEV20	承载式车身	纯电动	3935	7500	5330	7045	2050	2640；2770；2715；2890	—	100	100	0	0	0	0	0	0	0	0	0	0	0	26		3	5	0		
			XML6700JEV30	承载式车身	纯电动	3935	7500	5380	7045	2050	2640；2770；2715；2890	—	100	100	0	0	0	0	0	0	0	0	0	0	0	0		351	64	0		
			XML6700JEV50	承载式车身	纯电动	3935	7500	5380	7045	2050	2640；2770；2715；2890	—	100	100	0	0	0	0	0	0	0	0	0	0	0	0		16	40	0		
		纯电动轻型客车	XML6532JEV10	承载式车身	纯电动	2890	2960	2100	5330	1700	2066；2240	112	100	100	0	0	0	0	0	0	0	0	0	0	0	0		0	0	1		
		纯电动旅游客车	XML6102JEV10	承载式车身	纯电动	5200	17000	13200	10490	2500	3400；3600	—	85	85	0	0	0	0	0	0	0	0	0	0	0	29		0	10	1		
上海申沃客车有限公司	申沃牌	纯电动城市客车	SWB6107EV17	SWB6107EV17	纯电动	5280	17000	12800	10480	2500	3250	—	65	69	0	0	0	0	0	0	15	0	0	0	0	0	542	0	0	0	50	592
			SWB6107EV42	SWB6107EV42	纯电动	5280	18000	14300	10480	2500	3250	180	65	69	0	0	0	0	0	20	0	0	0	0	0	0		0	0	0		
			SWB6117EV4	SWB6117EV4	纯电动	5800	18000	14300	11460	2500	3250	—	65	69	0	0	0	0	0	0	0	0	6	0	0	0		0	0	0		
			SWB6121EV13	SWB6121EV13	纯电动	5940	18000	13900	11980	2550	3160	—	65	69	0	0	0	0	0	30	0	0	0	0	0	19		0	0	0		
			SWB6121EV57	SWB6121EV57	纯电动	5940	18000	14050	11980	2550	3160	204	65	69	0	0	0	0	0	0	0	0	1	0	0	19		0	0	0		
			SWB6121EV6	SWB6121EV6	纯电动	5940	18000	13900	11980	2550	3160	—	65	69	0	0	0	0	0	0	0	0	370	0	0	0		0	0	0		
			SWB6121EV7	SWB6121EV7	纯电动	5940	18000	13900	11980	2550	3160	160	65	69	0	0	0	0	0	0	0	0	0	0	0	58		0	0	46		
			SWB6121SC	SWB6121SC	纯电动	5940	18000	13800	11980	2550	3470	—	45	50	0	0	0	0	0	0	0	0	0	0	3	0		0	0	4		
			SWB6702EV19	SWB6672EV19	纯电动	3935	7000	5200	7020	2050	2690；2790	180	65	69	0	0	0	0	0	0	0	0	1	0	0	0		0	0	0		
东风汽车公司	东风牌	纯电动城市客车	EQ6102EVL	EQ6102KRL	纯电动	5600	16500	11000；11500	10350	2480	2950；3100	—	70	69	0	0	0	0	0	1	0	0	0	0	9	0	197	0	0	0	377	574
		纯电动客车	EQ6640CLBEV	承载式车身	纯电动	4210	4500	3100；3300	6350	2036	2590；2840	100	80	100	0	0	0	0	0	0	3	0	1	0	10	24		0	1	107		
			EQ6640CLBEV1	承载式车身	纯电动	4210	4500	3300	6350	2036	2590；2840	200	80	100	0	0	0	0	0	0	0	0	0	0	4	145		81	38	150		

续表

企业名称	车辆品牌	车辆名称	车辆型号	底盘型号	燃料种类	轴距(mm)	总质量(kg)	整备质量(kg)	外形尺寸(mm)			电动汽车续驶里程(工况法，km)	电动汽车30分钟最高车速(km/h)	最高车速(km/h)	2014年													2015年				合计(辆)
									长	宽	高				1月	2月	3月	4月	5月	6月	7月	8月	9月	10月	11月	12月	小计(辆)	1月	2月	3月	小计(辆)	
中通客车控股股份有限公司	中通牌	纯电动城市客车	LCK6108EVG	承载式车身	纯电动	5400	16500	11400	10460	2500	3330	160	69	69	0	0	0	1	0	0	0	0	0	0	20	0	353	0	6	0	179	532
			LCK6108EVG1	承载式车身	纯电动	5400	16500	12500	10480	2500	3260	200	63	69	0	0	0	0	0	0	0	0	9	0	0	1		0	0	0		
			LCK6108EVG2	承载式车身	纯电动	5400	16500	13500；12700；12000	10480	2500	3260；3300	200	69	69	0	0	0	0	0	0	0	0	0	0	0	40		20	0	0		
			LCK6122EVG2	承载式车身	纯电动	6000	18000	12200	11990	2540	3260	120	69	69	0	0	0	0	0	0	0	0	20	0	0	0		0	0	0		
			LCK6122EVG3	承载式车身	纯电动	6000	18000	13700；14500	11990	2540	3260	120	69	69	0	0	0	0	0	0	0	0	10	0	0	0		0	0	0		
			LCK6123GEV	承载式车身	纯电动	6000	18000	11030；11550	11990	2540	3480	70	69	69	0	0	0	1	0	0	0	0	0	0	0	0		0	0	0		
			LCK6660EVG	LCK6610REVG	纯电动	3300	6900	4700；4900	6620	2280	2820；2980	150	80	69	0	0	0	0	0	0	0	0	31	0	0	10		0	0	1		
			LCK6661EVG	LCK6620REVG	纯电动	3300	7490	5300；5450	6620	2280	2820；2980	180	80	69	0	0	0	0	0	0	0	0	60	0	10	0		0	1	0		
			LCK6666EVG	LCK6616REVG	纯电动	3300	7500	4800；5000	6620	2250；2280	2820；3080	125	69	69	0	0	0	0	0	0	0	0	0	0	0	0		0	24	28		
			LCK6668EVG	LCK6618REVG	纯电动	3300	6900	4700；4900	6620	2250；2280	2820；2980	125	69	69	0	0	0	0	0	0	0	0	0	0	0	38		20	2	77		
			LCK6669EVG	LCK6619REVG	纯电动	3300	6900	4700；4900	6620	2250；2280	2820；2980	125	69	69	0	0	0	0	0	0	0	0	0	0	0	101		0	0	0		
			LCK6850EVG	承载式车身	纯电动	3950	13700	10100；9500	8490	2500	3330	120	69	69	0	0	0	0	1	0	0	0	0	0	0	0		0	0	0		
江苏九龙汽车制造有限公司	大马牌	纯电动客车	HKL6600BEV	承载式车身	纯电动	3720	4398	2995	6010	1880	2320	150	100	100	0	0	0	0	0	0	0	0	0	0	5	266	271	21	30	67	118	389
珠海市广通汽车有限公司	广通牌	纯电动城市客车	GTQ6105BEVB1	承载式车身	纯电动	5350	16500	10800	10480	2500	3050；3150	—	69	69	0	0	0	0	0	22	2	0	0	0	0	0	137	0	0	0	203	340
			GTQ6105BEVB2	承载式车身	纯电动	5350	16500	11000；10800	10480	2500	3050；3150	—	69	69	0	0	0	0	0	0	0	2	0	0	0	53		56	48	0		
			GTQ6105BEVBT	承载式车身	纯电动	5350	16500	10200；10800	10480	2500	3050；3150	—	—	69	15	0	0	0	0	0	0	0	0	0	0	0		0	0	0		
			GTQ6105BEVBT2	承载式车身	纯电动	5350	16500	11300；11950；12500	10480	2500	3050；3150	40	69	69	0	0	0	0	0	0	0	0	0	0	0	20		0	0	40		
			GTQ6117BEVB	GTQ6112D2	纯电动	6200	17500	11400	11480	2500	3270；2590	—	65	67	0	0	0	0	0	0	2	0	0	0	0	0		0	0	0		
			GTQ6121BEVBT2	承载式车身	纯电动	6100	18000	12500；13000	12000	2540	3040；2840	40	69	69	0	0	0	0	0	0	0	0	0	0	0	0		56	0	0		
			GTQ6123BEVBT	承载式车身	纯电动	6100	18000	13000；14500；15000	12000	2550	3450	69	69	69	0	0	0	0	0	0	0	0	12	9	0	0		3	0	0		
上海万象汽车制造有限公司	象牌	纯电动城市客车	SXC6105GBEV	承载式车身	纯电动	5000	17500	13200；13500	10500	2490	3060；3260	200	75	69	0	0	0	0	98	102	48	0	0	0	0	0	249	0	0	0	0	249
			SXC6120GD－1	承载式车身	纯电动	6100	18000	14100	11960	2540	3080；3260	—	75	69	0	0	0	0	0	0	0	0	1	0	0	0		0	0	0		

续表

企业名称	车辆品牌	车辆名称	车辆型号	底盘型号	燃料种类	轴距(mm)	总质量(kg)	整备质量(kg)	外形尺寸(mm)			电动汽车续驶里程（工况法，km）	电动汽车30分钟最高车速(km/h)	最高车速(km/h)	2014年													2015年				合计(辆)
									长	宽	高				1月	2月	3月	4月	5月	6月	7月	8月	9月	10月	11月	12月	小计(辆)	1月	2月	3月	小计(辆)	
深圳市五洲龙汽车有限公司	五洲龙牌	纯电动城市客车	FDG6103EVG1	FDG6103EVD1	纯电动	5300	17500	10900；11300	10490	2500	2980；3280	—	69	69	0	0	0	0	0	0	0	0	0	0	0	22	181	2	0	0	49	230
			FDG6113EVG13	承载式车身	纯电动	6000	18000	14800	11490	2480	3200	280	69	69	0	0	0	0	0	0	0	0	0	0	0	0		2	0	0		
			FDG6600EVG	承载式车身	纯电动	3200	6000	4500	6020	2025	2600；2800	—	65	69	0	0	0	0	0	0	0	1	1	0	0	0		0	0	0		
			FDG6601EVG	承载式车身	纯电动	3380	3500	2100	6400	2095	2370	—	65	65	0	0	0	0	0	10	0	35	0	0	0	0		0	0	0		
			FDG6652EVG	承载式车身	纯电动	3380	3600	2300	6490	2095	2370	—	69	69	0	0	0	0	0	0	0	5	0	0	0	0		0	0	0		
			FDG6701EVG1	承载式车身	纯电动	3935	7000	4950	7005	2040	2645	—	65	69	0	0	0	0	0	0	0	0	0	0	0	2		0	1	0		
			FDG6701EVG2	承载式车身	纯电动	3935	7000	4950	7005	2040	2645	—	65	69	0	0	0	0	0	0	0	0	0	2	0	0		0	0	0		
			FDG6851EVG2	FDG6820EVD2	纯电动	4300	13500	9500；9140	8540	2440	2800；3050	—	69	69	0	0	0	0	0	0	0	0	0	0	0	20		10	0	0		
		纯电动客车	FDG6602EV	承载式车身	纯电动	3200；3300	6000	4150；4300；4500	6020	2025	2600；2800	—	100	100	0	0	0	0	0	0	0	0	0	0	0	81		29	1	0		
			FDG6602EV1	承载式车身	纯电动	3200；3300	6000	4150；4300；4500	6020	2025	2600；2800	—	100	100	0	0	0	0	0	0	0	0	0	0	0	0		0	0	4		
			FDG6700EV	承载式车身	纯电动	3935	7000	5660；5520	6968	2050	2810；2600	—	75	80	0	0	0	0	0	0	0	0	0	2	0	0		0	0	0		
南京汽车集团有限公司	依维柯牌	纯电动客车	NJ6607AEV	NJ6587AYEV	纯电动	3310	5100	3750	6100	2000	2950	100	70	100	0	0	0	0	0	0	0	0	0	0	0	201	216	4	0	0	5	221
			NJ6617AEV	NJ6587AYEV1	纯电动	3310	5000	3680	6100	2000	2670	180	70	100	0	0	0	0	0	0	0	0	0	0	0	3		0	0	0		
			NJ6607CEV1	NJ6577CYEV1	纯电动	3310	5200	3790	6010	2000	2990	—	60	85	0	0	0	0	0	0	0	0	0	0	0	12		1	0	0		
金华青年汽车制造有限公司	青年牌	纯电动城市客车	JNP6120BEV1	承载式车身	纯电动	5980	18000	12600	12000	2550	3750；3350	—	—	69	0	0	0	0	185	0	0	0	0	0	0	0	185	0	0	0	34	219
			JNP6123BEV	承载式车身	纯电动	5800	18000	11600；11200	12000	2550	3220；3440	—	69	69	0	0	0	0	0	0	0	0	0	0	0	0		34	0	0		
东风扬子江汽车（武汉）有限责任公司	扬子江牌	纯电动城市客车	WG6121BEVHM	WG6121BEVHM	纯电动	6200	18000	12500	12000	2550	3650	—	69	69	0	0	1	0	0	0	0	0	0	0	0	0	204	0	0	0	0	204
			WG6123BEVH	WG6123BEVH	纯电动	6200	18000	14000	12000	2550	3500	—	69	69	0	0	0	0	0	0	1	0	0	0	0	0		0	0	0		
			WG6124BEVH	WG6124BEVH	纯电动	6200	18000	12500	12000	2550	3650	—	69	69	0	0	0	0	0	0	1	0	200	0	0	1		0	0	0		
河南少林客车股份有限公司	少林牌	纯电动城市客车	SLG6720EVG	SLG6680DG	纯电动	3650	8970	5900；6100	7200	2240	2840；3000	—	69	69	0	0	0	0	0	0	0	0	0	0	0	200	200	0	0	0	0	200

续表

企业名称	车辆品牌	车辆名称	车辆型号	底盘型号	燃料种类	轴距(mm)	总质量(kg)	整备质量(kg)	外形尺寸(mm)			电动汽车续驶里程（工况法，km）	电动汽车30分钟最高车速(km/h)	最高车速(km/h)	2014年													2015年				合计(辆)
									长	宽	高				1月	2月	3月	4月	5月	6月	7月	8月	9月	10月	11月	12月	小计(辆)	1月	2月	3月	小计(辆)	
厦门金龙联合汽车工业有限公司	金龙牌	纯电动城市客车	XMQ6110BGBEVL	承载式车身	纯电动	6000	17500	11800	10700	2500	3300	—	69	69	0	0	0	0	0	0	0	0	0	0	0	0	46	0	0	5	133	179
			XMQ6119AGBEV1	承载式车身	纯电动	6300	18000	12800；13600	10700；11020	2500	3070；3190	350	69	69	0	0	0	0	0	0	0	0	0	0	0	0		0	0	1		
			XMQ6127AGBEV2	XMQ6110GREV2	纯电动	6200	18000	13300；13800	11980	2550	3040；3370	150	70	69	0	0	0	0	0	0	0	0	0	10	0	0		0	0	0		
			XMQ6127AGBEV4	XMQ6110GREV4	纯电动	6000	18000	12800；13600	11980	2550	3070；3190	—	69	69	0	0	0	0	0	0	0	0	0	0	10	0		0	0	0		
			XMQ6661AGBEV1	承载式车身	纯电动	4150	9500	6200；6600；7000	6650	2248	2850；3000	—	69	69	0	0	0	0	0	0	15	0	0	0	0	0		0	0	0		
			XMQ6811AGBEV	承载式车身	纯电动	4560	13500	9600；10000	8100	2450	3030；3150	—	69	69	0	0	0	0	0	0	0	0	0	0	0	0		1	0	0		
			XMQ6706BGBEVL	承载式车身	纯电动	4100	7800	4750；4580	7000	2050	2670；2810	—	69	69	0	0	0	0	0	0	0	0	0	0	0	0		0	1	0		
		纯电动客车	XMQ6110BCBEV	承载式车身	纯电动	6000	16600	12600	10700	2500	3300	250	80	100	0	1	0	0	0	0	0	0	0	0	1	9		10	0	0		
			XMQ6110BCBEVL2	承载式车身	纯电动	6000	16600	12600	10700	2500	3300	—	100	100	0	0	0	0	0	0	0	0	0	0	0	0		0	0	15		
			XMQ6126YE	承载式车身	纯电动	6000	18000	15500；14335；14000	11950	2540	3690；3580	150	100	100	0	0	0	0	0	0	0	0	0	0	0	0		0	20	0		
			XMQ6821CYBEVL	承载式车身	纯电动	3850	13500	9800	8210	2500	3340；3375	—	100	100	0	0	0	0	0	0	0	0	0	0	0	0		15	0	0		
			XMQ6603KEBEVL	承载式车身	纯电动	3665	4370	3195；3145	6005；6050	2040	2360；2530；2640；2810	—	100	100	0	0	0	0	0	0	0	0	0	0	0	0		0	0	1		
			XMQ6603KEBEVL2	承载式车身	纯电动	3665	4370	3195；3145	6005；6050	2040	2360；2530；2640；2810	—	100	100	0	0	0	0	0	0	0	0	0	0	0	0		0	0	21		
			XMQ6610CEBEVL	承载式车身	纯电动	3720	4460	2920	6080	1885	2270	—	100	100	0	0	0	0	0	0	0	0	0	0	0	0		0	0	41		
			XMQ6610CEBEVS	承载式车身	纯电动	3720	4460	3010	6080	1885	2270	—	100	100	0	0	0	0	0	0	0	0	0	0	0	0		0	0	1		
			XMQ6706BYBEVL	承载式车身	纯电动	4100	7400	4820；4650	7000	2050	2670；2810	—	100	100	0	0	0	0	0	0	0	0	0	0	0	0		0	1	0		
天津客车装配厂	金马牌	纯电动城市客车	TJK6122BEV	CK6120DGDEV	纯电动	5950	18000	13500	12000	2550	3360	250	69	69	5	0	0	15	0	88	0	0	10	0	0	0	161	0	0	0	0	161
			TJK6123BEV	CK6120DGEEV	纯电动	5950	18000	11600	12000	2550	3200	125	69	69	0	0	0	10	0	33	0	0	0	0	0	0		0	0	0		
山东沂星电动汽车有限公司	飞燕牌	纯电动城市客车	SDL6100EVG2	承载式车身	纯电动	5200	16500	11400	10500	2500	3250	—	69	69	0	0	0	0	0	0	0	0	0	0	0	20	124	0	0	1	28	152
			SDL6120EVG	承载式车身	纯电动	6200	18000	12000	12000	2530	3250	—	69	69	0	0	22	0	8	2	0	0	15	0	10	20		0	2	5		
			SDL6120EVG4	承载式车身	纯电动	6200	18000	12000	12000	2530	3250	—	69	69	0	0	0	0	0	0	0	0	22	0	0	0		0	0	0		
			SDL6120EVG5	承载式车身	纯电动	6200	18000	12000	12000	2530	3250	—	69	69	0	0	0	0	0	1	0	0	0	0	0	0		0	0	0		
			SDL6121EVG	承载式车身	纯电动	6200	18000	12000	12000	2530	3250	—	69	69	0	0	2	0	0	0	0	0	0	0	0	1		20	0	0		
		纯电动旅游客车	SDL6100EVL	承载式车身	纯电动	5600	16000	12500	10480	2500	3530	—	100	100	0	0	0	0	0	0	0	0	0	0	0	1		0	0	0		

续表

企业名称	车辆品牌	车辆名称	车辆型号	底盘型号	燃料种类	轴距(mm)	总质量(kg)	整备质量(kg)	外形尺寸(mm)			电动汽车续驶里程（工况法，km）	电动汽车30分钟最高车速(km/h)	最高车速(km/h)	2014年													2015年				合计(辆)
									长	宽	高				1月	2月	3月	4月	5月	6月	7月	8月	9月	10月	11月	12月	小计(辆)	1月	2月	3月	小计(辆)	
苏州吉姆西客车制造有限公司	东吴牌	纯电动轻型客车	JSK6600EV	承载式车身	纯电动	3720	4500	3225	6000	1880	2285	—	120	100	0	0	0	0	0	0	0	0	0	0	0	0	0	0	0	50	109	109
			JSK6603EV	承载式车身	纯电动	3720	4204	2929	6000	1880	2285	—	120	100	0	0	0	0	0	0	0	0	0	0	0	0		0	0	59		
上海申龙客车有限公司	申龙牌	纯电动城市客车	SLK6105USBEV	承载式车身	纯电动	5200	18000	13750	10500	2500	3200；3000	150	64	69	0	0	0	0	0	0	0	0	0	14	1	0	31	0	0	0	62	93
			SLK6121USBEV	承载式车身	纯电动	6300	18000	14500	11980	2500	3200；3000	150	63	69	0	0	0	0	0	0	0	0	0	14	1	0		0	0	0		
			SLK6129USBEV	承载式车身	纯电动	6300	18000	14000；13000	11995	2550	3220	200	67	69	0	0	0	0	0	0	0	0	1	0	0	0		0	0	0		
		纯电动客车	SLK6108SBEV	承载式车身	纯电动	5200	16400	12500	10495	2500	3395；3295	—	93	100	0	0	0	0	0	0	0	0	0	0	0	0		2	60	0		
一汽客车（大连）有限公司	解放牌	纯电动城市客车	CA6127URE31	承载式车身	纯电动	6100	18000	12900	11995	2550	3140	130	90	69	0	19	20	0	0	0	0	0	1	40	0	0	80	0	0	0	0	80
沈阳华晨金杯汽车有限公司	金杯牌	纯电动轻型客车	SY6548BEVD3HB	承载式车身	纯电动	3110	3270	2490	5420	1880	2285	80	75	85	0	0	0	0	0	0	0	0	80	0	0	0	80	0	0	0	0	80
湖南江南汽车制造有限公司	众泰牌	纯电动轻型客车	JNJ6401EVL	承载式车身	纯电动	2420	1650	1350	3970	1570	1730	—	110	100	5	4	3	52	0	0	0	0	0	0	0	1	65	0	0	0	0	65
江苏卡威汽车工业集团有限公司	春洲牌	纯电动客车	JNQ6700BEV	承载式车身	纯电动	3935	7300	5500	7000	2040	2650	180	100	100	0	0	0	0	0	0	0	0	0	0	0	0	1	0	0	1	57	58
			JNQ6700BEV1	承载式车身	纯电动	3935	7000	5300	7000	2040	2650	—	100	100	0	0	0	0	0	0	0	0	0	0	0	0		0	0	50		
		纯电动城市客车	JNQ6100BEV	承载式车身	纯电动	5000	15000	10500；10800	10500	2470	3000；3250	—	65	69	0	0	0	0	0	0	1	0	0	0	0	0		0	0	1		
	卡威牌	纯电动城市客车	JNQ6101BEV	承载式车身	纯电动	5000	16500	12000；11800	10500	2500	3160；3030	—	75	69	0	0	0	0	0	0	0	0	0	0	0	0		0	0	5		
江苏陆地方舟新能源电动汽车有限公司	陆地方舟牌	纯电动城市客车	RQ6100GEVH0	承载式车身	纯电动	6000	16500	11400	10350	2500	3150	150	69	69	0	0	0	0	0	0	0	0	0	10	10	0	56	0	0	0	0	56
			RQ6120GBEVH0P0	承载式车身	纯电动	6100	18000	12900；13200	11980	2530	3080；3190；3340	130	69	69	0	0	0	0	0	12	0	0	0	0	0	10		0	0	0		
		纯电动客车	RQ6701XBEVH1	RQ6701XH1	纯电动	3935	8100	6450	6995	2150	3000	130	80	80	0	0	0	0	0	0	0	0	0	0	8	6		0	0	0		
上汽唐山客车有限公司	飞翼牌	纯电动城市客车	SK6107EV43	SWB6107EV43	纯电动	5280	17000	12900	10480	2500	3150	300	65	69	0	0	0	0	0	0	0	0	0	0	0	0	0	0	0	50	50	50

续表

企业名称	车辆品牌	车辆名称	车辆型号	底盘型号	燃料种类	轴距(mm)	总质量(kg)	整备质量(kg)	外形尺寸(mm)			电动汽车续驶里程（工况法，km）	电动汽车30分钟最高车速(km/h)	最高车速(km/h)	2014年													2015年				合计(辆)
									长	宽	高				1月	2月	3月	4月	5月	6月	7月	8月	9月	10月	11月	12月	小计(辆)	1月	2月	3月	小计(辆)	
江西凯马百路佳客车有限公司	江西牌	纯电动客车	JXK6113CEV	承载式车身	纯电动	5550	18000	13550；13380	10990	2500	3600；3520	120	65	80	0	0	0	1	0	0	0	0	0	0	0	2	13	0	0	0	34	47
			JXK6650BEV	承载式车身	纯电动	4600	8000	6300；6100	6450	2180	2950；3056	120	65	68	0	0	0	0	0	0	0	0	0	0	0	10		0	0	0		
			JXK6700CEV	承载式车身	纯电动	4600	8400	6600	7045	2180	3080；2965	200	85	100	0	0	0	0	0	0	0	0	0	0	0	0		0	0	15		
		纯电动城市客车	JXK6820BEV	承载式车身	纯电动	4500	13500	10300；10100	8245	2495	3235；3000；3450	120	62	68	0	0	0	0	0	0	0	0	0	0	0	0		0	0	10		
			JXK6121BEV	承载式车身	纯电动	6100	18000	13200	11980	2495	3170	120	65	68	0	0	0	0	0	0	0	0	0	0	0	0		0	0	4		
			JXK6106BEV	承载式车身	纯电动	5100；5600	18000	13200；13000	10480	2495	3220；3100；3450	120	65	68	0	0	0	0	0	0	0	0	0	0	0	0		0	0	5		
四汽车工业股份有限公司	野马牌	纯电动城市客车	SQJ6121B1BEV	EQ6124EVL	纯电动	6200	18000	13500；13900	11990	2550	2950；3190	109	80	69	0	0	0	1	0	0	0	0	0	0	0	0	1	0	0	0	30	31
			SQJ6111B2BEV	EQ6101KRLEV1	纯电动	5200	18000	12090；12450	10720	2500	3110；3340	180	69	69	0	0	0	0	0	0	0	0	0	0	0	0		30	0	0		
扬州亚星客车股份有限公司	亚星牌	纯电动城市客车	JS6108GHBEV	承载式车身	纯电动	5000	17000	12300；13000	10500	2500	3090；3210	250	69	69	0	0	0	0	0	0	0	0	0	0	1	0	17	0	0	0	14	31
			JS6126UC	承载式车身	纯电动	5900	18000	12600	12000	2550	3660	—	50	50	0	0	0	0	0	0	0	0	0	0	1	0		0	0	0		
			JS6127GHBEV	承载式车身	纯电动	5900	18000	13500	12000	2550	3120；3240	200	80	69	0	0	0	0	0	0	5	0	1	4	4	0		2	0	0		
			JS6128GHBEV	承载式车身	纯电动	5900	18000	13300；14000	12000	2550	3090；3210	250	69	69	0	0	0	0	0	0	0	0	0	0	1	0		0	0	0		
			JS6811GHBEV	JS6790GHDBEV	纯电动	4200	12200	8400；8800	8140	2500	3040；3160	200	69	69	0	0	0	0	0	0	0	0	0	0	0	0		0	0	1		
			JS6851GHBEV	JS6851GHDBEV	纯电动	4600	12200	8700；9200	8540	2500	3040；3160	180	69	69	0	0	0	0	0	0	0	0	0	0	0	0		0	0	1		
			JS6851GHBEV1	承载式车身	纯电动	4600	12200	8700；9200	8540	2500	3040；3160	—	69	69	0	0	0	0	0	0	0	0	0	0	0	0		0	0	1		
		纯电动客车	YBL6111HBEV	承载式车身	纯电动	6050	18000	13000；13600	11050	2500	3560	250	100	100	0	0	0	0	0	0	0	0	0	0	0	0		0	0	1		
			YBL6117HBEV	承载式车身	纯电动	5540	16500	12670；12000	10690	2500	3560	—	100	100	0	0	0	0	0	0	0	0	0	0	0	0		0	0	1		
			YBL6117HBEV1	承载式车身	纯电动	5540	16500	12670；12000	10690	2500	3560	—	100	100	0	0	0	0	0	0	0	0	0	0	0	0		0	0	1		
			YBL6600BEV	承载式车身	纯电动	3665	4490	3080	6010	2040	2345；2632	—	100	100	0	0	0	0	0	0	0	0	0	0	0	0		0	0	1		
			YBL6600BEV1	承载式车身	纯电动	3665	4490	3080	6010	2040	2345；2632	—	100	100	0	0	0	0	0	0	0	0	0	0	0	0		0	0	1		
			YBL6600BEV2	承载式车身	纯电动	3665	4490	3080	6010	2040	2345；2632	—	100	100	0	0	0	0	0	0	0	0	0	0	0	0		0	0	1		
			YBL6600TBEV	承载式车身	纯电动	3665	4490	3080	6010	2040	2345；2632	165	100	100	0	0	0	0	0	0	0	0	0	0	0	0		0	0	1		
			YBL6700HBEV	承载式车身	纯电动	3935	7000	5200	7020	2040	2790	170	100	100	0	0	0	0	0	0	0	0	0	0	0	0		0	0	1		
			YBL6815HBEV	承载式车身	纯电动	4100	12200	9200；8700	8100	2480	3360	—	100	100	0	0	0	0	0	0	0	0	0	0	0	0		0	0	1		

续表

企业名称	车辆品牌	车辆名称	车辆型号	底盘型号	燃料种类	轴距(mm)	总质量(kg)	整备质量(kg)	外形尺寸(mm)			电动汽车续驶里程（工况法，km）	电动汽车30分钟最高车速(km/h)	最高车速(km/h)	2014年													2015年				合计(辆)
									长	宽	高				1月	2月	3月	4月	5月	6月	7月	8月	9月	10月	11月	12月	小计(辆)	1月	2月	3月	小计(辆)	
一汽客车（无锡）有限公司	解放牌	纯电动城市客车	CA6121URBEV80	CA6120CREV26	纯电动	6100	18000	13100	12000	2530	3320	150	80	69	0	0	0	0	0	0	0	0	30	0	0	0	30	0	0	0	0	30
中国重汽集团济南豪沃客车有限公司	黄河牌	纯电动客车	JK6600HBEV	承载式车身	纯电动	3665	4420	3010	6005	1995	2360；2650	—	95	100	0	0	0	0	0	0	0	0	0	0	0	0	1	0	0	8	29	30
		纯电动城市客车	JK6660GBEV	承载式车身	纯电动	3650	7200	5000；5150	6645	2355	2880；3030	—		69	0	0	0	0	0	0	0	0	0	0	1	0		0	0	1		
			JK6660GBEV2	JK6598G11EV	纯电动	3650	7200	5000；5150	6645	2355	2915；3130	—	69	69	0	0	0	0	0	0	0	0	0	0	0	0		0	0	20		
吉林省高新电动汽车有限公司	环菱牌	纯电动城市客车	CCQ6750EV1	CA6710DE	纯电动	3500	8500 9700	6070；6750	7510	2380	2815	—	65	69	0	0	28	0	0	0	0	0	0	0	0	0	28	0	0	0	0	28
山西皇城相府宇航汽车制造有限公司	山西牌	纯电动城市客车	SXK6851GBEV	承载式车身	纯电动	4100	12200	8300；8600	8540	2400	3050；2940	230	69	69	0	0	0	0	0	0	0	0	0	1	0	0	22	0	0	0	1	23
			SXK6107GBEV	承载式车身	纯电动	5350	16500	11100	10490	2500	3050；3150	220	69	69	0	0	0	0	0	0	0	0	0	0	0	20		0	0	0		
		纯电动客车	SXK6118TBEV	承载式车身	纯电动	5450	18000	14500	10990	2500	3570	200	90	90	0	0	0	0	0	0	0	0	0	0	1	0		1	0	0		
上海汽车商用车有限公司	大通牌	纯电动客车	SH6601A4BEV	承载式车身	纯电动	3850	4100	2930	6005	1998	2345；2552	160	100	100	0	0	0	0	0	0	0	0	0	0	0	10	10	0	0	12	12	22
浙江南车电车有限公司	南车牌	纯电动城市客车	CSR6120GSEV1	承载式车身	纯电动	6000	18000	12500	12000	2540	3535	—	69	69	0	0	0	0	0	0	0	0	0	0	0	0	0	0	0	9	9	9
陕西汽车集团有限责任公司	陕汽牌	纯电动城市客车	SX6100GBEVS	承载式车身	纯电动	5400	16500	11400	10460	2500	3330	160	69	69	0	0	0	0	0	0	0	0	0	0	0	0	1	0	7	0	7	8
			SX6120GBEVS	承载式车身	纯电动	6000	18000	12600	11990	2540	3260	120	80	69	0	0	0	0	0	0	0	0	0	1	0	0		0	0	0		
江苏常隆客车有限公司	常隆牌	纯电动城市客车	YS6830GBEV	承载式车身	纯电动	4600	12000	7900；7700	8260	2340	3005；2825	—	69	69	0	0	0	0	0	0	0	0	0	0	0	0	0	0	0	8	8	8
云南五龙汽车有限公司	长江牌	纯电动客车	FDE6750TDABEV01	承载式车身	纯电动	4135	7015	5380	7490	2195	2735	—	100	130	0	0	0	0	0	0	0	0	0	0	0	1	6	0	0	0	0	6
			FDE6750TDABEV02	承载式车身	纯电动	4135	6711	5076	7490	2195	2735	—	100	130	0	0	0	0	0	0	0	0	0	0	0	1		0	0	0		
			FDE6810TDABEV01	承载式车身	纯电动	4935	6956	5087	8080	2195	2735	—	100	130	0	0	0	0	0	0	0	0	0	0	0	4		0	0	0		

续表

企业名称	车辆品牌	车辆名称	车辆型号	底盘型号	燃料种类	轴距(mm)	总质量(kg)	整备质量(kg)	外形尺寸(mm) 长	外形尺寸(mm) 宽	外形尺寸(mm) 高	电动汽车续驶里程（工况法，km）	电动汽车30分钟最高车速(km/h)	最高车速(km/h)	2014年 1月	2014年 2月	2014年 3月	2014年 4月	2014年 5月	2014年 6月	2014年 7月	2014年 8月	2014年 9月	2014年 10月	2014年 11月	2014年 12月	2014年 小计(辆)	2015年 1月	2015年 2月	2015年 3月	2015年 小计(辆)	合计(辆)
安徽星凯龙客车有限公司	星凯龙牌	纯电动·客车	HFX6600KEV05	承载式车身	纯电动	3308	7000	5300；5100	6005	2240	2970；2710	—	100	100	0	0	0	0	0	0	0	0	0	0	0	6	6	0	0	0	0	6
重庆恒通客车有限公司	恒通客车牌	纯电动城市客车	CKZ6127HBEVB	CKZ6129HBEVB	纯电动	6200	18000	13600；14000	12000	2550	3460	—	60	69	0	0	2	0	0	0	0	0	0	0	0	0	3	0	0	0	0	3
			CKZ6127HBEVF	CKZ6129HBEVF	纯电动	6100	18000	12450；13200；14000	12000	2550	3260；3500	—	65	69	0	0	0	1	0	0	0	0	0	0	0	0		0	0	0		
黑龙江龙华汽车有限公司	黑龙江牌	纯电动城市客车	HLJ6125BEV	HLJ6125BEV	纯电动	6000	18000	13765	11990	2500	3300	—	69	69	0	0	0	0	0	0	0	0	0	0	0	0	0	1	0	0	1	1
合计（辆）															149	39	567	185	298	790	197	89	2507	443	1326	6287	12877	1154	659	1981	3794	16671

（2）乘用车

企业名称	车辆品牌	车辆名称	车辆型号	底盘型号	燃料种类	轴距(mm)	总质量(kg)	整备质量(kg)	外形尺寸(mm) 长	外形尺寸(mm) 宽	外形尺寸(mm) 高	电动汽车续驶里程（工况法，km）	电动汽车30分钟最高车速(km/h)	最高车速(km/h)	2014年 1月	2014年 2月	2014年 3月	2014年 4月	2014年 5月	2014年 6月	2014年 7月	2014年 8月	2014年 9月	2014年 10月	2014年 11月	2014年 12月	2014年 小计(辆)	2015年 1月	2015年 2月	2015年 3月	2015年 小计(辆)	合计(辆)
湖南江南汽车制造有限公司	众泰牌	纯电动多用途乘用车	JNJ6408EV	承载式车身	纯电动	2700	1910	1310	3995	1620	1915	100	80	83	80	41	29	2	0	0	0	5	54	0	0	0	10386	0	0	0	3702	14088
				承载式车身	纯电动	2700	1980	1400	3995	1620	1915	155	83	83	0	0	0	0	0	0	0	0	0	0	0	400		0	0	0		
		纯电动轿车	JNJ7000EVM	承载式车身	纯电动	2666	2150	1750	4089	1871	1695	—	120	120	0	0	1	1	0	0	1	0	0	0	11	1		1	0	0		
			JNJ7000EVM1	承载式车身	纯电动	2666	2020	1620	4089	1871	1695	80	114	120	0	0	0	4	0	0	0	0	0	2	1	0		0	0	0		
			JNJ7000EVX	承载式车身	纯电动	2360	1268	968	3559	1620	1476	155	80	80	0	0	0	0	0	0	0	0	0	2	3	2394		365	74	1205		
			JNJ7000EVZ	承载式车身	纯电动	1765	850	670	2765	1540	1555	85	80	80	0	60	41	156	181	43	5	0	0	0	206	26		1	1	2		
			JNJ7000EVZ2	承载式车身	纯电动	1765	940	760	2765	1540	1555	250	80	80	0	0	0	2	0	86	0	0	0	0	2	248		0	0	0		
			JNJ7000EVZ4	承载式车身	纯电动	1765	850	640	2765	1540	1555	83	80	80	0	0	0	0	0	62	82	0	109	30	1229	1220		411	316	962		
			JNJ7000EVZ5	承载式车身	纯电动	1765	850	670	2765	1540	1555	84	80	80	0	0	0	0	0	522	177	149	305	67	1659	687		9	42	143		
			JNJ7000EVZ6	承载式车身	纯电动	1765	940	760	2765	1540	1555	250	80	80	0	0	0	0	0	0	0	0	0	0	0	0		0	42	42		
			JNJ7000EVZ7	承载式车身	纯电动	1765	940	760	2765	1540	1555	250	80	80	0	0	0	0	0	0	0	0	0	0	0	0		0	67	0		
	江南牌	纯电动轿车	JNJ7000EVA3	承载式车身	纯电动	2175	1140	810	3300	1405	1410；1480	160	80	80	0	0	0	0	0	0	0	0	0	0	0	0		0	1	18		

续表

企业名称	车辆品牌	车辆名称	车辆型号	底盘型号	燃料种类	轴距(mm)	总质量(kg)	整备质量(kg)	外形尺寸(mm)			电动汽车续驶里程(工况法，km)	电动汽车30分钟最高车速(km/h)	最高车速(km/h)	2014年													2015年				合计(辆)
									长	宽	高				1月	2月	3月	4月	5月	6月	7月	8月	9月	10月	11月	12月	小计(辆)	1月	2月	3月	小计(辆)	
浙江吉利汽车有限公司	康迪牌	纯电动轿车	SMA7000BEV	承载式车身	纯电动	2080	1340	1160	2900	1545	1590	150	80	80	0	0	0	0	0	0	0	78	4613	152	120	2177	11006	64	0	800	3035	14041
			SMA7001BEV	承载式车身	纯电动	2340	1500	1200	3598	1630	1595	150	80	80	0	0	1	0	0	1	0	45	2839	0	0	980		0	0	1176		
	吉利牌	纯电动轿车	SMA7000BEV01	承载式车身	纯电动	1765	870	690	2765	1540	1555	152	80	80	0	0	0	0	0	0	0	0	0	0	0	0		3	0	992		
奇瑞汽车股份有限公司	奇瑞牌	纯电动轿车	SQR7000BEVJ00	承载式车身	纯电动	2340	1428	1128	3564	1620	1527	151	100	100	0	0	0	0	0	4	0	0	0	12	230	565	8909	117	264	399	2322	11231
			SQR7000BEVS11	承载式车身	纯电动+铅酸	2340	1350 1338	1050；1038	3550 3568	1495	1485 1530	80	80	80	0	0	0	0	0	0	0	0	0	0	1	24		25	0	70		
			SQR7000EAS11	承载式车身	纯电动+铅酸	2340	1350	1050；1038；1075	3550	1495	1485；1530	80	80	80	1093	519	664	377	527	336	374	309	970	864	999	903		654	329	464		
	瑞麒牌	纯电动轿车	SQR7000BEVS184	承载式车身	纯电动	2330	1360	1060	3601	1587	1527；1564	80	90	120	71	0	12	0	0	4	0	0	46	0	5	0		0	0	0		
北京汽车股份有限公司	北京牌	纯电动轿车	BJ7000B3D1-BEV	承载式车身	纯电动	2500	1745	1370；1295	3998	1720	1503	160	110	125	0	0	0	1	24	148	13	2	993	857	1117	1201	5510	40	622	620	2457	7967
			BJ7000B3D2-BEV	承载式车身	纯电动	2500	1745	1370	3998	1720	1503	150	110	120	0	0	2	0	0	0	0	0	0	0	6	0		0	0	0		
			BJ7000B3D5-BEV	承载式车身	纯电动	2500	1670	1295	4025	1720	1503	160	110	125	0	0	0	0	0	0	0	0	0	0	0	0		138	45	106		
			BJ7000C7H1-BEV	承载式车身	纯电动	2755	2200	1760	4861	1820	1462	170	110	130	0	0	6	0	10	1	0	0	84	8	3	0		2	0	0		
			BJ7000C7H3-BEV	承载式车身	纯电动	2755	2200	1760	4861	1820	1462	170	110	130	0	0	0	0	0	0	0	0	50	0	0	22		3	5	18		
			BJ7001B3D2-BEV	承载式车身	纯电动	2500	1670	1295	4025	1720	1503	200	120	125	0	0	0	0	0	0	0	0	2	0	319	31		400	1	393		
			BJ7002B3D2-BEV	承载式车身	纯电动	2500	1670	1295	4310 4315	1720	1503	200	102	102	0	0	0	0	0	0	0	0	0	0	0	501		0	0	2		
		纯电动多用途乘用车	BJ6450L3R-BEV	承载式车身	纯电动	2920	2375	1700	4495	1636	1912	150	80	80	0	0	0	0	0	0	0	0	0	0	10	99		58	0	4		
比亚迪汽车工业有限公司	比亚迪牌	纯电动轿车	BYD7006BEVH	承载式车身	纯电动	2830	2795	2420	4560	1822	1630	400	140	140	0	0	0	0	0	0	0	0	0	0	0	0	2490	0	0	10	785	3275
			QCJ7006BEVF	承载式车身	纯电动	2830	2735 2755	2360；2380	4560	1822	1630；1645	322	140	140	37	15	44	58	270	111	1	3	479	256	92	911		109	170	29		
	腾势牌	纯电动轿车	QCJ7007BEV	承载式车身	纯电动	2880	2550	2090	4642	1850	1642	253	120	150	0	0	0	0	0	1	0	0	76	2	22	112		159	74	234		
安徽江淮汽车股份有限公司	江淮牌	纯电动轿车	HFC7000A1EV	承载式车身	纯电动	2400	1500	1200	4190	1650	1445	155	80	80	0	0	0	0	0	0	0	0	0	0	0	462	2735	0	0	0	158	2893
			HFC7000AEV	承载式车身	纯电动	2400	1500	1200	4155 4190	1650	1445	152	95	95	0	19	78	131	62	112	14	1	1230	376	1	17		4	0	0		
			HFC7001AEV	承载式车身	纯电动	2490	1635	1260	4320	1710	1515	170	120	120	0	0	0	0	0	0	0	0	0	0	0	232		0	119	35		

续表

企业名称	车辆品牌	车辆名称	车辆型号	底盘型号	燃料种类	轴距(mm)	总质量(kg)	整备质量(kg)	外形尺寸(mm)			电动汽车续驶里程（工况法，km）	电动汽车30分钟最高车速(km/h)	最高车速(km/h)	2014年													2015年				合计(辆)
									长	宽	高				1月	2月	3月	4月	5月	6月	7月	8月	9月	10月	11月	12月	小计(辆)	1月	2月	3月	小计(辆)	
上海华普汽车有限公司	康迪牌	纯电动轿车	SMA7000BEV	承载式车身	纯电动	2080	1340	1160	2900	1545	1590	—	—	80	0	0	500	735	335	0	0	0	0	0	0	0	2285	0	0	0	0	2285
			SMA7001BEV	承载式车身	纯电动	2340	1500	1200	3598	1630	1595	—	—	80	0	200	515	0	0	0	0	0	0	0	0	0		0	0	0		
东风汽车有限公司	启辰牌	纯电动轿车	DFL7000B1BEV	承载式车身	纯电动	2700	1920	1494	4467	1771	1549	180	125	144	50	31	0	12	0	0	0	0	0	0	3	2	1325	0	0	0	10	1335
			DFL7000B2BEV	承载式车身	纯电动	2700	1920	1494	4467	1771	1549	175	125	144	0	0	0	0	0	0	0	16	358	457	234	162		0	0	10		
上海汽车集团股份有限公司	荣威牌	纯电动轿车	CSA7000BEV	承载式车身	纯电动	2305	1380	1080	3569	1551	1540	120	120	130	0	0	0	0	0	0	0	0	180	38	8	49	528	27	13	21	62	590
				承载式车身	纯电动	2305	1380	1080	3569	1551	1540	140	65	130	4	0	0	0	0	0	0	0	131	116	1	1		1	0	0		
东南（福建）汽车工业有限公司	东南牌	纯电动轿车	DN7000MBEV	承载式车身	纯电动	2500	1730	1330	4420	1700	1415	80	80	120	17	0	1	8	7	0	11	0	1	20	0	259	324	54	2	3	59	383
华晨宝马汽车有限公司	之诺牌	纯电动轿车	BBA7000EV（ZINORO1E）	承载式车身	纯电动	2760	2355	1970	4503	1798	1564	150	110	130	9	0	16	10	1	4	0	0	0	0	223	48	311	26	18	21	65	376
东风汽车公司	风神牌	纯电动轿车	DFM7000H2ABEV	承载式车身	纯电动	2160	1295	995；1025	2995	1560	1595	152	80	80	0	0	0	0	0	2	0	0	0	0	3	0	122	0	0	0	101	223
			DFM7000H2DBEV	承载式车身	纯电动	2160	1295	995	2995	1560	1595	152	80	80	0	0	0	0	1	5	0	0	0	0	58	53		99	0	2		
四川汽车工业股份有限公司	野马牌	纯电动乘用车	SQJ6451BEV	承载式车身	纯电动	2500	1770	1395	4510	1737	1606	180	110	130	0	0	0	0	0	0	0	0	0	0	0	200	200	0	0	0	0	200
北汽福田汽车股份有限公司	福田牌	纯电动多用途乘用车	BJ6438EV3－1	承载式车身	纯电动	2695	1960	1510	4288	1725	1728	160	110	130	0	0	0	0	0	0	0	0	2	148	2	0	152	0	0	0	0	152
上海通用汽车有限公司	赛欧牌	纯电动轿车	SGM7001EV	承载式车身	纯电动	2465	1760	1385	3947	1690	1507	152	130	130	0	0	0	0	0	0	0	0	35	25	14	26	100	0	0	0	0	100
华晨汽车集团控股有限公司	中华牌	纯电动轿车	SY7000BEVDAE	承载式车身	纯电动	2570	1790	1400	4390	1703	1497	80	110	110	0	0	0	0	0	0	0	0	100	0	0	0	100	0	0	0	0	100
中国第一汽车集团公司	一汽牌	纯电动轿车	CA7005EV1	承载式车身	纯电动	2675	1875	1425	4600	1785	1435	100	100	100	0	0	0	0	0	0	0	0	0	0	0	99	99	1	0	0	1	100

续表

企业名称	车辆品牌	车辆名称	车辆型号	底盘型号	燃料种类	轴距(mm)	总质量(kg)	整备质量(kg)	外形尺寸(mm)			电动汽车续驶里程（工况法，km）	电动汽车30分钟最高车速(km/h)	最高车速(km/h)	2014年													2015年				合计(辆)
									长	宽	高				1月	2月	3月	4月	5月	6月	7月	8月	9月	10月	11月	12月	小计(辆)	1月	2月	3月	小计(辆)	
重庆力帆乘用车有限公司	力帆牌	纯电动轿车	LF7002CEV	承载式车身	纯电动	2605	1725	1350	4550；4610	1705	1495	130	120	125	0	0	0	0	0	0	3	0	0	0	7	36	47	0	0	0	0	47
			LF7002EV	承载式车身	纯电动	2605	1895	1490	4550；4610	1705	1495	140	80	100	0	0	0	0	0	0	0	0	0	0	0	1		0	0	0		
东风悦达起亚汽车有限公司	华骐牌	纯电动轿车	YQZ7001BEV	承载式车身	纯电动	2610	1800	1425	4500	1735	1470	140	110	130	0	0	0	0	0	0	0	0	0	0	0	34	34	0	0	0	0	34
重庆长安汽车股份有限公司	长安牌	纯电动轿车	SC7003AEV	承载式车身	纯电动	2660	1985	1610	4620	1820	1515	160	120	140	0	0	0	0	0	0	0	0	0	0	20	0	27	0	0	3	3	30
			SC7005EV	承载式车身	纯电动	2600	1985	1610	4435	1710	1470	—	—	125	0	0	7	0	0	0	0	0	0	0	0	0		0	0	0		
浙江飞碟汽车制造有限公司	飞碟牌	纯电动多用途乘用车	FD6430BEV	承载式车身	纯电动	2515	2150	1775	4295	1770	1680	—	80	100	1	2	0	0	0	0	0	0	0	0	0	1	4	20	0	0	20	24
郑州日产汽车有限公司	东风牌	纯电动多用途乘用车	ZN6441V1YBEV	承载式车身	纯电动	2695	2385	1770	4420	1695	1800	170	100	120	0	0	0	0	0	0	0	0	0	0	0	0	5	1	0	0	16	21
			ZN6493H2YBEV	ZN6473H2YEV	纯电动	2950	2555	2070	4949	1690	1895	130	80	120	0	0	0	0	0	0	0	0	0	0	0	5		5	0	0		
			ZN6494H2YBEV	ZN6474H2YEV	纯电动	2950	2645	2160	4949	1690	1895	130	80	120	0	0	0	0	0	0	0	0	0	0	0	0		0	0	10		
福建新龙马汽车股份有限公司	福建牌	纯电动多用途乘用车	FJ6410BEVA1	承载式车身	纯电动	2700	1900	1355；1375	4071	1677	1902	171	80	100	0	0	0	0	0	0	0	0	0	0	4	5	9	0	0	7	7	16
江铃控股有限公司	江铃牌	纯电动轿车	JX7004BEV	承载式车身	纯电动	2260	1190	890	3427	1565	1410；1470	150	80	80	0	0	0	0	0	0	0	0	0	0	0	0	0	0	0	14	14	14
比亚迪汽车有限公司	比亚迪牌	纯电动轿车	BYD7005BEV	承载式车身	纯电动	2660	2220	1845	4680	1765	1500	256	130	130	0	0	0	0	0	0	0	0	0	0	0	0	0	0	0	10	10	10
天津一汽夏利汽车股份有限公司	威志牌	纯电动轿车	CA7000EV	承载式车身	纯电动	2425	1506	1131	4290	1680	1500	110	80	110	0	0	0	0	0	0	0	0	7	0	0	0	7	0	0	0	0	7
天津一汽丰田汽车有限公司	朗世牌	纯电动轿车	TV7000GBEV	承载式车身	纯电动	2600	1635	1260	4555	1705	1490	105	100	120	0	0	0	0	0	0	0	0	0	0	5	0	5	0	0	0	0	5

续表

企业名称	车辆品牌	车辆名称	车辆型号	底盘型号	燃料种类	轴距(mm)	总质量(kg)	整备质量(kg)	外形尺寸(mm)			电动汽车续驶里程(工况法，km)	电动汽车30分钟最高车速(km/h)	最高车速(km/h)	2014年													2015年				合计(辆)
									长	宽	高				1月	2月	3月	4月	5月	6月	7月	8月	9月	10月	11月	12月	小计(辆)	1月	2月	3月	小计(辆)	
一汽海马汽车有限公司	海马牌	纯电动轿车	HMC7000EVM0	承载式车身	纯电动	2670	1923	1549	4295	1705	1555	—	90	90	0	0	0	0	0	0	0	0	0	0	4	0	4	0	0	0	0	4
陕西通家汽车股份有限公司	通家福牌	纯电动多用途乘用车	STJ6402EV	承载式车身	纯电动	2700	2050	1400	4030	1620	1900	178	85	85	0	0	0	0	0	0	0	0	0	0	0	0	0	0	2	1	3	3
海马轿车有限公司	海马牌	纯电动轿车	HMA7000BEV	承载式车身	纯电动	2332	1473	1098	3590	1540	1486	112	70	85	0	1	0	1	0	0	0	0	0	0	0	0	2	0	0	0	0	2
重庆长安铃木汽车有限公司	长安牌	纯电动轿车	SC7002VBEV	承载式车身	纯电动	2360	1525	1150	3570	1600	1470	120	100	120	0	0	0	0	0	0	0	0	0	0	0	0	0	0	0	2	2	2
哈飞汽车股份有限公司	哈飞牌	纯电动轿车	HFJ7001AEV	承载式车身	纯电动	2600	2000	1625	4434	1708	1480	160	130	130	0	0	0	0	0	1	0	0	0	0	0	0	1	0	0	0	0	1
合计（辆）															1362	888	1917	1498	1418	1443	681	608	12664	3432	6622	14194	46727	2797	2207	7828	12832	59559

(3)专用车（运输车、邮政车、服务车、垃圾车、自卸车、扫路车、洒水车、售货车、载货车、工程车等）

企业名称	车辆品牌	车辆名称	车辆型号	底盘型号	燃料种类	轴距(mm)	总质量(kg)	整备质量(kg)	外形尺寸(mm)			货厢尺寸(mm)			电动汽车续驶里程(工况法，km)	电动汽车30分钟最高车速(km/h)	最高车速(km/h)	2014年													2015年				合计(辆)
									长	宽	高	长	宽	高				1月	2月	3月	4月	5月	6月	7月	8月	9月	10月	11月	12月	小计(辆)	1月	2月	3月	小计(辆)	
天津清源电动车辆有限责任公司	清源牌	纯电动服务车	QY5020XFWBEVEC	承载式车身	纯电动+铅酸	2470	1610	1180	3930	1505	1875	—	—	—	—	48	80	1	0	0	0	0	0	0	0	0	0	0	0		0	0	0		
		纯电动厢式运输车	QY5021XXYBEVYL	QY5020HBEVL	纯电动	1840	1026	596	2845	1387	1650	940	1260	1020	—	40	50	0	0	0	1	13	21	0	35	9	7	50	413		0	0	3		
		纯电动邮政车	QY5021XYZBEVEL	—	纯电动	2370	1610	1180	3745 3735	1505 1510	1925 1890	—	—	—	—	—	80	0	0	1	0	1	0	0	0	0	2	0	0	1074	0	0	0	24	1098
		纯电动垃圾车	QY5021ZLJBEVYL	—	纯电动	2600	1770	1162	4140	1528	1840	1882	1467	1057	—	—	55	0	0	0	0	0	19	0	0	0	0	0	0		0	0	0		
	清源宝骑牌	纯电动厢式运输车	QY5020XXYBEVECCB	CH7002BEVB	纯电动+铅酸	2335	1740	1300	3480	1575	1670	—	—	—	120	60	72	0	0	0	0	15	74	51	79	69	23	174	16		10	0	11		

续表

企业名称	车辆品牌	车辆名称	车辆型号	底盘型号	燃料种类	轴距(mm)	总质量(kg)	整备质量(kg)	外形尺寸(mm) 长	外形尺寸(mm) 宽	外形尺寸(mm) 高	货厢尺寸(mm) 长	货厢尺寸(mm) 宽	货厢尺寸(mm) 高	电动汽车续驶里程(工况法,km)	电动汽车30分钟最高车速(km/h)	最高车速(km/h)	2014年 1月	2014年 2月	2014年 3月	2014年 4月	2014年 5月	2014年 6月	2014年 7月	2014年 8月	2014年 9月	2014年 10月	2014年 11月	2014年 12月	2014年 小计(辆)	2015年 1月	2015年 2月	2015年 3月	2015年 小计(辆)	合计(辆)
江苏奥新新能源汽车有限公司	达福迪牌	纯电动车厢可卸式垃圾车	JAX5020ZXXBEV	JAX1020EV	纯电动	2500	2150	1330	3880	1500	1820	—	—	—	—	60	72	0	0	0	2	0	0	0	1	0	1	42	159	924	0	0	0	9	933
			JAX5022ZXXBEV	JAX1020EV	纯电动	2500	2150	1330	3880	1500	1820	—	—	—	—	60	72	0	0	0	0	0	13	2	3	0	4	0	295		0	0	0		
		纯电动厢式运输车	JAX5021XXYBEV	JAX1020EV	纯电动	2500	2150	1200	4330	1500	2210	2455	1390	1410	—	60	72	0	0	0	1	0	1	0	0	0	0	2	89		3	0	0		
			JAX5022XXYBEV	JAX1020EV	纯电动	2500	2150	1200	4330	1500	2210	2455	1390	1410	—	60	72	0	0	0	0	0	0	0	0	0	0	1	279		5	0	0		
			JAX5023XXYBEV	JAX1020EV	纯电动	2500	2150	1200	4330	1500	2210	2455	1370	1400	142	60	72	0	0	0	0	0	0	0	0	4	4	0	6		0	0	0		
			JAX5023XXYBEVF120LB15M2X2	JAX1020EV	纯电动	2500	2150	1360	4350	1540	2110	2430	1420	1340	142	60	72	0	0	0	0	0	0	0	0	5	5	0	5		1	0	0		
重庆瑞驰汽车实业有限公司	瑞驰牌	纯电动厢式运输车	CRC5020XXY-LBEV	CRC6390LBEV	纯电动	2515	2050	1320	4070	1560	2105	2170	1455	1350	183	80	85	0	0	0	0	0	0	0	0	1	2	0	0	346	0	0	0	190	536
			CRC5021XXY-LBEV	承载式车身	纯电动	2515	1950	1260	3795	1560	1925	—	—	—	150	60	80	0	0	0	0	0	1	5	4	1	0	61	124		20	0	69		
			CRC5022XXY-LBEV	CRC5022DLBEV	纯电动	2515	1950	1270	4210	1560	2115 2335	2380	1420	1340 1560	120	60	80	0	0	0	0	0	0	0	4	0	0	4	62		1	0	6		
			CRC5023XXY-LBEV	CRC5023DLBEV	纯电动	2820	2050	1360	4650	1635	2470	2760	1520	1610	100	60	80	0	0	0	1	0	0	0	3	0	0	0	42		2	46	0		
			CRC5024XXY-LBEV	承载式车身	纯电动	2515	1950	1200	3795	1560	1925	—	—	—	150	60	80	0	0	0	0	0	0	0	5	0	0	3	0		0	0	24		
			CRC5025XXYA-LBEV	承载式车身	纯电动	2515	1950	1290	3795	1560	1925	—	—	—	155	60	80	0	0	0	0	0	0	0	0	0	0	3	14		1	0	2		
			CRC5025XXY-LBEV	承载式车身	纯电动	2515	1950	1280	3795	1560	1925	—	—	—	145	60	80	0	0	0	0	0	0	0	0	0	0	3	0		0	0	19		
			CRC5026XXY-LBEV	承载式车身	纯电动	2515	1950	1295	3795	1560	1925	—	—	—	173	60	80	0	0	0	0	0	0	0	0	0	0	3	0		0	0	0		
金华市康迪新能源车辆有限公司	康迪牌	纯电动厢式运输车	KD5010XXYEVB1	KD5010	纯电动+铅酸	2080	1300	1020	2900	1545	1590	680	1320	840	75	60	72	30	12	68	50	50	30	30	30	18	0	1	0	319	0	0	0	0	319

续表

企业名称	车辆品牌	车辆名称	车辆型号	底盘型号	燃料种类	轴距(mm)	总质量(kg)	整备质量(kg)	外形尺寸(mm)			货厢尺寸(mm)			电动汽车续驶里程(工况法，km)	电动汽车30分钟最高车速(km/h)	最高车速(km/h)	2014年													2015年				合计(辆)
									长	宽	高	长	宽	高				1月	2月	3月	4月	5月	6月	7月	8月	9月	10月	11月	12月	小计(辆)	1月	2月	3月	小计(辆)	
北京汽车股份有限公司	北京牌	纯电动厢式运输车	BJ5020XXYV3R－BEV	承载式车身	纯电动	2700	2010	1485	4030	1636	1907	—	—	—	—	—	93	0	0	20	0	0	0	0	0	0	0	0	0	186	0	0	0	118	304
			BJ5021XXYV3R1－BEV	承载式车身	纯电动	2920	2220	1640	4495 4690	1636	1912	—	—	—	150	70	70	0	0	0	0	0	0	0	0	1	31	36	78		21	82	15		
		纯电动邮政车	BJ5020XYZD3R－BEV	BJ6400L3R－BEV	纯电动	2700	2010	1485	4030	1636	1907	—	—	—	—	—	93	20	0	0	0	0	0	0	0	0	0	0	0		0	0	0		
福建新龙马汽车股份有限公司	福建牌	纯电动厢式运输车	FJ5020XXYBEVA1	承载式车身	纯电动	2700	1900	1310；1355	4071	1677	1902	—	—	—	171	80	100	0	0	0	0	0	0	0	0	0	0	1	165	167	6	2	65	73	240
		纯电动邮政车	FJ5020XYZBEVA1	承载式车身	纯电动	2700	1900	1310；1355	4071	1677	1902	—	—	—	171	80	100	0	0	0	0	0	0	0	0	0	0	1	0		0	0	0		
中国重汽集团成都王牌商用车有限公司	王牌牌	纯电动厢式运输车	CDW5060XXYEV	CDW1060H1REV	纯电动	3360	5625	3500	5995	2110	2850	4100	1960	1900	160	80	80	0	0	0	1	1	0	36	1	9	0	6	4	141	0	0	0	55	196
			CDW5070XXYH1PEV	CDW1070H1PEV	纯电动	3360	6630	3900	5995	1980	2900	4150	1910	1850	140	80	80	0	0	0	0	0	0	0	0	0	0	44	37		36	2	17		
		纯电动工程车	CDW5030XGCEV	CDW5030XGCEV	纯电动	3025	2950	2025	4980	1690	1765	—	—	—	130	95	95	0	0	0	0	0	0	0	0	0	0	0	2		0	0	0		
南京特种汽车制配厂有限公司	金龙牌	纯电动厢式运输车	NJT5020XXYBEV1	—	纯电动	2605	2390	1630	4110	1690	1930	—	—	—	250	80	80	0	0	0	0	0	0	0	0	0	0	2	61	114	0	0	37	78	192
			NJT5020XXYBEV2	—	纯电动	2605	2050	1550	4110	1690	1930	—	—	—	150	80	80	0	0	0	0	0	0	0	0	0	0	0	32		0	0	0		
			NJT5040XXYBEV	NJL6600BEV5	纯电动	3665	4390	3060	5915	1995	2650	—	—	—	—	100	100	0	0	0	0	0	0	0	0	0	0	0	0		1	0	0		
		纯电动路面养护车	NJT5030TYHBEV	EQ1031TACEVJ1	纯电动	2950	3490	2610	5130	1780	2100	—	—	—	80	65	50	0	0	0	0	0	0	0	0	0	9	0	0		0	0	0		
			NJT5032TYHBEV	—	纯电动	2950	3490	2610	5130	1780	2100	—	—	—	80	60	60	0	0	0	0	0	0	0	0	0	0	0	0		0	0	20		
		纯电动扫路车	NJT5031TSLBEV	—	纯电动	2950	3490	2960	5270	1730	2300	2710	1655	1630	80	60	60	0	0	0	0	0	0	0	0	0	0	0	0		0	0	20		
			NJT5030TSLBEV	EQ1031TACEVJ1	纯电动	2950	3490	2960	5270	1730	2240	—	—	—	80	65	50	0	0	0	0	0	0	0	0	0	10	0	0		0	0	0		
河北长安汽车有限公司	长安牌	纯电动厢式运输车	SC5023XXYABEV	承载式车身	纯电动	3050	2315	1650	4805	1715	1980	—	—	—	130	80	90	0	0	0	0	0	0	0	0	0	0	0	146	146	1	0	0	45	191
			SC5023XXYBBEV	承载式车身	纯电动	3050	2315	1600	4805	1715	1980	—	—	—	100	80	90	0	0	0	0	0	0	0	0	0	0	0	0		1	18	25		
北京华林特装车有限公司	华林牌	纯电动桶装垃圾运输车	HLT5031CTYEV	BJ1031EVJA2	纯电动	2566	2880	2045	4850	1690	2210 2130	—	—	—	75	70	80	0	5	2	0	15	5	0	0	0	3	0	10	189	0	0	0	0	189
			HLT5032CTYEV	BJ1031EVJA2	纯电动	2566	2880	2025	4800	1690	1880	—	—	—	75	70	80	0	1	8	0	0	3	3	0	0	29	0	10		0	0	0		
		纯电动压缩式垃圾车	HLT5074ZYSEV	BJ1071VDE0A	纯电动	3360	7495	5530	6500	2070	2400	—	—	—	130	80	80	0	0	0	0	0	0	0	2	0	0	0	0		0	0	0		
			HLT5076ZYSEV	BJ1071VDE0A－1	纯电动	3360	7495	5530	6500	2070	2400	—	—	—	130	80	80	0	0	0	0	0	0	0	0	0	0	12	5		0	0	0		

续表

企业名称	车辆品牌	车辆名称	车辆型号	底盘型号	燃料种类	轴距(mm)	总质量(kg)	整备质量(kg)	外形尺寸(mm)			货厢尺寸(mm)			电动汽车续驶里程(工况法，km)	电动汽车30分钟最高车速(km/h)	最高车速(km/h)	2014年													2015年				合计(辆)
									长	宽	高	长	宽	高				1月	2月	3月	4月	5月	6月	7月	8月	9月	10月	11月	12月	小计(辆)	1月	2月	3月	小计(辆)	
北京华林特装车有限公司	华林牌	纯电动自装卸式垃圾车	HLT5071ZZZEV	BJ1071VDE0A－1	纯电动	3360	7495	5400	5720	2020	2390	—	—	—	130	80	80	0	0	0	0	0	0	2	20	0	0	10	0		0	0	0		
		纯电动自卸式垃圾车	HLT5023ZLJEV	BJ1020EV10	纯电动	2370	2250	1555	4310	1550	1890	—	—	—	75	70	80	6	0	0	0	0	0	0	38	0	0	0	0		0	0	0		
东风汽车公司	东风牌	纯电动自卸式垃圾车	EQ5020ZLJACBEV	EQ1020TACEVJ1	纯电动	2330	2500	1570	4150	1600	1940	1970	1500	930	80	40	50	0	0	0	0	0	0	0	0	0	4	0	0	111	0	0	0	21	132
		纯电动自装卸式垃圾车	EQ5020ZZZACBEV	EQ1020TACEVJ1	纯电动	2330	2500	1620	4140	1680 1630	1940	—	—	—	80	40	50	0	0	0	0	0	0	2	0	0	0	0	17		1	0	0		
		纯电动扫路车	EQ5031TSLACBEV	EQ1031TACEVJ1	纯电动	2950	3490	2900	4500 5560	1870	2130	—	—	—	80	40	50	0	0	0	0	1	1	0	0	4	28	34	20		0	0	20		
山东唐骏欧铃汽车制造有限公司	欧铃牌	纯电动载货汽车	ZB1020BEVADA	ZB1020BEVADA	纯电动＋铅酸	2000	1625	1000	3540	1535	1860	1850	1430	260	88	40	55	0	0	0	0	0	0	0	0	0	0	0	20	20	27	0	0	72	92
			ZB1030BEVBDC1	ZB1030BEVBDC1	纯电动＋铅酸	2600	3490	1870	5040	1730	2070	3330	1610	360	115	80	82	0	0	0	0	0	0	0	0	0	0	0	0		20	0	0		
		纯电动厢式运输车	ZB5060XXYBEVKDD6	ZB1060BEVKDD6	纯电动＋铅酸	3360	5620	3495	5997	2035	2910	4150	1900	1900	115	80	90	0	0	0	0	0	0	0	0	0	0	0	0		25	0	0		
江西江铃汽车集团改装车有限公司	江铃牌	纯电动车厢可卸式垃圾车	JX5020ZXXMEV	JX1020MEV	纯电动＋铅酸	2740	2200	1440	4244	1528	1832	—	—	—	—	60	80	0	0	0	0	9	0	0	0	0	0	0	0	64	0	4	0	6	70
			JX5021ZXXMEV	JX1021MEV	纯电动	2740	2200	1420	4300	1528	1884	—	—	—	—	80	80	0	0	0	0	0	0	0	0	11	0	0	0		0	0	0		
		纯电动厢式运输车	JX5021XXYMEV	JX1021MEV	纯电动	2740	2200	1530；1550	4400	1528	2330 2430	2960	1440	1570 1670	—	80	80	0	0	0	0	0	0	0	0	0	0	0	30		0	0	0		
	江铃全顺牌	纯电动商务车	JX5041XSWMEV	承载式车身	纯电动	3570	3510	2795	5418	1974	2228 2428 2620 2820	—	—	—	—	75	90	0	0	0	0	0	0	14	0	0	0	0	0		2	0	0		

续表

企业名称	车辆品牌	车辆名称	车辆型号	底盘型号	燃料种类	轴距(mm)	总质量(kg)	整备质量(kg)	外形尺寸(mm)			货厢尺寸(mm)			电动汽车续驶里程(工况法,km)	电动汽车30分钟最高车速(km/h)	最高车速(km/h)	2014年													2015年				合计(辆)
									长	宽	高	长	宽	高				1月	2月	3月	4月	5月	6月	7月	8月	9月	10月	11月	12月	小计(辆)	1月	2月	3月	小计(辆)	
江西特种汽车有限责任公司	奇特牌	纯电动桶装垃圾运输车	JTZ5020CTYBEV	EQ1020BLEV2	纯电动	2040	2200	1220	4134	1535	1890	—	—	—	80	40	50	0	0	0	0	0	0	0	0	0	0	0	2	18	10	0	2	45	63
		纯电动厢式运输车	JTZ5020XXYBEV	EQ1020TACEVJ1	纯电动	2330	2500	1670	4010	1600	2010	—	—	—	80	40	50	0	0	0	0	0	0	0	0	0	0	0	0		2	0	1		
		纯电动自卸式垃圾车	JTZ5020ZLJBEV	EQ1020TACEVJ1	纯电动	2330	2500	1840	4100	1500	1940	—	—	—	—	40	50	0	0	0	0	0	0	0	0	0	0	0	0		1	0	0		
		纯电动车厢可卸式垃圾车	JTZ5020ZXXBEV	EQ1020BLEV2	纯电动	2040	2200	1160	3664	1535	1890	—	—	—	80	40	50	0	0	0	0	0	0	0	1	0	0	0	1		6	0	2		
		纯电动自装卸式垃圾车	JTZ5020ZZZBEV	EQ1020TACEVJ1	纯电动	2330	2500	1860	4090	1730	1965	—	—	—	80	40	50	0	0	0	0	0	0	0	0	0	0	0	14		7	0	1		
			JTZ5021ZZZBEV	EQ1020BLEV2	纯电动	2040	2200	1450	3824	1660	2000	—	—	—	—	40	50	0	0	0	0	0	0	0	0	0	0	0	0		13	0	0		
福建龙马环卫装备股份有限公司	福龙马牌	纯电动路面养护车	FLM5020TYHJEV	HFC1020PW4EV2B1D	纯电动	2400	2490	1950	4585	1560	2070	—	—	—	—	80	80	0	0	0	0	0	0	9	0	16	3	18	4	50	0	0	0	0	50
郑州日产汽车有限公司	东风牌	纯电动工程车	ZN5033XGCH2C	ZN6493H2C	纯电动	2950	2645	2160	4949	1690	1895 2075	—	—	—	150	65	100	0	0	0	0	0	0	0	0	1	5	0	0	45	0	0	0	1	46
			ZN5034XGCH2YBEV	ZN6494H2YBEV	纯电动	2950	2645	2160	4949	1690	1895	—	—	—	—	—	120	0	0	0	0	16	2	16	0	0	0	0	4		0	0	1		
		纯电动压缩式垃圾车	ZN5080ZYSA5CBEV	ZN1080A5CEV	纯电动	3349	7500	6070	6590	2085	2400	—	—	—	—	75	80	0	0	0	0	0	0	0	0	0	1	0	0		0	0	0		
陕西汽车集团有限责任公司	陕汽牌	纯电动厢式运输车	SX5020XXYEV	承载式车身	纯电动	2700	2010	1300	4030	1620	1900	—	—	—	137	81	85	0	0	0	0	0	0	0	0	0	0	0	0	0	23	0	21	44	44
芜湖宝骐汽车制造有限公司	智骐牌	纯电动厢式运输车	WXS5020XXYBEV	承载式车身	纯电动	2415	1510	950	3650	1510	1850	1590	1380	1060	—	70	75	0	0	0	0	0	0	0	0	0	0	0	0	0	5	0	29	34	34

续表

企业名称	车辆品牌	车辆名称	车辆型号	底盘型号	燃料种类	轴距(mm)	总质量(kg)	整备质量(kg)	外形尺寸(mm)			货厢尺寸(mm)			电动汽车续驶里程(工况法,km)	电动汽车30分钟最高车速(km/h)	最高车速(km/h)	2014年													2015年				合计(辆)
									长	宽	高	长	宽	高				1月	2月	3月	4月	5月	6月	7月	8月	9月	10月	11月	12月	小计(辆)	1月	2月	3月	小计(辆)	
中联重科股份有限公司	中联牌	纯电动自装卸式垃圾车	ZLJ5021ZZZBEV	EQ1020TACEVJ	纯电动	2400	2200	1450	4024	1535	2000	—	—	—	80	60	50	0	0	0	5	0	0	0	0	0	0	0	0	6	0	0	0	28	34
		纯电动扫路车	ZLJ5030TSLZLBEV	ZLJ5030JCBEVD	纯电动	2700	2800	2200	4485	1570	1920	—	—	—	80	60	65	0	0	0	1	0	0	0	0	0	0	0	0		0	0	0		
		纯电动路面养护车	ZLJ5030TYHZLBEV	ZLJ5031JCBEVD	纯电动	2700	2800	2070	4880	1570	1985	—	—	—	80	60	60	0	0	0	0	0	0	0	0	0	0	0	0		0	0	28		
柳州延龙汽车有限公司	延龙牌	纯电动厢式运输车	LZL5028XXYBEV	—	纯电动+铅酸	2500	1780	1130	3810 3797	1510	1820	—	—	—	80	60	60	0	2	1	7	2	0	0	0	0	1	2	12	27	4	1	1	6	33
南京汽车集团有限公司	跃进牌	纯电动载货车	NJ1027PBEV	NJ1027PBEV	纯电动+铅酸	2740	2000	1200	4400	1528	1880	2460	1410	344	100	75	80	0	0	0	0	0	0	0	1	0	0	0	0	17	0	0	0	2	19
	畅达牌	纯电动密闭式桶装垃圾车	NJ5028XTYEV1	NJ1027PBEVNZ1	纯电动	2500	2600	1620	4940	1620	2010	3190	1300	1130	100	50	72	0	0	0	1	0	1	1	0	0	0	0	11		1	1	0		
		纯电动自装卸式垃圾车	NJ5028ZZZEV1	NJ1027PBEVNZ1	纯电动	2500	2600	1620	4700	1630	2090	2900	1400	1140	100	50	72	0	0	0	0	0	0	0	0	0	0	1	1		0	0	0		
北京天路通科技有限责任公司	天路牌	纯电动吸尘车	BTL5071TSLEV	BJ1071VDE0A-1	纯电动	3360	7495	5960	6150	2375	2560	—	—	—	130	80	80	0	0	0	0	0	1	15	0	1	1	0	0	18	0	0	0	0	18
湖南江南汽车制造有限公司	江南牌	纯电动载货车	JNJ1021EVAL	承载式车身	纯电动	2740	1940	1170	4565	1528	1880	1810	1410	344	100	75	80	1	0	0	0	0	0	0	0	0	0	0	0	12	0	0	0	0	12
			JNJ1021EVL	承载式车身	纯电动	2740	1820	1100	4400	1528	1880	2460	1410	344	100	75	80	0	1	0	0	0	0	0	0	0	0	10	0		0	0	0		
比亚迪汽车工业有限公司	比亚迪牌	纯电动厢式运输车	BYD5030XXYBEV1	承载式车身	纯电动	2725	2625	1950 1995	4460	1720	1875	—	—	—	250	130	130	0	0	0	0	0	0	0	0	0	0	0	0	0	0	0	10	10	10
广州市环境卫生机械设备厂	广环牌	纯电动密闭式桶装垃圾车/底盘	GH5020XTYEV	HFC1020PW4EV2B1D	纯电动	2400	2490	2040 1900	4210	1560	2210 1960	—	—	—	125	80	80	0	0	0	0	0	0	0	0	0	0	0	0	0	10	0	0	10	10

续表

企业名称	车辆品牌	车辆名称	车辆型号	底盘型号	燃料种类	轴距(mm)	总质量(kg)	整备质量(kg)	外形尺寸(mm)			货厢尺寸(mm)			电动汽车续驶里程(工况法，km)	电动汽车30分钟最高车速(km/h)	最高车速(km/h)	2014年													2015年				合计(辆)
									长	宽	高	长	宽	高				1月	2月	3月	4月	5月	6月	7月	8月	9月	10月	11月	12月	小计(辆)	1月	2月	3月	小计(辆)	
上海汽车商用车有限公司	大通牌	纯电动厢式运输车	SH5041XXYA7BEV	承载式车身	纯电动	3850	4100	2700	5700 5910	1998	2345	—	—	—	170	100	100	0	0	0	0	0	0	0	0	0	0	0	8	8	0	0	0	0	8
湖南恒润高科股份有限公司	恒润牌	纯电动洒水车	HHR5160GSSBEV	HHR5160BEV	纯电动	5100	16000	9305	9000	2500	2900	—	—	—	80	65	80	0	0	0	0	0	0	0	1	0	0	0	0	7	0	0	0	0	7
		纯电动洗扫车	HHR5120TXSBEV	HHR5120BEV	纯电动	4200	12495	10200	8000 7433	2480 2400	3053 2930	—	—	—	80	65	80	0	0	0	0	0	0	0	6	0	0	0	0		0	0	0		
山东凯马汽车制造有限公司	凯马牌	纯电动厢式运输车	KMC5040XXYEV28D	KMC1040EV28D	纯电动	2800	4495	2805	5920	2240	2920	3800	2060	1900	150	80	80	0	0	0	0	0	0	0	0	0	0	0	1	1	0	0	0	5	6
			KMC5020XXYEV29D	KMC1020EV29D	纯电动	2900	2450	1525	4650	1700	2380	2780	1540	1650	120	58	58	0	0	0	0	0	0	0	0	0	0	0	0		1	0	0		
		纯电动载货汽车	KMC1020EV29D	KMC1020EV29D	纯电动	2900	2450	1340	4480	1620	1880	2780	1540	330	120	58	58	0	0	0	0	0	0	0	0	0	0	0	0		4	0	0		
南京金龙客车制造有限公司	东宇牌	纯电动厢式运输车	NJL5020XXYBEV1	承载式车身	纯电动	2605	2390	1630	4110	1690	1930	—	—	—	303	80	80	0	0	0	0	0	0	0	0	0	0	0	0	1	0	0	1	4	5
		纯电动厢式运输车	NJL5040XXYBEV	承载式车身	纯电动	3665	4490	2860 2810	5960	2020	2650 2360	—	—	—	N/A	100	100	0	0	0	0	0	0	0	0	0	0	0	0		0	0	1		
		纯电动流动服务车	NJL5021XDWBEV	承载式车身	纯电动	2800	2290	1630	4430	1626	1930	—	—	—	N/A	80	80	0	0	0	0	0	0	0	0	0	0	0	0		0	0	1		
		纯电动邮政车	NJL5021XYZBEV	承载式车身	纯电动	2800	2390	1630	4430	1626	1930	—	—	—	N/A	80	80	0	0	0	0	0	0	0	0	0	0	0	0		0	0	1		
		纯电动商务车	NJL5040XSWBEV	NJL6600BEV	纯电动	3665	4390	2930 2980	6005	1995	2360 2650	—	—	—	—	100	100	0	0	0	0	0	0	0	0	0	0	0	1		0	0	0		
山东昊宇车辆有限公司	超雷牌	纯电动自卸车	CLP3020ZEV	HY3020－2800Q	纯电动＋铅酸	2740	2320	1500	4400	1528	1880	2460	1410	344	—	65	70	0	0	0	0	1	0	0	0	0	0	0	0	5	0	0	0	0	5
		纯电动厢式货车	CLP5020EV－XXY	HY5020－2800Q	纯电动＋铅酸	2355	2190	1430	3695	1510	1823	1800	1350	1300	—	65	80	0	0	0	0	0	1	0	0	0	0	0	2		0	0	0		
			CLP5021EV－XXY	—	纯电动	2700	2520	1390	4030	1620	1900	—	—	—	—	80	80	0	0	0	0	0	0	0	0	0	0	0	1		0	0	0		
东南（福建）汽车工业有限公司	东南牌	纯电动厢式运输车	DN5020XXYBEV	DN6490MBEV	纯电动	2435	2400	1835	4945	1695	1970	—	—	—	120	65	120	0	0	2	0	0	0	0	2	0	0	0	0	4	0	0	0	0	4

续表

企业名称	车辆品牌	车辆名称	车辆型号	底盘型号	燃料种类	轴距(mm)	总质量(kg)	整备质量(kg)	外形尺寸(mm)			货厢尺寸(mm)			电动汽车续驶里程(工况法,km)	电动汽车30分钟最高车速(km/h)	最高车速(km/h)	2014年													2015年				合计(辆)
									长	宽	高	长	宽	高				1月	2月	3月	4月	5月	6月	7月	8月	9月	10月	11月	12月	小计(辆)	1月	2月	3月	小计(辆)	
赣州汽车改装厂	环球牌	纯电动厢可卸式垃圾车	GZQ5020ZXXACBEV	EQ1020BLEV2	纯电动	2040	2200	1320	3690	1535	1890	—	—	—	80	40	50	0	0	0	0	0	0	0	0	0	0	1	0	4	0	0	0	0	4
		纯电动厢自装式垃圾车	GZQ5020ZZZACBEV	EQ1020BLEV2	纯电动	2040	2200	1450	3800	1610	1950	—	—	—	80	40	50	0	0	0	0	0	0	0	0	0	1	1	0		0	0	0		
		纯电动自装卸式垃圾车	GZQ5021ZZZBEV	EQ1020TACEVJ1	纯电动	2330	2500	1620	4090	1680	1940	—	—	—	80	40	50	0	0	0	0	0	0	0	0	0	0	1	0		0	0	0		
上海沪光客车厂	沪光牌	纯电动密闭式桶装垃圾车	HG5023XTYBEV	EQ1020TACEVJ4	纯电动	2330	2500	1890	4550	1560	2150	2260	1420	1300	—	—	50	0	0	0	0	0	0	0	0	0	1	0	0	1	0	0	0	2	3
			HG5025XTYBEV	NJ1027PBEVNZ3	纯电动	2500	2490	1760	4910	1545	2200	3020	1370	1350	100	50	70	0	0	0	0	0	0	0	0	0	0	0	0		2	0	0		
陕西通家汽车股份有限公司	通家福牌	纯电动厢式运输车	STJ5022XXYEV	STJ6402EV	纯电动	2700	2050	1400	4030	1620	1900	—	—	—	178	85	85	0	0	0	0	0	2	0	0	0	0	0	0	2	0	0	0	0	2
江苏陆地方舟新能源电动汽车有限公司	陆地方舟牌	纯电动桶装垃圾运输车	RQ5020CTYBEV0	RQ5020CTYH0	纯电动	2740	1920	1150	4620	1528	1884	2386	1100	800	120	75	80	0	0	0	0	0	0	0	0	0	0	0	2	2	0	0	0	0	2
河北御捷车业有限公司	御捷马牌	纯电动厢式运输车	YGM5011XXYBEVQ	承载式车身	纯电动	2170	1065	815	3245	1407	1535	—	—	—	90	40	40	0	0	0	0	0	0	0	0	0	0	0	0	0	0	0	1	2	2
		纯电动厢式运输车	YGM5010XXYBEVQ	承载式车身	纯电动	2170	1065	815	3110	1407	1535	—	—	—	90	40	40	0	0	0	0	0	0	0	0	0	0	0	0		0	0	1		
武汉九通汽车厂	九通牌	纯电动车厢可卸式垃圾车	KR5021ZXXEV	EQ1020BLEV2	纯电动	2040	2200	1150	3715	1535	1810	—	—	—	80	40	50	0	0	0	0	0	0	0	0	0	2	0	0	2	0	0	0	0	2
金龙联合汽车工业(苏州)有限公司	海格牌	纯电动厢式运输车	KLQ5020XXYEV1	—	纯电动	2700	2140	1460;1540	4205	1685	1910	—	—	—	150	85	80	0	0	0	0	0	0	0	0	0	0	0	1	1	0	0	0	0	1

续表

企业名称	车辆品牌	车辆名称	车辆型号	底盘型号	燃料种类	轴距(mm)	总质量(kg)	整备质量(kg)	外形尺寸(mm) 长	外形尺寸(mm) 宽	外形尺寸(mm) 高	货厢尺寸(mm) 长	货厢尺寸(mm) 宽	货厢尺寸(mm) 高	电动汽车续驶里程(工况法，km)	电动汽车30分钟最高车速(km/h)	最高车速(km/h)	2014年 1月	2月	3月	4月	5月	6月	7月	8月	9月	10月	11月	12月	小计(辆)	2015年 1月	2月	3月	小计(辆)	合计(辆)
柳州五菱汽车工业有限公司	五菱牌	纯电动仓栅式运输车	LQG5021CCYBEV	LQG1021LEV	纯电动	2080	1980	1115 1145	4115	1560	2390	2470	1490	300	—	80	100	0	0	0	0	0	0	0	0	0	1	0	0	1	0	0	0	0	1
厦门金龙旅行车有限公司	金旅牌	纯电动厢式运输车	XML5036XXYEV10	XML6532JEV10	纯电动	2890	2960	2140	5330	1700	2240 2066	—	—	—	112	100	100	0	0	0	0	0	0	0	0	0	0	0	0	0	0	0	1	1	1
天津市泓锋泰汽车改装有限公司	泓锋泰牌	纯电动厢式运输车	HFT5021XXYBEVEL	HFT5021XXYBEVEL	纯电动	2770	2000	1100	4640	1591	2004	2555	1415	1210	99	59.1	60	0	0	0	0	0	0	0	0	0	0	0	0	0	0	0	1	1	1
合计（辆）																		58	21	102	70	124	175	186	236	150	178	527	2206	4033	273	156	457	886	4919

2. 插电式混合动力汽车产量统计

（1）大中型客车、轻型客车

企业名称	车辆品牌	车辆名称	车辆型号	底盘型号	燃料种类	外形尺寸(mm) 长	外形尺寸(mm) 宽	外形尺寸(mm) 高	轴距(mm)	总质量(kg)	整备质量(kg)	油耗(L/100km)	混合动力汽车电功率比(%)	电动汽车续驶里程(工况法，km)	电动汽车30分钟最高车速(km/h)	混合动力汽车纯电动模式下1km最高车速(km/h)	最高车速(km/h)	2014年 1月	2月	3月	4月	5月	6月	7月	8月	9月	10月	11月	12月	小计(辆)	2015年 1月	2月	3月	小计(辆)	合计(辆)
郑州宇通客车股份有限公司	宇通牌	插电式混联混合动力城市客车	ZK6105CHEVNPG3	承载式车身	NG混合动力	10500	2500	3050 3200 3360	5200 5100	16500	11100 11500 11900	—	94.83	31	67	50	69	0	0	0	0	13	0	0	0	40	0	0	0		0	0	0		
			ZK6105CHEVNPG4	承载式车身	NG混合动力	10500	2500	3050 3200 3360	5200 5100	16500	11100 11500 11900	—	86.47 94.8 83.05	31	67	50	69	0	25	307	24	50	30	0	166	328	75	446	1110	5593	72	21	134	477	6070
			ZK6105CHEVNPG5	承载式车身	NG混合动力	10500	2500	3050 3200 3360	5200	16500	11300 11700 12100	—	90.32	31	67	50	69	0	0	0	0	0	0	0	2	0	0	0	0		0	0	0		

续表

企业名称	车辆品牌	车辆名称	车辆型号	底盘型号	燃料种类	外形尺寸(mm) 长	外形尺寸(mm) 宽	外形尺寸(mm) 高	轴距(mm)	总质量(kg)	整备质量(kg)	油耗(L/100km)	混合动力汽车电功率比(%)	电动汽车续驶里程(工况法,km)	电动汽车30分钟最高车速(km/h)	混合动力汽车纯电动模式下1km最高车速(km/h)	最高车速(km/h)	2014年 1月	2014年 2月	2014年 3月	2014年 4月	2014年 5月	2014年 6月	2014年 7月	2014年 8月	2014年 9月	2014年 10月	2014年 11月	2014年 12月	2014年 小计(辆)	2015年 1月	2015年 2月	2015年 3月	2015年 小计(辆)	合计(辆)
郑州宇通客车股份有限公司	宇通牌	插电式混联混合动力城市客车	ZK6125CHEVNPG4	承载式车身	NG混合动力	12000	2550	3050 3200 3360	6100 5875	18000	11900 12400 12900	—	86.47 83.05	31	68	50	69	0	0	308	1	0	0	11	1	40	46	77	16		1	104	0		
			ZK6120CHEVNPG4	承载式车身	NG混合动力	11500	2550	3050 3200 3360	5800	18000	12000 12450 12950	—	86.47 83.05	31	67	50	69	168	0	293	63	224	119	41	86	178	89	277	301		1	64	70		
			ZK6120PHEVNPG3	承载式车身	NG混合动力	11500	2550	3050 3200 3360	5800	18000	11300 11700 12100	—	41.9	38	67	50	69	0	0	0	0	0	0	0	0	0	0	0	4		0	0	0		
			ZK6125CHEVNPG5	承载式车身	NG混合动力	12000	2550	3050 3200 3360	6100 5875	18000	12200 12700 13400	—	90.32	31	67	50	69	0	0	0	0	0	0	11	0	0	0	0	0		0	0	0		
			ZK6105CHEVNPG7	承载式车身	LNG/电混合动力	10500	2500	3050 3200	5200	16500	10700 11100	—	107.14	21	68	68	69	0	0	0	0	0	0	0	0	0	0	0	0		0	8	0		
			ZK6105CHEVPG2	承载式车身	柴油混合动力	10500	2500	3050 3200	5200 5100	16500	10300 10700	18.9	90.74	61	67	50	69	0	0	0	0	0	0	16	0	0	0	0	0		0	0	0		
			ZK6105CHEVPG4	承载式车身	柴油混合动力	10500	2500	3050 3200	5200	16500	10600 11200	18.2 17.9	83.52 90.74	33	67	50	69	0	0	0	0	0	0	0	0	5	0	0	0		0	0	0		
			ZK6105CHEVPG5	承载式车身	柴油混合动力	10500	2500	3050 3200	5200	16500	11200 11700	17.9	90.32	31	67	50	69	0	0	0	0	0	0	0	0	78	0	0	0		0	0	0		
			ZK6120CHEVPG5	承载式车身	柴油混合动力	11650	2500	3075 3265	5800	16500	11400 11870	18.5	95.2	31	67	50	69	0	0	0	0	0	0	48	0	42	0	0	35		0	0	0		
			ZK6125CHEVPG2	承载式车身	柴油混合动力	12000	2550	2950 3150	6100	18000	11700 12400	22.1	83.05	71	67	68	69	0	0	0	0	0	0	0	0	0	0	2	0		0	0	0		
			ZK6125CHEVPG4	承载式车身	柴油混合动力	12000	2550	3050 3200	6100	18000	12200 12800	18.9 18.8	83.52 90.74	33	67	50	69	0	0	0	0	0	0	2	0	0	0	0	0		0	0	0		

续表

企业名称	车辆品牌	车辆名称	车辆型号	底盘型号	燃料种类	外形尺寸(mm) 长	宽	高	轴距(mm)	总质量(kg)	整备质量(kg)	油耗(L/100km)	混合动力汽车电功率比(%)	电动汽车续驶里程(工况法,km)	电动汽车30分钟最高车速(km/h)	混合动力汽车纯电动模式下1km最高车速(km/h)	最高车速(km/h)	2014年 1月	2月	3月	4月	5月	6月	7月	8月	9月	10月	11月	12月	小计(辆)	2015年 1月	2月	3月	小计(辆)	合计(辆)
郑州宇通客车股份有限公司	宇通牌	插电式混联混合动力城市客车	ZK6105CHEVPG7	承载式车身	柴油/电混合动力	10500	2500	3050 3200	5200	16500	10700 11100	18.5	113.6	21	69	69	69	0	0	0	0	0	0	0	0	0	0	0	0		1	0	0		
			ZK6125CHEVPG7	承载式车身	柴油/电混合动力	12000	2550	3050 3200	6100 5875	18000	11800 12400	19.8	100	21	68	50	69	0	0	0	0	0	0	0	0	0	0	30	0		0	0	0		
		插电式混合动力电动城市客车	ZK6120CHEVPG1	ZK6118CHEVPGC1	柴油混合动力	11650	2500	3075 3265	5800	16500	11500 12100	22.5 21.8 21.4	90.74 83.05 83.52	32	67	50	68	0	0	0	2	0	0	20	0	40	0	0	0		0	0	0		
			ZK6125CHEVPG1	承载式车身	柴油混合动力	12000	2550	2950 3150	6100	18000	12000 12600	24.1 23.2 23.1	90.74 83.05 83.52	31	65	50	68	0	0	0	0	0	0	0	0	0	0	0	3		0	0	0		
			ZK6105CHEVPG1	承载式车身	柴油混合动力	10500	2500	3050 3200	5200	16500	10900 11300	21.2 20.4	90.74 83.5	34	67	55	69	0	0	0	0	6	10	50	14	31	17	6	162		0	0	0		
		插电式并联混合动力城市客车	ZK6105PHEVNPG3	承载式车身	NG混合动力	10500	2500	3080 3190 3340	5200	16500	10600 10900 11300	—	41.9	32	67	50	69	0	0	0	0	0	0	4	0	0	0	0	0		0	0	0		
				承载式车身	NG混合动力	10500	2500	3050 3200 3360	5200	16500	10600 11000 11400	—	41.9	32	67	50	69	0	0	0	0	0	0	0	0	0	0	0	0		1	0	0		
中通客车控股股份有限公司	中通牌	插电式并联混合动力城市客车	LCK6101HEV1	承载式车身	柴油混合动力	10500	2500	3210 3110	5000	16500	10780 10380	20.8 20.4	58	37	69	69	69	0	0	0	0	0	2	0	4	50	0	1	1	1337	0	12	0	169	1506
			LCK6106PHENV	LCK6105RPHENV	NG混合动力	10500	2500	3260 3480	5000	16500	10600 11100 11500	—	41.9	33	69	69	69	45	5	50	60	52	43	11	165	151	0	21	120		47	2	29		
			LCK6122PHEV	承载式车身	柴油混合动力	11990	2540	3210 3110	6000	18000	11600 11200	20.9 20.4	90.3	27	69	69	69	0	0	1	0	0	4	0	0	20	0	0	0		0	0	0		
				承载式车身	柴油混合动力	11990	2540	3210 3110	6000	18000	11600 11200 12100	20.9 20.4	90.3	31	69	69	69	0	0	0	0	0	0	0	0	0	0	30	0		0	0	0		

续表

企业名称	车辆品牌	车辆名称	车辆型号	底盘型号	燃料种类	外形尺寸(mm)			轴距(mm)	总质量(kg)	整备质量(kg)	油耗(L/100km)	混合动力汽车电功率比(%)	电动汽车续驶里程(工况法,km)	电动汽车30分钟最高车速(km/h)	混合动力汽车纯电动模式下1km最高车速(km/h)	最高车速(km/h)	2014年													2015年				合计(辆)
						长	宽	高										1月	2月	3月	4月	5月	6月	7月	8月	9月	10月	11月	12月	小计(辆)	1月	2月	3月	小计(辆)	
中通客车控股股份有限公司	中通牌	插电式混联混合动力城市客车	LCK6122PHEVC	承载式车身	柴油混合动力	11990	2540	3210 3110 3450 3350	6000	18000	11600 11100 12300	20.9 20.4	90.3	46	65	69	69	0	0	0	0	0	35	0	0	28	0	0	30		0	0	0		
			LCK6103PHEVCN	承载式车身	NG混合动力	10500	2500	3280 3410 3480	5100	16500	11200 10800	—	90.3	46	65	69	69	0	0	0	0	0	1	0	0	0	0	0	0		0	0	0		
			LCK6123PHEVCN	承载式车身	NG混合动力	11990	2540	3260 3410 3480	6000	18000	12700	—	90.3	46	65	69	69	0	0	0	0	0	0	0	0	0	0	30	0		0	0	0		
			LCK6105CHEV	LCK6104RCHEV	柴油混合动力	10500	2500	3260	5000 5170	16500	11700	19.2 18.3	95.2	45	65	69	69	0	0	0	0	0	0	0	0	94	0	0	53		0	0	0		
		插电式混合动力城市客车	LCK6126PHENV	承载式车身	NG混合动力	11990	2540	3260 3480	6000	18000	11550 12000	—	39.2 36.7	27	69	69	69	0	0	0	50	1	3	0	30	116	0	0	0		0	0	0		
				承载式车身	NG混合动力	11990	2540	3260 3480	6000	18000	11550 12000 12500	—	39.2 36.7	31	69	69	69	0	0	0	0	0	0	0	0	30	0	0	0		0	0	0		
				承载式车身	NG混合动力	11990	2540	3260 3480	6000	18000	11550 12000 12500	—	39.2 36.7	50	69	69	69	0	0	0	0	0	0	0	0	0	0	0	0		22	51	5		
			LCK6108PHEVG	承载式车身	柴油/电混合动力	10500	2500	3620 3550	5170	16500	11670 12390	19.8 19.2	—	53	69	69	69	0	0	0	0	0	0	0	0	0	0	0	0		0	0	1		
湖南南车时代电动汽车股份有限公司	南车时代牌	插电式混合动力城市客车	TEG6106EHEV03	承载式车身	柴油混合动力	10490	2490	3420 3280 3180	5200	16500	11300 11000 12100	17.9	114	—	65	—	69	0	0	0	0	0	0	0	60	0	40	39	85		50	4	117		
			TEG6129EHEVN04	承载式车身	NG混合动力	11980	2540	3480 3300 3150	6000	17800	13600 13300 13000 00000	—	114	—	65	—	69	0	0	0	0	1	0	0	0	0	0	1	20	1129	0	0	25	363	1492

续表

企业名称	车辆品牌	车辆名称	车辆型号	底盘型号	燃料种类	外形尺寸(mm)			轴距(mm)	总质量(kg)	整备质量(kg)	油耗(L/100 km)	混合动力汽车电功率比(%)	电动汽车续驶里程(工况法,km)	电动汽车30分钟最高车速(km/h)	混合动力汽车纯电动模式下1km最高车速(km/h)	最高车速(km/h)	2014年													2015年				合计(辆)
						长	宽	高										1月	2月	3月	4月	5月	6月	7月	8月	9月	10月	11月	12月	小计(辆)	1月	2月	3月	小计(辆)	
湖南南车时代电动汽车股份有限公司	南车时代牌	插电式混合动力城市客车	TEG6106EHEVN02	承载式车身	NG混合动力	10490	2490	3510 3280 3180	5200	16500	12000 11700 11424	—	114	—	65	—	69	0	0	0	0	0	0	0	120	0	0	0	0		30	0	0		
			TEG6129EHEV02	承载式车身	柴油混合动力	11980	2540	3280 3160 3420	6000	18000 17800	12400 12100	17.6	125 114	—	65	65	69	0	0	0	50	0	0	0	44	0	122	25	0		0	0	0		
		串联式混合动力城市客车/底盘	TEG6129EHEV04	承载式车身	柴油混合动力	11980	2540	3420	6000	17800	12400 12100	17.1	136	—	65	65	69	0	0	0	0	0	0	0	0	0	0	0	10		48	0	0		
			TEG6106EHEV04	承载式车身	柴油混合动力	10490	2490	3420	5050	16500	12050 11750	17.5	125	—	65	65	69	0	0	0	0	0	0	0	0	0	0	0	55		35	0	4		
		插电式混合动力城市客车/底盘	TEG6106EHEV02	承载式车身	柴油混合动力	10490	2490	3280 3150 3450	5200	16500	11500 11200 12400	17.5	125 114	—	65	65	69	0	0	0	0	0	0	0	0	96	63	173	125		50	0	0		
金龙联合汽车工业(苏州)有限公司	海格牌	插电式混合动力城市客车	KLQ6109GAHEVC5A	承载式车身	NG混合动力	10490	2480	2950 3200 3485	5100	16500	11400 11800 12300	—	52.3	—	69	22	69	0	4	0	0	0	20	0	0	0	0	0	31	1166	5	36	20	248	1414
			KLQ6109GAHEVE4A	承载式车身	柴油混合动力	10490	2480	2950 3150	5100	16500	10700 11100 11500	18.8	53.6	—	69	22	69	0	0	0	0	0	0	0	0	10	0	0	4		0	0	0		
			KLQ6109GAHEVE4B	承载式车身	柴油混合动力	10490	2480	2950 3150	5100	16500	10700 11100 11500	18.8	53.6	—	69	22	69	0	0	0	0	0	4	0	8	57	0	0	61		0	0	12		
			KLQ6109GCHEV1A	KLQ6101GCHEV1	NG混合动力	10490	2480	2950 3200 3485	5100	16400	11400	—	52.22	—	69	69	69	0	0	0	0	1	0	0	0	0	0	0	0		0	0	0		
			KLQ6109GCHEV1B	承载式车身	NG混合动力	10490	2480	2950 3200	5100	16400 17000	11400 11800 12300	—	52.3	—	69	22	69	4	0	0	0	76	57	0	28	108	0	56	106		10	59	0		

续表

企业名称	车辆品牌	车辆名称	车辆型号	底盘型号	燃料种类	外形尺寸(mm)			轴距(mm)	总质量(kg)	整备质量(kg)	油耗(L/100km)	混合动力汽车电功率比(%)	电动汽车续驶里程(工况法,km)	电动汽车30分钟最高车速(km/h)	混合动力汽车纯电动模式下1km最高车速(km/h)	最高车速(km/h)	2014年													2015年				合计(辆)
						长	宽	高										1月	2月	3月	4月	5月	6月	7月	8月	9月	10月	11月	12月	小计(辆)	1月	2月	3月	小计(辆)	
金龙联合汽车工业(苏州)有限公司	海格牌	插电式混合动力城市客车	KLQ6119GAHEVC5	承载式车身	NG混合动力	11460	2550	3000 3150 3485	5700	17000	12200 12600 13200	—	52.3	—	69	22	69	0	0	0	87	80	18	7	0	16	10	28	0		0	15	30		
			KLQ6119GAHEVC5A	承载式车身	NG混合动力	11490	2550	3000 3150 3485	5700	16500 18000	11800 12200 12500	—	52.3	—	69	22	69	0	0	0	0	0	0	33	15	0	0	4	1		35	0	6		
			KLQ6129GAHEVC5	承载式车身	NG/电混合动力	12000	2550	3000 3150	6000 6100	18000	12400 12800 13400	—	52.3	—	69	22	69	0	0	0	0	25	0	59	0	0	0	6	0		0	0	20		
			KLQ6129GAHEVC5A	承载式车身	NG/电混合动力	12000	2550	3000 3150 3485	6000 6100	18000	12400	—	52.3	—	—	—	69	5	0	0	0	0	0	6	0	0	1	80	0		0	0	0		
			KLQ6129GAHEVE4A	承载式车身	柴油混合动力	12000	2550	3000 3150	6100	18000	11800 12200 12600	20.9	51.2	—	69	22	69	5	0	0	0	0	0	0	0	10	0	0	0		0	0	0		
			KLQ6129GAHEVE4B	承载式车身	柴油混合动力	12000	2550	3000 3150	6100	18000	11800 12200 12600	20.9	51.2	—	69	22	69	0	0	0	0	0	6	29	0	0	0	0	0		0	0	0		
北汽福田汽车股份有限公司	福田牌	插电式混联混合动力城市客车	BJ6105CHEVCG	承载式车身	柴油/电混合动力	10500	2500	3100 3200 3250	5000	16500	11050 11350 11700	18.5	30.5	—	40	60	69	0	0	0	0	0	0	0	0	0	0	0	0	793	0	0	11	175	968
			BJ6123CHEVCA	BJ6123PHEVDA	柴油/电混合动力	11980	2550	3100 3200 3420	5900	17950	12100 12400 12750	—	53.6	20	40	60	69	0	0	0	0	0	0	0	0	0	0	0	1		0	0	0		
			BJ6123CHEVCG	承载式车身	柴油/电混合动力	11980	2550	3100 3200	5900	17950	11900 12200	18.6	53.6	20	40	60	69	0	0	0	0	0	0	0	0	0	0	0	30		0	0	0		
		插电式并联混合动力城市客车	BJ6123PHEVCA-6	承载式车身	插电式柴油混合动力	11980	2550	3100 3200	5900	17950	11300 11600	21.4	31.6	20	40	60	69	0	0	0	0	31	20	0	0	0	0	18	64		0	0	0		

续表

企业名称	车辆品牌	车辆名称	车辆型号	底盘型号	燃料种类	外形尺寸(mm)			轴距(mm)	总质量(kg)	整备质量(kg)	油耗(L/100km)	混合动力汽车电功率比(%)	电动汽车续驶里程(工况法,km)	电动汽车30分钟最高车速(km/h)	混合动力汽车纯电动模式下1km最高车速(km/h)	最高车速(km/h)	2014年													2015年				合计(辆)
						长	宽	高										1月	2月	3月	4月	5月	6月	7月	8月	9月	10月	11月	12月	小计(辆)	1月	2月	3月	小计(辆)	
北汽福田汽车股份有限公司	福田牌	插电式并联混合动力城市客车	BJ6123PHEVCA-7	承载式车身	插电式天然气混合动力	11980	2550	3100 3200	5900	17950	11950 12250	—	30.5	20	40	60	69	0	0	20	0	0	41	116	10	5	24	18	1		0	0	0		
			BJ6127PHEVCA	承载式车身	柴油/电混合动力	12000	2500	3600 3490	6000	16900	12400 12200	21.4	30.5	20	40	60	69	0	0	0	0	0	0	0	0	0	0	0	0		10	32	28		
			BJ6105PHEVCA-6	承载式车身	插电式柴油混合动力	10500	2500	3100 3200	5000	15500	10000 10350	19.8	31.6	20	40	60	69	15	11	0	9	10	0	0	0	25	13	0	89		0	8	0		
			BJ6105PHEVCA-7	承载式车身	插电式天然气混合动力	10500	2500	3100 3200 3420	5000	15500	10600 10900 11300	—	30.5	20	40	60	69	0	0	0	0	0	34	1	57	12	37	28	53		28	40	18		
厦门金龙联合汽车工业有限公司	金龙牌	插电式混联混合动力城市客车	XMQ6106AGCHEVD41	承载式车身	柴油/电混合动力	10500	2500	3070 3190 3320	5100	16500	11000 11500 12100	18.5	54.1	—	69	69	69	0	0	0	0	0	0	0	0	0	0	0	3	582	0	0	0	177	759
			XMQ6106AGCHEVN51	承载式车身	NG/电混合动力	10500	2500	3070 3190 3320 3370	5100	16500	11200 11700 12400	—	52.8	—	69	69	69	0	0	0	0	0	0	0	0	0	0	0	0		47	0	0		
			XMQ6106AGHEV11	承载式车身	柴油混合动力	10500	2500	3070 3190	5100	16500	11000 11500 12100	18.5	53.6	—	—	40	69	0	0	0	0	0	0	0	0	20	0	0	46		0	0	0		
			XMQ6106AGHEV12	承载式车身	NG混合动力	10500	2500	3070 3190 3370	5100	16500	11200 11700 12400	—	52.3	—	—	40	69	0	0	0	0	0	0	0	0	50	171	0	25		0	40	0		
			XMQ6119AGHEV1	承载式车身	NG/电混合动力	11500	2550	3070 3190 3370	5700	18000	12000 12600 13000	—	52.3	—	—	40	69	0	0	0	0	0	0	0	0	0	0	0	30		0	0	0		

续表

企业名称	车辆品牌	车辆名称	车辆型号	底盘型号	燃料种类	外形尺寸(mm) 长	宽	高	轴距(mm)	总质量(kg)	整备质量(kg)	油耗(L/100km)	混合动力汽车电功率比(%)	电动汽车续驶里程(工况法，km)	电动汽车30分钟最高车速(km/h)	混合动力汽车纯电动模式下1km最高车速(km/h)	最高车速(km/h)	2014年 1月	2月	3月	4月	5月	6月	7月	8月	9月	10月	11月	12月	小计(辆)	2015年 1月	2月	3月	小计(辆)	合计(辆)
厦门金龙联合汽车工业有限公司	金龙牌	插电式混联混合动力城市客车	XMQ6127AGCH EVD42	承载式车身	柴油/电混合动力	11980	2550	3070 3190 3320	6000	18000	12400 13100	19.5	54.1	—	69	69	69	0	0	0	0	0	0	0	0	0	0	0	2		0	0	0		
			XMQ6127AGCH EVN51	承载式车身	NG/电混合动力	11980	2550	3070 3190 3320 3400	6000	18000	12600 13200 13600	—	52.8	—	69	69	69	0	0	0	0	0	0	0	0	0	0	0	24		24	0	10		
			XMQ6127GHE V19	承载式车身	柴油混合动力	11980	2550	3070 3190	6000	18000	12400 13100	20.8	—	—	—	—	69	0	0	0	0	0	40	0	0	0	0	0	0		0	0	0		
		插电式并联混合动力城市客车	XMQ6127GHE V16	承载式车身	柴油混合动力	11980	2550	3070 3190	6000	18000	12000 12400 12800	20.9	53.6	25	69	69	69	0	0	0	0	0	4	0	0	0	0	0	50		0	0	0		
			XMQ6127GHE V17	承载式车身	NG混合动力	11980	2550	3080 3190 3340	6000	18000	12000 12400 12800 00000	—	52.3	25	69	69	69	0	0	0	0	0	0	14	20	12	0	26	0		0	0	0		
			XMQ6106AGHE V10	承载式车身	NG混合动力	10500	2500	3070 3190 3370	5100	16350	11000 11600 12200	—	52.3	25	69	69	69	0	0	0	0	0	0	0	0	35	0	0	10		26	10	0		
			XMQ6106AGHE V15	承载式车身	NG/电混合动力	10500	2500	3070 3190 3370	5100	16500	11000 11600 12200	—	—	—	69	69	69	0	0	0	0	0	0	0	0	0	0	0	0		0	0	20		
厦门金龙旅行车有限公司	金旅牌	插电式混联混合动力城市客车	XML6105JHEV B5C	承载式车身	柴油/电混合动力	10480	2500	3300 3150	5000	17500	11820 12150	18.8	91.8	—	69	50	69	0	0	0	0	0	0	0	0	0	0	0	0		30	0	0		
			XML6105JHEV C8C	承载式车身	柴油/电混合动力	10480	2500	3300 3150	5000	17500	12220	18.7	110	—	69	50	69	0	0	0	0	0	0	0	0	0	0	40	0	494	0	0	0	231	725
			XML6105JHEV E8C	承载式车身	柴油/电混合动力	10480	2500	3300 3150	5000	17500	12080 12410	18.8	—	—	69	50	69	0	0	0	0	0	0	0	0	0	0	0	0		0	0	22		

续表

企业名称	车辆品牌	车辆名称	车辆型号	底盘型号	燃料种类	外形尺寸(mm) 长	外形尺寸(mm) 宽	外形尺寸(mm) 高	轴距(mm)	总质量(kg)	整备质量(kg)	油耗(L/100km)	混合动力汽车电功率比(%)	电动汽车续驶里程(工况法,km)	电动汽车30分钟最高车速(km/h)	混合动力汽车纯电动模式下1km最高车速(km/h)	最高车速(km/h)	2014年 1月	2014年 2月	2014年 3月	2014年 4月	2014年 5月	2014年 6月	2014年 7月	2014年 8月	2014年 9月	2014年 10月	2014年 11月	2014年 12月	2014年 小计(辆)	2015年 1月	2015年 2月	2015年 3月	2015年 小计(辆)	合计(辆)
厦门金龙旅行车有限公司	金旅牌	插电式混联混合动力城市客车	XML6115JHEV75CN	承载式车身	NG混合动力	10510	2500	3500 3300 3150	5000	17500	12550	—	108.4	—	69	50	69	0	0	0	25	0	0	0	0	0	0	0	0		0	24	25		
			XML6115JHEVA5CN	承载式车身	NG混合动力	10510	2500	3500 3300 3150	5700	17500	12550	—	90.7	—	69	50	69	0	0	0	0	0	0	0	0	100	0	0	88		23	2	0		
			XML6115JHEVA8C	承载式车身	柴油混合动力	10510	2500	3300 3150	5000	17500	12220	18.7	95.2	—	69	50	69	0	0	0	0	0	0	0	0	20	52	0	0		25	2	0		
			XML6115JHEVB5CN	承载式车身	NG混合动力	10510	2500	3500 3300 3150	5000	17500	13300 13000 12680	—	108.4	—	69	50	69	0	0	0	0	0	0	0	0	0	0	0	10		0	0	0		
			XML6115JHEVB8C	承载式车身	柴油混合动力	10510	2500	3300 3150	5000	17500	12220	18.7	111	—	69	50	69	0	0	0	0	0	0	0	0	0	0	0	22		0	0	0		
			XML6125JHEV65CN	承载式车身	NG混合动力	11980	2540	3500 3300 3150	5980 6100	18000	13000 13410	—	108.4	—	69	50	69	0	0	0	0	5	0	0	0	0	0	0	0		0	0	0		
			XML6125JHEV75CN	承载式车身	NG混合动力	11980	2540	3500 3300 3150	5980 6100	18000	13000 13410	—	108.4	—	69	50	69	0	0	0	0	0	50	0	0	0	0	0	0		0	0	0		
			XML6125JHEV88C	承载式车身	NG混合动力	11980	2540	3150 3300	5980 6100	18000	12000 12590	—	83.3	—	69	50	69	0	0	0	0	0	0	0	0	0	0	0	62		0	0	0		
			XML6125JHEVA5CN	承载式车身	NG混合动力	11980	2540	3500 3300 3150	5980 6100	18000	13000 13410	—	90.7	—	69	50	69	0	0	0	0	0	0	0	0	0	0	0	20		0	0	0		
			XML6125JHEVA5CN1	承载式车身	LNG/电混合动力	11980	2540	3350	6100	18000	12465 13400	—	90.7	—	69	50	69	0	0	0	0	0	0	0	0	0	0	0	0		14	22	20		
		插电式并联混合动力城市客车	XML6105JHEVD5CN	承载式车身	CNG/LNG混合动力	10480	2500	3500 3300 3150	5000	17500	12550	—	57.2	—	69	50	69	0	0	0	0	0	0	0	0	0	0	0	0		0	20	0		
			XML6122JHEV88C	承载式车身	柴油/电混合动力	12000	2550	3400 3260	6300	18000	12800 13500	20.7	72.2	—	69	50	69	0	0	0	0	0	0	0	0	0	0	0	0		0	2	0		

续表

企业名称	车辆品牌	车辆名称	车辆型号	底盘型号	燃料种类	外形尺寸(mm) 长	外形尺寸(mm) 宽	外形尺寸(mm) 高	轴距(mm)	总质量(kg)	整备质量(kg)	油耗(L/100km)	混合动力汽车电功率比(%)	电动汽车续驶里程(工况法,km)	电动汽车30分钟最高车速(km/h)	混合动力汽车纯电动模式下1km最高车速(km/h)	最高车速(km/h)	2014年 1月	2014年 2月	2014年 3月	2014年 4月	2014年 5月	2014年 6月	2014年 7月	2014年 8月	2014年 9月	2014年 10月	2014年 11月	2014年 12月	2014年 小计(辆)	2015年 1月	2015年 2月	2015年 3月	2015年 小计(辆)	合计(辆)
上海万象汽车制造有限公司	象牌	并联式混合动力城市客车	SXC6110GHEV	承载式车身	柴油混合动力	10690	2490	3080 3200	5200	16700	11500 11700	23.5 24.2 23.9	30以上	—	69	10	69	0	0	1	52	65	16	39	0	0	38	9	26	390	0	0	17	121	511
			SXC6120GHEV	承载式车身	柴油混合动力	12000	2490	3080 3200	6100	17800	12400 12600	26.8 27.5 27.1 26.3	30以上	—	69	10	69	0	0	2	0	59	0	0	0	17	14	0	0		0	0	92		
			SXC6910GHEV	承载式车身	柴油/电混合动力	9130	2430	3050 3160	4300	13000	8900	19.6 20.5	30以上	—	69	10	69	0	0	0	0	0	0	5	24	0	0	0	4		0	0	0		
			SXC6910GHEV1	承载式车身	柴油混合动力	9130	2430	3050 3160	4300	13000	8900	19.5	30以上	—	69	10	69	0	0	0	0	0	0	0	0	0	0	0	0		12	0	0		
		串联式混合动力城市客车	SXC6110GSHEV	承载式车身	柴油混合动力	10590	2490	3415	5700	16700	11500 11700	21.5 21.9	30以上	—	69	10	69	0	0	0	0	0	0	0	0	6	0	13	0		0	0	0		
重庆恒通客车有限公司	恒通客车牌	并联式混合动力城市客车	CKZ6116HNHEV4	CKZ6109HNHEV4	NG混合动力	10505	2500	3500	5000	16500	11400 11700	—	51	—	75	40	69	0	0	20	14	0	0	0	0	0	0	0	0	395	0	0	0	64	459
			CKZ6116HNHEVA4	CKZ6119HNHEV4	NG混合动力	11370	2500	3500	5600	18000	12400 12600	—	51	—	75	40	69	65	40	30	40	40	25	60	20	0	0	40	0		0	30	34		
		混联式混合动力城市客车	CKZ6126HNHEV5	CKZ6129HNHEV5	NG混合动力	11980	2500	3500	6100	18000	11950 12650 13400	—	55.3	—	60	69	69	0	0	0	0	0	0	0	1	0	0	0	0		0	0	0		
上海申沃客车有限公司	申沃牌	混联式混合动力城市客车/底盘	SWB6107CHEV1	SWB6107CHEV1	柴油/电混合动力	10480	2500	3150	5000	16000	11390	21.5	51.8	31	69	50	69	0	0	0	0	0	0	0	0	0	0	40	0	378	81	0	0	81	459
		串联式混合动力城市客车	SWB6127SHEV8	SWB6127SHEV8	柴油混合动力	11990	2500	3300	6100	18000	12280	23.2	208.3	35	69	50	69	0	0	0	0	150	0	0	0	0	0	0	0		0	0	0		

续表

企业名称	车辆品牌	车辆名称	车辆型号	底盘型号	燃料种类	外形尺寸(mm)			轴距(mm)	总质量(kg)	整备质量(kg)	油耗(L/100km)	混合动力汽车电功率比(%)	电动汽车续驶里程(工况法,km)	电动汽车30分钟最高车速(km/h)	混合动力汽车纯电动模式下1km最高车速(km/h)	最高车速(km/h)	2014年													2015年				合计(辆)
						长	宽	高										1月	2月	3月	4月	5月	6月	7月	8月	9月	10月	11月	12月	小计(辆)	1月	2月	3月	小计(辆)	
上海中沃客车有限公司	申沃牌	混联式混合动力城市客车	SWB6127CHEV2	SWB6127CHEV2	柴油混合动力	11990	2500	3250	6150	18000	13400	23.8	59.6	—	65	65	69	0	0	0	0	0	0	50	0	0	0	0	0	240	0	0	0	37	277
上海中沃客车有限公司	申沃牌	并联式混合动力城市客车/底盘	SWB6127PHEV3	SWB6127PHEV3	柴油/电混合动力	11990	2500	3150 3300	6250	18000	13100	23.85	40	31	69	50	69	0	0	0	0	0	0	0	0	0	0	0	43		0	0	0		
上海中沃客车有限公司	申沃牌	并联式混合动力城市客车/底盘	SWB6107PHEV8	SWB6107PHEV8	柴油/电混合动力	10490	2500	3150 3300	5000	16500	11700	21.36	44	31	69	50	69	0	0	0	0	0	0	0	0	0	0	0	95		0	0	0		
扬州亚星客车股份有限公司	亚星牌	混联式混合动力城市客车	JS6106GHEV2	承载式车身	柴油混合动力	10490	2500	3120 3240	5000	15500	10800 10400	23	112	—	—	25	69	0	0	0	1	0	0	0	0	0	0	3	1		0	0	0		
扬州亚星客车股份有限公司	亚星牌	混联式混合动力城市客车	JS6108GHEV	承载式车身	NG/电混合动力	10500	2500	3090 3210	5000	16500	11200 10800	—	90.3	—	—	25	69	0	0	0	0	0	0	0	0	0	0	16	0		0	0	0		
扬州亚星客车股份有限公司	亚星牌	混联式混合动力城市客车	JS6108GHEV2	承载式车身	柴油/电混合动力	10500	2500	3090 3210	5000	16500	11500 11100	19.2	95.2	—	69	40	69	0	0	0	0	0	0	0	0	0	0	1	0		0	0	0		
扬州亚星客车股份有限公司	亚星牌	混联式混合动力城市客车	JS6108GHEVC	承载式车身	NG混合动力	10500	2500	3090 3210 3460	5000	16500	11800 11400	—	90.3	—	—	25	69	0	0	0	0	0	0	0	1	0	0	0	109		30	0	0		
扬州亚星客车股份有限公司	亚星牌	混联式混合动力城市客车	JS6108GHEVC2	承载式车身	NG/电混合动力	10500	2500	3090 3210 3460	5000	16500	12200 11800	—	90.3	—	69	40	69	0	0	0	0	0	0	0	0	0	0	1	0		0	0	0		
扬州亚星客车股份有限公司	亚星牌	混联式混合动力城市客车	JS6128GHEV2	承载式车身	柴油/电混合动力	12000	2550	3090 3210	5900	18000	12500 12000	22.5	95.2	—	69	40	69	0	0	0	0	0	0	0	0	0	0	1	0		0	0	0		
扬州亚星客车股份有限公司	亚星牌	混联式混合动力城市客车	JS6128GHEVC2	承载式车身	NG/电混合动力	12000	2550	3090 3210 3460	5900	18000	13100 12600	—	90.3	—	69	40	69	0	0	0	0	0	0	0	0	0	0	1	0		0	0	0		
扬州亚星客车股份有限公司	亚星牌	插电式混合动力城市客车	JS6126GHEV5	承载式车身	NG混合动力	12000	2550	3090 3210 3460	5900	18000	12500 13000	—	—	—	—	—	69	0	0	0	0	0	0	20	0	0	0	0	0		0	0	0		
扬州亚星客车股份有限公司	亚星牌	插电式混合动力城市客车	JS6128GHEVC	承载式车身	NG混合动力	12000	2550	3090 3210 3460	5900	18000	12900 12500	—	90.3	—	—	25	69	0	0	0	0	0	0	0	0	0	0	0	67		0	0	0		

续表

企业名称	车辆品牌	车辆名称	车辆型号	底盘型号	燃料种类	外形尺寸(mm)			轴距(mm)	总质量(kg)	整备质量(kg)	油耗(L/100km)	混合动力汽车电功率比(%)	电动汽车续驶里程(工况法，km)	电动汽车30分钟最高车速(km/h)	混合动力汽车纯电动模式下1km最高车速(km/h)	最高车速(km/h)	2014年													2015年				合计(辆)
						长	宽	高										1月	2月	3月	4月	5月	6月	7月	8月	9月	10月	11月	12月	小计(辆)	1月	2月	3月	小计(辆)	
扬州亚星客车股份有限公司	亚星牌	插电式并联混合动力汽车	JS6108GHEV1	承载式车身	柴油/电混合动力	10500	2500	3090 3210	5000	16500	11400 10900	20.9	—	—	69	40	69	0	0	0	0	0	0	0	0	0	0	0	0		0	0	1		
			JS6108GHEVC1	承载式车身	NG/电混合动力	10500	2500	3090 3210 3460	5000	16500	11800 11400 10840	—	41.9	—	—	40	69	0	0	0	0	0	0	0	0	0	1	0	17		0	0	0		
			JS6108GHEVC3	承载式车身	NG/电混合动力	10500	2500	3090 3210 3460	5000	16500	11800 11400	—	—	—	69	40	69	0	0	0	0	0	0	0	0	0	0	0	0		0	0	1		
			JS6128GHEV1	承载式车身	柴油/电混合动力	12000	2550	3090 3210	5900	18000	12400 11900	23.8	—	—	69	40	69	0	0	0	0	0	0	0	0	0	0	0	0		0	0	1		
			JS6128GHEVC3	承载式车身	NG/电混合动力	12000	2550	3090 3210 3460	5900	18000	12900 12500	—	—	—	69	40	69	0	0	0	0	0	0	0	0	0	0	0	0		0	0	1		
			YBL6117GHEV1	承载式车身	柴油/电混合动力	10850	2500	3250 3400	5300	16500	11000 11400	21.8	—	—	69	40	69	0	0	0	0	0	0	0	0	0	0	0	0		0	0	1		
			YBL6117GHEVC1	承载式车身	NG/电混合动力	10850	2500	3250 3400	5300	16500	11500 12100	—	—	—	69	40	69	0	0	0	0	0	0	0	0	0	0	0	0		0	0	1		
		插电式串联混合动力城市客车	JS6118GHEVC1	承载式车身	NG/电混合动力	11490	2550	3090 3210 3460	5650	18000	12700 12300	—	—	—	69	40	69	0	0	0	0	0	0	0	0	0	0	0	0		0	0	1		
奇瑞万达贵州客车股份有限公司	万达牌	插电式气电混合动力城市客车	WD6112PHEV	EQ6110KRLPHEV2	LNG混合动力	11400	2550	3500 3300	5600	18000	12000 12300	—	83.87	—	69	25	69	0	0	0	0	0	0	0	0	30	0	0	0	200	0	0	0	0	200
			WD6111PHEV	EQ6110KRLPHEV1	NG/电混合动力	11400	2550	3500 3300	5600	18000	12000 12300	—	83.87	—	69	25	69	0	0	0	0	0	0	0	0	20	50	100	0		0	0	0		
广州汽车集团客车有限公司	广汽牌	插电式并联混合动力城市客车	GZ6113PHEV2	承载式车身	NG混合动力	11490	2540	3450 3300	5600	16500 17000	12900 12300	—	77.4; 77.4	—	60	30	68	0	0	0	0	123	2	0	0	0	0	0	0	197	0	0	0	0	197

续表

企业名称	车辆品牌	车辆名称	车辆型号	底盘型号	燃料种类	外形尺寸(mm) 长	外形尺寸(mm) 宽	外形尺寸(mm) 高	轴距(mm)	总质量(kg)	整备质量(kg)	油耗(L/100km)	混合动力汽车电功率比(%)	电动汽车续驶里程(工况法,km)	电动汽车30分钟最高车速(km/h)	混合动力汽车纯电动模式下1km最高车速(km/h)	最高车速(km/h)	2014年 1月	2014年 2月	2014年 3月	2014年 4月	2014年 5月	2014年 6月	2014年 7月	2014年 8月	2014年 9月	2014年 10月	2014年 11月	2014年 12月	2014年 小计(辆)	2015年 1月	2015年 2月	2015年 3月	2015年 小计(辆)	合计(辆)
广州汽车集团客车有限公司	广汽牌	插电式混合动力城市客车	GZ6113PHEV5	承载式车身	LNG混合动力	11490	2540	3300	5600	17300	12300 12000	—	—	—	—	—	68	0	0	0	0	37	33	0	0	0	0	0	0		0	0	0	0	
		插电式串联混合动力城市客车	GZ6922PHEV	承载式车身	柴油混合动力	9190	2500	3270	4300	13500	10300 10050	—	165	—	50	60	68	0	0	0	0	2	0	0	0	0	0	0	0		0	0	0		
深圳市五洲龙汽车有限公司	五洲龙牌	插电式串联混合动力城市客车	FDG6103SHEVNG5	FDG6103HEVDN	LNG/电混合动力	10490	2500	2970 3300	5000	16500	11580 12000	—	100	—	69	60	69	0	0	0	0	0	0	0	0	0	0	1	0	180	3	0	3	6	186
		插电式混联混合动力城市客车	FDG6113HEVN5	FDG6113HEVND5	LNG/电混合动力	11490	2500	3280	5600	17000	12500 12140	—	49.68	—	65	69	69	0	0	0	0	0	0	0	0	0	0	0	179		0	0	0		
上海申龙客车有限公司	申龙牌	插电式混合动力城市客车	SLK6109USCHEV03	承载式车身	柴油混合动力	10500	2500	3200	5000	16500	11800	21.7	53.6	—	64	—	69	0	0	0	0	0	0	0	0	32	62	2	25	153	20	0	0	20	173
		插电式混联混合动力城市客车	SLK6109USCHEV06	承载式车身	柴油混合动力	10500	2500	3200 3060	5000	16500	10830	21.6	52.58	—	64	—	69	0	0	0	0	0	0	0	0	0	0	0	20		0	0	0		
			SLK6119USNHEV03	承载式车身	柴油混合动力	11490	2500	3200	5700	18000	13000	—	>52.8	—	64	40	69	0	0	0	0	0	0	0	0	0	2	0	10		0	0	0		
东风汽车公司	东风牌	插电式混合动力城市客车	EQ6120CLCHEV	承载式车身	NG/电混合动力	12000	2550	3020 3150 3360	6000	18000	12000 12300	—	52	—	—	60	69	0	0	0	0	0	0	0	0	0	0	0	50	144	0	0	0	0	144
			EQ6121CLPHEV4	EQ6121KRLPHEV4	NG混合动力	12000	2480	2950 3320	6300	18000	12250 12500	—	52	—	—	—	69	0	0	0	0	0	0	27	0	0	0	49	0		0	0	0		

续表

企业名称	车辆品牌	车辆名称	车辆型号	底盘型号	燃料种类	外形尺寸(mm)			轴距(mm)	总质量(kg)	整备质量(kg)	油耗(L/100km)	混合动力汽车电功率比(%)	电动汽车续驶里程(工况法,km)	电动汽车30分钟最高车速(km/h)	混合动力汽车纯电动模式下1km最高车速(km/h)	最高车速(km/h)	2014年													2015年				合计(辆)
						长	宽	高										1月	2月	3月	4月	5月	6月	7月	8月	9月	10月	11月	12月	小计(辆)	1月	2月	3月	小计(辆)	
东风汽车公司	东风牌	并联式混合动力城市客车	EQ6121CLPHEV	EQ6121KRLPHEV	NG混合动力	12000	2480	2950 3320	6300	18000	12250 12750	—	56	90	65	50	69	0	0	0	0	0	0	1	0	0	0	0	0		0	0	0	0	
			EQ6122CLPHEV	EQ6112KRLPHEV	柴油混合动力	11880	2540	3300	6100	17500	12280	29	33.5	50	65	—	69	1	0	0	2	14	0	0	0	0	0	0	0		0	0	0		
中国第一汽车集团公司	解放牌	插电式混合动力城市客车	CA6121URHEV21	CA6121CRHEV21	CNG/电混合动力	11990	2500	3410	6100	18000	12920	—	85	—	—	50	69	0	0	0	0	0	0	0	0	0	0	0	0	0	67	43	17	127	127
江西凯马百路佳客车有限公司	江西牌	插电式并联混合动力城市客车	JXK6100BPHEV	承载式车身	柴油混合动力	10480	2495	3450 3220 3100	5100 5000	17000	12100 11900	—	51.5	35	63	68	68	0	0	0	0	0	0	0	0	0	0	0	1	101	0	0	0	25	126
			JXK6103BPHEVN	承载式车身	NG/电混合动力	10480	2495	3450 3220 3100	5100 5000	17000	12400 12200	—	52.3	42	62	68	69	0	0	0	0	0	0	0	0	0	0	0	0		0	25	0		
			JXK6113BPHEVN	承载式车身	NG混合动力	11280	2495	3450 3220 3100	5600 5400	17000	12800 12600	—	52.3	35	63	68	68	0	0	0	0	0	47	0	0	0	0	0	53		0	0	0		
江西博能上饶客车有限公司	上饶牌	插电式混合动力城市客车	SR6106PHEVG	SR6106PHEVG1	柴油混合动力	10495	2500	3100 3200	5000	16500	11050 11280	28	—	46	65	69	69	0	0	0	0	0	0	0	0	0	0	24	0	89	20	0	0	20	109
			SR6106PHEVNG	SR6106PHEVNG1	LNG混合动力	10495	2500	3100 3200	5000	16500	11050 11280	—	—	46	65	69	69	0	0	0	0	0	1	0	0	0	0	38	0		0	0	0		
			SR6116PHEVG	SR6116PHEVG1	柴油/电混合动力	11490	2500	3100 3300	5700	18000 16500	11700 12050	24	—	46.5	65	69	69	0	0	0	0	0	0	0	0	0	0	26	0		0	0	0		
佛山市飞驰汽车制造有限公司	飞驰牌	插电式混联气电混合动力城市客车	FSQ6110CHEVP	EQ6101KRLPHEV2	LNG/电混合动力	10600	2490	3320	5000	16500	11700	—	90.7	31	69	50	69	0	0	0	0	0	0	0	0	18	0	32	2	52	0	0	0	0	52

续表

企业名称	车辆品牌	车辆名称	车辆型号	底盘型号	燃料种类	外形尺寸(mm) 长	宽	高	轴距(mm)	总质量(kg)	整备质量(kg)	油耗(L/100km)	混合动力汽车电功率比(%)	电动汽车续驶里程(工况法,km)	电动汽车30分钟最高车速(km/h)	混合动力汽车纯电动模式下1km最高车速(km/h)	最高车速(km/h)	2014年 1月	2月	3月	4月	5月	6月	7月	8月	9月	10月	11月	12月	小计(辆)	2015年 1月	2月	3月	小计(辆)	合计(辆)
安徽安凯汽车股份有限公司	安凯牌	插电式并联混合动力城市客车	HFF6128G03PHEV-2	承载式车身	LNG/电混合动力	12000	2550	3050 3250	6100	18000	12200 12800	—	50	31	68	69	69	0	0	0	0	0	0	0	0	0	0	0	1	51	0	0	0	0	51
		插电式混联混合动力城市客车	HFF6127G03PHEV-1	承载式车身	柴油混合动力	12000	2550	2960 3200	6100	18000	13450 13800	20	51.2	135	186	68	69	0	0	50	0	0	0	0	0	0	0	0	0		0	0	0		
一汽客车(大连)有限公司	解放牌	插电式混联混合动力城市客车	CA6126URHEV31	CA6120CRHEV22	柴油混合动力	11995	2550	3495	6100	18000	12476 12076	21	50.7	—	69	69	69	0	0	0	0	0	0	0	0	0	0	0	50	50	0	0	0	0	50
丹东黄海汽车有限责任公司	黄海牌	插电式混联混合动力城市客车	DD6109CHEV1	DD6109CHEV1	柴油混合动力	10490	2482	3410	5000	16500	11350 11750	18	111	—	65	60	69	0	0	0	0	1	0	0	0	0	12	0	0	43	0	0	0	0	43
		插电式并联混合动力城市客车	DD6129PHEV1N	承载式车身	NG混合动力	12000	2532	3220 3380 3510	6000	18000	11400 12000	—	83.8	—	65	60	69	0	0	0	0	0	0	0	0	0	0	0	30		0	0	0		
上汽唐山客车有限公司	飞翼牌	插电式并联混合动力城市客车	SK6107PHEV14	SWB6107PHEV14	NG/电混合动力	10480	2500	3150	5000	16500	11880	—	42	26	69	50	69	0	0	0	0	0	0	0	0	0	0	0	40	40	0	0	0	0	40
安源客车制造有限公司	安源牌	插电式混合动力城市客车	PK6100CHEV	承载式车身	柴油/电混合动力	10490	2500	3220	5000	15850	10900	21	56.3	—	69	20	69	0	0	0	0	0	0	0	0	0	31	1	0	32	0	0	0	0	32
金华青年汽车制造有限公司	青年牌	插电式并联混合动力城市客车	JNP6120PHEV1	承载式车身	NG混合动力	12000	2550	3165 3230	5980	18000	11550	—	52.3	30	69	25	69	0	0	0	0	0	0	0	1	0	0	0	19	20	0	0	0	0	20

续表

企业名称	车辆品牌	车辆名称	车辆型号	底盘型号	燃料种类	外形尺寸(mm)			轴距(mm)	总质量(kg)	整备质量(kg)	油耗(L/100km)	混合动力汽车电功率比(%)	电动汽车续驶里程(工况法,km)	电动汽车30分钟最高车速(km/h)	混合动力汽车纯电动模式下1km最高车速(km/h)	最高车速(km/h)	2014年													2015年				合计(辆)
						长	宽	高										1月	2月	3月	4月	5月	6月	7月	8月	9月	10月	11月	12月	小计(辆)	1月	2月	3月	小计(辆)	
成都客车股份有限公司	蜀都牌	插电式混联混合动力城市客车	CDK6123CEHEV	EQ6121KRLPHEV3	NG/电混合动力	12000	2550	3335 3420	6000	18000	12300 12800	—	52.3	—	69	30	69	0	0	0	0	0	0	0	0	14	0	0	0	14	0	0	0	0	14
陕西汽车集团有限责任公司	陕汽牌	插电式并联混合动力城市客车	SX6110PHEV	SX6114GG81PHEV	柴油混合动力	11490	2500	3250	5600	16500	12000	31.5	40	—	65	65	69	0	0	0	0	0	0	0	0	0	0	0	0	0	1	0	0	13	13
		插电式混联混合动力城市客车	SX6120GJCHEVN	SX6125GJ81CHEVT	NG/电混合动力	11980	2550	3000 3200 3350	6000	18000	11600 11900 12680 12980	—	52.8	—	69	69	69	0	0	0	0	0	0	0	0	0	0	0	0		0	10	2		
重庆五洲龙新能源汽车有限公司	五洲龙牌	插电式并联混合动力城市客车	WZL6102PHEVDEG4	承载式车身	柴油混合动力	10490	2480	3165 3115	5000	16500	11800 11600	24	51	—	65	69	69	0	0	4	0	0	0	0	0	0	0	0	0	4	0	0	0	8	12
			WZL6101PHEVGEG4	承载式车身	NG 混合动力	10490	2480	3050 3140 3380	5000	17000	13000 12800	—	98.7	—	70	—	69	0	0	0	0	0	0	0	0	0	0	0	0		0	8	0		
黑龙江龙华汽车有限公司	黑龙江牌	插电式并联混合动力城市客车	HLJ6122PHEV	HLJ6122PHEV	NG 混合动力	11990	2500	3250	6100	18000	12569	—	50.22	40	69	69	69	0	0	0	0	0	0	0	0	5	0	0	0	5	0	0	0	0	5
山西皇城相府宇航汽车制造有限公司	山西牌	插电式混合动力城市客车	SXK6107GHEV2	承载式车身	插电式NG 混合动力	10490	2500	3355	5000	17000	11700	—	52.3	—	—	32	69	0	0	0	0	0	0	0	0	0	0	0	0	0	2	0	0	2	2
南京金龙客车制造有限公司	东宇牌	增程式混合动力城市客车	NJL6109HEVN2	承载式车身	NG 混合动力	10490	2500	3030 3180 3410	5000	16500	11200 11500	—	—	70	69	60	69	0	0	0	0	0	0	0	0	0	0	0	0	0	0	0	1	2	2
			NJL6109HEV	承载式车身	柴油/电混合动力	10490	2500	3030 3180	5000	16500	11200 11500	19.5	—	70	69	69	69	0	0	0	0	0	0	0	0	0	0	0	0		0	0	1		

续表

企业名称	车辆品牌	车辆名称	车辆型号	底盘型号	燃料种类	外形尺寸(mm) 长	宽	高	轴距(mm)	总质量(kg)	整备质量(kg)	油耗(L/100km)	混合动力汽车电功率比(%)	电动汽车续驶里程(工况法,km)	电动汽车30分钟最高车速(km/h)	混合动力汽车纯电动模式下1km最高车速(km/h)	最高车速(km/h)	2014年 1月	2月	3月	4月	5月	6月	7月	8月	9月	10月	11月	12月	小计(辆)	2015年 1月	2月	3月	小计(辆)	合计(辆)
东风扬子江汽车(武汉)有限责任公司	扬子江牌	混联式混合动力城市客车	WG6120CHEVD5	WG6120CHEVD5	NG/电混合动力	12000	2545	3000 3230 3400	6200	18000	12000 12400	—	—	30	69	69	69	0	0	0	0	0	0	0	0	0	0	0	0	0	0	0	1	1	1
中国重汽集团济南豪沃客车有限公司	黄河牌	插电式并联混合动力城市客车	JK6109GHEVD4	JK6104GHHD	柴油混合动力	10500	2500	3240 3180	5000	15500	9950 10400	17	51.4	—	—	—	69	0	0	0	0	0	0	0	0	0	0	0	1	1	0	0	0	0	1
合计(辆)																		308	85	1086	480	1066	665	681	877	1989	970	1860	3806	13873	871	694	802	2367	16240

(2)乘用车

企业名称	车辆品牌	车辆名称	车辆型号	底盘型号	燃料种类	外形尺寸(mm) 长	宽	高	轴距(mm)	总质量(kg)	整备质量(kg)	油耗(L/100km)	混合动力汽车电功率比(%)	电动汽车续驶里程(工况法,km)	混合动力汽车纯电动模式下1km最高车速(km/h)	最高车速(km/h)	2014年 1月	2月	3月	4月	5月	6月	7月	8月	9月	10月	11月	12月	小计(辆)	2015年 1月	2月	3月	小计(辆)	合计(辆)
			BYD7150WTHEV3	承载式车身	汽油混合动力	4740	1770	1480	2670	2095	1720	1.6	97.3	70	150	185	3	1	18	0	200	279	57	64	3267	1105	1126	761		968	855	2101		
比亚迪汽车有限公司	比亚迪牌	并联式混合动力轿车	BYD7150WTHEV2	承载式车身	汽油混合动力	4740	1770	1480	2670	2095	1720	1.6	97.3	70	150	185	203	280	510	609	459	76	9	19	1704	685	807	1086	13339	806	169	308	5207	18546
			BYD7150WT5HEV	承载式车身	汽油混合动力	4740	1770	1480	2670	2095	1720	1.6	97.3	70	150	185	0	0	0	0	0	0	0	0	0	0	0	11		0	0	0		

续表

企业名称	车辆品牌	车辆名称	车辆型号	底盘型号	燃料种类	外形尺寸(mm)			轴距(mm)	总质量(kg)	整备质量(kg)	油耗(L/100km)	混合动力汽车电功率比(%)	电动汽车续驶里程(工况法,km)	混合动力汽车纯电动模式下1km最高车速(km/h)	最高车速(km/h)	2014年													2015年				合计(辆)
						长	宽	高									1月	2月	3月	4月	5月	6月	7月	8月	9月	10月	11月	12月	小计(辆)	1月	2月	3月	小计(辆)	
上海汽车集团股份有限公司	荣威牌	混联式混合动力轿车	CSA7154TDP HEV	承载式车身	汽油混合动力	4648	1827	1479	3705	2074	1699	2.3	87.3	58	200	200	0	0	0	39	52	17	9	0	1012	381	528	666	2812	340	415	721	1488	4300
			CSA7150PHEV	承载式车身	汽油混合动力	4648	1827	1479	2705	2074	1699	2.3	87.3	58	203	203	10	21	25	10	0	0	0	0	42	0	0	0		12	0	0		
广州汽车集团乘用车有限公司	传祺(Trumpchi)牌	增程式纯电动轿车	GAC7100SHE VB4	承载式车身	汽油混合动力	4800	1819	1484	2710	2110	1735	2.4	—	50	150	150	0	0	0	0	0	0	0	0	3	10	64	100	192	146	150	15	311	503
			GAC7100SHE VA4	承载式车身	汽油混合动力	4800	1819	1484	2710	2110	1735	2.5	—	50	150	150	0	0	0	0	4	0	0	11	0	0	0	0		0	0	0		
中国第一汽车集团公司	红旗牌	插电式混合动力轿车	CA7155PHEV	承载式车身	汽油混合动力	4600	1785	1435	3675	2009	1634	3.2	53	—	107	170	0	0	0	0	0	0	0	0	0	0	0	440	440	0	0	0	0	440
华晨宝马汽车有限公司	宝马(BMW)牌	并联式混合动力轿车	BMW7201A MHEV (BMW 530LE)	承载式车身	汽油混合动力	5055	1860	1481	3108	2565	2145	2.0	28.57	58	233	233	0	0	0	0	0	0	0	0	0	0	0	33	33	9	72	164	245	278
比亚迪汽车工业有限公司	比亚迪牌	并联式混合动力多用途乘用车	BYD6480STHEV	承载式车身	汽油混合动力	4815	1855	1720	2720	2725	2220	2.0	0.346	85	180	180	0	0	0	0	0	0	0	0	0	0	0	14	31	0	0	0	6	37
			BYD6450VHEV	承载式车身	汽油混合动力	4460	1720	1850	2725	2115	1510	2.2	97.3	55	92	155	0	0	0	0	0	0	0	2	15	0	0	0		0	0	0		
		混联式混合动力多用途乘用车	BYD6480STH EV2	承载式车身	汽油混合动力	4815	1855	1720	2720	2725	2220	2.4		60	140	180	0	0	0	0	0	0	0	0	0	0	0	0		0	0	6		
安徽江淮汽车股份有限公司	江淮牌	串联式混合动力轿车	HFC7100B1H EVF	承载式车身	汽油混合动力	4590	1765	1465	2710	1900	1600	2.8	156.8	55	120	120	0	0	0	0	0	0	0	0	0	0	1	0	1	0	0	0	0	1
合计(辆)																	216	302	553	658	715	372	75	96	6043	2181	2526	3111	16848	2281	1661	3315	7257	24105

3. 非插电式混合动力汽车产量统计

(1)大中型客车、轻型客车

企业名称	车辆品牌	车辆名称	车辆型号	底盘型号	燃料种类	外形尺寸(mm) 长	宽	高	轴距(mm)	总质量(kg)	整备质量(kg)	油耗(L/100km)	混合动力汽车电功率比(%)	最高车速(km/h)	2014年 1月	2月	3月	4月	5月	6月	7月	8月	9月	10月	11月	12月	小计(辆)	2015年 1月	2月	3月	小计(辆)	合计(辆)
上海申沃客车有限公司	申沃牌	并联式混合动力城市客车/底盘	SWB6127PHEV2	SWB6127PHEV2	柴油混合动力	11990	2500	3150 3300	6250	18000	12600	23.85 23.63 23.85	40 41 40	69	0	0	0	146	193	0	0	0	0	0	55	0	630	0	1	0	1	631
			SWB6107PHEV10	SWB6107PHEV10	柴油混合动力	10490	2500	3150 3300	5000	16500	10950	21.36 20.65 21.36	41 44 44	69	0	0	0	0	215	0	0	0	0	21	0	0		0	0	0		
湖南南车时代电动汽车股份有限公司	南车时代牌	混合动力城市客车	TEG6106PHEV	TEG6105PHEV	柴油混合动力	10490	2490	3180 3000	5000	15500	11130 10830	—	—	69	108	0	0	1	0	0	0	0	0	0	0	0	109	0	0	0	1	110
		并联混合动力城市客车/底盘	TEG6106PHEV - N01	TEG6106PHEV - N01	NG混合动力	10490	2490	3480 3300 3150	5000	16000	11700 11400	—	38.7	69	0	0	0	0	0	0	0	0	0	0	0	0		1	0	0		
上海申龙客车有限公司	申龙牌	混合动力城市客车	SLK6109USCHEV04	承载式车身	柴油混合动力	10500	2500	3200	5000	16500	11800	21.7	53.6	69	0	0	0	0	0	0	0	0	0	0	15	20	104	0	0	0	0	104
		并联式混合动力城市客车	SLK6109USCHEV02	承载式车身	柴油混合动力	10500	2500	3200 3060	5000	16500	10300 10900	21.8 21.9	30.7	69	0	0	2	67	0	0	0	0	0	0	0	0		0	0	0		
厦门金龙旅行车有限公司	金旅牌	串联混合动力城市客车	XML6855JHEV15C	承载式车身	柴油混合动力	8520	2460	3085 3195	4000	13200	9095	15.7	127	69	0	0	0	0	0	0	0	0	0	0	0	26	77	0	0	0	0	77
			XML6765JHEV15C	承载式车身	柴油混合动力	7600	2300	2940 3050	2650	11500	7010	15.7	158	69	0	0	0	0	0	0	0	0	0	0	0	51		0	0	0		
厦门金龙联合汽车工业有限公司	金龙牌	混合动力城市客车	XMQ6106AGHEV7	XMQ6102GRHEV7	柴油混合动力	10500	2500	3070 3190 3370	5100	15500	11200	18.8	—	69	52	0	0	0	0	0	0	0	0	0	0	0	52	0	0	0	0	52

续表

企业名称	车辆品牌	车辆名称	车辆型号	底盘型号	燃料种类	外形尺寸(mm)			轴距(mm)	总质量(kg)	整备质量(kg)	油耗(L/100km)	混合动力汽车电功率比(%)	最高车速(km/h)	2014年													2015年				合计(辆)
						长	宽	高							1月	2月	3月	4月	5月	6月	7月	8月	9月	10月	11月	12月	小计(辆)	1月	2月	3月	小计(辆)	
郑州宇通客车股份有限公司	宇通牌	混联式混合动力电动城市客车	ZK6126CHEVG4	ZK6118CHEVGC04	柴油混合动力	11650	2500	3265 3075	5800	16500	11700 11000	23.7	122.45	69	0	0	0	0	0	0	0	0	10	0	0	0		0	0	0		
			ZK6108CHEVG2	ZK6100CHEVGC2	柴油混合动力	10305	2500	3240 3100	5000	16500	10700 11100	22.7	122.45	69	0	0	0	0	0	0	0	0	1	0	0	0		0	0	0		
			ZK6120CHEVG2	ZK6118CHEVGC2	柴油混合动力	11650	2500	3075 3265	5800	16500	11200 12100	23.1 22.4 22.2	90.74 83.05 83.52	69	0	0	0	0	0	0	0	0	4	0	0	0		0	0	0		
			ZK6105CHEVNG1	承载式车身	NG混合动力	10500	2500	3050 3200 3360	5200	16500	10900 11300 11700	—	116.12	69	3	0	0	0	0	0	0	0	0	0	0	0	42	0	0	0	0	42
		混联式混合动力城市客车	ZK6125CHEVNG3	承载式车身	NG混合动力	12000	2550	3050 3200 3360	6100 5875	18000	11900 12400 12900	—	86.47 83.05	69	0	0	0	0	0	0	0	0	1	3	0	0		0	0	0		
			ZK6105CHEVNG3	承载式车身	NG混合动力	10500	2500	3050 3200 3360	5200 5100	16500	10900 11300 11700	—	86.47	69	0	0	0	0	0	0	0	0	0	0	2	0		0	0	0		
			ZK6120CHEVNG3	承载式车身	NG混合动力	11500	2550	3050 3200 3360	5800	16500 18000	11800 12200 12600	—	86.47	69	0	0	0	0	0	0	0	0	12	6	0	0		0	0	0		
金龙联合汽车工业（苏州）有限公司	海格牌	混合动力城市客车	KLQ6762GHEV	承载式车身	柴油/电混合动力	7640	2370	3070	5100	11200	7400 6900	15.5	59.3	69	0	0	0	0	0	0	0	0	0	0	40	0	41	0	0	0	0	41
		串联式混合动力城市客车	KLQ6129GQHEV1	KLQ6128GQHEV1	柴油混合动力	12000	2550	3250	6000	18000	12930	—	185	69	0	0	0	0	0	0	0	0	0	0	0	1		0	0	0		
长春华奥汽车制造有限公司	金华奥牌	串联式混合动力城市客车	CCA6110HEV	CCA6110HEVD	NG混合动力	11406	2550	3150 3257	5700	18000	12500	—	64.5	69	0	0	0	9	0	0	0	0	0	0	0	11	20	0	0	0	0	20

续表

企业名称	车辆品牌	车辆名称	车辆型号	底盘型号	燃料种类	外形尺寸(mm) 长	宽	高	轴距(mm)	总质量(kg)	整备质量(kg)	油耗(L/100km)	混合动力汽车电功率比(%)	最高车速(km/h)	2014年 1月	2月	3月	4月	5月	6月	7月	8月	9月	10月	11月	12月	小计(辆)	2015年 1月	2月	3月	小计(辆)	合计(辆)
金华青年汽车制造有限公司	青年牌	混联式混合动力城市客车	JNP6120CHEV	承载式车身	柴油混合动力	12000	2550	3165	5980	18000	11550	23	52.6	69	0	0	0	0	0	0	0	0	1	0	0	0	1	0	0	0	0	1
合计（辆）															163	0	2	223	408	0	0	0	29	30	112	109	1076	1	1	0	2	1078

（2）乘用车

企业名称	车辆品牌	车辆名称	车辆型号	底盘型号	燃料种类	外形尺寸(mm) 长	宽	高	轴距(mm)	总质量(kg)	整备质量(kg)	油耗(L/100km)	混合动力汽车电功率比(%)	最高车速(km/h)	2014年 1月	2月	3月	4月	5月	6月	7月	8月	9月	10月	11月	12月	小计(辆)	2015年 1月	2月	3月	小计(辆)	合计(辆)
	丰田(TOYOTA)牌	混联式混合动力轿车	GTM7252HEVE	承载式车身	汽油/电混合动力	4850	1825	1480 1505	2775	2100	1615 1655	5.3	37.2	180	0	0	0	0	0	0	0	0	0	0	0	97	5725	544	416	4	1261	6986
			GTM7251HEVS	承载式车身	汽油混合动力	4825	1825	1480 1505	2775	2100	1635 1605	5.3	37.2	180	631	346	522	373	527	19	388	556	542	354	152	104		201	93	3		
			GTM7251HEVE	承载式车身	汽油混合动力	4825	1825	1480 1505	2775	2100	1635 1605	5.3	37.2	180	0	0	0	0	0	544	274	0	0	209	78	7		0	0	0		
			GTM7240HV	承载式车身	汽油混合动力	4825	1820	1474	2775	2130	1670	6	40	170	0	0	0	0	0	1	1	0	0	0	0	0		0	0	0		
四川一汽丰田汽车有限公司	丰田(TOYOTA)牌	混联式混合动力轿车	CA7180CHEVCE5	承载式车身	汽油混合动力	4485	1745	1510	2700	1805	1385	4.3	82	180	0	0	0	0	0	68	75	26	26	22	16	16	1214	6	5	11	67	1281
			CA7180CHEVCE4	承载式车身	汽油混合动力	4485	1745	1510	2700	1805	1385	4.3	82	180	12	44	59	34	94	0	0	0	0	0	0	0		0	0	0		
			CA7180CHEVBE5	承载式车身	汽油混合动力	4485	1745	1510	2700	1805	1395	4.3	82	180	0	0	0	0	0	51	62	26	19	15	12	12		5	5	8		

续表

企业名称	车辆品牌	车辆名称	车辆型号	底盘型号	燃料种类	外形尺寸(mm)			轴距(mm)	总质量(kg)	整备质量(kg)	油耗(L/100km)	混合动力汽车电功率比(%)	最高车速(km/h)	2014年													2015年				合计(辆)
						长	宽	高							1月	2月	3月	4月	5月	6月	7月	8月	9月	10月	11月	12月	小计(辆)	1月	2月	3月	小计(辆)	
四川一汽丰田汽车有限公司	丰田(TOYOTA)牌	混联式混合动力轿车	CA7180CHEVBE4	承载式车身	汽油混合动力	4485	1745	1510	2700	1805	1395	4.3	82	180	4	12	23	26	56	0	0	0	0	0	0	0		0	0	0		
			CA7180CHEVAE5	承载式车身	汽油混合动力	4485	1745	1525	2700	1805	1420	4.3	82	180	0	0	0	0	0	70	53	24	25	31	12	12		14	6	7	67	
			CA7180CHEVAE4	承载式车身	汽油混合动力	4485	1745	1525	2700	1805	1420	4.3	82	180	100	16	16	14	31	0	0	0	0	0	0	0		0	0	0		
华晨汽车集团控股有限公司	中华牌	采用仅具有怠速起停功能的加强起动机方案的混合动力轿车	SY7150X1SHEVBAB	承载式车身	汽油混合动力+铅酸	4510	1758	1460	2580	1630	1240	6.3	2.2	165	0	0	142	0	0	55	5	2	0	0	26	5	235	30	0	1	31	266
重庆长安汽车股份有限公司	长安牌	并联式混合动力轿车	SC7158BHEV	承载式车身	汽油混合动力	4620	1820	1490	2660	1765	1390	5.4	25.6	185	0	11	2	1	0	0	0	0	0	0	0	0	14	0	0	0	0	14
上海汽车集团股份有限公司	荣威牌	并联式混合动力轿车	CSA7180ACHEV	承载式车身	汽油混合动力	4846	1765	1422	2849	1977	1602	7.5	16.9	205	1	0	4	1	1	0	1	0	0	1	0	0	9	0	0	0	0	9
东风汽车公司	风神牌	并联式混合动力轿车；采用ISG电机	DFM7130B1APHEV	承载式车身	汽油混合动力	4502	1740	1465	2610	1633	1258	5.8	20.5	180	0	0	0	1	1	7	0	0	0	0	0	0	9	0	0	0	0	9
浙江吉利汽车有限公司	吉利美日牌	采用仅具有怠速起停功能的加强起动机方案的混合动力轿车	MR7183HEV	承载式车身	汽油混合动力+铅酸	4635	1789	1470	2650	1690	1280	7.0 7.0 7.1	2.1	180	4	0	0	0	0	0	0	0	2	0	0	0	6	0	0	0	0	6
合计（辆）															752	429	768	450	710	815	859	634	614	632	296	253	7212	800	525	34	1359	8571

4. 燃料电池汽车产量统计

企业名称	车辆品牌	车辆名称	车辆型号	底盘型号	燃料种类	轴距(mm)	总质量(kg)	整备质量(kg)	最高车速(Km/h)	外形尺寸(mm)			混合动力电动汽车是否允许外接充电	电动汽车续驶里程(工况法，km)	电动汽车30分钟最高车速(km/h)	2014年													2015年				合计(辆)
										长	宽	高				1月	2月	3月	4月	5月	6月	7月	8月	9月	10月	11月	12月	小计(辆)	1月	2月	3月	小计(辆)	
上海汽车集团股份有限公司	荣威牌	燃料电池轿车	CSA7003FCEV	承载式车身	燃料电池	2849	2249	1873	150	4846	1765	1433	是	200	100	0	0	0	0	0	0	0	6	0	0	2	0	8	0	0	0	0	8
合计（辆）																0	0	0	0	0	0	0	6	0	0	2	0	8	0	0	0	0	8

三、2014年1月至2015年3月天然气汽车产量统计

1. 天然气单一燃料汽车产量统计

（1）大中型客车、轻型客车

企业名称	车辆品牌	车辆名称	车辆型号	底盘型号	燃料种类	排放标准	外形尺寸(mm)			轴距(mm)	总质量(kg)	整备质量(kg)	2014年													2015年				合计(辆)
							长	宽	高				1月	2月	3月	4月	5月	6月	7月	8月	9月	10月	11月	12月	小计(辆)	1月	2月	3月	小计(辆)	
郑州宇通客车股份有限公司	宇通牌	城市客车	ZK6100HNG2	ZK6990GCRN2	天然气	GB 17691－2005 国Ⅴ，GB 11340－2005 GB 18285－2005	10305	2500	3400	5000	16500	11800	0	0	0	0	12	0	0	0	0	0	0	0	11601	0	0	0	1339	12940
					天然气	GB 17691－2005 国Ⅴ，GB 11340－2005 GB 18285－2005	10305	2500	3240	5000	16500	11300	24	0	0	0	10	0	0	0	0	0	0	0		0	0	0		
					天然气	GB 17691－2005 国Ⅴ，GB 11340－2005 GB 18285－2005	10305	2500	3240	5000	16500	11300	6	0	0	0	0	0	0	0	0	0	0	0		0	0	0		
			ZK6100HNGA9	ZK6990GCRNA9	天然气	GB 17691－2005 国Ⅳ，GB 18285－2005 GB 11340－2005	10305	2500	3440	5000	16500	12000	0	25	42	0	0	0	0	0	0	0	0	0		0	0	0		
					天然气	GB 17691－2005 国Ⅳ，GB 18285－2005 GB 11340－2005	10305	2500	3440	5000	16500	12000	18	0	20	24	0	0	0	0	0	0	0	0		0	0	0		
					天然气	GB 17691－2005 国Ⅳ，GB 18285－2005 GB 11340－2005	10305	2500	3440	5000	16500	10700	1	53	0	0	0	0	0	0	0	0	0	0		0	0	0		
			ZK6100NG1	ZK6100GCN1	天然气	GB 17691－2005 国Ⅳ，GB 11340－2005 GB 18285－2005	10440	2500	3200	5000	15000	9500	0	0	5	1	20	0	5	21	15	1	0	1		1	0	26		
					天然气	GB 17691－2005 国Ⅳ，GB 11340－2005 GB 18285－2005	10440	2500	3300	5000	15000	9800	0	0	0	0	12	0	20	0	0	0	0	0		0	0	0		
			ZK6100NG5	ZK6100GCN6	天然气	GB 17691－2005 国Ⅴ，GB 11340－2005 GB 18285－2005	10440	2500	3180	5000	15000	9700	1	0	0	0	0	0	0	0	0	0	15	65		0	0	0		
			ZK6101HNG2	ZK6980GCRN2	天然气	GB 17691－2005 国Ⅴ，GB 11340－2005 GB 18285－2005	10075	2500	3495	5100	15800	10950	0	0	0	0	0	0	0	0	0	0	0	0		1	0	0		
			ZK6105HNG1	承载式车身	天然气	GB 17691－2005 国Ⅳ，GB 11340－2005 GB 18285－2005	10500	2500	3200	5200	16500	11100	0	0	0	0	0	0	0	0	60	0	0	0		0	0	0		
					天然气	GB 17691－2005 国Ⅳ，GB 11340－2005 GB 18285－2005	10500	2500	3360	5200	16500	11100	0	0	0	16	0	100	0	10	0	0	11	0		0	0	0		
					天然气	GB 17691－2005 国Ⅳ，GB 11340－2005 GB 18285－2005	10500	2500	3200	5200	16500	11100	39	0	0	0	5	13	41	20	40	19	29	0		0	0	8		
					天然气	GB 17691－2005 国Ⅳ，GB 11340－2005 GB 18285－2005	10500	2500	3360	5200	16500	10700	0	0	0	0	0	0	31	78	30	0	0	0		0	0	0		

续表

企业名称	车辆品牌	车辆名称	车辆型号	底盘型号	燃料种类	排放标准	外形尺寸(mm) 长	宽	高	轴距(mm)	总质量(kg)	整备质量(kg)	2014年 1月	2月	3月	4月	5月	6月	7月	8月	9月	10月	11月	12月	小计(辆)	2015年 1月	2月	3月	小计(辆)	合计(辆)
同上	同上	同上	ZK6105HNG2	承载式车身	天然气	GB 17691－2005 国Ⅴ，GB 11340－2005 GB 18285－2005	10500	2500	3200	5200	16500	11100	0	0	0	0	40	0	0	0	0	0	0	0		0	0	0		
					天然气	GB 17691－2005 国Ⅴ，GB 11340－2005 GB 18285－2005	10500	2500	3360	5200	16500	11100	0	0	0	0	0	6	0	0	0	0	0	0		0	0	0		
					天然气	GB 17691－2005 国Ⅴ，GB 11340－2005 GB 18285－2005	10500	2500	3360	5200	16500	11100	0	0	0	0	20	0	0	22	0	0	37	0		1	4	0		
					天然气	GB 17691－2005 国Ⅴ，GB 11340－2005 GB 18285－2005	10500	2500	3200	5200	16500	10800	70	44	10	10	50	0	118	13	28	119	0	132		143	0	18		
					天然气	GB 17691－2005 国Ⅴ，GB 11340－2005 GB 18285－2005	10500	2500	3360	5200	16500	10800	1	0	0	0	0	6	0	0	0	0	0	2		21	0	0		
			ZK6110NG1	ZK6100GCN2	天然气	GB 17691－2005 国Ⅳ，GB 11340－2005 GB 18285－2005	10530	2500	3500	5000	15000	10000	0	0	12	0	0	0	0	0	0	0	0	0		0	0	0		
					天然气	GB 17691－2005 国Ⅳ，GB 11340－2005 GB 18285－2005	10530	2500	3200	5000	15000	9700	0	0	0	0	0	0	1	29	0	0	0	0		0	0	0		
			ZK6110NG5	ZK6100GCN5	天然气	GB 17691－2005 国Ⅴ，GB 11340－2005 GB 18285－2005	10530	2500	3500	5000	15000	9700	0	0	25	0	2	48	16	6	0	0	0	0		0	0	0		
					天然气	GB 17691－2005 国Ⅴ，GB 11340－2005 GB 18285－2005	10530	2500	3360	5000	15000	10000	0	0	0	3	0	0	0	0	15	0	0	0		0	0	0		
			ZK6115HNGS1	承载式车身	天然气	GB 17691－2005 国Ⅴ，GB 11340－2005 GB 18285－2005	10580	2500	4160	5400	18000	13300	0	0	0	0	0	0	10	0	0	0	0	0		0	0	0		
			ZK6116HNG1	ZK6106GCRN1	天然气	GB 17691－2005 国Ⅳ，GB 11340－2005 GB 18285－2005	10690	2500	3300	5250	17000	11450	0	0	0	0	0	8	0	0	0	0	0	0		0	0	0		
			ZK6116HNG2	ZK6106GCRN5	天然气	GB 17691－2005 国Ⅴ，GB 11340－2005 GB 18285－2005	10690	2500	3520	5250	17000	10800	4	0	0	0	0	0	0	0	0	0	0	0		0	0	0		
			ZK6120HNG1	承载式车身	天然气	GB 17691－2005 国Ⅳ，GB 11340－2005 GB 18285－2005	11500	2550	3200	5800	16500	11800	0	0	0	20	0	0	0	0	0	0	0	0		0	0	0		
					天然气	GB 17691－2005 国Ⅳ，GB 11340－2005 GB 18285－2005	11500	2550	3200	5800	16500	11200	0	0	0	0	0	0	0	30	0	0	0	0		0	0	0		
					天然气	GB 17691－2005 国Ⅳ，GB 11340－2005 GB 18285－2005	11500	2550	3360	5800	16500	11800	0	0	0	0	0	2	0	0	0	0	3	0		1	0	0		
			ZK6120HNG3	承载式车身	天然气	GB 17691－2005 国Ⅴ，GB 11340－2005 GB 18285－2005	11500	2550	3050	5800	16500	10700	0	0	0	0	0	0	0	0	0	0	22	20		8	0	0		
					天然气	GB 17691－2005 国Ⅴ，GB 11340－2005 GB 18285－2005	11500	2550	3050	5800	16500	10700	0	0	0	0	0	0	0	0	0	0	30	0		0	0	0		
					天然气	GB 17691－2005 国Ⅴ，GB 11340－2005 GB 18285－2005	11500	2550	3200	5800	16500	11200	14	36	0	0	0	0	0	0	29	0	0	5		20	0	0		

续表

企业名称	车辆品牌	车辆名称	车辆型号	底盘型号	燃料种类	排放标准	外形尺寸(mm)			轴距(mm)	总质量(kg)	整备质量(kg)	2014年													2015年				合计(辆)
							长	宽	高				1月	2月	3月	4月	5月	6月	7月	8月	9月	10月	11月	12月	小计(辆)	1月	2月	3月	小计(辆)	
同上	同上	同上	ZK6120HNGAA	ZK6110GCRNAA	天然气	GB 17691－2005 国Ⅳ，GB 11340－2005 GB 18285－2005	11600	2500	3400	5800	16500	12270	0	28	0	0	0	0	0	0	0	0	0	0		0	0	0		
			ZK6120NG1	ZK6120GCN1	天然气	GB 17691－2005 国Ⅳ，GB 11340－2005 GB 18285－2005	11990	2500	3220	6200	17500	10200	0	0	0	22	0	0	0	0	0	0	0	0		0	0	0		
			ZK6120NG2	ZK6120GCN2	天然气	GB 17691－2005 国Ⅳ，GB 11340－2005 GB 18285－2005	11990	2500	3220	6200	18000	10500	0	0	0	0	0	0	0	0	4	0	0	0		0	0	0		
			ZK6125HNG1		天然气	GB 17691－2005 国Ⅳ，GB 11340－2005 GB 18285－2005	12000	2550	3200	6100	18000	11600	0	0	30	15	0	0	0	0	0	0	0	0		0	0	0		
					天然气	GB 17691－2005 国Ⅳ，GB 11340－2005 GB 18285－2005	12000	2550	3200	6100	18000	12200	73	20	0	0	90	18	0	16	0	0	0	0		0	0	0		
			ZK6125HNG2		天然气	GB 17691－2005 国Ⅴ，GB 11340－2005 GB 18285－2005	12000	2550	3360	6100	18000	12200	0	20	0	0	0	6	0	0	0	0	0	0		0	0	0		
					天然气	GB 17691－2005 国Ⅴ，GB 11340－2005 GB 18285－2005	12000	2550	3200	6100	18000	11600	0	91	119	0	0	0	0	45	0	0	10	0		0	0	0		
					天然气	GB 17691－2005 国Ⅴ，GB 11340－2005 GB 18285－2005	12000	2550	3200	6100	18000	11600	5	0	0	26	24	0	20	1	0	0	11	81		123	0	0		
			ZK6125HNGA	ZK6128GCRN1	天然气	GB 17691－2005 国Ⅳ，GB 11340－2005 GB 18285－2005	11960	2500	3265	6100	18000	12750	0	0	0	0	0	0	0	0	5	0	0	0		0	0	0		
			ZK6125HNGB	ZK6128GCRNB	天然气	GB 17691－2005 国Ⅲ，GB 11340－2005 GB 18285－2005	11960	2500	3265	6100	18000	12600	1	0	0	0	0	0	0	0	0	0	0	0		0	0	0		
			ZK6140HNG2		天然气	GB 17691－2005 国Ⅴ，GB 11340－2005 GB 18285－2005	13700	2550	3400	6100＋1470	23600	15200	0	0	39	0	0	0	0	0	1	0	0	0		0	0	0		
					天然气	GB 17691－2005 国Ⅴ，GB 11340－2005 GB 18285－2005	13700	2550	3200	6100＋1470	23600	14500	0	0	0	0	0	0	0	8	0	0	0	0		0	0	0		
			ZK6601NG1	ZK6560CN1	天然气	GB 17691－2005 国Ⅳ，GB 11340－2005 GB 18285－2005	5995	2240	2780	3100	6600	4800	0	0	0	0	0	0	10	0	11	12	2	88		0	0	0		
			ZK6609NG5	ZK6570GCN5	天然气	GB 17691－2005 国Ⅴ，GB 11340－2005 GB 18285－2005	5995	2240	3085	3100	6600	4900	0	0	0	0	0	1	1	0	0	0	0	20		0	0	0		
			ZK6609NG6	ZK6570GCN5	天然气	GB 17691－2005 国Ⅴ，GB 11340－2005 GB 18285－2005	5995	2240	2970	3100	6600	5350	0	0	0	0	0	0	0	22	1	0	0	0		0	0	0		
					天然气	GB 17691－2005 国Ⅴ，GB 11340－2005 GB 18285－2005	5995	2240	2970	3100	6600	4800	0	0	31	0	0	0	0	40	33	12	25	8		0	0	0		
			ZK6609NG7	ZK6570GCN6	天然气	GB 17691－2005 国Ⅴ，GB 11340－2005 GB 18285－2005	5995	2240	2970	3100	7000	5400	0	0	0	0	0	0	0	0	0	0	0	59		6	0	0		
			ZK6661NG1	ZK6620CN1	天然气	GB 17691－2005 国Ⅳ，GB 11340－2005 GB 18285－2005	6610	2240	2830	3308	7400	5100	0	0	0	0	36	0	0	6	0	0	0	22		0	0	0		

续表

企业名称	车辆品牌	车辆名称	车辆型号	底盘型号	燃料种类	排放标准	外形尺寸(mm) 长	宽	高	轴距(mm)	总质量(kg)	整备质量(kg)	2014年 1月	2月	3月	4月	5月	6月	7月	8月	9月	10月	11月	12月	小计(辆)	2015年 1月	2月	3月	小计(辆)	合计(辆)
同上	同上	同上	ZK6661NG1	ZK6620CN1	天然气	GB 17691－2005 国Ⅳ，GB 11340－2005 GB 18285－2005	6610	2240	2830	3308	7400	5100	0	0	0	0	0	0	0	0	0	0	0	0		2	0	0		
			ZK6669NG5	ZK6620GCN5	天然气	GB 17691－2005 国Ⅴ，GB 11340－2005 GB 18285－2005	6610	2240	3000	3300	7800	5500	0	0	2	0	0	0	0	0	2	0	0	0		0	0	0		
					天然气	GB 17691－2005 国Ⅴ，GB 11340－2005 GB 18285－2005	6610	2240	2830	3300	7800	5300	0	0	0	0	0	0	0	0	0	0	4	0		0	0	0		
			ZK6729NG5	ZK6670GCN1	天然气	GB 17691－2005 国Ⅴ，GB 11340－2005 GB 18285－2005	7190	2240	2830	3650	8640	5800	0	0	0	0	0	0	0	27	0	0	2	0		0	0	0		
			ZK6731NG1	ZK6700GCN2	天然气	GB 17691－2005 国Ⅳ，GB 11340－2005 GB 18285－2005	7320	2400	3300	3300	9700	6100	2	35	1	5	0	0	31	0	0	0	6	0		0	0	0		
					天然气	GB 17691－2005 国Ⅳ，GB 11340－2005 GB 18285－2005	7320	2400	3300	3300	9700	6400	91	10	10	8	0	0	20	12	0	0	2	0		8	0	1		
					天然气	GB 17691－2005 国Ⅳ，GB 11340－2005 GB 18285－2005	7320	2400	3150	3300	9700	6400	11	0	1	12	11	12	22	29	3	8	102	37		1	14	0		
			ZK6731NG5	ZK6700GCN5	天然气	GB 17691－2005 国Ⅴ，GB 11340－2005 GB 18285－2005	7320	2400	3150	3300	9700	6400	2	4	6	29	0	8	0	0	0	0	1	12		59	0	0		
					天然气	GB 17691－2005 国Ⅴ，GB 11340－2005 GB 18285－2005	7320	2400	3150	3300	9700	6400	0	0	0	11	12	0	0	0	26	1	6	28		1	0	14		
			ZK6741HNG1	ZK6700GCRN1	天然气	GB 17691－2005 国Ⅳ，GB 11340－2005 GB 18285－2005	7352	2350	3200	3400	9000	6650	8	0	0	0	0	0	1	0	0	0	20	0		1	29	0		
			ZK6741HNG2	ZK6700GCRN2	天然气	GB 17691－2005 国Ⅴ，GB 11340－2005 GB 18285－2005	7352	2350	3200	3400	9000	6650	0	0	0	0	20	0	0	0	35	0	20	28		12	0	0		
			ZK6770HNG1	ZK6740GCRN1	天然气	GB 17691－2005 国Ⅳ，GB 11340－2005 GB 18285－2005	7700	2350	3400	3500	10400	7300	12	0	6	47	0	0	0	0	0	0	0	20		0	0	0		
			ZK6775HNG2	ZK6735GCRN2	天然气	GB 17691－2005 国Ⅴ，GB 11340－2005 GB 18285－2005	7700	2350	3100	3500	11000	7300	0	0	0	0	0	0	0	0	0	0	0	26		0	0	0		
					天然气	GB 17691－2005 国Ⅴ，GB 11340－2005 GB 18285－2005	7700	2350	3280	3500	11000	7300	0	0	0	0	0	11	0	0	0	5	0	18		1	0	0		
					天然气	GB 17691－2005 国Ⅴ，GB 11340－2005 GB 18285－2005	7700	2350	3100	3500	11000	7300	0	0	0	0	0	0	0	12	33	34	0	0		0	30	5		
			ZK6780HNG1	ZK6740GCRN2	天然气	GB 17691－2005 国Ⅳ，GB 11340－2005 GB 18285－2005	7788	2350	3200	3550	10400	7400	0	0	0	0	0	0	1	3	0	0	0	0		0	0	0		
			ZK6780HNG2	ZK6740GCRN3	天然气	GB 17691－2005 国Ⅴ，GB 11340－2005 GB 18285－2005	7788	2350	3200	3550	11000	7700	0	0	0	0	9	1	0	0	0	0	0	0		0	0	0		
					天然气	GB 17691－2005 国Ⅴ，GB 11340－2005 GB 18285－2005	7788	2350	3400	3550	11000	7300	20	0	32	20	4	0	4	0	22	19	4	28		14	0	0		

续表

企业名称	车辆品牌	车辆名称	车辆型号	底盘型号	燃料种类	排放标准	外形尺寸(mm) 长	宽	高	轴距(mm)	总质量(kg)	整备质量(kg)	2014年 1月	2月	3月	4月	5月	6月	7月	8月	9月	10月	11月	12月	小计(辆)	2015年 1月	2月	3月	小计(辆)	合计(辆)
同上	同上	同上	ZK6820HNG2	ZK6780GCRN2	天然气	GB 17691－2005 国Ⅴ，GB 11340－2005 GB 18285－2005	8160	2350	3150	3800	11200	8100	0	0	0	0	0	0	0	0	0	70	0	0		0	0	0		
					天然气	GB 17691－2005 国Ⅴ，GB 11340－2005 GB 18285－2005	8160	2350	3150	3800	11200	8100	40	0	0	0	0	67	0	35	18	27	38	80		24	0	11		
			ZK6820HNGAA	ZK6780GCRNAA	天然气	GB 17691－2005 国Ⅳ，GB 11340－2005 GB 18285－2005	8160	2350	3400	3800	11200	7600	34	5	19	0	0	11	3	0	0	0	0	0		4	0	0		
			ZK6821NG5	ZK6791GCN5	天然气	GB 17691－2005 国Ⅴ，GB 11340－2005 GB 18285－2005	8180	2430	3140	3800	11350	7100	2	4	0	0	15	20	18	41	24	61	13	14		7	0	0		
			ZK6825HNG2	ZK6785GCRN2	天然气	GB 17691－2005 国Ⅴ，GB 11340－2005 GB 18285－2005	8160	2350	3100	3800	11200	7600	0	0	0	0	0	0	0	0	0	19	51	0		0	0	0		
					天然气	GB 17691－2005 国Ⅴ，GB 11340－2005 GB 18285－2005	8160	2350	3100	3800	11200	7600	0	0	0	1	0	0	0	0	30	0	54	0		25	0	0		
			ZK6842NG1	ZK6790GCN1	天然气	GB 17691－2005 国Ⅳ，GB 11340－2005 GB 18285－2005	8350	2430	3130	4000	11200	7200	15	2	25	18	0	2	0	12	3	17	12	3		0	9	0		
			ZK6842NG5	ZK6790GCN5	天然气	GB 17691－2005 国Ⅴ，GB 11340－2005 GB 18285－2005	8350	2410	3130	4000	11200	7200	0	0	0	0	0	0	2	0	0	0	0	0		0	0	0		
			ZK6850HNG2	ZK6825GCRN2	天然气	GB 17691－2005 国Ⅴ，GB 11340－2005 GB 18285－2005	8545	2500	3400	4200	12500	9000	0	0	0	0	0	0	0	60	0	0	0	66		0	10	0		
					天然气	GB 17691－2005 国Ⅴ，GB 11340－2005 GB 18285－2005	8545	2500	3200	4200	12500	9000	12	0	78	0	0	31	0	42	134	42	101	71		8	4	0		
			ZK6852HNG2	ZK6820GCRN2	天然气	GB 17691－2005 国Ⅴ，GB 11340－2005 GB 18285－2005	8545	2420	3210	4000	12200	8900	23	0	22	0	0	0	0	0	0	0	0	0		0	0	0		
					天然气	GB 17691－2005 国Ⅴ，GB 11340－2005 GB 18285－2005	8545	2420	3210	4000	12200	8900	0	0	26	1	0	50	50	59	61	0	12	29		7	0	0		
			ZK6852HNGAA	ZK6820GCRNAA	天然气	GB 17691－2005 国Ⅳ，GB 11340－2005 GB 18285－2005	8545	2420	3205	4000	12200	9000	56	0	20	23	45	10	1	5	27	2	43	0		0	0	0		
			ZK6852NG1	ZK6800GCN1	天然气	GB 17691－2005 国Ⅳ，GB 11340－2005 GB 18285－2005	8510	2430	3080	4000	12000	7550	0	0	0	0	0	0	10	0	6	0	0	1		0	0	0		
			ZK6852NG5	ZK6800GCN5	天然气	GB 17691－2005 国Ⅴ，GB 11340－2005 GB 18285－2005	8510	2430	3160	4000	12000	7750	0	0	0	0	0	0	0	0	0	0	0	0		9	0	0		
			ZK6902HNG2	ZK6870GCRN2	天然气	GB 17691－2005 国Ⅴ，GB 11340－2005 GB 18285－2005	8995	2420	3400	4300	13700	9580	0	0	0	0	1	39	0	0	0	0	0	0		0	0	0		
					天然气	GB 17691－2005 国Ⅴ，GB 11340－2005 GB 18285－2005	8995	2420	3400	4300	13700	9000	0	0	0	0	0	0	6	0	2	0	16	0		2	0	0		
					天然气	GB 17691－2005 国Ⅴ，GB 11340－2005 GB 18285－2005	8995	2420	3220	4300	13700	9580	0	0	0	0	0	0	12	1	0	0	0	0		0	0	0		

续表

企业名称	车辆品牌	车辆名称	车辆型号	底盘型号	燃料种类	排放标准	外形尺寸(mm) 长	外形尺寸(mm) 宽	外形尺寸(mm) 高	轴距(mm)	总质量(kg)	整备质量(kg)	2014年 1月	2014年 2月	2014年 3月	2014年 4月	2014年 5月	2014年 6月	2014年 7月	2014年 8月	2014年 9月	2014年 10月	2014年 11月	2014年 12月	2014年 小计(辆)	2015年 1月	2015年 2月	2015年 3月	2015年 小计(辆)	合计(辆)
同上	同上	同上	ZK6902HNGAA	ZK6892GCRNAA	天然气	GB 17691－2005 国Ⅳ，GB 11340－2005 GB 18285－2005	8995	2420	3220	4300	13200	9800	0	0	0	10	0	0	0	0	0	0	0	0		0	0	0		
					天然气	GB 17691－2005 国Ⅳ，GB 11340－2005 GB 18285－2005	8995	2420	3220	4300	13200	9800	1	25	0	0	0	24	10	10	0	0	20	0		0	0	0		
					天然气	GB 17691－2005 国Ⅳ，GB 11340－2005 GB 18285－2005	8995	2420	3400	4300	13200	8970	0	0	0	0	0	0	0	0	16	0	0	0		0	0	0		
					天然气	GB 17691－2005 国Ⅳ，GB 11340－2005 GB 18285－2005	8995	2420	3400	4300	13200	8970	2	9	5	0	0	0	1	24	0	0	0	0		0	0	0		
			ZK6902NG1	ZK6860GCN1	天然气	GB 17691－2005 国Ⅳ，GB 18285－2005 GB 11340－2005	8995	2430	3050	4300	12500	8000	0	0	0	0	0	0	0	0	0	0	22	0		0	0	0		
			ZK6905HNG2	ZK6865GCRN2	天然气	GB 17691－2005 国Ⅴ，GB 11340－2005 GB 18285－2005	8995	2500	3360	4300	13700	9700	0	0	0	0	0	0	0	0	0	0	8	16		6	0	0		
					天然气	GB 17691－2005 国Ⅴ，GB 11340－2005 GB 18285－2005	8995	2500	3200	4300	13700	9700	12	0	0	0	0	0	0	4	0	40	0	0		0	0	0		
			ZK6932HNG2	ZK6900GCRN2	天然气	GB 17691－2005 国Ⅴ，GB 11340－2005 GB 18285－2005	9295	2420	3220	4550	13700	9700	0	0	0	0	0	0	0	9	0	0	0	0		0	0	0		
					天然气	GB 17691－2005 国Ⅴ，GB 11340－2005 GB 18285－2005	9295	2420	3220	4550	13700	9700	6	0	0	0	0	0	0	0	0	0	0	42		34	0	0		
					天然气	GB 17691－2005 国Ⅴ，GB 11340－2005 GB 18285－2005	9295	2420	3220	4550	13700	9700	10	10	0	5	0	0	0	0	28	0	0	35		18	0	47		
			ZK6932HNGAA	ZK6900GCRNAA	天然气	GB 17691－2005 国Ⅳ，GB 11340－2005 GB 18285－2005	9295	2420	3400	4550	13200	9400	0	1	0	10	0	0	38	0	0	0	0	0		0	0	0		
					天然气	GB 17691－2005 国Ⅳ，GB 11340－2005 GB 18285－2005	9295	2420	3085	4550	13200	9000	0	0	0	0	0	0	0	0	0	0	10	0		0	0	0		
					天然气	GB 17691－2005 国Ⅳ，GB 11340－2005 GB 18285－2005	9295	2420	3400	4550	13200	9000	0	0	1	14	30	16	2	0	0	0	0	0		0	0	0		
			ZK6935HNG2	ZK6895GCRN2	天然气	GB 17691－2005 国Ⅴ，GB 11340－2005 GB 18285－2005	9295	2500	3200	4600	13700	9900	0	0	0	0	0	0	0	0	0	14	0	1		0	18	0		
			ZK6935HNG2	ZK6895GCRN2	天然气	GB 17691－2005 国Ⅴ，GB 11340－2005 GB 18285－2005	9295	2500	3360	4600	13700	9500	0	0	0	0	10	0	9	0	20	0	0	45		0	10	0		
		客车	ZK6107HN1Y	ZK6107CRN3	天然气	GB 17691－2005 国Ⅴ，GB 11340－2005 GB 18285－2005	10490	2500	3550	5250	15900	11500	0	0	0	0	0	0	0	0	1	1	2	2		1	0	0		
					天然气	GB 17691－2005 国Ⅴ，GB 11340－2005 GB 18285－2005	10490	2500	3550	5250	15900	11500	0	0	0	0	0	0	0	3	0	0	0	0		3	2	0		
					天然气	GB 17691－2005 国Ⅴ，GB 11340－2005 GB 18285－2005	10490	2500	3550	5250	15900	11500	0	0	0	0	0	0	0	0	2	0	2	1		1	9	2		

续表

企业名称	车辆品牌	车辆名称	车辆型号	底盘型号	燃料种类	排放标准	外形尺寸(mm) 长	宽	高	轴距(mm)	总质量(kg)	整备质量(kg)	2014年 1月	2月	3月	4月	5月	6月	7月	8月	9月	10月	11月	12月	小计(辆)	2015年 1月	2月	3月	小计(辆)	合计(辆)
同上	同上	同上	ZK6107HN1Z	ZK6107CRN3	天然气	GB 17691－2005 国Ⅴ，GB 11340－2005 GB 18285－2005	10490	2500	3550	5250	15900	11500	0	0	0	0	0	0	0	0	0	0	0	5		1	0	0		
					天然气	GB 17691－2005 国Ⅴ，GB 11340－2005 GB 18285－2005	10490	2500	3550	5250	15900	11500	0	0	0	0	0	0	0	0	0	0	0	0		1	0	0		
			ZK6109HN2Y	ZK6109CRN	天然气	GB 17691－2005 国Ⅳ，GB 11340－2005 GB 18285－2005	10390	2500	3550	5150	15300	11400	1	0	0	0	0	0	0	0	1	0	0	0		0	0	0		
					天然气	GB 17691－2005 国Ⅳ，GB 11340－2005 GB 18285－2005	10390	2500	3750	5150	15300	11400	0	0	0	8	1	1	1	0	1	0	1	1		0	0	0		
			ZK6109HN5Y	ZK6109CRN5	天然气	GB 17691－2005 国Ⅴ，GB 11340－2005 GB 18285－2005	10390	2500	3550	5150	16000	11400	0	0	0	0	0	0	3	0	1	1	0	2		0	0	0		
					天然气	GB 17691－2005 国Ⅴ，GB 11340－2005 GB 18285－2005	10390	2500	3550	5150	16000	11900	0	0	0	0	0	0	3	1	1	2	1	0		0	1	0		
			ZK6109HN5Z	ZK6109CRN5	天然气	GB 17691－2005 国Ⅴ，GB 11340－2005 GB 18285－2005	10390	2500	3550	5150	16500	11400	14	0	0	1	0	0	0	0	2	0	0	1		0	0	0		
			ZK6110HN01Y	ZK6107CRNA	天然气	GB 17691－2005 国Ⅳ，GB 11340－2005 GB 18285－2005	10800	2500	3550	5550	15900	11900	0	1	0	2	0	3	4	0	4	0	7	1		2	0	1		
					天然气	GB 17691－2005 国Ⅳ，GB 11340－2005 GB 18285－2005	10800	2500	3550	5550	15900	11900	14	0	5	10	2	1	6	5	14	8	14	11		13	0	0		
					天然气	GB 17691－2005 国Ⅳ，GB 11340－2005 GB 18285－2005	10800	2500	3550	5550	15900	11900	0	0	0	0	2	0	1	1	1	0	2	0		0	0	0		
			ZK6110HN01Z	ZK6107CRNA	天然气	GB 17691－2005 国Ⅳ，GB 11340－2005 GB 18285－2005	10800	2500	3550	5550	15900	11900	0	0	2	0	0	1	0	0	0	0	0	0		0	0	0		
					天然气	GB 17691－2005 国Ⅳ，GB 11340－2005 GB 18285－2005	10800	2500	3550	5550	15900	11900	0	0	0	0	0	1	0	0	0	0	0	0		0	0	0		
			ZK6110HN5Y	ZK6107CRN5	天然气	GB 17691－2005 国Ⅴ，GB 11340－2005 GB 18285－2005	10800	2500	3550	5550	16500	11900	0	0	0	0	0	0	0	1	0	22	0	1		3	0	0		
					天然气	GB 17691－2005 国Ⅴ，GB 11340－2005 GB 18285－2005	10800	2500	3750	5550	16500	12520	0	0	0	0	0	0	0	1	8	0	5	0		1	0	0		
			ZK6110HNQ1E	承载式车身	天然气	GB 17691－2005 国Ⅳ，GB 11340－2005 GB 18285－2005	10800	2500	3550	5550	15255	11900	0	3	0	0	0	0	0	0	0	0	0	0		0	0	0		
			ZK6110HNQ1Y	承载式车身	天然气	GB 17691－2005 国Ⅳ，GB 11340－2005 GB 18285－2005	10800	2500	3550	5550	15900	11900	0	0	0	0	0	0	1	0	0	0	0	0		0	0	0		
			ZK6110HNQ1Z	承载式车身	天然气	GB 17691－2005 国Ⅳ，GB 11340－2005 GB 18285－2005	10800	2500	3550	5550	15900	11900	0	0	1	0	0	0	0	0	0	0	0	0		0	0	0		
			ZK6116HNA1Y	ZK6106CRN1	天然气	GB 17691－2005 国Ⅳ，GB 11340－2005 GB 18285－2005	10690	2500	3520	5250	15800	11550	0	0	0	0	0	1	0	0	0	0	0	0		0	0	0		

续表

企业名称	车辆品牌	车辆名称	车辆型号	底盘型号	燃料种类	排放标准	外形尺寸(mm)			轴距(mm)	总质量(kg)	整备质量(kg)	2014年													2015年				合计(辆)
							长	宽	高				1月	2月	3月	4月	5月	6月	7月	8月	9月	10月	11月	12月	小计(辆)	1月	2月	3月	小计(辆)	
同上	同上	同上	ZK6116HNA1Y	ZK6106CRN1	天然气	GB 17691-2005 国Ⅳ, GB 11340-2005 GB 18285-2005	10690	2500	3300	5250	15800	11550	0	0	0	0	0	0	0	0	8	27	0	0		0	0	0		
			ZK6116HNA1Z	ZK6106CRN1	天然气	GB 17691-2005 国Ⅳ, GB 11340-2005 GB 18285-2005	10690	2500	3520	5250	16400	11550	2	0	0	0	0	0	0	0	0	0	0	0		0	0	0		
					天然气	GB 17691-2005 国Ⅳ, GB 11340-2005 GB 18285-2005	10690	2500	3520	5250	16400	11550	0	0	0	0	0	0	0	0	0	0	0	0		0	10	0		
			ZK6116HNA5Z	ZK6106CRNA5	天然气	GB 17691-2005 国Ⅴ, GB 11340-2005 GB 18285-2005	10690	2500	3520	5250	16400	11200	0	0	0	0	0	0	0	0	1	0	0	0		0	0	0		
					天然气	GB 17691-2005 国Ⅴ, GB 11340-2005 GB 18285-2005	10690	2500	3520	5250	16400	11200	0	0	0	0	0	0	0	0	0	0	1	0		0	0	0		
			ZK6116HNQ1Y	承载式车身	天然气	GB 17691-2005 国Ⅳ, GB 11340-2005 GB 18285-2005	10990	2500	3520	5550	16100	11900	0	0	1	0	0	0	0	0	0	0	0	0		0	0	0		
					天然气	GB 17691-2005 国Ⅳ, GB 11340-2005 GB 18285-2005	10990	2500	3520	5550	16100	11900	0	0	0	0	0	0	0	0	0	0	0	0		1	0	0		
			ZK6116HNQ1Z	承载式车身	天然气	GB 17691-2005 国Ⅳ, GB 11340-2005 GB 18285-2005	10990	2500	3520	5550	16500	11900	1	0	0	0	1	0	0	0	0	2	0	0		0	0	0		
			ZK6117HN5Y	ZK6117CRN5	天然气	GB 17691-2005 国Ⅴ, GB 11340-2005 GB 18285-2005	10690	2500	3550	5250	16500	11500	0	0	0	0	3	0	2	0	0	0	0	0		0	0	0		
			ZK6117HNQ2Y	承载式车身	天然气	GB 17691-2005 国Ⅳ, GB 11340-2005 GB 18285-2005	10690	2500	3550	5250	16000	12170	1	0	1	0	0	0	0	0	0	0	0	0		0	0	0		
					天然气	GB 17691-2005 国Ⅳ, GB 11340-2005 GB 18285-2005	10690	2500	3550	5250	16000	12170	1	0	0	0	0	0	0	1	0	0	0	0		0	0	0		
			ZK6117HNQ2Z	承载式车身	天然气	GB 17691-2005 国Ⅳ, GB 11340-2005 GB 18285-2005	10690	2500	3550	5250	16500	11500	0	0	1	0	0	0	0	0	0	0	0	0		0	0	0		
			ZK6118HNQY8E	承载式车身	天然气	GB 17691-2005 国Ⅴ, GB 11340-2005 GB 18285-2005	11290	2500	3795	5580	18000	13710	0	1	0	0	0	0	0	0	0	0	0	0		0	0	0		
					天然气	GB 17691-2005 国Ⅴ, GB 11340-2005 GB 18285-2005	11290	2500	3795	5580	18000	13710	0	0	0	0	0	0	0	5	0	0	0	0		0	0	0		
			ZK6118HNQY8Y	承载式车身	天然气	GB 17691-2005 国Ⅴ, GB 11340-2005 GB 18285-2005	11290	2500	3795	5580	18000	13710	0	0	0	0	0	5	4	45	23	0	8	8		9	15	0		
					天然气	GB 17691-2005 国Ⅴ, GB 11340-2005 GB 18285-2005	11290	2500	3795	5580	18000	13710	0	0	0	0	0	0	0	0	0	0	0	0		1	0	0		
					天然气	GB 17691-2005 国Ⅴ, GB 11340-2005 GB 18285-2005	11290	2500	3795	5580	18000	13200	0	0	0	0	0	0	1	0	0	0	0	1		1	0	0		
					天然气	GB 17691-2005 国Ⅴ, GB 11340-2005 GB 18285-2005	11290	2500	3795	5580	18000	13710	0	0	0	0	0	1	0	1	0	18	0	1		4	0	0		

续表

企业名称	车辆品牌	车辆名称	车辆型号	底盘型号	燃料种类	排放标准	外形尺寸(mm) 长	宽	高	轴距(mm)	总质量(kg)	整备质量(kg)	2014年 1月	2月	3月	4月	5月	6月	7月	8月	9月	10月	11月	12月	小计(辆)	2015年 1月	2月	3月	小计(辆)	合计(辆)
同上	同上	同上	ZK6118HNQY8Z	承载式车身	天然气	GB 17691－2005 国Ⅴ，GB 11340－2005 GB 18285－2005	11290	2500	3795	5580	18000	13710	0	0	0	0	0	0	1	0	0	0	0	0		0	0	0		
			ZK6118HNQY9E	承载式车身	天然气	GB 17691－2005 国Ⅳ，GB 11340－2005 GB 18285－2005	11290	2500	3795	5580	18000	13710	0	0	0	0	0	0	0	0	1	1	0	0		0	0	0		
			ZK6118HNQY9Y	承载式车身	天然气	GB 17691－2005 国Ⅳ，GB 11340－2005 GB 18285－2005	11290	2500	3795	5580	18000	13710	0	0	0	0	1	2	3	0	4	10	1	6		1	0	0		
					天然气	GB 17691－2005 国Ⅳ，GB 11340－2005 GB 18285－2005	11290	2500	3795	5580	18000	13710	0	0	0	0	0	1	0	3	0	0	0	0		0	0	0		
					天然气	GB 17691－2005 国Ⅳ，GB 11340－2005 GB 18285－2005	11290	2500	3795	5580	18000	13200	0	0	2	0	0	0	0	1	0	0	0	1		2	0	0		
			ZK6118HNY1Y	ZK6108CRN1	天然气	GB 17691－2005 国Ⅳ，GB 11340－2005 GB 18285－2005	10690	2500	3795	5150	17160	13100	16	0	0	4	5	1	0	4	0	1	0	0		1	0	0		
			ZK6118HNY1Z	ZK6108CRN1	天然气	GB 17691－2005 国Ⅳ，GB 11340－2005 GB 18285－2005	10690	2500	3795	5150	17160	13100	0	0	1	0	0	0	0	0	3	0	0	0		0	0	0		
			ZK6118HNY2Y	ZK6108CRN2	天然气	GB 17691－2005 国Ⅳ，GB 11340－2005 GB 18285－2005	10690	2500	3795	5150	16580	12520	0	0	0	2	1	0	0	2	1	0	1	3		2	0	0		
			ZK6118HNY3Y	ZK6108CRN3	天然气	GB 17691－2005 国Ⅴ，GB 11340－2005 GB 18285－2005	10690	2500	3795	5150	17160	13100	0	0	0	12	2	0	0	3	0	2	1	0		0	1	3		
			ZK6118HNY5Y	ZK6108CRN5	天然气	GB 17691－2005 国Ⅴ，GB 11340－2005 GB 18285－2005	10690	2500	3795	5150	16580	12200	1	0	0	0	0	0	0	0	0	2	1	0		0	0	0		
			ZK6119HN5Y	ZK6119CRN5	天然气	GB 17691－2005 国Ⅴ，GB 11340－2005 GB 18285－2005	10990	2500	3750	5550	16500	12300	0	0	1	0	0	2	2	0	2	2	4	25		1	0	0		
					天然气	GB 17691－2005 国Ⅴ，GB 11340－2005 GB 18285－2005	10990	2500	3750	5550	16500	12300	5	1	0	1	2	5	15	2	2	21	2	4		1	1	0		
			ZK6119HN5Z	ZK6119CRN5	天然气	GB 17691－2005 国Ⅴ，GB 11340－2005 GB 18285－2005	10990	2500	3550	5550	16500	12300	7	0	0	0	0	1	0	0	0	0	0	0		0	0	0		
			ZK6119HN6Y	ZK6119CRN1	天然气	GB 17691－2005 国Ⅳ，GB 11340－2005 GB 18285－2005	10990	2500	3550	5550	16500	12510	0	0	1	0	1	0	17	0	0	0	0	18		2	0	0		
					天然气	GB 17691－2005 国Ⅳ，GB 11340－2005 GB 18285－2005	10990	2500	3550	5550	16500	12510	0	0	2	1	0	0	0	7	1	5	2	7		3	0	0		
			ZK6119HN6Z	ZK6119CRN1	天然气	GB 17691－2005 国Ⅳ，GB 11340－2005 GB 18285－2005	10990	2500	3550	5550	16500	12510	0	0	3	0	0	0	0	0	0	0	0	0		1	0	0		
					天然气	GB 17691－2005 国Ⅳ，GB 11340－2005 GB 18285－2005	10990	2500	3550	5550	16500	12510	0	0	0	2	0	0	1	0	0	0	0	5		0	0	0		
			ZK6119HNQ3Y	承载式车身	天然气	GB 17691－2005 国Ⅳ，GB 11340－2005 GB 18285－2005	11300	2500	3750	5680	16500	11900	1	0	0	0	0	0	0	0	0	0	0	0		0	0	0		

续表

企业名称	车辆品牌	车辆名称	车辆型号	底盘型号	燃料种类	排放标准	外形尺寸(mm) 长	宽	高	轴距(mm)	总质量(kg)	整备质量(kg)	2014年 1月	2月	3月	4月	5月	6月	7月	8月	9月	10月	11月	12月	小计(辆)	2015年 1月	2月	3月	小计(辆)	合计(辆)
同上	同上	同上	ZK6119HNQ3Y	承载式车身	天然气	GB 17691－2005 国Ⅳ，GB 11340－2005 GB 18285－2005	11300	2500	3550	5680	16500	12500	0	0	0	0	0	0	1	1	0	1	0	0		0	0	0		
			ZK6119HNQ5E	承载式车身	天然气	GB 17691－2005 国Ⅴ，GB 11340－2005 GB 18285－2005	11300	2500	3550	5680	16290	12600	1	0	0	2	2	0	3	21	6	0	9	0		0	0	0		
			ZK6119HNQ5S	承载式车身	天然气	GB 17691－2005 国Ⅴ，GB 11340－2005 GB 18285－2005	11300	2500	3550	5680	15730	12380	0	0	0	0	0	0	0	0	0	0	4	4		0	0	0		
			ZK6119HNQ5Y	承载式车身	天然气	GB 17691－2005 国Ⅴ，GB 11340－2005 GB 18285－2005	11300	2500	3550	5680	16500	12500	0	0	0	0	0	0	6	0	1	0	0	14		11	0	0		
					天然气	GB 17691－2005 国Ⅴ，GB 11340－2005 GB 18285－2005	11300	2500	3550	5680	16500	11900	0	0	23	0	0	0	0	0	0	0	13	0		4	0	0		
			ZK6119HNQ5Z	承载式车身	天然气	GB 17691－2005 国Ⅴ，GB 11340－2005 GB 18285－2005	11300	2500	3550	5680	16500	12500	0	0	0	0	0	0	1	0	0	0	0	0		0	1	0		
					天然气	GB 17691－2005 国Ⅴ，GB 11340－2005 GB 18285－2005	11300	2500	3550	5680	16500	12500	0	0	0	0	3	0	0	1	0	0	0	0		0	0	0		
			ZK6119HNQ6Y	承载式车身	天然气	GB 17691－2005 国Ⅳ，GB 11340－2005 GB 18285－2005	10990	2500	3550	5550	16400	12400	0	0	0	0	0	0	0	6	0	0	0	0		3	0	0		
					天然气	GB 17691－2005 国Ⅳ，GB 11340－2005 GB 18285－2005	10990	2500	3550	5550	16400	12400	1	0	1	2	0	10	0	8	0	0	1	0		0	0	0		
			ZK6119HNQ6Z	承载式车身	天然气	GB 17691－2005 国Ⅳ，GB 11340－2005 GB 18285－2005	10990	2500	3550	5550	16500	12300	1	0	0	0	0	0	0	0	0	0	0	0		0	0	0		
			ZK6119HNQ9E	承载式车身	天然气	GB 17691－2005 国Ⅴ，GB 11340－2005 GB 18285－2005	10990	2500	3550	5370	16290	11670	0	0	0	0	0	0	2	8	0	0	0	0		0	0	0		
					天然气	GB 17691－2005 国Ⅴ，GB 11340－2005 GB 18285－2005	10990	2500	3550	5370	16290	11670	0	0	0	0	0	0	0	2	0	0	0	1		0	0	0		
			ZK6121HNQ1Y	承载式车身	天然气	GB 17691－2005 国Ⅳ，GB 11340－2005 GB 18285－2005	12000	2550	3580	6050	18000	12900	0	0	0	0	2	0	0	0	0	0	0	0		0	0	0		
			ZK6121HNQ1Z	承载式车身	天然气	GB 17691－2005 国Ⅳ，GB 11340－2005 GB 18285－2005	12000	2550	3400	6050	18000	12695	1	0	4	2	0	1	3	5	0	1	0	0		1	1	0		
			ZK6121HNQ5Y	承载式车身	天然气	GB 17691－2005 国Ⅴ，GB 11340－2005 GB 18285－2005	12000	2550	3580	6050	18000	12900	1	0	0	0	0	0	0	0	10	0	0	0		0	0	0		
					天然气	GB 17691－2005 国Ⅴ，GB 11340－2005 GB 18285－2005	12000	2550	3580	6050	18000	12900	0	0	0	0	0	0	0	2	1	0	0	40		0	0	0		
			ZK6121HNQ5Z	承载式车身	天然气	GB 17691－2005 国Ⅴ，GB 11340－2005 GB 18285－2005	12000	2550	3400	6050	18000	13000	0	0	0	0	0	0	0	0	0	0	0	0		0	3	0		
					天然气	GB 17691－2005 国Ⅴ，GB 11340－2005 GB 18285－2005	12000	2550	3580	6050	18000	13000	1	0	44	0	1	1	0	1	2	6	0	0		2	0	6		

续表

企业名称	车辆品牌	车辆名称	车辆型号	底盘型号	燃料种类	排放标准	外形尺寸(mm) 长	宽	高	轴距(mm)	总质量(kg)	整备质量(kg)	2014年 1月	2月	3月	4月	5月	6月	7月	8月	9月	10月	11月	12月	小计(辆)	2015年 1月	2月	3月	小计(辆)	合计(辆)
同上	同上	同上	ZK6122HNQ11Y	承载式车身	天然气	GB 17691－2005 国Ⅳ，GB 11340－2005 GB 18285－2005	11600	2550	3830	5650	17750	13300	2	0	17	7	2	1	2	6	9	3	3	2		2	0	0		
					天然气	GB 17691－2005 国Ⅳ，GB 11340－2005 GB 18285－2005	11600	2550	3830	5650	17750	13300	1	0	0	0	0	0	0	0	1	1	0	1		0	0	1		
			ZK6122HNQ12Y	承载式车身	天然气	GB 17691－2005 国Ⅳ，GB 11340－2005 GB 18285－2005	11600	2550	3600	5650	17750	13300	2	0	0	0	0	0	0	1	0	0	0	7		0	0	0		
			ZK6122HNQ15Y	承载式车身	天然气	GB 17691－2005 国Ⅴ，GB 11340－2005 GB 18285－2005	11600	2550	3830	5650	17750	13600	1	0	0	1	0	0	0	1	0	1	0	0		0	0	0		
			ZK6122HNQ16E	承载式车身	天然气	GB 17691－2005 国Ⅴ，GB 11340－2005 GB 18285－2005	11600	2550	3600	5650	18000	13710	0	0	0	0	0	0	0	0	0	0	0	1		0	0	0		
			ZK6122HNQ1E	承载式车身	天然气	GB 17691－2005 国Ⅳ，GB 11340－2005 GB 18285－2005	12000	2550	3830	6050	18000	14020	2	0	0	3	1	2	1	3	2	0	0	0		0	0	0		
					天然气	GB 17691－2005 国Ⅳ，GB 11340－2005 GB 18285－2005	12000	2550	3830	6050	18000	13550	2	0	0	1	0	0	0	4	27	0	4	0		0	0	0		
			ZK6122HNQ1S	承载式车身	天然气	GB 17691－2005 国Ⅳ，GB 11340－2005 GB 18285－2005	12000	2550	3830	6050	18000	13710	0	0	0	0	0	0	0	0	1	0	0	0		0	0	0		
			ZK6122HNQ1Y	承载式车身	天然气	GB 17691－2005 国Ⅳ，GB 11340－2005 GB 18285－2005	12000	2550	3830	6050	18000	13710	6	1	11	18	3	5	10	9	6	6	8	9		4	0	0		
					天然气	GB 17691－2005 国Ⅳ，GB 11340－2005 GB 18285－2005	12000	2550	3830	6050	18000	13710	0	0	0	1	1	3	3	2	3	5	0	0		0	0	0		
					天然气	GB 17691－2005 国Ⅳ，GB 11340－2005 GB 18285－2005	12000	2550	3795	6050	18000	13400	0	0	0	0	1	0	0	0	3	0	0	0		2	0	0		
			ZK6122HNQ1Z	承载式车身	天然气	GB 17691－2005 国Ⅳ，GB 11340－2005 GB 18285－2005	12000	2550	3830	6050	18000	13710	0	0	0	1	0	0	0	0	0	0	0	0		0	0	0		
			ZK6122HNQ2E	承载式车身	天然气	GB 17691－2005 国Ⅳ，GB 11340－2005 GB 18285－2005	12000	2550	3600	6050	18000	13550	1	0	0	0	0	0	0	0	0	0	0	0		0	0	0		
			ZK6122HNQ2Y	承载式车身	天然气	GB 17691－2005 国Ⅳ，GB 11340－2005 GB 18285－2005	12000	2550	3600	6050	18000	13400	2	0	2	0	0	1	0	0	1	2	0	0		0	0	0		
			ZK6122HNQ6Y	承载式车身	天然气	GB 17691－2005 国Ⅳ，GB 11340－2005 GB 18285－2005	12000	2550	3670	6250	18000	13710	0	0	0	0	0	0	0	0	0	17	2	0		1	0	0		
			ZK6122HNQ7E	承载式车身	天然气	GB 17691－2005 国Ⅴ，GB 11340－2005 GB 18285－2005	12000	2550	3830	6050	18000	13710	0	0	2	0	1	0	1	12	1	2	7	0		22	1	0		
					天然气	GB 17691－2005 国Ⅴ，GB 11340－2005 GB 18285－2005	12000	2550	3830	6050	18000	13400	0	0	0	0	0	1	0	0	0	1	0	0		0	0	0		
			ZK6122HNQ7S	承载式车身	天然气	GB 17691－2005 国Ⅴ，GB 11340－2005 GB 18285－2005	12000	2550	3830	6050	18000	13710	0	0	0	0	1	0	0	4	0	0	1	0		3	0	0		

续表

企业名称	车辆品牌	车辆名称	车辆型号	底盘型号	燃料种类	排放标准	外形尺寸(mm)			轴距(mm)	总质量(kg)	整备质量(kg)	2014年													2015年				合计(辆)
							长	宽	高				1月	2月	3月	4月	5月	6月	7月	8月	9月	10月	11月	12月	小计(辆)	1月	2月	3月	小计(辆)	
同上	同上	同上	ZK6122HNQ7Y	承载式车身	天然气	GB 17691－2005 国Ⅴ，GB 11340－2005 GB 18285－2005	12000	2550	3795	6050	18000	13710	4	0	2	1	2	1	1	2	7	5	4	16		9	3	0		
					天然气	GB 17691－2005 国Ⅴ，GB 11340－2005 GB 18285－2005	12000	2550	3830	6050	18000	13710	0	0	0	0	0	0	0	0	1	0	1	0		1	0	0		
					天然气	GB 17691－2005 国Ⅴ，GB 11340－2005 GB 18285－2005	12000	2550	3830	6050	18000	13710	1	1	0	0	0	0	3	2	3	16	11	1		3	0	0		
			ZK6122HNQ7Z	承载式车身	天然气	GB 17691－2005 国Ⅴ，GB 11340－2005 GB 18285－2005	12000	2550	3830	6050	18000	13710	0	0	0	0	0	0	1	0	0	0	0	0		0	0	0		
					天然气	GB 17691－2005 国Ⅴ，GB 11340－2005 GB 18285－2005	12000	2550	3830	6050	18000	13710	0	0	0	0	0	0	0	0	1	0	0	0		0	1	0		
			ZK6122HNQ8E	承载式车身	天然气	GB 17691－2005 国Ⅴ，GB 11340－2005 GB 18285－2005	12000	2550	3670	6250	18000	13560	0	0	0	0	0	0	0	0	1	0	0	0		0	0	0		
					天然气	GB 17691－2005 国Ⅴ，GB 11340－2005 GB 18285－2005	12000	2550	3670	6250	18000	13400	0	0	0	0	0	0	0	0	0	0	1	0		0	0	0		
			ZK6122HNQ8Y	承载式车身	天然气	GB 17691－2005 国Ⅴ，GB 11340－2005 GB 18285－2005	12000	2550	3600	6050	18000	13550	1	0	0	0	0	5	3	1	0	11	2	21		0	0	0		
					天然气	GB 17691－2005 国Ⅴ，GB 11340－2005 GB 18285－2005	12000	2550	3670	6250	18000	13400	0	0	0	0	0	0	0	0	0	0	2	0		0	0	0		
					天然气	GB 17691－2005 国Ⅴ，GB 11340－2005 GB 18285－2005	12000	2550	3670	6250	18000	13560	0	0	12	0	0	5	0	2	1	0	13	1		0	0	0		
			ZK6122HNQ8Z	承载式车身	天然气	GB 17691－2005 国Ⅴ，GB 11340－2005 GB 18285－2005	12000	2550	3600	6050	18000	13400	0	0	0	0	0	0	0	0	0	0	0	0		0	0	1		
			ZK6126HNY5E	承载式车身	天然气	GB 17691－2005 国Ⅴ，GB 11340－2005 GB 18285－2005	12000	2550	3955	6050	18000	13550	0	1	0	0	0	12	3	1	3	0	0	0		1	0	0		
			ZK6126HNY5S	承载式车身	天然气	GB 17691－2005 国Ⅴ，GB 11340－2005 GB 18285－2005	12000	2550	3955	6050	18000	13550	0	0	0	0	0	1	1	1	0	0	0	0		0	0	0		
			ZK6126HNY5Y	承载式车身	天然气	GB 17691－2005 国Ⅴ，GB 11340－2005 GB 18285－2005	12000	2550	3955	6050	18000	13550	0	0	0	0	0	0	0	0	0	0	1	0		0	0	0		
					天然气	GB 17691－2005 国Ⅴ，GB 11340－2005 GB 18285－2005	12000	2550	3955	6050	18000	13550	0	0	0	0	0	3	4	15	4	5	6	2		2	0	1		
					天然气	GB 17691－2005 国Ⅴ，GB 11340－2005 GB 18285－2005	12000	2550	3955	6050	18000	13550	0	0	0	0	0	0	0	0	2	2	2	0		0	0	0		
			ZK6127HNQCA	承载式车身	天然气	GB 17691－2005 国Ⅳ，GB 11340－2005 GB 18285－2005	12000	2550	3955	6050	18000	13550	8	1	1	2	2	3	4	2	4	8	18	6		3	1	0		
					天然气	GB 17691－2005 国Ⅳ，GB 11340－2005 GB 18285－2005	12000	2550	3955	6050	18000	13550	0	0	1	0	0	0	0	0	0	1	0	4		4	0	0		

续表

企业名称	车辆品牌	车辆名称	车辆型号	底盘型号	燃料种类	排放标准	外形尺寸(mm) 长	宽	高	轴距(mm)	总质量(kg)	整备质量(kg)	2014年 1月	2月	3月	4月	5月	6月	7月	8月	9月	10月	11月	12月	小计(辆)	2015年 1月	2月	3月	小计(辆)	合计(辆)
同上	同上	同上	ZK6127HNQDA	承载式车身	天然气	GB 17691－2005 国Ⅳ，GB 11340－2005 GB 18285－2005	12000	2550	3955	6050	18000	13550	0	0	0	0	1	0	0	0	0	0	0	0		0	0	0		
					天然气	GB 17691－2005 国Ⅳ，GB 11340－2005 GB 18285－2005	12000	2550	3955	6050	18000	13550	2	0	1	9	2	3	0	0	3	3	2	1		0	0	0		
					天然气	GB 17691－2005 国Ⅳ，GB 11340－2005 GB 18285－2005	12000	2550	3955	6050	18000	13550	0	1	0	0	0	0	0	0	0	0	0	0		0	0	0		
			ZK6127HNQEA	承载式车身	天然气	GB 17691－2005 国Ⅳ，GB 11340－2005 GB 18285－2005	12000	2550	3955	6050	18000	13550	1	0	1	0	0	0	0	0	0	0	0	1		0	0	0		
			ZK6128HN2	承载式车身	天然气	GB 17691－2005 国Ⅴ，GB 11340－2005 GB 18285－2005	11970	2550	3150	5800	18000	12100	0	0	0	0	0	0	0	0	0	15	0	0		0	0	0		
			ZK6146HNQCA	承载式车身	天然气	GB 17691－2005 国Ⅳ，GB 18285－2005 GB 11340－2005	13670	2550	3955	6250＋1470	23000	17500	0	0	2	0	0	0	0	0	0	0	0	0		0	0	0		
			ZK6146HNQY5E	承载式车身	天然气	GB 17691－2005 国Ⅴ，GB 11340－2005 GB 18285－2005	13670	2550	3955	6250＋1470	23000	17500	0	0	0	0	3	2	0	0	0	0	0	0		0	0	0		
			ZK6601N1	ZK6560CN1	天然气	GB 17691－2005 国Ⅳ，GB 11340－2005 GB 18285－2005	5995	2240	2910	3100	6340	4800	21	6	2	5	13	0	3	5	1	0	50	11		5	0	0		
			ZK6609N5	ZK6570CN5	天然气	GB 17691－2005 国Ⅴ，GB 11340－2005 GB 18285－2005	5995	2240	3085	3100	6600	4800	1	1	2	0	0	1	1	0	0	0	4	2		5	6	1		
					天然气	GB 17691－2005 国Ⅴ，GB 11340－2005 GB 18285－2005	5995	2240	3020	3100	6600	4980	0	0	1	0	0	3	0	2	0	0	4	1		0	0	0		
			ZK6661N1	ZK6620CN1	天然气	GB 17691－2005 国Ⅳ，GB 11340－2005 GB 18285－2005	6610	2240	2830	3308	7400	5200	1	3	0	0	0	0	0	0	0	0	0	1		1	0	0		
					天然气	GB 17691－2005 国Ⅳ，GB 11340－2005 GB 18285－2005	6610	2240	2940	3308	7400	5400	0	0	0	0	0	6	0	0	0	0	0	0		0	0	0		
			ZK6669N5	ZK6620CN5	天然气	GB 17691－2005 国Ⅴ，GB 11340－2005 GB 18285－2005	6610	2240	3000	3300	7800	5500	0	0	0	2	1	2	0	0	0	0	0	0		1	0	0		
			ZK6729N5	ZK6670CN1	天然气	GB 17691－2005 国Ⅴ，GB 11340－2005 GB 18285－2005	7190	2240	2830	3650	8280	5800	0	0	0	0	0	0	0	0	0	0	1	0		6	0	0		
			ZK6750N5	ZK6641CN5	天然气	GB 17691－2005 国Ⅴ，GB 11340－2005 GB 18285－2005	7490	2480	3160	4000	9500	7300	0	0	0	0	4	19	0	5	0	3	0	1		0	0	1		
			ZK6752N1	ZK6621CN1	天然气	GB 17691－2005 国Ⅳ，GB 11340－2005 GB 18285－2005	7470	2320	3020	3800	8580	6160	6	0	3	4	0	0	0	0	0	0	0	0		0	0	0		
					天然气	GB 17691－2005 国Ⅳ，GB 11340－2005 GB 18285－2005	7470	2320	3020	3800	8580	6160	13	0	1	16	1	5	2	1	2	0	11	19		1	0	0		
					天然气	GB 17691－2005 国Ⅳ，GB 11340－2005 GB 18285－2005	7470	2320	3180	3800	8580	6160	7	2	3	13	9	5	23	12	4	2	16	5		0	9	0		

续表

企业名称	车辆品牌	车辆名称	车辆型号	底盘型号	燃料种类	排放标准	外形尺寸(mm)			轴距(mm)	总质量(kg)	整备质量(kg)	2014年													2015年				合计(辆)
							长	宽	高				1月	2月	3月	4月	5月	6月	7月	8月	9月	10月	11月	12月	小计(辆)	1月	2月	3月	小计(辆)	
同上	同上	同上	ZK6752N5	ZK6621CN5	天然气	GB 17691-2005 国Ⅴ, GB 11340-2005 GB 18285-2005	7470	2320	3000	3800	8580	6240	16	0	1	0	0	0	0	0	0	0	0	0		0	0	0		
					天然气	GB 17691-2005 国Ⅴ, GB 11340-2005 GB 18285-2005	7470	2320	3170	3800	8995	6468	0	0	0	0	1	0	0	0	0	3	0	1		0	0	0		
					天然气	GB 17691-2005 国Ⅴ, GB 11340-2005 GB 18285-2005	7470	2320	3170	3800	8580	6240	0	0	1	1	4	0	2	0	0	3	2	0		1	0	0		
					天然气	GB 17691-2005 国Ⅴ, GB 11340-2005 GB 18285-2005	7470	2320	3170	3800	8580	6240	1	0	22	4	1	24	13	12	4	1	1	2		6	0	1		
			ZK6758HN1Y	ZK6710CRN1	天然气	GB 17691-2005 国Ⅳ, GB 18285-2005 GB 11340-2005	7495	2480	3380	3500	10150	7580	0	0	0	2	0	1	0	0	4	5	5	2		0	0	0		
			ZK6758HN2Y	ZK6710CRN2	天然气	GB 17691-2005 国Ⅴ, GB 11340-2005 GB 18285-2005	7495	2480	3380	3500	10760	8340	0	0	0	8	0	7	3	59	3	1	23	2		0	0	0		
			ZK6758HN2Z	ZK6710CRN2	天然气	GB 17691-2005 国Ⅴ, GB 11340-2005 GB 18285-2005	7495	2480	3380	3500	10650	8075	0	0	0	0	0	0	0	0	1	0	0	0		0	0	0		
					天然气	GB 17691-2005 国Ⅴ, GB 11340-2005 GB 18285-2005	7495	2480	3380	3500	10650	8075	0	0	0	0	0	0	0	0	0	0	0	0		0	0	6		
			ZK6758HN3Y	ZK6710CRN3	天然气	GB 17691-2005 国Ⅳ, GB 18285-2005 GB 11340-2005	7495	2480	3380	3500	10150	7900	8	0	0	1	0	0	0	0	0	0	0	0		0	0	0		
			ZK6758HN4Y	ZK6710CRN4	天然气	GB 17691-2005 国Ⅳ, GB 18285-2005 GB 11340-2005	7495	2480	3380	3500	10760	8340	0	0	0	3	1	0	1	0	0	4	0	0		0	0	0		
			ZK6792N1	ZK6640CN1	天然气	GB 17691-2005 国Ⅳ, GB 18285-2005 GB 11340-2005	7945	2450	3230	3800	10900	7900	2	0	3	4	0	1	1	3	2	2	3	1		1	0	0		
			ZK6792N5	ZK6640CN5	天然气	GB 17691-2005 国Ⅴ, GB 11340-2005 GB 18285-2005	7945	2450	3370	3800	10900	7900	2	1	0	1	1	0	2	0	0	1	2	0		0	0	0		
			ZK6808HN1Y	ZK6770CRN1	天然气	GB 17691-2005 国Ⅳ, GB 18285-2005 GB 11340-2005	8045	2500	3580	3800	10760	8180	0	0	9	17	15	7	11	15	12	8	1	32		9	2	2		
			ZK6808HN2Y	ZK6770CRN2	天然气	GB 17691-2005 国Ⅴ, GB 11340-2005 GB 18285-2005	8045	2500	3340	3800	10300	8720	0	0	0	0	0	0	0	2	0	0	1	2		3	0	0		
					天然气	GB 17691-2005 国Ⅴ, GB 11340-2005 GB 18285-2005	8045	2500	3340	3800	10300	7720	0	0	0	4	1	0	1	5	0	0	6	5		2	0	0		
			ZK6808HN2Z	ZK6770CRN2	天然气	GB 17691-2005 国Ⅴ, GB 11340-2005 GB 18285-2005	8045	2500	3340	3800	11000	8270	0	5	0	0	3	2	1	5	2	4	1	4		0	1	0		
			ZK6808HN3Y	ZK6770CRN3	天然气	GB 17691-2005 国Ⅴ, GB 11340-2005 GB 18285-2005C	8045	2500	3340	3800	10760	8180	0	0	0	6	4	3	0	7	75	2	1	8		8	0	2		
			ZK6808HNAA	ZK6770CRNAA	天然气	GB 17691-2005 国Ⅳ, GB 11340-2005 GB 18285-2005	8000	2470	3580	3800	10300	7570	0	0	0	0	6	0	0	0	0	0	0	0		0	0	0		

续表

企业名称	车辆品牌	车辆名称	车辆型号	底盘型号	燃料种类	排放标准	外形尺寸(mm) 长	宽	高	轴距(mm)	总质量(kg)	整备质量(kg)	2014年 1月	2月	3月	4月	5月	6月	7月	8月	9月	10月	11月	12月	小计(辆)	2015年 1月	2月	3月	小计(辆)	合计(辆)
同上	同上	同上	ZK6808HNAA	ZK6770CRNAA	天然气	GB 17691－2005 国Ⅳ，GB 11340－2005 GB 18285－2005	8000	2470	3340	3800	10300	7570	17	8	4	5	7	4	1	5	0	0	1	13		0	0	0		
			ZK6808HNBA	ZK6770CRNAA	天然气	GB 17691－2005 国Ⅳ，GB 11340－2005 GB 18285－2005	8000	2470	3340	3800	11000	8270	3	0	2	12	4	2	1	4	1	11	7	1		2	10	0		
			ZK6842N1	ZK6660CN1	天然气	GB 17691－2005 国Ⅳ，GB 18285－2005 GB 11340－2005	8400	2450	3370	4000	11000	8100	4	1	1	1	1	3	2	3	8	12	2	3		1	0	0		
			ZK6842N5	ZK6660CN5	天然气	GB 17691－2005 国Ⅴ，GB 11340－2005 GB 18285－2005	8400	2450	3230	4000	11200	8300	0	1	6	1	4	4	1	3	2	5	3	0		4	2	0		
			ZK6858HN1E	ZK6820CRN1	天然气	GB 17691－2005 国Ⅳ，GB 11340－2005 GB 18285－2005	8543	2470	3580	4100	11900	9000	0	0	0	0	0	2	0	0	0	0	0	0		0	0	0		
			ZK6858HN2Y	ZK6820CRN2	天然气	GB 17691－2005 国Ⅴ，GB 11340－2005 GB 18285－2005	8543	2500	3340	4100	11900	9150	1	0	0	4	1	0	20	3	12	2	2	6		2	5	0		
					天然气	GB 17691－2005 国Ⅴ，GB 11340－2005 GB 18285－2005	8543	2500	3580	4100	11900	9150	1	0	0	0	0	0	3	1	0	0	1	0		0	0	0		
					天然气	GB 17691－2005 国Ⅴ，GB 11340－2005 GB 18285－2005	8543	2500	3580	4100	11900	9150	2	3	10	26	12	4	6	12	6	6	44	34		8	4	3		
			ZK6858HN2Z	ZK6820CRN2	天然气	GB 17691－2005 国Ⅴ，GB 11340－2005 GB 18285－2005	8543	2500	3340	4100	11900	9000	0	0	0	0	0	0	0	0	0	0	0	0		1	1	0		
					天然气	GB 17691－2005 国Ⅴ，GB 11340－2005 GB 18285－2005	8543	2500	3340	4100	11900	9000	0	0	1	1	2	0	1	0	0	3	0	3		3	1	2		
			ZK6858HNAA	ZK6810CRNAA	天然气	GB 17691－2005 国Ⅳ，GB 11340－2005 GB 18285－2005	8543	2470	3340	4100	11900	9000	0	0	0	0	1	1	1	25	7	3	7	2		0	0	0		
					天然气	GB 17691－2005 国Ⅳ，GB 11340－2005 GB 18285－2005	8543	2470	3580	4100	11900	9000	0	0	0	0	5	10	0	2	0	1	0	1		0	0	0		
					天然气	GB 17691－2005 国Ⅳ，GB 11340－2005 GB 18285－2005	8543	2470	3340	4100	11900	9000	10	2	8	6	13	10	6	6	3	0	3	2		0	0	0		
			ZK6858HNBA	ZK6810CRNAA	天然气	GB 17691－2005 国Ⅳ，GB 11340－2005 GB 18285－2005	8543	2470	3340	4100	11900	9000	0	0	0	0	0	0	0	0	0	1	0	0		0	0	0		
					天然气	GB 17691－2005 国Ⅳ，GB 11340－2005 GB 18285－2005	8543	2470	3340	4100	11900	9000	2	0	0	0	0	0	0	0	0	0	0	0		0	0	0		
					天然气	GB 17691－2005 国Ⅳ，GB 11340－2005 GB 18285－2005	8543	2470	3580	4100	11900	9000	0	0	0	3	0	0	2	1	0	0	2	0		0	0	0		
			ZK6888HN1E	ZK6840CRNAA	天然气	GB 17691－2005 国Ⅳ，GB 11340－2005 GB 18285－2005	8774	2470	3385	4250	12550	9350	1	0	0	0	0	0	0	0	0	0	0	0		0	0	0		
			ZK6888HN2E	ZK6840CRN2	天然气	GB 17691－2005 国Ⅴ，GB 11340－2005 GB 18285－2005	8774	2500	3385	4250	12550	9650	0	0	0	0	0	0	0	1	0	0	0	0		8	0	1		

续表

企业名称	车辆品牌	车辆名称	车辆型号	底盘型号	燃料种类	排放标准	外形尺寸(mm) 长	外形尺寸(mm) 宽	外形尺寸(mm) 高	轴距(mm)	总质量(kg)	整备质量(kg)	2014年 1月	2014年 2月	2014年 3月	2014年 4月	2014年 5月	2014年 6月	2014年 7月	2014年 8月	2014年 9月	2014年 10月	2014年 11月	2014年 12月	2014年 小计(辆)	2015年 1月	2015年 2月	2015年 3月	2015年 小计(辆)	合计(辆)
同上	同上	同上	ZK6888HN2Y	ZK6840CRN2	天然气	GB 17691－2005 国Ⅴ，GB 11340－2005 GB 18285－2005	8774	2500	3595	4250	12700	9650	1	0	0	1	3	4	4	0	8	4	4	1		0	0	0		
					天然气	GB 17691－2005 国Ⅴ，GB 11340－2005 GB 18285－2005	8774	2500	3385	4250	12700	9650	1	0	0	4	1	0	4	0	2	2	1	3		3	0	0		
			ZK6888HN2Z	ZK6840CRN2	天然气	GB 17691－2005 国Ⅴ，GB 11340－2005 GB 18285－2005	8774	2500	3595	4250	12700	9650	2	0	0	0	0	0	0	2	0	5	0	1		1	1	0		
					天然气	GB 17691－2005 国Ⅴ，GB 11340－2005 GB 18285－2005	8774	2500	3385	4250	12700	9650	0	0	0	0	0	0	40	0	0	0	0	0		0	0	0		
			ZK6888HNAA	ZK6840CRNAA	天然气	GB 17691－2005 国Ⅳ，GB 11340－2005 GB 18285－2005	8774	2470	3385	4250	12700	9650	0	0	2	14	5	3	2	2	0	2	4	4		0	1	0		
					天然气	GB 17691－2005 国Ⅳ，GB 11340－2005 GB 18285－2005	8774	2470	3385	4250	12700	9650	0	3	0	1	2	13	0	4	0	0	1	4		2	0	1		
			ZK6888HNBA	ZK6840CRNAA	天然气	GB 17691－2005 国Ⅳ，GB 11340－2005 GB 18285－2005	8774	2470	3385	4250	12700	9650	0	0	1	0	0	1	1	1	0	1	0	1		1	0	0		
					天然气	GB 17691－2005 国Ⅳ，GB 11340－2005 GB 18285－2005	8774	2470	3385	4250	12700	9650	0	0	0	0	1	1	1	0	0	1	1	5		0	1	0		
			ZK6888HNQ2E	承载式车身	天然气	GB 17691－2005 国Ⅴ，GB 11340－2005 GB 18285－2005	8774	2500	3385	4250	12500	9650	0	3	0	0	0	1	0	0	0	0	0	0		0	0	0		
			ZK6892N1	ZK6760CN1	天然气	GB 17691－2005 国Ⅳ，GB 11340－2005 GB 18285－2005	8990	2450	3400	4300	12250	9050	0	0	0	3	0	0	0	0	1	0	1	3		0	4	0		
			ZK6900N5	ZK6760CN5	天然气	GB 17691－2005 国Ⅴ，GB 11340－2005 GB 18285－2005	8990	2450	3540	4300	12830	9630	0	1	3	0	0	1	0	0	0	0	0	1		2	0	0		
			ZK6908HN1E	ZK6889CRN1	天然气	GB 17691－2005 国Ⅳ，GB 11340－2005 GB 18285－2005	8995	2500	3460	4300	13600	10550	0	0	0	0	0	0	0	7	0	0	0	0		2	0	0		
					天然气	GB 17691－2005 国Ⅳ，GB 11340－2005 GB 18285－2005	8995	2500	3460	4300	13600	10550	1	1	2	8	9	6	10	11	3	5	8	8		13	0	1		
			ZK6908HN2E	ZK6889CRN2E	天然气	GB 17691－2005 国Ⅴ，GB 11340－2005 GB 18285－2005	8995	2500	3460	4300	13600	10550	0	0	0	0	0	0	0	1	0	13	4	1		3	0	0		
					天然气	GB 17691－2005 国Ⅴ，GB 11340－2005 GB 18285－2005	8995	2500	3460	4300	13600	10400	0	0	1	0	0	0	1	16	2	3	1	7		1	2	1		
			ZK6908HN2Y	ZK6889CRN2	天然气	GB 17691－2005 国Ⅴ，GB 11340－2005 GB 18285－2005	8995	2500	3630	4300	14000	10400	8	0	1	0	14	2	0	4	0	0	2	3		2	0	0		
					天然气	GB 17691－2005 国Ⅴ，GB 11340－2005 GB 18285－2005	8995	2500	3460	4300	14000	10400	0	0	0	0	0	0	0	0	0	0	0	2		0	0	0		
					天然气	GB 17691－2005 国Ⅴ，GB 11340－2005 GB 18285－2005	8995	2500	3630	4300	14000	10800	8	1	7	2	29	20	21	21	4	11	0	29		3	3	6		

续表

企业名称	车辆品牌	车辆名称	车辆型号	底盘型号	燃料种类	排放标准	外形尺寸(mm) 长	宽	高	轴距(mm)	总质量(kg)	整备质量(kg)	2014年 1月	2月	3月	4月	5月	6月	7月	8月	9月	10月	11月	12月	小计(辆)	2015年 1月	2月	3月	小计(辆)	合计(辆)
同上	同上	同上	ZK6908HN2Z	ZK6889CRN2	天然气	GB 17691－2005 国Ⅴ，GB 11340－2005 GB 18285－2005	8995	2500	3460	4300	13600	10400	0	0	0	0	0	0	0	0	0	0	0	2		0	0	3		
					天然气	GB 17691－2005 国Ⅴ，GB 11340－2005 GB 18285－2005	8995	2500	3460	4300	13600	10400	0	0	1	1	0	2	0	0	1	2	1	0		1	0	1		
			ZK6908HNAA	ZK6889CRNAA	天然气	GB 17691－2005 国Ⅳ，GB 11340－2005 GB 18285－2005	8995	2500	3460	4300	13600	10400	32	13	17	2	1	2	9	2	0	3	18	5		5	0	0		
					天然气	GB 17691－2005 国Ⅳ，GB 11340－2005 GB 18285－2005	8995	2500	3630	4300	13600	10400	4	2	3	5	7	4	10	7	12	0	3	7		2	0	0		
			ZK6908HNBA	ZK6889CRNAA	天然气	GB 17691－2005 国Ⅳ，GB 11340－2005 GB 18285－2005	8995	2500	3460	4300	13600	10400	7	0	0	0	0	0	13	0	0	0	0	0		0	0	0		
					天然气	GB 17691－2005 国Ⅳ，GB 11340－2005 GB 18285－2005	8995	2500	3460	4300	13600	10400	1	0	0	0	0	1	0	0	0	0	0	0		0	0	0		
			ZK6908HNQ2E	承载式车身	天然气	GB 17691－2005 国Ⅴ，GB 11340－2005 GB 18285－2005	9020	2500	3450	4300	13000	10800	0	0	0	0	0	0	1	0	0	0	0	0		0	0	0		
					天然气	GB 17691－2005 国Ⅴ，GB 11340－2005 GB 18285－2005	9020	2500	3450	4300	13000	10800	0	0	0	0	0	0	1	0	0	0	0	2		0	0	0		
			ZK6908HNQ2Y	承载式车身	天然气	GB 17691－2005 国Ⅴ，GB 11340－2005 GB 18285－2005	8995	2500	3450	4300	14000	10800	0	0	0	0	0	0	1	2	0	0	0	0		0	0	0		
			ZK6908HNQ2Z	承载式车身	天然气	GB 17691－2005 国Ⅴ，GB 11340－2005 GB 18285－2005	8995	2500	3450	4300	14000	10800	0	0	0	0	23	14	44	0	0	0	0	0		0	0	0		
			ZK6938HN2Y	ZK6910CRN2	天然气	GB 17691－2005 国Ⅴ，GB 11340－2005 GB 18285－2005	9320	2500	3450	4600	14000	10640	0	0	0	0	0	0	3	2	0	0	0	0		0	0	0		
			ZK6938HNAA	ZK6910CRNAA	天然气	GB 17691－2005 国Ⅳ，GB 11340－2005 GB 18285－2005	9320	2500	3460	4600	13700	10500	0	0	0	0	0	0	1	0	0	1	0	0		0	0	0		
			ZK6998HN1Y	ZK6979CRN1	天然气	GB 17691－2005 国Ⅴ，GB 11340－2005 GB 18285－2005	9945	2500	3450	5100	15000	11490	0	0	0	0	0	0	0	0	0	1	14	1		1	0	0		
			ZK6998HN2Y	ZK6970CRN2	天然气	GB 17691－2005 国Ⅴ，GB 11340－2005 GB 18285－2005	9945	2500	3450	5100	14000	10490	0	0	0	0	0	3	3	1	7	0	0	2		1	0	0		
					天然气	GB 17691－2005 国Ⅴ，GB 11340－2005 GB 18285－2005	9945	2500	3450	5100	14000	10490	0	0	0	0	0	1	0	0	0	0	0	0		0	0	0		
					天然气	GB 17691－2005 国Ⅴ，GB 11340－2005 GB 18285－2005	9945	2500	3450	5100	14000	10490	0	0	0	1	0	10	0	0	0	0	0	1		0	0	0		
			ZK6998HN2Z	ZK6970CRN2	天然气	GB 17691－2005 国Ⅴ，GB 11340－2005 GB 18285－2005	9945	2500	3450	5100	14000	10330	0	0	0	0	0	0	0	20	0	0	0	1		0	0	0		
					天然气	GB 17691－2005 国Ⅴ，GB 11340－2005 GB 18285－2005	9945	2500	3450	5100	14000	10330	0	0	8	0	0	0	0	16	0	4	0	0		0	0	0		

续表

企业名称	车辆品牌	车辆名称	车辆型号	底盘型号	燃料种类	排放标准	外形尺寸(mm)			轴距(mm)	总质量(kg)	整备质量(kg)	2014年													2015年				合计(辆)
							长	宽	高				1月	2月	3月	4月	5月	6月	7月	8月	9月	10月	11月	12月	小计(辆)	1月	2月	3月	小计(辆)	
同上	同上	同上	ZK6998HNAA	ZK6979CRNAA	天然气	GB 17691－2005 国Ⅳ，GB 11340－2005 GB 18285－2005	9945	2500	3460	5100	14000	10490	1	0	1	1	7	1	1	1	0	0	1	1		7	1	0		
			ZK6998HNBA	ZK6979CRNAA	天然气	GB 17691－2005 国Ⅳ，GB 11340－2005 GB 18285－2005	9945	2500	3460	5100	14000	10490	0	0	0	0	0	0	0	0	0	0	0	1		0	0	0		
		客车底盘	ZK6107CRN3	—	天然气	GB 17691－2005 国Ⅴ，GB 11340－2005 GB 18285－2005	10175	2470	—	5250	16500	5200	0	0	0	0	0	0	0	0	0	0	0	0		0	0	1		
			ZK6108CRN3	—	天然气	GB 17691－2005 国Ⅴ，GB 11340－2005 GB 18285－2005	10200	2500	—	5150	18000	5500	0	0	0	0	0	0	0	0	0	0	0	0		0	0	2		
			ZK6119CRN1	—	天然气	GB 17691－2005 国Ⅳ，GB 11340－2005 GB 18285－2005	10675	2470	—	5550	16500	5300	0	0	0	0	0	0	0	0	0	0	0	0		1	0	0		
					天然气	GB 17691－2005 国Ⅳ，GB 11340－2005 GB 18285－2005	10675	2470	—	5550	16500	5300	0	0	0	0	0	0	0	0	0	0	0	0		1	0	0		
			ZK6621CN5	—	天然气	GB 17691－2005 国Ⅴ，GB 11340－2005 GB 18285－2005	6248	2219	—	3800	9000	3300	0	0	0	0	0	0	0	0	0	0	0	0		6	0	0		
					天然气	GB 17691－2005 国Ⅴ，GB 11340－2005 GB 18285－2005	6248	2219	—	3800	9000	3300	0	0	0	0	0	0	0	0	0	0	0	0		1	0	0		
			ZK6660CN1	—	天然气	GB 17691－2005 国Ⅳ，GB 18285－2005 GB 11340－2005	6620	2342	—	4000	11500	3900	0	0	0	0	0	0	0	0	0	0	0	0		1	0	0		
			ZK6660CN5	—	天然气	GB 17691－2005 国Ⅴ，GB 11340－2005 GB 18285－2005	6620	2342	—	4000	11200	3900	0	0	0	0	0	0	0	0	0	0	0	0		1	0	0		
			ZK6700GCN5	—	天然气	GB 17691－2005 国Ⅴ，GB 11340－2005 GB 18285－2005	7080	2400	—	3300	9700	3200	0	0	0	0	0	0	0	0	0	0	0	0		7	0	0		
			ZK6740GCRN3	—	天然气	GB 17691－2005 国Ⅴ，GB 11340－2005 GB 18285－2005	7435	2350	—	3550	11200	2640	0	0	0	0	0	0	0	0	0	0	0	0		9	0	0		
			ZK6790GCN1	—	天然气	GB 17691－2005 国Ⅳ，GB 11340－2005 GB 18285－2005	7905	2353	—	4000	11500	3800	0	0	0	0	0	0	0	0	0	0	0	0		0	8	0		
			ZK6791GCN5	—	天然气	GB 17691－2005 国Ⅴ，GB 11340－2005 GB 18285－2005	7910	2430	—	3800	11350	3900	0	0	0	0	0	0	0	0	0	0	0	0		7	0	0		
			ZK6800GCN5	—	天然气	GB 17691－2005 国Ⅴ，GB 11340－2005 GB 18285－2005	8045	2325	—	4000	12000	4200	0	0	0	0	0	0	0	0	0	0	0	0		9	0	0		
			ZK6820CRN2	—	天然气	GB 17691－2005 国Ⅴ，GB 11340－2005 GB 18285－2005	8180	2450	—	4100	11900	4000	0	0	0	0	0	0	0	0	0	0	0	0		1	0	0		
					天然气	GB 17691－2005 国Ⅴ，GB 11340－2005 GB 18285－2005	8180	2450	—	4100	11900	4000	0	0	0	0	0	0	0	0	0	0	0	0		1	1	1		
			ZK6825GCRN2	—	天然气	GB 17691－2005 国Ⅴ，GB 11340－2005 GB 18285－2005	8230	2209	—	4200	12500	4100	0	0	0	0	0	0	0	0	0	0	0	0		8	0	0		

续表

企业名称	车辆品牌	车辆名称	车辆型号	底盘型号	燃料种类	排放标准	外形尺寸(mm) 长	宽	高	轴距(mm)	总质量(kg)	整备质量(kg)	2014年 1月	2月	3月	4月	5月	6月	7月	8月	9月	10月	11月	12月	小计(辆)	2015年 1月	2月	3月	小计(辆)	合计(辆)
同上	同上	同上	ZK6840CRN2	—	天然气	GB 17691－2005 国Ⅴ，GB 11340－2005 GB 18285－2005	8350	2450	—	4250	12700	4000	0	0	0	0	0	0	0	0	0	0	0	0		1	0	0		
			ZK6840CRNAA	—	天然气	GB 17691－2005 国Ⅳ，GB 11340－2005 GB 18285－2005	8350	2450	—	4250	12700	4000	0	0	0	0	0	0	0	0	0	0	0	0		0	1	0		
			ZK6889CRN2	—	天然气	GB 17691－2005 国Ⅴ，GB 11340－2005 GB 18285－2005	8770	2360	—	4300	14000	4800	0	0	0	0	0	0	0	0	0	0	0	0		0	0	3		
			ZK6889CRN2E	—	天然气	GB 17691－2005 国Ⅴ，GB 11340－2005 GB 18285－2005	8770	2360	—	4300	13700	4800	0	0	0	0	0	0	0	0	0	0	0	0		1	2	1		
		中小学生专用校车	ZK6109NX1	ZK6989CN1	天然气	GB 17691－2005 国Ⅴ，GB 11340－2005 GB 18285－2005	9995	2500	3200	5700	13500	10200	0	0	0	1	0	0	0	3	0	0	6	0		18	0	0		
			ZK6119NX1	ZK6119CN1	天然气	GB 17691－2005 国Ⅴ，GB 11340－2005 GB 18285－2005	10800	2500	3230	6300	13500	10400	0	0	0	1	0	0	0	0	0	1	0	2		0	0	0		
			ZK6859NX1	ZK6839CN1	天然气	GB 17691－2005 国Ⅴ，GB 11340－2005 GB 18285－2005	8530	2500	3190	4750	11000	8500	0	0	0	0	0	0	0	6	0	0	0	2		0	0	0		
			ZK6929NX1	ZK6909CN1	天然气	GB 17691－2005 国Ⅴ，GB 11340－2005 GB 18285－2005	9230	2500	3200	5450	11600	8950	0	0	0	0	0	0	0	0	20	0	16	0		0	6	0		
		小学生专用校车	ZK6102NX2	ZK6100CN1	天然气	GB 17691－2005 国Ⅳ，GB 11340－2005 GB 18285－2005	10130	2450	3185	5700	13000	9950	5	0	0	0	0	0	0	0	0	0	0	0		0	0	0		
			ZK6109NX2	ZK6989CN1	天然气	GB 17691－2005 国Ⅴ，GB 11340－2005 GB 18285－2005	9995	2500	3200	5700	13500	10200	0	0	0	0	0	0	0	0	0	0	1	0		0	0	0		
			ZK6809NX2	ZK6789CN1	天然气	GB 17691－2005 国Ⅴ，GB 11340－2005 GB 18285－2005	7995	2270	3065	4750	9600	7400	0	0	0	2	0	0	0	5	3	0	1	0		0	0	0		
			ZK6859NX2	ZK6839CN1	天然气	GB 17691－2005 国Ⅴ，GB 11340－2005 GB 18285－2005	8530	2500	3190	4750	11000	8200	0	0	0	0	0	0	0	0	0	0	0	0		0	1	0		
			ZK6929NX2	ZK6909CN1	天然气	GB 17691－2005 国Ⅴ，GB 11340－2005 GB 18285－2005	9230	2500	3200	5450	11600	8600	0	0	0	0	0	0	0	0	1	1	0	0		0	0	0		
		幼儿专用校车	ZK6809NX3	ZK6789CN1	天然气	GB 17691－2005 国Ⅴ，GB 11340－2005 GB 18285－2005	7995	2270	3065	4750	9600	7400	0	0	0	0	0	0	0	0	4	0	0	0		0	0	0		
		商务车	ZK5140XSW1	ZK6908HN2E	天然气	GB 17691－2005 国Ⅴ，GB 11340－2005 GB 18285－2005	8995	2500	3460	4300	13600	10400	0	0	1	0	0	0	0	0	0	0	0	0		0	0	0		
		双层城市客车	ZK6116HNGSAA	ZK6116GCRNAA	天然气	GB 17691－2005 国Ⅳ，GB 11340－2005 GB 18285－2005	11310	2550	4200	5500	18000	13320	10	0	0	0	0	0	0	0	0	0	0	6		0	0	0		
		铰接城市客车	ZK6180HNG2	承载式车身	天然气	GB 17691－2005 国Ⅴ，GB 11340－2005 GB 18285－2005	18000	2550	3360	5725＋6150	28000	18200	0	0	0	0	0	1	0	0	0	0	0	0		0	0	0		
					天然气	GB 17691－2005 国Ⅴ，GB 11340－2005 GB 18285－2005	18000	2550	3200	5725＋6150	28000	19000	0	0	0	0	0	0	14	12	0	0	0	0		0	0	0		

续表

企业名称	车辆品牌	车辆名称	车辆型号	底盘型号	燃料种类	排放标准	外形尺寸(mm)			轴距(mm)	总质量(kg)	整备质量(kg)	2014年													2015年				合计(辆)
							长	宽	高				1月	2月	3月	4月	5月	6月	7月	8月	9月	10月	11月	12月	小计(辆)	1月	2月	3月	小计(辆)	
厦门金龙联合汽车工业有限公司	金龙牌	城市客车	XMQ6106AGN5	XMQ6102GR7	天然气	GB 11340－2005，GB 18285－2005 GB 17691－2005 国Ⅴ	10480	2500	3370	5100	16350	10800	0	0	0	0	0	0	0	10	0	0	0	0	4287	0	0	0	0	4802
					天然气	GB 11340－2005，GB 18285－2005 GB 17691－2005 国Ⅴ	10480	2500	3190	5100	16350	11100	0	0	85	0	0	0	22	0	0	0	0	12		0	3	0		
					天然气	GB 11340－2005，GB 18285－2005 GB 17691－2005 国Ⅴ	10480	2500	3370	5100	16350	11400	20	0	10	65	72	40	0	42	13	12	0	20		30	0	0		
			XMQ6106BGN4	XMQ6102GR6	天然气	GB 11340－2005，GB 18285－2005 GB 17691－2005 国Ⅳ	10480	2500	3190	5100	16500	11200	0	0	0	0	0	50	0	0	50	0	0	0		0	0	0		
					天然气	GB 11340－2005，GB 18285－2005 GB 17691－2005 国Ⅳ	10480	2500	3040	5100	15500	10625	11	1	0	0	6	40	0	22	0	0	0	10		0	0	0		
			XMQ6106BGN5	承载式车身	天然气	GB 11340－2005，GB 18285－2005 GB 17691－2005 国Ⅴ	10480	2500	3190	5100	16000	10850	0	0	0	0	0	0	0	0	13	0	35	0		0	0	0		
					天然气	GB 11340－2005，GB 18285－2005 GB 17691－2005 国Ⅴ	10480	2500	3070	5100	16000	10850	0	0	0	0	0	0	0	0	0	0	0	89		0	0	0		
			XMQ6110AGN5	XMQ6103R3	天然气	GB 11340－2005，GB 18285－2005 GB 17691－2005 国Ⅴ	10600	2500	3300	5250	16500	10700	0	0	0	15	0	0	0	0	0	20	0	0		0	0	0		
			XMQ6119AGN4	XMQ6113GR7	天然气	GB 11340－2005，GB 18285－2005 GB 17691－2005 国Ⅳ	11490	2550	3160	5700	16500	11400	15	0	0	0	0	0	0	0	0	0	0	40		0	0	0		
			XMQ6119AGN5	XMQ6113GR8	天然气	GB 11340－2005，GB 18285－2005 GB 17691－2005 国Ⅴ	11490	2550	3370	5700	16500	11900	0	0	20	4	24	0	0	0	0	0	0	103		0	0	0		
			XMQ6119BGN5	承载式车身	天然气	GB 11340－2005，GB 18285－2005 GB 17691－2005 国Ⅴ	11490	2550	3190	5700	16500	11350	0	0	0	0	0	0	0	0	0	0	0	0		20	0	0		
			XMQ6127AGN4	XMQ6121GR11	天然气	GB 11340－2005，GB 18285－2005 GB 17691－2005 国Ⅳ	11980	2550	3070	6000	18000	12000	1	0	0	0	0	0	0	0	0	0	1	0		0	0	0		
			XMQ6127AGN5	XMQ6121GR12	天然气	GB 11340－2005，GB 18285－2005 GB 17691－2005 国Ⅴ	11980	2550	3190	6000	18000	12200	0	0	0	0	169	11	25	0	0	0	0	0		0	0	0		
					天然气	GB 11340－2005，GB 18285－2005 GB 17691－2005 国Ⅴ	11980	2550	3190	6000	18000	12200	0	0	0	132	62	0	0	30	0	0	40	0		0	0	0		
			XMQ6127BGN5	承载式车身	天然气	GB 11340－2005，GB 18285－2005 GB 17691－2005 国Ⅴ	11980	2550	3070	6000	18000	11650	0	0	0	0	0	0	0	0	0	0	0	50		0	0	0		
					天然气	GB 11340－2005，GB 18285－2005 GB 17691－2005 国Ⅴ	11980	2550	3190	6000	18000	11650	0	15	0	24	0	0	0	0	0	0	0	0		0	0	0		
					天然气	GB 11340－2005，GB 18285－2005 GB 17691－2005 国Ⅴ	11980	2550	3190	6000	18000	11650	0	0	0	0	0	0	152	0	0	0	0	0		0	0	0		
			XMQ6608AGN5	XMQ6570NR	天然气	GB 11340－2005，GB 18285－2005 GB 17691－2005 国Ⅴ	5995	2270	2910	3100	6600	4500	0	0	0	0	0	0	0	20	0	0	20	0		0	0	0		

续表

企业名称	车辆品牌	车辆名称	车辆型号	底盘型号	燃料种类	排放标准	外形尺寸(mm) 长	宽	高	轴距(mm)	总质量(kg)	整备质量(kg)	2014年 1月	2月	3月	4月	5月	6月	7月	8月	9月	10月	11月	12月	小计(辆)	2015年 1月	2月	3月	小计(辆)	合计(辆)
同上	同上	同上	XMQ6608AGN51	XMQ6570NR	天然气	GB 11340－2005，GB 18285－2005 GB 17691－2005 国Ⅴ	5995	2270	3010	3100	6600	5050	0	0	0	0	0	0	0	0	0	0	20	0		20	0	0		
			XMQ6608AGN51	XMQ6570NR	天然气	GB 11340－2005，GB 18285－2005 GB 17691－2005 国Ⅴ	5995	2270	3010	3100	6600	4800	0	0	0	0	0	0	0	0	0	0	0	77		0	0	0		
			XMQ6668AGN5	XMQ6570NR	天然气	GB 11340－2005，GB 18285－2005 GB 17691－2005 国Ⅴ	6630	2270	2910	3308	6600	4650	0	0	0	0	0	0	0	0	0	13	0	6		0	0	0		
			XMQ6770AGN4	XMQ6740GR2	天然气	GB 11340－2005，GB 18285－2005 GB 17691－2005 国Ⅳ	7700	2350	3220	3780	10500	7370	0	12	0	0	15	0	0	10	0	0	0	0		0	0	0		
			XMQ6770AGN5	XMQ6740GR3	天然气	GB 11340－2005，GB 18285－2005 GB 17691－2005 国Ⅴ	7700	2350	3000	3780	10500	7370	0	0	0	15	20	0	0	0	0	0	0	10		0	0	0		
			XMQ6770AGN5	XMQ6740GR3	天然气	GB 11340－2005，GB 18285－2005 GB 17691－2005 国Ⅴ	7700	2350	3000	3780	10500	7370	0	0	0	0	0	0	0	12	0	23	20	82		0	6	0		
			XMQ6801AGN4	XMQ6770GR2	天然气	GB 11340－2005，GB 18285－2005 GB 17691－2005 国Ⅳ	7990	2450	3370	3750	11500	7500	20	0	0	0	10	0	0	0	0	0	0	0		0	0	0		
			XMQ6801AGN4	XMQ6770GR2	天然气	GB 11340－2005，GB 18285－2005 GB 17691－2005 国Ⅳ	7990	2450	3080	3750	11500	7500	0	0	0	0	0	0	0	0	0	0	0	9		0	0	0		
			XMQ6801AGN5	XMQ6770GR3	天然气	GB 11340－2005，GB 18285－2005 GB 17691－2005 国Ⅴ	7990	2450	3080	3750	11500	7500	14	0	0	0	20	0	0	0	0	0	0	0		18	0	0		
			XMQ6850AGN5	XMQ6821GR5	天然气	GB 11340－2005，GB 18285－2005 GB 17691－2005 国Ⅴ	8490	2450	3080	4250	12200	9300	0	0	105	0	0	0	10	10	0	0	0	0		0	0	0		
			XMQ6850AGN5	XMQ6821GR5	天然气	GB 11340－2005，GB 18285－2005 GB 17691－2005 国Ⅴ	8490	2450	3080	4250	12200	9300	36	0	0	0	90	16	126	161	53	70	30	57		6	15	0		
			XMQ6850BGN4	XMQ6821GR4	天然气	GB 11340－2005，GB 18285－2005 GB 17691－2005 国Ⅳ	8490	2450	3080	4250	12200	8200	0	0	34	33	0	5	0	20	0	10	10	4		8	11	0		
			XMQ6900AGN4	XMQ6870GR4	天然气	GB 11340－2005，GB 18285－2005 GB 17691－2005 国Ⅳ	8990	2450	3100	4250	13000	8700	0	0	0	0	0	0	0	0	0	0	0	16		0	0	0		
			XMQ6900AGN5	XMQ6870GR5	天然气	GB 11340－2005，GB 18285－2005 GB 17691－2005 国Ⅴ	8990	2450	3100	4250	13200	9100	0	0	0	0	0	0	0	0	0	0	0	0		0	20	0		
			XMQ6900AGN5	XMQ6870GR5	天然气	GB 11340－2005，GB 18285－2005 GB 17691－2005 国Ⅴ	8990	2450	3100	4250	13200	9100	0	0	0	0	0	0	0	0	0	0	0	0		0	0	5		
			XMQ6900AGN5	XMQ6870GR5	天然气	GB 11340－2005，GB 18285－2005 GB 17691－2005 国Ⅴ	8990	2450	3370	4250	13200	9100	0	0	0	18	0	9	0	9	0	0	0	0		180	0	0		
			XMQ6900AGN5	XMQ6870GR5	天然气	GB 11340－2005，GB 18285－2005 GB 17691－2005 国Ⅴ	8990	2450	3370	4250	13200	9100	0	0	0	0	12	0	0	0	0	0	4	65		0	0	45		
			XMQ6931AGN4	XMQ6900GR4	天然气	GB 11340－2005，GB 18285－2005 GB 17691－2005 国Ⅳ	9300	2450	3050	4460	13200	9100	2	0	0	0	0	2	0	0	0	0	0	0		0	0	0		

续表

企业名称	车辆品牌	车辆名称	车辆型号	底盘型号	燃料种类	排放标准	外形尺寸(mm)			轴距(mm)	总质量(kg)	整备质量(kg)	2014年													2015年				合计(辆)
							长	宽	高				1月	2月	3月	4月	5月	6月	7月	8月	9月	10月	11月	12月	小计(辆)	1月	2月	3月	小计(辆)	
同上	同上	同上	XMQ6931AGN4	XMQ6900GR4	天然气	GB 11340－2005，GB 18285－2005 GB 17691－2005 国Ⅳ	9300	2450	3050	4460	13200	9100	0	0	0	10	0	0	0	0	0	0	0	0		0	0	0		
			XMQ6931AGN5	XMQ6900GR5	天然气	GB 11340－2005，GB 18285－2005 GB 17691－2005 国Ⅴ	9300	2450	3100	4460	13200	9300	21	0	7	14	82	50	30	23	32	36	89	10		8	0	0		
		客车	XMQ6101AYN4C	XMQ6100R3	天然气	GB 11340－2005，GB 18285－2005 GB 17691－2005 国Ⅳ	10490	2480	3650	5450	15900	11700	0	0	0	0	1	4	0	0	0	0	0	0		0	0	0		
			XMQ6101AYN5C	XMQ6100R4	天然气	GB 11340－2005，GB 18285－2005 GB 17691－2005 国Ⅴ	10490	2480	3650	5450	15900	11700	0	0	4	0	0	0	0	1	0	0	0	2		10	0	0		
			XMQ6101AYN5D	XMQ6100R4	天然气	GB 11340－2005，GB 18285－2005 GB 17691－2005 国Ⅴ	10490	2480	3404	5450	15900	11700	0	0	0	0	0	0	0	12	0	0	0	0		0	0	0		
			XMQ6110ACN4D	XMQ6103R2	天然气	GB 11340－2005，GB 18285－2005 GB 17691－2005 国Ⅳ	10600	2500	3300	5250	16500	10700	0	0	0	3	0	0	0	1	0	0	6	1		0	0	0		
			XMQ6113AYN4C	XMQ6116R2	天然气	GB 11340－2005，GB 18285－2005 GB 17691－2005 国Ⅳ	10950	2500	3580	5550	16000	12000	0	0	0	0	1	2	0	0	4	0	0	1		0	0	0		
					天然气	GB 11340－2005，GB 18285－2005 GB 17691－2005 国Ⅳ	10950	2500	3580	5550	16000	12000	0	0	1	3	0	0	0	2	0	0	0	0		0	0	0		
			XMQ6113AYN4D	XMQ6116R2	天然气	GB 11340－2005，GB 18285－2005 GB 17691－2005 国Ⅳ	10950	2500	3580	5550	16500	12000	0	0	0	8	0	0	0	0	0	0	0	0		0	0	0		
					天然气	GB 11340－2005，GB 18285－2005 GB 17691－2005 国Ⅳ	10950	2500	3580	5550	16500	12000	0	0	0	0	0	0	0	0	0	1	0	0		0	0	0		
			XMQ6113AYN5C	XMQ6116R3	天然气	GB 11340－2005，GB 18285－2005 GB 17691－2005 国Ⅴ	10950	2500	3580	5550	16500	12300	7	0	0	0	0	0	0	8	7	0	9	0		0	1	0		
			XMQ6113AYN5C	XMQ6116R3	天然气	GB 11340－2005，GB 18285－2005 GB 17691－2005 国Ⅴ	10950	2500	3580	5550	16500	12300	2	0	0	0	0	4	5	0	1	0	4	0		3	0	0		
			XMQ6113AYN5D	XMQ6116R3	天然气	GB 11340－2005，GB 18285－2005 GB 17691－2005 国Ⅴ	10950	2500	3580	5550	16500	12300	0	0	0	0	0	0	0	0	0	1	0	0		0	0	0		
			XMQ6113BYN4D	—	天然气	GB 11340－2005，GB 18285－2005 GB 17691－2005 国Ⅳ	10950	2500	3580	5550	16500	12000	0	0	0	0	0	0	0	0	0	1	0	0		0	0	0		
			XMQ6113BYN5B	—	天然气	GB 11340－2005，GB 18285－2005 GB 17691－2005 国Ⅴ	10990	2500	3580	5450	16350	12300	0	0	0	1	0	0	0	1	1	0	1	0		0	0	0		
			XMQ6115AYN4C	—	天然气	GB 11340－2005，GB 18285－2005 GB 17691－2005 国Ⅳ	11500	2550	3670	5500	16900	12350	1	0	0	0	0	0	0	0	0	0	0	0		0	0	0		
			XMQ6115AYN4D	—	天然气	GB 11340－2005，GB 18285－2005 GB 17691－2005 国Ⅳ	11500	2550	3670	5500	16900	12350	0	0	0	10	0	0	0	0	0	0	0	0		0	0	0		
			XMQ6115AYN5C	—	天然气	GB 11340－2005，GB 18285－2005 GB 17691－2005 国Ⅴ	11500	2550	3670	5500	17150	13010	0	0	0	0	7	1	0	1	0	0	5	3		4	0	0		

续表

企业名称	车辆品牌	车辆名称	车辆型号	底盘型号	燃料种类	排放标准	外形尺寸(mm)			轴距(mm)	总质量(kg)	整备质量(kg)	2014年													2015年				合计(辆)
							长	宽	高				1月	2月	3月	4月	5月	6月	7月	8月	9月	10月	11月	12月	小计(辆)	1月	2月	3月	小计(辆)	
同上	同上	同上	XMQ6117AYN4C	XMQ6102R4	天然气	GB 11340－2005，GB 18285－2005 GB 17691－2005 国Ⅳ	10600	2480	3520	5250	16200	11800	0	0	0	0	0	12	0	0	0	0	2	1		0	0	0		
			XMQ6117AYN5C	XMQ6102R5	天然气	GB 11340－2005，GB 18285－2005 GB 17691－2005 国Ⅴ	10600	2480	3750	5250	15900	11680	0	0	0	0	1	7	0	0	0	0	0	0		2	0	0		
					天然气	GB 11340－2005，GB 18285－2005 GB 17691－2005 国Ⅴ	10600	2480	3520	5250	15900	11680	0	0	0	0	0	4	0	0	3	1	0	1		0	0	0		
			XMQ6117AYN5D	XMQ6102R5	天然气	GB 11340－2005，GB 18285－2005 GB 17691－2005 国Ⅴ	10600	2480	3520	5250	15900	11680	0	0	0	2	0	0	0	0	0	1	0	0		0	0	0		
			XMQ6120BCN5D	承载式车身	天然气	GB 11340－2005，GB 18285－2005 GB 17691－2005 国Ⅴ	12000	2550	3400	6000	18000	12300	0	0	0	0	0	0	0	0	0	0	0	3		0	0	0		
					天然气	GB 11340－2005，GB 18285－2005 GB 17691－2005 国Ⅴ	12000	2550	3400	6000	18000	13710	0	0	0	0	0	23	0	1	0	1	0	2		0	0	0		
			XMQ6125AYN5C	承载式车身	天然气	GB 11340－2005，GB 18285－2005 GB 17691－2005 国Ⅴ	12000	2550	3820	6000	18000	13550	1	0	0	0	0	0	4	0	0	0	0	0		0	0	0		
			XMQ6125BYN4C	承载式车身	天然气	GB 11340－2005，GB 18285－2005 GB 17691－2005 国Ⅳ	12000	2550	3670	6000	18000	13000	0	0	0	2	0	0	0	0	0	1	1	0		0	0	0		
			XMQ6125CYN5C	承载式车身	天然气	GB 11340－2005，GB 18285－2005 GB 17691－2005 国Ⅴ	12000	2550	3900	6000	18000	13160	0	0	0	0	0	0	0	0	0	0	3	0		0	0	0		
					天然气	GB 11340－2005，GB 18285－2005 GB 17691－2005 国Ⅴ	12000	2550	3900	6000	18000	13160	0	0	0	0	0	0	0	1	5	0	0	0		3	0	0		
			XMQ6128DYN4C	承载式车身	天然气	GB 11340－2005，GB 18285－2005 GB 17691－2005 国Ⅳ	12000	2550	3850	6000	18000	13710	0	0	0	0	2	0	0	0	0	0	0	0		0	0	0		
					天然气	GB 11340－2005，GB 18285－2005 GB 17691－2005 国Ⅳ	12000	2550	3850	6000	18000	13710	0	0	0	0	0	0	1	0	0	0	0	0		0	0	0		
			XMQ6128DYN5C	承载式车身	天然气	GB 11340－2005，GB 18285－2005 GB 17691－2005 国Ⅴ	12000	2550	3870	6000	18000	13710	0	0	30	0	0	0	0	0	0	0	0	0		0	0	0		
					天然气	GB 11340－2005，GB 18285－2005 GB 17691－2005 国Ⅴ	12000	2550	3870	6000	18000	13710	0	0	0	0	0	0	11	0	0	0	0	0		0	0	0		
			XMQ6129CYN4B	承载式车身	天然气	GB 11340－2005，GB 18285－2005 GB 17691－2005 国Ⅳ	12000	2550	3940	6000	18000	13850	0	0	0	1	0	0	0	0	0	0	0	0		1	0	0		
			XMQ6129CYN4C	承载式车身	天然气	GB 11340－2005，GB 18285－2005 GB 17691－2005 国Ⅳ	12000	2550	3940	6000	18000	13550	0	0	0	2	0	0	0	0	2	0	0	0		0	0	0		
					天然气	GB 11340－2005，GB 18285－2005 GB 17691－2005 国Ⅳ	12000	2550	3940	6000	18000	13550	0	0	0	0	0	0	0	0	0	0	1	0		0	0	0		
			XMQ6129CYN5A	承载式车身	天然气	GB 11340－2005，GB 18285－2005 GB 17691－2005 国Ⅴ	12000	2550	3940	6000	18000	14178	0	0	0	0	0	0	0	0	0	0	0	0		3	0	0		

续表

企业名称	车辆品牌	车辆名称	车辆型号	底盘型号	燃料种类	排放标准	外形尺寸(mm)			轴距(mm)	总质量(kg)	整备质量(kg)	2014年													2015年				合计(辆)
							长	宽	高				1月	2月	3月	4月	5月	6月	7月	8月	9月	10月	11月	12月	小计(辆)	1月	2月	3月	小计(辆)	
同上	同上	同上	XMQ6129CYN5B	承载式车身	天然气	GB 11340－2005，GB 18285－2005 GB 17691－2005 国Ⅴ	12000	2550	3940	6000	18000	14000	0	0	0	0	0	0	0	1	0	0	0	0		0	0	0		
			XMQ6129CYN5C	承载式车身	天然气	GB 11340－2005，GB 18285－2005 GB 17691－2005 国Ⅴ	12000	2550	3940	6000	18000	13550	0	0	0	1	1	0	0	0	1	0	0	0		0	0	0		
					天然气	GB 11340－2005，GB 18285－2005 GB 17691－2005 国Ⅴ	12000	2550	3940	6000	18000	13550	0	0	0	0	0	0	0	0	0	0	0	0		1	0	0		
					天然气	GB 11340－2005，GB 18285－2005 GB 17691－2005 国Ⅴ	12000	2550	3940	6000	18000	13550	0	0	0	0	0	0	0	2	0	0	0	0		12	0	0		
			XMQ6129FYN4B	承载式车身	天然气	GB 11340－2005，GB 18285－2005 GB 17691－2005 国Ⅳ	12000	2550	3940	6000	18000	13240	0	0	0	0	0	0	0	0	0	1	0	0		0	0	0		
					天然气	GB 11340－2005，GB 18285－2005 GB 17691－2005 国Ⅳ	12000	2550	3940	6000	18000	13240	0	0	0	1	1	0	0	0	0	0	0	1		0	0	0		
			XMQ6129FYN4C	承载式车身	天然气	GB 11340－2005，GB 18285－2005 GB 17691－2005 国Ⅳ	12000	2550	3940	6000	18000	13240	3	0	0	0	0	0	0	0	0	0	20	0		0	0	0		
					天然气	GB 11340－2005，GB 18285－2005 GB 17691－2005 国Ⅳ	12000	2550	3940	6000	18000	13240	1	0	0	0	0	0	0	0	0	0	1	0		0	0	0		
					天然气	GB 11340－2005，GB 18285－2005 GB 17691－2005 国Ⅳ	12000	2550	3940	6000	18000	13240	0	0	0	1	0	0	0	1	0	0	0	0		0	0	0		
					天然气	GB 11340－2005，GB 18285－2005 GB 17691－2005 国Ⅳ	12000	2550	3940	6000	18000	13240	0	0	0	0	0	0	0	2	0	1	1	1		0	0	0		
			XMQ6129FYN5A	承载式车身	天然气	GB 11340－2005，GB 18285－2005 GB 17691－2005 国Ⅴ	12000	2550	3940	6000	18000	13710	0	0	0	1	0	0	0	0	0	0	0	0		0	0	0		
			XMQ6129FYN5B	承载式车身	天然气	GB 11340－2005，GB 18285－2005 GB 17691－2005 国Ⅴ	12000	2550	3940	6000	18000	13710	1	0	0	0	0	0	0	0	0	0	0	0		0	0	0		
					天然气	GB 11340－2005，GB 18285－2005 GB 17691－2005 国Ⅴ	12000	2550	3940	6000	18000	13710	0	0	0	0	0	0	0	0	0	0	2	0		0	0	0		
					天然气	GB 11340－2005，GB 18285－2005 GB 17691－2005 国Ⅴ	12000	2550	3940	6000	18000	13710	0	0	0	0	0	0	1	0	1	0	0	0		0	0	0		
			XMQ6129FYN5C	承载式车身	天然气	GB 11340－2005，GB 18285－2005 GB 17691－2005 国Ⅴ	12000	2550	3940	6000	18000	13240	0	0	0	0	3	1	0	0	1	1	0	4		0	0	0		
					天然气	GB 11340－2005，GB 18285－2005 GB 17691－2005 国Ⅴ	12000	2550	3940	6000	18000	13240	0	0	1	7	1	0	0	0	0	0	2	1		3	0	0		
					天然气	GB 11340－2005，GB 18285－2005 GB 17691－2005 国Ⅴ	12000	2550	3940	6000	18000	13240	0	0	0	0	0	0	1	0	4	2	1	0		3	0	0		
			XMQ6129HYN4B	承载式车身	天然气	GB 11340－2005，GB 18285－2005 GB 17691－2005 国Ⅳ	11950	2550	3690	6000	18000	13700	0	0	0	0	0	0	0	0	0	0	1	0		0	0	0		

续表

企业名称	车辆品牌	车辆名称	车辆型号	底盘型号	燃料种类	排放标准	外形尺寸(mm)			轴距(mm)	总质量(kg)	整备质量(kg)	2014年													2015年				合计(辆)
							长	宽	高				1月	2月	3月	4月	5月	6月	7月	8月	9月	10月	11月	12月	小计(辆)	1月	2月	3月	小计(辆)	
同上	同上	同上	XMQ6129HYN4C	承载式车身	天然气	GB 11340－2005，GB 18285－2005 GB 17691－2005 国Ⅳ	11950	2550	3690	6000	18000	13710	2	0	0	0	0	1	0	0	0	0	0	1		0	0	0		
					天然气	GB 11340－2005，GB 18285－2005 GB 17691－2005 国Ⅳ	11950	2550	3690	6000	18000	13710	0	0	1	2	0	0	0	0	0	0	0	0		0	0	0		
			XMQ6129HYN5B	承载式车身	天然气	GB 11340－2005，GB 18285－2005 GB 17691－2005 国Ⅴ	12000	2550	3690	6000	18000	14000	0	0	0	0	0	0	0	0	0	12	0	0		0	0	0		
					天然气	GB 11340－2005，GB 18285－2005 GB 17691－2005 国Ⅴ	12000	2550	3690	6000	18000	14000	0	0	0	0	0	0	0	0	0	2	0	0		0	0	0		
			XMQ6129HYN5C	承载式车身	天然气	GB 11340－2005，GB 18285－2005 GB 17691－2005 国Ⅴ	12000	2550	3690	6000	18000	13710	0	0	0	0	0	0	3	1	0	0	0	0		0	0	0		
					天然气	GB 11340－2005，GB 18285－2005 GB 17691－2005 国Ⅴ	12000	2550	3690	6000	18000	13710	0	0	0	1	0	0	0	1	0	1	0	0		0	0	0		
			XMQ6129HYN5D	承载式车身	天然气	GB 11340－2005，GB 18285－2005 GB 17691－2005 国Ⅴ	12000	2550	3690	6000	18000	13710	0	0	0	3	0	1	0	0	1	0	0	0		2	0	0		
			XMQ6608AYN4D	HFC6570NY1F	天然气	GB 11340－2005，GB 18285－2005 GB 17691－2005 国Ⅳ	5995	2270	2910	3308	5900	4300	7	0	0	0	0	0	0	0	0	0	0	0		0	0	0		
			XMQ6608AYN5D	XMQ6570NR	天然气	GB 11340－2005，GB 18285－2005 GB 17691－2005 国Ⅴ	5995	2270	2910	3308	6000	4500	0	0	0	0	0	0	0	0	9	0	0	0		0	0	1		
			XMQ6759AYN4C	XMQ6730R4	天然气	GB 11340－2005，GB 18285－2005 GB 17691－2005 国Ⅳ	7495	2480	3337	3500	10200	7600	10	0	0	0	0	0	0	0	0	0	0	0		0	0	0		
			XMQ6759AYN5C	XMQ6730R5	天然气	GB 11340－2005，GB 18285－2005 GB 17691－2005 国Ⅴ	7495	2480	3337	3500	10200	7600	0	0	0	0	0	0	1	4	1	0	0	3		0	0	0		
			XMQ6759AYN5D	XMQ6730R5	天然气	GB 11340－2005，GB 18285－2005 GB 17691－2005 国Ⅴ	7495	2480	3337	3500	10200	7600	0	0	10	0	0	0	1	0	0	0	0	0		0	0	0		
			XMQ6802AYN4D	XMQ6780R4	天然气	GB 11340－2005，GB 18285－2005 GB 17691－2005 国Ⅳ	8045	2480	3356	3850	10600	7850	2	0	0	0	0	0	0	0	0	0	0	0		0	0	0		
					天然气	GB 11340－2005，GB 18285－2005 GB 17691－2005 国Ⅳ	8045	2480	3356	3850	10600	7850	1	0	3	1	0	4	0	2	0	0	0	0		0	0	0		
			XMQ6802AYN5C	XMQ6780R5	天然气	GB 11340－2005，GB 18285－2005 GB 17691－2005 国Ⅴ	8045	2480	3356	3850	10700	8130	0	0	0	3	0	0	0	1	0	0	0	0		0	0	0		
					天然气	GB 11340－2005，GB 18285－2005 GB 17691－2005 国Ⅴ	8045	2480	3356	3850	10700	8130	0	0	0	0	7	0	11	7	5	2	7	7		2	1	0		
			XMQ6802AYN5D	XMQ6780R5	天然气	GB 11340－2005，GB 18285－2005 GB 17691－2005 国Ⅴ	8045	2480	3356	3850	10700	8130	0	0	0	35	0	1	0	0	0	2	2	4		0	0	0		
			XMQ6821CYN5C1	承载式车身	天然气	GB 11340－2005，GB 18285－2005 GB 17691－2005 国Ⅴ	8210	2500	3375	3850	10750	8900	0	0	0	0	0	0	0	0	6	0	0	0		0	0	0		

续表

企业名称	车辆品牌	车辆名称	车辆型号	底盘型号	燃料种类	排放标准	外形尺寸(mm)			轴距(mm)	总质量(kg)	整备质量(kg)	2014年													2015年				合计(辆)
							长	宽	高				1月	2月	3月	4月	5月	6月	7月	8月	9月	10月	11月	12月	小计(辆)	1月	2月	3月	小计(辆)	
同上	同上	同上	XMQ6859AYN4B	XMQ6830R4	天然气	GB 11340－2005，GB 18285－2005 GB 17691－2005 国Ⅳ	8495	2480	3388	4020	10900	8000	0	0	0	0	1	0	0	0	0	0	0	0		0	0	0		
			XMQ6859AYN4C	XMQ6830R4	天然气	GB 11340－2005，GB 18285－2005 GB 17691－2005 国Ⅳ	8495	2480	3388	4020	11900	9000	5	0	1	1	1	0	0	0	2	0	0	0		0	0	0		
			XMQ6859AYN5C	XMQ6820R5	天然气	GB 11340－2005，GB 18285－2005 GB 17691－2005 国Ⅴ	8545	2480	3388	4100	11600	8700	4	0	0	0	2	7	2	6	0	10	0	5		2	2	0		
			XMQ6859AYN5D	XMQ6820R5	天然气	GB 11340－2005，GB 18285－2005 GB 17691－2005 国Ⅴ	8545	2480	3630	4100	11600	8700	0	0	0	0	1	0	0	0	0	1	0	0		0	0	0		
			XMQ6879AYN4B	XMQ6850R4	天然气	GB 11340－2005，GB 18285－2005 GB 17691－2005 国Ⅳ	8745	2480	3388	4170	11070	8190	0	0	0	0	1	0	0	0	0	0	0	0		0	0	10		
			XMQ6879AYN4C	XMQ6850R4	天然气	GB 11340－2005，GB 18285－2005 GB 17691－2005 国Ⅳ	8745	2480	3388	4170	11500	8200	1	0	0	0	7	10	0	0	2	0	0	0		0	0	0		
			XMQ6879AYN4D	XMQ6850R4	天然气	GB 11340－2005，GB 18285－2005 GB 17691－2005 国Ⅳ	8745	2480	3388	4170	11500	8200	4	0	1	0	0	0	0	0	0	0	0	0		0	1	0		
			XMQ6879AYN5C	XMQ6850R5	天然气	GB 11340－2005，GB 18285－2005 GB 17691－2005 国Ⅴ	8745	2480	3388	4170	12200	9100	0	0	0	2	0	0	0	1	0	0	1	1		0	0	0		
			XMQ6879AYN5D	XMQ6850R5	天然气	GB 11340－2005，GB 18285－2005 GB 17691－2005 国Ⅴ	8745	2480	3388	4170	12200	9100	0	0	0	0	0	0	0	0	0	0	0	0		1	1	0		
			XMQ6898AYN4B	XMQ6870R4	天然气	GB 11340－2005，GB 18285－2005 GB 17691－2005 国Ⅳ	8945	2480	3382	4300	11990	8790	0	0	3	0	3	0	0	0	3	0	0	0		0	0	0		
					天然气	GB 11340－2005，GB 18285－2005 GB 17691－2005 国Ⅳ	8945	2480	3382	4300	11990	8790	0	0	0	0	0	0	0	0	0	0	1	0		0	0	0		
			XMQ6898AYN4C	XMQ6870R4	天然气	GB 11340－2005，GB 18285－2005 GB 17691－2005 国Ⅳ	8945	2480	3630	4300	12960	9760	0	0	0	0	1	1	0	0	3	0	0	0		0	0	0		
			XMQ6898AYN5C	XMQ6870R5	天然气	GB 11340－2005，GB 18285－2005 GB 17691－2005 国Ⅴ	8945	2480	3382	4300	12960	9760	1	0	0	0	0	0	0	2	0	0	0	0		1	0	0		
					天然气	GB 11340－2005，GB 18285－2005 GB 17691－2005 国Ⅴ	8945	2480	3382	4300	12960	9760	0	0	0	0	0	1	0	0	1	0	0	0		0	0	1		
			XMQ6898AYN5D	XMQ6870R5	天然气	GB 11340－2005，GB 18285－2005 GB 17691－2005 国Ⅴ	8945	2480	3630	4300	12960	9760	0	0	0	0	1	0	10	0	0	0	0	0		0	0	0		
					天然气	GB 11340－2005，GB 18285－2005 GB 17691－2005 国Ⅴ	8945	2480	3382	4300	12960	9760	0	0	0	0	0	0	0	0	0	0	0	0		0	0	1		
			XMQ6900AYN4C	XMQ6890R3	天然气	GB 11340－2005，GB 18285－2005 GB 17691－2005 国Ⅳ	8995	2480	3435	4300	12960	9760	0	0	0	4	0	0	0	0	0	0	0	0		0	0	0		
			XMQ6901AYN5B	承载式车身	天然气	GB 11340－2005，GB 18285－2005 GB 17691－2005 国Ⅴ	8995	2500	3395	4300	13630	10400	0	0	0	0	0	0	0	0	0	0	12	1		8	0	0		

续表

企业名称	车辆品牌	车辆名称	车辆型号	底盘型号	燃料种类	排放标准	外形尺寸(mm) 长	宽	高	轴距(mm)	总质量(kg)	整备质量(kg)	2014年 1月	2月	3月	4月	5月	6月	7月	8月	9月	10月	11月	12月	小计(辆)	2015年 1月	2月	3月	小计(辆)	合计(辆)
同上	同上	同上	XMQ6901AYN5C	承载式车身	天然气	GB 11340－2005，GB 18285－2005 GB 17691－2005 国Ⅴ	8995	2500	3395	4300	14000	10300	0	0	0	0	9	0	0	0	1	0	5	0		9	0	5		
			XMQ6901AYN5D	承载式车身	天然气	GB 11340－2005，GB 18285－2005 GB 17691－2005 国Ⅴ	8995	2500	3395	4300	14000	10300	0	0	0	0	1	0	0	10	0	0	0	0		1	0	0		
			XMQ6998AYN4C	XMQ6970R3	天然气	GB 11340－2005，GB 18285－2005 GB 17691－2005 国Ⅳ	9895	2480	3404	5000	14000	10150	0	0	0	5	0	0	0	0	2	0	0	1		0	0	0		
			XMQ6998AYN5C	XMQ6970R4	天然气	GB 11340－2005，GB 18285－2005 GB 17691－2005 国Ⅴ	9895	2480	3404	5000	14000	10490	1	0	0	0	0	0	2	0	0	0	0	0		0	0	0		
					天然气	GB 11340－2005，GB 18285－2005 GB 17691－2005 国Ⅴ	9895	2480	3404	5000	14000	10490	0	0	0	0	1	0	0	0	0	0	0	0		0	0	0		
		客车底盘	XMQ6116R3	—	天然气	GB 11340－2005，GB 18285－2005 GB 17691－2005 国Ⅴ	10630	2470	—	5550	16500	5880	0	0	0	0	0	0	0	0	0	0	0	0		1	0	0		
					天然气	GB 11340－2005，GB 18285－2005 GB 17691－2005 国Ⅴ	10630	2470	—	5550	16500	5880	0	0	0	0	0	0	0	0	0	0	0	0		0	1	0		
			XMQ6820R5	—	天然气	GB 11340－2005，GB 18285－2005 GB 17691－2005 国Ⅴ	8240	2316	—	4100	12200	3900	0	0	0	0	0	0	0	0	0	0	0	0		1	0	0		
			XMQ6850R4	—	天然气	GB 11340－2005，GB 18285－2005 GB 17691－2005 国Ⅳ	8545	2350	—	4170	11070	3850	0	0	0	0	0	0	0	0	0	0	0	0		0	0	10		
			XMQ6850R5	—	天然气	GB 11340－2005，GB 18285－2005 GB 17691－2005 国Ⅴ	8545	2350	—	4170	12200	3950	0	0	0	0	0	0	0	0	0	0	0	0		0	1	0		
			XMQ6870R5	—	天然气	GB 11340－2005，GB 18285－2005 GB 17691－2005 国Ⅴ	8735	2380	—	4300	12960	4000	0	0	0	0	0	0	0	0	0	0	0	0		0	0	1		
		双层城市客车	XMQ6111SGN5	承载式车身	天然气	GB 11340－2005，GB 18285－2005 GB 17691－2005 国Ⅴ	11330	2550	4130	5500	18000	13350	0	0	0	0	0	0	0	0	0	0	0	1		0	10	0		
		铰接城市客车	XMQ6180AGN5	承载式车身	天然气	GB 11340－2005，GB 18285－2005 GB 17691－2005 国Ⅴ	17900	2550	3200	5800＋6000	28000	18200	0	0	0	0	0	5	0	0	0	0	0	0		0	0	0		
金龙联合汽车工业（苏州）有限公司	海格牌	城市客车	KLQ6109GAC5	承载式车身	天然气	GB 11340－2005，GB 18285－2005 GB 17691－2005 国Ⅴ	10490	2480	3180	5100	16000	11980	0	0	0	0	30	100	0	0	0	0	0	0	3561	0	0	0	428	3989
					天然气	GB 11340－2005，GB 18285－2005 GB 17691－2005 国Ⅴ	10490	2480	3180	5100	16000	11980	0	0	0	0	0	0	0	5	0	0	0	0		0	0	0		
					天然气	GB 11340－2005，GB 18285－2005 GB 17691－2005 国Ⅴ	10490	2480	3180	5100	16000	11980	13	0	1	4	0	11	85	150	68	23	0	0		1	0	0		
					天然气	GB 11340－2005，GB 18285－2005 GB 17691－2005 国Ⅴ	10490	2480	3490	5100	16000	11300	0	0	0	41	0	33	0	0	0	0	0	0		0	0	0		
			KLQ6109GCE4	KLQ6101GCE4	天然气	GB 17691－2005 国Ⅳ，GB 11340－2005 GB 18285－2005	10490	2480	3200	5100	15500	10500	0	0	0	5	0	0	0	0	0	0	0	0		0	0	0		

续表

企业名称	车辆品牌	车辆名称	车辆型号	底盘型号	燃料种类	排放标准	外形尺寸(mm)			轴距(mm)	总质量(kg)	整备质量(kg)	2014年													2015年				合计(辆)
							长	宽	高				1月	2月	3月	4月	5月	6月	7月	8月	9月	10月	11月	12月	小计(辆)	1月	2月	3月	小计(辆)	
同上	同上	同上	KLQ6109GCE4	KLQ6101GCE4	天然气	GB 17691－2005 国Ⅳ，GB 11340－2005 GB 18285－2005	10490	2480	3200	5100	15500	12050	24	0	0	0	19	0	0	0	27	0	0	0		0	0	0		
					天然气	GB 17691－2005 国Ⅳ，GB 11340－2005 GB 18285－2005	10490	2480	3200	5100	15500	10500	10	0	1	0	0	0	11	0	0	0	3	0		0	0	0		
					天然气	GB 17691－2005 国Ⅳ，GB 11340－2005 GB 18285－2005	10490	2480	3490	5100	15500	10500	0	0	0	0	0	0	4	2	0	2	0	0		0	0	0		
			KLQ6119GAC5	承载式车身	天然气	GB 11340－2005，GB 18285－2005 GB 17691－2005 国Ⅴ	11460	2550	3485	5700	17000	12700	0	0	0	0	32	0	0	0	0	0	0	0		25	0	0		
					天然气	GB 11340－2005，GB 18285－2005 GB 17691－2005 国Ⅴ	11460	2550	3200	5700	17000	12200	0	0	0	0	0	0	20	0	0	0	0	0		0	0	0		
					天然气	GB 11340－2005，GB 18285－2005 GB 17691－2005 国Ⅴ	11460	2550	3200	5700	17000	12700	40	0	95	50	0	31	0	0	0	33	0	10		8	0	0		
			KLQ6119GCE4	KLQ6116GCE4	天然气	GB 17691－2005 国Ⅳ，GB 11340－2005 GB 18285－2005	11460	2550	3150	5700	17000	11470	20	0	0	10	0	0	0	0	0	0	0	0		0	0	0		
			KLQ6119ZGC5	KLQ6101ZGC5	天然气	GB 17691－2005 国Ⅴ，GB 11340－2005 GB 18285－2005	10740	2500	3400	5420	17000	11400	0	0	0	0	0	0	0	0	6	0	0	0		0	0	0		
					天然气	GB 17691－2005 国Ⅴ，GB 11340－2005 GB 18285－2005	10740	2500	3400	5420	17000	10780	0	0	0	0	0	0	0	0	0	0	0	2		0	0	0		
			KLQ6129GAC4	承载式车身	天然气	GB 11340－2005，GB 18285－2005 GB 17691－2005 国Ⅳ	12000	2550	3485	6000	18000	12000	0	0	0	0	0	0	0	0	15	0	0	0		0	0	0		
			KLQ6129GAC5	承载式车身	天然气	GB 11340－2005，GB 18285－2005 GB 17691－2005 国Ⅴ	12000	2550	3200	6100	18000	12000	0	0	0	0	0	10	0	0	0	0	0	0		0	0	0		
					天然气	GB 11340－2005，GB 18285－2005 GB 17691－2005 国Ⅴ	12000	2550	3485	6100	18000	12600	0	0	0	0	0	70	25	105	0	0	0	0		0	0	0		
			KLQ6129GCE4	KLQ6128GCE4	天然气	GB 11340－2005，GB 18285－2005 GB 17691－2005 国Ⅳ	12000	2535	3485	6100	18000	11600	10	0	28	2	0	0	0	0	0	0	16	0		0	0	0		
					天然气	GB 11340－2005，GB 18285－2005 GB 17691－2005 国Ⅳ	12000	2535	3200	6100	18000	11600	0	0	20	0	0	0	0	0	1	2	0	0		0	0	0		
			KLQ6140GAC5	承载式车身	天然气	GB 11340－2005，GB 18285－2005 GB 17691－2005 国Ⅴ	13630	2550	3500	6300＋1350	23000	14700	0	0	2	0	0	0	0	0	0	0	0	0		0	0	0		
			KLQ6669GC5	KLQ6639RLC5	天然气	GB 11340－2005，GB 18285－2005 GB 17691－2005 国Ⅴ	6645	2270	2940	3308	7400	5430	34	0	0	0	0	0	0	0	5	0	0	0		0	0	0		
			KLQ6669GCE4	KLQ6601GCE4	天然气	GB 11340－2005，GB 18285－2005 GB 17691－2005 国Ⅳ	6645	2270	2780	3308	7100	4640	0	0	10	27	0	0	8	0	0	0	0	0		0	0	0		
			KLQ6758AGC5	KLQ6728RLC5	天然气	11340－2005，GB 18285－2005 GB 17691－2005 国Ⅴ	7545	2370	3145	3900	9875	6870	0	0	0	10	0	24	0	0	0	0	0	0		0	0	0		

续表

企业名称	车辆品牌	车辆名称	车辆型号	底盘型号	燃料种类	排放标准	外形尺寸(mm) 长	宽	高	轴距(mm)	总质量(kg)	整备质量(kg)	2014年 1月	2月	3月	4月	5月	6月	7月	8月	9月	10月	11月	12月	小计(辆)	2015年 1月	2月	3月	小计(辆)	合计(辆)
同上	同上	同上	KLQ6770GCE4	KLQ6770GCE4	天然气	GB 11340－2005，GB 18285－2005 GB 17691－2005 国Ⅳ	7749	2340	3450	3600	11000	8000	0	0	16	0	0	0	6	14	0	14	0	0		14	0	0		
			KLQ6770GQC5	KLQ6790RGC5	天然气	GB 11340－2005，GB 18285－2005 GB 17691－2005 国Ⅴ	7749	2340	3050	3600	11200	7910	4	0	0	0	0	0	0	12	0	10	50	22		0	0	0		
			KLQ6825GCE4	KLQ6790RGC4	天然气	GB 11340－2005，GB 18285－2005 GB 17691－2005 国Ⅳ	8230	2400	3050	3850	11200	7900	0	0	0	0	0	0	15	0	3	14	0	2		0	0	0		
			KLQ6825GQC5	KLQ6790RGC5	天然气	GB 11340－2005，GB 18285－2005 GB 17691－2005 国Ⅴ	8230	2400	3050	3850	12400	8875	0	0	7	0	0	0	0	20	0	0	0	0		0	0	47		
					天然气	GB 11340－2005，GB 18285－2005 GB 17691－2005 国Ⅴ	8230	2400	3050	3850	12400	8400	20	33	37	0	20	50	34	20	0	0	0	15		0	20	0		
			KLQ6850GCE4	KLQ6820GCE4	天然气	GB 11340－2005，GB 18285－2005 GB 17691－2005 国Ⅳ	8540	2440	3105	4000	13000	8500	33	0	0	11	52	0	0	3	0	0	0	34		8	0	0		
			KLQ6850GQC5	KLQ6820GCE5	天然气	GB 11340－2005，GB 18285－2005 GB 17691－2005 国Ⅴ	8540	2440	3080	4000	12400	9100	0	0	13	30	0	23	35	0	0	0	23	0		40	0	0		
			KLQ6895GCE4	KLQ6891GCE4	天然气	GB 11340－2005，GB 18285－2005 GB 17691－2005 国Ⅳ	8949	2440	2950	4250	13200	8700	0	0	0	0	0	0	0	0	0	0	25	0		0	0	0		
					天然气	GB 11340－2005，GB 18285－2005 GB 17691－2005 国Ⅳ	8949	2440	3200	4250	13200	9050	5	0	0	13	12	0	0	0	0	0	0	9		0	0	0		
			KLQ6895GQC5	KLQ6891GCE5	天然气	GB 11340－2005，GB 18285－2005 GB 17691－2005 国Ⅴ	8949	2440	3200	4300	13200	9550	18	0	0	0	0	0	0	0	0	0	8	0		0	0	0		
					天然气	GB 11340－2005，GB 18285－2005 GB 17691－2005 国Ⅴ	8949	2440	3490	4300	13200	9550	0	0	0	0	0	0	0	0	0	0	9	0		0	20	0		
			KLQ6935GC5	KLQ6891GCE5	天然气	GB 11340－2005，GB 18285－2005 GB 17691－2005 国Ⅴ	9265	2440	3450	4400	13200	10200	0	0	0	0	0	0	0	0	0	0	0	4		0	0	0		
					天然气	GB 11340－2005，GB 18285－2005 GB 17691－2005 国Ⅴ	9265	2440	3450	4400	13200	9850	0	0	0	0	16	0	0	0	0	8	2	29		0	15	0		
			KLQ6935GCE4	KLQ6891GCE4	天然气	GB 11340－2005，GB 18285－2005 GB 17691－2005 国Ⅳ	9265	2440	3200	4400	13200	9150	0	0	4	6	2	15	0	0	2	0	0	0		6	0	0		
		客车	KLQ6109KAC51	承载式车身	天然气	GB 11340－2005，GB 18285－2005 GB 17691－2005 国Ⅴ	10490	2500	3645	5170	15900	12070	0	0	0	0	0	0	0	0	0	0	0	0		1	7	0		
			KLQ6112HAC40	承载式车身	天然气	GB 17691－2005 国Ⅳ，GB 11340－2005 GB 18285－2005	11010	2550	3610	5670	15900	11800	0	0	2	0	0	0	0	0	0	0	0	0		4	0	0		
					天然气	GB 17691－2005 国Ⅳ，GB 11340－2005 GB 18285－2005	11010	2550	3610	5670	15900	11800	1	0	1	0	0	0	0	5	0	0	1	0		0	0	0		
			KLQ6112HAC41	承载式车身	天然气	GB 17691－2005 国Ⅳ，GB 11340－2005 GB 18285－2005	11010	2550	3610	5670	15900	11800	0	0	0	0	1	1	0	0	2	0	1	0		0	0	0		

续表

企业名称	车辆品牌	车辆名称	车辆型号	底盘型号	燃料种类	排放标准	外形尺寸(mm)			轴距(mm)	总质量(kg)	整备质量(kg)	2014年													2015年				合计(辆)
							长	宽	高				1月	2月	3月	4月	5月	6月	7月	8月	9月	10月	11月	12月	小计(辆)	1月	2月	3月	小计(辆)	
同上	同上	同上	KLQ6112HAC41	承载式车身	天然气	GB 17691－2005 国Ⅳ，GB 11340－2005 GB 18285－2005	11010	2550	3610	5670	15900	11800	0	0	0	0	0	0	0	0	0	0	0	0		0	0	2		
					天然气	GB 17691－2005 国Ⅳ，GB 11340－2005 GB 18285－2005	11010	2550	3610	5670	15900	11800	7	0	2	0	0	0	2	1	2	0	0	0		0	0	0		
			KLQ6112HAC50	承载式车身	天然气	GB 11340－2005，GB 18285－2005 GB 17691－2005 国Ⅴ	11010	2550	3610	5670	16500	12360	0	0	1	0	0	0	0	0	0	0	0	0		0	0	0		
			KLQ6112HAC51	承载式车身	天然气	GB 11340－2005，GB 18285－2005 GB 17691－2005 国Ⅴ	11010	2550	3610	5670	16500	12360	0	0	0	0	0	0	0	0	0	0	0	0		7	0	0		
					天然气	GB 11340－2005，GB 18285－2005 GB 17691－2005 国Ⅴ	11010	2550	3610	5670	16500	12360	0	0	1	0	5	4	0	1	0	0	7	13		1	0	0		
			KLQ6112HAC52	承载式车身	天然气	GB 11340－2005，GB 18285－2005 GB 17691－2005 国Ⅴ	11010	2550	3610	5670	15250	11740	0	0	0	0	0	1	0	6	0	0	0	0		0	0	0		
			KLQ6112HDC51	承载式车身	天然气	GB 11340－2005，GB 18285－2005 GB 17691－2005 国Ⅴ	10740	2500	3795	5100	16500	12520	0	0	0	0	0	0	1	0	0	1	0	0		0	0	0		
			KLQ6112HQC41	KLQ6110CE4	天然气	GB 17691－2005 国Ⅳ，GB 11340－2005 GB 18285－2005	10990	2500	3610	5670	15900	11800	2	0	0	0	0	0	0	0	0	0	0	0		0	0	0		
			KLQ6112LDC50	承载式车身	天然气	GB 11340－2005，GB 18285－2005 GB 17691－2005 国Ⅴ	11360	2500	3795	5540	18000	13550	0	0	0	0	0	0	16	0	0	0	0	0		65	0	0		
			KLQ6112LDC51	承载式车身	天然气	GB 11340－2005，GB 18285－2005 GB 17691－2005 国Ⅴ	11360	2500	3795	5540	18000	13550	0	0	0	0	0	0	0	0	0	0	8	0		0	1	0		
			KLQ6112LDC51	承载式车身	天然气	GB 11340－2005，GB 18285－2005 GB 17691－2005 国Ⅴ	11360	2500	3795	5540	18000	13550	0	0	0	0	0	0	0	0	0	1	3	0		9	1	2		
			KLQ6115HAC40	承载式车身	天然气	GB 17691－2005 国Ⅳ，GB 11340－2005 GB 18285－2005	10740	2500	3610	5420	15900	12070	0	0	0	0	0	2	0	0	0	0	0	0		0	0	0		
			KLQ6115HAC41	承载式车身	天然气	GB 17691－2005 国Ⅳ，GB 11340－2005 GB 18285－2005	10740	2500	3610	5420	15900	12070	2	0	7	0	1	0	0	0	0	0	0	0		0	0	0		
			KLQ6115HAC51	承载式车身	天然气	GB 11340－2005，GB 18285－2005 GB 17691－2005 国Ⅴ	10740	2500	3865	5420	15900	11920	0	0	0	0	0	1	0	0	0	0	0	0		0	0	0		
			KLQ6115HQCE4	KLQ6101QCE4	天然气	GB 17691－2005 国Ⅳ，GB 11340－2005 GB 18285－2005	10740	2500	3610	5420	15900	11920	3	0	0	0	0	0	0	0	0	0	0	0		0	0	0		
			KLQ6115HTAC50	承载式车身	天然气	GB 11340－2005，GB 18285－2005 GB 17691－2005 国Ⅴ	10990	2500	3455	5670	16500	11500	0	0	0	0	0	0	1	0	0	0	0	2		7	0	0		
			KLQ6115HTAC51	承载式车身	天然气	GB 11340－2005，GB 18285－2005 GB 17691－2005 国Ⅴ	10990	2500	3455	5670	16500	11100	0	0	0	1	0	0	0	0	0	0	0	0		0	0	0		
					天然气	GB 11340－2005，GB 18285－2005 GB 17691－2005 国Ⅴ	10990	2500	3455	5670	16500	11100	0	0	0	0	0	0	4	0	0	0	0	10		0	0	0		

续表

企业名称	车辆品牌	车辆名称	车辆型号	底盘型号	燃料种类	排放标准	外形尺寸(mm) 长	宽	高	轴距(mm)	总质量(kg)	整备质量(kg)	2014年 1月	2月	3月	4月	5月	6月	7月	8月	9月	10月	11月	12月	小计(辆)	2015年 1月	2月	3月	小计(辆)	合计(辆)
同上	同上	同上	KLQ6115HTC40	KLQ6110CE4	天然气	GB 17691－2005 国Ⅳ，GB 11340－2005 GB 18285－2005	10990	2500	3455	5670	16500	12360	0	0	0	0	0	3	0	0	0	0	0	0		2	0	0		
					天然气	GB 17691－2005 国Ⅳ，GB 11340－2005 GB 18285－2005	10990	2500	3455	5670	16500	12360	0	0	0	4	0	0	0	0	0	1	0	0		0	0	0		
			KLQ6115HTC41	KLQ6110CE4	天然气	GB 17691－2005 国Ⅳ，GB 11340－2005 GB 18285－2005	10990	2500	3455	5670	16500	12360	0	0	0	0	0	0	11	0	1	0	0	0		0	0	0		
					天然气	GB 17691－2005 国Ⅳ，GB 11340－2005 GB 18285－2005	10990	2500	3455	5670	16500	12360	1	0	0	0	2	0	0	2	0	0	0	5		0	0	0		
			KLQ6115KAC41	承载式车身	天然气	GB 17691－2005 国Ⅳ，GB 11340－2005 GB 18285－2005	11490	2500	3610	5870	16500	12200	0	0	0	0	0	0	0	0	0	0	0	0		6	0	0		
			KLQ6115KAC51	承载式车身	天然气	GB 11340－2005，GB 18285－2005 GB 17691－2005 国Ⅴ	11490	2500	3610	5870	16500	12200	0	0	0	0	0	0	0	0	0	0	0	28		0	0	0		
			KLQ6119KAC51	承载式车身	天然气	GB 17691－2005 国Ⅴ，GB 18285－2005 GB 11340－2005	11490	2500	3710	5870	16500	12300	0	0	0	0	0	0	0	0	0	0	4	0		0	0	0		
			KLQ6119TBCE4	KLQ6101QCE4	天然气	GB 17691－2005 国Ⅳ，GB 11340－2005 GB 18285－2005	10740	2500	3455	5420	15000	10630	0	0	0	10	0	0	0	0	0	0	0	0		0	0	0		
					天然气	GB 17691－2005 国Ⅳ，GB 11340－2005 GB 18285－2005	10740	2500	3455	5420	15000	10630	0	0	1	0	1	0	0	0	0	0	0	2		0	0	0		
			KLQ6122BAC41	承载式车身	天然气	GB 17691－2005 国Ⅳ，GB 11340－2005 GB 18285－2005	12000	2550	3795	6000	18000	13550	1	0	0	0	1	0	0	0	0	0	0	0		0	0	0		
					天然气	GB 17691－2005 国Ⅳ，GB 11340－2005 GB 18285－2005	12000	2550	3795	6000	18000	13550	2	0	2	0	0	0	0	1	1	0	2	0		5	0	0		
			KLQ6122BAC42	承载式车身	天然气	GB 17691－2005 国Ⅳ，GB 11340－2005 GB 18285－2005	12000	2550	3795	6000	18000	13550	0	0	0	0	0	0	0	15	0	0	0	0		0	0	0		
					天然气	GB 17691－2005 国Ⅳ，GB 11340－2005 GB 18285－2005	12000	2550	3795	6000	18000	13550	1	0	0	0	0	0	0	1	0	1	0	0		0	0	0		
					天然气	GB 17691－2005 国Ⅳ，GB 11340－2005 GB 18285－2005	12000	2550	3795	6000	18000	13550	1	0	0	0	0	0	0	0	0	0	0	0		0	0	0		
			KLQ6122BAC51	承载式车身	天然气	GB 11340－2005，GB 18285－2005 GB 17691－2005 国Ⅴ	12000	2550	3795	6000	18000	13390	0	0	0	0	1	0	0	0	0	0	4	9		0	0	0		
			KLQ6122BAC52	承载式车身	天然气	GB 11340－2005，GB 18285－2005 GB 17691－2005 国Ⅴ	12000	2550	3795	6000	18000	13390	0	0	0	0	0	0	0	7	0	0	4	0		0	0	0		
					天然气	GB 11340－2005，GB 18285－2005 GB 17691－2005 国Ⅴ	12000	2550	3795	6000	18000	13390	0	0	0	0	0	0	0	0	2	0	0	0		2	0	0		
					天然气	GB 11340－2005，GB 18285－2005 GB 17691－2005 国Ⅴ	12000	2550	3795	6000	18000	14000	0	0	0	0	0	0	0	0	0	0	0	0		0	1	0		

续表

企业名称	车辆品牌	车辆名称	车辆型号	底盘型号	燃料种类	排放标准	外形尺寸(mm)			轴距(mm)	总质量(kg)	整备质量(kg)	2014年													2015年				合计(辆)
							长	宽	高				1月	2月	3月	4月	5月	6月	7月	8月	9月	10月	11月	12月	小计(辆)	1月	2月	3月	小计(辆)	
同上	同上	同上	KLQ6122DAC41	承载式车身	天然气	GB 17691－2005 国Ⅳ，GB 11340－2005 GB 18285－2005	12000	2550	3920	6000	18000	13990	1	0	0	0	0	0	0	0	0	0	0	0		0	0	0		
					天然气	GB 17691－2005 国Ⅳ，GB 11340－2005 GB 18285－2005	12000	2550	3920	6000	18000	13990	0	0	0	0	0	0	0	0	0	0	7	0		0	0	0		
			KLQ6122DAC42	承载式车身	天然气	GB 17691－2005 国Ⅳ，GB 11340－2005 GB 18285－2005	12000	2550	3920	6000	18000	13990	0	0	0	1	0	0	0	0	0	0	0	0		0	0	0		
					天然气	GB 17691－2005 国Ⅳ，GB 11340－2005 GB 18285－2005	12000	2550	3920	6000	18000	13990	0	0	0	0	0	1	0	0	0	0	0	0		0	0	0		
			KLQ6122DAC51	承载式车身	天然气	GB 11340－2005，GB 18285－2005 GB 17691－2005 国Ⅴ	12000	2550	3920	6000	18000	13080	0	0	0	0	0	0	0	1	0	0	0	0		0	0	0		
					天然气	GB 11340－2005，GB 18285－2005 GB 17691－2005 国Ⅴ	12000	2550	3920	6000	18000	13080	0	0	0	0	0	0	0	0	4	0	0	0		1	0	0		
			KLQ6122DAC52	承载式车身	天然气	GB 11340－2005，GB 18285－2005 GB 17691－2005 国Ⅴ	12000	2550	3920	6000	18000	13080	2	0	0	0	0	0	0	0	2	0	0	0		0	0	0		
					天然气	GB 11340－2005，GB 18285－2005 GB 17691－2005 国Ⅴ	12000	2550	3920	6000	18000	13080	0	0	0	0	0	0	0	1	0	0	0	0		0	0	0		
			KLQ6122HAC50	承载式车身	天然气	GB 11340－2005，GB 18285－2005 GB 17691－2005 国Ⅴ	11720	2550	3795	5870	17500	13000	0	0	0	0	0	0	1	0	0	0	0	0		0	0	0		
			KLQ6122HAC51	承载式车身	天然气	GB 11340－2005，GB 18285－2005 GB 17691－2005 国Ⅴ	11720	2550	3795	5870	17500	13000	0	0	1	1	1	0	0	0	0	0	0	0		0	0	0		
					天然气	GB 11340－2005，GB 18285－2005 GB 17691－2005 国Ⅴ	11720	2550	3795	5870	17500	13000	0	0	0	0	0	0	0	1	2	0	0	0		0	0	0		
			KLQ6122KAC50	承载式车身	天然气	GB 11340－2005，GB 18285－2005 GB 17691－2005 国Ⅴ	12000	2500	3610	6150	18000	13390	0	0	0	0	0	0	0	0	0	0	0	0		1	0	0		
			KLQ6125ACE4	承载式车身	天然气	GB 17691－2005 国Ⅳ，GB 11340－2005 GB 18285－2005	12000	2550	3800	6150	18000	13400	0	0	0	0	0	0	0	0	0	0	0	0		0	0	2		
			KLQ6125BAC41	承载式车身	天然气	GB 17691－2005 国Ⅳ，GB 11340－2005 GB 18285－2005	12000	2550	3795	6150	18000	13710	0	0	7	0	0	0	0	4	8	0	0	8		0	0	0		
					天然气	GB 17691－2005 国Ⅳ，GB 11340－2005 GB 18285－2005	12000	2550	3795	6150	18000	13710	0	0	1	0	0	0	0	0	0	7	0	0		0	0	0		
			KLQ6125BAC51	承载式车身	天然气	GB 11340－2005，GB 18285－2005 GB 17691－2005 国Ⅴ	12000	2550	3795	6150	18000	13390	0	0	0	0	1	0	0	0	0	0	0	0		2	0	0		
					天然气	GB 11340－2005，GB 18285－2005 GB 17691－2005 国Ⅴ	12000	2550	3795	6150	18000	13390	0	0	0	0	0	0	0	0	0	0	0	0		4	0	0		
			KLQ6125BAC52	承载式车身	天然气	GB 11340－2005，GB 18285－2005 GB 17691－2005 国Ⅴ	12000	2550	3795	6150	18000	14000	0	0	0	0	0	0	0	7	0	0	0	0		0	14	0		

续表

企业名称	车辆品牌	车辆名称	车辆型号	底盘型号	燃料种类	排放标准	外形尺寸(mm)			轴距(mm)	总质量(kg)	整备质量(kg)	2014年													2015年				合计(辆)
							长	宽	高				1月	2月	3月	4月	5月	6月	7月	8月	9月	10月	11月	12月	小计(辆)	1月	2月	3月	小计(辆)	
同上	同上	同上	KLQ6125BAC52	承载式车身	天然气	GB 11340－2005，GB 18285－2005 GB 17691－2005 国Ⅴ	12000	2550	3795	6150	18000	14000	0	0	0	0	0	0	0	0	0	0	0	0		0	16	0		
			KLQ6125KAC51	承载式车身	天然气	GB 11340－2005，GB 18285－2005 GB 17691－2005 国Ⅴ	12000	2500	3610	6150	18000	13390	10	0	0	0	0	0	0	0	0	0	0	0		0	0	0		
					天然气	GB 11340－2005，GB 18285－2005 GB 17691－2005 国Ⅴ	12000	2500	3610	6150	18000	13390	0	0	2	0	3	0	0	0	0	0	3	0		0	0	0		
			KLQ6129KAC41	承载式车身	天然气	GB 17691－2005 国Ⅳ，GB 11340－2005 GB 18285－2005	12000	2500	3710	6150	18000	13000	6	0	0	0	0	0	0	0	0	0	0	0		0	0	0		
			KLQ6129KAC51	承载式车身	天然气	GB 11340－2005，GB 18285－2005 GB 17691－2005 国Ⅴ	12000	2500	3700	6150	18000	13390	0	0	0	0	0	0	0	0	0	0	0	1		0	0	0		
					天然气	GB 11340－2005，GB 18285－2005 GB 17691－2005 国Ⅴ	12000	2500	3700	6150	18000	14000	0	0	0	0	0	0	0	0	0	0	0	6		0	0	0		
			KLQ6129TAC40	承载式车身	天然气	GB 17691－2005 国Ⅳ，GB 11340－2005 GB 18285－2005	12000	2550	3400	6150	18000	12770	1	0	0	0	0	0	0	0	0	0	0	0		0	0	0		
					天然气	GB 17691－2005 国Ⅳ，GB 11340－2005 GB 18285－2005	12000	2550	3400	6150	16500	12050	0	0	8	0	3	0	0	0	2	0	0	0		0	0	0		
			KLQ6129TAC50	承载式车身	天然气	GB 11340－2005，GB 18285－2005 GB 17691－2005 国Ⅴ	12000	2550	3400	6150	16500	12050	0	0	0	0	20	0	0	10	38	0	0	0		0	0	0		
					天然气	GB 11340－2005，GB 18285－2005 GB 17691－2005 国Ⅴ	12000	2550	3400	6150	16500	12050	0	0	15	0	0	0	6	0	6	0	0	0		0	0	0		
			KLQ6609C5	KLQ6579RLC5	天然气	GB 11340－2005，GB 18285－2005 GB 17691－2005 国Ⅴ	5995	2270	2940	3308	6250	4750	2	0	0	27	0	1	2	0	5	0	0	0		0	0	0		
			KLQ6609CE4	KLQ6601GCE4	天然气	GB 17691－2005 国Ⅳ，GB 3847－2005	5995	2270	2950	3308	5950	4460	0	0	1	0	0	0	9	1	0	1	0	0		0	0	0		
					天然气	GB 17691－2005 国Ⅳ，GB 3847－2005	5995	2270	2950	3308	5950	4460	0	0	0	0	0	0	0	0	0	0	0	0		1	0	0		
			KLQ6669CE4	KLQ6601GCE4	天然气	GB 11340－2005，GB 18285－2005 GB 17691－2005 国Ⅳ	6645	2270	2950	3308	6640	4840	0	0	0	0	0	0	0	0	0	0	1	1		0	0	0		
			KLQ6702C40	KLQ6680RC4	天然气	GB 17691－2005 国Ⅳ，GB 11340－2005 GB 18285－2005	7005	2040	2645	3935	6990	4800	0	0	0	0	0	0	0	0	1	0	0	0		0	0	0		
			KLQ6702C50	KLQ6680RLC5	天然气	GB 17691－2005 国Ⅴ，GB 11340－2005 GB 18285－2005	7005	2040	2655	3935	6990	4800	1	0	2	1	0	0	0	1	0	2	0	0		4	0	0		
			KLQ6755KQC50	KLQ6735RAC5	天然气	GB 11340－2005，GB 18285－2005 GB 17691－2005 国Ⅴ	7495	2380	3215	3500	10500	7730	0	0	0	0	0	0	0	0	1	0	0	4		0	0	0		
			KLQ6755KQC51	KLQ6735RAC5	天然气	GB 11340－2005，GB 18285－2005 GB 17691－2005 国Ⅴ	7495	2380	3215	3500	10150	7730	0	0	0	1	4	0	0	4	0	0	0	0		1	0	0		

续表

企业名称	车辆品牌	车辆名称	车辆型号	底盘型号	燃料种类	排放标准	外形尺寸(mm) 长	外形尺寸(mm) 宽	外形尺寸(mm) 高	轴距(mm)	总质量(kg)	整备质量(kg)	2014年 1月	2014年 2月	2014年 3月	2014年 4月	2014年 5月	2014年 6月	2014年 7月	2014年 8月	2014年 9月	2014年 10月	2014年 11月	2014年 12月	2014年 小计(辆)	2015年 1月	2015年 2月	2015年 3月	2015年 小计(辆)	合计(辆)
同上	同上	同上	KLQ6759ACE4	KLQ6758CE4	天然气	GB 17691－2005 国Ⅳ，GB 3847－2005	7495	2270	3030	3900	8510	6000	10	0	0	6	0	3	0	6	1	0	3	0		0	0	0		
			KLQ6759AQC50	KLQ6758CE4	天然气	GB 11340－2005，GB 18285－2005 GB 17691－2005 国Ⅴ	7495	2270	3030	3900	8510	6000	5	0	2	0	0	0	0	0	0	0	0	0		0	0	0		
			KLQ6796KQC50	KLQ6795QCE5	天然气	GB 11340－2005，GB 18285－2005 GB 17691－2005 国Ⅴ	7948	2450	3620	3800	11000	8270	0	0	2	3	0	1	1	0	0	3	1	0		0	0	0		
			KLQ6796KQC51	KLQ6795QCE5	天然气	GB 11340－2005，GB 18285－2005 GB 17691－2005 国Ⅴ	7948	2450	3380	3800	10150	7420	15	0	0	0	5	3	10	1	13	0	6	3		3	0	0		
			KLQ6798ACE4	KLQ6795QCE4	天然气	GB 11340－2005，GB 18285－2005 GB 17691－2005 国Ⅳ	7948	2450	3365	3800	11000	8200	1	0	0	11	3	0	3	0	0	0	2	0		5	0	0		
			KLQ6798QACE4	KLQ6795QCE4	天然气	GB 11340－2005，GB 18285－2005 GB 17691－2005 国Ⅳ	7948	2450	3365	3800	10150	7420	5	0	6	3	12	0	0	2	1	1	0	0		1	0	0		
			KLQ6802KAC50	承载式车身	天然气	GB 11340－2005，GB 18285－2005 GB 17691－2005 国Ⅴ	8000	2480	3400	3800	11300	8570	0	0	0	0	1	0	0	0	0	0	0	0		0	0	0		
			KLQ6802KAC51	承载式车身	天然气	GB 11340－2005，GB 18285－2005 GB 17691－2005 国Ⅴ	8000	2480	3400	3800	11300	8570	0	0	0	0	0	0	0	0	1	2	0	0		0	0	0		
					天然气	GB 11340－2005，GB 18285－2005 GB 17691－2005 国Ⅴ	8000	2480	3400	3800	11300	8570	0	0	0	0	0	0	0	0	0	0	0	0		0	4	0		
			KLQ6852KAC51	承载式车身	天然气	GB 11340－2005，GB 18285－2005 GB 17691－2005 国Ⅴ	8545	2480	3420	4100	11920	9000	0	0	0	0	0	0	0	1	0	0	0	0		0	0	0		
					天然气	GB 11340－2005，GB 18285－2005 GB 17691－2005 国Ⅴ	8545	2480	3420	4100	11920	9000	0	0	0	0	0	0	0	0	8	0	2	7		0	0	0		
			KLQ6852KAC52	承载式车身	天然气	GB 11340－2005，GB 18285－2005 GB 17691－2005 国Ⅴ	8545	2480	3420	4100	11850	9000	0	0	0	0	0	0	0	0	0	0	0	0		1	0	0		
			KLQ6856KQC50	KLQ6840RAC5	天然气	GB 11340－2005，GB 18285－2005 GB 17691－2005 国Ⅴ	8510	2450	3400	4100	11990	8940	2	0	0	0	0	0	0	0	0	0	0	0		0	0	0		
					天然气	GB 11340－2005，GB 18285－2005 GB 17691－2005 国Ⅴ	8510	2450	3400	4100	11990	8940	0	0	0	0	2	0	4	0	0	1	1	0		5	0	0		
			KLQ6856KQC51	KLQ6840RAC5	天然气	GB 11340－2005，GB 18285－2005 GB 17691－2005 国Ⅴ	8510	2450	3400	4100	11900	9000	5	1	1	0	1	2	0	3	0	1	0	3		0	0	0		
					天然气	GB 11340－2005，GB 18285－2005 GB 17691－2005 国Ⅴ	8510	2450	3600	4100	11900	9000	0	0	0	0	0	0	0	0	0	0	0	0		1	0	0		
			KLQ6858CE4	KLQ6840QCE4	天然气	GB 11340－2005，GB 18285－2005 GB 17691－2005 国Ⅳ	8545	2450	3600	4100	11900	9000	36	0	0	0	0	0	0	5	0	1	0	1		0	0	0		
			KLQ6858QCE4	KLQ6840QCE4	天然气	GB 11340－2005，GB 18285－2005 GB 17691－2005 国Ⅳ	8545	2450	3600	4100	11900	9000	6	0	1	6	5	0	1	13	0	1	2	2		1	1	0		

续表

企业名称	车辆品牌	车辆名称	车辆型号	底盘型号	燃料种类	排放标准	外形尺寸(mm) 长	宽	高	轴距(mm)	总质量(kg)	整备质量(kg)	2014年 1月	2月	3月	4月	5月	6月	7月	8月	9月	10月	11月	12月	小计(辆)	2015年 1月	2月	3月	小计(辆)	合计(辆)
同上	同上	同上	KLQ6868KAC41	承载式车身	天然气	GB 11340－2005，GB 18285－2005 GB 17691－2005 国Ⅳ	8556	2450	3395	4100	11900	9000	0	0	2	0	0	0	0	0	0	0	0	0		0	0	0		
			KLQ6882KAC50	承载式车身	天然气	GB 11340－2005，GB 18285－2005 GB 17691－2005 国Ⅴ	8765	2480	3420	4250	12700	9350	0	0	0	0	0	0	0	0	0	0	0	0		0	2	0		
			KLQ6882KAC51	承载式车身	天然气	GB 11340－2005，GB 18285－2005 GB 17691－2005 国Ⅴ	8765	2480	3420	4250	12700	9350	0	0	0	0	0	0	2	28	0	2	7	0		1	0	0		
					天然气	GB 11340－2005，GB 18285－2005 GB 17691－2005 国Ⅴ	8765	2480	3420	4250	12700	9350	0	0	0	0	0	0	0	0	4	0	0	0		0	0	0		
			KLQ6896KQC40	KLQ6860CE4	天然气	GB 11340－2005，GB 18285－2005 GB 17691－2005 国Ⅳ	8860	2450	3400	4300	12370	9320	0	0	0	0	0	0	0	0	0	0	1	3		0	0	0		
			KLQ6896KQC41	KLQ6860CE4	天然气	GB 11340－2005，GB 18285－2005 GB 17691－2005 国Ⅳ	8860	2450	3400	4300	12370	9320	4	0	0	0	1	0	0	0	0	0	1	0		0	0	1		
			KLQ6896KQC50	KLQ6860RAC5	天然气	GB 11340－2005，GB 18285－2005 GB 17691－2005 国Ⅴ	8860	2450	3400	4300	12370	9320	0	0	1	0	0	0	0	0	0	0	0	0		0	0	0		
			KLQ6896KQC51	KLQ6860RAC5	天然气	GB 11340－2005，GB 18285－2005 GB 17691－2005 国Ⅴ	8860	2450	3400	4300	12370	9320	0	0	0	0	0	0	1	0	0	0	0	0		0	0	0		
			KLQ6898CE4	KLQ6860QCE4	天然气	GB 11340－2005，GB 18285－2005 GB 17691－2005 国Ⅳ	8949	2450	3600	4340	12500	9300	1	0	1	2	0	0	14	0	0	0	0	1		0	0	0		
					天然气	GB 11340－2005，GB 18285－2005 GB 17691－2005 国Ⅳ	8949	2450	3365	4340	12500	9300	2	0	0	1	0	0	8	0	0	0	2	2		0	0	2		
			KLQ6898KQC42	KLQ6898RAC4	天然气	GB 11340－2005，GB 18285－2005 GB 17691－2005 国Ⅳ	8949	2450	3420	4340	12570	9520	3	0	1	1	0	0	1	0	1	0	0	0		0	0	0		
			KLQ6898QCE4	KLQ6860QCE4	天然气	GB 11340－2005，GB 18285－2005 GB 17691－2005 国Ⅳ	8949	2450	3400	4340	13070	9870	4	0	0	0	0	1	0	1	0	0	0	0		0	0	0		
					天然气	GB 11340－2005，GB 18285－2005 GB 17691－2005 国Ⅳ	8949	2450	3400	4340	13070	9870	8	0	13	7	3	3	0	3	3	1	2	35		0	1	0		
					天然气	GB 11340－2005，GB 18285－2005 GB 17691－2005 国Ⅳ	8949	2450	3400	4340	13070	9870	2	0	6	2	0	0	1	4	0	0	20	1		0	0	0		
			KLQ6902KAC50	承载式车身	天然气	GB 11340－2005，GB 18285－2005 GB 17691－2005 国Ⅴ	8995	2480	3445	4300	13000	9800	0	0	0	0	0	6	51	0	0	0	0	0		0	0	0		
			KLQ6902KAC51	承载式车身	天然气	GB 11340－2005，GB 18285－2005 GB 17691－2005 国Ⅴ	8995	2480	3445	4300	13000	9800	0	0	0	0	0	4	0	0	3	3	1	0		0	0	0		
					天然气	GB 11340－2005，GB 18285－2005 GB 17691－2005 国Ⅴ	8995	2480	3445	4300	13000	9800	0	0	0	0	0	0	1	1	1	1	1	1		0	0	0		
			KLQ6902KAC52	承载式车身	天然气	GB 11340－2005，GB 18285－2005 GB 17691－2005 国Ⅴ	8995	2480	3445	4300	13000	9800	0	0	0	0	0	0	0	0	0	0	2	0		0	0	0		

续表

企业名称	车辆品牌	车辆名称	车辆型号	底盘型号	燃料种类	排放标准	外形尺寸(mm) 长	宽	高	轴距(mm)	总质量(kg)	整备质量(kg)	2014年 1月	2月	3月	4月	5月	6月	7月	8月	9月	10月	11月	12月	小计(辆)	2015年 1月	2月	3月	小计(辆)	合计(辆)
同上	同上	同上	KLQ6902KAC52	承载式车身	天然气	GB 11340－2005，GB 18285－2005 GB 17691－2005 国Ⅴ	8995	2480	3445	4300	13000	9800	0	0	0	0	0	0	0	0	1	0	9	1		0	0	0		
			KLQ6905KQC42	KLQ6870RAC4	天然气	GB 11340－2005，GB 18285－2005 GB 17691－2005 国Ⅳ	8995	2500	3470	4300	13600	10400	0	0	1	0	0	0	0	0	0	0	0	0		0	0	0		
			KLQ6905KQC50	KLQ6870RAC5	天然气	GB 11340－2005，GB 18285－2005 GB 17691－2005 国Ⅴ	8995	2500	3470	4300	13530	10330	0	0	0	1	0	0	3	0	0	0	0	0		0	0	0		
					天然气	GB 11340－2005，GB 18285－2005 GB 17691－2005 国Ⅴ	8995	2500	3470	4300	13530	10330	0	0	0	0	0	0	0	0	0	0	0	0		0	0	4		
			KLQ6905KQC51	KLQ6870RAC5	天然气	GB 11340－2005，GB 18285－2005 GB 17691－2005 国Ⅴ	8995	2500	3470	4300	13530	10330	0	0	0	0	0	0	0	0	0	0	0	1		0	0	0		
					天然气	GB 11340－2005，GB 18285－2005 GB 17691－2005 国Ⅴ	8995	2500	3470	4300	13530	10330	0	0	0	0	0	0	0	0	0	0	0	0		8	0	0		
			KLQ6906KQC50	KLQ6866RAC5	天然气	GB 11340－2005，GB 18285－2005 GB 17691－2005 国Ⅴ	8995	2450	3410	4340	13250	10050	0	0	1	0	0	0	0	0	0	0	0	0		0	0	0		
					天然气	GB 11340－2005，GB 18285－2005 GB 17691－2005 国Ⅴ	8995	2450	3410	4340	13250	10050	0	0	0	0	0	0	0	0	0	0	0	1		0	0	0		
			KLQ6906KQC51	KLQ6866RAC5	天然气	GB 11340－2005，GB 18285－2005 GB 17691－2005 国Ⅴ	8995	2450	3630	4340	13250	10050	0	0	0	0	1	1	0	0	0	0	0	0		3	0	0		
					天然气	GB 11340－2005，GB 18285－2005 GB 17691－2005 国Ⅴ	8995	2450	3630	4340	13250	10050	0	0	0	0	0	1	0	0	2	0	0	2		0	0	0		
			KLQ6920QCE4	KLQ6880QCE4	天然气	GB 11340－2005，GB 18285－2005 GB 17691－2005 国Ⅳ	9225	2450	3400	4500	14500	11300	5	0	0	1	0	1	0	0	0	0	0	0		1	0	0		
			KLQ6995KAC51	承载式车身	天然气	GB 17691－2005 国Ⅴ，GB 11340－2005 GB 18285－2005	9945	2500	3440	4950	14400	10890	1	0	0	0	0	0	0	0	0	0	0	1		0	0	0		
					天然气	GB 17691－2005 国Ⅴ，GB 11340－2005 GB 18285－2005	9945	2500	3440	4950	14400	10890	0	0	0	0	0	3	0	1	0	0	0	13		0	0	0		
			KLQ6995KAC52	承载式车身	天然气	GB 17691－2005 国Ⅴ，GB 11340－2005 GB 18285－2005	9945	2500	3440	4950	14140	10890	0	0	1	0	0	0	0	0	0	0	0	0		2	0	0		
			KLQ6995KQC40	KLQ6975QC4	天然气	GB 17691－2005 国Ⅳ，GB 11340－2005 GB 18285－2005	9945	2500	3455	4950	14400	10890	0	0	20	0	1	0	0	0	0	0	0	0		0	0	0		
			KLQ6995KQC41	KLQ6975QC4	天然气	GB 17691－2005 国Ⅳ，GB 11340－2005 GB 18285－2005	9945	2500	3455	4950	14400	10890	0	0	5	0	0	0	0	0	0	0	0	0		0	0	0		
		客车底盘	KLQ6820GCE4	—	天然气	GB 11340－2005，GB 18285－2005 GB 17691－2005 国Ⅳ	8240	2350	—	4000	13000	4050	0	0	0	0	0	0	0	0	0	0	0	0		8	0	0		
		双层城市客车	KLQ6119GSC4	承载式车身	天然气	GB 17691－2005 国Ⅳ，GB 11340－2005 GB 18285－2005	11250	2550	4150	5600	18000	13440	0	0	0	0	0	0	30	0	0	0	0	0		0	0	0		

续表

企业名称	车辆品牌	车辆名称	车辆型号	底盘型号	燃料种类	排放标准	外形尺寸(mm) 长	宽	高	轴距(mm)	总质量(kg)	整备质量(kg)	2014年 1月	2月	3月	4月	5月	6月	7月	8月	9月	10月	11月	12月	小计(辆)	2015年 1月	2月	3月	小计(辆)	合计(辆)
北汽福田汽车股份有限公司	福田牌	城市客车	BJ6105C6BCB	承载式车身	天然气	GB 17691－2005 国Ⅴ，GB 11340－2005 GB 18285－2005	10500	2500	3200	5000	16500	10800	0	0	0	0	0	0	0	0	0	0	20	0	2822	0	0	0	482	3304
			BJ6105C6MCD	BJ6105C6MCD	天然气	GB 17691－2005 国Ⅴ，GB 11340－2005 GB 18285－2005	10500	2500	3200	5000	15500	10500	0	0	168	12	0	0	0	26	0	0	0	0		4	0	0		
					天然气	GB 17691－2005 国Ⅴ，GB 11340－2005 GB 18285－2005	10500	2500	3200 3420	5000	15500 16500	10500 11100	0	0	10	10	0	0	21	24	0	0	0	0		0	0	24		
					天然气	GB 17691－2005 国Ⅴ，GB 11340－2005 GB 18285－2005	10500	2500	3200	5000	15500	10500	0	0	0	0	0	0	30	0	0	0	0	6		0	0	0		
			BJ6105C7MCB－1	BJ6105C7MCB－1	天然气	GB 17691－2005 国Ⅳ，GB 11340－2005 GB 18285－2005	10490	2500	3350	5000	15500	10500	0	30	2	0	0	0	0	0	0	0	0	0		0	0	0		
			BJ6112C7MCB	BJ6112C7MCB	天然气	GB 17691－2005 国Ⅳ，GB 11340－2005 GB 18285－2005	11400	2500	3350	5650	16000	11400	0	0	20	0	0	0	0	0	0	30	0	0		0	0	0		
					天然气	GB 17691－2005 国Ⅳ，GB 11340－2005 GB 18285－2005	11400	2500	3150	5650	16000	11400	0	0	0	0	0	0	0	10	0	0	0	0		0	0	0		
			BJ6112C7MCB－1	BJ6112C7MCB－1	天然气	GB 17691－2005 国Ⅴ，GB 11340－2005 GB 18285－2005	11400	2500	3150	5650	16000	11100	0	0	0	0	0	0	0	0	8	0	0	0		0	0	0		
					天然气	GB 17691－2005 国Ⅴ，GB 18285－2005 GB 11340－2005	11400 11150	2500 2460	3250	5650	16000	11400 5450	0	0	0	0	0	0	0	0	0	0	0	0		0	8	0		
					天然气	GB 17691－2005 国Ⅴ，GB 11340－2005 GB 18285－2005	11400	2500	3420	5650	16000	11400	0	0	0	0	0	0	0	0	0	0	0	0		0	30	0		
			BJ6112C8MCB	BJ6113U8MCB	天然气	GB 17691－2005 国Ⅴ，GB 11340－2005 GB 18285－2005	10990	2500	3420	5450	16500	11350	70	0	0	0	0	0	0	0	0	0	0	0		0	0	0		
			BJ6123C7BCD－1	BJ6123C7BCD－1	天然气	GB 17691－2005 国Ⅳ，GB 11340－2005 GB 18285－2005	11980	2550	3400	5900	17950	12200	0	0	32	25	0	0	0	0	0	0	0	0		69	0	0		
			BJ6123C7BCD－2	承载式车身	天然气	GB 17691－2005 国Ⅴ，GB 18285－2005 GB 11340－2005	11980	2550	3250	5900	17950	11800	199	0	219	229	5	0	0	0	0	0	0	0		0	0	0		
			BJ6123C7BTD－1	承载式车身	天然气	GB 17691－2005 国Ⅴ，GB 18285－2005 GB 11340－2005	11980 12000	2550	3250 3200	5900	17950 18000	12500 12100	20	0	0	0	0	0	0	1	0	0	0	0		0	0	171		
					天然气	GB 17691－2005 国Ⅴ，GB 18285－2005 GB 11340－2005	11980	2550	3250	5900	17950	12500	0	0	0	0	0	0	0	0	0	0	0	1		44	0	0		
					天然气	GB 17691－2005 国Ⅴ，GB 18285－2005 GB 11340－2005	11980	2550	3250	5900	17950	12500	0	65	0	0	0	0	0	0	37	0	20	0		0	0	0		
					天然气	GB 17691－2005 国Ⅴ，GB 18285－2005 GB 11340－2005	11980	2550	3400	5900	17950	12100	40	0	0	0	0	0	0	0	0	0	0	0		0	0	0		
					天然气	GB 17691－2005 国Ⅴ，GB 18285－2005 GB 11340－2005	11980	2550	3250	5900	17950	12500	15	0	0	0	0	0	0	0	0	0	0	0		0	0	0		

续表

企业名称	车辆品牌	车辆名称	车辆型号	底盘型号	燃料种类	排放标准	外形尺寸(mm)			轴距(mm)	总质量(kg)	整备质量(kg)	2014年													2015年				合计(辆)
							长	宽	高				1月	2月	3月	4月	5月	6月	7月	8月	9月	10月	11月	12月	小计(辆)	1月	2月	3月	小计(辆)	
同上	同上	同上	BJ6128C8BCD	承载式车身	天然气	GB 17691 - 2005 国Ⅴ, GB 11340 - 2005 GB 18285 - 2005	12350	2550	3980	5000 + 1450	23800	15500	0	0	0	0	0	0	29	0	0	0	0	0		0	0	0		
			BJ6140C8CTD	承载式车身	天然气	GB 17691 - 2005 国Ⅳ, GB 3847 - 2005	13680	2550	3200	6150 + 1450	22900	14300	0	1	0	0	0	31	0	0	0	0	0	0		0	0	0		
					天然气	GB 17691 - 2005 国Ⅳ, GB 3847 - 2005	13680	2550	3200	6150 + 1450	22900	14300	21	20	0	0	0	0	0	0	0	0	0	0		0	0	0		
			BJ6160C6CCD	承载式车身	天然气	GB 17691 - 2005 国Ⅴ, GB 11340 - 2005 GB 18285 - 2005	16450	2550	3200	5000 + 5700	28000	16500	0	0	0	0	188	1	0	0	0	0	0	0		0	0	0		
					天然气	GB 17691 - 2005 国Ⅳ, GB 11340 - 2005 GB 18285 - 2005	16450	2550	3200	5000 + 5700	28000	16500	100	169	142	100	1	0	0	0	0	0	0	0		0	0	0		
					天然气	GB 17691 - 2005 国Ⅴ, GB 11340 - 2005 GB 18285 - 2005	16450	2550	3200	5000 + 5700	28000	16500	0	0	0	0	57	0	1	0	0	0	0	0		0	0	0		
			BJ6180C8CTD - 1	承载式车身	天然气	GB 17691 - 2005 国Ⅴ, GB 11340 - 2005 GB 18285 - 2005	17980	2550	3200	5800 + 6100	28000	17000	0	0	0	0	1	66	1	0	0	0	0	0		0	0	0		
			BJ6760C5MCB	BJ6750BC0CA	天然气	GB 17691 - 2005 国Ⅳ, GB 11340 - 2005 GB 18285 - 2005	7645	2350	3100	3600	10600	7100	1	0	0	8	0	0	0	0	0	0	0	0		0	0	0		
			BJ6760C5MCB - 1	BJ6750BC0CA - 1	天然气	GB 17691 - 2005 国Ⅴ, GB 11340 - 2005 GB 18285 - 2005	7645	2350	3100	3600	10600	7100	0	0	0	0	0	0	0	0	0	0	0	0		90	0	0		
					天然气	GB 17691 - 2005 国Ⅴ, GB 11340 - 2005 GB 18285 - 2005	7645	2350	3220	3600	10600	6900	0	0	0	0	0	0	0	0	0	10	8	0		0	0	0		
					天然气	GB 17691 - 2005 国Ⅴ, GB 11340 - 2005 GB 18285 - 2005	7645	2350	3100	3600	10600	7100	0	0	0	0	0	0	5	0	10	0	0	0		0	0	0		
			BJ6831C6MCB - 1	BJ6810BK0DA - 1	天然气	GB 17691 - 2005 国Ⅳ, GB 11340 - 2005 GB 18285 - 2005	8345	2450	3150	3900	12200	8600	0	0	0	20	0	0	0	0	0	0	0	0		0	0	0		
			BJ6831C6MCB - 2	BJ6810BK0DA - 2	天然气	GB 17691 - 2005 国Ⅴ, GB 11340 - 2005 GB 18285 - 2005	8345	2450	3050	3900	12200	8400	51	0	0	0	0	0	0	0	0	0	0	0		0	0	10		
					天然气	GB 17691 - 2005 国Ⅴ, GB 11340 - 2005 GB 18285 - 2005	8345	2450	3280 3050	3900	12200	8600 8400	0	0	0	0	0	0	0	38	15	0	0	0		0	0	0		
			BJ6901C6MCB - 2	BJ6870BK0DD - 2	天然气	GB 17691 - 2005 国Ⅳ, GB 11340 - 2005 GB 18285 - 2005	8990	2450	3300	4250	13200	8600	0	0	0	53	0	2	38	0	0	0	0	0		0	0	0		
			BJ6901C6MCB - 3	BJ6870BK0DD - 3	天然气	GB 17691 - 2005 国Ⅴ, GB 11340 - 2005 GB 18285 - 2005	8990	2450	3050	4250	13200	8600	0	0	0	0	8	0	0	0	0	0	0	0		0	0	0		
					天然气	GB 17691 - 2005 国Ⅴ, GB 11340 - 2005 GB 18285 - 2005	8990	2450	3300	4250	13200	8600	0	12	0	0	0	0	0	10	0	0	0	0		0	0	0		
			BJ6931C6MCB - 1	BJ6900BK0DD - 1	天然气	GB 17691 - 2005 国Ⅴ, GB 11340 - 2005 GB 18285 - 2005	9300	2450	3300	4560	13700	9500	0	0	0	0	0	0	0	0	6	13	0	0		0	0	0		

续表

企业名称	车辆品牌	车辆名称	车辆型号	底盘型号	燃料种类	排放标准	外形尺寸(mm) 长	宽	高	轴距(mm)	总质量(kg)	整备质量(kg)	2014年 1月	2月	3月	4月	5月	6月	7月	8月	9月	10月	11月	12月	小计(辆)	2015年 1月	2月	3月	小计(辆)	合计(辆)
同上	同上	同上	BJ6931C6MCB-1	BJ6900BK0DD-1	天然气	GB 17691-2005 国Ⅴ，GB 11340-2005 GB 18285-2005	9300	2450	3150	4560	13700	9000	0	0	0	0	0	0	0	0	0	43	0	0		0	0	0		
			BJ6113U8MCB	BJ6113U8MCB	天然气	GB 17691-2005 国Ⅴ，GB 11340-2005 GB 18285-2005	10990	2500	3420	5450	16500	11350	0	0	0	0	10	0	0	0	0	0	0	0		0	0	0		
					天然气	GB 17691-2005 国Ⅴ，GB 11340-2005 GB 18285-2005	10990	2500	3420	5450	16500	11350	0	0	7	2	0	0	0	0	2	0	0	1		1	1	1		
			BJ6113U8MCB-1	BJ6113U8MCB	天然气	GB 17691-2005 国Ⅴ，GB 11340-2005 GB 18285-2005	10990	2500	3420	5450	15900	11600	0	0	0	0	50	0	0	0	0	1	0	0		0	0	0		
			BJ6115U8ATB-2	承载式车身	天然气	GB 17691-2005 国Ⅴ，GB 11340-2005 GB 18285-2005	10990	2500	3580	5450	15900	11770	0	0	0	0	0	4	0	0	0	0	0	0		0	0	0		
					天然气	GB 17691-2005 国Ⅴ，GB 11340-2005 GB 18285-2005	10990	2500	3580	5450	15900	11770	0	0	0	0	0	3	0	0	0	0	0	0		0	0	0		
			BJ6115U8ATB-3	承载式车身	天然气	GB 17691-2005 国Ⅴ，GB 11340-2005 GB 18285-2005	10990	2500	3580	5450	15900	11770	1	0	0	0	0	0	0	0	0	0	0	0		0	0	0		
			BJ6127C8BTD	承载式车身	天然气	GB 17691-2005 国Ⅴ，GB 18285-2005 GB 11340-2005	12000	2550	3300	6000	18000	12780	0	0	0	0	0	0	0	0	0	0	0	0		15	0	0		
			BJ6129U8BTB	承载式车身	天然气	GB 17691-2005 国Ⅳ，GB 11340-2005 GB 18285-2005	12000	2550	3960	6000	18000	13240	0	0	2	1	0	0	0	0	0	0	0	0		0	0	0		
			BJ6129U8BTB-1	承载式车身	天然气	GB 17691-2005 国Ⅴ，GB 11340-2005 GB 18285-2005	12000	2550	3960	6000	18000	13240	0	0	0	0	0	0	0	0	3	0	0	0		0	0	0		
			BJ6129U8BTB-2	承载式车身	天然气	GB 17691-2005 国Ⅴ，GB 11340-2005 GB 18285-2005	12000	2550	3760	6000	18000	13550	0	1	0	0	0	0	0	0	0	0	0	0		0	0	0		
			BJ6129U8BTB-3	承载式车身	天然气	GB 17691-2005 国Ⅴ，GB 11340-2005 GB 18285-2005	12000	2550	3790	6000	18000	13550	0	0	0	0	0	0	2	1	0	0	0	0		1	0	0		
			BJ6800U6ACB-1	承载式车身	天然气	GB 17691-2005 国Ⅳ，GB 11340-2005 GB 18285-2005	7995	2450	3380	3800	10600	7870	0	0	0	0	1	0	0	0	0	0	0	0		0	0	0		
			BJ6802U6ACB-1	承载式车身	天然气	GB 17691-2005 国Ⅴ，GB 11340-2005 GB 18285-2005	7995	2450	3380	3800	10760	8180	5	0	0	0	5	0	0	0	2	1	0	4		13	0	0		
			BJ6850U6ACB	承载式车身	天然气	GB 17691-2005 国Ⅳ，GB 11340-2005 GB 18285-2005	8520	2450	3380	4100	11920	8880	0	10	0	0	0	0	0	0	0	0	0	0		0	0	0		
			BJ6852U6ACB-1	承载式车身	天然气	GB 17691-2005 国Ⅴ，GB 11340-2005 GB 18285-2005	8520	2450	3380	4100	11990	8880	0	0	0	2	0	0	0	0	4	0	0	1		0	0	0		
			BJ6900U7ACB	承载式车身	天然气	GB 17691-2005 国Ⅳ，GB 11340-2005 GB 18285-2005	8995	2450	3380	4425	12800	9300	0	0	0	0	1	0	0	0	0	0	2	0		0	0	0		
			BJ6902U7ACB-1	承载式车身	天然气	GB 17691-2005 国Ⅴ，GB 11340-2005 GB 18285-2005	8995	2450	3400	4380	13000	9600	0	0	2	0	0	0	0	0	0	0	0	0		0	0	0		

续表

企业名称	车辆品牌	车辆名称	车辆型号	底盘型号	燃料种类	排放标准	外形尺寸(mm)			轴距(mm)	总质量(kg)	整备质量(kg)	2014年													2015年				合计(辆)
							长	宽	高				1月	2月	3月	4月	5月	6月	7月	8月	9月	10月	11月	12月	小计(辆)	1月	2月	3月	小计(辆)	
同上	同上	同上	BJ6902U7ACB-1	承载式车身	天然气	GB 17691-2005 国Ⅴ，GB 11340-2005 GB 18285-2005	8995	2450	3400	4380	13000	9600	0	0	2	0	0	1	1	0	1	1	0	0		0	0	0		
厦门金龙旅行车有限公司	金旅牌	城市客车	XML6105J15CN	承载式车身	天然气	GB 17691-2005 国Ⅴ，GB 18285-2005 GB 11340-2005	10480	2500	3300	5000	16500	11930	0	0	0	0	0	0	0	0	20	12	0	0	2893	0	0	0	393	3286
					天然气	GB 17691-2005 国Ⅴ，GB 18285-2005 GB 11340-2005	10480	2500	3500	5000	16500	10780	22	0	49	0	0	0	25	0	0	8	0	0		0	0	0		
					天然气	GB 17691-2005 国Ⅴ，GB 18285-2005 GB 11340-2005	10480	2500	3500	5000	16500	11540	3	0	30	0	35	0	50	65	15	45	16	0		6	0	0		
			XML6105J28CN	承载式车身	天然气	GB 17691-2005 国Ⅳ，GB 18285-2005 GB 11340-2005	10480	2500	3500	5000	16500	11540	0	0	0	0	51	65	8	0	12	0	0	0		0	0	0		
					天然气	GB 17691-2005 国Ⅳ，GB 18285-2005 GB 11340-2005	10480	2500	3500	5000	16500	11540	0	0	15	0	0	0	0	0	0	0	0	0		0	0	0		
					天然气	GB 17691-2005 国Ⅳ，GB 18285-2005 GB 11340-2005	10480	2500	3300	5000	16500	10780	28	0	0	0	20	0	0	0	0	0	0	0		0	0	0		
			XML6115J15CN	承载式车身	天然气	GB 17691-2005 国Ⅴ，GB 18285-2005 GB 11340-2005	11380	2540	3150	5700	17000	11300	0	0	0	0	0	41	0	0	0	0	0	0		0	0	0		
					天然气	GB 17691-2005 国Ⅴ，GB 18285-2005 GB 11340-2005	11380	2540	3300	5700	17000	11300	0	0	0	80	0	0	76	2	1	0	0	0		0	0	0		
					天然气	GB 17691-2005 国Ⅴ，GB 18285-2005 GB 11340-2005	11380	2540	3300	5700	17000	12100	0	0	40	0	0	0	0	0	0	0	0	0		0	0	0		
			XML6122J15CN	承载式车身	天然气	GB 17691-2005 国Ⅴ，GB 18285-2005 GB 11340-2005	12000	2550	3400	6300	18000	13300	0	0	0	0	42	108	0	0	0	0	0	0		0	0	0		
			XML6125J15CN	承载式车身	天然气	GB 17691-2005 国Ⅴ，GB 18285-2005 GB 11340-2005	11980	2540	3300	5980	18000	12320	0	0	0	0	0	0	0	1	0	21	0	0		0	0	0		
					天然气	GB 17691-2005 国Ⅴ，GB 18285-2005 GB 11340-2005	11980	2540	3500	5980	18000	12320	110	50	60	0	0	0	0	0	0	0	0	0		0	0	0		
					天然气	GB 17691-2005 国Ⅴ，GB 18285-2005 GB 11340-2005	11980	2540	3300	5980	18000	12320	0	3	55	2	0	0	50	113	0	0	0	3		3	0	0		
			XML6125J18CN	承载式车身	天然气	GB 17691-2005 国Ⅳ，GB 18285-2005 GB 11340-2005	11980	2540	3500	6100	18000	12320	20	0	25	0	0	0	0	20	0	0	0	0		0	0	0		
					天然气	GB 17691-2005 国Ⅴ，GB 18285-2005 GB 11340-2005	5995	2280	2960	3100	7700	4500	0	0	0	1	2	0	0	1	0	0	0	0		0	0	0		
					天然气	GB 17691-2005 国Ⅴ，GB 18285-2005 GB 11340-2005	5995	2280	2960	3100	7700	4500	0	0	35	0	0	0	31	20	20	0	0	0		0	0	0		
			XML6662J18CN	承载式车身	天然气	GB 17691-2005 国Ⅳ，GB 18285-2005 GB 11340-2005	6580	2280	2870	3300	7700	4800	0	0	0	0	0	0	0	0	0	0	0	10		0	0	0		

续表

企业名称	车辆品牌	车辆名称	车辆型号	底盘型号	燃料种类	排放标准	外形尺寸(mm)			轴距(mm)	总质量(kg)	整备质量(kg)	2014年													2015年				合计(辆)
							长	宽	高				1月	2月	3月	4月	5月	6月	7月	8月	9月	10月	11月	12月	小计(辆)	1月	2月	3月	小计(辆)	
同上	同上	同上	XML6700J15CN	承载式车身	天然气	GB 17691－2005 国Ⅴ，GB 18285－2005 GB 11340－2005	7005	2050	2890	3935	7000	4950	0	50	50	0	0	10	0	0	2	0	0	0		17	0	0		
			XML6700J18CN	承载式车身	天然气	GB 17691－2005 国Ⅳ，GB 18285－2005 GB 11340－2005	7005	2050	2890	3935	7000	4310	0	0	0	0	14	0	0	5	18	0	0	0		200	0	0		
			XML6722J15CN	承载式车身	天然气	GB 17691－2005 国Ⅴ，GB 18285－2005 GB 11340－2005	7245	2280	2960	3935	7700	5200	0	0	0	0	1	0	0	0	0	0	0	0		0	0	0		
			XML6745J15CN	承载式车身	天然气	GB 17691－2005 国Ⅴ，GB 18285－2005 GB 11340－2005	7445	2300	3000	3600	11500	7350	0	0	0	0	0	0	0	0	0	0	0	0		0	0	8		
			XML6745J18CN	承载式车身	天然气	GB 17691－2005 国Ⅳ，GB 18285－2005 GB 11340－2005	7445	2300	3000	3600	11500	7350	0	0	0	4	26	0	0	0	0	0	0	0		0	0	0		
			XML6745J25CN	承载式车身	天然气	GB 17691－2005 国Ⅴ，GB 18285－2005 GB 11340－2005	7445	2300	3000	3600	11500	7350	0	0	0	0	0	0	30	0	0	0	0	0		0	0	0		
			XML6770J15CN	承载式车身	天然气	GB 17691－2005 国Ⅴ，GB 18285－2005 GB 11340－2005	7730	2050	2890	4435	7300	4650	0	0	0	0	0	0	0	0	0	0	0	12		0	0	0		
			XML6775J15CN	承载式车身	天然气	GB 17691－2005 国Ⅴ，GB 18285－2005 GB 11340－2005	7745	2300	3050	3650	11500	7530	0	0	0	10	0	0	0	0	0	0	0	0		7	0	0		
					天然气	GB 17691－2005 国Ⅴ，GB 18285－2005 GB 11340－2005	7745	2300	3050	3650	11500	7530	0	0	0	0	0	10	0	0	0	0	0	0		0	0	0		
			XML6805J15CN	承载式车身	天然气	GB 17691－2005 国Ⅴ，GB 18285－2005 GB 11340－2005	8005	2300	3180	3800	11500	7740	10	0	0	10	0	10	0	0	0	0	0	0		0	0	0		
					天然气	GB 17691－2005 国Ⅴ，GB 18285－2005 GB 11340－2005	8005	2300	3000	3800	11500	8210	0	0	0	0	0	0	38	0	0	0	0	0		0	0	0		
			XML6805J18CN	承载式车身	天然气	GB 17691－2005 国Ⅳ，GB 18285－2005 GB 11340－2005	7985	2300	3000	3800	11500	7740	13	0	13	0	0	0	0	0	0	0	8	0		0	0	0		
			XML6845J15CN	承载式车身	天然气	GB 17691－2005 国Ⅴ，GB 18285－2005 GB 11340－2005	8390	2460	3350	4000	12200	9040	0	0	0	0	0	0	0	30	0	0	0	0		0	0	0		
					天然气	GB 17691－2005 国Ⅴ，GB 18285－2005 GB 11340－2005	8390	2460	3350	4000	12200	7865	0	0	30	0	0	0	0	0	19	2	0	0		9	39	8		
			XML6845J18CN	承载式车身	天然气	GB 17691－2005 国Ⅳ，GB 18285－2005 GB 11340－2005	8390	2460	3120	4000	12200	9040	0	0	13	27	0	0	4	0	0	0	0	20		0	0	0		
			XML6895J15CN	承载式车身	天然气	GB 17691－2005 国Ⅴ，GB 18285－2005 GB 11340－2005	8930	2460	3120	4250	13200	9200	0	0	0	0	30	11	10	0	20	0	0	0		0	0	0		
			XML6895J18CN	XML6865D18CN	天然气	GB 17691－2005 国Ⅳ，GB 18285－2005 GB 11340－2005	8930	2460	3120	4250	13200	8800	0	0	1	0	9	0	0	0	0	0	0	0		0	0	0		
			XML6925J15CN	承载式车身	天然气	GB 17691－2005 国Ⅴ，GB 18285－2005 GB 11340－2005	9180	2460	3120	4250	13200	9400	0	0	109	0	0	0	0	0	0	0	24	0		0	0	0		

续表

企业名称	车辆品牌	车辆名称	车辆型号	底盘型号	燃料种类	排放标准	外形尺寸(mm) 长	宽	高	轴距(mm)	总质量(kg)	整备质量(kg)	2014年 1月	2月	3月	4月	5月	6月	7月	8月	9月	10月	11月	12月	小计(辆)	2015年 1月	2月	3月	小计(辆)	合计(辆)
同上	同上	同上	XML6925J18CN	XML6905D18CN	天然气	GB 17691－2005 国Ⅳ，GB 18285－2005 GB 11340－2005	9180	2460	3120	4250	13200	8900	4	0	0	0	0	0	0	0	0	0	0	0		0	0	0		
		客车	XML6102J55NZ	承载式车身	天然气	GB 17691－2005 国Ⅴ，GB 18285－2005 GB 11340－2005	10490	2500	3600	4950	16500	12350	0	0	0	0	1	0	0	0	0	0	0	0		0	0	0		
			XML6103J15N	承载式车身	天然气	GB 17691－2005 国Ⅴ，GB 18285－2005 GB 11340－2005	10490	2500	3600	5200	15900	11530	0	2	0	1	0	5	0	0	2	0	0	4		0	0	0		
			XML6103J18N	XML6103D18N	天然气	GB 17691－2005 国Ⅳ，GB 18285－2005 GB 11340－2005	10490	2500	3600	5200	15200	11530	0	0	0	0	0	1	1	0	0	0	0	0		0	0	0		
					天然气	GB 17691－2005 国Ⅳ，GB 18285－2005 GB 11340－2005	10490	2500	3760	5200	15200	11530	0	0	0	0	0	0	0	0	0	0	0	1		0	0	0		
					天然气	GB 17691－2005 国Ⅳ，GB 18285－2005 GB 11340－2005	10490	2500	3760	5200	15200	11530	0	0	1	0	0	6	0	0	0	0	0	0		0	0	0		
			XML6103J25N	承载式车身	天然气	GB 17691－2005 国Ⅴ，GB 18285－2005 GB 11340－2005	10490	2500	3600	5200	15900	11530	0	0	0	0	0	0	1	0	0	3	1	2		0	0	36		
			XML6103J28N	XML6103D18N	天然气	GB 17691－2005 国Ⅳ，GB 18285－2005 GB 11340－2005	10490	2500	3600	5200	15200	11530	0	0	0	0	0	0	0	1	0	0	0	0		0	0	0		
			XML6112J35NY	承载式车身	天然气	GB 17691－2005 国Ⅴ，GB 18285－2005 GB 11340－2005	10990	2500	3600	5550	17100	12950	0	0	0	20	30	0	0	0	0	0	0	0		0	0	0		
			XML6112J55NY	承载式车身	天然气	GB 17691－2005 国Ⅴ，GB 18285－2005 GB 11340－2005	11400	2550	3790	5400	18000	13600	0	0	0	0	0	0	0	0	0	0	0	3		0	0	0		
					天然气	GB 17691－2005 国Ⅴ，GB 18285－2005 GB 11340－2005	11400	2550	3790	5400	18000	13600	0	0	0	0	0	0	13	0	0	0	0	0		0	0	0		
			XML6113J35N	承载式车身	天然气	GB 17691－2005 国Ⅴ，GB 18285－2005 GB 11340－2005	10990	2500	3600	5550	16500	12100	0	0	0	0	13	0	0	0	0	0	0	1		0	0	2		
					天然气	GB 17691－2005 国Ⅴ，GB 18285－2005 GB 11340－2005	10990	2500	3600	5550	16500	12100	0	0	0	2	0	3	0	1	0	1	0	0		2	0	0		
			XML6113J55N	承载式车身	天然气	GB 17691－2005 国Ⅴ，GB 18285－2005 GB 11340－2005	10990	2500	3600	5550	16500	12100	0	0	0	0	0	0	0	0	0	1	0	0		0	0	1		
					天然气	GB 17691－2005 国Ⅴ，GB 18285－2005 GB 11340－2005	10990	2500	3600	5550	16500	11500	4	2	9	0	0	3	4	0	4	0	10	0		4	1	3		
			XML6125J15N	承载式车身	天然气	GB 17691－2005 国Ⅴ，GB 18285－2005 GB 11340－2005	12000	2550	3820	6000	18000	13550	0	0	0	0	0	0	0	2	0	0	0	0		12	0	0		
			XML6125J28N	承载式车身	天然气	GB 17691－2005 国Ⅳ，GB 18285－2005 GB 11340－2005	12000	2550	3995	6000	18000	13550	0	0	1	0	0	0	0	0	0	0	0	0		0	0	0		
			XML6125J25N	承载式车身	天然气	GB 17691－2005 国Ⅴ，GB 18285－2005 GB 11340－2005	12000	2550	3795	6000	18000	13550	0	0	0	0	0	0	0	0	1	0	0	0		0	0	0		

续表

企业名称	车辆品牌	车辆名称	车辆型号	底盘型号	燃料种类	排放标准	外形尺寸(mm)			轴距(mm)	总质量(kg)	整备质量(kg)	2014年													2015年				合计(辆)
							长	宽	高				1月	2月	3月	4月	5月	6月	7月	8月	9月	10月	11月	12月	小计(辆)	1月	2月	3月	小计(辆)	
同上	同上	同上	XML6125J25N	承载式车身	天然气	GB 17691－2005 国Ⅴ，GB 18285－2005 GB 11340－2005	12000	2550	3820	6000	18000	13550	0	0	0	0	0	0	1	0	6	0	0	0		0	0	0		
			XML6127J15N	承载式车身	天然气	GB 17691－2005 国Ⅴ，GB 18285－2005 GB 11340－2005	12000	2550	3600	6300	18000	13210	0	0	0	0	0	0	0	0	2	0	0	0		0	0	0		
					天然气	GB 17691－2005 国Ⅴ，GB 18285－2005 GB 11340－2005	12000	2550	3600	6000	18000	12500	18	0	0	12	0	9	0	0	0	1	0	11		2	0	0		
			XML6127J25N	承载式车身	天然气	GB 17691－2005 国Ⅴ，GB 18285－2005 GB 11340－2005	12000	2550	3600	6000	18000	13210	0	0	0	0	0	0	0	0	4	0	0	0		0	0	0		
			XML6127J38N	承载式车身	天然气	GB 17691－2005 国Ⅳ，GB 18285－2005 GB 11340－2005	12000	2550	3600	6000	18000	13210	0	0	0	0	0	0	0	5	4	0	0	0		0	0	0		
			XML6128J18N	承载式车身	天然气	GB 17691－2005 国Ⅳ，GB 18285－2005 GB 11340－2005	11985	2540	3970	6000	18000	13710	0	0	0	0	0	0	0	0	0	0	0	0		5	0	0		
			XML6128J25N	承载式车身	天然气	GB 17691－2005 国Ⅴ，GB 18285－2005 GB 11340－2005	11985	2540	3970	6000	18000	13710	1	0	0	0	0	0	0	0	0	0	1	0		0	0	0		
					天然气	GB 17691－2005 国Ⅴ，GB 18285－2005 GB 11340－2005	11985	2540	3970	6100	18000	13710	0	0	0	0	0	0	0	0	0	0	0	0		1	0	0		
			XML6601J15N	承载式车身	天然气	GB 17691－2005 国Ⅴ，GB 18285－2005 GB 11340－2005	5990	2050	2870	3300	6050	4550	0	0	0	0	0	0	0	0	0	0	0	0		0	2	0		
			XML6662J18N	承载式车身	天然气	GB 17691－2005 国Ⅳ，GB 18285－2005 GB 11340－2005	6580	2280	2960	3300	7500	5100	0	0	0	0	0	1	0	0	0	0	0	0		0	0	0		
			XML6700J15N	承载式车身	天然气	GB 17691－2005 国Ⅴ，GB 18285－2005 GB 11340－2005	6970	2050	2770	3935	7300	4935	0	0	0	0	2	0	1	0	0	1	0	1		0	1	0		
			XML6700J18N	承载式车身	天然气	GB 17691－2005 国Ⅳ，GB 18285－2005 GB 11340－2005	6970	2050	2770	3935	6500	4310	1	0	0	0	1	3	1	1	0	0	2	0		0	0	0		
			XML6723J28N	承载式车身	天然气	GB 17691－2005 国Ⅳ，GB 11340－2005 GB 18285－2005	7235	2250	2870	3800	7500	5160	12	0	0	0	0	0	0	0	0	0	0	0		0	0	0		
			XML6752J15N	承载式车身	天然气	GB 17691－2005 国Ⅴ，GB 18285－2005 GB 11340－2005	7495	2280	2960	3935	8500	5410	1	0	0	0	0	0	0	0	0	2	0	0		0	0	0		
			XML6757J15N	承载式车身	天然气	GB 17691－2005 国Ⅴ，GB 18285－2005 GB 11340－2005	7545	2400	3150	3520	11000	7500	0	0	0	0	0	0	0	0	0	0	0	1		0	0	0		
			XML6757J18N	承载式车身	天然气	GB 17691－2005 国Ⅳ，GB 18285－2005 GB 11340－2005	7545	2400	3150	3520	9850	7100	0	0	0	0	0	0	0	0	1	0	2	0		0	0	0		
			XML6757J25N	承载式车身	天然气	GB 17691－2005 国Ⅴ，GB 18285－2005 GB 11340－2005	7545	2400	3150	3520	9850	7100	0	0	0	0	0	0	0	3	0	0	0	2		0	0	0		
			XML6807J15N	承载式车身	天然气	GB 17691－2005 国Ⅴ，GB 18285－2005 GB 11340－2005	8030	2500	3300	3800	11000	7850	0	0	3	1	2	0	0	0	0	1	0	1		1	2	0		

续表

企业名称	车辆品牌	车辆名称	车辆型号	底盘型号	燃料种类	排放标准	外形尺寸(mm)			轴距(mm)	总质量(kg)	整备质量(kg)	2014年													2015年				合计(辆)
							长	宽	高				1月	2月	3月	4月	5月	6月	7月	8月	9月	10月	11月	12月	小计(辆)	1月	2月	3月	小计(辆)	
同上	同上	同上	XML6807J18N	承载式车身	天然气	GB 17691－2005 国Ⅳ, GB 18285－2005 GB 11340－2005	8030	2500	3440	3800	10580	7850	0	1	0	0	0	16	0	0	0	0	0	0		0	0	0		
			XML6807J25N	承载式车身	天然气	GB 17691－2005 国Ⅴ, GB 18285－2005 GB 11340－2005	8030	2500	3560	3800	10150	7570	20	0	0	1	0	1	0	0	0	0	7	1		6	2	0		
			XML6807J28N	承载式车身	天然气	GB 17691－2005 国Ⅳ, GB 18285－2005 GB 11340－2005	8030	2500	3300	3800	10150	7570	0	0	3	6	1	22	0	8	10	0	0	0		0	0	0		
			XML6857J15N	承载式车身	天然气	GB 17691－2005 国Ⅴ, GB 18285－2005 GB 11340－2005	8540	2500	3300	4100	11830	8940	0	0	0	0	0	0	1	0	1	0	0	4		0	0	0		
			XML6857J18N	承载式车身	天然气	GB 17691－2005 国Ⅳ, GB 18285－2005 GB 11340－2005	8540	2500	3300	4100	11830	8940	0	0	0	0	1	0	0	0	0	0	0	0		0	0	0		
			XML6857J25N	承载式车身	天然气	GB 17691－2005 国Ⅴ, GB 18285－2005 GB 11340－2005	8540	2500	3300	4100	11830	8940	0	0	0	0	0	0	0	0	0	0	1	0		0	0	0		
					天然气	GB 17691－2005 国Ⅴ, GB 18285－2005 GB 11340－2005	8540	2500	3300	4100	11830	8940	0	0	1	0	0	0	0	4	0	0	0	10		2	1	0		
			XML6857J28N	承载式车身	天然气	GB 17691－2005 国Ⅳ, GB 18285－2005 GB 11340－2005	8540	2500	3300	4100	11830	8940	0	0	0	1	0	0	0	0	0	0	0	0		0	0	0		
					天然气	GB 17691－2005 国Ⅳ, GB 18285－2005 GB 11340－2005	8540	2500	3300	4100	11830	8940	0	0	2	0	0	1	0	0	0	0	1	5		6	0	0		
			XML6902J15NE	承载式车身	天然气	GB 17691－2005 国Ⅴ, GB 18285－2005 GB 11340－2005	8995	2500	3480	4300	13000	9800	0	0	0	0	0	0	0	0	1	0	0	1		1	0	0		
			XML6907J15N	承载式车身	天然气	GB 17691－2005 国Ⅴ, GB 18285－2005 GB 11340－2005	8995	2500	3480	4300	13000	9800	0	0	0	1	0	0	0	0	0	1	0	0		0	0	0		
			XML6907J25N	承载式车身	天然气	GB 17691－2005 国Ⅴ, GB 18285－2005 GB 11340－2005	8995	2500	3480	4300	13000	9800	0	0	0	0	29	2	6	0	0	0	0	6		0	0	0		
					天然气	GB 17691－2005 国Ⅴ, GB 18285－2005 GB 11340－2005	8995	2500	3480	4300	13000	9800	3	0	1	1	0	7	6	1	1	0	0	2		0	0	0		
			XML6907J28N	承载式车身	天然气	GB 17691－2005 国Ⅳ, GB 18285－2005 GB 11340－2005	8995	2500	3480	4300	13000	9800	0	1	0	0	0	0	0	0	0	0	1	2		0	0	0		
					天然气	GB 17691－2005 国Ⅳ, GB 18285－2005 GB 11340－2005	8995	2500	3480	4300	13000	9800	0	0	0	0	0	2	1	3	0	0	0	0		2	0	0		
			XML6957J25N	承载式车身	天然气	GB 17691－2005 国Ⅴ, GB 18285－2005 GB 11340－2005	9545	2500	3480	4700	14000	9900	0	0	0	0	0	0	0	1	0	0	0	0		0	0	0		
			XML6997J25N	承载式车身	天然气	GB 17691－2005 国Ⅴ, GB 18285－2005 GB 11340－2005	9945	2500	3480	5100	14000	9990	0	0	0	0	0	0	0	0	4	0	0	0		0	0	0		
					天然气	GB 17691－2005 国Ⅴ, GB 18285－2005 GB 11340－2005	9945	2500	3480	5100	14000	9750	0	0	0	0	0	0	1	0	0	0	0	8		0	0	0		

续表

企业名称	车辆品牌	车辆名称	车辆型号	底盘型号	燃料种类	排放标准	外形尺寸(mm) 长	宽	高	轴距(mm)	总质量(kg)	整备质量(kg)	2014年 1月	2月	3月	4月	5月	6月	7月	8月	9月	10月	11月	12月	小计(辆)	2015年 1月	2月	3月	小计(辆)	合计(辆)
同上	同上	同上	XML6997J28N	承载式车身	天然气	GB 17691－2005 国Ⅳ，GB 18285－2005 GB 11340－2005	9945	2500	3520	5100	14000	9990	0	0	0	0	0	0	0	0	0	1	0	0		0	0	0		
		双层城市客车	XML6116J15CNS	承载式车身	天然气	GB 17691－2005 国Ⅴ，GB 18285－2005 GB 11340－2005	11300	2540	4200	5500	18000	13060	0	0	0	0	0	20	0	0	22	0	0	0		1	0	0		
中通客车控股股份有限公司	中通牌	城市客车	LCK6105HGC	LCK6104RGC	天然气	GB 17691－2005 国Ⅳ，GB 11340－2005 GB 18285－2005	10500	2500	3020	5000	16000	10900	0	0	0	6	0	0	0	20	0	2	9	0	2611	0	1	0	567	3178
					天然气	GB 17691－2005 国Ⅳ，GB 11340－2005 GB 18285－2005	10500	2500	3280	5000	16000	10900	0	0	0	36	0	0	0	1	0	0	0	0		0	0	0		
					天然气	GB 17691－2005 国Ⅳ，GB 11340－2005 GB 18285－2005	10500	2500	3455	5000	16000	11400	0	0	0	0	20	0	0	0	0	0	0	1		0	21	0		
			LCK6105HGN	LCK6995RGN	天然气	GB 17691－2005（国Ⅴ），GB 18285－2005 GB 11340－2005	10500	2500	3455	5000	16000	11400	0	58	14	0	0	0	0	0	0	0	0	0		0	0	0		
					天然气	GB 17691－2005（国Ⅴ），GB 18285－2005 GB 11340－2005	10500	2500	3455	5000	16000	10900	10	0	0	0	0	16	0	0	0	0	6	0		0	6	0		
			LCK6105HQGN	承载式车身	天然气	GB 17691－2005（国Ⅴ），GB 18285－2005 GB 11340－2005	10500	2500	3280	5100	16500	10800	0	0	0	0	0	0	0	0	24	0	0	0		0	0	0		
					天然气	GB 17691－2005（国Ⅴ），GB 18285－2005 GB 11340－2005	10500	2500	3455	5100	16500	11100	0	0	0	0	0	0	0	0	0	0	10	0		0	0	0		
			LCK6108DGN	LCK6105DGN	天然气	GB 17691－2005（国Ⅴ），GB 18285－2005 GB 11340－2005	10500	2500	3150	5000	15000	9700	22	0	0	0	0	0	0	0	0	0	0	0		0	0	0		
			LCK6109DGC	LCK6104DGC	天然气	GB 11340－2005，GB 18285－2005 GB 17691－2005 国Ⅳ	10500	2500	3300	5000	14500	10200	8	0	0	0	0	0	0	0	0	0	0	0		0	0	0		
					天然气	GB 11340－2005，GB 18285－2005 GB 17691－2005 国Ⅳ	10500	2500	3150	5000	14500	10200	0	0	0	0	0	0	15	0	0	0	0	0		0	0	0		
			LCK6115HGC	LCK6114RGC	天然气	GB 17691－2005（国Ⅳ），GB 18285－2005 GB 11340－2005	11490	2500	3280	5600	16500	11500	0	0	0	0	0	0	0	10	0	0	0	0		0	0	0		
			LCK6115HQGN	承载式车身	天然气	GB 17691－2005（国Ⅴ），GB 18285－2005 GB 11340－2005	11490	2500	3280	5700	17000	11300	0	0	0	70	0	0	0	0	15	0	0	0		30	0	0		
					天然气	GB 17691－2005（国Ⅴ），GB 18285－2005 GB 11340－2005	11490	2500	3280	5700	17000	11300	0	0	0	0	0	0	0	0	0	0	0	0		55	0	0		
			LCK6120HQGN	承载式车身	天然气	GB 17691－2005（国Ⅴ），GB 18285－2005 GB 11340－2005	11990	2540	3450	6000	18000	12340	0	0	0	0	0	0	0	0	0	0	0	9		0	0	0		
			LCK6125HGC	LCK6124RGC	天然气	GB 17691－2005 国Ⅳ，GB 11340－2005 GB 18285－2005	11990	2540	3455	6000	17990	12400	0	0	0	0	122	40	0	0	1	0	0	0		0	0	0		
					天然气	GB 17691－2005 国Ⅳ，GB 11340－2005 GB 18285－2005	11990	2540	3280	6000	17990	11900	12	0	0	0	0	0	0	0	0	0	0	1		0	0	0		

续表

企业名称	车辆品牌	车辆名称	车辆型号	底盘型号	燃料种类	排放标准	外形尺寸(mm)			轴距(mm)	总质量(kg)	整备质量(kg)	2014年													2015年				合计(辆)
							长	宽	高				1月	2月	3月	4月	5月	6月	7月	8月	9月	10月	11月	12月	小计(辆)	1月	2月	3月	小计(辆)	
同上	同上	同上	LCK6125HGC	LCK6124RGC	天然气	GB 17691-2005 国Ⅳ, GB 11340-2005 GB 18285-2005	11990	2540	3280	6000	17990	12400	1	0	0	0	0	1	0	0	0	0	0	0		0	0	0		
			LCK6125HGN	LCK6125RGN	天然气	GB 17691-2005 (国Ⅴ), GB 18285-2005 GB 11340-2005	11990	2540	3455	6000	17990	11500	0	0	6	0	0	0	0	0	0	0	0	0		0	0	0		
			LCK6125HQGN	承载式车身	天然气	GB 17691-2005 (国Ⅴ), GB 18285-2005 GB 11340-2005	11990	2540	3280	6000	17990	11900	12	0	0	0	0	0	0	0	0	0	0	0		0	0	0		
					天然气	GB 17691-2005 (国Ⅴ), GB 18285-2005 GB 11340-2005	11990	2540	3455	6000	17990	11900	0	0	0	0	0	0	5	0	30	0	0	0		0	0	0		
			LCK6140HGN	承载式车身	天然气	GB 17691-2005 (国Ⅴ), GB 18285-2005 GB 11340-2005	13690	2540	3455	6200+1500	23600	15400	0	158	2	0	0	5	0	0	0	0	0	0		0	0	0		
			LCK6180DGCA	LCK6184DGC	天然气	GB 17691-2005 国Ⅳ, GB 18285-2005 GB 11340-2005	17990	2500	3460	6000+6850	28000	16700	0	0	0	0	0	0	0	0	0	0	10	0		0	0	0		
			LCK6606N5GE	EQ6570KN5AC1	天然气	GB 11340-2005, GB 18285-2005 GB 17691-2005 国Ⅴ	5998	2280	2820	3300	6600	4100	0	0	0	0	0	0	0	24	0	5	0	0		0	0	0		
					天然气	GB 11340-2005, GB 18285-2005 GB 17691-2005 国Ⅴ	5998	2280	2840	3300	6600	4100	0	0	0	0	0	0	0	0	0	0	0	5		0	0	0		
			LCK6606N5GH	HFC6570NY1V	天然气	GB 11340-2005, GB 18285-2005 GB 17691-2005 国Ⅴ	5998	2280	2820	3308	7000	4100	0	0	0	0	0	0	0	28	3	0	0	0		0	0	0		
					天然气	GB 11340-2005, GB 18285-2005 GB 17691-2005 国Ⅴ	5998	2280	2820	3308	7000	4100	0	0	0	0	0	0	0	0	0	0	25	4		7	0	0		
			LCK6660N4GE	EQ6570KN4AC2	天然气	GB 11340-2005, GB 18285-2005 GB 17691-2005 国Ⅳ	6620	2240	2820	3300	6900	4300	8	0	0	0	0	0	0	0	2	0	0	1		10	0	0		
			LCK6669N5GE	EQ6570KN5AC1	天然气	GB 11340-2005, GB 18285-2005 GB 17691-2005 国Ⅴ	6620	2280	2820	3300	6600	4400	0	0	0	0	0	0	15	6	14	7	3	0		0	0	0		
					天然气	GB 11340-2005, GB 18285-2005 GB 17691-2005 国Ⅴ	6620	2280	2980	3300	6600	4600	0	0	0	0	0	0	0	0	0	0	0	36		3	0	0		
			LCK6720N4GH	HFC6640NY1F	天然气	GB 11340-2005, GB 18285-2005 GB 17691-2005 国Ⅳ	7150	2260	2820	3300	7450	4600	9	0	0	0	0	0	0	0	0	0	0	0		0	0	0		
			LCK6720N4GH	HFC6640NY1F	天然气	GB 11340-2005, GB 18285-2005 GB 17691-2005 国Ⅳ	7150	2260	2950	3300	7450	4800	61	0	14	0	13	6	0	11	0	1	5	0		0	0	0		
			LCK6722N5GE	EQ6680TN5AC	天然气	GB 11340-2005, GB 18285-2005 GB 17691-2005 国Ⅴ	7200	2280	2820	3300	7700	4700	0	0	0	0	0	0	0	14	16	0	0	0		0	0	0		
			LCK6722N5GH	HFC6640NY1V	天然气	GB 11340-2005, GB 18285-2005 GB 17691-2005 国Ⅴ	7200	2280	2820	3300	7450	4700	0	0	0	10	0	0	6	0	20	0	0	0		0	0	0		
					天然气	GB 11340-2005, GB 18285-2005 GB 17691-2005 国Ⅴ	7200	2280	2980	3300	7450	4900	0	0	0	0	0	0	0	0	7	0	15	26		0	0	0		

续表

企业名称	车辆品牌	车辆名称	车辆型号	底盘型号	燃料种类	排放标准	外形尺寸(mm) 长	宽	高	轴距(mm)	总质量(kg)	整备质量(kg)	2014年 1月	2月	3月	4月	5月	6月	7月	8月	9月	10月	11月	12月	小计(辆)	2015年 1月	2月	3月	小计(辆)	合计(辆)
同上	同上	同上	LCK6730N4GE	EQ6693TN4AC	天然气	GB 11340－2005，GB 18285－2005 GB 17691－2005 国Ⅳ	7345	2340	2950	3300	8650	5200	4	1	0	40	0	1	0	0	35	4	2	0		4	0	0		
			LCK6730N4GH	HFC6680NY1F	天然气	GB 11340－2005，GB 18285－2005 GB 17691－2005 国Ⅳ	7320	2360	2950	3300	7700	5200	10	0	0	0	0	0	0	0	0	0	0	0		0	0	0		
					天然气	GB 11340－2005，GB 18285－2005 GB 17691－2005 国Ⅳ	7320	2360	3150	3300	8650	5400	0	0	0	0	4	0	0	0	1	0	0	0		0	0	0		
			LCK6730N5GH	HFC6680NY1V	天然气	GB 11340－2005，GB 18285－2005 GB 17691－2005 国Ⅴ	7345	2340	3150	3300	8700	5400	0	0	0	0	14	0	2	0	0	0	0	0		0	0	0		
					天然气	GB 11340－2005，GB 18285－2005 GB 17691－2005 国Ⅴ	7345	2340	2950	3300	8700	5200	0	0	0	0	0	0	0	0	10	0	0	0		0	0	0		
			LCK6770N4GE	EQ6733TN4AC	天然气	GB 11340－2005，GB 18285－2005 GB 17691－2005 国Ⅳ	7740	2340	3000	3650	9000	5800	28	0	4	0	0	0	1	0	0	0	0	0		0	0	0		
					天然气	GB 11340－2005，GB 18285－2005 GB 17691－2005 国Ⅳ	7740	2340	3160	3650	9000	5800	10	0	0	0	4	0	0	0	0	0	0	1		0	0	0		
			LCK6770N4GRH	HFC6730NY1F	天然气	GB 11340－2005，GB 18285－2005 GB 17691－2005 国Ⅳ	7670	2340	3400	3500	9700	6550	0	0	0	12	0	0	4	0	0	0	0	12		0	0	0		
					天然气	GB 11340－2005，GB 18285－2005 GB 17691－2005 国Ⅳ	7670	2340	3400	3500	9700	6550	4	0	0	2	1	0	0	0	0	0	0	6		0	3	0		
			LCK6770N5GE	EQ6733TN5AC	天然气	GB 11340－2005，GB 18285－2005 GB 17691－2005 国Ⅴ	7740	2340	3000	3650	9000	5800	0	0	0	0	0	0	0	0	0	0	22	0		0	0	0		
			LCK6770N5GRH	HFC6730NY1V	天然气	GB 11340－2005，GB 18285－2005 GB 17691－2005 国Ⅴ	7670	2340	3160	3500	10500	6550	0	0	0	0	0	0	0	0	3	0	0	0		0	0	0		
			LCK6780HGN	LCK6740RGN	天然气	GB 17691－2005（国Ⅴ），GB 18285－2005 GB 11340－2005	7830	2390	3220	3600	11000	7600	0	0	0	0	0	0	0	52	0	0	0	79		0	0	20		
			LCK6820HGC	LCK6764RGC	天然气	GB 17691－2005（国Ⅳ），GB 18285－2005 GB 11340－2005	8190	2380	3380	3800	11000	8000	0	0	0	0	0	0	0	0	10	14	0	0		0	0	0		
			LCK6820HGN	LCK6765RGN	天然气	GB 17691－2005（国Ⅴ），GB 18285－2005 GB 11340－2005	8190	2380	3140	3800	11000	8000	0	0	0	11	0	0	0	0	0	0	0	50		10	0	0		
			LCK6850DGN	EQ6800TN5AC	天然气	GB 11340－2005，GB 18285－2005 GB 17691－2005 国Ⅴ	8545	2500	3260	4000	11200	7800	0	0	0	0	0	0	0	0	0	0	10	0		0	0	0		
			LCK6850HGC	LCK6794RGC	天然气	GB 17691－2005（国Ⅳ），GB 18285－2005 GB 11340－2005	8545	2480	3455	4000	12200	8600	0	0	0	0	0	0	0	0	15	0	10	0		0	0	0		
					天然气	GB 17691－2005（国Ⅳ），GB 18285－2005 GB 11340－2005	8545	2480	3455	4000	12200	8200	0	0	1	0	8	0	0	0	0	0	6	0		0	0	0		
			LCK6850HGN	LCK6805RGN	天然气	GB 17691－2005（国Ⅴ），GB 18285－2005 GB 11340－2005	8545	2480	3455	4000	12200	8600	0	0	0	0	50	0	0	0	0	10	0	0		20	24	8		

续表

企业名称	车辆品牌	车辆名称	车辆型号	底盘型号	燃料种类	排放标准	外形尺寸(mm) 长	宽	高	轴距(mm)	总质量(kg)	整备质量(kg)	2014年 1月	2月	3月	4月	5月	6月	7月	8月	9月	10月	11月	12月	小计(辆)	2015年 1月	2月	3月	小计(辆)	合计(辆)
同上	同上	同上	LCK6850HGN	LCK6805RGN	天然气	GB 17691－2005（国Ⅴ），GB 18285－2005 GB 11340－2005	8545	2480	3455	4000	12200	8600	0	0	0	0	0	0	0	19	0	0	0	0		0	0	8		
			LCK6859DGC	EQ6790KC4N	天然气	GB 11340－2005，GB 18285－2005 GB 17691－2005 国Ⅳ	8545	2500	3060	4000	11500	7300	0	20	0	0	0	0	0	0	0	0	0	0		0	0	0		
			LCK6900HGN	LCK6865RGN	天然气	GB 17691－2005（国Ⅴ），GB 18285－2005 GB 11340－2005	8995	2480	3455	4200	13200	9700	0	0	0	0	0	0	0	0	0	0	0	49		0	0	10		
			LCK6910HGN	LCK6865RGNA	天然气	GB 17691－2005（国Ⅴ），GB 18285－2005 GB 11340－2005	9145	2500	3280	4200	13200	9200	43	0	0	0	0	0	24	0	0	0	0	0		0	0	0		
			LCK6950HGC	LCK6894RGC	天然气	GB 17691－2005 国Ⅳ，GB 18285－2005 GB 11340－2005	9500	2500	3455	4500	13200	9700	0	10	28	0	0	0	0	0	0	0	0	0		0	0	0		
					天然气	GB 17691－2005 国Ⅳ，GB 18285－2005 GB 11340－2005	9500	2500	3280	4500	13200	8765	0	0	0	0	0	0	0	0	1	0	16	0		0	0	0		
			LCK6950HGN	LCK6905RGN	天然气	GB 17691－2005（国Ⅴ），GB 18285－2005 GB 11340－2005	9500	2500	2900	4500	13200	9200	0	59	0	0	0	0	0	0	0	38	0	0		0	0	0		
					天然气	GB 17691－2005（国Ⅴ），GB 18285－2005 GB 11340－2005	9500	2500	3280	4500	13200	9700	0	0	0	0	0	0	0	0	0	0	1	0		0	0	0		
		客车	LCK6107HCD1	LCK6104RBC	天然气	GB 17691－2005 国Ⅳ，GB 18285－2005 GB 11340－2005	10500	2500	3580	5170	15900	11725	2	0	0	1	0	0	0	0	0	0	1	2		1	0	0		
					天然气	GB 17691－2005 国Ⅳ，GB 18285－2005 GB 11340－2005	10500	2500	3580	5170	15900	11725	0	0	2	0	0	0	0	0	0	0	0	0		0	0	0		
			LCK6107HN	LCK6105RAN	天然气	GB 17691－2005 国Ⅴ，GB 11340－2005 GB 18285－2005	10500	2500	3780	5170	16500	12090	0	0	0	0	0	0	0	0	0	0	0	0		0	1	0		
			LCK6107HN1	LCK6105RAN	天然气	GB 17691－2005 国Ⅴ，GB 11340－2005 GB 18285－2005	10500	2500	3620	5170	15915	11600	0	0	0	0	0	0	0	2	0	0	0	0		0	1	0		
					天然气	GB 17691－2005 国Ⅴ，GB 11340－2005 GB 18285－2005	10500	2500	3620	5170	15915	11600	0	0	0	0	0	0	0	0	0	0	0	1		0	8	0		
			LCK6117HCD	LCK6104RDC	天然气	GB 17691－2005 国Ⅳ，GB 18285－2005 GB 11340－2005	10980	2500	3580	5400	15900	11760	0	0	10	0	0	0	0	0	0	0	0	0		0	0	0		
			LCK6117HCD1	LCK6104RDC	天然气	GB 17691－2005 国Ⅳ，GB 18285－2005 GB 11340－2005	10980	2500	3580	5400	15900	11760	0	0	0	1	1	0	0	0	0	30	0	0		0	0	0		
					天然气	GB 17691－2005 国Ⅳ，GB 18285－2005 GB 11340－2005	10980	2500	3580	5400	15900	11760	0	0	0	1	0	0	0	0	0	0	0	0		0	0	0		
			LCK6117HN	LCK6105RBN	天然气	GB 17691－2005 国Ⅴ，GB 11340－2005 GB 18285－2005	10980	2500	3780	5400	16500	12365	0	0	0	0	0	0	0	1	0	0	3	0		2	0	0		
			LCK6117HN1	LCK6105RBN	天然气	GB 17691－2005 国Ⅴ，GB 11340－2005 GB 18285－2005	10980	2500	3620	5400	16500	12000	0	0	0	0	0	0	0	0	1	0	0	1		0	0	0		

续表

企业名称	车辆品牌	车辆名称	车辆型号	底盘型号	燃料种类	排放标准	外形尺寸(mm) 长	外形尺寸(mm) 宽	外形尺寸(mm) 高	轴距(mm)	总质量(kg)	整备质量(kg)	2014年 1月	2014年 2月	2014年 3月	2014年 4月	2014年 5月	2014年 6月	2014年 7月	2014年 8月	2014年 9月	2014年 10月	2014年 11月	2014年 12月	2014年 小计(辆)	2015年 1月	2015年 2月	2015年 3月	2015年 小计(辆)	合计(辆)
同上	同上	同上	LCK6118HQN	承载式车身	天然气	GB 17691－2005 国Ⅴ，GB 11340－2005 GB 18285－2005	11300	2500	3600	5720	16500	12500	0	0	0	0	0	0	0	0	0	0	18	22		0	0	0		
			LCK6118HQN1	承载式车身	天然气	GB 17691－2005 国Ⅴ，GB 11340－2005 GB 18285－2005	11300	2500	3600	5720	16500	12500	0	0	0	0	0	0	0	0	0	0	1	0		0	0	0		
					天然气	GB 17691－2005 国Ⅴ，GB 11340－2005 GB 18285－2005	11300	2500	3600	5720	16500	12500	0	0	0	0	0	0	0	0	0	0	0	0		6	0	0		
			LCK6119HQBN1	承载式车身	天然气	GB 17691－2005（国Ⅴ），GB 18285－2005 GB 11340－2005	10800	2500	3795	5170	16580	12400	0	0	0	0	0	0	0	0	1	0	0	0		0	0	0		
			LCK6119HQBNA1	承载式车身	天然气	GB 17691－2005 国Ⅴ，GB 11340－2005 GB 18285－2005	11400	2500	3795	5560	18000	13100	0	0	0	0	0	0	3	4	1	0	0	3		0	0	0		
					天然气	GB 17691－2005 国Ⅴ，GB 11340－2005 GB 18285－2005	11400	2500	3795	5560	18000	13100	0	0	0	0	4	0	0	0	0	1	0	3		0	0	0		
			LCK6120HQN1	承载式车身	天然气	GB 17691－2005 国Ⅴ，GB 11340－2005 GB 18285－2005	11700	2540	3700	5980	16500	12365	0	0	0	0	0	0	0	15	1	0	0	0		0	0	0		
			LCK6121HQN	承载式车身	天然气	GB 17691－2005 国Ⅴ，GB 11340－2005 GB 18285－2005	11990	2540	3450	6000	18000	12340	0	0	0	0	0	2	0	0	0	0	0	0		0	0	0		
			LCK6125HQCD1	承载式车身	天然气	GB 17691－2005（国Ⅳ），GB 18285－2005 GB 11340－2005	11990	2540	3700	6000	18000	13550	1	0	0	3	0	1	2	0	0	0	0	0		0	0	0		
			LCK6125HQN1	承载式车身	天然气	GB 17691－2005 国Ⅴ，GB 11340－2005 GB 18285－2005	11990	2540	3700	6000	18000	13100	0	0	0	0	0	1	0	1	0	0	0	0		0	0	0		
					天然气	GB 17691－2005 国Ⅴ，GB 11340－2005 GB 18285－2005	11990	2540	3700	6000	18000	13100	0	0	0	0	0	0	0	0	0	0	0	0		1	0	0		
			LCK6129HQBN1	承载式车身	天然气	GB 17691－2005 国Ⅴ，GB 11340－2005 GB 18285－2005	11990	2550	3920	5800	18000	13550	1	0	0	0	0	0	0	1	0	0	0	0		0	0	1		
					天然气	GB 17691－2005 国Ⅴ，GB 11340－2005 GB 18285－2005	11990	2550	3920	5800	18000	13550	0	0	0	0	0	0	0	0	0	0	0	0		0	1	0		
			LCK6129HQCD1	承载式车身	天然气	GB 17691－2005 国Ⅳ，GB 18285－2005 GB 11340－2005	11990	2550	3830	6000	18000	13700	5	2	0	0	0	0	0	0	11	0	0	2		0	0	0		
			LCK6129HQCD2	承载式车身	天然气	GB 17691－2005 国Ⅳ，GB 18285－2005 GB 11340－2005	11990	2550	3830	6000	18000	13710	3	0	0	0	0	0	0	0	0	1	0	0		0	0	0		
					天然气	GB 17691－2005 国Ⅳ，GB 18285－2005 GB 11340－2005	11990	2550	3830	6000	18000	13710	0	0	0	0	0	0	0	0	0	1	0	0		0	0	0		
			LCK6129HQN1	承载式车身	天然气	GB 17691－2005 国Ⅴ，GB 11340－2005 GB 18285－2005	11990	2550	3830	6150	18000	13860	0	0	0	0	0	0	1	0	0	0	0	0		0	0	0		
			LCK6601N4E	EQ6570KN4AC1	天然气	GB 11340－2005，GB 18285－2005 GB 17691－2005 国Ⅳ	5998	2240	2820	3300	5782	4100	2	0	7	1	0	0	0	5	0	11	0	1		0	0	0		

续表

企业名称	车辆品牌	车辆名称	车辆型号	底盘型号	燃料种类	排放标准	外形尺寸(mm)			轴距(mm)	总质量(kg)	整备质量(kg)	2014年													2015年				合计(辆)
							长	宽	高				1月	2月	3月	4月	5月	6月	7月	8月	9月	10月	11月	12月	小计(辆)	1月	2月	3月	小计(辆)	
同上	同上	同上	LCK6601N4H	HFC6570NY1F	天然气	GB 11340－2005，GB 18285－2005 GB 17691－2005 国Ⅳ	5998	2240	2820	3308	5782	4100	2	0	3	4	0	0	0	0	1	0	0	0		0	0	0		
			LCK6601N5E	EQ6570KN5AC1	天然气	GB 11340－2005，GB 18285－2005 GB 17691－2005 国Ⅴ	5998	2240	2820	3300	5782	4100	0	0	0	1	15	0	0	0	0	0	0	0		0	0	0		
					天然气	GB 11340－2005，GB 18285－2005 GB 17691－2005 国Ⅴ	5998	2240	2980	3300	5782	4300	0	0	0	0	1	1	0	0	2	0	0	2		24	0	0		
			LCK6660N4E	EQ6570KN4AC2	天然气	GB 11340－2005，GB 18285－2005 GB 17691－2005 国Ⅳ	6620	2240	2980	3300	6528	4500	0	0	0	1	0	6	0	0	2	0	2	1		0	0	0		
			LCK6660N4H	HFC6570NY1F	天然气	GB 11340－2005，GB 18285－2005 GB 17691－2005 国Ⅳ	6620	2240	2820	3308	6500	4300	0	0	14	1	0	0	0	1	0	2	0	1		0	0	0		
			LCK6660N5E	EQ6570KN5AC1	天然气	GB 11340－2005，GB 18285－2005 GB 17691－2005 国Ⅴ	6620	2240	2820	3300	6300	4300	0	0	0	0	1	0	0	0	0	0	0	0		0	0	0		
			LCK6660N5H	HFC6570NY1V	天然气	GB 11340－2005，GB 18285－2005 GB 17691－2005 国Ⅴ	6620	2240	2950	3308	6600	4495	0	0	0	0	0	0	0	0	0	1	0	0		0	0	0		
			LCK6661N5H	HFC6570NY1V	天然气	GB 11340－2005，GB 18285－2005 GB 17691－2005 国Ⅴ	6620	2240	2820	3308	6300	4300	0	0	1	0	0	0	0	0	0	0	0	0		0	0	0		
			LCK6750N4E	EQ6690KN4AC	天然气	GB 11340－2005，GB 18285－2005 GB 17691－2005 国Ⅳ	7495	2340	2995	3800	8320	5700	0	0	2	1	0	0	0	0	1	0	0	0		0	0	0		
					天然气	GB 11340－2005，GB 18285－2005 GB 17691－2005 国Ⅳ	7495	2340	2995	3800	8320	5700	2	0	0	0	0	1	0	1	0	0	0	0		1	0	0		
			LCK6750N4H	HFC6710NY1F	天然气	GB 11340－2005，GB 18285－2005 GB 17691－2005 国Ⅳ	7495	2340	2995	3800	8500	5700	0	0	0	0	0	0	0	0	0	1	0	0		0	0	0		
			LCK6750N5E	EQ6690KN5AC	天然气	GB 11340－2005，GB 18285－2005 GB 17691－2005 国Ⅴ	7495	2340	3125	3800	8500	5700	0	0	0	0	0	0	0	0	0	1	0	0		0	0	0		
			LCK6769HN1	LCK6735RAN	天然气	GB 17691－2005（国Ⅴ），GB 18285－2005 GB 11340－2005	7620	2480	3380	3550	10500	7900	0	0	2	20	0	8	0	0	0	0	0	0		0	0	0		
					天然气	GB 11340－2005，GB 18285－2005 GB 17691－2005 国Ⅳ	7620	2480	3350	3550	10500	7900	0	0	0	0	0	0	0	0	0	0	0	0		0	0	10		
			LCK6798N4E	EQ6780TGN4AC	天然气	GB 11340－2005，GB 18285－2005 GB 17691－2005 国Ⅳ	7948	2420	3400	3800	9800	7050	0	0	0	2	1	0	0	0	0	0	0	0		1	0	0		
					天然气	GB 11340－2005，GB 18285－2005 GB 17691－2005 国Ⅳ	7948	2420	3400	3800	9800	7050	0	0	0	0	0	1	0	1	0	0	0	1		1	0	0		
			LCK6798N5E	EQ6780TGN5AC	天然气	GB 11340－2005，GB 18285－2005 GB 17691－2005 国Ⅴ	7948	2420	3400	3800	9830	7100	0	0	0	0	0	0	0	0	0	0	0	0		0	0	1		
			LCK6800DN	LCK6700DAN	天然气	GB 17691－2005（国Ⅴ），GB 18285－2005 GB 11340－2005	8030	2420	3440	4500	11200	8250	0	0	0	0	0	0	0	0	1	0	0	0		0	0	0		

续表

企业名称	车辆品牌	车辆名称	车辆型号	底盘型号	燃料种类	排放标准	外形尺寸(mm) 长	宽	高	轴距(mm)	总质量(kg)	整备质量(kg)	2014年 1月	2月	3月	4月	5月	6月	7月	8月	9月	10月	11月	12月	小计(辆)	2015年 1月	2月	3月	小计(辆)	合计(辆)
同上	同上	同上	LCK6809HC	LCK6774RAC	天然气	GB 17691－2005 国Ⅳ，GB 11340－2005 GB 18285－2005	8040	2480	3350	3800	11000	8270	1	0	1	0	0	0	0	0	0	1	0	0		0	0	0		
			LCK6809HC1	LCK6774RAC	天然气	GB 17691－2005 国Ⅳ，GB 11340－2005 GB 18285－2005	8040	2480	3350	3800	10760	8180	1	0	0	0	0	0	0	0	0	0	0	0		0	0	0		
					天然气	GB 17691－2005 国Ⅳ，GB 11340－2005 GB 18285－2005	8040	2480	3350	3800	10150	8180	1	0	1	1	0	0	0	0	0	0	1	0		0	0	0		
					天然气	GB 17691－2005 国Ⅳ，GB 11340－2005 GB 18285－2005	8040	2480	3350	3800	10760	8180	0	0	0	0	0	5	6	1	0	0	1	5		0	0	0		
			LCK6809HN	LCK6775RAN	天然气	GB 17691－2005（国Ⅴ），GB 18285－2005 GB 11340－2005	8040	2480	3350	3800	10800	8180	0	0	0	0	0	0	0	0	1	0	0	0		19	0	0		
					天然气	GB 17691－2005（国Ⅴ），GB 18285－2005 GB 11340－2005	8040	2480	3350	3800	10800	8070	0	0	0	0	0	0	1	0	0	0	0	0		1	0	0		
			LCK6840DN	LCK6670DAN	天然气	GB 17691－2005（国Ⅴ），GB 18285－2005 GB 11340－2005	8420	2420	3440	4000	11200	8310	0	0	14	0	0	0	0	1	0	0	0	1		0	0	0		
			LCK6856HC	LCK6804RAC	天然气	GB 17691－2005 国Ⅳ，GB 11340－2005 GB 18285－2005	8540	2480	3350	4100	11900	8850	0	0	0	0	2	0	0	0	0	0	0	0		0	0	0		
			LCK6856HC1	LCK6804RAC	天然气	GB 17691－2005 国Ⅳ，GB 11340－2005 GB 18285－2005	8540	2430	3350	4100	11900	8850	2	0	0	0	2	0	1	0	1	1	0	0		1	0	0		
					天然气	GB 17691－2005 国Ⅳ，GB 11340－2005 GB 18285－2005	8540	2480	3350	4100	11900	8850	4	0	1	1	0	0	0	1	0	0	1	1		1	0	0		
			LCK6856HN	LCK6825RAN	天然气	GB 17691－2005（国Ⅴ），GB 18285－2005 GB 11340－2005	8540	2480	3350	4100	11900	8550	0	0	0	0	0	0	0	0	0	0	0	0		0	0	2		
			LCK6856HN1	LCK6825RAN	天然气	GB 17691－2005（国Ⅴ），GB 18285－2005 GB 11340－2005	8540	2480	3350	4100	11900	8850	0	0	0	0	1	0	0	0	0	0	0	0		0	0	0		
					天然气	GB 17691－2005（国Ⅴ），GB 18285－2005 GB 11340－2005	8540	2480	3350	4100	11900	8850	0	0	0	0	0	0	0	2	0	0	0	0		0	0	0		
			LCK6860DN1	LCK6735DAN	天然气	GB 17691－2005（国Ⅴ），GB 18285－2005 GB 11340－2005	8550	2470	3100	4750	10150	7550	0	0	0	0	0	0	0	1	0	0	0	0		0	0	0		
			LCK6880HN	LCK6835RAN	天然气	GB 17691－2005（国Ⅴ），GB 18285－2005 GB 11340－2005	8750	2480	3380	4250	12700	9650	0	0	0	0	0	0	0	0	2	0	0	0		0	0	0		
			LCK6880HN1	LCK6835RAN	天然气	GB 17691－2005（国Ⅴ），GB 18285－2005 GB 11340－2005	8750	2480	3380	4250	11900	8850	0	0	0	1	0	0	0	0	0	0	0	0		0	0	0		
			LCK6890DN	LCK6735DANA	天然气	GB 17691－2005（国Ⅴ），GB 18285－2005 GB 11340－2005	8945	2420	3290	4300	12500	8800	0	0	0	0	1	0	0	0	1	0	0	0		0	1	0		
			LCK6909HC	LCK6874RAC	天然气	GB 17691－2005 国Ⅳ，GB 3847－2005	8995	2480	3350	4300	12500	9300	1	0	0	0	0	0	0	0	0	0	0	0		0	0	0		

续表

企业名称	车辆品牌	车辆名称	车辆型号	底盘型号	燃料种类	排放标准	外形尺寸(mm)			轴距(mm)	总质量(kg)	整备质量(kg)	2014年													2015年				合计(辆)
							长	宽	高				1月	2月	3月	4月	5月	6月	7月	8月	9月	10月	11月	12月	小计(辆)	1月	2月	3月	小计(辆)	
同上	同上	同上	LCK6909HC	LCK6874RAC	天然气	GB 17691－2005 国Ⅳ，GB 11340－2005 GB 18285－2005	8995	2480	3350	4300	12500	9800	0	0	1	0	0	0	0	0	0	0	0	0		0	0	0		
					天然气	GB 17691－2005 国Ⅳ，GB 11340－2005 GB 18285－2005	8995	2480	3350	4300	12500	9300	0	0	0	0	1	0	0	0	0	0	0	0		0	0	0		
			LCK6909HC1	LCK6874RAC	天然气	GB 17691－2005 国Ⅳ，GB 11340－2005 GB 18285－2005	8995	2480	3350	4300	12500	9300	2	0	0	5	6	2	0	0	2	0	5	2		0	0	0		
					天然气	GB 17691－2005 国Ⅳ，GB 11340－2005 GB 18285－2005	8995	2480	3350	4300	13000	9800	0	2	0	1	2	1	1	0	0	0	0	0		0	0	0		
					天然气	GB 17691－2005 国Ⅳ，GB 11340－2005 GB 18285－2005	8995	2480	3350	4300	13000	9800	0	0	3	2	0	1	0	0	0	0	1	0		0	0	0		
			LCK6909HC2	LCK6874RAC	天然气	GB 17691－2005 国Ⅳ，GB 11340－2005 GB 18285－2005	8995	2480	3350	4300	12500	9450	0	0	0	0	0	0	0	0	1	0	0	0		0	0	0		
					天然气	GB 17691－2005 国Ⅳ，GB 11340－2005 GB 18285－2005	8995	2480	3350	4300	12500	9450	0	0	0	0	0	0	0	0	0	0	0	1		0	0	0		
			LCK6909HN	LCK6875RAN	天然气	GB 17691－2005（国Ⅴ），GB 18285－2005 GB 11340－2005	8995	2480	3350	4300	13500	9800	0	0	0	0	0	0	0	0	3	0	0	0		0	0	0		
			LCK6909HN1	LCK6875RAN	天然气	GB 17691－2005（国Ⅴ），GB 18285－2005 GB 11340－2005	8995	2480	3350	4300	13000	9800	0	0	0	0	0	0	0	0	0	0	0	0		1	0	0		
					天然气	GB 17691－2005（国Ⅴ），GB 18285－2005 GB 11340－2005	8995	2480	3350	4300	13000	9800	0	0	0	0	0	0	0	0	1	0	0	0		0	1	0		
					天然气	GB 17691－2005（国Ⅴ），GB 18285－2005 GB 11340－2005	8995	2480	3350	4300	12500	9300	0	0	0	4	0	0	0	0	0	0	0	1		0	0	0		
			LCK6939HC1	LCK6904RAC	天然气	GB 17691－2005 国Ⅳ，GB 11340－2005 GB 18285－2005	9345	2480	3350	4600	13400	10000	0	0	0	0	0	1	0	0	1	0	0	0		4	0	1		
		客车底盘	LCK6104RBC	—	天然气	GB 17691－2005 国Ⅳ，GB 18285－2005 GB 11340－2005	10120	2480	—	5170	16500	6500	0	0	0	0	0	0	0	0	0	0	0	0		1	0	0		
			LCK6104RGC	—	天然气	GB 17691－2005 国Ⅳ，GB 11340－2005 GB 18285－2005	10050	2480	—	5000	16000	5770	0	0	0	0	0	0	0	0	0	0	0	0		0	1	0		
					天然气	GB 17691－2005 国Ⅳ，GB 11340－2005 GB 18285－2005	10050	2480	—	5000	16000	5770	0	0	0	0	0	0	0	0	0	0	0	0		0	21	0		
			LCK6105RAN	—	天然气	GB 17691－2005 国Ⅴ，GB 11340－2005 GB 18285－2005	10120	2480	—	5170	16500	6500	0	0	0	0	0	0	0	0	0	0	0	0		0	9	0		
					天然气	GB 17691－2005 国Ⅴ，GB 11340－2005 GB 18285－2005	10120	2480	—	5170	16500	6500	0	0	0	0	0	0	0	0	0	0	0	0		0	1	0		
			LCK6105RBN	—	天然气	GB 17691－2005 国Ⅴ，GB 11340－2005 GB 18285－2005	10350	2480	—	5400	16500	6500	0	0	0	0	0	0	0	0	0	0	0	0		2	0	0		

续表

企业名称	车辆品牌	车辆名称	车辆型号	底盘型号	燃料种类	排放标准	外形尺寸(mm)			轴距(mm)	总质量(kg)	整备质量(kg)	2014年													2015年				合计(辆)
							长	宽	高				1月	2月	3月	4月	5月	6月	7月	8月	9月	10月	11月	12月	小计(辆)	1月	2月	3月	小计(辆)	
同上	同上	同上	LCK6734RAC	—	天然气	GB 11340－2005，GB 18285－2005 GB 17691－2005 国Ⅳ	7330	2290	—	3550	10500	2800	0	0	0	0	0	0	0	0	0	0	0	0		0	0	1		
			LCK6735DANA	—	天然气	GB 17691－2005（国Ⅴ），GB 18285－2005 GB 11340－2005	7270	2400	—	4300	13000	3800	0	0	0	0	0	0	0	0	0	0	0	0		0	1	0		
			LCK6735RAN	—	天然气	GB 17691－2005（国Ⅴ），GB 18285－2005 GB 11340－2005	7320	2290	—	3550	11000	2800	0	0	0	0	0	0	0	0	0	0	0	0		0	0	9		
			LCK6740RGN	—	天然气	GB 17691－2005（国Ⅴ），GB 18285－2005 GB 11340－2005	7400	2380	—	3600	11000	3000	0	0	0	0	0	0	0	0	0	0	0	0		0	0	20		
			LCK6765RGN	—	天然气	GB 17691－2005（国Ⅴ），GB 18285－2005 GB 11340－2005	7625	2300	—	3800	11000	3300	0	0	0	0	0	0	0	0	0	0	0	0		10	0	0		
			LCK6775RAN	—	天然气	GB 17691－2005（国Ⅴ），GB 18285－2005 GB 11340－2005	7680	2290	—	3800	12200	3000	0	0	0	0	0	0	0	0	0	0	0	0		19	0	0		
					天然气	GB 17691－2005（国Ⅴ），GB 18285－2005 GB 11340－2005	7680	2290	—	3800	12200	3000	0	0	0	0	0	0	0	0	0	0	0	0		1	0	0		
			LCK6804RAC	—	天然气	GB 17691－2005 国Ⅳ，GB 11340－2005 GB 18285－2005	8030	2250	—	4100	12200	3700	0	0	0	0	0	0	0	0	0	0	0	0		1	0	0		
			LCK6804RAC	—	天然气	GB 17691－2005 国Ⅳ，GB 11340－2005 GB 18285－2005	8030	2250	—	4100	12200	3700	0	0	0	0	0	0	0	0	0	0	0	0		1	0	0		
			LCK6805RGN	—	天然气	GB 17691－2005（国Ⅴ），GB 18285－2005 GB 11340－2005	7985	2310	—	4000	12200	3700	0	0	0	0	0	0	0	0	0	0	0	0		20	24	0		
					天然气	GB 17691－2005（国Ⅴ），GB 18285－2005 GB 11340－2005	7985	2310	—	4000	12200	3700	0	0	0	0	0	0	0	0	0	0	0	0		0	0	8		
			LCK6825RAN	—	天然气	GB 17691－2005（国Ⅴ），GB 18285－2005 GB 11340－2005	8180	2250	—	4100	12200	3700	0	0	0	0	0	0	0	0	0	0	0	0		0	0	2		
			LCK6865RGN	—	天然气	GB 17691－2005（国Ⅴ），GB 18285－2005 GB 11340－2005	8620	2345	—	4200	13200	4190	0	0	0	0	0	0	0	0	0	0	0	0		0	0	10		
			LCK6875RAN	—	天然气	GB 17691－2005（国Ⅴ），GB 18285－2005 GB 11340－2005	8690	2340	—	4300	13500	4000	0	0	0	0	0	0	0	0	0	0	0	0		1	0	0		
					天然气	GB 17691－2005（国Ⅴ），GB 18285－2005 GB 11340－2005	8690	2340	—	4300	13500	4000	0	0	0	0	0	0	0	0	0	0	0	0		0	1	0		
			LCK6904RAC	—	天然气	GB 17691－2005 国Ⅳ，GB 11340－2005 GB 18285－2005	9030	2340	—	4600	13500	4500	0	0	0	0	0	0	0	0	0	0	0	0		4	0	1		
			LCK6964DAC	—	天然气	GB 17691－2005（国Ⅳ），GB 18285－2005 GB 11340－2005	9650	2450	—	5750	14000	3800	0	0	0	0	0	0	0	0	0	0	0	0		0	0	30		
			LCK6995RGN	—	天然气	GB 17691－2005（国Ⅴ），GB 18285－2005 GB 11340－2005	9900	2480	—	5000	16000	5770	0	0	0	0	0	0	0	0	0	0	0	0		0	6	0		

续表

企业名称	车辆品牌	车辆名称	车辆型号	底盘型号	燃料种类	排放标准	外形尺寸(mm) 长	宽	高	轴距(mm)	总质量(kg)	整备质量(kg)	2014年 1月	2月	3月	4月	5月	6月	7月	8月	9月	10月	11月	12月	小计(辆)	2015年 1月	2月	3月	小计(辆)	合计(辆)
同上	同上	小学生专用校车	LCK6100DCX	LCK6964DAC	天然气	GB 17691－2005（国Ⅳ），GB 18285－2005 GB 11340－2005	9960	2470	3150	5750	14000	9400	0	0	0	0	1	0	0	0	0	0	0	0		0	0	0		
					天然气	GB 17691－2005（国Ⅳ），GB 18285－2005 GB 11340－2005	9960	2470	3150	5750	14000	9400	0	0	0	0	0	0	0	0	0	0	0	0		0	0	30		
			LCK6801DNX	LCK6765DAN	天然气	GB 17691－2005（国Ⅴ），GB 18285－2005 GB 11340－2005	7960	2350	2955	4600	9500	6800	0	0	0	20	0	0	0	0	0	0	0	0		0	0	0		
			LCK6940DNX	LCK6915DAN	天然气	GB 17691－2005（国Ⅴ），GB 18285－2005 GB 11340－2005	9410	2470	3130	5400	12500	8700	0	0	0	0	35	0	0	0	20	0	10	0		0	0	0		
扬州亚星客车股份有限公司	亚星牌	城市客车	JS6101GCJ	JS6981GDCJ	天然气	GB 17691－2005 国Ⅳ，GB 18285－2005 GB 11340－2005	10450	2500	3070	5000	12200	8350	0	0	0	0	0	0	3	0	6	0	2	2	1831	0	0	15	297	2128
			JS6101GCP	JS6981GDCP	天然气	GB 17691－2005 国Ⅴ，GB 11340－2005 GB 18285－2005	10450	2500	3220	5000	13200	9300	0	0	17	22	0	0	5	14	42	0	0	1		0	0	0		
			JS6106GHCJ	JS6106GHDCJ	天然气	GB 17691－2005 国Ⅳ，GB 18285－2005 GB 11340－2005	10490	2500	3460	5000	15500	11000	3	0	0	0	0	20	46	0	22	0	6	60		0	0	0		
					天然气	GB 17691－2005 国Ⅳ，GB 18285－2005 GB 11340－2005	10490	2500	3240	5000	15500	11000	10	0	18	14	0	0	0	2	0	1	0	10		1	0	0		
					天然气	GB 17691－2005 国Ⅳ，GB 18285－2005 GB 11340－2005	10490	2500	3240	5000	15500	11000	0	0	0	0	0	24	4	0	0	0	0	0		0	0	0		
			JS6106GHCP	JS6106GHDCP	天然气	GB 17691－2005 国Ⅴ，GB 11340－2005 GB 18285－2005	10490	2500	3240	5000	16500	10600	0	0	20	16	0	0	0	0	0	0	0	41		0	14	36		
					天然气	GB 17691－2005 国Ⅴ，GB 11340－2005 GB 18285－2005	10490	2500	3240	5000	16500	11000	1	0	20	0	80	0	0	0	0	0	0	0		0	0	0		
					天然气	GB 17691－2005 国Ⅴ，GB 11340－2005 GB 18285－2005	10490	2500	3240	5000	16500	10600	0	0	0	0	0	0	0	0	0	0	0	36		0	0	0		
			JS6116GHCP	JS6116GHDCP	天然气	GB 17691－2005 国Ⅴ，GB 18285－2005 GB 11340－2005	11490	2550	3240	5800	16500	11600	0	0	0	20	0	0	0	0	0	0	0	0		0	0	0		
					天然气	GB 17691－2005 国Ⅴ，GB 18285－2005 GB 11340－2005	11490	2550	3240	5800	16500	11100	0	0	0	0	0	0	0	0	0	0	0	0		9	5	2		
			JS6126GHCJ	JS6126GHDCJ	天然气	GB 17691－2005 国Ⅳ，GB 11340－2005 GB 18285－2005	12000	2550	3240	6100	17500	12100	0	0	0	1	0	0	0	0	0	0	1	0		0	0	0		
					天然气	GB 17691－2005 国Ⅳ，GB 11340－2005 GB 18285－2005	12000	2550	3240	6100	17500	12100	4	0	10	0	0	0	0	0	0	0	0	0		0	0	0		
					天然气	GB 17691－2005 国Ⅳ，GB 11340－2005 GB 18285－2005	12000	2550	3120	5900	17500	11700	0	0	0	0	0	0	17	0	0	0	0	0		0	0	0		
			JS6126GHCP	JS6126GHDCP	天然气	GB 17691－2005 国Ⅴ，GB 18285－2005 GB 11340－2005	12000	2550	3120	6100	18000	11700	0	0	0	0	0	0	0	61	0	24	0	0		0	1	0		

续表

企业名称	车辆品牌	车辆名称	车辆型号	底盘型号	燃料种类	排放标准	外形尺寸(mm)			轴距(mm)	总质量(kg)	整备质量(kg)	2014年													2015年				合计(辆)
							长	宽	高				1月	2月	3月	4月	5月	6月	7月	8月	9月	10月	11月	12月	小计(辆)	1月	2月	3月	小计(辆)	
同上	同上	同上	JS6126GHQCP	承载式车身	天然气	GB 17691－2005 国Ⅴ, GB 18285－2005 GB 11340－2005	12000	2550	3240	5900	18000	12100	0	0	0	35	1	0	0	0	0	0	0	0		0	0	0		
			JS6600GCP	HFC6570NY1V	天然气	GB 17691－2005 国Ⅴ, GB 11340－2005 GB 18285－2005	5995	2190	2890	3100	6500	4600	0	0	0	0	0	0	4	5	1	0	0	0		0	0	0		
			JS6770GHC	JS6760GHDC	天然气	GB 17691－2005 国Ⅳ, GB 18285－2005 GB 11340－2005	7745	2360	3300	3580	10200	6950	0	0	0	60	0	10	0	0	4	24	0	0		0	0	0		
			JS6770GHCP	JS6760GHDCP	天然气	GB 17691－2005 国Ⅴ, GB 18285－2005 GB 11340－2005	7745	2360	3300	3580	10200	7500	0	0	0	0	0	0	0	0	0	0	23	8		20	0	0		
					天然气	GB 17691－2005 国Ⅴ, GB 18285－2005 GB 11340－2005	7745	2360	3050	3580	10200	7500	0	0	20	0	0	0	0	0	0	0	0	0		0	0	0		
			JS6811GHC	JS6760GHDC	天然气	GB 17691－2005 国Ⅳ, GB 18285－2005 GB 11340－2005	8135	2360	3100	3800	10200	7590	0	0	0	0	0	20	0	0	0	0	0	0		0	0	0		
					天然气	GB 17691－2005 国Ⅳ, GB 18285－2005 GB 11340－2005	8135	2360	3300	3800	10200	7590	0	0	0	0	0	0	0	16	0	0	0	0		0	0	0		
					天然气	GB 17691－2005 国Ⅳ, GB 18285－2005 GB 11340－2005	8135	2360	3300	3800	10200	7250	0	0	0	0	0	0	0	0	0	0	0	1		0	0	0		
			JS6811GHCP	JS6760GHDCP	天然气	GB 17691－2005 国Ⅴ, GB 18285－2005 GB 11340－2005	8135	2360	3050	3800	10200	7700	0	0	0	0	0	0	0	0	0	0	25	0		0	0	0		
			JS6851GHCJ	JS6851GHDCJ	天然气	GB 17691－2005 国Ⅳ, GB 18285－2005 GB 11340－2005	8540	2400	3100	4100	12200	8000	0	14	0	0	22	0	0	0	0	0	0	0		0	0	24		
			JS6851GHCP	JS6851GHDCP	天然气	GB 17691－2005 国Ⅴ, GB 18285－2005 GB 11340－2005	8540	2400	3050	4100	12200	8000	0	0	0	0	22	30	0	0	0	60	0	0		0	0	0		
					天然气	GB 17691－2005 国Ⅴ, GB 18285－2005 GB 11340－2005	8540	2400	3050	4100	12200	8000	0	0	0	0	0	0	0	0	15	0	21	0		0	0	0		
			JS6861GCJ	JS6861GDCJ	天然气	GB 17691－2005 国Ⅳ, GB 18285－2005 GB 11340－2005	8640	2500	3070	4000	11300	7200	0	0	12	0	21	0	33	2	0	0	24	0		10	0	13		
			JS6861GCP	JS6861GDCP	天然气	GB 17691－2005 国Ⅴ, GB 11340－2005 GB 18285－2005	8640	2500	3070	4000	12300	7500	0	0	0	0	0	0	0	0	0	0	0	14		0	0	0		
			JS6901GCP	JS6861GDCP	天然气	GB 17691－2005 国Ⅴ, GB 11340－2005 GB 18285－2005	8990	2500	3070	4150	12300	7700	0	0	0	0	0	0	0	0	0	0	0	3		0	0	0		
			JS6906GHCP	JS6886GHDCP1	天然气	GB 17691－2005 国Ⅴ, GB 11340－2005 GB 18285－2005	8995	2500	3160	4210	13200	9200	0	0	0	0	0	15	0	0	0	0	30	0		0	0	0		
					天然气	GB 17691－2005 国Ⅴ, GB 11340－2005 GB 18285－2005	8995	2500	3160	4210	13200	9200	0	0	0	0	0	15	0	0	0	0	0	12		0	0	0		
			JS6921GCJ	JS6921GDCJ	天然气	GB 17691－2005 国Ⅳ, GB 18285－2005 GB 11340－2005	9240	2500	3070	4400	11300	7450	0	0	36	0	0	0	0	0	0	51	0	0		0	0	0		

续表

企业名称	车辆品牌	车辆名称	车辆型号	底盘型号	燃料种类	排放标准	外形尺寸(mm) 长	外形尺寸(mm) 宽	外形尺寸(mm) 高	轴距(mm)	总质量(kg)	整备质量(kg)	2014年 1月	2014年 2月	2014年 3月	2014年 4月	2014年 5月	2014年 6月	2014年 7月	2014年 8月	2014年 9月	2014年 10月	2014年 11月	2014年 12月	2014年 小计(辆)	2015年 1月	2015年 2月	2015年 3月	2015年 小计(辆)	合计(辆)
同上	同上	同上	JS6936GHCJ	JS686GHDCJ	天然气	GB 17691-2005 国Ⅳ，GB 18285-2005 GB 11340-2005	9295	2500	3040	4400	13200	8950	0	0	0	0	0	0	0	4	0	0	0	0		0	0	0		
					天然气	GB 17691-2005 国Ⅳ，GB 18285-2005 GB 11340-2005	9295	2500	3160	4400	13200	9300	0	0	0	0	0	0	0	0	0	2	0	0		0	0	0		
			JS6936GHCP	JS6886GHDCP	天然气	GB 17691-2005 国Ⅴ，GB 11340-2005 GB 18285-2005	9295	2500	3040	4400	13200	9000	20	0	0	0	0	0	6	0	0	0	40	30		0	0	0		
					天然气	GB 17691-2005 国Ⅴ，GB 11340-2005 GB 18285-2005	9295	2500	3160	4400	13200	9400	0	0	0	0	0	0	0	0	5	40	0	0		0	0	0		
			JS6981GCJ	JS6981GDCJ	天然气	GB 17691-2005 国Ⅳ，GB 18285-2005 GB 11340-2005	9845	2500	3070	5000	12200	8000	0	0	0	0	0	0	0	0	0	1	0	0		0	0	0		
			YBL6117GHQCP	YBL6117GHQCP	天然气	GB 17691-2005 国Ⅴ，GB 18285-2005 GB 11340-2005	10690	2500	3400	5000	16300	11090	0	0	0	0	0	0	50	0	0	0	0	20		0	0	0		
			JS6752TCJ	EQ6690KN4AC	天然气	GB 17691-2005 国Ⅳ，GB 11340-2005 GB 18285-2005	7480	2350	3030	3800	8500	5880	0	0	0	0	0	0	0	5	2	0	0	0		0	2	0		
			YBL6105H1CJ	YBL6105HDCJ	天然气	GB 17691-2005 国Ⅳ，GB 18285-2005 GB 11340-2005	10490	2500	3595	5180	14900	11070	0	0	0	0	0	0	0	0	26	0	0	0		3	0	0		
					天然气	GB 17691-2005 国Ⅳ，GB 18285-2005 GB 11340-2005	10490	2500	3595	5180	14900	11070	0	0	0	0	0	0	0	0	18	0	0	0		0	0	0		
			YBL6110HCJ	YBL6110HDCJ	天然气	GB 17691-2005 国Ⅳ，GB 18285-2005 GB 11340-2005	10800	2500	3560	5390	15700	11720	0	0	1	0	0	0	0	0	0	0	0	0		0	0	0		
			YBL6111H1CJ	承载式车身	天然气	GB 17691-2005 国Ⅳ，GB 18285-2005 GB 11340-2005	11110	2550	3560	5700	15900	11750	0	0	0	0	0	0	0	0	0	0	0	0		0	0	6		
			YBL6115H1QCJ	承载式车身	天然气	GB 17691-2005 国Ⅳ，GB 18285-2005 GB 11340-2005	11490	2550	3560	5980	16500	12360	0	0	0	1	0	0	0	0	0	0	0	0		0	0	0		
			YBL6117HQCP	承载式车身	天然气	GB 17691-2005 国Ⅴ，GB 18285-2005 GB 11340-2005	10690	2500	3250	5000	15900	11000	0	0	0	0	0	0	0	0	0	0	0	0		7	10	0		
			YBL6121H1QCP	承载式车身	天然气	GB 17691-2005 国Ⅴ，GB 18285-2005 GB 11340-2005	12000	2550	3560	6250	18000	12800	0	0	0	0	0	0	0	2	0	0	0	0		0	0	0		
			YBL6121H2QCP	承载式车身	天然气	GB 17691-2005 国Ⅴ，GB 18285-2005 GB 11340-2005	12000	2550	3560	6250	18000	12800	0	0	0	0	2	0	0	0	0	0	0	0		0	0	0		
			YBL6121HCJ	承载式车身	天然气	GB 17691-2005 国Ⅳ，GB 18285-2005 GB 11340-2005	12000	2550	3560	6130	18000	13380	0	0	0	20	0	0	0	0	0	0	0	0		0	0	0		
			YBL6121HQCP	承载式车身	天然气	GB 17691-2005 国Ⅴ，GB 18285-2005 GB 11340-2005	12000	2550	3560	6250	18000	12620	0	0	0	0	2	0	5	0	0	0	0	0		0	0	0		
			YBL6125H1QCP	承载式车身	天然气	GB 17691-2005 国Ⅴ，GB 18285-2005 GB 11340-2005	12000	2550	3750	6050	18000	13390	0	0	0	0	0	0	0	2	1	0	0	0		5	0	0		

续表

企业名称	车辆品牌	车辆名称	车辆型号	底盘型号	燃料种类	排放标准	外形尺寸(mm) 长	宽	高	轴距(mm)	总质量(kg)	整备质量(kg)	2014年 1月	2月	3月	4月	5月	6月	7月	8月	9月	10月	11月	12月	小计(辆)	2015年 1月	2月	3月	小计(辆)	合计(辆)
同上	同上	同上	YBL6805HCP	YBL6796HDCP	天然气	GB 17691-2005 国Ⅴ，GB 18285-2005 GB 11340-2005	7995	2460	3360	3800	10800	8070	3	0	0	0	0	0	0	4	0	0	0	0		0	0	0		
			YBL6855H1CP	YBL6855HDCP	天然气	GB 17691-2005 国Ⅴ，GB 18285-2005 GB 11340-2005	8545	2460	3360	4100	11800	8910	0	6	0	0	0	0	1	0	0	0	0	0		3	0	0		
			YBL6855HCP	YBL6855HDCP	天然气	GB 17691-2005 国Ⅴ，GB 18285-2005 GB 11340-2005	8545	2460	3360	4100	11800	8750	0	0	0	0	0	0	0	0	1	0	0	0		0	0	0		
					天然气	GB 17691-2005 国Ⅴ，GB 18285-2005 GB 11340-2005	8545	2460	3360	4100	11800	8750	0	0	0	0	0	0	0	0	0	0	0	0		1	0	0		
			YBL6885HQCP	承载式车身	天然气	GB 17691-2005 国Ⅴ，GB 18285-2005 GB 11340-2005	8795	2480	3360	4300	12350	9050	0	0	0	0	0	0	0	0	0	0	0	0		0	0	14		
			YBL6905H1CJ	YBL6896HDCJ	天然气	GB 17691-2005 国Ⅳ，GB 18285-2005 GB 11340-2005	8995	2460	3360	4300	12800	9600	2	0	0	0	0	0	0	0	0	0	0	0		0	0	0		
			YBL6905H1CP	YBL6896HDCP	天然气	GB 17691-2005 国Ⅴ，GB 18285-2005 GB 11340-2005	8995	2460	3360	4300	12800	9600	0	0	0	0	0	0	0	0	0	0	1	0		0	0	0		
					天然气	GB 17691-2005 国Ⅴ，GB 18285-2005 GB 11340-2005	8995	2460	3360	4300	12800	9600	0	0	0	0	0	0	0	0	0	0	0	0		6	0	0		
			YBL6905H1QCP	承载式车身	天然气	GB 17691-2005 国Ⅴ，GB 18285-2005 GB 11340-2005	8995	2460	3360	4300	12800	9600	0	0	0	0	0	0	1	0	0	1	0	0		0	0	0		
			YBL6905HCP	YBL6896HDCP	天然气	GB 17691-2005 国Ⅴ，GB 18285-2005 GB 11340-2005	8995	2460	3360	4300	12800	9600	0	0	3	0	0	0	0	0	0	0	0	0		0	0	0		
					天然气	GB 17691-2005 国Ⅴ，GB 18285-2005 GB 11340-2005	8995	2460	3360	4300	12800	9600	0	0	0	0	0	10	0	0	0	0	0	0		0	0	0		
		客车底盘	JS6106GHDCJ	—	天然气	GB 17691-2005 国Ⅳ，GB 18285-2005 GB 11340-2005	10290	2300	—	5000	15500	4400	0	0	0	0	0	0	0	0	0	0	0	0		1	0	0		
			JS6111SHDCJ	—	天然气	GB 17691-2005 国Ⅳ，GB 18285-2005 GB 11340-2005	11020	2330	—	5500	18000	6400	0	0	0	0	0	0	0	0	0	0	0	0		6	0	0		
			JS6851GHDCJ	—	天然气	GB 17691-2005 国Ⅳ，GB 18285-2005 GB 11340-2005	8455	2269	—	4100	12200	3400	0	0	0	0	0	0	0	0	0	0	0	0		0	0	24		
			JS6861GDCJ	—	天然气	GB 17691-2005 国Ⅳ，GB 18285-2005 GB 11340-2005	8550	2160	—	4000	12000	3800	0	0	0	0	0	0	0	0	0	0	0	0		10	0	13		
			JS6981GDCJ	—	天然气	GB 17691-2005 国Ⅳ，GB 18285-2005 GB 11340-2005	9760	2300	—	5000	13200	4200	0	0	0	0	0	0	0	0	0	0	0	0		0	0	15		
			YBL6105HDCJ	—	天然气	GB 17691-2005 国Ⅳ，GB 18285-2005 GB 11340-2005	10265	2430	—	5180	14900	5800	0	0	0	0	0	0	0	0	0	0	0	0		3	0	0		
		双层城市客车	JS6111SHCJ	JS6111SHDCJ	天然气	GB 17691-2005 国Ⅳ，GB 18285-2005 GB 11340-2005	11370	2500	4180	5500	18000	13300	0	0	4	10	37	0	0	0	0	0	4	20		6	0	0		

续表

企业名称	车辆品牌	车辆名称	车辆型号	底盘型号	燃料种类	排放标准	外形尺寸(mm)			轴距(mm)	总质量(kg)	整备质量(kg)	2014年													2015年				合计(辆)
							长	宽	高				1月	2月	3月	4月	5月	6月	7月	8月	9月	10月	11月	12月	小计(辆)	1月	2月	3月	小计(辆)	
同上	同上	同上	JS6111SHCJ	JS6111SHDCJ	天然气	GB 17691－2005 国Ⅳ，GB 18285－2005 GB 11340－2005	11370	2500	4180	5500	18000	13300	0	0	0	0	0	0	0	0	0	0	1	0		0	0	0		
			JS6111SHCP	JS6111SHDCP	天然气	GB 17691－2005 国Ⅴ，GB 18285－2005 GB 11340－2005	11370	2500	3980	5500	18000	13300	0	0	0	0	0	0	0	0	0	1	1	0		0	11	1		
重庆恒通客车有限公司	恒通客车牌	城市客车	CKZ6106NA4	CKZ6989NA4	天然气	GB 11340－2005，GB 18285－2005 GB 17691－2005 国Ⅳ	10200	2500	3040	5000	14940	9500	0	0	181	30	70	0	0	0	5	0	14	0	1625	0	40	0	457	2082
			CKZ6116HN4	CKZ6109HN4	天然气	GB 11340－2005，GB 18285－2005 GB 17691－2005 国Ⅳ	10505	2500	3200	5000	14000	10000	16	0	32	0	0	37	2	38	0	0	0	0		0	0	0		
			CKZ6116HN5	CKZ6109HN5	天然气	GB 11340－2005，GB 18285－2005 GB 17691－2005 国Ⅴ	10570	2500	3200	5000	16100	10600	0	0	0	0	0	0	3	0	0	0	0	0		0	0	0		
					天然气	GB 11340－2005，GB 18285－2005 GB 17691－2005 国Ⅴ	10570	2500	3200	5000	16100	10600	0	0	0	90	10	2	10	0	15	0	0	0		0	0	0		
			CKZ6116HNA4	CKZ6119HN4	天然气	GB 11340－2005，GB 18285－2005 GB 17691－2005 国Ⅳ	11480	2500	3350	5600	16900	11910	0	0	0	10	0	0	0	0	0	0	0	0		0	0	0		
					天然气	GB 11340－2005，GB 18285－2005 GB 17691－2005 国Ⅳ	11480	2500	3040	5600	16900	11310	0	0	0	0	34	0	0	0	0	0	0	0		0	0	0		
			CKZ6116HNB4	CKZ6109HNB4	天然气	GB 11340－2005，GB 18285－2005 GB 17691－2005 国Ⅳ	10570	2500	3200	5000	16100	10600	0	0	0	0	0	40	20	0	0	0	0	0		0	0	0		
			CKZ6116N5	CKZ6989N5	天然气	GB 11340－2005，GB 18285－2005 GB 17691－2005 国Ⅴ	10505	2500	3200	5000	14000	9380	10	0	0	0	0	20	0	0	0	0	0	0		0	0	0		
					天然气	GB 11340－2005，GB 18285－2005 GB 17691－2005 国Ⅴ	10505	2500	3040	5000	14000	9950	20	0	0	0	0	0	0	0	0	0	1	0		0	0	0		
			CKZ6116NA4	CKZ6989NA4	天然气	GB 11340－2005，GB 18285－2005 GB 17691－2005 国Ⅳ	10505	2500	3040	5000	15000	9300	0	0	0	74	0	0	0	51	0	0	1	0		0	0	0		
			CKZ6126HN4	CKZ6129HN4	天然气	GB 11340－2005，GB 18285－2005 GB 17691－2005 国Ⅳ	11980	2500	3200	6200	17800	11500	1	0	0	0	0	8	0	0	0	0	0	0		0	0	0		
			CKZ6126HN5	CKZ6129HN5	天然气	GB 11340－2005，GB 18285－2005 GB 17691－2005 国Ⅴ	11980	2500	3200	6100	18000	11500	0	0	0	1	0	0	0	0	0	0	0	0		112	0	0		
					天然气	GB 11340－2005，GB 18285－2005 GB 17691－2005 国Ⅴ	11980	2500	3350	6100	18000	12500	0	0	0	0	0	0	0	20	0	0	0	0		0	0	0		
			CKZ6126N4	CKZ6129N4	天然气	GB 11340－2005，GB 18285－2005 GB 17691－2005 国Ⅳ	12000	2500	3000	6200	18000	10400	0	0	0	0	0	0	0	0	0	0	1	0		0	0	0		
			CKZ6126N5	EQ6128KC5N	天然气	GB 11340－2005，GB 18285－2005 GB 17691－2005 国Ⅴ	12000	2500	3040	6200	18000	11100	10	0	0	0	0	0	0	0	0	0	0	0		0	0	0		
			CKZ6126NA4	CKZ6129NA4	天然气	GB 11340－2005，GB 18285－2005 GB 17691－2005 国Ⅳ	12000	2500	3040	6200	18000	10700	0	0	4	0	0	0	0	0	0	0	0	0		0	0	0		

续表

企业名称	车辆品牌	车辆名称	车辆型号	底盘型号	燃料种类	排放标准	外形尺寸(mm) 长	宽	高	轴距(mm)	总质量(kg)	整备质量(kg)	2014年 1月	2月	3月	4月	5月	6月	7月	8月	9月	10月	11月	12月	小计(辆)	2015年 1月	2月	3月	小计(辆)	合计(辆)
同上	同上	同上	CKZ6127HN5	CKZ6129HN5	天然气	GB 11340－2005，GB 18285－2005 GB 17691－2005 国Ⅴ	12000	2550	3500	6100	18000	12600	0	0	0	50	0	0	0	0	0	0	0	0		0	0	0		
			CKZ6590N4	EQ6579KN4AC2	天然气	GB 11340－2005，GB 18285－2005 GB 17691－2005 国Ⅳ	5905	2200	2640	3300	6600	4190	0	0	14	0	0	10	0	0	0	0	2	0		0	0	0		
			CKZ6590N5	EQ6570KS5N1	天然气	GB 11340－2005，GB 18285－2005 GB 17691－2005 国Ⅴ	5905	2200	2750	3300	6600	4450	0	0	0	6	0	0	0	0	0	0	0	0		0	0	0		
					天然气	GB 11340－2005，GB 18285－2005 GB 17691－2005 国Ⅴ	5905	2200	2640	3300	6600	4190	0	0	0	0	0	4	0	0	0	0	0	0		0	0	0		
			CKZ6590NA5	EQ6570KS5N1	天然气	GB 11340－2005，GB 18285－2005 GB 17691－2005 国Ⅴ	5905	2200	2750	3300	6600	4450	0	20	0	0	0	3	0	0	0	0	0	0		0	0	0		
			CKZ6590NB5	EQ6579KN5AC	天然气	GB 11340－2005，GB 18285－2005 GB 17691－2005 国Ⅴ	5905	2200	2750	3300	6600	4450	0	0	0	0	0	0	0	0	20	4	0	6		20	0	0		
					天然气	GB 11340－2005，GB 18285－2005 GB 17691－2005 国Ⅴ	5905	2200	2750	3300	6600	4450	0	0	0	0	0	0	0	0	0	0	0	3		0	0	0		
			CKZ6650N5	EQ6620KS5N	天然气	GB 11340－2005，GB 18285－2005 GB 17691－2005 国Ⅴ	6470	2200	2750	3650	6600	4450	0	0	0	0	0	10	0	0	0	0	0	0		0	0	0		
			CKZ6650NA4	EQ6629KN4AC	天然气	GB 11340－2005，GB 18285－2005 GB 17691－2005 国Ⅳ	6470	2200	2750	3650	6000	4420	30	0	10	114	1	0	0	0	0	0	0	0		51	0	12		
			CKZ6650NB5	EQ6629KN5AC	天然气	GB 11340－2005，GB 18285－2005 GB 17691－2005 国Ⅴ	6470	2200	2750	3650	6600	4710	0	0	8	0	0	0	0	0	0	0	0	0		0	0	0		
			CKZ6710N4	EQ6680KN4AC	天然气	GB 11340－2005，GB 18285－2005 GB 17691－2005 国Ⅳ	7055	2200	2640	4100	7100	4540	10	0	0	0	0	0	0	0	4	0	0	0		0	0	0		
			CKZ6751N4	CKZ6739N4	天然气	GB 11340－2005，GB 18285－2005 GB 17691－2005 国Ⅳ	7545	2400	3050	3650	9500	6050	3	0	0	1	0	0	0	0	0	6	0	0		0	0	0		
			CKZ6762HN4	CKZ6729HN4	天然气	GB 11340－2005，GB 18285－2005 GB 17691－2005 国Ⅳ	7640	2200	3080	4100	9500	6590	0	0	0	0	0	0	0	0	10	0	0	20		0	0	0		
			CKZ6772HN5	CKZ6729HN5	天然气	GB 11340－2005，GB 18285－2005 GB 17691－2005 国Ⅴ	7675	2200	3080	4100	10700	6940	0	16	0	0	0	0	0	0	5	0	0	0		10	0	0		
			CKZ6801N5	CKZ6789N5	天然气	GB 11340－2005，GB 18285－2005 GB 17691－2005 国Ⅴ	8045	2400	3080	3800	9500	6400	9	0	0	0	0	0	0	0	0	0	0	0		0	0	0		
					天然气	GB 11340－2005，GB 18285－2005 GB 17691－2005 国Ⅴ	8045	2400	2910	3800	9500	6150	0	12	0	0	0	10	0	0	0	2	0	0		0	0	0		
			CKZ6851HN4	CKZ6829HN4	天然气	GB 11340－2005，GB 18285－2005 GB 17691－2005 国Ⅳ	8485	2400	3050	4000	11000	7450	0	0	20	0	4	45	0	0	0	0	36	32		12	20	0		
			CKZ6851HN5	CKZ6829HN5	天然气	GB 11340－2005，GB 18285－2005 GB 17691－2005 国Ⅴ	8485	2400	3245	4000	11000	8050	0	0	14	0	0	0	0	0	0	0	0	0		0	0	0		

续表

企业名称	车辆品牌	车辆名称	车辆型号	底盘型号	燃料种类	排放标准	外形尺寸(mm)			轴距(mm)	总质量(kg)	整备质量(kg)	2014年													2015年				合计(辆)
							长	宽	高				1月	2月	3月	4月	5月	6月	7月	8月	9月	10月	11月	12月	小计(辆)	1月	2月	3月	小计(辆)	
同上	同上	同上	CKZ6851N4	CKZ6829N4	天然气	GB 11340－2005，GB 18285－2005 GB 17691－2005 国Ⅳ	8485	2400	2950	4000	11000	6640	0	0	0	4	0	0	62	0	0	2	0	0		32	0	40		
			CKZ6858N4	CKZ6859N4	天然气	GB 11340－2005，GB 18285－2005 GB 17691－2005 国Ⅳ	8540	2500	3250	3900	12000	7500	0	0	0	0	0	2	0	0	0	0	0	0		0	0	0		
			CKZ6896N5	CKZ6879N5	天然气	GB 11340－2005，GB 18285－2005 GB 17691－2005 国Ⅴ	8949	2500	3350	4300	12400	8300	0	0	0	0	0	6	0	0	0	0	0	0		0	0	0		
			CKZ6918N4	CKZ6909N4	天然气	GB 11340－2005，GB 18285－2005 GB 17691－2005 国Ⅳ	9140	2500	3250	4500	13000	7800	0	0	0	0	0	0	0	0	0	0	0	0		0	2	0		
			CKZ6926HN4	CKZ6899HN4	天然气	GB 11340－2005，GB 18285－2005 GB 17691－2005 国Ⅳ	9245	2500	3200	4400	13000	9100	30	0	0	0	0	6	13	0	0	0	0	0		0	0	0		
			CKZ6926N4	CKZ6909N4	天然气	GB 11340－2005，GB 18285－2005 GB 17691－2005 国Ⅳ	9245	2500	3350	4500	13000	8160	0	0	0	0	5	0	0	0	0	0	0	0		0	0	0		
		客车	CKZ6590CN4	EQ6579KN4AC2	天然气	GB 11340－2005，GB 18285－2005 GB 17691－2005 国Ⅳ	5905	2200	2640	3300	6000	4000	0	0	0	0	0	17	0	0	14	0	4	0		0	0	0		
					天然气	GB 11340－2005，GB 18285－2005 GB 17691－2005 国Ⅳ	5905	2200	2640	3300	6000	3800	0	0	0	0	1	0	0	4	0	0	0	0		0	0	0		
		客车底盘	CKZ6829HN4	—	天然气	GB 11340－2005，GB 18285－2005 GB 17691－2005 国Ⅳ	8150	2350	—	4000	11000	3900	0	0	0	0	0	0	0	0	0	0	0	0		12	20	0		
			CKZ6829N4	—	天然气	GB 11340－2005，GB 18285－2005 GB 17691－2005 国Ⅳ	8200	2250	—	4000	11000	3000	0	0	0	0	0	0	0	0	0	0	0	0		32	0	40		
			CKZ6909N4	—	天然气	GB 11340－2005，GB 18285－2005 GB 17691－2005 国Ⅳ	9040	2370	—	4500	13000	3700	0	0	0	0	0	0	0	0	0	0	0	0		0	2	0		
成都客车股份有限公司	蜀都牌	城市客车	CDK6101CE3	EQ6983TN4AC1	天然气	GB 11340－2005，GB 18285－2005 GB 17691－2005 国Ⅳ	10250	2500	3200	5000	14500	8400	0	0	16	0	13	0	0	14	0	0	0	0	1597	0	0	0	115	1712
			CDK6101CE4	EQ6989TN5AC	天然气	GB 11340－2005，GB 18285－2005 GB 17691－2005 国Ⅴ	10250	2500	3350	5000	14500	8780	0	0	20	20	0	0	6	2	0	1	3	0		0	0	1		
			CDK6102CA1R	CA6100CRN25	天然气	GB 17691－2005 国Ⅴ阶段 GB 11340－2005，GB 18285－2005	10490	2500	3420	5100	14500	10080	100	144	0	0	4	0	25	0	0	1	0	0		0	0	0		
			CDK6102CAG5R	CA6100CRN25	天然气	GB 17691－2005 国Ⅴ阶段 GB 11340－2005，GB 18285－2005	10490	2500	3420	5100	14500	10080	0	0	0	0	0	0	0	0	10	0	0	0		0	0	0		
			CDK6111CA1	CA6990CFN24	天然气	GB 17691－2005（国Ⅴ阶段） GB 11340－2005，GB 18285－2005	10600	2500	3350	5000	13200	9070	0	0	0	0	0	2	0	0	0	0	0	0		0	0	5		
			CDK6111CE2	EQ6983TN4AC1	天然气	GB 11340－2005，GB 18285－2005 GB 17691－2005 国Ⅳ	10650	2500	3200	5000	14500	8620	0	0	0	0	0	0	0	0	0	0	6	0		0	0	0		
			CDK6112CEG5R	EQ6101HN5AC1	天然气	GB 11340－2005，GB 18285－2005 GB 17691－2005 国Ⅴ	10615	2500	3420	5000	15000	10080	0	0	0	0	0	10	0	0	0	0	0	0		0	0	0		

续表

企业名称	车辆品牌	车辆名称	车辆型号	底盘型号	燃料种类	排放标准	外形尺寸(mm) 长	宽	高	轴距(mm)	总质量(kg)	整备质量(kg)	2014年 1月	2月	3月	4月	5月	6月	7月	8月	9月	10月	11月	12月	小计(辆)	2015年 1月	2月	3月	小计(辆)	合计(辆)
同上	同上	同上	CDK6112CEG5R	EQ6101HN5AC1	天然气	GB 11340－2005，GB 18285－2005 GB 17691－2005 国Ⅴ	10500	2500	3420	5000	15000	10080	0	0	0	0	0	0	12	0	0	0	0	0		0	0	0		
					天然气	GB 11340－2005，GB 18285－2005 GB 17691－2005 国Ⅴ	10615	2500	3420	5000	15000	10080	0	0	0	0	0	0	0	0	12	0	0	16		0	0	0		
			CDK6122CA1R	CA6120CRN24	天然气	GB 17691－2005（国Ⅴ阶段） GB 11340－2005，GB 18285－2005	12000	2550	3420	6150	18000	12200	0	0	100	145	65	47	28	0	0	0	0	0		0	0	0		
			CDK6122CEG5R	EQ6120HN5AC	天然气	GB 11340－2005，GB 18285－2005 GB 17691－2005 国Ⅴ	12000	2550	3420	6150	18000	12200	0	52	0	0	0	0	0	60	0	0	0	0		0	0	0		
					天然气	GB 11340－2005，GB 18285－2005 GB 17691－2005 国Ⅴ	12000	2550	3420	6000	18000	12200	0	0	0	0	0	0	50	116	1	0	0	7		0	0	0		
					天然气	GB 11340－2005，GB 18285－2005 GB 17691－2005 国Ⅴ	12000	2550	3420	6000	18000	12200	0	0	0	0	0	0	0	0	0	0	0	28		1	0	0		
			CDK6122CS2R	SWB6127Q8LE	天然气	GB 17691－2005 国Ⅴ，GB 18285－2005 GB 11340－2005	12000	2550	3420	6150	18000	12200	100	0	0	50	0	0	0	0	0	0	0	0		0	0	0		
			CDK6550CE	EQ6543KN5AC	天然气	GB 11340－2005，GB 18285－2005 GB 17691－2005 国Ⅴ	5520	2020	2810	3300	5150	3900	30	0	0	0	40	0	0	0	12	0	0	0		0	0	0		
			CDK6593CEG5	EQ6570KN5AC1	天然气	GB 11340－2005，GB 18285－2005 GB 17691－2005 国Ⅴ	5930	2160	2730	3300	6600	4300	0	0	0	0	0	0	0	0	60	0	0	0		1	0	0		
			CDK6701CA	CA6670CFN21	天然气	GB 11340－2005，GB 18285－2005 GB 17691－2005 国Ⅴ	7010	2180	2950	3800	7100	5470	0	0	0	0	0	0	0	0	0	0	0	0		0	0	100		
			CDK6701CEG5	EQ6660KN5AC	天然气	GB 11340－2005，GB 18285－2005 GB 17691－2005 国Ⅴ	7010	2180	2950	3800	7700	5600	0	0	0	0	0	0	2	12	0	0	0	0		0	0	0		
					天然气	GB 11340－2005，GB 18285－2005 GB 17691－2005 国Ⅴ	7010	2180	2950	3800	7700	5600	0	0	0	10	0	8	0	0	9	0	1	0		6	0	0		
			CDK6792CE	EQ6733TN5AC	天然气	GB 11340－2005，GB 18285－2005 GB 17691－2005 国Ⅴ	7910	2400	3020	3650	9000	5945	0	0	0	0	4	10	0	29	0	0	0	6		0	0	0		
			CDK6850CE1R	EQ6820HN4AC	天然气	GB 11340－2005，GB 18285－2005 GB 17691－2005 国Ⅳ	8520	2400	3350	4000	12000	7650	0	0	0	0	0	0	0	5	0	0	0	0		0	0	0		
			CDK6850CEG5R	EQ6820HN5AC	天然气	GB 11340－2005，GB 18285－2005 GB 17691－2005 国Ⅴ	8520	2400	3270	4000	12000	7650	0	0	0	0	0	1	0	0	0	0	0	0		0	0	0		
			CDK6852CE1	EQ6783TN5AC	天然气	GB 11340－2005，GB 18285－2005 GB 17691－2005 国Ⅴ	8535	2400	3160	4000	10400	6880	0	0	0	2	0	0	0	0	0	0	0	0		0	0	0		
			CDK6852CEG5	EQ6783TN5AC	天然气	GB 11340－2005，GB 18285－2005 GB 17691－2005 国Ⅴ	8535	2400	3120	4000	11200	7220	0	0	0	0	0	0	0	0	0	0	0	10		0	0	0		
			CDK6891CE1	EQ6869TN5AC	天然气	GB 11340－2005，GB 18285－2005 GB 17691－2005 国Ⅴ	8935	2480	3150	4200	12000	7650	0	0	0	1	0	0	7	0	0	0	0	0		0	0	0		

续表

企业名称	车辆品牌	车辆名称	车辆型号	底盘型号	燃料种类	排放标准	外形尺寸(mm)			轴距(mm)	总质量(kg)	整备质量(kg)	2014年													2015年				合计(辆)
							长	宽	高				1月	2月	3月	4月	5月	6月	7月	8月	9月	10月	11月	12月	小计(辆)	1月	2月	3月	小计(辆)	
同上	同上	客车	CDK6760EG5	EQ6690KN5AC	天然气	GB 11340－2005，GB 18285－2005 GB 17691－2005 国Ⅴ	7630	2320	3130	3800	8500	6000	0	0	0	0	0	0	0	1	0	0	0	0		0	0	0		
同上	同上	客车	CDK6800E1R	EQ6770RN4AC	天然气	GB 11340－2005，GB 18285－2005 GB 17691－2005 国Ⅳ	7995	2400	3335	3800	11000	8200	0	0	0	0	0	0	0	0	0	0	0	1		0	1	0		
同上	同上	铰接城市客车	CDK6182CH1R	DD6181B11N	天然气	GB 11340－2005，GB 18285－2005 GB 17691－2005 国Ⅴ	17990	2550	3400	6000＋6200	28000	18380	0	0	0	0	0	0	50	0	0	0	0	0		0	0	0		
丹东黄海汽车有限责任公司	黄海牌	城市客车	DD6106B01	DD6106B01	天然气	GB 11340－2005，GB 18285－2005 GB 17691－2005 国Ⅳ	10490	2500	3220	5000	16000	10800	10	0	0	0	18	30	0	0	117	0	18	0		0	0	0		
			DD6109B01FN	DD6990DB01FN	天然气	GB 11340－2005，GB 18285－2005 GB 17691－2005 国Ⅴ	10200	2500	3250	5000	14000	9500	1	0	0	0	0	0	0	0	0	0	0	1		0	0	0		
			DD6109B21	DD6109B21	天然气	GB 17691－2005 国Ⅴ，GB 11340－2005 GB 18285－2005	10490	2482	3380	5000	16000	11400	0	0	0	0	0	0	0	0	0	0	0	125		0	0	0		
			DD6109B22N	DD6109B22N	天然气	GB 11340－2005，GB 18285－2005 GB 17691－2005 国Ⅴ	10490	2482	3220	5000	16000	11000	0	0	0	0	0	0	0	0	0	0	132	0		0	0	0		
					天然气	GB 11340－2005，GB 18285－2005 GB 17691－2005 国Ⅴ	10490	2482	3220	5000	16000	11000	0	0	23	0	0	0	0	0	0	0	0	0		0	0	0		
					天然气	GB 11340－2005，GB 18285－2005 GB 17691－2005 国Ⅴ	10490	2482	3380	5000	16000	11400	0	0	0	8	0	0	0	11	0	0	0	0		0	0	0		
			DD6109S55	DD6109S55	天然气	GB 11340－2005，GB 18285－2005 GB 17691－2005 国Ⅳ	10490	2482	3220	5000	16000	11600	0	40	0	0	0	0	0	0	0	0	0	0		0	0	0		
			DD6118B21	DD6118B21	天然气	GB 11340－2005，GB 18285－2005 GB 17691－2005 国Ⅳ	11310	2532	3380	5600	16500	12200	0	0	0	10	0	0	0	0	0	0	0	0	1329	0	0	0	13	1342
					天然气	GB 11340－2005，GB 18285－2005 GB 17691－2005 国Ⅳ	11310	2532	3380	5600	16500	12200	0	0	0	30	0	0	0	0	0	0	0	0		0	0	0		
			DD6118B25N	DD6118B25N	天然气	GB 11340－2005，GB 18285－2005 GB 17691－2005 国Ⅴ	11310	2532	3180	5600	16500	11800	31	0	0	0	90	0	0	0	0	0	0	0		0	0	0		
					天然气	GB 11340－2005，GB 18285－2005 GB 17691－2005 国Ⅴ	11310	2532	3180	5600	16500	11800	0	0	0	0	0	0	0	0	0	0	0	60		0	0	0		
			DD6129B30	DD6129B30	天然气	GB 11340－2005，GB 18285－2005 GB 17691－2005 国Ⅳ	12000	2532	3180	6000	18000	12800	0	0	0	0	0	30	0	0	9	0	0	20		0	0	0		
			DD6129B32N	DD6129B32N	天然气	GB 11340－2005，GB 18285－2005 GB 17691－2005 国Ⅴ	12000	2532	3180	6000	18000	12800	0	0	20	0	0	0	0	0	0	0	58	0		0	0	0		
			DD6129B50N	承载式车身	天然气	GB 11340－2005，GB 18285－2005 GB 17691－2005 国Ⅴ	11990	2532	3180	6000	18000	11350	0	0	0	0	27	0	0	0	0	0	0	0		0	0	0		
			DD6141B02N	DD6131DB02N	天然气	GB 11340－2005，GB 18285－2005 GB 17691－2005 国Ⅴ	13680	2532	3400	6300＋1400	23500	14550	0	0	7	0	0	0	0	0	0	0	0	0		0	0	0		

续表

企业名称	车辆品牌	车辆名称	车辆型号	底盘型号	燃料种类	排放标准	外形尺寸(mm)			轴距(mm)	总质量(kg)	整备质量(kg)	2014年													2015年				合计(辆)
							长	宽	高				1月	2月	3月	4月	5月	6月	7月	8月	9月	10月	11月	12月	小计(辆)	1月	2月	3月	小计(辆)	
同上	同上	同上	DD6720B01FN	DD6680DB01FN	天然气	GB 11340－2005，GB 18285－2005 GB 17691－2005 国Ⅴ	7240	2355	2950	3800	9000	5700	0	0	10	0	0	0	0	20	0	0	0	0		0	0	0		
			DD6762B01N	DD6762B01N	天然气	GB 17691－2005 国Ⅴ，GB 11340－2005 GB 18285－2005	7640	2400	3285	4800	11200	7000	0	0	0	0	0	0	0	0	0	0	10	0		0	0	0		
			DD6851B01N	DD6821DB01N	天然气	GB 11340－2005，GB 18285－2005 GB 17691－2005 国Ⅴ	8540	2430	3180	4000	12500	8700	0	0	0	0	0	0	0	0	50	65	0	0		0	0	0		
			DD6851B02N	DD6821DB02N	天然气	GB 11340－2005，GB 18285－2005 GB 17691－2005 国Ⅴ	8540	2430	3030	4000	12500	8300	0	0	0	0	0	0	12	4	0	0	0	4		0	0	0		
			DD6892B02N	DD6862DB02N	天然气	GB 11340－2005，GB 18285－2005 GB 17691－2005 国Ⅴ	8990	2440	3030	4200	13500	9600	0	0	0	0	0	9	0	0	0	0	0	0		0	0	0		
					天然气	GB 11340－2005，GB 18285－2005 GB 17691－2005 国Ⅴ	8990	2440	3030	4200	13500	8900	0	0	0	0	0	0	0	0	0	0	0	118		0	0	0		
			DD6930B23N	DD6890DB23N	天然气	GB 11340－2005，GB 18285－2005 GB 17691－2005 国Ⅴ	9290	2440	3180	4435	13500	10400	0	0	0	0	0	0	44	0	0	0	0	0		0	0	0		
					天然气	GB 17691－2005 国Ⅴ，GB 11340－2005 GB 18285－2005	9290	2440	3180	4435	13500	10400	0	0	0	0	0	0	0	0	0	0	0	0		0	10	0		
		客车	DD6128C02N	承载式车身	天然气	GB 11340－2005，GB 18285－2005 GB 17691－2005 国Ⅴ	11985	2500	3815	6000	18000	13700	0	0	0	0	0	0	0	0	10	0	0	0		0	0	0		
			DD6129K65N	DD6129K65N	天然气	GB 11340－2005，GB 18285－2005 GB 17691－2005 国Ⅴ	11920	2545	3430	6200	18000	12770	0	0	0	0	6	0	0	0	0	0	0	0		0	0	0		
					天然气	GB 11340－2005，GB 18285－2005 GB 17691－2005 国Ⅴ	11920	2545	3430	6200	18000	12770	0	0	0	0	0	0	0	0	5	0	6	0		3	0	0		
		双层城市客车	DD6119B12DN	DD6119B12DN	天然气	GB 11340－2005，GB 18285－2005 GB 17691－2005 国Ⅴ	11300	2530	4180	5500	18000	13800	0	0	10	0	0	0	10	0	0	0	0	0		0	0	0		
		中小学生专用校车	DD6100C02FXN	DD6980DC02FXN	天然气	GB 11340－2005，GB 18285－2005 GB 17691－2005 国Ⅴ	10200	2495	3200	5800	14000	9300	0	0	0	10	0	0	0	0	0	0	0	0		0	0	0		
安徽安凯汽车股份有限公司	安凯牌	城市客车	HFF6100G39CE5	承载式车身	天然气	GB 17691－2005 国Ⅴ，GB 11340－2005 GB 18285－2005	10320 10450	2500	3250	5000 4900	16350	10400	0	0	0	0	0	0	0	16	15	0	30	0	1269	0	0	0	41	1310
					天然气	GB 17691－2005 国Ⅴ，GB 11340－2005 GB 18285－2005	10450 10320	2500	3250	4900 5000	16350	11000 10400	0	0	0	0	0	37	0	0	0	30	0	0		0	0	0		
			HFF6104G39C	HFF6104D39C	天然气	GB 17691－2005 国Ⅳ，GB 11340－2005 GB 18285－2005	10420	2500	3250	5000	16350	10400	4	0	0	0	0	0	0	0	0	0	0	0		0	0	0		
			HFF6105G39C	承载式车身	天然气	GB 17691－2005 国Ⅴ，GB 11340－2005 GB 18285－2005	10450	2500	3250	4900	16350	10400	0	0	0	0	0	0	0	20	16	0	0	0		0	0	0		
					天然气	GB 17691－2005 国Ⅴ，GB 11340－2005 GB 18285－2005	10320	2500	3250	5000	16350	10400	0	0	0	0	0	0	0	0	0	13	0	0		0	0	0		

续表

企业名称	车辆品牌	车辆名称	车辆型号	底盘型号	燃料种类	排放标准	外形尺寸(mm)			轴距(mm)	总质量(kg)	整备质量(kg)	2014年													2015年				合计(辆)
							长	宽	高				1月	2月	3月	4月	5月	6月	7月	8月	9月	10月	11月	12月	小计(辆)	1月	2月	3月	小计(辆)	
同上	同上	同上	HFF6105G39C	承载式车身	天然气	GB 17691－2005 国Ⅴ，GB 11340－2005 GB 18285－2005	10320	2500	3250	5000	16350	10400	6	1	56	0	0	0	0	0	0	0	0	13		0	0	0		
			HFF6111G50C	HFF6111D50C	天然气	GB 17691－2005 国Ⅳ，GB 11340－2005 GB 18285－2005	11350	2500	3250	5700	16500	11430	0	0	0	0	60	5	0	0	0	0	0	0		0	0	0		
					天然气	GB 17691－2005 国Ⅳ，GB 11340－2005 GB 18285－2005	11350	2500	3250	5700	16500	11430	0	0	0	0	0	35	0	0	0	0	0	0		0	0	0		
			HFF6115G50C	承载式车身	天然气	GB 17691－2005 国Ⅴ，GB 11340－2005 GB 18285－2005	11350	2500	3050	5700	16500	10780	0	0	0	40	0	0	0	0	0	0	0	0		0	0	0		
					天然气	GB 17691－2005 国Ⅴ，GB 11340－2005 GB 18285－2005	11350	2500	3250	5700	16500	11430	0	0	0	0	0	35	0	100	0	0	0	0		0	0	0		
					天然气	GB 17691－2005 国Ⅴ，GB 11340－2005 GB 18285－2005	11350	2500	3250	5700	16500	11430	0	43	0	65	0	0	0	0	0	0	0	0		0	0	0		
			HFF6120GZ－4C	HFF6120DZ－4C	天然气	GB 17691－2005 国Ⅳ，GB 11340－2005 GB 18285－2005	12000	2550	3250	6100	18000	12300	0	0	0	0	0	0	0	0	0	0	0	20		0	0	0		
					天然气	GB 17691－2005 国Ⅳ，GB 11340－2005 GB 18285－2005	12000	2550	3250	6100	18000	12300	20	0	0	0	0	98	0	0	0	0	0	80		0	0	0		
			HFF6125GZ－4C	承载式车身	天然气	GB 17691－2005 国Ⅴ，GB 11340－2005 GB 18285－2005	12000	2550	3150	6100	18000	12300	0	0	0	0	0	0	0	0	0	0	0	0		2	0	0		
					天然气	GB 17691－2005 国Ⅴ，GB 11340－2005 GB 18285－2005	12000	2550	3250	6100	18000	12300	59	0	0	45	0	0	0	0	0	0	0	0		0	0	0		
					天然气	GB 17691－2005 国Ⅴ，GB 11340－2005 GB 18285－2005	12000	2550	3150	6100	18000	11630	0	0	0	0	0	0	0	0	0	0	0	63		0	0	0		
			HFF6140G06CE5	承载式车身	天然气	GB 17691－2005 国Ⅴ，GB 11340－2005 GB 18285－2005	13700	2550	3250	6120＋1470	23600	13500	0	0	0	0	0	0	0	60	0	0	0	0		0	0	0		
		客车	HFF6100K58C1E5	承载式车身	天然气	GB 17691－2005 国Ⅴ，GB 11340－2005 GB 18285－2005	9980	2500	3520	5050	14000	10600	0	0	0	0	0	1	0	0	0	0	0	0		0	0	0		
			HFF6110K10C1E5	承载式车身	天然气	GB 17691－2005 国Ⅴ，GB 11340－2005 GB 18285－2005	10800	2500	3520	5460	15650	11670	0	0	0	1	0	0	0	0	0	0	0	0		0	0	0		
					天然气	GB 17691－2005 国Ⅴ，GB 11340－2005 GB 18285－2005	10800	2500	3520	5460	15650	11670	0	0	0	0	1	0	0	0	0	0	0	0		1	0	0		
			HFF6110K10C2E5	承载式车身	天然气	GB 17691－2005 国Ⅴ，GB 11340－2005 GB 18285－2005	10800	2500	3520	5460	14740	11230	0	0	0	0	0	1	0	0	0	0	0	0		0	0	1		
			HFF6110LK10C	承载式车身	天然气	GB 17691－2005 国Ⅳ，GB 11340－2005 GB 18285－2005	10800	2500	3520	5460	15500	11670	1	0	0	0	0	0	0	0	0	0	0	0		0	0	0		
					天然气	GB 17691－2005 国Ⅳ，GB 11340－2005 GB 18285－2005	10800	2500	3520	5460	15500	11670	0	0	2	0	0	0	0	0	0	0	0	0		0	0	0		

续表

企业名称	车辆品牌	车辆名称	车辆型号	底盘型号	燃料种类	排放标准	外形尺寸(mm) 长	宽	高	轴距(mm)	总质量(kg)	整备质量(kg)	2014年 1月	2月	3月	4月	5月	6月	7月	8月	9月	10月	11月	12月	小计(辆)	2015年 1月	2月	3月	小计(辆)	合计(辆)
同上	同上	同上	HFF6113K06C2E5	承载式车身	天然气	GB 17691－2005 国Ⅴ，GB 11340－2005 GB 18285－2005	11290	2500	3790	5610	17650	12700	0	0	0	0	0	0	0	0	0	0	0	0		0	0	1		
			HFF6114K06C1	承载式车身	天然气	GB 17691－2005 国Ⅴ，GB 11340－2005 GB 18285－2005	10990	2500	3550	5450	16000	11850	2	0	0	0	0	0	0	0	0	0	0	0		0	0	0		
			HFF6114K06C2	承载式车身	天然气	GB 17691－2005 国Ⅴ，GB 11340－2005 GB 18285－2005	10990	2500	3550	5450	15200	11690	0	0	0	0	0	0	0	0	0	0	0	3		0	0	0		
			HFF6115K06C1	承载式车身	天然气	GB 17691－2005 国Ⅴ，GB 11340－2005 GB 18285－2005	10600	2500	3550	5250	15700	11700	2	0	0	0	0	0	0	0	0	0	0	1		0	0	0		
					天然气	GB 17691－2005 国Ⅴ，GB 11340－2005 GB 18285－2005	10600	2500	3550	5250	15700	11700	0	0	0	0	0	0	0	0	0	0	0	1		0	0	0		
					天然气	GB 17691－2005 国Ⅴ，GB 11340－2005 GB 18285－2005	10600	2500	3550	5250	15700	11700	1	0	0	0	0	0	0	0	0	0	0	0		0	0	0		
			HFF6120K06C1	承载式车身	天然气	GB 17691－2005 国Ⅳ，GB 11340－2005 GB 18285－2005	12000	2550	3680	6080	17200	12800	0	0	0	1	0	0	0	0	0	0	0	0		0	0	0		
					天然气	GB 17691－2005 国Ⅳ，GB 11340－2005 GB 18285－2005	12000	2550	3680	6080	17800	13400	0	0	0	0	1	0	0	1	0	0	0	0		0	0	0		
			HFF6120K06C1E5	承载式车身	天然气	GB 17691－2005 国Ⅴ，GB 11340－2005 GB 18285－2005	12000	2550	3680	6080	17800	13400	0	0	0	0	0	0	0	1	7	0	0	0		0	0	0		
			HFF6120K06C2	承载式车身	天然气	GB 17691－2005 国Ⅳ，GB 11340－2005 GB 18285－2005	12000	2550	3680	6080	17800	13400	0	0	0	0	0	0	0	0	0	1	0	0		1	0	0		
			HFF6120K06C2E5	承载式车身	天然气	GB 17691－2005 国Ⅴ，GB 11340－2005 GB 18285－2005	12000	2550	3680	6080	17800	13400	0	0	0	0	0	1	0	0	1	0	0	0		0	0	0		
					天然气	GB 17691－2005 国Ⅴ，GB 11340－2005 GB 18285－2005	12000	2550	3680	6080	17800	13400	0	0	0	0	0	0	0	0	0	0	1	0		0	0	0		
			HFF6120K10C1E5	承载式车身	天然气	GB 17691－2005 国Ⅴ，GB 11340－2005 GB 18285－2005	12000	2500	3520	6080	17200	12580	0	0	0	0	0	0	0	0	0	0	0	8		0	0	0		
			HFF6121K06C2	承载式车身	天然气	GB 17691－2005 国Ⅴ，GB 11340－2005 GB 18285－2005	12000	2550	3680	6080	17800	13400	1	0	0	0	0	0	0	0	0	0	0	0		0	0	0		
			HFF6121K40C1	承载式车身	天然气	GB 17691－2005 国Ⅴ，GB 11340－2005 GB 18285－2005	12000	2500	3550	6080	17500	12800	0	0	0	0	0	0	0	0	0	0	0	1		0	0	0		
			HFF6121K40C2	承载式车身	天然气	GB 17691－2005 国Ⅴ，GB 11340－2005 GB 18285－2005	12000	2500	3720	6080	17300	12800	0	0	4	0	0	0	0	0	0	0	0	0		0	0	0		
					天然气	GB 17691－2005 国Ⅴ，GB 11340－2005 GB 18285－2005	12000	2500	3550	6080	17300	12800	0	0	0	0	0	0	0	0	0	0	0	1		1	0	0		
			HFF6123KC1E5	承载式车身	天然气	GB 17691－2005 国Ⅴ，GB 18285－2005 GB 11340－2005	12000	2550	3200	6080	16500	12300	0	0	0	0	0	0	0	0	6	0	0	0		0	0	0		

续表

企业名称	车辆品牌	车辆名称	车辆型号	底盘型号	燃料种类	排放标准	外形尺寸(mm) 长	宽	高	轴距(mm)	总质量(kg)	整备质量(kg)	2014年 1月	2月	3月	4月	5月	6月	7月	8月	9月	10月	11月	12月	小计(辆)	2015年 1月	2月	3月	小计(辆)	合计(辆)
同上	同上	同上	HFF6129HKSQ5	承载式车身	天然气	GB 17691-2005 国Ⅴ, GB 11340-2005 GB 18285-2005	12000	2550	3750	6080	18000	13700	0	0	0	0	0	0	0	1	0	0	0	0		0	0	0		
			HFF6850K57C	HFF6820D16C	天然气	GB 17691-2005 国Ⅳ, GB 11340-2005 GB 18285-2005	8490	2400	3310	4000	11750	8650	0	0	0	1	0	0	0	0	0	0	0	0		0	0	0		
			HFF6850K57C1E5	承载式车身	天然气	GB 17691-2005 国Ⅴ, GB 11340-2005 GB 18285-2005	8490	2500	3390	4000	11900	9200	0	0	0	0	2	0	0	1	0	0	0	0		0	0	0		
			HFF6900K08C1E5	承载式车身	天然气	GB 17691-2005 国Ⅴ, GB 11340-2005 GB 18285-2005	8990	2500	3410	4300	13050	9850	2	0	0	0	0	0	0	0	0	0	0	0		0	0	0		
					天然气	GB 17691-2005 国Ⅴ, GB 11340-2005 GB 18285-2005	8990	2500	3410	4300	13050	9850	0	0	0	0	0	0	3	3	0	0	1	0		0	0	0		
			HFF6900K08C1E5B	HFF6870D08CE5	天然气	GB 17691-2005 国Ⅴ, GB 11340-2005 GB 18285-2005	8990	2500	3410	4300	13000	9800	0	0	0	0	0	0	0	0	1	0	0	0		0	0	0		
			HFF6900K08C2E5	承载式车身	天然气	GB 17691-2005 国Ⅴ, GB 11340-2005 GB 18285-2005	8990	2500	3410	4300	13400	10100	0	0	0	0	0	0	1	0	0	0	0	0		0	0	0		
					天然气	GB 17691-2005 国Ⅴ, GB 11340-2005 GB 18285-2005	8990	2500	3410	4300	13400	10100	0	0	0	0	0	10	0	0	0	0	0	0		1	0	0		
			HFF6901K08C2E5	承载式车身	天然气	GB 17691-2005 国Ⅴ, GB 11340-2005 GB 18285-2005	8990	2500	3410	4300	11900	10100	0	0	0	0	0	0	0	0	0	0	0	0		1	0	0		
			HFF6902K08C	承载式车身	天然气	GB 17691-2005 国Ⅳ, GB 11340-2005 GB 18285-2005	8990	2500	3410	4300	12800 13000	9500 9950	1	0	1	0	0	0	6	3	0	0	0	0		0	0	0		
					天然气	GB 17691-2005 国Ⅳ, GB 11340-2005 GB 18285-2005	8990	2500	3410	4300	12800	9500	1	0	0	0	0	0	0	1	0	0	0	0		0	0	0		
		豪华客车	HFF6122YK40C	承载式车身	天然气	GB 17691-2005 国Ⅳ, GB 11340-2005 GB 18285-2005	12000	2550	3950	6080	18000	13380	0	0	0	0	0	0	0	0	0	1	0	0		0	0	0		
			HFF6123YK40C1	承载式车身	天然气	GB 17691-2005 国Ⅴ, GB 11340-2005 GB 18285-2005	12000	2550	3950	6080	18000	13200	1	0	1	0	0	0	0	0	2	0	0	0		0	0	0		
			HFF6123YK40C2	承载式车身	天然气	GB 17691-2005 国Ⅴ, GB 11340-2005 GB 18285-2005	12000	2550	3950	6080	18000	13500	0	0	0	0	12	0	0	0	0	2	0	0		0	0	0		
					天然气	GB 17691-2005 国Ⅴ, GB 11340-2005 GB 18285-2005	12000	2550	3950	6080	18000	13500	0	0	0	0	0	0	0	2	0	0	0	0		2	0	0		
		铰接城市客车	HFF6180G02CE5	承载式车身	天然气	GB 17691-2005 国Ⅴ, GB 11340-2005 GB 18285-2005	18000	2550	3250	5845+6045	28000	18000	0	0	0	0	0	10	0	0	30	30	0	1		30	0	0		
河北长安汽车有限公司	长安牌	城市客车	SC6607N1G5	SC6580DNG5	天然气	GB 17691-2005 国Ⅴ, GB 11340-2005 GB 18285-2005	5995	2240	2780	3300	6300	4250	0	0	0	5	0	4	1	0	0	0	0	1	1123	0	0	0	165	1288
			SC6607N2G5	SC6580DNG5	天然气	GB 17691-2005 国Ⅴ, GB 11340-2005 GB 18285-2005	5995	2240	2780	3300	6000	4250	18	24	22	72	0	0	7	1	10	4	95	24		1	0	54		

续表

企业名称	车辆品牌	车辆名称	车辆型号	底盘型号	燃料种类	排放标准	外形尺寸(mm) 长	外形尺寸(mm) 宽	外形尺寸(mm) 高	轴距(mm)	总质量(kg)	整备质量(kg)	2014年 1月	2014年 2月	2014年 3月	2014年 4月	2014年 5月	2014年 6月	2014年 7月	2014年 8月	2014年 9月	2014年 10月	2014年 11月	2014年 12月	2014年 小计(辆)	2015年 1月	2015年 2月	2015年 3月	2015年 小计(辆)	合计(辆)
同上	同上	同上	SC6662NG5	SC6580DNG5	天然气	GB 17691－2005 国Ⅴ，GB 11340－2005 GB 18285－2005	6600	2260	2865	3300	7300	4650	9	0	0	0	6	5	1	0	5	0	0	16		2	0	0		
			SC6721NG4	SC6681DNG4	天然气	GB 17691－2005 国Ⅳ，GB 11340－2005 GB 18285－2005	7216	2310	2910	3300	8100	5440	9	27	15	26	71	10	20	10	94	0	7	40		3	0	1		
			SC6733NG5	SC6690DNG5	天然气	GB 17691－2005 国Ⅴ，GB 11340－2005 GB 18285－2005	7345	2380	3020	3308	9500	5950	0	0	0	0	0	0	0	0	0	0	5	22		1	0	0		
			SC6751HNG5	SC6680DNG5	天然气	GB 17691－2005 国Ⅴ，GB 11340－2005 GB 18285－2005	7455	2380	2960	3300	9400	5800	0	0	0	0	0	2	4	0	0	0	0	1		0	0	0		
			SC6753HNG5	SC6713DNG5	天然气	GB 17691－2005 国Ⅴ，GB 11340－2005 GB 18285－2005	7525	2385	2985	3400	9000	6210	0	0	0	0	0	10	0	0	0	0	0	0		20	4	0		
			SC6781N1G4	SC6750DN1G4	天然气	GB 17691－2005 国Ⅳ，GB 11340－2005 GB 18285－2005	7805	2320	2960	3650	9500	5720	0	0	0	0	0	0	0	0	0	2	0	31		0	0	0		
					天然气	GB 17691－2005 国Ⅳ，GB 11340－2005 GB 18285－2005	7805	2320	2960	3650	9500	5720	0	0	0	0	0	0	0	0	0	29	0	0		0	1	14		
			SC6781NG4	SC6750DNG4	天然气	GB 17691－2005 国Ⅳ，GB 11340－2005 GB 18285－2005	7805	2320	2960	3650	9500	5720	6	0	0	39	0	22	33	0	0	0	0	0		1	0	0		
			SC6833HNG5	SC6790DNG5	天然气	GB 17691－2005 国Ⅴ，GB 11340－2005 GB 18285－2005	8338	2385	3200	3800	11000	7650	0	0	0	0	0	0	0	0	0	30	0	6		0	0	0		
			SC6840HNG4	SC6820DNG4	天然气	GB 17691－2005 国Ⅴ，GB 11340－2005 GB 18285－2005	8360	2380	3050	3805	10600	6550	0	0	0	0	0	0	10	0	0	36	0	0		0	0	0		
			SC6842HNJ4	HFC6782NY1F	天然气	GB 11340－2005，GB 18285－2005 GB 17691－2005 国Ⅳ	8360	2380	3050	3800	10500	6850	0	34	0	5	0	0	0	0	0	0	0	0		46	0	0		
			SC6850NG4	SC6810DNG4	天然气	GB 17691－2005 国Ⅳ，GB 11340－2005 GB 18285－2005	8515	2380	3050	4000	11200	6900	0	0	1	21	0	0	0	0	0	0	0	0		0	0	0		
			SC6901HNG5	SC6870DNG5	天然气	GB 17691－2005 国Ⅴ，GB 11340－2005 GB 18285－2005	9000	2500	3200	4200	13500	9360	20	0	0	0	0	0	0	0	0	0	8	0		0	13	0		
			SC6901HNJ4	HFC6880NY1F	天然气	GB 11340－2005，GB 18285－2005 GB 17691－2005 国Ⅳ	9000	2500	3250	4200	13000	8200	6	0	0	0	0	0	0	0	0	0	0	0		0	0	0		
		客车	SC6607NG4	SC6580DNG4	天然气	GB 17691－2005 国Ⅳ，GB 11340－2005 GB 18285－2005	5995	2220	2780	3300	5635	4150	0	0	0	3	33	2	1	0	0	0	0	0		0	0	0		
			SC6607NG5	SC6580DNG5	天然气	GB 17691－2005 国Ⅴ，GB 11340－2005 GB 18285－2005	5995	2240	2780	3300	5900	4250	6	0	0	1	0	0	9	0	1	4	0	2		0	1	2		
			SC6726NG4	SC6650DNG5	天然气	GB 17691－2005 国Ⅴ，GB 11340－2005 GB 18285－2005	7260	2280	2880	3800	7140	4720	1	0	12	0	2	0	0	0	0	3	0	1		1	0	0		

续表

企业名称	车辆品牌	车辆名称	车辆型号	底盘型号	燃料种类	排放标准	外形尺寸(mm) 长	宽	高	轴距(mm)	总质量(kg)	整备质量(kg)	2014年 1月	2月	3月	4月	5月	6月	7月	8月	9月	10月	11月	12月	小计(辆)	2015年 1月	2月	3月	小计(辆)	合计(辆)
安徽江淮客车有限公司	合客牌	城市客车	HK6105HGQ5	HFC6100NY1V	天然气	GB 17691-2005 国Ⅴ，GB 18285-2005 GB 11340-2005	10430	2500	3170 3070	5000	16500	10300 10800	9	0	0	1	80	0	0	0	0	0	0	0		56	0	0		
					天然气	GB 17691-2005 国Ⅴ，GB 18285-2005 GB 11340-2005	10430	2500	3170	5000	16500	10800	20	0	0	1	0	0	0	0	0	50	0	0		0	0	0		
			HK6601GQ5	HFC6570NY1V	天然气	GB 17691-2005 国Ⅴ，GB 18285-2005 GB 11340-2005	5995	2260	2995 2870	3308	6700	5150 4900	0	0	21	20	0	0	0	0	7	59	30	18		2	0	0		
			HK6669GQ	HFC6570NY1V	天然气	GB 17691-2005 国Ⅴ，GB 18285-2005 GB 11340-2005	6620	2250	2995	3308	7000	4650	7	0	0	0	0	0	0	0	0	0	0	0		0	0	0		
			HK6739GQ	HFC6710NY1V	天然气	GB 17691-2005 国Ⅴ，GB 18285-2005 GB 11340-2005	7280	2250	2840 2995	3800	8500	5100 5300	0	0	0	0	15	0	0	21	33	0	20	0		5	0	0		
			HK6770HGQ5	HFC6730NY1V	天然气	GB 17691-2005 国Ⅴ，GB 18285-2005 GB 11340-2005	7745	2420	3170	3600	10500	6800	0	0	0	0	0	0	0	12	0	0	0	45		0	0	0		
					天然气	GB 17691-2005 国Ⅴ，GB 18285-2005 GB 11340-2005	7745	2420	3070 3170 3460	3600	10500	6800 7300 6400	0	3	12	0	6	21	0	9	0	0	4	4		0	0	42		
			HK6813HGQ5	HFC6782NY1V	天然气	GB 17691-2005 国Ⅴ，GB 18285-2005 GB 11340-2005	8130	2420	3170 3460	3800	10500	7300 6900	50	0	0	0	0	0	0	4	0	0	0	30		0	9	0		
			HK6850HGQ4	HFC6832NY1F	天然气	GB 11340-2005，GB 18285-2005 GB 17691-2005 国Ⅳ	8500	2420	3070	3900	12000	7460	1	0	0	0	0	0	0	0	0	0	0	0		0	0	0		
			HK6850HGQ5	HFC6832NY1V	天然气	GB 17691-2005 国Ⅴ，GB 18285-2005 GB 11340-2005	8500	2420	3170	3900	12500	8260	36	0	0	0	0	15	0	0	27	32	30	6		24	0	0		
			HK6900HGQ5	HFC6880NY1V	天然气	GB 17691-2005 国Ⅴ，GB 18285-2005 GB 11340-2005	8995	2420	3170	4200	13500	8400	1	0	0	0	0	0	0	0	0	0	0	0		0	0	0		
			HK6940HGQ5	HFC6880NY1V	天然气	GB 17691-2005 国Ⅴ，GB 18285-2005 GB 11340-2005	9400	2420	3170	4400 4200	13500	8700	9	0	0	0	0	28	12	0	0	0	14	13		0	0	0		
		客车	HK6609Q	HFC6570NY1V	天然气	GB 17691-2005 国Ⅴ，GB 18285-2005 GB 11340-2005	5990	2250	2995	3308	5900	4400	5	5	0	1	1	0	97	1	1	9	8	8		15	0	0		
			HK6669Q	HFC6570NY1V	天然气	GB 17691-2005 国Ⅴ，GB 18285-2005 GB 11340-2005	6620	2250	2795	3308	6800	4650	0	0	1	4	1	0	0	0	0	0	0	0		0	0	0		
					天然气	GB 17691-2005 国Ⅴ，GB 18285-2005 GB 11340-2005	5990	2250	2995	3308	5900	4400	0	0	0	0	0	0	0	10	0	0	0	0		0	0	0		
			HK6759Q	HFC6710NY1V	天然气	GB 17691-2005 国Ⅴ，GB 18285-2005 GB 11340-2005	7490	2250	3135	4050	8200	5550	0	0	0	0	0	0	1	0	0	3	0	0		0	0	0		
			HK6819HQ5	HFC6792NY1V	天然气	GB 17691-2005 国Ⅴ，GB 18285-2005 GB 11340-2005	8120	2450	3326	3800	10800	8000	1	0	2	0	1	0	0	0	0	0	0	0		0	0	0		
			HK6879HQ5	HFC6850NY1V	天然气	GB 17691-2005 国Ⅴ，GB 18285-2005 GB 11340-2005	8710	2450	3326	4150	11900	8700	0	0	0	0	0	0	1	1	0	0	0	0		0	0	0		

续表

企业名称	车辆品牌	车辆名称	车辆型号	底盘型号	燃料种类	排放标准	外形尺寸(mm) 长	宽	高	轴距(mm)	总质量(kg)	整备质量(kg)	2014年 1月	2月	3月	4月	5月	6月	7月	8月	9月	10月	11月	12月	小计(辆)	2015年 1月	2月	3月	小计(辆)	合计(辆)
同上	同上	同上	HK6909HQ4	HFC6870NY1F	天然气	GB 17691－2005 国Ⅳ，GB 18285－2005 GB 11340－2005	8970	2450	3345	4300	11900	8850	0	0	0	0	0	1	1	0	0	0	0	0		0	0	0		
			HK6909HQ5	HFC6870NY1V	天然气	GB 17691－2005 国Ⅴ，GB 18285－2005 GB 11340－2005	8970	2450	3345	4300	12400	9200	6	0	1	4	1	3	0	5	8	0	0	0		0	0	0		
中国重汽集团济南豪沃客车有限公司	黄河牌	城市客车	JK6109GN	ZZ6107GH1DC	天然气	GB 11340－2005，GB 18285－2005 GB 17691－2005 国Ⅳ	10500	2500	3400	5000	16500	10800	0	0	0	20	0	0	0	0	5	0	0	0	783	0	0	0	200	983
			JK6109GN5	ZZ6107GK1E	天然气	GB 17691－2005 国Ⅴ，GB 11340－2005 GB 18285－2005	10500	2500	3140	5000	16500	11300	0	0	251	0	0	0	0	0	0	0	0	0		0	0	0		
					天然气	GB 17691－2005 国Ⅴ，GB 11340－2005 GB 18285－2005	10500	2500	3300	5000	16500	11300	0	30	0	0	0	8	0	0	0	0	0	0		0	0	0		
			JK6129GN	ZZ6127GM1DC	天然气	GB 17691－2005 国Ⅳ，GB 11340－2005 GB 18285－2005	11990	2550	3400	6000	18000	12600	0	0	0	0	0	0	0	0	0	149	16	0		0	0	0		
			JK6129GN5	ZZ6127GM1EN	天然气	GB 17691－2005 国Ⅴ，GB 11340－2005 GB 18285－2005	11990	2530	3180	6000	18000	11620	48	102	0	0	0	0	0	0	0	0	0	0		0	0	0		
					天然气	GB 17691－2005 国Ⅴ，GB 11340－2005 GB 18285－2005	11990	2530	3400	6000	18000	11950	0	0	0	0	0	0	0	0	0	0	0	2		0	10	190		
			JK6729DGNB	ZZ6577GE1DF	天然气	GB 11340－2005，GB 18285－2005 GB 17691－2005 国Ⅳ	7200	2300	2820	3308	7450	4700	10	0	22	0	0	0	0	0	0	0	0	0		0	0	0		
			JK6790GN	ZZ6767GG1DN	天然气	GB 11340－2005，GB 18285－2005 GB 17691－2005 国Ⅳ	7895	2400	3235	3650	11200	7945	0	0	20	0	0	0	0	0	0	0	0	0		0	0	0		
			JK6909GN5	ZZ6877GH1EN	天然气	GB 17691－2005 国Ⅴ，GB 11340－2005 GB 18285－2005	8995	2500	3140	4250	13200	9165	0	0	0	0	0	7	0	0	0	0	0	0		0	0	0		
					天然气	GB 17691－2005 国Ⅴ，GB 11340－2005 GB 18285－2005	8995	2500	3140	4250	13200	9165	0	0	0	0	0	0	14	0	0	0	0	0		0	0	0		
			JK6919GN	ZZ6887GH1DN	天然气	GB 17691－2005 国Ⅳ，GB 11340－2005 GB 18285－2005	9145	2500	3080	4200	13200	9100	0	0	30	0	0	20	0	0	0	0	0	0		0	0	0		
		客车	JK6118HN	ZZ6117HK1DN	天然气	GB 11340－2005，GB 18285－2005 GB 17691－2005 国Ⅳ	10990	2500	3500	5600	15900	11900	0	0	0	0	0	0	0	1	15	0	0	0		0	0	0		
			JK6858HNA	ZZ6827HH1DC	天然气	GB 17691－2005 国Ⅳ，GB 11340－2005 GB 18285－2005	8540	2430	3300	4100	11600	8400	1	0	0	1	0	0	0	0	0	0	0	0		0	0	0		
			JK6898HN	ZZ6877HH1DC	天然气	GB 17691－2005 国Ⅳ，GB 11340－2005 GB 18285－2005	8945	2430	3300	4300	11900	8800	0	0	0	1	0	0	0	0	0	0	0	0		0	0	0		
			JK6907HN5	ZZ6877HK1EN	天然气	GB 17691－2005（国Ⅴ），GB 18285－2005 GB 11340－2005	8995	2430	3300	4300	13000	9600	0	10	0	0	0	0	0	0	0	0	0	0		0	0	0		

续表

企业名称	车辆品牌	车辆名称	车辆型号	底盘型号	燃料种类	排放标准	外形尺寸(mm)			轴距(mm)	总质量(kg)	整备质量(kg)	2014年													2015年				合计(辆)
							长	宽	高				1月	2月	3月	4月	5月	6月	7月	8月	9月	10月	11月	12月	小计(辆)	1月	2月	3月	小计(辆)	
上海申龙客车有限公司	申龙牌	城市客车	SLK6105UF5N	FZ6105U5N	天然气	GB 17691－2005 国Ⅳ，GB 18285－2005 GB 11340－2005	10500	2500	3220	5000	16500	11750	0	0	0	0	5	28	0	0	0	0	0	0	845	0	0	0	55	900
					天然气	GB 17691－2005 国Ⅳ，GB 18285－2005 GB 11340－2005	10500	2500	3220	5000	16500	11750	0	0	0	0	0	0	0	0	0	0	15	0		0	0	0		
			SLK6109US5N5	SLK6109U5N5	天然气	GB 17691－2005 国Ⅴ，GB 11340－2005 GB 18285－2005	10500	2500	3200	5000	16500	11350	0	0	8	0	0	6	0	0	0	0	0	0		0	0	0		
					天然气	GB 17691－2005 国Ⅴ，GB 11340－2005 GB 18285－2005	10500	2500	3200	5000	16500	11350	0	0	0	0	0	0	0	0	0	38	0	0		0	0	0		
			SLK6109US8N5Q	SLK6999U8N5	天然气	GB 17691－2005 国Ⅴ，GB 11340－2005 GB 18285－2005	10170	2500	3050	4800	16400	10400	0	2	98	0	1	20	0	79	0	0	0	0		0	0	1		
			SLK6119US5N5	SLK6119U5N5	天然气	GB 17691－2005 国Ⅴ，GB 11340－2005 GB 18285－2005	11380	2550	3200	5700	17000	11780	0	0	0	0	0	0	0	1	69	0	0	0		0	0	0		
					天然气	GB 17691－2005 国Ⅴ，GB 11340－2005 GB 18285－2005	11380	2550	3200	5700	17000	11780	0	0	118	0	0	0	0	0	80	0	0	0		20	0	0		
			SLK6129US5N5	SLK6129U5N5	天然气	GB 17691－2005 国Ⅴ，GB 11340－2005 GB 18285－2005	11995	2550	3220	6000	18000	12240	0	0	0	0	0	0	0	0	22	0	0	0		0	0	0		
			SLK6600UC3GN5	HFC6570NY1V	天然气	GB 11340－2005，GB 18285－2005 GB 17691－2005 国Ⅴ	5995	2280	2930	3308	7000	4580	0	0	0	0	0	0	0	68	31	0	0	0		0	0	0		
			SLK6753UF5N	FZ6723U5N	天然气	GB 17691－2005 国Ⅳ，GB 18285－2005 GB 11340－2005	7490	2300	2950	3600	10600	7800	0	0	0	0	0	0	0	0	0	3	0	0		0	0	0		
			SLK6859US5N5	SLK6829U5N5	天然气	GB 17691－2005 国Ⅴ，GB 11340－2005 GB 18285－2005	8545	2500	3200	4000	12200	8940	0	0	0	0	0	0	0	0	36	0	0	0		0	0	0		
			SLK6939US5N5	SLK6909U5N5	天然气	GB 17691－2005 国Ⅴ，GB 11340－2005 GB 18285－2005	9340	2500	3220	4400	13700	9550	0	0	0	0	0	0	32	0	0	0	0	0		0	0	0		
		客车	SLK6112F5AN	FZ6102A5N	天然气	GB 17691－2005 国Ⅳ，GB 11340－2005 GB 18285－2005	10800	2500	3600	5300	16000	12020	1	0	0	4	0	0	0	0	0	0	1	0		0	0	0		
			SLK6118S5AN5	SLK6118A5N	天然气	GB 17691－2005 国Ⅴ，GB 11340－2005 GB 18285－2005	10995	2500	3695	5550	16400	12200	0	0	2	0	0	0	0	0	0	0	0	0		1	0	0		
			SLK6118S5AN5	SLK6118A5N	天然气	GB 17691－2005 国Ⅴ，GB 11340－2005 GB 18285－2005	10995	2500	3695	5550	16400	12200	0	0	0	0	0	0	0	0	0	0	0	32		1	1	0		
			SLK6118S5GN5	SLK6118A5N	天然气	GB 17691－2005 国Ⅴ，GB 11340－2005 GB 18285－2005	10995	2500	3695	5550	16400	12200	0	0	0	0	0	0	0	0	0	0	0	1		0	0	0		
			SLK6120L5AN	承载式车身	天然气	GB 11340－2005，GB 18285－2005 GB 17691－2005 国Ⅳ	11995	2550	3795	6200	18000	13390	0	0	0	0	1	0	0	0	0	0	0	0		0	0	0		
			SLK6120L5BN5	承载式车身	天然气	GB 11340－2005，GB 18285－2005 GB 17691－2005 国Ⅴ	11995	2550	3795	6200	18000	13390	0	0	0	0	0	0	1	0	0	0	0	0		0	0	0		

续表

企业名称	车辆品牌	车辆名称	车辆型号	底盘型号	燃料种类	排放标准	外形尺寸(mm)			轴距(mm)	总质量(kg)	整备质量(kg)	2014年													2015年				合计(辆)
							长	宽	高				1月	2月	3月	4月	5月	6月	7月	8月	9月	10月	11月	12月	小计(辆)	1月	2月	3月	小计(辆)	
同上	同上	同上	SLK6120L5BN5	承载式车身	天然气	GB 11340－2005，GB 18285－2005 GB 17691－2005 国Ⅴ	11995	2550	3795	6200	18000	13390	0	0	0	0	0	0	0	0	0	0	0	1		2	0	0		
			SLK6600C3GN5	HFC6570NY1V	天然气	GB 11340－2005，GB 18285－2005 GB 17691－2005 国Ⅴ	5995	2280	2930	3308	6060	4580	0	10	0	0	0	0	0	0	0	0	0	0		0	0	0		
			SLK6720C3GN5	HFC6685NY1V	天然气	GB 11340－2005，GB 18285－2005 GB 17691－2005 国Ⅴ	7245	2280	2950	3800	7500	5200	0	0	0	0	0	0	0	0	0	0	0	0		2	0	0		
			SLK6750C3GN5	HFC6710NY1V	天然气	GB 11340－2005，GB 18285－2005 GB 17691－2005 国Ⅴ	7485	2350	3160	3800	8500	6230	0	0	0	0	0	0	0	6	0	0	0	0		0	0	0		
			SLK6802S5AN5	SLK6772A5N5	天然气	GB 17691－2005 国Ⅴ，GB 11340－2005 GB 18285－2005	7995	2450	3320	3800	10750	8020	0	0	0	0	0	0	0	0	0	0	0	0		0	1	0		
			SLK6872F5AN	FZ6832A5N	天然气	GB 17691－2005 国Ⅳ，GB 11340－2005 GB 18285－2005	8720	2450	3570	4200	12900	9850	0	0	0	6	3	0	0	0	1	0	0	0		0	0	0		
			SLK6872S5AN5	SLK6832A5N5	天然气	GB 17691－2005 国Ⅴ，GB 11340－2005 GB 18285－2005	8720	2450	3360	4200	12750	9200	0	0	0	0	0	0	0	0	0	1	0	0		0	0	0		
					天然气	GB 17691－2005 国Ⅴ，GB 11340－2005 GB 18285－2005	8720	2450	3360	4200	12750	9200	0	0	0	4	1	0	1	0	0	0	0	0		1	0	0		
			SLK6902F5AN	FZ6882A5N	天然气	GB 17691－2005 国Ⅳ，GB 11340－2005 GB 18285－2005	8975	2500	3570	4350	13200	10150	0	0	1	0	0	0	0	0	0	0	0	0		0	0	0		
					天然气	GB 17691－2005 国Ⅳ，GB 11340－2005 GB 18285－2005	8975	2500	3570	4350	13200	10150	0	0	0	0	0	0	0	0	0	0	6	0		0	0	0		
			SLK6902S5AN5	SLK6882A5N5	天然气	GB 17691－2005 国Ⅴ，GB 11340－2005 GB 18285－2005	8975	2500	3570	4350	14000	10400	0	0	0	0	0	0	0	1	0	0	0	0		0	0	0		
		客车底底盘	SLK6118A5N	—	天然气	GB 17691－2005 国Ⅴ，GB 11340－2005 GB 18285－2005	10660	2480	—	5550	16400	5200	0	0	0	0	0	0	0	0	0	0	0	0		1	0	0		
					天然气	GB 17691－2005 国Ⅴ，GB 11340－2005 GB 18285－2005	10660	2480	—	5550	16400	5200	0	0	0	0	0	0	0	0	0	0	0	0		0	1	0		
			SLK6119U5N5	—	天然气	GB 17691－2005 国Ⅴ，GB 11340－2005 GB 18285－2005	11200	2500	—	5700	17000	5500	0	0	0	0	0	0	0	0	0	0	0	0		20	0	0		
			SLK6772A5N5	—	天然气	GB 17691－2005 国Ⅴ，GB 11340－2005 GB 18285－2005	7700	2357	—	3800	10750	2990	0	0	0	0	0	0	0	0	0	0	0	0		0	1	0		
			SLK6832A5N5	—	天然气	GB 17691－2005 国Ⅴ，GB 11340－2005 GB 18285－2005	8340	2400	—	4200	12750	3650	0	0	0	0	0	0	0	0	0	0	0	0		1	0	0		
			SLK6999U8N5	—	天然气	GB 17691－2005 国Ⅴ，GB 11340－2005 GB 18285－2005	9900	2500	—	4800	16400	5460	0	0	0	0	0	0	0	0	0	0	0	0		0	0	1		

续表

企业名称	车辆品牌	车辆名称	车辆型号	底盘型号	燃料种类	排放标准	外形尺寸(mm) 长	宽	高	轴距(mm)	总质量(kg)	整备质量(kg)	2014年 1月	2月	3月	4月	5月	6月	7月	8月	9月	10月	11月	12月	小计(辆)	2015年 1月	2月	3月	小计(辆)	合计(辆)
奇瑞万达贵州客车股份有限公司	万达牌	城市客车	WD6101HNGA	SQR6100N-K	天然气	GB 11340-2005、GB 18285-2005 GB 17691-2005 国Ⅴ	10490	2500	3270	5000	16500	11400	0	0	0	0	0	0	0	0	0	0	41	0	775	0	0	0	111	886
			WD6110HNGC	SQR6110N-K	天然气	GB 11340-2005、GB 18285-2005 GB 17691-2005 国Ⅴ	11400	2550	3500	5600	18000	11900	0	0	0	0	50	0	0	0	0	0	17	0		0	0	0		
					天然气	GB 11340-2005、GB 18285-2005 GB 17691-2005 国Ⅴ	11400	2550	3500	5600	18000	11900	0	0	0	0	69	1	0	0	0	20	45	287		0	0	46		
			WD6120HNGC	SQR6120N-K	天然气	GB 11340-2005、GB 18285-2005 GB 17691-2005 国Ⅴ	12000	2550	3500	6200	18000	12075	0	0	0	53	0	0	0	0	0	0	9	0		0	0	0		
					天然气	GB 11340-2005、GB 18285-2005 GB 17691-2005 国Ⅴ	12000	2550	3500	6200	18000	12075	0	0	0	0	0	0	0	0	0	0	0	37		0	0	0		
			WD6660NGB	EQ6570KN4AC2	天然气	GB 11340-2005、GB 18285-2005 GB 17691-2005 国Ⅳ	6550	2300	2850	3300	6600	4650	0	0	0	0	0	13	0	0	0	0	0	1		0	0	0		
			WD6660NGC	SQR6570N-K	天然气	GB 11340-2005、GB 18285-2005 GB 17691-2005 国Ⅴ	6550	2300	3100	3300	6600	4650	0	0	0	0	0	0	0	0	0	0	0	0		0	0	14		
			WD6720NGB	EQ6693TN4AC	天然气	GB 11340-2005、GB 18285-2005 GB 17691-2005 国Ⅳ	7250	2320	3000	3300	8450	5500	4	0	0	0	0	0	0	0	0	0	0	0		0	0	0		
					天然气	GB 11340-2005、GB 18285-2005 GB 17691-2005 国Ⅳ	7250	2320	3000	3300	8450	5500	0	0	0	0	0	0	1	0	0	0	0	12		0	0	0		
					天然气	GB 11340-2005、GB 18285-2005 GB 17691-2005 国Ⅳ	7250	2320	3000	3300	8450	5500	0	0	0	0	0	0	0	0	0	0	0	5		0	5	0		
			WD6850HNGA	EQ6820HN5AC	天然气	GB 11340-2005、GB 18285-2005 GB 17691-2005 国Ⅴ	8545	2360	3500	4000	12500	7800	0	0	0	0	0	0	0	0	0	0	0	0		0	0	38		
			WD6930HNGA	SQR6900N-K	天然气	GB 11340-2005、GB 18285-2005 GB 17691-2005 国Ⅴ	9340	2500	3490	4400	13700	8600	0	0	0	0	0	47	0	0	0	0	28	0		0	0	0		
		客车	WD6608NA	EQ6570KN4AC1	天然气	GB 11340-2005、GB 18285-2005 GB 17691-2005 国Ⅳ	5995	2252	3050	3300	5860	4370	0	0	7	1	0	0	0	0	0	0	0	0		0	0	0		
			WD6608NB	EQ6570KN4AC2	天然气	GB 11340-2005、GB 18285-2005 GB 17691-2005 国Ⅳ	5995	2252	2820	3300	6300	4680	0	0	0	1	0	3	0	0	0	0	0	0		0	0	0		
			WD6608NC	SQR6570N-K	天然气	GB 11340-2005、GB 18285-2005 GB 17691-2005 国Ⅴ	5995	2252	3050	3300	6300	4800	0	0	0	0	0	0	0	4	0	0	0	0		0	0	0		
					天然气	GB 11340-2005、GB 18285-2005 GB 17691-2005 国Ⅴ	5995	2252	2820	3300	6300	4680	0	0	0	0	0	0	0	0	16	0	3	0		1	0	0		
					天然气	GB 11340-2005、GB 18285-2005 GB 17691-2005 国Ⅴ	5995	2252	2820	3300	6300	4680	0	0	0	0	0	0	0	0	0	0	0	0		7	0	0		

续表

企业名称	车辆品牌	车辆名称	车辆型号	底盘型号	燃料种类	排放标准	外形尺寸(mm) 长	宽	高	轴距(mm)	总质量(kg)	整备质量(kg)	2014年 1月	2月	3月	4月	5月	6月	7月	8月	9月	10月	11月	12月	小计(辆)	2015年 1月	2月	3月	小计(辆)	合计(辆)
河南少林客车股份有限公司	少林牌	城市客车	SLG6100T4GE	EQ6983TN4AC1	天然气	GB 11340－2005，GB 18285－2005 GB 17691－2005 国Ⅳ	10280	2500	3130	5000	15500	8000	0	0	0	0	0	0	0	1	0	0	0	0	657	0	0	0	48	705
			SLG6100T5GE	EQ6983TN5AC	天然气	GB 11340－2005，GB 18285－2005 GB 17691－2005 国Ⅴ	10280	2500	3130	5000	15000	8560	0	0	0	0	0	0	0	1	0	0	0	0		0	0	0		
			SLG6600T5GF	HFC6570NY1V	天然气	GB 11340－2005，GB 18285－2005 GB 17691－2005 国Ⅴ	5995	2240	2800	3308	7000	4200	0	2	0	0	0	0	0	0	0	0	0	0		0	0	0		
					天然气	GB 11340－2005，GB 18285－2005 GB 17691－2005 国Ⅴ	5995	2240	2800	3308	7000	4200	0	0	0	0	0	0	0	0	0	0	0	1		0	0	0		
			SLG6601T5GE	EQ6570KN5AC1	天然气	GB 11340－2005，GB 18285－2005 GB 17691－2005 国Ⅴ	5995	2240	3000	3300	6600	4640	60	0	0	0	1	25	0	0	0	0	0	0		0	0	0		
					天然气	GB 11340－2005，GB 18285－2005 GB 17691－2005 国Ⅴ	5995	2240	3000	3300	6600	4640	0	0	0	0	0	0	0	0	0	0	0	0		6	0	0		
			SLG6660T4GE	EQ6570KN4AC2	天然气	GB 11340－2005，GB 18285－2005 GB 17691－2005 国Ⅳ	6620	2240	3020	3300	6600	4500	0	0	0	0	3	0	3	1	0	0	0	0		0	0	0		
			SLG6660T5GE	EQ6570KN5AC1	天然气	GB 11340－2005，GB 18285－2005 GB 17691－2005 国Ⅴ	6620	2240	2820	3300	6600	4440	0	7	10	0	0	0	0	0	0	0	0	0		0	0	0		
			SLG6660T5GF	HFC6570NY1V	天然气	GB 11340－2005，GB 18285－2005 GB 17691－2005 国Ⅴ	6620	2240	2820	3308	7000	4500	0	0	0	0	0	0	0	0	0	0	6	0		0	0	0		
			SLG6660T5GZ	SLG6570NS5	天然气	GB 11340－2005，GB 18285－2005 GB 17691－2005 国Ⅴ	6620	2240	2820	3308	7200	4600	0	0	0	0	0	0	0	0	0	0	0	0		1	0	0		
			SLG6661T4GE	EQ6570KN4AC1	天然气	GB 11340－2005，GB 18285－2005 GB 17691－2005 国Ⅳ	6620	2240	2820	3300	6600	4350	0	0	10	0	0	0	0	0	0	0	0	0		0	0	0		
					天然气	GB 11340－2005，GB 18285－2005 GB 17691－2005 国Ⅳ	6620	2240	2820	3300	6600	4350	0	0	0	0	0	0	0	1	0	0	0	0		0	0	0		
			SLG6700T4GF	HFC6640NY1F	天然气	GB 11340－2005，GB 18285－2005 GB 17691－2005 国Ⅳ	7000	2240	2820	3300	7450	4500	0	0	1	0	0	0	0	1	0	0	0	0		0	0	0		
			SLG6720T5GE	EQ6650KS5N	天然气	GB 11340－2005，GB 18285－2005 GB 17691－2005 国Ⅴ	7200	2240	2840	3800	7300	5050	0	0	0	0	0	16	0	0	0	0	0	0		0	0	0		
			SLG6730T5GE	EQ6693TN5AC	天然气	GB 11340－2005，GB 18285－2005 GB 17691－2005 国Ⅴ	7300	2400	3200	3300	9000	5700	22	0	0	0	0	0	3	0	0	0	1	0		0	0	0		
			SLG6730T5GF	HFC6680NY1V	天然气	GB 11340－2005，GB 18285－2005 GB 17691－2005 国Ⅴ	7300	2400	3030	3300	8900	5400	0	0	6	0	0	0	0	0	0	0	0	0		0	0	0		
			SLG6731T4GE	EQ6693TN4AC	天然气	GB 11340－2005，GB 18285－2005 GB 17691－2005 国Ⅳ	7300	2400	3030	3300	9000	5070	5	0	0	0	81	0	16	1	0	0	0	0		0	0	0		
					天然气	GB 11340－2005，GB 18285－2005 GB 17691－2005 国Ⅳ	7300	2400	3030	3300	9000	5070	0	0	1	12	0	0	0	7	0	0	0	0		0	0	0		

续表

企业名称	车辆品牌	车辆名称	车辆型号	底盘型号	燃料种类	排放标准	外形尺寸(mm)			轴距(mm)	总质量(kg)	整备质量(kg)	2014年													2015年				合计(辆)
							长	宽	高				1月	2月	3月	4月	5月	6月	7月	8月	9月	10月	11月	12月	小计(辆)	1月	2月	3月	小计(辆)	
同上	同上	同上	SLG6770T5GF	HFC6680NY1V	天然气	GB 11340－2005，GB 18285－2005 GB 17691－2005 国Ⅴ	7700	2400	3000	3650	8900	5740	0	0	0	0	0	0	0	0	0	3	0	0		0	0	0		
			SLG6800T4GE	EQ6780TN4AC	天然气	GB 11340－2005，GB 18285－2005 GB 17691－2005 国Ⅳ	7990	2400	3060	3800	10400	6150	0	0	0	0	0	1	0	2	0	0	0	0		0	0	0		
			SLG6820T5GER	EQ6770HN5AC	天然气	GB 11340－2005，GB 18285－2005 GB 17691－2005 国Ⅴ	8200	2400	3050	3800	12500	6880	0	0	0	0	0	0	12	0	0	0	0	0		0	0	0		
			SLG6850T4GE	EQ6780TN4AC	天然气	GB 11340－2005，GB 18285－2005 GB 17691－2005 国Ⅳ	8455	2400	3060	4000	10400	6500	0	0	0	0	0	5	0	0	0	0	0	0		0	0	0		
					天然气	GB 11340－2005，GB 18285－2005 GB 17691－2005 国Ⅳ	8455	2400	3060	4000	10400	6500	0	0	0	0	0	0	0	38	0	0	0	0		0	0	0		
			SLG6850T5GE	EQ6800TN5AC	天然气	GB 11340－2005，GB 18285－2005 GB 17691－2005 国Ⅴ	8455	2400	3200	4000	11200	6750	0	0	0	0	0	0	0	0	0	0	0	0		16	0	0		
			SLG6890T5GFR	HFC6880NY1V	天然气	GB 11340－2005，GB 18285－2005 GB 17691－2005 国Ⅴ	8945	2500	3120	4200	13500	8200	0	0	0	0	0	0	0	0	0	2	0	0		0	0	0		
			SLG6898T5GE	EQ6850TN5AC	天然气	GB 11340－2005，GB 18285－2005 GB 17691－2005 国Ⅴ	8945	2490	3060	4300	12500	7400	0	0	6	0	0	50	0	0	0	0	0	0		12	0	0		
		客车	SLG6600T4F	HFC6570NY1F	天然气	GB 11340－2005，GB 18285－2005 GB 17691－2005 国Ⅳ	5995	2240	2800	3308	5990	4300	0	0	0	0	0	0	0	1	0	0	0	0		0	0	0		
					天然气	GB 11340－2005，GB 18285－2005 GB 17691－2005 国Ⅳ	5995	2240	2800	3308	5990	4300	0	0	0	1	0	0	3	6	0	0	0	0		0	0	0		
			SLG6600T5F	HFC6570NY1V	天然气	GB 11340－2005，GB 18285－2005 GB 17691－2005 国Ⅴ	5995	2240	2820	3308	6050	4400	0	1	4	2	0	0	6	1	0	0	0	0		0	0	0		
					天然气	GB 11340－2005，GB 18285－2005 GB 17691－2005 国Ⅴ	5995	2240	3000	3308	6050	4560	0	0	0	0	0	0	0	0	3	6	0	2		8	0	1		
			SLG6601T4E	EQ6570KN4AC1	天然气	GB 11340－2005，GB 18285－2005 GB 17691－2005 国Ⅳ	5995	2240	2800	3300	6000	4200	14	0	0	0	0	0	24	1	0	0	0	0		0	0	0		
			SLG6603T4E	EQ6570KN4AC1	天然气	GB 11340－2005，GB 18285－2005 GB 17691－2005 国Ⅳ	5995	2240	2800	3300	5990	4300	1	2	0	1	0	0	2	16	0	0	0	0		0	0	0		
					天然气	GB 11340－2005，GB 18285－2005 GB 17691－2005 国Ⅳ	5995	2240	2800	3300	5990	4300	0	0	0	0	0	0	0	1	0	0	0	0		0	0	0		
			SLG6603T5E	EQ6570KN5AC1	天然气	GB 11340－2005，GB 18285－2005 GB 17691－2005 国Ⅴ	5995	2240	3090	3300	6050	4400	0	0	0	1	3	2	8	3	1	0	1	1		0	0	0		
			SLG6608T5E	EQ6570KS5N	天然气	GB 11340－2005，GB 18285－2005 GB 17691－2005 国Ⅴ	5995	2240	2820	3300	6050	4400	8	0	0	0	0	0	0	0	0	1	0	0		0	0	0		
			SLG6660T4Z	SLG6570NS4	天然气	GB 11340－2005，GB 18285－2005 GB 17691－2005 国Ⅳ	6620	2240	2900	3300	6900	4650	0	0	0	0	0	1	0	0	0	0	0	0		0	0	0		

续表

企业名称	车辆品牌	车辆名称	车辆型号	底盘型号	燃料种类	排放标准	外形尺寸(mm) 长	宽	高	轴距(mm)	总质量(kg)	整备质量(kg)	2014年 1月	2月	3月	4月	5月	6月	7月	8月	9月	10月	11月	12月	小计(辆)	2015年 1月	2月	3月	小计(辆)	合计(辆)
同上	同上	同上	SLG6661T5F	HFC6570NY1V	天然气	GB 11340-2005，GB 18285-2005 GB 17691-2005 国Ⅴ	6620	2240	2900	3308	7000	4650	0	0	0	0	0	0	0	0	0	0	0	0		0	0	1		
			SLG6691T5Z	SLG6570NS5	天然气	GB 11340-2005，GB 18285-2005 GB 17691-2005 国Ⅴ	6900	2240	3020	3650	7000	5040	1	0	0	0	1	0	1	0	2	0	0	0		0	1	0		
			SLG6750T5E	EQ6690KN5AC	天然气	GB 11340-2005，GB 18285-2005 GB 17691-2005 国Ⅴ	7480	2330	3000	3800	8500	5600	5	1	14	3	0	7	12	10	4	7	0	2		0	2	0		
			SLG6751T4E	EQ6690KN4AC	天然气	GB 11340-2005，GB 18285-2005 GB 17691-2005 国Ⅳ	7480	2330	3250	3800	8000	5350	0	0	3	0	1	5	1	0	0	0	0	0		0	0	0		
			SLG6751T4E	EQ6690KN4AC	天然气	GB 11340-2005，GB 18285-2005 GB 17691-2005 国Ⅳ	7480	2330	3250	3800	8000	5350	0	0	1	1	0	1	0	10	0	0	0	0		0	0	0		
			SLG6840T4E	EQ6780TGN4AC	天然气	GB 11340-2005，GB 18285-2005 GB 17691-2005 国Ⅳ	8440	2450	3350	4000	11200	7900	0	0	0	0	1	1	6	0	0	0	0	0		0	0	0		
					天然气	GB 11340-2005，GB 18285-2005 GB 17691-2005 国Ⅳ	8440	2450	3250	4000	11200	7700	0	0	0	0	0	0	1	0	0	0	0	0		0	0	0		
			SLG6840T5E	EQ6780TGN5AC	天然气	GB 11340-2005，GB 18285-2005 GB 17691-2005 国Ⅴ	8440	2450	3350	4000	11200	7900	1	0	0	0	0	0	0	0	0	2	0	0		0	0	0		
东风汽车股份有限公司	东风牌	城市客车	DFA6600KJN5A	EQ6570KN5AC1	天然气	GB 11340-2005，GB 18285-2005 GB 17691-2005 国Ⅴ	5998	2240	2790	3300	6600	4450	0	0	0	0	0	0	0	10	3	0	0	3		4	0	0		
			DFA6660KJN4C	EQ6570KJN4AC2	天然气	GB 11340-2005，GB 18285-2005 GB 17691-2005 国Ⅳ	6600	2260	2850	3300	7000	4250	0	4	0	0	22	0	2	0	0	1	0	0		0	0	0		
			DFA6720TN4G	EQ6680TN4AC	天然气	GB 11340-2005，GB 18285-2005 GB 17691-2005 国Ⅳ	7200	2300	2970	3300	7700	4800	0	0	3	0	0	0	0	1	1	0	20	2		1	0	0		
			DFA6783TN4G	EQ6733TN4AC	天然气	GB 11340-2005，GB 18285-2005 GB 17691-2005 国Ⅳ	7800	2360	2970	3650	9000	5400	0	0	0	0	1	0	0	34	17	0	6	0		10	20	0		
					天然气	GB 11340-2005，GB 18285-2005 GB 17691-2005 国Ⅳ	7800	2360	2970	3650	9000	5400	0	0	0	8	0	16	1	0	5	13	3	11		0	0	0		
			DFA6783TN5G	EQ6733TN5AC	天然气	GB 11340-2005，GB 18285-2005 GB 17691-2005 国Ⅴ	7800	2360	2970	3650	9000	5400	0	0	0	0	0	0	1	0	0	0	0	0	220	0	0	0	483	703
			DFA6851HN5E	EQ6820HN5AC	天然气	GB 11340-2005，GB 18285-2005 GB 17691-2005 国Ⅴ	8540	2440	3415	4000	12000	8350	0	0	1	0	0	0	0	0	0	0	0	0		0	0	0		
		客车	DFA6600KN4C	EQ6570KN4AC2	天然气	GB 11340-2005，GB 18285-2005 GB 17691-2005 国Ⅳ	5998	2260	2800	3300	5700	3950	5	0	0	5	1	0	1	0	8	0	0	0		0	0	0		
			DFA6661KN5C	EQ6570KN5AC1	天然气	GB 11340-2005，GB 18285-2005 GB 17691-2005 国Ⅴ	6600	2260	3050	3300	6600	4550	0	0	0	0	0	0	9	2	0	0	0	0		0	0	0		
		客车底盘	EQ6100RN5AC	—	天然气	GB 11340-2005，GB 18285-2005 GB 17691-2005 国Ⅴ	10150	2435	—	5300	14500	5400	0	0	0	0	0	0	0	0	0	0	0	0		3	0	0		

续表

企业名称	车辆品牌	车辆名称	车辆型号	底盘型号	燃料种类	排放标准	外形尺寸(mm) 长	宽	高	轴距(mm)	总质量(kg)	整备质量(kg)	2014年 1月	2月	3月	4月	5月	6月	7月	8月	9月	10月	11月	12月	小计(辆)	2015年 1月	2月	3月	小计(辆)	合计(辆)
同上	同上	同上	EQ6101HN5AC1	—	天然气	GB 11340－2005，GB 18285－2005 GB 17691－2005 国Ⅴ	10200	2490	—	5000	16500	5150	0	0	0	0	0	0	0	0	0	0	0	0		2	0	8		
			EQ6570KN4AC2	—	天然气	GB 11340－2005，GB 18285－2005 GB 17691－2005 国Ⅳ	5680	2055	—	3300	7000	2400	0	0	0	0	0	0	0	0	0	0	0	0		56	0	0		
			EQ6570KN5AC1	—	天然气	GB 11340－2005，GB 18285－2005 GB 17691－2005 国Ⅴ	5680	2055	—	3300	6600	2400	0	0	0	0	0	0	0	0	0	0	0	0		6	0	0		
				—	天然气	GB 11340－2005，GB 18285－2005 GB 17691－2005 国Ⅴ	5680	2055	—	3300	6600	2400	0	0	0	0	0	0	0	0	0	0	0	0		1	0	0		
				—	天然气	GB 11340－2005，GB 18285－2005 GB 17691－2005 国Ⅴ	5680	2055	—	3100	6600	2400	0	0	0	0	0	0	0	0	0	0	0	0		13	24	6		
				—	天然气	GB 11340－2005，GB 18285－2005 GB 17691－2005 国Ⅴ	5680	2055	—	3300	6600	2400	0	0	0	0	0	0	0	0	0	0	0	0		33	0	15		
				—	天然气	GB 11340－2005，GB 18285－2005 GB 17691－2005 国Ⅴ	5680	2055	—	3300	6600	2400	0	0	0	0	0	0	0	0	0	0	0	0		0	0	1		
			EQ6570KN5ACD	—	天然气	GB 11340－2005，GB 18285－2005 GB 17691－2005 国Ⅴ	5680	1990	—	3300	6600	2400	0	0	0	0	0	0	0	0	0	0	0	0		1	0	0		
					天然气	GB 11340－2005，GB 18285－2005 GB 17691－2005 国Ⅴ	5680	1990	—	3300	6600	2400	0	0	0	0	0	0	0	0	0	0	0	0		1	0	0		
			EQ6579KN5AC	—	天然气	GB 11340－2005，GB 18285－2005 GB 17691－2005 国Ⅴ	5685	2055	—	3300	6600	2100	0	0	0	0	0	0	0	0	0	0	0	0		20	0	2		
			EQ6629KN4AC	—	天然气	GB 11340－2005，GB 18285－2005 GB 17691－2005 国Ⅳ	6245	2055	—	3650	6600	2250	0	0	0	0	0	0	0	0	0	0	0	0		51	12	0		
			EQ6650KN5AC	—	天然气	GB 11340－2005，GB 18285－2005 GB 17691－2005 国Ⅴ	6500	2070	—	3650	7400	2350	0	0	0	0	0	0	0	0	0	0	0	0		0	0	2		
			EQ6653KN5AC	—	天然气	GB 11340－2005，GB 18285－2005 GB 17691－2005 国Ⅴ	6465	2055	—	4300	8000	2300	0	0	0	0	0	0	0	0	0	0	0	0		0	0	6		
			EQ6660KN5AC	—	天然气	GB 11340－2005，GB 18285－2005 GB 17691－2005 国Ⅴ	6650	2145	—	3800	8000	2300	0	0	0	0	0	0	0	0	0	0	0	0		6	0	0		
			EQ6690KN4AC	—	天然气	GB 11340－2005，GB 18285－2005 GB 17691－2005 国Ⅳ	6880	2150	—	3800	8500	2900	0	0	0	0	0	0	0	0	0	0	0	0		3	0	0		
			EQ6690KN5AC	—	天然气	GB 11340－2005，GB 18285－2005 GB 17691－2005 国Ⅴ	6880	2150	—	3800	8500	2900	0	0	0	0	0	0	0	0	0	0	0	0		6	0	1		
					天然气	GB 11340－2005，GB 18285－2005 GB 17691－2005 国Ⅴ	6880	2150	—	3800	8500	2900	0	0	0	0	0	0	0	0	0	0	0	0		0	2	1		
			EQ6693TN4AC	—	天然气	GB 11340－2005，GB 18285－2005 GB 17691－2005 国Ⅳ	6920	2145	—	3300	9000	2500	0	0	0	0	0	0	0	0	0	0	0	0		0	5	0		

续表

企业名称	车辆品牌	车辆名称	车辆型号	底盘型号	燃料种类	排放标准	外形尺寸(mm)			轴距(mm)	总质量(kg)	整备质量(kg)	2014年													2015年				合计(辆)
							长	宽	高				1月	2月	3月	4月	5月	6月	7月	8月	9月	10月	11月	12月	小计(辆)	1月	2月	3月	小计(辆)	
同上	同上	同上	EQ6693TN5AC	—	天然气	GB 11340－2005，GB 18285－2005 GB 17691－2005 国Ⅴ	6940	2265	—	3300	9000	2500	0	0	0	0	0	0	0	0	0	0	0	0		22	1	0		
			EQ6733TN5AC	—	天然气	GB 11340－2005，GB 18285－2005 GB 17691－2005 国Ⅴ	7290	2265	—	3650	9000	2700	0	0	0	0	0	0	0	0	0	0	0	0		12	1	0		
			EQ6750HN5AC	—	天然气	GB 11340－2005，GB 18285－2005 GB 17691－2005 国Ⅴ	7470	2250	—	3650	10300	3000	0	0	0	0	0	0	0	0	0	0	0	0		0	2	0		
			EQ6780TGN4AC	—	天然气	GB 11340－2005，GB 18285－2005 GB 17691－2005 国Ⅳ	7750	2305	—	3800	10400	3120	0	0	0	0	0	0	0	0	0	0	0	0		1	0	0		
					天然气	GB 11340－2005，GB 18285－2005 GB 17691－2005 国Ⅳ	7750	2305	—	3800	11200	3120	0	0	0	0	0	0	0	0	0	0	0	0		1	0	0		
			EQ6780TGN5AC	—	天然气	GB 11340－2005，GB 18285－2005 GB 17691－2005 国Ⅴ	7750	2325	—	3800	11200	3120	0	0	0	0	0	0	0	0	0	0	0	0		5	0	1		
					天然气	GB 11340－2005，GB 18285－2005 GB 17691－2005 国Ⅴ	7750	2325	—	3800	11200	3120	0	0	0	0	0	0	0	0	0	0	0	0		0	1	0		
			EQ6780TN4AC	—	天然气	GB 11340－2005，GB 18285－2005 GB 17691－2005 国Ⅳ	7850	2190	—	4000	11200	3420	0	0	0	0	0	0	0	0	0	0	0	0		0	0	1		
			EQ6783TN5AC	—	天然气	GB 11340－2005，GB 18285－2005 GB 17691－2005 国Ⅴ	7850	2325	—	4000	11200	3420	0	0	0	0	0	0	0	0	0	0	0	0		0	3	2		
			EQ6800TN5AC	—	天然气	GB 11340－2005，GB 18285－2005 GB 17691－2005 国Ⅴ	8050	2325	—	4000	11200	3420	0	0	0	0	0	0	0	0	0	0	0	0		16	0	0		
			EQ6820HN5AC	—	天然气	GB 11340－2005，GB 18285－2005 GB 17691－2005 国Ⅴ	8235	2400	—	4000	12500	3600	0	0	0	0	0	0	0	0	0	0	0	0		0	8	30		
			EQ6850TN5AC	—	天然气	GB 11340－2005，GB 18285－2005 GB 17691－2005 国Ⅴ	8520	2360	—	4300	12500	3500	0	0	0	0	0	0	0	0	0	0	0	0		12	0	0		
			EQ6950RN5AC	—	天然气	GB 11340－2005，GB 18285－2005 GB 17691－2005 国Ⅴ	9480	2480	—	4850	14000	4900	0	0	0	0	0	0	0	0	0	0	0	0		4	0	5		
			EQ6989TN5AC	—	天然气	GB 11340－2005，GB 18285－2005 GB 17691－2005 国Ⅴ	9800	2450	—	5000	15500	4000	0	0	0	0	0	0	0	0	0	0	0	0		0	1	30		
					天然气	GB 11340－2005，GB 18285－2005 GB 17691－2005 国Ⅴ	9800	2450	—	5000	15500	4000	0	0	0	0	0	0	0	0	0	0	0	0		0	0	2		
上汽唐山客车有限公司	飞翼牌	城市客车	SK6107NG1E5	SWB6107Q8	天然气	GB 17691－2005 国Ⅴ，GB 18285－2005 GB 11340－2005	10480	2500	3150	5000	16000	11380	0	0	0	0	50	221	50	0	0	0	0	0		0	0	0		
			SK6127NGE5	SWB6127Q8	天然气	GB 17691－2005 国Ⅴ，GB 18285－2005 GB 11340－2005	11990	2500	3150	6000	18000	12800	0	0	0	0	51	114	0	0	0	0	0	0	515	0	0	0	20	535
			SK6668NGE5	DFH6620F	天然气	GB 17691－2005 国Ⅴ，GB 18285－2005 GB 11340－2005	6600	2260	2960	3300	7500	5300	0	0	0	0	0	0	0	0	0	0	0	0		20	0	0		

续表

企业名称	车辆品牌	车辆名称	车辆型号	底盘型号	燃料种类	排放标准	外形尺寸(mm) 长	宽	高	轴距(mm)	总质量(kg)	整备质量(kg)	2014年 1月	2月	3月	4月	5月	6月	7月	8月	9月	10月	11月	12月	小计(辆)	2015年 1月	2月	3月	小计(辆)	合计(辆)
同上	同上	同上	SK6850NGE5	SWB6830Q8	天然气	GB 17691－2005 国Ⅴ，GB 18285－2005 GB 11340－2005	8540	2420	3200	4000	12200	9030	0	0	0	0	0	0	29	0	0	0	0	0		0	0	0		
东风特种汽车有限公司	东风牌	城市客车	EQ6105CHTN2	EQ6101HN5AC1	天然气	GB 11340－2005，GB 18285－2005 GB 17691－2005 国Ⅴ	10490	2500	3340	5000	16000	10400	0	0	0	0	0	13	0	20	0	0	0	0	424	0	0	0	100	524
			EQ6609CTN	EQ6570KN5AC1	天然气	GB 11340－2005，GB 18285－2005 GB 17691－2005 国Ⅴ	5990	2260	2850	3300	6600	4300	0	0	0	0	1	0	0	0	0	0	8	0		16	0	0		
			EQ6609CTN1	EQ6570KN5AC1	天然气	GB 11340－2005，GB 18285－2005 GB 17691－2005 国Ⅴ	5990	2260	2850	3300	6600	4300	0	0	0	0	0	0	0	0	0	0	0	0		24	0	30		
			EQ6660CTN2	EQ6570KN5AC1	天然气	GB 11340－2005，GB 18285－2005 GB 17691－2005 国Ⅴ	6570	2250	2990	3300	6600	4570	0	0	0	1	0	0	0	0	0	0	0	0		0	0	0		
					天然气	GB 11340－2005，GB 18285－2005 GB 17691－2005 国Ⅴ	6570	2250	2780	3300	6600	4450	0	0	0	0	0	6	0	0	0	2	0	17		0	0	0		
			EQ6670CTN	EQ6653KN5AC	天然气	GB 11340－2005，GB 18285－2005 GB 17691－2005 国Ⅴ	6740	2260	3020	4300	8000	5200	0	0	0	0	0	0	0	0	0	0	0	0		0	0	6		
			EQ6711CTN	EQ6680TN5AC	天然气	GB 17691－2005 国Ⅴ，GB 18285－2005 GB 11340－2005	7120	2260	2960	3300	7700	5230	0	0	0	0	0	0	0	0	0	0	15	23		0	0	0		
			EQ6730CTN	EQ6693TN4AC	天然气	GB 11340－2005，GB 18285－2005 GB 17691－2005 国Ⅳ	7260	2340	2850	3300	9000	5480	0	1	0	0	1	0	0	0	1	0	12	0		0	0	0		
					天然气	GB 11340－2005，GB 18285－2005 GB 17691－2005 国Ⅳ	7260	2340	2850	3300	9000	5480	0	0	0	0	0	0	0	0	0	0	8	0		0	0	0		
			EQ6730CTN1	EQ6693TN5AC	天然气	GB 11340－2005，GB 18285－2005 GB 17691－2005 国Ⅴ	7260	2340	3080	3300	9000	5685	0	0	0	5	7	0	0	0	0	0	0	0		0	0	0		
					天然气	GB 11340－2005，GB 18285－2005 GB 17691－2005 国Ⅴ	7260	2340	3080	3300	9000	5685	0	0	0	0	0	0	0	0	0	0	3	0		0	0	0		
			EQ6751CTN1	EQ6733TN5AC	天然气	GB 11340－2005，GB 18285－2005 GB 17691－2005 国Ⅴ	7540	2360	3160	3650	9000	5800	0	0	0	0	18	0	1	0	0	0	0	1		0	0	0		
			EQ6770CHTN	EQ6750HN4AC	天然气	GB 11340－2005，GB 18285－2005 GB 17691－2005 国Ⅳ	7740	2340	3210	3650	10500	7250	0	0	0	0	0	0	0	5	0	0	0	0		0	0	0		
			EQ6770CHTN1	EQ6750HN5AC	天然气	GB 11340－2005，GB 18285－2005 GB 17691－2005 国Ⅴ	7740	2340	3210	3650	10300	7310	0	0	0	0	0	2	0	0	0	0	0	33		0	0	0		
			EQ6770CTN	EQ6733TN5AC	天然气	GB 11340－2005，GB 18285－2005 GB 17691－2005 国Ⅴ	7695	2340	3110	3650	9000	5800	0	0	0	0	0	0	0	0	0	0	0	0		0	10	0		
			EQ6930CHTN	EQ6900HN5AC	天然气	GB 11340－2005，GB 18285－2005 GB 17691－2005 国Ⅴ	9340	2500	3190	4500	13500	8450	0	0	0	0	0	6	0	0	0	0	0	0		0	0	0		
			EQ6606LTN	EQ6570KN4AC1	天然气	GB 11340－2005，GB 18285－2005 GB 17691－2005 国Ⅳ	5990	2250	2780	3300	6000	4300	0	0	0	1	0	0	1	0	0	0	0	0		0	0	0		

续表

企业名称	车辆品牌	车辆名称	车辆型号	底盘型号	燃料种类	排放标准	外形尺寸(mm)			轴距(mm)	总质量(kg)	整备质量(kg)	2014年													2015年				合计(辆)
							长	宽	高				1月	2月	3月	4月	5月	6月	7月	8月	9月	10月	11月	12月	小计(辆)	1月	2月	3月	小计(辆)	
同上	同上	同上	EQ6606LTN1	EQ6570KN4AC2	天然气	GB 11340－2005，GB 18285－2005 GB 17691－2005 国Ⅳ	5990	2250	2780	3300	6000	4300	5	3	11	16	0	9	28	19	20	4	3	14		3	0	0		
			EQ6606LTN2	EQ6570KN5AC1	天然气	GB 11340－2005，GB 18285－2005 GB 17691－2005 国Ⅴ	5990	2250	2780	3300	6000	4300	0	0	0	0	1	1	0	0	1	1	0	0		0	0	1		
					天然气	GB 11340－2005，GB 18285－2005 GB 17691－2005 国Ⅴ	5990	2250	2780	3300	6000	4300	0	0	0	0	0	0	0	1	0	0	0	0		1	0	0		
			EQ6608LTN	EQ6570KN5AC1	天然气	GB 17691－2005 国Ⅴ，GB 18285－2005 GB 11340－2005	5990	2250	2830	3300	6060	4570	0	0	0	0	0	0	0	0	0	0	0	0		0	0	1		
			EQ6609LTN	EQ6570KN5AC1	天然气	GB 11340－2005，GB 18285－2005 GB 17691－2005 国Ⅴ	5990	2260	3020	3300	6000	4500	0	0	0	0	0	0	0	9	0	0	0	0		0	0	0		
					天然气	GB 11340－2005，GB 18285－2005 GB 17691－2005 国Ⅴ	5990	2260	3020	3300	6000	4500	0	0	0	0	0	0	0	0	1	0	0	15		0	0	0		
			EQ6660LTN1	EQ6570KN4AC2	天然气	GB 11340－2005，GB 18285－2005 GB 17691－2005 国Ⅳ	6570	2250	2780	3300	6600	4400	1	1	0	2	0	0	0	0	0	0	0	0		0	0	0		
			EQ6660LTN2	EQ6570KN4AC2	天然气	GB 11340－2005，GB 18285－2005 GB 17691－2005 国Ⅳ	6570	2250	2780	3300	6600	4400	0	0	0	0	0	0	1	0	0	0	0	0		0	0	0		
			EQ6660LTN3	EQ6570KN5AC1	天然气	GB 11340－2005，GB 18285－2005 GB 17691－2005 国Ⅴ	6570	2250	2990	3300	6600	4570	0	0	0	0	0	1	0	0	0	0	0	0		0	0	0		
			EQ6660LTN4	EQ6570KN5AC1	天然气	GB 11340－2005，GB 18285－2005 GB 17691－2005 国Ⅴ	6570	2250	2990	3300	6600	4570	0	0	0	0	1	0	0	0	1	0	0	0		0	0	0		
			EQ6668LTN1	EQ6652KN5AC	天然气	GB 11340－2005，GB 18285－2005 GB 17691－2005 国Ⅴ	6630	2250	3040	3650	7000	4890	0	0	0	0	0	0	0	1	0	0	0	0		0	0	0		
			EQ6731LTN	EQ6690KN5AC	天然气	GB 11340－2005，GB 18285－2005 GB 17691－2005 国Ⅴ	7280	2250	3060	3800	8000	5400	0	0	0	0	0	1	2	1	1	0	0	0		0	6	0		
					天然气	GB 11340－2005，GB 18285－2005 GB 17691－2005 国Ⅴ	7280	2250	3060	3800	8000	5400	0	0	0	0	0	0	0	0	0	0	0	1		1	0	0		
			EQ6752LTN	EQ6690KN4AC	天然气	GB 11340－2005，GB 18285－2005 GB 17691－2005 国Ⅳ	7480	2360	2950	3800	8500	5900	0	0	1	0	0	0	0	0	0	0	0	0		0	0	0		
					天然气	GB 11340－2005，GB 18285－2005 GB 17691－2005 国Ⅳ	7480	2360	3160	3800	8500	6080	4	0	0	1	0	0	2	0	0	0	0	0		0	0	0		
			EQ6752LTN1	EQ6690KN5AC	天然气	GB 11340－2005，GB 18285－2005 GB 17691－2005 国Ⅴ	7480	2360	3160	3800	8500	6080	0	0	0	1	0	5	0	0	0	0	0	0		0	0	0		
					天然气	GB 11340－2005，GB 18285－2005 GB 17691－2005 国Ⅴ	7480	2360	3160	3800	8500	6080	0	0	0	0	0	0	0	2	1	2	1	0		0	0	0		
			EQ6770LTN	EQ6720TN5AC	天然气	GB 11340－2005，GB 18285－2005 GB 17691－2005 国Ⅴ	7700	2360	3160	4000	9000	6580	0	0	0	0	0	0	0	0	0	0	2	1		0	0	0		

续表

企业名称	车辆品牌	车辆名称	车辆型号	底盘型号	燃料种类	排放标准	外形尺寸(mm)			轴距(mm)	总质量(kg)	整备质量(kg)	2014年													2015年				合计(辆)
							长	宽	高				1月	2月	3月	4月	5月	6月	7月	8月	9月	10月	11月	12月	小计(辆)	1月	2月	3月	小计(辆)	
同上	同上	同上	EQ6792LTN	EQ6780TGN4AC	天然气	GB 11340－2005，GB 18285－2005 GB 17691－2005 国Ⅳ	7940	2430	3060	3800	9800	6920	2	0	0	0	0	0	0	0	0	0	0	0		0	0	0		
					天然气	GB 11340－2005，GB 18285－2005 GB 17691－2005 国Ⅳ	7940	2430	3290	4000	9800	7070	1	0	2	0	0	1	0	0	0	0	1	0		0	0	0		
			EQ6792LTN1	EQ6780TGN5AC	天然气	GB 11340－2005，GB 18285－2005 GB 17691－2005 国Ⅴ	7920	2430	3290	3800	10400	7070	0	0	0	1	0	2	0	0	0	1	1	0		0	0	1		
上海中沃客车有限公司	中沃牌	城市客车	SWB6107Q	SWB6107Q	天然气	GB 17691－2005（国Ⅳ），GB 11340－2005 GB 18285－2005	10480	2500	3400	5100	16000	11380	1	0	1	0	0	0	0	0	0	0	0	0	502	0	0	0	1	503
					天然气	GB 17691－2005（国Ⅳ），GB 11340－2005 GB 18285－2005	10480	2500	3400	5100	16000	11380	18	0	0	0	0	0	0	0	0	0	0	0		0	0	0		
			SWB6107Q8	SWB6107Q8	天然气	GB 17691－2005 国Ⅴ，GB 18285－2005 GB 11340－2005	10480	2500	3150	5000	16000	11380	2	0	29	0	0	0	0	30	0	0	0	0		0	0	0		
			SWB6117Q8	SWB6117Q8	天然气	GB 17691－2005 国Ⅴ，GB 18285－2005 GB 11340－2005	11420	2500	3400	5700	16900	11600	171	0	0	0	0	0	0	0	0	0	0	0		0	0	0		
			SWB6127N8	SWB6127N8	天然气	GB 17691－2005 国Ⅴ，GB 18285－2005 GB 11340－2005	11990	2500	3150	6000	18000	11800	0	0	0	0	0	250	0	0	0	0	0	0		0	0	0		
		客车底盘	SWB6110G1N8	—	天然气	GB 17691－2005 国Ⅴ，GB 18285－2005 GB 11340－2005	10762	2494	—	5600	16400	5200	0	0	0	0	0	0	0	0	0	0	0	0		0	1	0		
金华青年汽车制造有限公司	青年牌	城市客车	JNP6100GVCP	JNP6100GVCJ	天然气	GB 17691－2005 国Ⅴ，GB 11340－2005 GB 18285－2005	10500	2500	3320	5100	15800	10550	0	0	0	0	0	0	0	0	1	0	0	0		0	0	0		
			JNP6800GVCP	JNP6800GVCJ	天然气	GB 17691－2005 国Ⅴ，GB 11340－2005 GB 18285－2005	7995	2450	3260	3800	11100	7800	22	0	0	0	0	0	0	0	0	0	0	0		0	0	0		
					天然气	GB 17691－2005 国Ⅴ，GB 11340－2005 GB 18285－2005	7995	2450	3120	3800	11100	7500	9	0	0	0	0	0	0	0	0	0	0	9		0	1	0		
			JNP6850GVCP	JNP6820GVCJ	天然气	GB 17691－2005 国Ⅴ，GB 11340－2005 GB 18285－2005	8475	2450	3260	4100	12000	7950	0	0	10	0	26	0	0	0	0	0	0	0		0	0	0		
					天然气	GB 17691－2005 国Ⅴ，GB 11340－2005 GB 18285－2005	8475	2450	3260	4100	12000	7950	0	0	0	0	0	0	0	0	0	0	0	0		1	0	0		
		豪华城市客车	JNP6100GVC	承载式车身	天然气	GB 17691－2005 国Ⅴ，GB 11340－2005 GB 18285－2005	10500	2500	3200	5100	15800	10550	0	0	0	0	0	0	0	32	0	0	0	0		0	0	0		
			JNP6120GVC	承载式车身	天然气	GB 17691－2005 国Ⅴ，GB 11340－2005 GB 18285－2005	12000	2550	3200	5980	18000	11800	0	0	0	0	0	0	0	24	0	0	0	60		0	0	0		
			JNP6123GVC	承载式车身	天然气	GB 17691－2005 国Ⅴ，GB 11340－2005 GB 18285－2005	12000	2550	3200	5800	18000	11800	0	0	0	0	45	0	0	0	0	2	0	0		0	0	0		
			JNP6180GVC	承载式车身	天然气	GB 17691－2005 国Ⅴ，GB 11340－2005 GB 18285－2005	18000	2550	3200	5720＋6200	28000	18600	0	0	0	0	0	0	0	0	20	0	0	0		0	0	0		

续表

企业名称	车辆品牌	车辆名称	车辆型号	底盘型号	燃料种类	排放标准	外形尺寸(mm)			轴距(mm)	总质量(kg)	整备质量(kg)	2014年													2015年				合计(辆)
							长	宽	高				1月	2月	3月	4月	5月	6月	7月	8月	9月	10月	11月	12月	小计(辆)	1月	2月	3月	小计(辆)	
同上	同上	同上	JNP6180GVC	承载式车身	天然气	GB 17691-2005 国Ⅴ，GB 11340-2005 GB 18285-2005	18000	2550	3200	5720+6200	28000	18600	0	0	0	0	0	0	0	0	0	0	1	0		0	0	0		
			JNP6181GVC	承载式车身	天然气	GB 17691-2005 国Ⅴ，GB 11340-2005 GB 18285-2005	18000	2550	3205	5720+6200	28000	17850	0	0	0	0	0	0	0	0	0	0	0	30		30	0	9		
		豪华客车	JNP6100DNV1	承载式车身	天然气	GB 17691-2005 国Ⅴ，GB 11340-2005 GB 18285-2005	10150	2500	3430	5000	14700	11150	0	0	0	0	1	0	0	0	2	0	0	0		0	0	0		
			JNP6110DNV	承载式车身	天然气	GB 17691-2005 国Ⅴ，GB 11340-2005 GB 18285-2005	11000	2500	3430	5350	15770	12260	2	0	0	0	0	0	0	0	0	0	5	0		0	0	0		
			JNP6120FNV	承载式车身	天然气	GB 17691-2005 国Ⅴ，GB 11340-2005 GB 18285-2005	12000	2550	3760	6050	18000	13700	0	0	0	0	0	0	0	1	0	0	1	0		0	0	0		
			JNP6122DNV	承载式车身	天然气	GB 17691-2005 国Ⅴ，GB 11340-2005 GB 18285-2005	12000	2500	3430	6100	17100	13100	0	0	0	0	0	0	0	0	0	0	0	0		0	2	0		
			JNP6122DNV1	承载式车身	天然气	GB 17691-2005 国Ⅴ，GB 11340-2005 GB 18285-2005	12000	2500	3430	6100	18000	13100	0	0	0	0	0	0	0	8	0	0	0	0		0	0	0		
					天然气	GB 17691-2005 国Ⅴ，GB 11340-2005 GB 18285-2005	12000	2500	3430	6100	18000	13100	0	0	0	0	0	0	0	0	0	0	15	0		0	0	0		
			JNP6122DNV3	承载式车身	天然气	GB 17691-2005 国Ⅴ，GB 11340-2005 GB 18285-2005	12000	2550	3430	6100	17100	13100	0	0	0	0	0	0	0	0	0	0	0	0		0	1	0		
			JNP6127FNV1	承载式车身	天然气	GB 17691-2005 国Ⅴ，GB 11340-2005 GB 18285-2005	12000	2550	3960	5800	18000	13395	0	0	0	0	0	0	0	0	0	3	3	0		0	0	0		
			JNP6127FNV3	承载式车身	天然气	GB 17691-2005 国Ⅴ，GB 11340-2005 GB 18285-2005	12000	2550	3960	5800	18000	13700	0	0	0	7	1	0	4	2	0	0	0	0		1	0	0		
			JNP6127NV	承载式车身	天然气	GB 17691-2005 国Ⅴ，GB 11340-2005 GB 18285-2005	12000	2550	3850	5800	17480	13500	1	0	1	1	0	0	0	0	0	0	0	0		0	0	0		
					天然气	GB 17691-2005 国Ⅴ，GB 11340-2005 GB 18285-2005	12000	2550	3850	5800	17480	13500	0	0	0	0	0	0	0	0	1	0	0	0		3	0	0		
			JNP6127NV1	承载式车身	天然气	GB 17691-2005 国Ⅴ，GB 11340-2005 GB 18285-2005	12000	2550	3850	5800	18000	13500	0	0	0	0	0	0	1	0	0	0	3	0		0	0	0		
			JNP6900NV	承载式车身	天然气	GB 17691-2005 国Ⅴ，GB 11340-2005 GB 18285-2005	8980	2500	3320	4200	12900	9850	0	0	0	0	0	0	0	14	0	0	0	0		0	1	0		
		豪华旅游客车	JNP6100DN	承载式车身	天然气	GB 17691-2005 国Ⅳ，GB 11340-2005 GB 18285-2005	10150	2500	3430	5000	14700	11150	0	0	0	0	0	0	0	0	5	0	0	0		1	0	0		
			JNP6110DN-1	承载式车身	天然气	GB 17691-2005 国Ⅴ，GB 11340-2005 GB 18285-2005	11000	2500	3430	5350	15950	12120	1	0	0	0	0	0	0	0	0	0	0	0		0	0	0		
					天然气	GB 17691-2005 国Ⅴ，GB 11340-2005 GB 18285-2005	11000	2500	3430	5350	15950	12120	1	0	3	0	0	0	0	2	0	0	0	0		0	1	0		

续表

企业名称	车辆品牌	车辆名称	车辆型号	底盘型号	燃料种类	排放标准	外形尺寸(mm)			轴距(mm)	总质量(kg)	整备质量(kg)	2014年													2015年				合计(辆)
							长	宽	高				1月	2月	3月	4月	5月	6月	7月	8月	9月	10月	11月	12月	小计(辆)	1月	2月	3月	小计(辆)	
同上	同上	同上	JNP6122DCN	承载式车身	天然气	GB 17691－2005 国Ⅳ，GB 11340－2005 GB 18285－2005	12000	2550	3430	6100	17300	13300	0	0	0	0	1	0	0	0	0	0	0	1		0	0	0		
			JNP6122DCN－1	承载式车身	天然气	GB 17691－2005 国Ⅳ，GB 11340－2005 GB 18285－2005	12000	2550	3430	6100	18000	13300	0	0	0	0	0	0	1	0	0	0	0	1		0	1	0		
					天然气	GB 17691－2005 国Ⅳ，GB 11340－2005 GB 18285－2005	12000	2550	3430	6100	18000	13300	0	0	0	0	0	0	0	0	0	0	0	0		0	1	0		
			JNP6127FN	承载式车身	天然气	GB 17691－2005 国Ⅳ，GB 11340－2005 GB 18285－2005	12000	2550	3960	5800	18000	13395	0	0	1	0	1	0	0	0	0	0	0	0		0	0	0		
			JNP6127FN－1	承载式车身	天然气	GB 17691－2005 国Ⅳ，GB 11340－2005 GB 18285－2005	12000	2550	3960	5800	18000	13395	0	0	0	0	0	0	1	0	1	0	0	0		0	0	0		
			JNP6127LN－1	承载式车身	天然气	GB 17691－2005 国Ⅳ，GB 11340－2005 GB 18285－2005	12000	2550	3850	5800	17850	13200	0	0	0	0	1	0	0	0	0	0	0	0		0	0	0		
		客车	JNP6123GNV	承载式车身	天然气	GB 17691－2005 国Ⅴ，GB 11340－2005 GB 18285－2005	12000	2550	3200	5800	16000	12000	0	45	0	0	0	0	0	0	0	0	0	0		0	0	0		
			JNP6120GLNV	承载式车身	天然气	GB 17691－2005 国Ⅴ，GB 11340－2005 GB 18285－2005	12000	2550	3420	6000	17500	11900	0	0	0	0	0	0	0	0	0	0	0	0		0	1	0		
		客车底盘	JNP6820GVCJ	—	天然气	GB 17691－2005 国Ⅴ，GB 11340－2005 GB 18285－2005	8195	2316	—	4100	12000	3600	0	0	0	0	0	0	0	0	0	0	0	0		1	0	0		
			JNP6800GVCJ	—	天然气	GB 17691－2005 国Ⅴ，GB 11340－2005	7760	2316	—	3800	11100	3500	0	0	0	0	0	0	0	0	0	0	0	0		0	1	0		
江苏友谊汽车有限公司	友谊牌	城市客车	ZGT6109NHS	HFC6100NY1F	天然气	GB 11340－2005，GB 18285－2005 GB 17691－2005 国Ⅳ	10490	2490	3130	5000	15000	9600	0	0	0	0	0	0	0	0	4	0	0	0	431	0	0	0	47	478
			ZGT6109NHS1	HFC6100NY2F	天然气	GB 11340－2005，GB 18285－2005 GB 17691－2005 国Ⅳ	10490	2490	3250	5000	15000	9980	2	0	0	0	0	0	0	0	0	0	0	0		0	0	0		
					天然气	GB 11340－2005，GB 18285－2005 GB 17691－2005 国Ⅳ	10490	2490	3250	5000	15000	9980	0	0	0	0	0	0	0	0	0	0	0	1		0	0	0		
			ZGT6109NS	EQ6983TN4AC1	天然气	GB 11340－2005，GB 18285－2005 GB 17691－2005 国Ⅳ	10490	2490	3130	5000	15000	8800	0	0	0	0	0	0	0	0	0	0	0	30		0	0	0		
			ZGT6608NV1C	HFC6570NY1V	天然气	GB 11340－2005，GB 18285－2005 GB 17691－2005 国Ⅴ	5995	2240	2910	3308	5860	4580	0	0	0	0	0	0	0	0	0	4	0	0		6	0	0		
					天然气	GB 11340－2005，GB 18285－2005 GB 17691－2005 国Ⅴ	5995	2240	2910	3308	5860	4580	0	0	0	0	0	0	0	0	0	0	0	0		30	0	0		
			ZGT6668NS	HFC6570NY1F	天然气	GB 17691－2005 国Ⅳ，GB 11340－2005 GB 18285－2005	6640	2240	2750	3308	6500	4290	9	0	0	0	2	0	0	0	0	0	0	0		0	0	0		
			ZGT6668NV	HFC6570NY1V	天然气	GB 11340－2005，GB 18285－2005 GB 17691－2005 国Ⅴ	6640	2240	2750	3308	7000	4460	0	0	0	0	0	0	0	0	2	0	0	0		0	0	0		

续表

企业名称	车辆品牌	车辆名称	车辆型号	底盘型号	燃料种类	排放标准	外形尺寸(mm) 长	宽	高	轴距(mm)	总质量(kg)	整备质量(kg)	2014年 1月	2月	3月	4月	5月	6月	7月	8月	9月	10月	11月	12月	小计(辆)	2015年 1月	2月	3月	小计(辆)	合计(辆)
同上	同上	同上	ZGT6718NS	HFC6640NY1V	天然气	GB 11340－2005，GB 18285－2005 GB 17691－2005 国Ⅴ	7145	2240	2790	3300	7450	4520	0	0	1	0	2	0	11	0	0	0	43	0		0	0	0		
			ZGT6718NV	EQ6680TN5AC	天然气	GB 11340－2005，GB 18285－2005 GB 17691－2005 国Ⅴ	7145	2240	2790	3300	7700	4770	0	0	0	0	0	0	0	0	0	0	0	2		0	0	0		
			ZGT6739NS	NJ6711YFC1	天然气	GB 17691－2005 国Ⅳ，GB 11340－2005 GB 18285－2005	7349	2380	2990	3308	8600	5650	0	0	0	0	9	0	0	11	0	0	0	0		0	0	0		
			ZGT6739NS1	HFC6680NY1F	天然气	GB 18285－2005，GB 11340－2005 GB 17691－2005 国Ⅳ	7349	2380	2990	3300	8900	5700	0	0	0	0	0	0	0	0	0	0	7	0		0	0	0		
			ZGT6739NV	HFC6680NY1V	天然气	GB 11340－2005，GB 18285－2005 GB 17691－2005 国Ⅴ	7349	2380	2990	3300	8900	5840	0	0	0	0	0	24	0	0	0	0	0	0		0	0	0		
					天然气	GB 11340－2005，GB 18285－2005 GB 17691－2005 国Ⅴ	7349	2380	2990	3300	8900	5840	0	0	0	0	0	0	0	0	0	0	3	0		0	0	0		
			ZGT6760NHS	HFC6730NY1F	天然气	GB 11340－2005，GB 18285－2005 GB 17691－2005 国Ⅳ	7640	2380	2990	3500	9700	6200	0	0	0	20	0	0	0	0	0	0	0	0		0	0	0		
					天然气	GB 11340－2005，GB 18285－2005 GB 17691－2005 国Ⅳ	7640	2380	3140	3500	9700	6400	0	0	0	0	0	0	0	0	0	32	0	0		0	0	0		
			ZGT6760NHS1	NJ6751YBC2	天然气	GB 17691－2005 国Ⅳ，GB 11340－2005 GB 18285－2005	7640	2380	3140	3500	9700	6800	0	0	3	0	0	0	0	0	0	[illegible]	0	0		0	0	0		
			ZGT6760NHV	HFC6730NY1V	天然气	GB 11340－2005，GB 18285－2005 GB 17691－2005 国Ⅴ	7640	2380	2990	3600	10500	6600	0	0	0	0	0	0	0	0	0	[illegible]	0	7		0	0	0		
			ZGT6810NV	EQ6783TN5AC	天然气	GB 11340－2005，GB 18285－2005 GB 17691－2005 国Ⅴ	8080	2380	3080	3800	10600	6500	2	0	0	0	0	0	0	0	0	0	0	0		0	0	0		
			ZGT6832NHS1	HFC6782NY2F	天然气	GB 11340－2005，GB 18285－2005 GB 17691－2005 国Ⅳ	8260	2380	3020	3800	10500	7040	0	0	0	0	0	10	0	0	0	0	0	0		0	0	0		
			ZGT6852NV	EQ6783TN5AC	天然气	GB 11340－2005，GB 18285－2005 GB 17691－2005 国Ⅴ	8480	2380	3080	4000	10600	6820	0	22	0	2	0	0	2	0	0	0	0	0		0	3	2		
			ZGT6910NHS	HFC6880NY1F	天然气	GB 11340－2005，GB 18285－2005 GB 17691－2005 国Ⅳ	9080	2490	3160	4200	13000	8080	0	0	0	0	0	5	0	0	0	0	0	0		0	0	0		
		客车	ZGT6608NS	NJ6581YFC1	天然气	GB 17691－2005 国Ⅳ，GB 11340－2005 GB 18285－2005	5995	2240	2750	3308	5440	3800	0	0	0	25	0	4	0	0	0	0	0	0		0	0	0		
					天然气	GB 17691－2005 国Ⅳ，GB 11340－2005 GB 18285－2005	5995	2240	2750	3308	5440	3800	0	0	0	0	0	0	0	0	0	0	3	0		0	0	0		
			ZGT6608NS1	HFC6570NY1F	天然气	GB 17691－2005 国Ⅳ，GB 11340－2005 GB 18285－2005	5995	2240	2750	3308	5440	3800	0	0	0	0	0	0	0	0	0	0	0	0		0	0	0		
					天然气	GB 11340－2005，GB 18285－2005 GB 17691－2005 国Ⅴ	5995	2240	2750	3308	5860	4250	0	0	4	0	0	5	0	0	0	0	0	0		0	0	0		

续表

企业名称	车辆品牌	车辆名称	车辆型号	底盘型号	燃料种类	排放标准	外形尺寸(mm)			轴距(mm)	总质量(kg)	整备质量(kg)	2014年													2015年				合计(辆)
							长	宽	高				1月	2月	3月	4月	5月	6月	7月	8月	9月	10月	11月	12月	小计(辆)	1月	2月	3月	小计(辆)	
同上	同上	同上	ZGT6608NV2	EQ6570KN5AC1	天然气	GB 11340－2005，GB 18285－2005 GB 17691－2005 国Ⅴ	5995	2240	2750	3300	5860	4250	0	0	0	0	0	0	0	0	0	0	0	0		6	0	0		
			ZGT6608NV2	EQ6570KN5AC1	天然气	GB 11340－2005，GB 18285－2005 GB 17691－2005 国Ⅴ	5995	2240	2750	3300	5860	4250	0	0	0	0	2	23	0	2	4	0	0	0		0	0	0		
			ZGT6608NV2	EQ6570KN5AC1	天然气	GB 11340－2005，GB 18285－2005 GB 17691－2005 国Ⅴ	5995	2240	2910	3300	5860	4370	0	0	0	32	0	0	36	9	0	1	0	0		0	0	0		
新疆中通客车有限公司	西域牌	城市客车	XJ6109GC	EQ6983TN4AC1	天然气	GB 11340－2005，GB 18285－2005 GB 17691－2005 国Ⅳ	10500	2500	3100	5000	15000	8520	0	0	0	3	8	10	0	0	9	1	8	0	264	0	0	0	115	379
			XJ6109GC5	EQ6983TN5AC	天然气	GB 11340－2005，GB 18285－2005 GB 17691－2005 国Ⅴ	10500	2500	3100	5000	15000	8650	40	0	0	0	0	0	0	6	1	0	4	107		18	30	52		
			XJ6120GC5A	EQ6120TN5AC	天然气	GB 11340－2005，GB 18285－2005 GB 17691－2005 国Ⅴ	11990	2500	3060	6000	17500	10450	0	0	0	0	0	0	0	0	0	1	0	0		0	0	0		
			XJ6740GC5	EQ6670KC5N	天然气	GB 11340－2005，GB 18285－2005 GB 17691－2005 国Ⅴ	7360	2350	2860	3300	7700	4300	4	0	1	10	1	0	0	2	2	0	0	0		11	0	0		
			XJ6859GC	EQ6780TN4AC	天然气	GB 11340－2005，GB 18285－2005 GB 17691－2005 国Ⅳ	8545	2500	3060	4000	11200	7100	0	0	5	0	0	0	0	0	0	0	4	0		0	0	0		
			XJ6859GC5A	EQ6783TN5ACD	天然气	GB 11340－2005，GB 18285－2005 GB 17691－2005 国Ⅴ	8545	2500	3060	4000	11200	7100	0	0	0	0	2	0	0	0	0	0	0	0		0	0	0		
		客车	XJ6600TC5	EQ6570KS5N	天然气	GB 11340－2005，GB 18285－2005 GB 17691－2005 国Ⅴ	5995	2260	2830	3300	6000	4400	0	0	0	7	1	0	0	0	0	0	3	0		1	1	0		
			XJ6601TC4	EQ6570KS4N	天然气	GB 11340－2005，GB 18285－2005 GB 17691－2005 国Ⅳ	5995	2260	2830	3300	6130	4580	5	0	5	2	1	0	0	4	1	0	0	0		0	0	0		
			XJ6660TC3	EQ6570KS4N	天然气	GB 11340－2005，GB 18285－2005 GB 17691－2005 国Ⅳ	6640	2260	2830	3300	7300	4850	1	0	2	1	0	0	0	0	0	0	0	0		0	0	0		
			XJ6660TC4	EQ6570KS4N	天然气	GB 11340－2005，GB 18285－2005 GB 17691－2005 国Ⅳ	6640	2260	2830	3300	7300	4850	1	0	0	1	0	0	0	0	0	0	0	0		0	0	0		
			XJ6661TC5	EQ6570KS5N	天然气	GB 11340－2005，GB 18285－2005 GB 17691－2005 国Ⅴ	6640	2260	2830	3300	7080	4690	0	0	0	0	0	0	0	0	0	0	0	0		2	0	0		
一汽客车（大连）有限公司	解放牌	城市客车	CA6101UFN32	CA6990CFN23	天然气	GB 17691－2005（国Ⅳ阶段） GB 11340－2005，GB 18285－2005	10490	2500	3160	5000	13200	8588	0	0	0	0	51	0	0	0	0	0	0	0	281	0	0	0	71	352
					天然气	GB 17691－2005（国Ⅳ阶段） GB 11340－2005，GB 18285－2005	10490	2500	3160	5000	13200	8588	0	0	0	0	0	0	100	0	0	0	0	30		0	0	0		
			CA6125URN33	CA6124D172N	天然气	GB 17691－2005（国Ⅳ阶段） GB 11340－2005，GB 18285－2005	11995	2550	3490	6100	18000	12550	0	0	0	0	0	0	0	0	0	70	0	0		0	0	0		
			CA6125URN34	CA6120CRN24	天然气	GB 17691－2005（国Ⅴ阶段） GB 11340－2005，GB 18285－2005	11995	2550	3151	6100	18000	10913	0	0	0	0	0	0	0	0	0	0	0	0		0	0	71		

续表

企业名称	车辆品牌	车辆名称	车辆型号	底盘型号	燃料种类	排放标准	外形尺寸(mm) 长	宽	高	轴距(mm)	总质量(kg)	整备质量(kg)	2014年 1月	2月	3月	4月	5月	6月	7月	8月	9月	10月	11月	12月	小计(辆)	2015年 1月	2月	3月	小计(辆)	合计(辆)
同上	同上	同上	CA6862UFN31	CA6830CFN21	天然气	GB 17691－2005（国Ⅳ阶段） GB 11340－2005，GB 18285－2005	8593	2500	3035	4000	11000	7345	0	0	0	0	0	30	0	0	0	0	0	0		0	0	0		
			CNJ6100JQNM	CNJ6950TQNM	天然气	GB 11340－2005，GB 18285－2005 GB 17691－2005 国Ⅳ	10490	2500	3100	5000	13270	7700	0	0	0	3	0	0	0	0	0	0	0	0		0	0	0		
					天然气	GB 11340－2005，GB 18285－2005 GB 17691－2005 国Ⅳ	10490	2500	3100	5000	13270	7700	0	0	0	0	0	0	0	0	0	14	0	0		0	0	0		
			CNJ6100JQNV	CNJ6100TQNV	天然气	GB 17691－2005 第Ⅴ阶段，GB 18285－2005 GB 11340－2005	10495	2500	3200	5000	13750	9100	0	0	0	20	0	6	0	8	0	0	0	0		0	0	0		
			CNJ6670JQNV	CNJ6620KQNV	天然气	GB 17691－2005 第Ⅴ阶段，GB 18285－2005 GB 11340－2005	6675	2250	2960	3300	7200	5180	0	0	0	3	0	0	0	0	1	0	0	0		0	0	0		
					天然气	GB 17691－2005 第Ⅴ阶段 GB 18285－2005，GB 11340－2005	6675	2250	2860	3300	7200	4980	0	0	0	0	0	0	0	0	0	0	1	0		0	0	0		
			CNJ6720JQNM	CNJ6690TQNM	天然气	GB 11340－2005，GB 18285－2005 GB 17691－2005 国Ⅳ	7220	2370	3000	3300	8430	5500	0	0	1	0	0	0	0	14	0	12	6	0		14	1	0		
			CNJ6720JQNV	CNJ6700TQNV	天然气	GB 17691－2005 第Ⅴ阶段 GB 18285－2005，GB 11340－2005	7240	2340	3100	3300	8400	5670	0	0	0	0	4	0	0	0	0	0	0	0		0	0	0		
					天然气	GB 17691－2005 第Ⅴ阶段 GB 18285－2005，GB 11340－2005	7240	2340	3000	3300	8400	5470	0	0	0	0	0	1	0	0	0	0	0	0		14	1	0		
四川现代汽车有限公司	南骏牌	城市客车	CNJ6750JQNM	CNJ6691TQNM	天然气	GB 11340－2005，GB 18285－2005 GB 17691－2005 国Ⅳ	7495	2370	2830	3300	8500	5500	0	0	0	0	0	0	7	0	0	0	0	0	311	0	0	0	39	350
			CNJ6750JQNV	CNJ6720TQNV	天然气	GB 17691－2005 第Ⅴ阶段 GB 18285－2005，GB 11340－2005	7540	2340	2860	3400	8700	5770	0	0	0	0	0	0	0	0	0	0	30	0		0	0	0		
					天然气	GB 17691－2005 第Ⅴ阶段 GB 18285－2005，GB 11340－2005	7540	2340	2860	3400	8700	5770	0	0	0	0	0	0	0	0	0	0	0	0		5	0	0		
			CNJ6780JQNM	CNJ6721TQNM	天然气	GB 11340－2005，GB 18285－2005 GB 17691－2005 国Ⅳ	7840	2370	3000	3650	8500	5440	0	0	2	29	0	0	0	0	15	0	0	0		0	0	0		
					天然气	GB 11340－2005，GB 18285－2005 GB 17691－2005 国Ⅳ	7840	2370	2960	3650	8500	5640	0	0	0	0	0	0	0	0	0	7	0	0		0	0	0		
			CNJ6780JQNV	CNJ6750TQNV	天然气	GB 17691－2005 第Ⅴ阶段 GB 18285－2005，GB 11340－2005	7840	2340	2960	3650	8900	6030	0	0	0	0	0	10	0	0	0	0	0	0		0	0	0		
					天然气	GB 17691－2005 第Ⅴ阶段 GB 18285－2005，GB 11340－2005	7840	2340	2860	3650	8900	5830	0	0	5	5	0	0	3	0	6	0	5	0		0	0	0		
			CNJ6850JQNM	CNJ6800TQNM	天然气	GB 11340－2005，GB 18285－2005 GB 17691－2005 国Ⅳ	8500	2400	3000	4000	10120	6600	0	0	0	0	1	7	0	0	0	0	0	20		0	0	0		
			CNJ6850JQNV	CNJ6810TQNV	天然气	GB 11340－2005，GB 18285－2005 GB 17691－2005 国Ⅴ	8540	2400	3155	4000	10500	7080	0	0	1	10	0	0	0	0	10	0	0	0		1	0	0		

续表

企业名称	车辆品牌	车辆名称	车辆型号	底盘型号	燃料种类	排放标准	外形尺寸(mm) 长	宽	高	轴距(mm)	总质量(kg)	整备质量(kg)	2014年 1月	2月	3月	4月	5月	6月	7月	8月	9月	10月	11月	12月	小计(辆)	2015年 1月	2月	3月	小计(辆)	合计(辆)
同上	同上	客车	CNJ6601LQNM	CNJ6571KQNM	天然气	GB 11340－2005，GB 18285－2005 GB 17691－2005 国Ⅳ	5995	2250	2960	3300	6340	4650	0	0	0	4	10	11	0	1	0	0	0	0		0	2	0		
			CNJ6760LQNV	EQ6690KN5AC	天然气	GB 11340－2005，GB 18285－2005 GB 17691－2005 国Ⅴ	7600	2340	3180	3800	8500	6160	0	0	6	5	0	0	0	0	2	0	0	0		0	0	0		
			CNJ6800LQNM	CNJ6771TQNM	天然气	GB 17691－2005 国Ⅳ，GB 18285－2005 GB 11340－2005	7995	2400	3100	3800	9750	6800	0	0	3	0	0	0	0	0	0	0	0	0		0	0	0		
			CNJ6800LQNV	EQ6780TGN5AC	天然气	GB 11340－2005，GB 18285－2005 GB 17691－2005 国Ⅴ	8000	2400	3320	3800	9750	7000	0	1	0	1	0	0	0	0	0	0	0	0		0	0	0		
			CNJ6810TQNV	—	天然气	GB 11340－2005，GB 18285－2005 GB 17691－2005 国Ⅴ	8135	2390	—	4000	12400	4250	0	0	0	0	0	0	0	0	0	0	0	0		1	0	0		
中国第一汽车集团公司	解放牌	城市客车	CA6100URN22	CA6100CRN25	天然气	GB 17691－2005 国Ⅴ阶段 GB 11340－2005，GB 18285－2005	10490	2500	3285	5100	16500	10500	0	0	0	0	0	0	0	60	0	0	0	0	150	0	0	0	174	324
			CA6100URN23	CA6100CRN25	天然气	GB 17691－2005 国Ⅳ，GB 18285－2005 GB 11340－2005	10490	2500	3410	5100	16500	10500	0	0	0	0	0	0	0	0	0	0	1	39		0	0	0		
			CA6120URN21	CA6124D172N	天然气	GB 17691－2005（国Ⅳ阶段） GB 11340－2005，GB 18285－2005	11990	2500	3330	6100	18000	12176	0	20	18	9	2	0	0	1	0	0	0	0		0	0	0		
			CA6120CRN24	—	天然气	GB 17691－2005（国Ⅴ阶段） GB 11340－2005，GB 18285－2005	11640	2500	—	6100	18000	5340	0	0	0	0	0	0	0	0	0	0	0	0		0	71	0		
			CA6990CFN24	—	天然气	GB 17691－2005（国Ⅴ阶段） GB 11340－2005，GB 18285－2005	9910	2380	—	5000	13200	4130	0	0	0	0	0	0	0	0	0	0	0	0		0	5	0		
			CA6100CRN25	—	天然气	GB 17691－2005 国Ⅴ阶段 GB 11340－2005，GB 18285－2005	10165	2400	—	5100	16500	4000	0	0	0	0	0	0	0	0	0	0	0	0		0	0	98		
东风扬子江汽车（武汉）有限责任公司	扬子江牌	城市客车	WG6100NH5	EQ6107RC5N	天然气	GB 17691－2005 国Ⅴ，GB 11340－2005 GB 18285－2005	10500	2500	3340	5000	16000	11000	0	0	0	0	0	0	0	0	26	0	0	19	303	0	0	0	0	303
			WG6100NQC4	EQ6100KC4N1	天然气	GB 11340－2005，GB 18285－2005 GB 17691－2005 国Ⅳ	10300	2480	2990	5000	13120	8280	0	0	0	24	0	0	0	0	0	0	0	0		0	0	0		
			WG6100NHM4	EQ6107RC4N	天然气	GB 17691－2005 国Ⅳ，GB 3847－2005 GB 11340－2005	10500	2500	3340	5000	15500	9780	10	0	0	0	0	0	0	72	0	0	0	20		0	0	0		
					天然气	GB 17691－2005 国Ⅳ，GB 3847－2005 GB 11340－2005	10500	2500	3340	5000	15500	9780	28	0	0	0	0	0	0	0	0	0	0	0		0	0	0		
			WG6101NQM4	EQ6100KC4N1	天然气	GB 17691－2005 国Ⅳ，GB 11340－2005 GB 18285－2005	10500	2500	3000	5000	13120	8300	0	0	0	0	0	0	0	0	13	0	0	0		0	0	0		
			WG6120NH5	EQ6119RC5N	天然气	GB 11340－2005，GB 18285－2005 GB 17691－2005 国Ⅴ	12000	2545	3230	6200	18000	11720	0	0	0	0	0	30	0	0	0	0	0	0		0	0	0		
			WG6121NQM4	EQ6129TN4AC	天然气	GB 11340－2005，GB 18285－2005 GB 17691－2005 国Ⅳ	12000	2550	3070	6200	18000	9630	0	0	0	0	0	0	8	0	0	0	0	0		0	0	0		

续表

企业名称	车辆品牌	车辆名称	车辆型号	底盘型号	燃料种类	排放标准	外形尺寸(mm) 长	宽	高	轴距(mm)	总质量(kg)	整备质量(kg)	2014年 1月	2月	3月	4月	5月	6月	7月	8月	9月	10月	11月	12月	小计(辆)	2015年 1月	2月	3月	小计(辆)	合计(辆)
同上	同上	同上	WG6850NHK5	EQ6839RC5N	天然气	GB 11340－2005，GB 18285－2005 GB 17691－2005 国Ⅴ	8535	2450	3175	4000	12500	8705	0	5	0	0	0	12	0	0	0	0	0	0		0	0	0		
同上	同上	同上	WG6850NQK4	EQ6838KC4N	天然气	GB 17691－2005 国Ⅳ，GB 11340－2005 GB 18285－2005	8535	2450	2925	4000	12500	7550	0	0	0	0	0	0	0	0	0	0	0	36		0	0	0		
一汽客车（成都）有限公司	解放牌	城市客车	CA6100URN51F	CA6100CRN25	天然气	GB 11340－2005，GB 18285－2005 GB 17691－2005 国Ⅴ	10490	2500	3420	5100	14500	10080	0	0	0	0	0	0	0	0	0	0	0	30	273	0	0	0	2	275
			CA6110UFN51F	CA6990CFN24	天然气	GB 11340－2005，GB 18285－2005 GB 17691－2005 国Ⅴ	10550	2500	3200	5000	13200	8620	0	0	0	0	0	0	0	0	0	0	0	1		0	0	0		
			CA6120URN21	CA6120CRN23	天然气	GB 17691－2005（国Ⅳ阶段） GB 11340－2005，GB 18285－2005	11990	2550	3550	6000	18000	12176	0	0	0	0	0	0	1	0	0	0	0	0		0	0	0		
			CA6120URN51F	CA6120CRN24	天然气	GB 11340－2005，GB 18285－2005 GB 17691－2005 国Ⅴ	12000	2550	3420	6150	18000	12200	0	0	0	0	0	0	1	0	0	0	0	0		0	0	0		
			CA6730UFN51F	CA6690CFN22	天然气	GB 11340－2005，GB 18285－2005 GB 17691－2005 国Ⅴ	7280	2400	3020	3300	8700	5540	0	0	0	0	6	1	0	20	0	0	0	0		0	0	0		
			CA6790UFN51F	CA6730CFN21	天然气	GB 11340－2005，GB 18285－2005 GB 17691－2005 国Ⅴ	7910	2400	3160	3650	9000	6335	0	0	0	0	0	0	14	0	0	0	0	1		0	0	0		
			CA6850UFN51F	CA6820CFN21	天然气	GB 11340－2005，GB 18285－2005 GB 17691－2005 国Ⅴ	8535	2400	3160	4000	10400	6880	5	0	0	0	0	3	0	0	0	0	0	0		0	0	0		
		客车	CA6660LFN51F	CA6570CFN21	天然气	GB 11340－2005，GB 18285－2005 GB 17691－2005 国Ⅴ	6580	2320	2850	3300	6600	4400	8	0	0	1	0	0	0	0	0	0	0	0		0	0	0		
			CA6760LFN51F	CA6690CFN21	天然气	GB 11340－2005，GB 18285－2005 GB 17691－2005 国Ⅴ	7630	2320	3130	3800	8100	5680	1	0	0	4	5	1	3	2	3	2	0	2		0	0	0		
					天然气	GB 11340－2005，GB 18285－2005 GB 17691－2005 国Ⅴ	7630	2320	3130	3800	8100	5680	0	0	0	0	0	0	1	0	0	3	3	0		0	0	0		
			CA6800LFN51E	CA6784D298	天然气	GB 17691－2005（国Ⅳ阶段） GB 11340－2005，GB 18285－2005	7990	2380	3250	3800	9450	6700	0	0	0	0	1	0	0	0	0	0	0	0		0	0	0		
			CA6800LFN51F	CA6780CFN21	天然气	GB 11340－2005，GB 18285－2005 GB 17691－2005 国Ⅴ	7990	2380	3250	3800	9600	6750	3	0	1	1	1	2	0	2	0	0	0	0		0	0	0		
			CDL6606FT	CDL6570FT	天然气	GB 11340－2005，GB 18285－2005 GB 17691－2005 国Ⅴ	5990	2025	2650	3200	4900	3400	1	3	1	5	18	48	0	1	12	9	5	0		0	0	0		
			CDL6608FT	CDL6572FT	天然气	GB 11340－2005，GB 18285－2005 GB 17691－2005 国Ⅴ	5995	2185	2750	3200	5440	3640	0	2	0	2	21	0	6	0	0	3	1	0		1	0	0		
					天然气	GB 11340－2005，GB 18285－2005 GB 17691－2005 国Ⅴ	5995	2250	2930	3300	5700	4180	0	0	0	0	0	0	0	0	0	0	1	0		0	0	0		
			CDL6701FT	CDL6671FT	天然气	GB 11340－2005，GB 18285－2005 GB 17691－2005 国Ⅴ	6990	2185	2750	3935	6500	4300	0	0	0	0	0	0	0	0	0	1	0	0		0	0	0		

续表

企业名称	车辆品牌	车辆名称	车辆型号	底盘型号	燃料种类	排放标准	外形尺寸(mm)			轴距(mm)	总质量(kg)	整备质量(kg)	2014年													2015年				合计(辆)
							长	宽	高				1月	2月	3月	4月	5月	6月	7月	8月	9月	10月	11月	12月	小计(辆)	1月	2月	3月	小计(辆)	
同上	同上	客车底盘	CDL6572FT	—	天然气	GB 11340－2005，GB 18285－2005 GB 17691－2005 国Ⅴ	5720	2135	—	3200	5470	1730	0	0	0	0	0	0	0	0	0	0	0	0		1	0	0		
东风南充汽车有限公司	东风牌	城市客车	EQ6660PCN40	EQ6581KSN40	天然气	GB 17691－2005 国Ⅳ，GB 11340－2005 GB 18285－2005	6640	2280	3000	3300	7080	4610	0	0	0	0	0	9	0	0	0	0	0	0		0	0	0		
			EQ6662PCN50	EQ6580KSN50	天然气	GB 17691－2005 国Ⅴ，GB 11340－2005 GB 18285－2005	6640	2260	2850	3300	7080	4450	0	0	0	0	0	0	0	0	0	0	0	0		1	0	0		
			EQ6730PCN50	EQ6680KTN50	天然气	GB 17691－2005 国Ⅴ，GB 11340－2005 GB 18285－2005	7345	2380	3040	3300	7880	5050	9	0	4	1	0	1	0	2	0	0	0	4		1	0	0		
			EQ6780PCN50	EQ6740KTN50	天然气	GB 17691－2005 国Ⅴ，GB 11340－2005 GB 18285－2005	7800	2380	3260	3800	9070	5950	0	0	10	0	0	0	0	0	0	0	0	0		0	0	0		
		客车	EQ6600PCN40	EQ6581KSN40	天然气	GB 17691－2005 国Ⅳ，GB 11340－2005 GB 18285－2005	5980	2260	2800	3300	5650	4068	0	0	1	0	1	3	6	0	2	1	0	2		0	0	0		
			EQ6600PCN50	EQ6580KSN50	天然气	GB 17691－2005 国Ⅴ，GB 11340－2005 GB 18285－2005	5998	2260	2850	3300	5720	4138	7	0	2	3	2	2	6	2	2	3	0	1		2	0	1		
			EQ6660PCN50	EQ6580KSN50	天然气	GB 17691－2005 国Ⅴ，GB 11340－2005 GB 18285－2005	6640	2260	3050	3300	6640	4610	4	1	12	9	10	0	6	0	0	1	5	0		1	0	0		
			EQ6661PCN50	EQ6580KSN50	天然气	GB 17691－2005 国Ⅴ，GB 11340－2005 GB 18285－2005	6640	2260	3050	3300	6405	4610	0	0	0	0	2	0	0	0	0	0	0	0		0	0	0		
			EQ6666PC	EQ6581KSN40	天然气	GB 17691－2005 国Ⅳ，GB 11340－2005 GB 18285－2005	6640	2260	2850	3300	6740	4550	0	0	0	0	1	0	0	0	0	0	0	0	165	0	0	0	89	254
			EQ6760PCN40	EQ6690KSN40	天然气	GB 17691－2005 国Ⅳ，GB 11340－2005 GB 18285－2005	7595	2380	3240	3800	8550	6120	0	0	0	0	2	0	0	2	0	2	0	0		0	0	0		
					天然气	GB 17691－2005 国Ⅳ，GB 11340－2005 GB 18285－2005	7595	2380	3240	3800	8550	6120	0	0	1	0	0	1	0	1	0	0	0	0		0	0	0		
			EQ6760PCN50	EQ6690KSN50	天然气	GB 17691－2005 国Ⅴ，GB 11340－2005 GB 18285－2005	7595	2380	3260	3800	8550	6120	0	0	0	0	2	2	2	0	2	3	1	0		4	0	0		
					天然气	GB 17691－2005 国Ⅴ，GB 11340－2005 GB 18285－2005	7595	2380	3260	3800	8550	6120	1	0	0	0	1	2	1	0	2	0	0	0		0	0	0		
		客车底盘	EQ6580KSN50	—	天然气	GB 17691－2005 国Ⅴ，GB 11340－2005 GB 18285－2005	5800	2055	—	3300	7260	1900	0	0	0	0	0	0	0	0	0	0	0	0		4	3	1		
			EQ6680KTN50	—	天然气	GB 17691－2005 国Ⅴ，GB 11340－2005 GB 18285－2005	6840	2110	—	3300	9000	2650	0	0	0	0	0	0	0	0	0	0	0	0		1	0	0		
			EQ6690KSN50	—	天然气	GB 17691－2005 国Ⅴ，GB 11340－2005 GB 18285－2005	6894	2110	—	3800	8550	2750	0	0	0	0	0	0	0	0	0	0	0	0		54	0	0		
			EQ6740KTN50	—	天然气	GB 17691－2005 国Ⅴ，GB 11340－2005 GB 18285－2005	7420	2110	—	3800	9625	3050	0	0	0	0	0	0	0	0	0	0	0	0		6	9	0		

续表

企业名称	车辆品牌	车辆名称	车辆型号	底盘型号	燃料种类	排放标准	外形尺寸(mm) 长	宽	高	轴距(mm)	总质量(kg)	整备质量(kg)	2014年 1月	2月	3月	4月	5月	6月	7月	8月	9月	10月	11月	12月	小计(辆)	2015年 1月	2月	3月	小计(辆)	合计(辆)
同上	同上	同上	EQ6800KTN50	—	天然气	GB 17691－2005 国Ⅴ，GB 11340－2005 GB 18285－2005	8000	2110	—	5300	10000	3700	0	0	0	0	0	0	0	0	0	0	0	0		0	0	1		
黑龙江龙华汽车有限公司	黑龙江牌	城市客车	HLJ6105HY	EQ6101RC5N	天然气	GB 11340－2005，GB 18285－2005 GB 17691－2005 国Ⅴ	10490	2500	3050	5000	16500	9530	0	0	0	0	0	0	0	0	0	0	0	0	228	1	21	0	22	250
			HLJ6121HY	CA6124D172N	天然气	GB 17691－2005 国Ⅳ，GB 11340－2005 GB 18285－2005	11990	2500	3250	6100	18000	11315	0	0	0	8	0	0	0	0	0	0	0	0		0	0	0		
			HLJ6721QY	EQ6680TN5AC	天然气	GB 17691－2005 国Ⅴ，GB 11340－2005 GB 18285－2005	7180	2280	2950	3300	7700	5080	0	0	0	16	14	26	16	0	0	0	0	0		0	0	0		
			HLJ6850HY	EQ6821RC5N	天然气	GB 11340－2005，GB 18285－2005 GB 17691－2005 国Ⅴ	8500	2450	3350	4000	12500	8090	0	0	7	0	0	0	0	0	0	0	0	0		0	0	0		
					天然气	GB 11340－2005，GB 18285－2005 GB 17691－2005 国Ⅴ	8500	2450	3350	4000	12500	7950	0	0	0	0	0	0	0	49	0	0	0	0		0	0	0		
			HLJ6850HY	EQ6821RC5N	天然气	GB 11340－2005，GB 18285－2005 GB 17691－2005 国Ⅴ	8500	2450	3350	4000	12500	7950	0	0	0	0	0	0	0	2	0	0	0	0		0	0	0		
			HLJ6851HY1	EQ6821RC5N2	天然气	GB 11340－2005，GB 18285－2005 GB 17691－2005 国Ⅴ	8500	2450	3190	4000	12500	8090	0	0	0	0	0	0	0	0	0	0	45	45		0	0	0		
四川省客车制造有限责任公司	峨嵋牌	城市客车	EM6105QNG5	EQ6100KC5N	天然气	GB 11340－2005，GB 18285－2005 GB 17691－2005 国Ⅴ	10400	2500	3300	5000	15000	8800	0	0	0	0	0	0	0	0	0	0	0	0	180	1	0	0	55	235
			EM6600QNG5	EQ6580KSN50	天然气	GB 11340－2005，GB 18285－2005 GB 17691－2005 国Ⅴ	5990	2250	2850	3300	6800	4300	0	0	0	0	0	0	0	0	0	0	0	4		0	0	0		
			EM6730QNG5	EQ6720KC5N	天然气	GB 11340－2005，GB 18285－2005 GB 17691－2005 国Ⅴ	7345	2300	3100	3300	8600	5540	0	0	0	40	0	2	0	0	0	0	0	0		22	0	12		
			EM6820QNG5	EQ6740KTN50	天然气	GB 17691－2005 国Ⅴ，GB 11340－ 2005 GB 18285－2005	8170	2360	3250	3800	9550	6050	0	0	0	0	0	0	0	6	0	0	0	23		6	9	0		
			EM6960QNG5	EQ6900KC5N	天然气	GB 11340－2005，GB 18285－2005 GB 17691－2005 国Ⅴ	9600	2500	3300	4700	13500	7900	0	0	0	0	0	0	0	1	1	0	0	0		0	0	0		
		客车	EM6600QNL5	EQ6570KS5N	天然气	GB 11340－2005，GB 18285－2005 GB 17691－2005 国Ⅴ	5990	2250	3000	3300	6000	4500	3	0	2	2	4	1	1	0	0	0	0	0		1	0	0		
			EM6660QNL5	EQ6570KS5N	天然气	GB 11340－2005，GB 18285－2005 GB 17691－2005 国Ⅴ	6640	2250	3000	3300	6950	4850	0	0	1	4	1	4	1	1	8	1	0	0		0	0	0		
			EM6761QNL5	EQ6690KSN50	天然气	GB 11340－2005，GB 18285－2005 GB 17691－2005 国Ⅴ	7600	2360	3200	3800	8350	5900	0	0	0	0	0	0	0	0	0	0	0	0		2	0	0		
				EQ6690KS5N	天然气	GB 11340－2005，GB 18285－2005 GB 17691－2005 国Ⅴ	7600	2360	3200	3800	8350	5900	2	0	0	4	12	16	4	1	1	1	1	0		2	0	0		
			EM6821QNL5	EQ6760KT5N	天然气	GB 11340－2005，GB 18285－2005 GB 17691－2005 国Ⅴ	8170	2400	3200	3800	9580	6850	6	4	0	0	0	2	1	4	2	5	0	3		0	0	0		

续表

企业名称	车辆品牌	车辆名称	车辆型号	底盘型号	燃料种类	排放标准	外形尺寸(mm)			轴距(mm)	总质量(kg)	整备质量(kg)	2014年													2015年				合计(辆)
							长	宽	高				1月	2月	3月	4月	5月	6月	7月	8月	9月	10月	11月	12月	小计(辆)	1月	2月	3月	小计(辆)	
东风商用车有限公司	东风牌	城市客车	EQ6602C5N	承载式车身	天然气	GB 11340－2005，GB 18285－2005 GB 17691－2005 国Ⅴ	5997	2250	2800	3300	6800	4350	0	0	0	0	0	0	0	0	0	0	0	1	16	0	0	0	214	230
			EQ6730C5N	承载式车身	天然气	GB 11340－2005，GB 18285－2005 GB 17691－2005 国Ⅴ	7340	2340	3100	3300	8600	5800	0	0	0	0	0	0	0	0	0	0	7	6		0	0	0		
			EQ6931C5N	承载式车身	天然气	GB 11340－2005，GB 18285－2005 GB 17691－2005 国Ⅴ	9340	2440	3050	4500	13700	8715	0	0	0	0	0	0	0	0	0	0	0	0		0	0	2		
		客车	EQ6113L5N	承载式车身	天然气	GB 11340－2005，GB 18285－2005 GB 17691－2005 国Ⅴ	10800	2490	3330	5530	14500	10630	0	0	0	0	0	0	0	0	0	0	0	1		0	0	0		
			EQ6600L5N	承载式车身	天然气	GB 11340－2005，GB 18285－2005 GB 17691－2005 国Ⅴ	5998	2200	2800	3300	6050	4380	0	0	0	0	0	0	0	0	0	0	0	1		0	0	0		
			EQ6602L5N	承载式车身	天然气	GB 11340－2005，GB 18285－2005 GB 17691－2005 国Ⅴ	5997	2250	2800	3300	6050	4350	0	0	0	0	0	0	0	0	0	0	0	0		0	4	0		
		客车底盘	DFH6620F	—	天然气	GB 17691－2005 国Ⅴ，GB 18285－2005 GB 11340－2005	6150	2055	—	3300	8000	2500	0	0	0	0	0	0	0	0	0	0	0	0		20	0	0		
			DFH6900D	—	天然气	GB 17691－2005 国Ⅴ，GB 18285－2005 GB 11340－2005	9040	2400	—	4500	14000	4000	0	0	0	0	0	0	0	0	0	0	0	0		1	0	0		
			EQ6100KC5N	—	天然气	GB 11340－2005，GB 18285－2005 GB 17691－2005 国Ⅴ	10040	2455	—	5000	15000	3800	0	0	0	0	0	0	0	0	0	0	0	0		101	0	0		
			EQ6107RC5N	—	天然气	GB 11340－2005，GB 18285－2005 GB 17691－2005 国Ⅴ	10050	2400	—	5000	16000	4300	0	0	0	0	0	0	0	0	0	0	0	0		0	0	1		
			EQ6570KS5N	—	天然气	GB 11340－2005，GB 18285－2005 GB 17691－2005 国Ⅴ	5680	2055	—	3300	7300	2500	0	0	0	0	0	0	0	0	0	0	0	0		11	0	0		
					天然气	GB 11340－2005，GB 18285－2005 GB 17691－2005 国Ⅴ	5680	2055	—	3300	7300	2500	0	0	0	0	0	0	0	0	0	0	0	0		0	31	0		
					天然气	GB 11340－2005，GB 18285－2005 GB 17691－2005 国Ⅴ	5680	2055	—	3300	7300	2500	0	0	0	0	0	0	0	0	0	0	0	0		0	0	2		
			EQ6670KC5N	—	天然气	GB 11340－2005，GB 18285－2005 GB 17691－2005 国Ⅴ	6715	2115	—	3300	7700	2500	0	0	0	0	0	0	0	0	0	0	0	0		1	0	0		
			EQ6690KS5N	—	天然气	GB 11340－2005，GB 18285－2005 GB 17691－2005 国Ⅴ	6890	2092	—	3800	9000	2860	0	0	0	0	0	0	0	0	0	0	0	0		2	0	0		
			EQ6720KC5N	—	天然气	GB 11340－2005，GB 18285－2005 GB 17691－2005 国Ⅴ	7150	2265	—	3300	8600	3000	0	0	0	0	0	0	0	0	0	0	0	0		22	0	12		
			EQ6870KS5N	—	天然气	GB 11340－2005，GB 18285－2005 GB 17691－2005 国Ⅴ	8660	2340	—	4700	11400	3600	0	0	0	0	0	0	0	0	0	0	0	0		3	0	0		
			EQ6881RC5N	—	天然气	GB 11340－2005，GB 18285－2005 GB 17691－2005 国Ⅴ	8800	2350	—	4500	13700	3800	0	0	0	0	0	0	0	0	0	0	0	0		0	0	1		

续表

企业名称	车辆品牌	车辆名称	车辆型号	底盘型号	燃料种类	排放标准	外形尺寸(mm) 长	宽	高	轴距(mm)	总质量(kg)	整备质量(kg)	2014年 1月	2月	3月	4月	5月	6月	7月	8月	9月	10月	11月	12月	小计(辆)	2015年 1月	2月	3月	小计(辆)	合计(辆)
南京金龙客车制造有限公司	东宇牌	城市客车	NJL6109GN5	CCA6100N5	天然气	GB 17691－2005 国Ⅴ, GB 11340－2005 GB 18285－2005	10480	2500	3160	5100	15500	10500	0	0	0	0	100	0	0	0	0	0	0	0	225	0	0	0	5	230
			NJL6608GFN5	HFC6570NY1V	天然气	GB 17691－2005 国Ⅴ, GB 11340－2005 GB 18285－2005	5995	2270	2910	3308	6500	4400	0	0	0	0	32	0	0	32	0	0	0	0		0	0	0		
			NJL6769GN5	CCA6730N5	天然气	GB 17691－2005 国Ⅴ, GB 11340－2005 GB 18285－2005	7590	2340	2800	3500	9700	6750	0	0	0	0	0	6	0	0	0	0	0	0		0	0	5		
			NJL6859GN5	CCA6820N5	天然气	GB 17691－2005 国Ⅴ, GB 11340－2005 GB 18285－2005	8490	2460	3120	4050	12200	8200	0	0	0	0	0	10	10	0	20	0	0	0		0	0	0		
		客车	NJL6608YFN5	HFC6570NY1V	天然气	GB 17691－2005 国Ⅴ, GB 11340－2005 GB 18285－2005	5995	2270	2750	3308	5900	4250	0	0	0	0	0	3	0	1	0	0	0	0		0	0	0		
			NJL6808YN5	ZJZ6800RN5	天然气	GB 17691－2005 国Ⅴ, GB 11340－2005 GB 18285－2005	7995	2480	3420	3800	11000	8260	0	0	0	0	0	0	0	4	0	0	0	0		0	0	0		
			NJL6878YN5	CCA6840N5	天然气	GB 17691－2005 国Ⅴ, GB 11340－2005 GB 18285－2005	8745	2480	3330	4200	11500	8400	0	0	0	0	0	1	0	6	0	0	0	0		0	0	0		
安徽江淮汽车股份有限公司	江淮牌	客车底盘	HFC6100NY1V	—	天然气	GB 11340－2005, GB 18285－2005 GB 17691－2005 国Ⅴ	10050	2400	—	5000	16500	4750	0	0	0	0	0	0	0	0	0	0	0	0	0	56	0	0	213	213
			HFC6490NY1V	—	天然气	GB 17691－2005 国Ⅴ, GB 18285－2005 GB 11340－2005	4900	1895	—	3450	5300	1700	0	0	0	0	0	0	0	0	0	0	0	0		0	0	1		
			HFC6570NY1F	—	天然气	GB 11340－2005, GB 18285－2005 GB 17691－2005 国Ⅳ	5653	1965	—	3308	6500	2000	0	0	0	0	0	0	0	0	0	0	0	0		0	0	1		
			HFC6570NY1V	—	天然气	GB 11340－2005, GB 18285－2005 GB 17691－2005 国Ⅴ	5653	2040	—	3308	7000	2000	0	0	0	0	0	0	0	0	0	0	0	0		28	0	0		
					天然气	GB 11340－2005, GB 18285－2005 GB 17691－2005 国Ⅴ	5653	2040	—	3308	7000	2000	0	0	0	0	0	0	0	0	0	0	0	0		24	0	2		
			HFC6570NY2V	—	天然气	GB 11340－2005, GB 18285－2005 GB 17691－2005 国Ⅴ	5653	2040	—	3308	4990	2000	0	0	0	0	0	0	0	0	0	0	0	0		2	0	0		
			HFC6640NY1V	—	天然气	GB 11340－2005, GB 18285－2005 GB 17691－2005 国Ⅴ	6390	2069	—	3300	7450	2150	0	0	0	0	0	0	0	0	0	0	0	0		0	0	1		
					天然气	GB 11340－2005, GB 18285－2005 GB 17691－2005 国Ⅴ	6390	2069	—	3300	7450	2150	0	0	0	0	0	0	0	0	0	0	0	0		0	0	1		
			HFC6685NY1V	—	天然气	GB 11340－2005, GB 18285－2005 GB 17691－2005 国Ⅴ	6760	1994	—	3800	7500	2500	0	0	0	0	0	0	0	0	0	0	0	0		2	0	0		
			HFC6710NY1V	—	天然气	GB 11340－2005, GB 18285－2005 GB 17691－2005 国Ⅴ	7055	2165	—	3800	8500	2910	0	0	0	0	0	0	0	0	0	0	0	0		5	0	16		
			HFC6730NY1F	—	天然气	GB 11340－2005, GB 18285－2005 GB 17691－2005 国Ⅳ	7260	2165	—	3500	9700	2530	0	0	0	0	0	0	0	0	0	0	0	0		3	0	0		

续表

企业名称	车辆品牌	车辆名称	车辆型号	底盘型号	燃料种类	排放标准	外形尺寸(mm) 长	宽	高	轴距(mm)	总质量(kg)	整备质量(kg)	2014年 1月	2月	3月	4月	5月	6月	7月	8月	9月	10月	11月	12月	小计(辆)	2015年 1月	2月	3月	小计(辆)	合计(辆)
同上	同上	同上	HFC6730NY1F	—	天然气	GB 11340－2005，GB 18285－2005 GB 17691－2005 国Ⅴ	7320	2165	—	3600	10500	2530	0	0	0	0	0	0	0	0	0	0	0	0		0	55	6		
同上	同上	同上	HFC6782NY1V	—	天然气	GB 11340－2005，GB 18285－2005 GB 17691－2005 国Ⅴ	7760	2165	—	3800	10500	3300	0	0	0	0	0	0	0	0	0	0	0	0		0	9	0		
同上	同上	同上	HFC6820NY1F	—	天然气	GB 11340－2005，GB 18285－2005 GB 17691－2005 国Ⅳ	8290	2319	—	4000	11200	3920	0	0	0	0	0	0	0	0	0	0	0	0		1	0	0		
佛山市飞驰汽车制造有限公司	飞驰牌	城市客车	FSQ6112DNG	EQ6101HN5AC1	天然气	GB 11340－2005，GB 18285－2005 GB 17691－2005 国Ⅴ	10600	2490	3320	5000	16500	10800	0	0	0	0	0	0	20	0	0	0	0	0		0	0	0		
佛山市飞驰汽车制造有限公司	飞驰牌	城市客车	FSQ6852DNG	EQ6820HN5AC	天然气	GB 11340－2005，GB 18285－2005 GB 17691－2005 国Ⅴ	8500	2380	3080	3900	12000	8180	0	0	0	0	0	0	0	0	0	0	0	0		0	72	0		
佛山市飞驰汽车制造有限公司	飞驰牌	城市客车	FSQ6852JNG	HFC6832NY1V	天然气	GB 11340－2005，GB 18285－2005 GB 17691－2005 国Ⅴ	8500	2380	3080	3900	12000	8180	0	0	17	0	0	68	0	0	0	0	0	0	134	0	0	0	79	213
佛山市飞驰汽车制造有限公司	飞驰牌	客车	FSQ6106DN	EQ6100RN5AC	天然气	GB 11340－2005，GB 18285－2005 GB 17691－2005 国Ⅴ	10500	2490	3600	5300	14500	10800	0	0	0	0	0	0	0	0	0	1	0	0		0	3	0		
佛山市飞驰汽车制造有限公司	飞驰牌	客车	FSQ6980DN	EQ6950RN5AC	天然气	GB 11340－2005，GB 18285－2005 GB 17691－2005 国Ⅴ	9845	2490	3570	4700	14000	10450	6	0	8	0	7	0	5	0	0	0	0	2		4	0	0		
湖南南车时代电动汽车股份有限公司	南车时代牌	城市客车	TEG6106NG06	DD6100G09N	天然气	GB 11340－2005，GB 18285－2005 GB 17691－2005 国Ⅴ	10490	2490	3480	5000	16500	11200	50	0	0	0	0	0	0	0	0	0	0	0		0	0	0		
湖南南车时代电动汽车股份有限公司	南车时代牌	城市客车	TEG6109NG02	HFC6100NY1F	天然气	GB 11340－2005，GB 18285－2005 GB 17691－2005 国Ⅳ	10490	2490	3410	5000	16000	11200	0	0	30	0	0	0	0	0	0	0	0	0		0	0	0		
湖南南车时代电动汽车股份有限公司	南车时代牌	城市客车	TEG6129NG	DD6129B32N	天然气	GB 17691－2005 国Ⅴ，GB 11340－2005 GB 18285－2005	11980	2540	3480	6000	18000	13100	0	0	15	0	0	0	0	0	0	0	0	0	212	0	0	0	0	212
湖南南车时代电动汽车股份有限公司	南车时代牌	城市客车	TEG6129NG	DD6129B32N	天然气	GB 17691－2005 国Ⅴ，GB 11340－2005 GB 18285－2005	11980	2540	3480	6000	18000	13100	0	0	0	0	0	0	0	35	72	0	0	0		0	0	0		
湖南南车时代电动汽车股份有限公司	南车时代牌	城市客车	TEG6932NG	HFC6880NY1V	天然气	GB 11340－2005，GB 18285－2005 GB 17691－2005 国Ⅴ	9300	2482	3180	4400	13500	9500	10	0	0	0	0	0	0	0	0	0	0	0		0	0	0		
烟台舒驰客车有限责任公司	舒驰牌	城市客车	YTK6110GET	ND6110WDT5	天然气	GB 17691－2005 国Ⅳ，GB 11340－2005 GB 18285－2005	10730	2500	3330	5000	15000	10500	0	0	0	0	0	0	17	0	0	0	0	0		0	0	10		
烟台舒驰客车有限责任公司	舒驰牌	城市客车	YTK6605GN	EQ6570KS5N	天然气	GB 11340－2005，GB 18285－2005 GB 17691－2005 国Ⅴ	5995	2240	2830	3300	5700	4000	0	0	0	0	0	10	0	0	0	0	0	0		0	30	0		
烟台舒驰客车有限责任公司	舒驰牌	城市客车	YTK6660GN	EQ6570KS5N	天然气	GB 11340－2005，GB 18285－2005 GB 17691－2005 国Ⅴ	6600	2240	2830	3300	6950	4450	0	0	0	0	0	0	0	14	0	0	2	0	151	10	0	0	56	207
烟台舒驰客车有限责任公司	舒驰牌	城市客车	YTK6720GN	HFC6640NY1F	天然气	GB 11340－2005，GB 18285－2005 GB 17691－2005 国Ⅳ	7160	2260	2900	3300	7200	4700	0	0	0	0	6	4	0	2	0	0	1	0		0	0	0		
烟台舒驰客车有限责任公司	舒驰牌	城市客车	YTK6803G2	ND6770WDT0	天然气	GB 17691－2005 国Ⅳ，GB 11340－2005 GB 18285－2005	8050	2400	3070	3800	10500	7100	0	0	25	0	0	0	0	0	8	0	0	0		0	0	0		

续表

企业名称	车辆品牌	车辆名称	车辆型号	底盘型号	燃料种类	排放标准	外形尺寸(mm) 长	外形尺寸(mm) 宽	外形尺寸(mm) 高	轴距(mm)	总质量(kg)	整备质量(kg)	2014年 1月	2014年 2月	2014年 3月	2014年 4月	2014年 5月	2014年 6月	2014年 7月	2014年 8月	2014年 9月	2014年 10月	2014年 11月	2014年 12月	2014年 小计(辆)	2015年 1月	2015年 2月	2015年 3月	2015年 小计(辆)	合计(辆)
同上	同上	同上	YTK6961G2	ND6940WDT1	天然气	GB 17691－2005 国Ⅳ，GB 11340－2005 GB 18285－2005	9600	2440	3140	4500	12450	8050	0	0	0	0	0	0	0	0	0	0	0	1		0	0	0		
		客车	YTK6118HET	ND6110WDT4	天然气	GB 17691－2005 国Ⅳ，GB 11340－2005 GB 18285－2005	10980	2490	3540	5300	14950	10800	0	0	1	4	2	0	0	0	1	0	0	0		2	0	0		
			YTK6605N	EQ6570KS5N	天然气	GB 11340－2005，GB 18285－2005 GB 17691－2005 国Ⅴ	5995	2240	2830	3300	5700	4000	4	0	4	1	0	0	0	0	6	0	0	0		3	0	0		
			YTK6660N	EQ6570KS4N	天然气	GB 11340－2005，GB 18285－2005 GB 17691－2005 国Ⅳ	6600	2240	2830	3300	6700	4450	0	0	0	0	0	1	0	0	0	0	0	0		0	0	0		
			YTK6661N	EQ6570KS5N	天然气	GB 11340－2005，GB 18285－2005 GB 17691－2005 国Ⅴ	6600	2240	2830	3300	6700	4450	0	0	0	3	0	0	0	0	0	0	0	0		0	0	0		
			YTK6750N	EQ6690KS4N	天然气	GB 11340－2005，GB 18285－2005 GB 17691－2005 国Ⅳ	7490	2240	3070	3800	7380	4880	0	0	0	0	3	0	0	0	0	0	1	0		0	0	0		
			YTK6800HET	HFC6782NY2F	天然气	GB 17691－2005 国Ⅳ，GB 11340－2005 GB 18285－2005	8040	2410	3270	3800	10280	7700	8	0	1	0	1	0	0	0	0	0	0	3		0	0	0		
			YTK6840HET	HFC6820NY1F	天然气	GB 11340－2005，GB 18285－2005 GB 17691－2005 国Ⅳ	8450	2410	3280	4000	11200	8300	2	1	0	0	0	0	0	5	1	0	0	0		1	0	0		
			YTK6891HET	ND6851WDT0	天然气	GB 17691－2005 国Ⅳ，GB 11340－2005 GB 18285－2005	8890	2410	3280	4200	11950	8914	3	0	0	1	1	0	0	0	0	1	0	1		0	0	0		
		幼儿专用校车	YTK6580X	HFC6540KYXF	天然气	GB 17691－2005 国Ⅳ，GB 3847－2005	5840	2080	2560	3300	4300	3350	0	0	1	0	0	0	0	0	0	0	0	0		0	0	0		
中国重型汽车集团有限公司	豪沃牌	客车底盘	ZZ6127GM1EN	—	天然气	GB 17691－2005 国Ⅴ，GB 11340－2005 GB 18285－2005	11585	2480	—	6000	18000	5500	0	0	0	0	0	0	0	0	0	0	0	0	0	0	10	190	200	200
广州汽车集团客车有限公司	广汽牌	城市客车	GZ6111SN	承载式车身	天然气	GB 17691－2005（国Ⅴ），GB 18285－2005 GB 11340－2005	11490	2540	3300	5600	17300	12200	0	62	0	0	0	0	0	80	0	0	0	0	200	0	0	0	0	200
			GZ6111SN1	承载式车身	天然气	GB 17691－2005（国Ⅴ） GB 18285－2005，GB 11340－2005	11490	2540	3310	5600	17300	11800	0	0	0	0	0	0	0	0	35	0	0	0		0	0	0		
			GZ6101SN1	承载式车身	天然气	GB 17691－2005（国Ⅴ） GB 18285－2005，GB 11340－2005	10460	2500	3310	5000	16500	11000	0	0	0	0	0	0	0	0	0	0	23	0		0	0	0		
重庆五洲龙新能源汽车有限公司	五洲龙牌	城市客车	WZL6102NG5	NJ6102YBC2	天然气	GB 17691－2005 国Ⅴ，GB 11340－2005 GB 18285－2005	10490	2500	3380	5000	15000	9900	0	0	0	0	0	0	0	17	33	0	0	0	171	0	0	0	3	174
			WZL6731NGT4	EQ6680KTN40	天然气	GB 17691－2005 国Ⅳ，GB 11340－2005 GB 18285－2005	7340	2380	3050	3300	9000	6300	0	0	0	0	0	0	5	2	0	0	0	0		0	0	0		
			WZL6848NGT4	EQ6780TN4AC	天然气	GB 11340－2005，GB 18285－2005 GB 17691－2005 国Ⅳ	8430	2380	3150	4000	11200	6300	14	0	0	9	8	16	0	0	5	5	0	7		0	3	0		

续表

企业名称	车辆品牌	车辆名称	车辆型号	底盘型号	燃料种类	排放标准	外形尺寸(mm) 长	宽	高	轴距(mm)	总质量(kg)	整备质量(kg)	2014年 1月	2月	3月	4月	5月	6月	7月	8月	9月	10月	11月	12月	小计(辆)	2015年 1月	2月	3月	小计(辆)	合计(辆)
同上	同上	同上	WZL6848NGT5	EQ6800TN5AC1	天然气	GB 11340－2005，GB 18285－2005 GB 17691－2005 国Ⅴ	8430	2380	3150	4000	10900	7100	0	0	0	0	0	0	0	0	4	0	4	0		0	0	0		
			WZL6870NG5	EQ6820HN5AC	天然气	GB 11340－2005，GB 18285－2005 GB 17691－2005 国Ⅴ	8740	2480	3350	4000	12500	8000	0	0	0	0	0	0	0	10	0	0	0	0		0	0	0		
		客车	WZL6750NAT5	EQ6690KN5AC	天然气	GB 11340－2005，GB 18285－2005 GB 17691－2005 国Ⅴ	7495	2340	3130	3800	8500	5250	0	0	0	0	0	0	0	2	13	0	16	1		0	0	0		
山东齐鲁汽车制造有限公司	齐鲁牌	城市客车	BWC6605GAN	EQ6570KN5AC1	天然气	GB 11340－2005，GB 18285－2005 GB 17691－2005 国Ⅴ	5998	2280	2880	3300	6600	4450	0	0	0	0	0	3	0	5	0	0	1	0	106	0	0	0	64	170
			BWC6665GAN	EQ6570KN5AC1	天然气	GB 11340－2005，GB 18285－2005 GB 17691－2005 国Ⅴ	6595	2280	2880	3300	7000	4430	4	0	0	0	0	4	0	0	0	0	0	0		0	0	0		
			BWC6735GAN	EQ6693TN5AC	天然气	GB 11340－2005，GB 18285－2005 GB 17691－2005 国Ⅴ	7325	2350	3120	3300	9000	5685	0	0	0	10	5	1	1	2	0	2	6	1		13	32	14		
			BWC6735GH	HFC6640NY1F	天然气	GB 11340－2005，GB 18285－2005 GB 17691－2005 国Ⅳ	7325	2350	2920	3300	7450	4850	9	0	0	0	0	0	0	0	0	0	0	0		0	0	0		
			BWC6735GH	HFC6640NY1F	天然气	GB 11340－2005，GB 18285－2005 GB 17691－2005 国Ⅳ	7325	2350	2920	3300	7450	4850	0	1	0	0	0	0	0	0	0	0	0	0		0	0	0		
					天然气	GB 11340－2005，GB 18285－2005 GB 17691－2005 国Ⅳ	7325	2350	2920	3300	7450	4850	0	0	6	1	0	4	0	4	10	0	0	12		0	0	0		
			BWC6735GHN	HFC6640NY1V	天然气	GB 11340－2005，GB 18285－2005 GB 17691－2005 国Ⅴ	7325	2350	3170	3300	7450	5000	0	0	0	0	0	0	0	0	0	0	0	0		0	0	1		
		客车	BWC6605KAN	EQ6570KN5AC1	天然气	GB 11340－2005，GB 18285－2005 GB 17691－2005 国Ⅴ	5998	2280	2880	3300	6000	4450	3	0	0	0	0	7	0	2	0	0	0	1		0	0	0		
			BWC6665KAN	EQ6570KN5AC1	天然气	GB 11340－2005，GB 18285－2005 GB 17691－2005 国Ⅴ	6595	2280	2880	3300	7000	4750	0	0	0	0	0	1	0	0	0	0	0	0		4	0	0		
中车集团西安骊山汽车制造厂	骊山牌	城市客车	LS6670GN4	EQ6570KN4AC1	天然气	GB 11340－2005，GB 18285－2005 GB 17691－2005 国Ⅳ	6660	2240	2760	3300	6600	4300	0	1	8	0	0	0	0	0	1	0	0	0	125	0	0	0	44	169
					天然气	GB 11340－2005，GB 18285－2005 GB 17691－2005 国Ⅳ	6660	2240	2760	3300	6600	4300	0	1	0	0	0	0	0	0	0	0	0	0		0	0	0		
			LS6729GN4	HFC6640NY1F	天然气	GB 11340－2005，GB 18285－2005 GB 17691－2005 国Ⅳ	7220	2240	2830	3300	7450	4600	0	0	0	0	3	0	0	0	0	0	0	0		0	0	0		
			LS6740GN5	EQ6693TN5AC	天然气	GB 11340－2005，GB 18285－2005 GB 17691－2005 国Ⅴ	7360	2360	2950	3300	9000	5300	4	0	0	0	2	0	0	0	0	0	0	0		2	0	0		
					天然气	GB 11340－2005，GB 18285－2005 GB 17691－2005 国Ⅴ	7360	2360	2950	3300	9000	5300	0	0	0	0	0	0	0	0	2	0	2	0		0	0	0		
			LS6850GN5	EQ6800TN5AC1	天然气	GB 11340－2005，GB 18285－2005 GB 17691－2005 国Ⅴ	8545	2420	3140	4000	10900	6500	0	0	0	0	0	0	2	0	0	0	0	1		0	0	0		

续表

企业名称	车辆品牌	车辆名称	车辆型号	底盘型号	燃料种类	排放标准	外形尺寸(mm) 长	宽	高	轴距(mm)	总质量(kg)	整备质量(kg)	2014年 1月	2月	3月	4月	5月	6月	7月	8月	9月	10月	11月	12月	小计(辆)	2015年 1月	2月	3月	小计(辆)	合计(辆)
同上	同上	客车	LS6600N4	EQ6570KN4AC1	天然气	GB 11340－2005，GB 18285－2005 GB 17691－2005 国Ⅳ	5995	2240	3000	3300	5900	4200	0	1	2	0	0	1	1	0	0	0	0	0		0	0	0		
				EQ6570KN4AC1	天然气	GB 11340－2005，GB 18285－2005 GB 17691－2005 国Ⅳ	5995	2240	2760	3300	5900	4200	0	0	0	3	0	0	0	0	0	0	0	0		0	0	0		
			LS6600N5	EQ6570KN5AC1	天然气	GB 11340－2005，GB 18285－2005 GB 17691－2005 国Ⅴ	5995	2240	2760	3300	5900	4200	0	0	0	0	7	33	0	1	1	0	0	0		0	0	0		
			LS6601N4	EQ6570KN4AC2	天然气	GB 11340－2005，GB 18285－2005 GB 17691－2005 国Ⅳ	5995	2240	3000	3300	5900	4200	2	0	14	1	0	0	1	2	0	0	0	1		42	0	0		
			LS6671N5	EQ6570KN5AC1	天然气	GB 11340－2005，GB 18285－2005 GB 17691－2005 国Ⅴ	6660	2240	2880	3300	6600	4400	0	0	0	0	0	0	5	0	2	0	0	0		0	0	0		
			LS6728N5	EQ6650KN5AC	天然气	GB 11340－2005，GB 18285－2005 GB 17691－2005 国Ⅴ	7220	2240	2880	3650	7200	4600	0	0	0	0	1	4	0	0	1	3	0	0		0	0	0		
			LS6761N4	EQ6690KN4AC	天然气	GB 11340－2005，GB 18285－2005 GB 17691－2005 国Ⅳ	7590	2380	3160	3900	8500	5580	4	0	1	2	0	1	2	1	0	0	0	0		0	0	0		
江西凯马百路佳客车有限公司	江西牌	城市客车	JXK6113BA5N	HQG6110R5N	天然气	GB 11340－2005，GB 18285－2005 GB 17691－2005 国Ⅴ	11280	2495	3450	5400	16500	11950	0	0	24	0	0	0	0	0	0	0	0	0	159	0	0	0	0	159
			JXK6113BL5N	HQG6110R5N	天然气	GB 3847－2005，GB 17691－2005 国Ⅴ	11280	2495	3450	5400	16500	11950	0	1	27	0	72	0	0	0	0	0	0	0		0	0	0		
					天然气	GB 3847－2005，GB 17691－2005 国Ⅴ	11280	2495	3450	5400	16500	11950	0	0	0	0	10	0	0	0	0	0	0	0		0	0	0		
			JXK6111CS53N	HQG6102R5N	天然气	GB 11340－2005，GB 18285－2005 GB 17691－2005 国Ⅴ	10990	2500	3600	5550	16500	12360	0	0	0	0	0	0	0	0	0	0	0	25		0	0	0		
湖北大力专用汽车制造有限公司	大力牌	城市客车	DLQ6660EJN5	EQ6570KN5AC1	天然气	GB 11340－2005，GB 18285－2005 GB 17691－2005 国Ⅴ	6600	2280	2800	3300	7000	4250	0	0	1	0	0	0	0	0	0	0	0	0	132	10	0	0	12	144
					天然气	GB 11340－2005，GB 18285－2005 GB 17691－2005 国Ⅴ	6600	2280	2800	3300	7000	4250	0	0	0	9	0	0	12	0	0	0	0	0		1	0	0		
			DLQ6720EJN5	EQ6693TN5AC	天然气	GB 11340－2005，GB 18285－2005 GB 17691－2005 国Ⅴ	7200	2300	2900	3300	7700	4830	8	8	0	0	0	0	0	0	0	0	0	0		1	0	0		
					天然气	GB 11340－2005，GB 18285－2005 GB 17691－2005 国Ⅴ	7200	2300	3100	3300	7700	5010	0	0	0	6	0	0	0	78	0	0	0	0		0	0	0		
		客车	DLQ6600EAN5	EQ6570KN5AC1	天然气	GB 11340－2005，GB 18285－2005 GB 17691－2005 国Ⅴ	5990	2300	2750	3300	6050	3770	0	0	0	3	0	0	0	0	0	0	0	0		0	0	0		
			DLQ6600EAN5	EQ6570KN5AC1	天然气	GB 11340－2005，GB 18285－2005 GB 17691－2005 国Ⅴ	5990	2300	2750	3300	6050	3770	0	0	0	0	3	0	0	0	2	2	0	0		0	0	0		

续表

企业名称	车辆品牌	车辆名称	车辆型号	底盘型号	燃料种类	排放标准	外形尺寸(mm)			轴距(mm)	总质量(kg)	整备质量(kg)	2014年													2015年				合计(辆)
							长	宽	高				1月	2月	3月	4月	5月	6月	7月	8月	9月	10月	11月	12月	小计(辆)	1月	2月	3月	小计(辆)	
四川汽车工业股份有限公司	野马牌	城市客车	SQJ6781B1N5	EQ6733TN5AC	天然气	GB 11340－2005，GB 18285－2005 GB 17691－2005 国Ⅴ	7760	2340	3150	3650	9000	6050	0	0	19	20	0	0	0	3	0	14	0	16	107	8	0	0	14	121
			SQJ6861B1N5	EQ6800TN5AC	天然气	GB 11340－2005，GB 18285－2005 GB 17691－2005 国Ⅴ	8650	2400	3200	4000	10500	7100	0	0	0	0	0	2	0	0	0	0	0	0		0	0	0		
		客车	SQJ6660B1N5	EQ6570KN5AC1	天然气	GB 11340－2005，GB 18285－2005 GB 17691－2005 国Ⅴ	6640	2300	3030	3300	7000	5050	0	0	2	0	0	0	0	1	0	0	0	0		0	0	0		
			SQJ6760B1N5	EQ6690KN5AC	天然气	GB 11340－2005，GB 18285－2005 GB 17691－2005 国Ⅴ	7630	2340	2980	3800	8500	5930	0	0	3	3	0	3	3	2	0	0	0	0		1	0	0		
			SQJ6800B1N5	EQ6780TGN5AC	天然气	GB 11340－2005，GB 18285－2005 GB 17691－2005 国Ⅴ	7990	2380	3300	3800	9800	7100	0	0	0	0	0	7	3	0	1	1	0	4		5	0	0		
桂林大宇客车有限公司	桂林大宇牌	城市客车	GDW6106HGNE1	GL6100DNGR2	天然气	GB 17691－2005 国Ⅴ，GB 11340－2005 GB 18285－2005	10500	2500	3250	5100	16500	10600	0	0	0	0	0	50	0	0	0	0	0	0	91	0	0	0	21	112
			GDW6901HGNE1	GL6880DNGR4	天然气	GB 17691－2005 国Ⅴ，GB 11340－2005 GB 18285－2005	8990	2400	3350	4200	13000	8750	0	0	0	0	0	0	0	0	0	0	0	0		20	0	0		
		客车	GDW6117HKND1	GL6110DNGR1	天然气	GB 17691－2005 国Ⅳ，GB 11340－2005 GB 18285－2005	10990	2500	3560	5600	15500	11450	0	0	1	0	0	6	0	0	1	0	3	0		0	0	0		
			GDW6117HKNE1	GL6110DNGR2	天然气	GB 17691－2005 国Ⅴ，GB 11340－2005 GB 18285－2005	10990	2500	3560	5600	15600	11450	6	0	0	0	8	3	1	2	0	0	0	0		0	0	0		
			GDW6900HKND1	GL6880DNGR2	天然气	GB 17691－2005 国Ⅳ，GB 11340－2005 GB 18285－2005	8990	2475	3375	4300	11900	8800	0	0	0	2	0	3	1	0	0	2	0	0		0	0	0		
			GDW6900HKNE1	GL6880DNGR3	天然气	GB 17691－2005 国Ⅴ，GB 11340－2005 GB 18285－2005	8990	2475	3375	4300	12100	9050	0	0	0	0	0	0	0	0	0	1	0	1		0	1	0		
沈阳五洲龙新能源汽车有限公司	五洲龙牌	城市客车	SWM6110NG	EQ6110HN5AC	天然气	GB 11340－2005，GB 18285－2005 GB 17691－2005 国Ⅴ	11470	2500	3080	5800	16500	10500	10	0	0	0	50	0	0	0	0	0	0	40	100	0	0	0	0	100
常州黄海汽车有限公司	黄海牌	城市客车	DD6761G01N	DD6751DG01N	天然气	GB 17691－2005 国Ⅴ GB 11340－2005	7640	2400	3285	4800	11200	7300	0	0	30	40	0	0	0	0	0	0	0	0	89	0	0	0	0	89
			DD6850G04	DD6820DG04	天然气	GB 11340－2005，GB 18285－2005 GB 17691－2005 国Ⅳ	8540	2430	3180	4000	12200	8500	0	0	0	0	19	0	0	0	0	0	0	0		0	0	0		
陕西汽车集团有限责任公司	陕汽牌	城市客车	SX6111GFFN	SX6104GF81FT	天然气	GB 11340－2005，GB 18285－2005 GB 17691－2005 国Ⅳ	10600	2500	3050	5000	14500	9600	0	0	0	20	0	0	0	0	0	0	0	0	75	0	0	0	9	84
			SX6120GKN	SX6125GK81T	天然气	GB 11340－2005，GB 18285－2005 GB 17691－2005 国Ⅴ	12000	2550	3000	6100	18000	11600	0	0	0	0	0	0	0	0	1	0	0	0		0	0	0		
			SX6602GDFN	SX6574GD81FT01	天然气	GB 11340－2005，GB 18285－2005 GB 17691－2005 国Ⅳ	5995	2270	2755	3000	6600	4660	0	0	0	0	0	0	0	0	0	30	0	0		0	0	0		

续表

企业名称	车辆品牌	车辆名称	车辆型号	底盘型号	燃料种类	排放标准	外形尺寸(mm) 长	宽	高	轴距(mm)	总质量(kg)	整备质量(kg)	2014年 1月	2月	3月	4月	5月	6月	7月	8月	9月	10月	11月	12月	小计(辆)	2015年 1月	2月	3月	小计(辆)	合计(辆)
同上	同上	同上	SX6770GEFN	SX6744GE81FT	天然气	GB 11340－2005，GB 18285－2005 GB 17691－2005 国Ⅳ	7680	2350	3000	3650	9800	6500	0	0	0	0	0	0	0	0	0	0	0	0		6	0	0		
			SX6771GEFN	SX6745GE81FT	天然气	GB 11340－2005，GB 18285－2005 GB 17691－2005 国Ⅴ	7680	2350	3000	3650	9000	6500	0	0	0	0	0	0	0	0	0	0	0	0		0	0	3		
			SX6850GFFN	SX6814GF81FT	天然气	GB 11340－2005，GB 18285－2005 GB 17691－2005 国Ⅳ	8540	2450	3000	4000	10900	6900	0	0	0	0	0	0	0	0	0	0	21	0		0	0	0		
		客车	SX6121PNS2	承载式车身	天然气	GB 11340－2005，GB 18285－2005 GB 17691－2005 国Ⅴ	12000	2550	3860	6000	18000	12300	0	0	0	0	0	0	0	0	1	1	0	0		0	0	0		
		商务车	SX5181XSW	SX6125LR93T	天然气	GB 11340－2005，GB 18285－2005 GB 17691－2005 国Ⅴ	11990	2550	3980	6000	18000	14000	0	1	0	0	0	0	0	0	0	0	0	0		0	0	0		
西虎汽车工业有限公司	西虎牌	城市客车	QAC6600NG5	HFC6570NY1V	天然气	GB 17691－2005 国Ⅴ，GB 18285－2005 GB 11340－2005	5990	2250	3050	3308	6500	4200	0	0	0	0	0	3	0	0	0	0	0	0	83	0	0	0	0	83
			QAC6100NG5－1	承载式车身	天然气	GB 17691－2005 国Ⅴ，GB 18285－2005 GB 11340－2005	10480	2500	3300	5000	16500	11200	0	0	0	0	0	0	0	80	0	0	0	0		0	0	0		
江苏登达汽车有限公司	钻石牌	城市客车	SGK6660GKN03	HFC6570NY1F	天然气	GB 11340－2005，GB 18285－2005 GB 17691－2005 国Ⅳ	6600	2260	2850	3308	6500	4300	0	0	0	0	0	0	0	0	0	0	0	12	69	0	0	0	0	69
			SGK6770GKN08	HFC6730NY2F	天然气	GB 11340－2005，GB 18285－2005 GB 17691－2005 国Ⅳ	7680	2380	3150	3500	9700	6450	0	0	0	0	0	0	0	15	38	0	0	0		0	0	0		
		轻型客车	SGK6600KN02	HFC6570NY1F	天然气	GB 11340－2005，GB 18285－2005 GB 17691－2005 国Ⅳ	5980	2260	2850	3308	6330	4700	0	0	0	0	0	0	4	0	0	0	0	0		0	0	0		
奇瑞商用车（安徽）有限公司	威麟牌	客车底盘	SQR6110N－K	—	天然气	GB 11340－2005，GB 18285－2005 GB 17691－2005 国Ⅴ	11050	2480	—	5600	18000	4800	0	0	0	0	0	0	0	0	0	0	0	0	0	0	0	46	68	68
			SQR6570N－K	—	天然气	GB 11340－2005，GB 18285－2005 GB 17691－2005 国Ⅴ	5680	2055	—	3300	6600	2400	0	0	0	0	0	0	0	0	0	0	0	0		7	0	0		
					天然气	GB 11340－2005，GB 18285－2005 GB 17691－2005 国Ⅴ	5680	2055	—	3300	6600	2400	0	0	0	0	0	0	0	0	0	0	0	0		1	0	0		
					天然气	GB 11340－2005，GB 18285－2005 GB 17691－2005 国Ⅴ	5680	2055	—	3300	6600	2400	0	0	0	0	0	0	0	0	0	0	0	0		0	0	14		
北奔重型汽车集团有限公司	北奔牌	城市客车	ND6100G	承载式车身	天然气	GB 11340－2005，GB 17691－2005 国Ⅳ GB 18285－2005	10480	2500	3125	5000	16500	10650	0	0	0	0	0	54	0	0	0	0	0	0	55	0	0	0	12	67
			ND6120G	承载式车身	天然气	GB 17691－2005 国Ⅳ，GB 11340－2005 GB 18285－2005	11980	2540	3125	6100	18000	12320	0	0	0	0	0	0	1	0	0	0	0	0		0	0	0		
		客车底盘	ND6110WDT4	—	天然气	GB 17691－2005 国Ⅳ，GB 11340－2005 GB 18285－2005	10560	2448	—	5300	16000	4700	0	0	0	0	0	0	0	0	0	0	0	0		2	0	0		
			ND6110WDT5	—	天然气	GB 17691－2005 国Ⅳ，GB 11340－2005 GB 18285－2005	10550	2406	—	5000	15000	6100	0	0	0	0	0	0	0	0	0	0	0	0		0	0	10		

续表

企业名称	车辆品牌	车辆名称	车辆型号	底盘型号	燃料种类	排放标准	外形尺寸(mm)			轴距(mm)	总质量(kg)	整备质量(kg)	2014年													2015年				合计(辆)
							长	宽	高				1月	2月	3月	4月	5月	6月	7月	8月	9月	10月	11月	12月	小计(辆)	1月	2月	3月	小计(辆)	
无锡交通汽车股份有限公司	金南牌	客车	XQX6600N5Y	HFC6570NY1V	天然气	GB 11340－2005，GB 18285－2005 GB 17691－2005 国Ⅴ	5995	2280	2960	3308	5900	4250	0	0	0	0	0	0	0	0	0	0	0	60	60	5	0	0	5	65
北京北方华德尼奥普兰客车股份有限公司	北方牌	豪华旅游客车	BFC6105TNG1	承载式车身	天然气	GB 17691－2005 国Ⅴ，GB 11340－2005 GB 18285－2005	10490	2500	3460	5050	15200	11200	0	0	0	0	0	0	0	0	0	0	0	0	42	12	1	0	20	62
			BFC6112ANG1	承载式车身	天然气	GB 17691－2005 国Ⅴ，GB 11340－2005 GB 18285－2005	10990	2500	3540	5300	15500	11650	0	0	0	0	0	0	0	1	0	0	0	0		0	0	0		
					天然气	GB 17691－2005 国Ⅴ，GB 11340－2005 GB 18285－2005	10990	2500	3540	5300	15500	11650	0	0	0	0	0	0	0	2	0	1	0	1		1	0	0		
			BFC6112ANG2	承载式车身	天然气	GB 17691－2005 国Ⅴ，GB 11340－2005 GB 18285－2005	10990	2500	3540	5300	15200	11650	0	0	0	0	0	0	0	3	3	0	0	0		0	0	0		
					天然气	GB 17691－2005 国Ⅴ，GB 11340－2005 GB 18285－2005	10990	2500	3540	5300	15200	11650	0	0	0	0	0	0	0	0	0	0	2	0		0	0	0		
			BFC6120BNG1	承载式车身	天然气	GB 17691－2005 国Ⅴ，GB 11340－2005 GB 18285－2005	12000	2500	3520	5800	17200	12800	2	0	0	0	0	0	0	0	0	0	0	0		0	0	0		
			BFC6120BNG2	承载式车身	天然气	GB 17691－2005 国Ⅴ，GB 11340－2005 GB 18285－2005	12000	2500	3520	5800	17200	12800	0	0	0	0	0	0	3	1	0	0	0	2		0	0	0		
			BFC6123NG1	承载式车身	天然气	GB 17691－2005 国Ⅴ，GB 11340－2005 GB 18285－2005	12000	2550	3650	5800	18000	13600	0	0	0	0	0	0	0	2	0	0	0	0		4	0	0		
			BFC6123NG2	承载式车身	天然气	GB 17691－2005 国Ⅴ，GB 11340－2005 GB 18285－2005	12000	2550	3650	5800	18000	13600	0	0	0	0	0	0	0	0	0	0	0	0		2	0	0		
			BFC6127ANG1	承载式车身	天然气	GB 17691－2005 国Ⅴ，GB 11340－2005 GB 18285－2005	12000	2500	3520	5800	17200	12800	0	0	0	0	0	0	0	0	1	0	0	0		0	0	0		
			BFC6127ANG2	承载式车身	天然气	GB 17691－2005 国Ⅴ，GB 11340－2005 GB 18285－2005	12000	2500	3520	5800	17200	12800	1	0	0	0	0	0	0	0	0	0	0	0		0	0	0		
			BFC6128HNG1	承载式车身	天然气	GB 17691－2005 国Ⅴ，GB 11340－2005 GB 18285－2005	12000	2550	3945	6000	18000	13390	0	0	0	0	0	4	0	2	1	3	0	0		0	0	0		
			BFC6128HNG3	承载式车身	天然气	GB 17691－2005 国Ⅴ，GB 11340－2005 GB 18285－2005	12000	2550	3945	6000	18000	13390	1	0	0	0	0	0	0	0	0	2	0	1		0	0	0		
			BFC6901NG1	承载式车身	天然气	GB 17691－2005 国Ⅴ，GB 11340－2005 GB 18285－2005	8995	2500	3440	4245	12550	9500	0	0	0	0	0	0	0	0	0	0	0	3		0	0	0		
西安西沃客车有限公司	西沃牌	客车	XW6110AL	承载式车身	天然气	GB 11340－2005，GB 18285－2005 GB 17691－2005 国Ⅴ	10820	2500	3450	5650	15500	11200	0	0	6	0	0	0	0	0	0	0	0	3	49	0	0	0	5	54
			XW6123CL1	承载式车身	天然气	GB 11340－2005，GB 18285－2005 GB 17691－2005 国Ⅴ	12000	2550	3690	6200	17700	13100	1	0	1	3	1	0	0	10	0	0	3	1		3	2	0		

续表

企业名称	车辆品牌	车辆名称	车辆型号	底盘型号	燃料种类	排放标准	外形尺寸(mm)			轴距(mm)	总质量(kg)	整备质量(kg)	2014年													2015年				合计(辆)
							长	宽	高				1月	2月	3月	4月	5月	6月	7月	8月	9月	10月	11月	12月	小计(辆)	1月	2月	3月	小计(辆)	
同上	同上	同上	XW6123CL2	承载式车身	天然气	GB 11340－2005，GB 18285－2005 GB 17691－2005 国Ⅴ	12000	2550	3690	6200	17700	13100	5	0	2	3	0	0	4	1	0	0	5	0		0	0	0		
湖北新楚风汽车股份有限公司	楚风牌	城市客车	HQG6601EN5	EQ6570KN5AC1	天然气	GB 11340－2005，GB 18285－2005 GB 17691－2005 国Ⅴ	5995	2260	3000	3300	6450	4550	0	0	0	0	0	0	0	0	2	0	0	2	45	0	0	0	9	54
					天然气	GB 11340－2005，GB 18285－2005 GB 17691－2005 国Ⅴ	5995	2260	3000	3300	6450	4550	0	0	0	0	0	0	0	0	0	0	0	1		0	0	3		
			HQG6660EN5	EQ6570KN5AC1	天然气	GB 11340－2005，GB 18285－2005 GB 17691－2005 国Ⅴ	6600	2280	2800	3300	6600	4150	0	0	0	0	0	10	0	0	2	0	0	0		0	0	0		
					天然气	GB 11340－2005，GB 18285－2005 GB 17691－2005 国Ⅴ	6600	2280	2800	3300	6600	4150	0	0	1	0	0	0	0	0	1	0	0	0		0	0	0		
			HQG6720EN4	EQ6680TN4AC	天然气	GB 11340－2005，GB 18285－2005 GB 17691－2005 国Ⅳ	7200	2300	3150	3300	7700	4700	0	0	0	1	8	0	0	0	17	0	0	0		6	0	0		
东风汽车有限公司	东风牌	城市客车	EQ6851C4N	承载式车身	天然气	GB 11340－2005，GB 18285－2005 GB 17691－2005 国Ⅳ	8540	2440	3400	4000	12500	7800	0	0	0	0	0	30	0	0	0	0	0	0	52	0	0	0	0	52
			EQ6931C5N	承载式车身	天然气	GB 11340－2005，GB 18285－2005 GB 17691－2005 国Ⅴ	9340	2440	3050	4500	13700	8715	0	0	0	0	0	0	2	0	0	0	0	0		0	0	0		
		客车	EQ6113L5N	EQ6113KR5N	天然气	GB 11340－2005，GB 18285－2005 GB 17691－2005 国Ⅴ	10800	2490	3330	5530	14500	10630	0	0	0	0	5	0	0	15	0	0	0	0		0	0	0		
福建新福达汽车工业有限公司	福达牌	城市客车	FZ6119UFN5	FZ6119U5N5	天然气	GB 17691－2005 国Ⅴ，GB 11340－2005 GB 18285－2005	11380	2550	3200	5700	17000	11780	0	0	0	0	0	0	0	0	11	0	0	0	47	0	0	0	0	47
			FZ6909UFN5	FZ6865U5N5	天然气	GB 11340－2005，GB 18285－2005 GB 17691－2005 国Ⅳ	8995	2500	3200	4250	13200	9420	0	0	0	0	0	0	0	0	36	0	0	0		0	0	0		
江苏常隆客车有限公司	常隆牌	城市客车	YS6105NG	NJ6102YBC5	天然气	GB 11340－2005，GB 18285－2005 GB 17691－2005 国Ⅴ	10490	2500	3300	5000	15700	10500	0	0	0	0	0	0	45	0	0	0	0	0	45	0	0	0	0	45
广汽日野（沈阳）汽车有限公司	广汽牌	城市客车	SFQ6110GFVG	SFQ6110GFVGD	天然气	GB 17691－2005（国Ⅴ阶段） GB 18285－2005，GB 11340－2005	11490	2540	3200	5600	16500	11000	0	43	0	0	0	0	0	0	0	0	0	0	43	0	0	0	0	43
安徽长丰扬子汽车制造有限责任公司	扬子牌	城市客车	YZK6110CNG5	NJ6102YBC1	天然气	GB 17691－2005 国Ⅴ，GB 11340－2005 GB 18285－2005	10610	2480	3250	5000	15000	8420	0	0	0	40	0	0	0	0	0	0	0	0	40	0	0	0	0	40

续表

企业名称	车辆品牌	车辆名称	车辆型号	底盘型号	燃料种类	排放标准	外形尺寸(mm)			轴距(mm)	总质量(kg)	整备质量(kg)	2014年													2015年				合计(辆)
							长	宽	高				1月	2月	3月	4月	5月	6月	7月	8月	9月	10月	11月	12月	小计(辆)	1月	2月	3月	小计(辆)	
成都安达特种车辆有限责任公司	川马牌	城市客车	CAT6850EET	EQ6780TN4AC	天然气	GB 11340－2005，GB 18285－2005 GB 17691－2005 国Ⅳ	8500	2420	3200	4000	10700	6400	1	0	0	0	0	0	0	0	0	0	0	0	27	0	0	0	10	37
			CAT6780EET	EQ6733TN4AC	天然气	GB 11340－2005，GB 18285－2005 GB 17691－2005 国Ⅳ	7760	2340	3150	3650	8400	5400	0	0	0	0	0	0	0	2	0	0	0	0		0	0	0		
		客车	CAT6600N5E	EQ6570KS5N	天然气	GB 11340－2005，GB 18285－2005 GB 17691－2005 国Ⅴ	5995	2260	2830	3300	6000	4500	0	0	0	0	0	0	0	2	0	0	0	0		2	0	0		
			CAT6661N5E	EQ6570KS5N	天然气	GB 11340－2005，GB 18285－2005 GB 17691－2005 国Ⅴ	6600	2260	2930 2830	3300	6600	4500 4400	0	0	0	0	0	0	0	2	1	6	1	9		8	0	0		
			CAT6760EET	EQ6690KN4AC	天然气	GB 11340－2005，GB 18285－2005 GB 17691－2005 国Ⅳ	7630	2300	3030	3800	8100	5550	0	0	0	0	0	0	0	1	0	0	1	0		0	0	0		
			CAT6760N5E	EQ6690KS5N	天然气	GB 11340－2005，GB 18285－2005 GB 17691－2005 国Ⅴ	7600	2360	3180	3800	8500	5900	0	0	0	0	0	0	0	0	0	1	0	0		0	0	0		
贵州贵龙客车制造有限公司	贵龙牌	城市客车	GJ6608TDN	EQ6570KN5AC1	天然气	GB 11340－2005，GB 18285－2005 GB 17691－2005 国Ⅴ	5995	2240	3070	3300	6100	4610	23	0	0	0	0	0	0	0	0	0	0	0	35	0	0	0	0	35
			GJ6740GN	EQ6693TN5AC	天然气	GB 11340－2005，GB 18285－2005 GB 17691－2005 国Ⅴ	7400	2400	3300	3300	9000	5738	6	0	0	0	0	0	1	0	0	0	0	0		0	0	0		
			GJ6740GN1	EQ6693TN5AC	天然气	GB 11340－2005，GB 18285－2005 GB 17691－2005 国Ⅴ	7400	2400	3300	3300	9000	5750	0	0	0	0	0	0	0	0	0	0	5	0		0	0	0		
桂林客车工业集团有限公司	桂林牌	客车	GL6127HKND1	承载式车身	天然气	GB 17691－2005 国Ⅳ，GB 11340－2005 GB 18285－2005	12000	2500	3700	6300	17600	13200	1	0	0	0	0	0	0	0	0	0	0	0	13	0	0	0	21	33
			GL6127HKNE1	承载式车身	天然气	GB 17691－2005 国Ⅴ，GB 11340－2005 GB 18285－2005	12000	2500	3700	6300	17650	13200	0	0	0	0	0	1	0	0	0	0	0	0		0	0	0		
			GL6128HKND1	承载式车身	天然气	GB 17691－2005 国Ⅳ，GB 11340－2005 GB 18285－2005	12000	2550	3770	6300	17600	13300	0	0	1	0	0	0	0	0	0	0	0	1		0	0	0		
					天然气	GB 17691－2005 国Ⅳ，GB 11340－2005 GB 18285－2005	12000	2550	3770	6300	17600	13300	0	0	0	0	0	0	0	0	3	0	0	0		0	0	0		
			GL6128HKNE1	承载式车身	天然气	GB 17691－2005 国Ⅴ，GB 11340－2005 GB 18285－2005	12000	2550	3770	6300	17750	13300	0	0	0	0	0	0	0	6	0	0	0	0		0	0	0		
		客车底盘	GL6880DNGR4	—	天然气	GB 17691－2005 国Ⅴ，GB 11340－2005 GB 18285－2005	8750	2380	—	4200	13000	4000	0	0	0	0	0	0	0	0	0	0	0	0		20	0	0		
			GL6880DNGR3	—	天然气	GB 17691－2005 国Ⅴ，GB 11340－2005 GB 18285－2005	8800	2340	—	4300	12100	4100	0	0	0	0	0	0	0	0	0	0	0	0		0	1	0		
华晨客车（大连）有限公司	佰斯威牌	城市客车	WK6110URN2	EQ6101HN5ACD	天然气	GB 11340－2005，GB 18285－2005 GB 17691－2005 国Ⅴ	10600	2500	3150	5000	16500	9750	0	0	0	0	0	0	0	0	0	0	0	0	0	0	0	30	30	30

续表

企业名称	车辆品牌	车辆名称	车辆型号	底盘型号	燃料种类	排放标准	外形尺寸(mm)			轴距(mm)	总质量(kg)	整备质量(kg)	2014年													2015年				合计(辆)
							长	宽	高				1月	2月	3月	4月	5月	6月	7月	8月	9月	10月	11月	12月	小计(辆)	1月	2月	3月	小计(辆)	
宁波吉江汽车制造有限责任公司	吉江牌	客车	NE6606NK01	HFC6570NY1F	天然气	GB 11340－2005，GB 18285－2005 GB 17691－2005 国Ⅳ	5995	2280	2950	3308	6050	4450	27	0	0	0	0	0	0	0	0	0	0	0	27	0	0	0	0	27
无锡华策汽车有限公司	华新牌	城市客车	HM6732CFN5X	EQ6680TN5AC	天然气	GB 11340－2005，GB 18285－2005 GB 17691－2005（国Ⅴ）	7300	2240	2900	3300	7700	4550	0	0	0	0	0	4	0	0	0	0	0	0	23	0	0	0	2	25
			HM6660CFN1	EQ6570KN4AC2	天然气	GB 11340－2005，GB 18285－2005 GB 17691－2005 国Ⅳ	6645	2240	2820	3300	6850	4440	0	0	0	0	0	0	2	0	0	0	0	0		0	0	0		
		客车	HM6600LFN2	EQ6570KN4AC2	天然气	GB 11340－2005，GB 18285－2005 GB 17691－2005 国Ⅳ	5995	2240	2820	3300	5860	4250	0	0	10	2	0	0	0	0	0	0	0	2		0	1	0		
			HM6660LFN2	EQ6570KN4AC2	天然气	GB 11340－2005，GB 18285－2005 GB 17691－2005 国Ⅳ	6645	2240	2820	3300	6600	4440	0	0	0	0	0	0	0	0	1	0	0	0		0	0	0		
			HM6730LFN2	EQ6690KN4AC	天然气	GB 11340－2005，GB 18285－2005 GB 17691－2005 国Ⅳ	7300	2240	3100	3800	7450	5100	0	0	0	0	0	0	2	0	0	0	0	0		1	0	0		
广东云山汽车有限公司	白云牌	城市客车	BY6770HNG5G	HFC6730NY1V	天然气	GB 11340－2005，GB 18285－2005 GB 17691－2005 国Ⅴ	7680	2380	3170	3500	10500	7050	0	0	0	0	0	0	0	20	0	0	0	0	20	0	0	0	0	20
湖南中联重科车桥有限公司	大汉牌	旅游客车	HNQ6122TQ		天然气	GB 11340－2005，GB 18285－2005 GB 17691－2005 国Ⅴ	12000	2500	3520	6000	18000	13000	0	0	0	0	0	1	0	0	0	0	0	0	14	0	0	0	0	14
					天然气	GB 11340－2005，GB 18285－2005 GB 17691－2005 国Ⅴ	12000	2500	3520	6000	18000	13000	0	0	0	0	0	0	0	0	0	0	4	0		0	0	0		
			HNQ6128HQ		天然气	GB 11340－2005，GB 18285－2005 GB 17691－2005 国Ⅴ	12000	2550	3945	6000	18000	13380	0	0	0	0	0	0	0	9	0	0	0	0		0	0	0		
东风云南汽车有限公司	东风牌	客车	EQ6608PN5	EQ6580PNJ5	天然气	GB 17691－2005 国Ⅴ，GB 11340－2005 GB 18285－2005	5995	2250	2780	3300	5850	4200	0	0	0	0	0	0	0	0	0	0	0	0	9	8	0	0	10	10
		城市客车	EQ6720PN5G	EQ6680PNJ5	天然气	GB 17691－2005 国Ⅴ，GB 11340－2005 GB 18285－2005	7190	2300	2900	3300	7900	5150	0	0	0	0	0	0	5	2	0	0	2	0		0	2	0		
江苏陆地方舟新能源电动汽车有限公司	陆地方舟牌	城市客车	RQ6850GNH5P0	HFC6832NY1V	天然气	GB 11340－2005，GB 18285－2005 GB 17691－2005 国Ⅴ	8490	2400	3380	3900	12000	8200	0	0	0	0	0	0	0	0	0	0	0	10	10	0	0	0	0	10
江西博能上饶客车有限公司	上饶牌	城市客车	SR6890GHN	FZ6865U5N5	天然气	GB 17691－2005 国Ⅴ，GB 11340－2005 GB 18285－2005	8990	2460	3200	4250	13200	9300	10	0	0	0	0	0	0	0	0	0	0	0	10	0	0	0	0	10

续表

企业名称	车辆品牌	车辆名称	车辆型号	底盘型号	燃料种类	排放标准	外形尺寸(mm) 长	外形尺寸(mm) 宽	外形尺寸(mm) 高	轴距(mm)	总质量(kg)	整备质量(kg)	2014年 1月	2月	3月	4月	5月	6月	7月	8月	9月	10月	11月	12月	小计(辆)	2015年 1月	2月	3月	小计(辆)	合计(辆)
长春华奥汽车制造有限公司	金华奥牌	客车底盘	CCA6730N5	—	天然气	GB 17691－2005 国Ⅴ，GB 11340－2005 GB 18285－2005	7326	2218	—	3500	10600	4900	0	0	0	0	0	0	0	0	0	0	0	0	0	0	5	0	5	5
四川思达汽车制造有限公司	川马牌	客车	CAT6661N5E	EQ6570KS5N	天然气	GB 11340－2005，GB 18285－2005 GB 17691－2005 国Ⅴ	6600	2260	2930	3300	6600	4500	0	0	0	0	0	0	0	0	0	0	0	1	4	0	0	0	0	4
			CAT6760N5E	EQ6690KS5N	天然气	GB 11340－2005，GB 18285－2005 GB 17691－2005 国Ⅴ	7600	2360	3180	3800	8500	5900	0	0	0	0	0	0	0	0	0	0	1	2		0	0	0		
武汉客车厂	华中牌	城市客车	WH6120GNG	EQ6120HN5AC	天然气	GB 11340－2005，GB 18285－2005 GB 17691－2005 国Ⅴ	11990	2550	3250	6100	18000	12200	0	0	0	0	0	0	0	0	0	0	2	0	2	0	0	0	0	2
福建新龙马汽车股份有限公司	福建牌	客车	FJ6105HN5	承载式车身	天然气	GB 17691－2005（国Ⅴ），GB 18285－2005 GB 11340－2005	10490	2500	3770	5250	15200	11000	1	0	0	0	0	0	0	0	0	0	0	0	1	0	0	0	0	1
一汽客车（无锡）有限公司	解放牌	客车	CA6111PRN82	CA6110CRN80	天然气	GB 17691－2005 国Ⅳ，GB 18285－2005 GB 11340－2005	10850	2470	3590	5450	14900	11050	0	0	0	0	0	0	0	0	1	0	0	0	1	0	0	0	0	1
四川新筑通工汽车有限公司	通工牌	城市客车	TG6661B1N4	EQ6570KS4N	天然气	GB 11340－2005，GB 18285－2005 GB 17691－2005 国Ⅳ	6580	2300	3030	3300	7000	4920	0	0	0	0	0	1	0	0	0	0	0	0	1	0	0	0	0	1
洛阳中集凌宇汽车有限公司	凌宇牌	城市客车	CLY6110HCNGC	EQ6101HN5AC1	天然气	GB 11340－2005，GB 18285－2005 GB 17691－2005 国Ⅴ	10650	2495	3410	5000	16500	10950	1	0	0	0	0	0	0	0	0	0	0	0	1	0	0	0	0	1
产量合计（辆）													4152	2119	4648	4156	4466	4556	3758	4876	3796	2743	3461	5508	48239	4126	1359	2299	7784	56023

（2）货车（重型货车、中型货车、轻型货车、微型货车、牵引汽车）、专用车（自卸汽车、运输车及其他专用车）

企业名称	车辆品牌	车辆名称	车辆型号	底盘型号	燃料种类	排放标准	外形尺寸(mm) 长	外形尺寸(mm) 宽	外形尺寸(mm) 高	轴距(mm)	总质量(kg)	整备质量(kg)	2014年 1	2	3	4	5	6	7	8	9	10	11	12	小计(辆)	2015年1—3月 1	2	3	小计(辆)	合计(辆)
陕西汽车集团有限责任公司	陕汽牌	牵引汽车	SX4180GP5N	—	天然气	GB 17691－2005 国Ⅴ，GB 11340－2005 GB 18285－2005	6080	2500	2950	3600	18000	5605	0	0	0	0	0	0	0	40	0	0	2	1	14877	0	0	0	939	15816
					天然气	GB 17691－2005 国Ⅴ，GB 11340－2005 GB 18285－2005	6430	2500	2950	3950	18000	5605	0	0	0	0	0	0	0	1	0	0	0	0		0	0	0		

续表

企业名称	车辆品牌	车辆名称	车辆型号	底盘型号	燃料种类	排放标准	外形尺寸(mm) 长	宽	高	轴距(mm)	总质量(kg)	整备质量(kg)	2014年 1	2	3	4	5	6	7	8	9	10	11	12	小计(辆)	2015年1—3月 1	2	3	小计(辆)	合计(辆)
同上	同上	同上	SX4186BM361TL	—	天然气	GB 17691 - 2005 国Ⅳ, GB 11340 - 2005 GB 18285 - 2005	6281	2490	3585	3600	18000	7350	0	0	2	0	0	0	0	1	0	0	0	2		0	0	0		
					天然气	GB 17691 - 2005 国Ⅳ, GB 11340 - 2005 GB 18285 - 2005	6281	2490	3585	3600	18000	7350	0	0	0	0	0	0	0	0	0	0	0	0		1	0	0		
			SX4186GR361TL	—	天然气	GB 17691 - 2005 国Ⅳ, GB 11340 - 2005 GB 18285 - 2005	6080	2490	3360	3600	18000	6450	0	0	0	0	0	0	0	3	5	2	0	0		0	0	1		
					天然气	GB 17691 - 2005 国Ⅳ, GB 11340 - 2005 GB 18285 - 2005	6080	2490	3560	3600	18000	6450	0	0	0	1	0	3	0	0	9	2	1	1		0	0	0		
			SX4186NN381T	—	天然气	GB 17691 - 2005 国Ⅳ, GB 11340 - 2005 GB 18285 - 2005	6450	2490	3710	3800	18000	8000	0	0	0	0	0	0	0	0	1	1	1	0		0	0	0		
			SX4186NR361TL	—	天然气	GB 17691 - 2005 国Ⅳ, GB 11340 - 2005 GB 18285 - 2005	6150	2490	3624	3600	18000	7540	0	0	0	3	0	0	1	2	0	0	0	0		0	0	0		
			SX4188GR361TL	—	天然气	GB 17691 - 2005 国Ⅴ, GB 11340 - 2005 GB 18285 - 2005	6680	2490	4000	3600	18000	6450	0	0	2	0	41	9	11	20	0	7	0	1		1	2	0		
					天然气	GB 17691 - 2005 国Ⅴ, GB 11340 - 2005 GB 18285 - 2005	6680	2490	3560	4200	18000	7300	0	0	0	3	0	7	5	13	3	10	2	6		7	1	0		
			SX4188NR361T	—	天然气	GB 17691 - 2005 国Ⅴ, GB 11340 - 2005 GB 18285 - 2005	6350	2490	3710	3800	18000	7540	2	0	0	0	1	0	0	0	0	0	0	0		0	0	0		
			SX4188NR361TL	—	天然气	GB 17691 - 2005 国Ⅴ, GB 11340 - 2005 GB 18285 - 2005	6150	2490	4000	3600	18000	7540	0	0	0	0	4	0	0	0	1	0	2	5		2	0	0		
					天然气	GB 17691 - 2005 国Ⅴ, GB 11340 - 2005 GB 18285 - 2005	6150	2490	4000	3600	18000	7540	0	0	5	3	0	37	10	42	69	0	0	0		0	1	1		
			SX4256GR279TL	—	天然气	GB 17691 - 2005 国Ⅳ, GB 11340 - 2005 GB 18285 - 2005	6885	2490	3560	1800 + 2700	25000	7500	1	0	0	1	0	13	0	0	0	0	1	0		0	0	1		
					天然气	GB 17691 - 2005 国Ⅳ, GB 11340 - 2005 GB 18285 - 2005	6885	2490	3560	1800 + 2700	25000	7500	28	65	424	168	352	507	440	600	723	738	438	89		27	7	25		
			SX4256GR384T	—	天然气	GB 17691 - 2005 国Ⅳ, GB 11340 - 2005 GB 18285 - 2005	7335	2490	3560	3775 + 1350	25000	8800	1	0	0	0	0	0	0	0	0	0	0	0		0	0	0		
					天然气	GB 17691 - 2005 国Ⅳ, GB 11340 - 2005 GB 18285 - 2005	7335	2490	3560	3775 + 1350	25000	8800	1	1	3	2	1	2	0	2	0	1	1	2		0	1	0		
					天然气	GB 17691 - 2005 国Ⅳ, GB 11340 - 2005 GB 18285 - 2005	7335	2490	3560	3775 + 1350	25000	8800	3	0	0	1	0	0	0	4	0	1	0	0		0	1	0		
			SX4256GR384TL	—	天然气	GB 17691 - 2005 国Ⅳ, GB 11340 - 2005 GB 18285 - 2005	7335	2490	3560	3775 + 1350	25000	8800	5	37	23	63	36	15	7	12	14	47	19	13		1	0	4		
					天然气	GB 17691 - 2005 国Ⅳ, GB 11340 - 2005 GB 18285 - 2005	7335	2490	3560	3775 + 1350	25000	8800	2	1	0	2	0	1	1	0	0	0	2	1		1	0	0		

续表

企业名称	车辆品牌	车辆名称	车辆型号	底盘型号	燃料种类	排放标准	外形尺寸(mm)			轴距(mm)	总质量(kg)	整备质量(kg)	2014年													2015年1—3月				合计(辆)
							长	宽	高				1	2	3	4	5	6	7	8	9	10	11	12	小计(辆)	1	2	3	小计(辆)	
同上	同上	同上	SX4256NR299TL	—	天然气	GB 17691-2005 国Ⅳ，GB 11340-2005 GB 18285-2005	6920	2490	3710	1500+2900	25000	7800	0	0	0	0	0	0	0	0	0	0	1	0		0	0	0		
					天然气	GB 17691-2005 国Ⅳ，GB 11340-2005 GB 18285-2005	6920	2490	3900	1500+2900	25000	7800	0	10	22	0	0	0	0	0	0	0	0	0		0	0	0		
					天然气	GB 17691-2005 国Ⅳ，GB 11340-2005 GB 18285-2005	6920	2490	3710	1500+2900	25000	7800	1	2	13	0	6	7	5	5	4	7	3	1		1	0	0		
			SX4256NT299TL	—	天然气	GB 17691-2005 国Ⅳ，GB 11340-2005 GB 18285-2005	6920	2490	4000	1500+2900	25000	7800	0	0	6	5	5	3	3	3	7	7	14	3		1	0	0		
			SX4256NT384T	—	天然气	GB 17691-2005 国Ⅳ，GB 11340-2005 GB 18285-2005	7500	2490	3710	3775+1400	25000	8800	0	0	0	0	0	0	0	0	0	0	0	1		0	0	0		
					天然气	GB 17691-2005 国Ⅳ，GB 11340-2005 GB 18285-2005	7500	2490	3670	3775+1400	25000	8800	2	6	11	9	16	12	9	5	5	10	5	5		5	1	6		
					天然气	GB 17691-2005 国Ⅳ，GB 11340-2005 GB 18285-2005	7475	2490	3670	3800+1350	25000	8800	6	4	55	22	53	21	25	21	14	11	19	11		3	3	5		
			SX4256NT384TL	—	天然气	GB 17691-2005 国Ⅳ，GB 11340-2005 GB 18285-2005	7475	2490	3730	3800+1350	25000	8800	1	0	9	3	13	41	5	23	4	3	35	53		2	1	3		
			SX4256NT384TLZ	—	天然气	GB 17691-2005 国Ⅳ，GB 11340-2005 GB 18285-2005	7500	2490	4000	3775+1400	25000	8800	0	0	0	0	0	0	0	0	1	0	0	0		0	0	0		
					天然气	GB 17691-2005 国Ⅳ，GB 11340-2005 GB 18285-2005	7500	2490	3730	3775+1400	25000	8800	2	12	33	25	30	19	8	4	8	70	20	5		1	0	0		
					天然气	GB 17691-2005 国Ⅳ，GB 11340-2005 GB 18285-2005	7500	2490	3710	3775+1400	25000	8800	42	117	106	86	87	80	129	111	59	67	74	19		11	1	4		
			SX4258GR279TL	—	天然气	GB 17691-2005 国Ⅴ，GB 11340-2005 GB 18285-2005	6885	2490	3560	1800+2700	25000	7500	95	52	124	166	86	236	181	364	662	616	634	209		43	26	129		
					天然气	GB 17691-2005 国Ⅴ，GB 11340-2005 GB 18285-2005	6885	2490	3560	1800+2700	25000	7500	0	0	0	0	0	0	0	0	0	0	11	1		0	1	59		
			SX4258GR279TL1	—	天然气	GB 17691-2005 国Ⅴ，GB 11340-2005 GB 18285-2005	6885	2490	3560	1800+2700	25000	5800	0	2	0	0	0	0	1	0	6	14	25	2		0	0	0		
					天然气	GB 17691-2005 国Ⅴ，GB 11340-2005 GB 18285-2005	6885	2490	3560	1800+2700	25000	5800	0	0	0	0	0	0	0	0	0	0	41	2		0	0	0		
			SX4258GR279 WHTL	—	天然气	GB 17691-2005 国Ⅴ，GB 11340-2005 GB 18285-2005	6710	2430	3600	1800+2700	25000	7500	0	0	1	0	0	0	0	0	0	0	0	0		0	0	1		
			SX4258GR384TL	—	天然气	GB 17691-2005 国Ⅴ，GB 11340-2005 GB 18285-2005	7335	2490	3270	3775+1350	25000	8800	14	15	14	18	19	22	12	24	24	6	16	6		5	1	10		
					天然气	GB 17691-2005 国Ⅴ，GB 11340-2005 GB 18285-2005	7335	2490	3560	3775+1350	25000	8800	0	0	0	10	1	1	0	0	4	4	1	3		0	0	0		

续表

企业名称	车辆品牌	车辆名称	车辆型号	底盘型号	燃料种类	排放标准	外形尺寸(mm)			轴距(mm)	总质量(kg)	整备质量(kg)	2014年													2015年1—3月				合计(辆)
							长	宽	高				1	2	3	4	5	6	7	8	9	10	11	12	小计(辆)	1	2	3	小计(辆)	
同上	同上	同上	SX4258GR384WHTL	—	天然气	GB 17691-2005 国Ⅴ, GB 11340-2005 GB 18285-2005	7335	2430	3600	3775+1350	25000	8800	0	0	1	0	0	0	0	0	0	0	0	0		0	0	1		
			SX4258NR384T	—	天然气	GB 17691-2005 国Ⅴ, GB 11340-2005 GB 18285-2005	7500	2490	4000	3775+1400	25000	8800	0	0	0	0	0	0	0	1	0	4	0	0		0	0	0		
					天然气	GB 17691-2005 国Ⅴ, GB 11340-2005 GB 18285-2005	7500	2490	3730	3775+1400	25000	8800	1	3	7	10	6	1	4	3	1	7	30	12		2	2	1		
					天然气	GB 17691-2005 国Ⅴ, GB 11340-2005 GB 18285-2005	7500	2490	3730	3775+1400	25000	9400	41	20	95	46	25	51	34	38	44	40	91	38		5	12	16		
			SX4258NT299TL	—	天然气	GB 17691-2005 国Ⅴ, GB 11340-2005 GB 18285-2005	6950	2490	3710	1500+2900	25000	7800	1	0	0	0	4	1	0	2	1	1	0	1		1	0	0		
					天然气	GB 17691-2005 国Ⅴ, GB 11340-2005 GB 18285-2005	6950	2490	3710	1500+2900	25000	7800	1	1	0	1	4	8	10	5	1	34	10	2		1	0	0		
			SX4258NT384TL	—	天然气	GB 17691-2005 国Ⅴ, GB 11340-2005 GB 18285-2005	7500	2490	4000	3775+1400	25000	9650	0	0	0	0	0	0	0	0	0	0	1	0		2	0	0		
					天然气	GB 17691-2005 国Ⅴ, GB 11340-2005 GB 18285-2005	7500	2490	3730	3775+1400	25000	8800	1	8	8	7	8	2	2	3	0	0	3	7		1	0	0		
					天然气	GB 17691-2005 国Ⅴ, GB 11340-2005 GB 18285-2005	7500	2490	3730	3775+1400	25000	8800	46	94	93	209	140	101	79	99	86	51	143	100		29	22	41		
					天然气	GB 17691-2005 国Ⅴ, GB 11340-2005 GB 18285-2005	7500	2490	3730	3775+1400	25000	8800	0	0	0	0	0	20	1	20	35	8	15	14		6	6	20		
			SX4258NT404T	—	天然气	GB 17691-2005 国Ⅴ, GB 11340-2005 GB 18285-2005	7700	2490	4000	3975+1400	25000	11000	0	0	0	21	0	5	5	4	18	3	42	5		0	1	1		
			SX4258NV384TL	—	天然气	GB 17691-2005 国Ⅴ, GB 11340-2005 GB 18285-2005	7425	2490	4000	3775+1400	25000	10700	0	0	0	0	0	0	0	0	0	0	0	0		0	0	15		
		自卸汽车	SX3160GP4N	SX3160GP4N	天然气	GB 17691-2005 国Ⅳ, GB 3847-2005 GB 18285-2005	7915	2500	3080	4550	16000	7800	1	1	4	2	5	2	0	0	0	0	0	0		0	0	0		
			SX3160GP5N	SX3160GP5N	天然气	GB 17691-2005 国Ⅴ. GB 11340-2005 GB 18285-2005	7965	2500	3080	4600	16000	7950	0	0	0	0	1	0	0	6	0	0	0	5		0	0	0		
			SX3254GP5N	SX3254GP5N	天然气	GB 17691-2005Ⅴ国. GB 11340-2005 GB 18285-2005	8580	2500	3050	1800+3450	25000	11910	0	0	0	10	0	0	0	0	0	0	0	0		0	0	0		
			SX3256DR354TL	SX3256DR354TL	天然气	GB 17691-2005 国Ⅳ, GB 11340-2005 GB 18285-2005	7750	2490	3450	3575+1400	25000	12000	0	0	0	0	0	0	1	0	0	0	0	0		0	0	0		
					天然气	GB 17691-2005 国Ⅳ, GB 11340-2005 GB 18285-2005	8150	2490	3450	3575+1400	25000	12000	0	0	0	0	0	0	0	0	0	0	0	0		0	2	0		
			SX3256DR384TL	SX3256DR384TL	天然气	GB 17691-2005 国Ⅳ, GB 11340-2005 GB 18285-2005	8329	2490	3450	3775+1400	25000	12500	0	0	0	0	0	0	0	10	0	0	0	0		0	5	0		

续表

企业名称	车辆品牌	车辆名称	车辆型号	底盘型号	燃料种类	排放标准	外形尺寸(mm)			轴距(mm)	总质量(kg)	整备质量(kg)	2014年													2015年1—3月				合计(辆)
							长	宽	高				1	2	3	4	5	6	7	8	9	10	11	12	小计(辆)	1	2	3	小计(辆)	
同上	同上	同上	SX3256DR384TL	SX3256DR384TL	天然气	GB 17691－2005 国Ⅳ，GB 11340－2005 GB 18285－2005	8329	2490	3450	3775＋1400	25000	12500	0	0	0	0	0	0	2	0	0	0	0	0		0	0	0		
					天然气	GB 17691－2005 国Ⅲ，GB 11340－2005 GB 18285－2005	8329	2490	3450	3800＋1350	25000	12500	0	0	1	0	2	0	2	3	0	0	0	0		30	3	8		
			SX3256DR404TL	SX3256DR384TL	天然气	GB 17691－2005 国Ⅳ，GB 11340－2005 GB 18285－2005	8950	2490	3450	3975＋1400	25000	12445	0	0	0	0	0	0	0	0	0	0	0	0		1	0	0		
					天然气	GB 17691－2005 国Ⅳ，GB 11340－2005 GB 18285－2005	8950	2490	3450	3975＋1400	25000	12445	0	0	4	1	0	0	0	0	0	0	0	0		0	0	0		
					天然气	GB 17691－2005 国Ⅳ，GB 11340－2005 GB 18285－2005	8950	2490	3450	3975＋1400	25000	12445	0	0	0	0	0	1	0	20	0	0	0	0		0	10	1		
			SX3256DR464TL	SX3256DR464TL	天然气	GB 17691－2005 国Ⅳ，GB 11340－2005 GB 18285－2005	9610	2490	3450	4675＋1400	25000	12400	0	0	0	0	0	3	0	1	0	4	0	0		0	1	0		
			SX3258DR384TL	SX3258DR404TL	天然气	GB 17691－2005 国Ⅴ，GB 11340－2005 GB 18285－2005	8329	2490	3450	3775＋1400	25000	12500	0	0	30	0	0	0	0	25	0	0	0	0		0	4	0		
					天然气	GB 17691－2005 国Ⅴ，GB 11340－2005 GB 18285－2005	8550	2490	3450	3775＋1400	25000	12500	0	1	3	0	0	4	0	62	0	0	0	0		0	0	1		
			SX3258DR404TL	SX3258DR404TL	天然气	GB 17691－2005 国Ⅴ，GB 11340－2005 GB 18285－2005	8750	2490	3450	3975＋1400	25000	12500	0	0	10	0	5	0	0	0	0	0	0	0		0	1			
			SX3316DR366TL	SX3316DR366TL	天然气	GB 17691－2005 国Ⅳ，GB 11340－2005 GB 18285－2005	10423	2490	3450	1800＋3575＋1400	31000	14780	0	0	6	0	0	0	0	5	0	0	0	0		0	0	0		
					天然气	GB 17691－2005 国Ⅳ，GB 11340－2005 GB 18285－2005	10423	2490	3450	1800＋3575＋1400	31000	14780	1	20	1	1	0	3	5	11	0	3	1	5		0	0	0		
			SX3316DT456TL	SX3316DT456TL	天然气	GB 17691－2005 国Ⅳ，GB 11340－2005 GB 18285－2005	11980	2490	3450	1800＋4575＋1400	31000	15300	1	0	0	0	0	0	2	0	0	0	0	0		0	0	0		
			SX3316DT456TL1	SX3316DT456TL1	天然气	GB 17691－2005 国Ⅳ，GB 11340－2005 GB 18285－2005	11230	2490	3450	1800＋4575＋1400	31000	15050	7	0	10	0	1	0	1	0	0	0	0	0		1	2	3		
					天然气	GB 17691－2005 国Ⅳ，GB 11340－2005 GB 18285－2005	11030	2490	3450	1800＋4375＋1400	31000	15050	7	12	48	132	18	28	11	112	0	0	6	28		9	0	14		
			SX3316HR326TL	SX3316HR366TL	天然气	GB 17691－2005 国Ⅳ，GB 11340－2005 GB 18285－2005	9610	2490	3450	1800＋3175＋1400	31000	14850	0	0	0	0	1	0	0	0	0	0	1	0		0	0	0		
			SX3316HR346TL	SX3316HR366TL	天然气	GB 17691－2005 国Ⅳ，GB 11340－2005 GB 18285－2005	10210	2490	3450	1800＋3375＋1400	31000	14900	0	0	0	0	1	0	0	34	0	0	0	0		0	0	2		
					天然气	GB 17691－2005 国Ⅳ，GB 11340－2005 GB 18285－2005	10210	2490	3450	1800＋3775＋1400	31000	14900	0	0	0	0	0	0	0	0	0	2	0	0		2	0	0		
			SX3316HR366TL	SX3316HR366TL	天然气	GB 17691－2005 国Ⅳ，GB 11340－2005 GB 18285－2005	10710	2490	3450	1800＋3975＋1400	31000	14950	0	0	0	0	0	50	0	12	2	0	0	1		5	1	6		

续表

企业名称	车辆品牌	车辆名称	车辆型号	底盘型号	燃料种类	排放标准	外形尺寸(mm)			轴距(mm)	总质量(kg)	整备质量(kg)	2014年													2015年1—3月				合计(辆)
							长	宽	高				1	2	3	4	5	6	7	8	9	10	11	12	小计(辆)	1	2	3	小计(辆)	
同上	同上	同上	SX3316HR366TL	SX3316HR366TL	天然气	GB 17691－2005 国Ⅳ，GB 11340－2005 GB 18285－2005	10410	2490	3450	1800＋3575＋1400	31000	14950	0	1	2	7	3	7	7	92	0	1	1	0		2	1	5		
					天然气	GB 17691－2005 国Ⅴ，GB 11340－2005 GB 18285－2005	10223	2490	3450	1800＋3575＋1400	31000	14780	0	4	0	0	0	0	2	1	0	0	0	0		0	0	0		
					天然气	GB 17691－2005 国Ⅴ，GB 11340－2005 GB 18285－2005	10423	2490	3450	1800＋3575＋1400	31000	14780	0	0	0	1	0	0	0	0	5	0	0	0		1	0	0		
			SX3316HR456T	SX3316HR456T	天然气	GB 17691－2005 国Ⅳ，GB 11340－2005 GB 18285－2005	11410	2490	3450	1800＋4575＋1400	31000	14800	0	0	1	0	0	1	0	0	0	0	0	0		0	0	0		
			SX3318DT456T	SX3318DT456T	天然气	GB 17691－2005 国Ⅴ，GB 11340－2005 GB 18285－2005	11350	2490	3450	1800＋4575＋1400	31000	15450	0	0	0	1	0	0	13	0	0	0	0	0		0	0	0		
					天然气	GB 17691－2005 国Ⅴ，GB 11340－2005 GB 18285－2005	11350	2490	3450	1800＋4575＋1400	31000	15450	0	0	45	2	0	3	0	1	0	5	0	3		1	0	0		
			SX3318DT456TL	SX3318DT456TL	天然气	GB 17691－2005 国Ⅴ，GB 11340－2005 GB 18285－2005	11980	2490	3450	1800＋4575＋1400	31000	15300	0	2	0	4	3	0	0	2	5	4	0	0		0	0	0		
			SX3318DT456TL1	SX3318DT456TL1	天然气	GB 17691－2005 国Ⅴ，GB 11340－2005 GB 18285－2005	11230	2490	3450	1800＋4575＋1400	31000	15050	3	15	22	6	1	13	6	56	0	0	0	0		0	0	0		
					天然气	GB 17691－2005 国Ⅴ，GB 11340－2005 GB 18285－2005	11030	2490	3450	1800＋4575＋1400	31000	15050	11	9	13	10	23	25	17	91	0	2	2	22		0	4	3		
			SX3318HR326TL	SX3318HR366TL	天然气	GB 17691－2005 国Ⅴ，GB 11340－2005 GB 18285－2005	9735	2490	3600	1800＋3175＋1400	31000	15050	0	0	0	0	0	0	0	2	0	0	0	0		0	0	0		
			SX3318HR346TL	SX3318HR366TL	天然气	GB 17691－2005 国Ⅴ，GB 11340－2005 GB 18285－2005	10085	2490	3600	1800＋3375＋1350	31000	15050	0	0	0	0	0	0	0	0	0	0	0	0		10	0	0		
					天然气	GB 17691－2005 国Ⅴ，GB 11340－2005 GB 18285－2005	10185	2490	3600	1800＋3375＋1350	31000	15050	0	0	0	0	0	0	0	0	0	0	0	0		0	2	0		
			SX3318HR366TL	SX3318HR366TL	天然气	GB 17691－2005 国Ⅴ，GB 11340－2005 GB 18285－2005	10435	2490	3450	1800＋3575＋1350	31000	15050	0	0	0	0	0	0	3	8	1	6	0	0		0	0	0		
					天然气	GB 17691－2005 国Ⅴ，GB 11340－2005 GB 18285－2005	10435	2490	3450	1800＋3575＋1400	31000	15050	2	11	4	21	3	0	2	3	0	0	3	0		1	0	0		
		自卸汽车底盘	SX3256DR354TL	—	天然气	GB 17691－2005 国Ⅳ，GB 11340－2005 GB 18285－2005	7500	2490	3270	3575＋1400	25000	9650	0	0	0	0	0	0	0	0	0	0	0	0		1	1	0		
			SX3256DR384TL	—	天然气	GB 17691－2005 国Ⅳ，GB 11340－2005 GB 18285－2005	8685	2490	3162	3975＋1400	25000	8650	0	0	0	0	0	0	0	0	0	0	0	0		1	0	0		
					天然气	GB 17691－2005 国Ⅳ，GB 11340－2005 GB 18285－2005	8675	2490	3210	3775＋1400	25000	8650	0	0	0	0	0	0	0	0	0	0	0	0		8	0	0		
					天然气	GB 17691－2005 国Ⅳ，GB 11340－2005 GB 18285－2005	8675	2490	3210	3775＋1400	25000	8650	0	0	0	0	0	0	0	0	0	0	0	0		36	12	9		

续表

企业名称	车辆品牌	车辆名称	车辆型号	底盘型号	燃料种类	排放标准	外形尺寸(mm)			轴距(mm)	总质量(kg)	整备质量(kg)	2014年													2015年1—3月				合计(辆)
							长	宽	高				1	2	3	4	5	6	7	8	9	10	11	12	小计(辆)	1	2	3	小计(辆)	
同上	同上	同上	SX3256DR464TL	—	天然气	GB 17691－2005 国Ⅳ, GB 11340－2005 GB 18285－2005	8600	2490	3270	4675＋1400	25000	8700	0	0	0	0	0	0	0	0	0	0	0	0		1	0	0		
			SX3258DR404TL	—	天然气	GB 17691－2005 国Ⅴ, GB 11340－2005 GB 18285－2005	7825	2490	3270	3775＋1400	25000	8650	0	0	0	0	0	0	0	0	0	0	0	0		0	4	0		
					天然气	GB 17691－2005 国Ⅴ, GB 11340－2005 GB 18285－2005	8175	2490	3270	3975＋1400	25000	8650	0	0	0	0	0	0	0	0	0	0	0	0		0	1	1		
			SX3316DT456TL1	—	天然气	GB 17691－2005 国Ⅳ, GB 11340－2005 GB 18285－2005	10455	2490	3270	1800＋4500＋1350	31000	10750	0	0	0	0	0	0	0	0	0	0	0	0		2	1	3		
					天然气	GB 17691－2005 国Ⅳ, GB 11340－2005 GB 18285－2005	10255	2490	3720	1800＋4300＋1350	31000	10750	0	0	0	0	0	0	0	0	0	0	0	0		5	0	14		
			SX3316HR366TL	—	天然气	GB 17691－2005 国Ⅳ, GB 11340－2005 GB 18285－2005	9260	2490	3100	1800＋3575＋1400	31000	9875	0	0	0	0	0	0	0	0	0	0	0	0		5	1	8		
					天然气	GB 17691－2005 国Ⅳ, GB 11340－2005 GB 18285－2005	9260	2490	3360	1800＋3975＋1400	31000	9875	0	0	0	0	0	0	0	0	0	0	0	0		4	1	5		
			SX3318DR366TL	—	天然气	GB 17691－2005 国Ⅴ, GB 11340－2005 GB 18285－2005	9780	2490	3270	1800＋3575＋1400	31000	10950	0	0	0	0	0	0	0	0	0	0	0	0		1	0	0		
			SX3318DT456T	—	天然气	GB 17691－2005 国Ⅴ, GB 11340－2005 GB 18285－2005	10300	2490	3270	1800＋4575＋1400	31000	11250	0	0	0	0	0	0	0	0	0	0	0	0		1	0	0		
			SX3318DT456TL	—	天然气	GB 17691－2005 国Ⅴ, GB 11340－2005 GB 18285－2005	11855	2490	3270	1800＋4575＋1400	31000	10850	0	0	0	0	0	0	0	0	0	0	0	0		0	0	5		
			SX3318DT456TL1	—	天然气	GB 17691－2005 国Ⅴ, GB 11340－2005 GB 18285－2005	10455	2490	3270	1800＋4375＋1400	31000	10750	0	0	0	0	0	0	0	0	0	0	0	0		0	4	3		
			SX3318HR366TL	—	天然气	GB 17691－2005 国Ⅴ, GB 11340－2005 GB 18285－2005	9010	2490	3450	1800＋3375＋1350	31000	10600	0	0	0	0	0	0	0	0	0	0	0	0		11	0	0		
					天然气	GB 17691－2005 国Ⅴ, GB 11340－2005 GB 18285－2005	9010	2490	3450	1800＋3375＋1350	31000	10600	0	0	0	0	0	0	0	0	0	0	0	0		0	2	0		
			SX5160CCYGP5N	SX1160GP5N	天然气	GB 17691－2005 国Ⅴ, GB 11340－2005 GB 18285－2005	8995	2500	3995	5600	16000	6700	0	0	0	0	0	0	0	0	0	0	0	1		0	0	0		
		仓栅式运输车	SX5250CCYGP5N	SX1250GP5N	天然气	GB 17691－2005 国Ⅴ, GB 11340－2005 GB 18285－2005	11990	2500	3900	1800＋5500	25000	11005	2	0	1	5	2	5	0	23	3	0	0	3		0	0	0		
			SX5258CCYGM549TL	SX1258GM549TL	天然气	GB 17691－2005 国Ⅴ, GB 11340－2005 GB 18285－2005	11975	2500	3990	1800＋5400	25000	11200	0	0	0	0	0	0	0	1	0	0	0	0		0	0	0		
			SX5316CCYGR456TL	SX1316GR456TL	天然气	GB 17691－2005 国Ⅴ, GB 11340－2005 GB 18285－2005	11990	2490	3950	1800＋4575＋1400	31000	13000	0	0	0	0	0	0	0	0	0	0	0	1		0	0	0		
					天然气	GB 17691－2005 国Ⅴ, GB 11340－2005 GB 18285－2005	11990	2490	3950	1800＋4575＋1400	31000	13000	0	0	0	0	0	0	0	2	0	0	1	1		0	0	0		

续表

企业名称	车辆品牌	车辆名称	车辆型号	底盘型号	燃料种类	排放标准	外形尺寸(mm)			轴距(mm)	总质量(kg)	整备质量(kg)	2014年													2015年1—3月				合计(辆)
							长	宽	高				1月	2月	3月	小计(辆)	5	6	7	8	9	10	11	12	小计(辆)	1	2	3	小计(辆)	
同上	同上	混凝土搅拌运输车	SX5256GJBDR384TL	SX3256DR384TL	天然气	GB 17691－2005 国Ⅳ，GB 11340－2005 GB 18285－2005	9810	2500	3985	3775＋1400	25000	13900	0	0	0	0	0	0	0	0	0	0	0	0		3	0	0		
					天然气	GB 17691－2005 国Ⅳ，GB 11340－2005 GB 18285－2005	9810	2500	3774	3975＋1400	25000	13900	0	0	0	5	0	0	0	0	0	0	0	0		0	0	0		
					天然气	GB 17691－2005 国Ⅳ，GB 11340－2005 GB 18285－2005	9810	2500	3774	3975＋1400	25000	13900	0	0	0	10	25	2	0	0	0	0	2	1		5	0	0		
			SX5258GJBDR384TL	SX5258GJBDR384TL	天然气	GB 17691－2005 国Ⅴ，GB 11340－2005 GB 18285－2005	9480	2490	3985	3775＋1400	25000	13900	0	0	0	0	15	0	0	0	0	0	1	0		0	7	0		
			SX5258GJBDT434TL	SX5258GJBDT434TL	天然气	GB 17691－2005 国Ⅴ，GB 11340－2005 GB 18285－2005	10450	2500	4000	4375＋1400	25000	12435	0	0	0	0	0	0	8	0	0	0	0	2		0	0	0		
			SX5318GJBDT366TL	SX5318GJBDT366TL	天然气	GB 17691－2005 国Ⅴ，GB 11340－2005 GB 18285－2005	11800	2500	4000	1800＋3775＋1400	31000	18000	0	0	0	0	0	0	0	8	2	0	0	17		1	0	0		
		载货汽车	SX1166HR414TL	SX1166HR414TL	天然气	GB 17691－2005 国Ⅳ，GB 11340－2005 GB 18285－2005	9385	2490	3430	4075＋1400	16000	7905	0	0	0	0	0	0	0	0	0	0	0	0		3	0	0		
			SX1168HR414TL	SX1168HR414TL	天然气	GB 17691－2005 国Ⅴ，GB 11340－2005 GB 18285－2005	9160	2490	3170	4075＋1350	16000	7905	0	0	0	0	0	0	0	0	0	0	0	1		0	0	0		
			SX1256DN414TL	SX1256DN414TL	天然气	GB 17691－2005 国Ⅳ，GB 11340－2005 GB 18285－2005	9055	2490	3250	4100＋1400	25000	11500	0	0	0	0	0	0	0	1	0	0	0	0		0	0	0		
			SX1256DR604TL	SX1256DR604TL	天然气	GB 17691－2005 国Ⅳ，GB 11340－2005 GB 18285－2005	12000	2490	3270	5975＋1400	25000	12400	0	0	0	0	0	0	1	0	0	0	0	0		0	0	0		
		载货汽车底盘	SX1258GM549TL	—	天然气	GB 17691－2005 国Ⅴ，GB 11340－2005 GB 18285－2005	11810	2490	3560	1800＋5400	25000	8900	0	0	0	0	0	0	0	0	0	0	0	0		1	0	0		
			SX1166DM461T	—	天然气	GB 17691－2005 国Ⅳ，GB 11340－2005 GB 18285－2005	7500	2490	3270	4600	16000	7500	0	0	0	0	0	0	0	0	0	0	0	0		0	5	0		
			SX1258MR434TL	—	天然气	GB 17691－2005 国Ⅴ，GB 11340－2005 GB 18285－2005	9885	2490	2970	4375＋1350	25000	8700	0	0	0	0	0	0	0	0	0	0	0	0		0	0	1		
		厢式运输车	SX5250XXYMP4N	SX1250MP4N	天然气	GB 17691－2005 国Ⅳ，GB 11340－2005 GB 18285－2005	11990	2500	3850	1800＋5500	25000	10500	0	1	0	0	0	0	0	0	0	0	0	0		0	0	0		
			SX5258XXYGM549TL	SX1258GM549TL	天然气	GB 17691－2005 国Ⅴ，GB 11340－2005 GB 18285－2005	11975	2550	3990	1800＋5400	25000	11200	0	0	0	0	0	0	0	1	0	6	4	0		1	0	0		
		危险品牵引汽车	SX4258GT279TLW	—	天然气	GB 17691－2005 国Ⅴ，GB 18285－2005 GB 11340－2005	6885	2490	3560	1800＋2700	25000	5800	0	0	0	0	0	0	0	0	0	0	0	0		0	0	2		
			SX4258NV384TLW	—	天然气	GB 17691－2005 国Ⅴ，GB 11340－2005 GB 18285－2005	7425	2490	3730	3775＋1400	25000	8800	0	0	0	0	0	0	0	0	0	0	0	0		0	5	6		

续表

企业名称	车辆品牌	车辆名称	车辆型号	底盘型号	燃料种类	排放标准	外形尺寸(mm) 长	外形尺寸(mm) 宽	外形尺寸(mm) 高	轴距(mm)	总质量(kg)	整备质量(kg)	2014年 1月	2014年 2月	2014年 3月	2014年 小计(辆)	2014年 5	2014年 6	2014年 7	2014年 8	2014年 9	2014年 10	2014年 11	2014年 12	2014年 小计(辆)	2015年1—3月 1	2015年1—3月 2	2015年1—3月 3	2015年1—3月 小计(辆)	合计(辆)
同上	同上	混凝土料运输车底盘	SX5318GJBDT366TL	—	天然气	GB 17691－2005 国Ⅴ，GB 11340－2005 GB 18285－2005	10375	2490	3270	1800＋3575＋1400	31000	11500	0	0	0	0	0	0	0	0	0	0	0	0		1	0	0		
			SX5258GJBDR384TL	—	天然气	GB 17691－2005 国Ⅴ，GB 11340－2005 GB 18285－2005	8675	2490	3270	3775＋1400	25000	10500	0	0	0	0	0	0	0	0	0	0	0	0		0	7	0		
		粉粒物料运输车	SX5316GFLNT456TL	SX3316DT456TL	天然气	GB 17691－2005 国Ⅳ，GB 11340－2005 GB 18285－2005	12000	2500	3930	1800＋4575＋1400	31000	15300	0	0	2	0	1	0	0	0	0	0	0	0		0	0	0		
					天然气	GB 17691－2005 国Ⅳ，GB 11340－2005 GB 18285－2005	12000	2500	3930	1800＋4575＋1400	31000	15300	0	0	0	4	0	0	0	0	0	0	0	0		0	0	0		
		扫路车	SX5166TSLDM461T	SX1166DM461T	天然气	GB 17691－2005 国Ⅳ，GB 11340－2005 GB 18285－2005	8990	2490	3270	4600	16000	11500	0	0	0	0	0	0	0	5	0	0	0	0		0	5	0		
		压缩式垃圾车	SX5160ZYSGP5N	SX3160GP5N	天然气	GB 17691－2005 国Ⅴ，GB 11340－2005 GB 18285－2005	8850	2500	3130	4600	16000	10505	0	0	0	0	0	1	0	11	0	0	0	0		0	0	0		
		运油车	SX5318GYYGR466TL	SX5318GYYGR466TL	天然气	GB 17691－2005 国Ⅴ，GB 11340－2005 GB 18285－2005	11835	2490	3650	1800＋4575＋1350	31000	14100	0	0	0	0	0	0	0	2	0	0	0	0		0	0	0		
一汽解放青岛汽车有限公司	解放牌	仓栅式运输车	CA5167CCYPK2L2NA80－1	CA1167PK2L2NA80	天然气	GB 3847－1999 GB 17691－2005 国Ⅳ	8998	2499	3790	5270	15800	6650	0	0	0	1	0	0	0	0	0	0	0	0		0	0	0		
			CA5167CCYPK2L2NE5A80－1	CA1167PK2L2NE5A80	天然气	GB 18285－2005，GB 11340－2005 GB 17691－2005 国Ⅴ	8998	2499	3790	5270	15800	6650	0	1	0	0	0	0	0	1	0	0	0	0		0	0	0		
			CA5169CCYPK15L2NA80－1	CA1169PK15L2NA80	天然气	GB 3847－1999，GB 17691－2005 国Ⅳ	8998	2499	3790	5270	15800	6450	0	0	0	0	0	1	0	1	0	0	0	0		0	0	0		
			CA5169CCYPK15L2NE5A80－1	CA1169PK15L2NE5A80	天然气	GB 18285－2005，GB 11340－2005 GB 17691－2005 国Ⅴ	8998	2499	3790	5270	15800	6450	2	0	0	1	1	0	0	11	0	0	0	0		0	0	3		
					天然气	GB 18285－2005，GB 11340－2005 GB 17691－2005 国Ⅴ	8998	2499	3790	5270	15800	6450	0	0	0	0	0	0	0	1	0	0	0	2		0	0	0		
			CA5250CCYP1K15L7T3NA80－1	CA1250P1K15L7T3BNA80	天然气	GB 18285－2005，GB 11340－2005 GB 17691－2005 国Ⅳ	11935	2499	3900	1900＋5650	25000	10840	1	0	0	1	2	0	1	5	0	0	0	0	8647	0	0	0	358	9005
			CA5250CCYP1K15L7T3NE5A80－1	CA1250P1K15L7T3NE5A80	天然气	GB 18285－2005，GB 11340－2005 GB 17691－2005 国Ⅴ	11935	2490	3900	1900＋5650	25000	10840	0	0	0	0	0	1	0	0	0	0	0	0		0	0	0		
			CA5313CCYP2K15L7T4NA80－1	CA1313P2K15L7T4NA80	天然气	GB 18285－2005，GB 11340－2005 GB 17691－2005 国Ⅴ	11935	2490	3900	1900＋5650	25000	10840	0	0	0	1	0	1	0	1	0	0	0	0		0	0	0		
					天然气	GB 3847－2005 GB 17691－2005 国Ⅳ	11995	2490	3835	1900＋4500＋1350	31000	12745	0	0	0	2	0	1	2	2	0	0	0	5		0	0	0		
			CA5313CCYP2K15L7T4NE5A80－1	CA1313P2K15L7T4NE5A80	天然气	GB 3847－2005 GB 17691－2005 国Ⅳ	11995	2490	3835	1900＋4500＋1350	31000	12745	0	0	0	1	0	0	0	23	0	0	0	0		0	0	0		
					天然气	GB 18285－2005，GB 11340－2005 GB 17691－2005 国Ⅴ	11995	2490	3835	1900＋4500＋1350	31000	12745	0	0	0	1	0	0	0	2	0	0	0	1		0	0	0		

续表

企业名称	车辆品牌	车辆名称	车辆型号	底盘型号	燃料种类	排放标准	外形尺寸(mm) 长	宽	高	轴距(mm)	总质量(kg)	整备质量(kg)	2014年 1	2	3	4	5	6	7	8	9	10	11	12	小计(辆)	2015年1—3月 1	2	3	小计(辆)	合计(辆)
同上	同上	平头天然气牵引车	CA4163P1K2 NE5A80	—	天然气	GB 18285-2005、GB 11340-2005 GB 17691-2005 国Ⅴ	6505	2493	3815	4200	16490	6580	1	0	0	0	1	0	0	0	0	2	1	0		0	0	0		
			CA4180P1K15 NA80	CA4180P1K15 NA80	天然气	GB 18285-2005、GB 11340-2005 GB 17691-2005 国Ⅳ	6505	2493	3260	4200	18000	6805	0	4	0	1	0	2	3	2	0	0	0	0		0	0	0		
			CA4180P1K15 NE5A80	CA4180P1K15 NE5A80	天然气	GB 18285-2005、GB 11340-2005 GB 17691-2005 国Ⅴ	6505	2493	3450	4200	18000	7005	0	0	2	0	0	0	0	0	0	0	0	0		0	0	0		
					天然气	GB 18285-2005、GB 11340-2005 GB 17691-2005 国Ⅴ	6505	2493	3450	4200	18000	7005	0	0	2	0	0	0	0	0	0	0	0	0		0	0	0		
			CA4180P1K15 NE5A80	CA4180P1K15 NE5A80	天然气	GB 18285-2005、GB 11340-2005 GB 17691-2005 国Ⅴ	6505	2493	3450	4200	18000	7005	0	0	0	0	0	3	0	0	0	0	0	0		0	0	0		
					天然气	GB 18285-2005、GB 11340-2005 GB 17691-2005 国Ⅴ	6505	2493	3815	4200	18000	7005	0	0	0	0	0	2	1	0	0	0	0	0		0	0	0		
					天然气	GB 18285-2005、GB 11340-2005 GB 17691-2005 国Ⅴ	6505	2493	3450	4200	18000	7005	0	0	2	4	22	13	1	5	1	0	0	0		2	0	0		
			CA4181P1K15 NE5A80	CA4181P1K15 NE5A80	天然气	GB 18285-2005、GB 11340-2005 GB 17691-2005 国Ⅴ	6505	2493	3450	4200	18000	6805	0	0	0	3	0	17	0	3	0	0	0	0		0	0	0		
			CA4226P1K15 T3NA80	—	天然气	GB 18285-2005、GB 11340-2005 GB 17691-2005 国Ⅳ	7025	2490	3845	1700+3000	22000	8200	0	0	0	0	1	0	0	1	0	0	0	0		0	0	0		
					天然气	GB 18285-2005、GB 11340-2005 GB 17691-2005 国Ⅳ	7025	2490	3290	1700+3000	22000	8200	32	224	436	329	481	449	464	566	725	543	510	187		8	10	43		
			CA4226P1K15 T3NE5A80	—	天然气	GB 18285-2005、GB 11340-2005 GB 17691-2005 国Ⅴ	7025	2490	3320	1700+3000	22000	8200	13	51	106	54	99	67	202	328	312	228	171	143		96	5	136		
			CA4226P2K15 T3NA80	—	天然气	GB 18285-2005、GB 11340-2005 GB 17691-2005 国Ⅳ	7143	2490	3580	1700+3000	22000	8700	6	4	65	20	32	41	24	16	27	23	28	15		2	0	1		
					天然气	GB 18285-2005、GB 11340-2005 GB 17691-2005 国Ⅳ	7143	2490	3385	1700+3000	22000	8700	0	0	0	1	0	0	0	0	0	0	0	0		0	0	0		
					天然气	GB 18285-2005、GB 11340-2005 GB 17691-2005 国Ⅳ	7143	2490	3385	1700+3000	22000	8700	0	0	1	1	14	1	8	0	1	0	1	6		25	0	0		
			CA4226P2K15 T3NE5A80	—	天然气	GB 18285-2005、GB 11340-2005 GB 17691-2005 国Ⅴ	7170	2500	3470	1700+3000	22000	8700	1	12	11	8	7	3	4	36	3	9	8	5		0	0	0		
					天然气	GB 18285-2005、GB 11340-2005 GB 17691-2005 国Ⅴ	7170	2500	3470	1700+3000	22000	8700	0	0	1	1	0	5	1	0	0	0	0	0		0	0	0		
					天然气	GB 18285-2005、GB 11340-2005 GB 17691-2005 国Ⅴ	7170	2500	3620	1700+3000	22000	8700	0	0	0	0	2	3	6	3	21	40	15	7		0	0	6		
			CA4228P1K15 T3NE5A80	—	天然气	GB 18285-2005、GB 11340-2005 GB 17691-2005 国Ⅴ	7025	2490	3320	1700+3000	22000	5805	0	0	0	0	0	0	1	2	3	0	0	0		0	0	0		

续表

企业名称	车辆品牌	车辆名称	车辆型号	底盘型号	燃料种类	排放标准	外形尺寸(mm)			轴距(mm)	总质量(kg)	整备质量(kg)	2014年													2015年1—3月				合计(辆)
							长	宽	高				1	2	3	4	5	6	7	8	9	10	11	12	小计(辆)	1	2	3	小计(辆)	
同上	同上	同上	CA4251P1K15T1NA80	—	天然气	GB 18285－2005，GB 11340－2005 GB 17691－2005 国Ⅳ	7325	2490	3280	3800＋1350	25000	8805	0	0	3	0	0	0	0	0	0	0	0	0		0	0	0		
					天然气	GB 18285－2005，GB 11340－2005 GB 17691－2005 国Ⅳ	7325	2490	3360	3800＋1350	25000	8805	0	0	0	0	0	0	0	0	0	0	0	1		0	0	0		
			CA4253P1K15T1NA80	—	天然气	GB 18285－2005，GB 11340－2005 GB 17691－2005 国Ⅳ	7325	2490	3290	3800＋1350	25000	9380	8	3	45	5	5	3	1	7	18	5	3	2		0	0	0		
			CA4253P1K15T1NE5A80	CA4253P1K15T1NE5A80	天然气	GB 18285－2005，GB 11340－2005 GB 17691－2005 国Ⅴ	7325	2490	3290	3800＋1350	25000	9380	1	1	0	2	3	22	1	9	0	0	1	6		0	0	0		
			CA4257P2K15T1NA80	—	天然气	GB 18285－2005，GB 11340－2005 GB 17691－2005 国Ⅳ	7443	2490	3350	3800＋1350	25000	8805	0	1	50	0	0	0	2	0	0	0	0	28		0	0	0		
					天然气	GB 18285－2005，GB 11340－2005 GB 17691－2005 国Ⅳ	7443	2490	3350	3800＋1350	25000	8805	1	0	0	2	0	7	1	0	0	0	10	0		0	0	0		
					天然气	GB 18285－2005，GB 11340－2005 GB 17691－2005 国Ⅳ	7443	2490	3840	3800＋1350	25000	8805	0	2	2	9	12	3	5	3	2	0	1	0		0	0	0		
			CA4258P2K15T1NE5A80	CA4258P2K15T1NE5A80	天然气	GB 18285－2005，GB 11340－2005 GB 17691－2005 国Ⅴ	7470	2500	3450	3800＋1350	25000	8805	0	0	0	0	1	0	0	3	0	5	0	2		0	0	0		
					天然气	GB 18285－2005，GB 11340－2005 GB 17691－2005 国Ⅴ	7470	2500	3450	3800＋1350	25000	8805	1	0	0	0	0	0	0	0	0	0	0	0		0	0	0		
					天然气	GB 18285－2005，GB 11340－2005 GB 17691－2005 国Ⅴ	7470	2500	3800	3800＋1350	25000	8805	0	0	0	1	13	3	5	1	15	3	5	1		0	0	0		
					天然气	GB 18285－2005，GB 11340－2005 GB 17691－2005 国Ⅴ	7470	2500	3800	3800＋1350	25000	8805	0	0	0	0	0	2	1	4	21	3	7	3		0	0	0		
		平头天然气牵引汽车	CA4083PK2NE5A80	—	天然气	GB 18285－2005，GB 11340－2005 GB 17691－2005 国Ⅴ	6412	2464	2670	4200	8280	4850	0	2	0	6	0	0	0	0	0	35	0	0		0	0	0		
					天然气	GB 18285－2005，GB 11340－2005 GB 17691－2005 国Ⅴ	6412	2464	2860	4200	8280	4850	0	3	2	0	7	2	0	1	1	1	0	1		0	0	0		
		平头天然气载货汽车	CA1167PK2L2NA80	CA1167PK2L2NA80	天然气	GB 3847－1999，GB 17691－2005 国Ⅳ	8998	2496	2900	5270	15800	6150	0	0	0	0	0	0	0	2	0	0	0	0		0	0	0		
			CA1167PK2L2NE5A80	CA1167PK2L2NE5A80	天然气	GB 18285－2005，GB 11340－2005 GB 17691－2005 国Ⅴ	8998	2496	2900	5270	15800	6150	0	0	0	0	0	0	0	2	0	0	0	0		0	0	0		
			CA1169PK15L2NE5A80	CA1169PK15L2NE5A80	天然气	GB 18285－2005，GB 11340－2005 GB 17691－2005 国Ⅴ	8998	2496	2900	5270	15800	5905	1	0	0	0	0	0	0	0	0	0	0	0		0	0	0		
			CA1191P1K2L2T1NA80	CA1191P1K2L2T1NA80	天然气	GB 18285－2005，GB 11340－2005 GB 17691－2005 国Ⅳ	9005	2490	3392	4080＋1350	18940	9440	0	0	0	0	0	0	0	1	0	0	0	0		0	0	0		
			CA1313P2K15L7T4NA80	CA1313P2K15L7T4NA80	天然气	GB 3847－2005 GB 17691－2005 国Ⅳ	11995	2490	3392	1900＋4500＋1350	31000	11885	0	0	0	0	0	0	0	1	0	0	0	0		0	0	0		

续表

企业名称	车辆品牌	车辆名称	车辆型号	底盘型号	燃料种类	排放标准	外形尺寸(mm) 长	宽	高	轴距(mm)	总质量(kg)	整备质量(kg)	2014年 1	2	3	4	5	6	7	8	9	10	11	12	小计(辆)	2015年1—3月 1	2	3	小计(辆)	合计(辆)
同上	同上	同上	CA1313P2K15 L7T4NE5A80	CA1313P2K15 L7T4NE5A80	天然气	GB 3847－2005 GB 17691－2005 国Ⅳ	11995	2490	3835	1900＋4500＋1350	31000	11885	0	0	0	0	0	0	0	3	0	0	0	0		0	0	0		
			CA1313P2K15 L7T4NE5A80	CA1313P2K15 L7T4NE5A80	天然气	GB 18285－2005，GB 11340－2005 GB 17691－2005 国Ⅴ	11995	2490	3532	1900＋4500＋1350	31000	11885	0	0	0	0	0	0	0	0	0	0	0	0		4	0	0		
		平头天然气自卸汽车	CA3256P2K2T1NE5A80－1	CA3256P2K2T1NE5A80	天然气	GB 18285－2005，GB 11340－2005 GB 17691－2005 国Ⅴ	8983	2500	3480	4150＋1350	25000	12200	0	0	0	0	0	0	0	20	0	0	0	0		0	0	0		
			CA3310P1K15 L3T4NA80	CA3310P1K15 L3T4NA80	天然气	GB 18285－2005，GB 11340－2005 GB 17691－2005 国Ⅳ	10205	2500	3250	1900＋3650＋1350	31000	14770	0	0	0	1	0	0	0	0	0	0	0	0		0	0	0		
					天然气	GB 18285－2005，GB 11340－2005 GB 17691－2005 国Ⅳ	10205	2500	3250	1900＋3650＋1350	31000	14770	0	0	0	0	0	1	0	0	0	0	0	0		0	0	0		
			CA3310P1K15 L3T4NA80	CA3310P1K15 L3T4NA80	天然气	GB 18285－2005，GB 11340－2005 GB 17691－2005 国Ⅳ	10205	2500	3250	1900＋3650＋1350	31000	14770	0	0	0	0	0	0	0	29	0	0	0	0		0	0	0		
					天然气	GB 18285－2005，GB 11340－2005 GB 17691－2005 国Ⅳ	10205	2500	3250	1900＋3650＋1350	31000	14770	0	0	0	0	0	0	10	54	0	0	0	0		0	0	0		
			CA3310P1K15 L3T4NE5A80	CA3310P1K15 L3T4NE5A80	天然气	GB 18285－2005，GB 11340－2005 GB 17691－2005 国Ⅴ	10005	2500	3610	1900＋3450＋1350	31000	14770	0	0	0	0	0	0	0	1	0	0	0	0		0	0	0		
					天然气	GB 18285－2005，GB 11340－2005 GB 17691－2005 国Ⅴ	10205	2500	3250	1900＋3650＋1350	31000	14770	0	0	0	0	0	0	0	1	0	0	0	0		0	0	1		
			CA3310P2K2L 5T4NE5A80	CA3310P2K2L 5T4NE5A80	天然气	GB 18285－2005，GB 11340－2005 GB 17691－2005 国Ⅴ	11163	2500	3480	1860＋4360＋1350	31000	15200	0	0	0	0	0	0	0	0	0	0	0	0		10	0	0		
		平头液化天然气自卸汽车	CA3256P2K2T1 NA80	CA3256P2K2T1 NA80	天然气	GB 3847－2005，GB 17691－2005 国Ⅳ	8393	2500	3280	3825＋1350	25000	12080	0	0	5	0	0	0	0	8	0	0	0	0		0	0	0		
			CA3256P2K2T1 NE5A80	CA3256P2K2T1 NE5A80	天然气	GB 18285－2005，GB 11340－2005 GB 17691－2005 国Ⅴ	8393	2500	3280	3825＋1350	25000	12080	0	0	0	60	0	0	0	2	0	0	6	0		0	0	0		
			CA3310P2K2L4 T4NA80	CA3310P2K2L4 T4NA80	天然气	GB 3847－2005 GB 17691－2005 国Ⅳ	10488	2500	3280	1860＋3960＋1350	31000	14770	0	0	0	1	1	0	0	101	0	0	0	0		0	0	0		
					天然气	GB 3847－2005 GB 17691－2005 国Ⅳ	10488	2500	3280	1860＋3960＋1350	31000	14770	0	0	0	0	0	1	0	1	0	0	0	0		0	0	0		
			CA3310P2K2L4 T4NE5A80	CA3310P2K2L4 T4NE5A80	天然气	GB 18285－2005，GB 11340－2005 GB 17691－2005 国Ⅴ	10488	2500	3185	1860＋3960＋1350	31000	14770	0	0	0	0	0	2	0	68	0	0	0	0		0	0	0		
					天然气	GB 18285－2005，GB 11340－2005 GB 17691－2005 国Ⅴ	10488	2500	3185	1860＋3960＋1350	31000	14770	0	0	0	0	0	0	0	13	0	0	0	0		0	0	0		
			CA3310P2K2L5 T4NA80	CA3310P2K2L5 T4NA80	天然气	GB 3847－2005，GB 17691－2005 国Ⅲ	11058	2500	3280	1860＋4360＋1350	31000	14770	0	0	0	0	0	0	0	10	0	0	0	0		0	0	0		
					天然气	GB 3847－2005，GB 17691－2005 国Ⅳ	11058	2500	3280	1860＋4360＋1350	31000	14770	0	4	0	11	10	1	25	118	0	0	0	0		0	0	0		

续表

企业名称	车辆品牌	车辆名称	车辆型号	底盘型号	燃料种类	排放标准	外形尺寸(mm)			轴距(mm)	总质量(kg)	整备质量(kg)	2014年													2015年1—3月				合计(辆)
							长	宽	高				1	2	3	4	5	6	7	8	9	10	11	12	小计(辆)	1	2	3	小计(辆)	
同上	同上	同上	CA3312P2K2L6T4NA80	CA3310P2K2L4T4NA80	天然气	GB 3847－2005，GB 17691－2005 国Ⅳ	11408	2500	3280	1860＋4660＋1350	31000	15500	0	0	0	0	0	0	0	0	0	0	0	12		0	0	0		
		厢式运输车	CA5160XXYPK2L5NA80－3	CA5160XXYPK2L5NA80－3	天然气	GB 3847－1999，GB 17691－2005 国Ⅳ	9985	2470	3895	5720	15800	7600	0	0	0	0	0	0	0	27	0	0	0	0		0	0	0		
					天然气	GB 3847－1999，GB 17691－2005 国Ⅳ	9985	2550	3895	5720	15800	7600	0	0	0	0	0	0	0	2	0	0	0	0		0	0	0		
			CA5160XXYPK2L5NE5A80－3	CA5160XXYPK2L5NE5A80－3	天然气	GB 18285－2005，GB 11340－2005 GB 17691－2005 国Ⅴ	9985	2550	3895	5370	15800	7600	0	0	0	0	0	0	0	1	0	0	0	0		0	0	0		
			CA5167XXYPK2L2NA80－3	CA1167PK2L2NA80	天然气	GB 3847－1999，GB 17691－2005 国Ⅳ	8998	2550	3640	5270	15800	6800	0	0	0	0	1	0	0	10	0	0	0	0		0	0	0		
			CA5169XXYPK15L2NE5A80－3	CA1169PK15L2NE5A80	天然气	GB 18285－2005，GB 11340－2005 GB 17691－2005 国Ⅴ	8998	2550	3830	5270	15800	6660	0	0	0	2	0	0	15	31	0	0	0	0		0	0	0		
			CA5250XXYP1K15L7T3NA80－3	CA1250P1K15L7T3BNA80	天然气	GB 18285－2005，GB 11340－2005 GB 17691－2005 国Ⅳ	11935	2550	3905	1900＋5650	25000	10840	0	0	0	0	0	0	0	1	0	0	0	1		0	1	0		
					天然气	GB 18285－2005，GB 11340－2005 GB 17691－2005 国Ⅳ	11935	2550	3905	1900＋5650	25000	10840	0	0	0	0	0	0	0	3	0	0	0	0		0	0	0		
			CA5250XXYP1K15L7T3NE5A80－3	CA1250P1K15L7T3NE5A80	天然气	GB 18285－2005，GB 11340－2005 GB 17691－2005 国Ⅴ	11935	2550	3905	1900＋5650	25000	10840	0	0	0	0	10	0	0	0	0	0	0	0		0	0	0		
					天然气	GB 18285－2005，GB 11340－2005 GB 17691－2005 国Ⅴ	11935	2550	3905	1900＋5650	25000	10840	1	0	3	2	2	0	0	6	0	0	0	0		5	0	0		
		畜禽运输车	CA5313XXYP2K15L7T4NE5A80－3	CA1313P2K15L7T4NE5A80	天然气	GB 18285－2005，GB 11340－2005 GB 17691－2005 国Ⅴ	11995	2550	3905	1900＋4500＋1350	31000	12900	0	0	0	0	0	5	0	0	0	0	0	0		0	0	0		
			CA5313CCQP2K15L7T4NA80	CA1313P2K15L7T4NA80	天然气	GB 3847－2005 GB 17691－2005 国Ⅳ	11995	2490	3835	1900＋4500＋1350	31000	12785	0	0	0	0	0	1	1	0	0	0	0	0		0	0	0		
		混凝土搅拌运输车	CA5313CCQP2K15L7T4NE5A80	CA1313P2K15L7T4NE5A80	天然气	GB 18285－2005，GB 11340－2005 GB 17691－2005 国Ⅴ	11995	2490	3950	1900＋4500＋1350	31000	12785	0	0	0	0	0	0	0	0	0	1	0	1		0	0	0		
			CA5250GJBP2K15T1NA80	CA1250P2K15T1S2NA80	天然气	GB 18285－2005，GB 11340－2005 GB 17691－2005 国Ⅳ	10290	2496	3995	4300＋1350	25000	15115	0	0	0	2	0	0	0	10	0	0	0	0		0	0	0		
		冷藏车	CA5310GJBP2K2T4NE5A80	CA1310P2K2L2T4S2NE5A80	天然气	GB 18285－2005，GB 11340－2005 GB 17691－2005 国Ⅴ	11053	2500	3995	1860＋3600＋1350	31000	17220	0	0	0	0	0	0	0	1	0	0	0	0		0	0	0		
			CA5169XLCPK15L2NE5A80	CA1169PK15L2NE5A80	天然气	GB 18285－2005，GB 11340－2005 GB 17691－2005 国Ⅴ	8998	2540	3720	5270	15800	6790	1	0	0	0	0	0	0	0	0	0	0	8		0	0	0		
			CA5313XLCP2K15L7T4NA80	CA1313P2K15L7T4NA80	天然气	GB 3847－2005 GB 17691－2005 国Ⅳ	11995	2540	4000	1900＋4500＋1350	31000	12900	0	1	0	0	0	0	1	1	0	0	1	0		0	0	0		

续表

企业名称	车辆品牌	车辆名称	车辆型号	底盘型号	燃料种类	排放标准	外形尺寸(mm) 长	宽	高	轴距(mm)	总质量(kg)	整备质量(kg)	2014年 1	2	3	4	5	6	7	8	9	10	11	12	小计(辆)	2015年1—3月 1	2	3	小计(辆)	合计(辆)
北京福田戴姆勒汽车有限公司	欧曼牌	半挂牵引汽车	BJ4182SLFCA-XA	—	天然气	GB 18285-2005，GB 11340-2005 GB 17691-2005 国Ⅴ	6182	2495	3410	3650	18000	6500	0	0	0	0	0	0	0	5	2	0	0	0	7506	1	0	1	147	2952
					天然气	GB 18285-2005，GB 11340-2005 GB 17691-2005 国Ⅴ	6182	2495	3410	3650	18000	6500	0	0	0	0	0	0	0	1	0	0	0	0		0	0	0		
					天然气	GB 18285-2005，GB 11340-2005 GB 17691-2005 国Ⅴ	6182	2495	2960	3650	18000	6500	0	0	0	0	0	0	2	0	0	0	0	0		0	0	0		
			BJ4252SNFCB-XA	—	天然气	GB 18285-2005，GB 11340-2005 GB 17691-2005 国Ⅴ	7232	2495	3410	1800+2900	25000	7600	0	0	116	122	86	281	149	296	497	492	320	961		7	0	0		
			BJ4253SNFCB-AB	—	天然气	GB 17691-2005（国Ⅳ），GB 11340-2005 GB 18285-2005	7525	2495	3410	3825+1350	25000	8800	6	0	12	5	1	0	8	2	1	1	0	0		0	0	0		
					天然气	GB 17691-2005（国Ⅳ），GB 11340-2005 GB 18285-2005	7525	2495	3410 3710	3825+1350	25000	8800	97	31	18	56	23	34	12	21	84	20	52	2		0	0	0		
			BJ4253SNFCB-AC	—	天然气	GB 17691-2005 国Ⅴ，GB 11340-2005 GB 18285-2005	7525	2495	3410	3825+1350	25000	8800	13	6	3	44	102	10	11	25	0	10	4	33		62	6	20		
			BJ4253SNFCB-AD	—	天然气	GB 18285-2005，GB 11340-2005 GB 17691-2005 国Ⅴ	7460	2495	3710	1800+3100	25000	8100	0	20	0	0	0	0	0	0	0	0	0	0		0	0	0		
			BJ4253SNFCB-XA	—	天然气	GB 18285-2005，GB 11340-2005 GB 17691-2005 国Ⅴ	7260	2495	3410	1800+2900	25000	7800	0	0	0	0	0	0	57	41	70	249	15	26		6	3	0		
					天然气	GB 18285-2005，GB 11340-2005 GB 17691-2005 国Ⅴ	7260	2495	3410	1800+2900	25000	7800	0	0	0	0	0	0	3	48	35	231	78	686		6	0	0		
			BJ3253DLPCE-XA	BJ3253DLPCE-XA	天然气	GB 18285-2005，GB 11340-2005 GB 17691-2005 国Ⅴ	8670	2495	3400	4100+1350	25000	12350	2	29	0	0	39	3	0	0	0	0	0	0		0	0	0		
		自卸汽车	BJ3253VLPCE-1	BJ3253VLPCE-1	天然气	GB 17691-2005 国Ⅳ，GB 11340-2005 GB 18285-2005	8770	2495	3400	4100+1350	25000	12495	0	0	1	0	0	0	0	0	0	0	0	0		0	0	0		
					天然气	GB 17691-2005 国Ⅳ，GB 11340-2005 GB 18285-2005	8870	2495	3400	4100+1350	25000	12495	0	0	1	0	0	0	0	17	0	0	0	0		0	0	0		
			BJ3313DMPCF-XA	BJ3313DMPCF-XA	天然气	GB 18285-2005，GB 11340-2005 GB 17691-2005 国Ⅴ	10880	2495	3580 3700	1800+4300+1350	31000	15100	0	0	1	59	0	0	0	0	9	1	1	0		2	0	1		
			BJ3313DMPCJ-4	BJ3313DMPCJ-4	天然气	GB 17691-2005 国Ⅳ，GB 11340-2005 GB 18285-2005	11602	2495	3400	1800+4700+1350	31000	15385	11	0	2	12	12	10	53	0	0	1	0	0		0	0	0		
			BJ3313DMPCJ-XA	BJ3313DMPCJ-XA	天然气	GB 18285-2005，GB 11340-2005 GB 17691-2005 国Ⅴ	11480	2495	3580	1800+4700+1350	31000	15200	0	0	0	0	0	0	0	0	0	0	0	0		1	0	1		
			BJ3313VMPCF-1	BJ3313VMPCF-1	天然气	GB 17691-2005 国Ⅳ，GB 11340-2005 GB 18285-2005	10884	2495	3400	1800+4300+1350	31000	14965	3	12	0	0	0	0	0	0	0	0	0	0		0	0	0		

续表

企业名称	车辆品牌	车辆名称	车辆型号	底盘型号	燃料种类	排放标准	外形尺寸(mm) 长	宽	高	轴距(mm)	总质量(kg)	整备质量(kg)	2014年 1	2	3	4	5	6	7	8	9	10	11	12	小计(辆)	2015年1—3月 1	2	3	小计(辆)	合计(辆)
同上	同上	自卸汽车底盘	BJ3313DMPCF-XA	—	天然气	GB 18285-2005, GB 11340-2005 GB 17691-2005 国Ⅴ	9982	2495	3400	1800+4300+1350	31000	11100	0	0	0	0	0	0	0	0	0	0	0	0		2	0	1		
同上	同上	自卸汽车底盘	BJ3313DMPCJ-XA	—	天然气	GB 18285-2005, GB 11340-2005 GB 17691-2005 国Ⅴ	10482	2495	3035	1800+4700+1350	31000	11200	0	0	0	0	0	0	0	0	0	0	0	0		1	0	1		
同上	同上	混凝土搅拌运输车	BJ5253GJB-XF	BJ5253GJB-XF	天然气	GB 18285-2005, GB 11340-2005 GB 17691-2005 国Ⅴ	9802	2495	3963	4100+1350	25000	14500	0	20	0	0	0	0	0	0	0	0	0	0		0	0	0		
同上	同上	混凝土搅拌运输车	BJ5253GJB-XF	BJ5253GJB-XF	天然气	GB 18285-2005, GB 11340-2005 GB 17691-2005 国Ⅴ	9802	2495	3963	4100+1350	25000	14500	0	0	0	0	0	0	0	0	1	0	0	0		0	0	0		
同上	同上	混凝土搅拌运输车底盘	BJ5317GJB-XA	—	天然气	GB 18285-2005, GB 11340-2005 GB 17691-2005 国Ⅴ	9458	2495	3005	1800+3050+1350	31000	12200	0	0	0	0	0	0	0	0	0	0	0	0		0	1	0		
同上	同上	混凝土搅拌运输车底盘	BJ5253GJB-XF	—	天然气	GB 18285-2005, GB 11340-2005 GB 17691-2005 国Ⅴ	8890	2495	3005	4100+1350	25000	10180	0	0	0	0	0	0	0	0	0	0	0	0		0	0	50		
同上	同上	厢式运输车底盘	BJ5163XXY-XQ	—	天然气	GB 17691-2005 国Ⅴ, GB 3847-2005	8425	2440	2760	4500	15600	6080	0	0	0	0	0	0	0	0	0	0	0	0		1	0	0		
同上	同上	载货汽车底盘	BJ1253VMPCE-XA	—	天然气	GB 17691-2005 国Ⅴ, GB 3847-2005	8591	2495	3010	4300+1350	25000	9280	0	0	0	0	0	0	0	0	0	0	0	0		0	1	0		
同上	同上	半挂牵引车	BJ4253SNFCB-AA	—	天然气	GB 18285-2005, GB 11340-2005 GB 17691-2005 国Ⅳ	7460	2495	3410	1800+3100	25000	8100	118	87	24	32	85	282	100	201	334	212	86	9		0	0	0		
中国重汽集团济南卡车股份有限公司	豪沃牌	混凝土搅拌运输车	ZZ5257GJBN4047E1L	ZZ1257N4047E1L	天然气	GB 17691-2005 国Ⅴ, GB 18285-2005 GB 11340-2005	9480	2496	3980	4025+1350	25000	14030	0	1	10	6	1	0	0	1	0	0	0	4	2805	0	0	0	147	2952
中国重汽集团济南卡车股份有限公司	豪沃牌	混凝土搅拌运输车	ZZ5257GJBN4047E1L	ZZ1257N4047E1L	天然气	GB 17691-2005 国Ⅴ, GB 18285-2005 GB 11340-2005	9480	2496	3980	4025+1350	25000	14030	0	0	0	0	15	0	20	5	0	0	0	0		0	0	0		
中国重汽集团济南卡车股份有限公司	豪沃牌	混凝土搅拌运输车	ZZ5257GJBN4347E1L	ZZ1257N4347E1L	天然气	GB 17691-2005 国Ⅴ, GB 18285-2005 GB 11340-2005	10380	2496	3980	4325+1350	25000	14500	0	0	0	0	0	0	0	0	0	0	0	6		0	0	0		
中国重汽集团济南卡车股份有限公司	豪沃牌	混凝土搅拌运输车	ZZ5257GJBN4347E1L	ZZ1257N4347E1L	天然气	GB 17691-2005 国Ⅴ, GB 18285-2005 GB 11340-2005	10380	2496	3980	4325+1350	25000	14500	0	0	6	0	0	0	0	21	0	0	0	0		0	0	10		
中国重汽集团济南卡车股份有限公司	豪沃牌	混凝土搅拌运输车	ZZ5317GJBN3667E1L	ZZ1317N3667E1L	天然气	GB 17691-2005 国Ⅴ, GB 18285-2005 GB 11340-2005	10820	2496	3980	1800+3600+1350	31000	16550	10	0	0	4	0	0	0	0	0	0	0	0		0	0	0		
中国重汽集团济南卡车股份有限公司	豪沃牌	混凝土搅拌运输车	ZZ5317GJBN3667E1L	ZZ1317N3667E1L	天然气	GB 17691-2005 国Ⅴ, GB 18285-2005 GB 11340-2005	10820	2496	3980	1800+3600+1350	31000	16550	0	0	0	0	10	30	0	12	0	0	0	1		0	0	0		
中国重汽集团济南卡车股份有限公司	豪沃牌	牵引汽车	ZZ4187M3817E1CB	—	天然气	GB 17691-2005 国Ⅴ, GB 18285-2005 GB 11340-2005	6300	2496	3730	3800	18000	7300	0	10	0	0	7	0	0	0	0	0	0	0		0	0	0		
中国重汽集团济南卡车股份有限公司	豪沃牌	牵引汽车	ZZ4187M4217E1LB	—	天然气	GB 17691-2005 国Ⅴ, GB 18285-2005 GB 11340-2005	6300	2496	3835	3800	18000	6800	0	0	0	1	0	0	0	0	0	0	0	0		0	0	0		

续表

企业名称	车辆品牌	车辆名称	车辆型号	底盘型号	燃料种类	排放标准	外形尺寸(mm)			轴距(mm)	总质量(kg)	整备质量(kg)	2014年													2015年1—3月				合计(辆)
							长	宽	高				1	2	3	4	5	6	7	8	9	10	11	12	小计(辆)	1	2	3	小计(辆)	
同上	同上	同上	ZZ4187M4217E1 LB	—	天然气	GB 17691－2005 国Ⅴ，GB 18285－2005 GB 11340－2005	6700	2496	3885	4200	18000	6800	0	0	0	0	10	0	5	0	0	0	0	0		0	0	0		
			ZZ4187M4217E1 LH	—	天然气	GB 17691－2005 国Ⅴ，GB 18285－2005 GB 11340－2005	6700	2496	3885	4200	18000	7200	0	0	0	0	0	0	0	0	0	0	0	5		0	0	0		
			ZZ4187N3817E1 CB	—	天然气	GB 17691－2005 国Ⅴ，GB 18285－2005 GB 11340－2005	6300	2496	3125	3800	18000	7300	0	0	2	0	0	0	0	0	1	0	0	0		0	0	0		
					天然气	GB 17691－2005 国Ⅴ，GB 18285－2005 GB 11340－2005	6300	2496	3835	3800	18000	7300	0	0	0	0	0	1	0	0	0	0	0	0		0	0	0		
			ZZ4187N4217E1 LB	—	天然气	GB 17691－2005 国Ⅴ，GB 18285－2005 GB 11340－2005	6700	2496	3885	4200	18000	6800	0	0	0	5	6	25	0	0	0	0	0	0		0	0	0		
					天然气	GB 17691－2005 国Ⅴ，GB 18285－2005 GB 11340－2005	6300 6700	2496	3835	3800 4200	18000	6800	2	9	12	28	29	3	10	10	4	3	10	4		0	0	0		
					天然气	GB 17691－2005 国Ⅴ，GB 18285－2005 GB 11340－2005	6300	2496	3885	3800	18000	6800	0	0	0	2	0	0	0	0	0	0	0	0		0	0	0		
					天然气	GB 17691－2005 国Ⅴ，GB 18285－2005 GB 11340－2005	6700	2496	3835	4200	18000	6800	0	4	0	2	1	7	5	0	0	0	0	0		0	0	0		
			ZZ4187N4217E1 LH	—	天然气	GB 17691－2005 国Ⅴ，GB 18285－2005 GB 11340－2005	6300	2496	3885	3800	18000	7200	0	0	0	0	0	0	3	0	0	0	0	0		0	0	1		
					天然气	GB 17691－2005 国Ⅴ，GB 18285－2005 GB 11340－2005	6300	2496	3835	3800	18000	7200	0	0	0	0	0	0	0	2	1	0	0	0		0	0	5		
			ZZ4187N4217Q1 LH	—	天然气	GB 17691－2005 国Ⅴ，GB 18285－2005 GB 11340－2005	6460	2496	3850	3800	18000	7200	0	0	0	0	0	0	0	0	4	0	0	0		0	0	0		
			ZZ4187N4217Q1 LB	—	天然气	GB 17691－2005 国Ⅴ，GB 18285－2005 GB 11340－2005	6860	2496	3850	4200	18000	6800	0	0	0	0	0	0	0	0	12	0	0	0		0	0	0		
			ZZ4257N25C7D1L	—	天然气	GB 17691－2005 国Ⅳ，GB 18285－2005 GB 11340－2005	6910	2496	3835	1800＋2500	25000	7400	0	0	4	0	0	9	1	4	0	1	0	0		0	0	0		
			ZZ4257N25C7E 1C	—	天然气	GB 17691－2005 国Ⅴ，GB 18285－2005 GB 11340－2005	6910	2496	3835	1800＋2500	25000	8400	0	1	2	2	0	0	0	0	0	0	0	0		0	0	0		
					天然气	GB 17691－2005 国Ⅴ，GB 18285－2005 GB 11340－2005	6910	2496	3835	1800＋2500	25000	8400	0	0	0	2	0	0	0	0	0	0	0	0		0	0	0		
			ZZ4257N25C7E 1L	—	天然气	GB 17691－2005 国Ⅴ，GB 18285－2005 GB 11340－2005	6910	2496	3835	1800＋2500	25000	7400	0	27	8	27	25	2	8	10	4	15	2	0		0	0	0		
					天然气	GB 17691－2005 国Ⅴ，GB 18285－2005 GB 11340－2005	6910	2496	3835	1800＋2500	25000	7400	0	0	0	2	1	0	0	0	0	0	0	0		0	0	0		
			ZZ4257N25C7Q 1C	—	天然气	GB 17691－2005 国Ⅴ，GB 18285－2005 GB 11340－2005	7085	2496	3850	1950＋2475	25000	8400	0	0	0	0	0	0	0	0	100	0	0	0		0	0	0		

续表

企业名称	车辆品牌	车辆名称	车辆型号	底盘型号	燃料种类	排放标准	外形尺寸(mm) 长	宽	高	轴距(mm)	总质量(kg)	整备质量(kg)	2014年 1	2	3	4	5	6	7	8	9	10	11	12	小计(辆)	2015年1—3月 1	2	3	小计(辆)	合计(辆)
同上	同上	同上	ZZ4257N25C7Q1L	—	天然气	GB 17691－2005 国Ⅴ，GB 18285－2005 GB 11340－2005	7085	2496	3850	1950＋2475	25000	7400	2	2	3	5	6	5	7	4	9	5	7	2		0	0	0		
					天然气	GB 17691－2005 国Ⅴ，GB 18285－2005 GB 11340－2005	7085	2496	3850	1950＋2475	25000	7400	1	0	10	5	3	3	3	14	4	2	2	0		0	0	0		
			ZZ4257N3847D1 CB	—	天然气	GB 17691－2005 国Ⅳ，GB 18285－2005 GB 11340－2005	7390	2496	3668	3825＋1350	25000	9210	1	0	0	0	0	0	0	0	0	0	0	0		0	0	0		
			ZZ4257N3847D1 LB	—	天然气	GB 17691－2005 国Ⅳ，GB 18285－2005 GB 11340－2005	7375	2496	3668	3825＋1350	25000	8800	0	0	1	0	1	0	0	0	0	0	0	0		0	0	0		
					天然气	GB 17691－2005 国Ⅳ，GB 18285－2005 GB 11340－2005	7375	2496	3668	3825＋1350	25000	8800	0	0	0	0	0	0	1	0	0	0	0	0		0	0	0		
			ZZ4257N3847E1 CB	—	天然气	GB 17691－2005 国Ⅴ，GB 18285－2005 GB 11340－2005	7390	2496	3125	3800＋1400	25000	9200	1	0	0	0	0	0	0	0	0	0	0	0		0	0	0		
					天然气	GB 17691－2005 国Ⅴ，GB 18285－2005 GB 11340－2005	7390	2496	3125	3825＋1350	25000	9200	6	10	13	17	15	7	10	12	11	4	12	20		4	0	1		
					天然气	GB 17691－2005 国Ⅴ，GB 18285－2005 GB 11340－2005	7390	2496	3125	3800＋1400	25000	9200	3	5	19	15	12	24	13	11	6	3	9	8		2	5	3		
			ZZ4257N3847E1 CH	—	天然气	GB 17691－2005 国Ⅴ，GB 18285－2005 GB 11340－2005	7390	2496	3125	3800＋1400	25000	10700	0	0	0	1	4	0	1	1	0	0	0	0		0	0	0		
					天然气	GB 17691－2005 国Ⅴ，GB 18285－2005 GB 11340－2005	7390	2496	3835	3825＋1350	25000	10700	0	0	1	0	0	0	0	0	0	1	0	0		0	0	0		
			ZZ4257N3847E1 CW	—	天然气	GB 17691－2005 国Ⅴ，GB 18285－2005 GB 11340－2005	7390	2496	3835	3800＋1400	25000	9980	0	0	0	0	0	0	0	0	0	0	0	0		0	0	5		
			ZZ4257N3847E1 LB	—	天然气	GB 17691－2005 国Ⅴ，GB 18285－2005 GB 11340－2005	7375	2496	3125	3825＋1350	25000	8800	0	1	0	0	0	0	0	0	0	0	0	5		1	0	0		
					天然气	GB 17691－2005 国Ⅴ，GB 18285－2005 GB 11340－2005	7375	2496	3835	3800＋1400	25000	8800	16	5	21	24	34	2	7	0	16	13	2	8		1	15	4		
					天然气	GB 17691－2005 国Ⅴ，GB 18285－2005 GB 11340－2005	7375	2496	3835	3825＋1350	25000	8800	10	35	69	36	40	122	93	22	44	30	35	50		0	1	5		
					天然气	GB 17691－2005 国Ⅴ，GB 18285－2005 GB 11340－2005	7375	2496	3885	3825＋1350	25000	8800	0	0	0	0	0	0	0	0	0	0	0	2		1	0	23		
			ZZ4257N3847E1 LH	—	天然气	GB 17691－2005 国Ⅴ，GB 18285－2005 GB 11340－2005	7375	2496	3730	3825＋1350	25000	9600	0	0	1	0	0	0	0	0	0	0	5	0		0	0	0		
					天然气	GB 17691－2005 国Ⅴ，GB 18285－2005 GB 11340－2005	7375	2496	3835	3825＋1350	25000	9600	1	0	0	0	1	0	0	0	1	4	1	1		0	0	0		
			ZZ4257N3847P1 CB	—	天然气	GB 17691－2005 国Ⅳ，GB 18285－2005 GB 11340－2005	7585	2496	3850	3800＋1400	25000	8800	0	0	0	0	1	0	0	0	0	0	0	0		0	0	0		

续表

企业名称	车辆品牌	车辆名称	车辆型号	底盘型号	燃料种类	排放标准	外形尺寸(mm)			轴距(mm)	总质量(kg)	整备质量(kg)	2014年													2015年1—3月				合计(辆)
							长	宽	高				1	2	3	4	5	6	7	8	9	10	11	12	小计(辆)	1	2	3	小计(辆)	
同上	同上	同上	ZZ4257N3847P1CB	—	天然气	GB 17691－2005 国Ⅳ，GB 18285－2005 GB 11340－2005	7585	2496	3850	3800＋1400	25000	8800	1	0	0	1	4	0	0	0	0	0	0	0		0	0	0		
			ZZ4257N3847P1LB	—	天然气	GB 17691－2005 国Ⅳ，GB 18285－2005 GB 11340－2005	7585	2496	3850	3800＋1400	25000	8800	0	0	1	0	0	0	0	0	0	0	0	0		0	0	0		
			ZZ4257N3847Q1CB	—	天然气	GB 17691－2005 国Ⅴ，GB 18285－2005 GB 11340－2005	7585	2496	3850	3800＋1400	25000	9300	1	0	0	2	3	4	0	0	1	0	0	2		0	0	0		
			ZZ4257N3847Q1LB	—	天然气	GB 17691－2005 国Ⅴ，GB 18285－2005 GB 11340－2005	7585	2496	3560	3800＋1400	25000	8800	0	0	0	0	0	0	0	0	0	0	0	3		0	0	0		
					天然气	GB 17691－2005 国Ⅴ，GB 18285－2005 GB 11340－2005	7585	2496	3850	3800＋1400	25000	8800	2	50	36	22	14	6	37	4	6	2	0	0		0	0	5		
			ZZ4257N3847Q1LH	—	天然气	GB 17691－2005 国Ⅴ，GB 18285－2005 GB 11340－2005	7585	2496	3850	3800＋1400	25000	9800	0	0	0	0	0	0	0	0	12	1	1	0		0	0	0		
			ZZ4257V25C7P1L	—	天然气	GB 17691－2005 国Ⅳ，GB 18285－2005 GB 11340－2005	7085	2496	3850	1950＋2475	25000	7400	0	1	0	0	0	0	1	0	1	0	0	0		0	0	0		
			ZZ4257V3847D1CB	—	天然气	GB 17691－2005 国Ⅳ，GB 18285－2005 GB 11340－2005	7390	2496	3835	3825＋1350	25000	9210	2	4	10	10	8	2	5	3	0	1	0	0		0	0	0		
			ZZ4257V3847D1CH	—	天然气	GB 17691－2005 国Ⅳ，GB 18285－2005 GB 11340－2005	7390	2496	3835	3825＋1350	25000	10700	0	0	0	0	0	0	0	0	0	0	0	1		0	0	0		
			ZZ4257V3847D1LB	—	天然气	GB 17691－2005 国Ⅳ，GB 18285－2005 GB 11340－2005	7375	2496	3835	3825＋1350	25000	8800	5	0	9	2	2	0	2	0	0	1	2	3		0	0	0		
			ZZ4257V3847D1LH	—	天然气	GB 17691－2005 国Ⅳ，GB 18285－2005 GB 11340－2005	7375	2496	3835	3825＋1350	25000	9600	1	1	1	0	0	0	0	0	3	0	3	0		0	0	0		
			ZZ4257V3847P1CB	—	天然气	GB 17691－2005 国Ⅳ，GB 18285－2005 GB 11340－2005	7585	2496	3850	3825＋1350	25000	9300	0	0	0	1	1	0	2	1	0	1	0	0		0	0	0		
			ZZ4257V3847P1LB	—	天然气	GB 17691－2005 国Ⅳ，GB 18285－2005 GB 11340－2005	7585	2496	3850	3825＋1350	25000	8800	0	1	0	0	0	0	2	0	5	0	0	1		0	0	0		
		自卸汽车	ZZ3257N3847D1L	ZZ3257N3847D1L	天然气	GB 17691－2005 国Ⅳ，GB 18285－2005 GB 11340－2005	8545	2496	3450	3825＋1350	25000	12290	0	0	0	0	0	0	10	0	0	0	0	0		0	0	0		
			ZZ3257N3847E1L	ZZ3257N3847E1L	天然气	GB 17691－2005 国Ⅴ，GB 18285－2005 GB 11340－2005	8545	2496	3450	3825＋1350	25000	12260	0	0	0	0	0	2	2	0	0	0	0	0		0	0	0		
					天然气	GB 17691－2005 国Ⅴ，GB 18285－2005 GB 11340－2005	8545	2496	3450	3825＋1350	25000	12260	0	0	30	0	3	0	1	43	65	0	0	2		10	0	0		
					天然气	GB 17691－2005 国Ⅴ，GB 18285－2005 GB 11340－2005	8545	2496	3450	3825＋1350	25000	12260	0	0	16	0	0	0	0	0	0	0	0	0		0	0	0		
			ZZ3257N4147E1L	ZZ3257N4147E1L	天然气	GB 17691－2005 国Ⅴ，GB 18285－2005 GB 11340－2005	8675	2496	3450	4125＋1350	25000	12320	0	0	4	0	0	0	0	5	0	0	0	0		0	0	0		

续表

企业名称	车辆品牌	车辆名称	车辆型号	底盘型号	燃料种类	排放标准	外形尺寸(mm)			轴距(mm)	总质量(kg)	整备质量(kg)	2014年													2015年1—3月				合计(辆)
							长	宽	高				1	2	3	4	5	6	7	8	9	10	11	12	小计(辆)	1	2	3	小计(辆)	
同上	同上	同上	ZZ3257N4147E1L	ZZ3257N4147E1L	天然气	GB 17691－2005 国Ⅴ，GB 18285－2005 GB 11340－2005	8845	2496	3450	4125＋1350	25000	12320	0	0	0	0	0	0	0	24	0	0	1	0		0	0	0		
			ZZ3257N4947E1L	ZZ3257N4947E1L	天然气	GB 17691－2005 国Ⅴ，GB 18285－2005 GB 11340－2005	10145	2496	3450	4925＋1350	25000	12420	0	0	0	0	0	0	4	0	0	0	0	0		0	0	0		
			ZZ3257N5247E1L	ZZ3257N5247E1L	天然气	GB 17691－2005 国Ⅴ，GB 18285－2005 GB 11340－2005	10325	2496	3450	5225＋1350	25000	12500	0	0	0	0	2	0	0	0	0	0	0	0		0	0	0		
			ZZ3317N3567E1L	ZZ3317N3567E1L	天然气	GB 17691－2005 国Ⅴ，GB 18285－2005 GB 11340－2005	10150	2496	3450	1800＋3500＋1350	31000	15150	1	0	0	0	0	0	0	2	0	0	0	0		0	0	0		
					天然气	GB 17691－2005 国Ⅴ，GB 18285－2005 GB 11340－2005	10150	2496	3450	1800＋3500＋1350	31000	15150	0	30	1	0	0	0	0	0	4	0	20	0		0	0	0		
			ZZ3317N3867D1L	ZZ3317N3867D1L	天然气	GB 17691－2005 国Ⅳ，GB 18285－2005 GB 11340－2005	10410	2496	3450	1800＋3800＋1350	31000	15250	0	0	0	0	0	0	5	0	0	0	0	0		0	0	0		
			ZZ3317N3867E1L	ZZ3317N3867E1L	天然气	GB 17691－2005 国Ⅴ，GB 18285－2005 GB 11340－2005	10410	2496	3450	1800＋3800＋1350	31000	15250	0	0	0	0	0	0	0	1	0	0	0	0		0	0	0		
					天然气	GB 17691－2005 国Ⅴ，GB 18285－2005 GB 11340－2005	10410	2496	3450	1800＋3800＋1350	31000	15250	0	1	0	0	0	0	0	2	5	8	0	0		5	0	0		
					天然气	GB 17691－2005 国Ⅴ，GB 18285－2005 GB 11340－2005	10610	2496	3450	1800＋3800＋1350	31000	15250	0	0	0	1	0	0	5	10	0	0	0	0		10	0	0		
			ZZ3317N4267E1L	ZZ3317N4267E1L	天然气	GB 17691－2005 国Ⅴ，GB 18285－2005 GB 11340－2005	11050	2496	3450	1800＋4200＋1350	31000	15310	0	1	0	0	0	0	0	0	0	0	0	0		0	0	0		
					天然气	GB 17691－2005 国Ⅴ，GB 18285－2005 GB 11340－2005	11050	2496	3450	1800＋4200＋1350	31000	15310	19	0	0	0	0	0	0	2	0	0	0	0		0	0	0		
					天然气	GB 17691－2005 国Ⅴ，GB 18285－2005 GB 11340－2005	11050	2496	3450	1800＋4200＋1350	31000	15310	5	5	0	0	0	7	0	0	0	0	4	0		0	0	0		
			ZZ3317N4267Q1L	ZZ3317N4267Q1L	天然气	GB 17691－2005 国Ⅴ，GB 18285－2005 GB 11340－2005	11165	2496	3635	1950＋4225＋1350	31000	15410	0	0	0	9	0	0	0	0	0	0	0	0		0	0	0		
			ZZ3317N4667E1C	ZZ3317N4667E1C	天然气	GB 17691－2005 国Ⅴ，GB 18285－2005 GB 11340－2005	11045	2496	3450	1800＋4600＋1350	31000	15420	0	0	0	0	0	0	0	11	0	0	0	0		0	0	0		
					天然气	GB 17691－2005 国Ⅴ，GB 18285－2005 GB 11340－2005	11045	2496	3450	1800＋4600＋1350	31000	15420	0	0	0	2	0	1	0	1	0	0	0	0		0	0	0		
			ZZ3317N4667E1L	ZZ3317N4667E1L	天然气	GB 17691－2005 国Ⅴ，GB 18285－2005 GB 11340－2005	11550	2496	3450	1800＋4600＋1350	31000	15390	61	0	56	11	2	0	2	2	0	0	0	4		0	0	0		
					天然气	GB 17691－2005 国Ⅴ，GB 18285－2005 GB 11340－2005	11550	2496	3450	1800＋4600＋1350	31000	15390	1	5	1	3	26	13	2	8	1	1	1	0		0	0	2		
			ZZ3317N4867E1C	ZZ3317N4867E1C	天然气	GB 17691－2005 国Ⅴ，GB 18285－2005 GB 11340－2005	11750	2496	3450	1800＋4800＋1350	31000	15490	0	0	0	0	0	0	0	5	0	0	0	0		0	0	0		

续表

企业名称	车辆品牌	车辆名称	车辆型号	底盘型号	燃料种类	排放标准	外形尺寸(mm)			轴距(mm)	总质量(kg)	整备质量(kg)	2014年													2015年1—3月				合计(辆)
							长	宽	高				1	2	3	4	5	6	7	8	9	10	11	12	小计(辆)	1	2	3	小计(辆)	
同上	同上	同上	ZZ3317N4867E1C	ZZ3317N4867E1C	天然气	GB 17691－2005 国Ⅴ，GB 18285－2005 GB 11340－2005	11750	2496	3450	1800＋4800＋1350	31000	15490	0	0	0	10	4	2	0	4	0	0	0	0		0	0	1		
			ZZ3317N4867E1L	ZZ3317N4867E1L	天然气	GB 17691－2005 国Ⅴ，GB 18285－2005 GB 11340－2005	11830	2496	3450	1800＋4800＋1350	31000	15490	0	0	20	17	20	2	4	0	0	0	0	0		0	0	0		
			ZZ3317N4867E1L	ZZ3317N4867E1L	天然气	GB 17691－2005 国Ⅴ，GB 18285－2005 GB 11340－2005	11830	2496	3450	1800＋4800＋1350	31000	15490	0	0	0	0	0	0	2	2	0	0	0	0		0	0	0		
		载货汽车底盘	ZZ1257M4347E1L	—	天然气	GB 17691－2005 国Ⅴ，GB 18285－2005 GB 11340－2005	9120	2496	3125	4325＋1350	25000	9170	0	0	0	0	0	0	0	0	0	0	0	0		3	0	0		
			ZZ1257M4647E1L	—	天然气	GB 17691－2005 国Ⅴ，GB 18285－2005 GB 11340－2005	9895	2496	3125	4600＋1350	25000	9230	0	0	0	0	0	0	0	0	0	0	0	0		0	0	2		
					天然气	GB 17691－2005 国Ⅴ，GB 18285－2005 GB 11340－2005	8585	2496	3125	4025＋1350	25000	8860	0	0	0	0	0	0	0	0	0	0	0	0		0	0	16		
			ZZ1257N4347E1C	—	天然气	GB 17691－2005 国Ⅴ，GB 18285－2005 GB 11340－2005	9120	2496	3125	4325＋1350	25000	11000	0	0	0	0	0	0	0	0	0	0	0	0		0	1	0		
			ZZ1317N4667E1LB	—	天然气	GB 17691－2005 国Ⅴ，GB 18285－2005 GB 11340－2005	11695	2496	3125	1800＋4600＋1350	31000	9800	0	0	0	0	0	0	0	0	0	0	0	0		1	0	0		
		载货汽车	ZZ1257M5847E1L	ZZ1257M5847E1L	天然气	GB 17691－2005 国Ⅴ，GB 18285－2005 GB 11340－2005	11963	2496	3215	5825＋1350	25000	11800	0	0	3	0	0	0	0	0	0	0	0	4		0	0	0		
			ZZ1317N4667E1LB	ZZ1317N4667E1LB	天然气	GB 17691－2005 国Ⅴ，GB 18285－2005 GB 11340－2005	11984	2496	3215	1800＋4600＋1350	31000	11280	0	0	0	0	0	0	0	0	0	1	0	6		0	0	0		
		自卸汽车底盘	ZZ3317N4867E1L	—	天然气	GB 17691－2005 国Ⅴ，GB 18285－2005 GB 11340－2005	10810	2496	3125	1800＋4800＋1350	31000	10660	0	0	0	0	0	0	0	0	0	0	0	0		4	0	0		
		仓栅式运输车	ZZ5317CCYN4667E1LB	ZZ1317N4667E1LB	天然气	GB 17691－2005 国Ⅴ，GB 18285－2005 GB 11340－2005	11984	2496	3980	1800＋4575＋1400	31000	11350	0	0	0	0	0	0	0	0	0	0	1	0		0	0	0		
奇瑞商用车（安徽）有限公司	集瑞联合牌	牵引汽车	SQR4181N5Z－1	—	天然气	GB 17691－2005 国Ⅳ，GB 18285－2005 GB 11340－2005	6726	2500	3575	4200	18000	7100	0	0	0	0	0	0	0	1	0	0	0	0	2497	0	0	0	328	2825
			SQR4181N6Z	—	天然气	GB 17691－2005 国Ⅳ，GB 18285－2005 GB 11340－2005	6026	2500	3905	3500	18000	6805	0	0	0	0	0	0	0	0	0	2	0	0		0	0	0		
				—	天然气	GB 17691－2005 国Ⅳ，GB 18285－2005 GB 11340－2005	6726	2500	3905	3500	18000	6805	0	0	0	0	0	0	0	0	0	3	0	0		0	0	0		
			SQR4182N6Z	—	天然气	GB 17691－2005 国Ⅴ，GB 18285－2005 GB 11340－2005	6726	2500	3905	4200	18000	7200	4	0	0	6	12	4	3	1	0	0	45	27		0	130	6		
			SQR4182N6Z－1	—	天然气	GB 17691－2005 国Ⅴ，GB 18285－2005 GB 11340－2005	6726	2500	3905	4200	18000	6870	0	0	0	1	0	1	0	33	31	21	5	20		1	0	3		
					天然气	GB 17691－2005 国Ⅴ，GB 18285－2005 GB 11340－2005	6726	2500	3905	4200	18000	6870	0	0	2	1	40	1	0	1	0	0	0	3		0	0	0		

续表

企业名称	车辆品牌	车辆名称	车辆型号	底盘型号	燃料种类	排放标准	外形尺寸(mm) 长	宽	高	轴距(mm)	总质量(kg)	整备质量(kg)	2014年 1	2	3	4	5	6	7	8	9	10	11	12	小计(辆)	2015年1—3月 1	2	3	小计(辆)	合计(辆)
同上	同上	同上	SQR4251N6ZT2	—	天然气	GB 17691－2005 国Ⅳ，GB 18285－2005 GB 11340－2005	7126	2500	3650	1950＋2650	25000	8300	0	0	0	0	0	0	2	0	1	0	0	0		0	0	0		
			SQR4251N6ZT4	—	天然气	GB 11340－2005，GB 18285－2005 GB 17691－2005 国Ⅳ	7515	2500	3650	3825＋1350	25000	8750	0	0	1	0	0	0	0	0	0	0	0	0		0	0	0		
					天然气	GB 11340－2005，GB 18285－2005 GB 17691－2005 国Ⅳ	7515	2500	3905	3825＋1350	25000	8750	1	3	14	3	6	0	0	0	2	40	0	0		0	0	0		
			SQR4252N6ZT2	—	天然气	GB 17691－2005 国Ⅴ，GB 18285－2005 GB 11340－2005	7126	2500	3650	1950＋2650	25000	8300	0	1	60	14	18	10	2	1	11	0	1	0		20	0	0		
					天然气	GB 17691－2005 国Ⅴ，GB 18285－2005 GB 11340－2005	7126	2500	3650	1950＋2650	25000	8300	0	0	0	0	4	14	15	10	28	10	112	12		55	14	9		
					天然气	GB 17691－2005 国Ⅴ，GB 18285－2005 GB 11340－2005	7126	2500	3650	1950＋2650	25000	8300	0	0	0	3	0	0	0	0	0	0	0	0		0	0	0		
					天然气	GB 17691－2005 国Ⅴ，GB 18285－2005 GB 11340－2005	7126	2500	3650	1950＋2650	25000	8300	0	0	0	2	0	0	0	0	0	0	0	0		0	0	0		
					天然气	GB 17691－2005 国Ⅴ，GB 18285－2005 GB 11340－2005	7126	2500	3650	1950＋2650	25000	8300	4	0	8	53	1	0	0	4	0	0	0	3		10	0	0		
			SQR4252N6ZT2－3	—	天然气	GB 17691－2005 国Ⅴ，GB 18285－2005 GB 11340－2005	7059	2500	3650	1950＋2650	25000	8700	0	0	0	0	0	0	0	0	0	0	0	0		0	1	20		
			SQR4252N6ZT4	—	天然气	GB 17691－2005 国Ⅴ，GB 18285－2005 GB 11340－2005	7398	2500	3650	3825＋1350	25000	8805	0	0	0	0	0	0	0	0	0	0	30	0		0	0	0		
					天然气	GB 17691－2005 国Ⅴ，GB 18285－2005 GB 11340－2005	7398	2500	3905	3825＋1350	25000	8805	9	19	11	15	42	4	15	38	35	36	25	78		15	11	3		
					天然气	GB 17691－2005 国Ⅴ，GB 18285－2005 GB 11340－2005	7398	2500	3905	3825＋1350	25000	8805	1	8	1	0	0	0	1	0	0	0	0	0		0	0	0		
					天然气	GB 17691－2005 国Ⅴ，GB 18285－2005 GB 11340－2005	7398	2500	3905	3825＋1350	25000	8805	0	0	0	1	0	0	0	0	0	0	0	0		0	0	0		
					天然气	GB 17691－2005 国Ⅴ，GB 18285－2005 GB 11340－2005	7398	2500	3905	3825＋1350	25000	8805	20	0	0	0	0	0	1	0	0	0	0	0		0	0	0		
					天然气	GB 17691－2005 国Ⅴ，GB 18285－2005 GB 11340－2005	7398	2500	3650	3825＋1350	25000	8805	24	31	73	60	0	0	3	2	1	2	2	1		0	0	0		
					天然气	GB 17691－2005 国Ⅴ，GB 18285－2005 GB 11340－2005	7398	2500	3905	3825＋1350	25000	8805	0	1	30	0	0	0	0	0	0	0	0	2		0	0	0		
			SQR4252N6ZT4－1	—	天然气	GB 17691－2005 国Ⅴ，GB 18285－2005 GB 11340－2005	7398	2500	3905	3825＋1350	25000	8805	28	0	25	0	0	0	0	0	2	6	10	1		6	0	0		
			SQR4252N6ZT4－2	—	天然气	GB 17691－2005 国Ⅴ，GB 18285－2005 GB 11340－2005	7398	2500	3905	3825＋1350	25000	11660	0	0	0	0	0	1	0	11	8	17	26	29		1	0	0		

续表

企业名称	车辆品牌	车辆名称	车辆型号	底盘型号	燃料种类	排放标准	外形尺寸(mm) 长	宽	高	轴距(mm)	总质量(kg)	整备质量(kg)	2014年 1	2	3	4	5	6	7	8	9	10	11	12	小计(辆)	2015年1—3月 1	2	3	小计(辆)	合计(辆)
同上	同上	同上	SQR4252N6ZT4-2	—	天然气	GB 17691-2005 国Ⅴ，GB 18285-2005 GB 11340-2005	7398	2500	3905	3825+1350	25000	12820	0	0	0	0	0	0	0	0	1	0	0	0		0	0	0		
		自卸汽车	SQR3251N6T4	SQR3252N6T4-E	天然气	GB 11340-2005，GB 18285-2005 GB 17691-2005 国Ⅳ	8457	2500	3560	3825+1350	25000	12050	1	0	0	10	0	20	0	0	0	0	0	0		0	0	0		
			SQR3252N6T4	SQR3252N6T4-E	天然气	GB 17691-2005 国Ⅴ，GB 18285-2005 GB 11340-2005	8557	2500	3560	3825+1350	25000	12050	0	0	72	0	0	0	40	0	1	0	0	0		0	0	0		
			SQR3252N6T4-1	SQR3311N6T6-E1	天然气	GB 17691-2005 国Ⅴ，GB 18285-2005 GB 11340-2005	9120	2500	3560	4200+1350	25000	12490	0	0	0	10	0	0	0	0	0	10	0	1		5	0	0		
			SQR3311N6T6-1	SQR3312N6T6-E1	天然气	GB 11340-2005，GB 18285-2005 GB 17691-2005 国Ⅳ	11220	2500	3560	1950+4350+1350	31000	14945	0	20	6	1	0	0	0	14	0	0	0	0		0	0	0		
			SQR3312N6T6	SQR3312N6T6-E	天然气	GB 17691-2005 国Ⅴ，GB 18285-2005 GB 11340-2005	11220	2500	3560	1950+4350+1350	31000	14945	0	9	3	21	9	1	0	1	10	2	5	1		0	0	0		
			SQR3312N6T6-1	SQR3312N6T6-E1	天然气	GB 17691-2005 国Ⅴ，GB 18285-2005 GB 11340-2005	10720	2500	3560	1950+3850+1350	3100	14800	0	0	0	0	13	0	0	5	0	0	0	0		5	0	0		
			SQR3312N6T6-2	SQR3251N6T4-E2	天然气	GB 17691-2005 国Ⅴ，GB 18285-2005 GB 11340-2005	11670	2500	3560	1950+4800+1350	31000	14945	0	0	0	2	10	0	0	1	0	0	0	0		0	0	0		
		混凝土搅拌运输车	SQR5251GJBN6T4	SQR3251N6T4-E	天然气	GB 11340-2005，GB 18285-2005 GB 17691-2005 国Ⅳ	9350	2500	3950	3825+1350	25000	14200	3	0	10	0	0	0	0	0	0	0	0	0		0	0	0		
			SQR5251GJBN6T4-1	SQR5252GJBN6T4-E1	天然气	GB 11340-2005，GB 18285-2005 GB 17691-2005 国Ⅳ	10055	2500	3980	4200+1350	25000	15000	0	0	3	0	1	0	0	0	0	0	0	0		0	0	0		
			SQR5252GJBN6T4	SQR5252GJBN6T4-E	天然气	GB 17691-2005 国Ⅴ，GB 18285-2005 GB 11340-2005	10530	2500	3990	4200+1350	25000	15000	1	0	25	32	80	30	41	21	0	1	0	0		0	0	0		
					天然气	GB 17691-2005 国Ⅴ，GB 18285-2005 GB 11340-2005	10055	2500	3990	4200+1350	25000	15000	0	0	0	40	5	0	0	0	0	0	0	0		0	0	0		
					天然气	GB 17691-2005 国Ⅴ，GB 18285-2005 GB 11340-2005	10530	2500	3990	4200+1350	25000	15000	35	0	0	0	23	16	10	177	0	1	0	0		0	0	0		
			SQR5312GJBN6T6	SQR5312GJBN6T6	天然气	GB 17691-2005 国Ⅴ，GB 18285-2005 GB 11340-2005	11380	2500	3990	1950+3450+1350	31000	16900	0	0	0	17	3	10	21	9	0	0	0	0		0	0	0		
		低密度粉粒物料运输车	SQR5312GFLN6T6	SQR5312GFLN6T6	天然气	GB 17691-2005 国Ⅴ，GB 18285-2005 GB 11340-2005	11990	2500	3950	1950+4500+1350	31000	17005	10	0	0	2	2	0	0	0	0	0	0	0		2	0	0		
					天然气	GB 17691-2005 国Ⅴ，GB 18285-2005 GB 11340-2005	11990	2500	3950	1950+4500+1350	31000	17005	0	0	0	0	2	0	1	1	0	0	0	0		0	0	0		
		自卸汽车底盘	SQR3312N6T6-E1	—	天然气	GB 17691-2005 国Ⅴ，GB 18285-2005 GB 11340-2005	9630	2500	3250	1950+3850+1350	31000	10650	0	0	0	0	0	0	0	0	0	0	0	0		5	0	0		
			SQR3252N6T4-E1		天然气	GB 17691-2005 国Ⅴ，GB 18285-2005 GB 11340-2005	8030	2500	3250	4200+1350	25000	9650	0	0	0	0	0	0	0	0	0	0	0	0		5	0	0		

续表

企业名称	车辆品牌	车辆名称	车辆型号	底盘型号	燃料种类	排放标准	外形尺寸(mm) 长	宽	高	轴距(mm)	总质量(kg)	整备质量(kg)	2014年 1	2	3	4	5	6	7	8	9	10	11	12	小计(辆)	2015年1—3月 1	2	3	小计(辆)	合计(辆)
同上	同上	自卸式垃圾车	SQR5252ZLJN6T4	SQR3252N6T4-E2	天然气	GB 17691-2005 国Ⅴ，GB 18285-2005 GB 11340-2005	8457	2500	3560	3825+1350	25000	12050	0	0	0	0	2	2	0	0	0	0	0	0		0	0	0		
同上	同上	自卸式垃圾车	SQR5252ZLJN6T4-1	SQR3252N6T4-E	天然气	GB 17691-2005 国Ⅴ，GB 18285-2005 GB 11340-2005	8557	2500	3560	3825+1350	25000	12050	0	0	0	0	0	0	0	24	0	0	0	0		0	0	0		
同上	同上	仓栅式运输车	SQR5312CCYN6T6	SQR1312N6T6-E1	天然气	GB 17691-2005 国Ⅴ，GB 18285-2005 GB 11340-2005	11990	2500	3950	1950+4500+1350	31000	12700	0	2	0	0	0	0	2	0	0	0	0	1		0	0	0		
同上	同上	厢式运输车	SQR5252XXYN5T2	SQR1252N5T2-E	天然气	GB 17691-2005 国Ⅴ，GB 18285-2005 GB 11340-2005	11990	2550	3980	1950+6000	25000	11200	0	0	0	0	2	0	0	0	0	0	0	1		0	0	0		
同上	同上	载货汽车底盘	SQR1312N6T6-E1	—	天然气	GB 17691-2005 国Ⅴ，GB 18285-2005 GB 11340-2005	11730	2500	3650	1950+4700+1350	31000	11200	0	0	0	0	0	0	0	0	0	0	0	0		1	0	0		
东风汽车有限公司	东风牌	半挂牵引车	DFH4240A1	—	天然气	GB 11340-2005，GB 18285-2005 GB 17691-2005 国Ⅴ	7300	2500	3770	1900+2850	24000	8800	0	0	0	0	0	19	45	6	235	205	56	3		0	0	0		
			DFH4250A	—	天然气	GB 11340-2005，GB 18285-2005 GB 17691-2005 国Ⅴ	7560	2500	3770	3900+1350	25000	11400	0	0	0	0	0	0	0	0	0	8	2	0		0	0	0		
			DFL4251A18	—	天然气	GB 11340-2005，GB 18285-2005 GB 17691-2005 国Ⅳ	7460	2500	3700	3900+1350	25000	9600	8	0	1	28	1	1	0	0	0	0	0	0		0	0	0		
					天然气	GB 11340-2005，GB 18285-2005 GB 17691-2005 国Ⅳ	7460	2500	3700	3900+1350	25000	9600	29	49	51	61	7	1	8	1	6	8	0	10		4	0	0		
			EQ4250GD3GN	—	天然气	GB 11340-2005，GB 18285-2005 GB 17691-2005 国Ⅳ	7560	2500	3700	3900+1350	25000	8800	0	0	0	5	10	10	12	0	0	2	1	10		0	0	0		
			EQ4250GD3GN	—	天然气	GB 11340-2005，GB 18285-2005 GB 17691-2005 国Ⅳ	7560	2500	3700	3900+1350	25000	8800	0	0	1	6	2	2	33	3	12	1	5	0	2368	0	0	0	4	2372
			EQ4250GD5N	—	天然气	GB 11340-2005，GB 18285-2005 GB 17691-2005 国Ⅴ	7125	2500	3700	1850+2700	25000	8220	0	0	0	0	0	0	0	0	0	1	0	0		0	0	0		
					天然气	GB 11340-2005，GB 18285-2005 GB 17691-2005 国Ⅴ	7125	2500	3700	1850+2700	25000	8220	0	0	0	0	0	0	0	0	0	1	0	0		0	0	0		
					天然气	GB 11340-2005，GB 18285-2005 GB 17691-2005 国Ⅴ	6950	2500	3700	1700+2700	25000	8220	0	1	0	8	11	15	0	0	0	3	1	0		0	0	0		
			EQ4250GD5N1	—	天然气	GB 11340-2005，GB 18285-2005 GB 17691-2005 国Ⅴ	7560	2500	3700	3900+1350	25000	9600	0	0	0	0	0	0	0	2	0	1	0	0		0	0	0		
					天然气	GB 11340-2005，GB 18285-2005 GB 17691-2005 国Ⅴ	7260	2500	3030	3900+1350	25000	9600	0	0	0	0	10	0	2	10	1	0	0	0		0	0	0		
					天然气	GB 11340-2005，GB 18285-2005 GB 17691-2005 国Ⅴ	7560	2500	3700	3900+1350	25000	9600	0	7	141	163	111	78	101	84	239	170	33	0		0	0	0		

续表

企业名称	车辆品牌	车辆名称	车辆型号	底盘型号	燃料种类	排放标准	外形尺寸(mm)			轴距(mm)	总质量(kg)	整备质量(kg)	2014年													2015年1—3月				合计(辆)
							长	宽	高				1	2	3	4	5	6	7	8	9	10	11	12	小计(辆)	1	2	3	小计(辆)	
同上	同上	载货汽车	EQ1160GD5N	EQ1160GD5NJ	天然气	GB 11340－2005，GB 18285－2005 GB 17691－2005 国Ⅴ	9000	2500	2870	5100	16000	5970	0	0	0	0	2	1	0	20	0	0	0	0		0	0	0		
			EQ1250GD5N	EQ1250GD5NJ	天然气	GB 11340－2005，GB 18285－2005 GB 17691－2005 国Ⅴ	11900	2500	3760	2150＋5350	25000	9650	0	0	0	0	0	0	0	51	0	0	0	0		0	0	0		
			EQ1250GD5N1	EQ1250GD5NJ1	天然气	GB 11340－2005，GB 18285－2005 GB 17691－2005 国Ⅴ	11960	2500	3200	5700＋1300	25000	11485	0	0	1	0	0	0	0	0	0	0	0	0		0	0	0		
					天然气	GB 11340－2005，GB 18285－2005 GB 17691－2005 国Ⅴ	11960	2500	3200	5700＋1300	25000	11485	0	0	1	0	0	0	0	0	0	0	0	0		0	0	0		
			EQ1310GD5N	EQ1310GD5NJ	天然气	GB 11340－2005，GB 18285－2005 GB 17691－2005 国Ⅴ	12000	2500	3760	2150＋4500＋1350	30600	12505	0	0	2	0	0	0	0	0	0	0	0	0		0	0	0		
					天然气	GB 11340－2005，GB 18285－2005 GB 17691－2005 国Ⅴ	12000	2500	3200	2150＋4500＋1350	30600	12505	0	0	0	0	0	0	1	0	0	0	0	0		0	0	0		
		自卸汽车	DFL3310A17	DFL3310A17	天然气	GB 11340－2005，GB 18285－2005 GB 17691－2005 国Ⅳ	10350	2500	3450	1850＋3800＋1350	31000	14770	2	0	0	0	0	0	0	0	0	0	0	0		0	0	0		
			EQ3310GD5N	EQ3310GD5NJ	天然气	GB 11340－2005，GB 18285－2005 GB 17691－2005 国Ⅴ	10450	2500	3450	1850＋3800＋1350	31000	14770	0	0	1	0	2	0	0	21	0	0	6	0		0	0	0		
		半挂牵引汽车	DFL4251AX12A	—	天然气	GB 11340－2005，GB 18285－2005 GB 17691－2005 国Ⅳ	7460	2500	3700	3800＋1350	25000	8805	1	7	0	4	3	0	0	0	3	0	0	16		0	0	0		
			DFL4251AX18	—	天然气	GB 11340－2005，GB 18285－2005 GB 17691－2005 国Ⅳ	7460	2500	3700	3900＋1350	25000	8805	2	1	1	2	2	0	20	0	1	2	0	0		0	0	0		
		混凝土搅拌运输车	DFL5251GJBA5	DFL5251GJBA5	天然气	GB 11340－2005，GB 18285－2005 GB 17691－2005 国Ⅳ	9980	2500	3900	4000＋1350	24900	14000	0	0	0	0	0	0	0	34	0	0	0	0		0	0	0		
成都大运汽车集团有限公司	大运牌	混凝土搅拌运输车	CGC5250GJBN5XCA	CGC3251N5XCA	天然气	GB 17691－2005 国Ⅴ，GB 11340－2005 GB 18285－2005	9020	2490	3995	3800＋1350	25000	13050	0	0	0	0	0	0	0	1	0	0	0	0		0	0	0		
			CGC5250GJBN5XCB	CGC3251N5XCA	天然气	GB 17691－2005 国Ⅴ，GB 11340－2005 GB 18285－2005	9480	2490	3900	4100＋1350	25000	13850	0	0	0	0	0	0	1	12	0	0	0	0	1986	0	0	0	156	2142
			CGC5250GJBN5XCC	CGC3251N5XCB	天然气	GB 17691－2005 国Ⅴ，GB 11340－2005 GB 18285－2005	9930	2490	3975	4300＋1350	25000	12455	0	0	0	0	0	0	0	1	0	0	0	0		0	0	0		
			CGC5310GJBN5XDA	CGC5310GJBN5XDA	天然气	GB 17691－2005 国Ⅴ，GB 11340－2005 GB 18285－2005	10880	2500	3995	1800＋3600＋1350	31000	15000	0	0	0	0	0	1	6	1	0	0	0	0		0	0	0		
同上	同上	牵引汽车	CGC4181N4RA	—	天然气	GB 17691－2005 国Ⅳ，GB 11340－2005 GB 18285－2005	6630	2490	3410	4200	18000	7800	0	0	0	0	0	0	0	0	0	1	0	0		0	0	0		
			CGC4181N5RAA	—	天然气	GB 17691－2005 国Ⅴ，GB 11340－2005 GB 18285－2005	6630	2490	3430	4200	18000	7500	0	0	0	0	2	0	0	0	0	1	0	0		0	0	0		

续表

企业名称	车辆品牌	车辆名称	车辆型号	底盘型号	燃料种类	排放标准	外形尺寸(mm)			轴距(mm)	总质量(kg)	整备质量(kg)	2014年													2015年1—3月				合计(辆)
							长	宽	高				1	2	3	4	5	6	7	8	9	10	11	12	小计(辆)	1	2	3	小计(辆)	
同上	同上	同上	CGC4181N5XAA	—	天然气	GB 17691-2005 国Ⅴ，GB 11340-2005 GB 18285-2005	6630	2490	3430	4200	18000	7500	0	0	0	0	0	0	0	0	0	0	10	0		0	0	0		
			CGC4253N43BA	—	天然气	GB 17691-2005 国Ⅳ，GB 11340-2005 GB 18285-2005	7150	2500	3430	1700+3000	25000	8000	0	0	0	0	0	1	2	2	16	13	5	2		5	0	2		
			CGC4253N43CA	—	天然气	GB 17691-2005 国Ⅳ，GB 11340-2005 GB 18285-2005	7455	2490	3515	3800+1350	25000	8800	16	0	36	2	7	3	0	0	0	2	5	1		0	0	0		
			CGC4253N4XB	—	天然气	GB 17691-2005 国Ⅳ，GB 11340-2005 GB 18285-2005	7150	2500	3425	1700+3000	25000	8300	15	52	109	52	129	78	104	75	248	186	81	20		22	5	42		
					天然气	GB 17691-2005 国Ⅳ，GB 11340-2005 GB 18285-2005	7150	2500	3425	1700+3000	25000	8300	0	3	8	8	9	9	6	3	20	6	15	1		4	0	0		
			CGC4253N52BA	—	天然气	GB 17691-2005 国Ⅴ，GB 11340-2005 GB 18285-2005	7130	2500	3430	1700+3000	25000	8350	1	0	0	4	0	9	12	20	26	32	45	14		12	1	47		
					天然气	GB 17691-2005 国Ⅴ，GB 11340-2005 GB 18285-2005	7130	2500	3430	1700+3000	25000	8350	0	0	0	0	0	0	6	9	13	7	5	5		5	0	0		
			CGC4253N52CA	—	天然气	GB 17691-2005 国Ⅴ，GB 11340-2005 GB 18285-2005	7455	2490	3605	3800+1350	25000	8800	0	30	0	0	0	0	0	0	0	0	0	0		0	0	0		
					天然气	GB 17691-2005 国Ⅴ，GB 11340-2005 GB 18285-2005	7455	2490	3605	3800+1350	25000	8800	0	0	0	0	0	0	0	0	0	18	0	0		0	0	0		
			CGC4253N53BA	—	天然气	GB 17691-2005 国Ⅴ，GB 11340-2005 GB 18285-2005	7130	2500	3430	1700+3000	25000	8350	0	0	0	0	0	0	0	3	3	1	4	0		3	0	0		
			CGC4253N53CA	—	天然气	GB 17691-2005 国Ⅴ，GB 11340-2005 GB 18285-2005	7455	2490	3605	3800+1350	25000	9650	0	0	0	0	7	2	0	1	1	7	8	15		0	0	4		
			CGC4253WN4XC	—	天然气	GB 17691-2005 国Ⅳ，GB 11340-2005 GB 18285-2005	7455	2490	3515	3800+1350	25000	9750	2	1	30	0	0	0	15	2	15	40	0	0		0	0	0		
					天然气	GB 17691-2005 国Ⅳ，GB 11340-2005 GB 18285-2005	7455	2490	3515	3800+1350	25000	9750	1	1	1	15	0	0	3	0	4	0	0	0		0	0	0		
					天然气	GB 17691-2005 国Ⅳ，GB 11340-2005 GB 18285-2005	7455	2490	3515	3800+1350	25000	9750		11	17	14	10	3	14	8	15	16	2	1		0	0	0		
		自卸汽车	CGC3251N42CB	CGC3251N42CA	天然气	GB 17691-2005 国Ⅳ，GB 11340-2005 GB 18285-2005	8635	2490	3500	4100+1350	25000	12055	0	0	0	1	4	0	0	3	0	0	0	0		0	0	0		
			CGC3251N5XCA	CGC3251N5XCA	天然气	GB 17691-2005 国Ⅴ，GB 18285-2005 GB 11340-2005	8235	2490	3500	3800+1350	25000	11910	0	0	0	0	0	0	0	0	0	0	1	0		0	0	0		
			CGC3313N4AD	CGC3313N4XD	天然气	GB 17691-2005 国Ⅳ，GB 11340-2005 GB 18285-2005	10430	2500	3500	1800+3800+1350	31000	14800	0	0	0	0	0	2	0	0	0	0	0	0		0	0	0		
			CGC3313N4CD	CGC3313N4BD	天然气	GB 17691-2005 国Ⅳ，GB 11340-2005 GB 18285-2005	10530	2500	3500	1800+4200+1350	31000	14800	0	0	0	0	0	0	0	1	0	0	0	0		0	0	0		

续表

企业名称	车辆品牌	车辆名称	车辆型号	底盘型号	燃料种类	排放标准	外形尺寸(mm)			轴距(mm)	总质量(kg)	整备质量(kg)	2014年													2015年1—3月				合计(辆)
							长	宽	高				1	2	3	4	5	6	7	8	9	10	11	12	小计(辆)	1	2	3	小计(辆)	
同上	同上	同上	CGC3313N4HD	CGC3313N43D	天然气	GB 17691－2005 国Ⅳ，GB 11340－2005 GB 18285－2005	11430	2500	3500	1800＋4600＋1350	31000	14800	0	0	0	0	0	0	0	3	0	0	0	0		0	0	0		
			CGC3313N4XD	CGC3313N4XD	天然气	GB 17691－2005 国Ⅳ，GB 11340－2005 GB 18285－2005	9830	2500	3500	1800＋3400＋1350	31000	14800	0	2	0	0	0	0	0	1	0	0	0	0		0	0	0		
			CGC3313N52DA	CGC3313N52DA	天然气	GB 17691－2005 国Ⅴ，GB 11340－2005 GB 18285－2005	9930	2500	3500	1800＋3400＋1350	31000	14800	0	5	0	0	0	0	0	5	0	2	0	0		0	2	0		
			CGC3313N52DB	CGC3313N52DA	天然气	GB 17691－2005 国Ⅴ，GB 11340－2005 GB 18285－2005	10230	2500	3500	1800＋3800＋1350	31000	14800	0	0	0	0	0	20	0	0	0	0	0	0		0	0	0		
		自卸汽车底盘	CGC3313N52DA	—	天然气	GB 17691－2005 国Ⅴ，GB 11340－2005 GB 18285－2005	8980	2490	3065	1800＋3400＋1350	31000	10300	0	0	0	0	0	0	0	0	0	0	0	0		0	2	0		
中国第一汽车集团公司	解放牌	集装箱天然气半挂牵引汽车	CA4250P66T1A1E24M4X	—	天然气	GB 18285－2005，GB 11340－2005 GB 17691－2005 国Ⅳ	7420	2500	3560	3800＋1350	25000	8800	0	0	1	0	0	0	0	0	0	0	0	0		0	0	0		
		平头天然气半挂牵引汽车	CA4250P66T1A1E22M5	CA4250P66T1A1E22M5	天然气	GB 18285－2005，GB 11340－2005 GB 17691－2005 国Ⅳ	7400	2500	3560	3800＋1350	25000	8805	0	0	0	0	1	6	2	24	6	7	65	14		1	0	3		
			CA4250P66T1A1E24M4	—	天然气	GB 18285－2005，GB 11340－2005 GB 17691－2005 国Ⅳ	7420	2500	3560	3800＋1350	25000	8800	0	0	1	0	0	0	0	0	0	0	0	0		0	0	0		
					天然气	GB 18285－2005，GB 11340－2005 GB 17691－2005 国Ⅳ		2500	3560	3800＋1350	25000	8800	0	0	0	0	0	1	2	4	0	10	0	4		0	0	0		
			CA4250P66T1A1E24M5	—	天然气	GB 11340－2005，GB 18285－2005 GB 17691－2005 国Ⅴ	7400	2500	3560	3800＋1350	25000	8805	0	0	0	0	0	0	0	0	1	0	0	0		0	0	0		
			CA4250P66T1A1EM4	—	天然气	GB 11340－2005，GB 18285－2005 GB 17691－2005 国Ⅳ	7510	2495	3560	3800＋1350	25000	9520	0	0	0	0	0	0	0	2	0	0	0	0	1684	0	4	0	127	1811
			CA4250P66T1A2E22M5	CA4250P66T1A2E22M5	天然气	GB 18285－2005，GB 11340－2005 GB 17691－2005 国Ⅴ	7510	2495	3560	3800＋1350	25000	8870	0	0	4	0	7	6	17	3	2	0	3	6		4	7	0		
			CA4250P66T1A2E24M4	CA4250P66T1A2E24M4	天然气	GB 18285－2005，GB 11340－2005 GB 17691－2005 国Ⅳ	7420	2500	3560	3800＋1350	25000	10300	0	4	30	10	39	22	4	9	4	16	1	3		1	1	4		
			CA4250P66T1A2E24M5	—	天然气	GB 18285－2005，GB 11340－2005 GB 17691－2005 国Ⅴ	7510	2495	3060	3800＋1350	25000	8870	0	0	0	0	0	5	0	0	0	0	6	1		6	0	9		
			CA4250P66T3E24M5	—	天然气	GB 18285－2005，GB 11340－2005 GB 17691－2005 国Ⅴ阶段	7140	2495	3560	2100＋2650	25000	9200	0	0	0	0	0	0	0	36	82	191	233	71		16	3	36		
		平头天然气自卸汽车	CA3250P66L0T1E24M5	CA3250P66L0BT1E24M5	天然气	GB 18285－2005，GB 11340－2005 GB 17691－2005 国Ⅴ	8450	2500	3680	4050＋1350	25000	12430	0	0	0	0	0	0	0	1	0	0	0	0		0	0	0		
			CA3250P66L2T1E24M5	CA3250P66L2BT1E24M5	天然气	GB 18285－2005，GB 11340－2005 GB 17691－2005 国Ⅴ	9250	2500	3300	1350＋4300	25000	12430	0	0	0	0	0	0	0	1	0	0	0	0		0	0	0		

续表

企业名称	车辆品牌	车辆名称	车辆型号	底盘型号	燃料种类	排放标准	外形尺寸(mm)			轴距(mm)	总质量(kg)	整备质量(kg)	2014年													2015年1—3月				合计(辆)
							长	宽	高				1	2	3	4	5	6	7	8	9	10	11	12	小计(辆)	1	2	3	小计(辆)	
同上	同上	同上	CA3250P66T1 E24M4	CA3250P66BT1 E24M4	天然气	GB 18285－2005，GB 11340－2005 GB 17691－2005 国Ⅳ	8650	2500	3680	4300＋1350	25000	12430	0	0	0	0	5	0	0	0	0	0	0	0		0	0	0		
			CA3310P66L7T4 E22M4	CA3310P66L7BT4 E22M4	天然气	GB 18285－2005，GB 11340－2005 GB 17691－2005 国Ⅳ	11800	2500	3300	2100＋4700＋1350	31000	15390	0	0	0	0	0	0	0	1	0	0	0	0		0	0	0		
		平头液化天然气半挂牵引车			天然气	GB 18285－2005，GB 11340－2005 GB 17691－2005 国Ⅳ	11800	2500	3680	2100＋4700＋1350	31000	15390	0	0	2	0	0	0	0	7	1	0	0	0		0	0	0		
			CA4250P66T1A2 E22M4	CA4250P66T1A2 E22M4	天然气	GB 18285－2005，GB 11340－2005 GB 17691－2005 国Ⅳ	7510	2495	3560	3800＋1350	25000	8870	5	6	24	12	29	44	59	87	25	23	59	16		1	2	5		
			CA4250P66T1A3 E22M4	CA4250P66T1A3 E22M4	天然气	GB 18285－2005，GB 11340－2005 GB 17691－2005 国Ⅳ	7420	2500	3560	3800＋1350	25000	10800	0	1	1	8	2	4	9	1	4	8	11	2		1	0	0		
		天然气半挂牵引汽车	CA4140N2E5A90	CA4140N2E5A90	天然气	GB 11340－2005，GB 18285－2005 GB 17691－2005 国Ⅴ	6300	2500	2460	4250	13560	5600	0	0	2	0	1	51	10	11	20	40	0	10		0	10	2		
			CA4140N2E5A90	CA4140N2E5A90	天然气	GB 11340－2005，GB 18285－2005 GB 17691－2005 国Ⅴ	6300	2500	2460	4250	13560	5600	0	0	0	35	5	8	1	2	5	1	1	13		2	0	1		
			CA4180N2E5A90	CA4180N2E5A90	天然气	GB 11340－2005，GB 18285－2005 GB 17691－2005 国Ⅴ	6300	2500	2500	4250	17950	5050	0	0	0	0	0	0	0	0	1	0	0	0		0	0	0		
			CA4181N2E5A90	—	天然气	GB 17691－2005 国Ⅴ，GB 18285－2005 GB 11340－2005	6825	2500	2850	4500	18000	6990	0	0	0	0	0	0	0	0	0	0	2	12		0	0	0		
					天然气	GB 17691－2005 国Ⅴ，GB 18285－2005 GB 11340－2005	6825	2500	3760	4500	18000	6990	0	0	0	0	0	0	0	0	0	0	0	0		0	0	2		
			CA4252N2E4R5T3 A90	CA4252N2E4R5T3 A90	天然气	GB 11340－2005，GB 18285－2005 GB 17691－2005 国Ⅳ	8020	2500	3070	2600＋3100	25000	8300	0	0	0	1	3	10	0	0	11	0	0	0		0	0	0		
					天然气	GB 11340－2005，GB 18285－2005 GB 17691－2005 国Ⅴ	8020	2500	3070	2600＋3100	25000	8300	0	0	0	0	0	0	0	0	0	2	0	1		0	0	0		
			CA4252N2E5R5T3 A90	CA4252N2E5R5T3 A90	天然气	GB 11340－2005，GB 18285－2005 GB 17691－2005 国Ⅴ	8020	2500	3230	2600＋3100	25000	8300	0	0	0	0	0	0	0	0	0	0	0	1		0	0	0		
			CA4253N2E5R5T1 A92	—	天然气	GB 17691－2005 国Ⅴ，GB 18285－2005 GB 11340－2005	7680	2500	3780	4220＋1350	25000	8860	0	0	0	0	0	0	0	0	0	0	0	0		0	0	6		
东风南充汽车有限公司	东风牌	仓栅式运输车	EQ5041CCYN－40	EQ1041TNJ－40	天然气	GB 17691－2005 国Ⅳ，GB 11340－2005 GB 18285－2005	5995	1980	2935	3300	4280	2590	0	1	0	0	0	0	0	0	0	0	0	0	1234	0	0	0	103	1337
			EQ5041CCYN－50	EQ1041GNJ－50	天然气	GB 17691－2005 国Ⅴ，GB 11340－2005 GB 18285－2005	5995	2090	3050	3300	4280	2590	3	11	8	1	0	0	0	0	6	1	0	0		0	0	0		
			EQ5070CCYN－50	EQ1070GNJ－50	天然气	GB 17691－2005 国Ⅴ，GB 11340－2005 GB 18285－2005	7000	2300	3500	3850	7430	4245	0	0	0	0	0	0	1	1	0	0	0	0		1	0	0		
			EQ5160CCYN1－40	EQ1160GNJ1－40	天然气	GB 17691－2005 国Ⅳ，GB 11340－2005 GB 18285－2005	9000	2500	3450	5200	15995	5810	0	0	0	2	0	0	0	0	0	0	0	0		0	0	0		

续表

企业名称	车辆品牌	车辆名称	车辆型号	底盘型号	燃料种类	排放标准	外形尺寸(mm)			轴距(mm)	总质量(kg)	整备质量(kg)	2014年													2015年1—3月				合计(辆)
							长	宽	高				1	2	3	4	5	6	7	8	9	10	11	12	小计(辆)	1	2	3	小计(辆)	
同上	同上	同上	EQ5160CCYN-50	EQ1160GNJ-50	天然气	GB 17691-2005 国Ⅴ, GB 11340-2005 GB 18285-2005	8525	2500	3650	4700	15995	5810	0	0	0	0	0	0	2	1	0	0	0	0		0	0	0		
					天然气	GB 17691-2005 国Ⅴ, GB 11340-2005 GB 18285-2005	9000	2500	3650	5200	15995	5810	0	2	5	1	2	0	0	21	2	0	0	4		0	0	1		
			EQ5250CCYN-50	EQ1250GNJ-50	天然气	GB 17691-2005 国Ⅴ, GB 11340-2005 GB 18285-20	11900	2500	3850	1950+5350	24995	10010	9	2	4	0	0	1	1	35	4	0	0	8		2	1	0		
		教练车	EQ5100XLHN50	EQ6800KTN50	天然气	GB 17691-2005 国Ⅴ, GB 11340-2005 GB 18285-2005	9010	2480	3290	5300	10000	7700	0	0	0	0	1	2	2	0	1	1	0	0		0	0	1		
			EQ5120XLHFN-50	EQ1120FNJ-50	天然气	GB 17691-2005 国Ⅴ, GB 11340-2005 GB 18285-2005	9000	2480	2700	5300	12010	6005	0	0	6	0	0	34	0	12	0	0	2	0		0	0	0		
					天然气	GB 17691-2005 国Ⅴ, GB 11340-2005 GB 18285-2005	9000	2480	2700	5300	12010	6005	0	0	0	0	0	0	0	22	0	0	0	0		0	0	0		
			EQ5120XLHGN-50	EQ1120GNJ-50	天然气	GB 17691-2005 国Ⅴ, GB 11340-2005 GB 18285-2005	9000	2480	2900	5200	12010	5680	0	0	0	30	14	23	11	293	4	5	0	32		33	0	1		
			EQ5160XLHGN-40	EQ1160GNJ-40	天然气	GB 17691-2005 国Ⅳ, GB 11340-2005 GB 18285-2005	9000	2480	3150	5200	15855	5670	5	0	0	0	0	0	0	0	0	0	0	0		0	0	0		
			EQ5040XXYN-50	EQ6580KSN50	天然气	GB 17691-2005 国Ⅴ, GB 11340-2005 GB 18285-2005	5998	2250	2800	3300	4495	3405	0	5	8	4	16	3	1	2	25	0	5	21		0	3	0		
			EQ5041XXYN-40	EQ1041TNJ-40	天然气	GB 17691-2005 国Ⅳ, GB 11340-2005 GB 18285-2005	5995	1980	2935	3300	4495	2805	3	0	0	1	0	0	0	0	0	0	0	0		0	0	0		
			EQ5041XXYN-50	EQ1041GNJ-50	天然气	GB 17691-2005 国Ⅴ, GB 11340-2005 GB 18285-2005	5995	2090	3050	3300	4495	2805	3	9	7	11	3	1	3	2	12	6	7	2		2	0	10		
			EQ5070XXYN-50	EQ1070GNJ-50	天然气	GB 17691-2005 国Ⅴ, GB 11340-2005 GB 18285-2005	7000	2400	3500	3850	7495	4310	0	0	0	0	0	0	0	0	1	0	0	0		0	1	0		
			EQ5080XXYN-50	EQ1080GNJ-50	天然气	GB 17691-2005 国Ⅴ, GB 11340-2005 GB 18285-2005	8000	2500	3650	4700	8495	4900	0	0	0	0	0	0	0	0	1	0	0	0		0	2	0		
			EQ5160XXYN1-50	EQ1160GNJ1-50	天然气	GB 17691-2005 国Ⅴ, GB 11340-2005 GB 18285-2005	10000	2550	3750	5800	16000	5815	4	6	8	10	0	0	12	52	0	10	4	0		0	4	6		
			EQ5160XXYN-50	EQ1160GNJ-50	天然气	GB 17691-2005 国Ⅴ, GB 11340-2005 GB 18285-2005	8525	2550	3650	4700	16000	5815	0	0	0	0	0	0	3	3	0	0	2	1		5	0	0		
					天然气	GB 17691-2005 国Ⅴ, GB 11340-2005 GB 18285-2005	9000	2550	3650	5200	16000	5815	0	0	0	0	0	0	0	20	0	0	0	1		1	0	0		
			EQ5250XXYN-50	EQ1250GNJ-50	天然气	GB 17691-2005 国Ⅴ, GB 11340-2005 GB 18285-2005	11900	2550	3850	1950+5350	25000	10500	0	0	0	1	0	0	2	39	1	5	2	1		0	0	0		

续表

企业名称	车辆品牌	车辆名称	车辆型号	底盘型号	燃料种类	排放标准	外形尺寸(mm)			轴距(mm)	总质量(kg)	整备质量(kg)	2014年													2015年1—3月				合计(辆)
							长	宽	高				1	2	3	4	5	6	7	8	9	10	11	12	小计(辆)	1	2	3	小计(辆)	
同上	同上	载货汽车	EQ1040GN-40	EQ1040GNJ-40	天然气	GB 17691-2005 国Ⅳ, GB 11340-2005 GB 18285-2005	5995	1980	2280	3300	3940	2250	0	0	0	1	0	0	0	0	0	0	0	0		0	0	0		
			EQ1041GN-50	EQ1041GNJ-50	天然气	GB 17691-2005 国Ⅴ, GB 11340-2005 GB 18285-2005	5995	2090	2450	3300	3940	2250	2	0	4	3	0	2	3	0	7	0	0	0		0	0	0		
			EQ1070GN-50	EQ1070GNJ-50	天然气	GB 17691-2005 国Ⅴ, GB 11340-2005 GB 18285-2005	7000	2300	2550	3850	6925	3740	0	0	1	1	0	0	0	0	0	0	0	0		0	0	0		
					天然气	GB 17691-2005 国Ⅴ, GB 11340-2005 GB 18285-2005	7000	2200	2550	3850	6925	3740	0	0	0	0	0	0	0	0	3	0	0	0		0	0	0		
			EQ1080GN-50	EQ1080GNJ-50	天然气	GB 17691-2005 国Ⅴ, GB 11340-2005 GB 18285-2005	8000	2350	2800	4700	8020	4335	0	0	0	0	0	0	0	1	0	0	0	0		0	0	0		
			EQ1160GN1-40	EQ1160GNJ1-40	天然气	GB 17691-2005 国Ⅳ, GB 11340-2005 GB 18285-2005	9000	2500	3150	5200	15855	5670	0	0	0	0	1	0	0	0	0	0	0	0		0	0	0		
			EQ1160GN-50	EQ1160GNJ-50	天然气	GB 17691-2005 国Ⅴ, GB 11340-2005 GB 18285-2005	8525	2500	3150	4700	15855	5670	0	0	0	0	0	0	0	0	0	0	0	2		0	0	0		
					天然气	GB 17691-2005 国Ⅴ, GB 11340-2005 GB 18285-2005	9000	2500	3150	5200	15855	5670	0	1	1	0	2	2	0	21	0	1	1	0		1	0	7		
			EQ1250GN-50	EQ1250GNJ-50	天然气	GB 17691-2005 国Ⅴ, GB 11340-2005 GB 18285-2005	11900	2500	3150	1950+5350	24995	9810	0	2	0	0	0	1	0	30	0	1	0	0		0	0	0		
		自卸汽车	EQ3120FN-50	EQ3120FNJ-50	天然气	GB 17691-2005 国Ⅴ, GB 11340-2005 GB 18285-2005	7280	2500	2820	4200	11990	6805	0	0	1	0	0	0	0	0	0	0	0	52		0	0	0		
					天然气	GB 17691-2005 国Ⅴ, GB 11340-2005 GB 18285-2005	7935	2500	2820	4700	11990	6805	0	1	5	0	0	0	0	0	0	0	0	0		0	0	0		
			EQ3160GN-50	EQ3160GNJ-50	天然气	GB 17691-2005 国Ⅴ, GB 11340-2005 GB 18285-2005	6950	2500	3150	3950	16000	7815	0	0	0	0	0	3	0	10	0	0	4	0		0	0	0		
			EQ3166GN-50	EQ3166GNJ-50	天然气	GB 17691-2005 国Ⅴ, GB 11340-2005 GB 18285-2005	7550	2500	3150	4200	16000	7815	0	0	5	0	0	0	0	0	2	0	0	0		1	0	0		
			EQ3310GN2-50	EQ3310GNJ2-50	天然气	GB 17691-2005 国Ⅴ, GB 11340-2005 GB 18285-2005	9800	2480	3450	1850+3300+1300	31000	14765	0	12	2	0	0	0	0	0	0	0	0	0		0	0	0		
			EQ3310GN-50	EQ3310GNJ-50	天然气	GB 17691-2005 国Ⅴ, GB 11340-2005 GB 18285-2005	9340	2480	3450	1850+3100+1300	31000	14765	0	0	9	0	0	0	0	0	0	0	0	0		0	0	0		
		载货汽车底盘	EQ1041GNJ-50	—	天然气	GB 17691-2005 国Ⅴ, GB 11340-2005 GB 18285-2005	5915	1870	2280	3300	4500	1650	0	0	0	0	0	0	0	0	0	0	0	0		2	0	10		
			EQ1160GNJ-50	—	天然气	GB 17691-2005 国Ⅴ, GB 11340-2005 GB 18285-2005	8325	2450	2950	4700	16000	5035	0	0	0	0	0	0	0	0	0	0	0	0		5	0	0		
		冷藏车	EQ5040XLCN-50	EQ1040GNJ-50	天然气	GB 17691-2005 国Ⅴ, GB 11340-2005 GB 18285-2005	5995	2250	3100	3300	4495	2810	0	0	0	1	0	0	0	0	0	31	0	0		0	0	0		

续表

企业名称	车辆品牌	车辆名称	车辆型号	底盘型号	燃料种类	排放标准	外形尺寸(mm) 长	宽	高	轴距(mm)	总质量(kg)	整备质量(kg)	2014年 1	2	3	4	5	6	7	8	9	10	11	12	小计(辆)	2015年1—3月 1	2	3	小计(辆)	合计(辆)
同上	同上	厢式运输车	EQ5040XXYN-40	EQ6580KSN40	天然气	GB 17691-2005 国Ⅳ，GB 11340-2005 GB 18285-2005	5998	2250	2800	3300	4495	3405	0	0	0	0	0	0	2	0	2	4	1	0		0	0	0		
		自卸汽车底盘	EQ3160GNJ-50	—	天然气	GB 17691-2005 国Ⅴ，GB 11340-2005 GB 18285-2005	6800	2450	3000	3950	16000	5250	0	0	0	0	0	0	0	0	0	0	0	0		0	0	1		
		载货汽车	DNC1310GN-50	DNC1310GNJ-50	天然气	GB 17691-2005 国Ⅴ，GB 11340-2005 GB 18285-2005	12000	2500	3770	1950+4500+1350	31000	12800	0	0	0	0	0	0	0	0	0	0	0	0		0	0	1		
		厢式运输车	DNC5080XXYN-50	DNC1080GNJ-50	天然气	GB 17691-2005 国Ⅳ，GB 11340-2005 GB 18285-2005	8000	2500	3450	4700	8495	4900	2	0	0	0	0	0	1	0	1	0	0	0		0	0	0		
		自卸汽车	DNC3120GN-30	DNC3120GNJ-30	天然气	GB 17691-2005 国Ⅲ，GB 11340-2005 GB 18285-2005	7600	2500	2950	4500	11965	6780	0	0	1	0	0	0	0	0	0	0	0	0		0	0	0		
		仓栅式运输车	DNC5310CCYN-50	DNC1310GNJ-50	天然气	GB 17691-2005 国Ⅴ，GB 11340-2005 GB 18285-2005	12000	2500	3990	1950+4500+1350	31000	13500	0	0	0	0	0	0	0	0	0	0	0	0		0	0	1		
中国重汽集团济宁商用车有限公司	豪瀚牌	牵引汽车	ZZ4185M4213E1L	—	天然气	GB 17691-2005 国Ⅴ，GB 18285-2005 GB 11340-2005	6750	2496	3030	4200	18000	7300	0	0	50	1	2	116	0	1	5	0	0	1	1104	0	0	0	160	1264
					天然气	GB 17691-2005 国Ⅴ，GB 18285-2005 GB 11340-2005	6375	2496	3720	3825	18000	7300	0	0	0	0	11	0	11	12	3	3	0	0		0	0	0		
					天然气	GB 17691-2005 国Ⅴ，GB 18285-2005 GB 11340-2005	6375	2496	3700	3825	18000	7300	0	0	0	0	0	0	0	0	0	0	25	33		68	1	3		
			ZZ4185M4216E1C	—	天然气	GB 17691-2005 国Ⅴ，GB 18285-2005 GB 11340-2005	6750	2496	3030	4200	18000	7300	0	0	1	0	0	0	0	0	0	0	0	0		0	0	0		
			ZZ4185N4216D1L	—	天然气	GB 17691-2005 国Ⅳ，GB 18285-2005 GB 11340-2005	6750	2496	3350	4200	18000	7300	0	0	0	0	0	0	0	1	0	0	0	0		0	0	0		
			ZZ4185N4216E1L	—	天然气	GB 17691-2005 国Ⅴ，GB 18285-2005 GB 11340-2005	6750	2496	3700	4200	18000	7300	0	10	0	0	0	0	0	0	0	0	0	2		0	0	0		
					天然气	GB 17691-2005 国Ⅴ，GB 18285-2005 GB 11340-2005	6750	2496	3700	4200	18000	7300	0	2	0	0	0	7	0	5	0	0	3	0		1	0	0		
			ZZ4255N27C6D1L	—	天然气	GB 17691-2005 国Ⅳ，GB 18285-2005 GB 11340-2005	6980	2496	3350	1800+2700	25000	7970	0	0	0	0	0	0	1	40	0	0	5	1		0	0	0		
			ZZ4255N27C6E1L	—	天然气	GB 17691-2005 国Ⅴ，GB 18285-2005 GB 11340-2005	6980	2496	3350	1800+2700	25000	7970	10	6	44	22	10	10	7	23	30	40	28	12		1	21	44		
					天然气	GB 17691-2005 国Ⅴ，GB 18285-2005 GB 11340-2005	6980	2496	3700	1800+2700	25000	7970	0	0	0	0	45	2	2	0	0	9	5	11		2	0	2		
			ZZ4255N3846E1C	—	天然气	GB 17691-2005 国Ⅴ，GB 18285-2005 GB 11340-2005	7450	2496	3350	3825+1350	25000	9300	0	0	0	0	1	0	0	0	0	0	0	0		0	0	0		
					天然气	GB 17691-2005 国Ⅴ，GB 18285-2005 GB 11340-2005	7450	2496	3030	3825+1350	25000	9300	0	0	0	0	0	0	0	1	1	0	0	0		1	0	0		

续表

企业名称	车辆品牌	车辆名称	车辆型号	底盘型号	燃料种类	排放标准	外形尺寸(mm)			轴距(mm)	总质量(kg)	整备质量(kg)	2014年													2015年1—3月				合计(辆)
							长	宽	高				1	2	3	4	5	6	7	8	9	10	11	12	小计(辆)	1	2	3	小计(辆)	
同上	同上	同上	ZZ4255N3846E1LB	—	天然气	GB 17691-2005 国Ⅴ, GB 18285-2005 GB 11340-2005	7450	2496	3350	3825+1350	25000	8800	0	0	1	2	0	4	0	0	0	10	2	2		1	0	0		
					天然气	GB 17691-2005 国Ⅴ, GB 18285-2005 GB 11340-2005	7450	2496	3350	3825+1350	25000	8800	0	0	0	3	2	0	1	0	22	13	1	5		0	5	0		
			ZZ4255N3846E1LH	—	天然气	GB 17691-2005 国Ⅴ, GB 18285-2005 GB 11340-2005	7450	2496	3720	3825+1350	25000	9300	0	0	0	0	0	1	0	1	0	0	0	0		0	0	0		
		自卸汽车	ZZ3255N3846D1L	ZZ3255N3846D1L	天然气	GB 17691-2005 国Ⅳ, GB 11340-2005 GB 18285-2005,	8475	2496	3450	3825+1350	25000	12100	0	0	0	0	0	0	0	210	0	0	0	0		0	0	0		
			ZZ3255N3846E1L	ZZ3255N3846E1L	天然气	GB 17691-2005 国Ⅴ, GB 18285-2005 GB 11340-2005	8475	2496	3450	3825+1350	25000	12100	0	0	0	0	0	0	1	0	0	0	0	0		0	0	0		
					天然气	GB 17691-2005 国Ⅴ, GB 18285-2005 GB 11340-2005	8375	2496	3450	3825+1350	25000	12100	0	0	0	0	21	0	0	69	0	11	1	0		0	0	0		
			ZZ3255N4046E1L	ZZ3255N4046E1L	天然气	GB 17691-2005 国Ⅴ, GB 18285-2005 GB 11340-2005	8675	2496	3450	4025+1350	25000	12170	0	0	0	0	0	0	0	10	0	0	0	0		0	0	0		
			ZZ3315M3563E1L	ZZ3315M3563E1L	天然气	GB 17691-2005 国Ⅴ, GB 18285-2005 GB 11340-2005	9960	2496	3590	1800+3500+1350	31000	15040	0	0	0	0	0	0	0	0	0	0	0	0		0	4	0		
			ZZ3315N3866D1L	ZZ3315N3866D1L	天然气	GB 17691-2005 国Ⅳ, GB 18285-2005 GB 11340-2005	10410	2496	3490	1800+3800+1350	31000	14820	0	0	0	0	0	0	0	2	0	0	0	0		0	0	0		
					天然气	GB 17691-2005 国Ⅳ, GB 18285-2005 GB 11340-2005	10410	2496	3490	1800+3800+1350	31000	14820	0	0	0	0	0	0	0	7	0	0	0	0		0	0	0		
			ZZ3315N3866E1C	ZZ3315N3866E1C	天然气	GB 17691-2005 国Ⅴ, GB 18285-2005 GB 11340-2005	10460	2496	3490	1800+3800+1350	31000	14820	0	0	0	0	0	0	0	0	0	0	0	0		0	3	0		
			ZZ3315N3866E1L	ZZ3315N3866E1L	天然气	GB 17691-2005 国Ⅴ, GB 18285-2005 GB 11340-2005	10110	2496	3490	1800+3800+1350	31000	14820	0	0	0	0	0	0	0	10	0	0	0	0		0	0	0		
					天然气	GB 17691-2005 国Ⅴ, GB 18285-2005 GB 11340-2005	10410	2496	3490	1800+3800+1350	31000	14820	0	0	0	0	0	0	0	10	0	0	0	0		0	0	0		
			ZZ3315N4066E1L	ZZ3315N4066E1L	天然气	GB 17691-2005 国Ⅴ, GB 18285-2005 GB 11340-2005	10610	2496	3490	1800+4000+1350	31000	15210	0	0	0	0	0	1	0	0	0	0	0	0		0	0	0		
			ZZ3315N4866E1C	ZZ3315N4866E1C	天然气	GB 17691-2005 国Ⅴ, GB 18285-2005 GB 11340-2005	11500	2496	3490	1800+4800+1350	31000	15490	0	0	0	0	0	0	0	10	0	0	0	0		0	0	0		
		载货汽车底盘	ZZ1315N4666E1L	—	天然气	GB 17691-2005 国Ⅴ, GB 18285-2005 GB 11340-2005	11925	2496	3450	1800+4600+1350	31000	9920	0	0	0	0	0	0	0	0	0	0	0	0		1	0	0		
			ZZ1315M4663E1L	—	天然气	GB 17691-2005 国Ⅴ, GB 18285-2005 GB 11340-2005	11925	2496	3550	1800+4600+1350	31000	9920	0	0	0	0	0	0	0	0	0	0	0	0		0	0	1		
		仓栅式运输车	ZZ5315CCYN4666E1L	ZZ1315N4666E1L	天然气	GB 17691-2005 国Ⅴ, GB 18285-2005 GB 11340-2005	11995	2496	3980	1800+4600+1350	31000	12200	0	0	0	0	0	0	0	0	0	0	0	0		1	0	0		

续表

企业名称	车辆品牌	车辆名称	车辆型号	底盘型号	燃料种类	排放标准	外形尺寸(mm) 长	宽	高	轴距(mm)	总质量(kg)	整备质量(kg)	2014年 1	2	3	4	5	6	7	8	9	10	11	12	小计(辆)	2015年1—3月 1	2	3	小计(辆)	合计(辆)
安徽华菱汽车有限公司	华菱之星牌	牵引汽车	HN4180NGX35D2M5	—	天然气	GB 18285－2005，GB 11340－2005 GB 17691－2005 国Ⅴ	6500	2495	3800	4000	18000	6805	0	0	0	0	2	0	0	0	0	0	0	0	1053	0	0	0	180	1233
				—	天然气	GB 18285－2005，GB 11340－2005 GB 17691－2005 国Ⅴ	6500	2495	3800	4000	18000	6805	18	5	15	1	19	22	47	20	1	20	0	2		0	0	0		
				—	天然气	GB 18285－2005，GB 11340－2005 GB 17691－2005 国Ⅴ	6500	2495	3800	4000	18000	6805	0	0	0	0	0	0	0	0	0	0	11	9		35	0	0		
				—	天然气	GB 18285－2005，GB 11340－2005 GB 17691－2005 国Ⅴ	6300	2495	3800 3600 3980	3800 4200	18000	6805	20	1	45	27	0	37	3	19	38	3	0	0		0	0	0		
			HN4250NGB32C2M4	—	天然气	GB 17691－2005 国Ⅳ，GB 11340－2005 GB 18285－2005	7520	2495	3100	1850＋3250	25000	8195	0	0	0	0	0	0	0	0	0	0	0	1		0	0	0		
				—	天然气	GB 17691－2005 国Ⅳ，GB 11340－2005 GB 18285－2005	7520	2495	3100	1850＋3250	25000	8195	0	0	5	0	0	0	0	11	0	0	0	1		0	0	0		
				—	天然气	GB 17691－2005 国Ⅳ，GB 11340－2005 GB 18285－2005	7520	2495	3800	1850＋3250	25000	8195	0	0	0	0	0	0	2	0	0	0	0	3		0	0	0		
			HN4250NGB38C9M4	—	天然气	GB 17691－2005 国Ⅳ，GB 11340－2005 GB 18285－2005	7640	2495	3700	3900＋1350	25000	8740	0	0	1	0	0	0	0	0	0	0	0	0		0	0	0		
				—	天然气	GB 17691－2005 国Ⅳ，GB 11340－2005 GB 18285－2005	7640	2495	3600 3100	3900＋1350	25000	8740	1	0	20	1	3	0	0	5	0	1	0	7		0	0	0		
				—	天然气	GB 17691－2005 国Ⅳ，GB 11340－2005 GB 18285－2005	7460	2495	3800 3600	3900＋1350	25000	8740	0	0	5	9	10	0	5	30	0	0	0	0		0	0	0		
			HN4250NGX35C2M5	—	天然气	GB 18285－2005，GB 11340－2005 GB 17691－2005 国Ⅴ	7200	2495	3800 3600	1940＋2760	25000	8195	0	0	0	0	16	8	16	0	1	0	0	0		0	0	0		
				—	天然气	GB 18285－2005，GB 11340－2005 GB 17691－2005 国Ⅴ	7200	2495	3800 3600	1940＋2760	25000	8195	0	19	1	7	0	0	0	0	0	0	0	0		1	0	0		
				—	天然气	GB 18285－2005，GB 11340－2005 GB 17691－2005 国Ⅴ	7200	2495	3600 3500 3100	1940＋2760	25000	8195	0	1	0	0	5	31	3	7	13	2	38	20		4	23	1		
				—	天然气	GB 18285－2005，GB 11340－2005 GB 17691－2005 国Ⅴ	7200	2495	3100	1940＋2760	25000	8195	0	10	0	0	8	0	3	2	1	0	0	8		0	0	0		
			HN4250NGX38C9M5	—	天然气	GB 18285－2005，GB 11340－2005 GB 17691－2005 国Ⅴ	7540	2495	3800 3980	3900＋1350	25000	8805	0	0	2	0	0	5	0	1	61	0	0	0		0	0	0		
				—	天然气	GB 18285－2005，GB 11340－2005 GB 17691－2005 国Ⅴ	7540	2495	3600 3100	3900＋1350	25000	8805	0	0	0	0	0	0	1	0	1	0	1	1		0	0	0		
				—	天然气	GB 18285－2005，GB 11340－2005 GB 17691－2005 国Ⅴ	7540	2495	3100	3900＋1350	25000	8805	1	0	0	0	0	0	0	0	2	0	0	0		0	0	0		

续表

企业名称	车辆品牌	车辆名称	车辆型号	底盘型号	燃料种类	排放标准	外形尺寸(mm)			轴距(mm)	总质量(kg)	整备质量(kg)	2014年													2015年1—3月				合计(辆)
							长	宽	高				1	2	3	4	5	6	7	8	9	10	11	12	小计(辆)	1	2	3	小计(辆)	
同上	同上	同上	HN4250NGX38C9 M5	—	天然气	GB 18285－2005，GB 11340－2005 GB 17691－2005 国Ⅴ	7540	2495	3800 3600 3100	3900＋1350	25000	8805	1	0	0	0	2	7	0	0	0	2	0	0		0	0	2		
				—	天然气	GB 18285－2005，GB 11340－2005 GB 17691－2005 国Ⅴ	7540	2495	3800	3900＋1350	25000	8805	9	1	1	0	0	2	0	0	1	0	0	0		0	0	0		
				—	天然气	GB 18285－2005，GB 11340－2005 GB 17691－2005 国Ⅴ	7640 7540 7440	2495	3600 3980 3800	3800＋1350 3900＋1350	25000	8805	12	5	1	5	5	12	12	0	2	3	10	14		1	3	14		
			HN4250NGX39C8 M5	—	天然气	GB 18285－2005，GB 11340－2005 GB 17691－2005 国Ⅴ	7690	2495	3800	3850＋1450	25000	8805	0	0	0	0	0	0	0	0	0	2	0	0		0	0	0		
			HN4251NGX39C9 M5	—	天然气	GB 17691－2005 国Ⅴ，GB 18285－2005 GB 11340－2005	7640	2495	3980	3900＋1350	25000	8805	0	0	0	0	0	0	0	0	0	0	0	0		0	0	1		
			HN3250NGB38D1 M4	HN3250NGB38D1 M4J	天然气	GB 17691－2005 国Ⅳ，GB 11340－2005 GB 18285－2005	8480	2495	3360	3900＋1350	25000	12500	0	0	0	0	0	0	0	48	0	0	0	0		0	0	0		
			HN3250NGX38D4 M5	HN3250NGX38D4 M5J	天然气	GB 18285－2005，GB 11340－2005 GB 17691－2005 国Ⅴ	8480	2495	3360	3900＋1350	25000	12500	0	0	2	0	0	0	0	0	0	0	0	0		0	0	0		
		自卸汽车	HN3310NGB38C3 M4	HN3310NGB38C3 M4J	天然气	GB 17691－2005 国Ⅳ，GB 11340－2005 GB 18285－2005	10080	2495	3360	1850＋3700＋1350	31000	15495	0	0	0	0	0	0	5	2	0	0	0	0		0	0	0		
			HN3310NGB38DL M4	HN3310NGB38D LM4J	天然气	GB 17691－2005 国Ⅳ，GB 11340－2005 GB 18285－2005	10380	2495	3360	1850＋4000＋1350	31000	15405	0	0	0	0	0	0	0	1	0	0	0	0		0	0	0		
				HN3310NGB38DL M4J	天然气	GB 17691－2005 国Ⅳ，GB 11340－2005 GB 18285－2005	10680	2495	3600	1850＋4000＋1350	31000	15405	0	0	0	0	0	0	1	3	0	0	0	0		0	0	0		
				HN3310NGB38D LM4J	天然气	GB 17691－2005 国Ⅳ，GB 11340－2005 GB 18285－2005	10380	2495	3360	1850＋4000＋1350	31000	15405	0	0	0	0	0	0	0	5	0	0	0	0		0	0	0		
				HN3310NGB38D LM4J	天然气	GB 17691－2005 国Ⅳ，GB 11340－2005 GB 18285－2005	10680	2495	3360	1850＋4000＋1350	31000	15405	0	0	10	0	0	0	0	0	0	0	0	0		0	0	0		
			HN3310NGX38C2 M5	HN3310NGX38C2 M5J	天然气	GB 18285－2005，GB 11340－2005 GB 17691－2005 国Ⅴ	9510	2495	3360	1940＋2910＋1350	31000	15495	0	0	1	0	0	0	0	0	0	0	0	0		0	0	0		
			HN3310NGX38C9 M5	HN3310NGX38C9 M5J	天然气	GB 18285－2005，GB 11340－2005 GB 17691－2005 国Ⅴ	10380	2495	3360	1850＋4000＋1350	31000	15405	0	0	0	0	0	0	0	0	0	0	0	0		0	0	15		
			HN3310NGX38D5 M5	HN3310NGX38D5 M5J	天然气	GB 18285－2005，GB 11340－2005 GB 17691－2005 国Ⅴ	11380	2495	3360	1940＋4515＋1350	31000	15050	0	0	0	0	2	0	1	0	0	0	0	0		0	0	0		
				HN3310NGX38D5 M5J	天然气	GB 18285－2005，GB 11340－2005 GB 17691－2005 国Ⅴ	11380	2495	3360	1940＋4515＋1350	31000	15050	5	0	0	0	0	0	0	0	0	0	0	0		0	0	0		
				HN3310NGX38D5 M5J	天然气	GB 18285－2005，GB 11340－2005 GB 17691－2005 国Ⅴ	11380	2495	3360	1940＋4515＋1350	31000	15050	0	0	0	0	0	11	5	6	0	4	0	0		0	5	0		

续表

企业名称	车辆品牌	车辆名称	车辆型号	底盘型号	燃料种类	排放标准	外形尺寸(mm) 长	宽	高	轴距(mm)	总质量(kg)	整备质量(kg)	2014年 1	2	3	4	5	6	7	8	9	10	11	12	小计(辆)	2015年1—3月 1	2	3	小计(辆)	合计(辆)
同上	同上	同上	HN3311NGB38D6M4	HN3310NGB38D6M4J	天然气	GB 17691－2005 国Ⅳ，GB 11340－2005 GB 182	10580	2495	3600	1850＋4605＋1350	31000	14805	0	0	0	0	0	1	0	0	0	0	0	0		0	0	0		
同上	同上	自卸汽车底盘	HN3250NGX38D4M5J	—	天然气	GB 18285－2005，GB 11340－2005 GB 17691－2005 国Ⅴ	7995	2495	3100	4100＋1350	25000	9050	0	0	0	0	0	0	0	0	0	0	0	0		0	0	15		
同上	同上	自卸汽车底盘	HN3310NGX38C9M5J	—	天然气	GB 18285－2005，GB 11340－2005 GB 17691－2005 国Ⅴ	10010	2495	3100	1850＋4000＋1350	31000	11400	0	0	0	0	0	0	0	0	0	0	0	0		0	0	55		
同上	同上	自卸汽车底盘	HN3310NGX38D5M5J	—	天然气	GB 18285－2005，GB 11340－2005 GB 17691－2005 国Ⅴ	10615	2495	3100	1850＋4605＋1350	31000	11450	0	0	0	0	0	0	0	0	0	0	0	0		0	5	0		
同上	同上	仓栅式运输车	HN5310CCYNGX38D5M5	HN1310NGX38D5M5J	天然气	GB 18285－2005，GB 11340－2005 GB 17691－2005 国Ⅴ	11980	2500	3850	1940＋4515＋1350	31000	12160	0	0	2	0	0	0	0	0	0	2	1	0		0	0	0		
同上	同上	厢式运输车	HN5250XXYNGC28E7M5	HN1250NGC28E7M5J	天然气	GB 18285－2005，GB 11340－2005 GB 17691－2005 国Ⅴ	11980	2550	4000	1850＋5800	25000	10300	0	0	0	0	0	24	0	0	0	0	0	0		0	0	0		
安徽江淮汽车股份有限公司	江淮牌	牵引汽车	HFC4121P3N1A42V	—	天然气	GB 11340－2005，GB 18285－2005 GB 17691－2005 国Ⅴ	6795	2495	3610	4200	12000	4600	0	0	1	0	0	1	59	0	10	40	21	61	992	2	51	0	177	1169
			HFC4181P1N4A38F	—	天然气	GB 17691－2005 国Ⅳ，GB 18285－2005 GB 11340－2005	6395	2495	3660	4200	17950	7200	1	0	0	0	0	0	0	0	0	0	0	0		0	0	0		
			HFC4181P1N4A38HV	—	天然气	GB 17691－2005 国Ⅴ，GB 18285－2005 GB 11340－2005	6675	2495	3760	4200	17950	7200	0	0	0	0	0	0	0	0	0	0	0	0		0	0	10		
			HFC4181P1N4A38V	—	天然气	GB 11340－2005，GB 18285－2005 GB 17691－2005 国Ⅴ	6795	2495	3560	4200	17950	6700	0	0	0	1	0	1	0	0	1	0	0	0		0	0	0		
					天然气	GB 11340－2005，GB 18285－2005 GB 17691－2005 国Ⅴ	6795	2495	3760	3800	17950	6700	0	0	1	1	1	0	0	0	2	0	0	2		2	0	0		
			HFC4241P1N5C29AF	—	天然气	GB 17691－2005 国Ⅳ，GB 18285－2005 GB 11340－2005	7275	2495	3660	1900＋2900	24500	5805	0	1	1	3	3	0	1	0	3	0	2	0		0	0	0		
			HFC4241P1N5C29F	—	天然气	GB 17691－2005 国Ⅳ，GB 18285－2005 GB 11340－2005	7275	2495	3660	1700＋2800	24500	7800	10	30	45	14	115	67	54	15	37	40	62	12		0	0	1		
					天然气	GB 17691－2005 国Ⅳ，GB 18285－2005 GB 11340－2005	6975	2495	3660	1900＋2900	24500	7800	0	2	1	0	3	3	4	1	0	1	3	2		0	0	0		
			HFC4241P1N5C29V	—	天然气	GB 11340－2005，GB 18285－2005 GB 17691－2005 国Ⅴ	6975	2495	3660	1700＋2800	24500	7800	0	0	0	0	0	0	0	0	0	0	0	0		0	1	0		
					天然气	GB 11340－2005，GB 18285－2005 GB 17691－2005 国Ⅴ	6975	2495	3760	1700＋2800	24500	7800	2	0	1	27	0	3	0	4	5	3	15	9		100	3	0		
					天然气	GB 11340－2005，GB 18285－2005 GB 17691－2005 国Ⅴ	6975	2495	3660	1700＋2800	24500	7800	0	0	0	0	0	0	0	0	0	0	0	1		1	0	0		
			HFC4241P1N6E38F	—	天然气	GB 17691－2005 国Ⅳ，GB 18285－2005 GB 11340－2005	7415	2495	3460	3800＋1350	24500	8300	0	0	0	0	1	0	0	0	0	0	0	0		0	0	0		

续表

企业名称	车辆品牌	车辆名称	车辆型号	底盘型号	燃料种类	排放标准	外形尺寸(mm)			轴距(mm)	总质量(kg)	整备质量(kg)	2014年													2015年1—3月				合计(辆)
							长	宽	高				1	2	3	4	5	6	7	8	9	10	11	12	小计(辆)	1	2	3	小计(辆)	
同上	同上	同上	HFC4241P1N6E38F	—	天然气	GB 17691-2005 国Ⅳ, GB 18285-2005 GB 11340-2005	7415	2495	3760	3800+1350	24500	8300	0	0	0	1	3	10	4	2	8	0	0	1		0	0	0		
同上	同上	同上	HFC4241P1N6E38F	—	天然气	GB 17691-2005 国Ⅳ, GB 18285-2005 GB 11340-2005	7415	2495	3760	3800+1350	24500	8300	3	7	2	1	1	3	1	3	6	6	0	2		0	0	0		
同上	同上	同上	HFC4251P1N6E38HV	—	天然气	GB 11340-2005, GB 18285-2005 GB 17691-2005 国Ⅴ	7315	2495	3760	3800+1350	25000	8800	0	0	1	0	0	0	0	0	0	0	0	0		0	0	0		
同上	同上	同上	HFC4251P1N6E38V	—	天然气	GB 11340-2005, GB 18285-2005 GB 17691-2005 国Ⅴ	7415	2495	3220	3800+1350	25000	8800	0	0	0	0	0	0	0	0	0	0	0	1		0	0	0		
同上	同上	同上	HFC4251P1N6E38V	—	天然气	GB 11340-2005, GB 18285-2005 GB 17691-2005 国Ⅴ	7415	2495	3810 3660	3800+1350	25000	8800	0	0	0	0	2	0	30	0	2	0	0	5		0	0	0		
同上	同上	厢式运输车	HFC5161XXYP3N1A53HV	HFC1161P3N1A53HV	天然气	GB 11340-2005, GB 18285-2005 GB 17691-2005 国Ⅴ	8980	2545	3800	5300	15600	6450	0	0	0	0	0	1	0	1	0	0	0	0		0	0	0		
同上	同上	厢式运输车	HFC5161XXYP3N1A53V	HFC1161P3N1A40V	天然气	GB 11340-2005, GB 18285-2005 GB 17691-2005 国Ⅴ	9980	2545	3800	5700	15600	6450	0	0	0	0	0	1	0	1	0	0	1	0		0	0	0		
同上	同上	厢式运输车	HFC5251XXYP2K2C54V	HFC1251P2K2C54V	天然气	GB 11340-2005, GB 18285-2005 GB 17691-2005 国Ⅴ	11990	2545	3950	1900+5400	25000	10100	0	1	0	1	0	0	1	3	0	0	1	0		1	0	1		
同上	同上	厢式运输车	HFC5311XXYP1N4H45V	HFC1311P1N6H45V	天然气	GB 11340-2005, GB 18285-2005 GB 17691-2005 国Ⅴ	11990	2545	3950	1900+4500+1350	30950	13350	0	0	0	0	0	0	0	1	0	0	0	1		0	0	0		
同上	同上	自卸汽车	HFC3241P1N6E41F	HFC3241P1N6E41F	天然气	GB 17691-2005 国Ⅳ, GB 18285-2005 GB 11340-2005	8495	2495	3500	3900+1350	24500	11700	0	0	0	0	0	0	0	1	0	0	0	0		0	0	0		
同上	同上	自卸汽车	HFC3241P1N6E41F	HFC3241P1N6E41F	天然气	GB 17691-2005 国Ⅳ, GB 18285-2005 GB 11340-2005	8795	2495	3500	3900+1350	24500	11700	0	0	0	0	0	0	0	0	20	0	0	0		0	0	0		
同上	同上	自卸汽车	HFC3311P1N6H41V	HFC3311P1N6H41V	天然气	GB 11340-2005, GB 18285-2005 GB 17691-2005 国Ⅴ	11145	2495	3500	1800+4400+1350	30950	14825	0	0	0	0	2	0	0	10	0	0	1	0		0	0	0		
同上	同上	自卸汽车	HFC3311P2N4H35V	HFC3311P2N4H38V	天然气	GB 11340-2005, GB 18285-2005 GB 17691-2005 国Ⅴ	10145	2495	3500	1800+3500+1350	30950	14825	0	0	0	0	0	0	0	1	0	2	0	0		0	0	0		
同上	同上	自卸汽车	HFC3311P2N4H41F	HFC3311P2N4H41F	天然气	GB 17691-2005 国Ⅳ, GB 18285-2005 GB 11340-2005	10945	2495	3500	1800+4100+1350	30950	14825	0	0	0	0	0	0	0	2	0	0	0	0		0	0	0		
同上	同上	载货汽车	HFC1161P3N1A53HV	HFC1161P3N1A53HV	天然气	GB 11340-2005, GB 18285-2005 GB 17691-2005 国Ⅴ	8980	2495	3200	5300	15600	5700	0	0	1	0	0	0	0	0	0	0	0	0		0	0	0		
同上	同上	载货汽车	HFC1251P2K2C54V	HFC1251P2K2C54V	天然气	GB 11340-2005, GB 18285-2005 GB 17691-2005 国Ⅴ	11990	2495	3290	1900+5400	25000	8810	0	0	0	0	0	0	0	0	0	0	0	0		1	0	0		
同上	同上	仓栅式运输车	HFC5161CCYP3N1A53V	HFC1161P3N1A40V	天然气	GB 11340-2005, GB 18285-2005 GB 17691-2005 国Ⅴ	8980	2495	3800	5300	15600	5905	0	0	0	1	0	0	4	0	0	0	4	0		0	0	0		
同上	同上	仓栅式运输车	HFC5251CCYP2K2C54V	HFC1251P2K2C54V	天然气	GB 11340-2005, GB 18285-2005 GB 17691-2005 国Ⅴ	11990	2495	3950	1900+5400	25000	9310	0	0	0	0	0	0	1	1	0	1	2	0		0	0	0		

续表

企业名称	车辆品牌	车辆名称	车辆型号	底盘型号	燃料种类	排放标准	外形尺寸(mm)			轴距(mm)	总质量(kg)	整备质量(kg)	2014年													2015年1—3月				合计(辆)
							长	宽	高				1	2	3	4	5	6	7	8	9	10	11	12	小计(辆)	1	2	3	小计(辆)	
同上	同上	压缩式垃圾车	HFC5161ZYSP3N1A40V	HFC1161P3N1A40V	天然气	GB 11340-2005，GB 18285-2005 GB 17691-2005 国Ⅴ	8745	2495	3070	4500	15600	11015	0	0	0	0	0	0	0	0	0	0	0	0		0	0	2		
		车厢可卸式垃圾车	HFC5251ZXXP2N4E43V	HFC3251P2N4E43V	天然气	GB 11340-2005，GB 18285-2005 GB 17691-2005 国Ⅴ	8600	2495	3250	4350+1350	25000	12100	0	0	0	0	0	0	0	0	0	0	0	1		1	0	0		
		混凝土搅拌运输车	HFC5241GJBP1N5E41F	HFC3241P1N5E41F	天然气	GB 17691-2005 国Ⅳ，GB 18285-2005 GB 11340-2005	9720	2495	3990	4100+1350	24500	15450	0	0	0	0	0	1	7	0	0	0	0	0		0	0	0		
三一汽车制造有限公司	三一牌	混凝土搅拌运输车	SYM5253GJB2E	SYM1253T2E	天然气	GB 17691-2005 国Ⅴ，GB 3847-2005 GB 11340-2005	9480	2500	3975	3720+1350	25000	15200	20	0	12	0	70	10	0	60	0	0	0	10	949	0	0	0	0	949
					天然气	GB 17691-2005 国Ⅴ，GB 3847-2005 GB 11340-2005	9950	2500	3975	4090+1350	25000	16200	10	5	15	6	7	12	19	189	1	0	0	0		0	0	0		
			SYM5311GJB2E	SYM1311T2E	天然气	GB 17691-2005 国Ⅴ，GB 3847-2005	10325	2500	3970	1700+3200+1350	30985	16000	0	0	0	21	0	0	0	0	0	0	0	0		0	0	0		
					天然气	GB 17691-2005 国Ⅴ，GB 3847-2005 GB 11340-2005	10450	2500	3970	1700+3200+1350	30985	17200	0	0	0	0	0	0	0	21	0	0	0	0		0	0	0		
			SYM5312GJB2E	SYM1312T2E	天然气	GB 17691-2005 国Ⅴ，GB 3847-2005	10635	2500	3965	1700+3500+1350	30985	18000	0	0	1	0	75	12	20	349	1	0	0	1		0	0	0		
			SYM5255GJB2EZ	ZZ1257N4047E1L	天然气	GB 17691-2005 国Ⅴ，GB 18285-2005 GB 11340-2005	9950	2500	3995	4025+1350	25000	16000	0	0	0	0	0	0	0	0	0	0	1	0		0	0	0		
			SYM5255GJB2EZ1	ZZ1257N4047Q1L	天然气	GB 17691-2005 国Ⅴ，GB 18285-2005 GB 11340-2005	9850	2500	3995	4025+1350	25000	15640	0	0	0	0	0	0	0	0	0	0	1	0		0	0	0		
东风商用车有限公司	东风牌	半挂牵引车	DFH4240A1	—	天然气	GB 11340-2005，GB 18285-2005 GB 17691-2005 国Ⅴ	7300	2500	3770	1900+2850	24000	8800	0	0	0	0	0	0	0	0	0	5	77	19	374	102	161	77	612	986
			DFH4250A	—	天然气	GB 11340-2005，GB 18285-2005 GB 17691-2005 国Ⅴ	7560	2500	3770	3900+1350	25000	11400	0	0	0	0	0	0	0	0	0	0	99	57		33	36	29		
			EQ4250GD3GN	—	天然气	GB 11340-2005，GB 18285-2005 GB 17691-2005 国Ⅳ	7560	2500	3700	3900+1350	25000	8800	0	0	0	0	0	0	0	0	0	0	0	0		0	0	9		
					天然气	GB 11340-2005，GB 18285-2005 GB 17691-2005 国Ⅳ	7560	2500	3700	3900+1350	25000	8800	0	0	0	0	0	0	0	0	0	0	6	4		0	0	11		
			EQ4250GD5N	—	天然气	GB 11340-2005，GB 18285-2005 GB 17691-2005 国Ⅴ	6950	2500	3700	1700+2700	25000	8220	0	0	0	0	0	0	0	0	0	0	2	0		0	0	0		
			EQ4250GD5N1	—	天然气	GB 11340-2005，GB 18285-2005 GB 17691-2005 国Ⅴ	7560	2500	3700	3900+1350	25000	8800	0	0	0	0	0	0	0	0	0	0	0	2		0	1	0		
					天然气	GB 11340-2005，GB 18285-2005 GB 17691-2005 国Ⅴ	7560	2500	3700	3900+1350	25000	9600	0	0	0	0	0	0	0	0	0	0	29	5		10	5	1		

续表

企业名称	车辆品牌	车辆名称	车辆型号	底盘型号	燃料种类	排放标准	外形尺寸(mm)			轴距(mm)	总质量(kg)	整备质量(kg)	2014年													2015年1—3月				合计(辆)
							长	宽	高				1	2	3	4	5	6	7	8	9	10	11	12	小计(辆)	1	2	3	小计(辆)	
同上	同上	同上	EQ4250GD5N1	—	天然气	GB 11340－2005，GB 18285－2005 GB 17691－2005 国Ⅴ	7560	2500	3700	3900＋1350	25000	9600	0	0	0	0	0	0	0	0	0	0	38	28		8	4	2		
		半挂牵引汽车	DFH4160B21	—	天然气	GB 11340－2005，GB 18285－2005 GB 17691－2005 国Ⅴ	6630	2470	2830	3900	15900	5705	0	0	0	0	0	0	0	0	0	1	0	0		0	0	0		
			DFL4251AX18	—	天然气	GB 11340－2005，GB 18285－2005 GB 17691－2005 国Ⅳ	7460	2500	3700	3900＋1350	25000	8805	0	0	0	0	0	0	0	0	0	0	0	0		2	0	0		
			DFL4251AX12A	—	天然气	GB 11340－2005，GB 18285－2005 GB 17691－2005 国Ⅳ	7460	2500	3700	3800＋1350	25000	8805	0	0	0	0	0	0	0	0	0	0	0	0		0	19	0		
		载货汽车底盘	EQ1160GD5NJ	—	天然气	GB 11340－2005，GB 18285－2005 GB 17691－2005 国Ⅴ	8840	2500	2658	5600	16000	4460	0	0	0	0	0	0	0	0	0	0	0	0		13	34	11		
					天然气	GB 11340－2005，GB 18285－2005 GB 17691－2005 国Ⅴ	8840	2500	2658	5600	16000	4460	0	0	0	0	0	0	0	0	0	0	0	0		9	1	1		
			EQ1250GD5NJ1	—	天然气	GB 11340－2005，GB 18285－2005 GB 17691－2005 国Ⅴ	9460	2500	3030	4350＋1300	25000	7850	0	0	0	0	0	0	0	0	0	0	0	0		0	0	12		
					天然气	GB 11340－2005，GB 18285－2005 GB 17691－2005 国Ⅴ	9460	2500	3030	4350＋1300	25000	7850	0	0	0	0	0	0	0	0	0	0	0	0		0	1	2		
					天然气	GB 11340－2005，GB 18285－2005 GB 17691－2005 国Ⅴ	9460	2500	3030	4350＋1300	25000	7850	0	0	0	0	0	0	0	0	0	0	0	0		2	0	14		
		载货汽车	EQ1310GD5N	EQ1310GD5NJ	天然气	GB 11340－2005，GB 18285－2005 GB 17691－2005 国Ⅴ	12000	2500	3200	2150＋4500＋1350	30600	12505	0	0	0	0	0	0	0	0	0	0	1	0		0	0	0		
					天然气	GB 11340－2005，GB 18285－2005 GB 17691－2005 国Ⅴ	12000	2500	3760	2150＋4500＋1350	30600	12505	0	0	0	0	0	0	0	0	0	0	1	0		2	0	0		
中国重汽集团济南商用车有限公司	斯达－斯太尔牌	牵引汽车	ZZ4181M421GE1L	—	天然气	GB 17691－2005 国Ⅴ，GB 18285－2005 GB 11340－2005	5950	2490	2975	3600	18000	6400	0	0	0	0	0	0	0	0	1	0	0	0	821	0	0	0	48	869
					天然气	GB 17691－2005 国Ⅴ，GB 18285－2005 GB 11340－2005	6550	2490	2975	4200	18000	6400	0	0	0	0	0	0	0	0	0	0	0	0		0	0	2		
					天然气	GB 17691－2005 国Ⅴ，GB 18285－2005 GB 11340－2005	5950	2490	3600	3600	18000	7875	0	0	0	0	7	9	0	0	0	0	0	1		0	0	0		
					天然气	GB 17691－2005 国Ⅴ，GB 18285－2005 GB 11340－2005	5950	2490	3600	3600	18000	7875	0	0	0	0	10	6	0	4	1	3	0	0		0	0	0		
					天然气	GB 17691－2005 国Ⅴ，GB 18285－2005 GB 11340－2005	5950	2490	3600	3600	18000	6400	0	0	0	0	0	0	0	0	0	0	0	4		8	0	4		
			ZZ4181N3811E1C	—	天然气	GB 17691－2005 国Ⅴ，GB 18285－2005 GB 11340－2005	6150	2496	3070	3800	18000	6700	0	0	1	0	0	0	0	0	0	0	0	0		0	0	0		
			ZZ4183M381GE1L	—	天然气	GB 17691－2005 国Ⅴ，GB 18285－2005 GB 11340－2005	6195	2496	3875	3800	18000	6400	0	0	0	0	0	0	0	0	0	0	0	0		0	0	1		

续表

企业名称	车辆品牌	车辆名称	车辆型号	底盘型号	燃料种类	排放标准	外形尺寸(mm) 长	宽	高	轴距(mm)	总质量(kg)	整备质量(kg)	2014年 1	2	3	4	5	6	7	8	9	10	11	12	小计(辆)	2015年1—3月 1	2	3	小计(辆)	合计(辆)
同上	同上	同上	ZZ4181N4211E1L	—	天然气	GB 17691－2005 国Ⅴ，GB 18285－2005 GB 11340－2005	6150	2496	3070	3800	18000	6600	7	0	0	0	0	0	0	0	0	0	0	0		0	0	0		
					天然气	GB 17691－2005 国Ⅴ，GB 18285－2005 GB 11340－2005	6550	2496	3700	4200	18000	6600	0	0	1	9	0	0	0	0	0	0	4	1		0	0	0		
			ZZ4183N3811D1C	—	天然气	GB 17691－2005 国Ⅳ，GB 18285－2005 GB 11340－2005	6355	2496	3210	3800	18000	7100	0	0	0	1	0	0	0	0	0	0	0	0		0	0	0		
			ZZ4183N4211E1L	—	天然气	GB 17691－2005 国Ⅴ，GB 18285－2005 GB 11340－2005	6755	2496	3720	4200	18000	6900	0	0	1	5	0	5	1	0	0	0	0	3		0	0	0		
			ZZ4251N3841E1C	—	天然气	GB 17691－2005 国Ⅴ，GB 18285－2005 GB 11340－2005	7220	2496	3070	3825＋1350	25000	9800	0	0	0	1	0	0	0	0	0	0	0	0		0	0	0		
			ZZ4253N25C1D1L	—	天然气	GB 17691－2005 国Ⅳ，GB 18285－2005 GB 11340－2005	6855	2496	3660	1800＋2500	25000	7400	12	0	17	0	0	0	0	0	0	0	0	0		0	0	0		
			ZZ4253N25C1E1L	—	天然气	GB 17691－2005 国Ⅴ，GB 18285－2005 GB 11340－2005	6855	2496	3660	1800＋2500	25000	7400	21	5	27	14	8	3	2	6	5	20	13	0		20	0	0		
					天然气	GB 17691－2005 国Ⅴ，GB 18285－2005 GB 11340－2005	6855	2496	3660	1800＋2500	25000	7400	0	0	0	1	0	1	1	9	5	9	1	0		0	0	0		
			ZZ4253N27C1E1LN	—	天然气	GB 17691－2005 国Ⅴ，GB 18285－2005 GB 11340－2005	7110	2496	3875	1800＋2700	25000	8300	0	0	0	0	0	0	0	0	0	0	0	0		6	2	0		
			ZZ4253N3841E1C	—	天然气	GB 17691－2005 国Ⅴ，GB 18285－2005 GB 11340－2005	7425	2496	3720	3825＋1350	25000	9800	0	1	8	5	0	0	0	0	0	0	0	1		0	0	0		
			ZZ4253N3841E1L	—	天然气	GB 17691－2005 国Ⅴ，GB 18285－2005 GB 11340－2005	7425	2496	3720	3825＋1350	25000	8800	0	0	0	0	8	1	5	2	0	0	0	52		0	0	0		
					天然气	GB 17691－2005 国Ⅴ，GB 18285－2005 GB 11340－2005	7425	2496	3720	3800＋1400	25000	8800	0	25	22	31	12	20	2	4	0	6	1	2		0	0	0		
			ZZ4253N3841E1LBN	—	天然气	GB 17691－2005 国Ⅴ，GB 18285－2005 GB 11340－2005	7470	2496	3765	3800＋1400	25000	8800	0	0	0	0	0	0	0	0	0	0	0	0		0	0	1		
		自卸汽车	ZZ3251N3841E1L	ZZ3251N3841E1L	天然气	GB 17691－2005 国Ⅴ，GB 18285－2005 GB 11340－2005	8020	2496	3450	3825＋1350	25000	12100	0	0	12	0	0	0	0	1	0	0	0	0		0	0	0		
					天然气	GB 17691－2005 国Ⅴ，GB 18285－2005 GB 11340－2005	8220	2496	3450	3825＋1350	25000	12100	0	0	0	0	1	0	0	0	0	0	0	0		0	0	0		
			ZZ3251N4041E1L	ZZ3251N4041E1L	天然气	GB 17691－2005 国Ⅴ，GB 18285－2005 GB 11340－2005	8220	2496	3450	4000＋1350	25000	12220	0	0	0	0	0	0	0	53	0	0	11	0		0	0	0		
			ZZ3253N4041E1L	ZZ3253N4041E1L	天然气	GB 17691－2005 国Ⅴ，GB 18285－2005 GB 11340－2005	8425	2496	3500	4000＋1350	25000	12130	0	0	1	0	0	0	0	0	0	0	0	0		0	0	0		
			ZZ3311N3861E1L	ZZ3311N3861E1L	天然气	GB 17691－2005 国Ⅴ，GB 18285－2005 GB 11340－2005	10105	2496	3450	1800＋3800＋1350	31000	15130	0	0	0	0	0	10	0	0	0	0	0	0		0	0	0		

续表

企业名称	车辆品牌	车辆名称	车辆型号	底盘型号	燃料种类	排放标准	外形尺寸(mm)			轴距(mm)	总质量(kg)	整备质量(kg)	2014年													2015年1—3月				合计(辆)
							长	宽	高				1	2	3	4	5	6	7	8	9	10	11	12	小计(辆)	1	2	3	小计(辆)	
同上	同上	同上	ZZ3311N3861E1L	ZZ3311N3861E1L	天然气	GB 17691-2005 国Ⅴ，GB 18285-2005 GB 11340-2005	10105	2496	3450	1800+3800+1350	31000	15130	0	0	0	0	0	0	0	1	0	0	0	0		0	0	0		
			ZZ3311N4061E1L	ZZ3311N4061E1L	天然气	GB 17691-2005 国Ⅴ，GB 18285-2005 GB 11340-2005	10305	2496	3450	1800+4000+1350	31000	15230	0	0	0	0	0	0	0	1	1	0	0	0		0	0	0		
					天然气	GB 17691-2005 国Ⅴ，GB 18285-2005 GB 11340-2005	10305	2496	3450	1800+4000+1350	31000	15230	0	0	0	0	0	0	0	0	0	1	0	0		0	0	0		
			ZZ3311N4661D1C	ZZ3311N4661D1C	天然气	GB 17691-2005 国Ⅳ，GB 18285-2005 GB 11340-2005	10920	2496	3450	1800+4600+1350	31000	15200	0	0	0	0	0	0	0	1	0	0	0	0		0	0	0		
			ZZ3311N4661D1L	ZZ3311N4661D1L	天然气	GB 17691-2005 国Ⅳ，GB 18285-2005 GB 11340-2005	10920	2496	3450	1800+4600+1350	31000	15460	0	0	0	0	0	0	0	1	0	0	0	0		0	0	0		
			ZZ3311N4661E1L	ZZ3311N4661E1L	天然气	GB 17691-2005 国Ⅴ，GB 18285-2005 GB 11340-2005	11170	2496	3450	1800+4600+1350	31000	15460	0	0	0	0	0	0	0	29	0	0	1	12		3	0	0		
			ZZ3313N3661E1L	ZZ3313N3661E1L	天然气	GB 17691-2005 国Ⅴ，GB 18285-2005 GB 11340-2005	10025	2496	3500	1800+3600+1350	31000	15290	0	0	0	0	0	0	10	2	0	0	0	0		0	0	0		
			ZZ3313N4661D1C	ZZ3313N4661D1C	天然气	GB 17691-2005 国Ⅳ，GB 18285-2005 GB 11340-2005	11475	2496	3500	1800+4600+1350	31000	15500	0	0	4	0	0	1	0	20	0	0	0	0		0	0	0		
			ZZ3313N4661E1L	ZZ3313N4661E1L	天然气	GB 17691-2005 国Ⅴ，GB 18285-2005 GB 11340-2005	11575	2496	3500	1800+4600+1350	31000	15470	0	2	0	0	1	10	1	21	0	0	0	0		0	0	0		
		混凝土搅拌运输车	ZZ5253GJBN3841D1L	ZZ1253N3841D1L	天然气	GB 17691-2005 国Ⅳ，GB 18285-2005 GB 11340-2005	9215	2496	3980	3825+1350	25000	13100	5	0	0	0	0	0	0	0	0	0	0	0		0	0	0		
			ZZ5253GJBN4341E1L	ZZ1253N4341E1L	天然气	GB 17691-2005 国Ⅴ，GB 18285-2005 GB 11340-2005	10140	2496	3980	4025+1350	25000	14180	10	0	0	0	0	0	5	0	0	0	0	0		0	0	0		
					天然气	GB 17691-2005 国Ⅴ，GB 18285-2005 GB 11340-2005	10140	2496	3980	4325+1350	25000	14180	0	0	0	1	0	0	0	0	0	0	0	0		0	0	0		
			ZZ5313GJBN3861E1L	ZZ1313N3861E1L	天然气	GB 17691-2005 国Ⅴ，GB 18285-2005 GB 11340-2005	10850	2496	3980	1800+3600+1350	31000	15800	0	0	0	0	0	10	0	0	0	0	0	0		0	0	0		
		厢式运输车	ZZ5201XXYM56CGE1L	ZZ1201M56CGE1L	天然气	GB 17691-2005 国Ⅴ，GB 18285-2005 GB 11340-2005	11950	2550	3980	1800+5600	20490	10365	0	0	0	0	0	0	0	0	0	100	0	0		0	0	1		
			ZZ5251XXYM56C1E1L	ZZ1251M56C1E1L	天然气	GB 17691-2005 国Ⅴ，GB 18285-2005 GB 11340-2005	11920	2550	3980	1800+5600	25000	10530	0	0	0	0	4	1	0	0	0	0	0	0		0	0	0		
		载货汽车	ZZ1311N4661D1L	ZZ1311N4661D1L	天然气	GB 17691-2005 国Ⅳ，GB 18285-2005 GB 11340-2005	11995	2496	3140	1800+4600+1350	31000	13170	0	0	0	0	0	0	0	1	0	0	0	0		0	0	0		
		仓栅式运输车	ZZ5311CCYN4661E1L	ZZ1311N4661E1L	天然气	GB 17691-2005 国Ⅴ，GB 18285-2005 GB 11340-2005	11995	2496	3980	1800+4600+1350	31000	13370	0	0	0	0	0	0	0	1	0	0	0	0		0	0	0		

续表

企业名称	车辆品牌	车辆名称	车辆型号	底盘型号	燃料种类	排放标准	外形尺寸(mm) 长	宽	高	轴距(mm)	总质量(kg)	整备质量(kg)	2014年 1	2	3	4	5	6	7	8	9	10	11	12	小计(辆)	2015年1—3月 1	2	3	小计(辆)	合计(辆)
上汽依维柯红岩商用车有限公司	红岩牌	半挂牵引汽车	CQ4256HTG384T	—	天然气	GB 18285－2005，GB 11340－2005 GB 17691－2005 国Ⅴ	7360	2500	3939	3850＋1350	25000	8800	0	10	0	7	14	0	0	1	4	4	1	0	692	0	0	0	87	779
					天然气	GB 18285－2005，GB 11340－2005 GB 17691－2005 国Ⅴ	7360	2500	3939	3850＋1350	25000	8800	0	0	0	0	2	0	0	0	1	3	0	0		0	0	0		
					天然气	GB 18285－2005，GB 11340－2005 GB 17691－2005 国Ⅴ	7360	2500	3939	3850＋1350	25000	8800 9670	1	31	3	11	13	0	22	9	1	6	8	9		9	5	2		
			CQ4256HTG303T	—	天然气	GB 18285－2005，GB 11340－2005 GB 17691－2005 国Ⅴ	7230	2500	3939	1800＋3000	25000	7800	4	15	2	12	13	15	25	23	94	58	65	46		28	17	4		
					天然气	GB 18285－2005，GB 11340－2005 GB 17691－2005 国Ⅴ	7230	2500	3939	1800＋3000	25000	7800	0	0	0	0	0	0	0	0	0	0	0	0		2	0	0		
			CQ4186HTG381T	—	天然气	GB 18285－2005，GB 11340－2005 GB 17691－2005 国Ⅴ	6830	2500	3939 3724	3800 4400	18000	7460 6800	0	0	0	1	1	11	3	2	4	0	11	14		0	0	0		
		集装箱半挂牵引车	CQ4186HTG381TC	—	天然气	GB 18285－2005，GB 11340－2005 GB 17691－2005 国Ⅴ	6830	2500	3530	4400	18000	6800	0	0	0	0	0	0	0	0	0	1	0	0		0	0	0		
					天然气	GB 18285－2005，GB 11340－2005 GB 17691－2005 国Ⅴ	6830	2500	3939	4400	18000	6800	0	0	0	0	0	2	1	0	0	2	0	6		0	0	0		
					天然气	GB 18285－2005，GB 11340－2005 GB 17691－2005 国Ⅴ	6830	2500	3530	4400	18000	6800	0	0	0	0	0	0	8	0	11	0	0	0		0	0	0		
			CQ4186HMG381TC	—	天然气	GB 18285－2005，GB 11340－2005 GB 17691－2005 国Ⅴ	6230	2500	3813	3800	18000	7460	0	0	0	0	0	1	1	0	0	0	0	0		0	0	0		
			CQ4256HTG384TC	—	天然气	GB 18285－2005，GB 11340－2005 GB 17691－2005 国Ⅴ	7360	2500	3530	3850＋1350	25000	8800	0	0	0	0	0	0	7	0	52	0	0	0		0	0	0		
		自卸汽车	CQ3316HTG426TB	CQ3316HTG39－466TB	天然气	GB 18285－2005，GB 11340－2005 GB 17691－2005 国Ⅴ	10935	2500	3460	1800＋4200＋1400	31000	15050	0	0	0	0	0	0	0	0	0	0	0	0		10	0	0		
			CQ3316HTG396TB	CQ3316HTG39－466TB	天然气	GB 18285－2005，GB 11340－2005 GB 17691－2005 国Ⅴ	10470	2500	3460	1800＋3900＋1400	31000	15020	0	0	0	0	0	0	0	0	0	0	0	0		10	0	0		
		混凝土搅拌运输车	CQ5256GJBHTG384TB	CQ3256HTG38－474TB	天然气	GB 18285－2005，GB 11340－2005 GB 17691－2005 国Ⅴ	9150	2500	3950	3800＋1400	25000	14740	0	0	0	0	0	0	0	0	0	20	0	0		0	0	0		
北奔重型汽车集团有限公司	北奔牌	牵引车	ND41800A38J	—	天然气	GB 17691－2005 国Ⅳ，GB 11340－2005 GB 18285－2005	6295	2500	3180	3800	18000	7020	0	0	0	0	0	0	0	0	0	0	0	3	570	0	0	0	83	653
			ND42400L27J	—	天然气	GB 17691－2005 国Ⅳ，GB 11340－2005 GB 18285－2005	6895	2500	3200	1700＋2700	24000	7000	0	0	0	1	1	0	0	26	0	15	5	4		0	0	5		
				—	天然气	GB 17691－2005 国Ⅳ，GB 11340－2005 GB 18285－2005	7000	2500	3550	1700＋2700	24000	7000	0	0	0	0	0	0	0	0	0	0	2	0		0	0	0		

续表

企业名称	车辆品牌	车辆名称	车辆型号	底盘型号	燃料种类	排放标准	外形尺寸(mm)			轴距(mm)	总质量(kg)	整备质量(kg)	2014 年													2015 年 1—3 月				合计(辆)
							长	宽	高				1	2	3	4	5	6	7	8	9	10	11	12	小计(辆)	1	2	3	小计(辆)	
同上	同上	同上	ND42400L27J	—	天然气	GB 17691 - 2005 国Ⅳ, GB 11340 - 2005 GB 18285 - 2005	6895	2500	3200	1700 + 2700	24000	7000	0	0	0	0	0	2	2	2	1	1	0	0		0	0	0		
			ND4240L27J6Z00	—	天然气	GB 11340 - 2005 GB 17691 - 2005 国Ⅴ, GB 18285 - 2005	6895	2495	3150	1700 + 2700	24000	7000	0	0	0	0	0	0	4	0	7	10	0	2		3	20	0		
					天然气	GB 11340 - 2005 GB 17691 - 2005 国Ⅴ, GB 18285 - 2005	6895	2495	3150	1700 + 2700	24000	7000	0	0	0	0	0	0	1	0	0	0	0	10		0	0	0		
			ND4240L27J7Z00	—	天然气	GB 11340 - 2005 GB 17691 - 2005 国Ⅴ, GB 18285 - 2005	7000	2500	3555	1700 + 2700	24000	7000	0	0	0	1	0	0	0	0	0	0	0	0		0	0	0		
					天然气	GB 11340 - 2005 GB 17691 - 2005 国Ⅴ, GB 18285 - 2005	7000	2500	3555	1700 + 2700	24000	7000	0	0	0	0	1	0	0	0	0	0	0	0		0	0	0		
			ND4240L27J7Z01	—	天然气	GB 11340 - 2005 GB 17691 - 2005 国Ⅴ, GB 18285 - 2005	6965	2500	3500	1700 + 2700	24000	7000	0	0	0	26	0	38	0	4	7	6	8	1		0	0	10		
					天然气	GB 11340 - 2005 GB 17691 - 2005 国Ⅴ, GB 18285 - 2005	6965	2500	3500	1700 + 2700	24000	7000	0	0	0	0	0	0	5	0	5	0	0	0		0	0	0		
					天然气	GB 11340 - 2005 GB 17691 - 2005 国Ⅴ, GB 18285 - 2005	6965	2500	3500	1700 + 2700	24000	7000	0	0	0	0	0	0	0	0	1	0	1	0		0	0	1		
			ND42500B38J	—	天然气	GB 17691 - 2005 国Ⅳ, GB 11340 - 2005 GB 18285 - 2005	7485	2495	3180	3850 + 1350	25000	8805	0	0	22	0	0	0	0	0	1	5	0	3		0	0	0		
					天然气	GB 17691 - 2005 国Ⅳ, GB 11340 - 2005 GB 18285 - 2005	7485	2495	3180	3850 + 1350	25000	8805	0	0	3	15	20	0	1	0	1	0	1	2		0	0	0		
			ND42500B38J7	—	天然气	GB 17691 - 2005 国Ⅳ, GB 11340 - 2005 GB 18285 - 2005	7640	2500	3530	3850 + 1450	25000	8800	0	0	1	3	0	0	0	0	2	1	1	2		0	0	0		
			ND42502B38J	—	天然气	GB 17691 - 2005 国Ⅳ, GB 11340 - 2005 GB 18285 - 2005	7450	2500	3180	3850 + 1350	25000	8805	0	0	0	0	0	0	0	50	0	0	0	0		0	0	0		
					天然气	GB 17691 - 2005 国Ⅳ, GB 11340 - 2005 GB 18285 - 2005	7450	2500	3180	3850 + 1350	25000	8805	0	0	0	0	0	0	0	0	0	0	0	0		0	2	0		
					天然气	GB 17691 - 2005 国Ⅳ, GB 11340 - 2005 GB 18285 - 2005	7535	2500	3180	3850 + 1450	25000	8805	0	0	1	8	2	0	0	10	6	25	0	0		1	0	0		
			ND42502B38J7	—	天然气	GB 17691 - 2005 国Ⅳ, GB 11340 - 2005 GB 18285 - 2005	7540	2500	3455	3850 + 1350	25000	8800	0	0	0	0	1	1	0	1	3	0	0	1		0	0	0		
			ND4250B38J6Z00	—	天然气	GB 17691 - 2005 国 Ⅴ, GB 11340 - 2005 GB 18285 - 2005	7585	2495	3150	3850 + 1350	25000	8805	0	0	0	0	0	0	2	0	0	0	0	0		0	2	0		
					天然气	GB 17691 - 2005 国 Ⅴ, GB 11340 - 2005 GB 18285 - 2005	7585	2495	3150	3850 + 1350	25000	8805	0	0	0	0	0	0	0	0	4	0	0	0		0	0	0		
					天然气	GB 17691 - 2005 国 Ⅴ, GB 11340 - 2005 GB 18285 - 2005	7585	2495	3150	3850 + 1350	25000	8805	0	0	2	0	5	0	1	0	0	10	0	20		2	0	0		

续表

企业名称	车辆品牌	车辆名称	车辆型号	底盘型号	燃料种类	排放标准	外形尺寸(mm)			轴距(mm)	总质量(kg)	整备质量(kg)	2014年													2015年1—3月				合计(辆)
							长	宽	高				1	2	3	4	5	6	7	8	9	10	11	12	小计(辆)	1	2	3	小计(辆)	
同上	同上	同上	ND4250B38J6Z00	—	天然气	GB 17691－2005 国Ⅴ，GB 11340－2005 GB 18285－2005	7585	2495	3420	3850＋1350	25000	8805	0	0	0	0	0	0	0	0	4	0	0	0		1	0	0		
			ND4250B38J7Z00	—	天然气	GB 17691－2005 国Ⅴ，GB 11340－2005 GB 18285－2005	7655	2500	3895	3850＋1350	25000	8800	0	0	0	0	0	0	0	0	0	0	0	1		15	0	0		
					天然气	GB 17691－2005 国Ⅴ，GB 11340－2005 GB 18285－2005	7655	2500	3555	3850＋1350	25000	8800	0	0	0	0	1	1	0	0	0	0	0	0		0	0	0		
					天然气	GB 17691－2005 国Ⅴ，GB 11340－2005 GB 18285－2005	7690	2500	3555	3850＋1350	25000	8800	0	0	2	16	10	3	2	1	6	0	0	11		0	10	0		
					天然气	GB 17691－2005 国Ⅴ，GB 11340－2005 GB 18285－2005	7655	2500	3555	3850＋1350	25000	8800	0	0	0	0	0	0	0	0	0	0	1	1		0	2	3		
			ND4252B38J	—	天然气	GB 17691－2005 国Ⅳ，GB 11340－2005 GB 18285－2005	7535	2495	3180	3850＋1450	25000	9970	0	0	0	0	0	0	1	1	9	1	8	1		0	1	1		
		自卸车	ND3258B38	ND1256B38	天然气	GB 17691－2005 国Ⅳ，GB 11340－2005 GB 18285－2005	8347	2500	3430	3800＋1450	25000	12260	0	0	0	0	0	8	0	0	0	0	0	0		0	0	0		
			ND33102D44J	ND13112D44J	天然气	GB 17691－2005 国Ⅳ，GB 11340－2005 GB 18285－2005	10970	2500	3484	1500＋4450＋1450	31000	15060	0	0	0	5	0	0	0	0	0	0	0	0		0	0	0		
			ND33103D46J	ND13103D46J	天然气	GB 17691－2005 国Ⅳ，GB 11340－2005 GB 18285－2005	11870	2500	3484	1950＋4600＋1450	31000	15150	0	0	0	0	0	0	0	0	0	0	0	5		0	0	0		
			ND3310D37J7Z01	ND1310D37J7Z01	天然气	GB 17691－2005 国Ⅳ，GB 11340－2005 GB 18285－2005	10625	2500	3484	1950＋3750＋1350	31000	14840	0	0	0	0	0	0	7	1	0	0	0	0		0	0	0		
			ND3315D41J	ND1317D41J	天然气	GB 17691－2005 国Ⅳ，GB 11340－2005 GB 18285－2005	10430	2500	3484	1500＋4150＋1450	31000	15170	0	0	0	6	0	0	0	0	0	0	0	0		0	0	0		
		混凝土搅拌运输车	ND5250GJBZ13	ND12507B41J7	天然气	GB 17691－2005 国Ⅳ，GB 11340－2005 GB 18285－2005	10005	2500	3980	4100＋1450	25000	15155	0	0	0	0	0	0	1	0	0	0	0	0		0	0	0		
			ND5310GJBZ06	ND13100D34J7	天然气	GB 17691－2005 国Ⅳ，GB 11340－2005 GB 18285－2005	11155	2500	3990	1950＋3400＋1450	31000	16750	0	0	0	0	0	0	4	0	0	0	0	0		0	0	0		
		加油车	ND5310GJYZ08	ND1310D43J6Z00	天然气	GB 17691－2005 国Ⅴ，GB 11340－2005 GB 18285－2005	11875	2500	3395	1950＋4350＋1350	31000	13720	0	0	0	0	0	0	0	0	2	0	0	0		0	0	0		
		自卸式垃圾车	ND5310ZLJZ06	ND1310D34J6Z03	天然气	GB 17691－2005 国Ⅳ，GB 11340－2005 GB 18285－2005	9680	2500	3484	1950＋3400＋1450	31000	15420	0	0	0	0	0	0	0	0	0	0	0	10		0	0	0		
		载货汽车底盘	ND12500B50		天然气	GB 17691－2005 国Ⅳ，GB 11340－2005 GB 18285－2005	10415	2495	3180	5050＋1450	25000	9880	0	0	0	0	0	0	0	0	0	0	0	0		4	0	0		
	福田牌	厢式运输车	BJ5043XXY－H1	BJ1043V9JCA－H1	天然气	GB 17691－2005 国Ⅴ，GB 11340－2005 GB 18285－2005	5995	2290	3220	3460	4495	2805	0	0	0	0	0	0	0	0	1	1	0	28	194	20	7	4	263	457
			BJ5049XXY－EB	BJ1049V9JEA－BA	天然气	GB 17691－2005 国Ⅴ，GB 11340－2005 GB 18285－2005	5995	2200	3100	3360	4330	2705	0	0	0	0	1	1	3	5	11	13	21	13		26	3	1		

续表

企业名称	车辆品牌	车辆名称	车辆型号	底盘型号	燃料种类	排放标准	外形尺寸(mm)			轴距(mm)	总质量(kg)	整备质量(kg)	2014年													2015年1—3月				合计(辆)
							长	宽	高				1	2	3	4	5	6	7	8	9	10	11	12	小计(辆)	1	2	3	小计(辆)	
同上	同上	同上	BJ5049XXY－EC	BJ1049V9PEA－BA	天然气	GB 17691－2005 国Ⅴ，GB 11340－2005 GB 18285－2005	5995	2200	2900	3360	4330	2705	0	0	0	0	0	0	0	0	0	0	0	0		0	1	1		
		载货汽车	BJ1043V9JCA－H1	BJ1043V9JCA－H1	天然气	GB 17691－2005 国Ⅴ，GB 11340－2005 GB 18285－2005	5995	2290	2420	3460	4495	2550	0	0	0	0	0	0	0	0	0	0	2	7		3	5	0		
			BJ1049V9JEA－BA	BJ1049V9JEA－BA	天然气	GB 17691－2005 国Ⅴ，GB 11340－2005 GB 18285－2005	5995	2150	2320	3360	4480	2500	0	0	0	2	4	2	5	16	9	5	5	6		7	5	4		
			BJ1049V9PEA－BA	BJ1049V9PEA－BA	天然气	GB 17691－2005 国Ⅴ，GB 11340－2005 GB 18285－2005	5995	2150	2320	3360	4480	2500	0	0	1	0	0	1	0	2	3	3	1	1		0	1	1		
			BJ1165VKPFK－4	BJ1165VKPFK－4	天然气	GB 17691－2005 国Ⅴ，GB 11340－2005 GB 18285－2005	8998	2495	2920	5250	15800	5870	0	0	0	0	1	0	0	0	1	0	0	0		0	0	0		
		载货汽车底盘	BJ1043V9JCA－H1	—	天然气	GB 17691－2005 国Ⅴ，GB 11340－2005 GB 18285－2005	5895	2125	2350	3460	4495	2250	0	0	0	0	0	0	0	0	0	0	0	0		42	23	2		
			BJ1049V9JEA－BA	—	天然气	GB 17691－2005 国Ⅴ，GB 11340－2005 GB 18285－2005	5950	2035	2230	3360	4495	2150	0	0	0	0	0	0	0	0	0	0	0	0		30	17	8		
			BJ1049V9PEA－BA	—	天然气	GB 17691－2005 国Ⅴ，GB 11340－2005 GB 18285－2005	5950	2035	2230	3360	4495	2150	0	0	0	0	0	0	0	0	0	0	0	0		1	1	0		
		混凝土搅拌运输车	BJ5253GJB－XE	BJ5253GJB－XE	天然气	GB 17691－2005 国Ⅳ，GB 11340－2005 GB 18285－2005	9802	2495	3995	4100＋1350	25000	14750	6	1	5	0	0	4	0	0	0	0	0	0		0	0	0		
			BJ5253GJB－XF	BJ5253GJB－XF	天然气	GB 18285－2005，GB 11340－2005 GB 17691－2005 国Ⅴ	9830	2495	3995	4100＋1350	25000	15200	0	0	0	0	0	0	0	0	0	0	0	1		0	0	50		
		自卸汽车	BJ3315DNPJC－6	BJ3315DNPJC－6	天然气	GB 17691－2005 国Ⅴ，GB 11340－2005 GB 18285－2005	10100	2495	3150	1800＋3450＋1350	31000	14770	0	0	0	1	0	0	0	0	0	0	1	0		0	0	0		
东风汽车公司	东风牌	厢式运输车	EQ5043XXYLN1	EQ1043TKNJ1	天然气	GB 17691－2005 国Ⅴ，GB 11340－2005 GB 18285－2005	5995	2150	2970	3300	4320	2215	0	0	0	0	0	0	0	0	0	0	0	0	241	2	12	0	94	335
			EQ5168XXYLN	EQ5168XXYLJN	天然气	GB 11340－2005，GB 18285－2005 GB 17691－2005 国Ⅴ	10000	2490	3850	5600	16000	7880	0	0	1	0	0	0	0	0	0	0	0	0		0	0	0		
			EQ5250XXYFN1	EQ1250VFNJ1	天然气	GB 17691－2005 国Ⅴ	12000	2550	3950	1850＋5450	24900	9800	0	0	0	0	0	3	0	0	0	0	1	0		0	0	0		
			EQ5258XXYLN	EQ1258GLJN	天然气	GB 11340－2005，GB 18285－2005 GB 17691－2005 国Ⅴ	11950	2490	3850	1850＋5450	25000	10875	0	0	1	0	0	0	0	0	0	0	0	0		0	0	0		
		载货汽车底盘	EQ1043TKNJ	—	天然气	GB 17691－2005 国Ⅳ，GB 18285－2005 GB 11340－2005	5895	2090	2210	3300	4450	1745	0	0	0	0	0	0	0	0	0	0	0	0		5	3	1		
			EQ1043TKNJ1	—	天然气	GB 17691－2005 国Ⅴ，GB 11340－2005 GB 18285－2005	5895	2090	2210	3300	4450	1745	0	0	0	0	0	0	0	0	0	0	0	0		4	18	5		
			EQ1250VFNJ1	—	天然气	GB 17691－2005 国Ⅴ	11830	2490	3850	1850＋5450	24900	7500	0	0	0	0	0	0	0	0	0	0	0	0		0	3	0		

续表

企业名称	车辆品牌	车辆名称	车辆型号	底盘型号	燃料种类	排放标准	外形尺寸(mm)			轴距(mm)	总质量(kg)	整备质量(kg)	2014年													2015年1—3月				合计(辆)
							长	宽	高				1	2	3	4	5	6	7	8	9	10	11	12	小计(辆)	1	2	3	小计(辆)	
同上	同上	载货汽车	EQ1043TKN	EQ1043TKNJ	天然气	GB 17691－2005 国Ⅳ，GB 18285－2005 GB 11340－2005	5995	2150	2320	3300	4320	2195	0	2	0	0	1	0	2	3	0	0	0	0		0	2	1		
			EQ1043TKN1	EQ1043TKNJ1	天然气	GB 17691－2005 国Ⅴ，GB 11340－2005 GB 18285－2005	5995	2150	2320	3300	4320	2195	0	0	0	0	0	0	0	0	0	0	0	0		0	4	0		
		半挂牵引汽车	EQ4160GLN	—	天然气	GB 17691－2005 国Ⅴ，GB 18285－2005 GB 11340－2005	6300	2460	3450	3950	16000	5870	0	0	0	0	0	0	5	0	0	2	0	1		0	0	0		
			EQ4250GLN	—	天然气	GB 11340－2005，GB 18285－2005 GB 17691－2005 国Ⅴ	7250	2462	3450	3850＋1350	25000	8870	0	0	15	0	0	0	0	0	0	0	0	0		0	0	0		
		仓栅式运输车	EQ5043CCYLN	EQ1043TKNJ1	天然气	GB 17691－2005 国Ⅴ，GB 11340－2005 GB 18285－2005	5995	2150	3050	3300	4320	2205	0	0	0	0	0	0	0	0	0	0	0	0		0	2	0		
			EQ5250CCYFN1	EQ1250VFNJ1	天然气	GB 11340－2005，GB 18285－2005 GB 17691－2005 国Ⅴ	11990	2500	3950	1850＋5450	24900	9800	0	0	0	0	1	0	2	0	0	0	0	0		0	3	0		
		教练车	EQ5120XLHF4	EQ1120FFJ2	天然气	GB 11340－2005，GB 18285－2005 GB 17691－2005 国Ⅳ	9000	2480	2600	5200	12400	5000	5	6	8	7	8	6	4	6	0	3	0	0		0	0	0		
		洒水车	EQ5166GSS	EQ1166GLJ	天然气	GB 11340－2005，GB 18285－2005 GB 17691－2005 国Ⅴ	8200	2500	3050	4500	16000	5805	0	0	0	0	0	0	0	0	0	5	0	0		0	0	0		
	特商牌	牵引汽车	DFE4160VF1	—	天然气	GB 11340－2005，GB 18285－2005 GB 17691－2005 国Ⅳ	6400	2490	2900	3950	16400	6205	0	0	0	0	0	0	0	10	0	25	0	0		0	0	0		
			DFE4160VFN	—	天然气	GB 11340－2005，GB 18285－2005 GB 17691－2005 国Ⅴ	6430	2490	2900	3950	16400	6205	0	0	0	0	13	10	2	0	1	0	0	0		0	0	0		
			DFE4250VF4	—	天然气	GB 11340－2005，GB 18285－2005 GB 17691－2005 国Ⅳ	7515	2490	3700	3850＋1350	25000	8805	0	0	0	2	0	0	0	0	0	0	0	1		0	0	0		
			DFE4250VFN	—	天然气	GB 11340－2005，GB 18285－2005 GB 17691－2005 国Ⅴ	7515	2490	3700	3850＋1350	25000	8870	0	0	0	0	0	0	0	1	0	0	0	0		3	0	0		
					天然气	GB 11340－2005，GB 18285－2005 GB 17691－2005 国Ⅴ	7465	2490	3700	3850＋1300	25000	8870	0	0	0	0	0	0	0	1	0	0	0	1		1	1	0		
					天然气	GB 11340－2005，GB 18285－2005 GB 17691－2005 国Ⅴ	7515	2490	3800	3850＋1350	25000	8870	0	0	0	0	2	4	1	0	10	0	0	0		0	0	0		
			DFE4252VFN		天然气	GB 11340－2005，GB 18285－2005 GB 17691－2005 国Ⅴ	7180	2490	3030	1700＋2950	25000	7800	0	0	0	0	0	0	0	0	12	1	2	2		0	0	0		
		自卸汽车	DFE3250VF2	DFE3250VFJ2	天然气	GB 11340－2005，GB 18285－2005 GB 17691－2005 国Ⅳ	9080	2500	3400	4350＋1350	24900	11900	0	0	6	0	0	0	0	0	0	0	0	0		0	0	0		
			DFE3310VF4	DFE3310VFJ4	天然气	GB 11340－2005，GB 18285－2005 GB 17691－2005 国Ⅳ	10600	2500	3350	1950＋3800＋1350	31000	14800	0	0	4	0	0	1	0	0	0	0	0	0		17	4	0		
			DFE3310VFN	DFE3310VFNJ	天然气	GB 11340－2005，GB 18285－2005 GB 17691－2005 国Ⅴ	10280	2500	3350	1850＋3800＋1350	31000	14800	0	0	0	0	2	1	0	0	0	0	0	0		0	0	0		

续表

企业名称	车辆品牌	车辆名称	车辆型号	底盘型号	燃料种类	排放标准	外形尺寸(mm) 长	宽	高	轴距(mm)	总质量(kg)	整备质量(kg)	2014年 1	2	3	4	5	6	7	8	9	10	11	12	小计(辆)	2015年1—3月 1	2	3	小计(辆)	合计(辆)
同上	同上	同上	DFE3310VFN1	DFE3310VFNJ1	天然气	GB 11340－2005，GB 18285－2005 GB 17691－2005 国Ⅴ	9390	2500	3350	1850＋3160＋1300	31000	14800	0	0	0	0	0	0	0	1	0	0	0	0		0	0	1		
同上	同上	同上	DFE3310VFN3	DFE3310VFNJ2	天然气	GB 11340－2005，GB 18285－2005 GB 17691－2005 国Ⅴ	11250	2500	3350	1850＋4600＋1350	31000	14800	0	0	2	0	0	1	0	0	0	0	0	0		0	0	0		
同上	同上	同上	DFE3310VFN3	DFE3310VFNJ2	天然气	GB 11340－2005，GB 18285－2005 GB 17691－2005 国Ⅴ	11250	2500	3350	1850＋4600＋1350	31000	14800	0	0	0	1	7	0	0	0	0	0	0	0		0	0	1		
同上	同上	仓栅式运输车	DFE5310CCYFN	DFE1310VFNJ	天然气	GB 11340－2005，GB 18285－2005 GB 17691－2005 国Ⅴ	12000	2500	3950	1850＋4600＋1300	31000	12870	0	0	0	0	0	0	0	0	0	0	1	2		0	0	0		
同上	神宇牌	半挂牵引汽车	DFS4160GLN	—	天然气	GB 11340－2005，GB 18285－2005 GB 17691－2005 国Ⅴ	6300	2480	2850	3800	16000	6200	0	0	5	0	0	0	1	0	0	0	0	0		0	0	0		
同上	神宇牌	半挂牵引汽车	DFS4250GN	—	天然气	GB 11340－2005，GB 18285－2005 GB 17691－2005 国Ⅴ	7500	2500	3700	3850＋1350	25000	8805	0	0	0	0	2	0	0	0	0	0	0	0		0	1	0		
同上	神宇牌	仓栅式运输车	DFS5161CCYN	DFS1161GNJ	天然气	GB 11340－2005，GB 18285－2005 GB 17691－2005 国Ⅴ	9000	2490	3850	5200	15800	5680	0	0	0	0	0	0	1	0	0	0	0	0		0	0	0		
同上	神宇牌	自卸汽车	DFS3164GN	DFS3164GNJ	天然气	GB 11340－2005，GB 18285－2005 GB 17691－2005 国Ⅴ	7900	2490	3050	4500	16000	7815	0	0	0	0	0	0	1	0	0	0	0	0		0	0	0		
同上	华神牌	厢式运输车	DFD5033XXYU	DFD1033TUJ	天然气	GB 18352．3－2005 国Ⅳ	5990	2060	2780	3300	3495	2250	0	0	1	0	0	0	0	0	0	0	0	0		0	0	0		
同上	华神牌	半挂牵引汽车	DFD4251GN	—	天然气	GB 17691－2005 国Ⅳ，GB 18285－2005 GB 11340－2005	7515	2500	3700	3850＋1350	25000	8805	0	0	0	0	0	0	0	0	2	0	0	0		0	0	0		
华菱星马汽车（集团）股份有限公司	星马牌	混凝土搅拌运输车	AH5259GJB4LNG5	HN3250NGX38D4M5J	天然气	GB 18285－2005，GB 11340－2005 GB 17691－2005 国Ⅴ	8850	2500	3900	3900＋1350	25000	14500	0	0	30	0	0	0	0	0	0	0	0	0	274	0	0	0	27	301
华菱星马汽车（集团）股份有限公司	星马牌	混凝土搅拌运输车	AH5259GJB4LNG5	HN3250NGX38D4M5J	天然气	GB 18285－2005，GB 11340－2005 GB 17691－2005 国Ⅴ	8850	2500	3900	3900＋1350	25000	14500	0	0	0	1	0	0	0	0	0	0	0	0		0	0	0		
华菱星马汽车（集团）股份有限公司	星马牌	混凝土搅拌运输车	AH5259GJB5LNG5	HN3250NGX38D4M5J	天然气	GB 18285－2005，GB 11340－2005 GB 17691－2005 国Ⅴ	9850	2500	3950	4100＋1350	25000	15700	0	0	0	0	0	4	0	0	0	0	0	0		0	0	0		
华菱星马汽车（集团）股份有限公司	星马牌	混凝土搅拌运输车	AH5259GJB5LNG5	HN3250NGX38D4M5J	天然气	GB 18285－2005，GB 11340－2005 GB 17691－2005 国Ⅴ	9850	2500	3950	4100＋1350	25000	15700	0	0	0	0	0	10	0	0	10	0	0	0		0	0	0		
华菱星马汽车（集团）股份有限公司	星马牌	混凝土搅拌运输车	AH5259GJB5LNG5	HN3250NGX38D4M5J	天然气	GB 18285－2005，GB 11340－2005 GB 17691－2005 国Ⅴ	9850	2500	3950	4100＋1350	25000	15700	0	2	0	0	0	0	0	0	0	0	0	0		0	0	5		
华菱星马汽车（集团）股份有限公司	星马牌	混凝土搅拌运输车	AH5319GJB3	HN3310NGB38C3M4J	天然气	GB 17691－2005 国Ⅳ，GB 11340－2005 GB 18285－2005	10800	2500	3998	1850＋3700＋1350	31000	18300	0	12	0	5	0	0	0	0	0	0	0	0		0	0	0		
华菱星马汽车（集团）股份有限公司	星马牌	混凝土搅拌运输车	AH5319GJB3LNG5	HN3310NGX38C9M5J	天然气	GB 18285－2005，GB 11340－2005 GB 17691－2005 国Ⅴ	10880	2500	3998	1940＋3610＋1350	31000	18300	0	0	0	0	0	1	0	0		0	0	0		0	0	0		
华菱星马汽车（集团）股份有限公司	星马牌	混凝土搅拌运输车	AH5319GJB3LNG5	HN3310NGX38C9M5J	天然气	GB 18285－2005，GB 11340－2005 GB 17691－2005 国Ⅴ	10880	2500	3998	1940＋3610＋1350	31000	18300	0	0	0	0	36	0	20	0	0	5	5	0		0	0	0		

续表

企业名称	车辆品牌	车辆名称	车辆型号	底盘型号	燃料种类	排放标准	外形尺寸(mm) 长	宽	高	轴距(mm)	总质量(kg)	整备质量(kg)	2014年 1	2	3	4	5	6	7	8	9	10	11	12	小计(辆)	2015年1—3月 1	2	3	小计(辆)	合计(辆)
同上	同上	同上	AH5319GJB3LNG5	HN3310NGX38C9M5J	天然气	GB 18285－2005，GB 11340－2005 GB 17691－2005 国Ⅴ	10880	2500	3998	1940＋3610＋1350	31000	18300	0	0	10	23	0	20	0	65	0	0	0	8		2	0	20		
		低密度粉粒物料运输车	AH5310GFL0LNG5	HN1310NGX38D5M5J	天然气	GB 18285－2005，GB 11340－2005 GB 17691－2005 国Ⅴ	11990	2495	3995	1940＋4515＋1350	31000	17150	0	0	0	6	0	0	0	0	0	0	0	0		0	0	0		
			AH5310GFLLNG4	HN1310NGB38D6M4J	天然气	GB 17691－2005 国Ⅳ，GB 11340－2005 GB 18285－2005	11960	2495	3990	1850＋4605＋1350	31000	16805	0	0	0	0	0	1	0	0	0	0	0	0		0	0	0		
徐州工程机械集团有限公司	徐工牌	混凝土搅拌运输车	XZJ5250GJBA1L	ZZ1257N4047D1L	天然气	GB 17691－2005 国Ⅳ，GB 18285－2005 GB 11340－2005	9850	2496	3980	4025＋1350	25000	15870	10	0	0	0	1	0	0	10	0	0	0	0	266	0	0	0	0	266
			XZJ5250GJBB1L	ZZ1257N4047E1L	天然气	GB 17691－2005 国Ⅴ，GB 18285－2005 GB 11340－2005	9850	2500	3980	4025＋1350	25000	15470	0	0	35	20	15	30	5	15	0	0	0	0		0	0	0		
			XZJ5311GJBB1L	ZZ1317N3667E1L	天然气	GB 17691－2005 国Ⅴ，GB 18285－2005 GB 11340－2005	11530	2500	4000	1800＋3600＋1350	31000	18870	0	0	0	0	0	20	0	100	0	0	0	0		0	0	0		
					天然气	GB 17691－2005 国Ⅴ，GB 18285－2005 GB 11340－2005	10600	2500	4000	1800＋3600＋1350	31000	17200	0	0	0	0	0	0	0	1	0	0	0	0		0	0	0		
		汽车起重机	XZJ5329JQZ25K	XZJ5329JQZ25K	天然气	GB 11340－2005，GB 18285－2005 GB 17691－2005 国Ⅳ	12320	2500	3380	4425＋1350	31750	31620	0	0	0	0	0	0	0	1	0	0	0	0		0	0	0		
			XZJ5415JQZ40K	XZJ5415JQZ40K	天然气	GB 11340－2005，GB 18285－2005 GB 17691－2005（国Ⅴ阶段）	13075	2800	3640	1520＋3915＋1350	41400	41270	0	0	0	0	0	0	0	1	0	0	0	0		0	0	0		
			XZJ5425JQZ50K	XZJ5425JQZ50K	天然气	GB 11340－2005，GB 18285－2005 GB 17691－2005（国Ⅴ阶段）	13075	2800	3640	1520＋3915＋1350	41600	41470	0	0	0	0	0	0	0	1	0	0	0	0		0	0	0		
		随车起重运输车	XZJ5259JSQD5	EQ1250GD5NJ1	天然气	GB 11340－2005，GB 18285－2005 GB 17691－2005 国Ⅴ	11960	2500	3800	5700＋1300	25000	17220	0	0	0	0	0	0	0	0	0	1	0	0		0	0	0		
芜湖中集瑞江汽车有限公司	瑞江牌	低密度粉粒物料运输车	WL5310GFLSQ45	SQR1311N6T6－E	天然气	GB 17691－2005 国Ⅳ，GB 18285－2005 GB 11340－2005	11980	2500	3995	1950＋4500＋1350	30900	17500	0	0	0	0	0	0	0	1	0	0	0	0	203	0	0	0	30	233
		混凝土搅拌运输车	WL5251GJBSQR42	SQR5252GJBN6T4－E	天然气	GB 17691－2005 国Ⅴ，GB 18285－2005 GB 11340－2005	10220	2500	3990	4200＋1350	25000	15900	0	0	18	1	2	0	0	0	0	0	0	0		0	0	0		
		自卸式垃圾车	WL5250ZLJSQR38	SQR3252N6T4－E	天然气	GB 17691－2005 国Ⅴ，GB 18285－2005 GB 11340－2005	8460	2500	3500	3825＋1350	25000	12260	2	0	31	15	13	0	3	39	0	2	40	36		0	30	0		
深圳东风汽车有限公司	东风牌	仓栅式运输车	EQ5160CCYN5	EQ1160GNJ5	天然气	GB 11340－2005，GB 18285－2005 GB 17691－2005 国Ⅴ	9000	2500	3800	5100	15900	6000	0	0	0	0	0	1	1	53	0	0	0	1	208	0	0	0	2	210
			EQ5250CCYN5	EQ1250GNJ5	天然气	GB 11340－2005，GB 18285－2005 GB 17691－2005 国Ⅴ	11990	2500	3950	1850＋5450	25000	9800	0	0	0	0	0	2	2	86	0	0	0	0		0	0	0		

续表

企业名称	车辆品牌	车辆名称	车辆型号	底盘型号	燃料种类	排放标准	外形尺寸(mm)			轴距(mm)	总质量(kg)	整备质量(kg)	2014年													2015年1—3月				合计(辆)
							长	宽	高				1	2	3	4	5	6	7	8	9	10	11	12	小计(辆)	1	2	3	小计(辆)	
同上	同上	同上	EQ5250CCYN5	EQ1250GNJ5	天然气	GB 11340－2005，GB 18285－2005 GB 17691－2005 国Ⅴ	11990	2500	3950	1850＋5450	25000	9800	0	0	0	0	0	0	0	30	0	0	0	0		0	0	0		
同上	同上	半挂牵引车	SE4250GN4	—	天然气	GB 17691－2005 国Ⅳ，GB 11340－2005 GB 18285－2005	7490	2500	3800	3800＋1350	25000	11050	0	9	0	0	0	0	0	0	0	0	0	0		0	0	0		
同上	同上	混凝土搅拌运输车	SE5311GJBN4	SE1311GJN4	天然气	GB 17691－2005 国Ⅳ，GB 11340－2005 GB 18285－2005	10350	2500	3990	1850＋3400＋1350	31000	16450	0	0	4	0	0	0	0	0	0	0	0	0		0	0	0		
同上	同上	厢式运输车	EQ5160XXYN5	EQ1160GNJ5	天然气	GB 11340－2005，GB 18285－2005 GB 17691－2005 国Ⅴ	10000	2500	3800	5600	15900	6600	0	0	0	0	0	2	1	15	1	0	0	0		0	0	1		
同上	同上	载货汽车	EQ1160GN5	EQ1160GNJ5	天然气	GB 11340－2005，GB 18285－2005 GB 17691－2005 国Ⅴ	9000	2500	3100	5100	15900	5900	0	0	0	0	0	0	0	0	0	0	0	0		0	0	1		
郑州宇通客车股份有限公司	宇通牌	教练车	ZK5110XLHN	ZK6840CDN	天然气	GB 17691－2005 国Ⅳ，GB 11340－2005 GB 18285－2005	9000	2450	3165	5160	11000	7800	0	0	0	0	0	1	1	2	0	0	4	1	132	0	0	4	31	163
郑州宇通客车股份有限公司	宇通牌	教练车	ZK5110XLHN	ZK6840CDN	天然气	GB 17691－2005 国Ⅳ，GB 11340－2005 GB 18285－2005	9000	2450	3165	5300	11000	7800	3	0	4	4	0	0	3	0	0	0	1	0		0	0	0		
郑州宇通客车股份有限公司	宇通牌	教练车	ZK5110XLHN3	ZK6840CN3	天然气	GB 17691－2005 国Ⅴ，GB 11340－2005 GB 18285－2005	9000	2450	3165	5300	11000	7800	0	2	0	0	0	0	6	10	0	0	0	0		0	0	0		
郑州宇通客车股份有限公司	宇通牌	教练车	ZK5110XLHN4	ZK6840CN4	天然气	GB 17691－2005 国Ⅴ，GB 11340－2005 GB 18285－2005	9000	2450	3280	5000	11000	8100	1	2	14	1	1	1	0	0	0	0	0	1		1	1	0		
郑州宇通客车股份有限公司	宇通牌	教练车	ZK5110XLHN4	ZK6840CN4	天然气	GB 17691－2005 国Ⅴ，GB 11340－2005 GB 18285－2005	9000	2450	3280	5000	11000	7800	40	0	7	2	0	0	0	0	0	0	0	0		2	1	1		
郑州宇通客车股份有限公司	宇通牌	厢式运输车	ZK5040XXYN2	ZK6562CN1	天然气	GB 17691－2005 国Ⅴ，GB 11340－2005 GB 18285－2005	5995	2240	2850	3100	4495	3405	10	0	10	0	0	0	0	0	0	0	0	0		0	0	20		
郑州宇通客车股份有限公司	宇通牌	厢式运输车	ZK5080XXYN1	ZK6720CN1	天然气	GB 17691－2005 国Ⅴ，GB 11340－2005 GB 18285－2005	7470	2350	2970	3800	8000	5880	0	0	0	0	0	0	0	0	0	0	0	0		1	0	0		
中联重科股份有限公司	中联牌	混凝土搅拌运输车	ZLJ5250GJBE	DFL5251GJBA5	天然气	GB 17691－2005（国Ⅳ），GB 11340－2005 GB 18285－2005	9285	2500	3970	3800＋1350	25000	15610	0	0	0	0	0	0	0	5	0	0	0	0	126	0	0	0		128
中联重科股份有限公司	中联牌	混凝土搅拌运输车	ZLJ5250GJBH	ZZ1257N3847D1L	天然气	GB 17691－2005 国Ⅳ，GB 18285－2005 GB 11340－2005	9160	2500	3965	3825＋1350	25000	15320	0	0	0	0	1	10	0	20	0	0	0	0		0	0	0		
中联重科股份有限公司	中联牌	混凝土搅拌运输车	ZLJ5250GJBL	SX3256DR384TL	天然气	GB 17691－2005 国Ⅲ，GB 11340－2005 GB 18285－2005	9260	2500	3960	3775＋1400	25000	15560	0	0	0	0	0	0	0	1	0	0	0	0		0	0	0		
中联重科股份有限公司	中联牌	混凝土搅拌运输车	ZLJ5253GJBH5	ZZ1257N4347E1L	天然气	GB 17691－2005 国Ⅴ，GB 18285－2005 GB 11340－2005	10010	2500	3970	4325＋1350	25000	16250	0	0	4	28	6	2	0	40	0	0	0	0		0	0	0		
中联重科股份有限公司	中联牌	清洗车	ZLJ5162GQXEQE5NG	EQ1160GD5NJ	天然气	GB 11340－2005，GB 18285－2005 GB 17691－2005 国Ⅴ	9160	2495	3050	4500	16000	9520	0	0	0	0	0	0	0	1	0	0	0	0		0	0	0		

续表

企业名称	车辆品牌	车辆名称	车辆型号	底盘型号	燃料种类	排放标准	外形尺寸(mm)			轴距(mm)	总质量(kg)	整备质量(kg)	2014年													2015年1—3月				合计(辆)
							长	宽	高				1	2	3	4	5	6	7	8	9	10	11	12	小计(辆)	1	2	3	小计(辆)	
同上	同上	同上	ZLJ5163GQXEQE5NG	EQ1160GD5NJ	天然气	GB 11340－2005，GB 18285－2005 GB 17691－2005 国Ⅴ	8360	2500	2880	4500	16000	8600	0	0	0	0	0	0	0	1	0	0	0	0		0	0	0		
			ZLJ5251GQXEQE5NG	EQ1160GD5NJ	天然气	GB 11340－2005，GB 18285－2005 GB 17691－2005 国Ⅴ	10125	2500	3155	4350＋1300	25000	12340	0	0	0	0	0	0	0	1	0	0	0	2		0	0	1		
		洗扫车	ZLJ5160TXSEQE5NG	EQ1160GD5NJ	天然气	GB 11340－2005，GB 18285－2005 GB 17691－2005 国Ⅴ	9185	2490	3040	5600	16000	12200	0	0	0	0	0	0	0	1	0	0	0	0		0	0	1		
		压缩式垃圾车	ZLJ5160ZYSEQE5NG	EQ1160GD5NJ	天然气	GB 11340－2005，GB 18285－2005 GB 17691－2005 国Ⅴ	9060	2500	3215	4500	16000	11200	0	0	0	0	0	0	0	2	0	0	0	0		0	0	0		
		车厢可卸式垃圾车	ZLJ5160ZXXEQE5NG	EQ1160GD5NJ	天然气	GB 11340－2005，GB 18285－2005 GB 17691－2005 国Ⅴ	7314	2500	3040	4500	16000	8500	0	0	0	0	0	0	0	1	0	0	0	0		0	0	0		
湖北三环专用汽车有限公司	十通牌	仓栅式运输车	STQ5160CCYN4	STQ1160L10Y34	天然气	GB 11340－2005，GB 18285－2005 GB 17691－2005 国Ⅳ	9000	2490	3950	5200	15800	5805	0	0	0	1	1	0	0	0	0	0	0	4		0	0	0		
			STQ5257CCYD4	STQ1257L16Y4D4	天然气	GB 11340－2005，GB 18285－2005 GB 17691－2005 国Ⅳ	11990	2490	3950	1850＋5400	25000	8805	0	0	6	2	0	0	2	2	0	0	0	0		0	0	0		
			STQ5317CCYB4	STQ1317L16N4B4	天然气	GB 11340－2005，GB 18285－2005 GB 17691－2005 国Ⅳ	11990	2490	3950	1850＋4500＋1300	31000	11705	0	0	0	0	1	0	0	0	0	0	0	0		0	0	0		
		牵引汽车	STQ4251L10N5S5	—	天然气	GB 11340－2005，GB 18285－2005 GB 17691－2005 国Ⅴ	7440	2500	3820	3800＋1300	25000	8800	0	0	0	0	0	0	2	0	0	0	0	0		0	0	0		
			STQ4251L7Y10D4	—	天然气	GB 11340－2005，GB 18285－2005 GB 17691－2005 国Ⅳ	6980	2500	3740	1700＋2700	24980	7500	0	0	0	0	0	0	0	0	5	0	7	0	82	1	4	0	5	87
		自卸汽车	STQ3310L16N5B4	STQ3310L16N5B4	天然气	GB 11340－2005，GB 18285－2005 GB 17691－2005 国Ⅳ	10510	2490	3320	1850＋3800＋1350	31000	14765	0	0	0	0	0	0	2	5	18	0	0	0		0	0	0		
			STQ3311L15N3A5	STQ3311L15N3A5	天然气	GB 11340－2005，GB 18285－2005 GB 17691－2005 国Ⅴ	9850	2500	3170	1850＋3050＋1700	31000	14765	0	10	1	0	0	0	0	0	0	0	0	0		0	0	0		
		厢式运输车	STQ5317XXYB4	STQ1317L16N4B4	天然气	GB 11340－2005，GB 18285－2005 GB 17691－2005 国Ⅳ	11990	2550	3950	1850＋4500＋1350	31000	11880	0	0	0	0	1	0	0	10	0	0	0	0		0	0	0		
		载货汽车	STQ1081L08Y1N04	STQ1081L08Y1N04	天然气	GB 11340－2005，GB 18285－2005 GB 17691－2005 国Ⅳ	7020	2300	2450	3800	8280	3400	1	0	0	0	0	0	1	0	0	0	0	0		0	0	0		
包头北奔重型汽车有限公司	北奔牌	牵引车	ND42400L27J	—	天然气	GB 17691－2005 国Ⅳ，GB 11340－2005 GB 18285－2005	6895	2500	3200	1700＋2700	24000	7000	1	2	0	1	0	0	0	0	0	0	0	0		0	0	0		
			ND4240L27J6Z00	—	天然气	GB 11340－2005，GB 17691－2005 国Ⅴ GB 18285－2005	6895	2495	3150	1700＋2700	24000	7000	2	0	0	0	0	0	0	0	0	0	0	0	63	0	0	0	0	63
			ND4240L27J7Z01	—	天然气	GB 11340－2005 GB 17691－2005 国Ⅴ，GB 18285－2005	6965	2500	3500	1700＋2700	24000	7000	0	11	0	0	0	0	0	0	0	0	0	0		0	0	0		

续表

企业名称	车辆品牌	车辆名称	车辆型号	底盘型号	燃料种类	排放标准	外形尺寸(mm)			轴距(mm)	总质量(kg)	整备质量(kg)	2014年													2015年1—3月				合计(辆)
							长	宽	高				1	2	3	4	5	6	7	8	9	10	11	12	小计(辆)	1	2	3	小计(辆)	
同上	同上	同上	ND4240L27J7Z01	—	天然气	GB 11340－2005 GB 17691－2005 国Ⅴ，GB 18285－2005	6965	2500	3500	1700＋2700	24000	7000	0	4	0	0	0	0	0	0	0	0	0	0		0	0	0		
			ND42500B38J	—	天然气	GB 17691－2005 国Ⅳ，GB 11340－2005 GB 18285－2005	7485	2495	3180	3850＋1350	25000	8805	0	15	0	0	0	0	0	0	0	0	0	0		0	0	0		
			ND42500B38J7	—	天然气	GB 17691－2005 国Ⅳ，GB 11340－2005 GB 18285－2005	7640	2500	3530	3850＋1450	25000	8800	3	1	1	0	0	0	0	0	0	0	0	0		0	0	0		
			ND42502B38J	—	天然气	GB 17691－2005 国Ⅳ，GB 11340－2005 GB 18285－2005	7450 7535	2500	3180	3850＋1350	25000	8805	10	5	4	0	0	0	0	0	0	0	0	0		0	0	0		
			ND4252B38J	—	天然气	GB 17691－2005 国Ⅳ，GB 11340－2005 GB 18285－2005	7535	2495	3180	3850＋1450	25000	9970	0	0	1	2	0	0	0	0	0	0	0	0		0	0	0		
东风柳州汽车有限公司	乘龙牌	牵引汽车	LZ4240M5CB	—	天然气	GB 17691－2005 国Ⅴ，GB 18285－2005 GB 11340－2005	7150	2495	3670	1650＋3000	24430	8100	0	0	0	0	0	0	0	1	0	16	13	8	41	5	0	8	17	58
			LZ4250M5DB	—	天然气	GB 17691－2005 国Ⅴ，GB 18285－2005 GB 1134	7300	2495	3670	3700＋1350	24995	8800	0	0	0	0	0	0	0	0	0	1	2	0		2	0	2		
郑州宇通重工有限公司	宇通牌	清洗车	YTZ5160GQX20G	EQ1160GD5NJ	天然气	GB 11340－2005，GB 18285－2005 GB 17691－2005 国Ⅴ	8680	2500	2850	4950	15800	8805	0	0	0	0	0	0	0	0	0	4	0	0	49	0	0	0	0	49
		洗扫车	YTZ5162TXS20G	EQ1160GSZ5NJ	天然气	GB 11340－2005，GB 18285－2005 GB 17691－2005 国Ⅴ	9000	2500	3050	5000	16000	13290	0	0	0	1	0	0	2	0	0	0	0	0		0	0	0		
		压缩式垃圾车	YTZ5160ZYS21G	EQ1166GLJ	天然气	GB 11340－2005，GB 18285－2005 GB 17691－2005 国Ⅴ	8920	2500	3005	4950	16000	11580	0	0	0	0	34	0	1	0	0	0	0	0		0	0	0		
		自卸式垃圾车	YTZ5160ZLJ20G	EQ1166GLJ	天然气	GB 11340－2005，GB 18285－2005 GB 17691－2005 国Ⅴ	7255	2500	3120	4500	16000	7820	0	0	0	0	0	7	0	0	0	0	0	0		0	0	0		
烟台海德专用汽车有限公司	海德牌	车厢可卸式垃圾车	CHD5250ZXXN5	EQ1250GD5NJ1	天然气	GB 11340－2005，GB 18285－2005 GB 17691－2005 国Ⅴ	8270	2500	3190	4350＋1300	25000	11470	0	0	0	0	0	0	0	0	0	0	0	0	34	1	0	0	11	45
			CHD5251ZXXN5	ZZ1257M4347E1L	天然气	GB 17691－2005 国Ⅴ，GB 18285－2005 GB 11340－2005	8285	2500	3210	4325＋1350	25000	12490	0	0	0	0	2	0	0	4	0	0	0	7		0	0	0		
					天然气	GB 17691－2005 国Ⅴ，GB 18285－2005 GB 11340－2005	8285	2500	3210	4350＋1350	25000	12490	0	0	0	0	0	0	0	0	0	0	0	0		7	0	0		
		扫路车	CHD5080TSLN5	DFA1081SJ12N3	天然气	GB 17691－2005 国Ⅴ，GB 18285－2005 GB 11340－2005	6520	2100	2510	3800	8200	6560	0	0	0	0	0	0	0	0	1	0	0	0		1	0	0		
			CHD5162TSLN5	EQ1160GD5NJ	天然气	GB 11340－2005，GB 18285－2005 GB 17691－2005 国Ⅴ	7995	2500	2990	4500	16000	10520	0	0	0	0	0	0	0	0	2	0	0	0		0	0	0		
			CHD5166TSLN5	EQ1160GD5NJ	天然气	GB 11340－2005，GB 18285－2005 GB 17691－2005 国Ⅴ	8695	2500	2990	5200	16000	10580	0	0	0	0	0	0	0	1	1	0	0	3		0	0	1		
		洗扫车	CHD5167TXSN5	EQ1160GD5NJ	天然气	GB 11340－2005，GB 18285－2005 GB 17691－2005 国Ⅴ	9405	2500	3095	5600	16000	11460	0	0	0	3	3	0	1	1	2	1	0	0		0	0	0		

续表

企业名称	车辆品牌	车辆名称	车辆型号	底盘型号	燃料种类	排放标准	外形尺寸(mm)			轴距(mm)	总质量(kg)	整备质量(kg)	2014年													2015年1—3月				合计(辆)
							长	宽	高				1	2	3	4	5	6	7	8	9	10	11	12	小计(辆)	1	2	3	小计(辆)	
同上	同上	清洗车	CHD5250GQXN5	EQ1250GD5NJ1	天然气	GB 11340－2005，GB 18285－2005 GB 17691－2005 国Ⅴ	10720	2500	3030	4350＋1300	25000	12565	0	0	0	0	0	0	0	1	0	1	0	0		0	0	0		
		餐厨垃圾车	CHD5076TCAN5	DFA1070SJ12N5	天然气	GB 17691－2005 国Ⅴ，GB 18285－2005 GB 11340－2005	5980	2100	2850	3308	7300	4610	0	0	0	0	0	0	0	0	0	0	0	0		1	0	0		
福建龙马环卫装备股份有限公司	福龙马牌	清洗车	FLM5160GQX D5NG	EQ1160GD5NJ	天然气	GB 11340－2005，GB 18285－2005 GB 17691－2005 国Ⅴ	9230	2500	2658	4500	16000	9615	0	0	0	0	0	0	0	1	0	0	0	0	30	0	0	0	15	45
					天然气	GB 11340－2005，GB 18285－2005 GB 17691－2005 国Ⅴ	9260	2500	2860	4500	16000	9230	0	0	0	0	0	0	0	0	0	0	0	0		1	0	1		
			FLM5161GQX D5NG	EQ1160GD5NJ	天然气	GB 11340－2005，GB 18285－2005 GB 17691－2005 国Ⅴ	8330	2500	2658	4500	16000	8755	0	0	0	0	0	0	0	3	0	0	0	0		0	0	0		
					天然气	GB 11340－2005，GB 18285－2005 GB 17691－2005 国Ⅴ	8330	2500	2910	4500	16000	8340	0	0	0	0	0	0	0	0	0	0	0	14		7	0	0		
		洗扫车	FLM5160TXS D5NG	EQ1160GD5NJ	天然气	GB 11340－2005，GB 18285－2005 GB 17691－2005 国Ⅳ	9020	2500	3180	5200	16000	2665	0	0	0	0	0	1	0	2	0	0	0	0		0	0	0		
					天然气	GB 11340－2005，GB 18285－2005 GB 17691－2005 国Ⅴ	9020	2500	3180	5200	16000	2665	0	0	0	0	0	0	0	0	0	0	0	0		2	0	1		
		压缩式垃圾车	FLM5163ZYS D5KNG	EQ1160GD5NJ	天然气	GB 11340－2005，GB 18285－2005 GB 17691－2005 国Ⅴ	8725	2500	2980	4500	16000	10370	0	0	0	0	0	0	0	9	0	0	0	0		0	0	0		
		车厢可卸式垃圾车	FLM5160ZXX D5NG	EQ1160GD5NJ	天然气	GB 11340－2005，GB 18285－2005 GB 17691－2005 国Ⅴ	7170	2500	2960	4500	16000	7780	0	0	0	0	0	0	0	0	0	0	0	0		0	3	0		
鄂尔多斯市东胜区中兴特种车辆制造有限责任公司	蒙凯牌	仓栅式运输车	MK5250CCY	ND1259B41J	天然气	GB 17691－2005 国Ⅵ，GB 11340－2005 GB 18285－2005	9126	2500	3260	4100＋1350	25000	11200	0	0	0	0	0	40	0	0	0	0	0	0	40	0	0	0	0	40
南京徐工汽车制造有限公司	徐工牌	半挂牵引汽车	NXG4180N5KA	—	天然气	GB 11340－2005，GB 18285－2005 GB 17691－2005（国Ⅴ）	6155	2500	3600	3550	17995	7500	0	0	0	1	2	2	0	0	1	0	0	0	36	0	0	0	4	40
			NXG4250N5KB	—	天然气	GB 11340－2005，GB 18285－2005 GB 17691－2005（国Ⅴ）	7245	2500	3600	1950＋2650	25000	8300	0	0	0	0	0	0	0	1	0	0	0	0		0	0	2		
			NXG4250N5KC	—	天然气	GB 11340－2005，GB 18285－2005 GB 17691－2005（国Ⅴ）	7135	2500	3340	3500＋1350	25000	9500	0	0	0	0	0	0	0	1	0	0	0	0		0	0	0		
					天然气	GB 11340－2005，GB 18285－2005 GB 17691－2005（国Ⅴ）	7435	2500	3600	3800＋1350	25000	9800	0	0	0	0	6	1	0	0	0	0	0	0		0	0	2		

续表

企业名称	车辆品牌	车辆名称	车辆型号	底盘型号	燃料种类	排放标准	外形尺寸(mm) 长	宽	高	轴距(mm)	总质量(kg)	整备质量(kg)	2014年 1	2	3	4	5	6	7	8	9	10	11	12	小计(辆)	2015年1—3月 1	2	3	小计(辆)	合计(辆)
同上	同上	混凝土搅拌运输车	NXG5310GJBK5B	NXG3310N5KEX	天然气	GB 11340－2005，GB 18285－2005 GB 17691－2005（国Ⅴ）	11460	2500	3995	2100＋3300＋1350	30995	17920	0	0	0	0	0	0	0	1	0	0	0	0	36	0	0	0	4	40
			NXG5250GJBK5A	NXG3250N5KCX	天然气	GB 11340－2005，GB 18285－2005 GB 17691－2005（国Ⅴ）	9255	2500	3995	4000＋1350	24995	14065	0	0	0	0	0	0	0	0	0	0	0	20		0	0	0		
			SCH1025SF	—	天然气	GB 18352．3－2005 国Ⅳ	4780	1635	1850	2850	2250	1250	0	0	0	0	0	0	0	0	2	9	0	0		0	0	0		
河北渤海石油装备专用车有限公司	油龙牌	供液车	YLL5250TGY5	ND1250BG5J6Z00	天然气	GB 17691－2005 国Ⅴ，GB 11340－2005 GB 18285－2005	9520	2500	3280	4450＋1450	25000	12710	0	0	4	0	0	0	0	0	0	0	0	0	18	0	0	0	20	38
					天然气	GB 17691－2005 国Ⅴ，GB 11340－2005 GB 18285－2005	9520	2500	3280	4450＋1450	25000	12710	0	0	0	0	0	0	0	0	0	0	0	7		0	0	0		
			YLL5312TGY5A	ZZ1317N4667E1LB	天然气	GB 17691－2005 国Ⅴ，GB 18285－2005 GB 11340－2005	11925	2500	3350	1800＋4575＋1400	31000	12740	0	0	0	0	0	0	0	0	1	0	0	0		0	0	0		
		固井车	YLL5221TGJ	ZZ1257M4647E1L	天然气	GB 17691－2005 国Ⅴ，GB 18285－2005 GB 11340－2005	10100	2500	3580	4600＋1350	22220	22090	0	0	0	0	0	0	0	0	0	0	0	0		0	0	1		
			YLL5230TGJ	ND12500B50	天然气	GB 17691－2005 国Ⅳ，GB 11340－2005 GB 18285－2005	10510	2500	3600	5050＋1450	23000	22870	0	0	0	0	0	0	0	2	0	0	0	0		0	0	2		
		洗井清蜡车	YLL5190TXL	ZZ1257M4647E1L	天然气	GB 17691－2005 国Ⅴ，GB 18285－2005 GB 11340－2005	10100	2500	3460	4600＋1350	19410	19280	0	0	0	0	0	0	0	0	0	0	0	4		0	0	2		
		运油车	YLL5250GYY	EQ1250GD5NJ1	天然气	GB 11340－2005，GB 18285－2005 GB 17691－2005 国Ⅴ	9710	2500	3190	4350＋1300	25000	13180	0	0	0	0	0	0	0	0	0	0	0	0		0	0	15		
东风实业（十堰）车辆有限公司	华神牌	仓栅式运输车	DFD5043CCYN	EQ1043TKNJ	天然气	GB 17691－2005 国Ⅳ，GB 18285－2005 GB 11340－2005	5995	2150	3050	3300	4320	2395	3	0	0	0	1	0	0	1	0	0	0	3	28	0	1	0	9	37
		厢式运输车	DFD5043XXYN	EQ1043TKNJ	天然气	GB 17691－2005 国Ⅳ，GB 18285－2005 GB 11340－2005	5995	2150	3050	3300	4320	2595	4	4	0	1	3	0	2	2	1	2	1	0		5	2	1		
洛阳中集凌宇汽车有限公司	凌宇牌	混凝土搅拌运输车	CLY5257GJB43E1L	ZZ1257N4347E1L	天然气	GB 17691－2005 国Ⅴ，GB 18285－2005 GB 11340－2005	10610	2500	3990	4325＋1350	25000	16000	0	0	0	6	0	20	0	10	0	0	0	0	36	0	0	0	0	36
中车集团西安骊山汽车制造厂	骊山牌	教练车	LS5110XLHN5	EQ6870KS5N	天然气	GB 11340－2005，GB 18285－2005 GB 17691－2005 国Ⅴ	9000	2480	3050	4700	11400	6690	0	5	5	0	0	0	0	0	0	3	0	0	35	0	0	0	1	36
			LS5111XLHN5	EQ6860TN5AC1	天然气	GB 11340－2005，GB 18285－2005 GB 17691－2005 国Ⅴ	9000	2420	3100	4700	11000	6600	0	0	0	0	0	1	0	0	0	5	2	14		1	0	0		
江铃重型汽车有限公司	江铃牌	半挂牵引车	SXQ4251M7N1－5	—	天然气	GB 11340－2005，GB 18285－2005 GB 17691－2005 国Ⅴ	7470	2498	3700	3800＋1350	25000	9800	1	0	0	0	0	0	0	0	0	0	0	0	31	0	0	0	0	31
		自卸汽车	SXQ3310G5N3－5	SXQ3310GJ5N3－5	天然气	GB 11340－2005，GB 18285－2005 GB 17691－2005 国Ⅴ	10280	2498	3200	1950＋3800＋1350	31000	14770	0	0	0	30	0	0	0	0	0	0	0	0		0	0	0		

续表

企业名称	车辆品牌	车辆名称	车辆型号	底盘型号	燃料种类	排放标准	外形尺寸(mm)			轴距(mm)	总质量(kg)	整备质量(kg)	2014年													2015年1—3月				合计(辆)
							长	宽	高				1	2	3	4	5	6	7	8	9	10	11	12	小计(辆)	1	2	3	小计(辆)	
山东东岳专用汽车制造有限公司	圣岳牌	自卸式垃圾车	SDZ5256ZLJL	ZZ3255N3846E1L	天然气	GB 17691－2005 国Ⅴ，GB 18285－2005 GB 11340－2005	8550	2500	3450	3825＋1350	25000	12370	0	0	0	0	0	0	0	0	30	0	0	0	30	0	0	0	0	30
山西成功汽车制造有限公司	太行成功牌	载货汽车	SCH1025DF	—	天然气	GB 18352．3－2005 国Ⅳ	4780	1635	1850	2850	2250	1195	0	0	0	0	0	0	0	0	7	5	0	0	23	0	0	0	0	23
河南少林客车股份有限公司	少林牌	厢式运输车	SLG5040XXYT5F	HFC6570NY2V	天然气	GB 11340－2005，GB 18285－2005 GB 17691－2005 国Ⅴ	5995	2240	2820	3308	4495	3400	0	0	0	0	0	0	0	10	1	0	10	0	21	0	2	0	2	23
中原特种车辆有限公司	中油牌	供液车	ZYT5250TGY5	ZZ1257M4647E1L	天然气	GB 17691－2005 国Ⅴ，GB 18285－2005 GB 11340－2005	10200	2496	3125	4600＋1350	25000	13380	0	0	0	0	0	0	0	0	0	0	0	0	0	1	0	14	22	22
		锅炉车	ZYT5251TGL6	SX1258DT434TL	天然气	GB 17691－2005 国Ⅴ，GB 11340－2005 GB 18285－2005	9875	2490	3790	4375＋1400	24980	24850	0	0	0	0	0	0	0	0	0	0	0	0		0	0	4		
		随车起重运输车	ZYT5251JSQ5	ZZ1257M5847E1L	天然气	GB 17691－2005 国Ⅴ，GB 18285－2005 GB 11340－2005	11970	2496	3850	5825＋1350	25000	17100	0	0	0	0	0	0	0	0	0	0	0	0		0	0	3		
东风随州专用汽车有限公司	东风牌	加油车	DFZ5250GJYGD5N1	EQ1250GD5NJ1	天然气	GB 11340－2005，GB 18285－2005 GB 17691－2005 国Ⅴ	9810	2500	3500	4350＋1300	25000	10305	0	0	0	0	0	1	0	9	0	0	0	10	20	0	0	0	0	20
丹东黄海特种专用车有限责任公司	黄海牌	易燃液体罐式运输车	DD5312GRY	ZZ1317N4667E1LB	天然气	GB 17691－2005 国Ⅴ，GB 18285－2005 GB 11340－2005	11990	2500	3730	1800＋4600＋1350	31000	13005	0	0	0	0	0	0	0	20	0	0	0	0	20	0	0	0	0	20
中国重汽集团湖北华威专用汽车有限公司	华威驰乐牌	低密度粉粒物料运输车	SGZ5311GFLZZ5WL	ZZ1317N4667E1LH	天然气	GB 17691－2005 国Ⅴ，GB 18285－2005 GB 11340－2005	11990	2500	3950	1800＋4600＋1350	31000	15565	0	0	0	0	1	0	0	3	0	0	0	0	19	0	0	0	0	19
			SGZ5310GFLZZ4W46L	ZZ1317N4667D1LH	天然气	GB 17691－2005 国Ⅳ，GB 18285－2005 GB 11340－2005	11990	2500	3950	1800＋4600＋1350	31000	17495	0	0	0	0	0	0	0	15	0	0	0	0		0	0	0		
随州市力神专用汽车有限公司	醒狮牌	洒水车	SLS5250GSSZ5	ZZ1257M4347E1L	天然气	GB 17691－2005 国Ⅴ，GB 18285－2005 GB 11340－2005	9520	2500	3200	4300＋1400	25000	12170	0	0	0	0	0	0	0	0	0	0	0	1	5	0	0	0	12	17
		易燃液体罐式运输车	SLS5250GRYZ5	ZZ1257M4647E1L	天然气	GB 17691－2005 国Ⅴ，GB 18285－2005 GB 11340－2005	10000	2500	3300	4600＋1350	25000	12670	4	0	0	0	0	0	0	0	0	0	0	0		0	0	0		
		运油车	SLS5250GYYD5	EQ1250GD5NJ1	天然气	GB 11340－2005，GB 18285－2005 GB 17691－2005 国Ⅴ	9760	2500	3300	4350＋1300	25000	12305	0	0	0	0	0	0	0	0	0	0	0	0		0	0	12		

续表

企业名称	车辆品牌	车辆名称	车辆型号	底盘型号	燃料种类	排放标准	外形尺寸(mm) 长	宽	高	轴距(mm)	总质量(kg)	整备质量(kg)	2014年 1	2	3	4	5	6	7	8	9	10	11	12	小计(辆)	2015年1—3月 1	2	3	小计(辆)	合计(辆)
中国一拖集团有限公司	东方红牌	自卸式垃圾车	LT5257ZLJBBD0	ZZ3255N4946E1L	天然气	GB 17691－2005 国Ⅴ，GB 18285－2005 GB 11340－2005	9575	2498	3285	4925＋1350	25000	14900	0	0	0	0	0	0	0	0	0	15	0	0	15	0	0	0	0	15
东风征梦（十堰）专用车有限公司	东风牌	仓栅式运输车	EQ5251CCYZM	EQ1250GD5NJ	天然气	GB 11340－2005，GB 18285－2005 GB 17691－2005 国Ⅴ	12000	2500	3990	2150＋5350	25000	9650	0	0	0	0	0	3	0	0	0	0	0	0	15	0	0	0	0	15
			EQ5310CCYZM	EQ1310GD5NJ	天然气	GB 11340－2005，GB 18285－2005 GB 17691－2005 国Ⅴ	12000	2500	3990	2150＋4500＋1350	30600	12505	0	0	0	0	0	1	1	2	0	0	0	0		0	0	0		
					天然气	GB 11340－2005，GB 18285－2005 GB 17691－2005 国Ⅴ	12000	2500	3990	2150＋4500＋1350	30600	12505	0	0	0	0	1	1	3	2	0	0	1	0		0	0	0		
唐山市鸿达汽车改装有限公司	仙达牌	混凝土搅拌运输车	XT5250GJBZZ40EL	ZZ1257N4047E1L	天然气	GB 17691－2005 国Ⅴ，GB 18285－2005 GB 11340－2005	10090	2500	3990	4025＋1350	25000	15400	0	0	0	0	1	0	0	1	0	0	1	0	14	0	0	0	0	14
			XT5310GJBHK36EL	ZZ1313N3861E1L	天然气	GB 17691－2005 国Ⅴ，GB 18285－2005 GB 11340－2005	11330	2500	4000	1800＋3600＋1350	31000	17700	0	0	0	0	0	0	8	2	0	0	0	0		0	0	0		
			XT5314GJBDY36EL	CGC5310GJBN5XDA	天然气	GB 17691－2005 国Ⅴ，GB 11340－2005 GB 18285－2005	11430	2500	3990	1800＋3600＋1350	31000	19640	0	0	0	0	0	0	0	0	0	0	0	1		0	0	0		
张家港中集圣达因低温装备有限公司	圣达因牌	低温液体运输车	SDY5301GDYT	SQR1312N6T6－E	天然气	GB 17691－2005 国Ⅴ，GB 18285－2005 GB 11340－2005	11790	2500	3645	1950＋4500＋1350	29840	21250	0	0	0	0	1	0	0	0	0	0	0	1	13	0	0	0	0	13
			SDY5310GDYT	SQR1312N6T6－E	天然气	GB 17691－2005 国Ⅴ，GB 11340－2005 GB 18285－2005	11785	2500	3410	1950＋4500＋1350	31000	22820	0	1	1	1	3	0	0	2	2	1	0	0		0	0	0		
查特中汽深冷特种车（常州）有限公司	查特牌	低温液体运输车	CTZ5300GDY	SX3316DT456TL	天然气	GB 17691－2005 国Ⅳ，GB 11340－2005 GB 18285－2005	11800	2500	3465	1800＋4575＋1400	29535	20880	2	1	0	0	0	0	0	0	0	0	0	0	11	0	0	0	0	11
			CTZ5301GDY	SX3318DT456TL	天然气	GB 17691－2005 国Ⅴ，GB 11340－2005 GB 18285－2005	11800	2500	3465	1800＋4575＋1400	29535	20880	0	0	0	3	0	1	1	3	0	0	0	0		0	0	0		
精功镇江汽车制造有限公司	精功牌	半挂牵引汽车	ZJZ4250NPT4AZ4	—	天然气	GB 17691－2005 国Ⅳ，GB 11340－2005 GB 18285－2005	7495	2500	3750	3850＋1350	25000	8730	1	0	0	0	0	0	0	0	0	0	0	0	11	0	0	0	0	11
					天然气	GB 17691－2005 国Ⅳ，GB 11340－2005 GB 18285－2005	7025	2500	3750	3380＋1350	25000	8730	10	0	0	0	0	0	0	0	0	0	0	0		0	0	0		
辽宁合力专用汽车制造有限公司	丹凌牌	洒水车	HLL5310GSSB	BJ3313VMPCF－1	天然气	GB 17691－2005 国Ⅳ，GB 11340－2005 GB 18285－2005	11050	2500	3210	1800＋4300＋1350	31000	12655	0	0	9	0	0	0	1	0	0	0	0	0	10	0	0	0	0	10
温州云顶专用汽车制造有限公司	云顶牌	车厢可卸式垃圾车	RYD5163ZXXPL	SX1163P	天然气	GB 17691－2005 国Ⅴ，GB 11340－2005 GB 18285－2005	7250	2475	2960	4500	16000	7310	0	0	0	0	1	0	0	0	0	0	0	0	8	0	0	1	1	9
			RYD5163ZXXPY	SX1163P	天然气	GB 17691－2005 国Ⅴ，GB 11340－2005 GB 18285－2005	7250	2475	2880	4500	16000	5905	0	1	0	0	0	0	0	0	0	0	0	0		0	0	0		

续表

企业名称	车辆品牌	车辆名称	车辆型号	底盘型号	燃料种类	排放标准	外形尺寸(mm) 长	宽	高	轴距(mm)	总质量(kg)	整备质量(kg)	2014年 1	2	3	4	5	6	7	8	9	10	11	12	小计(辆)	2015年1—3月 1	2	3	小计(辆)	合计(辆)
同上	同上	洒水车	RYD5163GSS	SX1163P	天然气	GB 17691－2005 国Ⅴ，GB 11340－2005 GB 18285－2005	8000	2475	2880	4500	16000	7500	0	0	0	1	0	0	0	0	0	0	0	0		0	0	0		
		压缩式垃圾车	RYD5163ZYS	SX1163P	天然气	GB 17691－2005 国Ⅴ，GB 11340－2005 GB 18285－2005	8600	2490	3200	4500	16000	10855	0	0	0	1	1	0	0	0	0	0	0	1		0	0	0		
		自卸汽车	RYD3124L45	SX3124L45	天然气	GB 17691－2005 国Ⅴ，GB 11340－2005 GB 18285－2005	7485	2500	2840	4630	11980	6835	0	2	0	0	0	0	0	0	0	0	0	0		0	0	0		
湖北程力专用汽车有限公司	程力威牌	清障车	CLW5041TQZT4	EQ1043TKNJ	天然气	GB 17691－2005 国Ⅳ，GB 18285－2005 GB 11340－2005	5995	2300	2350	3300	4450	2825	0	0	0	0	1	0	6	0	0	0	1	0	8	0	0	0	0	8
江西制氧机有限公司	五峰牌	低温液体运输车	JXY5312GDY2	DFE1310VFNJ	天然气	GB 11340－2005，GB 18285－2005 GB 17691－2005 国Ⅴ	11960	2500	3445	1850＋4600＋1300	30525	20600	0	0	0	0	0	0	0	0	0	0	0	1	3	0	0	0	5	8
			JXY5315GDY5	SX1316GR456TL	天然气	GB 17691－2005 国Ⅴ，GB 11340－2005 GB 18285－2005	11940	2500	3620	1800＋4575＋1400	31000	19750	0	0	0	0	0	0	0	0	0	0	0	2		3	2	0		
张家港韩中深冷科技有限公司	韩中深冷牌	低温液体运输车	ZHJ5291GDY	DFE1310VFJ	天然气	GB 11340－2005，GB 18285－2005 GB 17691－2005 国Ⅳ	11950	2500	3380	1950＋4500＋1300	29000	20710	1	0	0	0	0	0	0	0	0	0	0	0	6	0	0	0	0	6
			ZHJ5300GDY	HN1310NGB30D3M5J	天然气	GB 18285－2005，GB 11340－2005 GB 17691－2005 国Ⅴ	11900	2500	3375	1850＋4300＋1350	29500	21210	1	1	1	1	0	0	0	0	0	0	0	0		0	0	0		
			ZHJ5318GDY	HN1310NGB30D3M5J	天然气	GB 18285－2005，GB 11340－2005 GB 17691－2005 国Ⅴ	11700	2500	3500	1850＋4300＋1350	31000	21090	0	0	0	0	0	0	0	0	1	0	0	0		0	0	0		
湖南恒润高科股份有限公司	恒润牌	扫路车	HHR5160TSLNG5EQ	EQ1160GD5NJ	天然气	GB 11340－2005，GB 18285－2005 GB 17691－2005 国Ⅴ	8800	2500	3140	5200	16000	10250	0	0	0	0	2	0	0	0	0	0	0	0	4	0	0	0	0	4
		压缩式垃圾车	HHR5070ZYSNG5EQ	EQ1070GN－50	天然气	GB 17691－2005 国Ⅴ，GB 11340－2005 GB 18285－2005	7440	2198	2625	3850	7495	6635	0	0	0	0	1	0	0	0	0	0	0	0		0	0	0		
		车厢可卸式垃圾车	HHR5120ZXXNG5EQ	EQ1140LZ5NJ	天然气	GB 11340－2005，GB 18285－2005 GB 17691－2005 国Ⅴ	7010	2460	3050	4200	12495	6450	0	0	0	0	0	1	0	0	0	0	0	0		0	0	0		
东风汽车股份有限公司	东风牌	载货汽车	DFA1090S12N4	DFA1090SJ12N4	天然气	GB 17691－2005 国Ⅴ，GB 18285－2005 GB 11340－2005	7995	2330	2620	4400	9200	4510	0	0	1	0	0	0	0	0	0	0	0	0	2	0	0	0	2	4
		仓栅式运输车	DFA5040CCY12N2AC	DFA1040SJ12N2	天然气	GB 17691－2005 国Ⅴ，GB 18285－2005 GB 11340－2005	5995	2150	2980	3300	4495	2600	0	0	0	0	0	1	0	0	0	0	0	0		0	0	0		
		载货汽车底盘	DFA1040SJ12N2	—	天然气	GB 17691－2005 国Ⅴ，GB 18285－2005 GB 11340－2005	5895	2090	2400	3300	4495	2100	0	0	0	0	0	0	0	0	0	0	0	0		0	1	0		
			DFA1070SJ12N5	—	天然气	GB 17691－2005 国Ⅴ，GB 18285－2005 GB 11340－2005	5825	1938	2205	3308	7300	2600	0	0	0	0	0	0	0	0	0	0	0	0		0	0	1		

续表

企业名称	车辆品牌	车辆名称	车辆型号	底盘型号	燃料种类	排放标准	外形尺寸(mm)			轴距(mm)	总质量(kg)	整备质量(kg)	2014年													2015年1—3月				合计(辆)
							长	宽	高				1	2	3	4	5	6	7	8	9	10	11	12	小计(辆)	1	2	3	小计(辆)	
云南力帆骏马车辆有限公司	格奥雷牌	牵引汽车	LFJ4251G33	—	天然气	GB 17691－2005 国Ⅴ，GB 11340－2005 GB 18285－2005	7000	2500	3850	3225＋1350	25000	8800	0	0	0	0	0	0	0	0	0	0	1	0	3	0	0	0	0	3
		自卸汽车	LFJ3255G11	LFJ3255G11	天然气	GB 17691－2005 国Ⅴ，GB 11340－2005 GB 18285－2005	8550	2490	3585	3800＋1350	25000	11925	0	0	0	0	0	0	0	0	0	0	0	2		0	0	0		
中国石油集团渤海石油装备制造有限公司	卡瑞特牌	修井机	GYC5300TXJ900	TAZ5304TXJ	天然气	GB 17691－2005 国Ⅳ，GB 11340－2005 GB 18285－2005	14235	3136	3980	5700	30000	29935	0	0	0	0	0	2	0	0	0	0	0	0	2	0	0	0	0	2
湖北神鹰汽车有限责任公司	神鹰牌	混凝土搅拌运输车	YG5251GJBA5	DFL5251GJBA5	天然气	GB 11340－2005，GB 18285－2005 GB 17691－2005 国Ⅳ	9740	2500	3920	4000＋1350	25000	13980	0	0	0	0	0	0	0	0	0	0	0	2	2	0	0	0	0	2
辽宁海诺建设机械集团有限公司	海诺牌	混凝土搅拌运输车	HNJ5253GJBL5A	ZZ1257N4047E1L	天然气	GB 17691－2005 国Ⅴ，GB 18285－2005 GB 11340－2005	9690	2496	3985	4025＋1350	25000	15960	0	0	0	0	0	0	0	1	0	0	0	0	2	0	0	0	0	2
			HNJ5313GJBL5A	ZZ1317N3667E1L	天然气	GB 17691－2005 国Ⅴ，GB 18285－2005 GB 11340－2005	10900	2496	3990	1800＋3600＋1350	31000	18720	0	0	0	0	0	0	0	1	0	0	0	0		0	0	0		
荆门宏图特种飞行器制造有限公司	宏图牌	低温液体运输车	HT5310GDYT	SX3316DT456TL	天然气	GB 17691－2005 国Ⅳ，GB 11340－2005 GB 18285－2005	11855	2490	3550	1800＋4575＋1400	31000	22410	0	0	0	0	0	0	0	0	0	0	1	0	1	0	0	0	1	2
			HT5310GDYT1	SX3318DT456TL	天然气	GB 17691－2005 国Ⅴ，GB 11340－2005 GB 18285－2005	11855	2490	3600	1800＋4575＋1400	31000	23137	0	0	0	0	0	0	0	0	0	0	0	0		1	0	0		
吉林石油装备技术工程服务有限公司	吉石牌	排液车	JS5080TPY	EQ6672CTN	天然气	GB 11340－2005，GB 18285－2005 GB 17691－2005 国Ⅴ	6735	2320	3010	3650	8200	7875	0	0	0	0	0	0	0	0	0	0	0	1	1	0	0	0	1	2
		供液车	JS5250TGY	ZZ1251M4441D1L	天然气	GB 17691－2005 国Ⅳ，GB 18285－2005 GB 11340－2005	9300	2500	3070	4350＋1350	24970	11850	0	0	0	0	0	0	0	0	0	0	0	0		0	1	0		
东风特种汽车有限公司	东风牌	工程车	EQ5080XGCTN	—	天然气	GB 11340－2005，GB 18285－2005 GB 17691－2005 国Ⅴ	6900	2320	3010	3650	8500	6250	0	0	0	0	0	0	0	0	0	0	0	1	1	0	0	0	0	1
广东建成机械设备有限公司	久远牌	低温液体运输车	KP5314GDY	SX3318DT456TL	天然气	GB 17691－2005 国Ⅴ，GB 11340－2005 GB 18285－2005	11980	2490	3720	1800＋4575＋1400	31000	20936	0	0	0	0	0	1	0	0	0	0	0	0	1	0	0	0	0	1
北京汽车制造厂有限公司	北京牌	自卸车	BJ32501PC61	BJ32501PC61D	天然气	GB 17691－2005 国Ⅳ，GB 3847－2005	8535	2490	3450	3775＋1400	25000	12400	0	1	0	0	0	0	0	0	0	0	0	0	1	0	0	0	0	1

续表

企业名称	车辆品牌	车辆名称	车辆型号	底盘型号	燃料种类	排放标准	外形尺寸(mm)			轴距(mm)	总质量(kg)	整备质量(kg)	2014年													2015年1—3月				合计(辆)
							长	宽	高				1	2	3	4	5	6	7	8	9	10	11	12	小计(辆)	1	2	3	小计(辆)	
大庆油田石油专用设备有限公司	井田牌	试井车	DQJ5080TSJ	EQ6672CTN	天然气	GB 11340－2005，GB 18285－2005 GB 17691－2005 国Ⅳ	6735	2320	3010	3650	8200	7940	0	0	0	0	1	0	0	0	0	0	0	0	1	0	0	0	0	1
湖北航天双龙专用汽车有限公司	龙帝牌	吸污车	SLA5163GXWNJ	EQ1160GD5NJ	天然气	GB 11340－2005，GB 18285－2005 GB 17691－2005 国Ⅴ	7800	2500	3400	4500	16000	7905	0	1	0	0	0	0	0	0	0	0	0	0	1	0	0	0	0	1
湖北江南专用特种汽车有限公司	江特牌	水罐消防车	JDF5070GXFSG20QL	NKR77LLLWCJAY	天然气	GB 17691－2005（国Ⅲ）	6205	1900	2700	3360	6510	4085	0	1	0	0	0	0	0	0	0	0	0	0	1	0	0	0	0	1
湖北三江航天万山特种车辆有限公司	万山牌	牵引车	WS4250B	—	天然气	GB 17691－2005 第Ⅳ	7540	2490	3700	3850	25000	8850	0	0	0	1	0	0	0	0	0	0	0	0	1	0	0	0	0	1
随州市东正专用汽车有限公司	炎帝牌	洒水车	SZD5162GSSE4Z	EQ1160ZZ4GJ	天然气	GB 3847－2005，GB 17691－2005 国Ⅳ	7500	2480	3000	3950	16000	5805	0	0	0	0	0	0	0	1	0	0	0	0	1	0	0	0	0	1
河北宏昌天马专用车有限公司	宏昌天马牌	自卸汽车	SMG3257ZZN38H5L5L	ZZ3257N3847E1L	天然气	GB 17691－2005 国Ⅴ，GB 18285－2005 GB 11340－2005	8545	2500	3450	3825＋1350	25000	11950	0	0	0	0	0	0	0	0	0	0	0	0	0	1	0	0	1	1
湖北合加环境设备有限公司	合加牌	餐厨垃圾车	HJK5160TCAN5	EQ1160GD5NJ	天然气	GB 17691－2005 国Ⅴ	7940	2490	3130	4500	16000	9660	0	0	0	0	0	0	0	0	0	0	0	0	0	1	0	0	1	1
中国重汽集团泰安五岳专用汽车有限公司	五岳牌	修井机底盘	TAZ5304TXJ	—	天然气	GB 17691－2005 国Ⅳ，GB 18285－2005 GB 11340－2005	10562	3136	2780	5500	30000	14500	0	0	0	0	0	0	0	0	0	0	0	0	0	0	0	1	1	1

2. 汽油/天然气两用燃料汽车产量统计

(1)大中型客车、轻型客车

企业名称	车辆品牌	车辆名称	车辆型号	底盘型号	燃料种类	排放标准	外形尺寸(mm)			轴距(mm)	总质量(kg)	整备质量(kg)	2014年													2015年1—3月				合计(辆)
							长	宽	高				1	2	3	4	5	6	7	8	9	10	11	12	小计(辆)	1	2	3	小计(辆)	
安徽江淮汽车股份有限公司	江淮牌	轻型客车底盘	HFC6491NFA	—	汽油/天然气	GB 18352. 3 - 2005 国Ⅳ	4865	1620	—	3380	2482	790	0	0	0	0	0	0	0	0	0	0	0	0	0	6	0	0	6	6
北汽福田汽车股份有限公司	福田牌	轻型客车	BJ6546B1DRA - XA	承载式车身	汽油/天然气	GB 18352. 3 - 2005 国Ⅳ	5320	1690	2050	2890	2640	1810	0	0	0	0	0	0	0	0	0	0	1	2	3	0	0	0	0	3
东风商用车有限公司	东风牌	客车底盘	DFH6870F	—	汽油/天然气	GB 17691 - 2005 国Ⅳ GB 14762 - 2008 国Ⅳ GB 18285 - 2005，GB 11340 - 2005 GB 14763 - 2005	8660	2340	—	4700	11400	3600	0	0	0	0	0	0	0	0	0	0	0	0	0	0	0	14	14	14
东风小康汽车有限公司	东风牌	客车	EQ6400LF16	承载式车身	汽油/天然气	GB 18352. 3 - 2005（国Ⅳ阶段）	4040	1560	1925	2760	1820	1085	2	0	0	2	3	0	0	7	0	0	0	0	831	0	0	0	48	879
			EQ6400PFCNG	承载式车身	汽油/天然气	GB 18352. 3 - 2005 国Ⅳ	4040	1560	1925	2760	1820	1050	78	14	137	46	82	67	76	78	82	82	24	38		33	15	0		
			EQ6420PF22	承载式车身	汽油/天然气	GB 18352. 3 - 2005（国Ⅳ阶段）	4180	1635	1960	2760	1720	1180	7	0	1	0	0	0	5	0	0	0	0	0		0	0	0		
桂林客车工业集团有限公司	五菱牌	城市客车	GL6509NGQ	承载式车身	汽油/天然气	GB 18352. 3 - 2005 国Ⅳ	5035	1900	2450	3570	3200	2100	20	0	8	60	0	2	0	52	0	0	0	56	451	0	0	0	3	454
			GL6508NGQ	承载式车身	汽油/天然气	GB 18352. 3 - 2005 国Ⅳ	5035	1900	2450	3570	3200	2025	25	0	0	0	6	5	50	15	56	10	30	34		0	0	1		
		客车	GL6508NCQ	承载式车身	汽油/天然气	GB 18352. 3 - 2005 国Ⅳ	5035	1900	2450	3570	3200	2100	0	0	2	6	6	0	0	1	1	1	1	4		2	0	0		
哈飞汽车股份有限公司	松花江牌	两用燃料客车	HFJ6392BE4S	承载式车身	汽油/天然气	GB 18352. 3 - 2005 国Ⅳ	3948	1525	1855	2470	1650	1095	3	4	3	0	0	0	0	0	0	0	0	0	10	0	0	0	0	10
河北长安汽车有限公司	长安牌	两用燃料客车	SC6443FBCNG	承载式车身	汽油/天然气	GB 18352. 3 - 2005 国Ⅳ	4390	1655	1935	2800	1925	1310	110	125	180	162	234	244	55	3	190	84	42	0	2606	0	0	0	0	2606
			SC6443FVBCNG	承载式车身	汽油/天然气	GB 18352. 3 - 2005 国Ⅳ	4390	1655	1935	2800	1925	1300	86	95	125	136	116	150	108	25	175	88	73	0		0	0	0		
湖南江南汽车制造有限公司	众泰牌	轻型客车	JNJ6411SA	承载式车身	汽油/天然气	GB 18352. 3 - 2005（国Ⅳ）	4089	1871	1695	2666	2028	1578	0	0	0	0	0	0	1	0	0	0	0	0	1	0	0	0	0	1
江苏九龙汽车制造有限公司	大马牌	轻型客车	HKL6540NA	JS6520TDCJ	汽油/天然气	GB 18352. 3 - 2005 国Ⅳ	5380	1880	2285	3110	3450	2280	2	1	1	2	2	5	0	1	1	1	0	0	16	1	1	2	4	20
金龙联合汽车工业（苏州）有限公司	海格牌	客车	KLQ6540HV	承载式车身	汽油/天然气	GB 18352. 3 - 2005 国Ⅳ	5380	1880	2285	3110	3450	2280	0	0	0	0	0	0	1	1	13	0	1	5	21	7	0	5	12	33

续表

企业名称	车辆品牌	车辆名称	车辆型号	底盘型号	燃料种类	排放标准	外形尺寸(mm)			轴距(mm)	总质量(kg)	整备质量(kg)	2014年													2015年1—3月				合计(辆)
							长	宽	高				1	2	3	4	5	6	7	8	9	10	11	12	小计(辆)	1	2	3	小计(辆)	
陕西通家汽车股份有限公司	通家福牌	两用燃料客车	STJ6402A	承载式车身	汽油/天然气	GB 18352. 3－2005 国Ⅳ	4030	1620	1900	2700	1850	1268	3	0	2	0	0	0	0	0	0	0	0	0	5	0	0	0	0	5
沈阳华晨金杯汽车有限公司	金杯牌	轻型客车	SY6543U5ST3BH	承载式车身	汽油/天然气	GB 18352. 3－2005 国Ⅳ	5400	1690	2225	2920	3085	1995	0	0	0	0	0	0	0	1	0	0	0	0	15	0	0	0	0	15
			SY6513U5ST3BH	承载式车身	汽油/天然气	GB 18352. 3－2005 国Ⅳ	5070	1690	1935	2590	2800	1915	0	0	0	0	0	0	0	1	0	0	0	13		0	0	0		
厦门金龙联合汽车工业有限公司	金龙牌	轻型客车	XMQ6501EEB4	承载式车身	汽油/天然气	GB 18352. 3－2005 国Ⅳ	5040	1700	2050	2590	2800	1795	3	3	2	9	1	5	0	1	14	1	5	0	597	0	0	0	229	826
			XMQ6501EEB4C	承载式车身	汽油/天然气	GB 18352. 3－2005 国Ⅳ	5040	1700	2050	2590	2800	1795	1	0	2	8	3	0	0	3	5	1	0	1		1	62	3		
			XMQ6530EEB4	承载式车身	汽油/天然气	GB 18352. 3－2005 国Ⅳ	5340	1700	2250	2890	3060	1930	5	7	14	13	6	2	17	12	31	8	26	8		2	0	10		
			XMQ6530EEB4D	承载式车身	汽油/天然气	GB 18352. 3－2005 国Ⅳ	5340	1700	2250	2890	3060	1930	35	7	9	15	18	24	14	54	63	12	8	13		73	16	35		
			XMQ6531EEB4	承载式车身	汽油/天然气	GB 18352. 3－2005 国Ⅳ	5340	1700	2250	2890	2860	1795	10	1	2	10	13	0	2	19	24	11	11	5		6	20	1		
厦门金龙旅行车有限公司	金旅牌	客车	XML6502J18N	承载式车身	汽油/天然气	GB 18352. 3－2005 国Ⅳ	5030	1700	2240	2590	2960	1800	0	0	0	0	0	0	0	0	0	0	0	2	445	0	0	0	57	502
			XML6532J18N	承载式车身	汽油/天然气	GB 18352. 3－2005 国Ⅳ	5330	1700	2240 2066	2890	2960	1860	12	1	23	10	3	5	17	15	20	4	15	8		4	0	1		
			XML6532J38N	承载式车身	汽油/天然气	GB 18352. 3－2005 国Ⅳ	5330	1700	2240 2066	2890	2960	1860	0	1	7	0	4	0	2	4	0	4	15	3		0	6	0		
		小型客车	XML6502J28N	承载式车身	汽油/天然气	GB 18352. 3－2005 国Ⅳ	5030	1700	1980	2590	2960	1800	4	0	3	4	0	0	0	0	1	1	3	0		1	1	0		
			XML6532J28N	承载式车身	汽油/天然气	GB 18352. 3－2005 国Ⅳ	5330	1700	2066	2890	2960	1860	16	0	34	23	45	10	5	41	35	14	20	11		23	9	12		
扬州亚星客车股份有限公司	亚星牌	两用燃料轻型客车底盘	JS6520TDCJ	承载式车身	汽油/天然气	GB 18352. 3－2005 国Ⅳ	5245	1860	—	3110	3450	980	0	0	0	0	0	0	0	0	0	0	0	0	0	0	1	2	3	3
郑州日产汽车有限公司	东风牌	轻型客车	ZN6441V1B4	承载式车身	汽油/天然气	GB 18352. 3－2005 国Ⅳ	4420	1695	1825	2695	2030	1440	1	0	0	0	0	0	0	0	0	0	0	0	5	0	0	0	0	5
			ZN6441V1W4	承载式车身	汽油/天然气	GB 18352. 3－2005 国Ⅳ	4420	1695	1825	2695	2035	1435	1	1	0	0	0	0	0	0	0	0	0	0		0	0	0		
			ZN6442V1R4	承载式车身	汽油/天然气	GB 18352. 3－2005 国Ⅳ	4420	1695	1825	2695	2100	1500	0	2	0	0	0	0	0	0	0	0	0	0		0	0	0		

续表

企业名称	车辆品牌	车辆名称	车辆型号	底盘型号	燃料种类	排放标准	外形尺寸(mm)			轴距(mm)	总质量(kg)	整备质量(kg)	2014年													2015年1—3月				合计(辆)
							长	宽	高				1	2	3	4	5	6	7	8	9	10	11	12	小计(辆)	1	2	3	小计(辆)	
			SC6399GCNG	承载式车身	汽油/天然气	GB 18352. 3-2005(国Ⅳ)	3860	1500	1900	2500	1725	1125	90	200	307	408	561	540	213	25	606	647	66	10		83	0	15		
重庆长安汽车股份有限公司	长安牌	两用燃料客车	SC6399GVCNG	承载式车身	汽油/天然气	GB 18352. 3-2005(国Ⅳ)	3860	1500	1900	2500	1725	1125	0	70	133	143	81	100	2	19	31	51	60	0	4432	50	0	0	148	4580
			SC6408FCNG	承载式车身	汽油/天然气	GB 18352. 3-2005 国Ⅳ	3995	1645	1910	2605	1800	1180	0	0	0	0	0	0	0	0	67	2	0	0		0	0	0		
			LF6401C/CNG	承载式车身	汽油/天然气	GB 18352. 3-2005 国Ⅳ	4015	1595	1900	2525	1785	1185	0	15	27	7	1	11	0	0	8	0	1	0		0	0	47		
重庆力帆汽车有限公司	力帆牌	客车	LF6401CNG	承载式车身	汽油/天然气	GB 18352. 3-2005 国Ⅳ	4015	1595	1900	2525	1810	1210	1	15	0	12	0	5	29	0	1	0	1	0	221	0	0	291	400	621
			LF6420CNG	承载式车身	汽油/天然气	GB 18352. 3-2005 国Ⅳ	4201	1650	1908	2850	1960	1285	35	0	4	17	3	4	0	7	2	9	4	2		0	0	62		
合计(辆)													550	562	1026	1093	1188	1179	597	385	1426	1031	407	215	9659	292	131	501	924	10583

(2)货车(重型货车、中型货车、轻型货车、微型货车、牵引汽车)、专用车(自卸汽车、运输车及其他专用车)

企业名称	车辆品牌	车辆名称	车辆型号	底盘型号	燃料种类	排放标准	外形尺寸(mm)			轴距(mm)	总质量(kg)	整备质量(kg)	2014年													2015年1—3月				合计(辆)
							长	宽	高				1	2	3	4	5	6	7	8	9	10	11	12	小计(辆)	1	2	3	小计(辆)	
			BJ5020XXY-X1	BJ1020V3JV4-A1	汽油/天然气	GB 18352. 3-2005 国Ⅳ	4450 4690 4800	1565 1610 1665	2450 2320	2700	2260 2120	1390 1250	19	39	36	81	61	87	43	75	18	40	92	183		79	59	69		
			BJ5020XXY-X2	BJ1020V3PV4-A1	汽油/天然气	GB 18352. 3-2005 国Ⅳ	4780	1610	2320	2700	2120	1250	0	0	0	2	0	0	0	0	0	0	0	0		0	0	0		
			BJ5020XXY-X3	BJ1020V3AV4-A1	汽油/天然气	GB 18352. 3-2005 国Ⅳ	4980 4920	1665 1610	2410 2320	2700	2290 2025	1470 1205	5	1	5	6	13	11	15	10	5	3	9	22		11	11	10		
北汽福田汽车股份有限公司	福田牌	厢式运输车	BJ5022XXY-D1	BJ1022V3JV3-D1	汽油/天然气	GB 18352. 3-2005 国Ⅳ	5095 5150	1700	2580	2600	2400	1530	0	0	0	0	0	2	0	0	0	3	0	0	24776	0	0	0	13276	38052
			BJ5030V3BV3-X1	BJ1030V4JV2-X1	汽油/天然气	GB 18352. 3-2005 国Ⅳ	4690	1610	2370	2700	2575	1450	0	0	0	0	0	0	0	0	0	0	1	0		0	0	0		
			BJ5030XXY-A1	BJ1030V4JV4-A1	汽油/天然气	GB 18352. 3-2005 国Ⅳ	4690 4800	1610 1565 1665	2320 2450	2700	2875 3015	1250 1390	149	174	548	373	448	380	536	633	389	465	632	649		571	405	544		
			BJ5030XXY-C3	BJ1030V4AV4-A3	汽油/天然气	GB 18352. 3-2005 国Ⅳ	4920 4980	1610 1665	2320 2410	2700	3025 3095	1205 1470	24	23	69	27	44	27	32	47	46	60	127	148		62	29	40		

续表

企业名称	车辆品牌	车辆名称	车辆型号	底盘型号	燃料种类	排放标准	外形尺寸(mm)			轴距(mm)	总质量(kg)	整备质量(kg)	2014年													2015年1—3月				合计(辆)
							长	宽	高				1	2	3	4	5	6	7	8	9	10	11	12	小计(辆)	1	2	3	小计(辆)	
同上	同上	同上	BJ5030XXY－G1	BJ1030V4JV4－G1	汽油/天然气	GB 18352. 3－2005 国Ⅳ	4810	1655	2460	2700	3080	1455	0	0	0	0	0	0	0	0	0	0	0	0		0	1	0		
			BJ5032XXY－E1	BJ1032V5JV5－E1	汽油/天然气	GB 18352. 3－2005 国Ⅳ，GB 3847－2005	5075	1730	2750	2600	3495	1665	0	0	2	20	3	36	10	12	11	56	53	83		124	66	80		
			BJ5032XXY－E2	BJ1032V5PV5－E2	汽油/天然气	GB 18352. 3－2005 国Ⅳ	5130	1730	2750	2600	3495	1665	0	0	0	0	0	0	0	0	0	0	0	0		1	2	0		
			BJ5032XXY－E3	BJ1032V4AV5－E3	汽油/天然气	GB 18352. 3－2005 国Ⅳ，GB 3847－2005	5170 5420 5475	1730	2750 2580	2850	3495	1720	0	0	0	1	0	1	0	1	0	2	2	1		1	1	2		
			BJ5032XXY－G1	BJ1032V3JV5－G1	汽油/天然气	GB 18352. 3－2005 国Ⅳ	5075 5130	1730 1775	2580	2600	2825	1700	0	0	0	0	0	1	0	1	0	0	0	0		0	0	0		
			BJ5032XXY－X1	BJ1032V5JV5－X1	汽油/天然气	GB 18352. 3－2005 国Ⅳ	4986 5186	1760	2574 2444	2750 3000	3495	1565 1720	3	3	7	13	15	7	12	12	14	21	16	18		7	4	0		
			BJ5032XXY－X3	BJ1032V4AV5－X1	汽油/天然气	GB 18352. 3－2005 国Ⅳ	5231	1760	2574	2750	3490	1830	0	0	0	0	1	0	0	1	0	2	2	1		0	1	0		
			BJ5036XXY－E1	BJ1036V3JV5－E1	汽油/天然气	GB 18352. 3－2005 国Ⅳ	4986 5186	1760	2574	2750	2725	1600	0	0	0	0	3	1	0	0	0	0	0	0		0	0	0		
			BJ5036XXY－K1	BJ1036V4JV5－K1	汽油/天然气	GB 18352. 3－2005 国Ⅳ	5670	1780 1860	2700	3000	3495	1870	30	22	41	44	35	30	71	70	80	71	107	105		118	59	93		
			BJ5036XXY－K3	BJ1036V4AV5－K1	汽油/天然气	GB 18352. 3－2005 国Ⅳ	5640	1780	2700	3000	3495	1870	2	0	0	1	2	2	1	0	1	2	6	6		9	0	5		
			BJ5036XXY－XC	BJ6546B1DRA－XA	汽油/天然气	GB 18352. 3－2005 国Ⅳ	5320	1690	2050	2890	2640	1810	0	0	0	0	0	0	0	0	0	0	3	1		2	0	0		
		载货汽车	BJ1020V3AV4－A1	BJ1020V3AV4－A1	汽油/天然气	GB 18352. 3－2005 国Ⅳ	4920 4690	1610	1940 1880	2700	2080	1260 1150 1210	147	122	214	137	146	116	145	91	1	96	111	142		171	133	95		
			BJ1030V4AV4－A3	BJ1030V4AV4－A3	汽油/天然气	GB 18352. 3－2005 国Ⅳ	4920	1610 1510	1940	2700	2970 3095	1150 1300	761	802	832	854	766	1333	1364	1196	405	549	601	893		1311	1163	722		
			BJ1030V4JV2－X1	BJ1030V4JV2－X1	汽油/天然气	GB 18352. 3－2005 国Ⅳ	4690	1610	1850	2700	2620	1000	0	0	0	0	0	0	0	0	1	0	0	0		0	0	0		
			BJ1030V4JV4－A1	BJ1030V4JV4－A1	汽油/天然气	GB 18352. 3－2005 国Ⅳ	4690	1610 1510	1880	2700	2835 2725	1210 1100	97	100	340	286	193	382	551	352	205	119	322	250		364	269	206		
			BJ1032V4AV5－E3	BJ1032V4AV5－E3	汽油/天然气	GB 18352. 3－2005 国Ⅳ，GB 3847－2005	5420 5475	1700 1730	2100	2850	3495	1675	2	0	5	1	16	54	2	24	1	82	24	42		67	25	39		
			BJ1032V4AV5－X1	BJ1032V4AV5－X1	汽油/天然气	GB 18352. 3－2005 国Ⅳ	5190	1750	2045	2750	3370 3430	1770 1610	5	23	61	28	40	9	3	13	25	8	23	27		0	8	17		

续表

企业名称	车辆品牌	车辆名称	车辆型号	底盘型号	燃料种类	排放标准	外形尺寸(mm)			轴距(mm)	总质量(kg)	整备质量(kg)	2014 年													2015 年 1—3 月				合计(辆)
							长	宽	高				1	2	3	4	5	6	7	8	9	10	11	12	小计(辆)	1	2	3	小计(辆)	
同上	同上	同上	BJ1032V5JV5 - E1	BJ1032V5JV5 - E1	汽油/天然气	GB 18352. 3 - 2005 国Ⅳ, GB 3847 - 2005	5130 5075	1730	2100	2600	3495	1600	2	0	1	0	20	53	4	21	0	55	33	34		51	49	47		
			BJ1032V5JV5 - X1	BJ1032V5JV5 - X1	汽油/天然气	GB 18352. 3 - 2005 国Ⅳ	4945	1750	2045	2750	3495	1660	0	0	7	6	3	3	1	2	5	2	19	14		16	1	3		
			BJ1032V5PV5 - E2	BJ1032V5PV5 - E2	汽油/天然气	GB 18352. 3 - 2005 国Ⅳ, GB 3847 - 2005	5130 5075	1730	2100	2600	3495	1600	1	0	1	0	6	5	0	5	0	17	10	6		8	8	4		
			BJ1036V3AV5 - F3	BJ1036V3AV5 - F3	汽油/天然气	GB 18352. 3 - 2005 国Ⅳ	5190	1750	2045	2750	2715	1645	0	3	1	0	2	5	1	2	0	0	0	0		0	0	0		
			BJ1036V3JV5 - E1	BJ1036V3JV5 - E1	汽油/天然气	GB 18352. 3 - 2005 国Ⅳ	4945	1750	2045	2750	2715	1590	0	0	0	0	2	0	0	0	0	0	0	0		0	0	0		
			BJ1036V4AV5 - K1	BJ1036V4AV5 - K1	汽油/天然气	GB 18352. 3 - 2005 国Ⅳ	5600	1740 1820	2080	3000	3495	1750	16	35	33	31	10	28	114	16	20	16	22	23		82	25	36		
			BJ1036V4AV6 - V3	BJ1036V4AV6 - V3	汽油/天然气	GB 18352. 3 - 2005 国Ⅳ	5600	1740	2080	3000	3495	1720	0	0	0	0	0	0	0	0	0	0	0	0		0	1	0		
			BJ1036V4JV5 - K1	BJ1036V4JV5 - K1	汽油/天然气	GB 18352. 3 - 2005 国Ⅳ	5630 5600	1740	2080	3000	3345	1720	11	13	28	17	13	37	27	32	46	41	44	34		94	57	76		
		载货汽车底盘	BJ1020V3AV4 - A1	—	汽油/天然气	GB 18352. 3 - 2005 国Ⅳ	4790	1505	1830	2700	2310	1140	0	0	0	0	0	0	0	0	0	0	0	0		200	131	103		
			BJ1030V4AV4 - A3	—	汽油/天然气	GB 18352. 3 - 2005 国Ⅳ	4790	1475	1830	2700	3095	1140	0	0	0	0	0	0	0	0	0	0	0	0		1067	766	603		
			BJ1030V4JV4 - A1	—	汽油/天然气	GB 18352. 3 - 2005 国Ⅳ	4435	1475 1505	1800	2700	3050	1025	0	0	0	0	0	0	0	0	0	0	0	0		825	566	503		
			BJ1032V4AV5 - E3	—	汽油/天然气	GB 18352. 3 - 2005 国Ⅳ	5330	1700	2030	2850	3495	1485	0	0	0	0	0	0	0	0	0	0	0	0		48	17	20		
			BJ1032V4AV5 - X1	—	汽油/天然气	GB 18352. 3 - 2005 国Ⅳ	4847 4960 5151	1700 1720	2030 1895	2600 2750	3495 3490	1260 1350 1390	0	0	0	0	0	0	0	0	0	0	0	0		150	86	99		
			BJ1032V5PV5 - E2	—	汽油/天然气	GB 18352. 3 - 2005 国Ⅳ	4960	1700	2030	2600	3495	1350	0	0	0	0	0	0	0	0	0	0	0	0		5	4	0		
			BJ1036V4AV5 - K1	—	汽油/天然气	GB 18352. 3 - 2005 国Ⅳ	5490	1690 1715	2010	3000	3495	1580 1620	0	0	0	0	0	0	0	0	0	0	0	0		225	79	134		
		仓栅式运输车	BJ5020CCY - X1	BJ1020V3JV4 - A1	汽油/天然气	GB 18352. 3 - 2005 国Ⅳ	4690	1610	2320	2700	2070	1200	0	0	0	2	3	0	1	1	0	0	1	1		1	0	0		
			BJ5020CCY - X3	BJ1020V3AV4 - A1	汽油/天然气	GB 18352. 3 - 2005 国Ⅳ	4920	1610	2320	2700	2000	1180	1	0	14	5	9	0	0	0	0	0	0	0		0	8	2		

续表

企业名称	车辆品牌	车辆名称	车辆型号	底盘型号	燃料种类	排放标准	外形尺寸(mm)			轴距(mm)	总质量(kg)	整备质量(kg)	2014年													2015年1—3月				合计(辆)
							长	宽	高				1	2	3	4	5	6	7	8	9	10	11	12	小计(辆)	1	2	3	小计(辆)	
同上	同上	同上	BJ5036CCY-K1	BJ1036V4JV5-K1	汽油/天然气	GB 18352. 3-2005 国Ⅳ	5680	1830	2640	3000	3495	1870	0	0	3	1	0	1	0	0	1	0	2	0		0	1	1		
			BJ5036CCY-Q1	BJ1036V4JV5-Q1	汽油/天然气	GB 18352. 3-2005 国Ⅳ	5120	1830	2750	2600	3495	1910	0	0	0	0	0	1	0	0	0	0	0	0		0	0	0		
		自卸汽车	BJ3035D3AV3-1	BJ3035D3AV3-1	汽油/天然气	GB 18352. 3-2005 国Ⅳ	5090	1810	2100	2600	3274	1950	0	0	0	0	0	0	0	0	0	0	0	0		0	0	5		
			BJ3035D3JV3-1	BJ3035D3JV3-1	汽油/天然气	GB 18352. 3-2005 国Ⅳ	5070	1810	2100	2600	2989	1860	0	0	0	0	0	0	0	0	0	0	0	0		0	0	8		
			BJ3035D3PV3-1	BJ3035D3JV3-1	汽油/天然气	GB 18352. 3-2005 国Ⅳ	5070	1810	2100	2600	2989	1860	0	0	0	0	0	0	0	0	0	0	0	0		0	0	4		
		两用燃料载货汽车	BJ1032V3AV5-G3	BJ1032V3AV5-G3	汽油/天然气	GB 18352. 3-2005 国Ⅳ	5420	1730	2100	2850	2715	1650	0	0	0	0	1	7	1	0	0	0	0	0		0	0	0		
			BJ1036V4AV5-Q3	BJ1036V4AV5-Q3	汽油/天然气	GB 18352. 3-2005 国Ⅳ	5400	1930	2280	2850	3495	1900	0	0	0	0	0	0	0	0	0	0	1	0		0	0	0		
		多用途货车	BJ1027V2MS6-XA	BJ1027V2MS6-XA	汽油/天然气	GB 18352. 3-2005 国Ⅳ	5467 5485	1690 1750	1615 1675	3380	2400	1600	0	0	0	0	0	0	0	0	0	2	0	0		0	0	0		
		两用燃料载货汽车底盘客车	BJ1030V4JV4-G1	—	汽油/天然气	GB 18352. 3-2005 国Ⅳ	4640	1475	1855	2700	3080	1090	0	0	0	0	0	0	0	0	0	0	0	0		0	1	0		
重庆长安汽车股份有限公司	长安牌	仓栅式运输车	SC5031CCYAAS41CNG	SC1031AAS41CNG	汽油/天然气	GB 18352. 3-2005（国Ⅳ阶段）	5400	1760	2515	3400	3360	1430	0	0	0	1	0	0	0	0	0	0	0	0	4787	2	0	0	2087	6874
			SC5031CCYADD42CNG	SC1031ADD42CNG	汽油/天然气	GB 18352. 3-2005（国Ⅳ阶段）	5250	1700	2585	3190	3360	1270	0	0	0	2	0	1	0	0	1	3	1	0		1	0	0		
			SC5031CCYFAS41CNG	SC1031FAS41CNG	汽油/天然气	GB 18352. 3-2005（国Ⅳ阶段）	5470	1800	2430	3400	3400	1520	0	0	0	0	0	0	0	0	0	0	0	0		1	0	0		
			SC5031CCYFBD42CNG	SC1031FBD42CNG	汽油/天然气	GB 18352. 3-2005（国Ⅳ阶段）	5300	1800	2630	3200	3400	1500	0	0	0	0	0	1	0	0	0	0	0	0		0	0	0		
		厢式运输车	SC5021XXYKQ41CNG	SC6450KQ41CNG	汽油/天然气	GB 18352. 3-2005（国Ⅳ阶段）	4498	1735	1940	2900	2015	1390	0	0	0	6	2	5	0	7	4	0	0	0		0	0	0		
				SC6450KQ41CNG	汽油/天然气	GB 18352. 3-2005（国Ⅳ阶段）	4498	1735	1940	2900	2015	1390	0	0	0	0	0	0	0	0	0	0	0	0		2	6	2		
				SC6450KQ41CNG	汽油/天然气	GB 18352. 3-2005（国Ⅳ阶段）	4498	1735	1940	2900	2015	1390	0	0	0	0	0	0	0	0	0	0	0	0		0	0	9		
			SC5021XXYKQ42CNG	SC6450KQ42CNG	汽油/天然气	GB 18352. 3-2005（国Ⅳ阶段）	4498	1735	1940	2900	2445	1390	0	0	0	0	21	18	8	16	1	60	0	11		0	0	0		

续表

企业名称	车辆品牌	车辆名称	车辆型号	底盘型号	燃料种类	排放标准	外形尺寸(mm) 长	宽	高	轴距(mm)	总质量(kg)	整备质量(kg)	2014年 1	2	3	4	5	6	7	8	9	10	11	12	小计(辆)	2015年1—3月 1	2	3	小计(辆)	合计(辆)
同上	同上	同上	SC5021XXYKQ42CNG	SC6450KQ42CNG	汽油/天然气	GB 18352. 3－2005（国Ⅳ阶段）	4498	1735	1940	2900	2445	1390	0	0	0	0	0	0	0	0	0	0	1	14		1	4	0		
				SC6450KQ42CNG	汽油/天然气	GB 18352. 3－2005（国Ⅳ阶段）	4498	1735	1940	2900	2445	1390	0	0	0	0	0	0	0	0	0	0	18	36		12	4	2		
			SC5031XXYAAS41CNG	SC1031AAS41CNG	汽油/天然气	GB 18352. 3－2005（国Ⅳ阶段）	5400	1700	2545	3400	3360	1400	0	0	0	0	0	0	0	0	0	2	1	0		1	4	0		
				SC1031AAS41CNG	汽油/天然气	GB 18352. 3－2005（国Ⅳ阶段）	5400	1700	2545	3400	3360	1400	0	0	0	0	0	0	0	0	0	0	0	0		1	0	0		
				SC1031AAS41CNG	汽油/天然气	GB 18352. 3－2005（国Ⅳ阶段）	5400	1700	2545	3400	3360	1400	0	3	0	0	2	0	0	0	0	2	0	0		2	0	1		
			SC5031XXYADD42CNG	SC1031ADD42CNG	汽油/天然气	GB 18352. 3－2005（国Ⅳ阶段）	5250	1700	2560	3190	3360	1280	0	0	20	11	5	4	6	27	18	18	25	16		13	6	11		
				SC1031ADD42CNG	汽油/天然气	GB 18352. 3－2005（国Ⅳ阶段）	5250	1700	2515	3190	3360	1280	0	4	0	4	0	1	0	0	0	0	0	0		0	0	0		
				SC1031ADD42CNG	汽油/天然气	GB 18352. 3－2005（国Ⅳ阶段）	5250	1700	2615	3190	3360	1280	0	6	10	23	23	8	0	12	13	7	13	5		28	4	28		
			SC5020XXYGCNG	SC6399GCNG	汽油/天然气	GB 18352. 3－2005（国Ⅳ）	3860	1500	1900	2500	1715	1095	10	31	136	163	138	272	389	266	292	263	94	47		85	0	11		
			SC5021XXYGAS41CNG	SC1021GAS41CNG	汽油/天然气	GB 18352. 3－2005（国Ⅳ阶段）	5380	1580	2460	3400	2090	1270	0	0	0	0	0	0	0	0	0	0	3	1		0	0	0		
			SC5021XXYGDD41CNG	SC1021GDD41CNG	汽油/天然气	GB 18352. 3－2005（国Ⅳ阶段）	4995	1580	2470	2990	1835	1210	0	0	0	0	0	0	0	0	0	0	9	6		5	1	0		
			SC5031XXYFBD42CNG	SC1031FBD42CNG	汽油/天然气	GB 18352. 3－2005（国Ⅳ阶段）	5300	1730	2560	3200	3400	1500	0	0	0	0	0	1	0	0	0	0	0	0		0	0	0		
			SC5031XXYGAS41CNG	SC1031GAS41CNG	汽油/天然气	GB 18352. 3－2005（国Ⅳ阶段）	5380	1580	2460	3400	3100	1570	2	0	1	0	0	0	0	0	0	0	0	0		0	0	0		
			SC5031XXYFAS41CNG	SC1031FAS41CNG	汽油/天然气	GB 18352. 3－2005（国Ⅳ阶段）	5470	1730	2560	3400	3400	1500	0	0	0	0	2	0	0	0	0	1	2	2		0	0	2		
			SC5031XXYFGD41CNG	SC1031FGD41CNG	汽油/天然气	GB 18352. 3－2005（国Ⅳ阶段）	5300	1730	2560	3190	3400	1500	1	0	5	0	0	0	0	0	0	0	0	4		5	0	3		
			SC5031XXYGAS42CNG	SC1031GAS42CNG	汽油/天然气	GB 18352. 3－2005（国Ⅳ阶段）	5380	1580	2460	3400	2840	1480	0	0	0	0	2	2	1	0	3	0	0	1		2	0	1		
			SC5031XXYGDD41CNG	SC1031GDD41CNG	汽油/天然气	GB 18352. 3－2005（国Ⅳ阶段）	4995	1580	2570	2990	3100	1550	3	15	6	1	0	0	0	0	0	0	0	0		0	0	1		
			SC5031XXYGDD42CNG	SC1031GDD42CNG	汽油/天然气	GB 18352. 3－2005（国Ⅳ阶段）	4995	1580	2470	2990 2570	2840	1480	0	0	3	26	5	2	1	2	8	6	4	10		10	1	25		

续表

企业名称	车辆品牌	车辆名称	车辆型号	底盘型号	燃料种类	排放标准	外形尺寸(mm)			轴距(mm)	总质量(kg)	整备质量(kg)	2014年													2015年1—3月				合计(辆)
							长	宽	高				1	2	3	4	5	6	7	8	9	10	11	12	小计(辆)	1	2	3	小计(辆)	
同上	同上	载货汽车	SC1021GAS41 CNG	SC1021GAS41 CNG	汽油/天然气	GB 18352. 3－2005（国Ⅳ阶段）	5380	1650	2060	3400	1980	1160	0	0	21	0	0	0	0	0	0	0	24	0		3	0	2		
			SC1031AAS41 CNG	SC1031AAS41 CNG	汽油/天然气	GB 18352. 3－2005（国Ⅳ阶段）	5400	1760	2065	3400	3360	1380	0	0	40	43	15	7	13	19	6	26	51	28		86	6	13		
				SC1031AAS41 CNG	汽油/天然气	GB 18352. 3－2005（国Ⅳ阶段）	5400	1760	2035	3400	3360	1380	11	17	17	4	0	2	0	0	0	0	0	0		0	0	0		
				SC1031AAS41 CNG	汽油/天然气	GB 18352. 3－2005（国Ⅳ阶段）	5400	1760	2065	3400	3360	1380	0	10	59	66	8	1	22	23	18	35	29	45		35	20	91		
			SC1031AAS42 CNG	SC1031AAS42 CNG	汽油/天然气	GB 18352. 3－2005（国Ⅳ阶段）	5400	1760	2035	3400	2700	1380	2	0	0	1	0	0	0	0	0	0	0	0		0	0	0		
			SC1031ADS41 CNG	SC1031ADS41 CNG	汽油/天然气	GB 18352. 3－2005（国Ⅳ阶段）	5250	1700	2080	2990	3360	1280	0	0	0	0	1	0	0	0	0	0	0	0		0	0	0		
			SC1031ADS42 CNG	SC1031ADS42 CNG	汽油/天然气	GB 18352. 3－2005（国Ⅳ阶段）	5250	1700	2080	2990	3360	1280	0	0	0	1	0	0	0	0	0	0	0	0		0	0	0		
			SC1031ADD42 CNG	SC1031ADD42 CNG	汽油/天然气	GB 18352. 3－2005（国Ⅳ阶段）	5250	1760	2000	3190	3360	1240	0	0	27	25	11	15	7	30	21	53	43	32		37	15	39		
				SC1031ADD42 CNG	汽油/天然气	GB 18352. 3－2005（国Ⅳ阶段）	5250	1760	2025	3190	3360	1240	4	6	14	6	0	0	0	0	0	1	0	0		0	0	0		
				SC1031ADD42 CNG	汽油/天然气	GB 18352. 3－2005（国Ⅳ阶段）	5250	1760	2025	3190	3360	1240	5	2	12	41	11	0	4	25	14	17	30	34		33	11	43		
			SC1031FAS41 CNG	SC1031FAS41 CNG	汽油/天然气	GB 18352. 3－2005（国Ⅳ阶段）	5470	1800	2070	3400	3400	1480	0	0	3	7	0	0	0	0	6	29	42	51		61	28	93		
			SC1031FAS42 CNG	SC1031FAS42 CNG	汽油/天然气	GB 18352. 3－2005（国Ⅳ阶段）	5470	1800	2070	3400	3400	1480	0	0	0	1	0	0	0	4	15	1	0	0		0	0	0		
			SC1031FBD42 CNG	SC1031FBD42 CNG	汽油/天然气	GB 18352. 3－2005（国Ⅳ阶段）	5300	1800	2070	3200	3400	1480	0	0	0	1	0	0	9	0	0	7	2	0		0	0	0		
			SC1031FGD41 CNG	SC1031FGD41 CNG	汽油/天然气	GB 18352. 3－2005（国Ⅳ阶段）	5300	1800	2070	3190	3400	1480	0	0	4	0	0	0	0	0	0	0	4	16		3	3	25		
			SC1031GAS41 CNG	SC1031GAS41 CNG	汽油/天然气	GB 18352. 3－2005（国Ⅳ阶段）	5030	1650	2060	2990	3100	1500	37	46	118	38	1	0	0	0	0	0	1	0		1	0	32		
			SC1031GAS42 CNG	SC1031GAS42 CNG	汽油/天然气	GB 18352. 3－2005（国Ⅳ阶段）	5380	1650	2060	3400	2840	1450	1	0	0	39	22	35	6	14	64	34	20	93		77	5	41		
			SC1031GDD41 CNG	SC1031GDD41 CNG	汽油/天然气	GB 18352. 3－2005（国Ⅳ阶段）	4995	1650	1985	2990	3100	1480	1	3	0	0	0	0	0	0	0	0	0	0		0	0	4		
			SC1031GDD42 CNG	SC1031GDD42 CNG	汽油/天然气	GB 18352. 3－2005（国Ⅳ阶段）	4995	1650	1985	2990	2840	1450	0	0	0	0	16	6	5	6	16	14	10	15		4	5	0		

续表

企业名称	车辆品牌	车辆名称	车辆型号	底盘型号	燃料种类	排放标准	外形尺寸(mm)			轴距(mm)	总质量(kg)	整备质量(kg)	2014年													2015年1—3月				合计(辆)
							长	宽	高				1	2	3	4	5	6	7	8	9	10	11	12	小计(辆)	1	2	3	小计(辆)	
同上	同上	载货汽车底盘	SC1021GAS41 CNG	—	汽油/天然气	GB 18352. 3－2005（国Ⅳ阶段）	5230	1520	1990	3400	2130	1000	0	0	0	0	0	0	0	0	0	0	0	0		3	0	0		
			SC1021GDD41 CNG	—	汽油/天然气	GB 18352. 3－2005（国Ⅳ阶段）	4845	1520	1915	2990	2030	900	0	0	0	0	0	0	0	0	0	0	0	0		5	0	0		
			SC1031AAS41 CNG	—	汽油/天然气	GB 18352. 3－2005（国Ⅳ阶段）	5075	1700	1995	3400	3360	1210	0	0	0	0	0	0	0	0	0	0	0	0		87	0	0		
				—	汽油/天然气	GB 18352. 3－2005（国Ⅳ阶段）	5075	1700	1965	3400	3360	1210	0	0	0	0	0	0	0	0	0	0	0	0		39	20	0		
			SC1031ADD42 CNG	—	汽油/天然气	GB 18352. 3－2005（国Ⅳ阶段）	5100	1700	1955	3190	3360	1090	0	0	0	0	0	0	0	0	0	0	0	0		50	21	0		
				—	汽油/天然气	GB 18352. 3－2005（国Ⅳ阶段）	5100	1700	1955	3190	3360	1090	0	0	0	0	0	0	0	0	0	0	0	0		62	11	0		
			SC1031FAS41 CNG	—	汽油/天然气	GB 18352. 3－2005（国Ⅳ阶段）	5320	1730	2000	3400	3400	1330	0	0	0	0	0	0	0	0	0	0	0	0		62	28	0		
			SC1031FGD41 CNG	—	汽油/天然气	GB 18352. 3－2005（国Ⅳ阶段）	5150	1730	2000	3190	3400	1280	0	0	0	0	0	0	0	0	0	0	0	0		8	1	0		
			SC1031GAS41 CNG	—	汽油/天然气	GB 18352. 3－2005（国Ⅳ阶段）	4880	1520	1990	2990	3100	1300	0	0	0	0	0	0	0	0	0	0	0	0		1	0	0		
			SC1031GAS42 CNG	—	汽油/天然气	GB 18352. 3－2005（国Ⅳ阶段）	5230	1520	1990	3400	2840	1350	0	0	0	0	0	0	0	0	0	0	0	0		79	0	0		
			SC1031GDD42 CNG	—	汽油/天然气	GB 18352. 3－2005（国Ⅳ阶段）	4845	1520	1915	2990	2840	1300	0	0	0	0	0	0	0	0	0	0	0	0		14	0	0		
			SC1031GDD42 CNG	—	汽油/天然气	GB 18352. 3－2005（国Ⅳ阶段）	4845	1520	1915	2990	2840	1300	0	0	0	0	0	0	0	0	0	0	0	0		0	5	0		
			SC1031AAS41 CNG	—	汽油/天然气	GB 18352. 3－2005（国Ⅳ阶段）	5075	1700	1995	3400	3360	1210	0	0	0	0	0	0	0	0	0	0	0	0		0	10	0		
			SC1021GDD41 CNG	—	汽油/天然气	GB 18352. 3－2005（国Ⅳ阶段）	4845	1520	1915	2990	2030	900	0	0	0	0	0	0	0	0	0	0	0	0		0	1	0		
			SC1031FGD41 CNG	—	汽油/天然气	GB 18352. 3－2005（国Ⅳ阶段）	5150	1730	2000	3190	3400	1280	0	0	0	0	0	0	0	0	0	0	0	0		0	2	0		
			SC1031ADD42 CNG	—	汽油/天然气	GB 18352. 3－2005（国Ⅳ阶段）	5100	1700	1955	3190	3360	1090	0	0	0	0	0	0	0	0	0	0	0	0		0	4	0		
			SC1031GAS42 CNG	—	汽油/天然气	GB 18352. 3－2005（国Ⅳ阶段）	5230	1520	1990	3400	2840	1350	0	0	0	0	0	0	0	0	0	0	0	0		0	5	0		

续表

企业名称	车辆品牌	车辆名称	车辆型号	底盘型号	燃料种类	排放标准	外形尺寸(mm)			轴距(mm)	总质量(kg)	整备质量(kg)	2014年													2015年1—3月				合计(辆)
							长	宽	高				1	2	3	4	5	6	7	8	9	10	11	12	小计(辆)	1	2	3	小计(辆)	
同上	同上	同上	SC1031AAS41 CNG	—	汽油/天然气	GB 18352. 3－2005（国Ⅳ阶段）	5075	1700	1995	3400	3360	1210	0	0	0	0	0	0	0	0	0	0	0	0		0	0	19		
			SC1031GAS41 CNG	—	汽油/天然气	GB 18352. 3－2005（国Ⅳ阶段）	4880	1520	1990	2990	3100	1300	0	0	0	0	0	0	0	0	0	0	0	0		0	0	18		
			SC1031GAS42 CNG	—	汽油/天然气	GB 18352. 3－2005（国Ⅳ阶段）	5230	1520	1990	3400	2840	1350	0	0	0	0	0	0	0	0	0	0	0	0		0	0	41		
			SC1031FGD41 CNG	—	汽油/天然气	GB 18352. 3－2005（国Ⅳ阶段）	5150	1730	2000	3190	3400	1280	0	0	0	0	0	0	0	0	0	0	0	0		0	0	15		
			SC1031GDD42 CNG	—	汽油/天然气	GB 18352. 3－2005（国Ⅳ阶段）	4845	1520	1915	2990	2840	1300	0	0	0	0	0	0	0	0	0	0	0	0		0	0	25		
			SC1031ADD42 CNG	—	汽油/天然气	GB 18352. 3－2005（国Ⅳ阶段）	5100	1700	1980	3190	3360	1090	0	0	0	0	0	0	0	0	0	0	0	0		0	0	26		
			SC1021GAS41 CNG	—	汽油/天然气	GB 18352. 3－2005（国Ⅳ阶段）	4880	1520	1990	2990	2130	1000	0	0	0	0	0	0	0	0	0	0	0	0		0	0	2		
			SC1031GAS41 CNG	—	汽油/天然气	GB 18352. 3－2005（国Ⅳ阶段）	5230	1520	1990	3400	3100	1300	0	0	0	0	0	0	0	0	0	0	0	0		0	0	15		
			SC1031AAS41 CNG	—	汽油/天然气	GB 18352. 3－2005（国Ⅳ阶段）	5075	1700	1965	3400	3360	1210	0	0	0	0	0	0	0	0	0	0	0	0		0	0	73		
			SC1031ADD42 CNG	—	汽油/天然气	GB 18352. 3－2005（国Ⅳ阶段）	5100	1700	1955	3190	3360	1090	0	0	0	0	0	0	0	0	0	0	0	0		0	0	24		
			SC1031FGD41 CNG	—	汽油/天然气	GB 18352. 3－2005（国Ⅳ阶段）	5150	1730	2000	3190	3400	1280	0	0	0	0	0	0	0	0	0	0	0	0		0	0	13		
			SC1031GDD41 CNG	—	汽油/天然气	GB 18352. 3－2005（国Ⅳ阶段）	4845	1520	1915	2990	3100	1240	0	0	0	0	0	0	0	0	0	0	0	0		0	0	5		
			SC1031FAS41 CNG	—	汽油/天然气	GB 18352. 3－2005（国Ⅳ阶段）	5320	1730	2000	3400	3400	1330	0	0	0	0	0	0	0	0	0	0	0	0		0	0	95		
			SC1031AAS41 CNG	—	汽油/天然气	GB 18352. 3－2005（国Ⅳ阶段）	5075	1700	1965	3400	3360	1210	0	0	0	0	0	0	0	0	0	0	0	0		0	0	7		
			SC1031ADD42 CNG	—	汽油/天然气	GB 18352. 3－2005（国Ⅳ阶段）	5100	1700	1955	3190	3360	1090	0	0	0	0	0	0	0	0	0	0	0	0		0	0	71		
			SC1031AAS41 CNG	—	汽油/天然气	GB 18352. 3－2005（国Ⅳ阶段）	5075	1700	1995	3400	3360	1210	0	0	0	0	0	0	0	0	0	0	0	0		0	0	6		
			SC1031GAS42 CNG	—	汽油/天然气	GB 18352. 3－2005（国Ⅳ阶段）	4880	1520	1990	2990	2840	1350	0	0	0	0	0	0	0	0	0	0	0	0		0	0	1		

续表

企业名称	车辆品牌	车辆名称	车辆型号	底盘型号	燃料种类	排放标准	外形尺寸(mm)			轴距(mm)	总质量(kg)	整备质量(kg)	2014年													2015年1—3月				合计(辆)
							长	宽	高				1	2	3	4	5	6	7	8	9	10	11	12	小计(辆)	1	2	3	小计(辆)	
河北长安汽车有限公司	长安牌	两用燃料载货汽车	SC1025DA4CNG	SC1025DA4CNG	汽油/天然气	GB 18352. 3-2005 国Ⅳ	4950	1780	1980	3300	2490	1400	41	50	77	145	42	32	40	29	51	74	106	51	4067	114	45	25	979	5046
			SC1025SA4CNG	SC1025SA4CNG	汽油/天然气	GB 18352. 3-2005 国Ⅳ	5030	1800	1980	2900	2490	1450	3	0	4	0	1	2	0	15	1	0	6	2		0	0	0		
			SC1025SB4CNG	SC1025SB4CNG	汽油/天然气	GB 18352. 3-2005 国Ⅳ	5030	1780	1980	3300	2490	1420	0	0	0	0	10	42	15	10	49	91	60	30		1	10	92		
			SC1035DCA4CNG	SC1035DCA4CNG	汽油/天然气	GB 18352. 3-2005 国Ⅳ	5230	1780	2070	3300	3490	1540	0	0	0	0	0	0	0	0	0	0	0	0		0	0	10		
			SC1035SF4CNG	SC1035SF4CNG	汽油/天然气	GB 18352. 3-2005 国Ⅳ	5300	1780	2100	3300	3360	1635	0	0	0	0	0	49	34	17	34	48	79	78		1	30	118		
		厢式运输车	SC5023XXYA4CNG	SC6483A4CNG	汽油/天然气	GB 18352. 3-2005 国Ⅳ	4805	1715	1990	3050	2350	1490	0	0	50	118	159	67	0	0	96	15	97	128		118	105	177		
			SC5025XXYDA4CNG	SC1025DA4CNG	汽油/天然气	GB 18352. 3-2005 国Ⅳ	4980	1810	2500 2560	2900 3300	2490	1510 1600	29	1	42	86	47	0	15	31	6	106	1	20		31	20	11		
			SC5027XXYA4CNG	SC6406AV4CNG	汽油/天然气	GB 18352. 3-2005 国Ⅳ	3980	1620	1890	2560	1800	1205 1190	0	1	1	5	5	26	85	32	62	45	1	40		1	0	4		
			SC5028XXYFVBCNG	SC6443FVBCNG	汽油/天然气	GB 18352. 3-2005 国Ⅳ	4390	1655	1935	2800	1925	1300	92	90	142	327	234	113	19	8	22	99	81	0		0	0	0		
			SC5028XXYN4CNG	SC6443NV4CNG	汽油/天然气	GB 18352. 3-2005 国Ⅳ	4430	1655	1935	2800	2030	1360	0	0	0	0	0	0	0	0	0	0	0	0		0	0	49		
			SC5035XXYDC4CNG	SC1035DCA4CNG	汽油/天然气	GB 18352. 3-2005 国Ⅳ	5360	1800	2680	3300	3490	1645	0	0	0	0	0	0	0	0	0	0	0	0		0	0	7		
		载货汽车	SC1035SG4	SC1035SG4	汽油/天然气	GB 18352. 3-2005 国Ⅳ	5270	1780	2100	3300	3360	1540	0	0	0	0	0	0	0	0	0	1	0	0		0	0	0		
		冷藏车	SC5025XLCDA4CNG	SC1025DA4CNG	汽油/天然气	GB 18352. 3-2005 国Ⅳ	5085	1730	2510	2900	2490	1640	0	0	2	0	0	0	0	0	0	0	2	0		0	0	10		
山东唐骏欧铃汽车制造有限公司	欧铃牌	两用燃料载货汽车	ZB1030KDD6F	ZB1030KDD6F	汽油/天然气	GB 18352. 3-2005 国Ⅳ	5997	2035	2365	3360	3490	2115	0	0	0	0	0	0	0	0	0	0	0	0	2399	0	0	1		
			ZB1030LDD6F	ZB1030LDD6F	汽油/天然气	GB 18352. 3-2005 国Ⅳ	5995	2030	2190	3360	3490	2115	0	0	0	0	0	0	0	0	0	16	13	19		30	29	24		
			ZB1030LPD6F	ZB1030LPD6F	汽油/天然气	GB 18352. 3-2005 国Ⅳ	5995	2030	2190	3360	3490	2115	0	0	0	0	0	0	0	0	0	2	5	1		6	3	3		
			ZB1030LSD6F	ZB1030LSD6F	汽油/天然气	GB 18352. 3-2005 国Ⅳ	5995	2030	2250	3360	3490	2115	0	0	0	0	0	0	0	0	0	0	0	3		6	14	9		
			ZB1034BDC3F	ZB1034BDC3F	汽油/天然气	GB 18352. 3-2005 国Ⅳ	5190	1730	2070	2700	3490	1540	0	0	0	0	0	0	0	0	0	0	2	6		9	32	49		

续表

企业名称	车辆品牌	车辆名称	车辆型号	底盘型号	燃料种类	排放标准	外形尺寸(mm)			轴距(mm)	总质量(kg)	整备质量(kg)	2014年													2015年1—3月				合计(辆)
							长	宽	高				1	2	3	4	5	6	7	8	9	10	11	12	小计(辆)	1	2	3	小计(辆)	
同上	同上	同上	ZB1034BPC3F	ZB1034BPC3F	汽油/天然气	GB 18352. 3 - 2005 国Ⅳ	5190	1730	2070	2700	3490	1540	0	0	0	0	0	0	0	0	0	0	11	3		6	28	33		
			ZB1034BSD0F	ZB1034BSD0F	汽油/天然气	GB 18352. 3 - 2005 国Ⅳ	5680	1730	2070	3050	3490	1670	0	0	0	0	0	0	0	0	0	0	0	1		14	40	66		
		两用燃料载货汽车底盘	ZB1030LDD6F	—	汽油/天然气	GB 18352. 3 - 2005 国Ⅳ	5765	1915	2120	3360	3490	1800	0	0	0	0	0	0	0	0	0	0	0	0		42	13	26		
			ZB1030LPD6F	—	汽油/天然气	GB 18352. 3 - 2005 国Ⅳ	5765	1915	2120	3360	3490	1820	0	0	0	0	0	0	0	0	0	0	0	0		0	1	0		
			ZB1030LSD6F	—	汽油/天然气	GB 18352. 3 - 2005 国Ⅳ	5765	1915	2120	3360	3490	1850	0	0	0	0	0	0	0	0	0	0	0	0		1	3	1		
			ZB1034BDC3F	—	汽油/天然气	GB 18352. 3 - 2005 国Ⅳ	4910	1610	2000	2700	3490	1240	0	0	0	0	0	0	0	0	0	0	0	0		18	26	29		
			ZB1034BPC3F	—	汽油/天然气	GB 18352. 3 - 2005 国Ⅳ	4910	1610	2000	2700	3490	1260	0	0	0	0	0	0	0	0	0	0	0	0		3	4	8		
			ZB1034BSD0F	—	汽油/天然气	GB 18352. 3 - 2005 国Ⅳ	5350	1610	2000	3050	3490	1320	0	0	0	0	0	0	0	0	0	0	0	0		1	3	2		
		厢式运输车	ZB5023XXYADC3F	ZB1023ADC3F	汽油/天然气	GB 18352. 3 - 2005 国Ⅳ	4730	1630	2440	2700	1875	1250	0	0	2	5	2	10	0	5	18	6	30	9		10	12	19		
			ZB5030XXYLDD6F	ZB1030LDD6F	汽油/天然气	GB 18352. 3 - 2005 国Ⅳ	5995	2030	2860	3360	3490	2325	0	0	0	0	0	0	0	0	0	5	6	22		36	11	22		
			ZB5030XXYLPD6F	ZB1030LPD6F	汽油/天然气	GB 18352. 3 - 2005 国Ⅳ	5995	2030	2860	3360	3490	2325	0	0	0	0	0	0	0	0	0	0	0	1		0	0	0		
			ZB5030XXYLSD6F	ZB1030LSD6F	汽油/天然气	GB 18352. 3 - 2005 国Ⅳ	5995	2030	2860	3360	3490	2325	0	0	0	0	0	0	0	0	0	0	0	0		1	0	1		
			ZB5033XXYADC3F	ZB1033ADC3F	汽油/天然气	GB 18352. 3 - 2005 国Ⅳ	4730	1520	2440	2700	2920	1340	1	5	18	31	10	6	15	5	24	33	55	37		36	20	37		
			ZB5033XXYBDC1F	ZB1033BDC1F	汽油/天然气	GB 18352. 3 - 2005 国Ⅳ	5040	1730	2650	2600	3490	1710	0	0	0	1	3	4	0	8	7	8	8	3		1	6	1		
			ZB5034XXYBDC3F	ZB1034BDC3F	汽油/天然气	GB 18352. 3 - 2005 国Ⅳ	5250	1730	2650	2700	3490	1760	0	0	0	0	0	0	0	0	0	0	6	7		16	21	27		
			ZB5034XXYBPC3F	ZB1034BPC3F	汽油/天然气	GB 18352. 3 - 2005 国Ⅳ	5250	1730	2650	2700	3490	1760	0	0	0	0	0	0	0	0	0	0	0	2		3	0	8		
		载货汽车	ZB1023ADC3F	ZB1023ADC3F	汽油/天然气	GB 18352. 3 - 2005 国Ⅳ	4730	1520	1930	2700	1725	1100	3	6	5	6	4	3	0	0	6	0	6	14		1	7	7		
			ZB1023ASC3F	ZB1023ASC3F	汽油/天然气	GB 18352. 3 - 2005 国Ⅳ	5000	1630	1930	2700	2080	1260	28	21	5	24	15	5	3	19	7	5	24	10		9	21	23		

续表

企业名称	车辆品牌	车辆名称	车辆型号	底盘型号	燃料种类	排放标准	外形尺寸(mm) 长	宽	高	轴距(mm)	总质量(kg)	整备质量(kg)	2014年 1	2	3	4	5	6	7	8	9	10	11	12	小计(辆)	2015年1—3月 1	2	3	小计(辆)	合计(辆)
同上	同上	同上	ZB1033ADC3F	ZB1033ADC3F	汽油/天然气	GB 18352. 3-2005 国Ⅳ	4730	1630	1930	2700	2845	1220	0	8	63	18	5	2	8	9	30	30	50	52		36	27	59		
			ZB1033ASC3F	ZB1033ASC3F	汽油/天然气	GB 18352. 3-2005 国Ⅳ	5000	1630	1930	2700	2920	1250	111	127	140	85	36	40	63	67	77	119	120	111		159	73	190		
		轻型货车	ZB1033BDC1F	ZB1033BDC1F	汽油/天然气	GB 18352. 3-2005 国Ⅳ	5040	1730	2060	2600	3490	1460	5	0	9	1	1	4	7	0	8	13	12	4		0	7	4		
			ZB1033BSD0F	ZB1033BSD0F	汽油/天然气	GB 18352. 3-2005 国Ⅳ	5680	1730	2060	3050	3420	1600	17	12	22	78	11	19	9	9	15	26	8	19		5	11	15		
山东凯马汽车制造有限公司	凯马牌	载货汽车	KMC1020A26D4	KMC1020A26D4	汽油/天然气	GB 18352. 3-2005 国Ⅳ	4735	1625	2010	2700	2095	1220	0	0	0	0	0	0	0	0	0	0	0	0	2093	0	0	11	1572	3665
			KMC1021B29D4	KMC1021B29D4	汽油/天然气	GB 18352. 3-2005 国Ⅳ	4690	1670	1930	2900	1610	990	0	0	0	0	0	1	0	0	0	0	0	0		0	0	0		
			KMC1021B29S4	KMC1021B29S4	汽油/天然气	GB 18352. 3-2005 国Ⅳ	4630	1670	1970	2900	1820	1060	0	0	0	0	0	2	0	0	0	0	0	0		0	0	0		
			KMC1030A26D4	KMC1030A26D4	汽油/天然气	GB 18352. 3-2005 国Ⅳ	4735 4535	1625	2010	2700 2560	2710	1220	11	17	19	19	21	19	20	32	48	66	82	53		68	14	98		
			KMC1030A26P4	KMC1030A26P4	汽油/天然气	GB 18352. 3-2005 国Ⅳ	4735	1625	2010	2700	2720	1230	0	1	4	1	0	0	1	0	1	1	0	3		2	0	0		
			KMC1030A26S4	KMC1030A26S4	汽油/天然气	GB 18352. 3-2005 国Ⅳ	5035 4685	1625	2010	2700 2560	2750	1260	78	98	93	141	102	93	73	111	90	142	191	198		196	95	163		
		载货汽车底盘	KMC1020A26D4	—	汽油/天然气	GB 18352. 3-2005 国Ⅳ	4665	1515	1940	2700	2200	1000	0	0	0	0	0	0	0	0	0	0	0	0		0	0	5		
			KMC1020A26S4	—	汽油/天然气	GB 18352. 3-2005 国Ⅳ	4890	1515	1940	2700	2200	1070	0	0	0	0	0	0	0	0	0	0	0	0		0	0	15		
			KMC1030A26D4	—	汽油/天然气	GB 18352. 3-2005 国Ⅳ	4665	1515	1940	2700	2880	980	0	0	0	0	0	0	0	0	0	0	0	0		113	35	149		
			KMC1030A26P4	—	汽油/天然气	GB 18352. 3-2005 国Ⅳ	4665	1515	1940	2700	2880	1000	0	0	0	0	0	0	0	0	0	0	0	0		2	0	0		
			KMC1030A26S4	—	汽油/天然气	GB 18352. 3-2005 国Ⅳ	4665	1515	1940	2700	2880	1070	0	0	0	0	0	0	0	0	0	0	0	0		199	98	166		
		厢式运输车	KMC5020XXYA26D4	KMC1020A26D4	汽油/天然气	GB 18352. 3-2005 国Ⅳ	4735 5035	1625	2350	2700	2200 2840	1360 1380	5	2	6	7	0	5	18	22	31	39	45	41		45	21	63		
			KMC5030XXYA26S4	KMC1030A26S4	汽油/天然气	GB 18352. 3-2005 国Ⅳ	5035	1625	2320	2700	2870	1380	0	1	0	1	1	6	4	4	7	4	9	2		8	3	3		
		仓栅式运输车	KMC5030CCYA26D4	KMC1030A26D4	汽油/天然气	GB 18352. 3-2005 国Ⅳ	4735	1625	2350	2700	2880	1380	0	0	0	0	0	0	0	0	0	0	0	0		0	0	0		

续表

企业名称	车辆品牌	车辆名称	车辆型号	底盘型号	燃料种类	排放标准	外形尺寸(mm)			轴距(mm)	总质量(kg)	整备质量(kg)	2014年													2015年1—3月				合计(辆)
							长	宽	高				1	2	3	4	5	6	7	8	9	10	11	12	小计(辆)	1	2	3	小计(辆)	
同上	同上	多用途货车	KMC1026A33S4	KMC1026A33S4	汽油/天然气	GB 18352. 3－2005 国Ⅳ	5450	1760	1710	3380	2340	1520	0	0	0	0	0	0	0	0	0	0	1	0		0	0	0		
东风汽车公司	华神牌	两用燃料轻型载货汽车	DFD1030GU	DFD1030GUJ	汽油/天然气	GB 18352. 3－2005 国Ⅳ	5250	1610 1680	2140	3300	3050	1450	0	0	2	0	0	2	4	0	6	2	5	1	1727	0	0	1	594	2321
			DFD1030NU3	DFD1030NUJ3	汽油/天然气	GB 18352. 3－2005 国Ⅳ	5730	1850	2370	3500	3440	1650	0	0	0	0	0	0	0	0	0	0	6	27		12	20	50		
			DFD1031NU2	DFD1031NUJ2	汽油/天然气	GB 18352. 3－2005 国Ⅳ	5450	1610	2140	3300	3235	1480	0	2	8	4	4	12	5	6	12	8	2	26		0	1	0		
			DFD1032GU	DFD1032GUJ	汽油/天然气	GB 18352. 3－2005 国Ⅳ	5250	1790	2140	3300	3100	1480	4	9	1	6	0	3	3	0	2	2	5	0		2	0	5		
			DFD1032NU	DFD1032NUJ	汽油/天然气	GB 18352. 3－2005 国Ⅳ	5450	1850	2140	3300	3275	1500	2	0	2	4	1	11	3	2	0	5	1	0		1	1	0		
			DFD1032TKN1	DFD1032TKNJ1	汽油/天然气	GB 18352. 3－2005 国Ⅳ	5995	2150	2320	3300	3490	1805	0	0	0	0	0	0	17	0	30	0	10	1		0	0	0		
			DFD1033TU	DFD1033TUJ	汽油/天然气	GB 18352. 3－2005 国Ⅳ	5985	2060	2340	3300	3495	2100	0	0	0	0	1	3	4	0	1	0	0	1		0	17	27		
			DFD1034NU1	DFD1034NUJ1	汽油/天然气	GB 18352. 3－2005 国Ⅳ	5730	1800	2300	3500	3275	1600	0	0	0	0	0	0	0	0	0	0	0	0		0	5	1		
		两用燃料轻型载货汽车底盘	DFD1030GUJ	—	汽油/天然气	GB 18352. 3－2005 国Ⅳ	5100	1650	2070	3300	3050	1320	0	0	0	0	0	0	0	0	0	0	0	0		20	0	72		
			DFD1030NUJ3	—	汽油/天然气	GB 18352. 3－2005 国Ⅳ	5300	1780	2300	3500	3440	1680	0	0	0	0	0	0	0	0	0	0	0	0		11	6	29		
			DFD1032GUJ	—	汽油/天然气	GB 18352. 3－2005 国Ⅳ	5100	1780	2070	3300	3100	1320	0	0	0	0	0	0	0	0	0	0	0	0		3	0	7		
			DFD1034NUJ	—	汽油/天然气	GB 18352. 3－2005 国Ⅳ	5300	1660	2230	3500	3235	1500	0	0	0	0	0	0	0	0	0	0	0	0		0	10	27		
			DFD1034NUJ1	—	汽油/天然气	GB 18352. 3－2005 国Ⅳ	5300	1780	2230	3500	3275	1480	0	0	0	0	0	0	0	0	0	0	0	0		0	3	0		
		轻型载货汽车	DFD1020GU2	DFD1020GUJ2	汽油/天然气	GB 18352. 3－2005 国Ⅳ	5300	1610	2140	3300	2490	1480	2	0	0	3	1	4	2	0	8	0	0	0		5	0	0		
			DFD1021NU3	DFD1021NUJ3	汽油/天然气	GB 18352. 3－2005 国Ⅳ	5420	1610	2140	3300	2490	1480	0	4	4	8	19	18	16	12	11	7	0	6		2	11	3		
			DFD1022GU1	DFD1022GUJ1	汽油/天然气	GB 18352. 3－2005 国Ⅳ	5300 5400	1790 1850	2140	3300	2490	1500	11	3	4	7	1	2	7	3	2	4	7	3		6	1	1		
			DFD1022NU	DFD1022NUJ	天然气/汽油	GB 18352. 3－2005 国Ⅳ	5320	1750	2200	3300	2490	1500	0	0	1	0	0	0	0	0	1	0	0	0		0	0	0		

续表

企业名称	车辆品牌	车辆名称	车辆型号	底盘型号	燃料种类	排放标准	外形尺寸(mm)			轴距(mm)	总质量(kg)	整备质量(kg)	2014年													2015年1—3月				合计(辆)
							长	宽	高				1	2	3	4	5	6	7	8	9	10	11	12	小计(辆)	1	2	3	小计(辆)	
同上	同上	同上	DFD1022NU1	DFD1022NUJ1	汽油/天然气	GB 18352. 3-2005 国Ⅳ	5420	1790	2140	3300	2490	1500	7	10	11	3	1	1	5	1	5	2	1	3		0	0	0		
			DFD1031NU1	DFD1031NUJ1	天然气/汽油	GB 18352. 3-2005 国Ⅳ	5450 5700	1800 1850	2200	3500	3440	1680	43	58	109	85	52	41	53	30	71	42	3	11		2	13	0		
			DFD1031TU1	DFD1031TUJ1	天然气/汽油	GB 18352. 3-2005 国Ⅳ	5300 5460	1800	2200	3500	3440	1660	10	13	50	33	11	4	8	2	20	12	3	9		16	7	13		
		厢式运输车	DFD5020XXYU1	DFD1020GUJ2	天然气/汽油	GB 18352. 3-2005 国Ⅳ	5300	1690	2760	3300	2490	1540	0	0	2	0	0	11	5	1	7	8	3	0		2	0	0		
			DFD5022XXYU	DFD1022GUJ	汽油/天然气	GB 18352. 3-2005 国Ⅳ	5280	1750	2780	3300	2490	1570	0	0	0	0	1	0	0	0	0	0	0	0		0	0	0		
			DFD5022XXYU2	DFD1022GUJ1	汽油/天然气	GB 18352. 3-2005 国Ⅳ	5300	1750	2760	3300	2490	1570	7	0	0	10	0	0	1	3	1	4	1	0		0	0	2		
			DFD5022XXYU3	DFD1022NUJ1	汽油/天然气	GB 18352. 3-2005 国Ⅳ	5420	1750	2760	3300	2490	1570	0	0	0	1	0	0	0	0	1	0	0	0		0	0	0		
			DFD5030XXYU	DFD1030GUJ	汽油/天然气	GB 18352. 3-2005 国Ⅳ	5400	1630	2700	3300	3050	1550	0	0	0	1	0	3	2	2	4	1	0	0		1	0	0		
			DFD5030XXYU1	DFD1030GUJ	汽油/天然气	GB 18352. 3-2005 国Ⅳ	4940 5050	1680	2300	3300	3050	1560 1820	1	0	1	0	1	0	5	12	1	1	6	10		20	0	72		
			DFD5031XXY1	DFD1031NUJ1	天然气/汽油	GB 18352. 3-2005 国Ⅳ	5450	1800	2780	3500	3440	1800	1	0	4	2	0	3	2	1	4	2	0	1		1	0	0		
			DFD5031XXYU	DFD1031TUJ1	天然气/汽油	GB 18352. 3-2005 国Ⅳ	5300 5460	1800	2780	3500	3440	1800	11	6	16	21	6	9	15	6	16	22	9	15		8	10	10		
			DFD5031XXYU1	DFD1031NUJ2	汽油/天然气	GB 18352. 3-2005 国Ⅳ	5450	1630	2700	3300	3235	1580	0	0	0	0	0	0	1	0	0	1	0	6		0	0	0		
			DFD5032XXYU	DFD1032NUJ	汽油/天然气	GB 18352. 3-2005 国Ⅳ	5450	1800	2700	3300	3275	1600	0	0	0	0	0	0	0	1	0	0	0	0		0	0	0		
			DFD5032XXYU1	DFD1032GUJ	汽油/天然气	GB 18352. 3-2005 国Ⅳ	5530	1800	2700	3500	3100	1580	0	0	0	1	2	5	1	2	0	2	2	1		0	0	1		
			DFD5033XXYU	DFD1033TUJ	汽油/天然气	GB 18352. 3-2005 国Ⅳ	5990	2060	2780	3300	3495	2250	0	0	0	2	2	3	1	0	4	2	5	0		0	0	0		
		仓栅式运输车	DFD5020CCYU	DFD1020GUJ2	汽油/天然气	GB 18352. 3-2005 国Ⅳ	5300	1680	2760	3300	2490	1540	0	0	0	0	0	1	0	0	0	0	0	0		0	0	0		
			DFD5022CCYU3	DFD1022NUJ1	汽油/天然气	GB 18352. 3-2005 国Ⅳ	5420	1790	2760	3300	2490	1550	0	0	0	0	0	0	0	0	0	0	0	0		1	0	0		
			DFD5031CCY	DFD1031NUJ1	天然气/汽油	GB 18352. 3-2005 国Ⅳ	5450	1800	2780	3500	3440	1730	0	0	1	0	0	0	0	0	0	0	1	0		0	0	0		

续表

企业名称	车辆品牌	车辆名称	车辆型号	底盘型号	燃料种类	排放标准	外形尺寸(mm)			轴距(mm)	总质量(kg)	整备质量(kg)	2014年													2015年1—3月				合计(辆)
							长	宽	高				1	2	3	4	5	6	7	8	9	10	11	12	小计(辆)	1	2	3	小计(辆)	
同上	同上	同上	DFD5031CCYU	DFD1031TUJ1	天然气/汽油	GB 18352. 3－2005 国Ⅳ	5460	1800	2780	3500	3440	1710	1	0	3	7	2	0	1	0	0	0	0	0		0	0	1		
			DFD5032CCYU1	DFD1032GUJ	汽油/天然气	GB 18352. 3－2005 国Ⅳ	5250 5730	1790	2780	3300 3500	3100	1550	0	0	0	3	0	0	0	0	1	1	1	0		1	0	1		
			DFD5033CCYU	DFD1033TUJ	汽油/天然气	GB 18352. 3－2005 国Ⅳ	5990	2060	2780	3300	3495	2220	0	0	0	0	0	0	1	0	0	0	0	0		0	0	0		
		轻型载货汽车底盘	DFD1021NUJ3	—	汽油/天然气	GB 18352. 3－2005 国Ⅳ	5005	1610	2070	3300	2490	1360	0	0	0	0	0	0	0	0	0	0	0	0		0	0	2		
			DFD1022GUJ1	—	汽油/天然气	GB 18352. 3－2005 国Ⅳ	5005	1780	2070	3300	2490	1320	0	0	0	0	0	0	0	0	0	0	0	0		1	1	0		
			DFD1031TUJ1	—	汽油/天然气	GB 18352. 3－2005 国Ⅳ	5150	1780	2130	3500	3440	1500	0	0	0	0	0	0	0	0	0	0	0	0		18	10	14		
		冷藏车	DFD5031XLCU	DFD1031TUJ1	天然气/汽油	GB 18352. 3－2005 国Ⅳ	5300	1800	2780	3500	3440	1750	0	0	0	0	0	1	0	0	1	0	0	0		1	1	1		
			DFD5031XLCU1	DFD1031NUJ1	天然气/汽油	GB 18352. 3－2005 国Ⅳ	5450	1850	2780	3500	3440	1800	0	0	0	0	0	1	0	0	3	0	0	0		0	0	0		
			DFD5033XLCU	DFD1033TUJ	汽油/天然气	GB 18352. 3－2005 国Ⅳ	5990	2060	2780	3300	3495	2350	0	0	0	0	0	0	0	1	0	0	0	0		0	0	0		
		自装卸式垃圾车	DFD5022ZZZU1	DFD1022GUJ1	汽油/天然气	GB 18352. 3－2005 国Ⅳ	5050	1830	2070	3300	2490	1530	0	1	0	8	0	0	0	0	1	0	4	2		1	0	0		
			DFD5031ZZZ5	DFD1031TUJ1	汽油/天然气	GB 18352. 3－2005 国Ⅳ	5150	1780	2130	3500	3440	1830	0	0	0	0	0	0	0	0	0	0	0	0		0	0	0		
			DFD5032ZZZU	DFD1032GUJ	汽油/天然气	GB 18352. 3－2005 国Ⅳ	5050	1830	2070	3300	3100	2100	0	0	0	0	0	0	0	0	0	0	0	0		0	0	0		
		自卸式垃圾车	DFD5022ZLJU2	DFD1022GUJ1	汽油/天然气	GB 18352. 3－2005 国Ⅳ	5050	1780	2070	3300	2490	1530	0	0	0	0	0	0	0	0	1	1	0	0		0	0	0		
			DFD5031ZLJ6	DFD1031TUJ1	天然气/汽油	GB 18352. 3－2005 国Ⅳ	5200	1780	2130	3500	3440	1850	0	0	0	0	0	0	0	0	3	1	0	0		0	0	0		
		车厢可卸式垃圾车	DFD5022ZXXU1	DFD1022GUJ1	汽油/天然气	GB 18352. 3－2005 国Ⅳ	4900	1780	2070	3300	2490	1500	0	0	0	0	0	0	0	0	0	7	49	1		1	0	0		
			DFD5031ZXX2	DFD1031TUJ1	天然气/汽油	GB 18352. 3－2005 国Ⅳ	5050	1780	2130	3500	3440	1810	0	0	0	0	1	0	0	0	0	0	0	0		0	0	0		
		密闭式桶装垃圾车	DFD5030XTYU	DFD1030GUJ	汽油/天然气	GB 18352. 3－2005 国Ⅳ	5050	1680	2300	3300	3050	1940	0	0	0	0	0	0	0	0	0	0	0	0		0	1	0		

续表

企业名称	车辆品牌	车辆名称	车辆型号	底盘型号	燃料种类	排放标准	外形尺寸(mm)			轴距(mm)	总质量(kg)	整备质量(kg)	2014年													2015年1—3月				合计(辆)
							长	宽	高				1	2	3	4	5	6	7	8	9	10	11	12	小计(辆)	1	2	3	小计(辆)	
沈阳金杯车辆制造有限公司	金杯牌	轻型货车底盘	SY1034DK1F	—	汽油/天然气	GB 18352.3-2005 国Ⅳ	4675	1780	2050	2515	3495	1405	0	0	0	0	0	0	0	0	0	0	0	0	1032	87	9	99	551	1583
			SY1034SK1L	—	汽油/天然气	GB 18352.3-2005 国Ⅳ	5175	1780	2090	2800	3495	1560	0	0	0	0	0	0	0	0	0	0	0	0		1	0	1		
		轻型货车	SY1034DK1F	SY1034DK1F	汽油/天然气	GB 18352.3-2005 国Ⅳ	4965	1850	2120	2515	3495	1665	3	12	8	17	0	10	10	0	13	19	50	81		37	5	23		
			SY1034SK1L	SY1034SK1L	汽油/天然气	GB 18352.3-2005 国Ⅳ	5400	1850	2160	2800	3495	1770	4	21	19	55	2	5	3	32	20	8	14	36		47	17	6		
		轻型载货汽车	SY1023KQ42CL	SY1023KQ42C	汽油/天然气	GB 18352.3-2005 国Ⅳ	5285	1700	1640	3380	2475	1650	4	4	3	0	3	6	0	0	0	0	0	0		0	0	0		
			SY1027AASX7LFL	SY1027AASX7LFL	汽油/天然气	GB 18352.3-2005 国Ⅳ	5350	1690	2010	3400	2395	1450	0	0	0	0	0	0	0	0	0	0	0	0		0	0	8		
		厢式运输车	SY5034XXYDF-K1	SY1034DK1F	汽油/天然气	GB 18352.3-2005 国Ⅳ	4965	1850 1780	2640	2515	3495	1870	4	36	26	23	4	29	50	33	75	44	84	94		87	12	100		
			SY5034XXYSL-K1	SY1034SK1L	汽油/天然气	GB 18352.3-2005 国Ⅳ	5400	1850	2640	2800	3495	1950	0	1	2	0	0	0	0	0	0	2	3	3		1	0	3		
		载货汽车	SY1028HQ42CL	SY1028HQ42C	汽油/天然气	GB 18352.3-2005 国Ⅳ	5470	1725	1690	3380	2475	1650	4	2	10	2	1	0	6	2	6	8	1	15		2	6	0		
郑州日产汽车有限公司	东风牌	多用途货车	ZN1023U2N4	ZN1023U2NM	汽油/天然气	GB 18352.3-2005 国Ⅳ	4980	1690	1650	2950	2310	1495	0	3	0	0	0	0	0	0	0	0	0	0	812	0	0	0	229	1041
			ZN1023U2ND	ZN1023U2NM	汽油/天然气	GB 18352.3-2005 国Ⅳ	4980	1690	1650	2950	2310	1610	21	20	28	13	10	3	11	3	2	0	2	0		0	6	1		
			ZN1033U2M4	ZN1033U2MM	柴油/天然气	GB 18352.3-2005 国Ⅳ，GB 3847-2005	4980	1690	1650	2950	2515	1662	0	5	0	0	0	0	0	0	0	0	0	0		0	0	0		
			ZN1033UBN4	ZN1033UBNM	汽油/天然气	GB 18352.3-2005 国Ⅳ	4980	1820	1715	2950	2540	1665	1	0	0	0	0	0	0	0	0	0	0	0		0	0	0		
			ZN1033UBND	ZN1033UBNM	汽油/天然气	GB 18352.3-2005 国Ⅳ	4980	1820	1715	2950	2540	1795	46	70	141	132	103	53	49	31	6	10	12	10		1	34	2		
			ZN1033UBZ4	ZN1033UBZM	柴油/天然气	GB 18352.3-2005 国Ⅳ，GB 3847-2005	4980	1820	1715	2950	2575	1760	0	1	0	0	0	0	0	0	0	0	0	0		0	0	0		
			ZN1034UCX4	ZN1034UCXM	柴油/天然气	GB 18352.3-2005 国Ⅳ，GB 3847-2005	5730	1820	1715	3700	2980	1830	0	1	0	0	0	0	0	0	0	0	0	0		0	0	0		
		两用燃料多用途货车	ZN1031U5ND	ZN1031U5NM	汽油/天然气	GB 18352.3-2005 国Ⅳ	5395	1690	1650	3365	2500	1675	0	0	0	0	0	0	0	0	0	0	0	0		3	10	10		
			ZN1031UCND	ZN1031UCNM	汽油/天然气	GB 18352.3-2005 国Ⅳ	5395	1820	1715	3365	2800	1830	0	0	0	0	0	0	0	0	0	0	0	0		4	88	66		

续表

企业名称	车辆品牌	车辆名称	车辆型号	底盘型号	燃料种类	排放标准	外形尺寸(mm) 长	宽	高	轴距(mm)	总质量(kg)	整备质量(kg)	2014年 1	2	3	4	5	6	7	8	9	10	11	12	小计(辆)	2015年1—3月 1	2	3	小计(辆)	合计(辆)
同上	同上	厢式运输车	ZN5024XXYH2X4	ZN6474H2XM	柴油/天然气	GB 18352. 3－2005 国Ⅳ，GB 3847－2005	4949	1690	1895	2950	2410	1725	0	1	0	0	0	0	0	0	0	0	0	0		0	0	0		
同上	同上	工程车	ZN5022XGCW1E4	ZN6462W1E4	汽油/天然气	GB 18352. 3－2005 国Ⅳ	4580	1840	1895	2650	2180	1715	0	2	0	0	0	0	0	0	0	0	0	0		0	0	0		
同上	尼桑牌	多用途货车	ZN1033U2GD	ZN1033U2GM	汽油/天然气	GB 18352. 3－2005 国Ⅳ	4980	1690	1650	2950	2550	1590	0	0	0	2	10	0	0	0	0	1	0	0		3	0	0		
同上	尼桑牌	多用途货车	ZN1033UBD4	ZN1033UBD4J	汽油/天然气	GB 18352. 3－2005 国Ⅳ	4980	1820	1725	2950	2740	1790	0	0	1	0	0	0	0	0	0	0	0	1		0	0	0		
同上	尼桑牌	多用途货车	ZN1033UCG4	ZN1033UCGM	汽油/天然气	GB 18352. 3－2005 国Ⅳ	5635	1820	1725	3700	2980	1815	0	0	0	0	0	0	0	0	0	0	0	0		0	0	1		
同上	尼桑牌	多用途货车	ZN2033UBG4	ZN2033UBG4J	汽油/天然气	GB 18352. 3－2005 国Ⅳ	4980	1820	1725	2950	2740	1700	0	2	0	0	0	0	0	0	0	0	0	0		0	0	0		
同上	尼桑牌	厢式运输车	ZN5024XXYH2G4	ZN6494H2G4	汽油/天然气	GB 18352. 3－2005 国Ⅳ	4949	1690	1875	2950	2220	1615	0	5	0	0	0	0	0	0	0	0	0	0		0	0	0		
东风小康汽车有限公司	东风牌	厢式运输车	EQ5020XXYFCNG	承载式车身	汽油/天然气	GB 18352. 3－2005 国Ⅳ	4040	1560	1925	2760	1820	1030	0	0	2	10	30	60	60	173	208	80	70	239	933	30	20	0	50	983
东风小康汽车有限公司	东风牌	载货汽车	EQ1021NFCNG	EQ1021NFJ	汽油/天然气	GB 18352. 3－2005 国Ⅳ	4640	1635	1945	2820	1995	1195	0	1	0	0	0	0	0	0	0	0	0	0		0	0	0		
沈阳华晨金杯汽车有限公司	金杯牌	厢式运输车	SY5020XXY－C4STBW	承载式车身	汽油/天然气	GB 18352. 3－2005 国Ⅳ	4200	1695	1930	2700	1860	1190	0	0	0	0	0	0	0	0	0	0	126	131	282	153	125	90	396	678
沈阳华晨金杯汽车有限公司	金杯牌	厢式运输车	SY5033XXYL－U5STBH	承载式车身	汽油/天然气	GB 18352. 3－2005 国Ⅳ	5350	1690	2225	2920	3085	1995	0	0	0	0	0	0	0	2	0	0	0	0		0	0	0		
沈阳华晨金杯汽车有限公司	金杯牌	厢式运输车	SY5033XXY－U5STBH	承载式车身	汽油/天然气	GB 18352. 3－2005 国Ⅳ	5070	1690	1935	2590	2800	1915	0	2	3	2	0	0	1	4	1	6	4	0		18	1	9		
南京汽车集团有限公司	跃进牌	厢式运输车	NJ5022XXYPBMBNS	NJ1022PBMBNS	汽油/天然气	GB 18352. 5－2013	5165	1635	2470	2650	2485	1420	0	0	0	0	0	0	1	1	3	0	1	0	392	1	1	4	271	663
南京汽车集团有限公司	跃进牌	厢式运输车	NJ5022XXYPBMBNZ	NJ1022PBMBNZ	汽油/天然气	GB 18352. 5－2013	4765	1635	2470	2500	2495	1375	0	0	0	0	0	4	12	4	5	6	17	45		9	3	9		
南京汽车集团有限公司	跃进牌	载货汽车	NJ1022PBMBNS	NJ1022PBMBNS	汽油/天然气	GB 18352. 5－2013	5185	1625	2070	2650	2375	1310	0	0	0	0	0	0	13	3	6	25	10			8	12	18		
南京汽车集团有限公司	跃进牌	载货汽车	NJ1022PBMBNZ	NJ1022PBMBNZ	汽油/天然气	GB 18352. 5－2013	4795	1625	2050	2500	2330	1210	0	0	0	0	0	2	23	27	26	37	30	66		54	16	38		
南京汽车集团有限公司	跃进牌	载货汽车底盘	NJ1022PBMBNS	—	汽油/天然气	GB 18352. 5－2013 国Ⅴ	5030	1545	1950	2650	2495	1210	0	0	0	0	0	0	0	0	0	0	0	0		0	0	1		
南京汽车集团有限公司	跃进牌	载货汽车底盘	NJ1022PBMBNZ	—	汽油/天然气	GB 18352. 5－2013 国Ⅴ	4700	1545	1950	2500	2495	1060	0	0	0	0	0	0	0	0	0	0	0	0		48	7	41		

续表

企业名称	车辆品牌	车辆名称	车辆型号	底盘型号	燃料种类	排放标准	外形尺寸(mm)			轴距(mm)	总质量(kg)	整备质量(kg)	2014年													2015年1—3月				合计(辆)
							长	宽	高				1	2	3	4	5	6	7	8	9	10	11	12	小计(辆)	1	2	3	小计(辆)	
同上	同上	仓栅式运输车	NJ5022CCYPBMBNZ	NJ1022PBMBNZ	汽油/天然气	GB 18352.5-2013	4795	1625	2470	2500	2435	1315	0	0	0	0	0	0	0	0	1	0	1	1		1	0	0		
东风南充汽车有限公司	嘉龙牌	仓栅式运输车	DNC5030CCYU-40	DNC1030GUJ-40	汽油/天然气	GB 18352.3-2005 国Ⅳ	5460	1800	2780	3300	3370	1750	0	0	0	0	0	0	0	0	0	2	0	2	297	2	0	1	317	614
			DNC5031CCYU-40	DNC1031GUJ-40	汽油/天然气	GB 18352.3-2005 国Ⅳ	5520	1800	2780	3500	3370	1745	0	0	0	0	0	0	2	0	3	4	0	5		7	0	0		
		轻型载货汽车	DNC1030GU-40	DNC1030GUJ-40	汽油/天然气	GB 18352.3-2005 国Ⅳ	5460 5300 5490	1800	2175	3300	3280	1660	0	0	0	0	0	0	4	8	13	4	8	11		8	8	4		
			DNC1031GU-40	DNC1031GUJ-40	汽油/天然气	GB 18352.3-2005 国Ⅳ	5520 5720	1800	2175	3500	3280	1655	0	0	0	0	0	8	7	8	53	17	40	50		28	22	46		
		轻型载货汽车底盘	DNC1030GUJ-40	—	汽油/天然气	GB 18352.3-2005 国Ⅳ	5005	1610	2070	3300	3480	1540	0	0	0	0	0	0	0	0	0	0	0	0		14	9	8		
			DNC1031GUJ-40	—	汽油/天然气	GB 18352.3-2005 国Ⅳ	5200	1610	2070	3500	3480	1540	0	0	0	0	0	0	0	0	0	0	0	0		38	21	50		
		厢式运输车	DNC5030XXYU-40	DNC1030GUJ-40	汽油/天然气	GB 18352.3-2005 国Ⅳ	5460	1800	2780	3300	3480	1860	0	0	0	0	0	1	3	0	7	4	1	7		1	1	3		
			DNC5031XXYU-40	DNC1031GUJ-40	汽油/天然气	GB 18352.3-2005 国Ⅳ	5520 5720	1800	2780	3500	3480	1855	0	0	0	0	0	0	4	0	6	2	4	9		2	0	4		
		牵引教练车	DNC5101XLHGT-40	—	汽油/天然气	GB 17691-2005 国Ⅳ GB 14762-2008 国Ⅳ GB 11340-2005，GB 14763-2005	5880	2450	2650	3500	9955	4060	0	0	0	0	0	0	0	0	0	0	0	0		40	0	0		
长城汽车股份有限公司	长城牌	多用途货车	CC1021PA0E	CC1021PA0E	汽油/天然气	GB 18352.3-2005 国Ⅳ	5360	1720	1675	3350	2400	1670	0	0	0	0	0	0	0	0	5	2	8	50	65	96	4	0	100	165
安徽江淮安驰汽车有限公司	江淮牌	多用途货车	MC1021TK4R4	HFC6451NFA	汽油/天然气	GB 18352.3-2005 国Ⅳ	5135	1750	1710	3025	2335	1510	0	0	0	0	0	0	0	0	0	0	1	0	119	0	0	0	6	125
			MC1021TK5R4	HFC6491NFA	汽油/天然气	GB 18352.3-2005 国Ⅳ	5450 5620	1750 1710	1750	3380	2425	1550	0	2	25	27	11	15	13	3	11	0	11	0		6	0	0		
东风汽车股份有限公司	东风牌	多用途货车	DFA1022HZ17Q3B	DFA1022HJ17Q3B	汽油/天然气	GB 18352.3-2005 国Ⅳ	5395	1720	1735	3380	2245	1500	0	0	0	0	36	0	0	0	0	0	0	0	54	0	0	0	57	111
		两用燃料轻型载货汽车	DFA1030D40QDB-KM	DFA1030DJ40QDB-KM	汽油/天然气	GB 18352.3-2005 国Ⅳ	5035 4735	1625	2010	2700	2900	1280 1275	0	0	0	0	0	0	0	0	0	0	0	7		2	9	46		

续表

企业名称	车辆品牌	车辆名称	车辆型号	底盘型号	燃料种类	排放标准	外形尺寸(mm) 长	宽	高	轴距(mm)	总质量(kg)	整备质量(kg)
同上	同上	轻型载货汽车	DFA1021HZ17Q3B	DFA1021HJ17Q3B	汽油/天然气	GB 18352. 3 - 2005 国Ⅳ	5020 5340	1690	1710	3025 3380	2245	1430 1500
同上	同上	厢式运输车	DFA5021XXY17Q3B	DFA1021HJ17Q3B	汽油/天然气	GB 18352. 3 - 2005 国Ⅳ	5020	1690	1810	3025	2245	1520
同上	同上	厢式运输车	DFA5030XXY40QDBAC - KM	DFA1030SJ40QDB - KM	汽油/天然气	GB 18352. 3 - 2005 国Ⅳ	4735	1625	2470	2700	2920	1490
同上	俊风牌	厢式运输车	DFA5020XXY30QDB	DFA6400W30QDB	汽油/天然气	GB 18352. 3 - 2005 国Ⅳ	4030	1635	1910	2700	1755	1130
厦门金龙联合汽车工业有限公司	金龙牌	厢式运输车	XMQ5030XXY84	XMQ6531EEB4	汽油/天然气	GB 18352. 3 - 2005 国Ⅳ	5340	1700	2250	2890	2860	1795
厦门金龙联合汽车工业有限公司	金龙牌	厢式运输车	XMQ5031XXY84	XMQ6501EEB4C	汽油/天然气	GB 18352. 3 - 2005 国Ⅳ	5040	1700	2050	2590	2800	1795
华晨汽车集团控股有限公司	中华牌	教练车	SY5020XLH - X1STBAB	承载式车身	汽油/天然气	GB 18352. 3 - 2005 国Ⅳ	4510	1758	1460	2580	1717	1327
重庆力帆汽车有限公司	力帆牌	厢式运输车	LF5028XXYCNG	—	汽油/天然气	GB 18352. 3 - 2005 国Ⅳ	4015	1595	1900	2525	1810	1200
重庆力帆汽车有限公司	力帆牌	厢式运输车	LF5029XXY/CNG	承载式车身	汽油/天然气	GB 18352. 3 - 2005 国Ⅳ	4201	1650	1908	2850	1960	1300
北京汽车股份有限公司	北京牌	厢式运输车	BJ5020XXYV3R6 - CNG	承载式车身	汽油/天然气	GB 18352. 3 - 2005 国Ⅳ	4030	1636	1907	2700	1850	1240
北京汽车股份有限公司	北京牌	厢式运输车	BJ5020XXYV3R7 - CNG	承载式车身	汽油/天然气	GB 18352. 3 - 2005 国Ⅳ	4030	1636	1907	2700	1850	1230
扬州江淮轻型汽车有限公司	江淮牌	多用途货车	JB1027E3RFL	HFC1027E3RFL	汽油/天然气	GB 18352. 3 - 2005 国Ⅳ	5480	1720	1735	3380	2495	1715
安徽江淮汽车股份有限公司	江淮牌	多用途货车底盘	HFC1027E3RFL	—	汽油/天然气	GB 18352. 3 - 2005 国Ⅳ	4915	1690	—	3380	2495	790
安徽江淮汽车股份有限公司	江淮牌	厢式运输车	HFC5030XXYPW4E1B1D	HFC1030PW4E1B1D	汽油/天然气	GB 18352. 3 - 2005 国Ⅳ	4760 4360	1640	2500 2040	2600 2400	2575	1450 1200
北京华林特装车有限公司	华林牌	车厢可卸式垃圾车	HLT5030ZXXR	BJ1030V4JV4 - A1	汽油/天然气	GB 18352. 3 - 2005 国Ⅳ	4340	1530	1880	2700	2875	1340
北京华林特装车有限公司	华林牌	自卸式垃圾车	HLT5031ZLJR	BJ1030V4JV4 - A1	汽油/天然气	GB 18352. 3 - 2005 国Ⅳ	4580	1560	1925	2700	2875	1620

车辆型号	2014年 1	2	3	4	5	6	7	8	9	10	11	12	小计(辆)	2015年1—3月 1	2	3	小计(辆)	合计(辆)
DFA1021HZ17Q3B	5	2	0	0	0	0	0	0	0	0	0	1		0	0	0		
DFA5021XXY17Q3B	0	0	0	0	0	0	0	0	0	1	0	0		0	0	0		
DFA5030XXY40QDBAC - KM	0	0	0	0	0	0	0	0	0	0	0	0		0	0	0		
DFA5020XXY30QDB	0	0	0	0	0	0	0	1	0	0	0	1		0	0	0		
XMQ5030XXY84	10	1	2	9	10	0	1	16	13	1	8	3	75	5	0	0	6	81
XMQ5031XXY84	1	0	0	0	0	0	0	0	0	0	0	0		1	0	0		
SY5020XLH - X1STBAB	0	0	0	10	0	14	51	0	0	0	2	0	77	0	2	0	2	79
LF5028XXYCNG	0	0	0	0	0	0	0	0	1	0	0	0	27	0	0	2	5	32
LF5029XXY/CNG	0	0	0	6	0	2	2	0	13	0	3	0		0	0	3		
BJ5020XXYV3R6 - CNG	0	0	0	0	0	0	0	0	0	0	0	2	16	0	0	0	4	20
BJ5020XXYV3R7 - CNG	0	0	0	0	0	0	0	0	0	0	2	12		0	2	2		
JB1027E3RFL	0	0	0	0	0	0	0	0	0	0	2	13	15	0	1	1	2	17
HFC1027E3RFL	0	0	0	0	0	0	0	0	0	0	0	0	10	0	1	1	2	12
HFC5030XXYPW4E1B1D	2	0	0	4	0	1	1	1	0	0	1	0		0	0	0		
HLT5030ZXXR	0	0	0	0	0	0	0	0	0	0	1	0	9	0	0	0	0	9
HLT5031ZLJR	0	0	0	0	0	2	0	0	0	0	0	6		0	0	0		

续表

企业名称	车辆品牌	车辆名称	车辆型号	底盘型号	燃料种类	排放标准	外形尺寸(mm)			轴距(mm)	总质量(kg)	整备质量(kg)	2014年													2015年1—3月				合计(辆)
							长	宽	高				1	2	3	4	5	6	7	8	9	10	11	12	小计(辆)	1	2	3	小计(辆)	
哈飞汽车股份有限公司	松花江牌	两用燃料货车	HFJ1021HBE4S	承载式车身	汽油/天然气	GB 18352. 3-2005 国Ⅳ	4635	1544	1915	2800	1890	1070	0	0	7	0	0	0	0	0	0	0	0	0	7	0	0	0	0	7
厦门金龙旅行车有限公司	金旅牌	厢式运输车	XML5035XXY18N	XML6502J18N	汽油/天然气	GB 18352. 3-2005 国Ⅳ	5030	1700	2066	2590	2670	1800	0	0	0	0	0	0	0	0	0	0	0	2	4	0	0	0	0	4
			XML5036XXY18N	XML6532J18N	汽油/天然气	GB 18352. 3-2005 国Ⅳ	5330	1700	2240	2890	2730	1860	0	0	0	0	0	0	0	0	0	0	0	2		0	0	0		
陕西通家汽车股份有限公司	通家福牌	两用燃料多用途货车	STJ1023C	STJ1023C	汽油/天然气	GB 18352. 3-2005 国Ⅳ	5465	1750	1720	3380	2587	1762	0	0	0	0	1	2	0	0	0	0	0	0	3	0	0	0	0	3
合计（辆）													1981	2243	3944	4066	3176	3905	4323	3938	3178	3705	4448	5171	44078	8920	5725	7386	22031	66109

(3)乘用车

企业名称	车辆品牌	车辆名称	车辆型号	底盘型号	燃料种类	排放标准	外形尺寸(mm)			轴距(mm)	总质量(kg)	整备质量(kg)	2014年													2015年1—3月				合计(辆)
							长	宽	高				1	2	3	4	5	6	7	8	9	10	11	12	小计(辆)	1	2	3	小计(辆)	
北京现代汽车有限公司	北京现代牌	两用燃料轿车	BH7162EMY	承载式车身	汽油/液化石油气	GB 18352. 3-2005（国Ⅳ阶段）	4545	1725	1425	2610	1625	1300	0	0	0	0	0	0	0	0	0	0	20	80	23053	0	0	40	2472	25525
			BH7162FMY	承载式车身	汽油/天然气	GB 18352. 3-2005 国Ⅳ	4545	1725	1425	2610	1646	1321	553	1096	2842	2415	1945	1187	1111	1248	1507	747	1075	431		775	370	565		
			BH7162FMZ	承载式车身	汽油/天然气	GB 18352. 3-2005 国Ⅳ	4545	1725	1425	2610	1680	1343	494	22	67	373	120	40	0	9	70	0	0	0		70	0	20		
			BH7183FMY	承载式车身	汽油/天然气	GB 18352. 3-2005 国Ⅳ	4770	1820	1420	2700	1825	1500	746	1381	0	1	0	548	1133	538	351	278	259	175		320	54	248		
			BH7200FMY	承载式车身	汽油/天然气	GB 18352. 3-2005 国Ⅳ	4770	1820	1420	2700	1825	1525	4	45	0	0	0	25	44	0	30	0	15	28		0	0	10		
神龙汽车有限公司	东风标致牌	轿车	DC7164RTAM	承载式车身	汽油/天然气	GB 18352. 3-2005 国Ⅳ	4558	1805	1505	2612	1805	1415	189	43	256	91	128	125	240	225	169	219	33	1	20975	0	0	0	2472	23447
			DC7164RTBM	承载式车身	汽油/天然气	GB 18352. 3-2005 国Ⅳ	4688	1815	1525	2710	1855	1465	153	51	162	137	73	131	134	114	77	43	96	113		0	0	0		
		两用燃料轿车	DC7162RTBM	承载式车身	汽油/天然气	GB 18352. 3-2005 国Ⅳ	4442	1748	1476	2652	1638	1225	0	0	0	0	0	0	0	0	99	195	94	127		105	40	53		

续表

企业名称	车辆品牌	车辆名称	车辆型号	底盘型号	燃料种类	排放标准	外形尺寸(mm) 长	宽	高	轴距(mm)	总质量(kg)	整备质量(kg)	2014年 1	2	3	4	5	6	7	8	9	10	11	12	小计(辆)	2015年1—3月 1	2	3	小计(辆)	合计(辆)
同上	东风雪铁龙牌	两用燃料轿车	DC7162RTAM	承载式车身	汽油/天然气	GB 18352. 3-2005 国Ⅳ	4427	1748	1476	2652	1638	1225	0	0	0	0	0	50	177	657	868	616	1143	832		380	335	611		
同上	东风雪铁龙牌	两用燃料轿车	DC7163RT	承载式车身	汽油/天然气	GB 18352. 3-2005 国Ⅳ	4367	1708	1413	2540	1564	1189	357	174	561	299	268	229	197	259	103	288	71	174		83	0	0		
同上	东风雪铁龙牌	两用燃料轿车	DC7165RTBM	承载式车身	汽油/天然气	GB 18352. 3-2005 国Ⅳ	4588	1773	1486	2610	1838	1427	0	0	0	0	0	0	0	0	0	0	686	564		410	182	273		
同上	东风雪铁龙牌	轿车	DC7165RTAM	承载式车身	汽油/天然气	GB 18352. 3-2005 国Ⅳ	4588	1773	1486	2610	1790	1390	978	537	1019	982	982	809	743	976	1205	637	16	0		0	0	0		
上海大众汽车有限公司	大众汽车牌/VOLKSWAGEN	两用燃料轿车	SVW71612JS	承载式车身	汽油/天然气	GB 18352. 3-2005 国Ⅳ	4473	1706	1469	2603	1735	1275	210	923	589	195	1128	788	656	630	1019	1099	1090	2794	15606	2122	1626	2339	6087	21693
上海大众汽车有限公司	桑塔纳牌/SANTANAVISTA	两用燃料轿车	SVW7182RQD	承载式车身	汽油/天然气	GB 18352. 3-2005 国Ⅳ	4687	1700	1450	2656	1655	1280	1044	1669	1772	0	0	0	0	0	0	0	0	0		0	0	0		
一汽-大众汽车有限公司	大众牌	两用燃料轿车	FV7160BBMGC	承载式车身	汽油/天然气	GB 18352. 3-2005 国Ⅳ	4487	1706	1470	2603	1740	1260	105	0	423	1024	2149	1815	1559	712	835	1415	1946	2001	14056	2707	2103	2535	7345	21401
一汽-大众汽车有限公司	捷达牌/JETTA	两用燃料轿车	FV7160FCG	承载式车身	汽油/天然气	GB 18352. 3-2005 国Ⅳ	4415	1674	1415	2471	1545	1142	71	0	0	0	0	1	0	0	0	0	0	0		0	0	0		
东风悦达起亚汽车有限公司	起亚牌	轿车	YQZ7140C4	承载式车身	汽油/天然气	GB 18352. 3-2005 国Ⅳ	4290	1695	1480	2500	1533	1188	172	195	129	166	290	89	80	93	0	14	0	0	10998	0	0	0	2236	13234
东风悦达起亚汽车有限公司	起亚牌	轿车	YQZ7162C4	承载式车身	汽油/天然气	GB 18352. 3-2005 国Ⅳ	4500	1735	1470	2610	1784	1300	819	398	769	944	860	843	806	614	1188	737	777	1015		993	776	467		
比亚迪汽车有限公司	比亚迪牌	两用燃料轿车	QCJ7150A6/CNG	承载式车身	汽油/天然气	GB 18352. 3-2005 国Ⅳ	4533	1705	1490	2600	1650	1275	165	50	169	370	223	282	226	207	237	304	270	245	8281	295	60	134	1756	10037
比亚迪汽车有限公司	比亚迪牌	两用燃料轿车	QCJ7160A4/CNG	承载式车身	汽油/天然气	GB 18352. 3-2005 国Ⅳ	4533	1705	1490	2600	1650	1275	276	333	628	660	970	619	306	214	263	265	466	533		522	402	343		
河北长安汽车有限公司	长安牌	两用燃料多用途乘用车	SC6406A4CNG	承载式车身	汽油/天然气	GB 18352. 3-2005 国Ⅳ	3980	1620	1890	2560	1800	1220	21	76	167	208	232	301	168	129	286	148	259	187	4385	5	18	6	837	5222
河北长安汽车有限公司	长安牌	两用燃料多用途乘用车	SC6406AV4CNG	承载式车身	汽油/天然气	GB 18352. 3-2005 国Ⅳ	3980	1620	1890	2560	1800	1220	25	16	100	34	123	87	54	27	88	51	95	65		0	0	0		
河北长安汽车有限公司	长安牌	两用燃料多用途乘用车	SC6443N4CNG	承载式车身	汽油/天然气	GB 18352. 3-2005 国Ⅳ	4430	1655	1935	2800	2030	1420	0	0	0	0	0	0	0	0	0	0	0	106		30	0	94		
河北长安汽车有限公司	长安牌	两用燃料多用途乘用车	SC6443NV4CNG	承载式车身	汽油/天然气	GB 18352. 3-2005 国Ⅳ	4430	1655	1935	2800	2030	1355	0	0	0	0	0	0	0	0	0	0	0	12		58	0	35		

续表

企业名称	车辆品牌	车辆名称	车辆型号	底盘型号	燃料种类	排放标准	外形尺寸(mm)			轴距(mm)	总质量(kg)	整备质量(kg)	2014年													2015年1—3月				合计(辆)
							长	宽	高				1	2	3	4	5	6	7	8	9	10	11	12	小计(辆)	1	2	3	小计(辆)	
同上	同上	同上	SC6483A4CNG	承载式车身	汽油/天然气	GB 18352. 3－2005 国Ⅳ	4805	1715	1990	3050	2350	1510	0	0	0	101	89	70	3	90	234	96	279	226		138	130	246		
			SC6483D4CNG	承载式车身	汽油/天然气	GB 18352. 3－2005 国Ⅳ	4805	1715	1990	3050	2350	1540	0	0	0	0	0	0	0	0	0	0	47	85		20	40	17		
东风汽车公司	风神牌	两用燃料轿车	DFM7150B1A4	承载式车身	汽油/天然气	GB 18352. 3－2005 国Ⅳ	4526	1740	1465	2610	1670	1295	0	0	0	0	0	0	0	0	6	0	0	0	4864	0	0	0	113	4977
			DFM7160B1ECNG	承载式车身	汽油/天然气	GB 18352. 3－2005 国Ⅳ	4502	1740	1465	2610	1675	1300	37	1	71	21	3	1	0	33	66	1	0	0		0	0	0		
			DFM7160B1F1	承载式车身	汽油/天然气	GB 18352. 3－2005 国Ⅳ	4526	1740	1465	2610	1675	1300	507	149	222	307	441	395	420	420	778	638	90	257		7	48	58		
浙江吉利汽车有限公司	吉利美日牌	两用燃料轿车	MR7182K07N	承载式车身	汽油/天然气	GB 18352. 3－2005 国Ⅳ	4635	1789	1470	2650	1700	1325	505	0	61	182	187	269	406	286	435	169	118	88	2942	311	35	78	434	3376
	英伦牌	两用燃料轿车	SMA7242K01N	承载式车身	汽油/天然气	GB 18352. 3－2005 国Ⅳ	4566	1783	1823	2883	2410	1810	0	0	0	0	0	0	1	0	0	15	149	71		10	0	0		
奇瑞汽车股份有限公司	奇瑞牌	轿车	SQR7163A210/N	承载式车身	汽油/天然气	GB 18352. 3－2005 国Ⅳ	4552	1750	1483	2600	1750	1375	293	6	140	94	81	71	141	255	74	71	17	51	2813	30	17	36	349	3162
			SQR7164A150/N	承载式车身	汽油/天然气	GB 18352. 3－2005 国Ⅳ	4393	1682	1424	2468	1553	1178	64	36	227	148	107	88	179	52	251	93	107	77		111	19	134		
	开瑞牌	多用途乘用车	SQR6440K067/N	承载式车身	汽油/天然气	GB 18352. 3－2005 国Ⅳ	4430	1626	1930	2800	1970	1365	9	0	3	12	5	0	1	40	4	11	5	0		0	1	1		
天津一汽夏利汽车股份有限公司	威志牌	两用燃料轿车	CA7150BUE4M	承载式车身	汽油/天然气	GB 18352. 3－2005 国Ⅳ	4290	1680	1500	2425	1420	1070	117	52	106	251	86	45	160	3	147	140	7	151	2738	53	63	71	407	3145
			CA7160UE4M	承载式车身	汽油/天然气	GB 18352. 3－2005 国Ⅳ	4290	1680	1500	2425	1420	1070	20	65	41	71	109	165	419	0	221	164	9	189		5	50	165		
浙江豪情汽车制造有限公司	吉利牌	两用燃料轿车	JL7151K01N	承载式车身	汽油/天然气	GB 18352. 3－2005 国Ⅳ	4324	1692	1435	2502	1518	1143	130	11	68	139	124	52	12	142	286	145	324	101	2751	21	44	60	156	2907
			JL7181K03N	承载式车身	汽油/天然气	GB 18352. 3－2005 国Ⅳ	4602	1725	1485	2602	1660	1250	2	0	0	0	1	0	0	0	0	0	1	0		0	0	0		
			JL7181K05N	承载式车身	汽油/天然气	GB 18352. 3－2005 国Ⅳ	4602	1725	1485	2602	1660	1250	251	38	248	174	4	43	45	327	55	0	22	0		30	0	0		
			JL7182K02N	承载式车身	汽油/天然气	GB 18352. 3－2005 国Ⅳ	4692	1725	1485	2602	1680	1270	0	0	0	0	0	0	0	0	2	1	2	1		0	0	1		
中国第一汽车集团公司	红旗牌	两用燃料轿车	CA7165MTE4C	承载式车身	汽油/天然气	GB 18352. 3－2005 国Ⅳ	4600	1785	1435	2675	1870	1420	100	0	196	282	611	491	127	55	340	95	172	70	2539	16	31	38	85	2624

续表

企业名称	车辆品牌	车辆名称	车辆型号	底盘型号	燃料种类	排放标准	外形尺寸(mm)			轴距(mm)	总质量(kg)	整备质量(kg)	2014年													2015年1—3月				合计(辆)
							长	宽	高				1	2	3	4	5	6	7	8	9	10	11	12	小计(辆)	1	2	3	小计(辆)	
东南（福建）汽车工业有限公司	东南牌	两用燃料轿车	DN7152MQN	承载式车身	汽油/天然气	GB 18352. 3 - 2005 国Ⅳ	4420	1700	1415	2500	1510	1150	0	0	0	0	0	0	0	59	90	10	52	96	2444	102	0	4	176	2620
			DN7156MQNS	承载式车身	汽油/天然气	GB 18352. 3 - 2005 国Ⅳ	4570	1770	1475	2610	1605	1230	198	44	97	75	196	309	358	83	68	65	75	195		51	2	1		
	三菱牌	两用燃料轿车	DN7160MQN4B	承载式车身	汽油/天然气	GB 18352. 3 - 2005 国Ⅳ	4400	1700	1415	2500	1570	1190	23	6	10	21	49	32	19	10	104	48	32	20		16	0	0		
重庆长安铃木汽车有限公司	长安牌	轿车	SC7165A	承载式车身	汽油/天然气	GB 18352. 3 - 2005 国Ⅳ	4490	1730	1555	2500	1640	1265	372	642	104	145	52	45	80	206	147	45	61	133	2032	304	47	159	510	2542
华晨汽车集团控股有限公司	中华牌	轿车	SY7150E1STBAB	承载式车身	汽油/天然气	GB 18352. 3 - 2005 国Ⅳ	4523	1758	1460	2580	1717	1327	2	1	61	30	36	4	46	35	92	50	74	80	2269	26	7	27	239	2508
			SY7150E1STBAE	承载式车身	汽油/天然气	GB 18352. 3 - 2005 国Ⅳ	4390	1703	1482	2570	1692	1302	0	0	0	0	0	0	1	8	14	43	0	0		0	2	4		
			SY7150X1STBAB	承载式车身	汽油/天然气	GB 18352. 3 - 2005 国Ⅳ	4510	1758	1460	2580	1715	1325	33	31	106	74	25	32	57	72	21	26	20	40		20	23	3		
			SY7160XSTBAB	承载式车身	汽油/天然气	GB 18352. 3 - 2005 国Ⅳ	4510	1758	1460	2580	1715	1325	0	1	5	13	77	106	110	27	12	44	23	28		46	4	59		
			SY7160XSTBAC	承载式车身	汽油/天然气	GB 18352. 3 - 2005 国Ⅳ	4708	1788	1475	2700	1780	1390	0	1	1	0	17	7	82	18	18	8	1	2		6	0	4		
			SY7162G2STBBB	承载式车身	汽油/天然气	GB 18352. 3 - 2005 国Ⅳ	4648	1800	1450	2790	1920	1530	0	0	0	0	4	0	0	0	6	0	0	0		0	0	0		
			SY7162G2SYLBBB	承载式车身	汽油/液化石油气	GB 18352. 3 - 2005 国Ⅳ	4648	1800	1450	2790	1885	1495	1	1	91	60	34	16	149	2	5	0	1	0		0	0	0		
			SY7181BSYLBBB	承载式车身	汽油/天然气	GB 18352. 3 - 2005 国Ⅳ	4880	1800	1450	2790	1885	1495	0	0	0	0	0	0	1	0	0	0	0	0		0	0	0		
			SY7182BSTBBB	承载式车身	汽油/天然气	GB 18352. 3 - 2005 国Ⅳ	4648	1800	1450	2790	1905	1515	0	0	0	0	107	1	1	0	0	0	1	0		0	0	0		
			SY7182BSYBBB	承载式车身	汽油/液化石油气	GB 18352. 3 - 2005 国Ⅳ	4648	1800	1450	2790	1881	1491	0	0	12	0	1	0	0	0	0	0	60	0		0	0	0		
			SY7182BSYLBBB	承载式车身	汽油/液化石油气	GB 18352. 3 - 2005 国Ⅳ	4648	1800	1450	2790	1885	1495	0	0	0	0	0	0	0	0	0	0	0	0		0	0	8		

续表

企业名称	车辆品牌	车辆名称	车辆型号	底盘型号	燃料种类	排放标准	外形尺寸(mm)			轴距(mm)	总质量(kg)	整备质量(kg)	2014年													2015年1—3月				合计(辆)
							长	宽	高				1	2	3	4	5	6	7	8	9	10	11	12	小计(辆)	1	2	3	小计(辆)	
北京汽车股份有限公司	北京牌	两用燃料多用途乘用车	BJ6400L3R2-CNG	承载式车身	汽油/天然气	GB 18352.3-2005 国Ⅳ	4030	1636	1907	2700	1850	1225	0	0	0	2	13	24	22	35	0	4	2	0	2077	0	0	63	427	2504
			BJ6400L3R2N	承载式车身	汽油/天然气	GB 18352.3-2005 国Ⅳ	4030	1636	1907	2700	1850	1225	237	34	584	0	0	0	0	0	0	0	1	0		0	0	0		
			BJ6400L3R4-CNG	承载式车身	汽油/天然气	GB 18352.3-2005 国Ⅳ	4030	1636	1907	2700	1850	1225	0	0	0	0	0	2	74	94	195	124	259	67		143	122	22		
			BJ6400V3R1-CNG	承载式车身	汽油/天然气	GB 18352.3-2005 国Ⅳ	4030	1636	1907	2700	1750	1225	0	0	21	0	49	8	6	0	0	1	0	0		0	0	0		
			BJ6400V3R4-CNG	承载式车身	汽油/天然气	GB 18352.3-2005 国Ⅳ	4030	1636	1907	2700	1750	1260	0	0	0	0	0	0	1	34	11	15	37	38		11	1	0		
			BJ6450L3R-CNG	承载式车身	汽油/天然气	GB 18352.3-2005 国Ⅳ	4495	1636	1907	2920	1950	1310	0	0	0	0	0	28	0	0	6	8	6	0		2	12	1		
			BJ6450V3R-CNG	承载式车身	汽油/天然气	GB 18352.3-2005 国Ⅳ	4495	1636	1907	2920	1875	1310	0	0	0	0	0	25	3	2	0	0	5	0		0	0	0		
		两用燃料轿车	BJ7150C5E-CNG	承载式车身	汽油/天然气	GB 18352.3-2005 国Ⅳ	4582	1794	1486	2650	1805	1365	0	0	0	0	0	0	0	0	0	0	0	0		50	0	0		
安徽江淮汽车股份有限公司	江淮牌	两用燃料轿车	HFC7150BNF	承载式车身	汽油/天然气	GB 18352.3-2005 国Ⅳ	4590	1765	1465	2710	1760	1385	4	140	140	62	3	7	76	51	0	651	12	438	1640	2	0	0	709	2349
			HFC7151BNF	承载式车身	汽油/天然气	GB 18352.3-2005 国Ⅳ	4435	1725	1505	2560	1540	1165	0	0	0	0	0	0	0	0	0	0	2	54		586	20	101		
沈阳华晨金杯汽车有限公司	金杯牌	多用途乘用车	SY6513U4ST1BH	承载式车身	汽油/天然气	GB 18352.3-2005 国Ⅳ	5020	1690	1935	2590	2800	1785	46	18	156	135	56	82	86	144	49	95	243	205	1750	40	8	238	437	2187
			SY6543U4ST1BH	承载式车身	汽油/天然气	GB 18352.3-2005 国Ⅳ	5350	1690	2225	2920	2900	1865	0	0	0	0	0	0	0	1	0	1	0	0		0	0	0		
		两用燃料多用途乘用车	SY6420C4STBW	承载式车身	汽油/天然气	GB 18352.3-2005 国Ⅳ	4200	1695	1930	2700	1860	1190	0	0	0	11	1	48	84	39	52	62	66	70		67	52	32		
一汽海马汽车有限公司	海马牌	轿车	HMC7165A4S0	承载式车身	汽油/天然气	GB 18352.3-2005 国Ⅳ	4557	1740	1480	2615	1735	1360	60	12	171	204	125	86	24	194	99	77	92	94	1238	201	43	40	284	1522
长城汽车股份有限公司	长城牌	轿车	CC7150CE07	承载式车身	汽油/天然气	GB 18352.3-2005 国Ⅳ	4452	1705	1480	2610	1585	1245	3	0	67	35	100	120	93	99	1	31	86	65	700	49	31	91	171	871
重庆长安汽车股份有限公司	长安牌	两用燃料多用途乘用车	SC6449E4CNG	承载式车身	汽油/天然气	GB 18352.3-2005（国Ⅳ）	4420	1685	1850	2750	2053	1453	0	0	0	0	0	0	0	0	0	0	0	0	499	1	0	0	4	583
			SC6450KQ41CNG	承载式车身	汽油/天然气	GB 18352.3-2005（国Ⅳ阶段）	4498	1735	1940	2900	2015	1390	0	0	11	0	4	7	0	10	0	2	1	8		14	3	2		

续表

企业名称	车辆品牌	车辆名称	车辆型号	底盘型号	燃料种类	排放标准	外形尺寸(mm)			轴距(mm)	总质量(kg)	整备质量(kg)	2014年													2015年1—3月				合计(辆)
							长	宽	高				1	2	3	4	5	6	7	8	9	10	11	12	小计(辆)	1	2	3	小计(辆)	
同上	同上	同上	SC6450KQ42CNG	承载式车身	汽油/天然气	GB 18352．3－2005（国Ⅳ阶段）	4498	1735	1940	2900	2445	1390	1	0	11	0	6	5	2	9	2	1	4	3		10	7	5		
同上	同上	两用燃料轿车	SC7151A4CNG	承载式车身	汽油/天然气	GB 18352．3－2005（国Ⅳ）	4360	1710	1475	2515	1608	1233	1	5	9	0	1	0	1	0	0	0	0	0		0	0	0		
同上	同上	两用燃料轿车	SC7169BB5CNG	承载式车身	汽油/天然气	GB 18352．3－2005（国Ⅳ）	4620	1820	1490	2660	1765	1390	0	0	0	0	0	0	0	15	0	0	240	140		42	0	0		
重庆力帆乘用车有限公司	力帆牌	轿车	LF7152/CNG	承载式车身	汽油/天然气	GB 18352．3－2005 国Ⅳ	4550	1705	1495	2605	1555	1205	11	0	37	0	41	46	11	0	0	0	0	95	246	0	0	0	0	246
重庆力帆乘用车有限公司	力帆牌	两用燃料轿车	LF7185/CNG	承载式车身	汽油/天然气	GB 18352．3－2005 国Ⅳ	4700	1765	1490	2700	1750	1325	0	0	0	0	0	0	0	0	0	0	5	0		0	0	0		
福建新龙马汽车股份有限公司	福建牌	两用燃料多用途乘用车	FJ6410APG4	承载式车身	汽油/天然气	GB 18352．3－2005 国Ⅳ	4071	1677	1902	2700	1850	1275	0	0	0	0	0	0	0	0	0	0	2	107	109	6	3	0	9	118
广州汽车集团乘用车有限公司	传祺牌/Trumpchi	两用燃料轿车	GAC7160F1M4B	承载式车身	汽油/天然气	GB 18352．3－2005（国Ⅳ阶段）	4570	1790	1490	2620	1730	1330	0	0	0	0	0	0	0	0	0	0	0	0	0	2	27	1	110	110
广州汽车集团乘用车有限公司	传祺牌/Trumpchi	两用燃料轿车	GAC7180B2M4A	承载式车身	汽油/液化石油气	GB 18352．3－2005（国Ⅳ阶段）	4800	1819	1484	2710	1950	1545	0	0	0	0	0	0	0	0	0	0	0	0		25	25	0		
广州汽车集团乘用车有限公司	传祺牌/Trumpchi	两用燃料轿车	GAC7180B2M4B	承载式车身	汽油/天然气	GB 18352．3－2005（国Ⅳ阶段）	4800	1819	1484	2710	1950	1545	0	0	0	0	0	0	0	0	0	0	0	0		30	0	0		
郑州日产汽车有限公司	东风牌	多用途乘用车	ZN6461W1X	ZN6441W1XJ	柴油/天然气	GB 18352．3－2005 国Ⅲ GB 3847－2005	4580	1840	1820	2650	2285	1800	0	1	0	0	0	0	0	0	0	0	0	0	55	0	0	0	5	60
郑州日产汽车有限公司	东风牌	多用途乘用车	ZN6461WAX	ZN6441WAXJ	柴油/天然气	GB 18352．3－2005 国Ⅲ GB 3847－2005	4580	1840	1820	2650	2505	1890	1	0	0	0	0	0	0	0	0	0	0	0		0	0	0		
郑州日产汽车有限公司	东风牌	多用途乘用车	ZN6462W1E4	ZN6442W1E4M	汽油/天然气	GB 18352．3－2005 国Ⅳ	4580	1840	1820	2650	2180	1695	12	0	0	0	0	0	0	0	0	0	0	0		0	0	0		
郑州日产汽车有限公司	东风牌	两用燃料多用途乘用车	ZN6441V1WD	承载式车身	汽油/天然气	GB 18352．3－2005 国Ⅳ	4420	1695	1825	2695	2035	1540	0	0	0	0	0	0	0	0	0	9	21	10		3	0	0		
郑州日产汽车有限公司	尼桑牌	多用途乘用车	ZN6454WAG4	ZN6444WAG4J	汽油/天然气	GB 18352．3－2005 国Ⅳ	4545	1840	1880	2650	2300	1815	0	1	0	0	0	0	0	0	0	0	0	0		0	0	0		
郑州日产汽车有限公司	日产牌/NISSAN	多用途乘用车	ZN6441V1A4	承载式车身	汽油/天然气	GB 18352．3－2005 国Ⅳ	4400	1695	1847	2725	1960	1355	0	0	0	0	0	0	0	0	0	0	0	0		0	0	2		

续表

企业名称	车辆品牌	车辆名称	车辆型号	底盘型号	燃料种类	排放标准	外形尺寸(mm) 长	宽	高	轴距(mm)	总质量(kg)	整备质量(kg)	2014年 1	2	3	4	5	6	7	8	9	10	11	12	小计(辆)	2015年1—3月 1	2	3	小计(辆)	合计(辆)
一汽吉林汽车有限公司	解放牌	两用燃料多用途乘用车	CA6420A25CNG	承载式车身	汽油/天然气	GB 18352. 3－2005（国Ⅳ）	4205	1685	1910	2700	1830	1380	0	0	0	0	0	0	0	0	0	0	0	12	30	0	3	2	11	41
			CA6420A45CNG	承载式车身	汽油/天然气	GB 18352. 3－2005（国Ⅳ）	4205	1685	1910	2700	1830	1380	0	0	0	0	0	0	0	0	0	0	0	11		0	2	0		
			CA6440A47CNG	承载式车身	汽油/天然气	GB 18352. 3－2005（国Ⅳ）	4405	1685	1910	2800	1880	1430	0	0	0	0	0	0	0	0	0	0	0	7		0	4	0		
上海华普汽车有限公司	英伦牌	两用燃料轿车	SMA7242K01N	承载式车身	汽油/天然气	GB 18352. 3－2005 国Ⅳ	4566	1783	1823	2883	2410	1810	0	0	0	0	30	10	0	0	0	0	0	0	40	0	0	0	0	40
东风汽车股份有限公司	俊风牌	多用途乘用车	DFA6400W30QDB	承载式车身	汽油/天然气	GB 18352. 3－2005 国Ⅳ	4030	1635	1910	2700	1800	1200	14	0	0	0	0	1	0	0	2	0	0	8	25	0	0	0	0	25
东风小康汽车有限公司	东风牌	多用途乘用车	EQ6411PFCNG	承载式车身	汽油/天然气	GB 18352. 3－2005 国Ⅳ	4135	1590	1925	2760	1750	1100	4	7	0	4	2	0	0	0	0	0	0	0	17	1	0	0	1	18
北汽银翔汽车有限公司	北京牌	多用途乘用车	BJ6400AJW1L	BJ6400AJW1L	汽油/天然气	GB 18352. 3－2005 国Ⅳ	4022	1600	1878	2630	1770	1100	0	0	0	0	0	0	5	1	0	0	0	0	6	0	0	0	0	6
上汽通用五菱汽车股份有限公司	五菱牌	多用途乘用车	LZW6410BCFG	承载式车身	汽油/天然气	GB 18352. 3－2005 国Ⅳ	4135	1660	1870	2700	1850	1295	0	0	0	0	0	0	0	0	0	0	0	0	0	0	0	1	1	1
合计（辆）													9440	8312	12730	10552	12368	10710	10940	9603	12288	10115	11244	12876	131178	11483	6892	9548	27923	159101

第六篇
关键零部件配套数量统计

一、2014 年 1 月至 2015 年 3 月节能与新能源汽车关键零部件配套数量统计

1. 驱动电机配套数量统计

电动汽车驱动电机生产企业	电动汽车驱动电机类型	电动汽车驱动电机型号	驱动电机安装数量(台/辆)	电动汽车驱动电机额定功率、转速、转矩(kW、r/min、N·m)	电动汽车驱动电机峰值功率、转速、转矩(kW、r/min、N·m)	驱动电机控制器型号	驱动电机控制器生产企业	混合动力汽车电功率比(%)	电动汽车续驶里程(工况法，km)	电动汽车30分钟最高车速(km/h)	最高车速(km/h)	燃料种类	配套车辆类型	2014年配套车型产量小计(辆)	2015年1—3月配套车型产量小计(辆)	配套车型产量合计(辆)
深圳市比亚迪工业有限公司	永磁同步电机	BYD-TYC110A	1	40/8127/47	110/10000/200	KTZ48X60S-D12A	深圳市比亚迪汽车有限公司	97.3	55	92	155	汽油混合动力	插电式并联混合动力多用途乘用车	17	0	21255
			1	40/8127/47	110/10000/200	KTZ48X60S-D12A	深圳市比亚迪汽车有限公司	97.3	70	65	185	汽油混合动力	插电式并联混合动力轿车	2286	0	
			1	40/8127/47	110/10000/200	KTZ48X60S-D12A	深圳市比亚迪汽车有限公司	97.3	70	150	185	汽油混合动力	插电式并联混合动力轿车	11042	5207	
		BYD-TYC120A	1	75/2550/280	120/2550/450	BYD-EVMC600A；KTZ31X60S-C06A	深圳市比亚迪汽车有限公司	—	322	140	140	纯电动	纯电动力轿车	2277	308	
		BYD-TYC90A	2	75/2500/280	90/2500/350	KTZ54X60S-C06A	深圳市比亚迪汽车有限公司	—	250	69	69	纯电动	纯电动城市客车	118	0	
永康市斯科若电器有限公司	交流异步电机	SCRMP10U1	1	10/3000/32	20/6500/103	SCRMCU01. V1. 05/SCRCI45U1	永康市斯科若电器有限公司	—	150	80	80	纯电动	纯电动轿车	13291	2040	15650
	异步交流感应	SCRMP07U1	1	7.5/2250/32	15/2400/100	SCRMCU01. V1. 05/SCRCI35U1	永康市斯科若电器有限公司	—	75	60	72	纯电动+铅酸	纯电动厢式运输车	319	0	
上海电驱动股份有限公司	交流永磁同步电机	190ZWS011	1	8/2400/32	20/2400/82	Z144ZXF160 A11-115	上海电驱动股份有限公司	—	125	60	80	纯电动	纯电动厢式运输车	64	7	13827
			1	8/2400/32	20/2400/82	Z144ZXF160 A11-115	上海电驱动股份有限公司	—	145	60	80	纯电动	纯电动厢式运输车	3	19	
			1	8/2400/32	20/2400/82	Z144ZXF160 A11-115	上海电驱动股份有限公司	—	150	60	80	纯电动	纯电动厢式运输车	137	89	
			1	8/2400/32	20/2400/82	Z144ZXF160 A11-115	上海电驱动股份有限公司	—	173	60	80	纯电动	纯电动厢式运输车	3	0	
	永磁同步电动机	368TYZ-XIS15N	1	40/1600/240	65/2500/500	34S22X06XC	上海电驱动股份有限公司	—	50	69	69	柴油混合动力	插电式并联混合动力城市客车	0	12	

续表

电动汽车驱动电机生产企业	电动汽车驱动电机类型	电动汽车驱动电机型号	驱动电机安装数量（台/辆）	电动汽车驱动电机额定功率、转速、转矩（kW、r/min、N·m）	电动汽车驱动电机峰值功率、转速、转矩（kW、r/min、N·m）	驱动电机控制器型号	驱动电机控制器生产企业	混合动力汽车电功率比（%）	电动汽车续驶里程（工况法，km）	电动汽车30分钟最高车速（km/h）	最高车速（km/h）	燃料种类	配套车辆类型	2014年配套车型产量小计（辆）	2015年1—3月配套车型产量小计（辆）	配套车型产量合计（辆）
上海电驱动股份有限公司	永磁同步电机	2103AAL	1	21/3000/66.9	41.8/2660/150	2142AAF	上海电驱动股份有限公司	—	151	100	100	纯电动	纯电动轿车	811	780	
		240TYZ－XS06J	1	25/3000/75	50/7200/200	32S25X02AT	上海电驱动股份有限公司	—	—	80	80	纯电动	纯电动车厢可卸式垃圾车	50	0	
			1	25/3000/75	50/7200/200	32S25X02AT	上海电驱动股份有限公司	—	125	80	80	纯电动	纯电动密闭式桶装垃圾车/底盘	0	10	
		368TZ－XIS15N	1	40/1600/240	65/2500/500	34S22X06XC	上海电驱动股份有限公司	30.7	—	64	69	柴油混合动力	插电式并联混合动力城市客车	69	0	
		368TYZ－XIS15N	1	40/1600/240	65/2500/500	34S22X06XC	上海电驱动股份有限公司	41 44 44	—	—	69	柴油混合动力	并联式混合动力城市客车/底盘	630	0	
			1	40/1600/240	65/2500/500	34S22X06XC	上海电驱动股份有限公司	—	—	—	69	柴油混合动力	并联式混合动力城市客车/底盘	0	1	
			1	40/1600/240	65/2500/500	34S22X06XC	上海电驱动股份有限公司	41.9	53	69	69	柴油/电混合动力	插电式混合动力城市客车	0	1	
			1	40/1600/240	65/2500/500	34S22X06XC	上海电驱动股份有限公司	41.9 40.8	31	69	69	柴油混合动力	插电式并联混合动力城市客车	55	0	
			1	40/1600/240	65/2500/500	34S22X06XC	上海电驱动股份有限公司	44	31	69	69	柴油/电混合动力	插电式并联混合动力城市客车/底盘	95	0	
			1	40/1600/240	65/2500/500	34S22X06XC	上海电驱动股份有限公司	40	31	69	69	柴油/电混合动力	插电式并联混合动力城市客车/底盘	43	0	
			1	40/1600/240	65/2500/500	34S22X06XC	上海电驱动股份有限公司	>30	—	69	69	柴油混合动力	插电式并联混合动力城市客车	279	29	
			1	40/1600/240	65/2500/500	34S22X06XC	上海电驱动股份有限公司	39.2 36.7	27	69	69	NG混合动力	插电式并联混合动力城市客车	200	0	
			1	40/1600/240	65/2500/500	34S22X06XC	上海电驱动股份有限公司	39.2 36.7	31	69	69	NG混合动力	插电式并联混合动力城市客车	30	0	

续表

电动汽车驱动电机生产企业	电动汽车驱动电机类型	电动汽车驱动电机型号	驱动电机安装数量（台/辆）	电动汽车驱动电机额定功率、转速、转矩（kW、r/min、N·m）	电动汽车驱动电机峰值功率、转速、转矩（kW、r/min、N·m）	驱动电机控制器型号	驱动电机控制器生产企业	混合动力汽车电功率比（%）	电动汽车续驶里程(工况法，km)	电动汽车30分钟最高车速（km/h）	最高车速（km/h）	燃料种类	配套车辆类型	2014年配套车型产量小计（辆）	2015年1—3月配套车型产量小计（辆）	配套车型产量合计（辆）
上海电驱动股份有限公司	永磁同步电机	368TYZ－XIS15N	1	40/1600/240	65/2500/500	34S22X06XC	上海电驱动股份有限公司	39.2 36.7	50	69	69	NG 混合动力	插电式并联混合动力城市客车	0	78	
			1	40/1600/240	65/2500/500	34S22X06XC	上海电驱动股份有限公司	42	26	69	69	NG/电混合动力	插电式并联混合动力城市客车	40	0	
			1	40/1600/240	65/2500/500	34S22X06XC	上海电驱动股份有限公司	41.9	32	69	69	NG/电混合动力	插电式并联混合动力城市客车	141	0	
			1	40/1600/240	65/2500/500	34S22X06XC	上海电驱动股份有限公司	41.9	33	69	69	NG 混合动力	插电式并联混合动力城市客车	582	78	
			1	40/1600/240	65/2500/500	34S22X06XC	上海电驱动股份有限公司	—	46	65	69	LNG 混合动力；NG 混合动力	插电式混合动力城市客车	39	0	
			1	40/1600/240	65/2500/500	34S22X06XC	上海电驱动股份有限公司	—	46	65	69	柴油混合动力	插电式混合动力城市客车	24	20	
			1	40/1600/240	65/2500/500	34S22X06XC	上海电驱动股份有限公司	—	46.5	65	69	柴油/电混合动力	插电式混合动力城市客车	26	0	
	永磁同步	2103AAD；2103AAK	1	6/1600/36（2103AAD）；6/3000/19（2103AAK）	12/1600/72	2104AAB；2142AAC；2142AAA	上海电驱动股份有限公司	—	80	80	80	纯电动＋铅酸	纯电动轿车	7935	1447	
山东德洋电子科技有限公司	直流无刷电机	DY－BLDC－72－9A	1	9/5000/17.2	18/5600/85	DY－BLDC－72－700A	山东德洋电子科技有限公司	—	83	80	80	纯电动	纯电动轿车	2732	1689	9176
			1	9/5000/17.2	18/5600/85	DY－BLDC－72－700A	山东德洋电子科技有限公司	—	84	80	80	纯电动	纯电动轿车	3566	194	
			1	9/5000/17.2	18/5600/85	DY－BLDC－72－700A	山东德洋电子科技有限公司	—	152	80	80	纯电动	纯电动轿车	0	995	
郑州宇通客车股份有限公司	三相交流异步电机	YTM280－CV2	1	95/800/1100	180/3000/2100	YTMCS－V2.01；YTMC－CV2	郑州宇通客车股份有限公司；郑州宇通客车股份有限公司	116.12	—	68	69	NG 混合动力	混联式混合动力电动城市客车	3	0	8517

续表

电动汽车驱动电机生产企业	电动汽车驱动电机类型	电动汽车驱动电机型号	驱动电机安装数量(台/辆)	电动汽车驱动电机额定功率、转速、转矩(kW、r/min、N·m)	电动汽车驱动电机峰值功率、转速、转矩(kW、r/min、N·m)	驱动电机控制器型号	驱动电机控制器生产企业	混合动力汽车电功率比(%)	电动汽车续驶里程(工况法，km)	电动汽车30分钟最高车速(km/h)	最高车速(km/h)	燃料种类	配套车辆类型	2014年配套车型产量小计(辆)	2015年1—3月配套车型产量小计(辆)	配套车型产量合计(辆)
郑州宇通客车股份有限公司	三相交流异步电机	YTM280－CV2	1	95/800/1100	180/3000/2100	YTMCS－V2.01；YTMC－CV2	郑州宇通客车股份有限公司；郑州宇通客车股份有限公司	116.12	—	68	69	NG混合动力	混联式混合动力电动城市客车	1	0	
			1	95/800/1100	180/3000/2100	YTMCS－V2.01；YTMC－CV2	郑州宇通客车股份有限公司；郑州宇通客车股份有限公司	122.45	—	87	69	柴油混合动力	混联式混合动力电动城市客车	10	0	
	永磁同步电机	YTM280－CV4－L	1	110/700/1500	147/3000/2006	YTMCSL－V4.0；YTMC－CV4－L	郑州宇通客车股份有限公司	90.74 83.05 83.52	—	65	69	柴油混合动力	混联式混合动力城市客车	4	0	
			1	110/700/1500	147/3000/2006	YTMCSL－V4.0；YTMC－CV4－L	郑州宇通客车股份有限公司；郑州宇通客车股份有限公司	86.47	—	65	69	NG混合动力	混联式混合动力城市客车	20	0	
			1	110/700/1500	147/3000/2006	YTMCSL－V4.0；YTMC－CV4－L	郑州宇通客车股份有限公司；郑州宇通客车股份有限公司	94.83	31	67	69	NG混合动力	插电式混联混合动力城市客车	53	0	
			1	110/700/1500	147/3000/2006	YTMCSL－V4.0；YTMC－CV4－L	郑州宇通客车股份有限公司；郑州宇通客车股份有限公司	86.47 94.8 83.05	31	67	69	NG混合动力	插电式混联混合动力城市客车	2561	227	
			1	110/700/1500	147/3000/2006	YTMCSL－V4.0；YTMC－CV4－L	郑州宇通客车股份有限公司；郑州宇通客车股份有限公司	90.74 83.5	34	67	69	柴油混合动力	插电式混联混合动力电动城市客车	296	0	
			1	110/700/1500	147/3000/2006	YTMCSL－V4.0；YTMC－CV4－L	郑州宇通客车股份有限公司；郑州宇通客车股份有限公司	90.74	61	67	69	柴油混合动力	插电式混联混合动力电动城市客车	16	0	
			1	110/700/1500	147/3000/2006	YTMCSL－V4.0；YTMC－CV4－L	郑州宇通客车股份有限公司	83.52 90.74	33	67	69	柴油混合动力	插电式混联混合动力电动城市客车	5	0	

续表

电动汽车驱动电机生产企业	电动汽车驱动电机类型	电动汽车驱动电机型号	驱动电机安装数量（台/辆）	电动汽车驱动电机额定功率、转速、转矩（kW、r/min、N·m）	电动汽车驱动电机峰值功率、转速、转矩（kW、r/min、N·m）	驱动电机控制器型号	驱动电机控制器生产企业	混合动力汽车电功率比（%）	电动汽车续驶里程（工况法，km）	电动汽车30分钟最高车速（km/h）	最高车速（km/h）	燃料种类	配套车辆类型	2014年配套车型产量小计（辆）	2015年1—3月配套车型产量小计（辆）	配套车型产量合计（辆）
郑州宇通客车股份有限公司	永磁同步电机	YTM280-CV4-L	1	110/700/1500	147/3000/2006	YTMCSL-V4.0；YTMC-CV4-L	郑州宇通客车股份有限公司；郑州宇通客车股份有限公司	86.47 83.05	31	67	69	NG混合动力	插电式混联混合动力城市客车	1839	135	
			1	110/700/1500	147/3000/2006	YTMCSL-V4.0；YTMC-CV4-L	郑州宇通客车股份有限公司	90.74 83.05 83.52	32	67	68	插电式混合动力	插电式混联混合动力电动城市客车	40	0	
			1	110/700/1500	147/3000/2006	YTMCSL-V4.0；YTMC-CV4-L	郑州宇通客车股份有限公司	90.74	32	67	68	柴油混合动力	插电式混联混合动力电动城市客车	22	0	
			1	110/700/1500	147/3000/2006	YTMCSL-V4.0/YTMC-CV4-L	郑州宇通客车股份有限公司；郑州宇通客车股份有限公司	86.47 83.05	—	65	69	NG混合动力	混联式混合动力电动城市客车	4	0	
			1	110/700/1500	147/3000/2006	YTMCSL-V4.0/YTMC-CV4-L	郑州宇通客车股份有限公司；郑州宇通客车股份有限公司	86.47 83.05	31	68	69	NG混合动力	插电式混联混合动力城市客车	500	105	
			1	110/700/1500	147/3000/2006	YTMCSL-V4.0/YTMC-CV4-L	郑州宇通客车股份有限公司	90.74 83.05 83.52	31	65	68	柴油混合动力	插电式混联混合动力电动城市客车	3	0	
			1	110/700/1500	148/3000/2006	YTMCSL-V4.0/YTMC-CV4-L	郑州宇通客车股份有限公司；郑州宇通客车股份有限公司	83.05	71	67	69	柴油混合动力	插电式混联混合动力城市客车	2	0	
			1	110/700/1500	147/3000/2006	YTMCSL-V4.0/YTMC-CV4-L	郑州宇通客车股份有限公司；郑州宇通客车股份有限公司	83.52 90.74	33	67	69	柴油混合动力	插电式混联混合动力城市客车	2	0	
		YTM280-CV6-L	1	40/1600/240	65/2500/480	YTMCSL-V6.0/YTMC-CV6-L	郑州宇通客车股份有限公司；郑州宇通客车股份有限公司	41.9	32	67	69	NG混合动力	插电式并联混合动力城市客车	4	1	
			1	40/1600/240	65/2500/480	YTMCSL-V6.0/YTMC-CV6-L	郑州宇通客车股份有限公司；郑州宇通客车股份有限公司	41.9	38	67	69	插电式混合动力	并联式混合动力城市客车	4	0	

续表

电动汽车驱动电机生产企业	电动汽车驱动电机类型	电动汽车驱动电机型号	驱动电机安装数量（台/辆）	电动汽车驱动电机额定功率、转速、转矩（kW、r/min、N·m）	电动汽车驱动电机峰值功率、转速、转矩（kW、r/min、N·m）	驱动电机控制器型号	驱动电机控制器生产企业	混合动力汽车电功率比(%)	电动汽车续驶里程(工况法，km)	电动汽车30分钟最高车速（km/h）	最高车速（km/h）	燃料种类	配套车辆类型	2014年配套车型产量小计（辆）	2015年1—3月配套车型产量小计（辆）	配套车型产量合计（辆）
郑州宇通客车股份有限公司	永磁同步电机	YTM280-CV4-H	1	100/800/1200	200/3000/2400	YTMC-CV4-H	郑州宇通客车股份有限公司	—	215	68	90	纯电动	纯电动客车	173	135	
			1	100/800/1200	200/3000/2400	YTMC-CV4-H	郑州宇通客车股份有限公司	—	320	68	69	纯电动	纯电动城市客车	185	41	
			1	100/800/1200	200/3000/2400	YTMC-CV4-H	郑州宇通客车股份有限公司	—	180	68	69	纯电动	纯电动城市客车	1	0	
		YTM280-CV6-H	1	50/1000/478	100/3500/955	YTMC-CV6-H	郑州宇通客车股份有限公司	—	160	69	69	纯电动	纯电动城市客车	98	33	
			1	50/1000/478	100/3500/955	YTMC-CV6-H	郑州宇通客车股份有限公司	—	180	69	69	纯电动	纯电动城市客车	74	0	
			1	50/1000/478	100/3500/955	YTMC-CV6-H	郑州宇通客车股份有限公司	—	160	100	100	纯电动	纯电动客车	1265	451	
	三相交流感应电机	YTM280-CV3-H	1	100/982/972	180/2500/2000	YTMC-CV3-H	郑州宇通客车股份有限公司	—	91	60	69	纯电动	纯电动城市客车	38	0	
			1	100/982/972	180/2500/2000	YTMC-CV3-H	郑州宇通客车股份有限公司	—	245	100	100	纯电动	纯电动客车	7	0	
			1	100/982/972	180/2500/2000	YTMC-CV3-H	郑州宇通客车股份有限公司	—	160	100	100	纯电动	纯电动客车	15	144	
TOYOTA MOTOR CORPORATION	交流电机	2JM	1	22.0/5100/41.2	44/4500/223	软件：89884-33080/硬件：G9200-33090；软件：89884-33080/硬件：G9200-33100	TOYOTA MOTOR CORPORATION；软件：TOYOTA MOTOR CORPORATION/硬件：DENSO CORPORATION	40	—	180	170	汽油混合动力	混合动力轿车	2	0	6986
	永磁同步电机	2JM	1	22/5100/41.2	44/4500/93	89884-33041/G9200-33171	TOYOTA MOTOR CORPORATION/DENSO CORPORATION	37.2	—	180	180	汽油混合动力	混联式混合动力轿车	1112	0	
			1	22/5100/41.2	44/4500/93	89884-33041/G9200-33171	TOYOTA MOTOR CORPORATION/DENSO CORPORATION	37.2	—	180	180	汽油混合动力	混联式混合动力轿车	4514	297	

续表

电动汽车驱动电机生产企业	电动汽车驱动电机类型	电动汽车驱动电机型号	驱动电机安装数量（台/辆）	电动汽车驱动电机额定功率、转速、转矩（kW、r/min、N·m）	电动汽车驱动电机峰值功率、转速、转矩（kW、r/min、N·m）	驱动电机控制器型号	驱动电机控制器生产企业	混合动力汽车电功率比（%）	电动汽车续驶里程（工况法，km）	电动汽车30分钟最高车速（km/h）	最高车速（km/h）	燃料种类	配套车辆类型	2014年配套车型产量小计（辆）	2015年1—3月配套车型产量小计（辆）	配套车型产量合计（辆）
TOYOTA MOTOR CORPORATION	永磁同步电机	2JM	1	22/5100/41.2	44/4500/93	89884－33041/G 9200－33171	TOYOTA MOTOR CORPORATION / DENSO CORPORATION	37.2	—	180	180	汽油/电混合动力	混联式混合动力轿车	97	964	
大洋电机新动力科技有限公司，北京大郡晟誉驱动系统技术有限公司，北京汽车新能源汽车有限公司	永磁同步电机	YTD020W01；O50WA，TZ20S02	1	20/3000/64	45/9000/144	V2.02.003.1/KM 6025W06，BQEV_B0.1/N110WS A，E10000051/K TZ3322S02	大洋电机新动力科技有限公司，北京大郡晟誉驱动系统技术有限公司，北京汽车新能源汽车有限公司	—	160	110	125	纯电动	纯电动轿车	4356	1282	5638
联合电子汽车有限公司	永磁同步电机	IMG－290.1－2	1	26/3000/83	44/7000/317	INV2CON2.2	联合电子汽车有限公司	87.3	58	177	200	汽油混合动力	插电式混联混合动力轿车	2812	1488	4300
长沙众达汽车工业有限公司	永磁同步电动机	PMZT115572	1	11/5000/20	18/6500/110	软件：PMZTC V2.0；硬件：PM ZTC1165/72	长沙众达汽车工业有限公司	—	160	80	80	纯电动	纯电动轿车	0	19	4062
	交流异步电动机	ZT115572	1	10/3000/31.8	18/6000/120	软件：TY1.0；硬件：ZTC1165/72	长沙众达汽车工业有限公司	—	155	80	80	纯电动	纯电动轿车	2399	1644	
比亚迪汽车工业有限公司	永磁同步电机	2217TZ－XSA	1	68/3670/177	86/2832/290	KTZ46X30S	比亚迪汽车工业有限公司	—	253	120	150	纯电动	纯电动轿车	213	467	3306
		BYD－2217TZ－XS－B	1	80/4775/160	160/12000/310	KTZ64X30S－C06A	比亚迪汽车工业有限公司	—	250	130	130	纯电动	纯电动厢式运输车	0	10	
			1	80/4775/160	160/12000/310	KTZ64X30S－C06A	比亚迪汽车工业有限公司	—	256	130	130	纯电动	纯电动轿车	0	10	
		BYD－3425TZ－XS－A	2	150/1910/750	180/5000/1500	KTZ75X40S－C16A	比亚迪汽车工业有限公司	—	280	100	100	纯电动	纯电动旅游客车	43	0	
			1	150/2050/700	180/5000/1500	KTZ75X40S－C16A	比亚迪汽车工业有限公司	—	340	125	125	纯电动	纯电动旅游客车	32	0	
			1	150/2050/700	180/5000/1500	KTZ54X40S－C06A	比亚迪汽车工业有限公司	—	200	69	69	纯电动	纯电动城市客车	19	0	
			1	150/2050/700	180/5000/1500	KTZ75X40S－C16A	比亚迪汽车工业有限公司	—	340	69	69	纯电动	纯电动城市客车	20	0	
		BYD－TYC120A	1	75/2550/280	120/2550/450	KTZ31X60S－C06A	比亚迪汽车工业有限公司	—	400	140	140	纯电动	纯电动轿车	0	10	
		BYD－TYC160B	1	110/3500/300	160/3400/450	110121/BYD－EVMC1000A	比亚迪汽车工业有限公司/比亚迪汽车工业有限公司	—	250	69	69	纯电动	纯电动城市客车	11	0	

续表

电动汽车驱动电机生产企业	电动汽车驱动电机类型	电动汽车驱动电机型号	驱动电机安装数量(台/辆)	电动汽车驱动电机额定功率、转速、转矩(kW、r/min、N·m)	电动汽车驱动电机峰值功率、转速、转矩(kW、r/min、N·m)	驱动电机控制器型号	驱动电机控制器生产企业	混合动力汽车电功率比(%)	电动汽车续驶里程(工况法，km)	电动汽车30分钟最高车速(km/h)	最高车速(km/h)	燃料种类	配套车辆类型	2014年配套车型产量小计(辆)	2015年1—3月配套车型产量小计(辆)	配套车型产量合计(辆)
比亚迪汽车工业有限公司	永磁同步电机	BYD - TYC90A	2	75/2500/280	90/7500/350	KTZ54X60S - C06A	比亚迪汽车工业有限公司	—	200	69	69	纯电动	纯电动城市客车	327	10	
		BYD - TYC90A	2	75/2500/280	90/7500/350	KTZ54X60S - C06A	比亚迪汽车工业有限公司	—	180	69	69	纯电动	纯电动城市客车	21	10	
		BYD - TYC90A	2	75/2500/280	90/2500/350	BYD - EVMC600B	比亚迪汽车工业有限公司	—	125	69	69	纯电动	纯电动城市客车	43	0	
		BYD - TYC90A	2	75/2500/280	90/7500/350	KTZ54X60S - C06A；BYD - EVMC600B	比亚迪汽车工业有限公司；比亚迪汽车工业有限公司	—	250	69	69	纯电动	纯电动城市客车	2028	1	
		BYD - TYC110A	1	40/8127/47	110/10000/200	KTZ48X60S - D12A	比亚迪汽车工业有限公司	97.3	70	150	185	汽油混合动力	插电式并联混合动力轿车	11	0	
		前 BYD - 2011 TZ - XS - A 后 BYD - 2011 TZ - XS - B	2	前 40/8126/47 后 40/8126/47	前 110/10000/200 后 110/10000/200	前 KTZ70X30S - C12A 后 KTZ70X30S - A	比亚迪汽车工业有限公司	0.346	85	96	180	汽油/电混合动力	插电式混联混合动力多用途乘用车	14	0	
			2	前 40/8126/47 后 40/8126/47	前 110/10000/200 后 110/10000/200	前 KTZ70X30S - C12A 后 KTZ70X30S - A	比亚迪汽车工业有限公司	—	60	96	180	汽油/电混合动力	插电式混联混合动力多用途乘用车	0	6	
安徽巨一自动化装备有限公司	永磁同步电机	JEEMC01002B	1	13/3000/41.4	42/6000/165	JEEMC03002B	安徽巨一自动化装备有限公司	—	155	80	80	纯电动	纯电动轿车	462	0	2893
			1	13/3000/41.4	42/6000/165	JEEMC03002B	安徽巨一自动化装备有限公司	—	152	95	95	纯电动	纯电动轿车	2041	4	
	永磁同步内转子电机	JEETZ200XS2072JH02	1	25/3000/80	50/7200/215	JEEKTZ31X30S20JH05	安徽巨一自动化装备有限公司	—	170	120	120	纯电动	纯电动轿车	232	154	
苏州海格新能源汽车电控系统科技有限公司	交流异步	HC - HDM4000	1	100/950/1005	250/2400/2400	HC - HMCU4000	苏州海格新能源汽车电控系统科技有限公司	—	—	70	90	纯电动	纯电动客车	538	120	2664
			1	100/950/1005	250/2400/2400	HC - HMCU4000	苏州海格新能源汽车电控系统科技有限公司	—	—	69	69	纯电动	纯电动城市客车	11	20	
	永磁同步	HC - EDM1000	1	85/2300/350	130/6000/600	HC - EMCU1000	苏州海格新能源汽车电控系统科技有限公司	—	—	100	100	纯电动	纯电动客车	354	148	
	永磁同步电机	HC - EDM6000	1	30/1800/160	60/5000/320	HC - EMCU6000	苏州海格新能源汽车电控系统科技有限公司	—	150	85	80	纯电动	纯电动厢式运输车	1	0	

续表

电动汽车驱动电机生产企业	电动汽车驱动电机类型	电动汽车驱动电机型号	驱动电机安装数量（台/辆）	电动汽车驱动电机额定功率、转速、转矩（kW、r/min、N·m）	电动汽车驱动电机峰值功率、转速、转矩（kW、r/min、N·m）	驱动电机控制器型号	驱动电机控制器生产企业	混合动力汽车电功率比（%）	电动汽车续驶里程（工况法，km）	电动汽车30分钟最高车速（km/h）	最高车速（km/h）	燃料种类	配套车辆类型	2014年配套车型产量小计（辆）	2015年1—3月配套车型产量小计（辆）	配套车型产量合计（辆）
苏州海格新能源汽车电控系统科技有限公司	永磁同步电机	HC－EDM5010	1	113/1200/900	160/3000/1500	HC－EMCU5010	苏州海格新能源汽车电控系统科技有限公司	—	—	69	69	纯电动	纯电动城市客车	18	0	
		HC－HDM1000	1	100/700/1364	135/3000/2100	HC－HMCU1000	苏州海格新能源汽车电控系统科技有限公司	53.6	—	69	69	柴油混合动力	插电式混合动力城市客车	130	12	
			1	100/700/1364	135/3000/2100	HC－HMCU1000	苏州海格新能源汽车电控系统科技有限公司	52.3	—	69	69	NG混合动力	插电式混合动力城市客车	771	134	
		HC－HDM3000	1	100/1600/600	130/3000/850	HC－HMCU3000	苏州海格新能源汽车电控系统科技有限公司	52.3	—	69	69	NG混合动力	插电式混合动力城市客车	200	102	
			1	100/1600/600	130/3000/850	HC－HMCU3000	苏州海格新能源汽车电控系统科技有限公司	53.6	—	69	69	柴油混合动力	插电式混合动力城市客车	14	0	
			1	100/1600/600	130/3000/850	HC－HMCU3000	苏州海格新能源汽车电控系统科技有限公司	51.2	—	69	69	柴油混合动力	插电式混合动力城市客车	50	0	
			1	90/1000/850	140/2600/1500	HC－HMCU5000	苏州海格新能源汽车电控系统科技有限公司	59.3	—	69	69	柴油/电混合动力	混合动力城市客车	40	0	
		HC－EDM5020	1	60/3000/650	120/5600/850	GLCP10028L5	深圳市大地和电气股份有限公司	—	—	80	100	纯电动	纯电动客车	0	1	
深圳市大地和电气股份有限公司	永磁电机	GLMP45L0	1	45/2150/200	90/6000/450	GLCP6032L26	深圳市大地和电气股份有限公司	—	200	80	100	纯电动	纯电动客车	149	269	2550
	永磁同步	GLMP250L0	1	120/1200/955	200/3000/2800	GLCP14045L31	深圳市大地和电气股份有限公司	—	—	69	69	纯电动	纯电动城市客车	22	2	
		GLMP280L0	1	120/1200/955	200/3300/3000	GLCP14045L21	深圳市大地和电气股份有限公司	—	—	69	69	纯电动	纯电动城市客车	0	6	
	交流感应电机	GLMI10A2	1	10/3000/32	20/8000/130	GLCI6008A1	深圳市大地和电气股份有限公司	—	80	40	50	纯电动	纯电动车厢可卸式垃圾车	7	8	
			1	10/3000/32	20/8000/130	GLCI6008A1	深圳市大地和电气股份有限公司	—	80	40	50	纯电动	纯电动自装卸式垃圾车	0	13	
			1	10/3000/32	20/8000/130	GLCI6008A1	深圳市大地和电气股份有限公司	—	80	40	50	纯电动	纯电动桶装垃圾运输车	2	12	

续表

电动汽车驱动电机生产企业	电动汽车驱动电机类型	电动汽车驱动电机型号	驱动电机安装数量（台/辆）	电动汽车驱动电机额定功率、转速、转矩（kW、r/min、N·m）	电动汽车驱动电机峰值功率、转速、转矩（kW、r/min、N·m）	驱动电机控制器型号	驱动电机控制器生产企业	混合动力汽车电功率比(%)	电动汽车续驶里程(工况法，km)	电动汽车30分钟最高车速（km/h）	最高车速（km/h）	燃料种类	配套车辆类型	2014年配套车型产量小计（辆）	2015年1—3月配套车型产量小计（辆）	配套车型产量合计（辆）
深圳市大地和电气股份有限公司	交流异步电机	GLMI10A1	1	7.5/22/50	15/8000/100	GLCI6006A2	深圳市大地和电气股份有限公司	—	80	60	60	纯电动+铅酸	纯电动厢式运输车	27	6	
	交流异步	GLMI10A2	1	10/3000/32	20/7000/100	GLCI6008A1	深圳市大地和电气股份有限公司	—	—	70	75	纯电动	纯电动厢式运输车	0	34	
	永磁同步电动机	GLMP10L0	1	10/3000/32	20/8000/130	GLCI6008A1	深圳市大地和电气股份有限公司	—	80	40	50	纯电动	纯电动厢式运输车	0	3	
			1	20/3180/60	35/9000/130	GLCP4016L10	深圳市大地和电气股份有限公司	—	80	40	50	纯电动	纯电动自卸式垃圾车	4	1	
			1	20/3180/60	35/9000/130	GLCP4016L10	深圳市大地和电气股份有限公司	—	80	40	50	纯电动	纯电动自装卸式垃圾车	34	9	
		GLMP20L1	1	20/3500/55	40/7800/200	GLCP7026L6	深圳市大地和电气股份有限公司	—	80	65	50	纯电动	纯电动扫路车	98	40	
			1	20/3500/55	40/7800/200	GLCP7026L6	深圳市大地和电气股份有限公司	—	80	65	50	纯电动	纯电动路面养护车	9	20	
		GLCP4016L10	1	15/-/-	30/-/-	GLCP4016L10	深圳市大地和电气股份有限公司	—	—	—	50	纯电动	纯电动密闭式桶装垃圾车	1	0	
		GLMP10L0	1	20/3180/60	35/9000/130	GLCP4016L10	深圳市大地和电气股份有限公司	—	80	60	65	纯电动	纯电动扫路车	1	0	
			1	20/3180/60	35/9000/130	GLCP4016L10	深圳市大地和电气股份有限公司	—	80	60	60	纯电动	纯电动路面养护车	0	28	
		GLMP40L0	1	60/2400/240	120/5000/420	GLCP7032L4	深圳市大地和电气股份有限公司	—	—	100	100	纯电动	纯电动厢式运输车	0	1	
			1	60/2400/240	120/5000/420	GLCP7032L4	深圳市大地和电气股份有限公司	—	—	100	100	纯电动	纯电动客车	566	117	
		GLMP60L0	1	70/2500/270	100/6000/600	GLCP7028L5	深圳市大地和电气股份有限公司	—	120	100	100	纯电动	纯电动客车	1	3	
		GLMP65L0	1	60/3000/650	120/5600/850	GLCP10028L5	深圳市大地和电气股份有限公司	—	—	75	100	纯电动	纯电动客车	251	2	

续表

电动汽车驱动电机生产企业	电动汽车驱动电机类型	电动汽车驱动电机型号	驱动电机安装数量(台/辆)	电动汽车驱动电机额定功率、转速、转矩(kW、r/min、N·m)	电动汽车驱动电机峰值功率、转速、转矩(kW、r/min、N·m)	驱动电机控制器型号	驱动电机控制器生产企业	混合动力汽车电功率比(%)	电动汽车续驶里程(工况法,km)	电动汽车30分钟最高车速(km/h)	最高车速(km/h)	燃料种类	配套车辆类型	2014年配套车型产量小计(辆)	2015年1—3月配套车型产量小计(辆)	配套车型产量合计(辆)
深圳市大地和电气股份有限公司	永磁同步电机	GLMP70L1	1	70/1900/352	120/4850/760	GLCP7028L5	深圳市大地和电气股份有限公司	—	—	100	100	纯电动	纯电动客车	0	1	
		TM5002	1	100/2300/400	150/6000/600	CU5012	精进电动科技（北京）有限公司	—	180	100	100	纯电动	纯电动客车	1	0	
		GLMP120L0	1	80/1910/400	150/4000/1200	GLCP10045L28	深圳市大地和电气股份有限公司	—	140	98	100	纯电动	纯电动客车	88	14	
			1	80/1910/400	150/4000/1200	GLCP10045L28	深圳市大地和电气股份有限公司	—	110	69	69	纯电动	纯电动城市客车	0	1	
		GLMP280L0	1	120/1000/1200	180/2800/2800	GLCP14045L21	深圳市大地和电气股份有限公司	—	—	65	69	纯电动	纯电动城市客车/底盘	6	0	
		GLMP250L0	1	120/1200/955	200/3000/2800	GLCP14045L31	深圳市大地和电气股份有限公司	—	280	69	69	纯电动	纯电动城市客车	0	2	
			1	120/1200/955	200/3350/2800	GLCP14045L31	深圳市大地和电气股份有限公司	—	—	70	69	纯电动	纯电动城市客车	240	24	
			1	120/1200/955	200/3350/2800	GLCP14045L31	深圳市大地和电气股份有限公司	—	—	80	80	纯电动	纯电动客车	201	38	
		GLMP25L1	1	40/3000/127	80/6000/250	GLCP7026L11	深圳市大地和电气股份有限公司	—	—	—	69	纯电动	纯电动城市客车	1	21	
			1	40/3000/127	80/6000/250	GLCP7026L11	深圳市大地和电气股份有限公司	—	—	80	100	纯电动	纯电动多用途乘用车	4	20	
		GLMP100L0	1	55/1650/318	100/4000/1000	GLCP7028L5	深圳市大地和电气股份有限公司	—	190	100	100	纯电动	纯电动客车	0	1	
		GLMP60L0	1	70/2500/270	100/6000/600	GLCP7028L5	深圳市大地和电气股份有限公司	—	—	95	100	纯电动	纯电动客车	0	8	
	三相交流异步	GLMI15A4	1	15/3000/47.8	30/7000/160	GLCI7012A15	深圳市大地和电气股份有限公司	—	250	80	80	纯电动	纯电动厢式运输车	63	38	
			1	15/3000/47.8	30/7000/160	GLCI7012A15	深圳市大地和电气股份有限公司	—	150	80	80	纯电动	纯电动厢式运输车	32	0	

续表

电动汽车驱动电机生产企业	电动汽车驱动电机类型	电动汽车驱动电机型号	驱动电机安装数量（台/辆）	电动汽车驱动电机额定功率、转速、转矩（kW、r/min、N·m）	电动汽车驱动电机峰值功率、转速、转矩（kW、r/min、N·m）	驱动电机控制器型号	驱动电机控制器生产企业	混合动力汽车电功率比（%）	电动汽车续驶里程（工况法，km）	电动汽车30分钟最高车速（km/h）	最高车速（km/h）	燃料种类	配套车辆类型	2014年配套车型产量小计（辆）	2015年1—3月配套车型产量小计（辆）	配套车型产量合计（辆）
北京新能源汽车股份有限公司	三相交流异步电动机	YS2401	1	24/2870/80	45/8000/150	KYS3120F01	北京新能源汽车股份有限公司	—	150	70	70	纯电动	纯电动厢式运输车	146	118	2084
		YS2401	1	24/2870/80	45/8000/150	KYS3120F01	北京新能源汽车股份有限公司	—	150	80	80	纯电动	纯电动多用途乘用车	109	62	
	永磁同步电机	TZ30S01	1	30/2812/102	53/9000/180	E10000051/KTZ3328S01	北京新能源汽车股份有限公司	—	200	120	125	纯电动	纯电动轿车	853	796	
湖南南车时代电动汽车股份有限公司	三相异步电动机	JD180	1	100/868/1100	135/2500/2000	TVN7	湖南南车时代电动汽车股份有限公司	52	—	—	69	NG/电混合动力	插电式混合动力城市客车	50	0	1914
			1	100/868/1100	1302500/2000	TVN2	湖南南车时代电动汽车股份有限公司	52	—	—	69	NG混合动力	插电式混合动力城市客车	76	0	
	异步牵引电动机	JD156A	1	100/1000/955	150/3000/2850	TVN7-S1.0/TVN7	湖南南车时代电动汽车股份有限公司	125 114	—	65	69	柴油混合动力	插电式混合动力城市客车	551	50	
			1	100/1000/955	150/3000/2850	TVN7-S1.0/TVN7	湖南南车时代电动汽车股份有限公司	125	—	65	69	柴油混合动力	串联式混合动力城市客车	55	39	
			1	100/1000/955	150/3000/2850	TVN7-S1.0/TVN7	湖南南车时代电动汽车股份有限公司	125 114 136	—	65	69	柴油混合动力	插电式混合动力城市客车	147	0	
			1	100/1000/955	150/3000/2850	TVN7-S1.0/TVN7	湖南南车时代电动汽车股份有限公司	136	—	65	69	柴油混合动力	插电式串联混合动力城市客车	10	48	
			1	100/1000/955	150/3000/2850	TVN7-DSP/TVN7	湖南南车时代电动汽车股份有限公司	114	—	65	69	NG混合动力	插电式混合动力城市客车	22	25	
			1	100/1000/955	150/3000/2850	TVN7	湖南南车时代电动汽车股份有限公司	—	160	69	69	纯电动	纯电动城市客车	1	0	
			1	100/1000/955	150/3000/2850	TVN7	湖南南车时代电动汽车股份有限公司	—	200	63	69	纯电动	纯电动城市客车	10	1	
			1	100/1000/955	150/3000/2850	TVN7	湖南南车时代电动汽车股份有限公司	—	120	69	69	纯电动	纯电动城市客车	30	0	
		JD190A	1	130/1532/810	180/3000/2850	TVN7	湖南南车时代电动汽车股份有限公司	—	160	60	69	纯电动	纯电动城市客车	20	6	

续表

电动汽车驱动电机生产企业	电动汽车驱动电机类型	电动汽车驱动电机型号	驱动电机安装数量（台/辆）	电动汽车驱动电机额定功率、转速、转矩（kW、r/min、N·m）	电动汽车驱动电机峰值功率、转速、转矩（kW、r/min、N·m）	驱动电机控制器型号	驱动电机控制器生产企业	混合动力汽车电功率比（%）	电动汽车续驶里程（工况法，km）	电动汽车30分钟最高车速（km/h）	最高车速（km/h）	燃料种类	配套车辆类型	2014年配套车型产量小计（辆）	2015年1—3月配套车型产量小计（辆）	配套车型产量合计（辆）
湖南南车时代电动汽车股份有限公司	异步牵引电动机	JD190A	1	130/1532/810	180/3000/2850	TVN7	湖南南车时代电动汽车股份有限公司	—	200	69		纯电动	纯电动城市客车	40	20	
		JD185	1	100/1000/955	150/3000/2500	DKQ108	湖南南车时代电动汽车股份有限公司	—	70	69	69	纯电动	纯电动城市客车	241	0	
	交流异步电机	JD190	1	100/1000/955	150/2600/2850	TVN7	湖南南车时代电动汽车股份有限公司	—	150	69	69	纯电动	纯电动城市客车	20	0	
		JD185	1	100/1000/955	150/3000/2500	DKQ108	湖南南车时代电动汽车股份有限公司	—	67	69	69	纯电动	纯电动城市客车	260	0	
	三相交流异步电机	JD156A	1	100/1178/810	150/3000/2500	TVN7	湖南南车时代电动汽车股份有限公司	—	130	69	69	纯电动	纯电动城市客车	22	0	
	永磁电机	TQD101D	1	45/2150/200	90/6000/450	DKQ101A	湖南南车时代电动汽车股份有限公司	—	100	80	100	纯电动	纯电动客车	38	108	
	永磁同步电机	JD163	1	35/3038/110	75/12000/220	TVN1	湖南南车时代电动汽车股份有限公司	—	130	95	95	纯电动	纯电动工程车	2	0	
		tDriver - MD15	1	60/1600/358	100/3600/1000	DKQ101	湖南南车时代电动汽车股份有限公司	—	—	60	85	纯电动	纯电动客车	12	1	
		tDriver - MD11	1	80/1250/611	130/3200/1700	TVN7	湖南南车时代电动汽车股份有限公司	—	130	80	80	纯电动	纯电动客车	8	0	
		TQD101D	1	45/2150/200	90/6000/450	DKQ101 - DSP/DKQ101A	湖南南车时代电动汽车股份有限公司	—	—	63	69	NG混合动力	并联混合动力城市客车	0	1	
厦门金龙旅行车有限公司	交流异步电机	GDEV - FD903	1	100/950/1005	250/2400/2400	GDEV - FQ903	厦门金龙旅行车有限公司	—	—	85	85	纯电动	纯电动客车	29	11	1409
		GDEV - RD03	1	60/1600/358	120/4000/720	GDEV - RQ03	厦门金龙旅行车有限公司	—	—	100	100	纯电动	纯电动客车	0	471	
		GDEV - WR510	1	110/887/1184	200/2900/2150	GDEV - WR300	厦门金龙旅行车有限公司	—	—	69	69	纯电动	纯电动城市客车	61	0	
		GDHEV - GD01	1	96/765/1198	165/3000/2060	GDHEV - GQ01	厦门金龙旅行车有限公司	110	—	69	69	柴油/电混合动力	插电式混联混合动力城市客车	40	0	

续表

电动汽车驱动电机生产企业	电动汽车驱动电机类型	电动汽车驱动电机型号	驱动电机安装数量（台/辆）	电动汽车驱动电机额定功率、转速、转矩（kW、r/min、N·m）	电动汽车驱动电机峰值功率、转速、转矩（kW、r/min、N·m）	驱动电机控制器型号	驱动电机控制器生产企业	混合动力汽车电功率比(%)	电动汽车续驶里程(工况法，km)	电动汽车30分钟最高车速（km/h）	最高车速（km/h）	燃料种类	配套车辆类型	2014年配套车型产量小计（辆）	2015年1—3月配套车型产量小计（辆）	配套车型产量合计（辆）
厦门金龙旅行车有限公司	交流异步电机	GHS280M－4A	1	100/1200/796	180/3000/2140	GHSV6H－180	厦门金龙旅行车有限公司	—	—	69	69	NG混合动力	混联插电式混合动力城市客车	80	49	
		GHS280M－6W	1	110/1350/778	180/3000/2140	GHSV6H－165－SL	厦门金龙旅行车有限公司	108.4	—	69	69	NG混合动力	插电式混联混合动力城市客车	10	0	
			1	110/1350/778	180/3000/2140	GHSV6H－165－SL	厦门金龙旅行车有限公司	111	—	69	69	柴油混合动力	插电式混联混合动力城市客车	22	0	
		SHS4－ZDJ	1	100/800/1193	140/2600/2400	SHS4－ZDJKZQ	厦门金龙旅行车有限公司	90.7	—	69	69	NG混合动力	插电式混联混合动力城市客车	188	25	
			1	100/800/1193	140/2600/2400	SHS4－ZDJKZQ	厦门金龙旅行车有限公司	95.2	—	69	69	柴油混合动力	插电式混联混合动力城市客车	72	27	
			1	100/800/1193	140/2600/2400	SHS4－ZDJKZQ	厦门金龙旅行车有限公司	90.7	—	69	69	LNG/电混合动力	混联插电式混合动力城市客车	20	56	
	永磁同步电机	GDEV－0110WE	1	60/1600/358	110/3500/1000	GDEV－N490WSA	厦门金龙旅行车有限公司	—	—	100	100	纯电动	纯电动客车	26	8	
		GDEV－0150WA	1	90/760/1140	150/3000/1800	GDEV－N490WSA	厦门金龙旅行车有限公司	—	—	69	69	纯电动	纯电动城市客车	17	6	
		GDEV－ND01	1	90/760/1140	150/3000/1800	GDEV－NQ01	厦门金龙旅行车有限公司	158	—	69	69	柴油/电混合动力	插电式串联混合动力城市客车	51	0	
			1	90/760/1140	150/3000/1800	GDEV－NQ01	厦门金龙旅行车有限公司	127	—	69	69	柴油/电混合动力	插电式串联混合动力城市客车	26	0	
		GDHEV－BD01	1	100/750/1270	135/3000/2050	GDHEV－BQ01	厦门金龙旅行车有限公司	—	—	69	69	柴油/电混合动力	插电式混联混合动力城市客车	0	30	
			1	100/750/1270	135/3000/2050	GDHEV－BQ01	厦门金龙旅行车有限公司	83.3	—	69	69	柴油混合动力	插电式混联混合动力城市客车	62	0	
		GDHEV－LD01	1	100/1600/600	130/3000/850	GDHEV－LQ01	厦门金龙旅行车有限公司	—	—	69	69	柴油/电混合动力	并联式混合动力城市客车	0	2	
		GDHEV－LD02	1	50/1050/450	95/3000/850	GDHEV－LQ02	厦门金龙旅行车有限公司	—	—	69	69	CNG/LNG混合动力	并联式混合动力城市客车	0	20	

续表

电动汽车驱动电机生产企业	电动汽车驱动电机类型	电动汽车驱动电机型号	驱动电机安装数量（台/辆）	电动汽车驱动电机额定功率、转速、转矩（kW、r/min、N·m）	电动汽车驱动电机峰值功率、转速、转矩（kW、r/min、N·m）	驱动电机控制器型号	驱动电机控制器生产企业	混合动力汽车电功率比(%)	电动汽车续驶里程(工况法，km)	电动汽车30分钟最高车速(km/h)	最高车速(km/h)	燃料种类	配套车辆类型	2014年配套车型产量小计（辆）	2015年1—3月配套车型产量小计（辆）	配套车型产量合计（辆）
NISSAN	永磁同步电机	EM57	1	70/6380/105	80/3008 - 10000)；254/（0 - 3008r/min）	291A0 3NF**	NISSAN	—	180	125	144	纯电动	纯电动轿车	98	0	1335
			1	70/6380/105	80/3008 - 10000；254/（0 - 3008r/min）	291A0 - 3NFA	NISSAN	—	175	125	144	纯电动	纯电动轿车	1227	10	
日本丰田汽车公司	永磁同步电机	3JM	1	16/3940/38.8	60/13500/207	G9200 - 47140；G9200 - 47190	日本丰田汽车公司	82	—	180	180	汽油混合动力	混联式混合动力轿车	1214	67	1281
天津市松正电动汽车技术股份有限公司	交流异步电机	MIM090 - 336SWD	1	100/800/1193	140/2600/2400	KYS3120F01	北京新能源汽车股份有限公司	53.6	20	40	69	柴油/电混合动力	插电式混联混合动力城市客车	0	11	1009
			1	100/800/1193	140/2600/2400	CIM090 - 336SPD	天津市松正电动汽车技术股份有限公司	53.6	20	40	69	NG/电混合动力	插电式混联混合动力城市客车	1	0	
			1	100/800/1193	140/2600/2400	CIM090 - 336SPD	天津市松正电动汽车技术股份有限公司	53.6	20	40	69	柴油/电混合动力	插电式混联混合动力城市客车	30	0	
			1	100/800/1193	140/2600/2400	CIM090 - 336SPD	天津市松正电动汽车技术股份有限公司	90.3	46	69	69	NG/电混合动力	插电式混联混合动力城市客车	2	0	
			1	100/800/1193	140/2600/2400	CIM090 - 336SPD	天津市松正电动汽车技术股份有限公司	90.3	46	65	69	NG 混合动力	插电式混联混合动力城市客车	31	0	
			1	100/800/1193	140/2600/2400	CIM090 - 336SPD	天津市松正电动汽车技术股份有限公司	90.3	46	65	69	柴油混合动力	插电式混联混合动力城市客车	93	0	
			1	100/800/1193	140/2600/2400	CIM090 - 336SPD	天津市松正电动汽车技术股份有限公司	90.7	31	69	69	LNG/电混合动力	插电式混联气电混合动力城市客车	52	0	
			1	100/800/1193	140/2600/2400	CIM090 - 336SPD	天津市松正电动汽车技术股份有限公司	90.7	31	69	69	柴油/电混合动力	插电式混合动力城市客车/底盘	40	81	
			1	100/800/1193	140/2600/2400	CIM090 - 336SPD	天津市松正电动汽车技术股份有限公司	95.2	45	69	69	柴油/电混合动力	插电式混联混合动力城市客车	2	0	

续表

电动汽车驱动电机生产企业	电动汽车驱动电机类型	电动汽车驱动电机型号	驱动电机安装数量（台/辆）	电动汽车驱动电机额定功率、转速、转矩（kW、r/min、N·m）	电动汽车驱动电机峰值功率、转速、转矩（kW、r/min、N·m）	驱动电机控制器型号	驱动电机控制器生产企业	混合动力汽车电功率比（%）	电动汽车续驶里程（工况法，km）	电动汽车30分钟最高车速（km/h）	最高车速（km/h）	燃料种类	配套车辆类型	2014年配套车型产量小计（辆）	2015年1—3月配套车型产量小计（辆）	配套车型产量合计（辆）
天津市松正电动汽车技术股份有限公司	交流异步电机	MIM090－336SWD	1	100/800/1193	140/2600/2400	CIM090－336SPD	天津市松正电动汽车技术股份有限公司	95.2	45	65	69	柴油混合动力	插电式混联混合动力城市客车	103	0	
		MIM090－384S	1	100/800/1194	140/2600/1800	CIM090－384F	天津市松正电动汽车技术股份有限公司	95.2	40	65	69	柴油混合动力	插电式混联混合动力城市客车	44	0	
	三相交流感应电机	MIM090－384S	1	100/800/1194	140/2600/1800	CIM090－384F	天津市松正电动汽车技术股份有限公司	—	—	—	69	CNG/电混合动力	插电式混合动力城市客车	0	127	
	三相交流异步电机	MIM090－336SWD	1	100/800/1193	140/2600/2400	CIM090－336SPD；CIM－V1.0	天津市松正电动汽车技术股份有限公司；天津市松正电动汽车技术股份有限公司	90.32	31	67	69	CNG/电混合动力	插电式混联混合动力城市客车	80	0	
			1	100/800/1193	140/2600/2400	CIM090－336SPD；CIM－V1.0	天津市松正电动汽车技术股份有限公司；天津市松正电动汽车技术股份有限公司	90.32	31	67	69	NG混合动力	插电式混联混合动力城市客车	11	0	
			1	100/800/1193	140/2600/2400	CIM090－336SPD；CIM－V1.0	天津市松正电动汽车技术股份有限公司；天津市松正电动汽车技术股份有限公司	95.2	31	67	69	柴油混合动力	混联式混合动力城市客车	125	0	
	三相异步	MIM090－336SWD	1	100/800/1193	140/2600/2400	CIM090－336SPD	天津松正电动汽车技术股份有限公司	53.6	—	64	69	柴油混合动力	插电式混合动力城市客车	156	20	
华域汽车电动系统有限公司	永磁同步电机	230TY28K	1	28/3000/90	52/3200/155	INVCON2.2/EP11	联合汽车电子有限公司；上海汽车集团股份有限公司	—	120	120	130	纯电动	纯电动轿车	528	62	979
		240TZ－XS110K	1	70/1650/400	110/4500/650	KTZ380X450S	华域汽车电动系统有限公司	—	150	100	100	纯电动	纯电动客车	271	118	
江苏奥新新能源汽车有限公司	三相交流异步电机	JY10－4/100	1	10/2950/33	20/5000/116.3	JY15－140	江苏奥新新能源汽车有限公司	—	—	60	72	纯电动	纯电动车厢可卸式垃圾车	522	0	933
			1	10/2950/33	20/5000/116.3	JY15－140	江苏奥新新能源汽车有限公司	—	142	60	72	纯电动	纯电动厢式运输车	402	9	

续表

电动汽车驱动电机生产企业	电动汽车驱动电机类型	电动汽车驱动电机型号	驱动电机安装数量（台/辆）	电动汽车驱动电机额定功率、转速、转矩（kW、r/min、N·m）	电动汽车驱动电机峰值功率、转速、转矩（kW、r/min、N·m）	驱动电机控制器型号	驱动电机控制器生产企业	混合动力汽车电功率比（%）	电动汽车续驶里程（工况法，km）	电动汽车30分钟最高车速（km/h）	最高车速（km/h）	燃料种类	配套车辆类型	2014年配套车型产量小计（辆）	2015年1—3月配套车型产量小计（辆）	配套车型产量合计（辆）
北京锋锐新源电驱动科技有限公司	永磁同步电机	368TYZ - XIS15N	1	40/1600/240	65/2500/500	34S22 × 06 × C	北京锋锐新源电驱动科技有限公司	31.6	20	40	69	柴油混合动力	插电式并联混合动力城市客车	305	8	926
		368TYZ - XIS15N	1	40/1600/240	65/2500/500	34S22 × 06 × C	北京锋锐新源电驱动科技有限公司	30.5	20	40	69	天然气混合动力	插电式并联混合动力城市客车	457	156	
上海电驱动有限公司	交流永磁同步电机	190ZWS011	1	8/2400/32	20/3800/82	Z144ZXF160A11 - 115	上海电驱动有限公司	—	100	60	80	纯电动	纯电动厢式运输车	4	0	906
			1	8/2400/32	20/3800/82	Z144ZXF160A11 - 115	上海电驱动有限公司	—	113	60	80	纯电动	纯电动厢式运输车	42	48	
			1	8/2400/32	20/2400/82	Z144ZXF160A11 - 115	上海电驱动有限公司	—	120	60	80	纯电动	纯电动厢式运输车	6	0	
			1	8/2400/32	20/2400/82	Z144ZXF160A11 - 115	上海电驱动有限公司	—	150	60	80	纯电动	纯电动厢式运输车	67	24	
			1	8/2400/32	20/3800/82	Z144ZXF160A11 - 115	上海电驱动有限公司	—	183	80	85	纯电动	纯电动厢式运输车	3	0	
	永磁同步电机（交流）	190TYZ - X30AF;	1	8 \ 2400 \ 32	20 \ 3800 \ 82	Z144ZXF160A11 - 115	上海电驱动有限公司	—	100	50	72	纯电动	纯电动密闭式桶装垃圾车	14	2	
		190ZWS011（风冷）	1	8 \ 2400 \ 32	20 \ 3800 \ 82	Z144ZXF160A11 - 115	上海电驱动有限公司	—	100	50	72	纯电动	纯电动自装卸式垃圾车	2	0	
	永磁同步电动机	270TYZ - XS02R	1	42/4000/100	90/11500/210	34S39X01H	上海电驱动有限公司	58	37	69	69	柴油混合动力	插电式并联混合动力城市客车	58	0	
	永磁同步电机	359TYZ - XS02B	1	84/2000/400	147/2000 - 7500/700	50S53X17H	上海电驱动有限公司	50.7	—	69	69	柴油混合动力	插电式混联混合动力城市客车	50	0	
			1	84/2000/300	147/7500/700	50S53X17H	上海电驱动有限公司	100	21	68	69	柴油/电混合动力	插电式混联混合动力城市客车	30	0	
			1	84/2000/300	147/7500/700	Edrive_ TJHEBTM_ V1.1_ 120221/50 S53X17H	上海电驱动有限公司	111	—	65	69	柴油混合动力	插电式混联混合动力城市客车	13	0	
		368TYZ - XIS03H	1	94/1800/500	121/2800/750	34S26X01X	上海电驱动有限公司	51.4	—	—	69	柴油混合动力	插电式并联混合动力城市客车	1	0	

续表

电动汽车驱动电机生产企业	电动汽车驱动电机类型	电动汽车驱动电机型号	驱动电机安装数量（台/辆）	电动汽车驱动电机额定功率、转速、转矩（kW、r/min、N·m）	电动汽车驱动电机峰值功率、转速、转矩（kW、r/min、N·m）	驱动电机控制器型号	驱动电机控制器生产企业	混合动力汽车电功率比（%）	电动汽车续驶里程（工况法，km）	电动汽车30分钟最高车速（km/h）	最高车速（km/h）	燃料种类	配套车辆类型	2014年配套车型产量小计（辆）	2015年1—3月配套车型产量小计（辆）	配套车型产量合计（辆）
上海电驱动有限公司	永磁同步电机	200TYZ－XS05D	1	20/1460/130	40/7600/260	29S43X01J	上海电驱动有限公司	53	—	170	170	汽油混合动力	插电式混合动力轿车	440	0	
		DJ00YAQL	1	28/2500 /107	55/9000/195	SK00ADQL	上海电驱动有限公司	—	120	100	120	纯电动	纯电动轿车	0	2	
		264TYZ－XS09AJ	1	30/3200/90	65/10000/180	Edrive_ HUCACHENA0_ V1.0_ 12704HC_ AD_ V1.0/31S34X01AG	上海电驱动有限公司	—	80	110	110	纯电动	纯电动轿车	100	0	
安徽安凯汽车股份有限公司	交流异步电机	420YSXS100	2	100/950/1005	250/950/3000	KYS70X90S120	安徽安凯汽车股份有限公司	—	240	78	100	纯电动	纯电动客车	130	0	820
		420YS－XS100	1	100/950/1005	250/2400/2400	KYS70X90S120	安徽安凯汽车股份有限公司	—	250	68	69	纯电动	纯电动城市客车	20	0	
		420YSXS101	1	100/950/1005	250/950/3000	KYS70X90S120	安徽安凯汽车股份有限公司	—	270	78	100	纯电动	纯电动客车	100	1	
		420YS－XS101	1	100/950/1005	250/3000/2800	KYS70X90S120	安徽安凯汽车股份有限公司	—	180	68	69	纯电动	纯电动城市客车	1	0	
			1	100/950/1005	250/3000/2800	KYS70X90S120	安徽安凯汽车股份有限公司	—	190	68	69	纯电动	纯电动城市客车	31	0	
			1	100/950/1005	250/3000/2800	KYS70X90S120	安徽安凯汽车股份有限公司	—	240	68	69	纯电动	纯电动城市客车	0	1	
			1	100/950/1005	250/3000/2800	KYS70X90S120	安徽安凯汽车股份有限公司	—	280	68	69	纯电动	纯电动城市客车	325	100	
			1	100/950/1005	250/3000/2800	KYS70X90S120	安徽安凯汽车股份有限公司	—	350	68	69	纯电动	纯电动城市客车	0	1	
			1	100/950/1005	250/3000/2800	KYS70X90S120	安徽安凯汽车股份有限公司	—	250	68	69	纯电动	纯电动城市客车	20	1	
			1	100/950/1005	250/3000/2800	KYS70X90S120	安徽安凯汽车股份有限公司	—	280	67	69	纯电动	纯电动城市客车	2	2	
			1	100/950/1005	250/950/2800	KYS70X90S120	安徽安凯汽车股份有限公司	—	290	78	100	纯电动	纯电动客车	35	0	
	三相交流异步电机	520YS－HS100	1	100/800/1193	140/2600/2400	KYS70H40S120	安徽安凯汽车股份有限公司	51.2	135	68	69	柴油混合动力	插电式混联混合动力城市客车	50	0	

续表

电动汽车驱动电机生产企业	电动汽车驱动电机类型	电动汽车驱动电机型号	驱动电机安装数量(台/辆)	电动汽车驱动电机额定功率、转速、转矩(kW、r/min、N·m)	电动汽车驱动电机峰值功率、转速、转矩(kW、r/min、N·m)	驱动电机控制器型号	驱动电机控制器生产企业	混合动力汽车电功率比(%)	电动汽车续驶里程(工况法,km)	电动汽车30分钟最高车速(km/h)	最高车速(km/h)	燃料种类	配套车辆类型	2014年配套车型产量小计(辆)	2015年1—3月配套车型产量小计(辆)	配套车型产量合计(辆)
江苏微特利电机制造有限公司	永磁同步电机	WTGSDJ - 18YC - XN	1	18/3000/57	42/8000/175	IEVD030 - 40Z11HA - XN	苏州汇川技术有限公司	—	171	80	100	纯电动	纯电动邮政车	1	0	782
			1	18/3000/57	42/8000/175	IEVD030 - 40Z11HA - XN	苏州汇川技术有限公司	—	171	80	100	纯电动	纯电动多用途乘用车	9	7	
			1	18/3000/57	42/8000/175	IEVD030 - 40Z11HA - XN	苏州汇川技术有限公司	—	171	80	100	纯电动	纯电动厢式运输车	166	73	
	交流异步	WTGSDJ - 30B - TJ	1	30/3600/80	90/4000/240	V6 - H - 4D 75G - TJ	深圳市深圳市蓝海华腾技术股份有限公司	—	115	80	90	纯电动	纯电动厢式运输车	0	25	
	永磁同步	WTGSDJ - 18A	1	18/3000/58	43/6000/175	IEVD030 - 40Z45GL	深圳市汇川技术股份有限公司	—	115	80	82	纯电动	纯电动载货汽车	0	20	
	交流异步电机	WTGSDJ30B - 4 - HC	1	30/2300/124	65/6900/270	H2L_ EV_ V1.3;IEVD030 - 40Z45GL	深圳市汇川技术股份有限公司;深圳市汇川技术股份有限公司	—	80	75	85	纯电动	纯电动轻型客车	80	0	
	水冷变频感应电机	WTGSDJ - 30A	1	30/3600/80	90/6000/240.8	HIT - IMC30/90	哈工大 - 泰州微特利电机工程技术研究中心	—	—	120	120	纯电动	纯电动轿车	15	1	
	永磁无刷直流电机	WTGSDJ - 11A - WS (ZH)	1	11/3000/35	28/5900/180	IEVD030 - 40Z 113HA (ZH)	深圳市汇川技术股份有限公司	—	112	70	85	纯电动	纯电动轿车	2	0	
	交流感应电机	WTGSDJ - 20A - XN	1	20/3400/56	65/8950/185	IEVD030 - 4Z30GL	深圳市汇川技术股份有限公司	—	80	80	120	纯电动	纯电动轿车	324	59	
新大洋机电集团有限公司	直流无刷电机	BLDC9kW - 5000 - 72	1	9/4200/20.4	18/2500/82	BLDC - 72V - 9KW	海博瑞德(北京)汽车技术有限公司	—	85	80	80	纯电动	纯电动轿车	713	4	717
湖南南车时代电动汽车股份有限公司;湖南南车时代电动汽车股份有限公司	异步牵引电动机;异步牵引电动机	JD156A;JD156A - 1	1	100/1000/955;100/1000/955	150/3000/2850;150/3000/2500	TVN7 - DSP/TVN7;TVN7 - DSP/TVN7	湖南南车时代电动汽车股份有限公司;湖南南车时代电动汽车股份有限公司	114	—	65	69	柴油混合动力	插电式混合动力城市客车	224	171	654
			1	100/1000/955;100/1000/955	150/3000/2850;150/3000/2500	TVN7 - DSP/TVN7;TVN7 - DSP/TVN7	湖南南车时代电动汽车股份有限公司;湖南南车时代电动汽车股份有限公司	114	—	65	69	NG混合动力	插电式混合动力城市客车	229	30	

续表

电动汽车驱动电机生产企业	电动汽车驱动电机类型	电动汽车驱动电机型号	驱动电机安装数量（台/辆）	电动汽车驱动电机额定功率、转速、转矩（kW、r/min、N·m）	电动汽车驱动电机峰值功率、转速、转矩（kW、r/min、N·m）	驱动电机控制器型号	驱动电机控制器生产企业	混合动力汽车电功率比(%)	电动汽车续驶里程(工况法，km)	电动汽车30分钟最高车速（km/h）	最高车速（km/h）	燃料种类	配套车辆类型	2014年配套车型产量小计（辆）	2015年1—3月配套车型产量小计（辆）	配套车型产量合计（辆）
武汉理工通宇新源动力有限公司	永磁同步电机	WTEM90 - 38 - 1	1	94/1800/500	188/4500/1000	—	—	—	—	100	100	纯电动	纯电动客车	0	50	607
		WTEM50 - 20 - 1	1	50/2300/207.6	100/4200/380	WTMC75 - 20 - 1	武汉理工通宇新源动力有限公司	—	—	100	100	纯电动	纯电动客车	1	0	
	交流异步电机	WTEM68 - 40 - 2	1	68/2200/295	136/3400/590	—	—	—	180	100	100	纯电动	纯电动客车	0	1	
	三相异步	WTEMT100/4 - 08/4 - 0	1	80/1600/477	160/3200/954	WTMC160WV400 - 1	武汉理工通宇新源动力有限公司	—	—	69	69	纯电动	纯电动客车	10	0	
		WTEMT100/4 - 08/4 - 0	1	80/1600/477	160/3200/954	WTMC160WV400 - 1	武汉理工通宇新源动力有限公司	—	—	80	80	纯电动	纯电动客车	498	20	
		WTEMT100/4 - 08/4 - 0	1	120/1200/955	200/3350/2800	GLCP14045L31	深圳市大地和电气股份有限公司	—	—	80	80	纯电动	纯电动客车	0	1	
		WTEMT100/4 - 08/4 - 0	1	80/1600/477	160/3200/954	WTMC160WV400 - 1	武汉理工通宇新源动力有限公司	—	—	69	69	纯电动	纯电动城市客车	10	0	
		WTEMT100/4 - 08/4 - 0	1	80/1600/477	160/3200/954	WTMC160WV400 - 1	武汉理工通宇新源动力有限公司	—	—	68	69	纯电动	纯电动城市客车	15	0	
	三相交流变频异步电机	WTEMT100/4 - 08/4 - 0	1	80/1600/477	160/3200/954	WTMC160WV400 - 1	武汉理工通宇新源动力有限公司	—	—	69	69	纯电动	纯电动城市客车	1	0	
厦门金龙联合汽车工业有限公司	交流永磁同步电机	WTYCDJ - 50A - XL	1	50/1800/266	100/4000/680	—	—	—	—	100	100	纯电动	纯电动客车	0	64	578
	永磁同步电机	KLBEVTM200	1	100/800/1250	200/3000/2500	KLBBEVMC260	厦门金龙联合汽车工业有限公司	—	250	80	100	纯电动	纯电动客车	11	10	
		KLBEVTM200	1	100/800/1250	200/3000/2500	KLBBEVMC260	厦门金龙联合汽车工业有限公司	—	—	100	100	纯电动	纯电动客车	0	15	
		KLBEVTM200	1	100/800/1250	200/3000/2500	KLBBEVMC260	厦门金龙联合汽车工业有限公司	—	—	69	100	纯电动	纯电动客车	0	5	
		KLTM150A	1	115/2000/550	150/4500/1000	KLMC180A	厦门金龙联合汽车工业有限公司	—	—	69		纯电动	纯电动客车	0	2	

续表

电动汽车驱动电机生产企业	电动汽车驱动电机类型	电动汽车驱动电机型号	驱动电机安装数量（台/辆）	电动汽车驱动电机额定功率、转速、转矩（kW、r/min、N·m）	电动汽车驱动电机峰值功率、转速、转矩（kW、r/min、N·m）	驱动电机控制器型号	驱动电机控制器生产企业	混合动力汽车电功率比(%)	电动汽车续驶里程(工况法，km)	电动汽车30分钟最高车速（km/h）	最高车速（km/h）	燃料种类	配套车辆类型	2014年配套车型产量小计（辆）	2015年1—3月配套车型产量小计（辆）	配套车型产量合计（辆）
厦门金龙联合汽车工业有限公司	永磁同步电机	KLTM150A	1	115/2000/550	150/4500/1000	KLMC180A	厦门金龙联合汽车工业有限公司	—	—	69	69	纯电动	纯电动城市客车	15	0	
		KLBEVTM200	1	100/800/1250	200/3000/2500	KLBBEVMC260	厦门金龙联合汽车工业有限公司	—	350	69	69	纯电动	纯电动城市客车	0	1	
		KLBEVTM200	1	100/800/1250	200/3000/2500	KLBBEVMC260	厦门金龙联合汽车工业有限公司	—	—	69	69	纯电动	纯电动城市客车	10	0	
		KLSTMAD150	1	90/760/1140	150/3000/1800	KLMCAD197	厦门金龙联合汽车工业有限公司	—	—	69	69	纯电动	纯电动城市客车	0	1	
		KLSTMAD150	1	90/760/1140	150/3000/1800	KLMCAD197	厦门金龙联合汽车工业有限公司	—	—	100	69	纯电动	纯电动城市客车	0	15	
		KLSTMAJ135	1	102/700/1400	135/3000/2100	KLMCAS180	厦门金龙联合汽车工业有限公司	54.1	—	69	69	柴油/电混合动力	插电式混联混合动力城市客车	5	0	
		KLSTMAJ135	1	102/700/1400	135/3000/2100	KLMCAS180	厦门金龙联合汽车工业有限公司	52.8	—	69	69	NG/电混合动力	插电式混联混合动力城市客车	24	81	
		368TYZ - XIS06X	1	100/1800/530	120/2800/750	34S45X06C	厦门金龙联合汽车工业有限公司	52.3	25	69	69	NG/电混合动力	插电式并联混合动力城市客车	45	56	
		368TYZ - XIS06X	1	100/1800/530	120/2800/750	34S45X06C	厦门金龙联合汽车工业有限公司	53.6	25	69	69	柴油混合动力	插电式并联混合动力城市客车	94	0	
		368TYZ - XIS06X	1	100/1800/530	120/2800/750	34S45X06C	厦门金龙联合汽车工业有限公司	52.3	25	69	69	NG 混合动力	插电式并联混合动力城市客车	72	0	
		KLSTMAJ135	1	102/700/1400	135/3000/2100	KLMCAS180	厦门金龙联合汽车工业有限公司	52.8	—	69	69	柴油混合动力	混合动力城市客车	52	0	
上海大郡动力控制技术有限公司	永磁磁阻	O110WA	1	45/3000/144	110/9000/350	N240WSB	上海大郡动力控制技术有限公司	—	112	65	69	纯电动	纯电动城市客车	4	1	
	永磁磁阻电机	O110WA	1	45/3000/144	110/9000/350	N240WSE	上海大郡动力控制技术有限公司	—	112	100	100	纯电动	纯电动厢式运输车	0	1	571
		O110WA	1	45/3000/144	110/9000/350	N240WSE	上海大郡动力控制技术有限公司	—	112	100	100	纯电动	纯电动轻型客车	0	1	

续表

电动汽车驱动电机生产企业	电动汽车驱动电机类型	电动汽车驱动电机型号	驱动电机安装数量(台/辆)	电动汽车驱动电机额定功率、转速、转矩(kW、r/min、N·m)	电动汽车驱动电机峰值功率、转速、转矩(kW、r/min、N·m)	驱动电机控制器型号	驱动电机控制器生产企业	混合动力汽车电功率比(%)	电动汽车续驶里程(工况法,km)	电动汽车30分钟最高车速(km/h)	最高车速(km/h)	燃料种类	配套车辆类型	2014年配套车型产量小计(辆)	2015年1—3月配套车型产量小计(辆)	配套车型产量合计(辆)
上海大郡动力控制技术有限公司	永磁磁阻同步电机	O110WE	1	60/1600/358	110/3500/1000	N240WSE	上海大郡动力控制技术有限公司	—	90	88	90	纯电动	纯电动客车	2	0	561
			1	60/1600/358	110/3500/1000	N240WSE	上海大郡动力控制技术有限公司	—	90	67	69	纯电动	纯电动城市客车	8	2	
	永磁同步电机	A170010J - H0201	1	16/2500/61	25/6000/95.5	A360150J - H0201	上海大郡动力控制技术有限公司	—	152	80	80	纯电动	纯电动轿车	122	101	
		O110WE	1	60/1600/358	110/3500/1000	N240WSE	上海大郡动力控制技术有限公司	—	—	69	69	纯电动	纯电动城市客车	200	0	
			1	60/1600/358	110/3500/1000	N240WSE	上海大郡动力控制技术有限公司	—	—	100	100	纯电动	纯电动客车	6	0	
		O200WA	1	100/800/1250	200/3000/2500	N760WSA	上海大郡动力控制技术有限公司	—	—	93	100	纯电动	纯电动客车	0	62	
		DJ - 2103 - 1 - T - 100 - 630 - 035 - W - A0	1	48 / 1500 /300	100 / 3500 / 630	DJ - 2142 - 150 - 375 - 450 - W - 55 - A0	上海大郡动力控制技术有限公司	—	—	75	80	纯电动	纯电动客车	2	0	
		O50WE	1	20/1500/127	50/4500/340	N110WSA	上海大郡动力控制技术有限公司	—	100	50	70	纯电动	纯电动密闭式桶装垃圾车	0	2	
		DJ - TA90 - MT	1	42/4000/100	90/4000/215	DJ - TA90 - CT	上海大郡动力控制技术有限公司	—	200	100	150	燃料电池	燃料电池轿车	8	0	
	永磁同步驱动电机	O200WA	1	100/800/1250	200/3000/2500	N760WSA	上海大郡动力控制技术有限公司	—	—	65	69	纯电动	纯电动城市客车	49	0	
天津清源电动车辆有限责任公司	三相异步电动机	YCS90 - 4	1	30/3600/79.6	90/9400/238.8	QY2142001HE1	天津清源电动车辆有限责任公司	—	120	65	120	纯电动	纯电动厢式运输车	4	0	
	交流异步电机	QY2103100ZH1	1	100/1420/672	150/4400/1000	—	—	—	—	75	69	纯电动	纯电动城市客车	0	5	
	直流他励电动机	QY210310064T	1	4/2800/13.64	11/3600/102	QYKZL06W4012B	天津清源电动车辆有限责任公司	—	—	40	50	纯电动	纯电动厢式运输车	549	3	

续表

电动汽车驱动电机生产企业	电动汽车驱动电机类型	电动汽车驱动电机型号	驱动电机安装数量（台/辆）	电动汽车驱动电机额定功率、转速、转矩（kW、r/min、N·m）	电动汽车驱动电机峰值功率、转速、转矩（kW、r/min、N·m）	驱动电机控制器型号	驱动电机控制器生产企业	混合动力汽车电功率比（%）	电动汽车续驶里程（工况法，km）	电动汽车30分钟最高车速（km/h）	最高车速（km/h）	燃料种类	配套车辆类型	2014年配套车型产量小计（辆）	2015年1—3月配套车型产量小计（辆）	配套车型产量合计（辆）
大洋电机新动力科技有限公司	交流永磁同步电动机	YTD115F01	1	115/2000/514	170/4500/850	MK6060F01	大洋电机新动力科技有限公司	—	130	90	69	纯电动	纯电动城市客车	94	0	560
		YTD008Z02	1	8/2400/32	20/2400/80	KM2020F01	大洋电机新动力科技有限公司	—	155	60	80	纯电动	纯电动厢式运输车	17	0	
			1	8/2400/32	20/2400/82	Z144ZXF160A11－115	上海电驱动有限公司	—	155	60	80	纯电动	纯电动厢式运输车	0	3	
	永磁同步电机	YTD100W04	1	100/1000/955	150/3000/2800	KM6080W01	大洋电机新动力科技有限公司	—	90	60	83	纯电动	纯电动客车	7	60	
			1	100/1000/955	150/3000/2800	KM6080W01	大洋电机新动力科技有限公司	—	125	60	69	纯电动	纯电动城市客车	51	28	
			1	100/1000/955	150/3000/2800	KM6080W01	大洋电机新动力科技有限公司	—	120	60	69	纯电动	纯电动城市客车	60	0	
			1	100/1000/955	150/3000/2800	KM6080W01	大洋电机新动力科技有限公司	—	120.7	60	69	纯电动	纯电动城市客车	40	0	
			1	100/1000/955	150/3000/2800	KM6080W01	大洋电机新动力科技有限公司	—	100	60	69	纯电动	纯电动城市客车	80	0	
			1	100/1000/955	150/3000/2800	KM6080W01	大洋电机新动力科技有限公司	—	150	60	69	纯电动	纯电动城市客车	31	0	
			1	100/1000/955	150/3000/2800	KM6080W01	大洋电机新动力科技有限公司	—	150	60	69	纯电动	纯电动双层城市客车	1	0	
		YTD130W02	1	115/2000/550	150/4500/850	KM6560W01	大洋电机新动力科技有限公司	—	100	30	69	纯电动	纯电动城市客车	40	0	
		YTD080W03	1	80/1550/493	120/3100/2100	KM6080W01	大洋电机新动力科技有限公司	—	120	69	69	纯电动	纯电动城市客车	1	0	
		YTD045W01	1	45/－/－	—	CK00AHQL	大陆汽车系统（天津）有限公司	—	—	—	125	纯电动	纯电动轿车	7	0	
		YTD020W01	1	20/－/－	—	—	—	—	—	—	93	纯电动	纯电动厢式运输车	40	0	

续表

电动汽车驱动电机生产企业	电动汽车驱动电机类型	电动汽车驱动电机型号	驱动电机安装数量（台/辆）	电动汽车驱动电机额定功率、转速、转矩（kW、r/min、N·m）	电动汽车驱动电机峰值功率、转速、转矩（kW、r/min、N·m）	驱动电机控制器型号	驱动电机控制器生产企业	混合动力汽车电功率比(%)	电动汽车续驶里程(工况法，km)	电动汽车30分钟最高车速（km/h）	最高车速（km/h）	燃料种类	配套车辆类型	2014年配套车型产量小计（辆）	2015年1—3月配套车型产量小计（辆）	配套车型产量合计（辆）
北京中华汽车制造有限公司	直流串励电机	ZHXQ－8.5－1	1	8.5/2800/35.5	29/3500/130	ZH7225RDK	北京中华汽车制造有限公司	—	120	60	72	纯电动＋铅酸	纯电动厢式运输车	501	21	522
北京汽车新能源汽车有限公司	永磁同步电机	TZ20S02	1	20/3000/64	45/9000/144	E10000051/KTZ3322S02	北京汽车新能源汽车有限公司	—	150	110	120	纯电动	纯电动轿车	8	0	509
		TZ20S02	1	20/3000/64	45/9000/144	E10000051/KTZ3322S02	北京汽车新能源汽车有限公司	—	160	110	125	纯电动	纯电动轿车	0	289	
	永磁同步	TE40S01	1	40/3000/127	80/9000/255	BJEV_C70_V0.1/KTZ3440S01	北京汽车新能源汽车有限公司	—	170	110	130	纯电动	纯电动轿车	184	28	
上海大郡动力控制技术有限公司；上海电驱动有限公司	永磁同步电动机	1510010BAC0100	1	45/4300/100	94/4000/225	1520007BAC0000	上海大郡动力控制技术有限公司；上海电驱动有限公司	—	50	120	150	插电式汽油混合动力	增程式混合动力轿车	15	0	503
	永磁同步电机	1510010BAC0100	1	45/4300/100	94/4000/225	1520007BAC0000	上海大郡动力控制技术有限公司；上海电驱动有限公司	—	50	120	150	插电式汽油混合动力	增程式混合动力轿车	177	311	
南京绿控传动科技有限公司；上海电驱动有限公司	永磁同步电机	368TYZ－XIS03H；368TYZ－XIS03H	1	94/1800/500；94/1800/500	121/2800/750；120/2800/700	Z336ZXW500A11－112；35S40X01H	上海电驱动有限公司	51	—	75	69	NG混合动力	插电式并联混合动力城市客车	394	64	458
万向电动汽车有限公司	三相交流异步电机	WXF02－QYS30－4/180	1	30/3600/80	75/6000/185	WXF03－V6H－2D45G	万向电动汽车有限公司	—	130	80	120	纯电动	纯电动工程车	38	1	435
			1	30/3600/80	75/6000/185	WXF03－V6H－2D45G	万向电动汽车有限公司	—	130	80	120	纯电动	纯电动多用途乘用车	5	15	
	车用永磁同步电机	WXMP20L0	1	20/3500/55	40/7200/200	WXCP4026L0	万向电动汽车有限公司	—	—	90	90	纯电动	纯电动轿车	4	0	
	交流感应电动机	YCVF250L－4	1	100/1480/640	200/3600/1200	WXMC－6－24－A	万向电动汽车有限公司	—	—	65	69	纯电动	纯电动城市客车	1	1	
	三相交流感应电机	YCVF250L－4	1	100/1480/637	200/3600/1244	WXMC－6－24－A	万向电动汽车有限公司	—	—	65	69	纯电动	纯电动城市客车/底盘	370	0	

续表

电动汽车驱动电机生产企业	电动汽车驱动电机类型	电动汽车驱动电机型号	驱动电机安装数量（台/辆）	电动汽车驱动电机额定功率、转速、转矩（kW、r/min、N·m）	电动汽车驱动电机峰值功率、转速、转矩（kW、r/min、N·m）	驱动电机控制器型号	驱动电机控制器生产企业	混合动力汽车电功率比（%）	电动汽车续驶里程（工况法，km）	电动汽车30分钟最高车速（km/h）	最高车速（km/h）	燃料种类	配套车辆类型	2014年配套车型产量小计（辆）	2015年1—3月配套车型产量小计（辆）	配套车型产量合计（辆）
苏州绿控传动科技有限公司	永磁同步电机	GC－5T850AMT	1	100/1600/600	130/3000/850	GC－CU100－01	苏州绿控传动科技有限公司	52.3	35	63	68	LNG混合动力	插电式混合动力城市客车	70	0	423
		GC－TM100－01	1	100/1600/600	130/3000/850	GC－CU100－01	苏州绿控传动科技有限公司	52.3	30	69	69	NG混合动力	插电式并联混合动力电动汽车	20	0	
			1	100/1600/600	130/2000/850	GC－CU100－01	苏州绿控传动科技有限公司	—	—	—	69	NG混合动力	插电式混合动力城市客车	0	2	
			1	100/1600/600	130/3000/850	GC－CU100－01	苏州绿控传动科技有限公司	50	31	68	69	LNG/电混合动力	插电式并联混合动力城市客车	1	0	
			1	100/1600/600	130/3000/850	GC－CU100－01	苏州绿控传动科技有限公司	52.3	35	63	68	NG混合动力	插电式并联混合动力城市客车	100	0	
			1	100/1600/600	130/3000/850	LK V1.2 2013_9_26 223010269813/GC－CU100－01	苏州绿控传动科技有限公司	83.8	—	65	69	NG混合动力	插电式并联混合动力城市客车	30	0	
			1	100/1600/600	130/3000/850	GC－CU100－01	苏州绿控传动科技有限公司	83.87	—	69	69	NG/电混合动力	插电式气电混合动力城市客车	170	0	
			1	100/1600/600	130/3000/850	GC－CU100－01	苏州绿控传动科技有限公司	83.87	—	69	69	NG/电混合动力	插电式气电混合动力城市客车	30	0	
北京中瑞蓝科电动汽车技术有限公司	交流异步	QYS30－4/180	1	30/3600/80	90/6000/239	KY30/312S	北京中瑞蓝科电动汽车技术有限公司	—	100	70	100	纯电动	纯电动客车	201	4	402
			1	30/3600/80	90/6000/239	ZRE－YS336－30S	北京中瑞蓝科电动汽车技术有限公司	—	180	70	100	纯电动	纯电动客车	3	0	
	交流异步电机	ZR60－6/260A1	1	60/1600/358	120/3600/800	ZRE－YS384－60S	北京中瑞蓝科电动汽车技术有限公司	—	150	80	80	纯电动	纯电动厢式运输车	1	0	
			1	60/1600/358	120/3600/882	ZRE－YS384－60S	北京中瑞蓝科电动汽车技术有限公司	—	150	80	69	纯电动	纯电动城市客车	10	1	
			1	60/1600/358	120/3600/800	ZRE－YS384－60S	北京中瑞蓝科电动汽车技术有限公司	—	180	80	69	纯电动	纯电动城市客车	70	1	
			1	60/1600/358	120/3600/800	ZRE－YS384－60S	北京中瑞蓝科电动汽车技术有限公司	—	125	69	69	纯电动	纯电动城市客车	101	0	

续表

电动汽车驱动电机生产企业	电动汽车驱动电机类型	电动汽车驱动电机型号	驱动电机安装数量（台/辆）	电动汽车驱动电机额定功率、转速、转矩（kW、r/min、N·m）	电动汽车驱动电机峰值功率、转速、转矩（kW、r/min、N·m）	驱动电机控制器型号	驱动电机控制器生产企业	混合动力汽车电功率比(%)	电动汽车续驶里程(工况法，km)	电动汽车30分钟最高车速(km/h)	最高车速(km/h)	燃料种类	配套车辆类型	2014年配套车型产量小计（辆）	2015年1—3月配套车型产量小计（辆）	配套车型产量合计（辆）
北京中瑞蓝科电动汽车技术有限公司	双绕组三相异步交流电机	ZRS100－6/350	1	100/950/1005	200/3000/2360	ZRE－YSD540－100S	北京中瑞蓝科电动汽车技术有限公司	—	200	90	90	纯电动	纯电动城市客车	1	0	
			1	100/950/1005	200/3000/2360	ZRE－YSD540－100S	北京中瑞蓝科电动汽车技术有限公司	—	200	90	90	纯电动	纯电动客车	1	1	
		ZRS100－6/350	1	100/950/1005	250/3000/2800	ZRE－YSD540－100S	北京中瑞蓝科电动汽车技术有限公司	—	160	69	69	纯电动	纯电动城市客车	0	7	
浙江绿巨能机电科技有限公司	永磁同步电机	LJNPMSM320－18	1	30/3000/95	54/6000/180	LJNVCU45－150	浙江绿巨能机电科技有限公司	—	155	83	83	纯电动	纯电动多用途乘用车	400	0	400
天津市松正电动汽车技术股份有限公司；厦门金龙联合汽车工业有限公司	交流异步电机	MIM090－336SWD；KLTM140A	1	100/800/1193；100/800/1193	140/2600/2400；140/2600/2400	CIM090－336SPD；KLMC200A	天津市松正电动汽车技术股份有限公司；厦门金龙联合汽车工业有限公司	53.6	—	—	69	柴油混合动力	插电式混联混合动力城市客车	66	0	382
			1	100/800/1193；100/800/1193	140/2600/2400；140/2600/2400	CIM090－336SPD；KLMC200A	天津松正电动汽车技术股份有限公司；厦门金龙联合汽车工业有限公司	52.3	—	—	69	NG/电混合动力	插电式混联混合动力城市客车	276	40	
BMW AG	永磁同步电机	IB1P25B	1	75/4800/150	125/4800/250	软件版本：00000F18；硬件型号：LE125LD.6	BMW	—	150	110	130	纯电动	纯电动轿车	311	65	376
北汽福田汽车股份有限公司	永磁同步电机	FTTB035	1	35/3000/110	70/8000/210	FTIVT090	北汽福田汽车股份有限公司	—	75	70	80	纯电动	纯电动自卸式垃圾车	44	0	346
			1	35/3000/110	70/8000/210	FTIVT090	北汽福田汽车股份有限公司	—	75	70	80	纯电动	纯电动桶装垃圾运输车	94	0	
		FTTB100	1	100/1000/955	150/3000/2800	FTIVT150	北汽福田汽车股份有限公司	—	130	69	69	纯电动	纯电动城市客车	144	64	
新大洋机电集团有限公司；山东德洋电子科技有限公司；新大洋机电集团有限公司	直流无刷电机	BLDC9kW－5000－72；DY－BLDC－72－9A；BLDC 9kW－5000－72	1	9/4200/20.4；9/5000/17.2；9/4200/20.4	18/2500/82；18/5600/85；18/5600/82	BLDC－72V－9Kw；DY－BLDC－72－700A	海博瑞德（北京）汽车技术有限公司；山东德洋电子科技有限公司	—	250	80	80	纯电动	纯电动轿车	338	0	338

续表

电动汽车驱动电机生产企业	电动汽车驱动电机类型	电动汽车驱动电机型号	驱动电机安装数量（台/辆）	电动汽车驱动电机额定功率、转速、转矩（kW、r/min、N·m）	电动汽车驱动电机峰值功率、转速、转矩（kW、r/min、N·m）	驱动电机控制器型号	驱动电机控制器生产企业	混合动力汽车电功率比(%)	电动汽车续驶里程(工况法，km)	电动汽车30分钟最高车速(km/h)	最高车速(km/h)	燃料种类	配套车辆类型	2014年配套车型产量小计（辆）	2015年1—3月配套车型产量小计（辆）	配套车型产量合计（辆）
珠海银通新动力科技有限公司	交流异步电动机	KAM280HF	1	90/1400/716	150/3300/2000	KAM90C	珠海银通新动力科技有限公司	—	—	69	69	纯电动	纯电动城市客车	24	0	338
	永磁同步电机	YTP－MP120－W	1	100/800/1194	200/3000/2200	YTP－CP150－W	珠海银通新动力科技有限公司	—	40	69	69	纯电动	纯电动城市客车	90	200	
		YTP－MP150－W	1	135/760/1695	200/2800/2200	YTP－CP200－W	珠海银通新动力科技有限公司	—	69	69	69	纯电动	纯电动城市客车	21	3	
上海极能客车动力系统有限公司	永磁同步驱动电机	GB D200	1	100/800/1250	200/3000/2800	GB DK200	上海极能客车动力系统有限公司	—	180	65	69	纯电动	纯电动城市客车/底盘	20	0	324
	永磁磁阻电机	GB D200	1	100/800/1250	200/3000/2800	GB DK200	上海极能客车动力系统有限公司	—	160	65	69	纯电动	纯电动城市客车/底盘	58	46	
		GB D200	1	100/800/1250	200/3000/2800	GB DK200	上海极能客车动力系统有限公司	—	300	65	69	纯电动	纯电动城市客车/底盘	0	50	
		GB D200	1	100/800/1250	200/3000/2800	GB DK200	上海极能客车动力系统有限公司	208.3	35	69	69	柴油混合动力	插电式串联混合动力城市客车	150	0	
上海南洋电机有限公司	三相变频调速异步电动机	YQSL250L1－4	1	90/993/866	250/2221/2420	RHZC－160－S05S	上海瑞华（集团）有限公司	—	150	64	69	纯电动	纯电动城市客车	15	0	309
			1	90/993/866	250/2221/2420	RHZC－160－S05S	上海瑞华（集团）有限公司	—	150	63	69	纯电动	纯电动城市客车	15	0	
			1	90/993/866	250/2221/2512	RHZC－160－S05S	上海瑞华（集团）有限公司	—	200	75	69	纯电动	纯电动城市客车	248	0	
	交流异步电机	YQSL250L1－4	1	90/993/866	250/2221/2420	RHZC－160－S05S	上海瑞华（集团）有限公司	—	150	70	69	纯电动	纯电动城市客车	10	0	
	异步交流电机	YTSP280L1－4Q	1	100/976/978	291/2231/－	RHZC－160－S05S	上海瑞华（集团）有限公司	—	—	75	69	纯电动	纯电动城市客车	1	0	
	变频调速三相异步电动机	YQSL250L1－4	1	90/993/866	250/2221/2512	RHZC－160－S05S	上海瑞华（集团）有限公司	—	150	100	80	纯电动	纯电动客车	0	20	

续表

电动汽车驱动电机生产企业	电动汽车驱动电机类型	电动汽车驱动电机型号	驱动电机安装数量（台/辆）	电动汽车驱动电机额定功率、转速、转矩（kW、r/min、N·m）	电动汽车驱动电机峰值功率、转速、转矩（kW、r/min、N·m）	驱动电机控制器型号	驱动电机控制器生产企业	混合动力汽车电功率比(%)	电动汽车续驶里程(工况法，km)	电动汽车30分钟最高车速（km/h）	最高车速（km/h）	燃料种类	配套车辆类型	2014年配套车型产量小计（辆）	2015年1—3月配套车型产量小计（辆）	配套车型产量合计（辆）
ZF	永磁同步电机	GC1P25A	1	32/3100/98	70/2670/250	硬件：LE125LD.4.4；软件：LE125LD.4.4	BMW	28.57	58	233	233	汽油/电混合动力	插电式并联混合动力轿车	33	245	278
博世汽车部件（长沙）有限公司	永磁起动机	S74－L	1	1.7/1500/11.2	2.1/1580/13.2	—	—	2.1	—	—	180	汽油混合动力＋铅酸	采用仪具有怠速起停功能的加强起动机方案的混合动力轿车	6	0	272
	永磁式起动机	0 399 703 024	1	1.1/N/A/N/A	1.7/4472//17.7	—	—	2.2	—	—	165	汽油混合动力＋铅酸	采用仪具有怠速起停功能的加强起动机方案的混合动力轿车	235	31	
襄阳宇清传动科技有限公司	交流异步电动机	YCVF280M－8C	1	110/1335/778	220/2700/1556	YCVF280M－8C－TD1604F	襄阳宇清传动科技有限公司	56.0	90	65	69	NG混合动力	插电式并联混合动力城市客车	1	0	265
	交流异步电机	YCVF180S－4A	1	43/2500/164	90/6000/345	—	—	—	120	69	69	纯电动	纯电动城市客车	0	1	
	三相异步	YCVF280M－8F	1	110/1335/778	220/2700/1556	YCVF280M－8F－TD1604F	襄阳宇清传动科技有限公司	—	—	70	69	纯电动	纯电动客车	200	0	
		YCVF250L－4C	1	100/1480/637	200/3600/1273	YCVF250L－4C－TD1604F	襄阳宇清传动科技有限公司	—	—	80	80	纯电动	纯电动客车	0	2	
			1	100/1480/637	200/3600/1273	YCVF250L－4C－TD1604F	襄阳宇清传动科技有限公司	—	—	70	69	纯电动	纯电动客车	60	1	
精进电动科技（北京）有限公司	永磁同步电机	TM5009	1	115/2000/550	150/4500/1000	CU5010	精进电动科技（北京）有限公司	—	120	69	69	纯电动	纯电动城市客车	61	1	239
			1	115/2000/550	150/4500/1000	CU5010	精进电动科技（北京）有限公司	—	60	68	69	纯电动	纯电动城市客车	40	0	
		TM5002	1	100/2300/400	150/6000/600	CU5012	精进电动科技（北京）有限公司	—	—	100	100	纯电动	纯电动商务车	1	0	
			1	100/2300/400	150/6000/600	CU5012	精进电动科技（北京）有限公司	—	250	100	100	纯电动	纯电动客车	45	37	
			1	100/2300/400	150/6000/600	CU5012	精进电动科技（北京）有限公司	56.3	—	69	69	柴油/电混合动力	插电式混合动力城市客车	32	0	

续表

电动汽车驱动电机生产企业	电动汽车驱动电机类型	电动汽车驱动电机型号	驱动电机安装数量（台/辆）	电动汽车驱动电机额定功率、转速、转矩（kW、r/min、N·m）	电动汽车驱动电机峰值功率、转速、转矩（kW、r/min、N·m）	驱动电机控制器型号	驱动电机控制器生产企业	混合动力汽车电功率比（%）	电动汽车续驶里程(工况法，km)	电动汽车30分钟最高车速（km/h）	最高车速（km/h）	燃料种类	配套车辆类型	2014年配套车型产量小计（辆）	2015年1—3月配套车型产量小计（辆）	配套车型产量合计（辆）
精进电动科技（北京）有限公司	永磁同步电机	TM5002	1	100/2300/400	150/6000/600	CU5012	精进电动科技（北京）有限公司	—	21	69	69	柴油/电混合动力	插电式混联混合动力城市客车	0	1	
			1	100/2300/400	150/6000/600	CU5012	精进电动科技（北京）有限公司	—	21	68	69	LNG/电混合动力	插电式混联混合动力城市客车	0	8	
		TM5007	1	102/700/1400	135/3000/2100	CU5007	精进电动科技（北京）有限公司	55.3	—	60	69	NG混合动力	插电式混联混合动力城市客车	1	0	
			2	102/700/1400	135/3000/2100	CU5007	德国赛米控国际有限公司	—	—	69	69	NG/电混合动力	插电式混联混合动力城市客车	0	12	
重庆长安新能源汽车有限公司	永磁同步电机	XTDM02	1	25/3000/80	55/9000/190	XIPU02	重庆长安新能源汽车有限公司	—	130	80	90	纯电动	纯电动厢式运输车	146	1	228
			1	25/3000/80	55/9000/190	XIPU02	重庆长安新能源汽车有限公司	—	100	80	90	纯电动	纯电动厢式运输车	0	44	
	交流电机	264TYZ－XS14BA	1	45/3500/123	90/10000/280	34S42X01AX	重庆长安新能源汽车有限公司	—	160	120	140	纯电动	纯电动轿车	20	3	
	永磁同步	DJ00YAQL	1	13.5/3000/42	20.5/6000/105	SK00ADHL	重庆长安新能源汽车有限公司	25.6	—	—	185	汽油混合动力	并联式混合动力汽车	14	0	
扬州亚星客车股份有限公司	三相异步电动机	YXM－100	1	100/1000/955	200/3000/2200	YXMC－1	扬州亚星客车股份有限公司	136	—	—	69	柴油混合动力	插电式混联混合动力城市客车	16	0	223
			1	100/1000/955	200/3000/2200	YXMC－1	扬州亚星客车股份有限公司	129	—	—	69	NG混合动力	插电式混联混合动力城市客车	177	30	
杭州杰能动力有限公司	永磁无刷直流电机	LJRBLDC7612C	1	15/3000/47.75	28/6200/142	LJRKZQ7615C	杭州杰能动力有限公司	—	100	80	83	纯电动	纯电动多用途乘用车	211	0	218
	交流异步电机	JNMP30L0	1	30/3500/82	75/9000/240	JNCP30L0	杭州杰能动力有限公司	—	80	114	120	纯电动	纯电动轿车	7	0	
武汉英康汇通电气有限公司	交流异步电机	YKHTTM001	1	96/800/1146	165/3000/1973	—	—	—	30	69	69	NG/电混合动力	混联式混合动力城市客车	0	1	204
	三相交流变频异步电机	YKHTTM001	1	96/800/1146	165/3000/1973	YKHTMC001	武汉英康汇通电气有限公司	—	—	69	69	纯电动	纯电动城市客车	203	0	

续表

电动汽车驱动电机生产企业	电动汽车驱动电机类型	电动汽车驱动电机型号	驱动电机安装数量（台/辆）	电动汽车驱动电机额定功率、转速、转矩（kW、r/min、N·m）	电动汽车驱动电机峰值功率、转速、转矩（kW、r/min、N·m）	驱动电机控制器型号	驱动电机控制器生产企业	混合动力汽车电功率比（%）	电动汽车续驶里程（工况法，km）	电动汽车30分钟最高车速（km/h）	最高车速（km/h）	燃料种类	配套车辆类型	2014年配套车型产量小计（辆）	2015年1—3月配套车型产量小计（辆）	配套车型产量合计（辆）
三门峡速达交通节能科技股份有限公司	永磁同步电机	SDMP18W3	1	25/3500/76	50/9000/180	SDCP4026W3	三门峡速达交通节能科技股份有限公司	—	180	110	130	纯电动	纯电动乘用车	200	0	200
江西特种电机股份有限公司	交流电机	YPQ200L－8－HT	1	55/1650/318	90/4000/1000	V6－H－2D90G－WT	深圳市蓝海华腾技术股份有限公司	—	140	80	80	纯电动	纯电动厢式运输车	81	55	195
	三相异步电机	YPQ200L－8－HT	1	55/1650/318	90/3300/1000	V6－H－4D90G－WT	深圳市蓝海华腾技术股份有限公司	—	160	80	80	纯电动	纯电动厢式运输车	58	0	
	三相异步电动机	YPQ280M－8	1	120/1150/1000	240/3000/2500	JTEV160－350A	江西特种电机股份有限公司	—	80	65	80	纯电动	纯电动洒水车	1	0	
大连天元电机股份有限公司	三相异步电机	YPQ220M－6	1	90/734/1200	153/3200/1800	WZL150	深圳市五洲龙汽车有限公司	49.68	—	65	69	LNG/电混合动力	插电式混联混合动力城市客车	179	0	191
			1	90/734/1200	153/3200/1800	WZL150	深圳市五洲龙汽车有限公司	51	—	65	69	柴油混合动力	插电式并联混合动力城市客车	4	0	
	三相感应交流电机	YPQ220M－6	1	90/734/1200	153/3200/1800	WZL150	深圳市五洲龙汽车有限公司	—	—	70	69	NG混合动力	插电式并联混合动力城市客车	0	8	
中通客车控股股份有限公司	永磁同步电机	ZTM60－350	1	60/1910/300	100/3200/500	ZTM60－90	中通客车控股股份有限公司	—	125	69	69	纯电动	纯电动城市客车	38	151	190
	三相交流感应电机	ZTM100－2400	1	100/1200/800	200/3500/2400	ZTMC100－210	中通客车控股股份有限公司	—	120	80	69	纯电动	纯电动城市客车	1	0	
上海电驱动股份有限公司；广西三立科技股份有限公司	永磁同步电机	368TYZ－XIS15N；SL－DM－100	1	40/1600/240；50/1450/340	65/2500/500；100/2800/680	34S22X06XC；Z336ZXW500A11－112	上海电驱动股份有限公司；上海电驱动有限公司	>30	—	—	69	柴油混合动力	插电式并联混合动力城市客车	92	92	184
北京亿马先锋汽车科技有限公司	交流感应电机	150 MOTOR	1	40/6000/64	150/11000/220	150 PEU	北京亿马先锋汽车科技有限公司	—	160	110	130	纯电动	纯电动多用途乘用汽车	152	0	152

续表

电动汽车驱动电机生产企业	电动汽车驱动电机类型	电动汽车驱动电机型号	驱动电机安装数量（台/辆）	电动汽车驱动电机额定功率、转速、转矩（kW、r/min、N·m）	电动汽车驱动电机峰值功率、转速、转矩（kW、r/min、N·m）	驱动电机控制器型号	驱动电机控制器生产企业	混合动力汽车电功率比（%）	电动汽车续驶里程（工况法，km）	电动汽车30分钟最高车速（km/h）	最高车速（km/h）	燃料种类	配套车辆类型	2014年配套车型产量小计（辆）	2015年1—3月配套车型产量小计（辆）	配套车型产量合计（辆）
广西三立科技发展有限公司	永磁同步电机	SL-DM-100	1	50/1450/340	100/2800/680	Edrive_ YC100_ V2.4_ 100904；Z336ZXW500A11-112	上海电驱动有限公司；上海电驱动有限公司	64.5	—	—	69	NG混合动力	串联式混合动力城市客车	20	0	151
		SL-DM-120	1	92/1450/606	120/2800/791	Z336ZXW500A11-112；IEVD030-40Z120GL-YC	上海电驱动有限公司；苏州汇川技术有限公司	77.4 77.4	—	60	68	NG混合动力	插电式并联混合动力城市客车	125	0	
			1	92/1450/606	120/2800/791	IEVD030-40Z120GL-YC	深圳汇川技术股份有限公司	50.22	40	69	69	NG混合动力	插电式并联混合动力城市客车	5	0	
			1	92/1450/606	120/2800/800	IEVD030-40Z120GL-YC	苏州汇川技术有限公司	51.5	35	63	68	柴油混合动力	插电式并联混合动力城市客车	1	0	
杭州德沃仕电动科技有限公司；杭州富特科技有限公司	交流异步电机	DWS-YXQ-80-9A；VMT01-A	1	9/3000/28.6；9/3000/28.6	18/6000/83；18/6000/83	DWS-YEV-80-600A；VMD01-A	杭州德沃仕电动科技有限公司；杭州富特科技有限公司	—	250	80	80	纯电动	纯电动轿车	0	151	151
深圳市五洲龙汽车有限公司	永磁同步	PD120WH	1	60/1500/385	120/4000/1150	WZL100A-540V	深圳市五洲龙汽车有限公司	—	—	100	100	纯电动	纯电动客车	81	34	145
	永磁同步电机	PD150WH	1	80/1550/493	150/3100/2100	WZL150A-540V	深圳市五洲龙汽车有限公司	—	—	69	69	纯电动	纯电动城市客车	20	10	
上海电驱动股份有限公司；奇瑞汽车股份有限公司	永磁同步电机	2103AAC；2103AAG	1	29/3000/92	40/2600/145	Edrive_ S18_ V3.0/S18-2142010；B_ ADSPA0_ 30/S18-2142010BA	上海电驱动股份有限公司；奇瑞汽车股份有限公司	—	80	90	120	纯电动	纯电动轿车	138	0	138
西门子电气传动有限公司	交流感应电机	1PV5135-4WS24	2	61/3640/160	141/10000/370	A5E00468614	西门子电气传动有限公司	—	—	65	69	纯电动	纯电动城市客车/底盘	15	0	123
	交流异步	1PV5135-4WS28	2	134/4000/160	360/10000/430	A5E00468614	西门子电气传动有限公司	—	—	70	69	纯电动	纯电动城市客车	61	0	
	交流异步驱动电机	1PV5138	2	85/4000/220	150/10000/530	MONO	西门子电气传动有限公司	—	—	65	69	纯电动	纯电动城市客车	1	0	

续表

电动汽车驱动电机生产企业	电动汽车驱动电机类型	电动汽车驱动电机型号	驱动电机安装数量（台/辆）	电动汽车驱动电机额定功率、转速、转矩（kW、r/min、N·m）	电动汽车驱动电机峰值功率、转速、转矩（kW、r/min、N·m）	驱动电机控制器型号	驱动电机控制器生产企业	混合动力汽车电功率比（%）	电动汽车续驶里程（工况法，km）	电动汽车30分钟最高车速（km/h）	最高车速（km/h）	燃料种类	配套车辆类型	2014年配套车型产量小计（辆）	2015年1—3月配套车型产量小计（辆）	配套车型产量合计（辆）
西门子电气传动有限公司	三相交流异步电机	1PV5135－4WS28	2	67/4000/160	180/10000/430	A5E00468614	西门子电气传动有限公司	—	120	65	69	纯电动	纯电动城市客车	0	5	
	三相异步电机	1PV5135－4WS28	1	67/4000/160	180/10000/430	A5E00468614	西门子电气传动有限公司	—	200	67	69	纯电动	纯电动城市客车	1	0	
	交流异步电机	1PV5138	2	85/4000/220	150/10000/530	MONO	西门子电气传动有限公司	—	—	65	69	纯电动	纯电动城市客车	21	0	
			2	85/3680/220	150/10000/530	MONO	西门子电气传动有限公司	>30	—	69	69	柴油混合动力	插电式串联混合动力城市客车	19	0	
奇瑞汽车股份有限公司	永磁同步电机	2103AAH	1	6/1600/36	12/5300/72	2104AAB；2142AAB	奇瑞汽车股份有限公司	—	80	80	80	纯电动＋铅酸	纯电动轿车	25	95	120
上海中科深江电动车辆有限公司	交流永磁同步电动机	SJ2103P030－L1	1	30/2700/107	60/7000/213	SJ2104B3C1－L1	上海中科深江电动车辆有限公司	—	130	120	125	纯电动	纯电动轿车	46	0	117
		SJ2103P20－C	1	20/－/－	40/7000/150	SJ2104B401－V2	上海中科深江电动车辆有限公司	—	140	80	100	纯电动	纯电动轿车	1	0	
	永磁同步	SJ075300A－2103	1	75/1800/400	120/4500/800	SJ300B－2104	上海中科深江电动车辆有限公司	52.58	—	64	69	柴油混合动力	插电式混联混合动力城市客车	20	0	
	三相交流永磁同步驱动电机	SJM100C－2103	1	100/1590/600	200/5000/1200	SJC200A－2104	上海中科深江电动车辆有限公司	59.6	—	65	69	柴油混合动力	插电式混联混合动力城市客车	50	0	
富奥汽车零部件股份有限公司	交流异步电动机	FQY－320－220SFA	1	35/6000/90	70/7100/200	FDC3－650GMAD070	富奥汽车零部件股份有限公司	—	110	80	110	纯电动	纯电动轿车	106	1	112
			1	35/3800/90	70/3300/200	软件：FDC3－320GMAD070/硬件：FDC3－320GMAD070	软件：富奥汽车零部件股份有限公司/硬件：富奥汽车零部件股份有限公司	—	105	100	120	纯电动	纯电动轿车	5	0	
宁波铭马电动车辆工业有限公司	永磁同步电机	XTQD－80	1	80/1600/477.5	160/4000/850	NBMQ－80	宁波铭马电动车辆工业有限公司	—	—	120	100	纯电动	纯电动轻型客车	0	109	109
General Motor	永磁同步电机	213TZ－XY46F	1	30/500/582	85/1260/1616	S95A	Hitachi	—	152	130	130	纯电动	纯电动轿车	100	0	100

续表

电动汽车驱动电机生产企业	电动汽车驱动电机类型	电动汽车驱动电机型号	驱动电机安装数量（台/辆）	电动汽车驱动电机额定功率、转速、转矩（kW、r/min、N·m）	电动汽车驱动电机峰值功率、转速、转矩（kW、r/min、N·m）	驱动电机控制器型号	驱动电机控制器生产企业	混合动力汽车电功率比（%）	电动汽车续驶里程（工况法，km）	电动汽车30分钟最高车速（km/h）	最高车速（km/h）	燃料种类	配套车辆类型	2014年配套车型产量小计（辆）	2015年1—3月配套车型产量小计（辆）	配套车型产量合计（辆）
襄樊特种电机有限公司	三相异步电动机	YCVF280M－8B	1	132/1110/1120	240/2700/2037	MV600V－4D300－F－2	深圳市麦格米特驱动技术有限公司	—	—	—	69	NG混合动力	插电式混合动力城市客车	20	0	89
			1	132/1110/1120	240/2700/2037	MV600V－4D300－F－2	深圳市麦格米特驱动技术有限公司	—	—	50	50	纯电动	纯电动城市客车	1	0	
			1	132/1110/1120	240/2700/2037	MV600V－4D300－F－2	深圳市麦格米特驱动技术有限公司	—	200	80	69	纯电动	纯电动城市客车	14	2	
	交流电机	IPF152/40/256	1	32/2100/304	64/4500/305	WXEVC－45	万向电动汽车有限公司	—	150	65	100	纯电动	纯电动工程车	6	0	
	交流异步电机	YCVF200M－4	1	32/2000/152	64/1910/304	WXEVC－45	万向电动汽车有限公司	—	—	75	90	纯电动	纯电动商务车	14	2	
	三相交流异步电机	YCVF280M2－6B	1	110/985/1050	200/3500/1910	EVM120WR－48－24	北京长征天民高科技有限公司	—	150	80	69	纯电动	纯电动城市客车	30	0	
大连电机集团有限公司；襄樊特种电机有限公司；东方电气集团东风电机有限公司	三相异步交流电机	MDPQ/S120－4－SJ；YCVF280M－4；QYS100－6/400	1	120/1480/774.3；110/1365/761.3；100/950/1105	210/5000/1568.4；220/4500/1580.4；250/2400/2400	SDL_ QMCL_ m V2.0/EVM120WR－48－24；KY100/600S	山东沂星电动汽车有限公司/时光科技有限公司；东方电气集团东风电机有限公司	—	—	69	69	纯电动	纯电动城市客车	77	7	84
纽贝耳汽车（杭州）有限公司	永磁直流无刷电机	ZYBLDC7210C	1	8/3500/22	17.5/3500/47.8	ZYBLDCC7215C	纽贝耳汽车（杭州）有限公司	—	100	75	80	纯电动	纯电动载货车	12	0	77
	永磁无刷直流电机	BLT11/27－3000/312	1	11/3000/35	27/6000/220	BLTC－500/312	纽贝耳汽车（杭州）有限公司	—	—	110	100	纯电动	纯电动轻型客车	65	0	
中山大洋电机股份有限公司	永磁交流同步电机	BOMM060/110－I	1	60/3500/164	110/5500/300	BOMK060/110－I	中山大洋电机股份有限公司	—	130	80	80	纯电动	纯电动吸尘车	18	0	69
	三相永磁同步电机	BOMM060/110－I	1	60/3500/164	110/5500/300	BOMK060/110－I	中山大洋电机股份有限公司	—	130	80	80	纯电动	纯电动自装卸式垃圾车	32	0	
			1	60/3500/164	110/5500/300	BOMK060/110－I	中山大洋电机股份有限公司	—	130	80	80	纯电动	纯电动压缩式垃圾车	19	0	

续表

电动汽车驱动电机生产企业	电动汽车驱动电机类型	电动汽车驱动电机型号	驱动电机安装数量（台/辆）	电动汽车驱动电机额定功率、转速、转矩（kW、r/min、N·m）	电动汽车驱动电机峰值功率、转速、转矩（kW、r/min、N·m）	驱动电机控制器型号	驱动电机控制器生产企业	混合动力汽车电功率比（%）	电动汽车续驶里程（工况法，km）	电动汽车30分钟最高车速（km/h）	最高车速（km/h）	燃料种类	配套车辆类型	2014年配套车型产量小计（辆）	2015年1—3月配套车型产量小计（辆）	配套车型产量合计（辆）
大连电机集团有限公司	三相异步交流电机	MDPQ/S120－4－SJ	1	120/1480/774.3	210/5000/1568.4	SDL_ QMCL_ m V2.0/EVM120 WR－48－24	山东沂星电动汽车有限公司/时光科技有限公司	—	—	69	69	纯电动	纯电动城市客车	46	21	69
		MDPQ/S132	1	132/1950/646	260/3000/1273	MC6150W	北京蓝马力科技有限公司	—	—	100	100	纯电动	纯电动城市客车	1	0	
	三相交流异步电机	MDPQ－S55－4	1	55/2400/520	110/2400/520	MCU－V1.1/EVM 055WR－28－12	时光科技有限公司/时光科技有限公司	—	—	75	80	纯电动	纯电动压缩式垃圾车	1	0	
南昌福瑞德科技有限公司	交流异步电机	FRDY103012A0	1	10/3000/32	20/5600/100	FRDY4012A0	南昌福瑞德科技有限公司	—	—	60	80	纯电动＋铅酸	纯电动车厢可卸式垃圾车	9	4	68
	三相交流异步电机	FRDY103012A0	1	10/3000/32	20/5600/100	FRDY4012A0	南昌福瑞德科技有限公司	—	—	80	80	纯电动	纯电动厢式运输车	30	0	
			1	10/3000/32	20/5600/100	FRDY4012A0	南昌福瑞德科技有限公司	—	—	80	80	纯电动	纯电动车厢可卸式垃圾车	11	0	
		FRDY753006A0	1	10/3000/24	15/5500/80	FRDY4006A0	南昌福瑞德科技有限公司	—	150	80	80	纯电动	纯电动轿车	0	14	
江西凯马百路佳客车有限公司	永磁同步电机	BLK－MH100	1	100/1600/600	130/3000/850	BLK－MHC100	江西凯马百路佳客车有限公司	—	42	62	69	NG/电混合动力	插电式并联混合动力城市客车	0	25	60
	永磁牵引电动机	BLK－EV110	1	110/1050/1000	200/2400/2600	BLK－EVC110	江西凯马百路佳客车有限公司	—	120	65	68	纯电动	纯电动客车	10	0	
			1	110/1050/1000	200/2400/2600	—	—	—	200	85	68	纯电动	纯电动客车	0	15	
			1	110/1050/1000	200/2400/2600	—	—	—	120	62	69	纯电动	纯电动城市客车	0	10	
南京越博汽车电子有限公司	永磁同步电机	YBM200	1	94/1800/500	120/2800/750	YBC200	南京越博汽车电子有限公司	—	—	70	69	纯电动	纯电动城市客车	38	10	56
			1	94/1800/500	120/2800/750	—	—	—	—	69	69	纯电动	纯电动城市客车	0	1	
			1	94/1800/500	120/2800/750	—	—	—	—	80	80	纯电动	纯电动客车	0	5	
	三相交流电机	YBM401	1	25/3000/80	55/9000/190	—	—	—	—	80	80	纯电动	纯电动流动服务车	0	2	

续表

电动汽车驱动电机生产企业	电动汽车驱动电机类型	电动汽车驱动电机型号	驱动电机安装数量（台/辆）	电动汽车驱动电机额定功率、转速、转矩（kW、r/min、N·m）	电动汽车驱动电机峰值功率、转速、转矩（kW、r/min、N·m）	驱动电机控制器型号	驱动电机控制器生产企业	混合动力汽车电功率比(%)	电动汽车续驶里程(工况法，km)	电动汽车30分钟最高车速（km/h）	最高车速（km/h）	燃料种类	配套车辆类型	2014年配套车型产量小计（辆）	2015年1—3月配套车型产量小计（辆）	配套车型产量合计（辆）
东莞三新电动汽车技术有限公司	永磁同步电机	3i－PMSM－336－A	1	30/3000/95.5	50/5000/185	MV600V－2D90－W－DG	深圳市麦格米特驱动技术有限公司	—	—	65	65	纯电动	纯电动城市客车	45	0	50
			1	30/3000/95.5	50/5000/185	MV600V－2D90－W－DG	深圳市麦格米特驱动技术有限公司	—	—	69	69	纯电动	纯电动城市客车	5	0	
西安兰德新能源汽车技术开发有限公司	永磁同步电机	ZJ043C	1	10/2550/37	20/7600/100	ZXZX150600AA	西安兰德新能源汽车技术开发有限公司	—	178	85	85	纯电动	纯电动多用途乘用车	0	3	49
			1	10/2550/37	20/7600/100	ZXZX150600AA	西安兰德新能源汽车技术开发有限公司	—	178	85	85	纯电动	纯电动厢式运输车	2	0	
	稀土永磁同步电机	13ST－6S9X300A	1	12.5/3100/38.5	25/8000/100	13YCQD－X300A	西安兰德新能源汽车技术开发有限公司	—	137	81	85	纯电动	纯电动厢式运输车	0	44	
淄博休普电机电器有限公司	直流电动机	ZC5.0－96	1	5.0/2500/21	15/3500/50	ipMCSer9640	珠海英搏尔电气有限公司	—	88	40	55	纯电动＋铅酸	纯电动载货汽车	20	27	47
北京佩特来电机驱动技术有限公司	永磁同步电机	DDM110	1	110/1050/1000	200/2400/2600	C110	北京佩特来电机驱动技术有限公司	—	250	300	69	纯电动	纯电动城市客车	1	0	45
		DDM155B	1	155/1057/1400	230/2450/3400	C155B	北京佩特来电机驱动技术有限公司	—	250	300	69	纯电动	纯电动城市客车	2	0	
		DDM160	1	160/1057/1450	230/2450/3500	C160	北京佩特来电机驱动技术有限公司	—	180	200	69	纯电动	纯电动城市客车	41	1	
潍柴动力股份有限公司	永磁同步电机	WNEM40	1	40/1090/350	65/2500/500	WNC40	潍柴动力股份有限公司	41.9	—	—	69	NG/电混合动力	插电式并联混合动力城市客车	18	0	37
		WEM100－01	1	100/868/1100	200/3100/2080	—	—	—	—	69	69	柴油/电混合动力	插电式并联混合动力城市客车	0	3	
			1	100/868/1100	200/3100/2080	—	—	—	—	69	69	NG/电混合动力	插电式并联混合动力城市客车	0	4	
			1	100/868/1100	200/3100/2080	—	—	—	200	69	69	纯电动	纯电动城市客车	0	1	
			1	100/868/1100	200/3100/2080	—	—	—	180	69	69	纯电动	纯电动城市客车	0	1	

续表

电动汽车驱动电机生产企业	电动汽车驱动电机类型	电动汽车驱动电机型号	驱动电机安装数量（台/辆）	电动汽车驱动电机额定功率、转速、转矩（kW、r/min、N·m）	电动汽车驱动电机峰值功率、转速、转矩（kW、r/min、N·m）	驱动电机控制器型号	驱动电机控制器生产企业	混合动力汽车电功率比（%）	电动汽车续驶里程（工况法，km）	电动汽车30分钟最高车速（km/h）	最高车速（km/h）	燃料种类	配套车辆类型	2014年配套车型产量小计（辆）	2015年1—3月配套车型产量小计（辆）	配套车型产量合计（辆）
潍柴动力股份有限公司	永磁同步电机	WEM100－01	1	100/868/1100	200/3100/2080	—	—	—	—	69	69	纯电动	纯电动城市客车	0	1	
			1	100/868/1100	200/3100/2080	—	—	—	250	100	100	纯电动	纯电动客车	0	6	
			1	100/868/1100	200/3100/2080	—	—	—	165	100	100	纯电动	纯电动客车	0	1	
			1	100/868/1100	200/3100/2080	—	—	—	170	100	100	纯电动	纯电动客车	0	1	
			1	100/868/1100	200/3100/2080	—	—	—	—	100	100	纯电动	纯电动客车	0	1	
现代MOBIS汽车株式会社	三相异步电机	36500－0E010	1	22/2210/95	50/9500/167	36600－0E100	LS产业电气	—	140	110	130	纯电动	纯电动轿车	34	0	34
金华青年能源科技有限公司	交流异步电机	QD270	1	130/880/1410	270/3000/2930	DKQ300	金华青年能源科技有限公司	—	—	69	69	纯电动	纯电动城市客车	0	34	34
大连创为电机有限公司	异步牵引电动机	YZQ280L－6	1	130/880/1410	240/3000/2600	SW－EVD－200	大连创为电机有限公司	—	120	65	80	纯电动	纯电动客车	3	0	33
	交流异步电机	YZQ280L－6	1	130/880/1410	240/3000/2600	SW－EVD－200	大连创为电机有限公司	—	180	69	69	纯电动	纯电动城市客车	0	30	
北京中瑞蓝科电动汽车技术有限公司；中通客车控股股份有限公司	交流异步电机；永磁同步电机	ZR60－6/260A1；ZTM60－350	1	60/1600/358；60/1910/230	120/3600/882；90/3200/350	ZRE－YS384－60S；ZTM60－90	北京中瑞蓝科电动汽车技术有限公司；中通客车控股股份有限公司	—	150	80	69	纯电动	纯电动城市客车	31	0	31
IT Engineering Co；.LTD	交流电机	IP－M131101	1	60/3600/159	100/12000/320	IP－I131101	IT Engineering Co；.LTD	—	170	100	100	纯电动	纯电动厢式运输车	8	0	30
			1	60/3600/159	100/12000/320	IP－I131101	IT Engineering Co；.LTD	—	160	100	100	纯电动	纯电动客车	10	12	
东方电气集团东风电机有限公司	永磁同步电机	QTS100－8/200	1	100/1600/600	130/3000/850	KT100/352S	东方电气集团东风电机有限公司	52.3	—	69	69	NG/电混合动力	插电式混联混合动力城市客车	14	0	29
	交流异步电机	QYS180－6/350	1	180/1750/980	185/2800/1725	KY180/640S	东方电气集团东风电机有限公司	—	109	80	69	纯电动	纯电动城市客车	1	0	
		QYS75－6/350	1	75/1320/542	150/3000/1500	KY75/550S	东方电气集团东风电机有限公司	—	175	68	69	纯电动	纯电动城市客车	13	0	
		QYF10－4/70	1	10/3000/31.5	30/6000/94.5	CAMC061210YA	柳州市科尔数字化制造技术有限公司	—	—	80	100	纯电动	纯电动仓栅式运输车	1	0	

续表

电动汽车驱动电机生产企业	电动汽车驱动电机类型	电动汽车驱动电机型号	驱动电机安装数量（台/辆）	电动汽车驱动电机额定功率、转速、转矩（kW、r/min、N·m）	电动汽车驱动电机峰值功率、转速、转矩（kW、r/min、N·m）	驱动电机控制器型号	驱动电机控制器生产企业	混合动力汽车电功率比(%)	电动汽车续驶里程(工况法，km)	电动汽车30分钟最高车速（km/h）	最高车速（km/h）	燃料种类	配套车辆类型	2014年配套车型产量小计（辆）	2015年1—3月配套车型产量小计（辆）	配套车型产量合计（辆）
安徽安凯汽车股份有限公司；安徽安凯汽车股份有限公司	交流异步电机；交流异步电机	420YSXS100；420YS－XS101	2	100/950/1005	250/950/3000	KYS70X90S120	安徽安凯汽车股份有限公司	—	210	78	100	纯电动	纯电动客车	0	24	29
			1	100/950/1005；100/950/1005	250/2400/2400；250/3000/2800	KYS70X90S120；KYS70X90S120	安徽安凯汽车股份有限公司；安徽安凯汽车股份有限公司	—	240	78	80	纯电动	纯电动客车	5	0	
唐山普林亿威科技有限公司；深圳市大地和电气股份有限公司	无刷直流永磁电机；无刷永磁电机	BS60－3000/320；GLMP65L1	1	60/3000/133；60/3000/191	120/4300/473；120/5100/565	KBS－60；GLCP10030L45	唐山普林亿威科技有限公司；深圳市大地和电气股份有限公司	—	—	65	69	纯电动	混合动力城市客车	28	0	28
东方电气集团东风电机有限公司；安徽安凯汽车股份有限公司；安徽安凯汽车股份有限公司	交流异步电机	QYS100－6/400；420YS－XS101；420YS－XS120	1	100/950/1005；100/950/1005；120/950/1205	250/950/2400；250/3000/2800；250/3000/2800	KY100/600S；KYS70X90S120；KYS70X90S120	东方电气集团东风电机有限公司；安徽安凯汽车股份有限公司；安徽安凯汽车股份有限公司	—	207	68	69	纯电动	纯电动城市客车	18	10	28
常州市华盛电机厂	三相交流感应电机	XYQ－7.5－1AH	1	7.5 /1550/46	26/4800/160	KZQA721238	天津清源电动车辆有限责任公司	—	—	48	80	纯电动＋铅酸	纯电动服务车	1	0	24
		XYQ－7.5－1AH	1	7.5 /1550/46	26/4800/160	KZQA721238	天津清源电动车辆有限责任公司	—	—	48	80	纯电动	纯电动邮政车	4	0	
		XYQ－7.5－1AH	1	7.5 /1550/46	26/4800/160	KZQA721238	天津清源电动车辆有限责任公司	—	—	48	55	纯电动	纯电动垃圾车	19	0	
福建省福工动力技术股份公司	三相异步交流电机	FGHEV3E120－96	1	96/800/1146	165/3000/1973	FGHEV3C120	福建省福工动力技术股份公司	52.6	—	69	69	柴油混合动力	混联式混合动力电动城市客车	1	0	23
	三相交流异步电机	FGHEV3E120－96－S	1	96/800/1146	165/3000/1973	—	—	—	—	69	69	柴油/电混合动力	插电式混联混合动力城市客车	0	22	
山西华夏动力科技有限公司	直流均磁微电阻电机	HXDL－A－280	1	110/955/1100	190/2300/2060	HXDL－KA	山西华夏动力科技有限公司	—	204	65	69	纯电动	纯电动城市客车/底盘	20	0	21
		HXDL－B－220	1	60/1800/318	90/4500/510	HXDL－KD	山西华夏动力科技有限公司	—	180	65	69	纯电动	纯电动城市客车	1	0	

续表

电动汽车驱动电机生产企业	电动汽车驱动电机类型	电动汽车驱动电机型号	驱动电机安装数量（台/辆）	电动汽车驱动电机额定功率、转速、转矩（kW、r/min、N·m）	电动汽车驱动电机峰值功率、转速、转矩（kW、r/min、N·m）	驱动电机控制器型号	驱动电机控制器生产企业	混合动力汽车电功率比(%)	电动汽车续驶里程(工况法，km)	电动汽车30分钟最高车速(km/h)	最高车速(km/h)	燃料种类	配套车辆类型	2014年配套车型产量小计（辆）	2015年1—3月配套车型产量小计（辆）	配套车型产量合计（辆）
深圳中德世纪新能源有限公司	双速异步风冷电机	448YS-XFZ D25H02	1	90/1400/595	150/3300/1500	KYS34X44FZD	深圳中德世纪新能源有限公司	—	220	69	69	纯电动	纯电动城市客车	20	0	21
	三相异步交流水冷电机	445YS-XSZDC	1	90/950/900	150/3300/2500	KYS35X45SZDC	深圳中德世纪新能源有限公司	—	230	69	69	纯电动	纯电动城市客车	1	0	
北京中纺锐力机电有限公司	开关磁阻电机	KCTC-180-2000	1	35/2000/286	60/4500/286	KCTC-180-2000	北京中纺锐力机电有限公司	33.5	50	—	69	柴油混合动力	并联混合动力城市客车	17	0	17
福建冠龙新能源汽车科技有限公司	三相异步	GL-QD2096-20	1	96/765/1198	165/3000/2060	GL-DK1096-20	福建冠龙新能源汽车科技有限公司	>52.8	—	64	69	NG/电混合动力	插电式混联混合动力城市客车	12	0	12
唐山普林亿威科技有限公司	永磁无刷直流电机	BS4-120-3000/320	1	120/3000/382	180/3750/306	KBS120-3000/320	唐山普林亿威科技有限公司	—	—	70	69	纯电动	混合动力城市客车	10	0	10
东风汽车电气有限公司	永磁同步电机	A310030J-B0104	1	10/2500/38	15/6000/57	A360120J-B0102	东风汽车电子有限公司	20.5	—	180	180	汽油混合动力	并联式混合动力轿车；采用ISG电机	9	0	9
大陆汽车系统（天津）有限公司	交流异步电机	HVMHIM	1	8/3000/25.5	20/3500/60	HVMHICC/HVMHICC	Delphi Automotive Systems Singapore Pte Ltd；Delphi Automotive Systems Singapore Pte Ltd	16.9	—	205	205	汽油混合动力	并联式混合动力轿车	9	0	9
广东亿纬赛恩斯新能源系统有限公司	交流异步	YPQ280M-6M	1	90/622/1380	165/2500/2532	XTYC170	广东亿纬赛恩斯新能源系统有限公司	100	—	69	69	插电式LNG混合动力	插电式串联/混合动力城市客车	1	6	9
	交流异步电机	YPQ280M-6	1	90/622/1380	165/2500/2532	—	—	—	70	69	69	插电式柴油混合动力	增程式混合动力城市客车	0	1	
			1	90/622/1380	165/2500/2532	—	—	—	70	69	69	插电式NG混合动力	增程式混合动力城市客车	0	1	
浙江南车电车有限公司	永磁同步水冷电机	YTQ80S	1	80/1100/685	150/2600/3300	—	—	—	—	69	69	纯电动	纯电动城市客车	0	9	9

续表

电动汽车驱动电机生产企业	电动汽车驱动电机类型	电动汽车驱动电机型号	驱动电机安装数量（台/辆）	电动汽车驱动电机额定功率、转速、转矩（kW、r/min、N·m）	电动汽车驱动电机峰值功率、转速、转矩（kW、r/min、N·m）	驱动电机控制器型号	驱动电机控制器生产企业	混合动力汽车电功率比（%）	电动汽车续驶里程（工况法，km）	电动汽车30分钟最高车速（km/h）	最高车速（km/h）	燃料种类	配套车辆类型	2014年配套车型产量小计（辆）	2015年1—3月配套车型产量小计（辆）	配套车型产量合计（辆）
珠海蓝海节能科技有限公司	电动汽车用三相异步电动机	KAM280HF	1	75/1000/716	128/2600/1800	KAM90C	珠海蓝海节能科技有限公司	—	—	65	67	纯电动	纯电动城市客车	2	0	8
			1	75/1000/716	128/2600/1800	KAM90C	珠海蓝海节能科技有限公司	—	80	65	80	纯电动	纯电动洗扫车	6	0	
江苏常隆客车有限公司	交流异步电机	CL－M－SHEC－60－001	1	60/1000/573	150/2500/1492	CL－MC－SHEC－YB－001	江苏常隆客车有限公司	—	—	69	69	纯电动	纯电动城市客车	0	8	8
中国南车集团株洲电力机车研究所	交流电机	JD132A	1	100/2000/478	150/4500/850	TGN14	中国南车集团株洲电力机车研究所	—	—	45	50	纯电动	纯电动城市客车/底盘	3	4	7
湖南南车时代电动汽车股份有限公司；广东陆地方舟新能源汽车电驱动系统有限公司	永磁同步电机；永磁同步电机	tDriver－MD11；GWQ80－282/6TA	1；1	80/1250/611；80/1250/611	130/3200/1700；130/3200/1700	TVN7；GW150ME－01	湖南南车时代电动汽车股份有限公司；广东陆地方舟新能源汽车电驱动系统有限公司	—	130	80	80	纯电动	纯电动客车	6	0	6
福建大迪电机有限公司	三相异步电机	HC－HDM109010	1	90/800/780	155/3000/1950	HC－HMCU109010	苏州海格新能源汽车电控系统科技有限公司	52.22	—	69	69	NG混合动力	插电式混联混合动力城市客车	1	0	6
	三相异步电动机	YHD280M－96	1	96/800/1146	165/3000/1973	FGHEV3C120－96	福建省福工混合动力技术开发有限公司	112	—	—	69	柴油混合动力	插电式混联混合动力汽车	5	0	
福建亚南电机有限公司/福建亚南电机有限公司；卧龙电气集团股份有限公司/卧龙电气集团股份有限公司	永磁同步电机/永磁同步电机；永磁同步电机/永磁同步电机	JSTTD16－35/JSTTD16－35；JAS70－D2－R/JAS70－D2－R	2/2；2/2	37/2800/126 37/2800/126/；37/2800/126/37/2800/126	74/10000/382/74/10000/382；74/10000/382/74/10000/382	EV551－V10.7.2539.02/EV551－5L11－250A	中冶南方（武汉）自动化有限公司	—	—	100	130	纯电动	纯电动客车	1	0	5
		JSTTD16－35/JSTTD16－35；JSTTD18－70/JSTTD18－70	1/1；1/1	37/2800/126/37/2800/126；37/2800/126/37/2800/126	74/10000/382/74/10000/382；74/10000/382/74/10000/382	EV551－V10.7.2539.02/EV550－5L－250A	中冶南方（武汉）自动化有限公司	—	—	100	130	纯电动	纯电动客车	4	0	

续表

电动汽车驱动电机生产企业	电动汽车驱动电机类型	电动汽车驱动电机型号	驱动电机安装数量（台/辆）	电动汽车驱动电机额定功率、转速、转矩（kW、r/min、N·m）	电动汽车驱动电机峰值功率、转速、转矩（kW、r/min、N·m）	驱动电机控制器型号	驱动电机控制器生产企业	混合动力汽车电功率比(%)	电动汽车续驶里程(工况法，km)	电动汽车30分钟最高车速(km/h)	最高车速(km/h)	燃料种类	配套车辆类型	2014年配套车型产量小计(辆)	2015年1—3月配套车型产量小计(辆)	配套车型产量合计(辆)
新大洋机电集团有限公司；山东德洋电子科技有限公司	直流无刷电机	BLDC9kW－5000－72；DY－BLDC－72－9A	1	9/4200/20.4；9/5000/17.2	18/5600/82；18/5600/85	BLDC－72V－9Kw；DY－BLDC－72－700A	海博瑞德（北京）汽车技术有限公司；山东德洋电子科技有限公司	—	85	80	80	纯电动	纯电动轿车	5	0	5
长沙高新开发区天富电子科技有限公司	永磁无刷直流牵引电机	BLT7/14－2800/72	1	7/2800/23.88	13/3980/82	TKW72400－3	长沙高新开发区天富电子科技有限公司	—	80	60	50	纯电动	纯电动自装卸式垃圾车	5	0	5
淄博哈普沃动力科技有限公司	交流异步伺服牵引电机	SPQ10－72－3900H1	1	10/3900/24.5	20/7800/70	M2－150－6－01	淄博哈普沃动力科技有限公司	—	120	58	50	纯电动	纯电动载货汽车	0	4	5
			1	10/3900/24.5	20/7800/70	M2－150－6－01	淄博哈普沃动力科技有限公司	—	120	58	60	纯电动	纯电动厢式运输车	0	1	
常州华盛电机有限公司	三相交流异步电机	XYQ－7.5－1HV	1	7.5/2500/48	15/5900/140	HY7401	山东昊宇车辆有限公司	—	—	65	70	纯电动＋铅酸	纯电动自卸车	1	0	4
		XYQ－7.5－1HV	1	7.5/2500/48	15/5900/140	HY7401	山东昊宇车辆有限公司	—	—	65	80	纯电动＋铅酸	纯电动厢式货车	3	0	
钱潮轴承有限公司	交流感应电动机	WXE02－Y250L－4	1	100/1480/637	200/1480/1273	WX－V6－H－4D200G	万向电动汽车有限公司	—	120	65	68	纯电动	纯电动城市客车	0	4	4
哈尔滨电机厂（昆明）有限责任公司	异步电机	YQD280－6－75－90	1	90/750/1146	185/3000/2500	KCMD－200	昆明船舶设备集团有限公司	—	—	60	69	纯电动	纯电动城市客车	2	0	3
	交流异步电动机	YQD280－6－75－90	1	90/750/1146	185/3000/2500	KCMD－200	昆明船舶设备集团有限公司	185	—	69	69	柴油混合动力	串联式混合动力城市客车	1	0	
采埃孚传动技术（苏州）有限公司	异步感应电机	AS1619C	1	—	120/－/－	—	—	—	—	—	69	纯电动	纯电动城市客车	1	0	3
		AS1619C	2	60/4200/136	120/3000/382	A5E00468614	西门子电气传动有限公司	—	140	78	69	纯电动	纯电动城市客车	2	0	
广东合普动力科技有限公司	三相异步电机	HPQ10－96	1	10/3000/31.8	20/6500/120	—	—	—	99	59.1	60	纯电动	纯电动厢式运输车	0	1	3
	交流异步	HPQ5－48－18N	1	5/4000/11.9	12/8000/90	—	—	—	90	40	40	纯电动	纯电动厢式运输车	0	2	

续表

电动汽车驱动电机生产企业	电动汽车驱动电机类型	电动汽车驱动电机型号	驱动电机安装数量（台/辆）	电动汽车驱动电机额定功率、转速、转矩（kW、r/min、N·m）	电动汽车驱动电机峰值功率、转速、转矩（kW、r/min、N·m）	驱动电机控制器型号	驱动电机控制器生产企业	混合动力汽车电功率比(%)	电动汽车续驶里程(工况法，km)	电动汽车30分钟最高车速(km/h)	最高车速(km/h)	燃料种类	配套车辆类型	2014年配套车型产量小计（辆）	2015年1—3月配套车型产量小计（辆）	配套车型产量合计（辆）
广东陆地方舟新能源汽车电驱动系统有限公司	三相异步交流	GWQ10－68/4	1	10/3000/31.8	25/7500/120	GW035ME－01	广东陆地方舟新能源汽车电驱动系统有限公司	—	120	75	80	纯电动	纯电动桶装垃圾运输车	2	0	2
赛恩斯能源科技有限公司	交流异步电机	YPQ280M－6M	1	90/622/1380	165/2500/2532	XTYC170	赛恩斯能源科技有限公司	165	—	50	68	柴油混合动力	插电式串联混合动力城市客车	2	0	2
深圳市依思普林科技有限公司	永磁同步	EMP1000A	1	45/1200/358	110/3500/1000	WZL100A－336V	深圳市五洲龙汽车有限公司	—	—	65	69	纯电动	纯电动城市客车	2	0	2
上海力信电气技术有限公司	交流永磁同步电机	LXM070W150	1	90/2400/360	145/7000/670	—	—	—	—	100	100	纯电动	纯电动厢式运输车	0	1	2
			1	90/2400/360	145/7000/670	—	—	—	—	100	100	纯电动	纯电动客车	0	1	
南京金龙客车制造有限公司	驱动电机	NJL－DJ01	1	80/1800/450	140/3000/1200	—	—	—	—	69	69	纯电动	纯电动城市客车	0	2	2
福建亚南电机有限公司；福建亚南电机有限公司	永磁同步电机；永磁同步电机	JSTTD16－35；JSTTD16－35	2	37/2800/126；37/2800/126	74/10000/382；74/10000/382	EV551－V10.7.2539.02；EV551－5L11－250A	中冶南方（武汉）自动化有限公司	—	—	100	130	纯电动	纯电动客车	1	0	1
广东大洋电机股份有限公司	永磁同步	YTD115F01	2	115/3200/210	170/4800/380	MK6060F01	广东大洋电机股份有限公司	—	—	69	69	纯电动	纯电动城市客车	1	0	1
山东泰丰制动系统科技股份有限公司	永磁同步电机	Y250－8－60	1	60/1800/320	110/3500/580	HB100－2Z75W	山东泰丰制动系统科技股份有限公司	—	—	100	100	纯电动	纯电动客车	1	0	1
浙江方正电机股份有限公司	永磁同步电机	EVB96－120－160	1	13/3000/41.4	21/6000/160	HY96450	山东昊宇车辆有限公司	—	—	80	80	纯电动	纯电动厢式货车	1	0	1
浙江正宇机电有限公司	永磁直流无刷电机	ZYBLDC7210C	1	8/3500/22	17.5/3500/47.8	ZYBLDCC7215C	浙江正宇机电有限公司	—	100	75	80	纯电动＋铅酸	纯电动载货汽车	1	0	1
中达光电工业（吴江）有限公司	永磁同步电机	ECMV－BR306AMJ	1	30/3000/96	58/9200/185	VPC2L3058CJ1	达尔泰（天津）实业有限公司	156.8	55	100	120	汽油混合动力	插电式串联混合动力轿车	1	0	1

续表

电动汽车驱动电机生产企业	电动汽车驱动电机类型	电动汽车驱动电机型号	驱动电机安装数量（台/辆）	电动汽车驱动电机额定功率、转速、转矩（kW、r/min、N·m）	电动汽车驱动电机峰值功率、转速、转矩（kW、r/min、N·m）	驱动电机控制器型号	驱动电机控制器生产企业	混合动力汽车电功率比（%）	电动汽车续驶里程（工况法，km）	电动汽车30分钟最高车速（km/h）	最高车速（km/h）	燃料种类	配套车辆类型	2014年配套车型产量小计（辆）	2015年1—3月配套车型产量小计（辆）	配套车型产量合计（辆）
UQM 技术有限公司	永磁交流电机	20080-011	1	60/3000/191	100/8000/300	1000T-002	UQM 技术有限公司	—	160	130	130	纯电动	纯电动轿车	1	0	1
永济新时速电机电器有限责任公司	变频永磁同步电机	YJ178A	1	50/1500/318.3	100/3500/636	YGN2Q225A	永济新时速电机电器有限责任公司	—	—	65	69	柴油混合动力	插电式并联型混合动力城市客车	0	1	1
Remy International; Inc	永磁同步电机	HVH250-90P WEG	1	60/3900/140	90/3900/220	634H83203	Sevcon USA; Inc	—	170	100	120	纯电动	纯电动多用途乘用车	0	1	1
配套车型产量合计（辆）														102654	28497	131151

2. 储能装置配套统计

储能装置单体生产企业	电动汽车储能装置种类	储能装置单体型号	储能装置单体的标称电压(V)	超级电容器单体标称静电容量(F)	储能装置单体质量(kg)	储能装置单体数量(块)	储能装置总成生产企业	储能装置总成标称电压(V)	储能装置总成额定输出电流(A)	动力蓄电池总成标称容量(A·h)	超级电容器总成标称静电容量(F)	储能装置总储电量(kW·h)	储能装置总成质量(kg)	动力蓄电池箱是否具有快换装置	车载能源管理系统型号（包括软件和硬件）	车载能源管理系统生产企业	混合动力汽车电功率比(%)	电动汽车续驶里程（工况法，km）	燃料种类	配套车辆类型	2014年配套车型产量小计（辆）	2015年1—3月配套车型产量小计（辆）	配套车型产量合计（辆）
比亚迪股份有限公司	磷酸铁锂	FADM07319	3.3	—	0.75	152	比亚迪股份有限公司	501.6	80	26	—	13	160	—	—	比亚迪汽车工业有限公司	97.3	55	汽油混合动力	插电式并联混合动力多用途乘用车	17	0	18583
			3.3	—	0.75	216	比亚迪股份有限公司	712.8	120	26	—	18.5	250	否	S6DM/S6DM	比亚迪汽车工业有限公司	0.346	85	汽油/电混合动力	插电式混联混合动力多用途乘用车	14	0	
			3.3	—	0.75	—	比亚迪股份有限公司	—	—	—	—	—	—	—	—	比亚迪汽车工业有限公司	—	60	汽油/电混合动力	插电式混联混合动力多用途乘用车	0	6	
			3.3	—	0.75	160	比亚迪股份有限公司	528	80	26	—	13	165	—	—	比亚迪汽车工业有限公司	97.3	70	汽油混合动力	插电式并联混合动力轿车	11	0	

续表

储能装置单体生产企业	电动汽车储能装置种类	储能装置单体型号	储能装置单体的标称电压(V)	超级电容器单体标称静电容量(F)	储能装置单体质量(kg)	储能装置单体数量(块)	储能装置总成生产企业	储能装置总成标称电压(V)	储能装置总成额定输出电流(A)	动力蓄电池总成标称容量(A·h)	超级电容器总成标称静电容量(F)	储能装置总储电量(kW·h)	储能装置总成质量(kg)	动力蓄电池箱是否具有快换装置	车载能源管理系统型号(包括软件和硬件)	车载能源管理系统生产企业	混合动力汽车电功率比(%)	电动汽车续驶里程(工况法，km)	燃料种类	配套车辆类型	2014年配套车型产量小计(辆)	2015年1—3月配套车型产量小计(辆)	配套车型产量合计(辆)
比亚迪股份有限公司	磷酸铁锂	FAD M07 319	3.3	—	0.75	152	比亚迪股份有限公司	501.6	80	26	—	13	160	—	—	深圳市比亚迪汽车有限公司	97.3	70	汽油混合动力	插电式并联混合动力轿车	13328	5207	
浙江万向亿能动力电池有限公司；中聚(天津)新能源投资有限公司;山东衡远新能源科技有限公司	磷酸铁锂动力电池	WXL12 E32066 A；SP - LFP66A HA；FL P - 66 Fe (6 6Ah)	3.2	—	2.0	100	金华市康迪新能源车辆有限公司	80	125	264	—	21.12	300 310	是	KD - BCU01 V1.0/ KD - BCU01	金华市康迪新能源车辆有限公司	—	150	纯电动	纯电动轿车	13291	2040	15331
超威电源有限公司；浙江天能电池有限公司；天能电池集团有限公司；山东圣阳电源科技有限公司	铅酸	3DM180 (超威)；6 - DM - 150AH (浙江天能)；210 1AAE (天能；圣阳)	6 (3 DM 180)；12 (6 - DM - 150 AH；2101 AAE)	—	52 (6 - DM - 150AH)；35 (3D M180)；52 (天能 210 1AAE)；53 (圣阳 210 1AAE)	5(6 - D M - 150 AH)；10 (3DM18 0)；6 (天能 2101A AE)；5 (圣阳21 01AAE)	超威电源有限公司；浙江天能电池有限公司；天能电池集团有限公司；山东圣阳电源科技有限公司	60 (3D M180；6 - DM - 150AH；圣阳21 01AAE)；72 (天能 2101 AAE)	120 (6 - DM - 150AH；3DM18 0)；83 (天能21 01AAE)；120(圣阳 2101 AAE)	150(6 - DM - 150 AH；210 1AA E)；1 80(3 DM1 80)	—	9 (6 - DM - 150A H；圣阳 210 1AAE)；10.8(3 DM180；天能 2 101AA E)	280 (6 - D M - 15 0AH；圣阳 2 101A AE)；350 (3DM 180)；312 (210 1AA E)	否	—	—	—	80	纯电动	纯电动轿车	7935	1447	9382

续表

储能装置单体生产企业	电动汽车储能装置种类	储能装置单体型号	储能装置单体的标称电压(V)	超级电容器单体标称静电容量(F)	储能装置单体质量(kg)	储能装置单体数量(块)	储能装置总成生产企业	储能装置总成标称电压(V)	储能装置总成额定输出电流(A)	动力蓄电池总成标称容量(A·h)	超级电容器总成标称静电容量(F)	储能装置总储电量(kW·h)	储能装置总成质量(kg)	动力蓄电池箱是否具有快换装置	车载能源管理系统型号(包括软件和硬件)	车载能源管理系统生产企业	混合动力汽车电功率比(%)	电动汽车续驶里程(工况法，km)	燃料种类	配套车辆类型	2014年配套车型产量小计(辆)	2015年1—3月配套车型产量小计(辆)	配套车型产量合计(辆)
PRIMEARTH EV ENERGY CO.; LTD.	金属氢化物镍蓄电池	G9280－33090	7.2	—	1	34	PRIMEARTH EV ENERGY CO.; LTD.	244.8	2.2	6.5	—	1.59	49	否	(主CPU) 896B33303000;(副CPU) 896B53301000/89681－33030	TOYOTA MOTOR CORPRATION/ DENSO CORPRATION	37.2	—	汽油混合动力	混联式混合动力轿车	0	1261	6986
	镍氢电池	G9281－47050	7.2	—	1	34	PRIMEARTH EV ENERGY CO.; LTD.	244.8	—	6.5	—	1.59	49	否	(主CPU) 896B33303000;(副CPU) 896B53301000/89681－33030	TOYOTA MOTOR CORPRATION/ DENSO CORPRATION	37.2	—	汽油混合动力	混联式混合动力轿车	5723	0	
		G9280－33050	7.2	—	1	34	PRIMEARTH EV ENERGY CO.; LTD.	244.8	2.2	6.5	—	1.6	58	否	(主CPU) 89983331000 0;(副CPU) 333C0000/硬件：89981－33100	软件：TOYOTA MOTOR CORPRATION/硬件：DENSO CORPRATION	40	—	汽油混合动力	混合动力轿车	2	0	
惠州比亚迪电池有限公司	磷酸铁钴锂	FADM07315	3.3	—	6.4	96	惠州比亚迪电池有限公司	316.8	307	200	—	63.4	750	否	e6; e6A	深圳市比亚迪汽车有限公司	—	322	纯电动	纯电动力轿车	2277	308	5935
			3.2	—	6.4	504	惠州比亚迪电池有限公司	540	280	600	—	324	3200	—	110120/K9	比亚迪汽车工业有限公司	—	250	纯电动	纯电动城市客车	11	0	
			3.2	—	6.5	504	惠州比亚迪电池有限公司	540	200	600	—	324	3200	—	110911/K9	深圳市比亚迪汽车有限公司	—	250	纯电动	纯电动城市客车	118	0	
		FADM07315+FADM07316	3.2	—	6.0 3.25	336	惠州比亚迪电池有限公司	540	200	300	—	162	1763	—	130523/ KA	比亚迪汽车工业有限公司	—	180	纯电动	纯电动城市客车	21	0	
	磷酸铁锂	FADM07315	3.2	—	6	336	惠州比亚迪电池有限公司	540	200	400	—	216	2400	—	20130523/KB	比亚迪汽车工业有限公司	—	200	纯电动	纯电动城市客车	327	0	

续表

储能装置单体生产企业	电动汽车储能装置种类	储能装置单体型号	储能装置单体的标称电压(V)	超级电容器单体标称静电容量(F)	储能装置单体质量(kg)	储能装置单体数量(块)	储能装置总成生产企业	储能装置总成标称电压(V)	储能装置总成额定输出电流(A)	动力蓄电池总成标称容量(A·h)	超级电容器总成标称静电容量(F)	储能装置总储电量(kW·h)	储能装置总成质量(kg)	动力蓄电池箱是否具有快换装置	车载能源管理系统型号(包括软件和硬件)	车载能源管理系统生产企业	混合动力汽车电功率比(%)	电动汽车续驶里程(工况法,km)	燃料种类	配套车辆类型	2014年配套车型产量小计(辆)	2015年1—3月配套车型产量小计(辆)	配套车型产量合计(辆)
惠州比亚迪电池有限公司	磷酸铁锂	FADM 07315	3.3	—	6.1	166	惠州比亚迪电池有限公司	540	200	200	—	108	1177	—	20130523/KA4	比亚迪汽车工业有限公司	—	200	纯电动	纯电动城市客车	19	0	
			3.3	—	6.5	504	惠州比亚迪电池有限公司	540	200	600	—	324	3300	—	软件:131125/硬件:120601	比亚迪汽车工业有限公司	—	250	纯电动	纯电动城市客车	2028	1	
		FADM 07315A	3.2	—	6.3	456	惠州比亚迪电池有限公司	730	400	500	—	365	3200	—	131202/K9	比亚迪汽车工业有限公司	—	280	纯电动	纯电动旅游客车	22	0	
			3.2	—	6.3	228	惠州比亚迪电池有限公司	730	400	250	—	182.5	1600	—	131202/K9	比亚迪汽车工业有限公司	—	150	纯电动	纯电动旅游客车	21	0	
			3.2	—	6.3	228	惠州比亚迪电池有限公司	730	250	250	—	182.5	1700	—	20130523/KA4	比亚迪汽车工业有限公司	—	340	纯电动	纯电动旅游客车	52	0	
			3.2	—	—	—	惠州比亚迪电池有限公司	—	—	—	—	—	—	—	—	比亚迪汽车工业有限公司	—	220	纯电动	纯电动城市客车	0	10	
		FADM 07315B	—	—	—	—	惠州比亚迪电池有限公司	—	—	—	—	—	—	—	—	比亚迪汽车工业有限公司	—	400	纯电动	纯电动轿车	0	10	
			—	—	—	—	惠州比亚迪电池有限公司	—	—	—	—	—	—	—	—	比亚迪汽车工业有限公司	—	—	纯电动	纯巳动城市客车	0	10	
		FADM 07316	3.3	—	3.25	144	惠州比亚迪电池有限公司	475.2	160	100	—	47.5	550	否	EVDBMS 006	比亚迪汽车工业有限公司	—	253	纯电动	纯电动轿车	213	467	
		FADM 07320	—	—	—	—	惠州比亚迪电池有限公司	—	—	—	—	—	—	—	—	比亚迪汽车工业有限公司	—	256	纯电动	纯电动轿车	0	10	
			—	—	—	—	惠州比亚迪电池有限公司	—	—	—	—	—	—	—	—	比亚迪汽车工业有限公司	—	250	纯电动	纯电动厢式运输车	0	10	
合肥国轩高科动力能源股份公司	磷酸铁锂	1865140	3.2	—	0.335±0.003	504	合肥国轩高科动力能源股份公司	76.8	200	262.5	—	20.16	270	否	从机BMS-GX02-024S硬件:gx-74s-bmu-V2.0软件:主机BMS-CCU-V2.0硬件:gx-ccu-V1.0软件:	杭州杰能动力有限公司;合肥国轩高科动力能源股份有限公司	—	100	纯电动	纯电动多用途乘用车	211	0	5791

续表

储能装置单体生产企业	电动汽车储能装置种类	储能装置单体型号	储能装置单体的标称电压(V)	超级电容器单体标称静电容量(F)	储能装置单体质量(kg)	储能装置单体数量(块)	储能装置总成生产企业	储能装置总成标称电压(V)	储能装置总成额定输出电流(A)	动力蓄电池总成标称容量(A·h)	超级电容器总成标称静电容量(F)	储能装置总储电量(kW·h)	储能装置总成质量(kg)	动力蓄电池箱是否具有快换装置	车载能源管理系统型号(包括软件和硬件)	车载能源管理系统生产企业	混合动力汽车电功率比(%)	电动汽车续驶里程(工况法,km)	燃料种类	配套车辆类型	2014年配套车型产量小计(辆)	2015年1—3月配套车型产量小计(辆)	配套车型产量合计(辆)
合肥国轩高科动力能源股份公司	磷酸铁锂	1865140	3.2	—	0.326±4	7200	合肥国轩高科动力能源股份公司	576	120	400	—	230.4	3000	否	软件:BMS-GX-YZJV 1.0 硬件:BMS-GX02-180S	合肥国轩高科动力能源股份公司	—	—	纯电动	纯电动城市客车	1	0	
			—	—	—	—	合肥国轩高科动力能源股份公司	—	—	—	—	—	—	—	—	合肥国轩高科动力能源股份公司	—	80	纯电动	纯电动扫路车	0	28	
		IFP20100140A	3.2	—	0.57	1080	合肥国轩高科动力能源股份公司	345.6	172	215	—	74.30	880	否	GXEV-1	合肥国轩高科动力能源股份公司	—	—	纯电动	纯电动客车	6	1	
			3.2	—	0.6	1100	合肥国轩高科动力能源股份公司	352	215	215	—	75.68	752	否	GX-01	合肥国轩高科动力能源股份公司	—	—	纯电动	纯电动客车	2	0	
			3.2	—	0.6	672	合肥国轩高科动力能源股份公司;安徽欧鹏巴赫动力科技有限公司	358.4	129	129	—	46.2	600	否	BTL-BC01N	安徽欧鹏巴赫动力科技有限公司	—	—	纯电动	纯电动客车	1	0	
			3.2	—	0.572	2688	合肥国轩高科动力能源股份公司	538	300	344	—	185	2100	否	GXEV-1	合肥国轩高科动力能源股份公司	—	175	纯电动	纯电动城市客车	13	0	
			3.2	—	0.6	1100	合肥国轩高科动力能源股份公司	352	215	215	—	75.68	75.68	否	GX-01	合肥国轩高科动力能源股份公司	—	—	纯电动	纯电动厢式运输车	3	20	

续表

储能装置单体生产企业	电动汽车储能装置种类	储能装置单体型号	储能装置单体的标称电压(V)	超级电容器单体标称静电容量(F)	储能装置单体质量(kg)	储能装置单体数量(块)	储能装置总成生产企业	储能装置总成标称电压(V)	储能装置总成额定输出电流(A)	动力蓄电池总成标称容量(A·h)	超级电容器总成标称静电容量(F)	储能装置总储电量(kW·h)	储能装置总成质量(kg)	动力蓄电池箱是否具有快换装置	车载能源管理系统型号(包括软件和硬件)	车载能源管理系统生产企业	混合动力汽车电功率比(%)	电动汽车续驶里程(工况法，km)	燃料种类	配套车辆类型	2014年配套车型产量小计(辆)	2015年1—3月配套车型产量小计(辆)	配套车型产量合计(辆)
合肥国轩高科动力能源股份公司	磷酸铁锂	IFP1865140	3.2	—	0.330	1344	合肥国轩高科动力能源股份公司	537.6	200	72	—	38.7	600	否	BMS-GX-02-168S	合肥国轩高科动力能源股份公司	208.3	35	柴油混合动力	插电式串联混合动力城市客车	150	0	
			3.2	—	0.35	6720	合肥国轩高科动力能源股份公司	538	300	520	—	280	3000	否	BMS-GX-02-168S	合肥国轩高科动力能源股份公司	—	—	纯电动	纯电动城市客车	20	0	
			3.2	—	0.353	5760	合肥国轩高科动力能源股份公司	576	416	416	—	240	2500	否	—	—	—	—	纯电动	纯电动客车	538	120	
			3.2	—	0.353	700	合肥国轩高科动力能源股份公司	320	91	91	—	29.1	360	否	硬件：GX-BMS-BMU V1.0；软件：/GX-24S-BMU V1.0	合肥国轩高科动力能源股份有限公司	—	155	纯电动	纯电动多用途乘用车	400	0	
			3.2	—	0.353	288	合肥国轩高科动力能源股份公司	76.8	120	150	—	12	160	否	B32620；BF102；软件：GX-BMS-T-V1.0；硬件：GX-BMS-T24S-V1.0	惠州市亿能电子有限公司；哈尔滨冠拓电源设备有限公司；合肥国轩高科动力能源股份公司	—	84	纯电动	纯电动轿车	3566	194	
			3.2	—	0.353	1200	合肥国轩高科动力能源股份公司	320	80	156	—	49.92	423.6	否	3611010-EV001	惠州市亿能电子有限公司	—	80	纯电动	纯电动路面养护车	9	0	
			3.2	—	0.353	1200	合肥国轩高科动力能源股份公司	320	80	156	—	49.92	423.6	否	3611010-EV001	惠州市亿能电子有限公司	—	80	纯电动	纯电动扫路车	98	20	

续表

储能装置单体生产企业	电动汽车储能装置种类	储能装置单体型号	储能装置单体的标称电压(V)	超级电容器单体标称静电容量(F)	储能装置单体质量(kg)	储能装置单体数量(块)	储能装置总成生产企业	储能装置总成标称电压(V)	储能装置总成额定输出电流(A)	动力蓄电池总成标称容量(A·h)	超级电容器总成标称静电容量(F)	储能装置总储电量(kW·h)	储能装置总成质量(kg)	动力蓄电池箱是否具有快换装置	车载能源管理系统型号(包括软件和硬件)	车载能源管理系统生产企业	混合动力汽车电功率比(%)	电动汽车续驶里程(工况法,km)	燃料种类	配套车辆类型	2014年配套车型产量小计(辆)	2015年1—3月配套车型产量小计(辆)	配套车型产量合计(辆)
合肥国轩高科动力能源股份公司	磷酸铁锂	IFP1865140	3.2	—	0.356	606	重庆长安新能源汽车有限公司	323.2	26 (1/3C3)	78	—	25.2	330	否	KPB04	重庆长安新能源汽车有限公司	—	130	纯电动	纯电动厢式运输车	146	1	
			3.2	—	—	—	—	320	—	78	—	—	—	是	—	—	—	—	纯电动	纯电动密闭式桶装垃圾车	1	0	
		IFP1965140	3.2	—	0.353	2640	合肥国轩高科动力能源股份公司	384	200	260	—	99.84	1300	是	硬件版本:GXEV1208;软件版本:GXHWC_V2.0	合肥国轩高科动力能源股份公司	—	—	纯电动	纯电动城市客车	200	0	
		IFP2010140	3.2	—	0.57	540	合肥国轩高科动力能源股份公司	144	120	258	—	37.152	450		BMS-GX03-045S	合肥国轩高科动力能源股份公司	—	150	纯电动	纯电动厢式运输车	32	0	
		IFP1865140A-12.5	3.2	—	0.35	500	合肥国轩高科动力能源股份公司	320	62.5	62.5	—	20	280	否	2101400X5050	惠州市亿能电子有限公司	—	125	纯电动	纯电动密闭式桶装垃圾车/底盘	0	10	
北京普莱德新能源电池科技有限公司;哈尔滨光宇电源股份有限公司;哈尔滨光宇电源股份有限公司	磷酸铁锂	29/135/220-80Ah;FP31136227A;FP31136227A	3.2	—	2.02 1.7 1.95	100	北京普莱德新能源电池科技有限公司,北京光宇新能科技有限公司,北京光宇新能科技有限公司	320	120	80 73 80	—	25.6 23.36 25.6	285 280 305	否	PBMA100-01A;硬件:GYB-EVBMSV2.2-B软件:V1.2	北京普莱德新能源电池科技有限公司;哈尔滨光宇电源股份有限公司	—	160	纯电动	纯电动轿车	4356	1282	5638

续表

储能装置单体生产企业	电动汽车储能装置种类	储能装置单体型号	储能装置单体的标称电压(V)	超级电容器单体标称静电容量(F)	储能装置单体质量(kg)	储能装置单体数量(块)	储能装置总成生产企业	储能装置总成标称电压(V)	储能装置总成额定输出电流(A)	动力蓄电池总成标称容量(A·h)	超级电容器总成标称静电容量(F)	储能装置总储电量(kW·h)	储能装置总成质量(kg)	动力蓄电池箱是否具有快换装置	车载能源管理系统型号(包括软件和硬件)	车载能源管理系统生产企业	混合动力汽车电功率比(%)	电动汽车续驶里程(工况法，km)	燃料种类	配套车辆类型	2014年配套车型产量小计(辆)	2015年1—3月配套车型产量小计(辆)	配套车型产量合计(辆)
波士顿电池（江苏）有限公司	混合三元材料锂离子动力电池	750-0261-001	3.65	—	0.0935	800	山东新大洋电动车有限公司	73	208	210	—	15.3	175	否	YT24AAMH3812；BF101；BF102	惠州市亿能电子有限公司；哈尔滨冠拓电源设备有限公司	—	152	纯电动	纯电动轿车	0	995	5427
	混合三元材料锂离子动力电池	750-0261-001	3.65	—	0.09	640	山东新大洋电动车有限公司	73	123	168	—	12.4	140	否	YT24AAMH3812；BF101；BF102	惠州市亿能电子有限公司；哈尔滨冠拓电源设备有限公司；哈尔滨冠拓电源设备有限公司	—	83	纯电动	纯电动轿车	0	1689	
	三元材料	750-0261-001	3.65	—	0.09	640	山东新大洋电动车有限公司	73	123	168	—	12.4	140	否	YT24AAMH3812；BF101；BF102	惠州市亿能电子有限公司；哈尔滨冠拓电源设备有限公司；哈尔滨冠拓电源设备有限公司	—	83	纯电动	纯电动轿车	2732	0	
			3.65	—	0.093	2112	北京波士顿动力电池有限公司	320	200	126	—	40.2	360	是	QT-BGCS-2118A/QT-BGCS-2118A	浙江高泰昊能科技有限公司	—	130	纯电动	纯电动多用途乘用车	5	0	
	三元锂离子动力电池	750-0261-001	3.65	—	0.093	2112	北京波士顿动力电池有限公司	321.2	200	120	—	40.1	370	是	EV03/EV03	惠州市亿能电子有限公司	—	170	纯电动	纯电动多用途乘用车	0	1	
			3.65	—	0.093	2112	北京波士顿动力电池有限公司	320	200	126	—	40.2	360	是	QT-BGCS-2118A/QT-BGCS-2118A	浙江高泰昊能科技有限公司	—	130	纯电动	纯电动多用途乘用车	0	5	

续表

储能装置单体生产企业	电动汽车储能装置种类	储能装置单体型号	储能装置单体的标称电压(V)	超级电容器单体标称静电容量(F)	储能装置单体质量(kg)	储能装置单体数量(块)	储能装置总成生产企业	储能装置总成标称电压(V)	储能装置总成额定输出电流(A)	动力蓄电池总成标称容量(A·h)	超级电容器总成标称静电容量(F)	储能装置总储电量(kW·h)	储能装置总成质量(kg)	动力蓄电池箱是否具有快换装置	车载能源管理系统型号(包括软件和硬件)	车载能源管理系统生产企业	混合动力汽车电功率比(%)	电动汽车续驶里程(工况法，km)	燃料种类	配套车辆类型	2014年配套车型产量小计(辆)	2015年1—3月配套车型产量小计(辆)	配套车型产量合计(辆)
郑州宇通客车股份有限公司/郑州宇通客车股份有限公司；郑州宇通客车股份有限公司/美国麦克斯威科技公司	磷酸铁锂蓄电池/超级电容器；磷酸铁锂蓄电池/超级电容器	YT3280E80Ah/YTPC3000；YT3280E80Ah /BCAP3000 K2	3.2/2.7；3.2/2.7	3000	2.2/0.51；2.2/0.51	48/216；48/216	郑州宇通客车股份有限公司/郑州宇通客车股份有限公司；郑州宇通客车股份有限公司/美国麦克斯威科技公司	576	98	80	13.75	12.9216	400	否	H91004SS2B14/EV04CASH2926；CMS101（软件版本：V01；硬件版本：V01）	惠州市亿能电子有限公司；郑州精益达汽车零部件有限公司高新区分公司	86.47 94.80 83.05	31	NG 混合动力	插电式混联混合动力城市客车	2614	227	5086
			3.2/2.7；3.2/2.7	3000	2.2/0.51；2.2/0.51	48/216；48/216	郑州宇通客车股份有限公司/郑州宇通客车股份有限公司；郑州宇通客车股份有限公司/美国麦克斯威科技公司	576	98	80	13.75	12.9216	400	否	H91002SS2515/EV04CASH2427；CMS101（软件版本：V01；硬件版本：V01）	惠州市亿能电子有限公司；郑州精益达汽车零部件有限公司高新区分公司	83.52 90.74	33	NG 混合动力	插电式混联混合动力城市客车	1844	135	
			3.2/2.7；3.2/2.7	3000	2.2/0.51；2.2/0.51	48/216；48/216	郑州宇通客车股份有限公司/郑州宇通客车股份有限公司；郑州宇通客车股份有限公司/美国麦克斯威科技公司	576 576	98 98	80 80	13.75 13.75	12.9216 12.9216	400 400	否	H91002SS2515/EV04CASH2427；CMS101（软件版本：V01；硬件版本：V01）	惠州市亿能电子有限公司；郑州精益达汽车零部件有限公司高新区分公司	83.52 90.74	33	柴油混合动力	插电式混联混合动力城市客车	2	0	

续表

储能装置单体生产企业	电动汽车储能装置种类	储能装置单体型号	储能装置单体的标称电压(V)	超级电容器单体标称静电容量(F)	储能装置单体质量(kg)	储能装置单体数量(块)	储能装置总成生产企业	储能装置总成标称电压(V)	储能装置总成额定输出电流(A)	动力蓄电池总成标称容量(A·h)	超级电容器总成标称静电容量(F)	储能装置总储电量(kW·h)	储能装置总成质量(kg)	动力蓄电池箱是否具有快换装置	车载能源管理系统型号(包括软件和硬件)	车载能源管理系统生产企业	混合动力汽车电功率比(%)	电动汽车续驶里程(工况法，km)	燃料种类	配套车辆类型	2014年配套车型产量小计(辆)	2015年1—3月配套车型产量小计(辆)	配套车型产量合计(辆)
郑州宇通客车股份有限公司/郑州宇通客车股份有限公司；郑州宇通客车股份有限公司/美国麦克斯威科技公司	磷酸铁锂蓄电池/超级电容器；磷酸铁锂蓄电池/超级电容器	YT3280E/YTPC3000；YT3280E/BCAP3000 K2	3.2/2.7；3.2/2.7	3000	2.2/0.51；2.2/0.51	48/216；48/216	郑州宇通客车股份有限公司/郑州宇通客车股份有限公司；郑州宇通客车股份有限公司/美国麦克斯威科技公司	576	98	80	13.75	12.9216	400	否	H91002SS2515/EV04CASH2427；CMS101（软件版本:V01；硬件版本：V01）	惠州市亿能电子有限公司；郑州精益达汽车零部件有限公司高新区分公司	90.74 83.5	34	柴油混合动力	插电式混联混合动力电动城市客车	199	0	
			3.2/2.7；3.2/2.7	3000	2.2/0.51；2.2/0.51	48/216；48/216	郑州宇通客车股份有限公司/郑州宇通客车股份有限公司；郑州宇通客车股份有限公司/美国麦克斯威科技公司	576	98	80	13.75	12.9216	400	否	H91002SS2515/EV04CASH2427；CMS101（软件版本：V01；硬件版本：V01）	惠州市亿能电子有限公司；郑州精益达汽车零部件有限公司高新区分公司	90.74 83.05 83.52	32	柴油混合动力	插电式混联混合动力电动城市客车	65	0	
美国A123电池系统有限公司	磷酸铁锂	APP72161227	3.23	—	0.5	279	上海捷新动力电池系统有限公司	300	120	60	—	18	235	否	491000-0203/461020-7206-0002	美国A123电池系统有限公司/美国A123电池系统有限公司	—	120	纯电动	纯电动轿车	275	61	4890
			3.23	—	0.5	279	上海捷新动力电池系统有限公司	300	120	60	—	18	235	无	491000-0203/461020-7206-0002	美国A123电池系统有限公司/美国A123电池系统有限公司	—	140	纯电动	纯电动轿车	253	1	
			3.23	—	0.5	184	上海捷新动力电池系统有限公司	297	120	40	—	11.8	153	—	10092824/04、10092822/01	美国A123电池系统有限公司	87.3	58	汽油混合动力	插电式混联混合动力轿车	2812	1488	

续表

储能装置单体生产企业	电动汽车储能装置种类	储能装置单体型号	储能装置单体的标称电压(V)	超级电容器单体标称静电容量(F)	储能装置单体质量(kg)	储能装置单体数量(块)	储能装置总成生产企业	储能装置总成标称电压(V)	储能装置总成额定输出电流(A)	动力蓄电池总成标称容量(A·h)	超级电容器总成标称静电容量(F)	储能装置总储电量(kW·h)	储能装置总成质量(kg)	动力蓄电池箱是否具有快换装置	车载能源管理系统型号(包括软件和硬件)	车载能源管理系统生产企业	混合动力汽车电功率比(%)	电动汽车续驶里程(工况法，km)	燃料种类	配套车辆类型	2014年配套车型产量小计(辆)	2015年1—3月配套车型产量小计(辆)	配套车型产量合计(辆)
山东威能环保电源有限公司	磷酸铁锂	IFP361 30155	3.2	—	1.3	216	山东威能环保电源有限公司	345.6	144	72	—	24.9	540	否	WNV3528.1/KL－BMS03	山东威能环保电源有限公司	42	26	NG/电 混合动力	插电式并联混合动力城市客车	40	0	4264
		IFP451 20187	3.2	—	1.75	960	中通客车控股股份有限公司	512	175.78	300	—	153.6	2060	否	ZTEV50E	中通客车控股股份有限公司	—	120	纯电动	纯电动城市客车	1	0	
			3.2	—	1.75	1344	青岛威能电动车辆电控有限公司	537.6	200	400	—	215.04	2900	是	WPEVP6S	青岛威能电动车辆电控有限公司	—	180	纯电动	纯电动城市客车/底盘	20	0	
		IFP451 20146－50Ah	3.2	—	1.5	1440 1620	中通客车控股股份有限公司	576	200	400 450	—	203.4 259.2	3340 3610	是	ZTEV140E	中通客车控股股份有限公司	—	200	纯电动	纯电动城市客车	40	20	
			3.2	—	1.5	324	山东威能环保电源有限公司	345.6	150	150	—	51.8	620	否	硬件：KL－BMS03；软件：WNV3528.1	青岛威能电动车辆电控有限公司	—	—	纯电动	纯电动客车	1	0	
	三元材料	INP226 5106－16Ah	3.7	—	0.335	1152	山东威能环保电源有限公司	355	192	192	—	68.2	700	否	硬件：KL－BMS03；软件：WNV3528.1	青岛威能电动车辆电控有限公司	—	180	纯电动	纯电动客车	1	0	
			3.7	—	0.335	1620	山东威能环保电源有限公司	333	288	288	—	95.9	760	否	硬件：KL－BMS03；软件：WNV3528.1	青岛威能电动车辆电控有限公司	—	250	纯电动	纯电动客车	1	0	
	三元锰酸锂复合材料	IMP226 5106	3.7	—	0.33	400	山东威能环保电源有限公司	74	240	240	—	17.76	174	否	BMS－P5－20－V1.0/BMS－P5－20	青岛威能电动车辆电控有限公司	—	155	纯电动	纯电动轿车	2399	1644	

续表

储能装置单体生产企业	电动汽车储能装置种类	储能装置单体型号	储能装置单体的标称电压(V)	超级电容器单体标称静电容量(F)	储能装置单体质量(kg)	储能装置单体数量(块)	储能装置总成生产企业	储能装置总成标称电压(V)	储能装置总成额定输出电流(A)	动力蓄电池总成标称容量(A·h)	超级电容器总成标称静电容量(F)	储能装置总储电量(kW·h)	储能装置总成质量(kg)	动力蓄电池箱是否具有快换装置	车载能源管理系统型号(包括软件和硬件)	车载能源管理系统生产企业	混合动力汽车电功率比(%)	电动汽车续驶里程(工况法，km)	燃料种类	配套车辆类型	2014年配套车型产量小计(辆)	2015年1—3月配套车型产量小计(辆)	配套车型产量合计(辆)
山东威能环保电源有限公司	三元锰酸锂复合材料	IMP22 65106	3.7	—	—	—	山东威能环保电源有限公司	—	—	—	—	—	—	—	—	青岛威能电动车辆电控有限公司	—	—	纯电动	纯电动流动服务车	0	2	
			3.7	—	—	—	山东威能环保电源有限公司	—	—	—	—	—	—	—	—	青岛威能电动车辆电控有限公司	—	80	纯电动	纯电动扫路车	0	20	
			3.7	—	0.315	1620	山东威能环保电源有限公司	333	216	216	—	71.9	690	否	硬件：KL - BMS03 软件：WNV3 528.1	青岛威能电动车辆电控有限公司	—	—	纯电动	纯电动客车	4	0	
		IMP22 65106 - 12Ah	3.7	—	0.33	1664	山东威能环保电源有限公司	384.8	192	192	—	73.92	1100	否	ZTF20E；MWZT01	中通客车控股股份有限公司；中通客车控股股份有限公司	—	180	纯电动	纯电动城市客车	70	1	
中信国安盟固利动力科技有限公司	锰酸锂	SPIM07 180236	3.7	—	0.58	384	中信国安盟固利动力科技有限公司	355.2	260	100	—	35.52	728	—	EV02B	惠州市亿能电子有限公司	52.3	42	NG/电混合动力	插电式并联混合动力城市客车	0	25	4154
		SPIM14 245190	3.7	—	1.03	192	中信国安盟固利动力科技有限公司	355.2	140	70	—	25	360	否	VER5.0.0.0/MSPHEV20	中信国安盟固利动力科技有限公司	41.9	—	NG/电混合动力	插电式并联混合动力城市客车	18	22	
			3.7	—	1.03	192	厦门金龙联合汽车工业有限公司	355.2	140	70	—	25	360	否	硬件：MSE V02 软件：VER5.0.0.0	中信国安盟固利动力科技有限公司	52.3	25	NG 混合动力	插电式并联混合动力城市客车	117	36	
			3.7	—	1.03	192	中信国安盟固利动力科技有限公司	355.2	140	70	—	25	360	否	VER5.0.0.0/MSPHEV20	中信国安盟固利动力科技有限公司	30.5	20	天然气混合动力	插电式并联混合动力城市客车	457	86	

续表

储能装置单体生产企业	电动汽车储能装置种类	储能装置单体型号	储能装置单体的标称电压(V)	超级电容器单体标称静电容量(F)	储能装置单体质量(kg)	储能装置单体数量(块)	储能装置总成生产企业	储能装置总成标称电压(V)	储能装置总成额定输出电流(A)	动力蓄电池总成标称容量(A·h)	超级电容器总成标称静电容量(F)	储能装置总储电量(kW·h)	储能装置总成质量(kg)	动力蓄电池箱是否具有快换装置	车载能源管理系统型号(包括软件和硬件)	车载能源管理系统生产企业	混合动力汽车电功率比(%)	电动汽车续驶里程(工况法,km)	燃料种类	配套车辆类型	2014年配套车型产量小计(辆)	2015年1—3月配套车型产量小计(辆)	配套车型产量合计(辆)
中信国安盟固利动力科技有限公司	锰酸锂	SPIM14245190	3.7	—	1.03	192	中信国安盟固利动力科技有限公司	355.2	98	70	—	24.864	300	否	MSPHEV20/PHEV5.0.0.0	中信国安盟固利动力科技有限公司/中信国安盟固利动力科技有限公司	41.9	32	NG混合动力	插电式并联混合动力城市客车	4	1	
			3.7	—	1.03	192	中信国安盟固利动力科技有限公司	355.2	98	70	—	24.864	300	否	MSPHEV20/PHEV5.0.0.0	中信国安盟固利动力科技有限公司/中信国安盟固利动力科技有限公司	41.9	38	NG混合动力	插电式并联混合动力城市客车	4	0	
			3.7	—	1.03	192	中信国安盟固利动力科技有限公司	355	140	70	—	24.85	360	否	VER5.0.0.0/MSPHEV20	中信国安盟固利动力科技有限公司	83.8	—	NG混合动力	插电式并联混合动力城市客车	30	0	
			3.7	—	1.03	192	中信国安盟固利动力科技有限公司	355	112.6	70	—	24.86	320	否	ZTPHEV35E	中通客车控股股份有限公司	41.9	33	NG混合动力	插电式并联混合动力城市客车	582	0	
			3.7	—	1.03	192	中信国安盟固利动力科技有限公司	355	112.6	70	—	24.86	320	否	MSEV_ 01	中通客车控股股份有限公司	39.2 36.7	27	NG混合动力	插电式并联混合动力城市客车	200	0	
			3.7	—	1.03	276	中信国安盟固利动力科技有限公司	510.6	35	70	—	35.7	600	否	硬件:MSEV03/软件:1.0版	中信国安盟固利动力科技有限公司	52.3	30	NG混合动力	插电式并联混合动力电动城市客车	20	1	
			3.7	—	1.03	192	中信国安盟固利动力科技有限公司	355.2	140	70	—	—	—	否	VER5.0.0.0/MSPHEV20	中信国安盟固利动力科技有限公司	—	46	LNG混合动力	混合动力城市客车	65	0	
			3.7	—	1.03	1008	中信国安盟固利动力科技有限公司	532.8	245	245	—	130.5	1680	否	EV03/EV03	惠州市亿能电子有限公司	—	100	纯电动	纯电动城市客车	41	0	

续表

储能装置单体生产企业	电动汽车储能装置种类	储能装置单体型号	储能装置单体的标称电压(V)	超级电容器单体标称静电容量(F)	储能装置单体质量(kg)	储能装置单体数量(块)	储能装置总成生产企业	储能装置总成标称电压(V)	储能装置总成额定输出电流(A)	动力蓄电池总成标称容量(A·h)	超级电容器总成标称静电容量(F)	储能装置总储电量(kW·h)	储能装置总成质量(kg)	动力蓄电池箱是否具有快换装置	车载能源管理系统型号(包括软件和硬件)	车载能源管理系统生产企业	混合动力汽车电功率比(%)	电动汽车续驶里程(工况法，km)	燃料种类	配套车辆类型	2014年配套车型产量小计(辆)	2015年1—3月配套车型产量小计(辆)	配套车型产量合计(辆)
中信国安盟固利动力科技有限公司	锰酸锂	SPIM14245190	3.7	—	1.03	520	中信国安盟固利动力科技有限公司	385	250	175	—	67.3	940	否	VER1.0/MSBEV02	中信国安盟固利动力科技有限公司	—	67	纯电动	纯电动城市客车	260	0	
				—	—	—	中信国安盟固利动力科技有限公司	—	—	—	—	—	—	—	—	中信国安盟固利动力科技有限公司	—	20	纯电动	纯电动城市客车	1	0	
			3.7	—	1.03	540	中信国安盟固利动力科技有限公司	400	250	175	—	70	730	否	ZTEV35E	中通客车控股股份有限公司	—	70	纯电动	纯电动城市客车	56	0	
			3.7	—	1.03	104	中信国安盟固利动力科技有限公司	385	70	70	—	27	430	是	软件版本：EV03；硬件型号：EV03	惠州市亿能电子有限公司	—	75	纯电动	纯电动桶装垃圾运输车	94	0	
		SPIM11245190	3.7	—	0.77	192	中信国安盟固利动力科技有限公司	355.2	140	50	—	17.8	320	否	VER5.0.0.1/MSPHEV20	中信国安盟固利动力科技有限公司	50	31	LNG/电混合动力	插电式并联混合动力城市客车	1	0	
			3.7	—	0.77	192	中信国安盟固利动力科技有限公司	355	200	50	—	17.76	300	否	8.4.0.4/B20	中信国安盟固利动力科技有限公司/中信国安盟固利动力科技有限公司	100	21	柴油/电混合动力	插电式混联混合动力城市客车	30	0	
			3.7	—	1.03	192	中信国安盟固利动力科技有限公司	355.2	140	70	—	25	360	否	VER5.0.0.0/MSPHEV20	中信国安盟固利动力科技有限公司	30.5	20	柴油/电混合动力	插电式并联混合动力城市客车	0	71	
			3.7	—	1.03	192	中信国安盟固利动力科技有限公司	355.2	140	70	—	24.86	360	否	VER5.0.0.0/MSPHEV20	中信国安盟固利动力科技有限公司	44	31	柴油/电混合动力	插电式并联混合动力城市客车/底盘	95	0	
			3.7	—	1.03	192	中信国安盟固利动力科技有限公司	355.2	140	70	—	24.86	360	否	VER5.0.0.0/MSPHEV20	中信国安盟固利动力科技有限公司	40	31	柴油/电混合动力	插电式并联混合动力城市客车/底盘	43	0	

续表

储能装置单体生产企业	电动汽车储能装置种类	储能装置单体型号	储能装置单体的标称电压(V)	超级电容器单体标称静电容量(F)	储能装置单体质量(kg)	储能装置单体数量(块)	储能装置总成生产企业	储能装置总成标称电压(V)	储能装置总成额定输出电流(A)	动力蓄电池总成标称容量(A·h)	超级电容器总成标称静电容量(F)	储能装置总储电量(kW·h)	储能装置总成质量(kg)	动力蓄电池箱是否具有快换装置	车载能源管理系统型号(包括软件和硬件)	车载能源管理系统生产企业	混合动力汽车电功率比(%)	电动汽车续驶里程(工况法，km)	燃料种类	配套车辆类型	2014年配套车型产量小计(辆)	2015年1—3月配套车型产量小计(辆)	配套车型产量合计(辆)
中信国安盟固利动力科技有限公司	锰酸锂	SPIM11245190	3.7	—	1.03	192	中信国安盟固利动力科技有限公司	355.2	140	70	—	25	360	否	VER5.0.0.0/MSPHEV20	中信国安盟固利动力科技有限公司	>30	46	柴油混合动力	插电式并联混合动力城市客车	575	45	
			3.7	—	1.03	192	中信国安盟固利动力科技有限公司	355.2	140	70	—	5.5	270	否	硬件：MSEV02；软件：2.0.1.7	中信国安盟固利力动力科技有限公司	51.4	—	柴油混合动力	插电式并联混合动力城市客车	1	2	
			3.7	—	1.03	192	厦门金龙联合汽车工业有限公司	355.2	140	70	—	25	360	否	硬件：MSEV02；软件：VER5.0.0.0	中信国安盟固利力动力科技有限公司	53.6	25	柴油混合动力	插电式并联混合动力城市客车	54	0	
			3.7	—	1.03	192	中信国安盟固利动力科技有限公司	355	185	70	—	25	320	否	ZTPHEV35E	中通客车控股股份有限公司	41.9 40.8	27	柴油混合动力	插电式并联混合动力城市客车	25	0	
			3.7	—	1.03	276	中信国安盟固利动力科技有限公司	510	70	70	—	28.6	600	否	Y.RD.G.A20716.1/EV03	惠州市亿能电子有限公司	111	—	柴油混合动力	插电式混联混合动力城市客车	13	0	
			3.7	—	0.77	192	中信国安盟固利动力科技有限公司	355	200	50	—	17.7600	300	否	8.4.0.4/B20	中信国安盟固利动力科技有限公司	107.14	21	LNG/电混合动力	混联式混合动力城市客车	0	8	
			3.7	—	0.77	192	中信国安盟固利动力科技有限公司	355	200	50	—	17.76	300	否	8.4.0.4/B20	中信国安盟固利动力科技有限公司	113.6	21	柴油/电混合动力	混联式混合动力城市客车	0	1	
		SPIM23300260	3.6	—	453±10	2688	中信国安盟固利动力科技公司	388	264	264	—	181	1210	是	—	—	—	—	纯电动	纯电动城市客车	1	0	
			3.8	—	2.82	416	—	395	120	360	—	142	1850	是	EV01	惠州市亿能电子有限公司	—	130	纯电动	纯电动城市客车	94	0	
			3.8	—	2.82	208	中信国安盟固利动力科技有限公司	384	60	180	—	70	1020	否	软件版本：EV02；硬件型号：EV02	惠州市亿能电子有限公司	—	130	纯电动	纯电动吸尘车	18	0	

续表

储能装置单体生产企业	电动汽车储能装置种类	储能装置单体型号	储能装置单体的标称电压(V)	超级电容器单体标称静电容量(F)	储能装置单体质量(kg)	储能装置单体数量(块)	储能装置总成生产企业	储能装置总成标称电压(V)	储能装置总成额定输出电流(A)	动力蓄电池总成标称容量(A·h)	超级电容器总成标称静电容量(F)	储能装置总储电量(kW·h)	储能装置总成质量(kg)	动力蓄电池箱是否具有快换装置	车载能源管理系统型号(包括软件和硬件)	车载能源管理系统生产企业	混合动力汽车电功率比(%)	电动汽车续驶里程(工况法,km)	燃料种类	配套车辆类型	2014年配套车型产量小计(辆)	2015年1—3月配套车型产量小计(辆)	配套车型产量合计(辆)
中信国安盟固利动力科技有限公司	锰酸锂	SPIM23300260	3.8	—	2.82	208	中信国安盟固利动力科技有限公司	384	60	180	—	71.1	1020	是	软件版本:EV02;硬件型号:EV02	惠州市亿能电子有限公司	—	130	纯电动	纯电动压缩式垃圾车	17	0	
			3.8	—	2.82	208	中信国安盟固利动力科技有限公司	384	60	180	—	71.1	1020	是	软件版本:EV02;硬件型号:EV02	惠州市亿能电子有限公司	—	130	纯电动	纯电动自装卸式垃圾车	32	0	
		SPIM08HP	3.6	—	0.295	192	中信国安盟固利动力科技有限公司	346	100	16	—	5.5	270	否	软件:SLK-BMS-02A;硬件:SLKBMS	上海申龙客车有限公司	30.7	—	柴油混合动力	并联式混合动力城市客车	69	0	
			3.6	—	0.295	192	上海万象汽车制造有限公司	345.6	150	16	—	6.0	120	否	BMU-H	上海万象汽车制造有限公司	>30	—	柴油混合动力	插电式并联混合动力城市客车	92	104	
			3.6	—	0.295	192	中信国安盟固利动力科技有限公司	345.6	80	16	—	5.53	220	否	MSEV02	中信国安盟固利动力科技有限公司	41 44 44	—	柴油混合动力	并联式混合动力城市客车/底盘	630	1	
		SPIM16285260	3.8	—	2.2	142	中信国安盟固利动力科技有限公司	539.6	120	60	—	32	575	否	GTBMS005A-MC16	哈尔滨冠拓电源设备有限公司	40	—	柴油混合动力	插电式并联型混合动力客车	0	1	
		SPIM14345252	3.8	—	2.1±0.1	600	中信国安盟固利动力科技有限公司	570	116	348	—	198.4	2100	是	EV02	惠州市亿能电子有限公司	—	150	纯电动	纯电动城市客车	11	0	
合肥国轩高科动力能源有限公司	磷酸铁锂	1865140	3.2	—	—	—	—	—	—	—	—	232.416	2500	—	—	—	—	220	纯电动	纯电动双层城市客车	1	0	4053
			3.2	—	0.326	8064	合肥国轩高科动力能源有限公司	538	350	480	—	258	3300	否	EV02	惠州亿能电子科技有限公司	—	—	纯电动	纯电动城市客车/底盘	6	0	
			3.2	—	0.335	8064	合肥国轩高科动力能源有限公司	538	300	600	—	322.8	2990	否	EV02	合肥国轩高科动力能源有限公司	—	280	纯电动	纯电动城市客车	325	0	

续表

储能装置单体生产企业	电动汽车储能装置种类	储能装置单体型号	储能装置单体的标称电压(V)	超级电容器单体标称静电容量(F)	储能装置单体质量(kg)	储能装置单体数量(块)	储能装置总成生产企业	储能装置总成标称电压(V)	储能装置总成额定输出电流(A)	动力蓄电池总成标称容量(A·h)	超级电容器总成标称静电容量(F)	储能装置总储电量(kW·h)	储能装置总成质量(kg)	动力蓄电池箱是否具有快换装置	车载能源管理系统型号(包括软件和硬件)	车载能源管理系统生产企业	混合动力汽车电功率比(%)	电动汽车续驶里程(工况法,km)	燃料种类	配套车辆类型	2014年配套车型产量小计(辆)	2015年1—3月配套车型产量小计(辆)	配套车型产量合计(辆)
合肥国轩高科动力能源有限公司	磷酸铁锂	1865140	3.2	—	—	—	—	624	—	300	—	—	—	—	—	—	—	—	纯电动	纯电动城市客车	10	0	
			3.2	—	0.335	5312	合肥国轩高科动力能源有限公司	531	300	400	—	212.4	2300	否	EV02	惠州市亿能电子有限公司	—	190	纯电动	纯电动城市客车	32	0	
			3.2	—	0.326	5400	合肥国轩高科动力能源有限公司	576	—	300	—	172.8	2600	否	EV02	惠州市亿能电子有限公司	—	—	纯电动	纯电动城市客车	15	0	
			3.2	—	0.335	2368	合肥国轩高科动力能源有限公司	473.6	200	200	—	94.72	1050	是	BMS - GX - 02 - 148S	合肥国轩高科动力能源股份公司	—	180	纯电动	纯电动城市客车	1	0	
			3.2	—	0.335	6720	合肥国轩高科动力能源有限公司	538	400	500	—	269	2660	—	CCU - JL - ZC	合肥国轩高科动力能源有限公司	—	—	纯电动	纯电动客车	498	0	
			3.2	—	0.335	4032	合肥国轩高科动力能源有限公司	538	300	300	—	161.4	1800	是	BMS - GX - 02 - 168S	合肥国轩高科动力能源有限公司	—	—	纯电动	纯电动客车	92	0	
			3.2	—	0.335	5376	合肥国轩高科动力能源有限公司	538	200	400	—	215.2	1900	否	AGEV - 1	合肥国轩高科动力能源有限公司	—	240	纯电动	纯电动客车	130	0	
			3.2	—	0.335	5376	合肥国轩高科动力能源有限公司	538	200	400	—	215.2	1900	否	AGEV - 1	合肥国轩高科动力能源有限公司	—	270	纯电动	纯电动客车	100	1	
			3.2	—	0.335	8160	合肥国轩高科动力能源有限公司	544	300	600	—	326.4	3400	否	EV02B	合肥国轩高科动力能源有限公司	—	290	纯电动	纯电动客车	35	0	
			3.2	—	0.335	2160	合肥国轩高科动力能源有限公司	384	200	225	—	86.4	800	否	GXEV - 1	合肥国轩高科动力能源有限公司	—	90	纯电动	纯电动客车	2	0	

续表

储能装置单体生产企业	电动汽车储能装置种类	储能装置单体型号	储能装置单体的标称电压(V)	超级电容器单体标称静电容量(F)	储能装置单体质量(kg)	储能装置单体数量(块)	储能装置总成生产企业	储能装置总成标称电压(V)	储能装置总成额定输出电流(A)	动力蓄电池总成标称容量(A·h)	超级电容器总成标称静电容量(F)	储能装置总储电量(kW·h)	储能装置总成质量(kg)	动力蓄电池箱是否具有快换装置	车载能源管理系统型号(包括软件和硬件)	车载能源管理系统生产企业	混合动力汽车电功率比(%)	电动汽车续驶里程(工况法,km)	燃料种类	配套车辆类型	2014年配套车型产量小计(辆)	2015年1—3月配套车型产量小计(辆)	配套车型产量合计(辆)
合肥国轩高科动力能源有限公司	磷酸铁锂	1865140	3.2	—	0.335	3280	合肥国轩高科动力能源有限公司	524	160	250	—	131	1445	否	GXEV-1	合肥国轩高科动力能源有限公司	—	140	纯电动	纯电动客车	0	1	
			3.2	—	0.335	520	合肥国轩高科动力能源有限公司	332.8	125	62.5	—	20.8	270	否	—	—	—	100	纯电动	纯电动密闭式桶装垃圾车	14	0	
			3.2	—	0.335	520	合肥国轩高科动力能源有限公司	332.8	125	62.5	—	20.8	270	否	—	—	—	100	纯电动	纯电动密闭式桶装垃圾车	0	2	
			3.2	—	0.335	520	合肥国轩高科动力能源有限公司	332.8	125	62.5	—	20.8	270	否	—	—	—	100	纯电动	纯电动自装卸式垃圾车	2	0	
			3.2	—	0.335	475 480	合肥国轩高科动力能源有限公司	304 307	100	62.5	—	19 19.2	223	否	2101200U8180;2101200X1040	惠州市亿能电子有限公司	—	155	纯电动	纯电动轿车	2503	4	
		IFP1865140	3.2	—	0.353	1440	合肥国轩高科动力能源有限公司	384	156	156	—	59.9	735	否	GXEV-1	合肥国轩高科动力能源有限公司	—	90	纯电动	纯电动城市客车	8	2	
			3.2	—	0.353	1968	合肥国轩高科动力能源有限公司	524.8	140	156	—	81.8	970	否	GXEV-1	合肥国轩高科动力能源有限公司	—	140	纯电动	纯电动客车	88	13	
			3.2	—	0.353	6720	合肥国轩高科动力能源有限公司	538	300	520	—	280	3000	否	BMS-GX-02-168S	合肥国轩高科动力能源股份公司	—	—	纯电动	纯电动城市客车	38	10	
			3.2	—	0.353	4032	合肥国轩高科动力能源有限公司	537	400	300	—	161	1730		HVCU-NJKH	杭州高特电子有限公司	—	—	纯电动	纯电动客车	0	2	

续表

储能装置单体生产企业	电动汽车储能装置种类	储能装置单体型号	储能装置单体的标称电压(V)	超级电容器单体标称静电容量(F)	储能装置单体质量(kg)	储能装置单体数量(块)	储能装置总成生产企业	储能装置总成标称电压(V)	储能装置总成额定输出电流(A)	动力蓄电池总成标称容量(A·h)	超级电容器总成标称静电容量(F)	储能装置总储电量(kW·h)	储能装置总成质量(kg)	动力蓄电池箱是否具有快换装置	车载能源管理系统型号(包括软件和硬件)	车载能源管理系统生产企业	混合动力汽车电功率比(%)	电动汽车续驶里程(工况法，km)	燃料种类	配套车辆类型	2014年配套车型产量小计(辆)	2015年1—3月配套车型产量小计(辆)	配套车型产量合计(辆)
合肥国轩高科动力能源有限公司	磷酸铁锂	IFP1865140A	3.2	—	0.34	504	合肥国轩高科动力能源有限公司	76.8	87	262.2	—	20.16	260	否	硬件：GX-BMS-BMU V1.0；软件：GX-24S-BMU V1.0	合肥国轩高科动力能源有限公司	—	100	纯电动	纯电动载货车	12	0	2898
		IFP1865140A-12.5	3.2	—	0.35	500	合肥国轩高科动力能源有限公司	320	62.5	62.5	—	20	280	否	2101400X5050	惠州市亿能电子有限公司	—	—	纯电动	纯电动车厢可卸式垃圾车	50	0	
		IFP20100140A	—	—	—	—	合肥国轩高科动力能源有限公司	—	—	—	—	—	—	—	—	合肥国轩高科动力能源有限公司	—	210	纯电动	纯电动客车	0	45	
		IFP20100140A	—	—	—	—	合肥国轩高科动力能源有限公司	—	—	—	—	—	—	—	—	合肥国轩高科动力能源有限公司	—	350	纯电动	纯电动城市客车	10	1	
深圳市沃特玛电池有限公司	磷酸铁锂	3.2V 10Ah	3.2	—	0.3	1100	深圳市沃特玛电池有限公司	320	60	110	—	35.2	450	否	3i - BMS-10-100-01	东莞三新电动汽车技术有限公司	—	—	纯电动	纯电动城市客车	45	0	
		3.2V-100AH	3.2	—	5	200	深圳市沃特玛电池有限公司	336	185	250	—	84	1000	否	OPTBMS001	深圳市沃特玛电池有限公司	—	—	纯电动	纯电动客车	2	0	
		32650	3.2	—	0.145	3840	深圳市沃特玛电池有限公司	384	160	160	—	61.44	750	否	OPTBMS-384V160AH001	深圳市沃特玛电池有限公司	—	150	纯电动	纯电动客车	271	14	
			3.2	—	0.145	4800	深圳市沃特玛电池有限公司	384	130	200	200	76.8	800	是	OPT	深圳市沃特玛电池有限公司	—	—	纯电动	纯电动城市客车	1	21	
		32650-5AH	3.2	—	0.145	7392	深圳市沃特玛电池有限公司	537.6	250	220	—	118	1500	否	OPTBMS005	深圳市沃特玛电池有限公司	—	—	纯电动	纯电动城市客车	22	2	

续表

储能装置单体生产企业	电动汽车储能装置种类	储能装置单体型号	储能装置单体的标称电压(V)	超级电容器单体标称静电容量(F)	储能装置单体质量(kg)	储能装置单体数量(块)	储能装置总成生产企业	储能装置总成标称电压(V)	储能装置总成额定输出电流(A)	动力蓄电池总成标称容量(A·h)	超级电容器总成标称静电容量(F)	储能装置总储电量(kW·h)	储能装置总成质量(kg)	动力蓄电池箱是否具有快换装置	车载能源管理系统型号(包括软件和硬件)	车载能源管理系统生产企业	混合动力汽车电功率比(%)	电动汽车续驶里程(工况法，km)	燃料种类	配套车辆类型	2014年配套车型产量小计(辆)	2015年1—3月配套车型产量小计(辆)	配套车型产量合计(辆)
深圳市沃特玛电池有限公司	磷酸铁锂	32650-5AH	3.2	—	0.145	9408	深圳沃特玛电池有限公司	538	300	280	—	151.2	2000	否	BMS-OPT	深圳沃特玛电池有限公司	—	—	纯电动	纯电动城市客车	200	24	
			3.2	—	0.145	10080	深圳沃特玛电池有限公司	538	300	300	—	161.4	1540	无	OPT BMS(主机：OPTM，采集模块：OPT024BSU12S)	深圳沃特玛电池有限公司	—	—	纯电动	纯电动客车	0	6	
			3.2	—	0.145	3840	深圳市沃特玛电池有限公司	384	160	160	—	61.44	750	否	OPTBMS-384V160AH001	深圳市沃特玛电池有限公司	—	150	纯电动	纯电动客车	0	104	
			3.2	—	—	—	深圳市沃特玛电池有限公司	—	—	—	—	—	—	—	—	深圳沃特玛电池有限公司	—	180	纯电动	纯电动客车	0	1	
			3.2	—	0.147	2834	深圳市沃特玛电池有限公司	348.8	130	130	—	45.5	500	否	KPB04-KPL04-KPE600	北京科易动力科技有限公司	—	—	纯电动	纯电动客车	563	117	
			3.2	—	—	—	上海沃特玛新能源汽车技术有限公司	—	—	—	—	—	—	—	—	安徽力高新能源技术有限公司	—	—	纯电动	纯电动客车	0	1	
			3.2	—	—	—	上海沃特玛新能源汽车技术有限公司	—	—	—	—	—	—	—	—	惠州市亿能电子有限公司	—	—	纯电动	纯电动客车	0	1	
			3.2	—	—	—	深圳市沃特玛电池有限公司	—	—	—	—	—	—	—	—	深圳市沃特玛电池有限公司	—	110	纯电动	纯电动客车	0	1	

续表

储能装置单体生产企业	电动汽车储能装置种类	储能装置单体型号	储能装置单体的标称电压(V)	超级电容器单体标称静电容量(F)	储能装置单体质量(kg)	储能装置单体数量(块)	储能装置总成生产企业	储能装置总成标称电压(V)	储能装置总成额定输出电流(A)	动力蓄电池总成标称容量(A·h)	超级电容器总成标称静电容量(F)	储能装置总储电量(kW·h)	储能装置总成质量(kg)	动力蓄电池箱是否具有快换装置	车载能源管理系统型号(包括软件和硬件)	车载能源管理系统生产企业	混合动力汽车电功率比(%)	电动汽车续驶里程(工况法，km)	燃料种类	配套车辆类型	2014年配套车型产量小计(辆)	2015年1—3月配套车型产量小计(辆)	配套车型产量合计(辆)
深圳市沃特玛电池有限公司	磷酸铁锂	32650-5AH	3.2	—	—	—	深圳市沃特玛电池有限公司	—	—	—	—	—	—	—	—	深圳市沃特玛电池有限公司	—	190	纯电动	纯电动旅游客车	0	1	
			3.2	—	0.145	1320	深圳市沃特玛电池有限公司	96	220	220	—	21.12	220	—	—	—	—	—	纯电动	纯电动厢式货车	1	0	
			3.2	—	0.142	1152	深圳市沃特玛电池有限公司	153.6	60	120	—	18.43	260	否	软件版本：V-2070；硬件版本：VA01	深圳市沃特玛电池有限公司	—	—	纯电动	纯电动厢式运输车	280	5	
			3.2	—	0.145	4704	深圳市沃特玛电池有限公司	537.6	140	140	—	75.26	800	—	BMS-OPT	深圳市沃特玛电池有限公司	—	115	纯电动	纯电动厢式运输车	0	25	
			3.2	—	0.145	1920	深圳市沃特玛电池有限公司	307.2	100	100	—	30.7	375	否	BMS-OPT	深圳市沃特玛电池有限公司	—	115	纯电动	纯电动载货汽车	0	20	
			3.2	—	0.142	1152	深圳市沃特玛电池有限公司	153.6	60	120	—	18.43	260	否	软件版本：V-2070；硬件版本：VA01	深圳市沃特玛电池有限公司	—	—	纯电动	纯电动车厢可卸式垃圾车	317	0	
			3.2	—	0.145	1960	深圳沃特马电池有限公司	312	30	100	—	31.3	340	否	BMS	深圳沃特马电池有限公司	—	80	纯电动	纯电动扫路车	1	0	
		32650-5Ah	3.2	—	0.145	5832支	深圳市沃特玛电池有限公司	345.6	270	270	—	93	1100	否	OPTBMS005	深圳市沃特玛电池有限公司	—	—	纯电动	纯电动城市客车	2	1	
			3.2	—	0.145	20160	深圳沃特玛电池有限公司	537.6	300	600	—	324	3700	否	OPT BMS（主机：OTM-DH-BMS-MV-001；采集模块：OPT-S12B24）	深圳沃特玛电池有限公司	—	—	纯电动	纯电动客车	200	0	

续表

储能装置单体生产企业	电动汽车储能装置种类	储能装置单体型号	储能装置单体的标称电压(V)	超级电容器单体标称静电容量(F)	储能装置单体质量(kg)	储能装置单体数量(块)	储能装置总成生产企业	储能装置总成标称电压(V)	储能装置总成额定输出电流(A)	动力蓄电池总成标称容量(A·h)	超级电容器总成标称静电容量(F)	储能装置总储电量(kW·h)	储能装置总成质量(kg)	动力蓄电池箱是否具有快换装置	车载能源管理系统型号(包括软件和硬件)	车载能源管理系统生产企业	混合动力汽车电功率比(%)	电动汽车续驶里程(工况法，km)	燃料种类	配套车辆类型	2014年配套车型产量小计(辆)	2015年1—3月配套车型产量小计(辆)	配套车型产量合计(辆)
深圳市沃特玛电池有限公司	磷酸铁锂	32650-5Ah	3.2	—	—	—	深圳市沃特玛电池有限公司	—	—	—	—	—	—	—	—	深圳市大地和电气股份有限公司	—	—	纯电动	纯电动客车	0	8	
			3.2	—	—	—	深圳市沃特玛电池有限公司	—	—	—	—	—	—	—	—	深圳市沃特玛电池有限公司	—	—	纯电动	纯电动客车	0	4	
			3.2	—	0.145	16128	深圳市沃特玛电池有限公司	538	200	480	—	260	3200	—	OPT BMS（主机：OTM-DH-BMS-MV-001；采集模块：OPT-S12B24）	深圳市沃特玛电池有限公司	—	—	纯电动	纯电动客车	201	27	
			3.2	—	0.145	13104	深圳市沃特玛电池有限公司	538	200	390	—	210	2500	—	OPT BMS（主机：OTM-DH-BMS-MV-001；采集模块：OPT-S12B24）	深圳市沃特玛电池有限公司	—	—	纯电动	纯电动客车	0	11	
			3.2	—	0.145	4704	深圳市沃特玛电池有限公司	538	140	140	—	75.3	750	—	OPT	深圳市沃特玛电池有限公司	—	160	纯电动	纯电动厢式运输车	58	0	
			3.2	—	0.145	5040	深圳市沃特玛电池有限公司	538	140	140	—	75.32	880	—	OPT	深圳市沃特玛电池有限公司	—	140	纯电动	纯电动厢式运输车	81	55	
			3.2	—	0.145	1620	深圳市沃特玛电池有限公司	144	120	180	—	25.92	353	否	OPT144V180Ah	深圳市沃特玛电池有限公司	—	155	纯电动	纯电动厢式运输车	17	3	
			3.2	—	0.145	828	深圳市沃特玛电池有限公司	72	200	180	—	12.96	≤180	否	TA72400-C	长沙高新开发区天富电子科技有限公司	—	80	纯电动	纯电动自装卸式垃圾车	5	0	

续表

储能装置单体生产企业	电动汽车储能装置种类	储能装置单体型号	储能装置单体的标称电压(V)	超级电容器单体标称静电容量(F)	储能装置单体质量(kg)	储能装置单体数量(块)	储能装置总成生产企业	储能装置总成标称电压(V)	储能装置总成额定输出电流(A)	动力蓄电池总成标称容量(A·h)	超级电容器总成标称静电容量(F)	储能装置总储电量(kW·h)	储能装置总成质量(kg)	动力蓄电池箱是否具有快换装置	车载能源管理系统型号(包括软件和硬件)	车载能源管理系统生产企业	混合动力汽车电功率比(%)	电动汽车续驶里程(工况法,km)	燃料种类	配套车辆类型	2014年配套车型产量小计(辆)	2015年1—3月配套车型产量小计(辆)	配套车型产量合计(辆)
深圳市沃特玛电池有限公司	磷酸铁锂	32650-5Ah	3.2	—	0.145	2100支	深圳市沃特玛电池有限公司	336	150	100	—	33	650	否	OPTBMS005	深圳市沃特玛电池有限公司	49.68	—	LNG/电混合动力	插电式混联混合动力城市客车	179	0	
宁德时代新能源科技有限公司	磷酸铁锂	47/173/132.5-86Ah	3.67	—	2.3	152	北京普莱德新能源电池科技有限公司	486	86	86	—	42	500	否	B51	北京普莱德新能源电池科技有限公司	—	125	纯电动	纯电动城市客车	0	52	2110
			3.2	—	2.3	540	宁德时代新能源科技有限公司	576	130	258	—	148.6	1615	否	S05BMS000DV01Y13/H05BMS0010Y13	宁德时代新能源科技有限公司	—	215	纯电动	纯电动客车	0	140	
		48/174/132.5-80Ah	3.2	—	2.2	108	宁德时代新能源科技有限公司	345.6	80	80	—	27.6	380	否	H00BMU0001V1I13C;S00BMS0G07V01Y13	宁德时代新能源科技有限公司	52.3	—	NG/电混合动力	插电式混联混合动力城市客车	14	1	
		48/173/170	3.2	—	2.93	180	宁德时代新能源科技有限公司	576	120	120	—	69	820	否	KL-VMS/KL-VMS	宁德时代新能源科技有限公司	—	170	纯电动	纯电动客车	0	44	
			3.2	—	2.93	160	宁德时代新能源科技有限公司	512	60	120	—	61.4	685	否	G1_ 061Kwh/BUS_ G5_ BMU_ E	宁德时代新能源科技有限公司	—	160	纯电动	纯电动城市客车	98	33	
			3.2	—	2.93	160	宁德时代新能源科技有限公司	512	60	120	—	61.4	685	否	G1_ 061Kwh/BUS_ G5_ BMU_ E	宁德时代新能源科技有限公司	—	160	纯电动	纯电动客车	1265	451	
	三元锂离子电池	P2-37NUP-A1	3.65	—	0.82	288	宁德时代新能源科技有限公司	525.6	74	74	—	38.9	460	无	GX_ 39kwh_ SQ/ BUS_ G5_ BMU_ E	宁德时代新能源科技有限公司	52.8	—	NG/电混合动力	混联式混合动力城市客车	0	12	

续表

储能装置单体生产企业	电动汽车储能装置种类	储能装置单体型号	储能装置单体的标称电压(V)	超级电容器单体标称静电容量(F)	储能装置单体质量(kg)	储能装置单体数量(块)	储能装置总成生产企业	储能装置总成标称电压(V)	储能装置总成额定输出电流(A)	动力蓄电池总成标称容量(A·h)	超级电容器总成标称静电容量(F)	储能装置总储电量(kW·h)	储能装置总成质量(kg)	动力蓄电池箱是否具有快换装置	车载能源管理系统型号(包括软件和硬件)	车载能源管理系统生产企业	混合动力汽车电功率比(%)	电动汽车续驶里程(工况法,km)	燃料种类	配套车辆类型	2014年配套车型产量小计(辆)	2015年1—3月配套车型产量小计(辆)	配套车型产量合计(辆)
北京电控爱思开科技有限公司	混合三元锂电池	7620 5178	3.65	—	3.03	94	北京电控爱思开科技有限公司	343.1	147	109.2	—	37.5	341	否	SKASC701/SKASC701	SK innovation	—	170	纯电动	纯电动轿车	0	26	1747
	三元材料	7620 5178	3.65	—	3.03	94	北京电控爱思开科技有限公司	343.1	147	109.2	—	37.5	341	否	SKASC701/SKASC701	SK innovation	—	170	纯电动	纯电动轿车	72	0	
		7621 0195	3.65	—	2.54	91	北京电控爱思开科技有限公司	332	120	91.5	—	30.4	291	否	SKASC301	SK innovation	—	200	纯电动	纯电动轿车	853	0	
	三元材料锂电池	7621 0195	3.65	—	2.54	91	北京电控爱思开科技有限公司	332	120	91.5	—	30.4	291	否	SKASC301	SK innovation	—	200	纯电动	纯电动轿车	0	796	
天津力神电池股份有限公司	磷酸铁锂	LP271 4897	3.2	—	0.68	94×2	安徽江淮汽车股份有限公司	300	120	40	—	12	200	否	EV03	惠州市亿能电子有限公司	156.8	55	汽油混合动力	插电式串联混合动力轿车	1	0	1603
		LP2770 120AC	3.20	—	0.454±0.008	700	天津力神电池股份有限公司	320	115.5	115.5	—	36.9	458	否	LS_ EV_ LMU_ A1 A00; LS_ EV_ LMU_ A1_ SW A00; LS_ EV_ BMU_ A1A00; LS_ EV_ BMU_ A1_ SW A00	天津力神电池股份有限公司	—	120	纯电动	纯电动厢式运输车	4	0	
			3.2	—	0.45	624	天津力神电池股份有限公司	330	45A(0.5C放电)	99	—	36	450	否	BMU4226/CODA1.0	UQM 技术有限公司	—	160	纯电动	纯电动轿车	1	0	
			3.2	—	0.453	2688	天津力神电池股份有限公司	538	264	264	—	142	1800	是	LS_ EV_ BMS_ B1_ SW/ LS_ _ EV_ BMS_ B1	天津力神电池股份有限公司	—	91	纯电动	纯电动城市客车	120	0	

续表

储能装置单体生产企业	电动汽车储能装置种类	储能装置单体型号	储能装置单体的标称电压(V)	超级电容器单体标称静电容量(F)	储能装置单体质量(kg)	储能装置单体数量(块)	储能装置总成生产企业	储能装置总成标称电压(V)	储能装置总成额定输出电流(A)	动力蓄电池总成标称容量(A·h)	超级电容器总成标称静电容量(F)	储能装置总储电量(kW·h)	储能装置总成质量(kg)	动力蓄电池箱是否具有快换装置	车载能源管理系统型号(包括软件和硬件)	车载能源管理系统生产企业	混合动力汽车电功率比(%)	电动汽车续驶里程(工况法，km)	燃料种类	配套车辆类型	2014年配套车型产量小计(辆)	2015年1—3月配套车型产量小计(辆)	配套车型产量合计(辆)
天津力神电池股份有限公司	磷酸铁锂	LP2770134	3.2	—	0.513	2688	天津力神电池股份有限公司	537.6	320	320	—	172	2000	是	LS_ EV_ BMS_ A1	天津力神电池股份有限公司	—	125	纯电动	纯电动城市客车	8	28	
			—	—	—	—	天津力神电池股份有限公司	—	—	—	—	—	—	—	—	天津力神电池股份有限公司	—	—	纯电动	纯电动城市客车	0	6	
			3.2	—	0.51	3024	天津力神电池股份有限公司	537.6	400	360	—	193	2400	否	B33008MS220/B33008MHOA12	惠州市亿能电子有限公司	—	180	纯电动	纯电动城市客车	0	30	
			—	—	—	—	山东威能环保电源有限公司	—	—	—	—	—	—	—	—	天津力神电池股份有限公司	—	—	纯电动	纯电动城市客车	0	1	
			—	—	—	—	北京科易动力科技有限公司	—	—	—	—	—	—	—	—	北京科易动力科技有限公司	—	—	纯电动	纯电动客车	0	1	
			—	—	—	—	北京海博思创科技有限公司	—	—	—	—	—	—	—	—	北京海博思创科技有限公司	—	—	纯电动	纯电动客车	0	1	
		LP2770134SC	3.2	—	0.513	2688	天津力神电池股份有限公司	537.6	310	≥310	—	172	2000	是	软件型号：LS_ EV_ BMS_ B1_ SW；硬件型号：LS_ EV_ BMS_ B1	天津力神电池股份有限公司	—	125	纯电动	纯电动城市客车	43	0	
		LR1865SD	3.6	—	0.046	1888	天津力神电池股份有限公司	57.6	68	236	—	13.6	110	—	LS - EV - BMS - B2	天津力神电池股份有限公司	—	—	纯电动	纯电动厢式运输车	0	3	
		LSDCDT - 16.5AH	3.2	—	0. 453	2688	天津力神电池股份有限公司	538	264	264	—	141.9	2220	是	-/LS_ EV_ BMU_ A1; LS_ EV_ BMU24_ A1; LS_ EV_ BMU12_ A1	-/天津力神电池股份有限公司	—	150	纯电动	纯电动城市客车	30	0	

续表

储能装置单体生产企业	电动汽车储能装置种类	储能装置单体型号	储能装置单体的标称电压(V)	超级电容器单体标称静电容量(F)	储能装置单体质量(kg)	储能装置单体数量(块)	储能装置总成生产企业	储能装置总成标称电压(V)	储能装置总成额定输出电流(A)	动力蓄电池总成标称容量(A·h)	超级电容器总成标称静电容量(F)	储能装置总储电量(kW·h)	储能装置总成质量(kg)	动力蓄电池箱是否具有快换装置	车载能源管理系统型号(包括软件和硬件)	车载能源管理系统生产企业	混合动力汽车电功率比(%)	电动汽车续驶里程(工况法，km)	燃料种类	配套车辆类型	2014年配套车型产量小计(辆)	2015年1—3月配套车型产量小计(辆)	配套车型产量合计(辆)
天津力神电池股份有限公司	镍钴锰酸锂型锂离子动力蓄电池	18650(2.2AH)	—	—	—	—	华霆（常州）动力技术有限公司	—	—	—	—	—	—	—	—	华霆（常州）动力技术有限公司	—	—	纯电动	纯电动客车	0	1	
		18650	3.6	—	0.05	4050	河南锂想动力科技有限公司	324	50	99	—	32.1	310	否	EMS3	河南锂想动力科技有限公司	—	171	纯电动	纯电动厢式运输车	0	73	
	三元材料	18650	3.6	—	0.05	4050	河南锂想动力科技有限公司	324	50	99	—	32.1	310	否	EMS3	河南锂想动力科技有限公司	—	171	纯电动	纯电动厢式运输车	166	0	
			3.6	—	0.05	4050	河南锂想动力科技有限公司	324	50	99	—	32.1	310	否	EMS3	河南锂想动力科技有限公司	—	171	纯电动	纯电动邮政车	1	0	
			3.6	—	0.05	4050	河南锂想动力科技有限公司	324	50	99	—	32.1	310	否	EMS3	河南锂想动力科技有限公司	—	171	纯电动	纯电动多用途乘用车	9	7	
		18650(2.0Ah)	3.6	—	0.045	3960	天津力神电池股份有限公司	144	63	188	—	27	235	否	LS-EV-BMS-A2	天津力神电池股份有限公司	—	150	纯电动	纯电动厢式运输车	8	24	
			3.6	—	0.045	2160	捷源绿能科技上海有限公司	144	140	108	—	15.6	205	否	Wildcat2.0/ACE5.1.1.1	捷源绿能科技上海有限公司	—		纯电动	纯电动仓栅式运输车	1	0	
		18650(2.2Ah)	3.6	—	0.04	2944	华霆（合肥）动力技术有限公司	331	69	69	—	23	230	否	2101600X1101	合肥华霆动力科技有限公司	—	170	纯电动	纯电动轿车	232	154	
		18650(2.6Ah)	3.6	—	0.045	6468	南京特种汽车制配厂有限公司	158.4	120	382.2	—	60.54	600	—	LS-EV-BMS-A2	天津力神电池股份有限公司	—	250	纯电动	纯电动厢式运输车	63	37	

续表

储能装置单体生产企业	电动汽车储能装置种类	储能装置单体型号	储能装置单体的标称电压(V)	超级电容器单体标称静电容量(F)	储能装置单体质量(kg)	储能装置单体数量(块)	储能装置总成生产企业	储能装置总成标称电压(V)	储能装置总成额定输出电流(A)	动力蓄电池总成标称容量(A·h)	超级电容器总成标称静电容量(F)	储能装置总储电量(kW·h)	储能装置总成质量(kg)	动力蓄电池箱是否具有快换装置	车载能源管理系统型号(包括软件和硬件)	车载能源管理系统生产企业	混合动力汽车电功率比(%)	电动汽车续驶里程(工况法，km)	燃料种类	配套车辆类型	2014年配套车型产量小计(辆)	2015年1—3月配套车型产量小计(辆)	配套车型产量合计(辆)
天津力神电池股份有限公司	三元材料	18650(2.6Ah)	—	—	—	—	南京金龙客车制造有限公司	—	—	—	—	—	—	—	—	惠州市亿能电子有限公司	—	303	纯电动	纯电动厢式运输车	0	1	
		LR1865SD	3.6	—	0.046	1888	天津力神电池股份有限公司	57.6	68	236	—	13.6	110	—	LS-EV-BMS-B2	天津力神电池股份有限公司	—		纯电动	纯电动厢式运输车	549	0	
浙江万向亿能动力电池有限公司	锰酸锂蓄电池	WX1213735	—	—	—	—	浙江万向亿能动力电池有限公司	—	—	—	—	—	—	—	—	浙江万向亿能动力电池有限公司	—	120	纯电动	纯电动轿车	0	2	1593
	镍钴锰锂离子电池	2101AAT	3.7	—	.86	168	浙江万向亿能动力电池有限公司	310.8	114	72	—	22.3	256	否	—	—	—	151	纯电动	纯电动轿车	811	780	
Automotive Energy Supply	锰酸锂；镍酸锂	295B13NA0*	3.75	—	0.79	192	Automotive Energy Supply	360	250	66	—	24	273	否	293A0 3NK0*/293A0 3NK0*	Calsonic Kansei	—	180	纯电动	纯电动轿车	98	0	1335
		295B1-0A	3.75	—	0.79	192	东风汽车有限公司	360	250	57	—	24	273	否	293A0-0A	Calsonic Kansei	—	175	纯电动	纯电动轿车	1227	10	
日本Panasonic EV Energy株式会社	金属氢化物镍蓄电池	G9281-47050	7.2	—	1.04	28	日本Panasonic EV Energy株式会社	201.6	83.5	6.5	—	1.31	41	否	896B34722000/896B54708000	日本丰田汽车公司/DENSO株式会社	82	—	汽油混合动力	混联式混合动力轿车	1214	67	1281
多氟多（焦作）新能源科技有限公司	锰酸锂	CGPMP1665132	3.7	—	0.27	528	多氟多（焦作）新能源科技有限公司	80	240	240	—	19.2	220	是	QT-BGCS-2118A	浙江高泰昊能科技有限公司	—	250	纯电动	纯电动轿车	338	0	1127
			3.7	—	0.27	528	浙江时空能源技术有限公司	81.4	240	240	—	20	220	是	QT-BGCS-2118A；QT-EVCU-2518	浙江高泰昊能科技有限公司	—	250	纯电动	纯电动轿车	0	67	

续表

储能装置单体生产企业	电动汽车储能装置种类	储能装置单体型号	储能装置单体的标称电压(V)	超级电容器单体标称静电容量(F)	储能装置单体质量(kg)	储能装置单体数量(块)	储能装置总成生产企业	储能装置总成标称电压(V)	储能装置总成额定输出电流(A)	动力蓄电池总成标称容量(A·h)	超级电容器总成标称静电容量(F)	储能装置总储电量(kW·h)	储能装置总成质量(kg)	动力蓄电池箱是否具有快换装置	车载能源管理系统型号(包括软件和硬件)	车载能源管理系统生产企业	混合动力汽车电功率比(%)	电动汽车续驶里程(工况法，km)	燃料种类	配套车辆类型	2014年配套车型产量小计(辆)	2015年1—3月配套车型产量小计(辆)	配套车型产量合计(辆)
多氟多（焦作）新能源科技有限公司	锰酸锂	DFDPMP 1665132	3.7	—	0.27	320	多氟多（焦作）新能源科技有限公司	74	160	160	—	11.8	168	是	BF101.2/903.1.95；YT24AA；DY-B-24.1；QT-BMS-5818-B1	哈尔滨冠拓电源设备有限公司；惠州市亿能电子有限公司；山东德洋电子科技有限公司；浙江亚丁科技有限公司	—	85	纯电动	纯电动轿车	718	4	
微宏动力系统（湖州）有限公司	钛酸锂	MPS0 2110T	2.2	—	4.225	166	微宏动力系统（湖州）有限公司	365	280	110	—	40.15	850	否	硬件：MPS-BMS-LTO-H166；软件：MPS-BMS-LTO-S V1.0	微宏动力系统（湖州）有限公司	51	—	NG 混合动力	插电式并联混合动力城市客车	354	0	1117
		MPS0 230E	2.2	—	1.01	332	微宏动力系统（湖州）有限公司	365	280	30	—	21.9	550	否	硬件：MPS-BMS-LTO-H166；软件：MPS-BMS-LTO-S V1.0	微宏动力系统（湖州）有限公司	51	—	NG 混合动力	插电式并联混合动力城市客车	40	64	
			2.2	—	1.01	1260	微宏动力系统（湖州）有限公司	554.4	300	150	—	83.16	2050	否	MPS-SHT252V1.0/MPS-HHT252V1.0	微宏动力系统（湖州）有限公司	—	—	纯电动	纯电动城市客车	2	0	
	多元复合	MV062 03127 NPP	3.55	—	0.295 ± 0.005	4080	微宏动力系统（湖州）有限公司	575	400	216	—	124	2200	否	MPS-BMS-H/S V2.0	微宏动力系统（湖州）有限公司	—	90	纯电动	纯电动客车	7	61	
			3.55	—	0.29	3024	微宏动力系统（湖州）有限公司	596	400	162	—	96.5	1760	否	MPS-BMS-H/S V2.0	微宏动力系统（湖州）有限公司	—	120	纯电动	纯电动城市客车	100	0	

续表

储能装置单体生产企业	电动汽车储能装置种类	储能装置单体型号	储能装置单体的标称电压(V)	超级电容器单体标称静电容量(F)	储能装置单体质量(kg)	储能装置单体数量(块)	储能装置总成生产企业	储能装置总成标称电压(V)	储能装置总成额定输出电流(A)	动力蓄电池总成标称容量(A·h)	超级电容器总成标称静电容量(F)	储能装置总储电量(kW·h)	储能装置总成质量(kg)	动力蓄电池箱是否具有快换装置	车载能源管理系统型号(包括软件和硬件)	车载能源管理系统生产企业	混合动力汽车电功率比(%)	电动汽车续驶里程(工况法,km)	燃料种类	配套车辆类型	2014年配套车型产量小计(辆)	2015年1—3月配套车型产量小计(辆)	配套车型产量合计(辆)
微宏动力系统（湖州）有限公司	多元复合	MV06203127NPP	3.55	—	0.29	3744	微宏动力系统（湖州）有限公司	554	400	216	—	119.6	2340	否	MPS-BMS-H/S V2.0	微宏动力系统（湖州）有限公司	—	130	纯电动	纯电动城市客车	100	0	
			3.55	—	0.295	4480	微宏动力系统（湖州）有限公司	568	330	252	—	143	2000	否	MPS-BMS-SV2.0/MPS-BMS-HV2.0	微宏动力系统（湖州）有限公司	—	—	纯电动	纯电动城市客车	1	0	
			3.55	—	0.298	1152	微宏动力系统（湖州）有限公司	340	200	108	—	37	600	否	MPS-BMS-H/S V2.0	微宏动力系统（湖州）有限公司	—	—	纯电动	纯电动城市客车	2	0	
			3.55	—	0.298	1296	微宏动力系统（湖州）有限公司	575	200	72	—	41.4	800	否	MPS-BMS-H/S	微宏动力系统（湖州）有限公司	—	120	纯电动	纯电动城市客车	61	1	
			3.55	—	0.298	1296	微宏动力系统（湖州）有限公司	511 575	200	81 72	—	41.4	730	是	MPS-BMS-H/S V2.0	微宏动力系统（湖州）有限公司	—	60	纯电动	纯电动城市客车	40	0	
			3.55	—	0.298	2016	微宏动力系统（湖州）有限公司	596.4	240	108	—	64.4	1300	否	MPS-BMS-H/S	微宏动力系统（湖州）有限公司	—	120	纯电动	纯电动城市客车	44	64	
			3.55	—	0.298	3024	微宏动力系统（湖州）有限公司	596	300	162	—	96.6	1800	是	MPS-BMS-H/MPS-BMS-S	微宏动力系统（湖州）有限公司	—	—	纯电动	纯电动城市客车	10	0	
			3.55	—	295±0.005	490	微宏动力系统（湖州）有限公司	348	200	44	—	15.3	280	否	MPS-BMS-H/S V2.0	微宏动力系统（湖州）有限公司	53.6	20	NG/电混合动力	插电式混联混合动力城市客车	1	0	
			3.55	—	0.295	432	微宏动力系统（湖州）有限公司	511.2	50	27	—	13.8	216	否	MPS-BMS-H/MPS-BMS-S	微宏动力系统（湖州）有限公司	52.8	—	NG/电混合动力	插电式混联混合动力城市客车	24	81	

续表

储能装置单体生产企业	电动汽车储能装置种类	储能装置单体型号	储能装置单体的标称电压(V)	超级电容器单体标称静电容量(F)	储能装置单体质量(kg)	储能装置单体数量(块)	储能装置总成生产企业	储能装置总成标称电压(V)	储能装置总成额定输出电流(A)	动力蓄电池总成标称容量(A·h)	超级电容器总成标称静电容量(F)	储能装置总储电量(kW·h)	储能装置总成质量(kg)	动力蓄电池箱是否具有快换装置	车载能源管理系统型号(包括软件和硬件)	车载能源管理系统生产企业	混合动力汽车电功率比(%)	电动汽车续驶里程(工况法，km)	燃料种类	配套车辆类型	2014年配套车型产量小计(辆)	2015年1—3月配套车型产量小计(辆)	配套车型产量合计(辆)
微宏动力系统（湖州）有限公司	多元复合	MV06203127NPP	3.55	—	0.298	392	微宏动力系统（湖州）有限公司	348	200	36	—	12.5	270	否	SHS4－ZCKZQ	厦门金龙旅行车有限公司	90.7	—	LNG/电混合动力	插电式混联混合动力城市客车	0	56	
			3.55	—	0.298	800	微宏动力系统（湖州）有限公司	568	180	45	—	25.56	500	否	软件：MPS－BMS－SV2.0；硬件：MPS－BMS－HV2.0	微宏动力系统（湖州）有限公司	55.3	—	NG混合动力	插电式混联混合动力城市客车	1	0	
			3.55	—	0.295	432	微宏动力系统（湖州）有限公司	511.2	50	27	—	13.8	216	否	MPS－BMS－H/MPS－BMS－S	微宏动力系统（湖州）有限公司	54.1	—	柴油/电混合动力	插电式混联混合动力城市客车	3	0	
美国麦克斯威科技公司；苏州海格新能源汽车电控系统科技有限公司；锂电池：苏州海格新能源汽车电控系统科技有限公司	磷酸铁锂/超级电容	BCAP3000；HC－HUC3000；锂电池：HGL－1	2.7 2.7 锂电池：3.2	3000 3000	0.55 0.55 锂电池：0.33	218 218 锂电池：500	美国麦克斯威科技公司；苏州海格新能源汽车电控系统科技有限公司；锂电池：苏州海格新能源汽车电控系统科技有限公司	576 576 锂电池：400	220	36	14 14	0.65 0.65 锂电池：14.4	162 162 锂电池：250	否	—	—	53.6	—	柴油混合动力	插电式混合动力城市客车	130	12	1047
			2.7 2.7 锂电池：3.2	3000 3000	0.55 0.55 锂电池：0.33	218 218 锂电池：500	美国麦克斯威科技公司；苏州海格新能源汽车电控系统科技有限公司；锂电池：苏州海格新能源汽车电控系统科技有限公司	576 576 锂电池：400	220	36	14 14	0.65 0.65 锂电池：14.4	162 162 锂电池：250	否	—	—	52.3	—	NG/电混合动力	插电式混合动力城市客车	435	69	

续表

储能装置单体生产企业	电动汽车储能装置种类	储能装置单体型号	储能装置单体的标称电压(V)	超级电容器单体标称静电容量(F)	储能装置单体质量(kg)	储能装置单体数量(块)	储能装置总成生产企业	储能装置总成标称电压(V)	储能装置总成额定输出电流(A)	动力蓄电池总成标称容量(A·h)	超级电容器总成标称静电容量(F)	储能装置总储电量(kW·h)	储能装置总成质量(kg)	动力蓄电池箱是否具有快换装置	车载能源管理系统型号(包括软件和硬件)	车载能源管理系统生产企业	混合动力汽车电功率比(%)	电动汽车续驶里程(工况法，km)	燃料种类	配套车辆类型	2014年配套车型产量小计(辆)	2015年1—3月配套车型产量小计(辆)	配套车型产量合计(辆)
美国麦克斯威科技公司；苏州海格新能源汽车电控系统科技有限公司；锂电池：苏州海格新能源汽车电控系统科技有限公司	磷酸铁锂/超级电容	BCAP3000；HC-HUC3000；锂电池：HGL-1	2.7 2.7 锂电池：3.2	3000 3000	0.55 0.55 锂电池：0.33	218 218 锂电池：625	美国麦克斯威科技公司；苏州海格新能源汽车电控系统科技有限公司；锂电池：苏州海格新能源汽车电控系统科技有限公司	576 576 锂电池：400	220	45	14 14	0.65 0.65 锂电池：18	162 162 锂电池：280	否	BMS-HIGEC01	苏州海格新能源汽车电控系统科技有限公司	52.3	—	NG混合动力	插电式混合动力城市客车	246	45	
			2.7 2.7 锂电池：3.2	3000 3000	0.55 0.55 锂电池：0.33	218 218 锂电池：750	美国麦克斯威科技公司；苏州海格新能源汽车电控系统科技有限公司；锂电池：苏州海格新能源汽车电控系统科技有限公司	576 576 锂电池：400	220	54	14	0.65 0.65 锂电池：21.6	162 162 锂电池：310	否	BMS-HIGEC01	苏州海格新能源汽车电控系统科技有限公司	52.3	—	NG/电混合动力	插电式混合动力城市客车	90	20	
宁德新能源科技有限公司	磷酸铁锂		3.2	—	2.3	108	宁德时代新能源科技有限公司	—	260	86	—	29.72	550	—	S0BMU0001V10Y13	宁德时代新能源科技有限公司	77.4	—	LNG混合动力	插电式混合动力城市客车	70	0	933
		48/174/132.5-80Ah	3.2	—	2.17	108	宁德时代新能源科技有限公司	345.6	26.7	80	—	24	475	否	软件版本：SWFL_1BCC；硬件型号：HWEL_0F11	Preh	—	150	纯电动	纯电动轿车	311	65	

续表

储能装置单体生产企业	电动汽车储能装置种类	储能装置单体型号	储能装置单体的标称电压(V)	超级电容器单体标称静电容量(F)	储能装置单体质量(kg)	储能装置单体数量(块)	储能装置总成生产企业	储能装置总成标称电压(V)	储能装置总成额定输出电流(A)	动力蓄电池总成标称容量(A·h)	超级电容器总成标称静电容量(F)	储能装置总储电量(kW·h)	储能装置总成质量(kg)	动力蓄电池箱是否具有快换装置	车载能源管理系统型号(包括软件和硬件)	车载能源管理系统生产企业	混合动力汽车电功率比(%)	电动汽车续驶里程(工况法，km)	燃料种类	配套车辆类型	2014年配套车型产量小计(辆)	2015年1—3月配套车型产量小计(辆)	配套车型产量合计(辆)
宁德新能源科技有限公司	磷酸铁锂	47/173/132.5－86Ah	3.2	—	2.3	825	宁德时代新能源科技有限公司	528	86	430	—	227	2500	否	S05BMS000DV01Y13/H05BMS0010Y13	宁德时代新能源科技有限公司	—	245	纯电动	纯电动客车	7	0	
			3.2	—	2.3	540	宁德时代新能源科技有限公司	576	86	258	—	148.6	1600	否	S05BMS000DV01Y13/H05BMS0010Y13	宁德时代新能源科技有限公司	—	160	纯电动	纯电动客车	15	144	
			3.2	—	2.3	1044	宁德时代新能源科技有限公司	556.8	258	516	—	287.3	3250	否	S05BMS000DV01Y13/H05BMS0010Y13	宁德时代新能源科技有限公司	—	320	纯电动	纯电动城市客车	185	41	
			3.2	—	2.3	486	宁德时代新能源科技有限公司	518	86	258	—	133.7	1485	否	S00BMU0G01V22Y14/H00BMU0015V5I24C	宁德时代新能源科技有限公司	—	180	纯电动	纯电动城市客车	74	0	
			3.2	—	2.3	648	宁德时代新能源科技有限公司	518	170	344	—	178.0	1940	否	S05BMS000DV01Y13/H05BMS0010Y13	宁德时代新能源科技有限公司	—	180	纯电动	纯电动城市客车	1	0	
			3.2	—	2.3	504	宁德新能源科技有限公司	537.6	172	258	—	138.7	1600	否	KL－VMS/KL－VMS	宁德新能源科技有限公司	—	—	纯电动	纯电动城市客车	0	20	
万向电动汽车有限公司	磷酸亚铁锂电池	WX14I3220	3.2	—	0.54	216	万向电动汽车有限公司	345.6	200	40	—	13	266.5	否	—	—	—	50	插电式汽油混合动力轿车	增程式混合动力城市客车	192	311	825
	锂离子蓄电池	WX12I3215	3.2	—	0.43	1152	万向电动汽车有限公司	307	90	180	—	55	684	是	硬件：WX－BC01V101；软件：WX－BSC0108AV102	万向电动汽车有限公司	—	—	纯电动	纯电动商务车	0	2	
		WX12I3250	—	—	—	—	万向电动汽车有限公司	—	—	—	—	—	—	—	—	万向电动汽车有限公司	—	120	纯电动	纯电动城市客车	185	4	

续表

储能装置单体生产企业	电动汽车储能装置种类	储能装置单体型号	储能装置单体的标称电压(V)	超级电容器单体标称静电容量(F)	储能装置单体质量(kg)	储能装置单体数量(块)	储能装置总成生产企业	储能装置总成标称电压(V)	储能装置总成额定输出电流(A)	动力蓄电池总成标称容量(A·h)	超级电容器总成标称静电容量(F)	储能装置总储电量(kW·h)	储能装置总成质量(kg)	动力蓄电池箱是否具有快换装置	车载能源管理系统型号(包括软件和硬件)	车载能源管理系统生产企业	混合动力汽车电功率比(%)	电动汽车续驶里程(工况法,km)	燃料种类	配套车辆类型	2014年配套车型产量小计(辆)	2015年1—3月配套车型产量小计(辆)	配套车型产量合计(辆)
万向电动汽车有限公司	锂离子蓄电池	WX12 13250	3.2	—	1.1	318	万向电动汽车有限公司	339	150	150	—	50.9	630	否	KPB04 - KPL04 - KPE600	北京科易动力科技有限公司	—		纯电动	纯电动客车	0	37	
		WX12 13720	3.7	—	0.52	340	重庆长安新能源汽车有限公司	315	40	80	—	25	340	否	XLBCU01	重庆长安新能源汽车有限公司	—	160	纯电动	纯电动轿车	0	3	
	磷酸铁锂	CE12	3.2	—	0.43	500	万向电动汽车有限公司	320	25	75	—	24	300	是	WX - BSF0211AV100/WX - BF02V100	万向电动汽车有限公司	—	—	纯电动	纯电动轿车	4	0	
		IFP152/40/256	3.2	—	2.07	720	万向电动汽车有限公司	576	240	240	—	138	2450	是	WX - BC01	万向电动汽车有限公司	—	—	纯电动	纯电动城市客车	1	1	
		WX12 13215	3.2	—	0.43	1152	万向电动汽车有限公司	307	90	180	—	55	684	是	硬件：WX - BC01V101；软件：WX - BSC0108AV102	万向电动汽车有限公司	—	—	纯电动	纯电动商务车	14	0	
		WX12 13250	3.2	—	1.1	318	万向电动汽车有限公司	339	150	150	—	50.9	630	否	KPB04 - KPL04 - KPE600	北京科易动力科技有限公司	—	120	纯电动	纯电动客车	13	0	
		WX12 13222	3.2	—	0.575	576	万向电动汽车有限公司	307.2	396	132	—	40.6	520	否	KPB04 - KPL04 - KPE600	北京科易动力科技有限公司	—	120	纯电动	纯电动客车	29	3	
		8L12 - 100MA	3.2	—	0.46	96	万向电动汽车有限公司	316.8	100	120	—	33.6	200	否	Lecu - 240502 - 1224 v1.00 Bmu - M0103	万向电动汽车有限公司	—	150	纯电动	纯电动工程车	6	0	
	三元材料	WX12 13720	3.7	—	0.52	340	重庆长安新能源汽车有限公司	315	40	80	—	25	340	否	XLBCU01	重庆长安新能源汽车有限公司	—	160	纯电动	纯电动轿车	20	0	

续表

储能装置单体生产企业	电动汽车储能装置种类	储能装置单体型号	储能装置单体的标称电压(V)	超级电容器单体标称静电容量(F)	储能装置单体质量(kg)	储能装置单体数量(块)	储能装置总成生产企业	储能装置总成标称电压(V)	储能装置总成额定输出电流(A)	动力蓄电池总成标称容量(A·h)	超级电容器总成标称静电容量(F)	储能装置总储电量(kW·h)	储能装置总成质量(kg)	动力蓄电池箱是否具有快换装置	车载能源管理系统型号(包括软件和硬件)	车载能源管理系统生产企业	混合动力汽车电功率比(%)	电动汽车续驶里程(工况法,km)	燃料种类	配套车辆类型	2014年配套车型产量小计(辆)	2015年1—3月配套车型产量小计(辆)	配套车型产量合计(辆)
力神动力电池系统有限公司	磷酸铁锂离子电池	LP2770120AC	3.2	—	—	—	—	538	—	—	—	—	—	—	—	—	—	—	纯电动	纯电动城市客车	1	0	761
	锂离子电池	18650	3.6	—	0.048	624	力神动力电池系统有限公司	316.8	254.8	254.8	—	80.7	760	否	QT-EVCU-2518	浙江高泰昊能科技有限公司	—	200	纯电动	纯电动客车	0	269	
	磷酸铁锂	LP2770134	3.2	—	0.51	2688	力神动力电池系统有限公司	538	186	320	—	172.03	2000	是	ZTEV40E	中通客车控股股份有限公司	—	160	纯电动	纯电动城市客车	1	0	
			3.2	—	0.51	2688	力神动力电池系统有限公司	538	273	320	—	172.03	2000	是	ZTEV300E	中通客车控股股份有限公司	—	120	纯电动	纯电动城市客车	20	0	
		18650	3.6	—	0.048	624	力神动力电池系统有限公司	316.8	254.8	254.8	—	80.7	760	否	QT-EVCU-2518	浙江高泰昊能科技有限公司	—	200	纯电动	纯电动客车	149	0	
		ZTF40E	3.2	—	0.51	2688	力神动力电池系统有限公司	538	273	320	—	172.03	2000	是	ZTEV40E	中通客车控股股份有限公司	—	120	纯电动	纯电动城市客车	1	0	
		LP2770120	3.2	—	0.458	2520	力神动力电池系统有限公司	384	150	336	—	120	1800	否	软件LS_EV_BMS_B22;硬件:LS_EV_BMS_B22	力神动力电池系统有限公司	—	—	纯电动	纯电动城市客车	202	0	
			3.2	—	0.389	510	力神动力电池系统有限公司	326.4	65	67.5	—	22	290	否	LM KIA_LDev2 BMSPCBA	力神动力电池系统有限公司	—	140	纯电动	纯电动轿车	34	0	
	三元锂离子电池	18650	3.6	—	0.048	2156	浙江时空能源技术有限公司	79.2	254.8	254.8	—	20.18	190	是	QT-BGCS-2118A;QT-EVCU-2518	浙江高泰昊能科技有限公司	—	250	纯电动	纯电动轿车	0	84	

续表

储能装置单体生产企业	电动汽车储能装置种类	储能装置单体型号	储能装置单体的标称电压(V)	超级电容器单体标称静电容量(F)	储能装置单体质量(kg)	储能装置单体数量(块)	储能装置总成生产企业	储能装置总成标称电压(V)	储能装置总成额定输出电流(A)	动力蓄电池总成标称容量(A·h)	超级电容器总成标称静电容量(F)	储能装置总储电量(kW·h)	储能装置总成质量(kg)	动力蓄电池箱是否具有快换装置	车载能源管理系统型号(包括软件和硬件)	车载能源管理系统生产企业	混合动力汽车电功率比(%)	电动汽车续驶里程(工况法，km)	燃料种类	配套车辆类型	2014年配套车型产量小计(辆)	2015年1—3月配套车型产量小计(辆)	配套车型产量合计(辆)
厦门金龙旅行车有限公司	磷酸铁锂	XMJL-3.2V-100AH	3.2	—	3.1	540	厦门金龙旅行车有限公司	576	200	300	—	172.8	2340	否	XMJL-BMS-DPX	厦门金龙旅行车有限公司	—	—	纯电动	纯电动旅游客车	29	11	728
			3.2	—	3.1	504	厦门金龙旅行车有限公司	537.6	300	300	—	161.28	2030	否	XMJL-BMS-DPX	厦门金龙旅行车有限公司	—	—	纯电动	纯电动城市客车	41	423	
			3.2	—	3.1	360	厦门金龙旅行车有限公司	576	300	200	—	115.2	1400	否	XMJL-BMS-DPX	厦门金龙旅行车有限公司	—	—	纯电动	纯电动城市客车	17	6	
		XMJL-3.2V-120AH	3.2	—	2.95	162	厦门金龙旅行车有限公司	518.4	120	120	—	62.2	600	否	XMJL-BMS-DPX	厦门金龙旅行车有限公司	—	—	纯电动	纯电动客车	0	56	
		XMJL-3.2V-21.5AH	3.2	—	0.572	3360	厦门金龙旅行车有限公司	537.6	300	430	—	231.168	2400	否	XMJL-BMS-DPX	厦门金龙旅行车有限公司	—	—	纯电动	纯电动城市客车	15	0	
		XMJL-3.2V-50AH-DPS	3.2	—	1.8	840	厦门金龙旅行车有限公司	537.6	300	250	—	134.4	1600	否	XMJL-BMS-DPX	厦门金龙旅行车有限公司	—	—	纯电动	纯电动城市客车	9	0	
		XMJL-3.2V-86AH	3.2	—	2.3	504	厦门金龙旅行车有限公司	537.6	300	258	—	138.7	1500	否	XMJL-BMS-DPX	厦门金龙旅行车有限公司	—	—	纯电动	纯电动城市客车	22	0	
	磷酸铁锂电池	XMJL-3.2V-80AH	3.2	—	2.2	108	厦门金龙旅行车有限公司	345.6	160	80	—	27.65	350	否	GDHEV-LZ01	厦门金龙旅行车有限公司	57.2	—	CNG/LNG混合动力	并联式混合动力城市客车	0	20	
			3.2	—	2.2	108	厦门金龙旅行车有限公司	345.6	160	80	—	27.65	350	否	GDHEV-LZ01	厦门金龙旅行车有限公司	72.2	—	柴油/电混合动力	并联式混合动力城市客车	0	2	

续表

储能装置单体生产企业	电动汽车储能装置种类	储能装置单体型号	储能装置单体的标称电压(V)	超级电容器单体标称静电容量(F)	储能装置单体质量(kg)	储能装置单体数量(块)	储能装置总成生产企业	储能装置总成标称电压(V)	储能装置总成额定输出电流(A)	动力蓄电池总成标称容量(A·h)	超级电容器总成标称静电容量(F)	储能装置总储电量(kW·h)	储能装置总成质量(kg)	动力蓄电池箱是否具有快换装置	车载能源管理系统型号(包括软件和硬件)	车载能源管理系统生产企业	混合动力汽车电功率比(%)	电动汽车续驶里程(工况法,km)	燃料种类	配套车辆类型	2014年配套车型产量小计(辆)	2015年1—3月配套车型产量小计(辆)	配套车型产量合计(辆)
厦门金龙旅行车有限公司	超级电容	XMJL 3000	2.7	3000	0.51	216	厦门金龙旅行车有限公司	583.2	310	—	13.75	0.6495	162	否	GDHEV-NZ01	厦门金龙旅行车有限公司	158	—	混合动力	串联混合动力城市客车	51	0	
			2.7	3000	0.51	216	厦门金龙旅行车有限公司	583.2	310	—	13.75	0.6495	162	否	GDHEV-NZ01	厦门金龙旅行车有限公司	127	—	混合动力	串联混合动力城市客车	26	0	
中航锂电(洛阳)有限公司	磷酸铁锂	CA180FI	3.2	—	5.79	30	中航锂电(洛阳)有限公司	96	200	180	180	17.28	≤180	否	TA72400-C	惠州市亿能电子有限公司	—	80	纯电动	纯电动车厢可卸式垃圾车	5	8	648
			3.2	—	5.79	30	中航锂电(洛阳)有限公司	96	200	180	180	17.28	≤180	否	TA72400-C	惠州市亿能电子有限公司	—	80	纯电动	纯电动车厢自装式垃圾车	2	0	
			3.2	—	5.79	30	中航锂电(洛阳)有限公司	96	200		180	17.28	≤180	否	TA72400-C	惠州市亿能电子有限公司	—	80	纯电动	纯电动桶装垃圾运输车	2	12	
			3.2	—	5.79	30	中航锂电(洛阳)有限公司	96	200	180	—	17.28	≤180	否	TA72400-C	惠州市亿能电子有限公司	—			纯电动自装卸式垃圾车	0	13	
		CAM72	3.2	—	2.1	135	中航锂电(洛阳)有限公司	144	63	216	—	31.1	366	否	BMSV045 AB1B001	上海恒动汽车电池有限公司	—	173	纯电动	纯电动厢式运输车	3	0	
			3.2	—	2.1	96	中航锂电(洛阳)有限公司	153.6	72	144	—	22.12	280	否	CA-V05 Ⅰ/软件版本:PT&ZHQCH-CD-V0.0.003(V4.6);硬件版本:CO0V38 D1308	中航锂电(洛阳)有限公司	—	142	纯电动	纯电动厢式运输车	29	1	

续表

储能装置单体生产企业	电动汽车储能装置种类	储能装置单体型号	储能装置单体的标称电压(V)	超级电容器单体标称静电容量(F)	储能装置单体质量(kg)	储能装置单体数量(块)	储能装置总成生产企业	储能装置总成标称电压(V)	储能装置总成额定输出电流(A)	动力蓄电池总成标称容量(A·h)	超级电容器总成标称静电容量(F)	储能装置总储电量(kW·h)	储能装置总成质量(kg)	动力蓄电池箱是否具有快换装置	车载能源管理系统型号(包括软件和硬件)	车载能源管理系统生产企业	混合动力汽车电功率比(%)	电动汽车续驶里程(工况法，km)	燃料种类	配套车辆类型	2014年配套车型产量小计(辆)	2015年1—3月配套车型产量小计(辆)	配套车型产量合计(辆)
中航锂电（洛阳）有限公司	磷酸铁锂	CAM72	3.2	—	1.9	940	中航锂电（洛阳）有限公司	601.6	250	400	—	216	2600	否	EV02	惠州市亿能电子有限公司	—	150	纯电动	纯电动城市客车	20	0	
			3.2	—	2.1	240	中航锂电（洛阳）有限公司	384	144	144	—	55.3	630	否	LG_ BMS_ B51_ V4.21；LG_ CALB_ B51_ V2.3	安徽力高新能源技术有限公司；安徽力高新能源技术有限公司	—	125	纯电动	纯电动城市客车	101	0	
			3.2	—	2.1	672	中航锂电（洛阳）有限公司	537.6	186	288	—	154.83	2000	否	CA－V05Ⅰ	中航锂电（洛阳）有限公司	—	160	纯电动	纯电动城市客车	0	7	
			3.2	—	1.9	510	中航锂电（洛阳）有限公司	588.8	135	288	—	120	1700	否	S3005/H101	深圳市科列技术有限公司	—	130	纯电动	纯电动客车	14	0	
			3.2	—	1.9	188	中航锂电（洛阳）有限公司	300.8	144	144	—	43.3	548	否	KPB04－KPL04－KPE600	北京科易动力科技有限公司	—	—	纯电动	纯电动客车	1	0	
			3.2	—	2.1±0.1	420	中航锂电（洛阳）有限公司	336	150	288	—	96.8	1300	否	ZRBMS16－V07	北京中瑞蓝科电动汽车技术有限公司	—	180	纯电动	纯电动客车	3	0	
		SE100AHA	3.2	—	3.1±0.1	105	纽贝耳汽车（杭州）有限公司	336	33	100	—	33.6	385	是	—	—	—	—	纯电动	纯电动轻型客车	65	0	
			3.2	—	3.1±0.1	112	中航锂电（洛阳）有限公司	358.4	100	100	—	35.8	400	否	B30C03－EV02B（EV02BCSS2316，EV02BCSH0A26）	惠州市亿能电子有限公司	—	130	纯电动	纯电动工程车	2	0	

续表

储能装置单体生产企业	电动汽车储能装置种类	储能装置单体型号	储能装置单体的标称电压(V)	超级电容器单体标称静电容量(F)	储能装置单体质量(kg)	储能装置单体数量(块)	储能装置总成生产企业	储能装置总成标称电压(V)	储能装置总成额定输出电流(A)	动力蓄电池总成标称容量(A·h)	超级电容器总成标称静电容量(F)	储能装置总储电量(kW·h)	储能装置总成质量(kg)	动力蓄电池箱是否具有快换装置	车载能源管理系统型号(包括软件和硬件)	车载能源管理系统生产企业	混合动力汽车电功率比(%)	电动汽车续驶里程(工况法，km)	燃料种类	配套车辆类型	2014年配套车型产量小计(辆)	2015年1—3月配套车型产量小计(辆)	配套车型产量合计(辆)
中航锂电(洛阳)有限公司	磷酸铁锂	SE180AHA	3.2	—	5.6	45	重庆瑞驰汽车实业有限公司	144	55	180	—	25.92	290	否	GT005A	哈尔滨冠拓电源设备有限公司	—	183	纯电动	纯电动厢式运输车	3	0	
			3.2	—	5.6	45	中航锂电(洛阳)有限公司	144	60	180	—	25.92	354	否	EK-FT-12;ZRBMSV.03	安徽力高新能源技术有限公司；北京中瑞蓝科电动汽车技术有限公司	—	125	纯电动	纯电动厢式运输车	70	7	
			3.2	—	5.6	45	重庆瑞驰汽车实业有限公司	144	60	180	—	25.92	354	否	EK-FT-12	安徽力高新能源技术有限公司	—	113	纯电动	纯电动厢式运输车	46	48	
			3.2	—	5.6	360	山东沂星电动汽车有限公司	560	200	360	—	201.6	2050	是	P412000A/GTBMS005A-MC11	哈尔滨冠拓电源设备有限公司	—		纯电动	纯电动城市客车	1	0	
			3.2	—	5.60	411	四川汽车工业集团有限公司	438.4	360	540	—	238.464	2301.6	否	EV02	惠州市亿能电子有限公司	—	109	纯电动	纯电动城市客车	1	0	
		SE200FI	3.2	—	7.14	30	中航锂电(洛阳)有限公司	96	200	200	—	19.2	230	否	软件：B37Q01MS4A30；硬件：EV05DM122A	惠州市亿能电子有限公司	—	120	纯电动	纯电动桶装垃圾运输车	2	0	
			3.2	—	7.1	360	中航锂电(洛阳)有限公司	576	173.6	400	—	230	3050	否	S3005/H101	深圳市科列技术有限公司	—	130	纯电动	纯电动客车城市客车	22	0	
		CA100	3.2	—	3.3	540	中航锂电(洛阳)有限公司	576	300	300	—	172.8	2300	否	CA-V051	中航锂电(洛阳)有限公司	—	250	纯电动	纯电动城市客车	1	2	

续表

储能装置单体生产企业	电动汽车储能装置种类	储能装置单体型号	储能装置单体的标称电压(V)	超级电容器单体标称静电容量(F)	储能装置单体质量(kg)	储能装置单体数量(块)	储能装置总成生产企业	储能装置总成标称电压(V)	储能装置总成额定输出电流(A)	动力蓄电池总成标称容量(A·h)	超级电容器总成标称静电容量(F)	储能装置总储电量(kW·h)	储能装置总成质量(kg)	动力蓄电池箱是否具有快换装置	车载能源管理系统型号(包括软件和硬件)	车载能源管理系统生产企业	混合动力汽车电功率比(%)	电动汽车续驶里程(工况法, km)	燃料种类	配套车辆类型	2014年配套车型产量小计(辆)	2015年1—3月配套车型产量小计(辆)	配套车型产量合计(辆)
中航锂电(洛阳)有限公司	磷酸铁锂蓄电池	E200FI	3.2 3.2	—	5.7 4	120 120	中航锂电(洛阳)有限公司；宁德时代新能源科技有限公司	384	200	200	—	76.8	860	否	ZTF20E；MWZT01	中通客车控股股份有限公司；中通客车控股股份有限公司	—	150	纯电动	纯电动城市客车	10	1	625
	三元材料	CAS20NI	3.7	—	0.46±0.002	624	中航锂电(洛阳)有限公司	384	120	120	—	46.2	490	否	HS-100	北京海博思创科技有限公司	—	100	纯电动	纯电动客车	38	108	
厦门金龙旅行车有限公司；厦门金龙旅行车有限公司	磷酸铁锂；超级电容	XMJL-3.2V-35AH-DPS；XMJL3000	3.2 2.7	— 3000	1.45 0.51	120 216	厦门金龙旅行车有限公司；厦门金龙旅行车有限公司	384 583.2	175 208	35 —	— 13.75	14.0895	402	否	GDHEV-ZK12	厦门金龙旅行车有限公司	91.8	—	柴油/电混合动力	插电式混联混合动力城市客车	0	30	
			3.2 2.7	— 3000	1.45 0.51	120 216	厦门金龙旅行车有限公司；厦门金龙旅行车有限公司	384 583.2	175 208	35 —	— 13.75	14.0895	402	否	GDHEV-ZK12	厦门金龙旅行车有限公司	83.3	—	柴油混合动力	插电式混联混合动力城市客车	62	0	
		XMJL-3.2V-5AH；XMJL3000	3.2 2.7	— 3000	0.145 0.51	800 144	厦门金龙旅行车有限公司；厦门金龙旅行车有限公司	256 388.8	250 425	50 —	— 20.625	13.235(电池+电容)	288(电池+电容)	否	GHSV6H-165-SL	厦门金龙旅行车有限公司	111	—	柴油混合动力	插电式混联混合动力城市客车	22	0	
			3.2 2.7	— 3000	0.145 0.51	800 144	厦门金龙旅行车有限公司；厦门金龙旅行车有限公司	256 388.8	250 425	50 —	— 20.625	13.235(电池+电容)	288(电池+电容)	否	GHSV6H-165-SL	厦门金龙旅行车有限公司	108.4	—	NG混合动力	插电式混联混合动力城市客车	10	0	

续表

储能装置单体生产企业	电动汽车储能装置种类	储能装置单体型号	储能装置单体的标称电压(V)	超级电容器单体标称静电容量(F)	储能装置单体质量(kg)	储能装置单体数量(块)	储能装置总成生产企业	储能装置总成标称电压(V)	储能装置总成额定输出电流(A)	动力蓄电池总成标称容量(A·h)	超级电容器总成标称静电容量(F)	储能装置总储电量(kW·h)	储能装置总成质量(kg)	动力蓄电池箱是否具有快换装置	车载能源管理系统型号(包括软件和硬件)	车载能源管理系统生产企业	混合动力汽车电功率比(%)	电动汽车续驶里程(工况法，km)	燃料种类	配套车辆类型	2014年配套车型产量小计(辆)	2015年1—3月配套车型产量小计(辆)	配套车型产量合计(辆)
厦门金龙旅行车有限公司；厦门金龙旅行车有限公司	磷酸铁锂；超级电容	XMJL-3.2V-5AH；XMJL3000	3.2 2.7	— 3000	0.145 0.51	1600 252	厦门金龙旅行车有限公司；厦门金龙旅行车有限公司	256 340.2	250 485	100 —	— 47.14	26.36（电池+电容）	469（电池+电容）	否	GHSV6H-180	厦门金龙旅行车有限公司	108.4	—	NG 混合动力	插电式混联混合动力城市客车	25	49	
			3.2 2.7	— 3000	0.145 0.51	1600 252	厦门金龙旅行车有限公司；厦门金龙旅行车有限公司	256 340.2	250 485	100 —	— 47.14	26.36（电池+电容）	469（电池+电容）	否	GHSV6H-180	厦门金龙旅行车有限公司	108.4	—	NG 混合动力	插电式混联混合动力城市客车	50	0	
		XMJL-3.2V-40AH；XMJL3000	3.2 2.7	— 3000	1.45 0.51	110 126	厦门金龙旅行车有限公司；厦门金龙旅行车有限公司	352 340.2	65 320	40 —	— 23.57	14.46	328	否	GDHEV-GZ01	厦门金龙旅行车有限公司	110	—	柴油/电混合动力	插电式混联混合动力城市客车	40	0	
		XMJL-3.2V-50AH-RB；XMJL3000	3.2 2.7	— 3000	1.1 0.51	100 126	厦门金龙旅行车有限公司；厦门金龙旅行车有限公司	320 340.2	70 253	50 —	— 23.57	16.38（电池+电容）	316（电池+电容）	否	SHS4-ZCKZQ	厦门金龙旅行车有限公司	95.2	—	柴油混合动力	插电式混联混合动力城市客车	72	27	
			3.2 2.7	— 3000	1.1 0.51	100 126	厦门金龙旅行车有限公司；厦门金龙旅行车有限公司	320 340.2	70 253	50 —	— 23.57	16.38（电池+电容）	316（电池+电容）	否	SHS4-ZCKZQ	厦门金龙旅行车有限公司	90.7	—	NG 混合动力	插电式混联混合动力城市客车	20	0	
			3.2 2.7	— 3000	1.1 0.51	100 126	厦门金龙旅行车有限公司；厦门金龙旅行车有限公司	320 340.2	70 253	50 —	— 23.57	16.38（电池+电容）	316（电池+电容）	否	SHS4-ZCKZQ	厦门金龙旅行车有限公司	90.7	—	NG 混合动力	插电式混联混合动力城市客车	188	25	

续表

储能装置单体生产企业	电动汽车储能装置种类	储能装置单体型号	储能装置单体的标称电压(V)	超级电容器单体标称静电容量(F)	储能装置单体质量(kg)	储能装置单体数量(块)	储能装置总成生产企业	储能装置总成标称电压(V)	储能装置总成额定输出电流(A)	动力蓄电池总成标称容量(A·h)	超级电容器总成标称静电容量(F)	储能装置总储电量(kW·h)	储能装置总成质量(kg)	动力蓄电池箱是否具有快换装置	车载能源管理系统型号(包括软件和硬件)	车载能源管理系统生产企业	混合动力汽车电功率比(%)	电动汽车续驶里程(工况法,km)	燃料种类	配套车辆类型	2014年配套车型产量小计(辆)	2015年1—3月配套车型产量小计(辆)	配套车型产量合计(辆)
厦门金龙旅行车有限公司;厦门金龙旅行车有限公司	磷酸铁锂;超级电容	XMJL-3.2V-100AH;XMJL3000	3.2 2.7	— 3000	3.1 0.51	80 252	厦门金龙旅行车有限公司;厦门金龙旅行车有限公司	256 340.2	250 485	100 —	— 47.14	26.36(电池+电容)	589(电池+电容)	否	GHSV6H-180	厦门金龙旅行车有限公司	108.4	—	NG混合动力	插电式混联混合动力城市客车	5	0	
河南环宇赛尔新能源科技有限公司	锂离子动力蓄电池	HYLFP4512722 5-70Ah	3.2	—	2.0	90	河南环宇赛尔新能源科技有限公司	288	70	70	—	20.2	260	是	EV03	惠州市亿能电子有限公司	—	80	纯电动	纯电动轿车	0	59	613
	磷酸铁锂	HYLFP4512722 5-70Ah	3.2	—	2.0	90	河南环宇赛尔新能源科技有限公司	288	70	70	—	20.2	260	是	EV03	惠州市亿能电子有限公司	—	80	纯电动	纯电动轿车	324	0	
		EV-HYLFP52127233/80AH	3.2	—	2.34	96	河南环宇赛尔新能源科技有限公司	307	81.3	80	—	24.5	306	否	BMU_3537.6/BMU03-I-G-12v	三门峡速达交通节能科技股份有限公司/三门峡速达交通节能科技股份有限公司	—	180	纯电动	纯电动乘用车	200	0	
		EV-HYLFP001S-200Ah	3.2	—	5.92	240	河南环宇赛尔新能源科技有限公司	384	120	400	—	153.6	1860	否	KAM BMS-12A500	珠海银通新动力科技有限公司	—	80	纯电动	纯电动洗扫车	6	0	
		EV-HYLFP001S-200Ah	3.2	—	5.92	240	河南环宇赛尔新能源科技有限公司	384	120	400	—	153.6	1860	否	KAM BMS-12A500	珠海银通新动力科技有限公司	—	80	纯电动	纯电动洒水车	1	0	
		EV-HYLFP001S-200Ah	3.2	—	5.9	48	河南环宇赛尔新能源科技有限公司	76.8	100	400	—	30.72	375	否	EK-YT-21	安徽力高新能源技术有限公司	—		纯电动	纯电动邮政车	4	0	
		EV-HYLFP001S-200Ah	3.2	—	5.9	48	河南环宇赛尔新能源科技有限公司	76.8	100	400	—	30.72	375	否	EK-YT-21	安徽力高新能源技术有限公司	—		纯电动	纯电动垃圾车	19	0	

续表

储能装置单体生产企业	电动汽车储能装置种类	储能装置单体型号	储能装置单体的标称电压(V)	超级电容器单体标称静电容量(F)	储能装置单体质量(kg)	储能装置单体数量(块)	储能装置总成生产企业	储能装置总成标称电压(V)	储能装置总成额定输出电流(A)	动力蓄电池总成标称容量(A·h)	超级电容器总成标称静电容量(F)	储能装置总储电量(kW·h)	储能装置总成质量(kg)	动力蓄电池箱是否具有快换装置	车载能源管理系统型号(包括软件和硬件)	车载能源管理系统生产企业	混合动力汽车电功率比(%)	电动汽车续驶里程(工况法，km)	燃料种类	配套车辆类型	2014年配套车型产量小计(辆)	2015年1—3月配套车型产量小计(辆)	配套车型产量合计(辆)
郑州宇通客车股份有限公司/美国麦克斯威科技公司；郑州宇通客车股份有限公司/美国麦克斯威科技公司	磷酸铁锂；超级电容	YT3280E80Ah/YTPC3000；YT3280E80Ah/BCAP3000 K2	3.2/2.7 3.2/2.7	3000 3000	2.2/0.51 2.2/0.51	48/216 48/216	郑州宇通客车股份有限公司/美国麦克斯威科技公司；郑州宇通客车股份有限公司/美国麦克斯威科技公司	576	98	80	13.75	12.9216	400	否	H91004SS2B14/EV04CASH2926；CMS101（软件版本：V01；硬件版本：V01）	惠州市亿能电子有限公司；郑州精益达汽车零部件有限公司高新区分公司	86.47 83.05	31	NG混合动力	插电式混联混合动力城市客车	500	105	605
深圳市今朝时代新能源技术有限公司；万向电动汽车有限公司；LS Mtron Ltd.；江苏春兰清洁能源研究院有限公司	超级电容；磷酸铁锂	TCPR002R73000；WX12I3250LSUC002R7C3000FEA、LSUM050R4P0166FEA；IFPP42A	2.8 3.2 2.7 3.2	3000 — 3000 —	0.50 1.1 0.53 1.4	180 192 216 192	湖南南车时代电动汽车股份有限公司	480 307.2 576 307.2	0～300	— 100 — 84	16.7 — 16.7 —	0.53 30.72 0.53 25.9	190 350 360 210	否	ZKQ105－S1.0/ZKQ105B	湖南南车时代电动汽车股份有限公司	125 114	—	柴油混合动力	插电式混合动力城市客车/底盘	457	50	601
		TCPR002R73000；WX1213250；LSUC002R7C3000FEA、LSUM050R4P0166FEA；IFPP42A	2.8 3.2 2.7 3.2	3000 — 3000 —	0.50 1.1 0.53 1.4	162 192 216 192	湖南南车时代电动汽车股份有限公司	480 307.2 576 307.2	0～300	— 100 — 84	16.7 — 16.7 —	0.53 30.72 0.45 25.9	190 350 360 210	否	ZKQ105B－S1.0/ZKQ105B	湖南南车时代电动汽车股份有限公司	125 114		柴油混合动力	插电式混合动力城市客车/底盘	94	0	

续表

储能装置单体生产企业	电动汽车储能装置种类	储能装置单体型号	储能装置单体的标称电压(V)	超级电容器单体标称静电容量(F)	储能装置单体质量(kg)	储能装置单体数量(块)	储能装置总成生产企业	储能装置总成标称电压(V)	储能装置总成额定输出电流(A)	动力蓄电池总成标称容量(A·h)	超级电容器总成标称静电容量(F)	储能装置总储电量(kW·h)	储能装置总成质量(kg)	动力蓄电池箱是否具有快换装置	车载能源管理系统型号(包括软件和硬件)	车载能源管理系统生产企业	混合动力汽车电功率比(%)	电动汽车续驶里程(工况法，km)	燃料种类	配套车辆类型	2014年配套车型产量小计(辆)	2015年1—3月配套车型产量小计(辆)	配套车型产量合计(辆)
北京中华汽车制造有限公司	铅酸电池	12V/100Ah	12	—	33	12	北京中华汽车制造有限公司	72	300	200	—	14.4	396	否	—	—	—	120	纯电动+铅酸	纯电动封闭货车	501	21	522
北京普莱德新能源电池科技有限公司	锂离子电池	—	—	—	—	—	—	—	—	—	—	—	—	—	—	—	—	—	纯电动	纯电动厢式运输车	20	0	521
		—	—	—	—	—	—	—	—	—	—	—	—	—	—	—	—	—	纯电动	纯电动邮政车	20	0	
	磷酸铁锂	47/173/132.5-86Ah	3.2	—	2.3	504	北京普莱德新能源电池科技有限公司	537.6	129	258	—	138.7	1510	是	EV02；PBMA168-07A	惠州市亿能电子有限公司；北京普莱德新能源电池科技有限公司	—	100	纯电动	纯电动城市客车	80	0	
		29/135/220/72Ah	3.2	—	2.0	850	北京普莱德新能源电池科技有限公司	544	284.9	360	—	195.8	2500	是	PBMA180-07A	北京普莱德新能源电池科技有限公司	—	150	纯电动	纯电动城市客车	20	0	
		29/135/220-80Ah	3.2	—	2	840	北京普莱德新能源电池科技有限公司	537.6	400	400	—	215	2400	是	PBMA168-01A	北京普莱德新能源电池科技有限公司	—	180	纯电动	纯电动城市客车	40	0	
		29/135/220/72Ah	3.2	—	2	720	北京普莱德新能源电池科技有限公司	576	208	288	—	165.9	2073	是	EV02	惠州市亿能电子有限公司	—	140	纯电动	纯电动城市客车	2	0	
		29/135/220-60Ah	3.2	—	1.91	120	北京普莱德新能源电池科技有限公司	384	20	60	—	23	≥330	是	软件版本：EV03；硬件型号：EV03	惠州市亿能电子有限公司	—	75	纯电动	纯电动自卸式垃圾车	44	0	

续表

储能装置单体生产企业	电动汽车储能装置种类	储能装置单体型号	储能装置单体的标称电压(V)	超级电容器单体标称静电容量(F)	储能装置单体质量(kg)	储能装置单体数量(块)	储能装置总成生产企业	储能装置总成标称电压(V)	储能装置总成额定输出电流(A)	动力蓄电池总成标称容量(A·h)	超级电容器总成标称静电容量(F)	储能装置总储电量(kW·h)	储能装置总成质量(kg)	动力蓄电池箱是否具有快换装置	车载能源管理系统型号(包括软件和硬件)	车载能源管理系统生产企业	混合动力汽车电功率比(%)	电动汽车续驶里程(工况法,km)	燃料种类	配套车辆类型	2014年配套车型产量小计(辆)	2015年1—3月配套车型产量小计(辆)	配套车型产量合计(辆)
北京普莱德新能源电池科技有限公司	磷酸铁锂蓄电池	29/135/220-80Ah	—	—	—	—	北京普莱德新能源电池科技有限公司	—	—	—	—	—	—	—	—	北京普莱德新能源电池科技有限公司	—	180	纯电动	纯电动城市客车	0	1	
		29/135/220/72Ah	—	—	—	—	北京普莱德新能源电池科技有限公司	—	—	—	—	—	—	—	—	安徽力高新能源技术有限公司	—	—	纯电动	纯电动客车	0	3	
	磷酸铁锂电池	29/135/220-80Ah	3.2	—	2.02	100	北京普莱德新能源电池科技有限公司	320	120	80	—	25.6	285	否	PBMA100-01A	北京普莱德新能源电池科技有限公司	—	160	纯电动	纯电动轿车	0	289	
	磷酸铁锂离子电池	—	—	—	—	—	—	—	—	—	—	—	—	—	—	—	—	—	纯电动	纯电动城市客车	1	0	
	钛酸锂蓄电池	—	—	—	—	—	—	—	—	—	—	—	—	—	—	—	—	—	纯电动	纯电动城市客车	1	0	
万向电动汽车有限公司;苏州海格新能源汽车电控系统科技有限公司	磷酸铁锂动力电池;磷酸铁锂动力电池	WX12 I3250;HGL-2	3.2 3.2	—	1.1 1.35	318 318	北京科易动力科技有限公司;苏州海格新能源汽车电控系统科技有限公司	339 339	150 172	150 172	—	50.9 50.9	660 680	否 否	KPB04-KPL04-KPE600	北京科易动力科技有限公司	—	—	纯电动	纯电动客车	354	148	502

续表

储能装置单体生产企业	电动汽车储能装置种类	储能装置单体型号	储能装置单体的标称电压(V)	超级电容器单体标称静电容量(F)	储能装置单体质量(kg)	储能装置单体数量(块)	储能装置总成生产企业	储能装置总成标称电压(V)	储能装置总成额定输出电流(A)	动力蓄电池总成标称容量(A·h)	超级电容器总成标称静电容量(F)	储能装置总储电量(kW·h)	储能装置总成质量(kg)	动力蓄电池箱是否具有快换装置	车载能源管理系统型号(包括软件和硬件)	车载能源管理系统生产企业	混合动力汽车电功率比(%)	电动汽车续驶里程(工况法，km)	燃料种类	配套车辆类型	2014年配套车型产量小计(辆)	2015年1—3月配套车型产量小计(辆)	配套车型产量合计(辆)
哈尔滨光宇电源股份有限公司	磷酸铁锂	FP241 80182	3.2	—	1.45	108x4	哈尔滨光宇电源股份有限公司	345.6	300	160	—	51.8	685	否	硬件：GYB－EVBMSV 2.1－A；软件：V1.2	哈尔滨光宇电源股份有限公司	50.22	40	NG 混合动力	插电式并联混合动力城市客车	5	0	443
		FP311 36227A	3.2	—	1.55	330	北京中瑞蓝科电动汽车技术有限公司	352	150	219	—	77.088	700	否	ZR－BMS	哈尔滨光宇电源股份有限公司	—	150	纯电动	纯电动厢式运输车	1	0	
		FP5628 3271A	3.2	—	7.1	168	哈尔滨光宇电源股份有限公司	538	240	240	—	129	1510	否	软件：GYC_ EVBMS V2.1_ A；硬件：GYC_ EVB MSV2.1_ A	哈尔滨光宇电源股份有限公司	—	—	纯电动	纯电动城市客车	1	0	
		FP562 83237	3.2	—	6.1	164×2	哈尔滨光宇电源股份有限公司	524.8	200	400	—	209.9	2924	无	硬件：GYB－EVBMSV2.1－A；软件：V1.2	哈尔滨光宇电源股份有限公司	—		纯电动	纯电动城市客车	0	1	
	三元材料/锰酸锂	NCMP16 90200A	3.75	—	0.625	420	北京光宇新能科技有限公司	315	120	120	—	37.8	454	否	硬件 M30J－B－01－A－BJEV；软件 M30J－B－01－B－BJEV	北京新能源汽车股份有限公司	—	150	纯电动	纯电动厢式运输车	146	118	
			3.75	—	0.625	420	北京光宇新能科技有限公司	315	120	120	—	37.8	454	否	硬件 M30J－B－01－A－BJEV；软件 M30J－B－01－B－BJEV	北京新能源汽车股份有限公司	—	150	纯电动	纯电动多用途乘用车	109	62	

续表

储能装置单体生产企业	电动汽车储能装置种类	储能装置单体型号	储能装置单体的标称电压(V)	超级电容器单体标称静电容量(F)	储能装置单体质量(kg)	储能装置单体数量(块)	储能装置总成生产企业	储能装置总成标称电压(V)	储能装置总成额定输出电流(A)	动力蓄电池总成标称容量(A·h)	超级电容器总成标称静电容量(F)	储能装置总储电量(kW·h)	储能装置总成质量(kg)	动力蓄电池箱是否具有快换装置	车载能源管理系统型号(包括软件和硬件)	车载能源管理系统生产企业	混合动力汽车电功率比(%)	电动汽车续驶里程(工况法，km)	燃料种类	配套车辆类型	2014年配套车型产量小计(辆)	2015年1—3月配套车型产量小计(辆)	配套车型产量合计(辆)
东莞新能源科技有限公司(ATL)	磷酸铁锂	FC－F35－R5D5J0－01SP	3.2	—	1.35	100	东莞新能源科技有限公司(ATL)	320	35	35	—	11	200	否	MD－XEM－006－2983	东莞新能德科技有限公司(NVT)	53	—	汽油混合动力	插电式混合动力轿车	440	0	440
万向电动汽车有限公司＋美国麦克斯威科技公司；厦门金龙联合汽车工业有限公司＋厦门金龙联合汽车工业有限公司(超级电容)	磷酸铁锂蓄电池＋超级电容	WX12I3250＋BCAP3000/BMOD0165；21/116/275－50Ah＋KLUC3000	3.2＋2.7；3.2＋2.7	3000 3000	1.1＋0.55；1.51＋0.55	100＋288；84＋288	万向电动汽车有限公司＋美国麦克斯威科技公司；厦门金龙联合汽车工业有限公司＋厦门金龙联合汽车工业有限公司(超级电容)	320 336 268 384	70 98 70 112	50 50	23 20.6	16 0.36 13.4 0.55	190 94.5 180 108	否	BMS－M/BMS－SGA；BMS－M/BMS－SGA	天津市松正电动汽车技术股份有限公司；厦门金龙联合汽车工业有限公司	53.6	—	柴油混合动力	插电式混联混合动力城市客车	106	0	422
			3.2＋2.7；3.2＋2.7	3000 3000	1.1；0.55；1.51＋0.55	100＋288；84＋288	万向电动汽车有限公司＋美国麦克斯威科技公司；厦门金龙联合汽车工业有限公司＋厦门金龙联合汽车工业有限公司(超级电容)	320 336 268 384	70 98 70 112	50 50	23 20.6	16 0.36 13.4 0.55	190 94.5 180 108	否	BMS－M/BMS－SGA；BMS－M/BMS－SGA	天津市松正电动汽车技术股份有限公司；厦门金龙联合汽车工业有限公司	52.3	—	NG混合动力	插电式混联混合动力城市客车	276	40	

续表

储能装置单体生产企业	电动汽车储能装置种类	储能装置单体型号	储能装置单体的标称电压(V)	超级电容器单体标称静电容量(F)	储能装置单体质量(kg)	储能装置单体数量(块)	储能装置总成生产企业	储能装置总成标称电压(V)	储能装置总成额定输出电流(A)	动力蓄电池总成标称容量(A·h)	超级电容器总成标称静电容量(F)	储能装置总储电量(kW·h)	储能装置总成质量(kg)	动力蓄电池箱是否具有快换装置	车载能源管理系统型号(包括软件和硬件)	车载能源管理系统生产企业	混合动力汽车电功率比(%)	电动汽车续驶里程(工况法，km)	燃料种类	配套车辆类型	2014年配套车型产量小计(辆)	2015年1—3月配套车型产量小计(辆)	配套车型产量合计(辆)
万向电动汽车股份有限公司；江苏春兰清洁能源研究院有限公司；LS Mtron Ltd.；厦门华锂能源有限公司	磷酸铁锂蓄电池；磷酸铁锂蓄电池；超级电容；磷酸铁锂蓄电池	WX12132 50；IFPP 42A；LS UC002R 7C3000F EA、LSU M050R4P 0166FEA；4711521 5-50Ah	3.2 3.2 2.7 3.2	— — 3000 —	1.1 1.4 0.53 1.8	96 96 216 96	湖南南车时代电动汽车股份有限公司	307.2(万向) 307.2(春兰) 576(LS) 307.2(华锂)	0~300	50 42 — 50	— — 13.8 —	15.36 12.9 0.53 15.36	180 175 200 220	否	ZKQ105 B-S1.0/Z KQ105B	湖南南车时代电动汽车股份有限公司	114	—	柴油混合动力	插电式混合动力城市客车	224	171	395
万向电动汽车有限公司；协鑫动力新材料（盐城）有限公司	磷酸铁锂	WX12132 60；3.8 V 56Ah	3.2 3.8	—	1.46 1.88	840 846	万向电动汽车有限公司；协鑫动力新材料（盐城）有限公司	537.6 535.8	100 100	300 336	—	161 180	2000 2000	是	BMU-M0 102-24；BMS100 0/BCM	万向电动汽车有限公司；协鑫动力新材料（盐城）有限公司	—	—	纯电动	纯电动城市客车/底盘	370	0	370
中信国安盟固利动力科技有限公司；微宏动力系统（湖州）有限公司	锰酸锂	SPIM142 45190；3.7V35 Ah	3.7 3.7	—	1.03 1.15	192 192	中通客车控股股份有限公司；中通客车控股股份有限公司	355	112.6	70	—	24.86	320 390	否	ZTPHEV 35E	中通客车控股股份有限公司	41.9	32	NG混合动力	插电式并联混合动力城市客车	141	78	370
			3.7 3.7	—	1.03 1.15	192 192	中通客车控股股份有限公司；中通客车控股股份有限公司	355	112.6	70	—	24.86	320 390	否	ZTPHEV 35E	中通客车控股股份有限公司	39.2 36.7	31	NG混合动力	插电式并联混合动力城市客车	30	78	

续表

储能装置单体生产企业	电动汽车储能装置种类	储能装置单体型号	储能装置单体的标称电压(V)	超级电容器单体标称静电容量(F)	储能装置单体质量(kg)	储能装置单体数量(块)	储能装置总成生产企业	储能装置总成标称电压(V)	储能装置总成额定输出电流(A)	动力蓄电池总成标称容量(A·h)	超级电容器总成标称静电容量(F)	储能装置总储电量(kW·h)	储能装置总成质量(kg)	动力蓄电池箱是否具有快换装置	车载能源管理系统型号(包括软件和硬件)	车载能源管理系统生产企业	混合动力汽车电功率比(%)	电动汽车续驶里程(工况法，km)	燃料种类	配套车辆类型	2014年配套车型产量小计(辆)	2015年1—3月配套车型产量小计(辆)	配套车型产量合计(辆)
中信国安盟固利动力科技有限公司；微宏动力系统（湖州）有限公司	锰酸锂	SPIM142 45190；3.7V35 Ah	—	—	—	—	中通客车控股股份有限公司；中通客车控股股份有限公司	—	—	—	—	—	—	—	—	中通客车控股股份有限公司	—	53	柴油/电混合动力	插电式混合动力城市客车	0	1	
			3.7 3.7	—	1.03 1.15	192 192	中通客车控股股份有限公司；中通客车控股股份有限公司	355 355	112.6 112.6	70 70	—	25 25	320 390	否	ZTPHEV 35E	中通客车控股股份有限公司	41.9 40.8	31	柴油混合动力	插电式并联混合动力城市客车	30	0	
			3.7 3.7	—	1.03 1.15	192 192	中通客车控股股份有限公司；中通客车控股股份有限公司	355 355	112.6 112.6	70 70	—	24.86 24.86	320 390	否	ZTPHEV 35E	中通客车控股股份有限公司	42	50	柴油混合动力	插电式并联混合动力城市客车	0	12	
万向电动汽车有限公司；美国麦克斯威科技公司	磷酸铁锂蓄电池；超级电容器	WX12I32 50；BCA P3000 K2	—	—	—	—	天津市松正电动汽车技术股份有限公司；美国麦克斯威科技公司	—	—	—	—	—	—	—	—	天津市松正电动汽车技术股份有限公司	—	—	柴油混合动力	插电式混联混合动力城市客车	0	11	348
	磷酸铁锂；超级电容	WX12I32 50；BCA P3000 K 2系列	3.2 2.7	3000	1.1 0.51	100 126	万向电动汽车有限公司；美国麦克斯威科技公司	336	70	50	23.57	16.37	278	否	BMS－M－01－500－001/BMS－SGA－003	天津市松正电动汽车技术股份有限公司	90.32	31	NG 混合动力	插电式混联混合动力城市客车	216	0	
	磷酸铁锂电池；有机电解质碳电极对称型超级电容器	WX12I32 50；BCA P3000 K2	3.2 2.7	3000	1.1 0.51	100 1	天津市松正电动汽车技术股份有限公司；美国麦克斯威科技公司	340.2 320	253/70	50	23.57	16.38	320 (220/100)	否	VHN000－024	天津市松正电动汽车技术股份有限公司	51.8	31	柴油/电双燃料	混合动力城市客车/底盘	40	81	

续表

储能装置单体生产企业	电动汽车储能装置种类	储能装置单体型号	储能装置单体的标称电压(V)	超级电容器单体标称静电容量(F)	储能装置单体质量(kg)	储能装置单体数量(块)	储能装置总成生产企业	储能装置总成标称电压(V)	储能装置总成额定输出电流(A)	动力蓄电池总成标称容量(A·h)	超级电容器总成标称静电容量(F)	储能装置总储电量(kW·h)	储能装置总成质量(kg)	动力蓄电池箱是否具有快换装置	车载能源管理系统型号(包括软件和硬件)	车载能源管理系统生产企业	混合动力汽车电功率比(%)	电动汽车续驶里程(工况法，km)	燃料种类	配套车辆类型	2014年配套车型产量小计(辆)	2015年1—3月配套车型产量小计(辆)	配套车型产量合计(辆)
深圳市比克电池有限公司	三元材料	H18650CB	3.6	—	≤0.045	5088	北京亿马先锋汽车科技有限公司	346	100	106	—	36	300	否	V4.2.0/LVTM96	北京亿马先锋汽车科技有限公司	—	160	纯电动	纯电动多用途乘用车	152	0	339
			3.7	—	0.05	2576	富奥汽车零部件股份有限公司	340	125		—	18	170	否	软件：G9109-TEA0；硬件：G9109-TEA0	富奥汽车零部件股份有限公司	—	105	纯电动	纯电动轿车	5	0	
		H18650CB（A05、A06）	3.7	—	0.045	2576	富奥汽车零部件股份有限公司	340	56	56	—	19.1	167	否	9201015-0AH1	富奥汽车零部件股份有限公司	—	100	纯电动	纯电动轿车	99	1	
		H18650CFL	3.7	—	0.045	4968	捷星新能源科技（苏州）有限公司	510	210	75.6	—	32.5	500	否	FSBMS-FAW-BAK75Ah-4.18.2.7/FSBMS-PHEV-X8	捷星新能源科技（苏州）有限公司	50.7	—	柴油混合动力	插电式混联混合动力城市客车	50	0	
			3.7	—	0.045	3456	捷星新能源科技（苏州）有限公司	355	330	75.6	—	26.8	425	否	FSBMS-HH-BAK75Ah-4.18.2.7/FSBMS-PHEV-X7	捷星新能源科技（苏州）有限公司	56.3	—	柴油/电混合动力	插电式混合动力城市客车	32	0	
苏州海格新能源汽车电控系统科技有限公司；锂电池：苏州海格新能源汽车电控系统科技有限公司	超级电容；磷酸铁锂	HC-HUC3000；锂电池：HGL-1	2.7 锂电池：3.2	3000	0.55 锂电池：0.33	144 锂电池：720	苏州海格新能源汽车电控系统科技有限公司；锂电池：苏州海格新能源汽车电控系统科技有限公司	384 锂电池：256	80	81	20	0.4 锂电池：20.5	108 锂电池：300	否	—	—	52.3	—	NG混合动力	插电式混合动力城市客车	200	102	331

续表

储能装置单体生产企业	电动汽车储能装置种类	储能装置单体型号	储能装置单体的标称电压(V)	超级电容器单体标称静电容量(F)	储能装置单体质量(kg)	储能装置单体数量(块)	储能装置总成生产企业	储能装置总成标称电压(V)	储能装置总成额定输出电流(A)	动力蓄电池总成标称容量(A·h)	超级电容器总成标称静电容量(F)	储能装置总储电量(kW·h)	储能装置总成质量(kg)	动力蓄电池箱是否具有快换装置	车载能源管理系统型号(包括软件和硬件)	车载能源管理系统生产企业	混合动力汽车电功率比(%)	电动汽车续驶里程(工况法,km)	燃料种类	配套车辆类型	2014年配套车型产量小计(辆)	2015年1—3月配套车型产量小计(辆)	配套车型产量合计(辆)
苏州海格新能源汽车电控系统科技有限公司;锂电池:苏州海格新能源汽车电控系统科技有限公司	超级电容;磷酸铁锂	HC-HUC3000;锂电池:HGL-1	2.7 锂电池:3.2	3000	0.55 锂电池:0.33	144 锂电池:720	苏州海格新能源汽车电控系统科技有限公司;锂电池:苏州海格新能源汽车电控系统科技有限公司	384 锂电池:256	80	81	20	0.4 锂电池:20.5	108 锂电池:300	否	—	—	53.6	—	柴油混合动力	插电式混合动力城市客车	14	0	
			2.7 锂电池:3.2	3000	0.55 锂电池:0.33	144 锂电池:720	苏州海格新能源汽车电控系统科技有限公司;锂电池:苏州海格新能源汽车电控系统科技有限公司	384 锂电池:256	80	81	20	0.4 锂电池:20.5	108 锂电池:300	否	—	—	51.2	—	柴油混合动力	插电式混合动力城市客车	15	0	
天能电池集团有限公司	稀土硅胶铅酸蓄电池	3-EVF-200	6	—	12	6	天能电池集团有限公司	72	72	1200	—	17.28	420		—	—	—	—	纯电动+铅酸	纯电动自卸车	1	0	
			6	—	36	12	天能电池集团有限公司	72	104	200	—	14.4	432	否	—	—	—	120	纯电动+铅酸	纯电动载货汽车	0	4	
			6	—	70	12	天能电池集团有限公司	72	72	1200	—	17.28	420		—	—	—		纯电动+铅酸	纯电动厢式货车	3	0	328
			6	—	36	12	天能电池集团有限公司	72	104	200	—	14.4	432	否	—	—	—	120	纯电动+铅酸	纯电动厢式运输车	0	1	
		6-EVF-65P	12	—	22	12	天能电池集团有限公司	72	104	130	—	9.36	264	是	—	—	—	75	纯电动+铅酸	纯电动厢式运输车	319	0	

续表

储能装置单体生产企业	电动汽车储能装置种类	储能装置单体型号	储能装置单体的标称电压(V)	超级电容器单体标称静电容量(F)	储能装置单体质量(kg)	储能装置单体数量(块)	储能装置总成生产企业	储能装置总成标称电压(V)	储能装置总成额定输出电流(A)	动力蓄电池总成标称容量(A·h)	超级电容器总成标称静电容量(F)	储能装置总储电量(kW·h)	储能装置总成质量(kg)	动力蓄电池箱是否具有快换装置	车载能源管理系统型号(包括软件和硬件)	车载能源管理系统生产企业	混合动力汽车电功率比(%)	电动汽车续驶里程(工况法，km)	燃料种类	配套车辆类型	2014年配套车型产量小计(辆)	2015年1—3月配套车型产量小计(辆)	配套车型产量合计(辆)
江苏双登集团有限公司；上海恒动汽车电池有限公司	磷酸铁锂	YZ-14180270；IFP32/101/192	3.2	—	1.18 1.2	144	江苏双登集团有限公司；上海恒动汽车电池有限公司	153.6	70	120	—	18.4	260 280	否	SDBM-121204M1A01；硬件：HC12V10D；软件SCZTV10	江苏双登集团有限公司；上海恒动汽车电池有限公司	—	—	纯电动	纯电动车厢可卸式垃圾车	205	0	301
			3.2	—	1.18 1.2	144	江苏双登集团有限公司；上海恒动汽车电池有限公司	153.6	70	120	—	18.4	260；280	否	SDBM-121204M1A01；硬件：HC12V10D；软件SCZTV10	江苏双登集团有限公司；上海恒动汽车电池有限公司	—	—	纯电动	纯电动厢式运输车	93	3	
珠海银隆新能源有限公司	磷酸铁锂	YL32650-5Ah	3.2	—	0.142	8008	珠海银隆新能源有限公司	576	260	220	—	126.7	1409	是	1208B	珠海银隆电器有限公司	—	—	纯电动	纯电动城市客车	55	104	299
	钛酸锂	66160	2.3	—	1.07	1260	珠海银隆新能源有限公司	580	125	125	—	72.5	1430	是	1208B	珠海银隆电器有限公司	—	40	纯电动	纯电动城市客车	20	0	
	纳米高功率多元锂离子电池		2.3	—	1.07	1512	珠海银隆新能源有限公司	580	440	150	—	101.37	1618	否	硬件：YTP BMS-0910A；软件：V1.0	珠海银通新动力科技有限公司	—	69	纯电动	纯电动城市客车	21	3	
			2.3	—	1.07	1512	珠海银隆新能源有限公司	580	440	150	—	87	1618	是	1208B	珠海银隆电器有限公司	—	40	纯电动	纯电动城市客车	0	96	
安耐信（北京）储能技术有限公司；上海三玖电气设备有限公司	磷酸铁锂；超级电容	DLP85300320-250Ah；UCEY-2.7V3000F	3.2 2.7	3000	11.5 0.53	340 234	安耐信（北京）储能技术有限公司；上海三玖电气设备有限公司	544	300	500	12.7	272 0.686	3450 216	否	软件版本号：RH-BMS-6.8；硬件：RH-BMS-V7	上海瑞华（集团）有限公司	—	150	纯电动	纯电动城市客车	30	0	288

续表

储能装置单体生产企业	电动汽车储能装置种类	储能装置单体型号	储能装置单体的标称电压(V)	超级电容器单体标称静电容量(F)	储能装置单体质量(kg)	储能装置单体数量(块)	储能装置总成生产企业	储能装置总成标称电压(V)	储能装置总成额定输出电流(A)	动力蓄电池总成标称容量(A·h)	超级电容器总成标称静电容量(F)	储能装置总储电量(kW·h)	储能装置总成质量(kg)	动力蓄电池箱是否具有快换装置	车载能源管理系统型号(包括软件和硬件)	车载能源管理系统生产企业	混合动力汽车电功率比(%)	电动汽车续驶里程(工况法，km)	燃料种类	配套车辆类型	2014年配套车型产量小计(辆)	2015年1—3月配套车型产量小计(辆)	配套车型产量合计(辆)
安耐信（北京）储能技术有限公司；上海三玖电气设备有限公司	磷酸铁锂；超级电容	DLP85300 320－250 Ah；UCEY－2.7V 3000F	3.2 2.7	3000	11.5 0.53	850 234	上海万象汽车制造有限公司	544	150	500	12.7	272	1955	是	RH－BMS－KC－V6	上海瑞华（集团）有限公司	—	200	纯电动	纯电动城市客车	248	0	
		DLP85300 320－250 Ah；UCKEY－2.7 V3000F	3.2 2.7	3000	11.5 0.53	413	安耐信（北京）储能技术有限公司；上海三玖电气设备有限公司	544	300	500	12.7	272	3450		RH－BMS－6.8/RH－BMS－V7	上海瑞华（集团）有限公司	—	150	纯电动	纯电动城市客车	10	0	
苏州星恒电源有限公司	锰酸锂	IMP18/66/133（13）	3.7	—	0.33	560	苏州星恒电源有限公司	144	60	180	—	25.92	320	否	EK－FT－12；ZRB-MSV.03	安徽力高新能源技术有限公司；北京中瑞蓝科电动汽车技术有限公司	—	150	纯电动	纯电动厢式运输车	196	89	285
Samsung SDI Co.；LTD.	三元材料	CS0400	3.75	—	1.33	96	博世汽车部件（苏州）有限公司	363	100	40	—	14.4	218	否	14－07－411/002_012_004	BOSCH Battery Systems	28.57	58	汽油/电混合动力	插电式并联混合动力轿车	33	0	278
	镍钴锰酸锂离子动力电池	CS0400	3.75	—	1.33	96	博世汽车部件（苏州）有限公司	363	100	40	—	14.4	218	否	14－07－411/002_012_004	BOSCH Battery Systems	28.57	58	汽油/电混合动力	插电式并联混合动力轿车	0	245	
上海江森自控国际蓄电池有限公司	铅酸电池	D34	12	—	19.5	1	上海江森自控国际蓄电池有限公司	12	750	55	—	0.66	19.5	否	EBS2.0、0199.200.007	博世汽车部件（苏州）有限公司	2.1	—	混合动力＋铅酸	采用仅具有怠速起停功能的加强起动机方案的混合动力轿车	6	0	272

续表

储能装置单体生产企业	电动汽车储能装置种类	储能装置单体型号	储能装置单体的标称电压(V)	超级电容器单体标称静电容量(F)	储能装置单体质量(kg)	储能装置单体数量(块)	储能装置总成生产企业	储能装置总成标称电压(V)	储能装置总成额定输出电流(A)	动力蓄电池总成标称容量(A·h)	超级电容器总成标称静电容量(F)	储能装置总储电量(kW·h)	储能装置总成质量(kg)	动力蓄电池箱是否具有快换装置	车载能源管理系统型号(包括软件和硬件)	车载能源管理系统生产企业	混合动力汽车电功率比(%)	电动汽车续驶里程(工况法，km)	燃料种类	配套车辆类型	2014年配套车型产量小计(辆)	2015年1—3月配套车型产量小计(辆)	配套车型产量合计(辆)
上海江森自控国际蓄电池有限公司	铅酸电池	—	2	—	—	6	上海江森自控国际蓄电池有限公司	12		60	—	0.72	17.9	—	—	—	2.2	—	混合动力+铅酸	采用仅具有怠速起停功能的加强起动机方案的混合动力轿车	235	31	
东莞新能源有限公司	磷酸铁锂	29/135/220－60Ah	3.2	—	1.91	315	东莞新能源有限公司	336	67	180	—	67	601.65	否	—	—	—	—	纯电动	纯电动客车	251	2	253
比克国际（天津）有限公司	磷酸铁锂	2101AAQ	3.2	—	0.08	1590	比克国际（天津）有限公司	336	87	45	—	15.1	235	否	BMS_ S18_ V2.2/S18－2101030	奇瑞汽车股份有限公司/埃泰克汽车电子（芜湖）有限公司	—	80	纯电动	纯电动轿车	138	0	238
			3.2	—	0.08	2000	比克国际（天津）有限公司	320	90	60	—	19.2	280	否	B31519MS2620/EV03DMH1317	惠州市亿能电子有限公司/惠州市亿能电子有限公司	—	80	纯电动	纯电动轿车	100	0	
力神动力电池系统有限公司；美国麦克斯威科技公司	磷酸铁锂；超级电容	LP2714897；BCAP3000	3.2 2.7	3000	0.69 0.55	432 126	中通客车控股股份有限公司；美国麦克斯威科技公司	346	146.6	80	23.57	28.05	500	否	ZTF20E；MWZT01	中通客车控股股份有限公司；中通客车控股股份有限公司	90.3	46	NG 混合动力	插电式混联混合动力城市客车	31	0	227
			3.2 2.7	3000	0.69 0.55	432 126	中通客车控股股份有限公司；美国麦克斯威科技公司	345.6	146.6	80	23.57	28.05	500	否	ZTF20E；MWZT01	中通客车控股股份有限公司；中通客车控股股份有限公司	95.2	45	柴油混合动力	插电式混联混合动力城市客车	103	0	
			3.2 2.7	3000	0.69 0.55	432 126	中通客车控股股份有限公司；美国麦克斯威科技公司	346	146.6	80	23.57	28.0496	500	—	ZTF20E；MWZT01	中通客车控股股份有限公司；中通客车控股股份有限公司	90.3	46	柴油混合动力	插电式并联混合动力城市客车	93	0	

续表

储能装置单体生产企业	电动汽车储能装置种类	储能装置单体型号	储能装置单体的标称电压(V)	超级电容器单体标称静电容量(F)	储能装置单体质量(kg)	储能装置单体数量(块)	储能装置总成生产企业	储能装置总成标称电压(V)	储能装置总成额定输出电流(A)	动力蓄电池总成标称容量(A·h)	超级电容器总成标称静电容量(F)	储能装置总储电量(kW·h)	储能装置总成质量(kg)	动力蓄电池箱是否具有快换装置	车载能源管理系统型号(包括软件和硬件)	车载能源管理系统生产企业	混合动力汽车电功率比(%)	电动汽车续驶里程(工况法，km)	燃料种类	配套车辆类型	2014年配套车型产量小计(辆)	2015年1—3月配套车型产量小计(辆)	配套车型产量合计(辆)
天津市捷威动力工业有限公司	磷酸铁锂	IFP117/163/202P1	3.2	—	0.7	192	天津市捷威动力工业有限公司	307	60	60	—	18.4	228	是	V305SP3/E204460	天津市捷威动力工业有限公司	—	152	纯电动	纯电动轿车	117	101	227
	三元材料	IXP551 40185	3.6	—	0.22	40	天津市捷威动力工业有限公司	144	80	5	—	0.72	25	否	BMS_ ISG_ JV_ 13012 5SP5	东风电动车辆股份有限公司	20.5	—	汽油混合动力	并联式混合动力轿车；采用ISG电机	9	0	
扬州亚星客车股份有限公司；江苏春兰清洁能源研究院有限公司	磷酸铁锂；超级电容	2.7V/3000F；LFL160	2.7 3.2	3000	0.6 1.79	144 80	扬州亚星客车股份有限公司；江苏春兰清洁能源研究院有限公司	384 256	98	60	20.625	电容0.42；电池15.36	电容108；电池295	否	软件：DYL256-60；硬件：HEV-BMS-V3	江苏春兰清洁能源研究院有限公司	136	—	NG混合动力	插电式混联混合动力城市客车	16	0	223
		2.7V/3000F；LFL160	2.7 3.2	3000	0.6 1.79	144 80	扬州亚星客车股份有限公司；江苏春兰清洁能源研究院有限公司	384 256	98	60	20.625	电容0.42；电池15.36	电容108；电池295	否	软件：DYL256-60；硬件：HEV-BMS-V3	江苏春兰清洁能源研究院有限公司	129	—	NG混合动力	插电式混联混合动力城市客车	177	30	
江苏春兰清洁能源研究院有限公司	镍氢电池	QNFG 40f	1.2	—	1.065	270	江苏春兰清洁能源研究院有限公司	324	40	40	—	12.96	435	否	V3.0/HEV-BMS-V3	江苏春兰清洁能源研究院有限公司	64.5	—	NG混合动力	串联式混合动力城市客车	20	0	208
		QNFG 40F	1.2	—	1.065	360	江苏春兰清洁能源研究院有限公司	336	120	40	—	69	900	否	硬件：EVS100；软件：BMSApplication 1.0.0.0	北京海博思创科技有限公司	33.5%	50	柴油混合动力	并联式混合动力城市客车	17	0	
	磷酸铁锂	IFPE 100	3.2	—	3.2	540	江苏春兰清洁能源研究院有限公司	576	300	300	—	172.8	2300	否	软件：DYL576-300；硬件：HEV-BMS-V3	江苏春兰清洁能源研究院有限公司	—	250	纯电动	纯电动城市客车	1	0	
		LFL160	3.2	—	1.79	108	江苏春兰清洁能源研究院有限公司	346	60	60	—	18.432	230	否	软件：DYL346-60；硬件：HEV-BMS-V3	江苏春兰清洁能源研究院有限公司	83.87	—	LNG混合动力	插电式气电混合动力城市客车	170	0	

续表

储能装置单体生产企业	电动汽车储能装置种类	储能装置单体型号	储能装置单体的标称电压(V)	超级电容器单体标称静电容量(F)	储能装置单体质量(kg)	储能装置单体数量(块)	储能装置总成生产企业	储能装置总成标称电压(V)	储能装置总成额定输出电流(A)	动力蓄电池总成标称容量(A·h)	超级电容器总成标称静电容量(F)	储能装置总储电量(kW·h)	储能装置总成质量(kg)	动力蓄电池箱是否具有快换装置	车载能源管理系统型号(包括软件和硬件)	车载能源管理系统生产企业	混合动力汽车电功率比(%)	电动汽车续驶里程(工况法,km)	燃料种类	配套车辆类型	2014年配套车型产量小计(辆)	2015年1—3月配套车型产量小计(辆)	配套车型产量合计(辆)
实联长宜淮安科技有限公司	磷酸铁锂	SAB60280	3.2	—	1.58±0.03	424	实联长宜淮安科技有限公司	339.2	150	220	—	74.6	900	否	ZRBMS16-V07	北京中瑞蓝科电动汽车技术有限公司		100	纯电动	纯电动客车	201	4	205
万向电动汽车股份有限公司；江苏春兰清洁能源研究院有限公司；LS Mtron Ltd.	磷酸铁锂蓄电池;磷酸铁锂蓄电池;超级电容	WX121325 0; IFPP42A; LSUC002R7C3000FEA、LSUM050R4P0166FEA	3.2 3.2 2.7	— — 3000	1.1 1.4 0.53	96 96 216	湖南南车时代电动汽车股份有限公司	307.2（万向） 307.2（春兰） 576（LS）	0～300	50 42 N/A	— — 13.8	15.36 12.9 0.53	180 175 200	否	ZKQ105B-S1.0/ZKQ105B	湖南南车时代电动汽车股份有限公司	114	—	NG 混合动力	插电式混合动力城市客车	142	55	197
美国麦克斯威科技公司（MaxwellTechnologies; Inc.;）	超级电容	BCAP3000	2.7	3000	0.55	180	湖南南车时代电动汽车股份有限公司	288	200	—	16.5	0.53	160	否	CB288/30-1/3（软件）/CB288/30-1/2（硬件）	CPEV	38.7	—	柴油混合动力	混合动力城市客车	161	0	193
			2.7	3000	0.55	180	湖南南车时代电动汽车股份有限公司	288	200	—	16.5	0.53	160	否	CB288/30-1/3(软件)/CB288/30-1/2（硬件）	CPEV	38.7	—	NG 混合动力	并联混合动力城市客车/底盘	0	1	
		BCAP3000K2	2.7	3000	0.51	162	美国麦克斯威科技公司	576	98	—	13.75	0.6336	200	否	H91002SS2515/EV04CASH2427	惠州市亿能电子有限公司	86.47	—	NG 混合动力	混联式混合动力城市客车	2	0	
			2.7	3000	0.51	216	美国麦克斯威科技公司	576	98	—	13.75	0.6336	200	否	H91004SS2B14/EV04CASH2926	惠州市亿能电子有限公司	86.47	—	NG 混合动力	混联式混合动力城市客车	18	0	
			2.7	3000	0.51	288	美国麦克斯威科技公司	384	70	—	41.25	0.8448	216	否	—	—	122.45	—	混柴油混合动力合动力	混联式混合动力电动城市客车	11	0	

续表

储能装置单体生产企业	电动汽车储能装置种类	储能装置单体型号	储能装置单体的标称电压(V)	超级电容器单体标称静电容量(F)	储能装置单体质量(kg)	储能装置单体数量(块)	储能装置总成生产企业	储能装置总成标称电压(V)	储能装置总成额定输出电流(A)	动力蓄电池总成标称容量(A·h)	超级电容器总成标称静电容量(F)	储能装置总储电量(kW·h)	储能装置总成质量(kg)	动力蓄电池箱是否具有快换装置	车载能源管理系统型号(包括软件和硬件)	车载能源管理系统生产企业	混合动力汽车电功率比(%)	电动汽车续驶里程(工况法，km)	燃料种类	配套车辆类型	2014年配套车型产量小计(辆)	2015年1—3月配套车型产量小计(辆)	配套车型产量合计(辆)
郑州宇通客车股份有限公司	磷酸铁锂	YT3220E	3.2	—	0.51	2520	郑州宇通客车股份有限公司	576	180	280	—	161.2	1760	否	LS_ BMS_ EV_ B1	郑州宇通客车股份有限公司	—	215	纯电动	纯电动客车	173	16	189
中航锂电（洛阳）有限公司；宁德时代新能源科技有限公司	磷酸铁锂	E200FI；48/174/170－200Ah	3.2 3.2	—	5.7 4	120 120	中航锂电(洛阳)有限公司；宁德时代新能源科技有限公司	384	200	200	—	76.8	860	否	ZTF20E；MWZT01	中通客车控股股份有限公司；中通客车控股股份有限公司	—	150	纯电动	纯电动城市客车	31	0	168
		CAM72，48/173/132.5－80Ah	3.2 3.2	—	2.1 2.2	240 216	中航锂电(洛阳)有限公司；宁德时代新能源科技有限公司	384 346	144 160	144 160	—	55.3	630 620	否	LG_ CALB_ B51_V2.3/LG_ BMS_ B51_ V4.21；H00BMU0001V1I13C/S00BMS0G07V01Y13	安徽力高新能源技术有限公司；宁德时代新能源科技有限公司	—	125	纯电动	纯电动城市客车	38	99	
北京国能电池科技有限公司	磷酸铁锂	PL201 85265	3.2	—	1.6	336	北京国能电池科技有限公司	537.6	150	150	—	80.6	1060	否	CHBMS010	北京国能电池科技有限公司	—	—	纯电动	纯电动客车	81	30	165
	磷酸铁锂	PL221 85265	3.2	—	1.6	216	北京国能电池科技有限公司	345.6	160	160	—	55.2	1000	否	GNBMS060	北京国能电池科技有限公司	—	—	纯电动	纯电动城市客车	2	0	
	磷酸铁锂蓄电池	PL201 85265	—	—	—	—	北京国能电池科技有限公司	—	—	—	—	—	—	—	—	江苏常隆客车有限公司	—	—	纯电动	纯电动城市客车	0	8	
	磷酸铁锂蓄电池	PL201 85265	3.2	—	1.6	100	重庆长安新能源汽车有限公司	320	25（1/3C3）	75		24	300	否	KPB04	重庆长安新能源汽车有限公司	—	100	纯电动	纯电动厢式运输车	0	44	

续表

储能装置单体生产企业	电动汽车储能装置种类	储能装置单体型号	储能装置单体的标称电压(V)	超级电容器单体标称静电容量(F)	储能装置单体质量(kg)	储能装置单体数量(块)	储能装置总成生产企业	储能装置总成标称电压(V)	储能装置总成额定输出电流(A)	动力蓄电池总成标称容量(A·h)	超级电容器总成标称静电容量(F)	储能装置总储电量(kW·h)	储能装置总成质量(kg)	动力蓄电池箱是否具有快换装置	车载能源管理系统型号(包括软件和硬件)	车载能源管理系统生产企业	混合动力汽车电功率比(%)	电动汽车续驶里程(工况法,km)	燃料种类	配套车辆类型	2014年配套车型产量小计(辆)	2015年1—3月配套车型产量小计(辆)	配套车型产量合计(辆)
LS Mtron Ltd.;宁德时代新能源科技有限公司	超级电容;磷酸铁锂	LSUC002R7C3000FEA、LSUM050R4P0166FEA;48/174/132.5－80Ah	2.8 3.2	3000	0.50 2.2	216 96	湖南南车时代电动汽车股份有限公司;宁德时代新能源科技有限公司	576 307.2	0～300	— 80	13.9 —	0.53 24.57	190 440	否	ZKQ105－S1.0/ZKQ105B	湖南南车时代电动汽车股份有限公司	125	—	柴油混合动力	插电式串联式混合动力城市客车/底盘	55	39	152
			2.8 3.2	3000	0.50 2.2	216 96	湖南南车时代电动汽车股份有限公司;宁德时代新能源科技有限公司	576 307.2	0～300	— 80	13.9 —	0.53 24.57	190 440	否	ZKQ105B－S1.0/ZKQ105B	湖南南车时代电动汽车股份有限公司	136	—	柴油混合动力	插电式串联式混合动力城市客车/底盘	10	48	
LS Mtron Ltd.;万向电动汽车有限公司;江苏春兰清洁能源研究院有限公司;厦门华锂能源有限公司	超级电容;磷酸铁锂	LSUC002R7C3000FEA、LSUM050R4P0166FEA;WX12I3250;IFPP42A;47115215－50Ah	2.7 3.2 3.2 3.2	3000 — — —	0.53 1.1 1.4 1.8	216 192 192 192	湖南南车时代电动汽车股份有限公司	576 307.2 307.2 307.2	0～300	— 100 84 100	16.7 — — —	0.45 30.72 25.9 30.72	210 350 360 380	否	ZKQ105B－S1.0/ZKQ105B	湖南南车时代电动汽车股份有限公司	125 114 136	—	柴油混合动力	插电式混合动力城市客车/底盘	147	0	147
电池:万向电动汽车有限公司;电容:美国麦克斯威科技公司	磷酸铁锂/超级电容	电池:WX12I3250/电容:BCAP3000K2	电池:3.2 电容:2.7	3000	电池:1.1; 电容:0.51	电池:100; 电容:126	电池:万向电动汽车有限公司;电容:美国麦克斯威科技公司	电池:320; 电容:336	174	50	23.5	16	224.5	否	软件:SLK－BMS－02C;硬件:SLK BMS	上海申龙客车有限公司	53.6	—	柴油混合动力	插电式混合动力城市客车	121	20	141

续表

储能装置单体生产企业	电动汽车储能装置种类	储能装置单体型号	储能装置单体的标称电压(V)	超级电容器单体标称静电容量(F)	储能装置单体质量(kg)	储能装置单体数量(块)	储能装置总成生产企业	储能装置总成标称电压(V)	储能装置总成额定输出电流(A)	动力蓄电池总成标称容量(A·h)	超级电容器总成标称静电容量(F)	储能装置总储电量(kW·h)	储能装置总成质量(kg)	动力蓄电池箱是否具有快换装置	车载能源管理系统型号(包括软件和硬件)	车载能源管理系统生产企业	混合动力汽车电功率比(%)	电动汽车续驶里程(工况法,km)	燃料种类	配套车辆类型	2014年配套车型产量小计(辆)	2015年1—3月配套车型产量小计(辆)	配套车型产量合计(辆)
苏州星恒电源有限公司;Ioxus;Inc.	锰酸锂蓄电池;超级电容器	IMP18/66/133(13)/ICAP 2.7V;3000F CELL/IMOD 48V;165F MODULE(IMOD48V165A22)	3.7 2.7	3000F	0.33 0.51	360 126	苏州星恒电源有限公司;Ioxus;Inc.	222(电池) 384(电容)	70	72	20.625	16.184	298	否	BMS-M-01-500-001/BMS-SGA-003	天津市松正电动汽车技术股份有限公司	85	—	CNG/电混合动力	插电式混合动力城市客车	0	127	127
哈尔滨光宇电源股份有限公司;宁德时代新能源科技有限公司	磷酸铁锂	FP36170324A-100Ah;47/173/132.5-86Ah	3.2 3.2	—	3.5 2.3	108 108	哈尔滨光宇电源股份有限公司;宁德时代新能源科技有限公司	345.6 345.6	250 260	100 86	—	34.56 29.72	550 550	否	BMU-H;H0BMU0015V1A24C/S0BMU0001V10Y13	哈尔滨光宇电源股份有限公司;宁德时代新能源科技有限公司	77.4 77.4	—	NG混合动力	插电式并联混合动力城市客车	125	0	125
波士顿电池(Boston-Power Inc.)	三元材料	750-0228Swing key84Ah	3.65	—	1.86	90	北京波士顿动力电池有限公司	329	130	84	—	27.6	277	是	软件:BICS340-0016-001;VICS340-0017-001;CMAB340-0007-001;硬件:BICS550-0031-001;VICS550-0031-001;CMAB451-0010-002	波士顿电池(Boston-Power Inc.)	—	150	纯电动	纯电动轿车	8	0	122

续表

储能装置单体生产企业	电动汽车储能装置种类	储能装置单体型号	储能装置单体的标称电压(V)	超级电容器单体标称静电容量(F)	储能装置单体质量(kg)	储能装置单体数量(块)	储能装置总成生产企业	储能装置总成标称电压(V)	储能装置总成额定输出电流(A)	动力蓄电池总成标称容量(A·h)	超级电容器总成标称静电容量(F)	储能装置总储电量(kW·h)	储能装置总成质量(kg)	动力蓄电池箱是否具有快换装置	车载能源管理系统型号(包括软件和硬件)	车载能源管理系统生产企业	混合动力汽车电功率比(%)	电动汽车续驶里程(工况法，km)	燃料种类	配套车辆类型	2014年配套车型产量小计(辆)	2015年1—3月配套车型产量小计(辆)	配套车型产量合计(辆)
波士顿电池(Boston - Power Inc.)	三元材料	550 - 0431 - 001 Swing 106安时锂电池	7.3	—	4.72	49	北京波士顿动力电池有限公司	358	140A - 最大持续功率(30% ~ 100% SOC, 10℃ ~40℃)	106	—	37.95	375	否	软件：BICS340 - 0016 - 001; VICS340 - 0017 - 001; CMAB340 - 0007 - 001; 硬件：BICS550 - 0031 - 001; VICS550 - 0031 - 001; CMAB451 - 0010 - 002	波士顿电池/波士顿电池	—	170	纯电动	纯电动轿车	112	2	
天能电池集团有限公司；山东圣阳电源股份有限公司	铅酸电池	2101 AAE	12	—	52(天能) 53(圣阳)	5	天能电池集团有限公司；山东圣阳电源股份有限公司	60	120	150	—	9	280	否	—	—	—	80	纯电动 + 铅酸	纯电动轿车	25	95	120
中航锂电(洛阳)有限公司；河南环宇赛尔新能源科技有限公司	磷酸铁锂	SE180AHA; EV - HYLFP001S - 200Ah	3.2 3.2	—	5.6 5.92	110 110	中航锂电(洛阳)有限公司；河南环宇赛尔新能源科技有限公司	352 352	54 64	180 200	—	68.9 70.4	616 651.2	否	Z420210A/MC11	哈尔滨冠拓电源设备有限公司	—	—	纯电动	纯电动城市客车	28	0	112
		SE180AHA; HYLFP001S - 200Ah	3.2	—	5.6 6.63	360	山东沂星电动汽车有限公司	576	400	360 400	—	207.4 230.4	2680 2988	否	P412000A/GTBMS005A - MC11	哈尔滨冠拓电源设备有限公司	—	—	纯电动	纯电动城市客车	77	7	

续表

储能装置单体生产企业	电动汽车储能装置种类	储能装置单体型号	储能装置单体的标称电压(V)	超级电容器单体标称静电容量(F)	储能装置单体质量(kg)	储能装置单体数量(块)	储能装置总成生产企业	储能装置总成标称电压(V)	储能装置总成额定输出电流(A)	动力蓄电池总成标称容量(A·h)	超级电容器总成标称静电容量(F)	储能装置总储电量(kW·h)	储能装置总成质量(kg)	动力蓄电池箱是否具有快换装置	车载能源管理系统型号(包括软件和硬件)	车载能源管理系统生产企业	混合动力汽车电功率比(%)	电动汽车续驶里程(工况法，km)	燃料种类	配套车辆类型	2014年配套车型产量小计(辆)	2015年1—3月配套车型产量小计(辆)	配套车型产量合计(辆)
上海卡耐新能源有限公司	镍钴锰三元锂离子电池	CEB－LM26	3.7	—	0.585	1560个	上海卡耐新能源有限公司	577.2	226	260	—	150	1700	是	软件：EV051.1.3；硬件：EV05DM 120A0A	惠州市亿能电子有限公司	—	—	纯电动	纯电动客车	0	62	106
			3.7	—	0.585	252	上海卡耐新能源有限公司	310	78	78	—	24.2	260	否	EV03	惠州市亿能电子有限公司	—	137	纯电动	纯电动厢式运输车	0	44	
力神迈尔斯动力电池系统有限公司；天津市捷威动力工业有限公司	磷酸铁锂	LP277012 0AC；78107248	3.2 3.2	—	0.454 0.4	2688 3024	力神迈尔斯动力电池系统有限公司；天津市捷威动力工业有限公司	537.6 537.6	88 102	264 306	—	141.9 164.5	2000 2100	是	BMU－M0102－24；EV02B	万向电动汽车有限公司；惠州市亿能电子有限公司	—	160	纯电动	纯电动城市客车/底盘	58	46	104
苏州新中能源科技有限公司	三元材料	DPME 20N	3.6	—	0.51	480	苏州新中能源科技有限公司	345	160	100	—	34.6	448	否	JTT X8	苏州杰拓腾动力科技有限公司	51.5	35	柴油混合动力	插电式并联混合动力城市客车	1	0	101
	锰酸锂	DPME 20N	3.6	—	0.51	480	苏州新中能源科技有限公司	345	160	100	—	34.6	448	否	JTT X8	苏州杰拓腾动力科技有限公司	52.3	35	NG 混合动力	插电式并联混合动力城市客车	100	0	
A123 Systems	磷酸铁锂	APP721 61227	3.23	—	0.5	336	上海捷新动力电池系统有限公司	360	110	60	—	21.4	265	否	GlobalA/D80	GM/延锋伟世通汽车电子有限公司	—	152	纯电动	纯电动轿车	100	0	100
中盐安徽红四方锂电有限公司	磷酸铁锂电池	IFP66/182/295	—	—	—	—	中盐安徽红四方锂电有限公司	—	—	—	—	—	—	—	—	中盐安徽红四方锂电有限公司	—	—	纯电动	纯电动城市客车	0	100	100

续表

储能装置单体生产企业	电动汽车储能装置种类	储能装置单体型号	储能装置单体的标称电压(V)	超级电容器单体标称静电容量(F)	储能装置单体质量(kg)	储能装置单体数量(块)	储能装置总成生产企业	储能装置总成标称电压(V)	储能装置总成额定输出电流(A)	动力蓄电池总成标称容量(A·h)	超级电容器总成标称静电容量(F)	储能装置总储电量(kW·h)	储能装置总成质量(kg)	动力蓄电池箱是否具有快换装置	车载能源管理系统型号(包括软件和硬件)	车载能源管理系统生产企业	混合动力汽车电功率比(%)	电动汽车续驶里程(工况法，km)	燃料种类	配套车辆类型	2014年配套车型产量小计(辆)	2015年1—3月配套车型产量小计(辆)	配套车型产量合计(辆)
无锡丰晟科技有限公司	磷酸铁锂离子电池	FSLFP2 1185320/60Ah	—	—	—	—	北京万源工业有限公司	—	—	—	—	—	—	—	—	航天十八所	—	300	纯电动	纯电动城市客车/底盘	0	50	99
			—	—	—	—	无锡丰晟科技有限公司	—	—	—	—	—	—	—	—	无锡丰晟科技有限公司	—	130	纯电动	纯电动多用途乘用车	0	10	
			—	—	—	—	—	—	—	—	—	—	—	—	—	—	—	—	纯电动	纯电动工程车	38	1	
宇通客车股份有限公司；美国麦克斯威科技公司	磷酸铁锂;超级电容	YT18650P;BCAP3000 K2	3.2 2.7	3000	0.04 0.51	3744 216	宇通客车股份有限公司；美国麦克斯威科技公司	576	98	80	13.75	13.812	451.8	否	H91002SS2515/EV04CASH2427	惠州市亿能电子有限公司	90.74	34	柴油混合动力	插电式混联混合动力电动城市客车	97	0	97
超威电源有限公司	铅酸电池	12V100Ah	12	—	36	12	超威电源有限公司	144	33	100	—	11.5	360	否	软件型号：V1.1；硬件型号：3600030－ME	软件开发企业：福瑞德科技有限公司；硬件生产企业：江西江铃汽车集团改装车有限公司	—	—	纯电动＋铅酸	纯电动车厢可卸式垃圾车	9	4	95
		6DM150	12	—	52	6	超威电源有限公司	72	50	150H	—	10.8	312	—	—	—	—	80	纯电动＋铅酸	纯电动厢式运输车	27	6	
		6－EVF－100	12	—	36	8	超威电源有限公司	96	62.5	100	—	1.344	304	否	—	—	—	88	纯电动＋铅酸	纯电动载货汽车	20	27	
			12	—	36	8	超威电源有限公司	—	—	—	—	—	—	—	—	—	—	90	纯电动	纯电动厢式运输车	0	2	

续表

储能装置单体生产企业	电动汽车储能装置种类	储能装置单体型号	储能装置单体的标称电压(V)	超级电容器单体标称静电容量(F)	储能装置单体质量(kg)	储能装置单体数量(块)	储能装置总成生产企业	储能装置总成标称电压(V)	储能装置总成额定输出电流(A)	动力蓄电池总成标称容量(A·h)	超级电容器总成标称静电容量(F)	储能装置总储电量(kW·h)	储能装置总成质量(kg)	动力蓄电池箱是否具有快换装置	车载能源管理系统型号(包括软件和硬件)	车载能源管理系统生产企业	混合动力汽车电功率比(%)	电动汽车续驶里程(工况法，km)	燃料种类	配套车辆类型	2014年配套车型产量小计(辆)	2015年1—3月配套车型产量小计(辆)	配套车型产量合计(辆)
苏州海格新能源汽车电控系统科技有限公司	超级电容	HC－HUC28000	4.2	28000	0.87	90	苏州海格新能源汽车电控系统科技有限公司	360	90	—	—	3.25	96.3	—	—	苏州海格新能源汽车电控系统科技有限公司	59.3	—	柴油/电混合动力	混合动力城市客车	40	0	90
	磷酸铁锂	HGL－1	3.2	—	0.33	6400	苏州海格新能源汽车电控系统科技有限公司	512	360	360	—	—	2500	否	—	—	—	—	纯电动	纯电动城市客车	29	18	
		HGL－1	3.2	—	0.33	10240	苏州海格新能源汽车电控系统科技有限公司	512	329	576	—	295	2700	否	—	—	—	—	纯电动	纯电动客车	0	3	
宁德新能源科技有限公司；朝阳立塬新能源有限公司	磷酸铁锂	29/135/220－60A；36130185－60Ah	3.2	—	1.91；1.73	180	东莞新能德科技有限公司；朝阳立塬新能源有限公司	288	60	120	—	34.56	448；445	否	H2L－ev－atl－BMS－V1.0/7272－E00009)；EV0311+3	东莞新能德科技有限公司；惠州市亿能电子有限公司	—	80	纯电动	纯电动轻型客车	80	0	80
深圳市今朝时代新能源技术有限公司；中航锂电（洛阳）有限公司；深圳市今朝时代新能源技术有限公司；湖北京远新能源科技有限公司	超级电容；磷酸铁锂	LSUC002R7C3000FEA/CA60FI；LSUC002R7C3000FEA/JY－LiFe－3.2V60AHA1	2.8/3.2；2.8/3.2	3000/—；3000/—	0.50/1.9；0.50/2.0	216/192；216/192	湖南南车时代电动汽车股份有限公司；中航锂电（洛阳）有限公司；湖南南车时代电动汽车股份有限公司；湖北京远新能源科技有限公司	576/307.2；576/307.2	—/0～300；—/0～300	—/120；—/120	165/—；165/—	0.63/36.86；0.63/36.86	210/400；210/490	否	硬件：EVS100；软件：BMSApplication1.0.0.0	北京海博思创科技有限公司	52%	—	NG混合动力	插电式混合动力城市客车	76	0	76

续表

储能装置单体生产企业	电动汽车储能装置种类	储能装置单体型号	储能装置单体的标称电压(V)	超级电容器单体标称静电容量(F)	储能装置单体质量(kg)	储能装置单体数量(块)	储能装置总成生产企业	储能装置总成标称电压(V)	储能装置总成额定输出电流(A)	动力蓄电池总成标称容量(A·h)	超级电容器总成标称静电容量(F)	储能装置总储电量(kW·h)	储能装置总成质量(kg)	动力蓄电池箱是否具有快换装置	车载能源管理系统型号(包括软件和硬件)	车载能源管理系统生产企业	混合动力汽车电功率比(%)	电动汽车续驶里程(工况法，km)	燃料种类	配套车辆类型	2014年配套车型产量小计(辆)	2015年1—3月配套车型产量小计(辆)	配套车型产量合计(辆)
中聚（天津）新能源投资有限公司	磷酸铁锂	SP－LFP 200AHA	3.2	—	5.6	72	中聚（天津）新能源投资有限公司	115.2	85	200	—	46	400	—	V2.0/FRDBMS 005D	南昌福瑞德科技有限公司；南昌福瑞德科技有限公司	—	—	纯电动	纯电动厢式运输车	41	0	75
			3.2	—	—	—	南昌福瑞德科技有限公司	—	—	—	—	—	—	—	—	南昌福瑞德科技有限公司	—	150	纯电动	纯电动轿车	0	14	
			3.2	—	5.6	176	中聚（天津）新能源投资有限公司	563.2	200	200		112.64	1390	是	B37D06/EV02	惠州亿能电子科技有限公司	—	—	纯电动	纯电动城市客车/底盘	15	0	
	磷酸铁锂离子动力电池	66AH－AB	—	—	—	—	中聚（天津）新能源投资有限公司	—	—	—	—	—	—	—	—	北京中瑞蓝科电动汽车技术有限公司；惠州市亿能电子有限公司	—	120	纯电动	纯电动城市客车	0	5	
浙江佳贝思绿色能源有限公司	磷酸铁锂	GB S－LFMP 100Ah	3.2	—	2.8	100	浙江佳贝思绿色能源有限公司	320	100	100	—	32	400	否	软件：B354 02MS1415；硬件：YN.BMS.EV－03	惠州市亿能电子有限公司	—	—	纯电动	纯电动多用途乘用车	4	20	74
	磷酸铁锂离子蓄电池	GB SLFMP 100Ah	—	—	—	—	苏州吉姆西客车制造有限公司	—	—	—	—	—	—	—	—	惠州市亿能电子有限公司	—	—	纯电动	纯电动轻型客车	0	50	
力神迈尔斯动力电池系统有限公司	锂离子电池	LP277 0134	—	—	—	—	力神迈尔斯动力电池系统有限公司	—	—	—	—	—	—	—	—	惠州市亿能电子有限公司	—	—	纯电动	纯电动城市客车	0	5	66
	磷酸铁锂	LP277 0120AC	3.2	—	453±10	2688	力神迈尔斯动力电池系统有限公司	534	264	264	—	N/A	1209.6	是	—	—	—	—	纯电动	纯电动城市客车	61	0	

续表

储能装置单体生产企业	电动汽车储能装置种类	储能装置单体型号	储能装置单体的标称电压(V)	超级电容器单体标称静电容量(F)	储能装置单体质量(kg)	储能装置单体数量(块)	储能装置总成生产企业	储能装置总成标称电压(V)	储能装置总成额定输出电流(A)	动力蓄电池总成标称容量(A·h)	超级电容器总成标称静电容量(F)	储能装置总储电量(kW·h)	储能装置总成质量(kg)	动力蓄电池箱是否具有快换装置	车载能源管理系统型号(包括软件和硬件)	车载能源管理系统生产企业	混合动力汽车电功率比(%)	电动汽车续驶里程(工况法,km)	燃料种类	配套车辆类型	2014年配套车型产量小计(辆)	2015年1—3月配套车型产量小计(辆)	配套车型产量合计(辆)
淄博国利新电源科技有限公司	镍氢动力电池	UCQNF 280P	1.2	—	6.0	480	淄博国利新电源科技有限公司	576	500	280	—	160	2980	否	主板：BC111-207，从板：BS111-1003	哈尔滨冠拓电源设备有限公司	—	207	纯电动	纯电动城市客车	18	10	61
	镍氢电池	UCQNF 200	1.2	—	6.6	480	淄博国利新电源科技有限公司	576	174	200	—	115.2	2300	是	ZTEV200E	中通客车控股股份有限公司	—	120	纯电动	纯电动城市客车	10	0	
			1.2	—	6.6	480	山东沂星电动汽车有限公司	576	200	200	—	115	3200	是	P412000A/GTBMS005A-MC11；BK_BMS_SOC_SW V6.0/BK-BMS-B-G1	哈尔滨冠拓电源设备有限公司；北京八恺电气科技有限公司	—	—	纯电动	纯电动城市客车	3	20	
浙江南都电源动力股份有限公司	磷酸铁锂蓄电池	30135216	—	—	—	—	苏州吉姆西客车制造有限公司	—	—	—	—	—	—	—	—	惠州市亿能电子有限公司	—	—	纯电动	纯电动轻型客车	0	59	59
上海恒动汽车电池有限公司	磷酸铁锂	ZTF40E	3.2	—	1.2	220个	中通客车控股股份有限公司	352	119.3	80	—	28.16	380	否	ZTPHEV 40E	中通客车控股股份有限公司	58	37	柴油混合动力	插电式并联混合动力城市客车	58	0	58
惠州市亿鹏能源科技有限公司	磷酸铁锂	YPMP 16N	3.6	—	0.505	350	惠州市亿鹏能源科技有限公司	630	140	32	—	19.8	230	否	BMU-H	上海万象汽车制造有限公司	>30	—	柴油混合动力	插电式串联混合动力城市客车	19	0	52
			3.6	—	0.505	96	惠州市亿鹏能源科技有限公司	345.6	140	16	—	6.0	110	否	BMU-H	上海万象汽车制造有限公司	>30	—	柴油混合动力	插电式并联混合动力城市客车	33	0	

续表

储能装置单体生产企业	电动汽车储能装置种类	储能装置单体型号	储能装置单体的标称电压(V)	超级电容器单体标称静电容量(F)	储能装置单体质量(kg)	储能装置单体数量(块)	储能装置总成生产企业	储能装置总成标称电压(V)	储能装置总成额定输出电流(A)	动力蓄电池总成标称容量(A·h)	超级电容器总成标称静电容量(F)	储能装置总储电量(kW·h)	储能装置总成质量(kg)	动力蓄电池箱是否具有快换装置	车载能源管理系统型号(包括软件和硬件)	车载能源管理系统生产企业	混合动力汽车电功率比(%)	电动汽车续驶里程(工况法，km)	燃料种类	配套车辆类型	2014年配套车型产量小计(辆)	2015年1—3月配套车型产量小计(辆)	配套车型产量合计(辆)
美国麦克斯威科技公司、万向电动汽车有限公司	磷酸铁锂/超级电容	BCAP 3000，WX12 I3250	2.7 3.2	3000	0.51 1.1	1 100	美国麦克斯威科技公司，天津松正电动汽车技术股份有限公司	340.2 320	253 70	50	23.57	16.38	320（100/220）	否	VHN000-024	天津市松正电动汽车技术股份有限公司	90.7	31	LNG/电混合动力	插电式混联气电混合动力城市客车	52	0	52
中航锂电（洛阳）有限公司；湖北京远新能源科技有限公司；深圳市沃特玛电池有限公司；中航锂电（洛阳）有限公司	磷酸铁锂	CA60FI；JY-LiFe-3.2V60AHAI；3.2V60AH；CAM72	3.2	—	1.92 2.05 2 2.1	106	中航锂电（洛阳）有限公司；湖北京远新能源科技有限公司；深圳市沃特玛电池有限公司；中航锂电（洛阳）有限公司	339	20	60	—	20.35	212 218 213 350	否	—	—	—	80	纯电动	纯电动自卸式垃圾车	4	1	51
		CA60FI；JY-LiFe-3.2V60AHAI；3.2V60AH；CAM72	3.2	—	1.92 2.05 2 2.1	106	中航锂电（洛阳）有限公司；湖北京远新能源科技有限公司；深圳市沃特玛电池有限公司；中航锂电（洛阳）有限公司	339	20	60	—	20.35	212 218 213 350	否	—	—	—	80	纯电动	纯电动自装卸式垃圾车	34	9	

续表

储能装置单体生产企业	电动汽车储能装置种类	储能装置单体型号	储能装置单体的标称电压(V)	超级电容器单体标称静电容量(F)	储能装置单体质量(kg)	储能装置单体数量(块)	储能装置总成生产企业	储能装置总成标称电压(V)	储能装置总成额定输出电流(A)	动力蓄电池总成标称容量(A·h)	超级电容器总成标称静电容量(F)	储能装置总储电量(kW·h)	储能装置总成质量(kg)	动力蓄电池箱是否具有快换装置	车载能源管理系统型号(包括软件和硬件)	车载能源管理系统生产企业	混合动力汽车电功率比(%)	电动汽车续驶里程(工况法,km)	燃料种类	配套车辆类型	2014年配套车型产量小计(辆)	2015年1—3月配套车型产量小计(辆)	配套车型产量合计(辆)
中航锂电(洛阳)有限公司;湖北京远新能源科技有限公司;深圳市沃特玛电池有限公司;中航锂电(洛阳)有限公司	磷酸铁锂	CA60FI;JY-LiFe-3.2V60AHAI;3.2V60AH;CAM72	3.2	—	1.92 2.05 2 2.1	106	中航锂电(洛阳)有限公司;湖北京远新能源科技有限公司;深圳市沃特玛电池有限公司;中航锂电(洛阳)有限公司	339	20	60	—	20.35	212 218 213 350	否	—	—	—	80		纯电动厢式运输车	0	3	
江苏恒迅中锂新能源科技有限公司	锂离子动力电池	HX-F115379 2-22	—	—	—	—	江苏恒迅中锂新能源科技有限公司	—	—	—	—	—	—	—	—	安徽力高新能源科技有限公司	—	—	纯电动	纯电动客车	0	50	51
		HX-NCM-18650P	—	—	—	—	江苏恒迅中锂新能源科技有限公司	—	—	—	—	—	—	—	—	安徽力高新能源技术有限公司	—	—	纯电动	纯电动客车	0	1	
美国麦克斯威科技公司;合肥国轩高科动力能源有限公司	磷酸铁锂/超级电容	BCAP3000 K2系列/BMOD0165+1865140	2.7 3.2	3000	0.51 0.335	144 5040	美国麦克斯威科技公司;合肥国轩高科动力能源有限公司	388.8 538	— 300	375	20.8	0.433 201.75	114 1760	否	SCG021-384	天津市松正电动汽车技术股份有限公司	51.2	135	柴油混合动力	插电式混联混合动力城市客车	50	0	50
上海贯裕能源科技有限公司	磷酸铁锂	6518 5253	3.2	—	0.55	900	上海中科深江电动车辆有限公司	576	182	100	—	57.6	875	否	SJB052001A-2101/SJB052001A-2101	上海中科深江电动车辆有限公司	59.6	—	柴油混合动力	插电式混联混合动力城市客车	50	0	50

续表

储能装置单体生产企业	电动汽车储能装置种类	储能装置单体型号	储能装置单体的标称电压(V)	超级电容器单体标称静电容量(F)	储能装置单体质量(kg)	储能装置单体数量(块)	储能装置总成生产企业	储能装置总成标称电压(V)	储能装置总成额定输出电流(A)	动力蓄电池总成标称容量(A·h)	超级电容器总成标称静电容量(F)	储能装置总储电量(kW·h)	储能装置总成质量(kg)	动力蓄电池箱是否具有快换装置	车载能源管理系统型号(包括软件和硬件)	车载能源管理系统生产企业	混合动力汽车电功率比(%)	电动汽车续驶里程(工况法，km)	燃料种类	配套车辆类型	2014年配套车型产量小计(辆)	2015年1—3月配套车型产量小计(辆)	配套车型产量合计(辆)
深圳市今朝时代新能源技术有限公司；江苏春兰清洁能源研究院有限公司	超级电容；磷酸铁锂	LSUC002R7C3000FEA；LFL160	2.8 3.2	3000 —	0.50 1.43	216 192	深圳市今朝时代新能源技术有限公司；江苏春兰清洁能源研究院有限公司	576 307.2	— 0~300	— 120	165 —	0.63 36	210 570	否	硬件：EVS100；软件：BMS Application1.0.0.0	北京海博思创科技有限公司	52	—	NG/电混合动力	插电式混合动力城市客车	50	0	50
威海东生能源科技有限公司	三元材料	TSE-PLiB-60Ah	3.7	—	1.9	725	威海东生能源科技有限公司	536.5	185	300	—	160.95	1724	是	主机硬件：LG_MCU_TV4.21；软件：LG_MCU_TSF4.21；从机硬件：LG_BMU16S_TV1216；软件：LG_BMU16S_TSF1216	安徽力高新能源技术有限公司	—	—	纯电动	纯电动城市客车/底盘	49	0	49
广东五洲龙电源科技有限公司	磷酸铁锂	EV120Ah	3.2	—	3.8	100	广东五洲龙电源科技有限公司	320	80	120	—	38.4	425	否	3i-BMS-10-100-02	东莞三新电动汽车技术有限公司	—	—	纯电动	纯电动城市客车	5	0	47
			3.2	—	4.2	336	广东五洲龙电源科技有限公司	537.6	150	240	—	123.6	2500	否	WZLBMSLG001	广东五洲龙电源科技有限公司	—	—	纯电动	纯电动城市客车	20	10	
		HEV100Ah	3.2	—	3.2	105	广东五洲龙电源科技有限公司	336	100	100	—	33.6	690	否	WBM_16AV3.5/V3.5	安徽力高新能源技术有限公司	51	—	柴油混合动力	插电式并联混合动力城市客车	4	0	
			3.2	—	4.5	105	广东五洲龙电源科技有限公司	336	100	100	—	34.6	690	否	V3.1/V3.1	西安冠通数源电子有限公司	98.7	—	NG混合动力	插电式并联混合动力城市客车	0	8	

续表

储能装置单体生产企业	电动汽车储能装置种类	储能装置单体型号	储能装置单体的标称电压(V)	超级电容器单体标称静电容量(F)	储能装置单体质量(kg)	储能装置单体数量(块)	储能装置总成生产企业	储能装置总成标称电压(V)	储能装置总成额定输出电流(A)	动力蓄电池总成标称容量(A·h)	超级电容器总成标称静电容量(F)	储能装置总储电量(kW·h)	储能装置总成质量(kg)	动力蓄电池箱是否具有快换装置	车载能源管理系统型号(包括软件和硬件)	车载能源管理系统生产企业	混合动力汽车电功率比(%)	电动汽车续驶里程(工况法，km)	燃料种类	配套车辆类型	2014年配套车型产量小计(辆)	2015年1—3月配套车型产量小计(辆)	配套车型产量合计(辆)
微宏动力系统(湖州)有限公司；美国麦克斯威科技公司	磷酸铁锂；超级电容	MPS0360E；BCAP3000	3.2 2.7	3000	2.73 0.55	360 144	微宏动力系统(湖州)有限公司；美国麦克斯威科技公司	384V	260	180	20.6	79	868	是	MPS－ZT380；MWZT01	微宏动力系统（湖州）有限公司；中通客车控股股份有限公司	95.2	40	柴油混合动力	插电式混联混合动力城市客车	44	0	44
苏州和钧新能源有限公司；北京国能电池科技有限公司	磷酸铁锂	GCE7490175A－75Ah；PL20185265	3.2	—	2.1 1.6	100 87	中科力帆电动汽车有限公司；北京国能电池科技有限公司	320（100节）；278（87节）	94	75	—	24 20	290 280	是	软件：B38104MS1825；硬件：EV03DMH1317；软件：SW－V2.2；硬件：HW－V2.2	惠州市亿能电子有限公司、上海中科深江电动车辆有限公司	—	130	纯电动	纯电动轿车	43	0	43
安徽恒基伟业科技有限公司	磷酸铁锂	HJ29019173	3.2	—	6.3	510	安徽恒基伟业科技有限公司	544	600	600	—	326.4	3400	否	TC－EV－A001	合肥恒能新能源科技有限公司	—	240	纯电动	纯电动客车	5	0	43
			3.2	—	6.3	504	安徽恒基伟业科技有限公司	538	600	600	—	322.8	3200	否	TC－EV－A001	合肥恒能新能源科技有限公司	—	280	纯电动	纯电动城市客车	2	2	
			3.2	—	6.30	30	安徽恒基伟业科技有限公司	96	132	200	—	19.2	189	否	2101500	上海同灿新能源科技有限公司	—	—	纯电动	纯电动厢式运输车	0	34	
珠海银通新能源有限公司	磷酸铁锂	22Ah软包电池	3.2	—	0.65	1944	珠海银通新能源有限公司	345.6	400	396	—	136.9	1530	否	硬件：YTPBMS－0910A；软件V1.0	珠海银通新动力科技有限公司	—	—	纯电动	纯电动城市客车	24	0	41
			3.2	—	0.62	2052	珠海银通新能源有限公司	346	410	410	—	141.86	1760	否	KAM BMS－12A500	珠海银通新动力科技有限公司	—	—	纯电动	纯电动城市客车	2	0	
	钛酸锂	85200235	203	—	—	—	—	588	—	120	—	—	—	—	—	—	—	—	纯电动	纯电动城市客车	15	0	

续表

储能装置单体生产企业	电动汽车储能装置种类	储能装置单体型号	储能装置单体的标称电压(V)	超级电容器单体标称静电容量(F)	储能装置单体质量(kg)	储能装置单体数量(块)	储能装置总成生产企业	储能装置总成标称电压(V)	储能装置总成额定输出电流(A)	动力蓄电池总成标称容量(A·h)	超级电容器总成标称静电容量(F)	储能装置总储电量(kW·h)	储能装置总成质量(kg)	动力蓄电池箱是否具有快换装置	车载能源管理系统型号(包括软件和硬件)	车载能源管理系统生产企业	混合动力汽车电功率比(%)	电动汽车续驶里程(工况法，km)	燃料种类	配套车辆类型	2014年配套车型产量小计(辆)	2015年1—3月配套车型产量小计(辆)	配套车型产量合计(辆)
美国麦克斯威科技公司；苏州海格新能源汽车电控系统有限公司	超级电容；磷酸铁锂	BCAP 3000；HGL－1	2.7 3.2	3000	0.55 0.145	288 800	美国麦克斯威科技公司；苏州海格新能源汽车电控系统有限公司	388.8 256	50	50	165	0.5 12.8	158.4 116	否	HC－HMC U109010	苏州海格新能源汽车电控系统科技有限公司	52.22	—	柴油混合动力	插电式混合动力城市客车	36	0	36
电池：湖南科霸汽车动力电池有限公司；电容：美国麦克斯威科技公司	镍氢电池/超级电容	电池：HHR－600DA；电容：BCAP3000 K2	电池：1.2V/电容：2.7	3000	电池：0.16 电容：0.51	电池：288，电容：126	电池：湖南科霸汽车动力电池有限公司；电容：美国麦克斯威科技公司	电池：320；电容：336	174	50	23.5	16	224.5	否	软件：SLK－BMS－02C；硬件：SLKBMS	上海申龙客车有限公司	53.6	—	混合动力	混合动力城市客车	35	0	35
金华青年能源科技有限公司	锰酸锂体系	EV10AH	3.7	—	0.36	1424	金华青年能源科技有限公司	658.6	200	76	—	50	1200	是	硬件：QN－BMS－HW01；软件：QN－BMS－SW01	金华青年能源科技有限公司	—	—	纯电动	纯电动城市客车	0	34	34
河北洁神新能源科技有限公司	磷酸铁锂	JS130 78218－140	3.2	—	3.95	504	中通客车控股股份有限公司	537.6	186	420	—	225.79	2500	是	ZTEV40E	中通客车控股股份有限公司	—	200	纯电动	纯电动城市客车	10	0	30
		JS130 78218－140	3.2	—	3.95	504	河北洁神新能源科技有限公司	538	—	420	—	225	2520	否	EV02	杭州高特电子有限公司	—	—	纯电动	纯电动城市客车	20	0	
江苏春兰清洁能源研究院有限公司；上海奥威科技开发有限公司	磷酸铁锂；超级电容	LFL160；UCR27V 3000B	3.2 2.7	166	1.79 0.55	94 144	江苏春兰清洁能源研究院有限公司；上海奥威科技开发有限公司	384	60	60	20.75	18.432	330	否	软件：DYL 300－60；硬件：HEV－BMS－V3	江苏春兰清洁能源研究院有限公司	83.87	—	NG混合动力	插电式气电混合动力城市客车	30	0	30

续表

储能装置单体生产企业	电动汽车储能装置种类	储能装置单体型号	储能装置单体的标称电压(V)	超级电容器单体标称静电容量(F)	储能装置单体质量(kg)	储能装置单体数量(块)	储能装置总成生产企业	储能装置总成标称电压(V)	储能装置总成额定输出电流(A)	动力蓄电池总成标称容量(A·h)	超级电容器总成标称静电容量(F)	储能装置总储电量(kW·h)	储能装置总成质量(kg)	动力蓄电池箱是否具有快换装置	车载能源管理系统型号(包括软件和硬件)	车载能源管理系统生产企业	混合动力汽车电功率比(%)	电动汽车续驶里程(工况法,km)	燃料种类	配套车辆类型	2014年配套车型产量小计(辆)	2015年1—3月配套车型产量小计(辆)	配套车型产量合计(辆)
万向电动汽车有限公司；Ioxus；Inc.	磷酸铁锂；超级电容	WX12132 50；ICAP 2.7V；3000F CELL	3.2 2.7	3000F	1.10 0.51	100 126	天津市松正电动汽车技术股份有限公司；Ioxus；Inc.	320 336	70	50	23.57	16 0.2	218 98	否	BMS－M－01－500－001/BMS－SGA－003	天津市松正电动汽车技术股份有限公司	53.6	20	柴油/电混合动力	插电式混联混合动力城市客车	30	0	30
合肥国轩高科技有限公司	磷酸铁锂	IFP20100140A	3.2	—	0.6	1040	合肥国轩高科技有限公司	332.8	250	225	—	75	700(加上外壳，高压箱)800	是	GXBMS－CCU	合肥国轩高科技有限公司	—	170	纯电动	纯电动厢式运输车	8	0	30
		LFP 3.2 V22.5Ah	3.20	—	0.5	1040	合肥国轩高科技有限公司	332.8	250	225	—	75	700;(加上外壳，高压箱)800	是	BMS－C70366	合肥国轩高科技有限公司	—	160	纯电动	纯电动客车	10	12	
天空能源（洛阳）有限公司	磷酸铁锂	SE180AHA；GB S－LFMP200Ah	3.2	—	5.60 5.62	300 300	天空能源（洛阳）有限公司；浙江佳贝思绿色能源有限公司	320 320	540 600	540 600	—	172.8 192	1864 1686	否	—	EV03	—	—	纯电动	纯电动城市客车	10	0	26
		SE180AHA	3.2	—	5.1±0.1kg	100	纽贝耳汽车（杭州）有限公司	320	94	180	—	57.6	510	是	—	—	—	—	纯电动	纯电动轿车	15	1	
力神动力电池系统有限公司；合肥国轩高科动力能源股份公司	磷酸铁锂	LP2770134；IFP20100140A	3.2	—	0.51 0.6	2688	力神动力电池系统有限公司；中通客车控股股份有限公司	538 582	242 223	320 322.5	—	172.03 187.7	2000 2600	是	ZTEV40E	中通客车控股股份有限公司	—	160	纯电动	纯电动城市客车	20	6	26

续表

储能装置单体生产企业	电动汽车储能装置种类	储能装置单体型号	储能装置单体的标称电压(V)	超级电容器单体标称静电容量(F)	储能装置单体质量(kg)	储能装置单体数量(块)	储能装置总成生产企业	储能装置总成标称电压(V)	储能装置总成额定输出电流(A)	动力蓄电池总成标称容量(A·h)	超级电容器总成标称静电容量(F)	储能装置总储电量(kW·h)	储能装置总成质量(kg)	动力蓄电池箱是否具有快换装置	车载能源管理系统型号(包括软件和硬件)	车载能源管理系统生产企业	混合动力汽车电功率比(%)	电动汽车续驶里程(工况法，km)	燃料种类	配套车辆类型	2014年配套车型产量小计(辆)	2015年1—3月配套车型产量小计(辆)	配套车型产量合计(辆)
苏州和钧新能源有限公司	磷酸铁锂	GCE7490175A－75Ah	3.2	—	2.1	100	中科力帆电动汽车有限公司	320（100节）；278（87节）	94	75	—	24 20	290	否	软件：B38102MS1825；硬件：EV03DMH1317；软件：SW－V1.1；硬件：HW－V1.1	惠州市亿能电子有限公司、上海中科深江电动车辆有限公司	—	130	纯电动	纯电动轿车	3	0	23
			3.2	—	2.1	120	上海中科深江电动车辆有限公司	384	195	75	—	28.8	360（2箱，每箱180 kg）	否	SJB052001A－2101	上海中科深江电动车辆有限公司	52.58	—	柴油混合动力	插电式混联混合动力城市客车	20	0	
山西皇城相府中道能源有限公司中道和分公司	磷酸铁锂	ZDE－R60260	3.2	—	1.5	1080	山西皇城相府中道能源有限公司中道和分公司	346	400	700	—	242	1860	否	硬件：BMS－0910A；软件 V1.0	深圳中德世纪新能源有限公司	—	220	纯电动	纯电动城市客车	20	0	23
			3.2	—	1.5	756	山西皇城相府中道能源有限公司中道和分公司	346V	400	490	—	169.5	1350	否	硬件：BMS－1210A；软件 V1.0	深圳中德世纪新能源有限公司	—	230	纯电动	纯电动城市客车	1	0	
			3.2	—	1.5	2016	山西皇城相府中道能源有限公司中道和分公司	538	420	840	—	452	3500	否	ZRHX－840AH538V	北京中瑞蓝科电动汽车技术有限公司	—	200	纯电动	纯电动客车	1	1	
河南锂动电源有限公司	磷酸铁锂	EV－P－001180－PX08	3.2	—	5.5	364	山东沂星电动汽车有限公司	582.4	400	360	—	210	2560	否	BC111－206	哈尔滨冠拓电源设备有限公司	—	—	纯电动	纯电动城市客车	20	1	22
		EV GLP30Ah－93173260	3.2	—	0.78	2520	河南锂动电源有限公司	576	400	420	—	242	2800	否	BC111－206	哈尔滨冠拓电源设备有限公司	—	—	纯电动	纯电动城市客车	1	0	

续表

储能装置单体生产企业	电动汽车储能装置种类	储能装置单体型号	储能装置单体的标称电压(V)	超级电容器单体标称静电容量(F)	储能装置单体质量(kg)	储能装置单体数量(块)	储能装置总成生产企业	储能装置总成标称电压(V)	储能装置总成额定输出电流(A)	动力蓄电池总成标称容量(A·h)	超级电容器总成标称静电容量(F)	储能装置总储电量(kW·h)	储能装置总成质量(kg)	动力蓄电池箱是否具有快换装置	车载能源管理系统型号(包括软件和硬件)	车载能源管理系统生产企业	混合动力汽车电功率比(%)	电动汽车续驶里程(工况法,km)	燃料种类	配套车辆类型	2014年配套车型产量小计(辆)	2015年1—3月配套车型产量小计(辆)	配套车型产量合计(辆)
厦门华锂能源有限公司；厦门金龙旅行车有限公司	磷酸铁锂电池；有机电解质碳电极对称型超级电容器	47115215-50AH；XMJL3000	—	—	—	—	厦门华锂能源有限公司；厦门金龙旅行车有限公司	—	—	—	—	—	—	—	—	厦门金龙旅行车有限公司	—	—	柴油/电混合动力	混联插电式混合动力城市客车	0	22	22
新普科技股份有限公司	磷酸铁锂	110G0164F	3.2	—	0.45	4048	新普科技股份有限公司	588.8	180	363	—	213.7	2200	否	SW-KL02-V2/EV-KL02-BS01	新普科技股份有限公司	—	250	纯电动	纯电动城市客车	11	10	21
美国麦克斯威科技公司；江苏春兰清洁能源研究院有限公司	超级电容器；磷酸铁锂电池	—	—	—	—	—	—	—	—	—	—	—	—	—	—	—	—	—	NG混合动力	插电式混合动力城市客车	20	0	20
山西华夏动刀科技有限公司	磷酸铁锂	EV-HYLFP001S-200Ah	3.2	—	5.7	340	山西华夏动力科技有限公司	544	200	400	—	217.6	2200	否	EK-FT-51	安徽力高新能源技术有限公司	—	204	纯电动	纯电动城市客车/底盘	20	0	20
威刀新能源（吉安）有限公司，万向电动汽车有限公司	磷酸铁锂	SAB60280；WX12Ⅰ3250	3.2	—	1.58 1.1	672	威力新能源（吉安）有限公司，万向电动汽车有限公司	538 538	213	220 200	—	118.3 107.5	1600 1300	是	EV02B	惠州市亿能电子有限公司	—	120	纯电动	纯电动客车	10	10	20

续表

储能装置单体生产企业	电动汽车储能装置种类	储能装置单体型号	储能装置单体的标称电压(V)	超级电容器单体标称静电容量(F)	储能装置单体质量(kg)	储能装置单体数量(块)	储能装置总成生产企业	储能装置总成标称电压(V)	储能装置总成额定输出电流(A)	动力蓄电池总成标称容量(A·h)	超级电容器总成标称静电容量(F)	储能装置总储电量(kW·h)	储能装置总成质量(kg)	动力蓄电池箱是否具有快换装置	车载能源管理系统型号(包括软件和硬件)	车载能源管理系统生产企业	混合动力汽车电功率比(%)	电动汽车续驶里程(工况法，km)	燃料种类	配套车辆类型	2014年配套车型产量小计(辆)	2015年1—3月配套车型产量小计(辆)	配套车型产量合计(辆)
上海索锂科技有限公司（电池）；上海三玖电气设备有限公司（电容）	磷酸铁锂电池+超级电容	DLP70182276-180Ah(电池)；UCEY-2.7V/3000F（超级电容）	3.2（电池）2.7（电容）	3000	5.5（电池）0.53（电容）	480（电池）234（电容）	上海索锂科技有限公司（电池）；上海三玖电气设备有限公司（电容）	512	300	540	12.7	272	3450	否	RH-BMS-V7；软件版本号：RH-BMS-6.8	上海瑞华（集团）有限公司	—	150	纯电动	纯电动汽车	0	20	20
江苏福瑞士新能源有限公司	磷酸铁锂蓄电池	LFL2-60	—	—	—	—	安徽欧鹏巴赫动力科技有限公司	—	—	—	—	—	—	—	—	安徽欧鹏巴赫动力科技有限公司	—	80	纯电动	纯电动路面养护车	0	20	20
浙江谷神能源科技股份有限公司	磷酸铁锂	GSF46160M-22	3.2	—	0.585	216个	浙江谷神能源科技股份有限公司	77	200	198	—	15.2	165	否	GSOT2912BMS008	浙江谷神能源科技股份有限公司	—	160	纯电动	纯电动轿车	0	19	19
河南新太行电源有限公司	磷酸铁锂	IFR26650	3.2	—	0.08	23408	河南新太行电源有限公司	563	400	400	—	225	2340	否	EV02B	惠州市亿能电子有限公司	—	200	纯电动	纯电动城市客车	14	3	17
深圳市佳华利道新技术开发有限公司	纳米磷酸铁锂蓄动力电池	TB-0270700180A-LTP-25Ah	—	—	—	—	深圳市佳华利道新技术开发有限公司	—	—	—	—	—	—	—	—	深圳市佳华利道新技术开发有限公司	—	—	纯电动	纯电动客车	0	15	17
	磷酸铁锂蓄电池	TB-027070180A-LTP-25Ah	—	—	—	—	深圳市佳华利道新技术开发有限公司	—	—	—	—	—	—	—	—	深圳市佳华利道新技术开发有限公司	—	350	纯电动	纯电动城市客车	0	1	
			3.2	—	0.65	2112	深圳市佳华利道新技术开发有限公司	536.2	180	300	—	168.96	1920	否	JH1102021/JH1102021	深圳市科列技术有限公司	—	—	纯电动	纯电动城市客车	0	1	

续表

储能装置单体生产企业	电动汽车储能装置种类	储能装置单体型号	储能装置单体的标称电压(V)	超级电容器单体标称静电容量(F)	储能装置单体质量(kg)	储能装置单体数量(块)	储能装置总成生产企业	储能装置总成标称电压(V)	储能装置总成额定输出电流(A)	动力蓄电池总成标称容量(A·h)	超级电容器总成标称静电容量(F)	储能装置总储电量(kW·h)	储能装置总成质量(kg)	动力蓄电池箱是否具有快换装置	车载能源管理系统型号(包括软件和硬件)	车载能源管理系统生产企业	混合动力汽车电功率比(%)	电动汽车续驶里程(工况法,km)	燃料种类	配套车辆类型	2014年配套车型产量小计(辆)	2015年1—3月配套车型产量小计(辆)	配套车型产量合计(辆)
宇通客车股份有限公司;宇通客车股份有限公司	磷酸铁锂;超级电容	YT26650E;YTPC3000	3.2 2.7	3000	0.083 0.51	4050 216	宇通客车股份有限公司;宇通客车股份有限公司	576	98	243	13.75	39.51	655	否	H91004SS2B14/EV04CASH2926	惠州市亿能电子有限公司	90.74	61	柴油混合动力	插电式混联混合动力城市客车	16	0	16
厦门华锂能源有限公司	磷酸铁锂	641402 16-100Ah	3.2	—	3.10	176	厦门华锂能源有限公司	563	100	100	—	56.3	650	否	LXBMS176S-EV-V01/LXBMS24	厦门路迅电控有限公司	—	—	纯电动	纯电动城市客车	15	0	15
威力新能源(吉安)有限公司;上海航天电源技术有限责任公司	磷酸铁锂	PSE 60280-60Ah;IFP27135206E	—	—	—	—	威力新能源(吉安)有限公司;上海航天电源技术有限责任公司	—	—	—	—	—	—	—	—	北京中瑞蓝科电动汽车技术有限公司;上海航天电源技术有限责任公司;深圳市科列技术有限公司	—	200	纯电动	纯电动客车	0	15	15
重庆长安新能源汽车有限公司	镍氢电池	ND06ACHN	1.2	—	0.16	120	重庆长安新能源汽车有限公司	144	6	6		0.864	35	否	XNBCU01	重庆长安新能源汽车有限公司	25.6	—	汽油混合动力	并联式混合动力轿车	14	0	14
合肥国轩高科动力能源股份公司;中聚(天津)新能源投资有限公司	磷酸铁锂	IFP1865140/SP-LFP200AHA	3.2/3.2	—	0.35/5.6	1575/105	合肥国轩高科动力能源股份公司/中聚(天津)新能源投资有限公司	336	100	200	—	67	780	否	EV01	惠州市亿能电子有限公司	—	—	纯电动	纯电动客车	12	1	13

续表

储能装置单体生产企业	电动汽车储能装置种类	储能装置单体型号	储能装置单体的标称电压(V)	超级电容器单体标称静电容量(F)	储能装置单体质量(kg)	储能装置单体数量(块)	储能装置总成生产企业	储能装置总成标称电压(V)	储能装置总成额定输出电流(A)	动力蓄电池总成标称容量(A·h)	超级电容器总成标称静电容量(F)	储能装置总储电量(kW·h)	储能装置总成质量(kg)	动力蓄电池箱是否具有快换装置	车载能源管理系统型号(包括软件和硬件)	车载能源管理系统生产企业	混合动力汽车电功率比(%)	电动汽车续驶里程(工况法，km)	燃料种类	配套车辆类型	2014年配套车型产量小计(辆)	2015年1—3月配套车型产量小计(辆)	配套车型产量合计(辆)
电池：深圳沃特玛电池有限公司；超级电容：美国麦克斯威科技公司	磷酸铁锂/超级电容	电池：32650-5AH；超级电容：BCAP3000 K2系列/BM0D0165	电池：3.2；超级电容：2.7	3000	电池：0.145 超级电容：0.51	电池：1050个 超级电容：144个	电池：深圳沃特玛电池有限公司；超级电容：美国麦克斯威科技公司	电池：336V；电容：384V	285	50	41.25	16.8	362.95	否	软件：SLK-BMS-01A；硬件：SLKBMS	上海申龙客车有限公司	>52.8	—	NG/电混合动力	插电式混联混合动力城市客车	12	0	12
安徽天康（集团）股份有限公司	钛酸锂锂离子电池	TKLD-2.4V/16Ah	18	—	12.5	2860块电芯	安徽天康（集团）股份有限公司	624	300	198	—	—	—	—	—	—	—	—	纯电动	纯电动城市客车	10	0	10
常州高博能源材料有限公司	磷酸铁锂	AHR32113Ultra-B	3.2	—	0.22	36	常州高博能源材料有限公司	115	75	4	—	0.5	16	否	HVMHBCS/HVMHBCS	Delphi Automotive Systems Singapore Pte Ltd/Delphi Automotive Systems Singapore Pte Ltd	16.9	—	汽油混合动力	并联式混合动力轿车	9	0	9
广东亿纬赛恩斯新能源系统有限公司	磷酸铁锂	3.2V 100Ah	3.2	—	5.8	176	广东亿纬赛恩斯新能源系统有限公司	563	600	100	—	56.3	814	否	软件：610ABSV1.0；硬件：BECU1.0	广东亿纬赛恩斯新能源系统有限公司	100	—	LNG/电混合动力	插电式串联混合动力城市客车	1	6	9
			3.2	—	5.8	176	广东亿纬赛恩斯新能源系统有限公司	563	600	100	—	56.3	814	否	软件：610ABSV1.0；硬件：BECU1.0	广东亿纬赛恩斯新能源系统有限公司	—	70	柴油/电混合动力	增程式混合动力城市客车	0	1	
			3.2	—	5.8	176	广东亿纬赛恩斯新能源系统有限公司	563	600	100	—	56.3	814	否	软件：610ABSV1.0；硬件：BECU1.0	广东亿纬赛恩斯新能源系统有限公司	—	70	NG混合动力	增程式混合动力城市客车	0	1	

续表

储能装置单体生产企业	电动汽车储能装置种类	储能装置单体型号	储能装置单体的标称电压(V)	超级电容器单体标称静电容量(F)	储能装置单体质量(kg)	储能装置单体数量(块)	储能装置总成生产企业	储能装置总成标称电压(V)	储能装置总成额定输出电流(A)	动力蓄电池总成标称容量(A·h)	超级电容器总成标称静电容量(F)	储能装置总储电量(kW·h)	储能装置总成质量(kg)	动力蓄电池箱是否具有快换装置	车载能源管理系统型号(包括软件和硬件)	车载能源管理系统生产企业	混合动力汽车电功率比(%)	电动汽车续驶里程(工况法，km)	燃料种类	配套车辆类型	2014年配套车型产量小计(辆)	2015年1—3月配套车型产量小计(辆)	配套车型产量合计(辆)
宁波南车新能源科技有限公司；微宏动力系统（湖州）有限公司	超级电容＋锂离子电池	9500F＋MV06203127NTP－10Ah	—	—	—	—	南车株洲电力机车有限公司电气设备分公司；微宏动力系统（湖州）有限公司	—	—	—	—	—	—	—	—	南车株洲电力机车有限公司电气设备分公司；微宏动力系统（湖州）有限公司	—	—	纯电动	纯电动城市客车	0	9	9
大连新源动力股份有限公司；上海航天电源技术有限责任公司	燃料电池；磷酸铁锂	XY－200AM－2；IFP1780123PB	0.68 3.2	—	0.10 0.33	220 216	大连新源动力股份有限公司；上海航天电源技术有限责任公司	149.6 346	250 90	16	—	—	80＋126	否	SAPT PIFP 346V 16Ah	上海航天电源技术有限责任公司	—	200	燃料电池	燃料电池轿车	8	0	8
美国麦克斯威科技公司；郑州宇通客车股份有限公司	超级电容	BCAP3000 K2；YTPC3000	2.7	3000	0.51	162	美国麦克斯威科技公司；郑州宇通客车股份有限公司	432	98	—	18.3	0.4743	121.5	否	H91002SS2515/EV04CASH2427；CMS101（软件版本：V01；硬件版本：V01）	惠州市亿能电子有限公司；郑州精益达汽车零部件有限公司高新区分公司	90.74 83.05 83.52	—	柴油混合动力	混联式混合动力城市客车	4	0	8
			2.7	3000	0.51	216	美国麦克斯威科技公司；郑州宇通客车股份有限公司	576	98	—	13.75	0.6336	200	否	H91004SS2B14/EV04CASH2926；CMS101（软件版本：V01；硬件版本：V01）	惠州市亿能电子有限公司；郑州精益达汽车零部件有限公司高新区分公司	86.47 83.05	—	NG 混合动力	混联式混合动力电动城市客车	4	0	

续表

储能装置单体生产企业	电动汽车储能装置种类	储能装置单体型号	储能装置单体的标称电压(V)	超级电容器单体标称静电容量(F)	储能装置单体质量(kg)	储能装置单体数量(块)	储能装置总成生产企业	储能装置总成标称电压(V)	储能装置总成额定输出电流(A)	动力蓄电池总成标称容量(A·h)	超级电容器总成标称静电容量(F)	储能装置总储电量(kW·h)	储能装置总成质量(kg)	动力蓄电池箱是否具有快换装置	车载能源管理系统型号(包括软件和硬件)	车载能源管理系统生产企业	混合动力汽车电功率比(%)	电动汽车续驶里程(工况法，km)	燃料种类	配套车辆类型	2014年配套车型产量小计(辆)	2015年1—3月配套车型产量小计(辆)	配套车型产量合计(辆)
上海奥威科技开发有限公司	超级电容	UCE15V 80000A	1.5	80000	3.12	400	上海奥威科技开发有限公司	600	250	—	200	6.7	1430	否	AWCPS-1	上海奥威科技发展有限公司	—	—	纯电动	纯电动城市客车	1	0	8
			1.5	80000	3.1	400	上海奥威科技开发有限公司	600	300	—	200	6.8	1450	否	AW100	广州致远电子有限公司	—	—	纯电动	纯电动城市客车/底盘	3	4	
北京普莱德新能源电池科技有限公司；重庆长安新能源汽车有限公司	锂离子动力电池	PLFP-090K1-075-101；100LFP100/2/320	—	—	—	—	—	—	—	—	—	—	—	—	—	—	—	—	纯电动	纯电动轿车	7	0	7
天津力神电池股份有限公司；深圳比克电池有限公司	三元材料/钴酸锂	18650(2.0Ah)；H18650CB	3.6 3.7	—	0.045	2576	富奥汽车零部件股份有限公司	330 340	56	56		18.5 19.1	167	否	9201015-0AH2；9201015-0AH1	富奥汽车零部件股份有限公司	—	110	纯电动	纯电动轿车	7	0	7
万向电动汽车有限公司；山东润峰集团新能源科技有限公司；赛恩斯能源科技有限公司	磷酸铁锂	WX1213222；RFE-F24；3.2V22Ah	3.2	—	0.58 0.63 0.57	288块	万向电动汽车有限公司/杭州大有科技发展有限公司；杭州杰能动力有限公司/杭州大有科技发展有限公司；赛恩斯能源科技有限公司/杭州大有科技有限公司	307.2	66 72 66	66 72 66		20.3 22.1 20.3	167（不含框） 181.4（不含框） 165（不含框）	是	WX-BMS-307.2V66AH-001/DY-BMS-307.2V66AH-003；YN-BMS-307.2V72AH-001/DY-BMS-307.2V72AH-001	万向电动汽车有限公司/杭州大有科技发展有限公司；杭州杰能动力有限公司/杭州大有科技发展有限公司	—	80	纯电动	纯电动轿车	7	0	7

续表

储能装置单体生产企业	电动汽车储能装置种类	储能装置单体型号	储能装置单体的标称电压(V)	超级电容器单体标称静电容量(F)	储能装置单体质量(kg)	储能装置单体数量(块)	储能装置总成生产企业	储能装置总成标称电压(V)	储能装置总成额定输出电流(A)	动力蓄电池总成标称容量(A·h)	超级电容器总成标称静电容量(F)	储能装置总储电量(kW·h)	储能装置总成质量(kg)	动力蓄电池箱是否具有快换装置	车载能源管理系统型号(包括软件和硬件)	车载能源管理系统生产企业	混合动力汽车电功率比(%)	电动汽车续驶里程(工况法,km)	燃料种类	配套车辆类型	2014年配套车型产量小计(辆)	2015年1—3月配套车型产量小计(辆)	配套车型产量合计(辆)
上海航天电源技术有限责任公司	磷酸铁锂	IFP27135206E	3.2	—	1.60	96	上海航天电源技术有限责任公司	307	60	60		18.4	228	是	Z110030J-H02	上海航天电源技术有限责任公司	—	152	纯电动	纯电动轿车	5	0	7
	磷酸铁锂蓄电池	27135206-60Ah	—	—	—	—	上海航天电源技术有限责任公司	—	—	—	—	—	—	—	—	上海航天电源技术有限责任公司	—	—	纯电动	纯电动客车	0	1	
	方形动力锂离子电池	ISP27135206E	—	—	—	—	上海航天电源技术有限责任公司	—	—	—	—	—	—	—	—	上海航天电源技术有限责任公司	—	—	纯电动	纯电动客车	0	1	
天津中聚新能源科技有限公司	磷酸铁锂	SP-LFP-100AhB	3.2	—	2.85	300	简式国际汽车设计(北京)有限公司	480	200	200	—	96	1260	否	JAS01_ BCU_ V1.0.1a/JAS01_ BCU_ V1.01.20140208;JAS01_BMU_ V1.0.1a/JAS01_ 36BMU_ V1.01.20140120;JAS01_ BTU_V1.0.1a/JAS01_ 36BTU_ V1.01.20140120;JAS01_ HVU_ V1.0.1a/JAS01_ HVU_ V1.01.20131212	简式国际汽车设计(北京)有限公司	—	—	纯电动	纯电动客车	1	0	6

续表

储能装置单体生产企业	电动汽车储能装置种类	储能装置单体型号	储能装置单体的标称电压(V)	超级电容器单体标称静电容量(F)	储能装置单体质量(kg)	储能装置单体数量(块)	储能装置总成生产企业	储能装置总成标称电压(V)	储能装置总成额定输出电流(A)	动力蓄电池总成标称容量(A·h)	超级电容器总成标称静电容量(F)	储能装置总储电量(kW·h)	储能装置总成质量(kg)	动力蓄电池箱是否具有快换装置	车载能源管理系统型号(包括软件和硬件)	车载能源管理系统生产企业	混合动力汽车电功率比(%)	电动汽车续驶里程(工况法，km)	燃料种类	配套车辆类型	2014年配套车型产量小计(辆)	2015年1—3月配套车型产量小计(辆)	配套车型产量合计(辆)
天津中聚新能源科技有限公司	磷酸铁锂	SP - LFP - 100AhB	3.2	—	2.85	240	简式国际汽车设计（北京）有限公司	384	200	200	—	76	1020	否	JAS01_ BCU_ V1.0.1a/JAS01_ BCU_ V1.01.20140208；JAS01_ BMU_ V1.0.1a/JAS01_ 36BMU_ V1.01.20140120；JAS01_ BTU_ V1.0.1a/JAS01_ 36BTU_ V1.01.20140120；JAS01_ HVU_ V1.0.1a/JAS01_ HVU_ V1.01.20131212	简式国际汽车设计（北京）有限公司	—	—	纯电动	纯电动客车	5	0	
深圳市沃特玛电池有限公司；美国麦克斯威科技公司	磷酸铁锂；超级电容	3.2V - 100AH；BCAP 3000	3.2 2.7	3000	5 0.55	80 288	福建省福工混合动力技术开发有限公司	256 384	50	100	41.25	电池：12.8；电容：0.55	电池：500；电容：250	否	OPTM - BMS - 01	深圳市沃特玛电池有限公司	112	—	柴油混合动力	插电式混联混合动力城市客车	5	0	5
山东衡远新能源科技有限公司	磷酸铁锂	FLP - 66Fe	3.2	—	2.3	144	山东衡远新能源科技有限公司	76.8	300	396	—	30.4	390	否	硬件：GT DS - BMS；软件：V5.0	西安冠通数源电子有限公司	—	178	纯电动	纯电动厢式运输车	2	0	5
			3.2	—	2.3	144	山东衡远新能源科技有限公司	76.8	300	396	—	30.4	390	否	硬件：GT DS - BMS；软件：V5.0	西安冠通数源电子有限公司	—	178	纯电动	纯电动多用途乘用车	0	3	

续表

储能装置单体生产企业	电动汽车储能装置种类	储能装置单体型号	储能装置单体的标称电压(V)	超级电容器单体标称静电容量(F)	储能装置单体质量(kg)	储能装置单体数量(块)	储能装置总成生产企业	储能装置总成标称电压(V)	储能装置总成额定输出电流(A)	动力蓄电池总成标称容量(A·h)	超级电容器总成标称静电容量(F)	储能装置总储电量(kW·h)	储能装置总成质量(kg)	动力蓄电池箱是否具有快换装置	车载能源管理系统型号(包括软件和硬件)	车载能源管理系统生产企业	混合动力汽车电功率比(%)	电动汽车续驶里程(工况法，km)	燃料种类	配套车辆类型	2014年配套车型产量小计(辆)	2015年1—3月配套车型产量小计(辆)	配套车型产量合计(辆)
Ioxus；Inc.；万向电动汽车有限公司	超级电容；磷酸铁锂	iCAP2.7V；3000F cell；WX12I3250	2.7 3.2	3000	0.51 1.1	126 200	Ioxus；Inc.；万向电动汽车有限公司	336/320	253 70	100	23.57	电容：0.37 电池：32	电容：94.5 电池：450	否	SCG021-384	天津市松正电动汽车技术股份有限公司	90.3	—	NG/电混合动力	插电式混联混合动力城市客车	2	0	4
			2.7 3.2	3000	0.51 1.1	126 200	Ioxus；Inc.；万向电动汽车有限公司	336/320	253 70	100	23.57	电容：0.37 电池：32	电容：94.5 电池：450	否	SCG021-384	天津市松正电动汽车技术股份有限公司	95.2	—	柴油/电混合动力	插电式混联混合动力城市客车	2	0	
中聚（天津）新能源投资有限公司；万向电动汽车有限公司	磷酸铁锂	SP-LFP300AHA(B)；WX12I3250	3.2	—	9.5 1.1	168 1008	中聚（天津）新能源投资有限公司；万向电动汽车有限公司	538	320	300	—	161.2	2200 1900	是	EV02B	惠州市亿能电子有限公司	—	120	纯电动	纯电动客车	3	0	3
美国麦克斯威科技公司；美国麦克斯威科技公司	超级电容	BCAP3000 K2系列/BMOD0165；BCAP3000 K2系列/BMOD0165	2.7	3000	0.51	216	美国麦克斯威科技公司；美国麦克斯威科技公司	384 455	70 80		41.25 13.75	0.8448 0.6336	216 240	否	—	—	116.12	—	NG混合动力	混联式混合动力电动城市客车	3	0	3
合普新能源科技有限公司	锂离子动力蓄电池	ISP193765AE-5.3Ah(3.6V)	3.65	—	0.093	1408	合普新能源科技有限公司	316.8	60	84.8	—	26.8	220	否	EV03(B39G02MS4116/EV03DMHV7.0)	惠州市亿能电子有限公司	—	100	纯电动	纯电动密闭式桶装垃圾车	0	2	3
	三元材料	ISR18650SE-2.4Ah	3.65	—	0.048±0.002	3640	合普新能源科技有限公司	379.6	28	84	—	31.88	300	否	—	—	—	150	纯电动	纯电动厢式运输车	1	0	

续表

储能装置单体生产企业	电动汽车储能装置种类	储能装置单体型号	储能装置单体的标称电压(V)	超级电容器单体标称静电容量(F)	储能装置单体质量(kg)	储能装置单体数量(块)	储能装置总成生产企业	储能装置总成标称电压(V)	储能装置总成额定输出电流(A)	动力蓄电池总成标称容量(A·h)	超级电容器总成标称静电容量(F)	储能装置总储电量(kW·h)	储能装置总成质量(kg)	动力蓄电池箱是否具有快换装置	车载能源管理系统型号（包括软件和硬件）	车载能源管理系统生产企业	混合动力汽车电功率比(%)	电动汽车续驶里程(工况法，km)	燃料种类	配套车辆类型	2014年配套车型产量小计(辆)	2015年1—3月配套车型产量小计(辆)	配套车型产量合计(辆)
赛恩斯能源科技有限公司	磷酸铁锂	3.2V100Ah	3.2	—	5.2	160	赛恩斯能源科技有限公司	512	205	100	—	51.2	740	否	BECUV1.0	赛恩斯能源科技有限公司	165	—	柴油混合动力	插电式串联混合动力城市客车	2	0	3
			3.2	—	5.2	160	赛恩斯能源科技有限公司	512	33	100	—	51	832	否	KLQ6120GQHEV1	金龙联合汽车工业（苏州）有限公司	185	—	柴油混合动力	串联式混合动力城市客车	1	0	
宁德时代新能源科技有限公司＋厦门金龙联合汽车工业有限公司	三元材料/超级电容	P2－37NUP－A1＋KLUC3000	3.65＋2.7	3000	0.82＋0.55	108＋288	宁德时代新能源科技有限公司＋厦门金龙联合汽车工业有限公司	394＋576	78＋168	37	13.75	14.6＋0.63	150＋162	否	BMS－M/BMS－SGA	宁德时代新能源科技有限公司	54.1	—	柴油/电混合动力	插电式混联混合动力城市客车	2	0	2
北大先行科技产业有限公司	磷酸铁锂	PUIFP25/110/270	3.2	—	1.68	480	北大先行科技产业有限公司	384	133	400	—	76.8	950	是	软件版本：EV02；硬件型号：EV02	惠州市亿能电子有限公司	—	130	纯电动	纯电动压缩式垃圾车	2	0	2
江苏伊思达电池有限公司	锰酸锂	26650	3.8	—	0.088	1540	江苏伊思达电池有限公司	292.6	150	70	—	20.5	180	否	EMS－77（M1E）	宁波拜特测控技术有限公司	—	112	纯电动	纯电动轿车	2	0	2
中信国安盟固利动力科技有限公司；美国麦克斯威科技公司	锰酸锂；超级电容	SPIM14245190;BCAP3000 K2	3.7 2.7	3000	1.03 0.51	315 216	宇通客车股份有限公司；美国麦克斯威科技公司	576	98	245	13.75	40.568	390	否	H91002SS2515/EV04CASH2429	惠州市亿能电子有限公司	83.05	71	插电式混合动力	混联式混合动力城市客车	2	0	2

续表

储能装置单体生产企业	电动汽车储能装置种类	储能装置单体型号	储能装置单体的标称电压(V)	超级电容器单体标称静电容量(F)	储能装置单体质量(kg)	储能装置单体数量(块)	储能装置总成生产企业	储能装置总成标称电压(V)	储能装置总成额定输出电流(A)	动力蓄电池总成标称容量(A·h)	超级电容器总成标称静电容量(F)	储能装置总储电量(kW·h)	储能装置总成质量(kg)	动力蓄电池箱是否具有快换装置	车载能源管理系统型号(包括软件和硬件)	车载能源管理系统生产企业	混合动力汽车电功率比(%)	电动汽车续驶里程(工况法，km)	燃料种类	配套车辆类型	2014年配套车型产量小计(辆)	2015年1—3月配套车型产量小计(辆)	配套车型产量合计(辆)
中聚（天津）新能源投资有限公司；厦门华锂能源有限公司	磷酸铁锂蓄电池	SP－LFP 100AHA；72142220－100Ah	—	—	—	—	惠州市亿能电子有限公司；厦门华锂能源有限公司	—	—	—	—	—	—	—	—	惠州市亿能电子有限公司	—	112	纯电动	纯电动厢式运输车	0	1	2
			—	—	—	—	惠州市亿能电子有限公司；厦门华锂能源有限公司	—	—	—	—	—	—	—	—	惠州市亿能电子有限公司	—	112	纯电动	纯电动轻型客车	0	1	
河北神州巨电新能源技术开发有限公司	聚合物锂离子电池	JD01E 500F	—	—	—	—	河北神州巨电新能源技术开发有限公司	—	—	—	—	—	—	—	—	惠州市亿能电子有限公司	—	240	纯电动	纯电动城市客车	0	2	2
美国麦克斯威科技公司；山西皇城相府中道能源有限公司中道和分公司	超级电容；磷酸铁锂蓄电池	BCAP3000 K2 系列；ZDE－R6 0260	2.7 3.2	3000	0.51 1.5	144 75	美国麦克斯威科技公司；山西皇城相府中道能源有限公司中道和分公司	384	300	70	20.625	16.85	330	无	硬件：BMS－0910A；软件 V1.0	深圳中德世纪新能源有限公司	52.3	—	插电式NG混合动力	插电式混合动力城市客车	0	2	2
深圳拓邦股份有限公司	磷酸铁锂	TB－32 100FH	3.2	—	3.3	1008	深圳拓邦股份有限公司	537.6	450	600	—	322.5	3700	无	TBBMS001	深圳拓邦股份有限公司	—	280	纯电动	纯电动城市客车	0	2	2

续表

储能装置单体生产企业	电动汽车储能装置种类	储能装置单体型号	储能装置单体的标称电压(V)	超级电容器单体标称静电容量(F)	储能装置单体质量(kg)	储能装置单体数量(块)	储能装置总成生产企业	储能装置总成标称电压(V)	储能装置总成额定输出电流(A)	动力蓄电池总成标称容量(A·h)	超级电容器总成标称静电容量(F)	储能装置总储电量(kW·h)	储能装置总成质量(kg)	动力蓄电池箱是否具有快换装置	车载能源管理系统型号(包括软件和硬件)	车载能源管理系统生产企业	混合动力汽车电功率比(%)	电动汽车续驶里程(工况法,km)	燃料种类	配套车辆类型	2014年配套车型产量小计(辆)	2015年1—3月配套车型产量小计(辆)	配套车型产量合计(辆)
深圳市长河动力技术有限公司	磷酸铁锂	CHPL20185270	3.2	—	1.90	416	深圳市长河动力技术有限公司	333	240	240	—	79.872	1200	是	YN－BMS－EV02B；YN－BMS－EV02B	惠州市亿能电子有限公司；	—	—	纯电动	纯电动压缩式垃圾车	1	0	1
深圳市长河动力科技有限公司；美国麦克斯威科技公司	磷酸铁锂/超级电容	PL18185260；BCAP3000K2系列	3.2 2.7	— 3000	1.9 0.51	80 18	深圳市长河动力科技有限公司；美国麦克斯威科技公司	256 384	300 300	60 —	— 41.25	15.36 0.866	≤200 13.5	否	KL－BMS－X6（硬件：BMU03－I－G－24V－400V；软件：科列BMS管理软件V1.0）	深圳市科列技术有限公司	52.6	—	柴油混合动力	混联式混合动力电动汽车	1	0	1
天空能源（洛阳）有限公司；苏州和钧新能源有限公司	磷酸铁锂	SE100AHA；GCE－74120175A－100Ah	3.2	—	3.1 2.8	96	中科力帆电动汽车有限公司	307	65	100	—	30	300 270	否	软件：SJ－V1.0；硬件：BEA2108110；软件：SJBMSSW3.4；硬件：SJBMSHWA1.0	上海中科深江电动车辆有限公司	—	140	纯电动	纯电动轿车	1	0	1
北京安耐信储能技术有限公司	磷酸铁锂	ANX－1280－1	3.2	—	3.10±0.02	860	上海万象汽车制造有限公司	550	150	150	—	275.2	2752	是	RH－BMS－KC－V6	上海瑞华（集团）有限公司	—	—	纯电动	纯电动城市客车	1	0	1
北京波士顿动力电池有限公司	三元材料	750－0228	3.65	—	1.86	760	北京波士顿动力电池有限公司	554.8	200	420	—	233	1900	否	EV02	惠州市亿能电子有限公司	—	180	纯电动	纯电动城市客车	1	0	1
湖北京远新能源科技有限公司	磷酸铁锂	JY－LiFe－3.2V160AHAI	3.2	—	4.83	180	湖北京远新能源科技有限公司	576	160	—	—	96	1150	否	硬件：EVS100；软件：BMSApplication1.0.0.0	北京海博思创科技有限公司	56.0	90	NG混合动力	插电式并联混合动力城市客车	1	0	1

续表

储能装置单体生产企业	电动汽车储能装置种类	储能装置单体型号	储能装置单体的标称电压(V)	超级电容器单体标称静电容量(F)	储能装置单体质量(kg)	储能装置单体数量(块)	储能装置总成生产企业	储能装置总成标称电压(V)	储能装置总成额定输出电流(A)	动力蓄电池总成标称容量(A·h)	超级电容器总成标称静电容量(F)	储能装置总储电量(kW·h)	储能装置总成质量(kg)	动力蓄电池箱是否具有快换装置	车载能源管理系统型号(包括软件和硬件)	车载能源管理系统生产企业	混合动力汽车电功率比(%)	电动汽车续驶里程(工况法，km)	燃料种类	配套车辆类型	2014年配套车型产量小计(辆)	2015年1—3月配套车型产量小计(辆)	配套车型产量合计(辆)
天津蓝天电池股份有限公司	铅酸电池	6DM J150	12	—	53	6	天津清源电池股份有限责任公司	72	104	150	—	10.8	330	否	—	—	—	—	纯电动＋铅酸	纯电动服务䒱	1	0	1
合肥恒能新能源科技有限公司	磷酸铁锂	HN305 19272	充电上限3.65V,放电下限2.5V	—	7.0	336个	合肥恒能新能源科技有限公司	538	112	504	—	290	2385.6	否	软件：SL-BMS-6.8；硬件：SL-BMS-V7	上海申龙客车有限公司	—	200	纯电动	纯电动城市客车	1	0	1
中山恩留宁电源有限公司	铅酸电池	6-DM-250	12	—	84	6	中山恩留宁电源有限公司	76.8	87	250	—	24	504	否	硬件：GX-BMS-BMU V1.0；软件：GX-24S-BMU V1.0	合肥国轩高科动力能源有限公司	—	100	纯电动＋铅酸	纯电动载货车	1	0	1
百顺松涛（天津）动力电池科技发展有限公司	锂离子动力电池	MNTL992 40DCZ	—	—	—	1560块电芯	百顺松涛（天津）动力电池科技发展有限公司	—	—	—	—	—	—	—	—	百顺松涛（天津）动力电池科技发展有限公司	—	99	纯电动	纯电动厢式运输车	0	1	1
东莞市创明电池技术有限公司	2.2Ah 18650动力电池	CMICR1 8650F5	—	—	—	—	上海正昀新能源技术有限公司	—	—	—	—	—	—	—	—	惠州市亿能电子有限公司	—	—	纯电动	纯电动厢式运输车	0	1	1
合肥国轩高科动力能源股份公司；天津力神电池股份有限公司	磷酸锂蓄电池；磷酸锂蓄电池	IFP2010 0140A；LP2770134	—	—	—	—	合肥国轩高科动力能源股份公司；天津力神电池股份有限公司	—	—	—	—	—	—	—	—	合肥国轩高科动力能源股份公司；天津力神电池股份有限公司	—	250	纯电动	纯电动客车	0	1	1

续表

储能装置单体生产企业	电动汽车储能装置种类	储能装置单体型号	储能装置单体的标称电压(V)	超级电容器单体标称静电容量(F)	储能装置单体质量(kg)	储能装置单体数量(块)	储能装置总成生产企业	储能装置总成标称电压(V)	储能装置总成额定输出电流(A)	动力蓄电池总成标称容量(A·h)	超级电容器总成标称静电容量(F)	储能装置总储电量(kW·h)	储能装置总成质量(kg)	动力蓄电池箱是否具有快换装置	车载能源管理系统型号(包括软件和硬件)	车载能源管理系统生产企业	混合动力汽车电功率比(%)	电动汽车续驶里程(工况法，km)	燃料种类	配套车辆类型	2014年配套车型产量小计(辆)	2015年1—3月配套车型产量小计(辆)	配套车型产量合计(辆)
力神动力电池系统有限公司；凯迈嘉华（洛阳）新能源有限公司	磷酸铁锂电池；有机电解质碳电级对称型超级电容	LP2770134；CUCPY-2R7V3000F	—	—	—	—	力神动力电池系统有限公司；凯迈嘉华（洛阳）新能源有限公司	—	—	—	—	—	—	—	—	力神动力电池系统有限公司	—	30	NG/电混合动力	混联式混合动力城市客车	0	1	
天津神鹿能源有限公司	磷酸铁锂电池	SL-LFP10173248	—	—	—	—	天津恩苏新能源科技有限公司	—	—	—	—	—	—	—	—	安徽力高新能源技术有限公司	—	—	纯电动	纯电动客车	0	1	
配套车型产量合计（辆）																					102654	28497	131151

3. 混合动力发动机配套数量统计

发动机生产企业	发动机型号	油耗(L/100km)	排量(mL)	功率(kW)	燃料种类	混合动力汽车电功率比（%）	电动汽车续驶里程（工况法，km）	电动汽车30分钟最高车速（km/h）	混合动力汽车纯电动模式下1km最高车速（km/h）	最高车速(km/h)	配套车辆类型	2014年配套车型产量小计（辆）	2015年1—3月配套车型产量小计（辆）	配套车型产量合计(辆)
比亚迪汽车有限公司	BYD476ZQA（发动机）	1.6	1497	113	汽油混合动力	97.3	70	150	150	185	插电式并联混合动力轿车	13339	5207	18583
	BYD473QE（发动机）	2.2	1497	80	汽油/电混合动力	97.3	55	92	92	155	插电式并联混合动力多用途乘用车	17	0	
	BYD487ZQA（发动机）	2.0	1999	151	汽油/电混合动力	0.346	85	96	180	180	插电式混联混合动力多用途乘用车	14	0	
		2.4	1999	151	汽油/电混合动力	—	60	96	140	180	插电式混联混合动力多用途乘用车	0	6	
永康市斯科若电器有限公司	SCRMP07U1（电动机）	—	—	7.5（额定功率）；15（峰值功率）	纯电动+铅酸	—	75	60	—	72	纯电动厢式运输车	319	0	15650
	SCRMP10U1（电动机）	—	—	10（额定功率）；20（峰值功率）	纯电动	—	150	80	—	80	纯电动轿车	13291	2040	

续表

发动机生产企业	发动机型号	油耗(L/100km)	排量(mL)	功率(kW)	燃料种类	混合动力汽车电功率比(%)	电动汽车续驶里程(工况法,km)	电动汽车30分钟最高车速(km/h)	混合动力汽车纯电动模式下1km最高车速(km/h)	最高车速(km/h)	配套车辆类型	2014年配套车型产量小计(辆)	2015年1—3月配套车型产量小计(辆)	配套车型产量合计(辆)
上海电驱动股份有限公司 上海电驱动股份有限公司	2103AAD(电动机) 2103AAK(电动机)	—	—	6(额定功率) 12(峰值功率) 6(额定功率) 12(峰值功率)	纯电动+铅酸	—	80	80	—	80	纯电动轿车	7935	1447	9382
山东德洋电子科技有限公司	DY-BLDC-72-9A(电动机)	—	—	9(额定功率) 18(峰值功率)	纯电动	—	83	80	—	80	纯电动轿车	2732	1689	9176
		—	—	9(额定功率) 18(峰值功率)	纯电动	—	84	80	—	80	纯电动轿车	3566	194	
		—	—	9(额定功率) 18(峰值功率)	纯电动	—	152	80	—	120	纯电动轿车	0	995	
广汽丰田发动机有限公司	3AZ(发动机)	6	2362	110	汽油混合动力	40	—	180	—	170	混合动力电动汽车	2	0	6986
	4AR(发动机)	5.3	2494	118	汽油混合动力	37.2	—	180	—	180	混联式混合动力轿车	5723	1261	
大洋电机新动力科技有限公司 北京大郡晟誉驱动系统技术有限公司 北京汽车新能源汽车有限公司	YTD020W01(电动机) O50WA(电动机) TZ20S02(电动机)	—	—	20(额定功率) 45(峰值功率) 20(额定功率) 45(峰值功率) 20(额定功率) 45(峰值功率)	纯电动	—	160	110	—	125	纯电动轿车	4356	1282	5638
广西玉柴机器股份有限公司 潍柴动力西港(潍坊)新能源发动机有限公司	YC6J210N-52(发动机) WP6NG210E50(发动机)	—	6494 6750	155 155	NG/电混合动力	52.8	—	69	69	69	插电式混联混合动力城市客车	24	81	4894
		—	6494 6750	155 155	NG/电混合动力	—	—	69	69	69	插电式并联混合动力城市客车	0	20	
		—	6494 6750	155 155	NG/电混合动力	52.3	—	—	40	69	插电式混联混合动力城市客车	30	0	
		—	6494 6750	155 155	NG 混合动力	41.9	32	69	69	69	插电式并联混合动力城市客车	723	78	
		—	6494 6750	155 155	NG 混合动力	52.3	30	69	25	69	插电式并联混合动力城市客车	20	0	
		—	6494 6750	155 155	NG 混合动力	52.3	—	69	22	69	插电式混合动力城市客车	519	69	

续表

发动机生产企业	发动机型号	油耗（L/100km）	排量（mL）	功率（kW）	燃料种类	混合动力汽车电功率比（%）	电动汽车续驶里程（工况法，km）	电动汽车30分钟最高车速（km/h）	混合动力汽车纯电动模式下1km最高车速（km/h）	最高车速（km/h）	配套车辆类型	2014年配套车型产量小计（辆）	2015年1—3月配套车型产量小计（辆）	配套车型产量合计(辆)
广西玉柴机器股份有限公司 潍柴动力西港（潍坊）新能源发动机有限公司	YC6J210N－52（发动机） WP6NG210E50（发动机）	—	6494 6750	155 155	NG混合动力	52.3	—	—	40	69	插电式混联混合动力城市客车	246	40	
		—	6494 6750	155 155	NG混合动力	52.3	25	69	69	69	插电式并联混合动力城市客车	117	36	
	YC6G230N－50（发动机） WP7NG240E50（发动机）	—	7800 7140	170 177	NG混合动力	86.47 83.05	31	67	50	69	插电式混联混合动力城市客车	1839	135	
		—	7800 7140	170 177	NG混合动力	86.47 83.05	—	65	—	69	混联式混合动力电动城市客车	4	0	
		—	7800 7140	170 177	NG混合动力	86.47 83.05	31	68	50	69	插电式混联混合动力城市客车	500	105	
	YC6J225N－52（发动机） WP7NG240E50（发动机）	—	6494 7140	166 177	NG混合动力	39.2 36.7	31	69	69	69	插电式混合动力城市客车	230	78	
深圳市比亚迪汽车有限公司	BYD－TYC120A（电动机）	—	—	75（额定功率） 120（峰值功率）	纯电动	—	322	140	—	140	纯电动力轿车	2277	308	4732
	BYD－TYC90A（双轮边电机）	—	—	75（额定功率） 90（峰值功率）	纯电动	—	250	69	—	69	纯电动城市客车	2146	1	
上海汽车集团股份有限公司	15S4U（发动机）	2.3	1498	80	汽油混合动力	87.3	58	177	203	203	插电式混混联混合动力轿车	108	12	4309
		2.3	1498	80	汽油混合动力	87.3	58	177	200	200	插电式混混联混合动力轿车	2704	1476	
	18K4G（发动机）	7.5	1796	118	汽油混合动力	16.9	—	205	—	205	并联式混合动力轿车	9	0	
广西玉柴机器股份有限公司	YC6J190N－40（发动机）	—	6454	140	NG混合动力	51	—	75	40	69	插电式并联混合动力城市客车	394	64	4067
		—	6494	140	NG混合动力	98.7	—	70	—	69	插电式并联混合动力城市客车	0	8	
	YC6J190N－52（发动机）	—	6494	140	NG混合动力	55.3	—	60	69	69	插电式混联混合动力城市客车	1	0	
		—	6494	140	LNG/电混合动力	107.14	21	68	68	69	插电式混联混合动力城市客车	0	8	
	YC4D120N－50（发动机）	—	4214	88	LNG/电混合动力	100	—	69	60	69	插电式串联混合动力城市客车	1	6	

续表

发动机生产企业	发动机型号	油耗(L/100km)	排量(mL)	功率(kW)	燃料种类	混合动力汽车电功率比（%）	电动汽车续驶里程（工况法，km）	电动汽车30分钟最高车速（km/h）	混合动力汽车纯电动模式下1km最高车速（km/h）	最高车速(km/h)	配套车辆类型	2014年配套车型产量小计（辆）	2015年1—3月配套车型产量小计（辆）	配套车型产量合计(辆)
广西玉柴机器股份有限公司	YC6G230N－50（发动机）	—	7800	170	LNG/电混合动力	50	31	68	69	69	插电式并联混合动力城市客车	1	0	
广西玉柴机器股份有限公司	YC6G230N－50（发动机）	—	7800	170	NG混合动力	86.47	—	65	—	69	混联式混合动力城市客车	18	0	
广西玉柴机器股份有限公司	YC4EG160－50（发动机）	15.7	4730	118	柴油/电混合动力	127	—	69	—	69	串联混合动力城市客车	26	0	
广西玉柴机器股份有限公司	YC4FA130－50（发动机）	15.7	2982	95	柴油/电混合动力	158	—	69	—	69	串联混合动力城市客车	51	0	
广西玉柴机器股份有限公司	YC6A260－40（发动机）	21.4	7255	191	柴油/电混合动力	30.5	20	40	60	69	插电式并联混合动力城市客车	0	70	
广西玉柴机器股份有限公司	YC6J180－50（发动机）	21	6500	132	柴油/电混合动力	56.3	—	69	20	69	插电式混合动力城市客车	32	0	
广西玉柴机器股份有限公司	YC6J180－42（发动机）	18.5	6500	132	柴油/电混合动力	113.6	21	69	69	69	插电式混联混合动力城市客车	0	1	
广西玉柴机器股份有限公司	YC6J180－42（发动机）	18	6500	132	柴油混合动力	111	—	65	60	69	插电式混联混合动力城市客车	13	0	
广西玉柴机器股份有限公司	YC4G180－40（发动机）	31.5	5200	132	柴油混合动力	40	—	65	65	69	插电式并联型混合动力客车	0	1	
广西玉柴机器股份有限公司	YC4G180－40（发动机）	17.5	5200	132	柴油混合动力	125	—	65	65	69	串联式混合动力城市客车/底盘	55	39	
广西玉柴机器股份有限公司	YC6G240－40（发动机）	22.1	7800	177	柴油混合动力	83.05	71	67	68	69	插电式混联混合动力城市客车	2	0	
广西玉柴机器股份有限公司	YC6J200－42（发动机）	—	6494	147	柴油混合动力	51.5	35	63	68	68	插电式并联混合动力城市客车	1	0	
广西玉柴机器股份有限公司	YC6J200－42（发动机）	17.9	6500	147	柴油混合动力	90.32	31	67	50	69	插电式混联混合动力城市客车	78	0	
广西玉柴机器股份有限公司	YC6J200－42（发动机）	18.5	6500	147	柴油混合动力	53.6	—	—	40	69	插电式混联混合动力城市客车	66	0	
广西玉柴机器股份有限公司	YC6J200－42（发动机）	18.5	6500	147	柴油混合动力	95.2	31	67	50	69	插电式混联混合动力电动城市客车	125	0	

续表

发动机生产企业	发动机型号	油耗(L/100km)	排量(mL)	功率(kW)	燃料种类	混合动力汽车电功率比(%)	电动汽车续驶里程(工况法,km)	电动汽车30分钟最高车速(km/h)	混合动力汽车纯电动模式下1km最高车速(km/h)	最高车速(km/h)	配套车辆类型	2014年配套车型产量小计(辆)	2015年1—3月配套车型产量小计(辆)	配套车型产量合计(辆)
广西玉柴机器股份有限公司	YC6J200－42（发动机）	18.7	6500	147	柴油混合动力	95.2	—	69	50	69	插电式混联混合动力城市客车	72	27	
		18.8	6500	147	柴油混合动力	53.6	—	69	22	69	插电式混合动力城市客车	144	12	
		18.8	6500	147	柴油混合动力	—	—	—	—	69	混合动力城市客车	52	0	
		19.2；18.3	6500	147	柴油混合动力	95.2	45	65	69	69	插电式混联混合动力城市客车	103	0	
		19.2；18.3	6500	147	柴油混合动力	95.2	40	65	75	69	插电式混联混合动力城市客车	44	0	
		19.8	6500	147	柴油混合动力	31.6	20	40	60	69	插电式并联混合动力城市客车	172	8	
		20.8	6500	147	柴油混合动力	—	—	—	—	69	插电式混合动力城市客车	40	0	
		20.9	6500	147	柴油混合动力	53.6	25	69	69	69	插电式并联混合动力城市客车	54	0	
		21.4	6500	147	柴油混合动力	31.6	20	40	60	69	插电式并联混合动力城市客车	133	0	
		22.7	6500	147	柴油混合动力	122.45	—	87	—	69	混联式混合动力电动城市客车	1	0	
		23	6500	147	柴油混合动力	52.6	—	69	—	69	混联式混合动力城市客车	1	0	
		23.7	6500	147	柴油混合动力	122.45	—	67	—	69	混联式混合动力电动城市客车	10	0	
		24	6494	147	柴油混合动力	38	51	65	69	69	插电式并联混合动力城市客车	4	0	
		28	6500	147	柴油混合动力	—	46	65	69	69	插电式混合动力城市客车	24	20	
		18.5	6500	147	柴油/电混合动力	54.1	—	69	69	69	插电式混联混合动力城市客车	3	0	

续表

发动机生产企业	发动机型号	油耗(L/100km)	排量(mL)	功率(kW)	燃料种类	混合动力汽车电功率比(%)	电动汽车续驶里程(工况法，km)	电动汽车30分钟最高车速(km/h)	混合动力汽车纯电动模式下1km最高车速(km/h)	最高车速(km/h)	配套车辆类型	2014年配套车型产量小计(辆)	2015年1—3月配套车型产量小计(辆)	配套车型产量合计(辆)
广西玉柴机器股份有限公司	YC6J200-42(发动机)	19.5	6500	147	柴油/电混合动力	54.1	—	69	69	69	插电式混联混合动力城市客车	2	0	
		19.8	6500	147	柴油/电混合动力	100	21	68	50	69	插电式混联混合动力城市客车	30	0	
		18.6	6500	147	柴油/电混合动力	53.6	20	40	60	69	插电式混联混合动力城市客车	30	0	
	YC6J200-50(发动机)	21.7	6500	147	柴油混合动力	53.6	—	64	—	69	混合动力城市客车	35	0	
		21.7	6500	147	柴油混合动力	53.6	—	64	—	69	插电式混合动力城市客车	121	20	
		18.8	6500	147	柴油/电混合动力	91.8	—	69	50	69	插电式混联混合动力城市客车	0	30	
	YC6J210N-40(发动机)	—	6454	155	NG 混合动力	64.5	—	—	—	69	串联式混合动力城市客车	20	0	
		—	6494	155	NG 混合动力	116.12	—	68	—	69	混联式混合动力电动城市客车	3	0	
	YC6J210N-52(发动机)	—	6494	155	LNG/电混合动力	49.68	—	65	69	69	插电式混联混合动力城市客车	179	0	
		—	6494	155	LNG/电混合动力	90.7	31	69	50	69	插电式混联气电混合动力城市客车	72	56	
		—	6494	155	LNG 混合动力	—	46	65	69	69	插电式混合动力城市客车	39	0	
		—	6494	155	LNG 混合动力	83.87	—	69	25	69	插电式气电混合动力城市客车	170	0	
		—	6494	155	NG/电混合动力	53.6	20	40	60	69	插电式混联混合动力城市客车	1	0	
		—	6494	155	NG/电混合动力	52.3	42	62	68	69	插电式并联混合动力城市客车	0	25	
		—	6494	155	NG/电混合动力	42	26	69	50	69	插电式并联混合动力城市客车	40	1	

续表

发动机生产企业	发动机型号	油耗（L/100km）	排量（mL）	功率（kW）	燃料种类	混合动力汽车电功率比（%）	电动汽车续驶里程（工况法，km）	电动汽车30分钟最高车速（km/h）	混合动力汽车纯电动模式下1km最高车速（km/h）	最高车速（km/h）	配套车辆类型	2014年配套车型产量小计（辆）	2015年1—3月配套车型产量小计（辆）	配套车型产量合计(辆)
广西玉柴机器股份有限公司	YC6J210N－52（发动机）	—	6494	155	NG/电混合动力	>52.8	—	64	40	69	混联式混合动力城市客车	12	0	
		—	6494	155	NG/电混合动力	52.8	—	69	69	69	混联式混合动力城市客车	0	12	
		—	6949	155	NG混合动力	77.4	—	60	30	68	插电式并联混合动力城市客车	125	0	
		—	6500	155	NG混合动力	50.22	40	69	69	69	插电式并联混合动力城市客车	5	0	
		—	6494	155	NG混合动力	52.3	35	63	68	68	插电式并联混合动力城市客车	53	0	
		—	6494	155	NG混合动力	52.3	35	63	68	68	插电式并联混合动力城市客车	47	0	
		—	6494	155	NG混合动力	52.3	—	69	22	69	插电式混合动力城市客车	108	102	
		—	6494	155	NG混合动力	83.87	—	69	25	69	插电式气电混合动力城市客车	30	0	
		—	6494	155	NG混合动力	90.7	—	69	50	69	插电式混联混合动力城市客车	188	25	
		—	6494	155	NG混合动力	94.83	31	67	50	69	插电式混联混合动力城市客车	53	0	
		—	6494	155	NG混合动力	41.9	32	67	50	69	插电式并联混合动力城市客车	4	1	
		—	6494	155	NG混合动力	90.32	31	67	50	69	插电式混联混合动力城市客车	13	0	
		—	6494	155	柴油混合动力	52.3	—	69	22	69	插电式混合动力城市客车	12	0	
	YC6J220－42（发动机）	24.0	6500	162	LNG混合动力	—	46.5	65	69	69	插电式混合动力城市客车	26	0	
		20	6500	162	柴油混合动力	51.2	135	68	69	69	插电式混联混合动力城市客车	50	0	
		20.9	6500	162	柴油混合动力	51.2	—	69	22	69	插电式混合动力城市客车	50	0	
		18.7	6500	162	柴油混合动力	111	—	69	50	69	插电式混联混合动力城市客车	22	0	

续表

发动机生产企业	发动机型号	油耗 (L/100km)	排量 (mL)	功率 (kW)	燃料种类	混合动力汽车电功率比（%）	电动汽车续驶里程（工况法，km）	电动汽车30分钟最高车速（km/h）	混合动力汽车纯电动模式下1km最高车速（km/h）	最高车速 (km/h)	配套车辆类型	2014年配套车型产量小计（辆）	2015年1—3月配套车型产量小计（辆）	配套车型产量合计(辆)
广西玉柴机器股份有限公司	YC6J220－42（发动机）	—	6500	162	柴油混合动力	83.3	—	69	50	69	插电式混联混合动力城市客车	63	0	
		18.9	6500	162	柴油混合动力	90.74	61	67	50	69	插电式混联混合动力城市客车	16	0	
	YC6J225N－52（发动机）	—	6494	166	CNG/LNG 混合动力	57.2	—	69	50	69	插电式并联混合动力城市客车	0	20	
		—	6494	166	NG 混合动力	108.4	—	69	50	69	插电式混联混合动力城市客车	90	49	
		—	6494	166	NG 混合动力	83.8	—	65	60	69	插电式并联混合动力城市客车	30	0	
	YC6J245－42（发动机）	20.7	6500	180	柴油/电混合动力	72.2	—	69	50	69	插电式并联混合动力城市客车	0	2	
长沙众达汽车工业有限公司	PMZT115572（电动机）	—	—	11（额定功率） 18（峰值功率）	纯电动	—	160	80	—	80	纯电动轿车	0	19	4062
	ZT115572（电动机）	—	—	10（额定功率） 18（峰值功率）	纯电动	—	155	80	—	80	纯电动轿车	2399	1644	
安徽巨一自动化装备有限公司	JEEMC01002B（电动机）	—	—	13（额定功率） 42（峰值功率）	纯电动	—	155	80	—	80	纯电动轿车	462	0	2893
		—	—	13（额定功率） 42（峰值功率）	纯电动	—	152	95	—	95	纯电动轿车	2041	4	
	JEETZ200XS207 2JH02（电动机）	—	—	5（额定功率） 50（峰值功率）	纯电动	—	170	120	—	120	纯电动轿车	232	154	
广西玉柴机器股份有限公司 广西玉柴机器股份有限公司 潍柴动力西港（潍坊）新能源发动机有限公司	YC6G230N－50（发动机） YC6J210N－52（发动机） WP7NG240E50（发动机）	—	7800 6494 7140	170 155 177	NG 混合动力	86.47 94.8 83.05	31	67	50	69	插电式混联混合动力城市客车	2561	227	2788
郑州宇通客车股份有限公司	YTM280－CV3－H（电动机）	—	—	100（额定功率） 180（峰值功率）	纯电动	—	91	60	—	69	纯电动城市客车	38	0	2660

续表

发动机生产企业	发动机型号	油耗 (L/100km)	排量 (mL)	功率 (kW)	燃料种类	混合动力汽车电功率比（%）	电动汽车续驶里程（工况法，km）	电动汽车30分钟最高车速（km/h）	混合动力汽车纯电动模式下1km最高车速（km/h）	最高车速 (km/h)	配套车辆类型	2014年配套车型产量小计（辆）	2015年1—3月配套车型产量小计（辆）	配套车型产量合计(辆)
郑州宇通客车股份有限公司	YTM280-CV3-H（电动机）	—	—	100（额定功率） 180（峰值功率）	纯电动	—	245	100	—	100	纯电动客车	7	0	
		—	—	100（额定功率） 180（峰值功率）	纯电动	—	160	100	—	100	纯电动客车	15	144	
	YTM280-CV4-H（电动机）	—	—	100（额定功率） 200（峰值功率）	纯电动	—	215	68	—	90	纯电动客车	173	16	
		—	—	100（额定功率） 200（峰值功率）	纯电动	—	215	90	—	90	纯电动客车	0	119	
		—	—	100（额定功率） 200（峰值功率）	纯电动	—	320	68	—	69	纯电动城市客车	185	41	
		—	—	100（额定功率） 200（峰值功率）	纯电动	—	180	68	—	69	纯电动城市客车	1	0	
	YTM280-CV6-H（电动机）	—	—	50（额定功率） 100（峰值功率）	纯电动	—	160	69	—	69	纯电动城市客车	98	33	
		—	—	50（额定功率） 100（峰值功率）	纯电动	—	180	69	—	69	纯电动城市客车	74	0	
		—	—	50（额定功率） 100（峰值功率）	纯电动	—	160	100	—	100	纯电动客车	1265	451	
深圳市大地和电气有限公司	GLMI10A2（电动机）	—	—	10（额定功率） 20（峰值功率）	纯电动	—	80	40	—	50	纯电动车厢可卸式垃圾车	5	8	2105
		—	—	10（额定功率） 20（峰值功率）	纯电动	—	80	40	—	50	纯电动车厢自装式垃圾车	2	0	
		—	—	10（额定功率） 20（峰值功率）	纯电动	—	80	40	—	50	纯电动桶装垃圾运输车	2	15	
		—	—	10（额定功率） 20（峰值功率）	纯电动	—	80	40	—	50	纯电动自装卸式垃圾车	0	13	
		—	—	10（额定功率） 20（峰值功率）	纯电动	—	—	70	—	75	纯电动厢式运输车	0	5	
	GLMI10A1（电动机）	—	—	7.5（额定功率） 15（峰值功率）	纯电动+铅酸	—	80	60	—	60	纯电动厢式运输车	27	6	

续表

发动机生产企业	发动机型号	油耗（L/100km）	排量（mL）	功率（kW）	燃料种类	混合动力汽车电功率比（%）	电动汽车续驶里程（工况法，km）	电动汽车30分钟最高车速（km/h）	混合动力汽车纯电动模式下1km最高车速（km/h）	最高车速（km/h）	配套车辆类型	2014年配套车型产量小计（辆）	2015年1—3月配套车型产量小计（辆）	配套车型产量合计（辆）
深圳市大地和电气有限公司	GLMP10L0（电动机）	—	—	15（额定功率） 30（峰值功率）	纯电动	—	—	—	—	50	纯电动密闭式桶装垃圾车	1	0	
		—	—	20（额定功率） 35（峰值功率）	纯电动	—	80	60	—	65	纯电动扫路车	1	28	
		—	—	20（额定功率） 35（峰值功率）	纯电动	—	80	40	—	50	纯电动自卸式垃圾车	4	1	
		—	—	20（额定功率） 35（峰值功率）	纯电动	—	80	40	—	50	纯电动自装卸式垃圾车	34	9	
	GLMP20L1（电动机）	—	—	20（额定功率） 40（峰值功率）	纯电动	—	80	40	—	50	纯电动扫路车	88	20	
		—	—	20（额定功率） 40（峰值功率）	纯电动	—	80	65	—	50	纯电动扫路车	10	20	
		—	—	20（额定功率） 40（峰值功率）	纯电动	—	80	60	—	50	纯电动路面养护车	9	20	
	GLMP25L1（电动机）	—	—	40（额定功率） 80（峰值功率）	纯电动	—	—	80	—	100	纯电动多用途乘用车	4	20	
		—	—	40（额定功率） 80（峰值功率）	纯电动	—	—	—	—	69	纯电动城市客车	1	1	
	GLMP120L0（电动机）	—	—	80（额定功率） 150（峰值功率）	纯电动	—	140	98	—	100	纯电动客车	88	14	
		—	—	80（额定功率） 150（峰值功率）	纯电动	—	110	69	—	69	纯电动客车	0	1	
	GLMP250L0（电动机）	—	—	120（额定功率） 200（峰值功率）	纯电动	—	280	69	—	100	纯电动城市客车	22	4	
		—	—	120（额定功率） 200（峰值功率）	纯电动	—	—	70	—	69	纯电动城市客车	240	24	
		—	—	120（额定功率） 200（峰值功率）	纯电动	—	—	80	—	80	纯电动客车	201	38	
	GLMP280L0（电动机）	—	—	120（电机额定） 180（峰值功率）	纯电动	—	—	69	—	69	纯电动城市客车	6	6	

续表

发动机生产企业	发动机型号	油耗（L/100km）	排量（mL）	功率（kW）	燃料种类	混合动力汽车电功率比（%）	电动汽车续驶里程（工况法，km）	电动汽车30分钟最高车速（km/h）	混合动力汽车纯电动模式下1km最高车速（km/h）	最高车速（km/h）	配套车辆类型	2014年配套车型产量小计（辆）	2015年1—3月配套车型产量小计（辆）	配套车型产量合计（辆）
深圳市大地和电气有限公司	GLMP40L0（电动机）	—	—	60（电机额定） 120（峰值功率）	纯电动	—	—	100	—	100	纯电动客车	566	118	
	GLMP60L0（电动机）	—	—	70（电机额定） 120（峰值功率）	纯电动	—	120	100	—	100	纯电动客车	1	3	
	GLMP70L1（电动机）	—	—	70（电机额定） 120（峰值功率）	纯电动	—	—	100	—	100	纯电动客车	0	1	
	GLMP45L0（电动机）	—	—	45（电机额定） 90（峰值功率）	纯电动	—	200	80	—	100	纯电动客车	149	269	
北京新能源汽车股份有限公司	TZ30S01（电动机）	—	—	30（电机额定） 53（峰值功率）	纯电动	—	200	120	—	125	纯电动轿车	352	794	2084
		—	—	30（电机额定） 53（峰值功率）	纯电动	—	200	102	—	102	纯电动轿车	501	2	
	YS2401（电动机）	—	—	24（电机额定） 45（峰值功率）	纯电动	—	150	70	—	70	纯电动厢式运输车	146	118	
		—	—	24（电机额定） 45（峰值功率）	纯电动	—	150	80	—	80	纯电动多用途乘用车	109	62	
上海电驱动股份有限公司	190ZWS011（电动机）	—	—	8（电机额定） 20（峰值功率）	纯电动	—	125	60	—	80	纯电动厢式运输车	64	7	1973
		—	—	8（电机额定） 20（峰值功率）	纯电动	—	145	60	—	80	纯电动厢式运输车	3	19	
		—	—	8（电机额定） 20（峰值功率）	纯电动	—	150	60	—	80	纯电动厢式运输车	137	89	
		—	—	8（电机额定） 20（峰值功率）	纯电动	—	173	60	—	80	纯电动厢式运输车	3	0	
	240TYZ - XS06J（电动机）	—	—	25（电机额定） 50（峰值功率）	纯电动	—	—	80	—	80	纯电动车厢可卸式垃圾车	50	0	
		—	—	25（电机额定） 50（峰值功率）	纯电动	—	125	80	—	80	纯电动密闭式桶装垃圾车/底盘	0	10	
	2103AAL（电动机）	—	—	21（电机额定） 41.8（峰值功率）	纯电动	—	≥151	100	—	100	纯电动轿车	811	780	

续表

发动机生产企业	发动机型号	油耗(L/100km)	排量(mL)	功率(kW)	燃料种类	混合动力汽车电功率比（%）	电动汽车续驶里程（工况法，km）	电动汽车30分钟最高车速（km/h）	混合动力汽车纯电动模式下1km最高车速（km/h）	最高车速（km/h）	配套车辆类型	2014年配套车型产量小计（辆）	2015年1—3月配套车型产量小计（辆）	配套车型产量合计(辆)
NISSAN	EM57（电动机）	—	—	40（额定功率） 80（峰值功率）	纯电动	—	180	125	—	144	纯电动轿车	1325	10	1335
日本丰田汽车公司	5ZR（发动机）	4.3	1798	73	汽油混合动力	82	—	180	—	180	混联式混合动力轿车	1214	67	1281
比亚迪汽车工业有限公司	BYD-2217TZ-XS-B（电动机）	—	—	80（额定功率） 160（峰值功率）	纯电动	—	250	130	—	130	纯电动厢式运输车	0	10	1246
		—	—	80（额定功率） 160（峰值功率）	纯电动	—	256	130	—	130	纯电动轿车	0	10	
	2217TZ-XSA（电动机）	—	—	68（额定功率） 86（峰值功率）	纯电动	—	253	120	—	150	纯电动轿车	213	467	
	BYD-TYC120A（电动机）	—	—	75（额定功率） 90（峰值功率）	纯电动	—	400	140	—	140	纯电动轿车	0	10	
	BYD-3425TZ-XS-A（电动机）	—	—	150（额定功率） 180（峰值功率）	纯电动	—	150	100	—	100	纯电动旅游客车	21	0	
		—	—	150（额定功率） 180（峰值功率）	纯电动	—	280	100	—	100	纯电动旅游客车	22	0	
		—	—	150（额定功率） 180（峰值功率）	纯电动	—	340	125	—	125	纯电动旅游客车	32	0	
		—	—	150（额定功率） 180（峰值功率）	纯电动	—	340	69	—	69	纯电动城市客车	20	0	
		—	—	150（额定功率） 180（峰值功率）	纯电动	—	200	69	—	69	纯电动城市客车	19	0	
	BYD-TYC90A（电动机）	—	—	75（额定功率） 90（峰值功率）	纯电动	—	125	69	—	69	纯电动城市客车	43	0	
		—	—	75（额定功率） 90（峰值功率）	纯电动	—	180	69	—	69	纯电动城市客车	21	0	
		—	—	75（额定功率） 90（峰值功率）	纯电动	—	200	69	—	69	纯电动城市客车	327	0	
		—	—	75（额定功率） 90（峰值功率）	纯电动	—	200	69	—	69	纯电动城市客车	0	10	
		—	—	75（额定功率） 90（峰值功率）	纯电动	—	220	69	—	69	纯电动城市客车	0	10	

续表

发动机生产企业	发动机型号	油耗(L/100km)	排量(mL)	功率(kW)	燃料种类	混合动力汽车电功率比（%）	电动汽车续驶里程（工况法，km）	电动汽车30分钟最高车速（km/h）	混合动力汽车纯电动模式下1km最高车速（km/h）	最高车速(km/h)	配套车辆类型	2014年配套车型产量小计（辆）	2015年1—3月配套车型产量小计（辆）	配套车型产量合计(辆)
比亚迪汽车工业有限公司	BYD－TYC160B（电动机）	—	—	110（额定功率） 160（峰值功率）	纯电动	—	250	69	—	69	纯电动城市客车	11	0	
苏州海格新能源汽车电控系统科技有限公司	HC－EDM5010（电动机）	—	—	113（额定功率） 160（峰值功率）	纯电动	—	—	69	—	69	纯电动城市客车	18	0	1211
	HC－HDM4000（电动机）	—	—	100（额定功率） 250（峰值功率）	纯电动	—	—	69	—	69	纯电动城市客车	11	20	
		—	—	100（额定功率） 250（峰值功率）	纯电动	—	—	70	—	90	纯电动客车	538	120	
	HC－EDM5020（电动机）	—	—	60（额定功率） 120（峰值功率）	纯电动	—	—	80	—	90	纯电动客车	0	1	
	HC－EDM1000（电动机）	—	—	85（额定功率） 130（峰值功率）	纯电动	—	—	100	—	90	纯电动客车	354	148	
	HC－EDM6000（电动机）	—	—	30（额定功率） 60（峰值功率）	纯电动	—	150	85	—	80	纯电动厢式运输车	1	0	
华域汽车电动系统有限公司	230TY28K（电动机）	—	—	28（额定功率） 52（峰值功率）	纯电动	—	120	120	—	130	纯电动轿车	275	61	979
		—	—	28（额定功率） 52（峰值功率）	纯电动	—	140	65	—	130	纯电动轿车	253	1	
	240TZ－XS110K（电动机）	—	—	70（额定功率） 110（峰值功率）	纯电动	—	150	100	—	100	纯电动客车	271	118	
江苏奥新新能源汽车有限公司	jy10－4/100（电动机）	—	—	10（额定功率） 20（峰值功率）	纯电动	—	142	60	—	72	纯电动车厢可卸式垃圾车	522	0	933
		—	—	10（额定功率） 20（峰值功率）	纯电动	—	142	60	—	72	纯电动厢式运输车	402	9	
湖南南车时代电动汽车股份有限公司	JD156（电动机）	—	—	100（额定功率） 150（峰值功率）	纯电动	—	130	69	—	69	纯电动城市客车	22	0	840
	JD156A（电动机）	—	—	100（额定功率） 150（峰值功率）	纯电动	—	200	63	—	69	纯电动城市客车	40	1	
		—	—	100（额定功率） 150（峰值功率）	纯电动	—	160	69	—	69	纯电动城市客车	1	0	

续表

发动机生产企业	发动机型号	油耗（L/100km）	排量（mL）	功率（kW）	燃料种类	混合动力汽车电功率比（%）	电动汽车续驶里程（工况法，km）	电动汽车30分钟最高车速（km/h）	混合动力汽车纯电动模式下1km最高车速（km/h）	最高车速（km/h）	配套车辆类型	2014年配套车型产量小计（辆）	2015年1—3月配套车型产量小计（辆）	配套车型产量合计(辆)
湖南南车时代电动汽车股份有限公司	JD163（电动机）	—	—	35（额定功率） 75（峰值功率）	纯电动	—	130	95	—	95	纯电动工程车	2	0	
	JD185（电动机）	—	—	100（额定功率） 150（峰值功率）	纯电动	—	67	69	—	69	纯电动城市客车	501	0	
	JD190（电动机）	—	—	100（额定功率） 150（峰值功率）	纯电动	—	150	69	—	69	纯电动城市客车	20	0	
	JD190A（电动机）	—	—	130（额定功率） 180（峰值功率）	纯电动	—	160	60	—	69	纯电动城市客车	20	6	
		—	—	130（额定功率） 180（峰值功率）	纯电动	—	200	69	—	69	纯电动城市客车	40	20	
	tDriver - MD11（电动机）	—	—	80（额定功率） 130（峰值功率）	纯电动	—	130	80	—	80	纯电动客车	8	0	
	tDriver - MD15（电动机）	—	—	60（额定功率） 100（峰值功率）	纯电动	—	—	60	—	85	纯电动客车	12	1	
	TQD101D（电动机）	—	—	45（额定功率） 90（峰值功率）	纯电动	—	100	80	—	100	纯电动客车	38	108	
江苏微特利电机制造有限公司	WTGSDJ - 18A（电动机）	—	—	18（额定功率） 43（峰值功率）	纯电动	—	115	80	—	82	纯电动载货汽车	0	20	780
	WTGSDJ - 30B - TJ（电动机）	—	—	30（额定功率） 90（峰值功率）	纯电动	—	115	80	—	90	纯电动厢式运输车	0	25	
	WTGSDJ - 18YC - XN（电动机）	—	—	18（额定功率） 42（峰值功率）	纯电动	—	171	80	—	100	纯电动厢式运输车	167	73	
		—	—	18（额定功率） 42（峰值功率）	纯电动	—	171	80	—	100	纯电动多用途乘用车	9	7	
	WTGSDJ - 20A - XN（电动机）	—	—	20（额定功率） 65（峰值功率）	纯电动	—	80	80	—	120	纯电动轿车	324	59	
	WTGSDJ - 30A（电动机）	—	—	30（额定功率） 90（峰值功率）	纯电动	—	—	120	—	120	纯电动轿车	15	1	
	WTGSDJ30B - 4 - HC（电动机）	—	—	30（额定功率） 65（峰值功率）	纯电动	—	80	75	—	85	纯电动轻型客车	80	0	

续表

发动机生产企业	发动机型号	油耗(L/100km)	排量(mL)	功率(kW)	燃料种类	混合动力汽车电功率比（%）	电动汽车续驶里程（工况法，km）	电动汽车30分钟最高车速（km/h）	混合动力汽车纯电动模式下1km最高车速（km/h）	最高车速(km/h)	配套车辆类型	2014年配套车型产量小计（辆）	2015年1—3月配套车型产量小计（辆）	配套车型产量合计(辆)
安徽安凯汽车股份有限公司	420YS－XS100（电动机）	—	—	100（额定功率） 250（峰值功率）	纯电动	—	240	78	—	100	纯电动客车	130	0	760
		—	—	100（额定功率） 250（峰值功率）	纯电动	—	280	67	—	69	纯电动城市客车	20	0	
	420YS－XS101（电动机）	—	—	100（额定功率） 250（峰值功率）	纯电动	—	180	68	—	69	纯电动城市客车	1	0	
		—	—	100（额定功率） 250（峰值功率）	纯电动	—	190	68	—	69	纯电动城市客车	31	100	
		—	—	100（额定功率） 250（峰值功率）	纯电动	—	240	68	—	69	纯电动城市客车	0	1	
		—	—	100（额定功率） 250（峰值功率）	纯电动	—	250	68	—	69	纯电动城市客车	0	1	
		—	—	100（额定功率） 250（峰值功率）	纯电动	—	280	68	—	69	纯电动城市客车	337	2	
		—	—	100（额定功率） 250（峰值功率）	纯电动	—	350	68	—	69	纯电动城市客车	0	1	
		—	—	100（额定功率） 250（峰值功率）	纯电动	—	270	78	—	100	纯电动客车	100	1	
		—	—	100（额定功率） 250（峰值功率）	纯电动	—	290	78	—	100	纯电动客车	35	0	
新大洋机电集团有限公司	BLD9kW－5000－72（发动机）	—	—	9（额定功率） 18（峰值功率）	纯电动	—	85	80	—	80	纯电动轿车	713	4	717
上海柴油机股份有限公司	SC4H140.1Q5(发动机) YC4EG160－50(发动机)	19.6 20.5	4295 4730	103 118	柴油混合动力	>30	—	69	10	69	插电式并联混合动力城市客车	4	0	671
	SC4H140.1Q5(发动机) YC4FA130－50(发动机)	21.5 21.9	4295 2982	103 95	柴油混合动力	>30	—	69	10	69	插电式串联混合动力城市客车	19	0	
广西玉柴机器股份有限公司	SC4H160Q4（发动机） YC4G180－40(发动机)	17.5	4295 5200	120 132	柴油混合动力	125 114	—	65	65	69	插电式混合动力城市客车/底盘	551	50	
	SC5DT180Q5(发动机) YC4G180N－50(发动机)	—	5308 5200	132 132	NG混合动力	114	—	65	—	69	插电式混合动力城市客车	22	25	

续表

发动机生产企业	发动机型号	油耗（L/100km）	排量（mL）	功率（kW）	燃料种类	混合动力汽车电功率比（%）	电动汽车续驶里程（工况法，km）	电动汽车30分钟最高车速（km/h）	混合动力汽车纯电动模式下1km最高车速（km/h）	最高车速（km/h）	配套车辆类型	2014年配套车型产量小计（辆）	2015年1—3月配套车型产量小计（辆）	配套车型产量合计（辆）
厦门金龙旅行车有限公司	GDEV－0150WA（电动机）	—	—	90（额定功率） 150（峰值功率）	纯电动	—	—	69	—	69	纯电动城市客车	17	6	629
	GDEV－FD903（电动机）	—	—	100（额定功率） 250（峰值功率）	纯电动	—	—	85	—	85	纯电动旅游客车	29	11	
	GDEV－O110WE（电动机）	—	—	60（额定功率） 110（峰值功率）	纯电动	—	—	100	—	100	纯电动客车	26	8	
	GDEV－RD03（电动机）	—	—	60（额定功率） 120（峰值功率）	纯电动	—	—	100	—	100	纯电动客车	0	471	
	GDEV－WR510（电动机）	—	—	110（额定功率） 200（峰值功率）	纯电动	—	—	69	—	69	纯电动城市客车	61	0	
武汉理工通宇新源动力有限公司	WTEM50－20－1（电动机）	—	—	50（额定功率） 100（峰值功率）	纯电动	—	—	100	—	100	纯电动客车	1	0	607
	WTEM68－40－2（电动机）	—	—	68（额定功率） 136（峰值功率）	纯电动	—	180	100	—	100	纯电动客车	0	1	
	WTEM90－38－1（电动机）	—	—	94（额定功率） 188（峰值功率）	纯电动	—	—	100	—	100	纯电动客车	0	50	
	WTEMT100/4－08/4（电动机）	—	—	80（额定功率） 160（峰值功率）	纯电动	—	—	80	—	80	纯电动客车	498	21	
		—	—	80（额定功率） 160（峰值功率）	纯电动	—	—	69	—	69	纯电动城市客车	36	0	
上海大郡动力控制技术有限公司	0110WE（电动机）	—	—	60（额定功率） 110（峰值功率）	纯电动	—	—	69	—	69	纯电动城市客车	200	0	571
		—	—	60（额定功率） 110（峰值功率）	纯电动	—	90	67	—	69	纯电动城市客车	8	2	
		—	—	60（额定功率） 110（峰值功率）	纯电动	—	90	88	—	90	纯电动客车	2	0	
		—	—	60（额定功率） 110（峰值功率）	纯电动	—	—	100	—	100	纯电动客车	6	0	
	0200WA（电动机）	—	—	100（额定功率） 200（峰值功率）	纯电动	—	—	93	—	100	纯电动客车	0	62	

续表

发动机生产企业	发动机型号	油耗(L/100km)	排量(mL)	功率(kW)	燃料种类	混合动力汽车电功率比(%)	电动汽车续驶里程(工况法，km)	电动汽车30分钟最高车速(km/h)	混合动力汽车纯电动模式下1km最高车速(km/h)	最高车速(km/h)	配套车辆类型	2014年配套车型产量小计(辆)	2015年1—3月配套车型产量小计(辆)	配套车型产量合计(辆)
上海大郡动力控制技术有限公司	0200WA(电动机)	—	—	100(额定功率) 200(峰值功率)	纯电动	—	—	65	—	69	纯电动城市客车/底盘	49	0	
	DJ-2103-1-T-100-630-035-W-A0(电动机)	—	—	48(额定功率) 100(峰值功率)	纯电动	—	—	75	—	80	纯电动客车	2	0	
	O110WA(电动机)	—	—	45(额定功率) 110(峰值功率)	纯电动	—	—	65	—	69	纯电动城市客车	4	1	
		—	—	45(额定功率) 110(峰值功率)	纯电动	—	112	100	—	100	纯电动轻型客车	0	1	
		—	—	45(额定功率) 110(峰值功率)	纯电动	—	112	100	—	100	纯电动厢式运输车	0	1	
	O50WE(电动机)	—	—	20(额定功率) 50(峰值功率)	纯电动	—	100	50	—	70	纯电动密闭式桶装垃圾车	0	2	
	A170010J-H0201(电动机)	—	—	16(额定功率) 25(峰值功率)	纯电动	—	152	80	—	80	纯电动轿车	122	101	
	DJ-TA90-MT(电动机)	—	—	42(额定功率) 90(峰值功率)	燃料电池	—	200	100	—	150	燃料电池轿车	8	0	
天津清源电动车辆有限责任公司	YSC90-4(电动机)	—	—	30(额定功率) 90(峰值功率)	纯电动	—	120	65	—	120	纯电动厢式运输车	4	0	561
	QY210310064T(电动机)	—	—	4(额定功率) 11(峰值功率)	纯电动	—	—	40	—	50	纯电动厢式运输车	549	3	
	QY2103100ZH1(电动机)	—	—	100(额定功率) 150(峰值功率)	纯电动	—	—	75	—	69	纯电动城市客车	0	5	
大洋电机新动力科技有限公司	YTD008Z02(电动机)	—	—	8(额定功率) 20(峰值功率)	纯电动	—	155	60	—	80	纯电动厢式运输车	17	3	560
	YTD020W01(电动机)	—	—	20(额定功率) 45(峰值功率)	纯电动	—	—	—	—	93	纯电动厢式运输车	20	0	
		—	—	20(额定功率) 45(峰值功率)	纯电动	—	—	—	—	93	纯电动邮政车	20	0	
	YTD045W01(电动机)	—	—	45(额定功率)	纯电动	—	—	—	—	125	纯电动轿车	7	0	

续表

发动机生产企业	发动机型号	油耗（L/100km）	排量（mL）	功率（kW）	燃料种类	混合动力汽车电功率比（%）	电动汽车续驶里程（工况法，km）	电动汽车30分钟最高车速（km/h）	混合动力汽车纯电动模式下1km最高车速（km/h）	最高车速（km/h）	配套车辆类型	2014年配套车型产量小计（辆）	2015年1—3月配套车型产量小计（辆）	配套车型产量合计（辆）
大洋电机新动力科技有限公司	YTD080W03（电动机）	—	—	80（额定功率） （峰值功率）	纯电动	—	120	69	—	69	纯电动城市客车	1	0	
	YTD100W04（电动机）	—	—	100（额定功率） 150（峰值功率）	纯电动	—	—	—	—	69	纯电动城市客车	262	28	
		—	—	100（额定功率） 150（峰值功率）	纯电动	—	90	60	—	83	纯电动客车	7	60	
		—	—	100（额定功率） 150（峰值功率）	纯电动	—	—	—	—	69	纯电动双层城市客车	1	0	
	YTD115F01（电动机）	—	—	115（额定功率） 170（峰值功率）	纯电动	—	—	—	—	69	纯电动城市客车	94	0	
	YTD130W02（电动机）	—	—	115（额定功率） 150（峰值功率）	纯电动	—	100	30	—	80	纯电动城市客车	40	0	
北京中华汽车制造有限公司	ZHXQ－8.5－1（电动机）	—	—	8.5（额定功率） 29（峰值功率）	纯电动＋铅酸	—	120	60	—	72	纯电动厢式运输车	501	21	522
北京汽车新能源汽车有限公司	TZ20S02（电动机）	—	—	20（额定功率） 45（峰值功率）	纯电动	—	150	110	—	120	纯电动轿车	8	0	509
		—	—	20（额定功率） 45（峰值功率）	纯电动	—	160	110	—	125	纯电动轿车	0	289	
	TZ40S01（电动机）	—	—	40（额定功率） 80（峰值功率）	纯电动	—	170	110	—	130	纯电动轿车	184	28	
柳州五菱柳机动力有限公司	LJ465QR1NE2（发动机）	油耗：2.5 电耗：16（kWh/100km）	998	42	插电式混合动力	—	50	120	150	150	增程式混合动力轿车	192	311	503
潍柴动力股份有限公司 上海柴油机股份有限公司 广西玉柴机器股份有限公司	WP7.210E50（发动机） SC7H180Q5（发动机） YC6J200－50（发动机）	23.5 24.2 23.9	7140 6440 6500	155 132 147	柴油混合动力	＞30	—	69	10	69	插电式并联混合动力城市客车	246	17	447
		26.8 27.5 27.1 26.3	7140 6440 6500	155 132 147	柴油混合动力	＞30	—	69	10	69	插电式并联混合动力城市客车	92	92	

续表

发动机生产企业	发动机型号	油耗（L/100km）	排量（mL）	功率（kW）	燃料种类	混合动力汽车电功率比（%）	电动汽车续驶里程（工况法，km）	电动汽车30分钟最高车速（km/h）	混合动力汽车纯电动模式下1km最高车速（km/h）	最高车速（km/h）	配套车辆类型	2014年配套车型产量小计（辆）	2015年1—3月配套车型产量小计（辆）	配套车型产量合计(辆)
天津一汽夏利汽车股份有限公司内燃机制造分公司	CA4GA5H（发动机）	3.2	1497	73	汽油混合动力	53	—	170	107	170	插电式混合动力轿车	440	0	440
北京中瑞蓝科电动汽车技术有限公司	QYS30－4/180（电动机）	—	—	30（额定功率） 90（峰值功率）	纯电动	—	100	70	70	100	纯电动客车	201	4	432
	ZR30－4/180（电动机）	—	—	30（额定功率） 90（峰值功率）	纯电动	—	180	70	70	100	纯电动客车	3	0	
	ZR60－6/260A1（电动机）	—	—	60（额定功率） 120（峰值功率）	纯电动	—	150	80	—	69	纯电动城市客车	41	1	
		—	—	60（额定功率） 120（峰值功率）	纯电动	—	180	80	—	69	纯电动城市客车	70	1	
		—	—	60（额定功率） 120（峰值功率）	纯电动	—	125	69	—	69	纯电动城市客车	101	0	
	ZRS100－6/350（电动机）	—	—	100（额定功率） 200（峰值功率）	纯电动	—	—	—	—	69	纯电动城市客车	1	0	
		—	—	100（额定功率） 200（峰值功率）	纯电动	—	160	69	—	69	纯电动城市客车	0	7	
		—	—	100（额定功率） 200（峰值功率）	纯电动	—	200	90	—	90	纯电动客车	1	1	
浙江绿巨能机电科技有限公司	LJNPMSM320－18（电动机）	—	—	30（额定功率） 54（峰值功率）	纯电动	—	155	83	—	83	纯电动多用途乘用车	400	0	400
广西玉柴机器股份有限公司 上海柴油机股份有限公司 潍坊潍柴道依茨柴油机有限公司	YC6J220－50（发动机） SC7H215Q5（发动机） WP6.220E50（发动机）	23.85 23.63 23.85	6500 6440 6750	162 158 162	柴油混合动力	40 41 40	—	—	—	69	插电式并联混合动力城市客车/底盘	394	1	395

续表

发动机生产企业	发动机型号	油耗 (L/100km)	排量 (mL)	功率 (kW)	燃料种类	混合动力汽车电功率比（%）	电动汽车续驶里程（工况法，km）	电动汽车 30 分钟最高车速（km/h）	混合动力汽车纯电动模式下 1km 最高车速（km/h）	最高车速 (km/h)	配套车辆类型	2014 年配套车型产量小计（辆）	2015 年 1—3 月配套车型产量小计（辆）	配套车型产量合计(辆)
上海柴油机股份有限公司 广西玉柴机器股份有限公司 潍坊潍柴道依茨柴油机有限公司 北京福田康明斯发动机有限公司	SC4H180. 1Q4（发动机） YC4G180 - 40（发动机） WP4. 180E40（发动机） ISF3. 8s4R168（发动机）	17. 9	4295 5200 4500 3760	132 132 132 125	柴油混合动力	114	—	65	—	69	插电式混合动力城市客车	224	171	395
山西华夏动力科技有限公司	HXDL - A - 280（电动机）	—	—	110（额定功率） 190（峰值功率）	纯电动	—	204	65	—	69	纯电动城市客车/底盘	390	0	391
	HXDL - B - 220（电动机）	—	—	60（额定功率） 90（峰值功率）	纯电动	—	180	65	—	69	纯电动城市客车	1	0	
BMW AG	IB1P25B（电动机）	—	—	75（额定功率） 125（峰值功率）	纯电动	—	150	110	—	130	纯电动轿车	311	65	376
广西玉柴机器股份有限公司 潍柴西港新能源动力有限公司 广西玉柴机器股份有限公司	YC6J210N - 50（发动机） WP6NG210E50（发动机） YC6J210N - 52（发动机）	—	6494 6750 6494	155 155 155	天然气混合动力	30. 5	20	40	60	69	插电式并联混合动力城市客车	222	86	351
	YC6J210N - 50（发动机） WP6NG240E50（发动机） YC6J210N - 52（发动机）	—	6494 6750 6494	155 176 155	天然气混合动力	30. 5	20	40	60	69	插电式并联混合动力城市客车	43	0	
北汽福田汽车股份有限公司	FTTB035（电动机）	—	—	35（额定功率） 70（峰值功率）	纯电动	—	75	70	—	80	纯电动自卸式垃圾车	44	0	346
		—	—	35（额定功率） 70（峰值功率）	纯电动	—	75	70	—	80	纯电动桶装垃圾运输车	94	0	
	FTTB100（电动机）	—	—	100（额定功率） 150（峰值功率）	纯电动	—	130	69	—	69	纯电动城市客车	100	0	
	FTTB102（电动机）	—	—	102（额定功率） 135（峰值功率）	纯电动	—	120	69	—	69	纯电动城市客车	44	64	

续表

发动机生产企业	发动机型号	油耗 (L/100km)	排量 (mL)	功率 (kW)	燃料种类	混合动力汽车电功率比（%）	电动汽车续驶里程（工况法，km）	电动汽车30分钟最高车速（km/h）	混合动力汽车纯电动模式下1km最高车速（km/h）	最高车速 (km/h)	配套车辆类型	2014年配套车型产量小计（辆）	2015年1—3月配套车型产量小计（辆）	配套车型产量合计(辆)
新大洋机电集团有限公司 新大洋机电集团有限公司 山东德洋电子科技有限公司	BLD9kW－5000－72（电动机） BLDC9kW－5000－72（电动机） DY－BLDC－72－9A（电动机）	—	—	9（额定功率） 18（峰值功率） 9（额定功率） 18（峰值功率） 9（额定功率） 18（峰值功率）	纯电动	—	85	80	—	80	纯电动轿车	5	0	343
		—	—	9（额定功率） 18（峰值功率） 9（额定功率） 18（峰值功率） 9（额定功率） 18（峰值功率）	纯电动	—	250	80	—	80	纯电动轿车	338	0	
珠海银通新动力科技有限公司	KAM280HF（电动机）	—	—	90（额定功率） 150（峰值功率）	纯电动	—		69	—	69	纯电动城市客车	24	0	338
	YTP－MP120－W（电动机）	—	—	100（额定功率） 200（峰值功率）	纯电动	—	40	69	—	69	纯电动城市客车	90	144	
	YTP－MP150－W（电动机）	—	—	135（额定功率） 200（峰值功率）	纯电动	—	40	69	—	69	纯电动城市客车	0	56	
		—	—	135（额定功率） 200（峰值功率）	纯电动	—	69	69	—	69	纯电动城市客车	21	3	
上海电驱动有限公司	190ZWS011（电动机）	—	—	8（额定功率） 20（峰值功率）	纯电动	—	100	60	—	80	纯电动厢式运输车	4	0	314
		—	—	8（额定功率） 20（峰值功率）	纯电动	—	113	60	—	80	纯电动厢式运输车	42	48	
		—	—	8（额定功率） 20（峰值功率）	纯电动	—	120	60	—	80	纯电动厢式运输车	6	0	
		—	—	8（额定功率） 20（峰值功率）	纯电动	—	150	60	—	80	纯电动厢式运输车	67	24	
		—	—	8（额定功率） 20（峰值功率）	纯电动	—	183	80	—	85	纯电动厢式运输车	3	0	
		—	—	8（额定功率） 20（峰值功率）	纯电动	—	100	50	—	72	纯电动自装卸式垃圾车	2	0	
		—	—	8（额定功率） 20（峰值功率）	纯电动	—	100	50	—	72	纯电动密闭式桶装垃圾车	14	2	

续表

发动机生产企业	发动机型号	油耗 (L/100km)	排量 (mL)	功率 (kW)	燃料种类	混合动力汽车电功率比（%）	电动汽车续驶里程（工况法，km）	电动汽车30分钟最高车速（km/h）	混合动力汽车纯电动模式下1km最高车速（km/h）	最高车速 (km/h)	配套车辆类型	2014年配套车型产量小计（辆）	2015年1—3月配套车型产量小计（辆）	配套车型产量合计(辆)
上海电驱动有限公司	DJ00YAQL（电动机）	—	—	28（额定功率） 55（峰值功率）	纯电动	—	120	100	—	120	纯电动轿车	0	2	
	264TYZ-XS09AJ（电动机）	—	—	30（额定功率） 65（峰值功率）	纯电动	—	80	110	—	110	纯电动轿车	100	0	
上海南洋电机有限公司	YQSL250L1-4（电动机）	—	—	90（额定功率） 250（峰值功率）	纯电动	—	150	100	—	100	纯电动客车	0	20	309
		—	—	90（额定功率） 250（峰值功率）	纯电动	—	150	64	—	69	纯电动城市客车	15	0	
		—	—	90（额定功率） 250（峰值功率）	纯电动	—	150	63	—	69	纯电动城市客车	15	0	
		—	—	90（额定功率） 250（峰值功率）	纯电动	—	200	75	—	69	纯电动城市客车	248	0	
		—	—	90（额定功率） 250（峰值功率）	纯电动	—	150	70	—	69	纯电动城市客车	10	0	
	YTSP280L1-4Q（电动机）	—	—	100（额定功率） 291（峰值功率）	纯电动	—	—	75	—	69	纯电动城市客车	1	0	
广西玉柴机器股份有限公司	YC6J200-42（发动机）	23	6454 7140	147 155	插电式混合动力	112	—	—	25	69	插电式混联混合动力城市客车	5	0	301
潍柴动力股份有限公司	WP7.210E40（发动机）	21.2 20.4	6500 7140	162 176	柴油混合动力	90.74 83.5	34	67	55	69	插电式混联混合动力电动城市客车	296	0	
华晨宝马汽车有限公司	N20B20C（发动机）	2	1997	178	汽油/电混合动力	28.57	58	233	233	233	插电式并联混合动力轿车	33	245	278
上海柴油机股份有限公司	SC4H140.1Q5（发动机）	19.6	4295	103	柴油混合动力	30以上	—	69	10	69	插电式并联混合动力城市客车	29	12	272
	SC7H180Q4（发动机）	17.1	6440	132	NG混合动力	136	—	65	65	69	插电式串联混合动力城市客车/底盘	10	48	
	SC7H215Q4（发动机）	18.5	6440	158	柴油/电混合动力	—	—	40	60	69	插电式混联混合动力城市客车	0	11	
		21.5	6440	158	柴油/电双燃料	51.8	31	69	50	69	混合动力城市客车/底盘	40	81	
	SC28R143Q4（发动机）	15.5	2776	105	柴油/电混合动力	59.3	—	69	—	69	混合动力城市客车	40	0	
	SC7HT210Q5（发动机）	—	6440	155	NG混合动力	38.7	—	63	—	69	并联混合动力城市客车/底盘	0	1	

续表

发动机生产企业	发动机型号	油耗(L/100km)	排量(mL)	功率(kW)	燃料种类	混合动力汽车电功率比（%）	电动汽车续驶里程（工况法，km）	电动汽车30分钟最高车速（km/h）	混合动力汽车纯电动模式下1km最高车速（km/h）	最高车速(km/h)	配套车辆类型	2014年配套车型产量小计（辆）	2015年1—3月配套车型产量小计（辆）	配套车型产量合计(辆)
沈阳航天三菱汽车发动机制造有限公司	4A91S（发动机）	6.3	1499	77	汽油混合动力+铅酸	2.2	—	—	—	165	混合动力轿车；采用仪具有怠速起停功能的加强起动机方案	235	31	266
襄阳宇清传动科技有限公司	YCVF250L-4C（电动机）	—	—	100（额定功率） 200（峰值功率）	纯电动	—	—	80	—	80	纯电动客车	0	2	264
		—	—	100（额定功率） 200（峰值功率）	纯电动	—	—	70	—	69	纯电动城市客车	60	1	
	YCVF280M-8F（电动机）	—	—	110（额定功率） 220（峰值功率）	纯电动	—	—	70	—	69	纯电动城市客车	200	0	
	YCVF180S-4A（电动机）	—	—	43（额定功率） 90（峰值功率）	纯电动	—	120	69	—	69	纯电动城市客车	0	1	
广西玉柴机器股份有限公司 上海柴油机股份有限公司 潍柴动力西港（潍坊）新能源发动机有限公司	YC6J210N-52（发动机） SC7HT210Q5（发动机） WP6NG210E50（发动机）	—	6494 6440 6750	155 155 155	NG混合动力	52.3	—	69	22	69	插电式混合动力城市客车	246	15	261
深圳市大地和电气有限公司 苏州海格新能源汽车电控系统科技有限公司	GLMP65L0（电动机） HC-EDM5020（电动机）	—	—	60（额定功率） 120（峰值功率）	纯电动	—	—	75	—	100	纯电动客车	251	2	253
潍柴西港新能源动力有限公司	WP6NG210E50（发动机）	—	6750	155	NG/电混合动力	41.9	—	—	40	69	插电式并联混合动力城市客车	18	0	231
		—	6750	155	NG/电混合动力	90.3	—	69	40	69	插电式混联混合动力城市客车	2	4	
		—	6750	155	NG混合动力	129	—	—	25	69	插电式混联混合动力城市客车	177	30	

续表

发动机生产企业	发动机型号	油耗 (L/100km)	排量 (mL)	功率 (kW)	燃料种类	混合动力汽车电功率比（%）	电动汽车续驶里程（工况法，km）	电动汽车30分钟最高车速（km/h）	混合动力汽车纯电动模式下1km最高车速（km/h）	最高车速 (km/h)	配套车辆类型	2014年配套车型产量小计（辆）	2015年1—3月配套车型产量小计（辆）	配套车型产量合计(辆)
广西玉柴机器股份有限公司 潍柴西港新能源动力有限公司	YC6G230N－50（发动机） WP7NG240E50（发动机）	—	7800 7140	170 177	NG 混合动力	90.3	46	65	69	69	插电式混联混合动力城市客车	30	0	237
	YC6J210N－50（发动机） WP6NG240E50（发动机）	—	6494 6750	155 176	天然气混合动力	30.5	20	40	60	69	插电式并联混合动力城市客车	192	0	
	YC6J210N－52（发动机） WP6NG210E50（发动机）	—	6494 6750	155 155	NG 混合动力	90.3	46	65	69	69	插电式混联混合动力城市客车	1	0	
	YC6J210N－52（发动机） WP7NG240E51（发动机）	—	6494 7470	155 177	NG/电混合动力	52.3		69	30	69	插电式混联混合动力城市客车	14	0	
上海柴油机股份有限公司 广西玉柴机器股份有限公司 潍坊潍柴道依茨柴油机有限公司	SC7H215Q5（发动机） YC6J200－50（发动机） WP6.200E50（发动机）	21.36 20.65 21.36	6440 6500 6750	158 147 147	柴油混合动力	41 44 44	—	—	—	69	并联式混合动力城市客车/底盘	236	0	236
潍柴动力股份有限公司 广西玉柴机器股份有限公司	WP7.210E40（发动机） YC6J200－42（发动机）	20.8 20.4	7140 6500	155 147	柴油混合动力	58	37	69	69	69	插电式并联混合动力城市客车	58	12	225
		22.1 21.8	7140 6500	155 147	柴油混合动力	41.9 40.8	31	69	69	69	插电式并联混合动力城市客车	148	0	
	WP7.240E50（发动机） YC6J220－50（发动机）	18.2 17.9	7140 6500	176 162	柴油混合动力	83.52 90.74	33	67	50	69	插电式混联混合动力城市客车	7	0	

续表

发动机生产企业	发动机型号	油耗 (L/100km)	排量 (mL)	功率 (kW)	燃料种类	混合动力汽车电功率比（%）	电动汽车续驶里程（工况法，km）	电动汽车30分钟最高车速（km/h）	混合动力汽车纯电动模式下1km最高车速（km/h）	最高车速 (km/h)	配套车辆类型	2014年配套车型产量小计（辆）	2015年1—3月配套车型产量小计（辆）	配套车型产量合计(辆)
北京福田康明斯发动机有限公司	ISF2.8 S5129T（发动机）	19.5	2780	96	柴油/电混合动力		70	69	69	69	增程式混合动力城市客车	0	1	221
	ISF3.8s5154（发动机）	21.6	3760	115	柴油混合动力	52.58	—	64	—	69	混联式混合动力城市客车	20	0	
		23.8	3760	115	柴油混合动力	59.6	—	65	65	69	插电式混联混合动力城市客车	50	0	
	ISF2.8s5129T（发动机）	23.2	2780	96	柴油/电混合动力	208.3	35	69	50	69	插电式串联混合动力城市客车	150	0	
杭州杰能动力有限公司	LJRBLDC7612C（电动机）	—	—	15（额定功率） 28（峰值功率）	纯电动	—	100	80	—	83	纯电动多用途乘用车	211	0	218
	JNMP30L0（电动机）	—	—	30（额定功率） 75（峰值功率）	纯电动	—	80	114	—	120	纯电动轿车	7	0	
重庆长安新能源汽车有限公司	XTDM02（电动机）	—	—	25（额定功率） 55（峰值功率）	纯电动	—	130	80	—	90	纯电动厢式运输车	146	1	214
		—	—	25（额定功率） 55（峰值功率）	纯电动	—	100	80	—	90	纯电动厢式运输车	0	44	
	264TYZ－XS14BA（电动机）	—	—	45（额定功率） 90（峰值功率）	纯电动	—	160	120	—	140	纯电动轿车	20	3	
武汉英康汇通电气有限公司	YKHTTM001（电动机）	—	—	96（额定功率） 165（峰值功率）	纯电动	—	—	69	—	69	纯电动城市客车	203	0	203
三门峡速达交通节能科技股份有限公司	SDMP18W3（电动机）	—	—	25（额定功率） 50（峰值功率）	纯电动	—	180	110	—	130	纯电动乘用车	200	0	200
江西特种电机股份有限公司	YPQ200L－8－HT（电动机）	—	—	55（额定功率） 90（峰值功率）	纯电动	—	160	80	—	80	纯电动厢式运输车	58	0	195
		—	—	55（额定功率） 90（峰值功率）	纯电动	—	140	80	—	80	纯电动厢式运输车	81	55	
	YPQ280M－8（电动机）	—	—	120（额定功率） 240（峰值功率）	纯电动	—	80	65	—	80	纯电动洒水车	1	0	
中通客车控股股份有限公司	ZTM60－350（电动机）	—	—	60（额定功率） 100（峰值功率）	纯电动	—	125	69	—	69	纯电动城市客车	38	151	190
	ZTM100－2400（电动机）	—	—	100（额定功率） 200（峰值功率）	纯电动	—	120	80	—	69	纯电动城市客车	1	0	

续表

发动机生产企业	发动机型号	油耗(L/100km)	排量(mL)	功率(kW)	燃料种类	混合动力汽车电功率比（%）	电动汽车续驶里程（工况法，km）	电动汽车30分钟最高车速（km/h）	混合动力汽车纯电动模式下1km最高车速（km/h）	最高车速(km/h)	配套车辆类型	2014年配套车型产量小计（辆）	2015年1—3月配套车型产量小计（辆）	配套车型产量合计(辆)
精进电动科技（北京）有限公司	TM5002（电动机）	—	—	100（额定功率） 150（峰值功率）	纯电动	—	—	100	—	100	纯电动商务车	1	0	186
		—	—	100（额定功率） 150（峰值功率）	纯电动	—	—	100	—	100	纯电动客车	44	37	
		—	—	100（额定功率） 150（峰值功率）	纯电动	—	180	100	—	100	纯电动客车	1	0	
		—	—	100（额定功率） 150（峰值功率）	纯电动	—	250	100	—	100	纯电动客车	1	0	
	TM5009（电动机）	—	—	115（额定功率） 150（峰值功率）	纯电动	—	120	69	—	69	纯电动城市客车	61	1	
		—	—	115（额定功率） 150（峰值功率）	纯电动	—	60	68	—	69	纯电动城市客车	40	0	
广西玉柴机器股份有限公司 上海柴油机股份有限公司	YC6J200－42（发动机） SC7H200Q4（发动机）	21.8 21.9	6500 6440	147 147	柴油混合动力	30.7	—	64	—	69	并联式混合动力城市客车	69	0	178
	YC6J220－42（发动机） SC8DK215Q4（发动机）	—	6500 8270	162 158	柴油混合动力	—	—	—	—	69	混合动力城市客车	109	0	
上海极能客车动力系统有限公司	GB D200（电动机）	—	—	100（额定功率） 200（峰值功率）	纯电动	—	300	65	—	69	纯电动城市客车/底盘	0	50	174
		—	—	100（额定功率） 200（峰值功率）	纯电动	—	180	65	—	69	纯电动城市客车/底盘	20	0	
		—	—	100（额定功率） 200（峰值功率）	纯电动	—	160	65	—	69	纯电动城市客车/底盘	58	46	
中国第一汽车集团公司	BF6M1013－22E5N（发动机）	—	7146	165	CNG/电混合动力	85	—	—	50	69	插电式混合动力城市客车	0	127	167
	BF6M2012－20E4（发动机）	18.7	6060	150	柴油/电混合动力	110	—	69	50	69	插电式混联混合动力城市客车	40	0	
深圳市大地和电气股份有限公司	GLMI15A4（电动机）	—	—	15（额定功率） 30（峰值功率）	纯电动	—	303	80	—	80	纯电动厢式运输车	0	1	162
		—	—	15（额定功率） 30（峰值功率）	纯电动	—	250	80	—	80	纯电动厢式运输车	63	37	
		—	—	15（额定功率） 30（峰值功率）	纯电动	—	150	80	—	80	纯电动厢式运输车	32	0	

续表

发动机生产企业	发动机型号	油耗(L/100km)	排量(mL)	功率(kW)	燃料种类	混合动力汽车电功率比(%)	电动汽车续驶里程(工况法，km)	电动汽车30分钟最高车速(km/h)	混合动力汽车纯电动模式下1km最高车速(km/h)	最高车速(km/h)	配套车辆类型	2014年配套车型产量小计(辆)	2015年1—3月配套车型产量小计(辆)	配套车型产量合计(辆)
深圳市大地和电气股份有限公司	GLMP100L0(电动机)	—	—	55(额定功率) 100(峰值功率)	纯电动	—	190	100	—	80	纯电动旅游客车	0	1	
	GLMP25L1(电动机)	—	—	40(额定功率) 80(峰值功率)	纯电动	—	—	69	—	69	纯电动城市客车	0	20	
	GLMP60L0(电动机)	—	—	70(额定功率) 100(峰值功率)	纯电动	—	—	95	—	100	纯电动客车	0	8	
潍坊潍柴道依茨柴油机有限公司	WP6.200E40(发动机)	19.2	6750	147	柴油/电混合动力	136	—	—	25	69	插电式混联混合动力城市客车	16	0	159
		19.2	6750	147	柴油混合动力	95.2	—	69	40	69	插电式混联混合动力城市客车	1	0	
		20.9	6750	147	柴油/电混合动力	—	—	69	40	69	插电式混联混合动力城市客车	0	1	
		21.8	6750	147	柴油/电混合动力	—	—	69	40	69	插电式并联混合动力城市客车	0	1	
		22.5	6750	147	柴油/电混合动力	95.2	—	69	40	69	插电式混联混合动力城市客车	1	0	
		23.8	6750	147	柴油/电混合动力	—	—	69	40	69	插电式并联混合动力城市客车	0	1	
	WP6.220E50(发动机)	21.36	6750	147	柴油/电混合动力	44	31	69	50	69	插电式并联混合动力城市客车/底盘	95	0	
		23.85	6750	162	柴油/电混合动力	40	31	69	50	69	插电式并联混合动力城市客车/底盘	43	0	
北京亿马先锋汽车科技有限公司	150 MOTOR(电动机)	—	—	40(额定功率) 150(峰值功率)	纯电动	—	160	110	—	130	纯电动多用途乘用车	152	0	152
杭州德沃仕电动科技有限公司 杭州富特科技有限公司	DWS-YXQ-80-9A(电动机) VMT01-A(电动机)	—	—	9(额定功率) 18(峰值功率) 9(额定功率) 18(峰值功率)	纯电动	—	250	80	—	80	纯电动轿车	0	151	151
上海柴油机股份有限公司 广西玉柴机器股份有限公司 潍柴动力西港(潍坊)新能源发动机有限公司	SC5DT180Q5(发动机) YC4G180N-50(发动机) WP5NG180E51(发动机)	—	5308 5200 4980	132 132 132	NG混合动力	114	—	65	—	69	插电式混合动力城市客车	120	30	150

续表

发动机生产企业	发动机型号	油耗 (L/100km)	排量 (mL)	功率 (kW)	燃料种类	混合动力汽车电功率比（%）	电动汽车续驶里程（工况法，km）	电动汽车30分钟最高车速（km/h）	混合动力汽车纯电动模式下1km最高车速（km/h）	最高车速 (km/h)	配套车辆类型	2014年配套车型产量小计（辆）	2015年1—3月配套车型产量小计（辆）	配套车型产量合计(辆)
厦门金龙联合汽车工业有限公司	KLBEVTM200（电动机）	—	—	100（额定功率） 200（峰值功率）	纯电动	—	250	80	—	100	纯电动客车	11	10	149
		—	—	100（额定功率） 200（峰值功率）	纯电动	—	—	100	—	100	纯电动客车	0	15	
		—	—	100（额定功率） 200（峰值功率）	纯电动	—	—	69	—	100	纯电动客车	0	5	
		—	—	100（额定功率） 200（峰值功率）	纯电动	—	350	69	—	69	纯电动城市客车	10	1	
	KLSTMAD150（电动机）	—	—	90（额定功率） 150（峰值功率）	纯电动	—	—	69	—	69	纯电动城市客车	0	16	
	KLTM150A（电动机）	—	—	115（额定功率） 150（峰值功率）	纯电动	—	—	69	—	69	纯电动城市客车	15	0	
		—	—	115（额定功率） 150（峰值功率）	纯电动	—	—	100	—	100	纯电动客车	0	2	
	WTYCDJ－50A－XL（电动机）	—	—	50（额定功率） 100（峰值功率）	纯电动	—	—	100	—	100	纯电动客车	0	64	
上海柴油机股份有限公司 广西玉柴机器股份有限公司 上海柴油机股份有限公司	SC4H160Q4 YC4G180－40 SC7H180Q4	17.6	4295 5200 6440	120 132 132	柴油混合动力	125 114 136	—	65	65	69	插电式混合动力城市客车/底盘	147	0	147
深圳市五洲龙汽车有限公司	PD120WH（电动机）	—	—	60（额定功率） 120（峰值功率）	纯电动	—	—	100	—	100	纯电动客车	81	34	145
	PD150WH（电动机）	—	—	80（额定功率） 150（峰值功率）	纯电动	—	—	69	—	69	纯电动城市客车	20	10	
上海电驱动股份有限公司 奇瑞汽车股份有限公司	2103AAC（电动机） 2103AAG（电动机）	—	—	29（额定功率） 40（峰值功率） 29（额定功率） 40（峰值功率）	纯电动	—	80	90	—	120	纯电动轿车	138	0	138
奇瑞汽车股份有限公司	2103AAH（电动机）	—	—	6（额定功率） 12（峰值功率）	纯电动＋铅酸	—	80	80	—	80	纯电动轿车	25	95	120

续表

发动机生产企业	发动机型号	油耗（L/100km）	排量（mL）	功率（kW）	燃料种类	混合动力汽车电功率比（%）	电动汽车续驶里程（工况法，km）	电动汽车30分钟最高车速（km/h）	混合动力汽车纯电动模式下1km最高车速（km/h）	最高车速（km/h）	配套车辆类型	2014年配套车型产量小计（辆）	2015年1—3月配套车型产量小计（辆）	配套车型产量合计（辆）
富奥汽车零部件股份有限公司	FQY－320－220SFA（电动机）	—	—	35（额定功率） 70（峰值功率）	纯电动	—	110	80	—	110	纯电动轿车	111	1	112
宁波铭马电动车辆工业有限公司	XTQD－80（电动机）	—	—	80（额定功率） 160（峰值功率）	纯电动	—	—	120	—	100	纯电动轻型客车	0	109	109
西门子电气传动有限公司	1PV5135－4WS24（电动机）	—	—	61（额定功率） 141（峰值功率）	纯电动	—	—	65	—	69	纯电动城市客车/底盘	15	0	104
	1PV5135－4WS28（电动机）	—	—	134（额定功率） 360（峰值功率）	纯电动	—	200	67	—	69	纯电动城市客车	1	0	
		—	—	134（额定功率） 360（峰值功率）	纯电动	—	120	65	—	69	纯电动城市客车	0	5	
		—	—	134（额定功率） 360（峰值功率）	纯电动	—	—	70	—	69	纯电动城市客车	61	0	
	1PV5138（电动机）	—	—	85（额定功率） 150（峰值功率）	纯电动	—	—	—	—	69	纯电动城市客车	22	0	
General Motor	213TZ－XY46F（电动机）	—	—	30（额定功率） 85（峰值功率）	纯电动	—	152	130	—	130	纯电动轿车	100	0	100
大连电机集团有限公司 襄樊特种电机有限公司 东方电气集团东风电机有限公司	MDPQ/S120－4－SJ（电动机） YCVF280M－4（电动机） QYS100－6/400（电动机）	—	—	120（额定功率） 210（峰值功率） 110（额定功率） 220（峰值功率） 100（额定功率） 250（峰值功率）	纯电动	—	—	69	—	69	纯电动城市客车	77	7	84
广西玉柴机器股份有限公司 一汽解放汽车有限公司无锡柴油机厂	YC6J210N－52 CA6SF2－21E5N	—	6494 7130	155 158	柴油混合动力	52.3	—	69	22	69	插电式混合动力城市客车	80	0	80

续表

发动机生产企业	发动机型号	油耗(L/100km)	排量(mL)	功率(kW)	燃料种类	混合动力汽车电功率比(%)	电动汽车续驶里程(工况法, km)	电动汽车30分钟最高车速(km/h)	混合动力汽车纯电动模式下1km最高车速(km/h)	最高车速(km/h)	配套车辆类型	2014年配套车型产量小计(辆)	2015年1—3月配套车型产量小计(辆)	配套车型产量合计(辆)
s纽贝耳汽车(杭州)有限公司	ZYBLDC7210C(电动机)	—	—	8(额定功率) 17.5(峰值功率)	纯电动	—	100	75	—	80	纯电动载货车	12	0	77
	BLT11/27-3000/312(电动机)	—	—	11(额定功率) 27(峰值功率)	纯电动	—	—	110	—	100	纯电动轻型客车	65	0	
东风南充汽车有限公司 广西玉柴机器股份有限公司	NQ200N4(发动机) YC6J210N-40(发动机)	—	5638 6454	147 155	NG/电混合动力	52	—	—	—	69	插电式混合动力城市客车	76	0	76
潍柴动力西港(潍坊)新能源发动机有限公司	WP6NG210E50(发动机)	—	6750	155	NG混合动力	—	—	—	—	68	插电式混合动力城市客车	70	0	72
		—	7140	155	NG混合动力	52.3	—	—	32	69	插电式混合动力城市客车	0	2	
广西玉柴机器股份有限公司 广西玉柴机器股份有限公司 潍柴动力股份有限公司	YC6J220-42(发动机) YC6G240-40(发动机) WP7.240E40(发动机)	22.5 21.8 21.4	6500 7800 7140	162 177 176	柴油混合动力	90.74 83.05 83.52	32	67	50	68	插电式混联混合动力电动城市客车	62	0	69
		24.1 23.2 23.1	6500 7800 7140	162 177 176	柴油混合动力	90.74 83.05 83.52	31	65	50	68	插电式混联混合动力城市客车	3	0	
		23.1 22.4 22.2	6500 7800 7140	162 177 176	柴油混合动力	90.74 83.05 83.52	—	65	—	69	混联式混合动力城市客车	4	0	
襄樊特种电机有限公司	YCVF200M-4(电动机)	—	—	32(额定功率) 64(峰值功率)	纯电动	—	150	65	—	100	纯电动工程车	6	0	69
		—	—	32(额定功率) 64(峰值功率)	纯电动	—	—	75	—	100	纯电动商务车	14	2	
	YCVF280M2-6B(电动机)	—	—	110(额定功率) 200(峰值功率)	纯电动	—	150	80	—	69	纯电动城市客车	30	0	
	YCVF280M-8B(电动机)	—	—	132(额定功率) 240(峰值功率)	纯电动	—	200	80	—	69	纯电动城市客车	15	2	
大连电机集团有限公司	MDPQ/S120-4-SJ(电动机)	—	—	120(额定功率) 210(峰值功率)	纯电动	—	—	69	—	69	纯电动城市客车	1	20	69
	MDPQ/S120-4-SJ(电动机)	—	—	120(额定功率) 240(峰值功率)	纯电动	—	—	69	—	69	纯电动城市客车	45	1	
	MDPQ/S132(电动机)	—	—	132(额定功率) 260(峰值功率)	纯电动	—	—	100	—	100	纯电动旅游客车	1	0	
	MDPQ-S55-4(电动机)	—	—	55(额定功率) 110(峰值功率)	纯电动	—	—	75	—	80	纯电动压缩式垃圾车	1	0	

续表

发动机生产企业	发动机型号	油耗(L/100km)	排量(mL)	功率(kW)	燃料种类	混合动力汽车电功率比(%)	电动汽车续驶里程(工况法，km)	电动汽车30分钟最高车速(km/h)	混合动力汽车纯电动模式下1km最高车速(km/h)	最高车速(km/h)	配套车辆类型	2014年配套车型产量小计(辆)	2015年1—3月配套车型产量小计(辆)	配套车型产量合计(辆)
南昌福瑞德科技有限公司	FRDY103012A0(电动机)	—	—	10(额定功率) 20(峰值功率)	纯电动+铅酸	—	—	60	—	80	纯电动车厢可卸式垃圾车	50	4	68
	FRDY753006A0(电动机)	—	—	10(额定功率) 15(峰值功率)	纯电动	—	150	80	—	120	纯电动轿车	0	14	
万向电动汽车有限公司	WXMP20L0(电动机)	—	—	20(额定功率) 40(峰值功率)	纯电动	—	—	90	—	90	纯电动轿车	4	0	65
	YCVF250L-4(电动机)	—	—	100(额定功率) 200(峰值功率)	纯电动	—	—	65	—	69	纯电动城市客车	1	1	
	WXF02-QYS30-4/180(电动机)	—	—	30(额定功率) 75(峰值功率)	纯电动	—	—	—	—	120	纯电动工程车	38	1	
		—	—	30(额定功率) 75(峰值功率)	纯电动	—	130	80	—	120	纯电动多用途乘用车	5	15	
南京越博汽车电子有限公司	YBM401(电动机)	—	—	25(额定功率) 55(峰值功率)	纯电动	—	—	80	—	80	纯电动流动服务车	0	2	56
	YBM200(电动机)	—	—	94(额定功率) 120(峰值功率)	纯电动	—	—	70	—	69	纯电动城市客车	38	10	
		—	—	94(额定功率) 120(峰值功率)	纯电动	—	—	69	—	69	纯电动城市客车	0	2	
		—	—	94(额定功率) 120(峰值功率)	纯电动	—	—	80	—	85	纯电动客车	0	4	
中山大洋电机股份有限公司	BOMM60/110-I(电动机)	—	—	60(额定功率)	纯电动	—	130	80	—	80	纯电动自装卸式垃圾车	51	0	51
东风南充汽车有限公司 潍柴西港新能源动力有限公司	NQ210FN5(发动机) WP6NG210E50(发动机)	—	6234 6750	154 155	NG/电混合动力	52	—	—	60	69	插电式混合动力城市客车	50	0	50
东莞三新电动汽车技术有限公司	3i-PMSM-336-A(电动机)	—	—	30(额定功率) 50(峰值功率)	纯电动	—	—	65	—	65	纯电动城市客车	50	0	50
道依茨一汽(大连)柴油机有限公司	TCD2013L4-18E4(发动机)	21	4764	139	柴油混合动力	50.7	—	69	—	69	混联式混合动力城市客车	50	0	50

续表

发动机生产企业	发动机型号	油耗（L/100km）	排量（mL）	功率（kW）	燃料种类	混合动力汽车电功率比（%）	电动汽车续驶里程（工况法，km）	电动汽车30分钟最高车速（km/h）	混合动力汽车纯电动模式下1km最高车速（km/h）	最高车速（km/h）	配套车辆类型	2014年配套车型产量小计（辆）	2015年1—3月配套车型产量小计（辆）	配套车型产量合计(辆)
西安兰德新能源汽车技术开发有限公司	ZJ043C（驱动电机）	—	—	10（额定功率） 20（峰值功率）	纯电动	—	178	85	—	85	纯电动厢式运输车	2	0	49
		—	—	10（额定功率） 20（峰值功率）	纯电动	—	178	85	—	85	纯电动多用途乘用车	0	3	
	13ST－6S9X300A（电动机）	—	—	12.5（额定功率） 25（峰值功率）	纯电动	—	137	81	—	85	纯电动厢式运输车	0	44	
上海中科深江电动车辆有限公司	SJ2103P030－L1（电动机）	—	—	30（额定功率） 60峰值功率）	纯电动	—	130	120	—	125	纯电动轿车	46	0	47
	SJ2103P20－C（电动机）	—	—	20（额定功率） 40峰值功率）	纯电动	—	140	80	—	100	纯电动轿车	1	0	
淄博休普电机电器有限公司	ZC5.0－96（电动机）	—	—	5.0（额定功率） 15（峰值功率）	纯电动＋铅酸	—	88	40	—	55	纯电动载货汽车	20	27	47
北京佩特来电机驱动技术有限公司	DDM110（电动机）	—	—	110（额定功率） 200（峰值功率）	纯电动	—	250	69	—	69	纯电动城市客车	1	0	45
	DDM160（电动机）	—	—	160（额定功率） 230（峰值功率）	纯电动	—	180	60	—	69	纯电动城市客车	41	1	
	DDM155B（电动机）	—	—	155（额定功率） 230（峰值功率）	纯电动	—	—	—	—	69	纯电动城市客车	1	0	
		—	—	155（额定功率） 230（峰值功率）	纯电动	—	250	69	—	69	纯电动城市客车	1	0	
唐山普林亿威科技有限公司	BS60－3000/320（电动机）	—	—	60（额定功率） 120（峰值功率）	纯电动	—	—	65	—	69	纯电动城市客车	28	0	38
	BS4－120－3000/320（电动机）	—	—	120（额定功率） 180（峰值功率）	纯电动	—	—	70	—	69	纯电动城市客车	10	0	
江西凯马百路佳客车有限公司	BLK－EV110（电动机）	—	—	110（额定功率） 200（峰值功率）	纯电动	—	120	65	—	68	纯电动客车	10	10	35
		—	—	110（额定功率） 200（峰值功率）	纯电动	—	200	85	—	68	纯电动客车	0	15	
现代 MOBIS 汽车株式会社	36500－0E010（电动机）	—	—	22（额定功率） 50（峰值功率）	纯电动	—	140	110	—	68	纯电动轿车	34	0	34

续表

发动机生产企业	发动机型号	油耗 (L/100km)	排量 (mL)	功率 (kW)	燃料种类	混合动力汽车电功率比（%）	电动汽车续驶里程（工况法，km）	电动汽车30分钟最高车速（km/h）	混合动力汽车纯电动模式下1km最高车速（km/h）	最高车速 (km/h)	配套车辆类型	2014年配套车型产量小计（辆）	2015年1—3月配套车型产量小计（辆）	配套车型产量合计(辆)
金华青年能源科技有限公司	QD270（电动机）	—	—	130（额定功率） 270（峰值功率）	纯电动	—	—	69	—	69	纯电动城市客车	0	34	34
大连创为电机有限公司	YZQ280L-6（电动机）	—	—	130（额定功率） 240（峰值功率）	纯电动	—	120	65	—	80	纯电动客车	3	0	33
		—	—	130（额定功率） 240（峰值功率）	纯电动	—	180	69	—	69	纯电动城市客车	0	30	
IT Engineering Co；LTD	IP-M131101（电动机）	—	—	60（额定功率） 100（峰值功率）	纯电动	—	170	100	—	85	纯电动厢式运输车	18	12	30
广西玉柴机器股份有限公司 上海柴油机股份有限公司 潍柴动力西港（潍坊）新能源发动机有限公司 一汽解放汽车有限公司无锡柴油机厂	YC6J210N-52（发动机） SC7HT210Q5（发动机） WP6NG210E50（发动机） CA6SF2-21E5N（发动机）	—	6494 6440 6750 7130	155 155 155 158	NG混合动力	52.3	—	69	22	69	插电式混合动力城市客车	0	30	30
安徽安凯汽车股份有限公司 安徽安凯汽车股份有限公司	420YS-XS100（电动机） 420YS-XS101（电动机）	—	—	100（额定功率） 250（峰值功率） 100（额定功率） 250（峰值功率）	纯电动	—	210	78	—	100	纯电动客车	0	24	29
		—	—	100（额定功率） 250（峰值功率） 100（额定功率） 250（峰值功率）	纯电动	—	240	78	—	80	纯电动客车	5	0	
深圳市大地和电气有限公司 深圳市大地和电气股份有限公司	GLMI10A2（电动机） GLMI10A1（电动机）	—	—	10（额定功率） 20（峰值功率） 10（额定功率） 20（峰值功率）	纯电动	—	—	70	—	80	纯电动厢式运输车	0	29	29

续表

发动机生产企业	发动机型号	油耗 (L/100km)	排量 (mL)	功率 (kW)	燃料种类	混合动力汽车电功率比（%）	电动汽车续驶里程（工况法，km）	电动汽车30分钟最高车速（km/h）	混合动力汽车纯电动模式下1km最高车速（km/h）	最高车速 (km/h)	配套车辆类型	2014年配套车型产量小计（辆）	2015年1—3月配套车型产量小计（辆）	配套车型产量合计(辆)
东方电气集团东风电机有限公司 安徽安凯汽车股份有限公司 安徽安凯汽车股份有限公司	QYS100－6/400（电动机） 420YS－XS101（电动机） 420YS－XS120（电动机）	—	—	100（额定功率） 250（峰值功率） 100（额定功率） 250（峰值功率） 100（额定功率） 250（峰值功率）	纯电动	—	207	68	—	69	纯电动城市客车	18	10	28
广西玉柴机器股份有限公司 潍柴动力西港（潍坊）新能源发动机有限公司 一汽解放汽车有限公司无锡柴油机厂	YC6J210N－52（发动机） WP6NG210E50（发动机） CA6SF2－21E5N（发动机）	—	6494 6750 7130	155 155 158	NG/电混合动力	52.3	—	69	22	69	插电式混合动力城市客车	6	20	26
常州市华盛电机厂	XYQ－7.5－1AH（电动机）	—	—	7.5（额定功率） 26（峰值功率）	纯电动＋铅酸	—	—	48	—	80	纯电动服务车	1	0	24
		—	—	7.5（额定功率） 26（峰值功率）	纯电动	—	—	48	—	80	纯电动邮政车	4	0	
		—	—	7.5（额定功率） 26（峰值功率）	纯电动	—	—	—	—	55	纯电动垃圾车	19	0	
潍柴动力西港（潍坊）新能源发动机有限公司 广西玉柴机器股份有限公司	WP7NG210E50（发动机） YC6J210N－52（发动机）	—	7140 6494	155 155	NG 混合动力	41.9	38	67	50	69	插电式并联混合动力城市客车	24	0	24
康明斯公司 东风康明斯发动机有限公司	ISBE4＋225B（发动机） ISDe210 41（发动机）	18.8	6700 6700	165 155	柴油/电混合动力	—	—	69	50	69	插电式混联混合动力城市客车	0	22	22
深圳中德世纪新能源有限公司	448YS－XFZD25H02（电动机）	—	—	90（额定功率） 150（峰值功率）	纯电动	—	220	69	—	69	纯电动城市客车	20	0	21
	445YS－XSZDC（电动机）	—	—	90（额定功率） 150（峰值功率）	纯电动	—	230	69	—	69	纯电动城市客车	1	0	

续表

发动机生产企业	发动机型号	油耗（L/100km）	排量（mL）	功率（kW）	燃料种类	混合动力汽车电功率比（%）	电动汽车续驶里程（工况法，km）	电动汽车30分钟最高车速（km/h）	混合动力汽车纯电动模式下1km最高车速（km/h）	最高车速（km/h）	配套车辆类型	2014年配套车型产量小计（辆）	2015年1—3月配套车型产量小计（辆）	配套车型产量合计(辆)
中山大洋电机股份有限公司 北汽福田汽车股份有限公司	BOMM060/110-1（电动机） FTTB072（电动机）	—	—	60（额定功率） 110（峰值功率） 72（额定功率） 132（峰值功率）	纯电动	—	130	80	—	80	纯电动吸尘车	18	0	18
东风康明斯发动机有限公司	ISDe160 41（发动机）	29	4500	118	柴油混合动力	33.5	50	—	40	69	并联混合动力城市客车	17	0	17
东方电气集团东风电机有限公司	QYS180-6/350（电动机）	—	—	180（额定功率） 185（峰值功率）	纯电动	—	109	80	—	69	纯电动城市客车	1	0	15
	QYS75-6/350（电动机）	—	—	75（额定功率） 150（峰值功率）	纯电动	—	175	68	—	69	纯电动城市客车	13	0	
	QYF10-4/70（电动机）	—	—	10（额定功率） 30（峰值功率）	纯电动	—	—	80	—	100	纯电动仓栅式运输车	1	0	
重庆长安汽车股份有限公司	JL478QCE（发动机）	5.4	1499	84	汽油混合动力	25.6	—	—	—	185	并联式混合动力轿车	14	0	14
潍柴动力股份有限公司	WEM100-01（电动机）	—	—	100（额定功率） 200（峰值功率）	纯电动	—	200	69	—	69	纯电动城市客车	0	1	12
		—	—	100（额定功率） 200（峰值功率）	纯电动	—	180	69	—	69	纯电动城市客车	0	1	
		—	—	100（额定功率） 200（峰值功率）	纯电动	—	165	100	—	85	纯电动客车	0	5	
		—	—	100（额定功率） 200（峰值功率）	纯电动	—	170	100	—	85	纯电动客车	0	1	
		—	—	100（额定功率） 200（峰值功率）	纯电动	—	250	100	—	85	纯电动客车	0	4	
东方电气集团东风电机有限公司 安徽安凯汽车股份有限公司	QYS100-6/400（电动机） 420YS-XS101（电动机）	—	—	100（额定功率） 250（峰值功率） 100（额定功率） 250（峰值功率）	纯电动	—	—	—	—	69	纯电动城市客车	10	0	10
东风汽车公司	DFMA13（发动机）	5.8	1294	73	汽油混合动力	20.5	—	180	—	180	并联式混合动力轿车；采用ISG电机	9	0	9
浙江南车电车有限公司	YTQ80S（电动机）	—	—	80（额定功率） 150（峰值功率）	纯电动	—	—	69	—	69	纯电动城市客车	0	9	9

续表

发动机生产企业	发动机型号	油耗(L/100km)	排量(mL)	功率(kW)	燃料种类	混合动力汽车电功率比(%)	电动汽车续驶里程(工况法，km)	电动汽车30分钟最高车速(km/h)	混合动力汽车纯电动模式下1km最高车速(km/h)	最高车速(km/h)	配套车辆类型	2014年配套车型产量小计(辆)	2015年1—3月配套车型产量小计(辆)	配套车型产量合计(辆)
珠海蓝海节能科技有限公司	KAM280HF(电动机)	—	—	75(额定功率) 128(峰值功率)	纯电动	—	—	65	—	67	纯电动城市客车	2	0	8
		—	—	75(额定功率) 128(峰值功率)	纯电动	—	80	65	—	80	纯电动洗扫车	6	0	
江苏常隆客车有限公司	CL-M-SHEC-60-001(电动机)	—	—	60(额定功率) 150(峰值功率)	纯电动	—	—	69	—	69	纯电动城市客车	0	8	8
中国南车集团株洲电力机车研究所	JD132A(电动机)	—	—	100(额定功率) 150(峰值功率)	纯电动	—	—	45	—	50	纯电动城市客车/底盘	3	4	7
湖南南车时代电动汽车股份有限公司 广东陆地方舟新能源汽车电驱动系统有限公司	tDriver-MD11(电动机) GWQ80-282/6TA(电动机)	—	—	80(额定功率) 130(峰值功率) 80(额定功率) 130(峰值功率)	纯电动	—	130	80	—	100	纯电动客车	6	0	6
浙江吉利汽车有限公司	JLγ-4G18(发动机)	7.0；7.1	1808	98	混合动力+铅酸	2.1	—	—	—	180	混合动力轿车；采用仅具有怠速起停功能的加强起动机方案	6	0	6
淄博哈普沃动力科技有限公司	SPQ10-72-3900H1(电动机)	—	—	10(额定功率) 20(峰值功率)	纯电动	—	120	58	—	—	纯电动载货车	0	4	6
		—	—	10(额定功率) 20(峰值功率)	纯电动	—	120	58	—	80	纯电动厢式运输车	0	1	
		—	—	10(额定功率) 20(峰值功率)	纯电动	—	150	80	—	80	纯电动厢式运输车	1	0	
长沙高新开发区天富电子科技有限公司	BLT7/14-2800/72(电动机)	—	—	7(额定功率) 13(峰值功率)	纯电动	—	80	60	—	50	纯电动自装卸式垃圾车	5	0	5
福建亚南电机有限公司 卧龙电气集团股份有限公司	JSTTD16-35(电动机) JAS70-D2-R(电动机)	—	—	37(额定功率) 74(峰值功率) 37(额定功率) 74(峰值功率)	纯电动	—	—	100	—	100	纯电动客车	5	0	5

续表

发动机生产企业	发动机型号	油耗 (L/100km)	排量 (mL)	功率 (kW)	燃料种类	混合动力汽车电功率比（%）	电动汽车续驶里程（工况法，km）	电动汽车30分钟最高车速（km/h）	混合动力汽车纯电动模式下1km最高车速（km/h）	最高车速 (km/h)	配套车辆类型	2014年配套车型产量小计（辆）	2015年1—3月配套车型产量小计（辆）	配套车型产量合计(辆)
常州华盛电机有限公司	XYQ-7.5-1HV（电动机）	—	—	7.5（额定功率） 15（峰值功率）	纯电动+铅酸	—	—	65	—	70	纯电动自卸车	1	0	4
		—	—	7.5（额定功率） 15（峰值功率）	纯电动+铅酸	—	—	65	—	80	纯电动厢式货车	3	0	
钱潮轴承有限公司	WXE02-Y250L-4（电动机）	—	—	100（额定功率） 200（峰值功率）	纯电动	—	120	65	—	68	纯电动城市客车	0	4	4
采埃孚传动技术（苏州）有限公司	AS1619C（电动机）	—	—	60（额定功率） 120（峰值功率）	纯电动	—	140	78	—	69	纯电动城市客车	3	0	3
广东合普动力科技有限公司	HPQ10-96（电动机）	—	—	10（额定功率） 20（峰值功率）	纯电动	—	99	59.1	—	60	纯电动厢式运输车	0	1	3
	HPQ5-48-18N（电动机）	—	—	5（额定功率） 12（峰值功率）	纯电动	—	90	40	—	40	纯电动厢式运输车	0	2	
广西玉柴机器股份有限公司 广西玉柴机器股份有限公司	YC6G230N-50（发动机） YC6J210N-52（发动机）	—	7800 6494	170 155	NG混合动力	86.47	—	65	—	69	混联式混合动力城市客车	2	0	2
昆明雷默动力系统有限公司	D19TCID1（发动机）	—	1850	100	柴油混合动力	165	—	50	60	68	插电式串联混合动力城市客车	1	0	2
		—	1850	100	柴油混合动力	185	—	69	30	69	串联式混合动力城市客车	1	0	
广东陆地方舟新能源汽车电驱动系统有限公司	GWQ10-68/4（电动机）	—	—	10（额定功率） 25（峰值功率）	纯电动	—	120	75	—	80	纯电动桶装垃圾运输车	2	0	2
哈尔滨电机厂（昆明）有限责任公司	YQD280-6-75-90（电动机）	—	—	90（额定功率） 185（峰值功率）	纯电动	—	—	60	—	69	纯电动城市客车	2	0	2
深圳市依思普林科技有限公司	EMP1000A（电动机）	—	—	45（额定功率） 110（峰值功率）	纯电动	—	—	65	—	69	纯电动城市客车	2	0	2

续表

发动机生产企业	发动机型号	油耗 (L/100km)	排量 (mL)	功率 (kW)	燃料种类	混合动力汽车电功率比（%）	电动汽车续驶里程（工况法，km）	电动汽车 30 分钟最高车速（km/h）	混合动力汽车纯电动模式下 1km 最高车速（km/h）	最高车速 (km/h)	配套车辆类型	2014 年配套车型产量小计（辆）	2015 年 1—3 月配套车型产量小计（辆）	配套车型产量合计(辆)
浙江尤奈特电机有限公司 江苏微特利电机制造有限公司	BLT11 - 3000/312（电动机） WTGSDJ - 11A - WS（ZH）（电动机）	—	—	11（额定功率） 28（峰值功率） 11（额定功率） 28（峰值功率）	纯电动	—	112	70	—	85	纯电动轿车	2	0	2
南京金龙客车制造有限公司	NJL - DJ01（电动机）	—	—	80（额定功率） 140（峰值功率）	纯电动	—	—	69	—	69	纯电动城市客车	0	1	2
		—	—	80（额定功率） 140（峰值功率）	纯电动	—	—	69	—	85	纯电动客车	0	1	
上海力信电气技术有限公司	LXM070W150（电动机）	—	—	90（额定功率） 145（峰值功率）	纯电动	—	—	100	—	80	纯电动厢式运输车	0	1	2
		—	—	90（额定功率） 145（峰值功率）	纯电动	—	—	100	—	80	纯电动客车	0	1	
中国重型汽车集团有限公司	MC07.21 - 40（发动机）	17	6870	151	柴油混合动力	51.4	—	—	—	69	插电式并联混合动力城市客车	1	0	1
浙江方正电机股份有限公司	EVB96 - 120 - 160（电动机）	—	0	13（额定功率） 21（峰值功率）	纯电动	—	—	80	—	80	纯电动厢式货车	1	0	1
浙江正宇机电有限公司	ZYBLDC7210C（电动机）	—	0	8（额定功率） 17.5（峰值功率）	纯电动 + 铅酸	—	100	75	—	80	纯电动载货汽车	1	0	1
UQM 技术有限公司	20080 - 011（电动机）	—	—	60（额定功率） 100（峰值功率）	纯电动	—	160	130	—	130	纯电动轿车	1	0	1
安徽江淮汽车股份有限公司	HFC3GB4.C1（发动机）	2.8	999	37	汽油混合动力	156.8	55	100	120	120	插电式串联混合动力轿车；采用 ISG 电机	1	0	1
广东大洋电机股份有限公司	YTD115F01（电动机）	—	—	115（额定功率） 170（峰值功率）	纯电动	—	—	69	—	69	纯电动城市客车	1	0	1
福建亚南电机有限公司	JSTTD16 - 35（电动机）	—	—	37（额定功率） 74（峰值功率）	纯电动	—	—	100	—	100	纯电动客车	1	0	1
东风南充汽车有限公司	NQ200N4（发动机）	—	5638	147	NG/电混合动力	56.0	90	65	50	69	插电式并联混合动力城市客车	1	0	1

续表

发动机生产企业	发动机型号	油耗（L/100km）	排量（mL）	功率（kW）	燃料种类	混合动力汽车电功率比（%）	电动汽车续驶里程（工况法，km）	电动汽车30分钟最高车速（km/h）	混合动力汽车纯电动模式下1km最高车速（km/h）	最高车速（km/h）	配套车辆类型	2014年配套车型产量小计（辆）	2015年1—3月配套车型产量小计（辆）	配套车型产量合计(辆)
广西玉柴机器股份有限公司 广西玉柴机器股份有限公司 潍柴动力西港（潍坊）新能源发动机有限公司 广西玉柴机器股份有限公司	YC6J190N－40（发动机） YC6J210N－40（发动机） WP7NG210E40（发动机） YC6J190N－52（发动机）	—	6500 6494 7140 6494	140 155 155 140	NG 混合动力	52.22	—	69	69	69	插电式混联混合动力城市客车	1	0	1
山东泰丰制动系统科技股份有限公司	Y250－8－60（电动机）	—	—	60（额定功率） 110（峰值功率）	纯电动	—	—	100	—	—	纯电动客车	1	0	1
潍坊潍柴道依茨柴油机有限公司 广西玉柴机器股份有限公司	WP6.245E40（发动机） YC6J245－42（发动机）	19.8 19.2	6750 6500	180 180	柴油/电混合动力	—	53	69	69	69	插电式混合动力城市客车	0	1	1
Remy International；Inc	HVH250－90PWEG（电动机）	—	—	60（额定功率） 90（峰值功率）	纯电动	—	170	100	—	120	纯电动多用途乘用车	0	1	1
广东亿纬赛恩斯新能源系统有限公司（电动机） 成都云内动力有限公司（发动机）	YPQ280M－6M（电动机） YN36QNE（发动机）	—	—； 3612	电动机： 90（额定功率） 165（峰值功率） 发动机：85	NG 混合动力	—	70	69	60	69	增程式混合动力城市客车	0	1	1
配套车型产量合计（辆）												102654	28497	131151

4. 车载充电电机配套数量统计

电动汽车车载充电机生产企业	电动汽车充电方式	电动汽车充电插头/插座型号	电动汽车充电插头/插座生产企业	最高车速(km/h)	电动汽车续驶里程(工况法，km)	电动汽车30分钟最高车速(km/h)	燃料种类	混合动力电动汽车是否允许外接充电	配套车辆类型	2014年配套车型产量小计(辆)	2015年1—3月配套车型产量小计(辆)	配套车型产量合计(辆)
杭州铁城信息科技有限公司	先恒流再恒压	DSI - EV16P/DSI - EV16S; DKY - CDT7P5X63/DKY - CDZ7P5X63	苏州工业园区多思达科技有限公司；杭州大有科技有限公司	90	—	75	纯电动	是	纯电动商务车	14	2	20409
		HVCOFR12S970L2500JG	安费诺精密连接器（深圳）有限公司	120	120	65	纯电动	是	纯电动厢式运输车	4	0	
	慢充；快充	2107200X1020 普通充电插头总成（慢充）；2107300X1020 充电插座总成（慢充）；2107700X1040 直流充电插座总成（快充）	苏州工业园区多思达科技有限公司	95	152	95	纯电动	是	纯电动轿车	2041	4	
		2107200X5050 充电插头总成；2107300X5050 充电插座总成；2107500X5050 充电桩插头；2107700X5050 直流插座	苏州工业园区多思达科技有限公司	80	125	80	纯电动	是	纯电动密闭式桶装垃圾车	0	10	
		慢充：2107200X5050 充电插头总成/2107300X5050 充电插座总成；快充：2107500X5050 充电桩插头/2107700X5050 直流插座	苏州工业园区多思达科技有限公司	80	—	80	纯电动	是	纯电动车厢可卸式垃圾车	50	0	
	恒流转恒压	V2C - DSI - EV16P/ V2C - DSI - GEL - EV16S	苏州工业园区多思达科技有限公司	80	100	75	纯电动	是	纯电动载货车	12	0	
		v2C - D SI - EV 16P/v2C - D SI - G EL - EV 16S	苏州工业园区多思达科技有限公司	80	100	75	纯电动+铅酸	是	纯电动载货汽车	1	0	
	恒流恒压	V2C - DSI - EV16P/V2C - DSI - EV16S	苏州工业园区多思达科技有限公司	120	55	100	汽油混合动力	是	插电式串联混合动力轿车	1	0	
	交流慢充	V2C - DSI - EV32P（插头）/V2C - DSI - GEL - EV32S（插座）	张家港友诚科技机电有限公司	—	120	75	纯电动	是	纯电动桶装垃圾运输车	2	0	
	脉冲充电	Y4 - 40A/Y4 - 40B	怡达电气（苏州）有限公司	85	183	80	纯电动	是	纯电动厢式运输车	3	0	
	恒流充电	SP2110/P5 SP2113/S5	中航光电科技股份有限公司	120	—	120	纯电动	是	纯电动轿车	15	1	
		SP2110/P5 SP2113/S5	中航光电科技股份有限公司	100	—	110	纯电动	是	纯电动轻型客车	65	0	
		2107200X1020 普通充电插头总成（慢充）；2107300X1020 充电插座总成（慢充）；2107700X1040 直流充电插座总成（快充）	苏州工业园区多思达科技有限公司	80	155	80	纯电动	是	纯电动轿车	462	0	
	恒流→恒压	快充插 DSD - EV125P；快充座 DSD - EV125S；慢充插头 DSI - EV32P；慢充插座 DSI - EV32S	苏州工业园区多思达科技有限公司	85	112	70	纯电动	是	纯电动轿车	2	0	

续表

电动汽车车载充电机生产企业	电动汽车充电方式	电动汽车充电插头/插座型号	电动汽车充电插头/插座生产企业	最高车速（km/h）	电动汽车续驶里程（工况法，km）	电动汽车30分钟最高车速（km/h）	燃料种类	混合动力电动汽车是否允许外接充电	配套车辆类型	2014年配套车型产量小计（辆）	2015年1—3月配套车型产量小计(辆)	配套车型产量合计（辆）
杭州铁城信息科技有限公司	车载/快充；车载/快充；恒压限流充电	插头型号：DYL4－9TJ 插座型号：DYL4－9ZK	浙江中杭电子有限公司	120	80	114	纯电动	是	纯电动轿车	7	0	
	便携式（外置）	DSI－EV63C/DSI－EV63S	苏州工业园区多思达科技有限公司	55	—	—	纯电动	是	纯电动垃圾车	19	0	
		DSI－EV63C/DSI－EV63S	苏州工业园区多思达科技有限公司	80	—	48	纯电动	是	纯电动邮政车	4	0	
	CAN 功能智能充电	DYL4	浙江中航电子有限公司	80	150	80	纯电动	是	纯电动厢式运输车	1	0	
	插电式，CAN 通讯	—	—	50	80	60	纯电动	是	纯电动自装卸式垃圾车	5	0	
	三段式充电：初段恒流充电、二段恒压充电、三段涓流浮冲	i531、ip2601；DSI－EV16P、DSI－EV16S	珠海英搏尔电气有限公司；张家港友诚科技机电有限公司	72	75	60	纯电动＋铅酸	是	纯电动厢式运输车	319	0	
		DSI－EV16P/DSI－EV16S；TYP2601 16A/TYP531 16A	张家港友诚科技机电有限公司；广州市威浦机电有限公司	80	150	80	纯电动	是	纯电动轿车	4581	1176	
		DSI－EV16P/DSI－EV16S；TYP2601 16A/TYP531 16A	张家港友诚科技机电有限公司；广州市威浦机电有限公司	80	150	80	纯电动	是	纯电动轿车	8710	864	
	程序控制，恒压限流充电	BCG－AVP－TA－S－013/BCG－AVR－1B－SN－0003	深圳巴斯巴科技发展有限公司	72	142	60	纯电动	是	纯电动厢式运输车	29	1	
		220vac y－60	怡达电气（苏州）有限公司	72	—	60	纯电动	是	纯电动车厢可卸式垃圾车	317	0	
		220vac y－60	怡达电气（苏州）有限公司	72	—	60	纯电动	是	纯电动厢式运输车	373	8	
		220vac y－60	怡达电气（苏州）有限公司	72	—	60	纯电动	是	纯电动车厢可卸式垃圾车	205	0	
	车载充电、外接充电	DOS－EV100	张家港友诚科技机电有限公司	80	—	75	纯电动	是	纯电动压缩式垃圾车	1	0	
		DOS－EV100	张家港友诚科技机电有限公司	120	—	—	纯电动	是	纯电动工程车	38	1	
		DOS－EV100	张家港友诚科技机电有限公司	100	150	65	纯电动	是	纯电动工程车	6	0	
	车载式	Y－60 220V 充电插头/Y－60 220V 充电插座	怡达电气（苏州）有限公司	50		40	纯电动	是	纯电动厢式运输车	549	3	
	车载充电	DSI－EV16P/32P（充电插头）/DSI－EV16S/32S（插座）；8396004BAC（七插充电插头）/8396003BAC（插座）	苏州工业园区多思达科技有限公司	150	50	120	汽油/电混合动力	是	增程式混合动力轿车	177	311	
		DSI－EV16P/32P（充电插头）/DSI－EV16S/32S（插座）	苏州工业园区多思达科技有限公司	150	50	120	汽油/电混合动力	是	增程式混合动力轿车	15	0	

续表

电动汽车车载充电机生产企业	电动汽车充电方式	电动汽车充电插头/插座型号	电动汽车充电插头/插座生产企业	最高车速（km/h）	电动汽车续驶里程（工况法，km）	电动汽车30分钟最高车速（km/h）	燃料种类	混合动力电动汽车是否允许外接充电	配套车辆类型	2014年配套车型产量小计（辆）	2015年1—3月配套车型产量小计（辆）	配套车型产量合计（辆）
江苏嘉钰新能源技术有限公司；南京中港电力科技有限公司；杭州富特科技有限公司	初始恒流充电，80%以后恒压充电	W11-2107320-00/W11-2107220-00；YG505-01-00-00XLV/YG505-02-00-00XLV；ZGEVCS600-C/ZGEVCS500-C	苏州智绿环保科技有限公司；四川永贵科技有限公司；南京中港电力科技有限公司	80	85	80	纯电动	是	纯电动轿车	5	0	9519
	初始恒流充电，80%以后恒压充电	W11-2107320-00/W11-2107220-00；YG505-01-00-00XLV/YG505-02-00-00XLV；ZGEVCS600-C/ZGEVCS500-C	苏州智绿环保科技有限公司；四川永贵科技有限公司；南京中港电力科技有限公司	80	250	80	纯电动	是	纯电动轿车	338	0	
	初始恒流充电，80%以后恒压充电	W11-2107320-00/W11-2107220-00；YG505-01-00-00XLV/YG505-02-00-00XLV；ZGEVCS600-C/ZGEVCS500-C	苏州智绿环保科技有限公司；四川永贵科技有限公司；南京中港电力科技有限公司	80	83	80	纯电动	是	纯电动轿车	2732	1689	
	初始恒流充电，80%以后恒压充电	W11-2107320-00/W11-2107220-00；YG505-01-00-00XLV/YG505-02-00-00XLV；ZGEVCS600-C/ZGEVCS500-C	苏州智绿环保科技有限公司；四川永贵科技有限公司；南京中港电力科技有限公司	80	84	80	纯电动	是	纯电动轿车	3566	194	
	初始恒流充电；80%以后恒压充电	W11-2107320-00/W11-2107220-00；YG505-01-00-00XLV/YG505-02-00-00XLV；ZGEVCS600-C/ZGEVCS500-C	苏州智绿环保科技有限公司；四川永贵科技有限公司；南京中港电力科技有限公司	—	152	80	纯电动	是	纯电动轿车	0	995	
艾默生网络能源有限公司；杭州铁城信息科技有限公司；奇瑞新能源汽车技术有限公司	恒流充电、恒压充电、恒压限流充电、脉冲充电	S11-2107070/S11-2107050（瑞昌）；S11-2107030/S11-2107030（瑞昌）；S11-2107030BA；S11-2107030BA（奇瑞）；S11-2107032；S11-2107031（瑞昌）	芜湖瑞昌电气系统有限公司；奇瑞新能源汽车技术有限公司	80	80	80	纯电动+铅酸	是	纯电动轿车	7935	1447	9382
北京嘉昌机电设备制造有限公司	车载充电	BCG-AVP-1A-0400C-003；BCG-AVR-1B-TN-0003	深圳巴斯巴科技发展有限公司	130	170	110	纯电动	是	纯电动轿车	184	2	6718
		BCG-AVP-1A-0400C-003；F08-620000-00L	深圳巴斯巴科技发展有限公司；八达电气有限公司	70	150	70	纯电动	是	纯电动厢式运输车	146	118	
		BCG-AVP-4A-S-001；F08-620000-00L	深圳巴斯巴科技发展有限公司；八达电气有限公司	80	150	80	纯电动	是	纯电动多用途乘用车	109	62	
	恒压充电	Ampheno IHVCO 充电模式：CM1	Amphenol	100	—	80	纯电动	是	纯电动多用途乘用车	4	20	
	快充/慢充	慢充插头/插座：DSE-EV-63P/DSE-EV-63S；快充插头/插座：DSE-EV-400P/DSE-EV-400S	苏州工业园区多思达科技有限公司	80	75	70	纯电动	是	纯电动自卸式垃圾车	44	0	

续表

电动汽车车载充电机生产企业	电动汽车充电方式	电动汽车充电插头/插座型号	电动汽车充电插头/插座生产企业	最高车速（km/h）	电动汽车续驶里程（工况法，km）	电动汽车30分钟最高车速（km/h）	燃料种类	混合动力电动汽车是否允许外接充电	配套车辆类型	2014年配套车型产量小计（辆）	2015年1—3月配套车型产量小计（辆）	配套车型产量合计（辆）
北京嘉昌机电设备制造有限公司	先恒流后恒压	慢充插头/插座：DSE－EV－63P/DSE－EV－63S；快充插头/插座：DSE－EV－400P/DSE－EV－400S	苏州工业园区多思达科技有限公司	80	75	70	纯电动	是	纯电动桶装垃圾运输车	94	0	
	先恒流限压后恒压限流	BCG－AVP－5B－S－005；BCG－AVR－1B－TN－0003	深圳巴斯巴科技发展有限公司	125	160	110	纯电动	是	纯电动轿车	4356	1571	
		BCG－AVR－1B－TN－0003；BCG－AEP－1A－S－002	深圳巴斯巴科技发展有限公司	120	150	110	纯电动	是	纯电动轿车	8	0	
艾默生网络能源有限公司	传导充电	BCG－EVE－1B－G5－002	深圳巴斯巴科技发展有限公司	150	200	100	燃料电池	是	燃料电池轿车	8	0	4906
		CE151049000（慢速充电枪）；CE151050000（慢充座）；CE151048000（快充座）	上海埃士工业科技有限公司；上海埃士工业科技有限公司；上海埃士工业科技有限公司	130	120	120	纯电动	是	纯电动轿车	275	61	
		CE151049000（慢速充电枪）；CE151050000（慢充座）；CE151048000（快充座）	上海埃士工业科技有限公司；上海埃士工业科技有限公司；上海埃士工业科技有限公司	130	140	65	纯电动	是	纯电动轿车	261	1	
	交流充电（16A）	CI151048000；CI151049000	上海埃士工业科技有限公司	203	58	177	汽油混合动力	是	插电式混联混合动力轿车	108	12	
		CI151048000；CI151049000	上海埃士工业科技有限公司	200	58	177	汽油混合动力	是	插电式混联混合动力轿车	2704	1476	
杭州富特科技有限公司	交流/直流	DQC－7T（16A－250/440V）/DQC－7Z（16A－250/440V）－A1；DQC－9Z（125A－750V）－20/DQ－9TC（125A－750V）	中航光电科技股份有限公司	—	—	100	纯电动	是	纯电动客车	1	0	4875
		DQC－7T（16A－250/440V）/DQC－7Z（16A－250/440V）－A1；DQC－9Z（125A－750V）－20/DQ－9TC（125A－750V）	中航光电科技股份有限公司	—	—	100	纯电动	是	纯电动客车	5	0	
	恒压限流充电	插头：HV18－ACT－1B－25－4000/插座：HV18－ACZ－12－25－3600－TG	临沂市海纳电子有限公司	—	160	80	纯电动	是	纯电动轿车	0	19	
	非车载充电/车载充电	EVP－V－32A5/EVS－V－32A5－S/DQC－7T（32A－440V）－101/DQC－7Z/（32A－440V）－100	南京康尼科技实业有限公司；中航光电科技股份有限公司	100	200	80	纯电动	是	纯电动客车	149	269	
	BMS通过CAN控制充电	插头型号：HV18ACT1B25－5000/插座型号：HV18ACZ1225－3600TG	临沂市海纳电子有限公司	80	155	80	纯电动	是	纯电动轿车	2399	1644	

续表

电动汽车车载充电机生产企业	电动汽车充电方式	电动汽车充电插头/插座型号	电动汽车充电插头/插座生产企业	最高车速（km/h）	电动汽车续驶里程（工况法，km）	电动汽车30分钟最高车速（km/h）	燃料种类	混合动力电动汽车是否允许外接充电	配套车辆类型	2014年配套车型产量小计（辆）	2015年1—3月配套车型产量小计（辆）	配套车型产量合计（辆）
杭州富特科技有限公司	BMS控制充电	直流：V2－DSD－EV125P/V2－DSD－G－EV125S交流：V2C－DSI－EV16P/V2C－DSI－GEL－EV16S；V2C－DSI－EV32P/V2C－DSI－GEL－EV32S	苏州工业园区多思达科技有限公司；苏州工业园区多思达科技有限公司	100	150	100	纯电动	是	纯电动客车	271	118	
郑州宇通客车股份有限公司	恒流充电	DQC－7Z（63A－250/440V）；EVS－V－63A7－SC	中航光电科技股份有限公司；南京康尼科技实业有限公司	69	21	69	柴油/电混合动力	是	插电式混联混合动力城市客车	30	1	3317
		DQC－9Z（250A－750V）－20；DQC－9Z（125A－750V）－20；EVS－4－250D9－SC；DQC－7Z（63A－250/440V）；EVS－V－63A7－SC	中航光电科技股份有限公司；中航光电科技股份有限公司；南京康尼科技实业有限公司；中航光电科技股份有限公司；南京康尼科技实业有限公司	69	320	68	纯电动	是	纯电动城市客车	185	41	
		EVS－V－63A7－S	南京康尼科技实业有限公司	69	32	67	NG混合动力	是	插电式并联混合动力城市客车	4	1	
		V2C－DSI－EV32P/V2C－DSI－G－EV32S	苏州工业园区多思达科技有限公司	69	61	67	柴油混合动力	是	插电式混联混合动力城市客车	16	0	
		V2C－DSI－EV32P/V2C－DSI－G－EV32S	苏州工业园区多思达科技有限公司	68	32	67	柴油混合动力	是	插电式混联混合动力电动城市客车	22	0	
		V2C－DSI－EV32P/V2C－DSI－G－EV32S	苏州工业园区多思达科技有限公司	69	34	67	柴油混合动力	是	插电式混联混合动力电动城市客车	97	0	
		V2C－DSI－EV32P/V2C－DSI－G－EV32S	苏州工业园区多思达科技有限公司	69	71	67	柴油混合动力	是	插电式混联混合动力城市客车	2	0	
		V2C－DSI－EV32P/V2C－DSI－G－EV32S；DQC/G－7Z（32A－440V）；EVS－V－63A7－S	苏州工业园区多思达科技有限公司；中航光电科技股份有限公司；南京康尼科技实业有限公司	69	31	67	NG混合动力	是	插电式混联混合动力城市客车	1839	135	
		V2C－DSI－EV32P/V2C－DSI－G－EV32S；DQC－9Z（250A－750V）－20；EVS－V－63A7－S	苏州工业园区多思达科技有限公司；中航光电科技股份有限公司；南京康尼科技实业有限公司	69	31	67	NG混合动力	是	插电式混联混合动力城市客车	53	0	
		V2C－DSI－EV32P/V2C－DSI－G－EV32S；DQC－9Z（250A－750V）－20；EVS－V－63A7－S	苏州工业园区多思达科技有限公司；中航光电科技股份有限公司；南京康尼科技实业有限公司	69	31	67	NG混合动力	是	插电式混联混合动力城市客车	25	0	
		V2C－DSI－EV32P/V2C－DSI－G－EV32S；DQC－9Z（250A－750V）－20；EVS－V－63A7－S	苏州工业园区多思达科技有限公司；中航光电科技股份有限公司；南京康尼科技实业有限公司	69	34	67	柴油混合动力	是	插电式混联混合动力电动城市客车	199	0	

续表

电动汽车车载充电机生产企业	电动汽车充电方式	电动汽车充电插头/插座型号	电动汽车充电插头/插座生产企业	最高车速（km/h）	电动汽车续驶里程（工况法，km）	电动汽车30分钟最高车速（km/h）	燃料种类	混合动力电动汽车是否允许外接充电	配套车辆类型	2014年配套车型产量小计（辆）	2015年1—3月配套车型产量小计(辆)	配套车型产量合计（辆）
郑州宇通客车股份有限公司	恒流充电	V2C-DSI-EV32P/V2C-DSI-G-EV32S; DQC-9Z（250A-750V）-20; EVS-V-63A7-S	苏州工业园区多思达科技有限公司；中航光电科技股份有限公司；南京康尼科技实业有限公司	69	33	67	柴油混合动力	是	插电式混联混合动力城市客车	5	0	
		V2C-DSI-EV32P/V2C-DSI-G-EV32S; DQC-9Z（250A-750V）-20; EVS-V-63A7-S	苏州工业园区多思达科技有限公司；中航光电科技股份有限公司；南京康尼科技实业有限公司	68	32	67	柴油混合动力	是	插电式混联混合动力电动城市客车	40	0	
		V2C-DSI-EV32P/V2C-DSI-G-EV32S; DQC-9Z（250A-750V）-20; EVS-V-63A7-S	苏州工业园区多思达科技有限公司；中航光电科技股份有限公司；南京康尼科技实业有限公司	69	38	67	NG混合动力	是	插电式并联混合动力城市客车	4	0	
		V2C-DSI-EV32P/V2C-DSI-G-EV32S; DQC-9Z（250A-750V）-20; EVS-V-63A7-S	苏州工业园区多思达科技有限公司；中航光电科技股份有限公司；南京康尼科技实业有限公司	68	31	65	柴油混合动力	是	插电式混联混合动力电动城市客车	3	0	
		V2C-DSI-EV32P/V2C-DSI-G-EV32S; DQC-9Z（250A-750V）-20; EVS-V-63A7-S	苏州工业园区多思达科技有限公司；中航光电科技股份有限公司；南京康尼科技实业有限公司	69	33	67	柴油混合动力	是	插电式混联混合动力城市客车	2	0	
	恒压限流充电	DQC-7Z（63A-250/440V）; EVS-V-63A7-SC	中航光电科技股份有限公司；南京康尼科技实业有限公司	69	21	68	LNG/电混合动力	是	插电式混联混合动力城市客车	0	8	
	先恒流充电后恒压限流充电	V2C-DSI-EV32P/V2C-DSI-G-EV32S; DQC-9Z（250A-750V）-20; EVS-V-63A7-S	苏州工业园区多思达科技有限公司；中航光电科技股份有限公司；南京康尼科技实业有限公司	69	31	68	NG混合动力	是	插电式混联混合动力城市客车	500	105	
比亚迪汽车工业有限公司	DC/AC	DC: TIGDC125-0; AC: HPACC-M2L1T0-0	DC：乐星电缆（无锡）有限公司；AC：德尔福派克电气系统有限公司	150	253	120	纯电动	是	纯电动轿车	213	467	3234
	恒功率充电	BCG-AVR-2C-TN-0020（国标交流充电插座）; EVP-V-63A7-XB1-030-00（国标交流充电插头）; BCG-GACR-001G（直流充电插座）; BCG-GDCP/R-001G（直流充电插头）	比亚迪汽车工业有限公司	69	200	69	纯电动	是	纯电动城市客车	327	0	
		BCG-CDCP-001G（交流充电插头）; BCG-CACR-001G（交流充电插座）	深圳巴斯巴科技有限公司	69	180	69	纯电动	是	纯电动城市客车	21	0	
		EVA180KG-300（交流充电插头）; KD2-2105810（交流充电插座）	比亚迪汽车工业有限公司	69	200	69	纯电动	是	纯电动城市客车	19	0	

续表

电动汽车车载充电机生产企业	电动汽车充电方式	电动汽车充电插头/插座型号	电动汽车充电插头/插座生产企业	最高车速（km/h）	电动汽车续驶里程（工况法，km）	电动汽车30分钟最高车速（km/h）	燃料种类	混合动力电动汽车是否允许外接充电	配套车辆类型	2014年配套车型产量小计（辆）	2015年1—3月配套车型产量小计（辆）	配套车型产量合计（辆）
比亚迪汽车工业有限公司	恒功率充电	EVA180KG－300（交流充电插头）；KD2－2105810（交流充电插座）	比亚迪汽车工业有限公司	69	340	69	纯电动	是	纯电动城市客车	20	0	
		EVA180KG－300（交流充电插头）；KD2－2105810（交流充电插座）	比亚迪汽车工业有限公司	125	340	125	纯电动	是	纯电动旅游客车	32	0	
		KD2－2105810（交流充电插座）	比亚迪汽车工业有限公司	100	150	100	纯电动	是	纯电动旅游客车	21	0	
		KD2－2105810（交流充电插座）；KD2－2105810（交流充电插座）	比亚迪汽车工业有限公司；比亚迪汽车工业有限公司	100	280	100	纯电动	是	纯电动旅游客车	22	0	
	交流充电模式2连接方式B	EVP－V－16A5；BCG－AVR－2C－TN－0020	南京康尼科技实业有限公司；深圳巴斯巴科技发展有限公司	180	85	96	汽油/电混合动力	是	插电式混联混合动力多用途乘用车	14	0	
		EVP－V－16A5；BCG－AVR－2C－TN－0020	南京康尼科技实业有限公司；深圳巴斯巴科技发展有限公司	180	60	96	汽油/电混合动力	是	插电式混联混合动力多用途乘用车	0	6	
	先恒流充电后恒压充电	BCG－DVP－D－N（直流充电插头）；BCG－DVR－2－E（直流充电插座）	深圳巴斯巴科技发展有限公司	69	125	69	纯电动	是	纯电动城市客车	43	0	
	直流充电：恒流充电；交流充电：恒功率充电	BCG－AVR－2C－TN－0020（国标交流充电口；巴斯巴）；EVP－V－63A7－XB1－030－00（国标交流充电枪型号；南京康尼）；BCG－GDCP/R－001G（国标直流充电插头；巴斯巴）；BCG－GACR－001G（国标直流充电插座；巴斯巴）	深圳巴斯巴科技发展有限公司；南京康尼电子科技有限公司；深圳巴斯巴科技发展有限公司；深圳巴斯巴科技发展有限公司	69	250	69	纯电动	是	纯电动城市客车	2028	1	
深圳市欣锐特科技有限公司	CAN协议	DYL4－3ZJ	浙江中航电子有限公司	80	—	80	纯电动	是	纯电动厢式货车	1	0	3208
	插电式，CAN通讯	—	—	50	80	40	纯电动	是	纯电动车厢可卸式垃圾车	3	0	
		—	—	—	80	40	纯电动	是	纯电动桶装垃圾运输车	0	10	
		—	—	50	80	40	纯电动	是	纯电动车厢可卸式垃圾车	2	8	
		—	—	—	—	40	纯电动	是	纯电动自装卸式垃圾车	0	13	
		—	—	50	80	40	纯电动	是	纯电动车厢可卸式垃圾车	2	0	

续表

电动汽车车载充电机生产企业	电动汽车充电方式	电动汽车充电插头/插座型号	电动汽车充电插头/插座生产企业	最高车速（km/h）	电动汽车续驶里程（工况法，km）	电动汽车30分钟最高车速（km/h）	燃料种类	混合动力电动汽车是否允许外接充电	配套车辆类型	2014年配套车型产量小计（辆）	2015年1—3月配套车型产量小计（辆）	配套车型产量合计（辆）
深圳市欣锐特科技有限公司	车载	EVP-1-16A5-5H1/EVS-V-16A5-WX-SC-4X0-00	南京康尼科技实业有限公司	75	—	70	纯电动	是	纯电动厢式运输车	0	34	
	车载交流充电；地面直流充电	直流（BCG-DVR-1E-0005）；交流（BCG-AVR-1A-SN-0030；BCG-AVP-5A-S-005）	深圳市巴斯巴科技发展有限公司	80	160	80	纯电动	是	纯电动厢式运输车	58	0	
		直流（BCG-DVR-1D-0005）；交流（BCG-AVR-1A-TN-0030；BCG-AVP-5A-S-005）	深圳市巴斯巴科技发展有限公司	80	140	80	纯电动	是	纯电动厢式运输车	81	55	
	恒流充电	DSI-EV32p/DSI-EV32S	苏州工业园区多思达科技有限公司；苏州工业园区多思达科技有限公司	85	80	75	纯电动	是	纯电动轻型客车	80	0	
		BEC2107600/BEC2107220	安费诺精密连接器（深圳）有限公司	125	130	120	纯电动	是	纯电动轿车	46	0	
	家用充电；直流充电桩充电；交流充电桩充电	2107200X1100 普通充电插头总成/2107300X1100 交流充电插座总成/2107500X1100 充电桩专用充电插头总成/2107700X1100 直流充电插座总成	苏州工业园区多思达科技有限公司	120	170	120	纯电动	是	纯电动轿车	232	154	
	交流慢充	V2C-DSI-EV16P；V2C-DSI-EV16S	张家港友诚科技机电有限公司；张家港友诚科技机电有限公司	110	80	110	纯电动	是	纯电动轿车	100	0	
	三阶段充电：恒流充电→恒功率充电→恒压限流充电	BCG-AVP-7A-S；/BCG-AVR-1A-SN	深圳巴斯巴科技发展有限公司；深圳巴斯巴科技发展有限公司	130	180	110	纯电动	是	纯电动乘用车	200	0	
	先恒功率后恒压限流	BCG-AVP-4B-S-003/BCG-AVR-1B-SN-0015	深圳巴斯巴科技发展有限公司	125	200	120	纯电动	是	纯电动轿车	853	796	
	先恒流充电再恒压充电	CP16015/CS16015	安费诺-泰姆斯（常州）通讯设备有限公司	100	171	80	纯电动	是	纯电动厢式运输车	167	73	
		CP16015/CS16015	安费诺-泰姆斯（常州）通讯设备有限公司	100	171	80	纯电动	是	纯电动多用途乘用车	9	7	
	先恒流再恒压	BCGAEP1AC（L）/BCG-AVR-1A-GL-0001	深圳巴斯巴科技发展有限公司	80	152	80	纯电动	是	纯电动轿车	122	101	
	恒流充电；恒流充电	DQ64AC32A-7T；DQ64AC32A-7Z	中航光电科技股份有限公司；中航光电科技股份有限公司	100	—	80	纯电动	是	纯电动仓栅式运输车	1	0	

续表

电动汽车车载充电机生产企业	电动汽车充电方式	电动汽车充电插头/插座型号	电动汽车充电插头/插座生产企业	最高车速（km/h）	电动汽车续驶里程（工况法，km）	电动汽车30分钟最高车速（km/h）	燃料种类	混合动力电动汽车是否允许外接充电	配套车辆类型	2014年配套车型产量小计（辆）	2015年1—3月配套车型产量小计(辆)	配套车型产量合计（辆）
深圳市比亚迪汽车有限公司	恒流充电；先恒流后恒压	BCG－GDCR－001G（直流充电插座）；BCG－GDCP/R－001G（交流充电插头）；BCG－GACR－001G（交流充电插座）	深圳市比亚迪汽车有限公司；深圳市比亚迪汽车有限公司；深圳市比亚迪汽车有限公司	140	322	140	纯电动	是	纯电动轿车	2277	308	2720
	先恒流充电后恒压充电	BCG－GDCP/R－001G（交流充电插头）；BCG－GACR－001G（交流充电插座）	深圳市比亚迪汽车有限公司	69	250	69	纯电动	是	纯电动城市客车	118	0	
	恒功率充电	BCG－GDCP；R－001G（交流充电插头）；BCG－GACR－001G（交流充电插座）	深圳市比亚迪有限公司；深圳市比亚迪有限公司	155	55	92	混合动力	是	插电式并联混合动力多用途乘用车	17	0	
深圳威迈斯电源有限公司	分段式恒流充电	J00－2107032/J00－2107031	南京康尼科技实业有限公司	100	151	100	纯电动	是	纯电动轿车	811	780	1591
Panasonic	定功率充电	296M1 4NC＊＊	Panasonic	144	180	125	纯电动	是	纯电动轿车	98	0	1335
		慢充插头：3.6 kW：－/29690－4NCA；6kW：－/296M4－4NCE；慢充插座：－/296B1－4NCA；快充插座：－/296B1－4NCD	慢充插头：3.6kW：大＋G569 连松下汽车电子系统有限公司；6kW：华南矢崎（汕头）汽车配件有限公司；慢充插座：矢崎（中国）投资有限公司；快充插座：矢崎（中国）投资有限公司	144	175	125	纯电动	是	纯电动轿车	1227	10	
大连罗宾森电源设备有限公司	遵循国标 GB/T27930－211 通信协议由电池 BMS 与充电机通信并确定不同的充电方式，先恒流后恒压充电	V2－DSD－G－EV125S；BCG－DVR－1B－002	苏州工业园区多思达科技有限公司；深圳巴斯巴科技发展有限公司	69	—	100	纯电动	是	纯电动客车	0	42	1122
		V2－DSD－G－EV125S；BCG－DVR－1B－002	苏州工业园区多思达科技有限公司；深圳巴斯巴科技发展有限公司	69	—	100	纯电动	是	纯电动客车	0	21	
		V2－DSD－G－EV125S；BCG－DVR－1B－002	苏州工业园区多思达科技有限公司；深圳巴斯巴科技发展有限公司	69	—	100	纯电动	是	纯电动客车	0	1	
		V2－DSD－G－EV125S；BCG－DVR－1B－002	苏州工业园区多思达科技有限公司；深圳巴斯巴科技发展有限公司	69	—	69	纯电动	是	纯电动城市客车	0	1	
		V2－DSD－G－EV125S；BCG－DVR－1B－002	苏州工业园区多思达科技有限公司；深圳巴斯巴科技发展有限公司	—	—	100	纯电动	是	纯电动城市客车	0	15	
		V2－DSD－G－EV125S；BCG－DVR－1B－002	苏州工业园区多思达科技有限公司；深圳巴斯巴科技发展有限公司	—	150	100	纯电动	是	纯电动客车	0	20	
		V2－DSD－G－EV125S；BCG－DVR－1B－002	苏州工业园区多思达科技有限公司；深圳巴斯巴科技发展有限公司	—	—	69	纯电动	是	纯电动客车	0	1	

续表

电动汽车车载充电机生产企业	电动汽车充电方式	电动汽车充电插头/插座型号	电动汽车充电插头/插座生产企业	最高车速（km/h）	电动汽车续驶里程（工况法，km）	电动汽车30分钟最高车速（km/h）	燃料种类	混合动力电动汽车是否允许外接充电	配套车辆类型	2014年配套车型产量小计（辆）	2015年1—3月配套车型产量小计(辆)	配套车型产量合计（辆）
大连罗宾森电源设备有限公司	遵循国标GB/T27930-211通信协议由电池BMS与充电机通信并确定不同的充电方式，先恒流后恒压充电	V2-DSD-G-EV125S；BCG-DVR-1B-002	苏州工业园区多思达科技有限公司；深圳巴斯巴科技发展有限公司	—	—	100	纯电动	是	纯电动客车	0	1	
		V2-DSD-G-EV125S；BCG-DVR-1B-002	苏州工业园区多思达科技有限公司；深圳巴斯巴科技发展有限公司	69	—	69	NG/电混合动力	是	插电式混联混合动力城市客车	24	34	
		V2-DSD-G-EV125S；BCG-DVR-1B-002	苏州工业园区多思达科技有限公司；深圳巴斯巴科技发展有限公司	69	25	69	NG混合动力	是	插电式并联混合动力城市客车	72	0	
		V2-DSD-G-EV125S；BCG-DVR-1B-002	苏州工业园区多思达科技有限公司；深圳巴斯巴科技发展有限公司	69	25	69	柴油混合动力	是	插电式并联混合动力城市客车	94	0	
		V2-DSD-G-EV125S；BCG-DVR-1B-002	苏州工业园区多思达科技有限公司；深圳巴斯巴科技发展有限公司	—	—	69	柴油/电混合动力	是	插电式混联混合动力城市客车	2	0	
	遵循国标GB/T27930-211通信协议由电池BMS与充电机通信并确定不同的充电方式，通常为恒流充电	V2-DSD-G-EV125S；BCG-DVR-1B-002	苏州工业园区多思达科技有限公司；深圳巴斯巴科技发展有限公司	69	—	69	纯电动	是	纯电动城市客车	15	0	
	遵循国标GB/T27930-211通信协议由电池BMS与充电机通信并确定不同的充电方式，通常为0.3C恒流充电	V2-DSD-G-EV125S；BCG-DVR-1B-002	苏州工业园区多思达科技有限公司；深圳巴斯巴科技发展有限公司	69	—	69	纯电动	是	纯电动城市客车	10	0	
		V2-DSD-G-EV125S；BCG-DVR-1B-002	苏州工业园区多思达科技有限公司；深圳巴斯巴科技发展有限公司	—	350	69	纯电动	是	纯电动城市客车	0	1	
		V2-DSD-G-EV125S；BCG-DVR-1B-002	苏州工业园区多思达科技有限公司；深圳巴斯巴科技发展有限公司	—	—	69	纯电动	是	纯电动城市客车	0	5	
		V2-DSD-G-EV125S；BCG-DVR-1B-002	苏州工业园区多思达科技有限公司；深圳巴斯巴科技发展有限公司	—	—	100	纯电动	是	纯电动客车	0	15	
		V2-DSD-G-EV125S；BCG-DVR-1B-002	苏州工业园区多思达科技有限公司；深圳巴斯巴科技发展有限公司	100	250	80	纯电动	是	纯电动客车	11	10	
		V2-DSD-G-EV125S；BCG-DVR-1B-002	苏州工业园区多思达科技有限公司；深圳巴斯巴科技发展有限公司	69	—	—	NG/电混合动力	是	插电式混联混合动力城市客车	30	0	
		V2-DSD-G-EV125S；BCG-DVR-1B-002	苏州工业园区多思达科技有限公司；深圳巴斯巴科技发展有限公司	69	—	—	柴油混合动力	是	插电式混合动力城市客车	52	0	

续表

电动汽车车载充电机生产企业	电动汽车充电方式	电动汽车充电插头/插座型号	电动汽车充电插头/插座生产企业	最高车速（km/h）	电动汽车续驶里程（工况法，km）	电动汽车30分钟最高车速（km/h）	燃料种类	混合动力电动汽车是否允许外接充电	配套车辆类型	2014年配套车型产量小计（辆）	2015年1—3月配套车型产量小计（辆）	配套车型产量合计（辆）
大连罗宾森电源设备有限公司	遵循国标 GB/T27930－211 通信协议由电池 BMS 与充电机通信并确定不同的充电方式，通常为 0.3C 恒流充电	V2－DSD－G－EV125S；BCG－DVR－1B－002	苏州工业园区多思达科技有限公司；深圳巴斯巴科技发展有限公司	—	—	69	NG/电混合动力	是	插电式并联混合动力城市客车	0	20	1122
		V2－DSD－G－EV125S；BCG－DVR－1B－002	苏州工业园区多思达科技有限公司；深圳巴斯巴科技发展有限公司	69	—	—	NG 混合动力	是	插电式混联混合动力城市客车	246	40	
		V2－DSD－G－EV125S；BCG－DVR－1B－002	苏州工业园区多思达科技有限公司；深圳巴斯巴科技发展有限公司	69	—	—	柴油混合动力	是	插电式混联混合动力城市客车	66	0	
	先恒流再恒压	V2C－DSI－EV32P/V2C－DSI－G－EV32S；DQC－9Z（250A－750V）－20；EVS－V－63A7－S	苏州工业园区多思达科技有限公司；中航光电科技股份有限公司；南京康尼科技实业有限公司	69	31	67	NG 混合动力	是	插电式混联混合动力城市客车	13	0	
		V2C－DSI－EV32P/V2C－DSI－G－EV32S；DQC－9Z（250A－750V）－20；EVS－V－63A7－S	苏州工业园区多思达科技有限公司；中航光电科技股份有限公司；南京康尼科技实业有限公司	69	31	67	柴油混合动力	是	插电式混联混合动力城市客车	203	0	
	恒压限流充电	EVP－V－63A7－B/EVS－V－63A7－SC	南京康尼科技实业有限公司	69	31	68	LNG/电混合动力	是	插电式并联混合动力城市客车	1	0	
		V2－DSD－G－EV250P/V2－DSD－G－EV250S	苏州工业园区多思达科技有限公司	69	150	69	纯电动	是	纯电动城市客车	20	0	
		V2－DSD－G－EV250P/V2－DSD－G－EV250S	苏州工业园区多思达科技有限公司	69	130	69	纯电动	是	纯电动城市客车	22	0	
		V2－DSD－G－EV125P/V2－DSD－G－EV125S	苏州工业园区多思达科技有限公司	80	130	80	纯电动	是	纯电动客车	14	0	
江苏嘉钰新能源技术有限公司；南京中港电力科技有限公司	初始恒流充电，80%以后恒压充电	W11－2107320－00/W11－2107220－00	苏州智绿环保科技有限公司	80	85	80	纯电动	是	纯电动轿车	713	4	868
	初始恒流充电，80%以后恒压充电	W11－2107320－00/W11－2107220－00	苏州智绿环保科技有限公司	80	250	80	纯电动	是	纯电动轿车	0	84	
	初始恒流充电，80%以后恒压充电	W11－2107320－00/W11－2107220－00	苏州智绿环保科技有限公司	80	250	80	纯电动	是	纯电动轿车	0	67	

续表

电动汽车车载充电机生产企业	电动汽车充电方式	电动汽车充电插头/插座型号	电动汽车充电插头/插座生产企业	最高车速（km/h）	电动汽车续驶里程（工况法，km）	电动汽车30分钟最高车速（km/h）	燃料种类	混合动力电动汽车是否允许外接充电	配套车辆类型	2014年配套车型产量小计（辆）	2015年1—3月配套车型产量小计（辆）	配套车型产量合计（辆）
上海瑞华（集团）有限公司	恒流限压充电	SY175	美国SMH插接件公司（Systems Material Handling Co.）	69	200	75	纯电动	是	纯电动城市客车	248	0	758
		SY175	美国SMH插接件公司（Systems Material Handling Co.）	69	—	75	纯电动	是	纯电动城市客车	1	0	
		SY175	美国SMH插接件公司（Systems Material Handling Co.）	69	—	69	柴油混合动力	是	插电式并联混合动力城市客车	92	92	
		SY175	美国SMH插接件公司（Systems Material Handling Co.）	69	—	69	柴油混合动力	是	插电式并联混合动力城市客车	33	0	
		SY175	美国SMH插接件公司（Systems Material Handling Co.）	69	—	69	柴油混合动力	是	插电式并联混合动力城市客车	0	12	
		SY175	美国SMH插接件公司（Systems Material Handling Co.）	69	—	69	柴油混合动力	是	插电式并联混合动力城市客车	246	17	
		SY175	美国SMH插接件公司（Systems Material Handling Co.）	69	—	69	柴油混合动力	是	插电式串联混合动力城市客车	17	0	
山东威海天力电源科技有限公司	车载式	ZHCT001/ZHCZ001	北京中华汽车制造有限公司	72	120	60	纯电动+铅酸	是	纯电动厢式运输车	501	21	522
杭州铁城信息科技有限公司；江苏嘉钰新能源技术有限公司；北京中科绿色能科技有限公司；石家庄通合电子科技股份有限公司	恒压限流、恒电流	DS－EV－32P/DS－EV－32S；EVP－1－16A5/EVS－V－□A5－SC	苏州工业园区多思达科技有限公司；南京康尼科技实业有限公司	80	150	60	纯电动	是	纯电动厢式运输车	59	0	456
		DS－EV－32P/DS－EV－32S；EVP－1－16A5/EVS－V－□A5－SC	苏州工业园区多思达科技有限公司；南京康尼科技实业有限公司	80	150	60	纯电动	是	纯电动厢式运输车	137	89	
		DS－EV－32P/DS－EV－32S；EVP－1－16A5/EVS－V－□A5－SC	苏州工业园区多思达科技有限公司；南京康尼科技实业有限公司	80	125	60	纯电动	是	纯电动厢式运输车	64	7	
		DS－EV－32P/DS－EV－32S；EVP－1－16A5/EVS－V－□A5－SC	苏州工业园区多思达科技有限公司；南京康尼科技实业有限公司	80	120	60	纯电动	是	纯电动厢式运输车	6	0	
	脉冲充电	DS－EV－32P/DS－EV－32S；EVP－1－16A5/EVS－V－□A5－SC	苏州工业园区多思达科技有限公司；南京康尼科技实业有限公司	80	100	60	纯电动	是	纯电动厢式运输车	4	0	
		DS－EV－32P/DS－EV－32S；EVP－1－16A5/EVS－V－□A5－SC	苏州工业园区多思达科技有限公司；南京康尼科技实业有限公司	80	113	60	纯电动	是	纯电动厢式运输车	42	48	

续表

电动汽车车载充电机生产企业	电动汽车充电方式	电动汽车充电插头/插座型号	电动汽车充电插头/插座生产企业	最高车速（km/h）	电动汽车续驶里程（工况法，km）	电动汽车30分钟最高车速（km/h）	燃料种类	混合动力电动汽车是否允许外接充电	配套车辆类型	2014年配套车型产量小计（辆）	2015年1—3月配套车型产量小计(辆)	配套车型产量合计（辆）
东莞新能德科技有限公司（NVT）；苏州舜唐新能源电控设备有限公司	恒压限流充电；先恒流后恒压	家庭用慢充：HVCO - M - R6 - PS302R - L5000/HVCO - F - R6 - SF710 - L1180/9325150 - E06；充电桩用慢充：HVCO - 2M - R6 - PS402R - L5000/HVCO - F - R6 - SF710 - L1180/9325120 - E06	安费诺精密连接器（深圳）有限公司；深圳巴斯巴科技发展有限公司	170	—	170	汽油混合动力	是	插电式混合动力轿车	440	0	440
浙江绿巨能科技机电有限公司	恒流充电；车载充电机与BMS通信，BMS实时采集单体电池情况，控制充电机充电	V2C - DSI - EV16P/V2C - DSI - GEL - EV16S	张家港友诚科技机电有限公司	83	155	83	纯电动	是	纯电动多用途乘用车	400	0	400
重庆长安新能源汽车有限公司	恒流充电；恒功率充电；恒压充电	DCQ - 7T（16A - 250/440V）/DQC - 7Z（32A - 250/440V）［慢充］；DQC - 9Z（250A - 750V）- 001［快充］	重庆长安新能源汽车有限公司	120	120	100	纯电动	是	纯电动轿车	0	2	223
		DCQ - 7T（16A - 250/440V）/DQC - 7Z（32A - 250/440V）［慢充］；DQC - 9Z（250A - 750V）- 001［快充］	重庆长安新能源汽车有限公司	125			纯电动	是	纯电动轿车	7	0	
		DCQ - 7T（16A - 250/440V）/DQC - 7Z（32A - 250/440V）［慢充］；DQC - 9Z（250A - 750V）- 001［快充］	重庆长安新能源汽车有限公司	140	160	120	纯电动	是	纯电动轿车	20	3	
		DQC - 7T（32A - 250/440V）/DQC - 7Z（32A - 250/440V）- 000［慢充］；DQC - 9Z（250A - 750V）- 000［快充］	重庆长安新能源汽车有限公司	90	130	80	纯电动	是	纯电动厢式运输车	146	1	
		DQC - 7T（32A - 250/440V）/DQC - 7Z（32A - 250/440V）- 000［慢充］；DQC - 9Z（250A - 750V）- 000［快充］	重庆长安新能源汽车有限公司	90	100	80	纯电动	是	纯电动厢式运输车	0	44	
杭州杰能动力有限公司；江苏嘉钰新能源技术有限公司	恒流充电；车载充电机与BMS通信，BMS实时采集单体电池情况，控制充电机充电	DSF - EV63P/DSF - EV63S	张家港友诚科技机电有限公司	83	100	80	纯电动	是	纯电动多用途乘用车	211	0	211

续表

电动汽车车载充电机生产企业	电动汽车充电方式	电动汽车充电插头/插座型号	电动汽车充电插头/插座生产企业	最高车速（km/h）	电动汽车续驶里程（工况法，km）	电动汽车30分钟最高车速（km/h）	燃料种类	混合动力电动汽车是否允许外接充电	配套车辆类型	2014年配套车型产量小计（辆）	2015年1—3月配套车型产量小计（辆）	配套车型产量合计（辆）
沈阳金阳光电气有限公司	恒流转恒压充电	EVS－4－125D9－WNX－071	南京康尼科技实业有限公司	69	—	69	纯电动	是	纯电动城市客车	1	0	204
		EVS－4－125D9－WNX－071	南京康尼科技实业有限公司	69	—	69	纯电动	是	纯电动城市客车	1	0	
		EVS－4－125D9－WNX－071	南京康尼科技实业有限公司	69	—	69	纯电动	是	纯电动城市客车	202	0	
北京优科利尔能源设备有限公司	感应式充电	—	—	50	80	40	纯电动	是	纯电动扫路车	88	20	167
		—	—	50	80	65	纯电动	是	纯电动扫路车	10	0	
		—	—	50	80	60	纯电动	是	纯电动扫路车	0	20	
		—	—	50	80	60	纯电动	是	纯电动路面养护车	9	20	
北京亿马先锋汽车科技有限公司	先恒流充电后恒压充电	V2CZ－DSI－EV32－2P/V2C－DSI－G－EV32S	苏州工业园区多思达科技有限公司	130	160	110	纯电动	是	纯电动多用途乘用汽车	152	0	152
石家庄通合电子科技股份有限公司；襄阳群龙汽车部件有限公司	车载充电	EVP－4－125D9－S/EVS－4－125D9－NC；DQC－7T（16A）/DQC－7Z/（16A）	南京康尼科技实业有限公司/中航光电科技股份有限公司	100	100	80	纯电动	是	纯电动客车	38	108	146
雅达电子有限公司；深圳威迈斯电源有限公司	恒压限流充电	S18－2107032/S18－2107031（安费诺）；S18－2107032BA/S18－2107031BA（康尼）；S18－2107032CA/S18－2107031CA（四川永贵）；S18－2107032DA/S18－2107031DA（四川永贵）	安费诺精密连接器（深圳）有限公司；南京康尼科技实业有限公司；四川永贵科技有限公司	120	80	90	纯电动	是	纯电动轿车	138	0	138
杭州铁城科技信息有限公司；雅达电子有限公司；深圳威迈斯电源有限公司	恒流充电、恒压充电、恒压限流充电、脉冲充电	S11－2107070/S11－2107050（瑞昌）；S11－2107032/S11－2107031（瑞昌）	芜湖瑞昌电气系统有限公司	80	80	80	纯电动＋铅酸	是	纯电动轿车	25	95	120
中国兵器工业第二〇八研究所	恒压限流充电	家庭用慢充：DQC－7T（16A－250V）－11B/DQC－7Z（16A－250V）－200； 充电桩用慢充：DQC－7T（16A－250V）－11B/DQC－7Z（16A－250V）－200 快充：	中航光电科技股份有限公司	100	100	100	纯电动	是	纯电动轿车	99	1	112

续表

电动汽车车载充电机生产企业	电动汽车充电方式	电动汽车充电插头/插座型号	电动汽车充电插头/插座生产企业	最高车速（km/h）	电动汽车续驶里程（工况法，km）	电动汽车30分钟最高车速（km/h）	燃料种类	混合动力电动汽车是否允许外接充电	配套车辆类型	2014年配套车型产量小计（辆）	2015年1—3月配套车型产量小计（辆）	配套车型产量合计（辆）
中国兵器工业第二〇八研究所	恒压限流充电	—	—	110	110	80	纯电动	是	纯电动轿车	7	0	
		快冲插座：82920－TEA0/慢冲插座：C8609－TEA0；快冲插头：DQC－7T/慢冲插头：G9091－TEA0	快冲插座：中航光电科技股份有限公司/慢冲插座：安费诺精密连接器（深圳）有限公司；快冲插头：中航光电科技股份有限公司/慢冲插头：安费诺精密连接器（深圳）有限公司	120	105	100	纯电动	是	纯电动轿车	5	0	
深圳市欣锐特科技有限公司；石家庄通合电子科技股份有限公司	恒压充电	DQC－9Z（250A－750V）－20；EVS－4－250D9－SC；DQC－7Z（63A－250/440V）；EVS－V－63A7－SC	中航光电科技股份有限公司；南京康尼科技实业有限公司；中航光电科技股份有限公司；南京康尼科技实业有限公司	69	180	69	纯电动	是	纯电动城市客车	74	0	74
南昌福瑞德科技有限公司	车载充电/非车载直流快速充电	车载充电机慢充用：DSI－EV32P/DSI－EV32S；快充用DSD－EV150P/DSD－EV150S	苏州工业园区多思达科技有限公司	80	—	60	纯电动＋铅酸	是	纯电动车厢可卸式垃圾车	9	4	54
		车载充电机慢充用：DSI－EV32P/DSI－EV32S；快充用DSD－EV150P/DSD－EV150S	苏州工业园区多思达科技有限公司	80	—	80	纯电动	是	纯电动厢式运输车	30	0	
		车载充电机慢充用：DSI－EV32P/DSI－EV32S；快充用DSD－EV150P/DSD－EV150S	苏州工业园区多思达科技有限公司	80	—	80	纯电动	是	纯电动车厢可卸式垃圾车	11	0	
珠海英博尔电气有限公司	便携式（外置）	TYP2601/TYP531	广州市威浦机电有限公司	80	—	48	纯电动＋铅酸	是	纯电动服务车	1	0	53
	定流充电	—	—	55	88	40	纯电动＋铅酸	是	纯电动载货汽车	20	27	
	智能充电	ST－031016－PT；ST－031016－PZ	济宁圣泰电气科技有限公司；济宁圣泰电气科技有限公司	58	120	58	纯电动	是	纯电动载货汽车	0	4	
		ST－031016－PT；ST－031016－PZ	济宁圣泰电气科技有限公司；济宁圣泰电气科技有限公司	—	120	58	纯电动	是	纯电动厢式运输车	0	1	
石家庄迪龙科技有限公司	车载充电	V2C－DSI－EV32P/V2C－DSI－G－EV32S	苏州工业园区多思达科技有限公司	80	150	80	纯电动	是	纯电动厢式运输车	32	0	52
	智能充电	AY24J6Z/24K6TW	石家庄迪龙科技有限公司	82	115	80	纯电动	是	纯电动载货汽车	0	20	

续表

电动汽车车载充电机生产企业	电动汽车充电方式	电动汽车充电插头/插座型号	电动汽车充电插头/插座生产企业	最高车速（km/h）	电动汽车续驶里程（工况法，km）	电动汽车30分钟最高车速（km/h）	燃料种类	混合动力电动汽车是否允许外接充电	配套车辆类型	2014年配套车型产量小计（辆）	2015年1—3月配套车型产量小计（辆）	配套车型产量合计（辆）
江苏首旺新能源汽车零部件有限公司	插电式，CAN通讯	—	—	50	80	40	纯电动	是	纯电动厢式运输车	0	3	51
		—	—	50	80	40	纯电动	是	纯电动自卸式垃圾车	4	1	
		—	—	50	80	40	纯电动	是	纯电动自装卸式垃圾车	34	9	
杭州铁城信息科技有限公司；杭州富特科技有限公司	恒压限流、恒电流	YGC505 - EV - P7PXL/YGC505 - EV - S7RXL；EVP - V - 16A5/EVS - V - 16A5 - SC；BCG - AVP - 1A - S/BCG - AVP - 1A - SN	四川永贵科技有限公司；南京康尼科技实业有限公司；深圳巴斯巴科技发展有限公司	80	155	60	纯电动	是	纯电动厢式运输车	20	3	45
		YGC505 - EV - P7PXL/YGC505 - EV - S7RXL；EVP - V - 16A5/EVS - V - 16A5 - SC；BCG - AVP - 1A - S/BCG - AVP - 1A - SN	四川永贵科技有限公司；南京康尼科技实业有限公司；深圳巴斯巴科技发展有限公司	80	145	60	纯电动	是	纯电动厢式运输车	0	19	
		YGC505 - EV - P7PXL/YGC505 - EV - S7RXL；EVP - V - 16A5/EVS - V - 16A5 - SC；BCG - AVP - 1A - S/BCG - AVP - 1A - SN	四川永贵科技有限公司；南京康尼科技实业有限公司；深圳巴斯巴科技发展有限公司	80	173	60	纯电动	是	纯电动厢式运输车	3	0	
西安胜唐电源有限公司	先恒功率后恒流	TYP231/TYP5601；U - EV16P/U - EV16S	广州市威浦机电有限公司；张家港友诚科技机电有限公司	85	137	81	纯电动	是	纯电动厢式运输车	0	44	44
万都（株）式会社	车载充电机/快充接口	EVP - 1 - 16A5/EVP - V - 16A5（慢充）；EVS - 4 - 250D9（快充）	南京康尼科技实业有限公司	130	140	110	纯电动	是	纯电动轿车	34	0	34
张家港市华为电子有限公司	慢充	Y - 60	怡达电气（苏州）有限公司	60	80	60	纯电动+铅酸	是	纯电动厢式运输车	27	6	33
杭州铁城信息科技有限公司；杭州富特科技有限公司；上海追日电气有限公司；大连罗宾森电源设备有限公司；优科新能源科技有限公司	恒压限流、恒电流	YG505 - 01 - 00 - 00XLY/YG505 - 02 - 00 - 00XLY；EVP - 1 - 16A5 - 3S2/EVS - V - 16A5 - WSXC - 3S1	四川永贵科技有限公司；南京康尼科技实业有限公司	80	150	60	纯电动	是	纯电动厢式运输车	8	24	32

续表

电动汽车车载充电机生产企业	电动汽车充电方式	电动汽车充电插头/插座型号	电动汽车充电插头/插座生产企业	最高车速（km/h）	电动汽车续驶里程（工况法，km）	电动汽车30分钟最高车速（km/h）	燃料种类	混合动力电动汽车是否允许外接充电	配套车辆类型	2014年配套车型产量小计（辆）	2015年1—3月配套车型产量小计（辆）	配套车型产量合计（辆）
北京嘉昌机电设备制造有限公司；北京新能源汽车股份有限公司	车载充电	BCG-AVP-1A-0400C-003；BCG-AVR-1B-TN-0003；BCG-AVP-4B-S-003；BCG-AVR-2B-SN-0015	深圳巴斯巴科技发展有限公司	—	170	110	纯电动	是	纯电动轿车	0	26	26
石家庄迪龙科技有限公司	智能充电	AY24J6Z；24K6TW	石家庄迪龙科技有限公司	—	115	80		是	纯电动厢式运输车	0	25	25
株洲达能科技有限公司	恒流恒压限流充电	DL9-DC1000/250-C-Z	南京康尼科技实业有限公司	69	—	—	柴油混合动力	是	插电式混联混合动力城市客车	5	0	23
		DL9-DC1000/250-C-Z	南京康尼科技实业有限公司	69	200	80	纯电动	是	纯电动城市客车	14	2	
	车载交流充电；地面直流充电	直流（KV-9E125-XS02-A/DL9-DC1000/250-C-T）；交流（DSI-EV32P，DSI-EV32S）	南京康尼科技实业有限公司	95	130	95	纯电动	是	纯电动工程车	2	0	
康舒电子有限公司	直流快速充电/交流慢速充电	29695 E1500/29695 E1501	南京康尼科技实业有限公司	120	130	80	纯电动	是	纯电动多用途乘用车	5	15	20
江苏嘉钰新能源技术有限公司	插电式	—	—	72	100	50	纯电动	是	纯电动密闭式桶装垃圾车	14	2	18
		—	—	72	100	50	纯电动	是	纯电动自装卸式垃圾车	2	0	
江西凯马百路佳客车有限公司	恒流充电；恒压充电	V3-DSD-EV125P/V2-DSD-G-EV125S	苏州工业园区多思达科技有限公司	68	120	65	纯电动	是	纯电动客车	10	0	10
洛阳嘉盛电源科技有限公司	先恒流后恒压式充电	慢充：HVCOMEAR12PF935RL/HVCOFAR12SF935RL；（SP2110/P3）/（SP2113/S3）；快充：HVCOMEAR6PS402RWL/HVCOFAR6SS502L	安费诺精密连接器（深圳）有限公司；广州威普机电有限公司；安费诺精密连接器（深圳）有限公司	85	178	85	纯电动	是	纯电动厢式运输车	2	0	5
		慢充：HVCOMEAR12PF935RL/HVCOFAR12SF935RL；（SP2110/P3）/（SP2113/S3）；快充：HVCOMEAR6PS402RWL/HVCOFAR6SS502L	慢充：安费诺精密连接器（深圳）有限公司；广州威普机电有限公司；快充：安费诺精密连接器（深圳）有限公司	85	178	85	纯电动	是	纯电动多用途乘用车	0	3	
杭州铁城信息科技有限公司；艾默生网络能源有限公司	恒流-恒压充电	HVCO-XM-XAR6-PSX02-X-LXXXXX；HVCO-XF-XAR6-SSX02-X-LXXXXX；DSI-EV16P；DSI-EV16S	安费诺精密连接器（深圳）有限公司；安费诺精密连接器（深圳）有限公司；张家港友诚科技机电有限公司；张家港友诚科技机电有限公司	90	—	90	纯电动	是	纯电动轿车	4	0	4

续表

电动汽车车载充电机生产企业	电动汽车充电方式	电动汽车充电插头/插座型号	电动汽车充电插头/插座生产企业	最高车速（km/h）	电动汽车续驶里程（工况法，km）	电动汽车30分钟最高车速（km/h）	燃料种类	混合动力电动汽车是否允许外接充电	配套车辆类型	2014年配套车型产量小计（辆）	2015年1—3月配套车型产量小计(辆)	配套车型产量合计（辆）
上海边沿科技有限公司	均衡充电	THY520	上海边沿科技有限公司	70	—	65	纯电动+铅酸	是	纯电动自卸车	1	0	4
	插电式	THY520	上海边沿科技有限公司	80	—	65	纯电动+铅酸	是	纯电动厢式货车	3	0	
苏州舜唐新能源电控设备有限公司	直流快充/交流充电	EVS-4-125D9	南京康尼科技实业有限公司	70	100	50	纯电动	是	纯电动密闭式桶装垃圾车	0	2	2
李尔公司	恒压充电	AK21260011	德尔福派克电气系统有限公司	130	160	130	纯电动	是	纯电动轿车	1	0	1
中航光电科技股份有限公司/中航光电科技股份有限公司	恒流充电	—	—	69	120	80	纯电动	是	纯电动城市客车	1	0	1
合普新能源科技有限公司	恒压充电	—	—	80	150	85	纯电动	是	纯电动厢式运输车	1	0	1
西安金石电气有限公司	恒流充电	—	—	69	70	69	纯电动	是	纯电动城市客车	1	0	1
尼吉康株式会社	恒流充电/恒压限流充电	29695 2ZN4D	深圳巴斯巴科技发展有限公司	120	170	100	纯电动	是	纯电动多用途乘用车	0	1	1
其他纯电动汽车								是	纯电动轿车	728	158	13073
								是	纯电动城市客车	4128	990	
								是	纯电动客车	4658	2022	
								是	纯电动轻型客车	0	110	
								是	纯电动双层城市客车	1	0	
								是	纯电动流动服务车	0	1	

续表

电动汽车车载充电机生产企业	电动汽车充电方式	电动汽车充电插头/插座型号	电动汽车充电插头/插座生产企业	最高车速（km/h）	电动汽车续驶里程（工况法，km）	电动汽车30分钟最高车速（km/h）	燃料种类	混合动力电动汽车是否允许外接充电	配套车辆类型	2014年配套车型产量小计（辆）	2015年1—3月配套车型产量小计（辆）	配套车型产量合计（辆）
其他纯电动汽车								是	纯电动密闭式桶装垃圾车	1	0	
								是	纯电动洒水车	1	0	
								是	纯电动扫路车	1	28	
								是	纯电动商务车	1	0	
								是	纯电动桶装垃圾运输车	2	2	
								是	纯电动吸尘车	18	0	
								是	纯电动洗扫车	6	0	
								是	纯电动厢式运输车	71	54	
								是	纯电动压缩式垃圾车	19	0	
								是	纯电动邮政车	40	1	
								是	纯电动自装卸式垃圾车	32	0	
其他插电式混合动力汽车								是	插电式混合动力轿车	13372	5452	30562
								是	插电式混合动力城市客车	9836	1902	
其他非插电式混合动力汽车								否	混合动力轿车	7212	1359	9649
								否	混合动力城市客车	1076	2	
配套车型产量合计（辆）										102654	28497	131151

二、2014年1月至2015年3月天然气单一燃料及两用燃料汽车发动机配套数量统计

1. 天然气单一燃料汽车发动机配套数量统计

（1）大中型客车、轻型客车

发动机生产企业	发动机型号	燃料种类	排量(mL)	功率(kW)	排放标准	配套车辆类型	2014年配套车型产量小计(辆)	2015年1—3月配套车型产量小计(辆)	配套车型产量合计(辆)
广西玉柴机器股份有限公司	YC4D120N-50	天然气	4214	88	GB 17691-2005国Ⅴ，GB 18285-2005，GB 11340-2005	城市客车	62	6	26313
		天然气	4214	88	GB 17691-2005国Ⅴ，GB 18285-2005，GB 11340-2005	客车	29	1	
		天然气	4214	88	GB 11340-2005，GB 18285-2005，GB 17691-2005国Ⅴ	客车底盘	0	7	
	YC4D140N-40	天然气	4214	103	GB 17691-2005国Ⅳ，GB 11340-2005，GB 18285-2005	城市客车	446	248	
		天然气	4214	103	GB 17691-2005国Ⅳ，GB 11340-2005，GB 18285-2005	客车	154	10	
		天然气	4214	103	GB 11340-2005，GB 18285-2005，GB 17691-2005国Ⅳ	客车底盘	0	3	
	YC4D140N-50	天然气	4214	103	GB 17691-2005国Ⅴ，GB 11340-2005，GB 18285-2005	城市客车	1003	162	
		天然气	4214	103	GB 17691-2005国Ⅴ，GB 11340-2005，GB 18285-2005	客车	132	18	
		天然气	4214	103	GB 17691-2005国Ⅴ，GB 11340-2005，GB 18285-2005	客车底盘	0	111	
		天然气	4214	103	GB 17691-2005国Ⅴ，GB 11340-2005，GB 18285-2005	小学生专用校车	31	0	
		天然气	4214	103	GB 17691-2005国Ⅴ，GB 11340-2005，GB 18285-2005	幼儿专用校车	4	0	
	YC4G180N-40	天然气	5200	132	GB 17691-2005国Ⅳ，GB 11340-2005，GB 18285-2005	城市客车	1223	77	
		天然气	5200	132	GB 17691-2005国Ⅳ，GB 18285-2005，GB 11340-2005	客车	304	29	
		天然气	5200	132	GB 11340-2005，GB 18285-2005，GB 17691-2005国Ⅳ	客车底盘	0	41	
	YC4G180N-50	天然气	5200	132	GB 17691-2005国Ⅴ，GB 11340-2005，GB 18285-2005	城市客车	3576	461	
		天然气	5200	132	GB 17691-2005国Ⅴ，GB 11340-2005，GB 18285-2005	客车	285	37	
		天然气	5200	132	GB 17691-2005国Ⅴ，GB 11340-2005，GB 18285-2005	客车底盘	0	106	
		天然气	5200	132	GB 17691-2005国Ⅴ，GB 11340-2005，GB 18285-2005	小学生专用校车	2	1	
		天然气	5200	132	GB 17691-2005国Ⅴ，GB 11340-2005，GB 18285-2005	中小学生专用校车	44	6	
	YC4G190N-40	天然气	5200	140	GB 17691-2005国Ⅳ，GB 18285-2005，GB 11340-2005	客车	154	13	
	YC4G190N-50	天然气	5200	140	GB 17691-2005国Ⅴ，GB 11340-2005，GB 18285-2005	城市客车	40	0	
		天然气	5200	140	GB 17691-2005国Ⅴ，GB 11340-2005，GB 18285-2005	客车	241	38	
		天然气	5200	140	GB 17691-2005（国Ⅴ），GB 18285-2005，GB 11340-2005	客车底盘	0	2	
	YC6B170N-40	天然气	6870	125	GB 11340-2005，GB 18285-2005，GB 17691-2005国Ⅳ	城市客车	50	0	
	YC6G230N-40	天然气	7800	170	GB 17691-2005国Ⅳ，GB 18285-2005，GB 11340-2005	城市客车	765	8	
		天然气	7800	170	GB 11340-2005，GB 18285-2005，GB 17691-2005国Ⅳ	客车	84	2	
	YC6G230N-50	天然气	7800	170	GB 17691-2005国Ⅴ，GB 11340-2005，GB 18285-2005	城市客车	3180	268	
		天然气	7800	170	GB 17691-2005国Ⅴ，GB 11340-2005，GB 18285-2005	豪华城市客车	32	0	
		天然气	7800	170	GB 11340-2005，GB 18285-2005，GB 17691-2005国Ⅴ	客车	31	6	
		天然气	7800	170	GB 11340-2005，GB 18285-2005，GB 17691-2005国Ⅴ	客车底盘	0	59	
	YC6G260N-40	天然气	7800	191	GB 17691-2005国Ⅳ，GB 11340-2005，GB 18285-2005	城市客车	886	70	
		天然气	7800	191	GB 17691-2005国Ⅳ，GB 11340-2005，GB 18285-2005	客车	398	47	
		天然气	7800	191	GB 17691-2005国Ⅳ，GB 11340-2005，GB 18285-2005	双层城市客车	16	0	

续表

发动机生产企业	发动机型号	燃料种类	排量(mL)	功率(kW)	排放标准	配套车辆类型	2014年配套车型产量小计(辆)	2015年1—3月配套车型产量小计(辆)	配套车型产量合计(辆)
广西玉柴机器股份有限公司	YC6G260N-50	天然气	7800	191	GB 17691-2005 国Ⅴ, GB 11340-2005, GB 18285-2005	城市客车	3003	348	
		天然气	7800	191	GB 17691-2005 国Ⅴ, GB 11340-2005, GB 18285-2005	豪华城市客车	131	0	
		天然气	7800	191	GB 17691-2005 国Ⅴ, GB 11340-2005, GB 18285-2005	豪华客车	3	0	
		天然气	7800	191	GB 17691-2005 国Ⅴ, GB 11340-2005, GB 18285-2005	客车	764	136	
		天然气	7800	191	GB 17691-2005 国Ⅴ, GB 11340-2005, GB 18285-2005	客车底盘	0	46	
		天然气	7800	191	GB 17691-2005 国Ⅴ, GB 11340-2005, GB 18285-2005	商务车	1	0	
	YC6J190N-40	天然气	6500	140	GB 17691-2005 国Ⅳ, GB 11340-2005, GB 18285-2005	城市客车	35	0	
		天然气	6454	140	GB 17691-2005 国Ⅳ, GB 18285-2005, GB 11340-2005	城市客车	18	0	
	YC6J190N-52	天然气	6494	140	GB 17691-2005 国Ⅴ, GB 11340-2005, GB 18285-2005	城市客车	581	228	
		天然气	6494	140	GB 11340-2005, GB 18285-2005, GB 17691-2005 国Ⅴ	客车底盘	0	101	
	YC6J210N-52	天然气	6494	155	GB 17691-2005 国Ⅴ, GB 18285-2005, GB 11340-2005	城市客车	321	0	
	YC6J210N-40	天然气	6494	155	GB 11340-2005, GB 17691-2005 国Ⅳ, GB 18285-2005	城市客车	906	27	
		天然气	6500	155	GB 17691-2005 国Ⅳ, GB 11340-2005, GB 18285-2005	客车	296	25	
		天然气	6500	155	GB 17691-2005 国Ⅳ, GB 11340-2005, GB 18285-2005	客车底盘	0	34	
		天然气	6454	155	GB 17691-2005 国Ⅳ, GB 11340-2005, GB 18285-2005	小学生专用校车	6	0	
	YC6J210N-52	天然气	6494	155	GB 17691-2005 国Ⅴ, GB 11340-2005, GB 18285-2005	城市客车	1247	179	
		天然气	6494	155	GB 17691-2005 国Ⅴ, GB 11340-2005, GB 18285-2005	客车	267	28	
		天然气	6494	155	GB 17691-2005 国Ⅴ, GB 11340-2005, GB 18285-2005	客车底盘	0	24	
		天然气	6494	155	GB 17691-2005 国Ⅴ, GB 11340-2005, GB 18285-2005	小学生专用校车	1	0	
		天然气	6494	155	GB 17691-2005 国Ⅴ, GB 11340-2005, GB 18285-2005	中小学生专用校车	14	18	
	YC6J225N-50	天然气	6494	166	GB 17691-2005 国Ⅴ, GB 11340-2005, GB 18285-2005	客车	7	0	
	YC6J225N-52	天然气	6494	166	GB 17691-2005 国Ⅴ, GB 11340-2005, GB 18285-2005	城市客车	32	0	
		天然气	6494	166	GB 17691-2005 国Ⅴ, GB 11340-2005, GB 18285-2005	客车	100	12	
		天然气	6494	166	GB 17691-2005 国Ⅴ, GB 11340-2005, GB 18285-2005	客车底盘	0	2	
		天然气	6494	166	GB 11340-2005, GB 18285-2005, GB 17691-2005 国Ⅴ	中小学生专用校车	10	0	
	YC6L240N-52	天然气	8424	177	GB 17691-2005 国Ⅴ, GB 18285-2005, GB 11340-2005	城市客车	224	0	
	YC6L260N-52	天然气	8424	191	GB 17691-2005 国Ⅴ, GB 18285-2005, GB 11340-2005	城市客车	132	0	
		天然气	8424	191	GB 17691-2005 国Ⅴ, GB 11340-2005, GB 18285-2005	客车	4	0	
	YC6L280N-40	天然气	8424	206	GB 17691-2005 国Ⅳ, GB 11340-2005, GB 18285-2005	城市客车	8	0	
		天然气	8424	206	GB 17691-2005 国Ⅳ, GB 11340-2005, GB 18285-2005	客车	196	5	
		天然气	8424	206	GB 17691-2005 国Ⅳ, GB 11340-2005, GB 18285-2005	客车底盘	0	1	
		天然气	8424	206	GB 17691-2005 国Ⅳ, GB 11340-2005, GB 18285-2005	双层城市客车	30	0	
	YC6L280N-52	天然气	8424	206	GB 17691-2005 国Ⅴ, GB 11340-2005, GB 18285-2005	城市客车	14	0	
		天然气	8424	206	GB 17691-2005 国Ⅴ, GB 11340-2005, GB 18285-2005	豪华旅游客车	3	0	
		天然气	8424	206	GB 17691-2005 国Ⅴ, GB 11340-2005, GB 18285-2005	客车	452	67	
		天然气	8424	206	GB 17691-2005 国Ⅴ, GB 11340-2005, GB 18285-2005	客车底盘	0	8	
		天然气	8424	206	GB 11340-2005, GB 18285-2005, GB 17691-2005 国Ⅴ	双层城市客车	63	11	
	YC6MK290N-40	天然气	10338	214	GB 11340-2005, GB 18285-2005, GB 17691-2005 国Ⅳ	客车	24	0	

续表

发动机生产企业	发动机型号	燃料种类	排量(mL)	功率(kW)	排放标准	配套车辆类型	2014年配套车型产量小计(辆)	2015年1—3月配套车型产量小计(辆)	配套车型产量合计(辆)
广西玉柴机器股份有限公司	YC6MK300N－50	天然气	10338	221	GB 17691－2005 国Ⅴ，GB 11340－2005，GB 18285－2005	城市客车	40	0	10898
		天然气	10338	221	GB 17691－2005 国Ⅴ，GB 11340－2005，GB 18285－2005	客车	58	4	
	YC6MK320N－40	天然气	10338	235	GB 17691－2005 国Ⅳ，GB 11340－2005，GB 18285－2005	客车	37	3	
	YC6MK320N－50	天然气	10338	236	GB 17691－2005 国Ⅴ，GB 11340－2005，GB 18285－2005	城市客车	58	0	
		天然气	10338	236	GB 17691－2005 国Ⅴ，GB 11340－2005，GB 18285－2005	豪华城市客车	1	0	
		天然气	10338	236	GB 17691－2005 国Ⅴ，GB 11340－2005，GB 18285－2005	铰接城市客车	31	0	
		天然气	10338	236	GB 17691－2005 国Ⅴ，GB 11340－2005，GB 18285－2005	客车	110	9	
	YC6MK340N－40	天然气	10338	250	GB 17691－2005 国Ⅳ，GB 11340－2005，GB 18285－2005	豪华旅游客车	2	1	
		天然气	10338	250	GB 17691－2005 国Ⅳ，GB 11340－2005，GB 18285－2005	客车	77	10	
	YC6MK340N－50	天然气	10338	250	GB 17691－2005 国Ⅴ，GB 18285－2005，GB 11340－2005	城市客车	150	0	
		天然气	10338	250	GB 17691－2005 国Ⅴ，GB 11340－2005，GB 18285－2005	豪华客车	16	3	
		天然气	10338	250	GB 17691－2005 国Ⅴ，GB 11340－2005，GB 18285－2005	客车	274	134	
		天然气	10338	250	GB 11340－2005，GB 18285－2005，GB 17691－2005 国Ⅴ	旅游客车	4	0	
	YC6MK375N－40	天然气	10338	276	GB 17691－2005 国Ⅳ，GB 11340－2005，GB 18285－2005	客车	21	11	
		天然气	10338	276	GB 17691－2005 国Ⅳ，GB 11340－2005，GB 18285－2005	豪华旅游客车	2	0	
	YC6MK375N－50	天然气	10338	276	GB 17691－2005 国Ⅴ，GB 11340－2005，GB 18285－2005	客车	36	12	
		天然气	10338	276	GB 17691－2005 国Ⅴ，GB 11340－2005，GB 18285－2005	豪华客车	4	3	
东风南充汽车有限公司	NQ100BN5	天然气	3759	73	GB 11340－2005，GB 18285－2005，GB 17691－2005 国Ⅴ	城市客车	18	30	
		天然气	3759	73	GB 11340－2005，GB 18285－2005，GB 17691－2005 国Ⅴ	客车	103	0	
		天然气	3759	73	GB 11340－2005，GB 18285－2005，GB 17691－2005 国Ⅴ	客车底盘	0	31	
	NQ100N4	天然气	3759	79	GB 11340－2005，GB 18285－2005，GB 17691－2005 国Ⅳ	城市客车	67	0	
		天然气	3759	79	GB 11340－2005，GB 18285－2005，GB 17691－2005 国Ⅳ	客车	180	0	
	NQ120BN5	天然气	3759	88	GB 17691－2005 国Ⅴ，GB 11340－2005，GB 18285－2005	城市客车	1281	112	
		天然气	3795	88	GB 17691－2005 国Ⅴ，GB 11340－2005，GB 18285－2005	客车	641	67	
		天然气	3759	88	GB 11340－2005，GB 18285－2005，GB 17691－2005 国Ⅴ	客车底盘	0	166	
	NQ120N4	天然气	3759	92	GB 17691－2005 国Ⅳ，GB 11340－2005，GB 18285－2005	城市客车	1612	134	
		天然气	3759	92	GB 17691－2005 国Ⅳ，GB 11340－2005，GB 18285－2005	客车	482	54	
		天然气	3759	92	GB 11340－2005，GB 18285－2005，GB 17691－2005 国Ⅳ	客车底盘	0	120	
		天然气	3759	92	GB 11340－2005，GB 18285－2005，GB 17691－2005 国Ⅳ	轻型客车	4	0	
	NQ140BN5	天然气	3759	103	GB 17691－2005 国Ⅴ，GB 11340－2005，GB 18285－2005	城市客车	666	183	
		天然气	3759	103	GB 17691－2005 国Ⅴ，GB 11340－2005，GB 18285－2005	客车	241	17	
		天然气	3759	103	GB 17691－2005 国Ⅴ，GB 11340－2005，GB 18285－2005	客车底盘	0	131	
	NQ140N4	天然气	3759	103	GB 17691－2005 国Ⅳ，GB 11340－2005，GB 18285－2005	城市客车	463	63	
		天然气	3759	103	GB 17691－2005 国Ⅳ，GB 11340－2005，GB 18285－2005	客车	55	1	
	NQ150DN5	天然气	5638	110	GB 11340－2005，GB 18285－2005，GB 17691－2005 国Ⅴ	城市客车	13	0	
		天然气	5638	110	GB 17691－2005 国Ⅴ，GB 11340－2005，GB 18285－2005	客车	8	2	
		天然气	5638	110	GB 17691－2005 国Ⅴ，GB 11340－2005，GB 18285－2005	客车底盘	0	4	

续表

发动机生产企业	发动机型号	燃料种类	排量(mL)	功率(kW)	排放标准	配套车辆类型	2014年配套车型产量小计(辆)	2015年1—3月配套车型产量小计(辆)	配套车型产量合计(辆)
东风南充汽车有限公司	NQ160CN5	天然气	4750	118	GB 17691－2005 国Ⅴ，GB 11340－2005，GB 18285－2005	城市客车	328	17	
		天然气	4750	118	GB 17691－2005 国Ⅴ，GB 11340－2005，GB 18285－2005	客车	51	7	
		天然气	4750	118	GB 17691－2005 国Ⅴ，GB 11340－2005，GB 18285－2005	客车底盘	0	24	
	NQ160N4	天然气	5975	118	GB 17691－2005 国Ⅳ，GB 11340－2005，GB 18285－2005	城市客车	1555	204	
		天然气	5975	118	GB 17691－2005 国Ⅳ，GB 11340－2005，GB 18285－2005	客车	135	5	
		天然气	5975	118	GB 17691－2005 国Ⅳ，GB 11340－2005，GB 18285－2005	客车底盘	0	123	
	NQ170DN5	天然气	5638	125	GB 11340－2005，GB 18285－2005，GB 17691－2005 国Ⅴ	城市客车	56	12	
		天然气	5638	125	GB 11340－2005，GB 18285－2005，GB 17691－2005 国Ⅴ	客车底盘	0	12	
	NQ170FN5	天然气	6234	125	GB 17691－2005 国Ⅴ，GB 11340－2005，GB 18285－2005	城市客车	200	1	
		天然气	6234	125	GB 11340－2005，GB 18285－2005，GB 17691－2005 国Ⅴ	客车	27	0	
		天然气	6234	125	GB 17691－2005 国Ⅴ，GB 11340－2005，GB 18285－2005	客车底盘	0	1	
	NQ180CN5	天然气	4750	132	GB 11340－2005，GB 18285－2005，GB 17691－2005 国Ⅴ	城市客车	14	16	
		天然气	4750	132	GB 17691－2005 国Ⅴ，GB 11340－2005，GB 18285－2005	客车	40	2	
		天然气	4750	132	GB 11340－2005，GB 18285－2005，GB 17691－2005 国Ⅴ	客车底盘	0	17	
	NQ180N	天然气	5638	132	GB 17691－2005 国Ⅳ，GB 11340－2005，GB 18285－2005	城市客车	44	0	
		天然气	5638	132	GB 17691－2005 国Ⅳ，GB 18285－2005，GB 11340－2005	客车	63	2	
		天然气	5638	132	GB 17691－2005 国Ⅳ，GB 18285－2005，GB 11340－2005	客车底盘	0	1	
	NQ180N4	天然气	6870	132	GB 11340－2005，GB 18285－2005，GB 17691－2005 国Ⅳ	城市客车	16	2	
		天然气	6870	132	GB 11340－2005，GB 18285－2005，GB 17691－2005 国Ⅳ	客车	9	1	
		天然气	6870	132	GB 11340－2005，GB 18285－2005，GB 17691－2005 国Ⅳ	客车底盘	0	3	
	NQ190DN5	天然气	5638	140	GB 17691－2005 国Ⅴ，GB 11340－2005，GB 18285－2005	城市客车	588	107	
		天然气	5638	140	GB 17691－2005 国Ⅴ，GB 11340－2005，GB 18285－2005	客车	57	6	
		天然气	5638	140	GB 17691－2005 国Ⅴ，GB 11340－2005，GB 18285－2005	客车底盘	0	138	
	NQ200N4	天然气	5638	147	GB 17691－2005 国Ⅳ，GB 11340－2005，GB 18285－2005	城市客车	29	0	
		天然气	5638	147	GB 17691－2005 国Ⅳ，GB 11340－2005，GB 18285－2005	客车	8	4	
	NQ210FN5	天然气	6234	154	GB 17691－2005 国Ⅴ，GB 11340－2005，GB 18285－2005	客车	8	3	
		天然气	6234	154	GB 17691－2005（国Ⅴ），GB 18285－2005，GB 11340－2005	客车底盘	0	1	
	NQ230FN5	天然气	6234	169	GB 11340－2005，GB 18285－2005，GB 17691－2005 国Ⅴ	城市客车	10	0	
	NQ230N4	天然气	6870	169	GB 11340－2005，GB 18285－2005，GB 17691－2005 国Ⅳ	城市客车	2	0	
潍柴动力西港（潍坊）新能源发动机有限公司	WP10NG280E40	天然气	9726	206	GB 17691－2005 国Ⅳ，GB 18285－2005，GB 11340－2005	客车	20	0	
		天然气	9726	206	GB 17691－2005 国Ⅳ，GB 18285－2005，GB 11340－2005	客车底盘	0	6	
		天然气	9726	206	GB 17691－2005 国Ⅳ，GB 18285－2005，GB 11340－2005	双层城市客车	75	6	
	WP10NG280E50	天然气	9726	206	GB 11340－2005，GB 18285－2005，GB 17691－2005 国Ⅴ	城市客车	75	0	
		天然气	9726	206	GB 17691－2005 国Ⅴ，GB 18285－2005，GB 11340－2005	双层城市客车	2	12	9295
		天然气	9726	206	GB 17691－2005 国Ⅴ，GB 11340－2005，GB 18285－2005	客车	3	0	
	WP10NG300E40	天然气	9726	220	GB 17691－2005 国Ⅳ，GB 11340－2005，GB 18285－2005	客车	3	6	
	WP10NG300E50	天然气	9726	220	GB 17691－2005 国Ⅴ，GB 11340－2005，GB 18285－2005	城市客车	214	0	
		天然气	9726	220	GB 17691－2005 国Ⅴ，GB 11340－2005，GB 18285－2005	豪华客车	7	0	
		天然气	9726	220	GB 17691－2005 国Ⅴ，GB 11340－2005，GB 18285－2005	客车	210	18	

续表

发动机生产企业	发动机型号	燃料种类	排量(mL)	功率(kW)	排放标准	配套车辆类型	2014年配套车型产量小计(辆)	2015年1—3月配套车型产量小计(辆)	配套车型产量合计(辆)
潍柴动力西港（潍坊）新能源发动机有限公司	WP10NG300E51	天然气	9726	220	GB 17691－2005 国Ⅴ，GB 18285－2005，GB 11340－2005	客车	2	1	
		天然气	9726	220	GB 17691－2005 国Ⅴ，GB 11340－2005，GB 18285－2005	城市客车	60	0	
	WP10NG336E40	天然气	9726	247	GB 17691－2005 国Ⅳ，GB 11340－2005，GB 18285－2005	豪华旅游客车	3	1	
		天然气	9726	247	GB 17691－2005 国Ⅳ，GB 11340－2005，GB 18285－2005	客车	352	9	
	WP10NG336E50	天然气	9726	247	GB 17691－2005 国Ⅴ，GB 11340－2005，GB 18285－2005	豪华城市客车	20	0	
		天然气	9726	247	GB 17691－2005 国Ⅴ，GB 11340－2005，GB 18285－2005	豪华客车	19	2	
		天然气	9726	247	GB 17691－2005 国Ⅴ，GB 11340－2005，GB 18285－2005	豪华旅游客车	2	6	
		天然气	9726	247	GB 17691－2005 国Ⅴ，GB 11340－2005，GB 18285－2005	客车	457	92	
	WP12NG336E50	天然气	11596	247	GB 17691－2005 国Ⅴ，GB 18285－2005，GB 11340－2005	客车	2	0	
		天然气	11596	247	GB 17691－2005 国Ⅴ，GB 11340－2005，GB 18285－2005	铰接城市客车	71	30	
	WP12NG350E40	天然气	11596	257	GB 17691－2005 国Ⅳ，GB 11340－2005，GB 18285－2005	客车	23	0	
	WP12NG350E50	天然气	11596	257	GB 17691－2005 国Ⅴ，GB 11340－2005，GB 18285－2005	客车	13	4	
		天然气	11596	257	GB 11340－2005，GB 18285－2005，GB 17691－2005 国Ⅴ	商务车	1	0	
		天然气	11596	257	GB 17691－2005 国Ⅴ，GB 11340－2005，GB 18285－2005	豪华旅游客车	10	0	
	WP12NG380E40	天然气	11596	280	GB 17691－2005 国Ⅳ，GB 11340－2005，GB 18285－2005	客车	100	4	
		天然气	11596	280	GB 17691－2005 国Ⅳ，GB 11340－2005，GB 18285－2005	豪华客车	1	0	
		天然气	11596	280	GB 17691－2005 国Ⅳ，GB 11340－2005，GB 18285－2005	豪华旅游客车	2	0	
	WP12NG380E50	天然气	11596	280	GB 17691－2005 国Ⅴ，GB 11340－2005，GB 18285－2005	客车	99	12	
		天然气	11596	280	GB 17691－2005 国Ⅴ，GB 11340－2005，GB 18285－2005	豪华客车	34	1	
		天然气	11596	280	GB 17691－2005 国Ⅴ，GB 11340－2005，GB 18285－2005	豪华旅游客车	4	0	
		天然气	11596	280	GB 11340－2005，GB 18285－2005，GB 17691－2005 国Ⅴ	旅游客车	9	0	
	WP5NG165E40	天然气	4760	121	GB 17691－2005 国Ⅳ，GB 11340－2005，GB 18285－2005	城市客车	33	0	
	WP5NG165E50	天然气	4760	121	GB 11340－2005，GB 18285－2005，GB 17691－2005 国Ⅴ	城市客车	102	0	
	WP5NG180E40	天然气	4760	132	GB 11340－2005，GB 18285－2005，GB 17691－2005 国Ⅳ	城市客车	188	24	
		天然气	4760	132	GB 17691－2005 国Ⅳ，GB 11340－2005，GB 18285－2005	客车	9	0	
		天然气	4760	132	GB 17691－2005 国Ⅳ，GB 18285－2005，GB 11340－2005	客车底盘	0	54	
		天然气	4760	132	GB 17691－2005 国Ⅳ，GB 18285－2005，GB 11340－2005	小学生专用校车	0	30	
	WP5NG180E50	天然气	4760	132	GB 17691－2005 国Ⅴ，GB 11340－2005，GB 18285－2005	城市客车	853	149	
		天然气	4760	132	GB 11340－2005，GB 18285－2005，GB 17691－2005 国Ⅴ	客车	42	0	
		天然气	4760	132	GB 17691－2005 国Ⅴ，GB 18285－2005，GB 11340－2005	客车底盘	0	54	
	WP5NG180E51	天然气	4980	132	GB 11340－2005，GB 18285－2005，GB 17691－2005 国Ⅴ	城市客车	140	1	
		天然气	4980	132	GB 17691－2005 国Ⅴ，GB 11340－2005，GB 18285－2005	客车底盘	0	1	
	WP5NG200E51	天然气	4980	147	GB 17691－2005 国Ⅴ，GB 11340－2005，GB 18285－2005	客车	8	3	
	WP6NG210E40	天然气	6750	155	GB 17691－2005 国Ⅳ，GB 11340－2005，GB 18285－2005	城市客车	241	0	
	WP6NG210E50	天然气	6750	155	GB 17691－2005 国Ⅴ，GB 11340－2005，GB 18285－2005	城市客车	964	62	
		天然气	6750	155	GB 17691－2005 国Ⅴ，GB 18285－2005，GB 11340－2005	客车底盘	0	10	
	WP6NG240E40	天然气	6750	176	GB 17691－2005 国Ⅳ，GB 11340－2005，GB 18285－2005	城市客车	309	0	
		天然气	6750	176	GB 11340－2005，GB 18285－2005，GB 17691－2005 国Ⅳ	客车	43	4	
		天然气	6750	176	GB 17691－2005 国Ⅳ，GB 18285－2005，GB 11340－2005	客车底盘	0	3	

续表

发动机生产企业	发动机型号	燃料种类	排量(mL)	功率(kW)	排放标准	配套车辆类型	2014年配套车型产量小计(辆)	2015年1—3月配套车型产量小计(辆)	配套车型产量合计(辆)
潍柴动力西港(潍坊)新能源发动机有限公司	WP6NG240E50	天然气	6750	176	GB 17691-2005 国Ⅴ, GB 11340-2005, GB 18285-2005	城市客车	478	110	
		天然气	6750	176	GB 17691-2005 国Ⅴ, GB 11340-2005, GB 18285-2005	客车	282	58	
		天然气	6750	176	GB 17691-2005 国Ⅴ, GB 11340-2005, GB 18285-2005	客车底盘	0	64	
	WP7NG210E40	天然气	7140	155	GB 17691-2005 国Ⅳ, GB 11340-2005, GB 18285-2005	客车	23	0	
		天然气	7140	155	GB 17691-2005 国Ⅳ, GB 11340-2005, GB 18285-2005	城市客车	1	0	
	WP7NG210E50	天然气	7140	155	GB 11340-2005, GB 18285-2005, GB 17691-2005 国Ⅴ	城市客车	33	0	
		天然气	7140	155	GB 17691-2005 国Ⅴ, GB 11340-2005, GB 18285-2005	客车	13	4	
	WP7NG240E40	天然气	7140	177	GB 17691-2005 国Ⅳ, GB 18285-2005, GB 11340-2005	城市客车	336	10	
		天然气	7140	177	GB 17691-2005 国Ⅳ, GB 11340-2005, GB 18285-2005	客车	28	0	
		天然气	7140	177	GB 17691-2005 国Ⅳ, GB 18285-2005, GB 11340-2005	客车底盘	0	11	
	WP7NG240E50	天然气	7140	177	GB 17691-2005 国Ⅴ, GB 11340-2005, GB 18285-2005	城市客车	370	25	
		天然气	7140	177	GB 17691-2005 国Ⅴ, GB 11340-2005, GB 18285-2005	客车	24	0	
		天然气	7140	177	GB 17691-2005 国Ⅴ, GB 18285-2005, GB 11340-2005	客车底盘	0	6	
	WP7NG260E40	天然气	7140	191	GB 17691-2005 国Ⅳ, GB 11340-2005, GB 18285-2005	城市客车	189	0	
		天然气	7140	191	GB 17691-2005 国Ⅳ, GB 11340-2005, GB 18285-2005	豪华旅游客车	5	1	
		天然气	7140	191	GB 17691-2005 国Ⅳ, GB 11340-2005, GB 18285-2005	客车	57	4	
		天然气	7140	191	GB 17691-2005 国Ⅳ, GB 11340-2005, GB 18285-2005	客车底盘	0	2	
	WP7NG260E50	天然气	7140	191	GB 17691-2005 国Ⅴ, GB 11340-2005, GB 18285-2005	城市客车	1147	16	
		天然气	7140	191	GB 17691-2005 国Ⅴ, GB 11340-2005, GB 18285-2005	豪华客车	14	1	
		天然气	7140	191	GB 17691-2005 国Ⅴ, GB 11340-2005, GB 18285-2005	客车	40	4	
		天然气	7140	191	GB 17691-2005 国Ⅴ, GB 11340-2005, GB 18285-2005	客车底盘	0	1	
	WP7NG260E51	天然气	7470	191	GB 11340-2005, GB 18285-2005, GB 17691-2005 国Ⅴ	城市客车	0	20	
	WP7NG270E40	天然气	7140	199	GB 17691-2005 国Ⅳ, GB 11340-2005, GB 18285-2005	客车	159	27	
		天然气	7140	199	GB 17691-2005 国Ⅳ, GB 11340-2005, GB 18285-2005	客车底盘	0	1	
		天然气	7140	199	GB 17691-2005 国Ⅳ, GB 18285-2005, GB 11340-2005	双层城市客车	1	0	
	WP7NG270E50	天然气	7140	199	GB 17691-2005 国Ⅴ, GB 11340-2005, GB 18285-2005	城市客车	152	1	
		天然气	7140	199	GB 17691-2005 国Ⅴ, GB 11340-2005, GB 18285-2005	豪华旅游客车	10	2	
		天然气	7140	199	GB 17691-2005 国Ⅴ, GB 11340-2005, GB 18285-2005	客车	116	17	
		天然气	7140	199	GB 11340-2005, GB 18285-2005, GB 17691-2005 国Ⅴ	客车底盘	0	2	
潍柴西港新能源动力有限公司	WP10NG280E51	天然气	9726	206	GB 17691-2005 国Ⅴ, GB 18285-2005, GB 11340-2005	城市客车	1	44	2035
	WP10NG336E50	天然气	9726	247	GB 17691-2005 国Ⅴ, GB 11340-2005, GB 18285-2005	豪华旅游客车	10	0	
		天然气	9726	247	GB 17691-2005 国Ⅴ, GB 11340-2005, GB 18285-2005	客车	31	4	
	WP12NG380E50	天然气	11596	280	GB 17691-2005 国Ⅴ, GB 11340-2005, GB 18285-2005	客车	0	1	
	WP5NG165E50	天然气	4760	121	GB 17691-2005 国Ⅴ, GB 18285-2005, GB 11340-2005	城市客车	171	20	
		天然气	4760	121	GB 17691-2005 (国Ⅴ), GB 18285-2005, GB 11340-2005	客车底盘	0	20	
	WP5NG165E51	天然气	4980	121	GB 17691-2005 国Ⅴ, GB 11340-2005, GB 18285-2005	城市客车	0	90	
	WP5NG180E50	天然气	4760	132	GB 17691-2005 国Ⅴ, GB 18285-2005, GB 11340-2005	城市客车	68	0	
		天然气	4760	132	GB 17691-2005 国Ⅴ, GB 18285-2005, GB 11340-2005	客车	5	0	
		天然气	4760	132	GB 17691-2005 (国Ⅴ), GB 18285-2005, GB 11340-2005	小学生专用校车	65	0	

续表

发动机生产企业	发动机型号	燃料种类	排量(mL)	功率(kW)	排放标准	配套车辆类型	2014年配套车型产量小计(辆)	2015年1—3月配套车型产量小计(辆)	配套车型产量合计(辆)
潍柴西港新能源动力有限公司	WP6NG240E40	天然气	6750	176	GB 17691-2005国Ⅳ，GB 18285-2005，GB 11340-2005	城市客车	15	0	
		天然气	6750	176	GB 17691-2005国Ⅳ，GB 11340-2005，GB 18285-2005	客车	31	0	
	WP6NG240E50	天然气	6750	176	GB 17691-2005国Ⅴ，GB 18285-2005，GB 11340-2005	城市客车	182	0	
		天然气	6750	176	GB 17691-2005国Ⅴ，GB 11340-2005，GB 18285-2005	豪华旅游客车	3	0	
		天然气	6750	176	GB 17691-2005国Ⅴ，GB 18285-2005，GB 11340-2005	客车	55	17	
		天然气	6750	176	GB 17691-2005（国Ⅴ），GB 18285-2005，GB 11340-2005	客车底盘	0	1	
	WP7NG240E40	天然气	7140	177	GB 17691-2005国Ⅳ，GB 18285-2005，GB 11340-2005	城市客车	15	0	
		天然气	7140	177	GB 17691-2005国Ⅳ，GB 3847-2005	客车	8	0	
	WP7NG240E50	天然气	7140	177	GB 17691-2005国Ⅴ，GB 11340-2005，GB 18285-2005	城市客车	419	5	
		天然气	7140	177	GB 17691-2005（国Ⅴ），GB 18285-2005，GB 11340-2005	客车	3	0	
	WP7NG260E40	天然气	7140	191	GB 17691-2005国Ⅳ，GB 18285-2005，GB 11340-2005	城市客车	228	0	
	WP7NG260E50	天然气	7140	191	GB 17691-2005国Ⅴ，GB 18285-2005，GB 11340-2005	客车	4	0	
		天然气	7140	191	GB 17691-2005（国Ⅴ），GB 18285-2005，GB 11340-2005	城市客车	0	55	
	WP7NG260E51	天然气	7470	191	GB 11340-2005. GB 18285-2005. GB 17691-2005国Ⅴ	城市客车	104	0	
	WP7NG270E40	天然气	7140	199	GB 17691-2005国Ⅳ，GB 18285-2005，GB 11340-2005	客车	2	0	
		天然气	7140	199	GB 17691-2005国ⅣGB 11340-2005，GB 18285-2005	城市客车	13	0	
	WP7NG270E50	天然气	7140	199	GB 17691-2005国Ⅴ，GB 18285-2005，GB 11340-2005	城市客车	311	0	
		天然气	7140	199	GB 17691-2005国Ⅴ，GB 18285-2005，GB 11340-2005	客车	17	4	
	WP7NG270E51	天然气	7470	199	GB 17691-2005国Ⅴ，GB 11340-2005，GB 18285-2005	豪华旅游客车	0	13	
上海柴油机股份有限公司	SC4HT170Q5	天然气	4295	125	GB 17691-2005国Ⅴ，GB 11340-2005，GB 18285-2005	城市客车	80	0	1486
	SC5DT180Q4	天然气	5308	132	GB 11340-2005，GB 18285-2005，GB 17691-2005国Ⅳ	城市客车	19	0	
	SC5DT180Q5	天然气	5308	132	GB 11340-2005，GB 18285-2005，GB 17691-2005国Ⅴ	城市客车	115	0	
	SC7HT210Q5	天然气	6440	155	GB 11340-2005，GB 18285-2005，GB 17691-2005国Ⅴ	城市客车	59	22	
	SC7HT230Q5	天然气	6440	170	GB 17691-2005国Ⅴ，GB 11340-2005，GB 18285-2005	城市客车	61	0	
		天然气	6440	170	GB 17691-2005国Ⅴ，GB 11340-2005，GB 18285-2005	客车	1	0	
	SC8DT230Q4	天然气	8270	170	GB 11340-2005，GB 18285-2005，GB 17691-2005国Ⅳ	城市客车	30	0	
	SC8DT230Q5	天然气	8270	170	GB 17691-2005国Ⅴ，GB 18285-2005，GB 11340-2005	城市客车	61	0	
	SC8DT250Q4	天然气	8270	184	GB 17691-2005国Ⅳ，GB 11340-2005，GB 18285-2005	城市客车	2	0	
	SC8DT250Q5	天然气	8270	184	GB 17691-2005国Ⅴ，GB 11340-2005，GB 18285-2005	城市客车	972	0	
	SC9DT280Q5	天然气	8820	206	GB 11340-2005，GB 18285-2005，GB 17691-2005国Ⅴ	铰接城市客车	50	0	
		天然气	8820	206	GB 11340-2005，GB 18285-2005，GB 17691-2005国Ⅴ	客车	6	0	
	SC9DT320Q4	天然气	8820	235	GB 11340-2005，GB 18285-2005，GB 17691-2005国Ⅳ	客车	1	0	
	SC9DT320Q5	天然气	8820	235	GB 11340-2005，GB 18285-2005，GB 17691-2005国Ⅴ	城市客车	7	0	
昆明云内动力股份有限公司	YN36QND	天然气	3612	80	GB 11340-2005，GB 18285-2005，GB 17691-2005国Ⅳ	客车	1	0	1221
	YN36QNE	天然气	3612	85	GB 11340-2005，GB 18285-2005，GB 17691-2005国Ⅴ	城市客车	519	182	
		天然气	3612	85	GB 11340-2005，GB 18285-2005，GB 17691-2005国Ⅴ	客车	176	45	
		天然气	3612	85	GB 11340-2005，GB 18285-2005，GB 17691-2005国Ⅴ	客车底盘	0	77	
	YN38QND	天然气	3760	90	GB 11340-2005. GB 18285-2005. GB 17691-2005国Ⅳ	城市客车	5	10	

续表

发动机生产企业	发动机型号	燃料种类	排量(mL)	功率(kW)	排放标准	配套车辆类型	2014 年配套车型产量小计(辆)	2015 年 1—3 月配套车型产量小计(辆)	配套车型产量合计(辆)
昆明云内动力股份有限公司	YN38QNE	天然气	3762	95	GB 11340 - 2005，GB 18285 - 2005，GB 17691 - 2005 国Ⅴ	城市客车	166	6	
		天然气	3762	95	GB 11340 - 2005. GB 18285 - 2005. GB 17691 - 2005 国Ⅴ	客车	10	9	
		天然气	3762	95	GB 11340 - 2005，GB 18285 - 2005，GB 17691 - 2005 国Ⅴ	客车底盘	0	15	
FPT INDUSTRIAL S. p. A.	F2BE0642F * B	天然气	7800	213	GB 17691 - 2005 国Ⅴ，GB 11340 - 2005，GB 18285 - 2005	城市客车	218	0	870
	F4BE0642D * B	天然气	5880	150	GB 17691 - 2005 国Ⅴ，GB 18285 - 2005，GB 11340 - 2005	城市客车	652	0	
一汽解放汽车有限公司无锡柴油机厂	CA6SF2 - 19E5N	天然气	7130	143	GB 17691 - 2005 国Ⅴ，GB 11340 - 2005，GB 18285 - 2005	城市客车	10	10	851
	CA6SF2 - 21E4N	天然气	7130	158	GB 17691 - 2005 国Ⅳ，GB 11340 - 2005，GB 18285 - 2005	城市客车	20	0	
	CA6SF2 - 21E5N	天然气	7130	158	GB 11340 - 2005，GB 18285 - 2005，GB 17691 - 2005 国Ⅴ	城市客车	4	5	
	CA6SF2 - 23E5N	天然气	7130	173	GB 17691 - 2005 国Ⅴ，GB 11340 - 2005，GB 18285 - 2005	城市客车	487	0	
	CA6SL1 - 24E4N	天然气	7700	180	GB 17691 - 2005 国Ⅳ，GB 11340 - 2005，GB 18285 - 2005	城市客车	8	0	
	CA6SF2 - 23E4N	天然气	7130	173	GB 17691 - 2005 国Ⅳ，GB 11340 - 2005，GB 18285 - 2005	城市客车	301	0	
		天然气	7130	173	GB 11340 - 2005，GB 18285 - 2005，GB 17691 - 2005 国Ⅳ	客车	6	0	
康明斯公司	B6. 7GE5 210	天然气	6700	155	GB 11340 - 2005，GB 18285 - 2005，GB 17691 - 2005 国Ⅴ	城市客车	0	20	702
	ISLGEEV 280	天然气	8880	209	GB 17691 - 2005 国Ⅳ，GB 3847 - 2005	城市客车	612	0	
		天然气	8900	239	GB 17691 - 2005 国Ⅴ，GB 11340 - 2005，GB 18285 - 2005	铰接城市客车	31	39	
潍坊潍柴培新气体发动机有限公司	WP6NG240E40	天然气	6750	176	GB 17691 - 2005 国Ⅳ，GB 11340 - 2005，GB 18285 - 2005	客车	332	15	580
		天然气	6750	176	GB 17691 - 2005 国Ⅳ，GB 11340 - 2005，GB 18285 - 2005	客车底盘	0	6	
	WP7NG240E40	天然气	7140	177	GB 17691 - 2005 国Ⅳ，GB 11340 - 2005，GB 18285 - 2005	城市客车	142	2	
		天然气	7140	177	GB 17691 - 2005 国Ⅳ，GB 11340 - 2005，GB 18285 - 2005	客车底盘	0	1	
	WP7NG240E50	天然气	7140	177	GB 17691 - 2005 国Ⅴ，GB 11340 - 2005，GB 18285 - 2005	城市客车	40	0	
	WP7NG260E40	天然气	7140	191	GB 17691 - 2005 国Ⅳ，GB 18285 - 2005，GB 11340 - 2005	城市客车	24	0	
		天然气	7140	191	GB 17691 - 2005 国Ⅳ，GB 18285 - 2005，GB 11340 - 2005	客车	6	1	
		天然气	7140	191	GB 17691 - 2005 国Ⅳ，GB 18285 - 2005，GB 11340 - 2005	客车底盘	0	1	
	WP7NG270E40	天然气	7140	199	GB 17691 - 2005 国Ⅳ，GB 18285 - 2005，GB 11340 - 2005	城市客车	10	0	
中国第一汽车集团公司	BF6M1013 - 22E5N	天然气	7146	165	GB 17691 - 2005 国Ⅴ，GB 11340 - 2005，GB 18285 - 2005	城市客车	100	0	493
	BF6M1013 - 24E5N	天然气	7146	180	GB 11340 - 2005，GB 18285 - 2005，GB 17691 - 2005 国Ⅴ	城市客车	0	30	
	BF6M1013 - 26E4N	天然气	7146	203	GB 17691 - 2005 国Ⅳ，GB 11340 - 2005，GB 18285 - 2005	城市客车	120	0	
	CA6SH - N1E4	天然气	5560	110	GB 17691 - 2005 国Ⅳ，GB 11340 - 2005，GB 18285 - 2005	城市客车	51	0	
	CA6SL2 - 26E5N	天然气	8600	195	GB 11340 - 2005，GB 18285 - 2005，GB 17691 - 2005 国Ⅴ	城市客车	160	25	
	CA6SL2 - 29E5N	天然气	8600	216	GB 17691 - 2005 国Ⅴ，GB 11340 - 2005，GB 18285 - 2005	豪华旅游客车	7	0	
中国重型汽车集团有限公司	MT07. 24 - 50	天然气	6870	176	GB 11340 - 2005，GB 18285 - 2005，GB 17691 - 2005 国Ⅴ	城市客车	5	0	407
	MT07. 29 - 50	天然气	6870	210	GB 17691 - 2005 国Ⅴ，GB 11340 - 2005，GB 18285 - 2005	城市客车	2	200	
		天然气	6870	210	GB 17691 - 2005 国Ⅴ，GB 11340 - 2005，GB 18285 - 2005	客车底盘	0	200	
东风康明斯发动机有限公司	L8. 9GE5 260	天然气	8900	191	GB 17691 - 2005 国Ⅴ，GB 18285 - 2005，GB 11340 - 2005	城市客车	43	173	216
长春一汽四环发动机制造有限公司	CA4GNE4	天然气	3700	85	GB 11340 - 2005，GB 18285 - 2005，GB 17691 - 2005 国Ⅳ	城市客车	32	0	186
		天然气	3700	85	GB 11340 - 2005. GB 18285 - 2005. GB 17691 - 2005 国Ⅳ	客车	42	0	
	CA4N28C5	天然气	2771	83	GB 11340 - 2005，GB 18285 - 2005，GB 17691 - 2005 国Ⅴ	城市客车	0	100	
		天然气	2771	83	GB 11340 - 2005，GB 18285 - 2005，GB 17691 - 2005 国Ⅴ	客车底盘	0	6	
		天然气	2771	83	GB 11340 - 2005，GB 18285 - 2005，GB 17691 - 2005 国Ⅴ	客车	0	6	

续表

发动机生产企业	发动机型号	燃料种类	排量(mL)	功率(kW)	排放标准	配套车辆类型	2014年配套车型产量小计(辆)	2015年1—3月配套车型产量小计(辆)	配套车型产量合计(辆)
道依茨一汽(大连)柴油机有限公司	BF6M1013-26E5N	天然气	7146	195	GB 17691-2005国Ⅴ, GB 11340-2005, GB 18285-2005	城市客车/底盘	0	142	142
成都云内动力有限公司	YN30QNE	天然气	2977	75	GB 11340-2005, GB 18285-2005, GB 17691-2005国Ⅴ	城市客车/底盘	82	1	116
	YN38QNE	天然气	3762	95	GB 11340-2005, GB 18285-2005, GB 17691-2005国Ⅴ	城市客车/底盘	21	12	
潍柴动力股份有限公司	WP10NG336E50	天然气	9726	247	GB 11340-2005, GB 18285-2005, GB 17691-2005国Ⅴ	客车	2	0	104
	WP7NG240E40	天然气	7140	177	GB 17691-2005国Ⅳ, GB 3847-2005, GB 11340-2005	城市客车	102	0	
东风朝阳朝柴动力有限公司	CY4102-N4A	天然气	3856	88	GB 17691-2005国Ⅳ, GB 11340-2005, GB 18285-2005	客车	1	0	78
	CY4102-N5C	天然气	3856	91	GB 11340-2005, GB 18285-2005, GB 17691-2005国Ⅴ	客车	44	4	
		天然气	3856	91	GB 17691-2005国Ⅴ, GB 11340-2005, GB 18285-2005	城市客车	27	1	
		天然气	3856	91	GB 11340-2005, GB 18285-2005, GB 17691-2005国Ⅴ	客车底盘	0	1	
无锡市锡联柴油机制造有限公司	XL4SF-4	天然气	4750	130	GB 17691-2005国Ⅳ, GB 18285-2005, GB 11340-2005	城市客车	19	0	19
恒天动力有限公司	HD71N	天然气	7128	192	GB 3847-2005, GB 17691-2005国Ⅴ	城市客车	10	0	10
安徽江淮汽车股份有限公司	HFC4DA1-2C	天然气	2771	88	GB 17691-2005国Ⅳ, GB 3847-2005	幼儿专用校车	1	0	1
配套车型产量合计(辆)							48239	7784	56023

(2) 货车(重型货车、中型货车、轻型货车、微型货车、牵引汽车及其他货车)及专用车(自卸汽车、运输车及其他专用车)发动机配套数量统计

发动机生产企业	发动机型号	燃料种类	排量(mL)	功率(kW)	排放标准	配套车辆类型	2014年配套车型产量小计(辆)	2015年1—3月配套车型产量小计(辆)	配套车型产量合计(辆)
潍柴动力西港(潍坊)新能源发动机有限公司	WP10NG260E50	天然气	9726	191	GB 18285-2005, GB 11340-2005, GB 17691-2005国Ⅴ	平头天然气牵引车	5	0	28995
	WP10NG280E40	天然气	9726	206	GB 3847-2005, GB 17691-2005国Ⅳ	仓栅式运输车	12	0	
		天然气	9726	206	GB 3847-2005, GB 17691-2005国Ⅳ	冷藏车	4	0	
		天然气	9726	206	GB 3847-2005, GB 17691-2005国Ⅳ	平头天然气载货汽车	31	0	
		天然气	9726	206	GB 17691-2005国Ⅳ, GB 11340-2005, GB 18285-2005	扫路车	5	5	
		天然气	9726	206	GB 17691-2005国Ⅳ, GB 11340-2005, GB 18285-2005	载货汽车底盘	0	5	
	WP10NG280E50	天然气	9726	206	GB 17691-2005国Ⅴ, GB 11340-2005, GB 18285-2005	仓栅式运输车	1	0	
		天然气	9726	206	GB 18285-2005, GB 11340-2005, GB 17691-2005国Ⅴ	集装箱半挂牵引车	2	0	
		天然气	9726	206	GB 18285-2005, GB 11340-2005, GB 17691-2005国Ⅴ	平头天然气牵引车	3	0	
		天然气	9726	206	GB 18285-2005, GB 11340-2005, GB 17691-2005国Ⅴ	平头天然气自卸汽车	1	1	
		天然气	9726	206	GB 18285-2005, GB 11340-2005, GB 17691-2005国Ⅴ	厢式运输车	5	0	
	WP10NG300E40	天然气	9726	220	GB 3847-2005, GB 17691-2005国Ⅳ	仓栅式运输车	64	0	
		天然气	9726	220	GB 11340-2005, GB 18285-2005, GB 17691-2005国Ⅳ	低温液体运输车	1	0	
		天然气	9726	220	GB 18285-2005, GB 11340-2005, GB 17691-2005国Ⅳ	平头天然气牵引车	14	0	
		天然气	9726	220	GB 3847-2005, GB 17691-2005国Ⅳ	平头天然气载货汽车	68	0	

续表

发动机生产企业	发动机型号	燃料种类	排量(mL)	功率(kW)	排放标准	配套车辆类型	2014年配套车型产量小计(辆)	2015年1—3月配套车型产量小计(辆)	配套车型产量合计(辆)
潍柴动力西港(潍坊)新能源发动机有限公司	WP10NG300E40	天然气	9726	220	GB 17691－2005 国Ⅳ，GB 11340－2005，GB 18285－2005	牵引车	3	0	
		天然气	9726	220	GB 17691－2005 国Ⅳ，GB 11340－2005，GB 18285－2005	牵引汽车	37	2	
		天然气	9726	220	GB 3847－2005，GB 17691－2005 国Ⅳ	畜禽运输车	2	0	
		天然气	9726	220	GB 17691－2005 国Ⅳ，GB 11340－2005，GB 18285－2005	载货汽车	2	0	
		天然气	9726	220	GB 17691－2005 国Ⅳ，GB 11340－2005，GB 18285－2005	自卸汽车	107	15	
		天然气	9726	220	GB 17691－2005 国Ⅳ，GB 11340－2005，GB 18285－2005	自卸汽车底盘	0	15	
	WP10NG300E50	天然气	9726	220	GB 18285－2005，GB 11340－2005，GB 17691－2005 国Ⅴ	仓栅式运输车	4	1	
		天然气	9726	220	GB 11340－2005，GB 18285－2005，GB 17691－2005 国Ⅴ	车厢可卸式垃圾车	1	1	
		天然气	9726	220	GB 11340－2005，GB 18285－2005，GB 17691－2005 国Ⅴ	低温液体运输车	1	0	
		天然气	9726	220	GB 17691－2005 国Ⅴ，GB 11340－ 2005，GB 18285－2005	供液车	7	0	
		天然气	9726	220	GB 18285－2005，GB 11340－2005，GB 17691－2005 国Ⅴ	平头天然气牵引车	50	2	
		天然气	9726	220	GB 18285－2005，GB 11340－2005，GB 17691－2005 国Ⅴ	平头天然气载货汽车	0	4	
		天然气	9726	220	GB 17691－2005 国Ⅴ，GB 11340－2005，GB 18285－2005	牵引汽车	106	5	
		天然气	9726	220	GB 18285－2005，GB 11340－2005，GB 17691－2005 国Ⅴ	畜禽运输车	2	0	
		天然气	9726	220	GB 17691－2005 国Ⅴ，GB 11340－2005，GB 18285－2005	运油车	2	0	
		天然气	9726	220	GB 17691－2005 国Ⅴ，GB 11340－2005，GB 18285－2005	载货汽车	0	4	
		天然气	9726	220	GB 17691－2005 国Ⅴ，GB 11340－2005，GB 18285－2005	载货汽车底盘	0	1	
		天然气	9726	220	GB 17691－2005 国Ⅴ，GB 11340－2005，GB 18285－2005	自卸汽车	33	4	
		天然气	9726	220	GB 17691－2005 国Ⅴ，GB 11340－2005，GB 18285－2005	自卸汽车底盘	0	4	
		天然气	9726	191	GB 18285－2005，GB 11340－2005，GB 17691－2005 国Ⅴ	低温液体运输车	5	0	
	WP10NG336E40	天然气	9726	247	GB 17691－2005 国Ⅳ，GB 11340－2005，GB 18285－2005	混凝土搅拌运输车	0	3	
		天然气	9726	247	GB 18285－2005，GB 11340－2005，GB 17691－2005 国Ⅳ	平头天然气牵引车	5434	64	
		天然气	9726	247	GB 18285－2005，GB 11340－2005，GB 17691－2005 国Ⅳ	平头天然气载货汽车	1	0	
		天然气	9726	247	GB 17691－2005 国Ⅳ，GB 11340－2005，GB 18285－2005	牵引车	102	5	
		天然气	9726	247	GB 17691－2005 国Ⅳ，GB 11340－2005，GB 18285－2005	牵引汽车	5421	66	
		天然气	9726	247	GB 17691－2005 国Ⅳ，GB 11340－2005，GB 18285－2005	载货汽车	0	3	
		天然气	9726	247	GB 17691－2005 国Ⅳ，GB 11340－2005，GB 18285－2005	自卸车	9	0	
		天然气	9726	247	GB 17691－2005 国Ⅳ，GB 11340－2005，GB 18285－2005	自卸汽车	163	17	
		天然气	9726	247	GB 17691－2005 国Ⅳ，GB 11340－2005，GB 18285－2005	自卸汽车底盘	0	20	
		天然气	9726	247	GB 17691－2005 国Ⅳ，GB 11340－2005，GB 18285－2005	自卸式垃圾车	10	0	
	WP10NG336E50	天然气	9726	247	GB 11340－2005，GB 18285－2005，GB 17691－2005 国Ⅴ	半挂牵引车	1	0	
		天然气	9726	247	GB 18285－2005，GB 11340－2005，GB 17691－2005 国Ⅴ	半挂牵引汽车	468	51	
		天然气	9726	247	GB 17691－2005 国Ⅴ，GB 11340－2005，GB 18285－2005	仓栅式运输车	4	0	
		天然气	9726	247	GB 17691－2005 国Ⅴ，GB 11340－2005，GB 18285－2005	低温液体运输车	3	5	
		天然气	9726	247	GB 17691－2005 国Ⅴ，GB 11340－ 2005，GB 18285－2005	供液车	4	0	
		天然气	9726	247	GB 17691－2005 国Ⅴ，GB 11340－2005，GB 18285－2005	锅炉车	0	4	
		天然气	9726	247	GB 17691－2005 国Ⅴ，GB 11340－2005，GB 18285－2005	混凝土搅拌运输车	220	7	
		天然气	9726	247	GB 17691－2005 国Ⅴ，GB 11340－2005，GB 18285－2005	混凝土搅拌运输车底盘	0	7	

续表

发动机生产企业	发动机型号	燃料种类	排量（mL）	功率（kW）	排放标准	配套车辆类型	2014年配套车型产量小计（辆）	2015年1—3月配套车型产量小计（辆）	配套车型产量合计（辆）
潍柴动力西港（潍坊）新能源发动机有限公司	WP10NG336E50	天然气	9726	247	GB 18285－2005，GB 11340－2005，GB 17691－2005 国Ⅴ	集装箱半挂牵引车	11	0	
		天然气	9726	247	GB 17691－2005 国Ⅴ，GB 11340－2005，GB 18285－2005	加油车	2	0	
		天然气	9726	247	GB 18285－2005，GB 11340－2005，GB 17691－2005 国Ⅴ	平头天然气牵引车	1967	237	
		天然气	9726	247	GB 18285－2005，GB 11340－2005，GB 17691－2005 国Ⅴ	平头液化天然气自卸汽车	70	0	
		天然气	9726	247	GB 11340－2005，GB 17691－2005 国Ⅴ，GB 18285－2005	牵引车	129	50	
		天然气	9726	247	GB 17691－2005 国Ⅴ，GB 11340－2005，GB 18285－2005	牵引汽车	4291	361	
		天然气	9726	247	GB 17691－2005 国Ⅴ，GB 18285－2005，GB 11340－2005	危险品牵引汽车	0	2	
		天然气	9726	247	GB 11340－2005，GB 18285－2005，GB 17691－2005 国Ⅴ	厢式运输车	2	0	
		天然气	9726	247	GB 17691－2005 国Ⅴ，GB 11340－2005，GB 18285－2005	载货汽车	1	0	
		天然气	9726	247	GB 17691－2005 国Ⅴ，GB 11340－2005，GB 18285－2005	自卸汽车	129	15	
		天然气	9726	247	GB 17691－2005 国Ⅴ，GB 11340－2005，GB 18285－2005	自卸汽车底盘	0	15	
	WP12NG330E40	天然气	11596	243	GB 17691－2005 国Ⅳ，GB 11340－2005，GB 18285－2005	半挂牵引汽车	10	0	
		天然气	11596	243	GB 17691－2005 国Ⅳ，GB 18285－2005，GB 11340－2005	混凝土搅拌运输车	9	0	
		天然气	11596	243	GB 18285－2005，GB 11340－2005，GB 17691－2005 国Ⅳ	平头天然气牵引车	1	0	
		天然气	11596	243	GB 17691－2005 国Ⅳ，GB 11340－2005，GB 18285－2005	牵引车	2	0	
		天然气	11590	243	GB 17691－2005 国Ⅳ，GB 11340－2005，GB 18285－2005	牵引汽车	33	0	
		天然气	11596	243	GB 17691－2005 国Ⅳ，GB 11340－2005，GB 18285－2005	自卸车	6	0	
		天然气	11596	243	GB 17691－2005 国Ⅳ，GB 11340－2005，GB 18285－2005	自卸汽车	2	0	
	WP12NG330E50	天然气	11596	243	GB 11340－2005，GB 18285－2005、GB 17691－2005 国Ⅴ	混凝土搅拌运输车	20	0	
	WP12NG336E40	天然气	11596	247	GB 17691－2005 国Ⅳ，GB 11340－2005，GB 18285－2005	自卸汽车	5	0	
	WP12NG350E40	天然气	11596	257	GB 17691－2005 国Ⅳ，GB 11340－2005，GB 18285－2005	低温液体运输车	3	0	
		天然气	11596	257	GB 17691－2005 国Ⅳ，GB 11340－2005，GB 18285－2005	粉粒物料运输车	3	0	
		天然气	9726	257	GB 17691－2005 国Ⅳ，GB 11340－2005，GB 18285－2005	混凝土搅拌运输车	58	5	
		天然气	11596	257	GB 18285－2005，GB 11340－2005，GB 17691－2005 国Ⅳ	平头天然气牵引车	57	25	
		天然气	11596	257	GB 3847－2005，GB 17691－2005 国Ⅳ	平头液化天然气自卸汽车	126	0	
		天然气	11596	257	GB 17691－2005 国Ⅳ，GB 11340－2005，GB 18285－2005	牵引车	43	2	
		天然气	11596	257	GB 17691－2005 国Ⅳ，GB 11340－2005，GB 18285－2005	牵引汽车	472	16	
		天然气	11596	257	GB 17691－2005 国Ⅳ，GB 11340－2005，GB 18285－2005	自卸车	8	0	
		天然气	11596	257	GB 17691－2005 国Ⅲ，GB 11340－2005，GB 18285－2005	自卸汽车	87	59	
		天然气	11596	257	GB 17691－2005 国Ⅳ，GB 11340－2005，GB 18285－2005	自卸汽车底盘	0	64	
	WP12NG350E50	天然气	11596	257	GB 11340－2005，GB 18285－2005，GB 17691－2005 国Ⅴ	半挂牵引车	2	0	
		天然气	11596	257	GB 18285－2005，GB 11340－2005，GB 17691－2005 国Ⅴ	半挂牵引汽车	13	4	
		天然气	11596	257	GB 17691－2005 国Ⅴ，GB 11340－2005，GB 18285－2005	低温液体运输车	8	1	
		天然气	11596	257	GB 17691－2005 国Ⅴ，GB 11340－2005，GB 18285－2005	混凝土搅拌运输车	378	0	
		天然气	11596	257	GB 18285－2005，GB 11340－2005，GB 17691－2005 国Ⅴ	集装箱半挂牵引车	19	0	
		天然气	11596	257	GB 18285－2005，GB 11340－2005，GB 17691－2005 国Ⅴ	平头天然气牵引车	9	0	
		天然气	11596	257	GB 18285－2005，GB 11340－2005，GB 17691－2005 国Ⅴ	平头天然气自卸汽车	20	0	

续表

发动机生产企业	发动机型号	燃料种类	排量(mL)	功率(kW)	排放标准	配套车辆类型	2014年配套车型产量小计(辆)	2015年1—3月配套车型产量小计(辆)	配套车型产量合计(辆)
潍柴动力西港(潍坊)新能源发动机有限公司	WP12NG350E50	天然气	11596	257	GB 18285-2005, GB 11340-2005, GB 17691-2005 国Ⅴ	平头液化天然气自卸汽车	81	0	
		天然气	11596	257	GB 11340-2005, GB 17691-2005 国Ⅴ, GB 18285-2005	牵引车	28	0	
		天然气	11596	257	GB 17691-2005 国Ⅴ, GB 11340-2005, GB 18285-2005	牵引汽车	203	5	
		天然气	11596	257	GB 17691-2005 国Ⅴ, GB 11340-2005, GB 18285-2005	自卸汽车	228	2	
		天然气	11596	257	GB 17691-2005 国Ⅴ, GB 11340-2005, GB 18285-2005	自卸汽车底盘	0	7	
	WP12NG380E40	天然气	11596	280	GB 17691-2005 国Ⅳ, GB 18285-2005, GB 11340-2005	半挂牵引汽车	3	0	
		天然气	11596	280	GB 17691-2005 国Ⅳ, GB 11340-2005, GB 18285-2005	低温液体运输车	1	0	
		天然气	11596	280	GB 17691-2005 国Ⅳ, GB 11340-2005, GB 18285-2005	粉粒物料运输车	4	0	
		天然气	11596	280	GB 17691-2005 国Ⅳ, GB 11340-2005, GB 18285-2005	固井车	2	2	
		天然气	11596	280	GB 17691-2005 国Ⅳ, GB 11340-2005, GB 18285-2005	混凝土搅拌运输车	4	0	
		天然气	11596	280	GB 18285-2005, GB 11340-2005, GB 17691-2005 国Ⅳ	平头天然气牵引车	39	0	
		天然气	11596	280	GB 3847-2005, GB 17691-2005 国Ⅳ	平头液化天然气自卸汽车	183	0	
		天然气	11596	280	GB 17691-2005 国Ⅳ, GB 11340-2005, GB 18285-2005	牵引车	175	3	
		天然气	11590	280	GB 17691-2005 国Ⅳ, GB 11340-2005, GB 18285-2005	牵引汽车	1561	41	
		天然气	11596	280	GB 17691-2005 国Ⅳ, GB 11340-2005, GB 18285-2005	修井机	2	0	
		天然气	11596	280	GB 17691-2005 国Ⅳ, GB 18285-2005, GB 11340-2005	修井机底盘	0	1	
		天然气	11596	280	GB 17691-2005 国Ⅳ, GB 11340-2005, GB 18285-2005	载货汽车底盘	0	4	
		天然气	11596	280	GB 17691-2005 国Ⅳ, GB 11340-2005, GB 18285-2005	自卸车	10	0	
		天然气	11596	280	GB 17691-2005 国Ⅳ, GB 11340-2005, GB 18285-2005	自卸汽车	471	23	
		天然气	11596	280	GB 17691-2005 国Ⅳ, GB 11340-2005, GB 18285-2005	自卸汽车底盘	0	19	
	WP12NG380E50	天然气	11596	280	GB 11340-2005, GB 18285-2005, GB 17691-2005 国Ⅴ	半挂牵引车	5	1	
		天然气	11596	280	GB 18285-2005, GB 11340-2005, GB 17691-2005 国Ⅴ	半挂牵引汽车	116	17	
		天然气	11596	280	GB 18285-2005, GB 11340-2005, GB 17691-2005 国Ⅴ	低密度粉粒物料运输车	6	0	
		天然气	11596	280	GB 17691-2005 国Ⅴ, GB 11340-2005, GB 18285-2005	混凝土搅拌运输车	615	28	
		天然气	11596	280	GB 17691-2005 国Ⅴ, GB 11340-2005, GB 18285-2005	混凝土搅拌运输车底盘	0	1	
		天然气	11596	280	GB 18285-2005, GB 11340-2005, GB 17691-2005 国Ⅴ	集装箱半挂牵引车	59	0	
		天然气	11596	280	GB 18285-2005, GB 11340-2005, GB 17691-2005 国Ⅴ	平头天然气牵引车	144	6	
		天然气	11596	280	GB 11340-2005, GB 17691-2005 国Ⅴ, GB 18285-2005	牵引车	96	13	
		天然气	11596	280	GB 17691-2005 国Ⅴ, GB 11340-2005, GB 18285-2005	牵引汽车	2106	164	
		天然气	11596	280	GB 17691-2005 国Ⅴ, GB 11340-2005, GB 18285-2005	自卸汽车	406	33	
		天然气	11596	280	GB 17691-2005 国Ⅴ, GB 11340-2005, GB 18285-2005	自卸汽车底盘	0	88	
	WP12NG380E51	天然气	11596	280	GB 17691-2005 国Ⅴ, GB 11340-2005, GB 18285-2005	混凝土搅拌运输车	10	0	
		天然气	11596	280	GB 18285-2005, GB 11340-2005, GB 17691-2005 国Ⅴ	平头天然气自卸汽车	0	10	
		天然气	11596	280	GB 17691-2005 国Ⅴ, GB 11340-2005, GB 18285-2005	牵引汽车	55	60	
		天然气	11596	280	GB 17691-2005 国Ⅴ, GB 11340-2005, GB 18285-2005	危险品牵引汽车	0	11	
		天然气	11596	280	GB 17691-2005 国Ⅴ, GB 11340-2005, GB 18285-2005	自卸汽车	6	1	
		天然气	11596	280	GB 17691-2005 国Ⅴ, GB 11340-2005, GB 18285-2005	自卸汽车底盘	0	1	

续表

发动机生产企业	发动机型号	燃料种类	排量(mL)	功率(kW)	排放标准	配套车辆类型	2014年配套车型产量小计(辆)	2015年1—3月配套车型产量小计(辆)	配套车型产量合计(辆)
潍柴动力西港(潍坊)新能源发动机有限公司	WP12NG400E50	天然气	11596	294	GB 18285－2005，GB 11340－2005，GB 17691－2005 国Ⅴ	平头天然气牵引车	41	0	
		天然气	11596	294	GB 18285－2005，GB 11340－2005，GB 17691－2005 国Ⅴ	混凝土搅拌运输车	1	0	
	WP12NG420E50	天然气	11596	309	GB 17691－2005 国Ⅴ，GB 11340－2005，GB 18285－2005	牵引汽车	113	32	
	WP5NG180E50	天然气	4760	132	GB 11340－2005，GB 18285－2005，GB 17691－2005 国Ⅴ	排液车	1	0	
		天然气	4760	132	GB 11340－2005，GB 18285－2005，GB 17691－2005 国Ⅴ	工程车	1	0	
		天然气	4760	132	GB 11340－2005，GB 18285－2005，GB 17691－2005 国Ⅳ	试井车	1	0	
	WP7NG210E40	天然气	7140	155	GB 18285－2005，GB 11340－2005，GB 17691－2005 国Ⅳ	仓栅式运输车	10	0	
		天然气	7140	155	GB 18285－2005，GB 11340－2005，GB 17691－2005 国Ⅳ	厢式运输车	5	1	
	WP7NG210E50	天然气	7140	155	GB 18285－2005，GB 11340－2005，GB 17691－2005 国Ⅴ	仓栅式运输车	1	0	
		天然气	7140	155	GB 18285－2005，GB 11340－2005，GB 17691－2005 国Ⅴ	厢式运输车	14	5	
	WP7NG240E50	天然气	7140	177	GB 18285－2005，GB 11340－2005，GB 17691－2005 国Ⅴ	仓栅式运输车	3	0	
	WP7NG260E40	天然气	7140	191	GB 17691－2005 国Ⅳ，GB 11340－2005，GB 18285－2005	牵引汽车	0	1	
	WP7NG260E50	天然气	7140	191	GB 17691－2005 国Ⅴ，GB 11340－2005，GB 18285－2005	仓栅式运输车	1	0	
		天然气	7140	191	GB 17691－2005 国Ⅴ，GB 11340－2005，GB 18285－2005	载货汽车底盘	0	1	
		天然气	7140	191	GB 17691－2005 国Ⅴ，GB 11340－2005，GB 18285－2005	厢式运输车	11	1	
潍柴西港新能源动力有限公司	WP10NG300E50	天然气	9726	220	GB 17691－2005 国Ⅴ，GB 18285－2005，GB 11340－2005	牵引汽车	0	10	7687
		天然气	9726	220	GB 17691－2005 国Ⅴ，GB 11340－2005，GB 18285－2005	自卸汽车	2	0	
	WP10NG336E50	天然气	9726	247	GB 18285－2005，GB 11340－2005，GB 17691－2005 国Ⅴ	半挂牵引汽车	3327	9	
		天然气	9726	247	GB 17691－2005 国Ⅴ，GB 3847－2005	载货汽车底盘	0	1	
	WP12NG350E40	天然气	11596	257	GB 18285－2005，GB 11340－2005，GB 17691－2005 国Ⅳ	半挂牵引车	1570	0	
		天然气	11596	257	GB 17691－2005 国Ⅳ，GB 11340－2005，GB 18285－2005	半挂牵引汽车	494	9	
		天然气	11596	257	GB 17691－2005 国Ⅳ，GB 11340－2005，GB 18285－2005	混凝土搅拌运输车	36	0	
		天然气	11596	257	GB 18285－2005，GB 11340－2005，GB 17691－2005 国Ⅴ	混凝土搅拌运输车底盘	0	1	
		天然气	11596	257	GB 17691－2005 国Ⅳ，GB 11340－2005，GB 18285－2005	自卸汽车	92	0	
	WP12NG380E40	天然气	11596	280	GB 17691－2005 国Ⅳ，GB 11340－2005，GB 18285－2005	半挂牵引汽车	450	0	
		天然气	11596	280	GB 17691－2005 国Ⅳ，GB 11340－2005，GB 18285－2005	自卸汽车	117	0	
		天然气	11596	280	GB 17691－2005 国Ⅳ，GB 11340－2005，GB 18285－2005	洒水车	10	0	
	WP12NG380E50	天然气	11596	280	GB 17691－2005 国Ⅴ，GB 11340－2005，GB 18285－2005	半挂牵引汽车	1362	94	
		天然气	11596	280	GB 18285－2005，GB 11340－2005，GB 17691－2005 国Ⅴ	混凝土搅拌运输车	2	50	
		天然气	11596	280	GB 18285－2005，GB 11340－2005，GB 17691－2005 国Ⅴ	混凝土搅拌运输车底盘	0	50	
		天然气	11596	280	GB 17691－2005 国Ⅴ，GB 18285－2005，GB 11340－2005	牵引汽车	0	1	
中国重型汽车集团有限公司	MT07.22－50	天然气	6870	162	GB 17691－2005 国Ⅴ，GB 18285－2005，GB 11340－2005	牵引汽车	1	0	5819
	MT07.24－50	天然气	6870	176	GB 17691－2005 国Ⅴ，GB 18285－2005，GB 11340－2005	牵引汽车	0	2	
	MT07.26－50	天然气	6870	191	GB 17691－2005 国Ⅴ，GB 18285－2005，GB 11340－2005	牵引汽车	193	1	
		天然气	6870	191	GB 17691－2005 国Ⅴ，GB 18285－2005，GB 11340－2005	厢式运输车	100	1	
	MT07.29－50	天然气	6870	210	GB 17691－2005 国Ⅴ，GB 18285－2005，GB 11340－2005	牵引汽车	64	0	
		天然气	6870	216	GB 17691－2005 国Ⅴ，GB 18285－2005，GB 11340－2005	牵引汽车	62	84	
		天然气	6870	216	GB 17691－2005 国Ⅴ，GB 18285－2005，GB 11340－2005	载货汽车底盘	0	1	
		天然气	6870	216	GB 17691－2005 国Ⅴ，GB 18285－2005，GB 11340－2005	自卸汽车	0	4	

续表

发动机生产企业	发动机型号	燃料种类	排量(mL)	功率(kW)	排放标准	配套车辆类型	2014年配套车型产量小计(辆)	2015年1—3月配套车型产量小计(辆)	配套车型产量合计(辆)
中国重型汽车集团有限公司	T10.27-50	天然气	9726	196	GB 17691-2005 国Ⅴ, GB 18285-2005, GB 11340-2005	车厢可卸式垃圾车	13	0	
		天然气	9726	196	GB 17691-2005 国Ⅴ, GB 18285-2005, GB 11340-2005	牵引汽车	9	0	
		天然气	9726	196	GB 17691-2005 国Ⅴ, GB 18285-2005, GB 11340-2005	洒水车	1	0	
		天然气	9726	196	GB 17691-2005 国Ⅴ, GB 18285-2005, GB 11340-2005	厢式运输车	5	0	
		天然气	9726	196	GB 17691-2005 国Ⅴ, GB 18285-2005, GB 11340-2005	载货汽车底盘	0	3	
	T10.29-40	天然气	9726	213	GB 17691-2005 国Ⅳ, GB 18285-2005, GB 11340-2005	牵引汽车	1	0	
		天然气	9726	213	GB 17691-2005 国Ⅳ, GB 18285-2005, GB 11340-2005	供液车	0	1	
	T10.29-50	天然气	9726	213	GB 17691-2005 国Ⅴ, GB 18285-2005, GB 11340-2005	牵引汽车	37	0	
	T10.32-40	天然气	9726	235	GB 17691-2005 国Ⅳ, GB 18285-2005, GB 11340-2005	自卸汽车	2	0	
	T10.32-50	天然气	9726	235	GB 17691-2005 国Ⅴ, GB 18285-2005, GB 11340-2005	仓栅式运输车	1	0	
		天然气	9726	235	GB 17691-2005 国Ⅴ, GB 18285-2005, GB 11340-2005	车厢可卸式垃圾车	0	7	
		天然气	9726	235	GB 17691-2005 国Ⅴ, GB 18285-2005, GB 11340-2005	供液车	0	15	
		天然气	9726	235	GB 17691-2005 国Ⅴ, GB 18285-2005, GB 11340-2005	固井车	0	1	
		天然气	9726	235	GB 17691-2005 国Ⅴ, GB 18285-2005, GB 11340-2005	牵引汽车	75	2	
		天然气	9726	235	GB 17691-2005 国Ⅴ, GB 18285-2005, GB 11340-2005	随车起重运输车	0	3	
		天然气	9726	235	GB 17691-2005 国Ⅴ, GB 18285-2005, GB 11340-2005	洗井清蜡车	4	2	
		天然气	9726	235	GB 17691-2005 国Ⅴ, GB 18285-2005, GB 11340-2005	易燃液体罐式运输车	4	0	
		天然气	9726	235	GB 17691-2005 国Ⅴ, GB 18285-2005, GB 11340-2005	载货汽车	7	0	
		天然气	9726	235	GB 17691-2005 国Ⅴ, GB 18285-2005, GB 11340-2005	载货汽车底盘	0	2	
		天然气	9726	235	GB 17691-2005 国Ⅴ, GB 18285-2005, GB 11340-2005	自卸汽车	30	0	
		天然气	9726	235	GB 17691-2005 国Ⅴ, GB 18285-2005, GB 11340-2005	自卸式垃圾车	15	0	
	T10.34-40	天然气	9726	250	GB 17691-2005 国Ⅳ, GB 18285-2005, GB 11340-2005	低密度粉粒物料运输车	15	0	
		天然气	9726	250	GB 17691-2005 国Ⅳ, GB 18285-2005, GB 11340-2005	混凝土搅拌运输车	52	0	
		天然气	9726	250	GB 17691-2005 国Ⅳ, GB 18285-2005, GB 11340-2005	牵引汽车	100	0	
		天然气	9726	250	GB 17691-2005 国Ⅳ, GB 18285-2005, GB 11340-2005	载货汽车	1	0	
		天然气	9726	250	GB 17691-2005 国Ⅳ, GB 18285-2005, GB 11340-2005	自卸汽车	25	0	
	T10.34-50	天然气	9726	250	GB 17691-2005 国Ⅴ, GB 18285-2005, GB 11340-2005	仓栅式运输车	1	1	
		天然气	9726	250	GB 17691-2005 国Ⅴ, GB 18285-2005, GB 11340-2005	供液车	1	0	
		天然气	9726	250	GB 17691-2005 国Ⅴ, GB 18285-2005, GB 11340-2005	混凝土搅拌运输车	185	0	
		天然气	9726	250	GB 11340-2005, GB 18285-2005, GB 17691-2005 国Ⅴ阶段	汽车起重机	2	0	
		天然气	9726	250	GB 17691-2005 国Ⅴ, GB 18285-2005, GB 11340-2005	牵引汽车	1149	170	
		天然气	9726	250	GB 17691-2005 国Ⅴ, GB 18285-2005, GB 11340-2005	易燃液体罐式运输车	20	0	
		天然气	9726	250	GB 17691-2005 国Ⅴ, GB 18285-2005, GB 11340-2005	载货汽车	7	0	
		天然气	9726	250	GB 17691-2005 国Ⅴ, GB 18285-2005, GB 11340-2005	载货汽车底盘	0	19	
		天然气	9726	250	GB 17691-2005 国Ⅴ, GB 18285-2005, GB 11340-2005	自卸汽车	551	19	
		天然气	9726	250	GB 17691-2005 国Ⅴ, GB 18285-2005, GB 11340-2005	自卸汽车底盘	0	4	
		天然气	9726	250	GB 17691-2005 国Ⅴ, GB 18285-2005, GB 11340-2005	自卸式垃圾车	30	0	

续表

发动机生产企业	发动机型号	燃料种类	排量(mL)	功率(kW)	排放标准	配套车辆类型	2014年配套车型产量小计(辆)	2015年1—3月配套车型产量小计(辆)	配套车型产量合计(辆)
中国重型汽车集团有限公司	T12.34-40	天然气	11596	249	GB 17691-2005 国Ⅳ，GB 18285-2005，GB 11340-2005	混凝土搅拌运输车	5	0	
	T12.34-50	天然气	11596	249	GB 17691-2005 国Ⅴ，GB 18285-2005，GB 11340-2005	牵引汽车	2	0	
	T12.38-40	天然气	11596	279	GB 17691-2005 国Ⅳ，GB 18285-2005，GB 11340-2005	牵引汽车	11	0	
		天然气	11596	279	GB 17691-2005 国Ⅳ，GB 11340-2005，GB 18285-2005，	自卸汽车	235	0	
	T12.38-50	天然气	11596	279	GB 17691-2005 国Ⅴ，GB 18285-2005，GB 11340-2005	低密度粉粒物料运输车	4	0	
		天然气	11596	279	GB 17691-2005 国Ⅴ，GB 18285-2005，GB 11340-2005	混凝土搅拌运输车	448	10	
		天然气	11596	279	GB 17691-2005 国Ⅴ，GB 18285-2005，GB 11340-2005	牵引汽车	1408	31	
		天然气	11596	279	GB 17691-2005 国Ⅴ，GB 18285-2005，GB 11340-2005	自卸汽车	419	16	
	T12.42-40	天然气	11596	309	GB 17691-2005 国Ⅳ，GB 18285-2005，GB 11340-2005	牵引汽车	101	24	
广西玉柴机器股份有限公司	YC4D140N-40	天然气	4214	103	GB 3847-1999，GB 17691-2005 国Ⅳ	仓栅式运输车	2	0	
	YC4D140N-50	天然气	4214	103	GB 18285-2005，GB 11340-2005，GB 17691-2005 国Ⅴ	仓栅式运输车	15	3	
		天然气	4214	103	GB 18285-2005，GB 11340-2005，GB 17691-2005 国Ⅴ	平头天然气载货汽车	1	0	
		天然气	4214	103	GB 18285-2005，GB 11340-2005，GB 17691-2005 国Ⅴ	厢式运输车	48	0	
		天然气	4214	103	GB 18285-2005，GB 11340-2005，GB 17691-2005 国Ⅴ	冷藏车	9	0	
		天然气	4214	103	GB 11340-2005，GB 18285-2005，GB 17691-2005 国Ⅴ	牵引汽车	193	53	
		天然气	4214	103	GB 17691-2005 国Ⅴ，GB 11340-2005，GB 18285-2005	载货汽车	2	0	
		天然气	8998	103	GB 18285-2005，GB 11340-2005，GB 17691-2005 国Ⅴ	仓栅式运输车	3	0	
	YC4G180N-40	天然气	5200	132	GB 17691-2005 国Ⅳ，GB 11340-2005，GB 18285-2005	教练车	15	0	
	YC4G180N-50	天然气	5200	132	GB 17691-2005 国Ⅴ，GB 11340-2005，GB 18285-2005	教练车	49	4	
	YC6G230N-40	天然气	7800	170	GB 17691-2005 国Ⅳ，GB 11340-2005，GB 18285-2005	厢式运输车	1	0	
	YC6G230N-50	天然气	7800	170	GB 17691-2005 国Ⅴ，GB 11340-2005，GB 18285-2005	仓栅式运输车	44	0	
	YC6G260N-40	天然气	7800	191	GB 11340-2005，GB 18285-2005，GB 17691-2005 国Ⅳ	牵引汽车	35	0	
	YC6G260N-50	天然气	7800	191	GB 18285-2005，GB 11340-2005，GB 17691-2005 国Ⅴ	半挂牵引汽车	2	0	
		天然气	7800	191	GB 11340-2005，GB 18285-2005，GB 17691-2005 国Ⅴ	仓栅式运输车	6	3	5800
		天然气	7800	191	GB 11340-2005，GB 18285-2005，GB 17691-2005 国Ⅴ	加油车	20	0	
		天然气	7800	191	GB 17691-2005 国Ⅴ，GB 11340-2005，GB 18285-2005	牵引汽车	43	0	
		天然气	7800	191	GB 17691-2005 国Ⅴ	厢式运输车	4	0	
		天然气	7800	191	GB 11340-2005，GB 18285-2005，GB 17691-2005 国Ⅴ	运油车	0	12	
		天然气	7800	191	GB 11340-2005，GB 18285-2005，GB 17691-2005 国Ⅴ	载货汽车	52	0	
		天然气	7800	191	GB 11340-2005，GB 18285-2005，GB 17691-2005 国Ⅴ	载货汽车底盘	0	15	
	YC6J190N-40	天然气	6494	140	GB 11340-2005，GB 18285-2005，GB 17691-2005 国Ⅳ	仓栅式运输车	6	0	
	YC6J190N-50	天然气	6494	140	GB 17691-2005 国Ⅴ，GB 11340-2005，GB 18285-2005	牵引汽车	1	0	
	YC6J190N-52	天然气	6494	140	GB 17691-2005 国Ⅴ	餐厨垃圾车	0	1	
		天然气	6494	140	GB 17691-2005 国Ⅴ，GB 11340-2005，GB 18285-2005	仓栅式运输车	2	0	
		天然气	6494	140	GB 11340-2005，GB 18285-2005，GB 17691-2005 国Ⅴ	车厢可卸式垃圾车	2	0	
		天然气	6494	140	GB 11340-2005，GB 18285-2005，GB 17691-2005 国Ⅴ	清洗车	10	0	
		天然气	6494	140	GB 11340-2005，GB 18285-2005，GB 17691-2005 国Ⅴ	扫路车	9	1	
		天然气	6494	140	GB 11340-2005，GB 18285-2005，GB 17691-2005 国Ⅴ	吸污车	1	0	

续表

发动机生产企业	发动机型号	燃料种类	排量(mL)	功率(kW)	排放标准	配套车辆类型	2014年配套车型产量小计(辆)	2015年1—3月配套车型产量小计(辆)	配套车型产量合计(辆)
广西玉柴机器股份有限公司	YC6J190N-52	天然气	6494	140	GB 11340-2005, GB 18285-2005, GB 17691-2005 国Ⅴ	洗扫车	18	1	
		天然气	6494	140	GB 11340-2005, GB 18285-2005, GB 17691-2005 国Ⅴ	厢式运输车	3	0	
		天然气	6494	140	GB 11340-2005, GB 18285-2005, GB 17691-2005 国Ⅴ	压缩式垃圾车	11	2	
		天然气	6494	140	GB 11340-2005, GB 18285-2005, GB 17691-2005 国Ⅴ	载货汽车	24	0	
		天然气	6494	140	GB 11340-2005, GB 18285-2005, GB 17691-2005 国Ⅴ	载货汽车底盘	0	58	
	YC6J210N-40	天然气	6494	155	GB 17691-2005 国Ⅳ, GB 3847-2005, GB 18285-2005	自卸汽车	15	0	
	YC6J210N-52	天然气	6494	155	GB 11340-2005, GB 18285-2005, GB 17691-2005 国Ⅴ	车厢可卸式垃圾车	0	3	
		天然气	6494	155	GB 11340-2005, GB 18285-2005, GB 17691-2005 国Ⅴ	清洗车	14	9	
		天然气	6494	155	GB 11340-2005, GB 18285-2005, GB 17691-2005 国Ⅴ	洒水车	5	0	
		天然气	6494	155	GB 11340-2005, GB 18285-2005, GB 17691-2005 国Ⅴ	洗扫车	0	3	
		天然气	6494	155	GB 17691-2005 国Ⅴ, GB 11340-2005, GB 18285-2005	压缩式垃圾车	47	0	
		天然气	6494	155	GB 11340-2005, GB 18285-2005, GB 17691-2005 国Ⅴ	载货汽车底盘	0	11	
		天然气	6494	155	GB 17691-2005 国Ⅴ. GB 11340-2005. GB 18285-2005	自卸汽车	23	0	
		天然气	6494	155	GB 11340-2005, GB 18285-2005, GB 17691-2005 国Ⅴ	自卸式垃圾车	7	0	
	YC6J225N-52	天然气	6494	166	GB 17691-2005 国Ⅴ, GB 3847-2005	厢式运输车底盘	0	1	
	YC6K340N-50	天然气	10338	250	GB 17691-2005 国Ⅴ, GB 18285-2005, GB 11340-2005	牵引汽车	2	0	
	YC6K380N-50	天然气	12939	280	GB 17691-2005 国Ⅴ, GB 18285-2005, GB 11340-2005	牵引汽车	21	0	
		天然气	12939	280	GB 17691-2005 国Ⅴ, GB 18285-2005, GB 11340-2005	混凝土搅拌运输车	66	0	
		天然气	12939	280	GB 17691-2005 国Ⅴ, GB 18285-2005, GB 11340-2005	自卸汽车	1	0	
		天然气	12939	280	GB 17691-2005 国Ⅴ, GB 18285-2005, GB 11340-2005	自卸式垃圾车	32	0	
		天然气	10338	250	GB 17691-2005 国Ⅴ, GB 18285-2005, GB 11340-2005	自卸式垃圾车	15	0	
	YC6K400N-50	天然气	12939	294	GB 17691-2005 国Ⅴ, GB 18285-2005, GB 11340-2005	牵引汽车	199	0	
	YC6K420N-50	天然气	12939	309	GB 17691-2005 国Ⅴ, GB 18285-2005, GB 11340-2005	牵引汽车	34	0	
	YC6L260N-40	天然气	8424	191	GB 17691-2005 国Ⅳ, GB 18285-2005, GB 11340-2005	牵引汽车	1	0	
		天然气	8424	191	GB 11340-2005, GB 18285-2005, GB 17691-2005 国Ⅳ	仓栅式运输车	12	0	
	YC6L260N-52	天然气	8424	191	GB 17691-2005 国Ⅴ, GB 18285-2005, GB 11340-2005	牵引汽车	102	136	
		天然气	8424	191	GB 17691-2005 国Ⅴ, GB 18285-2005, GB 11340-2005	厢式运输车	4	0	
		天然气	8424	191	GB 11340-2005, GB 18285-2005, GB 17691-2005 国Ⅴ	自卸汽车	11	0	
	YC6L280N-40	天然气	8424	206	GB 11340-2005, GB 18285-2005, GB 17691-2005 国Ⅳ	仓栅式运输车	1	0	
		天然气	8424	206	GB 11340-2005, GB 18285-2005, GB 17691-2005 国Ⅳ	厢式运输车	11	0	
	YC6L280N-52	天然气	8424	206	GB 17691-2005 国Ⅴ, GB 18285-2005, GB 11340-2005	半挂牵引汽车	8	0	
		天然气	8424	206	GB 11340-2005, GB 18285-2005, GB 17691-2005 国Ⅴ	牵引汽车	26	0	
		天然气	8424	206	GB 11340-2005, GB 18285-2005, GB 17691-2005 国Ⅴ	仓栅式运输车	3	0	
	YC6MK280N-50	天然气	10338	206	GB 18285-2005, GB 11340-2005, GB 17691-2005 国Ⅴ	半挂牵引汽车	8	0	
		天然气	10338	206	GB 11340-2005, GB 18285-2005, GB 17691-2005 国Ⅴ	清洗车	5	1	
		天然气	10338	206	GB 11340-2005, GB 18285-2005, GB 17691-2005 国Ⅴ	载货汽车	1	0	
		天然气	10338	206	GB 11340-2005, GB 18285-2005, GB 17691-2005 国Ⅴ	载货汽车底盘	0	3	
	YC6MK290N-40	天然气	10338	214	GB 17691-2005 国Ⅳ, GB 18285-2005, GB 11340-2005	牵引汽车	2	0	

续表

发动机生产企业	发动机型号	燃料种类	排量(mL)	功率(kW)	排放标准	配套车辆类型	2014年配套车型产量小计(辆)	2015年1—3月配套车型产量小计(辆)	配套车型产量合计(辆)
广西玉柴机器股份有限公司	YC6MK300N－50	天然气	10338	221	GB 11340－2005，GB 18285－2005，GB 17691－2005 国Ⅴ	载货汽车	3	0	
		天然气	10338	221	GB 11340－2005，GB 18285－2005，GB 17691－2005 国Ⅴ	仓栅式运输车	4	0	
		天然气	10338	221	GB 11340－2005，GB 18285－2005，GB 17691－2005 国Ⅴ	车厢可卸式垃圾车	0	1	
		天然气	10338	221	GB 11340－2005，GB 18285－2005，GB 17691－2005 国Ⅴ	随车起重运输车	1	0	
		天然气	10338	221	GB 11340－2005，GB 18285－2005，GB 17691－2005 国Ⅴ	运油车	0	15	
		天然气	10338	221	GB 11340－2005，GB 18285－2005，GB 17691－2005 国Ⅴ	载货汽车底盘	0	16	
		天然气	10338	221	GB 11340－2005，GB 18285－2005，GB 17691－2005 国Ⅴ	自卸汽车	30	0	
	YC6MK320N－50	天然气	10338	236	GB 11340－2005，GB 18285－2005，GB 17691－2005 国Ⅴ	自卸汽车	1	1	
	YC6MK340N－40	天然气	10338	250	GB 11340－2005，GB 18285－2005，GB 17691－2005 国Ⅳ	半挂牵引汽车	1	0	
		天然气	10338	250	GB 17691－2005 国Ⅳ，GB 11340－2005，GB 18285－2005	半挂牵引车	40	0	
		天然气	10338	250	GB 11340－2005，GB 18285－2005，GB 17691－2005 国Ⅳ	混凝土搅拌运输车	47	0	
		天然气	10338	250	GB 17691－2005 国Ⅳ，GB 18285－2005，GB 11340－2005	牵引汽车	7	0	
		天然气	10338	250	GB 11340－2005，GB 18285－2005，GB 17691－2005 国Ⅳ	自卸汽车	42	21	
	YC6MK340N－50	天然气	10338	250	GB 11340－2005，GB 18285－2005，GB 17691－2005 国Ⅴ	半挂牵引汽车	15	0	
		天然气	10338	250	GB 11340－2005，GB 18285－2005，GB 17691－2005 国Ⅴ	半挂牵引车	98	16	
		天然气	10338	250	GB 11340－2005，GB 18285－2005，GB 17691－2005 国Ⅴ	仓栅式运输车	8	0	
		天然气	10338	250	GB 17691－2005 国Ⅴ，GB 11340－2005，GB 18285－2005	低温液体运输车	13	0	
		天然气	10338	250	GB 17691－2005 国Ⅴ，GB 18285－2005，GB 11340－2005	混凝土搅拌运输车	262	0	
		天然气	10338	250	GB 17691－2005 国Ⅴ，GB 18285－2005，GB 11340－2005	牵引汽车	207	17	
		天然气	10338	250	GB 11340－2005，GB 18285－2005，GB 17691－2005 国Ⅴ	载货汽车	2	2	
		天然气	10338	250	GB 17691－2005 国Ⅴ，GB 18285－2005，GB 11340－2005	自卸汽车	115	0	
		天然气	10338	250	GB 17691－2005 国Ⅴ，GB 18285－2005，GB 11340－2005	自卸式垃圾车	146	30	
	YC6MK375N－40	天然气	10338	276	GB 11340－2005，GB 18285－2005，GB 17691－2005 国Ⅳ	半挂牵引车	231	4	
		天然气	10338	276	GB 11340－2005，GB 18285－2005，GB 17691－2005 国Ⅳ	半挂牵引汽车	30	2	
		天然气	10338	276	GB 17691－2005 国Ⅳ，GB 18285－2005，GB 11340－2005	低密度粉粒物料运输车	1	0	
		天然气	10338	276	GB 11340－2005，GB 18285－2005，GB 17691－2005 国Ⅳ	混凝土搅拌运输车	6	0	
		天然气	10000	276	GB 17691－2005 国Ⅳ	牵引车	1	0	
		天然气	10338	276	GB 11340－2005，GB 18285－2005，GB 17691－2005 国Ⅳ	牵引汽车	84	5	
		天然气	10338	276	GB 11340－2005，GB 18285－2005，GB 17691－2005 国Ⅳ	自卸汽车	68	0	
	YC6MK375N－50	天然气	10338	276	GB 11340－2005，GB 18285－2005，GB 17691－2005 国Ⅴ	半挂牵引车	2029	452	
		天然气	10338	276	GB 17691－2005 国 Ⅴ，GB 11340－ 2005，GB 18285－2005	牵引车	6	6	
		天然气	10338	276	GB 11340－2005，GB 18285－2005，GB 17691－2005 国Ⅴ	牵引汽车	60	18	
		天然气	10338	276	GB 11340－2005，GB 18285－2005，GB 17691－2005 国Ⅴ	自卸汽车	8	1	
潍坊潍柴培新气体发动机有限公司	WP10NG300E50	天然气	9726	220	GB 17691－2005 国Ⅴ，GB 11340－2005，GB 18285－2005	牵引汽车	3	0	2324
	WP10NG336E40	天然气	9726	247	GB 17691－2005 国Ⅳ，GB 11340－2005，GB 18285－2005	牵引汽车	1254	69	
	WP10NG336E50	天然气	9726	247	GB 17691－2005 国Ⅴ，GB 11340－2005，GB 18285－2005	牵引汽车	203	60	
	WP12NG330E40	天然气	11596	243	GB 17691－2005 国Ⅳ，GB 11340－2005，GB 18285－2005	低密度粉粒物料运输车	1	0	
	WP12NG350E40	天然气	11596	257	GB 11340－2005，GB 18285－2005，GB 17691－2005 国Ⅳ	半挂牵引车	50	9	
		天然气	11596	257	GB 17691－2005 国Ⅳ，GB 11340－2005，GB 18285－2005	牵引汽车	214	9	

续表

发动机生产企业	发动机型号	燃料种类	排量(mL)	功率(kW)	排放标准	配套车辆类型	2014年配套车型产量小计(辆)	2015年1—3月配套车型产量小计(辆)	配套车型产量合计(辆)
潍坊潍柴培新气体发动机有限公司	WP12NG380E40	天然气	11596	280	GB 11340－2005，GB 18285－2005，GB 17691－2005 国Ⅳ	半挂牵引车	75	11	
		天然气	11596	280	GB 17691－2005 国Ⅳ，GB 11340－2005，GB 18285－2005	混凝土搅拌运输车	17	0	
		天然气	11596	280	GB 17691－2005 国Ⅳ，GB 11340－2005，GB 18285－2005	牵引汽车	242	0	
		天然气	11596	280	GB 17691－2005 国Ⅳ，GB 11340－2005，GB 18285－2005	自卸汽车	48	0	
	WP12NG380E50	天然气	11596	280	GB 17691－2005 国Ⅴ，GB 11340－2005，GB 18285－2005	牵引汽车	52	7	
东风南充汽车有限公司	NQ100BN5	天然气	3759	73	GB 17691－2005 国Ⅴ，GB 11340－2005，GB 18285－2005	仓栅式运输车	30	0	1672
		天然气	3759	73	GB 17691－2005 国Ⅴ，GB 11340－2005，GB 18285－2005	教练车	66	12	
		天然气	3759	73	GB 17691－2005 国Ⅴ，GB 11340－2005，GB 18285－2005	载货汽车	21	0	
		天然气	3759	73	GB 17691－2005 国Ⅴ，GB 11340－2005，GB 18285－2005	载货汽车底盘	0	12	
	NQ100N4	天然气	3759	79	GB 17691－2005 国Ⅳ，GB 11340－2005，GB 18285－2005	仓栅式运输车	1	0	
		天然气	3759	79	GB 17691－2005 国Ⅳ，GB 11340－2005，GB 18285－2005	教练车	4	0	
		天然气	3759	79	GB 17691－2005 国Ⅳ，GB 11340－2005，GB 18285－2005	载货汽车	1	0	
	NQ120BN5	天然气	3759	88	GB 17691－2005 国Ⅴ，GB 11340－2005，GB 18285－2005	教练车	145	4	
		天然气	3759	88	GB 17691－2005 国Ⅴ，GB 11340－2005，GB 18285－2005	载货汽车	3	0	
		天然气	3759	88	GB 17691－2005 国Ⅴ，GB 11340－2005，GB 18285－2005	冷藏车	32	0	
		天然气	3759	88	GB 17691－2005 国Ⅴ，GB 11340－2005，GB 18285－2005	厢式运输车	20	20	
	NQ120N4	天然气	3759	92	GB 17691－2005 国Ⅳ，GB 11340－2005，GB 18285－2005	厢式运输车	9	0	
	NQ140BN5	天然气	3759	103	GB 17691－2005 国Ⅴ，GB 11340－2005，GB 18285－2005	仓栅式运输车	2	1	
		天然气	3759	103	GB 17691－2005 国Ⅴ，GB 11340－2005，GB 18285－2005	教练车	435	37	
		天然气	3759	103	GB 17691－2005 国Ⅳ，GB 11340－2005，GB 18285－2005	厢式运输车	4	1	
		天然气	3759	103	GB 17691－2005 国Ⅴ，GB 11340－2005，GB 18285－2005	压缩式垃圾车	1	0	
		天然气	3759	103	GB 17691－2005 国Ⅴ，GB 11340－2005，GB 18285－2005	载货汽车	3	0	
	NQ140JN5	天然气	5420	103	GB 17691－2005 国Ⅴ，GB 11340－2005，GB 18285－2005	教练车	22	0	
	NQ140N4	天然气	3759	103	GB 17691－2005 国Ⅳ，GB 11340－2005，GB 18285－2005	教练车	5	0	
	NQ150DN5	天然气	5638	110	GB 17691－2005 国Ⅴ，GB 11340－2005，GB 18285－2005	教练车	20	1	
	NQ160CN5	天然气	4750	118	GB 17691－2005 国Ⅴ，GB 11340－2005，GB 18285－2005	仓栅式运输车	3	0	
		天然气	4750	118	GB 17691－2005 国Ⅴ，GB 11340－2005，GB 18285－2005	教练车	27	5	
		天然气	4750	118	GB 17691－2005 国Ⅴ，GB 11340－2005，GB 18285－2005	载货汽车	2	0	
		天然气	4750	118	GB 17691－2005 国Ⅴ，GB 11340－2005，GB 18285－2005	载货汽车底盘	0	5	
	NQ180CN5	天然气	4750	132	GB 17691－2005 国Ⅴ，GB 11340－2005，GB 18285－2005	教练车	21	2	
	NQ180N	天然气	5638	132	GB 17691－2005 国Ⅳ，GB 11340－2005，GB 18285－2005	教练车	9	4	
	NQ190FN5	天然气	6234	140	GB 17691－2005 国Ⅴ，GB 11340－2005，GB 18285－2005	仓栅式运输车	93	1	
		天然气	6234	140	GB 17691－2005 国Ⅴ，GB 11340－2005，GB 18285－2005	教练车	127	11	
		天然气	6234	140	GB 11340－2005，GB 18285－2005，GB 17691－2005 国Ⅴ	厢式运输车	19	1	
		天然气	6234	140	GB 17691－2005 国Ⅴ，GB 11340－2005，GB 18285－2005	载货汽车	29	9	
		天然气	6234	140	GB 17691－2005 国Ⅴ，GB 11340－2005，GB 18285－2005	自卸汽车	53	0	
		天然气	6234	140	GB 17691－2005 国Ⅴ，GB 11340－2005，GB 18285－2005	自卸汽车底盘	0	1	
	NQ200N4	天然气	5638	147	GB 17691－2005 国Ⅳ，GB 11340－2005，GB 18285－2005	仓栅式运输车	2	0	
		天然气	5638	147	GB 17691－2005 国Ⅳ，GB 11340－2005，GB 18285－2005	载货汽车	1	0	

续表

发动机生产企业	发动机型号	燃料种类	排量(mL)	功率(kW)	排放标准	配套车辆类型	2014年配套车型产量小计(辆)	2015年1—3月配套车型产量小计(辆)	配套车型产量合计(辆)
东风南充汽车有限公司	NQ210FN5	天然气	6234	154	GB 17691－2005 国Ⅴ，GB 11340－2005，GB 18285－2005	自卸汽车	30	1	
		天然气	6234	154	GB 17691－2005 国Ⅴ，GB 11340－2005，GB 18285－2005	车厢可卸式垃圾车	1	1	
		天然气	6234	154	GB 17691－2005 国Ⅴ，GB 11340－2005，GB 18285－2005	洒水车	1	0	
		天然气	6234	154	GB 17691－2005 国Ⅴ，GB 11340－2005，GB 18285－2005	压缩式垃圾车	3	0	
	NQ210N	天然气	6870	153	GB 17691－2005 国Ⅲ，GB 11340－2005，GB 18285－2005	自卸汽车	1	0	
	NQ230FN5	天然气	6234	169	GB 17691－2005 国Ⅴ，GB 11340－2005，GB 18285－20	仓栅式运输车	154	3	
		天然气	6234	169	GB 17691－2005 国Ⅴ，GB 11340－2005，GB 18285－2005	教练车	51	0	
		天然气	6234	169	GB 17691－2005 国Ⅴ，GB 11340－2005，GB 18285－2005	载货汽车	34	0	
		天然气	6234	169	GB 17691－2005 国Ⅴ，GB 11340－2005，GB 18285－2005	自卸汽车	2	0	
	NQ260HN5	天然气	8300	191	GB 11340－2005，GB 18285－2005，GB 17691－2005 国Ⅴ	仓栅式运输车	30	0	
	NQ280HN5	天然气	8300	206	GB 17691－2005 国Ⅴ，GB 11340－2005，GB 18285－2005	自卸汽车	23	0	
中国第一汽车集团公司	CA6SL2－29E5N	天然气	8600	216	GB 11340－2005，GB 18285－2005，GB 17691－2005 国Ⅴ	天然气半挂牵引汽车	15	0	1580
	CA6SL2－31E4N	天然气	8600	231	GB 11340－2005，GB 18285－2005，GB 17691－2005 国Ⅳ	平头天然气半挂牵引汽车	2	4	
		天然气	8600	231	GB 11340－2005，GB 18285－2005，GB 17691－2005 国Ⅳ	天然气半挂牵引汽车	25	0	
	CA6SM2－31E5N	天然气	11050	231	GB 11340－2005，GB 18285－2005，GB 17691－2005 国Ⅴ	天然气半挂牵引汽车	1	0	
	CA6SM2－33E4N	天然气	11050	246	GB 18285－2005，GB 11340－2005，GB 17691－2005 国Ⅳ	集装箱天然气半挂牵引汽车	1	0	
		天然气	11050	246	GB 18285－2005，GB 11340－2005，GB 17691－2005 国Ⅳ	平头天然气半挂牵引汽车	1	0	
	CA6SM2－35E4N	天然气	11050	261	GB 18285－2005，GB 11340－2005，GB 17691－2005 国Ⅳ	平头天然气半挂牵引汽车	163	6	
	CA6SM2－35E5N	天然气	11050	261	GB 11340－2005，GB 18285－2005，GB 17691－2005 国Ⅴ	平头天然气半挂牵引汽车	13	15	
		天然气	11050	261	GB 18285－2005，GB 11340－2005，GB 17691－2005 国Ⅴ	平头天然气自卸汽车	2	0	
		天然气	11050	261	GB 17691－2005 国Ⅴ，GB 18285－2005，GB 11340－2005	天然气半挂牵引汽车	3	8	
	CA6SM2－37E5N	天然气	11050	278	GB 18285－2005，GB 11340－2005，GB 17691－2005 国Ⅴ	平头天然气半挂牵引汽车	613	55	
	CA6SN1－35E4N	天然气	12530	261	GB 18285－2005，GB 11340－2005，GB 17691－2005 国Ⅳ	平头天然气自卸汽车	1	0	
	CA6SN1－37E4N	天然气	11050	278	GB 18285－2005，GB 11340－2005，GB 17691－2005 国Ⅳ	平头天然气自卸汽车	5	0	
	CA6SN1－39E4N	天然气	12530	290	GB 18285－2005，GB 11340－2005，GB 17691－2005 国Ⅳ	平头天然气自卸汽车	10	0	
		天然气	12530	290	GB 18285－2005，GB 11340－2005，GB 17691－2005 国Ⅳ	平头液化天然气半挂牵引车	440	9	
	CA6SN1－39E5N	天然气	12530	290	GB 18285－2005，GB 11340－2005，GB 17691－2005 国Ⅳ	平头天然气半挂牵引汽车	173	15	
玉柴联合动力股份有限公司	YC6K1034N－50	天然气	10338	250	GB 17691－2005 国Ⅴ，GB 18285－2005，GB 11340－2005	牵引汽车	235	46	1526
		天然气	10338	250	GB 17691－2005 国Ⅴ，GB 18285－2005，GB 11340－2005	低密度粉粒物料运输车	12	2	
		天然气	10338	250	GB 17691－2005 国Ⅴ，GB 18285－2005，GB 11340－2005	自卸式垃圾车	16	0	
		天然气	10338	250	GB 17691－2005 国Ⅴ，GB 18285－2005，GB 11340－2005	自卸汽车	6	0	
		天然气	10338	250	GB 17691－2005 国Ⅴ，GB 18285－2005，GB 11340－2005	仓栅式运输车	5	0	

续表

发动机生产企业	发动机型号	燃料种类	排量（mL）	功率（kW）	排放标准	配套车辆类型	2014年配套车型产量小计（辆）	2015年1—3月配套车型产量小计（辆）	配套车型产量合计（辆）
玉柴联合动力股份有限公司	YC6K1338N－50	天然气	12939	280	GB 17691－2005国Ⅴ，GB 18285－2005，GB 11340－2005	牵引汽车	235	78	
		天然气	12939	280	GB 17691－2005国Ⅴ，GB 18285－2005，GB 11340－2005	自卸汽车	95	10	
		天然气	12939	280	GB 17691－2005国Ⅴ，GB 18285－2005，GB 11340－2005	混凝土搅拌运输车	231	0	
		天然气	12939	280	GB 17691－2005国Ⅴ，GB 18285－2005，GB 11340－2005	自卸汽车底盘	0	10	
	YC6K1340N－50	天然气	10338	250	GB 17691－2005国Ⅴ，GB 18285－2005，GB 11340－2005	牵引汽车	3	0	
		天然气	12939	294	GB 17691－2005国Ⅴ，GB 18285－2005，GB 11340－2005	牵引汽车	419	30	
		天然气	12939	294	GB 17691－2005国Ⅴ，GB 18285－2005，GB 11340－2005	自卸汽车	13	0	
		天然气	12939	294	GB 17691－2005国Ⅴ，GB 18285－2005，GB 11340－2005	混凝土搅拌运输车	60	0	
		天然气	12939	294	GB 17691－2005国Ⅴ，GB 18285－2005，GB 11340－2005	低密度粉粒物料运输车	6	0	
		天然气	12939	294	GB 17691－2005国Ⅴ，GB 18285－2005，GB 11340－2005	载货汽车底盘	0	1	
	YC6K1342N－50	天然气	12939	309	GB 17691－2005国Ⅴ，GB 18285－2005，GB 11340－2005	牵引汽车	12	0	
		天然气	12939	294	GB 17691－2005国Ⅴ，GB 18285－2005，GB 11340－2005	牵引汽车	1	0	
昆明云内动力股份有限公司	YN36QNE	天然气	3612	85	GB 17691－2005国Ⅴ，GB 11340－2005，GB 18285－2005	厢式运输车	119	65	409
		天然气	3612	85	GB 17691－2005国Ⅴ，GB 11340－2005，GB 18285－2005	载货汽车	75	26	
		天然气	3612	85	GB 17691－2005国Ⅴ，GB 11340－2005，GB 18285－2005	载货汽车底盘	0	124	
上海柴油机股份有限公司	SC10ET350Q5	天然气	10420	257	GB 18285－2005，GB 11340－2005，GB 17691－2005国Ⅴ	集装箱半挂牵引车	1	0	402
	SC12ET350Q5	天然气	11810	257	GB 18285－2005，GB 11340－2005，GB 17691－2005国Ⅴ	牵引汽车	112	0	
		天然气	11810	257	GB 18285－2005，GB 11340－2005，GB 17691－2005国Ⅴ	仓栅式运输车	5	0	
	SC12ET390Q5	天然气	11810	287	GB 18285－2005，GB 11340－2005，GB 17691－2005国Ⅴ	牵引汽车	4	0	
		天然气	11810	287	GB 18285－2005，GB 11340－2005，GB 17691－2005国Ⅴ	自卸汽车	0	20	
		天然气	11810	287	GB 18285－2005，GB 11340－2005，GB 17691－2005国Ⅴ	混凝土搅拌运输车	2	0	
	SC9DT280Q4	天然气	8820	206	GB 11340－2005，GB 18285－2005，GB 17691－2005国Ⅳ	汽车起重机	1	0	
	SC9DT280Q5	天然气	8820	206	GB 18285－2005，GB 11340－2005，GB 17691－2005国Ⅴ	厢式运输车	24	0	
		天然气	8820	206	GB 11340－2005，GB 18285－2005，GB 17691－2005国Ⅴ	自卸汽车	30	0	
	SC9DT320Q4	天然气	8820	235	GB 17691－2005国Ⅳ，GB 11340－2005，GB 18285－2005	牵引汽车	1	0	
		天然气	8820	235	GB 17691－2005国Ⅳ，GB 11340－2005，GB 18285－2005	自卸汽车	1	0	
	SC9DT320Q5	天然气	8820	235	GB 18285－2005，GB 11340－2005，GB 17691－2005国Ⅴ	牵引汽车	200	1	
一汽解放汽车有限公司无锡柴油机厂	CA6SF2－17E4N	天然气	7130	128	GB 3847－1999，GB 17691－2005国Ⅳ	仓栅式运输车	1	0	383
		天然气	7130	128	GB 3847－1999，GB 17691－2005国Ⅳ	平头天然气载货汽车	2	0	
		天然气	7130	128	GB 3847－1999，GB 17691－2005国Ⅳ	厢式运输车	38	0	
	CA6SF2－17E5N	天然气	7130	128	GB 18285－2005，GB 11340－2005，GB 17691－2005国Ⅴ	仓栅式运输车	2	0	
		天然气	7130	128	GB 18285－2005，GB 11340－2005，GB 17691－2005国Ⅴ	平头天然气牵引汽车	43	0	
		天然气	7130	128	GB 18285－2005，GB 11340－2005，GB 17691－2005国Ⅴ	平头天然气载货汽车	2	0	
		天然气	7130	128	GB 11340－2005，GB 18285－2005，GB 17691－2005国Ⅴ	天然气半挂牵引汽车	145	12	
	CA6SF2－19E4N	天然气	7130	143	GB 3847－1999，GB 17691－2005国Ⅳ	厢式运输车	2	0	
	CA6SF2－19E5N	天然气	7130	143	GB 11340－2005，GB 18285－2005，GB 17691－2005国Ⅴ	仓栅式运输车	9	0	
		天然气	7130	143	GB 18285－2005，GB 11340－2005，GB 17691－2005国Ⅴ	平头天然气牵引汽车	89	3	
		天然气	7130	143	GB 18285－2005，GB 11340－2005，GB 17691－2005国Ⅴ	厢式运输车	4	0	

续表

发动机生产企业	发动机型号	燃料种类	排量(mL)	功率(kW)	排放标准	配套车辆类型	2014年配套车型产量小计(辆)	2015年1—3月配套车型产量小计(辆)	配套车型产量合计(辆)
一汽解放汽车有限公司无锡柴油机厂	CA6SF2-23E5N	天然气	7130	173	GB 11340-2005, GB 18285-2005, GB 17691-2005 国Ⅴ	仓栅式运输车	5	0	
		天然气	7130	173	GB 18285-2005, GB 11340-2005, GB 17691-2005 国Ⅴ	厢式运输车	17	2	
		天然气	7130	173	GB 11340-2005, GB 18285-2005, GB 17691-2005 国Ⅴ	载货汽车	0	1	
	CA6SL2-29E5N	天然气	8600	216	GB 18285-2005, GB 11340-2005, GB 17691-2005 国Ⅴ	平头天然气牵引车	5	0	
		天然气	8600	216	GB 18285-2005, GB 11340-2005, GB 17691-2005 国Ⅴ	平头天然气自卸汽车	1	0	
东风朝阳朝柴动力有限公司	CY4102-N4A	天然气	3856	88	GB 17691-2005 国Ⅳ, GB 18285-2005, GB 11340-2005	仓栅式运输车	8	1	118
		天然气	3856	88	GB 17691-2005 国Ⅳ, GB 18285-2005, GB 11340-2005	清障车	8	0	
		天然气	3856	88	GB 17691-2005 国Ⅳ, GB 18285-2005, GB 11340-2005	厢式运输车	20	8	
		天然气	3856	88	GB 17691-2005 国Ⅳ, GB 18285-2005, GB 11340-2005	载货汽车	8	2	
		天然气	3856	88	GB 17691-2005 国Ⅳ, GB 18285-2005, GB 11340-2005	载货汽车底盘	0	9	
	CY4102-N5D	天然气	3856	84	GB 17691-2005 国Ⅴ, GB 18285-2005, GB 11340-2005	餐厨垃圾车	0	1	
		天然气	3856	84	GB 17691-2005 国Ⅴ, GB 11340-2005, GB 18285-2005	仓栅式运输车	1	2	
		天然气	3856	84	GB 17691-2005 国Ⅴ, GB 11340-2005, GB 18285-2005	厢式运输车	0	14	
		天然气	3856	84	GB 17691-2005 国Ⅴ, GB 11340-2005, GB 18285-2005	载货汽车	0	4	
		天然气	3856	84	GB 17691-2005 国Ⅴ, GB 11340-2005, GB 18285-2005	载货汽车底盘	0	29	
	CY4102-N5C	天然气	3856	91	GB 17691-2005 国Ⅴ, GB 18285-2005, GB 11340-2005	载货汽车	1	0	
	CY4102-N5K	天然气	3856	105	GB 17691-2005 国Ⅴ, GB 18285-2005, GB 11340-2005	扫路车	1	1	
东风商用车有限公司	EQRN350-40	天然气	11120	257	GB 11340-2005, GB 18285-2005, GB 17691-2005 国Ⅳ	半挂牵引车	8	0	66
	EQRN385-40	天然气	11120	283	GB 11340-2005, GB 18285-2005, GB 17691-2005 国Ⅳ	半挂牵引汽车	34	19	
		天然气	11120	283	GB 17691-2005 国Ⅳ, GB 11340-2005, GB 18285-2005	混凝土搅拌运输车	5	0	
长春一汽四环发动机制造有限公司	CA4GNE4	天然气	3700	85	GB 11340-2005, GB 18285-2005, GB 17691-2005 国Ⅳ	教练车	55	0	55
		天然气	3700	85	GB 11340-2005, GB 18285-2005, GB 17691-2005 国Ⅳ	载货汽车			
山西成功淮海发动机有限公司	HH412Q/CNG	天然气	1206	58	GB 18352.3-2005 国Ⅳ	混凝土搅拌运输车	23	0	23
		天然气	1206	58	GB 18352.3-2005 国Ⅳ	载货汽车			
澳森发动机(大连)有限公司	OA6SP4-32	天然气	9726	235	GB 17691-2005 国Ⅳ, GB 11340-2005, GB 18285-2005	混凝土搅拌运输车	4	0	4
东风康明斯发动机有限公司	ISDe185 40	天然气	6700	136	GB 3847-2005, GB 17691-2005 国Ⅳ	洒水车	1	0	1
恒天动力有限公司	HD65N	天然气	6494	162	GB 17691-2005 国Ⅴ, GB 11340-2005, GB 18285-2005	车厢可卸式垃圾车	1	0	1
庆铃汽车股份有限公司	4KH1-TC	天然气	2999	96	GB 17691-2005 国Ⅲ	水罐消防车	1	0	1
绵阳新晨动力机械有限公司	491Q-ME	天然气	2237	69/76	GB 18352.3-2005 国Ⅳ	厢式运输车	1	0	1
配套车型产量合计(辆)							52603	4264	56867

2. 汽油/天然气两用燃料汽车发动机配套数量统计

(1) 大中型客车、轻型客车

发动机生产企业	发动机型号	燃料种类	排量(mL)	功率(kW)	排放标准	配套车辆类型	2014年配套车型产量小计(辆)	2015年1—3月配套车型产量小计(辆)	配套车型产量合计(辆)
重庆长安汽车股份有限公司	JL466QG	汽油/天然气	999	50.8/41	GB 18352.3-2005 国Ⅳ	两用燃料客车	4363	148	7186
	JL474QAE	汽油/天然气	1298	60/53	GB 18352.3-2005 国Ⅳ	两用燃料客车	69	0	
	JL475QS	汽油/天然气	1497	75/64	GB 18352.3-2005 国Ⅳ	两用燃料客车	2606	0	
重庆渝安淮海动力有限公司	AF10G/N	汽油/天然气	1000	46/39	GB 18352.3-2005 国Ⅳ	客车	804	48	879
	BG13G/N-01	汽油/天然气	1300	60.5/51.5	GB 18352.3-2005 国Ⅳ阶段	客车	27	0	
沈阳新光华晨汽车发动机有限公司	4G21N	汽油/天然气	2021	78/66	GB 18352.3-2005 国Ⅳ	轻型客车	15	0	841
	XG491Q-ME	汽油/天然气	2237	82/70.5	GB 18352.3-2005 国Ⅳ	轻型客车	597	229	
重庆力帆汽车发动机有限公司	LF466Q/PC-h	汽油/天然气	999	50/43	GB 18352.3-2005 国Ⅳ	客车	70	47	621
	LF479Q6	汽油/天然气	1299	66.5/57.2	GB 18352.3-2005 国Ⅳ	客车	151	353	
绵阳新晨动力机械有限公司	4A15	汽油/天然气	1495	75	GB 18352.3-2005 国Ⅳ	轻型客车	2	0	533
	4RB2	汽油/天然气	2438	102/90	GB 18352.3-2005 国Ⅳ	轻型客车	16	4	
		汽油/天然气	2438	102/90	GB 18352.3-2005 国Ⅳ	两用燃料轻型客车底盘	0	3	
	JM491Q-ME	汽油/天然气	2237	76/66	GB 18352.3-2005 国Ⅳ	轻型客车底盘	0	6	
		汽油/天然气	2237	76/67	GB 18352.3-2005 国Ⅳ	客车	175	11	
		汽油/天然气	2237	76/67	GB 18352.3-2005 国Ⅳ	小型客车	270	46	
柳州五菱柳机动力有限公司	LJ474Q3E2	汽油/天然气	1298	60.5/54.3	GB 18352.3-2005 国Ⅳ	两用燃料客车	5	0	459
	LJ475QNE1	汽油/天然气	1590	71/67.5	GB 18352.3-2005 国Ⅳ	城市客车	451	3	
沈阳航天三菱汽车发动机制造有限公司	4G69S4N	汽油/天然气	2378	100	GB 18352.3-2005 国Ⅳ	客车	21	12	33
东风南充汽车有限公司	NQ6100T4	汽油/天然气	5420	99/85	GB 17691-2005 国Ⅳ GB 14762-2008 国Ⅳ GB 18285-2005 GB 11340-2005 GB 14763-2005	客车底盘	0	14	14
哈尔滨东安动力股份有限公司	DA465QA	汽油/天然气	970	44/39	GB 18352.3-2005 国Ⅳ	两用燃料客车	10	0	10
北汽福田汽车股份有限公司	BJ491EQ4	汽油/天然气	2237	76/65	GB 18352.3-2005 国Ⅳ	轻型客车	3	0	3
哈尔滨东安汽车发动机制造有限公司	4G94D	汽油/天然气	1999	108	GB 18352.3-2005 国Ⅳ	轻型客车	2	0	2
锐展(铜陵)科技有限公司	TNN4G16T00	汽油/天然气	1596	76	GB 18352.3-2005 (国Ⅳ)	轻型客车	1	0	1
神龙汽车有限公司	TU5JP4	汽油/天然气	1587	78	GB 18352.3-2005 国Ⅳ	轻型客车	1	0	1
配套车型产量合计(辆)							9659	924	10583

（2）货车（重型货车、中型货车、轻型货车、微型货车、牵引汽车及其他货车）及专用车（自卸汽车、运输车及其他专用车）发动机配套数量统计

发动机生产企业	发动机型号	燃料种类	排量（mL）	功率（kW）	排放标准	配套车辆类型	2014年配套车型产量小计（辆）	2015年1—3月配套车型产量小计（辆）	配套车型产量合计（辆）
柳州五菱柳机动力有限公司	LJ465Q - 2AE	汽油/天然气	1051	45/40.5	GB 18352.3 - 2005 国Ⅳ	仓栅式运输车	38	11	40164
		汽油/天然气	1051	45/38.5	GB 18352.3 - 2005 国Ⅳ	车厢可卸式垃圾车	1	0	
		汽油/天然气	1051	45/40.5	GB 18352.3 - 2005 国Ⅳ	两用燃料轻型载货汽车	7	57	
		汽油/天然气	1051	45/40.5	GB 18352.3 - 2005 国Ⅳ	厢式运输车	7519	2167	
		汽油/天然气	1051	45/40.5	GB 18352.3 - 2005 国Ⅳ	载货汽车	18444	5693	
		汽油/天然气	1051	45/40.5	GB 18352.3 - 2005 国Ⅳ	载货汽车底盘	0	5546	
		汽油/天然气	1051	45/40.5	GB 18352.3 - 2005 国Ⅳ	自卸式垃圾车	8	0	
	LJ469Q - AE8	汽油/天然气	1249	64/61	GB 18352.5 - 2013	仓栅式运输车	3	1	
		汽油/天然气	1249	64/61	GB 18352.5 - 2013	厢式运输车	99	27	
		汽油/天然气	1249	64/61	GB 18352.5 - 2013	载货汽车	290	146	
		汽油/天然气	1249	64/61	GB 18352.5 - 2013 国Ⅴ	载货汽车底盘	0	97	
	LJ474Q3E2	汽油/天然气	1298	60.5/56	GB 18352.3 - 2005 国Ⅳ	厢式运输车	10	0	
重庆渝安淮海动力有限公司	BG10 - 05	汽油/天然气	1012	51/41	GB 18352.3 - 2005 国Ⅳ阶段	厢式运输车	229	74	5378
		汽油/天然气	1012	51/41	GB 18352.3 - 2005 国Ⅳ阶段	载货汽车	928	328	
		汽油/天然气	1012	51/41	GB 18352.3 - 2005 国Ⅳ阶段	载货汽车底盘	0	401	
	AF10 - 06	汽油/天然气	997	39/31	GB 18352.3 - 2005 国Ⅳ阶段	厢式运输车	47	7	
		汽油/天然气	997	39/31	GB 18352.3 - 2005 国Ⅳ阶段	载货汽车	291	42	
		汽油/天然气	997	39/31	GB 18352.3 - 2005 国Ⅳ阶段	载货汽车底盘	0	50	
	DK12 - 01	汽油/天然气	1210	64/54	GB 18352.3 - 2005 国Ⅳ阶段	仓栅式运输车	9	4	
		汽油/天然气	1210	64/54	GB 18352.3 - 2005 国Ⅳ阶段	厢式运输车	159	88	
		汽油/天然气	1210	64/54	GB 18352.3 - 2005 国Ⅳ阶段	载货汽车	673	446	
		汽油/大然气	1210	64/54	GB 18352.3 - 2005 国Ⅳ阶段	载货汽车底盘	0	523	
	BG13 - 20	汽油/天然气	1300	60.5/52	GB 18352.3 - 2005 国Ⅳ阶段	厢式运输车	9	1	
		汽油/天然气	1300	60.5/52	GB 18352.3 - 2005 国Ⅳ阶段	载货汽车	86	0	
	AF10G/N	汽油/天然气	1000	46/39	GB 18352.3 - 2005 国Ⅳ	厢式运输车	932	50	
	BG13 G/N - 01	汽油/天然气	1300	60.5/50.1	GB 18352.3 - 2005 国Ⅳ	载货汽车	1	0	
重庆长安汽车股份有限公司	JL466QG	汽油/天然气	999	50.8/41	GB 18352.3 - 2005 国Ⅳ	厢式运输车	2101	96	3732
	JL473QE	汽油/天然气	1243	72/63	GB 18352.3 - 2005 国Ⅳ	厢式运输车	303	5	
	JL475QS	汽油/天然气	1497	75/64	GB 18352.3 - 2005 国Ⅳ	厢式运输车	1227	0	
北京福田环保动力股份有限公司	BJ486EQV4	汽油/天然气	1998	95/85.5	GB 18352.3 - 2005 国Ⅳ	厢式运输车	881	296	3425
		汽油/天然气	1998	95/85.5	GB 18352.3 - 2005 国Ⅳ	载货汽车	1050	415	
		汽油/天然气	1998	95/85.5	GB 18352.3 - 2005 国Ⅳ	载货汽车底盘	0	773	
		汽油/天然气	1998	95/85.5	GB 18352.3 - 2005 国Ⅳ	仓栅式运输车	8	2	
绵阳新晨动力机械有限公司	491Q - ME	汽油/天然气	2237	76/69	GB 18352.3 - 2005 国Ⅳ	仓栅式运输车	17	1	3189
		汽油/天然气	2237	76	GB 18352.3 - 2005 国Ⅳ	车厢可卸式垃圾车	1	0	
		汽油/天然气	2237	76/69	GB 18352.3 - 2005 国Ⅳ	冷藏车	7	3	
		汽油/天然气	2237	76/73.5	GB 18352.3 - 2005 国Ⅳ	两用燃料轻型载货汽车	33	82	
		汽油/天然气	2237	76/69	GB 18352.3 - 2005 国Ⅳ	两用燃料轻型载货汽车	10	44	

续表

发动机生产企业	发动机型号	燃料种类	排量(mL)	功率(kW)	排放标准	配套车辆类型	2014年配套车型产量小计(辆)	2015年1—3月配套车型产量小计(辆)	配套车型产量合计(辆)
绵阳新晨动力机械有限公司	491Q-ME	汽油/天然气	2237	76/73.5	GB 18352.3-2005 国Ⅳ	两用燃料轻型载货汽车底盘	0	46	
		汽油/天然气	2237	76	GB 18352.3-2005 国Ⅳ	轻型载货汽车	773	51	
		汽油/天然气	2237	76/69	GB 18352.3-2005 国Ⅳ	厢式运输车	191	29	
		汽油/天然气	2237	76	GB 18352.3-2005 国Ⅳ	轻型载货汽车底盘	0	42	
		汽油/天然气	2237	76	GB 18352.3-2005 国Ⅳ	自卸式垃圾车	4	0	
		汽油/天然气	2237	76	GB 18352.3-2005 国Ⅳ	自装卸式垃圾车	0	0	
	JM491Q-ME	汽油/天然气	2237	76/69	GB 18352.3-2005 国Ⅳ	仓栅式运输车	18	10	
		汽油/天然气	2237	76/65	GB 18352.3-2005 国Ⅳ	多用途货车	1	0	
		汽油/天然气	2237	76/66	GB 18352.3-2005 国Ⅳ	多用途货车	119	6	
		汽油/天然气	2237	76/68.8	GB 18352.3-2005 国Ⅳ	多用途货车	36	0	
		汽油/天然气	2237	76/68	GB 18352.3-2005 国Ⅳ	两用燃料多用途货车	3	0	
		汽油/天然气	2237	76/69	GB 18352.3-2005 国Ⅳ	轻型载货汽车	251	116	
		汽油/天然气	2237	76/69	GB 18352.3-2005 国Ⅳ	轻型载货汽车底盘	0	140	
		汽油/天然气	2237	76/69	GB 18352.3-2005 国Ⅳ	厢式运输车	48	11	
		汽油/天然气	2237	76/67	GB 18352.3-2005 国Ⅳ	厢式运输车	4	0	
		汽油/天然气	2237	76	GB 18352.3-2005 国Ⅳ	载货汽车	57	8	
	4F18-F	汽油/天然气	1051	51/45	GB 18352.3-2005 国Ⅳ	轻型载货汽车	2	0	
		汽油/天然气	1051	51/45	GB 18352.3-2005 国Ⅳ	厢式运输车	1	0	
	V20	汽油/天然气	2020	81	GB 18352.3-2005 国Ⅳ	轻型载货汽车	8	0	
		汽油/天然气	2020	81	GB 18352.3-2005 国Ⅳ	厢式运输车	1	0	
	ZD25TCI	柴油/天然气	2498	85	GB 18352.3-2005 国Ⅳ GB 3847-2005	多用途货车	1	0	
		柴油/天然气	2498	85	GB 18352.3-2005 国Ⅳ GB 3847-2005	厢式运输车	1	0	
	ZG24	汽油/天然气	2438	102/90	GB 18352.3-2005 国Ⅳ	多用途货车	780	44	
		汽油/天然气	2438	102/90	GB 18352.3-2005 国Ⅳ	两用燃料多用途货车	0	181	
	4A13L	汽油/天然气	1298	65/58	GB 18352.3-2005 国Ⅳ	轻型载货汽车	0	8	
哈尔滨东安汽车动力股份有限公司	DA465QA	汽油/天然气	970	44/39	GB 18352.3-2005 国Ⅳ	两用燃料货车	7	0	2540
	DAM13R	汽油/天然气	1299	73/63	GB 18352.3-2005 国Ⅳ	两用燃料载货汽车	1418	446	
		汽油/天然气	1299	73/63	GB 18352.3-2005 国Ⅳ	厢式运输车	384	69	
		汽油/天然气	1299	73/63	GB 18352.3-2005 国Ⅳ	载货汽车	1	0	
		汽油/天然气	1299	73/63	GB 18352.3-2005 国Ⅳ	冷藏车	4	10	
	DAM15R	汽油/天然气	1498	82/72	GB 18352.3-2005 国Ⅳ阶段	仓栅式运输车	1	0	
		汽油/天然气	1498	82/72	GB 18352.3-2005 国Ⅳ阶段	厢式运输车	160	0	
		汽油/天然气	1498	82/72	GB 18352.3-2005 国Ⅳ阶段	载货汽车	40	0	
沈阳新光华翔汽车发动机制造有限公司	G4AC	汽油/天然气	1298	51/46	GB 18352.3-2005 国Ⅳ	轻型货车	309	42	1891
		汽油/天然气	1298	51/46	GB 18352.3-2005 国Ⅳ	厢式运输车	42	8	
	G4AE	汽油/天然气	1298	51/46	GB 18352.3-2005 国Ⅳ	轻型货车	442	135	
		汽油/天然气	1298	51/46	GB 18352.3-2005 国Ⅳ	轻型货车底盘	0	197	
		汽油/天然气	1298	51/46	GB 18352.3-2005 国Ⅳ	厢式运输车	513	203	

续表

发动机生产企业	发动机型号	燃料种类	排量(mL)	功率(kW)	排放标准	配套车辆类型	2014年配套车型产量小计(辆)	2015年1—3月配套车型产量小计(辆)	配套车型产量合计(辆)
北汽福田汽车股份有限公司	BJ486EQV4	汽油/天然气	1998	95/85.5	GB 18352.3－2005 国Ⅳ	厢式运输车	301	277	1534
		汽油/天然气	1998	95/85.5	GB 18352.3－2005 国Ⅳ GB 3847－2005	载货汽车	527	299	
		汽油/天然气	1998	95/85.5	GB 18352.3－2005 国Ⅳ	载货汽车底盘	0	94	
		汽油/天然气	1998	95/85.5	GB 18352.3－2005 国Ⅳ	仓栅式运输车	1	0	
		汽油/天然气	1998	95/85.5	GB 18352.3－2005 国Ⅳ	自卸汽车	0	17	
		汽油/天然气	1998	95/85.5	GB 18352.3－2005 国Ⅳ	两用燃料载货汽车	9	0	
	BJ491EQ4	汽油/天然气	2237	76/65	GB 18352.3－2005 国Ⅳ	厢式运输车	4	2	
		汽油/天然气	2237	76/65	GB 18352.3－2005 国Ⅳ	多用途货车	2	0	
	V22	汽油/天然气	2237	82/74	GB 18352.3－2005 国Ⅳ	两用燃料载货汽车	1	0	
沈阳新光华晨汽车发动机有限公司	4G21N	汽油/天然气	2021	78/66	GB 18352.3－2005 国Ⅳ	厢式运输车	25	28	1193
	4G22B	汽油/天然气	2237	82/74	GB 18352.3－2005 国Ⅳ	两用燃料载货汽车	59	125	
		汽油/天然气	2237	82/74	GB 18352.3－2005 国Ⅳ	两用燃料载货汽车底盘	0	87	
		汽油/天然气	2237	82/74	GB 18352.3－2005 国Ⅳ	厢式运输车	34	71	
	DLCG12	汽油/天然气	1298	60/51	GB 18352.3－2005 国Ⅳ	厢式运输车	257	368	
	XG491Q－ME	汽油/天然气	2237	82/70.5	GB 18352.3－2005 国Ⅳ	厢式运输车	75	6	
	XG4G22B	汽油/天然气	2237	82/74	GB 18352.3－2005 国Ⅳ	两用燃料轻型载货汽车	58	0	
哈尔滨东安汽车发动机制造有限公司	4G15S	汽油/天然气	1488	80/72	GB 18352.3－2005 国Ⅳ	厢式运输车	730	400	1179
	4G15STHE	汽油/天然气	1488	82/70	GB 18352.3－2005 国Ⅳ	厢式运输车	0	49	
锐展（铜陵）科技有限公司	TNN4G12	汽油/天然气	1205	62.5/55.9	GB 18352.3－2005 国Ⅳ	仓栅式运输车	7	3	911
		汽油/天然气	1205	62.5/55.9	GB 18352.3－2005 国Ⅳ	车厢可卸式垃圾车	57	1	
		汽油/天然气	1205	62.5/55.9	GB 18352.3－2005 国Ⅳ	两用燃料轻型载货汽车	111	2	
		汽油/天然气	1205	62.5/55.9	GB 18352.3－2005 国Ⅳ	两用燃料轻型载货汽车	66	15	
		汽油/天然气	1205	62.5/55.9	GB 18352.3－2005 国Ⅳ	两用燃料轻型载货汽车底盘	0	142	
		汽油/天然气	1205	62.5/55.9	GB 18352.3－2005 国Ⅳ	密闭式桶装垃圾车	0	1	
		汽油/天然气	1205	62.5/55.9	GB 18352.3－2005 国Ⅳ	轻型载货汽车	229	29	
		汽油/天然气	1205	62.5/55.9	GB 18352.3－2005 国Ⅳ	轻型载货汽车底盘	0	4	
		天然气/汽油	1205	62.5/55.9	GB 18352.3－2005 国Ⅳ	厢式运输车	126	97	
		汽油/天然气	1205	62.5/55.9	GB 18352.3－2005 国Ⅳ	自卸式垃圾车	2	0	
		汽油/天然气	1205	62.5/55.9	GB 18352.3－2005 国Ⅳ	自装卸式垃圾车	16	1	
	TNN4G15A	汽油/天然气	1499	82/74	GB 18352.3－2005 国Ⅳ	厢式运输车	0	1	
		汽油/天然气	1499	82/74	GB 18352.3－2005 国Ⅳ	两用燃料载货汽车底盘	0	1	
重庆小康动力有限公司	DK12－05	汽油/天然气	1240	65/58	GB 18352.3－2005 国Ⅳ	两用燃料载货汽车	23	277	565
		汽油/天然气	1240	65/58	GB 18352.3－2005 国Ⅳ	两用燃料载货汽车底盘	0	94	
		汽油/天然气	1240	65/58	GB 18352.3－2005 国Ⅳ	厢式运输车	15	75	
	DK15－07	汽油/天然气	1499	82/72	GB 18352.3－2005 国Ⅳ阶段	厢式运输车	54	27	
保定长城内燃机制造有限公司	491QE	汽油/天然气	2237	78/68	GB 18352.3－2005 国Ⅳ	多用途货车	80	102	184
		汽油/天然气	2237	78/68	GB 18352.3－2005 国Ⅳ	多用途货车底盘	0	2	
沈阳航天三菱汽车发动机制造有限公司	4G69S4N	汽油/天然气	2378	110	GB 18352.3－2005 国Ⅳ	工程车	2	0	81
	4A91S	汽油/天然气	1499	77/67	GB 18352.3－2005 国Ⅳ	教练车	77	2	

续表

发动机生产企业	发动机型号	燃料种类	排量（mL）	功率（kW）	排放标准	配套车辆类型	2014年配套车型产量小计（辆）	2015年1—3月配套车型产量小计（辆）	配套车型产量合计（辆）
东风南充汽车有限公司	NQ6100T4	汽油/天然气	5420	99/85	GB 17691－2005 国Ⅳ GB 14762－2008 国Ⅳ GB 11340－2005 GB 14763－2005	牵引教练车	0	40	40
重庆力帆汽车发动机有限公司	LF479Q6	汽油/天然气	1299	66.5/57.2	GB 18352.3－2005 国Ⅳ	厢式运输车	27	5	32
日本日产公司	KA24	汽油/天然气	2388	110/95	GB 18352.3－2005 国Ⅳ	多用途货车	17	4	26
		汽油/天然气	2388	110	GB 18352.3－2005 国Ⅳ	厢式运输车	5	0	
北京汽车股份有限公司	A12	汽油/天然气	1199	63.5/57.2	GB 18352.3－2005 国Ⅳ	厢式运输车	16	4	20
苏州益方动力机械有限公司	YF4G12	汽油/天然气	1200	63/56.3	GB 18352.3－2005 国Ⅳ	厢式运输车	16	1	17
东风朝阳朝柴动力有限公司	CYQD80－E4	柴油/天然气	3153	80.9	GB 18352.3－2005 国Ⅳ GB 3847－2005	多用途货车	5	0	5
常州东风新晨动力机械有限公司	DFXC13－40	汽油/天然气	1298	65/58.8	GB 18352.3－2005 国Ⅳ	厢式运输车	2	0	2
东风轻型发动机有限公司	ZD30D13－4N2	柴油/天然气	2953	96	GB 18352.3－2005 国Ⅳ GB 3847－2005	多用途货车	1	0	1
配套车型产量合计（辆）							44078	22031	66109

（3）乘用车

发动机生产企业	发动机型号	燃料种类	排量（mL）	功率（kW）	排放标准	配套车辆类型	2014年配套车型产量小计（辆）	2015年1—3月配套车型产量小计（辆）	配套车型产量合计（辆）
神龙汽车有限公司	N6A 10XA3A PSA	汽油/天然气	1587	78/68	GB 18352.3－2005 国Ⅳ	轿车	11887	0	28418
	N6A 10FX3A PSA	汽油/天然气	1587	78/67	GB 18352.3－2005 国Ⅳ	两用燃料轿车	7838	196	
	NFP	汽油/天然气	1587	86/75	GB 18352.3－2005 国Ⅳ	两用燃料轿车	6108	2389	
北京现代汽车有限公司	14ED	汽油/天然气	1599	82/70	GB 18352.3－2005 国Ⅳ	两用燃料轿车	17352	1800	25525
	14GB	汽油/天然气	1795	94.9/82	GB 18352.3－2005 国Ⅳ	两用燃料轿车	5410	622	
	14GC	汽油/天然气	1975	101/89	GB 18352.3－2005 国Ⅳ	两用燃料轿车	191	10	
	24ED	汽油/液化石油气	1599	82/74	GB 18352.3－2005 国Ⅳ阶段	两用燃料轿车	100	40	
一汽－大众汽车有限公司	CUC	汽油/天然气	1598	70/81	GB 18352.3－2005 国Ⅳ	两用燃料轿车	13984	7345	24025
	BJT	汽油/天然气	1595	70/55	GB 18352.3－2005 国Ⅳ	两用燃料轿车	72	0	
	BWH	汽油/天然气	1595	76/69	GB 18352.3－2005 国Ⅳ	两用燃料轿车	2539	85	
上海大众动力总成有限公司	CUC	汽油/天然气	1598	81/70	GB 18352.3－2005 国Ⅳ	两用燃料轿车	11121	6087	17208
现代威亚汽车发动机（山东）有限公司	G4ED	汽油/天然气	1599	82.4	GB 18352.3－2005 国Ⅳ	轿车	9770	2236	12006
哈尔滨东安汽车发动机制造有限公司	4G15S	汽油/天然气	1488	80/72	GB 18352.3－2005 国Ⅳ	两用燃料多用途乘用车	1320	591	9499
	4G15STHE	汽油/天然气	1488	82/70	GB 18352.3－2005 国Ⅳ	两用燃料多用途乘用车	118	217	
	4G15V	汽油/天然气	1488	78/66	GB 18352.3－2005 国Ⅳ	两用燃料多用途乘用车	0	1	

续表

发动机生产企业	发动机型号	燃料种类	排量（mL）	功率（kW）	排放标准	配套车辆类型	2014年配套车型产量小计（辆）	2015年1—3月配套车型产量小计（辆）	配套车型产量合计（辆）
哈尔滨东安汽车发动机制造有限公司	DA4G18	汽油/天然气	1584	73.5/65	GB 18352.3－2005 国Ⅳ	两用燃料轿车	5533	1267	
	DA4G18	汽油/天然气	1584	73.5/62	GB 18352.3－2005 国Ⅳ	两用燃料轿车	374	16	
	DAM15R	汽油/天然气	1498	82/72	GB 18352.3－2005 国Ⅳ	两用燃料多用途乘用车	43	19	
浙江吉利汽车有限公司	JLγ－4G18	汽油/天然气	1808	98/78	GB 18352.3－2005 国Ⅳ	两用燃料轿车	2706	424	6037
		汽油/天然气	1808	98/92	GB 18352.3－2005 国Ⅳ	两用燃料轿车	1213	31	
	JL4G18	汽油/天然气	1792	102/92	GB 18352.3－2005 国Ⅳ	两用燃料轿车	4	0	
	MR479QA	汽油/天然气	1498	69/58	GB 18352.3－2005 国Ⅳ	两用燃料轿车	1534	125	
上海大众汽车有限公司	CKZ	汽油/天然气	1781	74/66	GB 18352.3－2005 国Ⅳ	两用燃料轿车	4485	0	4485
沈阳航天三菱汽车发动机制造有限公司	4A91	汽油/天然气	1499	88/74	GB 18352.3－2005 国Ⅳ	两用燃料轿车	2070	160	3881
	4A91A	汽油/天然气	1499	83/72.5	GB 18352.3－2005 国Ⅳ	两用燃料轿车	0	50	
	4A91S	汽油/天然气	1499	77/67	GB 18352.3－2005 国Ⅳ	轿车	537	46	
	4A92S	汽油/天然气	1590	87/76	GB 18352.3－2005 国Ⅳ	轿车	601	119	
	4G69S4N	汽油/天然气	2378	112/85	GB 18352.3－2005 国Ⅳ	两用燃料轿车	276	10	
	4G69S4N	汽油/天然气	2378	110	GB 18352.3－2005 国Ⅳ	多用途乘用车	12	0	
重庆长安汽车股份有限公司	JL473QE	汽油/天然气	1243	72/63	GB 18352.3－2005 国Ⅳ	两用燃料多用途乘用车	2947	29	3430
	JL475QT	汽油/天然气	1497	72/61	GB 18352.3－2005 国Ⅳ	两用燃料轿车	17	0	
	JL478QEK	汽油/天然气	1598	92/73	GB 18352.3－2005 国Ⅳ	两用燃料轿车	395	42	
比亚迪汽车有限公司	BYD473QD	汽油/天然气	1497	80/72	GB 18352.3－2005 国Ⅳ	两用燃料轿车	2748	489	3237
奇瑞汽车股份有限公司	SQR477FD	汽油/天然气	1552	81/68	GB 18352.3－2005 国Ⅳ	轿车	2723	347	3162
	SQR472WB	汽油/天然气	1173	59/50	GB 18352.3－2005 国Ⅳ	多用途乘用车	90	2	
天津一汽夏利汽车股份有限公司内燃机制造分公司	CA4GA5	汽油/天然气	1497	75/66	GB 18352.3－2005 国Ⅳ	两用燃料轿车	1265	187	3145
	CA4GA16	汽油/天然气	1553	77/69	GB 18352.3－2005 国Ⅳ	两用燃料轿车	1473	220	
重庆长安铃木汽车有限公司	M16A3	汽油/天然气	1586	80/66	GB 18352.3－2005 国Ⅳ	轿车	2032	510	2542
北京汽车股份有限公司	A12	汽油/天然气	1199	63.5/57.2	GB 18352.3－2005 国Ⅳ	两用燃料多用途乘用车	2077	377	2454
安徽江淮汽车股份有限公司	HFC4NB2.3C	汽油/天然气	1499	83/66	GB 18352.3－2005 国Ⅳ	两用燃料轿车	1640	709	2349
沈阳新光华晨汽车发动机有限公司	4G20N	汽油/天然气	1998	75/63	GB 18352.3－2005 国Ⅳ	多用途乘用车	1317	286	2187
	DLCG12	汽油/天然气	1298	60/51	GB 18352.3－2005 国Ⅳ	两用燃料多用途乘用车	433	151	
一汽海马汽车有限公司	HM479Q－BA	汽油/天然气	1598	85.8	GB 18352.3－2005 国Ⅳ	轿车	1238	284	1522
东风悦达起亚汽车有限公司	G4EE	汽油/天然气	1399	69.9	GB 18352.3－2005 国Ⅳ	轿车	1228	0	1228

续表

发动机生产企业	发动机型号	燃料种类	排量(mL)	功率(kW)	排放标准	配套车辆类型	2014 年配套车型产量小计(辆)	2015 年 1—3 月配套车型产量小计(辆)	配套车型产量合计(辆)
沈阳华晨金杯汽车有限公司	BL16L	汽油/天然气	1587	87/81	GB 18352.3－2005 国Ⅳ	轿车	10	0	1205
		汽油/液化石油气	1587	87/81	GB 18352.3－2005 国Ⅳ	轿车	360	0	
	BL18L	汽油/天然气	1793	95/88	GB 18352.3－2005 国Ⅳ	轿车	1	0	
		汽油/天然气	1793	95/84	GB 18352.3－2005 国Ⅳ	轿车	110	0	
		汽油/液化石油气	1793	95/90	GB 18352.3－2005 国Ⅳ	轿车	73	0	
		汽油/液化石油气	1793	95/88	GB 18352.3－2005 国Ⅳ	轿车	0	8	
	BM15L	汽油/天然气	1498	77/67	GB 18352.3－2005 国Ⅳ	轿车	577	66	
长城汽车股份有限公司	GW4G15	汽油/天然气	1497	78/68	GB 18352.3－2005 国Ⅳ	轿车	700	171	871
重庆力帆汽车发动机有限公司	LF479Q2/PC	汽油/天然气	1498	69/60	GB 18352.3－2005 国Ⅳ	轿车	241	0	246
	LFB479Q/PC	汽油/天然气	1794	98/83	GB 18352.3－2005 国Ⅳ	两用燃料轿车	5	0	
柳州五菱柳机动力有限公司	LJ469Q－1AE2	汽油/天然气	1249	64/54	GB 18352.3－2005 国Ⅳ	两用燃料多用途乘用车	44	22	184
	LJ469Q－AE2	汽油/天然气	1249	67/57	GB 18352.3－2005 国Ⅳ	两用燃料多用途乘用车	109	9	
广州汽车集团乘用车有限公司	4B16K1	汽油/天然气	1598	90	GB 18352.3－2005 国Ⅳ阶段	两用燃料轿车	0	30	110
	4B18K1	汽油/天然气	1751	106	GB 18352.3－2005 国Ⅳ	两用燃料轿车	0	30	
	4B18K1	汽油/液化石油气	1751	106	GB 18352.3－2005 国Ⅳ	两用燃料轿车	0	50	
绵阳新晨动力机械有限公司	ZD25TCR	柴油/天然气	2498	80	GB 18352.3－2005 国Ⅲ GB 3847－2005	多用途乘用车	2	0	45
	4A15	汽油/天然气	1495	75	GB 18352.3－2005 国Ⅳ	两用燃料多用途乘用车	40	3	
中国第一汽车股份有限公司	CA4GX13	汽油/天然气	1298	65	GB 18352.3－2005 国Ⅳ	两用燃料多用途乘用车	12	5	41
	CA4GX15	汽油/天然气	1495	75	GB 18352.3－2005 国Ⅳ	两用燃料多用途乘用车	18	6	
常州东风新晨动力机械有限公司	DFXC13－40	汽油/天然气	1298	65/58.8	GB 18352.3－2005 国Ⅳ	多用途乘用车	25	0	25
重庆渝安淮海动力有限公司	AF10G/N	汽油/天然气	1000	46/39	GB 18352.3－2005 国Ⅳ	多用途乘用车	17	1	18
东风汽车公司	DFMA15	汽油/天然气	1497	85/72	GB 18352.3－2005 国Ⅳ	两用燃料轿车	6	0	6
北汽银翔汽车有限公司	BJ413A	汽油/天然气	1342	69/60	GB 18352.3－2005 国Ⅳ	多用途乘用车	6	0	6
东风汽车有限公司	HR16	汽油/天然气	1598	83	GB 18352.3－2005 国Ⅳ	多用途乘用车	0	2	2
上汽通用五菱汽车股份有限公司	LQ3	汽油/天然气	1206	60.3	GB 18352.3－2005 国Ⅳ	多用途乘用车	0	1	1
日本日产公司	KA24	汽油/天然气	2388	110	GB 18352.3－2005 国Ⅳ	多用途乘用车	1	0	1
配套车型产量合计（辆）							131178	27923	159101

第七篇

推广应用数量统计

一、2014年重点城市节能与新能源汽车推广数量统计

单位：辆

序号	应用城市	纯电动汽车													非插电式混合动力汽车							
		大中型客车	轻型客车	载货车	公务车	出租车	租赁用车	私人车	电力工程车	邮政车	环卫车	其他专用车	其他	小计	大中型客车	轻型客车	载货车	公务车	出租车	私人车	其他	小计
1	上海市	1272	0	43	609	137	0	337	0	0	5	0	0	2403	0	0	0	0	0	0	0	0
2	北京市	905	0	0	0	1170	2019	3654	0	0	280	20	2	8050	0	0	0	0	0	0	0	0
3	杭州市	4	0	2	60	60		7209	0	0	0	0	0	7335	0	0	0	0	0	0	0	0
4	南京市	981	0	0	5	928	340	8	0	0	0	0	1228	3490	0	0	0	0	0	0	0	0
5	深圳市	156	0	0	170	60	0	33	0	0	0	7	0	426	0	0	0	0	0	0	0	0
6	湖南省	11	0	0	0	0	0	2549	0	10	0	0	0	2570	0	0	0	0	0	0	0	0
7	广州市	5	0	0	74	100	0	907	0	20	0	0	707	1813	0	0	0	0	0	0	0	0
8	天津市	274	0	0	0	18	0	461	0	306	0	0	0	1059	0	0	0	0	0	0	0	0
9	合肥市	330	0	0	21	0	0	1534	0	0	0	0	0	1885	0	0	0	0	0	0	0	0
10	郑州市	300	0	0	0	0	152	126	0	0	0	0	0	578	0	0	0	0	0	0	0	0
11	成都市	2	0	0	5	20	0	116	0	0	36	107	1193	1479	0	0	0	0	0	0	0	0
12	武汉市	143	0	0	60	126	0	1116	0	0	0	4	0	1449	0	0	0	0	0	0	0	0
13	苏州市	887	0	0	0	0	0	25	0	0	0	4	14	930	0	0	0	0	0	0	0	0
14	常州市	408	0	0	0	0	0	752	3	0	0	0	0	1163	0	0	0	0	0	0	0	0
15	金华市	34	0	0	0	0	0	0	0	0	0	0	1050	1084	0	0	0	0	0	0	0	0
16	盐城市	0	201	0	2	0	0	34	0	0	489	222	0	948	0	0	0	0	0	0	0	0
17	西安市	56	0	0	4	0	0	4	0	0	0	0	0	64	150	0	0	0	0	0	0	150
18	南通市	188	0	0	128	0	0	69	7	0	87	0	304	783	0	0	0	0	0	0	0	0
19	江西省	11	0	0	4	0	0	177	0	0	92	0	193	477	0	0	0	0	0	0	0	0
20	青岛市	522	0	0	0	0	0	131	0	0	0	0	0	653	0	0	0	0	0	0	0	0
21	太原市	25	0	0	0	0	0	630	0	0	0	0	0	655	0	0	0	0	0	0	0	0
22	重庆市	0	0	0	0	0	0	95	0	0	0	142	0	237	0	0	0	0	0	0	0	0

序号	应用城市	插电式混合动力汽车								增程式电动车				燃料电池汽车			合计
		大中型客车	轻型客车	载货车	公务车	出租车	私人车	其他	小计	大中型客车	公务车	私人车	小计	公交车	公务车	小计	
1	上海市	259	0	0	544	437	6995	0	8235	0	0	0	0	0	6	6	10644
2	北京市	0	0	0	0	0	0	0	0	0	0	0	0	0	0	0	8050
3	杭州市	0	0	0	0	0	101	0	101	0		0	0	0	0	0	7436
4	南京市	100	0	0	10	0	287	0	397	0	0	0	0	0	0	0	3887
5	深圳市	0	0	0	97	0	3164	0	3261	0	0	0	0	0	0	0	3687
6	湖南省	959	0	0	0	0	21	0	980	0	0	0	0	0	0	0	3550
7	广州市	648	0	0	0	0	0	0	648	0	2	38	40	0	0	0	2501
8	天津市	572	0	0	0	0	424	0	996	0	0	0	0	0	0	0	2055
9	合肥市	130	0	0	0	0	1	0	131	0	0	0	0	0	0	0	2016
10	郑州市	950	0	0	10	0	2	0	962	0	0	0	0	0	0	0	1540
11	成都市	0	0	0	0	0	36	0	36	0		0	0	0	0	0	1515
12	武汉市	0	0	0	30	0	0	0	30	0		0	0	0	0	0	1479
13	苏州市	474	0	0	0	0	14	0	488	0	0	0	0	0	0	0	1418
14	常州市	140	0	0	0	0	26	0	166	0	0	0	0	0	0	0	1329
15	金华市	115	0	0	0	0	0	0	115	0	0	0	0	0	0	0	1199
16	盐城市	210	0	0	0	0	1	0	211	0	0	0	0	0	0	0	1159
17	西安市	0	0	0	0	0	757	0	757	0	0	0	0	0	0	0	971
18	南通市	4	0	0	0	0	0	0	4		0	0	0	0	0	0	787
19	江西省	289	0	0	2	0	3	0	294	0	0	0	0	0	0	0	771
20	青岛市	68	0	0	0	0	8	0	76	0	0	0	0	0	0	0	729
21	太原市	0	0	0	0	0	0	0	0	0	0	0	0	0	0	0	655
22	重庆市	401	0	0	0	0	2	0	403	0	0	0	0	0	0	0	640

续表

序号	应用城市	纯电动汽车													非插电式混合动力汽车								插电式混合动力汽车								增程式电动车				燃料电池汽车			合计
		大中型客车	轻型客车	载货车	公务车	出租车	租赁用车	私人车	电力工程车	邮政车	环卫车	其他专用车	其他	小计	大中型客车	轻型客车	载货车	公务车	出租车	私人车	其他	小计	大中型客车	轻型客车	载货车	公务车	出租车	私人车	其他	小计	大中型客车	公务车	私人车	小计	公交车	公务车	小计	
23	新乡市	41	0	0	0	139	0	130	0	0	0	105	0	415	0	0	0	0	0	0	0	0	160	0	0	0	0	3	0	163	0	0	0	0	0	0	0	578
24	秦皇岛市	40	0	0	0	0	0	0	0	0	0	0	0	40	0	0	0	0	0	0	0	0	448	0	0	0	0	0	0	448	0	0	0	0	0	0	0	488
25	福建省	97	0	0	3	60	0	173	0	0	0	0	0	333	0	0	0	0	0	0	0	0	90	0	0	0	0	25	0	115	0	0	0	0	0	0	0	448
26	扬州市	0	59	0	0	0	0	38	6	0	0	11	0	114	0	0	0	0	0	0	0	0	325	0	0	0	0	4	0	329	0	0	0	0	0	0	0	443
27	东莞市	40	0	0	0	0	0	0	0	0	0	0	0	40	0	0	0	0	0	0	0	0	363	0	0	0	0	0	0	363	0	0	0	0	0	0	0	403
28	贵州省	0	0	0	10	0	0	0	0	0	0	0	0	10	0	0	0	0	0	0	0	0	374	0	0	0	0	0	0	374	0	0	0	0	0	0	0	384
29	芜湖市	1	0	1	52	0	163	122	0	0	0	0	0	339	0	0	0	0	0	0	0	0	16	0	0	0	0	0	0	16	0		0	0	0	0	0	355
30	大连市	65	1	0	0	0	0	219	0	0	0	15	0	300	0	0	0	0	0	0	0	0	40	0	0	0	0	14	0	54	0	0	0	0	0	0	0	354
31	襄阳市	19	0	0	0	0	0	26	0	0	0	12	152	209	0	0	0	0	0	0	0	0	126	0	0	0	0	1	0	127	0	0	0	0	0	0	0	336
32	珠海市	53	0	0	0	200	0	0	0	0	0	0	0	253	0	0	0	0	0	0	0	0	5	0	0	0	0	2	0	7	0	0	0	0	0	0	0	260
33	沈阳市	0	0	0	100	0	0	21	0	0	0	0	0	121	0	0	0	0	0	0	0	0	95	0	0	0	0	22	0	117	0	0	6	6	0	0	0	244
34	潍坊市	69	0	0	0	0	0	33	0	0	0	0	0	102	0	0	0	0	0	0	0	0	138	0	0	0	0	0	0	138	0	0	0	0	0	0	0	240
35	泸州市	1	0	0	20	100	0	0	0	0	0	0	0	121	0	0	0	0	0	0	0	0	49	0	0	10	0	30	0	89	0	0	0	0	0	0	0	210
36	聊城市	0	0	0	0	0	0	2	0	0	0	0	0	2	0	0	0	0	0	0	0	0	200	0	0	0	0	0	0	200	0	0	0	0	0	0	0	202
37	云南省	50	0	0	0	50		8	0	0	0	0	0	108	0	0	0	0	0	0	0	0	65	0	0	23	0	3	0	91	0		0	0	0	0	0	199
38	济南市	20	0	0	0	0	0	4	0	0	0	0	0	24	0	0	0	0	0	0	0	0	174	0	0	0	0	0	0	174	0	0	0	0	0	0	0	198
39	张家口市	0	0	0	0	0	0	0	0	0	0	0	0	0	0	0	0	0	0	0	0	0	197	0	0	0	0	0	0	197	0	0	0	0	0	0	0	197
40	绍兴市	0	0	0	0	0	0	73	0	0	0	0	0	73	0	0	0	0	0	0	0	0	86	0	0	0	0	0	0	86	0	0	0	0	0	0	0	159
41	广西壮族自治区	2	0	20	0	30		0	0	0	0	0	0	52	100	0	0	0	0	0	0	100	1	0	0	0	0	0	0	1	0		0	0	0	0	0	153
42	黑龙江省	0	0	0	0	0	0	0	0	0	0	0	0	0	0	0	0	0	0	0	0	0	143	0	0	0	0	0	0	143	0	0	0	0	0	0	0	143
43	佛山市	0	0	0	5	24	0	0	0	0	1	0	0	30	0	0	0	0	0	0	0	0	81	0	0	0	0	7	0	88	0	0	0	0	0	0	0	118
44	宁波市	0	0	0	0	1	0	30	0	0	0	0	0	31	0	0	0	0	0	0	0	0	86	0	0	0	0	0	0	86	0	0	0	0	0	0	0	117
45	济宁市	0	0	0	0	0	0	1	0	0	0	0	0	1	0	0	0	0	0	0	0	0	114	0	0	0	0	1	0	115	0	0	0	0	0	0	0	116
46	石家庄市	2	0	0	0	0	0	0	0	0	0	0	0	2	0	0	0	0	0	0	0	0	0	0	0	110	0	0	0	110	0	0	0	0	0	0	0	112

续表

序号	应用城市	纯电动汽车													非插电式混合动力汽车								插电式混合动力汽车								增程式电动车				燃料电池汽车			合计
		大中型客车	轻型客车	载货车	公务车	出租车	租赁用车	私人车	电力工程车	邮政车	环卫车	其他专用车	其他	小计	大中型客车	轻型客车	载货车	公务车	出租车	私人车	其他	小计	大中型客车	轻型客车	载货车	公务车	出租车	私人车	其他	小计	大中型客车	公务车	私人车	小计	公交车	公务车	小计	
47	晋中市	0	0	0	0	0	0	0	0	0	0	0	0	0	0	0	0	0	0	0	0	0	107	0	0	0	0	0	0	107	0	0	0	0	0	0	0	107
48	菏泽市	0	0	0	0	0	0	0	0	0	0	0	0	0	0	0	0	0	0	0	0	0	100	0	0	0	0	1	0	101	0	0	0	0	0	0	0	101
49	东营市	1	0	0	0	0	0	0	0	0	0	0	0	1	0	0	0	0	0	0	0	0	90	0	0	0	0	0	0	90	0	0	0	0	0	0	0	91
50	保定市	1	0	0	0	0	0	68	0	0	0	0	0	69	0	0	0	0	0	0	0	0	0	0	0	0	0	18	0	18	0	0	0	0	0	0	0	87
51	惠州市	30	0	0	0	0	0	3	0	0	0	4	0	37	0	0	0	0	0	0	0	0	50	0	0	0	0	0	0	50	0	0	0	0	0	0	0	87
52	日照市	10	0	0	2	0	0	4	0	0	0	0	0	16	0	0	0	0	0	0	0	0	70	0	0	0	0	0	0	70	0	0	0	0	0	0	0	86
53	沧州市	60	0	0	0	0	0	0	0	0	0	0	0	60	0	0	0	0	0	0	0	0	20	0	0	0	0	0	0	20	0	0	0	0	0	0	0	80
54	邯郸市	70	0	0	0	0	0	0	0	0	0	0	0	70	0	0	0	0	0	0	0	0	5	0	0	0	0	0	0	5	0	0	0	0	0	0	0	75
55	邢台市	0	0	0	3	0	0	35	0	0	0	0	0	38	0	0	0	1	0	26	0	27	0	0	0	0	0	2	0	2	0	0	0	0	0	0	0	67
56	长春市	0	5	0	0	0	0	0	0	0	0	0	0	5	0	0	0	0	0	0	0	0	12	0	0	0	31	2	5	50	0	0	0	0	0	0	0	55
57	临沂市	45	0	0	2	0	0	5	0	0	1	0	0	53	0	0	0	0	0	0	0	0	0	0	0	0	0	1	0	1	0	0	0	0	0	0	0	54
58	潮州市	2	0	0	0	0	0	50	0	0	0	0	0	52	0	0	0	0	0	0	0	0	0	0	0	0	0	0	0	0	0	0	0	0	0	0	0	52
59	韶关市	0	0	0	0	0	0	50	0	0	0	0	0	50	0	0	0	0	0	0	0	0	0	0	0	0	0	0	0	0	0	0	0	0	0	0	0	50
60	枣庄市	0	0	0	0	0	0	0	0	0	0	0	0	0	0	0	0	0	0	0	0	0	50	0	0	0	0	0	0	50	0	0	0	0	0	0	0	50
61	海口市	2	0	0	1	0	0	0	0	0	0	0	0	3	0	0	0	0	0	0	0	0	45	0	0	0	0	0	0	45	0	0	0	0	0	0	0	48
62	湖州市	20	0	0	0	0	0	19	0	0	0	0	0	39	0	0	0	0	0	0	0	0	0	0	0	0	0	1	0	1	0	0	0	0	0	0	0	40
63	唐山市	0	0	0	4	0	24	7	0	0	0	0	2	37	0	0	0	0	0	0	0	0	0	0	0	0	0	0	0	0	0	0	0	0	0	0	0	37
64	威海市	0	0	0	0	0	0	2	0	0	0	0	0	2	0	0	0	0	0	0	0	0	30	0	0	0	0	1	0	31	0	0	0	0	0	0	0	33
65	烟台市	0	0	0	0	0	0	3	0	0	0	0	0	3	0	0	0	0	0	0	0	0	27	0	0	0	0	1	0	28	0	0	0	0	0	0	0	31
66	廊坊市	0	0	0	0	0	0	2	0	0	0	1	0	3	0	0	0	0	0	0	0	0	25	0	0	0	0	0	0	25	0	0	0	0	0	0	0	28
67	渭南市	24	0	0	0	0	0	0	0	0	0	0	0	24	0	0	0	0	0	0	0	0	0	0	0	0	0	0	0	0	0	0	0	0	0	0	0	24
68	莱芜市	0	0	0	0	0	0	2	0	0	0	0	0	2	0	0	0	0	0	0	0	0	20	0	0	0	0	0	0	20	0	0	0	0	0	0	0	22
69	晋城市	20	0	0	0	0	0	0	0	0	0	0	0	20	0	0	0	0	0	0	0	0	0	0	0	0	0	0	0	0	0	0	0	0	0	0	0	20
70	中山市	0	0	0	0	0	0	12	0	0	0	0	0	12	0	0	0	0	0	0	0	0	0	0	0	0	0	3	0	3	0	0	0	0	0	0	0	15
71	绵阳市	0	0	0	0	0	0	0	0	0	0	0	0	0	0	0	0	0	0	9	0	9	0	0	0	0	0	5	0	5	0	0	0	0	0	0	0	14

续表

序号	应用城市	纯电动汽车													非插电式混合动力汽车								插电式混合动力汽车								增程式电动车				燃料电池汽车			合计
		大中型客车	轻型客车	载货车	公务车	出租车	租赁用车	私人车	电力工程车	邮政车	环卫车	其他专用车	其他	小计	大中型客车	轻型客车	载货车	公务车	出租车	私人车	其他	小计	大中型客车	轻型客车	载货车	公务车	出租车	私人车	其他	小计	大中型客车	公务车	私人车	小计	公交车	公务车	小计	
72	泰安市	10	0	0	0	0	0	1	0	0	0	0	0	11	0	0	0	0	0	0	0	0	2	0	0	0	0	0	0	2	0	0	0	0	0	0	0	13
73	南充市	0	0	0	0	0	0	0	0	0	0	0	0	0	0	0	0	0	0	0	0	0	10	0	0	0	0	0	0	10	0	0	0	0	0	0	0	10
74	兰州市	0	0	0	0	0	0	5	0	0	0	0	0	5	0	0	0	0	0	0	0	0	0	0	0	0	0	1	0	1	0	0	0	0	0	0	0	6
75	淄博市	0	0	0	1	0	0	4	0	0	0	0	0	5	0	0	0	0	0	0	0	0	0	0	0	0	0	0	0	0	0	0	0	0	0	0	0	5
76	无锡市	0	0	0	0	0	0	0	0	0	0	4	0	4	0	0	0	0	0	0	0	0	0	0	0	0	0	0	0	0	0	0	0	0	0	0	0	4
77	德州市	0	0	0	0	0	0	2	0	0	0	0	0	2	0	0	0	0	0	0	0	0	0	0	0	0	0	1	0	1	0	0	0	0	0	0	0	3
78	清远市 *	0	0	0	0	0	0	0	0	0	0	0	0	0	0	0	0	0	0	0	0	0	0	0	0	0	0	1	0	1	0	0	0	0	0	0	0	1
合计		7309	266	66	1345	3223	2698	21121	16	336	991	658	4845	42874	250	0	0	1	0	35	0	286	9358	0	0	836	468	11992	5	22659	0	2	44	46	0	6	6	65871

注：①本表中统计的北京市推广的节能与新能源汽车数量全部为纯电动汽车。
②本表统计的北京市推广的 8050 辆纯电动汽车中包括 670 辆进口车。
③本表中统计的沈阳市推广的 121 辆纯电动汽车中有 11 为进口车。
④本表统计的清远市、韶关市、青岛市、济南市、枣庄市、菏泽市、东营市、聊城市、济宁市、临沂市、莱芜市、日照市、泰安市、威海市、潍坊市、烟台市、淄博市、德州市、长春市、晋中市、晋城市、太原市、盐城市为通过四部委清算的新能源汽车推广数量，非实际推广数量。

二、2014 年节能与新能源汽车推广车型及数量统计——按推广地区划分

序号	应用城市	推广车辆生产企业	车型	公告批次	目录序号	数量（辆）	合计（辆）
1	上海市	比亚迪汽车有限公司	比亚迪牌 BYD7150WTHEV2 型插电式混合动力轿车（秦）	253	79	434	10644
		比亚迪汽车有限公司	比亚迪牌 BYD7150WTHEV3 型插电式混合动力轿车	269	108	5963	
		上海汽车集团股份有限公司	荣威牌 CSA7150PHEV 型插电式混合动力轿车	240	122	80	
		上海汽车集团股份有限公司	荣威牌 CSA7154TDPHEV 型插电式混合动力轿车	256	122	1499	
		上海汽车集团股份有限公司	荣威牌 CSA7000BEV 型纯电动轿车（E50）	235	122	318	
		北京汽车股份有限公司	北京牌 BJ7000B3D1 - BEV 型纯电动轿车	263	11	40	
		比亚迪汽车工业有限公司	比亚迪牌 QCJ7006BEVF 型纯电动轿车（E6）	216	79	3	
		安徽江淮汽车股份有限公司	江淮牌 HFC7000AEV 型纯电动轿车	219	56	123	
		上海华普汽车有限公司	康迪牌 SMA7000BEV 型纯电动轿车	255	52	361	

续表

序号	应用城市	推广车辆生产企业	车型	公告批次	目录序号	数量（辆）	合计（辆）
	上海市	浙江吉利汽车有限公司	康迪牌 SMA7001BEV 型纯电动轿车	253	52	105	
		重庆力帆乘用车有限公司	力帆牌 LF7002CEV 型纯电动轿车	236	93	13	
		奇瑞汽车股份有限公司	奇瑞牌 SQR7000BEVJ00 型纯电动轿车	259	119	40	
		奇瑞汽车股份有限公司	瑞麒牌 SQR7000BEVS184 型纯电动轿车	234	119	5	
		东风汽车有限公司	启辰牌 DFL7000B2BEV 型纯电动轿车	260	3	34	
		比亚迪汽车工业有限公司	腾势牌 QCJ7007BEV 型纯电动轿车	255	79	6	
		上海通用汽车有限公司	赛欧牌 SGM7001EV 型纯电动轿车	264	6	35	
		湖南江南汽车制造有限公司	江南牌 JNJ1021EVL 型纯电动载货车	242	84	2	
		重庆瑞驰汽车实业有限公司	瑞驰牌 CRC5021XXY－LBEV 型纯电动厢式运输车	257	（二十一）14	14	
		重庆瑞驰汽车实业有限公司	瑞驰牌 CRC5022XXY－LBEV 型纯电动厢式运输车	257	（二十一）14	12	
		重庆瑞驰汽车实业有限公司	瑞驰牌 CRC5023XXY－LBEV 型纯电动厢式运输车	257	（二十一）14	13	
		东南（福建）汽车工业有限公司	东南牌 DN5020XXYBEV 型纯电动厢式运输车	230	58	2	
		南京汽车集团有限公司	畅达牌 NJ5028XTYEV1 型纯电动密闭式桶装垃圾车	249	44	5	
		上海申龙客车有限公司	申龙牌 SLK6121USBEV 型纯电动城市客车	224	129	15	
		上海申龙客车有限公司	申龙牌 SLK6105USBEV 型纯电动城市客车	241	129	15	
		上海申沃客车有限公司	申沃牌 SWB6107EV17 型纯电动城市客车	253	42	15	
		上海申沃客车有限公司	申沃牌 SWB6117EV4 型纯电动城市客车	229	42	6	
		上海万象汽车制造有限公司	象牌 SXC6105GBEV 型纯电动城市客车	236	（九）26	274	
		郑州宇通客车股份有限公司	宇通牌 ZK6106BEV1 型纯电动城市客车	253	71	1	
		郑州宇通客车股份有限公司	宇通牌 ZK6701BEVQ3 型纯电动客车	262	71	665	
		郑州宇通客车股份有限公司	宇通牌 ZK6125BEVG6 型纯电动客车	263	71	2	
		金华青年汽车制造有限公司	青年牌 JNP6120BEV1 型纯电动客车	264	7	275	
		厦门金龙联合汽车工业有限公司	金龙牌 XMQ6126YE 型纯电动客车	203	123	4	
		上海申沃客车有限公司	申沃牌 SWB6127CHEV2 型插电式混合动力城市客车	257	42	50	
		上海申沃客车有限公司	申沃牌 SWB6127SHEV8 型插电式混合动力城市客车	259	42	150	
		郑州宇通客车股份有限公司	宇通牌 ZK6120CHEVPG1 型插电式混合动力城市客车	263	71	1	
		郑州宇通客车股份有限公司	宇通牌 ZK6105CHEVPG4 型插电式混合动力城市客车	259	71	5	
		上海申龙客车有限公司	申龙牌 SLK6109USCHEV03 型插电式混合动力城市客车	262	129	14	

续表

序号	应用城市	推广车辆生产企业	车型	公告批次	目录序号	数量（辆）	合计（辆）
		上海申龙客车有限公司	申龙牌 SLK6109USCHEV06 型插电式混合动力城市客车	266	129	20	
	上海市	上海万象汽车制造有限公司	象牌 SXC6110GSHEV 型插电式混合动力城市客车	259	（九）26	19	
		上海汽车集团股份有限公司	荣威牌 CSA7003FCEV 型燃料电池轿车	262	122	6	
2	北京市	北京汽车股份有限公司	北京牌 BJ7000B3D – BEV 型纯电动轿车	233	11	1	8050
		北京汽车股份有限公司	北京牌 BJ7000B3D2 – BEV 型纯电动轿车	264	11	820	
		北京汽车股份有限公司	北京牌 BJ7000C7H1 – BEV 型纯电动轿车	255	11	113	
		北京汽车股份有限公司	北京牌 BJ7000C7H3 – BEV 型纯电动轿车	261	11	54	
		北京汽车股份有限公司	北京牌 BJ7000B3D1 – BEV 型纯电动轿车	249	11	3481	
		北京汽车股份有限公司	北京牌 BJ7001B3D2 – BEV 型纯电动轿车	263	11	26	
		北京汽车股份有限公司	北京牌 BJ6450L3R – BEV 型纯电动多用途乘用车	263	11	1	
		比亚迪汽车工业有限公司	比亚迪牌 QCJ7006BEVF 型纯电动轿车（E6）	216	79	453	
		比亚迪汽车工业有限公司	腾势牌 QCJ7007BEV 型纯电动轿车	255	79	59	
		安徽江淮汽车股份有限公司	江淮牌 HFC7000AEV 型纯电动轿车	219	56	573	
		华晨宝马汽车有限公司	之诺牌（ZINORO） BBA7000EV （ZINORO1E） 型纯电动轿车	253	33	69	
		东风汽车有限公司	启辰牌 DFL7000B2BEV 型纯电动轿车	260	3	95	
		奇瑞汽车股份有限公司	奇瑞牌 SQR7000BEVJ00 型纯电动轿车	259	119	5	
		奇瑞汽车股份有限公司	瑞麒牌 SQR7000BEVS184 型纯电动轿车	234	119	1	
		上海汽车集团股份有限公司	荣威牌 CSA7000BEV 型纯电动轿车（E50）	235	122	49	
		重庆长安汽车股份有限公司	长安牌 SC7005EV 型纯电动轿车	232	96	216	
		北京现代汽车有限公司	首望牌 BH7000BEVAA 型纯电动轿车	232	11	5	
		北汽福田汽车股份有限公司	福田牌 BJ6438EV3 – 1 型纯电动多用途乘用车	262	9	150	
		北汽福田汽车股份有限公司	福田牌 BJ6123EVCA – 17 型纯电动城市客车	259	9	480	
		北汽福田汽车股份有限公司	福田牌 BJ6127EVCA 型纯电动城市客车	248	9	75	
		北汽福田汽车股份有限公司	福田牌 BJ6123EVCA – 9 型纯电动城市客车	242	9	80	
		北汽福田汽车股份有限公司	福田牌 BJ6650EVCA 型纯电动城市客车	263	9	100	
		北汽福田汽车股份有限公司	福田牌 BJ6123EVCA – 19 型纯电动城市客车	271	9	100	
		北汽福田汽车股份有限公司	福田牌 BJ6123EVCA – 6 型纯电动城市客车	248	9	40	
		珠海广通汽车有限公司	广通牌 GTQ6123BEVBT 型纯电动城市客车	262	（十九）28	21	

续表

序号	应用城市	推广车辆生产企业	车型	公告批次	目录序号	数量（辆）	合计（辆）
	北京市	安徽安凯汽车股份有限公司	安凯牌 HFF6680GEVB 型纯电动城市客车	263	55	1	
		南京汽车集团有限公司	依维柯牌 NJ6617AEV 型纯电动客车	261	44	2	
		厦门金龙联合汽车工业有限公司	金龙牌 XMQ6127AGBEV4 型纯电动城市客车	229	123	10	
		北京汽车股份有限公司	北京牌 BJ5020XXYV3R－BEV 型纯电动厢式运输车	230	11	20	
		北京华林特装车有限公司	华林牌 HLT5023ZLJEV 型纯电动自卸式垃圾车	232	（一）31	115	
		北京天路通科技有限责任公司	天路牌 BTL5071TSLEV 型纯电动吸尘车	249	44	17	
		北京华林特装车有限公司	华林牌 HLT5031CTYEV 型纯电动桶装垃圾运输车	250	31	40	
		北京华林特装车有限公司	华林牌 HLT5032CTYEV 型纯电动桶装垃圾运输车	251	31	54	
		北京华林特装车有限公司	华林牌 HLT5071ZZZEV 型纯电动自装卸式垃圾车	238	31	32	
		北京华林特装车有限公司	华林牌 HLT5074ZYSEV 型纯电动压缩式垃圾车	238	31	2	
		北京华林特装车有限公司	华林牌 HLT5076ZYSEV 型纯电动压缩式垃圾车	238	31	20	
		美国特斯拉汽车公司	拓速乐牌 5YJSA3H1 型纯电动轿车	—	—	656	
		德国宝马汽车公司	宝马牌 WBY1Z210 型纯电动轿车	—	—	8	
		德国奔驰汽车公司	奔驰牌 WMEEJ9AA 型纯电动轿车	—	—	6	
3	杭州市	东风汽车公司	东风牌 EQ6640CLBEV1 型纯电动客车（A08）	263	3	2	7436
		比亚迪汽车有限公司	比亚迪牌 BYD7150WTHEV2 型插电式混合动力轿车（秦）	254	108	101	
		比亚迪汽车工业有限公司	比亚迪牌 QCJ7006BEVF 型纯电动轿车（E6）	216	79	62	
		北京汽车股份有限公司	北京牌 BJ7000B3D1－BEV 型纯电动轿车	249	11	80	
		北京汽车股份有限公司	北京牌 BJ5021XXYV3R1－BEV 型纯电动厢式运输车	262	11	2	
		南京金龙客车制造有限公司	东宇牌 NJL6600BEV 型纯电动客车	255	（十）15	2	
		湖南江南汽车制造有限公司	众泰牌 JNJ7000EVZ 型纯电动轿车	254	84	4	
		湖南江南汽车制造有限公司	众泰牌 JNJ7000EVZ2 型纯电动轿车	256	84	103	
		湖南江南汽车制造有限公司	众泰牌 JNJ7000EVZ4 型纯电动轿车	260	84	224	
		湖南江南汽车制造有限公司	众泰牌 JNJ7000EVZ5 型纯电动轿车	260	84	72	
		湖南江南汽车制造有限公司	众泰牌 JNJ6401EVL 型纯电动轻型客车	220	84	54	
		上海华普汽车有限公司	康迪牌 SMA7000BEV 型纯电动轿车	255	52	4597	
		浙江吉利汽车有限公司	康迪牌 SMA7001BEV 型纯电动轿车	253	52	2133	

续表

序号	应用城市	推广车辆生产企业	车型	公告批次	目录序号	数量（辆）	合计（辆）
4	南京市	金龙联合汽车工业（苏州）有限公司	海格牌 KLQ6109TAEV1 型纯电动客车	253	112	210	3887
		上海华普汽车有限公司	康迪牌 SMA7000BEV 型纯电动轿车	255	52	191	
		南京金龙客车制造有限公司	东宇牌 NJL6100BEV2 型纯电动城市客车	262	（十）15	38	
		南京金龙客车制造有限公司	东宇牌 NJL6118BEV 型纯电动客车	243	（十）15	200	
		东风汽车公司	东风牌 EQ6640CLBEV1 型纯电动客车（A08）	263	3	67	
		金龙联合汽车工业（苏州）有限公司	海格牌 KLQ6601BEV 型纯电动客车	266	112	5	
		南京金龙客车制造有限公司	东宇牌 NJL6100BEV3 型纯电动城市客车	262	（十）15	20	
		郑州宇通客车股份有限公司	宇通牌 ZK6701BEVQ3 型纯电动客车	262	71	273	
		北京汽车股份有限公司	北京牌 BJ7000B3D1－BEV 型纯电动轿车	263	11	4	
		南京金龙客车制造有限公司	东宇牌 NJL6600BEV 型纯电动客车	255	（十）15	9	
		比亚迪汽车有限公司	比亚迪牌 BYD7150WTHEV2 型插电式混合动力轿车（秦）	253	79	296	
		江苏九龙汽车制造有限公司	大马牌 HKL6600BEV 型纯电动客车	265	（十）60	46	
		南京特种汽车制配厂有限公司	金龙牌 NJT5020XXYBEV1 型纯电动厢式运输车	265	（十）35	50	
		南京特种汽车制配厂有限公司	金龙牌 NJT5020XXYBEV2 型纯电动厢式运输车	265	（十）35	30	
		上海汽车集团股份有限公司	荣威牌 CSA7154TDPHEV 型插电式混合动力轿车	256	122	1	
		北京汽车股份有限公司	北京牌 BJ7001B3D2－BEV 型纯电动轿车	263	11	2	
		南京汽车集团有限公司	依维柯牌 NJ6607CEV1 型纯电动客车	263	44	11	
		浙江吉利汽车有限公司	康迪牌 SMA7001BEV 型纯电动轿车	253	52	149	
		安徽江淮汽车股份有限公司	江淮牌 HFC7000AEV 型纯电动轿车	219	56	4	
		金龙联合汽车工业（苏州）有限公司	海格牌 KLQ6702EV 型纯电动客车	227	112	33	
		南京金龙客车制造有限公司	东宇牌 NJL6118BEV1 型纯电动客车	262	（十）15	20	
		南京金龙客车制造有限公司	东宇牌 NJL6129BEV 型纯电动城市客车	237	（十）15	60	
		南京金龙客车制造有限公司	东宇牌 NJL6600BEV3 型纯电动客车	261	（十）15	218	
		奇瑞汽车股份有限公司	奇瑞牌 SQR7000BEVJ00 型纯电动轿车	259	119	3	
		比亚迪汽车工业有限公司	比亚迪牌 QCJ7006BEVF 型纯电动轿车（E6）	216	79	928	
		厦门金龙旅行车有限公司	金旅牌 XML6700JEV20 型纯电动客车	264	124	16	
		南京金龙客车制造有限公司	东宇牌 NJL6129BEV4 型纯电动城市客车	261	（十）15	200	
		长沙市比亚迪客车有限公司	比亚迪牌 CK6120LGEV2 型纯电动城市客车（K9）	238	79	649	

续表

序号	应用城市	推广车辆生产企业	车型	公告批次	目录序号	数量（辆）	合计（辆）
	南京市	南京金龙客车制造有限公司	东宇牌 NJL6600BEV6 型纯电动客车	264	（十）15	4	
		郑州宇通客车股份有限公司	宇通牌 ZK6115BEV1 型纯电动客车	264	71	50	
		郑州宇通客车股份有限公司	宇通牌 ZK6125CHEVNPG4 型插电式混合动力城市客车	250	71	100	
5	深圳市	比亚迪汽车有限公司	比亚迪牌 BYD7150WTHEV2 型插电式混合动力轿车（秦）	253	79	3257	3687
		比亚迪汽车有限公司	比亚迪牌 QCJ7100ADM 型插电式混合动力轿车	206	79	4	
		比亚迪汽车工业有限公司	比亚迪牌 QCJ7006BEVF 型纯电动轿车（E6）	216	79	250	
		东风汽车有限公司	启辰牌 DFL7000B1BEV 型纯电动轿车	250	3	2	
		东风汽车有限公司	启辰牌 DFL7000B2BEV 型纯电动轿车	260	3	4	
		奇瑞汽车股份有限公司	奇瑞牌 SQR7000BEVJ00 型纯电动轿车	259	119	5	
		北京汽车股份有限公司	北京牌 BJ7000B3D1 – BEV 型纯电动轿车	263	11	1	
		比亚迪汽车工业有限公司	腾势牌 QCJ7007BEV 型纯电动轿车	255	79	1	
		深圳市五洲龙汽车有限公司	五洲龙牌 FDG6701EVG1 型纯电动城市客车	247	131	3	
		南京金龙客车制造有限公司	东宇牌 NJL6118BEV1 型纯电动客车	262	（十）15	153	
		重庆瑞驰汽车实业有限公司	瑞驰牌 CRC5020XXY – LBEV 型纯电动厢式运输车	240	（二十一）14	1	
		重庆瑞驰汽车实业有限公司	瑞驰牌 CRC5022XXY – LBEV 型纯电动厢式运输车	257	（二十一）14	2	
		重庆瑞驰汽车实业有限公司	瑞驰牌 CRC5021XXY – LBEV 型纯电动厢式运输车	257	（二十一）14	4	
6	湖南省	湖南南车时代电动汽车股份有限公司	南车时代牌 TEG6106EHEV02 型插电式混合动力城市客车	256	（十八）23	299	3550
		湖南南车时代电动汽车股份有限公司	南车时代牌 TEG6129EHEV02 型插电式混合动力城市客车	256	（十八）23	172	
		湖南南车时代电动汽车股份有限公司	南车时代牌 TEG6106EHEV03 型插电式混合动力城市客车	259	（十八）23	82	
		湖南南车时代电动汽车股份有限公司	南车时代牌 TEG6106EHEV04 型插电式混合动力城市客车	266	（十八）23	78	
		南京金龙客车制造有限公司	东宇牌 NJL6600BEV3 型纯电动客车	261	（十）15	1	
		郑州宇通客车股份有限公司	宇通牌 ZK6105CHEVPG1 型插电式混合动力电动城市客车	243	71	67	
		郑州宇通客车股份有限公司	宇通牌 ZK6105CHEVNPG4 型插电式混合动力城市客车	249	71	63	
		北汽福田汽车股份有限公司	福田牌 BJ6105PHEVCA –6 型插电式混合动力城市客车	255	9	60	
		北汽福田汽车股份有限公司	福田牌 BJ6123PHEVCA –6 型插电式混合动力城市客车	255	9	69	
		北汽福田汽车股份有限公司	福田牌 BJ6105PHEVCA –7 型插电式混合动力城市客车	255	9	22	
		中上汽车有限公司	中上牌 ZS6121BEV 型纯电动城市客车	231	（十五）44	10	
		金龙联合汽车工业（苏州）有限公司	海格牌 KLQ6109GCHEV1B 型插电式混合动力城市客车	243	112	24	

续表

序号	应用城市	推广车辆生产企业	车型	公告批次	目录序号	数量（辆）	合计（辆）
	湖南省	厦门金龙联合汽车工业有限公司	金龙牌 XMQ6106AGHEV11 型插电式混合动力城市客车	259	123	26	
		北京汽车股份有限公司	北京牌 BJ5021XXYV3R1－BEV 型纯电动厢式运输车	262	11	10	
		比亚迪汽车有限公司	比亚迪牌 BYD7150WTHEV2 型插电式混合动力轿车（秦）	252	79	21	
		湖南江南汽车制造有限公司	众泰牌 JNJ7000EVZ2 型纯电动轿车	256	84	25	
		湖南江南汽车制造有限公司	众泰牌 JNJ7000EVZ 型纯电动轿车	254	84	27	
		湖南江南汽车制造有限公司	众泰牌 JNJ7000EVZ4 型纯电动轿车	260	84	49	
		湖南江南汽车制造有限公司	众泰牌 JNJ7000EVZ5 型纯电动轿车	260	84	94	
		湖南江南汽车制造有限公司	众泰牌 JNJ7000EVX 型纯电动轿车	264	84	1977	
		浙江吉利汽车有限公司	康迪牌 SMA7001BEV 型纯电动轿车	253	52	178	
		上海华普汽车有限公司	康迪牌 SMA7000BEV 型纯电动轿车	255	52	193	
		奇瑞汽车股份有限公司	奇瑞牌 SQR7000BEVJ00 型纯电动轿车	259	119	2	
		北京汽车股份有限公司	北京牌 BJ7000B3D1－BEV 型纯电动轿车	263	11	1	
7	广州市	广州汽车集团客车有限公司	广汽牌 GZ6113PHEV2 型插电式混合动力城市客车	249	89	125	2501
		广州汽车集团客车有限公司	广汽牌 GZ6113PHEV5 型插电式混合动力城市客车	256	89	70	
		郑州宇通客车股份有限公司	宇通牌 ZK6120CHEVNPG4 型插电式混合动力城市客车	248	71	453	
		广州汽车集团乘用车有限公司	传祺（TRUMPCHI）牌 GAC7100SHEVB4 型增程式混合动力轿车	262	89	40	
		北京汽车股份有限公司	北京牌 BJ7000B3D1－BEV 型纯电动轿车	249	11	23	
		北京汽车股份有限公司	北京牌 BJ5021XXYV3R1－BEV 型纯电动厢式运输车	262	11	21	
		上海华普汽车有限公司	康迪牌 SMA7000BEV 型纯电动轿车	255	52	536	
		浙江吉利汽车有限公司	康迪牌 SMA7001BEV 型纯电动轿车	253	52	150	
		湖南江南汽车制造有限公司	众泰牌 JNJ7000EVZ 型纯电动汽车	254	84	36	
		湖南江南汽车制造有限公司	众泰牌 JNJ7000EVZ4 型纯电动轿车	260	84	731	
		湖南江南汽车制造有限公司	众泰牌 JNJ7000EVZ5 型纯电动轿车	260	84	134	
		安徽江淮汽车股份有限公司	江淮牌 HFC7000AEV 型纯电动轿车	219	56	1	
		东风汽车有限公司	启辰牌 DFL7000B2BEV 型纯电动轿车	260	3	176	
		厦门金龙联合汽车工业有限公司	金龙牌 XMQ6110BCBEV 型纯电动客车	259	123	5	
8	天津市	天津比亚迪汽车有限公司	金马牌 TJK6122BEV 型纯电动城市客车	242	（二）04	118	2055
		天津比亚迪汽车有限公司	金马牌 TJK6123BEV 型纯电动城市客车	256	（二）04	43	

续表

序号	应用城市	推广车辆生产企业	车型	公告批次	目录序号	数量（辆）	合计（辆）
	天津市	郑州宇通客车股份有限公司	宇通牌 ZK6105BEVG1 型纯电动城市客车	266	71	20	
		郑州宇通客车股份有限公司	宇通牌 ZK6125BEVG1 型纯电动城市客车	235	71	47	
		安徽安凯汽车股份有限公司	安凯牌 HFF6128G03EV 型纯电动城市客车	237	55	20	
		安徽安凯汽车股份有限公司	安凯牌 HFF6123G03EV 型纯电动城市客车	261	55	6	
		北汽福田汽车股份有限公司	福田牌 BJ6123EVCA－2 型纯电动城市客车	235	9	20	
		厦门金龙旅行车有限公司	金旅牌 XML6115JHEVA8C 型插电式混合动力城市客车	264	124	52	
		厦门金龙联合汽车工业有限公司	金龙牌 XMQ6106AGHEV12 型插电式混合动力城市客车	259	123	50	
		中通客车控股股份有限公司	中通牌 LCK6105CHEV 型插电式混合动力城市客车	270	125	44	
		中通客车控股股份有限公司	中通牌 LCK6122PHEVC 型插电式混合动力城市客车	270	125	63	
		郑州宇通客车股份有限公司	宇通牌 ZK6105CHEVNPG5 型插电式混合动力城市客车	264	71	2	
		郑州宇通客车股份有限公司	宇通牌 ZK6105CHEVPG5 型插电式混合动力城市客车	263	71	78	
		郑州宇通客车股份有限公司	宇通牌 ZK6120CHEVPG1 型插电式混合动力城市客车	263	71	20	
		郑州宇通客车股份有限公司	宇通牌 ZK6120CHEVPG5 型插电式混合动力城市客车	270	71	90	
		郑州宇通客车股份有限公司	宇通牌 ZK6125CHEVNPG5 型插电式混合动力城市客车	264	71	11	
		上海申龙客车有限公司	申龙牌 SLK6109USCHEV03 型插电式混合动力城市客车	262	129	82	
		金龙联合汽车工业（苏州）有限公司	海格牌 KLQ6109GAHEVE4B 型插电式混合动力城市客车	262	112	80	
		天津清源电动车辆有限责任公司	清源牌 QY5021XXYBEVYL 型纯电动厢式运输车	262	（二）22	247	
		北京汽车股份有限公司	北京牌 BJ5021XXYV3R1－BEV 型纯电动厢式运输车	268	11	57	
		重庆瑞驰汽车实业有限公司	瑞驰牌 CRC5024XXY－LBEV 型纯电动厢式运输车	267	（二十一）14	2	
		安徽江淮汽车股份有限公司	江淮牌 HFC7000AEV 型纯电动轿车	219	56	23	
		湖南江南汽车制造有限公司	众泰牌 JNJ7000EVZ 型纯电动轿车	263	84	68	
		湖南江南汽车制造有限公司	众泰牌 JNJ7000EVZ4 型纯电动轿车	264	84	104	
		湖南江南汽车制造有限公司	众泰牌 JNJ7000EVZ5 型纯电动轿车	264	84	96	
		天津一汽夏利汽车股份有限公司	威志牌 CA7000EV 型纯电动轿车	242	18	10	
		比亚迪汽车有限公司	比亚迪牌 QCJ7006BEVF 型纯电动轿车（E6）	216	79	14	
		北京汽车股份有限公司	北京牌 BJ7000B3D1－BEV 型纯电动轿车	263	11	153	
		东风汽车有限公司	启辰牌 DFL7000B1BEV 型纯电动轿车	250	3	3	
		重庆力帆乘用车有限公司	力帆牌 LF7002CEV 型纯电动轿车	236	93	2	

续表

序号	应用城市	推广车辆生产企业	车型	公告批次	目录序号	数量（辆）	合计（辆）
	天津市	天津一汽丰田汽车有限公司	朗世牌 TV7000GBEV 型纯电动轿车	267	18	5	
		奇瑞汽车股份有限公司	奇瑞牌 SQR7000BEVJ00 型纯电动轿车	259	119	1	
		比亚迪汽车有限公司	比亚迪牌 BYD7150WTHEV2 型插电式混合动力轿车（秦）	253	79	424	
9	合肥市	安徽安凯汽车股份有限公司	安凯牌 HFF6100G03EV－3 型纯电动城市客车	248	55	200	2016
		安徽安凯汽车股份有限公司	安凯牌 HFF6101K10EV－1 型纯电动客车	248	55	100	
		安徽安凯汽车股份有限公司	安凯牌 HFF6100G03EV－2 型纯电动城市客车	247	55	1	
		安徽安凯汽车股份有限公司	安凯牌 HFF6123G03EV－2 型纯电动城市客车	248	55	10	
		安徽安凯汽车股份有限公司	安凯牌 HFF6127K46EV－6 型纯电动客车	242	55	8	
		安徽安凯汽车股份有限公司	安凯牌 HFF6126G03EV－1 型纯电动城市客车	258	55	10	
		安徽安凯汽车股份有限公司	安凯牌 HFF6124G03SHEV 型插电式混合动力城市客车	243	55	50	
		安徽安凯汽车股份有限公司	安凯牌 HFF6127G03PHEV－1 型插电式混合动力城市客车	255	55	50	
		安徽星凯龙客车有限公司	星凯龙牌 HFX6600KEV05 型纯电动客车	265	（十二）18	1	
		中通客车控股股份有限公司	中通牌 LCK6101HEV1 型插电式混合动力城市客车	231	125	30	
		湖南江南汽车制造有限公司	众泰牌 JNJ7000EVZ5 型纯电动轿车	260	84	16	
		安徽江淮汽车股份有限公司	江淮牌 HFC7000AEV 型纯电动轿车	226	56	847	
		安徽江淮汽车股份有限公司	江淮牌 HFC7000A1EV 型纯电动轿车	264	56	460	
		安徽江淮汽车股份有限公司	江淮牌 HFC7001AEV 型纯电动轿车	263	56	232	
		安徽江淮汽车股份有限公司	江淮牌 HFC7100B1HEVF 型插电式混合动力轿车	242	56	1	
10	郑州市	郑州宇通客车股份有限公司	宇通牌 ZK6180CHEVNPG3 型插电式混合动力铰接城市客车	264	71	38	1540
		郑州宇通客车股份有限公司	宇通牌 ZK6125CHEVNPG4 型插电式混合动力城市客车	250	71	310	
		郑州宇通客车股份有限公司	宇通牌 ZK6120CHEVNPG4 型插电式混合动力城市客车	248	71	100	
		郑州宇通客车股份有限公司	宇通牌 ZK6105CHEVNPG4 型插电式混合动力城市客车	249	71	502	
		郑州宇通客车股份有限公司	宇通牌 ZK6141BEV1 型纯电动城市客车	262	71	50	
		郑州宇通客车股份有限公司	宇通牌 ZK6115BEV1 型纯电动客车	264	71	50	
		河南少林客车股份有限公司	少林牌 SLG6720EVG 型纯电动城市客车	264	126	200	
		比亚迪汽车有限公司	比亚迪牌 BYD7150WTHEV2 型插电式混合动力轿车（秦）	254	79	12	
		比亚迪汽车工业有限公司	比亚迪牌 QCJ7006BEVF 型纯电动轿车（E6）	216	79	1	
		东风汽车有限公司	启辰牌 DFL7000B2BEV 型纯电动轿车	260	3	152	

续表

序号	应用城市	推广车辆生产企业	车型	公告批次	目录序号	数量（辆）	合计（辆）
	郑州市	湖南江南汽车制造有限公司	众泰牌 JNJ7000EVZ4 型纯电动轿车	264	84	125	
11	成都市	上海华普汽车有限公司	康迪牌 SMA7000BEV 型纯电动轿车	255	52	496	1515
		浙江吉利汽车有限公司	康迪牌 SMA7001BEV 型纯电动轿车	253	52	524	
		湖南江南汽车制造有限公司	众泰牌 JNJ7000EVZ 型纯电动轿车	254	84	43	
		湖南江南汽车制造有限公司	众泰牌 JNJ7000EVZ4 型纯电动轿车	260	84	97	
		湖南江南汽车制造有限公司	众泰牌 JNJ7000EVZ5 型纯电动轿车	260	84	146	
		安徽江淮汽车股份有限公司	江淮牌 HFC7000AEV 型纯电动轿车	219	56	5	
		奇瑞汽车股份有限公司	奇瑞牌 SQR7000BEVJ00 型纯电动轿车	259	119	2	
		奇瑞汽车股份有限公司	奇瑞牌 SQR7000EAS11 型纯电动轿车	206	119	1	
		东风汽车公司	东风牌 EQ6640CLBEV 型纯电动客车	261	3	1	
		中国重汽集团成都王牌商用车有限公司	王牌牌 CDW5030XGCEV 型纯电动工程车	240	101	2	
		中国重汽集团成都王牌商用车有限公司	王牌牌 CDW5030XGCEV1 型纯电动工程车	241	101	3	
		中国重汽集团成都王牌商用车有限公司	王牌牌 CDW5060XXYEV 型纯电动厢式运输车	258	101	51	
		中国重汽集团成都王牌商用车有限公司	王牌牌 CDW5070XXYH1PEV 型纯电动厢式运输车	263	101	51	
		中国重汽集团成都王牌商用车有限公司	王牌牌 CDW5080ZLJEV 型纯电动垃圾车	239	101	1	
		中国重汽集团成都王牌商用车有限公司	王牌牌 CDW5160XXYEV 型纯电动厢式运输车	247	101	2	
		中国重汽集团成都王牌商用车有限公司	王牌牌 CDW5164GSSEV 型纯电动洒水车	235	101	27	
		一汽（四川）专用汽车有限公司	远达牌 SCZ5160GSSBEV 型纯电动洒水车	240	（二十二）01	6	
		四川汽车工业股份有限公司	野马牌 SQJ6121B1BEV 型纯电动城市客车	231	101	1	
		四川汽车工业股份有限公司	野马牌 SQJ6452BEV 型纯电动乘用车	242	101	20	
		比亚迪汽车有限公司	比亚迪牌 BYD7150WTHEV2 型插电式混合动力轿车（秦）	253	79	36	
12	武汉市	山东沂星电动汽车有限公司	飞燕牌 SDL6100EVG 型纯电动城市客车	243	（十五）25	10	1479
		东风扬子江汽车（武汉）有限责任公司	扬子江牌 WG6121BEVH 型在线充纯电动客车	247	（十七）48	31	
		南京金龙客车制造有限公司	东宇牌 NJL6118BEV 型纯电动客车	243	（十）15	100	
		长沙市比亚迪客车有限公司	比亚迪牌 CK6120LGEV2 型纯电动城市客车（K9）	238	79	1	
		湖南江南汽车制造有限公司	众泰牌 JNJ7000EVX 型纯电动轿车	264	84	64	
		上海华普汽车有限公司	康迪牌 SMA7000BEV 型纯电动轿车	255	52	612	
		奇瑞汽车股份有限公司	奇瑞牌 SQR7000BEVJ00 型纯电动轿车	259	119	3	

续表

序号	应用城市	推广车辆生产企业	车型	公告批次	目录序号	数量（辆）	合计（辆）
	武汉市	东风汽车公司	风神牌 DFM7000H2BBEV 型纯电动轿车	248	3	96	
		湖南江南汽车制造有限公司	众泰牌 JNJ7000EVZ5 型纯电动轿车	260	84	407	
		湖南江南汽车制造有限公司	众泰牌 JNJ7000EVZ2 型纯电动轿车	256	84	101	
		重庆瑞驰汽车实业有限公司	瑞驰牌 CRC5021XXY - LBEV 型纯电动厢式运输车	257	（二十一）14	4	
		广州汽车集团乘用车有限公司	传祺（TRUMPCHI）牌 GAC7100SHEVB4 型增程式混合动力轿车	262	89	30	
		安徽江淮汽车股份有限公司	江淮牌 HFC7000AEV 型纯电动轿车	219	56	17	
		东风汽车有限公司	启辰牌 DFL7000B2BEV 型纯电动轿车	260	3	3	
13	苏州市	金龙联合汽车工业（苏州）有限公司	海格牌 KLQ6109GCHEV1A 型插电式混合动力城市客车	236	112	16	1418
		金龙联合汽车工业（苏州）有限公司	海格牌 KLQ6109GHEV1A 型插电式混合动力城市客车	248	112	6	
		金龙联合汽车工业（苏州）有限公司	海格牌 KLQ6109GCHEV1B 型插电式混合动力城市客车	257	112	134	
		金龙联合汽车工业（苏州）有限公司	海格牌 KLQ6119GAHEVC5 型插电式混合动力城市客车	255	112	218	
		金龙联合汽车工业（苏州）有限公司	海格牌 KLQ6119GCHEV1A 型插电式混合动力城市客车	248	112	2	
		金龙联合汽车工业（苏州）有限公司	海格牌 KLQ6119GHEV1A 型插电式混合动力城市客车	249	112	2	
		金龙联合汽车工业（苏州）有限公司	海格牌 KLQ6129GAHEVC5 型插电式混合动力城市客车	255	112	83	
		金龙联合汽车工业（苏州）有限公司	海格牌 KLQ6129GCHEV1A 型插电式混合动力城市客车	238	112	1	
		金龙联合汽车工业（苏州）有限公司	海格牌 KLQ6129GHEV4A 型插电式混合动力城市客车	248	112	6	
		金龙联合汽车工业（苏州）有限公司	海格牌 KLQ6129GQHEV2 型插电式混合动力城市客车	228	112	2	
		安徽安凯汽车股份有限公司	安凯牌 HFF6128G03PHEV - 2 型插电式混合动力城市客车	266	55	1	
		金龙联合汽车工业（苏州）有限公司	海格牌 KLQ6109GAHEVE4A 型插电式混合动力城市客车	255	112	1	
		金龙联合汽车工业（苏州）有限公司	海格牌 KLQ6129GQHEV1 型插电式混合动力城市客车	262	112	1	
		金龙联合汽车工业（苏州）有限公司	海格牌 KLQ6119GAHEVC5A 型插电式混合动力城市客车	256	112	1	
		比亚迪汽车有限公司	比亚迪牌 BYD7150WTHEV2 型插电式混合动力轿车（秦）	253	79	14	
		金龙联合汽车工业（苏州）有限公司	海格牌 KLQ6129GEV 型纯电动城市客车	217	112	6	
		金龙联合汽车工业（苏州）有限公司	海格牌 KLQ6129GEV2 型纯电动城市客车	253	112	3	
		金龙联合汽车工业（苏州）有限公司	海格牌 KLQ6109GAEV1 型纯电动城市客车	255	112	1	
		金龙联合汽车工业（苏州）有限公司	海格牌 KLQ6109TAEV1 型纯电动客车	253	112	275	
		金龙联合汽车工业（苏州）有限公司	海格牌 KLQ6129GEV1 型纯电动城市客车	253	112	62	
		金龙联合汽车工业（苏州）有限公司	海格牌 KLQ6601BEV 型纯电动客车	266	112	298	

续表

序号	应用城市	推广车辆生产企业	车型	公告批次	目录序号	数量（辆）	合计（辆）
	苏州市	金龙联合汽车工业（苏州）有限公司	海格牌 KLQ6702EV 型纯电动客车	227	112	182	
		金龙联合汽车工业（苏州）有限公司	海格牌 KLQ6832GEV1 型纯电动城市客车	264	112	14	
		江苏九龙汽车制造有限公司	大马牌 HKL6600BEV 型纯电动客车	265	（十）60	2	
		南京金龙客车制造有限公司	东宇牌 NJL6600BEV3 型纯电动客车	261	（十）15	16	
		郑州宇通客车股份有限公司	宇通牌 ZK6115BEV1 型纯电动客车	264	71	10	
		郑州宇通客车股份有限公司	宇通牌 ZK6701BEVQ3 型纯电动客车	262	71	18	
		北京汽车股份有限公司	北京牌 BJ7000B3D1 – BEV 型纯电动轿车	249	11	3	
		湖南江南汽车制造有限公司	众泰牌 JNJ7000EVZ 型纯电动轿车	263	84	23	
		湖南江南汽车制造有限公司	众泰牌 JNJ7000EVZ4 型纯电动轿车	260	84	6	
		湖南江南汽车制造有限公司	众泰牌 JNJ7000EVZ5 型纯电动轿车	260	84	7	
		重庆瑞驰汽车实业有限公司	瑞驰牌 CRC5021XXY – LBEV 型纯电动厢式运输车	257	（二十一）14	4	
14	常州市	安徽安凯汽车股份有限公司	安凯牌 HFF6100G03EV – 3 型纯电动城市客车	248	55	12	1329
		江苏九龙汽车制造有限公司	大马牌 HKL6600BEV 型纯电动客车	265	（十）60	44	
		南京金龙客车制造有限公司	东宇牌 NJL6600BEV3 型纯电动客车	261	（十）15	99	
		金龙联合汽车工业（苏州）有限公司	海格牌 KLQ6109TAEV1 型纯电动客车	253	112	52	
		金龙联合汽车工业（苏州）有限公司	海格牌 KLQ6601BEV 型纯电动客车	266	112	41	
		金龙联合汽车工业（苏州）有限公司	海格牌 KLQ6702EV 型纯电动客车	227	112	23	
		郑州宇通客车股份有限公司	宇通牌 ZK6106BEV2 型纯电动客车	254	71	5	
		郑州宇通客车股份有限公司	宇通牌 ZK6115BEV1 型纯电动客车	264	71	10	
		郑州宇通客车股份有限公司	宇通牌 ZK6701BEVQ3 型纯电动客车	262	71	120	
		东风汽车公司	东风牌 EQ6640CLBEV1 型纯电动客车	263	3	2	
		郑州日产汽车有限公司	东风牌 ZN5034XGCH2YBEV 型纯电动工程车	255	72	3	
		金龙联合汽车工业（苏州）有限公司	海格牌 KLQ6129GHEV4A 型插电式混合动力城市客车	238	112	5	
		金龙联合汽车工业（苏州）有限公司	海格牌 KLQ6129GAHEVC5A 型插电式混合动力城市客车	253	112	85	
		厦门金龙联合汽车工业有限公司	金龙牌 XMQ6127GHEV16 型插电式混合动力城市客车	254	123	50	
		北京汽车股份有限公司	北京牌 BJ6450L3R – BEV 型纯电动多用途乘用车	263	11	2	
		北京汽车股份有限公司	北京牌 BJ7000B3D1 – BEV 型纯电动轿车	249	11	210	
		北京汽车股份有限公司	北京牌 BJ7001B3D2 – BEV 型纯电动轿车	263	11	1	

续表

序号	应用城市	推广车辆生产企业	车型	公告批次	目录序号	数量（辆）	合计（辆）
	常州市	上海华普汽车有限公司	康迪牌 SMA7000BEV 型纯电动轿车	255	52	299	
		浙江吉利汽车有限公司	康迪牌 SMA7001BEV 型纯电动轿车	253	52	199	
		湖南江南汽车制造有限公司	众泰牌 JNJ7000EVZ 型纯电动轿车	254	84	1	
		湖南江南汽车制造有限公司	众泰牌 JNJ7000EVZ4 型纯电动轿车	260	84	9	
		湖南江南汽车制造有限公司	众泰牌 JNJ7000EVZ5 型纯电动轿车	260	84	27	
		安徽江淮汽车股份有限公司	江淮牌 HFC7000AEV 型纯电动轿车	219	56	3	
		奇瑞汽车股份有限公司	奇瑞牌 SQR7000EAS11 型纯电动轿车	206	119	1	
		比亚迪汽车有限公司	比亚迪牌 BYD7150WTHEV2 型插电式混合动力轿车（秦）	253	79	26	
15	金华市	金华市康迪新能源车辆有限公司	康迪牌 KD5010XXYEV 型纯电动厢式运输车	219	（十一）27	411	1199
		湖南江南汽车制造有限公司	众泰牌 JNJ6408EV 型纯电动多用途乘用车	252	84	639	
		金华青年汽车制造有限公司	青年牌 JNP6122BEVC 型纯电动城市客车	243	7	2	
		金华青年汽车制造有限公司	青年牌 JNP6123BEV 型纯电动城市客车	267	7	32	
		北汽福田汽车股份有限公司	福田牌 BJ6123PHEVCA－7 型插电式混合动力城市客车	255	9	18	
		扬州亚星客车股份有限公司	亚星牌 JS6126GHEV5 型插电式混合动力城市客车	251	49	20	
		扬州亚星客车股份有限公司	亚星牌 JS6126GHEV 型插电式混合动力城市客车	227	49	27	
		厦门金龙联合汽车工业有限公司	金龙牌 XMQ6127GHEV17 型插电式混合动力城市客车	254	123	40	
		金龙联合汽车工业（苏州）有限公司	海格牌 KLQ6129GAHEVE4A 型插电式混合动力城市客车	255	112	10	
16	盐城市	江苏奥新新能源汽车有限公司	达福迪牌 JAX5021XXYBEV 型纯电动厢式运输车	239	（十）74	39	1159
		江苏奥新新能源汽车有限公司	达福迪牌 JAX5020ZXXBEV 型纯电动车厢可卸式垃圾车	237	（十）74	191	
		江苏奥新新能源汽车有限公司	达福迪牌 JAX5022ZXXBEV 型纯电动车厢可卸式垃圾车	260	（十）74	298	
		郑州日产汽车有限公司	东风牌 ZN5034XGCH2YBEV 型纯电动工程车	255	72	2	
		南京金龙客车制造有限公司	东宇牌 NJL6600BEV 纯电动客车	255	（十）15	2	
		北京汽车股份有限公司	北京牌 BJ7000B3D1－BEV 型纯电动轿车	263	11	6	
		南京金龙客车制造有限公司	东宇牌 NJL6600BEV3 型纯电动客车	261	（十）15	2	
		郑州宇通客车股份有限公司	宇通牌 ZK6105CHEVPG1 型插电式混合动力电动城市客车	243	71	50	
		江苏奥新新能源汽车有限公司	达福迪牌 JAX5022XXYBEV 型纯电动厢式运输车	261	（十）74	181	
		南京汽车集团有限公司	依维柯牌 NJ6607AEV 型纯电动客车	255	44	197	
		厦门金龙联合汽车工业有限公司	金龙牌 XMQ6106AGHEV12 型插电式混合动力城市客车	259	123	120	

续表

序号	应用城市	推广车辆生产企业	车型	公告批次	目录序号	数量（辆）	合计（辆）
	盐城市	厦门金龙联合汽车工业有限公司	金龙牌 XMQ6127GHEV19 型插电式混合动力城市客车	259	123	40	
		东风悦达起亚汽车有限公司	华骐牌 YQZ7001BEV 型纯电动轿车	245	47	30	
		比亚迪汽车有限公司	比亚迪牌 BYD7150WTHEV2 型插电式混合动力轿车（秦）	253	79	1	
17	西安市	比亚迪汽车有限公司	比亚迪牌 BYD7150WTHEV2 型插电式混合动力轿车（秦）	253	108	757	971
		比亚迪汽车工业有限公司	比亚迪牌 BYD7006BEVH 型纯电动轿车	269	79	8	
		长沙市比亚迪客车有限公司	比亚迪牌 CK6120LGEV2 型纯电动城市客车（K9）	238	79	56	
		金龙联合汽车工业（苏州）有限公司	海格牌 KLQ6129GEV2 型混合动力城市客车	236	112	150	
18	南通市	东风汽车公司	东风牌 EQ5031TSLACBEV 型纯电动扫路车	257	3	48	787
		东风汽车公司	东风牌 EQ5020ZZZACBEV 型纯电动自装卸式垃圾车	243	3	17	
		东风汽车公司	东风牌 EQ5020ZLJACBEV 型纯电动自卸式垃圾车	243	3	4	
		东风汽车公司	东风牌 EQ6640CLBEV 型纯电动客车	261	3	2	
		郑州日产汽车有限公司	东风牌 ZN5034XGCH2YBEV 型纯电动工程车	255	72	7	
		浙江吉利汽车有限公司	康迪牌 SMA7001BEV 型纯电动轿车	253	52	25	
		上海华普汽车有限公司	康迪牌 SMA7000BEV 型纯电动轿车	255	52	285	
		北京汽车股份有限公司	北京牌 BJ7000B3D1 – BEV 型纯电动轿车	249	11	20	
		江苏陆地方舟新能源电动汽车有限公司	陆地方舟牌 RQ6120GBEVH0P0 型纯电动城市客车	259	（十）28	124	
		江苏陆地方舟新能源电动汽车有限公司	陆地方舟牌 RQ6701XBEVH1 型纯电动客车	263	（十）28	14	
		江苏陆地方舟新能源电动汽车有限公司	陆地方舟牌 RQ5020CTYBEV0 型纯电动桶装垃圾运输车	266	（十）28	12	
		比亚迪汽车工业有限公司	比亚迪牌 QCJ7006BEVF 型纯电动轿车（E6）	216	79	109	
		中联重科股份有限公司	中联牌 ZLJ5030TSLZLBEV 型纯电动扫路车	258	（十八）20	1	
		中联重科股份有限公司	中联牌 ZLJ5021ZZZBEV 型纯电动自装卸式垃圾车	240	（十八）20	5	
		奇瑞汽车股份有限公司	奇瑞牌 SQR7000BEVJ00 型纯电动轿车	259	119	28	
		奇瑞汽车股份有限公司	瑞麒牌 SQR7000BEVS184 型纯电动轿车	234	119	14	
		南京金龙客车制造有限公司	东宇牌 NJL6118BEV 型纯电动客车	243	（十）15	45	
		金龙联合汽车工业（苏州）有限公司	海格牌 KLQ6601BEV 型纯电动客车	266	112	5	
		金龙联合汽车工业（苏州）有限公司	海格牌 KLQ6119GAHEVC5A 型插电式混合动力城市客车	256	112	4	
		湖南江南汽车制造有限公司	众泰牌 JNJ7000EVZ 型纯电动轿车	254	84	18	

续表

序号	应用城市	推广车辆生产企业	车型	公告批次	目录序号	数量（辆）	合计（辆）
19	江西省	江西凯马百路佳客车有限公司	江西牌 JXK6650BEV 型纯电动客车	261	（十四）03	10	771
		江西凯马百路佳客车有限公司	江西牌 JXK6113CEV 型纯电动客车	256	（十四）03	1	
		厦门金龙联合汽车工业有限公司	金龙牌 XMQ6106AGHEV10 型插电式混合动力城市客车	254	123	27	
		江西博能上饶客车有限公司	上饶牌 SR6106PHEVNG 型插电式混合动力城市客车	258	（十四）02	38	
		江西博能上饶客车有限公司	上饶牌 SR6106PHEVG 型插电式混合动力城市客车	258	（十四）02	70	
		江西凯马百路佳客车有限公司	江西牌 JXK6113BPHEVN 型插电式混合动力城市客车	264	（十四）03	100	
		郑州宇通客车股份有限公司	宇通牌 ZK6108CHEVG2 型插电式混合动力电动城市客车	235	71	22	
		比亚迪汽车有限公司	比亚迪牌 BYD7150WTHEV 型插电式混合动力轿车（秦）	247	79	2	
		比亚迪汽车有限公司	比亚迪牌 BYD7150WTHEV2 型插电式混合动力轿车（秦）	253	79	2	
		比亚迪汽车有限公司	比亚迪牌 BYD7150WTHEV3 型插电式混合动力轿车（秦）	253	79	1	
		安徽江淮汽车股份有限公司	江淮牌 HFC7000AEV 型纯电动轿车	219	56	1	
		湖南江南汽车制造有限公司	众泰牌 JNJ7000EVZ2 型纯电动轿车	256	84	30	
		湖南江南汽车制造有限公司	众泰牌 JNJ7000EVX 型纯电动轿车	264	84	13	
		湖南江南汽车制造有限公司	众泰牌 JNJ7000EVZ5 型纯电动轿车	260	84	248	
		湖南江南汽车制造有限公司	众泰牌 JNJ7000EVZ 型纯电动轿车	254	84	46	
		湖南江南汽车制造有限公司	众泰牌 JNJ7000EVZ4 型纯电动轿车	260	84	36	
		江西特种汽车有限责任公司	奇特牌 JTZ5020CTYBEV 型纯电动桶装垃圾运输车	267	（十四）09	15	
		江西特种汽车有限责任公司	奇特牌 JTZ5020XXYBEV 型纯电动厢式运输车	264	（十四）09	3	
		江西特种汽车有限责任公司	奇特牌 JTZ5020ZZZBEV 型纯电动自装卸式垃圾车	264	（十四）09	26	
		江西特种汽车有限责任公司	奇特牌 JTZ5020ZXXBEV 型纯电动车厢可卸式垃圾车	262	（十四）09	20	
		江西特种汽车有限责任公司	奇特牌 JTZ5021ZZZBEV 型纯电动自装卸式垃圾车	268	（十四）09	13	
		江西江铃汽车集团改装车有限公司	江铃牌 JX5021XXYMSEV 型纯电动厢式运输车	268	（十四）15	3	
		安源客车制造有限公司	安源牌 PK6100CHE 型插电式混合动力城市客车	262	（十四）05	32	
		赣州汽车改装厂	环球牌 GZQ5020ZZZACBEV 型纯电动车厢自装式垃圾车	262	（十四）10	6	
		赣州汽车改装厂	环球牌 GZQ5021ZZZBEV 型纯电动自装卸式垃圾车	265	（十四）10	6	
20	青岛市	一汽客车（无锡）有限公司	解放牌 CA6121URBEV80 型纯电动城市客车	247	（十）10	30	729
		山东沂星电动汽车有限公司	飞燕牌 SDL6120EVG4 型纯电动城市客车	249	（十五）25	72	
		上海申沃客车有限公司	申沃牌 SWB6121EV6 型纯电动城市客车	232	42	370	

续表

序号	应用城市	推广车辆生产企业	车型	公告批次	目录序号	数量（辆）	合计（辆）
	青岛市	北汽福田汽车股份有限公司	福田牌 BJ6123EVCA－15 型纯电动城市客车	259	9	50	
		厦门金龙联合汽车工业有限公司	金龙牌 XMQ6119AGHEV1 型插电式混合动力城市客车	262	123	30	
		郑州宇通客车股份有限公司	宇通牌 ZK6105CHEVNPG4 型插电式混合动力城市客车	249	71	38	
		比亚迪汽车有限公司	比亚迪牌 BYD7150WTHEV2 型插电式混合动力轿车（秦）	253	79	8	
		北京汽车股份有限公司	北京牌 BJ7000B3D1－BEV 型纯电动轿车	263	11	1	
		北京汽车股份有限公司	北京牌 BJ7000B3D1－BEV 型纯电动轿车	249	11	100	
		北京汽车股份有限公司	北京牌 BJ7000C7H1－BEV 型纯电动轿车	255	11	2	
		奇瑞汽车股份有限公司	奇瑞牌 SQR7000BEVJ00 型纯电动轿车	259	119	2	
		东风汽车有限公司	启辰牌 DFL7000B1BEV 型纯电动轿车	250	3	3	
		安徽江淮汽车股份有限公司	江淮牌 HFC7000AEV 型纯电动轿车	219	56	23	
21	太原市	湖南江南汽车制造有限公司	众泰牌 JNJ7000EVZ4 型纯电动轿车	260	84	100	655
		湖南江南汽车制造有限公司	众泰牌 JNJ7000EVZ5 型纯电动轿车	260	84	530	
		上海申沃客车有限公司	申沃牌 SWB6121EV13 型纯电动城市客车	250	42	15	
		上海申沃客车有限公司	申沃牌 SWB6121EV7 型纯电动城市客车	232	42	10	
22	重庆市	重庆恒通客车有限公司	恒通客车牌 CKZ6116HNHEVA4 型插电式混合动力城市客车	232	127	320	640
		重庆恒通客车有限公司	恒通客车牌 CKZ6116HNHEV4 型插电式混合动力城市客车	264	127	34	
		金龙联合汽车工业（苏州）有限公司	海格牌 KLQ6129GAHEVC5A 型插电式混合动力城市客车	253	112	6	
		郑州宇通客车股份有限公司	宇通牌 ZK6105CHEVPG2 型插电式混合动力城市客车	258	71	16	
		郑州宇通客车股份有限公司	宇通牌 ZK6105CHEVPG1 型插电式混合动力电动城市客车	243	71	25	
		奇瑞汽车股份有限公司	奇瑞牌 SQR7000BEVJ00 型纯电动轿车	259	119	2	
		比亚迪汽车有限公司	比亚迪牌 BYD7150WTHEV2 型插电式混合动力轿车（秦）	253	79	2	
		湖南江南汽车制造有限公司	众泰牌 JNJ7000EVZ 型纯电动轿车	263	84	19	
		湖南江南汽车制造有限公司	众泰牌 JNJ7000EVZ4 型纯电动轿车	260	84	15	
		湖南江南汽车制造有限公司	众泰牌 JNJ7000EVZ5 型纯电动轿车	260	84	50	
		重庆力帆乘用车有限公司	力帆牌 LF7002CEV 型纯电动轿车	236	93	9	
		重庆瑞驰汽车实业有限公司	瑞驰牌 CRC5020XXY－LBEV 型纯电动厢式运输车	240	（二十一）14	6	
		重庆瑞驰汽车实业有限公司	瑞驰牌 CRC5021XXY－LBEV 型纯电动厢式运输车	257	（二十一）14	83	
		重庆瑞驰汽车实业有限公司	瑞驰牌 CRC5022XXY－LBEV 型纯电动厢式运输车	257	（二十一）14	48	

续表

序号	应用城市	推广车辆生产企业	车型	公告批次	目录序号	数量（辆）	合计（辆）
	重庆市	重庆瑞驰汽车实业有限公司	瑞驰牌 CRC5023XXY－LBEV 型纯电动厢式运输车	257	（二十一）14	5	
23	新乡市	郑州宇通客车股份有限公司	宇通牌 ZK6105CHEVNPG3 型插电式混合动力城市客车	250	71	160	578
		山东沂星电动汽车有限公司	飞燕牌 SDL6120EVG 型纯电动城市客车	216	（十五）25	21	
		山东沂星电动汽车有限公司	飞燕牌 SDL6100EVG2 型纯电动城市客车	259	（十五）25	20	
		东南（福建）汽车工业有限公司	东南牌 DN7000MBEV 型纯电动轿车	245	58	175	
		福建新龙马汽车股份有限公司	福建牌 FJ5020XXYBEVA1 型纯电动厢式运输车	264	58	105	
		湖南江南汽车制造有限公司	众泰牌 JNJ7000EVZ4 型纯电动轿车	260	84	43	
		湖南江南汽车制造有限公司	众泰牌 JNJ7000EVZ5 型纯电动轿车	260	84	51	
		比亚迪汽车有限公司	比亚迪牌 BYD7150WTHEV2 型插电式混合动力轿车（秦）	253	108	3	
24	秦皇岛市	郑州宇通客车股份有限公司	宇通牌 ZK6701BEVQ3 型纯电动客车	262	71	10	488
		中通客车控股股份有限公司	中通牌 LCK6660EVG 型纯电动城市客车	257	125	30	
		郑州宇通客车股份有限公司	宇通牌 ZK6120CHEVNPG4 型插电式混合动力城市客车	248	71	368	
		北汽福田汽车股份有限公司	福田牌 BJ6123PHEVCA－7 型插电式混合动力城市客车	255	9	40	
		上汽唐山客车有限公司	飞翼牌 SK6107PHEV14 型插电式混合动力城市客车	263	（三）77	40	
25	福建省	东南（福建）汽车工业有限公司	东南牌 DN7000MBEV 型纯电动轿车	245	58	2	448
		福建新龙马汽车股份有限公司	福建牌 FJ6410BEVA1 型纯电动多用途乘用车	264	58	1	
		湖南江南汽车制造有限公司	众泰牌 JNJ7000EVZ4 型纯电动轿车	260	84	37	
		湖南江南汽车制造有限公司	众泰牌 JNJ7000EVZ5 型纯电动轿车	260	84	90	
		湖南江南汽车制造有限公司	众泰牌 JNJ7000EVM1 型纯电动轿车	232	84	5	
		湖南江南汽车制造有限公司	众泰牌 JNJ7000EVZ 型纯电动轿车	263	84	2	
		安徽江淮汽车股份有限公司	江淮牌 HFC7000AEV 型纯电动轿车	219	56	19	
		比亚迪汽车工业有限公司	比亚迪牌 QCJ7006BEVF 型纯电动轿车（E6）	216	79	61	
		比亚迪汽车有限公司	比亚迪牌 BYD7150WTHEV2 型插电式混合动力轿车（秦）	253	79	25	
		奇瑞汽车股份有限公司	奇瑞牌 SQR7000EAS11 型纯电动轿车	206	119	13	
		奇瑞汽车股份有限公司	奇瑞牌 SQR7000BEVJ00 型纯电动轿车	259	119	6	
		江苏陆地方舟新能源电动汽车有限公司	陆地方舟 RQ6850GEVH0 型纯电动城市客车	263	（十）28	20	
		郑州宇通客车股份有限公司	宇通牌 ZK6701BEVQ3 型纯电动客车	262	71	1	
		厦门金龙旅行车有限公司	金旅牌 XML6125JEV60C 型纯电动城市客车	266	124	15	

续表

序号	应用城市	推广车辆生产企业	车型	公告批次	目录序号	数量（辆）	合计（辆）
	福建省	厦门金龙旅行车有限公司	金旅牌 XML6125JEV50C 型纯电动城市客车	266	124	15	
		厦门金龙旅行车有限公司	金旅牌 XML6115JEV30C 型纯电动城市客车	266	124	9	
		厦门金龙旅行车有限公司	金旅牌 XML6115JEV20C 型纯电动城市客车	266	124	21	
		厦门金龙旅行车有限公司	金旅牌 XML6105JHEVC8C 型插电式混合动力城市客车	266	124	40	
		厦门金龙联合汽车工业有限公司	金龙牌 XMQ6106AGHEV12 型插电式混合动力城市客车	259	123	50	
		厦门金龙联合汽车工业有限公司	金龙牌 XMQ6110BCBEV 型纯电动客车	259	123	1	
		厦门金龙联合汽车工业有限公司	金龙牌 XMQ6661AGBEV1 型纯电动城市客车	267	123	15	
26	扬州市	湖南江南汽车制造有限公司	众泰牌 JNJ7000EVZ4 型纯电动轿车	260	84	19	443
		湖南江南汽车制造有限公司	众泰牌 JNJ7000EVZ5 型纯电动轿车	260	84	19	
		比亚迪汽车有限公司	比亚迪牌 BYD7150WTHEV2 型插电式混合动力轿车（秦）	253	79	4	
		江苏九龙汽车制造有限公司	大马牌 HKL6600BEV 型纯电动客车	265	（十）60	47	
		金龙联合汽车工业（苏州）有限公司	海格牌 KLQ6601BEV 型纯电动客车	266	112	2	
		南京金龙客车制造有限公司	东宇牌 NJL6600BEV3 型纯电动客车	261	（十）15	10	
		上海申沃客车有限公司	申沃牌 SWB6107PHEV8 型插电式混合动力城市客车	266	42	95	
		上海申沃客车有限公司	申沃牌 SWB6107PHEV9 型插电式混合动力城市客车	257	42	43	
		扬州亚星客车股份有限公司	亚星牌 JS6108GHEVC 型插电式混合动力城市客车	259	49	109	
		扬州亚星客车股份有限公司	亚星牌 JS6128GHEVC 型插电式混合动力城市客车	259	49	67	
		郑州日产汽车有限公司	东风牌 ZN5034XGCH2YBEV 型纯电动工程车	255	72	6	
		中通客车控股股份有限公司	中通牌 LCK6106PHENV 型插电式混合动力城市客车	252	125	11	
		重庆瑞驰汽车实业有限公司	瑞驰牌 CRC5021XXY－LBEV 型纯电动厢式运输车	257	（二十一）14	11	
27	东莞市	金龙联合汽车工业（苏州）有限公司	海格牌 KLQ6109GCHEV1B 型插电式混合动力城市客车	243	112	24	403
		郑州宇通客车股份有限公司	宇通牌 ZK6105CHEVNPG4 型插电式混合动力城市客车	249	71	339	
		深圳市五洲龙汽车有限公司	五洲龙牌 FDG6652EVG 型纯电动城市客车	247	131	5	
		深圳市五洲龙汽车有限公司	五洲龙牌 FDG6601EVG 型纯电动城市客车	243	131	35	
28	贵州省	北汽福田汽车股份有限公司	福田牌 BJ6123PHEVCA－7 型插电式混合动力城市客车	255	9	74	384
		郑州宇通客车股份有限公司	宇通牌 ZK6125CHEVNPG4 型插电式混合动力城市客车	250	71	85	
		金龙联合汽车工业（苏州）有限公司	海格牌 KLQ6119GAHEVC5A 型插电式混合动力城市客车	256	112	15	
		成都客车股份有限公司	蜀都牌 CDK6123CEHEV 型插电式混合动力城市客车	263	（二十二）10	11	

续表

序号	应用城市	推广车辆生产企业	车型	公告批次	目录序号	数量（辆）	合计（辆）
	贵州省	厦门金龙联合汽车工业有限公司	金龙牌 XMQ6127GHEV17 型插电式混合动力城市客车	254	123	30	
		深圳市五洲龙汽车有限公司	五洲龙牌 FDG6115HEVG3 型插电式混合动力城市客车	270	131	90	
		北汽福田汽车股份有限公司	福田牌 BJ6123PHEV 型插电式混合动力城市客车	217	9	59	
		重庆恒通客车有限公司	恒通客车牌 CKZ6116HNHEVA4 型插电式混合动力城市客车	232	127	10	
		北汽福田汽车股份有限公司	福田牌 BJ6438EV3－1 型纯电动多用途乘用车	262	9	10	
29	芜湖市	奇瑞万达贵州客车股份有限公司	万达牌 WD6112PHEV 型插电式混合动力城市客车	260	（二十三）06	15	355
		上海申龙客车有限公司	申龙牌 SLK6129USBEV 型纯电动城市客车	261	129	1	
		上海申龙客车有限公司	申龙牌 SLK6119USNHEV03 型插电式混合动力城市客车	263	129	1	
		奇瑞汽车股份有限公司	奇瑞牌 SQR7000BEVJ00 型纯电动轿车	259	119	197	
		奇瑞汽车股份有限公司	瑞麒牌 SQR7000BEVS184 型纯电动轿车	234	119	136	
		安徽江淮汽车股份有限公司	江淮牌 HFC7001AEV 型纯电动轿车	263	56	1	
		安徽江淮汽车股份有限公司	江淮牌 HFC7000AEV 型纯电动轿车	219	56	2	
		湖南江南汽车制造有限公司	众泰牌 JNJ7000EVZ5 型纯电动轿车	260	84	1	
		湖南江南汽车制造有限公司	江南牌 JNJ1021EVL 型纯电动载货车	242	84	1	
30	大连市	一汽客车（大连）有限公司	解放牌 CA6127URE31 型纯电动城市客车	247	28	40	354
		长沙市比亚迪客车有限公司	比亚迪牌 CK6120LGEV2 型纯电动城市客车（K9）	238	79	20	
		安徽安凯汽车股份有限公司	安凯牌 HFF6101G03EV 型纯电动城市客车	231	55	5	
		郑州宇通客车股份有限公司	宇通牌 ZK6120CHEVNPG4 型插电式混合动力城市客车	248	71	40	
		郑州宇通客车股份有限公司	宇通牌 ZK6701BEVQ3 型纯电动客车	262	71	1	
		东风汽车有限公司	启辰牌 DFL7000A1BEV 型纯电动轿车	235	3	211	
		奇瑞汽车股份有限公司	奇瑞牌 SQR7000BEVJ00 型纯电动轿车	259	119	2	
		湖南江南汽车制造有限公司	众泰牌 JNJ7000EVZ4 型纯电动轿车	260	84	4	
		湖南江南汽车制造有限公司	众泰牌 JNJ7000EVZ5 型纯电动轿车	260	84	2	
		比亚迪汽车有限公司	比亚迪牌 BYD7150WTHEV2 型插电式混合动力轿车（秦）	253	79	14	
		天津清源电动车辆有限责任公司	清源牌 QY5020XXYBEVYL 纯电动厢式运输车	233	（二）22	15	
31	襄阳市	东风汽车公司	东风牌 EQ6640CLBEV 型纯电动客车	261	3	19	336
		东风汽车公司	东风牌 EQ6121CLPHEV4 型插电式混合动力城市客车	259	3	126	
		湖南江南汽车制造有限公司	众泰牌 JNJ7000EVZ4 型纯电动轿车	260	84	178	

续表

序号	应用城市	推广车辆生产企业	车型	公告批次	目录序号	数量（辆）	合计（辆）
	襄阳市	比亚迪汽车有限公司	比亚迪牌 BYD7150WTHEV 型插电式混合动力轿车（秦）	247	79	1	
		重庆瑞驰汽车实业有限公司	瑞驰牌 CRC5022XSHA－LBEV 型纯电动售货车	271	（二十一）14	12	
32	珠海市	珠海广通汽车有限公司	广通牌 GTQ6105BEVB2 型纯电动城市客车	262	（十九）28	53	260
		郑州宇通客车股份有限公司	宇通牌 ZK6105CHEVNPG4 型插电式混合动力城市客车	249	71	5	
		比亚迪汽车工业有限公司	比亚迪牌 QCJ7006BEVF 型纯电动轿车（E6）	216	79	200	
		比亚迪汽车有限公司	比亚迪牌 BYD7150WTHEV2 型插电式混合动力轿车（秦）	253	79	2	
33	沈阳市	深圳市五洲龙汽车有限公司	五洲龙牌 FDG6115HEVG1 型插电式混合动力城市客车	223	131	95	244
		华晨汽车集团控股有限公司	中华牌 SY7000BEVDAE 型纯电动轿车（A0）	242	33	75	
		沈阳华晨金杯汽车有限公司	金杯牌 SY6548BEVD3HB 型纯电动轻型客车（金杯海狮）	243	33	27	
		华晨宝马汽车有限公司	之诺牌（ZINORO）BBA7000EV（ZINORO1E）型纯电动轿车	253	33	5	
		华晨宝马汽车有限公司	宝马牌（BMW）BMW7201AMHEV 型插电式混合动力轿车	264	33	7	
		比亚迪汽车有限公司	比亚迪牌 BYD7150WTHEV2 型插电式混合动力轿车（秦）	253	79	15	
		比亚迪汽车工业有限公司	比亚迪牌 QCJ7006BEVF 型纯电动轿车（E6）	216	79	3	
		华晨汽车集团控股有限公司	中华牌 SY7080K1DSBAC 型增程式混合动力轿车	264	33	6	
		美国特斯拉汽车公司	特斯拉（TESLA）5YJSA6H1 型纯电动轿车	—	—	11	
34	潍坊市	中通客车控股股份有限公司	中通牌 LCK6126PHENV 型插电式混合动力城市客车	252	125	111	240
		安徽安凯汽车股份有限公司	安凯牌 HFF6127K46EV－6 型纯电动客车	242	55	1	
		郑州宇通客车股份有限公司	宇通牌 ZK6125CHEVPG1 型插电式混合动力电动城市客车	253	71	3	
		安徽江淮汽车股份有限公司	江淮牌 HFC7000AEV 型纯电动轿车	219	56	1	
		北汽福田汽车股份有限公司	福田牌 BJ6123PHEVCA－7 型插电式混合动力城市客车	255	9	24	
		上海申沃客车有限公司	申沃牌 SWB6107EV42 型纯电动城市客车	257	42	20	
		郑州宇通客车股份有限公司	宇通牌 ZK6701BEVQ3 型纯电动客车	262	71	10	
		扬州亚星客车股份有限公司	亚星牌 JS6127GHBEV 型纯电动城市客车	247	49	4	
		安徽江淮汽车股份有限公司	江淮牌 HFC7000AEV 型纯电动轿车	219	56	28	
		比亚迪汽车工业有限公司	比亚迪牌 QCJ7006BEVF 型纯电动轿车（E6）	216	79	2	
		郑州宇通客车股份有限公司	宇通牌 ZK6105BEVG1 型纯电动城市客车	266	71	18	
		安徽安凯汽车股份有限公司	安凯牌 HFF6100G03EV－3 型纯电动城市客车	248	55	16	
		奇瑞汽车股份有限公司	奇瑞牌 SQR7000BEVJ00 型纯电动轿车	259	119	2	

续表

序号	应用城市	推广车辆生产企业	车型	公告批次	目录序号	数量（辆）	合计（辆）
35	泸州市	厦门金龙联合汽车工业有限公司	金龙牌 XMQ6106AGHEV10 型插电式混合动力城市客车	254	123	42	210
		比亚迪汽车工业有限公司	比亚迪牌 QCJ7006BEVF 型纯电动轿车（E6）	216	79	100	
		成都客车股份有限公司	蜀都牌 CDK6123CEHEV 型插电式混合动力城市客车	263	（二十二）10	3	
		郑州宇通客车股份有限公司	宇通牌 ZK6105PHEVNPG3 型插电式混合动力城市客车	261	71	4	
		郑州宇通客车股份有限公司	宇通牌 ZK6125BEVG7 型纯电动城市客车	265	71	1	
		比亚迪汽车有限公司	比亚迪牌 BYD7150WTHEV2 型插电式混合动力轿车（秦）	253	79	60	
36	聊城市	中通客车控股股份有限公司	中通牌 LCK6106PHENV 型插电式混合动力城市客车	252	125	200	202
		比亚迪汽车工业有限公司	比亚迪牌 QCJ7006BEVF 型纯电动轿车（E6）	216	79	2	
37	云南省	金龙联合汽车工业（苏州）有限公司	海格牌 KLQ6129GHEV4A 型插电式混合动力城市客车	238	112	65	199
		比亚迪汽车工业有限公司	比亚迪牌 QCJ7006BEVF 型纯电动轿车（E6）	216	79	53	
		比亚迪汽车有限公司	比亚迪牌 BYD7150WTHEV3 型插电式混合动力轿车	269	79	26	
		湖南江南汽车制造有限公司	众泰牌 JNJ7000EVX2 型纯电动轿车	271	84	5	
		江苏九龙汽车制造有限公司	大马牌 HKL6600BEV 型纯电动客车	265	（十）60	50	
38	济南市	郑州宇通客车股份有限公司	宇通牌 ZK6125BEVG5 型纯电动城市客车	255	125	20	198
		东风汽车有限公司	启辰牌 DFL7000B1BEV 型纯电动轿车	250	3	2	
		中通客车控股股份有限公司	中通牌 LCK6121HEV 型插电式混合动力城市客车	232	125	94	
		中通客车控股股份有限公司	中通牌 LCK6125PHENV 型插电式混合动力城市客车	236	125	80	
		北京汽车股份有限公司	北京牌 BJ7000C7H1－BEV 型纯电动轿车	255	11	1	
		比亚迪汽车工业有限公司	比亚迪牌 QCJ7006BEVF 型纯电动轿车（E6）	216	79	1	
39	张家口市	郑州宇通客车股份有限公司	宇通牌 ZK6120CHEVNPG4 型插电式混合动力城市客车	248	71	197	197
40	绍兴市	丹东黄海汽车有限责任公司	黄海牌 DD6109CHEV1 型插电式混合动力城市客车	236	29	36	159
		厦门金龙联合汽车工业有限公司	金龙牌 XMQ6106AGHEV11 型插电式混合动力城市客车	259	123	20	
		郑州宇通客车股份有限公司	宇通牌 ZK6125CHEVPG7 型插电式混合动力城市客车	265	71	30	
		湖南江南汽车制造有限公司	众泰牌 JNJ7000EVZ 型纯电动轿车	254	84	14	
		湖南江南汽车制造有限公司	众泰牌 JNJ7000EVZ4 型纯电动轿车	260	84	25	
		湖南江南汽车制造有限公司	众泰牌 JNJ7000EVZ5 型纯电动轿车	260	84	34	
41	广西壮族自治区	北汽福田汽车股份有限公司	福田牌 BJ6650EVCA 型纯电动城市客车	263	9	1	153
		北汽福田汽车股份有限公司	福田牌 BJ6851EVCA 型纯电动城市客车	264	9	1	

续表

序号	应用城市	推广车辆生产企业	车型	公告批次	目录序号	数量（辆）	合计（辆）
	广西壮族自治区	北汽福田汽车股份有限公司	福田牌 BJ6105PHEVCA 型插电式混合动力城市客车	264	9	1	
		厦门金龙旅行车有限公司	金旅牌 XML6125JHEV38 型混合动力城市客车	264	124	100	
		柳州延龙汽车有限公司	延龙牌 LZL5028XXYBEV 型纯电动厢式运输车	256	（二十）06	20	
		比亚迪汽车工业有限公司	比亚迪牌 BYD7006BEVH 型纯电动轿车	269	79	30	
42	黑龙江省	中通客车控股股份有限公司	中通牌 LCK6126PHENV 型插电式混合动力城市客车	252	125	33	143
		郑州宇通客车股份有限公司	宇通牌 ZK6105CHEVPG1 型插电式混合动力电动城市客车	243	71	65	
		郑州宇通客车股份有限公司	宇通牌 ZK6105CHEVNPG4 型插电式混合动力城市客车	249	71	30	
		郑州宇通客车股份有限公司	宇通牌 ZK6120CHEVNPG4 型插电式混合动力城市客车	248	71	15	
43	佛山市	东风汽车有限公司	启辰牌 DFL7000B2BEV 型纯电动轿车	260	3	5	118
		东风汽车公司	东风牌 EQ5031TSLACBEV 型纯电动扫路车	257	3	1	
		比亚迪汽车工业有限公司	比亚迪牌 QCJ7006BEVF 型纯电动轿车（E6）	216	79	24	
		比亚迪汽车有限公司	比亚迪牌 BYD7150WTHEV2 型插电式混合动力轿车（秦）	253	79	7	
		金龙联合汽车工业（苏州）有限公司	海格牌 KLQ6109GCHEV1B 型插电式混合动力城市客车	243	112	78	
		中通客车控股股份有限公司	中通牌 LCK6106PHENV 型插电式混合动力城市客车	252	125	3	
44	宁波市	郑州宇通客车股份有限公司	宇通牌 ZK6105CHEVNPG4 型插电式混合动力城市客车	249	71	86	117
		比亚迪汽车工业有限公司	比亚迪牌 QCJ7006BEVF 型纯电动轿车（E6）	216	79	1	
		湖南江南汽车制造有限公司	众泰牌 JNJ7000EVZ4 型纯电动轿车	260	84	3	
		湖南江南汽车制造有限公司	众泰牌 JNJ7000EVZ5 型纯电动轿车	260	84	19	
		湖南江南汽车制造有限公司	众泰牌 JNJ7000EVZ 型纯电动轿车	254	84	8	
45	济宁市	中通客车控股股份有限公司	中通牌 LCK6105PHENV1 型插电式混合动力城市客车	248	125	10	116
		中通客车控股股份有限公司	中通牌 LCK6106PHENV 型插电式混合动力城市客车	252	125	50	
		中通客车控股股份有限公司	中通牌 LCK6122PHEV 型插电式混合动力城市客车	254	125	4	
		中通客车控股股份有限公司	中通牌 LCK6125PHENV1 型插电式混合动力城市客车	248	125	24	
		金龙联合汽车工业（苏州）有限公司	海格牌 KLQ6119GAHEVC5A 型插电式混合动力城市客车	256	112	4	
		金龙联合汽车工业（苏州）有限公司	海格牌 KLQ6109GAHEVE4A 型插电式混合动力城市客车	255	112	10	
		比亚迪汽车有限公司	比亚迪牌 BYD7150WTHEV2 型插电式混合动力轿车（秦）	253	79	1	
		东风汽车有限公司	启辰牌 DFL7000B1BEV 型纯电动轿车	250	3	1	
		郑州宇通客车股份有限公司	宇通牌 ZK6105CHEVNPG4 型插电式混合动力城市客车	249	71	10	
		郑州宇通客车股份有限公司	宇通牌 ZK6105CHEVPG1 型插电式混合动力电动城市客车	243	71	2	

续表

序号	应用城市	推广车辆生产企业	车型	公告批次	目录序号	数量（辆）	合计（辆）
46	石家庄市	珠海广通汽车有限公司	广通牌 GTQ6105BEVB2 型纯电动城市客车	262	（十九）28	2	112
		上海汽车集团股份有限公司	荣威牌 CSA7154TDPHEV 型插电式混合动力轿车	256	122	110	
47	晋中市	中通客车控股股份有限公司	中通牌 LCK6101HEV1 型插电式混合动力城市客车	231	125	2	107
		中通客车控股股份有限公司	中通牌 LCK6106PHENV 型插电式混合动力城市客车	252	125	20	
		中通客车控股股份有限公司	中通牌 LCK6122PHEV 型插电式混合动力城市客车	254	125	50	
		中通客车控股股份有限公司	中通牌 LCK6123PHEVCN 型插电式混合动力城市客车	257	125	30	
		中通客车控股股份有限公司	中通牌 LCK6126PHENV 型插电式混合动力城市客车	252	125	5	
48	菏泽市	中通客车控股股份有限公司	中通牌 LCK6106PHENV 型插电式混合动力城市客车	252	125	100	101
		比亚迪汽车有限公司	比亚迪牌 BYD7150WTHEV2 型插电式混合动力轿车（秦）	253	79	1	
49	东营市	中通客车控股股份有限公司	中通牌 LCK6106PHENV 型插电式混合动力城市客车	252	125	40	91
		中通客车控股股份有限公司	中通牌 LCK6126PHENV 型插电式混合动力城市客车	252	125	50	
		东风扬子江汽车（武汉）有限责任公司	扬子江牌 WG6124BEVH 型纯电动城市客车	260	（十七）48	1	
50	保定市	郑州宇通客车股份有限公司	宇通牌 ZK6701BEVQ3 型纯电动客车	262	71	1	87
		湖南江南汽车制造有限公司	众泰牌 JNJ7000EVZ4 型纯电动轿车	260	84	68	
		比亚迪汽车有限公司	比亚迪牌 BYD7150WTHEV2 型插电式混合动力轿车（秦）	253	79	18	
51	惠州市	上海申沃客车有限公司	申沃牌 SWB6121EV13 型纯电动城市客车	250	42	30	87
		厦门金龙旅行车有限公司	金旅牌 HML6115JHEV75CN 型插电式混合动力城市客车	254	124	25	
		郑州宇通客车股份有限公司	宇通牌 ZK6105CHEVNPG4 型插电式混合动力城市客车	249	71	25	
		重庆瑞驰汽车实业有限公司	瑞驰牌 CRC5021XXY－LBEV 型纯电动厢式运输车	257	（二十一）14	4	
		安徽江淮汽车股份有限公司	江淮牌 HFC7000AEV 型纯电动轿车	219	56	3	
52	日照市	江西江铃汽车集团改装车有限公司	江铃全顺牌 JX5041XSWMEV 牌纯电动商务车	237	（十四）15	2	86
		比亚迪汽车工业有限公司	比亚迪牌 QCJ7006BEVF 型纯电动轿车（E6）	216	79	1	
		北京汽车股份有限公司	北京牌 BJ7000C7H1－BEV 型纯电动轿车	255	11	1	
		东风汽车有限公司	启辰牌 DFL7000B1BEV 型纯电动轿车	250	3	2	
		中通客车控股股份有限公司	中通牌 LCK6122EVG3 型纯电动城市客车	263	125	10	
		北汽福田汽车股份有限公司	福田牌 BJ6123PHEVCA－7 型插电式混合动力城市客车	255	9	10	
		中通客车控股股份有限公司	中通牌 LCK6126PHENV 型插电式混合动力城市客车	252	125	30	
		郑州宇通客车股份有限公司	宇通牌 ZK6120CHEVNPG4 型插电式混合动力城市客车	248	71	30	

续表

序号	应用城市	推广车辆生产企业	车型	公告批次	目录序号	数量（辆）	合计（辆）
53	沧州市	中通客车控股股份有限公司	中通牌 LCK6661EVG 型纯电动城市客车	264	125	60	80
		北汽福田汽车股份有限公司	福田牌 BJ6123PHEVCA－7 型插电式混合动力城市客车	255	9	20	
54	邯郸市	珠海广通汽车有限公司	广通牌 GTQ6105BEVBT2 型纯电动城市客车	262	（十九）28	20	75
		珠海广通汽车有限公司	广通牌 GTQ6105BEVB1 型纯电动城市客车	249	（十九）28	20	
		北汽福田汽车股份有限公司	福田牌 BJ6123PHEVCA－7 型插电式混合动力城市客车	255	9	5	
		南京金龙客车制造有限公司	东宇牌 NJL6100BEV4 型纯电动城市客车	262	（十）15	20	
		中通客车控股股份有限公司	中通牌 LCK6108EVG1 型纯电动城市客车	264	125	10	
55	邢台市	安徽江淮汽车股份有限公司	江淮牌 HFC7000A1EV 型纯电动轿车	264	56	10	67
		湖南江南汽车制造有限公司	众泰牌 JNJ7000EVZ4 型纯电动轿车	260	84	18	
		湖南江南汽车制造有限公司	众泰牌 JNJ7000EVZ5 型纯电动轿车	260	84	9	
		奇瑞汽车股份有限公司	奇瑞牌 SQR7000BEVJ00 型纯电动轿车	259	119	1	
		比亚迪汽车有限公司	比亚迪牌 BYD7150WTHEV2 型插电式混合动力轿车（秦）	253	79	2	
		广汽丰田汽车有限公司	丰田（TOYOTA）牌 GTM7251HEVE 型混合动力轿车	256	89	2	
		广汽丰田汽车有限公司	丰田（TOYOTA）牌 GTM7251HEVS 型混合动力轿车	236	89	25	
56	长春市	江苏九龙汽车制造有限公司	大马牌 HKL6600BEV 型纯电动客车	265	（十）60	5	55
		比亚迪汽车有限公司	比亚迪牌 BYD7150WTHEV2 型插电式混合动力轿车（秦）	253	79	2	
		郑州宇通客车股份有限公司	宇通牌 ZK6105CHEVNPG4 型插电式混合动力城市客车	249	71	12	
		中国第一汽车集团公司	红旗牌 CA7155PHEV 型插电式混合动力轿车	220	1	36	
57	临沂市	江西江铃汽车集团改装车有限公司	江铃全顺牌 JX5041XSWMEV 牌纯电动商务车	237	（十四）15	2	54
		山东沂星电动汽车有限公司	飞燕牌 SDL6120EVG 型纯电动城市客车	216	（十五）25	45	
		东风汽车公司	东风牌 EQ5031TSLACBEV 型纯电动扫路车	257	3	1	
		比亚迪汽车有限公司	比亚迪牌 BYD7150WTHEV2 型插电式混合动力轿车（秦）	253	79	1	
		比亚迪汽车工业有限公司	比亚迪牌 QCJ7006BEVF 型纯电动轿车（E6）	216	79	2	
		北京汽车股份有限公司	北京牌 BJ7000C7H1－BEV 型纯电动轿车	255	11	2	
		东风汽车有限公司	启辰牌 DFL7000B1BEV 型纯电动轿车	250	3	1	
58	潮州市	长沙市比亚迪客车有限公司	比亚迪牌 CK6120LGEV2 型纯电动城市客车（K9）	238	79	2	52
		比亚迪汽车工业有限公司	比亚迪牌 QCJ7006BEVF 型纯电动轿车（E6）	216	79	50	
59	韶关市	比亚迪汽车工业有限公司	比亚迪牌 QCJ7006BEVF 型纯电动轿车（E6）	216	79	50	50
60	枣庄市	中通客车控股股份有限公司	中通牌 LCK6106PHENV 型插电式混合动力城市客车	252	125	50	50

续表

序号	应用城市	推广车辆生产企业	车型	公告批次	目录序号	数量（辆）	合计（辆）
61	海口市	厦门金龙联合汽车工业有限公司	金龙牌 XMQ6106AGHEV11 型插电式混合动力城市客车	259	123	20	48
		湖南南车时代电动汽车股份有限公司	南车时代牌 TEG6129EHEV02 型插电式混合动力城市客车	256	（十八）23	25	
		郑州宇通客车股份有限公司	宇通牌 ZK6701BEVG3 型纯电动城市客车	262	71	2	
		北京汽车股份有限公司	北京牌 BJ7000B3D1－BEV 型纯电动轿车	249	11	1	
62	湖州市	北汽福田汽车股份有限公司	福田牌 BJ6851EVCA 型纯电动城市客车	264	9	10	40
		厦门金龙联合汽车工业有限公司	金龙牌 XMQ6127AGBEV2 型纯电动城市客车	226	123	10	
		湖南江南汽车制造有限公司	众泰牌 JNJ7000EVZ 型纯电动轿车	254	84	19	
		比亚迪汽车有限公司	比亚迪牌 BYD7150WTHEV2 型插电式混合动力轿车（秦）	253	79	1	
63	唐山市	湖南江南汽车制造有限公司	众泰牌 JNJ7000EVZ 型纯电动轿车	254	84	31	37
		北京汽车股份有限公司	北京牌 BJ7000B3D－BEV 型纯电动轿车	233	11	4	
		重庆恒通客车有限公司	恒通客车牌 CKZ6127HBEVB 型纯电动城市客车	245	127	2	
64	威海市	比亚迪汽车有限公司	比亚迪牌 BYD7150WTHEV2 型插电式混合动力轿车（秦）	253	79	1	33
		比亚迪汽车工业有限公司	比亚迪牌 QCJ7006BEVF 型纯电动轿车（E6）	216	79	2	
		郑州宇通客车股份有限公司	宇通牌 ZK6125CHEVNPG4 型插电式混合动力城市客车	250	71	14	
		中通客车控股股份有限公司	中通牌 LCK6106PHENV 型插电式混合动力城市客车	252	125	10	
		金龙联合汽车工业（苏州）有限公司	海格牌 KLQ6129GAHEVC5A 型插电式混合动力城市客车	253	112	6	
65	烟台市	比亚迪汽车有限公司	比亚迪牌 BYD7150WTHEV2 型插电式混合动力轿车（秦）	253	79	1	31
		郑州宇通客车股份有限公司	宇通牌 ZK6105CHEVNPG4 型插电式混合动力城市客车	249	71	6	
		东风汽车有限公司	启辰牌 DFL7000B1BEV 型纯电动轿车	250	3	1	
		中通客车控股股份有限公司	中通牌 LCK6106PHENV 型插电式混合动力城市客车	252	125	21	
		比亚迪汽车工业有限公司	比亚迪牌 QCJ7006BEVF 型纯电动轿车（E6）	216	79	2	
66	廊坊市	厦门金龙联合汽车工业有限公司	金龙牌 XMQ6106AGHEV12 型插电式混合动力城市客车	259	123	25	28
		比亚迪汽车工业有限公司	比亚迪牌 QCJ7006BEVF 型纯电动轿车（E6）	216	79	2	
		天津清源电动车辆有限责任公司	清源宝骑牌 QY5020XXYBEVECCB 型纯电动厢式运输车	249	（二）22	1	
67	渭南市	南京金龙客车制造有限公司	东宇牌 NJL6100BEV5 型纯电动城市客车		（十）15	24	24
68	莱芜市	中通客车控股股份有限公司	中通牌 LCK6106PHENV 型插电式混合动力城市客车	252	125	20	22
		比亚迪汽车工业有限公司	比亚迪牌 QCJ7006BEVF 型纯电动轿车（E6）	216	79	2	
69	晋城市	山西皇城相府宇航汽车制造有限公司	山西牌 SXK6107GBEV 型纯电动城市客车	267	（四）01	20	20

续表

序号	应用城市	推广车辆生产企业	车型	公告批次	目录序号	数量（辆）	合计（辆）
70	中山市	湖南江南汽车制造有限公司	众泰牌 JNJ7000EVZ5 型纯电动轿车	260	84	12	15
		比亚迪汽车有限公司	比亚迪牌 BYD7150WTHEV2 型插电式混合动力轿车（秦）	253	79	3	
71	绵阳市	广汽丰田汽车有限公司	丰田（TOYOTA）牌 GTM7251HEVS 型混合动力轿车	236	89	9	14
		比亚迪汽车有限公司	比亚迪牌 BYD7150WTHEV2 型插电式混合动力轿车（秦）	253	79	5	
72	泰安市	中通客车控股股份有限公司	中通牌 LCK6106PHENV 型插电式混合动力城市客车	252	125	2	13
		中通客车控股股份有限公司	中通牌 LCK6661EVG 型纯电动城市客车	264	125	10	
		比亚迪汽车工业有限公司	比亚迪牌 QCJ7006BEVF 型纯电动轿车（E6）	216	79	1	
73	南充市	郑州宇通客车股份有限公司	宇通牌 ZK6125CHEVNPG4 型插电式混合动力城市客车	250	71	10	10
74	兰州市	湖南江南汽车制造有限公司	众泰牌 JNJ7000EVZ5 型纯电动轿车	264	84	4	6
		湖南江南汽车制造有限公司	众泰牌 JNJ7000EVZ4 型纯电动轿车	264	84	1	
		比亚迪汽车有限公司	比亚迪牌 BYD7150WTHEV2 型插电式混合动力轿车（秦）	253	79	1	
75	淄博市	江西江铃汽车集团改装车有限公司	江铃全顺牌 JX5041XSWMEV 牌纯电动商务车	237	（十四）15	1	5
		比亚迪汽车工业有限公司	比亚迪牌 QCJ7006BEVF 型纯电动轿车（E6）	216	79	1	
		北京汽车股份有限公司	北京牌 BJ7000C7H1 - BEV 型纯电动轿车	255	11	1	
		东风汽车有限公司	启辰牌 DFL7000B1BEV 型纯电动轿车	250	3	2	
76	无锡市	郑州日产汽车有限公司	东风牌 ZN5034XGCH2YBEV 型纯电动工程车	255	72	4	4
77	德州市	比亚迪汽车有限公司	比亚迪牌 BYD7150WTHEV 型插电式混合动力轿车（秦）	238	79	1	3
		比亚迪汽车工业有限公司	比亚迪牌 QCJ7006BEVF 型纯电动轿车（E6）	216	79	2	
78	清远市	比亚迪汽车有限公司	比亚迪牌 BYD7150WTHEV2 型插电式混合动力轿车（秦）	253	79	1	1
合计（辆）						65871	65871

注：①本表中统计的北京市推广的节能与新能源汽车数量全部为纯电动汽车。

②本表统计的北京市推广的德国宝马汽车公司生产的 8 辆宝马牌 WBY1Z210 型纯电动轿车和德国奔驰汽车公司生产的 6 辆奔驰牌 WMEEJ9AA 型纯电动轿车及美国特斯拉汽车公司生产的 656 辆拓速乐牌 5YJSA3H1 型纯电动轿车均为进口车。

③本表中统计的湖南省推广的中上汽车有限公司生产的 10 辆中上牌 ZS6121BEV 型纯电动城市客车储能装置为超级电容。

④本表中统计的沈阳市推广的美国特斯拉汽车公司生产的 11 辆特斯拉（TESLA）5YJSA6H1 型纯电动轿车为进口车。

⑤本表中统计的广西壮族自治区推广的厦门金龙旅行车有限公司生产的 100 辆金旅牌 XML6125JHEV38 型混合动力城市客车为非插电式混合动力客车，其储能装置为超级电容。

⑥本表中统计的西安市推广的金龙联合汽车工业（苏州）有限公司生产的 150 辆海格牌 KLQ6129GEV2 型混合动力城市客车为非插电式混合动力客车。

⑦本表中统计的邢台市推广的广汽丰田汽车有限公司生产的 2 辆丰田（TOYOTA）牌 GTM7251HEVE 型混合动力轿车和 25 辆丰田（TOYOTA）牌 GTM7251HEVS 型混合动力轿车为非插电式混合动力轿车。

⑧本表中统计的绵阳市推广的广汽丰田汽车有限公司生产的 9 辆丰田（TOYOTA）牌 GTM7251HEVS 型混合动力轿车为非插电式混合动力轿车。

三、2014年节能与新能源汽车推广车型及数量统计——按车辆品牌划分

序号	推广车辆生产企业	车型	公告批次	目录序号	应用城市	数量（辆）	合计（辆）
1	比亚迪汽车有限公司	比亚迪牌BYD7150WTHEV2型插电式混合动力轿车（秦）	253	79	杭州市	101	11557
					西安市	757	
					福建省	25	
					苏州市	14	
					长春市	2	
					大连市	14	
					重庆市	2	
					上海市	434	
					珠海市	2	
					佛山市	7	
					清远市	1	
					深圳市	3257	
					中山市	3	
					菏泽市	1	
					济宁市	1	
					临沂市	1	
					青岛市	8	
					威海市	1	
					烟台市	1	
					湖南省	21	
					成都市	36	
					绵阳市	5	
					泸州市	60	
					湖州市	1	

续表

序号	推广车辆生产企业	车型	公告批次	目录序号	应用城市	数量（辆）	合计（辆）
	比亚迪汽车有限公司	比亚迪牌 BYD7150WTHEV2 型插电式混合动力轿车（秦）	253	79	天津市	424	
					保定市	18	
					邢台市	2	
					兰州市	1	
					郑州市	12	
					新乡市	3	
					江西省	2	
					沈阳市	15	
					南京市	296	
					常州市	26	
					扬州市	4	
					盐城市	1	
		比亚迪牌 BYD7150WTHEV3 型插电式混合动力轿车（秦）	269	79	上海市	5963	
					云南省	26	
					江西省	1	
		比亚迪牌 BYD7150WTHEV 型插电式混合动力轿车（秦）	238	79	德州市	1	
					江西省	2	
					襄阳市	1	
		比亚迪牌 QCJ7100ADM 型插电式混合动力轿车	206	79	深圳市	4	
2	上海华普汽车有限公司	康迪牌 SMA7000BEV 型纯电动轿车	255	52	广州市	536	7570
					上海市	361	
					湖南省	193	
					成都市	496	
					杭州市	4597	
					武汉市	612	
					南京市	191	
					常州市	299	
					南通市	285	

续表

序号	推广车辆生产企业	车型	公告批次	目录序号	应用城市	数量（辆）	合计（辆）
3	湖南江南汽车制造有限公司	江南牌 JNJ1021EVL 型纯电动载货车	242	84	上海市	2	7338
					芜湖市	1	
		众泰牌 JNJ6401EVL 型纯电动轻型客车	220	84	杭州市	54	
		众泰牌 JNJ6408EV 型纯电动多用途乘用车	252	84	金华市	639	
		众泰牌 JNJ7000EVM1 型纯电动轿车	232	84	福建省	5	
		众泰牌 JNJ7000EVX2 型纯电动轿车	271	84	云南省	5	
		众泰牌 JNJ7000EVX 型纯电动轿车	264	84	湖南省	1977	
					江西省	13	
					武汉市	64	
		众泰牌 JNJ7000EVZ2 型纯电动轿车	256	84	湖南省	25	
					杭州市	103	
					江西省	30	
					武汉市	101	
		众泰牌 JNJ7000EVZ4 型纯电动轿车	260	84	杭州市	224	
					广州市	731	
					福建省	37	
					苏州市	6	
					大连市	4	
					重庆市	15	
					湖南省	49	
					成都市	97	
					绍兴市	25	
					宁波市	3	
					天津市	104	
					保定市	68	
					邢台市	18	
					兰州市	1	
					太原市	100	

续表

序号	推广车辆生产企业	车型	公告批次	目录序号	应用城市	数量（辆）	合计（辆）
	湖南江南汽车制造有限公司	众泰牌 JNJ7000EVZ4 型纯电动轿车	260	84	郑州市	125	
					新乡市	43	
					江西省	36	
					襄阳市	178	
					常州市	9	
					扬州市	19	
		众泰牌 JNJ7000EVZ5 型纯电动轿车	260	84	合肥市	16	
					杭州市	72	
					广州市	134	
					福建省	90	
					苏州市	7	
					大连市	2	
					重庆市	50	
					中山市	12	
					湖南省	94	
					成都市	146	
					绍兴市	34	
					宁波市	19	
					天津市	96	
					邢台市	9	
					兰州市	4	
					太原市	530	
					新乡市	51	
					江西省	248	
					芜湖市	1	
					武汉市	407	
					常州市	27	
					扬州市	19	

续表

序号	推广车辆生产企业	车型	公告批次	目录序号	应用城市	数量（辆）	合计（辆）
	湖南江南汽车制造有限公司	众泰牌 JNJ7000EVZ 型纯电动轿车	254	84	杭州市	4	
					福建省	2	
					苏州市	23	
					重庆市	19	
					湖南省	27	
					成都市	43	
					绍兴市	14	
					湖州市	19	
					宁波市	8	
					天津市	68	
					唐山市	31	
					江西省	46	
					常州市	1	
					南通市	18	
					广州市	36	
4	北京汽车股份有限公司	北京牌 BJ5020XXYV3R－BEV 型纯电动厢式运输车	230	11	北京市	20	5265
		北京牌 BJ5021XXYV3R1－BEV 型纯电动厢式运输车	262	11	杭州市	2	
					广州市	21	
					湖南省	10	
					天津市	57	
		北京牌 BJ6450L3R－BEV 型纯电动多用途乘用车	263	11	北京市	1	
					常州市	2	
		北京牌 BJ7000B3D1－BEV 型纯电动轿车	249	11	杭州市	80	
					海口市	1	
					广州市	23	
					北京市	3481	
					苏州市	3	
					上海市	40	

续表

序号	推广车辆生产企业	车型	公告批次	目录序号	应用城市	数量（辆）	合计（辆）
	北京汽车股份有限公司	北京牌 BJ7000B3D1 – BEV 型纯电动轿车	249	11	深圳市	1	
					青岛市	1	
					青岛市	100	
					湖南省	1	
					南京市	4	
					常州市	210	
					南通市	20	
					盐城市	6	
					天津市	153	
		北京牌 BJ7000B3D2 – BEV 型纯电动轿车	264	11	北京市	820	
		北京牌 BJ7000B3D – BEV 型纯电动轿车	233	11	北京市	1	
					唐山市	4	
		北京牌 BJ7000C7H1 – BEV 型纯电动轿车	255	11	北京市	113	
					济南市	1	
					临沂市	2	
					青岛市	2	
					日照市	1	
					淄博市	1	
		北京牌 BJ7000C7H3 – BEV 型纯电动轿车	261	11	北京市	54	
		北京牌 BJ7001B3D2 – BEV 型纯电动轿车	263	11	北京市	26	
					南京市	2	
					常州市	1	
5	郑州宇通客车股份有限公司	宇通牌 ZK6105BEVG1 型纯电动城市客车	266	71	潍坊市	18	4912
					天津市	20	
		宇通牌 ZK6106BEV1 型纯电动城市客车	253	71	上海市	1	
		宇通牌 ZK6106BEV2 型纯电动客车	254	71	常州市	5	
		宇通牌 ZK6115BEV1 型纯电动客车	264	71	苏州市	10	
					郑州市	50	

续表

序号	推广车辆生产企业	车型	公告批次	目录序号	应用城市	数量（辆）	合计（辆）
	郑州宇通客车股份有限公司	宇通牌 ZK6115BEV1 型纯电动客车	264	71	南京市	50	
					常州市	10	
		宇通牌 ZK6125BEVG1 型纯电动城市客车	235	71	天津市	47	
		宇通牌 ZK6125BEVG5 型纯电动城市客车	255	125	济南市	20	
		宇通牌 ZK6125BEVG6 型纯电动客车	263	71	上海市	2	
		宇通牌 ZK6125BEVG7 型纯电动城市客车	265	71	泸州市	1	
		宇通牌 ZK6141BEV1 型纯电动城市客车	262	71	郑州市	50	
		宇通牌 ZK6701BEVG3 型纯电动城市客车	262	71	海口市	2	
		宇通牌 ZK6701BEVQ3 型纯电动客车	262	71	福建省	1	
					苏州市	18	
					大连市	1	
					上海市	665	
					潍坊市	10	
					秦皇岛市	10	
					保定市	1	
					南京市	273	
					常州市	120	
		宇通牌 ZK6105CHEVNPG3 型插电式混合动力城市客车	250	71	新乡市	160	
		宇通牌 ZK6105CHEVNPG4 型插电式混合动力城市客车	249	71	宁波市	86	
					长春市	12	
					东莞市	339	
					珠海市	5	
					惠州市	25	
					济宁市	10	
					青岛市	38	
					烟台市	6	
					湖南省	63	
					郑州市	502	

续表

序号	推广车辆生产企业	车型	公告批次	目录序号	应用城市	数量（辆）	合计（辆）
	郑州宇通客车股份有限公司	宇通牌 ZK6105CHEVNPG4 型插电式混合动力城市客车	249	71	黑龙江省	30	
		宇通牌 ZK6105CHEVNPG5 型插电式混合动力城市客车	264	71	天津市	2	
		宇通牌 ZK6120CHEVNPG4 型插电式混合动力城市客车	248	71	广州市	453	
					大连市	40	
					日照市	30	
					张家口市	197	
					秦皇岛市	368	
					郑州市	100	
					黑龙江省	15	
		宇通牌 ZK6105CHEVPG2 型插电式混合动力城市客车	258	71	重庆市	16	
		宇通牌 ZK6105CHEVPG4 型插电式混合动力城市客车	259	71	上海市	5	
		宇通牌 ZK6105CHEVPG5 型插电式混合动力城市客车	263	71	天津市	78	
		宇通牌 ZK6105PHEVNPG3 型插电式混合动力城市客车	261	71	泸州市	4	
		宇通牌 ZK6120CHEVPG1 型插电式混合动力城市客车	263	71	上海市	1	
					天津市	20	
		宇通牌 ZK6120CHEVPG5 型插电式混合动力城市客车	270	71	天津市	90	
		宇通牌 ZK6125CHEVNPG4 型插电式混合动力城市客车	250	71	南京市	100	
					威海市	14	
					南充市	10	
					郑州市	310	
					贵州省	85	
		宇通牌 ZK6125CHEVNPG5 型插电式混合动力城市客车	264	71	天津市	11	
		宇通牌 ZK6125CHEVPG7 型插电式混合动力城市客车	265	71	绍兴市	30	
		宇通牌 ZK6105CHEVPG1 型插电式混合动力电动城市客车	243	71	重庆市	25	
					济宁市	2	
					湖南省	67	
					盐城市	50	
					黑龙江省	65	

续表

序号	推广车辆生产企业	车型	公告批次	目录序号	应用城市	数量（辆）	合计（辆）
	郑州宇通客车股份有限公司	宇通牌 ZK6125CHEVPG1 型插电式混合动力电动城市客车	253	71	潍坊市	3	
		宇通牌 ZK6108CHEVG2 型插电式混合动力电动城市客车	235	71	江西省	22	
		宇通牌 ZK6180CHEVNPG3 型插电式混合动力铰接城市客车	264	71	郑州市	38	
6	浙江吉利汽车有限公司	康迪牌 SMA7001BEV 型纯电动轿车	253	52	广州市	150	3463
					上海市	105	
					湖南省	178	
					成都市	524	
					杭州市	2133	
					南京市	149	
					常州市	199	
					南通市	25	
7	比亚迪汽车工业有限公司	比亚迪牌 QCJ7006BEVF 型纯电动轿车（E6）	216	79	杭州市	62	2486
					天津市	14	
					廊坊市	2	
					北京市	453	
					福建省	61	
					韶关市	50	
					深圳市	250	
					聊城市	2	
					临沂市	2	
					莱芜市	2	
					泰安市	1	
					威海市	2	
					潍坊市	2	
					烟台市	2	
					淄博市	1	
					泸州市	100	
					南京市	928	

续表

序号	推广车辆生产企业	车型	公告批次	目录序号	应用城市	数量（辆）	合计（辆）
	比亚迪汽车工业有限公司	比亚迪牌 QCJ7006BEVF 型纯电动轿车（E6）	216	79	上海市	3	
					潮州市	50	
					珠海市	200	
					佛山市	24	
					济南市	1	
					日照市	1	
					德州市	2	
					宁波市	1	
					云南省	53	
					郑州市	1	
					沈阳市	3	
					南通市	109	
		比亚迪牌 BYD7006BEVH 型纯电动轿车	269	79	西安市	8	
					广西壮族自治区	30	
		腾势牌 QCJ7007BEV 型纯电动轿车	255	79	北京市	59	
					上海市	6	
					深圳市	1	
8	安徽江淮汽车股份有限公司	江淮牌 HFC7000AEV 型纯电动轿车	219	56	福建省	19	2377
					广州市	1	
					北京市	573	
					上海市	123	
					惠州市	3	
					青岛市	23	
					潍坊市	1	
					潍坊市	28	
					成都市	5	
					天津市	23	
					江西省	1	

续表

序号	推广车辆生产企业	车型	公告批次	目录序号	应用城市	数量（辆）	合计（辆）
	安徽江淮汽车股份有限公司	江淮牌 HFC7000AEV 型纯电动轿车	219	56	芜湖市	2	
					武汉市	17	
					合肥市	847	
					南京市	4	
					常州市	3	
		江淮牌 HFC7001AEV 型纯电动轿车	263	56	芜湖市	1	
					合肥市	232	
		江淮牌 HFC7000A1EV 型纯电动轿车	264	56	邢台市	10	
					合肥市	460	
		江淮牌 HFC7100B1HEVF 型插电式混合动力轿车	242	56	合肥市	1	
9	金龙联合汽车工业（苏州）有限公司	海格牌 KLQ6109GAEV1 型纯电动城市客车	255	112	苏州市	1	2251
		海格牌 KLQ6109TAEV1 型纯电动客车	243	112	南京市	210	
					常州市	52	
					苏州市	275	
		海格牌 KLQ6129GEV1 型纯电动城市客车	253	112	苏州市	62	
		海格牌 KLQ6129GEV2 型纯电动城市客车	253	112	苏州市	3	
		海格牌 KLQ6129GEV 型纯电动城市客车	217	112	苏州市	6	
		海格牌 KLQ6601BEV 型纯电动客车	266	112	南京市	5	
					常州市	41	
					南通市	5	
					苏州市	298	
					扬州市	2	
		海格牌 KLQ6702EV 型纯电动客车	227	112	南京市	33	
					常州市	23	
					苏州市	182	
		海格牌 KLQ6832GEV1 型纯电动城市客车	264	112	苏州市	14	
		海格牌 KLQ6129GEV2 型混合动力城市客车	236	112	西安市	150	
		海格牌 KLQ6109GAHEVE4A 型插电式混合动力城市客车	255	112	济宁市	10	

续表

序号	推广车辆生产企业	车型	公告批次	目录序号	应用城市	数量（辆）	合计（辆）
	金龙联合汽车工业（苏州）有限公司	海格牌 KLQ6109GAHEVE4A 型插电式混合动力城市客车	255	112	苏州市	1	
		海格牌 KLQ6109GAHEVE4B 型插电式混合动力城市客车	262	112	天津市	80	
		海格牌 KLQ6109GCHEV1A 型插电式混合动力城市客车	236	112	苏州市	16	
		海格牌 KLQ6109GCHEV1B 型插电式混合动力城市客车	243	112	东莞市	24	
					佛山市	78	
					湖南省	24	
					苏州市	134	
		海格牌 KLQ6109GHEV1A 型插电式混合动力城市客车	248	112	苏州市	6	
		海格牌 KLQ6129GHEV4A 型插电式混合动力城市客车	238	112	常州市	5	
					苏州市	6	
					云南省	65	
		海格牌 KLQ6129GQHEV1 型插电式混合动力城市客车	262	112	苏州市	1	
		海格牌 KLQ6129GQHEV2 型插电式混合动力城市客车	228	112	苏州市	2	
		海格牌 KLQ6119GAHEVC5A 型插电式混合动力城市客车	256	112	济宁市	4	
					南通市	4	
					苏州市	1	
					贵州省	15	
		海格牌 KLQ6119GAHEVC5 型插电式混合动力城市客车	255	112	苏州市	218	
		海格牌 KLQ6119GCHEV1A 型插电式混合动力城市客车	248	112	苏州市	2	
		海格牌 KLQ6119GHEV1A 型插电式混合动力城市客车	249	112	苏州市	2	
		海格牌 KLQ6129GAHEVC5A 型插电式混合动力城市客车	253	112	重庆市	6	
					威海市	6	
					常州市	85	
		海格牌 KLQ6129GAHEVC5 型插电式混合动力城市客车	255	112	苏州市	83	
		海格牌 KLQ6129GAHEVE4A 型插电式混合动力城市客车	255	112	金华市	10	
		海格牌 KLQ6129GCHEV1A 型插电式混合动力城市客车	238	112	苏州市	1	
10	上海汽车集团股份有限公司	荣威牌 CSA7000BEV 型纯电动轿车（E50）	235	122	北京市	49	2063
					上海市	318	

续表

序号	推广车辆生产企业	车型	公告批次	目录序号	应用城市	数量（辆）	合计（辆）
	上海汽车集团股份有限公司	荣威牌 CSA7150PHEV 型插电式混合动力轿车	240	122	上海市	80	
		荣威牌 CSA7154TDPHEV 型插电式混合动力轿车	256	122	上海市	1499	
					石家庄市	110	
					南京市	1	
		荣威牌 CSA7003FCEV 型燃料电池轿车	262	122	上海市	6	
11	北汽福田汽车股份有限公司	福田牌 BJ6123PHEVCA－7 型插电式混合动力城市客车	255	9	日照市	10	1519
					潍坊市	24	
					金华市	18	
					秦皇岛市	40	
					邯郸市	5	
					沧州市	20	
					贵州省	74	
		福田牌 BJ6123PHEV 型插电式混合动力城市客车	217	9	贵州省	59	
		福田牌 BJ6123PHEVCA－6 型插电式混合动力城市客车	255	9	湖南省	69	
		福田牌 BJ6105PHEVCA－6 型插电式混合动力城市客车	255	9	湖南省	60	
		福田牌 BJ6105PHEVCA－7 型插电式混合动力城市客车	255	9	湖南省	22	
		福田牌 BJ6105PHEVCA 型插电式混合动力城市客车	264	9	广西壮族自治区	1	
		福田牌 BJ6123EVCA－15 型纯电动城市客车	259	9	青岛市	50	
		福田牌 BJ6123EVCA－17 型纯电动城市客车	259	9	北京市	480	
		福田牌 BJ6123EVCA－19 型纯电动城市客车	271	9	北京市	100	
		福田牌 BJ6123EVCA－2 型纯电动城市客车	235	9	天津市	20	
		福田牌 BJ6123EVCA－6 型纯电动城市客车	248	9	北京市	40	
		福田牌 BJ6123EVCA－9 型纯电动城市客车	242	9	北京市	80	
		福田牌 BJ6127EVCA 型纯电动城市客车	248	9	北京市	75	
		福田牌 BJ6650EVCA 型纯电动城市客车	263	9	北京市	100	
					广西壮族自治区	1	
		福田牌 BJ6851EVCA 型纯电动城市客车	264	9	湖州市	10	
					广西壮族自治区	1	

续表

序号	推广车辆生产企业	车型	公告批次	目录序号	应用城市	数量（辆）	合计（辆）
	北汽福田汽车股份有限公司	福田牌 BJ6438EV3－1 型纯电动多用途乘用车	262	9	北京市	150	
					贵州省	10	
12	南京金龙客车制造有限公司	东宇牌 NJL6100BEV2 型纯电动城市客车	262	（十）15	南京市	38	1243
		东宇牌 NJL6100BEV3 型纯电动城市客车	262	（十）15	南京市	20	
		东宇牌 NJL6100BEV4 型纯电动城市客车	262	（十）15	邯郸市	20	
		东宇牌 NJL6100BEV5 型纯电动城市客车		（十）15	渭南市	24	
		东宇牌 NJL6118BEV1 型纯电动客车	262	（十）15	深圳市	153	
					南京市	20	
		东宇牌 NJL6118BEV 型纯电动客车	243	（十）15	武汉市	100	
					南京市	200	
					南通市	45	
		东宇牌 NJL6129BEV4 型纯电动城市客车	261	（十）15	南京市	200	
		东宇牌 NJL6129BEV 型纯电动城市客车	237	（十）15	南京市	60	
		东宇牌 NJL6600BEV3 型纯电动客车	261	（十）15	苏州市	16	
					湖南省	1	
					南京市	218	
					常州市	99	
					扬州市	10	
					盐城市	2	
		东宇牌 NJL6600BEV6 型纯电动客车	264	（十）15	南京市	4	
		东宇牌 NJL6600BEV 型纯电动客车	255	（十）15	杭州市	2	
					南京市	9	
					盐城市	2	
13	中通客车控股股份有限公司	中通牌 LCK6660EVG 型纯电动城市客车	257	125	秦皇岛市	30	1307
		中通牌 LCK6661EVG 型纯电动城市客车	264	125	泰安市	10	
					沧州市	60	
		中通牌 LCK6108EVG1 型纯电动城市客车	264	125	邯郸市	10	
		中通牌 LCK6122EVG3 型纯电动城市客车	263	125	日照市	10	

续表

序号	推广车辆生产企业	车型	公告批次	目录序号	应用城市	数量（辆）	合计（辆）
	中通客车控股股份有限公司	中通牌 LCK6101HEV1 型插电式混合动力城市客车	231	125	晋中市	2	
					合肥市	30	
		中通牌 LCK6105CHEV 型插电式混合动力城市客车	270	125	天津市	44	
		中通牌 LCK6105PHENV1 型插电式混合动力城市客车	248	125	济宁市	10	
		中通牌 LCK6106PHENV 型插电式混合动力城市客车	252	125	佛山市	3	
					枣庄市	50	
					菏泽市	100	
					东营市	40	
					聊城市	200	
					济宁市	50	
					莱芜市	20	
					泰安市	2	
					威海市	10	
					烟台市	21	
					晋中市	20	
					扬州市	11	
		中通牌 LCK6121HEV 型插电式混合动力城市客车	232	125	济南市	94	
		中通牌 LCK6122PHEVC 型插电式混合动力城市客车	270	125	天津市	63	
		中通牌 LCK6122PHEV 型插电式混合动力城市客车	254	125	济宁市	4	
					晋中市	50	
		中通牌 LCK6123PHEVCN 型插电式混合动力城市客车	257	125	晋中市	30	
		中通牌 LCK6125PHENV1 型插电式混合动力城市客车	248	125	济宁市	24	
		中通牌 LCK6125PHENV 型插电式混合动力城市客车	236	125	济南市	80	
		中通牌 LCK6126PHENV 型插电式混合动力城市客车	252	125	东营市	50	
					日照市	30	
					潍坊市	111	
					晋中市	5	
					黑龙江省	33	

续表

序号	推广车辆生产企业	车型	公告批次	目录序号	应用城市	数量（辆）	合计（辆）
14	上海申沃客车有限公司	申沃牌 SWB6107EV17 型纯电动城市客车	253	42	上海市	15	804
		申沃牌 SWB6107EV42 型纯电动城市客车	257	42	潍坊市	20	
		申沃牌 SWB6117EV4 型纯电动城市客车	229	42	上海市	6	
		申沃牌 SWB6121EV13 型纯电动城市客车	250	42	惠州市	30	
					太原市	15	
		申沃牌 SWB6121EV6 型纯电动城市客车	232	42	青岛市	370	
		申沃牌 SWB6121EV7 型纯电动城市客车	232	42	太原市	10	
		申沃牌 SWB6107PHEV8 型插电式混合动力城市客车	266	42	扬州市	95	
		申沃牌 SWB6107PHEV9 型插电式混合动力城市客车	257	42	扬州市	43	
		申沃牌 SWB6127CHEV2 型插电式混合动力城市客车	257	42	上海市	50	
		申沃牌 SWB6127SHEV8 型插电式混合动力城市客车	259	42	上海市	150	
15	长沙市比亚迪客车有限公司	比亚迪牌 CK6120LGEV2 型纯电动城市客车（K9）	238	79	大连市	20	728
					潮州市	2	
					武汉市	1	
					西安市	56	
					南京市	649	
16	江苏奥新新能源汽车有限公司	达福迪牌 JAX5020ZXXBEV 型纯电动车厢可卸式垃圾车	237	（十）74	盐城市	191	709
		达福迪牌 JAX5021XXYBEV 型纯电动厢式运输车	239	（十）74	盐城市	39	
		达福迪牌 JAX5022XXYBEV 型纯电动厢式运输车	261	（十）74	盐城市	181	
		达福迪牌 JAX5022ZXXBEV 型纯电动车厢可卸式垃圾车	260	（十）74	盐城市	298	
		启辰牌 DFL7000A1BEV 型纯电动轿车	235	3	大连市	211	
17	东风汽车有限公司	启辰牌 DFL7000B1BEV 型纯电动轿车	250	3	深圳市	2	697
					济南市	2	
					济宁市	1	
					临沂市	1	
					青岛市	3	
					日照市	2	
					烟台市	1	

续表

序号	推广车辆生产企业	车型	公告批次	目录序号	应用城市	数量（辆）	合计（辆）
	东风汽车有限公司	启辰牌 DFL7000B1BEV 型纯电动轿车	250	3	淄博市	2	
					天津市	3	
		启辰牌 DFL7000B2BEV 型纯电动轿车	260	3	广州市	176	
					北京市	95	
					上海市	34	
					佛山市	5	
					深圳市	4	
					郑州市	152	
					武汉市	3	
18	美国特斯拉汽车公司	拓速乐牌 5YJSA3H1 型纯电动轿车	—	—	北京市	656	667
		特斯拉（TESLA）5YJSA6H1 型纯电动轿车	—	—	沈阳市	11	
19	湖南南车时代电动汽车股份有限公司	南车时代牌 TEG6106EHEV02 型插电式混合动力城市客车	256	（十八）23	湖南省	299	656
		南车时代牌 TEG6106EHEV03 型插电式混合动力城市客车	259	（十八）23	湖南省	82	
		南车时代牌 TEG6106EHEV04 型插电式混合动力城市客车	266	（十八）23	湖南省	78	
		南车时代牌 TEG6129EHEV02 型插电式混合动力城市客车	256	（十八）23	湖南省	172	
					海口市	25	
20	厦门金龙联合汽车工业有限公司	金龙牌 XMQ6110BCBEV 型纯电动客车	259	123	广州市	5	615
					福建省	1	
		金龙牌 XMQ6126YE 型纯电动客车	203	123	上海市	4	
		金龙牌 XMQ6127AGBEV2 型纯电动城市客车	226	123	湖州市	10	
		金龙牌 XMQ6127AGBEV4 型纯电动城市客车	229	123	北京市	10	
		金龙牌 XMQ6661AGBEV1 型纯电动城市客车	267	123	福建省	15	
		金龙牌 XMQ6127GHEV16 型插电式混合动力城市客车	254	123	常州市	50	
		金龙牌 XMQ6127GHEV17 型插电式混合动力城市客车	254	123	金华市	40	
					贵州省	30	
		金龙牌 XMQ6127GHEV19 型插电式混合动力城市客车	259	123	盐城市	40	
		金龙牌 XMQ6119AGHEV1 型插电式混合动力城市客车	262	123	青岛市	30	
		金龙牌 XMQ6106AGHEV10 型插电式混合动力城市客车	254	123	泸州市	42	

续表

序号	推广车辆生产企业	车型	公告批次	目录序号	应用城市	数量（辆）	合计（辆）
	厦门金龙联合汽车工业有限公司	金龙牌 XMQ6106AGHEV10 型插电式混合动力城市客车	254	123	江西省	27	
		金龙牌 XMQ6106AGHEV11 型插电式混合动力城市客车	259	123	湖南省	26	
					绍兴市	20	
					海口市	20	
		金龙牌 XMQ6106AGHEV12 型插电式混合动力城市客车	259	123	福建省	50	
					天津市	50	
					廊坊市	25	
					盐城市	120	
21	安徽安凯汽车股份有限公司	安凯牌 HFF6100G03EV－3 型纯电动城市客车	248	55	潍坊市	16	491
					合肥市	200	
					常州市	12	
		安凯牌 HFF6101G03EV 型纯电动城市客车	231	55	大连市	5	
		安凯牌 HFF6101K10EV－1 型纯电动客车	248	55	合肥市	100	
		安凯牌 HFF6123G03EV－2 型纯电动城市客车	248	55	合肥市	10	
		安凯牌 HFF6123G03EV 型纯电动城市客车	261	55	天津市	6	
		安凯牌 HFF6126G03EV－1 型纯电动城市客车	258	55	合肥市	10	
		安凯牌 HFF6127K46EV－6 型纯电动客车	242	55	潍坊市	1	
					合肥市	8	
		安凯牌 HFF6128G03EV 型纯电动城市客车	237	55	天津市	20	
		安凯牌 HFF6680GEVB 型纯电动城市客车	263	55	北京市	1	
		安凯牌 HFF6100G03EV－2 型纯电动城市客车	247	55	合肥市	1	
		安凯牌 HFF6128G03PHEV－2 型插电式混合动力城市客车	266	55	苏州市	1	
		安凯牌 HFF6127G03PHEV－1 型插电式混合动力城市客车	255	55	合肥市	50	
		安凯牌 HFF6124G03SHEV 型插电式混合动力城市客车	243	55	合肥市	50	
22	奇瑞汽车股份有限公司	奇瑞牌 SQR7000BEVJ00 型纯电动轿车	259	119	北京市	5	472
					福建省	6	
					大连市	2	
					重庆市	2	

续表

序号	推广车辆生产企业	车型	公告批次	目录序号	应用城市	数量（辆）	合计（辆）
	奇瑞汽车股份有限公司	奇瑞牌 SQR7000BEVJ00 型纯电动轿车	259	119	上海市	40	
					深圳市	5	
					青岛市	2	
					潍坊市	2	
					湖南省	2	
					成都市	2	
					天津市	1	
					邢台市	1	
					芜湖市	197	
					武汉市	3	
					南京市	3	
					南通市	28	
		奇瑞牌 SQR7000EAS11 型纯电动轿车	206	119	福建省	13	
					成都市	1	
					常州市	1	
		瑞麒牌 SQR7000BEVS184 型纯电动轿车	234	119	北京市	1	
					上海市	5	
					芜湖市	136	
					南通市	14	
23	金华市康迪新能源车辆有限公司	康迪牌 KD5010XXYEV 型纯电动厢式运输车	219	（十一）27	金华市	411	411
24	东风汽车公司	东风牌 EQ6121CLPHEV4 型插电式混合动力城市客车	259	3	襄阳市	126	386
		东风牌 EQ5020ZLJACBEV 型纯电动自卸式垃圾车	243	3	南通市	4	
		东风牌 EQ5020ZZZACBEV 型纯电动自装卸式垃圾车	243	3	南通市	17	
		东风牌 EQ5031TSLACBEV 型纯电动扫路车	257	3	佛山市	1	
					临沂市	1	
					南通市	48	
		东风牌 EQ6640CLBEV1 纯电动客车（A08）	263	3	杭州市	2	
					南京市	67	

续表

序号	推广车辆生产企业	车型	公告批次	目录序号	应用城市	数量（辆）	合计（辆）
	东风汽车公司	东风牌 EQ6640CLBEV1 型纯电动客车	263	3	常州市	2	
		东风牌 EQ6640CLBEV 型纯电动客车	261	3	成都市	1	
					襄阳市	19	
					南通市	2	
		风神牌 DFM7000H2BBEV 型纯电动轿车	248	3	武汉市	96	
25	重庆恒通客车有限公司	恒通客车牌 CKZ6116HNHEV4 型插电式混合动力城市客车	264	127	重庆市	34	366
		恒通客车牌 CKZ6116HNHEVA4 型插电式混合动力城市客车	232	127	重庆市	320	
					贵州省	10	
		恒通客车牌 CKZ6127HBEVB 型纯电动城市客车	245	127	唐山市	2	
26	金华青年汽车制造有限公司	青年牌 JNP6120BEV1 型纯电动客车	264	7	上海市	275	309
		青年牌 JNP6122BEVC 型纯电动城市客车	243	7	金华市	2	
		青年牌 JNP6123BEV 型纯电动城市客车	267	7	金华市	32	
27	厦门金龙旅行车有限公司	金旅牌 XML6115JEV20C 型纯电动城市客车	266	124	福建省	21	293
		金旅牌 XML6115JEV30C 型纯电动城市客车	266	124	福建省	9	
		金旅牌 XML6125JEV50C 型纯电动城市客车	266	124	福建省	15	
		金旅牌 XML6125JEV60C 型纯电动城市客车	266	124	福建省	15	
		金旅牌 XML6700JEV20 型纯电动客车	264	124	南京市	16	
		金旅牌 HML6115JHEV75CN 型插电式混合动力城市客车	254	124	惠州市	25	
		金旅牌 XML6105JHEVC8C 型插电式混合动力城市客车	266	124	福建省	40	
		金旅牌 XML6115JHEVA8C 型插电式混合动力城市客车	264	124	天津市	52	
		金旅牌 XML6125JHEV38 型混合动力城市客车	264	124	广西壮族自治区	100	
28	上海万象汽车制造有限公司	象牌 SXC6105GBEV 型纯电动城市客车	236	（九）26	上海市	274	293
		象牌 SXC6110GSHEV 型插电式混合动力城市客车	259	（九）26	上海市	19	
29	天津清源电动车辆有限责任公司	清源牌 QY5020XXYBEVYL 纯电动厢式运输车	233	（二）22	大连市	15	263
		清源牌 QY5021XXYBEVYL 型纯电动厢式运输车	262	（二）22	天津市	247	
		清源宝骑牌 QY5020XXYBEVECCB 型纯电动厢式运输车	249	（二）22	廊坊市	1	
30	北京华林特装车有限公司	华林牌 HLT5023ZLJEV 型纯电动自卸式垃圾车	232	（一）31	北京市	115	263
		华林牌 HLT5031CTYEV 型纯电动桶装垃圾运输车	250	31	北京市	40	

续表

序号	推广车辆生产企业	车型	公告批次	目录序号	应用城市	数量（辆）	合计（辆）
	北京华林特装车有限公司	华林牌 HLT5032CTYEV 型纯电动桶装垃圾运输车	251	31	北京市	54	
		华林牌 HLT5071ZZZEV 型纯电动自装卸式垃圾车	238	31	北京市	32	
		华林牌 HLT5074ZYSEV 型纯电动压缩式垃圾车	238	31	北京市	2	
		华林牌 HLT5076ZYSEV 型纯电动压缩式垃圾车	238	31	北京市	20	
31	深圳市五洲龙汽车有限公司	五洲龙牌 FDG6652EVG 型纯电动城市客车	247	131	东莞市	5	228
		五洲龙牌 FDG6601EVG 型纯电动城市客车	243	131	东莞市	35	
		五洲龙牌 FDG6701EVG1 型纯电动城市客车	247	131	深圳市	3	
		五洲龙牌 FDG6115HEVG3 型插电式混合动力城市客车	270	131	贵州省	90	
		五洲龙牌 FDG6115HEVG1 型插电式混合动力城市客车	223	131	沈阳市	95	
32	扬州亚星客车股份有限公司	亚星牌 JS6127GHBEV 型纯电动城市客车	247	49	潍坊市	4	227
		亚星牌 JS6126GHEV5 型插电式混合动力城市客车	251	49	金华市	20	
		亚星牌 JS6126GHEV 型插电式混合动力城市客车	227	49	金华市	27	
		亚星牌 JS6108GHEVC 型插电式混合动力城市客车	259	49	扬州市	109	
		亚星牌 JS6128GHEVC 型插电式混合动力城市客车	259	49	扬州市	67	
33	重庆瑞驰汽车实业有限公司	瑞驰牌 CRC5020XXY－LBEV 型纯电动厢式运输车	240	（二十一）14	重庆市	6	225
					深圳市	1	
		瑞驰牌 CRC5021XXY－LBEV 型纯电动厢式运输车	257	（二十一）14	重庆市	83	
					苏州市	4	
					上海市	14	
					深圳市	4	
					惠州市	4	
					武汉市	4	
					扬州市	11	
		瑞驰牌 CRC5022XXY－LBEV 型纯电动厢式运输车	257	（二十一）14	重庆市	48	
					上海市	12	
					深圳市	2	
		瑞驰牌 CRC5023XXY－LBEV 型纯电动厢式运输车	257	（二十一）14	重庆市	5	
					上海市	13	

续表

序号	推广车辆生产企业	车型	公告批次	目录序号	应用城市	数量（辆）	合计（辆）
	重庆瑞驰汽车实业有限公司	瑞驰牌 CRC5024XXY－LBEV 型纯电动厢式运输车	267	（二十一）14	天津市	2	
		瑞驰牌 CRC5022XSHA－LBEV 型纯电动售货车	271	（二十一）14	襄阳市	12	
34	重庆长安汽车股份有限公司	长安牌 SC7005EV 型纯电动轿车	232	96	北京市	216	216
35	南京汽车集团有限公司	畅达牌 NJ5028XTYEV1 型纯电动密闭式桶装垃圾车	249	44	上海市	5	215
		依维柯牌 NJ6607AEV 型纯电动客车	255	44	盐城市	197	
		依维柯牌 NJ6607CEV1 型纯电动客车	263	44	南京市	11	
		依维柯牌 NJ6617AEV 型纯电动客车	261	44	北京市	2	
36	河南少林客车股份有限公司	少林牌 SLG6720EVG 型纯电动城市客车	264	126	郑州市	200	200
37	广州汽车集团客车有限公司	广汽牌 GZ6113PHEV2 型插电式混合动力城市客车	249	89	广州市	125	195
		广汽牌 GZ6113PHEV5 型插电式混合动力城市客车	256	89	广州市	70	
38	江苏九龙汽车制造有限公司	大马牌 HKL6600BEV 型纯电动客车	265	（十）60	苏州市	2	194
					长春市	5	
					云南省	50	
					南京市	46	
					常州市	44	
					扬州市	47	
39	东南（福建）汽车工业有限公司	东南牌 DN7000MBEV 型纯电动轿车	245	58	福建省	2	179
					新乡市	175	
		东南牌 DN5020XXYBEV 型纯电动厢式运输车	230	58	上海市	2	
40	江苏陆地方舟新能源电动汽车有限公司	陆地方舟 RQ6850GEVH0 型纯电动城市客车	263	（十）28	福建省	20	170
		陆地方舟牌 RQ6120GBEVH0P0 型纯电动城市客车	259	（十）28	南通市	124	
		陆地方舟牌 RQ6701XBEVH1 型纯电动客车	263	（十）28	南通市	14	
		陆地方舟牌 RQ5020CTYBEV0 型纯电动桶装垃圾运输车	266	（十）28	南通市	12	
41	山东沂星电动汽车有限公司	飞燕牌 SDL6100EVG2 型纯电动城市客车	259	（十五）25	新乡市	20	168
		飞燕牌 SDL6100EVG 型纯电动城市客车	243	（十五）25	武汉市	10	
		飞燕牌 SDL6120EVG4 型纯电动城市客车	249	（十五）25	青岛市	72	
		飞燕牌 SDL6120EVG 型纯电动城市客车	216	（十五）25	临沂市	45	
					新乡市	21	

续表

序号	推广车辆生产企业	车型	公告批次	目录序号	应用城市	数量（辆）	合计（辆）
42	天津比亚迪汽车有限公司	金马牌 TJK6122BEV 型纯电动城市客车	242	（二）04	天津市	118	161
		金马牌 TJK6123BEV 型纯电动城市客车	256	（二）04	天津市	43	
43	上海申龙客车有限公司	申龙牌 SLK6105USBEV 型纯电动城市客车	241	129	上海市	15	148
		申龙牌 SLK6109USCHEV03 型插电式混合动力城市客车	262	129	上海市	14	
					天津市	82	
		申龙牌 SLK6109USCHEV06 型插电式混合动力城市客车	266	129	上海市	20	
		申龙牌 SLK6119USNHEV03 型插电式混合动力城市客车	263	129	芜湖市	1	
		申龙牌 SLK6121USBEV 型纯电动城市客车	224	129	上海市	15	
		申龙牌 SLK6129USBEV 型纯电动城市客车	261	129	芜湖市	1	
44	中国重汽集团成都王牌商用车有限公司	王牌牌 CDW5030XGCEV1 型纯电动工程车	241	101	成都市	3	137
		王牌牌 CDW5030XGCEV 型纯电动工程车	240	101	成都市	2	
		王牌牌 CDW5060XXYEV 型纯电动厢式运输车	258	101	成都市	51	
		王牌牌 CDW5070XXYH1PEV 型纯电动厢式运输车	263	101	成都市	51	
		王牌牌 CDW5080ZLJEV 型纯电动垃圾车	239	101	成都市	1	
		王牌牌 CDW5160XXYEV 型纯电动厢式运输车	247	101	成都市	2	
		王牌牌 CDW5164GSSEV 型纯电动洒水车	235	101	成都市	27	
45	珠海广通汽车有限公司	广通牌 GTQ6105BEVB1 型纯电动城市客车	249	（十九）28	邯郸市	20	116
		广通牌 GTQ6105BEVB2 型纯电动城市客车	262	（十九）28	珠海市	53	
					石家庄市	2	
		广通牌 GTQ6105BEVBT2 型纯电动城市客车	262	（十九）28	邯郸市	20	
		广通牌 GTQ6123BEVBT 型纯电动城市客车	262	（十九）28	北京市	21	
46	江西凯马百路佳客车有限公司	江西牌 JXK6650BEV 型纯电动客车	261	（十四）03	江西省	10	111
		江西牌 JXK6113CEV 型纯电动客车	256	（十四）03	江西省	1	
		江西牌 JXK6113BPHEVN 型插电式混合动力城市客车	264	（十四）03	江西省	100	
47	江西博能上饶客车有限公司	上饶牌 SR6106PHEVNG 型插电式混合动力城市客车	258	（十四）02	江西省	38	108
		上饶牌 SR6106PHEVG 型插电式混合动力城市客车	258	（十四）02	江西省	70	
48	福建新龙马汽车股份有限公司	福建牌 FJ6410BEVA1 型纯电动多用途乘用车	264	58	福建省	1	106
		福建牌 FJ5020XXYBEVA1 型纯电动厢式运输车	264	58	新乡市	105	

续表

序号	推广车辆生产企业	车型	公告批次	目录序号	应用城市	数量（辆）	合计（辆）
49	华晨汽车集团控股有限公司	中华牌 SY7000BEVDAE 型纯电动轿车（A0）	242	33	沈阳市	75	81
		中华牌 SY7080K1DSBAC 型增程式混合动力轿车	264	33	沈阳市	6	
50	华晨宝马汽车有限公司	之诺牌（ZINORO）BBA7000EV（ZINORO1E）型纯电动轿车	253	33	北京市	69	81
					沈阳市	5	
		宝马牌（BMW）BMW7201AMHEV 型插电式混合动力轿车（5 系）	264	33	沈阳市	7	
51	南京特种汽车制配厂有限公司	金龙牌 NJT5020XXYBEV1 型纯电动厢式运输车	265	（十）35	南京市	50	80
		金龙牌 NJT5020XXYBEV2 型纯电动厢式运输车	265	（十）35	南京市	30	
52	江西特种汽车有限责任公司	奇特牌 JTZ5020CTYBEV 型纯电动桶装垃圾运输车	267	（十四）09	江西省	15	77
		奇特牌 JTZ5020XXYBEV 型纯电动厢式运输车	264	（十四）09	江西省	3	
		奇特牌 JTZ5020ZXXBEV 型纯电动车厢可卸式垃圾车	262	（十四）09	江西省	20	
		奇特牌 JTZ5020ZZZBEV 型纯电动自装卸式垃圾车	264	（十四）09	江西省	26	
		奇特牌 JTZ5021ZZZBEV 型纯电动自装卸式垃圾车	268	（十四）09	江西省	13	
53	广州汽车集团乘用车有限公司	传祺（TRUMPCHI）牌 GAC7100SHEVB4 型增程式混合动力轿车	262	89	广州市	40	70
					武汉市	30	
54	一汽客车（大连）有限公司	解放牌 CA6127URE31 型纯电动城市客车	247	28	大连市	40	40
55	上汽唐山客车有限公司	飞翼牌 SK6107PHEV14 型插电式混合动力城市客车	263	（三）77	秦皇岛市	40	40
56	中国第一汽车集团公司	红旗牌 CA7155PHEV 型插电式混合动力轿车	220	1	长春市	36	36
57	丹东黄海汽车有限责任公司	黄海牌 DD6109CHEV1 型插电式混合动力城市客车	236	29	绍兴市	36	36
58	广汽丰田汽车有限公司	丰田（TOYOTA）牌 GTM7251HEVE 型混合动力轿车	256	89	邢台市	2	36
		丰田（TOYOTA）牌 GTM7251HEVS 型混合动力轿车	236	89	邢台市	25	
					绵阳市	9	
59	上海通用汽车有限公司	赛欧牌 SGM7001EV 型纯电动轿车	264	6	上海市	35	35
60	东风扬子江汽车（武汉）有限责任公司	扬子江牌 WG6124BEVH 型纯电动城市客车	260	（十七）48	东营市	1	32
		扬子江牌 WG6121BEVH 型在线充纯电动客车	247	（十七）48	武汉市	31	
61	安源客车制造有限公司	安源牌 PK6100CHE 型插电式混合动力城市客车	262	（十四）05	江西省	32	32
62	一汽客车（无锡）有限公司	解放牌 CA6121URBEV80 型纯电动城市客车	247	（十）10	青岛市	30	30
63	东风悦达起亚汽车有限公司	华骐牌 YQZ7001BEV 型纯电动轿车	245	47	盐城市	30	30
64	沈阳华晨金杯汽车有限公司	金杯牌 SY6548BEVD3HB 型纯电动轻型客车（金杯海狮）	243	33	沈阳市	27	27

续表

序号	推广车辆生产企业	车型	公告批次	目录序号	应用城市	数量（辆）	合计（辆）
65	重庆力帆乘用车有限公司	力帆牌 LF7002CEV 型纯电动轿车	236	93	重庆市	9	24
					上海市	13	
					天津市	2	
66	郑州日产汽车有限公司	东风牌 ZN5034XGCH2YBEV 型纯电动工程车	255	72	常州市	3	22
					南通市	7	
					扬州市	6	
					盐城市	2	
					无锡市	4	
67	四川汽车工业股份有限公司	野马牌 SQJ6121B1BEV 型纯电动城市客车	231	101	成都市	1	21
		野马牌 SQJ6452BEV 型纯电动乘用车	242	101	成都市	20	
68	山西皇城相府宇航汽车制造有限公司	山西牌 SXK6107GBEV 型纯电动城市客车	267	（四）01	晋城市	20	20
69	柳州延龙汽车有限公司	延龙牌 LZL5028XXYBEV 型纯电动厢式运输车	256	（二十）06	广西壮族自治区	20	20
70	北京天路通科技有限责任公司	天路牌 BTL5071TSLEV 型纯电动吸尘车	249	44	北京市	17	17
71	奇瑞万达贵州客车股份有限公司	万达牌 WD6112PHEV 型插电式混合动力城市客车	260	（二十三）06	芜湖市	15	15
72	成都客车股份有限公司	蜀都牌 CDK6123CEHEV 型插电式混合动力城市客车	263	（二十二）10	泸州市	3	14
					贵州省	11	
73	赣州汽车改装厂	环球牌 GZQ5020ZZZACBEV 型纯电动车厢自装式垃圾车	262	（十四）10	江西省	6	12
		环球牌 GZQ5021ZZZBEV 型纯电动自装卸式垃圾车	265	（十四）10	江西省	6	
74	中上汽车有限公司	中上牌 ZS6121BEV 型纯电动城市客车	231	（十五）44	湖南省	10	10
75	天津一汽夏利汽车股份有限公司	威志牌 CA7000EV 型纯电动轿车	242	18	天津市	10	10
76	江西江铃汽车集团改装车有限公司	江铃全顺牌 JX5041XSWMEV 牌纯电动商务车	237	（十四）15	临沂市	2	8
					日照市	2	
					淄博市	1	
		江铃牌 JX5021XXYMSEV 型纯电动厢式运输车	268	（十四）15	江西省	3	
77	德国宝马汽车公司	宝马牌 WBY1Z210 型纯电动轿车	—	—	北京市	8	8
78	德国奔驰汽车公司	奔驰牌 WMEEJ9AA 型纯电动轿车	—	—	北京市	6	6
79	一汽（四川）专用汽车有限公司	远达牌 SCZ5160GSSBEV 型纯电动洒水车	240	（二十二）01	成都市	6	6
80	中联重科股份有限公司	中联牌 ZLJ5030TSLZLBEV 型纯电动扫路车	258	（十八）20	南通市	1	6

续表

序号	推广车辆生产企业	车型	公告批次	目录序号	应用城市	数量（辆）	合计（辆）
	中联重科股份有限公司	中联牌 ZLJ5021ZZZBEV 型纯电动自装卸式垃圾车	240	（十八）20	南通市	5	
81	天津一汽丰田汽车有限公司	朗世牌 TV7000GBEV 型纯电动轿车	267	18	天津市	5	5
82	北京现代汽车有限公司	首望牌 BH7000BEVAA 型纯电动轿车	232	11	北京市	5	5
83	安徽星凯龙客车有限公司	星凯龙牌 HFX6600KEV05 型纯电动客车	265	（十二）18	合肥市	1	1
合计（辆）						65871	65871

注：①本表中统计的德国宝马汽车公司生产的 8 辆宝马牌 WBY1Z210 型纯电动轿车为进口车。
②本表中统计的德国奔驰汽车公司生产的 6 辆奔驰牌 WMEEJ9AA 型纯电动轿车为进口车。
③本表中统计的美国特斯拉汽车公司生产的 656 辆拓速乐牌 5YJSA3H1 型纯电动轿车和 11 辆特斯拉（TESLA）5YJSA6H1 型纯电动轿车为进口车。
④本表中统计的中上汽车有限公司生产的 10 辆中上牌 ZS6121BEV 型纯电动城市客车储能装置为超级电容。
⑤本表中统计的厦门金龙旅行车有限公司生产的 100 辆金旅牌 XML6125JHEV38 型混合动力城市客车为非插电式混合动力客车，其储能装置为超级电容。
⑥本表中统计的金龙联合汽车工业（苏州）有限公司生产的 150 辆海格牌 KLQ6129GEV2 型混合动力城市客车为非插电式混合动力客车。
⑦本表中统计的广汽丰田汽车有限公司生产的 2 辆丰田（TOYOTA）牌 GTM7251HEVE 型混合动力轿车和 34 辆丰田（TOYOTA）牌 GTM7251HEVS 型混合动力轿车为非插电式混合动力轿车。

四、2015 年 1—3 月重点城市节能与新能源汽车推广数量统计

单位：辆

序号	应用城市	纯电动汽车													非插电式混合动力汽车								插电式混合动力汽车								增程式电动车						燃料电池汽车		合计
		大中型客车	轻型客车	载货车	公务车	出租车	租赁用车	私人车	电力工程车	邮政车	环卫车	其他专用车	其他	小计	大中型客车	轻型客车	载货车	公务车	出租车	私人车	其他	小计	大中型客车	轻型客车	载货车	公务车	出租车	私人车	其他	小计	大中型客车	公务车	出租车	私人车	其他	小计	公交车	小计	
1	北京市	283	0	0	0	100	530	612	0	0	0	34	0	1559	0	0	0	0	0	0	0	0	0	0	0	0	0	0	0	0	0	0	0	0	0	0	0	0	1559
2	武汉市	283	0	0	28	62	0	273	0	0	0	0	53	699	0	0	0	0	0	0	0	0	0	0	0	0	0	43	0	43	0	0	0	7	0	7	0	0	749
3	天津市	2	0	0	0	20	0	115	0	55	0	0	0	192	0	0	0	0	0	0	0	0	123	0	0	0	0	296	0	419	0	0	0	0	0	0	0	0	611
4	广州市	275	0	0	11	0	0	16	0	0	0	0	4	306	0	0	0	0	0	0	0	0	0	0	0	0	0	0	0	0	0	0	125	66	105	296	0	0	602
5	合肥市	313	0	0	0	0	0	220	0	0	0	0	0	533	0	0	0	0	0	0	0	0	0	0	0	0	0	0	0	0	0	0	0	0	0	0	0	0	533
6	杭州市	306	0	1	0	0		127	0	0	0	0	0	434	0	0	0	0	0	0	0	0	0	0	0	0	0	77	0	77	0	1	0	0	0	1	0	0	512
7	芜湖市	0	0	0	7	0	168	125	0	0	0	2	0	302	0	0	0	0	0	0	0	0	185	0	0	0	0	0	0	185	0	0	0	0	0	0	0	0	487
8	西安市	0	0	0	0	300	0	0	0	0	0	0	0	300	0	0	0	0	0	0	0	0	0	0	0	0	0	137	0	137	0	0	0	0	0	0	0	0	437

续表

序号	应用城市	纯电动汽车													非插电式混合动力汽车								插电式混合动力汽车								增程式电动车						燃料电池汽车		合计
		大中型客车	轻型客车	载货车	公务车	出租车	租赁用车	私人车	电力工程车	邮政车	环卫车	其他专用车	其他	小计	大中型客车	轻型客车	载货车	公务车	出租车	私人车	其他	小计	大中型客车	轻型客车	载货车	公务车	出租车	私人车	其他	小计	大中型客车	公务车	出租车	私人车	其他	小计	公交车	小计	
9	深圳市	0	0	0	9	0	0	7	0	0	0	0	0	16	0	0	0	0	0	0	0	0	0	0	0	0	0	227	0	227	0	0	0	0	0	0	0	0	243
10	泸州市	0	0	0	0	150	0	0	0	0	0	0	0	150	0	0	0	0	0	0	0	0	0	0	0	0	0	9	0	9	0	0	0	0	0	0	0	0	159
11	大连市	15	102	0	0	0	0	18	0	0	0	0	0	135	0	0	0	0	0	0	0	0	0	0	0	0	0	1	0	1	0	0	0	0	0	0	0	0	136
12	惠州市	93	0	0	0	0	0	8	0	0	0	0	0	101	0	0	0	0	0	0	0	0	0	0	0	0	0	0	0	0	3	0	0	0	0	3	0	0	104
13	石家庄市	100	0	0	0	0	0	0	0	0	0	0	0	100	0	0	0	0	0	0	0	0	0	0	0	0	0	0	0	0	0	0	0	0	0	0	0	0	100
14	绍兴市	0	0	0	0	0	0	13	0	0	0	0	0	13	0	0	0	0	0	0	0	0	78	0	0	0	0	0	0	78	0	0	0	0	0	0	0	0	91
15	成都市	0	0	0	1	0		21	0	0	0	25	34	81	0	0	0	0	0	0	0	0	0	0	0	0	0	4	0	4	0		0	0	0	0	0	0	85
16	重庆市	0	0	0	0	0	0	28	0	0	0	4	0	32	0	0	0	0	0	0	0	0	48	0	0	0	0	0	0	48	0	0	0	0	0	0	0	0	80
17	广西壮族自治区	0	0	0	0	0		0	0	0	0		0		0	0	0	0	0	0	0	0	50	0	0	0	0	0	0	50	0	0	0	0	0	0	0	0	50
18	珠海市	48	0	0	0	1	0	0	0	0	0	0	0	49	0	0	0	0	0	0	0	0	0	0	0	0	0	0	0	0	0	0	0	0	0	0	0	0	49
19	郑州市	0	0	0	0	0		48	0	0	0	0	0	48	0	0	0	0	0	0	0	0	0	0	0	0	0	0	0	0	0		0	0	0	0	0	0	48
20	南通市	17	0	0	24	0	0	0	0	0	0	0	0	41	0	0	0	0	0	0	0	0	6	0	0	0	0	0	0	6	0	0	0	0	0	0	0	0	47
21	常州市	3	0	0	0	0	0	40	0	0	0	0	0	43	0	0	0	0	0	0	0	0	0	0	0	0	0	1	0	1	0	0	0	0	0	0	0	0	44
22	湖州市	0	0	0	0	30	0	14	0	0	0	0	0	44	0	0	0	0	0	0	0	0	0	0	0	0	0	0	0	0	0	0	0	0	0	0	0	0	44
23	襄阳市	0	0	0	0	0	0	41	0	0	0	0	0	41	0	0	0	0	0	0	0	0	0	0	0	0	0	0	0	0	0	0	0	0	0	0	0	0	41
24	贵州省	2	0	0	0	0	0	0	0	0	0	0	0	2	0	0	0	0	0	0	0	0	39	0	0	0	0	0	0	39	0	0	0	0	0	0	0	0	41
25	绵阳市	30	0	0	0	0	0	0	0	0	0	0	0	30	0	0	0	0	0	3	0	3	0	0	0	0	0	0	0	0	0	0	0	0	0	0	0	0	33
26	新乡市	0	0	0	0	0	0	5	0	0	0	27	0	32	0	0	0	0	0	0	0	0	0	0	0	0	0	0	0	0	0	0	0	0	0	0	0	0	32
27	邯郸市	20	0	0	0	0	0	0	0	0	0	0	0	20	0	0	0	0	0	0	0	0	0	0	0	0	0	0	0	0	0	0	0	0	0	0	0	0	20
28	云南省	0	0	0	0	0		0	0	0	0	0	0	0	0	0	0	0	0	0	0	0	0	0	0	9	0	3	0	12	0	0	0	0	0	0	0	0	12
29	沈阳市	0	0	0	0	0	0	8	0	0	0	0	0	8	0	0	0	0	0	0	0	0	0	0	0	0	0	0	0	0	0	0	0	0	0	0	0	0	8
30	海口市	5	0	0	0	0	0	1	0	0	0	1	0	7	0	0	0	0	0	0	0	0	0	0	0	0	0	0	0	0	0	0	0	0	0	0	0	0	7
31	兰州市	0	0	0	0	0	0	1	0	0	0	0	0	1	0	0	0	0	0	0	0	0	0	0	0	0	0	1	0	1	0	0	0	0	0	0	0	0	2
合计（辆）		1795	102	1	80	663	698	1741	0	55	0	96	91	5319	0	0	0	0	0	3	0	3	529	0	0	9	0	799	0	1337	3	1	125	73	105	307	0	0	6966

注：①本表中统计的北京市推广的节能与新能源汽车数量全部为纯电动汽车。
②本表统计的北京市推广的1559辆纯电动汽车中包括136辆为进口车。
③本表中统计的沈阳市推广的8辆纯电动汽车为进口车。
④本表中统计的常州市推广的1辆插电式混合动力轿车为进口车。

五、2015年1—3月节能与新能源汽车推广车型及数量统计——按推广地区划分

序号	应用城市	生产企业	车型	公告批次	目录序号	数量（辆）	合计（辆）
1	北京市	北京汽车股份有限公司	北京牌 BJ7000B3D1 - BEV 型纯电动轿车	249	11	125	1559
		北京汽车股份有限公司	北京牌 BJ7001B3D2 - BEV 型纯电动轿车	263	11	394	
		北京汽车股份有限公司	北京牌 BJ6450L3R - BEV 型纯电动多用途乘用车	263	11	5	
		比亚迪汽车工业有限公司	比亚迪牌 QCJ7006BEVF 型纯电动轿车（E6）	216	108	91	
		比亚迪汽车工业有限公司	腾势牌 QCJ7007BEV 型纯电动轿车	255	79	87	
		安徽江淮汽车股份有限公司	江淮牌 HFC7000AEV 型纯电动轿车	219	56	149	
		华晨宝马汽车有限公司	之诺（ZINORO）牌 BBA7000EV（ZINORO1E）型纯电动轿车	253	33	179	
		东风汽车有限公司	启辰牌 DFL7000B2BEV 型纯电动轿车	260	3	29	
		奇瑞汽车股份有限公司	奇瑞牌 SQR7000BEVJ00 型纯电动轿车	259	119	36	
		上海汽车集团股份有限公司	荣威牌 CSA7000BEV 型纯电动轿车	235	122	11	
		北汽福田汽车股份有限公司	福田牌 BJ6123EVCA - 3 型纯电动城市客车	271	9	40	
		北汽福田汽车股份有限公司	福田牌 BJ6123EVCA - 17 型纯电动城市客车	259	9	190	
		北汽福田汽车股份有限公司	福田牌 BJ6127EVCA - 1 型纯电动城市客车	248	9	1	
		北汽福田汽车股份有限公司	福田牌 BJ6127EVCA 型纯电动城市客车	248	9	1	
		北汽福田汽车股份有限公司	福田牌 BJ6180EVCA 型纯电动城市客车	258	9	1	
		江苏九龙汽车制造有限公司	大马牌 HKL6600BEV 型纯电动客车	265	（十）60	10	
		安徽安凯汽车股份有限公司	安凯牌 HFF6680GEVB 型纯电动城市客车	263	55	40	
		北京汽车股份有限公司	北京牌 BJ5021XXYV3R1 - BEV 型纯电动厢式运输车	262	11	34	
		美国特斯拉汽车公司	拓速乐牌 5YJSA3H1 型纯电动轿车	—	—	131	
		德国宝马汽车公司	宝马牌 WBY1Z210 型纯电动轿车	—	—	2	
		德国奔驰汽车公司	奔驰牌 WMEEJ9AA 型纯电动轿车	—	—	2	
		德国大众汽车集团	大众牌 ELECTRIC UP 型纯电动轿车	—	—	1	

续表

序号	应用城市	推广车辆生产企业	车型	公告批次	目录序号	数量（辆）	合计（辆）
2	武汉市	南京金龙客车制造有限公司	东宇牌 NJL6118BEV8 型纯电动客车	267	（十）15	110	749
		长沙市比亚迪客车有限公司	比亚迪牌 CK6120LGEV2 型纯电动城市客车（K9）	238	79	2	
		东风扬子江汽车（武汉）有限责任公司	扬子江牌 WG6124BEVH 型纯电动城市客车	260	（十七）48	170	
		比亚迪汽车有限公司	比亚迪牌 BYD7150WTHEV2 型插电式混合动力轿车（秦）	253	108	45	
		湖南江南汽车制造有限公司	众泰牌 JNJ7000EVX2 型纯电动轿车	271	84	85	
		奇瑞汽车股份有限公司	奇瑞牌 SQR7000BEVJ00 型纯电动轿车	259	119	7	
		东风汽车公司	风神牌 DFM7000H2DBEV 型纯电动轿车	258	3	67	
		安徽江淮汽车股份有限公司	江淮牌 HFC7000AEV 型纯电动轿车	219	56	32	
		湖南江南汽车制造有限公司	众泰牌 JNJ7000EVZ4 型纯电动轿车	260	84	223	
		东风汽车公司	东风牌 EQ6640CLBEV 型纯电动客车（A08）	261	3	1	
		广州汽车集团乘用车有限公司	传祺（TRUMPCHI）牌 GAC7100SHEVB4 型增程式混合动力轿车	262	89	7	
3	天津市	郑州宇通客车股份有限公司	宇通牌 ZK6701BEVQ3 型纯电动客车	262	71	2	611
		中通客车控股股份有限公司	中通牌 LCK6105CHEV 型插电式混合动力城市客车	270	125	53	
		上海申龙客车有限公司	申龙牌 SLK6109USCHEV03 型插电式混合动力城市客车	262	129	25	
		金龙联合汽车工业（苏州）有限公司	海格牌 KLQ6109GAHEVE4B 型插电式混合动力城市客车	262	112	10	
		郑州宇通客车股份有限公司	宇通牌 ZK6120CHEVPG5 型插电式混合动力城市客车	270	71	35	
		天津清源电动车辆有限责任公司	清源牌 QY5021XXYBEVYL 型纯电动厢式运输车	262	（二）22	31	
		北京汽车股份有限公司	北京牌 BJ5021XXYV3R1 – BEV 型纯电动厢式运输车	268	11	24	
		安徽江淮汽车股份有限公司	江淮牌 HFC7000AEV 型纯电动轿车	219	56	3	
		安徽江淮汽车股份有限公司	江淮牌 HFC7001AEV 型纯电动轿车	263	56	6	
		湖南江南汽车制造有限公司	众泰牌 JNJ7000EVX 型纯电动轿车	264	84	14	
		湖南江南汽车制造有限公司	众泰牌 JNJ7000EVZ 型纯电动轿车	254	84	1	
		湖南江南汽车制造有限公司	众泰牌 JNJ7000EVZ4 型纯电动轿车	260	84	37	
		湖南江南汽车制造有限公司	众泰牌 JNJ7000EVZ5 型纯电动轿车	260	84	2	
		北京汽车股份有限公司	北京牌 BJ7000B3D1 – BEV 型纯电动轿车	249	11	7	
		北京汽车股份有限公司	北京牌 BJ7000C7H3 – BEV 型纯电动轿车	261	11	2	
		北京汽车股份有限公司	北京牌 BJ7000B3D2 – BEV 型纯电动轿车	264	11	4	
		东风汽车有限公司	启辰牌 DFL7000B1BEV 型纯电动轿车	264	3	2	

续表

序号	应用城市	推广车辆生产企业	车型	公告批次	目录序号	数量（辆）	合计（辆）
	天津市	奇瑞汽车股份有限公司	奇瑞牌 SQR7000BEVJ00 型纯电动轿车	259	119	32	
		东南（福建）汽车工业有限公司	东南牌 DN7000MBEV 型纯电动轿车	245	58	20	
		郑州日产汽车有限公司	东风牌 ZN6493H2YBEV 纯电动多用途乘用车	253	72	5	
		比亚迪汽车有限公司	比亚迪牌 BYD7150WTHEV2 型插电式混合动力轿车（秦）	253	79	263	
		比亚迪汽车有限公司	比亚迪牌 BYD7150WTHEV3 型插电式混合动力轿车（秦）	253	79	33	
4	广州市	郑州宇通客车股份有限公司	宇通牌 ZK6701BEVQ3 型纯电动客车	262	71	181	602
		郑州宇通客车股份有限公司	宇通牌 ZK6115BEV1 型纯电动客车	264	71	26	
		金龙联合汽车工业（苏州）有限公司	海格牌 KLQ6601BEV 型纯电动客车	266	112	8	
		金龙联合汽车工业（苏州）有限公司	海格牌 KLQ6119GAHEVC5 型插电式混合动力城市客车	255	112	60	
		广州汽车集团乘用车有限公司	传祺（TRUMPCHI）牌 GAC7100SHEVB4 型增程式混合动力轿车	262	89	296	
		北京汽车股份有限公司	北京牌 BJ7000B3D1 – BEV 型纯电动轿车	249	11	1	
		北京汽车股份有限公司	北京牌 BJ7000B3D2 – BEV 型纯电动轿车	264	11	1	
		上海华普汽车有限公司	康迪牌 SMA7000BEV 型纯电动轿车	255	52	4	
		奇瑞汽车股份有限公司	奇瑞牌 SQR7000BEVJ00 型纯电动轿车	259	119	14	
		东风汽车有限公司	启辰牌 DFL7000B2BEV 型纯电动轿车	260	3	11	
5	合肥市	安徽江淮汽车股份有限公司	江淮牌 HFC7000AEV 型纯电动轿车	219	56	86	533
		安徽江淮汽车股份有限公司	江淮牌 HFC7001AEV 型纯电动轿车	263	56	134	
		安徽安凯汽车股份有限公司	安凯牌 HFF6123G03EV – 2 型纯电动城市客车	248	55	210	
		安徽安凯汽车股份有限公司	安凯牌 HFF6102G03EV – 3 型纯电动城市客车	256	55	100	
		安徽安凯汽车股份有限公司	安凯牌 HFF6702BEV 型纯电动客车	248	55	1	
		安徽安凯汽车股份有限公司	安凯牌 HFF6126G03EV – 2 型纯电动城市客车	255	55	2	
6	杭州市	郑州宇通客车股份有限公司	宇通牌 ZK6701BEVQ3 型纯电动客车	262	71	34	512
		郑州宇通客车股份有限公司	宇通牌 ZK6125BEVG10 型纯电动城市客车（无轨电车）	267	71	35	
		东风汽车公司	东风牌 EQ6640CLBEV1 型纯电动客车（A08）	263	3	7	
		比亚迪汽车有限公司	比亚迪牌 BYD7150WTHEV2 型插电式混合动力轿车（秦）	253	108	77	
		长沙市比亚迪客车有限公司	比亚迪牌 CK6120LGEV2 型纯电动城市客车（K9）	238	79	228	
		北京汽车股份有限公司	北京牌 BJ7000B3D1 – BEV 型纯电动轿车	249	11	7	
		北京汽车股份有限公司	北京牌 BJ5021XXYV3R1 – BEV 型纯电动厢式运输车	262	11	1	

续表

序号	应用城市	推广车辆生产企业	车型	公告批次	目录序号	数量（辆）	合计（辆）
	杭州市	南京金龙客车制造有限公司	东宇牌 NJL6600BEV 型纯电动客车	255	（十）15	2	
		湖南江南汽车制造有限公司	众泰牌 JNJ7000EVZ2 型纯电动轿车	256	84	1	
		湖南江南汽车制造有限公司	众泰牌 JNJ7000EVZ4 型纯电动轿车	260	84	4	
		湖南江南汽车制造有限公司	众泰牌 JNJ7000EVZ5 型纯电动轿车	260	84	22	
		湖南江南汽车制造有限公司	众泰牌 JNJ7000EVX 型纯电动轿车	264	84	7	
		广州汽车集团乘用车有限公司	传祺（TRUMPCHI）牌 GAC7100SHEVB4 型增程式混合动力轿车	262	89	1	
		上海华普汽车有限公司	康迪牌 SMA7000BEV 型纯电动轿车	255	52	86	
7	芜湖市	安徽江淮汽车股份有限公司	江淮牌 HFC7000AEV 型纯电动轿车	219	56	1	487
		奇瑞汽车股份有限公司	奇瑞牌 SQR7000BEVJ00 型纯电动轿车	259	119	282	
		奇瑞万达贵州客车股份有限公司	万达牌 WD6111PHEV 型插电式混合动力城市客车	260	（二十三）06	170	
		奇瑞万达贵州客车股份有限公司	万达牌 WD6112PHEV 型插电式混合动力城市客车	260	（二十三）06	15	
		湖南江南汽车制造有限公司	众泰牌 JNJ7000EVZ4 型纯电动轿车	260	84	2	
		湖南江南汽车制造有限公司	众泰牌 JNJ7000EVZ5 型纯电动轿车	260	84	15	
		湖南江南汽车制造有限公司	江南牌 JNJ1021EVL 型纯电动载货车	242	84	2	
8	西安市	比亚迪汽车有限公司	比亚迪牌 BYD7150WTHEV2 型插电式混合动力轿车（秦）	253	108	137	437
		比亚迪汽车有限公司	比亚迪牌 BYD7006BEVH 型纯电动轿车（E6）	69	79	300	
9	深圳市	比亚迪汽车有限公司	比亚迪牌 BYD7150WTHEV2 型插电式混合动力轿车（秦）	253	79	227	243
		比亚迪汽车工业有限公司	腾势牌 QCJ7007BEV 型纯电动轿车	255	79	9	
		比亚迪汽车工业有限公司	比亚迪牌 QCJ7006BEVF 型纯电动轿车（E6）	216	79	7	
10	泸州市	比亚迪汽车工业有限公司	比亚迪牌 QCJ7006BEVF 型纯电动轿车（E6）	216	79	150	159
		比亚迪汽车有限公司	比亚迪牌 BYD7150WTHEV2 型插电式混合动力轿车（秦）	253	79	9	
11	大连市	东风汽车有限公司	启辰牌 DFL7000A1BEV 型纯电动轿车	235	3	6	136
		南京金龙客车制造有限公司	东宇牌 NJL6600BEV3 型纯电动客车	261	（十）15	69	
		南京金龙客车制造有限公司	东宇牌 NJL6118BEV1 型纯电动客车	262	（十）15	15	
		郑州宇通客车股份有限公司	宇通牌 ZK6701BEVQ3 型纯电动客车	262	71	13	
		东风汽车公司	东风牌 EQ6640CLBEV1 型纯电动客车（A08）	263	3	20	
		奇瑞汽车股份有限公司	奇瑞牌 SQR7000BEVJ00 型纯电动轿车	259	119	10	
		湖南江南汽车制造有限公司	众泰牌 JNJ7000EVZ7 型纯电动轿车	264	84	2	

续表

序号	应用城市	推广车辆生产企业	车型	公告批次	目录序号	数量（辆）	合计（辆）
	大连市	比亚迪汽车有限公司	比亚迪牌 BYD7150WTHEV2 型插电式混合动力轿车（秦）	253	108	1	
12	惠州市	郑州宇通客车股份有限公司	宇通牌 ZK6701BEVG3 型纯电动城市客车	262	71	81	104
		南京金龙客车制造有限公司	东宇牌 NJL6118BEV1 型纯电动客车	262	（十）15	12	
		湖南江南汽车制造有限公司	众泰牌 JNJ7000EVX 型纯电动客车	264	84	5	
		安徽江淮汽车股份有限公司	江淮牌 HFC7000AEV 型纯电动轿车	219	56	3	
		广州汽车集团客车有限公司	广汽牌 GZ6922PHEV 型增程式混合动力城市客车	249	89	3	
13	石家庄市	珠海广通汽车有限公司	广通牌 GTQ6105BEVB2 型纯电动城市客车	262	（十九）28	100	100
14	绍兴市	郑州宇通客车股份有限公司	宇通牌 ZK6105CHEVNPG4 型插电式混合动力城市客车	249	71	44	91
		郑州宇通客车股份有限公司	宇通牌 ZK6105CHEVPG1 型插电式混合动力城市客车	243	71	22	
		丹东黄海汽车有限责任公司	黄海牌 DD6109CHEV1 型插电式混合动力城市客车	254	29	12	
		湖南江南汽车制造有限公司	众泰牌 JNJ7000EVZ4 型纯电动轿车	260	84	8	
		湖南江南汽车制造有限公司	众泰牌 JNJ7000EVZ5 型纯电动轿车	260	84	5	
15	成都市	郑州日产汽车有限公司	东风牌 ZN5033XGCH2C 型纯电动工程车	220	72	6	85
		安徽江淮汽车股份有限公司	江淮牌 HFC7000AEV 型纯电动轿车	219	56	1	
		浙江吉利汽车有限公司	康迪牌 SMA7001BEV 型纯电动轿车	254	52	26	
		上海华普汽车有限公司	康迪牌 SMA7000BEV 型纯电动轿车	255	52	1	
		奇瑞汽车股份有限公司	奇瑞牌 SQR7000BEVJ00 型纯电动轿车	259	119	2	
		中国重汽集团成都王牌商用车有限公司	王牌牌 CDW5070XXYH1PEV 型纯电动厢式运输车	263	101	16	
		中国重汽集团成都王牌商用车有限公司	王牌牌 CDW5060XXYEV 型纯电动厢式运输车	258	101	3	
		湖南江南汽车制造有限公司	众泰牌 JNJ7000EVZ 型纯电动轿车	254	84	3	
		湖南江南汽车制造有限公司	众泰牌 JNJ7000EVZ4 型纯电动轿车	260	84	8	
		湖南江南汽车制造有限公司	众泰牌 JNJ7000EVZ5 型纯电动轿车	260	84	15	
		比亚迪汽车有限公司	比亚迪牌 BYD7150WTHEV2 型插电式混合动力轿车（秦）	253	79	2	
		上海汽车集团股份有限公司	荣威牌 CSA7180ACHEV 型插电式混合动力轿车	220	122	2	
16	重庆市	重庆恒通客车有限公司	恒通客车牌 CKZ6116HNHEVA4 型插电式混合动力城市客车	232	127	40	80
		重庆五洲龙新能源汽车有限公司	五洲龙牌 WZL6101PHEVGEG4 型插电式混合动力城市客车	251	（二十一）07	8	
		重庆瑞驰汽车实业有限公司	瑞驰牌 CRC5021XXY－LBEV 纯电动厢式运输车	257	（二十一）14	4	
		重庆长安汽车股份有限公司	长安牌 SC7003AEV 型纯电动轿车	256	96	1	

续表

序号	应用城市	推广车辆生产企业	车型	公告批次	目录序号	数量（辆）	合计（辆）
	重庆市	奇瑞汽车股份有限公司	奇瑞牌 SQR7000BEVJ00 型纯电动轿车	259	119	11	
		湖南江南汽车制造有限公司	众泰牌 JNJ7000EVZ5 型纯电动轿车	260	84	2	
		湖南江南汽车制造有限公司	众泰牌 JNJ7000EVZ4 型纯电动轿车	260	84	14	
17	广西壮族自治区	厦门金龙旅行车有限公司	金旅牌 XML6105JHEVB5C 型插电式混合动力城市客车	267	124	30	50
		上海申龙客车有限公司	申龙牌 SLK6109USCHEV03 型插电式混合动力城市客车	262	129	20	
18	珠海市	珠海广通汽车有限公司	广通牌 GTQ6105BEVB2 型纯电动城市客车	262	（十九）28	48	49
		比亚迪汽车工业有限公司	比亚迪牌 QCJ7006BEVF 型纯电动轿车（E6）	216	79	1	
19	郑州市	湖南江南汽车制造有限公司	众泰牌 JNJ7000EVZ4 型纯电动轿车	260	84	48	48
20	南通市	奇瑞汽车股份有限公司	奇瑞牌 SQR7000BEVJ00 型纯电动轿车	259	119	24	47
		南京金龙客车制造有限公司	东宇牌 NJL6100BEV2 型纯电动城市客车	262	（十）15	10	
		江苏九龙汽车制造有限公司	大马牌 HKL6600BEV 型纯电动客车	265	（十）60	7	
		金龙联合汽车工业（苏州）有限公司	海格牌 KLQ6119GAHEVC5A 型插电式混合动力城市客车	256	112	6	
21	常州市	北京汽车股份有限公司	北京牌 BJ7000B3D1 – BEV 型纯电动轿车	249	11	21	44
		上海华普汽车有限公司	康迪牌 SMA7000BEV 型纯电动轿车	255	52	6	
		湖南江南汽车制造有限公司	众泰牌 JNJ7000EVZ5 型纯电动轿车	260	84	13	
		韩国现代汽车公司	现代牌插电式混合动力轿车	—	—	1	
		南京金龙客车制造有限公司	东宇牌 NJL6600BEV 型纯电动客车	255	（十）15	1	
		金龙联合汽车工业（苏州）有限公司	海格牌 KLQ6601BEV 型纯电动客车	266	112	2	
22	湖州市	比亚迪汽车工业有限公司	比亚迪牌 QCJ7006BEVF 型纯电动轿车（E6）	216	79	30	44
		湖南江南汽车制造有限公司	众泰牌 JNJ7000EVZ 型纯电动轿车	254	84	14	
23	襄阳市	湖南江南汽车制造有限公司	众泰牌 JNJ7000EVZ4 型纯电动轿车	260	84	41	41
24	贵州省	南京汽车集团有限公司	依维柯牌 NJ6593ERD 型纯电动客车	227	44	2	41
		湖南南车时代电动汽车股份有限公司	南车时代牌 TEG6129EHEVN04 型插电式混合动力城市客车	259	（十八）23	21	
		郑州宇通客车股份有限公司	宇通牌 ZK6125CHEVNPG4 型插电式混合动力城市客车	250	71	18	
25	绵阳市	四川汽车工业股份有限公司	野马牌 SQJ6111B2BEV 型纯电动城市客车	266	101	30	33
		广汽丰田汽车有限公司	丰田（TOYOTA）牌 GTM7251HEVS 型混合动力轿车	236	89	3	
26	新乡市	东南（福建）汽车工业有限公司	东南牌 DN7000MBEV 型纯电动轿车	245	58	5	32
		福建新龙马汽车股份有限公司	福建牌 FJ5020XXYBEVA1 型纯电动厢式运输车	264	58	27	

续表

序号	应用城市	推广车辆生产企业	车型	公告批次	目录序号	数量（辆）	合计（辆）
27	邯郸市	珠海广通汽车有限公司	广通牌 GTQ6105BEVBT2 型纯电动城市客车	262	（十九）28	20	20
28	云南省	比亚迪汽车有限公司	比亚迪牌 BYD7150WTHEV3 型插电式混合动力轿车（秦）	253	108	12	12
29	沈阳市	美国特斯拉汽车公司	特斯拉（TESLA）5YJSA6H1 型纯电动轿车	—	—	8	8
30	海口市	金龙联合汽车工业（苏州）有限公司	海格牌 KLQ6601BEV 型纯电动客车	266	112	2	7
		郑州宇通客车股份有限公司	宇通牌 ZK6701BEVQ3 型纯电动客车	262	71	3	
		北京汽车股份有限公司	北京牌 BJ7001B3D2－BEV 型纯电动轿车	263	11	1	
		北京汽车股份有限公司	北京牌 BJ5021XXYV3R1－BEV 型纯电动厢式运输车	262	11	1	
31	兰州市	湖南江南汽车制造有限公司	众泰牌 JNJ7000EVZ4 型纯电动轿车	260	84	1	2
		比亚迪汽车有限公司	比亚迪牌 BYD7150WTHEV3 型插电式混合动力轿车（秦）	253	79	1	
合计（辆）						6966	6966

注：①本表中统计的北京市推广的节能与新能源汽车数量全部为纯电动汽车。

②本表中统计的北京市推广的德国宝马汽车公司生产的 2 辆宝马牌 WBY1Z210 型纯电动轿车、德国奔驰汽车公司生产的 2 辆奔驰牌 WMEEJ9AA 型纯电动轿车、美国特斯拉汽车公司生产的 131 辆拓速乐牌 5YJSA3H1 型纯电动轿车和德国大众汽车集团生产的 1 辆大众牌 ELECTRIC UP 型纯电动轿车均为进口车。

③本表中统计的沈阳市推广的美国特斯拉汽车公司生产的 8 辆特斯拉（TESLA）5YJSA6H1 型纯电动轿车为进口车。

④本表中统计的常州市推广的韩国现代汽车公司生产的 1 辆现代牌插电式混合动力轿车为进口车。

⑤本表中统计的绵阳市推广的广汽丰田汽车有限公司生产的 3 辆丰田牌（TOYOTA）GTM7251HEVS 型混合动力轿车为非插电式混合动力轿车。

六、2015 年 1—3 月节能与新能源汽车推广车型及数量统计——按车辆品牌划分

序号	生产企业	车型	公告批次	目录序号	应用城市	数量（辆）	合计（辆）
1	比亚迪汽车有限公司	比亚迪牌 BYD7150WTHEV2 型插电式混合动力轿车（秦）	253	79	武汉市	45	807
					天津市	263	
					杭州市	77	
					西安市	137	
					深圳市	227	
					泸州市	9	
					大连市	1	
					成都市	2	
		比亚迪牌 BYD7150WTHEV3 型插电式混合动力轿车（秦）	253	79	天津市	33	

续表

序号	推广车辆生产企业	车型	公告批次	目录序号	应用城市	数量（辆）	合计（辆）
	比亚迪汽车有限公司	比亚迪牌 BYD7150WTHEV3 型插电式混合动力轿车（秦）	253	79	云南省	12	
					兰州市	1	
2	比亚迪汽车工业有限公司	比亚迪牌 BYD7006BEVH 型纯电动轿车（E6）	269	79	西安市	300	675
		比亚迪牌 QCJ7006BEVF 型纯电动轿车（E6）	216	79	泸州市	150	
					珠海市	1	
					湖州市	30	
					北京市	91	
					深圳市	7	
		腾势牌 QCJ7007BEV 型纯电动轿车	255	79	北京市	87	
					深圳市	9	
3	北京汽车股份有限公司	北京牌 BJ5021XXYV3R1 - BEV 型纯电动厢式运输车	262	11	北京市	34	628
					杭州市	1	
					海口市	1	
		北京牌 BJ6450L3R - BEV 纯电动多用途乘用车	263	11	北京市	5	
		北京牌 BJ7000B3D1 - BEV 型纯电动轿车	249	11	北京市	125	
					天津市	7	
					广州市	1	
					杭州市	7	
					常州市	21	
		北京牌 BJ7000B3D2 - BEV 型纯电动轿车	264	11	天津市	4	
					广州市	1	
		北京牌 BJ7000C7H3 - BEV 型纯电动轿车	261	11	天津市	2	
		北京牌 BJ7001B3D2 - BEV 型纯电动轿车	263	11	北京市	394	
					海口市	1	
		北京牌 BJ5021XXYV3R1 - BEV 型纯电动厢式运输车	268	11	天津市	24	
4	湖南江南汽车制造有限公司	江南牌 JNJ1021EVL 型纯电动载货车	242	84	芜湖市	2	594
		众泰牌 JNJ7000EVZ7 型纯电动轿车	264	84	大连市	2	
		众泰牌 JNJ7000EVX2 型纯电动轿车	271	84	武汉市	85	

续表

序号	推广车辆生产企业	车型	公告批次	目录序号	应用城市	数量（辆）	合计（辆）
	湖南江南汽车制造有限公司	众泰牌 JNJ7000EVX 型纯电动客车	264	84	惠州市	5	
					天津市	14	
					杭州市	7	
		众泰牌 JNJ7000EVZ2 型纯电动轿车	256	84	杭州市	1	
		众泰牌 JNJ7000EVZ4 型纯电动轿车	260	84	武汉市	223	
					天津市	37	
					杭州市	4	
					芜湖市	2	
					绍兴市	8	
					成都市	8	
					重庆市	14	
					郑州市	48	
					襄阳市	41	
					兰州市	1	
		众泰牌 JNJ7000EVZ5 型纯电动轿车	260	84	天津市	2	
					杭州市	22	
					芜湖市	15	
					绍兴市	5	
					成都市	15	
					重庆市	2	
					常州市	13	
		众泰牌 JNJ7000EVZ 型纯电动轿车	254	84	天津市	1	
					成都市	3	
					湖州市	14	
5	郑州宇通客车股份有限公司	宇通牌 ZK6105CHEVNPG4 型插电式混合动力城市客车	249	71	绍兴市	44	494
		宇通牌 ZK6105CHEVPG1 型插电式混合动力城市客车	243	71	绍兴市	22	
		宇通牌 ZK6120CHEVPG5 型插电式混合动力城市客车	270	71	天津市	35	
		宇通牌 ZK6125CHEVNPG4 型插电式混合动力城市客车	250	71	贵州省	18	

续表

序号	推广车辆生产企业	车型	公告批次	目录序号	应用城市	数量（辆）	合计（辆）
	郑州宇通客车股份有限公司	宇通牌 ZK6115BEV1 型纯电动客车	264	71	广州市	26	
		宇通牌 ZK6125BEVG10 型纯电动城市客车	267	71	杭州市	35	
		宇通牌 ZK6701BEVG3 型纯电动城市客车	262	71	惠州市	81	
		宇通牌 ZK6701BEVQ3 型纯电动客车	262	71	广州市	181	
					天津市	2	
					杭州市	34	
					大连市	13	
					海口市	3	
6	奇瑞汽车股份有限公司	奇瑞牌 SQR7000BEVJ00 型纯电动轿车	259	119	北京市	36	418
					武汉市	7	
					天津市	32	
					广州市	14	
					芜湖市	282	
					大连市	10	
					成都市	2	
					重庆市	11	
					南通市	24	
7	安徽江淮汽车股份有限公司	江淮牌 HFC7000AEV 型纯电动轿车	219	56	天津市	3	415
					北京市	149	
					武汉市	32	
					合肥市	86	
					芜湖市	1	
					惠州市	3	
					成都市	1	
		江淮牌 HFC7001AEV 型纯电动轿车	263	56	天津市	6	
					合肥市	134	
8	安徽安凯汽车股份有限公司	安凯牌 HFF6102G03EV－3 型纯电动城市客车	256	55	合肥市	100	353
		安凯牌 HFF6123G03EV－2 型纯电动城市客车	248	55	合肥市	210	

续表

序号	推广车辆生产企业	车型	公告批次	目录序号	应用城市	数量（辆）	合计（辆）
	安徽安凯汽车股份有限公司	安凯牌 HFF6126G03EV－2 型纯电动城市客车	255	55	合肥市	2	
		安凯牌 HFF6680GEVB 型纯电动城市客车	263	55	北京市	40	
		安凯牌 HFF6702BEV 型纯电动客车	248	55	合肥市	1	
9	广州汽车集团乘用车有限公司	传祺（TRUMPCHI）牌 GAC7100SHEVB4 型增程式混合动力轿车	262	89	武汉市	7	304
					广州市	296	
					杭州市	1	
10	北汽福田汽车股份有限公司	福田牌 BJ6123EVCA－17 型纯电动城市客车	259	9	北京市	190	233
		福田牌 BJ6123EVCA－3 型纯电动城市客车	271	9	北京市	40	
		福田牌 BJ6127EVCA－1 型纯电动城市客车	248	9	北京市	1	
		福田牌 BJ6127EVCA 型纯电动城市客车	248	9	北京市	1	
		福田牌 BJ6180EVCA 型纯电动城市客车	258	9	北京市	1	
11	长沙市比亚迪客车有限公司	比亚迪牌 CK6120LGEV2 型纯电动城市客车（K9）	238	79	武汉市	2	230
					杭州市	228	
12	南京金龙客车制造有限公司	东宇牌 NJL6100BEV2 型纯电动城市客车	262	（十）15	南通市	10	219
		东宇牌 NJL6118BEV1 型纯电动客车	262	（十）15	大连市	15	
					惠州市	12	
		东宇牌 NJL6118BEV8 型纯电动客车	267	（十）15	武汉市	110	
		东宇牌 NJL6600BEV3 型纯电动客车	261	（十）15	大连市	69	
		东宇牌 NJL6600BEV 型纯电动客车	255	（十）15	杭州市	2	
					常州市	1	
13	奇瑞万达贵州客车股份有限公司	万达牌 WD6111PHEV 型插电式混合动力城市客车	260	（二十三）06	芜湖市	170	185
		万达牌 WD6112PHEV 型插电式混合动力城市客车	260	（二十三）06	芜湖市	15	
14	华晨宝马汽车有限公司	之诺（ZINORO）牌 BBA7000EV（ZINORO1E）型纯电动轿车	253	33	北京市	179	179
15	东风扬子江汽车（武汉）有限责任公司	扬子江牌 WG6124BEVH 型纯电动城市客车	260	（十七）48	武汉市	170	170
16	珠海广通汽车有限公司	广通牌 GTQ6105BEVB2 型纯电动城市客车	262	（十九）28	石家庄市	100	168
					珠海市	48	
		广通牌 GTQ6105BEVBT2 型纯电动城市客车	262	（十九）28	邯郸市	20	
17	美国特斯拉汽车公司	拓速乐牌 5YJSA3H1 型纯电动轿车	—	—	北京市	131	139

续表

序号	推广车辆生产企业	车型	公告批次	目录序号	应用城市	数量（辆）	合计（辆）
	美国特斯拉汽车公司	特斯拉（TESLA）5YJSA6H1 型纯电动轿车	—	—	沈阳市	8	
18	上海华普汽车有限公司	康迪牌 SMA7000BEV 型纯电动轿车	255	52	广州市	4	97
					杭州市	86	
					成都市	1	
					常州市	6	
19	东风汽车公司	风神牌 DFM7000H2DBEV 型纯电动轿车	258	3	武汉市	67	95
		东风牌 EQ6640CLBEV 型纯电动客车（A08）	261	3	武汉市	1	
		东风牌 EQ6640CLBEV1 型纯电动客车（A08）	263	3	杭州市	7	
					大连市	20	
20	金龙联合汽车工业（苏州）有限公司	海格牌 KLQ6109GAHEVE4B 型插电式混合动力城市客车	262	112	天津市	10	88
		海格牌 KLQ6119GAHEVC5 型插电式混合动力城市客车	255	112	广州市	60	
		海格牌 KLQ6119GAHEVC5A 型插电式混合动力城市客车	256	112	南通市	6	
		海格牌 KLQ6601BEV 型纯电动客车	266	112	常州市	2	
					海口市	2	
					广州市	8	
21	中通客车控股股份有限公司	中通牌 LCK6105CHEV 型插电式混合动力城市客车	270	125	天津市	53	53
22	东风汽车有限公司	启辰牌 DFL7000A1BEV 型纯电动轿车	235	3	大连市	6	48
		启辰牌 DFL7000B1BEV 型纯电动轿车	264	3	天津市	2	
		启辰牌 DFL7000B2BEV 型纯电动轿车	260	3	北京市	29	
					广州市	11	
23	上海申龙客车有限公司	申龙牌 SLK6109USCHEV03 型插电式混合动力城市客车	262	129	天津市	25	45
					广西壮族自治区	20	
24	重庆恒通客车有限公司	恒通客车牌 CKZ6116HNHEVA4 型插电式混合动力城市客车	232	127	重庆市	40	40
25	天津清源电动车辆有限责任公司	清源牌 QY5021XXYBEVYL 型纯电动厢式运输车	262	（二）22	天津市	31	31
26	厦门金龙旅行车有限公司	金旅牌 XML6105JHEVB5C 型插电式混合动力城市客车	267	124	广西壮族自治区	30	30
27	四川汽车工业股份有限公司	野马牌 SQJ6111B2BEV 型纯电动城市客车	266	101	绵阳市	30	30
28	福建新龙马汽车股份有限公司	福建牌 FJ5020XXYBEVA1 型纯电动厢式运输车	264	58	新乡市	27	27
29	浙江吉利汽车有限公司	康迪牌 SMA7001BEV 型纯电动轿车	254	52	成都市	26	26

续表

序号	推广车辆生产企业	车型	公告批次	目录序号	应用城市	数量（辆）	合计（辆）
30	东南（福建）汽车工业有限公司	东南牌 DN7000MBEV 型纯电动轿车	245	58	天津市	20	25
					新乡市	5	
31	湖南南车时代电动汽车股份有限公司	南车时代牌 TEG6129EHEVN04 型插电式混合动力城市客车	259	（十八）23	贵州省	21	21
32	中国重汽集团成都王牌商用车有限公司	王牌牌 CDW5070XXYH1PEV 型纯电动厢式运输车	263	101	成都市	16	19
		王牌牌 CDW5060XXYEV 型纯电动厢式运输车	258	101	成都市	3	
33	江苏九龙汽车制造有限公司	大马牌 HKL6600BEV 型纯电动客车	265	（十）60	北京市	10	17
					南通市	7	
34	上海汽车集团股份有限公司	荣威牌 CSA7000BEV 型纯电动轿车	235	122	北京市	11	13
		荣威牌 CSA7180ACHEV 型插电式混合动力轿车	220	122	成都市	2	
35	丹东黄海汽车有限责任公司	黄海牌 DD6109CHEV1 型插电式混合动力城市客车	254	29	绍兴市	12	12
36	郑州日产汽车有限公司	东风牌 ZN6493H2YBEV 纯电动多用途乘用车	253	72	天津市	5	11
		东风牌 ZN5033XGCH2C 型纯电动工程车	220	72	成都市	6	
37	重庆五洲龙新能源汽车有限公司	五洲龙牌 WZL6101PHEVGEG4 型插电式混合动力城市客车	251	（二十一）07	重庆市	8	8
38	重庆瑞驰汽车实业有限公司	瑞驰牌 CRC5021XXY－LBEV 纯电动厢式运输车	257	（二十一）14	重庆市	4	4
39	广州汽车集团客车有限公司	广汽牌 GZ6922PHEV 型增程式混合动力城市客车	249	89	惠州市	3	3
40	广汽丰田汽车有限公司	丰田（TOYOTA）牌 GTM7251HEVS 型混合动力轿车	236	89	绵阳市	3	3
41	南京汽车集团有限公司	依维柯牌 NJ6593ERD 型纯电动客车	227	44	贵州省	2	2
42	德国宝马汽车公司	宝马牌 WBY1Z210 型纯电动轿车	—	—	北京市	2	2
43	德国奔驰汽车公司	奔驰牌 WMEEJ9AA 型纯电动轿车	—	—	北京市	2	2
44	德国大众汽车集团	大众牌 ELECTRIC UP 型纯电动轿车	—	—	北京市	1	1
45	韩国现代汽车公司	现代牌插电式混合动力轿车	—	—	常州市	1	1
46	重庆长安汽车股份有限公司	长安牌 SC7003AEV 型纯电动轿车	256	96	重庆市	1	1
合计（辆）						6966	6966

注：①本表中统计的德国宝马汽车公司生产的 2 辆宝马牌 WBY1Z210 型纯电动轿车为进口车。

②本表中统计的德国奔驰汽车公司生产的 2 辆奔驰牌 WMEEJ9AA 型纯电动轿车为进口车。

③本表中统计的美国特斯拉汽车公司生产的 131 辆拓速乐牌 5YJSA3H1 型纯电动轿车和 8 辆特斯拉（TESLA）5YJSA6H1 型纯电动轿车为进口车。

④本表中统计的德国大众汽车集团生产的 1 辆大众牌 ELECTRIC UP 型纯电动轿车为进口车。

⑤本表中统计的广汽丰田汽车有限公司生产的 3 辆丰田（TOYOTA）牌 GTM7251HEVS 型混合动力轿车为非插电式混合动力轿车。

七、2014年电动汽车充（换）电站（桩）保有量统计

城市名称	充电站				充电桩		充电站
	数量（座）	充电机功率总计（kW）	充电站占地面积（m^2）	投资金额（万元）	慢充（个）	快充（个）	数量（座）
北京市	229	—	—	—	3700	—	5
杭州市	71	—	—	—	930	450	56
湖州市	20	—	800	—	—	20	—
武汉市	17	3771	54400		208	69	0
合肥市	15	15680	83500	29842	6936	717	2
成都市	14	—	—	30000	760	7	—
重庆市	12	7150	5352	4634	200	29	1
天津市	10	—	—	—	655	226	3
渭南市	10	1200	6600	200	—	10	—
长株潭城市群	6	—	—	—	438	27	—
新乡市	6	1727	7096	2632	31	13	4
保定市	6	—	—	—	69	24	—
西安市	5	1588.5	13200	—	878	145	—
沈阳市	4	500	3800	2858	321	70	—
邯郸市	4	—	—	—	—	40	—
南通市	3	7869	23098	10538	20	60	2
扬州市	3	—	—	—	29	82	—
南昌市	2	—	—	—	226	42	1
惠州市	2	—	—	—	18	21	—
珠海市	2	—	—	—	13	11	—
南宁市	2	921	2190	1165	—	—	—
福建省	1	—	—	—	304	36	7
宁波市	1	—	2179	2500	68	—	2
郑州市	1	120	6000	3174	458	—	2
盐城市	1	284	2914	1058	20	100	2
海口市	1	2800	13340	1422	46	—	1
唐山市	1	—	—	—	—	—	1
柳州市	1	500	600	650	—	—	—
桂林市	1	1000	4000	800	—	—	—
梧州市	1	2400	15300	4400	—	60	—
崇左市	1	200	40	42	2	2	—
昆明市	1	310	1000	980	170	59	—
芜湖市	1	—	—	—	320	—	—
石家庄市	1	—	—	3000	3	5	—

续表

城市名称	充电站				充电桩		充电站
	数量（座）	充电机功率总计（kW）	充电站占地面积（m^2）	投资金额（万元）	慢充（个）	快充（个）	数量（座）
沧州市	1	—	—	—	—	15	—
常州市	1	160	—	—	107	53	—
哈尔滨市	1	300	1500	1800	160	—	—
兰州市	1	191	1000	800	84	—	—
绍兴市	—	—	—	—	—	—	6
九江市	—	—	—	—	70	—	2
赣州市	—	—	—	—	80	2	1
绵阳市	—	112.5	3889	250	4	—	—
上饶市	—	—	—	—	80	—	—
萍乡市	—	—	—	—	40	—	—
贵阳市	—	—	—	—	44	—	—
毕节市	—	—	—	—	150	—	—
泸州市	—	—	—	—	20	52	—
大连市	—	—	—	—	220	—	—
苏州市	—	—	—	—	111	126	—

第八篇
成果应用案例

场站大功率多用途充放电设备

1. 单位状况

珠海泰坦科技股份有限公司（以下简称泰坦）是香港上市的中国泰坦能源技术集团有限公司（港股代码：2188）下属全资子公司，主要从事与电力电子、自动控制、新能源、节能增效等产品的开发、制造和营销，是国内最早从事高频开关电源技术应用的专业厂家之一。

2. 成果简介

泰坦该成果来自《电动汽车充电设备产业化技术攻关》国家科技部863项目，被广泛地使用在大型、中型的城市综合型充电站、高速公路沿途的快速补充电站、电动公车交充电站及厂矿企业各类电动汽车补充电的自备充电站。

项目中泰坦开发的设备为双路大功率充放电装置，是由一套总功率为200kW（250A/800V或2×250A/400V）的充放电设备，装置分别由两台功率为100kW（250A/400V）功能完全相同的充放电组件组成。实现充电站一套装置有两路快速充电或快速放电的功能及宽范围功率输出的特点，满足多种类型电动汽车快速充电和快速放电的需求。大大缩短了电动车辆在充电站的停留时间。

设备研制的过程中获得了两项国家实用新型专利：一项是移动式交直流供电电源，专利号ZL201120041147.7；另一项是一种设备的充电或者放电系统，专利号ZL201320655751.8。另外，还有一项国家发明专利“一种电动汽车的充放电系统”正在审核受理中，受理号ZL2013104956458。

3. 成果创新点及解决的难点问题

（1）利用充电枪自动识别车辆的充电电压范围，自动切换装置实现内部电源串联工作，以输出高电压，满足高电压输入车辆的需求；

（2）为了保证司乘人员安全，防止充电设备的泄漏电流触及人身安全，设备采用了工频隔离技术的创新思路，利用变压器隔离的两路功率单元输出，分别实现对蓄电池充电或者放电功能；

（3）设备解决了常规充电设备输出电压范围窄的缺点，创新地首次使用两级变换电路，将充电输出电压范围从输出电压的30%可连续调节到100%，实现了宽电压输出，满足了全系列电动汽车的充电需求；

（4）设备的功率单元电路，经过创新发展后可以实现对蓄电池充电或者放电功能，满足今后大型充电站成为既可充电又可放电的多用途站、既可买电又可卖电的交易场所，也可作为储能电站中的双向电源；

（5）设备采用了最新软件算法技术，创新性地实现了设备中谐波电流的抑制及采用了多级滤波电路，吸收外界空间的电磁干扰，使设备在强电磁范围安全运行。

4. 国外与国内技术水平对比分析

电动汽车能否在很短时间内补充上电，一直是电动汽车普及的关键问题。但是由于国内外各厂家车辆使用的电池容量不同、工作电压不同，若需要在公共充电站配备快速充电设备，必须选用输出电压范围和电流范围都可满足对这些车辆进行快充的充电设备。目前国内外电动汽车的公共设施充电情况见表1。

表1 国内外电动汽车的公共设施充电情况

品牌	电池容量（kW·h）	目前充电水平（h）	泰坦充电设备	
			输出功率（kW·h）	快充时间（min）
宝马 i3（进口）	22	3.5	60×2辆	20
福特福克斯（进口）	23	4	60×2辆	20
日产聆风（进口）	24	5	60×2辆	20
特斯拉 Model S（进口）	60	3.5	100×2辆	35
荣威 E50	18	10	60×2辆	10
众泰 2008EV	25	7	60×2辆	20
比亚迪 E6	60	10	100×2辆	35
申沃 SWB6121EV2	138.7	3.5	200	40
申沃 SWB6121EV	142.2	3.5	200	40
宇通 K6126EGA9	169	9	200	50

本文介绍的泰坦"场站大功率多用途充放电设备"则是可以满足上述要求的。

5. 成果应用情况

泰坦充放电设备产品在国内具有一定的知名度，在国内重大的项目中都选用了泰坦生产的快速充电设备。

北京奥运会电动汽车充电站的充电设备

上海世博会电动汽车充电站的充电设备

广州亚运会电动汽车充电站的充电设备

在国家电网公司电动汽车示范项目中也大量地选用了泰坦生产的快速充电设备。如：北京奥运会项目、高安屯站、航天桥站、北土城站、马家楼站、祁家豁子站、西黄庄站；香港龙鼓滩站、青衣站、国际会展中心站、华夏神龙元朗展览中心站、香港中华电力站；广东深圳机场站、深圳后海站、广州亚运村站；山东淄博新区站、淄博客运中心站，济宁站，临沂焦庄站、临沂柳清河站、临沂沂南站、巩村站、罗庄站，烟台站，威海站，日照万平口站；四川成都院山寺站、成都红牌楼北街站、成都城南站、成都金信源站、成都万兴站、成都银沙站、成都成渝站，乐山眉县站；陕西西安高新区站；宁夏银川海宝站、银川新城站，宁东灵州站；湖南长沙东站；广西南宁竹溪站；江苏苏州邓尉路站，南京旭日站；河北邯郸站，武安曹公泉站、武安涉县站；辽宁大连友谊街站；吉林辽源站；以及上汽、金龙、宇通、北汽、广汽、二汽等众多知名车企合作项目等。

6. 成果的产能建设情况

经过产业化改造，泰坦及其下属控股子公司目前可实现交流桩超过 3 万台/年，直流充电系统超过 1 万套/年的产能。

7. 社会及经济效益分析

本项目进行电动汽车充电设备及充电系统的研发及产业化，通过采用多项关键技术解决了目前电动汽车充电站建设面临的问题，包括适应多类型电动汽车大电流的快速充放电问题、大电流充电状态下的蓄电池保护问题。由此，本项目极大程度推动了电动汽车的产业化实施和普及发展，具有重大的社会效益及经济效益。

（1）本项目的社会效益体现在以下几个方面：

①进行大功率电动汽车充放电设备的开发，将推动充电站的规模化建设，完善电动汽车产业基础设施配套体系，营造良好的电动汽车发展和推广应用环境。通过电网在城市的高覆盖性实现路边停车区域的充电模式，有利于完善电动汽车产业设施配套体系，完善城市公共充电网络等基础设施，营造良好电动汽车发展和推广的应用环境。

②电动汽车充电站是电动汽车大规模产业化不可缺少的电动汽车能源服务基础设施，开发电动汽车充电站数字化充电设备，实现电动汽车充电站管理和控制的自动化成为必然。本项目的实施，有利于利用先进的信息技术实现其运行和管理的自动化，降低工作人员的劳动强度，提高充电站运行和管理水平。

③开展电动汽车充电设备核心技术和关键产品研发，壮大电动汽车产业，培育行业龙头，完善产业链。充电环节涉及面广，有利于完善电动汽车整个产业链。本项目的实施，将带动相关产业如电池制造商、电池维护和回收企业等，使汽车制造商有效降低采购压力和采购成本，也使广大车主无后顾之忧。

④开发电动汽车充电设备，将促进新能源汽车的规模化发展，有利于促进发展电动公交系统，降低排放、噪声污染，缓解燃油供给压力，符合国家新能源战略和节能减排号召。

⑤本项目进行的电动汽车充电设备的研发及产业化，能够带动和促进产业链上下游企业的发展，促进地方税收，加大工作岗位需求，具有重要的社会意义。本项目完成后将实现年产3000套大功率充电设备的生产能力，此外将直接带动200个就业岗位，随着项目的进展，该数量将逐步增加。本项目通过对上下游的辐射将间接带动1000个以上的就业岗位。仅这一项产品就可实现年纳税额约3000万元，具有较大的社会效益。

（2）本项目的建设也可带来极大的经济效益，体现在以下几个方面：

①能够大幅提高电动汽车充电设备的技术水平，使得大功率快速充电成为可能，大幅提高充电效率实现经济效益；

②本项目充电设备具有较高性能，能够满足多型号车辆的充电使用，避免重复建设，带来较大的经济效益；

③在大电流充电过程中能够有效地保护蓄电池的性能，从而延长电动汽车动力电池的寿命，带来较大经济效益；

④有效解决高次谐波对电网电能质量的影响，能够实现绿色环保的电网接入，实现电网保护的经济效益；

⑤本项目的实施能够解决动力汽车等行业的关键问题，从而大力推动电动汽车的发展，节省原油消耗，在交通、能源领域实现间接经济效益；

⑥能够有效带动就业和增加税收，促进地方经济发展。

（珠海泰坦科技股份有限公司）

SEV 电动汽车智能充电系统

1. 单位概况

深圳市盛弘电气有限公司成立于2007年，公司总部位于深圳，占地14500平方米，是一家专注电力电子技术，聚焦电动汽车充电机产品的研发、生产制造、销售服务的高新技术企业。自成立以来不断致力于应用型电力电子技术研究，秉承在尖端领域创造新价值的理念，盛弘电气已经成为细分行业的领导者。

深圳市盛弘电气有限公司具有完整的电动汽车充电站解决方案。产品涵盖电动大巴充电、乘用车充电等，满足国家标准及国网、普天、南网等客户要求。在北京、上海、广州、深圳、四川、江苏、山东、福建和湖北等多地有多年运行经验。

2. 成果简介

电动汽车充电机是电动汽车大规模产业化不可缺少的电动汽车能源服务基础设施，为适应国家关于新能源电动汽车发展的需求，加快新能源电动汽车基础设施建设，盛弘自主研发了新一代的智能充电桩，即盛弘 SEV 电动汽车智能充电系统，针对电动汽车实际户外应用场景进行设计，额定功率最高可达405kW，能在15分钟到半个小时内为普通家用汽车提供行驶100～300公里的电量，是目前功率范围最宽、充电效率最高的充电桩系统之一。

盛弘电气新能源汽车充电机产品系列简介

室外：

30～60kW 单枪一体化直流充电机系统；

30～60kW 双枪一体化直流充电机系统；

90～180kW 单枪一体化直流充电机系统；

90～180kW 双枪一体化直流充电机系统。

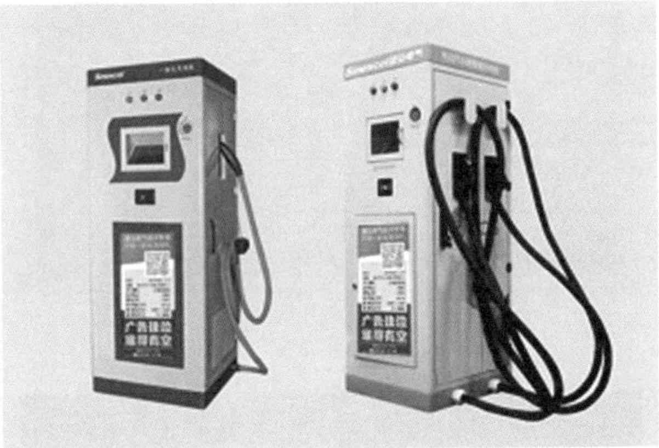

图1　盛弘电气室外一体化智能充电机

室内：

60～120kW 双枪分体式直流充电机系统；

60～120kW 四枪分体式直流充电机系统；

90～180kW 单枪分体式直流充电机系统；

90～180kW 双枪分体式直流充电机系统；

180～360kW 单枪分体式直流充电机系统；

180～360kW 双枪分体式直流充电机系统。

盛弘电气具有多年的模块化产品研发经验，拥有成熟的模块化研发方案，盛弘电气的电能质量产品、光伏储能产品和充电机模块皆采用了行业内最领先的三电平模块化技术。模块化不但能够更高度地保持运行系统的稳定，在

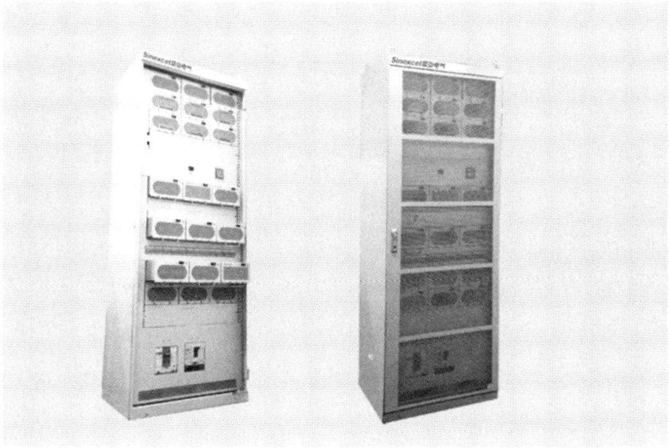

图 2　盛弘电气室内分体式智能充电机

工程建设方面，模块化方便工程建设中的运输及售后维护，帮助企业大大地降低了成本。

盛弘 SER 系列电动汽车充电模块是盛弘电气针对电动汽车充电站、换电站等场所设计的多功能智能快速直流充电模块，广泛适用于各类大型电动客车及乘用车快速充电，模块设计与国际先进技术接轨，以大胆创新的设计理念进行设计，PFC 采用三项三电平维也纳拓扑，功率因数可达 0.99，DC－DC 采用 LLC 拓扑，最高效率高达 96%，输入输出含各种控制保护，且设计理念充分考虑滤波与 EMC，控制系统采用国际先进的双 DSP 数字化控制，智能稳定。

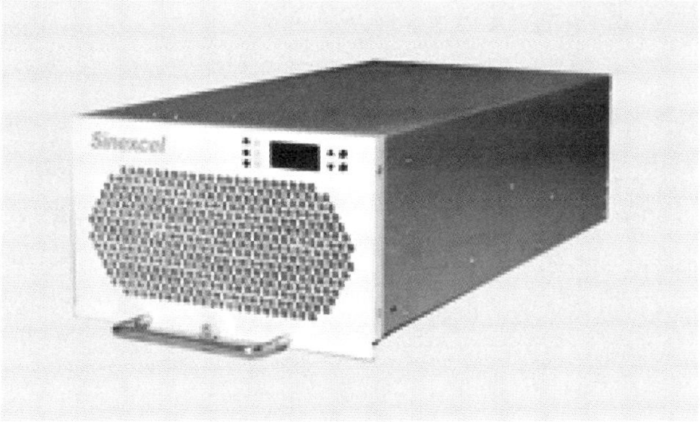

图 3　盛弘 SER 智能充电模块

凭借领先的技术实力，丰富的研发经验，盛弘电气通过了 ISO 9001：2008 质量管理体系认证，先后被认定为国家高新技术企业、深圳高新技术企业，软件企业。公司产品被列入深圳市科技资金技术研究发展计划，国家创新基金扶持计划，拥有 22 项专利，其中 13 项发明专利，均享有独立自主的知识产权。我们致力为用户提供创新性整体解决方案，使能源应用更加安全可靠，经济高效。

3. 成果创新点

盛弘 SEV 电动汽车智能充电系统是盛弘电气有限公司推出的电动汽车充电站解决方案的主打产品，为满足不同车型的充电需求，产品充分参考了 SAE Combo、CHAdeMo 以及中国 GB 电动技术标准。其中 SAE Combo 是欧美 8 大汽车公司共同推动制定的，CHAdeMo 是由丰田和日产等日本大型厂商制定的。盛弘充电桩系统是目前国内最先进的电动汽车充电桩系统之一，完全满足大部分国标要求，所有符合国标要求的电动汽车都能享受我们提供的智能快速充电服务。

SEV 智能充电系统技术特点：

智能：手动充电、自动充电、预约充电、轮巡充电等多种充电方式可选；自主均流，无监控模块也能稳定工作，单个模块故障后其余模块自主均流；操作界面简介友好，易于使用维护。

节能：效率最高可达 95% 以上；采用有源 APFC 技术，功率因数达 0.99，THDi＜5%，无须单独配置无功补偿和消谐装置；模块 EMC 符合 EN55022 Class A；系统功率密度高，采用充电机柜面数少；节地，省投资。

可靠：超宽温度适应范围，－40℃～＋65℃工作温度范围，全天候适应环境。模块安规符合 EN60950－1。系统具备绝缘检测功能，具备输入输出侧告警保护等多项安全防护功能。N＋1 热备份工作方式。

盛弘电气有多年的充电站解决方案经验，为多家客户提供了优质的服务，我们专注于新能源汽车充电技术，根据实际使用场景，以前卫的视角提出并实现了多种具有国际领先水平的充电技术：

轮巡充电技术：该模式为车辆依次排队充电，同一时间只能为一辆车满功率快速充电，其余车辆以预约的方式等待，充满后自动切换。

当 A 车已经开始充电，B 车车主只需将充电枪与 A 车对接即可离开，待 A 车充满后，系统将自动为 B 车充电，无须车主原地等候。

快/慢充技术：白天车辆一般要求快速充电，减少等候时间，因而需要大功率输出；而夜晚无人等候，无须大功率充电，只需要提供较小的功率慢充。根据这种使用场景，盛弘电气充电机可以选择快慢充切换，白天为车辆大功率快充，晚上则小功率慢充。

无级调速技术：单桩多车接入时，根据各车辆的实际需求自动分配充电功率，全面满足用户不同的充电需求。

4. 国际水平对比分析

盛弘电气 SER 充电机模块是目前国际上尺寸适应性最强的模块，模块尺寸为 W220×D425×H132（mm），单个模块功率为 15kW，效率达 95% 以上，效率及功率密度比领先于国际充电模块。SER 充电机模块可广泛使用于各种充电机系统，短小精致，便于携带拆装。SER 充电机模块采用了独特的短风道设计，解决了散热难这个业内公认难题，且充分考虑了防震、防腐、防尘、EMC 等细节，使其拥有广泛的环境适应性，具有美军工产品等级的可靠性。

5. 成果应用情况

自 2010 年至今，盛弘电气一直致力于新能源电动汽车充电解决方案，先后参与深圳普天、上海合普、合肥普天、安徽天康等国内知名大型充电商客户的数十个大型充电站项目的建设，并为国内一些著名车厂提供充电机配套服务，盛弘电气电动汽车智能充电机产品为符合国标 GB 的直流充电桩系统，已经先后为多达数十种电动汽车成功充电，能在 15～30 分钟内为普通家用电动汽车提供行驶100～300 公里的电量，拥有丰富的实践运行经验。

图 4　盛弘 SEV 智能充电机在深圳充电站的应用

图 5　盛弘 SEV 智能充电机在安徽充电站的应用

截至 2014 年底，盛弘电气电动汽车充电机产品相关项目累计完成上百个，充电桩设备生产并出售使用三千余套，成功为深圳、北京、合肥、山东等地区的电动汽车充电服务提供了强有力的支撑。2014 年全年，盛弘电气电动汽车充电机相关项目销售额达 3000 万元左右，预计 2015 年将超过 1 亿元。

客户导向是盛弘电气一直以来坚守并实践的企业价值观，创新的产品设计，国内与国际的产品认证，专业的服务团队以及丰富的案例，使盛弘电气有能力为用户提供完整可靠的系统解决方案。

盛弘电气拥有规模庞大的 60 人市场服务团队，为用户提供方案咨询、技术支持、工程交付等服务。更好地为全国用户提供服务，盛弘电气建立了覆盖全国各地的三级服务体系，即公司总部技术服务中心和六大片区技术服务办事处以及授权代理商技术服务点。在公司总部及各大片区技术服务中心均配置了专业的工程师团队以及完备的服务工具和备品，在授权代理商技术服务点配备了认证服务工程师。

在公司总部，盛弘电气成立了专门的用户培训中心，负责针对代理商和用户的技术人员进行产品操作和维护培训。

6. 社会及经济效益分析

（1）电动汽车充电站是电动汽车大规模产业化不可缺少的基础服务设施，盛弘 SEV 电动汽车智能充电系统有利于充电站系统的管理自动化，提高充电站的运行和管理水平。

（2）解决了充电难的问题，将促进新能源汽车及电动公交的规模化发展，降低排放和噪声污染，缓解燃油供给压力，符合国家新能源战略和节能减排号召，在交通、能源领域实现巨大经济效益。

（3）盛弘 SER 充电机模块采用新的设计理念，PFC 采用三项三电平维也纳拓扑，功率因数可达 0.99，THDi < 5%，无须单独配置无功补偿和消谐装置。解决谐波对电网电能质量的影响，实现绿色环保的电网接入。

（深圳市盛弘电气有限公司）

一体化电动汽车充电解决方案

1. 方案介绍

ABB 提供质量领先的直流快速的商业充电机、家庭壁挂式充电机和基于互联网连接的在线连接云服务一体化充电服务解决方案，能够为不同的客户提供最高性价比的电动汽车解决方案。

（1）系统组成与特点概述

系统由充电机和后台管理网络组成，充电机包括 Terra 系列柜式充电机和 Wallbox 系列壁挂式充电机。后台管理包括监控系统、数据处理系统。

ABB 充电机具有以下特点：

- 充电快速可靠，应用范围广泛；
- 支持远程监控、管理，在线修改、升级；
- 支持智能手机等移动终端的 APP 软件远程控制。

快速可靠的服务,充电机正常运行时间最大化

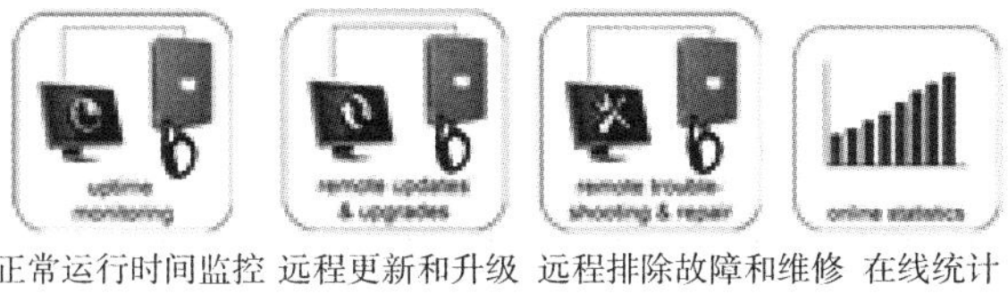

图 1　可靠便捷的网络服务

优化用户体验

图 2　优化的服务体验

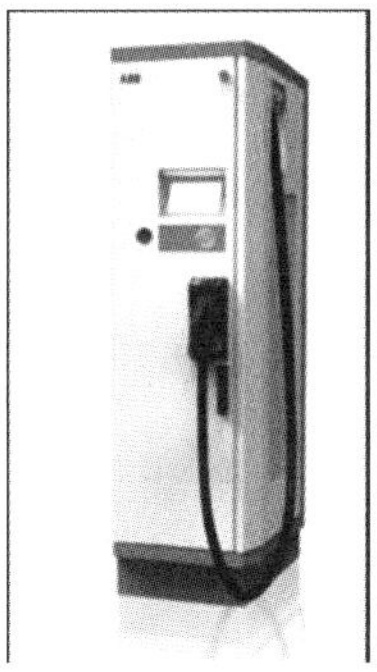

图 3　Terre 系列柜式充电机

(2) 产品简介

①Terra 系列柜式充电机（图 3）——适用于充电站、写字楼和超级商场、汽车经销商、汽车租赁公司等商业用途

得益于其多协议设计，Terra 53 能够轻松定制，支持 GB（国标，国内生产只提供国标标准）、CCS 和 CHAdeMO 1.0 直流快速充电标准以及 EN61851－1 交流充电标准（类型 2，模式 3），是一款可以灵活配置的快速充电装置，是汽车经销商、加油站、充电站和繁华市区的理想选择。

所有 ABB 充电装置都享有基于互联网连接的联网服务，客户可以轻松地将充电机接入不同的软件系统，包括后台管理系统、支付平台、智能电网系统等，这样就可实现远程协助，定制故障诊断、排除和维修，远程更新和升级。这是基于开放行业接口的可靠安全连接解决方案，极具成本效益，并能满足未来连接需求。

主要特性

◆ GB 标准直流快速充电。

◆ 在 15 分钟内可充电 30% ~80%。

◆ 通过开放行业标准能够满足未来连接需求。

◆ 灵活接口连接客户增值系统。

◆ 远程协助和正常运行监控。

◆ 远程更新和升级。

◆ 使用简单。

◆ 8 寸防日光触屏显示。

◆ 充电进程图形显示。

◆ 用户授权。

◆ 外形美观及全天候适用的不锈钢机柜。

◆ 安装快速、简单。

◆ 工作噪声小。

主要可选功能

◆ 基础型交流电表测量交流输出电能。

◆ PIN 码验证。

◆ 输入功率限制软件，避免昂贵的电网升级成本。

◆ 数据统计和访问管理网络模块。

◆ 集成后台管理系统、支付平台和智能电网系统。

◆ 更广泛的温度范围：－35℃ ~45℃。

◆ 远程可复位微型断路器（MCB）和漏电保护器（RCD），正常运行时间最大化。

◆ 定制品牌。

充电出口规格	GB（默认）
充电标准	GB
最大输出功率（kW）	50
输出电压范围（VDC）	50 ~ 570
最大输出电流（ADC）	125
连接标准	GB T20234. 3 － 2011
连接器/插座类型	GB
电缆长度（m）	3. 9
兼容电动汽车品牌	比亚迪 · 戴姆勒、东风日产、北汽、上汽、等符合中国国标充电的车型

一般参数	
环境	室内或室外
工作温度（℃）	-10~50 可选 -35~45
贮存温度（℃）	-40~70
兼容性和安全性	国标 GB
交流电源输入连接	3P +N+ PE
输入电压范围	380 VAC +/-10%（50Hz）
最大额定输入电流和功率	125 A，86 kVA
功率因数（满载）	>0.98
效率	额定输出功率条件下 95%
RFID 系统	ISO/IEC 14443A/B，ISO/IEC 15693， FeliCaTM 1，NFC 读卡器模式，LEGIC Prime & Advant
网络连接	GSM / CDMA/3G 调制解调器，10/100 Base-T 以太网
防护等级	IP54
工作噪音	正常运行工况 45~50 dBA
尺寸（深×宽×高）(mm)	760×525×1990
重量（kg）	400

在不久的将来，ABB 会推出给电动大巴充电的整体解决方案，包括 150~400kW 的充电机，以及根据大巴线路给出的在终点站、途径站和大巴停车场的不同的、优化的整线大巴充电解决方案（具体产品和服务以 ABB 最终发布为准）。

②Wall-box 系列壁挂式充电机（定制化产品，图片仅供参考）——适用于居民小区、别墅和办公停车场等

ABB Wall-box GB 壁挂式充电机是基于国家标准的快速直流充电机。ABB 提供定制化的产品，包括性能、外观、标识等（图 4 仅作参考）。

ABB 壁挂式充电机功率为 7kW~22kW（可根据实际需要选择），可以在 30 分钟到 3 小时（时间与不同车型所带电池有关）充电完毕。

主要可选功能

◆ 从 10kW 至 20kW（进线为交流 380 伏）

◆ 根据需要可以有户内和户外选择。

◆ PIN 码验证。

◆ 数据统计和访问管理网络模块，集成后台管理系统、智能电网系统。

◆ 广泛的温度范围：-10℃~50℃。

◆ 最大额定输入电流从 16~32 A，输出电压从 220~570V。

◆ 远程可复位微型断路器（MCB）和漏电保护器（RCD），确保正常运行时间最大化。

◆ 品牌定制。

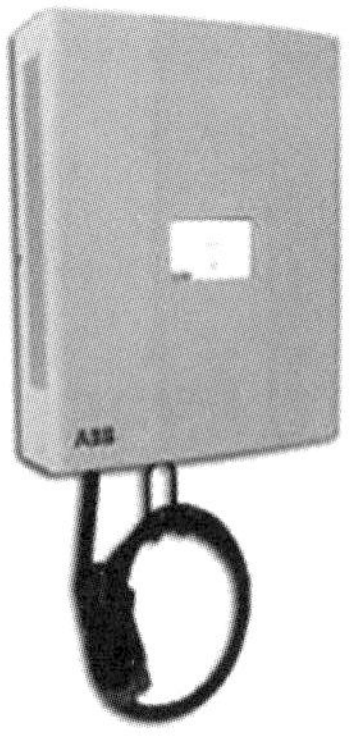

4 wallbox 壁挂式充电机
制化产品，图片仅供参考）

建议合作模式

ABB 愿意与各个电动汽车 OEM 成为长期战略合作伙伴，共同开发满足于电动汽车的壁挂式直流充电机。为确保每个壁挂式直流充电机都能有效使用及得到及时维护，ABB 建议现阶段采用定制化合作开发模式，建议流程如下：

◆ ABB 与 OEM 洽谈了解电动车型和 OEM 的基本需求。

◆ ABB 根据电动车型和 OEM 基本需求建议合作方案。

◆合作方案进行澄清、调整和优化。

◆双方达成技术和商务初步合作意向。

◆ ABB 进行壁挂式直流充电机的开发。

◆开发过程中对充电机和电动车进行测试。

◆小批量交货，并提供安装和调试支持。

◆与 OEM 共同推广电动车和充电机。

◆后续批量合作。

◆与其他不同功率需求的电动汽车充电机合作。

ABB 愿意与各个电动汽车 OEM、充电站运营商、电网公司等共同寻找合适的商业模式推动电动汽车产业在中国的发展。

③基于互联网的在线连接云服务

ABB 充电机可提供基于互联网连接的在线服务，能够帮助客户实现快速、稳定的后台管理，在线监控，在线修改和升级，运营统计等信息化服务。如图 5 的网络管理图，包括充电机，手机、iPad 等智能终端，通信网络和服务器。

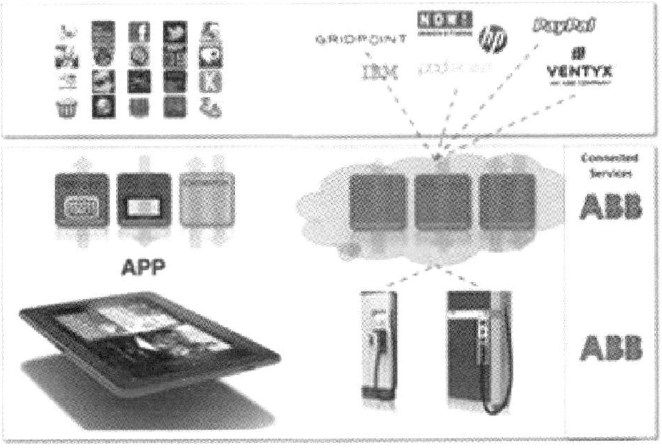

图 5 网络管理

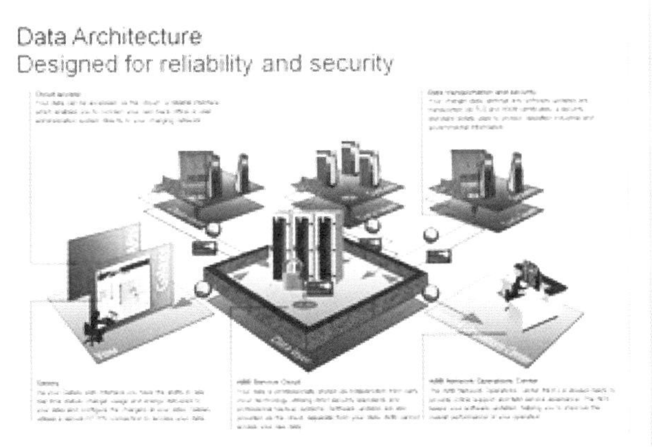

图 6 数据处理架构

数据处理架构如图 6 所示，用户管理层可以通过电脑终端的 Galaxy、APIs 等软件与数据层服务器通信，把需要监视、控制、修改、升级等指令传输给数据服务器（Data Layer，数据层），服务器再把指令传输到充电站，并将反馈回来的信息再传输给用户的电脑终端，从而进行整个充电站网络的数据处理（计费、统计正常工作时间、为后续增加充电机等各提供实际数据等）和操作。而操作层的用户（Operation Center）也可以通过服务器进行操作层的监控。

2. 成功案例

ABB 是全球电动汽车直接快充解决方案的领头羊，拥有丰富经验和成功案例，业务遍及欧洲（荷兰、英国、德国、意大利等）、北美、澳洲、亚洲（韩国、新加坡、中国）等 40 多个国家，在中国的大陆、台湾、香港均有 ABB 的成功案例，为您的爱车保驾护航。

案例一：爱沙尼亚——全球首个国家级电动汽车充电网络

在爱沙尼亚的每条主干道上，每隔大约 50 公里都设有一台快速充电机，并于 2013 年 2 月 20 日启用。

电动汽车充电内容：

• 超过 200 台“直流 + 交流”组合式快速充电机。

• 在办公地点安装大约 507 台交流充电机。

• 交钥匙项目和网络服务。

• 可通过会员卡的 RFID、短信、电子钱包支付费用。

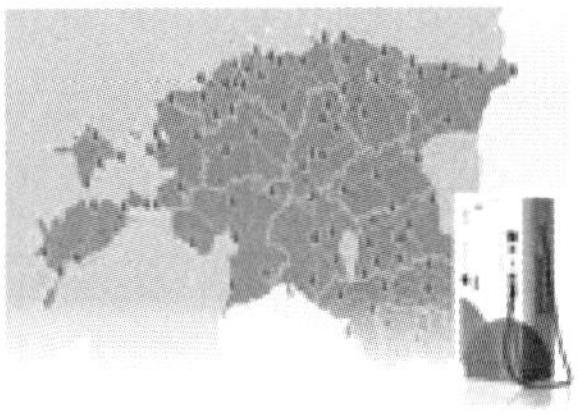

图 7 爱沙尼亚项目充电示范 图 8 爱沙尼亚国家级充电站网络

案例二：荷兰——FASTNED 国家级电动汽车充电网络

• 2013 年开始陆续投入使用。

• 计划到 2015 年建设 201 个充电站，各站使用多台充电机（图 10）。

• 带太阳能发电遮篷，整体节能解决方案（图 9）。

图 9 荷兰Fastned带太阳能的充电站 图 10 荷兰Fastned充电网络

案例三：ABB 与深圳比亚迪·戴姆勒战略合作项目

ABB 与全国首个专注于电动汽车的深圳市比亚迪·戴姆勒新技术有限公司强强合作，ABB 为其名下的腾势电动汽车提供壁挂式充电机。

该充电机具有结构坚固、充电稳定可靠、操作简便、能够在线连接特点，适合居民小区和办公车库等场所使用。

案例四：广州花都区直流快充网络

ABB 为广州市花都区电动汽车充电站一期项目（图

图11　腾势电动车　　图12　ABB为腾势定制的壁挂式充电机

13）超过30个Terra系列50kW直流快速充电机（图14），为东风日产提供的晨风E30纯电动汽车的士充电，耗时30分钟，具有充电稳定快捷、会员付费、后台管理的特点，获得客户“高度满意”的评价。

图13　广州花都ABB的充电站　图14　ABB Terra51系列充电机

电动车空调和电池热管理模块开发

1. 成果简介

电动车空调系统和电池热管理模块是电动车的关键部件之一。有别于传统动力车，电动车乘员舱的制冷和采暖均靠电力驱动；锂离子电池对温度非常敏感、工作温度区间较窄；在控制策略上与传统车也有很大差异。同时，电动车行驶里程的提高，亦对空调系统和热管理模块的高效率、轻量化提出更严格的要求。

松芝公司在2012年初成立研发团队，进行相关技术开发。通过对国际先进产品的对标分析、结合客户对整车空调系统和电池热管理模块的性能要求，确定“空调系统采用电动压缩机制冷、空气PTC加热，电池热管理模块采用电池包内置蒸发器和PTC来调节电池包内空气温度”的技术路线。在此基础上，借助一维仿真技术对空调系统进行匹配，并确定各零部件的性能指标。通过CFD分析，对电池包内部流场和温度场进行优化；并进行了相关控制策略的开发。样机试验结果表明：在考核工况下，空调系统性能较佳，电池本体温度达到设计指标。

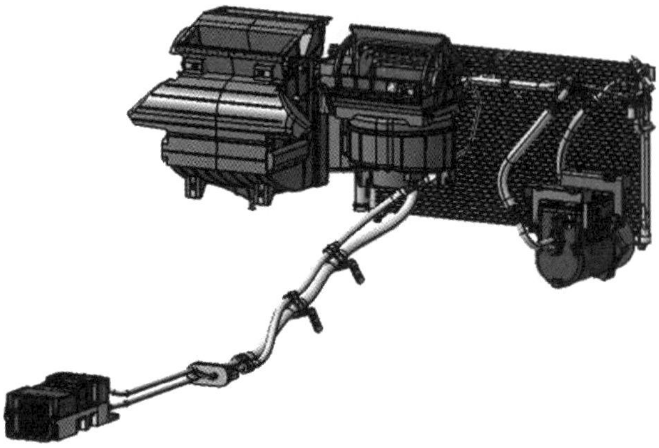

图1　电动车空调和电池热管理模块

目前相关技术已应用于江淮IEV4/5、东南V5 EV、厦门金龙电动车等诸多项目中。基于此开发工作，松芝公司已申请发明专利两项，实用新型专利一项。

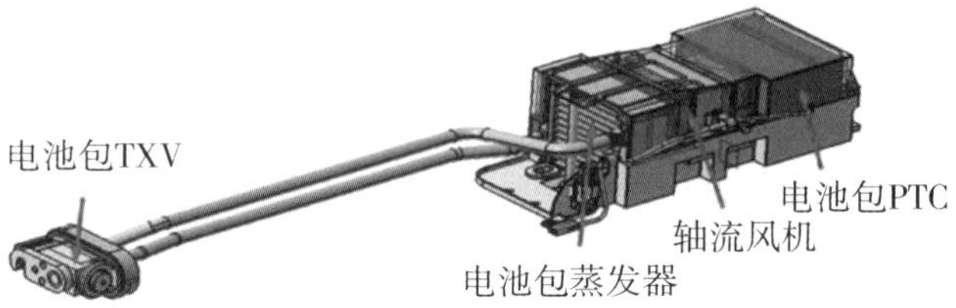

图2　电池热管理模块

2. 成果创新点及解决的难点问题

在本项目的开发过程中，松芝公司在以下关键技术上获得突破：

（1）借助仿真技术，以同时满足整车降温、电池冷却为目标，进行空调系统和电池热管理模块的匹配和优化；

（2）基于“电池包内置蒸发器和PTC来调节电池包内空气温度，进而控制电池本体温度”的方案，开发电池热管理模块，该模块具有结构紧凑、效率较高的特点；

（3）基于CFD技术的电池包内部流场优化；

（4）结合整车热管理要求的控制策略的开发；

（5）电动压缩机在整车上NVH问题的解决，包括压缩机位置优选、压缩机支架强度设计、从控制策略上抑制压缩机噪声等措施。

3. 国际水平对标分析

由于无发动机冷却水可用，电动车乘员舱采暖目前有PTC和热泵空调两种方案。其中，后者技术尚不成熟，前者仍占主流。客户整车测试数据反映：我司目前开发的电动车空调系统，其乘员舱降温速率明显优于传统车、出风温度较传统车低1℃～2℃，且顺利通过了采暖和除霜除雾的国家标准。

动力电池热管理有空气冷却、制冷剂直冷、二次回路液冷三种架构，空气冷却架构因其结构相对简单、成本较低，在当前电池热管理方式中占据主导。空气冷却方式包括“乘员舱空气冷却”和“独立空气冷却”两种方案：前者采用乘员舱空气直接冷却电池组，代表车型如丰田Prius、本田Insight、Nissan Leaf等，其冷却效率较低，且有凝露、结垢等风险，目前已逐步被后者取代。后者电池包与外界环境隔绝，通过独立的电池包蒸发器来冷却电池包内的空气；温控效果较稳定且无凝露等风险，可达到性能和成本的均衡。目前国内即将推出的PHEV和EV的电池包多采用该热管理方案。我司开发的电池热管理模块基于第二种方案；客户整车路试结果表明，在极限工况下，电池本体温度仍可稳定在50 degC以下，基本达到国际主流产品水准。

同时，结合电动车热管理技术的发展趋势，松芝公司正在进行热泵空调和二次回路液冷技术的开发。

4. 成果应用情况（如零部件配套数量或整车的销售数量，应用的可靠性、稳定性等）

目前，该电动车空调和电池热管理技术已应用于江淮IEV4、IEV5等批产车型上。其中IEV4产量累计超过8000台，IEV5在2015年上市后，累计产量已达500台。厦门金龙、厦门金旅的电动商务车的空调系统也采用了其衍生技术，目前累计产量突破200台。即将上市的东南V5 EV采用相关空调系统匹配和控制策略，预计今年产量将突破3000台。从当前发展趋势上看，随着电动车、混合动力车市场的不断扩大，该技术的搭载数量将持续拓展。从当前市场反馈上看，系统可靠性较好，主机厂和用户的认可程度较高。

5. 社会及经济效益分析（创产值、节能减排效果等）

在资源和环境的双重压力下、在政策引导和法规约束的驱动下、在改善生活质量的诉求下，预计中国电动车的市场需求将实现高速增长。本项目以电动车产业兴起为契机，抓住国际汽车行业的发展趋势，对电动车空调和电池热管理模块进行系统、深入的研究；掌握核心设计和匹配技术、并形成批量供货能力，从而为电动车发展提供有力保障；对于建设资源节约型、环境友好型社会具有重大意义。同时，本项目的成功实施有助于打破国际先进公司的技术垄断、形成企业核心竞争力、增加产品附加值，符合构建创新型社会的发展方向。

项目投产以后，已取得了显著的经济效益。到目前为止，该系统搭载车辆近万辆，且根据新项目的销量情况和发展趋势看，后续的销量将会大幅度提升。

（上海加冷松芝汽车空调股份有限公司）

次世代绿色储能元件的研发

1. 研究的目的和意义

(1)研究目的

当前超级电容器实际应用过程中面临的主要问题是能量密度低，存储的能量有限，所以仅能局限在特定的应用场合使用。为了扩大超级电容器的应用范围，有必要对现有产品实施技术升级改良。

(2)研究意义

宁波南车新能源科技有限公司目前拥有自主研发的、世界上容量最大的7500F超级电容器单体，其比能量达到5.71W·h/kg，可以满足城市轨道交通车辆的基本电力供应，但是考虑到空调及其他辅助设施的用电需求，以及为了改善乘车人员的舒适度，这个比能量还有待提高。

研制拥有更高比能量的9500F超级电容器单体，在同等重量和体积的情况下，能量密度可以提高约30%，达到7.3W·h/kg。这样，车辆可以实现更长的续航时间，保证出现紧急情况时，车辆可以安全到站，而不至于停滞在路上。另外，在同等储能条件下，使用9500F单体可以减少整个系统所用的超级电容器组，这样就降低了储能系统的重量，减小了体积，也方便研制新型车辆。

2. 主要研究内容

(1)提高单体能量密度的研究

利用高比表面积的石墨烯的高储能特性，通过活性炭插层石墨烯片，获得高比能量密度的电极材料。

(2)提高单体功率密度的研究

利用分子表面结构完整的石墨烯的高电导率，以石墨烯、炭黑、碳纳米管的复合物为导电添加剂，获得高比功率密度的电极材料。

(3)新型电极涂覆工艺研究

研究复合炭材料在水性溶剂中的均一性分散影响因素，以及与多种黏结剂的配伍，解决炭颗粒在干燥过程中脱水体积膨胀、电极掉粉脱落难题。

(4)安全性研究

分析电极寿命加速衰减的影响因素，提高电极循环充放电次数，研究应对电极微量产气策略，从结构上杜绝产品安全隐患，提高单体的安全性。

3. 关键技术及解决技术途径

超级电容器的内阻主要由电子阻抗和离子阻抗组成，代表电容器的放电能力指标。提高比功率，就必须降低超级电容器的内阻。

研究降低电子阻抗主要通过构建导电炭黑、碳纳米管以及石墨烯构成的复合型导电网络，以点、线、面立体化构建电极内部三维导电网络，加速电子的传输速度，减小电子阻抗。独特设计了单体承流结构，采用多组铆钉连接的方式，有效预防极耳与端子脱落的同时，也降低了电极片和导电端子之间的接触电阻，从而为单体的大电流放电提供了安全性保障。

研究开发并批量提纯的离子半径更小的螺环季铵盐做电解质，使得电解质离子在炭材料微孔孔道及表面吸脱附的速度更快，实现了炭材料的微孔储能及电解液的高速离子迁移率。

4. 研究结果

基于石墨烯复合材料的超级电容器电容量达到9500F，能量密度突破7.4W·h/kg，功率密度达到7kW/kg，内阻低于0.2mΩ。这些技术指标均领先于当前国内国际同类主流产品。

（1）容量及内阻检测

测试仪器：Arbin 检测仪。

测试方法及环境：设置恒流充电电流100A，充电至2.7V，恒压保持60s后，恒定电流100A放电至单体电压为0.1V，测试过程在恒温环境下进行（25℃）。

测试结果：单体电容量为9738F，内阻为0.163mΩ，达到设定的标准值。

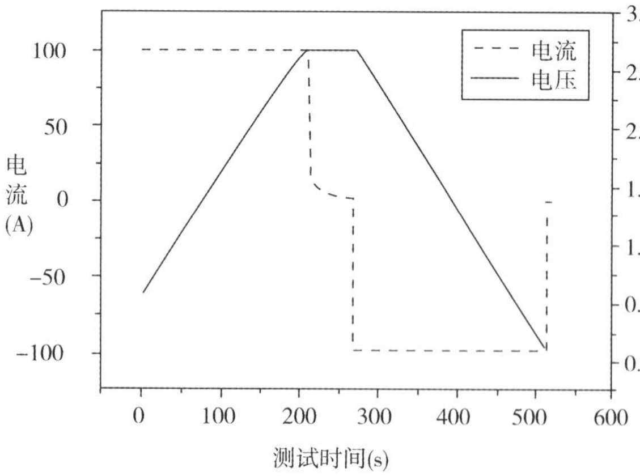

图1 9500F 单体容量和内阻测试数据

（2）寿命测试

老化设备：高温烘箱。

测试设备：Arbin 检测仪。

测试方法及环境：将单体置于65℃的烘箱内，两极接上稳压电源，设置电压为2.7V，待单体电压达到2.7V时恒温老化，每隔7天取出单体，测量其内阻和电压值。

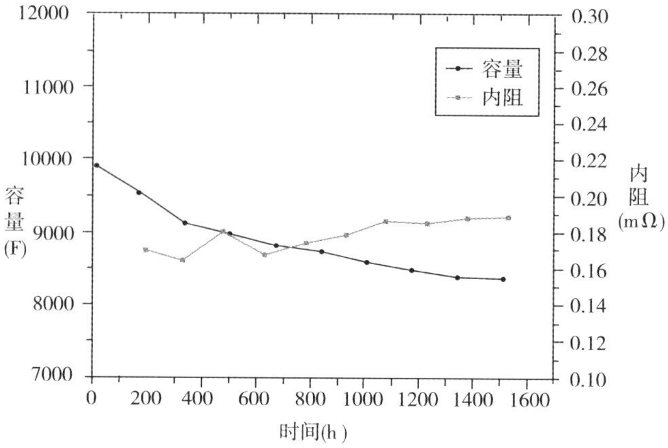

图2 9500F 单体寿命测试

表1 9500F 单体寿命测试后容量及内阻的变化率（%）

老化时间	容量变化率	内阻变化率
14	0.00	0.00
168	-3.98	-3.21
336	-7.82	1.75
504	-9.76	-1.75
672	-11.29	0.00
840	-12.17	3.21
1008	-13.51	3.79
1176	-14.69	4.66
1344	-15.72	6.12
1512	-16.05	7.29

根据行业内通用标准及企业内部检测标准，大容量超级电容器单体在65℃，2.7V电压下循环充放电1500小时后，容量变化率应低于30%，直流等效内阻变化率应低于100%。试验结果表明，9500F单体在上述条件下工作1512小时后，容量衰减率仅有16.05%，而内阻仅在标称值的基础上增大7.29%，远低于标准规定的检测要求。

（3）不同温度性能测试结果

测试环境：高低温箱。

测试仪器：LC 测试仪、Arbin 检测仪。

测试方法：将单体至于不同温度环境下，设置充电电阻为0.33Ω，充电时间为72h，充电电压为2.7V。

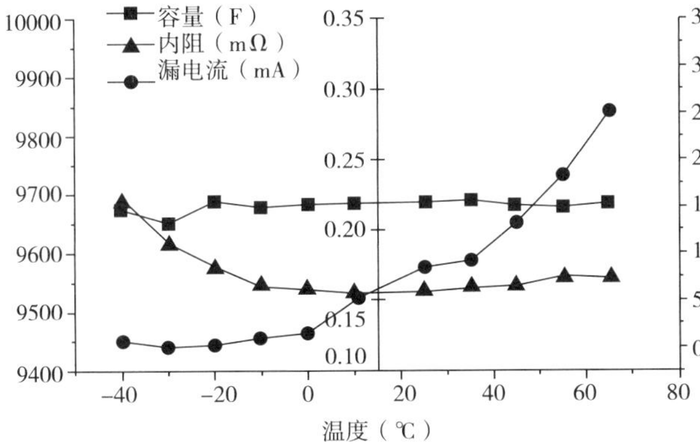

图 3 9500F 单体的容量、内阻、漏电流随温度的变化趋势

从图中可见，-40℃～70℃范围内，9500F 单体的容量几乎无衰减。-40℃时，内阻较常温时升高 37.5%，70℃时，内阻无变化。漏电流随着温度的上升不断升高，最高漏电流仅 25mA，符合变化规律。

5. 产品/技术的比较

目前国内销售的国外品牌的大容量超级电容器，主要制造厂商在美国和韩国。从市场占有率上看，美国的超级电容器是一枝独秀，在国内占了相当大的市场份额，其圆柱形 3000F 超级电容器单体的制造技术上处于国际领先水平。

表 2 9500F 单体技术指标与国外产品性能指标对比

公司	电容量（F）	直流内阻（mΩ）	质量比能量（W·h/kg）	体积比能量（W·h/L）	质量比功率（kW/kg）	短路电流（A）
美国	3000	0.29	6.0	7.69	12	2200
韩国	6200	0.33	5.44	7.1	5.94	2547
南车新能源	9500	0.20	7.40	9.88	7	4150

从电极生产技术上分析，美国、韩国和南车新能源均采用活性炭作为电极储能材料，产品均属于有机电解液体系。美国生产的单体最大容量为 3000F，韩国生产的单体的最大容量为 6200F，产品外形为方形结构。南车新能源生产的单体的最大容量达到 9500F，产品外形也为方形结构。比能量方面，南车新能源的产品达到 7.4W·h/kg，高于美国与韩国的产品。

和水系超级电容器相比，南车新能源的有机系双电层超级电容器具备更高的工作电压和更低的内阻，因此适合需要大功率放电的应用场合，如轨道交通。利用有机系双电层超级电容器组成的能量回馈系统可实现 85% 的节能率。此外，有机系双电层电容器具有更宽的工作温度范围和更长的使用寿命，显然比水系超级电容器更具寿命优势。

表 3 有机系和水系超级电容器参数对比

	某公司水系电容器	南车新能源 NBCSR－9500P－002R7
工作电压 Operating Voltage（V）	0.9～1.55	0～2.7
最高电压 Max. Voltage（V）	1.6	2.85
静态最低电压 Minimum Storage Voltage（V）	1.0	0
电容量 Capacitance（F）	50000	9500
内阻 ESR（mΩ）	0.55	0.19
储存能量 Storage Energy（kJ）	36.0	34.6
最大充电电流 Max. Charge Current（A）	300	450
最大放电电流 Max. Discharge Current（A）	300	450
循环寿命 Cycle Life，Cycles	≥50，000	≥1，000，000
重量 Weight（g）	2000	1320
外形尺寸 Dimensions（L×W×H）（mm）	94×70×224	79×56×231
工作温度范围 Working Temp. Range（℃）	－20～55	－40～65
存放温度范围 Storage Temp. Range（℃）	－20～40	－40～70

6. 创新性

（1）活性炭/石墨烯复合储能电极材料制备关键技术

研究采用活性炭插层石墨烯的复合材料制备工艺（原位插层还原），以氧化石墨烯表面的官能团为锚点，将活性炭颗粒插层在氧化石墨烯表面，再经过高温固相还原，石墨烯蜷曲在活性炭表面，利用石墨烯与活性炭各自优良的储能特性达到提高比能量的目的。

利用超高速离心分散技术，使石墨烯、碳纳米管、导电炭黑以及活性炭在混合过程中形成强制的径向、周向和轴向三维混合流动，在电极材料内部形成高效的三维导电网络，从而显著提高电极材料的导电性，同时缓解充放电过程中的体积效应，大幅提高了电极材料的倍率性能。

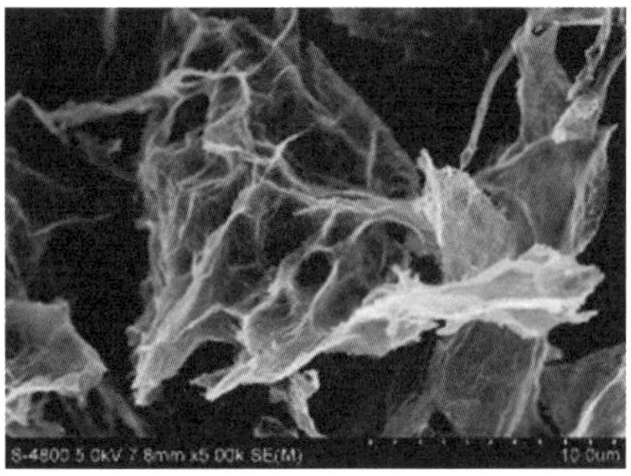

（a）和活性炭/石墨烯

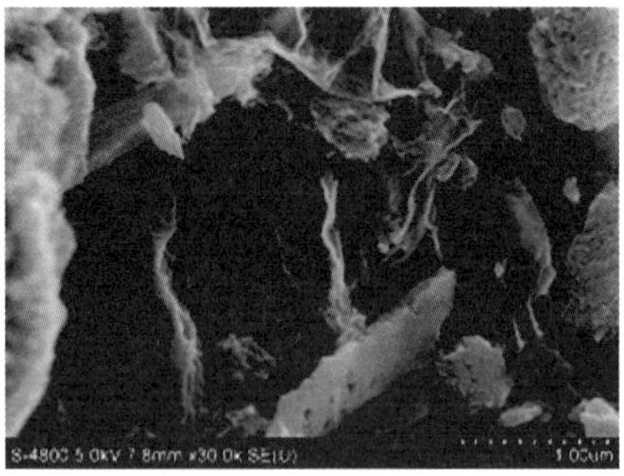

（b）复合材料的扫描电镜照片

图4 石墨烯

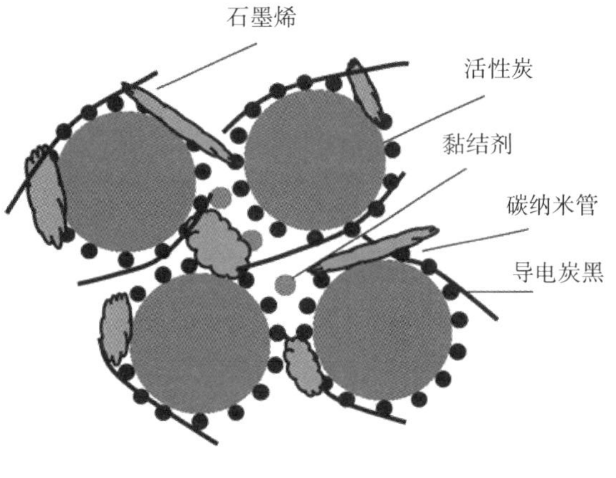

图5 三维导电网络结构模型

（2）超级电容器核心电极制备关键技术

研究微米级炭材料解除团聚效应的分散技术，通过强力摩擦，在炭颗粒表面均匀包覆一层羧甲基纤维素钠阴离子表面活性剂，降低水的表面张力，起到均匀分散的作用，同时防止具有纳米孔径的炭材料吸水而引起的体积变化对电极形成过程的影响。

7. 技术成熟程度

（1）成果的技术鉴定文件或产品性能检测报告、产品鉴定证书

本项目研制的9500F动力型超级电容器单体作为一款主要应用于轨道交通行业的储能器件，该类产品的安全性问题获得了广泛的关注。为验证轨道交通用动力型超级电容器在极端运行条件下的安全性，我公司根据QC/T741车用超级电容器标准，委托中国兵器工业集团中国北方车辆研究所对本公司研制的9500F动力型超级电容器单体进行了全电压条件下的安全性破坏试验，如重物冲击、挤压、穿刺、燃烧等试验。

重物冲击试验：模拟轻微撞击直接作用于带电超级电容器单体上的情况。在样品的正负极两端接好电压表，将一根直径15.8mm的圆棒，十字交叉放置在样品正面的中心位置上。启动试验机，将10kg的重物提升至1000mm的高度。释放重物，使其跌落到样品上。静置5s，观察电压表读数变化情况，发现样品电压无变化。升起重物，拿开重物，观察单体外壳变化情况，发现样品外壳轻微变形。样品满足不起火，不爆炸，无开裂的要求，为合格。

图6 重物冲击试验

挤压试验：模拟严重撞击后带电超级电容器单体安全变形情况。在样品的正负极两端接好电压表，将半圆直径为75mm，间距为30mm的异型板安放在挤压面上［将安装有半圆形压辊（直径75mm，间距30mm）的挤压面］。将挤压面以30mm/s的速度下降，挤压至样品变形度为30%时停止，观察电压表上电压变化情况，继续挤压至样品变形度为50%时停止。升起挤压面，观察样品外观，发现样品外壳严重变形，焊接部位因挤压作用力裂开。样品满足不起火，无爆炸现象的要求，为合格。

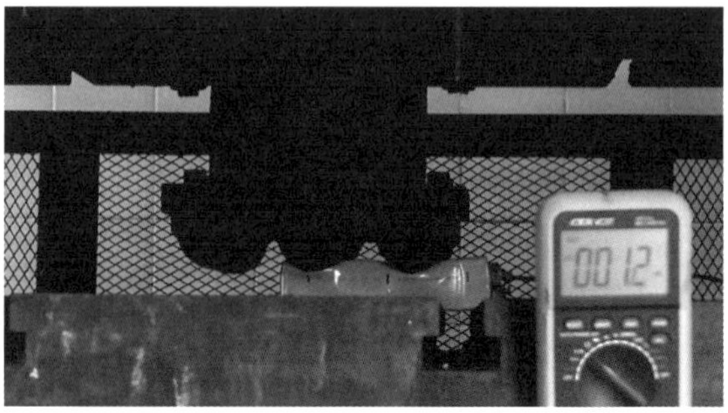

图7 挤压试验

穿刺试验：模拟异常冲击时尖锐物体直接刺入带电超级电容器单体时的情况。在样品的正负极两端接好电压表，

在挤压面上安装好直径 8mm 的钨钢针，挤压面以 30mm/s 的速度下降，刺穿样品的正面。钢针在样品内保持 5s，观察电压表上电压变化情况，发现样品电压正逐步降低。样品满足无爆裂，不起火，无碎片飞离的要求，为合格。

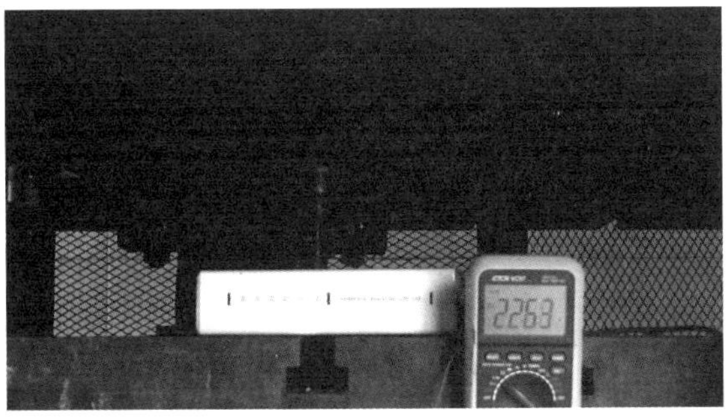

图 8 针刺试验

燃烧试验：模拟车体起火后带电超级电容器单体被明火灼烧时的情况。将超级电容器单体放置在燃烧器喷嘴上方 38.1mm 处，点燃燃烧器，火焰外焰灼烧样品，持续 20min。其间观察样品外壳变化及减压阀处变化情况，发现样品外壳底部被熏黑，并发生轻微鼓胀变形，减压阀处有气体逸出（电解液受热挥发）。关闭燃烧器，靠近观察样品状态，发现样品减压阀周边有部分电解液结晶。产品满足无爆炸、胀裂等扩大故障，并造成额外损失的现象，为合格。在样品的正负极两端接好电压表，检查样品电压情况。

图 9 燃烧试验

通过以上测试，电容器检测权威机构北方车辆研究所 863 动力电池试验室对我公司生产的 9500F 超级电容器单体出具的安全性检测试验报告。详见支持文件。

（2）产品质量的稳定性

宁波南车新能源科技有限公司项目一期投资 2.2 亿元，建成两条国际先进的超级电容生产线，年产能 100 万只，产值 5 亿元。主要生产设备均为当前国际上最尖端的设备，精度高、稳定性好。

公司率先通过 ISO 9001：2000 国际质量管理体系认证，对每一道生产检验工序都严格把关，确保产品质量的可靠性。现阶段，公司正在接受 TS 16949 质量体系第三方审核。

公司已拥有的部分制造设备，绝大多数为国外进口设备，自动化程度高，技术先进。

生产制造设备的先进性和全面质量管理体系的推进，有力保障了产品生产的可靠性与稳定性。

（3）核心技术的知识产权情况

宁波南车新能源科技有限公司由中国南车集团株洲电力机车厂和集盛星泰（北京）科技有限公司于 2012 年 2 月合资成立，核心技术由合资方集盛星泰（北京）科技有限公司转让，后经自主创新，目前该公司具备超级电容配方、电极制备、单体生产的全套技术，自主知识产权处于国内领先水平。2003 年完成了北京市第一代超级电容器，“基于活性炭纤维/有机电解液双电层超级电容器”的科技成果鉴定，技术成果通过了北京市科委组织的科技成果鉴定，鉴定结论是技术成果国内领先、国际先进。2007 年，完成了教育部第二代，“新型超级电容器及其应用研究”的科技成果鉴定，技术成果通过了教育部组织的科技成果鉴定，鉴定结论是技术成果达到国际先进水平。

宁波南车新能源科技有限公司于 2013 年 8 月 15 日成立了超级电容器研究所，研发团队包括博士 2 名，硕士 10 名，本科及以下 20 余人。该研究所对各种碳基超级电容器的研究具有国际领先水平，对超级电容器本身及其相关制作、测试设备具有独立设计能力。截至目前，公司已完成相关超级电容器专利申请达 60 项。其中，已有 12 项获得实用新型专利证书、3 项获得外观专利证书，另有 3 项发明专利获得初步审查合格通知书，12 项发明专利获得受理通知书和 30 项实用新型获得受理通知书。此外，十余项相关专利正在进一步的申请中。

表 4 公司方形超级电容器相关专利明细表

序号	类别	专利号	专利名称
1	发明	03124290.1	活性炭纤维布/喷涂铝复合极板双电层电容器及其制备方法
2	发明	201310157526.6	超级电容器的制造方法
3	发明	201310199698.X	一种超级电容器的制造方法（7000F）
4	发明	201310549070.8	超级电容器及其制造工艺
5	发明	201310683255.8	超级电容器干燥方法及干燥装置

续表

序号	类别	专利号	专利名称
6	发明	201310704930.0	超级电容器引流端子电芯焊接装置及焊接方法
7	发明	201410013371.3	超级电容器极片的清理方法
8	发明	201410020358.0	一种超级电容外壳的封口设备
9	发明	201320843926.8	超级电容器盖板壳体焊接装置
10	实用新型	201220474301.4	一种超级电容器的注液孔结构
11	实用新型	201420017909.3	方形超级电容器的电芯结构
12	实用新型	20122047480.0	一种超级电容器引出端子的连接结构
13	实用新型	201220474831.9	一种超级电容器的正负极端子结构
14	实用新型	201220466976.4	一种方形单端引出超级电容器的固定结构
15	外观专利	201230556780.X	7000F 单体

8. 对社会经济发展和科技进步的意义

(1)社会效益

①打破国外产品在国内市场的垄断，提升中国超级电容器行业在国际国内同行领域中的影响力，世界最大容量的 9500F 方形超级电容器在宁波南车新能源科技有限公司诞生，该产品不仅采用了国际最先进的制造设备和工艺，而且产品的性能位居行业第一。

②确立领先地位

超级电容器产业是典型的资本密集型产业，其规模效益明显，只有达到或高于规模临界值时，才能产生较好的规模效益，形成竞争优势。中国南车株机有限公司投巨资打造的宁波南车超级电容器产业基地规模庞大，资本雄厚，政府支持力度大，加上拥有先进的核心超级电容生产技术和高技术人才队伍，未来将成为超级电容行业的领军企业。

③展示建设生态低碳环境友好型社会的标杆形象

深入贯彻落实科学发展观，按照国家节能减排和培育战略性新兴产业的总体要求，大力发展节能减排新能源城市交通。经过一年多的准备工作，公司在 2014 年顺利通过了由法国贝尔国际验证机构颁发的环境管理体系（ISO 14001：2004）认证和职业健康安全管理体系（OHSAS 18001：2007）认证。

④项目建设符合国家产业政策

其是国家、省、市重点支持的发展领域，有效推动了地方 GDP 和财税收入的增长，对产业结构调整起到了积极的导向作用，对促进人员就业、社会稳定具有重要意义。

(2)经济效益

根据公司的发展规划，项目从 2012 年 2 月开始实施，一期投资 2.2 亿元，建成两条生产线，达产后实现年产 100 万只大型超级电容器，年产值 5 亿元。2015 年底将建成 12 条生产线，实现产值 30 亿元。

(3)科技进步的意义

提高能量密度、降低生产成本是超级电容器发展的主旋律。就提高能量密度而言，研发新型超级电容器电极是重点。目前超级电容器电极材料的研究重点在于：一、组合利用现有的电极材料，从而提高单体电容量。二、开发新型电极材料，实际上，新型电极材料的开发从来没有停止过，从活性炭、碳纤维、金属氧化物、碳气凝胶、碳纳米管到复合电极材料等，不断有新材料问世。从成本降低的途径分析，一方面是寻找新的低价原料；另一方面是寻求低价原料与高价原料的结合，从而实现性能互补、总体价格走低的目的。再有就是改进生产工艺，例如，简化工艺、改进生产设备，实现低成本化。

社会需求带动了超级电容器产业飞速发展。美国能源部和 USABC 从 1992 年开始，组织国家实验室和工业界（Maxwell 公司，GE 公司等）联合开发使用碳材料的双电层超级电容器。其研究的初期目标是在维持功率密度为 1kW/kg 的同时，把超级电容器的能量密度提高到 5W·h/kg。这一目标已经基本达到。如果超级电容的比能量达到 20W·h/kg，那么用于储能式车辆将是比较理想的。

我国从 20 世纪 90 年代开始研制超级双电层电容器，随着技术的不断进步，时至今日，产品的技术水平已接近甚至超越国外同类产品。宁波南车新能源科技有限公司通过改进电极活性物质，已经研制出比能量为 7.4W·h/kg、比功率为 6.4kW/kg 的高能量型超级电容器样品，循环使用次数可达百万次以上。性能指标已经达到国际先进水平，成本较国际平均价格有大幅度下降。

9. 推广应用的条件和前景

超级电容器是一种能够快速释放和存储能量的储能器件，其速度远远快于电池，并且可以反复使用上百万次，寿命长达十年。宁波南车新能源科技有限公司生产的 9500F 方形超级电容器，作为一种拥有高能量密度、高功率密度、高充放电效率、长循环寿命的储能器件，可用于城市公共交通、电网、风能/太阳能发电，以及众多的工业应用领域。

在轨道交通方面，超级电容器在车载储能系统和能量回收的应用能有效减少30%以上的电网电力消耗。

在重型卡车方面，主要作为重型卡车的启动电源广泛配置，能提供7/8型柴油发动机卡车在低至－40℃的极端天气条件下启动所需的快速放电电流。其可靠耐用、重量轻、维护要求极低，可确保发动机实现数十万次的可靠启动并降低总成本。

超级电容器最为广泛的应用就是城市混合动力客车制动能量回收系统。当车辆在减速或制动时，将制动过程中产生的热能转换成电能储存在超级电容器里。当车辆再次前进时，超级电容器则将刚刚储存起来的电能输出用于车辆加速运行。该应用能使油耗降低25%，有效实现节能减排。目前在中国，超级电容器混合动力客车的保有量已超过1万辆，宇通、金龙、海格等车企正在使用超容产品。

目前中国市场对超级电容器的年需求量可达2150万只，约1.2亿瓦时，且每年都在以约50%的速度增长；整个亚太地区的年需求量超过9000万只，约5.4亿瓦时，增长速度约为90%；全球的年需求量约为2亿只，约12亿瓦时，增长速度约为160%。

美国国家能源局的数据预测（如图10所示），超级电容器在电动汽车/混合动力汽车领域的市场规模有望在2013年达到40亿美元；在工业（风力发电、轨道交通、重型机械等）领域的市场规模也有望在2013年达到40亿美元。

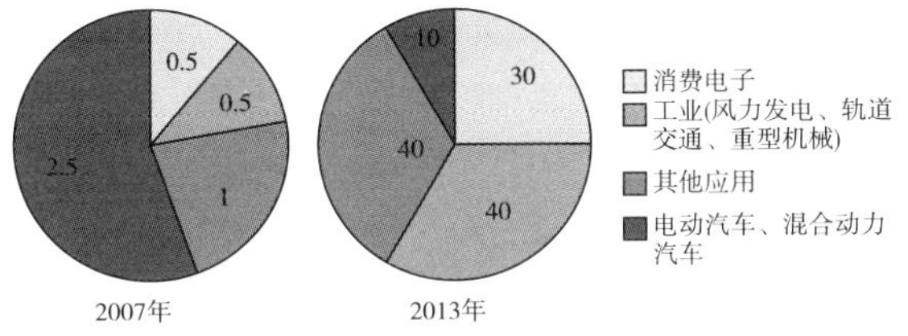

图10　超级电容器市场预测

美国NANOMARKETS全球超级电容市场预测（如图11所示），大容量超级电容2015年既有市场预计超过13.8亿美元（按6.3的汇率计算，约合87亿元人民币），随着新应用领域的拓展，市场容量将远超过此预计。

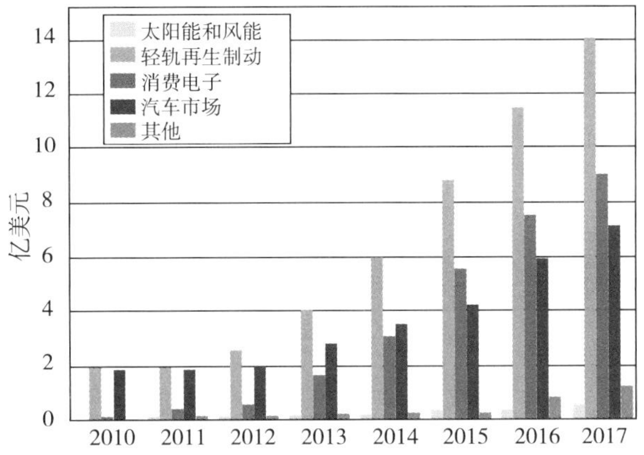

图11　全球超级电容市场预测

中国电子行业协会数据中心在《2010年中国超级电容器市场报告》中预测，我国卷绕式和大容量超级电容器产业规模如图12所示。

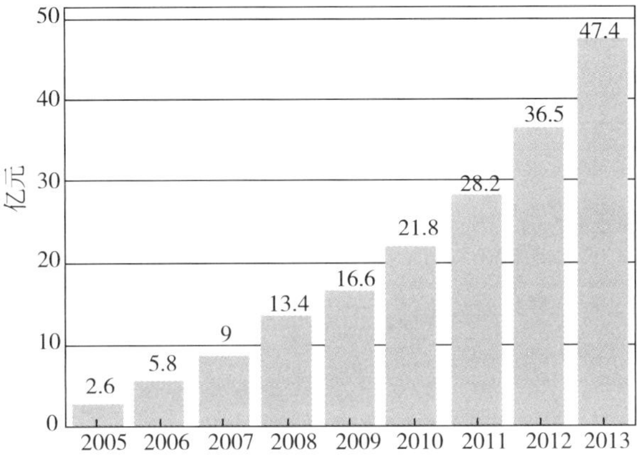

图12　中国卷绕式和大型超级电容市场预测

由此可知，市场前景非常广阔。当前，国内厂商纷纷推出产能扩张项目，产品也更加全面，产能正节节攀升。即使如此，由于国内能大规模生产的厂家较少，年供应量不到500万只，这样的生产规模还远远无法满足国内市场的需求，所以国内大多数用户还是通过进口来满足需要。在市场需求迅速增长的强力推动下，国内现有的超级电容器生产企业正积极融资扩产，国际超级电容器生产大鳄也把战略投资的目光锁定中国，而相关的生产企业（如铝电解电容器生产企业）也正跃跃欲试准备介入这一新兴市场。

表5　超级电容器应用领域

领域	应用方式及优势	关键影响因素
智能电网	高功率在线式备用电源，用于电能质量调节，有功补偿，满足高功率、长寿命和免维护使用。	成本、体积和重量
再生能源发电	替代电池，用于WTG变桨控制系统备用电源或光伏主电源，满足长寿命、免维护使用要求。	成本、体积和重量
风力和光伏发电	应用于动力电源系统，与电池混联：1. 提高动力性能；2. 提高电池循环寿命。	成本、体积和重量

续表

领域	应用方式及优势	关键影响因素
电动/混合动力汽车	应用于动力电源系统，与电池混联：1. 提高动力性能；2. 提高电池循环寿命。	成本、体积和重量
电动车辆和工程机械	制动能量回收存储电源，满足长寿命、高功率输出。	成本、体积和重量
轨道交通	动力和制动能量回收电源，满足长寿命、高功率输出。	成本、体积和重量
重型机械	高功率输出电源，满足高可靠、长寿命、宽温、免维护等特殊要求。	可靠性
军事装备	高功率在线式备用电源，用于电能质量调节，有功补偿，满足高功率、长寿命和免维护使用。	成本、体积和重量

10. 存在的问题和改进意见

(1)采用碳纳米复合材料，实现超级电容器能量密度质的飞跃

虽然超级电容器在应用中越来越显示出其强大的生命力，但是也要看到，目前的超级电容器在电能存储方面与电池相比还有一定的差距，因此怎样提高单位体积内的能量（即能量密度）是目前超级电容器领域的研究的重点与难点。应该说制造工艺与技术的改进是提高超级电容器的存储能力的一个行之有效的方法，但是从长远来看，寻找新的电极活性材料才是根本之所在，但同时也是难点之所在。或许借助于现在的高新技术，比如碳纳米技术复合材料，单壁碳纳米管等先进储能材料，超级电容器的能量密度才会实现突破。

(2)电容器应用参数建模问题

在某些领域，超级电容模型可以等效为理想模型。但是在军事应用中，尤其是在卫星和航天器的电源应用中，一些非理想参数可能会带来潜在的隐患，这是不可忽视的。普通信号、滤波、储能电容引起的谐振由于能量有限，所引起的问题有较成熟的解决方案，但由于超级电容携带极高的能量，具备瞬间吞吐巨大能量的能力，研究负载性质、负载波动或外部环境以及偶然因素引起的扰动对系统稳定性可能造成的影响，对可靠性设计是非常重要的。目前对超级电容仍旧沿用信号、滤波用电容的模型，对其电参数模型的分析还未见研究报道，因此通过仿真及实验分析建立精确的电参数模型是面临的一个很重要的问题。

（宁波南车新能源科技有限公司）

低成本、高可靠性的动力电池包设计

动力电池包一直以来都是电动汽车技术发展的一个瓶颈，一方面由于其成本高，另一方面也由于现有电池包设计以及电池技术水平的限值，导致其在纯电动/混合动力汽车应用中困难重重。如何设计符合汽车行业所需的高可靠性以及高性能电池包，以及如何保证电池包的生产成本及最终价格能够被最终消费者接受成为所有汽车生产商与供应商所共同面对的问题。

AVL一直以来致力于高性能及高可靠性电池包的开发，从整个电池包的概念设计开始就已经考虑其在量产中会遇到的问题，以及如何降低整个电池包的生产技术难度以及相应的零部件生产成本。

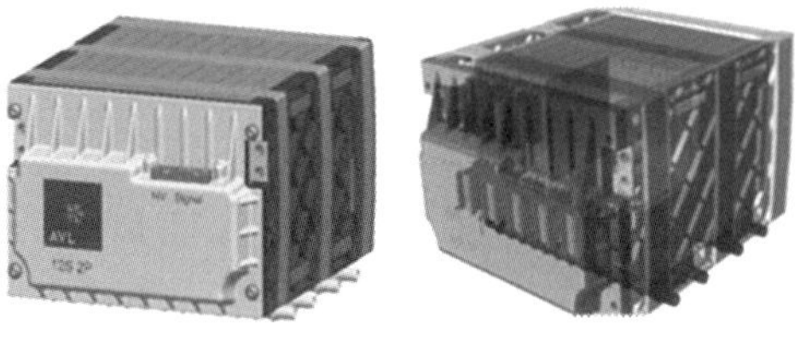

图1　AVL 高能量密度电池模块设计

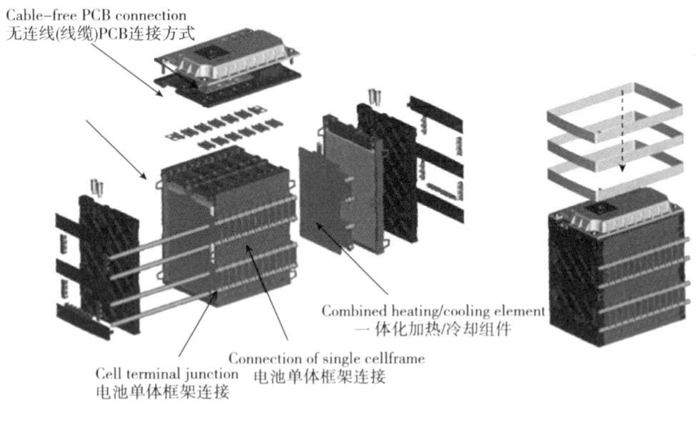

图2　AVL 高能量密度电池模块设计——爆炸

通过无连接 PCB 连接方式对 MCU 进行装配，保证 MCU 在电池模块安装中的可靠性，同时能够提高整个电池模块的能量密度以及缩小模块体积。电芯之间则通过卡扣式电芯框架进行连接保证电芯组装的可靠性以及实现最大体积能量密度，与此同时，集成式的间接冷却系统分部其中保证电芯在最佳工作温度范围内的性能表现，冷却系

统的设计是基于之前对于电芯的完全热模拟仿真计算进行建模为基础进行的，通过确认整个电芯在不同工况下的发热量以及发热点确定相应的冷却策略以及冷却系统的选择，使电芯能够工作在其最佳温度范围区间，保证其最佳性能。在电芯卡扣设计中同时集成有泄压系统，保证电芯在出现极端状况下的压力释放，以保证整个电池的安全性。

图3　AVL 创新性电芯连接方式 clinching

电芯之间的电气以及机械连接采用了 AVL 独特创新的 Clinching 技术，相比传统电阻焊具有可靠性高、不发热、低内阻的特点，与激光焊接相比具有低成本、操作条件更宽松、焊接时间短等优势。成为动力电池包电芯连接的首选方案。

整个电池模块外部通过金属捆绑带进行固定，捆绑带所施加的压力由之前进行的机械模拟仿真计算获得电芯在不同循环，不同生命周期中所产生的鼓胀系数来确定。

所有这些设计都保证了电池模块的最佳性能。同时，面向最终量产的零部件设计，如卡扣式电芯连接框架等都为注塑成型件，MCU 插接连接方式都保证了此电池设计的低成本和高可靠性。在本设计中同时也考虑了在电池模块生产中的装配性能，保证最少的组件数量，各种卡扣式连接保证装配的简易度。

在整体电池包设计中，电池包的冷却系统首先通过模拟仿真计算定义整体电池包的冷却回路和相应的冷却策略以及冷却方式，同时根据整车及客户的具体需求设计动力电池包外壳及所使用外壳材料，在外壳设计及材料选型过程中也要考虑电池包整体的隔热效果与防水等级。高压系统与回路的设计是电池包整体设计中重要的一步，在高压系统设计与零部件选型中要保证严密的监测和控制以保证电池包的安全性。电磁兼容性是作为高压电池系统所要考虑的另外一个因素，以保证电池包在整车环境下工作与整车电子系统，控制器之间不出现任何干扰，AVL 通过独有的 EMC 模拟仿真计算保证了动力电池包系统的优异电磁兼容性。

图4　AVL 高性能及高可靠性电池包设计

（奥地利 AVL 李斯特公司）

实现中度混合动力汽车性能优化的 400V IGBT 技术

摘要

400V 耐压的新式 IGBT 技术，开发目的是进一步提高混合动力汽车的燃料效率。功率半导体的导通损耗和开关损耗通过利用超薄晶圆技术（厚度大约为 40um）得以大幅降低。此款新型 IGBT 非常适合电池电压大约为 200V 的中度混合动力汽车。

1. 引言

石油价格、化石能源有限的储备，以及降低二氧化碳排放的需求，迫使全球各地的政府推出新政策，以提高燃料效率。在北美 OEM 生产的汽车燃油率在 2016 年将限制为 35mpg；在欧盟，到 2020 年二氧化碳的排放量将限制为 95g/km。对所有汽车厂商来说，要达到此类规定要求的唯一途径是在产品组合中推出混合动力汽车和电动车。

分析当前市场数据，便可理解今后的技术发展趋势：在对传统燃烧系统的节能做进一步优化之后，接下来的开发目标将是中度混合动力汽车，再接下来是重度混合动力汽车，最后是电动汽车。

与重度混合动力系统不同，中度混合动力系统无法仅依靠电力驱动车辆。电机仅用于启动内燃机（有启动和停止功能），并在车辆加速过程中提供助力，在刹车时启动制动能量回馈。此类系统用极具性价比的方式提高了燃料效率。对于一些型号的汽车来说，只需在成本上比类似的传统型号多耗费几百美元，就可实现燃料经济性提升15% ~20%。

由于用在中度混合动力汽车的电机功率有限（低于 20kW），与重度混合动力汽车或电动汽车相比，中度混合动力汽车可降低所需的电池电压，这样可减少不同组件（电池、开关、电容器等）的成本。目前，中度混合动力汽车的设计采用最高为 200V 的电池电压，而重度混合动力汽车或电动汽车则需要高达 450V 的电池电压（或通过升压器达到更高电压）。但是，所有这些汽车在主要逆变器开关上都使用了相同的技术：绝缘栅双极型晶体管（IGBT）。

由于其自身特性，IGBT已被证明在成本与性能方面是最佳的半导体开关。为达到最高效率（最低电气损耗），有必要对逆变器直流供电压进行优化（即减少系统的总体杂散电感）并缩小与电池电压与IGBT阻断电压能力之间的差距。不过遗憾的是，迄今为止尚无耐压在600V以下的IGBT技术。这意味着，在100～200V工作电压的范围内（中度混合动力汽车）存在非常大的差距，因此逆变器性能下降，导致燃料效率降低。

2. 采用40um晶圆的IGBT

沟槽与场终止技术同时最大程度降低了IGBT的稳态损耗与开关损耗。沟槽单元[2]与场终止垂直设计相结合。

由于发射极（阴极）附近的载流子数量增加，因此沟槽单元可减少通态损耗。场终止设计理念是由NPT理念演化而来的，包括附加的n掺杂层，该层植入晶圆的背面（如图1）。在场终止区与晶圆基片的电阻增加的共同作用下，器件可在保持相同阻断电压的情况下厚度减少大约1/3。由于晶圆厚度减少，可以进一步降低通态损耗与关断损耗。场终止层掺杂度低，因此不影响低掺杂的p发射极，p发射极也植入晶圆背面。

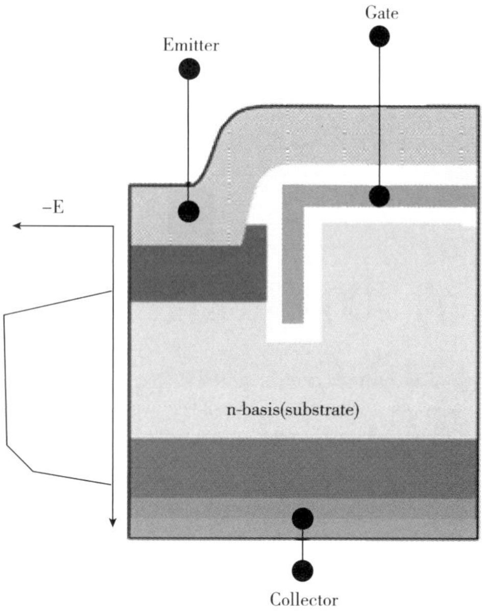

Emitter	发射极
Gate	栅极
n－basis（substrate）	n基区（基片）
collector	集电极

图1　沟槽与场终止IGBT单元

场终止设计理念意味着需要超薄的晶圆技术，因此在可生产性方面存在挑战。另外，IGBT功率损耗与晶圆厚度大致呈二次方正比，因此减少晶圆厚度意味着提升系统性能。由于这些原因，650V系列的IGBT采用70μm超薄晶圆，这比一流的晶圆厚度还薄30%。将电压降低至400V意味着需采用40μm超薄晶圆，由于许多工艺（即退火、金属化、钝化、平板印刷与蚀刻）是在晶圆已经加工成薄片的情况下实施的，因此存在很大的技术挑战。

复杂的晶圆处理工艺，包括超薄晶圆使用的极为特殊的设备，以及由优化型背面金属化工艺控制的晶圆翘曲度，都是非常关键的。晶圆本身的薄化通过晶圆研磨和湿式化学蚀刻的共同作用实现[3]。

3. 电气性能

基于40μm IGBT新技术的首款产品开发基于HybridPACK1封装（如图2）。

图2　HybridPACK 1封装

HybridPACKTM 1是经检验技术成熟的功率模块封装，用于650V范围内的IGBT以及其他器件。HybridPACKTM 1封装专为最大功率不超过30 kW的中度混合动力汽车和重度混合动力汽车应用而设计。由于专为在150℃的结温下工作而设计，模块可以容纳六单元配置（电机驱动配置），适用于风冷逆变器或液冷式逆变器系统。扁平的铜基板、高性能陶瓷基片再加上英飞凌经改良的绑定线工艺，为中度混合动力汽车逆变器应用提供了可靠的热循环和功率循环能力。

与先进的650VIGBT/二极管芯片组进行直接比较，结果显示400V IGBT/二极管芯片组的确不仅可以显著降低相同母线电压下的导通损耗，而且还可以显著降低开关损耗。400V与650V芯片组损耗的比较方法为：在晶片尺寸几乎相等（400V/216A与650V/200A）的情况下，简单地将400V IGBT3/Emcon4芯片组与650V IGBT3/Emcon4芯片组进行交换。两种芯片组是在相同条件下（测试台设置、PCB、电流额定值）进行测定。

从表1、表2可以看出，与650V IGBT/二极管芯片组相比较，400V IGBT/二极管芯片组的总导通损耗降低约15%。

表 1

	Vce_ sat [V] @25℃	Vf [V] @25℃	Vce_ sat [V] @150℃	Vf [V] @150℃
650V 导通损耗（mJ）	1.45	1.55	1.70	1.45
400V 导通损耗（mJ）	1.30	1.35	1.45	1.20
导通损耗降低量（%）	10.3	12.9	14.7	17.2

表 1 温度为 25℃与 150℃时在 215A IGBT 与 430A 二极管条件下每次开关的导通损耗比较（Vce = 120V，Ic = 215/200A）。

在 FS215R04A1E3D 模块中，与 650V IGBT 相比较，400V IGBT/二极管芯片组的总开关损耗降低约 12%。

表 2

	Eoff	Eon	Erec	Esum
650V 开关损耗 [mJ]	3.95 at Rg = 1.8 Ω	1.0 at Rg = 1.8 Ω	3.0 at Rg = 1.8 Ω	7.95
400V 开关损耗 [mJ]	3.75 at Rg = 1.8 Ω	0.75 at Rg = 1.8 Ω	2.5 at Rg = 1.8 Ω	7
开关损耗降低量 [%]	5%	25%	17%	12%

表 2Rg 相同时开关损耗比较（Tj = 150℃，Vce = 120V，Ic = 215 / 200A）

4. 结论

本文描述了为中度混合动力汽车使用低电池电压下（最高为 200V）下的 IGBT 新技术。通过利用厚度仅为 40um 的超薄晶圆，不仅导通损耗可显著降低，而且开关损耗也可明显降低。在克服技术难题后，此类设备的推出将对混合动力汽车的燃料消耗产生直接影响。

参考文献

[1] C. Castro, T. Reiter, D. Graovac, A. Christmann, Application requirements for automotive power modules, Automotive Power Electronics, SIA 4th international conference and exhibition, April 6&7 2011, Paris, France.

[2] H. Rüthing, F. Umbach, O. Hellmund, P. Kanschat, G. Schmidt, 600V - IGBT3, Trench Field Stop Technology in 70μm Ultra Thin Wafer Technology, Circuits, Devices and Systems, IEE Proceedings - special edition, June 2004.

[3] Dr. D. Graovac, Dr. A. Christmann, M. Münzer, Power semiconductor solutions for Electric Vehicles, EVS - 25 Shenzhen, China, Nov. 5 - 9, 2010.

[英飞凌科技（中国）有限公司 C. Castro Andreas Kopetz Laurent Beaurenaut]

快速固化树脂预浸料的开发及应用

复合材料因其轻质、高强等特点，已广泛应用于航空航天等国防军事领域。为应对高端装备制造业对先进复合材料的产业化需求，解决传统复合材料“高成本”和“低制造效率”这两大产业化发展核心问题，中航复合材料有限责任公司（以下简称“中航复材”）依托长期技术积累及资源优势，成功开发出适用于连续化高效生产的 ACTECH ©1201 系列低成本快速固化树脂及预浸料体系，形成了从树脂原材料合成、配方设计、树脂配制以及预浸料制备以及制件快速成型等自主知识产权体系。快速固化预浸料可实现 5 分钟内快速固化，成型周期缩短 90% 以上，材料性能优良，与航空用中温环氧复材相当。快速固化复合材料已通过大型客车立柱承力结构、连接板、引擎盖、行李箱盖、电池箱壳体等汽车零部件，以及无人机桨叶等民用飞机零部件的考核应用，减重 40% ~50%，极大地提高了产品的使用效能，拓展了复合材料的应用范围。

（1）突破快速固化树脂配方及工程化生产技术

复合材料快速固化的关键是快速固化树脂的合成配制。树脂固化剂是决定树脂产品生产工艺和固化产物特性的关键组分。根据快速固化树脂工艺的特性，固化剂需要在 100℃ ~150℃引发，而且能在 10 分钟左右快速固化而不发生爆聚。项目采用独特的分子设计及微包覆技术，开发出先进的潜伏型快速固化剂，以满足树脂快速固化及预浸料长储存期的要求。同时，由于体系中引入了潜伏性的快速固化引发剂，在快速固化树脂的工程化合成配制过程中，如果反应发生，将快速引发固化反应，树脂体系会瞬时放出大量反应热而引起树脂体系暴聚，造成报废损失。项目通过优化生产工艺路线，采用特殊的生产设备，严格控制工艺参数及时间，进行制备过程的稳定化控制，实现快速固化树脂规模化生产应用，保证产品质量的一致性。

（2）突破快速固化预浸料制备及工程化生产技术

项目突破快速固化大丝束、大克重比碳纤维预浸料精确制备技术。由于纤维丝束大，碳纤维单位面积克重比明显提高，树脂浸润纤维的速率及树脂浸润均匀性将会受到影响，因此必须控制胶膜稳定性及均匀性，提高预浸料制备过程中纤维浸润树脂效率。在对快速固化树脂固化特性、流变特性、黏性以及成膜工艺性等研究的基础上，通过对涂胶辊温度、间隙，压辊的温度、压力，以及速比等参数的调节，优化胶膜制备温度速度、厚度及厚度均匀性等，实现树脂胶膜的连续可靠制备。在树脂与纤维浸润特性分析的基础上，根据预浸机复合设备的特点，采用辅助浸润及展纱装置，确保纤维浸润并展开，外观良好，优化预浸料制备工艺，实现预浸料工程化制备的质量与性能可靠控制。

图 1　快速固化预浸料工程化制备

（3）突破快速固化复合材料成型技术

复合材料成形工艺是制备高性能复合材料的关键技术。目前，汽车复合材料承力结构主要使用预浸料 - 热压罐法。为满足未来零件制造效率的要求，积极开展快速模压技术研制及验证。项目根据快速固化复合材料的特点，深入分析快速固化预浸料的固化特性，开发复合材料快速成型设备，通过整体化的模压模具设计，实现快速升降温度，提高自动化水平。大型化、整体化复合材料结构，由于其本身结构及尺寸大，同时快速固化预浸料的传热及导热速度快，制品不可避免会出现温度场分布不均的现象，从而极易导致出现固化质量问题。固化成形后，复合材料构件随着内应力的释放会变形，影响构件的最终外形尺寸，造成装配困难。项目以实际汽车结构件为考核对象，研究优化复合材料快速成型工艺，开发以模压技术为基础的复合材料快速成形技术，通过制件的考核验证，提高复合材料制品质量及制造效率。

图 2　快速固化模压工艺

（4）快速固化复合材料应用考核

在我国汽车工业的规划中，新能源汽车是今后发展的重点，预计到 2017 年，新能源客车市场需求量可达到 30000 辆/年。目前，国内汽车制造商已经逐步开始了碳纤维复合材料在新能源汽车上的工程考核应用。依托中航复材与汽车和轨道交通领域各个大型企业建立的良好合作关系，快速固化预浸料在多个项目中获得考核验证。

中航复材与汽车厂商合作开发的 12 米全复合材料车身的新能源客车，其立柱主承力结构由快速固化预浸料制备而成，随整车完成路试、侧翻等汽车行业考核验证工作。

图 3　复合材料新能源客车上应用

快速固化预浸料在某电动汽车电池箱、某新能源汽车引擎盖、某无人机螺旋桨等汽车及民用航空领域获得考核应用，获得用户的高度评价：“ACTECH ©1201 系列预浸料可实现快速固化成型，可在 130℃ ~150℃、3 ~15 分钟完成固化，该预浸料铺覆性好，室温储存期长，耐热性良好（Tg≥140℃），复合材料生产周期可由原来的 360 分钟缩短到 50 分钟。通过改造模具和固化工艺可进一步缩短成型周期，以满足大批量、快节奏生产的需要。”

图 4　快速固化复合材料应用

目前，针对交通运输及机械能源等领域对低成本、快节奏制造高性能复合材料的迫切需求，中航复材成功开发了 ACTECH ©1201 快速固化树脂预浸料技术，复合材料性能齐全，满足复合材料设计部门需求，实现了工程化大规模生产，可提供包括碳纤维、玻璃纤维、芳纶纤维及织物在内的数十个系列的预浸料产品。同时，依托中航复材在复合材料的设计、制造、装配以及性能检测等方面的技术基础，为客户提供快速固化碳纤维复合材料在汽车轻量化等领域应用的一体化解决方案，可大幅降碳纤维复合材料成本，提升复合材料构件制造效率，推动我国碳纤维复合材料相关行业持续发展，促进国家战略性新兴产业竞争力的提升。

（中航复合材料有限责任公司　树脂及预浸料事业部）

第九篇

大事记

一、地方项目合作

2月

2014年2月26日 比亚迪股份有限公司与大连市签署了《大连市政府与比亚迪新能源汽车产业合作框架协议》，比亚迪股份有限公司将在大连花园口经济区投资建设纯电动大巴工厂。比亚迪大连基地占地66.7万平方米，按年产5000辆纯电动大巴生产规模设计建造。该项目一期建成后将达到年产1000辆的生产规模，项目全部达产后年产值可达100亿元。

3月

2014年3月24日 在盐城市经济技术开发区政府的支持下，实联长宜集团总部暨三电研发中心奠基、实联长宜江苏租赁公司开幕活动及南京依维柯新能源汽车全面深化合作签约仪式在盐城市举行。

2014年3月29日 天津子牙循环经济技术开发区与淮海控股集团"年产100万辆套淮海、宗申两大品牌新能源车辆"项目签约仪式在子牙循环经济技术开发区服务中心举行。淮海控股集团在天津子牙循环经济技术开发区总投资50亿元，建设年销售收入500亿元、占地3000亩、年产500万辆新能源整车及年产销200亿元核心部件的新能源车辆产业基地，并召集行业品牌前5强企业以及20家以上核心零部件企业入驻。项目一期投资8亿元，占地420亩，建筑面积13万平方米，购置总装线、焊接线、喷涂线等主要生产设备，年产100万辆宗申和淮海两大品牌新能源车辆。

4月

2014年4月1日 重庆力帆控股有限公司与河南省济源市人民政府签署《力帆电动车项目投资合作框架协议书》。力帆电动车项目总投资额约22亿元，项目产品计划有LF520、LF520i、LF320、LF330新能源电动车。其中，项目一期的投资预计为3亿元，产能预计为1万辆/年（双班），达产后可形成5亿元的总产值；项目二期的总投资约为19亿元，产能约为10万辆/年（双班），达产后产值约为50亿元。

2014年4月12日 永安市政府、中科动力（福建）新能源汽车有限公司、清华大学苏州汽车研究院三方完成签约，决定在永安市联合建设"清华苏州汽研院—永安中科动力新能源汽车联合研发中心"。将在新能源汽车及其零部件相关技术和产品研发、科技成果转化、技术服务、人才培养、国内外技术交流、科技企业孵化等方面开展合作，力争在5年内建设一支有自主创新能力、自主知识产权的新能源汽车研发团队。

2014年4月23日 从化市人民政府、广州汽车集团股份有限公司（以下简称"广汽集团"）和比亚迪股份有限公司（以下简称"比亚迪"）三方共同签署了投资协议书，广汽集团和比亚迪将在从化市合资成立广州广汽比亚迪新能源客车有限公司（以下简称"广汽比亚迪"），持股比例：广汽占49%，比亚迪占51%，总投资为30亿元。根据协议，广汽集团与比亚迪将在从化明珠工业园建设"广汽比亚迪新能源客车总部、出口基地和研发中心"项目，并大力发展新能源汽车及相关技术，开发及生产纯电动客车、混合动力客车、传统商务中巴及关键零部件产品。

2014年4月29日 杭州市人民政府与比亚迪汽车工业有限公司（以下简称"比亚迪"）战略合作框架协议签约仪式在浙江省人民大会堂举行。余杭区政府、西湖电子集团分别与比亚迪签订新能源大巴车杭州生产基地项目落户仁和先进制造业基地协议。根据协议，比亚迪将与余杭区政府和西湖电子集团合资合作建立比亚迪品牌全系列新能源大巴车及专用车生产基地，比亚迪新能源大巴车杭州生产基地项目选址于仁和先进制造业基地核心区块，项目总投资15亿元，建成后预计年产3000辆纯电动大巴车。项目分两期建设：一期计划投资10亿元，2015年一季度建成投产，形成年产2000辆纯电动大巴车的生产能力；项目二期计划投资5亿元，预计于2016年一季度完成1000辆纯电动大巴车扩产，达产后年总产值将达到60亿元，成为比亚迪在华东地区重要的纯电动大巴车生产基地。

6月

2014年6月8日 由五龙电动车（集团）有限公司投资的纯电动新能源客车项目在宁波市举行签约仪式，项目所在地为杭州市余杭经济技术开发区。该项目总投资51亿元。其中，一期项目投资25亿元，项目计划建成后，实现年产2万辆纯电动中巴车、纯电动轻中型商务车的生产能力。

2014年6月12日 欣旺达电子股份有限公司与青海省招商局就欣旺达电子股份有限公司在青海建设新能源产业基地签订了新能源产业基地投资协议。根据协议，欣旺达投资在青海择地建设新能源产业基地，主要项目包括：电动汽车及动力锂电池项目；电动自行车及动力锂电池项目；户用及通信储能产品项目；地面光伏电站储能产品项目。

7月

2014年7月1日　南京金龙新能源汽车项目落户武汉开发区汉南产业新城。南京金龙新能源客车项目由南京金龙客车制造有限公司投资，在汉南兴建新能源汽车项目，打造纯电动客车生产基地。该项目总投资51亿元，规划用地600亩，分两期建设，建成投产后将形成1万辆纯电动客车的生产能力，年销售收入100亿元，上缴税收6亿元。

2014年7月2日　韩国LG化学公司在韩国集团总部与南京市政府签署合作谅解备忘录。据协议，LG化学将在8月底与南京紫金建设发展有限公司、南京新工投资集团成立合资法人，LG化学与中方各持50%股权。在合资法人成立后，LG化学将于2014年9月投入数亿美元在南京市经济技术开发区建设电动车电池厂，工厂建成后将于2015年底正式投产，产量可满足10多万辆电动车的需求。

8月

2014年8月15日　由浙江省余姚市与宁波铭马汽车电动车辆工业有限公司、宁波悍霸汽车制造有限公司合作兴建的新能源汽车工业园项目举行了签约仪式，该项目位于余姚市临山镇，总用地745亩，一期用地200亩，项目总投资50亿元，一期投资10亿元，主要生产新能源SUV型汽车，轻型、大中型客车，特种车辆，新能源汽车电控系统和电机等。该项目引进美国独特的电机生产技术和意大利电动涡旋制动系统，并通过自主研发，拥有先进的电池管理系统。一期投产后，计划年产客车1.1万辆，年销售额66亿元；项目计划于2016年全部完成并投产，将达到年产5万辆SUV新能源汽车、年销售额400亿元以上的规模。

2014年8月16日　北京理工大学包头新能源汽车产业园正式启动。新能源汽车产业园位于青山区装备制造园区，规划面积230亩，项目共分三期建成，一期建设将于2016年完成，达产后预计实现产值30亿元。产业园第一期计划入住新能源汽车整车组装及动力电池、电驱动动力总成、电控系统企业以及新能源汽车用电池、变频器、高压连接器、充电器、电动空调等研发制造企业，初步形成新能源产业链条和联盟，产品优先在包头、呼和浩特市和北方城市示范应用。

2014年8月19日　洛阳阿帕奇电动汽车产业园项目在洛宁县正式签约。该项目投资10亿元，项目全部建成后，年产电动汽车10万辆，年产值达30亿元以上，年缴税金1.5亿元以上。其中，预计2016年生产电动汽车10000辆，产值达到3亿元；2017年产量达到30000辆，产值达到9亿元；2018年产量达到10万辆，产值达到30亿元以上。

2014年8月26日　中国高新投资集团公司和绵阳市市政府就建设新能源汽车产业园项目签订投资框架协议，与绵阳高新区就建设纯电动汽车整车及关键零部件生产项目签订投资合作协议。

2014年8月27日　总投资10亿元的CSG新能源汽车产业园项目落户南宫。该项目由中瑞德科（北京）工业设计有限公司投资建设，分三期进行，一期和二期计划投资5亿元，建成后，年可产微型电动汽车15万辆，产值30亿元。三期工程投资5亿元，增上微型电动汽车生产线4条，总产能将达到年产35万辆微型电动汽车。同时根据市场情况，与三期工程同步计划追加投资10亿元，上防暴SUV生产线1条，生产康巴特牌防暴SUV装甲车。建成后，可年产防暴SUV装甲车1.5万辆。

9月

2014年9月12日　总投资175亿元的新能源汽车产业园项目落户内蒙古霍林郭勒市。该项目由上海梅亿新能源控股集团有限公司投资兴建，总占地面积6350亩，分两期建设。一期项目总投资35亿元，建设年产20万辆纯电动汽车生产基地，计划2015年底总装生产线投产。二期项目总投资115亿元，建设年产80万～100万辆纯电动汽车生产基地。配套件产业园区总投资25亿元，建设100万辆电动汽车配套零部件生产基地，建设周期为2年。

2014年9月16日　青岛特锐德电气股份有限公司与安徽省芜湖市人民政府签署了《战略合作协议》根据协议，双方将在电动汽车充电系统及终端网络投资建设、充电运营、电动汽车销售、4S电动汽车维修服务、电动汽车租赁、电子支付、互联网金融等方面展开合作，同时共同开发互联网增值服务。

2014年9月21日　深圳比克电池有限公司、四川省客车制造有限责任公司、四川禾嘉（实业）集团公司与成都市大邑县签订合作投资协议，拟投资30亿元，在四川大邑经开区新建新能源客车及核心零部件产业基地项目。该项目拟在3年内分两期建成，第一期建设年产5000辆整车及零部件基地，第二期在第3年内完成。达产后，预计整车销售收入112亿元、零部件销售收入200亿元，可增加3000人以上就业，实现税收10亿元以上。

10月

2014年10月8日　昆明市政府与安徽江淮汽车集团举行《昆明客车制造项目战略合作框架协议》签约仪式。根据双方达成的合作目标，昆明将组建成立昆明客车制造有限公司，形成具有年产3000台以上新能源和清洁能源客车整车产业化规模。

2014年10月13日　绵阳市政府与西华大学签订战略合作框架协议，绵阳市汽车产业推进办和西华大学交通与汽车工程学院就共同建设省级新能源汽车重点实验室签订合作框架协议。

2014年10月27日 上海汽车集团股份有限公司与佛山市南海区政府签订广东省新能源汽车核心部件产业基地共建协议。

2014年10月27日 河北省政府与比亚迪股份有限公司共同签署合作协议，根据协议，河北省将大规模推广应用比亚迪纯电动汽车。在河北省政府与比亚迪股份有限公司签署战略合作框架协议的基础上，承德市政府与比亚迪股份有限公司在省会石家庄签署投资协议书，双方约定将建设比亚迪承德新能源汽车及零部件生产基地项目，将承德打造为重要的新能源汽车研发、生产基地。比亚迪承德新能源汽车及零部件生产基地项目计划总投资20亿元人民币。项目建成后，预计年产5000辆纯电动大客车，实现年产值100亿元。

2014年10月31日 河北省定州市人民政府和北京智行鸿远汽车有限公司在定州市政府会议室举行新能源汽车产业基地项目签约仪式。该项目总投资20亿元，占地500亩，主要建设新能源汽车及关键零部件的研发、生产、实验和销售基地。其中一期工程总投资8.5亿元，建设厂房3.5万平方米，年产各种新能源电动商务车及关键零部件2万台/套，项目建成后可实现年产值56.7亿元，年利税2.6亿元，可提供500人的就业岗位。

11月

2014年11月7日 陕西省商洛市政府和河北新宇宙电动车有限公司在商洛市行政中心正式签约，将在商洛建设2万辆电动客车整装生产线项目。该项目投资15亿元，选址在商丹园区，建设期3年，2015年10月至少建成5000辆电动客车生产线，2016年达到1万辆生产能力，力争2017年建成2万辆生产线。项目建成达产达效后，年产值300亿元，实现利税30亿元。

2014年11月28日 四川新纪元电动汽车动力总成生产基地项目（一期）在广元市剑阁县剑门新区开工建设。该项目由中旭鑫海投资控股有限公司投资控股，该项目一期投资6亿元，用地300亩，将建成电动汽车动力总成生产线10条，年生产电动汽车动力总成（电机、电控、电池）产品2万（台）套。该项目总投资30亿元，拟占地1000亩，新建电动汽车动力总成生产线（包括专用锂电池生产线、专用电机、电控及管理系统生产线）40条，可生产10亿A·h锂电池的动力总成产品。

12月

2014年12月12日 珠海泰坦电力电子集团有限公司与绵阳国家高新技术产业开发区河北——平武工业园区管理委员会——及绵阳市政府签订投资协议。根据协议，珠海泰坦电力电子集团有限公司与四川豪特实业集团有限公司成立合营公司——四川泰坦豪特新能源汽车有限公司，主要开展电动汽车充电设备之研发、生产、销售及服务；电动汽车充电站之规划及设计、建造、投资及营运；新能源汽车之营运及管理；信息科技专业领域内的技术开发及技术服务；通信系统设备之销售、安装、调试及维护等。

2014年12月25日 青岛特锐德电气股份有限公司与河南省新乡市人民政府签署了战略合作协议。根据协议，双方将在电动汽车充电系统及终端网络投资建设、充电运营、电动汽车销售、4S电动汽车维修服务、电动汽车租赁、电子支付、互联网金融等方面展开合作，同时共同开发互联网增值服务。青岛特锐德电气股份有限公司协商新乡市新能电动汽车有限公司在新乡市合资成立“新乡新能特锐德汽车充电有限公司”，注册资金3000万元，总投资不低于1亿元，用于本协议约定合资公司开展的投资业务。合资公司主要在电动汽车充电系统及终端网络投资建设、充电运营、电动汽车销售、4S电动汽车维修服务、电动汽车租赁、电子支付、互联网金融等方面展开合作，同时共同开发互联网增值服务。

2014年12月30日 比亚迪铁电池基地落户深圳坑梓工业园。该基地规划总占地面积约10万平方米，主要用于动力电池的研发、生产和销售。该基地计划2015年建成，将形成年产铁电池8GW·h的总生产规模，可为约25000辆大巴或逾60万辆混合动力轿车提供电池。

2014年12月31日 吉利集团与南充市政府在成都市签署吉利南充新能源商用车研发生产项目投资合作协议。此次签约的吉利南充新能源商用车研发生产项目，总投资70亿元，包括年产10万台新能源商用车、5万台燃气发动机生产基地和新能源商用车研究院。

二、企业合资合作

2月

2014年2月26日 西安正麒电气有限公司与陕汽集团西安兰德新能源汽车技术开发有限公司举行签约仪式，双方签署了战略合作协议。协议约定：双方就新能源汽车及电机电控领域的合作关系达成共识；结为战略合作伙伴，在全国范围内开展新能源汽车电机电控领域各项目的长期、稳定合作。

3月

2014年3月5日　中国太平洋财产保险股份有限公司和广西森宝电动汽车制造有限公司签署电动汽车保险合作协议。此次签约保险条款可实现最高赔付额达20万元。

2014年3月11日　北京汽车新能源汽车有限公司与京东达成战略合作。根据协议，双方将在战略、业务层面达成多项合作和资源共享。此次合作内容包括：

共同推广新能源汽车相关政策与办法：共同参与新能源普通、多用途货运车辆行业管理政策与办法的实施与推广；共同参与新能源冷藏车辆相关行业标准的研究与推广；共同制定、推动政府及相关职能部门对中国物流快递行业各种新能源汽车标准的制定、落地和执行。

在新业务、新技术领域联合进行投资：包括车联网硬件与服务技术（如京东云服务、大数据应用、车载智能终端、智能交通管理系统等）；新能源项目与金融服务同京东个人消费贷款的结合；新能源汽车前沿技术的投资与收购等。

共建战略合作平台：积极整合京东与北汽新能源各自产业链优势，共同推进“车联网软硬件及服务产品孵化”项目；共建基于大数据的新能源汽车指标研究中心，共同探索新的市场机遇。

共享客户资源、开展联合营销：共建线上北汽新能源旗舰店，共享京东客户资源，共同开拓新能源汽车目标区域市场；共建京东—北汽新能源绿色流动自提点。

共同拓展后汽车市场：拓展基于新能源汽车的全系列硬件、零配件与应用市场。

合作推进末端物流纯电动车共同开发和推广项目：共同制定和推动政府及相关职能部门对中国物流快递行业各种新能源汽车标准的制定、落地和执行，共同推动中国电子商务行业配送领域用车产品升级。

2014年3月17日　中航国际（香港）集团与天津融蓝实业集团有限公司、北京长力投资北京中航长力有限公司签约仪式暨金属燃料电池研究中心揭牌活动在天津空港经济区举行。该研究中心的落成，将以京津地区这一中国核心发展区为平台，紧紧围绕国际领先的锌空气电池的运行经济性进行深入研究，建立国内第一个有经济效益的、以锌空气电池为动力的电动汽车公交运行示范线，生产出具有最高的动力性能和有效物质利用率锌空气电池产品，在民用领域及军用领域开拓全新的绿色环保新能源市场。

2014年3月22日　上海华普国润汽车有限公司与浙江康迪车业有限公司正式签署合资协议，成立浙江康迪电动汽车有限公司，从事投资、研发、生产、市场推广及销售电动汽车业务。合资公司注册资本为人民币10亿元，上海华普国润及康迪车业分别拥有50%权益。合资公司的产品主要为服务同城公共交通的电动汽车。

2014年3月29日　德国大众汽车集团管理董事会、大众汽车集团（中国）在柏林分别与上海汽车集团股份有限公司、中国第一汽车股份有限公司签署联合声明，大众汽车集团将与合作伙伴在前瞻性技术领域继续加强合作。大众未来将有一系列新能源车型引入中国。根据达成的协议，大众汽车集团将支持上海大众汽车继续开发特别环保、生态友好型的车型，以及开展相关的联合研究项目；与一汽集团开展在华开发、生产一款非常环保、生态友好型的新车型的合作。

4月

2014年4月1日　西安正麒电气有限公司与中国科学院电工研究所就电动客车（含通勤车）用交流异步及永磁同步电机控制系统研发项目的技术开发签订合作协议。此合作开发的电动公交车（含通勤车）用交流异步电机控制系统及永磁电机控制系统，用于电动公交车（含通勤车）驱动系统产业化。

2014年4月8日　南京依维柯汽车有限公司与实联长宜集团联合签署新能源汽车战略合作协议，双方合作生产IVECO纯电动客车共计210辆，本次活动将通过新成立的实联长宜江苏租赁公司，投放到盐城市作为多家企业员工通勤班车使用。

2014年4月14日　四川西部资源控股股份有限公司与苏州力能技术投资合伙企业（有限合伙）共同出资5000万元设立苏州宇量电池有限公司。其中，西部资源以自有资金出资4000万元，占注册资本的80%。公司在拥有储量丰富的锂辉石资源的基础上，投资设立宇量电池，专业从事动力电池的研发、生产及销售，支持公司新能源汽车的发展。

2014年4月20日　北京汽车集团有限公司与德国西门子签署协议，双方组建合资公司——北京西门子汽车电驱动系统有限公司，共同促进中国新能源汽车驱动技术发展。北京西门子汽车电驱动系统有限公司将生产用于电动车的电驱动动力总成，包括电动马达和电力电子设备等。新设备将用于北汽S、C和L三个系列车型中。全新电驱动系统涵盖更加安全可靠、功率密度更高并且更高效的电动马达，以及与之匹配的逆变器。北汽也将成为合资公司的首个客户，将电驱动系统应用于其电动汽车平台中。电动马达的功率范围为45～200kW。根据规划，2014年年内产品开始应用于样车，并实现小批量生产。到2015年，位于北京的新工厂将实现量产，实现完全产能后每年可制造逆变器100000台。

2014年4月30日　合肥工业大学与上海瑞珑汽车科技股份有限公司（以下简称“上海瑞珑”）战略合作签约仪

式在合肥工业大学学术会议中心举行。根据协议，校企双方本着“互惠互利、共同发展”的原则，构建产学研三位一体的战略合作关系。双方将整合各自资源，联合相关整车企业共建汽车风洞实验室；共同开展新能源汽车研发及产业化项目；联合开展汽车设计和模型制作等方面的人才培养等。

5月

2014年5月18日 长安轻型车与上海铃德公司在河北省廊坊市签订了500辆新能源车的采购合同，总销售金额高达1亿元。

2014年5月21日 庞大集团股份有限公司与北汽集团新能源汽车公司、国家电网直属企业华商三优共同签署新能源汽车市场推广战略合作协议，通过打通新能源汽车生产、市场推广的上下游产业链，实现零部件供应商、整车企业、经销商、充电服务商的多方联动，共同破解新能源汽车普及推广困局。

2014年5月25日 湖南科力远新能源股份有限公司（以下简称“科力远公司”）与天津市松正电动汽车技术股份有限公司（以下简称“天津松正”）在长沙签订《战略合作框架协议》。根据协议，天津松正将在未来3年内大力推广含有镍氢电池的混合动力公交车技术，力争占天津松正全部混合动力系统的50%以上，并承诺其中使用的电池全部采用科力远的镍氢电池，并力争在3年内，实现采购科力远20万支镍氢电池模组。

2014年5月25日 陕西有色集团与浙江吉利控股集团锂离子动力电池合作项目在西安签约。该项目主要是生产磷酸铁锂动力电池，分三期建设：一期投资约2.55亿元，年生产磷酸铁锂动力电池约150000kW·h；二期和三期共投入约6亿元，年生产磷酸铁锂动力电池约600000 kW·h，年产值约12亿元，利润约2.4亿元。

6月

2014年6月16日 北汽福田汽车股份有限公司与北京怀兴旺电动小客车出租有限责任公司签订了150辆迷迪纯电动汽车销售合同。该车是福田汽车基于迷迪车身与底盘自主开发的一款纯电动车型，传动设定采用最大输出功率80kW与最大扭力280N·m的电机，在完全充电的情况下，可以实现160公里以上的工况里程。0~50公里加速小于11秒，爬坡能力≥25%；电池模块则采用高效能锂离子电池组，总电容量达24kW·h，并搭配刹车动能回收系统，以延续电动车的续航能力，大约需30分钟可充至70%的电量。在家充电时使用220V交流电，大约需要8小时充满。

2014年6月18日 中外合资企业三星环新（西安）动力电池有限公司正式成立。该公司由韩国三星集团下属的三星SDI株式会社出资30000万元人民币、安徽省安庆环新集团有限公司出资21000万元人民币、西安高科（集团）公司出资9000万元人民币，共同注册。新公司分两期建设：一期工程计划投资约2亿美元，于2014年下半年开工建设一条电池生产线，2015年底竣工量产，届时将实现月生产30万枚电池芯的产能；二期工程计划完成全部6亿美元投资，到2020年为止再建设若干条生产线，最终达到每月生产360万枚电池芯的产能。

2014年6月26日 北汽新能源汽车股份有限公司与富士康科技集团签约，双方将携手进军电动汽车分时租赁领域。北汽新能源与富士康集团旗下上海鹏瞻投资有限公司——北京恒誉新能源汽车租赁有限公司，开展电动汽车租赁、分时租赁、电动出租车等业务。

7月

2014年7月30日 中航锂电（洛阳）有限公司与普天新能源有限责任公司在北京签署了战略合作协议，双方拟在新能源汽车、电力、通信等领域，共同推进关于该领域的技术研发、项目运作和市场推广。

2014年7月31日 协众国际控股有限公司与北汽集团所属的北京新能源汽车股份有限公司签订战略合作协定，继续共同开发新能源汽车空调系统。

2014年7月31日 深圳市英威腾电气股份有限公司与欣旺达电子股份有限公司全资子公司深圳市前海弘盛技术有限公司签订了《出资协议书》，合资设立深圳英旺达电动汽车控制技术有限公司，注册资本1亿元。其中，英威腾出资6000万元，占注册总资本的60%；前海弘盛出资4000万元，占注册总资本的40%。合资公司经营范围包括从事与电动汽车相关的电机控制器、电机、辅助变频器、车载充电机、地面充电桩等产品和整体解决方案的开发、生产和销售。

8月

2014年8月4日 广州广汽比亚迪新能源客车有限公司成立。该公司为比亚迪股份有限公司和广州汽车集团股份有限公司合资组成，所持股份比例：比亚迪占51%，广汽集团占49%。广汽比亚迪公司在广州从化新基地生产纯电动客车及各类新能源客车，将达到单班5000辆/年的产能，以满足珠三角地区及各目标市场的新能源客车需求。

2014年8月18日 总投资约6亿美元三星环新汽车动力电池项目在西安高新区开工建设，预计2015年10月建成投产，每年可为超过4万辆纯电动汽车供应电池。三星环新汽车动力电池项目，于2014年1月由三星SDI有限公司和安庆环新集团一起与陕西省签署投资战略合作协议。作为锂离子电池技术世界领军企业，三星SDI与安庆环新集团、西安高科集团于2014年6月成立合资公司，计划在西安高新区建设韩国本土以外的第一家汽车动力电池工厂，生产电动汽车及 ESS（Energy Storage System）电池。本次建设的西安工厂预计 2015 年竣工投产，2020 年销售额突破 10 亿美元。

2014 年 8 月 15 日　浦银金融租赁股份有限公司与青年汽车集团有限公司签署三年内不少于 100 亿元的厂商租赁合作框架协议。青年汽车联手浦银租赁，引入“租赁”模式，有采购意向的公交公司可由金融租赁公司垫付采购资金，获得产品的使用权，而后几年逐步偿还本息。通过联手浦银租赁，青年汽车获得了推广其电动客车产品的强大资金后盾。融资租赁购车方案为有采购意向的公交企业投资保驾护航。

2014 年 8 月 15 日　东风襄阳旅行车有限公司与浙江时空电动汽车有限公司签订了纯电动客车购销合同。根据合同到 2015 年底，东风旅行车将向浙江时空销售纯电动客车 5000 ~ 10000 辆，其中截至 2014 年 12 月 31 日必保 500 辆，力争 1000 辆。并承诺在 2016 年 1 月 1 日至 2017 年 12 月 31 日完成该定制车型 5000 ~ 10000 辆的采购并上牌。

2014 年 8 月 29 日　上海汽车集团股份有限公司乘用车分公司和上海一嗨汽车租赁有限公司战略合作签约仪式在上汽设计中心举行。在本次签约仪式上，双方达成上千辆荣威新能源汽车的采购协议，包括插电式混合动力轿车荣威 550PLUG – IN 和纯电动轿车荣威 E50。

2014 年 8 月 30 日　北京理工大学、北京理工华创电动车技术有限公司、上海电巴新能源科技有限公司、郑州宇通客车股份有限公司、中信国安盟固利动力科技有限公司、北京理工华创新能电动汽车工程研究中心有限公司等单位与波兰 TAURON 集团、华沙理工大学在京成功签订了中波 e – Bus 项目样车协议。本次签约仪式主要签订了三份重要合作协议：由北京理工华创电动车技术有限公司和波兰 TAURON 配电公司签署电动公交客车样车采购协议；波兰 TAURON 电力公司和北京理工新能电动车技术研究中心有限公司签订咨询服务协议；北京理工华创电动车技术有限公司和波兰 TAURON 配电公司，以及郑州宇通客车股份有限公司共同签订了合作开发协议。

9 月

2014 年 9 月 1 日　中国联合网络通信集团有限公司与美国特斯拉汽车公司签署的共建充电站战略合作协议，双方将在全国 20 个城市建设超级充电站，在 120 个城市的 400 个联通营业厅建设充电桩。

2014 年 9 月 1 日　江苏常隆客车有限公司和神华集团所属的神通电动车能源管理有限责任公司签订 2 万台纯电动客车合作协议，共同打造中国新能源汽车产业链最长和整车制造能力最强的战略联盟。根据常隆客车与神通公司签订的合作协议，双方将在电动客车战略发展规划、新产品研发、电动客车生产、市场开拓、投融资业务、资本运营等方面进行合作。2014 年四季度，常隆客车将启动年产 2 万台纯电动客车项目建设。

2014 年 9 月 2 日　安徽江淮汽车股份有限公司（以下简称江淮汽车）与美国 GTA 公司（以下简称 GTA）签署了《江淮 IEV 电动车出口框架协议》，根据协议，江淮汽车将向 GTA 出售爱意为纯电动轿车，双方同意在计划内 GTA 产品采购数量至少不低于 2000 辆，首批 200 台产品订单在本次协议签订后启动，总价 284 万美元。根据双方协议，江淮汽车将与 GTA 合作研发符合美国市场标准的新一代电动车。

2014 年 9 月 2 日　广东猛狮电源科技股份有限公司与同济汽车设计研究院有限公司签署了《新能源汽车战略合作框架协议》，双方拟就新能源汽车的研究开发、人才培养、资本合作等方面开展合作，有效期为五年。

2014 年 9 月 5 日　众泰汽车与比克电池签署了长期战略合作协议，合作规模将超过 10 亿元人民币，涉及先期的电池采购、新型电池研发、电池安全技术、现代 BMS 技术及整车匹配等领域，未来不排除进行更深层次合作的可能。

2014 年 9 月 10 日　北京新能源汽车股份有限公司与国电南瑞科技股份有限公司和青岛特锐德电子股份有限公司签署了“充电产业及商业模式战略合作协议”，北京新能源汽车股份有限公司与上海挚达科技发展有限公司、上海循道新能源科技有限公司、江苏嘉钰新能源技术有限公司这三家企业签署了“区域市场充电服务合作协议”，这五家资深的电气行业公司将为北汽新能源的客户提供充电桩技术、产品和服务的全方位解决方案。

2014 年 9 月 12 日　浙江万马新能源有限公司与法国 IES – SYNERGYSAS 公司在北京签署《战略合作意向协议》，基于双方各自优势，为开拓中国电动汽车充电设备市场。据协议，双方先期拟就下述产品、解决方案和技术展开合作：符合中国及国际市场需求的车载充电解决方案；符合中国及国际市场需求的直流充电解决方案，包括但不限于 25kW、50kW、100kW 及 200kW 等功率之直流充电桩；其他符合中国市场需求的新能源汽车用相关电力电子产品。双方拟共同出资设立一家合资公司，以研发、生产和销售合作产品。

2014 年 9 月 16 日　深圳比亚迪 · 戴姆勒新技术有限公司与中海地产签署合作备忘录，根据合作协议，中海地产将向腾势用户开放拥有或管理的商住项目，为腾势电动车用户提供充电便利，并为腾势用户充电设施的安装提供支持。

2014 年 9 月 17 日　由中兴通讯股份有限公司与东风汽车公司联手打造的国内第一条新能源汽车大功率无线充电

公交商用示范线在湖北省襄阳市正式启动并投入运营。

2014 年 9 月 19 日 湖南科力远新能源股份有限公司（以下简称“科力远”）与浙江吉利控股集团有限公司（以下简称“吉利”）签订《合作意向书》，合资成立科力远混合动力系统有限公司（以下简称“合资公司”）。合资公司由科力远控股、吉利公司参股，逐步吸纳其他整车企业参股。在双方初步合作方案中，科力远以汽车动力电池管理系统（BPS）技术、无形资产及相关设备等资产和部分现金出资。吉利以 CHS 系统技术、无形资产及相关设备等资产出资。双方作为出资的技术、无形资产及相关设备等资产的价值，以双方认可的具有证券相关业务资格的评估机构出具的评估报告为参考依据；双方支持合资公司吸收其他整车企业参与合资公司的发展，在技术上对参股企业持开放态度。

2014 年 9 月 26 日 国联汽车动力电池研究院有限责任公司在北京纳米科技产业园完成注册。据记者了解，国联公司是在工信部、科技部、国资委、发改委、财政部等部委的指导下，由中国汽车工业协会组织，由有研总院、中国一汽、东风、长安、上汽、北汽、广汽、华晨、力神 9 家企业依据公司法联合出资成立的动力电池大型研发与生产企业。国联公司注册资金 5.4 亿元，总建筑面积 2 万平方米，规划建设年产千吨级高性能纳米电极材料及 7000 万安时新型动力电池生产线，达产后年产值预计将达到 3.5 亿元。

10 月

2014 年 10 月 8 日 青岛特锐德电气股份有限公司（以下简称“公司”）与山东天恩综合能源有限公司（以下简称“山东天恩”）签署《合资经营协议书》，公司拟与潍坊天恩在山东省潍坊市共同出资成立“潍坊天恩特锐德汽车充电有限公司”（暂定名，以下简称“潍坊特锐德”），合资公司注册资本不低于 5000 万元，其中特锐德出资占注册资本的 51%。

2014 年 10 月 10 日 宁波双林汽车部件股份有限公司与新大洋机电集团有限公司、鲍文光、山东新大洋电动车有限公司签署《可转债投资协议》，宁波双林汽车部件股份有限公司以自有资金并以可转债方式向新大洋电动车投资 5000 万元用于新大洋电动车运营及业务扩展。

2014 年 10 月 12 日 江苏浩元动力科技有限公司和江苏大学汽车工程研究院，签约确定电动轮毂汽车战略合作伙伴关系，正式启动对新型电动汽车行驶控制器的合作研发。

2014 年 10 月 14 日 中国民生银行与特斯拉汽车公司签署战略合作协议，双方决定在全国范围内 20 个城市建立 200 ~ 400 个目的地充电桩，进一步扩大特斯拉充电网络的覆盖区域。在双方正式开启战略合作之后，特斯拉和中国民生银行将在全国 20 个城市的民生银行自有营业厅及小区金融门店建立充电桩。

2014 年 10 月 22 日 湖南南车时代电动汽车股份有限公司与远东国际租赁有限公司签署了 30 亿元融资租赁战略合作协议，将为广大公交企业新购车辆解决资金难题。

11 月

2014 年 11 月 5 日 广东亿纬赛恩斯新能源系统有限公司与南京金龙客车制造有限公司签订了《新能源汽车项目战略合作协议》。公司表示，本次合作将有利于借助双方优质资源及技术优势，共同搭建新能源汽车应用平台，开展新能源汽车关键技术的研发合作，促进科技成果转化，实现新能源汽车市场的推广应用。

2014 年 11 月 7 日 深圳市科陆电子科技股份有限公司与南昌市公共交通总公司签署了《合作框架协议》，就共同合作经营新能源汽车充电系统及终端网络投资建设、充电配套系统及运维管理，新能源产品的开发、生产、销售及技术咨询、安装服务等，以及根据国家政策及形势发展需要，共同进行对电动车充电站的建设、投资和日常的经营管理达成合作意向。根据协议，南昌市公共交通总公司先行投资注册全资子公司南昌公交科陆新能源有限责任公司，后续由公司以技术研发、投资资金对南昌公交科陆新能源有限责任公司增资。合资公司注册资本为 2000 万元，出资比例：公司占 70%，南昌市公共交通总公司占 30%。

2014 年 11 月 24 日 北京环悦科技有限公司、厦门金龙联合汽车工业有限公司、厦门理工学院汽车研发中心在北京共同签署移动式 4S 维修及充电站高科技汽车创新服务项目战略合作协议。签约仪式上，北京环悦科技有限公司公布，公司投资 53 亿元人民币兴建的移动式维修服务及充电站项目已完成项目研发，并将于 2015 年下半年投放市场运营。2018 年项目达产之后，全公司将拥有 5000 座移动站，每年能够向 300 万辆纯电动汽车提供充电服务，并能够每年维修 150 万辆轿车。根据战略合作协议约定，该移动式服务车辆将由厦门金龙公司设计、开发和生产。

2014 年 11 月 25 日 湖南科力远新能源股份有限公司与浙江吉利控股集团有限公司合资的科力远混合动力技术有限公司（以下简称“该公司”）正式通过工商行政管理注册，注册资金 6.59 亿元，该公司由科力远公司占股 51%，浙江吉利集团占股 49%。该公司将充分运用中国混合动力及传动系统总成技术（CHS）平台，在麓谷设立研发中心总部，建成混合动力及传动系统台架实验室及车间，生产混合动力及传动系统总成、配套产品。CHS 已拥有 3 项国际发明专利，32 项国内专利，可为包括深度混合动力汽车、插电式混合动力汽车、商用汽车及其他新能源车辆提供总成系统。该公司的 CHS 项目，总投资约 100 亿元，项目分两期建设，一期预计 2017 年投产。

2014 年 11 月 25 日　宁波富邦集团双鹿控股有限公司（以下简称“双鹿集团”）与台湾必翔电能高科技股份有限公司（以下简称“必翔电能”）签署新能源项目合作暨商务采购协议。根据协议内容，双方合作的目标市场锁定中国新能源动力电池市场，包括纯电动汽车、插电式油电混合、电动巴士等市场的需求。必翔电能为双鹿集团提供磷酸铁锂电池相关必要的研发技术、专利授权等服务，双方合作开发市场所需性能与规格的电池系统。根据市场需求，双鹿电池将向必翔电能采购电池，3 年总金额达 1.2 亿美元。

2014 年 11 月 26 日　康得新公司与北京汽车集团产业投资有限公司签订战略合作协议，将充分发挥合作双方的资源和优势，在碳纤维、新材料和新能源电动车产业内强强联合，开展投资、并购、整合等业务，进一步开拓公司新的利润增长点。根据协议，双方拟在碳纤维行业、新能源电动车行业、膜行业和石墨烯行业中发挥各自优势，从技术研发、产品配套、投资收购、产业整合等多个角度，通过合作设立研发中心、海外并购、股权投资、发起设立产业基金等多种方式进行全方位的合作，围绕彼此公司既定的战略发展方向开展投资、并购、整合等业务，提高和巩固公司行业地位，实现双方合作共赢。双方在汽车车体轻量化、汽车移动终端显示、高分子光学膜、高性能储能设备等新材料、新能源领域未来合作发展达成共识。双方将发起设立产业投资基金投资于新材料、新能源汽车领域的优质项目，以及海外并购基金专项用于海外并购。在石墨烯电池领域共同合作，以实现双方在新能源高效储能领域的战略布局。

2014 年 11 月 27 日　云南航天神州汽车有限公司与中兴新能源汽车有限责任公司达成合作协议，引入中兴公司研制的全球首个无线充电动汽车技术到昆明，该技术可将现有路面和停车位改造成充电位，为电动汽车进行无线充电。

12 月

2014 年 12 月 4 日　中国科技城新能源汽车重点实验室、中国科技城新能源汽车工业技术研究院、中国（绵阳）科技城锂电工业技术研究中心揭牌仪式在西南科技大学举行。三大研究中心主要依托西南科技大学材料、机械、控制、信息和计算机等学科优势和研发基础，有效整合绵阳市现有相关技术资源、人才资源和科研成果，进行新能源汽车核心技术和关键零部件的研究和开发应用，对于实现绵阳汽车产业转型升级目标具有重要意义和作用。

2014 年 12 月 8 日　众泰汽车工业有限公司与江西省福斯特新能源集团有限公司纯电动新能源汽车（动力锂电池）项目重大战略合作签字仪式在江西省宜春市福斯特工业园举行。

2014 年 12 月 9 日　由四川汽车工业集团绵阳汽车制造有限公司和四川长虹电器股份有限公司分别牵头组建的中国科技城·绵阳新能源汽车产业联盟以及中国科技城·绵阳新能源汽车智慧服务创新产业联盟成立大会在绵阳隆重举行。中国科技城·绵阳新能源汽车产业联盟由四川汽车工业集团绵阳汽车制造有限公司为联盟理事长单位，副理事长单位分别为四川长虹电器股份有限公司，四川九洲电器集团有限责任公司，四川豪特实业集团有限公司，秘书长单位为中科创新育成中心，联盟成员单位共 66 家。中国科技城·绵阳新能源汽车智慧服务创新产业联盟由四川长虹电器股份有限公司为联盟理事长单位，副理事长单位为四川汽车工业集团绵阳汽车制造有限公司，秘书长单位为中科创新育成中心，联盟成员单位共 10 余家。

2014 年 12 月 10 日　中国重汽成都王牌商用车公司与湖南南车时代电动汽车股份有限公司签署新能源商用车战略合作协议。根据此项协议，双方将在未来合作过程中，充分发挥各自领域中的资源优势，共同联合开发新能源车辆，互相开放市场信息，加强技术沟通、电机驱动系统供应、人员专业技术培训、售后服务等。

2014 年 12 月 16 日　天能集团旗下浙江天能能源科技有限公司与浙江康迪车业有限公司签订 2015 年锂电池购销合同，双方商定将在电动汽车推广应用及商业模式等进行广泛的合作。根据协议，康迪车业承诺在 2015 年向天能能源科技采购总价值不低于 2.6 亿元人民币的锂离子动力电池。

2014 年 12 月 26 日　川汽绵阳新能源汽车生产基地落成暨新能源汽车 T 70 下线仪式在绵阳市新能源汽车基地隆重举行。川汽集团新能源汽车生产基地项目，总投资 30 亿元。将形成年产 12 万辆乘用车的生产能力，提供就业岗位 4000 余个，实现产值 100 亿元。仪式上，四川汽车工业股份有限公司与清华大学汽车系签订组建新能源汽车研究院战略合作协议；四川汽车工业股份有限公司与成都兴能新材料有限公司签订电源控制系统合作协议；四川富临运业集团股份有限公司与成都兴能新材料有限公司、深圳华驰实业有限公司签订投资建设电动汽车充电网络合作协议。

2014 年 12 月 27 日　中大汽车集团与中国电力开发有限公司在盐城签署新能源客车产业战略合作协议。中大汽车集团以新能源汽车项目股份分期引进战略资本 10 亿元，以此推动中大新能源客车产业的发展，双方将在新能源客车产业化等方面开展全面战略合作。

2014 年 12 月 29 日　美国 UL［美国保险商试验所

(Underwriter Laboratories Inc.)是从事安全试验和鉴定的较大的民间机构]。与上海汽车集团股份有限公司签署合作谅解备忘录，并达成多项备忘协议，共同推动中国电动汽车行业安全、稳步发展。此次合作涵盖检测、认证、咨询、培训等诸多方面，进一步加深了双方在电动汽车领域的战略合作。

2014 年 12 月 30 日 中国和谐汽车控股有限公司与新能源汽车控股（中国）有限公司订立无法律约束力谅解备忘录，拟收购对方所持有的浙江绿野汽车有限公司全部股权。

2014 年 12 月 31 日 郑州宇通客车股份有限公司与中兴通讯股份有限公司在郑州市举行了隆重的签约仪式，双方将在新能源汽车无线充电领域展开合作，共同推进新能源汽车产业的发展。

三、行业重要事件

2 月

2014 年 2 月 8 日 财政部、科技部、工业和信息化部、发展和改革委四部门发布《关于进一步做好新能源汽车推广应用工作的通知》（财建〔2014〕11 号）（以下简称《通知》）。《通知》规定，纯电动乘用车、插电式混合动力（含增程式）乘用车、纯电动专用车、燃料电池汽车的补贴标准调整为：2014 年在 2013 年标准基础上下降 5%，2015 年在 2013 年标准基础上下降 10%，从 2014 年 1 月 1 日起开始执行。同时，为保持政策的连续性，加大支持力度，上述补贴推广政策到期后，中央财政将继续实施补贴政策。

2014 年 2 月 14 日 万向美国公司以 1.492 亿美元（约合人民币 9.064 亿元）的总报价收购美国电动汽车制造商菲斯克汽车公司。当地时间 2014 年 2 月 19 日，美国破产法院已正式批准万向收购菲斯科。

3 月

2014 年 3 月 21 日 国内首家股份制新能源汽车公司“北京新能源汽车股份有限公司”在北京大兴挂牌成立。北京新能源汽车股份有限公司注册资本 20 亿元人民币，是由北汽集团联合北京工业发展投资管理有限公司、北京国有资本经营管理中心和北京电子控股有限责任公司等单位共同出资组建，北汽集团以 60% 的股权成为控股股东，北工投、国管中心、北电控分别控股 25%、10% 和 5%。

4 月

2014 年 4 月 9 日 青年汽车集团与香港九龙巴士有限公司在浙江金华正式签订 8 辆青年自主研发的第三代纳米碳锂电池纯电动公交车采购协议。

2014 年 4 月 14 日 四川西部资源控股股份有限公司以自有资金 9587.56 万元，收购龙能科技（苏州）有限公司股权并向其出资，最终获得龙能科技 85% 的股权。

2014 年 4 月 15 日 由比亚迪股份有限公司投资的武汉比亚迪新能源客车、专用车生产基地项目在武汉黄陂汉临空经济区举行了开工奠基仪式，工程共投资 50 亿元，分三期建设：一期建设新能源客车组装生产线，涉及玻璃钢、制件、焊接、涂装、底盘、总装等工艺，年设计产能 2000 辆；二期建设新能源专用车生产线，增加物流车、渣土车、混凝土运输搅拌车等车型，并进一步扩充新能源客车产能；三期将再扩充新能源专用车四大工艺生产线产能。项目建成后，纯电动客车年产能将达 3000 辆、纯电动专用车年产能将达 5000 辆，总产值预计达到 100 亿元。

2014 年 4 月 17 日 上海即充式纯电动公交发车仪式在上海巴士电车有限公司隆重举行，第一批 60 辆青年 JNP6120BEV1 新一代即充式纯电公交正式投入运行。

2014 年 4 月 20 日 东风汽车公司在北京车展上将首批 30 辆 E30 交付给武汉电动汽车示范运营公司。该批车通过集团租赁、微循环等商业模式，在武汉率先投入示范运营。

2014 年 4 月 23 日 首批 30 辆比亚迪 e6 纯电动出租车正式在广西梧州市上路运营。

2014 年 4 月 27 日 天津路通电动汽车有限公司一期正式投产，首辆新能源汽车正式下线。

5 月

2014 年 5 月 1 日 上海奥威超级电容公交车在保加利亚首都索非亚正式投入营运，这标志着国产新能源公交车成功登陆海外。

2014 年 5 月 5 日 中国电动汽车百人会成立大会暨 2014 年重点工作研讨会在清华大学举行。百人会主要任务是开展关系电动汽车行业发展的重大课题研究，举办各种专题研讨会和年度论坛，促进不同产业、部门、企业之间的交流和互动，最终形成研究成果为政府部门决策提供参考。

2014 年 5 月 5 日 由中国重汽豪沃客车公司自主研发的 JK6129GBEV 即充式纯电动客车正式下线。该车采用了双电耦合、纯电驱动的工作模式，线网与电池无缝对接、空调智能控制等技术的使用在行业内均处于领先水平。

2014 年 5 月 20 日 上海市人民政府办发布《上海市鼓励购买和使用新能源汽车暂行办法》，对纯电动乘用车的补贴额度为 4 万元/辆，对插电式混合动力乘用车（含增程式）的补贴额度为3万元/辆，补贴力度和旧办法一致。对于燃料电池汽车，新办法规定，燃料电池乘用车和商用车的补贴标准则分别高达20万元/辆和50万元/辆。对直接或组织员工一次性购买新能源汽车超过10辆的法人单位，上海市再给予2000元/辆的财政补助。对汽车生产厂商，每回收一套新能源汽车动力电池，上海市给予1000元补助，这较旧办法的300元有大幅度提高。此外，新能源汽车的免费牌照政策也得以延续。

2014年5月27日 国家电网公司在北京市召开"开放分布式电源并网工程、电动汽车充换电设施市场"新闻发布会，将引入社会投资参与电动汽车充换电设施建设。同时，并向社会正式发布《关于做好分布式电源并网服务工作的意见》（修订版）与《关于做好电动汽车充换电设施用电报装服务工作的意见》。意见明确，对于个人自建充电桩，需要满足个人有固定车位、小区物业同意等条件，自建充电桩享受0.5元一度居民电价。

2014年5月28日 邯郸市首座纯电动城市客车示范性充电站开工建设。该充电站位于高铁东站公交枢纽，从台东路北侧，占地10亩，项目总投资3650万元。充电站将配置双枪充电机30台，可以满足100辆纯电动城市客车的充电需求。

6月

2014年6月9日 江苏省发布了《江苏省新能源汽车推广应用省级财政补贴实施细则》，对新能源汽车的省级财政补助政策进一步细化。细则明确，省级财政补贴资金的对象是：推广应用城市公共服务领域消费者、私人消费者；承建充/换电设施的服务运营单位。汽车生产企业按扣除补助后的价格销售新能源小客车。其中，LNG货车补贴2万元，清洁能源汽车（LNG客车、货车）补贴2万元。裸车、电池分离销售的，按车辆、电池成本比例享受财政补贴。对于充/换电服务运营单位承建的充/换电设施费用，省财政给予15%的补贴。

2014年6月10日 北京市科委会同北京市发展和改革委、北京市财政局组织召开了北京市新能源汽车推广应用相关政策媒体见面会，发布了《北京市示范应用新能源小客车自用充电设施建设管理细则》及《北京市示范应用新能源小客车财政补助资金管理细则》。财政补助资金管理细则明确，本市财政补贴的对象是消费者，消费者按"销售价格 - 补助"支付。汽车生产企业按扣减补助后的价格销售新能源小客车。本市注册的汽车生产企业申领本市财政补助资金，财政部门将补助资金兑付到汽车生产企业；非本市注册的汽车生产企业，须授权委托一家在京注册登记的具有独立法人资格的汽车销售机构统一申领，财政部门将补助资金兑付给该汽车销售机构。汽车生产企业享受中央和本市财政补助总额不能超过车辆销售价格的60%。

2014年6月16日 《西安市示范应用新能源汽车财政补助资金管理暂行办法》（以下简称《暂行办法》）经西安市政府常务会审议通过。《暂行办法》规定的补助范围为，符合国家有关公告要求且纳入中央财政补助范围的纯电动乘用车、插电式混合动力（含增程式）乘用车、纯电动客车、插电式混合动力（含增程式）客车、纯电动专用车及燃料电池汽车。补助对象为西安市辖区内购买、登记注册和使用新能源汽车的单位和个人。新能源汽车生产企业按照扣除补助后的价格进行销售，消费者按照新能源汽车的销售价格扣除补助后的价款支付。在完成本市车辆注册登记后，由生产企业据实申请财政补助资金。补助标准为，对新能源汽车生产企业生产的新能源汽车，市财政参照中央财政补助标准按1:1给予补助，补助总额最高达车辆销售价格60%。

2014年6月18日 广东省发改委发布了《关于加快推进珠江三角洲地区新能源汽车推广应用的实施意见》（下简称《意见》），广东省将在2015年前在广州市推广应用1万辆新能源车，整个珠三角地区的新能源车达到4.5万辆。同时，要结合公务车改革要求，研究制定并出台政府机关、事业单位及公共机构购买和使用新能源汽车的方案，推动政府机关和事业单位普通公务用车优先采用新能源汽车，择优选用纯电动汽车。

7月

2014年7月1日 武汉新能源汽车工业技术研究院有限公司在武汉开发区智慧城破土动工。该公司由武汉开发区和武汉理工大学联合打造，项目占地100亩，计划将在3—5年内总体投资30亿元以上，从事新能源整车及零部件研发与生产，目标是建成国际一流新能源汽车研发、生产基地。

2014年7月9日 江西省科技厅公布了《江西城市群新能源汽车推广应用管理办法》，自2014年1月1日起实施，有效期至2015年12月31日。该管理办法提出，推广应用新能源汽车，汽车生产企业可获得财政补贴。同时进一步明确，财政补助对象是消费者，消费者按照销售价格扣减补助后支付，具体补贴标准按各地市相关规定执行。

2014年7月13日 国家发改委等五部委联合公布了《政府机关及公共机构购买新能源汽车实施方案》，明确了政府机关和公共机构公务用车"新能源化"的时间表和路线图。方案指出，2014年至2016年，中央国家机关以及纳入新能源汽车推广应用城市的政府机关和公共机构，购买的新能源汽车占当年配备更新总量的比例不低于30%，以后逐年提高。

2014年7月14日 天津市正式出台《天津市新能源汽

车财政补贴管理办法》并从即日起执行，车辆补贴有效期为2013年1月1日至2015年12月31日。天津市财政与中央财政按照1∶1比例，对纳入国家新能源汽车推广目录，在津销售的纯电动乘用车、插电式混合动力乘用车以及纯电动专用车给予补贴，补贴额度最高达到11.4万元。补贴资金直接拨付汽车生产企业，消费者按销售价格扣减补贴后的差额支付车款。不仅如此，新能源汽车还能享受不限购、直接上牌照的便利。

2014年7月16日 南京市财政局和交通运输局下发《南京市新能源汽车推广应用财政补贴实施细则》（以下简称《细则》）。《细则》规定，南京市级财政将对公共服务领域及私人应用领域购置的，列入国家《节能与新能源汽车示范推广应用工程推荐车型目录》的新能源汽车进行补贴。同时，充换电设施建设也将获得一定比例的补贴。补贴标准：纯电动乘用车3.5万元/辆；纯电动客车30万元/辆；插电式混合动力（含增程式）乘用车2万元/辆；插电式混合动力（含增程式）客车15万元/辆；超级电容、钛酸锂快充纯电动客车9万元/辆；纯电动专用车按电池容量每千瓦时补贴1200元，最高9万元/辆；燃料电池车乘用车12万元/辆；燃料电池商用车30万元/辆。

2014年7月21日 国务院办公厅印发《关于加快新能源汽车推广应用的指导意见》（以下简称《指导意见》）。按照部署，今后将加快充电设施建设，将充电设施建设纳入城市总体规划，鼓励公共场所加快内部停车场充电设施建设，地方政府加大对充电设施建设支持。《指导意见》明确提出，要破除地方保护，执行全国统一的新能源汽车推广目录。在上海市的示范效应下，其他地方也将逐步取消补贴车型目录。

2014年7月22日 国家发展和改革委下发《关于电动汽车用电价格政策有关问题的通知》（以下简称《通知》），确定对电动汽车充换电设施用电实行扶持性电价政策。《通知》明确，对经营性集中式充换电设施用电实行价格优惠，执行大工业电价，并且2020年前免收基本电费。居民家庭住宅、住宅小区等充电设施用电执行居民电价，电动汽车充换电设施用电执行峰谷分时电价政策，鼓励用户降低充电成本。

2014年7月23日 湖南省政府办公厅下发《关于我省新能源汽车推广应用的实施意见》。该意见指出，湖南新能源汽车推广应用补贴按照“省市共担，以市为主”的原则，省内补贴按照国家补助标准1∶1给予补贴。其中，省本级承担补贴金额的30%，市/州承担补贴金额的70%。

8月

2014年8月6日 财政部、国税总局、工信部联合发布了《关于免征新能源汽车车辆购置税的公告》（以下简称《公告》），2014年9月1日至2017年12月31日，购置新能源汽车免征车辆购置税。

2014年8月15日 宁波市政府常务会议通过《宁波市新能源汽车推广应用实施方案》，设立新能源汽车推广应用专项补助资金，在示范推广期间，对购买符合国家和宁波市相关条件的新能源汽车，按中央财政补贴资金1∶1的比例给予补助；对新能源汽车充电设施投入，按实际投资额（不含土地）给予20%的补助。除老三区外，其他县/区示范推广新能源汽车补助可参照实行，补助资金由属地财政承担。

2014年8月15日 青岛市财政局正式印发《青岛市新能源汽车推广应用示范财政扶持专项资金管理暂行办法》（以下简称《办法》）。不实行退坡机制。纯电动乘用车、插电式混合动力（含增程式）乘用车，每辆按2013年国家补贴标准1∶1的比例给予补助，且国家补贴和本市财政补助总额最高不超过车辆销售价格的60%。除此之外，纯电动客车、插电式混合动力客车、纯电动专用车、燃料电池车都是按照中央财政补助标准的20%补助。

2014年8月19日 中国电科院承担的“电动汽车换电标准国际化研究”项目通过国家电网公司组织的验收。“电动汽车换电标准国际化研究”为公司标准专项项目。项目研究内容主要包括国内外电动汽车充换电设施标准现状的研究、换电设施标准体系的梳理、换电设施国际标准培育、一项换电设施国际标准和两项充电设施国际标准的提出。项目对国内外电动汽车充换电技术标准进行了深入研究，提交的《IEC 62840－1 电动汽车电池更换系统第一部分：系统描述和通用要求》标准提案已获IEC TC69投票通过，实现了我国在电动汽车充换电技术领域标准国际化零的突破。通过该项目的研究，将促进我国电动汽车换电技术标准在国际标准中的推广，并提高我国在国际标准化活动中的话语权，从而有利于我国换电设施技术和产品在国际上推广和应用。

2014年8月29日 工信部、国税总局发布《免征车辆购置税的新能源汽车车型目录（第一批）》，根据公告，2014年9月1日至2017年12月31日，对目录中的新能源汽车免征车辆购置税。免征车辆购置税的新能源汽车分为纯电动汽车和插电式混合动力汽车两种，涵盖乘用车、客车、专用车三种车型：纯电动乘用车17款，纯电动客车75款，纯电动专用车5款；插电式混合动力汽车乘用车6款，混合动力客车10款。包括北汽、江淮汽车、比亚迪、东风、奇瑞、北汽、广汽、上汽、四川汽车、宇通客车、金龙客车等20多家车企入选。

9月

2014年9月16日 交通部印发了《交通运输部关于加

快新能源汽车推广应用的实施意见（征求意见稿）》首次提出，到2020年，新能源汽车在我国交通运输行业的应用将初具规模，并为其明确了“总量达到30万辆，新能源汽车对城市交通运输节能减排的贡献率达到20%”的发展目标。

2014年9月19日 甘肃省政府印发《甘肃省加快新能源汽车推广应用实施方案》（以下简称《方案》）。《方案》提出，具备条件的政府机关、公共机构及企事业单位新建或改造停车场，应超前规划建设新能源汽车充电车位。新能源汽车充电基础设施建设项目纳入省级预算工业发展专项资金支持范围，原则上按项目设备投资的5%左右给予补助。对向电网经营企业直接报装接电的经营性集中式充电设施用电，执行大工业用电价格，2020年前免收基本电费。在国家财政补贴基础上，对符合条件的新能源汽车消费者给予适当补贴，补贴总额最高不超过车辆销售价格的50%。同时，自9月1日起至2017年12月31日，对符合条件的纯电动汽车、插电式（含增程式）混合动力汽车和燃料电池汽车免征车辆购置税。

2014年9月24日 太原市出台《太原市新能源汽车推广应用实施方案》，购买一辆纯电动乘用车最高可享受8万元的各项补贴。为推广新能源汽车，纳入中央财政补贴范围的纯电动汽车、插电式混合动力汽车和燃料电池汽车的补贴标准依据新能源汽车与同类传统汽车的基础差价确定。购买纯电动乘用车最高补贴资金为6万元，插电式混合动力乘用车最高补贴资金为3.5万元。太原市在国家和省补贴的基础上，购买纯电动乘用车采取“固定标准”补贴，每辆补助2万元；燃油车换购纯电动车的，再给予3000元奖励。

2014年9月26日 襄阳市汽车办、财政局、科技局联合出台《襄阳市新能源汽车推广应用财政补贴实施细则》（以下简称《实施细则》）。根据《实施细则》，公共服务领域消费者购买和使用产自襄阳本地的新能源汽车，补贴资金由财政部门直接拨付给生产厂家；公共服务领域消费者购买和使用产自襄阳以外的新能源汽车，补贴资金由财政部门拨付给相关公共服务领域消费者。2015年12月31日前，消费者在襄阳购买并办理登记手续的新能源汽车，在中央财政补贴的基础上，还将给予地方配套补贴，国家补贴与襄阳市补贴的比例为1:1。

10月

2014年10月10日 第三轮中德政府磋商后发表的《中德合作行动纲要》再次将电动汽车合作确定为两国未来创新合作的重要领域。双方表示，将加大对电动汽车研发、市场开发、基础设施建设等领域的扶持，探讨共建充电基础设施和电动汽车与智能电网互通示范项目。

2014年10月14日 杭州市政府公布《杭州市新能源汽车推广应用财政补助暂行办法（征求意见稿）》（以下简称《意见稿》），该办法有效期从2013年1月1日至2015年12月31日。具体标准：纯电动客车、插电式混合动力（含增程式）客车、纯电动专用车（主要是邮政、物流、环卫等车型）、燃料电池车，按照国家补助标准给予1:1的配套补助。这意味着，纯电动客车可以获得30万~50万元补贴，插电式混动（含增程式）客车可获得25万元补贴。此外，纯电动乘用车给予3万元补助，插电式混合动力（含增程式）乘用车给予2万元补助。其中，微型纯电动汽车（即微公交）补助办法另行制定。

2014年10月16日 工信部、发展和改革委员会等五部委联合发出《加强乘用车企业平均燃料消耗量管理的通知》（以下简称《通知》），力促国内乘用车企业平均燃料消耗量实现2015年降至6.9升/百公里的目标。对于达不到标准的企业，《通知》还推出了五项力度前所未有的惩罚性措施。

2014年10月22日 工信部、发展和改革委员会、科技部等七部委联合印发《京津冀公交等公共服务领域新能源汽车推广工作方案》，提出2014年到2015年，在京津冀地区公共交通服务领域推广20222辆新能源汽车，其中北京市8507辆、天津市6000辆、河北省5715辆。到2015年底，京津冀地区公交车中新能源汽车比例不低于16%，京、津出租车中新能源汽车比例不低于5%。新建充/换电站94座，充电桩新增1.62万个。

2014年10月22日 武汉市科技局和财政局出台《武汉市鼓励单位和个人购买使用新能源汽车地方配套补贴实施办法（暂行）》（以下简称《办法》），意味着“汉版”新能源汽车补贴政策出炉。《办法》明确规定，在中央财政专项资金补贴的基础上，地方财政对单位和个人购买新能源汽车，按国家补贴标准的1:1比例给予地方配套补贴，国家和地方财政补贴总额最高不超过车辆销售价格的60%。享受该政策的车型是纳入国家公布的《节能与新能源汽车示范推广应用工程推荐车型目录》的纯电动汽车、插电式混合动力（含增程式）汽车和燃料电池汽车。

2014年10月23日 长沙市发布《新能源汽车推广应用实施意见》，根据该意见，即日起到2015年底，对在长沙市售出并在长沙市登记上牌的新能源车辆，由符合相关规定的新能源车生产厂家申请，给予相应的财政补贴。按照国家与地方1:1配套的规定，长沙市财政负担地方（省、市）配套金额的70%，中央财政和省市财政补贴总额不超过购车市场价格的60%。通过价格杠杆、政策性补贴等方式，引导企业、事业单位和广大消费者购买和使用新能源汽车，推动新能源汽车跨过市场培育期，催熟新能源汽车应用市场。

2014 年 10 月 24 日 国家发展和改革委、环境保护部、科技部、工业和信息化部、公安部、财政部、住房和城乡建设部、交通运输部、商务部、工商总局、质检总局、能源局共同发布《加强“车、油、路”统筹，加快推进机动车污染综合防治方案》。根据方案，未来两年国家机关以及新能源汽车推广应用城市的政府机关及公共机构购买的新能源汽车占当年配备更新汽车总量的比例不低于 30%，以后逐年扩大规模。

2014 年 10 月 28 日 工信部发布《汽车动力蓄电池行业规范条件（征求意见稿）》，从企业基本要求、生产条件要求、技术能力要求、产品要求、质量保证能力要求、销售和售后服务、规范管理七个方面对汽车动力蓄电池行业给出规范意见。

2014 年 10 月 28 日 广州市府常务会议审议通过了《广州市新能源汽车推广应用管理暂行办法》（以下简称《暂行办法》）和《广州市新能源汽车推广应用财政资金管理办法》（以下简称《管理办法》），根据《暂行办法》，市财政补贴分为车辆购置补贴及充电设施建设补贴。对于车辆购置补贴，根据国家和省要求，按照地方补贴与中央补贴 1∶1 的比例，且不退坡的原则实施，体现了对新能源汽车推广应用的支持力度。同时，为防止出现对个别低价车型过度补贴的情况，《暂行办法》明确了不高于乘用车售价 60% 的补贴上限。对于充电设施建设补贴，综合参照北京、上海、杭州等市的补贴标准，提出对于充电设施建设原则上可给予投资额（不含土地费用）30% 的补贴。此外，根据《管理办法》，享受补贴的时间为 2013 年 1 月 1 日至 2015 年 12 月 31 日。

2014 年 10 月 29 日 为促进我国交通能源战略转型，推进生态文明建设，支持新能源汽车产业发展，根据《财政部国家税务总局工业和信息化部关于免征新能源汽车车辆购置税的公告》（公告 2014 年第 53 号）的要求，工业和信息化部会同国家税务总局等部门对企业提交的申请材料进行了审查，并现将《免征车辆购置税的新能源汽车车型目录》（第二批）予以公告。

2014 年 10 月 30 日 发展和改革委、环保部、财政部、交通部、质检总局等 12 部委联合印发《加强“车、油、路”统筹，加快推进机动车污染综合防治方案》的通知，旨在贯彻落实《大气污染防治行动计划》，强化机动车污染综合防治，尽快改善空气环境质量。其中，大力推广新能源汽车是方案推出的重要措施之一。

11 月

2014 年 11 月 8 日 云南五龙汽车有限公司长江牌电动汽车下线暨五龙简式汽车泛亚研发中心揭牌仪式在昆明高新区举行，此次推出的“长江”品牌纯电动中巴客车、商务客车以及公交客车三个系列共 6 款首发车型包括 FDE6750 系列纯电动高端中巴车（2 个车型）、FDE6810 系列纯电动高端商务车（2 个车型）和 FDE6120 系列 12 米纯电动公交客车（2 个车型）。

2014 年 11 月 11 日 青岛比亚迪汽车有限公司注册成立，注册资本 1 亿元。2014 年 11 月，比亚迪新能源山东总部、出口基地和电动车及储能技术研发中心项目正式落户青岛市城阳区。该项目总投资 30 亿元，主要产品为纯电动车、中巴、小巴、物流车等，以及电池、电机、电控等核心零部件的研发和制造。该项目预计到 2017 年全部建成，将分三期建设。预计第一阶段年产 1000 辆大巴车，第二阶段达到年产能 3000 辆，第三阶段达到年产能 5000 辆。5000 辆规模可实现年销售收入 105 亿元，实现利税 16 亿元。

2014 年 11 月 11 日 山西省正式印发《山西省加快推进新能源汽车产业发展和推广应用的若干政策措施》（以下简称《政策措施》），这意味着“山西版”新能源汽车扶持政策出台。为了降低消费者的购车成本，山西省将给予生产企业营销补助。2015 年 1 月 1 日至 2017 年 12 月 31 日，对列入国家《车辆生产企业与产品》公告目录的电动汽车、甲醇汽车、燃气汽车的山西省生产企业，根据产品实现销售量情况，给予营销补助，降低消费者购车成本。补助标准：2015 年，电动客车 50000 元/辆，电动轿车 20000 元/辆，电动专用车 10000 元/辆；甲醇客车 10000 元/辆，甲醇重卡 10000 元/辆，甲醇轿车 5000 元/辆，甲醇多用途乘用车 2000 元/辆；燃气重卡 10000 元/辆，燃气轻（微）卡 2000 元/辆。2016—2017 年，补助标准减半。同时，市级财政设立专项资金，对新能源汽车产业发展和推广应用给予支持。太原市、晋城市要重点支持电动汽车的推广应用。

2014 年 11 月 12 日 贵阳市工信委发布《贵阳市新能源汽车推广示范工作意见》（以下简称《工作意见》）。根据《工作意见》，购买新能源客车可获得贵阳市地方财政补助，补助标准为每辆 10 万元。获新能源汽车补助的车型包括车长≥10 米的插电式混合动力（含增程式）客车、纯电动客车。贵阳作为国家第二批新能源汽车推广应用城市，此次纳入地方财政补助范围的新能源汽车车型还将获得每辆 25 万元的国家政策补贴，这意味着，贵阳本土购买单位在购买指定新能源客车时，每辆最高可获补助 35 万元。

2014 年 11 月 25 日 财政部等四部委联合下发《关于新能源汽车充电设施建设奖励的通知》，中央财政拟安排资金对新能源汽车推广城市或城市群给予充电设施建设奖励，其中对京津冀、长三角和珠三角地区城市的最低奖励为 2000 万元，最高奖励达到 1.2 亿元。

2014 年 11 月 25 日 重庆市新能源汽车推广应用工作方案正式发布，将通过财政补贴、政策优惠的方式促进新能源汽车在重庆市的应用，计划 2013—2015 年推广应用新能源汽车 3000 辆。对认定的 3000 辆新能源汽车，将给予市级财政补贴 2.67 亿元。其中，新能源客车补贴 16 万元/辆，其他新能源汽车按照国家与地方 1∶1 的比例予以补贴。此外，为进一步打开新能源汽车市场，《方案》提出将出台 4 项优惠政策，分别为免征车辆购置税、减免增值税、减征企业所得税、优先发放货车通行证。

2014 年 11 月 26 日 国家发展和改革委发布《新建纯电动乘用车生产企业投资项目和生产准入管理的暂行规定（征求意见稿）》（以下简称《规定》），根据《规定》，新建投资项目申请企业，需具有 3 年以上纯电动乘用车研发基础，掌握整车控制系统、动力电池、轻量化等核心技术，并拥有整车试制能力，样车试制数量不少于 15 辆。

12 月

2014 年 12 月 8 日 南海区新能源汽车推广应用领导小组办公室发布《关于印发〈佛山市南海区新能源汽车推广应用补助资金管理实施细则（试行）〉的通知》（以下简称《通知》）。《通知》规定，补助对象是 2014 年 1 月 1 日至 2015 年 12 月 31 日在南海区购买并登记上牌的新能源汽车的消费者。根据《通知》，在 2014 年购买的纯电动乘用车，续航里程为 80 ~ 150 公里的，可获得地方补助 3.33 万元；续航里程为 150 ~ 250 公里的，可获地方补助 4.75 万元；250 公里以上的，可获地方补助 5.7 万元；续航里程超过 50 公里的插电式混合动力乘用车，地方补助则为 3.33 万元。根据《通知》，2015 年的补助将在 2014 年补助的基础上减少 5%。

2014 年 12 月 19 日 合肥市正式发布《关于进一步促进新能源汽车推广应用的若干意见》，出台一揽子针对新能源车辆的优惠政策。按照新规定，合肥市对单位和个人购买使用纯电续驶里程大于 150 公里的电动乘用车，按照国家与地方 1∶1 的比例给予地方配套补贴（含省、市两级资金），总额不超过车辆销售价的 60%。其他类型新能源汽车按照国家补助标准的 20% 给予补贴。

2014 年 12 月 22 日 南昌市出台《关于鼓励新能源汽车推广应用的若干政策》。根据《若干政策》中公布的《南昌市 2014—2015 年度新能源汽车购置补助标准》，私人购买纯电动乘用车（纯电续驶里程 R ≥ 250 公里），补助 4.4 万元；私人购买纯电动乘用车（R 为 150 ~ 250 公里），补助 3.6 万元；私人购买纯电动乘用车（R 为 80 ~ 150 公里），补助 2.5 万元；私人购买插电式混合动力乘用车（含增程式，R ≥ 50 公里），补助 2.4 万元。

2014 年 12 月 27 日 力帆股份新能源电动车河南基地一期工程正式投产。该基地主要覆盖河南、山东、河北等低速电动车主销市场，销售渠道主要以区县直供为主。

2014 年 12 月 28 日 比亚迪汽车工业有限公司大连分公司新能源电动客车在大连花园口整车基地正式下线，首批交付 600 辆比亚迪 K9 纯电动巴士。

2014 年 12 月 31 日 泸州市新能源汽车运行启动仪式在泸州客运中心站旁举行，泸州市首批 100 辆新能源出租汽车、50 辆新能源公交车投入试运行。

第十篇

附　录

一、标准目录

1. 国家及行业标准

序号	标准编号	标准名称	标准主要内容	代替标准	采标情况	发布单位	归口单位	起草单位	发布日期	实施日期
1	CJ/T 267—2007	混合动力电动城市客车	本标准规定了混合动力电动城市客车的术语和定义、型号编制规则、要求、试验方法、检验规则、标志、包装、运输及储存。 本标准适用车长大于9m、小于等于18m的混合动力电动城市客车（以下简称“混合动力客车”）。	—	—	中华人民共和国建设部	建设部城镇建设标准技术归口单位城市建设研究院	建设部科学技术委员会城市车辆专家委员会、清华大学、厦门金龙旅行车有限公司、北汽福田汽车股份有限公司北京客车分公司、安徽安凯汽车股份有限公司、深圳市五洲龙汽车有限公司、东风扬子江汽车（武汉）有限责任公司、中通客车控股股份有限公司、北京航天发射技术研究所、中国南车集团株洲电力机车研究所、湘潭电机股份有限公司	2007-12-21	2008-05-01
2	GB 29303—2012	用于Ⅰ类和电池供电车辆的可开闭保护接地移动式剩余电流装置（SPE-PRCD）	本标准规定了SPE-PRCD的分类、特性、标志和产品资料、使用和安装的标准工作条件、结构和操作的要求试验。 本标准适用于与具有Ⅰ类绝缘和电池充电装置的电动车辆一起使用的移动式装置（以下称为“SPE-PRCD”），该移动式装置具有一个可开闭保护接地（SPE）。 SPE-PRCD由一个插头、一个剩余电流装置（RCD）和一个移动式插座组成。 本标准适用于能同时执行检测剩余电流，把该剩余电流值与剩余动作电流值相比较以及当剩余电流超过该值时，断开被保护电路等功能的移动式装置。	—	IEC 62335:2008 MOD	中华人民共和国国家质量监督检验检疫总局中国国家标准化管理委员会	全国低压电器标准化技术委员会	上海电科电器科技有限公司、中山市开普电器有限公司、北京ABB低压电器有限公司、苏州益而益电器制造有限公司等	2012-12-31	2013-12-01

续表

序号	标准编号	标准名称	标准主要内容	代替标准	采标情况	发布单位	归口单位	起草单位	发布日期	实施日期
3	GB 50966—2014	电动汽车充电站设计规范	本规范共12章和1个附录，主要内容包括：总则，术语和符号，规模及站址选择，总平面布置，充电系统，供配电系统，电能质量，计量系统，监控及通信系统，土建，消防给水和灭火设施，节能与环保等。 本规范适用于采用整车充电模式的电动汽车充电站的设计。 广大设计、施工、科研、学校等单位有关人员。	—	—	中华人民共和国住房和城乡建设部	中国电力企业联合会	中国电力企业联合会、国家电网公司	2014-01-29	2014-10-01
4	GB/T 18332.1—2009	电动道路车辆用铅酸蓄电池	GB/T 18332的本部分规定了电动道路车辆用铅酸蓄电池的技术要求、试验方法、检验规则、标志、包装、运输和贮存。 本部分适用于以蓄电池作为主要动力源的电动汽车、电动三轮车、高尔夫球车、旅游观光车等使用的铅酸蓄电池（以下简称“蓄电池”）和蓄电池组。 本部分不适用于起动用、电动助力用、牵引用等其他用途的蓄电池和蓄电池组。	GB/T 18332.1-2001	MOD IEC 61982-1：2006	中华人民共和国国家质量监督检验检疫总局中国国家标准化管理委员会	全国铅酸蓄电池标准化技术委员会（SAC/TC 69）	沈阳蓄电池研究所、深圳今星光实业有限公司、浙江古越蓄电池有限公司等	2009-05-06	2009-11-01
5	GB/T 18332.2—2001	电动道路车辆用金属氢化物镍蓄电池	本标准规定了电动道路车辆用密封金属氢化物镍蓄电池的要求、试验方法、检验规则、标志、包装、运输和贮存。 本标准适用于电动道路车辆用额定电压12V的密封金属氢化物镍蓄电池。	—	IEC 61436-1998	国家质量技术监督局	全国碱性蓄电池标准化技术委员会	国家高新技术型储能材料工程开发中心	2001-03-07	2001-09-01
6	GB/T 18333.2—2015	电动汽车用锌空气电池	本标准规定了电动汽车用锌空气电池（以下简称“电池”）的术语和定义、符号、要求、试验方法、检验规则、标志、包装、运输、贮存。 本标准适用于以机械更换式作为能量补充方式的电动车用锌空气电池。	GB/Z 18333.2-2001	—	中华人民共和国国家质量监督检验检疫总局中国国家标准化管理委员会	全国汽车标准化技术委员会	武汉泓元伟力新能源科技有限公司、东风扬子江汽车（武汉）有限责任公司、天津大学、中国电子科技集团第十八研究所、中国汽车技术研究中心	2015-02-04	2015-09-01
7	GB/T 18384.1—2015	电动汽车安全要求第1部分：车载可充电储能系统（REESS）	本标准规定了电动汽车驱动系统车载储能装置的安全要求，从而确保使用者和车辆周围环境的安全。 本标准适用于车载电路的最大工作电压低于660V（AC）或1000V（DC）（依据GB 156的规定）的电动乘用车和最大设计总质量不超过3500kg的电动商用车辆。最大设计总质量超过3500kg的电动汽车可参照执行。 本标准不适用于指导电动汽车的装配、维护和修理。	GB/T 18384.1-2001	ISO/DIS 6469.1-2000，MOD	中华人民共和国国家质量监督检验检疫总局中国国家标准化管理委员会	全国汽车标准化技术委员会	中国汽车技术研究中心	2015-05-15	2015-10-01

续表

序号	标准编号	标准名称	标准主要内容	代替标准	采标情况	发布单位	归口单位	起草单位	发布日期	实施日期
8	GB/T 18384.2—2015	电动汽车安全要求第2部分：操作安全和故障防护	本标准规定了电动汽车电驱动特殊危险方面的功能安全措施和故障防护的要求。 本标准适用于车载电路的最大工作电压低于660 V（AC）或1000 V（DC）（依据GB 156的规定）电动乘用车和最大设计总质量不超过3500 kg的电动商用车辆。最大设计总质量超过3500 kg的电动汽车可参照执行。 本标准不适用于指导电动汽车的装配、维护和修理。	GB/T 18384.2-2001	ISO/DIS 6469.2-2000，MOD	中华人民共和国国家质量监督检验检疫总局中国国家标准化管理委员会	全国汽车标准化技术委员会	中国汽车技术研究中心	2015-05-15	2015-10-01
9	GB/T 18384.3—2015	电动汽车安全要求第3部分：人员触电防护	本标准规定了电动汽车在没有与外部供电电源相连时人员触电防护的要求。电动汽车与外部供电电源连接时的要求在GB/T 18487.2中做了规定。 本标准适用于车载电路的最大工作电压低于660V（AC）或1000V（DC）（依据GB 156的规定）的电动乘用车和最大设计总质量不超过3500kg的电动商用车辆。最大设计总质量超过3500kg的电动汽车可参照执行。 本标准不适用于指导电动汽车的装配、维护和修理。	GB/T 18384.3-2001	ISO/DIS 6469.3-2000，MOD	中华人民共和国国家质量监督检验检疫总局中国国家标准化管理委员会	全国汽车标准化技术委员会	中国汽车技术研究中心	2015-05-15	2015-10-01
10	GB/T 18385—2005	电动汽车动力性能试验方法	本标准规定了纯电动汽车的加速特性、最高车速及爬坡能力等的试验方法。 本标准适用于纯电动汽车。	GB/T 18385-2001	ISO 8715-2001，MOD	中华人民共和国国家质量监督检验检疫总局中国国家标准化管理委员会	全国汽车标准化技术委员会	中国汽车技术研究中心	2005-07-13	2006-02-01
11	GB/T 18386—2005	电动汽车能量消耗率和续驶里程试验方法	本标准规定了纯电动汽车的能量消耗率和续驶里程的试验方法。 本标准适用于纯电动汽车。电动正三轮摩托车可参照执行。	GB/T 18386-2001	ISO 8714：2002，MOD	中华人民共和国国家质量监督检验检疫总局中国国家标准化管理委员会	全国汽车标准化技术委员会	中国汽车技术研究中心、清华大学	2005-07-13	2006-02-01

续表

序号	标准编号	标准名称	标准主要内容	代替标准	采标情况	发布单位	归口单位	起草单位	发布日期	实施日期
12	GB/T 18387—2008	电动车辆的电磁场发射强度的限值和测量方法，宽带，9kHz～30MHz	该标准规定了电动车辆在频率范围9kHz～30MHz的磁场和电场的辐射发射的限值和测量方法，以及在频率范围450kHz～30MHz的传导发射的限值和测量方法。 本标准中的传导发射测量机适用于车载电池充电系统，其开关频率应在9kHz以上，能量通过金属导体传输。	GB/T 18387－2001	MOD SAEJ 551－5 JAN2004	中华人民共和国国家质量监督检验检疫总局中国国家标准化管理委员会	全国汽车标准化技术委员会	中国汽车技术研究中心	2008－01－22	2008－09－01
13	GB/T 18388—2005	电动汽车定型试验规程	本标准规定了纯电动汽车新产品设计定型试验的实施条件、试验项目、试验方法、判定依据和试验报告的内容。 本标准适用于纯电动汽车。	GB/T 18388－2001	—	中华人民共和国国家质量监督检验检疫总局中国国家标准化管理委员会	全国汽车标准化技术委员会	中国汽车技术研究中心、天津清源电动车辆有限责任公司、中国第一汽车集团公司技术中心	2005－05－23	2005－10－01
14	GB/T 18487.1—2001	电动车辆传导充电系统 第1部分一般要求	本标准适用于交流标称电压最大值为660V，直流标称电压最大值1000V（根据GB 156－1993）的电动车辆充电设备。 本标准适用于电动道路车辆充电的设备。 本标准不适用于发动机启动、照明和点火装置或类似用途的，家用或其他类似的蓄电池充电系统的充电设备。本标准也不适用于轮椅、室内电动汽车、有轨电车、无轨电车、铁路交通工具以及工业用载重车（如叉式起重车）等非道路用蓄电池充电系统的充电设备。 本标准不涉及Ⅱ类车辆。本标准规定了对充电设备的基本结构要求，即对供电装置和车辆连接的特性及操作环境的要求；对充电设备的技术要求及针对此要求电动车应有的特性；对供电电压和电流的要求。对充电模式功能的要求；电动车辆连接及对其接口的要求；对专用的插孔、连接器、插头、插座和充电电缆等的要求。 本标准还规定了防电击保护等安全要求，但不包括与维护有关的其他安全要求。	—	eqv IEC 61851－1：2001	中华人民共和国国家质量监督检验检疫总局	全国汽车标准化技术委员会	清华大学	2001－01－01	2002－05－01

续表

序号	标准编号	标准名称	标准主要内容	代替标准	采标情况	发布单位	归口单位	起草单位	发布日期	实施日期
15	GB/T 18487.2—2001	电动车辆传导充电系统第2部分电动车辆与交流/直流电源的连接要求	本标准连同GB/T 18487.1给出了电动车辆与交流或支流电源的连接要求。当电动车辆与供电电网连接时，根据GB 156－1993，交流电压最大值为660V，支流电压最大值为1000V。本标准不涉及Ⅱ类车辆。 本标准不覆盖保养维修方面的所有安全事项。 本标准不适用于无轨电车、铁路机车、工业卡车和原设计为非道路用的车辆。	—	IEC/CDV 61851－2－1－1999	中华人民共和国国家质量监督检验检疫总局	全国汽车标准化技术委员会	清华大学	2001－01－01	2002－05－01
16	GB/T 18487.3—2001	电动车辆传导充电系统第3部分电动车辆交流/直流充电机（站）	本标准与GB/T 18487.1结合，给出传导连接到电动车辆的交流/直流充电机（站）的具体要求。对于交流充电站，本标准不包括不具有充电控制功能的盒式装置，它配有给电动车辆提供能源的插座。	—	IEC/CDV 61851－2－2－1999；MOD IEC/CDV 61851－2－3－1999；MOD JEVS G101－1993；SAE－J 1772－1996	中华人民共和国国家质量监督检验检疫总局	全国汽车标准化技术委员会	清华大学	2001－01－01	2002－05－01
17	GB/T 18488.1—2015	电动汽车用驱动电机系统第1部分：技术条件	本部分规定了电动汽车用驱动电机系统的工作制、电压等级、型号命名、要求、检验规则以及标志与标识等。 本部分适用于电动汽车用驱动电机系统、驱动电机、驱动电机控制器。对仅具有发电功能的车用电机及其控制器，可参照本部分执行。	GB/T 18488.1－2006	—	中华人民共和国国家质量监督检验检疫总局中国国家标准化管理委员会	全国汽车标准化技术委员会	中国科学院电工研究所、北京理工大学、株洲电力机车研究所	2015－02－04	2015－09－01

续表

序号	标准编号	标准名称	标准主要内容	代替标准	采标情况	发布单位	归口单位	起草单位	发布日期	实施日期
18	GB/T 18488.2—2015	电动汽车用驱动电机系统第2部分：试验方法	本部分规定了电动汽车用驱动电机系统试验用的仪器仪表、试验准备及各项试验方法。 本部分适用于电动汽车用驱动电机系统、驱动电机、驱动电机控制器。对仅具有发电功能的车用电机及其控制器，可参照本部分执行。	GB/T 18488.2-2006	—	中华人民共和国国家质量监督检验检疫总局中国国家标准化管理委员会	全国汽车标准化技术委员会	中国科学院电工研究所、北京理工大学、株洲电力机车研究所	2015-02-04	2015-09-01
19	GB/T 19596—2004	电动汽车术语	本标准规定了与电动汽车相关的术语及其定义。 本标准适用于电动汽车整车、电机及控制器、蓄电池及充电器。	—	NEQ ISO 8713：2002	中华人民共和国国家质量监督检验检疫总局中国国家标准化管理委员会	全国碱性蓄电池标准化技术委员会	中国汽车技术研究中心	2004-11-02	2005-06-01
20	GB/T 19750—2005	混合动力电动汽车定型试验规程	本标准规定了混合动力电动汽车新产品设计定型试验的实施条件、试验项目、试验方法、判定依据和试验报告的内容。 本标准适用于混合动力电动汽车。	—	—	中华人民共和国国家质量监督检验检疫总局中国国家标准化管理委员会	全国汽车标准化技术委员会	中国汽车技术研究中心、天津清源电动车辆有限责任公司、中国第一汽车集团公司技术中心	2005-05-23	2005-10-01
21	GB/T 19751—2005	混合动力电动汽车安全要求	本标准规定了M类混合动力电动汽车特殊的安全要求。 本标准适用于车载电路的最大工作电压低于660 V（AC）或1000 V（DC）的M类混合动力电动汽车。其他类混合动力电动汽车可参照执行。	—	ECE R100 NEQ ETA HTP001 NEQ	中华人民共和国国家质量监督检验检疫总局中国国家标准化管理委员会	全国汽车标准化技术委员会	中国汽车技术研究中心、清华大学、东风电动车辆有限公司	2005-05-23	2005-10-01
22	GB/T 19752—2005	混合动力电动汽车动力性能：试验方法	本标准规定了混合动力电动汽车动力性能试验方法。 本标准适用于GB/T 15089所定义的M1、M2、M3、N1、N2、N3型的混合动力车辆。	—	EN 1821-2 NEQ ETA TP002 NEQ	中华人民共和国国家质量监督检验检疫总局中国国家标准化管理委员会	全国汽车标准化技术委员会	天津清源电动车辆有限责任公司、中国汽车技术研究中心	2005-05-23	2005-10-01

续表

序号	标准编号	标准名称	标准主要内容	代替标准	采标情况	发布单位	归口单位	起草单位	发布日期	实施日期
23	GB/T 19753—2013	轻型混合动力电动汽车能量消耗量试验方法	本标准规定了装用点燃式发动机或装用压燃式发动机的轻型混合动力电动汽车能量消耗量的试验方法。 本标准适用于装用点燃式发动机或压燃式发动机的最大总质量不超过 3.5t 的 M 类、M 类和 N，类混合动力电动汽车。	GB/T 19753 - 2005	—	中华人民共和国国家质量监督检验检疫总局中国国家标准化管理委员会	全国汽车标准化技术委员会	天津清源电动车辆有限责任公司、中国汽车技术研究中心、奇瑞汽车股份有限公司	2013 - 12 - 31	2014 - 06 - 01
24	GB/T 19754—2015	重型混合动力电动汽车能量消耗量试验方法	本标准规定了重型混合动力电力汽车在底盘测功机或道路上进行能量消耗量试验的试验方法。 本标准适用于最大总质量超过 3.5t 的重型混合动力电动汽车，本标准不推荐对重型混合动力电动汽车在使用空调的状况下进行能量消耗量的试验。	GB/T 19754 - 2005	SAE J2711 - 2002 NEQ ECE R101.01 - 2003 NEQ	中华人民共和国国家质量监督检验检疫总局中国国家标准化管理委员会	全国汽车标准化技术委员会	东风电动汽车股份有限公司、中国汽车技术研究中心	2015 - 05 - 15	2015 - 10 - 01
25	GB/T 19755—2005	轻型混合动力电动汽车污染物排放测量方法	本标准规定了装用点燃式发动机轻型混合动力电动汽车冷起动后排气污染物排放、曲轴箱气体排放、蒸发排放的测量方法，以及装用压燃式发动机的轻型混合动力电动汽车冷起动后排气污染物排放的测量方法。 本标准适用于装用点燃式发动机或压燃式发动机最大设计车速大于或等于 50 km/h 的轻型混合动力电动汽车。	—	ECE R83 - 2002 NEQ	中华人民共和国国家质量监督检验检疫总局中国国家标准化管理委员会	全国汽车标准化技术委员会	中国汽车技术研究中心、天津清源电动车辆有限公司	2005 - 05 - 23	2005 - 10 - 01
26	GB/T 19836—2005	电动汽车用仪表	本标准规定了电动汽车仪表的类别和一般要求。 本标准适用于电动汽车用仪表。	—	IEC 784：1984，NEQ	中华人民共和国国家质量监督检验检疫总局中国国家标准化管理委员会	全国汽车标准化技术委员会	中国汽车技术研究中心	2005 - 07 - 13	2006 - 02 - 01

续表

序号	标准编号	标准名称	标准主要内容	代替标准	采标情况	发布单位	归口单位	起草单位	发布日期	实施日期
27	GB/T 20042.1—2005	质子交换膜燃料电池术语	本部分提出了质子交换膜燃料电池技术及其应用领域内使用的术语和定义。 本部分适用于各种类型的质子交换膜燃料电池。	—	IEC 62282-1-2004 NEQ IEC 62282-2-2003 NEQ IEC 62282-4-2003 NEQ	中华人民共和国国家质量监督检验检疫总局中国国家标准化管理委员会	中国电器工业协会	机械工业北京电工技术经济研究所、大连新源动力股份有限公司、中科院大连化物所、北京飞驰绿能电源技术有限公司等	2005-09-19	2006-06-01
28	GB/T 20042.2—2008	质子交换膜燃料电池：电池堆通用技术条件	GB/T 20042 本部分规定了质子交换膜燃料电池堆（包括直接醇类燃料电池堆）的安全、性能的基本要求，型式检验、例行检验的项目、试验方法以及标志与说明文件等方面的要求。 本部分适用于质子交换膜燃料电池堆（包括直接醇类燃料电池堆）。 本部分仅涉及会对人体和燃料电池外部环境造成危害的情形，而对燃料电池堆内部损伤的防护，只要不影响燃料电池堆外的安全，本部分不作规定。 本部分不包括燃料和氧化剂的储存装置以及燃料和氧化剂输送过程与输送装置。 如果有更好的材料或新的结构，又能通过本部分规定的检验并满足相关要求，也可以认为是符合本部分的。	—	—	中华人民共和国国家质量监督检验检疫总局中国国家标准化管理委员会	全国燃料电池标准化技术委员会	大连新源动力股份有限公司、中科院大连化物所、机械工业北京电工技术经济研究所、上海神力科技有限公司等	2008-05-20	2009-01-01
29	GB/T 20042.3—2009	质子交换膜燃料电池第3部分：质子交换膜测试方法	GB/T 20042 的本部分规定了质子交换膜燃料电池用质子交换膜测试方法的术语和定义、厚度均匀性测试、质子传导率测试、离子交换当量测试、透气率测试、拉伸性能测试、溶胀率测试和吸水率测试等。 本部分适用于各种类型的质子交换膜。	—	—	中华人民共和国国家质量监督检验检疫总局中国国家标准化管理委员会	全国燃料电池标准化技术委员会	中国科学院大连化学物理研究所、机械工业北京电工技术经济研究所	2009-04-21	2009-11-01

续表

序号	标准编号	标准名称	标准主要内容	代替标准	采标情况	发布单位	归口单位	起草单位	发布日期	实施日期
30	GB/T 20042.4—2009	质子交换膜燃料电池第4部分：电催化剂测试方法	GB/T 20042 的本部分规定了质子交换膜燃料电池电催化剂测试方法的术语和定义、铂含量测试、电化学活性面积测试、比表面积、孔容、孔径分布测试、形貌及粒径分布测试、晶体结构测试、催化剂堆密度测试以及单电池极化曲线测试等。 本部分适用于各种类型的质子交换膜燃料电池铂基（Pt 基）电催化剂。	—	—	中华人民共和国国家质量监督检验检疫总局中国国家标准化管理委员会	全国燃料电池标准化技术委员会	中国科学院大连化学物理研究所、机械工业北京电工技术经济研究所	2009-04-21	2009-11-01
31	GB/T 20042.5—2009	质子交换膜燃料电池第5部分：膜电极测试方法	GB/T 20042 的本部分规定了质子交换膜燃料电池膜电极（MEA）测试方法的术语和定义、厚度均匀性测试、Pt 担载量测试、单电池极化曲线测试、透氢电流密度测试、活化极化过电位与欧姆极化过电位测试、电化学活性面积测试。 本部分适用于各种类型的质子交换膜燃料电池。	—	—	中华人民共和国国家质量监督检验检疫总局中国国家标准化管理委员会	全国燃料电池标准化技术委员会	中国科学院大连化学物理研究所、机械工业北京电工技术经济研究所	2009-04-21	2009-11-01
32	GB/T 20042.6—2011	质子交换膜燃料电池第6部分：双极板特性测试方法	GB/T 20046 的本部分规定了质子交换膜燃料电池双极板特性测试方法的术语和定义、双极板材料的气体致密性测试、抗弯强度测试、密度测试、电阻测试和腐蚀电流密度测试等；双极板部件的气体致密性测试、阻力降测试、面积利用率测试、厚度均匀性测试、平面度测试、重量测试和电阻测试等。 本部分适用于各种类型的质子交换膜燃料电池用双极板材料和部件。本标准主要分为双极板材料特性测试和双极板部件特性测试两部分。	—	—	中华人民共和国国家质量监督检验检疫总局中国国家标准化管理委员会	全国燃料电池标准化技术委员会	中国科学院大连化学物理研究所、机械工业北京电工技术经济研究所	2011-12-30	2012-05-01
33	GB/T 20042.7—2014	质子交换膜燃料电池第7部分：炭纸特性测试方法	GB/T 20042 的本部分给出了质子交换膜燃料电池炭纸特性测试方法的术语和定义、厚度均匀性测试、电阻测试、机械强度测试、透气率测试、孔隙率测试、表观密度测试、面密度测试、粗糙度测试和测试报告。 本部分适用于质子交换膜燃料电池用各种类型的炭纸。	—	—	中华人民共和国国家质量监督检验检疫总局中国国家标准化管理委员会	全国燃料电池标准化技术委员会	中国科学院大连化学物理研究所、机械工业北京电工技术经济研究所、新源动力股份有限公司、武汉邮电科学研究院、清华大学、武汉理工新能源有限公司、武汉理工大学、宁波拜特测控技术有限公司、南京大学昆山创新研究院、同济大学	2014-12-05	2015-07-01

续表

序号	标准编号	标准名称	标准主要内容	代替标准	采标情况	发布单位	归口单位	起草单位	发布日期	实施日期
34	GB/T 20234.1—2011	电动汽车传导充电用连接装置第1部分：通用要求	GB/T 20234 的本部分规定了电动汽车传导充电用连接装置的定义、要求、试验方法和检验规则。 本部分适用于电动汽车传导式充电用的充电连接装置，其： 交流额定电压不超过 690V，频率 50Hz，额定电流不超过 250A； 直流额定电压不超过 1000V，额定电流不超过 400A。 如果充电连接装置的供电接口使用了符合 GB 2099.1的标准化插头插座，则本部分不适用于这些插头插座。	GB/T 20234－2006	—	中华人民共和国国家质量监督检验检疫总局中国国家标准化管理委员会	全国汽车标准化技术委员会	中国汽车技术研究中心、中国电力企业联合会、中国电器科学研究院有限公司等	2011－12－22	2012－03－01
35	GB/T 20234.2—2011	电动汽车传导充电用连接装置第2部分：交流充电接口	GB/T 20234 的本部分规定了电动汽车传导充电用交流充电接口的通用要求、功能定义、型式结构、参数和尺寸。 本部分适用于电动汽车传导充电用的交流充电接口，其额定电压不超过 440V（AC），频率 50Hz，额定电流不超过 32A（AC）。 如果交流充电接口的供电接口使用了符合 GB 2099.1的标准化插头插座，则本部分附录 B 和附录 C 规定的结构尺寸和安装尺寸不适用于这些插头插座。	—	—	中华人民共和国国家质量监督检验检疫总局中国国家标准化管理委员会	全国汽车标准化技术委员会	中国汽车技术研究中心、国家电网公司、中国电器科学研究院有限公司等	2011－12－22	2012－03－01
36	GB/T 20234.3—2011	电动汽车传导充电用连接装置第3部分：直流充电接口	GB/T 20234 的本部分规定了电动汽车传导充电用直流充电接口的通用要求、功能定义、型式结构、参数和尺寸。 本部分适用于充电模式 4 及连接方式 C 的车辆接口，其额定电压不超过 750V（DC）、额定电流不超过 250A（DC）。 充电模式和连接方式的定义参见 GB/T 20234.1—2011 的附录 A。	—	—	中华人民共和国国家质量监督检验检疫总局中国国家标准化管理委员会	全国汽车标准化技术委员会	中国汽车技术研究中心、国家电网公司、中国电器科学研究院有限公司等	2011－12－22	2012－03－01
37	GB/T 23645—2009	乘用车用燃料电池发电系统测试方法	本标准规定了乘用车用燃料电池发电系统测试方面的术语和定义、测试用仪表精度的要求、试验前准备工作及试验条件和性能试验方法。	—	—	中华人民共和国国家质量监督检验检疫总局中国国家标准化管理委员会	全国燃料电池标准化技术委员会	同济大学、机械工业北京电工技术经济研究所、上海攀业氢能源科技有限公司等	2009－04－21	2009－11－01

续表

序号	标准编号	标准名称	标准主要内容	代替标准	采标情况	发布单位	归口单位	起草单位	发布日期	实施日期
38	GB/T 24347—2009	电动汽车DC/DC变换器	本标准规定了电动汽车DC/DC变换器的要求、试验方法、检验规则、标志、包装、运输、贮存等。 本标准适用于电动汽车动力电源系统用DC/DC变换器。附件和控制系统低压（12V、24V）电源系统使用的DC/DC变换器可参照本标准相关内容。 本标准中涉及的DC/DC变换器的功率等级为千瓦级（1kW～200kW）；不包括模块式小功率DC/DC变换器。	—	—	中华人民共和国国家质量监督检验检疫总局中国国家标准化管理委员会	全国汽车标准化技术委员会	清华大学、中国汽车技术研究中心、北京航空航天大学、南车集团株洲电力机车研究所	2009-09-30	2010-02-01
39	GB/T 24548—2009	燃料电池汽车整车术语	本标准规定了与燃料电池电动汽车相关的术语及其定义。 本标准适用于使用气态氢的燃料电池电动汽车整车及部件。	—	—	中华人民共和国国家质量监督检验检疫总局中国国家标准化管理委员会	全国汽车标准化技术委员会	上海汽车集团股份有限公司、中国汽车技术研究中心、同济大学	2009-10-30	2010-07-01
40	GB/T 24549—2009	燃料电池汽车安全要求	本标准规定了燃料电池电动汽车特有的燃料系统、燃料电池系统、动力电路系统、功能、故障防护和碰撞等方面的安全要求。 本标准适用于使用气态氢的燃料电池电动汽车。	—	—	中华人民共和国国家质量监督检验检疫总局中国国家标准化管理委员会	全国汽车标准化技术委员会	中国汽车技术研究中心、上海汽车集团股份有限公司、同济大学	2009-10-30	2010-07-01
41	GB/T 24552—2009	电动汽车风窗玻璃除霜除雾系统的性能要求及试验方法	本标准规定了电动汽车风窗玻璃除霜、除雾系统的性能要求及试验方法。 本标准适用于除霜、除雾系统使用动力电池作为动力源的M1类纯电动汽车。	—	—	中华人民共和国国家质量监督检验检疫总局中国国家标准化管理委员会	全国汽车标准化技术委员会	中国汽车技术研究中心	2009-10-30	2010-07-01
42	GB/T 24554—2009	燃料电池发动机性能试验方法	本标准规定了燃料电池发动机启动特性、稳态特性、动态响应特性、气密性检测、绝缘电阻检测等试验方法。 本标准适用于车用质子交换膜燃料电池发动机。	—	—	中华人民共和国国家质量监督检验检疫总局中国国家标准化管理委员会	全国汽车标准化技术委员会	同济大学	2009-10-30	2010-07-01

续表

序号	标准编号	标准名称	标准主要内容	代替标准	采标情况	发布单位	归口单位	起草单位	发布日期	实施日期
43	GB/T 25319—2010	汽车用燃料电池发电系统技术条件	本标准规定了汽车用质子交换膜燃料电池发电系统的术语与符号、要求、试验方法、检验规则和标识、说明和技术文件。 本标准适用于汽车用质子交换膜燃料电池发电系统（以下简称“发电系统”）。	—	—	中华人民共和国国家质量监督检验检疫总局中国国家标准化管理委员会	全国燃料电池标准化技术委员会	上海神力科技有限公司、机械工业北京电工技术经济研究所、上海攀业氢能源科技有限公司等	2010－11－10	2011－05－01
44	GB/T 25447—2010	质子交换膜燃料电池测试台及活化台	—	—	—	中华人民共和国国家质量监督检验检疫总局中国国家标准化管理委员会	全国燃料电池标准化技术委员会	上海博能同科燃料电池系统有限公司、机械工业北京电工技术经济研究所、青岛艾诺仪器公司、中国科学院上海硅酸盐研究所等	2010－11－10	2011－05－01
45	GB/T 26779—2011	燃料电池电动汽车加氢口	该标准规定了燃料电池电动汽车加氢口的定义、型式、要求、试验方法、检验规则。适用于使用压缩氢气为工作介质，工作压力不超过35MPa，工作环境温度为－40℃～60℃的燃料电池电动汽车。	—	—	中华人民共和国国家质量监督检验检疫总局中国国家标准化管理委员会	全国汽车标准化技术委员会	中国汽车技术研究中心、清华大学、同济大学、上海神力科技有限公司等	2011－07－20	2012－01－01
46	GB/T 26990—2011	燃料电池电动汽车车载氢系统技术要求	本标准规定了燃料电池电动汽车的车载氢系统的技术条件。 本标准适用于使用压缩氢作为燃料，在环境温度15℃时，工作压力不超过35MPa的燃料电池电动汽车。	—	—	中华人民共和国国家质量监督检验检疫总局中国国家标准化管理委员会	全国汽车标准化技术委员会	清华大学、中国汽车技术研究中心	2011－09－29	2012－03－01
47	GB/T 26991—2011	燃料电池电动汽车最高车速试验方法	本标准规定了燃料电池混合动力电动汽车最高车速的试验方法。 本标准适用于使用压缩氢气的燃料电池混合动力电动汽车（FCHEV）。	—	ISO/TR 11954：2008 MOD	中华人民共和国国家质量监督检验检疫总局中国国家标准化管理委员会	全国汽车标准化技术委员会	中国汽车技术研究中心、同济大学、上海机动车检测中心、上海汽车公司、清华大学	2011－09－29	2012－03－01

续表

序号	标准编号	标准名称	标准主要内容	代替标准	采标情况	发布单位	归口单位	起草单位	发布日期	实施日期
48	GB/T 27748.1—2011	固定式燃料电池发电系统第1部分：安全	GB/T 27748的本部分是产品的安全标准，适用于IEC指南104：1997、ISO/IEC指南51：1999和ISO/IEC指南7：1994所要求的产品符合性评定工作。 本部分适用于固定式燃料电池发电系统，该系统可以是组装的，自成体系的或由制造商提供完整集成系统的形式，均为通过电化学反应来发电的装置。	—	IEC 62282-3-1：2007 IDT	中华人民共和国国家质量监督检验检疫总局中国国家标准化管理委员会	全国燃料电池标准化技术委员会	机械工业北京电工技术经济研究所、中国科学院大连化学物理研究所、上海攀业氢能源科技有限公司、上海神力科技有限公司、新源动力股份有限公司等	2011-12-30	2012-05-01
49	GB/T 27748.2—2013	固定式燃料电池发电系统第2部分：性能试验方法	GB/T 27748的本部分规定了固定式燃料电池发电系统（以下简称"发电系统"）的运行性能和环境影响。 本部分适用于以下试验方法： 在规定运行条件和瞬变工况下的功率输出； 在规定运行条件下的发电效率和热效率； 环境特性：例如，在规定运行条件和瞬变工况下的气体排放、噪声等； 本标准未提供电磁兼容性（EMC）试验。 本部分不适用于输出电功率小于10kW的小型固定式聚合物燃料电池发电系统，尚未出台的IEC62282-3-201适用于该类型系统。 由于燃料电池类型及应用不同，以及输入与输出的流体物质和能量形式的不同，发电系统可以有不同的子系统。但是，为了评估发电系统，本部分定义了一个通用的系统示意图及边界。为确定发电系统的试验边界，考虑以下条件： 所有能量回收系统都包括在试验边界之内； 任何类型的电能储存装置都被认为在试验边界之外； 输入燃料（例如天然气、丙烷气、纯氢气等）的热值计算是基于其在发电系统边界处的状态来进行的。	—	IEC 62282-3-200：2011 IDT	中华人民共和国国家质量监督检验检疫总局中国国家标准化管理委员会	全国燃料电池标准化技术委员会	上海神力科技有限公司、机械工业北京电工技术经济研究所、中科院上海硅酸盐研究所、深圳市华测检测技术股份有限公司、上海攀业氢能源科技有限公司、中国科学院大连化学物理研究所、武汉理工大学、宁波拜特测控技术有限公司、武汉银泰科技燃料电池有限公司、新源动力股份有限公司、南京大学昆山创新研究院、清华大学、同济大学、北京久安通氢能科技有限公司等	2013-11-12	2014-03-07

续表

序号	标准编号	标准名称	标准主要内容	代替标准	采标情况	发布单位	归口单位	起草单位	发布日期	实施日期
50	GB/T 27748.3—2011	固定式燃料电池发电系统第3部分：安装	GB/T 27748的本部分规定了固定式燃料电池发电系统，在符合GB/T 27748.1—2011《固定式燃料电池发电系统安全》的条件下，进行室内和室外安装的最低安全要求，并且适用用于下述系统的安装： 直接或通过转换开关电气联接至主设备； 独立配电系统； 可提供交流电或直流电的装置； 有或无回收热量的装置。 本部分不适用于： 燃料供应和/或燃料贮存系统； 联接至电网的联接器； 便携式燃料电池发电系统； 驱动式燃料电池发电系统； 辅助动力装置电力单元（APU）应用设备。	—	IEC 62282-3-3：2007 IDT	中华人民共和国国家质量监督检验检疫总局 中国国家标准化管理委员会	全国燃料电池标准化技术委员会	机械工业北京电工技术经济研究所、中国科学院大连化学物理研究所、深圳华测检测技术股份有限公司、上海攀业氢能源科技有限公司、上海神力科技有限公司、新源动力股份有限公司等	2011-12-30	2012-05-01
51	GB/T 27930—2011	电动汽车非车载传导式充电机与电池管理系统之间的通信协议	本标准规定了电动汽车非车载传导式充电机与电池管理系统质检基于控制器局域网的通信物理层、数据链路层及应用层的定义。 本标准适用于采用传导式充电方式的电动汽车非车载充电机与电池管理系统（或具有充电控制功能的其他车辆控制单元）之间的通信协议。	—	—	中华人民共和国国家质量监督检验检疫总局 中国国家标准化管理委员会	能源行业电动汽车充电设施标准化技术委员会	中国南方电网有限责任公司、广东省电力设计研究院、中国电力科学研究院、国网电力科学研究院、许继集团有限公司、天津清源电动车辆有限责任公司	2011-12-22	2012-03-01
52	GB/T 28183—2011	客车用燃料电池发电系统测试方法	本标准规定了客车用燃料电池发电系统测试方面的术语和定义、技术要求、燃料电池发电系统的测试项目指标、试验过程及测试方法、燃料电池发电系统绝缘性测试、质量测试、试验结果整理和试验报告。 本标准规定的测试内容包括：燃料电池发电系统密封性测试、常温启动性能测试、工况法性能测试、绝缘性测试和质量测量。 本标准适用于客车用质子交换膜燃料电池发电系统。	—	—	中华人民共和国国家质量监督检验检疫总局	全国燃料电池标准化技术委员会	清华大学、机械工业北京电工技术经济研究所、上海神力科技有限公司、同济大学、上海攀业氢能科技有限公司、北京清能华通科技发展有限公司、上汽汽车集团股份有限公司、武汉理工大学、新源动力股份有限公司等	2011-12-30	2012-06-01

续表

序号	标准编号	标准名称	标准主要内容	代替标准	采标情况	发布单位	归口单位	起草单位	发布日期	实施日期
53	GB/T 28382—2012	纯电动乘用车技术条件	本标准规定了座位数在 5 座及以下的纯电动乘用车的术语和定义、技术要求和试验方法。 本标准适用于使用动力蓄电池驱动的纯电动乘用车。	—	—	中华人民共和国国家质量监督检验检疫总局中国国家标准化管理委员会	全国汽车标准化技术委员会	中国汽车技术研究中心、天津清源电动车辆有限责任公司	2012－05－11	2012－07－01
54	GB/T 28569—2012	电动汽车交流充电桩电能计量	本标准规定了电动汽车交流充电桩电能计量的技术要求及电能计量装置的配置安装要求、试验方法和检验规则。 本标准适用于交流充电桩的电能计量。	—	—	中华人民共和国国家质量监督检验检疫总局中国国家标准化管理委员会	中国电力企业联合会	国家电网公司、中国电力科学研究院、国网电力科学研究院等	2012－06－29	2012－11－01
55	GB/T 28816—2012	燃料电池术语	本标准以图表、定义和方程等方式提供了统一的燃料电池术语。 本标准适用于固定式、交通、便携式和微型发电等所有燃料电池技术相关的应用。 本标准中没有的词或短语，可在标准词典、工程参考资料或 IEC 60050 系列标准中找到。注：IEC62282 的第一版意在为使用燃料电池标准 IEC-TC105 系列燃料电池标准的工作组和用户提供一个资源，而第二版已经扩展为通用燃料电池术语源。	—	IEC/TS 62282－1：2010	中华人民共和国国家质量监督检验检疫总局中国国家标准化管理委员会	全国燃料电池标准化技术委员会	机械工业北京电工技术经济研究所、武汉银泰科技燃料电池有限公司、上海神力科技有限公司、北京清能华通科技发展有限公司、同济大学、清华大学、武汉理工大学、中科院大连化学物理研究所、新源动力公司等	2012－11－05	2013－02－01
56	GB/T 28817—2012	聚合物电解质燃料电池单电池测试方法	本标准规定了电池的组装、试验装置、测量仪器和测量方法、性能试验方法以及聚合物电解质燃料电池单电池的试验报告等。 本标准适用于以下三项的评估： a）聚合物电解质燃料电池膜电极组件的性能； b）聚合物电解质燃料电池其他组件的材料或结构； c）燃料和空气中杂质对电池性能的影响。	—	IEC/TS 62282－7－1：2010	中华人民共和国国家质量监督检验检疫总局中国国家标准化管理委员会	全国燃料电池标准化技术委员会	中科院大连化学物理研究所、机械工业北京电工技术经济研究所、上海神力科技有限公司、北京清能华通科技发展有限公司、上海汽车集团股份有限公司新能源汽车事业部等	2012－11－05	2013－02－01

续表

序号	标准编号	标准名称	标准主要内容	代替标准	采标情况	发布单位	归口单位	起草单位	发布日期	实施日期
57	GB/T 29123—2012	示范运行氢燃料电池电动汽车技术规范	本标准规定了进行示范运行的压缩氢燃料电池电动汽车的术语和定义、实施示范运行的基本条件、运行中危害的预防、汽车的启动、停放与存放、氢燃料的加注、意外事故的处理预案与培训、行驶等。 本标准适用于在指定道路上进行示范运行的压缩氢燃料电池电动汽车（以下简称“汽车”），其氢系统的额定工作压力不大于35MPa。	—	—	中华人民共和国国家质量监督检验检疫总局中国国家标准化管理委员会	全国汽车标准化技术委员会	清华大学、中国汽车技术研究中心	2012－12－31	2013－07－01
58	GB/T 29124—2012	氢燃料电池电动汽车示范运行配套设施规范	本标准规定了压缩氢燃料电池电动汽车示范运行配套设施的术语和定义、实施示范运行的基本条件、基本要求、加氢站（车）及氢燃料的加注、停车场所与维修车间的相关规范等。 本标准适用于压缩氢系统的额定工作压力不大于35MPa的氢燃料电池电动汽车（以下简称“汽车”）示范运行相配套的加氢站、停车场所和维修车间。	—	—	中华人民共和国国家质量监督检验检疫总局中国国家标准化管理委员会	全国汽车标准化技术委员会	清华大学、中国汽车技术研究中心	2012－12－31	2013－07－01
59	GB/T 29126—2012	燃料电池电动汽车车载氢系统试验方法	本标准规定了燃料电池电动汽车的车载氢系统的试验方法。 本标准适用于使用压缩氢作为燃料，环境温度15℃时，工作压力不超过35MPa的燃料电池电动汽车。	—	—	中华人民共和国国家质量监督检验检疫总局中国国家标准化管理委员会	全国汽车标准化技术委员会	中国汽车技术研究中心、浙江大学化工机械研究所、清华大学、同济大学、深圳市标准技术研究院、上海神力科技有限公司、大连化学物理研究所、上海舜华新能源系统有限公司	2012－12－31	2013－07－01
60	GB/T 29307—2012	电动汽车用驱动电机系统可靠性试验方法	本标准规定了电动汽车用驱动电机系统在台架上的一般可靠性试验方法，其中包括可靠性试验负荷规范及可靠性评定方法。 本标准适用于最终动力输出为电动机单独驱动或电动机和发动机联合驱动的电动汽车用驱动电机系统。	—	—	中华人民共和国国家质量监督检验检疫总局中国国家标准化管理委员会	全国汽车标准化技术委员会	北京理工大学、中国汽车技术研究中心、上海电驱动有限公司、南车株洲电力机车研究所有限公司、天津清源电动车辆有限责任公司、上海汽车集团股份有限公司、深圳市比亚迪汽车有限公司、重庆长安新能源汽车有限公司、北京中纺锐力机电有限公司、大洋电机新动力科技有限公司、精进电动科技（北京）有限公司	2012－12－31	2013－06－01

续表

序号	标准编号	标准名称	标准主要内容	代替标准	采标情况	发布单位	归口单位	起草单位	发布日期	实施日期
61	GB/T 29316—2012	电动汽车充换电设施电能质量技术要求	本标准规定了电动汽车充换电设施电能质量相关标准及检测的要求。 本标准适用于电动汽车充换电设施，包括交流充电桩，充、换电站。	—	—	中华人民共和国国家质量监督检验检疫总局中国国家标准化管理委员会	中国电力企业联合会	中国南方电网有限责任公司、南方电网科学研究院、国网电力科学研究院等	2012-12-31	2013-06-01
62	GB/T 29317—2012	电动汽车充换电设施术语	本标准规定了与电动汽车充换电设施相关的术语及其定义。 本标准适用于采用传导充电方式的电动汽车充换电设施。	—	—	中华人民共和国国家质量监督检验检疫总局中国国家标准化管理委员会	中国电力企业联合会	国家电网公司、中国电力科学研究院、南方电网科学研究院、国网电力科学研究院、许继集团有限公司、浙江省电力公司、天津市电力公司、广东电网公司电力科学研究院、天津清源电动车辆有限责任公司	2012-12-31	2013-06-01
63	GB/T 29318—2012	电动汽车非车载充电机电能计量	本标准规定了电动汽车非车载充电机（以下简称“充电机”）计量用直流电能计量装置的配置安装要求、技术要求、试验方法和检验规则，规定了充电机计量技术要求。 本标准适用于充电机的电能计量。	—	—	中华人民共和国国家质量监督检验检疫总局中国国家标准化管理委员会	中国电力企业联合会	国家电网公司、中国电力科学研究院、中国计量科学研究院、国网电力科学研究院、云南电力试验研究院、许继集团有限公司、冀北电力有限公司、辽宁省电力公司	2012-12-31	2013-06-01
64	GB/T 29772—2013	电动汽车电池更换站通用技术要求	本标准规定了电动汽车电池更换站的建设类型、选址、供电系统、充电与电池更换系统、监控系统、行车道和停车位、土建、安全和消防、标志和标识等。 本标准适用于电动汽车电池更换站，电动汽车电池配送中心也可参照本标准执行。	—	—	中华人民共和国国家质量监督检验检疫总局中国国家标准化管理委员会	中国电力企业联合会	国家电网公司、中国电力科学研究院、南方电网科学研究院、国网电力科学研究院等	2013-10-10	2014-02-01
65	GB/T 29781—2013	电动汽车充电站通用要求	本标准规定了电动汽车充电站（以下简称“充电站”）的选址原则、供电系统、充电系统、监控系统、电能计量、行车道、停车位、安全要求、标志和标识。 本标准适用于采用整车充电方式为电动汽车动力蓄电池进行传导式充电的充电站。	—	—	中华人民共和国国家质量监督检验检疫总局中国国家标准化管理委员会	中国电力企业联合会	国家电网公司、中国电力科学研究院、国网电力科学研究院、中国汽车技术研究中心、深圳市比亚迪汽车有限公司、北京理工大学、北京交通大学、哈尔滨光宇电源股份有限公司	2013-10-10	2014-02-01

续表

序号	标准编号	标准名称	标准主要内容	代替标准	采标情况	发布单位	归口单位	起草单位	发布日期	实施日期
66	GB/T 29838—2013	燃料电池模块	本标准分提出燃料电池模块安全和性能最低要求，适用于下列电解质燃料电池模块： ——碱性； ——聚合物电解质（包括直接甲醇燃料电池）； ——磷酸； ——熔融碳酸盐； ——固体氧化物； ——电解液。 燃料电池模块含或不含封装，操作压力为常压及以上。本标准只涉及对人体和模块外部产生的危险，不导致模块外部危险的模块内部损害防护本标准不予考虑。 针对特殊应用的需要，要求部分可用含燃料电池模块设备的其他标准取代。 本标准不包括道路车辆用燃料电池模块。 本标准并不限制或抑制技术进步。如果电器材料或结构形式有异于本标准所述，可根据要求目的进行检查和试验，若实质等同，可视为符合本标准。 燃料电池模块是最终产品组成部分。燃料电池模块产品需评估以适用于终端产品安全要求。 本标准只涉及燃料电池模块直电输出。 本标准不涉及燃料电池模块燃料和氧化剂的储存和输送。	—	—	中华人民共和国国家质量监督检验检疫总局中国国家标准化管理委员会	—	—	2013-11-12	2014-03-07
67	GB/T 31466—2015	电动汽车高压系统电压等级	本标准规定了电动汽车高压系统的直流电压等级。 本标准适用于纯电动汽车和混合动力电动汽车。	—	—	中华人民共和国国家质量监督检验检疫总局中国国家标准化管理委员会	全国汽车标准化技术委员会	东风汽车集团股份有限公司技术中心、中国汽车技术研究中心、襄樊达安汽车检测中心	2015-05-15	2015-12-01

续表

序号	标准编号	标准名称	标准主要内容	代替标准	采标情况	发布单位	归口单位	起草单位	发布日期	实施日期
68	GB/T 31467.1—2015	电动汽车用锂离子动力蓄电池包和系统 第1部分：高功率应用测试规程	本部分规定了电动汽车用高功率锂离子动力蓄电池包和系统电性能的测试方法。 本部分适用于装载在电动汽车上，主要以高功率应用为目的的锂离子动力蓄电池包和蓄电池系统，以高功率应用为目的的镍氢动力蓄电池包和系统等参照执行。	—	—	中华人民共和国国家质量监督检验检疫总局中国国家标准化管理委员会	全国汽车标准化技术委员会	北京卡达克科技中心、北京理工大学、中国电子科技集团公司第十八研究所、中国北方车辆研究所、中国第一汽车股份有限公司、东风汽车集团股份有限公司技术中心、宁德时代新能源科技有限公司	2015-05-15	2015-05-15
69	GB/T 31467.2—2015	电动汽车用锂离子动力蓄电池包和系统 第2部分：高能量应用测试规程	本部分规定了电动汽车用高能量锂离子动力蓄电池包和系统电性能的测试方法。 本部分适用于装载在电动汽车上，主要以高能量应用为目的的锂离子动力蓄电池包和蓄电池系统，以高能量应用为目的的镍氢动力蓄电池包和系统等参照执行。	—	—	中华人民共和国国家质量监督检验检疫总局中国国家标准化管理委员会	全国汽车标准化技术委员会	中国汽车技术研究中心、中国电子科技集团公司第十八研究所、天津力神电池股份有限公司、上海汽车集团股份有限公司技术中心、重庆长安新能源汽车有限公司、中国北方车辆研究所等	2015-05-15	2015-05-15
70	GB/T 31467.3—2015	电动汽车用锂离子动力蓄电池包和系统 第3部分：安全性要求与测试方法	GB/T 31467 的本部分规定了电动汽车用锂离子动力蓄电池包和系统安全性的要求和测试方法。 本部分适用于装载在电动汽车上的锂离子动力蓄电池包和系统，镍氢动力蓄电池包和系统等可参照执行。	—	—	中华人民共和国国家质量监督检验检疫总局中国国家标准化管理委员会	全国汽车标准化技术委员会	中国汽车技术研究中心、中国电子科技集团公司第十八研究所、深圳市比亚迪汽车有限公司、中国第一汽车股份有限公司、中国北方车辆研究所、惠州市亿能电子有限公司、天津力神电池股份有限公司	2015-05-15	2015-05-15
71	GB/T 31484—2015	电动汽车用动力蓄电池循环寿命要求及试验方法	本标准规定了电动汽车用动力蓄电池的标准循环寿命的要求、试验方法、检验规则和工况循环寿命的试验方法、检验规则。 本标准适用于装载在电动汽车上的动力蓄电池（以下简称“蓄电池”）。	—	—	中华人民共和国国家质量监督检验检疫总局中国国家标准化管理委员会	全国汽车标准化技术委员会	中国电子科技集团公司第十八研究所、中国汽车技术研究中心、天津力神电池股份有限公司、奇瑞新能源汽车技术有限公司、上海汽车集团股份有限公司技术中心、中国第一汽车股份有限公司等	2015-05-15	2015-05-15

续表

序号	标准编号	标准名称	标准主要内容	代替标准	采标情况	发布单位	归口单位	起草单位	发布日期	实施日期
72	GB/T 31485—2015	电动汽车用动力蓄电池安全要求及试验方法	本标准规定了电动汽车用动力蓄电池（以下简称“蓄电池”）的安全要求、试验方法、检验规则。 本标准适用于装载在电动汽车上的锂离子蓄电池和金属氢化物镍蓄电池单体和模块，其他类型蓄电池参照执行。	—	—	中华人民共和国国家质量监督检验检疫总局中国国家标准化管理委员会	全国汽车标准化技术委员会	中国汽车技术研究中心、北京理工大学、中国电子科技集团公司第十八研究所、中国北方车辆研究所、深圳市比亚迪汽车有限公司、天津力神电池股份有限公司、上海汽车集团股份有限公司等	2015－05－15	2015－05－15
73	GB/T 31486—2015	电动汽车用动力蓄电池电性能要求及试验方法	本标准规定了电动汽车用动力蓄电池（以下简称“蓄电池”）的电性能要求、试验方法、检验规则。 本标准适用于装载在电动汽车上的锂离子蓄电池和金属氢化物镍蓄电池单体和模块，其他类型蓄电池参照执行。			中华人民共和国国家质量监督检验检疫总局中国国家标准化管理委员会	全国汽车标准化技术委员会	中国汽车技术研究中心、中国电子科技集团公司第十八研究所、中国北方车辆研究所、深圳市比亚迪汽车有限公司、上海机动车检测中心、上海汽车集团股份有限公司技术中心、北汽福田汽车股份有限公司	2015－05－15	2015－05－15
74	GB/T 31498—2015	电动汽车碰撞后安全要求	本标准适用于符合GB 11551和GB 20071适用范围规定的带有B级电压电路的纯电动汽车、混合动力汽车。	—	—	中华人民共和国国家质量监督检验检疫总局中国国家标准化管理委员会	全国汽车标准化技术委员会	中国汽车技术研究中心、安徽江淮汽车股份有限公司、比亚迪汽车工业有限公司、重庆长安汽车股份有限公司、一汽技术中心、上汽股份技术中心、泛亚汽车技术中心有限公司等	2015－05－15	2015－10－01
75	GB/T 31525—2015	图形标志电动汽车充换电设施标志	—	—	—	中华人民共和国国家质量监督检验检疫总局中国国家标准化管理委员会	—	—	2015－05－15	2015－12－01
76	GB/T 4094.2—2005	电动汽车操纵件、指示器及信号装置的标志	本标准规定了电动汽车（定义见GB/T 19596—2004）特有的关于操纵件、指示器及信号装置的识别标志和信号装置显示颜色的基本要求。 本标准适用于电动汽车。	—	NEQ ISO 2575：2000	中华人民共和国国家质量监督检验检疫总局中国国家标准化管理委员会	全国汽车标准化技术委员会	中国汽车技术研究中心	2005－07－13	2006－02－01

续表

序号	标准编号	标准名称	标准主要内容	代替标准	采标情况	发布单位	归口单位	起草单位	发布日期	实施日期
77	GB/T 51077—2015	电动汽车电池更换站设计规范	—	—	—	中华人民共和国住房和城乡建设部	—	—	2014-12-31	2015-09-01
78	GB/Z 18333.1—2001	电动道路车辆用锂离子蓄电池	本指导性技术文件规定了电动道路车辆用锂离子蓄电池的要求、试验方法、检验规则、标志、包装、运输和贮存。 本指导性技术文件适用于电动道路车辆用额定电压21.6V和14.4V的锂离子蓄电池。	—	IEC 61960-2（21A/244/CD）	国家质量技术监督局	全国碱性蓄电池标准化技术委员会	北京有色金属研究总院	2001-03-07	2001-09-01
79	HG/T 4701—2014	电池用磷酸铁	本标准规定了电池用磷酸铁的要求、试验方法、检验规则以及标志、标签、包装、运输、贮存。 本标准适用于电池用磷酸铁。本产品主要用于制造磷酸铁锂（$LiFePO_4$）锂离子电池正极材料；也可用于陶瓷、催化剂等。	—	—	中华人民共和国工业和信息化部	—	—	2014-12-24	2015-06-01
80	JB/T 11137—2011	锂离子蓄电池总成通用要求	本标准规定了锂离子蓄电池总成的术语和定义、分类与型号、要求、试验方法、检验、标志、包装、运输和贮存。 本标准适用于容量大于或等于6A.h的锂离子蓄电池组成的系统。	—	—	中华人民共和国工业和信息化部	机械科学研究总院	机械科学研究总院、中国电子商会电源专业委员会等	2011-05-18	2011-08-01
81	JB/T 11138—2011	锂离子蓄电池总成接口和通信协议	本标准规定了锂离子蓄电池总成的接口和协议、通信协议、数据格式及充电设备与锂离子蓄电池总成的工作状态转换。 本标准也适用于组成锂离子蓄电池总成的锂离子蓄电池模块的接口和通信协议。	—	—	中华人民共和国工业和信息化部	机械科学研究总院	机械科学研究总院、中国电子商会电源专业委员会等	2011-05-18	2011-08-01
82	JB/T 11139—2011	锰酸锂蓄电池模块通用要求	本标准规定了锰酸锂蓄电池模块的术语和定义、分类与型号、要求、试验方法、检验规则、标志、包装、运输和贮存。 本标准适用于由大于或等于6A.h的锰酸锂蓄电池组成的锰酸锂蓄电池模块。	—	—	中华人民共和国工业和信息化部	机械科学研究总院	机械科学研究总院、中国电子商会电源专业委员会等	2011-05-18	2011-08-01
83	JB/T 11140—2011	磷酸亚铁锂蓄电池模块通用要求	本标准规定了磷酸亚铁锂蓄电池模块的术语和定义、分类与型号、要求、试验方法、检验规则、标志、包装、运输和贮存。 本标准适用于大于或等于6A.h的磷酸亚铁锂蓄电池组成的磷酸亚铁锂蓄电池模块。	—	—	中华人民共和国工业和信息化部	机械科学研究总院	机械科学研究总院、中国电子商会电源专业委员会等	2011-05-18	2011-08-01

续表

序号	标准编号	标准名称	标准主要内容	代替标准	采标情况	发布单位	归口单位	起草单位	发布日期	实施日期
84	JB/T 11141—2011	锂离子蓄电池模块箱通用要求	本标准规定了锂离子蓄电池模块箱的定义、型号及分类、要求、试验方法、检验规则、检验项目、标志、包装、运输和贮存。采用的要求、试验方法、检验规则、标志、包装、运输和贮存。 本标准适用于由大于或等于 6A.h 的锰酸锂、磷酸亚铁锂等锂离子蓄电池组成的锂离子蓄电池模块用模块箱及通用型锂离子蓄电池模块。	—	—	中华人民共和国工业和信息化部	机械科学研究总院	机械科学研究总院、中国电子商会电源专业委员会等	2011-05-18	2011-08-01
85	JB/T 11142—2011	锂离子蓄电池充电设备通用要求	本标准规定了锂离子蓄电池充电设备的术语和定义、型号和基本参数、技术要求、试验、标志、包装、运输和贮存。 本标准适用于由大于或等于 6A.h 的锂离子蓄电池组成的锂离子蓄电池模块或锂离子蓄电池总成的充电设备，也可用于镍基蓄电池及铅酸蓄电池模块和总成的充电设备，以及采用电缆与蓄电池模块或总成连接，交流额定电压不超过 660V、直流额定电压不超过 1000V 的充电设备。	—	—	中华人民共和国工业和信息化部	机械科学研究总院	机械科学研究总院、中国电子商会电源专业委员会等	2011-05-18	2011-08-01
86	JB/T 11143—2011	锂离子蓄电池充电设备接口和通信协议	本标准规定了锂离子蓄电池充电设备接口和通信协议的术语和定义、拓扑结构和接口、通信协议、数据格式和状态转换。 本标准适用于由大于或等于 6A.h 的锂离子蓄电池组成的锂离子蓄电池模块或锂离子蓄电池总成的充电设备，也可用于镍基蓄电池及铅酸蓄电池模块和总成的充电设备以及采用电缆与蓄电池模块或总成连接，交流额定电压不超过 660V、直流额定电压不超过 1000V 的充电设备。	—	—	中华人民共和国工业和信息化部	机械科学研究总院	机械科学研究总院、中国电子商会电源专业委员会等	2011-05-18	2011-08-01
87	NB/T 33001—2010	电动汽车非车载传导式充电机技术条件	本标准规定了电动汽车用非车载传导式充电机（以下简称“充电机”）的基本构成、功能要求、技术要求、试验方法、检验规则及标识。 本标准适用于采用传导式充电方式的电动汽车用非车载充电机。	—	—	国家能源局	能源行业电动汽车充电设施标准化技术委员会	国家电网公司、中国电力科学研究院、国网电力科学研究院、广东电网公司电力科学研究院、深圳供电局、许继电源有限公司、上海市电力公司、浙江省电力公司	2010-05-01	2010-10-01

续表

序号	标准编号	标准名称	标准主要内容	代替标准	采标情况	发布单位	归口单位	起草单位	发布日期	实施日期
88	NB/T 33002—2010	电动汽车交流充电桩技术条件	本标准规定了电动汽车交流充电桩（以下简称“充电桩”）基本构成、功能要求、技术要求、试验项目产品资料等方面的要求。 本标准适用于采用传导式充电的充电桩选型、配置和检验。	—	—	国家能源局	能源行业电动汽车充电设施标准化技术委员会	中国南方电网有限责任公司、广东电网公司电力科学研究院、中国电力科学研究院、深圳供电局、国网电力科学研究院、许继电源有限公司、浙江省电力公司、华北电网有限公司	2010－05－01	2010－10－01
89	NB/T 33003—2010	电动汽车非车载充电机监控单元与电池管理系统通信协议	本规范规定了电动汽车非车载充电机监控单元与电池管理系统（Battery Management System，BMS）之间的通信协议。 本规范适用于采用传导式充电方式的电动汽车用非车载充电机。	—	—	国家能源局	能源行业电动汽车充电设施标准化技术委员会	广东电网公司、中国电力科学研究院、广东省电力设计研究院、国网电力科学研究院、深圳供电局、许继电源有限公司、浙江省电力公司、江苏省电力公司	2010－05－01	2010－10－01
90	NB/T 33004—2013	电动汽车充换电设施工程施工和竣工验收规范	本标准适用于新建、扩建和改建的电动汽车充换电设施的工程施工和竣工验收。	—	—	国家能源局	能源行业电动汽车充电设施标准化技术委员会	国家电网公司、国网电力科学研究院许继集团有限公司、中国电力科学研究院、冀北电力有限公司、山西省电力公司、广东电网公司电力科学研究院、深圳供电规划设计院有限公司	2013－11－28	2014－04－01
91	NB/T 33005—2013	电动汽车充电站及电池更换站监控系统技术规范	本规范规定了电动汽车充电站及电池更换站监控系统构成、功能要求及技术指标。 本规范适用于电动汽车充电站及电池更换站监控系统。	—	—	国家能源局	能源行业电动汽车充电设施标准化技术委员会	中国南方电网有限责任公司、广东省电力设计研究院、中国电力科学研究院、国网电力科学研究院等	2013－11－28	2014－04－01
92	NB/T 33006—2013	电动汽车电池箱更换设备通用技术要求	本标准规定了电动汽车电池箱更换设备（以下简称“更换设备”）的型式，基本参数，技术要求，试验，检验规则，标识、包装、运输等内容。 本标准适用于电动汽车电池箱更换设备，作为电动汽车电池箱更换设备的设计、制造、检验、验收等的依据。	—	—	国家能源局	能源行业电动汽车充电设施标准化技术委员会	国家电网公司、许继集团有限公司、中国电力科学研究院、南方电网科学研究院、国网电力科学研究院、浙江省电力公司、上海电巴新能源科技有限公司、广东电网公司电力科学研究院	2013－11－28	2014－04－01

续表

序号	标准编号	标准名称	标准主要内容	代替标准	采标情况	发布单位	归口单位	起草单位	发布日期	实施日期
93	NB/T 33007—2013	电动汽车充电站/电池更换站监控系统与充换电设备通信协议	本标准规定了电动汽车充电站/电池更换站内监控系统与充换电设备通信的接口和报文规范。本标准适用于电动汽车充电站和电池更换站监控系统。	—	—	国家能源局	能源行业电动汽车充电设施标准化技术委员会	国家电网公司、国网电力科学研究院、中国电力科学研究院、许继集团有限公司、广东电网公司电力科学研究院、福建省电力有限公司、江苏省电力公司	2013-11-28	2014-04-01
94	NB/T 33008.1—2013	电动汽车充电设备检验试验规范第1部分：非车载充电机	本标准规定了电动汽车非车载充电机（以下简称“充电机”）试验条件、检验仪器、检验规则、检验项目、试验方法。 本标准适用于充电机型式试验、出厂检验、到货验收等。	—	—	国家能源局	能源行业电动汽车充电设施标准化技术委员会	国家电网公司、国网电力科学研究院、许继集团有限公司、中国电力科学研究院、浙江省电力公司、冀北电力有限公司	2013-11-28	2014-04-01
95	NB/T 33008.2—2013	电动汽车充电设备检验试验规范第2部分：交流充电桩	本标准规定了电动汽车交流充电桩（以下简称“交流充电桩”）试验条件、检验仪器、检验规则、检验项目、试验方法。 本标准适用于交流充电桩型式试验、出厂检验、到货验收等。	—	—	国家能源局	能源行业电动汽车充电设施标准化技术委员会	国家电网公司、国网电力科学研究院、许继集团有限公司、中国电力科学研究院、浙江省电力公司、冀北电力有限公司	2013-11-28	2014-04-01
96	NB/T 33009—2013	电动汽车充换电设施建设技术导则	本标准规定了电动汽车充换电设施建设应遵循的基本技术原则，适用于电动汽车充换电设施的建设，包括交流电设施的建设，包括交流充电桩、充电站、电池更换站和电池配送中心等。	—	—	国家能源局	能源行业电动汽车充电设施标准化技术委员会	国家电网公司、中国电力科学研究院、国网电力科学研究院、许继集团有限公司、广东电网公司电力科学研究院、深圳供电规划设计院有限公司、新疆电力设计院、天津市电力公司	2013-11-28	2014-04-01
97	QC/T 741—2014	车用超级电容器	本标准规定了电动道路车辆用超级电容器（电化学电容器）的要求、试验方法、检验规则、标志、包装、运输和贮存。 本标准适用于电动道路车辆用超级电容器单体和模块。	QC/T 741-2006	—	中华人民共和国工业和信息化部	全国汽车标准化技术委员会	上海奥威科技开发有限公司、中国汽车技术研究中心、中国北方车辆研究所、天津力神电池股份有限公司、中国电子科技集团第十八研究所、上海机动车检测中心	2014-10-14	2015-04-01

续表

序号	标准编号	标准名称	标准主要内容	代替标准	采标情况	发布单位	归口单位	起草单位	发布日期	实施日期
98	QC/T 742—2006	电动汽车用铅酸蓄电池	本标准由国家发展和改革委员会2006年第18号公告发布，编号为QC/T 742—2006，自2006年8月1日起实施。 本标准是一项新的汽车行业标准，规定了电动汽车用铅酸蓄电池的要求、试验方法、检验规则、标志、包装、运输和贮存。 本标准适用于电动汽车用铅酸蓄电池。	—	—	国家发展和改革委员会	全国汽车标准化技术委员会	国家高技术绿色材料发展中心、北方汽车质量监督检验鉴定试验所等	2006-03-07	2006-08-01
99	QC/T 743—2006	电动汽车用锂离子蓄电池	本标准由国家发展和改革委员会2006年第18号公告发布，编号为QC/T 743—2006，自2006年8月1日起实施。 本标准是一项新的汽车行业标准，规定了电动汽车用锂离子蓄电池的要求、试验方法、检验规则、标志、包装、运输和贮存。 本标准适用于电动汽车用标称电压单体3.6V和模块 $n \times 3.6$V（n 为蓄电池数量）的锂离子蓄电池。	—	—	国家发展和改革委员会	全国汽车标准化技术委员会	国家高技术绿色材料发展中心、北方汽车质量监督检验鉴定试验所等	2006-03-07	2006-08-01
100	QC/T 744—2006	电动汽车用金属氢化物镍蓄电池	本标准由国家发展和改革委员会2006年第18号公告发布，编号为QC/T 744—2006，自2006年8月1日起实施。 本标准是一项新的汽车行业标准，规定了电动汽车用金属氧化物镍蓄电池的要求、试验方法、检验规则、标志、包装、运输和贮存。 本标准适用于电动汽车用标称电压单体1.2V和模块 $n \times 1.2$V（n 为蓄电池数量，$n \geq 5$）的密封金属氧化物镍蓄电池。	—	—	国家发展和改革委员会	全国汽车标准化技术委员会	国家高技术绿色材料发展中心、北方汽车质量监督检验鉴定试验所等	2006-03-07	2006-08-01
101	QC/T 816—2009	加氢车技术条件	本标准规定了用于装运和加注高压氢气的车辆的术语、定义、要求、标志和随车文件。 本标准适用于用定型汽车底盘改装的装运和加注高压氢气的加氢车。	—	—	中华人民共和国工业和信息化部	全国汽车标准化技术委员会电动车辆分会	同济大学新能源汽车工程中心、中国汽车技术研究中心、上海舜华新能源系统有限公司、石家庄安瑞科气体机械有限公司	2009-11-17	2010-04-01

续表

序号	标准编号	标准名称	标准主要内容	代替标准	采标情况	发布单位	归口单位	起草单位	发布日期	实施日期
102	QC/T 837—2010	混合动力电动汽车类型	本标准规定了混合动力电动汽车的类型及定义。 本标准适用于混合动力电动汽车。	—	—	中华人民共和国工业和信息化部	全国汽车标准化技术委员会电动车辆分会	天津清源电动车辆有限公司，东风电动车辆股份有限公司，深圳市比亚迪汽车有限公司，上海汽车集团股份有限公司技术中心，奇瑞汽车股份有限公司，重庆长安汽车股份有限公司，万向电动汽车有限公司，中国第一汽车集团公司技术中心	2010-11-22	2011-03-01
103	QC/T 838—2010	超级电容电动城市客车	本标准规定了超级电容电动城市客车的术语和定义、型号、要求、试验方法、检验规则、标志、运输和保管。 本标准适用于采用超级电容器作为动力电源或以超级电容器作为主要动力电源的各种电动城市客车。	—	—	中华人民共和国工业和信息化部	全国汽车标准化技术委员会电动车辆分会	上海奥威科技开发有限公司、上海润通电动车技术有限公司	2010-11-22	2011-03-01
104	QC/T 839—2010	超级电容电动城市客车供电系统	本标准规定了超级电容电动城市客车供电系统的术语和定义、系统制式、供电原则、总体布局、整流站的面积、结构和要求，馈线、授电排（网）的结构和要求，以及保护和供电调度等相关要求。 本标准适用于城市客运的超级电容电动城市客车供电系统。	—	—	中华人民共和国工业和信息化部	全国汽车标准化技术委员会电动车辆分会	上海奥威科技开发有限公司、上海现代交通建设发展有限公司、国家机动车产品质量监督检验中心（上海）、上海润通电动车技术有限公司	2010-11-22	2011-03-01
105	QC/T 840—2010	电动汽车用动力蓄电池产品规格尺寸	本标准规定了电动汽车用金属氢化物镍动力蓄电池和锂离子动力蓄电池单体及模块的规格及外形尺寸。 本标准适用于电动汽车用金属氢化物镍动力蓄电池和锂离子动力蓄电池单体及模块。	—	—	中华人民共和国工业和信息化部	全国汽车标准化技术委员会电动车辆分会	中国汽车技术研究中心等	2010-11-22	2011-03-01
106	QC/T 841—2010	电动汽车传导式充电接口	本标准规定了电动汽车传导式充电接口的术语与定义、技术参数、充电模式、分类及功能定义、结构尺寸、性能要求、试验方法和检验规则。该标准规定了两种充电接口，一种是为车载充电机提供交流电能的接口，另一种是为电动汽车提供直流电能的接口。 本标准适用于交流额定电压为220V和直流额定电压不超过750V的电动汽车用传导式充电接口。	—	—	中华人民共和国工业和信息化部	全国汽车标准化技术委员会电动车辆分会	中国汽车技术研究中心等	2010-11-22	2011-03-01

续表

序号	标准编号	标准名称	标准主要内容	代替标准	采标情况	发布单位	归口单位	起草单位	发布日期	实施日期
107	QC/T 842—2010	电动汽车电池管理系统和非车载充电机之间的通信协议	本标准规定了电动汽车电池管理系统（BMS）与非车载充电机（充电机）之间的通信协议。 本标准适用于电动汽车非车载充电。该标准的CAN标识符为29位，通信波特率为250kbps，但该标准不限于29位标识符和250kbps通信波特率，如使用其他格式，可参照该标准制定其CAN标识符。标准数据传输采用低位先发送的格式。	—	—	中华人民共和国工业和信息化部	全国汽车标准化技术委员会电动车辆分会	中国汽车技术研究中心等	2010-11-22	2011-03-01
108	QC/T 893—2011	电动汽车用驱动电机系统故障分类及判断	本标准规定了电动汽车用驱动电机系统故障的确认原则、故障模式和故障分类。 本标准适用于各类电动汽车用驱动电机系统。	—	—	中华人民共和国工业和信息化部	全国汽车标准化技术委员会	湖南南车时代电动汽车股份有限公司、北京理工大学、上海电驱动有限公司、中国汽车技术研究中心等	2011-12-20	2012-07-01
109	QC/T 894—2011	重型混合动力电动汽车污染物排放车载测量方法	本标准规定了混合动力电动汽车在底盘测功机或场地上进行车载排放试验的试验方法。 本标准适用于最大总质量超过3500kg的混合动力电动汽车。	—	—	中华人民共和国工业和信息化部	全国汽车标准化技术委员会	中国汽车技术研究中心、东风汽车公司、中国第一汽车集团公司技术中心、湖南南车时代电动汽车股份有限公司	2011-12-20	2012-07-01
110	QC/T 895—2011	电动汽车车载传导式充电机技术条件	本标准规定了电动汽车传导式车载充电机的基本构成、参数、功能、要求、试验方法、包装、储运方法及标志与标识。 本标准适用于纯电动汽车及可外接充电式混合动力电动汽车的车载充电机。	—	—	中华人民共和国工业和信息化部	全国汽车标准化技术委员会	深圳市比亚迪汽车有限公司、中国汽车技术研究中心、天津清源电动车辆有限责任公司等	2011-12-20	2012-07-01
111	QC/T 896—2011	电动汽车用驱动电机系统接口	本标准规定了电动汽车用驱动电机系统的电气接口型式、信号定义，对驱动电机系统的机械接口做了通用性的规定。 本标准适用于电动汽车用驱动电机系统，不适用于车用辅助电机系统。	—	—	中华人民共和国工业和信息化部	全国汽车标准化技术委员会	上海电驱动有限公司、中国汽车技术研究中心、上海机动车检测中心等	2011-12-20	2012-07-01
112	QC/T 897—2011	电动汽车用电池管理系统技术条件	本标准规定了电动汽车用电池管理系统的术语与定义、要求、试验方法、检验规则、标志等。 本标准适用于电动汽车用动力电池管理系统。	—	—	中华人民共和国工业和信息化部	全国汽车标准化技术委员会	天津清源电动车辆有限责任公司、中国汽车技术研究中心、北京交通大学等	2011-12-20	2012-07-01
113	QC/T 925—2013	超级电容电动城市客车定型试验规程	本标准规定了超级电容电动城市客车新产品定型试验的实施条件、试验项目、试验方法、评定依据、试验程序以及试验报告等内容。 本标准适用于采用超级电容器作为动力电源或主要以超级电容器作为动力电源的电动城市客车。	—	—	中华人民共和国工业和信息化部	全国汽车标准化技术委员会	上海机动车检测中心	2013-04-25	2013-09-01

续表

序号	标准编号	标准名称	标准主要内容	代替标准	采标情况	发布单位	归口单位	起草单位	发布日期	实施日期
114	QC/T 926—2013	轻型混合动力电动汽车（ISG型）用动力单元可靠性试验方法	本标准规定了轻型混合动力电动汽车（ISG型）用动力单元可靠性试验方法。 本标准适用于M1类、N1类和最大设计总质量不超过3.5t的M2类混合动力电动汽车（ISG型）用动力单元。本标准不适用于怠速启停功能的考核。	—	—	中华人民共和国工业和信息化部	全国汽车标准化技术委员会	重庆长安新能源汽车有限公司、中国汽车技术研究中心、重庆长安汽车股份有限公司、北京理工大学	2013－04－25	2013－09－01
115	QC/T 989—2014	电动汽车用动力蓄电池箱通用要求	本标准规定了电动汽车用动力蓄电池系统中蓄电池箱的一般要求、安全要求、机械强度、外观与尺寸、耐环境要求、组装要求、试验方法、标识与标志、运输储存与包装。本标准适用于车载充电的蓄电池箱和快换方式的蓄电池箱。	—	—	中华人民共和国工业和信息化部	全国汽车标准化技术委员会	北京理工大学、中国汽车技术研究中心、浙江谷神能源科技股份有限公司、重庆长安新能源汽车有限公司、中国汽车工程研究院有限公司、上海恒动汽车电池有限公司、上海奥威科技开发有限公司、北汽福田汽车股份有限公司等	2014－10－14	2015－04－01
116	QC/T 990—2014	电动汽车用锌空气电池	本标准规定了电动汽车用锌空气电池的术语及定义、符号、要求、试验方法、检验规则、标志、包装、运输、存储。 本标准适用于以机械更换式动汽车作为能量补充方式的电用得锌空气电池	—	—	中华人民共和国工业和信息化部	全国汽车标准化技术委员会	武汉泓元伟力新能源科技有限公司等	2014－07－09	2014－11－01
117	YS/T 967—2014	电池级磷酸二氢锂	本标准规定了电池级磷酸二氢锂的要求、试验方法、检验规则及标志、包装、运输、贮存、质量证明书和合同（或订货单）内容。 本标准适用于以碳酸锂或单水氢氧化锂为原料，采用中和法制得的电池级磷酸二氢锂。	—	—	中华人民共和国工业和信息化部	—	—	2014－10－14	2015－04－01
118	YS/T 968—2014	电池级氧化锂	本标准规定了电池级氧化锂的要求、试验方法、检测规则及标志、包装、运输和贮存、质量证明书和合同（或订货单）内容。 本标准适用于以无水氢氧化锂、碳酸锂、过氧化锂及金属锂为原料生产得到的电池级氧化锂。	—	—	中华人民共和国工业和信息化部	—	—	2014－10－14	2015－04－01
119	YS/T 973—2014	电池集流体用黄铜线	本标准规定了电池集流体用黄铜线的要求、试验方法、检验规则和标志、包装、运输、贮存、质量证明书及合同（或订货单）内容等。 本标准适用于供电池集流体用圆形黄铜线。	—	—	中华人民共和国工业和信息化部	—	—	2014－10－14	2015－04－01

续表

序号	标准编号	标准名称	标准主要内容	代替标准	采标情况	发布单位	归口单位	起草单位	发布日期	实施日期
120	GB/T 24554—2009	燃料电池发动机性能试验方法	本标准规定了燃料电池发动机启动特性、稳态特性、动态响应特性、气密性检测、绝缘电阻检测等试验方法。 本标准适用于车用质子交换膜燃料电池发动机。	—	—	中华人民共和国国家质量监督检验检疫总局中国国家标准化管理委员会	全国汽车标准化技术委员会	同济大学、中国汽车技术研究中心、清华大学	2009-10-30	2010-07-01
121	GB/Z 27753—2011	质子交换膜燃料电池膜电极工况适应性测试方法	本指导性技术文件规定了质子交换膜燃料电池（PEMFC）膜电极（MEA）典型汽车运行工况测试方法的术语和定义、边界条件、测试环境条件、测试准备、质子交换膜燃料电池膜电极工况适应性测试实验及试验报告。 本指导性技术文件适用于符合被检测方提出的性能要求的膜电极，采用活性面积为 5cm×5cm 的单电池进行测试，用来评价膜电极（MEA）对燃料电池典型工况的适应性，但不考虑加速测试寿命和实际寿命的对应关系。	—	—	中华人民共和国国家质量监督检验检疫总局中国国家标准化管理委员会	全国燃料电池标准化技术委员会	武汉理工大学、武汉理工新能源有限公司、机械工业北京电工技术经济研究所、中科院大连化学物理研究所、清华大学、同济大学、上海神力科技有限公司、新源动力股份有限公司	2011-12-30	2012-05-01
122	GB/T 28817—2012	聚合物电解质燃料电池单电池测试方法	本标准规定了电池的组装、试验装置、测量仪器和测量方法、性能试验方法以及聚合物电解质燃料电池单电池的试验报告等。 本标准适用于以下三项的评估： a）聚合物电解质燃料电池膜电极组件的性能； b）聚合物电解质燃料电池其他组件的材料或结构； c）燃料和空气中杂质对电池性能的影响。	—	IEC/TS 62282-7-1：2010	中华人民共和国国家质量监督检验检疫总局中国国家标准化管理委员会	全国燃料电池标准化技术委员会	中科院大连化学物理研究所、机械工业北京电工技术经济研究所、上海神力科技有限公司、北京清能华通科技发展有限公司、上海汽车集团股份有限公司新能源汽车事业部、武汉理工大学、新源动力股份有限公司、清华大学、同济大学、上海攀业氢能源科技有限公司、武汉银泰科技燃料电池有限公司、深圳市标准技术研究院	2012-11-05	2013-02-01

续表

序号	标准编号	标准名称	标准主要内容	代替标准	采标情况	发布单位	归口单位	起草单位	发布日期	实施日期
123	CJ/T 419—2012	小型电动垃圾车	本标准规定了小型电动垃圾车（以下简称“垃圾车”）的术语和定义、要求、试验方法、检验规则、标志、使用说明书和随车文件、运输和贮存。 本标准适用于最大总质量不大于3500kg，直接采用二类定型电动汽车底盘改装的纯电动垃圾车，包括：纯电动自卸式垃圾车、纯电动自装卸式垃圾车和纯电动桶装式垃圾运输车。	—	—	中华人民共和国住房和城乡建设部	住房和城乡建设部市容环境卫生标准化技术委员	中联重科股份有限公司	2012-12-24	2013-04-01
124	CJ/T 350—2010	电动公共汽车通用技术条件	本标准规定了电动公共汽车的术语和定义、型号编制、基本要求、车辆专用底盘、车身、车辆管理系统与安全设施，试验方法、检验规则、标志，包装、运输和储存。 本标准适用于车长大于或等于7m，小于或等于18m的电动公共汽车。	—	—	中华人民共和国住房和城乡建设部	住房和城乡建设部城镇建设标准技术归口单位城市建设研究院	国家电动汽车试验示范区管理中心、广东省汽车行业协会、北京科技大学电动汽车与新能源控制技术中心、大连电机集团有限公司、珠海市广通汽车有限公司、广州新美景客车制造有限公司、广州市韦顿技术咨询有限公司、湖南省株洲市南车时代电动汽车股份有限公司、佛山市飞驰汽车制造有限公司、广州市铂盛电气科技有限公司	2010-10-21	2011-05-01
125	GB/T 22068—2008	汽车空调用电动压缩机总成	本标准为首次制定。本标准规定了汽车空调用电动压缩机总成的术语和定义、型式与基本参数、要求、试验方法、检验规则、标志、包装、运输和贮存。 本标准适用于制冷剂为HFC-134a、排量大于等于10cm3/r且小于等于40 cm3/r的电动机驱动的涡旋式空调压缩机总成。	—	—	中国机械工业联合会	全国冷冻空调设备标准化技术委员会和全国汽车标准化技术委员会	上海三电贝再汽车空调有限公司	2008-07-01	2009-02-01

2. 地方标准

序号	标准编号	标准名称	标准主要内容	发布单位	归口单位	起草单位	发布日期	实施日期
1	DB34/T 1822—2013	电动汽车用平行轴式减速器总成技术条件	本标准规定了电动汽车用平行轴式减速器的术语和定义、结构型式、要求、试验方法、检验规则以及标志、包装、运输、储存，符合国家有关法律和产业政策，制定时遵循了政策性、先进性、规范性和可操作性等原则，按照该标准生产的减速器是由齿轮、差速器、轴承和油封等零部件装配而成，产品具有减速和差速功能。 本标准用于增程型插电式混合动力汽车和纯电动汽车，属于国家新能源汽车产业重点领域的关键零部件，属电动汽车综合标准化体系中电驱动系统。	安徽省质量技术监督局	安徽省经济和信息化委员会	安徽星瑞齿轮传动有限公司等	2013-02-04	2013-03-04
2	DB34/T 2043—2014	电动汽车非车载充电设备	—	安徽省质量技术监督局	—	—	2014-02-17	2014-03-17
3	DB34/T 2191—2014	分散式电动汽车充电桩（群）工程验收规范	—	安徽省质量技术监督局	—	—	2014-11-25	2014-12-25
4	DB34/T 2221—2014	锂离子电池用电子铜箔	—	安徽省质量技术监督局	—	—	2014-12-17	2015-01-17
5	DB11/Z 993.3—2013	电动汽车远程服务与管理系统技术规范第3部分：车载终端通信协议及数据格式	本指导性技术文件规定了电动汽车远程服务与管理系统车载终端与综合服务和管理平台（简称综合平台）之间的通信协议，描述了用于通信的协议格式和数据要求。 本指导性技术文件适用于电动汽车远程服务与管理系统车载终端与综合平台之间的通信。	北京市质量技术监督局	北京市科学技术委员会	北京理工大学、北京交通大学、中国科学院电工研究所、北京理工华创电动车技术有限公司、北汽福田汽车股份有限公司、北京汽车新能源汽车有限公司、重庆长安新能源汽车有限公司、北京市电力公司北京电力科学研究院、北京公共交通控股（集团）有限公司、北京汉森电信有限公司、武汉英泰斯特电子技术有限公司、奇点新源国际技术开发（北京）有限公司、航天新长征电动汽车技术有限公司、北京合众思壮科技股份有限公司、浙江中科正方电子技术有限公司、中信国安盟固利动力科技有限公司、北京普莱德新能源电池科技有限公司	2013-06-21	—

续表

序号	标准编号	标准名称	标准主要内容	发布单位	归口单位	起草单位	发布日期	实施日期
6	DB11/Z 993.2—2013	电动汽车远程服务与管理系统技术规范第2部分：车载终端	本指导性技术文件规定了电动汽车远程服务与管理车载终端的功能要求、性能要求、试验方法、检验规则、标志标识以及运输存储安装要求。 本指导性技术文件适用于电动汽车车辆运行和停车充电两种工况下对车辆与动力蓄电池进行服务与管理的装置。	北京市质量技术监督局	北京市科学技术委员会	北京交通大学、北京理工大学、中国科学院电工研究所、北汽福田汽车股份有限公司、北京汽车新能源汽车有限公司、重庆长安新能源汽车有限公司、北京公共交通控股（集团）有限公司、航天新长征电动汽车技术有限公司、奇点新源国际技术开发（北京）有限公司、北京市亿能通电子有限公司、浙江中科正方电子技术有限公司、北京合众思壮科技股份有限公司、武汉英泰斯特电子技术有限公司、北京汉森电信有限公司	2013-06-21	—
7	DB11/Z 993.1—2013	电动汽车远程服务与管理系统技术规范第1部分：总则	本指导性技术文件规定了电动汽车远程服务与管理系统的总体结构与功能。 本指导性技术文件适用于电动汽车远程服务与管理系统的建设和管理。	北京市质量技术监督局	北京市科学技术委员会	北京理工大学、北京交通大学、中国科学院电工研究所、北京理工华创电动车技术有限公司、北汽福田汽车股份有限公司、北京汽车新能源汽车有限公司、重庆长安新能源汽车有限公司、北京市电力公司北京电力科学研究院、北京公共交通控股（集团）有限公司、北京汉森电信有限公司、武汉英泰斯特电子技术有限公司、北京合众思壮科技股份有限公司、中信国安盟固利动力科技有限公司、北京普莱德新能源电池科技有限公司	2013-06-21	—
8	DB11/T 862—2012	电动汽车识别标志	本标准规定了电动汽车识别标志的样式和设置要求。 本标准适用于纯电动汽车。	北京市质量技术监督局	北京市科学技术委员会	北京市标准化研究所、北京工业设计促进中心、北京市科学技术委员会、北京市交通委员会、北京市市政市容委员会、北京市经济和信息化委员会、北京市公安局公安交通管理局、北京公共交通控股（集团）有限公司、北京环境卫生工程集团有限公司、北汽福田汽车股份有限公司、北京汽车新能源汽车有限公司、长安汽车北京汽车工程研究院	2012-05-07	2012-06-01
9	DB11/Z 876—2012	电动汽车电能供给与保障技术规范总则	本指导性技术文件规定了电动汽车电能供给与保障系统（以下简称“系统”）的架构、总体要求和技术要求。 本指导性技术文件适用于电动汽车电能供给与保障系统的建设与运营管理。	北京市质量技术监督局	北京市发展和改革委员会	北京市标准化交流服务中心、北京市标准化研究所、北京理工大学、中国电力科学研究院、北京市公安局、北京市计量检测科学研究院、北京市汽车行业协会、北京交通大学、北京市公共交通（控股）集团有限公司、中信国安盟固力动力科技有限公司、北汽福田汽车股份有限公司	2012-05-07	2012-06-01
10	DB11/Z 879—2012	电动汽车电能供给与保障技术规范安全技术防范系统	本指导性技术文件规定了安全技术防范系统的基本要求、系统设置、系统技术要求、系统运行管理与维护。 本指导性技术文件适用于电动汽车充电站新建、改建、扩建过程中安全技术防范系统的建设与管理。集中建设的交流充电桩可参照执行。	北京市质量技术监督局	北京市公安局	北京市公安局内部单位保卫局、北京富盛星电子有限公司、北京市标准化研究所、北京安全防范行业协会、中国石化工程建设公司、中信国安盟固利动力科技有限公司、普天新能源有限责任公司、北京公共交通控股（集团）有限公司、北大先行科技产业有限公司、北京普莱德新能源电池科技有限公司	2012-05-07	—

续表

序号	标准编号	标准名称	标准主要内容	发布单位	归口单位	起草单位	发布日期	实施日期
11	DB11/Z 823—2011	电动汽车电能供给与保障技术规范 充电设施标志与设置	本指导性技术文件规定了电动汽车（EV）充电设施符号、标志与标志设置要求。 本指导性技术文件适用于北京市行政区域内具有电动汽车充电功能的公共场所或区域，包括电动汽车充电设施、具有电动汽车充电设施的停车场、交通场站及道路等，用于指引和标识电动汽车充电设施的位置及功能。	北京市质量技术监督局	北京市电动汽车产业标准化工作组	中国标准化研究院、北京市标准化研究所、中国人民大学艺术学院、北京理工大学、北京市公安局公安交通管理局、普天新能源有限责任公司、北京中石化首科新能源科技有限公司、北京市电力公司	2011-08-09	—
12	DB11/Z 753—2010	电动汽车电能供给与保障技术规范 车载充电机	本指导性技术文件规定了车载充电机的基本构成、参数、要求、试验方法及标志与标识。 本指导性技术文件适用于纯电动汽车及插电式混合动力汽车车载充电机的设计、制造和检验。	北京市质量技术监督局	北京市发展和改革委员会	北京汽车行业协会、北汽福田汽车股份有限公司、北京汽车新能源汽车有限公司、北京市标准化研究所、北京嘉昌机电设备制造有限公司、北京市产品质量监督检验所、北京理工大学、北京交通大学、中国电力科学研究院、北京动力源科技股份有限公司	2010-10-25	—
13	DB11/Z 824—2011	电动汽车电能供给与保障技术规范 非车载充放电机	本指导性技术文件规定了电动汽车非车载充放电机的基本构成、基本功能、参数、要求、试验方法、标志与标识和安装要求。 本指导性技术文件适用于电动汽车非车载充放电机的设计、制造、检验和安装。	北京市质量技术监督局	北京市发展和改革委员会	北京交通大学、北京市标准化研究所、北京电源行业协会、普天海油新能源动力有限公司、北京动力源科技股份有限公司、中国电力科学研究院、中国科学院电工研究所、中国石化工程建设公司、北京电力公司	2011-08-09	—
14	DB11/Z 877—2012	电动汽车电能供给与保障技术规范 商用车电池更换设备	本指导性技术文件规定了电动汽车充电站中商用车动力蓄电池包自动更换设备（以下简称“更换设备”）的功能、要求、试验方法和标志与标识。 本指导性技术文件适用于商用车动力蓄电池包自动更换设备的设计、制造及检验。	北京市质量技术监督局	北京市发展和改革委员会	北汽福田汽车股份有限公司、北京电巴科技有限公司、沈阳中科正方新能源技术有限公司、北京市标准化研究所、北京理工大学、北京汽车新能源汽车有限公司、北京公共交通控股（集团）有限公司、普天海油新能源动力有限公司、中国电力科学研究院、北京普莱德新能源电池科技有限公司、北京电力公司、北京中石化首科新能源科技有限公司	2012-05-07	—
15	DB11/Z 800—2011	电动汽车电能供给与保障技术规范 商用车动力蓄电池包	本指导性技术文件规定了纯电动商用车和插电式电动商用车动力蓄电池包的要求、试验方法、标识与标志、包装、运输与储存的要求。 本指导性技术文件适用于纯电动商用车和插电式电动商用车动力蓄电池包的设计、生产、检验以及包装、运输与储存。	北京市质量技术监督局	北京市发展和改革委员会	北京理工大学、北京市标准化研究所、北京电源行业协会、普天海油新能源动力有限公司、北京交通大学、北京普莱德新能源电池科技有限公司、中信国安盟固利动力科技有限公司、北京公共交通控股（集团）有限公司、北汽福田汽车股份有限公司	2011-04-28	—
16	DB11/Z 878—2012	电动汽车电能供给与保障技术规范 动力蓄电池系统维护	本指导性技术文件规定了电动汽车动力蓄电池系统（以下简称“蓄电池系统”）的维护要求和继续使用的条件。 本指导性技术文件适用于锂离子动力蓄电池系统的日常维护。	北京市质量技术监督局	北京市发展和改革委员会	中信国安盟固利动力科技有限公司、北京市标准化研究所，北京交通大学，北汽福田汽车股份有限公司，普天新能源有限责任公司，中国电力科学研究院，北京中石化首科新能源科技有限公司，北京普莱德新能源电池科技有限公司、中国科学院电工研究所、北京市电力公司	2012-05-07	—

续表

序号	标准编号	标准名称	标准主要内容	发布单位	归口单位	起草单位	发布日期	实施日期
17	DB11/Z 880—2012	电动汽车电能供给与保障技术规范 充电站运营管理	本指导性技术文件规定了电动汽车充电站运营管理的基本要求、场站要求、人员要求、服务要求、安全管理、突发事件的应急处理、记录以及评价与改进。 本指导性技术文件适用于电动汽车充电站的运营管理。集中建设的交流充电桩可参照执行。	北京市质量技术监督局	北京市发展和改革委员会	北京公共交通控股（集团）有限公司、北京交通大学、北京市标准化研究所、北京市电力公司、普天新能源有限责任公司、北京中石化首科新能源科技有限公司、中信国安盟固利动力科技有限公司、北京电巴新能源科技有限公司、北京普莱德新能源电池科技有限公司	2012-05-07	—
18	DB11/Z 728—2010	电动汽车电能供给与保障技术规范 充电站	本指导性技术文件规定了电动汽车充电站（以下简称“充电站”）的分级、站址选择、功能、构成与技术要求、安全要求、配套设施以及施工与验收。 本指导性技术文件适用于充电设备总功率大于100kW的电动汽车充电站新建、改建和扩建的建设与验收。	北京市质量技术监督局	北京市发展和改革委员会	北京理工大学、北京市城市规划设计研究院、北京市质量技术监督局、北京市公安局、北京市标准化研究所、北京市市政工程设计研究总院、中国电力科学研究院、北京市电力公司、北京中石化首科新能源科技有限公司、普天海油新能源动力有限公司、北京公共交通控股（集团）有限公司、国家汽车质量监督检验中心（北京）	2010-07-07	—
19	DB11/Z 799—2011	电动汽车电能供给与保障技术规范 交流充电桩	本指导性技术文件规定了电动汽车交流充电桩的基本构成、参数、要求、试验方法、标志和标识、选址、配电和安装要求。 本指导性技术文件适用于北京市电动汽车交流充电桩的建设。	北京市质量技术监督局	北京市发展和改革委员会	中国电力科学研究院、北京市标准化研究所、北京理工大学、北京交通大学、北京电源行业协会、普天海油新能源动力有限公司、北京动力源科技股份有限公司、北京中石化首科新能源科技有限公司、中国石化工程建设公司、北京汽车新能源汽车有限公司、北京市电力公司、北大先行科技产业有限公司、北京普莱德新能源电池科技有限公司	2010-12-28	—
20	DB11/Z 798—2011	电动汽车电能供给与保障技术规范 监控系统	本指导性技术文件规定了电动汽车充电站监控系统的构成、功能要求、系统主要技术指标及要求和防雷。 本指导性技术文件适用于北京市电动汽车充电站监控系统的建设。分散或集中建设的交流充电桩等其他形式的充电设施可参照执行。	北京市质量技术监督局	北京市发展和改革委员会	中国电力科学研究院、北京市标准化研究所、普天海油新能源动力有限公司、北京交通大学、北京电源行业协会、中国科学院电工研究所、北京动力源科技股份有限公司、北京市公安局、北京市电力公司、北京市计量检测科学研究院、北京中石化首科新能源科技有限公司、中信国安盟固利动力科技有限公司、中国石化工程建设公司、北大先行科技产业有限公司、北京普莱德新能源电池科技有限公司	2010-12-28	—
21	DB11/Z 797—2011	电动汽车电能供给与保障技术规范 供电系统	本指导性技术文件规定了电动汽车充电站供电系统的建设原则、供电范围、供电设施设置要求、供电要求、电能质量指标、电能计量、供电监控、安全要求、标识以及施工与验收。 本指导性技术文件适用于北京市电动汽车充电站供电系统的建设。集中布置的总容量大于100kVA的交流充电桩可参照本指导性技术文件执行。	北京市质量技术监督局	北京市发展和改革委员会	中国电力科学研究院、北京市标准化研究所、北京市电力公司、中国石化工程建设公司、北京电源行业协会、普天海油新能源动力有限公司	2010-12-28	—

续表

序号	标准编号	标准名称	标准主要内容	发布单位	归口单位	起草单位	发布日期	实施日期
22	DB11/Z 752—2010	电动汽车电能供给与保障技术规范 非车载充电机	本指导性技术文件规定了非车载充电机的基本构成、参数、要求、试验方法、标志与标识和安装要求。 本指导性技术文件适用于非车载充电机的设计、制造、检验和安装。	北京市质量技术监督局	北京市发展和改革委员会	北京理工大学、北京市标准化研究所、北京嘉昌机电设备制造有限公司、北京电源行业协会、中国电力科学研究院、北京普莱德新能源电池科技有限公司、北京交通大学、北京市产品质量监督检验所、普天海油新能源动力有限公司、中国石化建设工程公司、国家电动汽车试验示范区管理中心、北京动力源科技股份有限公司、北京中石化首科新能源科技有限公司、中国科学院电工研究所、北京电力公司	2010-10-25	—
23	DB11/Z 802—2011	电动汽车电能供给与保障技术规范 计量系统	本指导性技术文件规定了电动汽车充电站计量系统的构成与分类、功能和技术要求。 本指导性技术文件适用于电动汽车充电站（以下简称“充电站”）内用于贸易结算的交直流充电设施充放电的计量系统。同时适用于分散或集中建设的用于贸易结算的交流充电桩等其他形式充电设施的计量系统。	北京市质量技术监督局	北京市发展和改革委员会	北京市计量检测科学研究院、北京市标准化研究所、中国计量科学研究院、北京电源行业协会、北京市电力公司、普天海油新能源动力有限公司、中国电力科学研究院、北京普莱德新能源电池科技有限公司、中信国安盟固力动力科技有限公司、机械科学研究总院先进制造技术研究中心、北大先行科技产业有限公司	2011-04-28	—
24	DB11/Z 801—2011	电动汽车电能供给与保障技术规范 动力蓄电池包编码	本指导性技术文件规定了电动汽车动力蓄电池包编码的基本原则、编码对象、代码结构和数据载体。 本指导性技术文件适用于电动汽车动力蓄电池包的生产、使用、维护、追溯与管理。	北京市质量技术监督局	北京市发展和改革委员会	北京市标准化研究所、北京交通大学、北大先行科技产业有限公司、中信国安盟固利动力科技有限公司、北京普莱德新能源电池科技有限公司、普天海油新能源动力有限公司、北京市电力公司	2011-04-28	—
25	DB44/T 1188—2013	电动汽车充电站安全要求	—	广东省质量技术监督局	—	—	2013-09-16	2013-12-16
26	DB44/T 1189—2013	电动汽车充换电设施电能计量装置技术要求	—	广东省质量技术监督局	—	—	2013-09-16	2013-12-16
27	DB44/T 1190—2013	电动汽车电池更换站设计规范	—	广东省质量技术监督局	—	—	2013-09-16	2013-12-16
28	DB44/T 1191—2013	电动汽车电池更换站通用技术要求	—	广东省质量技术监督局	—	—	2013-09-16	2013-12-16

续表

序号	标准编号	标准名称	标准主要内容	发布单位	归口单位	起草单位	发布日期	实施日期
29	DB44/T 1192—2013	电动汽车用充电设备谐波干扰限值和检测方法	—	广东省质量技术监督局	—	—	2013-09-16	2013-12-16
30	DB44/T 1193—2013	电池更换设备通用技术条件	—	广东省质量技术监督局	—	—	2013-09-16	2013-12-16
31	DB44/T 1194—2013	电动汽车示范运行规范	—	广东省质量技术监督局	—	—	2013-09-16	2013-12-16
32	DB44/T 1195—2013	增程式电动城市客车通用技术条件	—	广东省质量技术监督局	—	—	2013-09-16	2013-12-16
33	DB44/T 1196—2013	增程式电动乘用车通用技术条件	—	广东省质量技术监督局	—	—	2013-09-16	2013-12-16
34	DB44/T 1197—2013	短途纯电动乘用车通用技术条件	—	广东省质量技术监督局	—	—	2013-09-16	2013-12-16
35	DB44/T 1198—2013	纯电动改装车通用技术条件	—	广东省质量技术监督局	—	—	2013-09-16	2013-12-16
36	DB44/T 1199—2013	电动汽车远程监控系统基本要求	—	广东省质量技术监督局	—	—	2013-09-16	2013-12-16
37	DB44/T 1200—2013	电动汽车能量测量方法	—	广东省质量技术监督局	—	—	2013-09-16	2013-12-16
38	DB44/T 1201—2013	电动汽车用车载充电装置安全要求	—	广东省质量技术监督局	—	—	2013-09-16	2013-12-16

续表

序号	标准编号	标准名称	标准主要内容	发布单位	归口单位	起草单位	发布日期	实施日期
39	DB44/T 1202—2013	电动汽车用锂离子动力电池系统技术条件	—	广东省质量技术监督局	—	—	2013-09-16	2013-12-16
40	DB44/T 1203—2013	电动汽车用锂离子动力电池回收利用规范	—	广东省质量技术监督局	—	—	2013-09-16	2013-12-16
41	DB44/T 1204—2013	电动汽车换电站监控系统	—	广东省质量技术监督局	—	—	2013-09-16	2013-12-16
42	DB44/T 633—2009	锂离子电池保护电路板技术要求	—	广东省质量技术监督局	—	—	—	2009-12-01
43	DB44/T 837—2010	锂离子电池用电解铜箔	—	广东省质量技术监督局	—	—	—	2011-04-01
44	DB44/T 921—2011	锂离子电池卷绕设备通用技术条件	—	广东省质量技术监督局	—	—	—	2012-01-31
45	JJG（粤）015—2011	电动汽车充电机（桩）	本规程适用于电动汽车非车载充电机和交流充电桩电能计量性能的现场首次检定、后续检定和使用中的检查。	广东省质量技术监督局	广东省质量技术监督局	深圳市计量质量检测研究院、中国计量科学研究院、广东省计量科学研究院、广东电网公司电力科学研究院等	2011-12-02	2011-12-30
46	DB13/T 1464—2011	蓄电池智能快速充电机	本标准规定了蓄电池智能快速充电机的分类、要求、实验方法、检验规则、标志、包装、运输、储存。 本标准适用于蓄电池智能快速充电机。	河北省质量技术监督局	保定市质量技术监督局	保定市宇能电气有限公司	2011-11-15	2011-11-30
47	DB43/T 919—2014	电动汽车用动力电池可靠性试验方法	本标准规定了电动汽车用动力电池系统的可靠性检测要求和试验方法。 本标准适用于电动汽车用动力电池系统。	湖南省质量技术监督局	—	—	2014-08-19	2014-09-19

续表

序号	标准编号	标准名称	标准主要内容	发布单位	归口单位	起草单位	发布日期	实施日期
48	DB31/T480—2010	超级电容电动城市客车营运技术规范	本标准规定了超级电容电动城市客车的整车、质量保证指标、停车场与充电站亭、营运线路客运服务以及维护保养等有关营运安全的基本要求。 本标准适用于本市行政区域内，采用超级电容器作为车载蓄能装置或以超级电容器作为主要车载蓄能装置的各种电动城市客车及其营运相关的系统。	上海市质量技术监督局	上海市交通运输和港口管理局	上海市交通运输和港口管理局、上海奥威科技开发有限公司、上海市公共交通行业协会、上海巴士公交公司、上海润通电动车技术有限公司	2010－05－06	2010－06－01
49	DB31/T634—2012	电动乘用车运行安全和维护保障技术规范	本标准规定了在上海市范围内销售、注册，座位数在5座及以下电动乘用车产品应满足的安全和维护保障技术要求、限值规定和试验方法。 本标准适用于进入国家《车辆生产企业及产品公告》和《节能与新能源汽车示范推广应用工程推荐车型目录》、使用车载动力蓄电池驱动的纯电动乘用车和插电式混合动力乘用车。	上海市质量技术监督局	上海市新能源汽车及应用标准化技术委员会	上海机动车检测中心、同济大学、上海市汽车工程学会	2012－10－16	2012－12－01
50	DB31/T658—2012	混合动力城市客车动力系统燃料经济性台架试验方法	—	上海市质量技术监督局	—	—	2012－11－26	2013－02－01
51	DB31/T659—2012	轻型混合动力客车动力系统燃料经济性台架试验方法	—	上海市质量技术监督局	—	—	2012－11－26	2013－02－01
52	DB31/T660—2012	轻型混合动力客车动力总成台架试验方法	—	上海市质量技术监督局	—	—	2012－11－26	2013－02－01

续表

序号	标准编号	标准名称	标准主要内容	发布单位	归口单位	起草单位	发布日期	实施日期
53	DB31/T 845—2014	新能源汽车及充电设施公共数据采集技术规范	上海市新能源汽车公共数据采集标准制定围绕数据采集、数据格式传输、数据信息采集间隔展开，范围和主要技术内容包括： （1）每次车辆使用数据； （2）每次充电数据。 规定以上每一项内容的数据格式以及数据信息采集间隔，以规定电动汽车远程服务与管理系统车载终端与综合服务和管理平台之间的通信协议，描述了用于通信的协议格式和数据要求。 本标准主要涉及插电式强混以及纯电动汽车。	上海市质量技术监督局	同济大学	同济大学、上海机动车检测中心、普天新能源有限责任公司、上海国际汽车城（集团）有限公司、上汽集团	2014－10－31	2014－12－01
54	DB31/T845—2014	新能源汽车及充电设施公共数据采集技术规范	本标准规定了电动汽车远程服务与管理系统综合服务和管理平台（以下简称“综合平台”）与企业服务与管理平台（以下简称“企业平台”）之间数据交换的技术要求，包括的通信协议结构、数据包结构和定义、数据单元格式和定义、数据信息采集间隔等内容。 本标准适用于电动汽车远程服务与管理系统综合平台与企业平台之间的数据交换。	上海市质量技术监督局	上海市新能源汽车及应用标准化技术委员会	同济大学、上海机动车检测中心、上海国际汽车城（集团）有限公司、上海汽车集团股份有限公司技术中心、普天新能源有限责任公司、上海中科深江电动汽车有限公司等	2014－11－4	2014－12－01
55	DB12/T 475—2012	电动汽车用锂离子动力蓄电池技术条件	本标准规定了电动汽车用锂离子动力蓄电池的要求、试验方法、检验规则、标志、包装、运输和储存。 本标准适用于天津市电动汽车用锂离子动力蓄电池。	天津市质量技术监督局	天津市科学技术委员会	中国汽车技术研究中心、中国电子科技集团第十八研究所、天津市电力公司	2012－11－15	2013－02－15
56	DB44/T 1203—2013	电动汽车用锂离子动力电池回收利用规范	本部分规定了铅酸蓄电池单位产量综合能耗计算方法及其限额指标。 本部分适用于天津市辖区内铅酸蓄电池生产企业。	天津市质量技术监督局	天津市经济和信息化委员会节能与综合利用处	天津市节能协会检测与标准专业委员会、天津市计量监督检测科学研究院、天津市节能监测六站	2013－09－16	2013－12－16
57	DB44/T 1204—2013	电动汽车换电站监控系统	本部分规定了镍氢电池单位产量综合能耗计算方法及其限额指标。 本部分适用于天津市辖区内镍氢电池生产企业。	天津市质量技术监督局	天津市经济和信息化委员会节能与综合利用处	天津市节能协会检测与标准专业委员会、天津市计量监督检测科学研究院、天津市节能监测六站	2013－09－16	2013－12－16

续表

序号	标准编号	标准名称	标准主要内容	发布单位	归口单位	起草单位	发布日期	实施日期
58	DB12/046.62—2011	产品单位产量综合能耗计算方法及限额第62部分：锂电子电池	本部分规定了锂离子电池单位产量综合能耗计算方法及其限额指标。 本部分适用于天津市辖区内锂离子电池生产企业。	天津市质量技术监督局	天津市经济和信息化委员会节能与综合利用处	天津市节能协会检测与标准专业委员会、天津市计量监督检测科学研究院、天津市节能监测六站	2011 - 12 - 08	2012 - 01 - 01
59	DB12/T 475—2012	电动汽车用锂离子动力蓄电池技术条件	本标准规定了电动汽车用锂离子动力蓄电池的要求、试验方法、检验规则、标志、包装、运输和储存。 本标准适用于天津市电动汽车用锂离子动力蓄电池。	天津市质量技术监督局	天津市科学技术委员会	中国汽车技术研究中心、中国电子科技集团第十八研究所、天津市电力公司	2012 - 11 - 15	2013 - 02 - 15
60	SZDB/Z 29.1—2011	电动汽车充电系统技术规范第1部分：通用要求	本部分规定了电动汽车配套充电设施、设备有关设计、功能、技术和电气安全防护等方面的通用要求。 本部分适用于深圳市电动汽车配套充电设施建设与改造。	深圳市市场监督管理局	深圳市发展和改革委员会	深圳市城市发展研究中心、中国南方电网有限责任公司、深圳市比亚迪汽车有限公司、普天海油新能源动力有限公司、深圳奥特迅电力设备股份有限公司、深圳市五洲龙汽车有限公司、深圳市计量质量检测研究院、深圳市科陆电子科技有限公司	2011 - 06 - 29	2011 - 07 - 01
61	SZDB/Z 29.2—2011	电动汽车充电系统技术规范第2部分：充电站及充电桩设计规范	本部分规定了深圳市电动汽车充电站及充电桩设计应遵循的基本原则。 本部分适用于深圳市电动汽车充电站及充电桩新建、扩建和改建工程的设计和建设工作。	深圳市市场监督管理局	深圳市发展和改革委员会	深圳市城市发展研究中心、中国南方电网有限责任公司、深圳市比亚迪汽车有限公司、普天海油新能源动力有限公司、深圳奥特迅电力设备股份有限公司、深圳市五洲龙汽车有限公司、深圳市计量质量检测研究院、深圳市科陆电子科技有限公司	2011 - 06 - 29	2011 - 07 - 01
62	SZDB/Z 29.3—2011	电动汽车充电系统技术规范第3部分：非车载充电机	本部分规定了深圳地区充电站电动汽车非车载充电机的技术要求、检验规则、试验方法、标志、包装和贮运等的要求。 本部分适用于深圳地区采用传导式充电方式的电动汽车非车载充电机的的配置、订货和检验，亦适用于深圳地区电动汽车充电站新建、扩建和改建工程。	深圳市市场监督管理局	深圳市发展和改革委员会	深圳市城市发展研究中心、中国南方电网有限责任公司、深圳市比亚迪汽车有限公司、普天海油新能源动力有限公司、深圳奥特迅电力设备股份有限公司、深圳市五洲龙汽车有限公司、深圳市计量质量检测研究院、深圳市科陆电子科技有限公司	2011 - 06 - 29	2011 - 07 - 01
63	SZDB/Z 29.4—2011	电动汽车充电系统技术规范第4部分：车载充电机	本部分规定了电动汽车车载充电机的技术要求、测试方法、检验规则、标志、包装、运输和贮存。 本部分适用于深圳地区使用的电动汽车车载充电机。	深圳市市场监督管理局	深圳市发展和改革委员会	深圳市城市发展研究中心、中国南方电网有限责任公司、深圳市比亚迪汽车有限公司、普天海油新能源动力有限公司、深圳奥特迅电力设备股份有限公司、深圳市五洲龙汽车有限公司、深圳市计量质量检测研究院、深圳市科陆电子科技有限公司	2011 - 06 - 29	2011 - 07 - 01

续表

序号	标准编号	标准名称	标准主要内容	发布单位	归口单位	起草单位	发布日期	实施日期
64	SZDB/Z 29.5—2011	电动汽车充电系统技术规范第5部分：交流充电桩	本部分规定了电动汽车用交流充电桩的使用条件、技术要求、试验方法、标志、包装和储存等要求。 本部分适用于深圳地区各有关单位电动汽车配套充电设施建设与改造工程的交流充电桩的选型、配置与检验，接入深圳地区的电动汽车配套充电设施可参照执行。	深圳市市场监督管理局	深圳市发展和改革委员会	深圳市城市发展研究中心、中国南方电网有限责任公司、深圳市比亚迪汽车有限公司、普天海油新能源动力有限公司、深圳奥特迅电力设备股份有限公司、深圳市五洲龙汽车有限公司、深圳市计量质量检测研究院、深圳市科陆电子科技有限公司	2011-06-29	2011-07-01
65	SZDB/Z 29.6—2011	电动汽车充电系统技术规范第6部分：充电站监控管理系统	本部分规定了电动汽车充电站监控管理系统的基本构成及应达到的功能要求和技术要求。 本部分适用于深圳地区使用的电动汽车充电站监控管理系统。	深圳市市场监督管理局	深圳市发展和改革委员会	深圳市城市发展研究中心、中国南方电网有限责任公司、深圳市比亚迪汽车有限公司、普天海油新能源动力有限公司、深圳奥特迅电力设备股份有限公司、深圳市五洲龙汽车有限公司、深圳市计量质量检测研究院、深圳市科陆电子科技有限公司	2011-06-29	2011-07-01
66	SZDB/Z 29.7—2011	电动汽车充电系统技术规范第7部分：非车载充电机充电接口	本部分规定了电动汽车非车载充电机充电接口的定义、技术参数、充电模式、功能定义与结构尺寸、技术要求、试验方法和检验规则。	深圳市市场监督管理局	深圳市发展和改革委员会	深圳市城市发展研究中心、中国南方电网有限责任公司、深圳市比亚迪汽车有限公司、普天海油新能源动力有限公司、深圳奥特迅电力设备股份有限公司、深圳市五洲龙汽车有限公司、深圳市计量质量检测研究院、深圳市科陆电子科技有限公司	2011-06-29	2011-07-01
67	SZDB/Z 29.8—2011	电动汽车充电系统技术规范第8部分：非车载充电机监控单元与电池管理系统通信协议	本部分规定了深圳地区的电动汽车非车载充电机监控单元与电池管理系统之间的通信协议。 本标准适用于深圳地区采用传导式充电方式的电动汽车用非车载充电机。	深圳市市场监督管理局	深圳市发展和改革委员会	深圳市城市发展研究中心、中国南方电网有限责任公司、深圳市比亚迪汽车有限公司、普天海油新能源动力有限公司、深圳奥特迅电力设备股份有限公司、深圳市五洲龙汽车有限公司、深圳市计量质量检测研究院、深圳市科陆电子科技有限公司	2011-06-29	2011-07-01
68	SZDB/Z 29.9—2011	电动汽车充电系统技术规范第9部分：城市电动公共汽车充电站	本部分规定了混合动力电动巴士、纯电动巴士充电过程所涉及的充电站、充电装置及其电气接口、通信和监控系统等要求。 本部分适用于深圳市有关单位在城市区域内长度大于6 m、小于等于18 m的混合动力电动巴士、纯电动巴士充电站新建、扩建和改建工程。	深圳市市场监督管理局	深圳市发展和改革委员会	深圳市城市发展研究中心、中国南方电网有限责任公司、深圳市比亚迪汽车有限公司、普天海油新能源动力有限公司、深圳奥特迅电力设备股份有限公司、深圳市五洲龙汽车有限公司、深圳市计量质量检测研究院、深圳市科陆电子科技有限公司	2011-06-29	2011-07-01

二、2014 年车辆生产企业及产品公告（节能与新能源汽车节选）（第 256—267 批次）

1. 纯电动汽车及底盘

序号	企业名称	目录序号	商标	产品名称	产品型号	公告批次	公告日期
1	中国第一汽车集团公司	1	威志牌	纯电动轿车	CA7000	256	2014 年 1 月 13 日
2	中国第一汽车集团公司	1	解放牌	纯电动客车底盘	CA6570	256	2014 年 1 月 13 日
3	北汽福田汽车股份有限公司	9	福田牌	纯电动邮政车	BJ5036X	256	2014 年 1 月 13 日
4	安徽安凯汽车股份有限公司	55	安凯牌	纯电动城市客车	HFF6620	256	2014 年 1 月 13 日
5	安徽安凯汽车股份有限公司	55	安凯牌	纯电动城市客车	HFF6102	256	2014 年 1 月 13 日
6	郑州宇通客车股份有限公司	71	宇通牌	纯电动城市客车	ZK6641	256	2014 年 1 月 13 日
7	郑州宇通客车股份有限公司	71	宇通牌	纯电动城市客车	ZK6701	256	2014 年 1 月 13 日
8	比亚迪汽车工业有限公司	79	比亚迪牌	纯电动城市客车	CK6700	256	2014 年 1 月 13 日
9	比亚迪汽车工业有限公司	79	比亚迪牌	纯电动城市客车	CK6100	256	2014 年 1 月 13 日
10	比亚迪汽车工业有限公司	79	比亚迪牌	纯电动城市客车底盘	CK6800	256	2014 年 1 月 13 日
11	比亚迪汽车工业有限公司	79	比亚迪牌	纯电动城市客车底盘	CK6120	256	2014 年 1 月 13 日
12	比亚迪汽车工业有限公司	79	比亚迪牌	纯电动城市客车底盘	CK6700	256	2014 年 1 月 13 日
13	比亚迪汽车工业有限公司	79	比亚迪牌	纯电动城市客车底盘	CK6100	256	2014 年 1 月 13 日
14	湖南江南汽车制造有限公司	84	众泰牌	纯电动轿车	JNJ7000	256	2014 年 1 月 13 日
15	广州汽车集团客车有限公司	89	广汽牌	纯电动城市客车	GZ6100	256	2014 年 1 月 13 日
16	重庆长安汽车股份有限公司	96	长安牌	纯电动轿车	SC7003	256	2014 年 1 月 13 日
17	金龙联合汽车工业（苏州）有限公司	112	海格牌	纯电动城市客车	KLQ6119	256	2014 年 1 月 13 日
18	厦门金龙联合汽车工业有限公司	123	金龙牌	纯电动客车	XMQ6110	256	2014 年 1 月 13 日
19	天津客车装配厂	（二）04	金马牌	纯电动城市客车	TJK6123	256	2014 年 1 月 13 日
20	山西宇星客车有限公司	（四）01	山西牌	纯电动城市客车	SXK6107	256	2014 年 1 月 13 日
21	江西凯马百路佳客车有限公司	（十四）03	江西牌	纯电动客车	JXK6113	256	2014 年 1 月 13 日
22	中联重科股份有限公司	（十八）20	中联牌	纯电动密闭式桶装垃圾车	ZLJ5020X	256	2014 年 1 月 13 日
23	湖南恒润高科股份有限公司	（十八）36	恒润牌	纯电动洒水车	HHR5160GSS	256	2014 年 1 月 13 日

续表

序号	企业名称	目录序号	商标	产品名称	产品型号	公告批次	公告日期
24	柳州延龙汽车有限公司	（二十）06	延龙牌	纯电动厢式运输车	LZL5028X	256	2014 年 1 月 13 日
25	成都客车股份有限公司	（二十二）10	蜀都牌	纯电动城市客车	CDK6600	256	2014 年 1 月 13 日
26	中国第一汽车集团公司	1	一汽牌	纯电动轿车	CA7005	257	2014 年 2 月 14 日
27	东风汽车公司	3	东风牌	纯电动扫路车	EQ5031TSL	257	2014 年 2 月 14 日
28	东风汽车公司	3	东风牌	纯电动载货汽车底盘	EQ1031	257	2014 年 2 月 14 日
29	东风汽车公司	3	东风牌	纯电动载货汽车底盘	EQ1020	257	2014 年 2 月 14 日
30	东风汽车公司	3	东风牌	纯电动自装卸式垃圾车	EQ5020ZZZ	257	2014 年 2 月 14 日
31	上海申沃客车有限公司	42	申沃牌	纯电动城市客车	SWB6107	257	2014 年 2 月 14 日
32	上海申沃客车有限公司	42	申沃牌	纯电动客车底盘	SWB6107	257	2014 年 2 月 14 日
33	一汽解放青岛汽车有限公司	64	解放牌	纯电动载货汽车底盘	CA1080	257	2014 年 2 月 14 日
34	比亚迪汽车工业有限公司	79	比亚迪牌	纯电动城市客车	CK6800	257	2014 年 2 月 14 日
35	厦门金龙联合汽车工业有限公司	123	金龙牌	纯电动城市客车	XMQ6111	257	2014 年 2 月 14 日
36	厦门金龙旅行车有限公司	124	金旅牌	纯电动厢式运输车	XML5036X	257	2014 年 2 月 14 日
37	中通客车控股股份有限公司	125	中通牌	纯电动城市客车	LCK6660	257	2014 年 2 月 14 日
38	中通客车控股股份有限公司	125	中通牌	纯电动客车底盘	LCK6610	257	2014 年 2 月 14 日
39	江苏陆地方舟新能源电动汽车有限公司	（十）28	陆地方舟牌	纯电动客车	RQ6701	257	2014 年 2 月 14 日
40	江苏尼欧凯汽车有限公司	（十）30	尼欧凯牌	纯电动城市客车	QTK6110	257	2014 年 2 月 14 日
41	盐城中威客车有限公司	（十）62	中大牌	纯电动城市客车	YCK6120	257	2014 年 2 月 14 日
42	中国重汽集团济南豪沃客车有限公司	（十五）19	黄河牌	纯电动城市客车	JK6129	257	2014 年 2 月 14 日
43	重庆瑞驰汽车实业有限公司	（二十一）14	瑞驰牌	纯电动厢式运输车	CRC5021X	257	2014 年 2 月 14 日
44	重庆瑞驰汽车实业有限公司	（二十一）14	瑞驰牌	纯电动厢式运输车	CRC5023X	257	2014 年 2 月 14 日
45	重庆瑞驰汽车实业有限公司	（二十一）14	瑞驰牌	纯电动厢式运输车	CRC5022X	257	2014 年 2 月 14 日
46	成都客车股份有限公司	（二十二）10	蜀都牌	纯电动城市客车	CDK6123	257	2014 年 2 月 14 日
47	东风汽车公司	3	风神牌	纯电动轿车	DFM7000	258	2014 年 3 月 31 日
48	北汽福田汽车股份有限公司	9	福田牌	纯电动城市客车	BJ6180	258	2014 年 3 月 31 日
49	北汽福田汽车股份有限公司	9	福田牌	纯电动城市客车	BJ6123	258	2014 年 3 月 31 日

续表

序号	企业名称	目录序号	商标	产品名称	产品型号	公告批次	公告日期
50	安徽安凯汽车股份有限公司	55	安凯牌	纯电动城市客车	HFF6126	258	2014 年 3 月 31 日
51	安徽安凯汽车股份有限公司	55	安凯牌	纯电动客车	HFF6101	258	2014 年 3 月 31 日
52	山东唐骏欧铃汽车制造有限公司	68	欧铃牌	纯电动厢式运输车	ZB5021X	258	2014 年 3 月 31 日
53	山东唐骏欧铃汽车制造有限公司	68	欧铃牌	纯电动载货汽车底盘	ZB1021	258	2014 年 3 月 31 日
54	中国重汽集团成都王牌商用车有限公司	101	王牌牌	纯电动厢式运输车	CDW5060X	258	2014 年 3 月 31 日
55	中国重汽集团成都王牌商用车有限公司	101	王牌牌	纯电动载货汽车底盘	CDW1060	258	2014 年 3 月 31 日
56	厦门金龙联合汽车工业有限公司	123	金龙牌	纯电动城市客车	XMQ6110	258	2014 年 3 月 31 日
57	中通客车控股股份有限公司	125	中通牌	纯电动城市客车	LCK6850	258	2014 年 3 月 31 日
58	中通客车控股股份有限公司	125	中通牌	纯电动城市客车	LCK6108	258	2014 年 3 月 31 日
59	重庆恒通客车有限公司	127	恒通客车牌	纯电动城市客车	CKZ6127	258	2014 年 3 月 31 日
60	重庆恒通客车有限公司	127	恒通客车牌	纯电动客车底盘	CKZ6129	258	2014 年 3 月 31 日
61	江苏常隆客车有限公司	（十）17	常隆牌	纯电动城市客车	YS6100	258	2014 年 3 月 31 日
62	江苏尼欧凯汽车有限公司	（十）30	尼欧凯牌	纯电动城市客车	QTK6110	258	2014 年 3 月 31 日
63	中国重汽集团济南豪沃客车有限公司	（十五）19	黄河牌	纯电动城市客车	JK6660	258	2014 年 3 月 31 日
64	郑州宇通重工有限公司	（十六）30	宇通牌	纯电动扫路车	YTZ5070TSL	258	2014 年 3 月 31 日
65	河南森源重工有限公司	（十六）37	森源牌	纯电动车厢可卸式垃圾车	SMQ5020ZXX	258	2014 年 3 月 31 日
66	珠海市广通汽车有限公司	（十九）28	广通牌	纯电动城市客车	GTQ6122	258	2014 年 3 月 31 日
67	合肥森隆专用汽车有限公司	（十二）21	世环牌	纯电动扫路车	HHJ5030TSL	258	2014 年 3 月 31 日
68	中联重科股份有限公司	（十八）20	中联牌	纯电动压缩式垃圾车	ZLJ5091ZYS	258	2014 年 3 月 31 日
69	陕西通家汽车股份有限公司	109	通家福牌	纯电动车厢可卸式垃圾车	STJ5022ZXX	259	2014 年 4 月 14 日
70	陕西通家汽车股份有限公司	109	通家福牌	纯电动多用途乘用车	STJ6402	259	2014 年 4 月 14 日
71	陕西通家汽车股份有限公司	109	通家福牌	纯电动轻型载货汽车底盘	STJ1022	259	2014 年 4 月 14 日
72	陕西通家汽车股份有限公司	109	通家福牌	纯电动厢式运输车	STJ5022X	259	2014 年 4 月 14 日
73	西虎汽车工业有限公司	118	西虎牌	纯电动城市客车	QAC6120	259	2014 年 4 月 14 日
74	奇瑞汽车股份有限公司	119	奇瑞牌	纯电动轿车	SQR7000	259	2014 年 4 月 14 日
75	厦门金龙联合汽车工业有限公司	123	金龙牌	纯电动城市客车	XMQ6119	259	2014 年 4 月 14 日

续表

序号	企业名称	目录序号	商标	产品名称	产品型号	公告批次	公告日期
76	厦门金龙旅行车有限公司	124	金旅牌	纯电动城市客车	XML6105	259	2014 年 4 月 14 日
77	厦门金龙旅行车有限公司	124	金旅牌	纯电动城市客车	XML6125	259	2014 年 4 月 14 日
78	中通客车控股股份有限公司	125	中通牌	纯电动城市客车	LCK6122	259	2014 年 4 月 14 日
79	比亚迪汽车工业有限公司	79	比亚迪牌	纯电动城市客车	CK6120	259	2014 年 4 月 14 日
80	广州汽车集团客车有限公司	89	广汽牌	纯电动城市客车	GZ6120	259	2014 年 4 月 14 日
81	北汽福田汽车股份有限公司	9	福田牌	纯电动城市客车	BJ6123	259	2014 年 4 月 14 日
82	天津清源电动车辆有限责任公司	（二）22	清源牌	纯电动厢式运输车	QY5021X	259	2014 年 4 月 14 日
83	江苏常隆客车有限公司	（十）17	常隆牌	纯电动城市客车	YS6750	259	2014 年 4 月 14 日
84	江苏常隆客车有限公司	（十）17	常隆牌	纯电动城市客车	YS6123	259	2014 年 4 月 14 日
85	江苏陆地方舟新能源电动汽车有限公司	（十）28	陆地方舟牌	纯电动城市客车	RQ6120	259	2014 年 4 月 14 日
86	江苏九州车业有限公司	（十）52	九州牌	纯电动城市客车	SYC6100	259	2014 年 4 月 14 日
87	中国重汽集团济南豪沃客车有限公司	（十五）19	黄河牌	纯电动城市客车	JK6106	259	2014 年 4 月 14 日
88	山东沂星电动汽车有限公司	（十五）25	飞燕牌	纯电动城市客车	SDL6120	259	2014 年 4 月 14 日
89	山东沂星电动汽车有限公司	（十五）25	飞燕牌	纯电动城市客车	SDL6100	259	2014 年 4 月 14 日
90	湖北世纪中远车辆有限公司	（十七）86	中悦牌	纯电动车厢可卸式垃圾车	ZYP5031ZXX	259	2014 年 4 月 14 日
91	湖北世纪中远车辆有限公司	（十七）86	中悦牌	纯电动自卸式垃圾车	ZYP5031ZLJ	259	2014 年 4 月 14 日
92	湖北世纪中远车辆有限公司	（十七）86	中悦牌	纯电动自装卸式垃圾车	ZYP5031ZZZ	259	2014 年 4 月 14 日
93	中联重科股份有限公司	（十八）20	中联牌	纯电动扫路车	ZLJ5031TSL	259	2014 年 4 月 14 日
94	湖南恒润高科股份有限公司	（十八）36	恒润牌	纯电动自卸式垃圾车	HHR5160ZLJ	259	2014 年 4 月 14 日
95	东风汽车有限公司	3	启辰牌	纯电动轿车	DFL7000	260	2014 年 5 月 27 日
96	北京汽车股份有限公司	11	北京牌	纯电动厢式运输车	BJ5021X	260	2014 年 5 月 27 日
97	湖南江南汽车制造有限公司	84	众泰牌	纯电动轿车	JNJ7000	260	2014 年 5 月 27 日
98	长安福特汽车有限公司	96	佳跃牌	纯电动轿车	CAF7000	260	2014 年 5 月 27 日
99	河南少林客车股份有限公司	126	少林牌	纯电动城市客车	SLG6720	260	2014 年 5 月 27 日
100	上海沪光客车厂	（九）09	沪光牌	纯电动密闭式桶装垃圾车	HG5023X	260	2014 年 5 月 27 日
101	江苏奥新新能源汽车有限公司	（十）74	达福迪牌	纯电动厢式运输车	JAX5022X	260	2014 年 5 月 27 日

续表

序号	企业名称	目录序号	商标	产品名称	产品型号	公告批次	公告日期
102	江苏奥新新能源汽车有限公司	（十）74	达福迪牌	纯电动车厢可卸式垃圾车	JAX5022ZXX	260	2014年5月27日
103	东风扬子江汽车（武汉）有限责任公司	（十七）48	扬子江牌	纯电动城市客车	WG6124	260	2014年5月27日
104	中国第一汽车集团公司	1	解放牌	纯电动客车底盘	CA6571	261	2014年6月13日
105	中国第一汽车集团公司	1	解放牌	纯电动客车底盘	CA6122	261	2014年6月13日
106	东风汽车公司	3	东风牌	纯电动客车	EQ6640	261	2014年6月13日
107	东风汽车公司	3	东风牌	纯电动厢式车	EQ5031X	261	2014年6月13日
108	北汽福田汽车股份有限公司	9	福田牌	纯电动城市客车	BJ6123	261	2014年6月13日
109	北京汽车股份有限公司	11	北京牌	纯电动轿车	BJ7000	261	2014年6月13日
110	南京汽车集团有限公司	44	依维柯牌	纯电动客车	NJ6617	261	2014年6月13日
111	南京汽车集团有限公司	44	依维柯牌	纯电动客车底盘	NJ6587	261	2014年6月13日
112	南京汽车集团有限公司	44	跃进牌	纯电动载货汽车	NJ1027	261	2014年6月13日
113	南京汽车集团有限公司	44	跃进牌	纯电动载货汽车底盘	NJ1027	261	2014年6月13日
114	比亚迪汽车工业有限公司	79	比亚迪牌	纯电动城市客车	CK6700	261	2014年6月13日
115	比亚迪汽车工业有限公司	79	比亚迪牌	纯电动客车底盘	CK6120	261	2014年6月13日
116	比亚迪汽车工业有限公司	79	比亚迪牌	纯电动旅游客车	CK6120	261	2014年6月13日
117	比亚迪汽车工业有限公司	79	比亚迪牌	纯电动旅游客车	CK6700	261	2014年6月13日
118	比亚迪汽车工业有限公司	79	比亚迪牌	纯电动旅游客车底盘	CK6700	261	2014年6月13日
119	厦门金龙联合汽车工业有限公司	123	金龙牌	纯电动城市客车	XMQ6127	261	2014年6月13日
120	重庆恒通客车有限公司	127	恒通客车牌	纯电动城市客车	CKZ6812	261	2014年6月13日
121	重庆恒通客车有限公司	127	恒通客车牌	纯电动客车底盘	CKZ6769	261	2014年6月13日
122	上海申龙客车有限公司	129	申龙牌	纯电动城市客车	SLK6129	261	2014年6月13日
123	深圳市五洲龙汽车有限公司	131	五洲龙牌	纯电动城市客车	FDG6600	261	2014年6月13日
124	南京金龙客车制造有限公司	（十）15	东宇牌	纯电动城市客车	NJL6129	261	2014年6月13日
125	南京金龙客车制造有限公司	（十）15	东宇牌	纯电动客车	NJL6600	261	2014年6月13日
126	南京金龙客车制造有限公司	（十）15	东宇牌	纯电动商务车	NJL5040X	261	2014年6月13日
127	江苏常隆客车有限公司	（十）17	常隆牌	纯电动城市客车	YS6830	261	2014年6月13日

续表

序号	企业名称	目录序号	商标	产品名称	产品型号	公告批次	公告日期
128	福建龙马环卫装备股份有限公司	（十三）16	福龙马牌	纯电动路面养护车	FLM5020TYH	261	2014 年 6 月 13 日
129	江西凯马百路佳客车有限公司	（十四）03	江西牌	纯电动客车	JXK6650	261	2014 年 6 月 13 日
130	成都客车股份有限公司	（二十二）10	蜀都牌	纯电动城市客车	CDK6600	261	2014 年 6 月 13 日
131	成都客车股份有限公司	（二十二）10	蜀都牌	纯电动城市客车	CDK6123	261	2014 年 6 月 13 日
132	东风汽车公司	3	东风牌	纯电动厢式运输车	EQ5020X	262	2014 年 7 月 21 日
133	北汽福田汽车股份有限公司	9	福田牌	纯电动城市客车	BJ6123	262	2014 年 7 月 21 日
134	北汽福田汽车股份有限公司	9	福田牌	纯电动多用途乘用车	BJ6438	262	2014 年 7 月 21 日
135	北汽福田汽车股份有限公司	9	福田牌	纯电动客车	BJ6127	262	2014 年 7 月 21 日
136	北京汽车股份有限公司	11	北京牌	纯电动厢式运输车	BJ5021X	262	2014 年 7 月 21 日
137	河北长安汽车有限公司	22	长安牌	纯电动厢式运输车	SC5023X	262	2014 年 7 月 21 日
138	上海申沃客车有限公司	42	申沃牌	纯电动城市客车	SWB6121	262	2014 年 7 月 21 日
139	上海申沃客车有限公司	42	申沃牌	纯电动客车底盘	SWB6121	262	2014 年 7 月 21 日
140	浙江豪情汽车制造有限公司	52	吉利牌	纯电动轿车	JL7001	262	2014 年 7 月 21 日
141	浙江豪情汽车制造有限公司	52	豪情牌	纯电动轿车	HQ7001	262	2014 年 7 月 21 日
142	郑州宇通客车股份有限公司	71	宇通牌	纯电动城市客车	ZK6701	262	2014 年 7 月 21 日
143	郑州宇通客车股份有限公司	71	宇通牌	纯电动客车	ZK6701	262	2014 年 7 月 21 日
144	郑州日产汽车有限公司	72	东风牌	纯电动多用途乘用车	ZN6441	262	2014 年 7 月 21 日
145	陕西汽车集团有限责任公司	110	陕汽牌	纯电动城市客车	SX6120	262	2014 年 7 月 21 日
146	陕西汽车集团有限责任公司	110	陕汽牌	纯电动客车	SX6700	262	2014 年 7 月 21 日
147	厦门金龙联合汽车工业有限公司	123	金龙牌	纯电动城市客车	XMQ6661	262	2014 年 7 月 21 日
148	山西皇城相府宇航汽车制造有限公司	（四）01	山西牌	纯电动城市客车	SXK6127	262	2014 年 7 月 21 日
149	上海沪光客车厂	（九）09	沪光牌	纯电动密闭式桶装垃圾车	HG5025X	262	2014 年 7 月 21 日
150	南京金龙客车制造有限公司	（十）15	东宇牌	纯电动城市客车	NJL6100	262	2014 年 7 月 21 日
151	南京金龙客车制造有限公司	（十）15	东宇牌	纯电动客车	NJL6118	262	2014 年 7 月 21 日
152	南京金龙客车制造有限公司	（十）15	东宇牌	纯电动客车	NJL6600	262	2014 年 7 月 21 日
153	万向电动汽车有限公司	（十一）38	万向牌	纯电动厢式车	WXE5020X	262	2014 年 7 月 21 日

续表

序号	企业名称	目录序号	商标	产品名称	产品型号	公告批次	公告日期
154	江西特种汽车有限责任公司	（十四）09	奇特牌	纯电动车厢可卸式垃圾车	JTZ5020ZXX	262	2014 年 7 月 21 日
155	赣州汽车改装厂	（十四）10	环球牌	纯电动车厢自装式垃圾车	GZQ5020ZZZ	262	2014 年 7 月 21 日
156	山东昊宇车辆有限公司	（十五）78	超雷牌	纯电动厢式货车	CLP5021	262	2014 年 7 月 21 日
157	珠海广通汽车有限公司	（十九）28	广通牌	纯电动城市客车	GTQ6123	262	2014 年 7 月 21 日
158	珠海广通汽车有限公司	（十九）28	广通牌	纯电动城市客车	GTQ6105	262	2014 年 7 月 21 日
159	珠海广通汽车有限公司	（十九）28	广通牌	纯电动城市客车	GTQ6121	262	2014 年 7 月 21 日
160	珠海市广通客车有限公司	（十九）34	金徽牌	纯电动城市客车	GTZ6128	262	2014 年 7 月 21 日
161	重庆瑞驰汽车实业有限公司	（二十一）14	瑞驰牌	纯电动厢式运输车	CRC5024X	262	2014 年 7 月 21 日
162	东风汽车公司	3	东风牌	纯电动客车	EQ6640	263	2014 年 8 月 15 日
163	北汽福田汽车股份有限公司	9	福田牌	纯电动城市客车	BJ6123	263	2014 年 8 月 15 日
164	北汽福田汽车股份有限公司	9	福田牌	纯电动城市客车	BJ6650	263	2014 年 8 月 15 日
165	北京汽车股份有限公司	11	北京牌	纯电动多用途乘用车	BJ6450	263	2014 年 8 月 15 日
166	北京汽车股份有限公司	11	北京牌	纯电动轿车	BJ7001	263	2014 年 8 月 15 日
167	上海汽车商用车有限公司	41	大通牌	纯电动客车	SH6601A4BEV	263	2014 年 8 月 15 日
168	南京汽车集团有限公司	44	依维柯牌	纯电动客车	NJ6607	263	2014 年 8 月 15 日
169	南京汽车集团有限公司	44	依维柯牌	纯电动客车底盘	NJ6577	263	2014 年 8 月 15 日
170	扬州亚星客车股份有限公司	49	亚星牌	纯电动城市客车	JS6108	263	2014 年 8 月 15 日
171	扬州亚星客车股份有限公司	49	亚星牌	纯电动城市客车	JS6128	263	2014 年 8 月 15 日
172	安徽安凯汽车股份有限公司	55	安凯牌	纯电动城市客车	HFF6680	263	2014 年 8 月 15 日
173	安徽江淮汽车股份有限公司	56	江淮牌	纯电动轿车	HFC7001	263	2014 年 8 月 15 日
174	郑州宇通客车股份有限公司	71	宇通牌	纯电动城市客车	ZK6125	263	2014 年 8 月 15 日
175	中国重汽集团成都王牌商用车有限公司	101	王牌牌	纯电动厢式运输车	CDW5070X	263	2014 年 8 月 15 日
176	中国重汽集团成都王牌商用车有限公司	101	王牌牌	纯电动载货汽车底盘	CDW1070	263	2014 年 8 月 15 日
177	金龙联合汽车工业（苏州）有限公司	112	海格牌	纯电动客车	KLQ6125	263	2014 年 8 月 15 日
178	厦门金龙联合汽车工业有限公司	123	金龙牌	纯电动城市客车	XMQ6127	263	2014 年 8 月 15 日
179	中通客车控股股份有限公司	125	中通牌	纯电动城市客车	LCK6122	263	2014 年 8 月 15 日

续表

序号	企业名称	目录序号	商标	产品名称	产品型号	公告批次	公告日期
180	上汽唐山客车有限公司	（三）77	飞翼牌	纯电动城市客车	SK6107	263	2014 年 8 月 15 日
181	上汽唐山客车有限公司	（三）77	飞翼牌	纯电动城市客车	SK6121	263	2014 年 8 月 15 日
182	江苏陆地方舟新能源电动汽车有限公司	（十）28	陆地方舟牌	纯电动城市客车	RQ6850	263	2014 年 8 月 15 日
183	江苏陆地方舟新能源电动汽车有限公司	（十）28	陆地方舟牌	纯电动客车	RQ6701	263	2014 年 8 月 15 日
184	南京特种汽车制配厂有限公司	（十）35	金龙牌	纯电动路面养护车	NJT5030TYH	263	2014 年 8 月 15 日
185	南京特种汽车制配厂有限公司	（十）35	金龙牌	纯电动扫路车	NJT5030TSL	263	2014 年 8 月 15 日
186	江苏奥新新能源汽车有限公司	（十）74	达福迪牌	纯电动厢式运输车	JAX5022X	263	2014 年 8 月 15 日
187	江苏奥新新能源汽车有限公司	（十）74	达福迪牌	纯电动厢式运输车	JAX5023X	263	2014 年 8 月 15 日
188	安徽星凯龙客车有限公司	（十二）18	星凯龙牌	纯电动城市客车	HFX6100	263	2014 年 8 月 15 日
189	江西江铃汽车集团改装车有限公司	（十四）15	江铃牌	纯电动车厢可卸式垃圾车	JX5021ZXX	263	2014 年 8 月 15 日
190	江西江铃汽车集团改装车有限公司	（十四）15	江铃牌	纯电动厢式运输车	JX5021X	263	2014 年 8 月 15 日
191	江西江铃汽车集团改装车有限公司	（十四）15	江铃牌	纯电动仓栅式运输车	JX5021CCY	264	2014 年 9 月 17 日
192	中国重汽集团济南豪沃客车有限公司	（十五）19	黄河牌	纯电动厢式运输车	JK5047X	263	2014 年 8 月 15 日
193	东风扬子江汽车（武汉）有限责任公司	（十七）48	扬子江牌	纯电动车厢可卸式垃圾车	WG5020ZXX	264	2014 年 9 月 17 日
194	中联重科股份有限公司	（十八）20	中联牌	纯电动路面养护车	ZLJ5030TYH	263	2014 年 8 月 15 日
195	珠海广通汽车有限公司	（十九）28	广通牌	纯电动城市客车	GTQ6121	263	2014 年 8 月 15 日
196	中国第一汽车集团公司	1	一汽牌	纯电动轿车	CA7008	264	2014 年 9 月 17 日
197	东风汽车公司	3	东风牌	纯电动城市客车	EQ6120	264	2014 年 9 月 17 日
198	东风汽车公司	3	东风牌	纯电动载货汽车底盘	EQ1070	264	2014 年 9 月 17 日
199	东风汽车公司	3	东风牌	纯电动自装卸式垃圾车	EQ5070ZZZ	264	2014 年 9 月 17 日
200	北汽福田汽车股份有限公司	9	福田牌	纯电动城市客车	BJ6123	264	2014 年 9 月 17 日
201	北汽福田汽车股份有限公司	9	福田牌	纯电动城市客车	BJ6851	264	2014 年 9 月 17 日
202	北京汽车股份有限公司	11	北京牌	纯电动轿车	BJ7000	264	2014 年 9 月 17 日
203	北京汽车股份有限公司	11	北京牌	纯电动邮政车	BJ5021X	264	2014 年 9 月 17 日
204	河北长安汽车有限公司	22	长安牌	纯电动厢式运输车	SC5023X	264	2014 年 9 月 17 日
205	山东凯马汽车制造有限公司	31	凯马牌	纯电动厢式运输车	KMC5040X	264	2014 年 9 月 17 日

续表

序号	企业名称	目录序号	商标	产品名称	产品型号	公告批次	公告日期
206	山东凯马汽车制造有限公司	31	凯马牌	纯电动载货汽车底盘	KMC1040	264	2014年9月17日
207	山东凯马汽车制造有限公司	31	凯马牌	纯电动载货汽车底盘	KMC1030	264	2014年9月17日
208	安徽江淮汽车股份有限公司	56	江淮牌	纯电动轿车	HFC7000	264	2014年9月17日
209	福建新龙马汽车股份有限公司	58	福建牌	纯电动多用途乘用车	FJ6410	264	2014年9月17日
210	东南（福建）汽车工业有限公司	58	东南牌	纯电动轿车	DN7002	264	2014年9月17日
211	福建新龙马汽车股份有限公司	58	福建牌	纯电动厢式运输车	FJ5020X	264	2014年9月17日
212	福建新龙马汽车股份有限公司	58	福建牌	纯电动邮政车	FJ5020X	264	2014年9月17日
213	郑州宇通客车股份有限公司	71	宇通牌	纯电动客车	ZK6115	264	2014年9月17日
214	郑州宇通客车股份有限公司	71	宇通牌	纯电动客车底盘	ZK6106	264	2014年9月17日
215	湖南江南汽车制造有限公司	84	众泰牌	纯电动轿车	JNJ7000	264	2014年9月17日
216	重庆长安铃木汽车有限公司	96	长安牌	纯电动轿车	SC7002	264	2014年9月17日
217	陕西汽车集团有限责任公司	110	陕汽牌	纯电动城市客车	SX6100	264	2014年9月17日
218	金龙联合汽车工业（苏州）有限公司	112	海格牌	纯电动城市客车	KLQ6832	264	2014年9月17日
219	厦门金龙旅行车有限公司	124	金旅牌	纯电动客车	XML6700	264	2014年9月17日
220	中通客车控股股份有限公司	125	中通牌	纯电动城市客车	LCK6661	264	2014年9月17日
221	中通客车控股股份有限公司	125	中通牌	纯电动城市客车	LCK6108	264	2014年9月17日
222	中通客车控股股份有限公司	125	中通牌	纯电动客车底盘	LCK6620	264	2014年9月17日
223	重庆恒通客车有限公司	127	恒通客车牌	纯电动城市客车	CKZ6620	264	2014年9月17日
224	上海申龙客车有限公司	129	申龙牌	纯电动城市客车	SLK6109	264	2014年9月17日
225	深圳市五洲龙汽车有限公司	131	五洲龙牌	纯电动城市客车	FDG6701	264	2014年9月17日
226	山西皇城相府宇航汽车制造有限公司	（四）01	山西牌	纯电动城市客车	SXK6851	264	2014年9月17日
227	山西皇城相府宇航汽车制造有限公司	（四）01	山西牌	纯电动城市客车	SXK6107	264	2014年9月17日
228	山西皇城相府宇航汽车制造有限公司	（四）01	山西牌	纯电动客车	SXK6118	264	2014年9月17日
229	南京金龙客车制造有限公司	（十）15	东宇牌	纯电动客车	NJL6600	264	2014年9月17日
230	江苏陆地方舟新能源电动汽车有限公司	（十）28	陆地方舟牌	纯电动城市客车	RQ6100	264	2014年9月17日
231	南京特种汽车制配厂有限公司	（十）35	金龙牌	纯电动厢式运输车	NJT5040X	264	2014年9月17日

续表

序号	企业名称	目录序号	商标	产品名称	产品型号	公告批次	公告日期
232	江西特种汽车有限责任公司	（十四）09	奇特牌	纯电动厢式运输车	JTZ5020X	264	2014 年 9 月 17 日
233	江西特种汽车有限责任公司	（十四）09	奇特牌	纯电动自装卸式垃圾车	JTZ5020ZZZ	264	2014 年 9 月 17 日
234	江西江铃汽车集团改装车有限公司	（十四）15	江铃牌	纯电动厢式运输车	JX5030X	264	2014 年 9 月 17 日
235	江西江铃汽车集团改装车有限公司	（十四）15	江铃牌	纯电动厢式运输车	JX5022X	264	2014 年 9 月 17 日
236	东风扬子江汽车（武汉）有限责任公司	（十七）48	扬子江牌	纯电动城市客车	WG6100	264	2014 年 9 月 17 日
237	东风扬子江汽车（武汉）有限责任公司	（十七）48	扬子江牌	纯电动城市客车	WG6101	264	2014 年 9 月 17 日
238	东风扬子江汽车（武汉）有限责任公司	（十七）48	扬子江牌	纯电动城市客车	WG6650	264	2014 年 9 月 17 日
239	东风扬子江汽车（武汉）有限责任公司	（十七）48	扬子江牌	纯电动城市客车	WG6820	264	2014 年 9 月 17 日
240	东风扬子江汽车（武汉）有限责任公司	（十七）48	扬子江牌	纯电动城市客车	WG6129	264	2014 年 9 月 17 日
241	东风扬子江汽车（武汉）有限责任公司	（十七）48	扬子江牌	纯电动客车	WG6821	264	2014 年 9 月 17 日
242	东风扬子江汽车（武汉）有限责任公司	（十七）48	扬子江牌	纯电动客车	WG6701	264	2014 年 9 月 17 日
243	广州市环境卫生机械设备厂	（十九）06	广环牌	纯电动密闭式桶装垃圾车	GH5020X	264	2014 年 9 月 17 日
244	重庆瑞驰汽车实业有限公司	（二十一）14	瑞驰牌	纯电动厢式运输车	CRC5025X	264	2014 年 9 月 17 日
245	重庆瑞驰汽车实业有限公司	（二十一）14	瑞驰牌	纯电动厢式运输车	CRC5026X	264	2014 年 9 月 17 日
246	一汽（四川）专用汽车有限公司	（二十二）01	远达牌	纯电动车厢可卸式垃圾车	SCZ5080ZXX	264	2014 年 9 月 17 日
247	东风汽车公司	3	东风牌	纯电动载货汽车底盘	EQ1020	265	2014 年 11 月 2 日
248	东风汽车公司	3	东风牌	纯电动自装卸式垃圾车	EQ5020ZZZ	265	2014 年 11 月 2 日
249	北汽福田汽车股份有限公司	9	福田牌	纯电动城市客车	BJ6123	265	2014 年 11 月 2 日
250	北京汽车股份有限公司	11	北京牌	纯电动轿车	BJ7000	265	2014 年 11 月 2 日
251	丹东黄海汽车有限责任公司	29	黄海牌	纯电动城市客车	DD6821	265	2014 年 11 月 2 日
252	丹东黄海汽车有限责任公司	29	黄海牌	纯电动客车底盘	DD6801	265	2014 年 11 月 2 日
253	山东凯马汽车制造有限公司	31	凯马牌	纯电动自装卸式垃圾车	KMC5030ZZZ	265	2014 年 11 月 2 日
254	南京汽车集团有限公司	44	依维柯牌	纯电动客车底盘	NJ6577	265	2014 年 11 月 2 日
255	南京汽车集团有限公司	44	依维柯牌	纯电动厢式运输车	NJ5057X	265	2014 年 11 月 2 日
256	浙江吉利汽车有限公司	52	康迪牌	纯电动轿车	SMA7001	265	2014 年 11 月 2 日
257	安徽安凯汽车股份有限公司	55	安凯牌	纯电动客车	HFF6705	265	2014 年 11 月 2 日

续表

序号	企业名称	目录序号	商标	产品名称	产品型号	公告批次	公告日期
258	东南（福建）汽车工业有限公司	58	东南牌	纯电动轿车	DN7000	265	2014年11月2日
259	郑州宇通客车股份有限公司	71	宇通牌	纯电动城市客车	ZK6125	265	2014年11月2日
260	郑州宇通客车股份有限公司	71	宇通牌	纯电动城市客车	ZK6845	265	2014年11月2日
261	郑州宇通客车股份有限公司	71	宇通牌	纯电动城市客车	ZK6105	265	2014年11月2日
262	湖南江南汽车制造有限公司	84	众泰牌	纯电动轿车	JNJ7000	265	2014年11月2日
263	一汽海马汽车有限公司	88	海马牌	纯电动轿车	HMC7001	265	2014年11月2日
264	四川汽车工业股份有限公司	101	野马牌	纯电动乘用车	SQJ6451	265	2014年11月2日
265	陕西汽车集团有限责任公司	110	陕汽牌	纯电动厢式运输车	SX5020X	265	2014年11月2日
266	金龙联合汽车工业（苏州）有限公司	112	海格牌	纯电动客车	KLQ6601	265	2014年11月2日
267	金龙联合汽车工业（苏州）有限公司	112	海格牌	纯电动厢式运输车	KLQ5020X	265	2014年11月2日
268	厦门金龙联合汽车工业有限公司	123	金龙牌	纯电动城市客车	XMQ6811	265	2014年11月2日
269	厦门金龙联合汽车工业有限公司	123	金龙牌	纯电动客车	XMQ6110	265	2014年11月2日
270	厦门金龙旅行车有限公司	124	金旅牌	纯电动城市客车	XML6805	265	2014年11月2日
271	厦门金龙旅行车有限公司	124	金旅牌	纯电动客车	XML6102	265	2014年11月2日
272	中通客车控股股份有限公司	125	中通牌	纯电动城市客车	LCK6660	265	2014年11月2日
273	重庆恒通客车有限公司	127	恒通客车牌	纯电动城市客车	CKZ6127	265	2014年11月2日
274	重庆恒通客车有限公司	127	恒通客车牌	纯电动客车底盘	CKZ6129	265	2014年11月2日
275	南京金龙客车制造有限公司	（十）15	东宇牌	纯电动城市客车	NJL6100	265	2014年11月2日
276	南京金龙客车制造有限公司	（十）15	东宇牌	纯电动客车	NJL6600	265	2014年11月2日
277	南京特种汽车制配厂有限公司	（十）35	金龙牌	纯电动厢式运输车	NJT5020X	265	2014年11月2日
278	南京特种汽车制配厂有限公司	（十）35	金龙牌	纯电动厢式运输车	NJT5030X	265	2014年11月2日
279	南京特种汽车制配厂有限公司	（十）35	金龙牌	纯电动邮政车	NJT5020X	265	2014年11月2日
280	江苏九龙汽车制造有限公司	（十）60	大马牌	纯电动客车	HKL6600	265	2014年11月2日
281	江苏奥新新能源汽车有限公司	（十）74	达福迪牌	纯电动扫路车	JAX5022TSL	265	2014年11月2日
282	江苏奥新新能源汽车有限公司	（十）74	达福迪牌	纯电动桶装垃圾运输车	JAX5022CTY	265	2014年11月2日
283	江苏奥新新能源汽车有限公司	（十）74	达福迪牌	纯电动自装卸式垃圾车	JAX5022ZZZ	265	2014年11月2日

续表

序号	企业名称	目录序号	商标	产品名称	产品型号	公告批次	公告日期
284	浙江宝成机械科技有限公司	（十一）29	宝裕牌	纯电动自卸式垃圾车	ZBJ5020ZLJ	265	2014 年 11 月 2 日
285	芜湖宝骐汽车制造有限公司	（十二）14	智骐牌	纯电动厢式运输车	WXS5020X	265	2014 年 11 月 2 日
286	安徽星凯龙客车有限公司	（十二）18	星凯龙牌	纯电动客车	HFX6600	265	2014 年 11 月 2 日
287	福建龙马环卫装备股份有限公司	（十三）16	福龙马牌	纯电动车厢可卸式垃圾车	FLM5030ZXX	266	2014 年 11 月 15 日
288	福建龙马环卫装备股份有限公司	（十三）16	福龙马牌	纯电动车厢可卸式垃圾车	FLM5020ZXX	265	2014 年 11 月 2 日
289	赣州汽车改装厂	（十四）10	环球牌	纯电动车厢可卸式垃圾车	GZQ5020ZXX	265	2014 年 11 月 2 日
290	赣州汽车改装厂	（十四）10	环球牌	纯电动仓栅式运输车	GZQ5020CCY	265	2014 年 11 月 2 日
291	赣州汽车改装厂	（十四）10	环球牌	纯电动自装卸式垃圾车	GZQ5021ZZZ	265	2014 年 11 月 2 日
292	山东沂星电动汽车有限公司	（十五）25	飞燕牌	纯电动旅游客车	SDL6100	265	2014 年 11 月 2 日
293	东风扬子江汽车（武汉）有限责任公司	（十七）48	扬子江牌	纯电动厢式运输车	WG5022X	265	2014 年 11 月 2 日
294	重庆瑞驰汽车实业有限公司	（二十一）14	瑞驰牌	纯电动厢式运输车	CRC5025X	265	2014 年 11 月 2 日
295	贵阳普天物流技术股份有限公司	（二十三）03	鸿雁牌	纯电动邮政车	CPT5020X	265	2014 年 11 月 2 日
296	东风汽车公司	3	东风牌	纯电动城市客车	EQ6110	266	2014 年 11 月 15 日
297	北京北方华德尼奥普兰客车股份有限公司	7	北方牌	纯电动押运车	BFC5044	266	2014 年 11 月 15 日
298	北汽福田汽车股份有限公司	9	福田牌	纯电动城市客车	BJ6123	266	2014 年 11 月 15 日
299	北京汽车股份有限公司	11	北京牌	纯电动电力工程车	BJ5021X	266	2014 年 11 月 15 日
300	北京汽车股份有限公司	11	北京牌	纯电动多用途乘用车	BJ6451	266	2014 年 11 月 15 日
301	北京汽车股份有限公司	11	北京牌	纯电动轿车	BJ7000	266	2014 年 11 月 15 日
302	北京汽车股份有限公司	11	北京牌	纯电动轿车	BJ7001	266	2014 年 11 月 15 日
303	北京汽车股份有限公司	11	北京牌	纯电动轿车	BJ7002	266	2014 年 11 月 15 日
304	北京汽车股份有限公司	11	北京牌	纯电动厢式运输车	BJ5022X	266	2014 年 11 月 15 日
305	长城汽车股份有限公司	15	长城牌	纯电动轿车	CC7002	266	2014 年 11 月 15 日
306	河北长安汽车有限公司	22	长安牌	纯电动密闭式桶装垃圾车	SC5035X	266	2014 年 11 月 15 日
307	河北长安汽车有限公司	22	长安牌	纯电动厢式运输车	SC5035X	266	2014 年 11 月 15 日
308	河北长安汽车有限公司	22	长安牌	纯电动载货汽车底盘	SC1035	266	2014 年 11 月 15 日
309	山东凯马汽车制造有限公司	31	凯马牌	纯电动厢式运输车	KMC5020X	266	2014 年 11 月 15 日

续表

序号	企业名称	目录序号	商标	产品名称	产品型号	公告批次	公告日期
310	山东凯马汽车制造有限公司	31	凯马牌	纯电动押运车	KMC5040X	266	2014 年 11 月 15 日
311	山东凯马汽车制造有限公司	31	凯马牌	纯电动载货汽车	KMC1020	266	2014 年 11 月 15 日
312	山东凯马汽车制造有限公司	31	凯马牌	纯电动载货汽车底盘	KMC1040	266	2014 年 11 月 15 日
313	山东凯马汽车制造有限公司	31	凯马牌	纯电动载货汽车底盘	KMC1020	266	2014 年 11 月 15 日
314	上海汽车商用车有限公司	41	大通牌	纯电动厢式运输车	SH5041X	266	2014 年 11 月 15 日
315	上海汽车商用车有限公司	41	大通牌	纯电动厢式运输车	SH5040X	266	2014 年 11 月 15 日
316	上海申沃客车有限公司	42	申沃牌	纯电动城市客车	SWB6121	266	2014 年 11 月 15 日
317	上海申沃客车有限公司	42	申沃牌	纯电动客车底盘	SWB6121	266	2014 年 11 月 15 日
318	浙江吉利汽车有限公司	52	吉利牌	纯电动轿车	SMA7000	266	2014 年 11 月 15 日
319	浙江吉利汽车有限公司	52	康迪牌	纯电动轿车	SMA7002	266	2014 年 11 月 15 日
320	安徽安凯汽车股份有限公司	55	安凯牌	纯电动城市客车	HFF6850	266	2014 年 11 月 15 日
321	安徽安凯汽车股份有限公司	55	安凯牌	电动客车	HFF6127	266	2014 年 11 月 15 日
322	山东唐骏欧铃汽车制造有限公司	68	欧铃牌	纯电动厢式运输车	ZB5060X	266	2014 年 11 月 15 日
323	山东唐骏欧铃汽车制造有限公司	68	欧铃牌	纯电动载货汽车	ZB1030	266	2014 年 11 月 15 日
324	山东唐骏欧铃汽车制造有限公司	68	欧铃牌	纯电动载货汽车底盘	ZB1030	266	2014 年 11 月 15 日
325	山东唐骏欧铃汽车制造有限公司	68	欧铃牌	纯电动载货汽车底盘	ZB1060	266	2014 年 11 月 15 日
326	郑州宇通客车股份有限公司	71	宇通牌	纯电动城市客车	ZK6845	266	2014 年 11 月 15 日
327	郑州宇通客车股份有限公司	71	宇通牌	纯电动客车	ZK6125	266	2014 年 11 月 15 日
328	郑州宇通客车股份有限公司	71	宇通牌	纯电动客车	ZK6115	266	2014 年 11 月 15 日
329	郑州宇通客车股份有限公司	71	宇通牌	纯电动客车底盘	ZK6106	266	2014 年 11 月 15 日
330	四川汽车工业股份有限公司	101	野马牌	纯电动城市客车	SQJ6111	266	2014 年 11 月 15 日
331	陕西汽车集团有限责任公司	110	陕汽牌	纯电动公路客车	SX6110	266	2014 年 11 月 15 日
332	金龙联合汽车工业（苏州）有限公司	112	海格牌	纯电动客车	KLQ6520	266	2014 年 11 月 15 日
333	江铃控股有限公司	121	江铃牌	纯电动轿车	JX7004	266	2014 年 11 月 15 日
334	厦门金龙联合汽车工业有限公司	123	金龙牌	纯电动城市客车	XMQ6811	266	2014 年 11 月 15 日
335	厦门金龙联合汽车工业有限公司	123	金龙牌	纯电动客车	XMQ6110	266	2014 年 11 月 15 日

续表

序号	企业名称	目录序号	商标	产品名称	产品型号	公告批次	公告日期
336	厦门金龙联合汽车工业有限公司	123	金龙牌	纯电动客车	XMQ6821	266	2014 年 11 月 15 日
337	厦门金龙旅行车有限公司	124	金旅牌	纯电动城市客车	XML6115	266	2014 年 11 月 15 日
338	厦门金龙旅行车有限公司	124	金旅牌	纯电动城市客车	XML6125	266	2014 年 11 月 15 日
339	厦门金龙旅行车有限公司	124	金旅牌	纯电动客车	XML6700	266	2014 年 11 月 15 日
340	中通客车控股股份有限公司	125	中通牌	纯电动城市客车	LCK6669	266	2014 年 11 月 15 日
341	中通客车控股股份有限公司	125	中通牌	纯电动城市客车	LCK6668	266	2014 年 11 月 15 日
342	中通客车控股股份有限公司	125	中通牌	纯电动城市客车	LCK6108	266	2014 年 11 月 15 日
343	中通客车控股股份有限公司	125	中通牌	纯电动客车底盘	LCK6619	266	2014 年 11 月 15 日
344	中通客车控股股份有限公司	125	中通牌	纯电动客车底盘	LCK6618	266	2014 年 11 月 15 日
345	海马轿车有限公司	128	海马牌	纯电动轿车	HMA7004	266	2014 年 11 月 15 日
346	海马轿车有限公司	128	海马牌	纯电动轿车	HMA7002	266	2014 年 11 月 15 日
347	上海申龙客车有限公司	129	申龙牌	纯电动客车	SLK6108	266	2014 年 11 月 15 日
348	深圳市五洲龙汽车有限公司	131	五洲龙牌	纯电动城市客车	FDG6103	266	2014 年 11 月 15 日
349	深圳市五洲龙汽车有限公司	131	五洲龙牌	纯电动城市客车	FDG6851	266	2014 年 11 月 15 日
350	深圳市五洲龙汽车有限公司	131	五洲龙牌	纯电动城市客车	FDG6105	266	2014 年 11 月 15 日
351	深圳市五洲龙汽车有限公司	131	五洲龙牌	纯电动客车	FDG6602	266	2014 年 11 月 15 日
352	深圳市五洲龙汽车有限公司	131	五洲龙牌	纯电动客车底盘	FDG6103	266	2014 年 11 月 15 日
353	深圳市五洲龙汽车有限公司	131	五洲龙牌	纯电动客车底盘	FDG6820	266	2014 年 11 月 15 日
354	深圳市五洲龙汽车有限公司	131	五洲龙牌	纯电动客车底盘	FDG6105	266	2014 年 11 月 15 日
355	深圳市五洲龙汽车有限公司	131	五洲龙牌	纯电动厢式运输车	FDG5040X	266	2014 年 11 月 15 日
356	山西皇城相府宇航汽车制造有限公司	（四）01	山西牌	纯电动城市客车	SXK6608	266	2014 年 11 月 15 日
357	山西皇城相府宇航汽车制造有限公司	（四）01	山西牌	纯电动城市客车	SXK6127	266	2014 年 11 月 15 日
358	黑龙江龙华汽车有限公司	（八）16	黑龙江牌	纯电动城市客车	HLJ6125	266	2014 年 11 月 15 日
359	南京金龙客车制造有限公司	（十）15	东宇牌	纯电动城市客车	NJL6129	266	2014 年 11 月 15 日
360	南京金龙客车制造有限公司	（十）15	东宇牌	纯电动客车	NJL6117	266	2014 年 11 月 15 日
361	南京金龙客车制造有限公司	（十）15	东宇牌	纯电动客车	NJL6118	266	2014 年 11 月 15 日

续表

序号	企业名称	目录序号	商标	产品名称	产品型号	公告批次	公告日期
362	南京金龙客车制造有限公司	（十）15	东宇牌	纯电动客车	NJL6706	266	2014年11月15日
363	南京金龙客车制造有限公司	（十）15	东宇牌	纯电动客车	NJL6600	266	2014年11月15日
364	江苏常隆客车有限公司	（十）17	常隆牌	纯电动城市客车	YS6831	266	2014年11月15日
365	江苏常隆客车有限公司	（十）17	常隆牌	纯电动城市客车	YS6125	266	2014年11月15日
366	江苏陆地方舟新能源电动汽车有限公司	（十）28	陆地方舟牌	纯电动桶装垃圾运输车	RQ5020CTY	266	2014年11月15日
367	江苏卡威汽车工业集团有限公司	（十）46	卡威牌	纯电动城市客车	JNQ6101	266	2014年11月15日
368	浙江宝成机械科技有限公司	（十一）29	宝裕牌	纯电动清洗车	ZBJ5020GQX	266	2014年11月15日
369	福建龙马环卫装备股份有限公司	（十三）16	福龙马牌	纯电动垃圾转运车	FLM5020ZLJ	266	2014年11月15日
370	福建龙马环卫装备股份有限公司	（十三）16	福龙马牌	纯电动桶装垃圾运输车	FLM5020CTY	266	2014年11月15日
371	江西凯马百路佳客车有限公司	（十四）03	江西牌	纯电动城市客车	JXK6820	266	2014年11月15日
372	中国重汽集团济南豪沃客车有限公司	（十五）19	黄河牌	纯电动城市客车	JK6126	266	2014年11月15日
373	中国重汽集团济南豪沃客车有限公司	（十五）19	黄河牌	纯电动客车	JK6668	266	2014年11月15日
374	河南森源重工有限公司	（十六）37	森源牌	纯电动桶装垃圾车	SMQ5030CTY	266	2014年11月15日
375	中联重科股份有限公司	（十八）20	中联牌	纯电动车厢可卸式垃圾车	ZLJ5020ZXX	266	2014年11月15日
376	云南五龙汽车有限公司	（二十四）03	长江牌	纯电动客车	FDE6810	266	2014年11月15日
377	云南五龙汽车有限公司	（二十四）03	长江牌	纯电动客车	FDE6750	266	2014年11月15日
378	东风汽车公司	3	东风牌	纯电动客车底盘	EQ6101	267	2014年12月23日
379	东风汽车公司	3	东风牌	纯电动客车底盘	EQ6580	267	2014年12月23日
380	金华青年汽车制造有限公司	7	青年牌	纯电动城市客车	JNP6123	267	2014年12月23日
381	北汽福田汽车股份有限公司	9	福田牌	纯电动城市客车	BJ6105	267	2014年12月23日
382	北汽福田汽车股份有限公司	9	福田牌	纯电动客车	BJ6127	267	2014年12月23日
383	河北长安汽车有限公司	22	长安牌	纯电动路面养护车	SC5035TYH	267	2014年12月23日
384	沈阳华晨金杯汽车有限公司	33	金杯牌	纯电动厢式运输车	SY5020X	267	2014年12月23日
385	上海申沃客车有限公司	42	申沃牌	纯电动城市客车	SWB6121	267	2014年12月23日
386	上海申沃客车有限公司	42	申沃牌	纯电动客车	SWB6110	267	2014年12月23日
387	上海申沃客车有限公司	42	申沃牌	纯电动客车底盘	SWB6110	267	2014年12月23日

续表

序号	企业名称	目录序号	商标	产品名称	产品型号	公告批次	公告日期
388	上海申沃客车有限公司	42	申沃牌	纯电动客车底盘	SWB6622	267	2014 年 12 月 23 日
389	上海申沃客车有限公司	42	申沃牌	纯电动客车底盘	SWB6121	267	2014 年 12 月 23 日
390	南京汽车集团有限公司	44	畅达牌	纯电动厢式运输车	NJ5020X	267	2014 年 12 月 23 日
391	扬州亚星客车股份有限公司	49	亚星牌	纯电动客车	YBL6111	267	2014 年 12 月 23 日
392	浙江吉利汽车有限公司	52	吉利牌	纯电动轿车	SMA7001	267	2014 年 12 月 23 日
393	浙江吉利汽车有限公司	52	吉利美日牌	纯电动轿车	MR7002	267	2014 年 12 月 23 日
394	浙江吉利汽车有限公司	52	康迪牌	纯电动轿车	SMA7000	267	2014 年 12 月 23 日
395	浙江吉利汽车有限公司	52	康迪牌	纯电动轿车	SMA7001	267	2014 年 12 月 23 日
396	浙江豪情汽车制造有限公司	52	吉利牌	纯电动轿车	JL7001	267	2014 年 12 月 23 日
397	安徽安凯汽车股份有限公司	55	安凯牌	纯电动城市客车	HFF6129	267	2014 年 12 月 23 日
398	安徽安凯汽车股份有限公司	55	安凯牌	纯电动城市客车	HFF6123	267	2014 年 12 月 23 日
399	安徽安凯汽车股份有限公司	55	安凯牌	纯电动客车	HFF6850	267	2014 年 12 月 23 日
400	福建新福达汽车工业有限公司	58	福达（FORTA）牌	纯电动城市客车	FZ6859	267	2014 年 12 月 23 日
401	福建新福达汽车工业有限公司	58	福达（FORTA）牌	纯电动城市客车	FZ6129	267	2014 年 12 月 23 日
402	福建新福达汽车工业有限公司	58	福达（FORTA）牌	纯电动城市客车	FZ6119	267	2014 年 12 月 23 日
403	福建新龙马汽车股份有限公司	58	福建牌	纯电动多用途乘用车	FJ6411	267	2014 年 12 月 23 日
404	东南（福建）汽车工业有限公司	58	东南牌	纯电动厢式运输车	DN5021X	267	2014 年 12 月 23 日
405	福建新龙马汽车股份有限公司	58	福建牌	纯电动厢式运输车	FJ5021X	267	2014 年 12 月 23 日
406	东南（福建）汽车工业有限公司	58	东南牌	纯电动邮政车	DN5021X	267	2014 年 12 月 23 日
407	福建新龙马汽车股份有限公司	58	福建牌	纯电动邮政车	FJ5021X	267	2014 年 12 月 23 日
408	郑州宇通客车股份有限公司	71	宇通牌	纯电动城市客车	ZK6125	267	2014 年 12 月 23 日
409	郑州宇通客车股份有限公司	71	宇通牌	纯电动城市客车	ZK6105	267	2014 年 12 月 23 日
410	比亚迪汽车工业有限公司	79	比亚迪牌	纯电动城市客车	CK6800	267	2014 年 12 月 23 日
411	比亚迪汽车工业有限公司	79	比亚迪牌	纯电动城市客车底盘	CK6800	267	2014 年 12 月 23 日
412	湖南江南汽车制造有限公司	84	江南牌	纯电动轿车	JNJ7000	267	2014 年 12 月 23 日
413	重庆力帆汽车有限公司	93	力帆牌	纯电动多用途乘用车	LF6401	267	2014 年 12 月 23 日

续表

序号	企业名称	目录序号	商标	产品名称	产品型号	公告批次	公告日期
414	重庆力帆汽车有限公司	93	力帆牌	纯电动厢式运输车	LF5028X	267	2014年12月23日
415	中国重汽集团成都王牌商用车有限公司	101	王牌牌	纯电动厢式运输车	CDW5071X	267	2014年12月23日
416	中国重汽集团成都王牌商用车有限公司	101	王牌牌	纯电动载货汽车底盘	CDW1071	267	2014年12月23日
417	奇瑞汽车股份有限公司	119	奇瑞牌	纯电动轿车	SQR7000	267	2014年12月23日
418	奇瑞汽车股份有限公司	119	瑞麒牌	纯电动轿车	SQR7000	267	2014年12月23日
419	奇瑞汽车股份有限公司	119	奇瑞牌	纯电动厢式运输车	SQR5010X	267	2014年12月23日
420	厦门金龙联合汽车工业有限公司	123	金龙牌	纯电动城市客车	XMQ6110	267	2014年12月23日
421	厦门金龙联合汽车工业有限公司	123	金龙牌	纯电动城市客车	XMQ6111	267	2014年12月23日
422	厦门金龙联合汽车工业有限公司	123	金龙牌	纯电动城市客车	XMQ6811	267	2014年12月23日
423	厦门金龙联合汽车工业有限公司	123	金龙牌	纯电动城市客车	XMQ6127	267	2014年12月23日
424	厦门金龙联合汽车工业有限公司	123	金龙牌	纯电动城市客车	XMQ6850	267	2014年12月23日
425	厦门金龙联合汽车工业有限公司	123	金龙牌	纯电动城市客车	XMQ6661	267	2014年12月23日
426	厦门金龙联合汽车工业有限公司	123	金龙牌	纯电动城市客车	XMQ6706	267	2014年12月23日
427	厦门金龙联合汽车工业有限公司	123	金龙牌	纯电动客车	XMQ6110	267	2014年12月23日
428	厦门金龙联合汽车工业有限公司	123	金龙牌	纯电动客车	XMQ6129	267	2014年12月23日
429	厦门金龙联合汽车工业有限公司	123	金龙牌	纯电动客车	XMQ6113	267	2014年12月23日
430	厦门金龙联合汽车工业有限公司	123	金龙牌	纯电动客车	XMQ6706	267	2014年12月23日
431	中通客车控股股份有限公司	125	中通牌	纯电动城市客车	LCK6810	267	2014年12月23日
432	中通客车控股股份有限公司	125	中通牌	纯电动客车底盘	LCK6760	267	2014年12月23日
433	深圳市五洲龙汽车有限公司	131	五洲龙牌	纯电动城市客车	FDG6661	267	2014年12月23日
434	深圳市五洲龙汽车有限公司	131	五洲龙牌	纯电动城市客车	FDG6125	267	2014年12月23日
435	深圳市五洲龙汽车有限公司	131	五洲龙牌	纯电动城市客车	FDG6851	267	2014年12月23日
436	深圳市五洲龙汽车有限公司	131	五洲龙牌	纯电动城市客车	FDG6117	267	2014年12月23日
437	深圳市五洲龙汽车有限公司	131	五洲龙牌	纯电动城市客车	FDG6113	267	2014年12月23日
438	深圳市五洲龙汽车有限公司	131	五洲龙牌	纯电动客车	FDG6850	267	2014年12月23日
439	深圳市五洲龙汽车有限公司	131	五洲龙牌	纯电动客车	FDG6112	267	2014年12月23日

续表

序号	企业名称	目录序号	商标	产品名称	产品型号	公告批次	公告日期
440	深圳市五洲龙汽车有限公司	131	五洲龙牌	纯电动客车	FDG6602	267	2014 年 12 月 23 日
441	深圳市五洲龙汽车有限公司	131	五洲龙牌	纯电动客车	FDG6702	267	2014 年 12 月 23 日
442	深圳市五洲龙汽车有限公司	131	五洲龙牌	纯电动客车底盘	FDG6820	267	2014 年 12 月 23 日
443	深圳市五洲龙汽车有限公司	131	五洲龙牌	纯电动客车底盘	FDG6110	267	2014 年 12 月 23 日
444	深圳市五洲龙汽车有限公司	131	五洲龙牌	纯电动客车底盘	FDG6810	267	2014 年 12 月 23 日
445	深圳市五洲龙汽车有限公司	131	五洲龙牌	纯电动客车底盘	FDG6100	267	2014 年 12 月 23 日
446	河北御捷车业有限公司	134	御捷马牌	纯电动多用途乘用车	YGM6360	267	2014 年 12 月 23 日
447	河北御捷车业有限公司	134	御捷马牌	纯电动多用途乘用车	YGM6361	267	2014 年 12 月 23 日
448	河北御捷车业有限公司	134	御捷马牌	纯电动厢式运输车	YGM5011X	267	2014 年 12 月 23 日
449	河北御捷车业有限公司	134	御捷马牌	纯电动厢式运输车	YGM5010X	267	2014 年 12 月 23 日
450	河北御捷车业有限公司	134	御捷马牌	纯电动厢式运输车	YGM5012X	267	2014 年 12 月 23 日
451	扫地王（天津）专用车辆装备有限公司	（二）09	华环牌	纯电动自装卸式垃圾车	TSW5070ZZZ	267	2014 年 12 月 23 日
452	天津清源电动车辆有限责任公司	（二）22	清源牌	纯电动车厢可卸式垃圾车	QY5030ZXX	267	2014 年 12 月 23 日
453	天津清源电动车辆有限责任公司	（二）22	清源牌	纯电动路面养护车	QY5030TYH	267	2014 年 12 月 23 日
454	上汽唐山客车有限公司	（三）77	飞翼牌	纯电动城市客车	SK6652	267	2014 年 12 月 23 日
455	上汽唐山客车有限公司	（三）77	飞翼牌	纯电动客车	SK6110	267	2014 年 12 月 23 日
456	山西皇城相府宇航汽车制造有限公司	（四）01	山西牌	纯电动城市客车	SXK6127	267	2014 年 12 月 23 日
457	山西皇城相府宇航汽车制造有限公司	（四）01	山西牌	纯电动客车	SXK6601	267	2014 年 12 月 23 日
458	南京金龙客车制造有限公司	（十）15	东宇牌	纯电动客车	NJL6117	267	2014 年 12 月 23 日
459	南京金龙客车制造有限公司	（十）15	东宇牌	纯电动客车	NJL6118	267	2014 年 12 月 23 日
460	南京金龙客车制造有限公司	（十）15	东宇牌	纯电动城市客车	NJL6129	267	2014 年 12 月 23 日
461	南京金龙客车制造有限公司	（十）15	东宇牌	纯电动城市客车	NJL6100	267	2014 年 12 月 23 日
462	江苏陆地方舟新能源电动汽车有限公司	（十）28	陆地方舟牌	纯电动客车	RQ6700	267	2014 年 12 月 23 日
463	江苏陆地方舟新能源电动汽车有限公司	（十）28	陆地方舟牌	纯电动厢式运输车	RQ5070X	267	2014 年 12 月 23 日
464	江苏陆地方舟新能源电动汽车有限公司	（十）28	陆地方舟牌	纯电动车厢可卸式垃圾车	RQ5020ZXX	267	2014 年 12 月 23 日
465	江苏陆地方舟新能源电动汽车有限公司	（十）28	陆地方舟牌	纯电动城市客车	RQ6850	267	2014 年 12 月 23 日

续表

序号	企业名称	目录序号	商标	产品名称	产品型号	公告批次	公告日期
466	江苏陆地方舟新能源电动汽车有限公司	（十）28	陆地方舟牌	纯电动城市客车	RQ6100	267	2014 年 12 月 23 日
467	南京特种汽车制配厂有限公司	（十）35	金龙牌	纯电动邮政车	NJT5020X	267	2014 年 12 月 23 日
468	南京特种汽车制配厂有限公司	（十）35	金龙牌	纯电动扫路车	NJT5031TSL	267	2014 年 12 月 23 日
469	南京特种汽车制配厂有限公司	（十）35	金龙牌	纯电动扫路车	NJT5070TSL	267	2014 年 12 月 23 日
470	南京特种汽车制配厂有限公司	（十）35	金龙牌	纯电动厢式运输车	NJT5020X	267	2014 年 12 月 23 日
471	南京特种汽车制配厂有限公司	（十）35	金龙牌	纯电动厢式运输车	NJT5041X	267	2014 年 12 月 23 日
472	南京特种汽车制配厂有限公司	（十）35	金龙牌	纯电动工程车	NJT5044X	267	2014 年 12 月 23 日
473	江苏九龙汽车制造有限公司	（十）60	大马牌	纯电动客车	HKL6700	267	2014 年 12 月 23 日
474	江苏奥新新能源汽车有限公司	（十）74	达福迪牌	纯电动厢式运输车	JAX5022X	267	2014 年 12 月 23 日
475	江苏奥新新能源汽车有限公司	（十）74	达福迪牌	纯电动车厢可卸式垃圾车	JAX5022ZXX	267	2014 年 12 月 23 日
476	南京德兴汽车车辆改装有限公司	（十）96	德欣牌	纯电动扫路车	NDX5020TSL	267	2014 年 12 月 23 日
477	南京德兴汽车车辆改装有限公司	（十）96	德欣牌	纯电动清洗车	NDX5020GQX	267	2014 年 12 月 23 日
478	安徽星凯龙客车有限公司	（十二）18	星凯龙牌	纯电动城市客车	HFX6120	267	2014 年 12 月 23 日
479	江西凯马百路佳客车有限公司	（十四）03	江西牌	纯电动城市客车	JXK6106	267	2014 年 12 月 23 日
480	江西特种汽车有限责任公司	（十四）09	奇特牌	纯电动桶装垃圾运输车	JTZ5020CTY	267	2014 年 12 月 23 日
481	中国重汽集团济南豪沃客车有限公司	（十五）19	黄河牌	纯电动客车	JK6116	267	2014 年 12 月 23 日
482	中国重汽集团济南豪沃客车有限公司	（十五）19	黄河牌	纯电动客车	JK6600	267	2014 年 12 月 23 日
483	中国重汽集团济南豪沃客车有限公司	（十五）19	黄河牌	纯电动城市客车	JK6660	267	2014 年 12 月 23 日
484	烟台海德专用汽车有限公司	（十五）20	海德牌	纯电动餐厨垃圾车	CHD5070TCA	267	2014 年 12 月 23 日
485	中联重科股份有限公司	（十八）20	中联牌	纯电动路面养护车	ZLJ5031TYH	267	2014 年 12 月 23 日
486	成都客车股份有限公司	（二十二）10	蜀都牌	纯电动城市客车	CDK6610	267	2014 年 12 月 23 日
487	云南五龙汽车有限公司	（二十四）03	长江牌	纯电动城市客车	FDE6120	267	2014 年 12 月 23 日

注：共统计纯电动汽车及底盘 487 款。其中，纯电动城市客车 168 款，纯电动城市客车底盘 5 款，纯电动客车 68 款，纯电动客车底盘 33 款，纯电动旅游客车 3 款，纯电动旅游客车底盘 1 款，纯电动乘用车 53 款，专用车 138 款（包括：垃圾车、载货汽车、邮政车、厢式运输车、路面养护车、扫路车、清洗车、工程车等）；纯电动载货汽车底盘 18 款。

2. 插电式混合动力汽车及底盘

序号	企业名称	目录序号	商标	产品名称	产品型号	公告批次	公告日期
1	安徽安凯汽车股份有限公司	55	安凯牌	插电式混合动力城市客车	HFF6107	256	2014 年 1 月 13 日
2	安徽安凯汽车股份有限公司	55	安凯牌	插电式混合动力城市客车	HFF6127	256	2014 年 1 月 13 日
3	江苏陆地方舟新能源电动汽车有限公司	（十）28	陆地方舟牌	插电式混合动力城市客车	RQ6100	257	2014 年 2 月 14 日
4	重庆恒通客车有限公司	127	恒通客车牌	插电式混合动力城市客车	CKZ6126	259	2014 年 4 月 14 日
5	重庆恒通客车有限公司	127	恒通客车牌	插电式混合动力客车底盘	CKZ6129	259	2014 年 4 月 14 日
6	江苏陆地方舟新能源电动汽车有限公司	（十）28	陆地方舟牌	插电式混合动力城市客车	RQ6120	259	2014 年 4 月 14 日
7	奇瑞汽车股份有限公司	119	瑞麒牌	插电式混合动力轿车	SQR7160	261	2014 年 6 月 13 日
8	山西皇城相府宇航汽车制造有限公司	（四）01	山西牌	插电式混合动力城市客车	SXK6107	262	2014 年 7 月 21 日
9	江西博能上饶客车有限公司	（十四）02	上饶牌	插电式混合动力城市客车	SR6116	262	2014 年 7 月 21 日
10	江西博能上饶客车有限公司	（十四）02	上饶牌	插电式混合动力城市客车	SR6116	263	2014 年 8 月 15 日
11	佛山市飞驰汽车制造有限公司	（十九）17	飞驰牌	插电式混合动力城市客车	FSQ6110	263	2014 年 8 月 15 日
12	山西皇城相府宇航汽车制造有限公司	（四）01	山西牌	插电式混合动力城市客车	SXK6127	264	2014 年 9 月 17 日
13	东风扬子江汽车（武汉）有限责任公司	（十七）48	扬子江牌	插电式混合动力城市客车	WG6120	264	2014 年 9 月 17 日
14	扬州亚星客车股份有限公司	49	亚星牌	插电式混合动力城市客车	JS6108	265	2014 年 11 月 2 日
15	扬州亚星客车股份有限公司	49	亚星牌	插电式混合动力城市客车	JS6128	265	2014 年 11 月 2 日
16	安徽安凯汽车股份有限公司	55	安凯牌	插电式混合动力城市客车	HFF6100	265	2014 年 11 月 2 日
17	重庆恒通客车有限公司	127	恒通客车牌	插电式混合动力城市客车	CKZ6126	265	2014 年 11 月 2 日
18	重庆恒通客车有限公司	127	恒通客车牌	插电式混合动力客车底盘	CKZ6129	265	2014 年 11 月 2 日
19	安徽安凯汽车股份有限公司	55	安凯牌	插电式混合动力城市客车	HFF6120	266	2014 年 11 月 15 日
20	安徽安凯汽车股份有限公司	55	安凯牌	插电式混合动力城市客车	HFF6128	266	2014 年 11 月 15 日
21	比亚迪汽车工业有限公司	79	比亚迪牌	插电式混合动力多用途乘用车	BYD6480	266	2014 年 11 月 15 日
22	比亚迪汽车有限公司	108	比亚迪牌	插电式混合动力轿车	BYD7150	266	2014 年 11 月 15 日
23	山西皇城相府宇航汽车制造有限公司	（四）01	山西牌	插电式混合动力城市客车	SXK6107	266	2014 年 11 月 15 日
24	扬州亚星客车股份有限公司	49	亚星牌	插电式混合动力城市客车	JS6108	267	2014 年 12 月 23 日
25	扬州亚星客车股份有限公司	49	亚星牌	插电式混合动力城市客车	YBL6117	267	2014 年 12 月 23 日
26	扬州亚星客车股份有限公司	49	亚星牌	插电式混合动力城市客车	JS6128	267	2014 年 12 月 23 日

续表

序号	企业名称	目录序号	商标	产品名称	产品型号	公告批次	公告日期
27	安徽安凯汽车股份有限公司	55	安凯牌	插电式混合动力城市客车	HFF6100	267	2014 年 12 月 23 日
28	安徽安凯汽车股份有限公司	55	安凯牌	插电式混合动力城市客车	HFF6120	267	2014 年 12 月 23 日

注：共统计插电式混合动力汽车及底盘 28 款。其中，插电式混合动力城市客车 23 款，插电式混合动力乘用车 3 款，插电式混合动力客车底盘 2 款。

3. 增程式混合动力汽车

序号	企业名称	目录序号	商标	产品名称	产品型号	公告批次	公告日期
1	奇瑞汽车股份有限公司	119	瑞麒牌	增程式混合动力轿车	SQR7060	261	2014 年 6 月 13 日
2	广州汽车集团乘用车有限公司	89	传祺（Trumpchi）牌	增程式混合动力轿车	GAC7100	262	2014 年 7 月 21 日
3	华晨汽车集团控股有限公司	33	中华牌	增程式混合动力轿车	SY7080	264	2014 年 9 月 17 日

注：共统计增程式混合动力汽车 3 款，均为增程式混合动力乘用车。

4. 燃料电池轿车

序号	企业名称	目录序号	商标	产品名称	产品型号	公告批次	公告日期
1	上海汽车集团股份有限公司	122	荣威牌	燃料电池轿车	CSA7003	262	2014 年 7 月 21 日

5. 混合动力汽车及底盘

序号	企业名称	目录序号	商标	产品名称	产品型号	公告批次	公告日期
1	丹东黄海汽车有限责任公司	29	黄海牌	混合动力客车底盘	DD6129	256	2014 年 1 月 13 日
2	郑州宇通客车股份有限公司	71	宇通牌	混合动力城市客车	ZK6120	256	2014 年 1 月 13 日
3	郑州宇通客车股份有限公司	71	宇通牌	混合动力城市客车	ZK6105	256	2014 年 1 月 13 日
4	郑州宇通客车股份有限公司	71	宇通牌	混合动力城市客车	ZK6125	256	2014 年 1 月 13 日
5	郑州宇通客车股份有限公司	71	宇通牌	混合动力铰接城市客车	ZK6180	256	2014 年 1 月 13 日
6	郑州宇通客车股份有限公司	71	宇通牌	混合动力客车底盘	ZK6118	256	2014 年 1 月 13 日
7	郑州宇通客车股份有限公司	71	宇通牌	混合动力双层城市客车	ZK6116	256	2014 年 1 月 13 日
8	比亚迪汽车工业有限公司	79	比亚迪牌	混合动力多用途乘用车	BYD6450	256	2014 年 1 月 13 日
9	广州汽车集团客车有限公司	89	广汽牌	混合动力城市客车	GZ6100	256	2014 年 1 月 13 日
10	广州汽车集团客车有限公司	89	广汽牌	混合动力城市客车	GZ6110	256	2014 年 1 月 13 日

续表

序号	企业名称	目录序号	商标	产品名称	产品型号	公告批次	公告日期
11	广州汽车集团客车有限公司	89	广汽牌	混合动力城市客车	GZ6113	256	2014 年 1 月 13 日
12	广汽丰田汽车有限公司	89	丰田（TOYOTA）牌	混合动力轿车	GTM7251	256	2014 年 1 月 13 日
13	四川一汽丰田汽车有限公司	100	丰田（TOYOTA）牌	混合动力轿车	CA7180	256	2014 年 1 月 13 日
14	陕西汽车集团有限责任公司	110	陕汽牌	混合动力城市客车	SX6110	256	2014 年 1 月 13 日
15	金龙联合汽车工业（苏州）有限公司	112	海格牌	混合动力城市客车	KLQ6129	256	2014 年 1 月 13 日
16	金龙联合汽车工业（苏州）有限公司	112	海格牌	混合动力城市客车	KLQ6109	256	2014 年 1 月 13 日
17	金龙联合汽车工业（苏州）有限公司	112	海格牌	混合动力城市客车	KLQ6119	256	2014 年 1 月 13 日
18	上海申龙客车有限公司	129	申龙牌	混合动力城市客车	SLK6109	256	2014 年 1 月 13 日
19	山西宇星客车有限公司	（四）01	山西牌	混合动力城市客车	SXK6127	256	2014 年 1 月 13 日
20	上海万象汽车制造有限公司	（九）26	象牌	混合动力城市客车	SXC6110	256	2014 年 1 月 13 日
21	江苏九州车业有限公司	（十）52	九州牌	混合动力城市客车	SYC6120	256	2014 年 1 月 13 日
22	中国重汽集团济南豪沃客车有限公司	（十五）19	黄河牌	混合动力城市客车	JK6109	256	2014 年 1 月 13 日
23	中国重汽集团济南豪沃客车有限公司	（十五）19	黄河牌	混合动力城市客车	JK6129	256	2014 年 1 月 13 日
24	湖南南车时代电动汽车股份有限公司	（十八）23	南车时代牌	混合动力城市客车	TEG6106	256	2014 年 1 月 13 日
25	湖南南车时代电动汽车股份有限公司	（十八）23	南车时代牌	混合动力城市客车	TEG6129	256	2014 年 1 月 13 日
26	中国第一汽车集团公司	1	一汽牌	混合动力轿车	CA7150	257	2014 年 2 月 14 日
27	金华青年汽车制造有限公司	7	青年牌	混合动力城市客车	JNP6120	257	2014 年 2 月 14 日
28	丹东黄海汽车有限责任公司	29	黄海牌	混合动力城市客车	DD6129	257	2014 年 2 月 14 日
29	上海申沃客车有限公司	42	申沃牌	混合动力城市客车	SWB6127	257	2014 年 2 月 14 日
30	上海申沃客车有限公司	42	申沃牌	混合动力城市客车	SWB6107	257	2014 年 2 月 14 日
31	上海申沃客车有限公司	42	申沃牌	混合动力客车底盘	SWB6127	257	2014 年 2 月 14 日
32	上海申沃客车有限公司	42	申沃牌	混合动力客车底盘	SWB6107	257	2014 年 2 月 14 日
33	郑州宇通客车股份有限公司	71	宇通牌	混合动力城市客车	ZK6125	257	2014 年 2 月 14 日
34	陕西汽车集团有限责任公司	110	陕汽牌	混合动力城市客车	SX6120	257	2014 年 2 月 14 日
35	中通客车控股股份有限公司	125	中通牌	混合动力城市客车	LCK6122	257	2014 年 2 月 14 日
36	中通客车控股股份有限公司	125	中通牌	混合动力城市客车	LCK6950	257	2014 年 2 月 14 日

续表

序号	企业名称	目录序号	商标	产品名称	产品型号	公告批次	公告日期
37	中通客车控股股份有限公司	125	中通牌	混合动力城市客车	LCK6103	257	2014 年 2 月 14 日
38	中通客车控股股份有限公司	125	中通牌	混合动力城市客车	LCK6123	257	2014 年 2 月 14 日
39	中通客车控股股份有限公司	125	中通牌	混合动力客车底盘	LCK6905	257	2014 年 2 月 14 日
40	宁波吉江汽车制造有限责任公司	（十一）17	吉江牌	混合动力城市客车	NE6120	257	2014 年 2 月 14 日
41	中国第一汽车集团公司	1	解放牌	混合动力城市客车	CA6121	258	2014 年 3 月 31 日
42	中国第一汽车集团公司	1	解放牌	混合动力客车底盘	CA6121	258	2014 年 3 月 31 日
43	东风汽车公司	3	风神牌	混合动力轿车	DFM7130	258	2014 年 3 月 31 日
44	上海申沃客车有限公司	42	申沃牌	混合动力城市客车	SWB6107	258	2014 年 3 月 31 日
45	上海申沃客车有限公司	42	申沃牌	混合动力客车底盘	SWB6107	258	2014 年 3 月 31 日
46	上海万象汽车制造有限公司	（九）26	象牌	混合动力城市客车	SXC6910	258	2014 年 3 月 31 日
47	江西博能上饶客车有限公司	（十四）02	上饶牌	混合动力城市客车	SR6106	258	2014 年 3 月 31 日
48	东风汽车公司	3	东风牌	混合动力城市客车	EQ6121	259	2014 年 4 月 14 日
49	东风汽车公司	3	东风牌	混合动力客车底盘	EQ6121	259	2014 年 4 月 14 日
50	金华青年汽车制造有限公司	7	青年牌	混合动力城市客车	JNP6120	259	2014 年 4 月 14 日
51	丹东黄海汽车有限责任公司	29	黄海牌	混合动力城市客车	DD6109	259	2014 年 4 月 14 日
52	丹东黄海汽车有限责任公司	29	黄海牌	混合动力城市客车	DD6129	259	2014 年 4 月 14 日
53	上海申沃客车有限公司	42	申沃牌	混合动力城市客车	SWB6127	259	2014 年 4 月 14 日
54	上海申沃客车有限公司	42	申沃牌	混合动力客车底盘	SWB6127	259	2014 年 4 月 14 日
55	扬州亚星客车股份有限公司	49	亚星牌	混合动力城市客车	JS6108	259	2014 年 4 月 14 日
56	扬州亚星客车股份有限公司	49	亚星牌	混合动力城市客车	JS6128	259	2014 年 4 月 14 日
57	郑州宇通客车股份有限公司	71	宇通牌	混合动力城市客车	ZK6125	259	2014 年 4 月 14 日
58	郑州宇通客车股份有限公司	71	宇通牌	混合动力城市客车	ZK6120	259	2014 年 4 月 14 日
59	郑州宇通客车股份有限公司	71	宇通牌	混合动力城市客车	ZK6935	259	2014 年 4 月 14 日
60	郑州宇通客车股份有限公司	71	宇通牌	混合动力城市客车	ZK6105	259	2014 年 4 月 14 日
61	郑州宇通客车股份有限公司	71	宇通牌	混合动力客车底盘	ZK6895	259	2014 年 4 月 14 日
62	厦门金龙联合汽车工业有限公司	123	金龙牌	混合动力城市客车	XMQ6127	259	2014 年 4 月 14 日

续表

序号	企业名称	目录序号	商标	产品名称	产品型号	公告批次	公告日期
63	厦门金龙联合汽车工业有限公司	123	金龙牌	混合动力城市客车	XMQ6106	259	2014 年 4 月 14 日
64	厦门金龙联合汽车工业有限公司	123	金龙牌	混合动力城市客车	XMQ6119	259	2014 年 4 月 14 日
65	上海万象汽车制造有限公司	（九）26	象牌	混合动力城市客车	SXC6110	259	2014 年 4 月 14 日
66	上海万象汽车制造有限公司	（九）26	象牌	混合动力城市客车	SXC6120	259	2014 年 4 月 14 日
67	江西凯马百路佳客车有限公司	（十四）03	江西牌	混合动力城市客车	JXK6115	259	2014 年 4 月 14 日
68	湖南南车时代电动汽车股份有限公司	（十八）23	南车时代牌	混合动力城市客车	TEG6129	259	2014 年 4 月 14 日
69	湖南南车时代电动汽车股份有限公司	（十八）23	南车时代牌	混合动力城市客车	TEG6106	259	2014 年 4 月 14 日
70	东风汽车公司	3	东风牌	混合动力客车底盘	EQ6110	260	2014 年 5 月 27 日
71	奇瑞万达贵州客车股份有限公司	（二十三）06	万达牌	混合动力城市客车	WD6111	260	2014 年 5 月 27 日
72	奇瑞万达贵州客车股份有限公司	（二十三）06	万达牌	混合动力城市客车	WD6112	260	2014 年 5 月 27 日
73	郑州宇通客车股份有限公司	71	宇通牌	混合动力城市客车	ZK6120	261	2014 年 6 月 13 日
74	郑州宇通客车股份有限公司	71	宇通牌	混合动力城市客车	ZK6105	261	2014 年 6 月 13 日
75	重庆长安汽车股份有限公司	96	长安牌	混合动力轿车	SC7158	261	2014 年 6 月 13 日
76	奇瑞汽车股份有限公司	119	奇瑞牌	混合动力轿车	SQR7160	261	2014 年 6 月 13 日
77	厦门金龙旅行车有限公司	124	金旅牌	混合动力城市客车	XML6115	261	2014 年 6 月 13 日
78	厦门金龙旅行车有限公司	124	金旅牌	混合动力城市客车	XML6125	261	2014 年 6 月 13 日
79	湖南南车时代电动汽车股份有限公司	（十八）23	南车时代牌	混合动力城市客车	TEG6129	261	2014 年 6 月 13 日
80	东风汽车公司	3	东风牌	混合动力客车底盘	EQ6101	262	2014 年 7 月 21 日
81	金龙联合汽车工业（苏州）有限公司	112	海格牌	混合动力城市客车	KLQ6762	262	2014 年 7 月 21 日
82	厦门金龙旅行车有限公司	124	金旅牌	混合动力城市客车	XML6115	262	2014 年 7 月 21 日
83	厦门金龙旅行车有限公司	124	金旅牌	混合动力城市客车	XML6125	262	2014 年 7 月 21 日
84	上海申龙客车有限公司	129	申龙牌	混合动力城市客车	SLK6109	262	2014 年 7 月 21 日
85	上海万象汽车制造有限公司	（九）26	象牌	混合动力城市客车	SXC6910	262	2014 年 7 月 21 日
86	安源客车制造有限公司	（十四）05	安源牌	混合动力城市客车	PK6100	262	2014 年 7 月 21 日
87	安源客车制造有限公司	（十四）05	安源牌	混合动力城市客车	PK6120	262	2014 年 7 月 21 日
88	重庆五洲龙新能源汽车有限公司	（二十一）07	五洲龙牌	混合动力城市客车	WZL6123	262	2014 年 7 月 21 日

续表

序号	企业名称	目录序号	商标	产品名称	产品型号	公告批次	公告日期
89	成都客车股份有限公司	（二十二）10	蜀都牌	混合动力城市客车	CDK6113	262	2014年7月21日
90	东风汽车公司	3	东风牌	混合动力客车底盘	EQ6101	263	2014年8月15日
91	东风汽车公司	3	东风牌	混合动力客车底盘	EQ6121	263	2014年8月15日
92	北汽福田汽车股份有限公司	9	福田牌	混合动力城市客车	BJ6105	263	2014年8月15日
93	北汽福田汽车股份有限公司	9	福田牌	混合动力城市客车	BJ6123	263	2014年8月15日
94	上海申沃客车有限公司	42	申沃牌	混合动力城市客车底盘	SWB6107	263	2014年8月15日
95	扬州亚星客车股份有限公司	49	亚星牌	混合动力城市客车	JS6108	263	2014年8月15日
96	扬州亚星客车股份有限公司	49	亚星牌	混合动力城市客车	JS6128	263	2014年8月15日
97	郑州宇通客车股份有限公司	71	宇通牌	混合动力客车	ZK6125	263	2014年8月15日
98	上海申龙客车有限公司	129	申龙牌	混合动力城市客车	SLK6119	263	2014年8月15日
99	上汽唐山客车有限公司	（三）77	飞翼牌	混合动力城市客车	SK6107	263	2014年8月15日
100	成都客车股份有限公司	（二十二）10	蜀都牌	混合动力城市客车	CDK6123	263	2014年8月15日
101	北汽福田汽车股份有限公司	9	福田牌	混合动力城市客车	BJ6105	264	2014年9月17日
102	北汽福田汽车股份有限公司	9	福田牌	混合动力城市客车	BJ6127	264	2014年9月17日
103	北汽福田汽车股份有限公司	9	福田牌	混合动力城市客车	BJ6123	264	2014年9月17日
104	华晨宝马汽车有限公司	33	宝马（BMW）牌	混合动力轿车	BMW7201	264	2014年9月17日
105	金龙联合汽车工业（苏州）有限公司	112	海格牌	混合动力城市客车	KLQ6832	264	2014年9月17日
106	金龙联合汽车工业（苏州）有限公司	112	海格牌	混合动力城市客车	KLQ6762	264	2014年9月17日
107	南京金龙客车制造有限公司	（十）15	东宇牌	混合动力城市客车	NJL6109	264	2014年9月17日
108	安源客车制造有限公司	（十四）05	安源牌	混合动力城市客车	PK6100	264	2014年9月17日
109	安源客车制造有限公司	（十四）05	安源牌	混合动力城市客车	PK6120	264	2014年9月17日
110	东风汽车公司	3	东风牌	混合动力载货汽车底盘	EQ1140	265	2014年11月2日
111	丹东黄海汽车有限责任公司	29	黄海牌	混合动力城市客车	DD6129	265	2014年11月2日
112	上海申沃客车有限公司	42	申沃牌	混合动力城市客车	SWB6127	265	2014年11月2日
113	上海申沃客车有限公司	42	申沃牌	混合动力客车底盘	SWB6127	265	2014年11月2日
114	郑州宇通客车股份有限公司	71	宇通牌	混合动力城市客车	ZK6125	265	2014年11月2日

续表

序号	企业名称	目录序号	商标	产品名称	产品型号	公告批次	公告日期
115	郑州宇通客车股份有限公司	71	宇通牌	混合动力客车	ZK6115	265	2014 年 11 月 2 日
116	郑州宇通客车股份有限公司	71	宇通牌	混合动力客车底盘	ZK6106	265	2014 年 11 月 2 日
117	广汽丰田汽车有限公司	89	丰田（TOYOTA）牌	混合动力轿车	GTM7252	265	2014 年 11 月 2 日
118	金龙联合汽车工业（苏州）有限公司	112	海格牌	混合动力城市客车	KLQ6109	265	2014 年 11 月 2 日
119	厦门金龙联合汽车工业有限公司	123	金龙牌	混合动力城市客车	XMQ6127	265	2014 年 11 月 2 日
120	厦门金龙联合汽车工业有限公司	123	金龙牌	混合动力城市客车	XMQ6106	265	2014 年 11 月 2 日
121	厦门金龙联合汽车工业有限公司	123	金龙牌	混合动力城市客车	XMQ6119	265	2014 年 11 月 2 日
122	上海申龙客车有限公司	129	申龙牌	混合动力城市客车	SLK6109	265	2014 年 11 月 2 日
123	深圳市五洲龙汽车有限公司	131	五洲龙牌	混合动力城市客车	FDG6103	265	2014 年 11 月 2 日
124	深圳市五洲龙汽车有限公司	131	五洲龙牌	混合动力客车底盘	FDG6103	265	2014 年 11 月 2 日
125	上海万象汽车制造有限公司	（九）26	象牌	混合动力城市客车	SXC6910	265	2014 年 11 月 2 日
126	南京金龙客车制造有限公司	（十）15	东宇牌	混合动力城市客车	NJL6129	265	2014 年 11 月 2 日
127	中国第一汽车集团公司	1	解放牌	混合动力城市客车	CA6121	266	2014 年 11 月 15 日
128	中国第一汽车集团公司	1	解放牌	混合动力客车底盘	CA6121	266	2014 年 11 月 15 日
129	东风汽车公司	3	东风牌	混合动力城市客车	EQ6125	266	2014 年 11 月 15 日
130	东风汽车公司	3	东风牌	混合动力城市客车	EQ6120	266	2014 年 11 月 15 日
131	北汽福田汽车股份有限公司	9	福田牌	混合动力城市客车	BJ6105	266	2014 年 11 月 15 日
132	北汽福田汽车股份有限公司	9	福田牌	混合动力城市客车	BJ6123	266	2014 年 11 月 15 日
133	上海申沃客车有限公司	42	申沃牌	混合动力城市客车	SWB6127	266	2014 年 11 月 15 日
134	上海申沃客车有限公司	42	申沃牌	混合动力城市客车	SWB6107	266	2014 年 11 月 15 日
135	郑州宇通客车股份有限公司	71	宇通牌	混合动力城市客车	ZK6105	266	2014 年 11 月 15 日
136	陕西汽车集团有限责任公司	110	陕汽牌	混合动力城市客车	SX6120	266	2014 年 11 月 15 日
137	厦门金龙联合汽车工业有限公司	123	金龙牌	混合动力城市客车	XMQ6127	266	2014 年 11 月 15 日
138	厦门金龙联合汽车工业有限公司	123	金龙牌	混合动力城市客车	XMQ6119	266	2014 年 11 月 15 日
139	厦门金龙联合汽车工业有限公司	123	金龙牌	混合动力城市客车	XMQ6106	266	2014 年 11 月 15 日
140	厦门金龙旅行车有限公司	124	金旅牌	混合动力城市客车	XML6122	266	2014 年 11 月 15 日

续表

序号	企业名称	目录序号	商标	产品名称	产品型号	公告批次	公告日期
141	厦门金龙旅行车有限公司	124	金旅牌	混合动力城市客车	XML6765	266	2014 年 11 月 15 日
142	厦门金龙旅行车有限公司	124	金旅牌	混合动力城市客车	XML6115	266	2014 年 11 月 15 日
143	厦门金龙旅行车有限公司	124	金旅牌	混合动力城市客车	XML6105	266	2014 年 11 月 15 日
144	厦门金龙旅行车有限公司	124	金旅牌	混合动力城市客车	XML6855	266	2014 年 11 月 15 日
145	上海申龙客车有限公司	129	申龙牌	混合动力城市客车	SLK6109	266	2014 年 11 月 15 日
146	深圳市五洲龙汽车有限公司	131	五洲龙牌	混合动力城市客车	FDG6113	266	2014 年 11 月 15 日
147	深圳市五洲龙汽车有限公司	131	五洲龙牌	混合动力客车底盘	FDG6113	266	2014 年 11 月 15 日
148	上海万象汽车制造有限公司	（九）26	象牌	混合动力城市客车	SXC6110	266	2014 年 11 月 15 日
149	南京金龙客车制造有限公司	（十）15	东宇牌	混合动力城市客车	NJL6109	266	2014 年 11 月 15 日
150	湖南南车时代电动汽车股份有限公司	（十八）23	南车时代牌	混合动力城市客车	TEG6129	266	2014 年 11 月 15 日
151	湖南南车时代电动汽车股份有限公司	（十八）23	南车时代牌	混合动力城市客车	TEG6106	266	2014 年 11 月 15 日
152	中国第一汽车集团公司	1	一汽牌	混合动力轿车	CA7154	267	2014 年 12 月 23 日
153	东风汽车公司	3	东风牌	混合动力城市客车	EQ6100	267	2014 年 12 月 23 日
154	东风汽车公司	3	东风牌	混合动力客车底盘	EQ6100	267	2014 年 12 月 23 日
155	东风汽车公司	3	东风牌	混合动力客车底盘	EQ6101	267	2014 年 12 月 23 日
156	北汽福田汽车股份有限公司	9	福田牌	混合动力城市客车	BJ6123	267	2014 年 12 月 23 日
157	上海申沃客车有限公司	42	申沃牌	混合动力城市客车	SWB6107	267	2014 年 12 月 23 日
158	上海申沃客车有限公司	42	申沃牌	混合动力城市客车底盘	SWB6127	267	2014 年 12 月 23 日
159	上海申沃客车有限公司	42	申沃牌	混合动力城市客车底盘	SWB6107	267	2014 年 12 月 23 日
160	上海申沃客车有限公司	42	申沃牌	混合动力客车底盘	SWB6107	267	2014 年 12 月 23 日
161	浙江吉利汽车有限公司	52	吉利美日牌	混合动力轿车	MR7184	267	2014 年 12 月 23 日
162	福建新福达汽车工业有限公司	58	福达（FORTA）牌	混合动力城市客车	FZ6109	267	2014 年 12 月 23 日
163	郑州宇通客车股份有限公司	71	宇通牌	混合动力城市客车	ZK6125	267	2014 年 12 月 23 日
164	西虎汽车工业有限公司	118	西虎牌	混合动力城市客车	QAC6100	267	2014 年 12 月 23 日
165	厦门金龙联合汽车工业有限公司	123	金龙牌	混合动力客车	XMQ6129	267	2014 年 12 月 23 日
166	厦门金龙联合汽车工业有限公司	123	金龙牌	混合动力客车	XMQ6113	267	2014 年 12 月 23 日

续表

序号	企业名称	目录序号	商标	产品名称	产品型号	公告批次	公告日期
167	厦门金龙旅行车有限公司	124	金旅牌	混合动力城市客车	XML6105	267	2014 年 12 月 23 日
168	厦门金龙旅行车有限公司	124	金旅牌	混合动力城市客车	XML6125	267	2014 年 12 月 23 日
169	中通客车控股股份有限公司	125	中通牌	混合动力客车	LCK6108	267	2014 年 12 月 23 日
170	中通客车控股股份有限公司	125	中通牌	混合动力客车底盘	LCK6104	267	2014 年 12 月 23 日
171	深圳市五洲龙汽车有限公司	131	五洲龙牌	混合动力客车底盘	FDG6104	267	2014 年 12 月 23 日
172	上汽唐山客车有限公司	（三）77	飞翼牌	混合动力城市客车	SK6127	267	2014 年 12 月 23 日
173	江西凯马百路佳客车有限公司	（十四）03	江西牌	混合动力城市客车	JXK6108	267	2014 年 12 月 23 日
174	湖南南车时代电动汽车股份有限公司	（十八）23	南车时代牌	混合动力城市客车	TEG6106	267	2014 年 12 月 23 日
175	珠海广通汽车有限公司	（十九）28	广通牌	混合动力城市客车	GTQ6101	267	2014 年 12 月 23 日
176	成都客车股份有限公司	（二十二）10	蜀都牌	混合动力城市客车	CDK6113	267	2014 年 12 月 23 日
177	贵州云马飞机制造厂	（二十三）08	云马牌	混合动力城市客车	YM6105	267	2014 年 12 月 23 日

注：共统计 177 款，其中，混合动力城市客车 131 款，混合动力城市客车底盘 3 款，混合动力乘用车 11 款，混合动力客车 5 款，混合动力客车底盘 24 款，混合动力铰接城市客车 1 款，混合动力双层城市客车 1 款，混合动力载货汽车底盘 1 款。

6. 代用燃料汽车及底盘（包括 CNG、LNG、LPG 及醇醚类）

序号	企业名称	目录序号	商标	产品名称	产品型号	公告批次	公告日期
1	北京汽车股份有限公司	11	北京牌	两用燃料多用途乘用车	BJ6400	256	2014 年 1 月 13 日
2	东南（福建）汽车工业有限公司	58	东南牌	两用燃料轿车	DN7152	256	2014 年 1 月 13 日
3	一汽解放青岛汽车有限公司	64	解放牌	天然气载货汽车底盘	CA1310	256	2014 年 1 月 13 日
4	一汽解放青岛汽车有限公司	64	解放牌	天然气自卸汽车	CA3310	256	2014 年 1 月 13 日
5	一汽解放青岛汽车有限公司	64	解放牌	天然气自卸汽车底盘	CA3310	256	2014 年 1 月 13 日
6	中国第一汽车集团公司	1	解放牌	天然气载货汽车	CA1310	257	2014 年 2 月 14 日
7	中国第一汽车集团公司	1	解放牌	天然气载货汽车底盘	CA1310	257	2014 年 2 月 14 日
8	东风汽车公司	3	华神牌	两用燃料轻型载货汽车	DFD1033	257	2014 年 2 月 14 日
9	东风汽车公司	3	华神牌	两用燃料轻型载货汽车底盘	DFD1033	257	2014 年 2 月 14 日
10	河北长安汽车有限公司	22	长安牌	两用燃料载货汽车	SC1025	258	2014 年 3 月 31 日
11	沈阳华晨金杯汽车有限公司	33	金杯牌	两用燃料多用途乘用车	SY6420	258	2014 年 3 月 31 日

续表

序号	企业名称	目录序号	商标	产品名称	产品型号	公告批次	公告日期
12	一汽解放青岛汽车有限公司	64	解放牌	天然气载货汽车底盘	CA1250	258	2014 年 3 月 31 日
13	一汽解放青岛汽车有限公司	64	解放牌	天然气自卸汽车底盘	CA3257	258	2014 年 3 月 31 日
14	中国第一汽车集团公司	1	解放牌	天然气自卸汽车	CA3250	259	2014 年 4 月 14 日
15	中国第一汽车集团公司	1	解放牌	天然气自卸汽车	CA3310	259	2014 年 4 月 14 日
16	中国第一汽车集团公司	1	解放牌	天然气自卸汽车底盘	CA3250	259	2014 年 4 月 14 日
17	中国第一汽车集团公司	1	解放牌	天然气自卸汽车底盘	CA3310	259	2014 年 4 月 14 日
18	神龙汽车有限公司	4	东风标致牌	两用燃料轿车	DC7162	259	2014 年 4 月 14 日
19	神龙汽车有限公司	4	东风雪铁龙牌	两用燃料轿车	DC7162	259	2014 年 4 月 14 日
20	北京汽车股份有限公司	11	北京牌	两用燃料轿车	BJ7130	259	2014 年 4 月 14 日
21	北京汽车股份有限公司	11	北京牌	两用燃料轿车	BJ7150	259	2014 年 4 月 14 日
22	陕西通家汽车股份有限公司	109	通家福牌	两用燃料多用途货车	STJ1023	259	2014 年 4 月 14 日
23	陕西通家汽车股份有限公司	109	通家福牌	两用燃料多用途货车底盘	STJ1023	259	2014 年 4 月 14 日
24	北京汽车制造厂有限公司	9	北京牌	两用燃料多用途乘用车	BJ6400	260	2014 年 5 月 27 日
25	北京汽车制造厂有限公司	9	北京牌	两用燃料多用途乘用车	BJ6450	260	2014 年 5 月 27 日
26	北汽福田汽车股份有限公司	9	福田牌	两用燃料载货汽车	BJ1030	261	2014 年 6 月 13 日
27	北汽福田汽车股份有限公司	9	福田牌	两用燃料载货汽车底盘	BJ1033	261	2014 年 6 月 13 日
28	北汽福田汽车股份有限公司	9	福田牌	两用燃料载货汽车底盘	BJ1030	261	2014 年 6 月 13 日
29	北京现代汽车有限公司	11	北京现代牌	两用燃料轿车	BH7162	261	2014 年 6 月 13 日
30	安徽江淮汽车股份有限公司	56	江淮牌	两用燃料轿车	HFC7151	261	2014 年 6 月 13 日
31	广州汽车集团乘用车有限公司	89	传祺（Trumpchi）牌	两用燃料轿车	GAC7160	261	2014 年 6 月 13 日
32	广州汽车集团乘用车有限公司	89	传祺（Trumpchi）牌	两用燃料轿车	GAC7180	261	2014 年 6 月 13 日
33	北汽福田汽车股份有限公司	9	福田牌	两用燃料载货汽车	BJ1030	262	2014 年 7 月 21 日
34	北汽福田汽车股份有限公司	9	福田牌	两用燃料载货汽车底盘	BJ1030	262	2014 年 7 月 21 日
35	山东唐骏欧铃汽车制造有限公司	68	欧铃牌	两用燃料载货汽车	ZB1030	263	2014 年 8 月 15 日
36	山东唐骏欧铃汽车制造有限公司	68	欧铃牌	两用燃料载货汽车	ZB1034	263	2014 年 8 月 15 日
37	山东唐骏欧铃汽车制造有限公司	68	欧铃牌	两用燃料载货汽车底盘	ZB1030	263	2014 年 8 月 15 日

续表

序号	企业名称	目录序号	商标	产品名称	产品型号	公告批次	公告日期
38	山东唐骏欧铃汽车制造有限公司	68	欧铃牌	两用燃料载货汽车底盘	ZB1034	263	2014 年 8 月 15 日
39	神龙汽车有限公司	4	东风雪铁龙牌	两用燃料轿车	DC7165	264	2014 年 9 月 17 日
40	河北长安汽车有限公司	22	长安牌	两用燃料多用途乘用车	SC6443	264	2014 年 9 月 17 日
41	沈阳金杯车辆制造有限公司	33	金杯牌	两用燃料轻型货车底盘	SY1027	264	2014 年 9 月 17 日
42	浙江豪情汽车制造有限公司	52	吉利牌	甲醇轿车	JL7182	264	2014 年 9 月 17 日
43	浙江豪情汽车制造有限公司	52	吉利牌	甲醇轿车	JL7152	264	2014 年 9 月 17 日
44	福建新龙马汽车股份有限公司	58	福建牌	两用燃料多用途乘用车	FJ6410	264	2014 年 9 月 17 日
45	东南（福建）汽车工业有限公司	58	三菱牌	两用燃料轿车	DN7162	264	2014 年 9 月 17 日
46	重庆长安汽车股份有限公司	96	长安牌	两用燃料多用途乘用车	SC6449	264	2014 年 9 月 17 日
47	神龙汽车有限公司	4	东风标致牌	两用燃料轿车	DC7164	265	2014 年 11 月 2 日
48	北汽福田汽车股份有限公司	9	福田牌	两用燃料载货汽车	BJ1031	265	2014 年 11 月 2 日
49	北汽福田汽车股份有限公司	9	福田牌	两用燃料载货汽车	BJ1020	265	2014 年 11 月 2 日
50	北汽福田汽车股份有限公司	9	福田牌	两用燃料载货汽车	BJ1030	265	2014 年 11 月 2 日
51	北汽福田汽车股份有限公司	9	福田牌	两用燃料载货汽车底盘	BJ1031	265	2014 年 11 月 2 日
52	北汽福田汽车股份有限公司	9	福田牌	两用燃料载货汽车底盘	BJ1020	265	2014 年 11 月 2 日
53	北汽福田汽车股份有限公司	9	福田牌	两用燃料载货汽车底盘	BJ1030	265	2014 年 11 月 2 日
54	河北长安汽车有限公司	22	长安牌	两用燃料多用途乘用车	SC6483	265	2014 年 11 月 2 日
55	东南（福建）汽车工业有限公司	58	东南牌	两用燃料轿车	DN7164	265	2014 年 11 月 2 日
56	一汽吉林汽车有限公司	1	解放牌	两用燃料多用途乘用车	CA6440	266	2014 年 11 月 15 日
57	一汽吉林汽车有限公司	1	解放牌	两用燃料多用途乘用车	CA6420	266	2014 年 11 月 15 日
58	东风汽车公司	3	华神牌	两用燃料轻型载货汽车	DFD1034	266	2014 年 11 月 15 日
59	东风汽车股份有限公司	3	东风牌	两用燃料轻型载货汽车	DFA1030	266	2014 年 11 月 15 日
60	东风汽车公司	3	华神牌	两用燃料轻型载货汽车底盘	DFD1034	266	2014 年 11 月 15 日
61	东风汽车股份有限公司	3	东风牌	两用燃料轻型载货汽车底盘	DFA1030	266	2014 年 11 月 15 日
62	北汽福田汽车股份有限公司	9	福田牌	两用燃料载货汽车底盘	BJ1031	266	2014 年 11 月 15 日
63	北京汽车股份有限公司	11	北京牌	两用燃料轿车	BJ7131	266	2014 年 11 月 15 日

续表

序号	企业名称	目录序号	商标	产品名称	产品型号	公告批次	公告日期
64	北京汽车股份有限公司	11	北京牌	两用燃料轿车	BJ7151	266	2014 年 11 月 15 日
65	北京汽车股份有限公司	11	北京牌	两用燃料轿车	BJ7150	266	2014 年 11 月 15 日
66	安徽江淮汽车股份有限公司	56	江淮牌	两用燃料载货汽车底盘	HFC1030	266	2014 年 11 月 15 日
67	山东唐骏欧铃汽车制造有限公司	68	欧铃牌	两用燃料载货汽车	ZB1030	266	2014 年 11 月 15 日
68	山东唐骏欧铃汽车制造有限公司	68	欧铃牌	两用燃料载货汽车底盘	ZB1030	266	2014 年 11 月 15 日
69	郑州日产汽车有限公司	72	东风牌	两用燃料多用途货车	ZN1031	266	2014 年 11 月 15 日
70	中国第一汽车集团公司	1	解放牌	天然气半挂牵引汽车	CA4253	267	2014 年 12 月 23 日
71	河北长安汽车有限公司	22	长安牌	两用燃料载货汽车	SC1035	267	2014 年 12 月 23 日
72	河北长安汽车有限公司	22	长安牌	两用燃料载货汽车底盘	SC1035	267	2014 年 12 月 23 日
73	山东凯马汽车制造有限公司	31	凯马牌	两用燃料载货汽车	KMC1036	267	2014 年 12 月 23 日
74	山东凯马汽车制造有限公司	31	凯马牌	两用燃料载货汽车底盘	KMC1036	267	2014 年 12 月 23 日
75	安徽江淮汽车股份有限公司	56	江淮牌	两用燃料载货汽车底盘	HFC1030	267	2014 年 12 月 23 日
76	安徽江淮汽车股份有限公司	56	江淮牌	两用燃料载货汽车底盘	HFC1020	267	2014 年 12 月 23 日
77	中国重汽集团济南卡车股份有限公司	63	豪沃牌	柴油双燃料自卸汽车	ZZ3257	267	2014 年 12 月 23 日
78	中国重汽集团济南卡车股份有限公司	63	豪沃牌	甲醇/柴油双燃料牵引汽车	ZZ4257	267	2014 年 12 月 23 日
79	中国重汽集团济南卡车股份有限公司	63	豪沃牌	甲醇/柴油双燃料自卸汽车	ZZ3317	267	2014 年 12 月 23 日
80	一汽解放青岛汽车有限公司	64	解放牌	天然气载货汽车底盘	CA1200	267	2014 年 12 月 23 日
81	重庆力帆汽车有限公司	93	力帆牌	两用燃料多用途乘用车	LF6431	267	2014 年 12 月 23 日

注：共统计 81 款，其中，甲醇轿车 2 款，甲醇/柴油双燃料牵引汽车 1 款，甲醇/柴油双燃料自卸汽车 1 款，柴油双燃料自卸汽车 1 款，两用燃料多用途乘用车 11 款，两用燃料多用途货车 2 款，两用燃料多用途货车底盘 1 款，两用燃料轿车 16 款，两用燃料载货汽车 14 款，两用燃料载货汽车底盘 19 款，天然气半挂牵引汽车 1 款，天然气载货汽车 1 款，天然气载货汽车底盘 4 款，天然气自卸汽车 3 款，天然气自卸汽车底盘 4 款。

三、节能与新能源汽车示范推广应用工程推荐车型目录（第53—64批次）

序号	企业名称	目录序号	商标	产品型号	产品名称	基础车型	节油率/节气率（%）	最大电功率比（%）	公告批次	目录批次	目录日期
1	中国第一汽车集团公司	1	威志牌	CA7000EV1	纯电动轿车	—	100	—	256	53	2014年1月13日
2	北汽福田汽车股份有限公司	9	福田牌	BJ5036XYZEV	纯电动邮政车	—	100	—	256	53	2014年1月13日
3	丹东黄海汽车有限责任公司	29	黄海牌	DD6109CHEV1	混合动力城市客车	DD6109S52	75.60	52.00	256	53	2014年1月13日
4	安徽安凯汽车股份有限公司	55	安凯牌	HFF6620HKGEV	纯电动城市客车	—	100	—	256	53	2014年1月13日
5	安徽安凯汽车股份有限公司	55	安凯牌	HFF6102G03EV－3	纯电动城市客车	—	100	—	256	53	2014年1月13日
6	郑州宇通客车股份有限公司	71	宇通牌	ZK6140CHEVNPG3	混合动力城市客车	ZK6140HNG2	82.60	56.10	256	53	2014年1月13日
7	郑州宇通客车股份有限公司	71	宇通牌	ZK6180CHEVNPG3	混合动力铰接城市客车	ZK6180HNG2	79.70	51.30	256	53	2014年1月13日
8	郑州宇通客车股份有限公司	71	宇通牌	ZK6701BEVG1	纯电动城市客车	—	100	—	256	53	2014年1月13日
9	郑州宇通客车股份有限公司	71	宇通牌	ZK6641BEVG1	纯电动城市客车	—	100	—	256	53	2014年1月13日
10	郑州宇通客车股份有限公司	71	宇通牌	ZK6641BEVG2	纯电动城市客车	—	100	—	256	53	2014年1月13日
11	郑州宇通客车股份有限公司	71	宇通牌	ZK6701BEVG2	纯电动城市客车	—	100	—	256	53	2014年1月13日
12	比亚迪汽车工业有限公司	79	比亚迪牌	CK6700HZEV	纯电动城市客车	—	100	—	256	53	2014年1月13日
13	比亚迪汽车工业有限公司	79	比亚迪牌	CK6100LGEV	纯电动城市客车	—	100	—	256	53	2014年1月13日
14	湖南江南汽车制造有限公司	84	众泰牌	JNJ7000EVZ1	纯电动轿车	—	100	—	256	53	2014年1月13日
15	湖南江南汽车制造有限公司	84	众泰牌	JNJ7000EVZ2	纯电动轿车	—	100	—	256	53	2014年1月13日
16	湖南江南汽车制造有限公司	84	众泰牌	JNJ7000EVZ3	纯电动轿车	—	100	—	256	53	2014年1月13日
17	广州汽车集团客车有限公司	89	广汽牌	GZ6100EV5	纯电动城市客车	—	100	—	256	53	2014年1月13日
18	重庆长安汽车股份有限公司	96	长安牌	SC7003AEV	纯电动轿车	—	100	—	256	53	2014年1月13日
19	金龙联合汽车工业（苏州）有限公司	112	海格牌	KLQ6119GHAEV1	纯电动城市客车	—	100	—	256	53	2014年1月13日
20	厦门金龙联合汽车工业有限公司	123	金龙牌	XMQ6110BCBEV	纯电动客车	—	100	—	256	53	2014年1月13日
21	天津客车装配厂	（二）04	金马牌	TJK6123BEV	纯电动城市客车	—	100	—	256	53	2014年1月13日
22	山西宇星客车有限公司	（四）01	山西牌	SXK6107GBEV	纯电动城市客车	—	100	—	256	53	2014年1月13日
23	江西凯马百路佳客车有限公司	（十四）03	江西牌	JXK6113CEV	纯电动客车	—	100	—	256	53	2014年1月13日

续表

序号	企业名称	目录序号	商标	产品型号	产品名称	基础车型	节油率/节气率（%）	最大电功率比（%）	公告批次	目录批次	目录日期
24	中联重科股份有限公司	（十八）20	中联牌	ZLJ5020XTYHFBEV	纯电动密闭式桶装垃圾车	—	100	—	256	53	2014年1月13日
25	湖南恒润高科股份有限公司	（十八）36	恒润牌	HHR5160GSSBEV	纯电动洒水车	—	100	—	256	53	2014年1月13日
26	成都客车股份有限公司	（二十二）10	蜀都牌	CDK6600CBEV	纯电动城市客车	—	100	—	256	53	2014年1月13日
27	中国第一汽车集团公司	1	一汽牌	CA7005EV2	纯电动轿车	—	100	—	257	54	2014年2月14日
28	东风汽车公司	3	东风牌	EQ5031TSLACBEV	纯电动扫路车	—	100	—	257	54	2014年2月14日
29	东风汽车公司	3	东风牌	EQ5020ZZZACBEV3	纯电动自装卸式垃圾车	—	100	—	257	54	2014年2月14日
30	北汽福田汽车股份有限公司	9	福田牌	BJ6123PHEVCA－7	插电式混合动力城市客车	BJ6123C7BTD	77.42	30.49	257	54	2014年2月14日
31	北汽福田汽车股份有限公司	9	福田牌	BJ6105PHEVCA－6	插电式混合动力城市客车	BJ6105C7MHB	77.85	31.63	257	54	2014年2月14日
32	北汽福田汽车股份有限公司	9	福田牌	BJ6123PHEVCA－6	插电式混合动力城市客车	BJ6123C7NJD	77.85	31.63	257	54	2014年2月14日
33	上海申沃客车有限公司	42	申沃牌	SWB6107EV42	纯电动城市客车	—	100	—	257	54	2014年2月14日
34	比亚迪汽车工业有限公司	79	比亚迪牌	CK6800LZEV	纯电动城市客车	—	100	—	257	54	2014年2月14日
35	厦门金龙联合汽车工业有限公司	123	金龙牌	XMQ6111AGBEV	纯电动城市客车	—	100	—	257	54	2014年2月14日
36	厦门金龙旅行车有限公司	124	金旅牌	XML5036XXYEV10	纯电动厢式运输车	—	100	—	257	54	2014年2月14日
37	中通客车控股股份有限公司	125	中通牌	LCK6660EVG	纯电动城市客车	—	100	—	257	54	2014年2月14日
38	厦门金龙联合汽车工业有限公司	123	金龙牌	XMQ6106AGHEV10	混合动力城市客车	XMQ6106BGN4	64.96	52.3	257	54	2014年2月14日
39	江苏陆地方舟新能源电动汽车有限公司	（十）28	陆地方舟牌	RQ6701XBEVH0	纯电动客车	—	100	—	257	54	2014年2月14日
40	江苏尼欧凯汽车有限公司	（十）30	尼欧凯牌	QTK6110HGEV	纯电动城市客车	—	100	—	257	54	2014年2月14日
41	盐城中威客车有限公司	（十）62	中大牌	YCK6120BEVC	纯电动城市客车	—	100	—	257	54	2014年2月14日
42	中国重汽集团济南豪沃客车有限公司	（十五）19	黄河牌	JK6129GBEV	纯电动城市客车	—	100	—	257	54	2014年2月14日
43	重庆瑞驰汽车实业有限公司	（二十一）14	瑞驰牌	CRC5023XXY－LBEV	纯电动厢式运输车	—	100	—	257	54	2014年2月14日
44	重庆瑞驰汽车实业有限公司	（二十一）14	瑞驰牌	CRC5022XXY－LBEV	纯电动厢式运输车	—	100	—	257	54	2014年2月14日
45	重庆瑞驰汽车实业有限公司	（二十一）14	瑞驰牌	CRC5021XXY－LBEV	纯电动厢式运输车	—	100	—	257	54	2014年2月14日
46	成都客车股份有限公司	（二十二）10	蜀都牌	CDK6123CABEV	纯电动城市客车	—	100	—	257	54	2014年2月14日
47	东风汽车公司	3	风神牌	DFM7000H2ABEV	纯电动轿车	—	100	—	258	55	2014年3月31日
48	东风汽车公司	3	风神牌	DFM7000H2CBEV	纯电动轿车	—	100	—	258	55	2014年3月31日

续表

序号	企业名称	目录序号	商标	产品型号	产品名称	基础车型	节油率/节气率（%）	最大电功率比（%）	公告批次	目录批次	目录日期
49	东风汽车公司	3	风神牌	DFM7000H2DBEV	纯电动轿车	—	100	—	258	55	2014 年 3 月 31 日
50	北汽福田汽车股份有限公司	9	福田牌	BJ6105PHEVCA－7	插电式混合动力城市客车	BJ6105C6MCD	77.69	30.49	258	55	2014 年 3 月 31 日
51	北汽福田汽车股份有限公司	9	福田牌	BJ6123EVCA－13	纯电动城市客车	—	100	—	258	55	2014 年 3 月 31 日
52	北汽福田汽车股份有限公司	9	福田牌	BJ6180EVCA	纯电动城市客车	—	100	—	258	55	2014 年 3 月 31 日
53	安徽安凯汽车股份有限公司	55	安凯牌	HFF6101K10EV－2	纯电动客车	—	100	—	258	55	2014 年 3 月 31 日
54	安徽安凯汽车股份有限公司	55	安凯牌	HFF6126G03EV－1	纯电动城市客车	—	100	—	258	55	2014 年 3 月 31 日
55	山东唐骏欧铃汽车制造有限公司	68	欧铃牌	ZB5021XXYBEVADB7	纯电动厢式运输车	—	100	—	258	55	2014 年 3 月 31 日
56	广州汽车集团客车有限公司	89	广汽牌	GZ6100PHEV	混合动力城市客车	GZ6100SN	84.60	64.50	258	55	2014 年 3 月 31 日
57	广州汽车集团客车有限公司	89	广汽牌	GZ6110PHEV	混合动力城市客车	GZ6110SN	80.90	64.50	258	55	2014 年 3 月 31 日
58	广州汽车集团客车有限公司	89	广汽牌	GZ6113PHEV5	混合动力城市客车	GZ6110SN	63.70	52.30	258	55	2014 年 3 月 31 日
59	中国重汽集团成都王牌商用车有限公司	101	王牌牌	CDW5060XXYEV	纯电动厢式运输车	—	100	—	258	55	2014 年 3 月 31 日
60	金龙联合汽车工业（苏州）有限公司	112	海格牌	KLQ6109GAHEVC5A	混合动力城市客车	KLQ6109GAC5	63.79	52.31	258	55	2014 年 3 月 31 日
61	金龙联合汽车工业（苏州）有限公司	112	海格牌	KLQ6109GAHEVE4A	混合动力城市客车	KLQ6109GE4	73.63	53.63	258	55	2014 年 3 月 31 日
62	金龙联合汽车工业（苏州）有限公司	112	海格牌	KLQ6109GAHEVE4B	混合动力城市客车	KLQ6109GE4	66.77	53.63	258	55	2014 年 3 月 31 日
63	金龙联合汽车工业（苏州）有限公司	112	海格牌	KLQ6109GAHEVE4BS	混合动力城市客车	KLQ6109GE4	74.33	51.83	258	55	2014 年 3 月 31 日
64	金龙联合汽车工业（苏州）有限公司	112	海格牌	KLQ6109GCHEV1B	混合动力城市客车	KLQ6109GAC5	61.13	52.31	258	55	2014 年 3 月 31 日
65	金龙联合汽车工业（苏州）有限公司	112	海格牌	KLQ6119GAHEVC5	混合动力城市客车	KLQ6119GAC5	64.56	52.31	258	55	2014 年 3 月 31 日
66	金龙联合汽车工业（苏州）有限公司	112	海格牌	KLQ6119GAHEVC5A	混合动力城市客车	KLQ6119GAC5	62.86	52.31	258	55	2014 年 3 月 31 日
67	金龙联合汽车工业（苏州）有限公司	112	海格牌	KLQ6119GAHEVE4A	混合动力城市客车	KLQ6119GE4	71.03	51.20	258	55	2014 年 3 月 31 日
68	金龙联合汽车工业（苏州）有限公司	112	海格牌	KLQ6119GAHEVE4B	混合动力城市客车	KLQ6119GE4	71.21	51.20	258	55	2014 年 3 月 31 日
69	金龙联合汽车工业（苏州）有限公司	112	海格牌	KLQ6129GAHEVC5	混合动力城市客车	KLQ6129GAC5	64.83	52.31	258	55	2014 年 3 月 31 日
70	金龙联合汽车工业（苏州）有限公司	112	海格牌	KLQ6129GAHEVC5A	混合动力城市客车	KLQ6129GAC5	61.75	52.31	258	55	2014 年 3 月 31 日
71	金龙联合汽车工业（苏州）有限公司	112	海格牌	KLQ6129GAHEVE4A	混合动力城市客车	KLQ6129GE4	72.95	51.20	258	55	2014 年 3 月 31 日
72	金龙联合汽车工业（苏州）有限公司	112	海格牌	KLQ6129GAHEVE4B	混合动力城市客车	KLQ6129GE4	74.96	51.20	258	55	2014 年 3 月 31 日
73	金龙联合汽车工业（苏州）有限公司	112	海格牌	KLQ6129GAHEVE4BS	混合动力城市客车	KLQ6129GE4	73.15	51.83	258	55	2014 年 3 月 31 日

续表

序号	企业名称	目录序号	商标	产品型号	产品名称	基础车型	节油率/节气率（%）	最大电功率比（%）	公告批次	目录批次	目录日期
74	上海汽车集团股份有限公司	122	荣威牌	CSA7154TDPHEV	插电混合动力轿车	CSA7181TDAR	71.25	39.39	258	55	2014 年 3 月 31 日
75	厦门金龙联合汽车工业有限公司	123	金龙牌	XMQ6110BGBEV	纯电动城市客车	—	100	—	258	55	2014 年 3 月 31 日
76	厦门金龙旅行车有限公司	124	金旅牌	XML6115JHEV85CN	混合动力城市客车	XML6115J15CN	51.16	52.30	258	55	2014 年 3 月 31 日
77	中通客车控股股份有限公司	125	中通牌	LCK6103PHEVCN	混合动力城市客车	LCK6105HQGN	61.28	52.30	258	55	2014 年 3 月 31 日
78	中通客车控股股份有限公司	125	中通牌	LCK6108EVG	纯电动城市客车	—	100	—	258	55	2014 年 3 月 31 日
79	中通客车控股股份有限公司	125	中通牌	LCK6122PHEVC	混合动力城市客车	LCK6120GT	60.31	52.30	258	55	2014 年 3 月 31 日
80	中通客车控股股份有限公司	125	中通牌	LCK6123PHEVCN	混合动力城市客车	LCK6125HQGC	59.63	48.99	258	55	2014 年 3 月 31 日
81	中通客车控股股份有限公司	125	中通牌	LCK6850EVG	纯电动城市客车	—	100	—	258	55	2014 年 3 月 31 日
82	中通客车控股股份有限公司	125	中通牌	LCK6950PHEVN	混合动力城市客车	LCK6950HGN	61.14	34.00	258	55	2014 年 3 月 31 日
83	重庆恒通客车有限公司	127	恒通客车牌	CKZ6127HBEVF	纯电动城市客车	—	100	—	258	55	2014 年 3 月 31 日
84	江苏常隆客车有限公司	（十）17	常隆牌	YS6100GBEV	纯电动城市客车	—	100	—	258	55	2014 年 3 月 31 日
85	江苏尼欧凯汽车有限公司	（十）30	尼欧凯牌	QTK6110HGEV1	纯电动城市客车	—	100	—	258	55	2014 年 3 月 31 日
86	合肥森隆专用汽车有限公司	（十二）21	世环牌	HHJ5030TSLEV	纯电动扫路车	—	100	—	258	55	2014 年 3 月 31 日
87	中国重汽集团济南豪沃客车有限公司	（十五）19	黄河牌	JK6660GBEV	纯电动城市客车	—	100	—	258	55	2014 年 3 月 31 日
88	郑州宇通重工有限公司	（十六）30	宇通牌	YTZ5070TSL90EV	纯电动扫路车	—	100	—	258	55	2014 年 3 月 31 日
89	河南森源重工有限公司	（十六）37	森源牌	SMQ5020ZXXBEV	纯电动车厢可卸式垃圾车	—	100	—	258	55	2014 年 3 月 31 日
90	中联重科股份有限公司	（十八）20	中联牌	ZLJ5091ZYSHFBEV	纯电动压缩式垃圾车	—	100	—	258	55	2014 年 3 月 31 日
91	珠海市广通汽车有限公司	（十九）28	广通牌	GTQ6122BEVB1	纯电动城市客车	—	100	—	258	55	2014 年 3 月 31 日
92	北汽福田汽车股份有限公司	9	福田牌	BJ6123EVCA－15	纯电动城市客车	—	100	—	259	56	2014 年 4 月 14 日
93	北汽福田汽车股份有限公司	9	福田牌	BJ6123EVCA－16	纯电动城市客车	—	100	—	259	56	2014 年 4 月 14 日
94	北汽福田汽车股份有限公司	9	福田牌	BJ6123EVCA－17	纯电动城市客车	—	100	—	259	56	2014 年 4 月 14 日
95	比亚迪汽车工业有限公司	79	比亚迪牌	CK6120HGEV	纯电动城市客车	—	100	—	259	56	2014 年 4 月 14 日
96	比亚迪汽车工业有限公司	79	比亚迪牌	CK6120LGEV	纯电动城市客车	—	100	—	259	56	2014 年 4 月 14 日
97	比亚迪汽车工业有限公司	79	比亚迪牌	CK6120LGEV1	纯电动城市客车	—	100	—	259	56	2014 年 4 月 14 日
98	广州汽车集团客车有限公司	89	广汽牌	GZ6120EV3	纯电动城市客车	—	100	—	259	56	2014 年 4 月 14 日

续表

序号	企业名称	目录序号	商标	产品型号	产品名称	基础车型	节油率/节气率（%）	最大电功率比（%）	公告批次	目录批次	目录日期
99	陕西通家汽车股份有限公司	109	通家福牌	STJ6402EV	纯电动多用途乘用车	—	100	—	259	56	2014年4月14日
100	陕西通家汽车股份有限公司	109	通家福牌	STJ5022ZXXEV	纯电动车厢可卸式垃圾车	—	100	—	259	56	2014年4月14日
101	陕西通家汽车股份有限公司	109	通家福牌	STJ5022XXYEV	纯电动厢式运输车	—	100	—	259	56	2014年4月14日
102	西虎汽车工业有限公司	118	西虎牌	QAC6120BEVG	纯电动城市客车	—	100	—	259	56	2014年4月14日
103	奇瑞汽车股份有限公司	119	奇瑞牌	SQR7000BEVJ00	纯电动轿车	—	100	—	259	56	2014年4月14日
104	厦门金龙联合汽车工业有限公司	123	金龙牌	XMQ6119AGBEV1	纯电动城市客车	—	100	—	259	56	2014年4月14日
105	厦门金龙旅行车有限公司	124	金旅牌	XML6125JEV30C	纯电动城市客车	—	100	—	259	56	2014年4月14日
106	厦门金龙旅行车有限公司	124	金旅牌	XML6125JEV80C	纯电动城市客车	—	100	—	259	56	2014年4月14日
107	厦门金龙旅行车有限公司	124	金旅牌	XML6105JEV10C	纯电动城市客车	—	100	—	259	56	2014年4月14日
108	厦门金龙旅行车有限公司	124	金旅牌	XML6105JEV80C	纯电动城市客车	—	100	—	259	56	2014年4月14日
109	中通客车控股股份有限公司	125	中通牌	LCK6122EVG2	纯电动城市客车	—	100	—	259	56	2014年4月14日
110	天津清源电动车辆有限责任公司	（二）22	清源牌	QY5021XXYBEVYL	纯电动厢式运输车	—	100	—	259	56	2014年4月14日
111	江苏常隆客车有限公司	（十）17	常隆牌	YS6123GBEV	纯电动城市客车	—	100	—	259	56	2014年4月14日
112	江苏常隆客车有限公司	（十）17	常隆牌	YS6750GBEV	纯电动城市客车	—	100	—	259	56	2014年4月14日
113	江苏陆地方舟新能源电动汽车有限公司	（十）28	陆地方舟牌	RQ6120GBEVH0P0	纯电动城市客车	—	100	—	259	56	2014年4月14日
114	江苏九州车业有限公司	（十）52	九州牌	SYC6100BEV	纯电动城市客车	—	100	—	259	56	2014年4月14日
115	中国重汽集团济南豪沃客车有限公司	（十五）19	黄河牌	JK6106GBEV	纯电动城市客车	—	100	—	259	56	2014年4月14日
116	山东沂星电动汽车有限公司	（十五）25	飞燕牌	SDL6120EVG5	纯电动城市客车	—	100	—	259	56	2014年4月14日
117	山东沂星电动汽车有限公司	（十五）25	飞燕牌	SDL6100EVG2	纯电动城市客车	—	100	—	259	56	2014年4月14日
118	湖北世纪中远车辆有限公司	（十七）86	中悦牌	ZYP5031ZXXBEVAC	纯电动车厢可卸式垃圾车	—	100	—	259	56	2014年4月14日
119	湖北世纪中远车辆有限公司	（十七）86	中悦牌	ZYP5031ZLJBEVAC	纯电动自卸式垃圾车	—	100	—	259	56	2014年4月14日
120	湖北世纪中远车辆有限公司	（十七）86	中悦牌	ZYP5031ZZZBEVAC	纯电动自装卸式垃圾车	—	100	—	259	56	2014年4月14日
121	中联重科股份有限公司	（十八）20	中联牌	ZLJ5031TSLZLBEV	纯电动扫路车	—	100	—	259	56	2014年4月14日
122	湖南恒润高科股份有限公司	（十八）36	恒润牌	HHR5160ZLJBEV	纯电动自卸式垃圾车	—	100	—	259	56	2014年4月14日
123	东风汽车有限公司	3	启辰牌	DFL7000B2BEV	纯电动轿车	—	100	—	260	57	2014年5月27日

续表

序号	企业名称	目录序号	商标	产品型号	产品名称	基础车型	节油率/节气率（%）	最大电功率比（%）	公告批次	目录批次	目录日期
124	北京汽车股份有限公司	11	北京牌	BJ5021XXYV3R－BEV	纯电动厢式运输车	—	100	—	260	57	2014年5月27日
125	一汽客车（大连）有限公司	28	解放牌	CA6126URHEV31	混合动力城市客车	CA6125URD31	74.20	50.70	260	57	2014年5月27日
126	湖南江南汽车制造有限公司	84	众泰牌	JNJ7000EVZ4	纯电动轿车	—	100	—	260	57	2014年5月27日
127	湖南江南汽车制造有限公司	84	众泰牌	JNJ7000EVZ5	纯电动轿车	—	100	—	260	57	2014年5月27日
128	长安福特汽车有限公司	96	佳跃牌	CAF7000BEV	纯电动轿车	—	100	—	260	57	2014年5月27日
129	厦门金龙联合汽车工业有限公司	123	金龙牌	XMQ6106AGHEV12	混合动力城市客车	XMQ6106BGN4	65.90	52.30	260	57	2014年5月27日
130	厦门金龙联合汽车工业有限公司	123	金龙牌	XMQ6119AGHEV	混合动力城市客车	XMQ6119AG4	69.90	53.60	260	57	2014年5月27日
131	厦门金龙联合汽车工业有限公司	123	金龙牌	XMQ6119AGHEV1	混合动力城市客车	XMQ6119AGN5	64.60	52.30	260	57	2014年5月27日
132	厦门金龙联合汽车工业有限公司	123	金龙牌	XMQ6127GHEV19	混合动力城市客车	XMQ6127G1	74.80	53.60	260	57	2014年5月27日
133	厦门金龙联合汽车工业有限公司	123	金龙牌	XMQ6127GHEV18	混合动力城市客车	XMQ6127AGN4	68.20	52.30	260	57	2014年5月27日
134	厦门金龙联合汽车工业有限公司	123	金龙牌	XMQ6106AGHEV11	混合动力城市客车	XMQ6106G3	79.00	53.60	260	57	2014年5月27日
135	河南少林客车股份有限公司	126	少林牌	SLG6720EVG	纯电动城市客车	—	100	—	260	57	2014年5月27日
136	上海沪光客车厂	（九）09	沪光牌	HG5023XTYBEV	纯电动密闭式桶装垃圾车	—	100	—	260	57	2014年5月27日
137	南京金龙客车制造有限公司	（十）15	东宇牌	NJL6129HENV	混合动力城市客车	NJL6129GN5	49.27	52.31	260	57	2014年5月27日
138	江苏奥新新能源汽车有限公司	（十）74	达福迪牌	JAX5022ZXXBEV	纯电动车厢可卸式垃圾车	—	100	—	260	57	2014年5月27日
139	江苏奥新新能源汽车有限公司	（十）74	达福迪牌	JAX5022XXYBEV	纯电动厢式运输车	—	100	—	260	57	2014年5月27日
140	东风扬子江汽车（武汉）有限责任公司	（十七）48	扬子江牌	WG6124BEVH	纯电动城市客车	—	100	—	260	57	2014年5月27日
141	东风汽车公司	3	东风牌	EQ5031XXYACBEV1	纯电动厢式车	—	100	—	261	58	2014年6月13日
142	东风汽车公司	3	东风牌	EQ6640CLBEV	纯电动客车	—	100	—	261	58	2014年6月13日
143	东风汽车公司	3	东风牌	EQ5031XXYACBEV	纯电动厢式车	—	100	—	261	58	2014年6月13日
144	北汽福田汽车股份有限公司	9	福田牌	BJ6123EVCAT－6	纯电动城市客车	—	100	—	261	58	2014年6月13日
145	北京汽车股份有限公司	11	北京牌	BJ7000C7H3－BEV	纯电动轿车	—	100	—	261	58	2014年6月13日
146	南京汽车集团有限公司	44	依维柯牌	NJ6617AEV	纯电动客车	—	100	—	261	58	2014年6月13日
147	南京汽车集团有限公司	44	跃进牌	NJ1027PBEVNZ3	纯电动载货汽车	—	100	—	261	58	2014年6月13日
148	安徽安凯汽车股份有限公司	55	安凯牌	HFF6127G03PHEV－2	插电式混合动力城市客车	HFF6125GZ－4C	66.90	52.31	261	58	2014年6月13日

续表

序号	企业名称	目录序号	商标	产品型号	产品名称	基础车型	节油率/节气率（%）	最大电功率比（%）	公告批次	目录批次	目录日期
149	安徽安凯汽车股份有限公司	55	安凯牌	HFF6127G03PHEV－1	插电式混合动力城市客车	HFF6123GZ－4	100	53.6	261	58	2014年6月13日
150	安徽安凯汽车股份有限公司	55	安凯牌	HFF6107G03PHEV－2	插电式混合动力城市客车	HFF6105G39C	62.00	54.80	261	58	2014年6月13日
151	安徽安凯汽车股份有限公司	55	安凯牌	HFF6107G03PHEV－1	插电式混合动力城市客车	HFF6100G39D	60.40	56.29	261	58	2014年6月13日
152	比亚迪汽车工业有限公司	79	比亚迪牌	CK6120LLEV1	纯电动旅游客车	—	100	—	261	58	2014年6月13日
153	比亚迪汽车工业有限公司	79	比亚迪牌	CK6120LLEV	纯电动旅游客车	—	100	—	261	58	2014年6月13日
154	比亚迪汽车工业有限公司	79	比亚迪牌	CK6700HZEV1	纯电动城市客车	—	100	—	261	58	2014年6月13日
155	比亚迪汽车工业有限公司	79	比亚迪牌	CK6700HLEV	纯电动旅游客车	—	100	—	261	58	2014年6月13日
156	陕西汽车集团有限责任公司	110	陕汽牌	SX6120GJHEVNS	混合动力城市客车	SX6120GKN	54.63	52.31	261	58	2014年6月13日
157	厦门金龙联合汽车工业有限公司	123	金龙牌	XMQ6127AGBEV8	纯电动城市客车	—	100	—	261	58	2014年6月13日
158	重庆恒通客车有限公司	127	恒通客车牌	CKZ6812HBEV	纯电动城市客车	—	100	—	261	58	2014年6月13日
159	上海申龙客车有限公司	129	申龙牌	SLK6129USBEV	纯电动城市客车	—	100	—	261	58	2014年6月13日
160	深圳市五洲龙汽车有限公司	131	五洲龙牌	FDG6600EVG	纯电动城市客车	—	100	—	261	58	2014年6月13日
161	南京金龙客车制造有限公司	（十）15	东宇牌	NJL6600BEV2	纯电动客车	—	100	—	261	58	2014年6月13日
162	南京金龙客车制造有限公司	（十）15	东宇牌	NJL6600BEV3	纯电动客车	—	100	—	261	58	2014年6月13日
163	南京金龙客车制造有限公司	（十）15	东宇牌	NJL5040XSWBEV	纯电动商务车	—	100	—	261	58	2014年6月13日
164	南京金龙客车制造有限公司	（十）15	东宇牌	NJL6129BEV4	纯电动城市客车	—	100	—	261	58	2014年6月13日
165	江苏常隆客车有限公司	（十）17	常隆牌	YS6830GBEV	纯电动城市客车	—	100	—	261	58	2014年6月13日
166	福建龙马环卫装备股份有限公司	（十三）16	福龙马牌	FLM5020TYHJEV	纯电动路面养护车	—	100	—	261	58	2014年6月13日
167	江西凯马百路佳客车有限公司	（十四）03	江西牌	JXK6650BEV	纯电动客车	—	100	—	261	58	2014年6月13日
168	成都客车股份有限公司	（二十二）10	蜀都牌	CDK6600CABEV	纯电动城市客车	—	100	—	261	58	2014年6月13日
169	成都客车股份有限公司	（二十二）10	蜀都牌	CDK6123CA1BEV	纯电动城市客车	—	100	—	261	58	2014年6月13日
170	东风汽车公司	3	东风牌	EQ5020XXYACBEV	纯电动厢式运输车	—	100	—	262	59	2014年7月21日
171	金华青年汽车制造有限公司	7	青年牌	JNP6120PHEV1	混合动力城市客车	JNP6120GVC	62.30	52.30	262	59	2014年7月21日
172	北汽福田汽车股份有限公司	9	福田牌	BJ6123EVCAT－3	纯电动城市客车	—	100	—	262	59	2014年7月21日
173	北汽福田汽车股份有限公司	9	福田牌	BJ6127EVCA－3	纯电动客车	—	100	—	262	59	2014年7月21日

续表

序号	企业名称	目录序号	商标	产品型号	产品名称	基础车型	节油率/节气率（%）	最大电功率比（%）	公告批次	目录批次	目录日期
174	北汽福田汽车股份有限公司	9	福田牌	BJ6438EV3－1	纯电动多用途乘用车	—	100	—	262	59	2014年7月21日
175	北京汽车股份有限公司	11	北京牌	BJ5021XXYV3R1－BEV	纯电动厢式运输车	—	100	—	262	59	2014年7月21日
176	河北长安汽车有限公司	22	长安牌	SC5023XXYABEV	纯电动厢式运输车	—	100	—	262	59	2014年7月21日
177	丹东黄海汽车有限责任公司	29	黄海牌	DD6129PHEV1N	混合动力城市客车	DD6129B50N	57.12	50.60	262	59	2014年7月21日
178	上海申沃客车有限公司	42	申沃牌	SWB6121EV57	纯电动城市客车	—	100	—	262	59	2014年7月21日
179	浙江豪情汽车制造有限公司	52	豪情牌	HQ7001BEV02	纯电动轿车	—	100	—	262	59	2014年7月21日
180	浙江豪情汽车制造有限公司	52	豪情牌	HQ7001BEV01	纯电动轿车	—	100	—	262	59	2014年7月21日
181	浙江豪情汽车制造有限公司	52	吉利牌	JL7001BEV01	纯电动轿车	—	100	—	262	59	2014年7月21日
182	郑州宇通客车股份有限公司	71	宇通牌	ZK6701BEVQ1	纯电动客车	—	100	—	262	59	2014年7月21日
183	郑州宇通客车股份有限公司	71	宇通牌	ZK6701BEVQ2	纯电动客车	—	100	—	262	59	2014年7月21日
184	郑州宇通客车股份有限公司	71	宇通牌	ZK6701BEVQ3	纯电动客车	—	100	—	262	59	2014年7月21日
185	郑州宇通客车股份有限公司	71	宇通牌	ZK6701BEVG3	纯电动城市客车	—	100	—	262	59	2014年7月21日
186	郑州宇通客车股份有限公司	71	宇通牌	ZK6701BEVG4	纯电动城市客车	—	100	—	262	59	2014年7月21日
187	郑州日产汽车有限公司	72	东风牌	ZN6441V1YBEV	纯电动多用途乘用车	—	100	—	262	59	2014年7月21日
188	陕西汽车集团有限责任公司	110	陕汽牌	SX6120GBEVS	纯电动城市客车	—	100	—	262	59	2014年7月21日
189	陕西汽车集团有限责任公司	110	陕汽牌	SX6700BEVS	纯电动客车	—	100	—	262	59	2014年7月21日
190	厦门金龙联合汽车工业有限公司	123	金龙牌	XMQ6661AGBEV	纯电动城市客车	—	100	—	262	59	2014年7月21日
191	厦门金龙联合汽车工业有限公司	123	金龙牌	XMQ6661AGBEV1	纯电动城市客车	—	100	—	262	59	2014年7月21日
192	厦门金龙旅行车有限公司	124	金旅牌	XML6115JHEVB8C	混合动力城市客车	XML6105J28C	73.50	53.60	262	59	2014年7月21日
193	厦门金龙旅行车有限公司	124	金旅牌	XML6125JHEVA5CN	混合动力城市客车	XML6125J15CN	65.80	52.30	262	59	2014年7月21日
194	厦门金龙旅行车有限公司	124	金旅牌	XML6115JHEVA8C	混合动力城市客车	XML6105J28C	73.50	53.60	262	59	2014年7月21日
195	厦门金龙旅行车有限公司	124	金旅牌	XML6125JHEVB8C	混合动力城市客车	XML6125J28C	73.00	53.60	262	59	2014年7月21日
196	厦门金龙旅行车有限公司	124	金旅牌	XML6125JHEVA8C	混合动力城市客车	XML6125J28C	73.00	53.60	262	59	2014年7月21日
197	山西宇星客车有限公司	（四）01	山西牌	SXK6127GBEV	纯电动城市客车	—	100	—	262	59	2014年7月21日
198	上海沪光客车厂	（九）09	沪光牌	HG5025XTYBEV	纯电动密闭式桶装垃圾车	—	100	—	262	59	2014年7月21日

续表

序号	企业名称	目录序号	商标	产品型号	产品名称	基础车型	节油率/节气率（%）	最大电功率比（%）	公告批次	目录批次	目录日期
199	南京金龙客车制造有限公司	（十）15	东宇牌	NJL6118BEV1	纯电动客车	—	100	—	262	59	2014 年 7 月 21 日
200	南京金龙客车制造有限公司	（十）15	东宇牌	NJL6100BEV4	纯电动城市客车	—	100	—	262	59	2014 年 7 月 21 日
201	南京金龙客车制造有限公司	（十）15	东宇牌	NJL6600BEV4	纯电动客车	—	100	—	262	59	2014 年 7 月 21 日
202	南京金龙客车制造有限公司	（十）15	东宇牌	NJL6100BEV2	纯电动城市客车	—	100	—	262	59	2014 年 7 月 21 日
203	南京金龙客车制造有限公司	（十）15	东宇牌	NJL6100BEV3	纯电动城市客车	—	100	—	262	59	2014 年 7 月 21 日
204	南京金龙客车制造有限公司	（十）15	东宇牌	NJL6118BEV2	纯电动客车	—	100	—	262	59	2014 年 7 月 21 日
205	南京金龙客车制造有限公司	（十）15	东宇牌	NJL6600BEV5	纯电动客车	—	100	—	262	59	2014 年 7 月 21 日
206	万向电动汽车有限公司	（十一）38	万向牌	WXE5020XXYEV	纯电动厢式车	—	100	—	262	59	2014 年 7 月 21 日
207	江西博能上饶客车有限公司	（十四）02	上饶牌	SR6106PHEVNG	混合动力城市客车	SR6106GHN	69. 75	30. 50	262	59	2014 年 7 月 21 日
208	江西博能上饶客车有限公司	（十四）02	上饶牌	SR6106PHEVG	混合动力城市客车	SR6106GH	69. 76	31. 63	262	59	2014 年 7 月 21 日
209	江西特种汽车有限责任公司	（十四）09	奇特牌	JTZ5020ZXXBEV	纯电动车厢可卸式垃圾车	—	100	—	262	59	2014 年 7 月 21 日
210	赣州汽车改装厂	（十四）10	环球牌	GZQ5020ZZZACBEV	纯电动车厢自装式垃圾车	--	100	—	262	59	2014 年 7 月 21 日
211	山东昊宇车辆有限公司	（十五）78	超雷牌	CLP5021EV－XXY	纯电动厢式货车	—	100	—	262	59	2014 年 7 月 21 日
212	珠海广通汽车有限公司	（十九）28	广通牌	GTQ6123BEVBT	纯电动城市客车	—	100	—	262	59	2014 年 7 月 21 日
213	珠海广通汽车有限公司	（十九）28	广通牌	GTQ6105BEVB2	纯电动城市客车	—	100	—	262	59	2014 年 7 月 21 日
214	珠海广通汽车有限公司	（十九）28	广通牌	GTQ6105BEVB3	纯电动城市客车	—	100	—	262	59	2014 年 7 月 21 日
215	珠海广通汽车有限公司	（十九）28	广通牌	GTQ6105BEVBT2	纯电动城市客车	—	100	—	262	59	2014 年 7 月 21 日
216	珠海广通汽车有限公司	（十九）28	广通牌	GTQ6121BEVB2	纯电动城市客车	—	100	—	262	59	2014 年 7 月 21 日
217	珠海市广通客车有限公司	（十九）34	金徽牌	GTZ6128BEVB	纯电动城市客车	—	100	—	262	59	2014 年 7 月 21 日
218	重庆瑞驰汽车实业有限公司	（二十一）14	瑞驰牌	CRC5024XXY－LBEV	纯电动厢式运输车	—	100	—	262	59	2014 年 7 月 21 日
219	奇瑞万达贵州客车股份有限公司	（二十三）06	万达牌	WD6111PHEV	混合动力城市客车	WD6110HNGC	48. 27	52. 31	262	59	2014 年 7 月 21 日
220	奇瑞万达贵州客车股份有限公司	（二十三）06	万达牌	WD6112PHEV	混合动力城市客车	WD6110HNGC	51. 11	52. 31	262	59	2014 年 7 月 21 日
221	东风汽车公司	3	东风牌	EQ6640CLBEV1	纯电动客车	—	100	—	263	60	2014 年 8 月 15 日
222	北汽福田汽车股份有限公司	9	福田牌	BJ6123EVCA－18	纯电动城市客车	—	100	—	263	60	2014 年 8 月 15 日
223	北汽福田汽车股份有限公司	9	福田牌	BJ6123EVCG	纯电动城市客车	—	100	—	263	60	2014 年 8 月 15 日

续表

序号	企业名称	目录序号	商标	产品型号	产品名称	基础车型	节油率/节气率（%）	最大电功率比（%）	公告批次	目录批次	目录日期
224	北汽福田汽车股份有限公司	9	福田牌	BJ6650EVCA	纯电动城市客车	—	100	—	263	60	2014年8月15日
225	北京汽车股份有限公司	11	北京牌	BJ6450L3R－BEV	纯电动多用途乘用车	—	100	—	263	60	2014年8月15日
226	北京汽车股份有限公司	11	北京牌	BJ7001B3D2－BEV	纯电动轿车	—	100	—	263	60	2014年8月15日
227	上海汽车商用车有限公司	41	大通牌	SH6601A4BEV	纯电动客车	—	100	—	263	60	2014年8月15日
228	南京汽车集团有限公司	44	依维柯牌	NJ6607CEV1	纯电动客车	—	100	—	263	60	2014年8月15日
229	扬州亚星客车股份有限公司	49	亚星牌	JS6108GHBEV	纯电动城市客车	—	100	—	263	60	2014年8月15日
230	扬州亚星客车股份有限公司	49	亚星牌	JS6128GHBEV	纯电动城市客车	—	100	—	263	60	2014年8月15日
231	安徽安凯汽车股份有限公司	55	安凯牌	HFF6680GEVB	纯电动城市客车	—	100	—	263	60	2014年8月15日
232	安徽江淮汽车股份有限公司	56	江淮牌	HFC7001A1EV	纯电动轿车	—	100	—	263	60	2014年8月15日
233	安徽江淮汽车股份有限公司	56	江淮牌	HFC7001AEV	纯电动轿车	—	100	—	263	60	2014年8月15日
234	郑州宇通客车股份有限公司	71	宇通牌	ZK6125BEVG6	纯电动城市客车	—	100	—	263	60	2014年8月15日
235	广州汽车集团乘用车有限公司	89	传祺（Trumpchi）牌	GAC7100SHEVB4	增程式混合动力轿车	GAC7200B5A4	74.47	66.67	263	60	2014年8月15日
236	中国重汽集团成都王牌商用车有限公司	101	王牌牌	CDW5070XXYH1PEV	纯电动厢式运输车	—	100	—	263	60	2014年8月15日
237	金龙联合汽车工业（苏州）有限公司	112	海格牌	KLQ6125ZAEV1	纯电动客车	—	100	—	263	60	2014年8月15日
238	上海汽车集团股份有限公司	122	荣威牌	CSA7003FCEV	燃料电池轿车	—	100	—	263	60	2014年8月15日
239	厦门金龙联合汽车工业有限公司	123	金龙牌	XMQ6127AGBEV9	纯电动城市客车	—	100	—	263	60	2014年8月15日
240	厦门金龙旅行车有限公司	124	金旅牌	XML6115JHEVA5CN	混合动力城市客车	XML6105J15CN	59.50	52.30	263	60	2014年8月15日
241	厦门金龙旅行车有限公司	124	金旅牌	XML6115JHEVB5CN	混合动力城市客车	XML6105J15CN	59.50	53.00	263	60	2014年8月15日
242	厦门金龙旅行车有限公司	124	金旅牌	XML6125JHEVB5CN	混合动力城市客车	XML6125J15CN	65.60	53.00	263	60	2014年8月15日
243	中通客车控股股份有限公司	125	中通牌	LCK6122EVG3	纯电动城市客车	—	100	—	263	60	2014年8月15日
244	上海申龙客车有限公司	129	申龙牌	SLK6109USCHEV03	混合动力城市客车	SLK6109US55	57.35	53.63	263	60	2014年8月15日
245	上汽唐山客车有限公司	（三）77	飞翼牌	SK6107EV42	纯电动城市客车	—	100	—	263	60	2014年8月15日
246	上汽唐山客车有限公司	（三）77	飞翼牌	SK6121EV12	纯电动城市客车	—	100	—	263	60	2014年8月15日
247	江苏陆地方舟新能源电动汽车有限公司	（十）28	陆地方舟牌	RQ6701XBEVH1	纯电动客车	—	100	—	263	60	2014年8月15日
248	江苏陆地方舟新能源电动汽车有限公司	（十）28	陆地方舟牌	RQ6850GEVH0	纯电动城市客车	—	100	—	263	60	2014年8月15日

续表

序号	企业名称	目录序号	商标	产品型号	产品名称	基础车型	节油率/节气率（%）	最大电功率比（%）	公告批次	目录批次	目录日期
249	南京特种汽车制配厂有限公司	（十）35	金龙牌	NJT5030TSLBEV	纯电动扫路车	—	100	—	263	60	2014年8月15日
250	南京特种汽车制配厂有限公司	（十）35	金龙牌	NJT5030TYHBEV	纯电动路面养护车	—	100	—	263	60	2014年8月15日
251	江苏奥新新能源汽车有限公司	（十）74	达福迪牌	JAX5022XXYBEVF120LB15M2X2	纯电动厢式运输车	—	100	—	263	60	2014年8月15日
252	江苏奥新新能源汽车有限公司	（十）74	达福迪牌	JAX5023XXYBEV	纯电动厢式运输车	—	100	—	263	60	2014年8月15日
253	江苏奥新新能源汽车有限公司	（十）74	达福迪牌	JAX5023XXYBEVF120LB15M2X2	纯电动厢式运输车	—	100	—	263	60	2014年8月15日
254	安徽安凯车辆制造有限公司	（十二）18	星凯龙牌	HFX6100GEV02	纯电动城市客车	—	100	—	263	60	2014年8月15日
255	江西江铃汽车集团改装车有限公司	（十四）15	江铃牌	JX5021XXYMEV	纯电动厢式运输车	—	100	—	263	60	2014年8月15日
256	江西江铃汽车集团改装车有限公司	（十四）15	江铃牌	JX5021ZXXMEV	纯电动车厢可卸式垃圾车	—	100	—	263	60	2014年8月15日
257	中国重汽集团济南豪沃客车有限公司	（十五）19	黄河牌	JK5047XXYBEV	纯电动厢式运输车	—	100	—	263	60	2014年8月15日
258	中国重汽集团济南豪沃客车有限公司	（十五）19	黄河牌	JK6109GHEVD4	混合动力城市客车	JK6109GD	62.59	51.40	263	60	2014年8月15日
259	中国重汽集团济南豪沃客车有限公司	（十五）19	黄河牌	JK6109GHEVN5	混合动力城市客车	JK6109GN5	61.08	52.30	263	60	2014年8月15日
260	中国重汽集团济南豪沃客车有限公司	（十五）19	黄河牌	JK6129GHEVN5	混合动力城市客车	JK6129GN5	61.64	50.76	263	60	2014年8月15日
261	中联重科股份有限公司	（十八）20	中联牌	ZLJ5030TYHZLBEV	纯电动路面养护车	—	100	—	263	60	2014年8月15日
262	湖南南车时代电动汽车股份有限公司	（十八）23	南车时代牌	TEG6106EHEV02	混合动力城市客车	TEG6106GJ	78.98	100	263	60	2014年8月15日
263	湖南南车时代电动汽车股份有限公司	（十八）23	南车时代牌	TEG6106EHEV03	混合动力城市客车	TEG6106GJ	62.33	100	263	60	2014年8月15日
264	湖南南车时代电动汽车股份有限公司	（十八）23	南车时代牌	TEG6106EHEVN02	混合动力城市客车	TEG6106NG	63.61	100	263	60	2014年8月15日
265	湖南南车时代电动汽车股份有限公司	（十八）23	南车时代牌	TEG6129EHEV02	混合动力城市客车	TEG6129GJ	78.98	100	263	60	2014年8月15日
266	湖南南车时代电动汽车股份有限公司	（十八）23	南车时代牌	TEG6129EHEVN04	混合动力城市客车	TEG6129NG	64.82	100	263	60	2014年8月15日
267	湖南南车时代电动汽车股份有限公司	（十八）23	南车时代牌	TEG6129EHEVN05	混合动力城市客车	TEG6129NG	88.95	100	263	60	2014年8月15日
268	佛山市飞驰汽车制造有限公司	（十九）17	飞驰牌	FSQ6110CHEVP	插电式混合动力城市客车	FSQ6112DNG	55.24	52.31	263	60	2014年8月15日
269	珠海广通汽车有限公司	（十九）28	广通牌	GTQ6121BEVBT2	纯电动城市客车	—	100	—	263	60	2014年8月15日
270	中国第一汽车集团公司	1	一汽牌	CA7008EV	纯电动轿车	—	100	—	264	61	2014年9月17日
271	东风汽车公司	3	东风牌	EQ6120CLBEV	纯电动城市客车	—	100	—	264	61	2014年9月17日
272	东风汽车公司	3	东风牌	EQ5070ZZZACBEV	纯电动自装卸式垃圾车	—	100	—	264	61	2014年9月17日

续表

序号	企业名称	目录序号	商标	产品型号	产品名称	基础车型	节油率/节气率（%）	最大电功率比（%）	公告批次	目录批次	目录日期
273	北汽福田汽车股份有限公司	9	福田牌	BJ6123CHEVCG	混合动力城市客车	BJ6123C7NJD	72.80	53.63	264	61	2014年9月17日
274	北汽福田汽车股份有限公司	9	福田牌	BJ6123PHEVCA－8	混合动力城市客车	BJ6123C7BTD	61.35	27.87	264	61	2014年9月17日
275	北汽福田汽车股份有限公司	9	福田牌	BJ6105PHEVCA－8	混合动力城市客车	BJ6105C6MCD	58.53	30.49	264	61	2014年9月17日
276	北汽福田汽车股份有限公司	9	福田牌	BJ6123EVCAT－7	纯电动城市客车	—	100	—	264	61	2014年9月17日
277	北汽福田汽车股份有限公司	9	福田牌	BJ6851EVCA	纯电动城市客车	—	100	—	264	61	2014年9月17日
278	北京汽车股份有限公司	11	北京牌	BJ7000C7H4－BEV	纯电动轿车	—	100	—	264	61	2014年9月17日
279	北京汽车股份有限公司	11	北京牌	BJ5021XYZV3R－BEV	纯电动邮政车	—	100	—	264	61	2014年9月17日
280	河北长安汽车有限公司	22	长安牌	SC5023XXYBBEV	纯电动厢式运输车	—	100	—	264	61	2014年9月17日
281	丹东黄海汽车有限责任公司	29	黄海牌	DD6109PHEV1N	混合动力城市客车	DD6109B22N	53.10	52.30	264	61	2014年9月17日
282	山东凯马汽车制造有限公司	31	凯马牌	KMC5040XXYEV28D	纯电动厢式运输车	—	100	—	264	61	2014年9月17日
283	上海申沃客车有限公司	42	申沃牌	SWB6127SHEV8	混合动力城市客车	SWB6128V8LF	62.30	100	264	61	2014年9月17日
284	扬州亚星客车股份有限公司	49	亚星牌	JS6128GHEV	混合动力城市客车	JS6126GHJ	54.38	53.63	264	61	2014年9月17日
285	扬州亚星客车股份有限公司	49	亚星牌	JS6108GHEVC	混合动力城市客车	JS6106GHCP	55.19	52.31	264	61	2014年9月17日
286	扬州亚星客车股份有限公司	49	亚星牌	JS6108GHEV	混合动力城市客车	JS6106GHQJ	55.37	53.63	264	61	2014年9月17日
287	扬州亚星客车股份有限公司	49	亚星牌	JS6128GHEVC	混合动力城市客车	JS6126GHQCP	50.00	52.31	264	61	2014年9月17日
288	安徽江淮汽车股份有限公司	56	江淮牌	HFC7000A1EV	纯电动轿车	—	100	—	264	61	2014年9月17日
289	东南（福建）汽车工业有限公司	58	东南牌	DN7002MBEV	纯电动轿车	—	100	—	264	61	2014年9月17日
290	福建新龙马汽车股份有限公司	58	福建牌	FJ6410BEVA1	纯电动多用途乘用车	—	100	—	264	61	2014年9月17日
291	福建新龙马汽车股份有限公司	58	福建牌	FJ5020XYZBEVA1	纯电动邮政车	—	100	—	264	61	2014年9月17日
292	福建新龙马汽车股份有限公司	58	福建牌	FJ5020XXYBEVA1	纯电动厢式运输车	—	100	—	264	61	2014年9月17日
293	郑州宇通客车股份有限公司	71	宇通牌	ZK6115BEV1	纯电动客车	—	100	—	264	61	2014年9月17日
294	湖南江南汽车制造有限公司	84	众泰牌	JNJ7000EVX	纯电动轿车	—	100	—	264	61	2014年9月17日
295	湖南江南汽车制造有限公司	84	众泰牌	JNJ7000EVZ7	纯电动轿车	—	100	—	264	61	2014年9月17日
296	重庆长安铃木汽车有限公司	96	长安牌	SC7002VBEV	纯电动轿车	—	100	—	264	61	2014年9月17日
297	陕西汽车集团有限责任公司	110	陕汽牌	SX6100GBEVS	纯电动城市客车	—	100	—	264	61	2014年9月17日

续表

序号	企业名称	目录序号	商标	产品型号	产品名称	基础车型	节油率/节气率（%）	最大电功率比（%）	公告批次	目录批次	目录日期
298	金龙联合汽车工业（苏州）有限公司	112	海格牌	KLQ6832GEV1	纯电动城市客车	—	100	—	264	61	2014 年 9 月 17 日
299	厦门金龙旅行车有限公司	124	金旅牌	XML6700JEV20	纯电动客车	—	100	—	264	61	2014 年 9 月 17 日
300	中通客车控股股份有限公司	125	中通牌	LCK6661EVG	纯电动城市客车	—	100	—	264	61	2014 年 9 月 17 日
301	中通客车控股股份有限公司	125	中通牌	LCK6108EVG1	纯电动城市客车	—	100	—	264	61	2014 年 9 月 17 日
302	重庆恒通客车有限公司	127	恒通客车牌	CKZ6620BEV	纯电动城市客车	—	100	—	264	61	2014 年 9 月 17 日
303	上海申龙客车有限公司	129	申龙牌	SLK6109USBEV02	纯电动城市客车	—	100	—	264	61	2014 年 9 月 17 日
304	深圳市五洲龙汽车有限公司	131	五洲龙牌	FDG6701EVG2	纯电动城市客车	—	100	—	264	61	2014 年 9 月 17 日
305	山西皇城相府宇航汽车制造有限公司	（四）01	山西牌	SXK6118TBEV	纯电动客车	—	100	—	264	61	2014 年 9 月 17 日
306	山西皇城相府宇航汽车制造有限公司	（四）01	山西牌	SXK6107GBEV2	纯电动城市客车	—	100	—	264	61	2014 年 9 月 17 日
307	山西皇城相府宇航汽车制造有限公司	（四）01	山西牌	SXK6851GBEV	纯电动城市客车	—	100	—	264	61	2014 年 9 月 17 日
308	南京金龙客车制造有限公司	（十）15	东宇牌	NJL6600BEV6	纯电动客车	—	100	—	264	61	2014 年 9 月 17 日
309	南京金龙客车制造有限公司	（十）15	东宇牌	NJL6600BEV8	纯电动客车	—	100	—	264	61	2014 年 9 月 17 日
310	南京金龙客车制造有限公司	（十）15	东宇牌	NJL6600BEV9	纯电动客车	—	100	—	264	61	2014 年 9 月 17 日
311	江苏陆地方舟新能源电动汽车有限公司	（十）28	陆地方舟牌	RQ6100GEVH0	纯电动城市客车	—	100	—	264	61	2014 年 9 月 17 日
312	南京特种汽车制配厂有限公司	（十）35	金龙牌	NJT5040XXYBEV	纯电动厢式运输车	—	100	—	264	61	2014 年 9 月 17 日
313	江西特种汽车有限责任公司	（十四）09	奇特牌	JTZ5020ZZZBEV	纯电动自装卸式垃圾车	—	100	—	264	61	2014 年 9 月 17 日
314	江西特种汽车有限责任公司	（十四）09	奇特牌	JTZ5020XXYBEV	纯电动厢式运输车	—	100	—	264	61	2014 年 9 月 17 日
315	江西江铃汽车集团改装车有限公司	（十四）15	江铃牌	JX5030XXYMEV	纯电动厢式运输车	—	100	—	264	61	2014 年 9 月 17 日
316	江西江铃汽车集团改装车有限公司	（十四）15	江铃牌	JX5022XXYMEV	纯电动厢式运输车	—	100	—	264	61	2014 年 9 月 17 日
317	江西江铃汽车集团改装车有限公司	（十四）15	江铃牌	JX5021CCYMEV	纯电动仓栅式运输车	—	100	—	264	61	2014 年 9 月 17 日
318	东风扬子江汽车（武汉）有限责任公司	（十七）48	扬子江牌	WG6650BEVH	纯电动城市客车	—	100	—	264	61	2014 年 9 月 17 日
319	东风扬子江汽车（武汉）有限责任公司	（十七）48	扬子江牌	WG6820BEVH	纯电动城市客车	—	100	—	264	61	2014 年 9 月 17 日
320	东风扬子江汽车（武汉）有限责任公司	（十七）48	扬子江牌	WG6100BEVH	纯电动城市客车	—	100	—	264	61	2014 年 9 月 17 日
321	东风扬子江汽车（武汉）有限责任公司	（十七）48	扬子江牌	WG6701BEVH	纯电动客车	—	100	—	264	61	2014 年 9 月 17 日
322	东风扬子江汽车（武汉）有限责任公司	（十七）48	扬子江牌	WG6129BEVH	纯电动城市客车	—	100	—	264	61	2014 年 9 月 17 日

续表

序号	企业名称	目录序号	商标	产品型号	产品名称	基础车型	节油率/节气率（%）	最大电功率比（%）	公告批次	目录批次	目录日期
323	东风扬子江汽车（武汉）有限责任公司	（十七）48	扬子江牌	WG6821BEVH	纯电动客车	—	100	—	264	61	2014年9月17日
324	东风扬子江汽车（武汉）有限责任公司	（十七）48	扬子江牌	WG5020ZXXBEV	纯电动车厢可卸式垃圾车	—	100	—	264	61	2014年9月17日
325	东风扬子江汽车（武汉）有限责任公司	（十七）48	扬子江牌	WG6101BEVH	纯电动城市客车	—	100	—	264	61	2014年9月17日
326	广州市环境卫生机械设备厂	（十九）06	广环牌	GH5020XTYEV	纯电动密闭式桶装垃圾车	—	100	—	264	61	2014年9月17日
327	一汽（四川）专用汽车有限公司	（二十二）01	远达牌	SCZ5080ZXXBEV	纯电动车厢可卸式垃圾车	—	100	—	264	61	2014年9月17日
328	重庆瑞驰汽车实业有限公司	（二十一）14	瑞驰牌	CRC5025XXY－LBEV	纯电动厢式运输车	—	100	—	264	61	2014年9月17日
329	重庆瑞驰汽车实业有限公司	（二十一）14	瑞驰牌	CRC5026XXY－LBEV	纯电动厢式运输车	—	100	—	264	61	2014年9月17日
330	东风汽车公司	3	东风牌	EQ5020ZZZACBEV4	纯电动自装卸式垃圾车	—	100	—	265	62	2014年11月2日
331	北汽福田汽车股份有限公司	9	福田牌	BJ6105PHEVCA－9	混合动力城市客车	BJ6105C6MCD	60.82	30.49	265	62	2014年11月2日
332	北汽福田汽车股份有限公司	9	福田牌	BJ6123EVCAT－8	纯电动城市客车	—	100	—	265	62	2014年11月2日
333	北汽福田汽车股份有限公司	9	福田牌	BJ6123PHEVCA－9	混合动力城市客车	BJ6123C7BTD	61.88	27.87	265	62	2014年11月2日
334	北汽福田汽车股份有限公司	9	福田牌	BJ6127PHEVCA	混合动力城市客车	BJ6123C7NJD	75.14	26.25	265	62	2014年11月2日
335	北京汽车股份有限公司	11	北京牌	BJ7000B3D5－BEV	纯电动轿车	—	100	—	265	62	2014年11月2日
336	北京汽车股份有限公司	11	北京牌	BJ7000B3D6－BEV	纯电动轿车	—	100	—	265	62	2014年11月2日
337	丹东黄海汽车有限责任公司	29	黄海牌	DD6821EV11	纯电动城市客车	—	100	—	265	62	2014年11月2日
338	山东凯马汽车制造有限公司	31	凯马牌	KMC5030ZZZEVA23D	纯电动自装卸式垃圾车	—	100	—	265	62	2014年11月2日
339	南京汽车集团有限公司	44	依维柯牌	NJ5057XXYCEV	纯电动厢式运输车	—	100	—	265	62	2014年11月2日
340	扬州亚星客车股份有限公司	49	亚星牌	JS6108GHEVC1	混合动力城市客车	JS6106GHCP	51.40	30.49	265	62	2014年11月2日
341	扬州亚星客车股份有限公司	49	亚星牌	JS6128GHEVC1	混合动力城市客车	JS6126GHQCP	51.60	27.90	265	62	2014年11月2日
342	浙江吉利汽车有限公司	52	康迪牌	SMA7001BEV02	纯电动轿车	—	100	—	265	62	2014年11月2日
343	安徽安凯汽车股份有限公司	55	安凯牌	HFF6705BEV	纯电动客车	—	100	—	265	62	2014年11月2日
344	东南（福建）汽车工业有限公司	58	东南牌	DN7000LBEV	纯电动轿车	—	100	—	265	62	2014年11月2日
345	郑州宇通客车股份有限公司	71	宇通牌	ZK6105BEVG3	纯电动城市客车	—	100	—	265	62	2014年11月2日
346	郑州宇通客车股份有限公司	71	宇通牌	ZK6125BEVG7	纯电动城市客车	—	100	—	265	62	2014年11月2日
347	郑州宇通客车股份有限公司	71	宇通牌	ZK6845BEVG1	纯电动城市客车	—	100	—	265	62	2014年11月2日

续表

序号	企业名称	目录序号	商标	产品型号	产品名称	基础车型	节油率/节气率（%）	最大电功率比（%）	公告批次	目录批次	目录日期
348	湖南江南汽车制造有限公司	84	众泰牌	JNJ7000EVZ6	纯电动轿车	—	100	—	265	62	2014年11月2日
349	一汽海马汽车有限公司	88	海马牌	HMC7001BM0BEV	纯电动轿车	—	100	—	265	62	2014年11月2日
350	四川汽车工业股份有限公司	101	野马牌	SQJ6451BEV	纯电动乘用车	—	100	—	265	62	2014年11月2日
351	陕西汽车集团有限责任公司	110	陕汽牌	SX5020XXYEV	纯电动厢式运输车	—	100	—	265	62	2014年11月2日
352	金龙联合汽车工业（苏州）有限公司	112	海格牌	KLQ5020XXYEV1	纯电动厢式运输车	—	100	—	265	62	2014年11月2日
353	金龙联合汽车工业（苏州）有限公司	112	海格牌	KLQ6601BEV	纯电动客车	—	100	—	265	62	2014年11月2日
354	厦门金龙联合汽车工业有限公司	123	金龙牌	XMQ6106AGCHEVD41	混合动力城市客车	XMQ6106G3	59.20	54.10	265	62	2014年11月2日
355	厦门金龙联合汽车工业有限公司	123	金龙牌	XMQ6106AGCHEVN51	混合动力城市客车	XMQ6106BGN4	59.0	52.80	265	62	2014年11月2日
356	厦门金龙联合汽车工业有限公司	123	金龙牌	XMQ6106AGCHEVN52	混合动力城市客车	XMQ6106BGN4	55.50	52.30	265	62	2014年11月2日
357	厦门金龙联合汽车工业有限公司	123	金龙牌	XMQ6106AGHEV14	混合动力城市客车	XMQ6106G3	52.00	53.63	265	62	2014年11月2日
358	厦门金龙联合汽车工业有限公司	123	金龙牌	XMQ6106AGHEV15	混合动力城市客车	XMQ6106BGN4	53.80	52.31	265	62	2014年11月2日
359	厦门金龙联合汽车工业有限公司	123	金龙牌	XMQ6110BCBEV	纯电动客车	—	100	—	265	62	2014年11月2日
360	厦门金龙联合汽车工业有限公司	123	金龙牌	XMQ6110BCBEVL1	纯电动客车	—	100	—	265	62	2014年11月2日
361	厦门金龙联合汽车工业有限公司	123	金龙牌	XMQ6119AGCHEVD41	混合动力城市客车	XMQ6119AG4	56.30	54.10	265	62	2014年11月2日
362	厦门金龙联合汽车工业有限公司	123	金龙牌	XMQ6119AGCHEVN51	混合动力城市客车	XMQ6119AGN5	59.90	52.80	265	62	2014年11月2日
363	厦门金龙联合汽车工业有限公司	123	金龙牌	XMQ6127AGCHEVD41	混合动力城市客车	XMQ6127G1	55.10	54.10	265	62	2014年11月2日
364	厦门金龙联合汽车工业有限公司	123	金龙牌	XMQ6127AGCHEVN51	混合动力城市客车	XMQ6127AGN4	55.30	52.80	265	62	2014年11月2日
365	厦门金龙联合汽车工业有限公司	123	金龙牌	XMQ6127GHEV21	混合动力城市客车	XMQ6127G1	70.30	53.60	265	62	2014年11月2日
366	厦门金龙联合汽车工业有限公司	123	金龙牌	XMQ6127GHEV22	混合动力城市客车	XMQ6127AGN4	60.70	52.30	265	62	2014年11月2日
367	厦门金龙联合汽车工业有限公司	123	金龙牌	XMQ6811AGBEV	纯电动城市客车	—	100	—	265	62	2014年11月2日
368	厦门金龙旅行车有限公司	124	金旅牌	XML6102JEV10	纯电动客车	—	100	—	265	62	2014年11月2日
369	厦门金龙旅行车有限公司	124	金旅牌	XML6105JHEV85CN	混合动力城市客车	XML6105J15CN	70.50	52.30	265	62	2014年11月2日
370	厦门金龙旅行车有限公司	124	金旅牌	XML6125JHEV85CN	混合动力城市客车	XML6125J15CN	70.10	52.30	265	62	2014年11月2日
371	厦门金龙旅行车有限公司	124	金旅牌	XML6805JEV10C	纯电动城市客车	—	100	—	265	62	2014年11月2日
372	中通客车控股股份有限公司	125	中通牌	LCK6660EVG	纯电动城市客车	—	100	—	265	62	2014年11月2日

续表

序号	企业名称	目录序号	商标	产品型号	产品名称	基础车型	节油率/节气率（%）	最大电功率比（%）	公告批次	目录批次	目录日期
373	重庆恒通客车有限公司	127	恒通客车牌	CKZ6127HBEVG	纯电动城市客车	—	100	—	265	62	2014 年 11 月 2 日
374	上海申龙客车有限公司	129	申龙牌	SLK6119USNHEV03	混合动力城市客车	SLK6119US5N5	56. 72	51. 29	265	62	2014 年 11 月 2 日
375	上汽唐山客车有限公司	（三）77	飞翼牌	SK6107PHEV14	混合动力城市客车	SK6107NG1E5	52. 60	30. 49	265	62	2014 年 11 月 2 日
376	沈阳五洲龙新能源汽车有限公司	（六）16	五洲龙牌	SWM6111HEVG1	混合动力城市客车	SWM6110G	68. 27	51. 17	265	62	2014 年 11 月 2 日
377	南京金龙客车制造有限公司	（十）15	东宇牌	NJL6100BEV5	纯电动城市客车	—	100	—	265	62	2014 年 11 月 2 日
378	南京金龙客车制造有限公司	（十）15	东宇牌	NJL6600BEV10	纯电动客车	—	100	—	265	62	2014 年 11 月 2 日
379	南京金龙客车制造有限公司	（十）15	东宇牌	NJL6600BEV11	纯电动客车	—	100	—	265	62	2014 年 11 月 2 日
380	南京金龙客车制造有限公司	（十）15	东宇牌	NJL6600BEV12	纯电动客车	—	100	—	265	62	2014 年 11 月 2 日
381	南京特种汽车制配厂有限公司	（十）35	金龙牌	NJT5020XXYBEV	纯电动厢式运输车	—	100	—	265	62	2014 年 11 月 2 日
382	南京特种汽车制配厂有限公司	（十）35	金龙牌	NJT5020XXYBEV1	纯电动厢式运输车	—	100	—	265	62	2014 年 11 月 2 日
383	南京特种汽车制配厂有限公司	（十）35	金龙牌	NJT5020XXYBEV2	纯电动厢式运输车	—	100	—	265	62	2014 年 11 月 2 日
384	南京特种汽车制配厂有限公司	（十）35	金龙牌	NJT5020XYZBEV	纯电动邮政车	—	100	—	265	62	2014 年 11 月 2 日
385	南京特种汽车制配厂有限公司	（十）35	金龙牌	NJT5030XXYBEV	纯电动厢式运输车	—	100	—	265	62	2014 年 11 月 2 日
386	江苏九龙汽车制造有限公司	（十）60	大马牌	HKL6600BEV	纯电动客车	—	100	—	265	62	2014 年 11 月 2 日
387	江苏奥新新能源汽车有限公司	（十）74	达福迪牌	JAX5022CTYBEVF170LB15M2C1	纯电动桶装垃圾运输车	—	100	—	265	62	2014 年 11 月 2 日
388	江苏奥新新能源汽车有限公司	（十）74	达福迪牌	JAX5022TSLBEVF170LB15M1T1	纯电动扫・车	—	100	—	265	62	2014 年 11 月 2 日
389	江苏奥新新能源汽车有限公司	（十）74	达福迪牌	JAX5022ZZZBEVF170LB15M2Z1	纯电动自装卸式垃圾车	—	100	—	265	62	2014 年 11 月 2 日
390	浙江宝成机械科技有限公司	（十一）29	宝裕牌	ZBJ5020ZLJBEV	纯电动自卸式垃圾车	—	100	—	265	62	2014 年 11 月 2 日
391	芜湖宝骐汽车制造有限公司	（十二）14	智骐牌	WXS5020XXYBEV	纯电动厢式运输车	—	100	—	265	62	2014 年 11 月 2 日
392	安徽星凯龙客车有限公司	（十二）18	星凯龙牌	HFX6600KEV05	纯电动客车	—	100	—	265	62	2014 年 11 月 2 日
393	福建龙马环卫装备股份有限公司	（十三）16	福龙马牌	FLM5020ZXXJEV	纯电动车厢可卸式垃圾车	—	100	—	265	62	2014 年 11 月 2 日
394	赣州汽车改装厂	（十四）10	环球牌	GZQ5020CCYBEV	纯电动仓栅式运输车	—	100	—	265	62	2014 年 11 月 2 日
395	赣州汽车改装厂	（十四）10	环球牌	GZQ5020ZXXACBEV	纯电动车厢可卸式垃圾车	—	100	—	265	62	2014 年 11 月 2 日
396	赣州汽车改装厂	（十四）10	环球牌	GZQ5021ZZZBEV	纯电动自装卸式垃圾车	—	100	—	265	62	2014 年 11 月 2 日

续表

序号	企业名称	目录序号	商标	产品型号	产品名称	基础车型	节油率/节气率（%）	最大电功率比（%）	公告批次	目录批次	目录日期
397	山东沂星电动汽车有限公司	（十五）25	飞燕牌	SDL6100EVL	纯电动旅游客车	—	100	—	265	62	2014 年 11 月 2 日
398	东风扬子江汽车（武汉）有限责任公司	（十七）48	扬子江牌	WG5022XXYBEV	纯电动厢式运输车	—	100	—	265	62	2014 年 11 月 2 日
399	重庆瑞驰汽车实业有限公司	（二十一）14	瑞驰牌	CRC5025XXYA－LBEV	纯电动厢式运输车	—	100	—	265	62	2014 年 11 月 2 日
400	贵阳普天物流技术股份有限公司	（二十三）03	鸿雁牌	CPT5020XYZBEV	纯电动邮政车	—	100	—	265	62	2014 年 11 月 2 日
401	东风汽车公司	3	东风牌	EQ6110CLBEV	纯电动城市客车	—	100	100	266	63	2014 年 11 月 15 日
402	东风汽车公司	3	东风牌	EQ6121CLPHEV4	混合动力城市客车	EQ6121CL	63.60	52.30	266	63	2014 年 11 月 15 日
403	北京北方华德尼奥普兰客车股份有限公司	7	北方牌	BFC5044EVXYC22	纯电动押运车	—	100	100	266	63	2014 年 11 月 15 日
404	北汽福田汽车股份有限公司	9	福田牌	BJ6123EVCA－19	纯电动城市客车	—	100	100	266	63	2014 年 11 月 15 日
405	北京汽车股份有限公司	11	北京牌	BJ5021XGCV3R－BEV	纯电动电力工程车	—	100	100	266	63	2014 年 11 月 15 日
406	北京汽车股份有限公司	11	北京牌	BJ5022XXYV3R1－BEV	纯电动厢式运输车	—	100	100	266	63	2014 年 11 月 15 日
407	北京汽车股份有限公司	11	北京牌	BJ6451L3R－BEV	纯电动多用途乘用车	—	100	100	266	63	2014 年 11 月 15 日
408	北京汽车股份有限公司	11	北京牌	BJ7000B3D4－BEV	纯电动轿车	—	100	100	266	63	2014 年 11 月 15 日
409	北京汽车股份有限公司	11	北京牌	BJ7001B3D－BEV	纯电动轿车	—	100	100	266	63	2014 年 11 月 15 日
410	北京汽车股份有限公司	11	北京牌	BJ7002B3D2－BEV	纯电动轿车	—	100	100	266	63	2014 年 11 月 15 日
411	长城汽车股份有限公司	15	长城牌	CC7002BMA01BEV	纯电动轿车	—	100	100	266	63	2014 年 11 月 15 日
412	河北长安汽车有限公司	22	长安牌	SC5035XTYDAEV	纯电动密闭式桶装垃圾车	—	100	100	266	63	2014 年 11 月 15 日
413	河北长安汽车有限公司	22	长安牌	SC5035XXYDAEV	纯电动厢式运输车	—	100	100	266	63	2014 年 11 月 15 日
414	河北长安汽车有限公司	22	长安牌	SC5035XXYDCEV	纯电动厢式运输车	—	100	100	266	63	2014 年 11 月 15 日
415	山东凯马汽车制造有限公司	31	凯马牌	KMC5040XYUEV26D	纯电动押运车	—	100	100	266	63	2014 年 11 月 15 日
416	上海汽车商用车有限公司	41	大通牌	SH5040XXYA7BEV	纯电动厢式运输车	—	100	100	266	63	2014 年 11 月 15 日
417	上海汽车商用车有限公司	41	大通牌	SH5041XXYA7BEV	纯电动厢式运输车	—	100	100	266	63	2014 年 11 月 15 日
418	上海申沃客车有限公司	42	申沃牌	SWB6121EV59	纯电动城市客车	—	100	100	266	63	2014 年 11 月 15 日
419	浙江吉利汽车有限公司	52	吉利牌	SMA7000BEV01	纯电动轿车	—	100	100	266	63	2014 年 11 月 15 日
420	浙江吉利汽车有限公司	52	康迪牌	SMA7002BEV05	纯电动轿车	—	100	100	266	63	2014 年 11 月 15 日
421	安徽安凯汽车股份有限公司	55	安凯牌	HFF6127K46EV	电动客车	—	100	100	266	63	2014 年 11 月 15 日

续表

序号	企业名称	目录序号	商标	产品型号	产品名称	基础车型	节油率/节气率（%）	最大电功率比（%）	公告批次	目录批次	目录日期
422	安徽安凯汽车股份有限公司	55	安凯牌	HFF6850G03EV	纯电动城市客车	—	100	100	266	63	2014年11月15日
423	山东唐骏欧铃汽车制造有限公司	68	欧铃牌	ZB1030BEVBDC1	纯电动载货汽车	—	100	100	266	63	2014年11月15日
424	山东唐骏欧铃汽车制造有限公司	68	欧铃牌	ZB5060XXYBEVKDD6	纯电动厢式运输车	—	100	100	266	63	2014年11月15日
425	郑州宇通客车股份有限公司	71	宇通牌	ZK6105CHEVNPG5	混合动力城市客车	ZK6105HNG2	67.10	52.30	266	63	2014年11月15日
426	郑州宇通客车股份有限公司	71	宇通牌	ZK6105CHEVPG5	混合动力城市客车	ZK6105HG1	70.10	53.60	266	63	2014年11月15日
427	郑州宇通客车股份有限公司	71	宇通牌	ZK6105PHEVNPG3	混合动力城市客车	ZK6105HNG2	67.80	30.50	266	63	2014年11月15日
428	郑州宇通客车股份有限公司	71	宇通牌	ZK6115BEV2	纯电动客车	—	100	100	266	63	2014年11月15日
429	郑州宇通客车股份有限公司	71	宇通牌	ZK6120PHEVNPG3	混合动力城市客车	ZK6120HNG2	66.30	30.50	266	63	2014年11月15日
430	郑州宇通客车股份有限公司	71	宇通牌	ZK6125BEV1	纯电动客车	—	100	100	266	63	2014年11月15日
431	郑州宇通客车股份有限公司	71	宇通牌	ZK6125CHEVNPG5	混合动力城市客车	ZK6125HNG2	60.60	52.30	266	63	2014年11月15日
432	郑州宇通客车股份有限公司	71	宇通牌	ZK6845BEVG2	纯电动城市客车	—	100	100	266	63	2014年11月15日
433	四川汽车工业股份有限公司	101	野马牌	SQJ6111B2BEV	纯电动城市客车	—	100	100	266	63	2014年11月15日
434	陕西汽车集团有限责任公司	110	陕汽牌	SX6110BEV	纯电动公路客车	—	100	100	266	63	2014年11月15日
435	金龙联合汽车工业（苏州）有限公司	112	海格牌	KLQ6520BEV	纯电动客车	—	100	100	266	63	2014年11月15日
436	江铃控股有限公司	121	江铃牌	JX7004BEV	纯电动轿车	—	100	100	266	63	2014年11月15日
437	厦门金龙联合汽车工业有限公司	123	金龙牌	XMQ6106AGCHEVD42	混合动力城市客车	XMQ6106G3	58.30	54.10	266	63	2014年11月15日
438	厦门金龙联合汽车工业有限公司	123	金龙牌	XMQ6106AGCHEVN53	混合动力城市客车	XMQ6106BGN4	58.60	52.80	266	63	2014年11月15日
439	厦门金龙联合汽车工业有限公司	123	金龙牌	XMQ6110BCBEVL2	纯电动客车	—	100	100	266	63	2014年11月15日
440	厦门金龙联合汽车工业有限公司	123	金龙牌	XMQ6119AGCHEVD42	混合动力城市客车	XMQ6119AG4	56.80	54.10	266	63	2014年11月15日
441	厦门金龙联合汽车工业有限公司	123	金龙牌	XMQ6119AGCHEVN52	混合动力城市客车	XMQ6119AGN5	59.20	52.80	266	63	2014年11月15日
442	厦门金龙联合汽车工业有限公司	123	金龙牌	XMQ6127AGCHEVD42	混合动力城市客车	XMQ6127G1	55.10	54.10	266	63	2014年11月15日
443	厦门金龙联合汽车工业有限公司	123	金龙牌	XMQ6127AGCHEVN52	混合动力城市客车	XMQ6127AGN4	55.50	52.80	266	63	2014年11月15日
444	厦门金龙联合汽车工业有限公司	123	金龙牌	XMQ6811AGBEVL	纯电动城市客车	—	100	100	266	63	2014年11月15日
445	厦门金龙联合汽车工业有限公司	123	金龙牌	XMQ6821CYBEVL	纯电动客车	—	100	100	266	63	2014年11月15日
446	厦门金龙旅行车有限公司	124	金旅牌	XML6115JEV20C	纯电动城市客车	—	100	100	266	63	2014年11月15日

续表

序号	企业名称	目录序号	商标	产品型号	产品名称	基础车型	节油率/节气率（%）	最大电功率比（%）	公告批次	目录批次	目录日期
447	厦门金龙旅行车有限公司	124	金旅牌	XML6115JEV30C	纯电动城市客车	—	100	100	266	63	2014 年 11 月 15 日
448	厦门金龙旅行车有限公司	124	金旅牌	XML6125JEV50C	纯电动城市客车	—	100	100	266	63	2014 年 11 月 15 日
449	厦门金龙旅行车有限公司	124	金旅牌	XML6125JEV60C	纯电动城市客车	—	100	100	266	63	2014 年 11 月 15 日
450	厦门金龙旅行车有限公司	124	金旅牌	XML6700JEV30	纯电动客车	—	100	100	266	63	2014 年 11 月 15 日
451	厦门金龙旅行车有限公司	124	金旅牌	XML6700JEV50	纯电动客车	—	100	100	266	63	2014 年 11 月 15 日
452	中通客车控股股份有限公司	125	中通牌	LCK6108EVG2	纯电动城市客车	—	100	100	266	63	2014 年 11 月 15 日
453	中通客车控股股份有限公司	125	中通牌	LCK6668EVG	纯电动城市客车	—	100	100	266	63	2014 年 11 月 15 日
454	中通客车控股股份有限公司	125	中通牌	LCK6669EVG	纯电动城市客车	—	100	100	266	63	2014 年 11 月 15 日
455	海马轿车有限公司	128	海马牌	HMA7002BEV	纯电动轿车	—	100	100	266	63	2014 年 11 月 15 日
456	海马轿车有限公司	128	海马牌	HMA7004S30BEV	纯电动轿车	—	100	100	266	63	2014 年 11 月 15 日
457	上海申龙客车有限公司	129	申龙牌	SLK6108SBEV	纯电动客车	—	100	100	266	63	2014 年 11 月 15 日
458	深圳市五洲龙汽车有限公司	131	五洲龙牌	FDG5040XXYEV	纯电动厢式运输车	—	100	100	266	63	2014 年 11 月 15 日
459	深圳市五洲龙汽车有限公司	131	五洲龙牌	FDG6103EVG1	纯电动城市客车	—	100	100	266	63	2014 年 11 月 15 日
460	深圳市五洲龙汽车有限公司	131	五洲龙牌	FDG6105EVG	纯电动城市客车	—	100	100	266	63	2014 年 11 月 15 日
461	深圳市五洲龙汽车有限公司	131	五洲龙牌	FDG6602EV	纯电动客车	—	100	100	266	63	2014 年 11 月 15 日
462	深圳市五洲龙汽车有限公司	131	五洲龙牌	FDG6851EVG	纯电动城市客车	—	100	100	266	63	2014 年 11 月 15 日
463	深圳市五洲龙汽车有限公司	131	五洲龙牌	FDG6851EVG2	纯电动城市客车	—	100	100	266	63	2014 年 11 月 15 日
464	山西皇城相府宇航汽车制造有限公司	（四）01	山西牌	SXK6127GBEV2	纯电动城市客车	—	100	100	266	63	2014 年 11 月 15 日
465	山西皇城相府宇航汽车制造有限公司	（四）01	山西牌	SXK6608GBEV	纯电动城市客车	—	100	100	266	63	2014 年 11 月 15 日
466	黑龙江龙华汽车有限公司	（八）16	黑龙江牌	HLJ6125BEV	纯电动城市客车	—	100	100	266	63	2014 年 11 月 15 日
467	南京金龙客车制造有限公司	（十）15	东宇牌	NJL6117BEV1	纯电动客车	—	100	100	266	63	2014 年 11 月 15 日
468	南京金龙客车制造有限公司	（十）15	东宇牌	NJL6118BEV3	纯电动客车	—	100	100	266	63	2014 年 11 月 15 日
469	南京金龙客车制造有限公司	（十）15	东宇牌	NJL6118BEV4	纯电动客车	—	100	100	266	63	2014 年 11 月 15 日
470	南京金龙客车制造有限公司	（十）15	东宇牌	NJL6118BEV5	纯电动客车	—	100	100	266	63	2014 年 11 月 15 日
471	南京金龙客车制造有限公司	（十）15	东宇牌	NJL6129BEV3	纯电动城市客车	—	100	100	266	63	2014 年 11 月 15 日

续表

序号	企业名称	目录序号	商标	产品型号	产品名称	基础车型	节油率/节气率（%）	最大电功率比（%）	公告批次	目录批次	目录日期
472	南京金龙客车制造有限公司	（十）15	东宇牌	NJL6600BEV1	纯电动客车	—	100	100	266	63	2014年11月15日
473	南京金龙客车制造有限公司	（十）15	东宇牌	NJL6706BEV	纯电动客车	—	100	100	266	63	2014年11月15日
474	江苏常隆客车有限公司	（十）17	常隆牌	YS6125GBEV	纯电动城市客车	—	100	100	266	63	2014年11月15日
475	江苏常隆客车有限公司	（十）17	常隆牌	YS6831GBEV	纯电动城市客车	—	100	100	266	63	2014年11月15日
476	江苏陆地方舟新能源电动汽车有限公司	（十）28	陆地方舟牌	RQ5020CTYBEV0	纯电动桶装垃圾运输车	—	100	100	266	63	2014年11月15日
477	江苏卡威汽车工业集团有限公司	（十）46	卡威牌	JNQ6101BEV	纯电动城市客车	—	100	100	266	63	2014年11月15日
478	浙江宝成机械科技有限公司	（十一）29	宝裕牌	ZBJ5020GQXBEV	纯电动清洗车	—	100	100	266	63	2014年11月15日
479	福建龙马环卫装备股份有限公司	（十三）16	福龙马牌	FLM5020CTYJEV	纯电动桶装垃圾运输车	—	100	100	266	63	2014年11月15日
480	福建龙马环卫装备股份有限公司	（十三）16	福龙马牌	FLM5020ZLJJEV	纯电动垃圾转运车	—	100	100	266	63	2014年11月15日
481	福建龙马环卫装备股份有限公司	（十三）16	福龙马牌	FLM5030ZXXDEV	纯电动车厢可卸式垃圾车	—	100	100	266	63	2014年11月15日
482	江西凯马百路佳客车有限公司	（十四）03	江西牌	JXK6820BEV	纯电动城市客车	—	100	100	266	63	2014年11月15日
483	中国重汽集团济南豪沃客车有限公司	（十五）19	黄河牌	JK6126GBEV	纯电动城市客车	—	100	100	266	63	2014年11月15日
484	中国重汽集团济南豪沃客车有限公司	（十五）19	黄河牌	JK6668HBEV	纯电动客车	—	100	100	266	63	2014年11月15日
485	河南森源重工有限公司	（十六）37	森源牌	SMQ5030CTYBEV	纯电动桶装垃圾车	—	100	100	266	63	2014年11月15日
486	中联重科股份有限公司	（十八）20	中联牌	ZLJ5020ZXXHFBEV	纯电动车厢可卸式垃圾车	—	100	100	266	63	2014年11月15日
487	云南五龙汽车有限公司	（二十四）03	长江牌	FDE6750TDABEV01	纯电动客车	—	100	100	266	63	2014年11月15日
488	云南五龙汽车有限公司	（二十四）03	长江牌	FDE6750TDABEV02	纯电动客车	—	100	100	266	63	2014年11月15日
489	云南五龙汽车有限公司	（二十四）03	长江牌	FDE6810TBABEV01	纯电动客车	—	100	100	266	63	2014年11月15日
490	云南五龙汽车有限公司	（二十四）03	长江牌	FDE6810TDABEV01	纯电动客车	—	100	100	266	63	2014年11月15日
491	金华青年汽车制造有限公司	7	青年牌	JNP6123BEV	纯电动城市客车	—	100	100	267	64	2014年12月23日
492	北汽福田汽车股份有限公司	9	福田牌	BJ6105CHEVCA	混合动力城市客车	BJ6105C6MCD	59.23	52.31	267	64	2014年12月23日
493	北汽福田汽车股份有限公司	9	福田牌	BJ6105EVCA-1	纯电动城市客车	—	100	100	267	64	2014年12月23日
494	北汽福田汽车股份有限公司	9	福田牌	BJ6123CHEVCA	混合动力城市客车	BJ6123C7BTD	61.88	52.31	267	64	2014年12月23日
495	北汽福田汽车股份有限公司	9	福田牌	BJ6127EVCA-5	纯电动客车	—	100	—	267	64	2014年12月23日
496	河北长安汽车有限公司	22	长安牌	SC5035TYHDAEV	纯电动路面养护车	—	100	—	267	64	2014年12月23日

续表

序号	企业名称	目录序号	商标	产品型号	产品名称	基础车型	节油率/节气率（%）	最大电功率比（%）	公告批次	目录批次	目录日期
497	丹东黄海汽车有限责任公司	29	黄海牌	DD6129CHEV7N	混合动力城市客车	DD6129B50N	52.47	52.30	267	64	2014年12月23日
498	沈阳华晨金杯汽车有限公司	33	金杯牌	SY5020XXY－BEVDW1	纯电动厢式运输车	—	100	—	267	64	2014年12月23日
499	上海申沃客车有限公司	42	申沃牌	SWB6110EV61	纯电动客车	—	100	—	267	64	2014年12月23日
500	上海申沃客车有限公司	42	申沃牌	SWB6121EV58	纯电动城市客车	—	100	—	267	64	2014年12月23日
501	南京汽车集团有限公司	44	畅达牌	NJ5020XXYEV	纯电动厢式运输车	—	100	—	267	64	2014年12月23日
502	扬州亚星客车股份有限公司	49	亚星牌	YBL6111HBEV	纯电动客车	—	100	—	267	64	2014年12月23日
503	浙江吉利汽车有限公司	52	吉利美日牌	MR7002BEV01	纯电动轿车	—	100	—	267	64	2014年12月23日
504	浙江吉利汽车有限公司	52	康迪牌	SMA7000BEV03	纯电动轿车	—	100	—	267	64	2014年12月23日
505	浙江吉利汽车有限公司	52	康迪牌	SMA7001BEV03	纯电动轿车	—	100	—	267	64	2014年12月23日
506	浙江吉利汽车有限公司	52	吉利牌	SMA7001BEV10	纯电动轿车	—	100	—	267	64	2014年12月23日
507	安徽安凯汽车股份有限公司	55	安凯牌	HFF6123G03EV－3	纯电动城市客车	—	100	—	267	64	2014年12月23日
508	安徽安凯汽车股份有限公司	55	安凯牌	HFF6129G03EV	纯电动城市客车	—	100	—	267	64	2014年12月23日
509	安徽安凯汽车股份有限公司	55	安凯牌	HFF6850K10EV	纯电动客车	—	100	—	267	64	2014年12月23日
510	东南（福建）汽车工业有限公司	58	东南牌	DN5021XXYBEV	纯电动厢式运输车	—	100	—	267	64	2014年12月23日
511	东南（福建）汽车工业有限公司	58	东南牌	DN5021XYZBEV	纯电动邮政车	—	100	—	267	64	2014年12月23日
512	福建新福达汽车工业有限公司	58	福达（FORTA）牌	FZ6119UFBEV	纯电动城市客车	—	100	—	267	64	2014年12月23日
513	福建新福达汽车工业有限公司	58	福达（FORTA）牌	FZ6129UFBEV	纯电动城市客车	—	100	—	267	64	2014年12月23日
514	福建新福达汽车工业有限公司	58	福达（FORTA）牌	FZ6859UFBEV	纯电动城市客车	—	100	—	267	64	2014年12月23日
515	福建新龙马汽车股份有限公司	58	福建牌	FJ5021XXYBEVA1	纯电动厢式运输车	—	100	—	267	64	2014年12月23日
516	福建新龙马汽车股份有限公司	58	福建牌	FJ5021XYZBEVA1	纯电动邮政车	—	100	—	267	64	2014年12月23日
517	福建新龙马汽车股份有限公司	58	福建牌	FJ6411BEVA1	纯电动多用途乘用车	—	100	—	267	64	2014年12月23日
518	郑州宇通客车股份有限公司	71	宇通牌	ZK6105BEVG2	纯电动城市客车	—	100	—	267	64	2014年12月23日
519	郑州宇通客车股份有限公司	71	宇通牌	ZK6125BEVG10	纯电动城市客车	—	100	—	267	64	2014年12月23日
520	郑州宇通客车股份有限公司	71	宇通牌	ZK6125BEVG9	纯电动城市客车	—	100	—	267	64	2014年12月23日

续表

序号	企业名称	目录序号	商标	产品型号	产品名称	基础车型	节油率/节气率（%）	最大电功率比（%）	公告批次	目录批次	目录日期
521	比亚迪汽车工业有限公司	79	比亚迪牌	CK6800LZEV1	纯电动城市客车	—	100	—	267	64	2014年12月23日
522	湖南江南汽车制造有限公司	84	江南牌	JNJ7000EVA3	纯电动轿车	—	100	—	267	64	2014年12月23日
523	重庆力帆汽车有限公司	93	力帆牌	LF5028XXYBEV	纯电动厢式运输车	—	100	—	267	64	2014年12月23日
524	重庆力帆汽车有限公司	93	力帆牌	LF5028XXYEV	纯电动厢式运输车	—	100	—	267	64	2014年12月23日
525	重庆力帆汽车有限公司	93	力帆牌	LF6401EV	纯电动多用途乘用车	—	100	—	267	64	2014年12月23日
526	中国重汽集团成都王牌商用车有限公司	101	王牌牌	CDW5071XXYH1PEV	纯电动厢式运输车	—	100	—	267	64	2014年12月23日
527	奇瑞汽车股份有限公司	119	奇瑞牌	SQR5010XXYBEVJ00	纯电动厢式运输车	—	100	—	267	64	2014年12月23日
528	奇瑞汽车股份有限公司	119	瑞麒牌	SQR7000BEVJ18	纯电动轿车	—	100	—	267	64	2014年12月23日
529	奇瑞汽车股份有限公司	119	奇瑞牌	SQR7000BEVS112	纯电动轿车	—	100	—	267	64	2014年12月23日
530	厦门金龙联合汽车工业有限公司	123	金龙牌	XMQ6110BCBEVL3	纯电动客车	—	100	—	267	64	2014年12月23日
531	厦门金龙联合汽车工业有限公司	123	金龙牌	XMQ6110BCBEVL4	纯电动客车	—	100	—	267	64	2014年12月23日
532	厦门金龙联合汽车工业有限公司	123	金龙牌	XMQ6110BGBEVL	纯电动城市客车	—	100	—	267	64	2014年12月23日
533	厦门金龙联合汽车工业有限公司	123	金龙牌	XMQ6110BGBEVL1	纯电动城市客车	—	100	—	267	64	2014年12月23日
534	厦门金龙联合汽车工业有限公司	123	金龙牌	XMQ6111AGBEVD	纯电动城市客车	—	100	—	267	64	2014年12月23日
535	厦门金龙联合汽车工业有限公司	123	金龙牌	XMQ6111AGBEVL	纯电动城市客车	—	100	—	267	64	2014年12月23日
536	厦门金龙联合汽车工业有限公司	123	金龙牌	XMQ6111AGBEVL1	纯电动城市客车	—	100	—	267	64	2014年12月23日
537	厦门金龙联合汽车工业有限公司	123	金龙牌	XMQ6113BYBEVL	纯电动客车	—	100	—	267	64	2014年12月23日
538	厦门金龙联合汽车工业有限公司	123	金龙牌	XMQ6127AGBEVL	纯电动城市客车	—	100	—	267	64	2014年12月23日
539	厦门金龙联合汽车工业有限公司	123	金龙牌	XMQ6129HYBEVL	纯电动客车	—	100	—	267	64	2014年12月23日
540	厦门金龙联合汽车工业有限公司	123	金龙牌	XMQ6661AGBEVS	纯电动城市客车	—	100	—	267	64	2014年12月23日
541	厦门金龙联合汽车工业有限公司	123	金龙牌	XMQ6706BGBEVL	纯电动城市客车	—	100	—	267	64	2014年12月23日
542	厦门金龙联合汽车工业有限公司	123	金龙牌	XMQ6706BYBEVL	纯电动客车	—	100	—	267	64	2014年12月23日
543	厦门金龙联合汽车工业有限公司	123	金龙牌	XMQ6811AGBEVL1	纯电动城市客车	—	100	—	267	64	2014年12月23日
544	厦门金龙联合汽车工业有限公司	123	金龙牌	XMQ6850AGBEVL	纯电动城市客车	—	100	—	267	64	2014年12月23日
545	厦门金龙旅行车有限公司	124	金旅牌	XML6122JHEV88C	混合动力城市客车	XML6122J18C	72.60	48.60	267	64	2014年12月23日

续表

序号	企业名称	目录序号	商标	产品型号	产品名称	基础车型	节油率/节气率（%）	最大电功率比（%）	公告批次	目录批次	目录日期
546	厦门金龙旅行车有限公司	124	金旅牌	XML6105JHEVD5CN	混合动力城市客车	XML6105J15CN	60.50	33.90	267	64	2014年12月23日
547	厦门金龙旅行车有限公司	124	金旅牌	XML6105JHEVC8C	混合动力城市客车	XML6105J28C	73.60	52.10	267	64	2014年12月23日
548	厦门金龙旅行车有限公司	124	金旅牌	XML6115JHEVB5CN1	混合动力城市客车	XML6115J15CN	70.60	53.00	267	64	2014年12月23日
549	厦门金龙旅行车有限公司	124	金旅牌	XML6122JHEV85CN	混合动力城市客车	XML6122J15CN	64.20	47.10	267	64	2014年12月23日
550	厦门金龙旅行车有限公司	124	金旅牌	XML6105JHEVA5CN	混合动力城市客车	XML6105J15CN	60.80	52.30	267	64	2014年12月23日
551	中通客车控股股份有限公司	125	中通牌	LCK6810EVG	纯电动城市客车	—	100	—	267	64	2014年12月23日
552	深圳市五洲龙汽车有限公司	131	五洲龙牌	FDG6112EV	纯电动客车	—	100	—	267	64	2014年12月23日
553	深圳市五洲龙汽车有限公司	131	五洲龙牌	FDG6112EV1	纯电动客车	—	100	—	267	64	2014年12月23日
554	深圳市五洲龙汽车有限公司	131	五洲龙牌	FDG6113EVG13	纯电动城市客车	—	100	—	267	64	2014年12月23日
555	深圳市五洲龙汽车有限公司	131	五洲龙牌	FDG6117EVG1	纯电动城市客车	—	100	—	267	64	2014年12月23日
556	深圳市五洲龙汽车有限公司	131	五洲龙牌	FDG6125EVG	纯电动城市客车	—	100	—	267	64	2014年12月23日
557	深圳市五洲龙汽车有限公司	131	五洲龙牌	FDG6602EV1	纯电动客车	—	100	—	267	64	2014年12月23日
558	深圳市五洲龙汽车有限公司	131	五洲龙牌	FDG6661EVG	纯电动城市客车	—	100	—	267	64	2014年12月23日
559	深圳市五洲龙汽车有限公司	131	五洲龙牌	FDG6702EV	纯电动客车	—	100	—	267	64	2014年12月23日
560	深圳市五洲龙汽车有限公司	131	五洲龙牌	FDG6850EV	纯电动客车	—	100	—	267	64	2014年12月23日
561	深圳市五洲龙汽车有限公司	131	五洲龙牌	FDG6850EV1	纯电动客车	—	100	—	267	64	2014年12月23日
562	深圳市五洲龙汽车有限公司	131	五洲龙牌	FDG6851EVG3	纯电动城市客车	—	100	—	267	64	2014年12月23日
563	深圳市五洲龙汽车有限公司	131	五洲龙牌	FDG6851EVG4	纯电动城市客车	—	100	—	267	64	2014年12月23日
564	河北御捷车业有限公司	134	御捷马牌	YGM5010XXYBEV	纯电动厢式运输车	—	100	—	267	64	2014年12月23日
565	河北御捷车业有限公司	134	御捷马牌	YGM5011XXYBEV	纯电动厢式运输车	—	100	—	267	64	2014年12月23日
566	河北御捷车业有限公司	134	御捷马牌	YGM5012XXYBEV	纯电动厢式运输车	—	100	—	267	64	2014年12月23日
567	河北御捷车业有限公司	134	御捷马牌	YGM6360BEV	纯电动多用途乘用车	—	100	—	267	64	2014年12月23日
568	河北御捷车业有限公司	134	御捷马牌	YGM6361BEV	纯电动多用途乘用车	—	100	—	267	64	2014年12月23日
569	扫地王（天津）专用车辆装备有限公司	（二）09	华环牌	TSW5070ZZZEV	纯电动自装卸式垃圾车	—	100	—	267	64	2014年12月23日
570	天津清源电动车辆有限责任公司	（二）22	清源牌	QY5030TYHBEVYL	纯电动路面养护车	—	100	—	267	64	2014年12月23日

续表

序号	企业名称	目录序号	商标	产品型号	产品名称	基础车型	节油率/节气率（%）	最大电功率比（%）	公告批次	目录批次	目录日期
571	天津清源电动车辆有限责任公司	（二）22	清源牌	QY5030ZXXBEVYL	纯电动车厢可卸式垃圾车	—	100	—	267	64	2014年12月23日
572	上汽唐山客车有限公司	（三）77	飞翼牌	SK6110EV63	纯电动客车	—	100	—	267	64	2014年12月23日
573	上汽唐山客车有限公司	（三）77	飞翼牌	SK6652EV26	纯电动城市客车	—	100	—	267	64	2014年12月23日
574	山西皇城相府宇航汽车制造有限公司	（四）01	山西牌	SXK6127GBEV3	纯电动城市客车	—	100	—	267	64	2014年12月23日
575	山西皇城相府宇航汽车制造有限公司	（四）01	山西牌	SXK6601TBEV	纯电动客车	—	100	—	267	64	2014年12月23日
576	南京金龙客车制造有限公司	（十）15	东宇牌	NJL6100BEV6	纯电动城市客车	—	100	—	267	64	2014年12月23日
577	南京金龙客车制造有限公司	（十）15	东宇牌	NJL6117BEV2	纯电动客车	—	100	—	267	64	2014年12月23日
578	南京金龙客车制造有限公司	（十）15	东宇牌	NJL6118BEV6	纯电动客车	—	100	—	267	64	2014年12月23日
579	南京金龙客车制造有限公司	（十）15	东宇牌	NJL6118BEV7	纯电动客车	—	100	—	267	64	2014年12月23日
580	南京金龙客车制造有限公司	（十）15	东宇牌	NJL6118BEV8	纯电动客车	—	100	—	267	64	2014年12月23日
581	南京金龙客车制造有限公司	（十）15	东宇牌	NJL6129BEV5	纯电动城市客车	—	100	—	267	64	2014年12月23日
582	南京金龙客车制造有限公司	（十）15	东宇牌	NJL6129BEV6	纯电动城市客车	—	100	—	267	64	2014年12月23日
583	江苏陆地方舟新能源电动汽车有限公司	（十）28	陆地方舟牌	RQ5020ZXXBEV0	纯电动车厢可卸式垃圾车	—	100	—	267	64	2014年12月23日
584	江苏陆地方舟新能源电动汽车有限公司	（十）28	陆地方舟牌	RQ5070XXYEVH0	纯电动厢式运输车	—	100	—	267	64	2014年12月23日
585	江苏陆地方舟新能源电动汽车有限公司	（十）28	陆地方舟牌	RQ6100GEVH1	纯电动城市客车	—	100	—	267	64	2014年12月23日
586	江苏陆地方舟新能源电动汽车有限公司	（十）28	陆地方舟牌	RQ6100GEVH2	纯电动城市客车	—	100	—	267	64	2014年12月23日
587	江苏陆地方舟新能源电动汽车有限公司	（十）28	陆地方舟牌	RQ6700XEVH0	纯电动客车	—	100	—	267	64	2014年12月23日
588	江苏陆地方舟新能源电动汽车有限公司	（十）28	陆地方舟牌	RQ6850GEVH1	纯电动城市客车	—	100	—	267	64	2014年12月23日
589	江苏陆地方舟新能源电动汽车有限公司	（十）28	陆地方舟牌	RQ6850GEVH2	纯电动城市客车	—	100	—	267	64	2014年12月23日
590	南京特种汽车制配厂有限公司	（十）35	金龙牌	NJT5020XXYBEV3	纯电动厢式运输车	—	100	—	267	64	2014年12月23日
591	南京特种汽车制配厂有限公司	（十）35	金龙牌	NJT5020XYZBEV2	纯电动邮政车	—	100	—	267	64	2014年12月23日
592	南京特种汽车制配厂有限公司	（十）35	金龙牌	NJT5031TSLBEV	纯电动扫路车	—	100	—	267	64	2014年12月23日
593	南京特种汽车制配厂有限公司	（十）35	金龙牌	NJT5041XXYBEV	纯电动厢式运输车	—	100	—	267	64	2014年12月23日
594	南京特种汽车制配厂有限公司	（十）35	金龙牌	NJT5044XGCABEV	纯电动工程车	—	100	—	267	64	2014年12月23日
595	南京特种汽车制配厂有限公司	（十）35	金龙牌	NJT5070TSLBEV	纯电动扫路车	—	100	—	267	64	2014年12月23日

续表

序号	企业名称	目录序号	商标	产品型号	产品名称	基础车型	节油率/节气率（%）	最大电功率比（%）	公告批次	目录批次	目录日期
596	江苏九龙汽车制造有限公司	（十）60	大马牌	HKL6700BEV	纯电动客车	—	100	—	267	64	2014年12月23日
597	江苏奥新新能源汽车有限公司	（十）74	达福迪牌	JAX5022XXYBEVF170LB15M2X1	纯电动厢式运输车	—	100	—	267	64	2014年12月23日
598	江苏奥新新能源汽车有限公司	（十）74	达福迪牌	JAX5022ZXXBEVF170LB15M2Z1	纯电动车厢可卸式垃圾车	—	100	—	267	64	2014年12月23日
599	南京德兴汽车车辆改装有限公司	（十）96	德欣牌	NDX5020GQXEV	纯电动清洗车	—	100	—	267	64	2014年12月23日
600	南京德兴汽车车辆改装有限公司	（十）96	德欣牌	NDX5020TSLEV	纯电动扫路车	—	100	—	267	64	2014年12月23日
601	安徽星凯龙客车有限公司	（十二）18	星凯龙牌	HFX6120GEV03	纯电动城市客车	—	100	—	267	64	2014年12月23日
602	江西凯马百路佳客车有限公司	（十四）03	江西牌	JXK6106BEV	纯电动城市客车	—	100	—	267	64	2014年12月23日
603	江西特种汽车有限责任公司	（十四）09	奇特牌	JTZ5020CTYBEV	纯电动桶装垃圾运输车	—	100	—	267	64	2014年12月23日
604	中国重汽集团济南豪沃客车有限公司	（十五）19	黄河牌	JK6116HBEV	纯电动客车	—	100	—	267	64	2014年12月23日
605	中国重汽集团济南豪沃客车有限公司	（十五）19	黄河牌	JK6600HBEV	纯电动客车	—	100	—	267	64	2014年12月23日
606	中国重汽集团济南豪沃客车有限公司	（十五）19	黄河牌	JK6660GBEV2	纯电动城市客车	—	100	—	267	64	2014年12月23日
607	烟台海德专用汽车有限公司	（十五）20	海德牌	CHD5070TCABEV	纯电动餐厨垃圾车	—	100	—	267	64	2014年12月23日
608	中联重科股份有限公司	（十八）20	中联牌	ZLJ5031TYHZLBEV	纯电动路面养护车	—	100	—	267	64	2014年12月23日
609	成都客车股份有限公司	（二十二）10	蜀都牌	CDK6113CEHEV	混合动力城市客车	CDK6112CEG5R	39.90	51.30	267	64	2014年12月23日
610	成都客车股份有限公司	（二十二）10	蜀都牌	CDK6123CEHEV	混合动力城市客车	CDK6122CEG5R	64.40	49.00	267	64	2014年12月23日
611	成都客车股份有限公司	（二十二）10	蜀都牌	CDK6610CEBEV	纯电动城市客车	—	100	—	267	64	2014年12月23日
612	云南五龙汽车有限公司	（二十四）03	长江牌	FDE6120PBABEV01	纯电动城市客车	—	100	—	267	64	2014年12月23日
613	云南五龙汽车有限公司	（二十四）03	长江牌	FDE6120PDABEV01	纯电动城市客车	—	100	—	267	64	2014年12月23日

注：本表中共统计了107家新能源汽车生产企业，613款车型，其中包括：纯电动客车287款（纯电动城市客车195款，纯电动客车86款，纯电动旅游客车4款，纯电动公路客车1款，电动客车1款）；纯电动乘用车61款（纯电动轿车50款，纯电动多用途乘用车10款，纯电动乘用车1款）；纯电动专用车141款（纯电动厢式运输车61款，纯电动车厢可卸式垃圾车15款，纯电动自装卸式垃圾车9款，纯电动扫路车9款，纯电动邮政车8款，纯电动路面养护车6款，纯电动密闭式桶装垃圾车5款，纯电动桶装垃圾运输车4款，纯电动厢式车3款，纯电动自卸式垃圾车3款，纯电动押运车2款，纯电动载货汽车2款，纯电动清洗车2款，纯电动仓栅式运输车2款，纯电动电力工程车1款，纯电动工程车1款，纯电动餐厨垃圾车1款，纯电动车厢自装式垃圾车1款，纯电动垃圾转运车1款，纯电动洒水车1款，纯电动桶装垃圾车1款，纯电动厢式货车1款，纯电动压缩式垃圾车1款，纯电动商务车1款）；混合动力城市客车120款；混合动力铰接城市客车1款；燃料电池轿车1款；混合动力轿车1款；增程式混合动力轿车1款。

四、免征车辆购置税的新能源汽车车型目录

1. 免征车辆购置税的新能源汽车车型目录（第一批）

中华人民共和国工业和信息化部

国家税务总局

公告

2014年第54号

为促进我国交通能源战略转型、推进生态文明建设、支持新能源汽车产业发展，根据《财政部国家税务总局工业和信息化部关于免征新能源汽车车辆购置税的公告》（公告2014年第53号）的要求，工业和信息化部会同国家税务总局等部门对企业提交的申请材料进行了审查。现将《免征车辆购置税的新能源汽车车型目录》（第一批）予以公告，自2014年9月1日起开始实施。

附件：免征车辆购置税的新能源汽车车型目录（第一批）

工业和信息化部

国家税务总局

2014年8月27日

附件：免征车辆购置税的新能源汽车车型目录（第一批）

一、纯电动汽车

（一）乘用车

序号	汽车生产企业名称	车辆型号	通用名称	纯电动续驶里程（km）	整车整备质量（kg）	动力蓄电池组总质量（kg）	动力蓄电池组总能量（kW·h）	备注
1	安徽江淮汽车股份有限公司	HFC7000AEV	和悦 iEV	152	1200	223	19	—
2	北京汽车股份有限公司	BJ7000B3D1－BEV	EV200	160	1370	285	26	—
3		BJ7000C7H1－BEV	绅宝 EV	170	1760	375	38	—
4		BJ7000C7H3－BEV	绅宝 EV	170	1760	341	38	—
5		BJ5021XXYV3R1－BEV	威旺 307EV	150	1640	454	38	—
6	比亚迪汽车工业有限公司	QCJ7006BEVF	比亚迪 e 6	322	2360/2380	750	63	—
7		QCJ7007BEV	腾势	253	2090	550	48	—
8	东风汽车有限公司	DFL7000B2BEV	启辰 e30	175	1494	273	24	—

续表

序号	汽车生产企业名称	车辆型号	通用名称	纯电动续驶里程（km）	整车整备质量（kg）	动力蓄电池组总质量（kg）	动力蓄电池组总能量（kW·h）	备注
9	东南（福建）汽车工业有限公司	DN7000MBEV	V3 菱悦纯电动轿车	80	1330	260	20	—
10	奇瑞汽车股份有限公司	SQR7000BEVS184	瑞麒 M1 EV	80	1060	235	15	—
11		SQR7000BEVJ00	奇瑞 eQ	151	1128	256	22	—
12	上海汽车集团股份有限公司	CSA7000BEV	荣威 E50	120	1080	235	18	—
13	上海通用汽车有限公司	SGM7001EV	Springo	152	1385	265	21	—
14	四川汽车工业股份有限公司	SQJ6452BEV	—	120/200	1630	500/550	32/45	—
15	浙江吉利汽车有限公司	SMA7000BEV	康迪纯电动轿车	150	1160	300/310	21	—
16		SMA7001BEV	康迪纯电动轿车	150	1200	300/310	21	—
17	重庆长安汽车股份有限公司	SC7005EV	E30	120	1610	380	32/29	—

（二）客车

序号	汽车生产企业名称	车辆型号	通用名称	纯电动续驶里程（km）	整车整备质量（kg）	动力蓄电池组总质量（kg）	动力蓄电池组总能量（kW·h）	备注
1	安徽安凯汽车股份有限公司	HFF6123G03EV	纯电动城市客车	300	13500/13800	2990/2780	269	—
2		HFF6100G03EV－1	纯电动城市客车	260	12700/13000	1900	233	—
3		HFF6126G03EV－1	纯电动城市客车	160	14000/14300	2650	130	钛酸锂电池
4		HFF6124G03EV	纯电动城市客车	200	13500/13800	2700	300	—
5		HFF6110G03EV	电动城市客车	280	12400/12600	1800	161	—
6		HFF6110GS03EV	纯电动双层城市客车	280	17000	2500	232	—
7		HFF6101G03EV	纯电动城市客车	300	12000/12300	1540/1500/1500	129	—
8		HFF6101K10EV	纯电动客车	320	11700	1900	215	—
9		HFF6112G03EV	纯电动城市客车	300	13000/13300	2800/2300	242	—
10		HFF6701BEV	纯电动客车	187	5870	1326	125	—
11		HFF6100G03EV－3	纯电动城市客车	290	11500/11800	2300	212	—
12		HFF6126G03EV－2	纯电动城市客车	350	14000/14200	3200	323	—
13		HFF6128G03EV	纯电动城市客车	200	13500/13800	2000	161	—

续表

序号	汽车生产企业名称	车辆型号	通用名称	纯电动续驶里程（km）	整车整备质量（kg）	动力蓄电池组总质量（kg）	动力蓄电池组总能量（kW·h）	备注
14	安徽安凯汽车股份有限公司	HFF6101K10EV－1	纯电动客车	350	11700	1900	215	—
15		HFF6127K46EV－1	纯电动客车	320	14100	3400	300	—
16		HFF6127G03EV	纯电动城市客车	200	13500/13800	2073	166	—
17		HFF6100G03EV－2	纯电动城市客车	340	12700/13000	2600	266	—
18		HFF6127K46EV－6	纯电动客车	320	14100	3400	326	—
19		HFF6127K46EV－2	纯电动客车	320	14100	3400	272	—
20		HFF6127K46EV－5	纯电动客车	320	14100	3250	312	—
21		HFF6702BEV	纯电动客车	187	5870	1445	131	—
22	北汽福田汽车股份有限公司	BJ6127EVCA－3	纯电动客车	171	13500	2200	124	—
23		BJ6180EVCA	纯电动城市客车	200	18300/19000	2400	215	—
24		BJ6123C6B4D－1	纯电动城市客车	185	13600	1830	142	—
25		BJ6127EVCA	纯电动城市客车	160	13500	2100	198	—
26		BJ6123EVCA－15	纯电动城市客车	180	12700/12900	2000	172	—
27		BJ6123EVCA－13	纯电动城市客车	180	12700/12900	2000	172	—
28		BJ6127EVCA－1	纯电动城市客车	160	13500	2500	196	—
29		BJ6123C6B4D	纯电动城市客车	185	13600	1830	142	—
30		BJ6123EVCA－11	纯电动城市客车	90	12700	1312	71	钛酸锂电池
31	比亚迪汽车工业有限公司	CK6120LGEV	纯电动城市客车	400	13800	3200	324	—
32		CK6120LGEV1	纯电动城市客车	400	13800	3200	324	—
33		CK6120LGEV2	纯电动城市客车	400	13500	3300	324	—
34	南京金龙客车制造有限公司	NJL6118BEV1	纯电动客车	250	13300/13700	3200	260	—
35		NJL6118BEV	纯电动客车	250	13300/13700	2660	269	—
36		NJL6100BEV1	纯电动城市客车	200	12200/12500	2600	173	—
37		NJL6100BEV4	纯电动城市客车	200	12200/12500	2520	225	—
38		NJL6600BEV3	纯电动客车	180	2930/2980	500	46	—
39		NJL6600BEV4	纯电动客车	300	2930/2980	760	88	—

续表

序号	汽车生产企业名称	车辆型号	通用名称	纯电动续驶里程（km）	整车整备质量（kg）	动力蓄电池组总质量（kg）	动力蓄电池组总能量（kW·h）	备注
40	厦门金龙旅行车有限公司	XML6532JEV10	纯电动海狮	150	2100	495/515	36	—
41	上海汽车商用车有限公司	SH6601A4BEV	纯电动客车	220	2930	700	75	—
42	深圳市五洲龙汽车有限公司	FDG6113EVG3	纯电动城市客车	220	14200	4200±200/4500	269	—
43		FDG6751EVG2	纯电动城市客车	220	8250	1500	103	—
44		FDG6113EVG2	纯电动城市客车	220	14200	3600	311	—
45		FDG6600EVG	纯电动城市客车	200	4500	1000	55	—
46		FDG6601EVG	纯电动城市客车	210	2100	450	35	—
47		FDG6117EVG	纯电动城市客车	300	14500	2600	161	—
48		FDG6700EV	纯电动客车	200	5660/5520	1000	84	—
49		FDG6113EVG6	纯电动城市客车	220	12800	3600	323	—
50		FDG6113EVG8	纯电动城市客车	220	14200	3400	310	—
51		FDG6103EVG	纯电动城市客车	250	13000	3000	242	—
52		FDG6113EVG	纯电动城市客车	220	14200	3400	310	—
53		FDG6123EVG	纯电动城市客车	250	13600	1800±100	142	—
54		FDG6113EVG4	纯电动城市客车	220	12800	4200	322	—
55		FDG6113EVG5	纯电动城市客车	220	12800	4200±200/4500	269	—
56		FDG6113EVG7	纯电动城市客车	220	12800	3500±200	301	—
57		FDG6113EVG1	纯电动城市客车	220	14200	3500±200	233	—
58		FDG6113EVG9	纯电动城市客车	220	13100	3200	345	—
59		FDG6701EVG1	纯电动城市客车	200	4950	1100	93	—
60		FDG6801EVG	纯电动城市客车	220	8800	1200±200	69	—
61		FDG6652EVG	纯电动城市客车	230	2300	425	38	—
62	四川汽车工业股份有限公司	SQJ6111B1BEV	纯电动城市客车	215	12300/12500	1926	198	—
63		SQJ6121B1BEV	纯电动城市客车	215	13500/13900	2302	239	—

续表

序号	汽车生产企业名称	车辆型号	通用名称	纯电动续驶里程（km）	整车整备质量（kg）	动力蓄电池组总质量（kg）	动力蓄电池组总能量（kW·h）	备注
64	郑州宇通客车股份有限公司	ZK6141BEV1	纯电动城市客车	255	16000	2780	230	—
65		ZK6125BEVG2	纯电动城市客车	160	12000/12600	1980	155	—
66		ZK6701BEVQ3	纯电动客车	200	4050/4280	685	61	—
67		ZK6125BEVG1	纯电动城市客车	160	12000/12600	1570	142	—
68		ZK6100EGAA	纯电动城市客车	215	12000	2000	169	—
69		ZK6701BEVG3	纯电动城市客车	200	4000/4200	685	61	—
70		ZK6125BEVG4	纯电动城市客车	240	12200/12800	2000	174	—
71		ZK6126EGA9	纯电动城市客车	216	12500/13100	2223	169	—
72		ZK6105BEVG1	纯电动城市客车	160	11800/12200	1800	142	—
73		ZK6106BEV2	纯电动客车	164	12000	1600	149	—
74		ZK6701BEVG4	纯电动城市客车	200	4000/4200	690	62	—
75		ZK6701BEVQ2	纯电动客车	200	4050/4280	690	62	—

（三）货车

无

（四）专用车

序号	汽车生产企业名称	车辆型号	通用名称	纯电动续驶里程（km）	整车整备质量（kg）	动力蓄电池组总质量（kg）	动力蓄电池组总能量（kW·h）	备注
1	东南（福建）汽车工业有限公司	DN5020XXYBEV	得利卡纯电动厢式运输车	120	1835	458	37	—
2	金华市康迪新能源车辆有限公司	KD5011XXYEV	纯电动厢式运输车	160/140（仅城市工况）	980	256/262	22/21	—
3	厦门金龙旅行车有限公司	XML5036XXYEV10	纯电动厢式运输车	113	2140	495/515	36	—
4	重庆瑞驰汽车实业有限公司	CRC5020XXY－LBEV	纯电动厢式运输车	184	1320	290	26	—
5		CRC5020XYZ－LBEV	纯电动邮政车	184	1320	290	26	—

二、插电式混合动力汽车

（一）乘用车

序号	汽车生产企业名称	车辆型号	通用名称	纯电动续驶里程（km）	燃料消耗量（L/100km）	发动机排量（ml）	整车整备质量（kg）	动力蓄电池组总质量（kg）	动力蓄电池组总能量（kW·h）	备注
1	安徽江淮汽车股份有限公司	HFC7100B1HEVF	和悦 iREV	55（工况法）	2.8	999	1600	200	12	—
2	比亚迪汽车有限公司	BYD7150WTHEV3	比亚迪秦	70（工况法）	1.6	1497	1720	160	13	—
3		BYD7150WTHEV2	比亚迪秦	70（工况法）	1.6	1497	1720	160	13	—
4	广州汽车集团乘用车有限公司	GAC7100SHEVB4	增程式混合动力轿车	50（工况法）	2.4	998	1735	220	13	—
5	上海汽车集团股份有限公司	CSA7154TDPHEV	荣威 550PHEV	58（工况法）	2.3	1498	1699	153	12	—
6		CSA7150PHEV	荣威 550PHEV	58（工况法）	2.3	1498	1699	153	12	—

（二）客车

序号	汽车企业名称	车辆型号	产品名称	纯电动续驶里程（km）	燃料消耗量（L/100km）	发动机排量（ml）	整车整备质量（kg）	动力蓄电池组总质量（kg）	动力蓄电池组总能量（kW·h）	备注
1	安徽安凯汽车股份有限公司	HFF6125G03SHEV	混合动力城市客车	72	26.6（kg/100km）	4214	13500	600	43	NG
2		HFF6127G03PHEV－1	插电式混合动力城市客车	186	20.0	6500	13450/13800	1760	202	柴油
3 4	北汽福田汽车股份有限公司	BJ6105PHEVCA－7	插电式混合动力城市客车	50	19.1（kg/100km）	6494/6750/6494	10600/10900/11300	360	25	NG
5		BJ6123PHEVCA－6	插电式混合动力城市客车	50	21.4	6500	11300/11600	360	25	柴油
6		BJ6123PHEVCA－7	插电式混合动力城市客车	50	20.7（kg/100km）	6494/6750/6494	11950/12250	360	25	NG
		BJ6105PHEVCA－6	插电式混合动力城市客车	50	19.8	6500	10000/10350	360	25	柴油
7	湖南南车时代电动汽车股份有限公司	TEG6129EHEVN04	混合动力城市客车	55	37.5（m3/100km）	5308/5200	13600/13300/13000	360/350/200	31/26	NG
8 9	郑州宇通客车股份有限公司	ZK6120CHEVNPG3	混合动力城市客车	65	11.5（kg/100km）	7800	12000/12450/12950	655	40	NG
10		ZK6105CHEVPG2	混合动力城市客车	65	18.9	6500	10300/10700	655	40	柴油
		ZK6120CHEVPG3	混合动力城市客车	65	19.6	7800	11200/12100	655	40	柴油

注：插电式混合动力汽车燃料消耗量仅包括传统燃料，不含电能折算。

（三）货车

无

（四）专用车

无

三、燃料电池汽车

无

2. 免征车辆购置税的新能源汽车车型目录（第二批）

中华人民共和国工业和信息化部

中华人民共和国国家税务总局

公告

2014 年第 66 号

为促进我国交通能源战略转型、推进生态文明建设、支持新能源汽车产业发展，根据《财政部国家税务总局工业和信息化部关于免征新能源汽车车辆购置税的公告》（公告 2014 年第 53 号）的要求，工业和信息化部会同国家税务总局等部门对企业提交的申请材料进行了审查。现将《免征车辆购置税的新能源汽车车型目录》（第二批）予以公告。

附件：免征车辆购置税的新能源汽车车型目录（第二批）

工业和信息化部

国家税务总局

2014 年 10 月 29 日

附件：免征车辆购置税的新能源汽车车型目录（第二批）

一、纯电动汽车

（一）乘用车

序号	汽车生产企业名称	车辆型号	通用名称	纯电动续驶里程（km）	整车整备质量（kg）	动力蓄电池组总质量（kg）	动力蓄电池组总能量（kW·h）	备注
1	北京汽车股份有限公司	BJ6450L3R - BEV	威旺 307EV	150	1700	454	38	—
2		BJ7000B3D2 - BEV	E150EV	150	1370	277	28	—
3		BJ7000B3D - BEV	E150EV	150	1370	272	23	—
4		BJ7000C7H4 - BEV	绅宝 EV	210	1760	355	44	—
5		BJ7000C7H - BEV	绅宝 EV	120	1690	320	30	—
6		BJ7001B3D2 - BEV	EV200	200	1295	291	30	—
7		BJ7002B3D - BEV	E150EV	150	1370	285	26	—

续表

序号	汽车生产企业名称	车辆型号	通用名称	纯电动续驶里程（km）	整车整备质量（kg）	动力蓄电池组总质量（kg）	动力蓄电池组总能量（kW·h）	备注
8	北京现代汽车有限公司	BH7000BEVAA	首望 500e	160	1485	323	28	—
9	北汽福田汽车股份有限公司	BJ6438EV3－1	纯电动多用途乘用车	160	1510	300	36	—
10	东风汽车公司	DFM7000H2ABEV	E30L	152	995/1025	228	18	—
11		DFM7000H2BBEV	E30	100	920	180	17	—
12		DFM7000H2CBEV	E30	100	920	180	15	—
13		DFM7000H2DBEV	E30L	152	995/1025	228	18	—
14	东风悦达起亚汽车有限公司	YQZ7001BEV	华骐	140	1425	290	22	—
15	华晨宝马汽车有限公司	BBA7000EV（ZINORO1E）	之诺 1E	150	1970	475	24	—
16	华晨汽车集团控股有限公司	SY7000BEVDAE	中华 H230EV	80	1400	280	19	—
17	郑州日产汽车有限公司	ZN6493H2YBEV	纯电动多用途乘用车	130	2070	360	40	—
18		ZN6494H2YBEV	纯电动多用途乘用车	130	2160	380	38	—
19	湖南江南汽车制造有限公司	JNJ7000EVM1	众泰 M300EV	80	1620	167/181/165	20/22	—
20		JNJ7000EVM3	众泰 M300EV	80	1620	240	18	—
21		JNJ7000EVZ	知豆 301A	85	670	168	12	—
22		JNJ7000EVZ2	SKIO E20	250	760	220	19	—
23		JNJ7000EVZ4	知豆 301C	83	640	140	12	—
24		JNJ7000EVZ5	知豆 301B	84	670	160	12	—
25	中国第一汽车集团公司	CA7005EV1	奔腾 EV	100	1425	167	19	—
26		CA7005EV3	奔腾 EV	200	1608	350	45	—
27	重庆力帆乘用车有限公司	LF7002CEV	力帆 620 纯电动轿车	130	1350	290	24/20	—
28		LF7002EV	力帆 620 纯电动轿车	140	1490	300/270	30	—

（二）客车

序号	汽车生产企业名称	车辆型号	通用名称	纯电动续驶里程（km）	整车整备质量（kg）	动力蓄电池组总质量（kg）	动力蓄电池组总能量（kW·h）	备注
1	安徽安凯汽车股份有限公司	HFF6120G03EV	电动城市客车	280	13500/13800	3000	269	—
2		HFF6127K46EV	电动客车	320	14100	3400	300	—

续表

序号	汽车生产企业名称	车辆型号	通用名称	纯电动续驶里程（km）	整车整备质量（kg）	动力蓄电池组总质量（kg）	动力蓄电池组总能量（kW·h）	备注
3	北汽福田汽车股份有限公司	BJ6127EVCA－2	纯电动城市客车	160	13500	2500	196	—
4		BJ6650EVCA	纯电动城市客车	151	5800	800	41	—
5	比亚迪汽车工业有限公司	CK6100LGEV	K8	400	11900	2400	216	—
6		CK6120HGEV	K9	400	13800	3200	324	—
7		CK6120LLEV	C9A	430	13870	3200	365	—
8		CK6120LLEV1	C9B	220	13550	1600	183	—
9		CK6700HLEV	C6	230	6750	1700	183	—
10		CK6700HZEV	K6	250	6210	1177	108	—
11		CK6700HZEV1	K6	450	6750	1700	183	—
12		CK6800LZEV	K7	240	9000	1763	162	—
13	东风汽车公司	EQ6102BEVL1	纯电动城市客车	220	11000/11500	1784	180	—
14		EQ6102EVL	纯电动城市客车	200	11000/11500	1864/1686	173/192	—
15		EQ6102HBEVA	纯电动城市客车	250	12400/11600	1344	138	—
16		EQ6640CLBEV	纯电动客车	150	3100/3300	490	46	—
17		EQ6640CLBEV1	纯电动客车	300	3300	760	82	—
18	东风扬子江汽车（武汉）有限责任公司	WG6124BEVH	纯电动城市客车	150	12500	1800	120	—
19	江苏陆地方舟新能源电动汽车有限公司	RQ6120GBEVH0P0	纯电动城市客车	180	12900/13200	3050	230	—
20		RQ6701XBEVH0	纯电动客车	180	6450	1044	120	—
21		RQ6701XBEVH1	纯电动客车	180	6450	1700	120	—
22	金龙联合汽车工业（苏州）有限公司	KLQ6109GAEV1	纯电动城市客车	200	12200	2500	184	—
23		KLQ6109TAEV1	纯电动客车	200	12600	2500	240	—
24		KLQ6119GHAEV1	纯电动城市客车	250	13200/14000	2700	272	—
25		KLQ6125ZAEV1	纯电动客车	200	13860	2100	184	—
26		KLQ6129GAEV3	纯电动城市客车	250	13500	2700	295	—
27		KLQ6129GEV	纯电动城市客车	160	13800	1210	181	—
28		KLQ6702EV	纯电动客车	180	5400	602	67	—
29		KLQ6702KQEV1	纯电动客车	220	5400	2700	110	—

续表

序号	汽车生产企业名称	车辆型号	通用名称	纯电动续驶里程（km）	整车整备质量（kg）	动力蓄电池组总质量（kg）	动力蓄电池组总能量（kW·h）	备注
30	南京金龙客车制造有限公司	NJL6100BEV	纯电动城市客车	200	12200/12500	2600	173	—
31		NJL6100BEV2	纯电动城市客车	200	12200/12500	3000	280	—
32		NJL6100BEV3	纯电动城市客车	200	12200/12500	3000	280	—
33		NJL6129BEV1	纯电动城市客车	250	14230/14490	3600	323	—
34		NJL6129BEV4	纯电动城市客车	250	13760/14100	3700	324	—
35		NJL6600BEV2	纯电动客车	150	2930/2980	670	37	—
36		NJL6600BEV5	纯电动客车	250	2930/2980	752	76	—
37	南京汽车集团有限公司	NJ6607CEV1	纯电动客车	150	3790	780	67	—
38		NJ6617AEV	纯电动客车	200	3680	1300	97	—
39		NJ6697CEVZ	纯电动客车	180	3780	700	61	—
40		NJ6697CEVZ－Y	纯电动客车	170	3780	720	59	—
41	厦门金龙联合汽车工业有限公司	XMQ6110BCBEV	纯电动客车	330	12600	2200	214	—
42		XMQ6126YE	纯电动客车	250	14000	3450	272	—
43		XMQ6127AGBEV4	纯电动城市客车	160	12800/13600	1800	97	—
44	上海申沃客车有限公司	SWB6121SC	城市客车	3	13800	1450	7	超级电容器
45	扬州亚星客车股份有限公司	JS6127GHBEV	纯电动城市客车	250	13500	2340	225	—
46	一汽客车（大连）有限公司	CA6127URE31	纯电动城市客车	160	12900	1850	142	—
47	一汽客车（无锡）有限公司	CA6121URBEV80	纯电动城市客车	215	13100	2220	142	—
48	郑州宇通客车股份有限公司	ZK6106BEV1	纯电动客车	255	12100	2500	227	—
49		ZK6125BEVG6	纯电动城市客车	400	12400/13000	3250	287	—
50	中通客车控股股份有限公司	LCK6108EVG	纯电动城市客车	150	11400	2000	172	—
51		LCK6108EVG1	纯电动城市客车	250	12500	2500	226	—
52		LCK6122EVG2	纯电动城市客车	150	12200	2000	172	—
53		LCK6122EVG3	纯电动城市客车	150	13700/14500	2300	115	—
54		LCK6122GEV1	纯电动城市客车	150	12600	1920	151	—
55		LCK6660EVG	纯电动城市客车	200	4700/4900	860	77	—
56		LCK6661EVG	纯电动城市客车	200	5300/5450	1100	74	—
57		LCK6850EVG	纯电动城市客车	150	10100/9500	2060	154	—

（三）货车

序号	汽车生产企业名称	车辆型号	通用名称	纯电动续驶里程（km）	整车整备质量（kg）	动力蓄电池组总质量（kg）	动力蓄电池组总能量（kW·h）	备注
1	南京汽车集团有限公司	NJ1027PBEVNZ3	纯电动载货汽车	100	1450	220	27	—

（四）专用车

序号	汽车生产企业名称	车辆型号	通用名称	纯电动续驶里程（km）	整车整备质量（kg）	动力蓄电池组总质量（kg）	动力蓄电池组总能量（kW·h）	备注
1	北京汽车股份有限公司	BJ5020XXYV3R - BEV	威旺 306EV	80	1485	306	22	—
2		BJ5020XYZD3R - BEV	威旺 306EV	80	1485	306	22	—
3		BJ5021XYZV3R - BEV	威旺 307EV	150	1640	454	38	—
4	东风汽车公司	EQ5031TSLACBEV	纯电动扫路车	80	2900	424	50	—
5	江苏奥新新能源汽车有限公司	JAX5020ZXXBEV	纯电动车厢可卸式垃圾车	122	1330	260/280	18	—
6		JAX5021XXYBEV	纯电动厢式运输车	122	1200	260/280	18	—
7		JAX5022XXYBEV	纯电动厢式运输车	123	1200	260	18	—
8		JAX5022ZXXBEV	纯电动车厢可卸式垃圾车	123	1330	260	18	—
9		JAX5023XXYBEV	纯电动厢式运输车	142	1200	280	22	—
10		JAX5023XXYBEVF120LB15M2X2	纯电动厢式运输车	142	1360	280	22	—
11	江西江铃汽车集团改装车有限公司	JX5041XSWMEV	纯电动商务车	160	2795	684	55	—
12	南京汽车集团有限公司	NJ5028XTYEV1	纯电动密闭式桶装垃圾车	100	1620	280	21	—
13	郑州日产汽车有限公司	ZN5080ZYSA5CBEV	纯电动压缩式垃圾车	180	6070	1200	80	—
14	中国重汽集团成都王牌商用车有限公司	CDW5060XXYEV	纯电动厢式运输车	200	3500	750	75	—
15		CDW5070XXYH1PEV	纯电动厢式运输车	170	3900	880	75	—
16	重庆瑞驰汽车实业有限公司	CRC5021XXY - LBEV	纯电动厢式运输车	150	1260	320	26	—
17		CRC5022XXY - LBEV	纯电动厢式运输车	125	1270	354	26	—
18		CRC5023XXY - LBEV	纯电动厢式运输车	113	1360	354	26	—
19		CRC5024XXY - LBEV	纯电动厢式运输车	153	1200	235	27	—

二、插电式混合动力汽车

（一）乘用车

无

（二）客车

序号	汽车企业名称	车辆型号	产品名称	纯电动续驶里程（km）	燃料消耗量（L/100km）	发动机排量（ml）	整车整备质量（kg）	动力蓄电池组总质量（kg）	动力蓄电池组总能量（kW·h）	备注
1	金龙联合汽车工业（苏州）有限公司	KLQ6109GAHEVE4A	混合动力城市客车	60	18.8	6500	10700/11100/11500	300	21	柴油
2		KLQ6129GAHEVE4A	混合动力城市客车	52	20.9	6500	11800/12200/12600	300	21	柴油
3		KLQ6129GAHEVC5A	混合动力城市客车	52	24.6（kg/100km）	6494	12400	300	21	NG
4		KLQ6109GAHEVE4B	混合动力城市客车	60	18.8	6500	10700/11100/11500	250	14	柴油
5		KLQ6109GAHEVC5A	混合动力城市客车	60	18.6（kg/100km）	6494	11400/11800/12300	300	21	NG
6		KLQ6129GAHEVE4B	混合动力城市客车	52	20.9	6500	11800/12200/12600	320	20	柴油
7		KLQ6119GAHEVC5A	混合动力城市客车	55	22.2（kg/100km）	6494	11800/12200/12500	300	21	NG
8		KLQ6129GAHEVC5	混合动力城市客车	52	23.3（kg/100km）	6494/6750	12400/12800/13400	310	22	NG
9		KLQ6109GCHEV1B	混合动力城市客车	60	17.8（kg/100km）	6494/6750	11400/12000/12600	250	14	NG
10		KLQ6119GAHEVC5	混合动力城市客车	55	21.7（kg/100km）	6494/6440/6750	12200/12600/13200	280	18	NG
11	安徽安凯汽车股份有限公司	HFF6124G03SHEV	混合动力城市客车	311	20	4200	12800	2000	187	柴油，增程式
12	湖南南车时代电动汽车股份有限公司	TEG6129EHEV02	混合动力城市客车	55	17.6	4295/5200	12400/12100	350/360/210	31/26/0.5	柴油
13		TEG6106EHEV02	混合动力城市客车	55	17.5	5200	11500/11200	350/360/210	31/26/0.5	柴油

注：插电式混合动力汽车燃料消耗量仅包括传统燃料，不含电能折算。

（三）货车

无

（四）专用车

无

三、燃料电池汽车

无

免征车辆购置税的新能源汽车车型目录（第三批）

中华人民共和国工业和信息化部
中华人民共和国国家税务总局
公告
2014 年第 81 号

为促进我国交通能源战略转型、推进生态文明建设、支持新能源汽车产业发展，根据《财政部国家税务总局工业和信息化部关于免征新能源汽车车辆购置税的公告》（公告 2014 年第 53 号）的要求，工业和信息化部会同国家税务总局等部门对企业提交的申请材料进行了审查。现将《免征车辆购置税的新能源汽车车型目录》（第三批）予以公告。

附件：免征车辆购置税的新能源汽车车型目录（第三批）

工业和信息化部
国家税务总局
2014 年 12 月 19 日

附件：免征车辆购置税的新能源汽车车型目录（第三批）

一、纯电动汽车

（一）乘用车

序号	汽车生产企业名称	车辆型号	通用名称	纯电动续驶里程（km）	整车整备质量（kg）	动力蓄电池组总质量（kg）	动力蓄电池组总能量（kW·h）	备注
1	安徽江淮汽车股份有限公司	HFC7000A1EV	和悦 iEV	155	1200	223	19	—
2		HFC7001A1EV	和悦 iEV	152	1260	240	19	—
3		HFC7001AEV	和悦 iEV	170	1260	230	23	—
4	北京汽车股份有限公司	BJ7002B3D2 - BEV	EV200	200	1295	291	30	—
5		BJ7000B3D6 - BEV	E150EV	150	1370	305	26	—
6		BJ7000B3D5 - BEV	EV200 - II	160	1295	285	26	—
7	福建新龙马汽车股份有限公司	FJ6410BEVA1	纯电动多用途乘用车	171	1355/1375	310	32	—
8	湖南江南汽车制造有限公司	JNJ7000EVX	众泰云 100	155	968	174	18	—
9		JNJ6408EV	V10EV	155	1400	360	29	—
10	一汽海马汽车有限公司	HMC7001BM0BEV	普力马纯电动	150	1490	290	25	—
11	重庆长安汽车股份有限公司	SC7003AEV	EADO	160	1610	340	25	—
12	中国第一汽车集团公司	CA7008EV	欧朗 EV	120	1265	195	21	—

（二）客车

序号	汽车生产企业名称	车辆型号	通用名称	纯电动续驶里程（km）	整车整备质量（kg）	动力蓄电池组总质量（kg）	动力蓄电池组总能量（kW·h）	备注
1	安徽安凯汽车股份有限公司	HFF6705BEV	纯电动客车	187	5300	970	82	—
2	安徽星凯龙客车有限公司	HFX6100GEV02	纯电动城市客车	175	10850	1300	101	—
3		HFX6600KEV05	纯电动客车	175	5300/5100	880	74	—
4	北汽福田汽车股份有限公司	BJ6123EVCA-9	纯电动城市客车	150	12600	1510	139	—
5		BJ6123EVCA-17	纯电动城市客车	151	12700/12900	1760	97	—
6		BJ6123EVCA-3	纯电动城市客车	150	13000	1680	131	—
7		BJ6851EVCA	纯电动城市客车	151	9100	1300	64	—
8		BJ6123EVCA-2	纯电动城市客车	150	13600	1720	142	—
9		BJ6123EVCA-19	纯电动城市客车	180	12550/12750	2340	120	—
10		BJ6123EVCAT-3	纯电动城市客车	161	13500/13300	1400	101	—
11		BJ6123EVCA-1	纯电动城市客车	185	13600	1860	138	—
12		BJ6123EVCA-16	纯电动城市客车	154	12700/12900	1510	139	—
13		BJ6123EVCA-12	纯电动城市客车	90	12700	1400	66	—
14		BJ6123EVCA-8	纯电动城市客车	150	12600	1650	144	—
15		BJ6123EVCAT-6	纯电动城市客车	161	13500/13300	1400	101	—
16		BJ6123EVCAT-8	纯电动城市客车	176	13660/13460	2000	110	—
17		BJ6123EVCAT-7	纯电动城市客车	161	13500/13300	1500	104	—
18		BJ6123EVCA-18	纯电动城市客车	240	13200/13500	3120	202	—
19		BJ6123EVCA	纯电动城市客车	185	13600	1830	142	—
20	东风汽车公司	EQ6110CLBEV	纯电动城市客车	280	11500/11800	2460	210	—
21	东风扬子江汽车（武汉）有限责任公司	WG6123BEVH	纯电动城市客车	413	14000	3000	230	—
22		WG6110BEVHM	纯电动城市客车	340	14200	2200	245	—
23		WG6820BEVH	纯电动城市客车	190	8500/8800	1100	114	—
24		WG6100BEVH	纯电动城市客车	150	11800/12200	1800	115	—
25		WG6129BEVH	纯电动城市客车	310	12000	2680	207	—
26		WG6650BEVH	纯电动城市客车	200	2550	520	43	—
27		WG6101BEVH	纯电动城市客车	150	11800/12200	1690	113	—

续表

序号	汽车生产企业名称	车辆型号	通用名称	纯电动续驶里程（km）	整车整备质量（kg）	动力蓄电池组总质量（kg）	动力蓄电池组总能量（kW·h）	备注
28	黑龙江龙华汽车有限公司	HLJ6125BEV	纯电动城市客车	280	13765	2924	210	—
29	江苏陆地方舟新能源电动汽车有限公司	RQ6100GEVH0	纯电动城市客车	200	11400	2600	216	—
30	江苏九龙汽车制造有限公司	HKL6600BEV	纯电动客车	210	2995	750	61	—
31	江西凯马百路佳客车有限公司	JXK6120AG	纯电动城市客车	200	13200	2285	160	—
32	江西凯马百路佳客车有限公司	JXK6113BEV	纯电动城市客车	200	12400	2300	207	—
33	江西凯马百路佳客车有限公司	JXK6113CEV	纯电动客车	200	13550/13380	2200/1900	161	—
34	金龙联合汽车工业（苏州）有限公司	KLQ6832GEV1	纯电动城市客车	220	7600/8000	830	72	—
35	金龙联合汽车工业（苏州）有限公司	KLQ6129GEV2	纯电动城市客车	160	13500	846	184	—
36	金龙联合汽车工业（苏州）有限公司	KLQ6601BEV	纯电动客车	155	3180	660	51	—
37	南京金龙客车制造有限公司	NJL6600BEV	纯电动客车	170	2930/2980	630	51	—
38	南京金龙客车制造有限公司	NJL6118BEV4	纯电动客车	200	12500	1962	210	—
39	南京金龙客车制造有限公司	NJL6118BEV5	纯电动客车	200	12860	2500	210	—
40	南京金龙客车制造有限公司	NJL6100BEV5	纯电动城市客车	150	11500/11800	2000	151	—
41	南京金龙客车制造有限公司	NJL6600BEV6	纯电动客车	240	2930/2980	690	72	—
42	南京汽车集团有限公司	NJ6607AEV	纯电动客车	180	3750	1000	82	—
43	厦门金龙联合汽车工业有限公司	XMQ6661AGBEV1	纯电动城市客车	150	6200/6600/7000	650	56	—
44	厦门金龙联合汽车工业有限公司	XMQ6110BCBEVL2	纯电动客车	380	12600	2200	202	—
45	厦门金龙联合汽车工业有限公司	XMQ6821CYBEVL	纯电动客车	350	9800	1600	139	—
46	厦门金龙联合汽车工业有限公司	XMQ6811AGBEVL	纯电动城市客车	350	9500/10000	1600	148	—
47	厦门金龙联合汽车工业有限公司	XMQ6811AGBEV	纯电动城市客车	392	9500/10000	1920	169	—
48	厦门金龙联合汽车工业有限公司	XMQ6661AGBEV	纯电动城市客车	150	6200/6600/7000	850	46	—
49	厦门金龙联合汽车工业有限公司	XMQ6110BCBEVL1	纯电动客车	380	12600	2700	207	—
50	厦门金龙联合汽车工业有限公司	XMQ6127AGBEV3	纯电动城市客车	160	13300/13700	2100	138	—
51	厦门金龙旅行车有限公司	XML6700JEV20	纯电动考斯特	151	5330	630	54	—
52	厦门金龙旅行车有限公司	XML6700JEV50	纯电动客车	165	5380	600	62	—
53	厦门金龙旅行车有限公司	XML6700JEV30	纯电动客车	151	5380	630	54	—
54	厦门金龙旅行车有限公司	XML6102JEV10	纯电动旅游客车	220	13200	2340	173	—

续表

序号	汽车生产企业名称	车辆型号	通用名称	纯电动续驶里程（km）	整车整备质量（kg）	动力蓄电池组总质量（kg）	动力蓄电池组总能量（kW·h）	备注
55	山东沂星电动汽车有限公司	SDL6120EVG	纯电动城市客车	310	12000	2680/2988	207/230	—
56		SDL6120EVG1	纯电动城市客车	260	12000	1662	161	—
57		SDL6121EVG	纯电动城市客车	160	12000	3200	115	—
58		SDL6110EVSG	纯电动双层城市客车	290	13000	2968	230	—
59		SDL6100EVG1	纯电动城市客车	280	11400	2215	175	—
60		SDL6120EVG5	纯电动城市客车	360	12000	2800	242	—
61		SDL6100EVG2	纯电动城市客车	300	11400	2560	210	—
62		SDL6120EVG2	纯电动城市客车	230	12000	1762	142	—
63		SDL6120EVG6	纯电动城市客车	360	12000	2000	230	—
64		SDL6100EVL	纯电动旅游客车	280	12500	2050	202	—
65		SDL6120EVG4	纯电动城市客车	260	12000	1800	161	—
66	陕西汽车集团有限责任公司	SX6100GBEVS	纯电动城市客车	150	11400	2000	155	—
67		SX6120GBEVS	纯电动城市客车	150	12600	2500	226	—
68	深圳市五洲龙汽车有限公司	FDG6701EVG2	纯电动城市客车	215	4950	600	37	—
69		FDG6602EV	纯电动城市客车	185	4150/4300/4500	1060	81	—
70		FDG6105EVG	纯电动城市客车	250	14000/13600	3700	323	—
71		FDG6103EVG1	纯电动城市客车	151	10900/11300	1500	118	—
72	天津比亚迪汽车有限公司	TJK6122BEV	K9A	400	13500	3200	324	—
73	扬州亚星客车股份有限公司	JS6108GHBEV	纯电动城市客车	300	12300/13000	2300	173	—
74	郑州宇通客车股份有限公司	ZK6115BEV2	纯电动客车	260	11600	1615	149	—
75		ZK6125BEV1	纯电动客车	240	13100	1940	178	—
76		ZK6845BEVG2	纯电动城市客车	170	7040/7340	1027	92	—
77		ZK6845BEVG1	纯电动城市客车	220	7500/7800	1485	134	—
78		ZK6125BEVG7	纯电动城市客车	240	11400/12000	1940	178	—
79		ZK6105BEVG3	纯电动城市客车	200	9900/10300	1615	149	—
80		ZK6115BEV1	纯电动客车	260	12350	1760	161	—

续表

序号	汽车生产企业名称	车辆型号	通用名称	纯电动续驶里程（km）	整车整备质量（kg）	动力蓄电池组总质量（kg）	动力蓄电池组总能量（kW·h）	备注
81	中通客车控股股份有限公司	LCK6668EVG	纯电动城市客车	155	4700/4900	630/620	55	—
82	中通客车控股股份有限公司	LCK6669EVG	纯电动城市客车	155	4700/4900	630	55	—
83	中通客车控股股份有限公司	LCK6108EVG2	纯电动城市客车	250	13500/12700/12000	3340/3610	203/259	—
84	珠海广通汽车有限公司	GTQ6105BEVB1	纯电动城市客车	175	10800	1530	137	—
85	珠海广通汽车有限公司	GTQ6105BEVB2	纯电动城市客车	180	11000/10800	1409	127	—
86	珠海广通汽车有限公司	GTQ6105BEVBT	纯电动城市客车	70	10200/10800	1300	71	钛酸锂
87	珠海广通汽车有限公司	GTQ6105BEVBT2	纯电动城市客车	50	11300/11950/12500	1430	73	钛酸锂
88	珠海广通汽车有限公司	GTQ6121BEVBT2	纯电动城市客车	50	12500/13000	1618	87	钛酸锂
89	珠海广通汽车有限公司	GTQ6105BEVB3	纯电动城市客车	177	10800/11000	1517	127	—
90	珠海广通汽车有限公司	GTQ6121BEVB2	纯电动城市客车	220	12700/13200	1534	173	—
91	珠海广通汽车有限公司	GTQ6121BEVBT	纯电动城市客车	70	12500/13000	1300	71	钛酸锂
92	珠海广通汽车有限公司	GTQ6123BEVBT	纯电动城市客车	80	13000/14500/15000	1618	101	钛酸锂

（三）货车

无

（四）专用车

序号	汽车生产企业名称	车辆型号	通用名称	纯电动续驶里程（km）	整车整备质量（kg）	动力蓄电池组总质量（kg）	动力蓄电池组总能量（kW·h）	备注
1	北京汽车股份有限公司	BJ5021XGCV3R－BEV	威旺 307EV 纯电动电力工程车	150	1640	454	38	—
2	东风汽车公司	EQ5020ZZZACBEV4	纯电动自装卸式垃圾车	85	1740	264/350	29/24	—
3	东风汽车公司	EQ5070ZZZACBEV	纯电动自装卸式垃圾车	110	4630	520	51	—
4	福建新龙马汽车股份有限公司	FJ5020XXYBEVA1	纯电动厢式运输车	171	1310/1355	310	32	—
5	福建新龙马汽车股份有限公司	FJ5020XYZBEVA1	纯电动邮政车	171	1310/1355	310	32	—
6	河北长安汽车有限公司	SC5023XXYBBEV	长安睿行纯电动厢式运输车	100	1600	300	24	—
7	河北长安汽车有限公司	SC5023XXYABEV	长安睿行纯电动厢式运输车	130	1650	330	25	—

续表

序号	汽车生产企业名称	车辆型号	通用名称	纯电动续驶里程（km）	整车整备质量（kg）	动力蓄电池组总质量（kg）	动力蓄电池组总能量（kW·h）	备注
8	金龙联合汽车工业（苏州）有限公司	KLQ5020XXYEV1	纯电动厢式运输车	150	1460/1540	300	32	—
9	上海汽车商用车有限公司	SH5040XXYA7BEV	纯电动厢式运输车	250	2490	685	60	—
10		SH5041XXYA7BEV	纯电动厢式运输车	295	2700	700	75	—
11	陕西汽车集团有限责任公司	SX5020XXYEV	纯电动厢式运输车	137	1300	260	24	—
12	中国重汽集团成都王牌商用车有限公司	CDW5080ZLJEV1	纯电动垃圾车	100	4150	740	69	—
13		CDW5164GSSEV2	纯电动洒水车	100	7150	1045	98	—
14	中联重科股份有限公司	ZLJ5071TSL	纯电动扫路车	150	5850/6180	900	61	—
15		ZLJ5020ZXXHFBEV	纯电动车厢可卸式垃圾车	125	1725	280	20	—
16		ZLJ5071TSLHBEV	纯电动扫路车	200	6080	1300/1250	69 /96	—
17		ZLJ5020XTYHFBEV	纯电动密闭式桶装垃圾车	110	1730	230	19	—
18		ZLJ5091ZYSHFBEV	纯电动压缩式垃圾车	150	7050/7260/7410	805	77	—
19		ZLJ5160GSSCABEV	纯电动洒水车	150	9700	1600	138	—
20	郑州日产汽车有限公司	ZN5034XGCH2YBEV	纯电动工程车	130	2160	380	38	—
21	重庆瑞驰汽车实业有限公司	CRC5025XXY－LBEV	纯电动厢式运输车	145	1280	350	25	—
22		CRC5025XXYA－LBEV	纯电动厢式运输车	155	1290	353	26	—
23		CRC5026XXY－LBEV	纯电动厢式运输车	173	1295	366	31	—

二、插电式混合动力汽车

（一）乘用车

序号	汽车企业名称	车辆型号	产品名称	纯电动续驶里程（km）	燃料消耗量（L/100km）	发动机排量（ml）	整车整备质量（kg）	动力蓄电池组总质量（kg）	动力蓄电池组总能量（kW·h）	备注
1	比亚迪汽车工业有限公司	BYD6480STHEV	比亚迪唐	85	2.0	1999	2220	250	19	—
2		BYD6450VHEV	比亚迪 M3	55	2.0	1497	1510	160	13	—
3		BYD7150WT5HEV	比亚迪秦	70	1.6	1497	1720	165	13	—
4	华晨宝马汽车有限公司	BMW7201AMHEV（BMW530Le）	宝马5系插电式混合动力	58	2.0	1997	2145	218	14	—
5	中国第一汽车集团公司	CA7155PHEV	奔腾 PHEV	70	3.2	1497	1634	200	11	—

（二）客车

序号	汽车企业名称	车辆型号	产品名称	纯电动续驶里程（km）	燃料消耗量（L/100km）	发动机排量（ml）	整车整备质量（kg）	动力蓄电池组总质量（kg）	动力蓄电池组总能量（kW·h）	备注
1	北汽福田汽车股份有限公司	BJ6127PHEVCA	混合动力城市客车	51	21.4	7255	12400/12200	360	25	柴油
2	东风汽车公司	EQ6120CLCHEV	混合动力城市客车	55	21	6234/6750	12000/12300	210/570	0.6/36	NG
3	东风扬子江汽车（武汉）有限责任公司	WG6121PHEVBA	混合动力城市客车	67	17.4	2982	12000	1350	97	柴油
4	黑龙江龙华汽车有限公司	HLJ6122PHEV	混合动力城市客车	50	27.5（m3/100km）	6500	12569	685	52	NG
5	厦门金龙联合汽车工业有限公司	XMQ6106AGHEV15	混合动力城市客车	50	21.3/21.8（kg/100km）	6494/6750	11000/11600/12200	320	18	NG
6		XMQ6127GHEV22	混合动力城市客车	50	28.0/28.5（kg/100km）	6494/6750	12400/12800/13300	320	18	NG
7	厦门金龙旅行车有限公司	XML6122JHEV88C	混合动力城市客车	50	20.7	6500	12800/13500	350	28	柴油
8		XML6122JHEV85CN	混合动力城市客车	50	27.4	7800	13700/14220	350	28	NG
9	陕西汽车集团有限责任公司	SX6120GJCHEVN	混合动力城市客车	50	28.5	6494	11600/11900	460	39	NG
10	深圳市五洲龙汽车有限公司	FDG6103SHEVNG5	混合动力城市客车	85	24.0	4214	11580/12000	814	56	NG
11	扬州亚星客车股份有限公司	JS6128GHEV2	插电式混合动力城市客车	51	22.5	6750	12500/12000	94.5+450	0.37+32	柴油
12		JS6108GHEV2	插电式混合动力城市客车	51	19.2	6750	11500/11100	94.5+450	0.37+32	柴油
13		JS6108GHEVC2	插电式混合动力城市客车	51	28.4（m3/100km）	6750	12200/11800	94.5+450	0.37+32	NG
14		JS6128GHEVC2	插电式混合动力城市客车	51	34.4（m3/100km）	6750	13100/12600	94.5+450	0.37+32	NG

注：插电式混合动力汽车燃料消耗量仅包括传统燃料，不含电能折算。

（三）货车

无

（四）专用车

无

三、燃料电池汽车

无

泰坦运营服务管理系统

泰坦手机APP

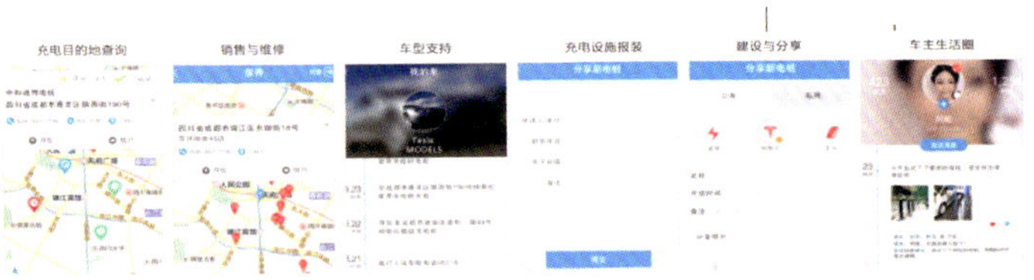

泰坦充电体系

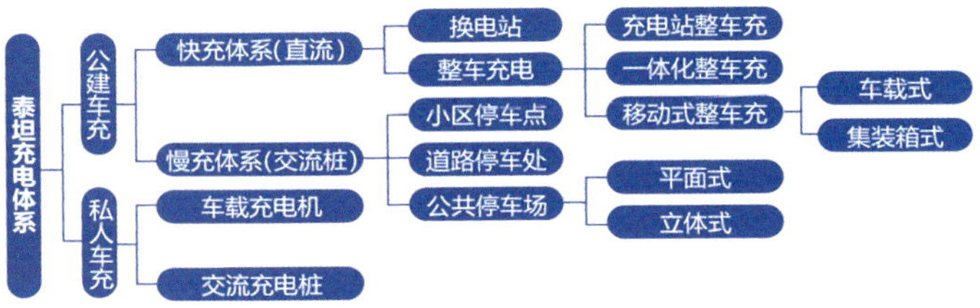

泰坦大功率多通道多功能快速充电系统
国家科技部863项目

泰坦承接的国家科技部863项目，涉及产品“大功率、多通道、多功能、快速充电系统”，系统输出电压范围宽（80~800V），输出电流连续可调，输出功率大（单机最大500kW），系统可以实现目前市场上所有电动汽车需求的全覆盖，产品已获得国家专利。

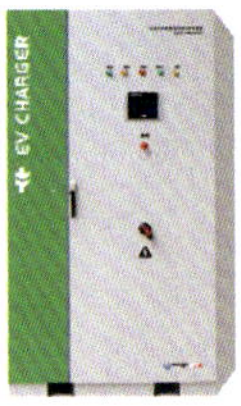

电动汽车双通道快速充放电系统

KGCFF-250/400X2

泰坦科技 车充先导
TITANS TECHNOLOGY
Pioneer in EV charge

上海挚达科技发展有限公司2010年成立于杨浦，核心成员来自著名整车企业和IT公司，其创始人黄志明博士作为汽车行业高管创业的典型，是国家政治局委员，上海市委书记亲自接见和关注的24名上海市优秀青年创业者代表之一。目前，挚达在全国50多个城市的500多个社区为包括特斯拉、奥迪、保时捷，宝马、沃尔沃、上汽、北汽等在内的15家车企提供智能充电产品和运营服务，品牌占有率和用户满意率名列前茅。

充电产品： 服务范围包括北京、上海、广州、沈阳、武汉、成都等全国50多个城市。成功在全国超过500个物业及小区进行入户电气检查及安装充电设施。

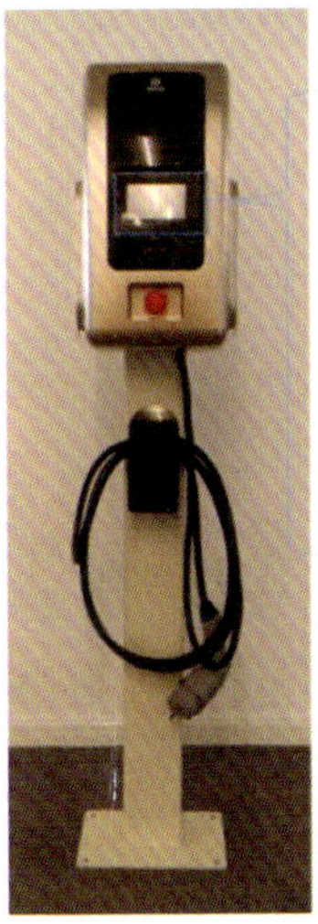

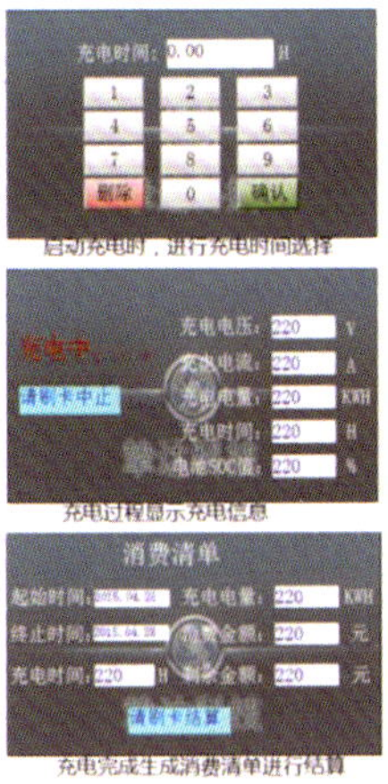

刷卡支付、LCD显示人机界面操作，同时具有过/欠压、过流、漏电、防雷、急停等14项保护

新款换代产品：加载μ C-OS操作系统，具有Speaker/Audio Out语音提示，TCP/IP 以太网通信，CAN 车辆信息交互，USB 数据传递、拓存，LCD(RGB) and Touch人机交互功能，BlueTooth数据共享，zigbee无线组网通信等功能。

按TS 16949建设的大规模汽车专用智能充电产品生产线（包括10万级净化车间贴片线、半自动装配线和测试线，一期年产10万台）

服务网络： 服务范围包括北京、上海、广州、沈阳、武汉、成都等全国50多个城市。成功在全国超过500个物业及小区进行入户电气检查及安装充电设施

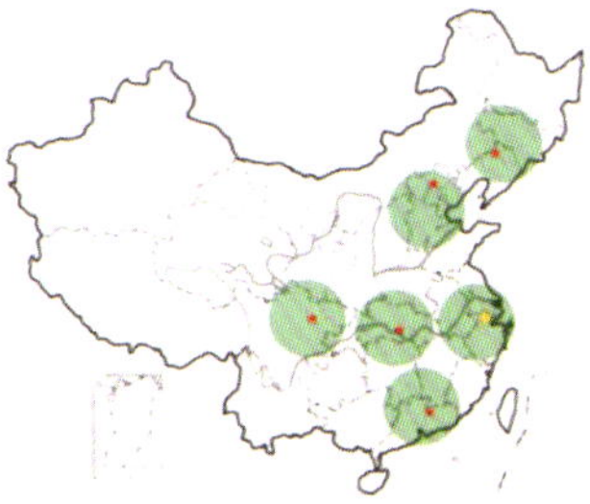

后台管理： 充电数据采集、线上充电管理、波谷预约充电等

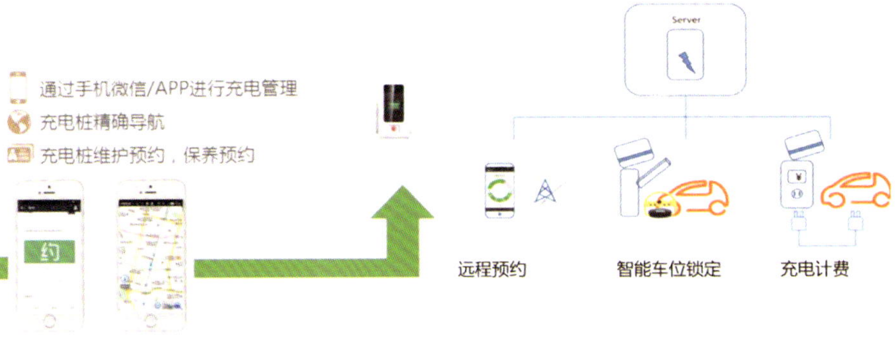

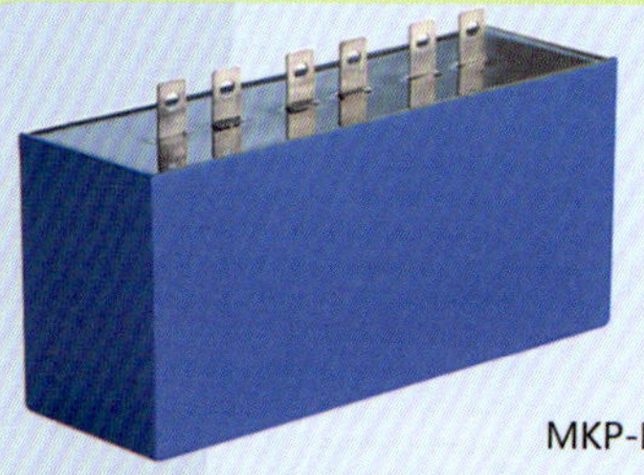

MKP-LB

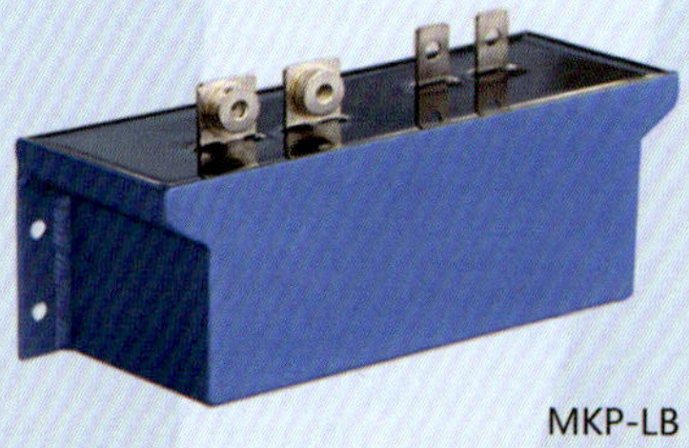

MKP-LB

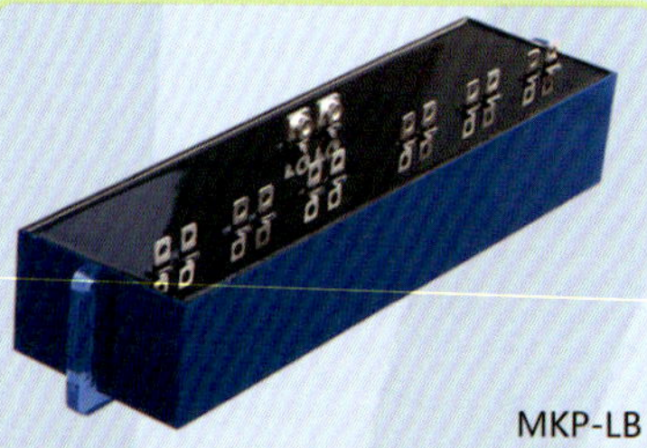

MKP-LB

MKPH-S

MKP-LL

SUNGROW
阳光电源
低碳环保
绿色出行
电动车辆电机控制器
安全平稳 动力强劲
运行高效 功能丰富 可靠性设计
“双100” 动力解决方案专家

E·CONVERT®

自动化服务中国　变频器驱动世界

中冶南方
自动化公司

公司介绍

中冶南方（武汉）自动化有限公司是中国冶金科工集团下属中冶南方工程技术有限公司的全资子公司、国家火炬计划重点高新技术企业，是专业的自动化控制解决方案供应商及工程服务商、专业的自动化产品及电气成套设备制造商。凭借强大的工程设计、电气传动及基础自动化、电气产品研发、系统集成、软件开发、成套制造等能力，无论是面向传统的工业领域，还是新兴的电动汽车行业，都能提供先进的产品技术和丰富的解决方案，致力于用最优质的产品和服务，为客户带来持续的价值提升。

公司大楼A座

产品简介

EV5系列电机控制器，是面向电动汽车行业开发的新一代专用驱动产品。采用平台化、模块化设计，严格按照汽车体系化流程开发，经过充分设计验证和批量装车应用，具有安全可靠、功能完善、性能卓越、使用便利等特点。适配永磁同步电机，可集成中央驱动和轮边驱动两种方案，主要适用纯电动的大巴、中巴、乘用车、物流车和环卫车等车型。

3kW辅助电机控制器

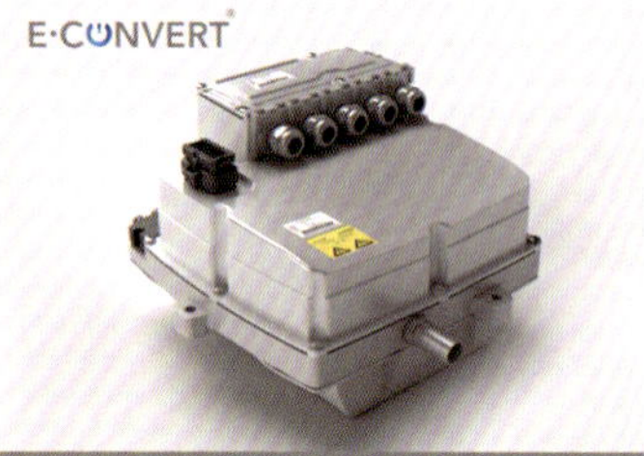

60kW驱动电机控制器

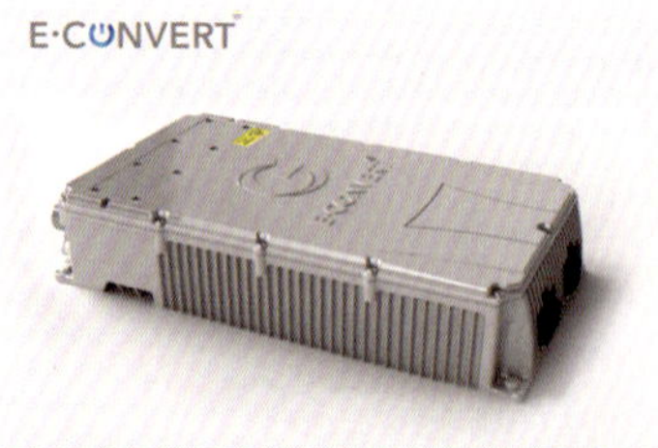

115kW驱动电机控制器

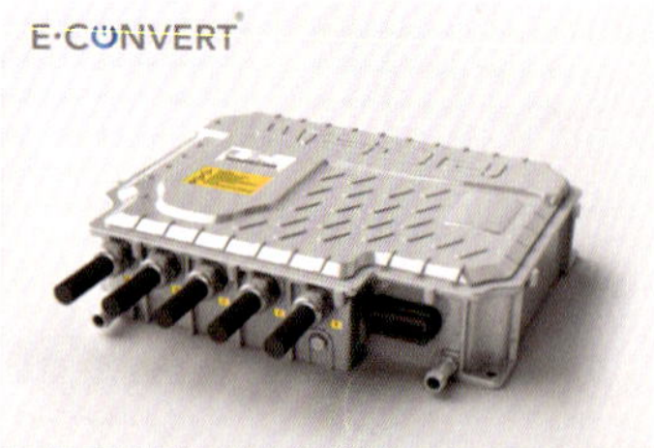

160kW驱动电机控制器

工作场景

产品开发

产品组装

产品测试

中冶南方(武汉)自动化有限公司　武汉市东湖新技术开发区凤凰园一路9号(430205)
www.wisdriauto.com　400 860 8070

微信公共平台　网站二维码

Visionary Dynamics 泰榮動力科技

台湾泰荣动力科技股份有限公司

企业定位

泰荣科技研发团队投入研发「动力系统」已有5的时间,研发范畴是以全功能整车方向为设计宗旨,从「轮毂直驱电机」「中置液冷电机」「动力配置韧体编程」「DC/DC Converter」「变频旋波驱动」「制动能量回收」「弱磁与矢量控制」「车载充电器」等集全功能于一体的目标为方向,研发出结合人因操控,性能兼备,并特别重视驾乘感受舒适顺畅之下同时掌握速度追求的智能型移动载具,是台湾由『控制』到『电机』完全自主研发的动力产品。目前公司全力聚焦大功率二、三、四轮车及工业用通机之动力系统研发配套整合予品牌车厂，使其快速与自有车型结合。快速投放市场营销，节省车厂研发、开发、测试时间。

设计宗旨与功能

自一开始就抱持以绿能、高效、环保为中心思想的设计理念,暂时先舍弃以高转速电机经由齿轮转换功率放大来输出动力，机械占比高就有能量交换流失，以及器械损耗、能耗、老化、换油、保养等不变成本存在，以挑战度最大的“直驱型动力”开展研发，沿着“低转速，高扭力”方向前进，在更平行而延伸的动力曲线轴上发挥出“同样的电力，行驶更远”的效能，低转速下控制了马达高温产生的弊端，专为自身电机编程的控制韧体，绵密舒适的加速感，先进专利的气对流散热、水冷散热电机兼顾防水设计,现再依客户需求搭配CVT、行星齿轮设计结合，产品性能已有大幅跨越大中华两岸三地，东南亚地区，对“电动车”的既定认识，并已开始受到德国、法国、意大利、美国等国家的关注及采购。

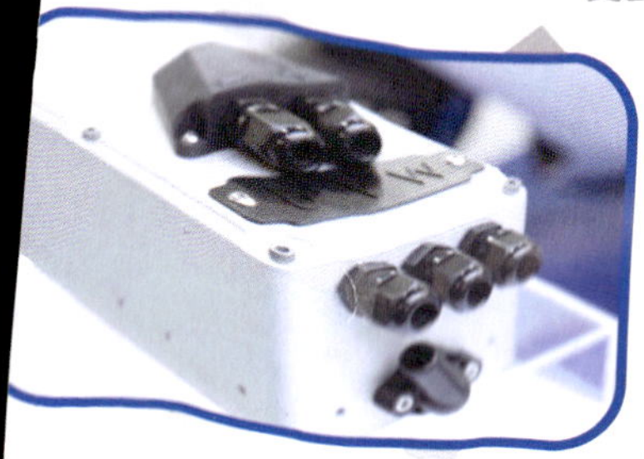

已开发产品规格:

电机形式	电压 V	额定功率 KW	驱动方式	适用产品	极速 Km/hr
永磁无刷	48	2.5	外转直驱	两轮或三轮	80
永磁无刷	72	5.5	外转直驱	两轮或三轮 四轮(后两轮)	110
永磁无刷	108	15-30	内转直驱 (链条或减速箱)	四轮小型高速车	140

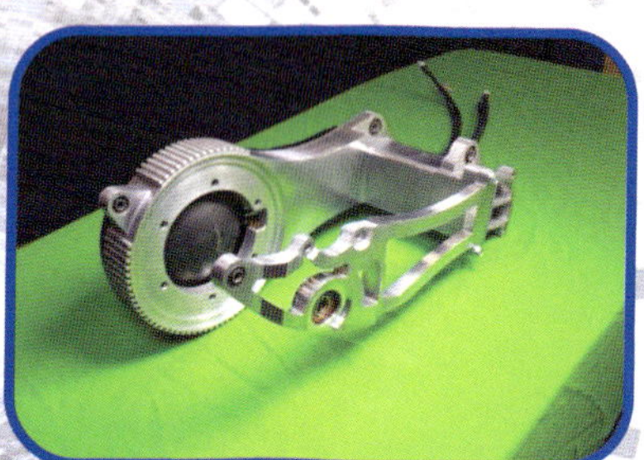

湾 泰荣动力科技股份有限公司Visionary Dynamics Co., Ltd.
业法人: 严建国 董事长/总经理 (jason.yen@vdtcorp.com)
网 址: www.vdtcorp.com
业地址: 台湾桃园市平镇区金陵路七段一六八号
No. 168, Sec. 7, Jinling Rd., Pingzhen Dist., Taoyuan City, 32464 Taiwan
话: 886-3-4508870/4508892

“欢喜和融、跨越无疆”

四川省和越气压减震器有限责任公司

——汽车减振器开发设计、生产、销售的专业减振器供应商！

四川省和越气压减震器有限责任公司成立于2012年8月24日，前身是简阳凯迪机动车气压弹簧减震器厂（此厂成立于2004年12月25日）。司主要从事各型机动车气压减振器系列产品的研发与制造。公司历尽多年的不懈努力和探索实践，已成为研发、生产、销售纯气压减器的专业厂家，形成具有规模生产各类汽车纯气压减振器的生产能力，产品行销全国。

公司位于简阳市贾家工业园，现已建成车间厂房、综合库房、试车场及生产辅助用房等共计 5500平方米，同时公司被纳入资阳市重培育企业。公司现有职工32人，其中大专以上学历13人、研发人员11人。公司拥有独特的加工工艺，优良的制造设备和检测手段，以及素质的员工队伍，从而保证了优良的产品质量和较高的生产效率；从设计制造、设备配套到安装服务都已形成了自己成熟的技术，可为客提供可靠的技术支持和售后服务。公司业务分布范围：山东、山西、上海、湖北、河南、重庆、广西、云南、深圳等地区及全川各地。过走标准化生产、品牌化经营、规范化管理、产业化运作、合作化发展的道路，与国内多家4S店、修理厂、公交集团、客运中心建立长期合作关系，形成了从研发、生产到销售的完善的技术队伍和营销网络，并在全国享有一定知名度。

为保证公司研发产品的持续更新，加强研发实力，公司与西华大学签订了《校企合作协议》，并成立了技术研究中心和创新工作室，拥一只高资历的研发团队，为公司将来的技术支持和人才需求提供长期保障。公司现已获得国家发明专利、国家实用新型发明专利，目前在申请国际专利。公司获得了“2014度最佳客车零部件奖”“2013年度节能与新能源汽车行业创新力五十强”等荣誉证书。公司产品经川省科学技术信息研究所科技查新得出结论：“国内外未见其他如该查新项目技术要点所述的汽车悬架用纯气体减振器。”公司通过川省汽车标准化技术委员会，制定了企业标准（备案号B51.1218-2012），注册了和越商标。经重庆中交机动车检测中心检验（报告编：QE13WT2D07621）得出结论：“操纵稳定性各项评比，均高于油压减振器，尤其是制动距离缩短了1.29米，成为此次检测的最大亮点。”四川省成都汽车检测中心检验报告（编号：WJ20121210001）得出结论：“增加了滑行距离，增长比例为8.5%；吸功率明显增加，最大加幅度达29.3%”，通过以上检测机构证明，气压减振器各项指标均优于传统油压式和油气混合减振器，成为技术领先、性能优越的型产品。通过多种车型实际测试和用户试用，获得的结果也证明，气压减振器优于油压式和油气混合减振器，实现了国人拥有自主知识权的国际先进机动车悬架用减振器专利技术的理想。公司申请的ISO 9001质量体系认证已通过初审，正在复审当中。

公司将遵循“以市场为导向，以客户为中心”的服务理念，秉承“高技术保质量、高质量创市场、高价值促发展”的宗旨，时刻谨记勤劳、务实、守信、创新”的企业精神，不断专注于气压减震器的开发与创新，把舒适带给每一位乘员，让所有颠簸变为“坦途”，使成为家喻户晓的世界一流汽车减振专家。

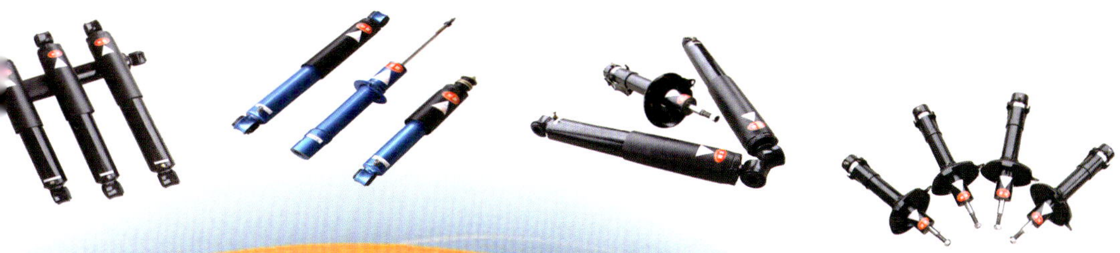

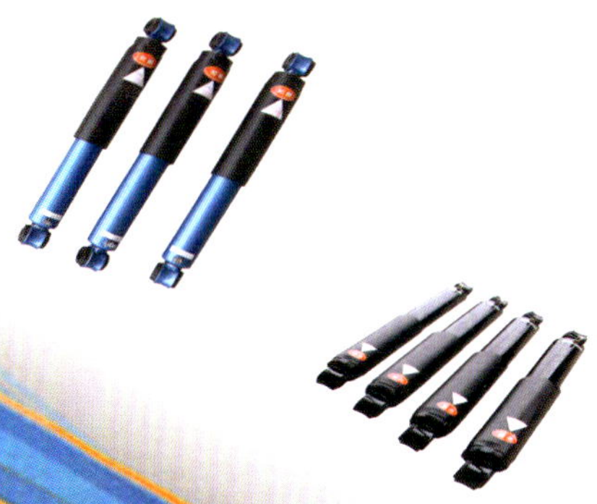

四川省和越气压减震器有限责任公司

地址：四川省简阳市贾家镇工业园区
电话：028-27964008
传真：028-27964007
网站：www.schyjz.net
E-mai：wang@schyjz.cte

重庆科鑫三佳车辆技术有限公司

Chongqing Co-sunjoy Vehicle Technology Co.,Ltd

重庆科鑫三佳车辆技术有限公司成立于2012年，位于重庆高科财富园。公司现有员工82人，中博士5人、硕士11人、专业工程技术人员60余人。公司是以新能源整车开发、汽车车身开发、能源动力总成系统集成及关键零部件开发、样车试制与试验、关键零部件制造为主的科技型公，致力于新能源整车及关键零部件的开发应用、样车制作及性能试验，联合国内行业优势资，协同开发及技术创新，承接并完成了重庆市汽车产业升级转型重大科技专项（全新开发C级轿车合动力及纯电动整车开发、样车制作及性能试验）。

公司在新能源车整车控制器开发、“三电”系统、集成开发和电池成组设计、整车轻量化开、样车制作等方面积累了大量经验。完成了纯电动系统及混合动力系统基本平台开发、样车试及性能测试、试验，并在平台开发的基础上完成了多款纯电动车的开发，以及提供19辆纯电动试样车并开展相关测试和试验。获得发明专利5项，实用新型专利6项，外观专利9项。

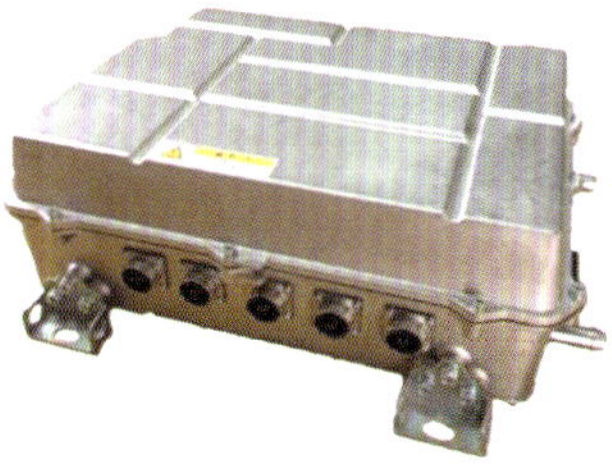

电机及控制器开发

电池包设计开发

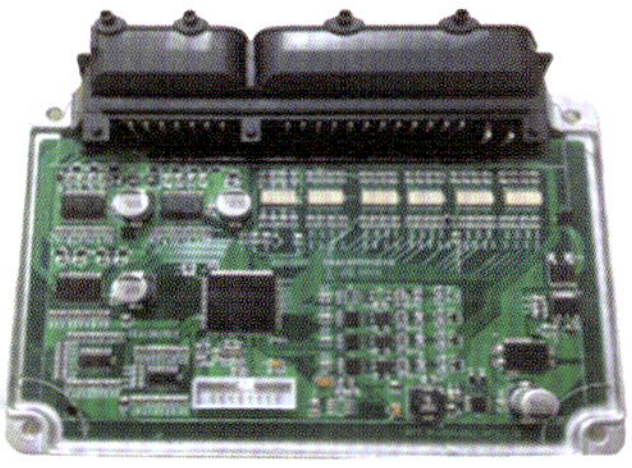

整车控制器开发

轻量化设计

新能源车集成开发

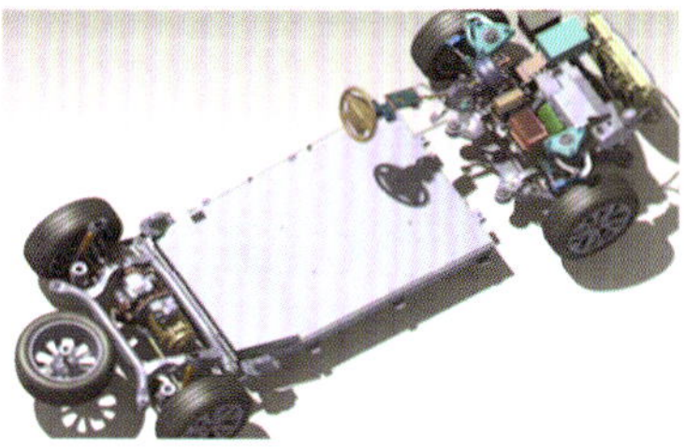

新能源动力系统开发

样车试制车间

新能源验证样车试制

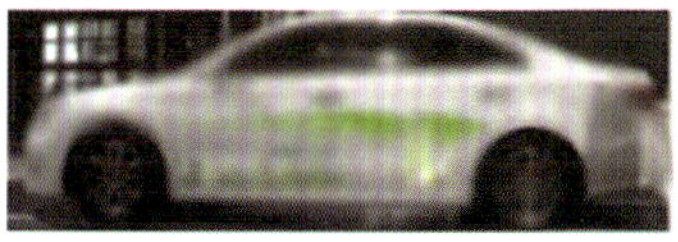

新能源样车制作

地址：重庆市渝北区财富中心
财富园2号A栋左8楼
邮编：401123
电话：023-86885688
传真：023-86885399
网址：www.cqkxsj.com

打造科技服务新航

汽车安全试验室

汽车安全试验室占地超过4万平方米，新增投资2亿元，是中心新园区占地面积最大的试验室，实车碰撞试验室与模拟碰撞试验室两部分组成。

实车碰撞试验室总长310m，宽165m。试验室共设置8条跑道，呈扇形结构，直线跑道有效牵引分全长260m。试验室软、硬件能力均位于国际领先地位，可完成实车多角度对撞试验，并且可依据国法规、C-NCAP、ECE&EC、FMVSS、GCC、Euro NCAP等标准进行认证试验及被动安全开发试验。

新模拟碰撞试验室拥有两台日本三菱重工生产的液压伺服控制的高精度试验台车，可以承担车及零部件动态冲击性能、约束系统匹配等台车试验，并能很好地创造出基于实车波形的碰撞环境模拟碰撞试验室试验能力可以覆盖全国乃至美国、欧洲、日本、海湾等国家及地区的相关标准法规

整车排放试验室

整车排放试验室由5个试验间组成，分别为海拔环境仓、低温环境仓、常温4驱转鼓、常温2驱转鼓和密闭室。其中，海拔环境仓是国内首创的，性能在世界上屈指可数的测试系统总投资达1亿元。

主要功能

海拔模拟：0～5 000m²

温度模拟：-40～+60℃

湿度模拟：10%～95%相对湿度

阳光模拟：600W/m²～1200W/m²，全光谱；照射角度可调

底盘测功机：4轮4电机

排放测试系统：可以完成美标试验和三高标定

整车耐久试验室

整车耐久试验室于2011年初完成建设并投入运行，是国内规模最大、设施最完善的整车排放耐久试验室。

试验室总投资达6 000多万元，其中试验室基础建设投入达2 000多万元，设备投入达4 000多万元

该试验室拥有总计19套可独立开展道路模拟试验工作的试验系统。其中，奥地利AVL公司生产的两驱整车底盘测功机16套、四驱整车底盘测功机2套；自主研制开发的整车底盘测功机1套。另外，该试验室还配备了德国STAHLE生产的自动驾驶仪9套。

本试验室可依照欧盟指令、美国EPA法规、日本汽车排放法规及中国排放法规要求完成耐久性试验还可完成与整车道路模拟相关的整车性能试验。

发动机综合试验室

发动机综合试验室于2010年建成，2011年正式投入使用，总投入达2亿元。试验室下设重型转鼓试验间、发动机性能排放试验间和化学分析试验间，主要承担发动机及重型整车的性能、排放、耐久、油耗等测试，以及汽车材料禁限物质分析评价、车内空气质量分析测试、催化剂贵金属含量分析等业务。

试验室引进国内第一台四驱重型转鼓设备，在此之前，亚洲仅有3台。该试验室拥有AVL电力测功机9台、国内外一流的全流定容稀释采样系统2套、发动机部分流采样系统3套、性能耐久台架15台以及先进的化学分析设备。实验装置一流，处于国际领先行列。

助力汽车产业新升级

新能源汽车试验室

新能源汽车试验室主要进行电动汽车关键零部件的测试评价和论证，包括动力电池、电机、电控、充电接口等，综合测试能力国内第一。

试验室一期投入4 000万元，建成了电池试验室、电机试验室和充电部件试验室，引进并开发了多套电机实验台、电池模拟器、电池性能和安全试验台等一流设备，测试能力覆盖当前国内外的所有相关的标准。

试验室还承担了电动汽车测试评价的国家课题，并负责锂电池等标准的制定，在试验和评价技术方面的能力处于国内领先行列。

汽车电子试验室

汽车电子试验室拥有国内技术最先进、具有国际高水准的综合性电磁兼容试验平台，该平台从2008年3月开始筹建，2012年3月正式投入使用，投资约6 000万元，测试平台配备的10m法电波暗室、四轮独立驱动的转毂测功机、多功能气动机器人、电磁兼容测试系统都由国际最高水平的供应商提供。该试验室可以进行最大整备质量20t、最大车长13.7m的所有车型的电磁兼容试验，可以进行ABS等主动安全系统的电磁兼容相关测试，抗扰试验能力达到200V/m，不仅满足了欧洲出口认证的要求，也满足国际一流汽车制造商企业标准要求，同时也承担了国家的863课题、国际交流研究及标准制定过程的验证试验。

零部件试验室

零部件试验室设备总投入4 000万元，试验室总占地面积2万平方米，其中温控试验面积7000平方米零部件试验室拥有各类试验设备83台(套)，主要进行汽车主、被动安全零部件(如约束系统、底盘零部件、车身系统、车身附件系统)的性能测试、可靠性试验及相关研究工作。近年来，零部件试验室高速发展，逐步建成了以强制性认证试验为基础，以行人碰撞保护、零部件可靠性试验为特色，以出口认证服务、企业合作研发为增长点的发展模式，具备了国内一流、国际领先的试验研究水平。

性能开发综合试验室

性能开发综合实验室的所有试验设备主要应用于汽车产品性能开发测试与验证，已经初步形成了从整车到总成、零部件，涵盖汽车NVH性能、底盘开发、疲劳耐久以及汽车电子的综合测试评价能力，总体投资约1.5亿元。其中，NVH实验室的所有测试设备全部使用进口主流设备，NVH试验评价与开发能力处于国内一流、国际领先水平。悬架KC特性试验室采用英国ABD双轴KC试验台，能进行整车质心转动惯量测量，是目前国内功能最齐全的KC试验台。

汽车安全与节能国家重点实验室

汽车安全与节能国家重点实验室（以下简称“实验室”）是国家计委利用世行贷款建设的 75 个国家重点实验室之一。实验室依托清华大学，涵盖车辆工程、动力机械及工程两个国家重点学科。

1989 年经国家计委批准立项，1995 年通过国家验收并正式运行和对外开放。实验室自创建以来，围绕汽车的安全、节能、环保三大主题，以及我国国民经济发展中的重大需求，瞄准国际前沿、国家目标，定位于汽车工业共性关键基础技术、汽车工程交叉学科基础理论、汽车领域宏观发展基本问题，致力于绿色化、智能化的生态汽车的研究与发展，逐步形成了自己的优势领域和特色。

奥迪全球技术委员会成员哈肯贝格博士来我室讲座合影

佛山市委书记刘悦伦率佛山市党政代表团来访我室

中国科学院数学与系统科学研究院杨乐院士到我室参观交流

南京航空航天大学赵淳生院士到我室参观交流

我室主任欧阳明高教授试驾比亚迪和长安纯电动汽车

我室主任欧阳明高教授与特斯拉总裁埃隆·马斯克

汽车安全与节能国家重点实验室

实验室始终坚持“开放、流动、联合、竞争”
j运行方针，支持国内外优秀科研人员和学者开展
j瞻性研究，同时积极开展与世界著名大学、研究
e所、汽车公司的广泛深入的学术交流与合作，形
戈了具有总体国内领先和部分国际先进水平的科研
基地，在跨地区、跨学科集成创新研究中发挥了国
家公共科研基础平台作用。

实验室于1997 年、 2003 年、 2008 年和
013 年先后顺利通过了由教育部或科技部组织的
国家重点实验室评估。

中国汽车工程学会理事长付于武座客汽车学术沙龙

我室李克强教授为大众汽车集团（中国）总裁海兹曼颁发清华论坛证书

我室承办2014汽车产业清华校友论坛

我室季学武团队获2014年国家科学技术进步二等奖

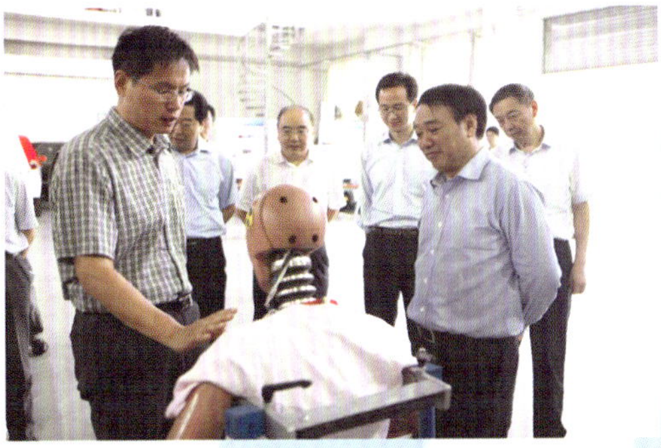

四川省刘捷副省长一行来访我室

浙江大学杨华勇院士座客汽车学术沙龙

我室学术委员会及专家指导委员会会议

中国科学院数学与系统科学研究院周向宇院士座客汽车学术沙龙

国家燃料电池汽车及动力系统工程技术研究中心

同濟大學
TONGJI UNIVERSITY

新能源汽车及动力系统国家工程实验室
新能源汽车教育部工程研究中心
上海市电动汽车技术中心
中国燃料电池汽车产业技术创新战略联盟（秘书长单位）

万钢教授　中心创始人

万钢教授是汽车领域专家，毕业于德国克劳斯塔尔工业大学机械系，获博士学位。他曾任同济大学校长，现任全国政协副主席、致公党中央主席和科学技术部部长。

万钢教授是同济大学新能源汽车工程中心的创始人和首任主任，曾受聘担任国家863计划电动汽车重大专项首席科学家、总体组组长，率领中心团队先后完成了“春晖”系列微型电动汽车、“登峰”&“登程”系列混合动力汽车及“超越”系列燃料电池汽车的研发工作，在燃料电池汽车领域实现了零的突破。

中心具有一支科研实力雄厚、年龄结构合理的学术梯队：现有中央“千人计划”专家1人，“973”首席科学家1人，“青年千人计划”专家1人，正高职称20人，副高职称13人，博导19名，具有博士学位者39人；有在站博士后3人，在读博士生50人，硕士生245人。近年来，中心先后获得国家教育部长江学者及创新团队计划中的“节能环保汽车”创新团队、科技奥运先进集体、上海世博会先进集体、“十一五”国家科技计划执行优秀团队等荣誉。

中心团队按矩阵式管理模式（见下图）开展工作。中心理事会制定中心的发展方向和重大决策。专家委员会由校内外知名专家学者组成，对中心的专业方向和项目执行情况提出宝贵意见，其成员包括中国工程院院士、教育部长江学者计划特聘教授、“973”首席科学家、“千人计划”顾问组成员、中国汽车工程学会副秘书长等。中心执委会负责日常具体工作的实施。中心下设5个科研部门，进行相应方向的科研工作，并由试验/试制基地为上述部门提供工程化支撑。

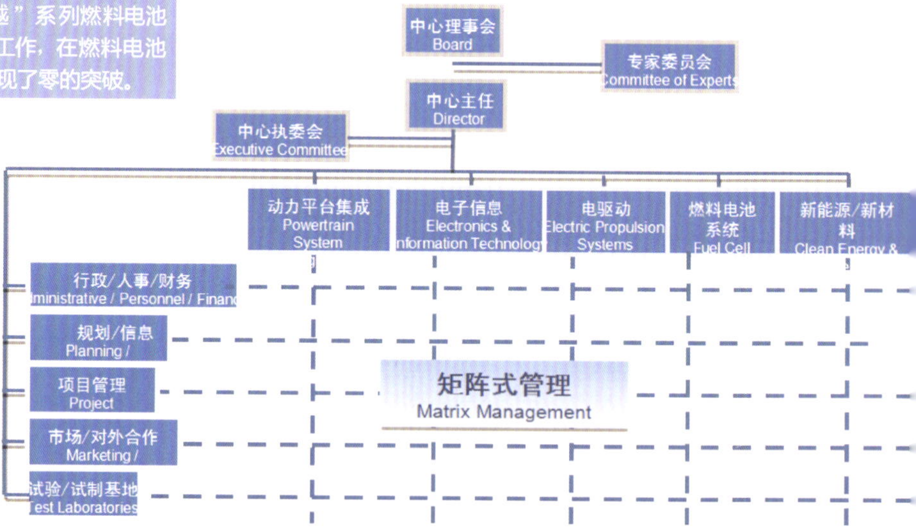

中心设置有动力平台集成、电驱动、电子信息、燃料电池系统和新能源/新材料五个专业部门。围绕新能源汽车的研究开展工作，中心形成了燃料电池及动力系统、新能源汽车及动力系统、氢能及其他汽车新能源和新材料三大核心技术，并在此基础上建立了动力系统技术，新能源技术和实验/测试三大科研平台。与此同时，中心还通过紧密结合科研项目的方式培养高水平的专业人才。

动力平台集成

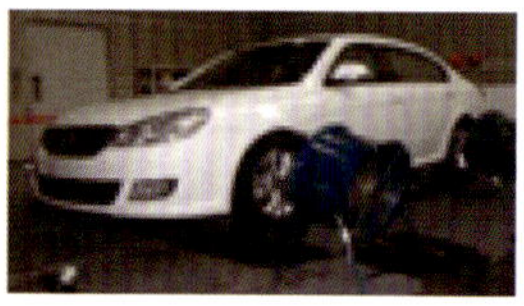

1、新能源汽车动力系统方案设计、集成与总布置研究与开发
2、新能源汽车整车性能定义、研究与开发
3、新能源汽车及动力系统NVH研究与开发
4、新能源汽车、智能电动汽车整车动力学研究与开发

电驱动

1、新能源汽车电驱动总体方案设计与开发
2、电机驱动，电机的选型、应用、测试及电安全
3、电传动EMT、AMT、DCT的控制算法及执行机构方案设计

电子信息

1、新能源汽车动力系统关键电子部件的原型开发
2、电液复合制动系统的开发
3、各类电子部件的控制策略及算法
4、汽车电子CAN总线的开发与应用
5、车载蓄电池管理系统BMS开发
6、动力系统（包括线束）及关键电子设备的电磁兼容研究

燃料电池系统

1、燃料电池发动机系统集成设计
2、燃料电池发动机系统关键部件的开发与应用
3、燃料电池发动机系统的建模、仿真和控制技术

新能源/新材料

1、储氢技术
2、制氢及提纯
3、氢基础设施
4、分布式能源
5、FC相关技术
6、相关标准规范

燃料电池汽车
Fuel Cell Vehicles

2002年“超越一号”台架车研制成功
n 2002,the prototype frame of “Start No.1” was successfully developed

基于第三代动力系统平台的燃料电池汽车
最高车速：123 km/h
加速时间 (0-100 km/h)：19 s
续驶里程：230 km
Fuel cell vehicles based on the 3rd generation powertrain platform
Top Speed: 123 km/h
Acceleration Time (0-100km/h) : 19 s
Driving Range: 230 km

基于最新动力系统平台的燃料电池汽车
最高车速：150 km/h
加速时间(0-100km/h)：15 s
续驶里程：380 km
Fuel cell vehicles based on the most updated powertrain platform
Top Speed: 150 km/h
Acceleration Time (0-100 km/h): 15 s
Driving Range: 380 km

超越一号
Start No.1
2003年

超越二号
Start No.2
2004年

超越三号
Start No.3
2005年

东方之子
Eastar
2006年

2008年

2010年

混合动力汽车
Hybrid Vehicles

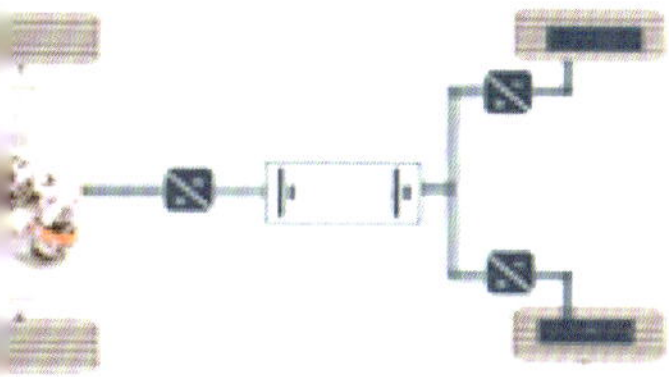

中华四轮驱动强混合动力轿车(华晨)
Zhonghua 4 Wheel Full Hybrid Car (Brilliance)

串联式超级电容油电混合动力城市客车
Serial Supercap Hybrid City Bus

中华新尊驰(华晨)
Zhonghua All New Grandeur

峰一号
engfeng No. 1
2004年

登程一号(华普)
Step No. 1(Maple)
2005年

中华牌混合动力轿车(华晨)
Zhonghua Hybrid Car (Brilliance)
2007年

超级电容混合动力轿车(华普)
Supercap Hybrid Car (Maple)
2008年

混合动力城市客车
Hybrid City Bus
2010年

纯电动微型车
Pure Electric Mini Cars

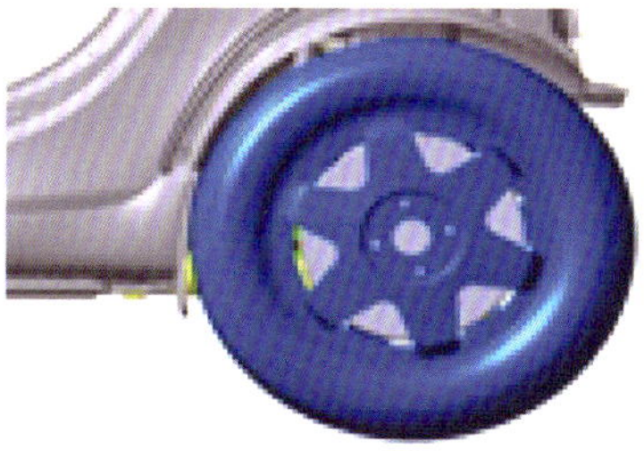

无人驾驶车
Unmanned Vehicles

奇瑞 S18
Chery S18

珲一号
ring No. 1
2002年

春晖二号
Spring No. 2
2003年

春晖三号
Spring No. 3
2004年

春晖-嘉乐
Spring-Gallop
2005年

世博观光车：4—12座
Sightseeing Vehicles in Expo 2010 Shanghai: 4-12 Passengers
2006年

2008—2010年

北京电动车辆协同创新中心

“北京电动车辆协同创新中心”以北京市教委批准组建的第一个北京市地方性协同创新中心——“新能源汽车北京实验室”为核心，由北京理工大学牵头，联合北汽集团公司、北京交通大学、北京工业大学、北京市电力公司、北京信息科技大学等北京市电动车辆研发核心团队组建而成。2012年9月，清华大学、中科院电工所、北方车辆研究所、北方工业大学加入协同创新中心，形成了理论与技术层次明晰、学科构成合理、分工明确、核心队伍稳定的科研团队。

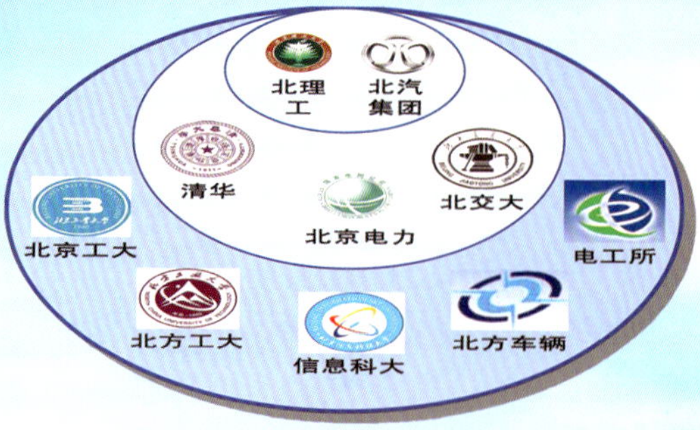

科技部部长万钢、北京市副市长张工到访北京理工大学

科技部电动汽车分时租赁点启动仪式

国家机关事务管理局机关新能源汽车自助分时租赁项目

IEEE亚太交通电气化大会暨展览会在北京召开

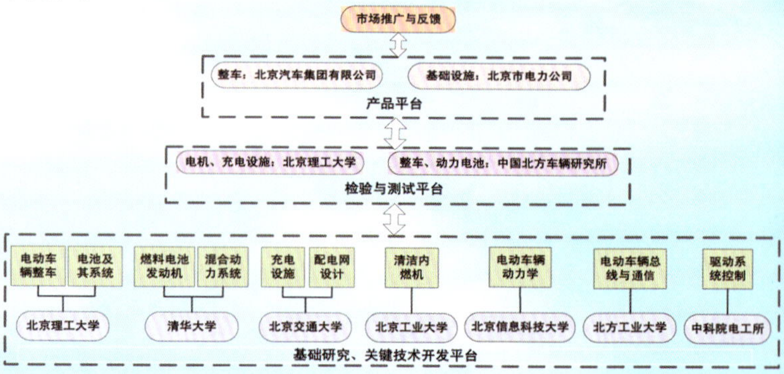

中心建设使命：遵循“需求导向、创新引领、协同融合、开放共赢”的总体原则，按照“国家急需、世界一流、强化制度先进、突出成果贡献”的总体要求，汇聚电动车辆创新要素，加强学科交叉融合、提高技术攻关成效、促进跨行业产业协作，形成电动车辆原始创新、技术创新、应用创新的长效机制，有效推动首都电动车辆产业的可持续发展，为实施节能减排和清洁蓝天做出重要贡献。

北京电动车辆协同创新中心杰出人才队伍

人才类别	人数	人员姓名
中国科学院/工程院院士	3	王哲荣、顾国彪、胡海岩
长江学者	5	孙逢春、项昌乐、魏一鸣、孙克宁、袁　荒
千人计划	4	袁　荒、陈伟刚、江荫众、蔡　蔚
何梁何利基金奖获得者	5	王哲荣、顾国彪、胡海岩、孙逢春、吴　锋、毛　明
国家杰出青年科学基金获得者	2	胡海岩、魏一鸣
973 首席专家	4	苑士华、项昌乐、吴　锋、毛　明
新世纪百千万人才工程（国家级）	5	孙逢春、项昌乐、魏一鸣、温旭辉、马　彪
教育部新（跨）世纪人才	20	胡海岩、林　程、何洪文、陈人杰、王兆华、张扬军、李建秋等
国家中青年科技创新领军人才/科技北京百名领军人才培养工程	3	林　程、詹文章、姜久春
北京市海聚工程	2	原诚寅、蔡　蔚
教育部创新团队	2	吴　锋：电化学关键技术与化学电源科技创新团队 项昌乐：车辆传动科技创新团队
国防创新团队	2	项昌乐：动液传动国防科技创新团队 孙逢春：车辆电传动国防科技创新团队
重大装备型号分系统总设计师	5	马　彪、项昌乐、闫清东、苑士华、胡纪滨
北京市教学名师	1	闫清东

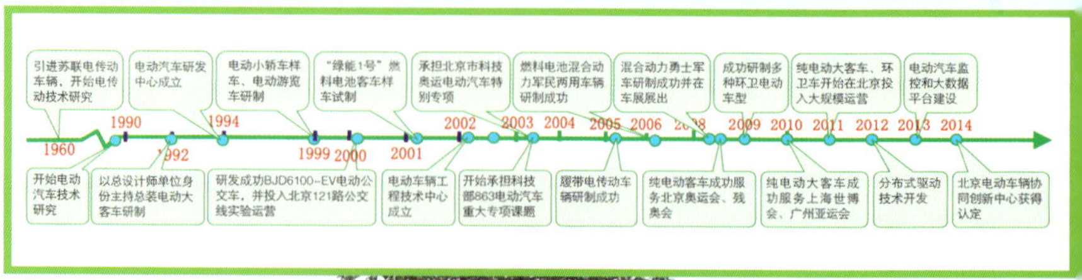

天津大学内燃机燃烧学国家重点实验室

■ 纯电动汽车/混合动力汽车主控制器

- ◆ 基于人车路协同的车辆节能管理策略
- ◆ 司机驾驶行为判断及汽车驱动控制
- ◆ 高效的能量管理算法
- ◆ 制动能量回馈控制
- ◆ CAN总线网络管理
- ◆ 故障诊断及保护
- ◆ 在线标定和无线远程标定和固化
- ◆ 基于分层模式决策力矩分配策略

第三代EV/HEV控制器

第四代EV/HEV控制器

■ 面向节能的司机驾驶辅助提示装置

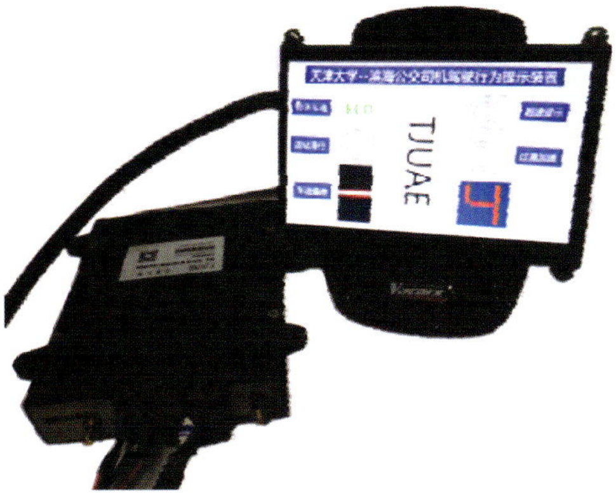

公交司机驾驶提示器

车载智能信息终端用于车辆数据的实时采集、存储和远程传输，具备与服务中心无线远程通信以及车辆定位(GPS)功能。本装置以车载智能信息终端为处理单元，基于人、车、路协同的车辆节能管理策略，以降低城市公交车辆运行油耗/能耗为目的，为司机提供界面/语音提示，进行合理操作。

- ◆ 数据/文字/语音提示
- ◆ 平板电脑/手机平台
- ◆ 支持OBD功能

■ 新能源汽车远程监控综合服务系统

该服务平台旨在以降低汽车运行能耗、节省保养维护成本、实现安全可靠运行为目的，融合发动机及汽车电子控制、大数据分析、互联网、软件工程、超级计算等技术，实现汽车运行大数据分析、驾驶节能在线优化、智能诊断及寿命估计、发动机智能控制、远程数据管理等功能，促进汽车技术的智能化、网络化，带动移动互联网、物联网和大数据技术在汽车领域的应用。通过Web和手机APP等形式，为政府部门、运营公司、整车和零部件企业、维护机构、研发机构、终端用户等提供综合服务。

服务内容：

- ◆ 实时监控
- ◆ 统计分析
- ◆ 诊断预警
- ◆ 节能服务
- ◆ 远程维护
- ◆ 电池监控
- ◆ 工况分析

新能源远程监控服务系统

地址：天津市南开区卫津路92号天津大学　　电话：022-27407723　　邮箱：tjuae@tju.edu.cn

中汽中心北京工作部

CATARC's Beijing Operations

中国汽车技术研究中心北京工作部成立于1998年，是中心以北京为窗口，代表中心面向国际和国内开展政府服务、行业工作、国际合作、项目咨询等业务的全资二级院所。

成立十七年来，北京工作部紧密围绕中心整体发展战略，锐意进取，勇攀高峰，下属北京卡达克科技中心、北京卡达克汽车技术开发有限责任公司两个实体法人公司，着力打造汽车产业咨询与服务领域高端品牌，现已布局政策法规研究、节能和新能源汽车相关研究、汽车市场研究与咨询、前瞻技术研究与专题培训、主题论坛组织等核心业务，实现“整体科学化布局、多条业务主线并举、传统业务与新兴业务协调发展”的经营模式；同时，常年为汽车行业政府主管部门提供技术支撑，承接多项国家级、省部级政策研究和软课题研究工作。目前，北京工作部拥有员工141人，其中博士7人，高级及以上职称27人，硕士以上学历占32.37%，现有总资产达2.6亿元。

中国汽车技术研究中心北京工作部将秉持一贯以来的“用心回报行业和社会”的价值理念，以全部的信息资源和专业研究能力，向行业提供全方位的技术服务，努力成为业内卓越企业及机构的智囊与伙伴，共同为中国汽车产业的发展、繁荣贡献力量。

行业服务能力：

- 汽车行业准入咨询整体方案解决专家
- 国家及地方产业政策研究、中长期产业发展规划，以及提升地方行业影响力整体方案解决专家
- 新能源汽车全产业链技术服务与咨询
- 充电基础设施产业技术服务
- 汽车整车及零部件全产业链市场化分析研究与咨询
- 汽车整车及零部件后市场技术服务与研究
- 天然气汽车及零部件全产业链技术服务与咨询
- 中国机动车维修技术信息网
- 中国汽车技术信息网（AUTOTEC）
- 节能与新能源汽车网
- 中国智能交通协会汽车智能化与电动化专业委员会
- 新能源汽车动力电池产业发展研究室及UNDP/科技部燃料电池项目办公室
- 科技部/发改委/工信部等政府主管部门行业支撑性工作
- 政府/企业间的国际合作项目研究
- 轻型车整车及动力总成排放与节能新车研发技术服务与咨询，在用车技术服务
- 企业委托的其他定制式技术服务

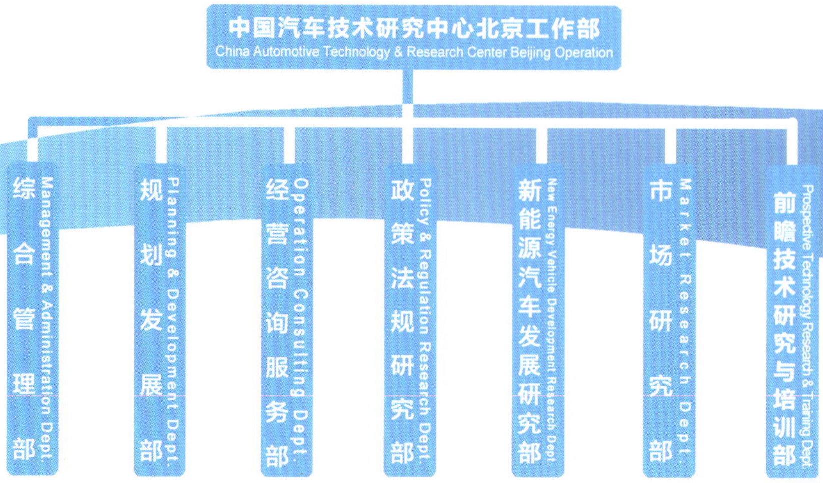

创造轻快的世界
Create a Light and Brisk World
工业领域复合材料
轻量化解决方案
借助航空领域积累的技术和经验，为汽车、轨道交通、船舶、能源等工业领域提供复合材料设计、材料、制造、后加工、涂装、检测、技术服务等完整的、定制化的应用解决方案。以“低成本、快节拍、智能化”的创新及服务，创造更为轻快的世界！
中航复合材料有限责任公司
AVIC COMPOSITE CORPORATION LTD.
地址：北京市顺义区顺兴路航空产业园
中航工业复材1号科研楼
网址：www.avicomposite.com
电话：010-56515757 传真：010-56515858

长汀金龙稀土有限公司

Changting Golden Dragon Rare-Earth Co.,Ltd.

福建省长汀金龙稀土有限公司是福建省稀土产业的龙头企业，是厦门钨业股份有限公司绝对控股的子公司，主要从事稀土分离、稀土精深加工以及稀土功能材料的研发与应用。公司占地450亩，厂房建筑面积10.5万平方米，总投资20亿元，目前已建成5000吨稀土分离、2000吨稀土金属、2000吨高纯稀土氧化物、1600吨三基色荧光粉、6000吨钕铁硼磁性材料（首期3000吨）生产线。

为了做好稀土功能材料的研发和应用，投入1亿元建立能源新材料（稀土材料）研发中心。同时为解决资源供应的问题，通过与龙岩市政府合作成立了由厦钨控股的龙岩市稀土开发有限公司，为公司未来长期的发展提供了稳定的资源保障，并于2009年在长汀县经济开发区工业新区成立了厦钨参股的龙岩市稀土工业园区（10平方公里），该工业园已纳入省级经济开发区管理。

Fujian Changting Golden Dragon Rare-Earth Co.,Ltd. (GDRE) is the flagship enterprise in Fujian Province's rare earth industry, which is an absolute subsidiary of Xiamen Tungsten Corporation (XTC). GDRE is mainly engaged in rare earth separation, rare earth deep processing and research & development & application of rare earth functional material. GDRE covers an area of 450 Mu (approximately 300,000 square meters), 105,000 square meters of which is plant building area. With RMB 2 billion total investment, GDRE has finished construction of 5000 MT rare earth separation line, 2000 MT rare earth metal production line, 2000 MT high purity rare earth oxide production line, 1600 MT trichromatic phosphor production line and 6000 MT (with the first stage 3000 MT) Nd-Fe-B magnetic material production line.

Dedicated to the research and application of rare earth functional material, XTC has invested RMB 100 million to establish the New Energy Material (Rare Earth Material) Research Center. Meanwhile, in order to secure the resource supply, XTC cooperated with Longyan Municipal Government to establish a joint venture—Longyan Rare Earth Development Co.,Ltd. which is controlled by XTC and which guarantees stable resource supply for long term development of GDRE. In 2009, Longyan Rare Earth Industrial Park (10 square kilometers), of which XTC takes a stake, was established in New Industrial Zone of Changting Economic Development Zone. Longyan Rare Earth Industrial Park is being managed as a province-level economic development zone.

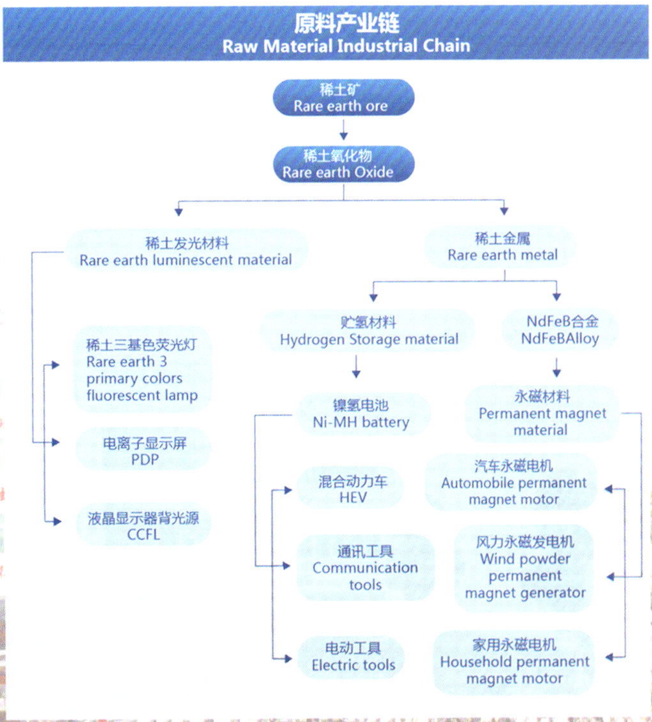

锂离子动力电池工艺装备技术基础服务平台

动力电池产业技术的进步是新能源汽车发展的基础。通过建设“锂离子动力电池工艺装备技术基础服务平台”，形成开放式的电池设计、电池生产工艺设计、生产过程检测、生产过程控制、生产过程管理信息化，生产技术验证平台。具备整条动力电池生产线设计能力和电池极片试验验证能力，为行业提供生产性验证服务。

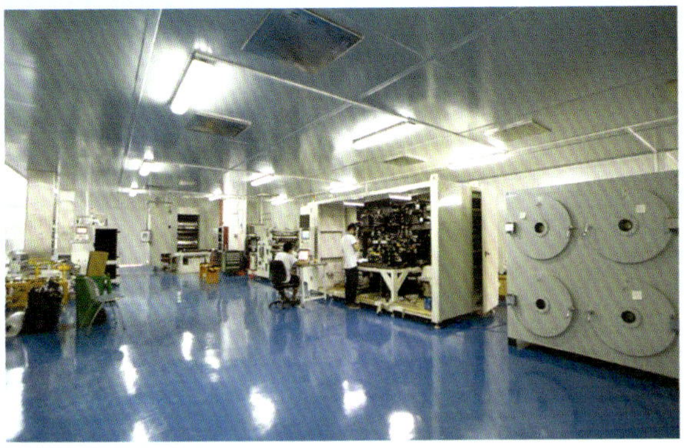

锂离子动力电池工艺装备技术基础服务平台研发和示范中心

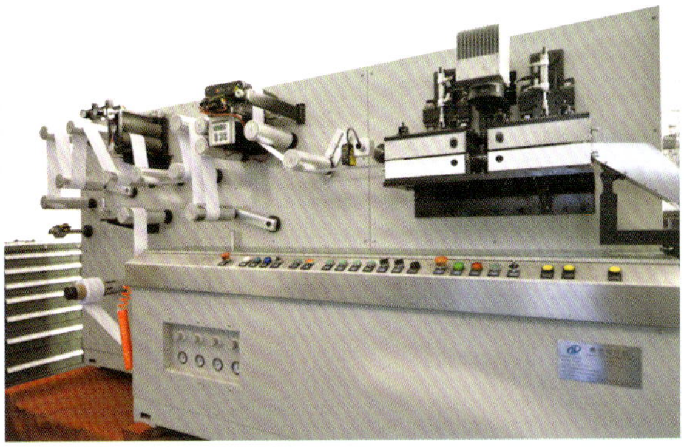

激光切片机

涂布机

方形叠片电池芯包制造系统

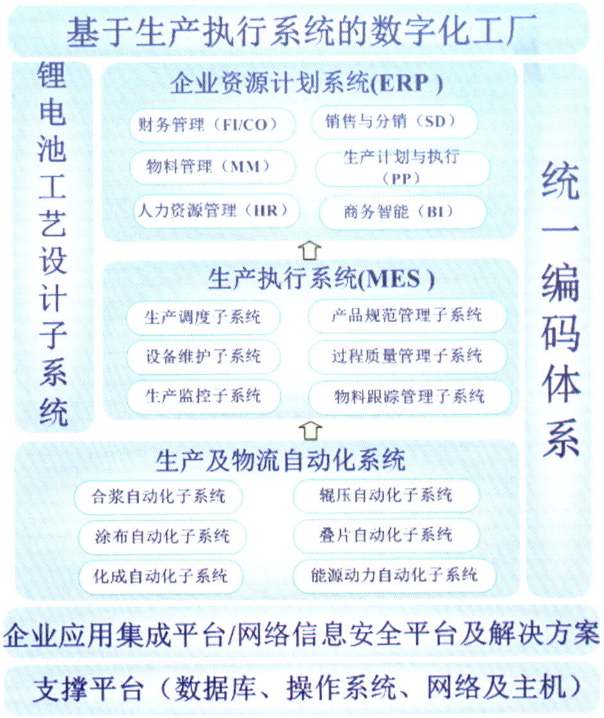

MES系统

联系方式：广州中国科学院工业技术研究院
地址：广州市南沙区海滨路1121号
邮编：511458
电话：020-22912515
传真：020-22912513
网址：WWW.GZIIT.AC.CN

电动汽车动力系统专家 EV Power System Expert

京华特时代电动汽车技术有限公司（EVENT TECHNOLOGY CO.LTD）是一家集电动汽车动力系统及部件研发、生制造与销售于一体的高新技术企业，成立于2014年1月。

司整合多年的整车及部件专业设计能力，依托北京长城华冠汽车科技有限公司强大的产品研发团队、专业的生产及质量控制体系，为国内外众电动汽车制造商提供标准电池箱、可再充能量存储系统（RESS）、动力系统等高可靠性产品、服务和解决方案。目前，产品已小批量用于北京城华冠汽车科技股份有限公司的纯电动超级跑车“前途”。

特时代致力于新能源事业，立足全球环境保护，以“专业”的特质和极大的热情，携手国内外众多客户，共同开创“GreenLife”新时代。

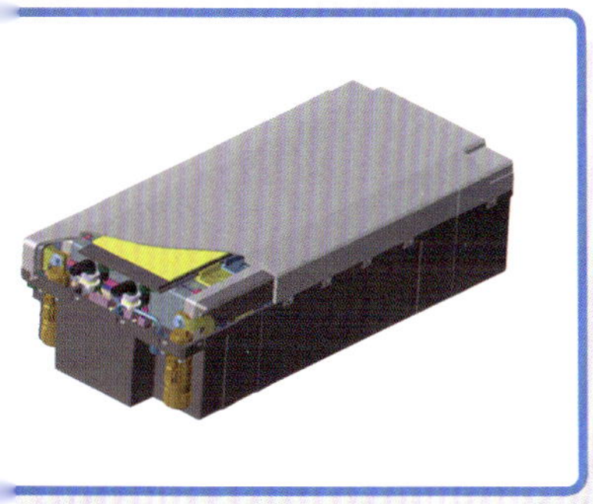

标准电池箱

设计基于整车性能的考虑，其优点在于：

- 结构和数量进行标准化设计，可根据客户需要进行组配，适用于不同车型；
- 具有高可靠性及耐久性；
- 采用液态介质冷暖温控系统；
- 对电池一致性进行调配均衡，最大限度地发挥电池性能，提高寿命；
- 满足安全碰撞法规的要求，具有高安全性；
- 达到IP67防水、防尘等级要求。

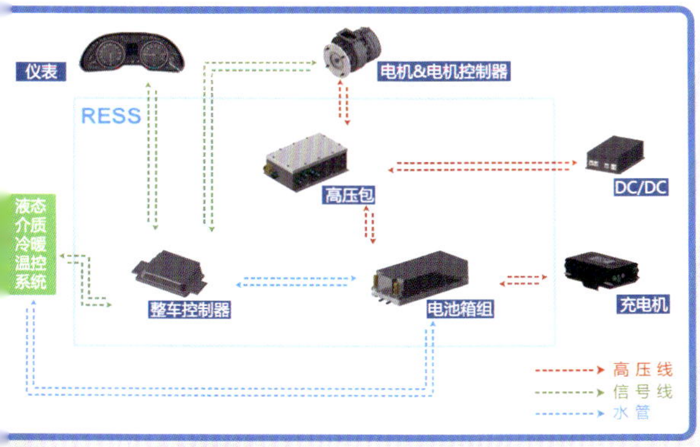

RESS系统

基于整车性能设计，其主要功能包括：

- 高压安全功能
- 高压电池管理功能
- 电池热管理功能

* 可根据用户需求提供动力系统设计服务

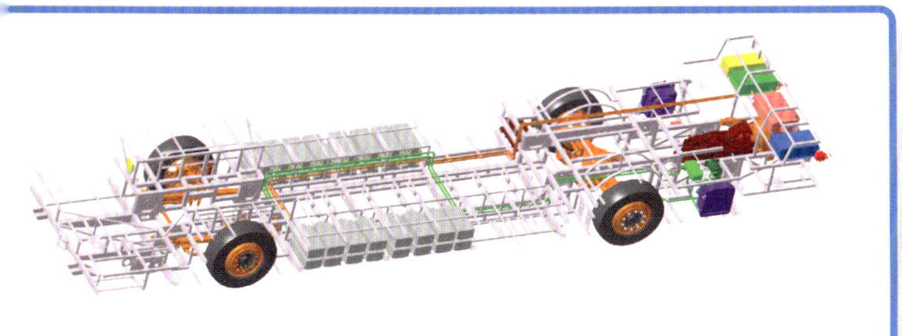

· 某大巴车RESS系统应用案例

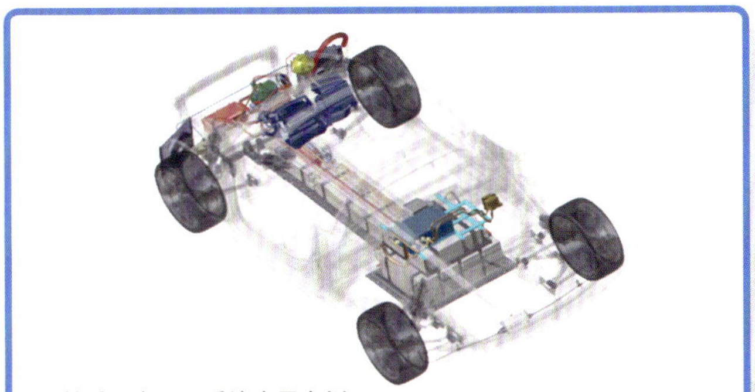

· 某乘用车RESS系统应用案例

京华特时代电动汽车技术有限公司
VENT TECHNOLOGY CO., LTD
客服热线：18511982386 / 18511982392
网址：www.huateelectric.com

上海卡耐新能源有限公司

卡耐新能源

企业基本情况

企业性质：合资零部件

企业规模

2014 年销售收入 /2015 年预期：8000 万元 /1.5 亿元

固定资产总额：10 亿人民币

企业人员总数：300 人

企业主要产品：三元软包锂离子电池、电池模块及电池包系统

主要配套车企：纯电动及混合动力大巴车、乘用车、物流车及港机、储能领域

主要销售网络分布及数量：江浙沪为主，覆盖全国；出口日本、台湾及欧洲市场

企业简介

上海卡耐新能源有限公司是有中国汽车技术研究中心（CATARC）、日本英耐时株式会社等共同出资设立的中外合资公司，专业从事汽车动力锂离子电池研发、生产和销售，其技术路线是三元锂离子软包装，提供产品有三元软包锂离子电池、模块、模组及电池包系统和成组技术等。公司位于上海市嘉定工业区，占地面积 50 亩，现有厂房面积 10000 平方米，规划投资总额 10 亿人民币。届时热烈欢迎各位领导参观公司锂电池生产线，公司生产设备从国外采购，具有全球先进水平，致力于建设多元化的、具有显著特色的国际一流新能源公司，为全人类奉献更多的清洁能源。

产品主要应用案列

产品介绍

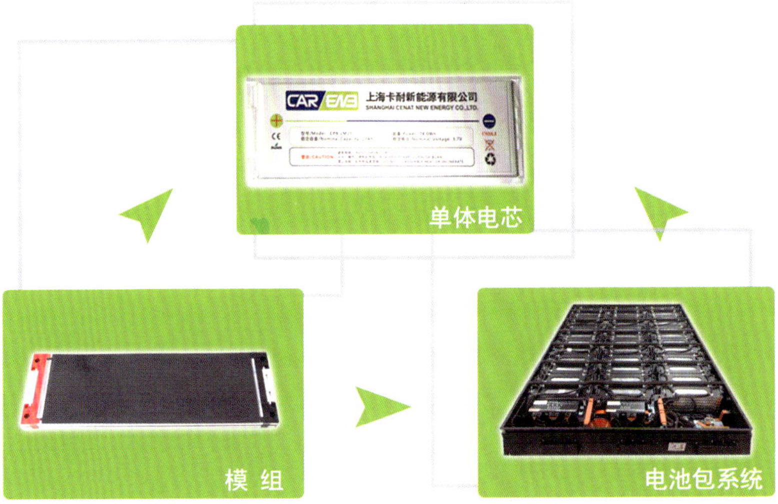

地址：上海市嘉定工业区兴邦路 398 号　电话：021-67077062　E-mail：sales@catarc.ac.cn　官方网站：www.cenat.cn

依维柯Power Daily尊享版A50D

A42、A50D是实联长宜和南京依维柯双方针对各地市场，经过大量市场调研，充分发挥各自优势精心打造而成的纯电动产品。具有安全性高、承载好、技术领先、经济性好、配置完备丰富等性能特点。四轮盘式制动系统的采用，则进一步提高了制动效果，让车辆行驶更加安全。4mm厚大梁结构（非承载式车身）充分满足电动车高承载的要求，相比同类产品（承载式车身结构）可装电池容量更大，实联长宜电池总量可达到95kWh，单次充电可实现大于180Km的续航里程，该项技术在国内处于领先，解决了长期以来困扰公务用车的环保、稳定性、适应性等问题。

实联长宜淮安科技有限公司系全球电池产业链垂直整合的实联长宜集团投资，从事磷酸铁锂电池研发、生产和销售。实联长宜集团的控制IC芯片、电池管理系统（BMS）、电芯的研发及制造、电池成组的系统集成技术等，均为集团自主研发，目前拥有的各项专利超过70个。

磷酸铁锂电池主要应用于电动车、储能电站、汽车启动电池、UPS不断电系统等，是目前安全性高，应用广的电池。实联长宜集团参与多项国家863计划，均为技术承担单位；多项国家新能源产业的标准，由实联长宜集团与国家电网、南方电网及多家高等院校共同参与制定，对国家新能源产业的长期发展做出贡献。

实联长宜集团新能源事业群对产业链进行垂直整合，在电芯制造、电池模块制造、电池管理系统、储能系统集成、核心集成电路五大核心领域进行产业布局，为在新能源领域长足发展打下坚实基础，为业界提供安全、可靠、环保、高效的电池储能解决方案。

此外，实联长宜整合了纯电动车三大部件产业链——电池模块、电机（马达）、电动控制系统，打破三电总成的技术壁垒，综合三者的技术优势，为新能源汽车界提供一套完整的纯电驱动方案。

SAB电芯

品名：SAB60280
尺寸：长280±0.5mm
直径：60.4±0.5mm
重量：1.65±0.1kg
电压：3.2V
容量：60A·h/65A·h
内阻：≤0.5mΩ
用途：提供电动车所需之主要动力来源

内部结构展示样品电池组

展示用箱体总长宽（L×D×H）：917.7mm×358.8mm×300mm
其中箱体为：765.8mm×358.8mm×300mm
用途：提供电动车所需之主要动力来源

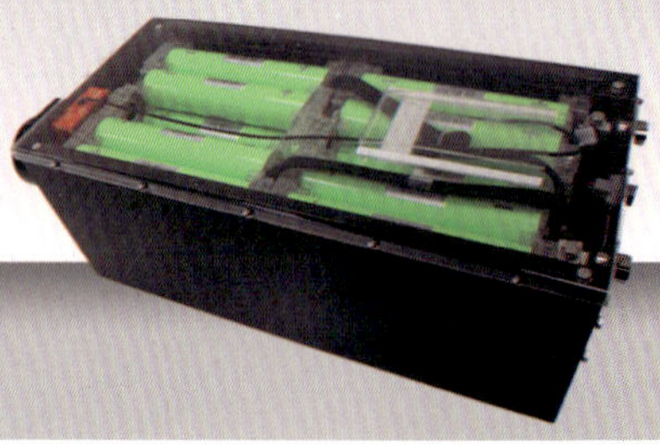

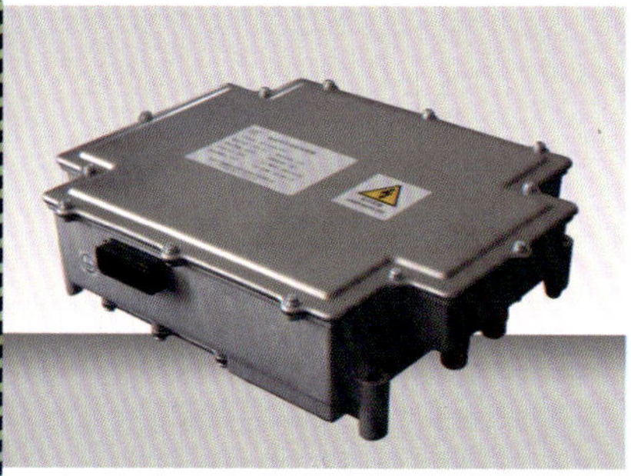

1.

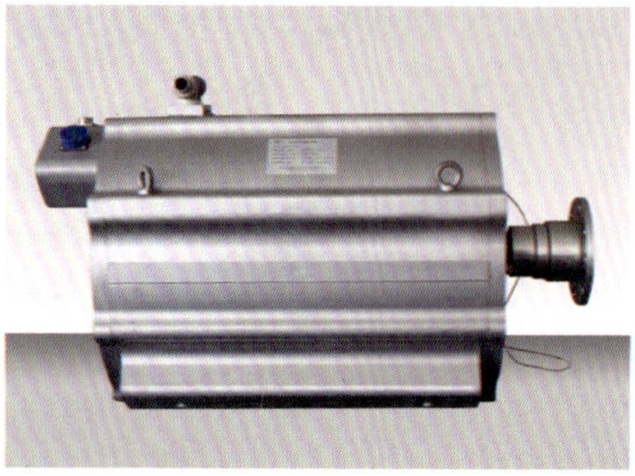

2.

1. 电动汽车电机控制器

额定电压	384V DC
额定容量	83KVA
额定电流	173A
控制电源	24V
冷却方式	水冷

2. 电动汽车驱动电机

额定功率	100kW
额定电压	AC 350V
额定转速	950r/min
额定转矩	1005N·m
重　　量	435kg

實聯長宜淮安科技有限公司
SHIHLIEN APEX HUAIAN TECHNOLOGY CO., LTD
地址：江苏省淮安市洪泽县盐化工业园区洪盐路8号
电话：0517-87619657　邮编：223100
传真：0517-87619613　网址：www.sablfp.com

CSR 中国南车

储能式现代有轨电车
Energy Storage Type of Modern Tram

储能式现代无轨电车
Energy Storage Type of Modern TramDistributed Charging Station

世界首台储能式现代轻轨车
The World First Modern Energy Storage Type of Streetcar

其主要优点：

（1）能源利用率高；

（2）绿色环保、免维护；

（3）保证机车稳定运行的同时，节省能量，减低系统的整体运行成本。

The main advantages are as follows:

(1) High energy utilization;

(2) Environmentally-friendly, maintenance-free;

(3) Guarantee the stability of locomotive, at the same time, save energy and reduce overall operating costs of the system.

超级电容器产品介绍

电压/ Voltage（V）	16V 模组	30V 模组	48V 模组	60V 模组
电容量/Capacitan（25℃）（0%～20%）（F）	500	250	165	125
额定电压/Voltage（DC）（V）	16	30	48	60
内阻/（DCIR）（mΩ）	<1.7	<3.5	<5	<7.2
内阻/（ACIR）（mΩ）	<1.5	<3.0	<4.5	<6.4
漏电流/Leakage Current（mA）	＜5	＜5	＜5	＜5
重量/Weight（kg）	5.4	10.2	14.8	19.2
储存能量/Energy Storage（W·h）	17.7	31.25	54.5	62.5
循环寿命/Cycle Life（cylces）	1mil.	1mil.	1mil.	1mil.
工作温度范围/Working Temperature Range（℃）	-40～+65	-40～+65	-40～+65	-40～+65
存储温度范围/Storage Temperature Range（℃）	-40～+70	-40～+70	-40～+70	-40～+70

电容量 Capacitance（F）		3000F 单体	7500 F 单体	9500 F 单体
型号/Part number		NBCSR-3000C-002R7	NBCSR-7500C-002R7	NBCSR-9500C-002R7
最大等效串联内阻/MaxESR（mΩ）	AC@1KHZ	≤0.17	≤0.13	≤0.13
	DC	≤0.23	≤0.19	≤0.22
漏电流/Leakage crrent @25℃&72h（mA）		≤5.0	≤13	≤15
质量/Weight（g）		538	1290	1320
能量密度/Energy density（W·h/kg）		5.64	5.89	7.29
功率密度/Power density（Kw/kg）		14.73	7.44	6.28

宁波南车新能源科技有限公司
NINGBO CSR NEW ENERGY TECHNOLOGY CO.,LTD

公司地址：中国浙江省宁波市鄞州区五乡西路552号

联系电话：400-186-7998

传真：0574-55716216

网址：www.csrcap.com

邮箱：E-mail:info@csrcap.com

程序化交易：策略开发与应用 深圳开拓者科技有限公司◎编

TRADEBLAZER 交易开拓者

程序化交易：策略开发与应用

深圳开拓者科技有限公司◎编

深圳开拓者科技有限公司
简　介

深圳开拓者科技有限公司专注于为金融机构及各类投资者提供交易工具软件产品，是国内金融市场最主流、影响力最大的程序化交易平台软件服务商。

软件产品“交易开拓者TradeBlazer”（简称“TB”）集中了实时行情、技术分析、手动快捷交易及程序化自动交易的功能。通过使用TB软件，用户可以简单、便捷地将自己的交易思想编写为计算机代码，通过计算机实现程序化自动交易。

目前采用TB软件作为常用软件的期货公司共有130多家，大多数程序化交易者都在使用TB软件进行实盘交易，TB软件事实上已成为国内最大的期货程序化交易平台软件。